Berliner Kommentar zum Energierecht

Band 4

Berliner Kommentar zum Energierecht

4., völlig neu bearbeitete und wesentlich erweiterte Auflage 2017

Band 4:

Messstellenbetriebsgesetz

Herausgegeben von
Prof. Dr. Dr. Dres. h.c. Franz Jürgen Säcker,
Institut für Energie- und Regulierungsrecht Berlin e.V.

Bearbeitet von:

Dipl.-Ing. Constantin Bruchmann; Dr. Gisela Drozella; Christoph Fabritius;
Dipl.-Math. Derk Fischer; Dr. rer. pol. Oliver Franz; Christine Hohenstein-Bartholl;
Viktoria Lehner; Mieke Lorenz; Dr. Karoline Mätzig; Dipl.-Wirt.-Ing. Joachim Mohs;
Dipl.-Wirt.-Ing. Jörg Netzband; Dr. Jan-Peter Ohrtmann; PD Dr. Oliver Raabe;
Dr. Marc Salevic; Prof. Dr. Dr. Dres. h.c. Franz Jürgen Säcker; Dr. Michael Schmidt;
Jan-Hendrik vom Wege, MBA; Dr. Susanne Wende, LL.M.; Prof. Dr. Hartmut Weyer;
Dipl.-Ökonom Jan-Frederik Zöckler; Xenia Zwanziger, LL.M.

Fachmedien Recht und Wirtschaft | dfv Mediengruppe | Frankfurt am Main

Zitierweise: BerlKommEnR/*Bearbeiter*, § … MsbG Rn. …

Bibliografische Information der Deutschen Nationalbibliothek

Die Deutsche Nationalbibliothek verzeichnet diese Publikation in der Deutschen National-
bibliografie; detaillierte bibliografische Daten sind im Internet über http://dnb.de abrufbar.

ISBN 978-3-8005-1618-6

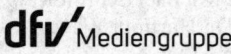

© 2017 Deutscher Fachverlag GmbH, Fachmedien Recht und Wirtschaft, Frankfurt am Main

Das Werk einschließlich aller seiner Teile ist urheberrechtlich geschützt. Jede Verwertung außerhalb
der engen Grenzen des Urheberrechtsgesetzes ist ohne Zustimmung des Verlages unzulässig und strafbar. Das gilt insbesondere für Vervielfältigungen, Bearbeitungen, Übersetzungen, Mikroverfilmungen
und die Einspeicherung und Verarbeitung in elektronischen Systemen.

Satzkonvertierung: Lichtsatz Michael Glaese GmbH, 69502 Hemsbach

Druck und Verarbeitung: Kösel GmbH & Co. KG, 87452 Altusried-Krugzell

Printed in Germany

Vorwort

Das Messstellenbetriebsrecht ist auch nach seiner Verselbstständigung in einem eigenen Gesetz vom 2. September 2016 (BGBl. 2016 I, 2034) unter Eliminierung der Vorgängerregelung in den §§ 21c ff. EnWG Bestandteil des ohne Digitalisierung des Messwesens nicht vorstellbaren modernen Energierechts; es ist deshalb als Band 4 in den das gesamte Regulierungsrecht erläuternden Berliner Kommentar zum Energierecht aufgenommen worden. Es enthält verpflichtende Vorschriften für die Aufnahme eines modernen Messstellenbetriebs und die Ausstattung von Messstellen mit intelligenten Messsystemen und modernen Messeinrichtungen. Ein intelligentes Messsystem ist in Abgrenzung zu den konventionellen Messeinrichtungen in § 1 S. 1 Nr. 7 MsbG als eine über ein Smart-Meter-Gateway in ein Kommunikationsnetz eingebundene moderne Messeinrichtung zur Erfassung elektrischer Energie definiert worden, das den tatsächlichen Energieverbrauch und die tatsächliche Nutzungszeit widerspiegelt und den besonderen Anforderungen genügt, die zur Gewährleistung des Datenschutzes, der Datensicherheit und Interoperabilität in Schutzprofilen und Technischen Richtlinien festgelegt werden können.

Der Gesetzgeber hat entsprechend der EU-rechtlichen Vorgaben den Messstellenbetrieb nicht als lokale Einrichtung mit Anschluss- und Benutzungszwang in Akzessorietät zum örtlichen Verteilnetzbetreiber organisiert, wofür in IT-technischer Hinsicht einiges gesprochen hätte, um den Verteilnetzbetreibern die effektive Wahrnehmung ihrer erweiterten Aufgaben im Rahmen der Energiewende zu erleichtern. Der Gesetzgeber hat vielmehr den Grundsatz der Liberalisierung des Messwesens aus der marktliberalen Position im Gesetz verankert, dass nur bei dauerhaften Infrastrukturmonopolen ohne Substituierbarkeit des Angebots eine strikte Regulierung gerechtfertigt ist. In der Praxis dürfte die Liberalisierungsmöglichkeit allerdings nur auf wenig Gegenliebe stoßen.

Die Netzbetreiber sind als grundzuständige Messstellenbetreiber gemäß § 3 Abs. 1 des Gesetzes zum Rollout, d.h. zur Umrüstung der Messstellen an ortsfesten Zählpunkten bei Letztverbrauchern und Anlagenbetreibern mit modernen Messeinrichtungen bzw. intelligenten Messsystemen verpflichtet. Soweit die Verteilnetzbetreiber von dieser Möglichkeit keinen Gebrauch machen wollen, können sie zur Erreichung effizienter Strukturen durch vergaberechtsfreie öffentlichrechtliche oder privatrechtliche Formen gleichberechtigter Zusammenarbeit mit anderen Verteilnetzbetreibern die Aufgabe gemeinsam erfüllen (s. § 108 Abs. 6 GWB i.V. mit § 41 Abs. 2 MsbG). Die praktische Erprobung dieser Regelung steht hier allerdings noch aus.

Der Gesetzgeber hat bei freien Messstellen aus Gründen der Vorsicht die Verteilnetzbetreiber subsidiär als Betreiber in die Pflicht genommen, wenn die Übertragung der Aufgaben des Messstellenbetriebs an Dritte im Wege kompetitiver, am Vergaberecht orientierter Ausschreibung scheitert (§ 18 MsbG).

Da der Gesetzgeber auf eine Ex-ante-Regulierung des modernen Messstellenbetriebs verzichtet hat, greifen die §§ 20 ff. EnWG nicht ein. Für konventionelle Messstelleneinrichtungen verbleibt es dagegen bei der bisherigen Regelung; deren Kosten unterliegen der Effizienzkostenkontrolle und der Anreizregulierung im Rahmen der Prüfung der Kosten der Verteilnetzbetreiber. Aus dem Nebeneinander der beiden Systeme können sich in der Übergangsphase allerdings schwierige praktische Abgrenzungsprobleme ergeben, die der

Vorwort

Aufmerksamkeit der Regulierungsbehörden wie der Kartellbehörden bedürfen. § 111 EnWG schließt die Zuständigkeit der Kartellbehörden hier nicht aus.

Ob die zukünftige Belastung der Haushaltskunden mit den Kosten der modernen Messeinrichtungen sachlich gerechtfertigt ist, wird mit guten Gründen bezweifelt. Die Kunden zu Lasten ihres verfügbaren Einkommens – in den Obergrenzen des § 31 MsbG – über Uhrzeit und Umfang ihres Stromverbrauchs einschließlich der Kosten aufzuklären, statt ihnen die Freiheit der Kontrolle zu belassen, mag regulierungsrechtlich aus den gleichen Gründen, aus denen das Bundesverwaltungsgericht (BVerwG 6 C 6.15, Urt. v. 18.3.2016) die Haushaltsabgabe für Rundfunk- und Fernsehgeräte gebilligt hat, legitim sein. Ob das Ziel der Energieeinsparung damit erreicht wird, lässt sich wie bei allen mit Unsicherheit verbundenen Zukunftsprognosen nicht sicher abschätzen.

Sinn macht das MsbG, wenn man es als Vorstufe zur Vorbereitung der Verbraucher auf Zeiten knapper Energieangebote in Zeiten unzureichender Wind- und Sonnenstromeinspeisung begreift, das in den Jahren nach 2020 die IT-technische Basis liefert, um die Stromnachfrage unter Daseinsvorsorgegesichtspunkten wirksam so zu steuern, dass die Energieversorgungssicherheit im Kern aufrechterhalten werden kann. Hinter dem MsbG steht daher nicht nur die fürsorgliche Haltung des Staates, dem Verbraucher mehr Transparenz über den Stromverbrauch zu schaffen, sondern auch die Sorge, technisch rechtzeitig in der Lage zu sein, wenn notwendig den Verbrauch zu drosseln. Aus dem seinen Konsum selbst steuernden mündigen Verbraucher – dem Leitbild der Marktwirtschaft – wird so das Zukunftsleitbild des staatlich gesteuerten Stromverbrauchers. Es bedarf keiner hohen Prophetengabe vorauszusagen, dass das MsbG 2016 nach ca. fünf Jahren durch ein erweitertes, mit Steuerfunktionen ausgestattetes MsbG abgelöst wird.

Die noch spärliche Literatur zum Messstellenbetriebsrecht ist bis Anfang März 2017 berücksichtigt.

Alle Autorinnen und Autoren aus Wissenschaft und Praxis, die an diesem Kommentar mitgewirkt und ermöglicht haben, dass in relativ kurzer Zeit nach Inkrafttreten des Gesetzes ein die Gesetzesanwendung erleichterndes Erläuterungswerk zum neuen Messstellenbetriebsrecht vorliegt, sei auch an dieser Stelle herzlich gedankt. Die in diesem Kommentar vertretenen Ansichten entsprechen der persönlichen, unabhängig vom beruflichen Tätigkeitsfeld gebildeten rechtlichen Überzeugung der Autorinnen und Autoren. Die zahlreichen wissenschaftlichen Gespräche mit den Autorinnen und Autoren im Vorfeld der wissenschaftliche Koordinierung des Texte, die harmonische Zusammenführung der Texte zu einem möglichst lückenlosen systematischen Ganzen haben dem Herausgeber nicht nur Arbeit, sondern vor allem auch Freude und neue Einsichten vermittelt. Dabei hat ihn Frau Ass. jur. Xenia Zwanziger LL.M. (Kapstadt), wissenschaftliche Assistentin des Instituts für Energie- und Regulierungsrecht Berlin, umsichtig und unermüdlich unterstützt. Auch ihr sei an dieser Stelle herzlich gedankt.

Berlin, im März 2017 *Franz Jürgen Säcker*

Bearbeiterverzeichnis

Dipl.-Ing. Constantin Bruchmann	PricewaterhouseCoopers, München
Dr. Gisela Drozella	Vattenfall GmbH, Berlin
Christoph Fabritius	PricewaterhouseCoopers Legal, Hamburg/Düsseldorf
Dipl.-Math. Derk Fischer	PricewaterhouseCoopers, Düsseldorf
Dr. rer. pol. Oliver Franz	innogy SE, Essen
Christine Hohenstein-Bartholl	PricewaterhouseCoopers Legal, Hamburg
Viktoria Lehner	PricewaterhouseCoopers Legal, Düsseldorf
Mieke Lorenz	Karlsruher Institut für Technologie (KIT), Karlsruhe
Dr. Karoline Mätzig	PricewaterhouseCoopers Legal, Hamburg
Dipl.-Wirt.-Ing. Joachim Mohs	PricewaterhouseCoopers, Hamburg
Dipl.-Wirt.-Ing. Jörg Netzband	PricewaterhouseCoopers, München
Dr. Jan-Peter Ohrtmann	PricewaterhouseCoopers Legal, Düsseldorf
PD Dr. Oliver Raabe	Karlsruher Institut für Technologie (KIT), Karlsruhe
Dr. Marc Salevic	PricewaterhouseCoopers Legal, Düsseldorf
Prof. Dr. Dr. Dres. h.c. Franz Jürgen Säcker	Institut für Energie- und Regulierungsrecht Berlin e. V.
Dr. Michael Schmidt	innogy Metering GmbH, Mühlheim
Jan-Hendrik vom Wege, MBA	Becker Büttner Held, Hamburg
Dr. Susanne Wende, LL.M.	Noerr LLP, München
Prof. Dr. Hartmut Weyer	Technische Universität Clausthal, Clausthal-Zellerfeld
Dipl.-Ökonom Jan-Frederik Zöckler	PricewaterhouseCoopers, Frankfurt
Xenia Zwanziger, LL.M.	Institut für Energie- und Regulierungsrecht Berlin e. V.

Inhaltsverzeichnis

Vorwort	V
Bearbeiterverzeichnis	VII
Abkürzungsverzeichnis	XV
Einleitung	1

Teil 1
Allgemeine Bestimmungen

§ 1	Anwendungsbereich	19
§ 2	Begriffsbestimmungen	24

Teil 2
Messstellenbetrieb

Kapitel 1
Rechte und Pflichten im Zusammenhang mit dem Messstellenbetrieb und dessen Finanzierung

§ 3	Messstellenbetrieb	43
§ 4	Genehmigung des grundzuständigen Messstellenbetriebs	69
§ 5	Auswahlrecht des Anschlussnutzers	81
§ 6	Auswahlrecht des Anschlussnehmers; Folgen für das Auswahlrecht des Anschlussnutzers	86
§ 7	Entgelt für den grundzuständigen Messstellenbetrieb; besondere Kostenregulierung	100
§ 8	Messstelle	112
§ 9	Messstellenverträge	124
§ 10	Inhalt von Messstellenverträgen	137
§ 11	Dokumentationspflicht; Sicherstellung des Messstellenbetriebs	153
§ 12	Rechte des Netzbetreibers	162
§ 13	Nutzung des Verteilernetzes zur Datenübertragung	166

Kapitel 2
Wechsel des Messstellenbetreibers

§ 14	Wechsel des Messstellenbetreibers	175
§ 15	Mitteilungspflichten beim Übergang	184

§ 16	Übergang technischer Einrichtungen; Meldepflicht	189
§ 17	Wechsel des Anschlussnutzers	200
§ 18	Ausfall des Messstellenbetreibers	206

Kapitel 3
Technische Vorgaben zur Gewährleistung von Datenschutz und Datensicherheit beim Einsatz von Smart-Meter-Gateways

§ 19	Allgemeine Anforderungen an Messsysteme	210
§ 20	Anbindbarkeit von Messeinrichtungen für Gas an das Smart-Meter-Gateway	219
§ 21	Mindestanforderungen an intelligente Messsysteme	223
§ 22	Mindestanforderungen an das Smart-Meter-Gateway durch Schutzprofile und Technische Richtlinien	229
§ 23	Sichere Anbindung an das Smart-Meter-Gateway	331
§ 24	Zertifizierung des Smart-Meter-Gateway	335
§ 25	Smart-Meter-Gateway-Administrator; Zertifizierung	341
§ 26	Aufrechterhaltung eines einheitlichen Sicherheitsniveaus	362
§ 27	Weiterentwicklung von Schutzprofilen und Technischen Richtlinien; Ausschuss Gateway-Standardisierung	366
§ 28	Inhaber der Wurzelzertifikate	373

Kapitel 4
Ergänzende Rechte und Pflichten im Zusammenhang mit dem Messstellenbetrieb mit modernen Messeinrichtungen und intelligenten Messsystemen

§ 29	Ausstattung von Messstellen mit intelligenten Messsystemen und modernen Messeinrichtungen	376
§ 30	Technische Möglichkeit des Einbaus von intelligenten Messsystemen	407
§ 31	Wirtschaftliche Vertretbarkeit der Ausstattung von Messstellen mit intelligenten Messsystemen; Preisobergrenzen	422
§ 32	Wirtschaftliche Vertretbarkeit der Ausstattung von Messstellen mit modernen Messeinrichtungen	437
§ 33	Netzdienlicher und marktorientierter Einsatz	441
§ 34	Anpassung von Preisobergrenzen	450
§ 35	Standard- und Zusatzleistungen des Messstellenbetriebs	453
§ 36	Ausstattungspflichten und freie Wahl des Messstellenbetreibers	457
§ 37	Informationspflichten des grundzuständigen Messstellenbetreibers	464
§ 38	Zutrittsrecht	472

Kapitel 5
Liegenschaftsmodernisierung; Anbindungsverpflichtung

§ 39	Liegenschaftsmodernisierung	478
§ 40	Anbindungsverpflichtung	483

Kapitel 6
Übertragung der Grundzuständigkeit für moderne Messeinrichtungen und intelligente Messsysteme

§ 41	Möglichkeit zur Übertragung der Grundzuständigkeit	492
§ 42	Fristen	527
§ 43	Folgen einer erfolgreichen Übertragung der Grundzuständigkeit	533
§ 44	Scheitern einer Übertragung der Grundzuständigkeit	541
§ 45	Pflicht zur Durchführung des Verfahrens zur Übertragung der Grundzuständigkeit	546

Kapitel 7
Verordnungsermächtigungen; Festlegungskompetenzen der Bundesnetzagentur; Übergangsvorschrift

§ 46	Verordnungsermächtigungen	557
§ 47	Festlegungen der Bundesnetzagentur	565
§ 48	Übergangsvorschrift	576

Teil 3
Regelungen zur Datenkommunikation in intelligenten Energienetzen

Kapitel 1
Berechtigte; Allgemeine Anforderungen an die Datenerhebung, -verarbeitung und -nutzung

§ 49	Erhebung, Verarbeitung und Nutzung personenbezogener Daten	581
§ 50	Zulässigkeit und Umfang der Erhebung, Verarbeitung und Nutzung von Daten	599
§ 51	Anforderungen an Erhebung, Verarbeitung und Nutzung von Daten beim Smart-Meter-Gateway; Rolle des Smart-Meter-Gateway-Administrators	621
§ 52	Allgemeine Anforderungen an die Datenkommunikation	626
§ 53	Informationsrechte des Anschlussnutzers	637
§ 54	Transparenzvorgaben für Verträge	646

Inhaltsverzeichnis

Kapitel 2
Zulässiger Umfang der Datenerhebung; Besondere Anforderungen

§ 55	Messwerterhebung Strom	649
§ 56	Erhebung von Netzzustandsdaten	658
§ 57	Erhebung von Stammdaten	662
§ 58	Messwerterhebung Gas	665
§ 59	Weitere Datenerhebung	669

Kapitel 3
Besondere Anforderungen an die Datenverarbeitung und -nutzung; Übermittlungs- und Archivierungspflicht; Löschung

Abschnitt 1
Pflichten des Messstellenbetreibers

§ 60	Datenübermittlung; sternförmige Kommunikation; Löschung	672
§ 61	Verbrauchsinformationen für den Anschlussnutzer bei intelligenten Messsystemen und modernen Messeinrichtungen	683
§ 62	Messwertnutzung zu Zwecken des Anlagenbetreibers	694
§ 63	Übermittlung von Stammdaten; Löschung	719
§ 64	Übermittlung von Netzzustandsdaten; Löschung	722
§ 65	Weitere Datenübermittlung	726

Abschnitt 2
Zulässiger Datenaustausch: Pflichten der übrigen an der Datenkommunikation Beteiligten

§ 66	Messwertnutzung zu Zwecken des Netzbetreibers; Übermittlungspflicht; Löschung	729
§ 67	Messwertnutzung zu Zwecken des Übertragungsnetzbetriebs und der Bilanzkoordination; Übermittlungspflicht; Löschung	738
§ 68	Messwertnutzung zu Zwecken des Bilanzkreisverantwortlichen; Übermittlungspflicht; Löschung	745
§ 69	Messwertnutzung zu Zwecken des Energielieferanten; Übermittlungspflicht; Löschung	748
§ 70	Messwertnutzung auf Veranlassung des Anschlussnutzers; weiterer Datenaustausch	752

Abschnitt 3
Besondere Fallgruppen

§ 71	Nachprüfung der Messeinrichtung; Haftung bei Beschädigungen	756
§ 72	Öffentliche Verbrauchseinrichtungen	762
§ 73	Verfahren bei rechtswidriger Inanspruchnahme	763

Kapitel 4
Verordnungsermächtigung; Festlegungen der Bundesnetzagentur

§ 74	Verordnungsermächtigung	767
§ 75	Festlegungen der Bundesnetzagentur	769

Teil 4
Besondere Aufgaben der Regulierungsbehörden

§ 76	Aufsichtsmaßnahmen der Bundesnetzagentur	775
§ 77	Bericht der Bundesnetzagentur	789

Anlage: Festlegung zur Anpassung der Vorgaben zur elektronischen Marktkommunikation an die Erfordernisse des Gesetzes zur Digitalisierung der Energiewende

Anlage 1: BNetzA, Beschluss v. 20.12.2016 (BK6-16-200)	793
Anlage 2: BNetzA, Beschluss v. 20.12.2016 (BK7-16-142)	818

Sachverzeichnis 841

Verzeichnis der Abkürzungen und der abgekürzt zitierten Literatur

a. A.	anderer Ansicht
a. a. O.	am angegebenen Ort
a. F.	alte Fassung
abl.	ablehnend
ABl.	Amtsblatt der Europäischen Union
AbLaV	Verordnung über Vereinbarungen zu abschaltbaren Lasten (Verordnung zu abschaltbaren Lasten) vom 16.8.2016 (BGBl. I S. 3106), geändert durch Artikel 9 des Gesetzes vom 22.12.2016 (BGBl. I S. 3106)
ACER	Agency for the Cooperation of Energy Regulators (Agentur für die Zusammenarbeit der Energieregulierungsbehörden)
AcP	Archiv für die civilistische Praxis (Zeitschrift; zitiert nach Band und Seite, in Klammern Erscheinungsjahr des jeweiligen Bandes)
AEUV	Vertrag über die Arbeitsweise der Europäischen Union
AGB	Allgemeine Geschäftsbedingungen
Altrock/Oschmann/Theobald/*Bearbeiter*	Altrock/Oschmann/Theobald (Hrsg.), EEG, Kommentar, 4. Aufl. 2013
AöR	Archiv des öffentlichen Rechts (Zeitschrift; zitiert nach Band und Seite, in Klammern Erscheinungsjahr des jeweiligen Bandes)
ARegV	Anreizregulierungsverordnung vom 29.10.2007 (BGBl. I S. 2529), zuletzt geändert durch Artikel 1 der Verordnung vom 14.9.2016 (BGBl. I S. 2147)
Auer-Reinsdorff/Conrad/*Bearbeiter*	Handbuch IT- und Datenschutzrecht, 2. Aufl. 2016
AVBEltV	Verordnung über Allgemeine Bedingungen für die Elektrizitätsversorgung von Tarifkunden vom 21.6.1979 (BGBl. I S. 684), aufgehoben durch Art. 4 der Verordnung zum Erlass von Regelungen des Netzanschlusses von Letztverbrauchern in Niederspannung und Niederdruck v. 1.11.2006 (BGBl. I S. 2477)
AVBFernwärmeV	Verordnung über Allgemeine Bedingungen für die Versorgung mit Fernwärme vom 20.6.1980 (BGBl. I S. 742), zuletzt geändert durch Artikel 16 des Gesetzes vom 25.7.2013 (BGBl. I S. 2722)
BAFA	Bundesamt für Wirtschaft und Ausfuhrkontrolle
BAnz.	Bundesanzeiger
Bartsch/Röhling/Salje/Scholz/*Bearbeiter*	Bartsch/Röhling/Salje/Scholz (Hrsg.), Stromwirtschaft, Ein Praxishandbuch, 2. Aufl. 2008
BauGB	Baugesetzbuch in der Fassung der Bekanntmachung vom 23.9.2004 (BGBl. I S. 2414), zuletzt geändert durch Artikel 6 des Gesetzes vom 20.10.2015 (BGBl. I S. 1722)

Abkürzungsverzeichnis

BauNVO	Baunutzungsverordnung in der Fassung der Bekanntmachung vom 23.1.1990 (BGBl. I S. 132), geändert durch Artikel 2 des Gesetzes vom 11.6.2013 (BGBl. I S. 1548)
BauR	Baurecht (Zeitschrift)
Baur/Henk-Merten	Baur/Henk-Merten, Kartellbehördliche Preisaufsicht über den Netzzugang, 2002
Baur/Salje/Schmidt-Preuß/*Bearbeiter*	Baur/Salje/Schmidt-Preuß (Hrsg.), Regulierung in der Energiewirtschaft, 2. Aufl. 2016
BB	Betriebs-Berater (Zeitschrift)
BDEW	Bundesverband der Energie- und Wasserwirtschaft e. V. (Zusammenschluss der Verbände VDEW, VDN und VRE)
BDSG	Bundesdatenschutzgesetz in der Fassung der Bekanntmachung vom 14.1.2003 (BGBl. I S. 66), zuletzt geändert durch Artikel 1 des Gesetzes vom 25.2.2015 (BGBl. I S. 162)
Bearb., bearb.	Bearbeiter; bearbeitet
Bechtold/Bosch, GWB	Bechtold/Bosch (Hrsg.), Gesetz gegen Wettbewerbsbeschränkungen, Kommentar, 8. Aufl. 2015
BeckOK BGB/*Bearbeiter*	Bamberger/Roth (Hrsg.), Beck'scher Onlinekommentar BGB, 40. Edition 2016
BeckOK BDSG/*Bearbeiter*	Wolff/Brink (Hrsg.), Beck'scher Onlinekommentar zum Datenschutzrecht, 15. Edition 2016
BeckOK StPO/*Bearbeiter*	Graf (Hrsg.), Beck'scher Online-Kommentar zur StPO mit RiStBV und MiStra, 25. Edition 2016
BeckOK VwVfG-Komm/*Bearbeiter*	Bader/Ronellenfitsch (Hrsg.), Beck'scher Onlinekommentar zum VwVfG, 26. Edition 2015
BeckOK UmweltR-Komm/*Bearbeiter*	Giesberts/Reinhardt (Hrsg.), Beck'scher Onlinekommentar zum Umweltrecht, 24. Edition 2012
BeckTKG-Komm/*Bearbeiter*	Geppert/Piepenbrock/Schütz/Schuster (Hrsg.), Beck'scher TKG-Kommentar, 4. Aufl. 2013
BEnspG	Gesetz zur Förderung der sparsamen sowie umwelt- und sozialverträglichen Energieversorgung und Energienutzung im Land Berlin (Berliner Energiespargesetz) i. d. F. vom 2.10.1990 (GVBl., S. 260)
Bergmann/Möhrle/Herb	Datenschutzrecht, Kommentar zum Bundesdatenschutzgesetz, den Datenschutzgesetzen der Länder und zum Bereichsspezifischen Datenschutz, Kommentar, Stand: April 2016
BerlKommEEG/*Bearbeiter*	Säcker (Hrsg.), Berliner Kommentar zum EEG 2014, 3. Aufl. 2015
BerlKommEnR/*Bearbeiter*	Säcker (Hrsg.), Berliner Kommentar zum Energierecht, 3. Aufl. 2014, 2. Aufl. 2010
BerlKommTKG/*Bearbeiter*	Säcker (Hrsg.), Berliner Kommentar zum Telekommunikationsgesetz, 3. Aufl. 2013
bestr.	bestritten
BFH	Bundesfinanzhof
BGB	Bürgerliches Gesetzbuch in der Fassung der Bekanntmachung vom 2.1. 2002 (BGBl. I S. 42, 2909; 2003 I S. 738), zuletzt geändert durch Artikel 3 des Gesetzes vom 24.5.2016 (BGBl. I S. 1190)
BGBl.	Bundesgesetzblatt

Abkürzungsverzeichnis

BGH	Bundesgerichtshof
BGHZ	Entscheidungen des Bundesgerichtshofs in Zivilsachen
BHKW	Blockheizkraftwerk
BImSchG	Bundes-Immissionsschutzgesetz in der Fassung der Bekanntmachung vom 17.5.2013 (BGBl. I S. 1274), zuletzt geändert durch Artikel 1 des Gesetzes vom 30.11.2016 (BGBl. I S. 2749)
Birnstiel/Bungenberg/Heinrich/*Bearbeiter*	Birnstiel/Bungenberg/Heinrich (Hrsg.), Europäisches Beihilfenrecht, Kommentar 2013
BKartA	Bundeskartellamt
BKGG/*Bearbeiter*	Kahl/Waldhoff/Walter (Hrsg.), Bonner Kommentar zum Grundgesetz, Loseblattsammlung, 181. EL, Stand: Oktober 2016
BMU	Bundesministerium für Umwelt, Naturschutz, Bau und Reaktorsicherheit
BMWi	Bundesministerium für Wirtschaft und Energie
BNatSchG	Bundesnaturschutzgesetz vom 29.7.2009 (BGBl. I S. 2542), geändert durch Artikel 19 des Gesetzes vom 13.10.2016 (BGBl. I S. 2258)
bne	Bundesverband Neue Energiewirtschaft e. V.
BNetzA	Bundesnetzagentur für Elektrizität, Gas, Telekommunikation, Post und Eisenbahnen
BR-Drs.	Drucksachen des Deutschen Bundesrates
BR-Prot.	Protokolle des Deutschen Bundesrates
BSI	Bundesamt für Sicherheit in der Informationstechnik
BSIG	BSI-Gesetz vom 14.8.2009 (BGBl. I S. 2821), das durch Art. 3 Abs. 6 des Gesetzes vom 18.7.2016 (BGBl. I S. 1666) geändert worden ist
BSIZertV	BSI-Zertifizierungs- und -Anerkennungsverordnung vom 17.12.2014 (BGBl. I S. 2231)
Britz/Hellermann/Hermes/*Bearbeiter*	Britz/Hellermann/Hermes (Hrsg.), EnWG – Energiewirtschaftsgesetz, Kommentar, 3. Aufl. 2015
bspw.	beispielsweise
BT	Bundestag
BT-Drs.	Drucksache des Deutschen Bundestages
BT-Prot.	Protokolle des Deutschen Bundestages
Büdenbender/Rosin/*Bearbeiter*	Büdenbender/Rosin (Hrsg.), KWK-AusbauG, Kommentar, 2003
BVerfG	Bundesverfassungsgericht
BVerfGE	Entscheidungen des Bundesverfassungsgerichts
BVerwG	Bundesverwaltungsgericht
BVerwGE	Entscheidungen des Bundesverwaltungsgerichts
Calliess/Ruffert/*Bearbeiter*	Calliess/Ruffert (Hrsg.), EUV, AEUV Kommentar, 5. Aufl. 2016
CC	Common Criteria für Information Technology Security Evaluation
CLS	Controllable Local System
CP	Certificate Policy für Smart Metering
DAkkS	Deutsche Akkreditierungsstelle
Danner/Theobald/*Bearbeiter*	Danner/Theobald (Hrsg.), Energierecht, Loseblattsammlung, 88. EL. Stand: März 2016

Abkürzungsverzeichnis

Däubler/Klebe/Wedde/Weichert/*Bearbeiter*	Bundesdatenschutzgesetz, 5. Auflage 2016
Dauses/*Bearbeiter*	Dauses, Handbuch des EU-Wirtschaftsrechts, Stand: Oktober 2014
DB	Der Betrieb (Zeitschrift)
dena	Deutsche Energie-Agentur
De Witt/Scheuten/*Bearbeiter*	De Witt/Scheuten (Hrsg.), Netzausbaubeschleunigungsnetz Übertragungsnetz (NABEG) mit Energieleitungsausbaugesetz (EnLAG), Kommentar, 2013
DÖV	Die öffentliche Verwaltung (Zeitschrift)
Dreier/*Bearbeiter*	Grundgesetz Kommentar, Bd. 1 (Art. 1–19), 3. Aufl. 2015; Bd. 2 (Art. 20 82), 2. Aufl. 2006; Bd. 3 (Art. 83–146), 2. Aufl. 2008
DVBl.	Deutsches Verwaltungsblatt (Zeitschrift)
DVO	Durchführungsverordnung
E & P	Euroheat & Power (Zeitschrift)
EAL	Evaluation Assurance Level
ECLR	European Competition Law Review (Zeitschrift)
EDL-RL	Richtlinie 2006/32/EG des Europäischen Parlaments und des Rates vom 5.4.2006 über Endenergieeffizienz und Energiedienstleistungen und zur Aufhebung der Richtlinie 93/76/EWG des Rates (ABl. 2006 L 114/64)
EEG 2004	Erneuerbare Energien Gesetz vom 21.7.2004 (BGBl. I S. 1918)
EEG 2009	Erneuerbare Energien Gesetz vom 25.10.2008 (BGBl. I S. 2074)
EEG 2012	Erneuerbare Energien Gesetz i. d. F. vom 28.7.2011 (BGBl. I S. 1634), zuletzt geändert durch Artikel 5 des Gesetzes vom 20.12.2012 (BGBl. I S. 2730)
EEG 2014	Erneuerbare Energien Gesetz i. d. F. vom 21.7.2014 (BGBl. I S. 1066), zuletzt geändert durch durch Artikel 1 des Gesetzes vom 13.10.2016 (BGBl. I S. 2258)
EEG 2017	Gesetz zur Einführung von Ausschreibungen für Strom aus erneuerbaren Energien und zur weiteren Änderungen des Rechts der erneuerbaren vom 13.10.2016 (BGBl. I S. 2258)
EEX	European Energy Exchange
EinhZeitG	Einheiten- und Zeitgesetz in der Fassung der Bekanntmachung vom 22.2.1985 (BGBl. I S. 408), das durch Artikel 4 Absatz 65 des Gesetzes vom 18.7.2016 (BGBl. I S. 1666) geändert worden ist
EltRL	Richtlinie 2009/72/EG des Europäischen Parlaments und des Rates vom 13.7.2009 über gemeinsame Vorschriften für den Elektrizitätsbinnenmarkt (ABl. 2009 L 211/55)
EMT	Externer Marktteilnehmer
Energieeffizienzrichtlinie	Richtlinie 2012/27/EU des europäischen Parlamentes und des Rates vom 25.10.2012 zur Energieeffizienz, zur Änderung der Richtlinien 2009/125/EG und 2010/30/EU und zur Aufhebung der Richtlinien 2004/8/EG und 2006/32/EG
Energie-ID	Energie Informationsdienst (Zeitschrift)

EnEV	Energieeinsparverordnung
EnLAG	Energieleitungsausbaugesetz vom 21.8.2009 (BGBl. I S. 2870), geändert durch Artikel 2 Absatz 8 des Gesetzes vom 21.12.2015 (BGBl. I S. 2498)
EnSiG	Energiesicherungsgesetz 1975 vom 20.12.1974 (BGBl. I S. 3681), zuletzt geändert durch Artikel 324 der Verordnung vom 31.8.2015 (BGBl. I S. 1474)
EnWG 1935	Energiewirtschaftsgesetz vom 13.12.1935 (BGBl. III Nr. 752-1)
EnWG 1998	Energiewirtschaftsgesetz vom 24.4.1998 (BGBl. I S. 730)
EnWG 2005	Energiewirtschaftsgesetz vom 7.7.2005 (BGBl. I S. 1970, 3621), zuletzt geändert durch Artikel 3 des Gesetzes vom 29.8.2016 (BGBl. I S. 2034)
EnWZ	Zeitschrift für das gesamte Energierecht
ER	EnergieRecht (Zeitschrift)
ERGEG	European Regulators Group for Electricity and Gas (Gruppe der Europäischen Regulierungsbehörden für Strom und Gas)
Erman/Westermann/Aderhold/*Bearbeiter*	Erman (Hrsg), BGB, Kommentar, 14. Aufl. 2014
ET	Energiewirtschaftliche Tagesfragen (Zeitschriften)
EU	Europäische Union
EuG	Europäisches Gericht Erster Instanz
EuGH	Gerichtshof der Europäischen Union
EuGHE	Entscheidungen des Gerichtshofes der Europäischen Gemeinschaften
EuR	Europarecht (Zeitschrift)
EurUP	Europäisches Umwelt- und Planungsrecht (Zeitschrift)
EUV	Vertrag der Europäischen Union
EuZW	Europäische Zeitschrift für Wirtschaftsrecht
EVU	Elektrizitätsversorgungsunternehmen
EW	Elektrizitätswirtschaft (Zeitschrift)
EWir	Entscheidungen zum Wirtschaftsrecht
EW-RB	Elektrizitätswirtschaft (Zeitschrift) Rechtsbeilage
EWiR	Entscheidungen zum Wirtschaftsrecht (Zeitschrift)
EWS	Europäisches Wirtschafts- und Steuerrecht (Zeitschrift)
EYIEL	European Yearbook of International Economic Law
Fehling/Ruffert/*Bearbeiter*	Fehling/Ruffert (Hrsg.), Regulierungsrecht, 2010
Feldhaus/*Bearbeiter*	Bundesimmissionsschutzrecht, Kommentar, 178. Aktualisierung, November 2013
FerngasZVO	Verordnung 715/2009 des Europäischen Parlaments und des Rates vom 13.7.2009 über die Bedingungen für den Zugang zu den Erdgasfernleitungsnetzen und zur Aufhebung der Verordnung 1775/2005 (ABl. 2009 L 211/36)
FK/*Bearbeiter*	Jaeger/Kokott/Pohlmann/Schroeder, Frankfurter Kommentar zum Kartellrecht, Loseblatt seit 1958, 83. EL, Stand: April 2015
FKVO	Fusionskontrollverordnung (EG) Nr. 139/2004 des Rates vom 20.1.2004 über die Kontrolle von Unternehmenszusammenschlüssen („EG-Fusionskontrollverordnung") (ABl. EU Nr. L 24/1)

Abkürzungsverzeichnis

FNN	Forum Netztechnik/Netzbetrieb
Frenz/Müggenborg/*Bearbeiter*	Frenz/Müggenborg (Hrsg.), EEG, Kommentar, 4. Aufl. 2015
FS	Festschrift
FVU	Fernwärmeversorgungsunternehmen
FWI	Fernwärme International (Zeitschrift; heute Euroheat & Power)
Gebäuderichtlinie	Richtlinie 2010/31/EU des Europäischen Parlaments und des Rates vom 19.5.2010 über die Gesamtenergieeffizienz von Gebäuden (Abl. 2010 L 153/13)
GasNEV	Verordnung über die Entgelte für den Zugang zu Gasversorgungsnetze (Gasnetzentgeltverordnung) vom 25.7.2005 (BGBl. I S. 2197), zuletzt geändert durch Artikel 17 des Gesetzes vom 28.7.2015 (BGBl. I S. 1400)
GasNZV	Verordnung über den Zugang von Gasversorgungsnetzen (Gasnetzzugangsverordnung) vom 3.9.2010 (BGBl. I S. 1261), zuletzt geändert durch Artikel 13 des Gesetzes vom 29.8.2016 (BGBl. I S. 2034)
GasRL 1998	Richtlinie 98/30/EG des Europäischen Parlaments und des Rates vom 22.6.1998 betreffend gemeinsame Vorschriften für den Erdgasbinnenmarkt – „Gasrichtlinie" (ABl. 1998 L 204)
GasRL 2003	Richtlinie 2003/55/EG des Europäischen Parlaments und des Rates vom 26.6.2003 über gemeinsame Vorschriften für den Erdgasbinnenmarkt – „Gasrichtlinie" und zur Aufhebung der Richtlinie 98/30/EG (ABl. 2003 L /57)
GasRL	Richtlinie 2009/73/EG des Europäischen Parlaments und des Rates vom 13.7.2009 über gemeinsame Vorschriften für den Erdgasbinnenmarkt und zur Aufhebung der Richtlinie 2003/55/EG (ABl. 2009 L 211/94)
GasSV	Gassicherungsverordnung vom 26.4.1982 (BGBl. I S. 517), zuletzt geändert durch Artikel 3 Absatz 48 des Gesetzes vom 7.7.2005 (BGBl. I S. 1970)
GasVV	Gasgrundversorgungsverordnung vom 26.10.2006 (BGBl. I S. 2391, 2396), zuletzt geändert durch Artikel 10 des Gesetzes vom 19.8.2016 (BGBl. I S. 2034)
GEODE	Groupement Européen des entreprises et Organismes de Distribution d'Énergie, EWIV
Gerstner/*Bearbeiter*	Gerstner (Hrsg.), Grundzüge des Rechts der Erneuerbaren Energien, 2013
GewArch	Gewerbearchiv (Zeitschrift)
GG	Grundgesetz für die Bundesrepublik Deutschland vom 23.5.1949 in der im Bundesgesetzblatt Teil III, Gliederungsnummer 100-1, veröffentlichten bereinigten Fassung, zuletzt geändert durch Artikel 1 des Gesetzes vom 23.12.2014 (BGBl. I S. 2438)
Gola/Schomerus/*Bearbeiter*	Gola/Schomerus (Hrsg.), Bundesdatenschutzgesetz, 12. Aufl. 2015
Grabitz/Hilf/Nettesheim/*Bearbeiter*	Grabitz/Hilf/Nettesheim (Hrsg.), Das Recht der Europäischen Union, Loseblatt, 60. EL. 2016, Stand: Oktober 2016

GRCh	Charta der Grundrechte der Europäischen Union vom 14.12. 2007 (ABl. 2010 C 83/389)
GVBl.	Gesetz- und Verordnungsblatt
GVO	Gruppenfreistellungsverordnung
GWB	Gesetz gegen Wettbewerbsbeschränkungen in der Fassung der Bekanntmachung vom 26.6.2013 (BGBl. I S. 1750), zuletzt geändert durch Artikel 5 des Gesetzes vom 13.10.2016 (BGBl. I S. 2258)
GWh	Gigawattstunde
HAN	Home Area Networks
Hempel/Franke/ Bearbeiter	Hempel/Franke (Hrsg.), Recht der Energie- und Wasserversorgung, Loseblattsammlung, 126. EL, Stand: Januar 2016
hM	herrschende Meinung
HeizkostenV	Verordnung über Heizkostenabrechnung in der Fassung der Bekanntmachung vom 5.10.2009 (BGBl. I S. 3250)
Holinger/Schade/ Bearbeiter	Holinger/Schade (Hrsg.), Mess- und Eichgesetz, Mess- und Eichverordnung: MessEG/MessEV, 2015
Hrsg., hrsg.	Herausgeber, herausgegeben
HuK	Haushalts- und Kleingewerbe
i.d.F.	in der Fassung
IDW	Institut der Wirtschaftsprüfer e.V.
IEM	International Energy Market
ILM	International Legal Materials (Zeitschrift)
IFRS	International Financial Reporting Standards
ISMS	Informationssicherheitsmanagementsystem
iM	intelligentes Messsystem
Immenga/Mestmäcker/ Bearbeiter, EuWettbR	Immenga/Mestmäcker (Hrsg.), EU Wettbewerbsrecht Kommentar, Band 1: EU/Teil 1, Band 1/Teil 2: EU/Teil 2, 5. Aufl. 2012
Immenga/Mestmäcker/ Bearbeiter, GWB	Immenga/Mestmäcker, Kommentar zum Wettbewerbsrecht, Band 2/Teil 1 GWB: §§ 1–96, 130, 131, Band 2/Teil 2 GWB: §§ 97– 129b (Vergaberecht), 5. Aufl. 2014
Immesberger	Immesberger, Das neue Recht der Konzessionsabgaben, 53. EL., Stand: Juli 2015
IR	Infrastruktur und Recht (Zeitschrift)
ISO	Independent System Operator (Unabhängiger Systembetreiber)
ITO	Independent Transmission Operator (Unabhängiger Transportnetzbetreiber)
i.V.m.	in Verbindung mit
J. of ENRL	Journal of Energy and Natural Resources Law
Jarass	Jarass, Bundesimmissionsschutzgesetz, Kommentar 11. Aufl. 2015
Jarass/Pieroth	Jarass/Pieroth, Grundgesetz für die Bundesrepublik Deutschland: GG, Kommentar, 14. Aufl. 2016
KG	Kammergericht (Berlin)
Kg/cm²	Druck in Kilogramm pro Quadratzentimeter
Koch/Pache/Scheuing/ Bearbeiter	Koch/Pache/Scheuing (Hrsg.), Gemeinschaftskommentar zum BImSchG, Loseblattsammlung, 32. EL Stand: Dezember 2012
Koenig/Kühling/ Rasbach	Koenig/Kühling/Rasbach, Energierecht, 3. Aufl. 2013

Abkürzungsverzeichnis

Kopp/Ramsauer	Kopp/Ramsauer, VwVfG Kommentar, 17. Aufl. 2016
Kopp/Schenke	Kopp/Schenke, VwGO Kommentar, 22. Aufl. 2016
Kment/*Bearbeiter*	Kment (Hrsg.), Energiewirtschaftsgesetz: EnWG Kommentar, 2015
kMe	Konventionelle Messeinrichtung
KNA	Kosten-Nutzen-Analyse
KonzVgV	Konzessionsvergabeverordnung vom 12.4.2016 (BGBl. I S. 624, 683)
KrWG	Gesetz zur Förderung der Kreislaufwirtschaft und Sicherung der umweltverträglichen Bewirtschaftung von Abfällen vom 24.2.2012 (BGBl. I S. 212), zuletzt geändert durch Artikel 4 des Gesetzes vom 4.4.2016 (BGBl. I S. 569)
kWh	Kilowattstunde
KWK	Kraft-Wärme-Kopplung
KWKG 2002	Kraft-Wärme-Kopplungsgesetz vom 19.3.2002 (BGBl. I S. 1092), zuletzt geändert durch Artikel 13 des Gesetzes vom 21.7.2014 (BGBl. I S. 1066)
KWKG	Kraft-Wärme-Kopplungsgesetz vom 21.12.2015 (BGBl. I S. 2498), zuletzt geändert durch Artikel 1 des Gesetzes vom 22.12.2016 (BGBl. I S. 3106)
KWKK	Kraft-Wärme-Kälte-Kopplung
KWK-Richtlinie	Richtlinie 2004/8/EG des europäischen Parlaments und des Rates vom 11.2.2004 über die Förderung einer am Nutzwärmebedarf orientierten Kraft-Wärme-Kopplung im Energiebinnenmarkt und zur Änderung der Richtlinie 92/42/EWG (ABl. 2004 L 52/50)
Kyoto-Protokoll	Protokoll von Kyoto zum Rahmenübereinkommen der Vereinten Nationen über Klimaänderung vom 11.12.1997 (BGBl. II 2002, S. 966)
LAN	Local Area Network
LAF	Anwendungsfälle an der LMN Schnittstelle
LMN	Local Metrological Network
Langen/Bunte/*Bearbeiter*	Langen/Bunte, Kommentar zum deutschen und europäischen Kartellrecht, Band 1: Deutsches Kartellrecht; Band 2: Europäisches Kartellrecht, 12. Aufl. 2014
Loewenheim/Riesenkampff/*Bearbeiter*	Loewenheim/Meessen/Riesenkampff/Kersting/Meyer-Lindemann (Hrsg.), Kartellrecht, 3. Aufl. 2016
v. Mangoldt/Klein/Starck/*Bearbeiter*	v. Mangoldt/Klein/Starck (Hrsg.), GG, Kommentar, Band 1: Art. 1–19; Band 2: Art. 20–82; Band 3: 83–146, 6. Aufl. 2010
Maunz/Dürig/Herzog/Scholz/*Bearbeiter*	Grundgesetz-Kommentar, begründet v. Maunz/Dürig, Loseblattsammlung, 78. EL, Stand: September 2016
MessEG	Gesetz über das Inverkehrbringen und die Bereitstellung von Messgeräten auf dem Markt, ihre Verwendung und Eichung sowie über Fertigpackungen (Mess- und Eichgesetz) vom 25.7.2013 (BGBl. I S. 2722)
MessEV	Mess- und Eichverordnung vom 11.12.2014 (BGBl. I S. 2010, 2011), die durch Artikel 1 der Verordnung vom 22.6.2016 (BGBl. I S. 1478) geändert worden ist

MessZV	Messzugangsverordnung (MessZV) vom 23.10.2008, BGBl. I S. 2006, aufgehoben durch Artikel 12 des Gesetzes vom 2.9.2016, (BGBl. I S. 2034)
Mestmäcker/Schweitzer	Mestmäcker/Schweitzer, Europäisches Wettbewerbsrecht, 3. Aufl. 2014
MID-RL	Richtlinie 2004/22/EG des Europäischen Parlaments und des Rates vom 31.3.2004, geändert durch die Richtlinie 2014/32/EU vom 26.2.2014 (ABl. 2014 L 96/149)
Mio.	Millionen
mME	moderne Messeinrichtung
v. Münch/Kunig/*Bearbeiter*	v. Münch/Kunig (Hrsg.), Bonner Kommentar zum Grundgesetz, Loseblattsammlung, 167. EL, Stand: April 2014
MSB	Messstellenbetreiber
MüKoBGB/*Bearbeiter*	Säcker/Rixecker/Oetker, Münchener Kommentar zum Bürgerlichen Gesetzbuch (BGB), 11 Bde., 7. Aufl. 2015 ff.
MüKoEuWettbR/*Bearbeiter*	Bornkamm/Montag/Säcker, Münchener Kommentar zum Europäischen und Deutschen Kartellrecht, Band 1: Europäisches Wettbewerbsrecht, 2. Aufl. 2015
MüKoGWB/*Bearbeiter*	Bornkamm/Montag/Säcker, Münchener Kommentar zum Europäischen und Deutschen Kartellrecht, Band 2: Gesetz gegen Wettbewerbsbeschränkungen (§§ 1–96, 130, 131 GWB), 2. Aufl. 2015
MüKoZPO/*Bearbeiter*	Krüger/Rauscher, Münchener Kommentar zur Zivilprozessordnung mit Gerichtsverfassungsgesetz und Nebengesetzen, 4. Aufl. 2013
N&R	Netzwirtschaften und Recht (Zeitschrift)
NAV	Niederspannungsanschlussverordnung vom 1.11.2006 (BGBl. I S. 2477), zuletzt geändert durch Art. 7 des Gesetzes vom 29.8.2016 (BGBl. I 2034)
NDAV	Verordnung für allgemeine Bedingungen für den Netzanschluss und dessen Nutzung für die Gasversorgung im Niederdruck (Niederdruckanschlussverordnung) vom 1.11.2006 (BGBl. I S. 2477, 2485), zuletzt geändert durch Artikel 7 des Gesetzes vom 29.8.2016 (BGBl. I 2034)
NJW	Neue Juristische Wochenschrift (Zeitschrift)
NJW-RR	NJW-Rechtsprechungs-Report, Zivilrecht (Zeitschrift)
NJW-WettbR	NJW-Entscheidungsdienst Wettbewerbsrecht (Zeitschrift)
Nm^3	Normalkubikmeter
NTPA	Negotiated Third Party Access (verhandelter Zugang Dritter zum Netz)
NuR	Natur und Recht (Zeitschrift)
NVwZ	Neue Zeitschrift für Verwaltungsrecht
NVwZ-RR	NVwZ-Rechtsprechungs-Report (Zeitschrift)
NZKart	Neue Zeitschrift für Kartellrecht
OLG	Oberlandesgericht
OLGR	OLG-Report (Zeitschrift)
OLGZ	Rechtsprechung der Oberlandesgerichte in Zivilsachen (Amtliche Entscheidungssammlung)

Abkürzungsverzeichnis

Oppermann/Classen/Nettesheim	Oppermann/Classen/Nettesheim, Europarecht, 7. Aufl. 2016
OVG	Oberverwaltungsgericht
Palandt/*Bearbeiter*	Palandt, Kommentar zum Bürgerlichen Gesetzbuch, 76. Aufl. 2017
PKI	Public-Key-Infrastruktur
Posser/Fassbender	Praxishandbuch Netzplanung und Netzausbau, 2013
PLC	Powerline Communications Technik
PreisG	Preisgesetz in der im Bundesgesetzblatt Teil III, Gliederungsnummer 720-1, veröffentlichten bereinigten Fassung, zuletzt geändert durch Artikel 22 des Gesetzes vom 18.2.1986 (BGBl. I, S. 265)
ProdHaftG	Produkthaftungsgesetz vom 15.12.1989 (BGBl. I S. 2198), zuletzt geändert durch Artikel 180 der Verordnung vom 31.8.2015 (BGBl. I S. 1474)
PP	Protection Profile
PTB	Physikalisch-Technische Bundesanstalt
RdE	Recht der Energiewirtschaft (Zeitschrift)
RdL	Recht der Landwirtschaft (Zeitschrift)
ree	Recht der Erneuerbaren Energien (Zeitschrift)
RefE	Referentenentwurf
ReferenzwerteE 2007	Entscheidung der Kommission vom 21.12.2006 zur Festlegung harmonisierter Wirkungsgrad-Referenzwerte für die getrennte Erzeugung von Strom und Wärme in Anwendung der Richtlinie 2004/8/EG des Europäischen Parlaments und des Rates (Abl. EU Nr. L 32/183 vom 6.2.2007)
ReferenzwerteE 2011	Durchführungsbeschluss der Kommission vom 19.12.2011 zur Festlegung harmonisierter Wirkungsgrad-Referenzwerte für die getrennte Erzeugung von Strom und Wärme in Anwendung der Richtlinie 2004/8/EG des Europäischen Parlaments und des Rates und zur Aufhebung der Entscheidung 2007/74/EG der Kommission (Abl. EU Nr. L 343/91 vom 23.12.2011)
RegE	Regierungsentwurf
Reshöft/*Bearbeiter*	Reshöft (Hrsg.), EEG; Kommentar, 4. Aufl. 2014
Rev. MC	Revue de Marché Commun (Zeitschrift)
RIW	Recht der internationalen Wirtschaft (Zeitschrift)
ROG	Raumordnungsgesetz 22.12.2008 (BGBl. I S. 2986), zuletzt geändert durch Artikel 124 der Verordnung vom 31.8.2015 (BGBl. I S. 1474)
Rosin/*Bearbeiter*	Rosin/Pohlmann/Gentzsch/Metzenthin/Böwing (Hrsg.), Praxiskommentar zum EnWG, 7. EL, Stand: Juni 2015
Roßnagel (Hrsg.)	Handbuch Datenschutzrecht – Die neuen Grundlagen für Wirtschaft und Verwaltung, 2003
RTW	Recht-Technik-Wirtschaft (Jahrbuch)
Ruffert/Calliess/*Bearbeiter*	Ruffert/Calliess, EUV/AEUV, Das Verfassungsrecht der Europäischen Union mit Europäischer Grundrechtecharta, Kommentar, 5. Aufl. 2016
RuW	Recht und Wirtschaft (Zeitschrift)

Salje, EEG	Salje, Erneuerbare-Energien-Gesetz: Gesetz für den Vorrang erneuerbarer Energien (EEG); Kommentar, 7. Aufl. 2015
Salje, EnWG	Salje, Energiewirtschaftsgesetz, Kommentar, 2006
Salje, KWKG	Salje, KWK-Gesetz 2002, Kommentar, 2. Aufl. 2002
Schaffland/Wiltfang/*Bearbeiter*	Schaffland/Wiltfang (Hrsg.) Bundesdatenschutzgesetz, Stand: April 2016
Schneider/Theobald/*Bearbeiter*	Schneider/Theobald (Hrsg.), Handbuch zum Recht der Energiewirtschaft, 4. Aufl. 2013
Schröter/Jakob/Mederer/*Bearbeiter*	Schröter/Jakob/Mederer (Hrsg.), Kommentar zum Europäischen Wettbewerbsrecht, 2. Aufl. 2014
Schmidt-Bleibtreu/Hofann/Hopfauf/*Bearbeiter*	Schmidt-Bleibtreu/Hofmann/Hopfauf (Hrsg.), GG, Kommentar, 13. Aufl. 2014
SAR	Security Assurement Requirements
SFR	Security Function Requirements
Simitis/*Bearbeiter*	Simitis (Hrsg.), Bundesdatenschutzgesetz, 8. Auflage 2014
SFA	Stochastic Frontier Analysis
Slg.	Amtliche Sammlung der Entscheidungen des Europäischen Gerichtshofes
SMG	Smart-Meter-Gateway
SMGA	Smart-Meter-Gateway-Administrator
SMGW	Smart-Meter-Gateway
Stelkens/Bonk/Sachs/*Bearbeiter*	Stelkens/Bonk/Sachs (Hrsg.), Verwaltungsverfahrensgesetz, 8. Aufl. 2014
Streinz/*Bearbeiter*	Streinz (Hrsg.), EUV/EGV, 2. Aufl. 2012
StromGVV	Verordnung über Allgemeine Bedingungen für die Grundversorgung von Haushaltskunden und die Ersatzversorgung mit Elektrizität aus dem Niederspannungsnetz (Stromgrundversorgungsverordnung) vom 26.10.2006 (BGBl. I 2391), zuletzt geändert durch Art. 9 des Gesetzes vom 29.8.2016 (BGBl. I S. 2034)
StromNEV	Verordnung über die Entgelte für den Zugang zu Elektrizitätsversorgungsnetzen (Stromnetzentgeltverordnung) vom 25.7.2005 (BGBl. I S. 2225), zuletzt geändert durch Artikel 13 des Gesetzes vom 4.11.2016 (BGBl. I S. 2473)
StromNZV	Verordnung über den Zugang zu Elektrizitätsversorgungsnetzen (Stromnetzzugangsverordnung) vom 25.7.2005 (BGBl. I S. 2243), zuletzt geändert durch Artikel 5 des Gesetzes vom 29.8.2016 (BGBl. I S. 2034)
Stromwirtschaft/*Bearbeiter*	Bartsch/Röhling/Salje/Scholz (Hrsg.), Stromwirtschaft, Ein Praxishandbuch, 2. Aufl. 2008
StuW	Steuer und Wirtschaft (Zeitschrift)
TEHG	Treibhausgas-Emissionshandelsgesetz vom 21.7.2011 (BGBl. I S. 1475), zuletzt geändert durch Artikel 4 Absatz 27 des Gesetzes vom 18.7.2016 (BGBl. I S. 1666)
ToE	Target of Evaluation
TR	Technische Richtlinie
TWh	Terrawattstunde
UCTE	Union for the Co-ordination of Transmission of Electricity (Union für die Koordinierung der Übertragung von Elektrizität

Abkürzungsverzeichnis

Ule/Laubinger/*Bearbeiter*	Ule/Laubinger (Hrsg.), Bundesimmissionsschutzgesetz, Kommentar, Loseblattsammlung, 195. EL, Stand: Februar 2014
ÜNB	Übertragungsnetzbetreiber
UPR	Umwelt und Planungsrecht (Zeitschrift)
Util. Law. Rev.	Utilities Law Review (Zeitschrift)
UVPG	Gesetz über die Umweltverträglichkeitsprüfung in der Fassung vom 24.2.2010 (BGBl. I S. 94), zuletzt geändert durch Artikel 2 des Gesetzes vom 30.11.2016 (BGBl. I S. 2749)
VDN	Verband der Netzbetreiber
VergRModG	Gesetz zur Modernisierung des Vergaberechts (Vergaberechtsmodernisierungsgesetz) vom 17.2.2016 (BGBl. I S. 203)
VersorgW	Versorgungswirtschaft (Zeitschrift)
VerwA	Verwaltungsarchiv (Zeitschrift)
VGH	Verwaltungsgerichtshof
VGV	Vergabeverordnung vom 12.4.2016 (BGBl. I S. 624)
VIK	Verband der Industriellen Energie- und Kraftwirtschaft e. V.
VKU	Verband kommunaler Unternehmen e. V.
VNB	Verteilnetzbetreiber
VO	Verordnung
VOBl.	Verordnungsblatt
VwGO	Verwaltungsgerichtsordnung in der Fassung der Bekanntmachung vom 19.3.1991 (BGBl. I S. 686), zuletzt geändert durch Artikel 3 des Gesetzes vom 13.10.2016 (BGBl. I S. 2258)
VwVfG	Verwaltungsverfahrensgesetz in der Fassung der Bekanntmachung vom 23.1.2003 (BGBl. I S. 102), zuletzt geändert durch Artikel 20 des Gesetzes vom 18.7.2016 (BGBl. I S. 1679)
WAN	Wide Area Network
WAF	Anwendungsfälle an der WAN Schnittstelle
WAR	Wissenschaftlicher Arbeitskreis für Regulierungsfragen bei der Bundesnetzagentur
WIK	Wissenschaftliches Institut für Infrastruktur und Kommunikationsdienste
WuW	Wirtschaft und Wettbewerb (Zeitschrift)
WuW/E	Wirtschaft und Wettbewerb – Entscheidungssammlung
WuW/E DE-R	Wirtschaft und Wettbewerb – Entscheidungssammlung – Deutschland Rechtsprechung
WuW/E DE-V	Wirtschaft und Wettbewerb – Entscheidungssammlung – Deutschland Verwaltung
WuW/E EU-R	Wirtschaft und Wettbewerb – Entscheidungssammlung – Europäische Union Rechtsprechung
WuW/E EU-V	Wirtschaft und Wettbewerb – Entscheidungssammlung – Europäische Union Verwaltung
WuW/E OLG	Wirtschaft und Wettbewerb – Entscheidungen der Oberlandesgerichte
WuW/E Verg	Wirtschaft und Wettbewerb – Entscheidungssammlung – Vergabe und Verwaltung
de Wyl/Eder/Hartmann/*Bearbeiter*	Praxiskommentar Netzanschluss- und Grundversorgungsverordnung, 2008
ZfK	Zeitschrift für Kommunale Wirtschaft

ZIP	Zeitschrift für Wirtschaftsrecht
ZNER	Zeitschrift für neues Energierecht
ZPO	Zivilprozessordnung in der Fassung der Bekanntmachung vom 5.12.2005 (BGBl. I S. 3202 (2006 I S. 431) (2007 I S. 1781)) zuletzt geändert durch Artikel 3 des Gesetzes vom 21.11.2016 (BGBl. I S. 2591)
ZUR	Zeitschrift für Umweltrecht
ZWeR	Zeitschrift für Wettbewerbsrecht

Internetfundstellen

BMWi, Baustein für die Energiewende: 7 Eckpunkte für das „Verordnungspaket Intelligente Netze", 7 Eckpunkte für das „Verordnungspaket Intelligente Netze", 9.2.2015, abrufbar unter www.bmwi.de

Ernst & Young, Kosten-Nutzen-Analyse für einen flächendeckenden Einsatz intelligenter Zähler, Juli 2013, und auf die hierzu ergänzenden Variantenrechnungen von in Diskussion befindlichen Rollout-Strategien, Dezember 2014, abrufbar unter www.bmwi.de

Einleitung

Schrifttum: *Baasner/Milovanović/Schmelzer/Schneidewindt*, Einbaupflicht, -recht und Akzeptanz – Fragen und Antworten zum Einbau von Messeinrichtungen und Messsystemen nach der Novellierung des EnWG 2011, N&R 2012, 12; *BMJ*, Handbuch der Rechtsförmlichkeit, Empfehlungen des Bundesministeriums der Justiz für die rechtsförmliche Gestaltung von Gesetzen und Rechtsverordnungen nach § 42 Absatz 4 und § 62 Absatz 2 der Gemeinsamen Geschäftsordnung der Bundesministerien, 3. Aufl. 2008; *Eder/v. Wege/Weise*, Der Rechtsrahmen für Smart Metering – ein konsistentes Gesamtkonzept?, ZNER 2012, 59; *Grothe/Steible*, Smart Grid – Bedingung einer gelungenen Energiewende, VBlBW 2015, 57; *Güneysu/Wieser*, Smarte Preise für smarte Netze – Evolution oder Revolution? ZNER 2011, 417; *Herzmann*, Mindestanforderungen an Messeinrichtungen nach § 21b IIIa und IIIb EnWG – mehr Rechtssicherheit durch das Positionspapier der BNetzA vom 23.6.2010, IR 2010, 218; *Paskert*, Die Anreizregulierung: Fit für die Netze der Zukunft, WiVerw 2010, 122; *Richter/Franz*, Weitere Liberalisierung des Messwesens – Erfolgsmodell für den Wettbewerb oder Sackgasse, ET 11/2008, 32; *Säcker/Zwanziger*, Die Übertragung moderner Messstelleneinrichtungen im Wege der Inhouse-Vergabe, RdE 2016, 381; *Schäfer-Stradowsky/Boldt*, Energierechtliche Anmerkungen zum Smart Meter-Rollout, EnWZ 2015, 349; *Schneidewindt/Sieverding*, Intelligente Stromzähler (Smart Meter) – mehr Risiken als Nutzen für Verbraucherinnen und Verbraucher. – Bonn: Friedrich-Ebert-Stiftung, Abt. Wirtschafts- und Sozialpolitik, 2014, abrufbar unter: http://library.fes.de/pdf-files/wiso/11141.pdf; *Theobald/Kern*, Das dritte Energiebinnenmarktpaket der EU und die Reform des deutsche Energiewirtschaftsrechts 2011, EuZW 2011, 896; *Wagner/Ruff/v. Wege*, Die Interimslösung der BNetzA – Anpassung der Marktkommunikation an das Messstellenbetriebsgesetz, IR 2017, 26; *v. Wege/Sösemann*, Smart Metering in Deutschland – Sein oder Schein? § 21b IIIa und IIIb EnWG, IR 2009, 55; *Wieser*, Intelligente Elektrizitätsversorgungsnetze – Ausgewählte Rechtsfragen unter besondere Berücksichtigung des EnWG 2011 und des EEG 2012, 2014; *Windoffer/Groß*, Rechtliche Herausforderungen des „Smart Grid", VerwArch 2012, 491; *Wübbels*, Verteilnetze als tragende Säule der Energiewende, EnWZ 2015, 193; *Wulf*, Smart Metering und die Liberalisierung des Messwesens Rechtliche Rahmenbedingungen zur Schaffung von Wettbewerb auf dem deutschen Energiemarkt, 2009.

Studien:

Ernst & Young GmbH: Kosten-Nutzen-Analyse für einen flächendeckenden Einsatz intelligenter Zähler, Endbericht zur Studie im Auftrag des Bundesministeriums für Wirtschaft und Technologie, Stand: Juli 2013;

dena, dena-Netzstudie I, 2005, abrufbar auf www.dena.de;

dena, dena-Netzstudie II. Integration erneuerbarer Energien in die deutsche Stromversorgung im Zeitraum 2015–2020 mit Ausblick 2025, abrufbar auf www.dena.de;

dena, Integration der erneuerbaren Energien in den deutsch-europäischen Strommarkt, Endbericht, 2012, abrufbar auf www.dena.de.

Übersicht

	Rn.		Rn.
I. Entstehungsgeschichte des MsbG	1	6. Das ursprünglich geplante Verordnungspaket „Intelligente Netze"	19
1. Hintergrund	1	7. Entstehungsgeschichte des MsbG	21
2. Europarechtliche Entwicklungen	6	8. Interimsmodell	27
3. Die bisherige Entwicklung des Messstellenbetriebsrechts in Deutschland	11	II. Gründe für die Einführung eines neuen Stammgesetzes	31
4. Smart-Meter-Rollout nach dem EnWG 2011	14	1. Einheitliches formelles Gesetz gegen weitere Zersplitterung	31
5. Kosten-Nutzen-Analyse eines flächendeckenden Rollouts	17		

Einleitung

    2. Regulatorische Trennung des Messstellenbetriebs vom Netzbetrieb ... 37
    3. Grundrechtsrelevanz 38
    4. Aufgabentrennung 39
    5. Ergebnis..................... 40
  III. Finanzierung des Rollouts 41
    1. Bisherige Finanzierung von Messstellenbetrieb, Messung und Smart-Meter-Rollout 41

    2. Finanzierung im MsbG 43
    3. Entstehungsgeschichte und Gesetzesbegründung................ 44
    4. Kritik an der Finanzierung durch Preisobergrenzen 47
    5. Alternativen zur Finanzierung über Preisobergrenzen 49

I. Entstehungsgeschichte des MsbG

1. Hintergrund

1 Mit dem Artikelgesetz „Gesetz zur Digitalisierung der Energiewende"[1] reagiert der Bundesgesetzgeber auf die veränderten Anforderungen an das Elektrizitätsversorgungssystem der Zukunft. Art. 1 des Gesetzespaketes führt das Messstellenbetriebsgesetz ein, mit dem der Gesetzgeber insbesondere den Schwächen der bisherigen Regelung in §§ 21b ff. EnWG (alt) und der **Messzugangsverordnung (alt)** begegnen will. **Ziel der Gesetzgebung** ist der Rollout sog. „Smart Meter", d.h. die Ausstattung der Letztverbraucher mit intelligenten Messsystemen bzw. modernen Messeinrichtungen. Da moderne Messeinrichtungen keine essential facilities oder natürliche Monopole sind, ist eine Ex-ante-Zugangs- und Entgeltregulierung durch die Regulierungsbehörden nicht geboten; die Wahl des Messstellenbetreibers kann daher im Grundsatz dem Verbraucher überlassen werden. Um trotz der Liberalisierung des Messwesens die ununterbrochene Funktionstüchtigkeit der Messstelleneinrichtungen zu gewährleisten, hat der Gesetzgeber die Verteilnetzbetreiber als grundzuständige Messstellenbetreiber eingesetzt, die in Konkurrenz zu den freien Messstellenbetreibern agieren und bei Ausfall des freien Betreibers der Messstelle an deren Stelle treten (vgl. § 18 Abs. 1). Da die volle Erfüllung der Funktionen des Messstellenbetriebs kleine kommunale Verteilnetzbetreiber personell, fachlich und finanziell angesichts der engen Entgeltvorgaben (vgl. § 29) überfordern kann, haben diese die Möglichkeit, mit anderen Verteilnetzbetreibern in einem paritätisch strukturierten Gemeinschaftsunternehmen die Aufgaben gemeinsam zu erfüllen, ohne den Messstellenbetrieb ausschreiben zu müssen.[2]

2 Die **Initiative für die Gesetzgebung** beruht sowohl auf europarechtlichen Vorgaben als auch auf Veränderungen in der deutschen Energiewirtschaft durch die Energiewende. Die Reaktorkatastrophe im japanischen Fukushima führte zu einem Umdenken in der deutschen Energiepolitik. Im Sommer 2011 traf das Atomausstiegsgesetz einen nationalen Konsens über den Verzicht auf die Nutzung von Kernenergie zu gewerblichen Zwecken.[3] Im Paket mit weiteren Gesetzen läutete der Gesetzgeber die deutsche Energiewende ein, die zu einer Umstrukturierung der Energiewirtschaft führt.[4] Ein wichtiges Ziel liegt in der Umstellung auf erneuerbare Energien, die allerdings volatil sind und eine technische Herausforderung für die Integration in bestehende Netze darstellen. Hinzu kommt, dass die

---
1 Gesetz zur Digitalisierung der Energiewende v. 29.8.2016, BGBl. I 2016, S. 2032.
2 Vgl. näher *Säcker/Zwanziger*, RdE 2016, 381 ff.
3 3. Gesetz zur Änderung des AtG v. 31.7.2011.
4 Vgl. zur Transformation der Energiewende BerlKommEnR/*Steffens*, Einl. EEG Rn. 23.

Stromversorgung vermehrt dezentral erfolgt, wozu die Verbraucher und die Betreiber von lokalen Wind- und Sonnenenergieerzeugungsanlagen als „Prosumer" beitragen, indem sie selbst in das Netz einspeisen. Die Entwicklungen führen zu einer stärkeren Vernetzung der Akteure untereinander. Mess- und Kommunikationstechnologien müssen deshalb weiterentwickelt werden, um den Anforderungen gerecht zu werden.

In einem vermehrt **dezentralen Versorgungssystem** können vernetzte, intelligente Versorgungsnetze zum **Lastenausgleich** untereinander beigetragen. Smart Meter sollen zudem zu einer **Flexibilisierung von Stromverbrauch und -erzeugung** beitragen, um die Netze zu stabilisieren und die Versorgungssicherheit zu gewährleisten.

3

Die **Rolle des Messwesens** in der Energiewende gewinnt durch den bestehenden **Netzausbaubedarf** an Bedeutung. Für die Integration erneuerbarer Energien stellt die dena-Verteilnetzstudie 2015 einen erheblichen Ausbaubedarf fest, der Verteilnetze und Übertragungsnetze betrifft. Zwar senkt die dezentrale Versorgung den Netzausbaubedarf. Da erneuerbare Energien aber zur zentralen Stromversorgung durch Stromtransporte von Nord- nach Süddeutschland beitragen, verlängern sich die Transportwege insgesamt. Dennoch kann in Zukunft der **Grundsatz „Intelligenz statt Leitung"** in nicht unerheblichen Umfang dazu beitragen,[5] dass Smart Meter energieeinsparende und effizienzverbessernde Wirkung haben. Die Digitalisierung der Netze kann den Netzausbaubedarf zwar nicht beseitigen aber doch reduzieren.[6]

4

Die Notwendigkeit weiteren Netzausbaus wird durch das Ziel verstärkt, eine **europäische Energieunion** zu schaffen.[7] Mit der Verwirklichung eines vollständig integrierten europäischen Energiemarktes wird der Stromhandel weiter zunehmen und der Netzausbaubedarf steigen.

5

2. Europarechtliche Entwicklungen

Bisheriger Höhepunkt der europäischen Energiepolitik war im Jahr 2009 das **Dritte Binnenmarktpaket Energie**. Die Mitgliedstaaten hatten die Vorgaben bis März 2011 in nationales Recht umzusetzen. Das Paket besteht aus der Verordnung (EG) Nr. 713/2009 zur Gründung einer Agentur für die Zusammenarbeit der Energieregulierungsbehörde, der Verordnung (EG) Nr. 714/2009 über die Netzzugangsbedingungen für den grenzüberschreitenden Stromhandel, der Verordnung (EG) Nr. 715/2009 über die Bedingungen für den Zugang zu den Erdgasfernleitungsnetzen und den Richtlinien über gemeinsame Vorschriften für den Elektrizitätsbinnenmarkt (2009/72/EG),[8] sog. Elektrizitätsrichtlinie, und für den Erdgasbinnenmarkt (2009/73/EG).[9] Zurzeit wird das Vierte Binnenmarktpaket

6

---

5 IAEW et al., Moderne Verteilernetze für Deutschland, S. 65 ff.: Unter Berücksichtigung von IKT-Kosten wird bei Reduktion des Netzausbaus um 44% die Einsparung von 15% von jährlichen Zusatzkosten angenommen. Die Studie sieht weitere Möglichkeiten zur Reduktion durch die Einführung von regelbaren Ortsnetztransformatoren vor, S. 84 ff.
6 Vgl. BNetzA, Evaluierungsbericht nach § 33 ARegV.
7 KOM, Paket zur Energieunion, Mitt. v. 25.2.2015, COM(2015) 80 final.
8 Richtlinie 2009/72/EG v. 13.7.2009 über gemeinsame Vorschriften für den Elektrizitätsbinnenmarkt und zur Aufhebung der Richtlinie 2003/54/EG (ABl. L 211, 14.8.2009, S. 55).
9 Richtlinie 2009/73/EG v. 13.7.2009 über gemeinsame Vorschriften für den Erdgasbinnenmarkt und zur Aufhebung der Richtlinie 2003/55/EG (ABl. L 211, 14.8.2009, S. 94).

Einleitung

(Energy Transition Package) nach Vorlage des entsprechenden Referentenentwurfs diskutiert, das bis Anfang 2019 umgesetzt werden soll.[10]

7 In den Erwägungsgründen der Elektrizitätsrichtlinie werden die Mitgliedstaaten aufgefordert, die **Modernisierung der Verteilernetze** – beispielsweise durch Einführung intelligenter Netze – zu unterstützen, um so dezentrale Energieerzeugung und Energieeffizienz zu fördern.[11] Gleichzeitig billigt die Richtlinie den Mitgliedstaaten zu, die **Einführung intelligenter Messsysteme** von wirtschaftlichen Erwägungen abhängig zu machen.[12] Wenn diese Erwägungen zu dem Schluss führten, dass die Einführung solcher Messsysteme nur im Falle von Verbrauchern mit einem bestimmten Mindeststromverbrauch wirtschaftlich vernünftig und kostengünstig sei, sollten die Mitgliedstaaten dies bei der Einführung intelligenter Messsysteme berücksichtigen (Erwägungsgrund 55).[13] In Art. 3 Abs. 5 Unterabs. 11 verlangt die Energierichtlinie, dass die Mitgliedstaaten bzw. die Regulierungsbehörden den Energieversorgungsunternehmen nachdrücklich empfehlen, den Stromverbrauch zu optimieren und die Energieeffizienz zu fördern, indem sie Energiemanagementdienstleistungen anbieten, neuartige Preismodelle entwickeln oder gegebenenfalls intelligente Messsysteme bzw. intelligente Netze einführen.[14] Mangels konkreten Handlungsauftrages haben diese Empfehlungen nur den Charakter von Programmsätzen ohne rechtliche Verbindlichkeit.[15]

8 Im **Anhang der Richtlinie** gibt die Kommission den Mitgliedstaaten allerdings den **Handlungsauftrag**, bis 2020 80 % der Letztverbraucher mit intelligenten Messsystemen auszustatten.[16] Die Erreichung dieses Ziels kann aber von der Durchführung einer Kosten-Nutzen-Analyse abhängig gemacht werden. Anhand der Ergebnisse dieser Analyse haben die Mitgliedstaaten einen Zeitplan für die Einführung intelligenter Messsysteme zu erstellen.

9 In der **Gasrichtlinie** finden sich vergleichbare Programmsätze.[17] Den Mitgliedstaaten werden im Anhang dieser Richtlinie aber keine zeitlichen oder quantitativen Rollout-Vorgaben gemacht.

10 Die Europäische Kommission hat die **Taskforce Intelligente Netze** eingerichtet, die die Europäische Kommission bei der Entwicklung und Verwendung von intelligenten Netzen berät.[18] Im März 2012 hat die Europäische Kommission die **Empfehlung 2012/148/EU** zur Vorbereitung für die Einführung intelligenter Messsysteme veröffentlicht.[19] Hierin unterstreicht sie unter anderem die Bedeutung einer „data protection by design"-Lösung und

---

10 KOM, Vorschlag für eine Verordnung des Europäischen Parlaments und des Rates über das Governance-System der Energieunion v. 30.11.2016, COM(2016) 759 final.
11 Erwägungsgrund 27 Richtlinie 2009/72/EG.
12 Anhang 1 (2), Richtlinie 2009/72/EG.
13 Erwägungsgrund 55 Richtlinie 2009/72/EG.
14 Art. 3 Abs. 5 Unterabs. 11 Richtlinie 2009/72/EG.
15 *Wieser*, Intelligente Elektrizitätsversorgungsnetze, S. 48.
16 Richtlinien 2009/72/EG und 2009/73/EG
17 Erwägungsgrund 52, Art. 3 Abs. 8 Richtlinie 2009/73/EG.
18 Sog. Smart Grids Task Force, vgl. http://ec.europa.eu/energy/en/topics/markets-and-consumers/smart-grids-and-meters (zuletzt abgerufen am 15.2.2016).
19 Europäische Kommission, Empfehlung der Europäischen Kommission v. 9.3.2012 zu Vorbereitungen für die Einführung intelligenter Messsysteme, C (2012), 1342 final.

gibt Empfehlungen bezüglich der Durchführung der Wirtschaftlichkeitsprüfung. Der Empfehlung kommt keine Rechtsverbindlichkeit zu.[20]

3. Die bisherige Entwicklung des Messstellenbetriebsrechts in Deutschland

Bereits im Jahr 2007 beschloss die Bundesregierung im Rahmen des **integrierten Energie- und Klimaprogramms** die flächendeckende Einführung von Smart Metern.[21] Ursprünglich verfolgte die Politik das Ziel einer rein marktgetriebenen Einführung intelligenter Zähler, vermittelt durch Wettbewerb bei Messung und Messstellenbetrieb.[22] Das „**Gesetz zur Öffnung des Messwesens für Strom und Gas für Wettbewerb**"[23] vom 29.8.2008 fügte in den alten § 21b EnWG die Absätze 3a und 3b ein, die Art 13 EDL-Richtlinie in deutsches Recht umsetzten und die künftigen Anforderungen an den Einsatz von Zählern festlegten.[24] Ab 1.10.2010 wurden Messstellenbetreiber unter bestimmten Einschränkungen dazu verpflichtet, Zähler einzubauen oder den Einbau solcher Zähler anzubieten, die dem Anschlussnutzer den tatsächlichen Verbrauch und die Nutzungszeit anzeigen. Da die konkreten **Anforderungen aus § 21 Abs. 3a und 3b EnWG 2008** unklar blieben,[25] bemühte sich die Bundesnetzagentur, die Unsicherheiten durch ein **Positionspapier** zu reduzieren.[26]

Da die Bundesregierung die Bedeutung von intelligenten Zählern sah, kündigte sie angesichts der Unzulänglichkeiten der bestehenden Rechtslage Änderungen im Rahmen eines **Energiekonzepts** an,[27] das im Juli 2011 zu zahlreichen Gesetzesänderungen führte. Durch die Reaktorkatastrophe in Fukushima, Japan, im Jahr 2011 wurde das Energiekonzept der Bundesregierung aber überarbeitet. Statt der Nutzung der Kernenergie als Brückentechnologie traf die Politik die Entscheidung für den Ausstieg Deutschlands aus der gewerblichen Nutzung der Atomkraft. Das Programm mündete in ein **Gesetzespaket zur Energiewende**.

Diese Gesetzesänderungen waren auch durch das Dritte Binnenmarktpaket Energie erforderlich. Das „**Gesetz zur Neuregelung energiewirtschaftsrechtlicher Vorschriften**" vom 26.7.2011 ersetzte den § 21b und fügte **§§ 21b bis 21i EnWG 2011** ein, die vier verschiedene Formen der Einbauverpflichtungen und eine Anbindungsverpflichtung statuierten,[28] wobei die Änderungen in § 21c EnWG über die zwingenden europarechtlichen Mindestvoraussetzungen hinausgehen.[29]

---

20 *Wieser*, Intelligente Elektrizitätsversorgungsnetze, S. 51; vgl. zum Rechtscharakter von Empfehlungen allgemein: Ruffert/Calliess/*Ruffert*, Art. 288 Rn. 95.
21 BMWi, Eckpunkte für ein integriertes Energie- und Klimaprogramm, S. 4.
22 Gesetzentwurf der BReg, BT-Drs. 16/8306; vgl. BerlKommEnR/*Drozella*, 3. Aufl. 2014, § 21b EnWG Rn. 4; *Richter/Franz*, ET 11/2008, 32 ff.
23 Gesetz zur Öffnung des Messwesens für Strom und Gas für Wettbewerb v. 29.8.2008, BGBl. I 2008, S. 1790.
24 Unterrichtung der BReg, Evaluierungsbericht der BReg über die Erfahrungen und Ergebnisse der mit der Regulierung durch das Energiewirtschaftsgesetz, BT-Drs. 16/6532, S. 15.
25 Vgl. hierzu BerlKommEnR/*Böhnel*, 2. Aufl. 2010, 21b EnWG Rn. 86 ff. m. w. N.
26 BNetzA, Positionspapier zu den Anforderungen an Messeinrichtungen nach § 21b Abs. 3a und 3b EnWG v. 23.6.2010.
27 BMWi/BMUB, Energiekonzept für eine umweltschonende, zuverlässige und bezahlbare Energieversorgung v. 28.9.2010.
28 Vgl. hierzu BerlKommEnR/*Drozella*, 3. Aufl. 2014, § 21b EnWG Rn. 4.
29 Vgl. hierzu BerlKommEnR/*Drozella*, 3. Aufl. 2014, § 21b EnWG Rn. 4.

4. Smart-Meter-Rollout nach dem EnWG 2011

14 Das im Juli 2011 in Kraft getretene „**Gesetz zur Neuregelung energiewirtschaftlicher Vorschriften**" setzte im Kern folgende Änderungen im Messwesen um:[30] Dem Anschlussnehmer wird unter bestimmten Voraussetzungen ein **Recht zur Wahl des Messstellenbetreibers** eingeräumt (§ 21b Abs. 5 EnWG 2011). Den Messstellenbetreiber traf nach § 21c Abs. 1 EnWG 2011 **in vier Fällen** die **Pflicht zum Einbau von Messsystemen**. Bei den ersten drei Varianten muss der Einbau technisch möglich sein, und es muss sich entweder um Gebäude handeln, die neu an das Energieversorgungsnetz angeschlossen werden oder die einer größeren Renovierung unterzogen worden sind (Var. 1), oder um Letztverbraucher, deren Jahresverbrauch 6000 kWh übersteigt (Var. 2), oder um Anlagenbetreiber nach dem EEG oder dem KWKG bei Neuanlagen mit einer installierten Leistung von mehr als 7 kW (Var. 3). Unter die vierte Variante der Einbauverpflichtung nach § 21c Abs. 1 EnWG 2011 fallen alle übrigen Gebäude, sofern der Einbau von Messsystemen technisch möglich und wirtschaftlich vertretbar ist. § 21d EnWG 2011 hat den Begriff des Messsystems eingeführt, der durch die in § 21e EnWG 2011 statuierten Anforderungen konkretisiert wird.

15 Das EnWG 2011 enthält die Grundsatzbestimmung, dass Messsysteme zur **Gewährleistung von Datenschutz, Datensicherheit und Interoperabilität** bestimmte Anforderungen von **Schutzprofilen** und **Technischen Richtlinien** erfüllen müssen; Näheres kann durch Rechtsverordnungen geregelt werden. § 21g EnWG 2011 stellt die zentrale bereichsspezifische Norm für Datenschutz dar. Seit dem Jahr 2011 erarbeitet das Bundesamt für Sicherheit in der Informationstechnik Schutzprofile und Technische Richtlinien, die nun durch das Gesetz zur Digitalisierung der Energiewende für allgemeinverbindlich erklärt werden.

16 § 21i EnWG 2011 erlaubt die Regelung weiterer Fragen durch **Verordnungen der Bundesregierung**, wobei zum Teil die Zustimmung des Bundesrates und sogar des Deutschen Bundestags erforderlich waren.[31] Je nach konkreter Ausgestaltung der Rechtsakte wären mehrere Rechtsverordnungen nötig gewesen, um eine flächendeckende Einführung von Smart Metern in Deutschland zu erreichen.[32]

5. Kosten-Nutzen-Analyse eines flächendeckenden Rollouts

17 Unter Nutzung der europarechtlichen Möglichkeit, den Smart-Meter-Rollout von der Durchführung einer **Kosten-Nutzen-Analyse** abhängig zu machen,[33] beauftragte das Bundeswirtschaftsministerium die Ernst & Young GmbH Wirtschaftsprüfungsgesellschaft mit einer Kosten-Nutzen-Analyse zur flächendeckenden Einführung von intelligenten Messsystemen und Zählern in Deutschland.[34] Die Studie fertigte auf der Grundlage des bestehenden gesetzlichen Rahmens zur Einführung von Smart Metern in Deutschland eine Funktions- und Wirkungsanalyse sowie eine volkswirtschaftliche Kosten-Nutzen-Analyse

---

30 Gesetz zur Neuregelung energiewirtschaftlicher Vorschriften v. 26.7.2011, BGBl. I, S. 1554.
31 Vgl hierzu BerlKommEnR/*Franz/Boesche*, 3. Aufl. 2014, § 21i EnWG Rn. 1 ff.
32 Vgl hierzu BerlKommEnR/*Franz/Boesche*, 3. Aufl. 2014, § 21i EnWG Rn. 4 ff.
33 Vgl. Anhang 1 (2), Richtlinie 2009/72/EG.
34 Ernst & Young, Kosten-Nutzen-Analyse für einen flächendeckenden Einsatz intelligenter Zähler, Endbericht zur Studie im Auftrag des Bundesministeriums für Wirtschaft und Technologie, Stand: Juli 2013 (im Folgenden: Ernst & Young, Kosten-Nutzen-Analyse).

an, um daraus Handlungsempfehlungen zu entwickeln. Die im Jahr 2013 veröffentlichte Analyse kommt zu dem Ergebnis, dass ein flächendeckender Rollout nach EU-Vorgaben (sog. EU-Szenario) nicht vorteilhaft sei, da dieser Rollout zu einem gesamtwirtschaftlich negativen Netto-Kapitalwert führe und insgesamt wirtschaftlich unzumutbar sei.[35] Es wird die Weiterentwicklung des Gesetzesrahmens von 2011 empfohlen. Das vorgeschlagene sog. erweiterte Rollout-Szenario sieht die verpflichtende Ausstattung bestimmter Gruppen vor.[36] Ein am konkreten Nutzen orientierter Rollout sei über verschiedene Einsparpotenziale und die Einbeziehung von Erzeugungsanlagen nach dem EEG und dem KWKG ab 7 KW installierter Leistung möglich. Ernst & Young schlagen daher eine Mischkalkulation vor, bei der jeder Endverbraucher einen Systemkostenbeitrag von 8 €/Jahr trägt und Nutzer intelligenter Zähler max. 42 €/Jahr bzw. Nutzer intelligenter Messsysteme max. 72 €/Jahr zahlen.[37]

Die Deutsche Energie-Agentur GmbH hat, anknüpfend an diese Ergebnisse, in einer weiteren Studie erneut den regulatorischen Rahmen auf Basis der unterschiedlichen Netzstrukturen der nationalen Verteilnetzbetreiber untersucht, und dabei auf die regionalen Unterschiede hingewiesen, die zu berücksichtigen seien.[38] **18**

6. Das ursprünglich geplante Verordnungspaket „Intelligente Netze"

Auf Grundlage der Ermächtigungsgrundlage in § 21i EnWG plante der Gesetzgeber ursprünglich den Rollout von Smart Metern im Verordnungswege. Im Februar 2012 kündigte das Bundesumweltministerium ein **Verordnungspaket** an, mit dem die „Intelligenten Netze" auf den Weg gebracht werden sollten.[39] Das Eckpunktepapier Intelligente Messsysteme[40] sah den Erlass von **drei Verordnungen** vor. Eine technische Grundlagen-Verordnung, die Messsystemverordnung, sollte Schutzprofile und Technische Richtlinien zur Gewährleistung von Datenschutz, Datensicherheit und Interoperabilität enthalten. Die Nutzung von Daten sollte eine Datenkommunikationsverordnung regeln. Alle Fragen des Rollouts und die Finanzierung der Ausstattung mit moderner Infrastruktur regelte eine „Rollout-Verordnung". Eckpunkte des Papiers waren die sichere und effiziente Kommunikation im intelligenten Netz, die nachhaltige Modernisierung der Zählerinfrastruktur ohne Rollout um jeden Preis, aber mithilfe einer differenzierten Einbauverpflichtung. Des Weiteren wurden variable Tarife, die Kosteneffizienz des Bilanzierungsverfahrens und Anreize für die Flexibilisierung auf Last- und Erzeugungsseite in dem Eckpunktepapier thematisiert. **19**

Der Entwurf der Messsystemverordnung (MsysV) wurde am 24.9.2013 bei der Europäischen Kommission **notifiziert**,[41] um im Rahmen des Verordnungspaketes Schutzprofile **20**

---

35 Ernst & Young, Kosten-Nutzen-Analyse, S. 217.
36 Ernst & Young, Kosten-Nutzen-Analyse, S. 218.
37 Ernst & Young, Kosten-Nutzen-Analyse, S. 221.
38 Die Studie besteht aus drei Teilstudien zu Kosten, Netzen und Regulierung. Die Studien sind abrufbar auf der Internetseite der dena: http://www.dena.de/projekte/energiesysteme/dena-smart-meter-studie.html (zuletzt abgerufen am 15.2.2016).
39 BMWi, Newsletter Energie direkt v. 17.2.2015, Das Stromnetz wird intelligent, BMWi veröffentlicht Eckpunkte für den künftigen Einsatz intelligenter Messsysteme und Zähler („Smart Meter").
40 BMWi, Baustein für die Energiewende: 7 Eckpunkte für das „Verordnungspaket Intelligente Netze".
41 Verfahren nach Richtlinie 98/34 EG.

und Technische Richtlinien ohne Verstoß gegen EU-Recht verabschieden zu können. Der Erlass des Verordnungspaketes wurde von der Praxis dringend erwartet, um Rechtssicherheit über die Einbauverpflichtung und die technischen Anforderungen an die einzubauenden Messeinrichtungen zu erhalten. Die konkrete Ausgestaltung der Einbaupflicht aus § 21c EnWG 2011 hing von den Bedingungen aus den noch zu erlassenden Rechtsverordnungen ab, so dass sich Messstellenbetreiber und Verbraucher in einer unsicheren Übergangssituation befanden.[42] Insbesondere blieb unklar, wann der Einbau nach § 21c Abs. 1d EnWG 2011 wirtschaftlich vertretbar ist, da es bis zuletzt weder eine einschlägige Bestimmung in der MessZV noch eine Verordnung nach § 21c Abs. 2 S. 2 EnWG 2011 gab.[43]

7. Entstehungsgeschichte des MsbG

21 Im Oktober 2014 publizierte das BMWi ein **Grünbuch**, mit dem eine öffentliche Konsultation mit dem Ziel einer breiten Auseinandersetzung um das zukünftige Strommarktdesign in Deutschland eröffnet wurde.[44] Der Öffentlichkeit wurde bis zum 1.3.2015 die Möglichkeit eingeräumt, zum Grünbuch Stellung zu nehmen. Das Ergebnis der Konsultation veröffentlichte das BMWi im **Weißbuch**.[45] Hierin präsentierte das Ministerium die Entscheidung für einen **Strommarkt 2.0** und erläuterte, dass die schrittweise Einführung von Smart Metern eine konkrete Maßnahme für eine flexible und effiziente Stromversorgung der Zukunft sein werde.[46]

22 Das Weißbuch ging noch vom Erlass eines **Verordnungspaketes „Intelligente Netze"** im Sommer 2015 aus.[47] Ein erster inoffizieller Arbeitsentwurf des federführenden Referats aus dem Bundesministerium für Wirtschaft und Energie überraschte Anfang August 2015 umso mehr. Der Entwurf sah in einem Artikelgesetz zur Digitalisierung der Energiewende die Einführung eines **neuen Stammgesetzes**, des Messstellenbetriebsgesetzes (MsbG) vor. Der Arbeitsentwurf blieb im Wesentlichen unverändert, als das federführende Bundesministerium für Wirtschaft und Energie am 2.9.2015 den **Referentenentwurf** eines Gesetzes zur Digitalisierung der Energiewende veröffentlichte. Kern des Gesetzesentwurfes stellt Art. 4 dar, der den Erlass eines Gesetzes über den Messstellenbetrieb und die Datenkommunikation in intelligenten Energienetzen vorsieht. Der Referentenentwurf unterschied sich insofern von der ursprünglichen Fassung, als Kapitel 6 des MsbG in §§ 41–45 die Übertragung der Grundzuständigkeit für moderne Messeinrichtungen und intelligente Messsysteme auf die Verteilnetzbetreiber vorsieht, während die Arbeitsfassung in §§ 41–47 die Ausschreibung der Grundzuständigkeit für moderne Messeinrichtungen regelte. Der Referentenentwurf begründete die Änderung damit, dass die Regelungen zum Verfahren kein neues, bereichsspezifisches Vergaberecht installierten, sondern auf die Regelungen des Gesetzes gegen Wettbewerbsbeschränkungen zurückgriffen. Sollten im Einzelfall die Regeln mangels Eröffnung des Anwendungsbereiches (z.B. weil es an der Entgeltlich-

---

42 *Baasner/Milovanović/Schmelzer/Schneidewindt*, N&R 2012, 12; *Eder/v. Wege/Weise*, ZNER 2012, 59.
43 Vgl. *Grothe/Steible*, VBlBW 2/2015, 57, 60.
44 BMWi, Ein Strommarkt für die Energiewende, Stand: November 2014, Diskussionspapier des Bundesministeriums für Wirtschaft und Energie (Grünbuch).
45 BMWi, Ein Strommarkt für die Energiewende, Stand: Juli 2015, Ergebnispapier des Bundesministeriums für Wirtschaft und Energie (im Folgenden: Weißbuch).
46 BMWi, Weißbuch, S. 75.
47 BMWi, Weißbuch, S. 75.

keit fehle oder der notwendige Schwellenwert nicht erreicht sei) nicht direkt gelten, so sollten die Vorschriften des Vergaberechts entsprechend angewandt werden.[48]

Ein **zweiter Referentenentwurf** wurde am 21.9.2015 der Öffentlichkeit vorgelegt.[49] Bis zum 9.10.2015 wurden die Stellungnahmen der Verbände erwartet; parallel konnten die Bundesländer sich zu dem Entwurf äußern.[50] Am 4.11.2015 legte das federführende Ministerium den Entwurf dem Bundeskabinett vor, das diesen beschloss.[51] Im Vergleich zum zweiten Referentenentwurf änderte sich der Aufbau des Artikelgesetzes. Das MsbG trat als Kernstück des Artikelgesetzes zur Digitalisierung der Energiewende an die Stelle des Art. 1, der ursprünglich die Änderungen des EnWG enthielt.

Nachdem die betroffenen Ausschüsse ihre Stellungnahmen abgegeben hatten,[52] hat der **Bundesrat** in der Sitzung am 18.12.2015 das Gesetz zur Digitalisierung der Energiewende beraten[53] und eine **Stellungnahme** abgegeben.[54] Grundsätzlich begrüßte der Bundesrat die mit dem Gesetzesentwurf vorangetriebene Flexibilisierung und Optimierung des Verbrauchsverhaltens, betont aber, dass es keinen Rollout um jeden Preis geben dürfe.[55] Im Hinblick auf die Verhältnismäßigkeit der Belastung privater Letztverbraucher wies der Bundesrat darauf hin, dass statt einer verpflichtenden Ausstattung mit intelligenten Messsystemen die Einführung lastvariabler Tarife vorangetrieben werden sollte. Bezüglich der festgelegten Preisobergrenzen wurden Bedenken ob der Auskömmlichkeit der festgelegten Entgelte geäußert; der Bundesrat sprach sich insbesondere gegen die verpflichtende Einbeziehung von Privathaushalten mit einem Stromverbrauch bis 10.000 kWh aus.[56]

Der Regierungsentwurf in der Fassung vom 17.2.2016[57] wurde im Deutschen Bundestag am 26.2.2016 im Rahmen der **Ersten Beratung** im Plenum kontrovers behandelt.[58] In der

---

48 Referentenentwurf, Gesetz zur Digitalisierung der Energiewende, S. 176 f.
49 Der Referentenentwurf ist auf der Internetseite des BMWi abrufbar: https://www.bmwi.de/BMWi/Redaktion/PDF/P-R/referentenentwurf-gesetz-digitalisierung-energiewende,property=pdf,bereich=bmwi2012,sprache=de,rwb=true.pdf (zuletzt abgerufen am 18.1.2017).
50 Die Stellungnahmen sind auf der Internetseite des BMWi abrufbar: http://www.bmwi.de/DE/Themen/Energie/Netze-und-Netzausbau/Intelligente-Netze-und-intelligente-Zaehler/Stellungnahmen-Gesetzentwurf-Digitalisierung-Energiewende/stellungnahmen-gesetzentwurf-digitalisierung-energiewende.html (zuletzt abgerufen am 18.1.2017).
51 Der Kabinettsentwurf ist auf der Internetseite des BMWi abrufbar: http://www.bmwi.de/BMWi/Redaktion/PDF/E/entwurf-eines-gesetzes-zur-digitalisierung-der-energiewende,property=pdf,bereich=bmwi2012,sprache=de,rwb=true.pdf (zuletzt abgerufen am 18.1.2017).
52 Zum Entwurf eines Gesetzes zur Digitalisierung der Energiewende gaben der federführende Wirtschaftsausschuss, der Ausschuss für Agrarpolitik und Verbraucherschutz, der Rechtsausschuss und der Ausschuss für Umwelt, Naturschutz und Reaktorsicherheit Stellungnahmen ab, BR-Drs. 543/1/15, Empfehlungen der Ausschüsse v. 4.12.2016.
53 Bundesrat, 940. Sitzung, 18.12.2015, Plenarprotokoll 940.
54 BR-Drs. 543/15 (Beschluss), Stellungnahme des Bundesrates, Entwurf eines Gesetzes zur Digitalisierung der Energiewende.
55 BR-Drs. 543/15 (Beschluss), Stellungnahme des Bundesrates, Entwurf eines Gesetzes zur Digitalisierung der Energiewende, S. 1.
56 BR-Drs. 543/15 (Beschluss), Stellungnahme des Bundesrates, Entwurf eines Gesetzes zur Digitalisierung der Energiewende, S. 1, 15 f.
57 BT-Drs. 18/7555, Gesetzesentwurf der Bundesregierung v. 17.2.2016, Entwurf eines Gesetzes zur Digitalisierung der Energiewende.
58 Deutscher Bundestag, 18. Wahlperiode, 159. Sitzung, 26.2.2016, Plenarprotokoll 18/159.

Einleitung

Folge brachte die Fraktion BÜNDNIS 90/DIE GRÜNEN eine Kleine Anfrage ein,[59] auf die die Bundesregierung umfassend antwortete.[60] Am 22.6.2016 beschäftigte sich der Ausschuss für Wirtschaft und Energie mit dem Gesetz und hörte Experten aus Wissenschaft und Praxis zum Regierungsentwurf an.[61] Im Anschluss an die zweite und dritte Beratung des Regierungsentwurfs und nach Ablehnung eines Entschließungsantrages der Fraktion BÜNDNIS 90/DIE GRÜNEN, der u. a. ein Widerspruchsrecht von Haushaltskunden gegen den Einbau von intelligenten Messsystemen vorsah,[62] wurde am selben Tag der Gesetzesentwurf der Bundesregierung in der Fassung der Beschlussempfehlung des Ausschusses für Wirtschaft und Energie angenommen.[63]

26 Der **Bundesrat billigte** entsprechend der Empfehlung der zuständigen Bundesratsausschüsse den **Gesetzesentwurf** am 8.7.2016.[64] Ohne den Vermittlungsausschuss anzurufen, betonte der Bundesrat in einer Entschließung, dass er die Belastung privater Haushalte für unverhältnismäßig halte und privaten Endverbrauchern kein Vorteil entstünde.[65] Nach Gegenzeichnung durch den Bundespräsidenten wurde das Gesetz zur Digitalisierung der Energiewende ausgefertigt und am 29.8.2016 im Bundesgesetzblatt verkündet.[66] Damit traten die Änderungen am 2.9.2016 in Kraft.

8. Interimsmodell

27 Nach seinem Inkrafttreten schreibt das MsbG **ab dem Jahr 2017** für die ersten vom Rollout betroffenen Fallgruppen die Ausstattung der Messstellen mit intelligenten Messsystemen einschließlich der Anwendung der Vorschriften über die sog. sternförmige, dezentrale Datenkommunikation vor. Das Gesetz sieht **keine Übergangsfristen** oder Szenarien zur erleichterten Einführung der zahlreichen Regelungen vor.

28 Zwar hat das BSI die notwendigen Anforderungen an vertrauenswürdige Produktkomponenten (Smart-Meter-Gateway mit integriertem Sicherheitsmodul), an deren sicheren IT-

---

59 BT-Drs. 18/7975, Kleine Anfrage der Abgeordneten Dr. Julia Verlinden, Oliver Krischer, Dr. Konstantin von Notz, Nicole Maisch, Renate Künast, Annalena Baerbock, Bärbel Höhn, Dieter Janecek, Sylvia Kotting-Uhl, Christian Kühn (Tübingen), Steffi Lemke, Peter Meiwald und der Fraktion BÜNDNIS 90/DIE GRÜNEN v. 18.3.2016.

60 BT-Drs. 18/8218, Antwort der Bundesregierung v. 25.4.2016 auf die Kleine Anfrage der Fraktion BÜNDNIS 90/DIE GRÜNEN v. 18.3.2016.

61 BT-Drs. 18/8919, Beschlussempfehlung und Bericht des Ausschusses für Wirtschaft und Energie v. 22.6.2016 zu dem Gesetzentwurf der Bundesregierung – Drs. 18/7555 – Entwurf eines Gesetzes zur Digitalisierung der Energiewende.

62 BT-Drs. 18/8924, Entschließungsantrag der Abgeordneten Dr. Julia Verlinden, Oliver Krischer, Dr. Konstantin von Notz, Nicole Maisch, Dieter Janecek, Renate Künast, Annalena Baerbock, Bärbel Höhn, Sylvia Kotting-Uhl, Christian Kühn (Tübingen), Steffi Lemke, Peter Meiwald, Harald Ebner, Matthias Gastel, Stephan Kühn (Dresden), Friedrich Ostendorff, Markus Tressel, Dr. Valerie Wilms und der Fraktion BÜNDNIS 90/DIE GRÜNEN v. 22.6.2016 zu der dritten Beratung des Gesetzesentwurfs der Bundesregierung – Drs. 18/7555, 18/8919 – Entwurf eines Gesetzes zur Digitalisierung der Energiewende.

63 Vgl. Deutscher Bundestag, 18. Wahlperiode, 179. Sitzung, Donnerstag, 23.6.2016, Plenarprotokoll 18/179.

64 BR-Drs. 349/1/16, Empfehlungen der Ausschüsse v. 1.7.2016 zu Punkt 12 der 947. Sitzung des Bundesrates am 8.7.2016.

65 BR-Drs. 349/16, Beschluss v. 8.7.2016.

66 BGBl. I 2016, S. 2034.

I. Entstehungsgeschichte des MsbG

Betrieb (Administration) und an die vertrauenswürdige Kommunikationsinfrastruktur (Smart Metering PKI) inzwischen entwickelt und umfangreiche Schutzprofile und Technische Richtlinien auf seiner Internetseite veröffentlicht. Allerdings wird nach Einschätzung der Bundesnetzagentur eine dreijährige Übergangsphase zur Umstellung auf das „Zielmodell" notwendig werden.[67] § 60 Abs. 2 S. 2 ermächtigt die Bundesnetzagentur deshalb, durch Festlegung ein „**Interimsmodell**" zu bestimmen, so dass bis zum 31.12.2019 für den Strombereich und ohne Frist für den Gasbereich die Aufbereitung und Übermittlung von Messwerten aus intelligenten Messsystemen nicht vom Smart-Meter-Gateway, sondern von bestimmten berechtigten Stellen vorgenommen wird.

Die BNetzA hat am 12.9.2016 ein Festlegungsverfahren zu den notwendigen Änderungen der Marktkommunikationsprozesse eröffnet und ein Konsultationsverfahren durchgeführt. Nach dem Inkrafttreten des Gesetzes haben die Beschlusskammern 6 und 7 der Bundesnetzagentur am 20.12.2016 die notwendigen **Festlegungen** für **Strom (BK6-16-200)** und **Gas (BK7-16-142)** einschließlich Anlagen erlassen.[68] Hierdurch wird ein Übergangszeitraum vom 1.10.2017 bis 1.10.2019 geschaffen, in dem Aufbereitung und Verteilung von Messwerten aus intelligenten Messsystemen unter dem Regime des MsbG über den örtlichen Verteilnetzbetreiber kettenförmig fortgeführt wird. Da das MsbG kurzfristig vor allem auf den Stromsektor Einfluss hat, hat die Beschlusskammer 7 sich entschieden, im Interimsmodell für Gas die Festlegung für Wechselprozesse ersatzlos wegfallen zu lassen.[69] Für die Umsetzung der Marktkommunikation Messwesen im **Zielmodell** plant die Bundesnetzagentur kurzfristig die Durchführung eines **neuen Festlegungsverfahrens**. 29

Durch das Messstellenbetriebsgesetz hat sich zugleich der Rechtsrahmen geändert, auf dessen Grundlage die Standardverträge zum Messwesen und zum Netznutzungs-/Lieferantenrahmenvertrag festgelegt worden sind. Aus diesem Grunde hat die Bundesnetzagentur am 1.3.2017 einen neuen Konsultationsprozess eröffnet, um durch ein Festlegungsverfahren die Standardverträge Messwesen und Netznutzungs-/Lieferantenrahmenverträge an die neuen gesetzlichen Rahmenbedingungen anzupassen. Die Beschlusskammer 6 (Strom) hat nach Diskussionen mit dem BDEW und dem VKU den Entwurf „Messstellenrahmenvertrag Strom", den Entwurf „Netznutzungs-/Lieferantenrahmenwerkvertrag" sowie den Entwurf „Sperr- und Entsperrauftrag" zur öffentlichen Konsultation ausgelegt. Die Beschlusskammer 7 (Gas) hat den Entwurf „Messstellenrahmenvertrag Gas" veröffentlicht. Die Bundesnetzagentur geht dabei davon aus, dass zum Betrieb einer Messstelle essentiell sowohl der Einbau, der Betrieb und die Wartung der Messstelle als auch die Durchführung der Messung gehören.[70] Damit ist die Übertragung der Messung auf einen externen Messdienstleister gegenüber dem Anschlussnutzer nicht vereinbar und unzulässig. Aufgrund des Wegfalls der separaten Rolle eines Messdienstleisters entfällt die Möglichkeit, zusätzliche Verträge zwischen Dienstleister und Netzbetreiber abzuschließen. Die für Gas und Strom formal getrennten Festlegungsverfahren sollen nach den zutreffenden Plänen der Bundesnetzagentur ein Maximum an Regelungshomogenität aufweisen, da produktspezifische Eigentümlichkeiten eher energietechnische als rechtliche Bedeutung haben. 30

---

67 Vgl. BNetzA, Beschl. v. 20.12.2016, BK6-16-200, S. 6.
68 Abgedruckt im Anhang des Kommentars.
69 BNetzA, Beschl. v. 20.12.2016, BK7-16-142, S. 25 ff.
70 Vgl. BerlKommEnR/*Drozella*, § 3 MsbG Rn. 38 ff.

II. Gründe für die Einführung eines neuen Stammgesetzes

1. Einheitliches formelles Gesetz gegen weitere Zersplitterung

31 Als tragenden Grund für die Entscheidung gibt der Gesetzgeber an, dass aufgrund der komplexen und weitgefächerten Regelungsmaterie mindestens drei weitere Verordnungen hätten erlassen werden müssen, die eine weitere **„Zersplitterung des Energierechts"** zur Folge gehabt hätten.[71] Namentlich die notwendigen datenschutzrechtlichen Regelungen zum Schutz der Privatsphäre und der informationellen Selbstbestimmung hätten einer gesetzlichen Grundlage bedurft. Diese Begründung erscheint zwar grundsätzlich begrüßenswert, ist aber angesichts der bestehenden Fülle der energierechtlichen Verordnungen und Verordnungsermächtigungen wenig überzeugend.[72] Hinzu kommt, dass das MsbG durch die Beibehaltung von „alter" und „moderner" Messinfrastruktur die Unübersichtlichkeit erweitert.

32 Die Gesetzesbegründung enthält eine Reihe weiterer Argumente, die aus Sicht des Gesetzgebers für ein neues Stammgesetz gesprochen haben: Mit dem MsbG werde die sachgerechte gesetzgeberische Entscheidung getroffen, die Rechtsmaterie vollständig in ein einheitliches formelles Gesetz außerhalb des EnWG zu überführen.[73] Es werde das Konzept aus dem EnWG 2011 abgelöst, das zwar wegweisende Richtungsentscheidungen enthalte, allerdings nicht mehr ausgereicht habe, um die notwendigen weiteren Schritte zur Modernisierung der Energieversorgung zu gehen.[74]

33 Die Entscheidung, ein Regelungsvorhaben in geltendes Recht umzusetzen, obliegt dem Gesetzgeber.[75] Im Rahmen seiner **gesetzgeberischen Einschätzungs- und Entscheidungsprärogative** entscheidet der Gesetzgeber über den Erlass von Gesetzen und Verordnungen. Entscheidet er sich für Rechtsverordnungen, so müssen Inhalt, Zweck und Ausmaß einer Verordnung nach Art. 80 Abs. 1 GG in einem parlamentarischen Gesetz niedergelegt sein; der Verordnungsgeber hat die Grenzen der Verordnungsermächtigung zu wahren und darf nicht gegen Verfassungsrecht verstoßen. Rechtsverordnungen entlasten als delegierte Rechtsetzung den Gesetzgeber. Sie können flexibler und schneller erlassen und geändert werden, da sie nicht das formelle Rechtsetzungsverfahren durchlaufen. Rechtstechnisch haben Verordnungen eine Konkretisierungsfunktion. Hiernach hätte es näher gelegen, die kleinteiligen Regelungen zu Rollout und Preisobergrenzen im Verordnungswege zu erlassen.

34 Auch in Hinblick auf die Normenrangordnung erscheint die Aufstellung eines neuen Gesetzes nicht schlüssig. In der allgemeinen **Normenhierarchie** steht das formelle Messstellenbetriebsgesetz über rechtlichen Vorgaben von Verordnungen und neben Regelungen aus dem EnWG, EEG und KWKG. Die Regelung dieser Fragen hatte der Gesetzgeber im EnWG 2011 noch durch die umfassende Ermächtigungsgrundlage in § 21i EnWG über Verordnungen treffen wollen. Eine getrennte Regelung des Messstellenbetriebsrechts in einem eigenständigen Gesetz vermittelt den Eindruck, dass es sich inhaltlich um eine aus

---

71 Begründung zum Gesetzesentwurf v. 17.2.2016, BT-Drs. 18/7555, S. 3, 65.
72 Vgl. Bd. 3 BerlKommEnR zu den Verordnungen (erscheint 2017).
73 Begründung zum Gesetzesentwurf v. 17.2.2016, BT-Drs. 18/7555, S. 65.
74 Begründung zum Gesetzesentwurf v. 17.2.2016, BT-Drs. 18/7555, S. 72.
75 In Ausnahmefällen ist eine Ermessensreduktion auf null denkbar, etwa wenn der Gesetzgeber aufgrund der Gefährdungslage handeln muss.

II. Gründe für die Einführung eines neuen Stammgesetzes

den im Verordnungswege geregelten Rechtsmaterien herausragende Materie handelt. Zwar bewegt die Ausstattung mit Smart Metern neben den betroffenen Akteuren der Energiewirtschaft insbesondere wegen der finanziellen Belastung und der Datenschutzaspekte auch Endverbraucher verstärkt. Dies vermag eine legislative Sonderstellung des Messstellenbetriebsrechts aber vor dem Hintergrund der allgemeinen Bedeutung der Energieversorgung nicht überzeugend zu rechtfertigen. Die Zersplitterung des Energierechts wird durch ein weiteres Gesetz mit Rechtsverordnungen nicht bekämpft.

Die **Einheitlichkeit eines Stammgesetzes** erscheint nur den ersten Blick verlockend. Das Handbuch der Rechtsförmlichkeit, in dem das Bundesministerium der Justiz Empfehlungen für die rechtsförmige Gestaltung von Gesetzen und Rechtsverordnungen gibt, verdeutlicht die Schwierigkeiten.[76] Zur Einführung eines Stammgesetzes heißt es:

35

> „Unser komplexes System von Rechtsvorschriften muss immer wieder an neue Entwicklungen angepasst werden, indem vorhandene Regelungen geändert, neu geordnet oder gänzlich neue Regelungen geschaffen werden. Die Frage, wann man Regelungen zu einem eigenständigen Regelungswerk zusammenfasst, ist oft nicht leicht zu beantworten. Als Faustregel gilt: Die Regelung eines Sachverhaltes durch ein neues Stammgesetz bietet sich immer dann an, wenn die geplanten Vorschriften miteinander zusammenhängen, wenn sie sich sinnvoll von bereits geregelten Materien abgrenzen lassen oder wenn sie von besonderem öffentlichem Interesse sind. Wenn bereits anderweitig getroffene Regelungen nicht in das neue Stammgesetz übernommen werden, muss man prüfen, ob sie angepasst oder aufgehoben werden müssen."[77]

Der Gesetzgeber ließ sich von der Maßgabe leiten, die Neuregelungen mit bestehenden Regelungen in §§ 21c ff. EnWG zusammenzufassen und in einem neuen Stammgesetz zu regeln. Nach dem **Handbuch der Rechtsförmlichkeit** erfüllt das Gesetzesvorhaben zwar die alternativen Kriterien: Die neuen Vorschriften betreffen die Ausstattung mit moderner Infrastruktur und sie lassen sich von bestehenden energierechtlichen Vorschriften, soweit sie bereits in §§ 21c ff. EnWG geregelt waren oder nunmehr neu hinzukommen, sinnvoll trennen. Die bisherigen Regelungen in §§ 21c ff. EnWG hätten aber auf einfacherem Wege sinnvoll und übersichtlich ergänzt werden können.

36

2. Regulatorische Trennung des Messstellenbetriebs vom Netzbetrieb

Der Gesetzgeber führt als weiteres systematisches Argument für die Herauslösung des MsbG aus dem EnWG an, dass der Messstellenbetrieb regulatorisch vom Netzbetrieb getrennt sei.[78] Die Trennung des Messstellenbetriebs vom Netzbetrieb stellt bereits eine Errungenschaft des EnWG 2005 dar, das die Liberalisierung des Messwesens einführte, da es sich bei der Messung von Energie um eine Querschnittsaufgabe handelt, die entlang der Wertschöpfungskette zu erfüllen ist. Deshalb wäre es systematisch sinnvoll gewesen, die Regelung zum Messwesen im EnWG selbst zu modernisieren.

37

---

76 BMJ, Handbuch der Rechtsförmlichkeit, 3. Aufl. 2008, abrufbar unter hdr.bmj.de.
77 BMJ, Handbuch der Rechtsförmlichkeit, Teil C, Stammgesetze, Rn. 320.
78 Begründung zum Gesetzesentwurf v. 17.2.2016, BT-Drs. 18/7555, S. 72.

Einleitung

3. Grundrechtsrelevanz

38 Die **Grundrechtsrelevanz** der Einführung der modernen Infrastruktur liegt im Hinblick auf Art. 2 Abs. 1 GG offen, zwingt aber nicht zur Regelung in Form eines eigenständigen formellen Gesetzes. Die Ausführungen in der Gesetzesbegründung, dass nach der bisher bestehenden Gesetzeslage wesentliche Regelungsgegenstände dem Verordnungsgeber überantwortet wurden,[79] erinnert an die Argumentation des Bundesverfassungsgerichts zur Wesentlichkeitstheorie als Ausdruck des Parlamentsvorbehalts. Nach der Rechtsprechung des Gerichtes müssen grundlegende und wesentliche Entscheidungen innerhalb deutscher Gewaltenteilung vom Gesetzgeber getroffen werden.[80] Andererseits setzt nicht jeder Grundrechtseingriff eine parlamentarische Ermächtigungsgrundlage voraus. Anstelle des Erlasses eines Messstellenbetriebsgesetzes hätte auch der Weg gesetzesergänzender Verordnungen auf Grundlage von § 21i EnWG beschritten werden können. Zur Vermeidung einer weiteren Zersplitterung des Energierechts wollte der Gesetzgeber aber die zukunftsweisende Materie in einem neuen Stammgesetz zusammenfassen.[81] Diese Begründung verdeutlicht, dass der Gesetzgeber sich von der Idee leiten ließ, eine aus seiner Sicht wichtige Regelung in einem eigenen, neuen Gesetz zu regeln.

4. Aufgabentrennung

39 Ein weiteres Argument aus der Gesetzesbegründung lautete, dass die **unklare Aufgabentrennung** zwischen Gesetz- und Verordnungsgeber abgelöst werden sollte.[82] Das EnWG 2011 habe im alten § 21i eine Vielzahl von **Verordnungsermächtigungen mit Zustimmung des Bundestages** enthalten, so dass ein für den Ausnahmefall gedachtes rechtliches Konstrukt zur Regel gemacht worden sei.[83] Dieser Argumentation ist insofern entgegenzutreten, als lediglich drei Rechtsverordnungen (§ 21i Abs. 1 Nr. 3, 4 und 12 i.V.m. § 21i Abs. 1 S. 2 EnWG 2011) der Zustimmung des Bundestages bedurften. Damit handelte es sich im Vergleich zur Mehrzahl der Verordnungsermächtigungen um Ausnahmefälle. Tatsächlich bestanden bereits konkrete Planungen für ein Verordnungspaket „Intelligente Netze", das teilweise bereits das Notifizierungsverfahren bei der Europäischen Kommission durchlaufen hatte.[84]

5. Ergebnis

40 Im Ergebnis vermag die Entscheidung für die Einführung eines neuen Stammgesetzes (MsbG) nicht zu überzeugen. Klarer wäre eine Weiterentwicklung des bestehenden Rechtsrahmens des EnWG 2011 durch den Erlass des ursprünglich geplanten Verordnungspaketes „Intelligente Netze" gewesen; es handelt sich um eine rechtspolitische Entscheidung, mit der der Gesetzgeber die **Bedeutung des Gesetzesvorhabens** sichtbar machen wollte.

---

79 Begründung zum Gesetzesentwurf v. 17.2.2016, BT-Drs. 18/7555, S. 72.
80 BVerfGE 49, 89 – Kalkar I.
81 Begründung zum Gesetzesentwurf v. 17.2.2016, BT-Drs. 18/7555, S. 3, 65.
82 Begründung zum Gesetzesentwurf v. 17.2.2016, BT-Drs. 18/7555, S. 72, 123.
83 Begründung zum Gesetzesentwurf v. 17.2.2016, BT-Drs. 18/7555, S. 72.
84 Vgl. oben Rn. 24.

III. Finanzierung des Rollouts

1. Bisherige Finanzierung von Messstellenbetrieb, Messung und Smart-Meter-Rollout

Die Finanzierung des Messstellenbetriebs erfolgte vor **Erlass des MsbG im Rahmen der Regulierung**. Ex-ante wurde eine Obergrenze für die zu erzielenden Einnahmen des Netzbetreibers durch Netzentgelte festgelegt (§ 21a Abs. 2 EnWG i.V.m. §§ 4 ff. ARegV). Messstellenbetrieb und die Messung waren gem. § 7 Abs. 7 ARegV Teil der Kosten in der Anreizregulierung. Neben den **Messentgelten** wurde ein **Abrechnungsentgelt** ausgepreist. Das System wurde aber durch die Regulierungsbehörden wegen der mangelnden Kontrolle insbesondere der Abrechnungsentgelte zu Recht kritisiert; die Regulierungsbehörde beschränkte sich im Wesentlichen auf einen Kostenvergleich.[85]

41

Für den Rollout von Smart Metern schaffte die bisherige Rechtslage zudem ungenügende Anreize. Der Messstellenbetreiber war gem. § 21c Abs. 1 EnWG (alt) zum Einbau von Messsystemen, die die Anforderungen von §§ 21c und d EnWG (alt) erfüllten, verpflichtet. Gem. § 5 Abs. 1 S. 3 ARegV wollte der Verordnungsgeber den Ausgleich von Rollout-Kosten über das Regulierungskonto ermöglichen. Den in der Praxis bestehenden Unsicherheiten, welche Zähler unter § 5 Abs. 1 S. 3 ARegV fielen, suchte die Bundesnetzagentur durch ein Positionspapier auszuräumen.[86] In dem Papier weist die Bundesnetzagentur darauf hin, dass die Kosten für intelligente Zähler in einen wettbewerblichen und einen regulierten Aufgabenbereich aufzuteilen sind; nur die Kosten für Zähler nach § 21c Abs. 1 EnWG (alt) seien anerkennungsfähig.[87] Der Rollout musste demnach notwendig gem. § 21c Abs. 1 EnWG oder aber für den Netzbetrieb effizient sein.[88] Die alte Regelung schuf keine Anreize für den Einbau von intelligenten Messsystemen bzw. führte lediglich zur Erfüllung der Mindeststandards von intelligenten Zählern.[89]

42

2. Finanzierung im MsbG

Gem. § 7 Abs. 1 legen grundzuständige Messstellenbetreiber für die Durchführung des Messstellenbetriebs ein Entgelt fest. Der Gesetzgeber hat in §§ 31, 32 aber verbindliche **Preisobergrenzen** für die Ausstattung mit intelligenten Messeinrichtungen bzw. mit moderner Messinfrastruktur festgelegt. Die Preise können gem. § 34 frühestens für die Jahre ab 2027 angepasst werden, und zwar nur dann, wenn eine Rechtsverordnung nach § 46 Nr. 5 die Anpassung nach einer wirtschaftlichen Bewertung des Bundesministeriums für Wirtschaft und Energie anordnet. Die Kosten für den Messstellenbetrieb und die Messung sind damit nicht mehr Teil der Kosten in der Anreizregulierung;[90] es wird auch keine neue

43

---

85 Bne, Positionspapier Abrechnungsentgelte, Stand April 2014, www.bne-online.de/de/system/files/files/attachment/20140326%20Positionspapier%20Abrechnungsentgelt_0.pdf (zuletzt abgerufen am 18.1.2017).
86 BNetzA, Beschlusskammern 6, 7, 8 und 9, Positionspapier zu den Anforderungen an Messeinrichtungen nach § 21b Abs. 3a und 3b EnWG v. 23.6.2010.
87 BNetzA, Positionspapier v. 23.6.2010, S. 5.
88 BNetzA, Positionspapier v. 23.6.2010, S. 5.
89 Vgl. *Windoffer/Groß*, VerwArch 2012, 491, 501.
90 Vgl. Art. 6 Gesetz zur Digitalisierung der Energiewende, Änderungen der Anreizregulierungsverordnung.

Einleitung

Umlage geschaffen. Der Energieverbraucher soll die Möglichkeit haben, genauso wie beim Strom- und Gaslieferanten sich selbst einen Messstellenbetreiber zu suchen, der ihm die Dienstleistung kostengünstig erbringt

3. Entstehungsgeschichte und Gesetzesbegründung

44 Im März 2015 veröffentlichte das BMWi **Eckpunkte für die Novellierung der Anreizregulierung** speziell im Hinblick auf die notwendige Modernisierung der Verteilnetze.[91] Das Ministerium kündigte an, im Rahmen der damals geplanten Verordnungsnovelle zu prüfen, ob Investitionen in innovative und intelligente Netze mit dem vorhandenen Instrumentarium der Anreizregulierung zeitnah in den Erlösobergrenzen abgebildet werden können oder ob dazu Anpassungen notwendig würden.[92] Bereits die ersten Gesetzesentwürfe des MsbG sahen eine Finanzierung des Rollouts über Preisobergrenzen vor.[93]

45 In der Gesetzesbegründung stellte der Gesetzgeber die Motive für die Finanzierung des Einbaus moderner Infrastruktur auf. Danach müssen die erwarteten Kosten der Messstellenbetreiber zur Durchführung des Rollouts durch die Entgelte der Letztverbraucher amortisierbar sein.[94] Gleichzeitig haben Entgelte für den Letztverbraucher individuell in einem **angemessenen** Verhältnis zu den erwarteten Energieeinsparungen und Lastverlagerungen zu stehen;[95] sie müssen **verhältnismäßig** sein.

46 Nach Ansicht des Gesetzgebers gewährleisten netzbezogene Regulierungsinstrumente eine Finanzierung nach diesen Maßgaben nicht ausreichend.[96] Insbesondere stünde zu befürchten, dass der zuständige Messstellenbetreiber die Kosten für den Rollout intelligenter Messsysteme und die Netzkosten intransparent vermischt.[97] Insoweit konsequent löst das MsbG den Messstellenbetrieb regulatorisch aus dem Netzbetrieb und schafft ein **neues Regulierungsregime mit Preisobergrenzen**.[98] Dadurch wird eine verursachungsgerechte, transparente Kostenzuordnung ermöglicht.[99]

4. Kritik an der Finanzierung durch Preisobergrenzen

47 Ein erheblicher Nachteil der neu gefunden Regelungen stellt **die unterschiedliche Regulierung von moderner Messinfrastruktur und bereits verbauten Messeinrichtungen** dar. Alte Messsysteme und Messeinrichtungen werden weiterhin gem. § 5 Abs. 1 S. 2 ARegV über die Anreizregulierung reguliert, während moderne Messinfrastruktur über durch Preisobergrenzen gedeckte Preise finanziert wird.[100] Dies kann in der Praxis vor

---

91 BMWi, Moderner Regulierungsrahmen für moderne Verteilnetze, abrufbar unter: www.bmwi.de/BMWi/Redaktion/PDF/M-O/moderner-regulierungsrahmen-fuer-moderne-verteilernetze,property=pdf,bereich=bmwi2012,sprache=de,rwb=true.pdf (zuletzt abgerufen am 17.1.2017).
92 BMWi, Moderner Regulierungsrahmen für moderne Verteilnetze, S. 2.
93 Vgl. zur Entstehungsgeschichte oben Rn. 21 ff.
94 Begründung zum Gesetzesentwurf v. 17.2.2016, BT-Drs. 18/7555, S. 98.
95 Begründung zum Gesetzesentwurf v. 17.2.2016, BT-Drs. 18/7555, S. 97.
96 So explizit noch Regierungsentwurf, S. 100.
97 Begründung zum Gesetzesentwurf v. 17.2.2016, BT-Drs. 18/7555, S. 63.
98 Begründung zum Gesetzesentwurf v. 17.2.2016, BT-Drs. 18/7555, S. 63.
99 Begründung zum Gesetzesentwurf v. 17.2.2016, BT-Drs. 18/7555, S. 63.
100 Kritische Stellungnahme des Bundesrats, BR-Drs. 543/1/15.

allem dann zu Problemen führen,[101] wenn alte und neue Strukturen aufeinandertreffen und schwierige Fragen der Zuordnung von Overheadkosten zu lösen sind.

Die Einführung von Preisobergrenzen greift zudem in **die Rechte der betroffenen grundzuständigen Messstellenbetreiber** ein, die zur Ausstattung verpflichtet sind, aber höchstens die festgelegten Preise verlangen können. Außerdem besteht Streit, ob die Regulierungsbehörde (wie es u. E. richtig ist) Preise unterhalb der Preisobergrenzen auch kontrolliert, oder ob sich die Kontrolle auf die Einhaltung der Preisobergrenzen beschränkt.[102] **48**

5. Alternativen zur Finanzierung über Preisobergrenzen

Die Einführung von Preisobergrenzen ist nicht alternativlos. Neben einer Finanzierung über die Anreizregulierung (dazu Rn. 50 ff.) wären auch andere **Alternativen** in Betracht gekommen. Die Gesetzesbegründung selbst nennt als Alternative die Einführung einer **Steuer**, die der Gesetzgeber aber abgelehnt hat.[103] Eine Steuer würde nach Ansicht des Gesetzgebers lediglich zu einer Verschiebung der Kostenlast führen, die eine nach Kundengruppen und Entgeltgruppen differenzierende Betrachtung ausschließe.[104] Die Kosten-Nutzen-Analyse von Ernst & Young sah für die Finanzierung des Rollouts die jährliche Zahlung eines **Systemkostenbeitrags** jedes Haushalts i.H.v. 8 € vor.[105] Die Erhebung eines von dem individuellen Nutzen unabhängigen Beitrags erscheint aber unverhältnismäßig; insbesondere Endverbraucher mit einem geringen Effizienz- und Einsparungspotenzial würden dadurch unangemessen benachteiligt. **49**

Systematisch folgerichtig wäre die Eingliederung in das bisherige System der Anreizregulierung gewesen.[106] Gegen diesen Weg wurde eingewandt, dass die auf Kostensenkung gerichtete **Anreizregulierung ungeeignet** sei, hohe Investitionen in eine zukunftsweisende Technologie wie Smart Metering zu gerieren.[107] Die Anreizregulierung schaffe nicht die notwendigen Anreize, sondern behindere die Investitionen in Smart Meter.[108] Diese Kritik betrifft die grundlegende Frage, ob die Anreizregulierung in ihrer heutigen Form investitionshemmend wirkt.[109] Die Neufassung der ARegV 2017 hat die in der Vergangenheit im Verteilnetzbereich bestehenden Defizite in den § 7 ff. beseitigt (vgl. Bd. III BerlKommEnR ARegV zu § 7). Die Kritik ist jedenfalls gegenüber der ARegV 2017 nicht berechtigt. **50**

---

101 Vgl. Stellungnahme des Bayrischen Staatsministeriums für Wirtschaft und Medien, Energie und Technologie, Länderanhörung zum Referentenentwurf eines Gesetzes zur Digitalisierung der Energiewende v. 14.10.2015, S. 20.
102 Vgl. Stellungnahme GEODE Deutschland zum Referentenentwurf des Bundesministeriums für Wirtschaft und Energie für ein Gesetz zur Digitalisierung der Energiewende v. 21.9.2015, S. 13.
103 Begründung zum Gesetzesentwurf v. 17.2.2016, BT-Drs. 18/7555, S. 97.
104 Begründung zum Gesetzesentwurf v. 17.2.2016, BT-Drs. 18/7555, S. 97.
105 *Schneidewindt/Sieverding*, WISO direkt 1/2015, 1, 2.
106 *Windoffer/Groß*, VerwArch 2012, 491, 498.
107 Vgl. ablehnend *Paskert*, WiVerw 2010, 122, 124.
108 *Paskert*, WiVerw 2010, 122, 125.
109 Vgl. zum Verhältnis von Investitionen und Anreizregulierung BerlKommEnR/*Berndt/Franz/Angenendt*, vor § 21a EnWG Rn. 113 ff.

Teil 1
Allgemeine Bestimmungen

§ 1 Anwendungsbereich

Dieses Gesetz trifft Regelungen
1. zur Ausstattung von Messstellen der leitungsgebundenen Energieversorgung mit modernen Messeinrichtungen und intelligenten Messsystemen,
2. zur Ausgestaltung des Messstellenbetriebs und zur freien Wahl eines Messstellenbetreibers,
3. zur Aufgabentrennung von Messstellenbetrieb und Netzbetrieb,
4. zu technischen Mindestanforderungen an den Einsatz von intelligenten Messsystemen,
5. zur energiewirtschaftlichen Datenkommunikation und zur allgemeinen Datenkommunikation mit Smart-Meter-Gateways,
6. zur Erhebung, Verarbeitung und Nutzung von Messwerten und weiteren personenbezogenen Daten zur Erfüllung von vorvertraglichen Verpflichtungen, von Verträgen, rechtlichen Verpflichtungen und zur Erfüllung von Aufgaben im öffentlichen Interesse.

Schrifttum: Vgl. Nachweise bei den materiellen Normen.

Übersicht

	Rn.		Rn.
I. Normzweck	1	5. Energiewirtschaftliche Datenkommunikation und allgemeine Datenkommunikation mit Smart-Meter-Gateways (Nr. 5)	10
II. Entstehungsgeschichte	2		
III. Anwendungsbereich des MsbG	4		
1. Ausstattung von Messstellen der leitungsgebundenen Energieversorgung mit modernen Messeinrichtungen und intelligenten Messsystemen (Nr. 1)	6	6. Erhebung, Verarbeitung und Nutzung von Messwerten und weiteren personenbezogenen Daten zur Erfüllung von vorvertraglichen Verpflichtungen, von Verträgen, rechtlichen Verpflichtungen und zur Erfüllung von Aufgaben im öffentlichen Interesse (Nr. 6)	11
2. Ausgestaltung des Messstellenbetriebs und freie Wahl eines Messstellenbetreibers (Nr. 2)	7		
3. Aufgabentrennung von Messstellenbetrieb und Netzbetrieb (Nr. 3)	8		
4. Technische Mindestanforderungen an den Einsatz von intelligenten Messsystemen (Nr. 4)	9		

§ 1 Anwendungsbereich

I. Normzweck

1 Die Vorschriften der §§ 1 und 2 im ersten Teil des MsbG stellen **die Grundlage für die materiell-rechtlichen Regelungen** dar, die sich anschließen.[1] Während § 1 den **Anwendungsbereich** des Gesetzes bestimmt, definiert § 2 die Grundbegriffe des Gesetzes.[2]

II. Entstehungsgeschichte

2 Mit der gesetzgeberischen Entscheidung für ein neues Gesetz schuf der Gesetzgeber **ein vollständiges, einheitliches Regelwerk**, dessen Anwendungsbereich er im Rahmen allgemeiner Bestimmungen festsetzte. Die Norm ist im Laufe des Gesetzgebungsverfahrens weitgehend unverändert geblieben. Im Arbeitsentwurf hieß es lediglich eingangs, das Gesetz treffe „insbesondere" Regelungen zu den genannten Punkten. Diese Einschränkung wurde gestrichen, ohne dass es insofern zu einer Beschränkung des Anwendungsbereichs gekommen wäre.

3 In Nr. 1 wird die Ausstattung von Messstellen der **„leitungsgebundenen" Energieversorgung** geregelt. Der Referentenentwurf sah die Einschränkung in Bezug auf die Leitungsgebundenheit nicht vor. Die Änderung beruht auf Stellungnahmen der Bundesländer und Verbände zum Entwurf eines Gesetzes zur Digitalisierung der Energiewende. In den Stellungnahmen wurde angemerkt, dass mit der Herausnahme des Messwesens aus dem EnWG die Beschränkung des Anwendungsbereichs des EnWG auf die „leitungsgebundene Versorgung", die sich aus § 1 Abs. 1 EnWG ergeben hatte, entfalle.[3] Der Gesetzgeber nahm diesen Hinweis auf und verdeutlicht mit der nun gefundenen Formulierung, dass das MsbG Messstellen der leitungsgebundenen Energieversorgung betrifft.

III. Anwendungsbereich des MsbG

4 Die Norm beschreibt den **Anwendungsbereich des Gesetzes**. Die Aufzählung verdeutlicht die **breite Anlage des MsbG**, das sich nicht auf energiewirtschaftliche Sachverhalte beschränkt.[4] Außerhalb des EnWG sind etwa Regelungen zu Smart Home und Fern- und Heizwärme auf Grundlage des MsbG möglich.[5] Das Smart-Meter-Gateway bietet nach der Konzeption des Gesetzgebers die kommunikative Basis für weitere energieferne Anwendungen; explizit nennt die Gesetzesbegründung den Bereich des betreuten Wohnens.[6]

5 Im Einzelnen führt § 1 in Nr. 1 bis Nr. 6 **Regelungsfelder** auf, die in den speziellen Regelungen des materiellen Teils konkretisiert werden.

---

1 Vgl. Begründung zum Regierungsentwurf v. 17.2.2016, BT-Drs. 18/7555, S. 73.
2 Vgl. Begründung zum Regierungsentwurf v. 17.2.2016, BT-Drs. 18/7555, S. 73.
3 Vgl. Stellungnahme, bitkom, Verbändeanhörung Referentenentwurf Gesetz zur Digitalisierung der Energiewende, 9.10.2015, abrufbar unter: https://www.bitkom.org/Publikationen/2015/Positionspapiere/Verbaendeanhoerung-Referentenentwurf-Gesetz-zur-Digitalisierung-der-Energiewende/20151009-Bitkom-Stellungnahme-Verbaendeanhoerung-Gesetz-zur-Digitalisierung-der-Energiewende-RefE.pdf.
4 Vgl. Begründung zum Regierungsentwurf v. 17.2.2016, BT-Drs. 18/7555, S. 73.
5 Vgl. Begründung zum Regierungsentwurf v. 17.2.2016, BT-Drs. 18/7555, S. 3.
6 Vgl. Begründung zum Regierungsentwurf v. 17.2.2016, BT-Drs. 18/7555, S. 74.

1. Ausstattung von Messstellen der leitungsgebundenen Energieversorgung mit modernen Messeinrichtungen und intelligenten Messsystemen (Nr. 1)

Der Gesetzgeber geht von einem **Dreiklang notwendiger Regelungsgegenstände für die Digitalisierung der Energiewende** aus.[7] Kernregelung des Gesetzes stellen die Vorgaben zur Ausstattung von Messstellen mit modernen Messeinrichtungen (vgl. § 2 Nr. 15) und intelligenten Messsystemen (vgl. § 2 Nr. 7) dar, die Nr. 1 in den Anwendungsbereich des Gesetzes aufnimmt. Nach der ursprünglichen Planung wäre dieser Regelungsbereich im Verordnungswege als Rolloutverordnung neben einer Messsystemverordnung und einer Datenkommunikationsverordnung zu erlassen gewesen.[8] Im MsbG regelt § 29 differenzierend zwischen Pflichtfällen der Ausstattung und optionalen Ausstattungsfällen die Ausstattung mit moderner Messinfrastruktur. §§ 31 bis 35 konkretisieren die Vorgaben. Der Regelungskomplex liefert die Kernvorschriften zur Digitalisierung der Energiewende und zeichnet den Weg zur **Umsetzung des flächendeckenden Rollouts intelligenter Zähler**, sog. Smart Meter, vor.[9]

6

2. Ausgestaltung des Messstellenbetriebs und freie Wahl eines Messstellenbetreibers (Nr. 2)

Nr. 2 erstreckt den Anwendungsbereich des MsbG auf die **Ausgestaltung des Messstellenbetriebs, einschließlich der freien Wahl eines Messstellenbetreibers**. Materiell überträgt § 3 Abs. 1 die Aufgabe des Messstellenbetriebs auf den grundzuständigen Messstellenbetreiber, soweit keine andere Vereinbarung nach §§ 5 oder 6 getroffen ist. Dort wird das Regelungskonzept des § 21b EnWG (alt) aufgenommen.[10] Das Auswahlrecht wird in § 5 für den Anschlussnutzer und in § 6 für den Anschlussnehmer geregelt; außerdem trifft das Gesetz in diesen Regelungen eine Entscheidung für den Vorrang des Wahlrechts des Anschlussnehmers.

7

3. Aufgabentrennung von Messstellenbetrieb und Netzbetrieb (Nr. 3)

Die **strikte Trennung von Messstellenbetrieb und Netzbetrieb** stellt eine entscheidende Weichenstellung des MsbG dar. Dies verdeutlicht der Anwendungsbereich des Gesetzes in Nr. 3. Durch die Herauslösung des Mess- und Zählwesens aus dem EnWG unterstreicht der Gesetzgeber die regulatorische Trennung zwischen Messstellenbetrieb und Netzbetrieb;[11] das MsbG konzentriert sich auf den Messstellenbetrieb.[12] Die Aufgabentrennung begründet der Gesetzgeber insbesondere mit der Entgeltsystematik. Es soll verhindert werden, dass die Kosten für den Rollout intelligenter Messsysteme mit den Netzkosten „verschmiert" werden; Ziel ist eine verursachungsgerechte Kostenzuordnung.[13] § 7 stellt die

8

---

7 Vgl. Begründung zum Regierungsentwurf v. 17.2.2016, BT-Drs. 18/7555, S. 3.
8 BMWi, Das Stromnetz wird intelligent, BMWi veröffentlicht Eckpunkte für den künftigen Einsatz intelligenter Messsysteme und Zähler („Smart Meter"), Energiewende direkt, 03/2015, abrufbar unter www.bmwi-energiewende.de/.
9 Vgl. Begründung zum Regierungsentwurf v. 17.2.2016, BT-Drs. 18/7555, S. 91.
10 Vgl. Begründung zum Regierungsentwurf v. 17.2.2016, BT-Drs. 18/7555, S. 76.
11 Vgl. Begründung zum Regierungsentwurf v. 17.2.2016, BT-Drs. 18/7555, S. 76.
12 Vgl. Begründung zum Regierungsentwurf v. 17.2.2016, BT-Drs. 18/7555, S. 63.
13 Vgl. Begründung zum Regierungsentwurf v. 17.2.2016, BT-Drs. 18/7555, S. 63.

§ 1 Anwendungsbereich

zentrale Norm der Entgeltregulierung für moderne Messsysteme dar und ist auf eine verursachungsgerechte Kostenzuordnung ausgerichtet.[14] § 7 Abs. 3 verdeutlicht, dass für Kosten des Netzbetriebs, die bei Anwendung des MsbG entstehen, die §§ 21, 21a EnWG entsprechend anzuwenden sind. Die Aufgabentrennung hat Auswirkungen, etwa auf die bei der Übertragung anzuwendenden vergaberechtlichen Bestimmungen.[15]

4. Technische Mindestanforderungen an den Einsatz von intelligenten Messsystemen (Nr. 4)

9   Das Gesetz will einen klaren und verlässlichen Rechtsrahmen schaffen, um den gesamtwirtschaftlichen Nutzen zu sichern und gleichzeitig Datenschutz und Datensicherheit zu gewährleisten. Hierfür knüpft der Gesetzgeber an die Grundsatzentscheidung des § 21e EnWG (alt) an.[16] Im Verordnungswege sollten auf Grundlage der umfassenden Ermächtigung in § 21i Abs. 1 EnWG (alt) technische Anforderungen und Standards durch Schutzprofile und Technische Richtlinien geschaffen werden, um Datenschutz, Datensicherheit und Interoperabilität zu gewährleisten.[17] Der Verordnungsgeber hat von der Ermächtigung keinen Gebrauch gemacht. Das BSI entwickelte seit 2011 insbesondere durch Technische Richtlinien und Schutzprofile Vorgaben, die als „Gütesiegel" nun im MsbG für verbindlich erklärt werden.[18] **Technische Mindestanforderungen an den Einsatz von Smart Metern** werden in §§ 19 bis 28 geregelt.[19] § 47 Abs. 1 ermächtigt die Bundesnetzagentur zur näheren Ausgestaltung im Wege der Festlegung. Nr. 4 eröffnet den Anwendungsbereich für diese wichtigen Regelungen.

5. Energiewirtschaftliche Datenkommunikation und allgemeine Datenkommunikation mit Smart-Meter-Gateways (Nr. 5)

10   Zum Anwendungsbereich der Norm, den Nr. 5 beschreibt, gehört die Erfassung und Ermöglichung der notwendigen Kommunikation in intelligenten Energienetzen, die in §§ 49 ff. geregelt wird.[20] Insbesondere § 51 beschreibt die Anforderungen an Erhebung, Verarbeitung und Nutzung von Daten im Smart-Meter-Gateway. Dabei setzt das MsbG das Konzept der **sternförmigen Datenkommunikation** um und löst die bisherigen kettenförmige Kommunikation ab.[21] Die Umstellung zielt auf eine **direkte Kommunikation**, um Effizienz und Datenschutz und -sicherheit zu steigern.[22]

---

14 Vgl. BerlKommEnR/*Salevic/Zöckler*, § 7 MsbG.
15 Vgl. BerlKommEnR/*Hohenstein-Bartholl*, § 41 MsbG Rn. 42 (dort Fn. 74).
16 Vgl. Begründung zum Regierungsentwurf v. 17.2.2016, BT-Drs. 18/7555, S. 63.
17 Vgl. Begründung zum Regierungsentwurf v. 17.2.2016, BT-Drs. 18/7555, S. 63.
18 Vgl. Begründung zum Regierungsentwurf v. 17.2.2016, BT-Drs. 18/7555, S. 64.
19 Vgl. Begründung zum Regierungsentwurf v. 17.2.2016, BT-Drs. 18/7555, S. 73, 80.
20 Vgl. Begründung zum Regierungsentwurf v. 17.2.2016, BT-Drs. 18/7555, S. 73.
21 Vgl. BerlKommEnR/*v. Wege*, § 60 MsbG Rn. 5.
22 Vgl. BerlKommEnR/*v. Wege*, § 60 MsbG Rn. 5.

6. Erhebung, Verarbeitung und Nutzung von Messwerten und weiteren personenbezogenen Daten zur Erfüllung von vorvertraglichen Verpflichtungen, von Verträgen, rechtlichen Verpflichtungen und zur Erfüllung von Aufgaben im öffentlichen Interesse (Nr. 6)

Nr. 5 verdeutlicht, dass der Anwendungsbereich des MsbG die **Regelungen zur Erhebung, Verarbeitung und Nutzung von Messwerten und weiteren personenbezogenen Daten zu bestimmten abschließend geregelten Zwecken** umfasst. Wie in § 50 deutlich wird, wird jede Form der Kommunikation geregelt, unabhängig davon, ob es sich um personenbezogene, personenbeziehbare oder Daten ohne Personenbezug handelt.[23] Das MsbG übernimmt das allgemeine datenschutzrechtliche Prinzip der Zweckgebundenheit der Datenerhebung[24] und konkretisiert die Zwecke durch Regelbeispiele.[25] Die datenschutzrechtlichen Vorgaben werden für den Erfolg des Smart-Meter-Rollouts von entscheidender Bedeutung sein; sie schützen das Grundrecht der betroffenen Endverbraucher auf informationelle Selbstbestimmung[26] und werden über die Akzeptanz von Smart Metering beim Endverbraucher entscheiden.[27] Der Gesetzgeber hat dies erkannt und frühzeitig das BSI in das Gesetzgebungsverfahren einbezogen. Der in Zusammenarbeit entwickelte Datenschutzstandard bietet ein besonders hohes Niveau.[28]

11

---

23 Vgl. Begründung zum Regierungsentwurf v. 17.2.2016, BT-Drs. 18/7555, S. 105.
24 Vgl. BerlKommEnR/*Raabe/Lorenz*, § 50 MsbG Rn. 50.
25 Vgl. BerlKommEnR/*Raabe/Lorenz*, § 50 MsbG Rn. 56 ff.
26 Vgl. BerlKommEnR/*Raabe/Lorenz*, § 50 MsbG Rn. 1.
27 Vgl. Nachweise BerlKommEnR/*Raabe/Lorenz*, § 50 MsbG.
28 „Sicherer als Online-Banking", vgl. BerlKommEnR/*Schmidt*, § 22 MsbG Rn. 78 (dort Fn. 112).

§ 2 Begriffsbestimmungen

¹Im Sinne dieses Gesetzes ist oder sind:

1. Anlagenbetreiber: der Betreiber von Erzeugungsanlagen nach dem Erneuerbare-Energien-Gesetz vom 21. Juli 2014 (BGBl. I S. 1066), das durch Artikel 2 des Gesetzes vom 21. Dezember 2015 (BGBl. I S. 2498) geändert worden ist, oder dem Kraft-Wärme-Kopplungsgesetz vom 21. Dezember 2015 (BGBl. I S. 2498),
2. Anschlussnehmer: der Eigentümer oder Erbbauberechtigte eines Grundstücks oder Gebäudes, das an das Energieversorgungsnetz angeschlossen ist oder die natürliche oder juristische Person, in deren Auftrag ein Grundstück oder Gebäude an das Energieversorgungsnetz angeschlossen wird,
3. Anschlussnutzer: der zur Nutzung des Netzanschlusses berechtigte Letztverbraucher oder Betreiber von Erzeugungsanlagen nach dem Erneuerbare-Energien-Gesetz oder dem Kraft-Wärme-Kopplungsgesetz,
4. grundzuständiger Messstellenbetreiber: der Betreiber von Energieversorgungsnetzen, solange und soweit er seine Grundzuständigkeit für den Messstellenbetrieb nicht nach § 43 auf ein anderes Unternehmen übertragen hat, oder jedes Unternehmen, das die Grundzuständigkeit für den Messstellenbetrieb nach § 43 übernommen hat,
5. Grundzuständigkeit für den Messstellenbetrieb: die Verpflichtung zur Wahrnehmung des Messstellenbetriebs für alle Messstellen des jeweiligen Netzgebiets solange und soweit kein Dritter nach den §§ 5 und 6 den Messstellenbetrieb durchführt,
6. Grundzuständigkeit für den Messstellenbetrieb für moderne Messeinrichtungen und intelligente Messsysteme: die Verpflichtung zur Wahrnehmung des Messstellenbetriebs mit modernen Messeinrichtungen und intelligenten Messsystemen im jeweiligen Netzgebiet für diejenigen Messstellen, die nach Maßgabe der §§ 29 bis 32 mit modernen Messeinrichtungen und intelligenten Messsystemen auszustatten sind und für die kein Dritter nach den §§ 5 und 6 den Messstellenbetrieb durchführt,
7. intelligentes Messsystem: eine über ein Smart-Meter-Gateway in ein Kommunikationsnetz eingebundene moderne Messeinrichtung zur Erfassung elektrischer Energie, das den tatsächlichen Energieverbrauch und die tatsächliche Nutzungszeit widerspiegelt und den besonderen Anforderungen nach den §§ 21 und 22 genügt, die zur Gewährleistung des Datenschutzes, der Datensicherheit und Interoperabilität in Schutzprofilen und Technischen Richtlinien festgelegt werden können,
8. Letztverbraucher: natürliche oder juristische Personen, die Energie für den eigenen Verbrauch oder für den Betrieb von Ladepunkten zur Versorgung von Elektrofahrzeugnutzern beziehen,
9. Mehrwertdienst: eine energieversorgungsfremde Dienstleistung, die als Kommunikationsinfrastruktur das Smart-Meter-Gateway benutzt,
10. Messeinrichtung: ein Messgerät, das allein oder in Verbindung mit anderen Messgeräten für die Gewinnung eines oder mehrerer Messwerte eingesetzt wird,
11. Messstelle: die Gesamtheit aller Mess-, Steuerungs- und Kommunikationseinrichtungen zur sicheren Erhebung, Verarbeitung und Übermittlung von Messdaten

und zur sicheren Anbindung von Erzeugungsanlagen und steuerbaren Lasten an Zählpunkten eines Anschlussnutzers,
12. Messstellenbetreiber: der grundzuständige Messstellenbetreiber oder ein Dritter, der die Aufgabe des Messstellenbetriebs durch Vertrag nach § 9 wahrnimmt,
13. Messsystem: eine in ein Kommunikationsnetz eingebundene Messeinrichtung,
14. Messwerte: Angaben über vom Anschlussnutzer über einen bestimmten Zeitraum entnommene, erzeugte oder eingespeiste Energiemengen,
15. moderne Messeinrichtung: eine Messeinrichtung, die den tatsächlichen Elektrizitätsverbrauch und die tatsächliche Nutzungszeit widerspiegelt und über ein Smart-Meter-Gateway sicher in ein Kommunikationsnetz eingebunden werden kann,
16. Netzzustandsdaten: Spannungs- und Stromwerte und Phasenwinkel sowie daraus errechenbare oder herleitbare Werte, die zur Ermittlung des Netzzustandes verwendet werden können,
17. Plausibilisierung und Ersatzwertbildung: im Rahmen der Aufbereitung von Messwerten rechnerische Vorgänge, die ausgefallene Messwerte oder Messwertreihen überbrücken oder unplausible Messwerte korrigieren,
18. Schaltprofil: eine Einstellung zum Stromeinspeise- oder -entnahmeverhalten an Erzeugungs- und Verbrauchsanlagen,
19. Smart-Meter-Gateway: die Kommunikationseinheit eines intelligenten Messsystems, die ein oder mehrere moderne Messeinrichtungen und weitere technische Einrichtungen wie insbesondere Erzeugungsanlagen nach dem Erneuerbare-Energien-Gesetz und dem Kraft-Wärme-Kopplungsgesetz zur Gewährleistung des Datenschutzes, der Datensicherheit und Interoperabilität unter Beachtung der besonderen Anforderungen von Schutzprofilen und Technischen Richtlinien nach § 22 Absatz 1 und 2 sicher in ein Kommunikationsnetz einbinden kann und über Funktionalitäten zur Erfassung, Verarbeitung und Versendung von Daten verfügt,
20. Smart-Meter-Gateway-Administrator: eine natürliche oder juristische Person, die als Messstellenbetreiber oder in dessen Auftrag für den technischen Betrieb des intelligenten Messsystems verantwortlich ist,
21. Smart-Metering-Public-Key-Infrastruktur: ein System zur Ausstellung, Verteilung und Prüfung von digitalen Zertifikaten, welches die Authentizität und die Vertraulichkeit bei der Kommunikation und den gesicherten Datenaustausch der verschiedenen Marktteilnehmer mit den Smart-Meter-Gateways sicherstellt,
22. Stammdaten: Informationen über Art und technische Ausstattung, Ort und Spannungsebene sowie Art der kommunikativen Anbindung von an das Smart-Meter-Gateway angeschlossenen Anlagen,
23. Tarifierung: die Zuordnung der gemessenen elektrischen Energie oder Volumenmengen zu verschiedenen Tarifstufen,
24. technischer Betrieb des intelligenten Messsystems: die Installation, Inbetriebnahme, Konfiguration, Administration, Überwachung und Wartung des Smart-Meter-Gateways und der informationstechnischen Anbindung von modernen Messeinrichtungen und anderen an das Smart-Meter-Gateway angebundenen technischen Einrichtungen sowie Ermöglichung weiterer energiewirtschaftlicher und sonstiger Dienste,

§ 2 Begriffsbestimmungen

25. **technischer Betrieb der Messstelle:** die Installation, Inbetriebnahme, Konfiguration, Administration, Überwachung und Wartung der modernen Messeinrichtungen und intelligenten Messsysteme einschließlich der informationstechnischen Anbindung von Messeinrichtungen und anderen an das Smart-Meter-Gateway angebundenen technischen Einrichtungen sowie Ermöglichung weiterer energiewirtschaftlicher und sonstiger Dienste,
26. **Wurzelzertifikat:** ein auf dem Gebiet der Kryptografie und Informationssicherheit selbst signiertes Zertifikat der obersten Zertifizierungsinstanz, welches dazu dient, die Gültigkeit aller untergeordneten Zertifikate zu bestätigen,
27. **Zählerstandsgangmessung:** die Messung einer Reihe viertelstündig ermittelter Zählerstände von elektrischer Arbeit und stündlich ermittelter Zählerstände von Gasmengen,
28. **Zählpunkt:** der Punkt, an dem der Energiefluss messtechnisch erfasst wird.

²Im Übrigen sind die Begriffsbestimmungen aus § 3 des Energiewirtschaftsgesetzes anzuwenden.

Schrifttum: *Filipowicz*, Auswirkungen des Messstellenbetriebsgesetzes auf die Zählpunktverwaltung beim Verteilnetzbetreiber, EWeRK 2016, 59; *Lüdemann/Ortmann/Pokrant*, Das neue Messstellenbetriebsgesetz, Wegbereiter für ein zukunftsfähiges Smart-Metering?, EnWZ 2016, 339; *Salevic/Manilova*, Messwesen im Wandel, in: PwC (Hrsg.), Regulierung in der deutschen Energiewirtschaft – mit Arbeitshilfen online: Praxishandbuch zum Energiewirtschaftsgesetz, 2015, S. 469; *Wagner/Weise*, Der „Zählpunkt" – Anknüpfungspunkt für die Rollout-Verpflichtung des grundzuständigen Messstellenbetreibers, IR 2016, 194.

Übersicht

	Rn.		Rn.
I. Normzweck	1	14. Messwerte (Nr. 14)	35
II. Entstehungsgeschichte	2	15. Moderne Messeinrichtung (Nr. 15)	36
III. Begriffsbestimmungen gem. S. 1 im Einzelnen	5	16. Netzzustandsdaten (Nr. 16)	38
1. Anlagenbetreiber (Nr. 1)	5	17. Plausibilisierung und Ersatzwertbildung (Nr. 17)	40
2. Anschlussnehmer (Nr. 2)	6	18. Schaltprofil (Nr. 18)	42
3. Anschlussnutzer (Nr. 3)	8	19. Smart-Meter-Gateway (Nr. 19)	43
4. Grundzuständiger Messstellenbetreiber (Nr. 4)	10	20. Smart-Meter-Gateway-Administrator (Nr. 20)	47
5. Grundzuständigkeit für den Messstellenbetrieb (Nr. 5)	14	21. Smart-Meter-Public-Key-Infrastruktur (Nr. 21)	49
6. Grundzuständigkeit für den Messstellenbetrieb für moderne Messeinrichtungen und intelligente Messsysteme (Nr. 6)	18	22. Stammdaten (Nr. 22)	50
		23. Tarifierung (Nr. 23)	52
		24. Technischer Betrieb des intelligenten Messsystems (Nr. 24)	53
7. Intelligentes Messsystem (Nr. 7)	20	25. Technischer Betrieb der Messstelle (Nr. 25)	55
8. Letztverbraucher (Nr. 8)	24	26. Wurzelzertifikat (Nr. 26)	56
9. Mehrwertdienst (Nr. 9)	26	27. Zählerstandsgangmessung (Nr. 27)	57
10. Messeinrichtung (Nr. 10)	28	28. Zählpunkt (Nr. 28)	59
11. Messstelle (Nr. 11)	30	IV. Im Übrigen Anwendung der Begriffsbestimmungen in § 3 EnWG (S. 2)	61
12. Messstellenbetreiber (Nr. 12)	33		
13. Messsystem (Nr. 13)	34		

I. Normzweck

§§ 1 und 2 stellen die Basis für die folgenden materiell-rechtlichen Normen dar. Anschließend an die Festlegung des Anwendungsbereiches in § 1, fasst § 2 die aus Sicht des Gesetzgebers **notwendigen Begriffsdefinitionen** zusammen.[1] Durch die Definitionen werden verbindliche Vorgaben für die Auslegung zentraler Begriffe im MsbG gemacht, die zu **Rechtssicherheit** bei der Anwendung des Gesetzes führen soll.

II. Entstehungsgeschichte

Die Norm enthält teilweise Begriffsbestimmungen, die vor Erlass des MsbG im EnWG oder an anderer Stelle geregelt waren. In § 2 fasst der Gesetzgeber die für die Anwendung und Auslegung der nachfolgenden Vorschriften notwendigen Begriffsbestimmungen für das Messwesen zusammen.

Die Vorschrift hat sich im Verlauf des Gesetzgebungsverfahrens teilweise geändert. Ursprünglich enthielt die Norm auf Grundlage des Referentenentwurfs keine Definition des Anlagenbetreibers (Nr. 1). Die Definition einer Messstelle (Nr. 11) im Referentenentwurf wurde durch den Regierungsentwurf um die Klarstellung ergänzt, dass Messstellen der Einrichtungen an „Zählpunkten eines Anschlussnutzers einschließlich der Installationsvorrichtungen" sind. Im Gesetz ist diese Änderung entfallen. Nr. 18 wurde in der nunmehr geltenden Fassung gekürzt, so dass es nicht mehr von Erzeugungsanlagen nach dem EEG, dem KWKG oder steuerbaren Verbrauchseinrichtungen nach § 14a EnWG, sondern allgemein von Erzeugungs- und Verbrauchsanlagen spricht. Der **Regierungsentwurf** ergänzte den Referentenentwurf um die Definitionen der Smart-Metering-Public-Key-Infrastruktur (Nr. 21) und des Zählpunktes (Nr. 28).

Nach dem Referentenentwurf sollten nach S. 2 im Übrigen die Begriffsbestimmungen aus § 3 EnWG „gelten". Nach geltender Rechtslage sind die Begriffsbestimmungen „anzuwenden". Eine inhaltliche Änderung ist hieraus nicht erkennbar.

III. Begriffsbestimmungen gem. S. 1 im Einzelnen

1. Anlagenbetreiber (Nr. 1)

Die Norm definiert den Begriff des Anlagenbetreibers im Zusammenhang mit dem Messwesen neu.[2] Danach sind Anlagenbetreiber **Betreiber von Erzeugungsanlagen** nach dem zur Zeit des Erlasses des MsbG geltenden EEG oder KWKG. Gem. § 5 Nr. 2 EEG sind Anlagenbetreiber diejenigen, die unabhängig vom Eigentum die Anlage für die Erzeugung von Strom aus erneuerbaren Energien oder aus Grubengas nutzen. Gem. § 2 Nr. 6 KWKG sind „Betreiber von KWK-Anlagen" diejenigen, die den KWK-Strom erzeugen und das wirtschaftliche Risiko für den Betrieb der KWK-Anlagen tragen. Der MsbG-Gesetzgeber betont, dass der Empfang von Förderungen oder Vergütungen nach dem KWKG oder EEG für die Anlagenbetreibereigenschaft nicht den Ausschlag gibt; stattdessen soll allein ent-

---

[1] Vgl. Begründung zum Regierungsentwurf v. 17.2.2016, BT-Drs. 18/7555, S. 73.
[2] Begründung zum Regierungsentwurf v. 17.2.2016, BT-Drs. 18/7555, S. 73.

§ 2 Begriffsbestimmungen

scheidend die technische Ausprägung der Anlage sein.³ An die Anlagenbetreibereigenschaft knüpft § 29 Abs. 1 Einbauverpflichtungen für intelligente Messsysteme an. § 62 regelt die Messwertnutzung zu Zwecken des Anlagenbetreibers. Für Anlagenbetreiber nach dem EEG regelt der durch das Gesetz zur Digitalisierung der Energiewende eingefügte § 10a EEG, dass abweichend anstelle der Beauftragung eines Dritten nach § 5 Abs. 1 des MsbG der EEG-Anlagenbetreiber den Messstellenbetrieb auch selbst übernehmen kann (S. 1).

2. Anschlussnehmer (Nr. 2)

6 Wie Nr. 1 ist auch Nr. 2 eine **Neudefinition**.⁴ Als Anschlussnehmer wird der **Eigentümer oder Erbbauberechtigte** eines Grundstücks oder Gebäudes, das an das Energieversorgungsnetz angeschlossen ist oder aber die natürliche oder juristische Person, in deren Auftrag ein Grundstück oder Gebäude an das Energieversorgungsnetz angeschlossen wird, bezeichnet. Die Begriffsbestimmung lehnt sich an die Definitionen der NAV/NDAV an. § 1 Abs. 2 NAV/NDAV bestimmen, dass jedermann im Sinne des § 18 Abs. 1 S. 1 EnWG Anschlussnehmer ist, in dessen Auftrag ein Grundstück oder Gebäude an das Niederspannungsnetz bzw. Niederdrucknetz angeschlossen wird oder im Übrigen jeder Eigentümer oder Erbbauberechtigte eines Grundstücks oder Gebäudes, das an das Niederspannungsnetz bzw. Niederdrucknetz angeschlossen ist. Die Begrifflichkeiten der NAV/NDAV sind aber auf den Netzanschluss ausgerichtet.

7 Die **Differenzierung zwischen Anschlussnutzer und Anschlussnehmer im MsbG** ist im Rahmen der freien Wahl des Messstellenbetreibers nach §§ 5 und 6 von Bedeutung; insbesondere hier ist auf die Begriffsbestimmungen zurückzugreifen,⁵ sofern Personenverschiedenheit vorliegt. Ab dem 1.1.2021 hat der Anschlussnehmer gem. § 6 Abs. 1 das vorrangige Auswahlrecht. Beispiele für ein Auseinanderfallen von Anschlussnehmer und Anschlussnutzer sind Vermieter und Mieter bzw. Verpächter und Pächter.

3. Anschlussnutzer (Nr. 3)

8 Der **neu definierte Begriff** des Anschlussnehmers umfasst **den zur Nutzung des Netzanschlusses berechtigten Letztverbraucher oder Betreiber von Erzeugungsanlagen** nach dem EEG und dem KWKG. Nach der Definition in § 1 Abs. 3 NAV/NDAV ist jeder Letztverbraucher, der im Rahmen eines Anschlussnutzungsverhältnisses einen Anschluss an das Niederdrucknetz zur Entnahme von Strom bzw. Gas nutzt, Anschlussnutzer, so dass zum Anschlussnehmer eine Parallele besteht (vgl. Rn. 6). Der Anschlussnutzer kann gleichzeitig Anschlussnehmer im Sinn von Nr. 2 sein, muss es aber nicht (vgl. Rn. 7). Nach der Systematik der §§ 5 und 6 kann der Anschlussnutzer den Messstellenbetreiber zwar grundsätzlich frei wählen, ab dem 1.1.2021 wird dem Anschlussnehmer aber ein vorrangiges Wahlrecht eingeräumt.

---

3 Begründung zum Regierungsentwurf v. 17.2.2016, BT-Drs. 18/7555, S. 73.
4 Begründung zum Regierungsentwurf v. 17.2.2016, BT-Drs. 18/7555, S. 73.
5 Begründung zum Regierungsentwurf v. 17.2.2016, BT-Drs. 18/7555, S. 73; vgl. BerlKommEnR/*Drozella*, § 5 MsbG Rn. 3; BerlKommEnR/*Drozella*, § 6 MsbG Rn. 9.

III. Begriffsbestimmungen gem. S. 1 im Einzelnen §2

Im Bereich der **Elektromobilität** sind **Ladepunktbetreiber** und **Elektrofahrzeugnutzer** in ihren jeweiligen Bereichen Anschlussnutzer.[6] Der Ladepunktbetreiber gestattet dem Elektrofahrzeugnutzer die Nutzung von Ladepunkten, die der Elektrofahrzeugnutzer entsprechend in Anspruch nimmt.

4. Grundzuständiger Messstellenbetreiber (Nr. 4)

Die **Begriffsbestimmungen in Nr. 4 bis 6** stehen in einem **engen inhaltlichen Zusammenhang**, da sie sich mit **gestuften Verantwortungen und Zuständigkeiten** für den Rollout intelligenter Messinfrastruktur beschäftigen, die wiederum an die sog. Grundzuständigkeit anknüpfen.

Die Notwendigkeit zur Differenzierung zwischen dem grundzuständigen Messstellenbetreiber (Nr. 4), der Grundzuständigkeit für den Messstellenbetrieb (Nr. 5) und der Grundzuständigkeit für den Messstellenbetrieb für moderne Messeinrichtungen und intelligente Messsysteme (Nr. 6) ergibt sich insbesondere vor dem Hintergrund des Übertragungsverfahrens in §§ 41 bis 45.[7]

Nr. 4 stellt klar, dass der **Betreiber von Energieversorgungsnetzen** grundzuständiger Messstellenbetreiber ist, solange und soweit er seine Grundzuständigkeit nicht gem. § 43 überträgt.[8] Nach Durchführung des Verfahrens in § 43 wird das übernehmende Unternehmen grundzuständiger Messstellenbetreiber im Sinn von Nr. 4.

Das Gesetz zur Digitalisierung der Energiewende hebt § 21b Abs. 1 EnWG (alt) auf, der den Messstellenbetrieb grundsätzlich dem Energieversorgungsnetzbetreiber übertrug und in Abs. 2 die Möglichkeit zur Wahl eines Dritten einräumte.[9] Inhaltlich **knüpft Nr. 4 an die bisherige Rechtslage an**. Allerdings ermöglicht die Übertragung der Grundzuständigkeit nach §§ 41 ff. das Auseinanderfallen der Zuständigkeit von Messstellenbetrieb und Netzbetrieb.[10]

5. Grundzuständigkeit für den Messstellenbetrieb (Nr. 5)

Nachdem Nr. 4 den Begriff des grundzuständigen Messstellenbetreibers bestimmt, definiert Nr. 5 die Grundzuständigkeit für den Messstellenbetrieb als **Verpflichtung zur Wahrnehmung des Messstellenbetriebs für alle Messstellen des jeweiligen Netzgebietes**, solange und soweit kein Dritter nach den §§ 5 und 6 den Messstellenbetrieb durchführt.

Anders als Nr. 6, der nur die Grundzuständigkeit für den Messstellenbetrieb moderner Messeinrichtungen und intelligenter Messsysteme betrifft, bezieht sich Nr. 5 auf **alle Messstellen** des jeweiligen Netzgebietes, einschließlich herkömmlicher Messinfrastruktur. Wenn Anschlussnutzer bzw. Anschlussnehmer von ihrem Auswahlrecht aus §§ 5 bzw. 6

---

6 Beschlussempfehlung und Bericht des Ausschusses für Wirtschaft und Energie, BT-Drs. 18/8919, S. 23.
7 Vgl. Begründung zum Regierungsentwurf v. 17.2.2016, BT-Drs. 18/7555, S. 73; zum Übertragungsverfahren vgl. BerlKommEnR/*Hohenstein-Bartholl*, § 41 MsbG Rn. 16 f.
8 Zum Verfahren nach §§ 41 ff.; vgl. BerlKommEnR/*Hohenstein-Bartholl*, § 41 MsbG.
9 Vgl. etwa Danner/Theobald/*Eder*, Stand: 88. EL März 2016, § 21b EnWG Rn. 24, der bereits von einer Grundzuständigkeit des Netzbetreibers ausgingen.
10 Vgl. *Lüdemann/Ortmann/Pokrant*, EnWZ 2016, 341.

§ 2 Begriffsbestimmungen

Gebrauch machen und einen Dritten mit der Ausübung des Messstellenbetriebs beauftragen, entfällt die Pflicht zur Durchführung des Messstellenbetriebs. Die Grundzuständigkeit für die betroffenen Messstellen verbleibt aber beim grundzuständigen Messstellenbetreiber; bei Ausfall des (dritten) Messstellenbetreibers hat er den Messstellenbetrieb nach § 18 aufzunehmen.[11]

16 Welche Aufgaben zur Ausübung des Messstellenbetriebs gehören und damit Bestandteil der Verpflichtung der Grundzuständigkeit sind, beschreibt § 3.

17 Im Fall der Neuvergabe von Wegenutzungsrechten erfolgt ein **Wechsel des Verteilnetzbetreibers**.[12] Die Grundzuständigkeit geht auf den neuen Verteilnetzbetreiber über. Es ist aber zu beachten, dass die Grundzuständigkeit für moderne Messeinrichtungen und intelligente Messsysteme im Sinn von Nr. 6 nicht zwingend übergeht, sondern nur für den Fall, dass der bisherige Verteilnetzbetreiber die Aufgabe selbst wahrgenommen hat oder sie in seinem Auftrag wahrgenommen wurde.[13] Wurde also das Übertragungsverfahren nach §§ 41 ff. erfolgreich durchgeführt und wechselt nunmehr der Verteilnetzbetreiber, verbleibt die Grundzuständigkeit für moderne Messinfrastruktur beim neuen grundzuständigen Messstellenbetreiber, die Grundzuständigkeit für herkömmliche Messinfrastruktur geht dagegen auf den neuen Verteilnetzbetreiber über. Dieser Mechanismus unterstreicht die Notwendigkeit zur Differenzierung zwischen den verschiedenen Grundzuständigkeiten.

6. Grundzuständigkeit für den Messstellenbetrieb für moderne Messeinrichtungen und intelligente Messsysteme (Nr. 6)

18 Nr. 6 definiert als einen **Spezialfall zu Nr. 5** die Grundzuständigkeit für den Messstellenbetrieb (nur) für moderne Messeinrichtungen und intelligente Messsysteme als die Verpflichtung zur Wahrnehmung des Messstellenbetriebs mit modernen Messeinrichtungen und intelligenten Messsystemen im jeweiligen Netzgebiet für diejenigen Messstellen, die nach Maßgabe der §§ 29 bis 32 mit modernen Messeinrichtungen und intelligenten Messsystemen auszustatten sind, und für die kein Dritter nach den §§ 5 und 6 den Messstellenbetrieb durchführt. Zu den Voraussetzungen in Nr. 5 tritt die Voraussetzung hinzu, dass die Messstellen einer Einbauverpflichtung nach §§ 29 ff. unterfallen.

19 Grundsätzlich obliegen dem **grundzuständigen Messstellenbetreiber** die Grundzuständigkeit nach Nr. 5, der Nr. 6 einschließt. Gem. § 43 Abs. 1 kann der grundzuständige Messstellenbetreiber die Grundzuständigkeit für den Messstellenbetrieb von modernen Messeinrichtungen und intelligenten Messsystemen in seinem Netzgebiet auf ein anderes Unternehmen übertragen. Dem neuen grundzuständigen Messstellenbetreiber obliegt in diesem Fall die Grundzuständigkeit im Umfang der Nr. 6.

7. Intelligentes Messsystem (Nr. 7)

20 Nr. 7 definiert das intelligente Messsystem als **eine über ein Smart-Meter-Gateway in ein Kommunikationsnetz eingebundene Messeinrichtung** zur Erfassung elektrischer Energie, das den tatsächlichen Energieverbrauch und die tatsächliche Nutzungszeit wider-

---

11 Vgl. BerlKommEnR/*Salevic/Zöckler*, § 18 MsbG Rn. 7 f.
12 Vgl. Begründung zum Regierungsentwurf v. 17.2.2016, BT-Drs. 18/7555, S. 73.
13 So die Begründung zum Regierungsentwurf v. 17.2.2016, BT-Drs. 18/7555, S. 73.

III. Begriffsbestimmungen gem. S. 1 im Einzelnen   § 2

spiegelt, soweit die aus § 21d Abs. 1 EnWG (alt) bekannte Definition für Messsysteme, und darüber hinaus den besonderen Anforderungen nach den §§ 21 und 22 genügt, die zur Gewährleistung des Datenschutzes, der Datensicherheit und Interoperabilität in Schutzprofilen und Technischen Richtlinien festgelegt werden können.

Intelligente Messsysteme sind künftig die zentrale Smart-Metering-Infrastruktur.[14] Sie lösen damit die **Messsysteme aus § 21d EnWG** (alt) ab. Inhaltlich steigen die Anforderungen gegenüber der Vorgängerregelung, da eine BSI-Zertifikation (vgl. § 19 Abs. 3) vorausgesetzt wird.[15] § 21d Abs. 2 EnWG (alt) sah zwar vor, dass im Wege einer Rechtsverordnung nach § 21i Abs. 1 Nr. 3 EnWG (alt) nähere Anforderungen an Funktionalität und Ausstattung von Messsystemen gestellt werden können. Das BSI wurde 2011 vom Bundeswirtschaftsministerium zur Ausarbeitung von Schutzprofilen und Technischen Richtlinien beauftragt, die durch eine Messsystemverordnung zu rechtlich verbindlichen Mindestanforderungen erklärt werden sollten. Die Verordnung wurde 2014 durch die Europäische Kommission notifiziert,[16] so dass sie national hätte erlassen werden können. Der Gesetzgeber hat sich aber schließlich gegen den Erlass einer Rechtsverordnung und für ein Stammgesetz entschlossen, das die Ergebnisse des BSI in §§ 21, 22 inkorporiert hat. 21

Wie Messsysteme nach § 21d EnWG (alt) müssen intelligente Messsysteme **den tatsächlichen Energieverbrauch unter Einbeziehung der tatsächlichen Nutzungszeit widerspiegeln und in ein Kommunikationsnetz eingebunden** sein.[17] Nr. 7 verdeutlicht, dass der Gesetzgeber sich nun zwingend für die Einbindung in ein Kommunikationsnetz durch ein **Smart-Meter-Gateway** (vgl. Nr. 19) entschieden hat. 22

Der „**Basiszähler**" zum intelligenten Messsystem stellt die **moderne Messeinrichtung** (vgl. Nr. 15) dar, die nicht in ein Kommunikationsnetz eingebunden ist, aber Anbindbarkeit gewährleistet. Zudem ist das intelligente Messsystem vom Messsystem abzugrenzen (vgl. Nr. 13).[18] 23

8. Letztverbraucher (Nr. 8)

In Nr. 8 werden Letztverbraucher definiert, wobei sich die Definition an § 3 Nr. 25 EnWG anlehnt.[19] Letztverbraucher können **natürliche oder juristische Personen** sein. Durch die Formulierung, dass diese Personen Energie zum Verbrauch „beziehen", verdeutlicht der Gesetzgeber, dass er auf den **physischen Bezug** abstellt; die Vertragsausgestaltung des Strombezugs steht nicht im Vordergrund.[20] Der Bezug kann einerseits für den eigenen Verbrauch erfolgen, so dass auch Unterzähler in Kundenanlagen erfasst sind. Beschlussempfehlung und Bericht des Ausschusses für Wirtschaft und Energie führten zu der ergän- 24

---

14 So die Begründung zum Regierungsentwurf v. 17.2.2016, BT-Drs. 18/7555, S. 73.
15 So die Begründung zum Regierungsentwurf v. 17.2.2016, BT-Drs. 18/7555, S. 73.
16 *Salevic/Manilova*, in: PwC (Hrsg.), Praxishandbuch zum Energiewirtschaftsgesetz, S. 472; vgl. Ernst & Young, KNA, S. 19.
17 Für die Anforderungen an das Widerspiegeln des tatsächlichen Energieverbrauchs unter Einbeziehung der tatsächlichen Nutzungszeit, vgl. BerlKommEnR/*Franz/Boesche*, 2. Aufl. 2010, § 21d EnWG Rn. 6 ff.
18 Zur Notwendigkeit der Abgrenzung vgl. Begründung zum Regierungsentwurf v. 17.2.2016, BT-Drs. 18/7555, S. 74.
19 Begründung zum Regierungsentwurf v. 17.2.2016, BT-Drs. 18/7555, S. 73.
20 Begründung zum Regierungsentwurf v. 17.2.2016, BT-Drs. 18/7555, S. 73.

§ 2   Begriffsbestimmungen

zenden Aufnahme, dass auch der **Betrieb von Ladepunkten zur Versorgung von Elektrofahrzeugen durch Letztverbraucher** erfolgt.[21] Klargestellt wird, dass sowohl der Ladepunktbetreiber als auch der den Ladepunkt nutzende Elektrofahrzeugnutzer Letztverbraucher ist und alle mit dem Ladepunkt verbundene Vorgänge der Durchleitung, Zwischenspeicherung und Weitergabe von Strom an den Ladepunkten erfasst sind.[22] Zu beachten sind aber die Übergangsvorschriften für Ladestationen der Elektromobilität (vgl. § 48).

25   Der Gesetzgeber hält die **Interessen des Letztverbrauchers** bei der Ausgestaltung der datenschutzfreundlichen technischen Ausstattung und in Hinblick auf angemessene Preisobergrenzen für **besonders relevant**.

9. Mehrwertdienst (Nr. 9)

26   Mehrwertdienste, die die Kommunikationsinfrastruktur des Smart-Meter-Gateways nutzen, können als **Zusatzleistungen** angeboten werden (vgl. § 35 Abs. 2 Nr. 4). Sie **stellen energieversorgungsfremde Dienstleistungen** dar und sind damit auch nicht Teil des Messstellenbetriebs (vgl. § 3). Mehrwertdienste werden mit dem Messstellenbetreiber vertraglich vereinbart und machen nach § 50 Abs. 1, Abs. 2 Nr. 13 die Erhebung, Verarbeitung und Nutzung von Daten i. S. v. § 50 notwendig. Mangels energiewirtschaftlicher Erforderlichkeit setzen Mehrwertdienste stets eine Einwilligung voraus.[23]

27   Der Gesetzgeber bezweckt insbesondere mit Mehrwertdiensten und anderen Dienstleistungen, Ziele der Energieeinsparung zu erreichen.[24] Außerdem soll der **Nutzen intelligenter Messsysteme** durch solche aktuell sich noch entwickelnde Anwendungen **maximiert** werden.[25] Als Beispiele für Mehrwertdienste nennt der Gesetzgeber die Bereiche Smart Home und das betreute Wohnen.[26] Um diese Ziele zu erreichen, muss ein intelligentes Messsystem nach der Definition in § 21 Abs. 1 Nr. 4 ein Smart-Meter-Gateway enthalten, das technologieoffen für Mehrwertdienste ausgestaltet ist.[27] Oberste Priorität kommt aber stets den energiewirtschaftlichen Prozessen zu.[28]

10. Messeinrichtung (Nr. 10)

28   Die Messeinrichtung ist von modernen Messeinrichtungen (vgl. Nr. 15) und intelligenten Messsystemen (Nr. 13) abzugrenzen und wird in Nr. 10 als ein **Messgerät zur Gewinnung von Messwerten**, insbesondere für Strom und Gas, beschrieben. Es handelt sich hierbei um den „**reinen Zähler**", an den das MsbG keine rechtlichen Anforderungen stellt.[29] Der Gesetzgeber verweist hier auf die Vorgaben der MID-Richtlinie.[30]

---

21 Vgl. Beschlussempfehlung und Bericht des Ausschusses für Wirtschaft und Energie, BT-Drs. 18/8919, S. 23.
22 Beschlussempfehlung und Bericht des Ausschusses für Wirtschaft und Energie, BT-Drs. 18/8919, S. 23.
23 Begründung zum Regierungsentwurf v. 17.2.2016, BT-Drs. 18/7555, S. 107.
24 Begründung zum Regierungsentwurf v. 17.2.2016, BT-Drs. 18/7555, S. 62.
25 Begründung zum Regierungsentwurf v. 17.2.2016, BT-Drs. 18/7555, S. 64.
26 Begründung zum Regierungsentwurf v. 17.2.2016, BT-Drs. 18/7555, S. 76.
27 Begründung zum Regierungsentwurf v. 17.2.2016, BT-Drs. 18/7555, S. 84.
28 Begründung zum Regierungsentwurf v. 17.2.2016, BT-Drs. 18/7555, S. 84, 107.
29 Begründung zum Regierungsentwurf v. 17.2.2016, BT-Drs. 18/7555, S. 74.
30 Begründung zum Regierungsentwurf v. 17.2.2016, BT-Drs. 18/7555, S. 74.

III. Begriffsbestimmungen gem. S. 1 im Einzelnen § 2

In den Nr. 9–15 definiert der Gesetzgeber die aus seiner Sicht notwendigen Begrifflichkeiten, die das Zusammenspiel der einzelnen Komponenten des Smart Metering strukturieren; entscheidend hierfür ist eine **genaue Abgrenzung**.[31] Deshalb wird auch die Messeinrichtung definiert.

11. Messstelle (Nr. 11)

Eine Messstelle umfasst die **Gesamtheit aller Mess-, Steuerungs- und Kommunikationseinrichtungen** zur sicheren Erhebung, Verarbeitung und Übermittlung von Messdaten und zur sicheren Anbindung von Erzeugungsanlagen und steuerbaren Lasten an Zählpunkten eines Anschlussnutzers einschließlich der Installationsvorrichtungen. Der technische Betrieb der Messstelle ist in Nr. 25 definiert. An sog. komplexen Messstellen ergeben sich die Messwerte erst aus der Verrechnung der Werte mehrerer Messeinrichtungen.[32]

§ 8 stellt **nähere Anforderungen an Messstellen**. Abs. 1 formuliert das Bestimmungsrecht des Messstellenbetreibers in Hinblick auf Art, Zahl und Größe von Mess- und Steuereinrichtungen; Abs. 2 normiert gleichzeitig rechtliche Anforderungen an die Mess- und Steuereinrichtungen.[33]

Die **Kernnorm des § 29** stellt Anforderungen an die **Ausstattung von Messstellen** mit intelligenten Messsystemen und modernen Messeinrichtungen.

12. Messstellenbetreiber (Nr. 12)

Der Messstellenbetreiber nimmt die **Aufgaben des Messstellenbetriebs**, die in § 3 Abs. 2 definiert sind, entweder in seiner Rolle **als grundzuständiger Messstellenbetreiber (Nr. 4) oder als Dritter**, der die Aufgabe des Messstellenbetriebs durch Vertrag nach § 9 übernommen hat, wahr. § 3 Abs. 1 S. 1 stellt klar, dass die Aufgabe des Messstellenbetriebs beim Messstellenbetreiber angesiedelt ist, soweit nicht eine anderweitige Vereinbarung nach § 5 oder § 6 getroffen worden ist. Außerdem wird die Funktion des Smart-Meter-Gateway-Administrators dem Messstellenbetreiber zugeordnet (§ 3 Abs. 1 S. 2). § 3 Abs. 3 und 4 formulieren weitere Rechte und Pflichten des Messstellenbetreibers.

13. Messsystem (Nr. 13)

Dem Messsystem **fehlt in Abgrenzung zum intelligenten Messsystem** (Nr. 7) **die Zertifizierung über Schutzprofile und Technische Richtlinien**.[34] Zwar ist es als Messeinrichtung in ein Kommunikationsnetz eingebunden. Mangels Einhaltung der technischen Vorgaben disqualifiziert es sich aber als intelligente Kommunikationsplattform.[35]

---

31 Begründung zum Regierungsentwurf v. 17.2.2016, BT-Drs. 18/7555, S. 73.
32 Vgl. Stellungnahme der BNetzA zum „Gesetz zur Digitalisierung der Energiewende" (BT-Drs. 18/7555) v. 12.4.2016, S. 3.
33 Vgl. BerlKommEnR/v. *Wege*, § 8 MsbG Rn. 1; zur Frage, ob § 8 auch normative Vorgaben an Kommunikationseinrichtungen stellt, vgl. BerlKommEnR/v. *Wege*, § 8 MsbG Rn. 7 f.
34 Begründung zum Regierungsentwurf v. 17.2.2016, BT-Drs. 18/7555, S. 74.
35 Begründung zum Regierungsentwurf v. 17.2.2016, BT-Drs. 18/7555, S. 74.

§ 2 Begriffsbestimmungen

14. Messwerte (Nr. 14)

35 Messwerte machen **Angaben** über die **Menge der Energie**, die von einem Anschlussnutzer über einen bestimmten Zeitraum entnommen, erzeugt oder eingespeist wird. Zur Gewinnung der Messwerte werden Messeinrichtungen eingesetzt (vgl. Nr. 10). Da die Messwerte zur Abrechnung der Vertragsbeziehung dienen, werden sie auf Plausibilität und Vollständigkeit geprüft (vgl. Nr. 17). Das MsbG stellt Mindestanforderungen an intelligente Messsysteme (§ 21 Abs. 1 Nr. 1), um die zuverlässige Erhebung, Verarbeitung, Übermittlung, Protokollierung, Speicherung und Löschung von aus Messeinrichtungen stammenden Messwerten zu gewährleisten.

15. Moderne Messeinrichtung (Nr. 15)

36 Die moderne Messeinrichtung übernimmt die **Aufgabe eines Basiszählers**, der zwar nicht selbstständig kommunizieren kann, aber über die technische Möglichkeit zur Visualisierung des Verbrauchs verfügt und zum intelligenten Messsystem aufgerüstet werden kann.[36] U.a. mangels Smart-Meter-Gateway bietet die moderne Messeinrichtung keine ausreichende Datensicherheit und ist nicht zur Kommunikation geeignet.

37 Eine **Zwischenstufe zwischen elektromechanischem Zähler und intelligentem Messsystem** sah bereits der durch das Gesetz zur Digitalisierung der Energiewende aufgehobene § 21c Abs. 5 EnWG (alt) vor.[37] Im MsbG sieht der Gesetzgeber eine flächendeckende Ausstattung mit modernen Messeinrichtungen bis zum Jahr 2032 vor (§ 29 Abs. 3), sofern die Messstelle nicht mit intelligenten Messsystemen ausgestattet wird.

16. Netzzustandsdaten (Nr. 16)

38 Nach der Definition in Nr. 16 umfasst der **Begriff der Netzzustandsdaten** Spannungs- und Stromwerte und Phasenwinkel sowie daraus errechenbare oder herleitbare Werte, die zur Ermittlung des Netzzustandes verwendet werden können. Nr. 16 ist **weit und keinesfalls als abschließende Aufzählung** zu verstehen.[38] Erfasst sind Daten, die durch das intelligente Messsystem zu erfassen sind, die den Netzzustand beschreiben und die für ein netzdienliches Smart Metering notwendig sind.[39] Entsprechend führt § 21 Abs. 1 Nr. 1 lit. c) als notwendige Mindestanforderung von intelligenten Messsystemen die zuverlässige Erhebung von Netzzustandsdaten an. Zudem benötigt der Netzbetreiber diese Daten zur Erfüllung seiner gesetzlichen Verpflichtungen aus MsbG und EnWG.[40] Neben den explizit genannten Daten sind Netzzustandsdaten auch solche Daten, die erst herzuleiten sind, etwa durch Rechenoperationen. Voraussetzung ist stets ihre Relevanz für den Netzzustand.[41]

39 Die Messerhebung von Netzzustandsdaten regelt **§ 56**, deren Übermittlung und Löschung **§ 64. Technische Richtlinien** beschreiben die Anforderungen an intelligente Messsysteme

---

36 Begründung zum Regierungsentwurf v. 17.2.2016, BT-Drs. 18/7555, S. 96.
37 Vgl. BerlKommEnR/*Franz/Boesche*, 2. Aufl. 2010, § 21c EnWG Rn. 50.
38 Begründung zum Regierungsentwurf v. 17.2.2016, BT-Drs. 18/7555, S. 74.
39 Begründung zum Regierungsentwurf v. 17.2.2016, BT-Drs. 18/7555, S. 74.
40 Begründung zum Regierungsentwurf v. 17.2.2016, BT-Drs. 18/7555, S. 74.
41 Begründung zum Regierungsentwurf v. 17.2.2016, BT-Drs. 18/7555, S. 74; als Beispiel nennt die Gesetzesbegründung die Blindleistung.

III. Begriffsbestimmungen gem. S. 1 im Einzelnen   § 2

und betreffen auch den Umgang mit Netzzustandsdaten.[42] In den technischen Richtlinien werden Netzzustandsdaten als Inhaltsdaten einer WAN-Kommunikation neben Abrechnungsdaten, Administrationsdaten und Managementdaten genannt.[43] Abschließend beschreibt die TR-03109 Netzzustandsdaten als nicht abrechnungsrelevante Messwerte, die für Betriebsführungszwecke benötigt werden (z. B. Spannung, Phasenwinkel, Frequenz) und die nicht für Tarifierung oder Bilanzierung verwendet werden.[44] Da diese Beschreibung Teil eines informatorischen Glossars ist, kommt dieser Definition keine rechtliche Verbindlichkeit zu.

17. Plausibilisierung und Ersatzwertbildung (Nr. 17)

Die Definition in Nr. 17 betrifft Plausibilisierung und Ersatzwertbildung[45] als **Vorgänge zur Messwertaufbereitung**.[46] Rechnerische Vorgänge überbrücken oder korrigieren ausgefallene Messwerte oder unplausible Messwerte.[47] Zwar liegt die Messwertaufbereitung beim Messstellenbetreiber,[48] Plausibilisierung und Ersatzwertbildung erfolgen aber, soweit vorhanden und technisch möglich,[49] automatisch im Smart-Meter-Gateway.[50] Dabei handelt es sich um eine Standardleistung im Sinn von § 35.[51]

40

---

42 Vgl. etwa Technische Richtlinie BSI TR-03109-1, Anforderungen an die Interoperabilität der Kommunikationseinheit eines intelligenten Messsystems, Version 1.0, Stand 18.3.2013, die u.a. Anforderungen an die Pseudonymisierung bei der Übertragung von Netzzustandsdaten stellt und Anwendungsfälle für die Erhebung von Netzzustandsdaten formuliert.
43 BSI TR-03109, Version 1.0, Stand 18.3.2013, Rn. 2489 f.
44 BSI TR-03109, Version 1.0, Stand 18.3.2013, Rn. 2692.
45 Fälle der Ersatzwertbildung im Zusammenhang mit intelligenten Messsystemen listen BDEW und VKU nicht abschließend in ihrem Positionspapier „Umsetzung Gesetz zur Digitalisierung der Energiewende, Interimsmodell" v. 20.5.2016 auf: 1) Störung des Zählers, 2) fehlerhafte Energiemengenerfassung durch den Zähler, 3) Kommunikationsstörung im Messsystem zwischen Zähler und SMGW, 4) Kommunikationsstörung zwischen SMGW und MSB, 5) Geräteeinbau/Gerätewechsel; abrufbar unter www.bdew.de.
46 Begründung zum Regierungsentwurf v. 17.2.2016, BT-Drs. 18/7555, S. 74.
47 Begründung zum Regierungsentwurf v. 17.2.2016, BT-Drs. 18/7555, S. 74.
48 Begründung zum Regierungsentwurf v. 17.2.2016, BT-Drs. 18/7555, S. 108.
49 Der BDEW bezweifelte in seiner Stellungnahme zum Regierungsentwurf die praktische Umsetzbarkeit, da die TR des BSI diese Funktionalität nicht hinreichend vorschreiben würden. Der BDEW bezieht sich auf Aussagen der Gerätehersteller, die eine Plausibilisierung im Smart-Meter-Gateway in der ersten Gerätegeneration nicht für möglich halten. BDEW „Stellungnahme zum Regierungsentwurf eines Gesetzes zur Digitalisierung der Energiewende unter Berücksichtigung der Gegenäußerung der Bundesregierung" v. 7.4.2016, abrufbar unter www.bdew.de. In ihrem Vorschlag für ein Interimsmodell schlagen BDEW und VKU vor, dass die BNetzA von ihrer Möglichkeit Gebrauch machen sollte, die Messwertaufbereitung, insbesondere die Plausibilisierung und Ersatzwertbildung im SMGW, und die Datenübermittlung gem. § 60 Abs. 2 übergangsweise abweichend festzulegen, vgl. Positionspapier „Umsetzung Gesetz zur Digitalisierung der Energiewende, Interimsmodell" v. 20.5.2016, S. 8. Das Interimsmodell folgt diesem Vorschlag, BNetzA, Beschl. v. 20.12.2016, BK6-16-200, S. 18.
50 Vgl. § 60 Abs. 2 S. 1; zur Festlegungskompetenz der BNetzA für eine Bereichsausnahme für Gas vgl. § 60 Abs. 2 S. 2; Begründung zum Regierungsentwurf v. 17.2.2016, BT-Drs. 18/7555, S. 108.
51 Vgl. § 35 Abs. 1 S. 2 Nr. 1.

§ 2   Begriffsbestimmungen

41   In ihrer Stellungnahme zum Entwurf des Gesetzes zur Digitalisierung der Energiewende **begrüßt die Bundesnetzagentur die Aufgabenverteilung** ausdrücklich.[52] Der Messstellenbetreiber stünde als Eigentümer der Messeinrichtung und als derjenige Akteur am Markt, der für die Einrichtung und den Betrieb der Messstelle verantwortlich ist (vgl. § 3 Abs. 1), dieser Aufgabe am nächsten.[53] Durch den Anstieg an Daten sei die automatische Ersatzwertbildung und Plausibilisierung unumgänglich, die Bearbeitung durch einen Sachbearbeiter schlicht nicht mehr zu leisten.[54] Dafür müssten Technische Richtlinien und Schutzprofile die notwendige technische Leistungsfähigkeit fordern und der Messstellenbetreiber zu ihrer Umsetzung verpflichtet sein.[55] Die bisherige ausschließliche Prüfung der technischen Korrektheit der Messwerte sei für Plausibilisierung und Ersatzwertbildung nicht mehr ausreichend.[56]

18. Schaltprofil (Nr. 18)

42   Nr. 18 definiert das Schaltprofil als eine **Einstellung zum Stromeinspeise- oder -entnahmeverhalten** an Erzeugungs- und Verbrauchsanlagen. Der Begriff ist für das Lastmanagement und das Erzeugungsmanagement bedeutend.[57]

19. Smart-Meter-Gateway (Nr. 19)

43   Das Smart-Meter-Gateway[58] stellt die **erste Weiterverteilungsstufe der Daten** dar und spielt als zentrale Kommunikationseinheit eine **Schlüsselrolle** in der Infrastruktur eines intelligenten Messsystems.[59] Die Kommunikation des Gateways erfolgt mit den lokalen Zählern der Endkunden,[60] mit anderen Geräten aus dem Heimnetzwerk[61] und mit weiter entfernten Marktteilnehmern über das Weitverkehrsnetz.[62]

44   In Nr. 19 wird das Smart-Meter-Gateway als die **Kommunikationseinheit eines intelligenten Messsystems** definiert, die ein oder mehrere moderne Messeinrichtungen und weitere technische Einrichtungen sicher in ein Kommunikationsnetz einbinden kann und dabei

---

52 Vgl. Stellungnahme der BNetzA zum „Gesetz zur Digitalisierung der Energiewende" (BT-Drs. 18/7555) v. 12.4.2016, S. 3.
53 Stellungnahme der BNetzA zum „Gesetz zur Digitalisierung der Energiewende" (BT-Drs. 18/7555) v. 12.4.2016, S. 3.
54 Stellungnahme der BNetzA zum „Gesetz zur Digitalisierung der Energiewende" (BT-Drs. 18/7555) v. 12.4.2016, S. 3.
55 Stellungnahme der BNetzA zum „Gesetz zur Digitalisierung der Energiewende" (BT-Drs. 18/7555) v. 12.4.2016, S. 3.
56 Stellungnahme der BNetzA zum „Gesetz zur Digitalisierung der Energiewende" (BT-Drs. 18/7555) v. 12.4.2016, S. 3.
57 Begründung zum Regierungsentwurf v. 17.2.2016, BT-Drs. 18/7555, S. 74.
58 Zum (englischen) Begriff „Smart-Meter-Gateway" vgl. Begründung zum Regierungsentwurf v. 17.2.2016, BT-Drs. 18/7555, S. 74.
59 Vgl. Begründung zum Regierungsentwurf v. 17.2.2016, BT-Drs. 18/7555, S. 2; Technische Richtlinie BSI TR-03109-4 Smart Metering PKI – Public Key Infrastruktur für Smart Meter Gateways, Version 1.1.1 v. 18.5.2015, S. 5.
60 Local Metrological Network (LMN).
61 Home Area Network (HAN).
62 Wide Area Network (WAN); vgl. Technische Richtlinie BSI TR-03109-4 Smart Metering PKI – Public Key Infrastruktur für Smart Meter Gateways, Version 1.1.1 v. 18.5.2015, S. 5, 7 f.

über Funktionalitäten zur Erfassung, Verarbeitung und Versendung von Daten verfügt. Eingebunden werden können insbesondere EEG-Anlagen und Erzeugungsanlagen nach dem KWKG. Deutlich wird die breite Anlage des Einsatzbereiches; neben energienahen Anwendungen im intelligenten Energienetz, ermöglicht das Smart-Meter-Gateway zahlreiche weitere Anwendungen.[63]

Das Smart-Meter-Gateway hat die **besonderen Anforderungen zur Gewährleistung des Datenschutzes, der Datensicherheit und der Interoperabilität** zu beachten, die von Schutzprofilen und Technischen Richtlinien aufgestellt werden (vgl. § 22 Abs. 1 und 2) und muss über Funktionalitäten zur Erfassung, Verarbeitung und Versendung von Daten verfügen.

45

§ 22 formuliert **Mindestanforderungen** an das Smart-Meter-Gateway, das gem. § 24 **zertifiziert** werden muss. § 51 stellt Anforderungen an die Datenerhebung, -verarbeitung und -nutzung.

46

20. Smart-Meter-Gateway-Administrator (Nr. 20)

Nach der Definition in Nr. 20 ist ein Smart-Meter-Gateway-Administrator eine natürliche oder juristische Person, die als Messstellenbetreiber oder in dessen Auftrag für den technischen Betrieb des intelligenten Messsystems verantwortlich ist. Der Gesetzgeber definiert die Funktion, um diese **zentrale Rolle** in Zukunft weiter konkretisieren zu können.[64] Originär ist die **Rolle dem Messstellenbetreiber zugeordnet** (vgl. § 3 Abs. 1 S. 2), wird aber für den Markt geöffnet.[65]

47

Der Smart-Meter-Gateway-Administrator erfüllt im Messstellenbetrieb eine wichtige Rolle,[66] deren Aufgabeninhalt insbesondere in § 24 Abs. 1 konkretisiert wird und sich gerade nicht auf den „technischen Service" des Gateways beschränkt.[67] Indem er die Kommunikationseinheit installiert, konfiguriert und administriert, ermöglicht der Smart-Meter-Gateway-Administrator den technischen Betrieb, den er aufrecht erhält, indem er überwacht, wartet und Sicherheitsmängel an das BSI meldet.[68] § 24 Abs. 4 stellt organisatorische Anforderungen; schließlich ist der Smart-Meter-Gateway-Administrator gem. § 24 Abs. 5 zu zertifizieren.[69] Bei der Datenverteilung kann der Smart-Meter-Gateway-Administrator die Rolle einer Datendrehscheibe einnehmen, indem er Datenpakete verschlüsselt an die

48

---

63 Der Gesetzgeber nennt in seiner Begründung zum Regierungsentwurf v. 17.2.2016, BT-Drs. 18/7555, S. 74 das Beispiel von Anwendungen im Bereich betreuten Wohnens.
64 So die Begründung zum Regierungsentwurf v. 17.2.2016, BT-Drs. 18/7555, S. 74.
65 Damit wird die Liberalisierung des Messwesens vom Netzbetrieb fortgeführt, vgl. Begründung zum Regierungsentwurf v. 17.2.2016, BT-Drs. 18/7555, S. 73.
66 Begründung zum Regierungsentwurf v. 17.2.2016, BT-Drs. 18/7555, S. 74.
67 Begründung zum Regierungsentwurf v. 17.2.2016, BT-Drs. 18/7555, S. 86.
68 So die Begründung zum Regierungsentwurf v. 17.2.2016, BT-Drs. 18/7555, S. 86.
69 Vorgehensweise/Zertifizierung nach ISO/IEC 27001 auf Basis von IT-Grundschutz durch das BSI oder alternativ Einhaltung des Maßnahmenkatalogs (BSI TR-03109-6) unter einem zertifizierten ISMS nach ISO/IEC 27001 nativ durch eine bei der Deutschen Akkreditierungsstelle GmbH (DAkkS) akkreditierten Zertifizierungsstelle, wobei die dafür benötigte Qualifikation bzw. Prüfung der Qualifikation der Auditoren durch das BSI erfolgt; vgl. Begründung zum Regierungsentwurf v. 17.2.2016, BT-Drs. 18/7555, S. 86.

§ 2   Begriffsbestimmungen

Marktteilnehmer weiterleitet (vgl. § 60 Abs. 1 und 2).[70] Im Ergebnis zielen die Regelungen darauf ab, eine vertrauenswürdige Instanz zu schaffen.[71]

21. Smart-Meter-Public-Key-Infrastruktur (Nr. 21)

49 Die Norm definiert die Smart-Meter-Public-Key-Infrastruktur als ein **System zur Ausstellung, Verteilung und Prüfung von digitalen Zertifikaten**, welches die Authentizität und die Vertraulichkeit bei der Kommunikation und den gesicherten Datenaustausch der verschiedenen Marktteilnehmer mit den Smart-Meter-Gateways sicherstellt. Grundlage stellt ein zentraler, staatlicher Vertrauensanker in der Smart-Meter-Gateway-Infrastruktur dar; Inhaber der Wurzelzertifikate ist gem. § 28 das BSI.[72] Die Architektur der Infrastruktur wird in der BSI TR-03109-4 spezifiziert; hier werden zudem Mindestanforderungen an die Interoperabilität und die Sicherheit der Infrastruktur gestellt.[73]

22. Stammdaten (Nr. 22)

50 Als Stammdaten werden **Informationen über Art und technische Ausstattung, Ort und Spannungsebene** sowie **Art der kommunikativen Anbindung** von an das Smart-Meter-Gateway angeschlossenen Anlagen bezeichnet (Nr. 22). Die Daten sind als Kennzahlen geeignet, die Anlage zu beschreiben.[74] In Hinblick auf die Verwirklichung eines intelligenten Energienetzes könnten in Zukunft Stammdaten in einem Anlagenregister geführt werden.[75] Zur Ausübung der sternförmigen Kommunikation sind im Gateway neben anderen Informationen auch die Stammdaten zu hinterlegen.[76]

51 Sofern der **Messstellenbetreiber** hierzu **ermächtigt** ist, kann er gem. **§ 57 Stammdaten** im erforderlichen Umfang und zum erforderlichen Zeitpunkt **erheben**. Insbesondere erforderlich ist die Erhebung bei jedem erstmaligen Anschluss einer Anlage an ein intelligentes Messsystem (§ 57 S. 2 Nr. 1) und bei jeder wesentlichen Änderung eines Stammdatums (§ 57 S. 2 Nr. 2). § 63 macht Vorgaben zur Übermittlung von Stammdaten bzw. ihrer Löschung.

23. Tarifierung (Nr. 23)

52 Die energiewirtschaftlich relevante Tarifierung beschreibt die **Zuordnung der gemessenen elektrischen Energie oder Volumenmengen zu verschiedenen Tarifstufen**, die zur Preisbildung notwendig werden.[77] Bedeutung wird die Tarifierung in Zukunft bei der Um-

---

70 Begründung zum Regierungsentwurf v. 17.2.2016, BT-Drs. 18/7555, S. 108.
71 Begründung zum Regierungsentwurf v. 17.2.2016, BT-Drs. 18/7555, S. 73.
72 Vgl. BerlKommEnR/*Mätzig/Fischer/Mohs*, § 28 MsbG Rn. 4.
73 Technische Richtlinie BSI TR-03109-4 Smart Metering PKI – Public Key Infrastruktur für Smart Meter Gateways, Version 1.1.1 v. 18.5.2015.
74 Begründung zum Regierungsentwurf v. 17.2.2016, BT-Drs. 18/7555, S. 75.
75 Begründung zum Regierungsentwurf v. 17.2.2016, BT-Drs. 18/7555, S. 75.
76 BET, Kurzgutachten: Auswirkungen des geplanten Messstellenbetriebsgesetzes auf das Energiedatenmanagement für betriebliche Anwendungen und Abrechnungszwecke des Verteilnetzbetreibers, im Auftrag des BDEW v. 12.4.2016, abrufbar unter www.bdew.de.
77 Vgl. Begründung zum Regierungsentwurf v. 17.2.2016, BT-Drs. 18/7555, S. 75.

setzung variabler Tarife als Anreiz zur Flexibilisierung des Stromverbrauchs erhalten.[78] Die Tarifierung als Bestandteil der Umsetzung variabler Tarife stellt letztlich ein wichtiges Instrument zur umfänglichen Ausschöpfung der Nutzungsmöglichkeit moderner Messinfrastruktur dar. Konsequent formuliert der Gesetzgeber als Mindestanforderung an ein intelligentes Messsystem die Fähigkeit des Gerätes zur internen und externen Tarifierung sowie einer Parametrierung der Tarifierung im Smart-Meter-Gateway.[79]

24. Technischer Betrieb des intelligenten Messsystems (Nr. 24)

Nr. 24 definiert den technischen Betrieb des intelligenten Messsystems als die **Installation, Inbetriebnahme, Konfiguration, Administration, Überwachung und Wartung des Smart-Meter-Gateways und der informationstechnischen Anbindung von modernen Messeinrichtungen** und anderen an das Smart-Meter-Gateway angebundenen technischen Einrichtungen sowie Ermöglichung weiterer energiewirtschaftlicher und sonstiger Dienste.

Anders als die Definition in Nr. 25, die den technischen Betrieb der Messstelle betrifft, bezieht sich Nr. 24 auf das **intelligente Messsystem**, also eine über ein Smart-Meter-Gateway in ein Kommunikationsnetz eingebundene moderne Messeinrichtung (vgl. Nr. 7). § 3 Abs. 2 beschreibt dagegen die Aufgabe des Messstellenbetriebs, von denen der technische Betrieb des intelligenten Messsystems aufgrund der Smart-Meter-Gateway-Administration abweicht.[80] Deutlich wird die breite Anlage des Begriffs, die über den eigentlichen technischen Betrieb hinausgeht und die Ermöglichung weiterer energienaher und -ferner Dienste einschließt.

25. Technischer Betrieb der Messstelle (Nr. 25)

Der technische Betrieb der Messstelle umfasst **die Installation, Inbetriebnahme, Konfiguration, Administration, Überwachung und Wartung der modernen Messeinrichtung und intelligenten Messsysteme**, bezieht sich also anders als Nr. 24 auf den **Betrieb der Messeinrichtung** und nicht auf den Betrieb des Smart-Meter-Gateways. Anders als Nr. 24 erfasst der technische Betrieb der Messstelle (Nr. 25) auch die informationstechnische Anbindung von Messeinrichtungen und, insofern wieder parallel zu Nr. 24, die informationstechnische Anbindung von anderen an das Smart-Meter-Gateway angebundenen technischen Einrichtungen. Ebenfalls umfasst ist die Ermöglichung weiterer energiewirtschaftlicher und sonstiger Dienste. Eine umfassende Aufgabenbeschreibung für den Messstellenbetrieb enthält materiellrechtlich § 3 Abs. 2.[81]

---

78 Vgl. Begründung zum Regierungsentwurf v. 17.2.2016, BT-Drs. 18/7555, S. 75.
79 § 21 Abs. 1 Nr. 3b; genauere Vorgaben macht bspw. TR BSI TR-03109-1 Anforderungen an die Interoperabilität der Kommunikationseinheit eines intelligenten Messsystems, Version 1.0 v. 18.3.2013.
80 Vgl. Begründung zum Regierungsentwurf v. 17.2.2016, BT-Drs. 18/7555, S. 75, sofern hier § 3 Abs. 1 Nr. 1 genannt wird, handelt es sich um eine Fehlverweisung.
81 Vgl. ausführlich BerlKommEnR/*Drozella*, § 3 MsbG Rn. 32 ff.

§ 2 Begriffsbestimmungen

26. Wurzelzertifikat (Nr. 26)

56 Nr. 26 definiert ein Wurzelzertifikat als ein auf dem Gebiet der Kryptografie und Informationssicherheit selbst **signiertes Zertifikat der obersten Zertifizierungsinstanz**, welches dazu dient, die Gültigkeit aller untergeordneten Zertifikate zu bestätigen. Im Weitverkehrsnetz kommunizieren die Kommunikationspartner über einen verschlüsselten, integritätsgesicherten Kanal.[82] Zudem müssen sie sich gegenseitig authentisieren. Die Smart-Metering-Public-Key-Infrastruktur sichert die Authentizität der eingesetzten Schlüssel über digitale Zertifikate ab.[83] Ein hoheitlicher Vertrauensanker sichert als Wurzelzertifikat die Gültigkeit der nachgeordneten Zertifikate ab.[84] Gem. § 28 ist Inhaber der Wurzelzertifikate für die Smart-Metering-Public-Key-Infrastruktur das BSI.

27. Zählerstandsgangmessung (Nr. 27)

57 Der aus § 12 StromNZV bekannte Begriff der Zählerstandsgangmessung wird in Nr. 27 definiert.[85] Hierunter ist die **Messung einer Reihe viertelstündig ermittelter Zählerstände** von elektrischer Arbeit und stündlich ermittelter Zählerstände von Gasmengen zu verstehen. Im Gegensatz zu Standardlastprofilen, denen Verbrauchsmuster zugrunde liegen,[86] ermöglicht diese Art der Messung zeit- und lastvariable Tarife.[87]

58 **Intelligente Messsysteme erfüllen gem. § 21 Abs. 1 Nr. 1 die Fähigkeit zur Zählerstandsgangmessung**, um Strommengen verbrauchsabhängig beschaffen zu können und das Netz zu entlasten, ohne die Versorgung zu gefährden. Welche Letztverbrauchsgruppen im Wege der Zählerstandsgangmessung erfasst werden, regeln § 55 (Messwerthebung Strom) und § 58 (Messwerterhebung Gas).

28. Zählpunkt (Nr. 28)

59 Gem. Nr. 28 ist ein Zählpunkt der Punkt, an dem der Energiefluss messtechnisch erfasst wird. Die Definition umfasst Einspeise- und Verbrauchssituationen sowie die Konstellation der Unterzähler in Kundenanlagen.[88] Dem Zählpunkt, der durch die Zählpunktbezeichnung eindeutig identifizierbar ist, kommt nach energiewirtschaftlichem Verständnis eine besondere Bedeutung zu, da der Zählpunkt etwa für die Energielieferung, den Netzzu-

---

82 Begründung zum Regierungsentwurf v. 17.2.2016, BT-Drs. 18/7555, S. 75.
83 Begründung zum Regierungsentwurf v. 17.2.2016, BT-Drs. 18/7555, S. 75.
84 Begründung zum Regierungsentwurf v. 17.2.2016, BT-Drs. 18/7555, S. 75; vgl. TR BSI TR-03109-4, Smart Metering PKI – Public Key Infrastruktur für Smart Meter Gateways, Version 1.1.1, v. 18.5.2015.
85 Vgl. Begründung zum Regierungsentwurf v. 17.2.2016, BT-Drs. 18/7555, S. 75; vgl. § 2 Nr. 13 StromNZV.
86 Gem. § 2 Nr. 4 StromNZV sind Lastpofile Zeitreihen, die für jede Abrechnungsperiode einen Leistungsmittelwert festlegen.
87 Begründung zum Regierungsentwurf v. 17.2.2016, BT-Drs. 18/7555, S. 75; *Wagner/Weise*, IR 9/2016, 194, 196 leiten aus Wortlaut und Entstehungsgeschichte ab, dass sich die Ausstattungspflicht nur auf bilanzierungs- und abrechnungsrelevante Unterzähler in Kundenanlagen erstrecken.
88 Begründung zum Regierungsentwurf v. 17.2.2016, BT-Drs. 18/7555, S. 75.

gang und die Strommengenbilanzierung von Bedeutung ist.[89] Im MsbG knüpft der Gesetzgeber an den Zählpunkt die Ausstattungspflicht nach § 29 Abs. 1 an und setzt die Preisobergrenzen in Bezug auf ihn fest (§§ 31ff.).[90]

§ 2 Nr. 14 StromNZV definiert den Zählpunkt als den Netzpunkt, an dem der Energiefluss messtechnisch erfasst wird. Dass die abweichende Definition („Punkt" statt „Netzpunkt") inhaltliche Folgen hätte, ist nicht ersichtlich.

IV. Im Übrigen Anwendung der Begriffsbestimmungen in § 3 EnWG (S. 2)

Im Übrigen sind gem. S. 2 die **Begriffsbestimmungen aus § 3 EnWG** anzuwenden. Damit stellt der Gesetzgeber klar, dass subsidiär die Definitionen des EnWG Anwendung finden sollen, sofern das MsbG keine eigenen Regelungen trifft. Die Norm hat weitgehend deklaratorischen Charakter.

---

89 Vgl. *Filipowicz*, EWeRK 2016, 59; *Wagner/Weise*, IR 2016, 194.
90 Zum Zählpunkt als Referenz für die Berechnung des Jahresstromverbrauchs für die Preisobergrenzen vgl. *Wagner/Weise*, IR 2016, 194, 196.

Teil 2
Messstellenbetrieb

Kapitel 1
Rechte und Pflichten im Zusammenhang mit dem Messstellenbetrieb und dessen Finanzierung

§ 3 Messstellenbetrieb

(1) ¹Der Messstellenbetrieb ist Aufgabe des grundzuständigen Messstellenbetreibers, soweit nicht eine anderweitige Vereinbarung nach § 5 oder § 6 getroffen worden ist. ²Die Funktion des Smart-Meter-Gateway-Administrators wird dem Messstellenbetreiber zugeordnet.

(2) Der Messstellenbetrieb umfasst folgende Aufgaben:
1. Einbau, Betrieb und Wartung der Messstelle und ihrer Messeinrichtungen und Messsysteme sowie Gewährleistung einer mess- und eichrechtskonformen Messung entnommener, verbrauchter und eingespeister Energie einschließlich der Messwertaufbereitung und form- und fristgerechten Datenübertragung nach Maßgabe dieses Gesetzes,
2. technischer Betrieb der Messstelle nach den Maßgaben dieses Gesetzes einschließlich der form- und fristgerechten Datenübertragung nach Maßgabe dieses Gesetzes,
3. Erfüllung weiterer Anforderungen, die sich aus diesem Gesetz oder aus Rechtsverordnungen nach den §§ 46 und 74 ergeben.

(3) Der Messstellenbetreiber hat einen Anspruch auf den Einbau von in seinem Eigentum stehenden Messeinrichtungen, modernen Messeinrichtungen, Messsystemen oder intelligenten Messsystemen.

(4) ¹Messstellenbetreiber sind zur Gewährleistung von Transparenz sowie diskriminierungsfreier Ausgestaltung und Abwicklung des Messstellenbetriebs verpflichtet. ²Die Unabhängigkeit des grundzuständigen Messstellenbetriebs für moderne Messeinrichtungen und intelligente Messsysteme von anderen Tätigkeitsbereichen der Energieversorgung ist über die buchhalterische Entflechtung sicherzustellen; §§ 6b, 6c und 54 des Energiewirtschaftsgesetzes sind entsprechend anzuwenden.

Schrifttum: *Eder/v. Wege/Weise*, Das Messstellenbetriebsgesetz ist verabschiedet – Startschuss für den Rollout, IR 2016, 173; *Filipowicz*, Auswirkungen des Messstellenbetriebsgesetzes auf die Zählpunktverwaltung beim Verteilernetzbetreiber, EWerk 2016, 59; *Kermel/Dinter*, Gesetz zur Digitalisierung der Energiewende – Das MsbG im Überblick, RdE 2016, 158; *Lüdemann/Ortmann/Pokrant*, Das neue MsbG, Wegbereiter für ein zukunftsfähiges Smart Metering?, EnZW 2016, 339; *Wagner/Weise*, Der „Zählpunkt" – Anknüpfungspunkt für die Rollout- Verpflichtung des grundzuständigen Messstellenbetreibers, IR 2016, 194.

§ 3 Messstellenbetrieb

Übersicht

	Rn.
I. Allgemeines	1
1. Normzweck	1
2. Entstehungsgeschichte	4
II. Aufgabenzuordnung (Abs. 1)	11
1. Grundsatz (S. 1 Hs. 1)	11
a) Aufgabe des grundzuständigen Messstellenbetreibers	12
b) Reichweite der Aufgabe	16
2. Ausnahme (S. 1 Hs. 2)	19
3. Zuordnung der Smart-Meter-Gateway-Administrator-Funktion (S. 2)	24
a) Smart-Meter-Gateway-Administrator und seine Funktion	25
b) Smart-Meter-Gateway-Administration als Aufgabe des Messstellenbetriebs	26
c) Smart-Meter-Gateway-Administration als Aufgabe des Strom-Messstellenbetreibers	31
III. Aufgaben des Messstellenbetriebs (Abs. 2)	32
1. Messstellenbetrieb	32
2. Regelungstechnik	33
3. Messstellenbetrieb bei Messstellen ohne intelligentes Messsystem (Nr. 1)	36
a) Einbau, Betrieb und Wartung	37
b) Messung	38
aa) Mess- und eichrechtskonforme Messung	39
bb) Messwertaufbereitung	40

	Rn.
cc) Form- und fristgerechte Datenübertragung	41
4. Messstellenbetrieb bei intelligenten Messsystemen (Nr. 2)	42
a) Technischer Betrieb der Messstelle	43
aa) Technischer Betrieb der modernen Messeinrichtung nach Maßgabe des MsbG	44
bb) Technischer Betrieb des Smart-Meter-Gateways nach Maßgabe des MsbG	45
b) Form- und fristgerechte Datenübertragung	47
5. Erfüllung weiterer Anforderungen (Nr. 3)	51
IV. Anspruch auf Einbau (Abs. 3)	53
1. Allgemeines	53
2. Inhalt des Anspruchs	54
3. Verhältnis zu anderen Vorschriften	56
V. Transparenz und Diskriminierungsfreiheit (Abs. 4)	58
1. Verhältnis von S. 1 zu S. 2	58
2. Regelungsgehalt des Abs. 4 S. 1	60
3. Buchhalterische Entflechtung (S. 2)	61
4. Verhältnis von Abs. 4 zu §§ 6 ff. EnWG	63
VI. Verhältnis zu EEG und KWKG	64
1. Allgemeines	64
2. EEG	65
3. KWKG	66

I. Allgemeines

1. Normzweck

1 Zweck des § 3 ist die **Festlegung der Zuständigkeiten im Messwesen** unter Berücksichtigung der Besonderheiten von intelligenten Messsystemen und der Fortführung und Weiterentwicklung der Öffnung dieses Bereichs für den Wettbewerb. Zu diesem Zweck definiert Abs. 2 die Aufgaben des Messstellenbetriebs neu und greift in Abs. 1 S. 1 – in modifizierter Form – auf das bekannte Regelungskonzept des § 21b EnWG a. F. zurück:[1] Die „Aufgabenträgerschaft",[2] d.h. die Verantwortung für den Messstellenbetrieb, wird i. S. eines Grundsatz-Ausnahme-Verhältnisses normiert. Der Grundsatz erfährt jedoch eine Modifikation: Der Messstellenbetrieb ist nicht mehr „Aufgabe des Netzbetreibers" (so § 21b Abs. 1 EnWG a. F.), sondern des „grundzuständigen Messstellenbetreibers" (Abs. 1 S. 1

---

[1] So ausdrücklich Begründung zum Regierungsentwurf v. 17.2.2016, BT-Drs. 18/7555, S. 76.
[2] Begründung zum Regierungsentwurf v. 17.2.2016, BT-Drs. 18/7555, S. 76.

Hs. 1). Notwendig wurde diese Änderung aufgrund der in §§ 41 ff. verankerten Übertragungsoption. Diese ermögliche es dem Netzbereiber, sich auf das „Kerngeschäft Netzbetrieb zu konzentrieren"[3], sofern er der Rollout-Verpflichtung der §§ 29 ff. nicht nachkommen kann oder will. Es bleibt jedoch bei der Ausnahme von dieser Zuständigkeit, wonach Dritte bei Vorliegen bestimmter Voraussetzungen die Aufgabe auf Wunsch des Anschlussnutzers bzw. des Anschlussnehmers vom grundzuständigen Messstellenbetreiber übernehmen können (Abs. 1 S. 1 Hs. 2).

Zweck der in Abs. 1 S. 2 vorgenommenen **Zuordnung der Funktion des Smart-Meter-Gateway-Administrators zum Messstellenbetreiber** ist – ausweislich der Begründung – die konsequente Fortführung und Weiterentwicklung der Liberalisierung des Messwesens im Bereich der intelligenten Messsysteme durch Öffnung dieser „zukunftsträchtigen Rolle" für den Wettbewerb.[4] Die Zuordnung der Funktion des Smart-Meter-Gateway-Administrators zum Messstellenbetreiber sei insoweit eine „zentrale Weichenstellung".[5] Als Ergebnis des Findungsprozesses im Vorfeld des Gesetzgebungsverfahrens[6] ist diese Einschätzung sicherlich richtig. Ob es dafür Abs. 1 S. 2 tatsächlich bedurft hätte, erscheint jedoch angesichts der Aufgabendefinition in Abs. 2 Nr. 2 fraglich. Jedenfalls stellt Abs. 1 S. 2 klar, dass Smart-Meter-Gateway-Administration und Messstellenbetrieb bei intelligenten Messsystemen nicht auseinanderfallen können und die „zentrale" neue Rolle somit dem allgemeinen Grundsatz-Ausnahme-Verhältnis des Abs. 1 S. 1 folgend als Aufgabe des Messstellenbetriebs i. S. d. Abs. 2 Nr. 2 auch von Dritten übernommen werden kann. 2

Abs. 4 soll mittels entsprechender Anwendung der **buchhalterischen Entflechtung** eine Quersubventionierung zwischen dem grundzuständigen Messstellenbetrieb für moderne Messeinrichtungen und intelligente Messsysteme einerseits und dem Netzbetrieb andererseits verhindern. 3

2. Entstehungsgeschichte

Die **Öffnung des Messwesens** für den Wettbewerb in der leitungsgebundenen Energieversorgung mit Strom und Gas erfolgte in Deutschland erstmals, wenn auch sehr rudimentär, in § 21b EnWG 2005. Dieser wurde in Umsetzung der Analyse im Evaluierungsbericht der Bundesregierung[7] durch das am 9.9.2008 in Kraft getretene „Gesetz zur Öffnung des Messwesens bei Strom und Gas für Wettbewerb"[8] und sodann letztmalig durch das am 4.8.2011 in Kraft getretene „Gesetz zur Neuregelung energiewirtschaftsrechtlicher Vorschriften" vom 26.7.2011[9] modifiziert. Ausweislich der Begründung übernimmt § 3 in modifizierter Form das aus § 21b EnWG 2011 bekannte Regelungskonzept.[10] 4

Ungeachtet aller Änderungen sind **zwei Konstanten** festzustellen: Hinsichtlich der Aufgabenzuweisung bestand von Anfang an ein Grundsatz-Ausnahme-Verhältnis; die vom 5

---

3 Begründung zum Regierungsentwurf v. 17.2.2016, BT-Drs. 18/7555, S. 70.
4 Begründung zum Regierungsentwurf v. 17.2.2016, BT-Drs. 18/7555, S. 76.
5 Begründung zum Regierungsentwurf v. 17.2.2016, BT-Drs. 18/7555, S. 76.
6 Vgl. Ernst & Young, Kosten-Nutzen-Analyse für einen flächendeckenden Einsatz intelligenter Messsysteme.
7 BT-Drs. 16/6532.
8 BGBl. I S. 1790.
9 BGBl. I S. 1554.
10 Begründung zum Regierungsentwurf v. 17.2.2016, BT-Drs. 18/7555, S. 76.

§ 3   Messstellenbetrieb

Grundsatz abweichenden Vereinbarungen wurden an konkrete Voraussetzungen geknüpft. Während der Grundsatz erst durch § 3 eine Änderung erfahren hat, unterlagen Reichweite und Voraussetzungen der Ausnahmeregelung einer steten Weiterentwicklung. Gründe hierfür sind die fortschreitende wettbewerbliche Entwicklung der Strom- und Gasmärkte und die mit den jeweiligen Gesetzen verfolgten komplementären Zielsetzungen.

6   Die inhaltliche **Reichweite der abweichenden Vereinbarungen** wurde sukzessive erweitert. Das EnWG 2005 sah eine strikte Trennung zwischen Messstellenbetrieb (Einbau, Betrieb und Wartung der Messeinrichtung) und Messung (Ab- und Auslesung der Messeinrichtung und Weitergabe der Daten an die Berechtigten) vor. Lediglich der Messstellenbetrieb wurde dem Wettbewerb geöffnet. Nachdem die ausschließliche Zuständigkeit des Netzbetreibers als eines der zwei maßgeblichen Hindernisse für den Wettbewerb im Bereich Messstellenbetrieb identifiziert wurde[11], öffnete das EnWG 2008 – unter Beibehaltung der strikten Trennung von Messstellenbetrieb und Messung – auch den Bereich der Messung unmittelbar dem Wettbewerb. In § 21b Abs. 1 und 2 EnWG 2011 wurde die strikte systematische Trennung zwischen Messstellenbetrieb und Messung, wenn auch nicht in der Sache, so doch im Wortlaut aufgegeben. Indem die Messung als zum Messstellenbetrieb gehörend beschrieben wurde, sollte jedenfalls für den gesetzlichen Regelfall (Ausnahmemöglichkeit in § 21b Abs. 3 EnWG 2011), die in § 9 MessZV für elektronisch ausgelesene Messeinrichtungen festgelegte Einheitlichkeit des Aufgabenübergangs gesetzlich verankert werden. Die systematische Trennung zwischen Messstellenbetrieb und Messung wurde in § 3 nunmehr vollständig aufgegeben. Die Messung ist Teil des Messstellenbetriebs. Die Marktrolle des Messdienstleisters ist damit entfallen.

7   Die **personelle Ausgestaltung des Wahlrechts** unterlag ebenfalls einem steten Wandel. Nach § 21b EnWG 2005 stand das Wahlrecht allein dem Anschlussnehmer zu. Dahinter stand die Sorge, die gewünschte wettbewerbliche Öffnung des Messwesens könnte den Wettbewerb auf den Strom- und Gasmärkten behindern. Obwohl das EnWG 2008 dem Anschlussnutzer das Wahlrecht hinsichtlich Messstellenbetrieb und Messung einräumte und damit ein maßgebliches Hindernis für den Wettbewerb beseitigte,[12] wurde gleichzeitig das ursprüngliche Ziel einer rein marktgetriebenen Einführung intelligenter Zähler[13] aufgegeben und durch die Pflicht zum Einbau innovativer (fälschlicherweise bereits als Smart-Meter bezeichneter) Zähler ersetzt (§ 21b Abs. 3a und 3b EnWG 2008). Die Zielsetzung einer Weiterentwicklung der Messtechnik hin zu Smart Metering führte im EnWG 2011 dazu, dem Anschlussnehmer neben dem Anschlussnutzer erneut ein Wahlrecht einzuräumen. Dieses war jedoch – angesichts des mit der angestrebten neuen Technik verbundenen Eingriffs in das Recht auf informationelle Selbstbestimmung des Anschlussnutzers – durch das notwendige Einverständnis des Anschlussnutzers begrenzt. Das MsbG räumt das Wahlrecht wie bisher dem Anschlussnutzer ein (vgl. § 3 Abs. 1 S. 1 i.V. m. § 5), gewährt dem Anschlussnehmer jedoch ab dem 1.1.2020 unter bestimmten Voraussetzungen ein eigenes unabhängiges Wahlrecht, das dasjenige des Anschlussnutzers verdrängt (§ 3 Abs. 1 S. 1 i.V. m. § 6).[14] In diesen Fällen ist der Anschlussnutzer zur Rückgewinnung seines Wahlrechts auf die Zustimmung des Anschlussnehmers angewiesen.

---

11 Begründung zum Regierungsentwurf v. 17.2.2016, BT-Drs. 16/6532, S. 6, 16.
12 BT-Drs. 16/6532, S. 15.
13 BT-Drs. 16/6532, S. 15; BT-Drs. 16/8306.
14 *Lüdemann/Ortmann/Pokrant*, EnZW 2016, 229, 341.

I. Allgemeines § 3

Die **Ausgestaltung des Diskriminierungsverbots in Abs. 4** hat im Laufe des Gesetzgebungsverfahrens verschiedene Änderungen erfahren. Die Grundstruktur blieb jedoch unverändert: Abs. 4 S. 1 normiert(e) die Pflicht zur transparenten und diskriminierungsfreien Ausgestaltung und Abwicklung des Messstellenbetriebs, S. 2 die analoge Anwendbarkeit bestimmter Entflechtungsvorschriften. Der Sache nach ging es immer darum, sicherzustellen, dass die im Rahmen der Erfüllung der Aufgabe des Messstellenbetriebs erlangten Informationen nicht zu wettbewerblichen Zwecken in anderen Bereichen, insbesondere durch den „eigenen Vertrieb", genutzt werden können.[15] Ferner sollen Quersubventionierungen zwischen dem Netzbetrieb und dem, einem besonderen Entgeltregulierungsregime unterliegenden, grundzuständigen Messstellenbetrieb verhindert werden.[16]

8

In deutlicher Anlehnung an § 6 Abs. 1 S. 1 EnWG sah der RefE in Abs. 4 S. 1 vor, dass „grundzuständige Messstellenbetreiber, die i. S. d. § 3 Nr. 38 EnWG mit einem vertikal integrierten Unternehmen verbunden sind, zur Gewährleistung von Transparenz und diskriminierungsfreier Ausgestaltung und Abwicklung des grundständigen Messstellenbetriebs verpflichtet sind". Die mittels „**informatorischer Entflechtung**" (Abs. 4 S. 2 Hs. 1) und entsprechender Anwendung von § 6a EnWG sicherzustellende Unabhängigkeit wurde allerdings auf den grundzuständigen Messstellenbetrieb für moderne Messeinrichtungen und intelligente Messsysteme beschränkt. Ungeachtet mancher Unklarheiten im Detail blieb die Regelung hinter dem Sicherungsniveau des EnWG (vgl. § 6a EnWG a. F. bzw. § 21b Abs. 2 S. 7 EnWG a. F.) zurück, da nur bestimmte grundzuständige Messstellenbetreiber, nicht aber wettbewerbliche Messstellenbetreiber, Adressaten der Regelung waren. Der RegE erweiterte zwar einerseits ohne Begründung den Adressatenkreis des Abs. 4 S. 1 auf alle „Messstellenbetreiber". Andererseits wurde die Anordnung der (entsprechenden) Geltung des § 6a EnWG (informatorische Entflechtung) mit Verweis auf die Regelungen zur zweckgebundenen Datenverwendung in den §§ 49–77 als entbehrlich angesehen, da bereits diese verhinderten, dass „ein vertikal integrierter Messstellenbetreiber anderen Tätigkeitsbereichen einen Wettbewerbsvorteil verschafft und somit insbesondere andere Energievertriebe diskriminiert".[17] Die Richtigkeit dieser Einschätzung wird z. T. mit Hinweis darauf, dass diese mittels Einwilligung außer Kraft gesetzt werden können, bezweifelt.[18]

9

Die Gefahr, dass Kosten des grundzuständigen Messstellenbetriebs in die Erlösobergrenzen eingehen, was zu einem wettbewerblichen Vorteil des grundzuständigen Messstellenbetreibers gegenüber dem wettbewerblichen Messstellenbetreiber führen würde, wurde als ein weiteres Diskriminierungspotential angesehen, welches es mittels der **buchhalterischen Entflechtung** zu verhindern gelte. Der RefE formulierte dies in Abs. 2 Hs. 1 wie folgt: „Die Unabhängigkeit des grundzuständigen Messstellenbetriebs für moderne Messeinrichtungen und intelligente Messsysteme von anderen Tätigkeitsbereichen der Energie-

10

---

15 Begründung zum Regierungsentwurf v. 17.2.2016, BT-Drs. 18/7555, S. 76; ähnlich auch RefE des BMWi, Entwurf eines Gesetzes zur Digitalisierung der Energiewende, S. 129, Stand: 21.9. 2015 (abrufbar unter: https://www.clearingstelle-eeg.de/files/Referentenentwurf_BMWi_Gesetz_%20Digitalisierung_ Energiewende_150921.pdf).
16 RefE des BMWi, Entwurf eines Gesetzes zur Digitalisierung der Energiewende, S. 130, Stand: 21.9.2015 (abrufbar unter: https://www.clearingstelle-eeg.de/files/Referentenentwurf_BMWi_ Gesetz_%20Digitalisierung_ Energiewende_150921.pdf); Begründung zum Regierungsentwurf v. 17.2.2016, BT-Drs. 18/7555, S. 77.
17 Begründung zum Regierungsentwurf v. 17.2.2016, BT-Drs. 18/7555, S. 76 f.
18 *Lüdemann/Ortmann/Pokrant*, EnZW 2016, 339, 346.

versorgung ist über die (...) buchhalterische Entflechtung sicherzustellen"; §§ 6b und 6c EnWG wurden in Abs. 4 S. 2 Hs. 2 für entsprechend anwendbar erklärt.[19] Im RegE wurde die Einschränkung auf moderne Messeinrichtungen und intelligente Messsysteme gestrichen. Sie wurde jedoch gem. der Beschlussempfehlung des Ausschusses für Wirtschaft und Energie letztlich „klarstellend" wieder aufgenommen, da nur für diese ein neues Regulierungsregime der Preisobergrenzen eingeführt wird,[20] die dem Netzbetreiber im Rahmen des grundzuständigen Messstellenbetriebs für Messeinrichtungen und Messsysteme entstehenden Kosten dagegen weiterhin Bestandteil der Netzentgelte sind (vgl. auch § 7 Abs. 1 S. 3 i. V. m. § 17 Abs. 7 StromNEV und § 15 Abs. 7 GasNEV analog).

II. Aufgabenzuordnung (Abs. 1)

1. Grundsatz (S. 1 Hs. 1)

11 „Der Messstellenbetrieb ist Aufgabe des grundzuständigen Messstellenbetreibers, soweit nicht eine anderweitige Vereinbarung nach §§ 5 oder 6 getroffen worden ist." Abs. 1 S. 1 formuliert damit ein **Grundsatz-Ausnahme-Verhältnis zugunsten des grundzuständigen Messstellenbetreibers** i. S. d. § 2 Nr. 4. Die Aufgabenzuordnung betrifft den „Messstellenbetrieb". Die vom Messstellenbetrieb umfassten Aufgaben werden in Abs. 2 abschließend und umfassend neu definiert (vgl. Rn. 32 ff.). Mit der neuen Definition entfällt die herkömmliche Unterscheidung zwischen Messstellenbetrieb und Messung. Letztere ist nunmehr integraler Bestandteil des Messstellenbetriebs. Die separate Marktrolle des Messdienstleisters ist entfallen.

a) Aufgabe des grundzuständigen Messstellenbetreibers

12 Der Grundsatz, wonach der Messstellenbetrieb „Aufgabe des grundzuständigen Messstellenbetreibers" ist, ist eine **Zuständigkeitsregel i.S. einer „Grundzuständigkeit"**.[21] Sie beinhaltet die Pflicht (und das ausschließliche Recht) zur Durchführung der Aufgaben des Messstellenbetriebs i. S. d. Abs. 2. Dieses Verständnis des Begriffs der „Aufgabe" ist nunmehr auch explizit in § 2 Nr. 5 verankert, wonach die Grundzuständigkeit für den Messstellenbetrieb „die Verpflichtung zur Wahrnehmung des Messstellenbetriebs für alle Messstellen (s. hierzu Rn. 16 ff.) des jeweiligen Netzgebiets (...)" bedeutet. Die Pflicht zur Aufgabenerfüllung bedeutet nicht, dass der Messstellenbetreiber sämtliche zur Erfüllung dieser Aufgabe erforderlichen Tätigkeiten selbst, d.h. durch eigene Mitarbeiter, durchführen müsste. Er kann auch einen Dritten als Erfüllungsgehilfen mit der Durchführung beauftragen. Der Begriff „Aufgabe" legt insoweit nur fest, wer Schuldner der in Abs. 2 definierten Leistung ist.

---

19 RefE des BMWi, Entwurf eines Gesetzes zur Digitalisierung der Energiewende, S. 28, Stand: 21.9.2015 (abrufbar unter: https://www.clearingstelle-eeg.de/files/Referentenentwurf_BMWi_Gesetz_%20Digitalisierung_Energiewende_150921.pdf).
20 BT-Drs. 18/8919, S. 9, 23.
21 So schon BNetzA, BK6-09-034/BK7-09-001, S. 19 im Rahmen des § 21b EnWG a. F. („Grundzuständigkeit des Netzbetreibers für Messstellenbetrieb und Messung"); Rosin/Stolzenburg, § 21b EnWG Rn. 11.

II. Aufgabenzuordnung (Abs. 1) § 3

Diese **Grundzuständigkeit** liegt dem Wortlaut nach nicht mehr beim „Netzbetreiber" (so noch § 21b EnWG a. F.), sondern beim **„grundzuständigen Messstellenbetreiber"**. Gem. der Legaldefinition des grundzuständigen Messstellenbetreibers in § 2 Nr. 4 verbleibt die Grundzuständigkeit – vorbehaltlich § 43 (s. Rn. 15) – rechtlich betrachtet gleichwohl beim jeweiligen Strom- bzw. Gasanschlussnetzbetreiber (§ 2 Nr. 4, § 2 S. 2 i. V. m. § 3 Nr. 2 EnWG). Ausweislich der Begründung zu § 3 Abs. 1 handelt es sich um „klarstellende Änderungen im Zuge der weiteren Liberalisierung des Messwesens".[22] Der Begriff des „grundzuständigen Messstellenbetreibers" ist in der Tat nicht neu. Er wurde bereits zur Bezeichnung der Funktion des Netzbetreibers nach § 21b Abs. 1 a. F. verwandt[23] und beruhte auf der einhelligen Auffassung, dass die „Aufgabe" eine Zuständigkeitsregelung ist, die den in § 21b Abs. 1 EnWG a. F. genannten Marktteilnehmer („Netzbetreiber") grundsätzlich zur Durchführung des Messstellenbetriebs verpflichtet.[24] Für den Regelfall (§ 3 Abs. 1 i. V. m.. § 2 Nr. 4 Alt. 1) übernimmt der Gesetzgeber mit dem Begriff „grundzuständiger Messstellenbetreiber" somit vollständig die bisherige Regelungskonzeption des § 21b EnWG a. F. Neu ist nur, dass die Grundzuständigkeit für den Messstellenbetrieb nicht mehr zwingend und umfassend beim Netzbetreiber liegen muss, in diesem Sinne also eine weitere Liberalisierung des Messwesens stattfindet: Die Grundzuständigkeit kann im Fall des § 43 – beschränkt auf die Grundzuständigkeit für moderne Messeinrichtungen und intelligente Messsysteme (s. Rn. 15) – auch bei „einem anderen Unternehmen" (vgl. § 2 Nr. 4 Alt. 2 und 3) liegen. In diesem Sinn lässt sich auch die etwas missglückte Formulierung in der Begründung interpretieren, wonach der „Messstellenbetrieb (…) nicht mehr allein und unbedingt Aufgabe des Netzbetreibers (ist)[25], sondern des grundzuständigen Messstellenbetreibers oder des beauftragten Dritten".[26] Angesichts der eindeutigen gesetzlichen Regelung (§ 3 Abs. 1 i. V. m. § 2 Nr. 4 Alt. 1), wonach der Messstellenbetrieb im Regelfall Aufgabe des Netzbetreibers ist, bedeutet die Änderung des Wortlauts für die ganz überwiegende Zahl der Fälle somit keine Änderung in der Sache. Daher müssen Netzbetreiber, die mit Inkrafttreten des MsbG grundzuständige Messstellenbetreiber geworden sind, dies der BNetzA bis zum 30.6.2017 nur anzeigen (§ 4 Abs. 2 i. V. m. § 45 Abs. 3).[27]

13

Allerdings könnte die Begründung zu § 3 Abs. 1 darauf hindeuten, dass die Einführung der Figur des „grundzuständigen Messstellenbetreibers" zu weitreichenden regulatorischen Folgen außerhalb des MsbG, z. B. bei den Entflechtungsvorschriften der §§ 6 ff. EnWG,[28] führen kann und soll. Dies jedenfalls legt eine isolierte Betrachtung eines (Halb-)Satzes der Begründung zu § 3 nahe. Dort heißt es: „Wird der Messstellenbetrieb vom Netzbetrei-

14

---

22 Begründung zum Regierungsentwurf v. 17.2.2016, BT-Drs. 18/7555, S. 76.
23 BNetzA, BK6-09-034/BK7-09-001, S. 14, ferner jeweils Anlage 1 (WiM), S. 4 „… soweit ein Netzbetreiber im Hinblick auf eine Messstelle zugleich auch gem. § 21b Abs. 1 EnWG grundzuständiger Messstellenbetreiber und /oder grundzuständiger Messdienstleister ist."
24 Rosin/*Stolzenburg*, § 21b Rn. 51; BerlKommEnR/*Drozella*, § 21b EnWG Rn. 20.
25 Anm. des Verf.: Der Messstellenbetrieb war schon aufgrund des § 21 Abs. 1 EnWG a. F. nicht mehr allein und unbedingt Aufgabe des Netzbetreibers, sondern konnte Aufgabe eines beauftragten Dritten sein.
26 Begründung zum Regierungsentwurf v. 17.2.2016, BT-Drs. 18/7555, S. 76.
27 In den anderen Fällen bedarf es gem. § 4 Abs. 1 der Genehmigung durch die BNetzA.
28 In diesem Sinne könnten die Ausführungen der BNetzA in der Präsentation „Tagung der Gleichbehandlungsbeauftragten 2016", S. 13 ff., insbesondere S. 18 (abrufbar unter https://www.bundesnetzagentur.de/SharedDocs/Downloads/DE/Sachgebiete/Energie/Unternehmen_Institutionen/EntflechtungKonzessionArealnetze/Entflechtung/Entflechtung/Gleichbehandl_Vortrag604_2016.pdf?__blob=publicationFile&v=1) interpretiert werden.

§ 3 Messstellenbetrieb

ber durchgeführt, führt er ihn als (grundzuständiger) Messstellenbetreiber und nicht mehr als Netzbetreiber durch, da es sich nicht um eine Aufgabe des Netzbetriebs handelt."[29] Dies könnte i. S. einer generellen Herauslösung des grundzuständigen Messstellenbetriebs aus dem Netzbetrieb interpretiert werden. Letztendlich kann die Frage, ob und welche regulatorischen Folgen das MsbG – nicht ein Halbsatz in der Begründung – auf sonstige Normen hat, nicht pauschal beantwortet werden, sondern muss für die Anwendbarkeit jeder einzelnen Norm gesondert beantwortet werden. Für den Regelfall, dass der Netzbetreiber – wie schon im Rahmen des § 21b EnWG a. F. – (alleiniger) grundzuständiger Messstellenbetreiber in seinem Netzgebiet ist, ist kein Umstand ersichtlich, der eine von der vorherigen Rechtslage abweichende Auslegung des Begriffs des „Netzbetriebs" i. S. d. § 6 EnWG rechtfertigen würde. Etwas anders gilt für den Fall, dass ein Netzbetreiber die Grundzuständigkeit für den Messstellenbetrieb für moderne Messeinrichtungen und intelligente Messsysteme gem. § 43 in einem anderen Netzgebiet übernommen hat und damit dort als „anderes Unternehmen" i. S. d. § 2 Nr. 4 agiert. Allein aus der subjektiven Rechtsäußerung in der Begründung kann nicht geschlossen werden, dass der grundzuständige Messstellenbetrieb nicht mehr Teil des „Netzbetriebs" i. S. d. § 6 Abs. 1 S. 1 EnWG ist. Im Ergebnis scheint auch die BNetzA nicht so weit gehen zu wollen, aus der Begründung des § 3 eine vollständige Herauslösung des Messstellenbetriebs aus dem Netzbetrieb herleiten zu wollen.[30] Im Ergebnis sprechen ihre Äußerungen gegen eine solche Auslegung. Die dort angenommene Begrenzung der §§ 6 ff. EnWG auf den konventionellen Messstellenbetrieb scheint im Ergebnis eher aus einer angenommenen Spezialität des § 3 Abs. 4 hergeleitet zu werden (s. hierzu Rn. 63 f.).

15 Der jeweilige Netzbetreiber ist grundzuständiger Messstellenbetreiber „solange und soweit" seine Grundzuständigkeit nicht nach § 43 übergegangen ist, sei es aufgrund freiwilliger (§ 43 i. V. m. § 41 Abs. 1) oder erzwungener (§ 43 i. V. m. § 45 i. V. m. § 41 Abs. 1) Übertragung. Ein **Übergang der Grundzuständigkeit** kommt nur in Bezug auf moderne Messeinrichtungen und intelligente Messsysteme, d. h. gem. § 2 Nr. 15, Nr. 7 für Messeinrichtungen zur Erfassung des Stromverbrauchs, in Betracht. Daraus folgt zweierlei: Bei einer Übertragung der Grundzuständigkeit gem. § 43 kommt es zu einem Auseinanderfallen der Grundzuständigkeit für den Messstellenbetrieb für moderne Messeinrichtungen und intelligente Messsysteme einerseits und für Bestandsanlagen (z. B. Ferrariszähler) andererseits. In diesem Fall verliert der Netzbetreiber als grundzuständiger Messstellenbetreiber nach Austausch der letzten Bestandsmesseinrichtung die Zuständigkeit für den Messstellenbetrieb Strom vollständig. Zum anderen folgt daraus, dass der Gasanschlussnetzbetreiber immer grundzuständiger Messstellenbetreiber bleibt, eine Übertragung der Grundzuständigkeit nicht möglich ist. Allerdings besteht hier auch keine Rollout-Verpflichtung.[31]

b) Reichweite der Aufgabe

16 Grundzuständigkeit für den Messstellenbetrieb bedeutet gem. § 2 Nr. 5 die „**Verpflichtung zur Wahrnehmung des Messstellenbetriebs für alle Messstellen des jeweiligen Netzgebiets (...)**". Ausgangspunkt der sachlichen Reichweite der Aufgabe des grundzuständigen

---

29 Begründung zum Regierungsentwurf v. 17.2.2016, BT-Drs. 18/7555, S. 76.
30 BNetzA, Präsentation „Tagung der Gleichbehandlungsbeauftragten 2016", S. 20 ff.
31 *Lüdemann/Ortmann/Pokrant*, EnZW 2016, 339.

Messstellenbetreibers ist somit der in § 2 Nr. 11 definierte Begriff der „Messstelle". Diese umfasst „die Gesamtheit aller Mess-, Steuerungs- und Kommunikationseinrichtungen zur sicheren Erhebung, Verarbeitung und Übermittlung von Messdaten und zur sicheren Anbindung von Erzeugungsanlagen und steuerbaren Lasten an Zählpunkten eines Anschlussnutzers". Die bewusst weit gefasste Definition des Zählpunkts in § 2 Nr. 28[32] sowie des Anschlussnutzers in § 2 Nr. 3 hat unmittelbare Folgen für die Reichweite der Aufgaben des grundzuständigen Messstellenbetreibers.

Bereits die insoweit bewusst neutrale Formulierung des § 2 Nr. 28 („Energiefluss", unabhängig von der Richtung) zeigt, dass Entnahme- und Einspeisesachverhalte erfasst werden. Gem. der Definition des Anschlussnutzers in § 2 Nr. 3 erfasst die Messstelle demnach nicht nur die technischen Einrichtungen an Zählpunkten des zur Nutzung des Netzanschlusses berechtigten Letztverbrauchers, sondern gem. § 2 Nr. 3 i. V. m. § 2 Nr. 1 auch an **Zählpunkten von Betreibern von EEG- und KWKG-Anlagen**. Gem. Abs. 1 S. 1 Hs. 1 ist somit der grundzuständige Messstellenbetreiber nicht nur für den Messstellenbetrieb bei Letztverbrauchern, sondern auch für den Messstellenbetrieb bei EEG- und KWKG-Anlagen zuständig (s. auch Rn. 63 ff.). 17

§ 2 Nr. 28 soll auch „**Unterzähler in einer Kundenanlage**" erfassen.[33] Dies erfolgt durch die Verwendung des Begriffs „Punkt" anstatt „Netzpunkt"[34]. Bezogen auf die Aufgabe des grundzuständigen Messstellenbetreibers hätte eine allein am Wortlaut orientierte Auslegung zur Folge, dass sie sich unterschiedslos auf sämtliche Unterzählpunkte (einer Energieart) in einer Kundenanlage erstrecken würde. Dies widerspräche jedoch dem allgemeinen energiewirtschaftlichen Verständnis, wonach der Zählpunkt der Bezugspunkt von Messwerten für die Bilanzierung und die Abrechnung der Netznutzung ist.[35] Der Begriff ist daher einschränkend dahingehend auszulegen, dass er nur solche Unterzähler in einer Kundenanlage erfasst, die netzabrechnungs- und bilanzierungsrelevant sind.[36] Gem. Abs. 1 S. 1 ist der grundzuständige Messstellenbetreiber auch für die netzabrechnungs- bzw. bilanzierungsrelevanten Unterzähler in der Kundenanlage zuständig.[37] 18

2. Ausnahme (S. 1 Hs. 2)

Die Zuständigkeit des grundzuständigen Messstellenbetreibers gilt gem. S. 1 Hs. 2 nur, „**soweit nicht eine anderweitige Vereinbarung nach § 5 oder § 6 getroffen worden ist**". Dem ersten Anschein nach übernimmt S. 1 Hs. 2 in modifizierter Form die Regelung des § 21b Abs. 1 Hs. 2 EnWG a. F., welcher die Ausnahme an eine „anderweitige Vereinbarung nach Abs. 2", d. h. an eine auf Wunsch des Anschlussnutzers zustande kommende Vereinbarung zwischen dem („grundzuständigen")[38] Netzbetreiber und dem Dritten, knüpfte. Der Netzbetreiber hatte hinsichtlich des Vorliegens der Voraussetzungen (einwandfreier Mess- 19

---

32 Begründung zum Regierungsentwurf v. 17.2.2016, BT-Drs. 18/7555, S. 75.
33 Begründung zum Regierungsentwurf v. 17.2.2016, BT-Drs. 18/7555, S. 75.
34 So die Definition des Zählpunkts in § 2 Nr. 14 StromNZV.
35 *Eder/v. Wege/Weise*, IR 2016, 173, 175; *Filipowicz*, EWerk 2016, 59 ff.; im Ergebnis ebenso *Wagner/Weise*, IR 2016, 194, 194 ff.
36 *Eder/v. Wege/Weise*, IR 2016, 173, 175; *Wagner/Weise*, IR 2016, 194, 195 ff.
37 *Eder/v. Wege/Weise*, IR 2016, 173, 175; *Wagner/Weise*, IR 2016, 194, 195 ff.
38 So BNetzA, BK6-09-034 / BK7-09-001, S. 19 im Rahmen des § 21b EnWG a. F. („Grundzuständigkeit des Netzbetreibers für Messstellenbetrieb und Messung").

stellenbetrieb und Messung sowie Wunsch des Anschlussnutzers) eine Prüfpflicht und ein entsprechendes Ablehnungsrecht.[39] Er war notwendiger (Vertrags-)Beteiligter des Wechselprozesses.[40] Insoweit konkretisierte der Verweis auf eine „anderweitige Vereinbarung nach Abs. 2" eindeutig die Voraussetzungen der Ausnahme. Die Anknüpfung des Abs. 1 S. 1 Hs. 2 an den Abschluss „eine(r) anderweitige(n) Vereinbarung nach § 5 oder § 6" lässt die Klarheit der vormaligen Regelung vermissen, da weder § 5 noch § 6 selbst die maßgebliche Vereinbarung benennen.

20 Die **maßgebliche Vereinbarung** ergibt sich aus der in Abs. 1 S. 1 zum Ausdruck kommenden Folge einer solchen Vereinbarung. Folge ist der Übergang der Aufgabe des Messstellenbetriebs. Die Pflicht des grundzuständigen Messstellenbetreibers erlischt (vgl. § 2 Nr. 5), neuer Schuldner ist der die Pflicht übernehmende „Dritte" i. S. d. § 5 bzw. der „Messstellenbetreiber" i. S. d. § 6 Abs. 1 i.V.m. § 39 Abs. 2, Abs. 1; er führt die Aufgabe „anstelle des nach § 3 Abs. 1 Verpflichteten" durch (§ 5 Abs. 1). Der Dritte wird Messstellenbetreiber. Angesichts der Legaldefinition des Messstellenbetreibers in § 2 Nr. 12 („der grundzuständige Messstellenbetreiber oder derjenige, der die Aufgabe des Messstellenbetriebs durch Vertrag nach § 9 übernommen hat") liegt es nahe, die insoweit maßgebliche „Vereinbarung nach § 5 oder § 6" in § 9 zu suchen. Dabei deuten sowohl der Wortlaut des § 2 Nr. 12 („durch Vertrag") als auch derjenige des Abs. 1 S. 1 Hs. 2 („eine anderweitige Vereinbarung") darauf hin, dass der Dritte neben dem Vertrag mit seinem Auftraggeber (§ 9 Abs. 1 Nr. 1) nur einen Vertrag abschließen muss. Die Aufzählung der für die „Durchführung des Messstellenbetriebs" erforderlichen Verträge in § 9 Abs. 1 legt demgegenüber nahe, dass zwingend zwei Verträge abzuschließen sind: derjenige mit dem Netzbetreiber (§ 9 Abs. 1 Nr. 3) und derjenige „mit dem grundzuständigen Messstellenbetreiber bei jedem Messstellenbetreiberwechsel nach den §§ 5 und 6" (§ 9 Abs. 1 Nr. 4). Dies ist jedoch nur dann erforderlich, wenn der Netzbetreiber nicht zugleich grundzuständiger Messstellenbetreiber ist, d.h. nur in den Fällen, in denen die Grundzuständigkeit auf ein anderes Unternehmen gem. § 43 übertragen wurde. In allen anderen Fällen reicht ein **Vertrag mit dem Netzbetreiber nach § 9 Abs. 1 Nr. 3**.[41]

21 Die Gesetzesbegründung enthält keinerlei Hinweise auf die Gründe, die zur Aufnahme des § 9 Abs. 1 Nr. 4 geführt haben. Die Erforderlichkeit und der notwendige Inhalt eines solchen Vertrags erschließt sich auch in den Fällen, in denen der Netzbetreiber nicht grundzuständiger Messstellenbetreiber ist, zumindest nicht auf Anhieb. Daher ist an dieser Stelle mit Blick auf die jeweiligen Vertragsinhalte, aber auch mit Blick auf die Festlegungen der BNetzA zur Marktkommunikation,[42] darauf hinzuweisen, dass der Netzbetreiber seine zentrale Rolle im Wechselprozess behält.

22 Die Zuständigkeit des grundzuständigen Messstellenbetreibers besteht somit im Regelfall, soweit (und solange, vgl. § 2 Nr. 5) nicht auf Wunsch des Anschlussnutzers (§ 5) oder des

---

39 Rosin/*Stolzenburg*, § 21b EnWG Rn. 85 ff.; BerlKommEnR/*Drozella*, § 21b EnWG Rn. 27 ff.
40 BerlKommEnR/*Drozella*, § 21b EnWG Rn. 26.
41 Vgl. Begründung zum Regierungsentwurf v. 17.2.2016, S. 78, Begr. zu § 9: „... nur soweit wie diese Akteure nicht in einer Person zusammenfallen".
42 BNetzA, BK6-09-034/BK7-09-001 (zum EnWG a. F.). Am 12.9.2016 wurde unter den Az. BK6-16-200 und BK7-16-142 Festlegungsverfahren zur Anpassung der Vorgaben zur elektronischen Marktkommunikation an die Erfordernisse des Gesetzes zur Digitalisierung der Energiewende eröffnet. Die Verfahren wurden mit Beschl. v. 20.12.2016 abgeschlossen. Zur Rolle des Netzbetreibers s. insb. BK6-16-200, Ziff. 2 des Tenors i.V.m. Anl. 2, S. 16.

II. Aufgabenzuordnung (Abs. 1) § 3

Anschlussnehmers (§ 6) eine anderweitige Vereinbarung zwischen dem Dritten (neuem Messstellenbetreiber) und dem Netzbetreiber gem. § 9 Abs. 1 Nr. 3 getroffen worden ist. Sofern die Grundzuständigkeit gem. § 43 auf ein anderes Unternehmen übergegangen ist, bedarf es zusätzlich eines Vertrags i. S. d. § 9 Abs. 1 Nr. 4 mit diesem. Mittels der Vereinbarung nach § 9 Abs. 1 Nr. 3 muss sichergestellt werden, dass die weiteren Voraussetzungen des § 5 bzw. § 6 erfüllt sind. Die BNetzA hat am 12.9.2016 angekündigt, dass sie beabsichtigt, von ihrer Festlegungskompetenz nach § 47 Abs. 2 Nr. 4 Gebrauch zu machen und entsprechende **Standardverträge** festzulegen.[43]

Die „anderweitige Vereinbarung" entbindet den grundzuständigen Messstellenbetreiber nur „soweit" und „solange" (vgl. zu dieser Einschränkung § 2 Nr. 5) sie reicht. „**Soweit**" verdeutlicht i. V. m. § 9 Abs. 1 i. V. m. § 10 zum einen, dass die entsprechende Vereinbarung immer messstellenbezogen und damit zählpunktbezogen (vgl. Rn. 16) erfolgen muss. Dies gilt auch im Fall Vereinbarung nach § 6. Der grundzuständige Messstellenbetreiber ist nur „solange" von der Pflicht zur Wahrnehmung der Aufgabe befreit, wie die anderweitige Vereinbarung besteht. Eine Ausnahme gilt insoweit bei Ausfall des Dritten (zu den Einzelheiten s. § 11 Abs. 2). Demgemäß sind gem. § 10 Abs. 2 Nr. 6 in den Messstellenverträgen nach § 9 Abs. 1 Nr. 3 und 4 zwingend Kündigungs- und sonstige Beendigungsmöglichkeiten aufzunehmen. 23

3. Zuordnung der Smart-Meter-Gateway-Administrator-Funktion (S. 2)

Die „Funktion des Smart-Meter-Gateway-Administrators wird dem Messstellenbetreiber zugeordnet". Die Ermittlung der konkreten Bedeutung dieser als „**zentrale Weichenstellung**" für den zukünftigen Messstellenbetrieb bezeichneten Norm,[44] die die zukunftsträchtige Rolle des Smart-Meter-Gateway-Administrators für den Markt öffnen soll,[45] bereitet aufgrund der in ihr zum Ausdruck kommenden Vermengung von Marktrollen und Rechtssubjekten bei isolierter Betrachtung gewisse Schwierigkeiten. Im Ergebnis kommt ihr angesichts der Definition des Messstellenbetriebs in Abs. 2 nur deklaratorische Bedeutung zu. 24

a) Smart-Meter-Gateway-Administrator und seine Funktion

Der Smart-Meter-Gateway-Administrator ist gem. § 2 Nr. 20 „eine natürliche oder juristische Person, die als Messstellenbetreiber oder in dessen Auftrag für den technischen Betrieb des intelligenten Messsystems verantwortlich ist". Die Funktion (Aufgabe) des Smart-Meter-Gateway-Administrators ist somit in erster Annäherung die **Gewährleistung eines den Anforderungen des MsbG entsprechenden „technischen Betriebs des intelligenten Messsystems"** i. S. d. § 2 Nr. 24. Die wesentlichen hieraus resultierenden Pflichten werden in § 25 normiert.[46] § 25 Abs. 1 beschreibt „die Funktion des Smart-Meter-Gateway-Administrators, die gemäß § 3 Abs. 1 S. 2 dem Messstellenbetreiber zugeordnet wird".[47] Danach hat der Smart-Meter-Gateway-Administrator nicht nur die Pflicht, den zu- 25

---

43 Insofern bedarf es einer Änderung der Festlegung BK6-09-034 / BK7-09-001.
44 Begründung zum Regierungsentwurf v. 17.2.2016, BT-Drs. 18/7555, S. 76.
45 Begründung zum Regierungsentwurf v. 17.2.2016, BT-Drs. 18/7555, S. 76.
46 Begründung zum Regierungsentwurf v. 17.2.2016, BT-Drs. 18/7555, S. 86.
47 Begründung zum Regierungsentwurf v. 17.2.2016, BT-Drs. 18/7555, S. 86.

§ 3 Messstellenbetrieb

verlässigen technischen Betrieb von intelligenten Messsystemen in technischer Hinsicht zu gewährleisten, sondern muss diesen auch organisatorisch sicherstellen (zu den Einzelheiten s. § 25 Abs. 2–5). Er ist also nicht nur der „technische Service" für ein Smart-Meter-Gateway, sondern er ermöglicht den technischen Betrieb, indem er das Gateway installiert, konfiguriert und administriert und er hält diesen aufrecht, indem er das Smart-Meter-Gateway überwacht, wartet und Sicherheitsmängel an das BSI meldet.[48] Er muss gem. § 25 Abs. 4 zertifiziert sein.

b) Smart-Meter-Gateway-Administration als Aufgabe des Messstellenbetriebs

26   Der technische Betrieb des intelligenten Messsystems ist gem. Abs. 2 Nr. 2 i. V. m. § 2 Nr. 25 und § 2 Nr. 24 Teil der Aufgabe des Messstellenbetriebs, wenn die Messstelle mit einem intelligenten Messsystem ausgestattet ist (vgl. Rn. 42 ff.). Er ist damit Aufgabe (Pflicht) des Messstellenbetreibers i. S. d. § 2 Nr. 12. Andernfalls könnte der Smart-Meter-Gateway-Administrator auch nicht gem. § 2 Nr. 20 „als Messstellenbetreiber" dafür verantwortlich sein. Sofern der Messstellenbetreiber als Rechtssubjekt selbst für den technischen Betrieb des intelligenten Messsystems i. S. d. § 2 Nr. 20 verantwortlich ist, gehört die Funktion der Smart-Meter-Gateway-Administration unzweifelhaft zu seinen Aufgaben. Einer „Zuordnung zum Messstellenbetreiber", wie in Abs. 1 S. 2 vorgenommen, bedarf es hierfür nicht. Insoweit hat Abs. 1 S. 2 nur deklaratorische Bedeutung.

27   Der Smart-Meter-Gateway-Administrator als **verantwortliches Rechtssubjekt** i. S. d. § 2 Nr. 20 und damit Adressat der ihm vom MsbG, insb. in § 25, auferlegten Pflichten ist jedoch nicht zwangsläufig mit dem Messstellenbetreiber identisch; es kann sich auch um einen im Auftrag des Messstellenbetreibers tätigen Dritten handeln. Als Adressat der Pflichten aus § 25 muss er, nicht der Messstellenbetreiber, die notwendigen technischen und organisatorischen Maßnahmen ergreifen und gem. § 25 Abs. 4 zertifiziert sein.[49] An diesem Befund kann auch die durch S. 2 angeordnete „Zuordnung" der Funktion, d. h. der Aufgabe „zum Messstellenbetreiber", nichts ändern. Der Umstand der Adressateneigenschaft des Dritten darf jedoch nicht darüber hinwegtäuschen, dass er gem. § 2 Nr. 20 „im Auftrag" des Messstellenbetreibers, d. h. als sein Erfüllungsgehilfe, die Smart-Meter-Gateway-Administration durchführt und damit für den Messstellenbetreiber bei dessen Aufgabenerfüllung tätig wird. Auch dieses Ergebnis ist unabhängig von der in Abs. 1 S. 2 vorgenommenen Zuordnung der Funktion des Smart-Meter-Gateway-Administrators zum Messstellenbetreiber. Auch in den Fällen, in denen der Smart-Meter-Gateway-Administrator ein Dritter i. S. d. § 2 Nr. 20 ist, kommt Abs. 1 S. 2 daher nur deklaratorische Wirkung zu. Der Unterschied zu einer Beauftragung eines Dritten mit der Durchführung sonstiger Aufgaben des Messstellenbetriebs i. S. d. Abs. 2 Nr. 1 besteht insoweit lediglich darin, dass der mit der Smart-Meter-Gateway-Administration beauftragte Dritte eigenen gesetzlichen Pflichten nach dem MsbG unterliegt.

28   Ist die Funktion des Smart-Meter-Gateway-Administrators, d. h. die **Aufgabe der Smart-Meter-Gateway-Administration**, Teil der Aufgabe des Messstellenbetriebs, folgt bereits aus der allgemeinen Regelung des Abs. 1 S. 1, dass sie als **Teil der Gesamtaufgabe i. S. d.**

---

[48] Begründung zum Regierungsentwurf v. 17.2.2016, BT-Drs. 18/7555, S. 86.
[49] So auch BT-Drs. 18/7555, S. 76 (Begr. zu § 3), wonach die Smart-Meter-Gateway-Administration „selbstverständlich nur von einem nach Maßgabe dieses Gesetzes zertifizierten Unternehmen durchgeführt werden" kann.

Abs. 2 Nr. 2 i. V. m. Nr. 3 aufgrund einer Vereinbarung nach § 5 oder § 6 vom grundzuständigen Messstellenbetreiber auf einen anderen Messstellenbetreiber übergehen kann. Dies gilt unabhängig davon, ob die Funktion vom Messstellenbetreiber selbst oder durch einen von ihm Beauftragten durchgeführt wird. Insoweit gilt nichts anderes als in den Fällen, in denen der Messstellenbetreiber einen Dritten mit sonstigen Tätigkeiten des Messstellenbetriebs beauftragt. Auch insoweit kommt Abs. 1 S. 2 nicht die ihm von der Begründung zugewiesene herausragende Bedeutung (vgl. Rn. 24) zu.

Dies gilt unabhängig davon, dass die Funktion des Smart-Meter-Gateway-Administrators im Rahmen der Marktkommunikation als eigene **Marktrolle** auszugestalten sein wird: Damit wird nur dem Umstand Rechnung getragen, dass jede Aufgabe und jede Verantwortlichkeit von natürlichen bzw. juristischen Personen (die in der Marktkommunikation benötigt wird) genau einer Rolle zuzuordnen ist, wobei ein Marktteilnehmer, d. h. eine natürliche oder juristische Person, zwar eine oder mehrere Marktrollen einnehmen kann, eine Rolle jedoch nicht zwischen zwei Unternehmen aufgeteilt werden kann. 29

Die der Zuordnung der Funktion des Smart-Meter-Gateway-Administrators zum Messstellenbetreiber vom Gesetzgeber beigemessene **herausragende Bedeutung** erklärt sich allenfalls vor dem Hintergrund der – insbesondere in der im Auftrag des BMWi durchgeführten Kosten-Nutzen-Analyse – ausführlich diskutierten Frage, welcher Marktrolle die dort i. w. S. technisch beschriebene Funktion des Smart-Meter-Gateway-Administrators zuzuordnen ist.[50] Aufgrund der Gesetzessystematik kann S. 2 allenfalls klarstellende Bedeutung dahingehend beigemessen werden, dass der Messstellenbetreiber durch Beauftragung eines Dritten mit dieser Funktion seine Marktrolle als Messstellenbetreiber nicht aufgibt. Der vom Messstellenbetreiber beauftragte Dritte übernimmt trotz seiner zentralen Rolle bei der Ermöglichung eines einwandfreien Betriebs von intelligenten Messsystemen nicht die Rolle des Messstellenbetreibers. Der Messstellenbetreiber bleibt im Zusammenhang mit dem intelligenten Messsystem weiterhin Adressat weiterer Pflichten („Anforderungen") gem. Abs. 2 Nr. 3. 30

c) Smart-Meter-Gateway-Administration als Aufgabe des Strom-Messstellenbetreibers

Da das intelligenten Messsystem gem. seiner Definition in § 2 Nr. 7 untrennbar mit einer modernen Messeinrichtung „zur Erfassung elektrischer Energie" verbunden ist, ist die Funktion des Smart-Meter-Gateway-Administrators trotz der **begrifflichen Neutralität** des „**Messstellenbetreibers**" i. S. d. § 2 Nr. 12 immer dem Strom-Messstellenbetreiber zugeordnet. Dies gilt unabhängig davon, ob noch weitere Messeinrichtungen, z. B. moderne Gasmesseinrichtungen, mit dem Smart-Meter-Gateway verbunden sind. 31

---

50 Ernst & Young, Kosten-Nutzen-Analyse für einen flächendeckenden Einsatz intelligenter Messsysteme.

III. Aufgaben des Messstellenbetriebs (Abs. 2)

1. Messstellenbetrieb

32   Abs. 2 definiert die „Aufgaben", die der „Messstellenbetrieb umfasst". Ausgangspunkt der sachlichen Reichweite der in Abs. 2 Nr. 1–3 definierten Aufgaben ist der Begriff des „Messstellenbetriebs" selbst, d.h. des Betriebs der in § 2 Nr. 11 definierten „Messstelle". Diese umfasst „die Gesamtheit aller Mess-, Steuerungs- und Kommunikationseinrichtungen zur sicheren Erhebung, Verarbeitung und Übermittlung von Messdaten und zur sicheren Anbindung von Erzeugungsanlagen und steuerbaren Lasten an Zählpunkten eines Anschlussnutzers." Für die sachliche Reichweite der in Abs. 2 Nr. 1–3 definierten Aufgaben folgt hieraus zunächst, dass sie sich immer nur auf eine Energieart beziehen; die informationstechnische Anbindung einer Gasmesseinrichtung an ein Smart-Meter-Gateway führt also nicht dazu, dass sie Teil der Messstelle Strom wird. Aus der bewusst weit gefassten Definition des Zählpunkts folgt ferner, dass sowohl „Einspeise- und Verbrauchssituationen" als auch bestimmte „Unterzähler in einer Kundenanlage" erfasst werden.[51] Die in Abs. 2 Nr. 1–3 definierten Aufgaben beziehen sich demnach nicht nur auf die technischen Einrichtungen an Zählpunkten des zur Nutzung des Netzanschlusses berechtigten Letztverbrauchers, sondern gem. § 2 Nr. 3 i. V. m. § 2 Nr. 1 auch auf diejenigen an Zählpunkten von Betreibern von EEG- und KWKG-Anlagen. Bei wörtlicher Auslegung des Begriffs Zählpunkt (Verwendung des Begriffs „Punkt" anstatt „Netzpunkt"[52]) würden sie sich ferner auf alle Unterzählpunkte in einer Kundenanlage beziehen.[53] Dies widerspräche jedoch dem allgemeinen energiewirtschaftlichen Verständnis, wonach Zählpunkt der Bezugspunkt von Messwerten für die Bilanzierung und die Abrechnung der Netznutzung ist.[54] Der Begriff ist daher einschränkend dahingehend auszulegen, dass er nur solche Unterzähler in einer Kundenanlage erfasst, die abrechnungs- und bilanzierungsrelevant sind.[55] Die in Abs. 2 näher definierten Aufgaben des Betriebs der Messstelle beziehen sich somit auf die technischen Einrichtungen an der Netzentnahme bzw. Netzeinspeisestelle sowie auf die abrechnungs- bzw. bilanzierungsrelevanten Unterzähler in der Kundenanlage.[56]

2. Regelungstechnik

33   Abs. 2 definiert die „Aufgaben", die der „Messstellenbetrieb umfasst", d.h. die Aufgaben des Messstellenbetriebs, für deren einwandfreie Ausführung der jeweilige Messstellenbetreiber verantwortlich ist.[57] Es handelt sich um eine **abschließende Neudefinition der vom Messstellenbetrieb umfassten Aufgaben**. Sie verdrängt diejenige des § 2 Nr. 26b EnWG.

---

51 Begründung zum Regierungsentwurf v. 17.2.2016, BT-Drs. 18/7555, S. 75.
52 So die Definition des Zählpunkts in § 2 Nr. 14 StromNZV.
53 Begründung zum Regierungsentwurf v. 17.2.2016, BT-Drs. 18/7555, S. 75.
54 *Eder/v. Wege/Weise*, IR 2016, 173, 175; *Filipowicz*, EWerk 2016, 59 ff.; im Ergebnis ebenso *Wagner/Weise*, IR 2016, 194, 194 ff.
55 *Eder/v. Wege/Weise*, IR 2016, 173, 175; *Wagner/Weise*, IR 2016, 194, 195 ff.
56 *Eder/v. Wege/Weise*, IR 2016, 173, 175; *Wagner/Weise*, IR 2016, 194, 195 ff.
57 So die Umschreibung in § 5.

III. Aufgaben des Messstellenbetriebs (Abs. 2) § 3

Eine **Neubestimmung der Aufgaben** des Messstellenbetriebs war **notwendig**, da sich die Funktionsweise von intelligenten Messsystemen fundamental von derjenigen herkömmlicher Messsysteme unterscheidet. Es kommt zu einer erheblichen Verschiebung der Funktionen von der Messeinrichtung hin zur Kommunikationseinheit „Smart-Meter-Gateway".[58] Der Einsatz von intelligenten Messsystemen führt aufgrund der (informationstechnischen) Funktion des Smart-Meter-Gateways dazu, dass sich die Aufgaben des Messstellenbetriebs erheblich von denjenigen beim Einsatz herkömmlicher Messsysteme oder (moderner) Messeinrichtungen unterscheiden. Demgemäß unterscheidet Abs. 2 zwischen der „ursprünglichen Aufgabenbeschreibung für den Messstellenbetrieb" (Abs. 2 Nr. 1)[59] und derjenigen bei mit einem intelligenten Messsystem ausgestatteten Messstellen (Abs. 2 Nr. 2).[60] Die „Erfüllung weiterer Anforderungen" (an den Betrieb der Messstelle) wird in Abs. 2 Nr. 3 als eigenständige Aufgabe des Messstellenbetriebs ausgestaltet. Damit wird insbesondere dem Umstand Rechnung getragen, dass Abs. 2 Nr. 1 und Nr. 2 die Art der an der jeweiligen Messstelle zu betreibenden Messinfrastruktur voraussetzen. Die Frage, welche Art an der jeweiligen Messstelle zu betreiben ist, hängt jedoch ihrerseits von den, ein Höchstmaß an Differenzierung aufweisenden Anforderungen des MsbG ab.

34

Diese neue Regelungstechnik ermöglicht eine den höchst unterschiedlichen Anforderungen des MsbG an die jeweiligen Messstellenbetreiber gerecht werdende **Systematisierung** bei der Ausfüllung und Konkretisierung ihrer unterschiedlichen Aufgaben. Sie ist insbesondere auch für das Verhältnis und die Abgrenzung der Aufgaben in Konstellationen von Bedeutung, in denen der Betreiber eines intelligenten Messsystems nicht mit dem Betreiber einer neuen Gasmesseinrichtung bzw. der Messeinrichtung einer EEG-/KWKG-Anlage identisch ist.

35

3. Messstellenbetrieb bei Messstellen ohne intelligentes Messsystem (Nr. 1)

Der „**herkömmliche Messstellenbetrieb**" umfasst die bekannten Tätigkeiten „Einbau, Betrieb und Wartung" (Rn. 37) sowie „Messung" i. S. d. Ab- und Auslesung der Messeinrichtung und Datenweitergabe an die Berechtigten (Rn. 38 ff.). Die Aufgabe der Messung wird jedoch um die Tätigkeit der Messwertaufbereitung erweitert (Rn. 40). Der Zusatz, wonach sich Einbau, Betrieb und Wartung auf die Messstelle „und ihre Messeinrichtungen und Messsysteme" beziehen, belegt, dass Nr. 1 nur die Aufgabe des Betriebs einer Messstelle definiert, die nicht mit einem intelligenten Messsystem ausgestattet ist. Das MsbG verwendet nämlich den Begriff des Messsystems (§ 2 Nr. 13) nicht – was dem Wortlaut nach möglich wäre – als Oberbegriff, sondern als „Minus" gegenüber demjenigen des intelligenten Messsystems (§ 2 Nr. 7). Sofern beide Arten erfasst werden sollen, werden die Begriffe nebeneinander verwendet (vgl. z. B. § 3 Abs. 3). Obwohl gleiches grundsätzlich auch für das Verhältnis von Messeinrichtungen (§ 2 Nr. 10) zu modernen Messeinrichtungen (§ 2 Nr. 15) gilt, steht dies der Aussage zum Anwendungsbereich der Nr. 1 nicht entge-

36

---

58 Ernst & Young, Kosten-Nutzen-Analyse für einen flächendeckenden Einsatz intelligenter Messsysteme.
59 Begründung zum Regierungsentwurf v. 17.2.2016, BT-Drs. 18/7555, S. 75.
60 Die Beschreibung der Aufgabe in Abs. 2 Nr. 2 entspricht, jedenfalls in ihrem ersten Teil, derjenigen des Messstellenbetreibers in § 2 Nr. 3 des Entwurfs des BMWi v. März 2013 einer „Verordnung über technische Mindestanforderungen an den Einsatz intelligenter Messsysteme (Messstellensystemverordnung – MsysV)".

§ 3   Messstellenbetrieb

gen, da sich die diesbezüglichen Aufgaben faktisch erst bei Verbindung der modernen Messeinrichtung mit dem Smart-Meter-Gateway ändern und die begriffliche Trennung hier nicht so stringent durchgehalten wird, wie das Beispiel der neuen Gasmesseinrichtung in § 20 zeigt.

a) Einbau, Betrieb und Wartung

37   Der Messstellenbetrieb umfasst „Einbau, Betrieb und Wartung der Messstelle und ihrer Messeinrichtungen und Messsysteme". Die Begriffe „Einbau, Betrieb und Wartung" entsprechen angesichts des Anwendungsbereichs des Abs. 2 Nr. 1 (vgl. Rn. 34, 36) denjenigen des § 3 Nr. 26b EnWG a. F. „**Einbau**" erfasst die Lieferung und die Installation der die Messstelle definierenden Einrichtungen.[61] Der „**Betrieb**" einer Messstelle umfasst die ordnungsgemäße Zählung abrechnungsrelevanter Messwerte durch planmäßige Kontrolle der Messfunktionen der Messeinrichtungen[62] sowie die ordnungsgemäße Kommunikation durch planmäßige Kontrolle der Kommunikationsfunktionen. „**Wartung**" umfasst die Aufrechterhaltung eines ordnungsgemäßen Zustands der Mess- und Kommunikationseinrichtungen sowie die laufende Instandsetzung.[63] Obwohl nicht explizit genannt, umfasst Abs. 2 Nr. 1 auch die Aufgabe, d. h. das Recht und die Pflicht, die **technischen Einrichtungen** bei Bedarf (z. B. Defekt oder Ablauf der Eichgültigkeit) **zu entfernen und zu ersetzen**, da die Aufgabe des Messstellenbetriebs andernfalls nicht ordnungsgemäß erfüllt werden könnte.[64]

b) Messung

38   Der Messstellenbetrieb umfasst gem. Abs. 2 Nr. 1 auch die Aufgabe der „Gewährleistung einer mess- und eichrechtskonformen Messung (…) einschließlich der Messwertaufbereitung und form- und fristgerechten Datenübertragung (…)". Die so definierte Aufgabe des Messstellenbetriebs enthält zwei Neuerungen. Der Messstellenbetrieb umfasst nunmehr zwingend auch die Aufgabe der Messung. Die separate Marktrolle des Messdienstleisters entfällt somit. Die zweite grundlegende Neuerung ist die **Ausweitung des Begriffs der Messung**. Dieser umfasst nicht mehr nur die Ab- und Auslesung der Messeinrichtung und die form- und fristgemäße Weitergabe der Daten an die Berechtigten,[65] sondern auch („einschließlich") die Messwertaufbereitung. In der Praxis dürfte dies insbesondere bei einem Wechsel des Messstellenbetreibers zu Problemen führen. Die BNetzA hat allerdings im Rahmen des sog. „Interimsmodells" eine hiervon abweichende Regelung festgelegt. Sie hat – befristet bis zum 31.12.2019 – die bisherige Aufgabenverteilung fortgeschrieben: Die Messwertaufbereitung obliegt übergangsweise weiterhin dem jeweiligen Netzbetreiber und ist damit nicht Aufgabe des Messstellenbetriebs.[66]

---

61 Vgl. BerlKommEnR/*Drozella*, § 21b EnWG Rn. 12.
62 BerlKommEnR/*Drozella*, § 21b EnWG Rn. 12.
63 BerlKommEnR/*Drozella*, § 21b EnWG Rn. 12.
64 So zu § 21b EnWG a. F. BerlKommEnR/*Drozella*, § 21b EnWG Rn. 12; Danner/Theobald/*Eder*, § 21b EnWG Rn. 17.
65 So immer noch § 3 Nr. 26a EnWG.
66 BK6-16-200/BK7-16-142; zur Begr. der Regelung s. S. 18 f. bzw. S. 19 f. des jeweiligen Beschlusses.

III. Aufgaben des Messstellenbetriebs (Abs. 2) § 3

aa) Mess- und eichrechtskonforme Messung

Die Messung umfasst die **Erhebung der Messwerte** (so die Terminologie in § 60 Abs. 1) 39
durch Ablesung der Messeinrichtung bzw. ihre Auslesung im Falle der Einbindung in ein
Kommunikationssystem. Die Konkretisierung, wonach es um die Messung „entnommener,
verbrauchter und eingespeister Energie" geht, trägt dem Umstand Rechnung, dass der Betrieb der Messstelle sowohl Entnahme-, als auch Einspeisesachverhalte sowie abrechnungs- und bilanzierungsrelevante Unterzählpunkte erfasst (vgl. Rn. 32). Die **Konkretisierung**, wonach die Messung „mess- und eichrechtskonform" erfolgen muss, verweist auf
das MessEG und die MessEV. Sie ist damit einerseits **rein deklaratorischer Natur**. Sie
greift andererseits zu kurz, da das neue Eichrecht nicht nur Anforderungen an die Verwendung von Messwerten, sondern auch an das Verwenden der Messeinrichtung, d. h. an deren
Einbau und Betrieb (vgl. § 3 Nr. 22 MessEG), stellt.

bb) Messwertaufbereitung

Die Messwertaufbereitung umfasst die **Aufbereitung** der in § 2 Nr. 14 definierten Messwerte, d. h. der Angaben über vom Anschlussnutzer über einen bestimmten Zeitraum entnommenen, erzeugten oder verbrauchten Energiemengen. Die Aufbereitung dieser gem. 40
§ 55 bzw. § 58 erhobenen Strom- bzw. Gasmesswerte umfasst gem. § 2 Nr. 17 die **Plausibilisierung und Ersatzwertbildung**, d. h. die Durchführung der rechnerischen Vorgänge,
die ausgefallene Messwerte oder Messwertreihen überbrücken oder unplausible Messwerte
korrigieren.

cc) Form- und fristgerechte Datenübertragung

Die Messung umfasst ferner die „form- und fristgerechte Datenübertragung nach Maßgabe 41
dieses Gesetzes". Umfang und Fristen der Datenübermittlung sind in § 60 geregelt. Im
Kontext des Abs. 2 Nr. 1 ist ausschließlich die allgemeine Regelung des § 60 Abs. 1, nicht
aber diejenige des § 60 Abs. 2 relevant (vgl. Rn. 47). Gem. § 60 Abs. 1 ist der Messstellenbetreiber verpflichtet, die erhobenen und aufbereiteten Daten im erforderlichen Umfang
an die nach § 49 berechtigten Stellen zu den Zeitpunkten zu übermitteln, die diese zur Erfüllung ihrer Aufgaben aus § 50 i. V. m. §§ 61–73 vorgeben. Im sog. „Interimsmodell" (s.
auch Rn. 38) erfolgt die Übermittlung der erhobenen (nicht aufbereiteten) Messwerte abweichend hiervon an den Netzbetreiber, der sie dann an die weiteren Berechtigten verteilt.
Der Netzbetreiber ist als berechtigte Stelle festgelegt.[67] Die Datenübermittlung erfolgt in
einheitlichen Formaten, die von der BNetzA vorgegeben werden (§ 47 Abs. 2 Nr. 7).[68]

4. Messstellenbetrieb bei intelligenten Messsystemen (Nr. 2)

Der Messstellenbetrieb umfasst gem. Abs. 2 Nr. 2 die Aufgabe „des technischen Betriebs 42
der Messstelle nach den Maßgaben des MsbG, einschließlich der form- und fristgerechten
Datenübertragung nach Maßgabe des MsbG". Abs. 2 Nr. 2 definiert die Aufgaben, die der
Betrieb einer mit einem intelligentem Messsystem ausgestatteten Messstelle umfasst. Diese unterscheiden sich aufgrund der zentralen Aufgabe der Smart-Meter-Gateway-Adminis-

---

67 BNetzA, BK6-16-200/BK7-16-142; zur Begr. s. S. 18 f. bzw. S. 19 f. des jeweiligen Beschlusses.
68 BNetzA, BK6-16-200 und BK7-16-142.

§ 3   Messstellenbetrieb

tration nicht unerheblich von denjenigen des herkömmlichen Messstellenbetriebs in § 3 Abs. 2 Nr. 1.[69] Aufgrund der Definition der modernen Messeinrichtung und des intelligenten Messsystems in § 2 Nr. 15 bzw. § 2 Nr. 17 handelt es sich bei der Aufgabe i. S. d. Abs. 2 Nr. 2 immer um eine Aufgabe des Strom-Messstellenbetreibers.

a) Technischer Betrieb der Messstelle

43   Der technische Betrieb der Messstelle wird in § 2 Nr. 25 definiert als „die Installation, Inbetriebnahme, Konfiguration, Administration, Überwachung und Wartung der modernen Messeinrichtungen und intelligenten Messsysteme einschließlich der informationstechnischen Anbindung von Messeinrichtungen und anderen an das Smart-Meter-Gateway angebundenen technischen Einrichtungen sowie Ermöglichung weiterer energiewirtschaftlicher und sonstiger Dienste". Er umfasst als Oberbegriff auch den technischen Betrieb des intelligenten Messsystems, der in § 2 Nr. 24 als „die Installation, Inbetriebnahme, Konfiguration, Administration, Überwachung und Wartung des Smart-Meter-Gateways einschließlich der informationstechnischen Anbindung von Messeinrichtungen und anderen an das Smart-Meter-Gateway angebundenen technischen Einrichtungen sowie Ermöglichung weiterer energiewirtschaftlicher und sonstiger Dienste" definiert wird. Die beiden Definitionen unterscheiden sich nur hinsichtlich der Objekte der insoweit identischen Tätigkeiten. Konkret bedeutet dies, dass die Aufgabe des technischen Betriebs der Messstelle aus **zwei Teilfunktionen** besteht: Die insoweit relevanten Tätigkeiten mit Blick auf die mit dem Smart-Meter-Gateway verbundenen modernen Messeinrichtungen einerseits (§ 2 Nr. 25) und die genannten Tätigkeiten mit Blick auf das Smart-Meter-Gateway andererseits (§ 2 Nr. 25 i.Vm. § 2 Nr. 24). Die beiden Teilfunktionen bilden i. S. d. Aufgabenzuordnung in § 3 Abs. 1 S. 1 eine untrennbare Einheit.[70] Dies gilt ungeachtet der Möglichkeit des Messstellenbetreibers, einen Dritten mit der Aufgabe des technischen Betriebs des intelligenten Messsystems i. S. d. § 2 Nr. 24 zu beauftragen (vgl. Rn. 26 ff.).

aa) Technischer Betrieb der modernen Messeinrichtung nach Maßgabe des MsbG

44   Der technische Betrieb der verbundenen modernen Messeinrichtung als Teil des intelligentes Messsystems umfasst die Tätigkeiten der Installation, der Inbetriebnahme und der Wartung. Trotz der insoweit im Vergleich zum herkömmlichen Messstellenbetrieb teilweise unterschiedlichen Terminologie entsprechen die Tätigkeiten der **Installation und Wartung** denjenigen des Einbaus und der Wartung der Messeinrichtung in Abs. 2 Nr. 1 (vgl. Rn. 37). Demgegenüber ist die begriffliche Unterscheidung zwischen „Betrieb" und „Inbetriebnahme" nicht nur terminologischer Natur. Sie trägt dem Umstand Rechnung, dass bei einer mit einem Smart-Meter-Gateway verbundenen modernen Messeinrichtung die planmäßige Kontrolle der Messeinrichtung durch das Smart-Meter-Gateway erfolgt und damit dem technischen Betrieb des Smart-Meter-Gateway unterfällt. Die übrigen in § 2 Nr. 25 genannten Tätigkeiten beziehen sich allein auf das Smart-Meter-Gateway als Herzstück des dort ebenfalls genannten intelligenten Messsystems (vgl. § 25 Rn. 28 ff.). Das MsbG enthält keine „Maßgaben" für den technischen Betrieb der verbundenen Messeinrichtung.

---

69 Begründung zum Regierungsentwurf v. 17.2.2016. BT-Drs. 18/7555, S.75.
70 In diesem Sinne auch BT-Drs. 18/7555, S. 75 (Begr. zu § 2 Nr. 24 und 25), die die beiden Begriffsdefinitionen als Einheit beschreiben.

bb) Technischer Betrieb des Smart-Meter-Gateways nach Maßgabe des MsbG

Der **technische Betrieb** des Smart-Meter-Gateways wird in § 2 Nr. 24 definiert. Der in der Begründung mehrfach verwandte Begriff der Funktion bzw. Aufgabe der „Smart-Meter-Gateway-Administration"[71] ist synonym zu dem technischen Betrieb des intelligenten Messsystems. Die Tätigkeiten der **Konfiguration**, **Administration** und **Überwachung** (zum konkreten Inhalt dieser Tätigkeiten siehe § 25 Rn. 28 ff.) finden keine Entsprechung in Abs. 2 Nr. 1. 45

Der technische Betrieb des Smart-Meter-Gateways muss „**nach den Maßgaben dieses Gesetzes**" erfolgen. Hinsichtlich des technischen Betriebs des Smart-Meter-Gateways enthält das MsbG eine Vielzahl von Maßgaben. Sie sind eines der Kernanliegen der neuen Regulierung. Zentrale Norm für den ordnungsgemäßen technischen Betrieb des intelligenten Messsystems, d. h. des Smart-Meter-Gateways, ist § 25, welcher die Anforderungen an den sicheren und zuverlässigen technischen Betrieb von intelligenten Messsystemen und dessen organisatorische Sicherstellung regelt.[72] 46

b) Form- und fristgerechte Datenübertragung

Der technische Betrieb der Messstelle versteht sich „einschließlich der form- und fristgerechten Datenübertragung nach Maßgabe dieses Gesetzes". Aufgrund der Funktionsweise des intelligenten Messsystems geht es dabei um den **Abruf der Daten** aus den verbundenen Messeinrichtungen über das Smart-Meter-Gateway sowie die **Datenübertragung** aus dem Smart-Meter-Gateway an die Berechtigten.[73] Zentrale Regelung bzgl. Umfang und Fristen der Datenübertragung ist § 60 Abs. 1. Danach ist der Messstellenbetreiber verpflichtet, die nach den §§ 55 bis 59 erhobenen Daten aufzubereiten und im erforderlichen Umfang an die nach § 49 berechtigten Stellen zu den Zeitpunkten zu übermitteln, die diese zur Erfüllung ihrer Aufgaben aus § 50 in Verbindung mit den §§ 61 bis 73 vorgeben. § 60 Abs. 2 S. 1 konkretisiert dies bei Messstellen mit intelligenten Messsystemen dahingehend, dass (vorbehaltlich zeitlich befristeter Ausnahmemöglichkeiten nach § 60 Abs. 2 S. 2) die Aufbereitung der Messwerte, insbesondere die Plausibilisierung und die Ersatzwertbildung im Smart-Meter-Gateway, und die Datenübermittlung über das Smart-Meter-Gateway direkt an die berechtigten Stellen erfolgen. Diese Datenkommunikation direkt aus dem Smart-Meter-Gateway wird als „sternförmige Kommunikation" bezeichnet. Damit wird der Messstellenbetreiber zur „Datendrehscheibe".[74] Dieses Konzept unterscheidet sich grundlegend von der heute im Markt etablierten Art der Datenverteilung. Mit Blick auf die erforderlichen Umstellungsarbeiten bei den Marktprozessen hat der Gesetzgeber in § 60 Abs. 2 S. 2 für den Strombereich eine zeitlich befristete Ausnahmemöglichkeit vorgesehen. Danach kann die BNetzA übergangsweise – längstens bis zum 31.12.2019 – festlegen, dass die Aufbereitung und Übermittlung der Daten nicht vom Smart-Meter-Gateway, sondern von einer berechtigten Stelle i. S. d. § 49 Abs. 2 vorgenommen wird. Von dieser Ausnahmemöglichkeit hat die BNetzA Gebrauch gemacht. Im Rahmen des sog. „Interimsmodells" hat sie befristet bis zum 31.12.2009 festgelegt, dass die Aufbereitung und Über- 47

---

71 Vgl. z. B. Begründung zum Regierungsentwurf v. 17.2.2016, BT-Drs. 18/7555, S. 75, 76, 107.
72 Begründung zum Regierungsentwurf v. 17.2.2016, BT-Drs. 18/7555, S. 86.
73 Vgl. Ernst & Young, Kosten-Nutzen-Analyse für einen flächendeckenden Einsatz intelligenter Messsysteme.
74 *Lüdemann/ Ortmann/Pokrant*, EnZW 2016, 339, 341.

§ 3   Messstellenbetrieb

mittlung wie bisher dem Netzbetreiber als berechtigter Stelle i. S. d. § 49 Abs. 2 Nr. 2 obliegt.[75]

48   Die sternförmige Kommunikation führt bei Messstellen mit intelligenten Messsystemen zu einer teilweisen **Verschiebung der Aufgaben** im Rahmen der von Abs. 2 Nr. 2 definierten Aufgabe **zwischen dem Messstellenbetreiber und dem von ihm beauftragtem Smart-Meter-Gateway-Administrator**. Hieran zeigt sich, dass es sich beim Smart-Meter-Gateway-Administrator um eine eigenständige Marktrolle im Sinne der Marktkommunikationsrollen handelt. Angesichts der in § 2 Nr. 20 vorgesehenen Möglichkeit des Messstellenbetreibers, einen den Anforderungen des § 25 genügenden Dritten zu beauftragen, sieht § 23 Abs. 3 S. 3 insoweit auch die Möglichkeit des Smart-Meter-Gateway-Administrators vor, Verträge mit den externen Marktteilnehmern zu schließen. Einer solchen Möglichkeit bedarf es allerdings nur in den Fällen, in denen der Messstellenbetreiber die Funktion des Smart-Meter-Gateway-Administrators nicht selber als Messstellenbetreiber durchführt.

49   Mit Blick auf die unterschiedlichen Aufgaben von Strom- und Gas-Messstellenbetreibern verwundert es insoweit nicht, dass für **angebundene Gas-Messeinrichtungen** § 60 Abs. 2 S. 2 die Möglichkeit vorsieht, durch Festlegung nach § 75 zu bestimmen, dass für den Bereich Gas auch dauerhaft festgelegt werden kann, dass die Aufbereitung und Übermittlung nach S. 1 nicht vom Smart-Meter-Gateway, sondern von berechtigten Stellen nach § 49 Abs. 2, d. h. insbesondere dem Messstellenbetreiber, vorgenommen werden. Dies entspricht dem Umstand, dass der Betreiber einer Gas-Messeinrichtung grundsätzlich gem. Abs. 2 Nr. 1 selbst für die Aufbereitung der von ihm erhobenen Daten und ihre Übermittlung an die Berechtigten zuständig ist (vgl. Rn. 38 ff.). Bisher noch nicht geklärt ist, wie mit einer solchen Zuständigkeitsverschiebung hin zum Strom-Messstellenbetreiber umzugehen ist. Für einen Übergangszeitraum bis zum 31.12.2019 hat die BNetzA festgelegt, dass die Aufbereitung und Übermittlung der Gaswerte dem Gasnetzbetreiber als berechtigter Stelle i. S. d. § 49 Abs. 2 Nr. 2 obliegt.[76]

50   Die Datenkommunikation hat gem. § 52 Abs. 2 in den von der Bundesnetzagentur vorgegebenen, **bundeseinheitlichen Formaten** zu erfolgen.

5. Erfüllung weiterer Anforderungen (Nr. 3)

51   Abs. 2 Nr. 3 definiert als weitere Aufgabe des Messstellenbetriebs die „Erfüllung weiterer Anforderungen, die sich aus diesem Gesetz oder aus Rechtsverordnungen nach den §§ 46 und 74 ergeben". Dadurch werden **sämtliche Pflichten**, denen Messstellenbetreiber und ggf. von ihnen beauftragte Smart-Meter-Gateway-Administratoren unterliegen, erfasst.

52   Durch die **Definition als eigenständige Aufgabe** wird dem Umstand Rechnung getragen, dass Abs. 2 Nr. 1 und 2 die dort beschriebenen Aufgaben und damit verbundenen Tätigkeiten nur insoweit durch die Forderung „nach Maßgabe dieses Gesetzes" konkretisieren, wie mit Blick auf den jeweiligen Anwendungsbereich tatsächlich einheitliche Anforderungen bestehen. Durch die Definition als eigenständige Aufgabe wird ferner dem Umstand Rechnung getragen, dass das MsbG hinsichtlich der den jeweiligen Messstellenbetreibern auf-

---

75 BNetzA, BK6-16-200, zur Begründung s. S. 18 f. des Beschlusses.
76 BK7-16-142, zur Begr. s. S. 19 f. des Beschlusses.

erlegten Pflichten sehr stark differenziert. Zu den zu beachtenden **Faktoren** gehört z. B. die Frage, ob es sich um den Betrieb einer Gas- oder Strom-Messstelle handelt (nur Strom-Messstellenbetreiber sind zum Einbau und Betrieb von Smart-Meter-Gateways verpflichtet), ob die Aufgabe vom grundzuständigen Messstellenbetreiber oder einem Dritten erfüllt wird (vgl. § 29 einerseits und § 36 andererseits). Weitere wesentliche Faktoren sind der Verbrauch des Letztverbrauchers bzw. die installierte Leistung der Anlage (vgl. § 29). Insbesondere die zeitliche Staffelung der Rollout-Verpflichtung (§ 30) wäre aufgrund der Messstellenbezogenheit des Messstellenbetriebs anders nicht darstellbar.

IV. Anspruch auf Einbau (Abs. 3)

1. Allgemeines

Gem. Abs. 3 hat der Messstellenbetreiber einen „**Anspruch auf den Einbau von in seinem Eigentum stehenden Messeinrichtungen, modernen Messeinrichtungen, Messsystemen und intelligenten Messsystemen**". Im Vergleich zu § 21b Abs. 4 S. 1 EnWG a. F. wurde der Anspruch inhaltlich auf moderne Messeinrichtungen und intelligente Messsysteme ausgeweitet. Andererseits enthält Abs. 3 keine dem § 21b Abs. 4 S. 2 EnWG a. F. entsprechende Regelung zur Konkretisierung der Anforderungen, denen sie genügen müssen. Dies ist Folge der allgemeinen Systematik des Abs. 2, wonach die Erfüllung der die Aufgaben des Messstellenbetriebs nach Abs. 2 Nr. 1 und Nr. 2 konkretisierenden Anforderungen u. a. an die einzubauende Messinfrastruktur als eigenständige Aufgabe in Abs. 2 Nr. 3 definiert wird.

53

2. Inhalt des Anspruchs

Anspruchsinhaber ist der „Messstellenbetreiber" i. S. d. § 2 Nr. 12. Der Anspruchsgegner wird nicht benannt. Gleichwohl war bereits im Rahmen des mit Abs. 3 identischen § 21 Abs. 4 S. 1 EnWG a. F. unstreitig, dass es sich (jedenfalls) um einen **Anspruch des neuen Messstellenbetreibers gegenüber dem bisherigen Messstellenbetreiber** handelt, der auf Ermöglichung des Einbaus, d. h. (Duldung der) Entfernung der bestehenden (modernen) Messeinrichtungen bzw. (intelligenten) Messsysteme gerichtet ist. Da der Einbau der genannten Messinfrastruktur i. d. R. nur an speziellen Zählerplätzen möglich ist,[77] wäre der Einbau neuer Einrichtungen ohne vorheriges Entfernen der bestehenden unmöglich, jedenfalls aber unzumutbar erschwert. Da der neue Messstellenbetreiber nach allgemeinem Zivilrecht gegen den Eigentümer der installierten Messeinrichtung keinen Anspruch auf Beseitigung derselben hat, bliebe der Aufgabenübergang ohne einen solchen Anspruch unvollkommen.[78] Der bisherige Messstellenbetreiber kann den Einbau auf zwei Arten „ermöglichen": aktiv, indem er die in Abs. 3 genannten technischen Einrichtungen ausbaut, passiv, indem er den Ausbau durch den Dritten duldet. Weder Wortlaut („Anspruch auf Einbau") noch Systematik oder Zweck der Norm geben vor, auf welche Art der vorherige Messstellenbetreiber den Einbau ermöglichen muss. Abs. 3 gibt lediglich das Ziel vor; die

54

---

77 Vgl. aber BGH, Beschl. v. 14.4.2015, EnVR 45/13 zum Anspruch des Messstellenbetreibers auf Bestimmung des konkreten Anbringungsorts der Mess- u. Steuereinrichtungen.
78 So schon zu § 21b EnWG a. F.: BerlKommEnR/*Drozella*, § 21b EnWG Rn. 90.

§ 3   Messstellenbetrieb

Frage, wie es konkret zu erreichen ist, wird offengelassen. Die Einzelheiten regelt nunmehr § 16 Abs. 2.

55 Die mit der Aufgabe des Messstellenbetriebs übernommene Pflicht des Einbaus (vgl. Abs. 2 Nr. 1) bzw. der Installation (vgl. Abs. 2 Nr. 2) der Messinfrastruktur begründet **keine Pflicht, die bestehende durch eine neue zu ersetzen**. Der neue Messstellenbetreiber erfüllt die Aufgabe auch dann, wenn er die installierte Messinfrastruktur aufgrund einer Einigung mit dem bisherigen Messstellenbetreiber weiter betreibt. Abs. 3 generiert somit ein **Wahlrecht des neuen Messstellenbetreibers**. Entweder er einigt sich mit dem bisherigen Messstellenbetreiber über die Weiternutzung der Messinfrastruktur oder er macht von seinem Anspruch auf Ermöglichung des Einbaus Gebrauch.[79] Bei isolierter Betrachtung des Abs. 3 folgt hieraus, dass der bisherige Messstellenbetreiber nicht verpflichtet ist, dem neuen Messstellenbetreiber seine Messinfrastruktur zu überlassen, da eine solche Pflicht – wenn überhaupt – nur unter der Voraussetzung denkbar ist, dass der neue hierauf zur Erfüllung der von ihm übernommenen Pflicht zwingend angewiesen wäre. Eine solche Angewiesenheit wird jedoch durch den Anspruch nach Abs. 3 gerade ausgeschlossen. Gleichwohl hat sich der Gesetzgeber in § 16 Abs. 1 entschieden, eine solche Überlassungspflicht durch Übernahme der Regelung des § 4 Abs. 2 Nr. 2a MessZV a. F. zu begründen. Inwieweit eine solche Überlassungspflicht angesichts der mangelnden Erforderlichkeit im Hinblick auf die Ermöglichung von Wettbewerb mit Art. 14 GG vereinbar ist, bleibt weiterhin fraglich.

3. Verhältnis zu anderen Vorschriften

56 Seinem Wortlaut nach könnte der Anspruch aus Abs. 3 auch auf Duldung des Einbaus gegenüber dem Anschlussnehmer bzw. dem Anschlussnutzer gerichtet sein. Bei extensiver Auslegung des Begriffs „Einbau" könnte der Anspruch auch auf Duldung der informationstechnischen Anbindung einer Messeinrichtung an ein Smart-Meter-Gateway gerichtet sein. Gegenüber beiden Marktteilnehmern besteht ein, wenn auch unterschiedliches, Bedürfnis für einen solchen Duldungsanspruch. Gegenüber dem Anschlussnutzer besteht ein solches in allen Fällen, in denen der Messstellenbetreiber gegen den Willen des Anschlussnutzers eine moderne Messeinrichtung bzw. ein intelligentes Messsystem einbauen muss bzw. will, da deren Nutzung sein Grundrecht auf informationelle Selbstbestimmung aus Art. 2 Abs. 1 i.V. m. Art. 1 Abs. 1 GG berührt.[80] Gegenüber dem Anschlussnehmer besteht ein entsprechendes Bedürfnis für einen auf Duldung des Einbaus gerichteten Anspruch in all denjenigen Fällen, in denen der Messstellenbetreiberwechsel allein auf Wunsch des Anschlussnutzers (§ 5) erfolgt, da der Einbau einen Eingriff in die im Eigentum des Anschlussnehmers stehende Kundenanlage darstellt. Ohne einen entsprechenden Duldungsanspruch wäre das Wahlrecht des Anschlussnutzers weitgehend entwertet. **Gegen eine Auslegung des Abs. 3 i. S. eines Anspruchs gegenüber dem Anschlussnutzer bzw. dem Anschlussnehmer** spricht, dass der Konkretisierung, wonach der Anspruch des Messstellenbetreibers auf Einbau „einer in seinem Eigentum" stehenden Messinfrastruktur gerichtet ist, im ersten Fall keine, im zweiten Fall allenfalls deklaratorische Bedeutung zukäme.

---

[79] Rosin/*Stolzenburg*, § 21b EnWG Rn. 106; BerlKommEnR/*Drozella*, § 21b EnWG Rn. 92 f.
[80] Begründung zum Regierungsentwurf v. 17.2.2016, BT-Drs. 18/7555, S. 76.

Letztendlich kann es dahinstehen, ob Abs. 3 auch gegenüber dem Anschlussnutzer und dem Anschlussnehmer einen Duldungsanspruch begründet, da Abs. 3 jedenfalls durch die **spezielleren Vorschriften der §§ 36 Abs. 3, 19 Abs. 5, 20 Abs. 2** verdrängt würde. Gem. § 36 Abs. 3 sind der Anschlussnutzer und der Anschlussnehmer nur in den Fällen des § 29 Abs. 1 und Abs. 2 zur Duldung des Einbaus von intelligenten Messsystemen verpflichtet. Gem. § 36 Abs. 3 sind sie nur unter den Voraussetzungen des § 40 zur Duldung der Anbindung ihrer Erzeugungsanlage oder Gas-Messeinrichtung an das Smart-Meter-Gateway verpflichtet.

V. Transparenz und Diskriminierungsfreiheit (Abs. 4)

1. Verhältnis von S. 1 zu S. 2

Auf den ersten Blick weist Abs. 4 eine gewisse strukturelle Parallele zu § 6 Abs. 1 EnWG auf. Abs. 4 S. 1 verpflichtet „Messstellenbetreiber (...) zur Gewährleistung von Transparenz sowie diskriminierungsfreier Ausgestaltung und Abwicklung des Messstellenbetriebs". Nach Abs. 4 S. 2 ist die „Unabhängigkeit des grundzuständigen Messstellenbetriebs für moderne Messeinrichtungen und intelligente Messsysteme von anderen Tätigkeiten der Energieversorgung (...) über die buchhalterische Entflechtung sicherzustellen; §§ 6b, 6c und 54 EnWG sind entsprechend anzuwenden". Der Wortlaut des Abs. 4 S. 1 entspricht hinsichtlich der Pflichten demjenigen des § 6 Abs. 1 S. 1 EnWG. Abs. 4 S. 2 fordert – in Anlehnung an § 6 Abs. 1 S. 2 EnWG – die Sicherstellung einer gewissen Unabhängigkeit. Diese strukturelle Parallele legt es nahe, Abs. 4 S. 1 nur als Anknüpfungspunkt für Abs. 4 S. 2 zu sehen, ihm also keinen von S. 2 unabhängigen Regelungsgehalt beizumessen. Dies entspräche der allg. M. zu § 6 EnWG, dass die in § 6 Abs. 1 S. 2 EnWG geforderte Unabhängigkeit nur Mittel zur Gewährleistung der in § 6 Abs. 1 S. 1 EnWG geforderten Diskriminierungsfreiheit ist und § 6 Abs. 1 S. 1 EnWG keine darüber hinausgehenden Nichtdiskriminierungspflichten begründet.[81] Im Detail bestehen jedoch zwei gravierende systematische Unterschiede zwischen Abs. 4 und § 6 Abs. 1 EnWG, die ernsthafte Zweifel an einem so verstandenen Verhältnis von Abs. 4 S. 1 zu S. 2 begründen. Zum einen enthält Abs. 4 S. 2 – anders als § 6 Abs. 1 S. 2 EnWG („um dieses Ziel zu erreichen") – keine systematische Verknüpfung mit S. 1. Es fehlt somit an der Ziel-Mittel-Relation. Zum anderen sind – anders als bei § 6 Abs. 1 – die Adressaten des S. 1 nicht mit denjenigen des S. 2 identisch. S. 1 verpflichtet sämtliche „Messstellenbetreiber", d.h. gem. § 2 Nr. 12 grundzuständige Messstellenbetreiber i.S.d. § 2 Nr. 4 und Dritte i.S.d. §§ 5 und 6. Die in S. 2 normierte Pflicht, die „Unabhängigkeit des grundzuständigen Messstellenbetriebs für moderne Messeinrichtungen und intelligente Messsysteme" sicherzustellen, kann demgegenüber nur grundzuständige Strom-Messstellenbetreiber treffen, d.h. Stromnetzbetreiber, soweit sie die Grundzuständigkeit für moderne Messeinrichtungen und intelligente Messsysteme nicht gem. § 43 auf ein anderes Unternehmen übertragen haben und die Unternehmen, die gem. § 43 die Grundzuständigkeit für moderne Messeinrichtungen und intelligente Messsysteme übernommen haben. Der Adressatenkreis des S. 2 ist somit wesentlich enger als derjenige des S. 1. Das Fehlen einer systematischen Verknüpfung zwischen

---

81 Rosin/*Schmutzer/Schoon/Stolzenburg*, § 6 EnWG Rn. 41, 43.

§ 3 Messstellenbetrieb

Abs. 4 S. 1 und S. 2 spricht auch gegen eine einschränkende Auslegung des Adressatenkreises des Abs. 4 S. 1.

59 Der Blick auf § 6 Abs. 1 S. 1 EnWG legt vielmehr umgekehrt die Anerkennung eines eigenständigen Anwendungsbereichs des Abs. 4 S. 1 nahe. Nach hier vertretener Auffassung (s. Rn. 14) wird die Aufgabe des Messstellenbetriebs, so sie vom Netzbetreiber in seiner Funktion als grundzuständiger Messstellenbetreiber wahrgenommen wird, von den §§ 6 ff. EnWG erfasst. Vertikal integrierte Energieversorgungsunternehmen und rechtlich selbständige Netzbetreiber (in ihrer Funktion als grundzuständige Messstellenbetreiber) sind daher gem. § 6 Abs. 1 S. 1 EnWG zur Gewährleistung einer diskriminierungsfreien Ausgestaltung und Abwicklung des Messstellenbetriebs als Teil des Netzbetriebs verpflichtet. Es liegt somit nahe, dass der Gesetzgeber mit Abs. 4 S. 1 gerade die Messstellenbetreiber verpflichten wollte, die nicht bereits von § 6 Abs. 1 S. 1 EnWG erfasst werden. Dies sind grundzuständige Messstellenbetreiber nach § 43 und Dritte i. S. d. §§ 5 und 6. Dafür spricht auch die allgemeine Systematik des MsbG und die Entstehungsgeschichte des Abs. 4. Das MsbG definiert die Begriffe „Messstellenbetreiber" (§ 2 Nr. 12) und „grundzuständiger Messstellenbetreiber" (§ 2 Nr. 4) und unterscheidet stringent zwischen Pflichten, die alle „Messstellenbetreiber" treffen und besonderen Pflichten, die nur „grundzuständige Messstellenbetreiber" treffen. Vor dem Hintergrund der Entstehungsgeschichte des Abs. 4 S. 1 ist auch nicht ersichtlich, dass die Wahl des Begriffs „Messstellenbetreiber" und des damit korrespondierenden Begriffs „Messstellenbetrieb" in Abs. 4 S. 1 ein gesetzgeberisches Versehen darstellen könnte. Die Formulierung geht auf den RegE zurück, welcher in diesem Punkt vom RefE („grundzuständige Messstellenbetreiber, die i. S. d. § 3 Nr. 38 EnWG mit einem vertikal integrierten Energieversorgungsunternehmen verbunden sind", Ausgestaltung des „grundzuständigen Messstellenbetriebs") abweicht. Auch wenn die Gesetzesbegründung keinen Aufschluss über die Gründe der vorgenommen Änderung gibt, spricht vieles dafür, dass es sich um eine bewusste Änderung handelt, die das Ziel hat, solche Messstellenbetreiber zu erfassen, die nicht in den Anwendungsbereich des § 6 Abs. 1 S. 1 EnWG fallen. Es sprechen somit gewichtige Gründe für einen von S. 2 unabhängigen Regelungsgehalt des Abs. 4 S. 1.

2. Regelungsgehalt des Abs. 4 S. 1

60 Wird S. 1 ein von S. 2 unabhängiger Regelungsgehalt beigemessen, stellt sich die Frage, welchen Inhalt die dort normierte Pflicht zur transparenten und diskriminierungsfreien Ausgestaltung und Abwicklung des Messstellenbetriebs hat. Der Wortlaut selbst gibt hierüber keinen Aufschluss. Die Auslegung hat sich an der mit S. 1 intendierten Erstreckung der Pflicht auf alle Messstellenbetreiber zu orientieren. Der naheliegende Schluss ist dann, dass die für Netzbetreiber in ihrer Funktion als grundzuständige Messstellenbetreiber geltenden Regeln der §§ 6 ff. EnWG – soweit ihrem Sinn nach anwendbar – auch für Dritte i. S. d. §§ 5 und 6 und Unternehmen i. S. d. § 43 Anwendung finden sollen. Dies träfe auf die Regelungen zur informatorischen Entflechtung nach § 6a EnWG zu.

3. Buchhalterische Entflechtung (S. 2)

61 Gem. S. 2 ist „die Unabhängigkeit des grundzuständigen Messstellenbetriebs für moderne Messeinrichtungen und intelligente Messsysteme von anderen Tätigkeiten der Energiever-

sorgung (...) über die buchhalterische Entflechtung sicherzustellen; §§ 6b, 6c und 54 EnWG sind entsprechend anzuwenden". Mithilfe der buchhalterischen Entflechtung soll verhindert werden, dass die Kosten für den grundzuständigen Messstellenbetrieb für moderne Messeinrichtungen und intelligente Messsysteme in die Erlösobergrenze eingehen. Diese Gefahr besteht grundsätzlich nur in den Fällen, in denen der Netzbetreiber diese Grundzuständigkeit ausübt.[82] Der konkrete Verweis auf § 6b EnWG ist dahingehend zu verstehen, dass eine getrennte Kontenführung für die Tätigkeit „grundzuständiger Messstellenbetrieb für moderne Messeinrichtungen und intelligente Messsysteme" im internen Rechnungswesen vorzunehmen ist. Dieses ist den „Tätigkeiten außerhalb des Elektrizitäts- und Gassektors" i. S. d. § 6b Abs. 3 Satz 4 EnWG zuzuordnen. Ein getrennter Tätigkeitsabschluss für diese Tätigkeit ist nach dem Zweck der Regelung nicht erforderlich.

Die Anordnung der entsprechenden Anwendung des § 54 begründet die **Zuständigkeit der BNetzA** (§ 54 Abs. 1 EnWG) bzw. der jeweiligen Landesregulierungsbehörde (§ 54 Abs. 2 Nr. 4 EnWG) zur Überwachung der entsprechenden Anwendung des § 6b auf den grundzuständigen Messstellenbetrieb für moderne Messeinrichtungen und intelligente Messsysteme. Die Anordnung der entsprechenden Geltung des § 6c EnWG führt zur Anwendung der Ordnungsgeldvorschriften der §§ 335 bis 335b HGB. 62

4. Verhältnis von Abs. 4 zu §§ 6 ff. EnWG

Nach hier vertretener Auffassung (vgl. Rn. 14) ist die Aufgabe des grundzuständigen Messstellenbetriebs Teil der Aufgabe des Netzbetriebs i. S. d. § 6 Abs. 1 S. 1 EnWG. Soweit der Netzbetreiber grundzuständiger Messstellenbetreiber ist, ist der Anwendungsbereich des § 6 Abs. 1 eröffnet. Die §§ 6 ff. EnWG sind direkt anwendbar. Fraglich ist, ob Abs. 4 die Regelungen der §§ 6 ff. EnWG für den grundzuständigen Messstellenbetrieb für moderne Messeinrichtungen und intelligente Messsysteme verdrängt. Grundlage einer solchen Überlegung wäre, dass die Unabhängigkeit von anderen Tätigkeiten der Energieversorgung nur über die buchhalterische Entflechtung sicherzustellen wäre. Davon scheint derzeit die BNetzA auszugehen.[83] Dem Wortlaut lässt sich eine solche abschließende Regelungsabsicht allerdings nicht entnehmen. Abs. 4 verfolgt einen eng begrenzten Zweck: Der grundzuständige Messstellentrieb für moderne Messeinrichtungen und intelligente Messsysteme soll buchhalterisch aus dem Netzbetrieb herausgelöst werden. Dadurch soll verhindert werden, dass die Kosten des Rollouts mit den Netzkosten „verschmiert" werden und durch den Messstellenbetreiber jenseits der dafür vorgesehenen Entgelte mittelbar (insbesondere über die Netzentgelte) eingepreist werden.[84] Auch dies spricht gegen eine die §§ 6 ff. EnWG verdrängende Spezialität. 63

---

[82] Vgl. auch BT-Drs. 18/7555, S. 76 f.
[83] So wohl BNetzA in der Präsentation „Tagung der Gleichbehandlungsbeauftragten 2016", S. 13 ff., insbesondere S. 18, 20 ff. (abrufbar unter https://www.bundesnetzagentur.de/SharedDocs/Downloads/DE/Sachgebiete/Energie/Unternehmen_Institutionen/EntflechtungKonzessionArealnetze/Entflechtung/Entflechtung/Gleichbehandl_Vortrag604_2016.pdf?__blob=publicationFile&v=1).
[84] Begründung zum Regierungsentwurf v. 17.2.2016, BT-Drs. 18/7555, S. 63.

VI. Verhältnis zu EEG und KWKG

1. Allgemeines

64 Art. 14 und 15 des Gesetzes zur Digitalisierung der Energiewende haben eine Angleichung der Regelungen des EEG und KWKG an das MsbG bewirkt. Damit dürfte die jahrelang geführte Auseinandersetzung, ob bzw. in welchem Umfang §§ 21b ff. auf die Messung insb. bei EEG-Anlagen Anwendung finden, der Vergangenheit angehören.[85]

2. EEG

65 Gem. § 10a S. 1 EEG sind für „den Messstellenbetrieb (...) die Vorschriften des Messstellenbetriebsgesetzes anzuwenden". Damit ist der grundzuständige Messstellenbetreiber mit Inkrafttreten des Gesetzes ohne Übergangsfrist zum **grundzuständigen Messstellenbetreiber auch für EEG-Anlagen** geworden. Allerdings bestimmt § 10a S. 2 EEG, dass abweichend von S. 1 „anstelle der Beauftragung eines Dritten nach § 5 Abs. 1 MsbG der Anlagenbetreiber den Messstellenbetrieb auch selbst übernehmen" kann. Daher sollte er auch unmittelbar nach Inkrafttreten des Gesetzes weiterhin den Messstellenbetrieb als Dritter nach § 5 Abs. 1 MsbG durchführen können, um einen Zustand ohne Messstellenbetreiber zu vermeiden. Für ihn gelten dann gem. § 10a Abs. 12 S. 2 Hs. 2 „alle gesetzlichen Anforderungen, die das MsbG an einen Dritten als Messstellenbetreiber stellt". Die Clearingstelle EEG hat am 30.9.2016 unter dem Az. 2016/26 ein Empfehlungsverfahren zu dem Thema „Anwendungsfragen des MsbG für EEG-Anlagen, Teil 1" eingeleitet.[86] Sie hatte zuvor bereits am 19.7.2016 eine „Handlungsempfehlung für EEG-Anlagen zum Inkrafttreten des MsbG" veröffentlicht.[87]

3. KWKG

66 Gem. § 14 Abs. 1 S. 2 KWKG sind „für den Messstellenbetrieb zur Erfassung der eingespeisten Strommengen (...) die Vorschriften des MsbG anzuwenden". Damit ist der **grundzuständige Messstellenbetreiber auch grundzuständiger Messstellenbetreiber für KWK-Anlagen**. Allerdings ist der Netzbetreiber nach § 14 Abs. 1 KWKG ohnehin bereits für jegliche Erzeugungs- oder Einspeisungsmessungen bei KWK-Anlagen unabhängig von deren Inbetriebnahmedatum bzw. deren Leistung grundzuständig. Die in § 35 Abs. 9 KWKG enthaltene Übergangsregelung für Anlagen bis zu 100 kW ist zum Zeitpunkt des Inkrafttretens des MsbG bereits ausgelaufen. Obwohl die Grundzuständigkeit für den Messstellenbetrieb mit Inkrafttreten des Gesetzes ohne Übergangsfrist vom Anlagenbetreiber auf den grundzuständigen Messstellenbetreiber (Netzbetreiber) übergegangen ist, kann der Anlagenbetreiber den Messstellenbetrieb (zunächst) weiterführen, da § 14 Abs. 1 S. 3 KWKG eine dem § 10a S. 2 entsprechende Regelung enthält, wonach „anstelle der Beauftragung eines Dritten nach § 5 Abs. 1 MsbG der Anlagenbetreiber den Messstellenbetrieb auch selbst übernehmen" kann. Auch hier gilt, dass für ihn „alle gesetzlichen Anforderungen (gelten), die das MsbG an einen Dritten als Messstellenbetreiber stellt".

---

85 Zur alten Rechtslage s. Rosin/*Stolzenburg*, § 21b EnWG Rn. 44 ff.
86 www.clearingstelle-eeg.de/empfv/2016/26.
87 www.clearingstelle-eeg.de/sonstiges/3177.

§ 4 Genehmigung des grundzuständigen Messstellenbetriebs

(1) ¹Die Aufnahme der Grundzuständigkeit für den Messstellenbetrieb bedarf der Genehmigung durch die Bundesnetzagentur für Elektrizität, Gas, Telekommunikation, Post und Eisenbahnen (Bundesnetzagentur). ²Sie entscheidet über die Erteilung der Genehmigung innerhalb von drei Monaten nach Vorliegen der vollständigen Antragsunterlagen.

(2) Eine Genehmigung nach Absatz 1 ist nicht erforderlich, wenn der grundzuständige Messstellenbetreiber als Netzbetreiber über eine Genehmigung nach § 4 des Energiewirtschaftsgesetzes verfügt oder zum Zeitpunkt der Aufnahme seines Netzbetriebs eine Genehmigung nicht beantragen musste.

(3) Die Genehmigung nach Absatz 1 darf nur versagt werden, wenn der Antragsteller nicht die personelle, technische oder wirtschaftliche Leistungsfähigkeit oder Zuverlässigkeit besitzt, um den grundzuständigen Messstellenbetrieb entsprechend den Vorschriften dieses Gesetzes auf Dauer zu gewährleisten.

(4) Die Bundesnetzagentur kann bei einem Verstoß gegen Absatz 1 Satz 1 den grundzuständigen Messstellenbetrieb untersagen oder den grundzuständigen Messstellenbetreiber durch andere geeignete Maßnahmen vorläufig verpflichten, ein Verhalten abzustellen, das einen Versagungsgrund im Sinne des Absatzes 3 darstellen würde.

Schrifttum: *Gola/Klug*, Die Entwicklung des Datenschutzrechts in den Jahren 2011/2012 NJW 2012, 2489; *Krieglstein*, Die staatliche Aufsicht über die Elektrizitätswirtschaft nach dem Energiewirtschaftsgesetz, 2002; *Landmann/Rohmer* (Hrsg.), Gewerbeordnung, 70. EL 2015; *Mätzig*, Das Recht der Energieversorgungsnetze – Netzbetreiberpflichten zwischen unternehmerischer Eigenverantwortung und staatlicher Steuerung, 2012; *Pielow* (Hrsg.) Kommentar zur Gewerbeordnung, 2015.

Übersicht

	Rn.		Rn.
I. Allgemeines	1	3. Rechtsfolge (S. 2)	25
1. Inhalt	1	III. Ausnahmen vom Genehmigungs-	
2. Ziel	4	erfordernis (Abs. 2)	27
3. Entstehungsgeschichte	5	IV. Versagungsgründe (Abs. 3)	29
II. Genehmigung der Aufnahme der		1. Nachweispflicht des Antragstellers	30
Grundzuständigkeit (Abs. 1)	6	2. Prüfungsmaßstab	33
1. Genehmigungspflichtige Sachverhalte	6	3. Leistungsfähigkeit	36
a) Messstellenbetrieb	7	a) Personelle Leistungsfähigkeit	37
b) Aufnahme der Grundzuständigkeit	9	b) Technische Leistungsfähigkeit	38
aa) Gesellschaftsrechtliche Umstrukturierung	16	c) Wirtschaftliche Leistungsfähigkeit	39
bb) Unternehmenserweiterung	19	4. Zuverlässigkeit	40
cc) Betriebsunterbrechung	22	5. Dauerhafte Gewährleistung	42
2. Antragsvoraussetzungen, notwendige Unterlagen	23	V. Untersagung des grundzuständigen Messstellenbetriebs und Verhaltensanordnungen (Abs. 4)	44

§ 4 Genehmigung des grundzuständigen Messstellenbetriebs

1. Aufnahme der Grundzuständigkeit für den Messstellenbetrieb ohne erforderliche Genehmigung (1. Hs.) . . 45
2. Verhalten im Sinn eines Versagungsgrundes nach Abs. 3 (2. Hs.) 46
3. Aufhebung nach §§ 48, 49 VwVfG . 47
4. Weitere Maßnahmen zur Aufhebung der Grundzuständigkeit 50

I. Allgemeines

1. Inhalt

1 § 4 regelt die **Genehmigungspflicht** zur Aufnahme des grundzuständigen Messstellenbetriebs (Abs. 1), eine **Ausnahmeregelung** für bereits etablierte Netzbetreiber (Abs. 2), die **Genehmigungsvoraussetzungen** bzw. Versagungsgründe (Abs. 3) sowie die **Befugnis der Bundesnetzagentur** zum Erlass einer Betriebsuntersagung und von sonstigen Anordnungen (Abs. 4).

2 Vor Inkrafttreten des MsbG erfasste die Genehmigung der Betriebsaufnahme eines Netzbetreibers nach **§ 4 EnWG** auch den Messstellenbetrieb. Dies ist mit dem MsbG nun nicht mehr der Fall, da sich ein Netzbetreiber über das Verfahren nach § 41 Abs. 1 vom Messstellenbetrieb auf Dauer lösen kann. An der Notwendigkeit, eine gesetzlich zugewiesene Aufgabe nur durch diejenigen durchführen zu lassen, die besondere Qualifikationen aufweisen, ändert das nichts. Von daher hat der Gesetzgeber am grundsätzlichen Genehmigungserfordernis für den Messstellenbetrieb mit der Regelung in § 4 festgehalten.

3 Die **BSI-Zertifizierung** für die Smart-Meter-Gateway-Administration wird somit durch eine **energiewirtschaftliche Genehmigung** ergänzt.[1]

2. Ziel

4 Ziel der Genehmigungspflicht nach § 4 ist es, den **leistungsfähigen und zuverlässigen Betrieb der Messstellen** durch den grundzuständigen Messstellenbetreiber entsprechend den gesetzlichen Vorgaben zu **gewährleisten**. Die **Einhaltung von technischen Mindeststandards** ist insbesondere aufgrund des hohen Stellenwertes des Datenschutzes und der Datensicherheit notwendig, da die zunehmende Vernetzung des Energieversorgungssystems dieses auch anfälliger gegenüber Angriffen von außen macht. Hier kommt der ersten Weiterverteilungsstufe nach der Stufe der Datenerfassung, der sog. Smart-Meter-Gateway, eine Schlüsselrolle zu.

3. Entstehungsgeschichte

5 Die Norm dient der näheren **Umsetzung der Vorgaben aus den dritten Strom- und Gas-Binnenmarktrichtlinien**. Anh. I Abs. 2 der Elektrizitäts- und Erdgasbinnenmarktrichtlinien verpflichtet, jeweils für Strom und Gas, die Mitgliedstaaten intelligente Messsysteme einzuführen, durch die eine aktive Beteiligung der Verbraucher am Stromversorgungs-

---

[1] Zum näheren Zusammenhang von BSI-Zertifizierung und § 4 s. BerlKommEnR/*Mätzig*, § 4 MsbG Rn. 51.

markt unterstützt wird.[2] Hierbei sollen die Mitgliedstaaten oder die von ihnen benannten zuständigen Behörden für die Interoperabilität der Messsysteme sorgen, die in ihrem Hoheitsgebiet eingesetzt werden, und der Anwendung der entsprechenden Normen und bewährten Verfahren sowie der großen Bedeutung, die dem Ausbau des Elektrizitäts- bzw. des Erdgasbinnenmarkts zukommt, gebührend Rechnung tragen.[3] Für eben jene Interoperabilität der Messsysteme ist die Gewährleistung von Leistungsfähigkeit und Zuverlässigkeit des Messstellenbetriebs unerlässlich.

II. Genehmigung der Aufnahme der Grundzuständigkeit (Abs. 1)

1. Genehmigungspflichtige Sachverhalte

Genehmigungspflichtig im Sinne des § 4 Abs. 1 ist die Aufnahme der Grundzuständigkeit für den Messstellenbetrieb.   6

a) Messstellenbetrieb

Der Begriff des Messstellenbetriebs umfasst die in § 3 Abs. 2 genannten Aufgaben. Darunter fallen gemäß § 3 Abs. 2 Nr. 1 **Einbau, Betrieb und Wartung** der Messstelle und ihrer Messeinrichtungen und Messsysteme sowie die Gewährleistung einer mess- und eichrechtskonformen **Messung** von entnommener, verbrauchter und eingespeister Energie, einschließlich der Messwertaufbereitung und form- und fristgerechten **Datenübertragung**. Weiterhin durch den Messstellenbetrieb erfasst ist der **technische Betrieb der Messstelle** (§ 3 Abs. 2 Nr. 2, § 2 Nr. 25), also die Installation, Inbetriebnahme, Konfiguration, Administration, Überwachung und Wartung des Smart-Meter-Gateway und der informationstechnischen Anbindung von modernen Messeinrichtungen und anderen an das Smart-Meter-Gateway angebundenen technischen Einrichtungen, sowie die Ermöglichung weiterer energiewirtschaftlicher und sonstiger Dienste. Darüber hinaus fallen unter den Messstellenbetrieb auch weitere Anforderungen, die sich aus dem MsbG oder dessen Rechtsverordnungen nach den §§ 46 und 74 ergeben (vgl. § 3 Abs. 2 Nr. 3).   7

Zum Messstellenbetrieb gehört zudem, obwohl es in der Definition des § 3 Nr. 26b EnWG nicht ausdrücklich genannt wird, auch die **Messung** und die **Übermittlung der Daten** an die berechtigten Marktteilnehmer. Dies war früher nicht ganz unproblematisch,[4] wurde durch den Gesetzgeber aber zunächst in § 21b Abs. 1 S. 2 EnWG klargestellt und nun auch mit der eindeutigen Formulierung in § 3 Abs. 2 Nr. 1. Die Klarstellung war insbesondere notwendig, da § 21b EnWG mit der Einführung des MsbG aufgehoben wurde.[5]   8

b) Aufnahme der Grundzuständigkeit

Der Genehmigungspflicht unterliegt einzig die Aufnahme der Grundzuständigkeit des Messstellenbetriebs.   9

---

2 Vgl. Begründung zum Regierungsentwurf v. 17.2.2016, BT-Drs. 18/7555, S. 4.
3 Vgl. RL 2009/72/EG und RL 2009/73/EG, jeweils Anh. I Abs. 2.
4 Britz/Hellermann/Hermes/*Hermann*, § 21b EnWG Rn. 4.
5 Begründung zum Regierungsentwurf v. 17.2.2016, BT-Drs. 18/7555, S. 54.

§ 4 Genehmigung des grundzuständigen Messstellenbetriebs

10 **Grundzuständigkeit** im Sinne des MsbG bedeutet gemäß § 2 Nr. 6 die Verpflichtung zur Wahrnehmung des Messstellenbetriebs mit modernen Messeinrichtungen und intelligenten Messsystemen im jeweiligen Netzgebiet für diejenigen Messstellen, die nach Maßgabe der §§ 29 bis 32 mit modernen Messeinrichtungen und intelligenten Messsystemen auszustatten sind, und für die kein Dritter nach den §§ 5 und 6 den Messstellenbetrieb durchführt.

11 **Grundzuständiger Messstellenbetreiber** ist gem. § 2 Nr. 4 der Betreiber von Energieversorgungsnetzen, solange und soweit er seine Grundzuständigkeit für den Messstellenbetrieb nicht nach § 43 auf ein anderes Unternehmen übertragen hat, bzw. jedes Unternehmen, das die Grundzuständigkeit für den Messstellenbetrieb nach § 43 übernommen hat.

12 Die Möglichkeit zur **Übertragung der Grundzuständigkeit** ist in § 41 geregelt.

13 Der Messstellenbetrieb kann auch **durch rechtlich unselbständige Organisationseinheiten eines Energieversorgungsunternehmens** erfolgen, denn die Definition des Betreibers von Energie- bzw. Gasversorgungsnetzen nach § 3 Nr. 4 und 6 EnWG ist auch hier anzuwenden (vgl. § 2 S. 2 MsbG).

14 Ausweislich des Wortlauts des Anwendungsbereiches des § 4 Abs. 1 S. 1 ist lediglich die Aufnahme der Grundzuständigkeit genehmigungsbedürftig, nicht aber deren Fortsetzung. Damit umfasst der **Begriff der Betriebsaufnahme** den erstmaligen oder erneuten Zutritt des Messstellenbetreibers auf dem Markt.[6]

15 Zur Abgrenzung, wann eine **Aufnahme der Grundzuständigkeit** vorliegt und damit eine Genehmigung notwendig ist, sind die folgenden Konstellationen zu beachten:

aa) Gesellschaftsrechtliche Umstrukturierung

16 Das Gesetz gibt keine Auskunft, was mit der Genehmigung im Falle einer **Gesamtrechtsnachfolge**, einer **Rechtsnachfolge** nach Umwandlungsgesetz oder einer **anderweitigen Übertragung** auf einen neuen Inhaber geschieht, wie der Gesetzgeber es etwa in § 4 Abs. 3 EnWG geregelt hat.

17 Ob die Genehmigung auf den Rechtsnachfolger übergeht, war in Hinblick auf die Genehmigung des Netzbetriebs gem. § 4 EnWG vor Einführung des jetzigen § 4 Abs. 3 EnWG umstritten.[7] Im Fall der tatsächlichen (Neu-)Aufnahme des Betriebes sollte eine neue Genehmigung beantragt werden müssen, während bei einer reinen Fortführung des Netzbetriebes in einer anderen gesellschaftsrechtlichen Form, die bestehende Genehmigung genügen sollte.[8] Die Einführung der Klarstellung in § 4 Abs. 3 EnWG beruhte auf dem Gedanken, dass **Leistungsfähigkeit und Zuverlässigkeit** durch **gesellschaftsrechtliche Umstrukturierungen** nicht berührt werden.[9] Ob der Gesetzgeber eine explizite Regelung auch im MsbG bewusst unterlassen hat, lässt sich den Gesetzesmaterialien nicht entnehmen.

18 Die Abgrenzung wurde vor der Klarstellung in § 4 Abs. 3 EnWG danach vorgenommen, ob die **rechtliche Identität** des übernommenen Netzunternehmens erhalten blieb oder sich

---

6 Vgl. *Mätzig*, Das Recht der Energieversorgungsnetze, S. 130.
7 Britz/Hellermann/Hermes/*Hermes*, § 4 EnWG Rn. 11.
8 S. z. B. *Krieglstein*, Die staatliche Aufsicht über die Elektrizitätswirtschaft nach dem Energiewirtschaftsgesetz, S. 124 ff.
9 BT-Drs. 15/3917, S. 50.

II. Genehmigung der Aufnahme der Grundzuständigkeit (Abs. 1) § 4

diese änderte.[10] Bleibt derselbe Rechtsträger erhalten, indem dieser z. B. nur durch Gesellschafterwechsel auf einen Dritten übertragen wird, ist keine neue Genehmigung erforderlich. Anders liegt der Fall, wenn der Messstellenbetreiber unter Aufhebung seiner rechtlichen Selbständigkeit im Wege der rechtsgeschäftlichen Rechtsnachfolge in ein anderes Unternehmen eingegliedert wird. Insoweit handelt es sich um eine (Neu-)Aufnahme des Messstellenbetriebs und eine Genehmigung ist erforderlich.[11]

bb) Unternehmenserweiterung

Bei der Unternehmenserweiterung ist zwischen einer räumlichen und einer sachlichen Expansion zu unterscheiden. Im Falle der **räumlichen Expansion** weitet der grundständige Messstellenbetreiber seinen Zuständigkeitsbereich räumlich auf weitere Messeinrichtungen aus. Grundsätzlich steht nur der Marktzutritt unter einem Genehmigungsvorbehalt, so dass für eine räumliche Expansion keine neue Genehmigung erforderlich sein kann.[12] Etwas anderes gilt nur dann, wenn die Genehmigung selbst eine räumliche Begrenzung vorsieht, etwa den Messstellenbetrieb auf ein räumliches Energienetz bezogen hat. 19

Ob für eine **sachliche Expansion**, z. B. die Ausweitung des Messstellenbetriebs an einem Stromnetz auf den Messstellenbetrieb an einem Gasnetz, dasselbe gilt, ist fraglich. Hier sind die Anforderungen an den Messstellenbetrieb in den Blick zu nehmen. Soweit sich hinsichtlich der Kriterien personelle, technische und wirtschaftliche Zuverlässigkeit und Leistungsfähigkeit keine Unterschiede bei einer Ausweitung des Betriebs in sachlicher Hinsicht ergeben, besteht kein nachvollziehbarer Grund, eine weitere Genehmigung beantragen zu müssen. 20

Die **Reichweite der Genehmigungspflicht** bestimmt sich danach, ob die Betriebserweiterung noch von der bereits erteilten Genehmigung, insb. dessen Tenor, abgedeckt wird.[13] Die Genehmigung umfasst grundsätzlich die Grundzuständigkeit für den Messstellenbetrieb insgesamt. Eine beschränkte Genehmigung für den Messstellenbetrieb an Messstellen für nur eine Energiesparte ist zwar denkbar, aber im Gegensatz zum Netzbetrieb selbst nicht zu erwarten. Dem Wortlaut nach geht es nur um den Messstellenbetrieb insgesamt, der nicht auf bestimmte Einrichtungen oder Energiearten beschränkt ist. Dies deckt sich mit der Systematik des MsbG, welches nur die Unterscheidung zwischen verschiedenen Arten von Messeinrichtungen kennt (Messeinrichtung/intelligentes Messsystem) und der Gesetzesbegründung nach sogar gerade darauf abzielt, intelligente Messsysteme spartenübergreifend einzusetzen.[14] Letztlich spricht für eine solche Auslegung auch der Sinn und Zweck der Genehmigungspflicht. Diese soll sicherstellen, dass der Messstellenbetrieb durch ein Unternehmen gewährleistet wird, welches in personeller, technischer und wirtschaftlicher Hinsicht dazu in der Lage ist, einen sicheren Messstellenbetrieb durchzuführen. Sicher meint hier sowohl Zuverlässigkeit als auch geringe Störanfälligkeit. Das bedeutet konkret: Es muss sichergestellt sein, dass bei einer Betriebserweiterung weiterhin genügend Personal für die Ausübung des Messstellenbetriebs vorhanden ist. Genauso muss auf neue Anforderungen in technischer Hinsicht reagiert werden können. 21

---

10 *Salje*, EnWG, § 4 Rn. 62.
11 *Mätzig*, Das Recht der Energieversorgungsnetze, S. 134.
12 *Salje*, EnWG, § 4 Rn. 63; *Mätzig*, Das Recht der Energieversorgungsnetze, S. 133.
13 *Salje*, EnWG, § 4 Rn. 39.
14 BT-Drs. 18/7555, S. 68.

§ 4 Genehmigung des grundzuständigen Messstellenbetriebs

cc) Betriebsunterbrechung

22 Die reine Betriebsunterbrechung aus Gründen der Revision, bzw. von Reparatur- oder Wartungsarbeiten stellt **keine Aufnahme der Grundzuständigkeit** dar, soweit das Unternehmen nicht tatsächlich eingestellt, sondern anschließend fortgeführt wird.

2. Antragsvoraussetzungen, notwendige Unterlagen

23 Antragsberechtigt ist grundsätzlich jeder. Jedoch besteht ein Anspruch auf Erteilung der Genehmigung nur, wenn derjenige die personelle, technische und wirtschaftliche Leistungsfähigkeit sowie Zuverlässigkeit für die Ausübung des Messstellenbetriebs besitzt.

24 Die Vorschrift enthält **keine genauere Ausgestaltung** des Begriffs „vollständige Unterlagen". Aufgrund der Eignungsvoraussetzungen sind die Unterlagen zumindest in einem Umfang einzureichen, der ausreichend ist, um die personelle, technische und wirtschaftliche Leistungsfähigkeit sowie die Zuverlässigkeit in dem Rahmen nachzuweisen, dass die BNetzA diese im Rahmen ihrer Prognoseentscheidung sachgemäß bestätigen kann.

3. Rechtsfolge (S. 2)

25 Die Genehmigung steht nicht im Ermessen der Behörde, sondern ist zu erteilen, soweit kein Versagungsgrund nach Abs. 3 vorliegt. Insoweit handelt es sich um eine **gebundene Entscheidung**.[15] Der Antragsteller hat einen Rechtsanspruch auf Erteilung der Genehmigung, wenn er die personelle, technische und wirtschaftliche Leistungsfähigkeit sowie Zuverlässigkeit besitzt.

26 Bei der Ausgestaltung dieser unbestimmten Rechtsbegriffe hat die Bundesnetzagentur keinen Beurteilungsspielraum, stattdessen ist die Frage, ob ein Versagungsgrund vorliegt, **voll gerichtlich überprüfbar**.[16] Zwar wird teilweise vertreten, dass ein Beurteilungsspielraum zugunsten einer Letztentscheidungskompetenz der Regulierungsbehörde bestünde.[17] Dem ist aber insbesondere unter dem Gesichtspunkt der Einschränkung der Berufsfreiheit gem. Art. 12 GG sowie der insgesamt zurückhaltenden Annahme von nicht voll gerichtlich überprüfbaren Entscheidungen nicht zu folgen.[18]

III. Ausnahmen vom Genehmigungserfordernis (Abs. 2)

27 Keiner Genehmigung bedarf derjenige **Netzbetreiber**, der bereits über eine **Genehmigung nach § 4 EnWG** verfügt bzw. diese zum Zeitpunkt der Aufnahme des Netzbetriebs nicht beantragen musste und nun als grundzuständiger Messstellenbetreiber agiert.

---

15 Vgl. zu der gleichen gesetzgeberischen Formulierung: BerlKommEnR/*Säcker*, § 4 EnWG Rn. 38; Danner/Theobald/*Theobald*, § 4 EnWG Rn. 14; *Salje*, EnWG, § 4 Rn. 84.
16 BerlKommEnR/*Säcker*, § 4 EnWG Rn. 41; Britz/Hellermann/Hermes/*Hermes*, § 4 EnWG Rn. 17; a. A. nur Danner/Theobald/*Theobald*, § 4 EnWG Rn. 14; zur vollen gerichtlichen Überprüfbarkeit vgl. *Kopp/Ramsauer*, § 40 VwVfG Rn. 81.
17 Danner/Theobald/*Theobald*, § 4 EnWG Rn. 14.
18 So sehen dies auch BerlKommEnR/*Säcker*, § 4 EnWG Rn. 41, und *Salje*, EnWG, § 4 Rn. 90; ein Überblick, aus dem sich die zurückhaltende Handhabung ergibt, ist zu finden in *Kopp/Ramsauer*, § 40 VwVfG Rn. 71 ff.

Dies wird der **Regelfall** sein, da die Grundzuständigkeit bislang stets dem ansässigen Netzbetreiber oblag, soweit die Zuständigkeit nicht durch den Anschlussnutzer/-nehmer auf einen Dritten übertragen wurde, vgl. § 21b Abs. 2, 5 EnWG 2012. Die Voraussetzungen für die Genehmigung des Netzbetriebs gem. § 4 EnWG decken sich im Wesentlichen mit den Anforderungen an den grundzuständigen Messstellenbetreiber. Dem Netzbetreiber ist nämlich diese Genehmigung zu erteilen, wenn er die nötige personelle, technische und wirtschaftliche Leistungsfähigkeit und Zuverlässigkeit besitzt.[19] 28

IV. Versagungsgründe (Abs. 3)

Besitzt der Antragsteller im Zeitpunkt der Antragstellung nicht die personelle, technische und wirtschaftliche Leistungsfähigkeit und Zuverlässigkeit, ist er als grundzuständiger Messstellenbetreiber **ungeeignet** und die Genehmigung muss versagt werden. 29

1. Nachweispflicht des Antragstellers

Der Nachweis des Vorliegens der Leistungsfähigkeit und der Zuverlässigkeit ist durch den Antragsteller zu erbringen. Entgegen der teilweise vertretenen Ansicht[20] zur Netzbetriebsgenehmigung nach § 4 Abs. 1 EnWG obliegt der Nachweis nicht der BNetzA als Genehmigungsbehörde. Der Grundsatz, dass bei präventiven Verboten mit Erlaubnisvorbehalt grundsätzlich die Genehmigungsbehörde die **Darlegungs- und Beweislast** für das Vorliegen eines Versagungsgrundes trägt, greift hier nicht. Den Antragsteller trifft die Pflicht, Nachweise zu seiner personellen, technischen und wirtschaftlichen Leistungsfähigkeit zu erbringen, da nur er die Umstände seiner persönlichen und betrieblichen Sphäre kennt.[21] So kann nur er Nachweise wie z. B. die Zeugnisse über abgelegte Prüfungen und Berufserfahrung des Personals sowie der Führungsebene darlegen, die Belege zur Kapitalausstattung oder zur Qualität seiner IT-Systeme beibringen, aus denen seine Leistungsfähigkeit hervorgeht. Der Genehmigungsbehörde wäre dieser Nachweis faktisch und rechtlich nicht möglich. 30

Kann der Antragsteller den Nachweis nicht erbringen, geht dies wohl zu seinen Lasten und der Antrag ist abzulehnen. 31

Da die BNetzA nach dem Wortlaut von § 4 Abs. 1 S. 2 über die Erteilung der Genehmigung erst nach Vorliegen der **vollständigen** Antragsunterlagen entscheidet, ist die Möglichkeit, Unterlagen nachzufordern, zumindest nicht ausgeschlossen. 32

2. Prüfungsmaßstab

Bei der Feststellung des Vorliegens der Genehmigungsvoraussetzungen bzw. eines Versagungsgrundes handelt es sich, da diese Entscheidung im Vorfeld der Aufnahme des grundzuständigen Messstellenbetriebs ergeht, um eine **Prognoseentscheidung** der Behörde. 33

---

19 Vgl. dazu die einschlägige Kommentierung, etwa BerlKommEnR/*Säcker*, § 4 EnWG Rn. 38a ff.
20 BerlKommEnR/*Säcker*, § 4 EnWG Rn. 68; *Salje*, EnWG, § 4 Rn. 84.
21 Britz/Hellermann/Hermes/*Hermes*, § 4 EnWG Rn. 22a; *Mätzig*, Das Recht der Elektrizitätsversorgungsnetze, S. 139.

§ 4 Genehmigung des grundzuständigen Messstellenbetriebs

34 Prognoseentscheidungen entziehen sich ex ante einer exakten Beurteilung, da von dem gegenwärtigen Verhalten des Messstellenbetreibers auf dessen künftiges Verhalten geschlossen wird.[22] Dies ändert aber nichts daran, dass diese Entscheidung **voll gerichtlich überprüfbar** ist (s. Rn. 26). Die zu stellenden Anforderungen sind umso strenger, je gewichtiger die betroffenen Rechtsgüter sind und je größer und schwerwiegender die Nachteile sind, die für den Fall drohen, dass die Prognose sich als unzutreffend erweist.[23] Bei Durchführung des Messstellenbetriebs erlangt das durchführende Unternehmen eine Vielzahl sensibler Daten der einzelnen Letztverbraucher. Der Messstellenbetreiber muss insofern die Gewähr dafür bieten, dass er den gesetzlichen Anforderungen an Datenschutz und Datensicherheit, die sich aus dem MsbG selbst sowie aus dem BDSG ergeben, einhalten wird. Datenschutz und Datensicherheit sind im Lichte der immer weitergehenden „Digitalisierung der Energiewirtschaft" und den monetären Anreizen von Informationsvorsprüngen im Spannungsfeld mit dem allgemeinen Persönlichkeitsrecht (Art. 2 Abs. 1 i.V.m. Art. 1 Abs. 1 GG)[24] als ein bedeutend wichtiges Rechtsgut einzustufen, so dass die BNetzA einen entsprechend strengen Maßstab anwenden darf.

35 Wird dieser Maßstab zugrunde gelegt, müssen bereits **Zweifel an der Leistungsfähigkeit oder der Zuverlässigkeit des Antragstellers** zu dessen Lasten gehen. Kann die Genehmigungsbehörde auf Grundlage der beigebrachten Unterlagen die Leistungsfähigkeit und Zuverlässigkeit des Antragstellers nicht zweifelsfrei annehmen, hat sie die Erteilung der Erlaubnis zu versagen. Dies ergibt sich aus dem Vergleich mit dem Gewerbeaufsichtsrecht. Nach diesem sind die Anforderungen an den Grad der Überzeugung der Behörde nicht abstrakt, sondern stets bezogen auf das auszuübende Gewerbe und die damit einhergehenden Gefahren der ungenügenden Gewerbeausübung festzustellen.[25] Für die Gewerbeuntersagung gemäß § 35 Abs. 1 S. 1 GewO ist anerkannt, dass für eine Gewerbeuntersagung ernsthafte, nicht vom Gewerbetreibenden ausräumbare Zweifel genügen, die künftige Verstöße wahrscheinlich machen.[26]

3. Leistungsfähigkeit

36 Die BNetzA muss dem Antragsteller aufgrund seiner Angaben eine genügende personelle, technische und wirtschaftliche Leistungsfähigkeit prognostizieren können. Dabei sind die drei Elemente nicht isoliert zu betrachten, sondern sie stehen in einer **gegenseitigen Wechselbeziehung** zueinander. Die wirtschaftliche Leistungsfähigkeit bedingt die personelle und technische Ausstattung und damit die Leistungsfähigkeit des Unternehmens, da qualifiziertes Personal nur derjenige beschäftigen wird, der dieses auch entsprechend vergüten kann.

---

22 BVerwG, Urt. v. 26.3.1981, 3 C 134/79, BVerwGE 62, 86, 107.
23 *Kopp/Ramsauer*, VwVfG, § 40 Rn. 19; VGH Mannheim, Beschl. v. 26.7.1993, 14 S 1311/93, DVBl. 1993, 1221.
24 *Gola/Klug*, NJW 2012, 2489.
25 Landmann/Rohmer/*Marcks*, § 35 GewO Rn. 32.
26 BVerwG, Urt. v. 16.9.1975, GewArch 1976, 385, 387; VGH Baden-Württemberg, Beschl. v. 7.8.1986, NVwZ 1987, 338; Landmann/Rohmer/*Marcks*, § 35 GewO Rn. 32; Pielow/*Brüning*, § 35 GewO Rn. 20.

IV. Versagungsgründe (Abs. 3) § 4

a) Personelle Leistungsfähigkeit

Die personelle Leistungsfähigkeit umfasst die **fachliche Kompetenz** der Leitungsebene des Messstellenbetreibers und des von ihm eingesetzten Personals in Bezug auf den Messstellenbetrieb. Die Genehmigungsbehörde prüft, ob die vom Unternehmen beschäftigten Mitarbeiter sowie die Geschäftsleitung nach Anzahl, Ausbildung und Erfahrungsstand in der Lage sind, den grundzuständigen Messstellenbetrieb durchzuführen.[27] Ein zumindest mitentscheidender Faktor wird hier im Vorliegen einer Zertifizierung des Smart-Meter-Gateway-Administrators gem. § 25 liegen. 37

b) Technische Leistungsfähigkeit

Die technische Leistungsfähigkeit des Antragstellers ist gegeben, wenn dieser in der Lage ist, den Messstellenbetrieb entsprechend den **Vorschriften des MsbG**, insbesondere den Kapiteln 3 und 4, zu betreiben. Der störungsfreie Betrieb und die Instandhaltung der Messeinrichtungen und technischen Betriebsmittel unter Einhaltung der einschlägigen Sicherheits- und Umweltschutzvorschriften muss gewährleistet werden.[28] Dazu muss geeignete EDV unterhalten werden, um einen sicheren und reibungslosen Informationsaustausch sicherzustellen. Darüber hinaus orientieren sich die Anforderungen am Umfang des Gebietes, in dem der grundzuständige Messstellenbetrieb aufgenommen werden soll. 38

c) Wirtschaftliche Leistungsfähigkeit

Unter der wirtschaftlichen Leistungsfähigkeit ist die **Vorhaltung genügender finanzieller Ressourcen** zu verstehen. Von einer positiven Prognose ist hier auszugehen, wenn die aktuellen Bilanzen, Gewinn- und Verlustrechnungen, Wirtschaftsprüferberichte oder sonstige Nachweise den Schluss zulassen, dass das Unternehmen auf einer abgesicherten finanziellen Basis agieren kann.[29] Hierfür ist insbesondere genügend Eigen- oder Fremdkapital notwendig, um sowohl die notwendigen technischen Systeme zu errichten, als auch qualifiziertes Personal einstellen zu können.[30] Die Eigenkapitalausstattung orientiert sich daran, wie ein ordentlicher Kaufmann ein Unternehmen mit Eigenkapital ausstatten würde, so dass eine im Geschäftsverkehr übliche Eigenkapitalquote von 8 bis 25 % auch hier anzusetzen ist.[31] 39

4. Zuverlässigkeit

Neben der personellen, technischen und wirtschaftlichen Leistungsfähigkeit muss der grundzuständige Messstellenbetreiber auch das Merkmal „Zuverlässigkeit" aufweisen. Dieser Begriff entstammt ursprünglich dem Gewerberecht, ist aber bereits mit dem EnWG 2005 für die Genehmigung der Aufnahme des Netzbetriebs nach § 4 Abs. 1 EnWG energierechtlich relevant geworden. Im Gewerberecht ist nach ständiger Rechtsprechung derje- 40

---

27 *Salje*, EnWG, § 4 Rn. 88.
28 BerlKommEnR/*Säcker*, § 4 EnWG Rn. 44.
29 Vgl. Britz/Hellermann/Hermes/*Hermes*, § 4 EnWG Rn. 25; BerlKommEnR/*Säcker*, § 4 EnWG Rn. 45.
30 *Mätzig*, Das Recht der Elektrizitätsversorgungsnetze, S. 137.
31 BerlKommEnR/*Säcker*, § 4 EnWG Rn. 46.

§ 4 Genehmigung des grundzuständigen Messstellenbetriebs

nige zuverlässig, der nach dem Gesamteindruck seines Verhaltens die Gewähr dafür bietet, dass er sein Gewerbe in Zukunft ordnungsgemäß, das heißt entsprechend der gesetzlichen Vorschriften und unter Beachtung der guten Sitten, ausüben wird.[32] Dabei trifft die Genehmigungsbehörde eine **Prognoseentscheidung**, in der sie aufgrund für die Vergangenheit festgestellter Tatsachen auf das künftige Verhalten des Antragstellers schließt. Unzuverlässigkeit ist gegeben, wenn aufgrund dieser Prognose künftig weitere Verstöße wahrscheinlich sind.[33]

41 Das Merkmal der Zuverlässigkeit ist **unternehmensbezogen** zu prüfen. Eine persönliche Zuverlässigkeit bei den Eigentümern oder Gesellschaftern des Messstellenbetreibers muss nicht vorliegen, sondern nur die Zuverlässigkeit des Unternehmens sowie der Unternehmensleitung derjenigen Einheit, die für den Messstellenbetrieb verantwortlich ist. Ausschließlich private Umstände, die Zweifel an der Zuverlässigkeit begründen, sind unbeachtlich, soweit nicht zusätzlich Verdachtsmomente hinzutreten, die auch die Unzuverlässigkeit in Hinblick auf den Messstellenbetrieb begründen können.[34]

5. Dauerhafte Gewährleistung

42 Die Leistungsfähigkeit und die Zuverlässigkeit sollen auf Dauer bestehen. Damit will der Gesetzgeber sicherstellen, dass der grundzuständige Messstellenbetreiber über einen **langfristigen Betrachtungszeitraum** agieren können wird.

43 Im Bereich der Genehmigung des Netzbetriebs wird zum Nachweis die **Vorlage einer Erfolgsvorschaurechnung** erwartet, die bezogen auf einen langfristigen Betrachtungszeitraum von 10 bis 15 Jahren die periodischen Ergebnisse des Netzbetreibers darstellt. Anlaufverluste aufgrund hoher Anfangsinvestitionen führen hier nicht zu einer negativen Bescheidung, soweit zumindest mittelfristig mit angemessenen Jahresüberschüssen zu rechnen ist.[35] Dies dürften auch hier die richtigen Ansatzpunkte sein.

V. Untersagung des grundzuständigen Messstellenbetriebs und Verhaltensanordnungen (Abs. 4)

44 Erfolgt die **Aufnahme der Grundzuständigkeit** für den Messstellenbetrieb **ohne eine erforderliche Genehmigung**, kann die BNetzA den grundzuständigen Messstellenbetrieb untersagen (1.) oder den Messstellenbetreiber durch andere geeignete Maßnahmen vorläufig verpflichten, ein Verhalten abzustellen, das einen Versagungsgrund im Sinne des Abs. 3 darstellt (2.). Gemeinsam ist beiden Alternativen, dass ein Verstoß gegen Abs. 1 S. 1 vorliegen muss.

---

32 BVerwG, Urt. v. 2.2.1982, 1 C 146/80, BVerwGE 65, 1, NVwZ 1982, 503; Landmann/Rohmer/*Marcks*, § 35 GewO Rn. 29; Pielow/*Brüning*, § 35 Rn. 19.
33 BVerwG, Urt. v. 16.9.1975, I C 44.74, GewArch 1975, 385, 387; VGH Mannheim, Beschl. v. 7.8.1986, Az. 14 S VGH Hessen, Urt. v. 28.9.1992, Az. 8 UE 2976/90, GewArch 1993, 416.
34 Landmann/Rohmer/*Marcks*, § 35 GewO Rn. 34.
35 BerlKommEnR/*Mätzig*, § 4 MsbG Rn. 50.

V. Untersagung des grundzuständigen Messstellenbetriebs und Verhaltensanordnungen § 4

1. Aufnahme der Grundzuständigkeit für den Messstellenbetrieb ohne erforderliche Genehmigung (1. Hs.)

Der grundzuständige Messstellenbetrieb, für den keine erforderliche Genehmigung vorliegt, kann untersagt werden. Die **Einschränkung auf die erforderliche Genehmigung** wird zwar nicht unmittelbar durch den Wortlaut vorgegeben, ist jedoch naheliegend. Schließlich führen zahlreiche Messstellenbetreiber ihre Tätigkeit legitim auch ohne Genehmigung i. S. v. § 4 Abs. 1 S. 1 aus. Folglich ist nur dem Messstellenbetreiber eine Untersagung zu erteilen, der zur Aufnahme des Betriebs einer Genehmigung bedarf, eine solche allerdings nicht vorweisen kann und dem zuwider den Messstellenbetrieb aufgenommen hat. Für die Versagung zuständig ist die BNetzA. 45

2. Verhalten im Sinn eines Versagungsgrundes nach Abs. 3 (2. Hs.)

Alternativ zur Untersagung kann die BNetzA den grundzuständigen Messstellenbetreiber durch **andere geeignete Maßnahmen** vorläufig verpflichten, ein Verhalten abzustellen, das einen Versagungsgrund i. S. v. Abs. 3 darstellen würde. Es muss sich also um den tatsächlich grundzuständigen Messstellenbetreiber handeln, der ohne Genehmigung den Messstellenbetrieb aufgenommen hat und dabei nicht die personelle, technische oder wirtschaftliche Leistungsfähigkeit oder Zuverlässigkeit besitzt. In diesem Licht ist auch die Verpflichtung zu sehen, diese ist nämlich dann geeignet, wenn deren korrekte Befolgung dazu führt, dass der Versagungsgrund entfällt. 46

3. Aufhebung nach §§ 48, 49 VwVfG

Nach **allgemeinen verwaltungsrechtlichen Grundsätzen** kann die Genehmigung weiterhin nach §§ 48, 49 VwVfG zurückgenommen bzw. widerrufen werden, wenn die entsprechenden Genehmigungsvoraussetzungen, die in § 4 Abs. 1 und 3 niedergelegt sind, nicht oder nicht mehr vorliegen. 47

Für dieses Verfahren ist ebenfalls die **BNetzA** zuständig. 48

Dies wird insbesondere dann in Betracht kommen, wenn die BNetzA **nachträglich Kenntnis von Umständen** erlangt, die auf die fehlende Leistungsfähigkeit oder Unzuverlässigkeit des Messstellenbetreibers schließen lassen. Da die Untersagung bzw. Verpflichtung nach Abs. 4 nur bei einem Verstoß gegen das Genehmigungserfordernis wahrgenommen werden können, bleiben für nachträglich erlangte Kenntnisse nur die allgemeinen verwaltungsverfahrensrechtlichen Handlungsinstrumente der Rücknahme, § 48 VwVfG, und des Widerrufs, § 49 VwVfG. 49

4. Weitere Maßnahmen zur Aufhebung der Grundzuständigkeit

Der grundzuständige Messstellenbetreiber muss ein **Verfahren zur Übertragung der Grundzuständigkeit gem. § 45** durchführen, wenn er keine Genehmigung besitzt, ein erforderliches Zertifikat nicht besitzt oder seinen Verpflichtungen nach § 29 Abs. 1 in nur unzureichendem Maße nachkommt. Dies ist zum einen der Fall, wenn er innerhalb von drei Jahren nach Feststellung der technischen Möglichkeit (§ 45 Abs. 2 Nr. 1 i.V.m. Abs. 1 Nr. 1) bzw. nach Anzeige oder Übernahme der Grundzuständigkeit (§ 45 Abs. 2 Nr. 2 50

§ 4 Genehmigung des grundzuständigen Messstellenbetriebs

i.V.m. Abs. 1 Nr. 1) nicht mindestens zehn Prozent der mit intelligenten Messsystemen oder modernen Messeinrichtungen auszustattenden Messstellen entsprechend ausstattet.

51 Hier ist zudem die enge Verknüpfung mit der **Zertifizierung des Smart-Meter-Gateway-Administrators** gem. § 25 hervorzuheben. So muss das Verfahren zur Übertragung auch dann eingeleitet werden, wenn der grundzuständige Messstellenbetreiber nicht oder nicht mehr über eine solche Zertifizierung verfügt (§ 45 Abs. 1 Nr. 2).

§ 5 Auswahlrecht des Anschlussnutzers

(1) Auf Wunsch des betroffenen Anschlussnutzers kann der Messstellenbetrieb anstelle des nach § 3 Absatz 1 Verpflichteten von einem Dritten durchgeführt werden, wenn durch den Dritten ein einwandfreier Messstellenbetrieb im Sinne des § 3 Absatz 2 gewährleistet ist.

(2) ¹Der neue und der bisherige Messstellenbetreiber sind verpflichtet, die für die Durchführung des Wechselprozesses erforderlichen Verträge abzuschließen und einander die dafür erforderlichen Daten unverzüglich zu übermitteln. ²Der bisherige Messstellenbetreiber hat personenbezogene Daten unverzüglich zu löschen, es sei denn, Aufbewahrungsvorschriften bestimmen etwas anderes.

Schrifttum: *Keppler*, Personenbezug und Transparenz im Smart Meter-Datenschutz zwischen europäischem und nationalem Recht, EnzW 2016, 99.

Übersicht

	Rn.		Rn.
I. Allgemeines	1	III. Ausgestaltung der Rechtsbeziehungen zwischen neuem und bisherigem Messstellenbetreiber (Abs. 2 S. 1)	10
1. Normzweck	1	1. Anwendungsbereich	10
2. Entstehungsgeschichte	2	2. Erforderliche Verträge	11
II. Übergang der Aufgabe des Messstellenbetriebs (Abs. 1)	3	3. Datenübermittlungspflicht	12
1. Anspruch des Dritten	3	IV. Löschungspflichten (Abs. 2 S. 2)	13
2. Voraussetzungen	5	1. Normzweck	13
a) Wunsch des Anschlussnutzers	6	2. Grundsatz	14
b) Gewährleistung eines einwandfreien Messstellenbetriebs	8	3. Ausnahmen	15

I. Allgemeines

1. Normzweck

§ 5 soll in Überführung des § 21b Abs. 2 EnWG a. F. „die Möglichkeit der Anschlussnutzer, ihren Messstellenbetreiber frei zu wählen", regeln.[1] Das **Wahlrecht des Anschlussnutzers** dient naturgemäß dem **Wettbewerb im Bereich des Messwesens** selbst. Indem der zur Nutzung des Netzanschlusses berechtigte Letztverbraucher (vgl. § 2 Nr. 3) das Wahlrecht hat, kann und soll der Messstellenbetrieb auch als allgemeines Instrument des Wettbewerbs auf dem Versorgungsmarkt fungieren. Abs. 2 S. 2 dient darüber hinaus dazu, den in Teil 3 des MsbG enthaltenen **bereichsspezifischen Datenschutz** zu ergänzen.

1

---

[1] Begründung zum Regierungsentwurf v. 17.2.2016, BT-Drs. 18/7555, S. 77.

2. Entstehungsgeschichte

2 § 5 hat im Laufe des Gesetzgebungsverfahrens **keinerlei Änderungen** erfahren. Das Recht des Anschlussnutzers, seinen Messstellenbetreiber zu wählen, wurde seit seiner Einführung in § 21b Abs. 2 EnWG 2008[2] nicht in Frage gestellt. Mit der Erweiterung des Begriffs des Anschlussnutzers durch § 2 Nr. 3 sowie der ebenfalls durch das Gesetz zur Digitalisierung der Energiewende erfolgten Angleichung des EEG und KWKG an das MsbG,[3] steht dieses Wahlrecht auch den Betreibern von EEG- und KWKG-Anlagen umfassend zu (vgl. hierzu § 3 Rn. 62 ff.). Das in § 5 geregelte Wahlrecht wird nunmehr – erstmalig seit seiner Einführung – zugunsten eines Wahlrechts des Anschlussnehmers (§ 6) massiv eingeschränkt.

II. Übergang der Aufgabe des Messstellenbetriebs (Abs. 1)

1. Anspruch des Dritten

3 Nach Abs. 1 „kann der Messstellenbetrieb anstelle des nach § 3 Abs. 1 Verpflichteten von einem Dritten durchgeführt werden". Obwohl nicht als Anspruch formuliert, gewährt Abs. 1 dem Dritten den **Anspruch auf Abschluss der „anderweitigen Vereinbarung" i. S. d. § 3 Abs. 1 S. 1 Hs. 2**, welche erforderlich ist, damit der Dritte „anstelle des nach § 3 Abs. 1 Verpflichteten" den Messstellenbetrieb durchführen kann. Angesichts der Legaldefinition des Messstellenbetreibers in § 2 Nr. 12 handelt sich dabei um den Anspruch gegen den Netzbetreiber auf Abschluss eines Vertrags i. S. d. § 9 Abs. 1 Nr. 3 (und ggf. gegen den grundzuständigen Messstellenbetreiber auf Abschluss eines Vertrags nach § 9 Abs. 1 Nr. 4, s. hierzu auch § 3 Rn. 19 ff.). Der Anspruch wird durch § 9 Abs. 4 konkretisiert. Danach muss der grundzuständige Messstellenbetreiber, d. h. – vorbehaltlich einer Übertragung der Grundzuständigkeit nach § 43 – der Netzbetreiber, entsprechende Rahmenverträge im Internet veröffentlichen und zu diesen Bedingungen Verträge abschließen. Die BNetzA hat am 12.9.2016 angekündigt, dass sie beabsichtigt, von ihrer Festlegungskompetenz nach § 47 Abs. 2 Nr. 4 Gebrauch zu machen und die noch auf der Grundlage des § 13 Nr. 2 MessZV festgelegten Standardverträge[4] an die neuen gesetzlichen Anforderungen anzupassen.

4 Es stellt sich die Frage, ob auch der Anschlussnutzer „Dritter" i. S. d. § 5 Abs. 1 sein kann.[5] Das **EEG** (§ 10a S. 2) und das **KWKG** (§ 14 S. 3) stellen nunmehr ausdrücklich fest, dass „anstelle der Beauftragung eines Dritten nach § 5 Abs. 1 MsbG der **Anlagenbetreiber den Messstellenbetrieb auch selber übernehmen** kann" (s. hierzu auch Rn. 9).

---

2 Art. 1 Nr. 3b des am 9.9.2008 in Kraft getretenen „Gesetzes zur Öffnung des Messwesens bei Strom und Gas für Wettbewerb", BGBl. I S. 1790.
3 Art. 14 und 15 des Gesetzes zur Digitalisierung der Energiewende.
4 BNetzA, BK6-09-034 / BK7-09-001.
5 Vgl. zu § 21b EnWG a. F.: Rosin/*Stolzenburg*, § 21b EnWG Rn. 71.

2. Voraussetzungen

§ 5 Abs. 1 nennt zwei Voraussetzungen für den Anspruch auf Abschluss der nach § 3 Abs. 1 S. 1 Hs. 2 i. V. m. § 5 maßgeblichen Vereinbarung: den Wunsch des Anschlussnutzers und die Gewährleistung eines einwandfreien Messstellenbetriebs i. S. d. § 3 Abs. 2.

a) Wunsch des Anschlussnutzers

Der Übergang der Aufgabe des Messstellenbetriebs auf einen Dritten setzt einen entsprechenden „Wunsch des betroffenen Anschlussnutzers" voraus. Betroffener „**Anschlussnutzer**" ist gem. § 2 Nr. 3 der zur Nutzung des Netzanschusses berechtigte Letztverbraucher i. S. d. § 2 Nr. 8 sowie der zur Nutzung des Netzanschusses berechtigte Betreiber einer Erzeugungsanlage nach dem EEG bzw. KWKG i. S. d § 2 Nr. 1.

Abs. 1 lässt – wie schon § 21b EnWG a. F. – offen, wie und wem gegenüber dieser Wunsch geäußert werden muss. Dies wird nunmehr in § 14 konkretisiert. Der **Wunsch des Anschlussnutzers** muss – anders als nach der Vorgängerregelung des § 5 MessZV a. F.[6] – **gegenüber dem aktuellen Messstellenbetreiber** erklärt werden.[7]

b) Gewährleistung eines einwandfreien Messstellenbetriebs

Voraussetzungen für den Anspruch auf Abschluss der maßgeblichen Vereinbarung und damit den Übergang der Aufgabe ist, dass „durch den Dritten ein einwandfreier Messstellenbetrieb i. S. d. § 3 Abs. 2 gewährleistet ist". Dadurch soll sichergestellt werden, dass auch nach Übergang der Aufgabe eine den einschlägigen **rechtlichen und technischen Anforderungen entsprechende Aufgabenerfüllung** gewährleistet ist. Der Dritte muss somit **sämtliche Pflichten aus dem MsbG** ordnungsgemäß erfüllen. Hierzu muss er sich im Rahmen des Vertrags nach § 9 Abs. 1 Nr. 3 verpflichten.

Dies zeigt, dass der **Anschlussnutzer** nur dann **Dritter** i. S. d. § 5 Abs. 1 sein kann, wenn er in der Lage ist, die Tätigkeiten, also auch die Wechselprozesse, entsprechend diesen Anforderungen durchzuführen. Dies gilt aufgrund der insoweit expliziten Regelung des § 10a S. 2 i.V.m. S. 3 EEG sowie § 14 Abs. 1 S. 2 i.V. m. S. 3 KWKG auch dann, wenn der Anlagenbetreiber den Messstellenbetrieb anstelle eines beauftragten Dritten selber übernimmt.

III. Ausgestaltung der Rechtsbeziehungen zwischen neuem und bisherigem Messstellenbetreiber (Abs. 2 S. 1)

1. Anwendungsbereich

Gem. Abs. 2 S. 1 sind der „neue und der bisherige Messstellenbetreiber" verpflichtet, die für die Durchführung des Wechselprozesses erforderlichen Verträge zu schließen. Abs. 2

---

6 BerlKommEnR/*Böhnel*, 2. Aufl. 2010, § 5 MessZV (Anh. § 21b EnWG) Rn. 5 ff. Zur entsprechenden Konkretisierung des § 5 MessZV mittels Festlegung s. BNetzA, BK6-09-034 / BK7-09-001 jeweils § 4 des Messstellenrahmenvertrags und § 3 des Messrahmenvertrags und Anlage 1 Abschnitt „Vollmachten".
7 Zur Umsetzung im Rahmen der Marktkommunikation s. BNetzA, BK6-16-200, Anl. 2 (WiM), S. 18 ff.

§ 5 Auswahlrecht des Anschlussnutzers

entspricht in der Sache § 21b Abs. 2 S. 5 EnWG a. F. Aufgrund der neutralen Formulierung findet er auf **jeden Messstellenbetreiberwechsel** Anwendung, unabhängig davon, ob der bisherige Messstellenbetreiber grundzuständiger Messstellenbetreiber oder ein Dritter i. S. d. § 2 Nr. 12 ist.[8]

2. Erforderliche Verträge

11　Abs. 2 S. 1 verpflichtet den neuen und den bisherigen Messstellenbetreiber „die für die Durchführung des Wechselprozesses erforderlichen Verträge abzuschließen". Er lässt jedoch offen, welche Verträge für „die Durchführung des Wechselprozesses erforderlich" sind. Im Wesentlichen geht es dabei um die nunmehr in § 16 Abs. 1 genannten Verträge zum Kauf oder zur Nutzung der vorhandenen Messinfrastruktur. Ob diese Verträge vor dem Hintergrund des § 3 Abs. 3 tatsächlich im engeren Sinne „erforderlich" sind, erscheint weiterhin fraglich (vgl. auch § 3 Rn. 55).

3. Datenübermittlungspflicht

12　Der bisherige und der neue Messstellenbetreiber sind verpflichtet, die „dafür erforderlichen Daten unverzüglich gegenseitig zu übermitteln". Der Inhalt des Vertrags zwischen bisherigem und neuem Messstellenbetreiber bestimmt auch den **Wertungsmaßstab zur Ausfüllung des Begriffs der „erforderlichen" Daten**. Die erforderlichen Daten beziehen sich auf die (moderne) Messeinrichtung bzw. das (intelligente) Messsystem. Zu ihnen gehören insbesondere die notwendige Dokumentation nach den eichrechtlichen Vorgaben.

IV. Löschungspflichten (Abs. 2 S. 2)

1. Normzweck

13　Abs. 2 S. 2 dient dem Schutz personenbezogener Daten im Falle des Messstellenbetreiberwechsels. Er übernimmt die Regelung des § 21b Abs. 2 S. 6 EnWG a. F. Die **bereichsspezifische Verankerung von Datenschutz** und Datensicherheit zum Schutz von erheblichen Interessen der Verbraucher und des gesamten Energiesystems ist eine der tragenden Säulen des MsbG. Insoweit gestaltet es das Schutzniveau weiter aus.[9] Die Notwendigkeit dieser Säule ergibt sich insbesondere aufgrund des mit dem Einsatz intelligenter Messsysteme verbundenen Eingriffs in das Recht auf informationelle Selbstbestimmung i. S. d. Art. 2 Abs. 1 i.V. m. Art. 1 Abs. 1 GG.[10]

---

[8] Zu § 21b EnWG a. F.: Rosin/*Stolzenburg*, § 21b EnWG Rn. 99; BerlKommEnR/*Drozella*, § 21b EnWG Rn. 60.

[9] Begründung zum Regierungsentwurf v. 17.2.2016, BT-Drs. 18/7555. Bereits im EnWG a. F. wurde dies als eine der vier Säulen, auf denen der im gesetzlichen Rahmen der §§ 21b ff. neu angelegte Grundansatz aufbaut, bezeichnet (BT-Drs. 17/6072, S. 77).

[10] Ausführlich hierzu BT-Drs. 17/6072, S. 77 f.; BT-Drs. 18/755, S. 95; siehe ferner ausführlich *Keppler*, EnWZ 2016, 99 ff.

2. Grundsatz

Der „bisherige Messstellenbetreiber (hat) personenbezogene Daten unverzüglich zu löschen". Wann personenbezogene Daten vorliegen, richtet sich nach § 3 Abs. 1 BDSG.[11] Es muss sich also um Einzelangaben über persönliche oder sachliche Verhältnisse einer bestimmten oder bestimmbaren natürlichen Person handeln. Relevant sind damit insbesondere Daten zum Stromverbrauch bzw. zur Einspeisemenge, welche durch die Zählpunktbezeichnung auf den Anschlussnutzer bezogen werden können. Die Erhebung, Verarbeitung und Nutzung **personenbezogener Daten** ist ausschließlich in den in §§ 49 und 50 beschriebenen Fällen zulässig und dann auch nur, wenn sie über Systeme und Vorrichtungen vorgenommen werden, die in Gesetz, Verordnung, Schutzprofilen und Technischen Richtlinien festgelegt sind.[12] Die personenbezogenen Daten sind „unverzüglich", d.h. ohne schuldhaftes Zögern, nach dem Abschluss des Wechselprozesses zu **löschen**. Gem. § 3 Abs. 4 Nr. 5 BDSG bedeutet dies das „Unkenntlichmachen von gespeicherten personenbezogenen Daten". Es geht also um die Aufhebung der Informationsfunktion der Daten zum Schutz der Betroffenen.[13]

14

3. Ausnahmen

Die Pflicht zur unverzüglichen Löschung personenbezogener Daten besteht nur, „soweit nicht **Aufbewahrungsvorschriften** etwas anderes bestimmen". Bei den „Aufbewahrungsvorschriften" kann es sich um bereichsspezifische Vorschriften handeln. In Betracht kommen aber auch allgemeine Vorschriften wie handelsrechtliche oder steuerrechtliche Aufbewahrungsvorschriften. Die Ausnahme gilt nur in dem durch die jeweiligen Vorschriften vorgesehenen Umfang.

15

Abs. 2 S. 2 nennt nur die Löschung oder die Aufbewahrung. Zwar soll das MsbG den erlaubten Datenverkehr (…) abschließend regeln.[14] Es enthält jedoch keine Regelung zu der Frage, was konkret mit den aufzubewahrenden Daten im Fall eines Messstellenbetreiberwechsels zu geschehen hat. Daher greift bei Vorliegen von Aufbewahrungsvorschriften die allgemeine Regel des § 35 Abs. 3 BDSG, wonach an die Stelle der Löschung eine **Sperrung** tritt. Bei dieser handelt es sich gem. § 3 Abs. 4 Nr. 4 BDSG um „das Kennzeichnen gespeicherter personenbezogener Daten, um ihre weitere Verarbeitung oder Nutzung einzuschränken".

16

---

11 *Keppler*, EnWZ 2016, 99 ff.; vgl. insoweit auch §§ 59 Nr. 1, 65 Nr. 2, 70 Nr. 2.
12 Begründung zum Regierungsentwurf v. 17.2.2016, BT-Drs. 18/7555, S. 96; so schon BT-Drs. 17/6072, S. 78 mit Blick auf § 21g EnWG a. F.
13 Vgl. zum EnWG a. F. BerlKommEnR/*Lorenz/Raabe*, § 21g EnWG Rn. 24.
14 Begründung zum Regierungsentwurf v. 17.2.2016, BT-Drs. 18/7555, S. 3.

§ 6 Auswahlrecht des Anschlussnehmers; Folgen für das Auswahlrecht des Anschlussnutzers

(1) Statt des Anschlussnutzers kann ab dem 1. Januar 2021 der Anschlussnehmer einen Messstellenbetreiber auswählen, wenn dieser verbindlich anbietet,
1. dadurch alle Zählpunkte der Liegenschaft für Strom mit intelligenten Messsystemen auszustatten,
2. neben dem Messstellenbetrieb der Sparte Strom mindestens einen zusätzlichen Messstellenbetrieb der Sparten Gas, Fernwärme oder Heizwärme über das Smart-Meter-Gateway zu bündeln (Bündelangebot) und
3. den gebündelten Messstellenbetrieb für jeden betroffenen Anschlussnutzer der Liegenschaft ohne Mehrkosten im Vergleich zur Summe der Kosten für den bisherigen getrennten Messstellenbetrieb durchzuführen.

(2) [1]Übt der Anschlussnehmer das Auswahlrecht aus Absatz 1 aus, enden laufende Verträge für den Messstellenbetrieb der betroffenen Sparten entschädigungslos, wenn deren Laufzeit mindestens zur Hälfte abgelaufen ist, frühestens jedoch nach einer Laufzeit von fünf Jahren. [2]Zwischen Ausübung des Auswahlrechts und der Vertragsbeendigung müssen mindestens drei Monate liegen. [3]Betroffenen Messstellenbetreibern aller Sparten ist vor der Ausübung des Auswahlrechts mit einer Frist von sechs Monaten die Möglichkeit zur Abgabe eines eigenen Bündelangebots einzuräumen; bestehende Vertragsverhältnisse nach § 5 Absatz 1 sind dem Anschlussnehmer vom Anschlussnutzer auf Verlangen unverzüglich mitzuteilen.

(3) [1]Der Anschlussnehmer hat den Anschlussnutzer spätestens einen Monat vor Ausübung seines Auswahlrechts nach Absatz 1 in Textform über die geplante Ausübung zu informieren. [2]Die Information muss Folgendes enthalten:
1. eine Vergleichsberechnung zum Nachweis der Erfüllung der Anforderung aus Absatz 1 Nummer 3,
2. die Angabe des Zeitpunkts des Messstellenbetreiberwechsels und Erläuterungen zur Durchführung der Liegenschaftsmodernisierung sowie
3. Angaben zum Messstellenvertrag des Anschlussnehmers, zu Entgelten für den Messstellenbetrieb und deren künftige Abrechnung.

(4) [1]Solange und soweit der Anschlussnehmer von seinem Auswahlrecht nach Absatz 1 Gebrauch macht, besteht das Auswahlrecht des Anschlussnutzers nach § 5 Absatz 1 nur, wenn der Anschlussnehmer in Textform zustimmt. [2]Die Freiheit des Anschlussnutzers zur Wahl eines Energielieferanten sowie eines Tarifs zur Energiebelieferung darf durch die Ausübung des Auswahlrechts des Anschlussnehmers nach Absatz 1 nicht eingeschränkt werden.

(5) [1]Anschlussnutzer haben das Recht, vom Anschlussnehmer alle zwei Jahre die Einholung von zwei verschiedenen Bündelangeboten für den Messstellenbetrieb der Liegenschaft zu verlangen. [2]Die Bündelangebote müssen für die Anschlussnutzer verständlich sein und eine Prognose bezüglich der Kosten der Anschlussnutzer vor und nach einer Bündelung des Messstellenbetriebs enthalten.

Schrifttum: *Kermel/Dinter*, Gesetz zur Digitalisierung der Energiewende – das Messstellenbetriebsgesetz im Überblick, RdE 2016, 158; *Lüdermann/Ortmann/Pokrant*, Das neue Messstellenbetriebsgesetz – Wegbereiter für ein zukunftsfähiges Smart Metering?, EnzW 2016, 339.

Übersicht

	Rn.
I. Allgemeines	1
1. Normzweck	1
2. Entstehungsgeschichte	2
3. Stellungnahme	6
II. Auswahlrecht des Anschlussnehmers	9
1. Verdrängung des Auswahlrechts des Anschlussnutzers (Abs. 1, Abs. 4)	9
2. Voraussetzungen des Auswahlrechts	11
a) Verbindliches Angebot des Dritten	12
b) Ausstattung der Liegenschaft mit intelligenten Messsystemen (Abs. 1 Nr. 1)	13
c) Bündelangebot (Abs. 1 Nr. 2)	14
d) Kostenneutralität (Abs. 1 Nr. 3)	16
e) Einhaltung der Voraussetzungen	17
III. Folgen der Ausübung des Auswahlrechts (Abs. 2)	18
1. Beendigung laufender Verträge (S. 1)	18
a) Ausübung des Auswahlrechts	19
b) Entschädigungslose Beendigung	20
c) Mindestlaufzeit der bestehenden Verträge	24
2. Zeitliche Bedingung (S. 2)	25
3. Rechte der betroffenen Messstellenbetreiber im Vorfeld (S. 3 Hs. 1)	26
4. Auskunftsanspruch des Anschlussnehmers (S. 3 Hs. 2)	30
IV. Information des Anschlussnutzers (Abs. 3)	33
1. Zeitpunkt der Information (S. 1)	33
2. Inhalt der Information (S. 2)	34
a) Vergleichsberechnung (Nr. 1)	35
b) Zeitpunkt und Umfang der Liegenschaftsmodernisierung (Nr. 2)	36
c) Weitere Angaben (Nr. 3)	37
V. Keine Einschränkung der Lieferanten- und Tarifwahlfreiheit des Anschlussnutzers (Abs. 4 S. 2)	38
VI. Anspruch des Anschlussnutzers gegen den Anschlussnehmer (Abs. 5)	39
1. Inhalt des Anspruchs (S. 1)	39
2. Anforderungen an die Bündelangebote (S. 2)	41

I. Allgemeines

1. Normzweck

Übergeordnetes Ziel des § 6 ist die **Erzeugung von Synergieeffekten** und die damit **gesteigerte Wirtschaftlichkeit eines freiwilligen Einbaus** intelligenter Messsysteme durch Einbeziehung sämtlicher Strom-Zählpunkte einer Liegenschaft sowie die verpflichtende Einbindung weiterer Sparten in das Smart-Meter-Gateway. Eine solche **Modernisierung der gesamten Liegenschaft** kann am ehesten der Anschlussnehmer initiieren. Insofern kann auf die Begründung zur Einführung des § 21b Abs. 5 EnWG a. F. verwiesen werden, welcher bereits ein entsprechendes, wenn auch nicht spartenübergreifendes Initiativrecht des Anschlussnehmers begründete und darauf zielte, „eine vollständige Ausstattung größerer Wohneinheiten mit moderner Messinfrastruktur zu erleichtern und eine Organisation „aus einer Hand" zu ermöglichen."[1] Um den genannten Zweck zu erreichen wird nunmehr jedoch ein eigenständiges, unabhängiges Wahlrecht des Anschlussnehmers, welches dasjenige des Anschlussnutzers nach § 5 verdrängt, als erforderlich angesehen. § 6 soll die Posi-

---
1 BT-Drs. 17/6072, S. 77.

§ 6 Auswahlrecht des Anschlussnehmers

tion des Anschlussnehmers stärken, ohne diejenige des Anschlussnutzers zu schwächen.[2] Ob Letzteres tatsächlich richtig ist, war allerdings bereits im Gesetzgebungsverfahren umstritten (vgl. Rn. 3 ff.). Um das übergeordnete Ziel zu erreichen, enthält § 6 auch eine Regelung, wonach die meist langfristig geschlossenen Verträge der anderen Sparten „per Gesetz" beendet werden (s. Rn. 18 ff.).

2. Entstehungsgeschichte

2 Die **Ausgestaltung** der Natur eines **„Auswahlrechts"** des **Anschlussnehmers** war im Laufe des Gesetzgebungsverfahrens **Gegenstand von Kontroversen**. Der RefE war diesbezüglich nicht eindeutig. In Anlehnung an § 21b Abs. 5 S. 2 EnWG a. F. sah er vor, dass der „Anschlussnehmer (...) den Messstellenbetreiber für den Anschlussnutzer auswählen (kann)".[3] Allerdings fehlte bereits das Erfordernis einer ausdrücklichen diesbezüglichen Einwilligung des Anschlussnutzers. Die Gesetz gewordene Formulierung geht auf den RegE zurück.

3 Der **Bundesrat** lehnte ein solches vorrangiges Auswahlrecht des Anschlussnehmers ab. Er forderte die Streichung des § 6 und die Beibehaltung der diesbezüglichen Rechtslage. Dafür sollte § 5 um folgenden Abs. 3 ergänzt werden: „Das in Absatz 1 genannte Auswahlrecht kann auch der Anschlussnehmer ausüben, solange und soweit dazu eine ausdrückliche Einwilligung des jeweils betroffenen Anschlussnutzers vorliegt. Die Freiheit des Anschlussnutzers zur Wahl eines Energielieferanten sowie eines Tarifs zur Energiebelieferung darf nicht eingeschränkt werden."[4] Der Bundesrat begründete dies damit, dass das vorrangige Auswahlrecht des Anschlussnehmers – anders als in der Begründung[5] dargestellt – zu „einer deutlichen und ungerechtfertigten Schwächung der Position der Anschlussnutzer" führe.[6] Er begründet dies insbesondere mit Blick auf die Ausstattung von Mietobjekten mit intelligenten Messsystemen, welche aus seiner Sicht zugleich den Hauptanwendungsbereich der Regelung darstellen. Angesichts des Zwecks intelligenter Messsysteme, eine Fülle von sensiblen Daten über das Nutzungsverhalten des Anschlussnutzers zu erheben und anschließend auch zu verarbeiten, habe dieser ein großes Interesse daran, grundsätzlich selbst darüber entscheiden zu können, wer über diese Daten verfügt. Die in § 6 Abs. 1 Nr. 3 MsbG-E vorgesehene Mindestvorgabe der Kostenneutralität helfe diesbezüglich nicht weiter, da gerade in einem derartig sensiblen Bereich wie der Datenerfassung und -weitergabe die Kostenfrage und daran anknüpfende wirtschaftliche Erwägungen für viele Betroffene lediglich einen Teilaspekt bei der Wahl des Vertragspartners darstellen.[7] Dem berechtigten Interesse des Mieters an der Auswahl des Messstellenbetreibers stehe auch kein besonders schutzwürdiges Interesse des Vermieters gegenüber. Letztlich müsse der Mieter selbst regelmäßig die Kosten für den „aufgedrängten" Messstellenanbieter tragen. Auch der „legitime Zweck" einer Liegenschaftsmodernisierung rechtfertige den Eingriff in die Privatautonomie des Mieters nicht. Lägen die Voraussetzungen des § 29 MsbG-

---

2 Begründung zum Regierungsentwurf v. 17.2.2016, BT-Drs. 18/7555, S. 77.
3 RefE des BMWi, Entwurf eines Gesetzes zur Digitalisierung der Energiewende, § 6 Abs. 1, Stand v. 21.9.2015, abrufbar unter: www.clearingstelle-eeg.de/msbg/material.
4 Stellungnahme des Bundesrates, BT-Drs. 18/7555, Anl. 3, S. 121.
5 Begründung zum Regierungsentwurf v. 17.2.2016, BT-Drs. 18/7555, S. 77.
6 Stellungnahme des Bundesrates, BT-Drs. 18/7555, Anl. 3, S. 121.
7 Stellungnahme des Bundesrates, BT-Drs. 18/7555, Anl. 3, S. 121.

E vor, werde der Zählpunkt des Mieters ohnehin mit einem intelligenten Messsystem ausgestattet. Bei Nichtvorliegen dieser Voraussetzungen bestehe angesichts der dem Gesetzentwurf zugrunde liegenden Kosten-Nutzen-Analyse auch kein Anlass, den Mieter mit den entsprechenden Kosten zu belasten, da nicht sichergestellt sei, dass er davon hinreichend profitiert. Etwas anderes gelte auch dann nicht, wenn man unterstelle, dass der Abschluss eines „Bündelungsvertrages" für mehrere Zählpunkte Synergieeffekte generiere und die Wirtschaftlichkeit auch eines freiwilligen Einbaus intelligenter Messsysteme erhöhe.[8] Diese Argumente, so der Bundesrat, sprächen lediglich für die von ihm vorgeschlagene Übertragung des § 21b Abs. 5 EnWG a. F. in das MsbG. Eine solche Regelung eröffne dem Anschlussnehmer die Möglichkeit, im Einvernehmen mit den betroffenen Anschlussnutzern gegebenenfalls für eine einheitliche Ausstattung des Grundstücks oder Gebäudes mit intelligenten Messsystemen zu sorgen. Auf diese Weise hätten die Anschlussnutzer die Möglichkeit selbst zu entscheiden, ob sie die in Aussicht gestellten Vorteile einer solchen Bündelung in ihrem konkreten Fall für realisierbar erachten und dafür den Wechsel des Messstellenbetreibers in Kauf nehmen möchten.[9] Ergänzend weist der Bundesrat zu Recht noch auf einen weiteren ganz entscheidenden Aspekt hin: § 6 schränkt nicht nur die Rechte des Anschlussnutzers ein, sondern greift über Abs. 2 auch in die Privatautonomie des (bisherigen) Vertragspartners des Anschlussnutzers ein. Die Regelung, dass ein Vertragsschluss zwischen zwei Parteien (Anschlussnehmer und neuer Messstellenbetreiber) zu einer sofortigen und „entschädigungslosen" Beendigung eines Vertrags zwischen zwei anderen Parteien (Anschlussnutzer und alter Messstellenbetreiber) führe, sei „systemfremd".[10]

Die **Bundesregierung** sprach sich gegen die Streichung des § 6 aus und ging in ihrer **Gegenäußerung** lediglich auf einige der vom Bundesrat geäußerten Bedenken ein.[11] Vorrangig ging sie dabei – wie schon in der Begründung ihres Gesetzentwurfs – auf den wirtschaftlichen Nutzen für die Anschlussnutzer bei Einbindung weiterer Sparten in intelligente Messsysteme ein, „die ansonsten weiterhin die wirtschaftlich nachteilhafte messtechnische Aufspaltung der einzelnen Sparten hinnehmen müssten".[12] Es gehe in § 6 MsbG-E nicht um die Erhebung der Messwerte, „sondern um eine wirtschaftliche Optimierung zugunsten der Anschlussnutzer"; auf den der Modernisierung folgenden externen Datenverkehr habe dies nur einen begrenzten Einfluss. Die Datenhoheit und das Recht zur freien Wahl eines Energielieferanten und -tarifs verblieben beim Anschlussnutzer.[13] Die vom Bundesrat vorgeschlagene Alternative einer ausdrücklichen Einwilligung jedes betroffenen Anschlussnutzers lehnt sie aus praktischen Erwägungen ab. Eine solche würde die Planbarkeit von Liegenschaftsmodernisierungen deutlich erschweren, erhebliche praktische Schwierigkeiten bei jedem Mieterwechsel bedeuten und darüber hinaus zu einem kostensteigernden Verwaltungsaufwand zulasten der Vermieter und letztlich der Mieter führen, der allein durch die Einholung der ausdrücklichen Zustimmungen entstünde, unabhängig davon, ob letztlich eine Modernisierung tatsächlich erfolgt oder nicht.[14] Auf das Argument, dass § 6 auch einen Eingriff in die Vertragsautonomie des bisherigen Vertragspart-

---

8 Stellungnahme des Bundesrates, BT-Drs. 18/7555, Anl. 3, S. 122.
9 Stellungnahme des Bundesrates, BT-Drs. 18/7555, Anl. 3, S. 122.
10 Stellungnahme des Bundesrates, BT-Drs. 18/7555, Anl. 3, S. 122.
11 Gegenäußerung der Bundesregierung, BT-Drs. 18/7555, Anl. 4, S. 140 f.
12 Gegenäußerung der Bundesregierung, BT-Drs. 18/7555, Anl. 4, S. 141.
13 Gegenäußerung der Bundesregierung, BT-Drs. 18/7555, Anl. 4, S. 141.
14 Gegenäußerung der Bundesregierung, BT-Drs. 18/7555, Anl. 4, S. 141.

§ 6   Auswahlrecht des Anschlussnehmers

ners des Anschlussnutzers darstellt, geht sie nicht ein. Vielmehr betont sie den durch § 6 ermöglichten, „aus Energieeffizienzsicht wünschenswerten Brückenschlag zur Einbindung anderer Sparten (Gas und Wärme) in ein digitales Energiemanagement".[15]

5   Auf **Empfehlung des Ausschusses für Energie und Wirtschaft**[16] wurden zur Erhöhung der Planungssicherheit der Akteure zwei Regelungen aufgenommen: Der Anschlussnehmers kann sein Wahlrecht erst ab dem 1.1.2021 ausüben (Abs. 1) und für die per Gesetz endenden Verträge gelten Mindestlaufzeiten.

3. Stellungnahme

6   Die Regelung ist unter verfassungsrechtlichen Gesichtspunkten, worauf bereits der Bundesrat zu Recht hingewiesen hat (Rn. 3), höchst fragwürdig.[17] Insbesondere erstaunt, dass sich die Bundesregierung weder in der Begründung zum Gesetzentwurf noch in ihrer Gegenäußerung mit der Frage ihrer Vereinbarkeit mit dem Vertragsrecht auseinandersetzt. Dass durch den Abschluss eines Vertrages (hier zwischen dem Anschlussnehmer und einem neuen Messstellenbetreiber) in ein anderes Vertragsverhältnis eingegriffen wird (hier Anschlussnutzer, bisheriger Messstellenbetreiber) und dieses durch gesetzliche Regelung „automatisch" beenden soll, missachtet grundlegende Prinzipien der grundgesetzlich geschützten Privatautonomie.

7   Die **Bundesregierung** hat in ihrer **Gegenäußerung** mit Hinweis auf **Praktikabilitätserwägungen** von der vom Bundesrat vorgeschlagenen Lösung abgesehen. Richtig ist insoweit, dass diese Lösung, z.B. bei einem Mieterwechsel, eine erneute ausdrückliche Zustimmung des künftigen Anschlussnutzers erfordert hätte. Diese Fragen wären jedoch lösbar gewesen.[18] Der in diesem Zusammenhang von der Bundesregierung angesprochene, durch das Einholen der ausdrücklichen Zustimmung entstehende Verwaltungsaufwand beim Vermieter, stellt keinen Rechtfertigungsgrund für einen Eingriff in die Vertragsautonomie dar. Im Übrigen sei angemerkt, dass das Erfordernis der Kontaktaufnahme mit dem Anschlussnutzer auch im Rahmen des § 6 Abs. 2 S. 3 Hs. 2 unabhängig davon besteht, ob es letztendlich zur Modernisierung kommt oder nicht, von dem durch § 6 Abs. 5 bedingten Verwaltungsaufwand abgesehen.

8   Zwar kann die Bundesregierung gem. § 46 Nr. 2 durch Rechtsverordnung, ohne Zustimmung des Bundesrats, das Auswahlrecht des Anschlussnehmers aus § 6 näher ausgestalten. Vor dem Hintergrund der höchst komplexen Regelung und ihrer offensichtlich hohen Streitanfälligkeit, insbesondere aufgrund der Folgen für die bestehenden Vertragsverhältnisse (vgl. Abs. 2), erscheint es fraglich, ob das Ziel durch Stärkung der Position des Anschlussnehmers, eine vermehrte Liegenschaftsmodernisierung zu erreichen, tatsächlich erreicht wird.

---

15 Gegenäußerung der Bundesregierung, BT-Drs. 18/7555, Anl. 4, S. 141.
16 BT-Drs. 18/8919, S. 9, 23 f.
17 So auch *Lüdemann/Ortmann/Pokrant*, EnZW 2016, 339, 344.
18 Vgl. BerlKommEnR/*Drozella*, § 21b EnWG Rn. 98 ff.

II. Auswahlrecht des Anschlussnehmers

1. Verdrängung des Auswahlrechts des Anschlussnutzers (Abs. 1, Abs. 4)

Gem. Abs. 1 kann der Anschlussnehmer **„statt des Anschlussnutzers"** – bei Vorliegen der weiteren Voraussetzungen – einen Messstellenbetreiber auswählen. Der Wortlaut zeigt deutlich die Natur des Auswahlrechts des Anschlussnehmers: Es handelt sich um ein eigenständiges, unabhängiges Wahlrecht des Anschlussnehmers. Anders als noch in § 21b Abs. 5 S. 1 EnWG a. F. und jedenfalls in Grundzügen im RefE (vgl. Rn. 2) angelegt, ist keine Einwilligung des Anschlussnutzers erforderlich. Vielmehr gilt umgekehrt: „Solange und soweit der Anschlussnehmer von seinem Auswahlrecht Gebrauch macht," wird dasjenige des Anschlussnutzers nach § 5 verdrängt. Die Formulierung ist nicht ganz eindeutig. Gemeint ist, solange der vom Anschlussnehmer ausgewählte Messstellenbetreiber den Messstellenbetrieb an den Zählpunkten der Liegenschaft durchführt. Gem. Abs. 4 S. 1 Hs. 2 „besteht das Auswahlrecht des Anschlussnutzers" während dieser Zeit „nur, wenn der Anschlussnehmer in Textform zustimmt". Die Begründung spricht insoweit von „im Einzelfall" möglichen Ausnahmen „vom strikten Vorrang des Auswahlrechts des Anschlussnehmers."[19]

Der Anschlussnehmer kann erst **„ab dem 1.1.2021** (…) einen Messstellenbetreiber auswählen". Diese zeitliche Verschiebung der Wiedereinführung des Wahlrechts des Anschlussnehmers geht auf die Beschlussempfehlung des Ausschusses für Wirtschaft und Energie zurück.[20] Die konkrete Bedeutung dieses Datums lässt sich dem Wortlaut des Abs. 1 nicht zweifelsfrei entnehmen. Es kann bedeuten, dass ein Dritter ab dem 1.1.2021 den gebündelten Messstellenbetrieb durchführen kann. Es kann aber ebenso dahingehend ausgelegt werden, dass frühestens zum 1.1.2021 die 6-Monatsfrist des Abs. 2 S. 3 zu laufen beginnen kann, mit der Folge, dass die Übernahme der Aufgabe durch den Dritten – aufgrund der weiteren Monatsfrist in Abs. 3 – frühestens zum 1.8.2021 erfolgen kann. Die Begründung des Ausschusses deutet in die Richtung der zweiten Variante. Sie spricht bzgl. der Einfügung des Datums von einer Klarstellung.[21] Diese Einschätzung lässt sich nur vor dem Hintergrund der, ebenfalls auf Empfehlung des Ausschusses eingefügten, Mindestlaufzeit von fünf Jahren in Abs. 2 S. 1 erklären und der aus der Zusammenschau der beiden Änderungen gezogenen Schlussfolgerung, dass dies „mehr Rechtssicherheit für bestehende Verträge" schaffe.[22] Dies ist wohl so zu verstehen, dass mit Inkrafttreten des Gesetzes jeder Messstellenbetreiber weiß, dass sein Vertrag nach fünf Jahren enden kann. Dies kann nur bei Zugrundelegung der zweiten Auslegungsvariante sichergestellt werden.

2. Voraussetzungen des Auswahlrechts

Der Anschlussnehmer kann „einen Messstellenbetreiber auswählen", wenn dieser die in Abs. 1 Nr. 1–3 genannten Leistungen „verbindlich anbietet". Die Formulierung ist angesichts der Legaldefinition des Messstellenbetreibers in § 2 Nr. 12 missverständlich, da im Zeitpunkt des verbindlichen Angebots der Anbieter die Aufgabe noch nicht aufgrund Ver-

---

19 Begründung zum Regierungsentwurf v. 17.2.2016, BT-Drs. 18/7555, S. 77.
20 BT-Drs. 18/8919, S. 9, 23 f.
21 BT-Drs. 18/8919, S. 23 f.
22 BT-Drs. 18/8919, S. 24.

§ 6   Auswahlrecht des Anschlussnehmers

trags nach § 9 übernommen hat. Gemeint ist daher der Dritte, der die Aufgabe übernehmen soll.

a) Verbindliches Angebot des Dritten

12   Der Dritte muss die Leistungen nach Abs. 1 Nr. 1–3 „verbindlich anbieten". Angesichts der von Abs. 4 geforderten Vorabinformation des Anschlussnutzers muss das **Angebot verbindlich** sein. Die Anknüpfung der Entstehung des Wahlrechts des Anschlussnehmers an ein verbindliches Angebot darf aber nicht darüber hinwegtäuschen, dass das **Bestehen eines entsprechenden Vertrags** Voraussetzung für den Abschluss eines Vertrags nach § 9 Abs. 1 Nr. 3 bzw. ggf. § 9 Abs. 1 Nr. 4 (vgl. § 3 Rn. 20) und damit den Übergang der Aufgabe des Messstellenbetriebs an den Messstellen der Liegenschaft ist.

b) Ausstattung der Liegenschaft mit intelligenten Messsystemen (Abs. 1 Nr. 1)

13   Erste Voraussetzung ist, dass der Dritte bei Übernahme der Aufgabe **„alle Zählpunkte der Liegenschaft für Strom mit intelligenten Messsystemen" ausstattet**. Dies ist nach der Grundkonzeption des MsbG Voraussetzung für eine Bündelung der in Abs. 1 Nr. 2 vorgesehenen Art.

c) Bündelangebot (Abs. 1 Nr. 2)

14   Zweite Voraussetzung ist, dass der Dritte ein „Bündelangebot" unterbreitet, d. h. er hat bei Übernahme der Aufgabe **„neben dem Messstellenbetrieb der Sparte Strom mindestens einen zusätzlichen Messstellenbetrieb der Sparten Gas, Fernwärme oder Heizwärme** über das Smart-Meter-Gateway zu bündeln". Die entsprechenden Messeinrichtungen müssen also an das Smart-Meter-Gateway angebunden werden. Mit dieser Voraussetzung soll der Nutzen des Einsatzes intelligenter Messsysteme maximiert werden. Der Gesetzgeber erhofft sich dadurch eine höhere Kosteneffizienz.[23]

15   Diese Voraussetzung könnte sich **außerhalb der Sparte Gas** als **problematisch** erweisen, da das MsbG nur den Messstellenbetrieb bei Strom und Gas, nicht aber z. B. denjenigen bei der Fernwärme regelt. Gem. § 18 Abs. 4 AVBFernwärmeV, welcher gem. § 1 Abs. 1 AVBFernwärmeV Teil der allgemeinen Bedingungen des Versorgungsvertrages (Ausnahme in § 1 Abs. 2 AVBFernwärmeV) ist, liegt die Zuständigkeit für den Messstellenbetrieb bei dem Fernwärmeversorgungsunternehmen. Dies bedeutet, dass der Dritte allenfalls als Dienstleister für dieses tätig werden kann. Legt man dies zugrunde, kann es aber nicht zu einer automatischen Beendigung des den Messstellenbetrieb regelnden Vertrags der Sparte Fernwärme (vgl. Abs. 2 S. 1) kommen, da es sich hierbei um den Fernwärmelieferungsvertrag selbst handelt. Die Frage, wie mit den nicht durch das MsbG geregelten Sparten umzugehen ist, wird an keiner Stelle – und wurde auch im Gesetzgebungsverfahren selbst nicht – thematisiert. Dies erstaunt, da gerade in der Anwendung weiterer Sparten einer der großen Nutzen des § 6 gesehen wird. Ob und inwieweit eine Rechtsverordnung nach § 46 Nr. 2 hier Abhilfe schaffen kann, bleibt abzuwarten.

---

23 Begründung zum Regierungsentwurf v. 17.2.2016, BT-Drs. 18/7555, S. 77.

d) Kostenneutralität (Abs. 1 Nr. 3)

Dritte Voraussetzung ist, dass der Dritte „den gebündelten Messstellenbetrieb für jeden betroffenen Anschlussnutzer der Liegenschaft ohne Mehrkosten im Vergleich zur Summe der Kosten für den bisherigen getrennten Messstellenbetrieb" durchführt. Das Vorliegen dieser Voraussetzung muss der Anschlussnehmer dem Anschlussnutzer gem. Abs. 3 S. 2 Nr. 1 nachweisen (s. Rn. 35). Der Vorgang muss für jeden Anschlussnutzer **wirtschaftlich zumindest neutral** sein. In dieser Voraussetzung sieht der Gesetzgeber den entscheidenden Aspekt, der den Eingriff in die Wahlfreiheit des Anschlussnutzers und damit seine nach Art. 2 Abs. 1 GG geschützte Vertragsfreiheit rechtfertigt.[24] Zur Kritik an dieser Auffassung siehe Rn. 3, 6 ff.

16

e) Einhaltung der Voraussetzungen

Dem Wortlaut nach sind die Voraussetzungen des Abs. 1 als Voraussetzungen für das Entstehen des Wahlrechts des Anschlussnehmers formuliert. § 6 regelt jedoch nicht, wer die Einhaltung dieser Voraussetzungen überwachen soll oder wie dies zu erfolgen hat. Zwar verweist § 39 Abs. 1 u. a. auf § 14. Dieser konkretisiert zwar die Anforderungen an den Wunsch des Anschlussnutzers und damit auch an denjenigen des Anschlussnehmers. Er enthält jedoch keinerlei Anforderungen an einen irgendwie gearteten Nachweis, dass der Anschlussnehmer tatsächlich ein Auswahlrecht hat. Dies ist ein Aspekt, der in einer Rechtsverordnung nach § 46 Nr. 2 konkretisiert werden kann. Dabei werden angesichts der mit der Ausübung des Auswahlrechts verbundenen Folgen für die Vertragsfreiheit der Betroffenen und das Recht auf informationelle Selbstbestimmung des Anschlussnutzers hohe Anforderungen an diese **Nachweispflicht** zu stellen sein.

17

III. Folgen der Ausübung des Auswahlrechts (Abs. 2)

1. Beendigung laufender Verträge (S. 1)

„Übt der Anschlussnehmer das Auswahlrecht nach Abs. 1 aus, enden laufende Verträge für den Messstellenbetrieb der betroffenen Sparten entschädigungslos", sofern sie eine gewisse Laufzeit überschritten haben. Diese Regelung ist **verfassungsrechtlich höchst bedenklich**. Darauf hatte auch bereits der Bundesrat zu Recht hingewiesen (vgl. Rn. 3).

18

a) Ausübung des Auswahlrechts

Der **Begriff** der „Ausübung des Wahlrechts aus Abs. 1" ist trotz seiner besonderen Bedeutung nicht nur für Abs. 2 S. 1, sondern auch für die Fristenregelungen in Abs. 2 S. 2 und 3 sowie in Abs. 3 **nicht eindeutig**. Die detaillierte Regelung des § 6, unter welchen Voraussetzungen der Anschlussnehmer ein Wahlrecht hinsichtlich des Messstellenbetreibers hat, ist kein Selbstzweck. In der Terminologie des § 5 beschreibt § 6 die Voraussetzungen, unter denen „der Wunsch" des Anschlussnehmers, den Messstellenbetrieb Strom/Gas anstelle des nach § 3 Abs. 1 Verpflichteten von einem Dritten durchführen zu lassen, maßgeblich ist. Gem. § 14 Abs. 1 S. 1 hat der Anschlussnutzer seinem (bisherigen) Messstellenbetrei-

19

---

24 Begründung zum Regierungsentwurf v. 17.2.2016, BT-Drs. 18/7555, S. 77 f.

ber in Textform zu erklären, dass er beabsichtige, einen anderen Messstellenbetreiber mit dem Messstellenbetrieb zu beauftragen. Diese Erklärung muss gem. § 14 Abs. 1 S. 2 Nr. 4 u. a. den Zeitpunkt enthalten, zu dem der Wechsel vollzogen werden soll. § 14 gilt gem. § 39 Abs. 1 entsprechend. Es ist daher davon auszugehen, dass die „Ausübung des Wahlrechts" der Erklärung i. S. d. § 14 Abs. 1 S. 1 i.V. m. § 39 Abs. 1 gleichzustellen ist. Der Zeitpunkt der Ausübung des Wahlrechts ist somit der Zeitpunkt (des Zugangs) der Erklärung, nicht derjenige des beabsichtigten Vollzugs. Eine entsprechende Erklärung muss allen betroffenen Strom- und Gas-Messstellenbetreibern zugehen. Ungeregelt ist, wie mit den nicht in den Anwendungsbereich des MsbG fallenden Messstellenbetreibern der anderen Sparten zu verfahren ist. Angesichts des Anwendungsbereichs des MsbG erscheint es fraglich, ob diese Lücke durch Rechtsverordnung auf der Grundlage der Ermächtigung in § 46 Nr. 2 geschlossen werden kann.

b) Entschädigungslose Beendigung

20 „Übt der Anschlussnehmer das Auswahlrecht aus (…), enden laufende Verträge für den Messstellenbetrieb der betroffenen Sparten entschädigungslos." Aus dem Zusammenhang mit S. 2 ergibt sich, dass die Verträge nicht mit Ausübung des Wahlrechts, d. h. der Erklärung i. S. d. § 14 Abs. 1 S. 1 i.V. m. § 39 Abs. 1 (vgl. Rn. 19) enden, sondern allenfalls mit dem Zeitpunkt des beabsichtigten Vollzugs (vgl. § 14 Abs. 1 S. 2 Nr. 4 i.V. m. § 39 Abs. 1). Auch unter Berücksichtigung der Mindestlaufzeiten der bestehenden Verträge (Rn. 24) ist diese Regelung in mehrfacher Hinsicht **verfassungsrechtlich höchst bedenklich**.

21 Zunächst einmal stellt sich – aufgrund der komplexen von § 9 geforderten vertraglichen Struktur – die Frage, welches die „**Verträge für den Messstellenbetrieb**" sind. Angesichts des Gesamtzusammenhanges ist davon auszugehen, dass es sich hierbei um die Verträge handelt, in denen die Pflicht zur Zahlung des Entgelts für den Messstellenbetrieb geregelt ist. Zu den diesbezüglichen Problemen im Zusammenhang mit der Fernwärme siehe Rn. 15. Für den Bereich Strom und Gas sind dies somit die Verträge i. S. d. § 9 Abs. 1 Nr. 1 des Anschlussnehmers bzw. des Anschlussnutzers mit dem grundzuständigen Messstellenbetreiber oder mit dem Dritten i. S. d. § 2 Nr. 12. Es ist jedoch auch zu beachten, dass die Beendigung dieser Verträge auch Auswirkungen auf die übrigen Verträge i. S. d. § 9 hat.

22 Für den Regelfall (vgl. § 9 Abs. 1 Nr. 1 i.V.m. § 9 Abs. 3) greift der Anschlussnehmer durch Ausübung seines Wahlrechts in einen Vertrag zwischen dem Anschlussnutzer und dem grundzuständigen Messstellenbetreiber bzw. einem Dritten ein. Es ist bereits unklar, welches „Modell" sich hinter der Figur der „gesetzlich automatisch beendeten" Verträge[25] verbergen soll. Die Regelung stellt – ungeachtet der explizit ausgeschlossenen Entschädigung – in mehrfacher Hinsicht einen **Verstoß gegen wesentliche Grundprinzipien des Vertragsrechts** dar. Sie ist als unzulässiger Eingriff in die Vertragsfreiheit zweier Parteien (Anschlussnutzer und Messstellenbetreiber) zu werten und birgt daher sehr hohe Risiken im Hinblick auf Schadensersatzforderungen und damit verbundene Rechtsstreitigkeiten. Beide Vertragsparteien müssen bei Vertragsschluss darauf vertrauen können, dass Rechte und Pflichten für die gesamte Vertragslaufzeit eingehalten werden.

23 Die laufenden Verträge „**enden entschädigungslos**". Ob die auf Empfehlung des Ausschusses eingeführte Mindestlaufzeit von fünf Jahren (s. Rn. 24), an der im Laufe des Kon-

---

25 Begründung zum Regierungsentwurf v. 17.2.2016, BT-Drs. 18/7555, S. 78.

III. Folgen der Ausübung des Auswahlrechts (Abs. 2) § 6

sultationsverfahrens geäußerten Kritik, wonach bei einer entschädigungslosen Beendigung nach Ablauf der halben Vertragslaufzeit die erheblichen Anlaufkosten nicht amortisiert werden könnten,[26] etwas ändert, bleibt abzuwarten.

c) Mindestlaufzeit der bestehenden Verträge

Die Verträge der betroffenen Sparten enden entschädigungslos, „wenn deren Laufzeit mindestens zur Hälfte abgelaufen ist, frühestens jedoch nach einer Laufzeit von fünf Jahren." Diese Bedingungen sollen den betroffenen Akteuren die vorausschauende Planung erleichtern und mehr Rechtssicherheit für bestehende Verträge schaffen.[27] Ob dies tatsächlich der Fall ist (vgl. Rn. 22), sei dahingestellt. **Ungeklärt** ist jedoch die Frage, wie mit dieser Regelung, insbesondere der ersten Voraussetzung bei **unbefristeten Verträgen bzw. bei Verträgen mit einer Mindestlaufzeit mit anschließender automatischer Verlängerung**, umzugehen ist. Die Frage stellt sich z.B. in den Fällen, in denen der grundzuständige Messstellenbetreiber im Rahmen des § 29 bereits ein intelligentes Messsystem eingebaut hat. Auch dies wäre ein in einer Rechtsverordnung nach § 46 Abs. 1 Nr. 2 zu regelnder Aspekt.

24

2. Zeitliche Bedingung (S. 2)

Gem. S. 2 müssen „**zwischen Ausübung des Auswahlrechts und der Vertragsbeendigung mindestens drei Monate** liegen." Der in der Erklärung nach § 14 Abs. 1 S. 2 Nr. 4 i.V. m. § 39 Abs. 1 anzugebende beabsichtigte Vollzugszeitpunkt muss somit mindestens drei Monate nach Zugang der Erklärung liegen.

25

3. Rechte der betroffenen Messstellenbetreiber im Vorfeld (S. 3 Hs. 1)

„Den **betroffenen Messstellenbetreibern aller Sparten**" ist die Möglichkeit zur Abgabe eines eigenen Bündelangebots einzuräumen. Diese zu identifizieren, dient Abs. 3 S. 3 Hs. 2. Messstellenbetreiber i. S. d. MsbG sind nur die Messstellenbetreiber Strom und Gas. Dies ergibt sich aus §§ 2 S. 1 Nr. 12, 2 S. 1 Nr. 4, 2 S. 2 MsbG i.V.m. § 3 Nr. 2 EnWG. Dem Wortlaut nach können daher auch nur die Messstellenbetreiber Strom und Gas „betroffene Messstellenbetreiber" sein. Dies steht jedoch im Widerspruch zu der expliziten Erwähnung „aller Sparten". Dies spricht eher dafür, auch z.B. dem Fernwärmeversorgungsunternehmen die Möglichkeit eines eigenen Bündelangebots einzuräumen. Sollten ihre Verträge nach der Intention des Gesetzgebers ebenfalls „automatisch" enden,[28] besteht dem Zweck der Regelung nach kein Grund, sie von dieser Verteidigungsmöglichkeit ihrer Vertragsstellung auszuschließen.

26

Der sachliche Inhalt des „**Bündelangebots**" ergibt sich aus § 6 Abs. 1 Nr. 2 i. V. m. § 6 Abs. 1 Nr. 1. Es muss somit darauf gerichtet sein, alle Strom-Zählpunkte der Liegenschaft mit intelligenten Messsystemen auszustatten und mindestens einen zusätzlichen Messstellenbetrieb der Sparten Gas, Fernwärme oder Heizwärme über das Smart-Meter-Gateway zu bündeln (s. Rn. 14f.). Obwohl in Abs. 2 S. 3 nicht explizit erwähnt, müssen diese abzu-

27

---

26 Vgl. *Kermel/Dinter*, RdE 2016, 158, 163.
27 Beschlussempfehlung und Bericht, BT-Drs. 18/8919, S. 23.
28 Begründung zum Regierungsentwurf v. 17.2.2016, BT-Drs. 18/7555, S. 78.

§ 6 Auswahlrecht des Anschlussnehmers

gebenden Bündelangebote auch die weiteren Voraussetzungen des § 6 Abs. 1 erfüllen: Sie müssen also „verbindlich" sein und gem. § 6 Abs. 1 Nr. 3 für sämtliche Anschlussnutzer der Liegenschaft im Vergleich zur Summe der Kosten für den getrennten Messstellenbetrieb wirtschaftlich betrachtet mindestens kostenneutral sein (vgl. Rn. 16).

28 Die Möglichkeit eines eigenen Bündelangebots muss den betroffenen Messstellenbetreibern „vor der Ausübung des Auswahlrechts" (vgl. Rn. 19) „**mit einer Frist von sechs Monaten**" eingeräumt werden. Ungeregelt ist die Frage, welche Folgen ein in der 6-Monatsfrist stattfindender Wechsel eines Messstellenbetreibers für den Lauf der Frist hat.

29 Die **Folgen einer Verletzung dieser Pflicht** des Anschlussnehmers sind nicht geregelt. Zu denken wäre an Schadenersatzansprüche der „übergangenen" betroffenen Messstellenbetreiber. Ein Nachweis eines entsprechenden Schadens dürfte jedoch in der Praxis kaum möglich sein. Soll die Nichteinhaltung dieser Pflicht durch den Anschlussnehmer nicht ins Leere laufen, müsste auch diese Pflicht im Rahmen einer Rechtsverordnung nach § 46 Abs. 1 Nr. 2 als nachzuweisende Voraussetzung für das Entstehen des Wahlrechts ausgestaltet werden (vgl. Rn. 17).

4. Auskunftsanspruch des Anschlussnehmers (S. 3 Hs. 2)

30 „Bestehende Vertragsverhältnisse nach § 5 Abs. 1 sind dem Anschlussnehmer vom Anschlussnutzer auf Verlangen unverzüglich mitzuteilen." Dieser **Auskunftsanspruch des Anschlussnehmers gegenüber dem Anschlussnutzer** ist zur Identifizierung der „betroffenen Messstellenbetreiber" i. S. d. S. 3 Hs. 1 unerlässlich.

31 Der Anspruch ist auf „**bestehende Vertragsverhältnisse nach § 5 Abs. 1**" beschränkt. Damit trägt der Gesetzgeber dem Umstand Rechnung, dass der grundzuständige Messstellenbetreiber für Strom und Gas bekannt ist, der Anschlussnehmer jedoch keine Kenntnis darüber hat, ob der Anschlussnutzer von seinem Recht nach § 5 Abs. 1, den Messstellenbetreiber Strom und/oder Gas zu wechseln, Gebrauch gemacht hat. Wie auch im Rahmen des § 3 Abs. 1 S. 1 Hs. 2 (vgl. § 3 Rn. 19 f.) stellt sich auch hier das Problem, dass in § 5 Abs. 1 keine Vereinbarung explizit genannt wird. Während es im Rahmen der Zuständigkeitszuordnung für den Messstellenbetrieb des § 3 Abs. 1 maßgeblich auf den Vertrag i. S. d. § 9 Abs. 1 Nr. 3 ankommt, welche den Wunsch des Anschlussnutzers voraussetzt, ist im vorliegenden Zusammenhang davon auszugehen, dass es um das Vertragsverhältnis zwischen Anschlussnutzer und Messstellenbetreiber geht, welches durch den vom Anschlussnehmer abzuschließenden Bündelvertrag (vgl. § 39 Abs. 2) ersetzt werden soll.

32 Der Auskunftsanspruch ist nicht nur auf das „Ob" des Vorliegens eines Vertragsverhältnisses nach § 5 Abs. 1 gerichtet, sondern auch auf den **Inhalt des Vertragsverhältnisses**. Der Anschlussnutzer muss dem Anschlussnehmer zumindest Vertragspartner, Beginn und Laufzeit sowie das von ihm für den Messstellenbetrieb zu entrichtende Entgelt mitteilen. Ersteres ist für die Bestimmung derjenigen Messstellenbetreiber erforderlich, denen der Anschlussnehmer die Möglichkeit einräumen muss, ein eigenes Bündelangebot abzugeben. Die Kenntnis des Vertragsbeginns und seiner Laufzeit ist für die Bestimmung des frühestmöglichen Zeitpunkts des Beginns des gebündelten Messstellenbetriebs (vgl. Abs. 2 S. 1) erforderlich. Das zu entrichtende Entgelt ist für die Vergleichsberechnung nach Abs. 3 S. 2 Nr. 1 unerlässlich.

IV. Information des Anschlussnutzers (Abs. 3)

1. Zeitpunkt der Information (S. 1)

Der Anschlussnehmer hat den Anschlussnutzer „**spätestens einen Monat vor Ausübung seines Auswahlrechts**" nach Abs. 1 in Textform über die geplante Ausübung zu informieren". Die Information muss spätestens einen Monat vor der vom Anschlussnehmer gegenüber den Messstellenbetreibern des Anschlussnutzers abzugebenden Erklärung i.S.d. § 14 Abs. 1 i.V.m. § 39 erfolgen. 33

2. Inhalt der Information (S. 2)

Die Information des Anschlussnutzers durch den Anschlussnehmer „muss" die in S. 2 Nr. 1–3 enthaltenen Informationen enthalten. Sie ist aufgrund der nach Nr. 1 erforderlichen Information für den Anschlussnutzer individuell zu erstellen. § 6 enthält keinerlei Regelung zu den Sanktionen bei Verletzung der Informationspflicht. Dies ist ein im Rahmen einer Rechtsverordnung nach § 46 Nr. 2 zu regelnder Aspekt. 34

a) Vergleichsberechnung (Nr. 1)

Die Information muss „eine Vergleichsberechnung **zum Nachweis der** Erfüllung der **Anforderungen aus Abs. 1 Nr. 3**" enthalten. Die Vergleichsberechnung muss den Nachweis erbringen, dass „der gebündelte Messstellenbetrieb für jeden betroffenen Anschlussnutzer der Liegenschaft ohne Mehrkosten im Vergleich zur Summe der Kosten für den bisherigen Messstellenbetrieb" durchgeführt wird. Dem Wortlaut nach müsste jedem Anschlussnutzer nachgewiesen werden, dass die Kostenneutralität nicht nur bei ihm selbst, sondern bei jedem Anschlussnutzer der Liegenschaft gewahrt ist. Dies widerspricht jedoch möglicherweise berechtigten Interessen der Anschlussnutzer und insbesondere auch den von ihnen nach § 5 beauftragten Messstellenbetreibern, ihre Vertragsverhältnisse dritten Anschlussnutzern der Liegenschaft nicht offenzulegen. Mit Blick auf den Zweck der Regelung dürfte es daher ausreichend sein, wenn jedem Anschlussnutzer nachgewiesen wird, dass jedenfalls für ihn die Kostenneutralität gewahrt wird. 35

b) Zeitpunkt und Umfang der Liegenschaftsmodernisierung (Nr. 2)

Die Information muss „die Angabe des **Zeitpunkts des Messstellenbetreiberwechsels**" enthalten. Dies kann sich nur auf den Zeitpunkt des „beabsichtigten" Wechsels i.S.d. § 14 Abs. 1 S. 2 Nr. 4 i.V.m. § 39 Abs. 1 beziehen. Sie muss ferner „Erläuterungen zur Durchführung der Liegenschaftsmodernisierung enthalten". 36

c) Weitere Angaben (Nr. 3)

Die Information muss ferner „**Angaben zum Messstellenvertrag des Anschlussnehmers, zu Entgelten für den Messstellenbetrieb und deren künftiger Abrechnung**" enthalten. Bei dem „Messstellenvertrag des Anschlussnehmers" handelt es sich um den gem. § 39 Abs. 2 zwischen ihm und dem Dritten abzuschließenden Messstellenvertrag i.S.d. § 9 Abs. 1 Nr. 1. Nr. 3 lässt offen, welche „Angaben zum Messstellenvertrag" dem Anschlussnutzer mitzuteilen sind. 37

V. Keine Einschränkung der Lieferanten- und Tarifwahlfreiheit des Anschlussnutzers (Abs. 4 S. 2)

38 Gem. Abs. 4 S. 2 darf die „Freiheit des Anschlussnutzers zur Wahl eines Energielieferanten sowie eines Tarifs zur Energiebelieferung (...) durch die Ausübung des Auswahlrechts des Anschlussnehmers nach Abs. 1 nicht eingeschränkt werden". Damit **konkretisiert Abs. 4 S. 2 die Regelung in § 10 Abs. 3**. Die Erfüllung dieser Forderung könnte sich hier – anders als in den sonstigen Fällen des § 10 Abs. 3 – jedoch als schwierig erweisen. Dies wird maßgeblich vom Umfang der vom Dritten angebotenen Zusatzleistungen abhängen.

VI. Anspruch des Anschlussnutzers gegen den Anschlussnehmer (Abs. 5)

1. Inhalt des Anspruchs (S. 1)

39 „Anschlussnutzer haben das Recht, vom Anschlussnehmer alle zwei Jahre die Einholung von zwei verschiedenen Bündelangeboten für den Messstellenbetrieb der Liegenschaft zu verlangen." Mit diesem direkten Anspruch des Anschlussnutzers gegen den Anschlussnehmer soll das „**Recht des Anschlussnehmers**" durch ein „**Recht des Anschlussnutzers ergänzt**" werden.[29] Die Begründung ist in dieser Hinsicht nicht schlüssig. Zum einen verweist sie darauf, dass die Anschlussnutzer, „bliebe es bei der bloßen Möglichkeit zur Wahrnehmung des Auswahlrechts aus Abs. 1, (...) auf den guten Willen des Anschlussnehmers angewiesen (wären)".[30] Andererseits räumt sie ein, dass Abs. 5 keinen Anspruch des Anschlussnutzers auf den Abschluss eines Bündelangebots durch den Anschlussnehmer gewährt.[31] Nach dem insoweit eindeutigen Wortlaut des Abs. 5 S. 1 trifft Letzteres eindeutig zu. Der Bundesrat formulierte dies deutlich dahin, dass „der Anschlussnutzer hinsichtlich der Annahme dieser Angebote grundsätzlich (weiterhin) auf den guten Willen des Anschlussnehmers angewiesen ist", weshalb er diesen Anspruch als nicht zielführend einstufte.[32] Das Kalkül des Gesetzgebers kann daher nur auf das Erzielen eines gewissen Lästigkeitseffekts beim Anschlussnehmer gerichtet sein, der diesen letztendlich veranlasst, einen entsprechenden Bündelvertrag für die Liegenschaft abzuschließen. Ob dieses Kalkül aufgeht, ist offen. Es ist in diesem Zusammenhang auf zwei Aspekte hinzuweisen. Die sehr schleppenden Anfänge der Liberalisierung des Messwesens haben gezeigt, dass Anschlussnehmer jedenfalls bei nicht auch selbst genutzten Liegenschaften regelmäßig mangels eigenen wirtschaftlichen Vorteils kein großes Interesse an einem Wechsel des Messstellenbetreibers zeigen.[33] Hinzu kommt nunmehr, dass die jetzige Regelung des § 6 sehr komplex ist und aufgrund ihrer Regelungssystematik in hohem Maße streitanfällig sein dürfte.

40 S. 1 enthält seinem Wortlaut nach **keine zeitliche Einschränkung** des Anspruchs. Seinem Wortlaut nach könnte er dahingehend verstanden werden, dass er auch dann besteht, wenn

---

29 Begründung zum Regierungsentwurf v. 17.2.2016, BT-Drs. 18/7555, S. 77.
30 Begründung zum Regierungsentwurf v. 17.2.2016, BT-Drs. 18/7555, S. 77.
31 Begründung zum Regierungsentwurf v. 17.2.2016, BT-Drs. 18/7555, S. 77.
32 Stellungnahme des Bundesrates, BT-Drs. 18/7555, Anl. 3, S. 122.
33 BT-Drs. 16/6532, S. 6, 16.

VI. Anspruch des Anschlussnutzers gegen den Anschlussnehmer (Abs. 5) § 6

der Anschlussnehmer von seinem Recht nach Abs. 1 bereits Gebrauch gemacht hat, es dem Anschlussnutzer also nur um ein verbessertes Angebot geht. In diesem Sinne hatte wohl der Bundesrat die Regelung verstanden.[34] Eine solche Auslegung ist mit Blick auf den gem. S. 2 notwendigen Vergleich (vor und nach der Bündelung) jedoch abzulehnen. Der Anspruch ist auf „die Einholung von **zwei verschiedenen Bündelangeboten**" alle zwei Jahre gerichtet. Inwieweit diese Begrenzung tatsächlich funktionieren wird, erscheint angesichts der Konkretisierungen in S. 2 fraglich.

2. Anforderungen an die Bündelangebote (S. 2)

„Die Bündelangebote müssen für die Anschlussnutzer verständlich sein." Aufgrund des angewandten Plurals „Anschlussnutzer" ist von einem **objektiven Maßstab** hinsichtlich der **Verständlichkeit** auszugehen. Sie müssen ferner eine „Prognose bzgl. der Kosten der Anschlussnutzer vor und nach einer Bündelung des Messstellenbetriebs enthalten". Dies spricht dafür, dass der Anspruch des Anschlussnutzers mit dem Abschluss eines Bündelvertrags durch den Anschlussnehmer entfällt. 41

---

34 Stellungnahme des Bundesrates, BT-Drs. 18/7555, Anl. 3, S. 122; so wohl auch *Kermel/Dinter*, RdE 2016, 158, 163.

§ 7 Entgelt für den grundzuständigen Messstellenbetrieb; besondere Kostenregulierung

(1) ¹Grundzuständige Messstellenbetreiber legen für die Erfüllung ihrer Aufgaben ein Entgelt fest, das die Preisobergrenzen dieses Gesetzes einhält. ²Die Entgelte für den Messstellenbetrieb mit intelligenten Messsystemen und modernen Messeinrichtungen sind Bestandteil eines Messstellenvertrages nach den §§ 9 und 10. ³Auf den grundzuständigen Messstellenbetrieb des Netzbetreibers mit Messeinrichtungen und Messsystemen sind § 17 Absatz 7 der Stromnetzentgeltverordnung vom 25. Juli 2005 (BGBl. I S. 2225), die durch Artikel 2 Absatz 4 des Gesetzes vom 21. Dezember 2015 (BGBl. I S. 2498) geändert worden ist, sowie § 15 Absatz 7 der Gasnetzentgeltverordnung vom 25. Juli 2005 (BGBl. I S. 2197), die zuletzt durch Artikel 17 des Gesetzes vom 28. Juli 2015 (BGBl. I S. 1400) geändert worden ist, entsprechend anzuwenden.

(2) ¹Kosten des grundzuständigen Messstellenbetreibers für den Messstellenbetrieb von modernen Messeinrichtungen und intelligenten Messsystemen sind weder bei den Entgelten für den Netzzugang nach den §§ 21 und 21a des Energiewirtschaftsgesetzes noch bei der Genehmigung der Entgelte nach § 23a des Energiewirtschaftsgesetzes zu berücksichtigen. ²Die Abrechnung der Netznutzung verbleibt beim Netzbetreiber und ist Bestandteil der Netzentgelte; ein Abrechnungsentgelt wird ab dem 1. Januar 2017 nicht erhoben.

(3) Für Kosten des Netzbetriebs, die bei Anwendung dieses Gesetzes entstehen, sind die §§ 21 und 21a des Energiewirtschaftsgesetzes entsprechend anzuwenden.

Schrifttum: *Dinter*, Das Gesetz zur Digitalisierung der Energiewende – Startschuss für Smart-Meter? Ein Überblick über den Referentenentwurf, ER 2015, 229; *Keppeler*, Personenbezug und Transparenz im Smart Meter-Datenschutz zwischen europäischem und nationalem Recht – Keine klare Entwicklungslinie durch BDSG, EnWG, MsbG und DS-GVO, EnWZ 2016, 99; *Kermel/Dinter*, Gesetz zur Digitalisierung der Energiewende: Das Messstellenbetriebsgesetz im Überblick, RdE 2016, 158; *Wolf/Dobler/Schüssler*, Das neue Messstellenbetriebsgesetz – ein erster Überblick, VersorgW 2015, 325.

Übersicht

	Rn.		Rn.
I. Allgemeines	1	c) Zusatzleistungen des Messstellenbetriebs	21
1. Normzweck	4	d) Veröffentlichungspflichten für die Entgelte	23
2. Entstehungsgeschichte	6	e) Ermächtigungsnormen und Zuständigkeiten für die behördliche Umsetzung	24
3. Normadressaten	14		
II. Entgelt für den Messstellenbetrieb (Abs. 1)	15	2. Entgelte für den Messstellenbetrieb von modernen Messeinrichtungen und intelligenten Messsystemen als Vertragsbestandteil (S. 2)	27
1. Grundzuständiger Messstellenbetrieb von modernen Messeinrichtungen und intelligenten Messsystemen (S. 1)	16		
a) Moderne Messeinrichtungen und intelligente Messsysteme	17	a) Moderne Messeinrichtungen und intelligente Messsysteme	28
b) Standardleistungen für die Erfüllung der gesetzlichen Mindestanforderungen	19		

b) Mindestbestandteil eines Messstellenvertrages nach den §§ 9 und 10 29
c) Veröffentlichungs- und Kontrahierungspflichten für Rahmenverträge 31
3. Entgelte für den grundzuständigen Messstellenbetrieb mit Messeinrichtungen und Messsystemen (S. 3) ... 32

III. Besondere Kostenregulierung (Abs. 2) 34
IV. Kosten des Netzbetriebs bei Anwendung dieses Gesetzes (Abs. 3) 37

I. Allgemeines

§ 7 gibt die **Entgeltregulierungssystematik** und damit einen **Eckpfeiler** des Gesetzes vor. Reguliert werden vorliegend die Entgelte des grundzuständigen Messstellenbetreibers. Da die Legaldefinition in § 2 S. 1 Nr. 4 davon ausgeht, dass der grundzuständige Messstellenbetreiber grundsätzlich zugleich auch der Netzbetreiber ist, dient § 7 vor allem der Abgrenzung zwischen den Entgelten für den im vorliegenden Gesetz geregelten grundzuständigen Messstellenbetrieb mit intelligenten Messsystemen[1] und modernen Messeinrichtungen einerseits und den Entgelten für den Netzzugang nach §§ 21 und 21a EnWG einschließlich dem konventionellen Messwesen andererseits. 1

In der **Vergangenheit** waren die **Entgelte** für den Messstellenbetrieb **einheitlich mit den Netzentgelten** unter dem Erlösobergrenzen-Regime der §§ 21 und 21a EnWG i.V.m. der ARegV und der StromNEV bzw. GasNEV reguliert.[2] Dies galt auch für Modernisierungsmaßnahmen im Messwesen nach § 21b Abs. 3a und 3b bzw. der Nachfolgeregelung § 21c EnWG sowie nach § 18b StromNZV und § 44 GasNZV, deren Kosten gemäß § 5 Abs. 1 S. 3 ARegV ebenso wie die Kosten des jeweiligen Netzbetreibers für den konventionellen Messstellenbetrieb und eventuell für die Messung in den Erlösobergrenzen des jeweiligen Netzbetreibers enthalten waren.[3] 2

Abs. 1 unterstellt nun die Entgelte für den grundzuständigen Messstellenbetrieb mit intelligenten Messsystemen und modernen Messeinrichtungen dem **neuen Preisobergrenzen-Regime nach §§ 31 ff.** Dementsprechend sieht Abs. 2 vor, dass die diesbezüglichen Kosten nicht mehr im Rahmen der Netzentgelte in Ansatz gebracht werden dürfen und in diesem Zuge auch das bisherige Abrechnungsentgelt für die Netznutzung nicht mehr erhoben werden darf. Abs. 3 stellt klar, dass sonstige Kosten des Netzbetreibers weiterhin unter das Erlösobergrenzen-Regime fallen, auch wenn sie bei Anwendung des MsbG entstehen. 3

1. Normzweck

Das in § 7 verankerte Preisobergrenzen-Regime soll wie auch das daneben bestehende Entgeltregulierungssystem für den Netzzugang nach §§ 21 und 21a EnWG einen **Ausgleich** schaffen zwischen den **gegenläufigen Interessen** nach möglichst günstigen Entgel- 4

---

1 Zur technischen Umsetzung intelligenter Messsysteme siehe *Dinter*, ER 2015, 229.
2 Vgl. Danner/Theobald/*Eder*, § 21b EnWG Rn. 127; Britz/Hellermann/Hermes/*Herzmann*, § 21b Rn. 9f.
3 Vgl. Britz/Hellermann/Hermes/*Herzmann*, § 21b Rn. 10; Danner/Theobald/*Missling*, § 21 EnWG Rn. 3.

§ 7 Entgelt für den grundzuständigen Messstellenbetrieb

ten für den Messstellenbetrieb einerseits und dessen Wirtschaftlichkeit und der damit verbundenen Investitionsfähigkeit für die Betreiber andererseits. Die gesonderte Regulierung mithilfe individueller Preisobergrenzen, die die grundzuständigen Messstellenbetreiber zwingend einzuhalten haben, soll die wirtschaftliche Vertretbarkeit des Einsatzes moderner Messinfrastruktur sicherstellen.[4]

5 Um ein ausgewogenes Kosten-Nutzen-Verhältnis sicherzustellen, hält der Gesetzgeber ein **strenges Regulierungsregime** für die durch den Einbau und Betrieb von intelligenten Messsystemen verursachten Kosten für erforderlich. Eine Finanzierung über die Netzentgelte wäre einerseits wenig präzise und andererseits kein tauglicher Ansatz für ein dem Wettbewerb geöffnetes Aufgabenfeld, das auch für energiefremde Dienstleistungen offen sein müsse. Daher wird der Messstellenbetrieb entgeltregulatorisch vom Netzbetrieb getrennt und es werden Preisobergrenzen vorgesehen, die vom Messstellenbetreiber in den Fällen zwingend einzuhalten sind, in denen das Gesetz die Ausstattung der Messstelle mit einer bestimmten Technik anordnet.[5]

2. Entstehungsgeschichte

6 Die Preisobergrenzen hat der Gesetzgeber nach eigenem Bekunden an den **Ergebnissen** der **Kosten-Nutzen-Analyse** zum Stromkosten-Einsparpotenzial orientiert und individuell nach der Art des Nutzers (bei Verbrauchern gestaffelt nach Jahresverbrauch/bei Einspeisern gestaffelt nach installierter Leistung) ausgerichtet.[6] Die Auskopplung der Entgelte für den grundzuständigen Messstellenbetrieb mit intelligenten Messsystemen und modernen Messeinrichtungen aus dem Erlösobergrenzen-Regime für die Netzentgelte wurde bereits vorab in einem BMWi-Eckpunktepapier angekündigt.[7]

7 Zuvor waren die Entgelte für den Messstellenbetrieb **einheitlich mit den Netzentgelten unter dem Erlösobergrenzen-Regime** der §§ 21 und 21a des EnWG i.V.m. der ARegV und der StromNEV bzw. GasNEV reguliert.[8] Dies galt auch für Modernisierungsmaßnahmen im Messwesen nach § 21b Abs. 3a und 3b bzw. der Nachfolgeregelung § 21c EnWG sowie nach § 18b StromNZV und § 44 GasNZV, deren Kosten gemäß § 5 Abs. 1 S. 3 ARegV ebenso wie die Kosten des jeweiligen Netzbetreibers für den konventionellen Messstellenbetrieb und eventuell für die Messung in den Erlösobergrenzen des jeweiligen Netzbetreibers enthalten waren.[9] Für solche „Smart Meter" vor Einführung der intelligenten Messsysteme und modernen Zähler nach dem vorliegenden Gesetz erkannte die Bundesnetzagentur unter dem Erlösobergrenzen-Regime regelmäßig **Stückkosten** an, ohne dass eine konkret bezifferte Obergrenze in den damals einschlägigen Vorschriften zu finden gewesen wäre.

---

4 Vgl. Begründung zum Regierungsentwurf v. 17.2.2016, BT-Drs. 18/7555, S. 78.
5 Vgl. Begründung zum Regierungsentwurf v. 17.2.2016, BT-Drs. 18/7555, S. 72.
6 Vgl. Begründung zum Regierungsentwurf v. 17.2.2016, BT-Drs. 18/7555, S. 72, unter Verweis auf Ernst & Young, Kosten-Nutzen-Analyse für einen flächendeckenden Einsatz intelligenter Zähler, Juli 2013, und auf die hierzu ergänzenden Variantenrechnungen von in Diskussion befindlichen Rollout-Strategien, Dezember 2014.
7 Vgl. BMWi, Baustein für die Energiewende: 7 Eckpunkte für das „Verordnungspaket Intelligente Netze", S. 3 f.
8 Vgl. Danner/Theobald/*Eder*, § 21b EnWG Rn. 127; Britz/Hellermann/Hermes/*Herzmann*, § 21b Rn. 9 f.
9 Vgl. Britz/Hellermann/Hermes/*Herzmann*, § 21b Rn. 10; Danner/Theobald/*Missling*, § 21 EnWG Rn. 3.

§ 7 wurde im Rahmen des Gesetzgebungsverfahrens von seiner ursprünglichen Fassung des Referentenentwurfs[10] hin zu der Fassung des Regierungsentwurfs[11] in mehrfacher Hinsicht **klarstellend umformuliert**: Zum einen wurde der persönliche Anwendungsbereich schon in Abs. 1 S. 1 auf den grundzuständigen Messstellenbetreiber bezogen. Weiter formuliert wurde dagegen Abs. 1 S. 2, um generell die Erhebung von Entgelten für den Messstellenbetrieb mit intelligenten Messsystemen und modernen Messeinrichtungen als Bestandteil eines Messstellenvertrages nach den §§ 9 und 10 vorzusehen. In Abs. 1 S. 3 wurde der persönliche Anwendungsbereich wiederum nur auf den grundzuständigen Messstellenbetreiber bezogen. In Abs. 2 wurde als letzter Halbsatz das ausdrückliche Verbot aufgenommen, ab dem 1. Januar 2017 noch gesonderte Abrechnungsentgelte für die Netznutzung zu erheben. Abschließend ergänzt wurde als Abs. 3 der Rechtsgrund- und Rechtsfolgenverweis auf die §§ 21 und 21a EnWG zur entsprechenden Anwendung auf Kosten des Netzbetriebs, die bei Anwendung des MsbG entstehen. Zuletzt wurde noch in der Überschrift das Wort „grundzuständigen" vor „Messstellenbetrieb" ergänzt.[12]

8

Dagegen ist der **sachliche Anwendungsbereich** trotz Kritik auch seitens des Bundesrates **unverändert** auf die Entgelte für den Messstellenbetrieb mit intelligenten Messsystemen und modernen Messeinrichtungen beschränkt geblieben. Der Bundesrat hatte gefordert, in Abs. 1 S. 2 sowie in Abs. 2 S. 1 die Wörter „mit intelligenten Messsystemen und modernen Messeinrichtungen" und Abs. 1 S. 3 komplett zu streichen, um sämtliche, also auch die konventionellen Messstellen einheitlich unter das neue Preisobergrenzen-Regime zu stellen. Die Konzeption der besonderen Kostenregulierung nach § 7 sei ansonsten inkonsistent. Der Messstellenbetrieb sei schon seit Jahren gegenüber dem Netzbetrieb entflochten und unterliege prinzipiell dem Wettbewerb. Nach dem MsbG sei nun auch der gesamte Messstellenbetrieb, wenn er von einem Netzbetreiber durchgeführt werde, gegenüber dem Netzbetrieb buchhalterisch zu entflechten. § 1 Nr. 3 MsbG betone im Übrigen die Aufgabentrennung von Messstellenbetrieb einerseits und Netzbetrieb andererseits. Vor diesem Hintergrund sei nicht nachvollziehbar, warum die Entgelte für den Betrieb alter Messstellen noch in der Erlösobergrenzen-Regulierung gehalten werden sollen. Der Messstellenbetreiber, egal ob er zugleich Netzbetreiber sei oder nicht, müsse vielmehr die Entgelte für den Messbetrieb insgesamt unter wettbewerblichen Bedingungen kalkulieren können.[13]

9

Die **Bundesregierung lehnte diesen Vorschlag** des Bundesrates zur Erweiterung des objektiven Anwendungsbereiches auf sämtliche Messstellen **ab**. Er würde letztlich eine sofortige Abkehr von der bisherigen Kostenregulierung des Messstellenbetriebs bedeuten. Diesen Weg hielt die Bundesregierung für nicht praktikabel. § 7 enthalte differenzierende Grundaussagen zur Behandlung der beim Messstellenbetrieb anfallenden Kosten. Kosten in Bezug auf Messstellen, die noch keine Modernisierung nach Maßgabe dieses Gesetzes (Einbau moderner Messeinrichtungen oder intelligenter Messsysteme) erfahren haben, würden regulatorisch weiterhin nach § 17 Abs. 7 StromNEV sowie § 15 Abs. 7 GasNEV als Bestandteil der Netzentgelte behandelt. Grundzuständiger Messstellenbetreiber sei hier der Netzbetreiber; die Aufgabenwahrnehmung gehöre zur Erfüllung seiner netzbetrieblichen Verpflichtungen. Die zukünftig für den Messstellenbetrieb von modernen Messeinrichtungen und intelligenten Messsystemen anfallenden Kosten des Messstellenbetreibers

10

---

10 Vgl. Referentenentwurf v. 21.9.2015, S. 31.
11 Vgl. Regierungsentwurf v. 17.2.2016, BT-Drs. 18/7555, S. 21.
12 Vgl. Ausschussempfehlung v. 22.6.2016, BT-Drs. 18/8919, S. 9.
13 Vgl. Stellungnahme des Bundesrates v. 18.12.2015, BR-Drs. 543/15, S. 5 f.

§ 7 Entgelt für den grundzuständigen Messstellenbetrieb

(nicht des Netzbetreibers) seien von einer Finanzierung durch die Netzentgelte zu trennen. Hier gehe es nicht mehr um die Wahrnehmung netzbetrieblicher Aufgaben. Erst mit dem Wechsel der Technik erfolge der Wechsel zum neuen Regulierungsregime, denn erst dann entwachse der Messstellenbetrieb dem netzbetrieblichen Aufgabenfeld. Die Empfehlung des Bundesrates würde zu Systemumstellungsaufwänden bei allen Netzbetreibern in Deutschland führen und Kosten für eine bisherige Messinfrastruktur verursachen, ohne einen adäquaten Vorteil für die Verbraucher zu schaffen. Regulatorischer und technischer Systemwechsel sowie der organisatorische Wechsel vom Netzbetreiber zum Messstellenbetreiber sollten einhergehen.[14]

3. Normadressaten

11 Der **subjektive Anwendungsbereich** von § 7 ist nicht durchgängig der gleiche. Adressat des Preisobergrenzen-Regimes für den Messstellenbetrieb von modernen Messeinrichtungen und intelligenten Messsystemen ist gemäß Abs. 1 S. 1, Abs. 2 S. 1 der **jeweils grundzuständige Messstellenbetreiber** für moderne Messeinrichtungen und intelligente Messsysteme. Die Legaldefinition der Grundzuständigkeit für den Messstellenbetrieb für moderne Messeinrichtungen und intelligente Messsysteme findet sich in § 2 S. 1 Nr. 6: die Verpflichtung zur Wahrnehmung des Messstellenbetriebs mit modernen Messeinrichtungen und intelligenten Messsystemen im jeweiligen Netzgebiet für diejenigen Messstellen, die nach Maßgabe der §§ 29 bis 32 mit modernen Messeinrichtungen und intelligenten Messsystemen auszustatten sind und für die kein Dritter nach den §§ 5 und 6 den Messstellenbetrieb durchführt. Solche Dritte, also konkurrierende, in dem jeweiligen Gebiet nicht grundzuständige Messstellenbetreiber sind also frei darin, dort ihrerseits Entgelte für den Messstellenbetrieb mit modernen Messeinrichtungen und intelligenten Messsystemen auch über die Preisobergrenzen hinaus zu verlangen – so auch ausdrücklich geregelt in § 36 Abs. 2.[15] Es handelt sich also um eine asymmetrische Regulierung der Entgelthöhe nur von dem im jeweiligen Versorgungsgebiet grundzuständigen Messstellenbetreiber für moderne Messeinrichtungen und intelligente Messsysteme.

12 **Für alle Messstellenbetreiber verpflichtend** ist dagegen gemäß Abs. 1 S. 2 **die Aufnahme der Entgelte** für den Messstellenbetrieb von modernen Messeinrichtungen und intelligenten Messsystemen als **Bestandteil eines Messstellenvertrages nach den §§ 9 und 10**. Dies entspricht auch der entsprechend uneingeschränkten Adressierung des Messstellenbetreibers in § 9 Abs. 1 S. 1, wenngleich die Regelung für ein faktisches Vertragsverhältnis in § 9 Abs. 3 wiederum nur den grundzuständigen Messstellenbetreiber in Bezug nimmt.

13 Im Übrigen bezieht sich der subjektive Anwendungsbereich von § 7 **Abs. 1 S. 3, Abs. 2 S. 2 und Abs. 3** ausdrücklich auf den **Netzbetreiber**, dessen Kosten des Netzbetriebs einschließlich des grundzuständigen Messstellenbetriebs von konventionellen Messeinrichtungen und Messsystemen getrennt von den Kosten des Messstellenbetriebs mit intelligenten Messsystemen und modernen Messeinrichtungen zu behandeln sind. Der Netzbetreiber muss nicht zwingend personenidentisch mit dem grundzuständigen Messstellenbetreiber sein, auch wenn dies bislang im konventionellen Messstellenbetrieb in aller Regel der Fall

---

14 Vgl. Gegenäußerung der Bundesregierung v. 15.2.2016, BT-Drs. 18/7555, S. 141.
15 Diese lediglich durch den Markt beeinflusste Preisbildung im Fall von Entgelterhebungen durch Dritte galt schon nach alter Rechtslage für das konventionelle Messwesen, vgl. Danner/Theobald/ *Eder*, § 21b EnWG Rn. 135.

ist[16] und die Legaldefinition in § 2 S. 1 Nr. 4 nun auch für den Messstellenbetrieb von modernen Messeinrichtungen und intelligenten Messsystemen davon ausgeht, dass die Grundzuständigkeit zunächst bei dem Netzbetreiber liegt. Diese kann aber im Wege des Verfahrens nach §§ 41 ff. auf ein anderes Unternehmen übertragen werden. Damit ist rechtlich die Grundzuständigkeit für den neuen Messstellenbetrieb von modernen Messeinrichtungen und intelligenten Messsystemen getrennt zu betrachten von der Grundzuständigkeit für den bisherigen konventionellen Messstellenbetrieb. Wer jeweils der adressierte grundzuständige Messstellenbetreiber ist, bestimmt sich also im jeweiligen Normzusammenhang mit dem dort einschlägigen Messstellenbetrieb von modernen Messeinrichtungen und intelligenten Messsystemen einerseits oder konventionellen Messeinrichtungen und Messsystemen andererseits. Diese Trennung spiegeln die differenzierten Legaldefinitionen in § 2 S. 1 Nr. 5 und Nr. 6 für sich gesehen nur unzureichend wider: Gemäß § 2 S. 1 Nr. 5 ist die Grundzuständigkeit für den Messstellenbetrieb die Verpflichtung zur Wahrnehmung des Messstellenbetriebs für alle Messstellen des jeweiligen Netzgebiets, solange und soweit kein Dritter nach §§ 5 und 6 den Messstellenbetrieb durchführt. Hier werden also ausdrücklich alle Messstellen in Bezug genommen, obwohl eine solche allumfassende Grundzuständigkeit in systematischem Widerspruch zu dem Regelungszweck von § 7 steht, den neuen Messstellenbetrieb von modernen Messeinrichtungen und intelligenten Messsystemen von dem bisherigen konventionellen Messstellenbetrieb des Netzbetreibers zu trennen. Jedenfalls im Normzusammenhang mit § 7 ist daher keine einheitliche Grundzuständigkeit, sondern die Grundzuständigkeit für den neuen Messstellenbetrieb von modernen Messeinrichtungen und intelligenten Messsystemen einerseits und die Grundzuständigkeit für den bisherigen konventionellen Messstellenbetrieb andererseits rechtlich maßgeblich.

Insgesamt lassen die **differenzierten Adressatenbereiche** in § 7 die **neue Rollenverteilung** besser erkennen, mit der der Gesetzgeber den Wettbewerb im neuen Marktsegment des Messstellenbetriebs von modernen Messeinrichtungen und intelligenten Messsystemen fördern will. Der bislang marktbeherrschende Netzbetreiber soll zwar regelmäßig die Hauptverantwortung für die Aufrechterhaltung des verbleibenden konventionellen Messstellenbetriebs und auch für die Markteinführung des neuen Messstellenbetriebs von modernen Messeinrichtungen und intelligenten Messsystemen tragen. Einer Behinderung von konkurrierenden Messstellenbetreibern durch Quersubventionierung aus dem Netzbereich soll aber durch eine deutlichere Entflechtung des Messstellenbetriebs von modernen Messeinrichtungen und intelligenten Messsystemen stärker entgegengewirkt werden als dies bislang bei dem konventionellen Messstellenbetrieb der Fall ist.

II. Entgelt für den Messstellenbetrieb (Abs. 1)

Abs. 1 regelt einführend, dass und in welcher Form ein **neues Entgelt für den Messstellenbetrieb von modernen Messeinrichtungen und intelligenten Messsystemen** gesondert von den bisherigen Mess- und Netzentgelten für den konventionellen Messstellenbetrieb zu erheben ist.

---

16 Vgl. BNetzA, Monitoringbericht 2009, S. 50 f. und 186 f.

§ 7 Entgelt für den grundzuständigen Messstellenbetrieb

1. Grundzuständiger Messstellenbetrieb von modernen Messeinrichtungen und intelligenten Messsystemen (S. 1)

16 S. 1 statuiert das **neue Preisobergrenzen-Regime**, das nur für die dort benannten Entgelte einschlägig ist.

a) Moderne Messeinrichtungen und intelligente Messsysteme

17 Neben der Beschränkung des subjektiven Anwendungsbereichs auf den im jeweiligen Versorgungsgebiet grundzuständigen Messstellenbetreiber betrifft dies objektiv also **lediglich die Entgelte für den Messstellenbetrieb von modernen Messeinrichtungen und intelligenten Messsystemen**. Die übrigen **Entgelte für den konventionellen grundzuständigen Messstellenbetrieb** der bisherigen Messeinrichtungen und Messsysteme unterliegen demgegenüber weiterhin der Entgeltregulierung des jeweiligen Netzbetreibers unter dem Erlösobergrenzen-Regime der §§ 21 und 21a des EnWG i.V.m. der ARegV und der StromNEV bzw. GasNEV, wie sich in S. 3 zeigt.

18 Die **Legaldefinition** für die hier gegenständlichen **modernen Messeinrichtungen** findet sich in § 2 S. 1 Nr. 15: eine Messeinrichtung, die den tatsächlichen Elektrizitätsverbrauch und die tatsächliche Nutzungszeit widerspiegelt und über ein Smart-Meter-Gateway sicher in ein Kommunikationsnetz eingebunden werden kann. Daneben ist das neue Preisobergrenzen-Regime auch einschlägig für den grundzuständigen Messstellenbetrieb von intelligenten Messsystemen im Sinne von § 2 S. 1 Nr. 7, also von modernen Messeinrichtungen, die über ein Smart-Meter-Gateway in ein Kommunikationsnetz eingebunden sind und den besonderen Anforderungen nach den §§ 21 und 22 genügen, die zur Gewährleistung des Datenschutzes, der Datensicherheit und Interoperabilität in Schutzprofilen und Technischen Richtlinien festgelegt werden können.

b) Standardleistungen für die Erfüllung der gesetzlichen Mindestanforderungen

19 **Systematisch** verweist S. 1 **ohne weitere Konkretisierung** sowohl in Rechtsgrund als auch in der Rechtsfolge darauf, dass die Preisobergrenzen dieses Gesetzes für die Erfüllung der Aufgaben des grundzuständigen Messstellenbetreibers einzuhalten sind. Damit ist anhand anderer, nicht näher bezeichneter Vorschriften des Gesetzes sowohl der Rechtsgrund zu ermitteln, um welche Aufgaben es sich dabei handelt, als auch die jeweils daraus folgende Preisobergrenze.

20 Aus dem Zusammenhang mit der Legaldefinition des Messstellenbetriebs in § 3 Abs. 2 und den Pflichtausstattungsfällen nach § 29 in Verbindung mit den diesbezüglichen Preisobergrenzen in § 31 und § 32 sowie der Differenzierung in Standardleistungen nach § 35 Abs. 1 und Zusatzleistungen nach § 35 Abs. 2 ergibt sich insgesamt, dass **bezifferte Preisobergrenzen nur für die Standardleistungen vorgegeben** werden, deren Art und Umfang der Gesetzgeber als zumindest erforderlich für einen gesetzeskonformen Messstellenbetrieb mit modernen Messeinrichtungen und intelligenten Messsystemen und dabei auch noch als hinreichend kategorisierbar erachtet.[17]

---

17 So im Ergebnis, aber ohne systematische Begründung, auch *Kermel/Dinter*, RdE 2016, 158, 163.

c) Zusatzleistungen des Messstellenbetriebs

Demgegenüber hat der grundzuständige Messstellenbetreiber für über Standardleistungen hinausgehende **Zusatzleistungen** des Messstellenbetriebs mit intelligenten Messsystemen und modernen Messeinrichtungen die **nicht näher bezifferte Angemessenheit** und **Diskriminierungsfreiheit** seiner Entgelte einzuhalten.   21

Dahingehende Regelungen für Zusatzleistungen des grundzuständigen Messstellenbetreibers finden sich in § 33 Abs. 1, Abs. 2, § 35 Abs. 2, Abs. 3.   22

d) Veröffentlichungspflichten für die Entgelte

Gemäß § 37 Abs. 1 S. 1 haben grundzuständige Messstellenbetreiber spätestens 6 Monate vor dem Beginn des Rollouts **Informationen über den Umfang ihrer Verpflichtungen aus § 29**, über ihre **Standardleistungen** nach § 35 Abs. 1 und über **mögliche Zusatzleistungen** im Sinne von § 35 Abs. 2 zu veröffentlichen. Die Veröffentlichung hat gemäß § 37 Abs. 1 S. 2 auch **Preisblätter mit jährlichen Preisangaben** für mindestens drei Jahre zu beinhalten.   23

e) Ermächtigungsnormen und Zuständigkeiten für die behördliche Umsetzung

Die behördliche Kontrolle der Entgelte für den grundzuständigen Messstellenbetrieb mit modernen Messeinrichtungen und intelligenten Messsystemen unterliegt unmittelbar der Befugnis zu **Aufsichtsmaßnahmen durch die Bundesnetzagentur** gemäß § 76. Dieser entspricht in Abs. 1 der Abstellungsbefugnis nach § 65 Abs. 1 EnWG, so dass die Bundesnetzagentur Unternehmen oder Vereinigungen von Unternehmen auch zur Abstellung einer Zuwiderhandlung gegen das MsbG und/oder gegen aufgrund des MsbG ergangener Rechtsvorschriften verpflichten kann. Dazu können gemäß Abs. 2 diesbezügliche Maßnahmen auch wie bei § 65 Abs. 2 EnWG angeordnet werden. Ebenso entspricht die Befugnis zur Feststellung bereits beendeter Zuwiderhandlungen in Abs. 3 der Vorschrift in § 65 Abs. 3 EnWG. Abs. 4 erklärt die Verfahrensvorschriften §§ 65 bis 101 und 106 bis 108 EnWG für entsprechend anwendbar.   24

In § 46 wird die Bundesregierung ermächtigt, durch **Rechtsverordnung** ohne Zustimmung des Bundesrates gemäß Nr. 5 im Anschluss an eine wirtschaftliche Bewertung des Bundesministeriums für Wirtschaft und Energie eine Anpassung von Preisobergrenzen nach § 34 vorzunehmen, gemäß Nr. 8 Sonderregelungen für Pilotprojekte und Modellregionen zu schaffen und gemäß Nr. 11 die Regeln zum netzdienlichen und marktorientierten Einsatz nach § 33 näher auszugestalten.   25

Aufgrund § 47 Abs. 2 kann die Bundesnetzagentur zur bundesweiten Vereinheitlichung der Bedingungen für den Messstellenbetrieb **Festlegungen** im Sinne von § 29 Abs. 1 EnWG treffen: nach Nr. 2 zu den näheren Anforderungen an die Erfüllung der Vorgaben zur buchhalterischen Entflechtung aus § 3 Abs. 4; nach Nr. 11 zur Sicherstellung der einheitlichen Anwendung der Regelungen in den §§ 29 bis 38; nach Nr. 12 zu den Voraussetzungen, unter denen Betreiber von Übertragungsnetzen nach § 33 Abs. 1 Nr. 1 auch die Ausstattung von Netzübergaben zwischen Netzbetreibern in ihrer jeweiligen Regelzone mit intelligenten Messsystemen verlangen können, einschließlich der Kostenverteilung; und nach Nr. 13 zum Schlüssel für die Kostenverteilung im Falle des § 33 Abs. 1.   26

§ 7 Entgelt für den grundzuständigen Messstellenbetrieb

2. Entgelte für den Messstellenbetrieb von modernen Messeinrichtungen und intelligenten Messsystemen als Vertragsbestandteil (S. 2)

27 S. 2 trifft die **vertragsrechtliche Weichenstellung**, dass alle Entgelte für den Messstellenbetrieb von modernen Messeinrichtungen und intelligenten **Messsystemen Bestandteil eines Messstellenvertrags nach den §§ 9 und 10** sind. Damit geht der subjektive Anwendungsbereich von S. 2 über den des S. 1 hinaus und betrifft nicht nur den grundzuständigen, sondern jeden Messstellenbetrieb von modernen Messeinrichtungen und intelligenten Messsystemen (vgl. oben Rn. 11 f.).[18]

a) Moderne Messeinrichtungen und intelligente Messsysteme

28 In objektiver Hinsicht dagegen nimmt S. 2 ebenso wie S. 1 lediglich die Entgelte für den Messstellenbetrieb von modernen Messeinrichtungen und intelligenten Messsystemen in Bezug (vgl. oben Rn. 15 ff.).

b) Mindestbestandteil eines Messstellenvertrages nach den §§ 9 und 10

29 Für die einzuhaltende **Vertragsform** verweist S. 2 auf die §§ 9 und 10. Dort findet sich in § 9 Abs. 1 der grundsätzliche **Vertragszwang zum Abschluss von mindestens zwei Messstellenverträgen** – erstens gemäß der dortigen Nr. 1 mit dem jeweiligen Anschlussnutzer[19] oder Anschlussnehmer und zweitens gemäß der dortigen Nr. 3 mit dem Netzbetreiber für jede Messstelle – sowie zusätzlich eventuell gemäß der dortigen Nr. 2 mit dem Energielieferanten auf dessen Verlangen und gegebenenfalls gemäß der dortigen Nr. 4 mit dem grundzuständigen Messstellenbetreiber im Falle eines Messstellenbetreiberwechsels nach den §§ 5 und 6.

30 § 10 Abs. 2 Nr. 2 sieht die **Entgelte** und deren **Abrechnung** für Standard- und Zusatzleistungen nach § 35 als **Mindestbestandteil für Messstellenverträge** vor. Ohne einen diesbezüglichen Vertragsabschluss fehlt es dem Messstellenbetreiber also an einer Rechtsgrundlage, auf der er etwaige Entgelte für den Messstellenbetrieb von modernen Messeinrichtungen und intelligenten Messsystemen fordern könnte. Hilfe für den grundzuständigen Messstellenbetreiber spendet die Fiktion des § 9 Abs. 3, nach der der Messstellenvertrag mit dem Anschlussnutzer auch durch dessen bloße faktische Entnahme von Elektrizität aus dem Netz der allgemeinen Versorgung über einen Zählpunkt zustande kommt.

c) Veröffentlichungs- und Kontrahierungspflichten für Rahmenverträge

31 Nach § 9 Abs. 4 S. 1 sind grundzuständige Messstellenbetreiber verpflichtet, **allgemeine Bedingungen für Messstellenverträge** als sogenannte **Rahmenverträge** im Internet zu veröffentlichen und zu diesen Bedingungen Verträge abzuschließen. Für den insoweit mindestens erforderlichen Regelungsinhalt verweist § 9 Abs. 4 S. 2 auf § 10 Abs. 2, so dass mit dessen Nr. 2 auch die Entgelte und deren Abrechnung für Standard- und Zusatzleistungen nach § 35 umfasst sind. Die gesetzeskonforme Veröffentlichung dieser Rahmenverträ-

---

[18] Ebenfalls ohne Differenzierung nach Grundzuständigkeit *Wolf/Dobler/Schüssler*, VersorgW 2015, 325, 326.

[19] Eine begriffliche Bestimmung des „Anschlussnutzers" nimmt *Keppeler* abweichend v. reinen Wortlaut des § 2 S. 1 Nr. 3 vor in EnWZ 2016, 99, 104 (mit Verweis auf die dortige Fn. 49).

ge ist für den jeweils grundzuständigen Messstellenbetreiber von erheblicher Bedeutung im Hinblick auf die Rechtssicherheit seiner Entgeltforderungen für den Messstellenbetrieb von modernen Messeinrichtungen und intelligenten Messsystemen, da er auf die in der Praxis häufig anzutreffende Variante der Vertragsfiktion bei bloß faktischer Stromentnahme des Anschlussnutzers nur zurückgreifen kann, wenn der Verweis des § 9 Abs. 3 S. 2 auf die nach § 9 Abs. 4 veröffentlichten Bedingungen für die jeweilige Verbrauchsgruppe nicht ins Leere läuft.

3. Entgelte für den grundzuständigen Messstellenbetrieb mit Messeinrichtungen und Messsystemen (S. 3)

Kosten in Bezug auf **Messstellen**, die **noch keine Modernisierung** nach Maßgabe dieses Gesetzes (Einbau moderner Messeinrichtungen oder intelligenter Messsysteme) erfahren haben, werden regulatorisch weiterhin nach § 17 Abs. 7 StromNEV bzw. § 15 Abs. 7 GasNEV als Bestandteil der **Netzentgelte** behandelt.[20]

32

S. 3 stellt also klar, dass die **Entgelte für den konventionellen grundzuständigen Messstellenbetrieb**, den der Gesetzgeber weiterhin bei dem jeweiligen Netzbetreiber verortet sieht, einheitlich mit dessen **Netzentgelten unter dem Erlösobergrenzen-Regime** der §§ 21 und 21a EnWG i.V.m. ARegV und StromNEV bzw. GasNEV reguliert bleiben.[21] Dies gilt auch für zwischenzeitliche Modernisierungsmaßnahmen im Messwesen vor Inkrafttreten des MsbG nach § 21b Abs. 3a und 3b bzw. der Nachfolgeregelung § 21c EnWG sowie nach § 18b StromNZV und § 44 GasNZV, deren Kosten gemäß § 5 Abs. 1 S. 3 ARegV ebenso wie die Kosten des jeweiligen Netzbetreibers für den konventionellen Messstellenbetrieb in den Erlösobergrenzen des jeweiligen Netzbetreiber enthalten sind (vgl. oben Rn. 2).

33

III. Besondere Kostenregulierung (Abs. 2)

Wesentliche Neuerung ist die strenge Kostenregulierung des modernen Messstellenbetriebs, nach der die für den Messstellenbetrieb von modernen Messeinrichtungen und intelligenten Messsystemen anfallenden Kosten klar von den Netzentgelten zu trennen sind (vgl. oben Rn. 3 ff.). Abs. 2 stellt dieses **neue Konzept** noch einmal klar und **ordnet das Herausfallen dieser Kosten aus den Netzentgelten** an. Die Abrechnung der Netznutzung ist hiervon als klassische Aufgabe des Netzbetreibers jedoch nicht umfasst.[22] Sie wird also ab dem 1.1.2017 als Netzentgeltbestandteil abgerechnet, so dass ein separates Abrechnungsentgelt ausweislich Abs. 2 S. 2, 2. Hs. nicht mehr erhoben wird. Letzteres gilt allerdings nur im Strombereich, da im Zuge der Einführung des MsbG dahingehend nur § 17 Abs. 7 StromNEV geändert wurde, wohingegen § 15 Abs. 7 GasNEV unverändert ein separates Abrechnungsentgelt vorsieht.[23]

34

---

20 Vgl. Begründung zum Regierungsentwurf v. 17.2.2016, BT-Drs. 18/7555, S. 78.
21 Vgl. *Wolf/Dobler/Schüssler*, VersorgW 2015, 325, 328.
22 Vgl. Begründung zum Regierungsentwurf v. 17.2.2016, BT-Drs. 18/7555, S. 78.
23 Vgl. Ausschussempfehlung v. 22.6.2016, BT-Drs. 18/8919, S. 14.

§ 7 Entgelt für den grundzuständigen Messstellenbetrieb

35 Beginnt der grundzuständige Netzbetreiber schon ab dem Jahr 2017 mit dem Messstellenbetrieb von modernen Messeinrichtungen und intelligenten Messsystemen, so wird die **Trennung der dafür anfallenden Kosten** zunächst über das **Regulierungskonto** gemäß § 5 Abs. 1 S. 3, S. 4 ARegV erfolgen. Denn in den Erlösobergrenzen der zweiten und dritten Regulierungsperiode sind über das Basisjahr noch Kostenansätze für den konventionellen Messstellenbetrieb enthalten, die sukzessive durch den Messstellenbetrieb mit modernen Messeinrichtungen und intelligenten Messsystemen ersetzt werden und somit über das Regulierungskonto abzuschmelzen sind.

36 Dieses **sukzessive Abschmelzen über das Regulierungskonto** wird sich prinzipiell auch danach in den **Folgejahren zukünftiger Regulierungsperioden** fortsetzen. Denn selbst wenn eine Kostentrennung schon Eingang in die Tätigkeitsabschlüsse für die Basisjahre zukünftiger Regulierungsperioden gefunden haben sollte, z. B. in den Jahresabschluss 2016 für die Stromsparte, so dürfte der dort enthaltene Kostenanteil für den konventionellen Messstellenbetrieb tendenziell von Jahr zu Jahr immer weiter abnehmen und an dessen Stelle Kosten für den Messstellenbetrieb mit modernen Messeinrichtungen und intelligenten Messsystemen treten, die hinsichtlich der Standardleistungen über die Preisobergrenzen refinanziert werden müssen.

IV. Kosten des Netzbetriebs bei Anwendung dieses Gesetzes (Abs. 3)

37 Dem Grundsatz der klaren Kostentrennung zwischen Netzbetrieb und Messstellenbetrieb (vgl. oben Rn. 3 ff.) folgend stellt Abs. 3 klar, dass für Kosten des Netzbetriebs, die bei Anwendung dieses Gesetzes entstehen, die §§ 21 und 21a EnWG entsprechend gelten. Der Netzbetrieb ist insbesondere betroffen von den Regelungen in den §§ 33, 56, 64, 66 und 67.[24]

38 Abs. 3 setzt das bereits vorab in einem BMWi-Eckpunktepapier angekündigte Prinzip um, dass **Kosten für technische Zusatzeinrichtungen** zu intelligenten Messsystemen, die allein dem Zweck dienen, Netzausbau einzusparen bzw. den Netzbetrieb effizient und sicher zu gestalten, den **Netzentgelten zugeordnet** werden. Dort wurden beispielhaft Elemente einer Steuerbox zum Einspeisemanagement bei Erzeugungsanlagen genannt.[25]

39 Entscheidend für die **Kostenzuordnung zum Netzbetrieb** ist also zunächst die **Netzdienlichkeit** der jeweiligen Maßnahme, wie sie sich insbesondere in den §§ 33, 56, 64, 66 und 67 widerspiegelt. So kann der Netzbetreiber z. B. gemäß § 33 Abs. 1 Nr. 1 vom grundzuständigen Messstellenbetreiber für moderne Messeinrichtungen und intelligente Messsysteme verlangen, dass Messstellen mit modernen Messeinrichtungen und Smart-Meter-Gateways ausgestattet werden, soweit dies technisch möglich im Sinne von § 30 ist, aber nicht ohnehin aufgrund der Pflichtausstattungen nach den §§ 29 bis 32 erfolgt. Hierfür zahlt der Netzbetreiber dann gemäß § 33 Abs. 1 ein angemessenes Entgelt an den grundzuständigen Messstellenbetreiber. Diesen Aufwand kann er wiederum gemäß dem vorliegenden Abs. 3, also im Rahmen des Erlösobergrenzen-Regimes der §§ 21 und 21a EnWG i.V.m. ARegV und StromNEV bzw. GasNEV, als Netzkosten ansetzen und über seine Net-

---

24 Vgl. Begründung zum Regierungsentwurf v. 17.2.2016, BT-Drs. 18/7555, S. 78.
25 Vgl. BMWi, Baustein für die Energiewende: 7 Eckpunkte für das „Verordnungspaket Intelligente Netze", S. 4.

IV. Kosten des Netzbetriebs bei Anwendung dieses Gesetzes (Abs. 3) § 7

zentgelte amortisieren. Dies gilt auch für den Fall, dass Netzbetreiber und grundzuständiger Messstellenbetreiber personenidentisch sind. Zur Vermeidung einer doppelten Belastung der Nutzer mit Entgelten stellt § 33 Abs. 2 im Sinne der Kostentrennung zwischen Netzbetrieb und Messstellenbetrieb klar, dass dem Netzbetrieb keine Kosten belastet werden dürfen, die beim grundzuständigen Messstellenbetreiber in Erfüllung der Pflichten nach den §§ 29 bis 32 ohnehin anfallen würden.

In den §§ 56, 64, 66 und 67 zeigt sich, dass **netzbezogener Aufwand** nicht nur für die grundsätzliche Ausstattung und den Betrieb von Messstellen mit modernen Messeinrichtungen und intelligenten Messsystemen anfallen kann, sondern auch für die über die gesetzlichen Standardleistungen hinausgehende **Erhebung, Übermittlung und Löschung von Daten.** 40

§ 8 Messstelle

(1) ¹Der Messstellenbetreiber bestimmt im Rahmen der Anforderungen dieses Gesetzes Art, Zahl und Größe von Mess- und Steuereinrichtungen. ²In den Fällen des § 14 Absatz 3 der Stromgrundversorgungsverordnung vom 26. Oktober 2006 (BGBl. I S. 2391) und des § 14 Absatz 3 der Gasgrundversorgungsverordnung vom 26. Oktober 2006 (BGBl. I S. 2391, 2396) hat der Messstellenbetreiber die Belange des Grundversorgers angemessen zu berücksichtigen, soweit dies technisch möglich ist.

(2) ¹Mess- und Steuereinrichtungen müssen den mess- und eichrechtlichen Vorschriften, den Anforderungen dieses Gesetzes, den aufgrund dieses Gesetzes erlassenen Rechtsverordnungen sowie den von dem Netzbetreiber nach der Stromnetzzugangsverordnung und der Gasnetzzugangsverordnung einheitlich für sein Netzgebiet vorgesehenen technischen Mindestanforderungen genügen. ²Die Mindestanforderungen des Netzbetreibers müssen sachlich gerechtfertigt und diskriminierungsfrei sein. ³Die Möglichkeit, zusätzliche Messfunktionen vorzusehen, bleibt unberührt.

Schrifttum: *Baasner/Milovanovic/Schmelzer/Schneidewindt*, Einbaupflicht, -recht und Akzeptanz – Fragen und Antworten zum Einbau von Messeinrichtungen und Messsystemen nach der Novellierung des EnWG 2011, N&R 2012, 12; *Eder/Ahnis*, Vor dem großen Wurf? Die Gesetzessystematik des Zähler- und Messwesens in der Energiewirtschaft, ZNER 2008, 13; *Eder/v. Wege*, Liberalisierung und Klimaschutz im Zielkonflikt: Die neuen gesetzlichen Rahmenbedingungen im Mess- und Zählerwesen Strom und Gas (Teil 1), IR 2008, 176; *Eder/Weise/Raschetti*, Das neue Mess- und Eichrecht, RdE 2014, 313; *Eder/Weise/Raschetti*, Das neue Mess- und Eichrecht 2015 – Was ändert sich für die Versorgungswirtschaft?, VersorgW 2015, 107; *Gertz/Weise/Raschetti*, Das neue Mess- und Eichrecht 2015 und seine Auswirkungen auf die Versorgungswirtschaft, IR 2015, 29; *v. Wege/Gerber*, Neue Kontrollpflicht des Verwenders von Messwerten nach § 33 II MessEG – Sinnhaft oder vermessen?, IR 2015, 124; *v. Wege/Sösemann*, Smart Metering in Deutschland – Sein oder Schein? § 21b IIIa und IIIb EnWG, IR 2009, 55; *de Wyl/Eder/Hartmann*, Praxiskommentar Netzanschluss- und Grundversorgungen, 2. Aufl. 2016.

Übersicht

	Rn.		Rn.
I. Normzweck	1	2. Rechtsverordnungen	16
II. Bestimmungsrecht des Messstellenbetreibers	5	3. Belange des Grundversorgers	18
1. Mess- und Steuereinrichtung	7	4. Mess- und eichrechtliche Vorschriften	20
2. Art, Zahl und Größe	9	5. Technische Mindestanforderungen des Netzbetreibers	24
3. Anbringungsort	11		
III. Grenzen des Bestimmungsrechts	13	IV. Möglichkeit für zusätzliche Messfunktionen	34
1. Vorschriften des MsbG	14		

I. Normzweck

1 § 8 regelt zum einen das **Bestimmungsrecht des Messstellenbetreibers** in Bezug auf Art, Zahl und Größe von Mess- und Steuereinrichtungen Strom und Gas sowie den **Maßstab der Ausübung des Messstellenbetriebs** (Abs. 1). Herausgehoben ist dabei die Rücksicht-

nahme auf die besonderen Rechte des Grundversorgers. Bei den in Abs. 2 aufgeführten rechtlichen Anforderungen an Mess- und Steuereinrichtungen handelt es sich um normative Beschränkungen des Bestimmungsrechts des Messstellenbetreibers,[1] um einen Mindeststandard zu gewährleisten. Unabhängig davon können Mess- und Steuereinrichtungen mit zusätzlichen, über den kodifizierten Maßstab hinausgehenden Messfunktionen angeboten werden (Abs. 2).

Die Vorschrift adressiert den Messstellenbetreiber und gilt damit gemäß § 2 Nr. 12 sowohl für den **grundzuständigen**,[2] als auch den **dritten Messstellenbetreiber**. 2

Dem Messstellenbetreiber ist die Aufgabe des Messstellenbetriebs mit den in § 3 Abs. 2 aufgeführten Pflichten zugewiesen. Hierzu zählen insbesondere Einbau, Betrieb und Wartung der Messstelle und ihrer Messeinrichtungen und Messsysteme. Zur Erfüllung dieser Aufgabe hat er nach § 3 Abs. 3 einen **Anspruch auf den Einbau** von in seinem Eigentum stehenden Messeinrichtungen, modernen Messeinrichtungen, Messsystemen oder intelligenten Messsystemen. Die Einräumung dieses Rechts ist eine tragende Säule der Öffnung des Messwesens für den Wettbewerb.[3] Vor diesem Hintergrund ist es konsequent, auch den Messstellenbetreiber über die zur Erfüllung seiner Messaufgabe erforderliche Art, Zahl und Größe der Mess- und Steuereinrichtung entscheiden zu lassen. Die **wesentlichen Grenzen des Auswahlrechts** legt aber das MsbG selbst fest: Mit seinen auch technischen Vorgaben für intelligente Messsysteme und moderne Messeinrichtungen vor allem in den Technischen Richtlinien des Bundesamts für die Sicherheit in der Informationstechnologie legt das Gesetz einen Standard fest, der die technische Umsetzung, die Interoperabilität, den Datenschutz und die Datensicherheit umfasst. Aufgrund der hohen Bedeutung dieser Aspekte ist es folgerichtig, das Bestimmungsrecht des Messstellenbetreibers zu begrenzen und klare Anforderungen an die Mess- und Steuereinrichtungen vorzugeben.[4] 3

§ 8 basiert im Wesentlichen auf dem bisherigen **§ 8 Abs. 1 und 2 MessZV**[5] sowie **§ 21b Abs. 4 S. 2 und 3 EnWG**.[6] 4

II. Bestimmungsrecht des Messstellenbetreibers

Der Messstellenbetreiber bestimmt **Art, Zahl und Größe der Mess- und Steuereinrichtung**. Hierbei kommt ihm grundsätzlich ein Entscheidungsspielraum zu.[7] Einer vorherigen Anhörung[8] des Anschlussnutzers, Anschlussnehmers, Energielieferanten oder Netzbetrei- 5

---

1 Zur Vorgängervorschrift: BerlKommEnR/*Böhnel*, 2. Aufl. 2010, § 8 MessZV (Anh. § 21b EnWG) Rn. 10.
2 § 2 Nr. 4.
3 Zur Vorgängervorschrift: Britz/Hellermann/Hermes/*Herzmann*, § 21b EnWG Rn. 45.
4 So auch BT-Drs. 18/7555, S. 88.
5 § 8 Abs. 1 S. 1 MessZV bildete im Wesentlichen § 19 Abs. 1 S. 2 StromNZV ab.
6 Siehe zu den wenigen Abweichungen und deren Bedeutung Rn. 19, 32 f.
7 *v. Wege/Sösemann*, IR 2009, 55.
8 Eine Pflicht zur Anhörung des Kunden sowie des Anschlussnehmers sah § 18 Abs. 3 S. 4 AVBEltV (aufgehoben durch Art. 4 der Verordnung zum Erlass von Regelungen des Netzanschlusses von Letztverbrauchern in Niederspannung und Niederdruck v. 1.11.2006, BGBl. I S. 2477) noch vor. Eine Anhörungspflicht des Anschlussnehmers besteht nach wie vor bei der Bestimmung des Anbringungsorts durch den Netzbetreiber nach § 22 Abs. 2 Niederspannungs- bzw. Niederdruckanschlussverordnung.

§ 8 Messstelle

bers bedarf es nicht.[9] Daraus folgt, dass sie grundsätzlich keinen Anspruch auf eine bestimmte Messeinrichtung haben;[10] individuelle Vereinbarungen bleiben natürlich möglich. Unabhängig davon, hat der Messstellenbetreiber sich mit seinem Auftraggeber, dem Anschlussnutzer,[11] darüber zu verständigen, welcher Entnahme- bzw. Einspeisebedarf besteht und mit welcher Messtechnik dieser sinnvoll erfasst werden kann.[12]

6   Im Verhältnis zum Anschlussnehmer[13] könnte das Bestimmungsrecht des Messstellenbetreibers insoweit problematisch sein, als Art, Zahl und Größe von Mess- und Steuereinrichtungen keinen unerheblichen **Einfluss auf den vorzuhaltenden Zählerplatz** haben. Nach § 22 Abs. 1 NAV/NDAV ist der Anschlussnehmer gegenüber dem Netzbetreiber – nicht gegenüber dem Messstellenbetreiber – verpflichtet, für die Messaufgabe geeignete Zählerplätze für Mess- und Steuereinrichtungen vorzuhalten. Diese müssen den anerkannten Regeln der Technik unter Beachtung der vom Netzbetreiber in seinen Technischen Anschlussbedingungen festgelegten technischen Anforderungen entsprechen.[14] Soweit der Messstellenbetreiber nicht mit dem Netzbetreiber identisch ist, bestünde folglich die Gefahr, dass die vom Messstellenbetreiber ausgewählten Mess- und Steuereinrichtungen nicht verbaut werden könnten, da der vom Anschlussnehmer vorgehaltene Zählerplatz hierfür nicht geeignet ist. Der Anschlussnehmer könnte das Bestimmungsrecht des Messstellenbetreibers, das dieser im Verhältnis zum Anschlussnutzer ausübt, somit konterkarieren.[15] Die Gefahr dürfte in der Praxis eher gering sein, zumindest wenn der Messstellenbetreiber intelligente Messsysteme oder moderne Messeinrichtungen einsetzen will. Zählerplätze haben gemäß § 22 Abs. 1 NAV den anerkannten Regeln der Technik zu entsprechen. Zu diesen zählen im Sinne des insoweit allgemeingültigen § 49 Abs. 1 und Abs. 2 S. 1 Nr. 1 EnWG unter anderem die technischen Regel des Verbandes der Elektrotechnik Elektronik Informationstechnik e. V. Dieser hat durch die VDE-Anwendungsregel N-4101 die Vorgaben für die Zählerplätze bereits für den Einbau intelligenter Messsysteme vorbereitet. Sofern der vorhandene Zählerplatz nicht für den Einbau eines intelligenten Messsystems geeignet ist, muss dieser im Zweifel ertüchtigt werden.

1. Mess- und Steuereinrichtung

7   § 8 ist mit „Messstelle" überschrieben, die nach den **Begriffsbestimmungen**[16] neben Mess- und Steuerungseinrichtungen eigentlich auch Kommunikationseinrichtungen zur si-

---

9 Kritisch hierzu u. a. der Bundesverband Erneuerbarer Energien (Stellungnahme zum „Entwurf eines Gesetzes zur Digitalisierung der Energiewende", S. 9, abrufbar auf www.bmwi.de (letzter Abruf: 21.2.2017)) sowie die ARGE Netz GmbH & Co. KG (Stellungnahme der ARGE Netz GmbH & Co. KG zum Referentenentwurf eines Gesetzes zur Digitalisierung der Energiewende, S. 2, abrufbar auf www.bmwi.de (letzter Abruf: 21.2.2017)), die einen Abstimmungsprozess mit den Betroffenen forderten.
10 *Eder/Ahnis*, ZNER 2008, 13.
11 Unter den Voraussetzungen des § 6 kann auch der Anschlussnehmer Auftraggeber sein.
12 BNetzA, Beschl. v. 19.3.2007, BK6-06-071, S. 39.
13 § 2 Nr. 2.
14 Vgl. für den Bereich der Niederspannung § 22 Abs. 1 und § 20 NAV. Zu den Grenzen der Formulierung von Technischen Anschlussbedingungen vgl. BGH, Urt. v. 14.4.2015 – EnVR 45/13, EnWZ 2015, 411.
15 Zur Vorgängervorschrift: BerlKommEnR/*Böhnel*, 2. Aufl. 2010, § 8 MessZV (Anh. § 21b EnWG) Rn. 2.
16 § 2 Nr. 11.

II. Bestimmungsrecht des Messstellenbetreibers § 8

cheren Erhebung, Verarbeitung und Übermittlung der Messdaten und zur sicheren Anbindung von Erzeugungsanlagen und steuerbaren Lasten an Zählpunkten eines Anschlussnutzers einschließlich der Installationsvorrichtungen umfasst. Sowohl das Bestimmungsrecht des Messstellenbetreibers (Abs. 1) als auch die Anforderungen an Mess- und Steuereinrichtungen (Abs. 2) beziehen sich jedoch dem Wortlaut nach lediglich auf Mess- und Steuereinrichtungen.

Für die Annahme, dass trotz des Wortlautes **auch Kommunikationseinrichtungen** von § 8 umfasst sind, spricht, neben der Definition der Messstelle, dass das MsbG insbesondere für Kommunikationseinrichtungen wie das Smart-Meter-Gateway[17] dezidierte Vorgaben in Bezug auf Datenschutz, Datensicherheit und Interoperabilität macht,[18] deren Einhaltung einen hohen Stellenwert hat.[19] Diese Vorgaben liefen möglicherweise ins Leere, wenn der Messstellenbetreiber nicht verpflichtet wäre, sie bei der Bestimmung der Messstelle zu berücksichtigen. Insbesondere das Smart-Meter-Gateway kann auch unter den Begriff der Steuereinrichtung gefasst werden.[20] 8

2. Art, Zahl und Größe

Das Bestimmungsrecht des Messstellenbetreibers bezieht sich sowohl auf **Bezugs-** als auch auf **Erzeugungszähler**. Das EEG verweist nunmehr ausdrücklich in § 10a auf die Vorschriften des MsbG. 9

Bei der **Bestimmung der Anzahl** von Smart-Meter-Gateways ist § 21 Abs. 4 zu beachten. Befinden sich an einem Netzanschluss mehrere Zählpunkte, können die Mindestanforderungen an intelligente Messsysteme nach § 21 Abs. 1 auch mit nur einem Smart-Meter-Gateway realisiert werden. 10

3. Anbringungsort

Den Anbringungsort bestimmt nach § 22 Abs. 2 NAV/NDAV der Netzbetreiber und nicht der Messstellenbetreiber. Hintergrund des **Bestimmungsrechts des Netzbetreibers** ist der enge Zusammenhang zwischen dem Anbringungsort der Mess- und Steuereinrichtung und dem Netzanschluss,[21] der in den Verantwortungsbereich des Netzbetreibers fällt.[22] 11

Die mit dem MsbG einhergehende deutliche Trennung der Marktrollen Messstellenbetreiber und Netzbetreiber[23] und die geplante Ausstattung von Messstellen mit intelligenten Messsystemen[24] lassen an der **Beibehaltung des Bestimmungsrechts** über den Anbringungsort jedoch zweifeln. Der Netzbetreiber wird künftig möglicherweise nicht die (personellen) Ressourcen haben, um beurteilen zu können, wie ein Anbringungsort zu wählen ist, damit etwa das Smart-Meter-Gateway mit der Messeinrichtung oder nach außen ins Weit- 12

---

17 § 2 Nr. 19.
18 Insbesondere §§ 22 f.
19 Begründung zum Regierungsentwurf v. 17.2.2016, BT-Drs. 18/7555, S. 88 f.
20 Vgl. § 33 Abs. 1 Nr. 3.
21 Vgl. *Eder/Ahnis*, ZNER 2008, 13.
22 §§ 17, 18 EnWG; § 1 NAV/NDAV.
23 Vgl. § 1 Nr. 3.
24 § 2 Nr. 13.

§ 8 Messstelle

verkehrsnetz kommunizieren kann. Das Funktionieren dieser Kommunikation fällt auch nicht in seinen Aufgabenbereich, sondern in den des Messstellenbetreibers.[25] Daher wurde im Gesetzgebungsverfahren gefordert, dass der Messstellenbetreiber künftig neben Art, Zahl und Größe auch den Anbringungsort der Mess- und Steuereinrichtung bestimmt, während der Netzbetreiber die Anbringungsvoraussetzungen und Messpunkte festlegt.[26] Dem ist der Gesetzgeber nicht gefolgt. Allerdings wurde § 22 Abs. 2 NAV dahingehend angepasst, dass der Netzbetreiber bei der Wahl des Aufstellungsortes die Möglichkeit der Ausstattung mit einem intelligenten Messsystem nach dem MsbG zu berücksichtigen hat. In Gebäuden, die neu an das Energieversorgungsnetz angeschlossen werden, sind die Messstellen zudem so anzulegen, dass Smart-Meter-Gateways nach dem MsbG nachträglich einfach eingebaut werden können.

III. Grenzen des Bestimmungsrechts

13 Das Bestimmungsrecht des Messstellenbetreibers wird durch die Vorgabe zur **Beachtung diverser Vorschriften** eingeschränkt.[27] Hierdurch wird die Einhaltung eines Mindeststandards in Bezug auf die technischen Anforderungen, die Interoperabilität, den Datenschutz und die Datensicherheit gewährleistet und Anschlussnutzer sowie Anschlussnehmer vor einer möglicherweise überdimensionierten und damit teureren Mess- und Steuereinrichtung geschützt.[28]

1. Vorschriften des MsbG

14 Zunächst schränken insbesondere die **Pflichten zur Ausstattung von Messstellen** mit intelligenten Messsystemen und modernen Messeinrichtungen das Bestimmungsrecht des Messstellenbetreibers ein; das MsbG nimmt in seinen §§ 29 ff. also Einfluss auf die **Art der Messeinrichtung**.[29] Hiernach sind Messstellen an Zählpunkten bei Letztverbrauchern mit einem Jahresstromverbrauch über 6.000 kWh sowie bei solchen Letztverbrauchern,

---

25 § 3 Abs. 2.
26 Stellungnahme des BNE zum Referentenentwurf des BMWi für ein Gesetz zur Digitalisierung der Energiewende, abrufbar auf www.bmwi.de (letzter Abruf: 21.2.2017).
27 § 8 Abs. 1 S. 1 MessZV forderte, dass die Bestimmung des Messstellenbetreibers unter Berücksichtigung energiewirtschaftlicher Belange zur Höhe des Verbrauchs und zum Verbrauchsverhalten in einem angemessenen Verhältnis stehen muss. Demnach musste sich der Messstellenbetreiber bei der Ausübung seines Bestimmungsrechts beispielsweise daran orientieren, ob der Einbau einer Messeinrichtung – mit der die Leistung gemessen werden kann – notwendig ist. § 19 Abs. 1 S. 2 StromNZV bzw. § 39 Abs. 1 S. 2 GasNZV verlangten noch die Berücksichtigung „netzwirtschaftlicher Belange". Diese Formulierung wurde dahingehend kritisiert, dass der Dritte, den der Messstellenbetrieb durchführt, mangels Kenntnis der konkreten „netzwirtschaftlichen Belange" diese bei der Bestimmung von Art, Zahl und Größe der Mess- und Steuereinrichtung nicht berücksichtigen könne. Siehe hierzu: BerlKommEnR/*Böhnel*, 2. Aufl. 2010, § 8 MessZV (Anh. § 21b EnWG) Rn. 4.
28 Bislang wurde zur Begründung insbesondere der Schutz vor besonders kostenintensiven Messeinrichtungen angeführt; vgl. *Eder/Ahnis*, ZNER 2008, 13. Dieses Argument greift vor dem Hintergrund der Preisobergrenzen (§§ 31 f.) jedoch nicht mehr.
29 Die Einbaupflichten der §§ 21c ff. EnWG wurden bereits als Beschränkung des Bestimmungsrechts qualifiziert; siehe *Baasner/Milovanovic/Schmelzer/Schneidewindt*, N&R 2012, 12.

III. Grenzen des Bestimmungsrechts § 8

mit denen eine Vereinbarung nach § 14a EnWG besteht, bzw. bei Betreibern von Erzeugungsanlagen nach dem Erneuerbaren-Energien-Gesetz oder dem Kraft-Wärme-Kopplungsgesetz mit einer installierten Leistung über 7 kW grundsätzlich mit intelligenten Messsystemen auszustatten.[30] Im Übrigen sind moderne Messeinrichtungen zu verbauen.[31] Dabei sind die Anforderungen zur Gewährleistung von Datensicherheit und Datenschutz beim Einsatz von intelligenter Messtechnik und damit auch bei der Bestimmung der Mess- und Steuereinrichtung zu beachten,[32] §§ 19 ff.[33] Eine besondere Bedeutung kommt den dezidierten technischen Mindestanforderungen an intelligente Messsysteme (§ 21) und das Smart-Meter-Gateway (§ 22) zu.

Des Weiteren sind die **Vorgaben zur Art der Messwerterhebung** (§§ 55, 58)[34] zu beachten.[35] Der Stromverbrauch von Letztverbrauchern mit einem Jahresstromverbrauch größer 100.000 kWh wird standardmäßig im Wege der Zählerstandsgangmessung und soweit erforderlich im Wege der viertelstündlichen registrierenden Leistungsmessung erfasst.[36] Die Zählerstandsgangmessung kommt auch zur Anwendung bei Letztverbrauchern mit einem Jahresstromverbrauch bis einschließlich 100.000 kWh und bei unterbrechbaren Verbrauchseinrichtungen im Sinne von § 14a EnWG sobald diese mit einem intelligenten Messsystem ausgestattet sind; bei allen übrigen Letztverbrauchern durch die Erfassung der entnommenen elektrischen Arbeit entsprechend den Anforderungen des im Stromliefervertrag vereinbarten Tarifs.[37] Der Gasverbrauch von Letztverbrauchern mit einer stündlichen Ausspeiseleistung von 500 kWh pro Stunde und einer jährlichen Entnahme von 1,5 Mio. kWh erfolgt durch eine stündliche registrierende Leistungsmessung und im Übrigen durch kontinuierliche Erfassung der entnommenen Gasmenge entsprechend dem abgeschlossenen Gasliefervertrag.[38]   15

2. Rechtsverordnungen

Neben den Anforderungen des MsbG kann das Bestimmungsrecht des Messstellenbetreibers auch **durch aufgrund des MsbG erlassenen Rechtsverordnungen eingeschränkt** werden. Nach § 46 ist die Bundesregierung ermächtigt, durch Rechtsverordnungen Konkretisierungen einzelner Regelungen des MsbG vorzunehmen, soweit es für das Funktionieren der Marktkommunikation mit intelligenten Messsystemen oder zur wettbewerblichen Stärkung der Rolle des Messstellenbetreibers erforderlich ist. Für etwaige Anforde-   16

---

30 §§ 31, 32 sehen einen zeitlichen Korridor für die Umsetzung dieser Pflicht vor.
31 § 29 Abs. 3.
32 Begründung zum Regierungsentwurf v. 17.2.2016, BT-Drs. 18/7555, S. 112.
33 Die Vorschriften füllen den bisherigen § 21e EnWG aus. §§ 19 Abs. 5, 21 Abs. 3, 22 Abs. 5 sehen für die Pflicht zur Erfüllung der besonderen Anforderungen eine Übergangsfrist bis zum 31.12.2016 vor.
34 Die Regelungen ersetzen §§ 10, 11 MessZV.
35 Zur Vorgängervorschrift: BerlKommEnR/*Böhnel*, 2. Aufl. 2010, § 8 MessZV (Anh. § 21b EnWG) Rn. 12.
36 Begründung zum Regierungsentwurf v. 17.2.2016, BT-Drs. 18/7555, S. 156.
37 Zum standardisierten Lastprofil: § 12 StromNZV. Nach § 12 Abs. 4 StromNZV haben Netzbetreiber Netznutzern eine Bilanzierung und Abrechnung auf der Basis von Zählerstandsgängen für diejenigen Einspeise- und Entnahmestellen zu ermöglichen, deren Einspeise- und Entnahmeverhalten mit intelligenten Messsystemen im Sinne des MsbG ermittelt wird.
38 Zum standardisierten Lastprofil: § 24 GasNZV.

vom Wege   117

§ 8   Messstelle

rungen an Mess- und Steuereinrichtungen könnten insbesondere Rechtsverordnungen auf der Grundlage von § 46 Nr. 4, 6 und 9 künftig eine Rolle spielen.[39] Zusätzlich ist die Bundesregierung auch auf der Grundlage von § 74 ermächtigt, konkretisierende Vorschriften unter anderem zur Messwerterhebung zu erlassen, soweit hierbei dem Grundsatz der Verhältnismäßigkeit und der Zweckbindung Rechnung getragen wird. Es bleibt abzuwarten, inwieweit die Bundesregierung von diesen Verordnungsermächtigungen Gebrauch macht und sich hierdurch weitere Anforderungen an Mess- und Steuereinrichtungen ergeben.

17   Nicht genannt sind **Anforderungen**, die sich aus etwaigen **Festlegungen der BNetzA** ergeben könnten (§§ 47, 75). Dass im Gegensatz zu § 8 andere Vorschriften (z.B. § 35 Abs. 1 Nr. 7, § 50 Abs. 1 Nr. 3) ausdrücklich auf Festlegungen der Bundesnetzagentur verweisen, könnte dafür sprechen, dass sich im Festlegungswege keine weiteren Anforderungen an Mess- und Steuereinrichtungen vorgeben lassen. Hiergegen spricht jedoch der eindeutige Wortlaut des § 47 Abs. 1, der der Bundesnetzagentur diesbezügliche Festlegungskompetenzen zuweist.

3. Belange des Grundversorgers

18   Nach Abs. 1 S. 2 sind in den Fällen des § 14 Abs. 3 der Strom- sowie der GasGVV die Belange des Grundversorgers[40] angemessen zu berücksichtigen, soweit dies technisch möglich ist. § 14 Abs. 3 der Strom- bzw. GasGVV sieht vor, dass der Grundversorger statt einer Vorauszahlung[41] einen Bar- oder Chipkartenzähler oder sonstige vergleichbare Vorkassensysteme[42] einrichten kann.[43] Die vom Messstellenbetreiber zu berücksichtigenden Belange des Grundversorgers, liegen folglich darin, Zahlungsausfälle grundversorgter Kunden vorzubeugen und damit das aufgabenimmanente **Inkassorisiko** zu **minimieren**, das in der grundsätzlichen Vorleistungspflicht des Versorgungsunternehmens und in der fehlenden Einflussnahme auf die Auswahl der Kunden infolge der Versorgungspflicht des Grundversorgers besteht.[44]

19   Anders als noch nach § 8 Abs. 1 S. 2 MessZV steht dem Messstellenbetreiber und nicht dem Grundversorger das **Letztentscheidungsrecht** darüber zu, ob er einen Bar- oder Chipkartenzähler oder ein sonstiges Vorkassesystem verbaut.[45] Zukünftig dürfte es auf Letzteres hinauslaufen. Klassische Bar- und Chipkartenzähler werden keinen Platz im Bereich des

---

39   Diese Verordnungsermächtigungen betreffen die Ausgestaltung der Einbaupflicht, der Anbindungspflicht von insbesondere Erzeugungsanlagen und der weiteren Ausgestaltung der Zählerstandsgangmessung.
40   Siehe § 36 Abs. 2 EnWG.
41   Die Voraussetzungen der Vorauszahlung regeln § 14 Abs. 1 Strom- bzw. GasGVV. Hiernach muss nach den Umständen des Einzelfalls Grund zu der Annahme bestehen, dass der Kunde seinen Zahlungsverpflichtungen nicht oder nicht rechtzeitig nachkommt. Ob der Grundversorger Vorauszahlung verlangt oder eine Vorkasseneinrichtung installieren lässt, liegt in seinem Ermessen.
42   Z.B. Münz- oder Magnetkartenzähler.
43   Die Kosten für den Einbau trägt gegenüber dem Messstellenbetreiber der Grundversorger. Er kann die hierdurch entstehenden Mehrkosten gegebenenfalls v. Kunden als Schadenersatz fordern. Siehe hierzu: *de Wyl/Eder/Hartmann*, Praxiskommentar Netzanschluss- und Grundversorgungsverordnung, § 14 StromGVV/GasGVV Rn. 8.
44   Vgl. Hempel/Franke/*Hempel*, § 28 AVBeltV Rn. 1.
45   Nach § 8 Abs. 1 S. 2 MessZV musste der Messstellenbetreiber in den Fällen des § 14 Strom- bzw. GasGVV auf Verlangen des Grundversorgers einen Bar- oder Chipkartenzähler einbauen.

intelligenten Messens haben, sondern andere Lösungen gefunden werden, etwa „virtuelle Barzähler", die den Energiefluss gegebenenfalls automatisch unterbrechen oder drosseln, sofern das zuvor eingezahlte Guthaben verbraucht ist.

4. Mess- und eichrechtliche Vorschriften

Das Mess- und Eichrecht[46] enthält **zahlreiche Pflichten**, die den Messstellenbetreiber als Verwender von Messgeräten[47] und Zusatzeinrichtungen[48] adressieren. Der Verweis des MsbG auf diese Pflichten hat insofern **rein klarstellenden Charakter** als sie den Messgeräteverwender unabhängig hiervon adressieren.[49] Darüber hinaus trifft den Messstellenbetreiber bereits nach § 3 Abs. 2 Nr. 1 die Pflicht, eine mess- und eichrechtskonforme Messung entnommener, verbrauchter und eingespeister Energie zu gewährleisten.[50]

Verwender eines Messgeräts ist der, der Messgeräte zur Bestimmung von Messwerten im geschäftlichen oder amtlichen Verkehr oder bei Messungen im öffentlichen Interesse betreibt oder bereithält. Bereitgehalten wird ein Messgerät, wenn es ohne besondere Vorbereitung für die genannten Zwecke in Betrieb genommen werden kann und ein Betrieb zu diesen Zwecken nach Lage der Umstände zu erwarten ist.[51] Demnach treffen den **Messstellenbetreiber** die **Pflichten des Messgeräteverwenders** unabhängig davon, ob die Messgeräte in seinem Eigentum stehen oder ob er sie vom vorherigen Messstellenbetreiber der Messstelle gepachtet hat.[52] Erforderlich ist vielmehr das Innehaben einer rechtlichen und tatsächlichen Kontrolle im Sinne einer Funktionsherrschaft.[53]

Zu den **Pflichten** des Messgeräteverwenders nach dem **Mess- und Eichrecht** zählen insbesondere: Gemäß §§ 31, 37 MessEG dürfen ausschließlich geeichte Messgeräte verwendet werden.[54] Die Eichfristen für einzelne Messgeräte sind in § 34 MessEV i.V. m. Anl. 7 MessEV festgehalten.[55] Nach § 32 MessEG besteht eine Anzeigepflicht des Messgeräteverwenders gegenüber der nach Landesrecht zuständigen Stelle.[56] Gemäß § 31 Abs. 2 Nr. 4 MessEG sind Nachweise über erfolgte Wartungen, Reparaturen oder sonstige Eingriffe am Messgerät für einen bestimmten Zeitraum aufzubewahren.

---

46 Das Mess- und Eichrecht hat zum 1.1.2015 eine grundlegende Novellierung erfahren, siehe hierzu: *Eder/Weise/Raschetti*, VersorgW 2015, 107; *Eder/Weise/Raschetti*, RdE 2014, 313; *Gertz/Weise/Raschetti*, IR 2015, 29.
47 § 3 Nr. 13 MessEG.
48 § 3 Nr. 24 MessEG.
49 Zur Vorgängervorschrift: BerlKommEnR/*Böhnel*, 2. Aufl. 2010, § 8 MessZV (Anh. § 21b EnWG) Rn. 11.
50 Zur Vorgängervorschrift: BerlKommEnR/*Drozella*, § 21b EnWG Rn. 94.
51 § 3 Nr. 22 MessEG. Abzugrenzen v. Messgeräteverwender ist der Messwerteverwender. Diesen treffen eigene Pflichten, wie etwa die Kontrollpflicht; siehe hierzu: *v. Wege/Gerber*, IR 2015, 124.
52 Zur Vorgängervorschrift: Danner/Theobald/*Eder*, 86. EL 2015, § 21b EnWG Rn. 65.
53 BT-Drs. 17/12727, S. 39.
54 Ausnahmen von der Eichpflicht sind u. a. in Anl. 1 zur MessEV (gerätebezogen) sowie § 5 MessEV (verwendungsbezogen) vorgesehen.
55 Da auch jede umfassende Änderung von Messeinrichtungen sowie Zusatzeinrichtungen eine neue Eichung erforderlich macht, sieht § 37 Abs. 6 MessEG vor, dass Messgeräte, deren Software durch einen technischen Vorgang aktualisiert wurde, wiederverwendet werden, wenn die Software von der zuständigen Behörde genehmigt wurde.
56 Die nach Landesrecht zuständigen Stellen haben eine gemeinsame Internetplattform zur Erfüllung dieser Pflicht eingerichtet: www.eichamt.de.

§ 8   Messstelle

23 Es obliegt nicht dem Netzbetreiber, die Einhaltung dieser Pflichten zu überprüfen.[57] Nach § 54 MessEG ist die **Verwendungsüberwachung** Aufgabe der zuständigen **Eichbehörden**. Der Netzbetreiber kann aber ebenso wie der Anschlussnutzer, der Bilanzkoordinator und der Energielieferant gemäß § 71 jederzeit eine Nachprüfung der Messeinrichtung durch eine Befundsprüfung verlangen. Dasselbe Recht folgt bereits aus dem Mess- und Eichrecht selbst.[58] Die Missachtung der eichrechtlichen Pflichten hat zum einen ordnungsrechtliche Konsequenzen.[59] Zum anderen kann sie beweisrechtliche Folgen haben. Für ein nicht geeichtes Messgerät greift die Vermutung der Richtigkeit der hiermit gemessenen Messwerte nicht.[60]

5. Technische Mindestanforderungen des Netzbetreibers

24 Neben den technischen Anforderungen, die das MsbG für intelligente Messsysteme und Smart-Meter-Gateways festlegt,[61] müssen Mess- und Steuereinrichtungen auch den vom Netzbetreiber einheitlich für sein Netzgebiet vorgesehenen technischen Mindestanforderungen genügen. Hiervon umfasst sind auch **technische Mindestanforderungen des Netzbetreibers** in Bezug auf das **technische Installationsumfeld**. Diese können sich in gleicher Weise auf die Einsetzbarkeit der Messeinrichtung im jeweiligen Netzgebiet auswirken.[62] Einer gesonderten (vertraglichen) Einigung zwischen Netzbetreiber und Messstellenbetreiber über die Geltung der technischen Mindestanforderungen bedarf es nicht.[63] Sie sind bereits kraft gesetzlicher Anordnung in § 8 zwingend zu beachten.

25 Zunächst sind die Technischen Mindestanforderungen von den **Technischen Anschlussbedingungen** im Sinne des § 20 NAV/NDAV abzugrenzen. Technische Anschlussbedingungen legen technische Anforderungen an den Netzanschluss und andere Anschlussteile sowie an den Betrieb der Anlage einschließlich Eigenanlage fest. Sie gelten im Verhältnis zwischen Netzbetreiber und Anschlussnehmer. Den pauschalen Verweis technischer Mindestanforderungen auf technische Anschlussbedingungen sieht die BNetzA kritisch.[64] Da technische Anschlussbedingungen in der Regel sehr umfangreich sind und für ein anderes Rechtsverhältnis gelten, sei es dem Messstellenbetreiber nicht zuzumuten, die auf ihn passenden Stellen herauszusuchen.[65] Zudem werde dadurch bei einem potenziellen Messstellenbetreiber der Eindruck erweckt, dass er in eigener Person dafür einzustehen habe, dass Verhaltenspflichten aus dem Netzanschlussverhältnis dauerhaft eingehalten werden. Daneben steht einem pauschalen Verweis auch das AGB-rechtliche Transparenzgebot[66] entgegen.[67]

---

57 Zur Vorgängervorschrift: Danner/Theobald/*Eder*, 86. EL 2015, § 21b EnWG Rn. 65.
58 § 39 MessEG, § 39 MessEV.
59 § 60 MessEG sieht diverse Bußgeldtatbestände vor, deren Erfüllung zu einer Geldstrafe bis zu € 50.000 führen kann.
60 BGH, Urt. v. 17.11.2010, VIII ZR 112/10, NJW 2011, 598; OLG München, Beschl. v. 13.1.2011, 32 Wx 32/10, WuM 2011, 130.
61 §§ 21, 22.
62 BNetzA, Beschl. v. 22.4.2010, BK6-09-141, S. 13 in Bezug auf die Mindestanforderung jede Zählerplatzfläche mit einer Zähler-Steckklemme einschließlich Aushebeschutz auszustatten.
63 Zur Vorgängervorschrift: Danner/Theobald/*Eder*, 86. EL 2015, § 21b EnWG Rn. 66.
64 BNetzA, Beschl. v. 22.4.2010, BK6-09-141, S. 12.
65 Zur Vorgängervorschrift: Rosin/*Stolzenburg*, § 21b EnWG Rn. 76.
66 § 307 Abs. 1 S. 2 BGB.
67 Zur Vorgängervorschrift: BerlKommEnR/*Drozella*, § 21b EnWG Rn. 50.

III. Grenzen des Bestimmungsrechts § 8

Die Technischen Mindestanforderungen werden vom Netzbetreiber einheitlich für sein Netzgebiet vorgegeben. Sie dienen dem einwandfreien und sicheren Netzbetrieb unter Berücksichtigung der Gegebenheiten sowie der technischen Ausstattung des Netzgebietes.[68] Zudem soll der Einbau technisch rückständiger Technologien verhindert werden.[69] Bei der **Ausgestaltung** steht dem Netzbetreiber ein gewisser **Spielraum** zu.[70] Zur bundesweiten Vereinheitlichung der Mindestanforderungen gibt es allerdings sowohl vom Verband der Elektrotechnik (VDE)[71] als auch vom Deutschen Verein des Gas- und Wasserfaches (DVGW)[72] formulierte Mindestanforderungen, auf die technische Mindestanforderungen von Netzbetreibern regelmäßig Bezug nehmen.[73] Zur Vermeidung der Benachteiligung dritter Messstellenbetreiber und einer damit einhergehenden Beschränkung des Wettbewerbs, müssen die Mindestanforderungen jedoch sachlich gerechtfertigt und diskriminierungsfrei ausgestaltet sein.

26

Die **sachliche Rechtfertigung** ist nach Auffassung der BNetzA nicht nur als reine Sachdienlichkeit einer technischen Mindestanforderung zu verstehen, sondern ist nur dann anzunehmen, wenn neben Geeignetheit und Praktikabilität auch eine Erforderlichkeit der betreffenden Anforderung festzustellen ist.[74] Das Kartellrecht[75] versteht den Begriff der „sachlichen Rechtfertigung" im Sinne einer Gesamtabwägung der individuellen Interessen der Beteiligten unter Berücksichtigung der gesetzlichen Zielsetzung der Regulierung.[76] Diese Auslegung ist grundsätzlich auf die Ausfüllung des Begriffs der sachlichen Rechtfertigung nach § 8 Abs. 2 S. 2 übertragbar, da sich ebenfalls anerkennungsfähige individuelle Interessen der Marktteilnehmer gegenüberstehen, die im konkreten Einzelfall bewertet und in Ausgleich gebracht werden müssen.[77] Ins Gewicht fällt dabei einerseits die Förderung und Sicherstellung eines wirksamen Wettbewerbs zur Preissenkung und andererseits der zuverlässige und störungsfreie Betrieb von Energieversorgungsnetzen.[78] Dienen die technischen Mindestanforderungen der ordnungsgemäßen Erfüllung der gesetzlichen Pflichten mit Blick auf einen störungsfreien und sicheren Betrieb des jeweiligen Energieversorgungsnetzes, wird das Interesse des Netzbetreibers regelmäßig überwiegen.[79] Ein unterbrechungsfreier Zählerwechsel sowie die Vermeidung des Auftretens wechselbedingter Kurzschlüsse stellen nach Auffassung der BNetzA allerdings keine Gründe für eine sachliche Rechtfertigung dar.[80]

27

---

68 Zur Vorgängervorschrift: Danner/Theobald/*Eder*, 86. EL 2015, § 21b EnWG Rn. 68.
69 Zur Vorgängervorschrift: Kment/*Thiel*, § 21b EnWG Rn. 36.
70 Zur Vorgängervorschrift: *Eder/v. Wege*, IR 2008, 176; BerlKommEnR/*Drozella*, § 21b EnWG Rn. 52.
71 VDE-AR-N 4400: 2011-09 (Metering Code).
72 Vor allem: DVGW G 687, G 685, G 486 (Gasmessung); G 689, G 488, G 492 (Messstellenbetrieb Gas).
73 Werden Energieanlagen unter Einhaltung der Vorgaben des VDE bzw. DVGW errichtet und betrieben, wird nach § 49 Abs. 2 EnWG vermutet, dass die allgemeinen Regeln der Technik eingehalten worden sind.
74 BNetzA, Beschl. v. 22.4.2010, BK6- 09-141 S. 14.
75 Z. B. § 20 Abs. 1 GWB.
76 Loewenheim/Meessen/Riesenkampff/*Loewenheim*, § 20 GWB Rn. 121; Immenga/Mestmäcker/*Markert*, GWB, § 20 GWB Rn. 141.
77 Zur Vorgängervorschrift: BerlKommEnR/*Drozella*, § 21b EnWG Rn. 52.
78 Zur Vorgängervorschrift: BerlKommEnR/*Drozella*, § 21b EnWG Rn. 52.
79 So im Ergebnis auch zur Vorgängervorschrift: BerlKommEnR/*Drozella*, § 21b EnWG Rn. 52.
80 BNetzA, Beschl. v. 22.4.2010, BK6- 09-141 S. 14 ff.

§ 8   Messstelle

28 Die Mindestanforderungen dürfen darüber hinaus **nicht diskriminierend** sein, also vergleichbare Sachverhalte ungleich bzw. ungleiche Sachverhalte gleich behandelt werden, es sei denn, es gibt hierfür wiederum eine sachliche Rechtfertigung. Diese Anforderung schließt eine Verhandlung über Anforderungen mit einzelnen Messstellenbetreibern dann aus, wenn das Ergebnis der Verhandlungen nicht allen anderen Messstellenbetreibern ebenso angeboten wird.[81] Eine sachlich gerechtfertigte Ungleichbehandlung kann beispielsweise in einer Differenzierung der Mindestvoraussetzungen nach der Jahresverbrauchsmenge gesehen werden.[82] Anforderungen an Messstellenbetreiber, die der Netzbetreiber selbst als grundzuständiger Messstellenbetreiber nicht erfüllt, stellen hingegen eine nicht gerechtfertigte Ungleichbehandlung dar.[83] Gleiches wird in der Regel für Mindestvoraussetzungen gelten, die nicht für das ganze Netzgebiet gefordert werden.[84]

29 Zur wirksamen Kontrolle der Einhaltung der Anforderungen an Mindestvoraussetzungen durch den Netzbetreiber einerseits und zur Herstellung von Transparenz andererseits[85] sollten die technischen Mindestanforderungen zusammen mit den allgemeinen Bedingungen für Verträge nach § 9 Abs. 4 im Internet **veröffentlicht** werden.[86]

30 Bei dem **Verweis** des Abs. 2 auf die technischen Mindestanforderungen des Netzbetreibers muss es sich aufgrund der steten Fortentwicklung der Messtechnik um einen **dynamischen** handeln. Demzufolge kann der Netzbetreiber, wenn er die Mindestanforderungen – sachlich gerechtfertigt und diskriminierungsfrei – ändert, eine Anpassung der von der Änderung betroffenen Messstellen vom Messstellenbetreiber verlangen. Der von der Bundesnetzagentur einheitlich vorgegebene Messstellenrahmenvertrag[87] regelt diesen Fall in § 12 Abs. 3. Hiernach ist der Netzbetreiber berechtigt, die **Mindestanforderungen** bei Bedarf **anzupassen**. Über eine beabsichtigte Änderung muss er den Messstellenbetreiber jedoch mindestens drei Monate vor deren Wirksamwerden schriftlich informieren und ihm in angemessener Weise Gelegenheit zur Stellungnahme geben.[88]

31 Darüber hinaus regelt der Messstellenvertrag den Fall, dass sich nicht die Mindestanforderungen ändern, sondern aufgrund baulicher Veränderungen, Änderungen des Verbrauchsverhaltens des Anschlussnutzers[89] oder Änderungen des Netznutzungsvertrags die Messstelle selbst sich ändert. Nach § 12 Abs. 2 des Messstellenrahmenvertrages[90] ist der Netzbetreiber berechtigt, vom Messstellenbetreiber innerhalb von zwei Monaten eine **Anpassung der Messstelle** zu verlangen. Das Recht des Netzbetreibers ist insofern als Pflicht zu verstehen, als sich der Netzbetreiber andernfalls dem Vorwurf einer verbotenen diskrimi-

---

81 Zur Vorgängervorschrift: Danner/Theobald/*Eder*, 86. EL 2015, § 21b EnWG Rn. 67; Schneider/Theobald/*de Wyl/Thole/Bartsch*, S. 999.
82 Zur Vorgängervorschrift: BerlKommEnR/*Drozella*, § 21b EnWG Rn. 54.
83 Zur Vorgängervorschrift: Danner/Theobald/*Eder*, 86. EL 2015, § 21b EnWG Rn. 69.
84 Zur Vorgängervorschrift: Rosin/*Stolzenburg*, § 21b EnWG Rn. 76.
85 Zur Vorgängervorschrift: BerlKommEnR/*Böhnel*, 2. Aufl. 2010, § 2 MessZV (Anh. § 21b EnWG) Rn. 14 bzgl. der mit § 9 Abs. 4 vergleichbaren Veröffentlichungspflicht nach § 2 Abs. 2 MessZV.
86 Vgl. zur damaligen Rechtslage: Danner/Theobald/*Eder*, 86. EL 2015, § 21b EnWG Rn. 66.
87 BNetzA, Beschl. v. 9.9.2010, BK6-09-034/BK7-09-001, Anl. 3. Siehe zu notwendigen Anpassungen aufgrund des MsbG: § 9 Rn. 26.
88 Ein Sonderkündigungsrecht ist für diesen Fall nicht vorgesehen.
89 Hierbei handelt es sich um Gründe aus der Sphäre des Anschlussnehmers.
90 § 12 Abs. 2 des Messstellenrahmenvertrags basiert auf dem ehemaligen § 8 Abs. 4 MessZV.

nierenden Anwendung stellen müsste.[91] Das erfolglose Verstreichen dieser Frist sowie die wesentliche Abweichung der Messstelle[92] von den Mindestvoraussetzungen berechtigt den Netzbetreiber zur Kündigung des Vertrages mit dem Messstellenbetreiber. Die Frist beginnt mit dem Zugang des Anpassungsverlangens des Netzbetreibers beim Dritten.[93] Umsetzungsfrist und Rechtsfolge der Nichtumsetzung wird dem Interesse des Netzbetreibers gerecht, die Netzstabilität und -sicherheit zu gewährleisten. Damit entspricht es dem Interesse des Messstellenbetreibers an einer ausreichenden Vorbereitungszeit.

Anders als § 21b Abs. 4 S. 2 Nr. 2 EnWG es vorsah, handelt es sich nach § 8 Abs. 2 S. 1 um technische **Mindestanforderungen „nach der Stromnetzzugangsverordnung und der Gasnetzzugangsverordnung"**. Die Bedeutung dieser Bezugnahme ist nicht nachvollziehbar. Anders als die NAV/NDAV[94] enthalten Strom- bzw. GasNZV keine ausdrückliche Berechtigung des Netzbetreibers, besondere technische Anforderungen für das eigene Netzgebiet festzulegen, schon gar nicht mit Blick auf den Messstellenbetrieb. Die einzige Norm der Strom- bzw. GasNZV, die sich mit der Messung beschäftigt, verweist auf die Bestimmungen des MsbG.[95] Die übrigen Vorschriften[96] wurden durch das Gesetz zur Digitalisierung der Energiewende aufgehoben. § 12 StromNZV bzw. § 24 GasNZV machen lediglich Vorgaben zur Art der Messung, die sich weitestgehend in §§ 55, 58 widerspiegeln. 32

§ 21b Abs. 4 S. 2 Nr. 2 EnWG sah neben der Einhaltung der technischen Mindestanforderungen vor, dass Messeinrichtungen und Messsysteme auch **Mindestanforderungen an Datenumfang und Datenqualität** entsprechen müssen. Da die §§ 49ff. nunmehr umfangreiche Vorgaben zum Umfang und zur Qualität der zu erhebenden Daten machen, wird es solcher Mindestanforderungen des Netzbetreibers grundsätzlich nicht mehr bedürfen. 33

IV. Möglichkeit für zusätzliche Messfunktionen

Gemäß § 8 Abs. 2 S. 2 bleibt die **Möglichkeit zusätzlicher Messfunktionen** unberührt. Bei zusätzlichen Messfunktionen handelt es sich um solche, die für die Abrechnung insbesondere der Netznutzung nicht erforderlich sind. Die Möglichkeit zusätzlicher Messfunktionen wird in der Regel dann eine Rolle spielen, wenn der Anschlussnutzer einen Dritten zur Durchführung des Messstellenbetriebs wählt.[97] 34

---

91 Zur Vorgängervorschrift: BerlKommEnR/*Böhnel*, 2. Aufl. 2010, § 21b EnWG Rn. 17.
92 Eine wesentliche Abweichung ist anzunehmen, wenn keine ordnungsgemäße Messung gewährleistet ist. In anderen Fällen sind Änderungen durch den Netzbetreiber gegebenenfalls zivilrechtlich durchzusetzen; BR-Drs. 568/08, S. 26.
93 Zur Vorgängervorschrift: BerlKommEnR/*Böhnel*, 2. Aufl. 2010, § 21b EnWG Rn. 18.
94 Jeweils § 20.
95 Vgl. § 18 StromNZV, § 43 GasNZV.
96 §§ 18a–22 StromNZV wurden aufgehoben.
97 Zur Vorgängervorschrift: BR-Drs. 568/08, S. 26.

§ 9 Messstellenverträge

(1) [1]Die Durchführung des Messstellenbetriebs bedarf folgender Verträge des Messstellenbetreibers (Messstellenverträge):
1. mit dem Anschlussnutzer oder dem Anschlussnehmer,
2. mit dem Energielieferanten auf dessen Verlangen,
3. mit dem Netzbetreiber für jede Messstelle,
4. mit dem grundzuständigen Messstellenbetreiber bei jedem Messstellenbetreiberwechsel nach den §§ 5 und 6.

[2]§ 54 ist zu beachten.

(2) Sind Regelungen der Messstellenverträge nach Absatz 1 Nummer 1 Bestandteil eines Vertrages des Energielieferanten mit dem Anschlussnutzer oder dem Anschlussnehmer zumindest über die Energiebelieferung (kombinierter Vertrag), entfällt das Erfordernis eines separaten Vertrages aus Absatz 1 Nummer 1.

(3) [1]Besteht kein Messstellenvertrag mit dem Anschlussnehmer oder kein Vertrag nach Absatz 2, kommt ein Messstellenvertrag zwischen dem grundzuständigen Messstellenbetreiber und dem Anschlussnutzer nach Absatz 1 Nummer 1 dadurch zustande, dass dieser Elektrizität aus dem Netz der allgemeinen Versorgung über einen Zählpunkt entnimmt. [2]Bei intelligenten Messsystemen und modernen Messeinrichtungen kommt der Vertrag entsprechend den nach Absatz 4 veröffentlichten Bedingungen für die jeweilige Verbrauchsgruppe zustande.

(4) [1]Grundzuständige Messstellenbetreiber sind verpflichtet, unter Beachtung dieses Gesetzes und des Energiewirtschaftsgesetzes, der auf Grund dieser Gesetze erlassenen Rechtsverordnungen und der auf diesen Grundlagen ergangenen vollziehbaren Entscheidungen der Regulierungsbehörde allgemeine Bedingungen für Verträge nach den Absätzen 1 bis 3 im Internet zu veröffentlichen und zu diesen Bedingungen Verträge abzuschließen (Rahmenverträge). [2]Für den mindestens erforderlichen Regelungsinhalt von Rahmenverträgen ist § 10 Absatz 2 entsprechend anzuwenden.

Schrifttum: *Eder/v. Wege/Weise*, Der Rechtsrahmen für Smart Metering – ein konsistentes Gesamtkonzept?, ZNER 2012, 59; *v. Wege/Wagner*, Digitalisierung der Energiewende – Markteinführung intelligenter Messtechnik nach dem Messstellenbetriebsgesetz, N&R 2016, 2; *de Wyl/Eder/Hartmann*, Praxiskommentar Netzanschluss- und Grundversorgungsverordnung, 2. Aufl. 2016.

Übersicht

	Rn.		Rn.
I. Normzweck	1	b) Neu: Leistungserbringung und Abrechnung im Verhältnis Messstellenbetreiber und Anschlussnutzer bzw. -nehmer	9
II. Entstehungsgeschichte	2		
III. Neue Vertragspflicht und Abrechnung	5		
1. Neue Vertragsbeziehungen im Überblick	5	IV. Messstellenverträge	13
2. Neue Leistungsbeziehung	6	1. Allgemein	13
a) Bisher: Leistungserbringung und Abrechnung im Verhältnis Netzbetreiber und Netznutzer	7	2. Sachlicher Anwendungsbereich	18
		3. Vertragsschluss	19
		4. Vertragspartner	24

a) Messstellenbetreiber 24	6. Vertragsinhalt.................. 32
b) Anschlussnutzer/Anschlussnehmer 25	7. Kombinierter Vertrag........... 33
c) Energielieferant.............. 26	8. Beachtung der Transparenzvorgaben........................ 34
d) Netzbetreiber................ 27	9. Verhältnis zum EEG 35
e) grundzuständiger Messstellenbetreiber 29	10. Einbeziehung der Gasmessung 36
5. Einzelverträge/Rahmenverträge ... 30	V. Allgemeine Bedingungen 37

I. Normzweck

§ 9 regelt, welche Beteiligten bei der Durchführung des Messstellenbetriebs sog. Messstellenverträge miteinander abzuschließen haben. § 10 gibt sodann die Mindestinhalte für diese Verträge vor. Die Vielfalt vertraglicher Beziehungen soll das zum Funktionieren des Energieversorgungssystems erforderliche **Zusammenspiel des Messstellenbetreibers mit den weiteren energiewirtschaftlichen Marktrollen koordinieren** und die **Grundlage der Interaktion** zwischen dem Messstellenbetreiber und weiteren zum Datenumgang Berechtigten darstellen.[1]

1

II. Entstehungsgeschichte

§ 21b Abs. 2 S. 4 EnWG sah bereits vor, dass ein dritter Messstellenbetreiber und der Netzbetreiber verpflichtet sind, zur Ausgestaltung ihrer rechtlichen Beziehungen einen Vertrag zu schließen. **Konkretisiert** wurde diese **Vertragsabschlusspflicht** in den **§§ 2, 3 MessZV**. § 2 Abs. 2 MessZV verpflichtete den Netzbetreiber, allgemeine Bedingungen für den Abschluss von Verträgen mit dritten Messstellenbetreibern im Internet zu veröffentlichen. Nach § 3 Abs. 3 MessZV war der Dritte berechtigt, vom Netzbetreiber den Abschluss von Rahmenverträgen zu verlangen.

2

Nach dem EnWG[2] war es zudem möglich, dass der Anschlussnutzer lediglich die Messdienstleistung[3] vom Netzbetreiber auf einen Dritten überträgt, solange und soweit eine Messstelle nicht mit einem Messsystem ausgestattet oder in ein solches eingebunden ist. Entsprechend **differenzierte** die MessZV in **Messstellen- und Messverträge**.[4]

3

Mit Ausnahme der Verträge zwischen dem bisherigen und dem neuen Messstellenbetreiber zur Durchführung des Wechselprozesses,[5] ordnete weder das EnWG noch die MessZV den Abschluss weiterer Verträge im Zusammenhang mit der Durchführung des Messstellenbetriebs bzw. des Messstellenbetreiberwechsels an.

4

---

1 Begründung zum Regierungsentwurf v. 17.2.2016, BT-Drs. 18/7555, S. 112.
2 § 21b Abs. 3 EnWG.
3 Hierzu zählt § 3 Nr. 26c EnWG die Ab- und Auslesung der Messeinrichtung sowie die Weitergabe der Daten an Dritte.
4 § 3 Abs. 1, 2 MessZV.
5 § 21b Abs. 2 S. 5 EnWG – nun in § 14 Abs. 2 geregelt.

III. Neue Vertragspflicht und Abrechnung

1. Neue Vertragsbeziehungen im Überblick

5 § 9 weicht in mehreren Punkten von den bisherigen Regelungen ab: Neben der **stets erforderlichen Vertragsbeziehung** zwischen dem (dritten) Messstellenbetreiber und dem Netzbetreiber sind **Verträge** zwischen dem (dritten) **Messstellenbetreiber** einerseits und dem **Anschlussnutzer** oder dem **Anschlussnehmer**, dem **Energielieferanten** (auf dessen Verlangen) und dem **grundzuständigen Messstellenbetreiber** andererseits gesetzlich vorgesehen, soweit keine Personenidentität vorliegt.[6] Ist der grundzuständige Messstellenbetreiber für den Messstellenbetrieb verantwortlich, ist ein Vertragsverhältnis mit dem Anschlussnutzer für den Messstellenbetrieb von modernen Messeinrichtungen und intelligenten Messsystemen zu begründen, das auch konkludent durch Energieentnahme zustande kommen kann. Die – auch vertragliche – Differenzierung in Messstellenbetrieb und Messdienstleistung wird mit der flächendeckenden und verpflichtenden Einführung intelligenter Messtechnik durch das MsbG aufgegeben. Der Messstellenbetrieb umfasst nunmehr immer auch die Messung.[7] Entsprechend bedarf es keiner unterschiedlichen Verträge mehr.

2. Neue Leistungsbeziehung

6 Insbesondere die **zusätzliche Rechtsbeziehung** zwischen dem **Anschlussnutzer** und dem **grundzuständigen Messstellenbetreiber**, der in aller Regel der Netzbetreiber ist, bei der Durchführung des Messstellenbetriebs mit modernen Messeinrichtungen und intelligenten Messsystemen führt zu einem erheblichen prozessualen sowie finanziellen Mehraufwand beim grundzuständigen Messstellenbetreiber und widerspricht den bisherigen, etablierten Abrechnungsbeziehungen, da gemäß § 10 Abs. 2 Nr. 2 die Entgelte für Standard- und Zusatzleistungen des Messstellenbetriebs (vgl. § 35) und ihre Abrechnung Regelungsgegenstände des Messstellenvertrages sein sollen. Zwischen dem Anschlussnutzer und dem Netzbetreiber bestand bislang lediglich eine vertragliche Beziehung: das Anschlussnutzungsverhältnis gemäß § 3 NAV/NDAV. Dieses kommt durch die Entnahme von Energie aus dem Verteilernetz zustande.[8] Der Inhalt dieses Rechtsverhältnisses ist in der NAV bzw. NDAV festgelegt.[9] Da keine entgeltlichen Leistungen ausgetauscht werden, bedarf es bisher zur Abwicklung weder eines Abrechnungs- noch eines Vertragsverwaltungs-, Mahn- oder Inkassoprozesses.

a) Bisher: Leistungserbringung und Abrechnung im Verhältnis Netzbetreiber und Netznutzer

7 Bisher ist der **Netznutzer** Gläubiger der Leistung Messstellenbetrieb, soweit weder Anschlussnutzer noch Anschlussnehmer einen dritten Messstellenbetreiber beauftragt haben. Die Bundesnetzagentur hat einen standardisierten Netznutzungsvertrag festgelegt,[10] den

---

6 Begründung zum Regierungsentwurf v. 17.2.2016, BT-Drs. 18/7555, S. 112.
7 § 3 Abs. 2 Nr. 1.
8 § 3 Abs. 2 NAV/NDAV.
9 In höheren Spannungsebenen und Druckstufen schließen Netzbetreiber mit Anschlussnutzern entsprechende Anschlussnutzungsverträge.
10 BNetzA, Festl. v. 16.4.2015, Az. BK6-13-042.

Netzbetreiber bei Vertragsabschlüssen mit Netznutzern und Lieferanten verpflichtend zugrunde zu legen haben. Der **Netznutzungsvertrag** verpflichtet den Netzbetreiber in § 6 Abs. 1 S. 1 zur Durchführung von Messstellenbetrieb und Messung, „soweit nicht eine anderweitige Vereinbarung nach § 21b EnWG getroffen worden ist", also der Anschlussnutzer einen dritten Messstellenbetreiber beauftragt hat. Sofern also kein Dritter auf Wunsch des Anschlussnutzers zur Durchführung des Messstellenbetriebs verpflichtet ist, handelt es sich um eine Leistung, die der Netzbetreiber aufgrund seiner vertraglichen Verpflichtung im Netznutzungsvertrag gegenüber seinem jeweiligen Vertragspartner erbringt.

Die **Abrechnung des Entgelts** für den Messstellenbetrieb erfolgte bislang entsprechend im Rahmen des Netznutzungsverhältnisses als Teil des **regulierten Netzentgelts**[11] zwischen Netzbetreiber und Netznutzer.[12] Die ihm dadurch entstehenden Kosten gibt dieser regelmäßig – jedenfalls im Rahmen eines sog. All-inclusive-Energieliefervertrages[13] – an den Anschlussnutzer weiter. Die Abrechnung des Entgeltes für den Messstellenbetrieb als Teil der Netzentgelte erfolgt zwischen dem Netzbetreiber und dem Netznutzer massengeschäftstauglich nach dem etablierten Prozess „Netznutzungsabrechnung" der Festlegung Geschäftsprozesse zur Kundenbelieferung mit Elektrizität.[14] Zwischen dem Netznutzer (Lieferanten) und dem Anschlussnutzer (belieferter Kunde) besteht zur Abwicklung des Energieliefervertrages ohnehin ein Abrechnungsverhältnis.

8

b) Neu: Leistungserbringung und Abrechnung im Verhältnis Messstellenbetreiber und Anschlussnutzer bzw. -nehmer

Gemäß Abs. 1 Nr. 1 ist nunmehr ein **eigenständiges Vertragsverhältnis** zwischen dem **Netzbetreiber** als grundzuständigem Messstellenbetreiber und dem **Anschlussnutzer** erforderlich, nämlich der Messstellenvertrag. Dieser regelt die gegenseitigen Rechte und Pflichten bei der Erbringung des Messstellenbetriebs mit modernen Messeinrichtungen und intelligenten Messsystemen. Im Gegensatz zum bisherigen Standardfall wird die Leistung Messstellenbetrieb also nunmehr stets im Verhältnis Messstellenbetreiber und Anschlussnutzer bzw. -nehmer erbracht, unabhängig davon, ob der grundzuständige oder ein dritter Messstellenbetreiber zur Leistung verpflichtet ist.

9

Grundsätzlich erfolgt in Zukunft auch die **Abrechnung des Messstellenbetriebs** in der Beziehung Messstellenbetreiber mit Anschlussnutzer bzw. -nehmer (vgl. § 10 Abs. 2 Nr. 2). Während der Letztverbraucher bislang in der Regel lediglich von seinem Energielieferanten eine Rechnung über seine Energieversorgung erhielt,[15] soll er daneben nach dem gesetzlichen Grundmodell nunmehr – soweit keine Personenidentität mit dem Energielieferanten besteht – eine weitere Rechnung vom Messstellenbetreiber erhalten. Das ist

10

---

11 § 17 Abs. 7 StromNEV.
12 Das ist in aller Regel der Energielieferant. Besteht zwischen dem Anschluss- und dem Netznutzer Personenidentität, erfolgte zwar auch bislang eine Abrechnung des Messentgelts gegenüber dem Anschlussnutzer, dann aber in seiner Rolle als Netznutzer.
13 Das Leistungsversprechen des Lieferanten umfasst hierbei sowohl die Bereitstellung der Energie als auch den Transport der Energie durch die Netze zum Letztverbraucher (Netznutzung).
14 BNetzA, Festl. v. 11.7.2006, BK6-06-009.
15 Eine Ausnahme besteht dann, wenn es sich um einen separaten Netznutzer handelt, der selbst einen Netznutzungsvertrag mit dem Netzbetreiber geschlossen hat.

§ 9 Messstellenverträge

für den Anschlussnutzer, der nicht von seinem Auswahlrecht nach § 5 Gebrauch gemacht hat, schwer nachvollziehbar und dürfte die Akzeptanz des Einbaus moderner Messeinrichtungen und intelligenter Messsysteme gefährden.[16] Insbesondere aus Sicht des grundzuständigen Messstellenbetreibers, regelmäßig der Netzbetreiber, erfordern die neuen Vertrags- und Abrechnungspflichten zudem den Aufbau und das Bereithalten von Vertragsverwaltungs-, Customer Care-, Abrechnungs-, Mahn- und Inkassoprozessen.[17] Denn bisher hat der Netzbetreiber Rechnungen an den Netznutzer nur elektronisch als EDIFACT-Nachricht INVOIC gemäß den Geschäftsprozessen zur Kundenbelieferung mit Elektrizität massengeschäftstauglich versenden müssen.[18] Rechnungen an den Anschlussnutzer, der grundsätzlich nicht im EDIFACT-Datenformat kommunizieren kann, dürften als Papierrechnung versendet werden müssen.[19] Der dem grundzuständigen Messstellenbetreiber entstehende Aufwand ist über die Einnahme aus den gesetzlich durch die Preisobergrenzen[20] gedeckelten Messentgelten zu finanzieren.

11   Die nunmehr vorgesehenen vertraglichen Strukturen schließen zwar nicht aus, dass das Entgelt für den Messstellenbetrieb mit modernen Messeinrichtungen und intelligenten Messsystemen nach entsprechender bilateraler **Abrede** (etwa im Rahmen des Netznutzungsvertrages) weiterhin durch den Netzbetreiber als grundzuständigem Messstellenbetreiber gegenüber dem Energielieferanten abgerechnet wird und dieser die Kosten an den Anschlussnutzer im Rahmen des Energielieferverhältnisses weiterreicht. Fraglich ist dabei natürlich, inwiefern es dafür des Einverständnisses des Anschlussnutzers als originärem Gläubiger der Leistung Messstellenbetrieb bedarf. Es besteht jedenfalls bisher keine Verpflichtung des Energielieferanten, das Entgelt für den Messstellenbetrieb mit modernen Messeinrichtungen und intelligenten Messsystemen im Auftrag des Messstellenbetreibers gegenüber dem seinerseits belieferten Kunden abzurechnen. Das wäre diesem – wie bisher – in der Lieferrechnung ohne Weiteres möglich. Insofern wird der Messstellenbetreiber wohl von der Entscheidung des Lieferanten abhängig sein, ob er selbst gegenüber dem Anschlussnutzer oder gegenüber dem Lieferanten den Messstellenbetrieb abrechnet.

12   Auch die Regelung in Abs. 2 führt zu keiner anderen Beurteilung.[21] Das **Erfordernis eines separaten Vertrages** zwischen Anschlussnutzer und (drittem) Messstellenbetreiber entfällt hiernach für den Fall, in dem die Durchführung des Messstellenbetriebs bereits Bestandteil eines Vertrages mit dem Energielieferanten über die Energiebelieferung ist. Abs. 2 regelt damit eine **Selbstverständlichkeit**: Sofern der Lieferant von seinem Kunden auch mit der Durchführung des Messstellenbetriebs beauftragt ist, wird der Lieferant zugleich in der Marktrolle des Messstellenbetreibers tätig und wird neben der Belieferung auch den Messstellenbetrieb gegenüber seinem Kunden abrechnen. In diesen Fällen bedarf es keines zu-

---

16 Siehe auch: Stellungnahme des Verbandes kommunaler Unternehmen e. V. zum Referentenentwurf „Gesetz zur Digitalisierung der Energiewende" des Bundeswirtschaftsministeriums v. 21.9.2015, S. 6f, abrufbar unter www.bmwi.de.
17 Alternativ kann sich der grundzuständige Messstellenbetreiber eines Dienstleisters bedienen.
18 BNetzA, Beschl. v. 11.7.2006, BK6-06-009.
19 Gemäß § 14 Abs. 2 S. 5 UStG ist eine elektronische Rechnung nur möglich, wenn der Empfänger zustimmt.
20 §§ 31 f.
21 Vgl. *v. Wege/Wagner*, N&R 2016, 2.

sätzlichen oder selbständigen Vertrages über den Messstellenbetrieb neben dem Liefervertrag, so dass Abs. 2 die Vertragspflicht aus Abs. 1 Nr. 1 konsequenterweise suspendiert.[22]

IV. Messstellenverträge

1. Allgemein

Messstellenverträge regeln die Durchführung des Messstellenbetriebs in Bezug auf die Messstelle, die in dem Vertrag bestimmt ist.[23] Die einheitliche **Bezeichnung** aller von § 9 umfassten Verträge als Messstellenverträge ist insoweit unglücklich, als zum einen eine Vielzahl unterschiedlicher Verträge mit letztlich unterschiedlichen Regelungsinhalten gemeint ist.[24] Zum anderen wurde der Begriff Messstellenvertrag bis zum Inkrafttreten des MsbG einem konkreten Vertragsverhältnis zugeordnet,[25] nämlich dem zwischen Netzbetreiber und Messstellenbetreiber.[26]

13

Während der **Abschluss von Verträgen** bislang nur dann notwendig war, wenn ein Wechsel des Messstellenbetreibers angestrebt wurde, bedarf es nunmehr zur Durchführung des Messstellenbetriebs mit modernen Messeinrichtungen und intelligenten Messsystemen unabhängig von einem Wechsel des Messstellenbetreibers grundsätzlich des Abschlusses von Verträgen.[27]

14

Abs. 4 statuiert wie bereits § 21b Abs. 2 S. 4 EnWG sowie § 2 Abs. 2 MessZV für den **grundzuständigen Messstellenbetreiber** einen **Kontrahierungszwang**.[28] Ohne diesen wäre es dem grundzuständigen Messstellenbetreiber potenziell möglich, den Wettbewerb zu behindern, da er ein Interesse daran hat, selbst zuständiger Messstellenbetreiber an der jeweiligen Messstelle zu bleiben.[29] Der grundzuständige Messstellenbetreiber ist im Gegenzug aber berechtigt, die Anmeldung von Messstellen durch einen Dritten abzulehnen, sofern trotz eines Vertragsangebots kein Vertrag geschlossen wurde.[30]

15

Um eine reibungslose Abwicklung der von den Vertragsparteien zu erfüllenden Anforderungen zu gewährleisten, sind die Messstellenverträge grundsätzlich abzuschließen, **bevor**

16

---

22 Siehe auch Rn. 31.
23 § 10 Abs. 1 S. 1.
24 Siehe BerlKommEnR/*Zwanziger*, § 10 MsbG Rn. 1, 17.
25 Vgl. § 3 MessZV.
26 Kritisch zur Bezeichnung der Verträge bereits der Bundesverband der Energie- und Wasserwirtschaft e. V. in seiner Stellungnahme zum Referentenentwurf eines Gesetzes zur Digitalisierung der Energiewende, S. 10, abrufbar auf www.bmwi.de (letzter Abruf: 22.2.2017).
27 Zu nennen ist hier insbesondere der Vertrag zwischen dem Anschlussnutzer und dem grundzuständigen Messstellenbetreiber zur Durchführung des Messstellenbetriebs von modernen Messeinrichtungen und intelligenten Messsystemen.
28 Zur Vorgängerregelung: BerlKommEnR/*Böhnel*, 2. Aufl. 2010, § 2 MessZV (Anh. § 21b EnWG) Rn. 6 ff.; Danner/Theobald/*Eder*, 86. EL 2015, § 21b EnWG, Rn. 37; Kment/*Thiel*, § 21b EnWG Rn. 25.
29 Zur Vorgängervorschrift: Britz/Hellermann/Hermes/*Herzmann*, § 21b EnWG Rn. 35.
30 Zur Vorgängervorschrift: Danner/Theobald/*Eder*, 86. EL 2015, § 21b EnWG Rn. 39.

§ 9   Messstellenverträge

an der konkreten Messstelle der Messstellenbetrieb durchgeführt wird.[31] Etwas anders gilt dann, wenn die Parteien einen Rahmenvertrag geschlossen haben.[32]

17   Da die Marktrollen (dritter) Messstellenbetreiber, Energielieferant, grundzuständiger Messstellenbetreiber und Netzbetreiber in einer (juristischen) Person zusammenfallen können, bedarf es nur dann eines Vertragsschlusses, soweit keine **Personenidentität** besteht.[33]

2. Sachlicher Anwendungsbereich

18   Aus dem Wortlaut des § 9 geht nicht deutlich hervor, in welchen Fällen der Abschluss eines Vertrages über die Durchführung des Messstellenbetriebs tatsächlich **erforderlich** ist. Der Gesamtzusammenhang lässt auf die Intentionen des Gesetzgebers schließen, insbesondere den Vertrag zwischen Messstellenbetreiber und Anschlussnutzer nur für solche Fälle vorzusehen, in denen der Messstellenbetrieb entweder mit modernen Messeinrichtungen oder intelligenten Messsystemen durchgeführt wird. Insofern ist fraglich, ob ein Messstellenvertrag auch dann abzuschließen ist, wenn der **Messstellenbetrieb mit herkömmlicher Messtechnik** durchgeführt wird. Dagegen spricht die Regelung in Abs. 3 S. 2, die für den Inhalt des Messstellenvertrages „bei intelligenten Messsystemen und modernen Messeinrichtungen" nähere Vorgaben macht. In der Gesetzesbegründung zu § 10 findet sich dazu der Hinweis, dass „der Messstellenvertrag zwischen dem Messstellenbetreiber und dem Anschlussnutzer … im Falle eines Einsatzes intelligenter Messsysteme und moderner Messeinrichtung erforderlich ist".[34] Auch der Gesetzgeber geht also davon aus, dass der Messstellenvertrag nur bei einem Messstellenbetrieb mit modernen Messeinrichtungen und intelligenten Messsystemen erforderlich ist, jedoch nicht beim konventionellen Messstellenbetrieb. Im Übrigen passen auch die nach § 10 vorgesehenen Vertragsinhalte in beiden Teilen nicht zu einem Messstellenvertrag über einen sonstigen (konventionellen) Messstellenbetrieb. Beispielhaft sind die Standard- und Zusatzleistungen nach § 35 einschließlich deren Entgelte und deren Abrechnung zu nennen (§ 10 Abs. 2 Nr. 2). Das Entgelt für den konventionellen Messstellenbetrieb wird weiterhin als Teil der Netzentgelte zwischen dem Netzbetreiber und dem Netznutzer abgerechnet.

3. Vertragsschluss

19   Der Vertragsschluss erfolgt grundsätzlich nach **zivilrechtlichen Grundsätzen**.[35]

20   Soweit kein Messstellenvertrag mit dem Anschlussnehmer und kein kombinierter Vertrag nach Abs. 2 geschlossen wurde, kann ein Messstellenvertrag zwischen grundzuständigem Messstellenbetreiber und Anschlussnutzer (Abs. 1 Nr. 1 Var. 1) für den Messstellenbetrieb von modernen Messeinrichtungen und intelligenten Messsystemen[36] auch konkludent

---

31   Für den Vertrag zwischen Netzbetreiber und (dritten) Messstellenbetreiber: Rosin/*Stolzenburg*, § 21b EnWG Rn. 93; Kment/*Thiel*, § 21b EnWG Rn. 25; Schneider/Theobald/*de Wyl/Thole/Bartsch*, S. 998; *Eder/v. Wege/Weise*, ZNER 2012, 59.
32   Siehe hierzu Rn. 29 f.
33   Begründung des Regierungsentwurfes v. 17.2.2016, BT-Drs. 18/7555, S. 112.
34   Begründung des Regierungsentwurfes v. 17.2.2016, BT-Drs. 18/7555, S. 79.
35   §§ 145 ff. BGB.
36   Zu dieser Einschränkung siehe Rn. 23.

IV. Messstellenverträge § 9

durch die Entnahme von Elektrizität aus dem Netz der allgemeinen Versorgung zustande kommen (Abs. 3).

Der **konkludente Vertragsschluss** entspricht der Gesetzesbegründung nach dem Rechts- 21
gedanken der Grundversorgung (§ 2 Abs. 2 StromGVV/GasGVV).[37] Anders als bei den Grundversorgungsverträgen, bei denen die StromGVV/GasGVV den Inhalt des konkludent geschlossenen Rechtsverhältnisses selbst festlegt,[38] fehlt eine solche die Verträge ausgestaltende Rechtsverordnung bislang. In § 10 finden sich lediglich die insbesondere zu berücksichtigenden Vertragsinhalte.

Ein **besonderer Fall des konkludenten Vertragsschlusses** resultiert aus § 36 Abs. 1 S. 2: 22
Werden die Einbaupflichten gemäß §§ 29, 31, 32, 33 nicht durch den vom Anschlussnutzer beauftragten dritten Messstellenbetreiber erfüllt und kann sich dieser nicht auf den Bestandsschutz aus § 19 Abs. 5 berufen, endet das laufende Vertragsverhältnis des Anschlussnutzers mit dem Dritten entschädigungslos und wird ab Einbau des intelligenten Messsystems durch den Messstellenvertrag des grundzuständigen Messstellenbetreibers mit dem Anschlussnutzer nach § 9 abgelöst. Auch wenn der Einbau des intelligenten Messsystems als vertragsbegründender Umstand genannt wird, sprechen neben dem Verweis auf § 9 auch rechtsdogmatische Erwägungen dafür, dass letztlich die weitere Energieentnahme zur Entstehung des Rechtsverhältnisses führt.

Anders als beim konkludenten Abschluss eines Grundversorgungsverhältnisses[39] bedarf es 23
nach Abs. 3 keiner Bestätigung des Vertrages mit konkreten Angaben, z. B. über den Vertragspartner.[40] Da die **Vertragsbestätigung** im Anschluss an den Vertragsschluss (Energieentnahme) erfolgt, wäre sie ohnehin nicht vertragsbegründend.[41] Vor dem Hintergrund, dass eine Vertragsbestätigung Aufwand und damit Kosten verursacht, die von den durch die Preisobergrenzen gedeckelten Messentgelten abgedeckt sein müssten, aber bei der Kalkulation dieser nicht berücksichtigt worden sind, erscheint es schon aus wirtschaftlicher Sicht sinnvoll, dass eine Vertragsbestätigung letztlich nicht vorgesehen worden ist.[42] Wichtige Informationen erhält der Anschlussnutzer bei der Ausstattung seiner Messstelle mit einer modernen Messeinrichtung oder einem intelligenten Messsystem bereits aufgrund der Informationspflicht des grundzuständigen Messstellenbetreibers nach § 37.

4. Vertragspartner

a) Messstellenbetreiber

Ein Vertragspartner der Messstellenverträge nach Abs. 1 ist immer der **Messstellenbetrei-** 24
ber. Unter den Begriff fallen der Legaldefinition nach sowohl der grundzuständige Mess-

---

37 Begründung zum Regierungsentwurf, BT-Drs. 18/7555, S. 112.
38 Gleiches gilt auch für den konkludenten Vertragsschluss des Anschlussnutzungsverhältnisses, § 3 Abs. 3 NAV/NDAV.
39 § 2 Abs. 3 Strom- bzw. GasGVV.
40 Eine erste Entwurfsfassung sah vor, dass der Messstellenbetreiber den Vertragsschluss unverzüglich schriftlich zu bestätigen hat.
41 Siehe hierzu: *de Wyl/Eder/Hartmann*, Praxiskommentar Netzanschluss- und Grundversorgungsverordnung, § 2 StromGVV/GasGVV Rn. 6.
42 Ein erster Entwurf des § 9 forderte noch eine schriftliche Vertragsbestätigung.

vom Wege

§ 9 Messstellenverträge

stellenbetreiber als auch der Dritte.[43] Der grundzuständige Messstellenbetreiber ist seinerseits auch als möglicher Vertragspartner aufgeführt (Abs. 1 S. 1 Nr. 4). Insoweit ist in diesen Fällen ausschließlich der **Dritte** gemeint, der im Auftrag des Anschlussnutzers (§ 5) oder Anschlussnehmers (§ 6) die Aufgabe des Messstellenbetriebs wahrnimmt.

b) Anschlussnutzer/Anschlussnehmer

25 Als Vertragspartner des Messstellenbetreibers nennt das Gesetz (Abs. 1 S. 1 Nr. 1) zunächst den Anschlussnutzer[44] bzw. Anschlussnehmer.[45] Besonders hervorzuheben ist, dass das MsbG unter den Begriff des Anschlussnutzers nicht nur Letztverbraucher fasst,[46] sondern auch Betreiber von EEG- bzw. KWK-Anlagen.[47]

c) Energielieferant

26 Neben dem Anschlussnutzer bzw. Anschlussnehmer wird der Energielieferant als Vertragspartner des (dritten) Messstellenbetreibers genannt (Abs. 1 S. 1 Nr. 2). Ein solches **Vertragsverhältnis** ist nur dann zu begründen, **wenn der Energielieferant dies verlangt**. Mögliche Vertragsinhalte sind etwa eine datensparsame Alternative der Datenkonfiguration nach § 60 Abs. 3 Nr. 4 oder die Vereinbarung von Zusatzleistungen nach § 35 Abs. 2.[48] Daneben könnte sich der Energielieferant verpflichten, das Entgelt für den Messstellenbetrieb mit modernen Messeinrichtungen und intelligenten Messsystemen für den (grundzuständigen) Messstellenbetreiber beim Anschlussnutzer einzuziehen und damit auch aus Sicht des Anschlussnutzers die Vertragsabwicklung zu vereinfachen. In diesem Fall bedarf es nicht zwingend eines gesonderten Vertrages, sondern die Einziehung des Entgelts könnte auch Gegenstand des Netznutzungsvertrages sein.

d) Netzbetreiber

27 Neben Anschlussnutzer bzw. Anschlussnehmer und Energielieferant nennt Abs. 1 den Netzbetreiber[49] als Vertragspartner eines Messstellenvertrags (Abs. 1 S. 1 Nr. 3) mit dem Messstellenbetreiber. Die Pflicht zum Abschluss eines solchen Vertrages sah bereits § 21b Abs. 2 S. 4 EnWG sowie § 2 Abs. 1 MessZV vor. Auf Grundlage des § 13 MessZV gestaltete die BNetzA im Rahmen der Festlegung zur Standardisierung von Verträgen und Geschäftsprozessen im Bereich Messwesen Rahmenverträge für den Messstellenbetrieb sowie die Messung, die die Sparten Strom und Gas abdecken.[50] Diese Verträge werden seither standardmäßig zwischen Netzbetreibern und dritten Messstellenbetreibern abgeschlossen.[51]

28 Die festgelegten **Rahmenverträge** werden künftig vor dem Hintergrund des MsbG – jedenfalls in Bezug auf den Messstellenbetrieb von intelligenten Messsystemen und moder-

---

43 § 2 Nr. 12.
44 § 2 Nr. 3.
45 § 2 Nr. 2.
46 So definiert § 1 Abs. 2 NAV/NDAV den Anschlussnutzer.
47 § 2 Nr. 4.
48 Im Verhältnis zwischen Energielieferant und Messstellenbetreiber könnte beispielsweise die Nutzung eines intelligenten Messsystems als Vorkassensystem von Interesse sein.
49 § 3 Nr. 4 EnWG.
50 BNetzA, Festl. v. 9.9.2010, Anl. 3, BK6-09-034.
51 Sie unterliegen nicht der Kontrolle nach §§ 305 ff. BGB; BGH, Urt. v. 24.5.2007, III ZR 467/04.

IV. Messstellenverträge §9

ner Messeinrichtungen – angepasst werden müssen. Die Musterrahmenverträge verweisen beispielsweise an vielen Stellen auf inzwischen aufgehobene Vorschriften des EnWG bzw. der MessZV.

e) Grundzuständiger Messstellenbetreiber

Letztlich nennt Abs. 1 S. 1 Nr. 4 den grundzuständigen Messstellenbetreiber[52] als Vertragspartner des (dritten) Messstellenbetreibers, sofern es zu einem Wechsel der Zuständigkeit nach § 5 oder § 6 kommt. Insofern entspricht diese **Vertragspflicht** derjenigen aus § 21b Abs. 2 S. 5 EnWG und dient der vertraglichen Sicherstellung der Durchführung des Wechselprozesses. 29

5. Einzelverträge und Rahmenverträge

Dem Wortlaut des § 10 Abs. 1 S. 1 folgend regeln Messstellenverträge die Durchführung des Messstellenbetriebs in Bezug auf die Messstelle, die in dem Vertrag bestimmt ist. Insofern handelt es sich grundsätzlich um **Einzelverträge**. Auch der Wortlaut des Abs. 1 S. 1 Nr. 3 und 4 bestätigt dieses, wonach „für jede Messstelle" bzw. „bei jedem Messstellenbetreiberwechsel" ein Messstellenvertrag zu schließen ist. 30

Jedenfalls grundzuständige Messstellenbetreiber sind gemäß Abs. 4 jedoch weiterhin[53] verpflichtet, Rahmenverträge abzuschließen,[54] die die Durchführung der Aufgabe(n) für eine zum Zeitpunkt des Vertragsschlusses noch unbekannte Anzahl an Messstellen bzw. Messstellenbetreiberwechsel beinhalten.[55] Dieser verlangt vom grundzuständigen Messstellenbetreiber, gesetzeskonforme allgemeine Bedingungen für Verträge nach den Abs. 1 bis 3 im Internet zu veröffentlichen und zu diesen Bedingungen Verträge abzuschließen. Diese Verträge bezeichnet das Gesetz dem Klammerzusatz nach als **Rahmenverträge**. Durch den Abschluss von Rahmen- anstelle von Einzelverträgen können ein effizienter Wechselprozess gewährleistet und die Transaktionskosten gering gehalten werden.[56] 31

6. Vertragsinhalt

Messstellenverträge müssen insbesondere die in **§ 10 Abs. 2 aufgeführten Inhalte** enthalten, aber keine Regelungen, die einen Lieferantenwechsel des Anschlussnutzers oder Anschlussnehmers behindern. Daneben sind einzelne Vorschriften des EnWG zu beachten.[57] 32

---

52 § 3 Nr. 4.
53 Bislang in § 3 Abs. 2 MessZV geregelt.
54 Bereits § 3 Abs. 3 MessZV sah ausdrücklich die Möglichkeit zum Abschluss von Rahmenverträgen vor. Diese Regelung war wiederrum angelehnt an Lieferantenrahmenverträge, die zwischen Netzbetreibern und Netznutzern nach § 25 StromNZV geschlossen werden (BR-Drs. 568/08, S. 18).
55 Zur Vorgängervorschrift: BerlKommEnR/*Böhnel*, 2. Aufl. 2010, § 3 MessZV (Anh. § 21b EnWG) Rn. 1.
56 Zur Vorgängervorschrift: BerlKommEnR/*Böhnel*, 2. Aufl. 2010, § 3 MessZV (Anh. § 21b EnWG) Rn. 5.
57 Siehe BerlKommEnR/*Zwanziger*, § 10 MsbG Rn. 14.

vom Wege

7. Kombinierter Vertrag

33 Die Regelung in Abs. 2 zu sogenannten kombinierten Verträgen stellt klar, dass es keines gesonderten Vertrages zwischen dem grundzuständigen Messstellenbetreiber und dem Anschlussnutzer bzw. Anschlussnehmer bedarf, wenn eine Vereinbarung über die Durchführung des Messstellenbetriebs bereits Bestandteil eines Energieliefervertrages ist. Solche kombinierten Verträge waren schon vor Inkrafttreten des MsbG üblich. Das Unternehmen, das die Marktrolle Energielieferant bekleidete, war daneben in der Marktrolle wettbewerblicher Messstellenbetreiber tätig. In diesem Fall ist es letztlich Ausfluss der **Vertragsfreiheit** (Inhaltsfreiheit) zu entscheiden, ob zwei Sachverhalte (Energiebelieferung und Durchführung des Messstellenbetriebs) in gesonderten oder einem Vertragswerk geregelt werden.

8. Beachtung der Transparenzvorgaben

34 Gemäß § 9 Abs. 1 S. 2 ist **§ 54** zu beachten. Hiernach muss Bestandteil aller vertraglichen Regelungen, die eine Datenkommunikation durch oder mit Hilfe eines Smart-Meter-Gateways auslösen, ein **standardisiertes Formblatt** sein, das den bundesweit einheitlichen Vorgaben der BNetzA entspricht und in Kopie dem Anschlussnutzer auszuhändigen ist. Der Verweis erinnert folglich daran, das Formblatt – soweit notwendig – zum Bestandteil des Vertrages zu machen und dem Anschlussnutzer eine Kopie auszuhändigen. Darüber hinaus enthält der Verweis keinen eigenen Regelungsinhalt.[58]

9. Verhältnis zum EEG

35 Nach § 7 Abs. 1 EEG dürfen Netzbetreiber die Erfüllung ihrer Pflichten nach dem EEG nicht vom Abschluss eines Vertrages abhängig machen (**Kopplungsverbot**). Die hiervon umfassten Pflichten sind im Wesentlichen die Pflicht zum Anschluss der Anlage, zu Optimierung, Verstärkung und Ausbau des Netzes sowie zur Vergütung nach den gesetzlichen Vorgaben.[59] Der Gesetzesbegründung nach gilt § 7 Abs. 1 EEG auch für den Messstellenvertrag.[60]

10. Einbeziehung der Gasmessung

36 Gemäß § 58 Abs. 4 ist der Letztverbraucher im Sinne des § 24 GasNZV als Anschlussnutzer berechtigt,[61] im Einvernehmen mit seinem Lieferanten von dem Messstellenbetreiber eine Messung nach § 58 Abs. 1 zu verlangen,[62] sofern der Lieferant mit dem Netzbetreiber

---

58 Siehe zur Beachtung des § 54 in Messstellenverträgen: BerlKommEnR/*Zwanziger*, § 10 MsbG Rn. 35 ff.
59 Altrock/Oschmann/Theobald/*Lehnert*, § 4 Rn. 13.
60 Begründung zum Regierungsentwurf v. 17.2.2016, BT-Drs. 18/7555, S. 112.
61 Diese Regelung entspricht dem bisherigen § 11 Abs. 2 MessZV und dient der Erweiterung der Anwendungsmöglichkeiten moderner Messgeräte für Standardlastprofilkunden im Gasbereich (BR-Drs. 312/10, S. 103).
62 Stündliche registrierende Leistungsmessung neben einer kontinuierlichen Erfassung der entnommenen Gasmenge entsprechend dem abgeschlossenen Gasliefervertrag.

die **Anwendung** des **Lastgangzählverfahrens** vereinbart hat. Netzbetreiber und Messstellenbetreiber sind im Falle eines solchen Verlangens zur Aufnahme einer entsprechenden Vereinbarung in den Verträgen nach § 9 verpflichtet. Damit erweitert § 58 Abs. 4 letztlich den Inhalt des zwischen dem Messstellenbetreiber und dem Netzbetreiber zu schließenden Messstellenvertrags.[63]

V. Allgemeine Bedingungen

Nach Abs. 4 sind grundzuständige Messstellenbetreiber verpflichtet,[64] unter Beachtung des MsbG[65] und des EnWG, der aufgrund dieser Gesetze erlassenen Rechtsverordnungen und auf diesen Grundlagen ergangenen vollziehbaren Entscheidungen der Regulierungsbehörde, **allgemeine Bedingungen für Verträge** nach den Abs. 1 bis 3 im Internet zu **veröffentlichen** und zu diesen Bedingungen Verträge **abzuschließen**. Bei diesen allgemeinen Bedingungen handelt es sich letztlich um den Vertrag als solchen. Gemeint sein können hier nur Verträge, bei denen der grundzuständige Messstellenbetreiber Vertragspartner ist, also der Vertrag mit dem (dritten) Messstellenbetreiber (Abs. 1 S. 1 Nr. 3 bzw. 4) und mit dem Anschlussnutzer (Abs. 3).

37

Die Sicherstellung der **Konformität mit Gesetzen, Rechtsverordnungen und Entscheidungen** der Regulierungsbehörde stellt eine Selbstverständlichkeit dar. Die aufgezählten Rechtsgrundlagen sind daher nicht abschließend.[66]

38

Der grundzuständige Messstellenbetreiber ist verpflichtet, seine allgemeinen Bedingungen im Internet zu veröffentlichen. Die Veröffentlichungspflicht dient der Transparenz als Voraussetzung der Diskriminierungsfreiheit.[67] Daneben beschleunigt sie einen Wechsel des Messstellenbetreibers, da es keiner Vertragsverhandlungen mehr bedarf, und ermöglicht den Regulierungsbehörden eine wirksame Kontrolle der Einhaltung der gesetzlichen Vorgaben.[68] Für den grundzuständigen Messstellenbetreiber – soweit er Netzbetreiber ist – besteht bereits aufgrund geltender energiewirtschaftlicher Vorgaben die Pflicht,[69] eine Internetseite für Veröffentlichungen bereitzuhalten. Diese kann auch für die Veröffentlichungspflicht nach § 9 Abs. 4 verwendet werden.

39

Die allgemeinen Bedingungen müssen vor dem Hintergrund der Kontrahierungspflicht abschließend sein.[70] Das schließt aber grundsätzlich nicht aus, dass bestimmte Fragen in ergänzenden Bedingungen geregelt werden. Hierbei ist stets der Grundsatz der Diskrimini-

40

---

63 Siehe BerlKommEnR/*Zwanziger*, § 10 MsbG Rn. 57.
64 § 2 Nr. 4.
65 Hierzu zählen z. B. die Vorgaben zum Vertragsinhalt (§ 10 Abs. 2) und zu den Anforderungen an den Messstellenbetrieb (§ 3 Abs. 2).
66 Zur Vorgängervorschrift: BerlKommEnR/*Böhnel*, 2. Aufl. 2010, § 2 MessZV (Anh. § 21b EnWG) Rn. 9.
67 Begründung zum Regierungsentwurf v. 17.2.2016, BT-Drs. 18/7555, S. 113.
68 So die Begründung zu § 2 Abs. 2 MessZV; BR-Drs. 568/08, S. 17.
69 § 20 Abs. 1 S. 1 EnWG; § 4 Abs. 2 S. 1 NAV/NDAV.
70 Zur Vorgängervorschrift: BerlKommEnR/*Böhnel*, 2. Aufl. 2010, § 2 MessZV (Anh. § 21b EnWG) Rn. 13.

§ 9 Messstellenverträge

rungsfreiheit zu beachten.[71] Sollte der jeweilige Vertragspartner mit den allgemeinen Bedingungen nicht einverstanden sein, kann er sie unter dem Vorbehalt einer späteren Überprüfung durch die BNetzA oder Zivilgerichte akzeptieren.[72]

---

71 So die Begründung zu § 2 Abs. 2 MessZV; BR-Drs. 568/08, S. 17 f.
72 So die BNetzA in den Leitlinien für Innovation und Wettbewerb, vorgestellt im Rahmen der Podiumsveranstaltung „Intelligente Zähler – Wertschöpfungspotenzial und Konjunkturmotor" am 12.3.2009. Das entspricht auch der gängigen Praxis bei Lieferantenrahmenverträgen, die im Einklang mit den Spielregeln, die die Bundesnetzagentur (BK 6) mit Veröffentlichung v. 20.7.2007 („Veröffentlichung zu Fragen des Lieferantenrahmenvertrages und der sog. Nachberechnungs- bzw. Nachzahlungsklausel") zum Abschluss von Lieferantenrahmenverträgen aufgestellt hat, steht.

§ 10 Inhalt von Messstellenverträgen

(1) ¹Messstellenverträge regeln die Durchführung des Messstellenbetriebs in Bezug auf die Messstelle, die in dem Vertrag bestimmt ist. ²Für Verträge nach § 9 Absatz 1 ist § 41 Absatz 1, 2 Satz 1 und Absatz 3 des Energiewirtschaftsgesetzes entsprechend anzuwenden.

(2) Messstellenverträge müssen insbesondere Folgendes regeln:
1. die Bedingungen des Messstellenbetriebs und Regelungen zur Messstellennutzung,
2. die Standard- und Zusatzleistungen nach § 35 einschließlich deren Entgelte und deren Abrechnung,
3. das Vorgehen bei Mess- und Übertragungsfehlern,
4. die Verpflichtung der Parteien im Sinne von § 54 zur gegenseitigen Datenübermittlung, die dabei zu verwendenden Datenformate und Inhalte sowie die hierfür geltenden Fristen,
5. die Haftungsbestimmungen,
6. die Kündigung und sonstige Beendigung des Vertrages einschließlich der Pflichten bei Beendigung des Vertrages,
7. die ladungsfähige Anschrift, die Benennung von Ansprechpartnern und Angaben, die eine schnelle elektronische Kontaktaufnahme ermöglichen, einschließlich der Adresse der elektronischen Post.

(3) Messstellenverträge dürfen keine Regelungen enthalten, die einen Lieferantenwechsel des Anschlussnutzers oder des Anschlussnehmers behindern.

Schrifttum: *Lüdemann/Ortmann/Pokrant*, Das neue Messstellenbetriebsgesetz, Wegbereiter für ein zukunftsfähiges Smart Metering?, EnWZ 8/2016, 339; *Säcker/Zwanziger*, Die Übertragung moderner Messeinrichtungen im Wege der Inhouse-Vergabe, RdE 9/2016, 381; *Tamm/Tonner*, Verbraucherrecht, 2. Aufl. 2016.

Übersicht

	Rn.		Rn.
I. Allgemeines	1	III. Transparenzanforderungen für Messstellenverträge mit Haushaltskunden (Abs. 1 S. 2)	12
1. Regelungsinhalt	1	1. Regelungsinhalt	12
2. Regelungsadressaten	2	2. Anwendungsbereich	13
a) Notwendige Vertragsinhalte (Abs. 1 und Abs. 2)	2	3. Vertragsgestaltung und notwendige Vertragsinhalte (§ 41 Abs. 1 EnWG)	14
b) Verbot der Behinderung des Lieferantenwechsels (Abs. 3)	5	4. Informationspflicht des Messstellenbetreibers und Kündigungsrecht des Endverbrauchers bei einseitiger Änderung der Vertragsbedingungen (§ 41 Abs. 3 EnWG)	15
3. Festlegungsermächtigungen	7		
II. Zu regelnder Vertragsgegenstand (Abs. 1 S. 1)	9		
1. Abgrenzung zum Regelungsinhalt von § 9	9		
2. Durchführung des Messstellenbetriebs an der Messstelle	10	IV. Mindestinhalte (Abs. 2)	17

§ 10 Inhalt von Messstellenverträgen

1. Regelungsinhalt und Anwendungsbereich 17
2. Geregelte Mindestinhalte. 18
   a) Bedingungen des Messstellenbetriebs und Regelungen zur Messstellennutzung (Nr. 1) 19
      aa) Entstehungsgeschichte 19
      bb) Bedingungen des Messstellenbetriebs (Alt. 1) 21
      cc) Regelungen zur Messstellennutzung (Alt. 2) 25
   b) Standard- und Zusatzleistungen nach § 35 einschließlich deren Entgelte und deren Abrechnung (Nr. 2) 27
      aa) Entstehungsgeschichte 27
      bb) Moderne Messeinrichtungen und intelligente Messsysteme. 28
      cc) Konventionelle Messstellen 30
   c) Vorgehen bei Mess- und Übertragungsfehlern (Nr. 3) 31
   d) Verpflichtung der Parteien zur gegenseitigen Datenübermittlung und Vorgaben hierzu (Nr. 4) 35
   e) Haftungsbestimmungen (Nr. 5) 41
   f) Kündigung und sonstige Beendigung des Vertrages einschließlich nachvertraglicher Pflichten (Nr. 6) 45
      aa) Allgemeines. 45
      bb) Kündigung 46
      cc) Sonstige Beendigung. 47
      dd) Sonstige Gründe 48
      ee) Rechte und Pflichten bei Beendigung des Vertrages. . . 50
   g) Benennung einer ladungsfähigen Anschrift, Benennung von Ansprechpartnern und Angaben zur erleichterten elektronischen Kontaktaufnahme (Nr. 7) 52
3. Folge fehlender Mindestinhalte des Messstellenvertrages 53
V. Weitere Inhalte des Messstellenvertrages 56
VI. Verbot der Behinderung des Lieferantenwechsels (Abs. 3) 58
1. Bedeutung der Regelung 58
2. Sicherung der Freiheit des Lieferantenwechsels 59
3. Anwendung auf kombinierte Verträge 61

I. Allgemeines

1. Regelungsinhalt

1 Die Norm regelt **Mindestinhalte für Messstellenverträge** im Sinn von § 9 Abs. 1 S. 1. Der Messstellenvertrag muss gem. Abs. 1 S. 2 aus Transparenz- und Verbraucherschutzgründen den Anforderungen des § 41 EnWG entsprechen. Abs. 2 stellt konkrete Anforderung an die Mindestinhalte und ist in Verbindung mit § 9 Abs. 2 zu sehen. Je nach Vertragskonstellation entfaltet Abs. 2 unterschiedliche Relevanz. Abs. 3 betont die Freiheit der Lieferantenwahl des Anschlussnutzers bzw. des Anschlussnehmers, die durch den Abschluss eines Messstellenvertrages nicht beschränkt werden darf.

2. Regelungsadressaten

a) Notwendige Vertragsinhalte (Abs. 1 und Abs. 2)

2 Die Regelung in Abs. 1 betrifft Messstellenverträge, die der Messstellenbetreiber gem. § 9 Abs. 1 S. 1 mit unterschiedlichen Vertragspartnern schließt. Adressat der Regelung ist der **Messstellenbetreiber**, also der grundzuständige Messstellenbetreiber oder ein Dritter, der die Aufgabe des Messstellenbetriebs durch Vertrag nach § 9 wahrnimmt (vgl. § 2 Abs. 1 S. 1 Nr. 12); grundsätzlich unabhängig davon, ob der Messstellenbetreiber moderne oder konventionelle Messinfrastruktur unterhält.[1] Je nach Regelungsinhalt entfaltet die Pflicht aber unterschiedliche Relevanz. So betrifft etwa Abs. 2 Nr. 4 i.V. m. § 54 die Verpflichtung der Parteien zur gegenseitigen Datenübermittlung und damit ausschließlich Messstellenbetreiber von intelligenten Messsystemen.

Bei **kombinierten Verträgen** im Sinn von § 9 Abs. 2, bei denen die Regelungen zum Messstellenbetrieb im Energieliefervertrag eingebettet sind, entfällt die Pflicht des Messstellenbetreibers, einen separaten Vertrag nach § 9 Abs. 1 S. 1 zu schließen, einschließlich der notwendigen Vertragsinhalte. 3

Gem. § 9 Abs. 4 sind **grundzuständige Messstellenbetreiber** verpflichtet, **Rahmenverträge** zu veröffentlichen und abzuschließen. Aufgrund des Verweises in § 9 Abs. 4 S. 2 haben Rahmenverträge die Mindestinhalte von Messstellenverträgen gem. Abs. 2 zu enthalten, so dass Adressat dieser Verpflichtung der grundzuständige Messstellenbetreiber ist. 4

b) Verbot der Behinderung des Lieferantenwechsels (Abs. 3)

Adressat der Regelung ist dem Wortlaut zunächst nach der **Messstellenbetreiber**, der die Freiheit zum Wechsel des Energielieferanten nicht durch Regelungen im Messstellenvertrag behindern darf. 5

Bei **kombinierten Verträgen** i.S.v. § 9 Abs. 2 entfällt das Erfordernis eines separaten Messstellenvertrages aus § 9 Abs. 1 Nr. 1. Der Gesetzgeber betont, dass kombinierte Verträge die heutzutage am weitesten verbreitete Vertragsart darstellen.[2] Wegen der großen Bedeutung der freien Energielieferantenwahl (vgl. § 20a EnWG) erstreckt sich das Verbot der Behinderung des Lieferantenwechsels auch auf kombinierte Verträge, so dass Abs. 3 im Fall des § 9 Abs. 2 den **Energielieferanten** adressiert. 6

3. Festlegungsermächtigungen

Gem. § 47 Abs. 2 Nr. 3 kann die Bundesnetzagentur zur bundesweiten Vereinheitlichung der Bedingungen für den Messstellenbetrieb **Festlegungen nach § 29 Abs. 1 EnWG zu den Inhalten von Messstellenverträgen und Messstellenrahmenverträgen** nach §§ 9 und 10 treffen.[3] Durch Festlegungen kann die Bundesnetzagentur die Mindestinhalte in Abs. 2 flexibel konkretisieren; insbesondere Festlegungen zu Inhalt und Durchführung von Rahmenverträgen i.S.v. § 9 Abs. 4 S. 1,[4] für die gem. § 9 Abs. 4 S. 2 die Mindestinhalte nach Abs. 2 entsprechend anzuwenden sind (vgl. Rn. 4), sind zu erwarten. Nach derzeitigem Stand plant die Bundesnetzagentur bis Mitte 2017 den Erlass von neuen Standardrahmenverträgen. 7

§ 47 Abs. 2 Nr. 6 ermächtigt zu Festlegungen zur Durchführung des Wechsels des **Messstellenbetreibers** auf Veranlassung des Anschlussnutzers oder des Anschlussnehmers nach den §§ 5, 6, 9, 10 und 39. Eine solche Festlegung konkretisiert die Vorgaben zum Wechsel des Messstellenbetreibers nach §§ 14ff., darf aber den Wechsel gem. Abs. 3 nicht behindern (vgl. Rn. 5f., 56). Die Bundesnetzagentur hat im September 2016 ein Kon- 8

---

1 Anders BerlKommEnR/v. *Wege*, § 9 MsbG Rn. 18.
2 Begründung zum Regierungsentwurf v. 17.2.2016, BT-Drs. 18/7555, S. 130.
3 Vgl. BerlKommEnR/*Säcker*, § 47 MsbG Rn. 21.
4 Begründung zum Regierungsentwurf v. 17.2.2016, BT-Drs. 18/7555, S. 178.

§ 10   Inhalt von Messstellenverträgen

sultationsverfahren für Festleglungen zur Marktkommunikation eröffnet und eine neue Festlegung erlassen.[5]

II. Zu regelnder Vertragsgegenstand (Abs. 1 S. 1)

1. Abgrenzung zum Regelungsinhalt von § 9

9   § 10 Abs. 1 S. 1 konkretisiert den **Gegenstand des Messstellenvertrags, wohingegen** § 9 Abs. 1 S. 1 verschiedene Parteikonstellationen benennt. § 9 Abs. 2 betrifft den speziellen Fall des kombinierten Vertrages und § 9 Abs. 4 verpflichtet zur Bereitstellung von Rahmenverträgen durch grundzuständige Messstellenbetreiber.

2. Durchführung des Messstellenbetriebs an der Messstelle

10   Grundsätzlich regelt der Messstellenvertrag die Durchführung des Messstellenbetriebs in Bezug auf die im Vertrag **konkret bestimmte Messstelle**. Unter einer Messstelle ist die Gesamtheit aller Mess-, Steuerungs- und Kommunikationseinrichtungen zur Erhebung, Verarbeitung und Übermittlung von Messdaten und zur sicheren Anbindung von Erzeugungsanlagen und steuerbaren Lasten an Zählpunkten einer Liegenschaft einschließlich der Installationsvorrichtungen zu verstehen (vgl. § 2 Nr. 10). Mit Hilfe der postalischen Adresse und der Zählpunktbezeichnung kann die Messstelle eindeutig benannt werden.

11   Der Vertrag hat den **Messstellenbetrieb** an der Messstelle zu regeln. Unter Messstellenbetrieb im Sinn von § 3 Abs. 2 ist insbesondere der Einbau, der Betrieb und die Wartung der Messstelle und ihrer Messeinrichtungen sowie die Gewährleistung einer mess- und eichrechtskonformen Messung (Nr. 1) sowie der technische Betrieb der Messstelle einschließlich der form- und fristgerechten Datenübertragung (Nr. 2) zu verstehen. Die Durchführung des Messstellenbetriebs an Messstellen mit modernen Messeinrichtungen und intelligenten Messsystemen stellt eine Standardleistung dar (vgl. § 35 Abs. 1), so dass sich die Regelung mit Abs. 2 Nr. 2 überschneidet. Abs. 1 S. 1 entfaltet deshalb insbesondere Relevanz für den konventionellen Messstellenbetrieb.

III. Transparenzanforderungen für Messstellenverträge mit Haushaltskunden (Abs. 1 S. 2)

1. Regelungsinhalt

12   Die Norm ordnet die entsprechende Anwendung von § 41 Abs. 1, Abs. 2 S. 1 und Abs. 3 EnWG an. Messstellenverträge haben somit insbesondere **Transparenzanforderungen von Energielieferverträgen mit Haushaltskunden** zu genügen. Wie in § 41 EnWG[6] verfolgt der Gesetzgeber das Ziel, ein hohes Maß an Verbraucherschutz und Transparenz bei Messstellenverträgen zu implementieren.[7]

---

5 Anlage 1 zum Beschluss BK6-09-034/BK7-09-001 v. 20.12.2016.
6 BerlKommEnR/*Bruhn*, § 41 EnWG Rn. 4; vgl. Schneider/Theobald/*de Wyl/Soetebeer*, § 11 Rn. 74 ff.
7 Begründung zum Regierungsentwurf v. 17.2.2016, BT-Drs. 18/7555, S. 131.

2. Anwendungsbereich

Laut Gesetzesbegründung beziehen sich diese Anforderungen insbesondere auf die zu erbringenden Leistungen des Messstellenbetreibers einschließlich angebotener Wartungsdienste.[8] Trotz des umfassenden Verweises auf alle Fälle des § 9 Abs. 1 betrifft die Norm insbesondere **Verträge nach § 9 Abs. 1 Nr. 1** zwischen Messstellenbetreiber und Anschlussnutzer oder Anschlussnehmer. Nur bei dieser Art von Messstellenverträgen ist ein (Letzt-)Verbraucher Vertragspartei.

13

3. Vertragsgestaltung und notwendige Vertragsinhalte (§ 41 Abs. 1 EnWG)

Messstellenverträge haben entsprechend § 41 Abs. 1 S. 1 EnWG **einfach** und **verständlich** zu sein.[9] Außerdem sind in entsprechender Anwendung von § 41 Abs. 1 S. 2 EnWG **bestimmte, notwendige Vertragsinhalte** zu regeln: Insbesondere muss der Messstellenvertrag Bestimmungen über Vertragsdauer, Preisanpassung, Kündigungstermine und Kündigungsfristen sowie das Rücktrittsrecht des Kunden (Nr. 1) enthalten, sowie zu erbringende Leistungen einschließlich angebotener Wartungsdienste (Nr. 2). Gem. § 10 Abs. 1 S. 2 i.V.m. § 41 Abs. 1 S. 1 Nr. 3 EnWG hat der Messstellenbetreiber dem Vertragspartner vor Abschluss des Messstellenvertrages unterschiedliche Zahlungsweisen bzw. -modalitäten anzubieten. Der Begriff der Zahlungsweise entspricht dem Begriff der Zahlungsmöglichkeit i.S.d. § 41 Abs. 2 S. 1 EnWG und beschreibt die Wahl zwischen Barzahlung, Überweisung oder Lastschrift.[10] Daneben sind Haftungs- und Entschädigungsregelungen bei Nichteinhaltung vertraglich vereinbarter Leistungen zu treffen (Nr. 4), sowie in entsprechender Anwendung Regelungen über den unentgeltlichen und zügigen Wechsel des Messstellenbetreibers (Nr. 5), wobei § 10 Abs. 1 S. 2 i.V.m. § 41 Abs. 1 S. 1 Nr. 5 EnWG sich mit der Regelung in § 10 Abs. 3 überschneidet. Außerdem ist die Art und Weise zu regeln, wie aktuelle Informationen über die geltenden Tarife und Wartungsentgelte erhältlich sind (Nr. 6), sowie Informationen über die Rechte der Haushaltskunden im Hinblick auf mögliche Streitbeilegungsverfahren im Streitfall (Nr. 7).

14

4. Informationspflicht des Messstellenbetreibers und Kündigungsrecht des Endverbrauchers bei einseitiger Änderung der Vertragsbedingungen (§ 41 Abs. 3 EnWG)

Zum Schutz des Verbrauchers hat der Messstellenbetreiber den Endverbraucher rechtzeitig und in verständlicher Weise über geplante Vertragsänderungen zu **informieren**, wie sich aus Abs. 1 S. 2 i.V.m. § 41 Abs. 3 S. 1 EnWG ergibt.

15

Abs. 1 S. 2 i.V.m. § 41 Abs. 3 S. 2 EnWG berechtigt den Endverbraucher, bei einseitiger Änderung der Vertragsbedingungen den **Messstellenvertrag** zu **kündigen**. Da Endverbraucher entweder Haushaltskunden oder andere Letztverbraucher von Energie i.S.v. § 3 Nr. 25 EnWG sind, wird die Regelung für die Vertragskonstellation des § 9 Abs. 1 Nr. 1 relevant.

16

---

8 Begründung zum Regierungsentwurf v. 17.2.2016, BT-Drs. 18/7555, S. 131.
9 BerlKommEnR/*Bruhn*, § 41 EnWG Rn. 58 ff.
10 BerlKommEnR/*Bruhn*, § 41 EnWG Rn. 65.

§ 10 Inhalt von Messstellenverträgen

IV. Mindestinhalte (Abs. 2)

1. Regelungsinhalt und Anwendungsbereich

17 Abs. 2 stellt konkrete Vorgaben für den Inhalt der Messstellenverträge auf, indem Vertragsinhalte aufgezählt werden, die „insbesondere" zu regeln sind. Im Vergleich zur Vorgängerregelung spricht die Norm zwar nicht von Mindestinhalten, sondern von **Regelungsschwerpunkten**.[11] Laut Gesetzesbegründung sollen aber weiterhin „Mindestinhalte, die Messstellenverträge nach § 9 Abs. 1 zu enthalten haben"[12], geregelt werden. Bei den Vertragspunkten handelt es sich um allgemein gehaltene Vorgaben, die aber teilweise an anderer Stelle konkretisiert werden.[13] Gem. § 9 Abs. 4 S. 2 haben Messstellenrahmenverträge, wie Einzelverträge, die Mindestvoraussetzungen nach § 10 Abs. 2 bezüglich des erforderlichen Regelungsinhalts zu erfüllen.[14]

2. Geregelte Mindestinhalte

18 Jedenfalls die im Folgenden näher beschriebenen, nicht als abschließend zu verstehenden, Mindestanforderungen sind bei Messstellenverträgen nach § 9 verpflichtend zu regeln.

a) Bedingungen des Messstellenbetriebs und Regelungen zur Messstellennutzung (Nr. 1)

aa) Entstehungsgeschichte

19 Die **Vorgängerregelung in der MessZV** enthielt Mindestvoraussetzungen für „Bedingungen zum Messstellenbetrieb und zur Messung" und „Regelungen zum Messstellenbetrieb und zur Messung".[15]

20 **§ 21i Abs. 1 Nr. 1 EnWG** (alt) enthielt eine Verordnungsermächtigung, nach der die Bundesregierung Regelungen über Bedingungen für den Messstellenbetrieb erlassen konnte. Die Regelungen konnten bestimmen, unter welchen Voraussetzungen der Messstellenbetrieb durch Dritte ausgeübt werden kann.[16] Zusätzlich waren Regelungen zur Mitbenutzung der Messsysteme durch Gasmesseinrichtungen denkbar. Von der Ermächtigung wurde kein Gebrauch gemacht.

bb) Bedingungen des Messstellenbetriebs (Alt. 1)

21 Das MsbG differenziert nicht mehr zwischen Messung und Messstellenbetrieb. Stattdessen umfasst der Messstellenbetrieb gem. § 3 Abs. 2 die Messung. Nr. 1 differenziert zwischen Bedingungen des Messstellenbetriebs und Messstellennutzung, die in Messstellenverträ-

---

11 Vgl. § 4 Abs. 1 MessZV (alt).
12 Begründung zum Regierungsentwurf v. 17.2.2016, BT-Drs. 18/7555, S. 131.
13 Vgl. zur Vorgängerregelung BerlKommEnR/*Böhnel*, 2. Aufl. 2010, § 4 MessZV (Anh. § 21b EnWG) Rn. 2.
14 Vgl. BerlKommEnR/*v. Wege*, § 9 MsbG Rn. 32.
15 § 4 Abs. 1 Nr. 2 MessZV (aufgehoben durch Art. 12 des Gesetzes zur Digitalisierung der Energiewende).
16 BerlKommEnR/*Franz/Boesche*, § 21i EnWG Rn. 5.

IV. Mindestinhalte (Abs. 2) § 10

gen zu regeln sind. Der Messstellenbetrieb umfasst gem. § 3 Abs. 2 den Einbau, den Betrieb und die Wartung der Messstelle und ihrer Messsysteme sowie die Gewährleistung einer mess- und eichrechtskonformen Messung (Nr. 1) und den technischen Betrieb der Messstelle (Nr. 2).[17] **Bedingungen des Messstellenbetriebs** regeln das „Wie" des so beschriebenen Messstellenbetriebs,[18] insbesondere Voraussetzungen für Einbau, Betrieb und Wartung der Messstelle und ihrer Messsysteme (Nr. 1) als notwendige Voraussetzungen für die Erfüllung der Aufgaben des Messstellenbetriebs. Formen der endgültigen Beendigung oder der Übertragung der Aufgabe auf Dritte sind dagegen keine Bedingungen des Messstellenbetriebs,[19] da die insofern speziellere Nr. 6 die Beendigung des Messstellenvertrages durch Kündigung oder auf sonstige Weise einschließlich der nachvertraglichen Pflichten regelt. Ebenfalls keine Bedingungen stellt das Vorgehen bei Übertragungs- und Messfehlern dar (Nr. 3).

Der Begriff der **Bedingungen** ist **nicht gleichzusetzen** mit dem Begriff der **allgemeinen Bedingungen** im Sinn von § 9 Abs. 4 S. 1, wie aus der Verweisung in § 9 Abs. 4 S. 2 auf Abs. 2 Nr. 1 Var. 1 deutlich wird. Gem. § 9 Abs. 4 sind grundzuständige Messstellenbetreiber verpflichtet, unter Beachtung der relevanten gesetzlichen Grundlagen und der ergangenen Entscheidungen der Regulierungsbehörden allgemeine Bedingungen für Verträge nach § 9 Abs. 1 Nr. 2 bis 4 zu veröffentlichen und zu diesen Bedingungen Rahmenmessstellenverträge abzuschließen.[20] Die Rahmenmessstellenverträge müssen aufgrund des Verweises in § 9 Abs. 4 S. 2 auf § 10 Abs. 2 Nr. 1 Var. 1 für den mindestens erforderlichen Regelungsinhalt Bedingungen des Messstellenbetriebs enthalten. Bedingungen im Sinn von Abs. 2 Nr. 1 Var. 1 sind notwendige, aber nicht hinreichende Inhalte der allgemeinen Bedingungen im Sinn von § 9 Abs. 4 S. 2.

22

Die Variante der notwendigen Bedingungen des Messstellenbetriebs wird **insbesondere in bestimmten Vertragskonstellationen des § 9 Abs. 1** relevant.[21] Im Fall des § 9 Abs. 1 Nr. 2 umfassen Bedingungen insbesondere die Voraussetzungen für die Übernahme des Messstellenbetriebs durch einen Dritten. Dazu gehört die nähere Ausgestaltung des Ablehnungsrechts des grundzuständigen Messstellenbetreibers nach § 5 Abs. 2 bzw. im Fall des § 9 Abs. 1 Nr. 1 Alt. 2 i.V.m. § 6 Abs. 1 die nähere Ausgestaltung des Auswahlrechts des Anschlussnehmers nach § 6 Abs. 4. Bei Messstellenverträgen im Sinn von § 9 Abs. 1 Nr. 3 zwischen Messstellenbetreibern und Netzbetreibern ist die Unterbrechung des Anschlusses bzw. der Anschlussnutzung, auf die der Netzbetreiber gem. § 12 ein Recht hat, zu regeln.[22]

23

---

17 Vgl. BerlKommEnR/*Drozella*, § 3 MsbG Rn. 37f., eine Differenzierung zwischen Messung und Messstellenbetrieb erfolgt nach Erlass des MsbG gem. § 3 Abs. 2 nicht mehr; inkonsequent insofern die getrennten Definitionen in § 3 Nr. 26b EnWG (Messstellenbetrieb) und § 3 Nr. 26c (Messung) EnWG; so wie hier auch BR-Drs. 543/15, S. 28.
18 Das „Ob" ist dagegen eine Frage der Zuständigkeit, die sich aus der Grundzuständigkeit oder der Wahl eines dritten Messstellenbetreibers ergibt.
19 Vgl. zu den Vorgängernormen BerlKommEnR/*Böhnel*, 2. Aufl. 2010, § 4 MessZV (Anh. § 21b EnWG) Rn. 7 ff.
20 Vgl. BerlKommEnR/*v. Wege*, § 9 MsbG Rn 37.
21 Begründung zum Regierungsentwurf v. 17.2.2016, BT-Drs. 18/7555, S. 131.
22 BerlKommEnR/*Zwanziger*, § 12 MsbG Rn. 1; vgl. zur Vorgängernorm BerlKommEnR/*Böhnel*, 2. Aufl. 2010, § 4 MessZV (Anh. § 21b EnWG) Rn. 76.

§ 10   Inhalt von Messstellenverträgen

24 Nach § 75 kann die Bundesnetzagentur zur bundesweiten Vereinheitlichung der Bedingungen für den Messstellenbetrieb und der Datenerhebung, -verarbeitung und -nutzung **Festlegungen nach § 29 Abs. 1 EnWG** treffen; § 75 Nr. 1–10 beschreibt die genauen Inhalte.[23]

cc) Regelungen zur Messstellennutzung (Alt. 2)

25 Der **Begriff der Messstellennutzung** ist gesetzlich nicht geregelt und erschließt sich einer wörtlichen Auslegung auch nicht eindeutig. Die Messstelle ist in § 2 Nr. 10 definiert als die Gesamtheit aller Mess-, Steuerungs- und Kommunikationseinrichtungen zur sicheren Erhebung, Verarbeitung und Übermittlung von Messdaten und zur sicheren Anbindung von Erzeugungsanlagen und steuerbaren Lasten an Zählpunkten einer Liegenschaft einschließlich der Installationsvorrichtungen. Im EnWG werden daneben lediglich Netznutzer beschrieben (vgl. § 3 Nr. 28 EnWG). Für die vorliegende Begriffsbestimmung ist aber entscheidend, dass Nutzung der Messstelle im Sinn von Alt. 2, insbesondere in Abgrenzung zu Alt. 1 i.V.m. § 3 Abs. 2, eine andere Bedeutung als Messstellenbetrieb, der insbesondere den Einbau, den Betrieb, und die Wartung der Messstelle und ihrer Messsysteme umfasst, haben muss. Im Übrigen kann mit Messstellennutzung nicht der technische Betrieb der Messstelle gemeint sein, da dieser Begriff in § 3 Abs. 2 Nr. 2 als Aufgabe des Messstellenbetriebs genannt wird.

26 Im Ergebnis ist ein **beschränkter Anwendungsbereich** für die Messstellennutzung denkbar, der sich aus der Trennung von Messstellenbetrieb und Netzbetrieb ergibt (vgl. § 1 Nr. 3). Der Messstellenbetreiber ist aufgefordert, mit anderen Marktakteuren zu interagieren und insbesondere den Datenumgang mit anderen Berechtigten durch Messstellenverträge zu regeln.[24] Mit dem Netzbetreiber schließt er für jede Messstelle einen Messstellenvertrag nach § 9 Abs. 2 Nr. 3, in dem die **Erhebung, Verarbeitung und Übermittlung von Messdaten** durch Anbindung von Mess-, Steuerungs- und Kommunikationseinrichtungen an eine Messstelle geregelt wird[25], was eine Form der Messstellennutzung darstellt, sofern die Tätigkeit nicht bereits zum Messstellenbetrieb gehört.

b) Standard- und Zusatzleistungen nach § 35 einschließlich deren Entgelte und deren Abrechnung (Nr. 2)

aa) Entstehungsgeschichte

27 Messstellenverträge haben als notwendigen Vertragsinhalt, Standard- und Zusatzleistungen zu regeln. Der **Referentenentwurf** sah noch vor, dass **nur bestimmte Rahmenverträge zwingend** zu schließen sind.[26] Ein Fall des Abschlusszwangs sollte bei der Vereinbarung von Zusatzleistungen bestehen. Die Begründung des Referentenentwurfs erläuterte dies mit der Überlegung, dass die Erbringung von Zusatzleistungen Verhandlungssache der Parteien sei, weshalb dieser Fall vertraglicher Ergänzungsvereinbarungen bedürfe.[27] Zwar

---

23 Vgl. BerlKommEnR/*Säcker*, § 75 MsbG Rn. 3.
24 Begründung zum Regierungsentwurf v. 17.2.2016, BT-Drs. 18/7555, S. 130.
25 Vgl. §§ 55 ff.
26 Referentenentwurf v. 21.9.2015 zum Gesetz zur Digitalisierung der Energiewende, abrufbar unter https://www.bmwi.de/DE/Themen/energie,did=726276.html (zuletzt abgerufen 9.5.2016).
27 Referentenentwurf v. 21.9.2015, S. 133.

IV. Mindestinhalte (Abs. 2) § 10

sieht der endgültige Gesetzestext stets den Abschluss von Messstellenverträgen vor. Die ursprüngliche Begründung kann auf den nunmehr in Nr. 2 geregelten Fall der Vereinbarung von Zusatzleistungen aber insofern übertragen werden, als es sich hierbei um einen wichtigen Fall des notwendig zu regelnden Vertragsinhaltes handelt, da die Parteien des Messstellenvertrages Inhalt und Umfang der Zusatzleistungen verhandeln müssen.

bb) Moderne Messeinrichtungen und intelligente Messsysteme

In Hinblick auf die Ausstattung moderner Messeinrichtungen und intelligenter Messsysteme definiert § 35 Abs. 1 S. 1 als **Standardleistung** die Durchführung des Messstellenbetriebs im nach § 3 genannten Umfang, also insbesondere Einbau, Betrieb und Wartung der Messstelle und ihrer Einrichtungen und Messsysteme, die Gewährleistung einer mess- und eichrechtskonformen Messung und die ordnungsgemäße Datenübertragung.[28] Werden Messstellen mit intelligenten Messsystemen ausgestattet, so stellt § 35 Abs. 1 S. 2 darüber hinaus spezielle Standardleistungen auf; diese betreffen insbesondere die Datenkommunikation.[29] Der Messstellenvertrag hat hierzu zwingend Regelungen zu treffen.   28

Zusatzleistungen für moderne Messeinrichtungen und intelligente Messsysteme umfassen gem. § 35 Abs. 2 Leistungen, die über die Standardleistungen hinausgehen, etwa das Bereitstellen von Strom- und Spannungswandlern (Nr. 1) und die Nutzung eines intelligenten Messsystems als Vorkassesystem (Nr. 2) sowie weitere in § 35 Abs. 2 Nr. 3–5 genannte Leistungen. Diese können dem Auftraggeber vom grundzuständigen Messstellenbetreiber in Rechnung gestellt werden, weshalb sie einer vertraglichen Regelung bedürfen.   29

cc) Konventionelle Messstellen

Für konventionelle Messstellen müssen die Parteien den Leistungsumfang für ihr Vertragsverhältnis im Messstellenvertrag verbindlich regeln. Der BDEW hatte zu einem einheitlichen, allerdings unverbindlichen, Verständnis des Leistungsumfangs je nach gewähltem Tarif beigetragen.[30] Es wird im Einzelnen festzustellen sein, welche Leistungen je nach gewähltem Tarif Standard- bzw. Zusatzleistungen darstellen.   30

c) Vorgehen bei Mess- und Übertragungsfehlern (Nr. 3)

Zu regeln ist gem. Nr. 3 das Vorgehen bei Mess- und Übertragungsfehlern. Das Gesetz zur Digitalisierung der Energiewende hebt die Regelungen der StromNZV und der GasNZV auf,[31] sofern diese die Messung von Strom und Gas und das Vorgehen bei Messfehlern be-   31

---

28 Vgl. BerlKommEnR/*Drozella*, § 3 MsbG Rn. 42 f.; BerlKommEnR/*Salevic/Zöckler*, § 7 MsbG Rn. 29.
29 Vgl. BerlKommEnR/*Säcker*, § 35 MsbG Rn. 7.
30 BDEW-Leistungsbeschreibung für Messstellenbetrieb, Messung und Abrechnung der Netznutzung und Messzugangsmanagement, 28.4.2009, S. 7, veröffentlicht nach Inkrafttreten des Gesetzes zur Öffnung des Messwesens bei Strom und Gas für Wettbewerb und der Messzugangsverordnung.
31 § 21 StromNZV und § 48 GasNZV (aufgehoben durch Art. 7, Art. 11 Gesetz zur Digitalisierung der Energiewende) sahen vor, dass der Netzbetreiber die Daten für die Zeit seit der letzten fehlerfreien Ablesung aus dem Durchschnittsverbrauch des ihr vorhergehenden und des der Beseitigung des Fehlers nachfolgenden Ablesezeitraumes oder aufgrund des Vorjahreswertes durch Schätzung ermittelt, soweit aus Parallelmessungen vorhandene Messwerte keine ausreichende Verlässlichkeit

§ 10   Inhalt von Messstellenverträgen

trafen.[32] Nunmehr regeln § 55 die Messwerterhebung Strom und § 58 die Messwerterhebung Gas. Gem. Nr. 3 haben Messstellenverträge nach § 9 Abs. 1 zwingend das **Vorgehen bei Mess- und Übertragungsfehlern** zu regeln. Die Regelungen können die Durchführung von zusätzlichen Messungen bzw. Kontrollmessungen umfassen, sowie Informationspflichten des Messstellenbetreibers über fehlende oder fehlerhafte Messwerte.

32   Mess- und Übertragungsfehler bei einer grundsätzlich funktionsfähigen Messeinrichtung sind von **Beschädigungen und Störungen** der Mess- und Steuereinrichtungen zu **unterscheiden**, die den Messstellenbetrieb beeinträchtigen.[33]

33   An Messstellen mit intelligenten Messsystemen werden ausgefallene Messwerte und Messwertreihen zunächst rechnerisch im Rahmen der Aufbereitung von Messwerten überbrückt und unplausible Messwerte korrigiert.[34] Die **Plausibilisierung und Ersatzwertbildung** erfolgt gem. § 60 Abs. 2 S. 1 automatisch im Smart-Meter-Gateway.[35] Daraus wird deutlich, dass Messfehler nicht korrigierbare Abweichungen sind.

34   Verpflichtend ist im Messstellenvertrag zudem das **Vorgehen bei Übertragungsfehlern**[36] zu regeln. In Abgrenzung zu Messfehlern können Übertragungsfehler bei der manuellen Ablesung an einem analogen Zähler bzw. an einer modernen Messeinrichtung entstehen, wenn die ablesende Person etwa die Messdaten fehlerhaft abliest oder bei einer Übertragung der Messdaten Fehler unterlaufen.

d) Verpflichtung der Parteien zur gegenseitigen Datenübermittlung und Vorgaben hierzu (Nr. 4)

35   Messstellenverträge müssen die **Verpflichtung der Parteien** im Sinne von **§ 54 zur gegenseitigen Datenübermittlung**, die dabei zu verwendenden Datenformate und Inhalte, sowie die hierfür geltenden Fristen regeln. § 54 macht Transparenzvorgaben für die Absicherung einer funktionsfähigen Kommunikation mittels Smart-Meter-Gateway und verlangt die Erstellung eines Standardblattes zur Datenkommunikation.[37] Während Nr. 4 die Verpflichtung zur Datenübermittlung der Parteien aufstellt, konkretisiert § 54 Abs. 1 dies

---

bieten, wenn eine Prüfung der Messeinrichtungen eine Überschreitung der eichrechtlichen Verkehrsfehlergrenzen ergibt und die Größe des Fehlers nicht einwandfrei festzustellen ist oder eine Messeinrichtung nicht anzeigt.

32 Vgl. zum Vorgehen bei Messfehlern nach alter Rechtslage in § 21 StromNZV (aufgehoben durch Art. 5 Gesetz zur Digitalisierung der Energiewende) Danner/Theobald/*Lüdtke-Handjery*, Stand: 90. EL Sept. 2016, § 21 StromNZV Rn. 1 ff.
33 Vgl. § 11 Abs. 3 .
34 Vgl. § 2 Nr. 17.
35 Vgl. BerlKommEnR/*v. Wege*, § 60 Rn. 12. Gem. § 75 Nr. 4 kann die Bundesnetzagentur zur Plausibilisierung von Messwerten und zur Bildung von Ersatzwerten bei Messfehlern zur bundesweiten Vereinheitlichung der Bedingungen für den Messstellenbetrieb Festlegungen nach § 29 Abs. 1 EnWG treffen. § 71 Abs. 1 räumt Anschlussnutzern, Bilanzkoordinatoren, Energielieferanten und Netzbetreibern das Recht ein, jederzeit die Nachprüfung der Messeinrichtungen zu verlangen. Ergibt die Prüfung eine Überschreitung der eichrechtlichen Verkehrsfehlergrenze und ist die Größe des Fehlers nicht einwandfrei feststellbar oder kann sie nicht angezeigt werden, gibt § 71 Abs. 3 vor, wie der Messstellenbetreiber Ersatzwerte zu bilden hat. Eine Befundprüfung nach § 39 MessEG bleibt daneben weiterhin möglich.
36 Der Begriff ist den Vorgängerregelungen der StromNZV und GasNZV nicht bekannt.
37 Vgl. Begründung zum Regierungsentwurf v. 17.2.2016, BT-Drs. 18/7555, S. 182; § 74 räumt der BNetzA die Ermächtigung zum Erlass von Festlegungen nach § 29 Abs. 1 EnWG ein zu den not-

IV. Mindestinhalte (Abs. 2) **§ 10**

auf die Erstellung eines „transparenten" Datenblattes, das kurz, einfach, übersichtlich und verständlich bestimmte Informationen aufführt.[38] Die BNetzA wird gem. § 75 Nr. 2 ermächtigt, Festlegungen zu den notwendigen Anforderungen an die Einhaltung der Transparenzvorgaben aus § 54, insbesondere Festlegungen zu einheitlichen Formaten und Formblättern, zu treffen.

Nach dem Wortlaut der Norm sind **andere Daten** als solche, die durch die Smart-Meter-Gateway-Kommunikation entstehen, nicht erfasst. Die Datenübermittlung bei **Altanlagen und modernen Messeinrichtungen** ist damit nicht zwingend im Messstellenvertrag zu regeln.[39] Die datenschutzrechtlichen Vorschriften differenzieren dagegen nicht zwischen der Quelle der Datenerhebung. Vielmehr ergibt sich aus § 50 Abs. 1, dass der Datenschutz unabhängig davon gilt, ob die Daten aus einer Messeinrichtung, einer modernen Messeinrichtung, einem Messsystem oder einem intelligenten Messsystem erhoben, verarbeitet oder genutzt werden. Deshalb besteht trotz fehlender zwingender vertraglicher Regelung auch bezüglich der nicht geregelten Daten keine Schutzlücke. **36**

Der **Inhalt der zu übermittelnden Daten** i. S. v. Nr. 4 geht über die form- und fristgerechte Übertragung der Messdaten hinaus.[40] Denn die Übermittlung der Messdaten erfolgt als Teil des Messstellenbetriebs bereits gem. § 3 Abs. 2 Nr. 2 in Erfüllung dieser Aufgabe. Verbrauchsinformationen für den Anschlussnutzer werden in § 61 gesondert geregelt und sind mit den zu übermittelnden Daten ebenfalls nicht gemeint. Daten im Sinn von Nr. 4 umfassen die in § 54 in Bezug genommenen Daten, nämlich die sich aus dem Vertrag ergebende Datenkommunikation durch oder mithilfe des Smart-Meter-Gateways; insbesondere wer, welche Daten, von wem, wie oft, zu welchem Zweck erhält.[41] **37**

Da die **gegenseitige Datenübermittlung der Parteien** geregelt wird, betreffen „die dabei zu verwendenden Datenformate und Inhalte sowie die hierfür geltenden Fristen" nur das jeweilige Vertragsverhältnis. Der Anschlussnutzer erfährt aber von den in **den anderen Vertragsverhältnissen** übermittelten Daten durch das Formblatt, das er gem. § 54 Abs. 3 in Kopie erhält,[42] auch wenn er nicht selbst Vertragspartner des Messstellenvertrags ist.[43] § 54 Abs. 3 erweitert die Datenübermittlung im Vergleich zu Nr. 4 insofern, als Nr. 4 nur die Beziehung der Vertragsparteien des Messstellenvertrages untereinander regelt. **38**

---

wendigen Anforderungen an die Einhaltung der Transparenzvorgaben aus § 54, insbesondere Festlegungen zu einheitlichen Formaten und Formblättern.
38 Vgl. BerlKommEnR/*Ohrtmann/Netzband/Lehner*, § 54 MsbG Rn. 6 f.; *Lüdemann/Ortmann/Pokrant*, EnWZ 8/2016, 339, 342, betonen die besondere Bedeutung des Verweises.
39 § 4 Abs. 1 Nr. 4 MessZV sah vor, dass Messstellenverträge und Messverträge u. a. mindestens die Verpflichtung der Parteien zur gegenseitigen Datenübermittlung sowie ggf. die Datenübermittlung an Energielieferanten, Netznutzer, Anschlussnutzer und von dem Anschlussnutzer in seinem Rechtsverhältnis mit dem Messstellenbetreiber oder Messdienstleister Benannte, die dabei zu verwendenden Datenformate und Inhalte sowie die hierfür geltenden Fristen regeln.
40 Vgl. zur Vorgängernorm BerlKommEnR/*Böhnel*, 2. Aufl. 2010, § 4 MessZV (Anh. § 21b EnWG) Rn. 13.
41 Vgl. Begründung zum Regierungsentwurf v. 17.2.2016, BT-Drs. 18/7555, S. 182.
42 Vgl. Rn. 26.
43 Vgl. BerlKommEnR/*Ohrtmann/Netzband/Lehner*, § 54 MsbG Rn. 4; die Relevanz der Regelung wird davon abhängen, dass die Bundesnetzagentur von ihrem Recht aus § 75 Nr. 2 Gebrauch macht und Festlegungen nach § 29 Abs. 1 EnWG zu den notwendigen Anforderungen an die Einhaltung der Transparenzvorgaben aus § 54 und insbesondere Festlegungen zu einheitlichen Formaten und Formblättern trifft.

§ 10   Inhalt von Messstellenverträgen

39   Neben der übermittelten Daten sind gem. Nr. 4 verpflichtende Bestandteile von Messstellenverträgen die zu verwendenden **Datenformate** sowie die für die Datenkommunikation geltenden **Fristen**. Bezüglich der Datenformate bestehen an anderer Stelle ausführliche Vorgaben.[44] Sofern es gesetzliche Vorgaben gibt, dürfen die Parteien nicht unter dieses Schutzniveau sinken.

40   § 75 Nr. 10 räumt der Bundesnetzagentur die Möglichkeit ein, **Festlegungen** nach § 29 Abs. 1 EnWG zur Regelungen des Datenaustausches zu treffen, insbesondere auch zu Fristen und Formaten.[45] Hiervon hat die Bundesnetzagentur Gebrauch gemacht.[46]

e) Haftungsbestimmungen (Nr. 5)

41   Zwingender Inhalt der Messstellenverträge i. S. v. § 9 sind **Haftungsbestimmungen**. Im Rahmen der allgemeinen zivilrechtlichen Haftungsregelungen besteht ein Gestaltungsspielraum, die widerstreitenden Interessen in Ausgleich zu bringen.[47] Je nach Zuordnung zu einer in § 9 Abs. 2 genannten Konstellation entfaltet die Norm unterschiedliche Relevanz.[48]

42   Eine mögliche Haftungsbestimmung im **Messstellenvertrag zwischen Messstellenbetreiber und Netzbetreiber** (§ 9 Abs. 1 Nr. 3) betrifft den im § 12 beschriebenen Fall, dass der Netzbetreiber zur Erfüllung gesetzlicher Verpflichtungen vom Messstellenbetreiber notwendige Handlungen an der Messstelle verlangt.[49] Der Messstellenbetreiber hat ein Interesse, von Schadensersatzansprüchen, die sich aus einer unberechtigten Handlung ergeben können, freigestellt zu werden, und wird auf eine entsprechende Vereinbarung hinwirken.[50] Die Vorgängerregelung § 4 Abs. 6 MessZV und auch der Referentenentwurf sahen eine gesetzliche Freistellungspflicht vor, von der in der Endfassung aber ohne Begründung Abstand genommen wurde.[51]

43   Im **Messstellenvertrag** zwischen **Messstellenbetreiber und Anschlussnutzer bzw. Anschlussnehmer** (§ 9 Abs. 1 Nr. 1) wird der Messstellenbetreiber die Haftung des Kunden für das Abhandenkommen und die Beschädigung von Mess- und Steuereinrichtungen vereinbaren. Der Referentenentwurf sah noch eine gesetzliche Haftung des Kunden bei Verschulden vor.[52]

44   Die Haftung bei **Störung der Anschlussnutzung** betrifft dagegen das Rechtsverhältnis zwischen Netzbetreiber und Anschlussnutzer, das an anderer Stelle geregelt ist.[53] Der

---

44   Vgl. insb. § 52 für Anforderungen an das Format der Datenkommunikation.
45   Vgl. BerlKommEnR/*Säcker*, § 75 MsbG Rn. 16.
46   Anlage 2 zum Beschluss BK6-16-200 v. 20.12.2016, Wechselprozesse im Messwesen (WiM).
47   Vgl. zum Verbraucherschutz bei der Strom-, Gasversorgung Schneider/Theobald/*Theobald*, § 1 Rn. 127 ff.; Tamm/Tonner/*Tamm*, Verbraucherrecht, 2. Aufl. 2016, § 15 Rn. 105 ff.
48   Vgl. Begründung zum Regierungsentwurf v. 17.2.2016, BT-Drs. 18/7555, S. 131.
49   Vgl. BerlKommEnR/*Zwanziger*, § 12 MsbG Rn. 1.
50   Vgl. BerlKommEnR/*Zwanziger*, § 12 MsbG Rn. 14.
51   Vgl. zur Vorgängernorm BerlKommEnR/*Böhnke*, 2. Aufl. 2010, § 4 MessZV (Anh. § 21b EnWG) Rn. 79; vgl. für die ursprüngliche Fassung § 12 im Referentenentwurf v. 21.9.2015 zum Gesetz zur Digitalisierung der Energiewende, S. 35.
52   Vgl. für die ursprüngliche Fassung § 71 Abs. 4, Referentenentwurf v. 21.9.2015 zum Gesetz zur Digitalisierung der Energiewende, S. 35.
53   § 18 N(D)AV, bzw. vertragliche, deliktische Ansprüche, vgl. Schneider/Theobald/*de Wyl/Thole/Bartsch*, § 16 Rn. 76 ff.

IV. Mindestinhalte (Abs. 2) § 10

Messstellenbetreiber kann aber gegenüber dem Netzbetreiber für Schäden durch Unterbrechung oder Unregelmäßigkeit der Energieversorgung entsprechend § 18 NA(D)V haften, wenn dies vertraglich vereinbart ist.[54]

f) Kündigung und sonstige Beendigung des Vertrages einschließlich nachvertraglicher Pflichten (Nr. 6)

aa) Allgemeines

Im Messstellenvertrag muss **zwingend** die Vertragsbeendigung durch Kündigung oder auf sonstige Weise **geregelt werden**; ebenfalls zu regeln sind die Pflichten der Parteien bei Beendigung des Vertrags. Verträge können über eine bestimmte Lieferzeit geschlossen werden mit Verlängerungsoption bzw. automatischer Verlängerung, sofern der Anschlussnutzer bzw. Anschlussnehmer den Messstellenvertrag nicht kündigt. Verträge können auch auf unbestimmte Zeit geschlossen werden mit einem Kündigungsrecht. Wird ein Rahmenvertrag im Sinn von § 9 Abs. 4 beendet, ist zwingend auch die Beendigung des Messstellenvertrags über die konkrete Messstelle zu regeln.[55]   45

bb) Kündigung

Die **Kündigung** ist ein einseitiges Rechtsgeschäft und beendet den Messstellenvertrag grundsätzlich nach Ablauf einer Kündigungsfrist. Die Parteien des Messstellenvertrages können im Rahmen ihrer Vertragsfreiheit grundsätzlich ordentliche und außerordentliche Kündigungsgründe vereinbaren.[56] Für Dauerschuldverhältnisse ist insbesondere § 314 BGB zu beachten, demzufolge das Recht zur außerordentlichen Kündigung und zur Kündigung aus wichtigem Grund unberührt bleibt. Es könnte aber etwa ein Sonderkündigungsrecht des Anschlussnutzers bei einem Verstoß des Messstellenbetreibers gegen datenschutz- und datensicherheitsrechtliche Vorgaben begründet werden.   46

cc) Sonstige Beendigung

Die **sonstige Beendigung** des Vertrages als Oberbegriff umfasst andere Fälle, wie die Beendigung durch Zeitablauf oder durch einen Aufhebungsvertrag. Denkbar als Fall der sonstigen Beendigung wäre die mangelnde Genehmigung zur Ausübung des Messstellenbetriebs oder die Untersagung der Durchführung des Messstellenbetriebs gem. § 4 Abs. 4.[57]   47

dd) Sonstige Gründe

Die **Freiheit der Parteien**, Vereinbarungen über die Beendigung des Messstellenvertrages, insbesondere über Kündigungsgründe, zu treffen, wird durch **gesetzliche Vorgaben beschränkt**. Nach § 6 Abs. 2 endet der Messstellenvertrag mit dem bisherigen Messstellenbetreiber automatisch, wenn der Anschlussnehmer sein Auswahlrecht gem. § 6 Abs. 1 aus-   48

---

54 Vgl. noch § 15 Anl. 3 zum Beschl. BK6-09-034 / BK7-09-001, Messstellenrahmenvertrag.
55 Vgl. zur Vorgängernorm BerlKommEnR/*Böhnel*, 2. Aufl. 2010, § 4 MessZV (Anh. § 21b EnWG) Rn. 22.
56 Vgl. zur Kündigung der Grundversorgung § 20 StromGVV/GasGVV aus verbraucherrechtlicher Sicht Tamm/Tonner/*Tamm*, Verbraucherrecht, 2. Aufl. 2016, § 15 Rn. 92 ff.
57 Vgl. BerlKommEnR/*Mätzig*, § 4 MsbG Rn. 44 f.

§ 10 Inhalt von Messstellenverträgen

übt und die Laufzeit des Vertrages zur Hälfte abgelaufen ist. Gem. § 6 Abs. 3 entfällt in diesem Fall das Auswahlrecht des Anschlussnutzers nach § 5 Abs. 1. Als **weitere Folge der Beendigung des Vertrages** enden im Fall des § 6 Abs. 1 Verträge mit Messstellenbetreibern entschädigungslos, wenn die Vertragslaufzeit zur Hälfte abgelaufen ist.

49 Offen ist die Frage, ob der Messstellenbetreiber bei **Nichterfüllung einer Zahlungsverpflichtung** des Anschlussnutzers bzw. Anschlussnehmers trotz Mahnung den Messstellenvertrag kündigen kann. Wegen Unzumutbarkeit muss es dem Messstellenbetreiber möglich sein, einen entsprechenden Kündigungsgrund zu vereinbaren. In diesem Fall übernimmt grundsätzlich der grundzuständige Messstellenbetreiber den Messstellenbetrieb gem. § 18 Abs. 1.[58] Der grundzuständige Messstellenbetreiber kann für den Fall, dass kein Pflichteinbaufall vorliegt, den Messstellenbetrieb mit Messeinrichtungen und Messsystemen fortführen, so dass er die Messentgelte als Teil der Netzentgelte erhält (§ 7 Abs. 2 i.V.m. § 17 Abs. 7 StromNZV und § 15 Abs. 7 GasNZV).[59]

ee) Rechte und Pflichten bei Beendigung des Vertrages

50 Außerdem sind als Mindestvoraussetzung die **Pflichten bei Beendigung des Vertrages** zu regeln. Die Pflichten erwachsen einer oder beiden Vertragsparteien des Messstellenvertrages im Zusammenhang mit der Beendigung des Vertrages, bzw. sobald der Vertrag auf eine beliebige Art endet. Der Vertragsfreiheit entzogen sind gesetzliche Pflichten. Für den Fall, dass der Anschlussnutzer von seinem Auswahlrecht Gebrauch macht, regelt § 5 Abs. 1 und 3 abschließend, dass der neue und der bisherige Messstellenbetreiber die für die Durchführung des Wechselprozesses erforderlichen Verträge abzuschließen und einander die dafür erforderlichen Daten unverzüglich zu übermitteln haben.

51 Nach dem Wortlaut sind die **Rechte** der Vertragsparteien **bei Beendigung des Vertrages** nicht als zwingend notwendige Inhalte im Messstellenvertrag umfasst. Dies erscheint vor der Maßgabe der Norm, Mindestinhalte zu regeln, nachvollziehbar.[60]

g) Benennung einer ladungsfähigen Anschrift, Benennung von Ansprechpartnern und Angaben zur erleichterten elektronischen Kontaktaufnahme (Nr. 7)

52 Messstellenverträge müssen insbesondere Regelungen über eine ladungsfähige **Anschrift**, die Benennung von **Ansprechpartnern** und Angaben zur erleichterten elektronischen **Kontaktaufnahme** machen. Die Benennung eines Ansprechpartners zur Gewährleistung der Erreichbarkeit stellt eine typische allgemeine Vertragsregel dar. Im Vergleich zu ersten Entwurfsfassungen, in denen nur die Angabe von Ansprechpartnern und Erreichbarkeit verlangt wurden, verlangt die geltende Norm explizit die Benennung einer ladungsfähigen Adresse und Angaben, die die elektronische Erreichbarkeit sicherstellen. Zweck der Regelung ist, die Kommunikation zwischen den am Messstellenbetrieb beteiligten Akteuren abzusichern und zu erleichtern. Handelt es sich um einen Messstellenvertrag des Messstellen-

---

58 Vgl. BerlKommEnR/*Salevic/Zöckler*, § 18 MsbG Rn. 7 f.
59 Die Kosten für moderne Messeinrichtungen und intelligente Messsysteme werden dagegen nur durch Entgelte im Rahmen der Preisobergrenzen finanziert, vgl. BerlKommEnR/*Salevic/Zöckler*, § 7 MsbG.
60 Anders zur Vorgängernorm BerlKommEnR/*Böhnel*, 2. Aufl. 2010, § 4 MessZV (Anh. § 21b EnWG) Rn. 23.

VI. Verbot der Behinderung des Lieferantenwechsels (Abs. 3) § 10

betreibers mit einem Verbraucher (Fall des § 9 Abs. 1 Nr. 1) treffen den Messstellenbetreiber darüber hinaus zahlreiche Informationspflichten, etwa nach § 41 EnWG.

3. Folge fehlender Mindestinhalte des Messstellenvertrages

Die Zulässigkeit einer Vertragsbestimmung und die Einhaltung der Vorschriften kann stets **zivilrechtlich überprüft** werden (z. B. §§ 305 ff. BGB).[61] Regeln die Parteien des Messstellenvertrages notwendige Vertragsinhalte nicht, fehlt dem Messstellenbetreiber insofern die Vertragsgrundlage, so dass die Regelungen zum konkludenten Abschluss eines Vertrages Anwendung finden.[62]   53

Gem. § 76 S. 1 und 2 kann die BNetzA bei bestimmten Verstößen des grundzuständigen Messstellenbetreibers Maßnahmen treffen. Sofern der Messstellenbetreiber der kartellrechtlichen Missbrauchsaufsicht unterliegt, sind die **§§ 19, 29 GWB grundsätzlich parallel anwendbar**.[63]   54

Außerdem kann die Bundesnetzagentur nach § 4 Abs. 4 i.V.m. Abs. 1 den grundzuständigen **Messstellenbetrieb untersagen** oder **vorläufige Maßnahmen zum Abstellen eines Verhaltens** anordnen.   55

V. Weitere Inhalte des Messstellenvertrages

Die Norm ist insofern **nicht abschließend**, als das Gesetz teilweise **weitergehende Vorgaben** an den Inhalt von Messstellenverträgen macht. Gem. § 7 Abs. 1 S. 2 sind Entgelte für den Messstellenbetrieb mit intelligenten Messsystemen und Messeinrichtungen Bestandteil eines Messstellenvertrages nach §§ 9 und 10. Messstellenbetreiber müssen also verpflichtend die Entgelte als Bestandteil des Messstellenvertrages regeln.[64]   56

Nach § 58 Abs. 4 ist ein Letztverbraucher im Sinn des § 12 GasNZV berechtigt, von dem Messstellenbetreiber eine Messung zu verlangen, sofern der Lieferant mit dem Messstellenbetreiber die Anwendung des Lastgangzählverfahrens vereinbart hat (S. 1). In diesem Fall müssen Messstellenverträge nach § 9 mit Netzbetreiber bzw. Messstellenbetreiber um entsprechende vertragliche Inhalte ergänzt werden; sind also außerhalb von § 10 Abs. 2 vertraglich zu regelnde Mindestinhalte.   57

VI. Verbot der Behinderung des Lieferantenwechsels (Abs. 3)

1. Bedeutung der Regelung

Messstellenverträge[65] dürfen die **Freiheit** des Anschlussnutzers oder des Anschlussnehmers, den **Energielieferanten** zu **wechseln**, nicht behindern. Die Regelung trägt der gro-   58

---

61 Vgl. BerlKommEnR/*Brühl*, § 41 EnWG Rn. 86 ff.
62 Vgl. BerlKommEnR/*Salevic/Zöckler*, § 7 MsbG Rn. 30 f.; BerlKommEnR/*v. Wege*, § 9 MsbG Rn. 20 f.
63 BerlKommEnR/*Weyer*, § 76 MsbG Rn. 32.
64 Vgl. BerlKommEnR/*Salevic/Zöckler*, § 7 MsbG Rn. 7.
65 Die Vorgängerregelung § 4 Abs. 2 Nr. 1 MessZV (aufgehoben durch Art. 12 des Gesetzes zur Digitalisierung der Energiewende) sprach weniger deutlich von „Verträgen".

§ 10   Inhalt von Messstellenverträgen

ßen Bedeutung der Möglichkeit zum Lieferantenwechsel Rechnung.[66] Die Sicherstellung der Wettbewerbsziele des EnWG und der Freiheit, den Energielieferanten zu wechseln,[67] sollen durch die Liberalisierung des Messwesens nicht gefährdet werden. Es wird die Gefahr gesehen, dass durch bestimmte Unternehmensstrukturen, etwa durch Ausgründungen von Gesellschaften, Stromkunden von ihren Messstellenbetreibern gebunden werden.[68]

2. Sicherung der Freiheit des Lieferantenwechsels

59   Die Freiheit zum Lieferantenwechsel ist **mehrfach abgesichert**.[69] § 20a Abs. 3 EnWG verbietet explizit die Verursachung von zusätzlichen Kosten durch den Lieferantenwechsel.[70] Verträge, die hiergegen verstoßen, sind bereits gem. § 134 BGB i.V.m. § 20a Abs. 3 EnWG nichtig.[71] §14 Abs. 3 regelt parallel hierzu, dass auch für den Wechsel des Messstellenbetriebs kein gesondertes Entgelt erhoben werden darf. Abs. 3 will dagegen Konstellationen verhindern, bei denen der Messstellenbetreiber durch die Ausgestaltung der Messstellenverträge Einfluss auf die Wahl des Energielieferanten zu nehmen sucht. Verträge über die Energiebelieferung und/oder die Netznutzung und den Messstellenbetrieb bleiben aber gem. § 9 Abs. 2 weiter kombinierbar.[72]

60   Das Recht des Anschlussnutzers, den Energielieferanten zu wechseln, kann insbesondere durch einen Messstellenvertrag des Messstellenbetreibers mit dem Anschlussnutzer (§ 9 Abs. 1 Nr. 1) beschränkt werden, wenn der **Messstellenbetreiber gleichzeitig Energielieferant** ist. Er kann wirtschaftliche Interessen haben, im Messstellenvertrag vertragliche Regelungen vorzusehen, die den zukünftigen Lieferantenwechsel erschweren.[73] Solche Regelungen sind nach § 134 BGB i.V.m. § 10 Abs. 3 nichtig. Zwar spricht die Gesetzesbegründung der Regelung des § 10 Abs. 3 explizit eine klarstellende Bedeutung zu;[74] nach dem Wortlaut und der überragenden Bedeutung der Freiheit, den Energielieferanten wechseln zu können, handelt es sich bei der Regelung aber um eine Verbotsnorm i.S.v. § 134 BGB. Bei unterstellter Wirksamkeit der Norm, bliebe der Zweck des Verbots der Behinderung des Lieferantenwechsels unerfüllt.

3. Anwendung auf kombinierte Verträge

61   Das **Verbot der Behinderung des Lieferantenwechsels** ist auf kombinierte Verträge entsprechend **anzuwenden** (vgl. Rn. 6).

---

66 Begründung zum Regierungsentwurf v. 17.2.2016, BT-Drs. 18/7555, S. 134.
67 So die Gesetzesbegründung zur Vorgängernorm § 4 Abs. 2 Nr. 1 MessZV, BR-Drs. 568/08, S. 19.
68 Vgl. die Stellungnahme des Bayrischen Staatsministeriums für Wirtschaft und Medien, Energie und Technologie zum Referentenentwurf eines Gesetzes zur Digitalisierung der Energiewende v. 15.10.2015.
69 Vgl. § 14 StromNZV für Pflichten der Betreiber von Elektrizitätsversorgungsnetzen in Hinblick auf Lieferantenwechsel bzw. § 41 GasNZV für Betreiber von Gasversorgungsnetzen; § 20 Abs. 3 StromGVV/GasGVV stellt für den Grundversorger das Verbot der Erhebung eines gesonderten Entgelts bei Kündigung des Vertrages, insbesondere wegen Lieferantenwechsels auf.
70 Vgl. zum Verhältnis von § 20a EnWG zu § 20 StromGVV/GasGVV BerlKommEnR/*Hampel*, § 20a EnWG Rn. 5.
71 BerlKommEnR/*Dörmer/Hampel*, § 20a EnWG Rn. 40.
72 Begründung zum Regierungsentwurf v. 17.2.2016, BT-Drs. 18/7555, S. 130.
73 So zur Vorgängernorm BR-Drs. 568/08, S. 19.
74 Begründung zum Regierungsentwurf v. 17.2.2016, BT-Drs. 18/7555, S. 134.

§ 11 Dokumentationspflicht; Sicherstellung des Messstellenbetriebs

(1) Messstellenbetreiber sind verpflichtet, dem Netzbetreiber jährlich eine Übersicht zur Ausstattung der Messstellen im Netzgebiet zur Verfügung zu stellen.

(2) ¹Fällt der Messstellenbetreiber aus, ohne dass zum Zeitpunkt des Ausfalls der grundzuständige Messstellenbetreiber den Messstellenbetrieb übernimmt, kann der Netzbetreiber Notfallmaßnahmen zur vorübergehenden Sicherstellung des Messstellenbetriebs ergreifen. ²Die vorübergehende Sicherstellung des Messstellenbetriebs beinhaltet nicht die Pflicht zur Ausstattung mit intelligenten Messsystemen oder modernen Messeinrichtungen nach den §§ 29 bis 32. ³Fällt der grundzuständige Messstellenbetreiber aus, hat der Netzbetreiber zur dauerhaften Sicherstellung des Messstellenbetriebs das Übertragungsverfahren für die Grundzuständigkeit für den Messstellenbetrieb für moderne Messeinrichtungen und intelligente Messsysteme nach den §§ 41 bis 45 anzustrengen.

(3) ¹Messstellenbetreiber haben dem Netzbetreiber den Verlust, die Beschädigung und Störungen der Mess- und Steuereinrichtungen unverzüglich in Textform mitzuteilen. ²Sie haben unverzüglich die Beschädigung oder Störung der Mess- und Steuerungseinrichtungen zu beheben und die Funktionsfähigkeit der Messstelle wiederherzustellen.

Schrifttum: *Brockhoff/Wagner*, Neue vergaberechtliche Regelungen im Messstellenbetriebsgesetz, RdE 2016, 54; *Säcker/Zwanziger*, Die Übertragung moderner Messeinrichtungen im Wege der Inhouse-Vergabe, RdE 2016, 381.

Übersicht

	Rn.		Rn.
I. Regelungsinhalt	1	VI. Pflichten des Netzbetreibers	18
II. Normzweck	3	1. Dokumentationspflicht des Netzbetreibers	18
III. Entstehungsgeschichte	4	a) Zweck	18
IV. Festlegungsermächtigung	7	b) Inhalt	20
V. Pflichten des Messstellenbetreibers	8	2. Sicherstellung des Messstellenbetriebs (Abs. 2)	22
1. Informationspflicht (Abs. 1)	8	a) Voraussetzungen	22
a) Allgemeines	8	b) Aufgabenübertragung (S. 1)	25
b) Inhalt	9	c) Umfang des sicherzustellenden Messstellenbetriebs (S. 2)	26
c) Zeitliche Vorgabe	11	d) Einleitung des Übertragungsverfahrens (S. 3)	28
2. Mitteilungs- und Behebungspflicht (Abs. 3)	12	e) Kosten	30
a) Adressat	12		
b) Mitteilungspflicht (S. 1)	13		
c) Pflicht zur Behebung von Beschädigungen und Störungen und zur Wiederherstellung der Funktionsfähigkeit (S. 2)	17		

§ 11 Dokumentationspflicht; Sicherstellung des Messstellenbetriebs

I. Regelungsinhalt

1 Die Vorschrift regelt in § 11 Abs. 1 **die Pflicht des Messstellenbetreibers**, dem Netzbetreiber dauerhaft Informationen über die technische Ausstattung der Messstelle für alle Zählpunkte zur Verfügung zu stellen.[1] § 11 Abs. 3 verpflichtet den Messstellenbetreiber darüber hinaus, dem Netzbetreiber den Verlust, die Beschädigung und Störungen der Mess- und Steuereinrichtungen unverzüglich mitzuteilen (S. 1) und bei Störungen die Funktionsfähigkeit der Messstelle wiederherzustellen (S. 2).

2 § 11 Abs. 2 überträgt dagegen dem **Netzbetreiber** die **Pflicht**, bei Ausfall des grundzuständigen Messstellenbetreibers mit einer einfachen Messeinrichtung auszuhelfen (S. 1) und die Übertragung des grundzuständigen Messstellenbetriebs nach den §§ 41 ff. zu bewirken (S. 2).

II. Normzweck

3 Nach der Gesetzeskonzeption, die auf der Aufgabentrennung von Messstellenbetrieb und Netzbetrieb beruht (vgl. § 1 Nr. 3), stellt die Übernahme des Messstellenbetriebs durch den Netzbetreiber in § 11 eine Ausnahme dar. Die Regelung normiert das **dauerhafte Interesse des Netzbetreibers** im Hinblick auf die Durchführung des Messstellenbetriebs und die technische Ausstattung der Messstelle für alle Zählpunkte.[2] Das Interesse des Netzbetreibers an der jederzeitigen Sicherstellung und seine Nähe zum Messstellenbetrieb erklärt und rechtfertigt die Grundzuständigkeit des Netzbetreibers für den Messstellenbetrieb (vgl. § 2 S. 1 Nr. 4). § 11 normiert aber über die Grundzuständigkeit hinaus eine **Auffangverantwortung des Netzbetreibers** für den Fall, dass ein drittes Unternehmen den Messstellenbetrieb übernommen hat bzw. die Grundzuständigkeit übertragen worden ist. Damit der Netzbetreiber seine Aufgabe erfüllen kann, wird der Messstellenbetreiber zur Dokumentation der Ausstattung seiner Messstellen und zur Information des Netzbetreibers verpflichtet.

III. Entstehungsgeschichte

4 Auch der **Referentenentwurf** sah in § 11 Abs. 2 vor, dass der Netzbetreiber Notfallmaßnahmen zur Sicherstellung des Messstellenbetriebs ergreifen kann.[3] Wenn Notfallmaßnahmen nicht ausreichen, sollte der Netzbetreiber aber nach der ursprünglich geplanten Konzeption zur vorübergehenden Sicherstellung des Messstellenbetriebs unverzüglich den Messstellenbetreiber feststellen, der die meisten mit intelligenten Messsystemen ausgestatten Messstellen betreibt. Dieser Messstellenbetreiber sollte durch die zuständige Behörde zum neuen grundzuständigen Messstellenbetreiber bestimmt werden. Der Entwurf der Gesetzesbegründung erläuterte, dass dieses **Verfahren** zum Tragen kommen solle, wenn längere Zeiträume von mehreren Wochen überbrückt werden müssten. Der Regie-

---

[1] Begründung zum Regierungsentwurf v. 17.2.2016, BT-Drs. 18/7555, S. 79.
[2] Begründung zum Regierungsentwurf v. 17.2.2016, BT-Drs. 18/7555, S. 113.
[3] § 11 Abs. 2 Ref-E Gesetz zur Digitalisierung der Energiewende.

rungsentwurf nahm von einer Übernahme dieses, an die Ermittlung des Grundversorgers erinnernden Verfahrens,[4] Abstand.

Der Referentenentwurf enthielt als **Überschrift** der Norm noch den Titel „Verwaltungspflicht".[5] Darunter wären einerseits die Verwaltung der Messstelle durch den Messstellenbetreiber nach Abs. 1 und seine Pflichten nach Abs. 3 zu verstehen gewesen, andererseits die Notfallaufgaben des Netzbetreibers. Anscheinend wurde die insofern uneindeutige Überschrift nicht übernommen, wobei auch der gewählte Titel „Organisationspflicht" den Fokus missverständlich von der Informationsvorhaltepflicht des Messstellenbetreibers auf die Dokumentationspflicht des Netzbetreibers lenkt. Die Festlegungskompetenz in § 47 Abs. 2 Nr. 4 spricht fälschlich noch von der Verwaltungspflicht des Messstellenbetreibers.[6]

§ 11 Abs. 3 S. 1 entspricht im Wesentlichen dem durch das Gesetz zur Digitalisierung der Energiewende aufgehobenen § 8 Abs. 3 MessZV.[7]

IV. Festlegungsermächtigung

Gem. § 47 Abs. 2 Nr. 4 kann die Bundesnetzagentur zur bundesweiten Vereinheitlichung der Bedingungen für den Messstellenbetrieb Entscheidungen durch **Festlegungen** nach § 29 Abs. 1 EnWG **zur Ausgestaltung der „Verwaltungspflicht** des grundzuständigen Messstellenbetreibers nach § 11" treffen, richtig wäre Organisationspflicht.[8]

V. Pflichten des Messstellenbetreibers

1. Informationspflicht (Abs. 1)

a) Allgemeines

Gem. § 11 Abs. 1 hat der **Messstellenbetreiber** eine Übersicht zur Ausstattung der Messstellen im Netzgebiet zur Verfügung zu stellen.[9] **Adressat** der **Information** ist der **Netzbetreiber**, in dessen Netzgebiet die konkrete Zählstelle liegt.[10] Die Pflicht entfällt, wenn der Netzbetreiber als grundzuständiger Messstellenbetreiber den Messstellenbetrieb selbst ausübt; also im Fall der Personenidentität.[11]

---

4 Vgl. § 36 EnWG.
5 Überschrift § 11 Ref-E, Gesetz zur Digitalisierung der Energiewende.
6 BerlKommEnR/*Säcker/Zwanziger*, § 47 MsbG Rn. 22.
7 Art. 12 Gesetz zur Digitalisierung der Energiewende, Aufhebung der Messzugangsverordnung.
8 BerlKommEnR/*Säcker/Zwanziger*, § 47 MsbG Rn. 22.
9 Begründung zum Regierungsentwurf v. 17.2.2016, BT-Drs. 18/7555, S. 113.
10 Der bne kritisiert in seiner Stellungnahme zum Referentenentwurf zum Gesetz zur Digitalisierung der Energiewende v. 7.10.2015, dass § 11 Abs. 2 nicht gleichzeitig die Pflicht zur Informationsübermittlung an die Bundesnetzagentur aufstellt. Zur Begründung führt der bne an, dass es aus wettbewerblicher Sicht Sinn macht, die Marktakteure frühzeitig umfassend zu informieren. Da § 11 aber die Sicherstellung des Messstellenbetriebs durch den Netzbetreiber bezweckt, wäre eine allgemeine Informationspflicht hier systemfremd.
11 Vgl. Begründung zum Regierungsentwurf v. 17.2.2016, BT-Drs. 18/7555, S. 78, wonach die Pflicht zum Abschluss von Messstellenverträgen bei Personenidentität selbstverständlich entfällt.

§ 11   Dokumentationspflicht; Sicherstellung des Messstellenbetriebs

b) Inhalt

9   Nach dem Wortlaut ist über **die Ausstattung der Messstelle** zu informieren. Der Netzbetreiber hat insbesondere die **Identität des Messstellenbetreibers** und die **Art der verbauten Technik** an den Zählpunkten zur Verfügung zu stellen.[12] Der Messstellenbetreiber teilt für jeden Zählpunkt,[13] an dem er den Energiefluss messtechnisch erfasst,[14] mit, dass er an der Zählstelle Messstellenbetreiber ist, und im Hinblick auf die Ausstattung, ob ein intelligentes Messsystem, eine moderne Messeinrichtung oder ein konventioneller Zähler verbaut ist.[15] Da die Gesetzesbegründung **insbesondere** von diesen Informationen spricht, sind die Identität des Messstellenbetreibers und die Art der verbauten Technik an der Messstelle notwendiger, aber nicht hinreichender Umfang der Informationen.

10 Welche **weiteren Daten** über die Ausstattung bereitzuhalten sind, bleibt unklar und steht einer Konkretisierung durch Festlegung nach § 47 Abs. 2 Nr. 4 offen. Gerechtfertigt ist es, den Messstellenbetreiber zu verpflichten, diejenigen Informationen vorzuhalten, die der Netzbetreiber zur Übernahme des Messstellenbetriebs im Notfall benötigen würde (vgl. § 11 Abs. 2 S. 1 und 2). Eine generelle Rechenschaftspflicht des Messstellenbetreibers gegenüber dem Netzbetreiber besteht dagegen nicht. Informationen, etwa über den Verbrauch an der Messstelle, sind zur Erfüllung des Notfallbetriebs nach § 11 Abs. 2 nicht notwendig, da keine Vorhalte- bzw. Ausstattungspflicht des Netzbetreibers bei Ausfall des Messstellenbetreibers besteht.

c) Zeitliche Vorgabe

11 Die Regelung sieht eine **jährliche Übermittlung** vor, die Sinn macht, da der Ausstattungsstand sich durch die Pflicht zum Rollout verändert. Diese Aktualisierung verursacht beim Messstellenbetreiber keinen unverhältnismäßig großen Aufwand; hinzu kommt, dass der Messstellenbetreiber die Informationen unabhängig von der Verpflichtung aus § 11 Abs. 1 bereithalten muss. Bereits zur Erfüllung der Ausstattungspflicht nach § 29 Abs. 5 S. 1 und der Informationspflicht nach § 37 muss er die Daten erheben.

2. Mitteilungs- und Behebungspflicht (Abs. 3)

a) Adressat

12 Der **Messstellenbetreiber**, gem. § 3 Nr. 12 der grundzuständige Messstellenbetreiber oder ein Dritter, der die Aufgabe des Messstellenbetriebs durch Vertrag nach § 9 wahrnimmt, ist gem. Abs. 3 verpflichtet, dem Netzbetreiber den Verlust, die Beschädigung und Störungen der Mess- und Steuereinrichtungen in Textform mitzuteilen und zu beheben. Parallel regelt § 16 Abs. 3 eine Mitteilungspflicht des Dritten, der den Messstellenbetrieb ausführt, gegenüber dem grundzuständigen Messstellenbetreiber.[16]

---

12 Vgl. Begründung zum Regierungsentwurf v. 17.2.2016, BT-Drs. 18/7555, S. 113.
13 Eine Messstelle umfasst gem. § 2 S. 1 Nr. 11 alle Einrichtungen einschließlich der Installationsvorrichtungen an den Zählpunkten eines Anschlussnutzers.
14 Zählpunkt: der Punkt, an dem der Energiefluss messtechnisch erfasst wird (§ 2 S. 1 Nr. 28).
15 Vgl. Begründung zum Regierungsentwurf v. 17.2.2016, BT-Drs. 18/7555, S. 113.
16 Vgl. ausführlich zur Abgrenzung und zum Inhalt der Mitteilungspflicht aus § 16: BerlKommEnR/ *v. Wege*, § 16 MsbG Rn. 25 ff.

b) Mitteilungspflicht (S. 1)

Bei **Verlust, Beschädigung oder Störung der Mess- und Steuereinrichtungen**[17] liegt eine Leistungsstörung vor.[18] Denn der Messstellenbetreiber ist gem. § 3 Abs. 2 Nr. 1 zum einwandfreien Betrieb sowie zur Gewährleistung einer mess- und eichrechtskonformen Messung verpflichtet. Auch im Messstellenvertrag (§ 9 Abs. 1 Nr. 3 i.V.m. § 10 Abs. 2 Nr. 1) verpflichtet er sich gegenüber dem Netzbetreiber zum störungsfreien Messstellenbetrieb. Leistungsstörungen hat der grundzuständige Messstellenbetreiber deshalb dem Netzbetreiber **mitzuteilen**.

Die Mitteilung hat **unverzüglich**, also ohne schuldhaftes Zögern (§ 121 Abs. 1 S. 1 BGB), zu erfolgen. Nicht ausreichend ist, anders als nach Abs. 1, eine jährliche oder etwa quartalsweise Mitteilung, da der Netzbetreiber die Funktionsfähigkeit jeder Messstelle aktuell kennen muss. Die vorgeschriebene Textform (§ 126b BGB) dient der **Dokumentation**. Der Referentenentwurf sah noch eine schriftliche Meldung vor, die den Voraussetzungen von § 126 BGB hätte entsprechen müssen.[19]

Die Informationspflicht macht **unabhängig von der Eigentumslage an den Einrichtungen** Sinn,[20] da auch die Pflicht zur ordnungsgemäßen Durchführung des Messstellenbetriebs unabhängig von der Eigentumslage an den Messeinrichtungen besteht.[21] Der Netzbetreiber hat ein dauerhaftes Interesse an der ordnungsgemäßen Durchführung des Messbetriebs, deshalb ist der bürokratische Aufwand des Messstellenbetreibers zur Erfüllung der Verpflichtung hinzunehmen.

Die Informationspflicht des Messstellenbetreibers etabliert **keine Aufsicht des Netzbetreibers über den Messstellenbetreiber.**[22] Diese widerspräche der Aufgabenteilung zwischen Messstellenbetrieb und Netzbetrieb. Vielmehr trägt die Regelung dem Informationsbedürfnis des Netzbetreibers Rechnung. Die Informationspflicht des Messstellenbetreibers erleichtert es dem Netzbetreiber, seiner Dokumentationspflicht (Abs. 1) nachzukommen, da er über alle Vorfälle informiert wird. Zwar wäre eine Beschränkung auf schwere Vorfälle denkbar, da der Netzbetreiber womöglich kein Interesse hat, über leicht behebbare Störungen informiert zu werden.[23] Eine beschränkte Informationspflicht würde aber eine Kategorisierung der Vorfälle nötig machen; dieses Vorgehen erscheint aufwändig und fehleranfällig.

---

17 Explizit werden die Pflichten auf Mess- und Steuereinrichtungen statt auf alle technische Einrichtungen bezogen, vgl. BerlKommEnR/*v. Wege*, § 16 MsbG Rn. 27.
18 Vgl. zur Vorgängerregelung BerlKommEnR/*Böhnel*, 2. Aufl. 2010, § 8 MessZV (Anh. § 21b EnWG) Rn. 23.
19 Vgl. § 11 Abs. 1 Ref-E Gesetz zur Digitalisierung der Energiewende; vgl. zu der Abweichung von der Schriftform zur Textform BerlKommEnR/*v. Wege*, § 14 MsbG Rn. 12.
20 A. A. Bitcom, Stellungnahme Verbändeanhörung, Gesetz zur Digitalisierung der Energiewende, S. 4: Jedenfalls für den Fall, dass der grundzuständige Messstellenbetreiber nicht Eigentümer der Messeinrichtung bleibt, sei die Pflicht zur Mitteilung unverständlich, abrufbar unter www.bmwi.de.
21 Vgl. zum Zweck der Mitteilungspflicht in § 16 Abs. 3: BerlKommEnR/*v. Wege*, § 16 MsbG Rn. 25.
22 A. A. Bitcom, Stellungnahme Verbändeanhörung, Gesetz zur Digitalisierung der Energiewende, S. 4, abrufbar unter www.bmwi.de.
23 So der Vorschlag des bne, Stellungnahme zum Referentenentwurf Digitalisierungsgesetz, S. 12, mit dem Änderungsvorschlag, die Mitteilungspflicht unter den Vorbehalt zu stellen, dass die Mitteilung „energiewirtschaftlich erforderlich ist", abrufbar unter www.bmwi.de.

§ 11   Dokumentationspflicht; Sicherstellung des Messstellenbetriebs

c) Pflicht zur Behebung von Beschädigungen und Störungen und zur Wiederherstellung der Funktionsfähigkeit (S. 2)

17   Der Messstellenbetreiber ist zur **unverzüglichen Behebung** der Beschädigung oder Störung der Mess- und Steuerungseinrichtungen sowie zur **Wiederherstellung der Funktionsfähigkeit** der Messstelle verpflichtet. Die Norm konkretisiert eine ohnehin bestehende Pflicht des Messstellenbetreibers; denn nach § 3 Abs. 2 muss er den Einbau, den Betrieb und die Wartung der Messstelle und ihrer Messsysteme gewährleisten sowie eine mess- und eichrechtskonforme Messung (Nr. 1) und den technischen Betrieb der Messstelle (Nr. 2). Die Bedingungen des Messstellenbetriebs sind zudem gem. § 10 Abs. 2 Nr. 1 im Messstellenvertrag geregelt.[24]

VI. Pflichten des Netzbetreibers

1. Dokumentationspflicht des Netzbetreibers

a) Zweck

18   Die Dokumentationspflicht bezweckt, dass dem Netzbetreiber im Notfall die **notwendigen Informationen bereits vorliegen** und er den Messstellenbetrieb des ausgefallenen Messstellenbetreibers übernehmen bzw. sicherstellen kann, indem er Kenntnis von den Zählstellen und etwaigen Störungen hat. Vor dem Hintergrund einer Vielzahl beteiligter Akteure sichert § 11 das Interesse des Netzbetreibers zur dauerhaften Sicherstellung des Messstellenbetriebs (vgl. Rn. 1).

19   Deshalb liegt die Dokumentationspflicht unabhängig von der Wahrnehmung des Messstellenbetriebs durch Dritte nach den §§ 5 und 6 stets beim **Netzbetreiber**;[25] es handelt sich um eine Daueraufgabe des Netzbetreibers. Auch für den Fall, dass der Netzbetreiber die Grundzuständigkeit für den Messstellenbetrieb nach §§ 41 ff. dauerhaft überträgt, besteht die Dokumentationspflicht des Netzbetreibers fort.

b) Inhalt

20   Die Pflicht des Netzbetreibers zur Dokumentation der Zählpunkte, die sich aus dem Wortlaut der Norm nicht eindeutig ergibt, korrespondiert mit der **Pflicht des Messstellenbetreibers** zur Mitteilung. Zwar spricht die Norm in der amtlichen Überschrift von einer Dokumentationspflicht; in Abs. 1 wird aber nur die Pflicht des Messstellenbetreibers zur Information des Netzbetreibers beschrieben. Die in der Überschrift genannte Dokumentationspflicht bezieht sich aber eindeutig, wie die Gesetzesbegründung verdeutlicht, auf den Netzbetreiber.[26] Überschrift und Wortlaut der Norm sind insoweit inkohärent.

21   Der Umfang der Dokumentationspflicht orientiert sich am Umfang der Informationspflicht des Messstellenbetreibers (vgl. Rn. 13 ff.). Der Netzbetreiber muss die vom Messstellenbetreiber zur Verfügung gestellten Informationen jährlich abrufen und bereithalten. Darüber

---

24   Vgl. BerlKommEnR/*Zwanziger*, § 10 MsbG Rn. 21 f.
25   Vgl. zur Definition des Elektrizitätsversorgungsnetzbetreibers mangels Definition im MsbG § 3 Nr. 4 EnWG.
26   Begründung zum Regierungsentwurf v. 17.2.2016, BT-Drs. 18/7555, S. 79.

hinaus ist er nach Abs. 3 S. 1 verpflichtet, dem Netzbetreiber Verlust, Beschädigung und Störung der Mess- und Steuereinrichtung mitzuteilen, so dass die Dokumentationspflicht sich auch hierauf bezieht. Dem Netzbetreiber ist aber freizustellen, lediglich erhebliche, nicht sofort behebbare Störungen etc. zu dokumentieren.

2. Sicherstellung des Messstellenbetriebs (Abs. 2)

a) Voraussetzungen

Der Netzbetreiber stellt den Messstellenbetrieb sicher, sofern der Messstellenbetreiber ausfällt, ohne dass zum Zeitpunkt des Ausfalls der grundzuständige Messstellenbetreiber den Messstellenbetrieb übernimmt.[27] Der Anwendungsbereich der Norm setzt zunächst den **Ausfall des Messstellenbetreibers** voraus. Die Beendigung der Tätigkeit kann aus unterschiedlichen Gründen erfolgen.[28] Kein Ausfall des Messstellenbetreibers liegt im Fall des Wechsels vor, der in §§ 14 ff. speziell geregelt ist.

22

Weitere Voraussetzung der Übernahme durch den Netzbetreiber ist, dass der **grundzuständige Messstellenbetreiber** den Messstellenbetrieb zum Zeitpunkt des Ausfalls des Messstellenbetreibers **nicht übernimmt**, wozu er gem. § 18 verpflichtet wäre. Die Voraussetzung ist nur dann relevant, wenn der Netzbetreiber nicht mehr grundzuständiger Messstellenbetreiber gem. § 2 S. 1 Nr. 4 ist, weil ein anderes Unternehmen die Grundzuständigkeit nach § 43 übernommen hat.

23

Die Regelung verdeutlicht, dass der Netzbetreiber eine gegenüber anderen Akteuren **nachrangige Auffangverpflichtung** zur Sicherstellung des Messstellenbetriebs hat. Vorrangig erfüllt der nach §§ 5, 6 beauftragte Dritte die Aufgabe. Liegt keine Beauftragung vor, ist der grundzuständige Messstellenbetreiber gem. § 18 in der Pflicht. Nur für den Fall, dass die Messstelle nicht vom grundzuständigen Messstellenbetreiber übernommen wird, oder weil der Netzbetreiber gleichzeitig grundzuständiger Messstellenbetreiber ist, ist der Anwendungsbereich von § 11 eröffnet.

24

b) Aufgabenübertragung (S. 1)

Nach der Vorschrift **kann** der Netzbetreiber beim Ausfall des Messstellenbetreibers, Notfallmaßnahmen zur vorübergehenden Sicherstellung des Messstellenbetriebs ergreifen. Der Wortlaut stellt dem Netzbetreiber also frei, ob er die Messstelle übernehmen will. Da der Messstellenbetrieb aber im dauerhaften Interesse des Netzbetreibers und letztlich aller Beteiligten liegt, besteht jedenfalls faktisch eine **Übernahmenotwendigkeit**. Auch die Gesetzesbegründung bestätigt, dass der Netzbetreiber das Mindestmaß für eine Nothaushilfe mit einer einfachen Messeinrichtung erfüllen können **sollte**.[29] Zur Klarstellung hätte der Gesetzgeber aber die Übernahmepflicht des Netzbetreibers sprachlich eindeutig festlegen sollen. Dies wurde im Gesetzgebungsverfahren verlangt und die Formulierung „**muss**" vor-

25

---

27 Vgl. die Vorgängerregelungen § 7 MessZV (aufgehoben durch Art. 12 Gesetz zur Digitalisierung der Energiewende).
28 So zur Vorgängernorm BerlKommEnR/*Böhnel*, 2. Aufl. 2010, § 7 MessZV (Anh. § 21b EnWG) Rn. 2 ff., der die Kündigung, den Eintritt einer eventuellen Befristung oder die auflösende Bedingung nennt.
29 Begründung zum Regierungsentwurf v. 17.2.2016, BT-Drs. 18/7555, S. 79.

§ 11   Dokumentationspflicht; Sicherstellung des Messstellenbetriebs

geschlagen.[30] Die Bundesregierung betont in ihrer Gegenäußerung, dass der Messstellenbetrieb auch bei Ausfall des aktuellen Messstellenbetreibers zu gewährleisten ist.[31] Der Netzbetreiber soll aber im Rahmen eines Ermessensspielraums prüfen können, ob, wann und welche Notfallmaßnahmen erforderlich sind.[32] Sein Ermessen, dass sich im Hinblick auf die Versorgungssicherheit auf null reduzieren kann, muss er pflichtgemäß ausüben.[33]

c) Umfang des sicherzustellenden Messstellenbetriebs (S. 2)

26   Der Netzbetreiber ist nur zur Erfüllung von Notfallmaßnahmen, **nicht** zum **Messstellenbetrieb im vollen Umfang** (vgl. § 3 Abs. 2) verpflichtet. Insbesondere besteht keine Pflicht zur Ausstattung mit intelligenten Messeinrichtungen oder modernen Messsystemen (§§ 29 bis 32) im Sinn einer Vorhalteverpflichtung zur im Netzgebiet verbauten Messtechnik.[34] Der Netzbetreiber leistet lediglich eine „Notaushilfe mit einer einfachen Messeinrichtung",[35] die insbesondere die Messung der eingespeisten und entnommenen Energie sichert.

27   Wie sich aus Abs. 2 S. 3 ergibt, ist die Übernahme des Messstellenbetriebs durch den Netzbetreiber auch **zeitlich** auf eine **Übergangszeit beschränkt**. Der hierfür notwendige Zeitraum, der nicht ausdrücklich vorgegeben ist, sollte möglichst kurz gehalten werden, um die Aufgabenteilung von Messstellenbetrieb und Netzbetrieb schnell wiederherzustellen. Der insofern geänderte Referentenentwurf enthielt noch ein Verfahren zur Überbrückung des Messstellenbetriebs durch den Netzbetreiber explizit für mehrere Wochen (vgl. Rn. 5). In dieser Zeit sollte ein neuer grundzuständiger Messstellenbetreiber bestimmt werden, der den Messstellenbetrieb regulär aufnimmt (vgl. Rn. 5). Nach der geltenden Gesetzeslage soll der Netzbetreiber zur dauerhaften Sicherstellung des Messstellenbetriebs das Übertragungsverfahren nach §§ 41 ff. anstrengen (Abs. 2 S. 3). Dennoch sind Notfallmaßnahmen über einen längeren Zeitraum nicht ausgeschlossen.[36]

d) Einleitung des Übertragungsverfahrens (S. 3)

28   Die Norm regelt für den Fall der Sicherstellung des Netzbetriebs durch den Netzbetreiber, dass der Netzbetreiber das **Verfahren zur Übertragung der Grundzuständigkeit für den Messstellenbetrieb für moderne Messeinrichtungen und intelligente Messsysteme** nach §§ 41 bis 45 anstrengt.[37] Vergleichbar mit dem Fall, dass der Netzbetreiber sich als grundzuständiger Messstellenbetreiber auf sein Kerngeschäft Netzbetrieb konzentrieren will, besteht für ihn kein dauerhafter Zwang zur Ausübung des Messstellenbetriebs für in-

---

30 Empfehlungen der Ausschüsse, BR-Drs. 543/1/15, S. 12.
31 Gegenäußerung der Bundesregierung zur Stellungnahme des Bundesrates, Anl. 4, BT-Drs. 18/7555, S. 142.
32 Gegenäußerung der Bundesregierung zur Stellungnahme des Bundesrates, Anl. 4, BT-Drs. 18/7555, S. 142.
33 Gegenäußerung der Bundesregierung zur Stellungnahme des Bundesrates, Anl. 4, BT-Drs. 18/7555, S. 142.
34 Begründung zum Regierungsentwurf v. 17.2.2016, BT-Drs. 18/7555, S. 113.
35 Begründung zum Regierungsentwurf v. 17.2.2016, BT-Drs. 18/7555, S. 113.
36 Gegenäußerung der Bundesregierung zur Stellungnahme des Bundesrates, Anl. 4, BT-Drs. 18/7555, S. 142.
37 Vgl. BerlKommEnR/*Böhnel*, 2. Aufl. 2010, § 8 MessZV (Anh. § 21b EnWG) Rn. 23.

telligente Messsystem und moderne Messeinrichtungen. Andererseits hat er auch kein Recht, den Netzbetrieb für einen längeren Zeitraum mit einfachen Messeinrichtungen auszuüben. Stattdessen ist er zur „Ausschreibung" der Grundzuständigkeit verpflichtet. Beim Übertragungsverfahren nimmt der Netzbetreiber die Rolle der übertragenden Stelle ein; die Bundesnetzagentur administriert die Verfahren.[38] Es gelten die Regelungen in Teil 2 Kapitel 6 zum Übertragungsverfahren.[39] Bei der Anwendung der Übertragungsvorschriften werden sich Anwendungsfragen stellen; nach der Verweisung ist etwa unklar, ob der Netzbetreiber an die Fristen in § 42 gebunden ist, oder nach dem Sinn von § 11 die Übertragung kurzfristig erfolgen soll.[40]

Die Pflicht zur Einleitung des Übertragungsverfahrens **beschränkt** sich auf den Messstellenbetrieb mit intelligenten Messsystemen und moderner Messinfrastruktur. Messstellen mit herkömmlicher Messinfrastruktur bleiben im Verantwortungsbereich des Netzbetreibers, solange bis ein Dritter den Messstellenbetrieb nach §§ 5 und 6 durchführt. 29

e) Kosten

Der Netzbetreiber muss jederzeit die Sicherstellung des Messstellenbetriebs gewährleisten können. Die Vorhaltung und die tatsächliche Übernahme verursachen dem Netzbetreiber **Kosten**. Für die Übernahme des Messstellenbetriebs durch den grundzuständigen Messstellenbetreiber stellt § 18 Abs. 1 S. 2 ausdrücklich fest, dass dem Anschlussnutzer keine über die in § 7 genannten hinausgehenden Entgelte in Rechnung gestellt werden dürfen. Für die Übernahme durch den Netzbetreiber fehlt im MsbG eine entsprechende Regelung;[41] es gilt aber Entsprechendes. Denn die Kosten für die Sicherstellung fallen nicht unter die besonderen Preisobergrenzen des MsbG (vgl. § 7), sondern sind als **Teil der Netzentgelte** zu berücksichtigen.[42] Gem. § 17 Abs. 1 S. 2 ARegV i.V.m. § 17 Abs. 7 S. 1 StromNEV ist, soweit es nicht den Messstellenbetrieb für moderne Messeinrichtungen und intelligente Messsysteme nach dem MsbG betrifft, für jede Entnahmestelle ein Entgelt für den Messstellenbetrieb, zu dem auch die Messung gehört, festzulegen. § 17 Abs. 8 StromNEV bestimmt, dass andere als in der StromNEV genannte Entgelte nicht erhoben werden dürfen. Auch die Anstrengung und Durchführung des Übertragungsverfahrens liegt in der Verantwortung des Netzbetreibers; Kosten hierfür sind traditionell Aufwände, die ihre Berücksichtigung bei den Netzentgelten finden können.[43] 30

---

38 Zur Rolle des Netzbetreibers bei der Übertragung BT-Drs. 18/7555, S. 102; vgl. BerlKommEnR/*Hohenstein-Bartholl*, §§ 41 ff. MsbG.
39 Vgl. BerlKommEnR/*Hohenstein-Bartholl*, §§ 41 ff. MsbG.
40 Vgl. BerlKommEnR/*Hohenstein-Bartholl*, § 42 MsbG Rn. 1 ff.; vgl. zur Anwendung der vergaberechtlichen Bestimmungen *Brockhoff/Wagner*, RdE 2016, 54 ff.; *Säcker/Zwanziger*, RdE 2016, 381.
41 § 14 Abs. 3 bestimmt, dass für den Wechsel des Messstellenbetreibers kein gesondertes Entgelt erhoben werden darf. Zur Vorgängerregelung des § 11 Abs. 3 (§ 7 Abs. 1 S. 2 MessZV) betonte der Gesetzgeber, dass bereits die Ankündigung, dass beim Ausfall des Messstellenbetreibers und Messdienstleisters Kosten entstehen könnten, zu Wettbewerbsnachteilen Dritter führen könne, BT-Drs. 568/08, S. 24.
42 Der Gesetzgeber hebt hervor, dass bei allen übrigen Geräten, also den herkömmlichen Messgeräten, der Einbau und Betrieb über Entgelte für Messung und Messstellenbetrieb regulatorisch weiterhin nach § 17 Abs. 7 StromNEV sowie § 15 Abs. 7 der GasNEV als Bestandteil der Netzentgelte finanziert wird, Begründung zum Regierungsentwurf v. 17.2.2016, BT-Drs. 18/7555, S. 78.
43 Begründung zum Regierungsentwurf v. 17.2.2016, BT-Drs. 18/7555, S. 70.

§ 12 Rechte des Netzbetreibers

Der Netzbetreiber ist zur Erfüllung gesetzlicher Verpflichtungen berechtigt, vom Messstellenbetreiber, insbesondere zur Durchführung einer Unterbrechung nach den §§ 17 und 24 der Niederspannungsanschlussverordnung vom 1. November 2006 (BGBl. I S. 2477) oder den §§ 17 und 24 der Niederdruckanschlussverordnung vom 1. November 2006 (BGBl. S. 2477, 2485), die notwendigen Handlungen an der Messstelle zu verlangen.

Übersicht

	Rn.		Rn.
I. Allgemeines	1	1. Voraussetzung	6
1. Inhalt	1	2. Folge	12
2. Festlegungsermächtigung	2	V. Pflicht des Messstellenbetreibers	13
II. Normzweck	3	VI. Haftung insbesondere für Anschluss-	
III. Entstehungsgeschichte	5	nutzungsunterbrechung	14
IV. Recht des Netzbetreibers	6		

I. Allgemeines

1. Inhalt

1　Die Regelung berechtigt den Netzbetreiber, vom Messstellenbetreiber Handlungen an der Messstelle zu verlangen, sofern diese zur Erfüllung gesetzlicher Verpflichtungen notwendig sind. § 12 konkretisiert den gem. § 10 Abs. 1 Alt. 1 zwingend im Messstellenvertrag zwischen Messstellenbetreiber und Netzbetreiber (§ 9 Abs. 1 Nr. 3) zu regelnden Messstellenbetrieb.[1]

2. Festlegungsermächtigung

2　Die Bundesnetzagentur kann gem. § 47 Abs. 2 Nr. 11 zur bundesweiten Vereinheitlichung der Bedingungen für den Messstellenbetrieb Entscheidungen durch **Festlegungen** nach § 29 Abs. 1 EnWG zu den Rechten des Netzbetreibers aus § 12 treffen.[2]

II. Normzweck

3　Die Regelung **sichert den Messstellenbetrieb** vor dem Hintergrund der Aufgabentrennung von Netzbetrieb und Messstellenbetrieb (vgl. § 1 Nr. 3). Der Netzbetreiber ist nach der Grundkonzeption (vgl. § 2 S. 1 Nr. 4) grundzuständiger Messstellenbetreiber. § 3

---

[1] Vgl. BerlKommEnR/*Zwanziger*, § 10 MsbG Rn. 21.
[2] Vgl. BerlKommEnR/*Säcker/Zwanziger*, § 47 MsbG Rn. 31.

Abs. 4 S. 1 verpflichtet Messstellenbetreiber zwar zur Gewährleistung von Transparenz sowie diskriminierungsfreier Ausgestaltung und Abwicklung des Messstellenbetriebs.[3] In der Praxis kann der Netzbetreiber als Messstellenbetreiber und Eigentümer der Messstelle die notwendigen Handlungen am Messstellenbetrieb aber selbst vornehmen.[4]

Wird die Messstelle dagegen durch einen **dritten Messstellenbetreiber** betrieben, muss der Netzbetreiber bei Vorliegen der gesetzlichen Voraussetzungen von diesem die notwendigen Handlungen an der Messstelle des Messstellenbetreibers verlangen können. Dieses Recht wird durch die Regelung in § 12 gesichert. Es rechtfertigt sich aufgrund des dauerhaften Interesses des Netzbetreibers an der Sicherstellung des Messstellenbetriebs und aus der Aufteilung der Verantwortungsbereiche.[5] Der Netzbetreiber ist nicht berechtigt, in den Messstellenbetrieb des Messstellenbetreibers einzugreifen. Gleichzeitig treffen ihn gesetzliche Verpflichtungen, deren Erfüllung den Zugriff auf den Messstellenbetrieb notwendig machen können. Deshalb räumt § 12 ihm zur Erfüllung seiner Verpflichtungen das Recht ein, vom Messstellenbetreiber notwendige Handlungen an jeder Messstelle zu verlangen.[6] 4

III. Entstehungsgeschichte

Die Norm entspricht weitestgehend dem durch das Gesetz zur Digitalisierung der Energiewende **aufgehobenen § 4 Abs. 6 MessZV (alt)**, der allerdings in S. 2 eine verpflichtende Freistellung des Messstellenbetreibers von Schadensersatzansprüchen Dritter vorsah.[7] Der Referentenentwurf des MsbG schlug die Übernahme dieser Regelung zwar vor,[8] der Regierungsentwurf nahm aber Abstand. Auch der endgültige Gesetzestext enthält keinen Anspruch des Messstellenbetreibers auf Freistellung von Schadensersatzansprüchen mehr. 5

IV. Recht des Netzbetreibers

1. Voraussetzung

Der Netzbetreiber kann notwendige Handlungen an der Messstelle verlangen, sofern die **Erfüllung gesetzlicher Verpflichtungen** dies voraussetzt, wobei Verpflichtungen des Netzbetreibers gemeint sind. Als mögliche Fälle verweist die Regelung auf §§ 17 und 24 NAV/NDAV, die die Unterbrechung eines Anschlusses bzw. einer Anschlussnutzung im Niederspannungsnetz regeln. 6

---

3 Gem. § 3 Abs. 4 S. 2 i.V.m. §§ 6b, 6c und 6d EnWG ist das Unternehmen zur Sicherstellung der Unabhängigkeit des grundzuständigen Messstellenbetriebs für moderne Messeinrichtungen und intelligente Messsysteme von anderen Tätigkeitsbereichen buchhalterisch zu entflechten.

4 Vgl. zur Vorgängernorm § 4 Abs. 6 MessZV BerlKommEnR/*Boesche*, 2. Aufl. 2010, § 6 MessZV (Anhang § 21b EnWG) Rn. 76; Danner/Theobald/*Hartmann/Blumenthal-Barby*, § 17 NAV Rn. 13.

5 Vgl. die Gesetzesbegründung zu § 11, die von einem dauerhaften Interesse des Netzbetreibers im Hinblick auf die Durchführung des Messstellenbetriebs und die technische Ausstattung der Messstelle für alle Zählpunkte ausgeht, BT-Drs. 18/7555, S. 131 f.

6 So Begründung zum Regierungsentwurf v. 17.2.2016, BT-Drs. 18/7555, S. 79.

7 BerlKommEnR/*Zwanziger*, § 10 MsbG Rn. 21.

8 § 12 S. 2 Ref-E zum Gesetz zur Digitalisierung der Energiewende lautete: „Der Netzbetreiber ist verpflichtet, den Messstellenbetreiber von sämtlichen Schadensersatzansprüchen freizustellen, die sich aus einer unberechtigten Handlung ergeben können."

Zwanziger

§ 12 Rechte des Netzbetreibers

7   Gem. **§ 17 Abs. 1 NAV/NDAV** kann die Unterbrechung der Anschlussnutzung insbesondere zur **Vornahme betriebsnotwendiger Arbeiten**[9] und solcher Arbeiten, die zur **Vermeidung eines drohenden Netzzusammenbruchs** erforderlich sind, erfolgen. Die Erforderlichkeit der Unterbrechung nach § 17 Abs. 1 NAV/NDAV setzt voraus, dass die Maßnahme nicht durch einen weniger intensiven Eingriff gleich effektiv erreicht werden kann.[10]

8   Eine weitere in § 12 explizit genannte Verpflichtung ist die Unterbrechung des Anschlusses nach **§ 24 NAV/NDAV**.[11] Gem. dessen Abs. 1 ist der Netzbetreiber unter engen Voraussetzungen zur sofortigen Unterbrechung ohne vorherige Androhung berechtigt.[12] Mit vorheriger Androhung kann der Netzbetreiber gem. § 24 Abs. 2 NAV/NADV bei anderen Zuwiderhandlungen, insbesondere bei Nichterfüllung einer Zahlungsverpflichtung trotz Mahnung, die Lieferung unterbrechen, sogenannte Liefersperre. Außerdem verweist § 12 auf § 24 Abs. 3 NAV/NADV, der bei vertraglichen Zuwiderhandlungen des Anschlussnutzers gegenüber seinem Lieferanten eine Liefersperre „auf Zuruf" ermöglicht.

9   Sofern die in Bezug genommenen Vorschriften von der **Berechtigung des Netzbetreibers zur Unterbrechung** sprechen,[13] nicht aber explizit von einer Verpflichtung, wie § 12 verlangt, steht dies einer Anwendung von § 12 nicht entgegen. Die Berechtigung bezieht sich auf das Prüfungsrecht des Netzbetreibers; denn vor der Unterbrechung darf der Netzbetreiber überprüfen, ob er die vom Anschlussnutzer vorgetragenen Gründe für berechtigt hält.[14]

10 Wie die Formulierung „insbesondere" deutlich macht, sind die in § 12 genannten Fälle einer Verpflichtung **nicht abschließend**. Daneben können weitere nicht explizit genannte Fälle vorliegen,[15] die das Verlangen zur Durchführung notwendiger Handlungen nach § 12 rechtfertigen. Diese müssen nach ihrer Zielrichtung vergleichbar mit den geregelten Fällen sein und die Einflussnahme des Netzbetreibers auf den Netzbetrieb rechtfertigen.

11 Aus dem Wortlaut der Norm ließe sich als Beschränkung ableiten, dass der Netzbetreiber nur zur Erfüllung gesetzlicher Verpflichtungen handeln darf, so dass **vertragliche Gründe** ausgeschlossen wären. Die Norm ist aber systematisch weit auszulegen. Denn dem Netzbetreiber muss es notwendigerweise auch möglich sein, seine vertraglichen Pflichten zu erfüllen (vgl. § 24 Abs. 3 NAV/NADV). Deshalb berechtigen den Netzbetreiber auch bestimmte vertragliche Pflichten, Handlungen an der Messstelle zu verlangen.[16]

---

9 Erfasst sind Wartungsarbeiten und Reparaturarbeiten sowie Umbau- und Erweiterungsmaßnahmen, BGH, Urt. v. 27.9.1971, VIII ZR 12/70, NJW 1971, 2267.
10 Danner/Theobald/*Hartmann/Blumenthal-Barby*, § 17 NAV Rn. 10.
11 Vgl. Danner/Theobald/*Hartmann/Blumenthal-Barby*, § 24 NAV Rn. 10 ff.
12 Erfasst sind Fälle zur Abwehr einer gegenwärtigen erheblichen Gefahr (§ 24 Abs. 2 Nr. 1), die Verhinderung der Anschlussnutzung unter Umgehung, Beeinflussung oder vor Anbringung der Messeinrichtungen (§ 24 Abs. 2 Nr. 2) und die Gewährleistung, dass Störungen anderer Anschlussnehmer oder -nutzer oder störende Rückwirkungen auf Einrichtungen des Netzbetreibers oder Dritter ausgeschlossen sind (§ 24 Abs. 2 Nr. 3), vgl. BerlKommEnR/*Bruhn*, 2. Aufl. 2010, § 24 NAV/NADV (Anhang § 18 EnWG) Rn. 2.
13 Vgl. § 24 NAV/NDAV.
14 Vgl. Begründung der Bundesregierung zu § 17 NAV, BR-Drs. 367/06, S. 53; ein Recht auf Sperrung hat gem. § 19 StromGVV nur der Grundversorger, vgl. Danner/Theobald/*Hartmann/Blumenthal-Barby*, § 24 NAV Rn. 29.
15 Z.B. Recht zur Unterbrechung bei höherer Gewalt aus § 16 NAV/NDAV; Recht zur Sperrung nach Beendigung der Anschlussnutzung, vgl. § 27 NAV/NDAV.
16 Vgl. zur Vorgängernorm § 4 Abs. 6 MessZV: BerlKommEnR/*Boehnel*, 2. Aufl. 2010, § 4 MessZV (Anh. § 21b EnWG) Rn. 77.

2. Folge

Liegen die Voraussetzungen vor, kann der Netzbetreiber die **notwendigen Handlungen an der Messstelle** verlangen. Was notwendig ist, ergibt sich aus den Umständen des Einzelfalls. Der Messstellenbetreiber muss für die Unterbrechung der Anschlussnutzung die technischen Voraussetzungen schaffen; er hat weder das Recht noch die Pflicht, die Notwendigkeit oder andere tatbestandliche Voraussetzungen der verlangten Handlung zu überprüfen.[17]

12

V. Pflicht des Messstellenbetreibers

Korrespondierend zum Recht des Netzbetreibers trifft den **Messstellenbetreiber** die **Pflicht zur Vornahme der notwendigen Maßnahmen an der Messstelle**, also dem Verlangen des Netzbetreibers zu entsprechen. Die Pflicht ist dem Wortlaut der Norm nicht eindeutig zu entnehmen, ergibt sich aber aus dem Zweck der Norm.[18]

13

VI. Haftung insbesondere für Anschlussnutzungsunterbrechung

Dem Messstellenbetreiber wird in Bezug auf das Vorliegen der Voraussetzungen der Unterbrechungsvoraussetzungen weder ein Prüfungsrecht noch eine Prüfungspflicht eingeräumt.[19] Dafür bestimmen §§ 18 NAV/NDAV, dass der Netzbetreiber gegenüber dem Messstellenbetreiber für Schäden durch Unterbrechung oder Unregelmäßigkeiten der Energieversorgung nach den dort geregelten Bestimmungen haftet. Im Übrigen gelten die **vertraglichen Haftungsbestimmungen** zwischen Messstellenbetreiber und Netzbetreiber bzw. Messstellenbetreiber und Anschlussnutzer bzw. Anschlussnehmer.[20] Das MsbG sieht anders als der aufgehobene § 4 Abs. 6 S. 2 MessZV (alt) **keine verpflichtende Freistellung** des Messstellenbetreibers von Schadensersatzansprüchen Dritter vor,[21] so dass entsprechende Haftungsregelungen vertraglich getroffen werden müssen.[22]

14

---

17 Vgl. zur Vorgängernorm § 4 Abs. 6 MessZV: BerlKommEnR/*Boehnel*, 2. Aufl. 2010, § 4 MessZV (Anh. § 21b EnWG) Rn. 78.
18 Vgl. zur Vorgängernorm § 4 Abs. 6 MessZV: BerlKommEnR/*Boehnel*, 2. Aufl. 2010, § 4 MessZV (Anh. § 21b EnWG) Rn. 78.
19 Vgl. zur Vorgängernorm § 4 Abs. 6 MessZV: BerlKommEnR/*Boehnel*, 2. Aufl. 2010, § 4 MessZV (Anh. § 21b EnWG) Rn. 78.
20 Vgl. die Haftungsregelungen im Messstellenrahmenvertrag, Bundesnetzagentur, BK 6, Az.: BK6-09-034, Beschl. v. 9.9.2010, Nr. 3 i.V.m. Anlage 3, § 15 Haftung.
21 Vgl. zur Entstehungsgeschichte Rn. 5.
22 BerlKommEnR/*Zwanziger*, § 10 MsbG Rn. 21.

§ 13 Nutzung des Verteilernetzes zur Datenübertragung

Der Messstellenbetreiber ist berechtigt, zur Messdatenübertragung gegen ein angemessenes und diskriminierungsfreies Entgelt im Rahmen der technischen Möglichkeiten Zugang zum Elektrizitätsverteilernetz des Netzbetreibers zu erhalten.

Schrifttum: *Auer-Reinsdorff/Conrad* (Hrsg.), Handbuch IT- und Datenschutzrecht, 2. Aufl. 2016; *Dinter*, Das Gesetz zur Digitalisierung der Energiewende – Startschuss für Smart-Meter? Ein Überblick über den Referentenentwurf, ER 2015, 229; *Hengst/Majcherek*, StrWG NW, Kommentar, 12. Aktualisierung 01/2016; *Keppeler*, Personenbezug und Transparenz im Smart Meter-Datenschutz zwischen europäischem und nationalem Recht – Keine klare Entwicklungslinie durch BDSG, EnWG, MsbG und DS-GVO, EnWZ 2016, 99; *Kermel/Dinter*, Gesetz zur Digitalisierung der Energiewende: Das Messstellenbetriebsgesetz im Überblick, RdE 2016, 158; *vom Wege/Wagner*, Digitalisierung der Energiewende – Markteinführung intelligenter Messtechnik nach dem Messstellenbetriebsgesetz, N&R 2016, 2; *von Westfal*, Wer Glasfasernetz will, muss den Wettbewerb stärken, N&R 2016, 129.

Übersicht

	Rn.		Rn.
I. Allgemeines	1	1. Elektrizitätsverteilernetz	15
1. Normzweck	3	2. Im Rahmen der technischen Möglichkeiten	19
2. Entstehungsgeschichte	5	3. Messdatenübertragung	23
3. Normadressaten	7	III. Zugangsentgelt	25
a) Berechtigte	8	IV. Ermächtigungsnormen und Zuständigkeiten für die behördliche Umsetzung	30
b) Verpflichtete	10		
II. Zugangsgewährung	14		

I. Allgemeines

1 § 13 räumt dem Messstellenbetreiber die Berechtigung ein, **Zugang zum Elektrizitätsverteilernetz** des jeweiligen Netzbetreibers zu erhalten, um dieses im Rahmen der technischen Möglichkeiten **zur Messdatenübertragung** zu nutzen. Als Hauptanwendungsfall wird in der Praxis das sogenannte Powerline-Übertragungsverfahren genannt,[1] bei dem Daten über die bestehenden Stromleitungen gesendet und empfangen werden können.

2 Der jeweilige Stromverteilernetzbetreiber erhält für die Zugangsgewährung nach § 13 allerdings auch ein **angemessenes Entgelt**, welches er **diskriminierungsfrei** von allen zugangsnutzenden Messstellenbetreibern erheben muss.

1. Normzweck

3 Die **Kommunikationsinfrastruktur** zur Messdatenübertragung ist von erheblicher **Bedeutung** sowohl für die Sicherheit und Verfügbarkeit der Daten als auch für die Wirtschaft-

---

[1] Eine Bestimmung des Begriffs „Powerline" findet sich unter II. 2. in BPatG, Beschl. v. 23.3.2005 – 29 W (pat) 207/02; zur Funktionsweise von Powerline-Übertragungsverfahren siehe *Hengst/Majcherek*, StrWG NW, § 23 StrWG NW Erl. 2.0.3.4. zu Abs. 1.

lichkeit des intelligenten Messverfahrens insgesamt. Besonders kostengünstige Übertragungslösungen per Funk sind eventuell nicht stabil und/oder schnell genug, um das anfallende Datenvolumen entsprechend den jeweils einschlägigen Anforderungen für Standard- bzw. Zusatzleistungen im Sinne von § 35 hinreichend verlässlich zu übertragen. Übertragungsleitungen von höchster Qualität, also reine Glasfaserfestnetze (FttB oder sogar FttH,[2] je nachdem, wo im Gebäude das Smart-Meter-Gateway angebunden werden muss), sind dagegen erheblich kostenintensiver und damit in aller Regel erheblich teurer, als es die Preisobergrenzen für die Standardleistungen von intelligenten Messsystemen[3] nach §§ 7, 31 und 35 Abs. 1 zulassen.[4] § 13 soll daher die **Hebung von Kostensynergien** durch Mitnutzung des örtlich jeweils bereits bestehenden Stromverteilernetzes für die Messdatenübertragung eröffnen.

Die Gesetzesbegründung ist ähnlich kurz gefasst wie die Norm selbst und führt in lediglich einem Satz aus, die Vorschrift sichere unter bestimmten Voraussetzungen den Zugang zum Stromnetz für Datenübertragungszwecke ab.[5] Bestimmt sind diese Voraussetzungen allerdings kaum, der Normzweck liegt neben der bereits benannten Zugangsgewährleistung aber wohl darin, dass dabei **Wettbewerbsverzerrungen** durch eine **diskriminierende Schlechterstellung bzw. Privilegierung** einzelner Messstellenbetreiber durch den Netzbetreiber **unterbleiben**. In der Verordnungsbegründung zur Vorgängernorm § 4 Abs. 7 MessZV findet sich dementsprechend die Formulierung: „Die wettbewerbliche Besonderheit einer über das Elektrizitätsverteilernetz erfolgenden Messdatenübertragung liegt in der Monopolstellung des Netzbetreibers, der als Wettbewerber anderer Messstellenbetreiber versucht sein könnte, aus dieser Monopolstellung im Netzbereich Wettbewerbsvorteile auf dem nachgelagerten Markt der Messung zu erlangen."[6]

4

2. Entstehungsgeschichte

Die Zugangsverpflichtung des § 13 wurde nicht bereits vorab in dem BMWi-Eckpunktepapier angekündigt.[7] Allerdings dürfte sie nicht zuletzt darauf zurückzuführen sein, dass das hier wohl vorrangig angedachte Datenübertragungsverfahren Powerline bereits in der vom BMWi in Auftrag gegebenen **Kosten-Nutzen-Analyse** betrachtet worden ist.[8] Der Gesetzgeber hat wohl vor allem mit Blick auf dieses vergleichsweise kostengünstige Übertragungsverfahren die gesonderte Norm des § 13 geschaffen, obwohl Powerline in der Kosten-Nutzen-Analyse **nur eingeschränkt als technisch nutzbar** erachtet wird: Schmalband-Powerline sei über die Jahre hinweg verbessert worden, auch wenn der technische

5

---

2 Zur Erläuterung dieser Anbindungsarten in der Netzstruktur siehe *Förster*, in: Auer-Reinsdorff/Conrad, Handbuch IT- und Datenschutzrecht, § 4 Rn. 19; *von Westfal*, N&R 2016, 129.
3 Zur technischen Umsetzung intelligenter Messsysteme siehe *Dinter*, ER 2015, 229.
4 Bis Ende 2014 waren in Deutschland nicht einmal 1 % der Haushalte mit FttB/FttH angeschlossen, was aus dem „FTTH/B Panorama"-Bericht des FTTH Council Europe auf S. 19 hervorgeht, abrufbar unter http://www.ftthcouncil.eu/documents/Reports/2015/Market_Data_December_2014.pdf (letzter Abruf: 28.1.2017).
5 Vgl. Begründung zum Regierungsentwurf v. 17.2.2016, BT-Drs. 18/7555, S. 79.
6 Vgl. Verordnungsbegründung v. 18.6.2008, BR-Drs. 568/08, S. 22 f.
7 Vgl. BMWi, Baustein für die Energiewende: 7 Eckpunkte für das „Verordnungspaket Intelligente Netze".
8 Vgl. Ernst & Young, Kosten-Nutzen-Analyse für einen flächendeckenden Einsatz intelligenter Zähler, Studie im Auftrag des BMWi, 2013, S. 48 f., 53 und 55 f.

§ 13 Nutzung des Verteilernetzes zur Datenübertragung

Durchbruch dabei noch nicht erreicht worden sei. Allerdings verdeutlichten zahlreiche Entwicklungsarbeiten, dass das Potenzial noch nicht ausgeschöpft sei. Aufgrund der vergleichsweise geringen Latenzzeiten eigne sich Breitband-Powerline besser für eine Datenübertragung in Echtzeit, obwohl auch insoweit Störungspotenziale existierten, die eine echtzeitgetreue Datenübertragung negativ beeinflussen könnten.[9]

6 § 13 blieb im Rahmen des Gesetzgebungsverfahrens von seiner ursprünglichen Fassung des Referentenentwurfs[10] hin zu der Fassung des Regierungsentwurfs[11] **unverändert**. Es gab auch keine Anmerkungen seitens des Bundesrates hierzu.[12] Folglich sah sich die Bundesregierung auch nicht dazu veranlasst, hierzu weiter Stellung zu nehmen.[13] Schließlich blieb § 13 auch bis zum Ende des parlamentarischen Prozesses unverändert.[14]

3. Normadressaten

7 § 13 adressiert die **Messstellenbetreiber** und die **Stromnetzbetreiber**.

a) Berechtigte

8 Zugangsberechtigt ist nach dem Wortlaut von § 13 der jeweilige **Messstellenbetreiber**. Dies schließt nach der Legaldefinition in § 2 Abs. 1 Nr. 12 zahlreiche Varianten des Messstellenbetreibers ein, die an anderen Stellen des Gesetzes deutlich differenzierter adressiert werden: den grundzuständigen Messstellenbetreiber ebenso wie den Dritten, der die Aufgabe des Messstellenbetriebs durch Vertrag nach § 9 wahrnimmt. Mangels Einschränkung sind damit aber auch nicht nur solche Messstellenbetreiber von modernen Messeinrichtungen und intelligenten Messsystemen berechtigt, sondern ebenfalls Messstellenbetreiber von konventionellen Messeinrichtungen und Messsystemen. Dies entspricht auch der ebenso uneingeschränkten Adressierung des Messstellenbetreibers in § 9 Abs. 1 S. 1, wenngleich die Regelung für ein faktisches Vertragsverhältnis in § 9 Abs. 3 wiederum nur den grundzuständigen Messstellenbetreiber in Bezug nimmt.

9 **Nicht berechtigt** sind nach § 13 also lediglich solche Messstellenbetreiber, die **weder grundzuständig** sind, **noch über einen Messstellenvertrag nach § 9 für die betreffende Messstelle verfügen**, der bei fehlender Grundzuständigkeit auch nicht gemäß § 9 Abs. 3 fingiert wird, falls der Anschlussnutzer[15] bloß faktisch Elektrizität aus dem Netz der allgemeinen Versorgung über einen Zählpunkt entnimmt.

b) Verpflichtete

10 Als Zugangsverpflichteten bezieht sich der subjektive Anwendungsbereich von § 13 ausdrücklich auf den **Betreiber des jeweiligen Stromverteilernetzes**, zu dem Zugang für die

---

9 Vgl. Ernst & Young, Kosten-Nutzen-Analyse für einen flächendeckenden Einsatz intelligenter Zähler, Studie im Auftrag des BMWi, 2013, S. 49.
10 Vgl. Referentenentwurf v. 21.9.2015, S. 35.
11 Vgl. Regierungsentwurf v. 17.2.2016, BT-Drs. 18/7555, S. 23.
12 Vgl. Stellungnahme des Bundesrates v. 18.12.2015, BR-Drs. 543/15, S. 7.
13 Vgl. Gegenäußerung der Bundesregierung v. 15.2.2016, BT-Drs. 18/7555, S. 142.
14 Vgl. Ausschussempfehlung v. 22.6.2016, BT-Drs. 18/8919, S. 9.
15 Eine begriffliche Bestimmung des „Anschlussnutzers" nimmt *Keppeler* abweichend v. reinen Wortlaut des § 2 S. 1 Nr. 3 vor in EnWZ 2016, 99, 104 (mit Verweis auf die dortige Fn. 49).

I. Allgemeines § 13

Messdatenübertragung begehrt wird. Der Wortlaut dürfte allerdings auch dahingehend zu verstehen sein, dass der Netzbetreiber auch zugleich Netzeigentümer sein muss, da es sich ansonsten im rechtlichen Sinne nicht um das Elektrizitätsverteilernetz **des Netzbetreibers** handelt. Sogenannte „kleine" bzw. „schlanke" Netzpachtgesellschaften sind damit nicht Verpflichtete im Sinne von § 13, wohingegen „große" bzw. „breite" Netzeigentumsgesellschaften oder vollintegrierte Elektrizitätsversorgungsunternehmen hinsichtlich der in ihrem Eigentum stehenden Netzanlagen verpflichtet sind.

Dieses Verständnis macht den Zugangsanspruch abhängig von der jeweiligen **eigentumsrechtlichen Gestaltung**, die wohlgemerkt in der Hand der Netzeigentümer und Netzbetreiber liegt. Das mag diesen Zugangsgewährungsanspruch in der Praxis erheblich begrenzen. Rechtlich gibt es aber keinen zwingenden Anhaltspunkt für eine insoweit über den Wortlaut hinausgehende Auslegung der Zugangsverpflichtung – zumal diese angesichts des Eingriffscharakters an der Wortlautgrenze scheitern dürfte. Die Gesetzesbegründung ergibt insoweit nichts anderes, soll danach doch die Zugangsgewährung ausdrücklich unter bestimmten Voraussetzungen abgesichert sein.[16] Bestimmt ist die Voraussetzung des Netzbetreibers eher dann, wenn sie im rechtlichen Sinne als Eigentümerposition verstanden wird. In der Verordnungsbegründung zur Vorgängernorm § 4 Abs. 7 MessZV findet sich dementsprechend die Formulierung: „Sofern Netzbetreiber eine Infrastruktur für die Fernauslesung von Messgeräten aufbauen..."[17] Dafür spricht systematisch auch der Gegenschluss zu anderen Zugangsnormen, bei denen der Gesetzgeber gepachtete Netze von der Zugangsgewährung umfasst hat. Dort ist nämlich entweder uneingeschränkt die Rede von **Netzzugang** ohne weitere Umschreibung der Netzzugehörigkeit, vgl. § 20 Abs. 1 EnWG, oder sogar ausdrücklich die Rede von dem rechtlich umfassenden Begriff der Verfügungsbefugnis, vgl. § 77a Abs. 3 TKG. 11

Der **Netzbetreiber** muss **nicht zwingend personenidentisch** mit dem **grundzuständigen Messstellenbetreiber** sein, auch wenn dies bislang im konventionellen Messstellenbetrieb in aller Regel der Fall ist[18] und die Legaldefinition in § 2 Abs. 1 Nr. 4 nun auch für den Messstellenbetrieb von modernen Messeinrichtungen und intelligenten Messsystemen davon ausgeht, dass die Grundzuständigkeit zunächst beim Netzbetreiber liegt.[19] Diese kann aber im Wege des Verfahrens nach §§ 43 ff. auf ein anderes Unternehmen übertragen werden. Damit ist rechtlich die Grundzuständigkeit für den neuen Messstellenbetrieb von modernen Messeinrichtungen und intelligenten Messsystemen getrennt zu betrachten von dem Netzbetrieb und von der Grundzuständigkeit für den bisherigen konventionellen Messstellenbetrieb. Diese Trennung spiegeln die differenzierten Legaldefinitionen in § 2 Abs. 1 Nr. 5 und Nr. 6 für sich gesehen nur unzureichend wider: Gemäß § 2 Abs. 1 Nr. 5 ist die Grundzuständigkeit für den Messstellenbetrieb die Verpflichtung zur Wahrnehmung des Messstellenbetriebs für alle Messstellen des jeweiligen Netzgebiets, solange und soweit kein Dritter nach §§ 5 und 6 den Messstellenbetrieb durchführt. Hier werden also ausdrücklich alle Messstellen in Bezug genommen, obwohl eine solche allumfassende Grundzuständigkeit in systematischem Widerspruch zu dem Regelungszweck von § 7 steht, den neuen Messstellenbetrieb von modernen Messeinrichtungen und intelligenten Messsyste- 12

---

16 Vgl. Begründung zum Regierungsentwurf v. 17.2.2016, BT-Drs. 18/7555, S. 79.
17 Vgl. Verordnungsbegründung v. 18.6.2008, BR-Drs. 568/08, S. 22.
18 Vgl. BNetzA, Monitoringbericht 2009, S. 50 f. und 186 f.
19 So auch *v. Wege/Wagner*, N&R 2016, 2, 3.

§ 13 Nutzung des Verteilernetzes zur Datenübertragung

men von dem bisherigen konventionellen Messstellenbetrieb des Netzbetreibers zu trennen.

13 Insgesamt lassen die Zugangsverpflichtung und das flankierende Diskriminierungsverbot in § 13 die **neue Rollenverteilung** besser erkennen, mit der der Gesetzgeber den Wettbewerb im neuen Marktsegment des Messstellenbetriebs von modernen Messeinrichtungen und intelligenten Messsystemen fördern will. Der bislang marktbeherrschende Netzbetreiber soll zwar regelmäßig die Hauptverantwortung für die Aufrechterhaltung des verbleibenden konventionellen Messstellenbetriebs und auch für die Markteinführung des neuen Messstellenbetriebs von modernen Messeinrichtungen und intelligenten Messsystemen tragen. Eine Behinderung von konkurrierenden Messstellenbetreibern durch unangemessene und/oder diskriminierende Zugangsentgelte für die Messdatenübertragung über das Stromnetz wird aber ausdrücklich verboten.

II. Zugangsgewährung

14 § 13 konkretisiert den sachlichen Gegenstand der Zugangsgewährung kaum. Konkret wird lediglich das **Elektrizitätsverteilernetz des Netzbetreibers** als **Zugangsobjekt** genannt und die **Messdatenübertragung** als **Nutzungszweck**. Es muss sich also um Anlagen im Netzeigentum des Netzbetreibers handeln (vgl. oben Rn. 11). Wenig Aufschluss über den Umfang der Zugangsverpflichtung gibt das unbestimmte Tatbestandsmerkmal „im Rahmen der technischen Möglichkeiten".

1. Elektrizitätsverteilernetz

15 Eine eigene **Legaldefinition** für ein Stromverteilernetz findet sich im MsbG nicht. Daher ist gemäß § 2 Abs. 2 auf die vorhandene Legaldefinition in § 3 Nr. 37 EnWG zurückzugreifen. Danach ist Verteilung der Transport von Elektrizität mit hoher, mittlerer oder niederer Spannung über Elektrizitätsverteilernetze über örtliche oder regionale Leitungsnetze, um die Versorgung von Kunden zu ermöglichen, jedoch nicht die Belieferung der Kunden selbst.[20]

16 Näheren Aufschluss über die davon **umfassten technischen Anlagen** gibt die konkretisierende Auflistung in Ziffer III der Anlage 1 zu § 6 Abs. 5 S. 1 StromNEV:

1. Netzanlagen für Hochspannungsübertragung
1.1 Leitungsnetze
  – Freileitung 110-380 kV
  – Kabel 220 kV
  – Kabel 110 kV
1.2 Stationseinrichtungen und Hilfsanlagen inklusive Trafo und Schalter
1.3 Schutz-, Mess- und Überspannungsschutzeinrichtungen, Fernsteuer-, Fernmelde-, Fernmess- und Automatikanlagen sowie Rundsteueranlagen einschließlich Kopplungs-, Trafo- und Schaltanlagen
1.4 Sonstiges
2. Netzanlagen des Verteilungsbetriebs

---

20 Nicht umfasst v. Elektrizitätsverteilernetz ist die Höchstspannungsebene, vgl. Kment/*Schex*, § 3 Rn. 7.

2.1 Mittelspannungsnetz
 – Kabel
 – Freileitungen
2.2 Niederspannungsnetz
 – Kabel 1 kV
 – Freileitungen 1 kV
2.3 Stationen mit elektrischen Einrichtungen:
 – 380/220/110/30/10 kV-Stationen
 – Hauptverteilerstationen
 – Ortsnetzstationen
 – Kundenstationen
 – Stationsgebäude
 – Allgemeine Stationseinrichtungen, Hilfsanlagen
 – ortsfeste Hebezeuge und Lastenaufzüge einschließlich Laufschienen, Außenbeleuchtung in Umspann- und Schaltanlagen
 – Schalteinrichtungen
 – Rundsteuer-, Fernsteuer-, Fernmelde-, Fernmess-, Automatikanlagen, Strom- und Spannungswandler, Netzschutzeinrichtungen
2.4 Abnehmeranschlüsse
 – Kabel
 – Freileitungen
2.5 Ortsnetz-Transformatoren, Kabelverteilerschränke
2.6 Zähler, Messeinrichtungen, Uhren, TFR-Empfänger
2.7 Fernsprechleitungen
2.8 Fahrbare Stromaggregate

Diese Anlagen umfassen also an **Leitungsmedien** nicht nur die klassischen **Kupferkabel** 17
zur Stromverteilung, sondern auch das **Steuerungsnetz**, welches über deutlich leistungsfähigere Datenleitungsmedien verfügen kann – bis hin zu Glasfaserleitungen.

Neben den Leitungen sind auch **potenzielle Kollokationsflächen** umfasst, in denen die 18
aktive Übertragungstechnik untergebracht werden kann, wie z.B. 380/220/110/30/10 kV-Stationen, Hauptverteilerstationen, Ortsnetzstationen, Kundenstationen, Stationsgebäude und Kabelverteilerschränke.

2. Im Rahmen der technischen Möglichkeiten

Klassisches **Streitfeld** im Zusammenhang mit Zugangsverpflichtungen ist die Frage, in- 19
wieweit der jeweilige Zugangspetent (hier: Messdienstleister) vom Zugangsverpflichteten (hier: Stromnetzbetreiber) verlangen darf, dass Letzterer Netzerweiterungen bzw. -umbauten vornimmt, die die begehrte Nutzung (hier: Messdatenübertragung) überhaupt erst ermöglichen oder ihr sonst dienlich sind.

Solche Fragen stellen sich in der Praxis häufig schon bei der **Kollokation**: Der Zugangs- 20
petent muss eventuell aktive Übertragungstechnik an Netzknotenpunkten und in Verteilerschränken installieren, um die Leitungen damit überhaupt zur Datenübertragung beschalten zu können. Hierfür werden häufig zusätzliche Abstellräumlichkeiten, Raumlufttechnik sowie Stromversorgung benötigt, die im vorhandenen Netz bislang nicht vorhanden sind. Der Zugangsverpflichtete wird als der Netzbetreiber regelmäßig am ehesten in der Lage sein, solche zusätzlichen Kollokationskapazitäten störungsfrei und effizient in sein vorhan-

denes Netz zu integrieren. Außerdem wird er aus Gründen der Netz- und Versorgungssicherheit auch ein berechtigtes Interesse daran haben, dies selbst vornehmen zu dürfen.

21 Andererseits belastet dies den Zugangsverpflichteten mit **zusätzlichem Aufwand**, der aus Verhältnismäßigkeitsgründen nicht zu weit gehen darf. Selbst wenn der Zugangspetent auch für solchen Zusatzaufwand zur Ermöglichung des Netzzugangs ein angemessenes Entgelt an den Zugangsverpflichteten zu zahlen hat, so darf die grundlegend statuierte Netzzugangsverpflichtung nicht zu einer Netzausbauverpflichtung ausarten. Zu weit würde es vorliegend wohl gehen, wenn der Messstellenbetreiber vom Netzbetreiber die Verlegung neuer Stromkabel verlangen würde, weil sich die vorhandenen Stromkabel als nicht geeignet für eine Powerline-Datenübertragung herausstellen. Dies würde eine Verpflichtung zum Netzausbau bedeuten, die von der vorliegenden Verpflichtung zur Zugangsgewährung zu einem – im Wesentlichen bereits vorhandenen – Netz nicht gedeckt ist.

22 Die in § 13 MsbG verwendete Umschreibung „im Rahmen der technischen Möglichkeiten" kann vor diesem Hintergrund nicht so verstanden werden, dass der Zugangsverpflichtete auf entsprechendes Verlangen des Zugangspetenten alles auch nur technisch Mögliche unternehmen müsste, um die jeweils geforderte Übertragungstechnik zu installieren. Als **technische Basis** für die Messdatenübertragung muss vielmehr auf das **bereits vorhandene Stromverteilernetz** zurückgegriffen werden und **dessen** technische Möglichkeiten zur Datenübertragung genutzt werden. Die demgegenüber z. B. in § 35 Abs. 3 verwendete engere Umschreibung „im Rahmen der vorhandenen technischen Kapazitäten" wurde in § 13 lediglich deshalb nicht verwendet, weil damit auch die regelmäßig erforderliche Schaffung der oben genannten Kollokationskapazitäten ausgeschlossen und damit die Zugangsverpflichtung insgesamt leerlaufen würde.

3. Messdatenübertragung

23 Der Nutzungszweck und damit Art und Inhalt der Datenübertragung wird in § 13 nicht weiter konkretisiert als durch das eine Wort **Messdatenübertragung**. Für den Übertragungsgegenstand Messdaten findet sich im MsbG keine Legaldefinition. Da der Normzweck jedoch in einer möglichst weitreichenden Kostensynergie durch Mitnutzung des Stromverteilernetzes liegen dürfte, wird dies als Sammelbegriff für alle im Zusammenhang mit dem Messstellenbetrieb zu übertragenden Daten zu verstehen sein – darunter Messwerte gemäß § 2 Abs. 1 Nr. 14, Netzzustandsdaten gemäß § 2 Abs. 1 Nr. 16, Schaltprofile gemäß § 2 Abs. 1 Nr. 18 und Stammdaten gemäß § 2 Abs. 1 Nr. 22.

24 Dabei müssen die Daten nicht zwingend von oder zu einem intelligenten Messsystem gemäß § 2 Abs. 1 Nr. 7 übertragen werden, da der Kreis der **Zugangsberechtigten auch Betreiber von konventionellen Messsystemen** im Sinne von § 2 Abs. 1 Nr. 13 umfasst (vgl. Rn. 12).

III. Zugangsentgelt

25 Zur **Höhe des Zugangsentgeltes** gibt § 13 lediglich vor, dass dieses **angemessen** und **diskriminierungsfrei** sein muss. Unterschiedliche Zugangsentgelte darf der Netzbetreiber also nur dann von (internen wie externen) Zugangsnachfragern erheben, wenn es dafür eine sachliche Rechtfertigung gibt, für die der Netzbetreiber darlegungs- und beweisbelastet ist.

IV. Ermächtigungsnormen und Zuständigkeiten für die behördliche Umsetzung § 13

Für die **angemessene Höhe** liegt es zumindest für die Übertragung bei intelligenten Messsystemen auf den ersten Blick nahe, auf die Herleitung der Preisobergrenzen gemäß § 31 und damit auf die diesen zugrunde liegende, vom BMWi in Auftrag gegebene Kosten-Nutzen-Analyse zurückzugreifen.[21] Dies würde allerdings zweierlei verkennen:

Erstens sind jene Preisobergrenzen eben nicht alleine kosten-, sondern sogar primär nutzenorientiert und dementsprechend nach dem angenommenen wirtschaftlichen Nutzen des jeweiligen Anschlussnutzers gestaffelt.[22] Folglich können diese Preisobergrenzen je nach Fallkonstellation auch durchaus nicht kostendeckend sein, was insbesondere an der regelmäßig besonders kostenintensiven Kommunikationskomponente für die Messdatenübertragung liegen kann. Dieses **wirtschaftliche Risiko der Kostenunterdeckung** muss nach § 13 aber bei dem Messstellenbetreiber verbleiben und darf nicht auf den Netzbetreiber abgewälzt werden. Der Netzbetreiber wird gerade nicht durch Preisobergrenzen gedeckelt, sondern hat in jedem Falle ein Anspruch auf ein angemessenes Zugangsentgelt.

Zweitens umfassen die Preisobergrenzen nach § 31 auch **nur Standardleistungen** des Messstellenbetriebs nach § 35 Abs. 1.[23] Darüber hinausgehende Zusatzleistungen gemäß §§ 33, 35 Abs. 2, Abs. 3 sind dort nicht eingepreist und damit auch keinesfalls kostenmäßig berücksichtigt. Auch insoweit ist regelmäßig die Kommunikationskomponente für die Messdatenübertragung ein erheblicher Kostentreiber, da gerade Zusatzleistungen häufig eine wesentlich leistungsfähigere und damit aufwändigere Kommunikationskomponente erfordern als Standardleistungen.

Die Kosten des Netzbetreibers für die Zugangsgewährung nach § 13 sind gemäß § 7 Abs. 3 unter dem Erlösobergrenzen-Regime der §§ 21 und 21a EnWG i.V.m. der ARegV und der StromNEV anzusetzen. Der Netzbetreiber hat das von den Messstellenbetreibern erhobene **Zugangsentgelt** als kostenmindernden Erlös gemäß § 9 Abs. 1 Nr. 5 StromNEV bei der Ermittlung seiner **Netzkosten** in Abzug zu bringen. Dies gilt auch für den Fall, dass der grundzuständige Messstellenbetreiber mit dem Netzbetreiber personenidentisch ist; hier erfolgt entsprechend den Vorgaben aus § 3 Abs. 4 S. 2 eine Verrechnung zwischen den jeweils getrennten Konten für den grundzuständigen Messstellenbetrieb einerseits und die Elektrizitätsverteilung andererseits.

IV. Ermächtigungsnormen und Zuständigkeiten für die behördliche Umsetzung

Die **behördliche Kontrolle** der Zugangsgewährung und -entgelte für die Messdatenübertragung unterliegt unmittelbar der Befugnis zu Aufsichtsmaßnahmen durch die **Bundesnetzagentur** gemäß § 76. Dieser entspricht in Abs. 1 der **Abstellungsbefugnis** nach § 65 **Abs. 1 EnWG**, so dass die Bundesnetzagentur Unternehmen oder Vereinigungen von Unternehmen auch zur Abstellung einer Zuwiderhandlung gegen das MsbG und/oder gegen

---

21 Vgl. Begründung zum Regierungsentwurf v. 17.2.2016, BT-Drs. 18/7555, S. 72, unter Verweis auf Ernst & Young, Kosten-Nutzen-Analyse für einen flächendeckenden Einsatz intelligenter Zähler, Juli 2013, und auf die hierzu ergänzenden Variantenrechnungen von in Diskussion befindlichen Rollout-Strategien, Dezember 2014.
22 Vgl. Antwort der Bundesregierung v. 24.4.2016 auf Kleine Anfrage, BT-Drs. 18/8218, S. 4.
23 Vgl. *Dinter*, ER 2015, 2015, 229, 231; *Kermel/Dinter*, RdE 2016, 158, 163.

§ 13 Nutzung des Verteilernetzes zur Datenübertragung

aufgrund des MsbG ergangener Rechtsvorschriften verpflichten kann. Dazu können gemäß Abs. 2 diesbezügliche **Maßnahmen** auch wie bei **§ 65 Abs. 2 EnWG** angeordnet werden. Ebenso entspricht die Befugnis zur Feststellung bereits beendeter Zuwiderhandlungen in Abs. 3 der Vorschrift in § 65 Abs. 3 EnWG. Abs. 4 erklärt die Verfahrensvorschriften §§ 65 bis 101 und 106 bis 108 EnWG für entsprechend anwendbar.

31 Aufgrund § 47 Abs. 2 kann die Bundesnetzagentur zur bundesweiten Vereinheitlichung der Bedingungen für den Messstellenbetrieb **Festlegungen im Sinne von § 29 Abs. 1 EnWG** treffen – nach Nr. 10 zu den Pflichten des Netzbetreibers aus § 13.

Kapitel 2
Wechsel des Messstellenbetreibers

§ 14 Wechsel des Messstellenbetreibers

(1) ¹Ein Anschlussnutzer hat seinem Messstellenbetreiber in Textform zu erklären, dass er beabsichtigt, nach § 5 Absatz 1 einen anderen Messstellenbetreiber mit dem Messstellenbetrieb zu beauftragen. ²Die Erklärung nach Satz 1 muss folgende Angaben enthalten:

1. den Namen und die ladungsfähige Anschrift des Anschlussnutzers sowie bei Unternehmen, die im Handelsregister eingetragenen sind, das Registergericht und die Registernummer,
2. die Entnahmestelle mit Adresse, Zählernummer oder den Zählpunkt mit Adresse und Nummer,
3. den Namen und die ladungsfähige Anschrift des neuen Messstellenbetreibers sowie bei Unternehmen, die im Handelsregister eingetragenen sind, das Registergericht und die Registernummer, und
4. den Zeitpunkt, zu dem der Wechsel vollzogen werden soll.

(2) Soweit die Bundesnetzagentur eine Festlegung nach § 47 Absatz 2 Nummer 5 und 7 getroffen hat, müssen Messstellenbetreiber, Netzbetreiber, Energielieferanten und Bilanzkreisverantwortliche für Durchführung und Abwicklung des Wechsels des Messstellenbetreibers das festgelegte Verfahren und Format nutzen.

(3) Für den Wechsel des Messstellenbetreibers darf kein gesondertes Entgelt erhoben werden.

Schrifttum: *Brändle*, BNetzA ändert GPKE, MaBis und GeLi Gas, Versorgungswirtschaft 2011, 319; *Richter/Franz*, Weitere Liberalisierung des Messwesens – Erfolgsmodell für den Wettbewerb oder Sackgasse?, ET 2008, 32; *v. Wege/Wagner*, Digitalisierung der Energiewende – Markteinführung intelligenter Messtechnik nach dem Messstellenbetriebsgesetz, N&R 2016, 2.

Übersicht

	Rn.		Rn.
I. Anwendungsbereich	1	3. Form	13
II. Entstehungsgeschichte	3	4. Inhalt	14
III. Durchführung	5	V. Einheitliches Verfahren und Format (Abs. 2)	16
IV. Wechselerklärung (Abs. 1)	7	VI. Kein gesondertes Entgelt (Abs. 3)	18
1. Dogmatische Einordnung	7		
2. Adressat	10		

§ 14 Wechsel des Messstellenbetreibers

I. Anwendungsbereich

1 Während § 5 das Recht des Anschlussnutzers[1] zur freien Wahl des Messstellenbetreibers begründet („Ob"), regelt § 14 den **Ablauf der Umsetzung** dieses **Wahlrechts** („Wie"). Die Norm beschreibt zunächst den Fall, in dem der Anschlussnutzer vom grundzuständigen Messstellenbetreiber[2] zu einem Dritten[3] wechselt. Aber auch der Wechsel von einem Dritten zu einem anderen Dritten ist erfasst. Nach der Gesetzesbegründung kann dieser auch wieder der grundzuständige Messstellenbetreiber sein.[4] Dabei scheint dem Gesetzgeber der in der Praxis eher unwahrscheinliche Fall vor Augen gewesen zu sein, dass ein Anschlussnutzer wieder bewusst den grundzuständigen Messstellenbetreiber beauftragt. Allerdings verpflichtet bereits § 18 Abs. 1 S. 1 den grundzuständigen Messstellenbetreiber, den Messstellenbetrieb infolge einer ordentlichen oder auch außerordentlichen Beendigung des Messstellenbetriebs durch einen Dritten zu übernehmen. In den Konstellationen des § 18 Abs. 1 S. 1 kann es nicht darauf ankommen, ob die Voraussetzungen des § 14 vorliegen.[5] In seinem Anwendungsbereich ist § 18 Abs. 1 S. 1 Alt. 1 insofern die gegenüber § 14 speziellere Vorschrift.

2 Nach § 39 Abs. 1 gilt § 14 auch dann, wenn der Anschlussnehmer[6] gemäß § 6 das Recht zur Bestimmung des Messstellenbetreibers ausübt.[7]

II. Entstehungsgeschichte

3 § 14 Abs. 1 entspricht weitgehend dem bisherigen **§ 5 Abs. 1 MessZV**. § 14 Abs. 2 basiert im Wesentlichen auf **§ 21b Abs. 2 S. 5 EnWG**[8] sowie hinsichtlich der **vorgesehenen Frist** auf **§ 5 Abs. 2 MessZV**. Die Regelung des § 14 Abs. 3 deckt sich inhaltlich vollständig mit **§ 5 Abs. 3 MessZV**. Die wenigen Abweichungen von den bisherigen Vorschriften in der Messzugangsverordnung und dem Energiewirtschaftsgesetz beruhen vor allem auf dem neuen Verständnis des MsbG, nach dem der Messstellenbetrieb nicht mehr originäre

---

1 § 2 Nr. 3.
2 § 2 Nr. 4.
3 Dritter ist grundsätzlich ein wettbewerblicher Messstellenbetreiber, der nicht grundzuständig für die Durchführung des Messstellenbetriebs ist und auch nicht als Dienstleister für den grundzuständigen Messstellenbetreiber tätig wird, sondern im Auftrag eines Anschlussnutzers/Anschlussnehmers den Messstellenbetrieb übernimmt.
4 Begründung zum Regierungsentwurf v. 17.2.2016, BT-Drs. 18/7555, S. 155.
5 Zur Vorgängerregelung: BerlKommEnR/*Böhnel*, 2. Aufl. 2010, § 5 MessZV (Anh. § 21b EnWG) Rn. 2.
6 § 2 Nr. 2. Der Anschlussnehmer hat nur dann ein Wahlrecht, wenn die Voraussetzungen des § 6 Abs. 1 kumulativ vorliegen.
7 Nach § 21b Abs. 5 EnWG konnte ein Anschlussnehmer selbst einen Messstellenbetreiber nur wählen, solange und soweit dazu eine ausdrückliche Einwilligung des jeweils betroffenen Anschlussnutzers vorlag. Hatte der Anschlussnutzer seinerseits bereits einen Messstellenbetreiber beauftragt, konnte der Anschlussnehmer für die betreffende Messstelle seinerseits keinen Messstellenbetreiber mehr bestimmen. § 21b EnWG v. 7.7.2005 (BGBl. I S. 1984) wurde durch Art. 3 des Gesetzes zur Digitalisierung der Energiewende (BGBl. I S. 2060) aufgehoben. Zum Verhältnis des Auswahlrechts des Anschlussnutzers sowie des Anschlussnehmers siehe nun § 6 Abs. 2.
8 § 21b EnWG v. 7.7.2005 (BGBl. I S. 1984) wurde durch Art. 3 des Gesetzes zur Digitalisierung der Energiewende (BGBl. I S. 2060) aufgehoben.

Aufgabe der Marktrolle Netzbetreiber ist.[9] Führt der Netzbetreiber den Messstellenbetrieb durch, wird er in der Marktrolle grundzuständiger Messstellenbetreiber tätig und nimmt keine Aufgabe des Netzbetriebs mehr wahr.[10] Das MsbG differenziert auch nicht mehr zwischen den Aufgaben Messstellenbetrieb und Messung.[11] Vielmehr umfasst der Messstellenbetrieb stets auch die Messung, § 3 Abs. 2 Nr. 1.

In seiner **Stellungnahme** sah der **Bundesrat**[12] eine Ergänzung des § 14 um einen weiteren Absatz vor: Im Fall der Übertragung des Messstellenbetriebs auf einen neuen Messstellenbetreiber sollte der Netzbetreiber für seine Verwaltungs- und Notfallmaßnahmenpflicht aus § 11 Abs. 2 angemessen vergütet werden. Unabhängig von dem fehlenden Kontext zum übrigen Regelungsinhalt des § 14, übernahm die Bundesregierung diesen Vorschlag nicht. Bereits § 11 regele die Notfallmaßnahmen; Kosten, die dem Netzbetreiber aus der Wahrnehmung seiner Aufgaben entstünden, könnten wie üblich, also im Rahmen der Netzentgelte geltend gemacht werden.[13]

III. Durchführung

Die Abwicklung des Wechsels des Messstellenbetreibers erfolgt in der Praxis nahezu ausschließlich im Rahmen der standardisierten und automatisierten Marktkommunikation zwischen den beteiligten Marktrollen (Netzbetreiber, Messstellenbetreiber alt/neu, Energielieferant). Diese ist massengeschäftstauglich durch die **Festlegung „Wechselprozesse im Messwesen"** (WiM) der Bundesnetzagentur vorgegeben.[14] Hierbei handelt es sich um eine für die Adressaten verbindliche Allgemeinverfügung im Sinne von § 35 S. 2 VwVfG (vgl. § 60a Abs. 2 EnWG).[15] Die Wechselprozesse im Messwesen sehen für verschiedene Standardprozesse,[16] die regelmäßig zwischen Netzbetreibern und den beteiligten Messstellenbetreibern auftreten, einen festen Kommunikationsablauf vor, der sowohl die Kommu-

---

9 So noch § 21b Abs. 1 EnWG.
10 Begründung zum Regierungsentwurf v. 17.2.2016, BT-Drs. 18/7555, S. 109.
11 Die Abspaltung der Messdienstleistung v. Messstellenbetrieb stand nach § 21b Abs. 3 EnWG bereits unter dem Vorbehalt, dass die Messstelle nicht mit einem intelligenten Messsystem ausgestattet ist. Auch § 9 Abs. 2 MessZV untersagte eine Aufspaltung von Messstellenbetrieb und Messung für Messeinrichtungen, die elektronisch ausgelesen werden.
12 Stellungnahme des Bundesrates, BT-Drs. 18/7555, Anl. 3, S. 175.
13 Gegenäußerung der Bundesregierung zur Stellungnahme des Bundesrates v. 18.12.2015 zum Entwurf eines Gesetzes zur Digitalisierung der Energiewende, BT-Drs. 18/7555, Anl. 4, S. 205.
14 BNetzA, Festl. v. 20.12.2016, BK6-16-200, Anl. 2; zur Vorgängernorm § 21b EnWG: *Brändle*, VersorgW 2011, 319; Danner/Theobald/*Eder*, 86. EL 2015, § 21b EnWG Rn. 51 ff.
15 Die Festlegung beruht auf folgender Ermächtigungsgrundlage: § 29 Abs. 1, 2 EnWG i.V. m. § 47 Abs. 2 Nr. 5, 7 und § 75 Nr. 3, 5, 6, 7, 8, 10 MsbG.
16 Die WiM regelt folgende Geschäftsprozesse: Kündigung Messstellenbetrieb (ggf. einschl. Messung), Beginn Messstellenbetrieb (ggf. einschl. Messung), Ende Messstellenbetrieb (ggf. einschl. Messung), Ergänzungsprozesse Geräteübernahme und Gerätewechsel, Messlokationsänderung bei kME, mME inkl. iM-Einbau, Störungsbehebung in der Messlokation, Anforderung und Bereitstellung von Messwerten, Messwertermittlung im Fehlerfall, Ersteinbau eines iM in eine bestehende Messlokation, Änderung des Bilanzierungsverfahrens (Strom), Stammdatenänderung (Messstelle), Geschäftsdatenanfrage, Abrechnung des Messstellenbetriebs und Abrechnung von Dienstleistungen im Messwesen.

§ 14 Wechsel des Messstellenbetreibers

nikationsbeteiligten, die Kommunikationsform (EDIFACT-Nachrichten[17]), den Inhalt einer Nachricht sowie die Bearbeitungs- und Reaktionsfristen vorgibt.[18]

6 Aufgrund der Neuregelungen des Messstellenbetriebsgesetzes, insbesondere bedingt durch die notwendige Integration des Smart-Meter-Gateway-Administrators[19] in die Marktkommunikation und die sternförmige Verteilung der Daten aus dem Smart-Meter-Gateway[20] (vgl. § 60), müssen – wie nahezu die gesamten bestehenden Vorgaben für die Marktkommunikation[21] – auch die **Wechselprozesse im Messwesen angepasst** werden. Hierzu hat die Bundesnetzagentur im Dezember 2015 bereits einen Prozess angestoßen. In enger Zusammenarbeit mit den Branchenverbänden wurde eine vorübergehende Anpassung der Marktkommunikation erarbeitet, die sog. „Interims-Marktkommunikation".[22] Unter dem 20.12.2016 hat die Bundesnetzagentur die entsprechenden Änderungsfestlegungen beschlossen (vgl. ausführlich § 60). Die abschließende, neue Marktkommunikation (das sog. „Zielmodell"), die insbesondere eine Aufbereitung der Messwerte, also die Plausibilisierung und die Ersatzwertbildung im Smart-Meter-Gateway und die Datenübermittlung über das Smart-Meter-Gateway direkt an die nach § 49 berechtigten Stellen berücksichtigt, muss wegen der zum 31.12.2019 auslaufenden Übergangsregelung in § 60 Abs. 2 S. 2 bis zum 1.1.2020 entwickelt und neu festgelegt sein.

IV. Wechselerklärung (Abs. 1)

1. Dogmatische Einordnung

7 Die Wechselerklärung des Anschlussnutzers ist eine **rechtlich bindende Willenserklärung** des Anschlussnutzers, auf deren Grundlage die Zuständigkeit für den Messstellenbetrieb[23] am Zählpunkt des Anschlussnutzers bzw. an allen Zählpunkten einer Liegenschaft des Anschlussnehmers wechselt.[24] Sie dient insbesondere dazu, das Auswahlrecht des Anschlussnutzers nach § 5 Abs. 1 auszuüben. Solange kein Dritter vom Anschlussnutzer beauftragt wird, ist der grundzuständige Messstellenbetreiber für den Messstellenbetrieb zuständig.[25]

8 Im Zusammenhang mit dem Auswahlrecht des Anschlussnehmers gemäß § 6 Abs. 1, das grundsätzlich zur **Beendigung laufender Verträge** über die Durchführung des Messstellenbetriebs zwischen Anschlussnutzern und dem grundzuständigen oder einem dritten Messstellenbetreiber führt,[26] kommt § 14 Abs. 1 noch eine weitere Bedeutung zu. Es ist

---

17 Vgl. Nachrichtentypbeschreibungen abrufbar auf www.edi-energy.de (letzter Abruf: 21.2.2017).
18 Zum Zusammenspiel mit anderen Vorgaben der Marktkommunikation; § 60 Rn. 4.
19 § 2 Nr. 20.
20 § 2 Nr. 19.
21 Insbesondere die Geschäftsprozesse zur Kundenbelieferung mit Elektrizität (BNetzA, Festl. v. 11.7.2006, BK6-06-009) sowie die Geschäftsprozesse für den Lieferantenwechsel im Gassektor (BNetzA, Festl. v. 20.8.2007, BK7-06-067).
22 Siehe zum Zeitplan: *v. Wege/Wagner*, N&R 2016, 2.
23 Die v. Messstellenbetrieb umfassten Aufgaben ergeben sich aus § 3 Abs. 2.
24 Zur Vorgängerregelung: BerlKommEnR/*Böhnel*, 2. Aufl. 2010, § 5 MessZV (Anh. § 21b EnWG) Rn. 1.
25 Zur Vorgängerregelung: Danner/Theobald/*Eder*, § 21b EnWG Rn. 32.
26 Vgl. BerlKommEnR/*Drozella*, § 6 MsbG Rn. 18 ff.

sichergestellt, dass alle in der Liegenschaft aktiven Messstellenbetreiber über den angestrebten liegenschaftseinheitlichen Messstellenbetrieb informiert werden. Die Erklärungspflicht trifft gemäß § 39 Abs. 1 den Anschlussnehmer als Auswahlberechtigten und Vertragspartner des neuen Messstellenbetreibers.

Dass alleine der Wunsch des Anschlussnutzers – **ohne die Zustimmung des Netznutzers** – entscheidend für einen Übergang der Zuständigkeit des Messstellenbetriebs sein soll, ist zivilrechtlich nicht unproblematisch.[27] Durch den Wechsel des Messstellenbetreibers gehen Ansprüche des Netznutzers gegen den bisherigen Messstellenbetreiber auf den neuen Messstellenbetreiber über.[28] Der Netznutzer hat beispielsweise aus § 20 Abs. 1 StromNZV bzw. § 47 Abs. 1 S. 2 GasNZV einen Anspruch gegen den Messstellenbetreiber auf Nachprüfung der Messeinrichtung. Bei einem Wechsel des Messstellenbetreibers erhält der Netznutzer insoweit einen anderen Schuldner.[29] Damit kann es sich beim Wechsel des Messstellenbetreibers um eine Schuldübernahme handeln, jedenfalls dann, wenn der neue Messstellenbetreiber die vorhandene Messeinrichtung zur Durchführung des Messstellenbetriebs vom bisherigen übernimmt (vgl. § 16 Abs. 1 und 2). Nach § 415 BGB bedarf es hierfür grundsätzlich der Zustimmung des Gläubigers.[30] Ohne eine solche Zustimmung wäre der Wechsel des Messstellenbetreibers für das Verhältnis zum Netznutzer und seine gegenüber dem bisherigen Messstellenbetreiber bestehenden Ansprüche bedeutungslos und dieser bliebe der relevante Schuldner für ihn.[31] Da § 14 den Wechsel des Messstellenbetreibers an ganz konkrete Anforderungen knüpft, ist nicht davon auszugehen, es müsse darüber hinaus eine weitere ungeschriebene Anspruchsvoraussetzung (Zustimmung der Gläubiger) vorliegen.[32] Zumal es den Wechsel des Messstellenbetreibers vor dem Hintergrund der Liberalisierung des Messwesens[33] unnötig behindern würde. Demnach dürfte es sich bei § 14 Abs. 1 S. 1 um eine spezialgesetzliche Ausnahmeregelung zum Zustimmungserfordernis in § 415 BGB handeln.[34] Dem Interesse des Gläubigers Kenntnis über den neuen Schuldner zu erlangen, wird durch § 15 S. 1 Rechnung getragen, nachdem der neue Messstellenbetreiber die berechtigten Stellen nach § 49[35] unverzüglich über den Übergang des Messstellenbetriebs sowie über die Identität des neuen Messstellenbetreibers informieren muss.

2. Adressat

Der Anschlussnutzer muss seine Absicht, einen anderen Messstellenbetreiber mit der Durchführung des Messstellenbetriebs beauftragen zu wollen, gegenüber „seinem Messstellenbetreiber" erklären. Erklärungsadressat ist damit der **aktuelle Messstellenbetreiber**

---

27 Die Übertragung des Messstellenbetriebs ist ungeachtet der rechtlichen Problematik in der Regel wirtschaftlich sinnvoller, wenn sie in Abstimmung mit dem Netznutzer erfolgt, da jedenfalls bei einer Belieferung „all-inklusive" die Zahlung eines Entgelts für den Messstellenbetrieb im Lieferentgelt regelmäßig einkalkuliert ist.
28 Zur Vorgängerregelung: Rosin/*Stolzenburg*, § 21b EnWG Rn. 69.
29 Zur Vorgängerregelung: Kment/*Thiel*, § 21b EnWG Rn. 22.
30 Zur Vorgängerregelung: BerlKommEnR/*Drozella*, § 21b EnWG Rn. 34.
31 Palandt/*Grüneberg*, § 415 BGB Rn. 7.
32 Zur Vorgängerregelung: BerlKommEnR/*Drozella*, § 21b EnWG Rn. 34.
33 Begründung zum Regierungsentwurf v. 17.2.2016, BT-Drs. 18/7555, S. 109.
34 Im Ergebnis so auch zur Vorgängerregelung: BerlKommEnR/*Drozella*, § 21b EnWG Rn. 34.
35 Hierzu zählt auch der Energielieferant, § 49 Abs. 2 Nr. 6.

§ 14   Wechsel des Messstellenbetreibers

des Anschlussnutzers. Bei diesem kann es sich sowohl um den grundzuständigen Messstellenbetreiber als auch um einen wettbewerblichen Dritten handeln. Der Gesetzgeber scheint hierbei möglicherweise eine Verbindung mit einer etwaig erforderlichen Kündigungserklärung zu sehen. In der Praxis dürfte der Anschlussnutzer seine Wechselabsicht üblicherweise jedoch nur gegenüber dem neuen Messstellenbetreiber erklären und dieser wird mit entsprechender Vollmacht des Anschlussnutzers die weiteren notwendigen Erklärungen aussprechen, um den Wechsel vorzubereiten. In den Wechselprozessen im Messwesen ist dieses Vorgehen bereits angelegt. So kann der neue Messstellenbetreiber die Kündigung des bestehenden Auftragsverhältnisses zwischen Anschlussnutzer und dem bisherigen Messstellenbetreiber für den Anschlussnutzer aussprechen.[36] Gleiches gilt in Bezug auf die Vorlage anderweitiger Erklärungen des Anschlussnutzers.

11   Hiervon bleibt die Aufgabe des **Netzbetreibers** als „**Verwalter der Messstellen**" unberührt,[37] so dass er unabhängig davon, wer Adressat der Wechselerklärung ist, in die Wechselprozesse einzubeziehen ist.

12   Für den neuen Messstellenbetreiber bedeutet dies, dass er sich für die Abgabe der Wechselerklärung vom Anschlussnutzer entsprechend **bevollmächtigen** lassen sollte.[38] Der bisherige Messstellenbetreiber ist nach § 174 BGB berechtigt, die Erklärung unverzüglich zurückzuweisen, wenn der neue Messstellenbetreiber die **Vollmachtsurkunde des Anschlussnutzers** nicht im Original vorlegt. Nach den Wechselprozessen im Messwesen,[39] muss diese Vollmacht für die Durchführung des Messstellenbetreiberwechsels allerdings grundsätzlich nicht vorgelegt werden. Ausreichend ist die vertragliche Zusicherung der Existenz einer solchen Vollmacht. Nur in begründeten Einzelfällen darf eine Übermittlung der Vollmachtsurkunde gefordert werden.[40] Allerdings steht § 174 BGB normhierarchisch über einer Allgemeinverfügung (Festl. d. BNetzA).[41] Auch wenn die Regelung in den Wechselprozessen im Messwesen vor dem Hintergrund einer massengeschäftstauglichen

---

36   BNetzA, Festl. v. 20.12.2016, BK6-16-200, Anl. 2, Prozess „Kündigung Messstellenbetrieb (ggf. einschl. Messung)".
37   Um das klarzustellen, forderte der Bundesverband der Energie- und Wasserwirtschaft e. V. in seiner Stellungnahme zum Regierungsentwurf eines Gesetzes zur Digitalisierung der Energiewende unter Berücksichtigung der Gegenäußerung der Bundesregierung v. 7.4.2014 (Anl. 1, S. 5), dass neben dem Messstellenbetreiber auch der Netzbetreiber Adressat der Erklärung des Anschlussnutzers sein soll. Da der Netzbetreiber weiterhin für die Zuordnung von Messstellen zuständig ist, wird er jedenfalls im Rahmen der Marktkommunikation zwingend weiterhin in den Wechselprozess mit einzubeziehen sein, abrufbar auf www.bdew.de (letzter Abruf: 21.2.2017).
38   Vgl. zu den Voraussetzungen einer wirksamen Stellvertretung §§ 164 ff. BGB. Hierbei ist streitig, ob z. B. das bloße Ankreuzen im Zusammenhang mit dem Abschluss eines Stromliefervertrags genügt, da es sich bei dem Messstellenbetrieb um eine nicht unerhebliche Nebenleistung zur Stromlieferung handelt; hierzu: BerlKommEnR/*Böhnel*, 2. Aufl. 2010, § 5 MessZV (Anh. § 21b EnWG) Rn. 7; *Richter/Franz*, ET 2008, 32.
39   BNetzA, Festl. v. 20.12.2016, BK6-16-200, Anl. 2, S. 12.
40   Trotz einer Anforderung einer Vollmacht, sind die Geschäftsprozesse weiterhin fristgerecht abzuarbeiten.
41   Teilweise wird vertreten, dass die Kollision des normhierarchisch höherrangigen § 174 BGB mit § 5 Abs. 1 S. 3 MessZV zur Nichtigkeit des § 5 Abs. 1 S. 3 MessZV führt, vgl. Danner/Theobald/*Eder*, 86. EL 2015, § 21b EnWG Rn. 36. Nach der allgemeinen Kollisionsregel „lex superior derogat legi inferiori" verdrängt jedoch das höherrangige Recht das normhierarchisch darunter stehende Recht, so dass allein die Kollision nicht zur Nichtigkeit führt.

Abwicklung nachvollziehbar und sinnvoll ist, ist § 174 BGB aus Gründen der Rechtssicherheit unverzichtbar.[42]

3. Form

Die Erklärung des Anschlussnutzers gegenüber dem bisherigen Messstellenbetreiber muss eindeutig sein[43] und in **Textform** erfolgen. Die noch im ersten Referentenentwurf des Messstellenbetriebsgesetzes vorgesehene strengere Schriftform,[44] wurde nach teils erheblicher Kritik der Verbände nicht beibehalten.[45] Textform erfordert gemäß § 126b BGB eine lesbare Erklärung, in der die Person des Erklärenden genannt ist und die auf einem dauerhaften Datenträger[46] abgegeben wird. Einer Unterschrift oder elektronischen Signatur bedarf es folglich nicht.[47] Eine nur mündliche Erklärung ist mithin jedoch ausgeschlossen.[48]

13

4. Inhalt

Den Inhalt der Wechselerklärung gibt aus Gründen der **Rechtsklarheit** § 14 Abs. 1 S. 2 dezidiert vor.[49] Die Erklärung muss zunächst den **Namen** und die **ladungsfähige Anschrift**[50] des Anschlussnutzers und des neuen Messstellenbetreibers enthalten. Sofern es sich um Unternehmen handelt, die im Handelsregister eingetragen sind, sind zusätzlich **Registergericht** und die **Registernummer** anzugeben (Abs. 1 Nr. 1, 3). Die Notwendigkeit der **zusätzlichen Angaben bei Unternehmen** folgt aus handels- bzw. gesellschaftsrechtlichen Vorschriften (§§ 37a, 125a, 177a HGB, § 35a GmbHG, § 80 AktG). Daneben bedarf es entweder der Angabe der Entnahmestelle[51] mit Adresse, der Zählernummer oder des Zählpunktes[52] mit Adresse und Nummer (Abs. 1 Nr. 2). Schließlich ist der **Zeitpunkt**, zu dem der Wechsel vollzogen werden soll, anzugeben (Abs. 1 Nr. 4). Nach den Wechselprozessen im Messwesen[53] ist es erforderlich, im Rahmen des Prozesses „Beginn Messstellenbetrieb" einen bestimmten beliebigen (auch untermonatigen) Termin in der Zukunft an-

14

---

42 Zur Vorgängerregelung: Danner/Theobald/*Eder*, 86. EL 2015, § 21b EnWG Rn. 35.
43 Zur Vorgängerregelung: Rosin/*Stolzenburg*, § 21b EnWG Rn. 69.
44 § 126 BGB.
45 Z.B. Ergänzende Stellungnahme der GEODE zum Referentenentwurf der Bundesregierung zum Gesetz zur Digitalisierung der Energiewende v. 3.12.2015, abrufbar auf www.geode-eu.org (letzter Abruf: 21.2.2017).
46 Ein dauerhafter Datenträger ist jedes Medium, das es dem Empfänger ermöglicht, eine auf dem Datenträger befindliche, an ihn persönlich gerichtete Erklärung so aufzubewahren oder zu speichern, dass sie ihm während eines für ihre Zwecke angemessenen Zeitraums zugänglich sind und geeignet ist, die Erklärung unverändert wieder zu geben, § 126b S. 2 BGB.
47 Zur Vorgängerregelung: Kment/*Thiel*, § 21b EnWG Rn 22.
48 Zur Vorgängerregelung: Rosin/*Stolzenburg*, § 21b EnWG Rn. 69.
49 BR-Drs. 568/08, S. 23.
50 Die Angaben sind vor dem Hintergrund der §§ 166ff. ZPO zu sehen. Sinn und Zweck der Regelung ist es, etwaige Ansprüche schnell und effektiv im Klagewege geltend zu machen. Die Angabe einer Anschrift im Netz (E-Mail-Adresse) genügt nicht. Es bedarf der geographischen Anschrift, die aus dem Ort mit Postleitzahl, sowie Straße und Hausnummer besteht.
51 § 2 Nr. 6 StromNEV.
52 § 2 Nr. 14 StromNZV.
53 BNetzA, Festl. v. 20.12.2016, BK6-16-200, Anl. 2, S. 26f.

§ 14 Wechsel des Messstellenbetreibers

zugeben.[54] Demnach kann jedenfalls auf der Grundlage der derzeitigen Marktprozesse kein rückwirkender Wechsel des Messstellenbetreibers vorgenommen werden.[55]

15 Das Fehlen der notwendigen Inhalte **berechtigt** die am Messstellenbetreiberwechsel Beteiligten **zur Zurückweisung** der für die Durchführung des Wechsels erforderlichen **Wechselerklärung**.

V. Einheitliches Verfahren und Format (Abs. 2)

16 Der **Bundesnetzagentur** wird in § 47 Abs. 2 Nr. 5 u. 7 die **Kompetenz für Festlegungen** nach § 29 Abs. 1 EnWG zur Durchführung des Wechsels des Messstellenbetreibers auf Veranlassung des Anschlussnutzers oder des Anschlussnehmers nach den §§ 5, 6, 9, 10 und 39 sowie zu Geschäftsprozessen, die bundesweit zur Förderung einer größtmöglichen und sicheren Automatisierung einzuhalten sind, zugewiesen. Über den Verweis in Abs. 2 eröffnet der Gesetzgeber die Möglichkeit, entweder die Festlegung „Wechselprozesse im Messwesen"[56] nach Wegfall der ursprünglichen Rechtsgrundlage im EnWG neu zu legitimieren oder auch eine vollständig überarbeitete neue Festlegung insbesondere zu den für den Wechsel des Messstellenbetreibers notwendigen Prozessen zu beschließen. Mit ihren Festlegungen vom 20.12.2016 hat die Bundesnetzagentur zunächst von der ersten Möglichkeit Gebrauch gemacht und die vorhandenen Festlegungen interimsweise angepasst. Das Inkrafttreten der vollständig neu überarbeiteten Marktkommunikation ist für 2020 angekündigt (vgl. ausführlich § 60).

17 Abs. 2 bestimmt zudem den **Adressatenkreis dieser Festlegung** und bindet bereits kraft Gesetzes Messstellenbetreiber, Netzbetreiber, Energielieferanten und Bilanzkreisverantwortliche – soweit sie denn auch Adressat einer entsprechenden Festlegung der Bundesnetzagentur werden – zur Einhaltung der festgelegten Verfahren und Formate.

VI. Kein gesondertes Entgelt (Abs. 3)

18 Das **Verbot der Erhebung eines gesonderten Entgelts** für den Wechsel des Messstellenbetreibers soll die Attraktivität des Auswahlrechts des Anschlussnutzers[57] gewährleisten und sichert das mit der Liberalisierung des Messwesens verfolgte Ziel der Marktöffnung für den Wettbewerb.[58] Wechselentgelte stellen eine Hürde dar, von dem Wechselrecht tatsächlich Gebrauch zu machen. Das Verbot adressiert alle Marktteilnehmer.[59] Abs. 3 entspricht systematisch § 41 Abs. 1 Nr. 5 EnWG, wonach Strom- und Gassonderlieferverträge Bestimmungen zum unentgeltlichen Lieferantenwechsel enthalten müssen, sowie § 20

---

54 Vgl. Wechselprozesse im Messwesen, BNetzA, Festl. v. 20.12.2016, BK6-16-200, Anl. 2, S. 26 f.
55 Im Rahmen des Lieferantenwechsels nach den Geschäftsprozessen zur Kundenbelieferung mit Elektrizität (BNetzA, Festl. v. 20.12.2016, BK6-16-200, Anl. 2, S. 20) ist im Fall des Umzugs grundsätzlich eine rückwirkende An- und Abmeldung von Entnahmestellen möglich.
56 BNetzA, Festl. v. 9.9.2010, BK6-09-034/BK7-09-001, Anl. 1.
57 § 5.
58 BT-Drs. 16/8306, S. 1; BR-Drs. 568/08, S. 23; Schneider/Theobald/*de Wyl/Thole/Bartsch*, S. 998.
59 Zur Vorgängerregelung: BerlKommEnR/*Böhnel*, 2. Aufl. 2010, § 5 MessZV (Anh. § 21b EnWG) Rn. 23.

VI. Kein gesondertes Entgelt (Abs. 3) § 14

Abs. 3 Strom- bzw. GasGVV, der dasselbe für die Grundversorgungsverträge vorsieht. Die Regelung ist dahingehen zu verstehen, dass nicht nur kein gesondertes Entgelt verlangt, sondern auch im Übrigen kein auch nur indirektes Entgelt anlässlich eines Wechsels des Messstellenbetreibers gefordert werden darf (z. B. für den Ausbau des Messgerätes). Dies würde den Messstellenbetreiberwechsel ebenfalls zumindest mittelbar behindern.[60]

---

[60] Vgl. auch § 10 Abs. 3.

§ 15 Mitteilungspflichten beim Übergang

¹Der neue Messstellenbetreiber ist verpflichtet, denen nach § 49 berechtigten Stellen, bezogen auf die betroffene Messstelle, unverzüglich mitzuteilen:
1. den Zeitpunkt des Übergangs des Messstellenbetriebs und
2. seinen Namen, die ladungsfähige Anschrift und das zuständige Registergericht sowie Angaben, die eine schnelle elektronische Kontaktaufnahme ermöglichen, einschließlich der Adresse der elektronischen Post.

²Ist kein intelligentes Messsystem vorhanden, genügt eine Mitteilung an den Energielieferanten und den Netzbetreiber.

Übersicht

	Rn.		Rn.
I. Normzweck	1	2. Empfänger	4
II. Entstehungsgeschichte	2	3. Anlass	8
III. Mitteilungspflicht	3	4. Form	10
1. Verpflichteter	3	5. Inhalt	11

I. Normzweck

1   Die Vorschrift regelt die **Mitteilungspflicht beim Wechsel des Messstellenbetreibers** auf Verlangen des Anschlussnutzers; sie gilt über § 39 Abs. 1 auch für die Fälle des § 6, sofern der Anschlussnehmer von seinem Auswahlrecht Gebrauch gemacht hat. Die Mitteilungspflicht gegenüber den nach § 49 berechtigten Stellen ist notwendig, da diese in der Regel nicht unmittelbar am Wechselprozess (§ 14) beteiligt sind, aber der Wechsel der Zuständigkeit für den Messstellenbetrieb auch ihre Stellung betrifft oder sogar in ihre Rechtspositionen eingreift, indem sie sich gegebenenfalls einem neuen Schuldner (neuer Messstellenbetreiber) gegenüber sehen.[1] Auch wenn für den Wechsel des Messstellenbetriebs bestimmte, in § 14 näher dargelegte Voraussetzungen vorliegen müssen, besteht darüber hinaus ein Informationsinteresse der nach § 49 berechtigten Stellen – etwa zur Geltendmachung etwaiger Ansprüche[2] sowie um Messwerte aufgrund bilateraler Vereinbarungen erhalten zu können – die Identität des Messstellenbetreibers sowie den Zeitpunkt des Übergangs des Messstellenbetriebs zu kennen.[3]

II. Entstehungsgeschichte

2   § 15 ist seinem Normzweck nach **§ 6 MessZV** nachgebildet. Die notwendige Information der von einem Messstellenbetreiberwechsel tangierten Marktrollen (vor allem der Liefe-

---

[1] Vgl. BerlKommEnR/v. Wege, § 14 MsbG Rn. 10; zur Vorgängervorschrift: BerlKommEnR/*Böhnel*, 2. Aufl. 2010, § 6 MessZV (Anh. § 21b EnWG) Rn. 1.
[2] Z.B. BerlKommEnR/v. Wege, § 14 MsbG Rn. 11; Regressansprüche bei Fehlbilanzierung aufgrund fehlerhafter Messwerte.
[3] Zur Vorgängervorschrift: BerlKommEnR/*Böhnel*, 2. Aufl. 2010, § 6 MessZV (Anh. § 21b EnWG) Rn. 1.

rant) wurde im Wesentlichen über die Festlegung der Bundesnetzagentur zu den Wechselprozessen im Messwesen mit erfüllt.[4] Die Regelung gestaltet die Mitteilungspflicht beim Wechsel des Messstellenbetreibers im Vergleich zu ihrer Vorgängervorschrift jedoch sowohl mit Blick auf den Verpflichteten als auch den Empfängerkreis und mit Blick auf die mitzuteilenden Inhalte neu. Hintergrund der **Neufassung** ist zum einen die Abkehr vom Verständnis des Messstellenbetriebs als originäre Aufgabe des Netzbetreibers.[5] Führt der Netzbetreiber den Messstellenbetrieb durch, dann wird er nunmehr in der Marktrolle grundzuständiger Messstellenbetreiber tätig und nimmt keine Aufgabe des Netzbetriebs mehr wahr.[6] Zum anderen war bislang der Verteilernetzbetreiber die sogenannte Datendrehscheibe für die ab- und ausgelesenen Messdaten.[7] Vor dem Hintergrund neuer technischer Möglichkeiten durch den Einsatz intelligenter Messsysteme wird mit dem Messstellenbetriebsgesetz die sogenannte sternförmige Kommunikation als Standard vorgegeben.[8] Hierdurch verändert sich auch das Informationsbedürfnis einzelner Marktteilnehmer.

III. Mitteilungspflicht

1. Verpflichteter

Zur Mitteilung verpflichtet ist der **neue Messstellenbetreiber**. Bei diesem kann es sich um den grundzuständigen Messstellenbetreiber[9] oder einen Dritten handeln. Nach § 6 MessZV war bislang der Netzbetreiber als „Verwalter seines Netzes" zur Mitteilung verpflichtet, was über die Wechselprozesse im Messwesen auch in der Marktkommunikation umgesetzt wurde.[10] Die Änderung im MsbG verdeutlicht die Trennung des Messstellenbetriebs vom Netzbetrieb[11] und bedingt insoweit auch eine Anpassung der Marktkommunikation.[12] Sinnvollerweise obliegt es nunmehr jeweils dem neuen Messstellenbetreiber, die weiteren Berechtigten zu informieren.

3

2. Empfänger

Die Mitteilungspflicht besteht gegenüber den **nach § 49 berechtigten Stellen**. Dieses sind gem. § 49 Abs. 2 der Netzbetreiber,[13] der Bilanzkoordinator,[14] der Bilanzkreisverantwortli-

4

---

4 BNetzA, Festl. v. 20.12.2016, BK6-16-200, Anl. 2.
5 So noch § 21b Abs. 1 EnWG.
6 Begründung des Gesetzesentwurfs, BT-Drs. 18/7555, S. 109.
7 § 4 Abs. 3 MessZV.
8 Begründung des Gesetzesentwurfs, BT-Drs. 18/7555, S. 159. Siehe § 60.
9 § 2 Nr. 4.
10 BNetzA, Festl. v. 9.9.2010, BK6-09-034/BK7-09-001, Anl. 1, S. 26.
11 Siehe hierzu auch die Pflicht zur buchhalterischen Entflechtung gemäß § 3 Abs. 4.
12 Siehe zur Anpassung der Marktkommunikation aufgrund des MsbG: BerlKommEnR/*v. Wege*, § 14 MsbG Rn. 6.
13 § 3 Nr. 4 EnWG.
14 Der Bilanzkoordinator jeder Regelzone ist für die Bilanzkreisabrechnung und damit für den finanziellen Ausgleich zwischen den Bilanzkreisverantwortlichen für die zu viel bzw. zu wenig gelieferte Energie verantwortlich. Diese Aufgabe obliegt den Übertragungsnetzbetreibern (vgl. Marktregeln für die Durchführung der Bilanzkreisabrechnung Strom, BNetzA, Festl. v. 10.6.2009, BK6-07-002, S. 3), § 3 Nr. 10 EnWG.

§ 15 Mitteilungspflichten beim Übergang

che,[15] der Direktvermarktungsunternehmer nach dem EEG,[16] der Energielieferant[17] sowie jede weitere Stelle, die über eine schriftliche Einwilligung des Anschlussnutzers nach § 4a BDSG verfügt. Die letzte Fallgruppe dürfte dabei in der Praxis wenig relevant sein. Der neue Messstellenbetreiber wird regelmäßig nicht wissen, wem der Anschlussnutzer entsprechende Einwilligungen erteilt hat.

5 § 6 MessZV sah noch als Adressat lediglich den Netznutzer[18] vor. Offen war dieser Formulierung nach, ob neben dem Energielieferanten auch der Anschlussnutzer, der zugleich auch Netznutzer sein kann,[19] zu den Adressaten der Mitteilungspflicht zählte.[20] Da dieser regelmäßig allerdings der Auftraggeber des Messstellenbetreiberwechsels ist, wäre diese Informationsrichtung eine reine Förmelei. Mit der Verwendung des Begriffs des Energielieferanten ist in diesem Punkt durch den neuen § 15 Klarheit geschaffen worden.

6 Sofern kein intelligentes Messsystem vorhanden ist, beschränkt sich der **Adressatenkreis** der Mitteilungen gemäß § 15 S. 2 auf den Energielieferanten und den Netzbetreiber. Hintergrund ist, dass bei Messstellen, die nicht mit intelligenten Messsystemen ausgestattet sind, keine direkte Übermittlung der Messwerte aus einem Smart-Meter-Gateway an die berechtigten Stellen (sternförmige Kommunikation)[21] erfolgt. Vielmehr übermittelt der Messstellenbetreiber die Messwerte – wie bisher – über die Wechselprozesse im Messwesen[22] an den Netzbetreiber, der sie über die Geschäftsprozesse zur Kundenbelieferung mit Elektrizität bzw. für den Lieferantenwechsel im Gassektor[23] an den Energielieferanten weiterverteilt („Kommunikationskette"). Damit reicht eine Mitteilung an den Netzbetreiber, der wissen muss, wer für den Messstellenbetrieb verantwortlich ist und von wem er die Messwerte erhält, und an den Energielieferanten, der als Netznutzer wissen muss, von wem er auch direkt Messwerte erhalten kann und wer Schuldner z. B. seines Anspruchs nach § 20 Abs. 1 StromNZV ist, aus.

7 Die **Marktkommunikation der Wechselprozesse im Messwesen** sieht bislang lediglich eine Information des Netzbetreibers an den Netznutzer vor und wurde vor dem Hintergrund des erweiterten Empfängerkreises entsprechend **angepasst**.[24]

3. Anlass

8 Vor dem Hintergrund des Normzwecks besteht die **Pflicht zur Mitteilung** unabhängig davon, aus welchem Grund ein Wechsel der Zuständigkeit für den Messstellenbetreiber er-

---

15 Vgl. § 4 Abs. 2 S. 2 StromNZV sowie § 2 Nr. 5 GasNZV.
16 § 5 Nr. 10 EEG 2014.
17 § 3 Nr. 19b EnWG (Gaslieferant). Eine Definition des Stromlieferanten sieht das EnWG nicht vor. Die Definition des Gaslieferanten gilt jedoch entsprechend.
18 § 3 Nr. 28 EnWG.
19 Vgl. § 20 Abs. 1a EnWG.
20 Verneinend mit der Begründung, dass der Anschlussnutzer ohnehin am Wechselprozess beteiligt ist: BerlKommEnR/*Böhnel*, 2. Aufl. 2010, § 6 MessZV (Anh. § 21b EnWG) Rn. 3.
21 § 60.
22 BNetzA, Festl. v. 9.9.2010, BK6-09-034/BK7-09-001, Anl. 1.
23 Geschäftsprozesse zur Kundenbelieferung mit Elektrizität (BNetzA, Festl. v. 11.7.2006, BK6-06-009) bzw. die Geschäftsprozesse für den Lieferantenwechsel im Gassektor (BNetzA, Festl. v. 20.8.2007, BK7-06-067).
24 BNetzA, Festl. v. 20.12.2016, BK6-16-200, Anl. 2.

III. Mitteilungspflicht § 15

folgt. In Betracht kommt neben dem Wechsel wegen einer entsprechenden Erklärung des Anschlussnutzers nach § 14 auch ein Zuständigkeitsübergang aufgrund Gesetzes nach §§ 18, 36, 41 ff. Ebenso irrelevant für die Mitteilungspflicht ist, ob die Zuständigkeit für den Messstellenbetrieb vom grundzuständigen Messstellenbetreiber auf einen Dritten, von einem Dritten auf einen anderen Dritten oder von einem Dritten zum grundzuständigen Messstellenbetreiber übertragen wird. Maßgeblich ist einzig, dass es sich aus der Sicht der Empfänger der Information oder des verpflichteten neuen Messstellenbetreibers um einen Zuständigkeitswechsel handelt.[25]

Fraglich ist, ob die **Mitteilungspflicht** des neuen Messstellenbetreibers auch dann (**erneut**) greift, wenn nach dem Wechsel des Messstellenbetriebs einer der berechtigten Stellen nach § 49 Abs. 2 wechselt.[26] Hierfür spricht insbesondere der Normzweck, nach dem die berechtigten Stellen über die Identität des Messstellenbetreibers zu informieren sind. Insbesondere dann, wenn der Messstellenbetrieb nicht vom grundzuständigen Messstellenbetreiber durchgeführt wird, ist diese Information von besonderer Bedeutung, unabhängig davon, ob der Wechsel des Messstellenbetreibers vor oder nach einem Wechsel z.B. des Energielieferanten erfolgt.[27] Handelt es sich bei der berechtigten Stelle um den Energielieferanten, erhält er die Information vom Netzbetreiber über die Identität des Messstellenbetreibers bereits im Rahmen der Geschäftsprozesse zur Kundenbelieferung mit Elektrizität über den Prozess Lieferbeginn.[28] Insofern wurde die zukünftige Marktkommunikation um Informationsprozesse auch gegenüber den anderen nach § 49 berechtigten Stellen ergänzt.[29]

9

4. Form

Das Gesetz macht **keine Vorgaben** dazu, in welcher Form die Mitteilung durch den neuen Messstellenbetreiber vorzunehmen ist. Da das MsbG an anderen Stellen[30] ausdrücklich eine bestimmte Form vorgibt,[31] ist davon auszugehen, dass für § 15 – wie schon § 6 MessZV – keine spezielle Formvorgabe gelten soll. Demnach wäre grundsätzlich z.B. auch eine mündliche Mitteilung ausreichend. Zur massengeschäftstauglichen Abwicklung wurden die Informationsprozesse im Rahmen der Marktkommunikation berücksichtigt.

10

---

25 Zur Vorgängervorschrift: BerlKommEnR/*Böhnel*, 2. Aufl. 2010, § 6 MessZV (Anh. § 21b EnWG) Rn. 4.
26 Zur Vorgängervorschrift: BerlKommEnR/*Böhnel*, 2. Aufl. 2010, § 6 MessZV (Anh. § 21b EnWG) Rn. 5.
27 *Böhnel* fordert daher, die Mitteilung in den Lieferantenwechselprozess zu integrieren; vgl. zur Vorgängervorschrift: BerlKommEnR/*Böhnel*, 2. Aufl. 2010, § 6 MessZV (Anh. § 21b EnWG) Rn. 5.
28 BNetzA, Festl. v. 9.9.2010, BK6-09-034/BK7-09-001, Anl. 1, S. 30.
29 BNetzA, Festl. v. 20.12.2016, BK6-16-200, Anl. 2.
30 Z.B. § 6 Abs. 3, 4; § 11 Abs. 3; § 14 Abs. 1; § 16 Abs. 3.
31 Der erste Referentenentwurf des MsbG sah an einigen Stellen noch die Schriftform (§ 126 BGB) vor. Dies wurde durch die Verbände (z.B. Ergänzende Stellungnahme der GEODE zum Referentenentwurf der Bundesregierung zum Gesetz zur Digitalisierung der Energiewende v. 3.12.2015) als umständlich und wenig praxistauglich kritisiert und anstelle der Schriftform die Textform (§ 126b BGB) gefordert. Das Gesetz sieht nun keine Schriftform, sondern nur noch Textform vor. Lediglich die Begründung zu §§ 59, 65, 70 fordert ausdrücklich Schriftform. Hierbei wird es sich wohl um einen redaktionellen Fehler handeln.

vom Wege

§ 15 Mitteilungspflichten beim Übergang

5. Inhalt

11 Der neue Messstellenbetreiber ist verpflichtet, den nach § 49 berechtigten Stellen, bezogen auf die betroffene Messstelle den **Zeitpunkt** des Übergangs des Messstellenbetriebs (S. 1 Nr. 1) sowie seine **Identität**, also Namen bzw. Firma, ladungsfähige Anschrift[32] und das zuständige Registergericht sowie **Angaben**, die eine **schnelle elektronische Kontaktaufnahme** ermöglichen, einschließlich der Adresse der elektronischen Post (S. 1 Nr. 2), mitzuteilen.

12 Der **Zeitpunkt des Übergangs** des Messstellenbetriebs entspricht dem tatsächlichen Zeitpunkt des Zuständigkeitsübergangs. Die Angaben zur Identität des Messstellenbetreibers entsprechen weitgehend den Angaben nach § 14 Abs. 1 Nr. 3.[33]

13 Nach § 6 MessZV musste die Mitteilung **keine Angabe zur elektronischen Kontaktaufnahme** enthalten. Vor dem Hintergrund, dass die Mitteilung an den Netznutzer nach § 6 MessZV allerdings im Rahmen der Festlegung Wechselprozesse im Messwesen[34] erfolgte und damit elektronisch, ist die ausdrückliche Nennung der Angaben zur elektronischen Kontaktaufnahme im Messstellenbetriebsgesetz eher deklaratorischer Natur und dient der Sicherstellung, dass weitere Mitteilungen an den Messstellenbetreiber an die richtige Kommunikationsadresse gesendet werden können.

---

32 Die Angaben sind vor dem Hintergrund der §§ 166 ff. ZPO zu sehen. Sinn und Zweck der Regelung ist es, etwaige Ansprüche schnell und effektiv im Klagewege geltend zu machen. Die Angabe einer Anschrift im Netz (E-Mail-Adresse) genügt nicht. Es bedarf der geographischen Anschrift, die aus dem Ort mit Postleitzahl sowie Straße und Hausnummer besteht.
33 Vgl. BerlKommEnR/*v. Wege*, § 14 MsbG Rn. 17.
34 BNetzA, Festl. v. 9.9.2010, BK6-09-034/BK7-09-001, Anl. 1, S. 26.

§ 16 Übergang technischer Einrichtungen; Meldepflicht

(1) Vor dem Übergang des Messstellenbetriebs muss der bisherige Messstellenbetreiber dem neuen Messstellenbetreiber nach dessen Wahl die zur Messung vorhandenen technischen Einrichtungen vollständig oder einzeln gegen angemessenes Entgelt zum Kauf oder zur Nutzung anbieten, insbesondere die Messeinrichtung selbst, Wandler, vorhandene Telekommunikationseinrichtungen und bei Gasentnahmemessung Druck- und Temperaturmesseinrichtungen.

(2) Soweit der neue Messstellenbetreiber von dem Angebot nach Absatz 1 keinen Gebrauch macht, muss der bisherige Messstellenbetreiber die vorhandenen technischen Einrichtungen zu einem von dem neuen Messstellenbetreiber zu bestimmenden Zeitpunkt unentgeltlich entfernen oder den Ausbau der Einrichtungen durch den neuen Messstellenbetreiber dulden, wenn dieser dafür Sorge trägt, dass die ausgebauten Einrichtungen dem bisherigen Messstellenbetreiber auf dessen Wunsch zur Verfügung gestellt werden.

(3) [1]Ein Dritter, der den Messstellenbetrieb durchführt, hat den Verlust, die Beschädigung und Störungen der Mess- und Steuereinrichtungen unverzüglich dem grundzuständigen Messstellenbetreiber in Textform mitzuteilen. [2]Er hat unverzüglich die Beschädigung und Störung der Mess- und Steuerungseinrichtungen zu beheben und den Verlust zu ersetzen.

Schrifttum: *Eder/v. Wege*, Aktuelle Gesetzesvorhaben im Zähler- und Messwesen: Der Einstieg in Smart Meter?, IR 2008, 50; *Richter/Franz*, Weitere Liberalisierung des Messwesens – Erfolgsmodell für den Wettbewerb oder Sackgasse?, ET 11/2008, 32.

Übersicht

	Rn.		Rn.
I. Normzweck	1	V. Pflicht zur Entfernung bzw. Duldung des Ausbaus (Abs. 2)	19
II. Entstehungsgeschichte	3	1. Unentgeltliches Entfernen der technischen Einrichtungen	21
III. Durchführung	4	2. Dulden des Ausbaus der Einrichtungen	26
IV. Pflicht zur Abgabe eines Angebots (Abs. 1)	5	VI. Mitteilungs-, Behebungs- und Ersatzpflicht bei Verlust, Beschädigung und Störung (Abs. 3)	28
1. Rechtsnatur	5		
2. Wahlrecht	7		
3. Umfang	13		
4. Angemessenes Entgelt	16		

I. Normzweck

Die Vorschrift regelt zum einen den **Umgang mit den technischen Einrichtungen beim Wechsel** des Messstellenbetreibers auf Wunsch des Anschlussnutzers[1] bzw. Anschlussneh- 1

---
1 § 2 Nr. 3.

§ 16 Übergang technischer Einrichtungen; Meldepflicht

mers[2] (Abs. 1, 2) und zum anderen eine **Mitteilungspflicht des Dritten**, der den Messstellenbetrieb durchführt, gegenüber dem grundzuständigen Messstellenbetreiber[3] bei Verlust, Beschädigung und Störung der Mess- und Steuereinrichtungen (Abs. 3 S. 1). Beschädigungen und Störungen sind unverzüglich zu beseitigen (Abs. 3 S. 2).

2   Die Vorgaben zum Umgang mit den technischen Einrichtungen beim Wechsel des Messstellenbetreibers sollen den Vorgang **energiewirtschaftlich möglichst sinnvoll** gestalten und zugleich die Möglichkeiten, den Wechsel des Messstellenbetreibers zu behindern, verringern.[4] Die Mitteilungs-, Behebungs- und Ersatzpflicht verdeutlicht die Verantwortung eines Dritten für die ordnungsgemäße Durchführung des Messstellenbetriebs gegenüber dem grundzuständigen Messstellenbetreiber[5] und soll eine dauerhaft einwandfreie Messung ermöglichen.

II. Entstehungsgeschichte

3   § 16 entspricht im Wesentlichen **§ 4 Abs. 2 Nr. 2 MessZV** sowie **§ 8 Abs. 3 S. 2 MessZV**. § 4 Abs. 2 Nr. 2 MessZV regelte die Pflicht zur Abgabe eines Angebots sowie zum eigenen oder geduldeten Ausbau der vorhandenen, messdienlichen technischen Einrichtungen als Pflichtinhalt des Vertrags zwischen Netzbetreiber und drittem Messstellenbetreiber nach § 3 MessZV. Erst die vertragliche Umsetzung führte mithin zu einer rechtlichen Bindung der Vertragsparteien.[6] Nunmehr ergeben sich diese Pflichten unmittelbar aus dem Gesetz und bedürfen keiner gesonderten vertraglichen Umsetzung mehr. Entsprechende Ansprüche können direkt auf § 16 Abs. 1 bzw. Abs. 2 gestützt werden.

III. Durchführung

4   Die Marktkommunikation zur Umsetzung der teilweisen oder vollständigen Übernahme der technischen Einrichtungen durch den neuen Messstellenbetreiber sowie zur Vornahme des Gerätewechsels erfolgt massengeschäftstauglich nach der **Festlegung „Wechselprozesse im Messwesen"** über die sog. Ergänzungsprozesse „Gerätewechsel" und „Geräteübernahme".[7] Daneben beinhaltet der, noch auf der Grundlage der MessZV von der BNetzA festgelegte standardisierte Messstellenrahmenvertrag,[8] der zwischen Netzbetreiber und Dritten notwendigerweise vor Aufnahme der Tätigkeit als Messstellenbetreiber in

---

2 § 2 Nr. 2.
3 § 2 Nr. 4.
4 Zur Vorgängervorschrift: BR-Drs. 568/08, S. 20.
5 Zur Vorgängervorschrift: BR-Drs. 568/08, S. 26.
6 Diese Ausgestaltung war aus zivilrechtlicher Sicht nicht ganz unproblematisch. Die Verpflichtung wurde im Verhältnis zwischen Netzbetreiber und Dritten geregelt, galt aber auch für einen Wechsel von einem Dritten zu einem anderen Dritten (siehe § 7 Messstellenrahmenvertrag, BNetzA, Festl. v. 9.9.2010, BK6-09-034/BK7-09-001, Anl. 3). Je nach Ausgestaltung konnte es sich damit grundsätzlich um eine Regelung zu Lasten Dritter handeln.
7 BNetzA, Festl. v. 20.12.2016, BK6-16-200, Anl. 2, S. 39 ff.
8 BNetzA, Festl. v. 9.9.2010, BK6-09-034/BK7-09-001. Anl. 3.

dem jeweiligen Netzgebiet zu schließen ist,[9] zahlreiche Ausführungen zu Einzelheiten der Durchführung des Übergangs technischer Einrichtungen.[10]

IV. Pflicht zur Abgabe eines Angebots (Abs. 1)

1. Rechtsnatur

Abs. 1 verpflichtet den bisherigen Messstellenbetreiber, dem neuen Messstellenbetreiber die zur Messung vorhandenen technischen Einrichtungen einzeln oder vollständig gegen angemessenes Entgelt zum Kauf oder zur Nutzung anzubieten. Einen Entscheidungsspielraum über das „Ob" eines Angebots des bisherigen Messstellenbetreibers schließt der Wortlaut („muss") aus. Die **Angebotspflicht** des bisherigen Messstellenbetreibers gegenüber dem neuen Messstellenbetreiber begründet einen **Kontrahierungszwang**,[11] der auf den Abschluss eines Nutzungsüberlassungs- oder Kaufvertrags über die technischen Einrichtungen gerichtet ist. Es müssen sowohl einzelne Teile der technischen Einrichtungen als auch die technischen Einrichtungen insgesamt angeboten werden.

Soweit der Messstellenbetreiber nach Abs. 1 vorgeht, **verzichtet** er als Reflex zugleich auf **sein Recht aus § 3 Abs. 3**, das ihm einen Anspruch gewährt, in seinem Eigentum stehende Messeinrichtungen, moderne Messeinrichtungen, Messsysteme oder intelligente Messsysteme einzubauen.[12]

2. Wahlrecht

Der bisherige Messstellenbetreiber hat dem neuen Messstellenbetreiber „**nach dessen Wahl**" die zur Messung vorhandenen technischen Einrichtungen vollständig oder einzeln zum Kauf oder zur Nutzung anzubieten.

„Nach dessen Wahl" bezieht sich zunächst auf die **grundsätzliche Entscheidung**, die vorhandenen technischen Einrichtungen entweder vom bisherigen Messstellenbetreiber zu **übernehmen** (Abs. 1) oder **gegen eigene auszuwechseln** (Abs. 2). Diese Wahl trifft der neue Messstellenbetreiber.

Daneben gewährt Abs. 1 auch ein Wahlrecht sowohl hinsichtlich der **Art der Überlassung** (Kauf oder Nutzung), als auch in Bezug auf den **Umfang der Überlassung** (vollständig oder teilweise). Fraglich ist, wem diesbezüglich das Wahlrecht zusteht. Der Wortlaut der Vorgängerregelung des § 4 Abs. 2 Nr. 2 lit. a) MessZV ließ diese Frage unbeantwortet. Die am Normzweck orientierte Auslegung der Literatur sah das Wahlrecht hinsichtlich der Art der Überlassung beim bisherigen Messstellenbetreiber und in Bezug auf den Umfang[13] der

---

9 Nunmehr § 9 Abs. 1 Nr. 3.
10 Inwieweit eine Anpassung des festgelegten Rahmenvertrags durch das MsbG erforderlich wird: § 9 Rn. 26.
11 Zur Vorgängervorschrift: BerlKommEnR/*Böhnel*, 2. Aufl. 2010, § 4 MessZV (Anh. § 21b EnWG) Rn. 32.
12 Zur Vorgängervorschrift: Danner/Theobald/*Eder*, 86. EL 2015, § 21b EnWG Rn. 61.
13 *Richter/Franz*, ET 11/2008, 32, vertreten, dass durch das Wahlrecht des neuen Messstellenbetreibers hinsichtlich des Umfangs der Überlassung ein „Rosinenpicken" drohe, da lediglich solche technischen Einrichtungen gewählt werden würden, die technisch oder logistisch attraktiv sind

§ 16 Übergang technischer Einrichtungen; Meldepflicht

Überlassung beim neuen Messstellenbetreiber.[14] Unstreitig dürfte der neue Messstellenbetreiber selbst bestimmen können, ob er die technischen Einrichtungen vollständig anfragt oder nur einzelne Teile. Da sich die Angebotspflicht nicht zwingend auf die Gesamtheit der technischen Einrichtungen bezieht, sondern vom bisherigen Messstellenbetreiber auch die einzelnen Bestandteile angeboten werden müssen, kann der neue Messstellenbetreiber die Wahl auch mit Blick auf einzelne Bestandteile ausüben und sich für eine gemischte Vorgehensweise entscheiden: Teile werden übernommen, andere ausgewechselt.

10 Zur **Art des Angebots** ist die Situation **undeutlicher**: Abs. 1 verwendet – anders als noch § 4 Abs. 2 Nr. 2 lit. a) MessZV – das Demonstrativpronomen „dessen" im Zusammenhang mit dem Wahlrecht des neuen Messstellenbetreibers, so dass der Wortlaut nunmehr dafür sprechen dürfte, dass dem neuen Messstellenbetreiber das Wahlrecht in Bezug auf die Art und den Umfang der Überlassung zusteht. Andererseits bezieht sich die Formulierung „nach dessen Wahl" dem Satzaufbau nach unmittelbar nur auf den Umfang der Übernahme. Zu beachten ist auch, dass die Pflicht des bisherigen Messstellenbetreibers zum Angebot von in der Regel in seinem Eigentum stehenden technischen Einrichtungen eine Inhalts- und Schrankenbestimmung nach Art. 14 Abs. 1 S. 2 GG darstellt.[15] Auch wenn die Gewährleistung eines effizienten Wechselprozesses und damit die Förderung des Wettbewerbs (Art. 12 GG) einen legitimen Zweck für diesen Grundrechtseingriff darstellt, wird es für eine verfassungsrechtliche Rechtfertigung eines Wahlrechts des neuen Messstellenbetreibers – jedenfalls in Bezug auf die Art der Überlassung – an der Erforderlichkeit fehlen.[16] Dem neuen Messstellenbetreiber bleibt – sollte ihm das Angebot des bisherigen Messstellenbetreibers zur Art der Überlassung nicht zusagen – die Möglichkeit, die bisherigen technischen Einrichtungen auszubauen bzw. ausbauen zu lassen (Abs. 2), um eigene zu verbauen. Diese Handlungsoption ermöglicht einen effizienten Wechselprozess, ohne dass ein Wahlrecht über die Art der Überlassung durch den neuen Messstellenbetreiber erforderlich wäre. Zudem steht nach § 262 BGB das Wahlrecht im Zweifel dem Schuldner zu,[17] wenn Leistungen in der Weise geschuldet sind, dass nur die eine oder die andere zu bewirken ist. Diese zivilrechtliche Wertung spricht ebenfalls dafür, dass dem bisherigen Messstellenbetreiber das Wahlrecht bezüglich der Art der Überlassung zusteht und dem neuen lediglich hinsichtlich des Umfangs.

11 Nach § 4 Abs. 2 Nr. 2 lit. a) MessZV musste das Wahlrecht hinsichtlich der Art der Überlassung nur eingeräumt werden, soweit dies möglich ist. Zwar hat der Gesetzgeber diesen Vorbehalt nicht in den Wortlaut des § 16 übernommen. Überlässt der bisherige Messstellenbetreiber dem neuen Messstellenbetreiber technische Einrichtungen (teilweise oder vollständig) lediglich zur Nutzung, so kann der **neue Messstellenbetreiber bei einem erneuten Wechsel des Messstellenbetriebs** dem (zweiten) neuen Messstellenbetreiber die vorhandenen technischen Einrichtungen grundsätzlich jedoch nicht zum Kauf oder zur

---

bzw. einen Innovationsvorteil vermitteln. Dadurch sei das Wahlrecht potenziell geeignet Innovationsvorsprünge abzuschöpfen.

14 Zur Vorgängervorschrift: BerlKommEnR/*Böhnel*, 2. Aufl. 2010, § 4 MessZV (Anh. § 21b EnWG) Rn. 41 ff.; *Rosin/Stolzenburg*, § 21b EnWG Rn. 100; so auch ohne weitere Begründung: LG Leipzig, Beschl. v. 19.7.2010, 2 HKO 1995/10.
15 *Eder/v. Wege*, IR 2008, 50.
16 So auch *Richter/Franz*, ET 11/2008, 32.
17 In der Praxis wird das Wahlrecht allerdings in der Regel auf den Gläubiger übertragen; Palandt/*Grüneberg*, § 262 BGB Rn. 2.

Nutzung anbieten, da er seiner entsprechenden vertraglichen Verpflichtung nicht nachkommen könnte.[18] Nur ausnahmsweise wird er dazu vom Eigentümer entsprechend ermächtigt worden sein.[19] Gleiches gilt, wenn der bisherige Messstellenbetreiber nicht Eigentümer der technischen Einrichtungen ist, etwa wenn er diese selbst nur gepachtet oder geleast hat. Ein Eigentumserwerb könnte in diesen Fällen aufgrund der fehlenden Eigentümerstellung des zum Angebot verpflichteten Messstellenbetreibers höchstens unter den Voraussetzungen des gutgläubigen Erwerbs vom Nichtberechtigten[20] erfolgen.[21] Vor diesem Hintergrund ist Abs. 1 unter Anwendung des Grundsatzes, dass niemand zu etwas gezwungen werden kann, zu dem er rechtlich grundsätzlich nicht im Stande ist, dahingehend teleologisch zu reduzieren, dass das Wahlrecht nur insoweit gewährt werden muss, wie es (rechtlich) möglich ist.

Sollte der Wechsel des Messstellenbetreibers bereits vollzogen worden sein, bevor eine abschließende Einigung über den Kauf oder die Nutzung der technischen Einrichtungen zu Stande gekommen ist, ist der bisherige Messstellenbetreiber zur **vorübergehenden Nutzungsüberlassung der Geräte** bis zur endgültigen Einigung verpflichtet.[22] In der Praxis dürfte dieser Fall aber eher selten vorkommen. Die Überlassung der Messeinrichtungen wird im Rahmen der Prozesse der Festlegung „Wechselprozesse im Messwesen" abgewickelt.[23] Für die Verhandlungen zwischen bisherigem und neuem Messstellenbetreiber über Kauf oder Nutzungsüberlassung sehen diese festen Fristen vor. 12

3. Umfang

Von der Angebotspflicht sind die **vorhandenen technischen Einrichtungen** – vollständig oder einzeln – umfasst. Das Gesetz zählt hierzu selbst auf, was alles dazu zählt: Messrichtungen, also Messgeräte, die alleine oder in Verbindung mit anderen Messgeräten für die Gewinnung eines oder mehrerer Messwerte eingesetzt werden.[24] Daneben nennt Abs. 1 beispielhaft Wandler, vorhandene Telekommunikationseinrichtungen und bei der Gasentnahmemessung Druck- und Temperaturmesseinrichtungen.[25] Der bisherige Messstellenbetreiber muss nur solche technischen Einrichtungen anbieten, die bisher an der Messstelle vorhanden waren.[26] 13

---

18 *Richter/Franz*, ET 11/2008, 32, verstehen den Möglichkeitsvorbehalt so, dass er auch greift, wenn die Angebotspflicht wirtschaftlich, technisch oder operativ nicht zumutbar ist.
19 Dieser Fall ist insbesondere dann anzutreffen, wenn ein Energieversorgungsunternehmen nach § 7 EnWG gesellschaftsrechtlich nach dem Pacht-/Dienstleistungsmodell entflochten wurde. Die neu gegründete und ausgegliederte Netzgesellschaft pachtet in der Regel die Messgeräte vom Energieversorgungsunternehmen (Vertriebsgesellschaft).
20 §§ 932 ff. BGB.
21 Zur Vorgängervorschrift: Danner/Theobald/*Eder*, 86. EL 2015, § 21b EnWG Rn. 63.
22 So LG Leipzig, Beschl. v. 19.7.2010, 2 HKO 1995/10.
23 Vgl. Rn. 4.
24 § 3 Nr. 10; der BDEW Metering-Code 2008 (S. 30) zählt zu Messeinrichtungen Zähler, Zusatzeinrichtungen, Messwandler sowie Kommunikations-, Tarif- und Steuereinrichtungen.
25 Kritisch: *Richter/Franz*, ET 11/2008, 32, zur nicht abschließenden Aufzählung der von der Angebotspflicht umfassten Bestandteile.
26 Zur Vorgängervorschrift: Rosin/*Stolzenburg*, § 21b EnWG Rn. 101.

§ 16   Übergang technischer Einrichtungen; Meldepflicht

14   Nicht zu den **Telekommunikationseinrichtungen** gehören die TAE-Dose oder SIM-Karten. Einer Überlassung stehen die tatsächlichen Eigentums- bzw. bestehende Vertragsverhältnisse entgegen.

15   Auffällig ist, dass etwa **Rundsteuergeräte** nicht genannt werden. Diese sind auch keine Einrichtungen, die dem Messstellenbetreiber zuzuordnen sind, sondern dem Netzbetreiber. Rundsteuergeräte dienen entweder zum ferngesteuerten ein- und ausschalten von speziellen Verbrauchsgeräten (z. B. Wärmespeicher, Nachtspeicherheizungen) oder zum Wechsel des Zählwerks eines HT/NT-Zählers, vor allem um bestimmte tageszeitabhängige Tarife abbilden zu können, denen gegebenenfalls die sog. Schwachlast-Konzessionsabgabe (vgl. § 2 Abs. 2 S. 1 Nr. 1 lit. a) KAV). Diese Schalthandlungen nimmt der Netzbetreiber vor; er entscheidet für sein Netzgebiet, ob und in welcher Zeit Hochtarif (HT) bzw. Niedertarif (NT) gilt. Insofern ist es nur konsequent, solche Einrichtungen ihm zuzuordnen und nicht dem Messstellenbetreiber.

4. Angemessenes Entgelt

16   Der bisherige Messstellenbetreiber muss die vorhandenen technischen Einrichtungen zu einem angemessenen Entgelt anbieten. Den Begriff des angemessenen Entgeltes verwendet das MsbG an mehreren Stellen (z. B. §§ 13, 17,[27] 31 Abs. 1 Nr. 1 und Abs. 2 Nr. 4, 33, 35 Abs. 3) ohne festzulegen, wie die **angemessene Vergütung** konkret zu ermitteln ist.[28] Grundsätzlich unterliegt die Ermittlung des angemessenen Entgelts mithin den beteiligten Messstellenbetreibern. Als Anhaltspunkt kann Folgendes dienen: Vor dem Hintergrund des Normzwecks darf das Entgelt einerseits nicht so hoch bemessen sein, dass es dem Zweck der Regelung, Behinderungen beim Wechsel des Messstellenbetreibers möglichst zu verhindern, entgegensteht. Andererseits darf dem bisherigen Messstellenbetreiber kein finanzieller Nachteil aus der Angebotspflicht erwachsen, indem er gezwungen wird, innovative Technik ohne hinreichende wirtschaftliche Kompensation abgeben zu müssen.[29] Jedenfalls ist das einseitig vom abgebenden Messstellenbetreiber zu bestimmende Entgelt gemäß § 315 BGB auf seine Billigkeit überprüfbar.

17   Ein angemessener Kaufpreis für eine technische Einrichtung kann methodisch zum einen auf der Grundlage des **Sachzeitwerts**,[30] als auch des **Ertragswerts**[31] ermittelt wer-

---

27   § 47 Abs. 2 Nr. 9 ermächtigt die Bundenetzagentur zur Bestimmung des angemessenen Entgeltes in § 17, so dass es künftig hierzu möglicherweise eine behördliche Berechnungsvorgabe geben wird. Eine solche Ermächtigung ist für die Berechnung des angemessenen Entgeltes nach § 16 nicht vorgesehen.

28   Das Energiewirtschaftsrecht kennt jedoch im Rahmen von Konzessionsübernahmen (§§ 46 ff. EnWG) die Bestimmung eines angemessenen Entgeltes. Auch wenn hier ebenfalls Vorgaben zur konkreten Ermittlung der Vergütung fehlen, gibt es bereits eine den Begriff der Angemessenheit konkretisierende Rechtsprechung; vgl. hierzu insbesondere das „Kaufering-Urteil" des BGH, Urt. v. 16.11.1999, KZR 12/97, NJW 2000, 577; OLG München, Urt. v. 17.11.2005, U (Kart) 3325/96.

29   Zur Vorgängervorschrift: BerlKommEnR/*Böhnel*, 2. Aufl. 2010, § 4 MessZV (Anh. § 21b EnWG) Rn. 36; *Richter/Franz*, ET 11/2008, 32.

30   Der Sachzeitwert ist der auf der Grundlage des Wiederbeschaffungswertes unter Berücksichtigung seines Alters sowie des technischen Entwicklung ermittelte Restwert eines Wirtschaftsgutes, BGH, Urt. v. 16.11.1999, KZR 12/97.

31   Der Ertragswert ist der Barwert der zukünftigen Überschüsse aus Ertrag und Aufwand, Danner/Theobald/*Theobald*, 86. EL 2015, § 46 EnWG Rn. 79.

den.³² Der von der BNetzA festgelegte Messstellenrahmenvertrag³³ sieht in § 7 Abs. 1 eine Zweifelsregelung vor, nach der im Zweifel der Sachzeitwert zugrunde gelegt werden soll. Die Höhe des Nutzungsentgelts soll dann angemessen sein, wenn sie sich nach dem höchsten monatlichen Entgelt, das der bisherige Messstellenbetreiber seinerseits bislang als Entgelt für die betreffende technische Einrichtung verlangt hat, bemisst. Ob diese Herangehensweise nach Einführung von Preisobergrenzen, die gegebenenfalls jährlich anzupassen sind,³⁴ praktisch – vor allem im Rahmen automatisierter Prozesse – noch haltbar ist, darf bezweifelt werden. Es bedarf zumindest zusätzlicher Verträge, die die Überlassung dezidiert regeln.

Die Abrechnung des Entgelts im Fall der Geräteübernahme erfolgt derzeit in der **Marktkommunikation über den Prozess „Abrechnung von Dienstleistungen".**³⁵ Hiernach übermittelt der bisherige Messstellenbetreiber dem neuen Messstellenbetreiber unverzüglich, jedoch beim Kauf spätestens bis zum Ablauf des 20. Werktages nach der Überlassung der technischen Einrichtung und bei der Nutzungsüberlassung mindestens einmal pro Jahr, spätestens bis zum Ablauf des 20. Werktages nach Ablauf des jeweiligen Abrechnungszeitraums, eine Rechnung. Das hierin vorgegebene Zahlungsziel darf zehn Werktage nach Empfang der Rechnung nicht unterschreiten. Für die Fälligkeit der Forderung ist es nicht notwendig, dass der in der Regel parallel zum Prozess Geräteübernahme laufende Prozess Gerätewechsel bzw. Beginn Messstellenbetrieb bereits vollständig und erfolgreich durchlaufen wurde. **18**

V. Pflicht zur Entfernung bzw. Duldung des Ausbaus (Abs. 2)

Abs. 2 regelt den Fall, dass der neue Messstellenbetreiber die technischen Einrichtungen des bisherigen Messstellenbetreibers weder kaufen, noch zeitweise zur Nutzung übernehmen möchte. Der bisherige Messstellenbetreiber ist verpflichtet, die vorhandene technische Einrichtung **unentgeltlich zu entfernen** oder den **Ausbau** durch den neuen Messstellenbetreiber zu **dulden**. Den Termin zum Ausbau bestimmt dabei der neue Messstellenbetreiber. Sofern der neue Messstellenbetreiber die vorhandenen technischen Einrichtungen des bisherigen Messstellenbetreibers selbst ausbaut, hat er dafür Sorge zu tragen, dass die technischen Einrichtungen dem bisherigen Messstellenbetreiber auf dessen Wunsch zur Verfügung gestellt werden. **19**

Der Wortlaut gibt keine Antwort darauf, in welchem **Verhältnis** die **Entfernungs- und Duldungspflicht** zueinander stehen, also ob der neue Messstellenbetreiber zunächst den bisherigen Messstellenbetreiber erfolglos zum Ausbau auffordern muss, bevor er selbst den Ausbau vornehmen darf. Unter Berücksichtigung des grundrechtlich gewährleisteten Eigentumsrechts des bisherigen Messstellenbetreibers sowie aus prozessökonomischen Aspekten erscheint es geboten, dass der bisherige Messstellenbetreiber vom neuen Mess- **20**

---

32 Nach dem „Kaufering-Urteil" des BGH (Urt. v. 16.11.1999, KZR 12/97) ist ein Entgelt in Höhe des Sachzeitwertes allerdings dann gemäß § 1 GWB unwirksam, wenn der Sachzeitwert den Ertragswert nicht unerheblich übersteigt. Das OLG München (Urt. v. 16.11.1999, KZR 12/97) hält eine Überschreitung von weniger als 10 % für unerheblich.
33 BNetzA Festl. v. 9.9.2010, BK6-09-034/BK7-09-001, Anl. 3. Siehe auch Rn. 4.
34 § 31 Abs. 4 S. 3.
35 BNetzA, Festl. v. 20.12.2016, BK6-16-200, Anl. 2, S. 180 ff.

§ 16 Übergang technischer Einrichtungen; Meldepflicht

stellenbetreiber zum Ausbau zunächst aufgefordert wird, bevor der neue Messstellenbetreiber von der Duldungspflicht des bisherigen Messstellenbetreibers Gebrauch macht und die technischen Einrichtungen selbst ausbaut.[36]

1. Unentgeltliches Entfernen der technischen Einrichtungen

21 Der bisherige Messstellenbetreiber darf von dem neuen Messstellenbetreiber **kein Entgelt** für den Ausbau verlangen. Die Pflicht zur unentgeltlichen Entfernung der technischen Einrichtungen führt den **Grundsatz des Verbots gesonderter Wechselentgelte** konsequent fort.[37] Trotz der Untersagung ein Entgelt zu verlangen, kann der bisherige Messstellenbetreiber die durch den Ausbau entstehenden Kosten jedoch grundsätzlich in seiner allgemeinen Kostenkalkulation berücksichtigen.[38]

22 War der bisherige Messstellenbetreiber **Netzbetreiber**, so konnten Änderungen der Kostensituation, die auf der Öffnung und Neugestaltung des Messwesens beruhten, in der **Anreizregulierung** kalenderjährlich erfasst und neutralisiert werden.[39] Da nach dem MsbG die Kosten für den Messstellenbetrieb intelligenter Messsysteme und moderner Messeinrichtungen dem System der Anreizregulierung entzogen und dem System sogenannten Preisobergrenzen[40] unterworfen sind,[41] gibt es in diesem Bereich die Möglichkeit der Kostenneutralisierung über das Regulierungskonto jedoch nicht mehr.

23 Der Ausbau der Messeinrichtung hat zu dem **vom neuen Messstellenbetreiber bestimmten Zeitpunkt** zu erfolgen. Auch wenn der Wortlaut dem neuen Messstellenbetreiber keinerlei Einschränkungen hinsichtlich des von ihm zu benennenden Zeitpunktes macht, ist zu berücksichtigen, dass letztlich der Übergang der Zuständigkeit der Aufgabe des Messstellenbetriebs für die Bestimmung des Ausbauzeitpunktes eine bedeutende Rolle spielt.[42] Ab diesem Zeitpunkt muss der neue Messstellenbetreiber sicherstellen, dass er seinen Pflichten als Messstellenbetreiber[43] gerecht wird, während dem bisherigen Messstellenbetreiber diese Pflichten grundsätzlich nicht mehr treffen. Demnach müsste ein Ausbau grundsätzlich (exakt) mit Ablauf der Zuständigkeit des bisherigen und Beginn der Zustän-

---

36 Diesen Lösungsweg setzen auch die Wechselprozesse im Messwesen um (BNetzA, Festl. v. 20.12.2016, BK6-16-200, Anl. 2, S. 41 ff.): Der bisherige Messstellenbetreiber muss dem neuen Messstellenbetreiber, nachdem ihm die Gerätewechselabsicht angezeigt wurde, mitteilen, dass er die vom Gerätewechsel betroffenen Altgeräte selbst ausbaut. Macht der bisherige Messstellenbetreiber keine Mitteilung oder erscheint er nicht zu dem vom neuen Messstellenbetreiber genannten Zeitpunkt um den Ausbau selbst vorzunehmen, ist der neue Messstellenbetreiber zum Ausbau der Alteinrichtungen auch in Abwesenheit des bisherigen Messstellenbetreibers berechtigt.
37 Vgl. BerlKommEnR/*v. Wege*, § 14 MsbG Rn. 24.
38 Zur Vorgängervorschrift: BerlKommEnR/*Böhnel*, 2. Aufl. 2010, § 4 MessZV (Anh. § 21b EnWG) Rn. 45.
39 § 5 Abs. 1 S. 3 ARegV; Diese Regelung wurde in der Vergangenheit bereits als systemwidrig bewertet (Danner/Theobald/*Eder*, 86. EL 2015, § 21b EnWG Rn. 125) und es wurde gefordert, die Entgelte für Messstellenbetrieb und Messung auch für den Netzbetreiber aus dem Anwendungsbereich der Entgeltregulierung herauszunehmen (Danner/Theobald/*Hummel*, 86. EL 2015, § 5 AregV Rn. 40).
40 Vgl. §§ 31 ff.
41 Begründung zum Regierungsentwurf vom 17.2.2016, BT-Drs. 18/7555, S. 115.
42 Zur Vorgängervorschrift: BerlKommEnR/*Böhnel*, 2. Aufl. 2010, § 4 MessZV (Anh. § 21b EnWG) Rn. 46.
43 Vgl. § 3 Abs. 2.

V. Pflicht zur Entfernung bzw. Duldung des Ausbaus (Abs. 2) § 16

digkeit des neuen Messstellenbetreibers erfolgen. Allerdings kann es aus logistischen, organisatorischen, finanziellen oder sonstigen Gründen sinnvoll sein, den Ausbau nicht genau zu diesem Zeitpunkt vorzunehmen. Vor diesem Hintergrund ist das Bestimmungsrecht des neuen Messstellenbetreibers jedenfalls dahingehend zu begrenzen, dass er einen Zeitpunkt wählt, der in unmittelbarer Nähe zum Zeitpunkt des Aufgabenübergangs liegt.[44] Der Zeitraum zwischen dem Übergang der Zuständigkeit sowie dem vollständigen oder teilweisen Ausbau der technischen Einrichtungen, sollte insbesondere in Bezug auf die Haftung zwischen dem neuen und dem bisherigen Messstellenbetreiber vertraglich geregelt werden.

§ 16 lässt offen, welche **Konsequenzen** es hat, wenn der bisherige Messstellenbetreiber zwar zum vorgegeben Zeitpunkt erscheint, aber zum Ausbau die **Mitwirkung des neuen Messstellenbetreibers** notwendig ist, der zu diesem Zeitpunkt nicht anwesend ist. Der standardisierte Messstellenrahmenvertrag[45] sieht für diesen Fall vor, dass der neue Messstellenbetreiber dem bisherigen Messstellenbetreiber[46] die hierdurch entstanden Kosten[47] zu ersetzen hat. Auch wenn die Mitwirkung des neuen Messstellenbetreibers für den Ausbau nicht erforderlich ist, sehen die Wechselprozesse im Messwesen vor, dass der bisherige Messstellenbetreiber nicht zum Ausbau der technischen Einrichtungen berechtigt ist.[48] In diesem Fall soll der bisherige Messstellenbetreiber ebenfalls nicht auf den hierdurch entstanden Kosten sitzen bleiben.[49]

24

Handelt es sich bei dem Messstellenbetreiber auch um einen Betreiber von Energieversorgungsnetzen und sollte es bei der Durchführung des Gerätewechsels erforderlich sein, die Versorgung des Anschlussnutzers – etwa zum Einbau einer neuen Messeinrichtung – vorübergehend zu unterbrechen, unterliegt diese **Versorgungsunterbrechung** nicht der Meldepflicht nach § 52 EnWG.[50]

25

2. Dulden des Ausbaus der Einrichtungen

Die Duldungspflicht des bisherigen Messstellenbetreibers steht unter dem Vorbehalt, dass der neue Messstellenbetreiber dafür Sorge trägt, dem bisherigen Messstellenbetreiber die ausgebauten Einrichtungen auf seinen Wunsch zur Verfügung zu stellen. Der bisherige Messstellenbetreiber kann wählen, was mit den ausgebauten technischen Einrichtungen geschehen soll. Entweder er lässt sich diese vom neuen Messstellenbetreiber zur Verfügung

26

---

44 So auch zur Vorgängervorschrift: BerlKommEnR/*Böhnel*, 2. Aufl. 2010, § 4 MessZV (Anh. § 21b EnWG) Rn. 46. Die Festlegung „Wechselprozesse im Messwesen" geht mit dem Problem andersherum um: Der Wechsel der Zuständigkeit erfolgt erst, nachdem der Umbau erfolgt ist.
45 § 7 Abs. 4, BNetzA, Festl. v. 9.9.2010, BK6-09-034/BK7-09-001, Anl. 3.
46 Da der Messstellenrahmenvertrag zwischen dem Netzbetreiber und dem Messstellenbetreiber geschlossen wird, verpflichtet sich der neue Messstellenbetreiber gegenüber dem Netzbetreiber, dem bisherigen Messstellenbetreiber die entstanden Kosten zu ersetzen. Hierbei handelt es sich um einen echten Vertrag zugunsten Dritter.
47 In Betracht kommen etwa die Kosten für die vergebliche Anreise.
48 BNetzA, Festl. v. 20.12.2016, BK6-16-200, Anl. 2, S. 43.
49 BNetzA, Festl. v. 9.9.2010, BK6-09-034/BK7-09-001, S. 51.
50 Zur Vorgängervorschrift: BR-Drs. 568/08, S. 24.

§ 16 Übergang technischer Einrichtungen; Meldepflicht

stellen oder er verzichtet. Im letzteren Fall obliegt es dem neuen Messstellenbetreiber die technischen Einrichtungen auf seine Kosten zu entsorgen.[51]

27 Wünscht der bisherige Messstellenbetreiber die Zurverfügungstellung der ausgebauten Einrichtungen, ist schon fraglich, wer die **Kosten einer Einlagerung und Übersendung** der technischen Einrichtungen an den bisherigen Messstellenbetreiber zu tragen hat und wer in welchem Umfang in diesem Zeitraum haftet. Der Messstellenrahmenvertrag[52] sieht in § 7 Abs. 3 vor, dass, soweit keine anderweitige Einigung erzielt wurde, der neue Messstellenbetreiber die technischen Einrichtungen nach dem Ausbau zunächst unentgeltlich aufbewahrt und gegen Beschädigung und unberechtigten Zugriff Dritter sichert. Er hat in dieser Zeit für die Sorgfalt einzustehen, welche er in eigenen Angelegenheiten pflegt.[53] Der bisherige Messstellenbetreiber ist seinerseits verpflichtet, die technischen Einrichtungen unverzüglich beim neuen Messstellenbetreiber abzuholen. Kommt er diesem nicht nach, ist der neue Messstellenbetreiber berechtigt und verpflichtet, diese dem bisherigen Messstellenbetreiber auf dessen Kosten und Gefahr zu übersenden. Hierbei sind die Grundsätze der effizienten Leistungserbringung zu beachten. Da bereits der Eigenausbau des bisherigen Messstellenbetreibers unentgeltlich zu erfolgen hat, erscheint es konsequent, dass die Pflicht des neuen Messstellenbetreibers auch nicht weiter geht, als die technischen Einrichtungen bis zur unverzüglichen Abholung durch den bisherigen Messstellenbetreiber aufzubewahren und sie diesem – soweit es nicht zu einer Abholung kommt – auf dessen Kosten und Gefahr zukommen zu lassen.[54]

VI. Mitteilungs-, Behebungs- und Ersatzpflicht bei Verlust, Beschädigung und Störung (Abs. 3)

28 Bei **Verlust**, **Beschädigung** und **Störung** von Mess- und Steuereinrichtungen ist der Dritte, der den Messstellenbetrieb durchführt, zum einen zur **Mitteilung** gegenüber dem grundzuständigen Messstellenbetreiber verpflichtet. Die Mitteilung hat in Textform[55] zu erfolgen. Zum anderen hat er Störungen und Beschädigungen **zu beseitigen** bzw. einen **Verlust zu ersetzen**.

29 Die **Mitteilungs-, Behebungs- und Ersatzpflicht des Dritten** besteht dem Wortlaut nach gegenüber dem grundzuständigen Messstellenbetreiber. Eine inhaltlich weitgehend identische Regelung enthält § 11 Abs. 3, wobei hier Anspruchsinhaber nicht der grundzuständige Messstellenbetreiber, sondern der Netzbetreiber ist. Auch wenn der Netzbetreiber in der Regel auch grundzuständiger Messstellenbetreiber ist, sind § 11 Abs. 3 und § 16 Abs. 3 nicht redundant. Anders als noch nach § 21b Abs. 1 EnWG, wonach der Betreiber von Energieversorgungsnetzen immer grundzuständiger Messstellenbetreiber war, kann die Grundzuständigkeit für den Messstellenbetrieb für moderne Messeinrichtungen und intel-

---

51 Zur Vorgängervorschrift: BerlKommEnR/*Böhnel*, 2. Aufl. 2010, § 4 MessZV (Anh. § 21b EnWG) Rn. 47.
52 BNetzA, Festl. v. 9.9.2010, BK6-09-034/BK7-09-001, Anl. 3.
53 Nach § 277 BGB ist der, der nur für die Sorgfalt einzustehen hat, welche er in eigenen Angelegenheiten anzuwenden pflegt, von der Haftung wegen grober Fahrlässigkeit nicht befreit.
54 So BNetzA, Festl. v. 9.9.2010, BK6-09-034/BK7-09-001, S. 51.
55 § 126b BGB.

VI. Mitteilungs-, Behebungs- und Ersatzpflicht bei Verlust § 16

ligente Messsysteme nach dem MsbG auf ein anderes Unternehmen übertragen werden,[56] Netzbetreiber und grundzuständiger Messstellenbetreiber für moderne Messeinrichtungen und intelligente Messsystem müssen daher nicht personenidentisch sein.

Fraglich ist dann, warum die Regelung die **Pflichten** völlig **undifferenziert** festschreibt: Tatsächlich kann nur der Fall gemeint sein, in dem der aktuelle dritte Messstellenbetreiber technische Einrichtungen vom grundzuständigen Messstellenbetreiber im Wege der Nutzungsüberlassung übernommen hat. Andernfalls dürften den grundzuständigen Messstellenbetreiber Verlust, Beschädigung oder Störungen der Mess- und Steuereinrichtungen nicht interessieren. Der grundzuständige Messstellenbetreiber hat dann nicht im Zweifel seinerseits für Ersatz zu sorgen. Die Verantwortung für den Messstellenbetrieb liegt allein beim dritten Messstellenbetreiber. Den Fall des vollständigen Ausfalls des Messstellenbetreibers regelt § 18. Sofern die Vorschrift doch anders gemeint sein sollte, stellt sich die Frage, warum die Pflichten nicht gegenüber jedem überlassenden Messstellenbetreiber bestehen. Bei dem nach Abs. 1 zum Angebot verpflichteten bisherigen Messstellenbetreiber muss es sich nicht stets um den grundzuständigen Messstellenbetreiber gehandelt haben. Für diese Konstellation sollten die beteiligten Messstellenbetreiber entsprechende Rechte und Pflichten, wie sie Abs. 3 normiert, in ihrem Verhältnis vertraglich regeln. 30

Nach § 19 Abs. 2 StromNZV bzw. § 46 Abs. 2 GasNZV[57] haftete der Kunde bzw. Anschlussnehmer gegenüber dem Messstellenbetreiber für das Abhandenkommen und die Beschädigung von Mess- und Steuereinrichtungen, soweit ihm daran ein Verschulden traf. Da das MsbG nunmehr, nach Aufhebung des § 19 Abs. 2 StromNZV und des § 46 Abs. 2 GasNZV, lediglich zwischen dritten und grundzuständigen Messstellenbetreiber (§ 16 Abs. 3) sowie zwischen Messstellenbetreiber und Netzbetreiber (§ 11 Abs. 3) eine Behebungs- und Ersatzpflicht vorsieht, ist die **Pflicht zur Haftung** im Verhältnis zwischen **Messstellenbetreiber** und **Anschlussnutzer** im Rahmen des Vertrags nach § 9 zu regeln.[58] Nach § 22 Abs. 3 S. 2 NAV trifft den Anschlussnutzer gegenüber dem Netzbetreiber und dem Messstellenbetreiber lediglich eine Mitteilungspflicht. 31

Die Mitteilungs-, Behebungs- und Ersatzpflicht des Dritten tritt ein, wenn die Mess- und Steuereinrichtungen verloren gehen, beschädigt werden oder gestört sind. Die Pflichten treffen den Dritten **verschuldensunabhängig**. Sollte der Anschlussnutzer jedoch die Beschädigung, den Verlust oder die Störung zu verschulden haben, kann er sich grundsätzlich beim Anschlussnutzer schadlos halten. 32

Anders als Abs. 1 und 2 umfasst Abs. 3 **nicht alle technischen Einrichtungen**, sondern nur Mess-[59] und Steuereinrichtungen.[60] Wenn dieses keine unbewusste Fehlformulierung ist, könnte eine Erklärung darin liegen, dass die Mitteilungs-, Behebungs- und Ersatzpflicht bei Verlust, Beschädigung und Störung vor allem Gefahren der einwandfreien Messwerteerhebung begegnen soll. Hierfür sind im Wesentlichen Mess- und Steuereinrichtungen – und nicht alle technischen Einrichtungen – bedeutend. 33

---

56 § 2 Nr. 4, § 43.
57 Die Vorschriften wurden durch Art. 5 und 13 des Gesetzes zur Digitalisierung der Energiewende (BGBl. I, S. 2061 bzw. 2063) aufgehoben.
58 Haftungsbestimmungen sind in § 10 Abs. 2 Nr. 5 ausdrücklich als Mindestinhalt genannt.
59 § 2 Nr. 10.
60 Z. B. Rundsteuereinrichtungen zur Tarifschaltung und lastabhängiger Steuerung.

vom Wege

§ 17 Wechsel des Anschlussnutzers

¹Im Falle des Wechsels des bisherigen Anschlussnutzers ist der Dritte, der den Messstellenbetrieb durchführt, auf Verlangen des grundzuständigen Messstellenbetreibers verpflichtet, für einen Übergangszeitraum von längstens drei Monaten den Messstellenbetrieb fortzuführen, bis dieser auf Grundlage eines Auftrages des neuen Anschlussnutzers durchgeführt werden kann. ²Der Dritte hat Anspruch auf ein vom grundzuständigen Messstellenbetreiber zu entrichtendes angemessenes Entgelt.

Schrifttum: *Richter/Franz*, Weitere Liberalisierung des Messwesens – Erfolgsmodell für den Wettbewerb oder Sackgasse?, ET 11/2008, 32.

Übersicht

	Rn.		Rn.
I. Normzweck	1	2. Verlangen des grundzuständigen Messstellenbetreibers	8
II. Entstehungsgeschichte	3	3. Dauer	11
III. Fortführung des Messstellenbetriebs	4	4. Angemessenes Entgelt	17
1. Anlass	4		

I. Normzweck

1 Wechselt der Anschlussnutzer[1] an einem Zählpunkt (z. B. Mieterwechsel) ist der Dritte,[2] der den Messstellenbetrieb gemäß § 5 im Auftrag des bisherigen Anschlussnutzers (Altmieter) durchführte, auf Verlangen des grundzuständigen Messstellenbetreibers[3] verpflichtet, für einen Übergangszeitraum von bis zu drei Monaten gegen ein angemessenes Entgelt den Messstellenbetrieb für den neuen Anschlussnutzer (Neumieter) fortzuführen.[4] Der **dritte Messstellenbetreiber** wird insofern als **Erfüllungsgehilfe** des eigentlich zuständigen grundzuständigen Messstellenbetreibers tätig und nicht an seiner Stelle. Anders als in den Fällen des § 18 muss der grundzuständige Messstellenbetreiber die Aufgabe des Messstellenbetriebs also nicht unmittelbar übernehmen.

2 Hintergrund der Ausnahmeregelung ist es insbesondere, unnötige **Transaktionskosten** aufgrund von Mehrfachwechseln der technischen Einrichtungen[5] zu **vermeiden**[6] und damit **einen effizienteren Wechselprozess** zu gewährleisten.[7] Ein solcher fördert letztlich

---

[1] § 2 Nr. 3.
[2] Hierbei handelt es sich um einen Messstellenbetreiber, der nicht grundzuständiger Messstellenbetreiber ist.
[3] § 2 Nr. 4.
[4] *Richter/Franz*, ET 11/2008, 32, bezeichnen diese Pflicht als „quasi zeitlich befristetet Ersatzversorgung im Messstellenbetrieb". Anders als die Ersatzversorgung nach § 38 EnWG, die sich als gesetzliches Schuldverhältnis darstellt, bedarf es jedoch eines Verlangens des grundzuständigen Messstellenbetreibers.
[5] Zur Gestaltung des Übergangs der technischen Einrichtungen siehe § 16.
[6] Zur Vorgängervorschrift: BR-Drs. 568/08, S. 23.
[7] Zur Vorgängervorschrift: BerlKommEnR/*Böhnel*, 2. Aufl. 2010, § 4 MessZV (Anh. § 21b EnWG) Rn. 66.

die vom Gesetzgeber mit dem MsbG bezweckte weitere Liberalisierung des Messwesens.[8] Zu bedenken ist auch, dass es dem grundzuständigen Messstellenbetreiber häufig faktisch gar nicht möglich ist, bei jedem Mieterwechsel sofort mit Beginn des neuen Mietverhältnisses die Zuständigkeit im Zweifel mit eigener Messinfrastruktur zu übernehmen.

II. Entstehungsgeschichte

Die Regelung entspricht weitgehend dem bisherigen **§ 4 Abs. 5 MessZV**. Berechtigter war hiernach allerdings noch der Netzbetreiber und nicht der grundzuständige Messstellenbetreiber. Anders als noch nach § 21b Abs. 1 EnWG, wonach der Betreiber von Energieversorgungsnetzen immer grundzuständiger Messstellenbetreiber war, kann die Grundzuständigkeit für den Messstellenbetrieb für moderne Messeinrichtungen und intelligente Messsysteme nach dem MsbG auf ein anderes Unternehmen übertragen werden,[9] so dass der Netzbetreiber und der grundzuständige Messstellenbetreiber für moderne Messeinrichtungen und intelligente Messsysteme nicht personenidentisch sein müssen. In den Fällen des § 43 gibt es demnach zwei grundzuständige Messstellenbetreiber; für den konventionellen (analogen) Messstellenbetrieb (Netzbetreiber) und für moderne Messeinrichtungen und intelligente Messsysteme (Dritter). Vor diesem Hintergrund ist die Änderung der Bezeichnung konsequent.

3

III. Fortführung des Messstellenbetriebs

1. Anlass

Der grundzuständige Messstellenbetreiber kann im Fall des Wechsels des Anschlussnutzers die Fortführung des Messstellenbetriebs durch den Dritten verlangen. Anlass dürfte damit regelmäßig ein **Aus- oder Umzug des Anschlussnutzers** sein.[10] Hat der Anschlussnutzer an seinem Zählpunkt gemäß § 5 einen dritten Messstellenbetreiber beauftragt, endet dessen Zuständigkeit für diesen Zählpunkt mit dem Aus- oder Umzug. Unabhängig davon ist die Bedeutung des Umzugs für das Vertragsverhältnis zwischen Messstellenbetreiber und Anschlussnutzer zu bewerten. Ob dieser Vertrag ebenfalls endet oder beispielsweise auch für den neuen Zählpunkt des Anschlussnutzers Bestand hat, obliegt der Vertragsfreiheit der Parteien.

4

Auch wenn § 17 ausdrücklich lediglich den Fall des Wechsels des Anschlussnutzers regelt, kann nach dem Normzweck auch in anderen Fällen ein **Interesse des grundzuständigen Messstellenbetreibers an der zeitweisen Fortführung** des Messstellenbetriebs durch den Dritten bestehen. In Betracht kommt etwa der Fall, dass der Anschlussnutzer einen anderen Dritten wählt, aber zwischen der Beendigung des bisherigen Vertragsverhältnisses (zwischen dem bisherigen Anschlussnutzer und dem Dritten) und dem Beginn des neuen Vertragsverhältnisses (zwischen dem neuen Anschlussnutzer und einem anderen Dritten) eini-

5

---

8 Begründung des Gesetzesentwurfs, BT-Drs. 18/7555.
9 § 2 Nr. 4, § 43.
10 Beim Umzug sollen Transaktionskosten vermieden werden, die insbesondere bei einem vorübergehenden Leerstand einer Wohnung entstehen können (BR-Drs. 568/08, S. 22).

§ 17 Wechsel des Anschlussnutzers

ge (wenige) Wochen liegen. Der von der Bundesnetzagentur festgelegte einheitliche Messstellenrahmenvertrag regelt insofern,[11] dass in anderen Fällen als dem Wechsel des Anschlussnutzers, in denen der Zählpunkt dem grundzuständigem Messstellenbetreiber (dort noch: Netzbetreiber) nach § 18 zuzuordnen wäre, dieser für eine Übergangszeit von längstens einem Monat berechtigt ist, vom Dritten die Fortführung des Messstellenbetriebs zu verlangen und spricht sich für eine analoge Anwendung des § 17 aus. Diese Erweiterung der gesetzlichen Vorschrift stellt zwar eine Belastung des Dritten dar. Er erhält allerdings eine angemessene Vergütung. Für den Fall, dass er z. B. auch von dem neuen Anschlussnutzer beauftragt wird, erspart er sich zudem gegebenenfalls den Aus- und Wiedereinbau der für den Messstellenbetrieb erforderlichen technischen Einrichtungen.

6 Kein, auch kein analoger Anwendungsfall des § 17 ist hingegen die **Überbrückung eines Leerstandes**. Hier fehlt es bereits an einem (neuen) Anschlussnutzer, für den die Leistung Messstellenbetrieb erbracht werden müsste. In solchen Fällen endet die Zuständigkeit des dritten, vom bisherigen Anschlussnutzer beauftragten Messstellenbetreibers, ohne dass eine neue Zuständigkeit des grundzuständigen Messstellenbetreibers begründet wird. Anders sind Sachverhalte zu beurteilen, in denen – etwa zum Erhalt der unmittelbaren Wiedervermietung – mit dem Vermieter Abreden getroffen werden. Der Messstellenbetreiber könnte das Entgelt für den Messstellenbetrieb dann auch beim Vermieter geltend machen.

7 Aufgrund des nunmehr ausdrücklichen Rechts des Anschlussnehmers[12] einen Messstellenbetreiber zu wählen,[13] das das Wahlrecht des Anschlussnutzers sogar überlagert[14] und nicht mehr von der Zustimmung des Anschlussnutzers abhängig ist,[15] gilt § 17 auch für den **Wechsel des Anschlussnehmers**, soweit dieser zuvor von seinem Wahlrecht Gebrauch gemacht hat.[16] Der Wortlaut ist insoweit zwar nicht eindeutig, die Interessenlage des grundzuständigen Messstellenbetreibers, einen effizienten Wechselprozess zu gewährleisten und kurzfristige Zuordnungslücken zu überbrücken, besteht allerdings auch hier.

2. Verlangen des grundzuständigen Messstellenbetreibers

8 Der grundzuständige Messstellenbetreiber muss gegenüber dem Dritten sein Verlangen äußern, dass dieser den Messstellenbetrieb für längstens drei Monate fortführt. Damit liegt die **Entscheidung**, ob es zu einer übergangsweisen Fortführung des Messstellenbetriebs durch den Dritten kommt, allein beim grundzuständigen Messstellenbetreiber.[17]

9 Der Wortlaut lässt offen, bis zu welchem **Zeitpunkt** der grundzuständige Messstellenbetreiber sein Verlangen gegenüber dem Dritten erklärt haben muss.[18] Die Festlegung „Wechselprozesse im Messwesen" sieht vor, dass die Weiterverpflichtung dem Dritten spätestens

---

11 § 8 Abs. 8, BNetzA, Festl. BK6-09-034/BK7-09-001, Anl. 3.
12 § 2 Nr. 2.
13 § 6 Abs. 1.
14 § 6 Abs. 2 bis 4.
15 Nach § 21b Abs. 5 EnWG konnte der Anschlussnehmer lediglich mit ausdrücklicher Einwilligung des Anschlussnutzers das Wahlrecht in Bezug auf den Messstellenbetreiber ausüben.
16 § 39 Abs. 1.
17 Zur Vorgängervorschrift: BR-Drs. 568/08, S. 22.
18 BerlKommEnR/*Böhnel*, 2. Aufl. 2010, § 4 MessZV (Anh. § 21b EnWG) Rn. 71, fordert daher, dass der Zeitpunkt in allgemeinen Geschäftsbedingungen zwischen dem Dritten und dem grundzuständigen Messstellenbetreiber zu regeln ist. Eine solche Regelung könne auch vorsehen, dass re-

bis zum Ablauf des vierten Werktages vor dem vorläufig bestätigen Abmeldetermin mitzuteilen ist.[19]

Verlangt der grundzuständige Messstellenbetreiber, dass der Dritte den Messstellenbetrieb fortführt, so ist der Dritte während dieses Zeitraums **verpflichtet**, die damit einhergehenden **Aufgaben vollständig zu erfüllen**.[20] Der Messstellenvertrag zwischen dem grundzuständigen Messstellenbetreiber und dem Dritten gilt insoweit fort. 10

3. Dauer

Das Recht des grundzuständigen Messstellenbetreibers, den Dritten zur Fortführung des Messstellenbetriebs zu verpflichten, ist auf **drei Monate** beschränkt. Die Frist beginnt mit dem Auszug des bisherigen Anschlussnutzers, der zur Folge hat, dass der Dritte nicht mehr für den Messstellenbetrieb an diesem Netzanschluss zuständig ist.[21] Sie endet spätestens nach drei Monaten[22] und entspricht damit der Befristung der Ersatzversorgung in § 38 Abs. 2 S. 1 EnWG. Die Frist verdeutlicht den Übergangscharakter der Vorschrift.[23] 11

Die Dreimonatsfrist stellt eine **Höchstfrist** dar,[24] die nicht verlängert werden kann. Dies erscheint zunächst vor dem Hintergrund des Ausnahmecharakters der Norm und der Bevormundung des Anschlussnutzers sowie des Dritten sinnvoll. Allerdings kann diese strenge Auslegung zu Konsequenzen führen, die mit dem Normzweck nur schwer vereinbar sind. Erklärt der Anschlussnutzer etwa innerhalb der Dreimonatsfrist, dass er einen dritten Messstellenbetreiber mit dem Messstellenbetrieb beauftragt, liegt aber der Zeitpunkt zu dem die Aufgabe des Messstellenbetriebs auf diesen tatsächlich übergehen soll, nach dem Ablauf der Dreimonatsfrist, wäre der grundzuständige Messstellenbetreiber doch verpflichtet, vorübergehend den Messstellenbetrieb zu übernehmen, obwohl bereits feststeht, dass er die Aufgabe nur für einen eng begrenzten Zeitraum wahrnehmen wird. 12

Fraglich ist, ob derartige Konstellationen auf freiwilliger **vertraglicher Basis** zwischen dem grundzuständigen Messstellenbetreiber und dem Dritten geregelt werden können. Da der Dritte für die (weitere) Fortführung weiterhin ein angemessenes Entgelt erhalten würde, kann auch er hieran ein wirtschaftliches Interesse haben. 13

Ungeachtet einer Weiterführungsvereinbarung besteht für den grundzuständigen Messstellenbetreiber die Möglichkeit, den (bisherigen) Dritten als **Dienstleister** zu beauftragen. Die Verantwortung für den Messstellenbetrieb läge in dieser Konstellation jedoch weiterhin beim grundzuständigen Messstellenbetreiber. 14

Die **Dauer des Übergangszeitraums** endet entsprechend dem Normzweck vorzeitig, wenn der Messstellenbetrieb auf Grundlage eines Auftrags des neuen Anschlussnutzers 15

---

gelmäßig von einem entsprechenden Verlangen des grundzuständigen Messstellenbetreibers auszugehen ist.
19 BNetzA, Festl. v. 20.12.2016, BK6-16-200, Anl. 2, S. 36; siehe zu den Wechselprozessen im Messwesen: § 14 Rn. 4 f.
20 § 3 Abs. 2.
21 Natürlich kann der tatsächliche Auszug früher liegen als der „vertragliche Auszug", also etwa das Mietvertragsende.
22 Zur Berechnung: § 188 Abs. 2 BGB.
23 BT-Drs. 614/04 (zu § 38 EnWG).
24 Zur Vorgängervorschrift: BR-Drs. 568/08, S. 22.

vom Wege

§ 17   Wechsel des Anschlussnutzers

durchgeführt werden kann. Dabei kann grundsätzlich auch der Anschlussnehmer (vorübergehend) Anschlussnutzer werden.[25] Die Formulierung lässt offen, ob der neue Anschlussnutzer lediglich den Dritten oder einen anderen Dritten beauftragen kann oder möglicherweise auch den grundzuständigen Messstellenbetreiber selbst. In letzterem Fall würde der neue Anschlussnutzer dem Ablauf der Dreimonatsfrist und dem damit verbundenen automatischen Rückfall zum grundzuständigen Messstellenbetreiber[26] vorgreifen. § 4 Abs. 5 MessZV ließ eine vorzeitige Beendigung des Übergangszeitraums lediglich dann zu, wenn der Messstellenbetrieb „auf der Grundlage eines Auftrags des neuen Anschlussnutzers im Sinne des § 5 Abs. 1 S. 1 erfolgt". § 5 Abs. 1 S. 1 MessZV regelte den Wechsel des Messstellenbetreibers, der nunmehr in § 14 abgebildet ist. Bei einer streng am Wortlaut orientieren Auslegung schloss diese Formulierung eine Beauftragung des grundzuständigen Messstellenbetreibers zur Beendigung des Übergangszeitraums aus,[27] da der Regelfall einer Beauftragung nach § 5 Abs. 1 S. 1 MessZV eine Beauftragung eines dritten und nicht des grundzuständigen Messstellenbetreibers darstellte. Auch wenn dieser Halbsatz nicht in den § 17 übernommen wurde, muss dieser Grundsatz nach dem Normzweck auch weiterhin gelten. Andernfalls könnte der Anschlussnutzer den Dreimonatszeitraum verkürzen. Das könnte für den grundzuständigen Messstellenbetreiber eine unbillige Härte bedeuten. Er soll durch § 17 aber privilegiert werden.

16 Kommt es innerhalb des Übergangszeitraums nicht zu einer Beauftragung eines Dritten durch den neuen Anschlussnutzers, so ist der grundzuständige Messstellenbetreiber nach § 18 Abs. 1 S. 1 verpflichtet, unverzüglich den Messstellenbetrieb zu übernehmen. Während § 4 Abs. 5 S. 2 MessZV dieses noch ausdrücklich regelte, und auf § 7 Abs. 1 MessZV verwies, der § 18 weitgehend entsprach, ergibt sich diese Folge nun aus der Gesetzessystematik sowie dem Normzweck.

4. Angemessenes Entgelt

17 Der Dritte hat gegenüber dem grundzuständigen Messstellenbetreiber einen Anspruch auf ein angemessenes Entgelt für die zeitweise Fortführung des Messstellenbetriebs. Den Begriff des angemessenen Entgeltes verwendet das MsbG an mehreren Stellen (z.B. §§ 13, 17, 31 Abs. 1 Nr. 1 und Abs. 2 Nr. 4, 33, 35 Abs. 3) ohne festzulegen, wie die angemessene Vergütung konkret zu ermitteln ist. Bei der Bestimmung des angemessenen Entgeltes ist sowohl der Ausnahmecharakter der Regelung als auch der Normzweck zu berücksichtigen. Demnach ist jedenfalls das Entgelt, das der Dritte mit dem bisherigen Anschlussnutzer vereinbart hat, angemessen.[28] § 47 Abs. 2 Nr. 9 ermächtigt die Bundesnetzagentur zur Bestimmung des angemessenen Entgeltes, so dass es künftig hierzu möglicherweise eine behördliche Vorgabe geben wird.

18 Der derzeitige Messstellenrahmenvertrag[29] sieht in § 8 Abs. 8 für die Angemessenheit des Entgeltes eine Zweifelsregelung vor. Hiernach ist zunächst auf das Entgelt abzustellen, das bislang für den Messstellenbetrieb mit der vorhandenen Messeinrichtung gegenüber dem

---

25 Zur Vorgängervorschrift: BR-Drs. 568/08, S. 22.
26 § 18.
27 Zur Vorgängervorschrift: BerlKommEnR/*Böhnel*, 2. Aufl. 2010, § 4 MessZV (Anh. § 21b EnWG) Rn. 68.
28 Vgl. BerlKommEnR/*Böhnel*, 2. Aufl. 2010, § 4 MessZV (Anh. § 21b EnWG) Rn. 72.
29 BNetzA, Festl. v. 9.9.2010, BK6-09-034/BK7-09-001, Anl. 3.

bisherigen Anschlussnutzer galt. Ist ein solches Entgelt nicht separat ausgewiesen,[30] so gelten – quasi als Rückfallposition – die vom grundzuständigen Messstellenbetreiber veröffentlichten Entgelte als Höchstgrenze. Letztlich wurde – um in einer Vielzahl von Fällen Streitigkeit vorzubeugen – die Befugnis zur Vereinbarung von Pauschalpreisen vorgesehen.[31]

Dieser Ansatz kann für den grundzuständigen Messstellenbetreiber, der seinerseits im Verhältnis zum neuen Anschlussnutzer bei einem Messstellenbetrieb mit einem intelligenten Messsystem oder einer modernen Messeinrichtung nur das gemäß §§ 29 ff. über die Preisobergrenzen gedeckelte Entgelt bzw. – bei einem herkömmlichen Messstellenbetrieb das in seinem Netzentgeltpreisblatt veröffentlichte Messentgelt verlangen darf, zu einer für ihn zunächst negativen Differenz führen. Zumindest dann, wenn das Entgelt, das der dritte Messstellenbetreiber mit dem bisherigen Anschlussnutzer vereinbart hatte, höher ist. Dabei wird er aber auch den Aufwand betrachten müssen, den er hätte, wenn er den Messstellenbetrieb nach einem Anschlussnutzerwechsel unmittelbar übernehmen müsste.

19

---

30 Das wird in der Regel der Fall sein, wenn der Messstellenbetrieb in Kombination mit der Energiebelieferung angeboten wird.
31 BNetzA, Festl. v. 9.9.2010, BK6-09-034/BK7-09-001, S. 53.

§ 18 Ausfall des Messstellenbetreibers

(1) ¹Endet der Messstellenbetrieb eines Dritten oder fällt der Dritte als Messstellenbetreiber aus, ohne dass zum Zeitpunkt der Beendigung ein anderer Dritter den Messstellenbetrieb übernimmt, ist der grundzuständige Messstellenbetreiber berechtigt und verpflichtet, unverzüglich den Messstellenbetrieb zu übernehmen. ²Dem Anschlussnutzer dürfen hierfür keine über die in § 7 genannten hinausgehenden Entgelte in Rechnung gestellt werden.

(2) Soweit erforderliche Messdaten nicht vorliegen, ist der grundzuständige Messstellenbetreiber berechtigt, den Verbrauch für diesen Zeitraum nach Maßgabe des § 71 Absatz 3 zu bestimmen.

Übersicht

	Rn.		Rn.
I. Allgemeines	1	III. Verbot von Entgelten über die in § 7 genannten hinaus (Abs. 1 S. 2)	9
1. Normzweck	2		
2. Entstehungsgeschichte	3	IV. Verweis auf die Schätzungsermächtigung in § 71 Nr. 3 (Abs. 2)	11
3. Normadressaten	5		
II. Unverzügliche Übernahme (Abs. 1 S. 1)	7	V. Ermächtigungsnormen und Zuständigkeiten für die behördliche Umsetzung	13

I. Allgemeines

1 § 18 regelt die **Auffangzuständigkeit des grundzuständigen Messstellenbetreibers** für den Messstellenbetrieb. Im Ansatz ähnlich dem Auffangmechanismus der aus der Stromliefersparte bekannten Ersatzversorgung gemäß §§ 38, 36 Abs. 1 EnWG i.V.m. §§ 3, 4 bis 8, 10 bis 19, 20 Abs. 3 und § 22 StromGVV sieht § 18 vor, dass der grundzuständige Messstellenbetreiber den Betrieb einer Messstelle übernimmt, falls deren vorangegangener Betrieb durch einen Dritten endet oder der Dritte gar als Messstellenbetreiber ausfällt, ohne dass zum Zeitpunkt der Beendigung ein anderer Nachfolger übernimmt.

1. Normzweck

2 Die in Abs. 1 S. 1 geregelte Auffangzuständigkeit des grundzuständigen Messstellenbetreibers soll zum einen gewährleisten, dass ein **lückenloser Messstellenbetrieb** stattfindet. Auch der Fall, dass es gleichwohl zu Lücken in den erfassten Messdaten kommt, wird durch den Verweis des Abs. 2 auf die Regelung zur Ersatzwertbildung gemäß § 71 Abs. 3 geregelt. Zum anderen soll Abs. 1 S. 2 den Anschlussnutzer vor Sonderentgelten für den ausfallbedingten Aufwand bewahren, so wie auch **das allgemeine Verbot von Wechselentgelten** in § 14 Abs. 3. Insgesamt soll damit etwaigen Ausfallsorgen der Anschlussnutzer begegnet und deren Wechselbereitschaft gefördert werden, die eine essentielle Voraussetzung für mehr Wettbewerb in der Messstellenbetriebssparte ist.

2. Entstehungsgeschichte

Mit § 18 sollte ausweislich der Gesetzesmaterialien ein **bewährter Regelungsansatz des EnWG und der MessZV** aufgegriffen und dabei die Aufhebung der Rolle des Messdienstleisters berücksichtigt werden.[1]

§ 18 wurde im Rahmen des **Gesetzgebungsverfahrens** von seiner ursprünglichen Fassung des Referentenentwurfs[2] hin zu der Fassung des Regierungsentwurfs[3] hinsichtlich der Sonderentgeltbeschränkung in Abs. 1 S. 2 klarstellend umformuliert. Nach der Urfassung des Referentenentwurfs hätten dem Anschlussnutzer für den Ausfall „keine gesonderten Entgelte" in Rechnung gestellt werden dürfen. Dies wurde wiederum eingeschränkt dahingehend präzisiert, dass damit lediglich Entgelte verboten sind, die „über die in § 7 genannten Entgelte hinausgehen". In den letzten parlamentarischen Schritten wurde die Vorschrift nur redaktionell verändert, indem der Verweis in Abs. 2 auf von § 71 Abs. 2 S. 2 entsprechend der dortigen Änderung auf § 71 Abs. 3 umformuliert wurde.[4]

3. Normadressaten

Berechtigt und verpflichtet zur Übernahme des Messstellenbetriebs ist gemäß Abs. 1 S. 1 der jeweils **grundzuständige Messstellenbetreiber** – und zwar je nach Modernisierungsstand der betroffenen Messstelle der Grundzuständige für den konventionellen Messstellenbetrieb oder der grundzuständige Messstellenbetreiber für moderne Messeinrichtungen und intelligente Messsysteme.[5]

Zu dulden und innerhalb der Grenzen von Abs. 1 S. 2 zu bezahlen haben die **jeweiligen Anschlussnutzer**, also gemäß der Legaldefinition von § 2 S. 1 Nr. 3 der zur Nutzung des betroffenen Netzanschlusses berechtigte Letztverbraucher bzw. Anlagenbetreiber. Bei entsprechender Anwendung der Ausfallsregelung des § 18 gemäß § 39 Abs. 1 tritt an die Stelle des Anschlussnutzers der jeweilige Anschlussnehmer, auf dessen Veranlassung eine Liegenschaftsmodernisierung nach § 6 vorgenommen wurde.

II. Unverzügliche Übernahme (Abs. 1 S. 1)

Abs. 1 S. 1 regelt die **Auffangzuständigkeit des grundzuständigen Messstellenbetreibers** für den Messstellenbetrieb. Dessen verpflichtend und unverzüglich umzusetzende Auffangzuständigkeit soll vor allem gewährleisten, dass ein möglichst lückenloser Messstellenbetrieb stattfindet. Daher wird mit der **Unverzüglichkeit** an den allgemeinen Maßstab des Handelns ohne schuldhaftes Zögern angeknüpft, der Legaldefinition des § 121 Abs. 1 S. 1 BGB im Zivilrecht entlehnt. Der jeweils grundzuständige Messstellenbetreiber hat also den Messstellenbetrieb ohne schuldhaftes Zögern zu übernehmen, sobald er Kenntnis davon erlangt hat, dass der Messstellenbetrieb eines Dritten endet oder der Dritte

---

1 Vgl. Regierungsentwurf v. 17.2.2016, BT-Drs. 18/7555, S. 80.
2 Vgl. Referentenentwurf v. 21.9.2015, S. 37 f.
3 Vgl. Regierungsentwurf v. 17.2.2016, BT-Drs. 18/7555, S. 24 f.
4 Vgl. Ausschussempfehlung v. 22.6.2016, BT-Drs. 18/8919, S. 10.
5 Vgl. hierzu näher BerlKommEnR/*Salevic/Zöckler*, § 31 MsbG Rn. 16.

§ 18 Ausfall des Messstellenbetreibers

als Messstellenbetreiber ausfällt, ohne dass zum Zeitpunkt der Beendigung ein anderer Dritter den Messstellenbetrieb übernimmt.

8   Im Übrigen hat sich der Gesetzgeber **konkretisierende Formulierungen zum Übernahmeprozess gespart**, da er ausdrücklich davon ausging, schlicht einen bewährten Regelungsansatz des EnWG und der MessZV zu übernehmen und dabei lediglich die Aufhebung der Rolle des Messdienstleisters berücksichtigen zu müssen.[6] Dies greift jedoch zu kurz – jedenfalls im Hinblick auf die ebenfalls gesetzlich in § 39 Abs. 1 vorgesehene, entsprechende Anwendbarkeit im Falle von versorgungsspartenübergreifend gebündeltem Messstellenbetrieb gemäß § 6. Derartige mit „Bündelprodukten" modernisierte Liegenschaften werden aufgrund der Anbindung von Messtechnik aus mehreren Sparten (ausweislich § 6 Abs. 1 Nr. 2 Strom, Gas, Fernwärme und/oder Heizwärme, ausweislich § 21 Abs. 1 Nr. 3 lit. c) perspektivisch auch noch Kalt- und Warmwasser) einen erheblich höheren Mehraufwand beim grundzuständigen Messstellenbetreiber auslösen, als dies bislang bei einer Übernahme im konventionellen Messwesen der Fall war.

III. Verbot von Entgelten über die in § 7 genannten hinaus (Abs. 1 S. 2)

9   Abs. 1 S. 2 soll den Anschlussnutzer vor **Sonderentgelten für den ausfallbedingten Aufwand** bewahren, so wie auch das allgemeine Verbot von Wechselentgelten in § 14 Abs. 3. Insgesamt soll damit etwaigen Ausfallsorgen der Anschlussnutzer begegnet und deren Wechselbereitschaft gefördert werden, die eine essentielle Voraussetzung für mehr Wettbewerb im Messwesen ist.

10 Von seiner ursprünglichen Fassung des Referentenentwurfs[7] hin zu der Fassung des Regierungsentwurfs[8] wurde Abs. 1 S. 2 **klarstellend umformuliert**. Nach der Urfassung des Referentenentwurfs hätten dem Anschlussnutzer für den Ausfall „keine gesonderten Entgelte" in Rechnung gestellt werden dürfen. Dies wurde wiederum eingeschränkt dahingehend präzisiert, dass damit lediglich Entgelte verboten sind, die „über die in § 7 genannten Entgelte hinausgehen". Hieraus lässt sich ableiten, dass nicht etwa jegliche Verteuerung des Messstellenbetriebs infolge der Übernahme verboten ist. Konnte die Urfassung noch dahingehend interpretiert werden, so lässt sich der finalen Fassung klarer entnehmen, dass der übernehmende grundzuständige Messstellenbetreiber dem betroffenen Anschlussnutzer bzw. Anschlussnehmer jedenfalls seine allgemeinen Tarife für den grundzuständigen Messstellenbetrieb berechnen darf. Er tritt nicht etwa so weit in die Nachfolge des vorangegangenen Messstellenbetreibers ein, als dass er verpflichtet wäre, auch dessen eventuell günstigeres Entgeltniveau für den Anschlussnutzer bzw. Anschlussnehmer beizubehalten. Alles andere würde auch ein unkalkulierbares und damit unverhältnismäßiges Risiko für den grundzuständigen Messstellenbetreiber bedeuten – zumal dieser gemäß § 39 Abs. 1 auch im Falle von versorgungsspartenübergreifend gebündeltem Messstellenbetrieb gemäß § 6 übernehmen muss.[9]

---

6 Vgl. Regierungsentwurf v. 17.2.2016, BT-Drs. 18/7555, S. 80.
7 Vgl. Referentenentwurf v. 21.9.2015, S. 37 f.
8 Vgl. Regierungsentwurf v. 17.2.2016, BT-Drs. 18/7555, S. 24 f.
9 Vgl. BerlKommEnR/*Salevic/Zöckler*, § 18 MsbG Rn. 8.

IV. Verweis auf die Schätzungsermächtigung in § 71 Nr. 3 (Abs. 2)

Falls es aufgrund des Ausfalls oder Ende des Messstellenbetriebs im Sinne von Abs. 1 S. 1 zu Lücken in den erfassten Messdaten kommt, kommt durch den Rechtsfolgenverweis des Abs. 2 die **Ersatzwertbildung** gemäß § 71 Abs. 3 zu Anwendung. Berechtigt zur Verbrauchsbestimmung auf diese Weise ist ausdrücklich der (übernehmende) grundzuständige Messstellenbetreiber, da der Gesetzgeber von dem insoweit ausgefallenen Dritten keine Handlungsfähigkeit mehr erwartet. 11

Gemäß Abs. 2 i.V.m. § 71 Abs. 3 **ermittelt** dann also **der übernehmende grundzuständige Messstellenbetreiber die Daten** für die Zeit seit der letzten fehlerfreien Ablesung entweder aus dem Durchschnittsverbrauch des ihr vorhergehenden und des der Beseitigung des Fehlers nachfolgenden Ablesezeitraumes oder auf Grund des Vorjahreswertes durch Schätzung, soweit aus Parallelmessungen vorhandene Messwerte keine ausreichende Verlässlichkeit bieten. 12

V. Ermächtigungsnormen und Zuständigkeiten für die behördliche Umsetzung

Die behördliche Kontrolle der Übernahme und der Entgelte für den grundzuständigen Messstellenbetreiber unterliegt unmittelbar der Befugnis zu **Aufsichtsmaßnahmen** durch die **Bundesnetzagentur** gemäß § 76.[10] 13

Aufgrund § 47 Abs. 2 kann die **Bundesnetzagentur** zur bundesweiten Vereinheitlichung der Bedingungen für den Messstellenbetrieb **Festlegungen** im Sinne von § 29 Abs. 1 EnWG treffen, nach Nr. 9 zu Regelungen im Zusammenhang mit dem Ausfall des Messstellenbetreibers nach § 18. 14

---

10 Vgl. hierzu näher BerlKommEnR/*Salevic/Zöckler*, § 31 MsbG Rn. 39.

Kapitel 3
Technische Vorgaben zur Gewährleistung von Datenschutz und Datensicherheit beim Einsatz von Smart-Meter-Gateways

§ 19 Allgemeine Anforderungen an Messsysteme

(1) Zur Gewährleistung von Datenschutz, Datensicherheit und Interoperabilität haben Messsysteme den Anforderungen der Absätze 2 und 3 zu genügen.

(2) Zur Datenerhebung, -verarbeitung und -nutzung dürfen ausschließlich solche technischen Systeme und Bestandteile eingesetzt werden, die den Anforderungen aus den §§ 21 und 22 genügen.

(3) [1]Messstellen dürfen nur mit solchen Messsystemen ausgestattet werden, bei denen zuvor die Einhaltung der Anforderungen nach den §§ 21 und 22 in einem Zertifizierungsverfahren nach den Vorgaben dieses Gesetzes festgestellt wurde. [2]Das Zertifizierungsverfahren umfasst auch die Verlässlichkeit von außerhalb der Messeinrichtung aufbereiteten Daten, die Sicherheits- und die Interoperabilitätsanforderungen. [3]Zertifikate können befristet, beschränkt oder mit Auflagen versehen werden.

(4) [1]Die nach § 49 berechtigten Stellen haben dem jeweiligen Stand der Technik entsprechende Maßnahmen zur Sicherstellung von Datenschutz und Datensicherheit zu treffen, die insbesondere die Vertraulichkeit und Integrität der Daten sowie die Feststellbarkeit der Identität der übermittelnden und verarbeitenden Stelle gewährleisten. [2]Im Falle der Nutzung allgemein zugänglicher Kommunikationsnetze sind Verschlüsselungsverfahren anzuwenden, die dem jeweiligen Stand der Technik entsprechen.

(5) [1]Messsysteme, die den besonderen Anforderungen aus den Absätzen 2 und 3 nicht entsprechen, dürfen noch bis zu dem Zeitpunkt, zu dem das Bundesamt für Sicherheit in der Informationstechnik nach § 30 die technische Möglichkeit des Einbaus von intelligenten Messsystemen feststellt, mindestens jedoch bis zum 31. Dezember 2016, im Falle des § 48 bis zum 31. Dezember 2020, eingebaut und bis zu acht Jahre ab Einbau genutzt werden,

1. wenn ihre Nutzung nicht mit unverhältnismäßigen Gefahren verbunden ist und
2. solange eine Einwilligung des Anschlussnutzers zum Einbau und zur Nutzung eines Messsystems besteht, die er in der Kenntnis erteilt hat, dass das Messsystem nicht den Anforderungen der Absätze 2 und 3 entspricht; Haushaltskunden nach dem Energiewirtschaftsgesetz können die Zustimmung widerrufen.

[2]Solange die Voraussetzungen des Satzes 1 vorliegen, bestehen für die jeweilige Messstelle die Pflichten nach § 29 nicht.

Übersicht

	Rn.		Rn.
I. Zweck der Regelung	1	V. Anforderungen an die Datenumgangsberechtigten (Abs. 4)	22
II. Regelungsumfang	10	VI. Bestandsschutz- und Übergangsregelungen (Abs. 5)	30
III. Anforderungen an technische Systeme und Bestandteile (Abs. 2)	15		
IV. Zertifizierung von Messsystemen (Abs. 3)	18		

I. Zweck der Regelung

Mit Messsystemen werden Daten der Letztverbraucher und der Erzeuger erhoben, verarbeitet und genutzt. Diese **Daten technisch** zu **schützen**, ist die Zweckbestimmung der in § 19 geregelten allgemeinen Anforderungen an Messsysteme. Die Regelung verfolgt deswegen keinen reinen Selbstzweck, sondern dient dem **Schutz des Rechts auf informationelle Selbstbestimmung**. Demnach sollen Datenschutz, Datensicherheit und Interoperabilität gewährleistet werden.

Datenschutz meint im Kern den Schutz des allgemeinen Persönlichkeitsrechts bzw. des Grundrechts auf informationelle Selbstbestimmung (Art. 2 Abs. 1 i.V.m. Art. 1 Abs. 1 GG), also den **Schutz vor unberechtigtem Umgang anderer mit personenbezogenen Daten** (vgl. auch § 1 Abs. 1 BDSG).

Datensicherheit bedeutet dementsprechend, dass die Daten nicht von Unbefugten erlangt, eingesehen, genutzt, ausgewertet, gespeichert, weitergegeben oder gelöscht oder sonst wie genutzt werden können. In den IT-Grundschutz-Katalogen und der Norm ISO/IEC 27001 wird statt Datensicherheit der Begriff der Informationssicherheit verwendet. Dieser umfasst die Sicherheit von Informationen jeglicher Art und ist damit weiter gefasst als Datensicherheit. Maßnahmen zur Gewährleistung von Datensicherheit bzw. Informationssicherheit zielen insbesondere auf die Gewährleistung von vier Anforderungen ab:

- Integrität: Unter Integrität wird die Sicherstellung der vollständigen, richtigen und unveränderten Übermittlung der Daten bzw. Informationen verstanden.
- Vertraulichkeit: Vertraulichkeit bezeichnet den Schutz vor unbefugter Preisgabe von Informationen. Die Vertraulichkeit wird in der Regel mittels angemessener Verschlüsselung sowie entsprechendem Zugriffsschutz hergestellt.
- Verfügbarkeit: Die Verfügbarkeit von Dienstleistungen oder Funktionen ist gegeben, wenn Anwender diese stets wie vorgesehen nutzen können.
- Authentizität: Unter Authentizität wird die zweifelsfreie Identifikation von Kommunikationspartnern verstanden. Kommunikationspartner können dabei sowohl Personen als auch IT-Komponenten oder Anwendungen sein. Bei authentischen Informationen ist, in der Regel durch geeignete Signaturen, sichergestellt, dass diese von der vorgegebenen Quelle stammen.

Unter **Interoperabilität** wird die Fähigkeit verschiedener Systeme verstanden, dass Einrichtungen bzw. Geräte so zusammenzuwirken, dass keine Funktionsstörungen und keine Bedrohungen für Datenschutz und Datensicherheit auftreten.[1]

---

[1] Kment/*Thiel*, § 21e EnWG Rn. 5.

§ 19   Allgemeine Anforderungen an Messsysteme

5   Diesem Regelungszweck wurde bereits mit der **Vorgängervorschrift** des **§ 21e Abs. 1 EnWG 2011** Rechnung getragen. In dieser und in den dort genannten weiteren Rechtsvorschriften wurden Bestimmungen zu Schutzprofilen und Technische Richtlinien von Messsystemen niedergelegt, um deren sicherheitstechnische Ausrichtung sicherzustellen.[2] Durch § 19 und die weiteren Vorschriften des 3. Kapitels dieses Gesetzes soll dieser zentrale Ansatz der Vorgängervorschrift grundsätzlich beibehalten, jedoch nun neu und abschließend geregelt werden.[3]

6   Zum Verständnis des Gesetzestextes verweist die Gesetzesbegründung ausdrücklich darauf, dass die Begriffe der Datenerhebung, -verarbeitung und -nutzung in **Übereinstimmung mit den Begriffen des Bundesdatenschutzgesetzes** zu verstehen sind:

- Datenerhebung ist das Beschaffen von Daten über den Betroffenen, egal ob direkt vom Betroffenen oder nicht (vgl. § 3 Abs. 3 BDSG).
- Datenverarbeitung ist sehr umfassend definiert als das Speichern, Verändern, Übermitteln, Sperren und Löschen personenbezogener Daten (vgl. § 3 Abs. 4 BDSG).
- Nutzung schließt jedwede andere (als die Datenverarbeitung) Verwendung personenbezogener Daten ein (vgl. § 3 Abs. 5 BDSG). Somit besteht ein umfassendes Schutzsystem im Hinblick auf personenbezogene Daten im BDSG, auf das auch im Rahmen des MsbG zurückgegriffen wird.

7   **Technisch betrifft** die Vorschrift **Messsysteme**. Dies sind gem. § 2 Nr. 13 „in ein Kommunikationsnetz eingebundene Messeinrichtungen". Eine Messeinrichtung ist ihrerseits legal definiert (§ 2 Nr. 10) als „ein Messgerät, dass allein oder mit anderen Messgeräten für die Gewinnung eines oder mehrerer Messwerte eingesetzt wird".

8   § 2 Nr. 14 stellt klar, dass es sich um **energierechtlich relevante Messwerte** handelt, da Messwerte im Sinne des Gesetzes „Angaben über die vom Anschlussnutzer über einen bestimmten Zeitraum entnommene, erzeugte oder eingespeiste Energiemengen" sind.

9   Wie die **Einbindung in ein Kommunikationsnetz** technisch erfolgt, ist tatbestandlich nicht näher erläutert, sondern gerade der Regelungsgehalt der Vorschrift. In der Gesetzesbegründung der Vorgängerregelungen in §§ 21d und 21e EnWG 2011 heißt es hierzu, dass die Einbindung in ein Kommunikationsnetz „in irgendeiner Weise, komplex oder einfach, unidirektional oder bidirektional",[4] somit „auf verschiedene Weise"[5] erfolgen kann, und das EnWG 2011 diesbezüglich einen „technikneutralen Ansatz" verfolgt.[6] Dies gilt auch für das MsbG. Auf Grundlage der weiteren Zweckbestimmungen des § 19 ist es möglich, Parallelen zu ziehen, die den Begriff der „Einbindung in ein Kommunikationsnetz" näher beleuchten. „Intelligente Messsysteme dienen der Entwicklung intelligenter Energieversorgungssysteme auf Seiten der Letztverbraucher und Erzeuger, sie sind die Verbindung zu intelligenten Energienetzen"[7] und sollen die Energiebeschaffung optimieren, „indem reale Verbräuche und nicht länger Prognosen die Energiebeschaffung bestimmen".[8] Eine solche Kommunikation wird EDV basiert erfolgen. Ausgehend davon können in Anlehnung an

---

2 Begründung zum Regierungsentwurf v. 17.2.2016, BT-Drs. 18/7555, S. 82.
3 Begründung zum Regierungsentwurf v. 17.2.2016, BT-Drs. 18/7555, S. 82.
4 Gesetzesbegründung, BT-Drs. 343/11, S. 201.
5 Gesetzesbegründung, BT-Drs. 343/11, S. 201.
6 Gesetzesbegründung, BT-Drs. 343/11, S. 201.
7 Gesetzesentwurf, BR-Drs. 543/15, S. 136.
8 Gesetzesentwurf, BR-Drs. 543/15, S. 136.

telekommunikationsrechtliche Vorschriften (elektronische) Kommunikationsnetze als „Übertragungssysteme und gegebenenfalls Vermittlungs- und Leitwegeinrichtungen sowie anderweitige Ressourcen" verstanden werden, „die die Übertragung von Signalen über Kabel, Funk, optische oder andere elektromagnetische Einrichtungen ermöglichen".[9]

II. Regelungsumfang

Der Zweckbestimmung entsprechend müssen die Messsysteme Datenschutz, Datensicherheit und Interoperabilität gewährleisten. Die Regelung des Absatzes 1 bezieht sich nicht nur lediglich auf allgemeine Anforderungen an intelligente Messsysteme, wie es noch im ersten Gesetzesentwurf angedacht war, sondern bezieht sich nun auf die **allgemeinen Anforderungen an Messsysteme** im weit zu verstehenden Sinne der Legaldefinitionen des § 2 Nr. 13. Somit werden nicht lediglich die Anforderungen an intelligente Messsysteme, sondern an alle – also auch an moderne wie sonstige – Messsysteme geregelt. Das Gesetz postuliert, dass diese Zweckbestimmung gewährleistet wird, wenn den Anforderungen der Abs. 2 und 3 genügt wird.

10

Der Kern der Regelung des Abs. 2 besteht darin, dass zur Datenerhebung, -verarbeitung, -speicherung, -prüfung und -übermittlung eingesetzte technische Systeme und Bestandteile den **Anforderungen der §§ 21 und 22** genügen müssen. In diesen Vorschriften sind die Mindestanforderungen an die intelligenten Messsysteme sowie die Mindestanforderungen an das Smart-Meter-Gateway aus Schutzprofilen und Technischen Richtlinien geregelt. Wichtig ist festzustellen, dass auch die einzelnen Bestandteile der Messsysteme, die in ihrer Gesamtheit das Messsystem darstellen, ebenso wie das Gesamtsystem den Anforderungen der beiden genannten Paragrafen entsprechen müssen.

11

Abs. 3 geht über die Anforderungen des bloßen „Einsatzes technischer Systeme" hinaus. **Messstellen** dürfen nur mit im Sinne des Gesetzes **zertifizierten Messsystemen ausgestattet** sein. Es wird klargestellt, dass diese Zertifizierungen nicht nur die Datenerhebung, -verarbeitung, -speicherung, -prüfung und -übermittlung umfasst, sondern darüber hinaus auch die Verlässlichkeit von außerhalb der Messeinrichtung aufbereiteter Daten, die Sicherheit und Interoperabilität.

12

Die Überschrift des Paragrafen lässt nicht auf den gesamten Regelungsgehalt schließen. Es geht in Abs. 4 nicht nur um die allgemeinen Anforderungen an Messsysteme, sondern auch um **Anforderungen an „berechtigte Stellen"** i. S. d. § 49 Abs. 1. Diese sogenannten Datenumgangsberechtigten sind „Messstellenbetreiber, Netzbetreiber, Bilanzkoordinatoren, Bilanzkreisverantwortliche, Direktvermarktungsunternehmer nach dem EEG, Energielieferanten sowie jede Stelle, die über eine schriftliche Einwilligung des Anschlussnutzers verfügt." Diese berechtigten Stellen sind „im Sinne eines lückenlosen Datenschutz- und Datensicherheitskonzeptes verpflichtet", „auf dem jeweiligen Stand der Technik entsprechende Maßnahmen zur Sicherstellung von Datenschutz und Datensicherheit zu treffen". Insbesondere müssen die Vertraulichkeit und Integrität der Daten gewährleistet sein und es muss auch die Identität der an der Datenübermittlung beteiligten Stellen festgestellt werden können. Auch die Verschlüsselung der Datenübermittlung muss dem jewei-

13

---

[9] Bspw. der Rahmenrichtlinie für elektronische Kommunikationsnetze und -dienste 2002/21/EG, dort Art. 2 lit. a).

§ 19　Allgemeine Anforderungen an Messsysteme

ligen Stand der Technik entsprechen, wenn die Datenübermittlung über allgemein zugängliche Kommunikationsnetze erfolgt.

14　Abs. 5 enthält **Übergangs- und Bestandsschutzregelungen** für Messsysteme, die den neuen strengen BSI-Anforderungen nicht genügen.

III. Anforderungen an technische Systeme und Bestandteile (Abs. 2)

15　In Messstellen dürfen zur Gewährleistung des in Abs. 1 definierten Schutzes ausschließlich solche Systeme und Bestandteile eingesetzt werden, die den **Anforderungen der §§ 21 und 22** genügen, auf deren Kommentierung hier zu verweisen ist.

16　§ 19 Abs. 2 nennt mit den Schlagworten Datenerhebung, -verarbeitung und -nutzung die datenschutzrechtlich relevanten Tatbestände in Übereinstimmung mit dem BDSG. Insofern ist in Bezug auf diese Vorgänge auf das Verständnis des BDSG zurückzugreifen. Der durch § 19 zu erreichende technische Datenschutz beschränkt sich dabei jedoch nicht auf den Schutz der datenschutzrechtlich geschützten „personenbezogenen Daten". Einerseits fehlt ein insoweit einschränkender Zusatz „personenbezogen". Anderseits werden **alle Datenarten** im Gesetz ausdrücklich erwähnt. Neben den die „personenbezogenen Daten" (§ 49 Abs. 1) betreffenden technischen Systemen und Bestandteilen müssen auch alle die „Inhaltsdaten" (vgl. bspw. § 22 Abs. 4 Nr. 4), „Bestands- und Verkehrsdaten" (vgl. § 73 Abs. 1) und „Nutzungsdaten" (vgl. bspw. § 53 Abs. 2) betreffenden technischen Systeme und Bestandteile den Anforderungen der §§ 21 und 22 genügen. Kurz: der **gesamte Datenverkehr** muss technisch geschützt sein. Dies erscheint auch vor dem Hintergrund möglicher Gefahren für den Netzbetrieb als offenkundig. Einem auf den Datenverkehr zugreifenden Störer des Netzbetriebs mag es nicht auf die personenbezogenen Daten ankommen, sondern darauf, möglichst großen Schaden anzurichten, indem Verbrauchsdaten manipuliert werden.

17　Entsprechend der Legaldefinitionen des BDSG[10] sind somit alle Vorgänge der Beschaffung der Daten, der des Speicherns, Veränderns, Übermittelns, Sperrens, des Löschens, des Aufnehmens, des Aufbewahren, des Übermittelns, des Bekanntgebens[11] und der sonstigen Nutzungen – wie beispielsweise die Datenprüfung[12] – umfasst, womit ein **ganzheitliches Schutzverständnis** des Gesetzgebers auf alle Datenarten und alle datenrelevanten Handlungen zu Tage tritt.

IV. Zertifizierung von Messsystemen (Abs. 3)

18　Abs. 3 stellt klar, dass **nur zertifizierte Messsysteme eingesetzt** werden dürfen. Dies bedeutet, dass die Messsysteme bereits im Vorfeld ihres Einbaus (vgl. „Ausstattung") zertifiziert sein müssen. Es geht also nicht an, dass ein Messsystem noch zu zertifizieren ist, oder

---

10　Vgl. oben Rn. 2.
11　Kment/*Thiel*, § 21e EnWG Rn. 6.
12　Unter Datenprüfung kann die Kontrolle der Vollständigkeit und Richtigkeit einzelner Daten bzw. die Identifizierung von Fehlern im Prozess der Datenerhebung verstanden werden, Duden Online, Bedeutungsübersicht „prüfen", abrufbar unter www.duden.de/rechtschreibung/pruefen (letzter Abruf: 13.6.2016).

dass ein Messsystem lediglich aus bereits zertifizierten Bestandteilen besteht. Vielmehr muss das gesamte Messsystem vorab zertifiziert sein, bevor es eine Messstelle ausstattet. Der Gesetzeswortlaut lässt auch keine Ausstattung einer Messstelle mit einem nicht zertifizierten Zweit-Messsystem zu, das bspw. von einer Messstelle zu internen Zwecken eingesetzt wird.

Das für die Zertifizierung erforderliche **Verfahren** ist in den §§ 24, 25 geregelt. 19

Neben den **Anforderungen** der **§§ 24, 25** und des **§ 9** BSIG sowie der **BSI-Zertifizierungs-** und **Anerkennungsverordnung** wird in § 19 Abs. 3 ferner geregelt, dass das Zertifizierungsverfahren auch die Verlässlichkeit von **außerhalb der Messeinrichtung aufbereiteten Daten**, die Sicherheits- und die Interoperabilitätsanforderungen umfasst. Auch hierdurch wird der gesetzgeberische Wille eines ganzheitlichen technischen Schutzes ersichtlich. 20

Die Vorschrift beinhaltet die Möglichkeit, die **Zertifikate zu befristen, inhaltlich zu beschränken** oder **mit Auflagen** zu versehen. Dies entspricht dem Ziel des Gesetzgebers, Datenschutz, Datensicherheit und Interoperabilität jederzeit zu gewährleisten. Ebenso wie durch technischen Fortschritt können sich Anforderungen an die zu zertifizierenden Messsysteme aufgrund von Handlungen der Marktteilnehmer und Angriffe von außen ergeben, die ein „Vertrauen" auf bestehende Zertifikate nicht rechtfertigen. Dies entspricht auch ansonsten der Systematik, dem jeweiligen Stand der Technik gerecht werden zu müssen. 21

V. Anforderungen an die Datenumgangsberechtigten (Abs. 4)

Nach § 49 Abs. 1 sind **Datenumgangsberechtigte** die „Messstellenbetreiber, Netzbetreiber, Bilanzkoordinatoren, Bilanzkreisverantwortliche, Direktvermarktungsunternehmer nach dem Erneuerbare-Energien-Gesetz, Energielieferanten sowie jede Stelle, die über eine schriftliche Einwilligung des Anschlussnutzers verfügt". 22

Diese berechtigten Stellen sind zu einem lückenlosen, dem jeweiligen Stand der Technik entsprechenden **Datenschutz- und Datensicherheitskonzept** verpflichtet. 23

Das Gesetz hebt hervor, dass insbesondere die **Vertraulichkeit und Integrität der Daten** durch weitergehende – technische und organisatorische – Maßnahmen dieser Stellen gewährleistet sein müssen, als auch die Identität der an der Datenübermittlung beteiligten Stellen festgestellt werden können. Auch die Verschlüsselung der Datenübermittlung muss dem jeweiligen Stand der Technik entsprechen, wenn die Datenübermittlung über allgemein zugängliche Kommunikationsnetze erfolgt. Die hierfür erforderlichen weiteren Maßnahmen sind von den genannten Stellen in technischer und organisatorischer Hinsicht zu treffen. Es geht in § 19 Abs. 4 nicht darum, einzelnen Personen konkrete Handlungsanweisungen zu geben, sondern darum, diese zu solchen Maßnahmen zu verpflichten, Vertraulichkeit und Integrität der Daten zu erreichen. Dies können, sollte die Zertifizierung dies nicht ausdrücklich erwähnen, beispielsweise Regelungen zu Zutrittsbeschränkungen zu Server-Räumen oder ähnliche begleitende technisch organisatorische Maßnahmen sein. 24

Die Anforderung des Abs. 1 zur **Interoperabilität** ist hier nicht genannt. Dies erklärt sich jedoch aus dem technischen Ansatz der vorangegangenen Regelungen: die Interoperabilität ist eine technische Fähigkeit verschiedener Systeme, Einrichtungen bzw. Geräte, so zusammenwirken zu lassen, dass keine Funktionsstörungen und keine Bedrohungen von Da- 25

§ 19 Allgemeine Anforderungen an Messsysteme

tenschutz und Datensicherheit auftreten,[13] und gerade keine Fähigkeit des Personals. Insofern erübrigt sich hier die Nennung der Interoperabilität.

26 Das Gesetz gibt den Datenumgangsberechtigten den Auftrag, diese Maßnahmen so durchzuführen, dass sie dem **„jeweiligen Stand der Technik entsprechen"**. Bereits in der Vorgängervorschrift des § 21e EnWG 2011 wurde diese Formel verwendet. Hierzu wurde zutreffend kommentiert:

> „Mit Verweisungen auf den Stand der Technik erhält das Gesetz zu einen eine hohe Flexibilität und Dehnungsbreite, denn es ist nicht fixiert auf den aktuellen Stand der Technik, sondern der gesetzliche Anspruch vollzieht sozusagen die Weiterentwicklung der Technik nach. Damit erhält der Gesetzestext eine Aktualität, falls sich neuere Entwicklungen ergeben. Diese Art der autonomen Anpassung an aktuelle Entwicklungen ist jedoch grundsätzlich dem Recht fremd. So erhält die gesetzte Rechtsnorm damit eine hohe Unschärfe, denn nicht immer wird deutlich, welcher Stand der Technik nun tatsächlich adressiert ist, zumal wenn dieser, wie im Falle des § 21e Abs. 3 nicht annähernd durch konkrete Verweisungen spezifiziert ist. Darin liegt ein hoher Grad an Rechtsunsicherheit. (...) Der Stand der Technik ist meist nicht hinreichend und langjährig erprobt und oft nur Spezialisten bekannt."[14]

27 Das Gesetz erlaubt jedoch eine **Fokussierung auf bestimmte technisch, organisatorische Maßnahmen**. Zwar nennt es in einer „Insbesondere"-Auflistung die Vertraulichkeit der Daten, die Integrität der Daten und die Feststellbarkeit der Identität der übermittelnden und verarbeitenden Stelle. Diese Auflistung ist allerdings nicht abschließend. Die Datenumgangsberechtigten müssen auf dieser Grundlage die eigene technische Organisation überprüfen, inwieweit Datenschutz und Datensicherheit durch über die Zertifikate und Schutzprofile hinausgehende Maßnahmen unterstützt werden können.

28 Die Anforderung „dem jeweiligen Stand der Technik entsprechen" wird nicht weiter eingeschränkt. Nach dem **strengen Schutzverständnis** entspricht dem alles „nach jeweiligem Entwicklungsstand technisch-praktisch realisierbare".[15] Theoretische oder rein wissenschaftliche Erkenntnisse sind nicht zu berücksichtigen, da insoweit die im Atomrecht geprägte Formel des „Stands von Wissenschaft und Technik" gerade nicht verwendet wurde.[16]

29 § 76 sieht vor, dass die Bundesnetzagentur Abhilfemaßnahmen anordnen und so die Einhaltung der Regelungen des § 19 überwachen kann.[17]

VI. Bestandsschutz- und Übergangsregelungen (Abs. 5)

30 Der Gesetzgeber hat **Bestandsschutz- und Übergangsregelungen** geschaffen, um die Marktteilnehmer durch das moderne Gesetz nicht zu überfordern. Dies ist misslungen.

---

13 Kment/*Thiel*, § 21e EnWG Rn. 5.
14 BerlKommEnR/*Boesche/Franz*, § 21e EnWG Rn. 46.
15 Vgl. BeckOK UmwR/*Schulte/Michalk*, § 3 BImSchG Rn. 92.
16 Vgl. BeckOK UmwR/*Schulte/Michalk*, § 3 BImSchG Rn. 95.
17 Vgl. hierzu ausführlicher BerlKommEnR/*Weyer*, § 76 MsbG Rn. 17.

VI. Bestandsschutz- und Übergangsregelungen (Abs. 5) § 19

Seitens des Bundesrates wurde im **Gesetzgebungsverfahren** eine weitere Verkürzung der Übergangsfristen in Abs. 5 thematisiert, jedoch nicht erreicht. Der Bundestag beschloss einen – aus seiner Sicht – sachgerechten Interessensausgleich zwischen den Interessen des am Markt agierenden Messstellenbetreibers an einer größtmöglichen Planungssicherheit und den Interessen der Anschlussnutzer an einer möglichst sicheren Technik. Haushaltskunden bleibt das jederzeitige Widerrufsrecht erhalten. Unternehmen werden dagegen stärker an ihre Zustimmung zum Einbau eines Messsystems nach § 19 Abs. 5 gebunden, da ihnen die Möglichkeit eines Widerrufs verwehrt bleibt. In Anbetracht der erhöhten Sachkunde von Unternehmen im Vergleich zu Haushaltskunden ist diese Differenzierung sachgerecht.

31

Das **Ausnutzen der Übergangsfristen** wird für Messstellenbetreiber schwieriger sein, als es das Gesetz vermuten lässt. Die Marktteilnehmer sind im Wege einer Ausnahme von der grundsätzlichen Ausstattungspflicht nach § 29 befreit, solange die Voraussetzungen des § 19 Abs. 5 S. 1 gegeben sind. Kurzum: Die Ausstattungsverpflichtung für intelligente Messsysteme greift während einer Übergangsfrist grundsätzlich nicht. Maßgeblicher Zeitpunkt für die Nutzung der Übergangsfrist ist der Zeitpunkt des Einbaus des entsprechenden Messsystems. Messsysteme, also auch einfache oder moderne, dürfen grundsätzlich bis zum 31.12.2016 eingebaut werden und ggf. sogar darüber hinaus, nämlich bis zu dem Zeitpunkt, zu dem das BSI nach § 30 die technische Möglichkeit des Einbaus von intelligenten Messsystemen feststellt. Grund für diesen ungenauen Endtermin ist, dass es derzeit keine hinreichende Anzahl von Anbietern solcher Messsysteme gibt. Das Gesetz will also verhindern, dass Unmögliches verlangt wird. § 30 regelt, dass es mindestens drei solcher Anbieter geben muss, um dem BSI zu gestatten, diese Feststellung zu treffen.

32

Der Gesetzgeber hat darüber hinaus eine **Bereichsausnahme für Elektromobile** geschaffen. Im Falle des § 48 dürfen (nicht intelligente) Messsysteme bis zum 31.12.2020 eingebaut und danach ebenfalls bis zu acht Jahre ab Einbau genutzt werden. Diese Bereichsausnahme für Elektromobilität wurde erst im Laufe des Gesetzgebungsverfahrens eingeführt.[18]

33

Wurde ein Messsystem – auch im Bereich der Elektromobilität – rechtzeitig vor dem maßgeblichen Stichtag eingebaut, darf es grundsätzlich für acht Jahre weiter genutzt werden.

34

Der Gesetzgeber hat jedoch nun im Wege einer **Rückausnahme** geregelt, dass von solchen Messsystemen während ihrer Nutzungsdauer keine unverhältnismäßigen Gefahren ausgehen dürfen und deren Einbau und Nutzung dem Willen des Anschlussnutzers entsprechen muss.

35

Die erste Voraussetzung – des gefahrlosen Betriebs – ist insbesondere vor dem Schutzzweck des § 19 zu verstehen. Somit sind **unverhältnismäßige Gefahren für den Datenschutz, die Datensicherheit und die Interoperabilität** zu vermeiden. Werden solche bekannt, entfällt die Ausnahmeregelung des § 19 Abs. 5 und intelligente Messsysteme sind gem. § 29 einzubauen. In der Praxis wird diese Rückausnahme regelmäßig nicht relevant sein. Zum einen sollten schon die eichrechtlichen Bestimmungen unverhältnismäßige Gefahren ausschließen. Zum anderen dürfte bei nicht intelligent kommunizierenden Messeinrichtungen (z. B. Ferraris-Zählern) die besondere Gefahrenlage nicht bestehen, da diese nicht nach außen kommunizieren können.

36

---

18 Siehe BT-Drs. 18/8919.

§ 19 Allgemeine Anforderungen an Messsysteme

37 Wichtiger ist die kumulativ vorliegende zweite Voraussetzung. Nach dem maßgeblichen Zeitpunkt ist eine Nutzung nicht zertifizierter Messsysteme nur dann gestattet, wenn und solange eine **schriftliche Zustimmung** des Anschlussnutzers zum Einbau und zur Nutzung eines Messsystems vorliegt, die er in der Kenntnis erteilt hat, dass das Messsystem nicht den gesetzlichen Anforderungen entspricht. Dies bedeutet administrativen Aufwand für alle Bestandsanlagen, einschließlich allen Anlagen im Bereich der Elektromobilität, da – soll durch den Messstellenbetreiber von der Ausnahmeregelung Gebrauch gemacht werden – eine umfassende Information erfolgen[19] und vor dem relevanten Zeitpunkt eine schriftliche Erklärung vorliegen muss, auf ein intelligentes Messsystem zu verzichten.

38 Bei **jedem Wechsel der Vertragspartner** wird zudem erneut eine solche Zustimmung eingeholt werden müssen, was weiteren administrativen Aufwand erfordert.

39 Bei Haushaltskunden nach dem EnWG kommt erschwerend hinzu, dass diese ihre einmal gegebene Zustimmung widerrufen können. Ein **Widerruf** muss – da dies vom Gesetzgeber nicht gefordert wird – nicht gesondert begründet werden. Was das MsbG unter schriftlich versteht, ist nicht normiert. Jedoch kann auf § 126 Abs. 1 BGB rekurriert werden, so dass grundsätzlich die eigenhändige Unterzeichnung durch Namensunterschrift oder mittels notariell beglaubigten Handzeichen der Urkunde erforderlich ist. Da die Ersetzungsbefugnis des § 126 Abs. 3 i.V.m. § 126a BGB nicht ausdrücklich in § 19 Abs. 5 Nr. 2 ausgeschlossen ist, kann die Schriftform in elektronischer Form ersetzt werden. Das elektronische Dokument muss dabei vom Verfasser „durch die qualifizierte digitale Signatur eindeutig identifizierbar und zumindest ebenso fälschungssicher wie durch eine eigenhändige Unterschrift" versehen werden.[20] Letztlich wird daher im Regelfall die Papierform und eigenhändige Unterschrift rechtzeitig vorliegen und das Original des Dokuments zu Beweiszwecken aufbewahrt werden müssen.

40 Das Widerrufsrecht besteht nur für die Haushaltskunden nach dem EnWG, nicht jedoch für **Unternehmen**. Hier wurde ein Interessensausgleich zwischen dem Interesse am Markt agierender Messstellenbetreiber an einer größtmöglichen Planungssicherheit und dem Interesse der Anschlussnutzer an einer möglichst sicheren Technik Rechnung getragen. Unternehmen werden hierdurch stärker an ihre **Zustimmung** zum Einbau eines Messsystems nach § 19 Abs. 5 gebunden, da bei ihnen von einer erhöhten Sachkunde auszugehen ist.

41 Angesichts dieser **administrativen Hürden** wird es absehbar nicht einfach für den Messstellenbetreiber werden, von einer Ausstattungsverpflichtung dauerhaft für den zunächst großzügigen Achtjahreszeitraum befreit zu werden. Die Hinweispflicht und das Widerrufsrecht sowie die Möglichkeit, wegen bekanntwerdender Gefahren dennoch handeln zu müssen, werden beim Messstellenbetreiber hinreichenden Druck aufbauen, die Messsysteme zu intelligenten Messsystemen rasch flächendeckend (im Sinne des § 29) auszubauen und nachzurüsten.

---

19 Vgl. Energieeffizienzrichtlinie Art. 9 Abs. 2 lit. e): Die „Mitgliedstaaten stellen sicher, dass die Kunden zum Zeitpunkt des Einbaus intelligenter Zähler angemessen beraten und informiert werden, insbesondere über das Potenzial dieser Zähler im Hinblick auf die Handhabung der Zählerablesung und die Überwachung des Energieverbrauchs".

20 BeckOK BGB/*Wendtland*, § 126 BGB Rn. 12.

§ 20 Anbindbarkeit von Messeinrichtungen für Gas an das Smart-Meter-Gateway

(1) ¹Neue Messeinrichtungen für Gas dürfen nur verbaut werden, wenn sie sicher mit einem Smart-Meter-Gateway verbunden werden können. ²Die Anbindung an das Smart-Meter-Gateway hat zur Gewährleistung von Datenschutz, Datensicherheit und Interoperabilität dem in Schutzprofilen und Technischen Richtlinien in der Anlage zu § 22 niedergelegten Stand der Technik zu entsprechen.

(2) Neue Messeinrichtungen für Gas, die den besonderen Anforderungen aus Absatz 1 nicht genügen, dürfen noch bis zum 31. Dezember 2016, solche mit registrierender Leistungsmessung noch bis zum 31. Dezember 2024 eingebaut und jeweils bis zu acht Jahre ab Einbau genutzt werden, wenn ihre Nutzung nicht mit unverhältnismäßigen Gefahren verbunden ist.

Übersicht

	Rn.		Rn.
I. Regelungsumfang und Regelungszweck	1	III. Anforderungen an die Anbindung	8
II. Neue Messeinrichtungen für Gas	6	IV. Übergangsfristen und Bereichsausnahmen	13

I. Regelungsumfang und Regelungszweck

Der Gesetzgeber hatte nach der Novellierung des EnWG 2011 erneut die **Chance, intelligente Messsysteme** auch im **Gassektor** zu fordern. Er hat es erneut unterlassen, solche Ausbauverpflichtungen anzuordnen, da der potentielle Nutzen einer solchen Verpflichtung in keinem Verhältnis zu den Kosten stünde. 1

Nun existiert an praktisch fast jeder Messeinrichtung für Gas aufgrund der **Verpflichtungen der §§ 19, 29** ein intelligentes Messsystem für Strom. Diese sind nicht nur geeignet, die strombezogenen Daten zu messen und die entsprechenden Daten zu übermitteln, sondern auch Daten anderer Bereiche. Ferner wird so eine **Dopplung der Ausbaulasten** vermieden.[1] 2

Während sich beim Stromabsatz der Bedarf an Lastverlagerungen aus der fluktuierenden Einspeisung von Strom aus erneuerbaren Energiequellen sowie begrenzten Netzkapazitäten ergibt, ist der Aspekt der Verbrauchsverlagerung beim Gasverbrauch von nachrangiger Bedeutung. Auch die aktuellen und vergangenen Maßnahmen des Gesetzgebers zur Verbrauchseinsparung im Gasbereich konzentrieren sich schwerpunktmäßig auf die Gebäudesanierung sowie den Einbau effizienterer Gasheizungen. Daher hat der Gesetzgeber die Anforderungen des Art. 13 EDL-RL zur Messung und Angabe des tatsächlichen Energieverbrauch und die tatsächliche Nutzungszeit erneut nicht umgesetzt und von seiner Einschätzungsprärogative Gebrauch gemacht, sondern nur gefordert, dass die Gasmesseinrichtung mit dem Smart-Meter-Gateway verbunden werden können muss. Der Gesetzgeber 3

---

1 Britz/Hellermann/Hermes/*Herzmann*, § 21 EnWG Rn. 2.

§ 20 Anbindbarkeit von Messeinrichtungen für Gas an das Smart-Meter-Gateway

hat es daher gemäß § 20 lediglich für sinnvoll erachtet, die **Einbindung von Gas-Messeinrichtungen in vorhandene Strom-Smart-Meter-Systeme** zu regeln.

4 Die **Anforderungen** an neue Gasmesseinrichtungen sind dabei **nicht so hoch**, wie bei Messeinrichtungen für Strom. Gasmesseinrichtungen müssen nicht allen Technischen Richtlinien und Schutzprofilen der §§ 19, 21, 22 entsprechen. Sie müssen lediglich über eine gesonderte Schnittstelle verfügen. In der Gesetzesbegründung wird in technischer Hinsicht erläutert, dass sich diese Schnittstellen vergleichsweise einfach auch bei „althergebrachte[n] Gaszähler[n] mit sog. Impulsschnittstellen […] mittels Adapter in ein intelligentes Messsystem einbinden" lassen. Demnach muss lediglich die Anbindung der neuen Messeinrichtung für Gas den Schutzzweck des § 19 Abs. 1 erfüllen und Datenschutz, Datensicherheit und Interoperabilität gewährleisten bzw. den Technischen Richtlinien und Schutzprofilen genügen.

5 Im Übrigen ist die **sichere Anbindbarkeit** eine Voraussetzung für Bündelangebote nach § 6 Abs. 1 Nr. 2.

II. Neue Messeinrichtungen für Gas

6 Eine **Messeinrichtung** ist in § 2 Nr. 10 **legaldefiniert** als ein Messgerät, das allein oder in Verbindung mit anderen Messgeräten für die Gewinnung eines oder mehrerer Messwerte eingesetzt wird", wobei Messwerte gemäß § 2 Nr. 14 den relevanten Energiebezug durch seine Legaldefinition herstellt, hier also für Gas.

7 Das **Tatbestandsmerkmal „neu"** bezieht sich nicht auf „den Einbauvorgang, sondern auf die Messeinrichtung selbst. Ein vorübergehender Ausbau des Altgeräts, etwa zu Wartungszwecken oder zur Nacheichung" oder der Tausch „bislang eingebauter Geräte gegen gebrauchte Messeinrichtungen" fällt nicht hierunter".[2] Dementsprechend können innerhalb der Übergangsregelungen des § 20 Abs. 2 MsbG alle üblichen Wartungsarbeiten durchgeführt werden, ohne dass sich daraus eine unmittelbare Verpflichtung zur Verwendung einer Schnittstelle ergibt. Wird jedoch eine Messeinrichtung insgesamt durch ein Neugerät ersetzt oder eine neue Messstelle geschaffen, dann gilt § 20 unmittelbar.

III. Anforderungen an die Anbindung

8 Anders als bei **§ 21f EnWG 2011**, wo noch die Messeinrichtung für Gas selbst den Technischen Richtlinien und Schutzprofilen entsprechen musste, ist es nunmehr nur noch die Anbindung zum Smart-Meter-Gateway selbst (so zumindest nach Wortlautabgleich und Gesetzesbegründung).

9 Die Anbindung von Messeinrichtungen erfolgt über das „**Local Metrological Network**" (LMN). Darüber können neben Messeinrichtungen für Strom auch Messeinrichtungen für die anderen Sparten, etwa Gas, Wasser oder Wärme, angebunden werden. Die Vorgaben und Feinspezifikationen für die LMN-Schnittstellen ergeben sich aus den Anforderungen

---

2 Britz/Hellermann/Hermes/*Herzmann*, § 21f EnWG Rn. 1, unter Hinweis auf die Gesetzesbegründung der Vorgängervorschrift des § 21f EnWG 2011: BT-Drs. 17/11705, S. 31.

der **Technischen Richtlinie TR-03109-1**. Ein wesentlicher Inhalt ist die Verschlüsselung und Integritätssicherung der Kommunikation.

Dies erscheint vor dem Hintergrund der eichrechtlichen Vorschriften und der Gerätesicherheit im engeren Sinne plausibel. Die **Gefahren**, denen das MsbG begegnen will, sind **telekommunikativer Art**, so dass auch der Begriff der sicheren Verbindung wie in § 19 Abs. 1 zu verstehen ist. Gefordert werden somit die Gewährleistung von „Datenschutz, Datensicherheit und Interoperabilität" im Rahmen des Kommunikationsvorgangs. In den Schutzprofilen und Technischen Richtlinien in Anlage 4 zu § 22 ist der (aktuelle) Stand der Technik niedergelegt. Auch hier unterscheidet sich § 20 von § 19, da bei letzterem der jeweilige Stand der Technik gefordert wird. **10**

Ein besonderes **Zertifizierungsverfahren** ist nicht vorgesehen, geht jedoch mit den Anforderungen an die Anbindung an das Smart-Meter-Gateway aus Schutzprofilen und Technischen Richtlinien regelmäßig einher. **11**

Wenn keine sichere Anbindung der Gasmessstelle an das Smart-Meter-Gateway gewährleistet werden kann, gilt ein **striktes Einbauverbot** (vgl. § 20 Abs. 1 S. 1 „dürfen nur verbaut werden, wenn"). In § 20 Abs. 2 ist zudem geregelt, wie lange alte Geräte betrieben werden dürfen, wodurch sich eine Nachrüstverpflichtung – und gleichzeitig ein Nutzungsverbot – nach Ablauf der Übergangsfristen mittelbar ergibt. **12**

IV. Übergangsfristen und Bereichsausnahmen

§ 20 weist gewisse **strukturelle Ähnlichkeiten zu § 19** auf, jedoch auch feine Unterschiede. Insgesamt ist die Vorschrift weniger streng, gestattet eine längere Nutzungszeit und sieht insbesondere keine Hinweispflichten des Messstellenbetreibers sowie Einverständniserklärungen vor. **13**

Neue Messeinrichtungen für Gas, die den besonderen **Anforderungen** aus Abs. 1 **nicht genügen**, dürfen noch bis zum 31.12.2016 und jeweils bis zu acht Jahre ab Einbau genutzt werden, wenn ihre Nutzung nicht mit unverhältnismäßigen Gefahren verbunden ist. **14**

Zweck dieser Regelung ist **Vertrauens- und Bestandsschutz**, der insbesondere vor dem Hintergrund des festgestellten geringen Einsparpotentials stärker als beim Strom wiegt. **15**

Im Gegensatz zu § 19 wird auf einen exakten **Stichtag** abgestellt, da der Gesetzgeber bereits selbst davon ausgeht, dass die geforderte sichere Einbindung bereits jetzt am Markt erhältlich ist. **16**

Zudem ist zu beachten, dass **§ 19 dennoch mittelbar auf § 20 wirkt**. Bei § 19 ist die exakte Stichtagsregelung zum Jahresende 2016 aufgeweicht worden durch den Verweis auf § 30. Solange es noch nicht drei Marktanbieter gibt, die ein sicheres Smart-Meter-Gateway betreiben, solange gibt es keine Pflichten nach § 19. Man könnte nun annehmen, dass es dann auch schwierig ist, die nach § 20 geforderte sichere Einbindung (Schnittstelle oder den Adapter) festzulegen. Jedoch hat der Gesetzgeber bereits in der Gesetzesbegründung niedergelegt, dass eine Nachrüstung mit Adaptern einfach möglich sei. Daher ist die Stichtagsregelung nicht aufzuweichen. **17**

Mätzig/Netzband

§ 20   Anbindbarkeit von Messeinrichtungen für Gas an das Smart-Meter-Gateway

18   Der **Begriff** der **unverhältnismäßigen Gefahren** ist wie in § 19 zu verstehen.[3] Es geht vornehmlich nicht um eichrechtliche oder Produktsicherheitsrisiken, sondern um die Risiken rund um Datenschutz, Datensicherheit und Interoperabilität.

19   Die **temporäre Bereichsausnahme** wird für Messeinrichtungen mit registrierender Leistungsmessung erweitert, da hier bereits ein System existiert, das im Wesentlichen die Anforderungen erfüllt, die der Gesetzgeber intendiert: Bei einer registrierten Leistungsmessung – besser registrierten Lastgangmessung[4] – werden jährlich mehr als 1,5 Mio. kWh entnommen, was für ca. 56 000 Zählpunkte im Bereich Gas, somit 0,4 % von 14 Mio. Zählpunkten relevant ist. Hier wird bereits viertelstündlich der Lastgang gemessen, so dass eine genaue Verbrauchsmessung bereits vorliegt. Eine Dopplung technischer Anbindungen dieser Messeinrichtungen würde keinen relevanten zusätzlichen Nutzen bringen. Daher dürfen diese Messeinrichtungen – unter der Voraussetzung der Gefahrenlosigkeit – noch bis zum 31.12.2024 eingebaut und jeweils bis zu acht Jahre ab Einbau genutzt werden.

---

3 Vgl. BerlKommEnR/*Mätzig/Netzband/Bruchmann*, § 19 MsbG Rn. 35 f.
4 Vgl. § 24 Abs. 1 GasNZV.

§ 21 Mindestanforderungen an intelligente Messsysteme

(1) Ein intelligentes Messsystem muss
1. die zuverlässige Erhebung, Verarbeitung, Übermittlung, Protokollierung, Speicherung und Löschung von aus Messeinrichtungen stammenden Messwerten gewährleisten, um
   a) eine Messwertverarbeitung zu Abrechnungszwecken durchführen zu können,
   b) eine Zählerstandsgangmessung bei Letztverbrauchern, von Anlagen im Sinne von § 14a des Energiewirtschaftsgesetzes und von Erzeugungsanlagen nach dem Erneuerbare-Energien-Gesetz und Kraft-Wärme-Kopplungsgesetz durchführen zu können sowie die zuverlässige Administration und Fernsteuerbarkeit dieser Anlagen zu gewährleisten,
   c) die jeweilige Ist-Einspeisung von Erzeugungsanlagen nach dem Erneuerbare-Energien-Gesetz und Kraft-Wärme-Kopplungsgesetz abrufen zu können und
   d) Netzzustandsdaten messen, zeitnah übertragen und Protokolle über Spannungsausfälle mit Datum und Zeit erstellen zu können,
2. eine Visualisierung des Verbrauchsverhaltens des Letztverbrauchers ermöglichen, um diesem
   a) den tatsächlichen Energieverbrauch sowie Informationen über die tatsächliche Nutzungszeit bereitzustellen,
   b) abrechnungsrelevante Tarifinformationen und zugehörige abrechnungsrelevante Messwerte zur Überprüfung der Abrechnung bereitzustellen,
   c) historische Energieverbrauchswerte entsprechend der Zeiträume der Abrechnung und Verbrauchsinformationen nach § 40 Absatz 3 des Energiewirtschaftsgesetzes für die drei vorangegangenen Jahre zur Verfügung stellen zu können,
   d) historische tages-, wochen-, monats- und jahresbezogene Energieverbrauchswerte sowie die Zählerstandsgänge für die letzten 24 Monate zur Verfügung stellen zu können und
   e) die Informationen aus § 53 Absatz 1 Nummer 1 zur Verfügung zu stellen,
3. sichere Verbindungen in Kommunikationsnetzen durchsetzen, um
   a) über eine sichere und leistungsfähige Fernkommunikationstechnik die sichere Administration und Übermittlung von Daten unter Beachtung der mess- und eichrechtlichen und der datenschutzrechtlichen Vorgaben zu ermöglichen, wobei das Smart-Meter-Gateway neben der verwendeten für eine weitere vom Smart-Meter-Gateway-Administrator vermittelte und überwachte zusätzliche, zuverlässige und leistungsfähige Art der Fernkommunikation offen sein muss,
   b) eine interne und externe Tarifierung sowie eine Parametrierung der Tarifierung im Smart-Meter-Gateway durch dessen Administrator unter Beachtung der eich- und datenschutzrechtlichen Vorgaben zu ermöglichen,
   c) einen gesicherten Empfang von Messwerten von Strom-, Gas-, Wasser- und Wärmezählern sowie von Heizwärmemessgeräten zu ermöglichen und
   d) eine gesicherte Anbindung von Erzeugungsanlagen, Anzeigeeinheiten und weiteren lokalen Systemen zu ermöglichen,

§ 21 Mindestanforderungen an intelligente Messsysteme

4. ein Smart-Meter-Gateway beinhalten, das
    a) offen für weitere Anwendungen und Dienste ist und dabei über die Möglichkeit zur Priorisierung von bestimmten Anwendungen verfügt, wobei nach Anforderung der Netzbetreiber ausgewählte energiewirtschaftliche und in der Zuständigkeit der Netzbetreiber liegende Messungen und Schaltungen stets und vorrangig ermöglicht werden müssen,
    b) ausschließlich durch den Smart-Meter-Gateway-Administrator konfigurierbar ist und
    c) Software-Aktualisierungen empfangen und verarbeiten kann,
5. die Grenzen für den maximalen Eigenstromverbrauch für das Smart-Meter-Gateway und andere typischerweise an das Messsystem angebundene Komponenten einhalten, die von der Bundesnetzagentur nach § 47 Absatz 1 Nummer 4 festgelegt werden und
6. die Stammdaten angeschlossener Anlagen nach § 14a des Energiewirtschaftsgesetzes sowie nach dem Erneuerbare-Energien-Gesetz und Kraft-Wärme-Kopplungsgesetz übermitteln können.

(2) Die in Absatz 1 Nummer 1 Buchstabe b, c und d sowie Nummer 6 genannten Mindestanforderungen müssen nicht von intelligenten Messsystemen erfüllt werden, die bei Anschlussnutzern eingebaut worden sind oder eingebaut werden, bei denen keine der Voraussetzungen für eine Einbaupflicht von intelligenten Messsystemen nach § 29 gegeben ist.

(3) Die in Absatz 1 genannten Mindestanforderungen müssen mit Ausnahme von Nummer 5 nicht von Messsystemen erfüllt werden, die nach Maßgabe von § 19 Absatz 5 Satz 1 eingebaut werden können.

(4) Befinden sich an einem Netzanschluss mehrere Zählpunkte, können die Anforderungen nach Absatz 1 auch mit nur einem Smart-Meter-Gateway realisiert werden.

Übersicht

	Rn.		Rn.
I. Allgemeines	1	VI. Festlegung eines maximalen Stromverbrauchs (Abs. 1 Nr. 5)	23
II. Mindestanforderungen an die Messwerterhebung und -übertragung (Abs. 1 Nr. 1)	5	VII. Mindestanforderungen an die Erhebung und Übermittlung relevanter Stammdaten (Abs. 1 Nr. 6)	25
III. Mindestanforderungen an die Visualisierungsmöglichkeiten zum Verbrauchsverhalten (Abs. 1 Nr. 2)	9	VIII. Mindestanforderungen an intelligente Messeinrichtungen außerhalb der Pflichteinbauten (Abs. 2)	27
IV. Mindestanforderungen an die sichere, zuverlässige und leistungsfähige Fernkommunikation (Abs. 1 Nr. 3)	13	IX. Mindestanforderungen an Messsysteme nach § 19 Abs. 5 S. 1 (Abs. 3)	28
V. Mindestanforderungen an das Smart-Meter-Gateway (Abs. 1 Nr. 4)	21	X. Anschluss mehrerer Zählpunkte (Abs. 4)	29

II. Mindestanforderungen an die Messwerterhebung und -übertragung (Abs. 1 Nr. 1)   § 21

I. Allgemeines

Mit § 21 werden **europarechtliche Vorgaben** umgesetzt: die Energieeffizienz-RL, insbesondere Art. 9, und die EltRL, hier insbesondere Anhang I Ziffer 2, bzw. die Gas-RL, hier insbesondere Anhang I Ziffer 2.   1

§ 21 formuliert die **Mindestanforderungen an alle Messeinrichtungen**. Der Anforderungsumfang variiert je nachdem, ob es sich um eine intelligente Messeinrichtung und/oder um Pflichteinbauten handelt.   2

Die Einhaltung der Mindestanforderungen wird durch eine **Zertifizierungspflicht** der Messsysteme (§ 19 Abs. 3) und des Smart-Meter-Gateways (§ 22) sowie durch ein Einbauverbot nicht zertifizierter Messsysteme nach § 19 Abs. 3 sichergestellt.   3

Teilweise vervollständigen F**estlegungskompetenzen der Bundesnetzagentur** die Vorgaben des § 21 (§ 21 Abs. 1 Nr. 5, § 47 Abs. 1 Nr. 1–5). Die Festlegungskompetenz der Bundesnetzagentur – anstelle einer Kompetenz des BSI – erklärt sich zum einen daraus, dass der Bundesnetzagentur als Regulierungsbehörde das flexible Instrument der Festlegung vorbehalten ist (vgl. § 29 EnWG).[1] Zum anderen ist der Messstellenbetrieb traditionell im regulierten Netzbetrieb verankert gewesen, der von der Bundesnetzagentur und den Landesregulierungsbehörden beaufsichtigt wird (vgl. § 54 EnWG), und ist mit diesem noch immer technisch eng verknüpft.   4

II. Mindestanforderungen an die Messwerterhebung und -übertragung (Abs. 1 Nr. 1)

Mit den **Anforderungen an die Messwerterhebung und -übertragung** wird der zentralen Aufgabe von intelligenten Messsystemen Rechnung getragen.   5

Unter der **Fähigkeit zur Zählerstandsgangmessung** wird eine als die von intelligenten Messsystemen allgemein zu gewährleistende Art der Messung elektrischer Arbeit verstanden. Dies gilt zum einen für die Messung des allgemeinen Stromverbrauchs, als auch für die Messung von besonderen Verbrauchseinrichtungen und die Messung eingespeister Strommengen. Diese Mindestanforderung bildet den Grundstein für eine damit mögliche Abkehr vom Standardlastprofil nach § 12 StromNZV. Strommengen können mit diesem Verfahren zielgenauer beschafft werden und Einkaufsvorteile an Kunden weitergegeben werden. Dies dient der Netzauslastung und der Energieeffizienz; beides zentrale Nutzeneffekte, die vom Einsatz intelligenter Messsysteme erwartet werden und somit von jedem Messsystem zu meistern sind.   6

Mit der Anforderung zur Fernsteuerbarkeit von Anlagen im Sinne des § 21 Abs. 1 Nr. 1 lit. b) ist es insbesondere erforderlich, dass neben der Abrufung der Ist-Einspeisung gemäß Abs. 1 Nr. 1 lit. c) auch eine ferngesteuerte Reduzierung der Einspeiseleistung der Anlage über das intelligente Messsystem erfolgen kann. Hierbei ist auch die Festlegungskompetenz der Bundesnetzagentur zu beiden Aspekten zu beachten (siehe § 47 Abs. 1 Nr. 1).   7

Bei der Erhebung und Ermittlung von Netzzustandsdaten geht es um die netzdienliche Ausgestaltung von intelligenten Messsystemen, um das volle Potenzial moderner Messsys-   8

---

1 Begründung zum Regierungsentwurf v. 17.2.2016, BT-Drs. 18/7755, S. 104.

§ 21 Mindestanforderungen an intelligente Messsysteme

teme auch zu Zwecken des Netzbetriebes auszuschöpfen. Netzbetreiber sollen die Möglichkeit haben, für Netzzustandsdaten auf intelligente Messsysteme zugreifen zu können statt eigene separate Betriebsmittel zusätzlich installieren zu müssen. Dies dient der Effizienz des Netzbetriebs und steigert den Nutzen von intelligenten Messsystemen. Auch hierzu gibt es eine Festlegungskompetenz der Bundesnetzagentur zur zeitnahen Übermittlung der Netzzustandsdaten, das heißt in welchen Zeitabständen die Netzbetreiber Zugriff auf diese Daten haben müssen (siehe § 47 Abs. 1 Nr. 2).

III. Mindestanforderungen an die Visualisierungsmöglichkeiten zum Verbrauchsverhalten (Abs. 1 Nr. 2)

9   Diese Vorgaben setzt die **EltRL**, konkret Art. 9 Abs. 2 lit. a), um. Die **Anforderung der Richtlinie** lautet: Wenn und soweit Mitgliedstaaten intelligente Verbrauchserfassungssysteme und intelligente Zähler einführen, stellen sie sicher, dass die Verbrauchserfassungssysteme dem Endkunden Informationen über seine tatsächlichen Nutzungszeiten vermitteln.

10 Die Formulierung „ermöglichen" wurde gewählt, um klarzustellen, dass die jeweilige **Veranschaulichung** nicht zwingend auf dem intelligenten Messsystem selbst erfolgen muss, sondern – was in den meisten Fällen praktikabler sein dürfte – auch über eine Kommunikationsschnittstelle zu Displays in der Wohnung des Letztverbrauchers oder über Internetanwendungen gewährleistet werden kann, zumal die notwendigen Informationen derart umfangreich sind, dass sie einer anschaulichen Aufbereitung bedürfen. Auch werden das intelligente Messsystem und seine Komponenten für den Letztverbraucher nicht immer unmittelbar zugänglich sein. Eine Verbrauchsveranschaulichung ist aber nur dann zweckmäßig, wenn der Letztverbraucher hierauf unmittelbaren Zugriff hat.

11 Die Anforderung in § 21 Abs. 1 Nr. 2 lit. e) dient aus Datenschutzerwägungen heraus der **Kontrollmöglichkeit des Letztverbrauchers,** damit sich dieser über die Verwendung der von ihm erhobenen personenbezogenen Daten jederzeit informieren kann.

12 Messsysteme müssen technisch dazu in der Lage sein, sämtliche der oben beschriebenen **Visualisierungstechniken** (Anschluss eines Displays am Smart Meter Gateway selbst, Display in der Wohnung, Visualisierung über das Internet) für die in § 21 Abs. 1 Nr. 2 lit. a) bis e) genannten Informationen sicher zu ermöglichen. Wie die Visualisierung dann im konkreten Einzelfall umgesetzt wird, hängt von den örtlichen Begebenheiten sowie von den Wünschen des Letztverbrauchers ab.

IV. Mindestanforderungen an die sichere, zuverlässige und leistungsfähige Fernkommunikation (Abs. 1 Nr. 3)

13 Die **sichere, zuverlässige und leistungsfähige Fernkommunikation** ist wesentlicher Bestandteil des Smart Metering.

14 Das Gesetz ist insoweit zunächst **technologieneutral** ausgestaltet, es wird erwartet, dass sich eine oder mehrere Arten der Fernkommunikationstechnik am Markt durchsetzen werden.

Zu **näheren Anforderungen an die Fernkommunikation**, z. B. mit Blick auf erforderliche Bandbreite, Latenz oder Verfügbarkeit, ist die Bundesnetzagentur zum Erlass entsprechender Festlegungen befugt.

Intelligente Messsysteme müssen entsprechend der **Mindestvorgabe** unter § 21 Abs. 1 Nr. 3 lit. a) stets für **zwei Arten der Fernkommunikation** offen sein. Dies kann beispielsweise von Netzbetreibern, soweit dies erforderlich ist, auf eine Weise genutzt werden, dass ihnen bei entsprechender Berechtigung des Netzbetreibers vom Smart-Meter-Gateway-Administrator ein eigener Kommunikationskanal zum Smart Meter Gateway eingerichtet wird, um zum Beispiel mittels entsprechender Signale auf EEG-Anlagen steuernd einwirken zu können. Die Offenheit für mehrere Arten der Fernkommunikation trägt auch dem Umstand Rechnung, dass unterschiedliche Akteure stark unterschiedliche Anforderungen an die Leistungsfähigkeit der Fernkommunikation haben können. Die Offenheit für mehrere Arten verbreitert den Einsatzbereich von intelligenten Messsystemen. Zwingend ist nicht die Ausführung über mehrere physische Schnittstellen, ausreichend ist eine Ausführung über mindestens zwei logische Schnittstellen zur Wahrung der geforderten Offenheit für eine weitere Art der Fernkommunikation.

Die **Tarifierung** ist **zentraler Bestandteil der Umsetzung variabler Tarife**, einem weiteren zentralen Nutzeneffekt moderner Smart-Metering-Systeme. Die Offenheit für interne und externe Tarifierung (Tarifierung in ausgelagerten Server-Einheiten) in § 21 Abs. 1 Nr. 3 lit. b) vergrößert den Spielraum für eine Systemeingliederung von Messsystemen in die Datenverarbeitungssysteme der Messstellenbetreiber.

Die **Möglichkeit in § 21 Abs. 1 Nr. 3 lit. c)**, auch die Messwerte anderer Sparten zu empfangen, hebt bedeutende Synergien und macht eine mit Kosten verbundene Vor-Ort-Ablesung anderer Sparten entbehrlich.

Von großer Wichtigkeit ist ebenfalls die Vorgabe in **§ 21 Abs. 1 Nr. 3 lit. d)**. Erzeugungsanlagen werden nach den Vorgaben in § 29 Abs. 1 mit intelligenten Messsystemen ausgestattet (Anlagen größer 7 Kilowatt installierter Leistung), oder sie sind an ein intelligentes Messsystem nach § 40 unter den dort genannten Voraussetzungen anzubinden.

Dass auch weitere lokale Systeme angebunden werden können, entspricht dem **technologisch breiten Ansatz**. Denkbar sind hier Energiemanagementsysteme oder auch Systeme zur Ermöglichung energiefremder Dienste. Die Anforderungen unter Nr. 3 beschreiben mithin die Notwendigkeit, verschiedene Schnittstellen für die Kommunikation vorzusehen – zu den Messeinrichtungen, zum Heimnetzwerk und für die Weitbereichskommunikation.

V. Mindestanforderungen an das Smart-Meter-Gateway (Abs. 1 Nr. 4)

Zur Hebung von Synergien muss ein Smart-Meter-Gateway auf Wunsch des Letztverbrauchers **technologieoffen für Mehrwertdienste** ausgestaltet werden können, wobei solche Mehrwertdienste die Durchführung wesentlicher energiewirtschaftlicher Prozesse nicht behindern dürfen; Priorisierungsfunktionen sind daher notwendig.

Ferner muss bereits durch die technische Ausstattung des Smart Meter Gateway gesichert sein, das ein **direkter Zugriff** auf dieses nur **durch eine einzige Instanz**, nämlich dem **Smart-Meter-Gateway-Administrator**, möglich ist.

§ 21   Mindestanforderungen an intelligente Messsysteme

VI. Festlegung eines maximalen Stromverbrauchs (Abs. 1 Nr. 5)

23   Die Festlegung eines maximalen Stromverbrauchs ist logische Folge zum einen des mit der Einführung intelligenter Messsysteme verfolgten Gesamtziels der **Energieeffizienz**, zum anderen der Vorgabe in § 25 Abs. 2, dass die **Stromentnahme im ungemessenen Bereich** zu erfolgen hat. „Stromintensive" Einrichtungen zu Lasten der Allgemeinheit sollten deshalb vermieden werden.

24   Die Bundesnetzagentur hat über eine Festlegung nach § 47 Abs. 1 Nr. 4 Möglichkeiten, Stromverbrauchsgrenzen für das Smart Meter **Gateway** und anderer typischerweise an das intelligente Messsystem angebundenen Einrichtungen einzuziehen, soweit eine Grenzziehung rechtlich zulässig ist.

VII. Mindestanforderungen an die Erhebung und Übermittlung relevanter Stammdaten (Abs. 1 Nr. 6)

25   In § 21 Abs. 1 Nr. 6 werden **Mindestanforderungen an die Erhebung und Übermittlung relevanter Stammdaten** gesetzlich festgeschrieben. Stammdaten sind demnach unter anderem Art und technische Ausstattung angeschlossener Erzeugungsanlagen und steuerbarer Verbrauchseinrichtungen nach § 14a EnWG, Ort und Spannungsebene sowie Art der kommunikativen Anbindung.

26   Auch hier hat die Bundesnetzagentur eine **Festlegungskompetenz** zu näheren Anforderungen an die Übermittlung von Stammdaten angeschlossener Anlagen (siehe § 47 Abs. 1 Nr. 5).

VIII. Mindestanforderungen an intelligente Messeinrichtungen außerhalb der Pflichteinbauten (Abs. 2)

27   § 21 Abs. 2 normiert Mindestanforderungen an intelligente Messeinrichtungen außerhalb der Pflichteinbauten.

IX. Mindestanforderungen an Messsysteme nach § 19 Abs. 5 S. 1 (Abs. 3)

28   Mit den in § 21 Abs. 3 vorgeschriebenen Mindestanforderungen an Messsysteme nach § 19 Abs. 5 S. 1 soll eine mit § 19 Abs. 5 gewährleistete **Investitionssicherheit** nicht wieder durch allgemeine Anforderungen an Messsysteme ausgehöhlt werden.

X. Anschluss mehrerer Zählpunkte (Abs. 4)

29   Die Regelung in § 21 Abs. 4 enthält die Klarstellung, dass an ein Smart-Meter-Gateway auch **mehrere Messeinrichtungen zur Erfassung elektrischen Stroms angeschlossen** werden können. Dies kann aus Kostengesichtspunkten sogar wünschenswert sein und dürfte in Mehrfamilienhäusern grundsätzlich gut zu realisieren sein.

§ 22 Mindestanforderungen an das Smart-Meter-Gateway durch Schutzprofile und Technische Richtlinien

(1) Das Smart-Meter-Gateway eines intelligenten Messsystems hat zur Gewährleistung von Datenschutz, Datensicherheit und Interoperabilität nach dem Stand der Technik folgende Anforderungen zu erfüllen an

1. die Erhebung, Zeitstempelung, Verarbeitung, Übermittlung, Speicherung und Löschung von Messwerten, damit zusammenhängender Daten und weiteren über ein intelligentes Messsystem oder Teilen davon geleiteten Daten,
2. den Zugriffsschutz auf die im elektronischen Speicher- und Verarbeitungsmedium abgelegten Messdaten,
3. die sichere Zeitsynchronisation des Smart-Meter-Gateway mit einer vertrauenswürdigen Zeitquelle im Weitverkehrsnetz und
4. die Interoperabilität der intelligenten Messsysteme und Teile davon.

(2) [1]Die Einhaltung des Standes der Technik im Sinne von Absatz 1 wird vermutet, wenn die im Anhang aufgeführten Schutzprofile und Technischen Richtlinien des Bundesamtes für Sicherheit in der Informationstechnik in der jeweils geltenden Fassung eingehalten werden. [2]Die jeweils geltende Fassung wird im Bundesanzeiger durch Verweis auf die Internetseite des Bundesamtes für Sicherheit in der Informationstechnik[2] bekannt gemacht.

(3) Schutzprofile haben eine gültige Beschreibung von Bedrohungsmodellen und technische Vorgaben zur Gewährleistung von Datenschutz, Datensicherheit und Manipulationsresistenz zu enthalten und dazu Anforderungen an die Funktionalitäten eines Smart-Meter-Gateway zu beschreiben, die insbesondere folgende Mindestanforderungen enthalten

1. an die Einsatzumgebung, die für die korrekte Funktionsweise der Sicherheitsfunktionen notwendig ist,
2. an die organisatorischen Sicherheitspolitiken,
3. zur Gewährleistung der Sicherheitsziele für das Smart-Meter-Gateway und seine Umgebung und
4. an die Kommunikationsverbindungen und Protokolle des Smart-Meter-Gateway.

(4) [1]Technische Richtlinien haben technische Anforderungen an die Interoperabilität von intelligenten Messsystemen und einzelnen Teilen oder Komponenten zu beschreiben. [2]Sie müssen insbesondere folgende Mindestanforderung enthalten an:

---

[2] Auf den Internetseiten des Bundesamtes für Sicherheit in der Informationstechnik www.bsi.bund.de wurden unter dem Oberbegriff „Smart Metering Systems" folgende Unterordner eingerichtet: „Schutzprofil Gateway", „Schutzprofil Security Module", „Smart Metering PKI" und „Technische Richtlinie"; eine Übersicht über die Schutzprofile und Technischen Richtlinien nach § 22 Absatz 2 Satz 1 findet sich unter www.bsi.bund.de/DE/Themen/DigitaleGesellschaft/SmartMeter/UebersichtSP-TR/uebersicht_node.html.

§ 22 Mindestanforderungen an das Smart-Meter-Gateway

1. die Funktionalitäten des Smart-Meter-Gateway,
2. die Kommunikationsverbindungen und Protokolle des Smart-Meter-Gateway,
3. die Messwertverarbeitung für die Tarifierung und die Netzzustandsdatenerhebung durch das Smart-Meter-Gateway,
4. die Inhaltsdatenverschlüsselung, Signierung, Absicherung der Kommunikation und Authentifizierung der Datennutzer,
5. die einzusetzenden kryptographischen Verfahren und
6. die Architektur der Smart-Metering-Public-Key-Infrastruktur.

[3]Die Technischen Richtlinien haben darüber hinaus die Betriebsprozesse vorzugeben, deren zuverlässige Durchführung vom Smart-Meter-Gateway-Administrator gewährleistet werden muss. [4]Auch haben sie organisatorische Mindestanforderungen an den Smart-Meter-Gateway-Administrator sowie ein entsprechendes Zertifizierungsverfahren zu bestimmen.

(5) Absatz 1 ist nicht für Messsysteme anzuwenden, die nach Maßgabe von § 19 Absatz 5 Satz 1 eingebaut werden können.

Anlage (zu § 22 Absatz 2 Satz 1)
Übersicht über die Schutzprofile und Technischen Richtlinien des Bundesamtes für Sicherheit in der Informationstechnik

1. BSI: Protection Profile for the Gateway of a Smart-Metering-System (Smart-Meter-Gateway PP), BSI-CC-PP0073 [Schutzprofil für die Kommunikationseinheit eines intelligenten Messsystems für Stoff- und Energiemengen],

Fundstelle: https://www.bsi.bund.de/SharedDocs/Downloads/DE/BSI/Zertifizierung/ReportePP/pp0073b_pdf.pdf

(Korrekt müsste es heißen https://www.bsi.bund.de/SharedDocs/Downloads/DE/BSI/Zertifizierung/Reporte/ReportePP/pp0073b_pdf.pdf?__blob=publicationFile&v=1)

2. BSI: Protection Profile for the Security Module of a Smart-Meter-Gateway (Security Module PP), BSI-CC-PP-0077 [Schutzprofil für das Sicherheitsmodul der Kommunikationseinheit eines intelligenten Messsystems für Stoff- und Energiemengen],

Fundstelle:
https://www.bsi.bund.de/SharedDocs/Downloads/DE/BSI/Zertifizierung/ReportePP/pp0077V2b_pdf.pdf

(Korrekt müsste es heißen https://www.bsi.bund.de/SharedDocs/Downloads/DE/BSI/Zertifizierung/Reporte/ReportePP/pp0077V2b_pdf.pdf?__blob=publicationFile&v=1)

3. BSI: Technische Richtlinie TR-03109

a) BSI: Technische Richtlinie TR-03109-1, Anforderungen an die Interoperabilität der Kommunikationseinheit eines intelligenten Messsystems,
b) BSI: Technische Richtlinie TR-03109-2, Smart-Meter-Gateway – Anforderungen an die Funktionalität und Interoperabilität des Sicherheitsmoduls,
c) BSI: Technische Richtlinie TR-03109-3, Kryptographische Vorgaben für die Infrastruktur von intelligenten Messsystemen,
d) BSI: Technische Richtlinie TR-03109-4, Smart Metering PKI – Public-Krey-Infrastruktur für Smart-Meter-Gateways,

e) BSI: Technische Richtlinie TR-03109-5, Kommunikationsadapter [Veröffentlichung folgt],

f) BSI: Technische Richtlinie TR-03109-6: Smart-Meter-Gateway-Administration,

Fundstellen:
https://www.bsi.bund.de/SharedDocs/Downloads/DE/BSI/Publikationen/Technische-Richtlinien/TR03109/TR03109-1.pdf

https://www.bsi.bund.de/SharedDocs/Downloads/DE/BSI/Publikationen/Technische-Richtlinien/TR03109/TR03109-2-Anforderungen an die Funktionalitaet.pdf

https://www.bsi.bund.de/SharedDocs/Downloads/DE/BSI/Publikationen/Technische-Richtlinien/TR03109/TR03109-2-Sicherheitsmodul Use Cases.pdf

https://www.bsi.bund.de/SharedDocs/Downloads/DE/BSI/Publikationen/Technische-Richtlinien/TR03109/TR03109-3 Kryptographische Vorgaben.pdf

https://www.bsi.bund.de/SharedDocs/Downloads/DE/BSI/Publikationen/Technische-Richtlinien/TR03109/TR03109 PKI.pdf

https://www.bsi.bund.de/SharedDocs/Downloads/DE/BSI/Publikationen/Technische-Richtlinien/TR03109/TR03109-6-Smart_Meter_Gateway_Administration.pdf

4. BSI: Technische Richtlinie TR-03116-3, eCard-Projekte der Bundesregierung (Kryptographische Vorgaben für die Infrastruktur von intelligenten Messsystemen),

Fundstelle:
https://www.bsi.bund.de/SharedDocs/Downloads/DE/BSI/Publikationen/Technische-Richtlinien/TR03116/BSI-TR-03116-3.pdf

5. BSI: Zertifizierungsrichtlinie (Certificate Policy) der Smart-Metering-Public-Key-Infrastruktur (PKI).

Fundstelle:
https://www.bsi.bund.de/SharedDocs/Downloads/DE/BSI/Publikationen/Technische-Richtlinien/TR03109/PKI Certificate Policy.pdf

Schrifttum: *Aichele/Doleski*, Smart Meter Rollout, 2013; *Backes/Hemmer*, Intelligente Messsysteme und moderne Messeinrichtungen, 2016; *Becker*, Kooperative und konsensuale Strukturen in der Normsetzung, 2005; *Bräunlich/Richter/Grimm/Roßnagel*, Verbindung von CC-Schutzprofilen mit der Methode rechtlicher IT-Gestaltung KORA, DuD 2011, 129; *Datenschutzbeauftragte*, Orientierungshilfe Smart Metering, 2012; *Datenschutzbeauftragte*, Orientierungshilfe Kryptografie, 2003; *Demand*, Praxis-Leitfaden zu Penetrationstests, DSB 2014, 261; *Diening*, Sicherheit im Smart Metering: Das Schutzprofil für künftige intelligente Zähler, im Internet abrufbar unter www.gai-netconsult.de; *Dietrich*, Rechtliche und technische Aspekte des Datenschutzes bei intelligenten Messsystemen (Smart Metern), 2014, im Internet abrufbar unter www.jurpc.de; *Eckert*, IT-Sicherheit, 9. Aufl. 2014; *Ernestus*, Profection Profile – Formal Beschreibung von Sicherheitsanforderungen, DuD 2003, 68; *Folger*, Quantencomputer als Codeknacker, Spektrum der Wissenschaft, 2016; *Gerhager*, Informationssicherheit im zukünftigen Smart Grid, DuD 2012, 445; *Greveler*, Die Smart-Metering-Debatte 2010–2016 und ihre Ergebnisse zum Schutz der Privatsphäre. Wird der technische Datenschutz und die Datensicherheit von Energieverbrauchsdaten gesetzlich effektiv gewährleistet?, Datenbank-Spektrum 2/2016, im Internet abrufbar unter http://1lab.de/pub/smart-meter-debatte.pdf; *Greveler/Justus/Löhr*, Identifikation von Videoinhalten über granulare Stromverbrauchsdaten, im Internet abrufbar unter: http://1lab.de/pub/GrJuLo_Smartmeter.pdf; *Grottker/Esche/Elfroth*, PTB-Anforderungen 50.8 an BSI-zertifzierte Smart-Meter-Gateways, PTB-Mitteilungen 3/2015, 23; *Hayes*, Alice und Bob im Ge-

§ 22 Mindestanforderungen an das Smart-Meter-Gateway

heimraum, Spektrum der Wissenschaft 2016, 78; *Hömig/Wolff*, Grundgesetz für die Bundesrepublik Deutschland, 11. Aufl. 2016; *Kahmann*, Konformitätsbewertung von Messeinrichtungen und -systemen nach § 21d des Energiewirtschaftsgesetzes, PTB-Mitteilungen 3/2015, 9; *Kahmann/Zayer* (Hrsg.), Handbuch Elektrizitätsmesstechnik, 2. Aufl. 2014; *Kaltenstein*, Kernfragen des „additiven" Grundrechtseingriffs unter besonderer Berücksichtigung des Sozialrechts, SGb 2016, 365; *Kermel/Dinter*, Gesetz zur Digitalisierung der Energiewende, RdE 2016, 158; *Köhler-Schute* (Hrsg.), Smart Metering, 2015; *Kramer*, Anbindung von Verbrauchsmessgeräten über Kommunikationsadapter, PTB-Mitteilungen 3/2015, 31; *Kramer*, ISO-Normen im Datenschutz, DSB 3/2015, 54; *Laupichler/Vollmer/Bast/Intemann*, Das BSI-Schutzprofil: Anforderungen an den Datenschutz und die Datensicherheit für Smart Metering Systeme, DuD 2011, 542; *Müller*, Verordnete Sicherheit – das Schutzprofil für das Smart-Meter-Gateway, DuD 2011, 547; *Rutschmann*, Intelligente Messsysteme taugen noch nicht zum Steuern, abrufbar unter www.photovoltaikforum.com; *Sachs* (Hrsg.), Grundgesetz, 7. Aufl. 2014; *Säcker/Boesche*, Der Gesetzgebungsbeschluss des Deutschen Bundestags zum Energiewirtschaftsgesetz vom 28. Juni 2002 – ein Beitrag zur „Verhexung des Denkens durch die Mittel unserer Sprache"?, ZNER 2002, 183; *Sibold*, Zeitsynchronisation des Smart-Meter-Gateways, PTB-Mitteilungen 3/2015, 35; United States Government Accountability Office, Information Assurance, National Partnership Offers Benefits, but Faces Considerable Challenges, 2006; *Voßbein*, Vorabkontrolle gemäß BDSG, DuD 2003, 427.

Übersicht

	Rn.
I. Einleitung Smart-Meter-Gateway (Abs. 1)	1
1. Entstehungsgeschichte	2
2. Notifizierung	3
3. Smart-Meter Gateway	4
4. Berechtigte Rollen am Smart-Meter-Gateway	7
5. Systematische Stellung des § 22	8
II. Normzweck	10
1. Datensicherheit	12
a) Vertraulichkeit	13
b) Integrität	14
c) Verfügbarkeit	15
d) Weitere Ziele	16
2. Datenschutz	18
a) Anwendbarkeit des BDSG	18
b) Grundsätze des Datenschutzes	19
3. Interoperabilität	25
4. Datenverarbeitung	29
a) Daten	30
b) Messwerte und damit zusammenhängende Daten	35
c) Sonstige Daten	38
d) Datenverarbeitung gem. Abs. 1	39
aa) Erhebung, Zeitstempelung, Verarbeitung, Übermittlung, Speicherung und Löschung von Messwerten, damit zusammenhängender Daten und weiteren über ein intelligentes Messsystem oder Teilen davon geleiteter Daten (Nr. 1)	39
bb) Zugriffsschutz auf die im elektronischen Speicher- und Verarbeitungsmedium abgelegten Messdaten (Nr. 2)	41
cc) Gewährleistung der Sicherheitsziele für das Smart Meter Gateway und seine Umgebung (Nr. 3)	43
dd) Interoperabilität der intelligenten Messsysteme und Teilen davon (Nr. 4)	45
5. Maßnahmen zur Umsetzung von Datenschutz und Datensicherheit	47
a) Technische Sicherheitsmaßnahmen	48
aa) Sicherer Übertragungskanal	48
bb) Public-Key-Infrastruktur	49
cc) Inhaltsverschlüsselung	50
dd) Signatur	51
ee) Prüfalgorithmen	52
ff) Logfiles	53
b) Bauliche Maßnahmen	54
c) Organisatorische Maßnahmen	55
aa) Zugriffsrechte	55
bb) Zugangskontrolle	56
cc) Auswahl und Überwachung des Personals	57
d) ISMS	58
III. Vermutung der Einhaltung des Stands der Technik (Abs. 2)	60

Mindestanforderungen an das Smart-Meter-Gateway § 22

1. Allgemeines 60
2. Stand der Technik 62
3. Vermutung 70
   a) Schutzprofile und Technische Richtlinien, die bei der Verabschiedung des Gesetzes vorlagen 70
   b) Vermutungswirkung für andere Regelwerke 74
4. Dynamische Verweisung 76
   a) Allgemeines 76
   b) Bestimmtheitsgebot 78
   c) Wesentlichkeitsgebot 79
   d) Weitere Verweise 81
   e) Kostenfolgen 83
   f) Kumulierter Grundrechtseingriff 85
5. Fazit 88

IV. Schutzprofile (Abs. 3) 91
1. Schutzprofile 92
   a) Allgemeines 94
   b) Formelle Einleitung Teil 1–3 ... 98
   c) Definition der Sicherheitsprobleme 100
   d) Organizational Policy 103
   e) Security Objectives 104
   f) CC-Konformität 106
2. Common Criteria 109
3. Das Schutzprofil für das Smart-Meter-Gateway (Protection Profil for the Gateway of the Smart Metering System) – Version 1.3 vom 31.3.2014 – BSI-CC-PP0073 118
   a) Das Gateway 120
   b) Struktur des Schutzprofils ... 121
   c) Einführung in das Schutzprofil 122
   d) Conformance Claims 133
   e) Gefährdungsbeschreibung (Security Problem Definition) . 134
      aa) Assets 135
      bb) Assumptions (Annahmen) . 136
      cc) Potenzielle Angreifer 137
      dd) Threats (Bedrohungen) ... 138
      ee) Organisation Security Policies 141
      ff) Sicherheitsziele/Security Objectives, die das Gateway betreffen 142
   f) Organisatorische Sicherheitsmaßnahmen/Sicherheitspolitiken, die das Umfeld betreffen 143
   g) Security Objectives Rationale . 144
   h) Security Requirements (Sicherheitsanforderungen) ... 145
4. Das Schutzprofil für das Sicherheitsmodul der Kommunikationseinheit eines intelligenten Messsystems für Stoff- und Energiemengen (Protection Profile for the Security Module of a Smart-Meter-Gateway) – Version 1.03 vom 11.12.2014 – BSI-CC-PP-0077 148
5. Fehlendes Schutzprofil und Technische Richtlinie für die sog. Steuerbox? 161

V. Technische Richtlinien (Abs. 4) 166
1. Allgemeines 166
2. TR-03109 169
   a) Allgemeines 169
   b) Die TR-03109 im Überblick .. 170
3. Mindestanforderungen gem. Nr. 1, 2 und 3 und TR-03109-1 ... 171
   a) Inhalt 171
   b) Kommunikation im WAN 173
      aa) Einführung............. 173
      bb) Die wichtigsten WAF 175
   c) Kommunikation im LMN 177
   d) Kommunikation im HAN 183
      aa) HAN-Anwendungsfälle.... 183
      bb) HAN-Schnittstelle zum Letztverbraucher 184
      cc) Bereitstellung von Daten für den Servicetechniker...... 187
      dd) Transparenter Kanal zwischen CLS und externem Marktteilnehmer 188
   e) Tarifanwendungsfälle 189
      aa) Allgemeines............. 189
      bb) Die einzelnen Tarifanwendungsfälle 195
   f) Physischer Schutz des Gateways 210
   g) Anlagen 211
   h) Testkonzept 213
4. Funktionalität und Interoperabilität des Sicherheitsmoduls gem. Abs. 4 und TR-03109-2 215
   a) Allgemeines 215
   b) Lebenszyklus 216
   c) Sonstiges 224
   d) Anhang TR-03109-2, Use Cases, TR-03109-TS-2 225
5. Anforderungen an die Inhaltsdatenverschlüsselung, Signierung, Absicherung der Kommunikation und Authentifizierung des Datennutzers gem. Nr. 4 sowie die einzusetzenden kryptografischen Verfahren gem. Nr. 5 und TR-03109-3 227

Schmidt

§ 22 Mindestanforderungen an das Smart-Meter-Gateway

a) Verschlüsselungsverfahren 229
b) Inhaltsdatenverschlüsselung ... 231
c) Authentifizierung 234
d) Signatur 236
e) Authentifizierung vor Inhaltsdatenverschlüsselung/
   -entschlüsselung 237
f) Auswirkungen der Verschlüsselungsvorgaben auf die Telekommunikationstechnik 238
6. Architektur der Smart-Metering-Public-Key-Infrastruktur (Nr. 6), TR-03109-4 und TR Certificate Policy der Smart-Meter-Architektur 240
   a) Einführung 240
   b) Architektur der Smart-Meter-Gateway-PKI 242
   c) Zertifikatsvergabe 245
   d) Certificate Policy der Smart-Metering-Architektur 248
   e) Interoperabilität 256
      aa) Gründe für das Erfordernis von Interoperabilität 258
      bb) Folgen mangelnder Interoperabilität 259
7. Technische Richtlinie TR-03109-5 264
8. Aufgaben des Smart-Meter-Gateway-Administrators gem. S. 3 und 4 und Technische Richtlinie TR-03019-6 266
   a) Anwendungsfälle 268
   b) Sicherheitsanforderungen an den Admin-Betrieb 273
   c) Schutzbedarf 275
   d) Umfang des ISMS 276
   e) Outsourcing und Anforderungen Dritter 278
   f) Schutzziele und Haftungsbegründung für den Smart-Meter-Gateway-Administrator . 280
   g) Mindestvorgaben zu den Schutzzielen 282
   h) Bedrohungen 284
   i) Mindestmaßnahmen 288
   j) Auditierung und Zertifizierung. 289
VI. Einbau von G 1-Gateways 290
VII. Übergangsregelung gem. Abs. 5 i.V.m. § 19 Abs. 5 294
VIII. Das BSI 295

I. Einleitung Smart-Meter-Gateway (Abs. 1)

1   § 22 stellt Mindestanforderungen an ein Smart-Meter-Gateway im Hinblick auf Datensicherheit, Datenschutz und Interoperabilität. Das Gesetz enthält allerdings nur allgemein gehaltene Vorgaben. Die Umsetzung und Detaillierung dieser Vorgaben erfolgt in **Schutzprofilen und Technischen Richtlinien**, die im Anhang zum Messstellenbetriebsgesetz aufgeführt sind. Diese Dokumente verweisen wiederum auf weitere technische Normen, nationale wie internationale. Insgesamt umfassen diese Dokumente einen Umfang von weit über tausend Seiten, wobei die in weiteren Verweisen genannten Unterlagen nicht mitgezählt sind. Der Rechtsanwender muss sich mit der Struktur, aber auch mit Einzelheiten auseinandersetzen, da durch diese Dokumente Pflichten für alle am Smart-Meter-Umfeld Beteiligten begründet werden. Die technischen Unterlagen sind in weiten Bereichen sehr detailliert und lassen wenig bis gar keinen Spielraum bei der Umsetzung zu. In diesen Fällen ist ggf. zu prüfen, ob eine Vereinbarkeit mit den gesetzlichen Ermächtigungsgrundlagen besteht. In vielen Fällen besteht aber auch Interpretationsspielraum, der im Sinne der Vorgaben des Gesetzes auszufüllen ist.[1] Die Technische Richtlinie TR-03109-6, die aufgrund von § 22 Abs. 4 erlassen wurde und Mindestanforderungen an den Gateway-Administrator formuliert, hat berufsregelnden Charakter und tangiert somit die Grundrechte in Art. 12 GG. Diese Richtlinie gibt nicht nur das Wie, sondern auch das Ob der Tätigkeit vor.[2] Hier ist zu prüfen, ob Eingriffe in die Berufsfreiheit durch die TR, aber insbesondere

---

[1] BerlKommEnR/*Schmidt*, § 22 MsbG Rn. 210, 217, 223, 276.
[2] BerlKommEnR/*Schmidt*, § 22 MsbG Rn. 61, 79; Jarass/Pieroth/*Jarass*, Art. 12 GG Rn. 14.

I. Einleitung Smart-Meter-Gateway (Abs. 1) § 22

durch die Fortentwicklung nach § 27 von der **Ermächtigungsnorm** gedeckt ist und angesichts der Preisobergrenzen nach § 31 noch die Verhältnismäßigkeit im Einzelfall gewährleistet ist.[3] Schutzprofile und technische Richtlinien sind in der Fachsprache der Informatik zum Teil in Englisch abgefasst, was den Zugang für Nicht-Fachleute zusätzlich erschwert. Diese Kommentierung gibt einen Überblick über Inhalte und Struktur diese Dokumente und geht auch auf ausgewählte Einzelprobleme ein.

1. Entstehungsgeschichte

Vorgängervorschrift für § 22 war § 9 des Entwurfs der Messsystemverordnung (MsysV). 2
Diese sollte auf Basis des § 21e EnWG in Verbindung mit § 21i Abs. 1 Nr. 3 und Nr. 12 EnWG erlassen werden. Da die MsysV jedoch erhebliche Eingriffe in Rechte des Anschlussnutzers (z. B. Zwangseinbau und Kostenlasten) sowie der Unternehmen zur Folge gehabt hätte, hat sich der Gesetzgeber aus verfassungsrechtlichen Gründen dazu entschieden, statt eines Verordnungspakets nach § 21i EnWG ein förmliches Gesetz zu erlassen.[4]
§ 22 entspricht weitgehend dem § 4 des MsysV-E. Dieser enthielt zusätzlich einen Abs. 5, in dem zu Änderungen von Technischen Richtlinien und Schutzprofilen auf das Verfahren nach § 9 MsysV-E (heute § 27) verwiesen wurde. § 4 Abs. 2 und Abs. 3 MsysV-E enthielten eine weitere Voraussetzung, wonach Schutzprofile und Technische Richtlinien sich an international anerkannten Standards orientieren sollten. Diese Unterschiede zwischen § 22 und § 4 MsysV-E sind allesamt eher redaktioneller Natur und daher bestehen zur Vorgängervorschrift keine inhaltlichen Abweichungen. Der Anhang zu § 4 MsysV-E verwies allerdings nicht wie der Anhang zum MsbG auf die Zertifizierungsrichtlinie des BSI (CP) und nur auf die ersten fünf Teilrichtlinien der TR-03109.

2. Notifizierung

Die MsysV, einschließlich der Schutzprofile PP-0073, PP-0077 und der TR-03109 (hier- 3
von aber nur TR-03109-1 bis TR-03109-4) wurden am 20.3.2013 **bei der EU-Kommission notifiziert**, gemäß der Richtlinie RL/2015/1535/EU. Nach nicht näher begründeten Einwendungen Frankreichs, die zu einer zeitlichen Verzögerung des Verfahrens führten, erfolgte die Notifizierung am 23.9.2013. Die Notifizierung umfasste nur das Gateway. Ausweislich des Antrags des BMWi und auch der Begründung zu § 22 durften sich die zu notifizierenden Anforderungen nur an das Gateway und nicht an die Messeinrichtungen (jetzt mME) richten, da die Vorgaben der Richtlinie RL/2004/22/EG (jetzt RL/2014/32/EU) dem entgegenstünden.[5] Deshalb wurden auch neben den Schutzprofilen nur die ersten vier Teilrichtlinien der TR-03109 notifiziert, die Anforderungen ausschließlich an das Gateway und seine Interoperabilität stellen. Die nicht notifizierten Teilrichtlinien regeln u. a. Anforderungen an einen Adapter für das Gateway und an den Gateway-Administrator. Die Notifizierung der MsysV erstreckt sich auch auf die entsprechenden Inhalte des MsbG. Die Technischen Richtlinien haben sich in der Zwischenzeit durch Überarbeitung durch das BSI geändert, so z. B. die TR-03109-2, die den Stand vom 15.12.2014 aufweist. Eine

---

3 Zu den Anforderungen an die die Berufsfreiheit beschränkende Regelung Hömig/Wolff/*Wolff*, Art. 12 GG Rn. 13.
4 Begründung zum Regierungsentwurf v. 17.2.2016, BT-Drs. 18/7555, S. 3, 65.
5 Begründung zum Regierungsentwurf v. 17.2.2016, BT-Drs. 18/7555, S. 85.

§ 22   Mindestanforderungen an das Smart-Meter-Gateway

erneute Notifizierung wäre allerdings nur dann erforderlich, wenn gemäß Art. 5 Abs. 1 S. 4 RL/2015/1535/EU wesentliche inhaltliche Änderungen gegenüber der Notifizierung vorgenommen werden, die den Anwendungsbereich ändern und u. a. Spezifikationen oder Vorschriften hinzufügen oder verschärfen. Wesentliche Änderungen sind in den Technischen Richtlinien gegenüber der notifizierten Fassung nicht vorhanden, so dass eine erneute Notifizierung zurzeit nicht erforderlich ist.

3. Smart-Meter Gateway

4   Ein Smart-Meter-Gateway ist eine **Kommunikationseinheit**, welche die elektronischen Messeinrichtungen im Lokalen Metrologischen Netz (LMN) mit den verschiedenen Marktteilnehmern (bspw. Smart-Meter-Gateway-Administrator, Verteilnetzbetreiber oder Messstellenbetreiber) im Weitverkehrsnetz (WAN) und dem lokalen Heimnetz (HAN) verbindet.[6] Das Smart-Meter-Gateway soll eine datenschutz- und datensicherheitskonforme Einbindung von Zählern in das intelligente Stromnetz ermöglichen.[7] Die gesetzliche Definition des Smart-Meter-Gateways findet sich in § 2 Nr. 19.

5   Das Gateway hat die **Aufgabe**, die über das LMN erhobenen Werte zunächst zu speichern und zu verarbeiten. Es nutzt je nach Verwendungszweck der Daten, z. B. Informationen zum Netzzustand oder Tarif des Kunden, unterschiedliche Regelwerke, um die empfangenen Messwerte unter Beachtung von Datenschutz und Datensicherheit weiterzuverarbeiten. Diese Daten leitet das Gateway an alle externen Marktteilnehmer, die berechtigt sind diese zu empfangen, über das WAN weiter und kommuniziert auch mit dem Smart-Meter-Gateway-Administrator, soweit dessen Rolle betroffen ist.

6   Wesentliches Merkmal des Datenaustausches ist, dass aus Sicherheitsgründen grundsätzlich **sämtliche Kommunikationsverbindungen vom Smart-Meter-Gateway ausgehen** müssen. Kein externer Marktteilnehmer kann von sich aus eine Verbindung zum Smart-Meter-Gateway aufbauen.[8] Dies kann auch grundsätzlich der Smart-Meter-Gateway-Administrator nicht, er ist lediglich berechtigt, durch sog. Wake-up-Calls einen Verbindungsaufbau durch das Gateway anzustoßen. Das Smart-Meter-Gateway baut darüber hinaus Verbindungen zum HAN auf. Über dieses soll der Letztverbraucher seine Verbrauchs- und ggf. Einspeisewerte einsehen können.[9]

4. Berechtigte Rollen am Smart-Meter-Gateway

7   Das Gateway als Kommunikationseinheit hat die Aufgabe, **Verbindungen zwischen Kommunikationspartnern herzustellen**, damit Daten übertragen werden können. Die Sicherheitsanforderungen an die Verbindungskanäle und die Datenübertragung sind in den zu § 22 erlassenen Schutzprofilen vorgegeben und werden in den Technischen Richtlinien aufgegriffen. Daten dürfen aus Datenschutz- und Datensicherheitsgründen nur zwischen Parteien ausgetauscht werden, die dazu berechtigt sind. Im Gesetz sind als Berechtigte genannt: der **Kunde** (als Anschlussnutzer, Letztverbraucher oder als Anlagenbetreiber benannt, z. B. §§ 49, 61, 62), die **Marktrollen** nach § 49 Abs. 2 (Verteilnetzbetreiber, Liefe-

---

6   BSI, Das Smart-Meter-Gateway 2014, S. 9.
7   BMWi, Monatsbericht 11/2013, S. 2; *Laupichler*, BSI-Magazin 2013/14, S. 36.
8   BSI, PP-0073, S. 9.
9   BerlKommEnR/*Schmidt*, § 62 MsbG Rn. 17.

rant usw.) sowie gem. § 49 Abs. 2 Nr. 7 jeder, der über eine formgerechte Einwilligung des Anschlussnutzers verfügt. Auch der **Smart-Meter-Gateway-Administrator** wird im Gesetz als berechtigter Teilnehmer an der Kommunikation genannt, wenn er auch in der Regel keinen Zugriff auf Daten hat, sondern vorrangig die Kommunikation zwischen den anderen Teilnehmern ermöglicht. Nicht erwähnt wird im Gesetz der **Servicetechniker**, der die Installation, Wartung und Störungsbehebung durchführt und hierzu eine Kommunikationsverbindung mit dem Gateway benötigt, um z. B. eine Fehlerdiagnose durchzuführen.[10] Seine Berechtigung ergibt sich aus § 50 Abs. 1 S. 1, da dessen Datenerhebung erforderlich ist zur Erfüllung der in § 50 Abs. 1 genannten Aufgaben. Während der Herstellungsphase und der Integration des Sicherheitsmoduls ist auch der **Hersteller** berechtigt, Daten auf das Gateway aufzubringen.[11] Jeder Berechtigte, außer der Letztverbraucher, hat nur einen beschränkten Zugang zu den Daten, der sich aus dem ihm zugestandenen Verwendungszweck ergibt. Die einzelnen Rollen sind im Gesetz in § 2 definiert und in der Technischen Richtlinie ergänzend erläutert.[12]

5. Systematische Stellung des § 22

Auf § 22 und damit auf die Vorgaben der Schutzprofile und Einhaltung der Technischen Richtlinien wird an verschiedenen Stellen des Gesetzes Bezug genommen. Die Erfüllung ihrer Vorgaben ist in vielen Stellen des Gesetzes **Tatbestandsvoraussetzung** für den Einsatz von Gateways und intelligenten Messsystemen. Bis auf wenige Ausnahmen, die aber nur Bestandsschutzsachverhalte betreffen, wie etwa in § 19 Abs. 5, ist die Gewährleistung von Datenschutz, Datensicherheit und Interoperabilität nach diesen Vorgaben zwingend erforderlich.

8

§ 22 wird in den Begriffsbestimmungen des § 2 in Nr. 6, intelligentes Messsystem, und in Nr. 18, Smart-Meter-Gateway, erwähnt. Zur Datenerhebung, -verarbeitung und -nutzung legen § 19 Abs. 1 und 2 fest, dass nur Messsysteme eingesetzt werden dürfen, die die Voraussetzungen des § 22 erfüllen. Darüber hinaus soll nach § 20 die Anbindung von Gaszählern in ein Messsystem ebenfalls nur erfolgen, wenn die Vorgaben des § 22 eingehalten sind. Gem. § 23 müssen Gateways andere Komponenten, wie z. B. moderne Messeinrichtungen (mME) und EEG-Anlagen, sicher in ein Kommunikationsnetz einbinden können. Die Einhaltung der Vorgaben des § 22 ist Gegenstand der Zertifizierung des BSI nach § 24 und gem. § 25 Abs. 3 S. 2 müssen auch externe Marktteilnehmer die für sie einschlägigen Vorgaben von § 22 einhalten. Der Aufgabenbereich des Gateway-Administrators und Anforderungen an ihn ergeben sich nach § 25 Abs. 4 Nr. 3 und 4 der Technischen Richtlinien. §§ 26 und 27 verhalten sich zur Weiterentwicklung von Schutzprofilen und Technischen Richtlinien. Den ursprünglich im Kabinettsentwurf enthaltenen Verweis in § 30 auf § 22 Abs. 2 hat der Bundestag gem. den Empfehlungen des Ausschusses für Energie und Wirtschaft in einen Verweis auf § 24 Abs. 1 geändert.[13] Die Bundesnetzagentur hat nach § 47 bei Festlegungen u. a. Schutzprofile und Technische Richtlinien zu beachten.

9

---

10 BSI, TR-03109-1, S. 56.
11 BSI, TR-03109-1, S. 13; BSI, TR-03109-4, S. 23.
12 BSI, TR-03109-1, S. 13.
13 Einerseits Begründung zum Regierungsentwurf v. 17.2.2016, BT-Drs. 18/7555, S. 32, andererseits BT-Drs. 18/8919, S. 10; zu den Konsequenzen dieser Änderung BerlKommEnR/*Schmidt*, § 30 MsbG Rn. 13.

II. Normzweck

10 Das Gesetz nennt drei Oberziele, die durch Vorgaben des § 22 erreicht werden sollen:
- Datensicherheit
- Datenschutz und
- Interoperabilität.[14]

11 Zur Erreichung und Sicherstellung dieser Ziele stellt das Gesetz im Folgenden **abstrakt formulierte Voraussetzungen** auf, die ein Smart-Meter-Gateway gewährleisten muss. Dabei bleibt es jedoch sehr allgemein und verweist im Wesentlichen auf Schutzprofile (Abs. 3) und Technische Richtlinien (Abs. 4). Wie diese Ziele im Einzelnen erreicht werden sollen, bleibt daher im Gesetz offen. Insbesondere die Qualität der Maßnahmen wird nur vage umschrieben. Es wird lediglich festgehalten, dass diese den Stand der Technik erfüllen müssen. Dabei wird nicht zugeordnet, welche der Maßnahmen dem Datenschutz und welche der Datensicherheit dienen. Beide sind im Einzelnen auch nicht genau zu trennen. Sicherheitsziele dienen in aller Regel auch dem Datenschutz bzw. verstärken ihn, auch wenn **Datenschutz** und Datensicherheit grundsätzlich andere Zielrichtungen aufweisen.[15] Datensicherheit und -sicherung sind notwendige Bestandteile eines ebenso konsequenten wie wirksamen Datenschutzes.[16] Der Auftrag an das BSI, ein Schutzprofil für das SMG zu erstellen, erfasste ausdrücklich auch datenschutzrechtliche Komponenten.[17]

1. Datensicherheit

12 Schutzziele der Datensicherheit richten sich in erster Linie auf den **Schutz vor Veränderungen und vor unbefugter Einsichtnahme der Daten** und damit auch auf die Sicherheit desjenigen, dessen Daten erhoben oder verarbeitet werden. Datensicherheit wird durch organisatorische und technische Maßnahmen im für erforderlich gehaltenen Umfang gewährleistet. Der erforderliche Umfang der Schutzmaßnahmen wird durch Bedrohungsanalysen und Schadensszenarien ermittelt. Das Ziel der Datensicherheit wird, bei Unterschieden im Einzelnen, im Wesentlichen in die folgenden **Teilziele** heruntergebrochen.[18]

a) Vertraulichkeit

13 Diese beinhaltet den **Schutz vor unbefugter Preisgabe von Informationen**.[19] D. h. die Daten dürfen nur von berechtigten Benutzern gelesen werden. Sie wird u. a. durch Zugriffsrechte auf die Daten, aber auch durch andere Maßnahmen zur Geheimhaltung wie z. B. Verschlüsselungen erfüllt.

---

14 *Kappes*, Netzwerk- und Datensicherheit, S. 2 f.; *Maluenda/Wasser/Schulze*, in: Köhler-Schute, Smart Metering, S. 85, 86 ff.
15 Simitis/*Ernestus*, § 9 BDSG Rn. 3.
16 Simitis/*Simitis*, Einl. BDSG Rn. 4.
17 BSI Jahresbericht 2011/12, S. 27; BSI, PP-0073, S. 22: „The preservation of the privacy of the consumer is an essential aspect ... as required by this PP".
18 *Eckert*, IT-Sicherheit, S. 7; *Ernestus*, DuD 2003, 68; BSI, TR-03109-6, S. 44 f.
19 BSI, TR-03109-6, S. 43.

b) Integrität

Es muss sichergestellt sein, dass die Daten, wie sie erhoben oder versendet wurden, nicht durch Dritte manipuliert wurden, sondern unverändert gespeichert, versendet oder gelesen werden können.[20] Auch dies kann gewährleistet werden durch Zugriffsrechte und besondere gesicherte, d. h. verschlüsselte, Übertragungswege sowie Integritätsprüfungsalgorithmen, z. B. Hash-Funktionen.[21]

14

c) Verfügbarkeit

Dienstleistungen, Funktionen eines IT-Systems, IT-Anwendungen und Daten müssen immer dann (zeitlich) und in dem Umfang (inhaltlich) für den Berechtigten verfügbar sein, dass sie von ihm wie vorgesehen genutzt werden können. **Zeitpunkt, Zeitdauer und inhaltlicher Umfang des Datenzugangs** ergeben sich z. B. aus gesetzlichen Vorgaben oder aus vertraglichen Vereinbarungen.[22] Sichergestellt wird die Verfügbarkeit durch eine vorgegebene Stabilität und Kapazität des verwendeten Systems, sowie Schutzmaßnahmen gegen Störungen und Angriffe auf das System.

15

d) Weitere Ziele

Aus diesen allgemeinen Zielen ergeben sich weitere Ziele für die am Datenverkehr beteiligten Parteien:

16

- **Authentizität:** Derjenige, der auf Daten Zugriff haben möchte, muss sich als Berechtigter für diesen Anwendungsfall authentifizieren. Dies kann sichergestellt werden z. B. durch digitale Signaturen, TLS-Handshake und persönlich ausgestellte Zertifikate im Rahmen einer Public-Key-Infrastruktur (PKI). Zur Authentizität gehört eine nachweisbare Echtheit, Überprüfbarkeit und Vertrauenswürdigkeit von Informationen, aber auch von Kommunikationspartnern.[23]
- **Verbindlichkeit:** Daten müssen zur Begründung und Durchsetzung eines rechtlichen Anspruchs geeignet sein. Ein Stromlieferant muss z. B. in die Lage versetzt werden, gegenüber dem Kunden aufgrund der erhobenen Messwerte Forderungen geltend zu machen, weil er nachweisen kann, dass er zu einer bestimmten Zeit eine bestimmte Menge Energie zu einem bestimmten Tarif an den Kunden geliefert hat. Daten müssen also quasi gerichtsfest sein; dies wird z. B. durch elektronische Signaturen gewährleistet.
- **Zurechenbarkeit:** Eine Handlung muss einem am Datenverkehr Beteiligten eindeutig zurechenbar sein, z. B. wer hat eine Schaltung veranlasst, der Netzbetreiber oder ein Lieferant? Z. T. wird die Zurechenbarkeit mit der Verbindlichkeit zu einem Ziel zusammengefasst.[24]

Diese Ziele der Datensicherheit sind durch das Gesetz **implizit** vorgegeben und werden durch die Schutzprofile sicherheitstechnisch gewährleistet und durch die Technischen Richtlinien (TR) nach § 22 Abs. 3 erläutert, praktikabel gemacht und umgesetzt, auch wenn die TR weit über die Sicherheit hinausgehende Inhalte enthält.

17

---

20 BSI, TR-03109-6, S. 44.
21 BSI, TR-03109-1, S. 123.
22 BSI, TR-03109-6, S. 43.
23 *Eckert*, IT-Sicherheit, S. 8; Authentizität wird häufig auch als Unterfall der Integrität angesehen.
24 *Eckert*, IT-Sicherheit, S. 12.

§ 22 Mindestanforderungen an das Smart-Meter-Gateway

2. Datenschutz

a) Anwendbarkeit des BDSG

18 Grundsätzlich richtet sich der Schutz personenbezogener Daten nach dem Datenschutzgesetz. Dieses ist nach § 1 Abs. 3 S. 1 BDSG allerdings gegenüber speziellen Datenschutzregelungen subsidiär.[25] Es ist ergänzend heranzuziehen, soweit Spezialgesetze keine Regelungen enthalten. Das BDSG oder einzelne seiner Vorschriften sind demnach anwendbar, wenn keine bereichsspezifische Datenschutzregelung für den gleichen Sachverhalt gilt.[26] Der Gesetzgeber will mit dem MsbG ein **bereichsspezifisches Datenschutzrecht** schaffen.[27] Dies schlägt sich in zahlreichen Vorschriften explizit nieder, so z. B. §§ 19, 25 Abs. 2 Nr. 1, 49, 59 und 64 Abs. 2. Ein großer Teil der Datenschutzregelungen im Messwesen ist über § 22 in den Schutzprofilen und den Technischen Richtlinien beschrieben. Der Umfang des Datenschutzes als Ziel des MsbG ist daher vorrangig aus dessen Inhalt und Systematik zu bestimmen. Daneben sind das BDSG und dessen Grundsätze heranzuziehen, soweit es dem MsbG nicht widerspricht. Dies gilt z. B. für allgemeine datenschutzrechtliche Grundsätze und Definitionen.

b) Grundsätze des Datenschutzes

19 Ziel des Datenschutzes ist gemäß § 1 Abs. 1 BDSG durch den **Schutz personenbezogener Daten vor Missbrauch bei ihrer Speicherung, Übermittlung, Veränderung und Löschung** der Beeinträchtigung schutzwürdiger Belange der Betroffenen entgegenzuwirken. Die über intelligente Messsysteme erhobenen Daten können hochsensibel sein, da sie Rückschlüsse auf das Verhalten des Verbrauchers zulassen.[28] § 22 Abs. 1 ordnet daher ohne Nennung von konkreten Maßnahmen an, dass bei bestimmten Vorgängen der Datenerhebung und -verarbeitung besondere Sicherheitsmaßnahmen greifen sollen. Datenschutz wird gewährleistet durch organisatorische und technische Maßnahmen gegen den Missbrauch von Daten.

20 Für den Datenschutz haben die drei **Datensicherheitsziele** Verfügbarkeit, Integrität und Vertraulichkeit grundlegende Bedeutung. Datensicherheit ist ein notwendiger Bestandteil eines konsequenten Datenschutzes.[29] Darüber hinaus verlangt der **Datenschutz zusätzlich** Transparenz, Intervenierbarkeit und Nichtverkettbarkeit der Daten und Datenverarbeitung.

21 **Transparenz** erfordert, dass die Umsetzung der Schutzziele nachvollziehbar geprüft werden kann und der Kunde weiß, wer welche seiner Daten besitzt und verarbeitet.[30] Dieses kann durch einen technischen Selbsttest des Gateways oder durch entsprechende Nachweise gegenüber verantwortlichen Stellen erfolgen. Diesem Erfordernis kommen die Schutzprofile und Technischen Richtlinien nach, in dem sie sog. Logfiles für den Kunden, die Eichbehörden und den Gateway-Administrator fordern, in dem alle regel- und unregelmä-

---

25 Simitis/*Simitis*, § 1 BDSG Rn. 158; Gola/Schomerus/*Gola*, § 1 BDSG Rn. 23.
26 Gola/Schomerus/*Gola*, § 1 BDSG Rn. 24.
27 Begründung zum Regierungsentwurf v. 17.2.2016, BT-Drs. 18/7555, S. 3, 65.
28 Datenschutzbeauftragte, Orientierungshilfe Smart Metering, S. 6
29 Simitis/*Simitis*, Einl. BDSG Rn. 4.
30 BVerfG, Urt. v. 15.12.1983, 1 BvR 209/83, BVerfGE 65, 1, 43 – Volkszählung; Gola/Schomerus/*Gola*, § 33 BDSG Rn. 1.

ßigen Vorgänge um das intelligente Messsystem erfasst werden.[31] Auch die Informationsrechte gem. §§ 61 und 62 dienen (auch) der Herstellung von Transparenz.

Intervenierbarkeit bezeichnet das Erfordernis eines gesicherten Zugriffs auf den Datenbestand durch den Letztverbraucher. Der sichere Zugriff des Verbrauchers wird durch die oben erwähnten Logfiles sowie durch aufwändige Verschlüsselungs- und Authentifizierungsverfahren gewährleistet. Diesem Ziel dienen auch die §§ 53, 61 und 62, die den Datenzugang für den Endkunden regeln.

Nichtverkettbarkeit hat zum Ziel, dass Daten nicht auf eine bestimmte oder bestimmbare Person zurückgeführt werden können, also ihren Personenbezug verlieren. Sie ist immer dann umzusetzen, wenn der Empfänger von Daten nicht zwingend die persönlichen Angaben des Betroffenen für die Datenverarbeitung kennen muss. Gängige Verfahren hierzu sind Anonymisierung und Pseudonymisierung, vgl. auch § 52 Abs. 3 MsbG, § 3 lit. a BDSG.[32] Auch das Prinzip der Nichtverkettbarkeit wird von den Schutzprofilen und den Technischen Richtlinien umgesetzt, indem für nicht abrechnungsrelevante Daten Pseudonymisierung vorgeschrieben wird.[33]

Der Datenschutz verdient bei intelligenten Messsystemen besondere Aufmerksamkeit, da die erhobenen Daten einen erheblichen Beitrag zum sog. „gläsernen Menschen" leisten können.[34] Gemäß § 60 Abs. 3 Nr. 2 werden sog. Zählerstandsgangmessungen durchgeführt, d.h. es wird der Verbrauch eines Kunden viertelstündlich erfasst. Aufgrund der so gewonnenen Zeitreihen über das Verbrauchsverhalten eines Kunden kann bereits bei dieser Auflösung ein relativ scharfes Profil des Kunden erhoben werden, z.B. wann er aufsteht, wann er das Haus verlässt, wann er zurückkehrt und wann er längere Zeit abwesend ist.[35] Durch weitere Analysewerkzeuge kann darüber hinaus herausgefunden werden, wieviel Personen sich im Haushalt befinden und welche Gewohnheiten die einzelnen Haushalte prägen. Bei noch höherer Auflösung der Zeitwerte kann durch am Markt vorhandene Auswertungswerkzeuge sogar ermittelt werden, welches Verbrauchsgerät zurzeit läuft, z.B. bei einer Kaffeemaschine kann Alter und Produkt festgestellt werden. Auch ist es möglich herauszufinden, welche Fernsehprogramme und welche Filme angeschaut werden.[36] Dazu sind jedoch weitaus mehr Daten erforderlich als das Gesetz nach § 59 zu erheben erlaubt. Die Messgeräte können jedoch höher auflösbare Zeitreihen zur Verfügung stellen, deren Auswertung gemäß § 4a BDSG nur mit Einwilligung des Kunden möglich ist, gem. §§ 59 und 65. Dass in diesem Fall unbefugte Dritte keinen Zugriff auf diese zum Teil hoch aufgelösten Daten haben können, ist ein Aspekt des Datenschutzes, der durch Mechanismen der Datensicherheitstechnik flankiert und gewährleistet wird.

---

31 BSI, PP-0073, S. 35; BSI, TR-03109-1, S. 127 ff.
32 Datenschutzbeauftragte, Orientierungshilfe Smart Metering, S. 16 ff.; BSI, TR-03109-1, S. 35.
33 BSI, PP-0073, S. 22; BSI, TR-03109-1, S. 16.
34 Datenschutzbeauftragte, Orientierungshilfe Smart Metering, S. 6; *Dietrich*, Rechtliche und technische Aspekte des Datenschutzes bei intelligenten Messsystemen, S. 14.
35 BT-Drs. 18/7555, S. 81.
36 *Greveler*, DB Spektrum 2016, S. 3; *Greveler/Justus/Löhr*, Identifikation von Videoinhalten über granulare Stromverbrauchsdaten, S. 5.

§ 22 Mindestanforderungen an das Smart-Meter-Gateway

3. Interoperabilität

25 Mit dem dritten Ziel des Gesetzes, dem Themenkomplex Interoperabilität, befassen sich die Technischen Richtlinien. Interoperabilität ist dann gegeben, wenn mindestens zwei (in unserem Zusammenhang Hardware- und Softwarekomponenten) Geräte oder Systeme mit einander agieren und kommunizieren können, also miteinander kompatibel sind. Die TR-03109-TS-1 definiert Interoperabilität als „**Fähigkeit eines Systems zum Datenaustausch mit anderen Systemen eines anderen Typs und/oder von anderen Herstellern**".[37] Daraus folgt, dass die Schnittstellen der Teilkomponenten der intelligenten Messsysteme so aufeinander abgestimmt sind, dass die vom Zähler erfassten Messwerte über das Gateway an die berechtigten Marktteilnehmer kommuniziert werden können. Dazu müssen z. B. alle Beteiligten über die gleichen Protokolltypen, d. h. die gleiche Sprache verfügen, aber auch eine gemeinsame PKI-Struktur anwenden, d. h. gemeinsame Verschlüsselungs- und Authentifizierungsverfahren benutzen.

26 Der Begriff der Interoperabilität ist aber aus der Systematik der Technischen Richtlinien heraus hier weiter zu fassen. Die TR beschreiben nicht nur die Interoperabilität im vorgenannten Sinne, sondern auch **Funktionen, die das Gateway aufweisen bzw. unterstützen muss**. Ein Beispiel sind die Tarifanwendungsfälle.[38] Nur Gateways, die auch sämtliche in den Technischen Richtlinien beschriebenen Funktionen aufweisen, entsprechen dem in § 22 definierten **Stand der Technik**.[39]

27 Die Sicherstellung von Interoperabilität ist eine besondere **Herausforderung** im intelligenten Messsystem. Durch die Kombination von Hardware, Firm- und anderer Software sowie von modernen Messeinrichtungen und Gateways ergeben sich vielfältige Hard- und Softwarekonstellationen. Unabhängig voneinander werden die einzelnen Komponenten moderne Messeinrichtung und Gateway (ggf. Steuerbox) entwickelt. Bei jedem Entwicklungsschritt ist dabei sicherzustellen, dass die interoperable Kommunikationsfähigkeit, an die durch die PKI enorme Anforderungen gestellt werden, jederzeit gewährleistet bleibt. Dies bedeutet, dass die Entwicklerteams einzelner Hersteller sich bei jedem Fortschritt miteinander abstimmen müssen, ob die Kompatibilität noch gegeben ist. Eine noch höhere Komplexität bekommt dieses Thema dadurch, dass auch die Geräte und Back-End-Systeme unterschiedlicher Hersteller miteinander kompatibel sein müssen. Gerade auf dem sich zurzeit entwickelnden Markt für Geräte fällt es den Herstellern naturgemäß schwer, Entwicklungsschritte mit Konkurrenten abzustimmen, da intelligente technische Lösungen und Zeitvorteile auch Marktvorteile bedeuten können.

28 Grund für die **Forderung nach Interoperabilität** ist zum einen der in Deutschland durch den Gesetzgeber eingeführte Wettbewerb im Bereich des Messwesens gem. § 21b EnWG. Soweit ersichtlich, steht Deutschland mit der Entscheidung, auch den Messstellenbetrieb und die Messdienstleistungen für den Wettbewerb zu öffnen, in der Welt alleine da. Diese rechtspolitische Entscheidung, die in der Praxis allerdings bisher kaum Auswirkungen hatte, führt zu besonderen Anforderungen an die Interoperabilität. Wechselt der Messstellenbetreiber, so muss er die Daten aus dem Gerät des bisherigen Messstellenbetreibers ohne Probleme in seinem System verarbeiten können. Der erforderliche Umbau der Messstelle

---

37 BSI, TR-03109-TS-1, S. 14.
38 BSI, TR-03109-1, S. 79 ff.
39 BerlKommEnR/*Schmidt*, § 22 MsbG Rn. 62, insbes. 258 ff.; BerlKommEnR/*Schmidt*, § 30 MsbG Rn. 21 ff.

könnte ansonsten ein erhebliches **Wechselhindernis** darstellen. Zum anderen haben die Komponenten eines intelligenten Messsystems eine unterschiedliche Lebensdauer und ggf. auch unterschiedliche eichrechtliche Laufzeiten. Kann man eine Komponente des Messsystems nur durch das Gerät des ursprünglichen Herstellers ersetzen, sind bei der Beschaffung, aber auch beim technischen Fortschritt deutliche Grenzen gesetzt. Ein Wechsel in der Einkaufspolitik eines Messstellenbetreibers wäre praktisch ausgeschlossen, wenn er auf diese Weise auf einen Hersteller festgelegt wäre. Die letztgenannten Punkte sind natürlich auch bei einem nicht liberalisierten Messstellenbetrieb einschlägig. Hinzu kommt, dass externe Marktteilnehmer, wie z. B. Lieferanten, nicht für jeden Netz-/Messstellenbetreiber Infrastrukturen vorhalten müssen, die im Extremfall neunhundertfach in Deutschland ausgeprägt sind. Auch die Teilnahme an der Smart-Meter-Public-Key-Infrastruktur setzt Interoperabilität voraus und ist Zertifizierungsvoraussetzung für Gateways.[40]

4. Datenverarbeitung

§ 22 Abs. 1 Nr. 1 regelt Anforderungen an die **Datenverarbeitung von Messwerten**, damit zusammenhängender Daten und weiteren über ein intelligentes Messsystem oder über Teile davon geleiteter Daten.[41]

a) Daten

Beim Datenbegriff ist zu unterscheiden zwischen dem **informationstechnischen Begriff** und der **Definition in § 3 Abs. 1 BDSG**. Letztere betrifft nur personenbezogene Daten, die als Einzelangaben über persönliche oder sachliche Verhältnisse eine bestimmte oder bestimmbare natürliche Person bezeichnen.[42] Der informationstechnische Datenbegriff ist demgegenüber viel weiter. Die Unterscheidung kann wichtig sein, da Datenschutzanforderungen nur personenbezogene Daten betreffen, während Sicherheitsanforderungen sich auf alle Daten erstrecken können, auch wenn sie z. B. pseudonymisiert sind oder lediglich dem Verbindungsaufbau zur Datenübertragung dienen.

Die **Konferenz der Bundes- und Landesschutzbeauftragten**, der sog. Düsseldorfer Kreis, klassifiziert alle Daten, die von einem Smart Meter erhoben werden, als personenbezogen.[43] Die oben genannte Unterscheidung der Datenarten wird also aus Sicht der Datenschützer nicht getroffen. Da das Gesetz neben dem Datenschutz auch die Datensicherheit betont, ist davon auszugehen, dass mit der Verwendung des allgemeinen Begriffs „Daten" in der Regel der weite informationstechnische Begriff gewählt ist, der den datenschutzrechtlichen mit umfasst. Davon gehen auch die Technischen Richtlinien aus. Danach sind Daten „jede einzelne Information oder zusammengesetzte Informationen, die im Rahmen der Anwendungsfälle im SMGW oder im SMGW Admin-Betrieb verarbeitet werden (z. B. Profil, Letztverbraucher-ID, SMGW-ID, Schlüssel, Logeintrag)".[44] Eine Differenzie-

---

40 BSI, CP, S. 35; in der Version 1.1, S. 40, ist die Interoperabilität nicht mehr Zertifizierungsvoraussetzung nach der CP.
41 Welche Daten in Frage kommen können ist in BSI, TR-03109-1, Anl. VI „Betriebsprozesse" beschrieben, S. 24, 30 f., 36 f., 41 f.
42 BerlKommEnR/*Lorenz/Raabe*, § 21g EnWG Rn. 7 ff.; Simitis/*Dammann*, § 3 BDSG Rn. 4.
43 Datenschutzbeauftragte, Orientierungshilfe Smart Metering, S. 8, 18.
44 BSI, TR-03109-6, S. 45.

§ 22 Mindestanforderungen an das Smart-Meter-Gateway

rung ist nur an den Stellen erforderlich, an denen das Gesetz selbst zwischen beiden Datenbegriffen unterscheidet, wie in § 53 Abs. 1 Nr. 2.

32 Gem. § 53 Abs. 1 Nr. 2 müssen Messstellenbetreiber Anschlussnutzern die von ihnen erhobenen, personenbezogenen **Daten auf Verlangen bereitstellen**. Diese Vorgabe setzt die Anforderungen des § 19 BDSG um. Hier sind also Daten im datenschutzrechtlichen Sinn gemeint, nicht der weitere informationstechnische Begriff. Anders als in § 22 ist hier eine Abgrenzung der Datenarten vorzunehmen, wenn man sich nicht der weiten Auffassung der Datenschutzbeauftragten anschließen will. Zwischen den Daten, die gem. MsbG, Schutzprofil Smart-Meter-Gateway und Technischen Richtlinien dem Anschlussnutzer zur Verfügung zu stellen sind, besteht eine sehr große Schnittmenge zu den Forderungen der Datenschutzbeauftragten, aber eben auch keine Deckungsgleichheit.[45] Die Datenschutzbeauftragten listen einzelne Datenarten auf, die personenbezogen sind, aber auch eine „Generalklausel" mit der alle vom intelligenten Messsystem (iM) erhobenen Daten als personenbezogen qualifiziert werden.[46] Dem ist nicht zuzustimmen, weil damit der Begriff personenbezogene Daten über den Schutzweck von BDSG und MsbG ausgedehnt wird und der Gesetzgeber selbst durch die differenzierte Verwendung der Begriffe „Daten" einerseits und „personenbezogene Daten" andererseits eine Unterscheidung trifft. So müssen insbesondere die Netzzustandsdaten wie **Phasenwinkel, Spannung, Frequenz, Stromfluss** etc. dem Letztverbraucher und Anlagenbetreiber nicht uneingeschränkt zugänglich gemacht werden. Diese technischen Daten, die, in den Grenzen des § 56, aus Netzdienlichkeitsgründen erhoben werden, sind dem Letztverbraucher oder Anlagenbetreiber nicht automatisch auf dessen Verlangen zur Verfügung zu stellen. Sie bieten ihm keine nennenswerten zusätzlichen Informationen.[47] Der Gesetzgeber geht in § 56 Abs. 2 ebenfalls davon aus, dass Netzzustandsdaten personenbezogen sein können, dies aber nicht per se sind. Auch das Schutzprofil für das Gateway trifft diese Unterscheidung bei technischen Daten.[48] Besondere Vertraulichkeit, d. h. Datenschutz, ist nur dann erforderlich, wenn private Belange, also personenbezogene Daten betroffen sind. Den datenschutzrechtlichen Belangen des Anschlussnutzers ist insoweit Rechnung getragen, als diese Daten vom Gateway nur pseudonymisiert i. S. des § 3 Abs. 6a BDSG zur Verfügung gestellt werden dürfen gem. § 52 Abs. 3. Dies ist auch eine Vorgabe des Schutzprofils Smart-Meter-Gateway, die die TR-03109-1 ausgestaltet.[49] Mit **wirksamer** Pseudonymisierung verlieren die Daten ihren Personenbezug und damit besteht auch kein **datenschutzrechtliches** Interesse am Schutz dieser Daten.[50] Die in den Technischen Richtlinien vorgeschriebenen Pseudonymisierungsverfahren führen dazu, dass ein externer Marktteilnehmer keinen Bezug zum Letztverbraucher herstellen kann.[51] Der Verbraucher und Anlagenbetreiber muss also nicht ständig über den Phasenwinkel des Stroms seiner Anlage gem. § 53 Abs. 1 Nr. 2 informiert werden,

---

45 Datenschutzbeauftragte, Orientierungshilfe Smart Metering, S. 8; BSI, TR-03109-1, S. 19, 103, 111, 113, 119, 124, 125; BSI PP-0073, S. 29 ff.
46 Datenschutzbeauftragte, Orientierungshilfe Smart Metering, S. 8.
47 So sieht auch die TR-03109-1 nicht vor, dass dem Anschlussnutzer Netzzustandsdaten zugänglich gemacht werden müssen. Lediglich die Parameter, die im Gateway hinterlegt sind, sind an der HAN-Schnittstelle für ihn bereitzustellen. Dazu gehören z. B. Gerätekennung, wer zugriffsberechtigt ist und welche Ereignisse eine Datenversendung auslösen können, BSI, TR-03109-1, S. 100.
48 BSI, PP-0073, S. 30.
49 BSI, PP-0073, S. 42; TR-03109-1, S. 16, 35, 98.
50 Simitis/*Scholz*, § 3a BDSG Rn. 48 und 219; kritischer Gola/Schomerus/*Gola*, § 3a BDSG Rn. 10.
51 BSI, TR-03109-1, S. 35, 100.

II. Normzweck § 22

weil es sich nicht um personenbezogene Daten handelt. Entschärft wird diese Problematik, weil die Technischen Richtlinien vorsehen, dass der Letztverbraucher über seine HAN-Schnittstelle die versendeten Messwerte einsehen kann; eine Messwertliste ist ihm jedoch nicht zur Verfügung zu stellen.[52] In einer Messwertliste sind neben den Messwerten u. a. auch Zeitstempel und Statusinformationen hinterlegt[53]. Die automatische Pseudonymisierung kann jedoch bei Vorliegen einer „entsprechenden Zweckbindung" deaktiviert werden.[54]

Das vorher Gesagte gilt jedoch nur für den Fall der **wirksamen Pseudonymisierung**. Dieselben Daten können allerdings je nach Erhebungssituation personenbezogen sein oder auch nicht, z. B. wenn Nichtverkettbarkeit nicht garantiert werden kann. Personenbezogenheit ist immer dann gegeben, wenn Einzelangaben zu einer bestimmten oder bestimmbaren Person vorliegen, § 3 Abs. 1 BDSG. Es kommt also auf den jeweiligen **Einzelfall** an, ob ein Datum als personenbezogen anzusehen ist.[55] Ein Beispiel zeigt dies auf: Der elektronische Standardzähler kann z. Z. Phasenwinkel und Frequenz nicht erfassen. Will der Netzbetreiber an ausgewählten Zählpunkten Geräte einsetzen, z. B. am Ende eines Niederspannungskabels, die diese technische Funktionalität aufweisen, so sind die erhobenen Daten geeignet, Einzelangaben einer bestimmten oder bestimmbaren Person zuzuordnen. Der Netzbetreiber weiß dann oder kann erkennen, dass er Daten von einem bestimmten Zählpunkt und damit von einem bestimmten oder bestimmbaren Letztverbraucher erhält, auch wenn diese pseudonymisiert sind. Als Konsequenz sind dann die einschlägigen Vorgaben zum Schutz personenbezogener Daten zu beachten. Das Smart-Meter-Gateway-Schutzprofil sieht in dem Fall, dass Netzzustandsdaten personenbezogen sind, vor, dass diese Daten geschützt werden müssen hinsichtlich Vertraulichkeit und Integrität und nur authentifizierte Akteure darauf Zugriff haben.[56] Bei einer flächendeckenden Erhebung von Daten dieser Art, bei der Rückschlüsse auf einzelne Personen nicht möglich sind, sind diese Daten nicht als personenbezogen zu qualifizieren.[57]

33

Der Netzbetreiber kann aber aus anderen Gründen zur Information des Kunden verpflichtet sein, wenn er z. B. eine Anlage aus technischen Gründen abregeln oder abschalten musste. Zur Rechtfertigung seiner Handlungsweise gem. § 14 Abs. 3 EEG ist die Weitergabe der entsprechenden Daten an den Anlagenbetreiber erforderlich. Daten über den Normalbe-

34

---

52 BSI, TR-03109-1, S. 100; die Technische Richtlinie gebraucht hier den in § 2 Nr. 14 legaldefinierten Begriff der Messwerte, der nur abrechnungsrelevante Daten erfasst. Gemeint sind in der TR aber technische Daten, die nicht abrechnungsrelevant sind. Die zeitlich vor dem Gesetz entstandene TR legt einen anderen Messwertbegriff zugrunde, siehe Definition S. 135.
53 BSI, TR-03109-1, S. 136; Statusinformationen sind laut Definition der TR Zusatzinformationen zum Messwert, S. 137; diese geben Aufschluss über das fehlerfreie Funktionieren des Zählers oder des Gateways und ob die Systemzeit korrekt ist, vgl. TR-03109-1, S. 110.
54 BSI, TR-03109-1, S. 99; wann eine solche Zweckbindung vorliegen kann, wird nicht erläutert. Denkbar ist die individuelle Steuerung einer großen netzrelevanten Einspeiseanlage/abschaltbarer Last, wenn durch Präventionsmaßnahmen der mögliche Eintritt eines netzkritischen Zustands abgewendet werden soll. Dies setzt aber eine Vereinbarung mit dem Anschlussnutzer voraus, die die entsprechende Zweckbindung enthält.
55 BerlKommEnR/*Lorenz/Raabe*, § 21g EnWG Rn. 10, 11.
56 BSI, PP-0073, S. 30.
57 Simitis/*Scholz*, § 3a BDSG Rn. 48 und 217; BSI, TR-3109-1, S. 99: Die Pseudonymisierungsfunktion von Netzzustandsdaten kann bei Vorliegen berechtigter Gründe deaktiviert werden. Was ein berechtigter Grund sein kann, wird nicht angegeben.

§ 22   Mindestanforderungen an das Smart-Meter-Gateway

trieb sind nicht standardmäßig zur Verfügung zu stellen. Sind weitere technische Daten netzdienlich, lassen aber Rückschlüsse auf den Betroffenen oder sein Verhalten zu, wie z.B. **Messwerte über Verbrauch und Einspeisung**, sind sie natürlich dem Verbraucher und Anlagenbetreiber zur Verfügung zu stellen. Dazu gehören auch z.B. Daten über den Stromfluss, die Leistung und Arbeit umfassen. Diese sind aber bereits in den Daten nach §§ 61 Abs. 1, 62 Abs. 1 Nr. 1 bis 4 enthalten, die dem Letztverbraucher und Anlagenbetreiber zugänglich zu machen sind.

b) Messwerte und damit zusammenhängende Daten

35 Ein Messwert ist das **Resultat der Messung**. Es ist das Produkt aus einem Zahlenwert und einer Einheit, also das Vielfache einer Messgröße, z.B. kWh, die von einem Messgerät oder einer Messeinrichtung geliefert wird.[58] Das Gesetz definiert den Messwert in § 2 Nr. 14 als Angaben über vom Anschlussnutzer über einen bestimmten Zeitraum entnommene, erzeugte oder eingespeiste Energie.[59]

36 **Messwerte** dienen als Grundlage für die Abrechnung gegenüber Kunden und Lieferanten, vgl. auch § 21 Abs. 1 Nr. 1a. Die Technischen Richtlinien definieren als abrechnungsrelevanten Messwert „ein mit einem geeichten und zertifizierten SMGW empfangener bzw. berechneter, gültiger und zeitgestempelter Zahlenwert einer Messgröße zuzüglich seiner Einheit".[60]

37 Die im Gesetz genannten „damit zusammenhängenden" Daten sind z.B. die Tarifierung und der Zeitstempel, der Auskunft gibt über die Zeit des Verbrauchs und der zu diesem Zeitpunkt geltenden Preise (bei variablen Tarifen). Dazu gehören aber auch die **Stammdaten** des Kunden. Generell gehören energiewirtschaftlich auch Netzzustandsdaten wie der Phasenwinkel zu den Messwerten. Diese sind aber kraft gesetzlicher Definition keine Messwerte i.S. des MsbG. Das hat z.B. Konsequenzen in den Fällen, in denen das Gesetz vorgibt, dem Kunden automatisch und standardmäßig Messwerte zur Verfügung zu stellen, wie in §§ 61 und 62. Die Netzzustandsdaten sind daher von den Bereitstellungspflichten dieser Vorschriften nicht umfasst.

c) Sonstige Daten

38 Die sog. **„weiteren" Daten**, die über ein intelligentes Messsystem oder über Teile davon geliefert werden, sind Werte, die nicht Grundlage einer Abrechnung sind, also keine Messwerte i.S. des § 2 Nr. 14. Dies sind z.B. Netzzustandsdaten gemäß § 56. Dazu gehören u.a. Zählpunkt-ID, Zählpunktbezeichnung, Einträge im Kunden- und System-Log, die keine Messwerte sind, Wandlerfaktoren, aber auch Störungsmeldungen und Daten für den Servicetechniker.[61] Es können auch Daten im **informationstechnischen Sinne** sein, z.B. Informationen, um einen Verbindungsaufbau herzustellen. Der Begriff der weiteren Daten in § 22 stellt einen **Auffangtatbestand** dar, der besagt, dass über die in §§ 56 ff. genannten

---

[58] DIN 1319-1 1995, 1.1.
[59] Die Technischen Richtlinien, die zeitlich vor der gesetzlichen Definition entstanden sind, verwenden den Begriff des Messwertes in einem weiteren Sinn, so sind z.B. auch Netzzustandsdaten mit umfasst, BSI, TR-03109-1, S. 78, 135.
[60] BSI, TR-03109-1, S. 134.
[61] BSI, TR-03109-1, Anl. VI „Betriebsprozesse".

Daten hinaus ggf. technisch auch die Erhebung weiterer Daten möglich ist. Auch diese sollen entsprechend geschützt und gesichert sein vor Manipulation und dem Zugriff unberechtigter Dritter. Ein Kunde, der z. B. durch ein im Handel erhältliches Gerät seine Zählerwerte auswerten oder in ein anderes Medium übertragen möchte, ist dazu jederzeit berechtigt und braucht die Anforderungen des Gesetzes selbstverständlich nicht zu erfüllen, vgl. insoweit auch § 59.

d) Datenverarbeitung gem. Abs. 1

aa) Erhebung, Zeitstempelung, Verarbeitung, Übermittlung, Speicherung und Löschung von Messwerten, damit zusammenhängender Daten und weiteren über ein intelligentes Messsystem oder Teilen davon geleiteter Daten (Nr. 1)

Nr. 1 erfasst **nahezu den gesamten Bereich der Datenverarbeitung** von der Erhebung bis zur Löschung der Daten. Standardmäßig gehören nach Datenschutzrecht die Begriffe Erhebung, Verarbeitung, Speichern, Übermitteln und Löschen zur Datenverarbeitung.[62] Diese Begriffe sind in § 3 Abs. 3 und 4 BDSG legaldefiniert. Der noch in § 21g Abs. 1 S. 1 EnWG enthaltene Begriff „Nutzung" fehlt in § 22 Abs. 1 Nr. 1. Nutzung von Daten bedeutet gemäß § 3 Abs. 5 BDSG das **Verwenden von personenbezogenen** Daten, soweit es sich nicht um Verarbeitung handelt. Nutzung ist z. B. die Weitergabe verarbeiteter Daten durch den Auftragsdatenverwalter an den Auftraggeber.[63] Warum dieser Begriff in § 22 nicht mehr erwähnt wird, ist nicht ersichtlich. In anderen Vorschriften des Gesetzes wird die Nutzung ausdrücklich erwähnt, so z. B. in §§ 49 Abs. 1, 50 Abs. 1. Da nicht davon auszugehen ist, dass der Gesetzgeber angesichts des durchgängig angestrebten hohen Schutz- und Sicherheitsniveaus im MsbG bewusst eine Schutz- und Sicherheitslücke lassen wollte, ist von einem redaktionellen Versehen auszugehen. Somit unterliegt auch die Nutzung von Daten dem Regelungsbereich des § 22.

Zum Löschen von Daten enthält das Gesetz u. a. in den §§ 60 Abs. 6, 64 Abs. 2, 66 Abs. 3 und 68 Abs. 3 konkrete Regelungen. Die Technischen Richtlinien machen Vorgaben, welche Funktionen das Gateway in dieser Hinsicht vorzuhalten hat.[64] Einträge im eichtechnischen Log dürfen nie gelöscht werden.[65]

bb) Zugriffsschutz auf die im elektronischen Speicher- und Verarbeitungsmedium abgelegten Messdaten (Nr. 2)

In § 22 Nr. 2 wird ein **Zugriffsschutz** auf die erhobenen Daten gefordert, ohne konkrete Maßnahmen zu benennen. Diese ergeben sich aus dem Schutzprofil nach Abs. 3 und werden weiter ausgeführt in den Technischen Richtlinien.[66]

Zugriffsschutz wird gewährleistet durch **organisatorische Maßnahmen**, z. B. durch Zugriffsrechte und Einführung und Betreiben eines ISMS in den Unternehmen sowie technische Vorrichtungen, wie z. B. verplombtes Gehäuse und Authentifizierungs- und Verschlüsselungsverfahren.

---

62 BerlKommEnR/*Lorenz/Raabe*, § 21g EnWG Rn. 22–25.
63 BerlKommEnR/*Lorenz/Raabe*, § 21g EnWG Rn. 25.
64 BSI, TR-03109-1, S. 21, 46.
65 BSI, TR-03109-1, S. 125.
66 BSI, TR-03109-1, S. 118 ff.

§ 22 Mindestanforderungen an das Smart-Meter-Gateway

cc) Gewährleistung der Sicherheitsziele für das Smart-Meter-Gateway und seine Umgebung (Nr. 3)

43 Die korrekte Zeitstempelung nach § 22 Abs. 1 Nr. 1 muss durch eine sichere Zeitsynchronisation gewährleistet werden. Das Gesetz nennt hier eine „**vertrauenswürdige Zeitquelle**" im Weitverkehrsnetz.

44 Die vertrauenswürdige Zeitquelle ist die **Physikalisch-Technische-Bundesanstalt (PTB)**, deren **Atomuhren** die „Zeit" vorgeben. Der Abgleich PTB-Zeit mit der Smart-Meter-Gateway-Zeit muss in regelmäßigen Abständen erfolgen.[67]

dd) Interoperabilität der intelligenten Messsysteme und Teilen davon (Nr. 4)

45 Mit dieser Vorgabe zur Interoperabilität wird der Bereich der Datensicherung und des Datenschutzes verlassen und damit das **dritte Ziel des § 22** aufgeführt. Da sich die nach § 22 Abs. 3 zu erstellenden Schutzprofile ausschließlich Belangen der Datensicherheit und des Datenschutzes widmen, muss zur Beschreibung der Interoperabilität und den an sie gestellten Anforderungen ein weiteres Dokument erzeugt werden.[68]

46 Zur Interoperabilität machen die Technischen Richtlinien u. a. Vorgaben zu den Schnittstellen, den Kommunikationsprotokollen zu Tarifanwendungsfällen, die zwischen den Marktteilnehmern angewendet werden müssen, sowie zu einer vereinheitlichten PKI (siehe dazu ausführlich Abs. 3).

5. Maßnahmen zur Umsetzung von Datenschutz und Datensicherheit

47 Datenschutz und Datensicherheit können durch technische und organisatorische Maßnahmen im erforderlichen Umfang sichergestellt werden. Die Anforderungen, die an die Maßnahmen gestellt werden, unterscheiden sich je nach der angenommenen Bedrohungslage. Das Schutzprofil für das Gateway im Smart Meter System, und ihm folgend die Technischen Richtlinien, unterscheiden sich danach, ob der Datenaustausch und die Datenverarbeitung im WAN, LMN oder HAN erfolgt. Die Technischen Richtlinien sind daher in Abschnitte unterteilt, die die Kommunikation und Datenverarbeitung in diesen Netzwerken unterschiedlich beschreiben. Die potenzielle Bedrohungslage durch Angriffe aus dem WAN werden als besonders kritisch angesehen, da ein Angreifer aus dem WAN auch die Möglichkeit hat, mehrere Gateways unter seine Kontrolle zu bringen und damit eine potenzielle Gefahr für Zähler- und Netzinfrastruktur darstellt.[69]

a) Technische Sicherheitsmaßnahmen

aa) Sicherer Übertragungskanal

48 Zur Gewährleistung vertraulicher, authentifizierter und integritätsgeschützter Ende-zu-Ende-Datenübertragungen werden sog. **TLS-Kanäle** verwendet. TLS bedeutet Transport Layer Security. Nach gegenseitiger Authentifizierung der Kommunikationspartner wird ein verschlüsselter Transportkanal aufgebaut, auf dem die Kommunikationspartner ihre

---

67 BSI, TR-03109-1, S. 40; PTB Mitteilungen 125 Nr. 3, *Sibold*, PTB-Mitteilungen 3/2015, 35.
68 BSI, TR-03109.
69 BSI, PP-0073, S. 34.

Verschlüsselungsalgorithmen übersenden können und danach die inhaltsverschlüsselten Daten. Die Vertrauenswürdigkeit in die Authentifizierung des anderen Kommunikationspartners wird mit Hilfe einer Public-Key-Infrastruktur sichergestellt.

bb) Public-Key-Infrastruktur

Ob der Kommunikationspartner berechtigt und vertrauenswürdig ist, wird mit Hilfe des Austausches von sog. Zertifikaten sichergestellt. Das **Vertrauen in die Richtigkeit der Zertifikate und der Berechtigung** des sie Verwendenden, wird durch eine sog. Public-Key-Infrastruktur sichergestellt. Die Zertifikate werden auf eine vertrauenswürdige Quelle zurückgeführt, die sog. Root-CA. Diese kann z.B. das BSI oder eine von ihr beauftragte Stelle sein. Das Zertifikat desjenigen, der sich authentifizieren möchte, muss lückenlos auf die Root-CA zurückzuführen sein. Ist dies der Fall, wird der Kommunikationspartner als vertrauenswürdig und berechtigt eingestuft. 49

cc) Inhaltsverschlüsselung

Ist ein TLS-Kanal aufgebaut und haben sich die Kommunikationspartner gegenseitig authentifiziert, werden weitere **Schlüssel ausgetauscht**, mit denen die zu übertragenden Nachrichten inhaltlich verschlüsselt werden. Der Klartext wird in einen Geheimtext übersetzt, den nur der Empfänger wieder entschlüsseln kann. 50

dd) Signatur

Der **Geheimtext** wird mit einer Signatur abgeschlossen, die bezeugt, dass der Text inhaltlich und sachlich richtig ist, vom Absender stammt und von ihm als verbindlich anerkannt wird. 51

ee) Prüfalgorithmen

Zusätzlich zur Nachricht wird ein Prüfalgorithmus mitversandt, mit Hilfe dessen geprüft werden kann, ob die **Nachricht während des Transports verändert** wurde. Stimmt z.B. die Summe der empfangenen Bits nicht mit der Summe überein, die sich durch Anlegen des Prüfalgorithmus ergibt, kann man davon ausgehen, dass die Nachricht verändert wurde. 52

ff) Logfiles

Das Gateway **speichert jeden Vorgang**, wie Verbindungsaufbau, Datenübertragung, aber auch fehlgeschlagene Kommunikationsversuche, in verschiedenen Logfiles. Diese sind das Kundenlog, das Systemlog, das eichtechnische Log und das Log des Gateway-Administrators. Die jeweils Berechtigten können diese Logfiles einsehen und somit erkennen und nachvollziehen, welche Aktionen vom Gateway ausgegangen sind. 53

b) Bauliche Maßnahmen

Um **unbefugte Personen vom Zugriff auf Daten** abzuhalten, sind auch bauliche Maßnahmen erforderlich. So muss die Gateway-Administration in separaten Räumen stattfinden, dessen Zugang z.B. durch ein eigenes Schließsystem nur Berechtigten möglich ist. 54

c) Organisatorische Maßnahmen

aa) Zugriffsrechte

55 Es muss sichergesellt werden, dass nur Berechtigte und nur zum jeweilig vereinbarten Datenverarbeitungszweck, Zugriff auf die Daten haben. Dies geschieht z. B. durch die Einrichtung von individuellen Passwörtern.

bb) Zugangskontrolle

56 Durch eine Zugangskontrolle muss sichergestellt werden, dass **nur berechtigte Personen** physischen Zugang zu den Orten haben, an denen die Daten verarbeitet werden. Dies geschieht durch das Erteilen von Zugangsrechten und deren Entzug, wenn ein Zugang nicht mehr benötigt wird. Dazu gehört auch die Entwicklung von Kriterien, die den Zugang erlauben und die Dokumentation der Berechtigungen und deren Entzug regeln.

cc) Auswahl und Überwachung des Personals

57 Das **für die Datenverarbeitung eingesetzte Personal** muss sorgfältig ausgewählt und auch überwacht werden. Das Gleiche gilt für **andere Personen**, die Zugang zu den Administrationsräumen haben, wie z. B. Wartungs- aber auch Reinigungspersonal.

d) Informationssicherheitsmanagementsystem (ISMS)

58 Für den Smart-Meter-Gateway-Administrator und für die anderen an der Smart-Meter-PKI Beteiligten, wird ein **Informationssicherheitsmanagementsystem** gefordert. Andere Kommunikationsbeteiligte, wie passive externe Marktteilnehmer bedürfen lediglich eines **IT-Sicherheitskonzepts**.

59 Die **Intensität der Anforderungen** richtet sich nach der Kritikalität der Prozesse für Datensicherheit und Datenschutz.

III. Vermutung der Einhaltung des Stands der Technik (Abs. 2)

1. Allgemeines

60 Der Tatbestand des Abs. 2 greift den **unbestimmten Rechtsbegriff „Stand der Technik"** aus Abs. 1 auf und definiert ihn als den Maßstab, der durch die im Anhang zu § 22 aufgeführten Schutzprofile und Technischen Richtlinien vorgeben wird. Zugleich wird dessen Geltung durch eine Vermutung wieder eingeschränkt. Daneben enthält Abs. 2 eine dynamische Verweisung auf die jeweils geltende Fassung der in Bezug genommenen Dokumente. Die schon nach dem Wortlaut komplexe Regelungstechnik des Abs. 2 wird weiter dadurch verkompliziert, dass die Schutzprofile und Technischen Richtlinien in fast unüberschaubarer Zahl weitere Verweise auf andere Dokumente des BSI, Internationale Standards wie ISO/IEC, Common Criteria, auf von anderen, auch ausländischen Behörden erstellte

III. Vermutung der Einhaltung des Stands der Technik (Abs. 2) § 22

Regelwerke und auch offiziöse Quellen wie Requests for Comments enthalten.[70] Diese Dokumente verweisen wiederum auf andere Vorgaben.[71]

Die sich **daraus ergebenden Fragen** betreffen die Inhaltsbestimmung des Begriffs „Stand der Technik", den Umfang der Vermutungswirkung und die Zulässigkeit der dynamischen Verweisung sowie deren Reichweite. Dabei ist zunächst zu unterscheiden zwischen den Schutzprofilen und Technischen Richtlinien, die im Anhang zu § 22 aufgeführt sind und zum Zeitpunkt der Verabschiedung des Gesetzes in der Endfassung vorlagen, sowie der Weiterentwicklung dieser Dokumente im Verfahren nach § 27. Die gleichen Fragen stellen sich zu den weiteren Regelwerken, auf die in den Schutzprofilen und Richtlinien Bezug genommen wird sowie für die Vorgaben, auf die der Anhang zu § 22 referenziert, die aber bei der Beschlussfassung des Bundestages über das Messstellenbetriebsgesetz noch nicht Vorlagen.[72] Das Messstellenbetriebsgesetz greift in die **Grundrechte** der Anschlussnutzer, der Gerätehersteller und der Inhaber energiewirtschaftlicher Marktrollen, wie z. B. Netzbetreiber, Messstellenbetreiber und Lieferanten ein. Betroffen sind die Freiheitsgrundrechte aus Art. 2 GG und Art. 12 GG der Letztverbraucher sowie deren Anspruch auf Gleichbehandlung.[73] Messstellenbetreiber sind im Hinblick auf Art. 12 GG und Art. 14 GG betroffen. Die Gründe für eine materielle Rechtfertigung des Eingriffs werden in der Gesetzesbegründung ausführlich referiert und sollen an dieser Stelle nicht kommentiert werden. Da sich aber eine große Anzahl der Eingriffe bzw. deren Umsetzung und Intensität aus den Schutzprofilen und Technischen Richtlinien ergibt, bedarf die Frage, inwieweit durch untergesetzliche Regelungen Grundrechtseinschränkungen bewirkt werden dürfen, einer kritischen Untersuchung im Hinblick auf Art. 20 GG. Stichworte sind hier Wesentlichkeitsgebot, das Gebot der Normenbestimmtheit und -klarheit, kumulativer Grundrechtseingriff und auch Zulässigkeit und Umfang von dynamischen Verweisungen sowie der Verwendung unbestimmter Rechtsbegriffe.

61

2. Stand der Technik

Die Gewährleistung von Datenschutz und -sicherheit sowie von Interoperabilität muss gem. Abs. 1 dem Stand der Technik entsprechen. Mit dem Begriff „**Stand der Technik**" hat der Gesetzgeber einen hohen Maßstab gewählt. Der Begriff bedeutet, dass die technischen Möglichkeiten, die zum jeweiligen Zeitpunkt beruhend auf den gesicherten Erkenntnissen von Wissenschaft und Technik vorliegen, anzuwenden sind.[74] **Legaldefinitionen** finden sich z. B. in § 3 Abs. 6 BImSchG, § 3 Nr. 11 WHG und § 2 GefStoffV. Zusammengefasst ist danach Stand der Technik der Entwicklungsstand fortschrittlicher Verfahren, Einrichtungen oder Betriebsweisen, der auf die praktische Eignung einer Maßnahme zur

62

---

70 Z. B. NIST (National Institute of Standards and Technology), das dem US-amerikanischen Department of Commerce zugeordnet ist. Auf dessen Parameter für Verschlüsselungsalgorithmen wird z. B. in BSI, TR-03109, S. 7 Bezug genommen, im Internet abrufbar unter www.rfc-editor.org.
71 Ein Beispiel findet sich in BSI, CP, S. 35, wo auf ISO 27001 und die nicht im Anhang zu § 22 aufgenommene TR-03145 Bezug genommen wird. Viele weitere Beispiele sind in den Texten der Technischen Richtlinien und ihren Literaturverzeichnissen zu finden, TR-03116, Teil 3, passim; TR-03109-4, S. 61.
72 Es lagen nicht vor: TR-03109-TS-1, TR-03109-TS-2 und TR-03109-TS-5 sowie TR-03109-TS-5. Die CP wurde am 9.12.2016 in inhaltlich überarbeiteter Form vom BSI veröffentlicht.
73 Begründung zum Regierungsentwurf v. 17.2.2016, BT-Drs. 18/7555, S. 95 ff.
74 BerlKommEnR/*Boesche/Franz*, § 21e EnWG Rn. 46.

§ 22 Mindestanforderungen an das Smart-Meter-Gateway

Gewährleistung der Ziele des Gesetzes zielt und die Erreichung eines allgemeinen hohen Schutzniveaus insgesamt gesichert erscheinen lässt. Damit verweist der Stand der Technik auch auf nicht hinreichend und langjährig erprobte Verfahren, die in den jeweiligen Bereichen nur Spezialisten bekannt sind.[75] Mit dem Verweis auf den Stand der Technik ergibt sich auf der Habenseite eine hohe Flexibilität des Gesetzes, die allerdings auf der anderen Seite eine hohe Unschärfe mit sich bringt.[76] Diese Unschärfe hat der Gesetzgeber durch den Bezug auf detaillierte Schutzprofile und Technische Richtlinien begrenzt, wegen der bloßen Vermutungswirkung aber nicht beseitigt. Aber auch die an sich wünschenswerte Begrenzung der Unschärfe hat ihren Preis. Der Gesetzgeber hat damit einen großen Teil der für Datenschutz und -sicherheit sowie Interoperabilität erforderlichen Regelungen in die Hände des BSI und, soweit die Weiterentwicklung der Standards betroffen ist, in die des Ausschusses nach § 27 gegeben.

63 Der **generelle Bezug des Gesetzgebers auf technische Regelwerke** und den Stand der Technik ist regelmäßig zulässig. Dem Gesetzgeber wird insoweit ein Entscheidungsspielraum zugestanden. Die tatbestandliche Anknüpfung an den Stand der Technik u.Ä. gehört nach der Rechtsprechung zu den **herkömmlichen Regelungsmustern**, die unter dem Blickwinkel der Berechenbarkeit, der Rechtsklarheit und der Rechtssicherheit keinen Bedenken begegnen.[77]

64 Eine Zählerfernauslesung fand auch schon vor Inkrafttreten des MsbG statt. Bei der sog. registrierenden Leistungsmessung werden bereits im Viertelstundenraster Zählerdaten mittels Telekommunikation von der Messstelle des Anschlussnutzers an Netz- oder Messstellenbetreiber übertragen und dort verarbeitet, vgl. § 10 MessZV und § 36 EEG 2014. Der Stand der Technik für diese Art der Datenerfassung und -verarbeitung wurde im Wesentlichen durch das Mess- und Eichrecht und das Bundesdatenschutzgesetz geprägt. Mit dem MsbG sollen für Datenschutz, Datensicherheit und Interoperabilität neue Maßstäbe gelten.[78] Da sich der Gesetzgeber zur Ausfüllung und Detaillierung dieser Grundsätze auf Schutzprofile und Technische Richtlinien bezieht, ist deren Bedeutung und rechtliche Verbindlichkeit zur Bestimmung des Standes der Technik im Bereich des Messwesens herauszuarbeiten. Dazu sind Wortlaut, Systematik und Sinn und Zweck des Gesetzes sowie des gesetzgeberischen Willens, aber auch verfassungsrechtliche Vorgaben heranzuziehen.

65 „Stand der Technik" ist ein **unbestimmter Rechtsbegriff**, dessen Inhalt jeweils für den Anwendungsbereich der Norm, die sich auf ihn beruft, zu ermitteln ist.[79] Der Gesetzgeber kann allerdings auch selbst den Inhalt dieses Rechtsbegriffs konkretisieren, indem er Maßstäbe vorgibt oder sich auf außerhalb des Gesetzes befindliche Regelwerke bezieht.[80] Dies hat er

---

75 Weitere, leicht abweichende Legaldefinitionen befinden sich in EN 45020 Ziff. 1.4 und § 3 Abs. 1 PatG.
76 BerlKommEnR/*Boesche/Franz*, § 21e EnWG Rn. 46; *Becker*, Kooperative und konsensuale Strukturen in der Normsetzung, S. 554.
77 BVerfG, Beschl. v. 8.8.1978, 2 BvL 8/77, BVerfGE 49, 89, 135; BVerfG, Beschl. v. 18.5.1988, 2 BvR 579/84, BVerfGE 78, 205, 212. Der Gesetzgeber wollte, ausweislich der Begründung zu § 22, mit dem in § 27 beschriebenen Änderungsmechanismus, verfassungsrechtliche Bedenken ausräumen, BT-Drs. 18/7555, S. 85.
78 Begründung zum Regierungsentwurf v. 17.2.2016, BT-Drs. 18/7555, S. 63 f.
79 VGH Hessen, Urt. v. 28.11.2007, 6 UE 497/06, juris, Rn. 46
80 BVerwG, Urt. v. 25.11.2004, 5 CN 1.03, BVerwGE 122, 264, 269; VGH Hessen, Urt. v. 28.11.2007, 6 UE 497/06, juris, Rn. 48.

III. Vermutung der Einhaltung des Stands der Technik (Abs. 2) § 22

mit seinem Verweis auf Schutzprofile und Technische Richtlinien getan und die Dokumente, die seiner Ansicht nach den Stand der Technik wiedergeben, in der Anlage zu § 22 aufgeführt. Damit diese Maßstäbe rechtsverbindlich werden, muss der Gesetzgeber sie in seinen Regelungswillen aufnehmen.[81] Die Rechtsprechung verlangt für die Aufnahme in den Regelungswillen, dass die in Bezug genommenen Regelungen zum Zeitpunkt der Verabschiedung des Gesetzes bereits veröffentlicht sind.[82] Diese Voraussetzungen sind für die im Anhang zu § 22 aufgeführten Schutzprofile und Technischen Richtlinien erfüllt.[83] Der Gesetzgeber ist hier auch quasi der **Auftraggeber** für die entsprechenden Regelungen. Es bestand bei der Einfügung der § 21e Abs. 2, 4 in das EnWG im Jahre 2011 die Absicht, Schutzprofile durch das BSI erstellen zu lassen und diese durch eine Rechtsverordnung nach § 21i Abs. 2 Nr. 9 und 10 ggf. mit Gesetzeskraft zu versehen. Im Jahr 2011 lagen Schutzprofile und Technische Richtlinien noch nicht in der Endfassung vor, so dass der Gesetzgeber sie nicht in seinen Regelungswillen aufnehmen konnte. Dies sollte durch die später zu erlassenden Rechtsverordnungen erfolgen. Zum Zeitpunkt der Verabschiedung des MsbG konnte sich das Parlament hingegen auf die vorliegenden Regelungen beziehen und sie in seinen Gesetzgebungswillen einbeziehen. Für § 22 legt der Gesetzgeber also kraft seiner Definitionsmacht fest, dass die Schutzprofile und Technischen Richtlinien den Stand der Technik ausmachen und auch, dass es sich lediglich um Mindestvorgaben handelt. Dies betrifft jedenfalls die zum Zeitpunkt des Erlasses des Gesetzes vorhandenen Fassungen der Schutzprofile und Richtlinien, auf die § 22 verweist, soweit sie beim Abschluss des Gesetzgebungsverfahrens in ihrer Endfassung vorlagen.[84] Die in Abs. 2 erwähnte Vermutung ist aus verfassungsrechtlichen Gründen nur für die weitere Entwicklung der Schutzprofile und TR erforderlich (dazu sogleich). Ein Zurückgehen hinter die derzeitigen Standards ist daher ausgeschlossen. Dies gilt auch für alle Normen, die auf § 22 Bezug nehmen. Darüber hinaus strahlt der Maßstab des § 22 und der Schutzprofile und Technischen Richtlinien auch sonst auf den Stand der Technik aus, soweit er im Messstellenbetriebsgesetz zur Anwendung kommt, auch wenn keine direkte Bezugnahme auf § 22 erfolgt, wie z. B. in § 19 Abs. 4.[85] Ob aufgrund der vom Gesetzgeber eingeführten Vermutung in Abs. 2 Behörden und Rechtsprechung den Inhalt des Begriffes „Stand der Technik" abweichend festlegen können, hängt von der Bindungswirkung der in Bezug genommenen Regelwerke ab.

Streitig ist bei Verweisen auf den Stand der Technik i. d. R. nicht die Frage, ob die Regelungen, auf die der Gesetzgeber verweist, hinter dem Stand der Technik zurückbleiben, sondern, ob dem Stand der Technik durch den Rechtsunterworfenen auch dann entsprochen werden kann, wenn er **andere als vom Gesetzgeber in Bezug genommene Kriterien** zugrunde legt. Auch andere angewandte Maßnahmen können dem vom Gesetzgeber angestrebten technischen Niveau genügen und daher dem Stand der Technik entsprechen.[86] Es liegt in der Letztentscheidungskompetenz der Gerichte festzustellen, welche Regeln der Technik jeweils verbindlich und wie sie im Hinblick auf den Einzelfall anzuwenden sind.[87]

---

81 BVerwG, Beschl. v. 30.9.1996, 4 B 175.96, NVwZ-RR 1997, 214.
82 VGH Hessen, Urt. v. 28.11.2007, 6 UE 497/06, juris, Rn. 50.
83 Der Verweis aus BT-Drs. 18/7555, S. 27 führt allerdings nicht direkt auf die BSI-Seite mit den Schutzprofilen.
84 Es lagen nicht vor, TR-03109-TS-1, TR-03109-TS-2 und TR-03109-5 mit TR-03109-TS-5.
85 BerlKommEnR/*Schmidt*, § 62 MsbG Rn. 35 ff.
86 VGH Hessen, Urt. v. 28.11.2007, 6 UE 497/06, juris, Rn. 46.
87 BVerwG, Beschl. v. 30.9.1996, 4 B 175.96, NVwZ-RR 1997, 214; VGH Hessen, Urt. v. 28.11.2007, 6 UE 497/06, juris, Rn. 46.

§ 22   Mindestanforderungen an das Smart-Meter-Gateway

Je konkreter und verbindlicher die Vorgaben des Gesetzgebers zur Bestimmung des Standes der Technik sind, desto enger ist der Auslegungsraum der Gerichte. Liegt nur ein allgemeiner, nicht konkretisierter Verweis vor, hat die Rechtsprechung im Streitfall die Aufgabe, den jeweiligen Stand der Technik zu ermitteln. Hat der Gesetzgeber technische Vorgaben in seinen Regelungswillen aufgenommen, so hat er, soweit die geforderten Standards betroffen sind, ein Mindestmaß festgelegt, das nicht unterschritten werden darf. Es können dann zwar andere, gleichwertige Maßnahmen zulässig sein, es ist aber nicht möglich, das vom Gesetzgeber vorgegebene Niveau abzusenken. Der Gesetzgeber kann also durch entsprechende detaillierte Vorgaben den Stand der Technik selbst definieren. Mit seinem Verweis in Abs. 2 hat der Gesetzgeber auf ein sehr umfangreiches und detailliertes Regelwerk Bezug genommen und damit die zum Zeitpunkt des Inkrafttretens des Gesetzes vorliegenden Schutzprofile und Technischen Richtlinien, soweit sie in der Endfassung vorliegen, in seinen Willen aufgenommen.

67   Die Wirkung und die Verbindlichkeit, die er damit erreichen will, sind anhand der Gesetzesziele zu konkretisieren und zu bestimmen. Damit wird auch eine Grenze für die Auslegung durch Behörden und Gerichte vorgegeben. Die Maßstäbe, die der Gesetzgeber mit dem MsbG hinsichtlich Datenschutz, Datensicherheit und Interoperabilität anlegen will, sind in § 22 beschrieben und in der Gesetzesbegründung erläutert. Die Umsetzung dieser Ziele erfolgt durch Schutzprofile und Technische Richtlinien. Die einschlägigen Maßstäbe sind: Der Gesetzgeber will mit dem MsbG ausdrücklich ein bereichsspezifisches Datenschutzrecht schaffen. Dies „erfordert eine technische Ausstattung intelligenter Messsysteme, die **höchsten technischen Datenschutzanforderungen** genügt".[88] Der Datenschutz soll also über das Schutzniveau des BDSG hinausgehen. Das BDSG stellt zwar keine geringen Anforderungen an technische Vorrichtungen, die dem Datenschutz dienen sollen, bleibt aber hinter den Vorgaben des MsbG zurück. Insbesondere, die in § 9 BDSG vorgesehene Beurteilung der Erforderlichkeit der technischen Maßnahmen durch eine Abwägung von Aufwand und Zweck, fehlt im MsbG.[89] Diese Abwägung hat der Gesetzgeber selbst vorgenommen und damit auch die gerichtliche Kontrolle der einfachgesetzlichen Verhältnismäßigkeit im Gegensatz zu § 9 BDSG eingeschränkt.[90] „Der Rechtsrahmen muss hier klare und verlässliche Vorgaben treffen."[91] Bei den Sicherheitsanforderungen geht der Gesetzgeber mit den Technischen Richtlinien über den bisherigen Stand der Technik hinaus, insbesondere bei den Verschlüsselungsverfahren und den Anforderungen an die Authentifizierung, die stets – im Gegensatz zum Home-Banking – gegenseitig erfolgen muss.[92] Die Schutzprofile weisen mit der Sicherheitseinstufung durch das BSI mit EAL 4 + nach Common Criteria ein Sicherheitsniveau auf, das die höchsten Sicherheitsanforderungen für zi-

---

88 Begründung zum Regierungsentwurf v. 17.2.2016, BT-Drs. 18/7555, S. 63.
89 Simitis/*Ernestus*, § 9 BDSG Rn. 23.
90 Begründung zum Regierungsentwurf v. 17.2.2016, BT-Drs. 18/7555, S. 64: „die Kosten sinken rapide", S. 67 zum Erfüllungsaufwand für die Bürger, S. 68 f. zum Erfüllungsaufwand für die Wirtschaft.
91 Begründung zum Regierungsentwurf v. 17.2.2016, BT-Drs. 18/7555, S. 3, 65.
92 BSI, TR-03116, Teil 3, S. 11, Authentifizierung, S. 12, TLS-Verschlüsselung, S. 22, Inhaltsverschlüsselung. Zu den im Datenschutz geforderten Verschlüsselungsverfahren, Datenschutzbeauftragte, Orientierungshilfe Kryptografie, passim und z. B. S. 59, SSL-Verschlüsselung. Von den Datenschutzbeauftragten wird i. d. R. für die Absicherung der Daten Verschlüsselung nach dem SSL-Verfahren gefordert, die TR-03116, Teil 3 hingegen schreibt generell bei bidirektionaler Kommunikation das TLS-Verfahren vor.

III. Vermutung der Einhaltung des Stands der Technik (Abs. 2) § 22

vile IT-Anwendungen widerspiegelt. Der Gesetzgeber spricht den Schutzprofilen **Allgemeinverbindlichkeit** zu, damit „auf Basis dieser sicheren Technik" Geräte entwickelt werden und möglichst viele energiewirtschaftliche Anwendungsfälle bedient werden können.[93] Die Standards sollen verbindlich sein für Datenschutz und Datensicherheit; zukünftigen IT-Sicherheitsrisiken kann nur mit darauf ausgerichteten Standards begegnet werden.[94] Auch § 19 Abs. 3 konkretisiert die Maßstäbe für die Datenverarbeitung „auf die **notwendig** einzuhaltenden Anforderungen aus Schutzprofilen und Technischen Richtlinien, die den Stand der Technik in Bezug auf Datenschutz, Datensicherheit und Interoperabilität **wiedergeben**".[95] Zur Erreichung der Ziele des MsbG und zur Bewältigung der damit verbundenen Komplexität ist eine feste Ausgangsbasis unverzichtbar.

Insbesondere das Erfordernis der **Interoperabilität** ist ohne Verbindlichkeit der Technischen Richtlinien nicht umzusetzen. Das zeigt das folgende Beispiel: Möglich ist, dass es alternative technische Datenschutz- und Sicherheitsmaßnahmen gibt, die den Anforderungen der Schutzprofile genügen, z. B. gleichwertige Verschlüsselungsverfahren, die aber nicht den vereinheitlichten Vorgaben der TR-03109-3 i. V. m. der TR-03116, Teil 3 entsprechen. Voraussetzung für eine Kommunikation, auch für die Marktkommunikation nach GPKE, ist aber die Anwendung gleicher Verschlüsselungsverfahren und Teilnahme an einer übergreifenden Public-Key-Infrastruktur. Auch der Wechsel des Messstellenbetreibers wäre ansonsten erschwert. Ein technisch gleichwertiger Sonderweg scheitert daran, dass das gesetzliche Ziel der Interoperabilität praktisch nicht erreicht werden kann.[96] 68

Der Gesetzgeber hat für das Messwesen einen neuen, bis dahin nicht vorhandenen Stand der Technik aufgestellt. 69

3. Vermutung

a) Schutzprofile und Technische Richtlinien, die bei der Verabschiedung des Gesetzes vorlagen

Gem. § 22 Abs. 2 wird vermutet, dass der Stand der Technik eingehalten wird, wenn die im Anhang des Gesetzes aufgeführten **Schutzprofile und Technischen Richtlinien** des Bundesamts für Sicherheit in der Informationstechnik in der jeweils geltenden Fassung eingehalten werden. Im Einzelnen handelt es sich u. a. um die Schutzprofile Smart-Meter-Gateway, das Schutzprofil für das Sicherheitsmodul und die angeführten Technischen Richtlinien, wie z. B. die TR-03109 mit ihren sechs Teilrichtlinien und Anhängen.[97] 70

Vermutungen können **widerleglich oder unwiderleglich** sein. Grundsätzlich sind Tatsachenvermutungen gem. § 292 ZPO widerleglich. Unwiderlegliche Vermutungen sind die Ausnahme, z. B. § 1566 BGB. Der Umfang der Vermutungswirkung und, ob sie widerlegbar ist, ist durch Auslegung zu ermitteln.[98] 71

---

93 Begründung zum Regierungsentwurf v. 17.2.2016, BT-Drs. 18/7555, S. 64.
94 Begründung zum Regierungsentwurf v. 17.2.2016, BT-Drs. 18/7555, S. 65.
95 Begründung zum Regierungsentwurf v. 17.2.2016, BT-Drs. 18/7555, S. 82.
96 Zur Bedeutung der Interoperabilität BerlKommEnR/*Schmidt*, § 22 MsbG Rn. 25, 258 f.
97 BSI, CC-PP-0073; BSI, CC-PP-0077; BSI, TR-03109; BSI, CP, S. 35, S. 65.
98 BVerfG, Beschl. v. 1.3.1978, 1 BvR 786, 793/71 und 95/73, BVerfGE 47, 285, 312 f., 316; Beschl. v. 14.6.1983, 2 BvR 488/80, BVerfGE 64, 208, 215; Beschl. v. 23.4.1986, 2 BvR 487/80, BVerfGE 73, 261, 273.

§ 22 Mindestanforderungen an das Smart-Meter-Gateway

72 Zu unterscheiden ist die Wirkung der Vermutung und ihre Widerlegbarkeit für Schutzprofile und Technische Richtlinien, die zum Zeitpunkt der Verabschiedung des Gesetzes in ihrer Endfassung vorlagen, und der zukünftigen Weiterentwicklung durch das BSI und den Ausschuss gem. § 27. Wie unter I. dargelegt, hat der Gesetzgeber durch den Bezug auf die im Anhang zu § 22 aufgeführten Dokumente, deren Erstellung er selbst veranlasst hat, diese in seinen Regelungswillen aufgenommen.[99] Zur Verwirklichung der von ihm vorgegebenen **Gesetzesziele** und deren Umsetzung auf dem von ihm **angestrebten technischen Niveau** dient genau der Inhalt der Schutzprofile und der Technischen Richtlinien. Zu der gewollten und auch notwendigen Verbindlichkeit für die vom Gesetzgeber vorgegebenen hohen Ansprüche an Datensicherheit und Datenschutz, die sich aus den zum Zeitpunkt der Verabschiedung des Gesetzes vorliegenden Schutzprofilen und Technischen Richtlinien ergeben, passt eine widerlegbare Vermutung nicht.

73 Ob die Schutzprofile und Technischen Richtlinien, die zur Zeit der Verabschiedung des Gesetzes in der Endfassung vorlagen, nicht von der Vermutung umfasst sind und damit unwiderlegbar gelten, kann letztlich an dieser Stelle noch dahinstehen Die Einfügung des Begriffs **Vermutung**, der i. d. R. auch ihre Widerlegbarkeit impliziert, dient in § 22 Abs. 2 nur der verfassungsrechtlichen Absicherung der dynamischen Verweisung auf die jeweils geltende Fassung der Schutzprofile und Technischen Richtlinien.[100] Auch wenn man die Widerlegbarkeit der Vermutung nicht ausschließen will, ist der Auslegungsspielraum für den Begriff „Stand der Technik" rechtlich durch den Gesetzgeber für Behörden und Gerichte im Falle des § 22 so eingeschränkt worden, dass es einer Unwiderlegbarkeit nahezu gleichkommt. Fazit ist, dass der Gesetzgeber hier den Stand der Technik anhand eines sehr hohen Maßstabs durch die Schutzprofile definiert und die notwendige Interoperabilität nur bei Verbindlichkeit der Technischen Richtlinien erreichbar ist. Ein Zurückgehen hinter oder eine Modifikation dieser Vorgaben kann nur erfolgen, wenn das komplexe System und die Ziele des Messstellenbetriebsgesetzes nicht beeinträchtigt werden. Das erscheint kaum möglich.

b) Vermutungswirkung für andere Regelwerke

74 Die **inhaltliche Weiterentwicklung der Schutzprofile und Technischen Richtlinien** hat der Gesetzgeber dem BSI gem. § 26 überantwortet. Ihre Inkraftsetzung erfolgt nach dem in § 27 geregelten Verfahren nach Zustimmung durch das BMWi. Diese **zukünftigen Regelungen** haben nicht die Verbindlichkeit, die die zum Zeitpunkt der Verabschiedung des Gesetzes vorliegenden Dokumente haben, da der Gesetzgeber hier keinen inhaltlichen Einfluss nimmt und auch kein Verfahren vorgesehen ist, mit dem er den weiterentwickelten Inhalt billigt und in seinen Regelungswillen aufnimmt. Deshalb begründen diese Vorgaben nur die widerlegliche Vermutung, dass sie dem Stand der Technik entsprechen. Im Streitfall kann nachgewiesen und festgestellt werden, dass der Stand der Technik sich auf einem anderen Niveau befindet als im Verfahren nach § 27 festgelegt. Auch andere als dort festgeschriebene Maßnahmen können dem Stand der Technik genügen. Die Behörden und Gerichte sind aber auch hier insoweit limitiert in der Auslegung, als weiterhin der vom MsbG gesetzte, an dessen Zielen orientierte Maßstab gilt und die Interoperabilität gewährleistet

---

99 Der Gesetzgeber selber spricht von „Verrechtlichung", BT-Drs. 18/7555, S. 85; die MSysV, S. 2, gebrauchte den Begriff „für allgemeinverbindlich erklärt".
100 Begründung des Regierungsentwurfs v. 17.2.2016, BT-Drs. 18/7555, S. 85.

III. Vermutung der Einhaltung des Stands der Technik (Abs. 2) § 22

bleiben muss. Insbesondere können Behörden und Gerichte überprüfen, ob die Verhältnismäßigkeit zwischen Aufwand und Erreichung eines Schutzzwecks durch das BSI und den Ausschuss gewahrt wurde oder ob auch weniger belastende Maßnahmen ausgereicht hätten.

Für Dokumente, auf die die im **Anhang zu § 22 aufgeführten Unterlagen** verweisen, gilt das Gleiche. 75

4. Dynamische Verweisung

a) Allgemeines

Das Gesetz enthält durch den Bezug auf die jeweils geltende Fassung der Schutzprofile und der Technischen Richtlinien eine **dynamische Verweisung**, vgl. auch die Begründung zu § 22.[101] Dynamische Verweisungen sind unter bestimmten Bedingungen verfassungsrechtlich unzulässig, da sich der Gesetzgeber durch Verweis auf andere, nicht demokratisch legitimierte Normsetzungseinheiten seiner Gesetzgebungskompetenz begibt und die Verantwortung für nur von ihm selbst regelbare Tatbestände in die Hände Dritter legt.[102] Trotz dieser Bedenken geht die Rechtsprechung erstaunlich großzügig mit diesen Klauseln um. Eine verfassungsrechtliche Unbedenklichkeit wird immer dann bescheinigt, wenn sich der Bezug auf außergesetzliche Regelungen in der jeweils gültigen Fassung nicht in einer strikten, unmittelbar rechtsverbindlichen Wirkung erschöpft, sondern ihr lediglich die Funktion einer Vermutung beigemessen wird, von der Behörden und Gerichte in begründeten Fällen abweichen können.[103] 76

Auch der **generelle Bezug des Gesetzgebers auf technische Regelwerke** und den Stand der Technik ist regelmäßig zulässig. Dem Gesetzgeber wird insoweit ein Entscheidungsraum zugestanden. Die tatbestandliche Anknüpfung an den Stand der Technik u.Ä. gehört nach der Rechtsprechung zu den **herkömmlichen Regelungsmustern**, die unter dem Blickwinkel der Berechenbarkeit, der Rechtsklarheit und der Rechtssicherheit keinen Bedenken begegnen.[104] 77

b) Bestimmtheitsgebot

Das Gesetz enthält im Hinblick auf Datenschutz, Datensicherheit und Interoperabilität sowie die Anforderungen an die Tätigkeit des Gateway-Administrators keine konkreten Vorgaben. Diese auszuformulieren obliegt dem BSI. Damit wird in verfassungsrechtlich bedenklicher Weise die Regelung wesentlicher Bereiche des Messstellenbetriebs einer Behörde überlassen. Das aus Art. 20 Abs. 3 GG abgeleitete Gebot der **Normenklarheit und** 78

---

101 Begründung des Regierungsentwurfs v. 17.2.2016, BT-Drs. 18/7555, S. 85.
102 BVerfG, Beschl. v 1.3.1978, 1 BvR 786, 793/71 und 95/73, BVerfGE 47, 285, 312 f.; Beschl. v. 14.6.1983, 2 BvR 488/80, BVerfGE 64, 208, 214; Beschl. v. 23.4.1986, 2 BvR 487/80, BVerfGE 73, 261, 272; Beschl. v. 25.2.1988, BVerfGE 78, 32, 36; *Säcker/Boesche*, ZNER 2002, 183, 187; Sachs/*Sachs*, Art. 20 GG Rn. 123 lit. a; Büdenbender/*Rosin*, § 6 EnWG Rn. 63 ff.
103 BVerwG, Beschl. v. 30.9.1996, 4 B 175.96, NVwZ-RR 1997, 214; VGH Hessen, Urt. v. 28.11.2007, 6 UE 497/06, juris, Rn. 53.
104 BVerfG, Beschl. v. 8.8.1978, 2 BvL 8/77, BVerfGE 49, 89, 135; der Gesetzgeber wollte, ausweislich der Begründung zu § 22, mit dem in § 27 beschriebenen Änderungsmechanismus verfassungsrechtliche Bedenken ausräumen, BT-Drs. 18/7555, S. 88.

§ 22 Mindestanforderungen an das Smart-Meter-Gateway

-bestimmtheit ist verletzt, wenn bei Verkündung des Gesetzes nicht feststeht, welchen konkreten Inhalt die gesetzlichen Vorschriften im Einzelnen haben.[105] Gesetzliche Tatbestände sind so zu formulieren, dass ein Normanwender sein Handeln kalkulieren kann, weil die Folgen der Regelungen für ihn voraussehbar und berechenbar sind und Gerichte in die Lage versetzt sind, die gesetzgeberische Entscheidung zu konkretisieren.[106] Rechtsvorschriften sind so genau zu fassen, wie dies nach der Eigenart der zu ordnenden Lebenssachverhalte und mit Rücksicht auf den Normzweck zulässig ist.[107] Die gesetzesausführende Verwaltung muss für ihr Verhalten steuernde und begrenzende Handlungsmaßstäbe vorfinden.[108] Der Anspruch an die Bestimmtheit steigt, wenn Grundrechte tangiert sind.[109] Die Bezugnahme auf Schutzprofile und Technische Richtlinien, die sich wiederum auf die Common Criteria beziehen, umfasst Dokumente von mehreren tausend Seiten Umfang, die zu großen Teilen auf Englisch abgefasst sind und deren Fachsprache in Teilen nur Spezialisten zugänglich ist. Innerhalb der Schutzprofile und Technischen Richtlinien finden sich wiederum Verweise auf andere Schutzprofile und Technische Richtlinien sowie weitere Standards, z. B. Requests for Comments (RFC), die sich in einem ständigen Veränderungsprozess befinden. Dies mag man, aufgrund der hohen Dynamik der technischen Entwicklungen in diesem Bereich, hinnehmen wollen.[110] Dann muss der Gesetzgeber jedoch, um rechtsstaatlichen Prinzipien, im Besonderen dem **Bestimmtheitsgebot**, zu genügen, präzise Vorgaben machen und nicht die Formulierung wesentlicher, grundrechtsrelevanter Vorgaben insgesamt an Behörden delegieren, im Vertrauen darauf, dass später Gerichte korrigierend eingreifen könnten. Die begrenzenden und steuernden Handlungsmaßstäbe zur **Umsetzung** von Datenschutz, Datensicherheit und Interoperabilität finden sich nicht im Gesetz. Geregelt ist nur, welche Daten verarbeitet werden dürfen und z. T. finden sich Vorschriften zur Löschung von Daten, §§ 62 ff., 64 Abs. 2. Diese Regelungen betreffen den Datenschutz. Zur Datensicherheit finden sich keine konkreten Vorgaben; in § 2 Nr. 21 sind generell Anforderungen an die Smart-Metering-Public-Key-Infrastruktur beschrieben und in § 22 Abs. 4 Nr. 4 an Verschlüsselung und Authentifizierung. Wie dies umgesetzt werden soll, ist nicht vorgegeben. Dazu bieten sich verschiedene technische Lösungen an.[111] Der Rechtsanwender kann z. B. aus dem Gesetz nicht herauslesen, dass die Anforde-

---

105 *Säcker/Boesche*, ZNER 2002, 183, 187.
106 BVerfG, Beschl. v. 7.7.1971, 1 BvR 755/66, BVerfGE 31, 255, 264; Urt. v. 24.4.1991, 1 BvR 1341/90, BVerfGE 84, 133, 149; Urt. v. 27.7.2005, 1 BvR 668/04, BVerfGE 113, 348, 375 f.; Beschl. v. 4.6.2012, 2 BvL 9, 10, 11, 12/08, BVerfGE 131, 88, 123; Beschl. v. 17.9.2013, 2 BvR 2436/10 und 2 BvE 6/08, BVerfGE 134, 141, 181.
107 BVerfG, Beschl. v. 8.8.1978, 2 BvL 8/77, BVerfGE 49, 89, 181; Beschl. v. 17.11.1992, 1 BvL 8/87, BVerfGE 87, 234, 263; Dreier/*Schulze-Fielitz*, Art. 20 GG Rn. 141, Rechtsstaat zur Verständlichkeit von Gesetzen.
108 BVerfG, Urt. v. 27.7.2005, 1 BvR 668/04, BVerfGE 113, 348, 375; Beschl. v. 17.9.2013, 2 BvR 2436/10 und 2 BvE 6/08, BVerfGE 134, 141, 184.
109 BVerfG, Beschl. v. 4.6.2012, 2 BvL 9, 10, 11, 12/08, BVerfGE 131, 88, 123.
110 VGH Hessen, Urt. v. 28.11.2007, 6 UE 497/06, juris, Rn. 51.
111 Die Technischen Richtlinien machen von den Variationsmöglichkeiten auch Gebrauch und schreiben für verschiedene Kommunikationswege auch verschiedene Verschlüsselungs- und Authentifikationsverfahren vor. Aber auch bei gleichen Übertragungswegen sind Unterschiede möglich. So sind für die Messwertübertragung v. Zähler an das Gateway zwei Verfahren zugelassen. Es wird einerseits ein sicherer Transportkanal und eine asymmetrische Verschlüsselung vorgeschrieben, aber andererseits ist auch eine symmetrische Verschlüsselung ohne gesicherten Transportkanal in definierten Fällen möglich, BSI, TR-03116, Teil 3, S. 16 und 19.

III. Vermutung der Einhaltung des Stands der Technik (Abs. 2) § 22

rungen an die Datensicherheit bei der Verarbeitung von Zählwerten höher sein sollen als beim Home-Banking.[112] Die erforderliche Sicherheit bei der Normanwendung erhält er nur, wenn er sich an den Technischen Richtlinien und Schutzprofilen orientiert. Wegen der erforderlichen Interoperabilität ist ein Abweichen von diesen Vorgaben praktisch ausgeschlossen. Der vom Gesetzgeber intendierte, neue Stand der Technik erschließt sich allein aus dem Gesetz nicht. Hierzu ist es zu unbestimmt. Deshalb müssen die zum Zeitpunkt des Bundestagsbeschlusses vorliegenden Endfassungen der Schutzprofile und Technischen Richtlinien verbindlich sein. Dann hat der Gesetzgeber selbst einen Rahmen vorgegeben, innerhalb dessen sich auch die Weiterentwicklung der Standards rechtstaatlich begründen und beurteilen lässt. Dann ist dem Aspekt der Normenbestimmtheit und -klarheit Genüge getan.

c) Wesentlichkeitsgebot

Das Wesentlichkeitsgebot erfordert, dass der **Gesetzgeber im Bereich der Grundrechte alle wesentlichen Entscheidungen selber** treffen muss. Die für die Anwendung des Wesentlichkeitsgebots erforderliche Grundrechtsrelevanz ist hier gegeben, da das Gesetz und die Technischen Richtlinien Berufsausübungsregelungen für Messstellenbetreiber und externe Marktteilnehmer aufstellen und ggf. sogar in die Freiheit der Berufswahl eingreifen.[113] Die Funktion des Gateway-Administrators wird gem. § 3 Abs. 1 S. 2 dem Messstellenbetrieb zugeordnet.[114] Die Kosten-Nutzen-Analyse hält eine Anzahl von zehn Gateway-Administratoren deutschlandweit für ausreichend, bei einer Anzahl von ca. 880 grundzuständigen und weiteren wettbewerblichen Messstellenbetreibern.[115] Die hohe Komplexität dieser Aufgabe, die Anforderungen und die damit verbundenen Kostenfolgen können dazu führen, dass tatsächlich nur wenige Unternehmen diese Aufgaben erfüllen können. Die erforderlichen Investitionen in IT-Infrastruktur und IT-Sicherheit können zur Folge haben, dass nur Unternehmen, die über eine Vielzahl von Zählpunkten verfügen, durch Economies of Scale ihre spezifischen Kosten soweit senken können, dass die Preisobergrenzen gem. § 31 kostendeckend und margenbringend sind.[116] Damit besteht die Möglichkeit, dass eine erhebliche Anzahl von Unternehmen, die z.Z. den Messstellenbetrieb ausüben, in Zukunft davon ganz oder teilweise ausgeschlossen werden. Ob die Intensität des Eingriffs die Wirkung einer faktischen **Berufszugangsregelung** erreicht, kann z.Z. nicht abschließend beurteilt werden. Eine unzulässige mittelbare oder faktische Berufsausübungsbeschränkung liegt dann vor, wenn die Betroffenen in aller Regel und nicht nur in Ausnahmefällen wirtschaftlich nicht mehr in der Lage sind den gewählten Beruf ganz oder teilweise zur Grundlage ihrer Lebensführung oder – bei juristischen Personen – zur Grundlage ihrer

79

---

112 BSI, TR-03116, Teil 3, S. 11: Bei der Datenübertragung im Messwesen ist z. B. eine gegenseitige Authentifizierung der Kommunikationspartner erforderlich, beim Home-Banking muss sich nur der Kunde authentifizieren. Damit ist für ihn letztendlich nicht sichergestellt, dass sein Kommunikationspartner auch wirklich seine Bank ist. Auch die hohen sicherheitstechnischen Anforderungen an die kryptografischen Verfahren ergeben sich aus der TR-03116, Teil 3.
113 Begründung zum Regierungsentwurf v. 17.2.2016, BT-Drs. 18/7555, S. 97 ff.
114 Begründung zum Regierungsentwurf v. 17.2.2016, BT-Drs. 18/7555, S. 76.
115 Ernst & Young, Kosten-Nutzen-Analyse, S. 182; auch die Gesetzesbegründung geht implizit davon aus, dass nicht alle ca. 880 Netzbetreiber die Anforderungen erfüllen können, BT-Drs. 18/7555, S. 70, 98, obwohl sie die durch das Gesetz Verpflichteten sind, BT-Drs. 18/7555, S. 90.
116 *Kermel/Dinter*, RdE 2016, 158, 161.

§ 22   Mindestanforderungen an das Smart-Meter-Gateway

unternehmerischen Erwerbstätigkeit zu machen.[117] Entscheidend für die Beurteilung der Auswirkungen auf die Berufsausübung und die Intensität des Eingriffs ist die tatsächliche Entwicklung nach der Einführung des Eingriffs, z. B. die deutliche Abnahme der Anzahl der Berufsausübenden.[118] Noch fehlen weitere Erkenntnisse zu wesentlichen Kostenpositionen wie Gerätepreise und Telekommunikationskosten, deren Höhe wiederum von dem geforderten Service-Level abhängen, sowie deren Auswirkungen auf die Betätigungsmöglichkeiten der Unternehmen. Ob der Gesetzgeber mit den derzeitigen Vorgaben seine Aufgabe erfüllt, wesentliche Festlegungen selber zu treffen, hängt von diesen Vorfragen ab. Der Gesetzgeber hat diese Problematik erkannt und nach seiner Auffassung hinreichend beachtet.[119] Dass seine Vorgaben in die Grundrechte von Bürgern, aber auch in die Gestaltung unternehmerischer Prozesse und Strukturen eingreifen, ggf. hohe Folgekosten nach sich ziehen und auch Grundrechte von Unternehmen berühren, ist evident. Grundsätzlich muss der Gesetzgeber **Eingriffe in Grundrechte** selbst regeln; wie auch in Art. 12 GG normiert, gilt ein Gesetzesvorbehalt.[120] Allenfalls Einzelfragen fachlich technischen Charakters dürfen delegiert werden, wobei dynamische Verweisungen auf Normen anderer Kompetenzträger im Rahmen des Art. 12 GG i. d. R. nicht zulässig sind.[121] Bei dem Umfang der Schutzprofile und Technischen Richtlinien kann man allerdings nicht mehr von Einzelfragen ausgehen. Aber auch rein technische Regeln können zweifellos Beschränkungen der Berufsfreiheit und allgemeiner Freiheitsrechte zur Folge haben, die im Einzelnen gerechtfertigt sein müssen.

80 Rechtfertigen lässt sich diese Vorgehensweise des Gesetzgebers unter dem Aspekt des **Wesentlichkeitsgebots** nur, wenn man, wie hier, davon ausgeht, dass die im Anhang zu § 22 aufgeführten Dokumente dem Gesetzgeber bekannt waren und in seinen gesetzgeberischen Willen aufgenommen worden sind. Das hat zur Folge, dass auch deren Inhalt von ihm verbindlich festgelegt ist. Der Vermutungsvorbehalt gilt daher nur für nach § 27 weiterentwickelte Schutzprofile und Technische Richtlinien, da er nur den Zweck hat, die dynamische Verweisung verfassungsrechtlich abzusichern.

d) Weitere Verweise

81 Die im Anhang zu § 22 aufgeführten Richtlinien und Schutzprofile enthalten aber wiederum eine **Vielzahl an Verweisen**, die sich sowohl auf andere Technische Richtlinien, andere Schutzprofile, aber auch viele weitere Dokumente rein technischer Natur beziehen.[122] Daneben finden sich auch Verweise auf offizielle Quellen, wie Requests for Comments

---

117 BVerfG, Beschl. v. 16.3.1971, 1 BvR 52, 665, 667, 754/66, BVerfGE 30, 292, 314 f. – Erdölbevorratung; Beschl. v. 17.7.1974, 1 BvR 51, 160, 285/69 und 1 BvL 16, 18, 26/72, BVerfGE 38, 61, 85 f.
118 BVerfG, Beschl. v. 1.4.1971, 1 BvL 22/67, BVerfGE 31, 8, 23 ff.; BVerwG, Urt. v. 7.2.1975, VII C 68.72, BVerwGE 48, 1, 9.
119 Begründung zum Regierungsentwurf v. 17.2.2016, BT-Drs. 18/7555, S. 95 ff.
120 BVerfG, Beschl. v. 9.5.1972, 1 BvR 518/62 und 1 BvR 308/64, BVerfGE 33, 125, 158.
121 Zu fachlich technischen Regelungen BVerfG, Beschl. v. 18.7.1972, 1 BvL 32/70 und 25/71, BVerfGE 33, 303, 346 – numerus clausus; zur Unzulässigkeit dynamischer Verweisungen auf Normen anderer Kompetenzträger im Rahmen des Art. 12 GG, BVerfG, Beschl. v. 1.3.1978, 1 BvR 786, 793/71 und 95/73, BVerfGE 47, 285, 313.
122 So z. B. BSI, CP, S. 44; TR-03116-3, durchgängig.

III. Vermutung der Einhaltung des Stands der Technik (Abs. 2) § 22

(RFC).[123] Damit hat der Gesetzgeber mittelbar einen praktisch uferlosen Verweis in das Gesetz aufgenommen. Dessen rechtsstaatliche Zulässigkeit wird lapidar mit dem Hinweis bejaht, dass es sich lediglich um Regelungen technischer Natur handelt. Das trifft jedoch nicht uneingeschränkt zu, u. a. nicht auf die TR-03109-6.[124]

Fraglich ist, ob diese weiteren Verweise auf die nicht im Anhang zum Gesetz aufgeführten Dokumente auch dynamisch sind. Geht man hier von statischen Verweisen aus, wäre die Smart-Meter-Architektur vom **technischen Fortschritt** abgekoppelt. Dies leuchtet unmittelbar in dem Fall des Auftretens einer Sicherheitslücke ein. Kann diese durch das Befolgen von Vorgaben aus einem nicht direkt im Anhang zu § 22 aufgeführten Dokument geschlossen werden, wird die Frage der Geltung dieser Vorgabe relevant. Der Gesetzgeber hätte allerdings auch einen **Generalverweis** auf sämtliche Schutzprofile und Technischen Richtlinien verwenden können, die etwas mit dem Smart-Meter-Gateway oder IT-Sicherheit zu tun haben. Das Gleiche gilt für internationale Regelungen und Standards, auf die in Schutzprofilen und Richtlinien Bezug genommen wird. Die Gesetzesverfasser haben die Problematik des Umfangs des Verweises wohl erkannt, denn im Entwurf der MsysV waren noch deutlich weniger Schutzprofile und Technische Richtlinien in Bezug genommen worden als im Anhang zu § 22. Eine Einbeziehung weiterer Vorgaben durch die in den Dokumenten enthaltenen Verweise würde der hohen Dynamik in diesem Bereich entsprechen. Gleichwohl kann man aus den folgenden Gründen hier nicht von (mittelbaren) dynamischen Verweisen ausgehen. Verweise erfolgen auch auf offizielle Quellen.[125] Durchgängig wird z. B. auf sogenannte Request for Comments (RFC) verwiesen. Dabei handelt es sich um Vorschläge, die jedermann ins Internet zur Diskussion stellen kann. Findet er genügend Befürworter, so erlangen die Vorschläge, je nach Reifegrad, bestimmte „Qualitätslevel", die Stand der Technik werden können. Diese in englischer Sprache abgefasste Quelle kennt allerdings den Begriff „Stand der Technik" nicht, sondern vergibt anderslautende Bezeichnungen.[126] Die Weiterentwicklung von Requests for Comments (RFC) durch die Internet-Community kann nicht sogleich weitere Pflichten für die Betroffenen Smart-Meter-Akteure auslösen. Es bedarf einer Instanz, die neue Pflichten für alle am Smart-Meter-System Beteiligten in Kraft setzt. Dafür sprechen drei Argumente: Erstens, für das Inkraftsetzen weiterentwickelter Schutzprofile und Technischen Richtlinien ist das Verfahren nach § 27 vorgeschrieben. Die Weiterentwicklung von Standards bedarf also der Zustimmung dieses Ausschusses. Zweitens müssen alle Smart-Meter-Beteiligten Änderungen gleichartig und zu einem Stichtag durchführen, da ansonsten die Interoperabilität nicht gewährleistet wäre. Ohne jegliche formelle Legitimation können keine Pflichten für Rechtssubjekte begründet werden.

Drittens besteht auch kein Bedarf an einer direkten Wirkung mittelbarer Verweise. Bei Gefahr im Verzug kann das BSI gem. § 26 Abs. 1 S. 2 sofort handeln, ohne das Verfahren nach § 26 Abs. 1 und § 27 einhalten zu müssen. Eine Sicherheitslücke kann also auch ohne automatische Geltung von z. B. Requests for Comments (RFC) durch geeignete Maßnahmen einer legitimierten Behörde geschlossen werden. Die dynamische Verweisung bezieht sich daher nur auf die im Anhang zu § 22 aufgeführten Schutzprofile und Technischen Richtlinien. Die übrigen Regelungen, auf die mittelbar Bezug genommen

---

123 BSI, PP-073, S. 92 f.
124 BerlKommEnR/*Schmidt*, § 22 MsbG Rn. 79.
125 BSI, TR 03901-6, S. 103.
126 Abrufbar unter www.rfc-editor.org.

§ 22 Mindestanforderungen an das Smart-Meter-Gateway

wird können den Stand der Technik wiedergeben. Sie sind unter § 22 Abs. 1 zu subsumieren und sind anhand der von der Rechtsprechung entwickelten Kriterien gerichtlich überprüfbar.

e) Kostenfolgen

83 Die Schutzprofile und Technischen Richtlinien sowie die durch sie in Bezug genommenen weiteren Dokumente begründen Pflichten für die Unternehmen, die mit erheblichen Kosten verbunden sind. Dies gilt auch für die Weiterentwicklung dieser Vorgaben. Rechtssicherheit für **Teilnehmer an der Smart-Meter-Infrastruktur** (u. a. externer Marktteilnehmer, Smart-Meter-Gateway-Administrator) scheint aber § 27 zu gewähren, wonach die Weiterentwicklung der einschlägigen Schutzprofile und Technischen Richtlinien nur in einem förmlichen Verfahren erfolgen kann. Nur durch den nach dieser Vorschrift eingerichteten Ausschuss kann mit der Zustimmung des BMWi eine Weiterentwicklung des Standes der Technik implementiert werden, wobei auch Kosten-Nutzen-Abwägungen erfolgen können.[127] Der Handlungsspielraum des Ausschusses ist faktisch aber eng begrenzt. Tritt eine Sicherheitslücke auf und kann sie durch Einführung von neuen Gegenmaßnahmen geschlossen werden, die z. B. das BSI entwickelt, ist der Stand der Technik damit auf ein neues, erforderliches Niveau gehoben worden. Ein Zurückbleiben hinter diesen neuen Stand der Technik ist aus Sicherheitsgründen aber praktisch ausgeschlossen.

84 Kostensteigerungen sind bei der Anpassung an ein höheres Schutzniveau nicht zu vermeiden. In der Praxis wird das BSI Maßnahmen durch Verwaltungsakt gem. § 26 Abs. 1 S. 1 und 2 ergreifen, die der Ausschuss später nur noch nachträglich billigen kann, da erkannte Sicherheitslücken nicht hinnehmbar sind. Die Schutzfunktion des § 27 läuft also weitgehend leer. Ein Bestandsschutz dergestalt, dass eine einmal in Betrieb genommene Infrastruktur nur dem Stand der Technik genügen muss, der zum Zeitpunkt der Inbetriebnahme galt, ist in einer Smart-Meter-Umgebung nicht denkbar, will man Datenschutz, Datensicherheit und Interoperabilität gewährleisten. Vor diesem Hintergrund entpuppt sich der vorgeschriebene Weiterentwicklungsweg von Schutzprofilen und Technischen Richtlinien nach § 27 weitgehend als **Scheinlösung**. Abgesehen davon, dass auch in dem nach § 27 konstituierten Gremium keine direkt demokratisch legitimierte Institution vertreten ist, ist der dort vorgeschriebene Mechanismus viel zu langsam, um z. B. auf akute Sicherheitslücken zu reagieren. Das Gremium nach § 27 müsste theoretisch auch alle Änderungen in Dokumenten genehmigen, auf die im Anhang zu § 22 verwiesen wird. Sofern diese Änderungen den Stand der Technik wiedergeben, müssten diese Änderungen, sofern sicherheitsrelevant, wohl auch umgesetzt werden. Weitere Kostensteigerungen sind also absehbar, ohne dass sie, wie vom Gesetzgeber beabsichtigt, angemessen berücksichtigt werden können.[128] Die Preisobergrenzen nach § 31 verhindern eine Weitergabe dieser Kostensteigerungen.

f) Kumulierter Grundrechtseingriff

85 Die Verwendung des Begriffs des Standes der Technik und der dynamischen Verweisung hält der **verfassungsrechtlichen Überprüfung** stand. Sie genügen den Anforderungen,

---

127 Begründung zum Regierungsentwurf v. 17.2.2016, BT-Drs. 18/7555, S. 88.
128 *Kermel/Dinter*, RdE 2016, 158, 161.

III. Vermutung der Einhaltung des Stands der Technik (Abs. 2) **§ 22**

die die Rechtsprechung hierzu entwickelt hat.[129] Dem Wesentlichkeits- und Bestimmtheitsgebot ist dann Rechnung getragen, wenn man die Schutzprofile und Technischen Richtlinien, die zum Zeitpunkt der Verabschiedung des Gesetzes vorlagen, als verbindlich ansieht, bis sie im Verfahren nach § 27 geändert werden.

Das besondere an der vorliegenden Konstellation ist, dass die Grundrechtseingriffe in die Freiheitsgrundrechte, insbesondere die Berufsfreiheit der Messstellenbetreiber isoliert betrachtet gerechtfertigt sein können. Sie werden aber im MsbG flankiert von festen Preisobergrenzen, die eine Kostenweitergabe zunächst unterbinden. Die Garantie der freien Berufsausübung schließt auch die Freiheit ein, das Entgelt für eine Leistung zu bestimmen bzw. mit den Interessenten auszuhandeln.[130] Diese Freiheit ist gem. § 34 für mindestens zehn Jahre eingeschränkt. Es handelt sich hier um einen sog. **kumulativen oder additiven Grundrechtseingriff**.[131] Dieser zeichnet sich dadurch aus, dass mehrere Grundrechtseingriffe vorliegen, die jeweils isoliert betrachtet zulässig sind, in ihrer Kumulation jedoch eine neue, ggf. nicht mehr zulässige Intensität erreichen. Die Kostenlasten, die das Gesetz den Unternehmen aufbürdet, sind daher stets auch im Hinblick auf die Preisobergrenzen zu überprüfen.[132] Zweifel daran, dass der Gesetzgeber den Überblick über alle kostenverursachenden Sachverhalte hatte, nährt der Umstand, dass die TR-3109-6 und auch die TR-3109-5 bei der Erstellung des Gesetzesentwurfs noch nicht oder nur im Entwurf vorlagen, die Preisobergrenzen aber bereits durch das BMWi im März 2015 bekanntgegeben wurden und somit festgelegt waren.[133] Die Behauptung, die „Entgelte für den Messstellenbetrieb ermöglichen einen vollständigen Kostenausgleich" überrascht insofern.[134] Die TR-3109-5 und die TR-03109-TS-1 waren auch bei der Befassung des Bundesrates und

86

---

129 BVerfG, Beschl. v 1.3.1978, 1 BvR 786, 793/71 und 95/73, BVerfGE 47, 285, 312 f.; BVerfG, Beschl. v. 14.6.1983, 2 BvR 488/80, BVerfGE 64, 208, 214; Beschl. v. 23.4.1986, 2 BvR 487/80, BVerfGE 73, 261, 272; BVerwG, Beschl. v. 30.9.1996, 4 B 175.96, NVwZ-RR 1997, 214; VGH Hessen, Urt. v. 28.11.2007, 6 UE 497/06, juris, Rn. 53.
130 BVerfG, Beschl. v. 12.12.2006, 1 BvR 2576/04, BVerfGE 117, 163, 181; Beschl. v. 7.9.2010, 1 BvR 2160/09, 1BvR 851/10, NJW 2011, S. 1339.
131 *Kaltenstein*, SGb 2016, 365, 369, der allerdings als Voraussetzung verlangt, dass die einzelnen Eingriffe demselben Zweck dienen, zumindest aber eine partielle Zwecküberschneidung aufweisen. Das ist m. E. nicht erforderlich, da auch und gerade Eingriffe, die in keiner direkten Zweckverbindung stehen, in ihrer kumulierten Wirkung eine nicht zu rechtfertigende Intensität aufweisen können. Hier kommt es auf die jeweilige, individuelle Fallkonstellation an.
132 Begründung zum Regierungsentwurf v. 17.2.2016, BT-Drs. 18/7555, S. 69, 98, nach dem der Gesetzgeber für den Zeitpunkt der Verabschiedung des Gesetzes diese Umstände nach seiner Auffassung berücksichtigt hat. Die Erwägungen sind stellenweise wenig plausibel. So wird auf die volkswirtschaftliche, nicht betriebswirtschaftliche Vertretbarkeit abgestellt (S. 96, 98).
133 Ebenso fehlen TR-03109-TS-1, TR-03109-TS-2 und TR-03109-TS-5. Die TR-03116, Teil 3, kryptografische Vorgaben für Projekte der Bundesregierung, liegt z. B. erst seit dem 21.3.2016 in einer erheblich überarbeiteten Fassung vor.
134 Begründung zum Regierungsentwurf v. 17.2.2016, BT-Drs. 18/7555, S. 70, wo gleichzeitig auf die Übertragungsmöglichkeit der Grundzuständigkeit hingewiesen wird, falls die Entgelte doch nicht reichen, ebenso BT-Drs. 18/7555, S. 93. Vor dem Hintergrund der umfassenden und nach Erlass des EnWG begründeten Pflichten aus Schutzprofilen und Technischen Richtlinien klingt die Aussage – „Bereits seit 2011 sieht das Energiewirtschaftsgesetz ein Verbot für den Einsatz nicht BSI-konformer Technik vor. Zusätzliche, neue Belastungen gehen damit v. Gesetzesentwurf nicht aus." – zynisch, BT-Drs. 18/7555, S. 90. Seine eigenen Übergangsregelungen, § 21e Abs. 5 S. 1 EnWG, § 20 Abs. 3 EEG 2017 und § 19 Abs. 5 und die Tatsache, dass bis auf Weiteres keine BSI-konformen Geräte verfügbar sind, hat der Gesetzgeber wohl verdrängt.

§ 22   Mindestanforderungen an das Smart-Meter-Gateway

auch bei der Entscheidung über den Gesetzentwurf im Bundestag noch nicht oder nur im Entwurf bekannt.[135] Also lagen nicht einmal alle Regelungswerke beim Erlass des Gesetzes vor, die Rechte und Pflichten für Messstellenbetreiber und Hersteller begründen. Dieser Umstand wurde aber zumindest im Referentenentwurf des BMWi und vom Bundestag hingenommen, ohne die **Kostenfolgen** kennen zu können, die diese Dokumente verursachen. Motivation für die Festlegung von Obergrenzen war vielmehr „ein strikter Kostenschutz für die betroffenen Anschlussnutzer".[136] Die Preise wurden also festgelegt, ohne dass die Kostenfolgen der Vorgaben bekannt waren und verlässlich kalkuliert werden konnten.

87   Hat die Weiterentwicklung des Standes der Technik generell zur Folge, dass Unternehmen Maßnahmen ergreifen müssen, die Kosten verursachen, so trifft dies in der Regel alle Unternehmen der betroffenen Branchen gleich und sie haben die Möglichkeit, diese Steigerungen an den Markt weiterzugeben. Dies ist bei der **festen Preisobergrenze** zunächst ausgeschlossen. Durch die Möglichkeit zur „Weiterentwicklung" und Erlass weiterer Vorgaben nach § 27 sind weitere **Kostenbelastungen** vorprogrammiert, ohne dass die Chance besteht, dies bei der Preiskalkulation zu berücksichtigen. Die Kombination aus starrer Preisobergrenze mit nicht bekannten Kostenfolgen aus den bei Erlass des Gesetzes noch nicht vorhandenen Technischen Richtlinien und deren Weiterentwicklung ist rechtsstaatlich höchst bedenklich.[137] Die Freiheit wird hier mit einer Intensität eingeschränkt, die zum Eingriffszweck außer Verhältnis steht. Dies ist bei der Beurteilung der Maßnahmen nach § 27 zukünftig zu berücksichtigen.

5. Fazit

88   Die **Schutzprofile** und **Technischen Richtlinien**, die im Anhang zu § 22 aufgeführt sind und soweit sie zum Zeitpunkt der Verabschiedung des Gesetzes in ihrer Endfassung vorlagen, sind **verbindlich**. Der Gesetzgeber hat damit einen neuen Stand der Technik für Datenschutz, Datensicherheit und Interoperabilität im Messwesen festgelegt, von dem Behörden, Rechtsprechung und Normadressaten nicht abweichen können. Dies folgt aus dem Willen des Gesetzgebers neue Standards zu setzen. Auch verfassungsrechtliche Vorgaben, die aus dem Eingriff in die Berufsfreiheit von Messstellenbetreibern resultieren und daraus folgenden Anforderungen aus dem Wesentlichkeitsgebot und dem Gebot der Normenbestimmtheit, gebieten eine Regelung, die der Gesetzgeber selbst trifft. Möglich ist dies bei von Behörden gesetzten Vorgaben nur, wenn er bereits vorhandene Regelungen in ihrem Bestand in Bezug nimmt.

89   Die **Vermutung des § 22 Abs. 2** und ihre **implizite Widerlegbarkeit** ist aus verfassungsrechtlichen Gründen erforderlich, um die dynamische Verweisung zu ermöglichen. Sie umfasst aus den o.g. Gründen nur nach Erlass des Gesetzes erarbeitete, neue oder weiterentwickelte Schutzprofile und Technische Richtlinien. Die Weiterentwicklung muss sich an den Vorgaben des Messstellenbetriebsgesetzes orientieren und insbesondere der Umsetzung der Zieltrias des § 22 dienen.

---

135   Vgl. www.bsi.bund.de (zuletzt abgerufen 23.1.2017).
136   Begründung zum Regierungsentwurf v. 17.2.2016, BT-Drs. 18/7555, S. 93.
137   Vgl. BVerfG, Beschl. v. 22.6.1995, 2 BvL 37/91, BVerfGE 93, 121, 138 – Halbteilungsgrundsatz, den das BVerfG aber später wieder relativiert hat, Beschl. v. 18.1.2006, 2 BvR 2194/99, BVerfGE 115, 97, 114.

Bei der verfassungsrechtlichen Beurteilung ist die Zulässigkeit eines Eingriffs nicht nur isoliert anhand der einzelnen gesetzgeberischen oder behördlichen Maßnahme zu beurteilen, sondern immer auch an der Preisobergrenze zu spiegeln, die sozusagen einen permanenten zusätzlichen Grundrechtseingriff darstellt, der in die Gesamtabwägung mit einfließen muss.

IV. Schutzprofile (Abs. 3)

Abs. 3 beschreibt **Anforderungen allgemeiner Art an Schutzprofile**. Diese sind den Common Criteria (CC) entnommen und folgen insoweit internationalen Maßstäben. Zusätzlich ist der Datenschutz aufgenommen, der in den CC – wenn überhaupt – nur eine untergeordnete Rolle spielt.

1. Schutzprofile

Schutzprofile als Instrumente der IT-Sicherheit haben im Ergebnis den Zweck, sicherheitstechnische Anforderungen an Hard- und Software zu formulieren, damit ein sicherer Einsatz der Komponenten in der entsprechenden **Einsatzumgebung** möglich ist. Sie beschreiben eine Klasse von IT-Produkten in Bezug auf geforderte Sicherheitseigenschaften sowie auf das geforderte Vertrauen in diese Eigenschaften. Schutzprofile können z. B. vom Besteller von IT-Komponenten und -systemen vorgegeben werden, der damit an Lieferanten kommuniziert, was er von der bei sich einzusetzenden IT-Infrastruktur an Sicherheitsfunktionen erwartet. Eine Quelle von Schutzprofilen ist das BSI. Dieses entwickelt Schutzprofile für seiner Ansicht nach kritische Bereiche und gibt auf Basis der Schutzprofile Empfehlungen für Sicherheitsstufen und Funktionalitäten von IT-Komponenten. Diese Schutzprofile sind vom Charakter her grundsätzlich nur Empfehlungen, die rechtlich nicht verbindlich sind.[138] Sie können daher freiwillig von Herstellern ihrer Entwicklung und Produktion von Produkten zugrunde gelegt werden und werbewirksam vermarktet werden. Anders ist es, wenn der sog. Bedarfsanwender, in unserem Falle der Gesetzgeber, die Entwicklung und Einhaltung von Schutzprofilvorgaben gesetzlich implementiert. Auf diese Weise werden die Sicherheitsanforderungen an Informationstechnologie für deren Einsatzbereich und die betroffenen Personen rechtlich verbindlich.

Schutzprofile analysieren und lösen Sicherheitsprobleme, indem die Bedrohungslage analysiert wird und funktionale Antworten auf die Bedrohungen gegeben werden. Ein Schutzprofil umfasst i. d. R. nur **Sicherheitsaspekte** – ggf., wenn wie hier vom Gesetzgeber vorgesehen – aber auch den Datenschutz.[139] Das **Schutzprofil ist der Maßstab für die Zertifizierung eines Produkts** hinsichtlich der Datensicherheitsfunktionen. Die Interoperabilität ist nicht Gegenstand eines Schutzprofils und muss daher in den TR behandelt werden.[140]

---

138 BSI, Zertifizierte IT-Sicherheit, S. 9.
139 BSI, PP-0073, S. 22.
140 CC, Teil 1, S. 82.

§ 22 Mindestanforderungen an das Smart-Meter-Gateway

a) Allgemeines

94 Schutzprofile sind im Wesentlichen **formal einheitlich** aufgebaut, ihre Struktur ist durch die Common Criteria vorgegeben.[141] Sie werden häufig in englischer Sprache abgefasst (so auch das PP Smart Meter und das PP Smart Sicherheitsmodul) da, wie in der Gesetzesbegründung angegeben, nur so in Zeiten grenzüberschreitender Märkte eine wichtige internationale Anerkennung nach **Common Criteria Standard** für die Schutzprofile erlangt werden kann.[142] **Schutzprofile sind grundsätzlich technologieoffen und niemals produktbezogen,** d. h. sie beschreiben einen abstrakten Bewertungsgegenstand (sog. Target of Evaluation – ToE), in unserem Fall ein Gerät, das eine sicherere Kommunikationsverbindung und sicheren Datenaustausch zwischen den einzelnen Geräten und Marktteilnehmern ermöglicht.[143] Technologieoffenheit bedeutet, dass z. B. zur Minderung von Risiken in einer Hard- oder Software Schutzmechanismen vorgeschlagen werden, die bestimmte Anforderungen erfüllen, aber keine konkreten Maßnahmen. Soll z. B. eine Firewall-Funktion erfüllt werden, so würde ein Schutzprofil lediglich eine solche fordern und auch abstrakt funktionale Anforderungen an diese formulieren. Wie ein Hersteller von Hard- oder Software diese Firewall-Funktionen ausgestaltet, bleibt ihm überlassen. Erforderlich ist nur bei der späteren Zertifizierung, dass die Firewall des Herstellers die Sicherheitsfunktionen, die vom Schutzprofil gefordert werden, einhalten kann. Das Vorhandensein verschiedener technischer Lösungen ist aus **Sicherheitsgründen** erwünscht. Die Wirkung von Angriffen wird so begrenzt, da sie im Falle des Erfolgs nur eine technische Lösung gefährdet.[144]

95 Schutzprofile beschreiben **Bedrohungen,** denen ein ToE in dem vorgesehenen Einsatzbereich ausgesetzt ist und organisatorische und technische Maßnahmen zur Gewährleistung des erforderlichen Maßes an Sicherheit. Es erfolgt dazu eine Analyse der möglichen Bedrohungen für die Datensicherheit und den Datenschutz. Angriffe können sich gegen Hard- und Softwarekomponenten richten, immer mit dem Ziel Integrität, Vertraulichkeit und Verfügbarkeit von Daten zu verletzen. Potenzielle Angreifer sind zu ermitteln, deren Angriffswege sowie potenzielle Schäden und deren Auswirkungen einzuschätzen.[145]

96 Da die Schutzprofile auf Englisch verfasst sind, werden im Folgenden z. T. die einschlägigen englischen **Begriffe** benutzt. Wo es möglich erscheint, wird eine deutsche Übersetzung oder eine dem Begriff möglichst nahekommende Umschreibung mitgenannt.

97 Die **allgemeine Gliederung von Schutzprofilen** ist wie folgt:

1. Einführung in das Schutzprofil
2. Conformance Claims
3. Gefährdungsbeschreibung
4. Sicherheitsziele
5. Einbeziehung externer Komponenten
6. Sicherheitsanforderungen
7. Anhang

---

141 CC, Teil 1, S. 86.
142 Begründung zum Regierungsentwurf v. 17.2.2016, BT-Drs. 18/7555, S. 85.
143 CC, Teil 1, S. 82.
144 *Kappes*, Netzwerk- und Datensicherheit, S. 102.
145 *Bast*, in: Kahmann/Zayer, Handbuch Elektrizitätsmesstechnik, S. 514.

b) Formelle Einleitung Teil 1–3

Der erste Teil eines Schutzprofils enthält eine Einführung, in der dessen **Zweck** erläutert wird, d. h. warum es erstellt wurde. Daneben gibt es **formale Gesichtspunkte** wie z. B. Titel des PPs, Version, Verfasser, konkrete Bezeichnung und der sog. Evaluation Assurance Level (EAL), der aus den Common Criteria abgeleitet wird. Ausgehend von dem Ausmaß der Bedrohungen werden daraus Anforderungen an Sicherheitsfunktionen des ToE und die Prüftiefe abgeleitet, die notwendig ist, um die für erforderlich gehaltene Sicherheit oder, in der Sprache der Schutzprofile, die Vertrauenswürdigkeit des am Ende zu prüfenden Gegenstandes zu gewährleisten. Nach Definitionen, die für den folgenden Text des PP Relevanz haben, folgt die Einführung des Target of Evaluation (Evaluierungsgegenstand). Ein ToE ist Teil eines IT-Systems und im Schutzprofil als Gegenstand zur Evaluierung der IT-Sicherheitserfordernisse und -maßnahmen benannt. 98

Dann folgen die sog. **Conformance Claims**, in denen Abhängigkeiten oder Verbindungen zu anderen Schutzprofilen dargestellt werden. Bei den Schutzprofilen für das Smart-Meter-Gateway bestehen keine Abhängigkeiten zu anderen PPs. Darüber hinaus wird versichert, dass die Erstellung des Schutzprofiles in Übereinstimmung mit den Common Criteria erfolgt ist, und nochmals wird der EAL mitgeteilt. 99

c) Definition der Sicherheitsprobleme

Danach folgt der erste inhaltlich bedeutende Teil des PP. Sicherheitsprobleme, d. h. mögliche **Bedrohungen und Bedrohungsszenarien**, werden vorgestellt. Bedrohungen, Angriffsszenarien und Sicherheitsvorgaben hängen von Einsatzzweck und Einsatzumgebung des ToE ab. Die Sicherheitsanforderungen, z. B. an ein Dokumentenverwaltungssystem, müssen dementsprechend unterschiedlich beurteilt werden. Dient es der privaten Verwaltung von Urlaubserinnerungen sind Bedrohungen und erforderliche Sicherheitsmaßnahmen anders zu beurteilen als bei entsprechenden Systemen, die bei Kernkraftwerksbetreibern, in der öffentlichen Verwaltung oder beim Militär eingesetzt werden. § 22 Abs. 3 Nr. 1 stellt demgemäß auf den Einsatzbereich des Gateways ab. 100

Als mögliche Bedrohungen werden zunächst externe Angreifer aufgeführt, die von außen Zugriff auf das ToE haben. Darauf folgend werden die bedrohten sog. **Assets** aufgeführt. Dies können Daten sowie Hardware- und Softwarekomponenten sein, auf die Zugriff genommen werden könnte.[146] Dann werden die sog. Assumptions aufgeführt. Dabei handelt es sich um Annahmen, die der Verfasser des PP getroffen hat, deren Richtigkeit aber nicht weiter überprüft wird und im Folgenden als zutreffend und gegeben unterstellt wird. Sie spezifizieren organisatorische oder technische Sicherheitsmaßnahmen, die vom ToE selbst nicht umgesetzt werden können, z. B. die Zuverlässigkeit des Bedienpersonals wird unterstellt.[147] 101

Sodann folgen die Bedrohungen, sog. Threats. Eine Bedrohung zielt darauf ab, eine oder mehrere Schwachstellen oder Verwundbarkeiten eines Systems oder seiner Komponenten 102

---

146 BSI, TR-03109-6, S. 11 ff., 46 ff. zählt zahlreiche Assets auf, die manipuliert werden können. Dazu gehören z. B. die gesetzliche Zeit, Verbindungskanäle, Nachrichten, Profile und kryptografische Schlüssel.
147 *Bräunlich* u. a., DuD 2011, 129, 131 f.; *Bast*, in: Kahmann/Zayer, Handbuch Elektrizitätsmesstechnik, S. 514.

§ 22 Mindestanforderungen an das Smart-Meter-Gateway

auszunutzen, um einen Verlust der Datenintegrität, der Vertraulichkeit oder der Verfügbarkeit zu erreichen oder um die Authentizität von Subjekten zu gefährden.[148] Zunächst werden die möglichen Angreifer und die Angriffsorte benannt, sodann Angriffsszenarien. Es wird untersucht, was z. B. ein Angreifer aus dem WAN unternehmen kann, um Daten zu modifizieren, zu löschen oder Informationen über persönlich sensible Daten zu erhalten.

d) Organizational Policy

103 Im Abschnitt über die sog. Organizational Policy werden dann allgemeine Vorgaben zu Sicherheitsfunktionen gemacht, die lediglich abstrakt umschrieben sind, wie z. B. Einführung eines Sicherheitsmoduls, das digitale Signaturen generieren kann, oder Dokumentationspflichten. Die konkrete technische oder organisatorische Umsetzung der Vorgaben erfolgt dann durch den Hersteller oder ggf. in einer zum PP erlassenen Technischen Richtlinie, um z. B. Anforderungen an die Interoperabilität zu formulieren.

e) Security Objectives

104 Aus den drei vorgenannten Punkten – Bedrohungen, Annahmen und organisatorische Sicherheitspolitiken – werden im folgenden Abschnitt „Security Objectives" **Vorgaben für die Erreichung der angestrebten Sicherheit** abgeleitet. Diese richten sich zunächst an das ToE, indem z. B. eine Firewall-Funktion vorgeschrieben wird, für die dann ggf. weitere Anforderungen – jeweils abstrakt und technologieoffen – gefordert werden. In einem zweiten Schritt werden Security Objectives für die Einsatzumgebung des ToE genannt, die aus den Assumptions abgeleitet werden.

105 Anschließend werden die **Beweggründe** für die **Security Objectives** mitgeteilt. Dabei wird tabellarisch aufgelistet, wie den Annahmen, potenziellen Bedrohungen und Anforderungen an die organisatorische Sicherheit jeweils durch die Security Objectives begegnet werden kann. Dabei muss für jede Bedrohung mindestens ein Security Objective vorhanden sein. Im weiteren Abschnitt, Extended Components, erfolgt ggf. eine Ausdehnung der Sicherheitsbereiche auf außerhalb des ToE liegende Aktionen, z. B. die Kommunikation des Gateways mit externen Marktteilnehmern. Dazu werden dann ggf. weitere Komponenten aus den Common Criteria ergänzend herangezogen, um die Sicherheitsziele umfassend zu erreichen.

f) CC-Konformität

106 Im nächsten Abschnitt folgt eine Übersetzung in die Sprache der CC.[149] Eine Auflistung enthält die sog. Security Requirements (SFR), die erforderlich sind, um Bedrohungen gerecht zu werden und Sicherheitsziele und Maßnahmen umzusetzen. Requirement bedeutet hier Vorgabe. Es handelt sich also um **Vorgaben für Sicherheitsmaßnahmen**. Ein Schutzprofil des BSI kann auch SFR enthalten, die in den CC nicht enthalten sind und über sie hinausgehen. Dies ist z. B. beim PP für das Sicherheitsmodul der Fall.[150] Die geeigneten Maßnahmen werden aus dem Katalog der Common Criteria ausgewählt und im Einzelnen erläutert. Der Umfang der ausgewählten Funktionen und Sicherheitsüberprüfungen, die er-

---

148 *Eckert*, IT-Sicherheit, S. 16.
149 BerlKommEnR/*Schmidt*, § 22 MsbG Rn. 109.
150 BSI, PP-0077, S. 76; BSI PP-0077, S. 43.

forderlich sind, richten sich nach den Bedrohungsszenarien. Die Sicherheitsanforderungen müssen insgesamt alle Sicherheitsziele erfassen und abdecken.

Dann wird festgelegt, welche Anforderungen an die Vertrauenswürdigkeit der Sicherheitsfunktionen gestellt werden. Die sog. **Security Assurance Requirements** (SAR) werden ausgewählt. Sie legen fest, mit welcher Prüftiefe die Sicherheitsfunktionen und ihre Widerstandsfähigkeit zu kontrollieren sind. Die CC fassen die Vertrauenswürdigkeitsanforderungen in Paketen zusammen, die verschiedene Vertrauensstufen bilden.[151] Bei der Auswahl von SFR, aber vor allem bei den SAR und bei der Einordnung in den EAL besteht ein gewisses Einschätzungsermessen des Verfassers des PP. Der ausgewählte EAL gibt die Prüftiefe vor, denen sich ein Produkt unterziehen muss. Sie steigt, je höher ein EAL ist. Es wird also die Korrektheit der Funktionalität bewertet und, je nach EAL, auch die Wirksamkeit der implementierten Maßnahmen.[152] 107

Abgeschlossen wird ein PP häufig durch einen **Appendix**, der z. B. Englisch-Deutsch Übersetzungen, ein Glossar und Bezugnahmen auf weitere Dokumente des BSI enthält. 108

2. Common Criteria

Die Common Criteria for Information Technology Security Evaluation (CC) sind ein internationaler Standard zur Prüfung und Bewertung der Sicherheitseigenschaften von IT-Komponenten und Produkten.[153] Sie beruhen auf dem **Common Critera Recognition Arrangement**, einem zwischenstaatlichen Abkommen von derzeit 25 Staaten, von denen 17 Länder, darunter die Bundesrepublik Deutschland, sog. Certificate Producing Members sind. Diese sind in der Lage und befähigt, nach den Vorgaben der CC Zertifikate für IT-Produkte für Schutzprofile nach den CC auszustellen. Daneben gibt es Certificate Consuming Members, die sich bereit erklärt haben, die von anderen Staaten oder staatlichen Behörden ausgestellten Zertifikate anzuerkennen. Grund für die Entwicklung der CC war der Umstand, dass die Zertifizierung eines IT-Produktes sehr zeit- und kostenaufwändig ist. Sollte das Produkt auch in anderen Ländern vertrieben werden, so war regelmäßig ein erneutes Zertifizierungsverfahren in jedem Land durchzuführen. Da die Kriterien und Standards, nach denen diese Verfahren durchgeführt wurden, jedoch sehr ähnlich waren, wurden bereits Anfang der 90er Jahre gemeinsame Kriterien erarbeitet.[154] Seit 1999 sind die CC durch die Verabschiedung der Norm ISO/IEC 15408 ein allgemein anerkannter, weltweiter Standard. Die CC umfassen drei Teile und sind sehr umfangreich. Der erste Teil ist mit „Einführung und allgemeines Modell" umschrieben und umfasst 93 Seiten. Der zweite Teil „Funktionale Sicherheitsvorgaben" erstreckt sich über 321 Seiten. Im dritten Teil sind die „Anforderungen an die Vertrauenswürdigkeit" in 233 Seiten niedergelegt. Zusätzlich existiert ein Dokument über eine gemeinsame Methodik, die sog. „Common Criteria for Information Technologies Security Evaluation", das zusätzlich 425 Seiten umfasst. 109

Teil 1 der CC hat im Wesentlichen den Aufbau von Schutzprofilen zum Inhalt. Er richtet sich an Nutzer, Hersteller/Entwickler und Evaluierende von IT-Systemen oder IT-Komponenten. Es werden Sicherheitsanforderungen an das ToE gestellt und in spezielle Sicher- 110

---
151 *Bast*, in: Kahmann/Zayer, Handbuch Elektrizitätsmesstechnik, S. 516.
152 BSI, IT-Sicherheitskriterien, S. 50.
153 www.commoncriteriaportal.org.
154 *Münch*, RDV 2003, 223.

§ 22   Mindestanforderungen an das Smart-Meter-Gateway

heitsvorgaben überführt. Die Grundlagen der Beurteilung und Bewertung von Konzepten und Prinzipien der IT-Sicherheit werden definiert sowie ein allgemeines Modell der Bewertung.

111   Teil 2 beschreibt die **Security Functional Requirements** (SFR), d. h. Sicherheitsfunktionen.

112   Der 3. Teil befasst sich mit der sog. **Vertrauenswürdigkeit**, die einem Produkt zugebilligt werden kann, sprich, welche Prüftiefe und -sorgfalt bei der Überprüfung der Sicherheitsfunktionen nach Teil 2 anzuwenden ist.[155]

113   Die in Teil 2 der CC aufgeführten **Security Functional Requirements** beschreiben Funktionen von IT-Systemen oder Komponenten, die geeignet sind, IT-Sicherheit zu gewährleisten oder zu erhöhen. Diese umfassen z. B. Kryptografie oder Zugriffsrechte.[156] Die SFR sind unterteilt in sog. Klassen, diese in Familien und diese wiederum in Komponenten, und bilden eine Art Baukastensystem, aus dem modular einzelne Komponenten, die geeignet sind erkannte Risiken zu minimieren, entnommen und kombiniert werden können.

114   Welche Funktionen ein ToE erfüllen muss, ergibt sich aus der **Bedrohungsanalyse** im PP. Wird z. B. Verschlüsselung für erforderlich gehalten, ist die Funktionsklasse Cryptographic Support der CC anzuwenden. Diese unterteilt sich in zwei sog. Familien, nämlich das Schlüsselmanagement und die Durchführung der Verschlüsselung. Die Familie Schlüsselmanagement unterteilt sich wiederum in vier Komponenten, nämlich Schlüsselverwaltung, Schlüsselverteilung, Schlüsselzugang und die Zerstörung des Schlüssels, wenn er nicht mehr benötigt wird. Der Verfasser eines PP sucht dann je nach Bedrohungsszenario eine Klasse, hier z. B. Verschlüsselung, aus und wählt dann aus den Unterfamilien dieser Klasse eine oder mehrere Familien aus und aus den Familien eine oder mehrere Komponenten, die eingesetzt werden müssen, um Sicherheitsziele zu erreichen und Risiken zu vermeiden oder zu vermindern.

115   Sind die Funktionen ausgewählt, die ein Produkt aufweisen muss, um den Anforderungen des PP zu genügen und um die beschriebenen Bedrohungen abzuwehren, bietet Teil 3 der CC die sog. **Security Assurance Requirements (SAR)**. Hier werden Maßnahmen beschrieben, die unternommen werden müssen, um sicherzustellen und ggf. zu überprüfen, ob das Produkt in der Lage ist, die geforderten Sicherheitsfunktionalitäten auch zu erbringen und wie widerstandsfähig sie sind. Die Logik der CC-Sicherheitsfunktionen (SFR) und deren Überprüfung ist wie folgt: Die Gefährdung einer IT-Komponente wird aus ihrem Einsatzbereich und den Folgen einer (herbeigeführten) Fehlfunktion beschrieben. Um diese Gefährdungen zu mitigieren, werden SFR gefordert, die umso umfangreicher ausfallen je größer die Gefährdung und der Schadensumfang und deren Wahrscheinlichkeit ist. Daraus leitet sich ab, welche Anforderungen an Umfang und vor allem Tiefe (SAR) der Prüfung zu stellen sind, um das sichere Funktionieren zu gewährleisten, d. h. einen EAL zu vergeben. In CC-Sprache heißt dies, welche Vertrauenswürdigkeit die SFR aufweisen: Je höher die potenzielle Gefährdung, desto zahlreicher die SFR, desto intensiver die Prüfung und höher der Prüflevel und die durch den EAL bescheinigte Vertrauenswürdigkeit. Festgelegt werden diese Anforderungen durch den Verfasser eines PP. Wenn auch, wie oben beschrieben, eine Abhängigkeit zwischen Gefährdungseinschätzung, SFR und EAL be-

---

155   CC, Teil 3.
156   CC, Teil 2, S. 54 ff.; CC, Teil 2, S. 48 ff.

steht, hat der Verfasser einen nicht geringeren Entscheidungsspielraum über den im Endergebnis geforderten EAL. Die CC definieren sieben Stufen der Vertrauenswürdigkeit (EAL 1–7). Nach ihnen wird die Korrektheit der Implementierung der Sicherheitsfunktionen überprüft und vor allem auch die Prüftiefe beschrieben. So bietet die erste Stufe nur einen Funktionstest, in dem überprüft wird, ob das Gerät die beschriebenen Funktionen ausüben kann. Die **Prüftiefe** wird von Stufe zu Stufe vergrößert. So muss auf höheren Stufen die Entwicklung des Produkts dokumentiert werden und der Hersteller muss verschiedene Tests an dem Gerät durchführen und deren Ergebnisse dokumentieren. Die Stufen 1–3 umfassen lediglich sog. **Black-Box-Tests**, d. h. die zertifizierende Stelle schaut nicht in das Innere des Geräts oder in die Programmierung einer Software, sondern prüft, ob der Hersteller die erforderlichen Pflichten während der Entwicklung und Produktion eingehalten und die vorgeschriebenen Tests mit den erwarteten Ergebnissen durchgeführt hat.

Erst ab EAL 4 beginnt die sog. **White-Box-Testphase**, in der nicht nur überprüft wird, ob ein Produkt bestimmte Funktionen erfüllt, sondern mit welchen Eigenschaften/Qualitäten sie es erfüllt und welche möglichen Sicherheitslücken vorhanden sind, d. h. es wird z. B. die Programmierung und der Quellcode einer Software überprüft. EAL 4 ist das höchste Prüflevel, das auf zivile Produkte angewandt wird. Die gegenseitige staatliche Anerkennung der Zertifizierungen auf Basis von CC endet bei dieser Stufe. Das Protection Profile für das Smart-Meter-Gateway fordert eine Überprüfungstiefe nach EAL 4 plus zusätzlicher Komponenten aus höheren Prüfstufen.

116

Unzweifelhaft weist ein Produkt, das einem Schutzprofil gemäß Common Criteria entspricht und den dort aufgeführten Prüflogiken unterzogen wurde, einen gewissen Sicherheitsstandard auf. Es muss zwar nicht sicherer sein als ein ungeprüftes Produkt, jedoch kann der Verwender davon ausgehen, dass das Produkt einem Prüfprozess unterzogen und bei der Überprüfung sichergestellt wurde, dass jeder Bedrohung mindestens eine Sicherheitsmaßnahme gegenübersteht.[157] **Ob alle Bedrohungen erkannt wurden, ist nicht Betrachtungsgegenstand**. Die Prüfung nach CC wird häufig als sehr formal, sehr langwierig und sehr teuer kritisiert. Bis zur Zertifizierung eines Produktes kann es bei EAL 4 zehn bis 25 Monate dauern.[158] Die Zertifizierungsverfahren für das Smart-Meter-Gateway sind seit ca. Mitte 2015 anhängig. Kostenabschätzungen liegen nur aus dem US-amerikanischen Bereich vor.[159] Die Brandbreite für EAL-Zertifizierungen beträgt zwischen 150.000 und 350.000 Dollar (Stand 2006). Oft wird wegen der Abstraktheit der CC auch deren mangelnde Operationalität kritisiert.[160]

117

3. Das Schutzprofil für das Smart-Meter-Gateway (Protection Profil for the Gateway of the Smart Metering System) – Version 1.3 vom 31.3.2014 – BSI-CC-PP0073

Das BSI wurde im September 2011 vom Bundeswirtschaftsministerium beauftragt, Schutzprofile sowie Technische Richtlinien für die Kommunikationseinheit eines intelli-

118

---

157 Z. B. BSI, PP-0073, S. 1.
158 GAO NIAP, S. 8.
159 GAO NIAP, S. 19.
160 *Voßbein*, DuD 2003, 427, 429.

§ 22   Mindestanforderungen an das Smart-Meter-Gateway

genten Messsystems zu erarbeiten, um einen einheitlichen technischen Sicherheitsstandard für alle Marktakteure zu gewährleisten.[161]

119 Der Entwurf des Schutzprofils wurde öffentlich diskutiert. Verbände und Unternehmen hatten Gelegenheit zur Stellungnahme und haben über 1.300 Anmerkungen eingebracht. Danach wurde das PP im Jahr 2011 auf der Internetseite des BSI veröffentlicht, also fünf Jahre vor dem MsbG. Die zurzeit veröffentlichte Fassung trägt den Stand 31.3.2014. Das Schutzprofil ist in englischer Sprache abgefasst, so eine Vorgabe des Gesetzgebers.[162] So soll nach dem Wortlaut der Begründung in Zeiten grenzüberschreitender Märkte die wichtige internationale Anerkennung nach Common Criteria Standard für die Schutzprofile erlangt werden. Frühzeitig erfolgte eine Einbindung des Bundesdatenschutzbeauftragten, der Physikalisch-Technischen-Bundesanstalt, der Bundesnetzagentur und einer Vielzahl von Verbänden.[163] Der Auftrag an das BSI lautete nicht nur, Sicherheitsvorgaben zu entwickeln, sondern auch, Datenschutzaspekte von Anfang an miteinzubeziehen.[164] Auch der Datenschutz ist daher ausdrücklich das Ziel des Schutzprofils: „The preservation of the privacy of the consumer is an essential aspect that is implemented by the functionality of the ToE as required by this PP."[165] Das BSI hat sich inhaltlich mit dem Bundesdatenschutzbeauftragten, der Physikalisch Technischen Bundesanstalt und der Bundesnetzagentur abgestimmt.

a) Das Gateway

120 Das Gateway wird in § 2 Nr. 23 definiert. Das Smart-Meter-Gateway wird dort lediglich als **Kommunikationseinheit** beschrieben, die zur Gewährleistung von Datenschutz und Datensicherheit sowie Interoperabilität die **besonderen Anforderungen nach § 22 Abs. 1 und 2** erfüllen muss. In § 22 wird wiederum auf PP und TR verwiesen. Auch § 21 Abs. 1 Nr. 4a stellt Anforderungen an die Funktionalität des Gateways. Im Schutzprofil finden sich an verschiedenen Stellen weitere, detailliertere Definitionen und Beschreibungen. Das Gateway, im Schutzprofil Target of Evaluation (ToE) genannt, wird z. B. beschrieben als eine elektronische Einheit, die aus Hardware und Software besteht, für die Erhebung, Speicherung und Bereitstellung von Zählerdaten eines oder mehrerer Zähler für ein oder mehrere Medien.[166] Nur kurz danach gibt das Schutzprofil jedoch eine andere Definition des Gateways.[167] Dort heißt es, dass das Smart-Meter-Gateway ein Gerät oder eine Einheit ist, die verantwortlich ist für die Erhebung von Zählerdaten, deren Weiterverarbeitung sowie für die Vorhaltung von Kommunikationsfähigkeiten für Geräte im LMN. Darüber hinaus stellt es Sicherheitsvorkehrungen im LAN gegen Angriffe aus dem WAN bereit. Angesprochen wird dort auch die Fähigkeit, Grundlagen für kryptografische Dienste, zusammen mit dem Sicherheitsmodul, zur Verfügung zu stellen. Es ist davon auszugehen, dass alle Beschreibungen und Definitionen gemeinsam ein vollständiges Bild des Gate-

---

161 Begründung zum Regierungsentwurf v. 17.2.2016, BT-Drs. 18/7555, S. 81; BSI, Das Smart-Meter-Gateway, S. 7.
162 Begründung zum Regierungsentwurf v. 17.2.2016, BT-Drs. 18/7555, S. 85.
163 Begründung zum Regierungsentwurf v. 17.2.2016, BT-Drs. 18/7555, S. 85.
164 BSI, Jahresbericht 2011/12, S. 27; Begründung zum Regierungsentwurf v. 17.2.2016, BT-Drs. 18/7555, S. 85.
165 BSI, PP-0073, S. 22.
166 BSI, PP-0037, S. 7.
167 BSI, PP-0073, S. 9.

IV. Schutzprofile (Abs. 3) § 22

ways wiedergeben. Sie stehen nicht im Widerspruch zu § 2 Nr. 23, sondern präzisieren die gesetzliche Beschreibung. Es ist jedoch festzuhalten, dass es bedauerlicherweise keine einheitliche und zusammenhängende Definition des Gateways im Gesetz oder im Schutzprofil gibt. Da sich die Beschreibungen jedoch nicht widersprechen, ist dies unschädlich. Man hat nur die Mühe, sich Definitionen und Funktionen des Gateways aus dem jeweiligen Zusammenhang des Schutzprofils zu erschließen. Damit entspricht die Definition des Schutzprofils der des Gesetzes, wie dort in den Begriffsbestimmungen angegeben.[168]

b) Struktur des Schutzprofils

Im **Aufbau** entspricht das Schutzprofil der oben näher beschriebenen allgemeinen Struktur solcher Profile, die sich im Wesentlichen aus den Common Criteria ergibt. Diese sind: 121

1. Einführung in das Schutzprofil
2. Conformance Claims
3. Gefährdungsbeschreibung
4. Sicherheitsziele
5. Einbeziehung externer Komponenten
6. Sicherheitsanforderungen
7. Anhang

c) Einführung in das Schutzprofil

Die Einführung beschreibt zunächst den Hintergrund für die Einführung von Smart-Meter-Gateways, nämlich die **Integration der erneuerbaren Energien** im Rahmen der Energiewende. Danach wird das Gateway als das ToE benannt und kurz beschrieben. Die Sicherheitsanforderungen des PP an das Gateway werden aus den allgemeinen **Datensicherheitszielen** Vertraulichkeit, Authentizität und Integrität der Daten abgeleitet. Zudem muss es auch noch die Kontrolle aller Datenflüsse ermöglichen. Nach diesen abstrakten Zielvorgaben werden konkret die Zwecke benannt, die die Sicherheitsfunktionen ermöglichen sollen: Datenschutz für den Anschlussnutzer, ein verlässliches Billing-System, und der Schutz des gesamten Smart-Meter-Systems und der Infrastruktur eines intelligenten Netzes.[169] 122

Sodann folgen **Referenzen** unter Nennung des Titels des PP, der Autoren, Versionsstand sowie die Festlegung des EAL nach CC, und zwar die Einstufung in den EAL 4, erweitert um weitere Sicherheitskomponenten aus einem höheren Level, nämlich dem ALC_FLR.2 und AFA_VAN.5 der CC.[170] AFA und ALC sind Sicherheitsanforderungen nach den Common Criteria, die sich auf bestimmte SFR beziehen. ALC bezieht sich auf die Sicherheitsklasse Lebenszyklus des Geräts und FLR auf die Fehlerbehebung. Dem Entwickler wird auferlegt, einen Fehlerbehebungsprozess zu beschreiben und den Anwendern zur Verfügung zu stellen, damit diese Fehler in einem geordneten Verfahren gemeldet und bei der weiteren Entwicklung des ToE berücksichtigt werden können.[171] 123

AFA beschreibt die Klasse **Vulnerability Analysis** (Verletzlichkeitsanalyse). Hierzu wird die Annahme getroffen, dass das Angriffspotential die Stufe „high" hat. Der Bewerter 124

---

168 BSI, PP-0073, S. 9.
169 BSI, PP-0073, S. 7.
170 CC, Teil 3, S. 170.
171 CC, Teil 3, S. 142 ff.

§ 22   Mindestanforderungen an das Smart-Meter-Gateway

(Evaluator) soll einen Sicherheitstest durchführen, der gewährleistet, dass potenzielle Angriffsflächen nicht im Einsatzfeld des ToE ausgenutzt werden können. Dabei untersucht der Beurteiler das ToE bis auf die Sicherheitsarchitekturbeschreibung, d.h. er macht nicht nur einen Black-Box-Test, sondern analysiert auch innere Strukturen des ToE.[172] Die AFA_WAN.5 ist die höchste Anforderung für die Prüfungstiefe in den CC für die Verletzlichkeitsanalyse.[173]

125   Das Schutzprofil richtet sich an **Hersteller**, aber auch „an **Stakeholder**, die Gateways kaufen", womit sichergestellt werden soll, dass der Verwender nur PP konforme Gateways einsetzt, was nunmehr auch durch das MsbG ausdrücklich gefordert wird, z.B. in § 19 Abs. 1 und 2 und § 24 Abs. 4.[174]

126   Nach den Definitionen wird ein **Überblick über das ToE** gegeben und nochmals das **Gateway in seinen Funktionen** beschrieben, wonach es als Kommunikationselement zwischen den Teilen des LAN des Verbrauchers, wie z.B. Zähler und Erzeugungsanlagen, und der Außenwelt gilt.[175] Es soll eine Firewall-Funktion haben und sicherstellen, dass nur autorisierte Teilnehmer Zugang zu den Daten haben.[176] Dazu müssen Daten zunächst unter Zuhilfenahme des Sicherheitsmoduls verschlüsselt werden. Das Gateway stellt eine verpflichtende **Schnittstelle** zwischen den Netzwerken WAN, HAN und LMN dar, die Daten nur jeweils berechtigten, authentifizierten Personen zur Verfügung stellt. Neben den Funktionen werden auch die logischen Schnittstellen zwischen den einzelnen Komponenten des intelligenten Messsystems dargestellt.[177] In dieser Schnittstellenfunktion soll es „rich in security functionality, strong and evaluated in depth" sein.[178] Das ist ein CC-Terminus Technicus, der bedeutet, dass das Gateway viele Sicherheitsfunktionen aufweisen muss (SFR gem. CC Teil 2) und die Prüftiefe umfangreich (EAL gem. CC Teil 3) ist.[179] Im Folgenden wird im Schutzprofil der physische Umfang des ToE beschrieben. Dabei wird nochmals betont, dass das Schutzprofil technologieoffen ist.

127   Die Anforderungen an die Sicherheitsfunktionen sind hoch und die Prüfungstiefe erheblich. Im Vordergrund der Sicherheitsbetrachtung stehen **Schnittstellen**, da sie vorrangig Angriffspunkte bieten. Ein verschlüsselter Wert ist z.B. aufgrund der heute möglichen Verschlüsselungstechniken weitgehend geschützt. Dort aber, wo Ver- und Entschlüsselung stattfindet und/oder Daten geschützte Bereiche verlassen, sind i.d.R. die Schwachpunkte, die verstärkt werden müssen.

128   Das PP lässt **verschiedene Möglichkeiten für den Aufbau des GW** zu, die im Einzelnen dargestellt werden. So z.B. dass das Sicherheitsmodul, Gateway und der Zähler physisch voneinander getrennt und über externe Schnittstellen verbunden sind, aber auch, dass alle Komponenten in einem Gehäuse vereinigt werden können. Die Einhaltung der Vorgaben

---

172 BerlKommEnR/*Schmidt*, § 22 MsbG Rn. 115 f.
173 CC, Teil 3, S. 172 ff.
174 BSI, PP-0073, S. 7.
175 BSI, PP-0073, S. 13.
176 BSI, PP-0073, S. 17.
177 BSI, PP-0073, S. 12.
178 BSI, PP-0073, S. 13.
179 BerlKommEnR/*Schmidt*, § 22 MsbG Rn. 113, 115.

IV. Schutzprofile (Abs. 3) § 22

für die Schnittstellen müssen erfüllt werden, unabhängig davon, welche Lösung gewählt wird.[180]

Die logischen Grenzen des Gateways zu anderen Geräten und Funktionalitäten ergeben 129
sich laut Schutzprofil aus den Sicherheitsmerkmalen und den an sie gestellten Anforderungen. Diese sind für das Handling von Zählerdaten, i. W.:

– Schutz von Authentizität, Integrität und Vertraulichkeit der Daten,
– eine Firewall-Funktion,
– das Vorhalten eines Wake-up-Services,
– Bewahrung der Vertraulichkeit,
– Verwalten der Sicherheitsfunktionen und
– Maßnahmen zur Identifikation und Authentifizierung von Gateway-Nutzern.

Im Anschluss werden im PP die **Voraussetzungen für diese Funktionen** und **deren Zu-** 130
sammenspiel beschrieben. Wo keine Sicherheitsaspekte betroffen sind oder weitere Prozessvorgaben beschrieben werden sollen, wird auf die Technischen Richtlinien verwiesen.

Zu den **Vorgaben des PP** gehören u. a., dass Kommunikation nur vom Gateway aus aufge- 131
baut werden darf, die einzige Ausnahme kann der sog. Wake-up-Call sein. Das Gateway sendet in der Regel Daten, die dem in ihm hinterlegten Profil entsprechen, an berechtigte externe Marktteilnehmer, entweder direkt oder über den Smart-Meter-Gateway-Administrator. Diese Daten können z. B. Messwerte, Zeitstempel und Tarife sein, die der Kunde mit einem Lieferanten vereinbart hat. Wechselt der Kunde Lieferant und Tarif, muss das neue Tarifprofil im Gateway aufgespielt werden. Der Lieferant gibt dem Smart-Meter-Gateway-Administrator entsprechende Information. Dann sendet der Administrator einen Wake-up-Call an das Gateway, das sich dann bei ihm meldet.[181] Das Gateway stellt dann nach erfolgter Authentifizierung einen sicheren Datenübertragungskanal zur Verfügung, auf dem der Administrator das neue Profil auf dem Gateway hinterlegt. Ist dieser Vorgang abgeschlossen, sendet das Gateway bis auf Weiteres Daten, entsprechend dem neuen Profil, an den neu benannten Empfänger. Grundsätzlich wird festgehalten, dass zunächst eine Authentifizierung stattzufinden hat, bevor Daten übermittelt werden.[182] Gibt es Probleme bei der Authentifizierung wird die Verbindung vom Gateway sofort abgebrochen.[183] Zusätzlich wird darauf hingewiesen, dass für die Verschlüsselungsfunktion das Sicherheitsmodul das Smart-Meter-Gateway ergänzt. Ausdrücklich wird festgestellt, dass das Security-Modul kein Bestandteil dieses Schutzprofils ist, sondern hierfür ein eigenes Profil entwickelt wurde.[184] Gleichwohl wird das Zusammenspiel von Sicherheitsmodul und Gateway kurz beschrieben.

Abschließend folgt eine Darstellung des Lebenszyklus des ToE von Entwicklung über Pro- 132
duktion, Personalisierung, Installation bis zum Betrieb und Verschrottung.[185] Weitere Details zum Lebenszyklus sind in der TR-03109-1-Anl. VI beschrieben.

---

180 BSI, PP-0073, S. 15 ff.
181 Zum Prozess des Wake-up-Services BSI, TR-03109-1, S. 38 f.
182 BSI, PP-0073, S. 23.
183 BSI, PP-0073, S. 23.
184 BSI, PP-0077, S. 14.
185 BSI, PP-0073, S. 27.

§ 22 Mindestanforderungen an das Smart-Meter-Gateway

d) Conformance Claims

133 In den sog. Conformance Claims wird mitgeteilt, dass das Schutzprofil auf der Version 3.1 Revision 4 der CC beruht und dass keine Abhängigkeiten zu anderen Schutzprofilen bestehen.

e) Gefährdungsbeschreibung (Security Problem Definition)

134 Die Gefährdungsbeschreibung enthält eine **Bedrohungsanalyse** für Angriffe auf das Gateway in seiner Einsatzumgebung. Die anzugreifenden Objekte (Assets) werden identifiziert sowie potenzielle Angreifer und Angriffswege sowie mögliche Schäden und deren Auswirkungen.[186] Zunächst werden die Personen und Parteien benannt, die mit dem Gateway interagieren oder Zugang zu ihm haben. Dies ist zunächst der Verbraucher, in dessen Räumen das Gateway angebracht wird, dazu kommen der Gateway-Administrator, der Servicetechniker und die sog. externen Marktteilnehmer, wie z.B. Lieferanten, Verteilnetzbetreiber u.a.

aa) Assets

135 Unter Assets versteht das Schutzprofil **Daten, Konfigurationen und Updates**. Hierzu zählen u.a. die Stammdaten des Kunden, dessen Verbrauchsdaten, aber auch Einträge im Kunden-Log, die Gateway-Zeit und Software-Updates.[187] Zusätzlich wird angegeben, warum diese aufgeführten Assets als sicherheitsrelevant eingestuft werden. In aller Regel sind die Gründe hierfür Anforderungen aus der Perspektive von Datenschutz und -sicherheit an Vertraulichkeit, Authentizität und Integrität der Daten.

bb) Assumptions (Annahmen)

136 Sodann folgen die sog. **Assumptions**, d.h. Annahmen, von denen die Verfasser des Schutzprofils ausgegangen sind und deren Richtigkeit im Folgenden nicht weiterer Gegenstand der Untersuchung ist. Dies sind außerhalb des Gateways liegende Faktoren, die das Schutzprofil nicht umfasst. Dazu gehören z.B., dass die externen Marktteilnehmer, der Servicetechniker und der Gateway-Administrator verantwortungsvoll im Rahmen der geltenden Gesetze mit den ihm zur Verfügung gestellten Daten umgehen. Eine weitere Annahme ist, dass das ToE in einem **nicht-öffentlichen Raum** installiert wird und damit ein Basisniveau physischen Schutzes gewährleistet wird. Hierzu genügt, dass z.B. in einem Mehrfamilienhaus die Haustür eine ausreichende Barriere ist. Nicht erforderlich ist, dass der Zählerraum separat abgeschlossen sein muss, da sich hier auch andere Einrichtungen befinden können, die für die Bewohner des Hauses zugänglich sein müssen. Davon geht auch das Schutzprofil selbst in einer ergänzenden Anmerkung aus.[188] Dort wird zunächst festgehalten, dass das Schutzprofil keinen Komplettschutz gegen unerlaubte physische Angriffe auf das Gateway erreichen kann. Wiederholt wird, dass das ToE in einem nicht-öffentlichen Raum

---

186 *Bast*, in: Kahmann/Zayer, Handbuch Elektrizitätsmesstechnik, S. 514.
187 BSI, PP-0077, S. 29 ff.; BSI, TR-03109-6, S. 48 ff., fächert den Begriff „Assets" weiter auf. Es sind alle werthaltigen Objekte, die unerlässlich sind zur Durchführung der in der TR beschriebenen Vorgänge. Dazu gehören z.B. Profile, Zertifikate, Logeinträge, Messwerte, PTB-Anbindung, Anbindung der externen Marktteilnehmer u.a.
188 BSI, PP-0073, S. 78.

installiert werden darf. Allerdings wird ergänzt, dass das Maß des physischen Schutzes nicht über das Schutzniveau hinausgehen muss, das zurzeit für klassische Zähler gefordert wird. Daraus folgt, dass keine zusätzlichen Anforderungen an die Räumlichkeiten gestellt werden, in denen Gateways in intelligenten Messsystemen installiert sind.[189]

cc) Potenzielle Angreifer

Dann werden die möglichen **Quellen von Bedrohungen** aufgeführt. Dabei wird unterschieden zwischen Angreifern, die physischen Zugang zum Gateway haben, wie z. B. der Kunde oder der Servicetechniker. Die zweite Gruppe sind z. B. Hacker, die aus dem WAN angreifen können. Hervorzuheben ist, dass für den potenziellen Angreifer, der physischen Zugang zum Gateway hat, ein geringes Manipulationsinteresse unterstellt wird. Der Grund hierfür liegt in der Bewertung von Bedrohungsszenarien nach CC. Für die Bewertung von Gefahren ist nämlich auch das **Zeitfenster** relevant, das dem potenziellen Angreifer zur Durchführung eines Angriffs zur Verfügung steht. Insbesondere der Kunde selbst hat bei einer Eichgültigkeit der Komponenten eines intelligenten Messsystems von mindestens acht Jahren und nach deren Verlängerung für 13 oder 18 Jahre lang Zugriff auf das ToE. Bei einem Zugriffszeitraum von vielen Jahren müsste dementsprechend nach CC auch das Bedrohungspotenzial als sehr hoch eingestuft werden, was weitere Sicherheitsmaßnahmen zur Folge hätte. Damit die hohen Anforderungen an die Sicherheit und damit der EAL nicht noch weiter steigen, wurde hier quasi kompensierend unterstellt, dass die Angriffsmotivation des potenziellen Angreifers als gering eingestuft wird. Als Bedrohungen für die o.g. Assets wird insbesondere die Datenmanipulation, aber auch die unerlaubte Einsicht in die Daten gesehen.

137

dd) Threats (Bedrohungen)

Unter Berücksichtigung dieser Gefährdungsbeschreibung, Annahmen für Bedrohungsszenarien, Angreifern und deren Interesse an einer Manipulation werden nun **einzelne Bedrohungen** aufgeführt.

138

Die Threats folgen einem **Bedrohungsmodell**, dass im Zusammenhang mit dem Smart-Meter-System entwickelt wurde und nun fokussiert wird auf die Bedrohungen für das Gateway. Es werden neun Bedrohungen genannt.[190]

139

Diese befassen sich mit der **Veränderung und Offenlegung von Daten** jeweils durch Angriffe vor Ort, aus dem WAN und der Verletzung der Privatsphäre des Kunden. Einem potenziellen Angreifer vor Ort wird ein Interesse unterstellt, abrechnungsrelevante Daten, wie Verbrauchswerte und Zeitstempel, zu seinen Gunsten zu manipulieren. Auch das Ausspähen von Daten vor Ort, um die Privatsphäre des Anschlussnutzers zu verletzen, stellt eine Bedrohung dar. Angriffe aus dem WAN können die gleiche Zielrichtung haben. Als wesentliche weitere Bedrohung aus dem WAN wird der mögliche Angriff auf die Infrastruktur angesehen, mit dem Ziel, Kontrolle über einzelne oder eine Vielzahl von Gateways oder das CLS zu erhalten. Besonders bedeutsam ist diese Bedrohung, da hier Schäden für den Kunden, externe Einheiten oder das Netz herbeigeführt werden können, die auch Auswirkungen für das Versorgungssystem insgesamt haben können. So könnte ein Hacker, der

140

---

189 BSI, PP-0073, S. 32.
190 BSI, PP-0073, S. 33.

§ 22 Mindestanforderungen an das Smart-Meter-Gateway

Kontrolle über Gateways erlangt, auf diese Weise direkten Schaden beim Verbraucher herbeiführen, z. B. durch Schaltmaßnahmen die Anlagen des Kunden beeinflussen, aber auch sogar die Netzstabilität durch die Versendung manipulierter Daten an z. B. den Verteilnetzbetreiber gefährden.[191]

ee) Organisation Security Policies

141 Um den Eintritt der zuvor geschilderten Bedrohungen auszuschließen oder zu minimieren, werden organisatorische Maßnahmen vorgeschrieben, die sich zum einen auf die Dienstleistungen des Security Moduls beziehen, wie z. B. Verschlüsselungen und Authentifizierungen. Zum anderen sind besondere **Zugriffsrechte und Zugriffswege** beschrieben, z. B. dass Zugang zu Informationen im System-Log nur für bestimmte Personen oder Funktionen über genau vorher definierte Zugangsschnittstellen möglich ist.[192] Dazu gehört auch die Einrichtung von sog. Logfiles, die dem Gateway-Administrator, dem Kunden und der Eichbehörde Zugang zu den für sie relevanten Daten verschaffen. Durch Einsichtnahme in diese Dateien können sie nachverfolgen, welche Handlungen durch das Gateway veranlasst und ermöglicht wurden, welche Daten gespeichert sind und, ob und wann Manipulationen vorgenommen wurden. Natürlich hat auf jeden der drei Logfiles nur der jeweils Berechtigte Zugriff. Die TR-03109-6 erweitert die im PP vorgeschriebenen Logfiles um ein Smart-Meter-Gateway-Administrator-Log.[193]

ff) Sicherheitsziele/Security Objectives, die das Gateway betreffen

142 Nach den organisatorischen Maßnahmen folgen im Schutzprofil funktionale Anforderungen an das Gateway. Jeder der im PP festgestellten neun Bedrohungen und jeder getroffenen Annahme muss mindestens ein Sicherheitsziel zugeordnet werden. Es werden daher im Einzelnen Funktionen beschrieben und Vorgaben gemacht, die das Gateway erfüllen muss, um den möglichen Bedrohungen entgegenzuwirken. Dazu gehört z. B. eine **Firewall**-Funktionalität **sowie separate Schnittstellen**, die nicht nur logisch, sondern auch physikalisch voneinander getrennt werden müssen, damit ein Angreifer, sollte er eine Schnittstelle erfolgreich angegriffen haben, ggf. weitere Schnittstellen noch überwinden muss. Bei der HAN-/CLS-/Service-Techniker-Schnittstelle handelt es sich allerdings um eine physische Schnittstelle, die drei logisch getrennte beinhaltet. D. h. sie kann von drei Beteiligten genutzt werden, gibt aber logisch nur den Zugang zu den Daten frei, für den die Berechtigung gegeben ist. Die Anforderungen an die Authentifizierung der einzelnen Berechtigten sind unterschiedlich.[194] Zum Sicherheitsziel Datenschutz wird u. a. die **Pseudonymisierung** von Daten für Nutzer, die keine individualisierten Daten benötigen, genannt. Auch eine **Verschleierung** der Kommunikation wird angeordnet. Das Gateway soll zu diesem Zweck Scheinverbindungen aufbauen, damit nicht schon aus der Häufigkeit bestimmter Verbindungen Rückschlüsse gezogen werden können. Daneben gibt es Vorgaben zur **Verschlüsselung der Kommunikation**. Die Logfiles müssen durch Zugriffsrechte und technische Zugangsbeschränkungen, wie Authentifizierungsverfahren, geschützt werden.

---

191 BSI, PP-0073, S. 34.
192 BSI, PP-0073, S. 35.
193 BSI, TR-03109-6, S. 32.
194 BSI, PP-0073, S. 23; BSI, TR-03109-1, S. 72.

f) Organisatorische Sicherheitsmaßnahmen/Sicherheitspolitiken, die das Umfeld betreffen

Zum Abschluss der Bedrohungsanalyse listet das Schutzprofil organisatorische Sicherheitsmaßnahmen auf, in die das Gateway eingebunden werden muss.[195] Das sind Anforderungen an **außerhalb des Gateways liegende Entitäten**, also Sicherheitsziele, die die Einsatzumgebung betreffen. Dieses Kapitel folgt dem Grundsatz der CC, dass jeder potenziellen Bedrohung eine Maßnahme entgegengestellt werden muss. Das gilt auch für die in Kap. 3.3 genannten Assumptions.[196] Dazu gehören die Einbindung und Benutzung der Dienste des Sicherheitsmoduls zur Verschlüsselung von Daten. Weiter wird verlangt, dass die WAN-Verbindung hinreichend verlässlich ist und dass das Gateway die einzige Kommunikationsverbindung zum LMN ist. Es soll auch sichergestellt werden, dass alle Informationen, Daten und Updates aus vertrauenswürdigen Quellen stammen.

143

g) Security Objectives Rationale

In einer Tabelle werden nochmals Bedrohungen, Annahmen und Sicherheitspolitiken den Sicherheitszielen gegenübergestellt, um zu zeigen, dass für jedes Angriffsziel mindestens eine Sicherheitsmaßnahme vorgeschrieben ist, d. h. ein **lückenloser Schutz** durch das Schutzprofil gewährleistet ist.[197] Dass diese Schlussfolgerung nur dann korrekt ist, wenn sämtliche potenziellen Angriffsziele auch erfasst wurden, ist selbstverständlich. Auch hier zeigt sich wieder der formale Prüfungsaspekt nach CC. Sodann erfolgt abschließend eine Beschreibung in Textform, die die Sicherheitsmaßnahmen erläutert.

144

h) Security Requirements (Sicherheitsanforderungen)

Dieser Abschnitt greift die Teile Security Problem Definitions, organisatorische Maßnahmen und Sicherheitsziele aus den vorausgegangenen Teilen des PP auf und überführt sie in die Sprache der CC.[198] Pointiert ausgedrückt folgt hier inhaltlich nichts Neues. Statt der vorher benannten **Sicherheitsfunktionen** werden nun entsprechende SFR aus CC eingesetzt und ihnen SAR gegenübergestellt, und zwar die SAR, die dem EAL 4 + Level entsprechen. Formal werden zunächst die Klassen der SFR der CC aufgeführt und die aus diesen Klassen einschlägigen Familien und ggf. die anzuwendenden Einzelkomponenten.[199] Es werden die einzelnen für erforderlich angesehenen SFR beschrieben und auf welche Sicherheitsziele sie angewendet werden sollen. Für den Gateway-Administrator, den Verbraucher und die Eichbehörde werden zunächst die Aufgabeninhalte der Logfiles beschrieben.[200] Im Wesentlichen werden hier ausgewählte SFR der CC aufgeführt.[201] Ergänzt werden diese Auszüge aus den CC mit Anmerkungen des BSI, die zusätzliche Vorgaben für das Gateway und dessen Betrieb enthalten. So muss das Gateway mehr als ein Pseudonymisierungsverfahren vorhalten und die Übereinstimmung der Gateway-Zeit mit der Zeit der

145

---

195 BSI, PP-0073, S. 39.
196 BSI, PP-0073, S. 31.
197 BSI, PP-0077, S. 41.
198 BerlKommEnR/*Schmidt*, § 22 MsbG Rn. 109 ff.
199 CC, Teil 2, S. 29 ff.
200 BSI, PP-0073, S. 48.
201 BSI, PP-0073, S. 50; CC, Teil 2, S. 30, 31.

§ 22   Mindestanforderungen an das Smart-Meter-Gateway

PTB wird angeordnet. (maximale Abweichung von 3 % möglich).[202] Die gleiche Systematik wendet das Schutzprofil bei den Security Assurance Requirements an. Es folgt eine Liste der anzuwendenden SAR. Sodann erfolgt wiederum ein Abgleich, dass jede CC-Maßnahme einem Sicherheitsziel zugeordnet werden kann, und dann wird noch einmal erläutert, wie diese SFR den Sicherheitszielen dienen. Dabei erfolgt eine ähnliche Beschreibung wie unter 4.3 des Schutzprofils.[203] Nur erfolgt hier eine Zuordnung der Sicherheitsziele zu SFR nach CC. Z. B. wird für die Bedrohung „Angriff aus dem WAN" gegen unberechtigte Einsicht in Daten als Sicherheitsmaßnahme die Firewall-Funktion vorgegeben.[204] Diese wird in der CC-Sprache beschrieben, d. h. aus den einschlägigen SFR der CC werden die Klassen, Familien und Komponenten ausgewählt, die erforderlich sind, um die geforderte Firewall-Funktion auszufüllen.[205]

146 Das Schutzprofil wird abgeschlossen durch einen **Anhang**, in dem u. a. eine deutsch-englische Übersetzung der Fachausdrücke geboten wird. Ein **Glossar** sowie Dokumente, auf die Bezug genommen wurde, sind zusätzlich aufgeführt.[206]

147 Das Schutzprofil gewährleistet einen **hohen Sicherheitsstandard**, wählt dabei aber zum Teil Methoden, die – wie bei dem Verschlüsselungsverfahren – neu sind und wirtschaftlich erheblich ins Gewicht fallen. Zu vermissen ist an einigen Stellen die **Abwägung zwischen Wirtschaftlichkeit und Sicherheits- und Datenschutzstandard**. In vielen Fällen ist die Entscheidung einseitig zugunsten der Sicherheit und des Datenschutzes gefallen, wie bei der Tarifierung, die im Gateway erfolgen muss. Eine Berücksichtigung des Gesichtspunktes der Wirtschaftlichkeit findet sich bei der Beurteilung der Sicherheitsbedrohung durch physische Zugriffe auf das Gateway. Hier wurde durch eine geringe Einstufung der Manipulationsmotivation durch den Kunden auf ein unnötig (noch) höheres Sicherheitslevel verzichtet. Besonders komplex ist die Vorgabe aus § 21 Abs. 1a, dass der eichrechtlich relevante Messwert im Gateway gebildet wird und nicht in Backend-Systemen der externen Marktteilnehmer.[207] Dies erfordert Zusatzfunktionen im Gateway über die reine Telekommunikation hinausgehend, wie z. B. Zeitstempelung und Tarifierung. Das Gateway wird dadurch zu einem Gerät, das dem Eichrecht unterliegt und daher nur eine begrenzte Eichgültigkeit besitzt. In anderen Ländern erfolgen diese Schritte zentral und nicht dezentral vor Ort beim Kunden. Dies ist erheblich einfacher und wirtschaftlicher. Das Gateway ist dort nur eine Telekommunikationseinheit, deren Einsatzdauer nur von der technischen Lebensdauer abhängt. Die Messwertbildung im Gateway war eine Forderung des Bundesdatenschutzbeauftragten, der der Gesetzgeber nachgekommen ist.[208]

---

202 BSI, PP-0073, S. 76.
203 BSI, PP-0073, S. 41 ff.
204 BSI, PP-0073, S. 36.
205 BSI, PP-0073, S. 62 f.; CC, Teil 2, S. 54, 65.
206 BSI, PP-0073, S. 85 ff.
207 BSI, TR-03109-1, S. 106 f.
208 Datenschutzbeauftragte, Orientierungshilfe Smart Metering, S. 13.

4. Das Schutzprofil für das Sicherheitsmodul der Kommunikationseinheit eines intelligenten Messsystems für Stoff- und Energiemengen (Protection Profile for the Security Module of a Smart-Meter-Gateway) – Version 1.03 vom 11.12.2014 – BSI-CC-PP-0077

Das Schutzprofil für das Sicherheitsmodul (SM) ist – gem. der CC-Struktur – genauso aufgebaut wie das Schutzprofil für das Smart-Meter-Gateway. Es liegt in der Version 1.03 vor, mit Stand vom 11.12.2014. Der EAL für dieses Schutzprofil ist 4+, d.h. er ist ebenfalls erweitert, und zwar um eine Verlässlichkeitsprüfung gemäß AVA_VAN.5.[209] Das Sicherheitsmodul ist im Gesetz nicht explizit erwähnt. Aufgrund der Anforderungen des Gesetzes an Verschlüsselung, Signierung und Authentifizierung in Abs. 4 Nr. 4 und die Sicherheitsziele für das Smart-Meter-Gateway in Abs. 3 sind aber Maßnahmen der **Kryptografie** erforderlich. Dass diese separat in einem eigenen Modul durchgeführt wird, ist in den bereits vor dem Inkrafttreten des Gesetzes aufgestellten Schutzprofilen und Technischen Richtlinien begründet. Die modulare Aufteilung ist schon bei anderen Sicherheitssystemen bewährte Praxis, wie z.B. bei der elektronischen Gesundheitskarte.[210]

148

Das Schutzprofil beginnt mit einer Beschreibung des Smart-Meter-Systems und ist in diesem Bereich in weiten Teilen deckungsgleich mit dem Schutzprofil für Smart-Meter-Gateways. Beschrieben wird, dass das **Sicherheitsmodul** vom Gateway für kryptografische Dienstleistungen in Anspruch genommen wird. Es kann, muss aber nicht in der Form einer Smart Card realisiert werden. Die kryptografischen Funktionen sollen auf mathematischen Verfahren, basierend auf elliptischen Kurven, beruhen; darüber hinaus gibt es Vorgaben zur Erzeugung und Verifizierung digitaler Signaturen, Schlüsselverwaltung, Inhaltsverschlüsselung und Inhaltssignierung. Das SM produziert als sichere Quelle Zufallszahlen für die Verschlüsselung und muss ebenso einen sicheren Speicher für kryptografische Schlüssel und Zertifikate bilden.[211]

149

Bei der Beschreibung der Bedrohungen und dem Lebenszyklusmodell befindet sich das BSI auf relativ sicherem Boden. Schutzprofile für Sicherheitsmodule ähnlicher Art gibt es bereits.[212]

150

Das Sicherheitsmodul interagiert nach außen nur mit dem Smart-Meter-Gateway. Personen wie Kunde, Gateway-Administrator und ggf. externer Marktteilnehmer haben **keinen direkten Zugang zum Sicherheitsmodul** und bleiben daher nach der Vorstellung des PP außerhalb des Betrachtungsumfangs. Etwas anderes gilt lediglich für die Personalisierungs- und Installationsphase, in der der Gateway-Hersteller das Modul in das Gateway einbringt.[213]

151

Die Assets, d.h. Strukturen und Daten sowie Programme, die angegriffen werden können, ergeben sich aus der kryptografischen Funktion des Sicherheitsmoduls sowie der hierfür erforderlichen Hard- und Software sowie der dort verarbeiteten Daten, wie z.B. Programme zur Verschlüsselung usw.

152

---

209 CC, Teil 3, S. 169 f.
210 BSI, PP-0020-V3-2010.
211 BSI, PP-0077, S. 11.
212 BSI, PP-0020-V3-2010, Gesundheitskarte.
213 BSI, PP-0077, S. 20 ff.

§ 22 Mindestanforderungen an das Smart-Meter-Gateway

153 Zu den Annahmen zählt auch hier wieder u. a., dass der Gateway-Administrator verlässlich ist und dass ein **physischer Schutz** durch den Einbau in das Gateway, welches sich wiederum in einem nicht-öffentlichen Raum befindet, hinreichend gewährleistet ist. Gegen physische Zugriffe sehen die CC grundsätzlich vor, dass das ToE über eine Einhausung verfügt, physische Angriffe entdeckbar sind und dass eine automatische Meldung abgesetzt wird, wenn ein physischer Zugriff oder Zugriffsversuch stattgefunden hat.[214] Das PP weicht hier aber von den CC ab. Eine automatische Meldung über einen Manipulationsversuch wird nicht gefordert. Im Schutzprofil wird aus dem Baukasten der CC nur der Baustein gewählt, der eine Einhausung des ToE verlangt. Dieser Schutz wird ergänzt durch das PP Smart-Meter-Gateway, das für den Fall eines physischen Angriffs eine sog. passive Erkennungsmöglichkeit fordert.[215] Diese passive Erkennungsmöglichkeit ist der Siegelbruch.

154 Bedrohungen können auch, wie beim Smart-Meter-Gateway, durch einen **Vor-Ort-Angreifer** oder durch einen **Angreifer aus dem WAN** erfolgen. Auch hier wird dem physischen Vor-Ort-Angreifer ein geringeres Gefahrenpotential unterstellt, da sein Vorgehen nur ein Gateway bzw. Sicherheitsmodul betrifft, während ein Angreifer aus dem WAN einen Angriff auf mehrere Gateways oder das System starten kann. Die Bedrohungsszenarien umfassen auch hier im Wesentlichen die Integrität, die Vertraulichkeit und Authentizität der Daten. Für die Organizational Security Policy wird ein Bezug zum Schutzprofil des Gateways hergestellt. Die für das Schutzprofil erforderliche Organizational Security Policy, die die Verschlüsselung betrifft, wird durch die im Schutzprofil-Sicherheitsmodul aufgeführten Vorgaben umgesetzt.[216]

155 Die **weiteren Policy-Maßnahmen** beschreiben Funktionen und Protokolle des ToE und verweisen im Einzelnen auf die Technischen Richtlinien.

156 **Sicherheitsziele** sind auch hier wiederum Vertraulichkeit, Integrität und Authentizität der Daten und darüber hinaus eine Schlüsselverwaltung, die den Aufbau vertrauenswürdiger Kommunikationskanäle und Schutz gegen Fehlfunktionen gewährleistet. Für die Einsatzumgebung des Sicherheitsmoduls unterscheidet das Schutzprofil zwischen der Integrationsphase zwischen Gateway und Sicherheitsmodul sowie der Betriebsphase.[217] Maßnahmen zur Vereinigung von Gateway und Sicherheitsmodul sollen eine sichere Integration erlauben und Manipulationsmaßnahmen verhindern. Konkrete Maßnahmen gibt das PP nicht vor, diese ergeben sich aus der TR-03109-2 und TR-03109-1-6. Das Kapitel endet mit einer tabellarischen Gegenüberstellung der Sicherheitsziele und der Maßnahmen, die erforderlich sind, um die Sicherheitsziele zu erreichen. Der Inhalt der Tabelle wird in Textform durch eine Beschreibung, welche Sicherheitsziele durch welche Maßnahmen gewährleistet werden, erläutert.

157 Es folgt ein längerer Abschnitt zur Extended Compenent Definition. Hier werden weitere Sicherheitskomponenten beschrieben und vorgegeben, die dem Standard von Schutzprofilen für Sicherheitsmodule oder **Smart Cards** entsprechen.[218] Diese Sicherheitserfordernisse sollen verhindern, dass man z. B. aus dem Sendeverhalten des Sicherheitsmoduls Rückschlüsse auf Daten gewinnen kann. Diese zusätzlichen Sicherheitsmerkmale finden sich

---

214 CC Teil 2, S. 136, 138.
215 BSI, PP-0073, S. 78.
216 BSI, PP-0073, S. 35.
217 BSI, TR-03109-1, Anl. VI, Betriebsprozesse, S. 9–21.
218 BSI, PP-0077, S. 43; BSI, PP-0020, S. 76.

nicht in den Common Criteria, sondern sind Weiterentwicklungen des BSI, die nach Angabe des Schutzprofils notwendig sind, da die geforderten Sicherheitsmaßnahmen durch keines der Elemente aus den Common Criteria abgedeckt sind. Sprache und Systematik der CC werden beibehalten. Eine weitere Maßnahme zur Datensicherheit und zum Datenschutz ist die Beschränkung von **Funktionen** des Sicherheitsmoduls **in vordefinierten Situationen**. So sollen z. B. bestimmte Funktionen in seinem Lebenszyklus nicht verfügbar sein, um so die Sicherheit zu erhöhen.[219] Testfunktionen, die nur für die Initialisierungsphase, aber nicht für den späteren Betrieb erforderlich sind, sollen nach Abschluss der Testphase deaktiviert werden. Auch Vorgaben an die Generierung von Zufallszahlen werden zusätzlich zu den CC gestellt. Teil 6 des PP übersetzt Schutzanforderungsmaßnahmen in die Sprache der CC und ordnet ihnen aus deren Klassen Familien und Komponenten zu. Auch hier gibt es Anwendungsanmerkungen des BSI zu einzelnen Elementen der Common Criteria, z. B., dass alle Schlüssel, die einmal verwendet wurden, ob zur Verschlüsselung oder zur Authentifizierung, nach Beendigung des Kontaktes gelöscht werden. Zusätzlich soll das Sicherheitsmodul aus seinem Speicher alle gebrauchten Schlüssel entfernen, bevor eine neue Kommunikation mit einem externen Marktteilnehmer beginnt.

158 Sodann folgen die **SAR**, die hier noch einmal ergänzt werden durch Dokumente, die speziell für die Sicherheit von Smart Cards und ähnlichen Geräten entwickelt wurden.[220]

159 Es folgt eine **Tabelle**, in der Sicherheitsziele den entsprechenden Bedrohungen, Annahmen und Sicherheitspolitiken zugeordnet werden. Hier zeigt sich, dass die zusätzlich durch das BSI eingeführten Sicherheitsmaßnahmen, die nicht aus den CC stammen, notwendig waren, da den entsprechenden Bedrohungen, z. B. Missbrauch von Funktionen (T. Abuse Functionality) sonst keine Sicherheitsfunktion zugeordnet wäre. Dies wäre eine unzulässige Abweichung von dem Grundsatz von CC und Schutzprofilen, dass jeder Bedrohung mindestens eine Sicherheitsmaßnahme gegenüberstehen muss. Die Tabelle wird in Textform erläutert. Abschließend wird darauf hingewiesen, dass sich SFR und SAR in konsistenter Weise ergänzen und dass die SFR adäquat zu den Funktionalitäten des TOE sind.[221]

160 Ein Appendix schließt das Schutzprofil ab. Er enthält ein Glossar, Übersetzungen und eine Liste der in Bezug genommenen Dokumente.[222]

5. Fehlendes Schutzprofil und Technische Richtlinie für die sog. Steuerbox?

161 Schon auf der ersten Seite der Begründung des Gesetzentwurfs sagt der Gesetzgeber, dass intelligente Messsysteme u. a. auch „sichere und zuverlässige **Steuerungsmaßnahmen** unterstützen" sollen.[223] Der Begriff Steuern, Schalten oder Steuereinrichtung kommt im Gesetz an vielen Stellen vor, so sehen z. B. § 2 Nr. 18, § 8 und § 21 Abs. 1 Nr. 4a vor, dass das Smart-Meter-Gateway offen sein muss für Schaltungen; ebenso in § 23 Abs. 1 Nr. 3, wonach auch Anlagen im Sinne von § 14a EnWG eingebunden werden müssen, was nur Sinn macht, wenn diese auch geregelt und geschaltet werden können.[224] Das Gesetz setzt

---

219 BSI, PP-0077, S. 28.
220 BSI, PP-0077, S. 75.
221 BSI, PP-0077, S. 74 ff.
222 BSI, PP-0077, S. 86.
223 BT-Drs. 18/7555, S. 98.
224 BSI, PP-0073, S. 7.

§ 22 Mindestanforderungen an das Smart-Meter-Gateway

also implizit an vielen Stellen die Steuerbarkeit von Anlagen voraus. Insbesondere bei Einspeiseanlagen ist dies evident, aber auch bei abschaltbaren Lasten und Anwendungen von Tarifen, die in der TR-03109-1 vorgesehen sind.[225] Ein Gerät, das diese Funktion durchführen könnte, im Folgenden **Steuerbox** genannt, wird im Gesetz nicht erwähnt. Es bedarf jedoch eines solchen Geräts, da im Schutzprofil ausdrücklich klargestellt ist, dass **Schaltfunktionen durch das Gateway nicht vorgenommen werden dürfen**.[226] Ein solches Gerät wird jedoch weder im Gesetz, noch in den Schutzprofilen sowie in den Technischen Richtlinien erwähnt, obwohl sein Vorhandensein im Gesetz vorausgesetzt wird und die energiewirtschaftlichen Ziele nach EnWG, MsbG und auch der KNA ohne eine solche Regelungs- und Schaltfunktion nicht erreicht werden können.[227] Eine zum Steuern einer Anlage erforderliche Steuerbox kann sicherlich in einem überschaubaren Zeitraum entwickelt werden. Sie wäre jedoch nicht interoperabel nach den Technischen Richtlinien, da diese eine solche nicht kennen und daher auch keine Voraussetzungen für deren Interoperabilität aufstellen. Außerdem ist die **Schnittstelle vom Gateway zur Steuerbox** nicht im Schutzprofil berücksichtigt und daher auch an dieser Stelle keine Sicherheitsvorgaben vorgesehen. Da der Bereich des Schaltens hochsensibel ist und hier auch ein **Gefährdungspotenzial** besteht, ist ein eigenes Schutzprofil und daraus abgeleitete Maßnahmen eine denkbare Lösung. Wenn durch einen Angreifer aus dem WAN der Strom abgeschaltet werden kann, z. B. während des Urlaubs eines Kunden, können erhebliche Schäden entstehen. Ist auch der Gaszähler an das Gateway angeschlossen, können Schalthandlungen in diesem Bereich fatale Folgen haben. Macht das BSI keine Sicherheitsvorgaben zur Steuerbox, dann kann sie von jedem Marktteilnehmer unabhängig von einheitlichen Sicherheitsstandards eingesetzt werden. Sicherheit und Datenschutz sind jedoch nur zwei Aspekte, die der Gesetzgeber durch seine Neuregelung des elektronischen Messstellenbetriebs berücksichtigen will. Es fehlen auch Vorgaben zur Interoperabilität. Es fehlt die interoperable Kommunikationsbasis zwischen Gateway und Steuerbox, z. B. einheitliche Protokolle. Auch dieses Problem könnte lösbar sein, indem man sich auf einen einheitlichen Standard verständigt. Dies würde jedoch das gesetzlich vorgesehene Messsystemkonzept mit seinen hohen Sicherheitsanforderungen konterkarieren, denn es ist nicht festgelegt, wer wann schalten darf und wessen Schaltbefehle Vorrang haben. § 21 Abs. 1 Nr. 4a hilft nicht weiter, da diese Norm aus sich heraus noch nicht vollziehbar ist. Hierzu ist eine Ausführungsvorschrift erforderlich, z. B. eine Technische Richtlinie oder das BDEW-Ampelkonzept.[228] Diese Schaltfunktionen, -abläufe und Vorrangregelungen sind nicht beschrieben und auch nicht durch Use-Cases und Test-Spezifikationen abgesichert.[229] Warum man gerade im sensiblen Bereich des Schaltens auf die Sicherheitserfordernisse verzichten sollte, ist nicht ersichtlich. Wenn schon der bloße Zählwert extrem geschützt wird, um „nur" persönliche Daten und die Privatsphäre zu schützen, dürfen Vorgänge, die relevant für **Eigentum, Leib und Leben** sein können, nicht mit geringeren Sicherheitsanforderungen durchgeführt werden.

---

225 BSI, TR-03109-1, S. 101.
226 BSI, PP-0073, S. 38 Fn. 37.
227 Ernst & Young, Kosten-Nutzen-Analyse, S. 176.
228 Das BDEW-Ampelkonzept liegt bisher nur als Diskussionsentwurf vor, abrufbar unter www.bdew.de – Diskussionspapier Smart Grids Ampelkonzept.
229 BSI, TR-03109-1, S. 63 ff. beschreibt zwar einen entsprechenden Kommunikationsablauf zwischen WAN und CLS, diesen jedoch nur formal. Es fehlen inhaltliche Angaben zu Profilen, z. B. Vorrang des Netzbetreibers.

IV. Schutzprofile (Abs. 3)   § 22

In der Energieversorgungsbranche und bei den Herstellern von Messgeräten gibt es zurzeit **Versuche**, eine solche **Steuerbox zu entwickeln**.[230] Diese muss jedoch den Anforderungen des Gesetzes nach Datenschutz und Datensicherheit genügen und interoperabel sein. Derzeit wird versucht, über den Fachverband FNN, Standards für die Steuerbox und deren Interoperabilität zu entwickeln.[231] Wohin diese Entwicklung führen kann, soll an zwei Möglichkeiten dargestellt werden, die etwa die Grenzen der Handlungsoptionen für die Zukunft abstecken.

162

Die erste Möglichkeit bzw. Annahme ist: Die unter Koordination des FNN entwickelte Steuerbox ist „sicher", da die Firewall-Funktion des Gateways als ausreichend erachtet wird, um dahinterliegende Geräte zu schützen. Die Interoperabilität ist durch die Standardisierungen gegeben und das BSI erhebt keine Einwände. Dies wäre eine pragmatische Lösung des durch das Gesetz aufgeworfenen Problems, weil eine handhabbare, sichere und interoperable Steuerungsfunktion gegeben ist. Die Einhaltung des Datenschutzes könnte durch den Standard des FNN, der sich an die allgemeinen Vorgaben der Schutzprofile und Technischen Richtlinien anlehnt, ebenfalls gewährleistet werden. Der Nachteil wäre jedoch, dass von der Branche oder Verbänden entwickelte Standards keine **Rechtsverbindlichkeit** gewährleisten. Es bliebe weiterhin möglich, andere Steuerboxen mit geringeren Anforderungen einzusetzen oder Steuerungssysteme am Netzbetreiber vorbei zu betreiben, z. B. durch Aggregatoren oder Direktvermarkter von EEG-Anlagen; § 19 Abs. 5 setzt diese Konstellation voraus.[232] Der Einsatz von unterschiedlichen Steuergeräten ist bereits gängige Praxis. Auch das BMWi kennt die Situation.[233] Dessen Lösungsansatz ist jedoch unbefriedigend. Auf der einen Seite sollen Hersteller von Steuerboxen eigene Lösungen einsetzen können, auf der anderen Seite sollen sie die Vorgaben des MsbG einhalten.[234] Das MsbG fordert jedoch neben Datensicherheit und Datenschutz auch Interoperabilität. Ohne rechtsverbindliche Standards sind diese Ziele nicht zu erreichen.

163

Sinn würde es vor allem machen, wenn die Steuerbox unter der **Letztkontrolle des Netzbetreibers** wäre, da dieser letztendlich und vorrangig Steuerbefehle ausgeben muss, um die Netzstabilität zu erhalten. Dies sieht auch § 21 Abs. 1 Nr. 4a vor.

164

Die zweite Möglichkeit, sozusagen das andere Extrem, wäre, dass das BSI die **Schutzbedürftigkeit der Steuerbox** wegen des bestehenden Gefahrenpotenzials so hoch einschätzt, dass ein eigenes Schutzprofil für erforderlich gehalten wird. Dann müssten auch Schnittstellen, Kommunikationsprotokolle, Einbezug in die PKI-Architektur sowie Vorgaben zur Interoperabilität durch Technische Richtlinien vorgegeben werden. Da dem BSI zurzeit noch kein Auftrag vorliegt, ist in den nächsten zwölf Monaten und darüber hinaus keine Aktivität von Seiten des BSI zu erwarten. Sollten Steuerboxen wegen der netzwirtschaftlichen und wettbewerblichen Notwendigkeit dennoch eingebaut werden, so müsste hierfür ein Bestandsschutz, wie z. B. in §§ 19 Abs. 5, 20 Abs. 2 und 22 Abs. 5 geschaffen werden. Hierzu wäre eine Äußerung des BMWi, des BSI oder des Gesetzgebers in Kürze erforderlich, ob ein FNN-Standard akzeptiert werden kann oder ob Aktivitäten des BSI zu erwarten

165

---

230 *Rutschmann*, Photovoltaikforum, S. 1.
231 *Rutschmann*, Photovoltaikforum, S. 1.
232 Begründung zum Regierungsentwurf v. 17.2.2016, BT-Drs. 18/7555, S. 82.
233 § 20 EEG.
234 *Rutschmann*, Photovoltaikforum, S. 2.

§ 22 Mindestanforderungen an das Smart-Meter-Gateway

sind. Davon hängen erhebliche Investitionsentscheidungen sowie die Umsetzung der Digitalisierung der Energiewende ab.

V. Technische Richtlinien (Abs. 4)

1. Allgemeines

166 Technische Richtlinien beschreiben funktionale und qualitative Anforderungen an IT-Produkte und -systeme und definieren Schnittstellen, die für deren Interoperabilität, Funktionalität und Integration entscheidend sind.[235] Technische Richtlinien werden nicht zu jedem Schutzprofil erlassen, weil häufig die Angaben des Schutzprofils ausreichen, um die sicherheitstechnischen Anforderungen an ein Gerät oder System zu definieren. Da Schutzprofile technologieoffen sind, brauchen sie nur das Schutzziel und abstrakte Maßnahmen zu beschreiben. Die Umsetzung ist dann auf vielfältige Weise möglich und bleibt den einzelnen Herstellern und dem Wettbewerb überlassen. Die Technische Richtlinie TR-03109 und ihre sechs Teilrichtlinien, nebst acht Anhängen sowie drei zusätzlichen Teilrichtlinien zu Testfällen, dienen in erster Linie der Herstellung der vom Gesetz geforderten Interoperabilität. Wird z. B. von einem Schutzprofil nach CC eine Verschlüsselung für erforderlich gehalten, so kann jeder Hersteller von Hard- und Software andere **Verschlüsselungsmethoden** einsetzen, die die Anforderungen eines PP erfüllen. Mit dem Kauf eines Produkts hat man sich dann bewusst oder unbewusst für eine bestimmte Art der Verschlüsselung entschieden. Anders ist es beim intelligenten Messsystem und beim Gateway. Hier muss eine Vielzahl von Beteiligten über die gleiche PKI verfügen, d. h. die gleiche Verschlüsselungsmethode und die gleichen öffentlichen Schlüssel, so dass problemlos miteinander kommuniziert werden kann. Neunhundert grundzuständige Messstellenbetreiber, freie Messstellenbetreiber, Lieferanten und ggf. weitere, also eine vierstellige Anzahl von Beteiligten, muss miteinander kommunizieren können, deshalb ist der Einsatz einer einheitlichen PKI mit einer einheitlichen Verschlüsselungsmethodik unverzichtbar. Interoperabilität ist also für die Marktkommunikation und die Prozesse der Akteure der Energieversorgung unabdingbar.

167 Die TR sind im Allgemeinen sehr detailliert und benutzen eine stark formalisierte Sprache, die zum Teil auf Standards der Requests for Comments (RFC) beruht.[236] Wird das Wort „**MUSS**" in Großbuchstaben verwendet, darf von dieser Vorgabe nicht abgewichen werden. Bei einem „**SOLL**" darf nur unter Angabe gewichtiger Gründe abgewichen werden. Demgegenüber bedeutet „**DARF NICHT**" ein absolutes Verbot. Die einzelnen Abschnitte der TR werden entweder als normativ, d. h. verbindlich, bezeichnet oder als rein informativ.

168 Das Gesetz stellt **Mindestanforderungen** an den Inhalt der Technischen Richtlinien, s. Abs. 4. Diese betreffen jedoch nicht die Regelungstiefe, sondern die Bereiche, in denen mindestens Voraussetzungen für Interoperabilität geschaffen werden müssen. Inhaltliche Vorgaben, z. B. wie viele und welche Tarifanwendungsfälle von den Richtlinien beschrieben werden sollen, macht das Gesetz nicht. So führt die TR-03109-1 den im Gesetz nicht vorgesehenen Prepaid-Tarif ein, dessen Angebot und Abrechnung ein Gateway unterstüt-

---

235 BSI, Zertifizierte IT-Sicherheit, S. 9.
236 Abrufbar unter www.rfc-editor.org., Dokumenten-Nr. 2119, 1997.

zen muss.²³⁷ Die Inhalte der Technischen Richtlinien, die bei der Verabschiedung des MsbG schon vorlagen, hat der Gesetzgeber in seinen Willen aufgenommen. Daher können sie uneingeschränkt Geltung beanspruchen. Die Konsequenz aus dieser Geltung ist, dass ein Gateway, dass einen Prepaid-Tarif nicht unterstützen kann, nicht dem Stand der Technik des Abs. 2 entspricht und daher nicht eingesetzt werden darf.²³⁸

2. TR-03109

a) Allgemeines

Die **Stammrichtlinie**, Technische Richtlinie (TR-03109), beschreibt die Anforderungen an die Funktionalität, Interoperabilität und Sicherheit, die die Komponenten im Umfeld des Smart Metering erfüllen müssen sowie – dafür gibt es eigene Teilrichtlinien – die Anforderungen zur Prüfung dieser Eigenschaften.²³⁹ Sie liegt in der Version 1.01 v. 11.11.2015 vor. Gemäß Nr. 2 der TR besteht sie aus sechs Untereinheiten, von denen jedoch zurzeit nur fünf finalisiert und auf der Webseite des BSI abgebildet sind, sowie drei Teilrichtlinien zu Testspezifikationen für einzelne technische Geräte. Diese Testspezifikationen sind auch noch nicht ausgeprägt, was zur Folge hat, dass eine Überprüfung der erforderlichen Funktionen von Gateways für eine Zertifizierung abschließend noch nicht möglich ist. Zusätzlich haben einzelne Technische Richtlinien umfangreiche Anlagen. Alle TR enthalten Verweise auf weitere, nicht im Anhang zu § 22 aufgeführte Dokumente.

169

b) Die TR-03109 im Überblick

Die TR-03109-1 beschreibt Mindestanforderungen an Datensicherheits- und Datenschutzfunktionen, die das Gateway bei der Kommunikation in HAN, WAN und LMN erfüllen muss. Diese sind aus dem Smart-Meter-Gateway-Schutzprofil abgeleitet. Darüber hinaus werden Vorgaben zur Interoperabilität gemacht, indem Schnittstellen beschrieben und Protokolle und Kommunikationsabläufe vorgegeben werden. Außerdem behandelt die TR das wichtige Kapitel der **Tarifanwendungsfälle**, das die Gateway unterstützen muss. Die TR-03109-2 bezieht sich in erster Linie auf das PP für das Sicherheitsmodul. Das Modul muss u.a. die kryptografischen Dienste des Gateways gewährleisten und unterstützen. Weiter dient es als Schlüsselspeicher für das Gateway. Die TR-03109-3 beschreibt Anforderungen an die zu verwendenden kryptografischen Verfahren. In der TR-02102 und der TR-03116-1 – Kryptographische Vorgaben für die Infrastruktur von intelligenten Messsystemen – werden spezielle kryptografische Vorgaben zu Verschlüsselungsverfahren und Sicherheitserfordernisse für kryptografische Schlüssel aufgeführt, die die anzuwendenden mathematischen Verfahren und Schlüssellängen vorgeben. Diese Richtlinie wird jedes Jahr aktualisiert, da die Sicherheitseinschätzung des BSI und seine Reaktion auf Entwicklungen, die die Sicherheit von Schlüsseln und Verfahren betreffen, angesichts sich wandelnder Bedrohungen permanent angepasst werden müssen. Die TR-03109-4 beschreibt die Smart-Meter-Gateway-Publik-Key-Infrastruktur. Sie wird ergänzt durch die Zertifizierungsrichtlinie Certificate Policy der Smart-Metering-PKI (CP), die

170

---

237 BSI, TR-03109-1, S. 102.
238 BerlKommEnR/*Schmidt*, § 22 MsbG Rn. 62 ff.
239 BSI, TR-03109, S. 6.

§ 22   Mindestanforderungen an das Smart-Meter-Gateway

Anforderungen an die Zertifizierung von Teilnehmern an der SM-PKI stellt.[240] Die TR-03109-5 liegt noch nicht vor. Sie soll die Einbindung von MID-Zählern in ein intelligentes Messsystem mittels eines Adapters regeln. Die Aufgaben und Pflichten eines Gateway-Administrators sowie die durch ihn zu schaffenden Voraussetzungen für die Aufnahme dieser Funktion finden sich in der TR-03109-6.

3. Mindestanforderungen gem. Nr. 1, 2 und 3 und TR-03109-1

a) Inhalt

171   Gem. Nr. 1, 2 und 3 sollen Technische Richtlinien Mindestanforderungen für die Funktionalitäten des Gateways (Nr. 1), die Kommunikationsverbindungen und Protokolle (Nr. 2) sowie für die Messwertverarbeitung, Tarifierung und Netzzustandsdatenerhebung (Nr. 3) aufstellen. Die BSI-TR-3109-1 befasst sich auf 145 Seiten mit acht Anlagen mit diesen Themenkomplexen, dem Smart-Meter-Gateway als Gerät und seinen Schnittstellen. Sie ist überschrieben mit „**Anforderungen an die Interoperabilität der Kommunikationseinheit eines intelligenten Messsystems**". Sie liegt in der Version 1.0 v. 18.3.2013 vor und beschreibt die Funktionalität des Smart-Meter-Gateways und vor allem die Anforderung an dessen Kommunikationsverbindungen und Protokolle. Unterteilt ist sie in die Themenkomplexe WAN, HAN und LMN sowie die Tarifierung und Messwertverarbeitung. Zur Kommunikation gibt es detaillierte Ablaufprogramme, die die Reihenfolge des Verbindungsaufbaus festlegen. Die Protokolle für die Kommunikation werden festgelegt, d. h., die Sprache, mit der die Geräte bzw. beteiligten Parteien kommunizieren. Dabei werden Sicherheitsaspekte und Vorgaben aus dem PP umgesetzt. So gilt der Grundsatz „Kein Datenaustausch bevor Authentifizierung abgeschlossen". Zunächst müssen sich also die an einer Kommunikation Beteiligten authentifizieren und sich als autorisiert für den Datenzugriff zu erkennen geben. Erst wenn diese Prüfung abgeschlossen ist, wird ein Datenkanal aufgebaut und die gemäß den im Gateway vorliegenden Regelwerken vereinbarten Datenaustausche können erfolgen. Die TR unterteilt die Kommunikationsszenarien in die Bereiche WAN, HAN und LMN. Sie beschreibt für jeden Bereich **Anwendungsfälle**, bei denen Daten von einem System in ein anderes übertragen werden. Je nach Anwendungsfall und Netzwerk, in dem Daten ausgetauscht werden, werden sodann Anforderungen an die Sicherheit der Kommunikation gestellt. Protokollvorgaben zur Sicherstellung der Interoperabilität werden gemacht und Sonderfälle der Kommunikation und Funktionen werden behandelt, wie der Wake-up-Service und die Zeitsynchronisation.

172   Darüber hinaus enthält die Technische Richtlinie TR-03109-1 **Vorgaben zum Zusammenspiel zwischen Sicherheitsmodul und Smart-Meter-Gateway**.[241]

b) Kommunikation im WAN

aa) Einführung

173   Die TR beschreibt für die Kommunikation des Gateways im WAN zunächst sieben **Anwendungsfälle (sog. WAF)**.[242] Sie betreffen Funktionen und Aufgaben des Gateways, wie z. B.

---
240 BSI, CP S. 1 ff.
241 BSI, TR-03109-1, S. 120.
242 BSI, TR-03109-1, S. 20 f.

V. Technische Richtlinien (Abs. 4) **§ 22**

die Administration und Konfiguration des Gateways, Alarmierung beim Auftreten von Ereignissen, Datenübertragung an externe Marktteilnehmer und den Wake-up-Call. Alle WAF erfordern eine Kommunikation über das WAN. Für jeden WAF werden **Kommunikationsszenarien** dargestellt, d.h. Fälle, in denen nach dem MsbG zur Erfüllung der gesetzlichen Aufgaben und Vorgaben eine Kommunikation erforderlich ist. Die sieben WAF werden in fünf Szenarien abgebildet.[243] Diese stellen ausgehend von dem Ereignis, das eine Kommunikation erfordert und abhängig davon, wer diese initiiert, Ablaufschemata für diese Kommunikation dar und schreiben vor, wer, wann und wie im Kommunikationsablauf zu reagieren hat, z.B. was beim Auftreten eines Fehlers geschehen muss. Es gibt jeweils eine eindeutige Zuordnung von Rechten und Pflichten, die unbedingt eingehalten werden muss, ansonsten erfolgt eine Fehlermeldung und ein Abbruch der Kommunikation. Im Wesentlichen werden in den Schemata Zugriffsrechte auf Daten und Kommunikationsverbindungen geregelt. Die Regelungsnotwendigkeit und Beschränkung von Zugriffsrechten leitet sich unmittelbar aus Datenschutz und -sicherheitsanforderungen ab und erfüllt z.B. die Forderung des Gesetzgebers aus § 49 Abs. 1. Die Kommunikation im WAN ist nach der Bedrohungsanalyse im Schutzprofil größeren Bedrohungen ausgesetzt was Datensicherheit und Datenschutz betrifft als andere Kommunikationsverbindungen.[244] Deshalb ist weitere Voraussetzung für jede Kommunikation, dass ein gesicherter TLS-Kanal besteht (Transport Layer Security, d.h. dass ein gem. Schutzprofil sicherer Übertragungsweg bestehen muss).[245] Eine zusätzliche Vorgabe des Schutzprofils für die WAN-Kommunikation ist, dass auch der Inhalt der gesendeten Daten nach speziellen kryptografischen Vorgaben verschlüsselt wird, und dass eine kryptografisch abgesicherte Signatur des Absenders erforderlich ist.[246] Die Anforderungen an die zu verwendenden **PKI-Zertifikate im WAN** sind deutlich höher als z.B. im HAN. Im WAN müssen sie den Anforderungen aus der Smart-Metering-Public-Key-Infrastruktur nach TR-03109-4 entsprechen, auch bei der Kommunikation vom HAN in das WAN, soweit diese überhaupt eröffnet ist.[247] Damit wird im WAN ein sehr hohes Maß an Datenschutz und -sicherheit erreicht, wie ihn das Schutzprofil für das Smart-Meter-Gateway fordert.

Das Gateway muss mindestens die aufgeführten WAF ausführen können. Ansonsten ist es nicht interoperabel i.S.d. MsbG und darf nur unter den Voraussetzungen des § 19 Abs. 5 eingesetzt werden.[248] **174**

bb) Die wichtigsten WAF

Der erste WAF – Administration und Konfiguration des Gateways – konkretisiert die soeben erläuterten Grundsätze und spiegelt wider, dass nur der Gateway-Administrator, wie im Schutzprofil vorgegeben, das Gateway konfigurieren und administrieren darf.[249] Dienste, auf die das Gateway im Betrieb angewiesen ist, erhält das Gateway vom Administrator. Dazu gehören auch **Firmwareupdates**, die das Gateway ausschließlich auf Befehl des Ad- **175**

---

243 BSI, TR-03109-1, S. 24.
244 BSI, PP-0073, S. 21.
245 BSI, PP-0073, S. 78.
246 BSI, PP-0073, S. 25; BSI, TR-03109-1, S. 36; BSI, TR-93109-3 i.V.m. TR-3116, Teil 3, S. 12, 22.
247 BSI, TR-03109-1, S. 37, 71 f.
248 BerlKommEnR/*Schmidt*, § 30 MsbG Rn. 21 ff.
249 BSI, PP-0073, S. 9.

§ 22   Mindestanforderungen an das Smart-Meter-Gateway

ministrators ausführen darf.[250] Auch die **Zeitsynchronisation** ist angesprochen. Das Smart-Meter-Gateway muss seine Systemzeit mit einem vertrauenswürdigen Zeitdienst beim Administrator synchronisieren. Dieser Abgleich wird detailliert beschrieben.[251] Die Abweichung zur gesetzlichen Zeit muss stets unter 3 % der kleinsten Messperiode liegen. Da die kleinste vom Gateway zu unterstützende Messperiode fünf Minuten beträgt, ist eine Abweichung von maximal neun Sekunden erlaubt, wenn diese Messperiode in einem Tarifprofil hinterlegt ist.[252] Eine größere Abweichung bei der Zeitsynchronisation ist ein Benachrichtigungsfall nach WAF 3 und ist dem Administrator mittzuteilen sowie in das Eich-Log und das gem. TR-3109-6 erforderliche Smart-Meter-Gateway-Administrator-Log aufzunehmen. Wie eine der Begriff „größere Abweichung" zu bestimmen ist, richtet sich individuell nach der vereinbarten Messperiode zwischen Lieferanten und Kunden.[253]

176   Weitere Anwendungsfälle sind **Datenübertragungen** an externe Marktteilnehmer, Smart-Meter-Gateway-Administrator und **Steuerungsfunktionen** durch externe Marktteilnehmer (WAF 4, 5 und 6). So muss das Gateway sowohl die turnusmäßige Übertragung von tarifierten Messwerten und Netzzustandsdaten unterstützen, als auch eine spontane, anlassbezogene Messwertauslieferung ermöglichen.[254] Auch der Wake-up-Service und eine Alarmierungs- und Benachrichtigungsfunktion ist vorgesehen (WAF 3 und 7).[255] Der Wake-up-Service stellt eine Ausnahme von dem Grundsatz dar, dass nur das Gateway Verbindungen aufbauen darf. Ist im Gateway z. B. das Tarifprofil eines Lieferanten hinterlegt, sendet es von sich aus Daten, die diesem Profil entsprechen. Im Falle einer Änderung, z. B. bei einem Lieferantenwechsel, fordert der Administrator das Gateway auf, einen TLS-Kanal zu eröffnen, damit er das Gateway mit neuen Informationen versorgen kann. Dies ist auch im Fall eines Softwareupdates erforderlich. Das Gateway darf nach einem Wake-up-Call und nach Durchführung der Überprüfung von dessen Gültigkeit und Zulässigkeit ausschließlich eine Verbindung zum Administrator aufbauen.

c) Kommunikation im LMN

177   Die Anwendungsfälle an der LMN-Schnittstelle nennt die Technische Richtlinie LAF. Sie sind systematisch genauso aufgebaut wie die WAF.

178   Das LMN hat als einzige Funktion die Anbindung von mME an das Gateway und somit mittelbar an die externen Marktteilnehmer und den Smart-Meter-Gateway-Administrator. Im LMN werden zwei Anwendungsfälle beschrieben. Dies sind die **Zählerverwaltung** und das **Abrufen und Empfangen von Messwerten**.[256] Die Zählerverwaltung umfasst die Registrierung und Konfigurierung des Zählers im Gateway durch den Smart-Meter-Gateway-Administrator und die Zuordnung eines Zählers zu einem Letztverbraucher. Dazu gehören auch das Schlüssel- und Zertifikatsmanagement für die Smart-Meter-PKI. Das Gateway muss auf Anforderung des Smart-Meter-Gateway-Administrators oder gem. hinterleg-

---

250 Wann ein Update aufzuspielen ist und welche Sicherheitsüberprüfungen erforderlich sind, regelt die TR-03109-6, S. 94.
251 BSI, TR-03109-1, S. 40 ff.; PTB Mitteilungen 125 Nr. 3; *Sibold*, PTB-Mitteilungen 3/2015, 35.
252 BSI, TR-03109-1, S. 42.
253 BSI, TR-03109-1, S. 43.
254 BSI, TR-03109-1, S. 23.
255 BSI, TR-03109-1, S. 20; *Bast*, in: Kahmann/Zayer, Handbuch Elektrizitätsmesstechnik, S. 531 ff.
256 BSI, TR-03109-1, S. 45 f.

tem Profil Schlüssel für die Kommunikation im LMN erstellen, verteilen, aktivieren und deaktivieren können.

Der Anwendungsfall Abruf/Empfang von Messwerten ist unterteilt in den Einzelabruf von Messwerten und die Zulieferung. Das Gateway muss daher in der Lage sein, sowohl die mME bei Bedarf, z. B. bei einer Zwischenablesung zur Abgabe von Messwerten aufzufordern, als auch gem. einem hinterlegten Profil periodisch Messwerte von dem Zähler zu empfangen.[257] Messwerte sind im Sinne der TR nicht nur Verbrauchs- oder Einspeisemengen, sondern auch netzbetriebsrelevante Parameter wie Spannung, Frequenz und Phasenwinkel, sofern diese Daten von der mME geliefert werden können.[258] **179**

Für die Kommunikation im LMN bestehen ebenfalls spezielle **Sicherheitsanforderungen**.[259] Diese betreffen, wie in der WAN-Kommunikation Transportkanäle, Inhaltsdatenverschlüsselung und Signaturen. Die TR unterscheidet bei den Anforderungen danach, ob die Kommunikation zwischen Zähler und Gateway uni- oder bidirektional verläuft und, ob die Schnittstelle zwischen den beiden Geräten drahtgebunden oder drahtlos überbrückt wird. Bei bidirektionaler Kommunikation baut das Gateway eine Verbindung zum Zähler auf, um anlassbezogen Messwerte abzufragen. Der Transportkanal muss bei bidirektionaler Kommunikation wie im WAN TLS-gesichert sein und eine Inhaltsverschlüsselung sowie eine Signatur ist erforderlich.[260] Dazu genügen selbstsignierte Verschlüsselungszertifikate, die nicht aus der Smart-Meter-PKI stammen.[261] Diese werden vom Smart-Meter-Gateway-Sicherheitsmodul generiert. **180**

Im dem Fall, dass der Zähler von sich aus gem. einem hinterlegten Profil regelmäßig Messwerte an das Gateway sendet, spricht man von unidirektionaler Kommunikation. Der Aufbau eines sicheren TLS-Kanals ist in diesem Szenario nicht möglich, da TLS nur bidirektional funktioniert.[262] Für diesen Kommunikationsfall und auch, wenn aus anderen Gründen ein TLS-Kanal nicht aufgebaut werden kann, wird ein alternatives Verschlüsselungsverfahren zugelassen.[263] **181**

Die Unterschiede bei drahtgebundener oder -loser Kommunikationsstrecke sind rein technischer Natur.[264] **182**

---

257 BSI, TR-03109-1, S. 93, Abrufen von Messwerten im Bedarfsfall.
258 *Bast*, in: Kahmann/Zayer, Handbuch Elektrizitätsmesstechnik, S. 509, 518. Das MsbG definiert den Begriff des Messwerts enger, vgl. § 2 Nr. 14. Netzzustandsdaten sind in § 2 Nr. 16 beschrieben. Die TR fasst beide Begriffe immer dann unter „Messwerte" zusammen, wenn eine Unterscheidung nicht geboten ist, BSI, TR-03109-1, S. 135. Wo die Unterscheidung erheblich wird, gebraucht auch die TR den Terminus Netzzustandsdaten, BSI, TR-03109-1, S. 136.
259 BSI, PP-0073, S. 25.
260 BSI, TR-03116, Teil 3, S. 16.
261 BSI, TR-03109-1, S. 50.
262 BSI, TR-03116, Teil 3, S. 19; *Bast*, in: Kahmann/Zayer, Handbuch Elektrizitätsmesstechnik, S. 529.
263 BSI, TR-03116, S. 19; BSI, TR-03109-1, S. 51.
264 Hierzu BSI, TR-03109-1, Anlage III.

§ 22 Mindestanforderungen an das Smart-Meter-Gateway

d) Kommunikation im HAN

aa) HAN-Anwendungsfälle

183 HAN-Anwendungsfälle – HAF genannt – gibt es drei. Diese sind: Bereitstellung von Daten für den Letztverbraucher und den Servicetechniker sowie die Herstellung eines transparenten Kommunikationskanals zwischen CLS und den externen Marktteilnehmern.[265] Die HAN-Schnittstelle im Gateway ist eine physische Schnittstelle, die sich das HAN logisch mit der Schnittstelle für das CLS und dem Servicetechniker teilen muss. Die **Sicherheitsanforderungen** unterscheiden sich je HAF. Da der HAF 3 – Kommunikation zwischen CLS und externen Marktteilnehmern – über das WAN läuft, sind auch hier die strengen Sicherheitsanforderungen für das WAN zu erfüllen: TLS-Kanal, Authentifizierung, Inhaltsverschlüsselung und kryptografisch gesicherte Signatur.[266] In den HAF 1 und 2 gelten zwar auch erhebliche, aber geringere Sicherheitsanforderungen. Diese betreffen zum einen die kryptografischen Zertifikate, die nicht unbedingt aus der Smart-Meter-PKI stammen müssen, sondern gem. TR-03109-3 auch selbstsigniert für die symmetrische Verschlüsselung sein können.[267] Zur Authentifizierung des Letztverbrauchers gegenüber dem Gateway zur Einsicht in das Kunden-Log genügt ein geschützter Zugang mittels Kennung und Passwort.

bb) HAN-Schnittstelle zum Letztverbraucher

184 Der Letztverbraucher muss über die HAN-Schnittstelle des Smart-Meter-Gateway Informationen einsehen können, die ihn betreffen. Dazu gehören **Auswertungsprofile**, **Zählerstände** und **Messwertlisten** sowie aktuelle und vergangene **Verbrauchs-/oder Einspeisewerte**. Nach Ziff. 3.4.2.1 hat der Letztverbraucher auch Anspruch auf seine Verbrauchs- und Einspeisewerte für vergangene Zeiträume, und zwar:

    die letzten 7 Tage, Tag für Tag,
    die letzte Woche (aggregiert),
    das letzte Jahr (aggregiert),
    mindestens die letzten 15 Monate (Monat für Monat aggregiert).

185 Diese 15-Monatsspeicherfrist ist durch §§ 61 Abs. 1 Nr. 4 und 62 Abs. 1 Nr. 3 obsolet. Die Speicherfrist beträgt nun 24 Monate.

186 Eine wichtige Funktion der HAN-Schnittstelle ist die Ermöglichung der **Visualisierung** der Kunden- und Verbrauchsdaten. Diese hat gem. § 61 Abs. 2 S. 1 in einem Display zu erfolgen, das über eine drahtlose oder drahtgebundene Schnittstelle mit dem Gateway lokal verbunden ist. Ist dies gem. § 61 Abs. 2 S. 2 technisch nicht möglich oder wirtschaftlich nicht vertretbar, so sind diese Informationen dem Kunden über ein Online-Portal, dessen Zugang geschützt sein muss, zugänglich zu machen. Hierzu ist die Zustimmung des Kunden erforderlich. Der Gesetzgeber hat die Bereitstellung der Daten an der Kundenschnittstelle im HAN gem. §§ 61 Abs. 2 S. 1 und 62 Abs. 2 S. 1 als Default-Variante vorgeschrieben. Auch Schutzprofil und Technische Richtlinien gehen davon aus.[268] Die Schnittstelle

---

265 BSI, TR-03109-1, S. 55.
266 BerlKommEnR/*Schmidt*, § 22 MsbG Rn. 173; BSI, TR-03109-1, S. 71 f.
267 BSI, TR-03109-1, S. 72; BSI, TR-03109-3, Anhang C: Zertifikate im HAN.
268 BSI, PP-0073, S. 22 und 23, „the access to this consumer log is only possible via a local interface from the HAN".

zum Endgerät des Kunden ist jedoch in den Technischen Richtlinien derart beschrieben, dass eine Umsetzung praktisch nicht möglich ist. Das Gateway adressiert das Endgerät des Kunden und will dorthin die entsprechenden Verbrauchswerte senden. Sobald dies (zwangsläufig) über den Router des Kunden läuft, wird dieser eine erneute, eigene Adressierung des Endgerätes versuchen. In diesem Fall wird das Gateway keine Werte senden, da die von ihm vorgegebene Adresse nicht erreicht werden kann und es die vom Router angegebene Adresse nicht kennt. Hinzu kommt, dass das Gateway nur über TLS-Kanäle mit authentifizierten Partnern kommunizieren kann. Diese Fähigkeiten hat das Endgerät des Kunden in aller Regel nicht.[269]

cc) Bereitstellung von Daten für den Servicetechniker

Im HAF 2 müssen dem Servicetechniker die Daten zur Verfügung gestellt werden, die **er zur Verrichtung seiner Arbeit** benötigt, z. B. für die Wartung und Entstörung. Allerdings erhält er gem. dem Zugriffskonzept von Schutzprofil und TR aber auch keine darüberhinausgehenden Informationen.[270] Die für ihn zugänglichen Daten sind die des System-Logs, sowie Listen der Schnittstellen und Statusinformationen der technischen Komponenten, wie z. B. Sensoren. Die Aufzählung der TR ist abschließend; ausgeschlossen ist der Zugriff des Servicetechnikers auf personenbezogene Daten.[271]

187

dd) Transparenter Kanal zwischen CLS und externem Marktteilnehmer

Der HAF 3 ermöglicht die **direkte Kommunikation zwischen CLS und externem Marktteilnehmer**, ohne dass der Gateway-Administrator während der Kommunikation eingebunden ist. Der Erstkontakt zum Gateway für den Aufbau dieser Kommunikationsmöglichkeit muss allerdings über den Gateway-Administrator laufen. Der externe Marktteilnehmer darf von sich aus keine direkte Verbindung zum Gateway initiieren. Er muss daher den Administrator um den Aufbau einer gesicherten Verbindung angehen. Diese Schnittstelle, über die der externe Marktteilnehmer den Smart-Meter-Gateway-Administrator kontaktiert, berührt das Gateway und seine Schnittstellen nicht.[272] Sie ist nicht sicherheitsrelevant und daher auch in der TR nicht beschrieben. Der Administrator sendet nach Eingang der Nachricht des externen Marktteilnehmers einen Wake-up-Call an das Gateway und fordert es auf, einen Verbindungskanal zu eröffnen, der diesem Kommunikationsszenario entspricht. Dann erfolgen die erforderlichen Sicherheitsüberprüfungen, wie die der Authentizität des externen Marktteilnehmers und dessen Zugriffsberechtigung. Sind alle Sicherheitsvorgaben geprüft und erfüllt, werden dem externen Marktteilnehmer bis auf Weiteres die Daten geliefert, für die er zugriffsberechtigt ist. Die erforderlichen Kommunikationsszenarien werden ausführlich beschrieben.[273]

188

---

269 Zur Problematik der Visualisierung über die HAN-Schnittstelle BerlKommEnR/*Schmidt*, § 62 MsbG Rn. 23 ff.
270 BSI, TR-03109-1, S. 56, 118.
271 BSI, TR-03109-1, S. 56.
272 BSI, TR-03109-1, S. 66.
273 BSI, TR-03109-1, S. 59 f.

§ 22 Mindestanforderungen an das Smart-Meter-Gateway

e) Tarifanwendungsfälle

aa) Allgemeines

189 Der vierte Abschnitt, der mit **Messwertverarbeitung, Tarifierung, Bilanzierung** und **Netzzustandsdatenerhebung** überschrieben ist, listet die Mindestanforderungen auf, die an die Messwertverarbeitung gestellt werden.[274] Dabei geht die TR zunächst auf die Tarifarten ein, deren Anwendung als Minimum vom SMWG unterstützt werden müssen. Dies sind die sog. Tarifanwendungsfälle, also die Regelwerke, die im Gateway zulässigerweise hinterlegt werden und nach deren Vorgaben das Gateway Datenübertragungen in der vorgegebenen Struktur an Berechtigte ermöglicht. Insgesamt gibt es dreizehn Tarifanwendungsfälle für die Tarifierung und Bilanzierung, die das Gateway **mindestens** unterstützen können muss:

- TAF1: Datensparsame Tarife (nach § 40 (5) EnWG)
- TAF2: Zeitvariable Tarife (nach § 40 (5) EnWG)
- TAF3: Lastvariable Tarife
- TAF4: Verbrauchsvariable Tarife
- TAF5: Ereignisvariable Tarife
- TAF6: Abruf von Messwerten im Bedarfsfall
- TAF7: Zählerstandsgangmessung
- TAF8: Erfassung von Extremwerten für Leistung
- TAF9: Abruf der Ist-Einspeisung einer Erzeugungsanlage
- TAF10: Abruf von Netzzustandsdaten
- TAF11: Steuerung von unterbrechbaren Verbrauchseinrichtungen und Erzeugungsanlagen
- TAF12: Prepaid-Tarif
- TAF13: Bereitstellung von Messwertsätzen zur Visualisierung für den Letztverbraucher über die WAN-Schnittstelle

190 Die TR beschreibt jeden Anwendungsfall kurz im Klartext und gibt dann die notwendigen Parameter für das Regelwerk vor. Die **Tarifanwendungsfälle** sind zum Teil durch das Gesetz in § 40 Abs. 5 EnWG geregelt, die anderen ergeben sich aus dem MsbG, vgl. §§ 56 ff. Der Prepaid-Tarif (TAF 12) ergibt sich nicht unmittelbar aus dem Gesetz. Er wird durch die TR als Mindestanforderung für das Gateway vorgeschrieben und so auch sein Einsatz im Smart-Meter-Bereich erst ermöglicht.[275] Die Struktur der Beschreibung der TAF ist einheitlich. Nach einer allgemeinen Beschreibung des Tarifanwendungsfalls werden die relevanten Parameter für die Vorbereitung des Anwendungsfalls aufgeführt. Der zu ermittelnde und an externe Marktteilnehmer zu versendende Daten- und Messwertsatz wird festgelegt und gleichzeitig auch die vom Gateway für den Letztverbraucher an der HAN-Schnittstelle als Minimum bereitzustellenden Daten. Damit wird sichergestellt, dass der Letztverbraucher über alle Daten und Messwerte, die über das Gateway gesendet wurden, informiert ist.

---

274 BSI, TR-03109-1, S. 78 ff.
275 Auch RL 2009/72/EG, Erwägungsgrund 50 und Anh. 1 Nr. 1 lit. d bieten keine gesetzlich verpflichtende Grundlage zur Einführung von Prepaid-Tarifen. Vorauszahlungen in dem dort genannten Sinn sind in erste Linie Abschlagszahlungen; BerlKommEnR/*Bruhn*, § 41 EnWG Rn. 77; zum Prepaymentzähler: *Peterson*, in: Kahmann/Zayer, Handbuch Elektrizitätsmesstechnik, S. 681.

191 Dass Tarifierung im Gateway stattfindet, ist eine Forderung des Datenschutzes.[276] Es kann der Letztverbraucher direkt über die Einsicht in sein Kunden-Log erkennen, wann welche Tarifierung zur Anwendung kam. Die Alternative, die in nahezu allen anderen Ländern durchgeführt wird, in denen es variable Tarife gibt, ist, dass die Tarifierung im Back-End des Lieferanten stattfindet. Diese Variante erfordert vom Gateway weniger Intelligenz und erlaubt stark vereinfachte Prozesse, die zu deutlichen Kostenvorteilen führen. Ob die Vorteile für den Kunden Nachteile im Gesamtprozess überwiegen, kann durchaus angezweifelt werden. Insbesondere ist auch hier wieder der Zusammenhang zur Preisobergrenze herzustellen, die sich nicht mit durch staatliche Maßnahmen vorgezeichneten Kostensteigerungen vereinbaren lässt.[277]

192 Detaillierte Vorgaben macht die TR zur **Messwertverarbeitung**.[278] Sie schreibt vor, dass das Smart-Meter-Gateway Zählerstände von mehreren angeschlossenen Zählern erfassen können muss. Dabei muss jeder Zähler eindeutig identifizierbar sein. Zu jedem Zählerstand muss der Zeitstempel des Eingangs und die Statusinformation des Zählers im Gateway abgelegt werden. An externe Marktteilnehmer dürfen keine Daten versendet werden, die vom Smart-Meter-Gateway inhaltlich nicht interpretiert werden können. Die **Granularität** der Werte muss mindestens 15 Minuten für Strom und 60 Minuten für Gas betragen. Die Messwertverarbeitung und Tarifierung erfolgt i. d. R. im Gateway, die Ausnahme bildet TAF 7.[279] Dazu muss es auf der Basis von Zählerständen neue Messgrößen bilden können. D. h. die entsprechenden Regelwerke zur Tarifierung müssen im Gateway hinterlegt sein. Die Vorschriften sind im Einzelnen sehr detailliert und legen u. a. auch fest, dass Register und Wertelisten auch bei einem Zählerwechsel erhalten und weiter verwendet werden können müssen. Die Parametrierung des Regelwerks darf allein durch den Smart-Meter-Gateway-Administrator eingespielt werden können. Es muss auch festgelegt werden, wer Zugriff auf die Messwerte haben darf, dazu muss eine Zugriffskontrolle eingerichtet werden. Somit werden die praktischen Anforderungen an die Tarifierung und die Messwertverarbeitung festgelegt, aber auch gleichzeitig Sicherheitsaspekte des PP umgesetzt. Z. B. muss sich ein Lieferant nach Aufbau eines TLS-Kanals durch das Gateway zunächst authentifizieren. Dann schickt das Gateway verschlüsselt die Daten, die dem Lieferanten zustehen, gem. dem Profil, d. h. z. B. der Tarifstruktur, die für diesen Lieferanten im Gateway hinterlegt ist.[280] Wechselt der Lieferant oder soll ein neues Tarifprofil aufgespielt werden, muss sich der Lieferant beim Gateway-Administrator melden. Dieser sendet einen Wake-up-Call zum Gateway, das einen TLS-Kanal eröffnet. Nach Authentifizierung spielt der Gateway-Administrator das neue Profil auf. Von da an sendet das Gateway bis auf Weiteres die Daten (über TLS Kanäle, nach gegenseitiger Authentifizierung) gemäß im Profil vereinbartem Zeittakt, tarifiert direkt an den Lieferanten oder über den Gateway-Administrator. Bei einer direkten Versendung an den Lieferanten muss dieser zumindest passiv EMT-fähig sein. Dies bedeutet, er muss an der Smart-Meter-PKI teilnehmen können, über PKI-Zertifikate verfügen und ein IT-Sicherheitskonzept haben. Als aktiver externer Marktteilnehmer,

---

276 Datenschutzbeauftragte, Orientierungshilfe Smart Metering, S. 13.
277 BerlKommEnR/*Schmidt*, § 22 MsbG Rn. 82 f.
278 BSI, TR-03109-1, S. 105 ff.
279 BSI, TR-03109-1, S. 94.
280 BSI, CP, S. 35 f.

§ 22   Mindestanforderungen an das Smart-Meter-Gateway

der z. B. auch Steuer- und Schalthandlungen initiieren darf, muss er ein ISMS unterhalten und zertifiziert sein nach IT-Grundschutz oder ISO 27001.[281]

193   Kapitel 4.5 formuliert die Anforderungen an die **Zugriffsberechtigungen** aus. Dazu wird zunächst festgehalten, dass kein geheimes Schlüsselmaterial im Smart-Meter-Gateway ausgelesen werden darf. Jede Zugriffsberechtigung muss zweckgebunden sein. Nur der Administrator hat die Berechtigung, die Konfiguration des Gateways vorzunehmen. Zugriffsberechtigungen sind für den Administrator vorgesehen, der die erforderlichen Konfigurationen im Gateway vornehmen muss. Er darf allerdings die Messwertlisten nicht einsehen können. Im Klartext bedeutet dies, dass der Administrator über keinerlei Daten verfügt, die für die Abrechnung des Kunden oder für andere Belange eines berechtigten externen Marktteilnehmers erforderlich sind. Er darf lediglich das eichtechnische Log, das System-Log sowie das neu hinzugekomme Admin-Log einsehen können, ohne die Befugnis zu haben, dort Einträge zu ändern.[282]

194   Daneben sind in jedem TAF einzuhaltende Datenschutz- und Datensicherheitsvorgaben beschrieben.

bb) Die einzelnen Tarifanwendungsfälle

(1)   TAF 1: Datensparsame Tarife

195   Dieser von § 40 Abs. 5 S. 3 EnWG geforderte Tarifanwendungsfall setzt das datenschutzrechtliche Gebot der **Datensparsamkeit** um. Der Letztverbraucher, der verhindern möchte, dass auf Basis der vom Gateway versandten Werte Auswertungen seiner personenbezogenen Daten gefertigt werden können, kann diesen Tarif wählen.[283] Allerdings ist nur eine Tarifstufe möglich. Es wird nur ein Messwert pro Abrechnungszeitraum versendet, wobei der Abrechnungszeitraum nicht kürzer als einen Monat sein darf. Wählt ein Letztverbraucher diesen Tarif, so sind ihm maximal zwölf Monatswerte zur Verfügung zu stellen. Auch die derzeit in der Praxis gängige Abrechnung für den Zeitraum von einem Jahr ist weiterhin möglich.

(2)   TAF 2: Zeitvariable Tarife

196   Dieser TAF wird von § 40 Abs. 5 S. 2 EnWG gefordert.[284] Bei diesem TAF kann der Lieferant dem Letztverbraucher für unterschiedliche Zeiträume **verschiedene Preise** für die in den **jeweiligen Zeiträumen** angefallenen Energiemengen in Rechnung stellen.[285] Im Gateway werden hierzu mehrere Tarifstufen hinterlegt, deren Anwendung jeweils an eine vordefinierte Zeitbedingung gebunden ist. Umgesetzt werden die Zeitbedingungen durch Tarifumschaltzeitpunkte. Klargestellt wird, dass zu jedem Zeitpunkt nur eine Tarifstufe aktiv sein kann; auch die Versandzeitpunkte, zu denen die Zählerstände der Tarifstufen für die Abrechnung oder die Bilanzierung versendet werden, müssen im Gateway hinterlegt sein. Möglich ist danach weiterhin das **Angebot von Nachtstrom- und Schwachlasttarifen**.[286]

---

281   BSI, CP, S. 35.
282   BSI, TR-03109-6, S. 56.
283   BSI, TR-03109-1, S. 82.
284   BerlKommEnR/*Bruhn*, § 40 EnWG Rn. 59.
285   BSI, TR-03109-1, S. 82.
286   BerlKommEnR/*Bruhn*, § 40 EnWG Rn. 62.

(3) TAF 3: Lastvariable Tarife

Auch dieser Tarif beruht auf § 40 Abs. 5 S. 2 EnWG. Der Lieferant kann dem Letztverbraucher auf Basis der konkret anfallenden Last den **Verbrauch zu unterschiedlichen Preisen** in Rechnung stellen. Analog zu den zeitvariablen Tarifen werden hier Laststufen definiert, wobei anstelle des vordefinierten Zeitpunkts beim zeitvariablen Tarif hier eine Lastschwelle über- oder unterschritten wird und damit eine Tarifstufe aktiviert wird. Auch hier ist nur eine Laststufe pro Anwendungsfall aktiv.

197

(4) TAF 4: Verbrauchsvariable Tarife

TAF 4 ist im Gegensatz zu den vorgenannten nicht direkt im Wortlaut des Gesetzes genannt. Aus der Formulierung „insbesondere" in § 40 Abs. 5 S. 2 EnWG ergibt sich aber, dass auch andere als last- und zeitvariable Tarife möglich sein können. Voraussetzung ist, dass der Tarif gem. § 40 Abs. 5 S. 1 EnWG einen **Anreiz zur Energieeinsparung** setzen kann. Bei verbrauchsvariablen Tarifen werden **feste Mengenkontingente mit einem Tarifpreis** belegt.[287] Wird die Verbrauchsmenge überschritten, so wird die nächste Stufe aktiviert. Da ein Anreiz zur Energieeinsparung mit dem Tarif verbunden sein muss, muss der Tarif bei einer **Überschreitung einer bestimmten Verbrauchsschwelle** steigen. Dieser Anwendungsfall soll auch für die Einspeisung angewendet werden können.

198

(5) TAF 5: Ereignisvariable Tarife

Dieser Tarifanwendungsfall, der auch nicht direkt vom Gesetz gefordert wird, entspricht vom Aufbau her den vorgenannten Tarifen.[288] Er kann aber mit der gleichen Begründung wie zu den verbrauchsvariablen Tarifen unter § 40 Abs. 5 S. 1 EnWG subsumiert werden. Auch hier sollen **mehrere Tarifstufen** hinterlegt werden, zwischen denen beim **Eintritt von bestimmten Ereignissen** gewechselt werden kann. Praktische Beispiele für einen ereignisvariablen Tarif liegen nicht vor. Es kann sich hierbei um Modifikationen oder Kombinationen der last- und zeitvariablen Tarifanwendungsfälle handeln. So ist in Zukunft denkbar, dass die Überschreitung einer Lastschwelle nur dann zu einer Tarifumschaltung führt, wenn das Energieangebot zu diesem Zeitpunkt knapp ist. Ist genügend Energie vorhanden, unterbleibt die Tarifumschaltung beim Erreichen einer bestimmten Lastschwelle.

199

(6) TAF 6: Abruf von Messwerten im Bedarfsfall

Dieser praktisch wichtige Tarifanwendungsfall erlaubt den **Abruf von Messwerten zu Zeitpunkten**, die nicht in einem festen Regelwerk im Gateway hinterlegt werden können, da sie **nicht planbar** sind.[289] Dazu gehört die Zwischenablesung beim Auszug und Einzug eines Kunden, beim Lieferantenwechsel und beim Wechsel in den Grundversorgungstarif. Die Technische Richtlinie erlaubt auch, wie bisher in der GPKE vorgesehen, eine Zurückverlegung des Zeitpunkts, ab dem die v. g. Ereignisse berücksichtigt werden. Der Lieferantenwechsel ist nach der GPKE allerdings nicht rückwirkend zulässig.[290]

200

---

[287] BSI, TR-03109-1, S. 88.
[288] BSI, TR-03109-1, S. 90.
[289] BSI, TR-03109-1, S. 93.
[290] GPKE, S. 13.

§ 22   Mindestanforderungen an das Smart-Meter-Gateway

201 Der **Rückwirkungszeitraum** beträgt wie nach GPKE sechs Wochen. Zu diesem Zweck hat das Gateway die tagesgenauen, historischen Daten für sechs Wochen für diesen Tarifanwendungsfall vorzuhalten. Nach Ablauf der Fristen sind sie rollierend zu löschen. Die Anforderungen dieses TAF gehen für die tagesscharfe Speicherung über die gesetzliche Forderung in §§ 61 und 62 sowie der TR-03109-1 für den HAF 1 über den dort postulierten Speicherzeitraum von sieben Tagen hinaus. Damit können externe Marktteilnehmer, sofern sie den Tarifanwendungsfall beanspruchen, tagesscharfe Messwerte bekommen, die bis zu sechs Wochen zurückliegen. Der Letztverbraucher kann diese Werte nach der Technischen Richtlinie jederzeit für sechs Wochen rückwirkend einsehen, während ihm die §§ 61 und 62 weniger Rechte zugestehen.[291]

(7) TAF 7: Zählerstandsgangmessung

202 Dieser TAF ist durch § 55 Abs. 1 Nr. 2 vorgegeben. Das Besondere an diesem Tarifanwendungsfall ist, dass hier eine **zentrale Tarifierung außerhalb des Gateways** möglich ist.[292] Dies ist eine Ausnahme von der ansonsten dezentralen Tarifierung im Gateway, die insbesondere von den Datenschutzbeauftragten gefordert wurde.[293] Die zentrale Tarifierung erfordert die Einhaltung der eichrechtlichen Vorgaben, die an Mengenerfassung, Zeitstempelung und Tarifzuordnung gestellt werden. Es ist in der Praxis wenig wahrscheinlich, dass für diesen TAF eine zentrale Tarifierungsmöglichkeit zusätzlich in den Zentralsystemen der Netzbetreiber oder Lieferanten aufgebaut wird, da alle anderen TAFs eine dezentrale Tarifierung erfordern und deshalb eine weitere zentrale Tarifierungsmöglichkeit nur zusätzlichen Aufwand verursacht.

(8) TAF 8: Erfassung von Extremwerten für Leistungen

203 Dieser Tarifanwendungsfall ermöglicht, wie bisher bei RLM-Kunden auch Praxis, die **Erfassung von Extremwerten** der Leistung.[294] Während bisher allerdings nur der Leistungshöchstwert innerhalb einer bestimmten Zeitperiode für Kunden mit Leistungs- und Arbeitspreisen erheblich war, sieht die TR für diesen TAF nunmehr auch das Erfassen und Versenden von Minimalwerten innerhalb einer vorgegebenen Periode vor. Der Leistungsminimalwert wird bei Zählerstandsgängen und registrierender Leistungsmessung auch jetzt schon miterfasst, da alle Leistungswerte in einer Zeitreihe erfasst sind. Bedeutung für die Abrechnung hat er zurzeit nicht. Zudem ist die Minimalgröße energiewirtschaftlich in der Regel unbedeutend, da eine Nullleistung auch z. B. durch einen Umschalt- und Abschaltvorgang herbeigeführt werden kann. Soll auch die minimale Leistung eine energiewirtschaftliche oder verbrauchssteuernde Komponente enthalten, müssten solche bewusst herbeiführbaren Sonderzustände ausgeschlossen bzw. nicht gewertet werden.

(9) TAF 9: Abruf der IST-Einspeisung einer Erzeugungsanlage

204 Nach diesem TAF soll die **aktuelle IST-Einspeiseleistung einer Erzeugungsanlage** im Rahmen einer aktuell durchgeführten Energiemanagementmaßnahme ausgelesen werden

---

291 BSI, TR-03109-1, S. 94.
292 BSI, TR-03109-1, S. 94.
293 Datenschutzbeauftragte, Orientierungshilfe Smart Metering, S. 12, 28.
294 BSI, TR-03109-1, S. 96.

können.²⁹⁵ Damit kann überprüft werden, ob eine vorgenommene Steuerhandlung auch tatsächlich ausgeführt wurde. Damit ist jedoch nicht gemeint, dass einem externen Marktteilnehmer permanent Echtzeitwerte zur Verfügung gestellt werden und dies in einem entsprechenden Regelwerk im Gateway hinterlegt ist. Vielmehr handelt es sich bei diesem TAF um eine Einzelabfrage, bei der ein berechtigter externer Marktteilnehmer mit Hilfe des Gateway-Administrators den Abruf der Daten veranlassen kann. Dies erfolgt entweder nach Durchführung des Wake-up-Call-Verfahrens, oder die Ereignisse, die einen Versand auslösen, sind im Gateway als Profil hinterlegt.

Keine Angabe machen die Technischen Richtlinien, wie der **Begriff „aktuell"** zu verstehen ist. Da jedoch mit diesem Tarifanwendungsfall die Ausführung und Wirksamkeit einer aktuell durchgeführten Energiemanagementmaßnahme erfolgen soll, muss man aktuell hier als so schnell wie möglich verstehen. Voraussetzung hierfür ist eine zu diesem Zeitpunkt bestehende und verfügbare Telekommunikationsverbindung. Sollen die Anforderungen über die normale Verfügbarkeit hinausgehen, so ist dies in einer Vereinbarung zwischen externem Marktteilnehmer und Gateway-Administrator festzuhalten und vom externen Marktteilnehmer entsprechend zu vergüten.

205

(10) TAF 10: Abruf von Netzzustandsdaten

Dieser Tarifanwendungsfall beruht auf § 56.²⁹⁶ Er soll den Netzbetreibern ermöglichen, den aktuellen Zustand ihrer Netze zu beurteilen. Bei Abweichungen der Ist-Werte von den Soll-Werten, z. B. bei Spannung oder Frequenz, kann er Gegenmaßnahmen einleiten, um den **Netzzustand** zu **stabilisieren**, indem er Lasten zu- oder abschaltet und Einspeiseanlagen regelt. § 56 setzt jedoch der Messwertübersendung an den Netzbetreiber enge Grenzen. Will er Daten auch von anderen Zählpunkten als den in § 56 genannten erhalten, muss er den Weg über § 59 wählen und die Einwilligung des Anschlussnutzers einholen. Diese ist aber ggf. nicht kostenfrei zu erlangen. Die Netzzustandsdaten sollen standardmäßig pseudonymisiert versendet werden und sind in der Regel auch nicht abrechnungsrelevant. Die Pseudonymisierungsfunktion des Gateways kann beim Vorliegen von berechtigten Gründen deaktiviert werden. Wann solche Gründe gegeben sind, sagt die Technische Richtlinie nicht. Es ist aber regelmäßig eine Einverständniserklärung des Anschlussnutzers gem. § 4 lit. a BDSG erforderlich.

206

(11) TAF 11: Steuerung von unterbrechbaren Verbrauchseinrichtungen und Erzeugungsanlagen

Dieser Tarifanwendungsfall verallgemeinert die bereits jetzt gegebene Situation, dass Einspeiseanlagen abgeregelt werden können.²⁹⁷ Ab diesem Zeitpunkt wird dem Anlagenbetreiber für die **unterbliebene Einspeisung** eine **Vergütung** gewährt. Wie diese zu berechnen ist, ergibt sich nicht aus der Technischen Richtlinie. Hier verbleibt es bei den allgemein anerkannten Grundsätzen.²⁹⁸

207

---

295 BSI, TR-03109-1, S. 98.
296 BSI, TR-03109-1, S. 99.
297 BSI, TR-03109-1, S. 101.
298 Zur fehlenden Steuerbox BerlKommEnR/*Schmidt*, § 22 MsbG Rn. 161.

§ 22   Mindestanforderungen an das Smart-Meter-Gateway

(12) TAF 12: Prepaid-Tarif

208 Das Gateway muss auch die in Deutschland bisher unübliche **Prepaid-Methode** unterstützen.[299] Der Kunde bezahlt also im Voraus für eine bestimmte Energiemenge und sobald diese verbraucht wird, sendet das Gateway zu einem vordefinierten Zeitpunkt eine Nachricht, dass die zur Verfügung stehende Verbrauchsmenge zur Neige geht. Nach dem Komplettverbrauch des vorausbezahlten Kontingents sendet das Gateway ein Signal an einen Stromunterbrecher.

(13) TAF 13: Bereitstellung von Messwertsätzen zur Visualisierung für den Letztverbraucher über die WAN-Schnittstelle

209 Dieser Anwendungsfall ermöglicht, als Alternative zum Default-Visualisierungsfall nach §§ 61 Abs. 2 S. 1 und 62 Abs. 2 S. 1 (via HAN-Schnittstelle), auch an der WAN-Schnittstelle **Daten zum Zweck der Visualisierung** zur Verfügung zu stellen.[300]

f) Physischer Schutz des Gateways

210 Ein abschließender Abschnitt der Technischen Richtlinie befasst sich mit dem physischen Schutz des Gateways vor **Angriffen** und **Manipulationen**, die einen **lokalen Zugriff auf das Gateway** voraussetzen.[301] Es wird zunächst grundsätzlich festgestellt, dass das bisherige Schutzniveau für Zähler, nämlich Gehäuse und Versiegelung, ausreichend ist.[302] Ergänzend wird gem. Schutzprofil gefordert, dass Manipulationen, die auf einem physischen Angriff beruhen, erkennbar sein müssen.[303] Dazu genügt wie bisher eine Verplombung oder Versiegelung, die zerstört werden muss, um an das Innere des Gateways zu gelangen. Weiterhin soll aber ein Gateway **automatisch** erkennen, wenn das Gerät geöffnet wurde und eine Nachricht an den Administrator senden. Dieses Ereignis soll auch im eichtechnischen Log und im System-Log protokolliert werden. Diese Forderung wird vom Schutzprofil ausdrücklich nicht gestellt.[304] Die Anforderung der TR ist mit der Verbindlichkeit „SOLL" ausgestattet. Dies bedeutet, dass eine grundsätzliche Pflicht besteht, diese Funktionalität durch das Gateway bereitzustellen und nur unter Angabe gewichtiger Gründe davon abgewichen werden kann.[305] Dennoch ist diese Funktion nicht verpflichtend umzusetzen. Die Sicherheitsfunktionen werden im Schutzprofil beschrieben und vorgegeben. In Fragen der Sicherheit ist das PP das führende Dokument. Durch eine Technische Richtlinie, die lediglich Vorgaben eines Schutzprofils umsetzen soll, können keine zusätzlichen, verpflichtenden Sicherheitsmerkmale eingeführt werden. Ist eine weitere Sicherheitsfunktion gewünscht, so ist das Schutzprofil fortzuschreiben.

Abschließend regelt die TR das Authentifizierungsverfahren zwischen Gateway und Sicherheitsmodul. Sie verweist auf die Vorgaben der TR-03109-3, die wiederum auf die

---

299 BSI, TR-03109-1, S. 102.
300 BSI, TR-03109-1, S. 105; BerlKommEnR/*Schmidt*, § 62 MsbG Rn. 17 ff. ausführlich zu der Problematik HAN-Schnittstelle und wer für die Ausführung der Visualisierung verantwortlich ist.
301 BSI, PP-0073, S. 78; BSI, TR-03109-1, S. 130.
302 BSI, TR-03109-1, S. 130.
303 BSI, PP-0073, S. 78.
304 BSI, PP-0073, S. 78.
305 BerlKommEnR/*Schmidt*, § 22 MsbG Rn. 167.

TR-03116, Teil 3 verweist, und schreibt das dort geregelte PACE-Verfahren vor. PACE ist ein passwortbasiertes Authentifizierungs- und Schlüsseleinigungsverfahren.[306]

g) Anlagen

Die TR-03109-1 hat noch **acht weitere Anlagen**, die ca. 350 Seiten umfassen und z. T. in englischer Sprache verfasst sind. Sie detaillieren die technischen Vorgaben der TR-03109-1 weiter und beschreiben Anforderungen technischer Art zur Umsetzung von IT-Sicherheit und Interoperabilität. So werden die Datenformate für die im WAN erforderliche CMS-Verschlüsselung und -signatur spezifiziert (Anlage I). Anlage II behandelt allgemeine Vorgaben für die Kommunikationsarchitektur im WAN, z. B. http und OSI-Modell sowie speziell für den Meteringbereich, z. B. COSEM.[307] Die besonderen Anforderungen aus dem Smart-Meter-Gateway-Schutzprofil an Datensicherheit und Datenschutz erfordern Einschränkungen und Modifikationen an ansonsten gebräuchlichen Funktionen und Kommunikationsvorgängen.[308] Sie sollen vor allem die Sicherheit der Kommunikation erhöhen. Die folgenden Anlagen III a, III b, IV a und IV b betreffen Feinspezifikationen für drahtgebundene und drahtlose LMN-Schnittstellen. Anlage V setzte sich mit „Anforderungen zum Betrieb beim Administrator" auseinander und gestaltete damit § 22 Abs. 4 S. 3 und 4 aus. Dieses nur acht Seiten lange Dokument stellte strenge Voraussetzungen für die Ausübung der Tätigkeit eines Gateway-Administrators auf. Diese Anforderungen sind jetzt in der TR-03109-6 beschrieben, die die Anlage V ersetzt.[309] 211

Anlage VI behandelt Betriebsprozesse und hat überwiegend nur informativen Charakter. Sie beschränkt sich auf das Medium Elektrizität.[310] Die beschriebenen Prozesse beinhalten die Inbetriebnahme des Gateways, Messung, Datenübertragung, Störungsfälle, Administration und Wechsel des Gateway-Administrators. Diese Anlage ist gut strukturiert und – relativ – leicht verständlich; sie bietet insofern eine gute Übersicht. Es wird jeder Prozess zunächst im Gesamtzusammenhang des Smart-Metering-Umfeldes verortet, die Beteiligten werden benannt, deren Rolle und Funktion erläutert, die für den einzelnen Schritt benötigten Daten aufgeführt und tabellarisch die einzelnen Prozessschritte nochmals zusammengefasst. 212

h) Testkonzept

Die TR-03109-TS-1, Stand 31.1.2015, enthält **Testspezifikationen**, anhand derer die Funktionen und die Interoperabilität von Smart-Meter-Gateways überprüft werden können. Das Dokument ist 173 Seiten lang und noch nicht in der Endfassung verfügbar. Das BSI hat bisher die Version 00-91 veröffentlicht. Im Dokument finden sich Stellen, in denen bereits Änderungen angekündigt werden, so zu den Fragen der Identifizierung und Authentifizierung der Kommunikationspartner.[311] Es enthält Vorgaben für Funktionen des Gateways, die in einem Test zu überprüfen sind, sowie Anforderungen an die Robustheit bezüg- 213

---

306 BSI, TR-03116, Teil 3, S. 24.
307 BSI, TR-03109-1, Anlage II, S. 8.
308 BSI, TR-03109-1, Anlage II, S. 8.
309 BSI, TR-03109-1, Anl. 5: „Die Anlage V ist in die TR-03109-6 übergegangen." BerlKommEnR/ Schmidt, § 22 MsbG Rn. 266 ff.
310 BSI, TR-03109-1, Anlage VI, S. 8.
311 BSI, TR-03109-TS-1, S. 93.

§ 22 Mindestanforderungen an das Smart-Meter-Gateway

lich der Sicherheitsmerkmale. Dazu sind Testfälle zu entwickeln, die z.Z. noch nicht vollständig vorliegen.[312] Eine Prüfung der Datensicherheits- und Datenschutzfunktionen sowie der Interoperabilität kann daher z.Z. zumindest abschließend nicht erfolgen. Das sieht der Gesetzgeber auch so, wie sich in §§ 30, 24 Abs. 1 S. 3 und 19 Abs. 5 zeigt.

214 Es werden **Tests für die Schnittstellen** vorgeschrieben, Testwerkzeuge vorgegeben oder empfohlen und Anforderungen an die Dokumentation und Durchführung der Tests festgelegt. Die zu überprüfenden Funktionen sind die Anwendungsfälle der TR-03109-1 für WAN, HAN und LMN sowie die Tarifanwendungsfälle. Die Sicherheitsanforderungen des Schutzprofils sind ebenfalls Bestandteile der vorgesehenen Tests. Die TR-03109-TS-1 enthält darüber hinaus Anforderungen, die über die TR-03109-1 hinausgehen und nach Auffassung des BSI in die TR integriert werden sollen.[313] Für die endgültige Verabschiedung des Testkonzepts ist das Verfahren nach § 27 einzuhalten, da es zur Verabschiedung des Messstellenbetriebsgesetzes noch nicht vorlag und daher nicht in den Willen des Gesetzgebers aufgenommen werden konnte. Eine Zulassung von Gateways ist ohne endgültige Fassung des Testkonzepts und ohne Zustimmung des nach § 27 zu bildenden Ausschusses zu dieser Endfassung nicht zulässig.

4. Funktionalität und Interoperabilität des Sicherheitsmoduls gem. Abs. 4 und TR-03109-2

a) Allgemeines

215 Die TR-03109-2 enthält Anforderungen an die Funktionalität und Interoperabilität des Sicherheitsmoduls. Sie setzt Vorgaben des PP-0077 um. Das Dokument ist 162 Seiten lang. Es gliedert sich in zwei Teile, das sog. **Lebenszyklusmodell** und in sog. weitere Anforderungen, im Wesentlichen an die Interoperabilität des Sicherheitsmoduls. Das Sicherheitsmodul ist das kryptografische Herzstück des intelligenten Messsystems, stellt die individuelle kryptografische Identität des Smart-Meter-Gateways sicher und ist quasi Dienstleister für das Gateway für kryptografische Operationen. Dazu gehört u. a. die Schlüsselgenerierung und die Erzeugung von digitalen Signaturen. Die TR macht Vorgaben zur körperlichen Verbindung zwischen Gateway und Sicherheitsmodul sowie zur logischen Verknüpfung beider Komponenten.[314] Dazu werden auch Vorgaben für die an diesem Prozess Beteiligten, wie Hersteller und Gateway-Administrator, gestellt. Dabei wird das Zusammenspiel der Komponenten von der Herstellung über die Vereinigung, den Betrieb und die Außerbetriebnahme des Gateways betrachtet.[315]

b) Lebenszyklus

216 Der Lebenszyklus des Sicherheitsmoduls betrachtet die **Produktion**, die **Zusammenführung mit dem Gateway** (physisch und IT-technisch), **Normalbetrieb** und **Außerbetriebnahme**.

---

312 BSI, TR-03109-TS-1, S. 94.
313 BSI, TR-03109-TS-1, S. 41, Kompression von Daten soll (zukünftig) nicht mehr erlaubt sein.
314 BSI, TR-03109-TS-1, S. 9–21.
315 BSI, TR-03109-2, S. 15.

V. Technische Richtlinien (Abs. 4) § 22

Für den Herstellungsprozess wird auf Vorgaben der Schutzprofile und der TR-03109-1 verwiesen, die sich allerdings mit diesem Schritt praktisch nicht beschäftigen. Die TR-03109-2 geht jedenfalls davon aus, dass diese Phase abgeschlossen ist.[316] Die Richtlinie setzt bei der sog. „**Vor-Personalisierung 1**" ein. Diese Phase dient der Integration von Gateway und (initialisiertem) Sicherheitsmodul sowie dem Generieren und Aufbringen von initialem Schlüssel- und Zertifikatsmaterial.[317] Dies bedeutet, dass dem Sicherheitsmodul initial Daten aufgespielt werden, die noch unabhängig sind von dem späteren Gateway-Administrator. Es wird davon ausgegangen, dass beim Integrator (Hersteller) eine ausreichend durch technische, organisatorische und personelle Sicherheitsmaßnahmen gesicherte Umgebung besteht. Sowohl die TR als auch das Schutzprofil PP-0077 schreiben zur Herstellung einer gesicherten Umgebung keine konkreten Maßnahmen vor, um den Herstellern Freiraum für ihre spezifischen, ggf. bereits etablierten Sicherheitsmechanismen zu lassen.[318] Es ist jedoch davon auszugehen, dass die Vor-Personalisierung und die Integration des Sicherheitsmoduls in das Gateway in nicht-öffentlich zugänglichen Räumen stattfinden muss, die durch Zutrittsbeschränkungen und ggf. durch technische Maßnahmen abgesichert sein müssen. 217

Die dann folgende Phase heißt „**Integration**" und bezieht sich auf den physisch-technischen Einbau des Sicherheitsmoduls in das Smart-Meter-Gateway. Es wird ein Pairing zwischen GW und SM durchgeführt, was bedeutet, dass diese Komponenten jetzt individuell aufeinander abgestimmt sind und diese Verbindung auch exklusiv ist.[319] 218

Im nächsten Schritt der „**Vor-Personalisierung 2**" erfolgt die Verknüpfung mit dem zuständigen Gateway-Administrator. Hier muss der Smart-Meter-Gateway-Administrator dem Hersteller Dateien übersenden, die er in dieser Phase auf dem Gateway implementieren muss. Verwendet der Smart-Meter-Gateway-Administrator/Messstellenbetreiber den elektronischen Lieferschein gem. FNN, so kann die Übersendung bereits im Lieferschein erfolgen. Die Datei unterliegt dabei den hohen Anforderungen an die Verschlüsselung der TR-03109-3. 219

Danach erfolgt die Installation und die Vor-Ort-Inbetriebnahme des Smart-Meter-Gateways, bei der die endgültige **Personalisierung** des Gateways erfolgt.[320] Das Gateway verbindet sich über das WAN mit der in ihm hinterlegten Adresse des zuständigen Administrators. Dies geschieht nach Aufbau eines TLS-Kanals und gegenseitiger Authentifizierung. Der Administrator spielt die endgültigen Schlüssel und Zertifikate auf und weist dem Gateway einen oder mehrere Zähler zu. 220

Das Gateway inklusive Sicherheitsmodul ist dann zum **Normalbetrieb** bereit.[321] Zur Aufnahme des **Messbetriebs** wird das Gateway durch den Administrator konfiguriert. Zuerst wird die Zeit zwischen Gateway und Administrator synchronisiert und ein Selbsttest zur Funktionsüberprüfung des Gateways ausgeführt. Danach werden vorliegende Tarif- und Kommunikationsprofile an das Gateway und die für das Pairing von Zähler und Gateway erforderlichen Zertifikate und Schlüssel der PKI übertragen.

---

316 BSI, TR-03109-2, S. 18.
317 BSI, TR-03109-1, Anlage VI, S. 12; zu den kryptografischen Anforderungen an diesen Prozess TR-03116, Teil 3, S. 17.
318 BSI, TR-03109-1, Anlage VI, S. 13.
319 Anschaulich ist dieser Prozess in BSI, TR-03109-1 Anlage VI, S. 9–21 beschrieben.
320 BSI, TR-03109-1, Anlage VI, S. 18.
321 BSI, TR-03109-2, S. 25; BSI, TR-03109-1, Anlage VI, S. 20.

§ 22　Mindestanforderungen an das Smart-Meter-Gateway

221 Des Weiteren werden in der TR der Betrieb und der **Wechsel des Administrators** beschrieben sowie die **Außerbetriebnahme des Gateways**.

222 Weitere **Aufgaben** und **Anforderungen an den Gateway-Administrator**, die den Lebenszyklus nach der Integration betreffen, sind in der TR-03109-6 niedergelegt.

223 Während der **Lagerung** und beim **Transport** der Gateways – sowohl beim Hersteller als auch zum und beim Messstellenbetreiber/Administrator – sind dem jeweiligen Schutzbedarf angemessene Maßnahmen zur Gewährleistung der Integrität und Vertraulichkeit umzusetzen.[322] Die konkrete Ausgestaltung wird sich im Laufe des erforderlichen Zertifizierungsprozesses entwickeln. Erforderlich sind gesicherte Räumlichkeiten und vertrauenswürdiges Personal. Weitergehende Maßnahmen, wie z. B. Bewachung, sind angesichts des geringen Interesses Dritter, Gewahrsam an Gateways zu erlangen, nicht erforderlich. Da das Gateway in dieser Phase auch keine personenbezogenen Daten gespeichert hat, sind auch datenschutzrechtliche Aspekte nicht betroffen. Manipulationen Dritter an Gateways, die sicherheitsrelevant sein können, sollen durch sicheren Verschluss gewährleistet werden, wobei erkennbar sein muss, ob sich ein Unbefugter Zugang zu den gelagerten Gateways verschafft hat.

c) Sonstiges

224 Der übrige Teil dieser Technischen Richtlinie befasst sich in erster Linie mit IT-technischen Umsetzungen der Funktionen, macht Vorgaben zum File- und Objektsystem sowie zur Durchführung der Zugriffsregelungen und stellt Anforderungen an die Interoperabilität. Er verweist auf außerhalb der Technischen Richtlinie liegende Vorschriften in ISO-Normen usw. Zur IT-technischen Umsetzung gehört auch eine Kommandostruktur, die das Modul vorhalten muss, um seine Dienste zu erfüllen und um mit dem Gateway zu kommunizieren. Kommandos sind beispielsweise „create key" und „delete key".[323]

d) Anhang TR-03109-2, Use Cases, TR-03109-TS-2

225 Auch für das Sicherheitsmodul, dessen Funktionalitäten und Sicherheitsanforderungen sollen Tests die Einhaltung der Vorgaben von PP und TR überprüfen. Diese sind im Anhang zur TR-03109-2 beschrieben.[324] Dort werden sog. Use-Cases vorgestellt. Ein Use-Case ist eine Aktion oder ein Ereignis, das typischerweise die Aktion zwischen zwei System beschreibt, die durchgeführt werden müssen, um ein bestimmtes Ziel zu erreichen, z. B. „Wechsel des Gateway-Administrators".

226 Die TR-03109-TS-2, die Testspezifikationen für das Sicherheitsmodul enthalten soll, befindet sich auf der Internetseite des BSI in dem Status „Dokument in Vorbereitung".

322　BSI, TR-03109-1, Anlage VI, S. 22.
323　BSI, TR-03109-2, S. 80.
324　BSI, TR-03109-2, Anhang, S. 5.

5. Anforderungen an die Inhaltsdatenverschlüsselung, Signierung, Absicherung der Kommunikation und Authentifizierung des Datennutzers gem. Nr. 4 sowie die einzusetzenden kryptografischen Verfahren gem. Nr. 5 und TR-03109-3

Nr. 4 und Nr. 5 geben vor, dass die Technischen Richtlinien Anforderungen an die Inhaltsdatenverschlüsselung, Signierung, Absicherung der Kommunikation und Authentifizierung des Datennutzers sowie die einzusetzenden kryptografischen Verfahren beschreiben sollen. Die **Technische Richtlinie TR-03109-3**, die sich zu diesen kryptografischen Vorgaben verhält, verweist lediglich auf die TR-03116, Teil 3: „Kryptographische Vorgaben Projekte der Bundesregierung – intelligente Messsysteme" und ist damit das kürzeste Dokument im Rahmen der TR-03109. Die TR-03116, Teil 3, macht Vorgaben zu den Verschlüsselungsverfahren.[325] Sie verweist dabei im Wesentlichen auf bekannte Verschlüsselungsverfahren und enthält daher viele Verweise. Außerdem macht sie Vorgaben zu Schlüssellängen, weil diese Länge entscheidend für das Sicherheitsniveau der Verschlüsselung ist.[326] Über die Verschlüsselung hinaus werden weitere Anforderungen zur Sicherheit gestellt, dass z. B. eine Sitzung (die Zeitdauer, für die ein TLS-Kanal benutzt werden kann) auf maximal 48 Stunden begrenzt ist.[327]

227

Eine Sicherung der Kommunikation durch den Einsatz kryptografischer Techniken findet auf **drei Ebenen** statt. Der Verbindungskanal ist TLS-gesichert, die Nachricht ist inhaltlich verschlüsselt und signiert, darüber hinaus sind die Kommunikationspartner authentifiziert. Es wird so sichergestellt, dass der Verbindungskanal abhörsicher und die Nachricht nicht entzifferbar ist und die Kommunikationspartner berechtigt sind, die betreffenden Nachrichten zu empfangen und zu senden. Hinzu kommt die Überprüfung, ob die Nachricht während der Übertragung verändert wurde. Die Anforderungen an die Verschlüsselungs- und Sicherheitstechniken hängen davon ab, ob die Kommunikation im WAN, HAN oder LMN stattfindet. Im WAN gilt die höchste Sicherheitsstufe. Hier ist die Anzahl der miteinander Kommunizierenden hoch und der Teilnehmerkreis veränderlich, z. B. bei Lieferantenwechseln. Das erklärt die hohen Anforderungen an die Authentifizierung.[328] Nur auf die Kommunikation im WAN bezieht sich die Smart-Meter-PKI der TR-03109-4.[329]

228

a) Verschlüsselungsverfahren

Bei einer Verschlüsselung wird ein Klartext mit Hilfe eines Verschlüsselungsverfahrens „unleserlich" gemacht.[330] Eine Rücküberführung in den Klartext ist nur möglich, wenn der Entschlüsseler das Verschlüsselungsverfahren und den eingesetzten Schlüssel kennt. Es gibt grundsätzlich zwei Verschlüsselungsverfahren: symmetrische und asymmetrische. **Symmetrische Verfahren**, bei denen Sender und Empfänger von Nachrichten den gleichen Schlüssel für Ver- und Entschlüsselung haben, sind, wenn der Schlüssel nicht bekannt

229

---

325 Am 10.10.2016 hat das BSI eine ergänzende TR veröffentlicht, die „Key Lifecycle Security Requirements".
326 *Kappes*, Netzwerk- und Datensicherheit, S. 23; *Eckert*, IT-Sicherheit, S. 306.
327 BSI, TR-03116, Teil 3, S. 10.
328 BSI, TR-03116, Teil 3, S. 11.
329 BSI, TR-03109-4, S. 18 f.
330 Simitis/*Ernestus*, § 9 BDSG Rn. 166; *Kappes*, Netzwerk- und Datensicherheit, S. 19 ff.; Datenschutzbeauftragte, Orientierungshilfe Kryptografie, S. 12.

§ 22 Mindestanforderungen an das Smart-Meter-Gateway

ist, bei entsprechender Schlüssellänge praktisch nicht zu entschlüsseln.[331] Probleme bereitet bei diesem Verfahren die Schlüsselgeheimhaltung und -sicherheit. Das Risiko besteht darin, dass zunächst der Schlüssel zwischen den Kommunikationspartnern auf unsicherem, ausforschbarem Wege ausgetauscht werden muss (sog. Schlüsselaustauschproblem).[332] Es wird potenziert, wenn eine Vielzahl von Kommunikationsteilnehmern vorhanden ist. Allen Parteien den gleichen Schlüssel zu geben ist ausgeschlossen, weil Vertraulichkeit in einem großen Kreis von Beteiligten nicht zu gewährleisten ist. Will man stattdessen für je zwei Partner einen nur diesen bekannten symmetrischen Schlüssel verwenden, steigt die Zahl der benötigten Schlüssel fast quadratisch zur Teilnehmerzahl. Damit steigt der Aufwand für die Schlüsselverwaltung und deren Komplexität so stark, dass auch daraus wieder ein Sicherheitsrisiko entsteht. Diese Probleme und die damit verbundenen Risiken werden als so hoch eingestuft, dass symmetrische Verfahren für die Smart-Meter-PKI im WAN bei einem Verbindungsaufbau nicht verwendet werden. Grundsätzlich werden daher im Smart-Meter-Bereich, soweit die Public-Key-Infrastruktur reicht, auch **asymmetrische Verschlüsselungsverfahren** eingesetzt. Asymmetrisch bedeutet, dass die Teilnehmer an einer verschlüsselten Kommunikation über einen öffentlichen Schlüssel verfügen, der allen Beteiligten bekannt ist. Daneben hat jeder Teilnehmer einen privaten, nur ihm bekannten Schlüssel, den er zur Entschlüsselung von Nachrichten verwendet. Ein vereinfachtes, allgemein verständliches Beispiel stellt Mathematik.de zur Verfügung.[333] Asymmetrische Verschlüsselung beruht auf algorithmisch schwer lösbaren Problemen, u. a. auf der Multiplikation von sehr großen Primzahlen.[334] Die Herstellung des öffentlichen Schlüssels durch Multiplikation ist simpel. Das Zurückführen des Multiplikationsergebnisses auf die Ausgangsfaktoren kann hingegen selbst Hochleistungsrechner überfordern. Sie sind nicht in der Lage, ein Ergebnis, d.h. die Entschlüsselung, in absehbarer Zeit zu liefern.[335] Die Kenntnis des öffentlichen Schlüssels lässt keine Rückschlüsse auf den privaten Schlüssel zu, der selbstverständlich geheim zu halten ist.[336] Der Sender einer Nachricht verschlüsselt seine Mitteilung mit dem bekannten öffentlichen Schlüssel des Empfängers. Dieser kann die empfangene Nachricht mit seinem geheimen privaten Schlüssel wieder lesbar machen.[337]

---

331 *Folger*, Spektrum der Wissenschaft 2/2016, 64, 68: Der zweitleistungsfähigste Computer der Erde müsste bei einer üblichen Schlüssellänge von 128 Bits bei ca. 34 Billiarden Rechenoperationen pro Sekunde mehr als eine Billionen Jahre rechnen, um den Code zu brechen; *Kappes*, Netzwerk- und Datensicherheit, S. 24.
332 *Eckert*, IT-Sicherheit, S. 304; *Kappes*, Netzwerk- und Datensicherheit, S. 24, spricht von einem Henne-Ei-Problem. Um einen sicheren, verschlüsselten Kommunikationskanal aufzubauen, benötigen beide Kommunikationspartner einen gemeinsamen geheimen Schlüssel. Dieser darf nur über einen gesicherten Kanal ausgetauscht werden, den man aber erst zur Verfügung hat, wenn beide Seiten über den gemeinsamen Schlüssel verfügen.
333 Vgl. www.mathematik.de/ger/information/wasistmathematik/rsa/rsa.html (zuletzt abgerufen 1.10.2016). Zur zugrunde liegenden Modulo-Arithmetik s. www.gat-blankenberg.de/pages/fach/info/modul.htm (zuletzt abgerufen 1.10.2016).
334 Diese sollen mindestens 100 Stellen lang sein, *Eckert*, IT-Sicherheit, S. 354. Andere Verfahren sind mathematisch hoch komplexe elliptische Kurven über endlichen Körpern; *Kappes*, Netzwerk- und Datensicherheit, S. 30; BSI, TR-03116, Teil 3, S. 7, gibt verschiedene Verfahren vor, sog. Cipher Suits; sie verlangt auch den Einsatz elliptischer Kurven, BSI, TR-03116, S. 10.
335 *Folger*, Spektrum der Wissenschaft 2/2016, 64, 66.
336 *Kappes*, Netzwerk- und Datensicherheit, S. 29.
337 *Kappes*, Netzwerk- und Datensicherheit, S. 56.

V. Technische Richtlinien (Abs. 4) § 22

Hybride Verschlüsselungsverfahren kombinieren die Vorteile symmetrischer und asymmetrischer Verfahren. Über eine PKI wird mittels öffentlichen Schlüsseln ein sicherer Übertragungskanal aufgebaut, auf dem dann symmetrische Schlüssel sicher ausgetauscht werden können. Hybride Kryptografie kommt auch bei der Datenübermittlung von und an das Gateway zum Einsatz.[338]

b) Inhaltsdatenverschlüsselung

Hat man eine Verbindung mit einer asymmetrischen Verschlüsselung eröffnet, kann man auf diesem Wege dann auch einen symmetrischen Schlüssel im Rahmen der dann gegebenen Sicherheit versenden und damit die höhere Sicherheit der symmetrischen Verschlüsselung nutzen.[339] Dies ist für die Inhaltsdaten im WAN vorgeschrieben.[340] Die **Schlüssel** dürfen erst unmittelbar vor der Verwendung erzeugt werden und nur für eine Übermittlung eingesetzt werden. Das Erfordernis der eindeutigen Zurechenbarkeit einer Handlung zu einer Person, die zur Feststellung der rechtlichen Verbindlichkeit gehört, wird sicher nur durch asymmetrische Verschlüsselungsverfahren erreicht, da bei symmetrischen Verfahren jeder Partner über den gleichen Schlüssel verfügt und eine Nachricht zuzüglich Signatur von jedem Schlüsselinhaber produziert werden könnte.

Die Daten, die in das WAN gelangen, werden verschlüsselt und signiert übertragen, auch der Transportkanal ist gesichert.[341] Abgesichert wird die Integrität der Nachricht, also der Nachweis, dass kein Dritter die Nachricht verändert hat, zusätzlich durch sog. **Hash-Funktionen**.[342] Diese kann man als Meta-Verschlüsselungen bezeichnen, die vereinfacht so funktionieren, dass nicht nur die Nachricht übermittelt wird, sondern am Schluss auch eine Information, z. B. aus wie vielen Zeichen die Nachricht besteht. Stimmt die Zahl der Zeichen der Nachricht nicht mit der Zahl, die durch die Hash-Funktion übermittelt wird, überein, kann man sicher sein, dass die Nachricht manipuliert wurde. Die Funktionen sind mathematisch sehr komplex aufgebaut und erlauben in der Regel nur eine mathematische Lösung, so dass eine Manipulation durch eine Nichtübereinstimmung zwischen Nachricht und Ergebnis der Hash-Funktion mit allergrößter Wahrscheinlichkeit erkannt werden kann.[343] Allerdings sind Integritätsverletzungen während der Übertragung von Daten nicht immer das Ergebnis gezielter Angriffe, sondern häufiger auf technische Probleme zurückzuführen. Aber auch diese Übertragungsprobleme können durch den Einsatz einer Hash-Funktion erkannt werden und ggf. eine erneute Übermittlung erfolgen.

Im dem Fall, dass der Zähler von sich aus gem. einem hinterlegten Profil regelmäßig Messwerte an das Gateway sendet, spricht man von unidirektionaler Kommunikation. Der Aufbau eines sicheren TLS-Kanals ist in diesem Szenario nicht möglich, da TLS nur bidirektional funktioniert.[344] Für diesen Kommunikationsfall und auch, wenn aus anderen Grün-

---

338 BSI, TR-03116, Teil 3, S. 17.
339 BSI, TR-03116, Teil 3, S. 22.
340 BSI, TR-03116, Teil 3, S. 22.
341 BSI, TR-03109-1, S. 36.
342 BSI, TR-03116, Teil 3, S. 12.
343 *Kappes*, Netzwerk- und Datensicherheit, S. 55 f.
344 BSI, TR-03116, Teil 3, S. 19; *Bast*, in: Kahmann/Zayer, Handbuch Elektrizitätsmesstechnik, S. 529.

§ 22   Mindestanforderungen an das Smart-Meter-Gateway

den ein TLS-Kanal nicht aufgebaut werden kann, wird ein alternatives Verschlüsselungsverfahren zugelassen.[345]

c) Authentifizierung

234   Die eindeutige Identifizierung des Verwenders von Daten, also die Authentifizierung, ist eine **wesentliche Komponente der IT-Sicherheit**. Vorgeschrieben ist nach der Richtlinie zunächst, dass zur Datenübertragung, die – bis auf einen Wake-up-Call –, immer vom Gateway ausgehen muss, zunächst über den Gateway-Administrator ein sicherer TLS-Kanal aufgebaut wird. Über diesen Kanal erfolgt die gegenseitige Authentifizierung der Kommunikationspartner (sog. TLS-Handshake).[346]

235   Dies ist eine der Ausprägungen, die die Kommunikation in der Smart-Metering-Struktur **sicherer als Home Banking** macht. Beim Home Banking ist keine gegenseitige Authentifizierung erforderlich. Es genügt eine einseitige Authentifizierung des Kunden. Beim intelligenten Messsystem erfolgt die Datenübermittlung erst, nachdem ein TLS-Kanal eröffnet und die gegenseitige Authentifizierung durchgeführt worden ist. Die Authentifikation des Kommunikationspartners erfolgt kryptografisch, soweit die Kommunikation im WAN betroffen ist. Im HAN kann auch ein eindeutiger Benutzername und ein Passwort genügen, da hier die Bedrohungspotenziale durch das Schutzprofil geringer eingestuft werden.[347]

d) Signatur

236   Die verschlüsselten und mit einem Authentifizierungs-TAG versehenen Daten müssen dann noch abschließend signiert werden.[348] Die elektronische Signatur hat mehrere Funktionen, die denen einer eigenhändig geleisteten Unterschrift gleichen. Sie gibt Auskunft über die Person des Unterzeichners und bezeugt, dass das Dokument ihm vorgelegen hat und von ihm anerkannt wurde. Die Unterschrift schließt den Text ab und erklärt ihn für inhaltlich richtig und vollständig. Das Signaturerfordernis weist auch auf die Bedeutung eines Rechtsgeschäfts hin (§§ 311b, 766 BGB). Für den elektronischen Datenverkehr bedeutet dies, dass eine einmal erstellte Datei nicht mehr verändert werden darf und es dem Verfasser nicht möglich sein darf, seine geleistete Signatur erfolgreich bestreiten zu können. Die hierzu erforderlichen Maßnahmen, die die Technischen Richtlinien beschreiben, sind u. a. eine vertrauenswürdige PKI, die Geheimhaltung des Signaturschlüssels, Zeitstempel, Logbücher und die Kombination von Verschlüsselungs- und Signaturverfahren.

e) Authentifizierung vor Inhaltsdatenverschlüsselung/-entschlüsselung

237   Ein übliches **Verfahren** zur Verschlüsselung einer Nachricht ist, dass diese zunächst mit Hilfe eines kryptografischen Verfahrens in den Geheimtext übersetzt wird und an diesen dann eine Signatur zur Authentifizierung (Message Authentification Code – MAC) angebracht wird. Die Gefahr bei diesem Verfahren besteht darin, dass der Empfänger erst die Nachricht entschlüsseln muss und danach erst die Authentizität des Absenders überprüft

---

345   BSI, TR-03116, S. 19; BSI, TR-03109-1, S. 51.
346   BSI, TR-03116, Teil 3, S. 11.
347   BSI, TR-03109-1, S. 57; BSI, PP-0073, S. 22; zu Sicherheitsanforderungen in der Kommunikation zum Letztverbraucher via HAN und WAN BerlKommEnR/*Schmidt*, § 62 MsbG Rn. 31 ff.
348   BSI, TR-03116, S. 23.

werden kann. Ein Angreifer kann daher z. B. unter Verwendung des öffentlichen Schlüssels des Empfängers Nachrichten an diesen senden. Erst nach der Entschlüsselung erkennt der Empfänger, dass der Absender nicht berechtigt war. Mit solchen Nachrichten kann der Angreifer z. B. eine Überlast im System des Empfängers und damit einen Systemabsturz herbeiführen (Denial of Service).[349] Die Technischen Richtlinien geben daher vor (SOLL, EMPFOHLEN), dass Verfahren eingesetzt werden, bei denen zunächst die Authentizität geprüft werden muss.[350] Diese sind sicherer, aber aufwändiger.

f) Auswirkungen der Verschlüsselungsvorgaben auf die Telekommunikationstechnik

Die **Sicherheitsarchitektur** rund um Smart-Meter-Gateways ist aufgrund ihrer Konstruktion, ihrer hohen Sicherheitseinstufung und der Komplexität der Technischen Richtlinien sehr **anspruchsvoll**. Da die Daten im Gateway generiert und gespeichert werden, sind die Anforderungen an die Datensicherheit und den Datenschutz entsprechend hoch. Zur Frage, wo in der Smart-Meter-Architektur die Messwertbildung und Tarifierung stattfindet, im Backend-System des externen Marktteilnehmers oder im Gateway, wurde die letztgenannte Variante ausgewählt, die möglicherweise datenschutzfreundlichere, aber komplexere und damit teurere. Andere Länder die Smart-Meter-Systeme bereits eingeführt haben, wie z. B. Italien, Spanien, Großbritannien und Schweden, haben dem Aspekt der Datensicherheit ebenfalls einen hohen Stellenwert eingeräumt. Dort registriert der Zähler jedoch nur die physikalischen Kilowattstundenwerte und diese werden in das Backend-System des Netzbetreibers oder Lieferanten geliefert. Vor diesem Backend sind erhebliche Schutzfunktionen, z. B. Firewalls, eingezogen, so dass Daten des Kunden in hohem Maße gesichert sind. Auch mit dieser Konstruktion ist Datensicherheit und Datenschutz herzustellen, allerdings wesentlich preisgünstiger, was z. B. die Preise der Geräte zeigen, aber auch die Kosten der **Telekommunikation**. Im europäischen Ausland wird für die Fernauslesung von Zählern generell die Powerline Communications Technik (PLC) im sog. Schmalbandbereich eingesetzt. Dies ist eine Kommunikation über die ohnehin vorhandene Stromleitung, vgl. § 13. Diese Technik ist erprobt, sicher und kostengünstig. Allerdings ist die Datenübertragungsrate im Schmalband Powerline begrenzt. Die Übertragung von einzelnen Zählwerten, die ca. 100 kBit/s ausmachen, ist nahezu jederzeit möglich. Durch die Verschlüsselungsvorgaben des BSI wird jedoch die Informationsmenge für einzelne Zählwerte fast um das Dreißigfache erhöht. Fast 3.000 kBit/s können mit der Schmalband Powerline Technik nicht mehr übertragen werden. Deshalb sind die Unternehmen gezwungen, auf andere Formen, ggf. sogar auf Mischformen, zurückzugreifen, deren Kosten um Größenordnungen höher liegen, da die in der Regel im Haus vorhandenen Kommunikationsanschlüsse (DSL) sich selten in der Nähe des Zählers befinden. Die GPRS-Abdeckung beträgt z. B. im Saarland ca. 74 %, gemessen tagsüber, 1 m über dem Boden.[351] Die Werte werden nachts, wenn die Telekommunikationsanbieter ihre Pegel herunterfahren, noch schlechter.

---

349 *Eckert*, IT-Sicherheit, S. 122; *Kappes*, Netzwerk- und Datensicherheit, S. 249.
350 BSI, TR-03116, S. 12; *empfohlen* bedeuten nach www.rfc-editor.org, rfc 2119 v. 1997, dass von dieser Vorgabe nur beim Vorliegen gewichtiger Gründe abgewichen werden darf.
351 Vgl. hierzu die Angaben der einzelnen Telekommunikationsanbieter in ihren Netzabdeckungskarten. Es ergeben sich Einschränkungen bei der verfügbaren Technologie und der Datenübertragungsrate, vgl. www.logitel.de/blog/handys/netzabdeckung-in-deutschland-der-grosse-ueberblick/.

§ 22   Mindestanforderungen an das Smart-Meter-Gateway

Bedenkt man, dass sich die Zähler nicht 1 m über dem Boden befinden, sondern häufig im Keller, in einem durch Stahltüren gesicherten Hausanschlussraum, so ist die Erreichbarkeit mit herkömmlichen Kommunikationsmitteln ohne Zusatzinstallationen, denen der Kunde dann ggf. zustimmen müsste, nicht darstellbar.

239 **Datenübertragung über den DSL-Anschluss** des Kunden verursacht Kosten von zzt. ca. 180 Euro pro Jahr, übersteigen also die Preisobergrenzen des § 31.[352] Die Kosten für den Anschluss des Gateways an den Telekommunikationsanschluss des Kunden, die ggf. in unterschiedlichen Räumen sind, kommen noch hinzu, ganz abgesehen von baulichen Maßnahmen beim Kunden wie Kabelverlegung und Bohrarbeiten.[353] Derzeit erfüllt keine Kommunikationstechnologie allein – ganz abgesehen von den Kosten – alle Anforderungen, die an die Datenfernübertragung vom Gateway gestellt werden.[354]

6. Architektur der Smart-Metering-Public-Key-Infrastruktur (§ 22 Abs. 4 Nr. 6), TR-03109-4 und TR Certificate Policy der Smart-Meter-Architektur

a) Einführung

240 Die TR-03109-4 befasst sich, wie § 22 Abs. 4 Nr. 6 vorgibt, mit der **Public-Key-Infrastruktur für Smart-Meter-Gateways**. Grundlage für die Teilnahme an der PKI sind sog. Zertifikate, die Teilnehmer an der Kommunikation als berechtigt ausweisen, einen bestimmten Schlüssel benutzen zu dürfen.[355] Ein Zertifikat ist in diesem Zusammenhang eine Datei, also eine Softwarekomponente. Die PKI-Infrastruktur regelt nun, wer berechtigt ist, diese Zertifikate zu erhalten, aber vor allem, wer letztendlich berechtigt ist, diese zu erzeugen und auszustellen. Da die Zertifikate zur Authentifizierung benutzt werden, muss der Empfänger die Sicherheit haben, dass das von seinem Kommunikationspartner eingesetzte Zertifikat vertrauenswürdig und daher geeignet ist, die Authentizität des Gegenübers zu belegen. Es muss letztendlich lückenlos auf eine vertrauenswürdige Instanz zurückgeführt werden können. Eine PKI-Architektur hat daher immer einen sog. Vertrauensanker, die sog. Root-CA, quasi die Wurzel oder letzte Autorität, die berechtigt ist, Zertifikate auszugeben oder diese Fähigkeit, wie in der SM-PKI geschehen, an Dritte zu delegieren.[356] Erforderlich ist eine Root-CA, da ansonsten nicht sichergestellt werden kann, ob der öffentliche Schlüssel nicht durch Dritte manipuliert oder durch nicht sicher authentifizierbare Personen bereitgestellt wird. Einen öffentlichen Schlüssel kann praktisch jeder herstellen, also auch ein Angreifer, der vorspiegelt, ein berechtigter Kommunikationspartner zu sein. Da aber in der Smart-Meter-PKI nur zertifizierte öffentliche Schlüssel der Root-CA verwendet werden dürfen, kann jeder Teilnehmer davon ausgehen, dass er einen sicheren und den richtigen Schlüssel einsetzt und auch ihm gegenüber ein solcher eingesetzt wird. Darüber hinaus regelt die Technische Richtlinie die Verwaltung von Zertifikaten. Sie wird ergänzt durch die „Certificate Policy der Smart Metering PKI" des BSI, Version 1.01 vom 18.5.2015.

---

352 Ernst & Young, Kosten-Nutzen-Analyse, S. 152, geht von DSL-Kosten von 144 €/a aus.
353 Ernst & Young, Kosten-Nutzen-Analyse, S. 46.
354 Ernst & Young, Kosten-Nutzen-Analyse, S. 53.
355 Diese TR befindet sich in Überarbeitung. Ein Entwurf der Version 1.2 vom 9.12.2016 ist auf der Webseite des BSI veröffentlicht.
356 *Kappes*, Netzwerk- und Datensicherheit, S. 57.

Die Smart-Meter-PKI umfasst die **Kommunikation zwischen dem Gateway, dem Administrator und den externen Marktteilnehmern**.[357] Nicht Gegenstand dieser PKI ist die Kommunikation zwischen Gateway und Zähler im LMN sowie zwischen Gateway und Anschlussnutzer über die HAN-Schnittstelle. Zwar findet auch hier eine Verschlüsselung statt, sie unterliegt jedoch anderen Anforderungen außerhalb der PKI. Für die HAN-Schnittstelle finden sich die Anforderungen in der TR-03109-1 und der TR-03116.[358]

b) Architektur der Smart-Meter-Gateway-PKI

Der **Aufbau** der PKI ist **dreistufig**. Die oberste Stufe nimmt der hoheitliche Vertrauensanker ein (Root-CA). Diese Root-CA kann das BSI selbst sein, es kann diese Funktion jedoch auch an Dritte vergeben. Dies ist für die PKI des IM geschehen; diese Aufgabe ist an sog. Sub-CAs übertragen worden, die die zweite Hierarchieebene bilden. Eine Sub-CA ist eine Organisationseinheit, die Zertifikate für die Endnutzer ausstellt. Dazu wird sie ausdrücklich von der Root-CA autorisiert. Das Zertifikat der Sub-CA wird von der Root-CA ausgestellt. Es kann mehrere Sub-CA-Inhaber geben, die entweder ihre Dienste allen Marktteilnehmern anbieten oder nur speziell für einen Marktteilnehmer arbeiten. Grund für die Aufteilung auf mehrere Sub-CAs ist zum einen eine Arbeitsteilung, zum anderen aber auch ein **Sicherheitseffekt durch Heterogenität** der technischen Lösungen.[359] Wird eine Sub-CA z. B. durch einen Hackerangriff kompromittiert, so sind alle von hier ausgestellten Endnutzerzertifikate ebenfalls kompromittiert. Die Zertifikate der anderen Sub-CAs behalten aber ihre Gültigkeit.

Ein Hacker müsste daher also alle Sub-CAs erfolgreich angreifen, was schwerer möglich ist, da die Sub-CAs in der Regel über unterschiedliche technische Lösungen verfügen.

Auf der dritten Stufe befinden sich die **Endnutzer der Zertifikate**. Endnutzer sind in diesem Zusammenhang die externen Marktteilnehmer, der Gateway-Administrator, der Gerätehersteller und das Smart-Meter-Gateway.

c) Zertifikatsvergabe

Die Sub-CA vergibt Zertifikate an die Endnutzer. Das **Verfahren** ist in der CP beschrieben und soll ca. fünf bis acht Wochen dauern.[360] Bei der späteren Authentifizierung des Endnutzers am Gateway prüft es nicht, ob der sich authentifizierende Lieferant wirklich der Lieferant ist. Derjenige, der sich meldet, muss „lediglich" das Authentifizierungszertifikat des Lieferanten vorweisen. Die Identitätsprüfung führt die Root- oder die Sub-CA durch und vergibt daraufhin Zertifikate. Die an der PKI Beteiligten vertrauen der Glaubwürdigkeit der Zertifikate.[361]

Die Zertifikate werden zum **sicheren Datenaustausch** zwischen den Marktteilnehmern und dem Gateway eingesetzt. Da die kryptografischen Vorgaben aus der TR-03109-3 Verschlüsselungen auf Transport- als auch auf Inhaltsebene verlangen und die verschlüsselten Daten auch signiert werden müssen, gibt es TLS-Zertifikate, die der gegenseitigen Authen-

---

357 BSI, TR-03109-1, S. 18 f.
358 BSI, TR-03109-1, S. 71 f.; BSI, TR-03116, Teil 3, S. 14 (HAN) und S. 16 (LMN).
359 *Kappes*, Netzwerk- und Datensicherheit, S. 102.
360 BSI, CP, S. 31.
361 *Eckert*, IT-Sicherheit, S. 424.

§ 22   Mindestanforderungen an das Smart-Meter-Gateway

tifizierung zwischen Smart-Meter-Gateway und externem Marktteilnehmer sowie dem Aufbau eines verschlüsselten integritätsgesicherten TLS-Kanals dienen. Weiterhin gibt es Verschlüsselungszertifikate, die eine Ende-zu Ende-Verschlüsselung von Dateninhalten ermöglichen, sowie Signaturzertifikate, die die Prüfung von elektronischen Signaturen ermöglichen. Jeder Teilnehmer an der Kommunikation erhält daher jeweils drei Zertifikate. Diese Zertifikate haben eine zeitlich begrenzte Laufzeit, nach der sie erneuert werden müssen. Die Laufzeit aller drei Zertifikate ist immer gleich, nämlich drei Jahre für die Smart-Meter-Gateway-Zertifikate, für alle anderen Teilnehmer, z.B. externe Marktteilnehmer, zwei Jahre.[362]

247 Weiter wird unterschieden, ob die Kommunikation im WAN, im LMN oder im HAN stattfindet. Die oben beschriebenen Anforderungen an Zertifikate betreffen nur die Kommunikation im WAN-Bereich. Im LMN-Bereich können sie optional zur gegenseitigen Authentifizierung verwendet werden. Diese Zertifikate sind sog. selbstsignierte Zertifikate und nicht Bestandteil der SM-PKI. Auch die evtl. im HAN eingesetzten Zertifikate sind rein optional. Die Anforderungen zu den letztgenannten Zertifikaten sind in der TR-03109-1 festgelegt.[363]

d) Certificate Policy der Smart-Metering-Architektur

248 Die CP ist ein eigenständiges Dokument des BSI und ergänzt die TR-03109-4. Dem Gesetz lag die Fassung vom 18.5.2015 zugrunde. Das BSI hat am 9.12.2016 eine überarbeitete Version 1.2 veröffentlicht. Ob dabei das Verfahren nach § 27 eingehalten wurde, ist nicht veröffentlicht. Das CP wird ergänzt durch das Dokument „Key Lifecycle Security Requirements", Version 1.0 vom 10.10.2016. Auch auf dieses Dokument wird im Anhang zum MsbG Bezug genommen, so dass es auch in den Geltungsbereich des § 22 einbezogen wird. § 28 bezieht sich auch auf die CP und besagt, dass für die Teilnahme an der **Smart-Meter-PKI** deren Bestimmungen gelten. Das Dokument hat 68 Seiten und spezifiziert Anforderungen an die Endnutzer von Zertifikaten und die CAs, die erfüllt sein müssen, um an der SM-PKI teilnehmen zu können. Daneben enthält sie Verfahrensregelungen, z.B. für das Antragsverfahren zum Erhalt von Zertifikaten. Es werden betriebliche und technische Sicherheitsanforderungen an die PKI-Teilnehmer gestellt. Diese sind eng angelehnt an die Anforderungen an den Gateway-Administrator, die in der TR-3109-6 niedergelegt sind. Grund für die Wiederholungen der Sicherheitsanforderungen der TR-3109-6 ist, dass hier neben dem Gateway-Administrator auch **andere PKI-Teilnehmer** in die Sicherheitsarchitektur und -mechanismen eingebunden werden müssen, um Datenschutz und Datensicherheit zu gewährleisten. Die Zertifizierungstiefe und Anforderungen sind je nach Teilnehmer an der PKI unterschiedlich.

249 So müssen die Root-CA und die Sub-CA neben einer Zertifizierung nach ISO 27001 auch, seit dem 1.1.2016, eine Zertifizierung nach der TR-03145 haben.[364] Diese TR ist nicht im Anhang zum MsbG aufgeführt. **Gateway-Hersteller** benötigen ein Common Criteria Certificate auf Basis des Schutzprofils für das Smart-Meter-Gateway, um die Sicherheit seiner

---

362 BSI, TR-03109-4, S. 22: Root- und Sub-CA Zertifikate haben eine Laufzeit von 4 bzw. 5 Jahren.
363 BSI, TR-03109-1, S. 145 ff.
364 BSI, CP, S. 40.

Produktionsumgebung nachzuweisen.³⁶⁵ Für den Smart-Meter-Gateway-Administrator befindet sich eine entsprechende Zertifizierungsanforderung bereits in der TR-3109-6.

Das **Gateway** selbst muss nach dem Schutzprofil PP-0073 zertifiziert sein. Damit wird auf die in § 22 genannten Ziele der Datensicherheit und Datenschutz Bezug genommen, denen das Gateway genügen muss bevor es in die PKI-Struktur eingebunden werden kann. Darüber hinaus ist aber auch eine Zertifizierung nach der TR-3109-1 erforderlich. Damit wird auf das dritte Ziel des § 22 abgestellt, nämlich die Interoperabilität der Geräte.³⁶⁶ Also nur ein Gateway, das den Anforderungen an die Ziele des § 22 wie Datenschutz, Datensicherheit **und** Interoperabilität genügt, kann ein Zertifikat zur Teilnahme an der Smart-Meter-PKI erhalten. D. h., erreicht es eines dieser Ziele nicht, insbesondere die Interoperabilität, ist es **nicht verwendungsfähig**. 250

Bei den externen Marktteilnehmern wird zwischen passiven und aktiven externen Marktteilnehmern unterschieden. Ein **aktiver externer Marktteilnehmer** ist jemand, der ein Smart-Meter-Gateway nutzt, um über dieses nachgelagerte Geräte im CLS zu adressieren.³⁶⁷ Der häufigste Fall des Adressierens dürfte ein Steuerbefehl sein. Die entsprechenden Kommunikationsanforderungen für **Steuerungsfälle** sind in der TR-3109-1 definiert. Ein externer Marktteilnehmer, der nicht steuert, sondern nur Daten empfängt, ist ein **passiver externer Marktteilnehmer**. Er muss in der Lage sein, verschlüsselte Nachrichten für sich lesbar zu machen. Um dies zu können, muss er an der Smart-Meter-PKI teilnehmen und benötigt die entsprechenden Zertifikate einer Sub-CA. Er muss ein **Sicherheitskonzept** erstellen, in dem die Anforderungen aus der CP berücksichtigt werden.³⁶⁸ 251

Dies bedeutet, er muss alle Anforderungen an organisatorische, physische und technische Sicherheitsmaßnahmen erfüllen, die auch ein aktiver externer Marktteilnehmer gewährleisten muss, braucht diese allerdings nicht zertifizieren zu lassen. Für den aktiven externen Marktteilnehmer ist eine Zertifizierung nach ISO 27001 erforderlich. Er kann sich allerdings von dieser Pflicht befreien, indem er nachweist, dass ein nach ISO 27001 zertifizierter Dritter die Leistung für ihn erbringt.³⁶⁹ 252

Es werden **einzelne Sicherheitsanforderungen** – z. T. unterschiedlich für CA und Endnutzer – aufgestellt.³⁷⁰ CA unterliegen besonderen Auflagen zum Brandschutz, zur Sicherung der Stromversorgung und zur Verhinderung von Wasserschäden. Für alle Teilnehmer wird z. B. die Zutrittssicherheit von Räumen ausdrücklich erwähnt. Entsprechende Anforderungen an die Sicherheit ergeben sich aus der ISO 27001 bzw. den BSI-Grundschutz-Katalogen.³⁷¹ Die Anforderungen entsprechen denen, die an den Gateway-Administrator in der TR-03109-6 gestellt werden. Sie werden in der CP nochmals aufgeführt, da die TR-03109-6 sich nur an die Funktion des Administrators richtet. Auf diesem Wege werden die entsprechenden Sicherheitsvorgaben auch für die anderen Teilnehmer der Smart-Meter-PKI verbindlich. Das aufzustellende Sicherheitskonzept stellt Anforderungen an die Betriebsumge- 253

---

365 BSI, CP, S. 40.
366 BSI, CP, S. 40.
367 BSI, CP, S. 13.
368 *Kappes*, Netzwerk- und Datensicherheit, S. 336.
369 BSI, CP, S. 40.
370 BSI, CP, S. 41.
371 Z. B. BSI, IT-Grundschutz-Kataloge, Abschnitt B 2.6, Gebäude/technische Infrastruktur, G 1.6 Zutritt.

§ 22   Mindestanforderungen an das Smart-Meter-Gateway

bung, fordert Verfahrensanweisungen und beschreibt Voraussetzungen für den Einsatz des Personals, z. B. Rollenbeschreibungen, Definitionen von Verantwortlichkeiten, und sieht, soweit die CAs betroffen sind, Qualifikations- und Sicherheitsüberprüfungen vor.

254 Weiterhin müssen **Meldeverfahren** bei Verstößen etabliert und Monitoring-Systeme betrieben werden. Zudem werden Sicherheitsanforderungen für die Rechneranlagen aufgeführt.[372] So muss z. B. das interne Netzwerk vom externen Netzwerk getrennt werden, um es vor dem Zugriff Unbefugter zu schützen.

255 Besondere Anforderungen werden an die Sicherung des privaten Schlüssels der PKI-Teilnehmer gestellt.[373] Sie müssen in kryptografischen Modulen sicher gespeichert werden. Für die CAs, externen Marktteilnehmer, GWA und GWH müssen die Kryptografie-Module nach den Schutzprofilen BSI, CC-PP-0979, oder PP-Cryptographic-Modul, Security Level „Enhanced", BSI-CC-PP-0045 zertifiziert sein. Für die Chipkarte des Sicherheitsmoduls wird auf weitere Anforderungen verwiesen.[374] Auf diese Schutzprofile nimmt der Anhang zu § 22 nicht Bezug. Ein sicheres Backup der privaten Schlüssel ist eine zwingende Vorgabe.[375] Die technischen Maßnahmen zur Sicherung des Backups müssen Bestandteil des ISMS sein und sind Gegenstand der Zertifizierung nach ISO/IEC 27001.

e) Interoperabilität

256 § 22 Abs. 1 nennt als **Vorgaben für Smart-Meter-Gateways**, dass sie Datenschutz und Datensicherheit gewährleisten und daneben interoperabel sein müssen.

257 **Interoperabilität** bedeutet, dass Geräte und Systeme miteinander kommunizieren können. Dies erfordert, dass sowohl die Schnittstellen zwischen Geräten, wie z. B. Zähler und Gateway, aber auch die Kommunikationsprotokolle kompatibel sein müssen. Daneben gehört dazu, dass die Gateways an der Smart-Meter-Public-Key-Infrastruktur teilnehmen müssen. Dies heißt, dass sie die gleichen Schlüsselarten und Verschlüsselungsverfahren einsetzen, wie andere Teilnehmer, z. B. Lieferanten, Netzbetreiber und sonstige externe Marktteilnehmer.[376]

aa) Gründe für das Erfordernis von Interoperabilität

258 Interoperabilität ist aus mehreren Gründen **sinnvoll** und **erforderlich**. Zum einen sieht das Gesetz u. a. den Wechsel des Messstellenbetreibers vor, um diesen Bereich für den Wettbewerb zu öffnen. Bestünde keine Interoperabilität, so müsste bei einem Wechsel des Messstellenbetreibers oder des Gateway-Administrators, ein erheblicher und kostenintensiver Umbau erfolgen. Selbst wenn das Gerät durch den neuen Messstellenbetreiber weiterverwendet wird, muss es mit dem Backend-System des neuen Betreibers kommunizieren können. Ist dies nicht sichergestellt, ist ein Wechsel des Messstellenbetreibers oder des Gateway-Administrators praktisch unmöglich. Daneben ist Interoperabilität aber auch im Interesse des Messstellenbetreibers, da er zur Umsetzung einer Mehrlieferantenstrategie Geräte unterschiedlicher Hersteller einsetzen möchte. Hinzu kommt, dass Zähler und Gateway

---

372 BSI, CP, S. 46, 54.
373 BSI, CP, S. 49.
374 BSI, CP, S. 52 f.
375 BSI, CP, S. 50.
376 BSI, TR-03116, Teil 3.

unterschiedliche Lebensdauern und auch eichrechtliche Zyklen aufweisen können. Fällt z. B. ein Gateway aus, so müsste es bei mangelnder Interoperabilität immer durch ein Gerät desselben Herstellers ersetzt werden. Damit ist ein Wechsel des Lieferanten sehr erschwert und auch für den Fall, dass sich ein Lieferant vom Markt zurückzieht, wären die Folgekosten erheblich.

bb) Folgen mangelnder Interoperabilität

Nach Aussage von Experten ist Interoperabilität zwischen den Geräten und Systemen derzeit nicht gegeben.[377] Dies könnte bedeuten, dass keine Einbauverpflichtung besteht, da die Geräte den Anforderungen des § 22 nicht entsprechen. Gateways müssen vor ihrer Verwendung bezüglich der Vorgaben zum Datenschutz und zur Datensicherheit vom BSI zertifiziert werden. Gemäß § 24 Abs. 1 Satz 3 wird der Zeitpunkt der Nachweispflicht zur Interoperabilität durch das BSI festgelegt. D. h. die Zertifizierung bzgl. Datenschutz und -sicherheit muss vor dem Einbau des Gateways vorliegen, der **Nachweis der Interoperabilität** kann später erfolgen.[378]   259

Aus § 24 Abs. 1 S. 3 kann auch herausgelesen werden, dass bis zum Zeitpunkt, ab dem das BSI die Nachweispflicht zur Interoperabilität verlangt, nicht kompatible Geräte eingebaut werden können. Doch bezieht sich § 24 Abs. 1 S. 3 nicht auf die Funktion der Interoperabilität, sondern auf den Zeitpunkt des Nachweises dieser. Stellt das BSI z. B. im Laufe des Jahres 2017 fest, dass ein bestimmtes Gerät diesen Anforderungen nicht genügt und das Gerät nicht unter die Ausnahme nach § 19 Abs. 5 fällt, so muss es ausgetauscht werden. Das Risiko der mangelnden Interoperabilität trägt also der Messstellenbetreiber, der ggf. Regress beim Hersteller einfordern muss. § 19 Abs. 2 und Abs. 3 erlauben nur den Einsatz von Gateways, die den Anforderungen des § 22 entsprechen und dies durch ein BSI-Zertifikat betätigt wurde. Datenverarbeitung ist mit nicht-zertifizierten Geräten nicht erlaubt, § 19 Abs. 2.   260

Bis zur Festlegung des BSI nach § 30 können nach dem Gesetz auch nicht-interoperable Messsysteme eingebaut werden. Dieser Einbau ist aber nach § 19 Abs. 5 nur mit **Zustimmung** des Kunden möglich, der auf die mangelnde Interoperabilität hingewiesen werden muss. Die Zustimmung kann der Haushaltskunde jederzeit widerrufen. Ob unter diesen Bedingungen der Vorabeinbau von nicht interoperablen Messsystemen Sinn macht, ist stark zu bezweifeln, vor allem aber mit hohen Risiken befrachtet. Es ist zum einen fraglich, ob ein Kunde überhaupt die Zustimmung erteilt, wenn dies mit einer hohen Kostensteigerung für ihn verbunden ist, da er dann die Preisobergrenze von mindestens 100 € bezahlen muss. Außerdem besteht das Risiko für den Messstellenbetreiber bei einem Widerruf der Zustimmung, dass das Gerät ausgebaut und durch ein interoperables ersetzt werden muss. Hinzu kommt, dass diese Geräte max. acht Jahre ab Einbau betrieben werden dürfen, was bedeutet, dass sie nach Ablauf der ersten Eichperiode ausgebaut werden müssen. Eine Verlängerung im Stichprobenverfahren, die erhebliche wirtschaftliche Vorteile für die Unternehmen bietet, ist damit ausgeschlossen.   261

---

377 *Kahmann*, PTB-Mitteilungen 3/2015, 9.
378 BerlKommEnR/*Schmidt*, § 30 MsbG Rn. 29.

§ 22 Mindestanforderungen an das Smart-Meter-Gateway

262 In der Version 1.0 der CP bestand noch ein weiteres Hindernis für den Einbau nicht-interoperabler Gateways.[379] Zur Teilnahme an dem Verfahren der Public Infrastruktur war eine besondere Zertifizierung nach der CP erforderlich, die vor dem Einsatz eines Gateways feststellen sollte, dass dessen Funktionen den Schutzprofilen und Technischen Richtlinien vollumfänglich entsprachen. Dies bedeutete, dass nicht nur Datenschutz und Datensicherheit im vorgeschriebenen Umfang gewährleistet werden mussten, sondern auch die in der TR-03109-1 vorgeschriebene **Interoperabilität**. Dies folgte aus dem Verweis in § 30 auf § 22. Diesen Verweis hat der Gesetzgeber auf Empfehlung des Ausschusses für Wirtschaft und Energie in einen Verweis auf § 24 umgewandelt.[380] Die CP, Version 1.0, wurde nicht entsprechend angepasst und widersprach der neuen Fassung des § 30. Mit der Version 1.1 der CP ist dieser Widerspruch zum Gesetz nunmehr beseitigt worden.[381] Für die Feststellung des BSI nach § 30 ist der vorherige Nachweis der Interoperabilität nun nicht mehr erforderlich. Ansonsten wäre eine Zertifizierung von zunächst nicht-interoperablen Gateways und damit ihr Einsatz nicht möglich gewesen. Ob das **Verfahren nach § 27** eingehalten wurde, ist aus dem Dokument nicht ersichtlich. Sollte das Verfahren nicht eingehalten sein, gilt noch die Vorläuferversion der CP und das Erfordernis der Interoperabilität ist vom BSI vor Einsatz eines Gateways zu zertifizieren. Eine Fortschreibung einer Technischen Richtlinie, ohne das Verfahren nach § 27 einzuhalten, mit oder ohne Einschaltung des Gateway-Standardisierungsausschusses, entfaltet keine Wirksamkeit. Zwar kann das BSI den Stand der Technik im Hinblick auf Datensicherheit und wohl auch auf Datenschutz weiterentwickeln, doch sind die eichrechtlichen Implikationen durch die PTB zu beurteilen. Jede Veränderung in den Technischen Richtlinien kann auch Auswirkungen auf Festlegungen der BNetzA, insbesondere bei der Marktkommunikation, haben.[382] Fachbehörde für die Beurteilung von Datenschutzfragen sind die Datenschutzbeauftragten. Aus der Komplexität, die sich aus Weiterentwicklung von Technischen Richtlinien ergibt und den vielen Interdependenzen zwischen den in § 27 genannten Fachbereichen, ist die Einhaltung des Verfahrens nach § 27 zwingend erforderlich. Sie als bloße Ordnungsvorschrift zu verstehen, würde dem vom Gesetz intendierten Zweck entgegenstehen. Bei wesentlichen Änderungen ist zudem gemäß § 27 Abs. 1 S. 1 der Bundesbeauftragte für den Datenschutz und die Informationsfreiheit und der Ausschuss Gateway-Standardisierung anzuhören.[383] Alle anderen Änderungen, die über rein redaktionelle Anpassungen hinausgehen, sind in das Verfahren nach § 27 einzubringen, und es ist Einvernehmen mit der BNetzA und der PTB herzustellen. Dies dient der

---

[379] CP, Version 1 v. 18.5.2015, S. 35.
[380] BT-Drs. 18/7555, S. 32; BT-Drs. 18/8919, S. 10; BerlKommEnR/*Schmidt*, § 30 MsbG Rn. 13.
[381] CP, Version 1.1 v. 9.12.2016, S. 40. Die CP enthält in der Version 1.1 noch zahlreiche weitere Änderungen, z.B. dass Funktionspostfächer nunmehr ausschließlich zum Empfang und nicht zum Senden verwendet werden dürfen, S. 16. Auch kann statt der nach der TR-03109-4 vorgesehenen (endgültigen) Sperrung von Zertifikaten des Gateway-Administrators nun auch eine (vorübergehende) Suspendierung ausgesprochen werden, CP, Version 1.1, S. 17, 30 und 37. Insgesamt sind ca. 20 Passagen inhaltlich geändert worden.
[382] BNetzA, BK06-16-2016, Beschl. v. 22.12.2016, Anlage 2, S. 11, geändert am 19.1.2017. Der Passus „ e) Die Datenkommunikation aus dem SMGW erfolgt … mittels des Cosem XML Standards in der gültigen Fassung der TR-03109. Der Datenaustausch zwischen mME und SMGW bzw. SMGW und EMT erfolgt nach den Vorgaben des BSI" ist auf Wunsch des BSI gestrichen worden, weil die Gateways der ersten Generation nicht in der Lage sind, nach den Vorgaben der TR zu kommunizieren. Zu den sog. G 1 Gateways BerlKommEnR/*Schmidt*, § 22 MsbG Rn. 290.
[383] Zur Wesentlichkeit BerlKommEnR/*Mätzig/Fischer/Mohs*, § 27 MsbG Rn. 15.

V. Technische Richtlinien (Abs. 4) § 22

Rechtssicherheit aller Betroffenen und vermeidet Diskussionen darüber, ab welcher Intensität einer Änderung die Einhaltung des Verfahrens nach § 27 erforderlich ist. Nicht geändert hingegen hat der Gesetzgeber § 19 Abs. 1–3. § 19 Abs. 1 schreibt vor, dass zur Gewährleistung von Datenschutz, Datensicherheit und Interoperabilität Messsysteme den Anforderungen des § 19 Abs. 2 und 3 zu genügen haben. Gemäß Abs. 2 dürfen zur Datenerhebung und -verarbeitung ausschließlich solche technischen Systeme und Bestandteile eingesetzt werden, die den Anforderungen aus den §§ 21 und 22 genügen. Dies bedeutet u. a. auch das Vorliegen von Interoperabilität gemäß § 22 Abs. 1 S. 1. Zudem muss nach § 19 Abs. 3 das Vorliegen dieser Eigenschaften und Funktionen durch das BSI vorab zertifiziert werden.[384] Es ist anzunehmen, dass der Gesetzgeber mit der Änderung des Verweises in § 30 der Tatsache Rechnung tragen wollte, dass Gateways bis auf Weiteres die Anforderung der TR-03109-1 nicht erfüllen können.[385] Er hat damit jedoch ein heilloses Durcheinander angerichtet. Konsequenterweise hätte er auch den § 19 Abs. 2 entsprechend anpassen müssen. Ausweislich der Gesetzesbegründung wollte er jedoch den in § 21e Abs. 1 EnWG enthaltenen „zentralen Ansatz für die sicherheitstechnische Ausrüstung des Smart Metering in Deutschland" beibehalten und abschließend ausbauen. § 19 Abs. 2 nennt er eine „Kernregelung" und betont in der Begründung zum § 19 Abs. 3, dass die Anforderungen aus Schutzprofilen und Technischen Richtlinien, die den Stand der Technik in Bezug auf technischen Datenschutz, Datensicherheit und **Interoperabilität** wiedergeben, notwendig einzuhalten sind.[386] Einschränkend könnte man § 19 Abs. 1 bis 3 dahingehend auslegen, dass nach der Feststellung des BSI gemäß § 30 in der neuen Fassung und vor der weiteren Feststellung des BSI nach § 24 Abs. 1 S. 3 und der Bekanntmachung nach § 27, auch nicht-interoperable Gateways eingesetzt werden können. Ein Zuwarten durch den Messstellenbetreiber bei der Ausrüstung von Zählpunkten mit intelligenten Messsystemen, bis interoperable Geräte verfügbar sind, ist nicht möglich. Gemäß § 45 Abs. 2 Nr. 1 beginnt mit der Feststellung des BSI nach § 30 der Zeitraum, in dem er die Mindestquoten von 10% innerhalb von 3 Jahren zu erfüllen hat. Damit würde ein nicht unerheblicher Anteil von Messsystemen nicht den Anforderungen des Gesetzes genügen und Folgeprozesse der Messstellenbetreiber und anderer Marktteilnehmer wären beim Einsatz proprietärer Systeme erschwert. Einen **Bestandsschutz** für diese Geräte sieht das Gesetz nicht vor, argumentum e contrario aus § 19 Abs. 5. In der Beschlussempfehlung des Ausschusses für Wirtschaft und Energie wird ausdrücklich unterstellt, dass die Interoperabilität durch ein Update nachträglich hergestellt werden kann.[387] Das Ausbringen von Geräten, die nicht interoperabel sind und nur einen Bruchteil der vorgesehenen Tarifanwendungsfälle, nämlich 1, 6 und 7, ermöglichen, wird kaum auf Akzeptanz beim Letztverbraucher und Anlagenbetreiber stoßen.[388] Zivilrechtliche Folgen sind nicht absehbar. Kann z. B. ein Letztverbraucher den Zugang und damit die Installation von intelligenten Messsystemen unter Hinweis darauf verhindern, dass sie nicht dem § 22 entsprechen? Eine andere Frage ist, ob er nicht zur Minderung der Preisobergrenzen berechtigt ist, wenn das Gateway nicht vollumfänglich nutzbar ist. Eine Lösungsmöglichkeit besteht darin, dass das BSI seine Feststellung nach § 30 erst dann trifft und veröffent-

---

384 Zu den Konsequenzen BerlKommEnR/*Schmidt*, § 30 MsbG Rn. 27–33.
385 *Grottker/Esche/Elfroth*, PTB-Mitteilungen 3/2015, 23, 26; BerlKommEnR/*Schmidt*, § 22 MsbG Rn. 290.
386 BT-Drs. 18/7555, S. 82.
387 BT-Drs. 18/8919, S. 25, BerlKommEnR/*Schmidt*, § 30 MsbG Rn. 13, 27.
388 *Grottker/Esche/Elfroth*, PTB-Mitteilungen 3/2015, 23, 26.

§ 22 Mindestanforderungen an das Smart-Meter-Gateway

licht, wenn Gateways am Markt verfügbar sind, die alle Vorgaben des Gesetzes und der Technischen Richtlinien erfüllen. Dadurch wird vermutlich der Smart Meter Rollout verzögert, er kann aber dann den vom Gesetz vorgegebenen Rahmen ausfüllen und auch so die in der KNA vorgezeichneten volkswirtschaftlichen Vorteile erbringen und auch für Letztverbraucher und Anlagenbetreiber Nutzen stiften. Ansonsten ist zu befürchten, dass Messstellenbetreiber, Hersteller und Letztverbraucher sowie Anlagenbetreiber gegen die Feststellung des BSI nach § 30 den Rechtsweg beschreiten.

263 Unter diesen Voraussetzungen macht der Einbau von Gateways keinen Sinn, auch wenn man den Schutz des § 19 Abs. 5 mit allen seinen Risiken in die Wertung mit einbezieht.

7. Technische Richtlinie TR-03109-5

264 Die TR-03109-5 befasst sich mit den Anforderungen an Kommunikationsadapter.[389] Dieses Dokument befindet sich in der Entwicklung. Es findet sich zurzeit nicht auf der Seite des BSI und kann daher im Einzelnen nicht erläutert werden. Hintergrund für diese Technische Richtlinie ist das Europäische Recht. Zähler, die die europäischen **MID-Kriterien** erfüllen, dürfen überall im Gebiet der Europäischen Union eingesetzt werden.[390] Ein Zähler, der lediglich die Mindestanforderungen der MID erfüllt, ist technisch nicht direkt in ein Messsystem integrierbar, da er die erforderlichen Schnittstellen nicht aufweist. Damit wären MID-Zähler bei einer Kundengruppe, die einen Verbrauch größer als 6.000 kWh hat, oder entsprechend dem Messstellenbetriebsgesetz eine EEG-Anlage betreiben, nicht einsetzbar und ein innergemeinschaftliches Handelshemmnis läge vor. Ein Einsatz ist jedoch möglich, wenn ein Adapter zur Anbindung des MID-Zählers an einem Gateway eingesetzt wird. Das BSI wird in der TR-03109-5 darstellen, welche Voraussetzungen der Adapter erfüllen muss, um einen Zähler einbinden zu können. Ob durch das zwingende Erfordernis, einen Adapter verwenden zu müssen, der noch dazu den Anforderungen des BSI genügen muss, eine Wettbewerbsverzerrung zugunsten von Herstellern besteht, die von vornherein kompatible Zähler herstellen, ist durchaus möglich. Praktisch wird man danach entscheiden müssen, ob der Zusatzaufwand für einen Adapter und dessen Installation so hoch ist, dass er praktisch zum Ausschluss des Einsatzes eines MID-Zählers führt. Die TR-03109-5 ist nach Fertigstellung durch den Ausschuss nach § 27 in Kraft zu setzen.[391]

265 Auch die entsprechenden Testspezifikationen für den Adapter, die TR-03109-TS-5, fehlen noch.

8. Aufgaben des Smart-Meter-Gateway-Administrators gem. S. 3 und 4 und Technische Richtlinie TR-03019-6

266 Dieses Dokument, mit einem Umfang von 107 Seiten, befasst sich mit den Aufgaben des Smart-Meter-Gateway-Administrators, hier **Anwendungsfälle** genannt. Das Dokument ist am 26.11.2015 in der Version 1.0 vom BSI veröffentlicht worden. Diese Teilrichtlinie ist nicht bei der EU-Kommission notifiziert worden. Dies war auch nicht erforderlich, da sie keine gerätespezifischen Vorgaben enthält, die mit der sog. MID-Richtlinie kollidieren

---

389 *Kramer*, PTB-Mitteilungen 3/2015, 31.
390 RL 2004/22/EG v. 31.3.2004.
391 BerlKommEnR/*Schmidt*, § 22 MsbG Rn. 74.

können. Ein wesentlicher Bestandteil sind neben den Anwendungsfällen die Sicherheitsanforderungen an den Gateway-Administrator und dessen Betrieb.

Die **zentrale Komponente** zur Erreichung der Datensicherheits- und Datenschutzziele ist das Smart-Meter-Gateway mit seinem Sicherheitsmodul.[392] Dem Smart-Meter-Gateway-Administrator obliegen Installation, Inbetriebnahme, Betrieb, Wartung und Konfiguration des Gateways. Aus der Kritikalität der beim Administrator gebündelten Prozesse ergibt sich ein hoher Schutzbedarf.[393] Um diesen zu gewährleisten stellt die TR-3109-6 Mindestanforderungen an die Informationssicherheit beim Smart-Meter-Gateway-Administrator-Betrieb. Diese Sicherheit wird durch ein Informationssicherheitsmanagementsystem (ISMS) hergestellt, das mindestens den Ansprüchen der TR genügt.[394]

a) Anwendungsfälle

Die Anwendungsfälle und Aufgaben des Smart-Meter-Gateway-Administrators leiten sich nach den Angaben des BSI aus dem Entwurf zum MsbG und aus der TR-03109-1 ab, die z.Z. ihrer Formulierung vorlagen.[395] Diese Aufgaben sind:

1. Verbindungsaufbau
2. Dienste
3. Administration und Konfiguration
4. Monitoring
5. Unterstützung der Messwertverarbeitung und
6. Fehlerbehandlung.

Diese Aufgaben werden weiter heruntergebrochen auf ca. **35 Einzelanwendungen**, die aber gemäß der TR-3109-6 nicht abschließend sind.

Zu den **Diensten** zählen z.B. die Zeitsynchronisation zwischen PTB und Smart-Meter-Gateway, der Empfang und das Ausliefern von Daten sowie Firmware-Downloads. Die Administration und Konfiguration umfasst die Verwaltung der verschiedenen Profile, wie des Zählerprofils und der Kommunikationsprofile an der WAN- und HAN-Schnittstelle sowie deren Einspielen, Verändern, Löschen und Ausführen. Zur Administration gehören auch die Schlüsselverwaltung und der Wake-up-Call. Die einzelnen Aufgaben werden in Kapitel 3 beschrieben, wobei der Aufbau der TR-03109-6 in der Beschreibung und Anforderung an die jeweiligen Aufgaben immer dem gleichen Schema folgt. Zunächst werden die sechs Anwendungsfälle beschrieben, dann für jede einzelne Anwendung die einzelnen Unterpunkte, wie z.B. die Zeitsynchronisation, unterschieden in die Synchronisation mit der PTB und dem Smart-Meter-Gateway. Anschließend werden die beteiligten Parteien aufgeführt, wobei Partei im Kontext der TR auch eine Hard- oder Softwarekomponente sein kann. Danach werden die Assets beschrieben. Das sind z.B. Hardwarekomponenten, aber auch Verbindungskanäle, wie z.B. die Anbindung an die PTB sowie die von ihr vorgegebene gesetzliche Zeit. Darüber hinaus wird auf das Kapitel 4 der TR-03109-6 verwiesen, in dem normative Mindestvorgaben zu den vom BSI definierten Schutzzielen zu finden sind. Dann werden die Rahmenbedingungen je Anwendungsfall erläutert und der Kommunikationsablauf be-

---

392 BSI, TR-03109-6, S. 5.
393 BSI, TR-03109-6, S. 5.
394 BSI, TR-03109-6, S. 43.
395 BSI, TR-03109-6, S. 7.

§ 22   Mindestanforderungen an das Smart-Meter-Gateway

schrieben. Im Einzelnen wird auf Vorgaben anderer Teilrichtlinien der TR-03109 verwiesen, so z. B. für die Profilverwaltung auf die TR-03109-1 oder für das Schlüssel- und Zertifikatsmanagement auf die Teilrichtlinie TR-03109-3 und TR-03109-4 sowie andere Dokumente des BSI, die sich mit PKI befassen.[396]

271 Auf das Schutzprofil BSI CC-PP-0073 nimmt die Teilrichtlinie TR-03109-6 kaum Bezug. Lediglich wird aufgeführt, dass gemäß dem Schutzprofil der Letztverbraucher bestimmen kann, nach welchem Zeitraum Einträge im Letztverbraucher-Log gelöscht werden können, d. h. er kann gesetzliche Aufbewahrungspflichten verlängern und damit das Löschen der Daten hinauszögern. Dies ist eine Vorgabe aus dem Schutzprofil.[397] Zum Lebenszyklus des Gateways findet sich ein Hinweis zur Interaktion zwischen Integrator (in der Regel der Gateway-Hersteller) und dem Gateway-Administrator.[398] Der Gateway-Administrator erstellt hierzu eine sog. „Initiale Konfigurationsdatei". Zur Vor-Personalisierung 2 muss auf das Gateway eine Datei eingespielt werden, die die Kommunikationsparameter des Gateway-Administrators und die Zertifikate mit zugehöriger Kette von Zertifikaten, also auch unter Angabe des Vertrauensankers der Root-CA und Sub-CA aus der Smart-Meter-PKI, zur Verfügung stellen.[399] Auch soll der Smart-Meter-Gateway-Administrator Selbsttests des Gateways anstoßen. Diese Selbsttests sind jedoch noch nicht beschrieben, obwohl sie vom BSI als wesentlich angesehen werden.[400] Auch dies zeigt die hohe Dynamik in der Entwicklung der Dokumente; mit weiteren Veränderungen ist zu rechnen. Neu und über die Forderungen der TR-3109-1 hinausgehend, ist die Aufgabe des Führens eines **Smart-Meter-Gateway-Admin-Logs**. Das BSI räumt ein, dass diese Aufgabe, ein eigenes Log zu führen, bisher nicht durch Schutzprofile und Technische Richtlinien gefordert wurde; aber das Führen dieses Logfiles sei eine „grundsätzliche Admin-Aufgabe". Deshalb wird es in der TR-03109-6 neu eingeführt.[401] Damit können Aktionen des Administrators aufgezeichnet werden, für die sich kein Nachweis in anderen Logfiles findet, z. B. bei einem fehlgeschlagenen Verbindungsaufbau zwischen Gateway und Smart-Meter-Gateway-Administrator.

272 Bei der **Versendungsart** von Daten wird nach der Qualität der Daten unterschieden. So können tarifierte Messwerte direkt vom Gateway zum externen Marktteilnehmer übersandt werden oder vom Gateway an den Administrator und dieser übernimmt die Versendung an den externen Marktteilnehmer, § 60 Abs. 1. Bei Netzzustandsdaten müssen bereits pseudonymisierte Zustandsdaten zuerst an den Administrator geliefert werden. Zwar erfolgt die Pseudonymisierung im Gateway, jedoch kann der Empfänger der Daten anhand der Signatur das Gateway erkennen. Deshalb muss der Administrator zunächst die Signatur des spezifischen Gateways entfernen.[402] D. h. Messwerte, die auf einem im Gateway eingespielten Auswerteprofil beruhen und bereits pseudonymisiert sind, gehen zunächst an den Administrator. Dort entfernt er die eindeutige Geräteidentifikationsnummer, die dem Gateway zu-

---

396 BSI, TR-03109-6, S. 20; BSI, TR-03109-6, S. 22.
397 BSI, PP-0073, S. 49.
398 BSI, TR-03109-6, S. 27.
399 BSI, TR-03109-6, S. 31; BSI, TR-03109-1, Anlage IV, S. 15 ff.; Anforderungen an die Kryptografie für diesen Prozess: BSI, TR-03116, Teil 3, S. 17.
400 BSI, TR-03109-6, S. 28.
401 BSI, TR-03109-6, S. 32.
402 BSI, TR-03109-1, S. 35.

b) Sicherheitsanforderungen an den Admin-Betrieb

Die Sicherheitsanforderungen an den Smart-Meter-Gateway-Administrator sind hoch und nur mit gewissem Aufwand umzusetzen. Begründet werden sie durch den hohen Bedarf an **Informationssicherheit** im Umfeld von intelligenten Messsystemen.[403] Sie umfassen organisatorische Maßnahmen, wie z. B. Zugriffsrechte, Arbeitsanweisungen an die Mitarbeiter und Vorgaben für die Einbindung und Behandlung von Fremddienstleistern, aber auch bauliche Maßnahmen, wie z. B. physische Zugangsbeschränkungen, und darüber hinaus Vorgaben zur IT-Struktur und -Architektur. Das Kapitel gliedert sich in die Bereiche Informationssicherheitsmanagementsystem, Schutzziele, Mindestvorgaben für Schutzziele, Bedrohungen und Mindestmaßnahmen. Es werden die Schutzziele, die im ISMS mindestens zu beachten sind, definiert; diese umfassen die allgemeinen Datenschutz- und Datensicherheitsziele, nämlich Verfügbarkeit, Vertraulichkeit, Integrität und Authentizität der Daten. Zu den Schutzzielen werden je nach Anwendungsfall unterschiedliche Mindestvorgaben gemacht, z. B. MUSS die Verfügbarkeit von Messwerten gewährleistet werden, solange sie nach z. B. gesetzlichen Vorgaben benötigt werden. Sodann werden Bedrohungen aufgeführt sowie Mindestmaßnahmen, die erforderlich sind, um diesen Bedrohungen zu begegnen.

273

Ein **Informationssicherheitsmanagementsystem (ISMS)** ist eine Installierung von Prozessen und Regeln sowie das Ergreifen von organisatorischen Maßnahmen innerhalb eines Unternehmens, die geeignet sind, die Informationssicherheit dauerhaft zu gewährleisten. Es umfasst alle Phasen des IT-Sicherheitsprozesses. Dazu gehört eine Steuerung dieses **Managementprozesses**, sowie ein ständiges Monitoring und Testen und eine kontinuierliche Verbesserung.[404] Ob sich die Einführung eines ISMS für die Gateway-Administration bereits aus allgemeinen Vorschriften wie z. B. §§ 91 Abs. 2 und 93 Abs. 2 AktG und § 43 Abs. 1 GmbHG ergibt, kann hier dahinstehen, da über §§ 22 Abs. 4 S. 4 und 25 Abs. 4 Nr. 1 ein ISMS erforderlich ist, das den in der TR-01309-6 beschriebenen Mindestumfang aufweisen muss. Das ISMS muss entweder nach den Vorgaben gemäß ISO/IEC 27001 oder nach denen des IT-Grundschutzes (BSI Standard) eingerichtet werden.[405] Es muss zertifiziert und nachhaltig betrieben werden. Die vorgenannten Vorgaben, ISO/IEC 27001 oder IT-Grundschutz gemäß BSI Standard, sind wahlweise nach dem Wunsch des zu Zertifizierenden anzuwenden. Beide Standards sind kompatibel. Nach Angaben des BSI ist sein Standard didaktisch geschickter dargestellt und prüft zusätzliche technische Aspekte und ist daher nach Auffassung des BSI wesentlich aussagekräftiger als eine reine ISO-Zertifizierung.[406] Dadurch, dass das BSI mit dem IT-Grundschutz einen eigenen Standard kreiert hat, kommt als Zertifizierungsstelle nach den BSI-Grundschutzprinzipien nur das BSI selbst in Frage.[407] Zertifizierungen nach ISO 27000 ff. können von einer bei der Deutschen Akkreditierungsstelle (DAkkS) akkreditierten Institution vorgenommen werden.

274

---

403 BSI, TR-03109-1, S. 5.
404 *Kappes*, Netzwerk- und Datensicherheit, S. 336.
405 BSI, Grundschutzkatalog, Standard 100-1, abrufbar unter www.bsi.de.
406 BSI, Grundschutzkatalog, Standard 100-1, S. 10, 11.
407 BSI, TR-03109-6, S. 97.

§ 22   Mindestanforderungen an das Smart-Meter-Gateway

c) Schutzbedarf

275   Der Schutzbedarf des Betriebs durch den Smart-Meter-Gateway-Administrator wird jedenfalls bei einer Zertifizierung nach BSI-IT-Grundschutz als „hoch" eingestuft.[408] Damit wird der Maßstab für die Zertifizierungsanforderungen festgelegt. Grundsätzlich kennt das BSI drei Klassen von Schutzbedarf, und zwar normal, hoch und sehr hoch. Die Einstufung erfolgt nach den potenziellen Schadensauswirkungen, ob diese begrenzt und überschaubar sind, ob diese beträchtlich sind oder im Falle sehr hohen Schutzbedarfes, ein existenziell bedrohliches, katastrophales Ausmaß erreichen.[409] Die Festlegung des allgemeinen Schutzniveaus durch das BSI ist ungewöhnlich, da das BSI ansonsten davon ausgeht, dass jede Institution für jedes Schadensszenario individuell festlegen muss, welche Rahmenbedingungen für die Einteilung in die Schutzbedarfskategorien zugrunde zu legen ist.[410] Interessant ist auch, dass das BSI die Schutzbedarfsfeststellung nur so weit vorgibt, als eine Zertifizierung nach BSI-IT-Grundschutz erfolgt. Damit bleibt allen anderen Zertifizierungsstellen, die nach ISO/IEC 27000 prüfen, eine individuelle Einschätzung überlassen. Ob dies allerdings angesichts der Aussage der Schutzbedarfsfeststellung durch das BSI eine praktische Abweichung ergibt, ist eher zweifelhaft.

d) Umfang des ISMS

276   Sachlich und räumlich ergibt sich der Umfang des ISMS aus den Vorgaben der TR-03109-1. Die Beachtung der TR ist also eine Voraussetzung für ein ISMS, das dem Gesetz genügen soll. Welche Teile eines Unternehmens das ISMS erfassen muss, richtet sich normalerweise nach den individuellen Gegebenheiten. Dies ist insbesondere dann wichtig, wenn wie hier nur die Zertifizierung eines Bereichs erforderlich ist. So ist aus Kostengründen eine **sachliche, prozessuale und räumliche Eingrenzung** der Bereiche vorzunehmen, auf die sich die Zertifizierung erstrecken soll. Die TR-03109-6 gibt hier an, dass sämtliche Betriebstätigkeiten des Administrators abgedeckt werden müssen, unabhängig davon, ob sie in Kapitel 3 der TR-3109-6 explizit als Anwendungsfälle aufgeführt wurden.[411] Für die in Kapitel 3 niedergelegten Anwendungsfälle können Schnittstellen im Unternehmen definiert werden. Da die TR dynamisch und nach eigener Ankündigung noch nicht vollständig ist, ist fraglich, welche Anforderungen auf einen Gateway-Administrator zukünftig weiterhin zukommen können.[412]

277   Auch andere TR enthalten Vorgaben zum Inhalt des ISMS. So schreibt die **TR Certificate Policy** der Smart-Metering-PKI vor, dass Maßnahmen zur Sicherung von privaten Schlüsseln – hier eine Verpflichtung Backups vorzuhalten – Bestandteil des ISMS sind und bei der Zertifizierung nach ISO/IEC 27001 zu berücksichtigen sind.[413]

---

408   BSI, TR-03109-6, S. 44.
409   BSI, Grundschutzkatalog, Standard 100-1, S. 35.
410   BSI, Grundschutzkatalog, Standard 100-1, S. 35.
411   BSI, TR-03109-6, S. 39.
412   BSI, TR-03109-6, S. 32.
413   BSI, CP, S. 45.

e) Outsourcing und Anforderungen Dritter

Die Verantwortung für alle Anwendungsfälle und alle Prozesse, die ein Smart-Meter-Gateway-Administrator aus- und durchzuführen hat, verbleibt auch im Falle des Auslagerns bestimmter Prozessschritte bei ihm.[414] Übt z.B. ein Administrator diese Funktion im **Auftragsverhältnis** für ein drittes Unternehmen aus, einen grundzuständigen Messstellenbetreiber (gMSB), das alle anderen Funktionen, wie z.B. Montage, weiterhin selbst ausführt, bleibt der Administrator dennoch für den Prozess der Installation verantwortlich.[415] Er muss sicherstellen, dass bei diesem Teilprozess die erforderliche Informationssicherheit gewährleistet bleibt. Sein ISMS muss sich also weiterhin auch auf die Montage beziehen. Das bedeutet u.a., dass er seinen Auftraggeber diesbezüglich anweisen und überwachen muss. Entsprechende vertragliche Vereinbarungen müssen mit dem Auftraggeber getroffen werden.

278

Darüber hinaus muss der Smart-Meter-Gateway-Administrator das Risikomanagement so ausgestalten, dass es neben den eigenen sicherheitstechnischen und wirtschaftlichen Risiken auch solche erfasst, die aufgrund einer Nichtbeachtung von Anforderungen Dritter entstehen können.[416] Zu diesen Anforderungen gehört die weitere Datenverarbeitung gem. §§ 50 Abs. 2 Nr. 13, 59 und 65, aber auch die in § 21 Abs. 1 Nr. 4a genannten weiteren Anwendungen. Hat also ein Letztverbraucher mit einem Dritten über das Gesetz hinausgehende Leistungen vereinbart, muss der Ablauf und die Bedienung dieses Prozesses im ISMS berücksichtigt werden. Dadurch entstehende Mehrkosten kann der Messstellenbetreiber gegenüber der die Zusatzleistung verlangenden Instanz geltend machen.

279

f) Schutzziele und Haftungsbegründung für den Smart-Meter-Gateway-Administrator

Als abzudeckende **Schutzziele** stellt das BSI die Verfügbarkeit, Vertraulichkeit, Integrität und Authentizität der Daten in den Vordergrund. Darüber hinaus sollen im ISMS auch jeweils individuell geeignete Schutzziele geprüft werden. Sowohl der Prüfvorgang als auch das Prüfergebnis sind zu dokumentieren. Die Einhaltung aller Schutzziele muss bei den einzelnen Assets, die der Administrator verwaltet, gewährleistet werden. Assets sind in diesem Zusammenhang alle werthaltigen Objekte, die sich aus der TR-03109 ergeben.[417] Das sind Daten und Dateien aller Art, wie z.B. die gesetzliche Zeit, Zertifikate, Profile, Firmware-Updates, Log-Files, Messwerte und die Kommunikationsverbindungen.

280

Hat der Gateway-Administrator ein individuelles Schutzziel nicht erkannt, kann man ihm im Fall einer Sicherheitslücke oder eines Sicherheits-Incidents vorwerfen, sein ISMS nicht korrekt betrieben zu haben. Aufgrund der zu führenden Dokumentation der Prüfung von individuellen Sicherheitszielen ist dieser Nachweis auch jederzeit möglich. Ob eine **Verantwortung und Haftung** für den Gateway-Administrator durch eine Technische Richtlinie begründet werden kann, ist zweifelhaft. Für den Fall, dass ein Schaden eines Dritten gegen den Gateway-Administrator geltend gemacht wird, ist zu prüfen, ob die Haftung durch die Technische Richtlinie begründet werden kann und eine Rückführung auf eine

281

---

414 BSI, TR-03109-6, S. 43.
415 BSI, TR-03109-6, S. 5.
416 BSI, TR-03109-6, S. 43.
417 BSI, TR-03109-6, S. 44.

§ 22 Mindestanforderungen an das Smart-Meter-Gateway

gesetzliche Anspruchsgrundlage möglich ist. Der Geschäftsbetrieb einer natürlichen oder juristischen Person, die ihr ISMS zertifizieren lassen muss, braucht eine angemessene Sicherheit für die Ausübung dieser Geschäftstätigkeit. Sofern die Zertifizierung erfolgt ist und der Geschäftsbetrieb gemäß dem zertifizierten ISMS verläuft, muss eine darüber hinausgehende Haftung im Einzelfall geprüft werden. Bei Einhaltung der zertifizierten Prozesse sollte vermutet werden, dass den Gateway-Administrator kein Verschulden trifft. Ein Verstoß, der durch das Nichterkennen eines individuellen Schutzziels entsteht, führt also nicht automatisch zur Haftung.

g) Mindestvorgaben zu den Schutzzielen

282 Im Anschluss an die Beschreibung der Schutzziele werden Mindestvorgaben zu deren Erreichung ausgeführt. Hierbei wird die Systematik der Aufgaben nach Kapitel 3 der TR-03109-6 verlassen und zunächst für Daten, Anweisungen, Dienste und Anbindungen abstrakt Maßstäbe, die sog. Mindestvorgaben, aufgestellt.[418] Der jeweils konkret festgestellte Schutzbedarf der Daten muss auch bei Anweisungen, Diensten und Anbindungen, die diese Daten beinhalten oder verarbeiten, gewährleistet sein.

283 Die Mindestvorgaben für die einzelnen **Assets** fallen unterschiedlich aus. Diese reichen von der Kategorie „keine Mindestvorgabe" bis zu exakten Vorschriften für die Schutzziele Verfügbarkeit, Vertraulichkeit, Integrität und Authentizität. Assets sind alle werthaltigen Objekte, die zur Durchführung der Anwendungsfälle der TR unerlässlich sind.[419] Dazu gehören z. B. gesetzliche Zeit, Nachrichtentyp, Betriebsinformationen, Firmware-Updates usw. Beispielsweise muss die gesetzliche Zeit verfügbar sein, wenn sie gebraucht wird.[420] Auch ihre Integrität und die Vertrauenswürdigkeit ihrer Quelle (Authentizität) muss gewährleistet sein. An die Vertraulichkeit werden keine Anforderungen gestellt, da die PTB-Zeit ein öffentlich zugängliches Datum ist. Es finden sich auch Mindestvorgaben für Log-Einträge im System-Log, im eichtechnischen Log und in dem durch diese Teilrichtlinie eingeführten Admin-Log.[421] Die Vorgaben sind für alle Schutzziele bei diesen Log-Einträgen gleich.

h) Bedrohungen

284 Im nächsten Abschnitt werden Bedrohungen aufgeführt, bei denen das mit ihrem Eintritt verbundene Risiko als nicht tragbar eingeschätzt wird. Nicht tragbar bedeutet, dass der Smart-Meter-Gateway-Administrator diese Risiken in seinem ISMS aufführen, mitigieren und monitoren muss.[422] Das Kapitel Bedrohungen ist unterteilt in „spezifische Bedrohungen" und „übergreifende Bedrohungen". Als **spezifische Bedrohungsfälle** werden z. B. Eingriffe in den Verbindungsaufbau von Smart-Meter-Gateway zum Smart-Meter-Gateway-Administrator aufgeführt, Manipulationen der Zeit, Störungen der Kommunikation zwischen externen Marktteilnehmern und CLS, Störungen bei Firmware-Updates, Einspie-

---

418 „Anbindung: Alle technischen Objekte (Hardware und Software im Einflussbereich des SMGW Admin, die für eine „Verbindung" zum EMT, Gateway Hersteller, PTB oder Sub-CA notwendig sind (z. B. Router, sonstige Netzkomponenten)", BSI, TR-03109-6, S. 48 (dort Fn. 8).
419 BSI, TR-03109-6, S. 48.
420 BSI, TR-03109-6, S. 49.
421 BSI, TR-03109-6, S. 56, 59.
422 BSI, TR-03109-6, S. 66.

len und Manipulieren von Profilen sowie von Schlüsseln und Zertifikaten der PKI. Insgesamt behandeln die spezifischen Bedrohungen einzelne Vorgänge, die beim Normalbetrieb der Gateway-Administration, d. h. bei den aufgeführten Anwendungsfällen, auftreten können. Für alle in Kapitel 3 aufgeführten Aufgaben werden z. T. mehrere Bedrohungsszenarien beschrieben.[423]

Als **übergreifende Bedrohungen** werden z. B. Implementierungsfehler und Sicherheitslücken in der Software aufgeführt, Angriffe auf die Betriebsinfrastruktur, Verstöße gegen das Datenschutzrecht und organisatorische Maßnahmen, wie unzureichende Zugriffsregelungen. Diese Bedrohungen können über die einzelnen Anwendungsfälle der TR-03109-6 hinaus bestehende Risiken verwirklichen. Hervorzuheben sind jedoch zwei Punkte. Zum einen ist die mangelhafte Konformität gegenüber der Technischen Richtlinie immer ein übergreifendes Bedrohungsszenario. Hier hält das BSI ausdrücklich fest, dass jede Abweichung von den Technischen Richtlinien zu weitreichenden Betriebsstörungen führen kann.[424] Zu klären ist hier zunächst, was mit „Technische Richtlinie" gemeint ist; die gesamte TR-3109 oder nur die Teilrichtlinie TR-3109-6. Die Frage ist eindeutig im Sinne der ersten Alternative zu entscheiden. Ansonsten wäre lediglich ein Bezug auf die Betriebsvorgabenrichtlinie erfolgt. Auch die Systematik spricht hierfür, weil die Technischen Richtlinien ansonsten exakt zitieren, auf welche Richtlinie oder Teilrichtlinie sie sich beziehen.[425] Erfolgt kein ausdrücklicher Bezug auf eine Teilrichtlinie, ist immer die gesamte Technische Richtlinie TR-03109 gemeint. Hinzu kommt, dass die TR-3109-6 eng mit der TR-3109-1 verzahnt ist und auf ihr aufbaut. Dies bedeutet aber auch, dass sämtliche Vorgaben der Schutzprofile und der Technischen Richtlinie anzuwenden sind, wie z. B. auch die Interoperabilität. Wird der Betrieb aufgenommen, ohne dass eine der Voraussetzungen aus diesen Dokumenten erfüllt ist, so ist dies laut TR-3109-6 eine Bedrohung, die im Falle ihrer Realisierung bei einem hohen Schutzbedarf zu beträchtlichen Schadensauswirkungen führen kann. Bestätigt wird diese Auffassung auch dadurch, dass ausdrücklich nicht nur TR-Konformität des Smart-Meter-Gateway-Administrators in seinen Aufgaben, sondern auch bei den technischen Hilfsmitteln, derer er sich bedient, gewährleistet sein muss. Ein weiteres Beispiel für einen Bereich, der einer Bedrohung ausgesetzt ist, ist das einer erforderlichen sicheren und ausreichenden **Telekommunikationsverbindung**. So fordert die Technische Richtlinie, dass die PTB-Anbindung mit ausreichender Bandbreite während der Geschäftstätigkeit des Smart-Meter-Gateway-Administrators verfügbar sein muss.[426] D. h. die PTB muss rund um die Uhr erreichbar sein und die Telekommunikationsverbindungen zu ihr müssen auch in der Lage sein, viele Anfragen und Synchronisationen zur gleichen Zeit zu bewältigen. Hieraus ergibt sich wiederum eine Anforderung an den Administrator, der er nachkommen muss. Telekommunikationsverbindungen kosten Geld und je höher die geforderte Verfügbarkeit, desto teurer sind die Dienste von Telekommunikationsanbietern. Die Einschränkung der Verfügbarkeit, und somit eine Bedrohung, ergibt sich aus einer nicht flächendeckenden Abdeckung, z. B. bei Mobilfunk, aus der Nichterreichbarkeit von Zählern, die in Kellern sind, sowie einer Überlastung des Netzes, z. B. bei Großveranstaltungen oder am 31.12. nach 0.00 Uhr. Auch diese Bedrohung ist also mittels eines ISMS zu beobachten und zu mitigieren. Gegenmaßnahmen, die zur Sicherstellung der erforderli-

285

---

423 BSI, TR-03109-6, S. 66 ff.
424 BSI, TR-03109-6, S. 75.
425 BSI, TR-03109-6. S. 94 Fn. 19, die auf die CP verweist.
426 BSI, TR-03109-6, S. 69.

§ 22   Mindestanforderungen an das Smart-Meter-Gateway

chen Verfügbarkeit führen, sind vom Administrator zu ergreifen. Kostenfolgen für ihn werden in der TR nicht berücksichtigt; das ist insofern konsequent, als auch das Gesetz mit den starren Preisobergrenzen gem. § 31 die Weitergabe von Kostensteigerungen nicht zulässt.

286   Darüber hinaus wird fehlende **Qualifikation** beim eingesetzten Personal als Bedrohung angesehen, wobei mit Personal hier sowohl Arbeitnehmer des Smart-Meter-Gateway-Administrators gemeint sind, als auch Personen von Drittfirmen, z. B. für die Wartung, aber auch Reinigungskräfte.

287   Die spezifischen wie die übergreifenden Bedrohungen sind in ihrem Abdeckungsbereich „großzügig" formuliert. Damit jedoch nicht genug: Über die in der TR aufgeführten Risiken und Bedrohungen hinaus sind vom Smart-Meter-Gateway-Administrator auch sonstige, individuell zu identifizierende Bedrohungen vom ISMS zu umfassen.[427]

i) Mindestmaßnahmen

288   Nun fordert das BSI in der Technischen Richtlinie zahlenmäßig und inhaltlich umfangreiche Maßnahmen, die der Gateway-Administrator zur Gewährleistung der Schutzziele und zur Abwehr von Bedrohungen umsetzen muss. Diese Maßnahmen sind mindestens durchzuführen. Der Smart-Meter-Gateway-Administrator muss die **vollständige Ausgestaltung** individuell geeigneter Maßnahmen übernehmen. Dazu gehört die weitere Konkretisierung der Mindestvorgaben der TR, aber auch die Einführung zusätzlicher Maßnahmen, z. B. nach ISO/IEC 27019.[428] Ziel dieser Vorgaben ist ein vergleichbares Sicherheitsniveau zu garantieren und die Mindestvorgaben zu den Schutzzielen dadurch umzusetzen, dass den meisten Bedrohungen reduzierend entgegengewirkt wird.[429] Zunächst müssen Prozessabläufe und Verantwortlichkeiten definiert werden. Ein **Rollen- und Rechtekonzept** gehört ebenso dazu wie ein **Sensibilisierungskonzept** für Mitarbeiter. An die Beschaffung von Admin-Software werden besondere Anforderungen gestellt. Selbstverständlich ist, dass die Anforderungen mindestens denen der Technischen Richtlinie entsprechen müssen. Darüber hinaus sind aber auch weitere Anforderungen an z. B. Sicherheit, Kalibrierbarkeit, Zuverlässigkeit, Wartbarkeit und Aktualisierbarkeit gestellt. Für die Software muss ein dokumentiertes Abnahme- und Freigabeverfahren etabliert werden. Tests sind durchzuführen; die Software darf nur in einem zugangs- und zutrittsgeschützten Bereich betrieben werden. Eine Benutzung der Software an einem häuslichen Arbeitsplatz ist nicht erlaubt. Es müssen Aktivitäten, Ereignisse und Zugriffe protokolliert werden, die über die Einträge in das Smart-Meter-Gateway-Admin-Log hinausgehen. Diese Protokollierungspflichten beziehen sich auf Störungen im Betrieb, aber auch, wenn möglich, darauf, wer welche Daten wann eingesehen hat. **Wartungs- und Reparaturpersonal** muss sorgfältig ausgewählt und überwacht werden. Die Integration in andere IT-Systeme muss auf ein Minimum begrenzt werden. Es sind Teilnetze zu bilden, die möglichst wenig Schnittstellen zu anderen Netzen haben. Diese Vorgaben und viele weitere müssen nicht nur eingeführt, sondern auch dauerhaft gewährleistet werden. Dies bedeutet eine fortlaufende Verbesserung und regelmäßige Überprüfung aller Sicherheitsmaßnahmen.[430] Mindestens täglich hat der Ad-

---

427 BSI, TR-03109-1, S. 66.
428 BSI, TR-03109-6, S. 81.
429 BSI, TR-03109-6, S. 70.
430 BSI, TR-03109-6, S. 81.

ministrator die Verfügbarkeit neuer Smart-Meter-Gateway-Firmware-Updates zu prüfen. Diese Updates müssen vom BSI freigegeben sein.

j) Auditierung und Zertifizierung

Abschließend enthält die TR-03109-6 Vorgaben zur Auditierung und Zertifizierung. Die Auditierung darf nur von qualifizierten Auditoren durchgeführt werden, die die Vorgaben des BSI erfüllen.[431] Diese Vorgaben gelten für Zertifizierungen nach IT-Grundschutz oder auf Basis von ISO/IEC 27001. Die Auditierung umfasst zwei Phasen, nämlich die Dokumentenprüfung und die Prüfung der Umsetzung der beschriebenen Prozesse und Maßnahmen. 289

VI. Einbau von G 1-Gateways

Resümierend muss man sagen, dass z.Z. noch wesentliche Voraussetzungen für den Einsatz gesetzes-, schutzprofil- und TR-konformer Smart-Meter-Gateways fehlen. Noch nicht vorhanden sind die TR-03109-TS-1, in der die Testspezifikationen für das Gateway enthalten sein sollen, und auch die entsprechenden Testfälle sind noch nicht entwickelt.[432] Weiterhin fehlt die TR-03109-5, die Anforderungen an einen Adapter aufstellen soll, damit ein MID-Zähler gem. den Vorgaben der Schutzprofile in ein Messsystem eingebunden werden kann. Darüber hinaus ist auch die Default-Variante zur Visualisierung, wie sie §§ 61 Abs. 2 S. 1 und 62 Abs. 2 S. 1 fordern, zurzeit nicht verwirklichbar.[433] Auch die vom Gesetz, basierend auf der KNA, vorausgesetzte Steuerbox ist noch nicht ausentwickelt. Sofern man für die Steuerbox ein Schutzprofil fordert, muss man konstatieren, dass auch dieses nicht vorliegt. Auf jeden Fall fehlen die zur Herstellung der Interoperabilität der Geräte erforderlichen Technischen Richtlinien. Soweit Schutzprofile und Technische Richtlinien fehlen, können diese nur unter Einhaltung des Verfahrens nach § 27 in Kraft gesetzt werden. 290

Nach unverbindlichen Angaben von Herstellern, sind Smart-Meter-Gateways erst im 4. Quartal 2017 verfügbar. Dabei handelt es sich jedoch um **Gateways der sog. ersten Generation** (G1-Gateways), die noch nicht alle von den Technischen Richtlinien beschriebenen Anforderungen erfüllen.[434] Insbesondere können von den 13 vorgesehenen Tarifanwendungsfällen nur die TAF 1, 6 und 7 unterstützt werden.[435] Damit erfüllen diese Gateways nicht die Mindestanforderungen der TR-03109-1 und entsprechen somit auch nicht dem Stand der Technik gem. Abs. 2.[436] 291

Voraussetzung für das **Inverkehrbringen** von Gateways ist die Erklärung des BSI, dass die Gateways bei drei voneinander unabhängigen Anbietern am Markt verfügbar sind, § 30.[437] 292

---

[431] BSI, Verfahrensbeschreibung zur Kompetenzfeststellung und Zertifizierung von Personen, Version 2.3.
[432] BerlKommEnR/*Schmidt*, § 22 MsbG Rn. 213.
[433] BerlKommEnR/*Schmidt*, § 62 MsbG Rn. 23.
[434] *Grottker/Esche/Elfroth*, PTB-Mitteilungen 3/2015, 23, 26.
[435] BerlKommEnR/*Schmidt*, § 22 MsbG Rn. 195, 200, 202.
[436] Nach BNetzA, BK6-16-200, Beschl. v. 20.12.2016, mussten gem. TR-03109-01 bestimmte Datenformate eingehalten werden. Darauf wurde in der Änderungsfassung v. 19.1.2017 verzichtet; BerlKommEnR/*Schmidt*, § 22 MsbG Rn. 262.
[437] BerlKommEnR/*Schmidt*, § 30 MsbG Rn. 5 ff.

§ 22 Mindestanforderungen an das Smart-Meter-Gateway

Diese Gateways müssen gem. §§ 19 und 24 den Datenschutz- und Datensicherheitsanforderungen des Gesetzes, der Schutzprofile und der Technischen Richtlinie genügen. Da die Technischen Richtlinien für die Testspezifikationen sich noch im Entwurfsstadium befinden, bzw. noch gar nicht auf der Internetseite des BSI eingestellt sind und auch die entsprechenden Testfälle nicht ausgearbeitet sind, kann eine abschließende Prüfung und Zertifizierung der Gateways erst nach Vorliegen der **Endfassungen** dieser Dokumente erfolgen. Für die Verabschiedung dieser Dokumente ist das Verfahren nach § 27 einzuhalten. Gemäß BSI haben zurzeit acht Hersteller die Zertifizierung ihrer Gateways beantragt.[438] Sicher macht es Sinn, mit Prüfungen früh zu beginnen, da die Zertifizierungsverfahren lang und aufwendig sind. Fraglich ist aber, wogegen geprüft wird, wenn die Testspezifikationen noch nicht abschließend ausgeprägt sind. Unterstellt man, dass Datenschutz- und Datensicherheitsprüfungen anhand der final vorliegenden Dokumente erfolgreich abgeschlossen werden können, stellt sich immer noch die Frage der **Interoperabilität** im Allgemeinen und Speziellen. Die allgemeine Interoperabilität, also die Fähigkeit der Geräte und deren Software mit Hard- und Software anderer Gerätetypen und anderer Hersteller zu kommunizieren, wird vom Gesetz und den Technischen Richtlinien gefordert. Diese kann jedoch nach der verabschiedeten Gesetzesfassung gem. § 24 Abs. 1 S. 3 zu einem späteren Zeitpunkt nachgewiesen werden.[439] Fehlen einem Gateway allerdings Funktionalitäten, z. B. die Fähigkeit alle Tarifanwendungsfälle zu unterstützen, entspricht es nicht den Technischen Richtlinien und damit nicht dem von § 22 geforderten Stand der Technik. Denkbar wäre es, sich entgegen der hier vertretenen Ansicht darauf zu berufen, dass gem. § 22 Abs. 2 die Einhaltung des Standes der Technik durch TR- und Schutzprofil-Konformität nur widerlegbar vermutet wird.[440] Es ist also möglich, zu behaupten, dass ein eingeschränkter, nicht den TR entsprechender Funktionsumfang der Gateways trotzdem dem Stand der Technik entspricht. Stellt sich aber in einem behördlichen oder gerichtlichen Verfahren heraus, dass die eingesetzten Gateways nicht dem Stand der Technik genügen, sind diese entweder innerhalb einer zu bestimmenden Frist per Software-Update auf den Stand der Technik zu bringen oder, falls dies nicht möglich ist, auszubauen.[441] Will ein Messstellenbetreiber nach eingehender Bewertung der Risiken diese nicht tragen, bleibt ihm die wenig befriedigende Alternative der Ausschreibung der Grundzuständigkeit. Da er diese aber bereits zum 30.6.2017 erklären muss und Gateways bis dahin wahrscheinlich nicht verfügbar sind, scheidet diese Variante auch praktisch aus. Möglich ist dann nur noch, gegen die Erklärung des BSI nach § 30 – wenn diese überhaupt unter diesen Rahmenbedingungen erfolgt – gerichtlichen Rechtsschutz in Anspruch zu nehmen oder den Status als grundzuständiger Messstellenbetreiber nachträglich gem. § 45 zu verlieren.[442]

293 Bis zur Erklärung des BSI nach § 30 greift der **Bestandsschutz** nach **§ 19 Abs. 5**. Diese Vorschrift ist jedoch eng auszulegen und gewährt durch das Zustimmungserfordernis des Haushaltskunden und der jederzeitigen Widerrufbarkeit keine zufriedenstellende Lösung.[443]

---

438 BSI, abrufbar unter www.bsi.de.
439 BerlKommEnR/*Schmidt*, § 30 MsbG Rn. 29.
440 BerlKommEnR/*Schmidt*, § 22 MsbG Rn. 80, 88.
441 BerlKommEnR/*Schmidt*, § 30 MsbG Rn. 21.
442 BerlKommEnR/*Schmidt*, § 30 MsbG Rn. 17.
443 BerlKommEnR/*Schmidt*, § 30 MsbG Rn. 25.

VII. Übergangsregelung gem. Abs. 5 i.V.m. § 19 Abs. 5

Abs. 5 stellt klar, dass Gateways, deren Einbau und Verwendung nach der Ausnahmevorschrift des § 19 Abs. 5 S. 1 erlaubt ist, nicht die Anforderungen des Abs. 1 erfüllen müssen.[444] Damit sind sie auch von den übrigen Absätzen des § 22 dispensiert, da die Absätze 2, 3 und 4 nur den von Abs. 1 geforderten Maßstab des Standes der Technik festlegen.

VIII. Das BSI

Einrichtung, Stellung und Aufgaben des **Bundesamtes für Sicherheit in der Informationstechnik** regelt das BSI-Gesetz (BSIG). Danach ist das BSI eine Bundesoberbehörde und zuständig für die Informationssicherheit auf nationaler Ebene. Es untersteht dem Bundesministerium des Innern. Das BSI hat die allgemeine Aufgabe der Förderung der Sicherheit in der Informationstechnik. Daneben sind auch die Gefahrenabwehr und Überwachung von Sicherheitsrisiken vom Aufgabenspektrum umfasst. Darüber hinaus werden Kriterien, Verfahren und Werkzeuge für die Prüfung und Bewertung der Sicherheit von Systemen oder Komponenten entwickelt sowie Prüfungen und Sicherheitsbewertungen vorgenommen mit der abschließenden Erteilung von Sicherheitszertifikaten. Insbesondere überprüft das BSI, ob Geräte die Anforderungen des von ihm selbst aufgestellten Schutzprofils und ggf. der dazu erlassenen Technischen Richtlinien erfüllen. Daneben bestehen weitere Aufgaben und Zuständigkeiten, die für den hier in Rede stehenden Zusammenhang jedoch nicht von Bedeutung sind. Das BSI war bis 1979 eine Abteilung des Bundesnachrichtendienstes. Der Zusammenhang von Spionage und Spionageabwehr mit IT-Sicherheitsbehörden ist nicht ungewöhnlich. So nehmen die Befugnisse des BSI in anderen Ländern durchaus Teile von Verfassungsschutz oder Nachrichtendienstbehörden wahr. In den USA übernimmt die BSI-Aufgaben z. B. die NSA.

---

444 BerlKommEnR/*Schmidt*, § 30 MsbG Rn. 21 ff.

§ 22 Mindestanforderungen an das Smart-Meter-Gateway

Struktur der Technischen Richtlinie BSI TR-03109

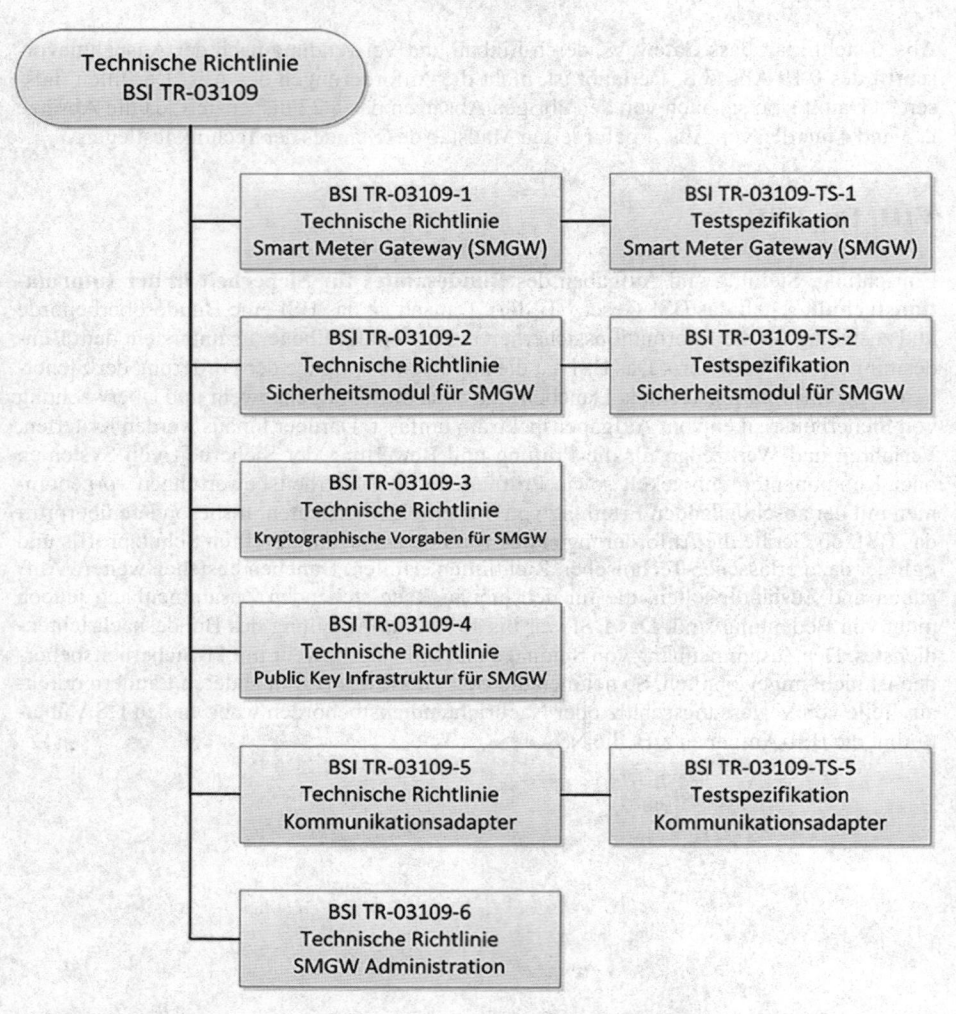

- Technische Richtlinie BSI TR-03109
  - BSI TR-03109-1 Technische Richtlinie Smart Meter Gateway (SMGW)
    - BSI TR-03109-TS-1 Testspezifikation Smart Meter Gateway (SMGW)
  - BSI TR-03109-2 Technische Richtlinie Sicherheitsmodul für SMGW
    - BSI TR-03109-TS-2 Testspezifikation Sicherheitsmodul für SMGW
  - BSI TR-03109-3 Technische Richtlinie Kryptographische Vorgaben für SMGW
  - BSI TR-03109-4 Technische Richtlinie Public Key Infrastruktur für SMGW
  - BSI TR-03109-5 Technische Richtlinie Kommunikationsadapter
    - BSI TR-03109-TS-5 Testspezifikation Kommunikationsadapter
  - BSI TR-03109-6 Technische Richtlinie SMGW Administration

Quelle: www.bsi.bund.de/DE/Publikationen/TechnischeRichtlinien/tr03109/index_htm.html (letzter Abruf 4.1.2016)

§ 23 Sichere Anbindung an das Smart-Meter-Gateway

(1) Das Smart-Meter-Gateway eines intelligenten Messsystems muss zur Gewährleistung von Datenschutz, Datensicherheit und Interoperabilität nach dem Stand der Technik folgende Komponenten und Anlagen sicher in ein Kommunikationsnetz einbinden können:
1. moderne Messeinrichtungen,
2. Erzeugungsanlagen nach dem Erneuerbare-Energien-Gesetz und Kraft-Wärme-Kopplungsgesetz,
3. Anlagen im Sinne von § 14a des Energiewirtschaftsgesetzes und sonstige technische Einrichtungen und
4. Messeinrichtungen für Gas im Sinne von § 20 Absatz 1.

(2) Die Einhaltung des Standes der Technik im Sinne von Absatz 1 wird vermutet, wenn die Schutzprofile und Technischen Richtlinien nach § 22 Absatz 2 in der jeweils geltenden Fassung eingehalten werden.

(3) Absatz 1 ist nicht für Messsysteme anzuwenden, die nach Maßgabe von § 19 Absatz 5 Satz 1 eingebaut werden können.

Schrifttum: *Kermel/Dinter*, Das Messstellenbetriebsgesetz im Überblick, RdE 2016, 158.

Übersicht

	Rn.		Rn.
I. Regelungszweck	1	III. Sicherheitsanforderungen	9
II. Komponenten und Anlagen (Abs. 1)	3	IV. Übergangsbestimmungen	12

I. Regelungszweck

Die Vorgaben in § 22 zu den Mindestanforderungen an das Smart-Meter-Gateway allein genügen nicht, um Datenschutz, Datensicherheit und Interoperabilität zu gewährleisten. Es bestünden Schutzlücken, wenn nicht zugleich auch **Vorgaben an die Ausgestaltung der Einbindung von Gerätschaften in das Kommunikationsnetz** durch das Smart-Meter-Gateway normiert wären. Ebendies stellen die Regelungen in § 23 sicher. 1

Zum einen werden die **Komponenten und Anlagen** benannt, die das Smart-Meter-Gateway **sicher in ein Kommunikationsnetz einbinden** können muss (Abs. 1). Zum anderen wird durch den Verweis auf die Schutzprofile und Technischen Richtlinien des BSI sichergestellt, dass auch die **Einbindung den technischen Mindestanforderungen** entspricht (Abs. 2). Schließlich ist – wie bei den Mindestanforderungen an das Smart-Meter-Gateway selbst – eine **zeitlich begrenzte Bereichsausnahme** für solche Messeinrichtungen vorgesehen, die gemäß § 19 Abs. 5 S. 1 MsbG die technischen Mindestanforderungen nach §§ 21 und 22 nicht erfüllen und noch bis zum 31.12.2016 bzw. 31.12.2020 eingebaut und ab Einbau noch acht Jahre genutzt werden dürfen (Abs. 3). 2

§ 23   Sichere Anbindung an das Smart-Meter-Gateway

II. Komponenten und Anlagen (Abs. 1)

3   Das Smart-Meter-Gateway eines intelligenten Messsystems muss zur Gewährleistung von Datenschutz, Datensicherheit und Interoperabilität nach dem Stand der Technik moderne Messeinrichtungen, Erzeugungsanlagen nach dem EEG und KWKG, unterbrechbare Verbrauchsanlagen nach § 14a EnWG und sonstige technische Einrichtungen sowie Messeinrichtungen für Gas im Sinne des § 20 Abs. 1 sicher in ein Kommunikationsnetz einbinden können (vgl. § 32 Abs. 1).

4   Einer Definition, was unter Komponenten und Anlagen im Sinne von § 23 Abs. 1 zu verstehen ist, bedarf es nicht. Denn der Gesetzgeber hat die betreffenden Komponenten und Anlagen, die sicher durch das Smart-Meter-Gateway angebunden werden müssen, abschließend in § 23 Abs. 1 Nr. 1 bis 4 aufgezählt.

5   Sicher einzubinden sind demnach moderne Messeinrichtungen (Nr. 1). Dies sind nach der Legaldefinition in § 2 Nr. 15 Messeinrichtungen, die den tatsächlichen Elektrizitätsverbrauch und die tatsächliche Nutzungszeit widerspiegeln und über ein Smart-Meter-Gateway sicher in ein Kommunikationsnetz eingebunden werden können.

6   Sicher einzubinden sind zudem **Erzeugungsanlagen nach dem EEG und dem KWKG** (Nr. 2). Die Aufnahme dieser Erzeugungsanlagen erklärt sich wie folgt recht anschaulich: „*Intelligente Messsysteme können die Einspeisung und Entnahme von Energie in bzw. aus den Netzen messen und zeitnah übermitteln. Auf dieser Grundlage sollen nicht nur Maßnahmen zur Energieeinsparung wirksamer realisiert werden können. Bedeutender ist die Möglichkeit, die Erzeugung und den Verbrauch von Energie besser aufeinander abzustimmen und somit die Netze effektiver steuern zu können. Insbesondere bei den zahlreichen dezentralen Erzeugern im Bereich der Erneuerbaren Energien und der Kraft-Wärme-Kopplung kann durch die Einführung von Smart Metern besser erfasst werden, in welchem Umfang der erzeugte Strom in die Netze eingespeist wird.*"[1] Dieses Ziel ist mit Blick auf die Energiewende sehr bedeutsam. EEG- und KWK-Anlagen genießen zum Zwecke der Förderung der Stromerzeugung aus regenerativen Energien oder hocheffizienten Verfahren Einspeisevorrang. Das heißt, Anlagen zur Stromerzeugung aus konventionellen Energien müssen bei Netzengpässen vorrangig abgeregelt werden. Genügt dies nicht, müssen nachrangig Erzeugungsanlagen nach dem Erneuerbare-Energien-Gesetz und Kraft-Wärme-Kopplungsgesetz abgeregelt werden. Um dieses sogenannte Einspeisemanagement über intelligente Messsysteme vollziehen zu können, ist in § 23 Abs. 1 Nr. 2 eine sichere Einbindung jener Stromerzeugungsanlagen vorgesehen. Vor diesem Hintergrund erfasst die sichere Einbindung von Erzeugungsanlagen nach dem EEG und KWKG nach dem ausdrücklichen Willen des Gesetzgebers sowohl die Einbindung der (zählerstandsgangerfassten) Messwerte bezüglich der von diesen Anlagen eingespeisten Energiemengen als auch die Einbindung zum Zwecke der Umsetzung von etwaigen Schalt- und Steuerungsfunktionen bzw. von gesetzlichen Anordnungen dazu.[2]

7   Sicher einzubinden an das Smart-Meter-Gateway sind auch die **unterbrechbaren Verbrauchseinrichtungen im Sinne von § 14a EnWG** sowie **sonstige technischen Einrichtungen** (Nr. 3). Nach § 14a S. 1 EnWG haben Betreiber von Elektrizitätsverteilernetzen

---

[1] *Kermel/Dinter*, RdE 2016, 158.
[2] Begründung zum Regierungsentwurf v. 17.2.2016, BT-Drs. 18/7555, S. 86.

Lieferanten und Letztverbrauchern im Bereich der Niederspannung, mit denen sie Netznutzungsverträge abgeschlossen haben, ein reduziertes Netzentgelt zu berechnen, wenn ihnen im Gegenzug die Steuerung von vollständig unterbrechbaren Verbrauchseinrichtungen, die über einen separaten Zählpunkt verfügen, zum Zweck der Netzentlastung gestattet wird. Als unterbrechbare Verbrauchseinrichtung im Sinne von § 14a S. 1 EnWG gelten auch Elektromobile (§ 14a S. 2 EnWG). Neben den in § 14a EnWG ausdrücklich geregelten unterbrechbaren Verbrauchseinrichtungen sind auch sonstige technische Einrichtungen sicher durch das Smart-Meter-Gateway einzubinden. In welchen Fällen und unter welchen Voraussetzungen solche sonstigen technischen Einrichtungen zwingend mit einem intelligenten Messsystem verbunden werden müssen, wird in Verordnungen nach § 46 Nr. 10 und nach § 14a S. 4 EnWG näher geregelt.

Schließlich zählen auch Messeinrichtungen für Gas zu den Anlagen bzw. Komponenten, die sicher durch ein Smart-Meter-Gateway in das Kommunikationsnetz einzubinden sind (Nr. 4). Die sichere Anbindung von neuen Messeinrichtungen für Gas an das Smart-Meter-Gateway nach den Vorgaben der Schutzprofile und Technischen Richtlinien des BSI regelt § 20 MsbG. Korrespondierend dazu regelt § 23 Abs. 1 Nr. 4 MsbG die sichere Einbindung der neuen Messeinrichtungen für Gas über das Smart-Meter-Gateway in ein Kommunikationsnetz. Durch den Verweis in § 23 Abs. 1 Nr. 4 auf § 20 Abs. 1 ist klar geregelt, dass die technischen Vorgaben zur Einbindung nur für neue Gas-Messeinrichtungen gelten, die dem Stand der Technik gemäß den Schutzprofilen und Technischen Richtlinie des BSI entsprechen. Zusätzlich zur Bereichsausnahme nach § 23 Abs. 3 MsbG für Strommesseinrichtungen nach § 19 Abs. 5 S. 1 gilt folglich auch hier für Gasmesseinrichtungen die temporäre Bereichsausnahme nach § 20 Abs. 2. Demnach gelten die technischen Anforderungen an die Einbindung in ein Kommunikationsnetz für solche Gas-Messeinrichtungen nicht, die bis zum 31.12.2016 bzw. bei registrierender Leistungsmessung bis zum 31.12.2024 eingebaut und ab Einbau bis zu acht Jahre genutzt werden dürfen.

III. Sicherheitsanforderungen

Nach § 23 Abs. 1 muss die Einbindung der genannten Anlagen und Komponenten in ein Kommunikationsnetz nach dem Stand der Technik sicher sein. Das Sicherheitserfordernis ist sowohl im Sinne des Datenschutzes, als auch im Sinne der Datensicherheit und im Sinne der Interoperabilität zu verstehen.[3]

Die Einhaltung des Standes der Technik wird vermutet, wenn die Schutzprofile und Technischen Richtlinien in ihrer jeweils aktuell geltenden Fassung eingehalten sind. Die jeweils geltenden aktuellen Fassungen werden vom BSI entwickelt und veröffentlicht.[4]

Demnach gelten für die Einbindung von modernen Messeinrichtungen, EEG-/KWK-Anlagen, unterbrechbaren Verbrauchseinrichtungen und Messeinrichtungen für Gas unter anderem folgende Sicherheitsanforderungen:

---

[3] Vgl. hierzu BerlKommEnR/*Mätzig/Netzband/Bruchmann*, § 19 MsbG Rn. 1.
[4] Vgl. näher hierzu BerlKommEnR/*Mätzig/Fischer/Mohs*, § 27 MsbG Rn. 5, 6.

§ 23   Sichere Anbindung an das Smart-Meter-Gateway

IV. Übergangsbestimmungen

12   Von der Pflicht zur sicheren Einbindung in ein Kommunikationsnetz sind gemäß § 23 Abs. 3 Messsysteme ausgenommen, die gemäß § 19 Abs. 5 S. 1 die technischen Mindestanforderungen nach §§ 21 und 22 nicht erfüllen und noch bis zum 31.12.2016 bzw. 31.12.2020 eingebaut und ab Einbau maximal acht Jahre genutzt werden dürfen. Diese Bereichsausnahme ist auch nur konsequent, da jene Messeinrichtungen übergangsweise weder die technischen Mindestanforderungen an intelligente Messeinrichtungen (vgl. § 21 Abs. 3) noch die technischen Mindestanforderungen an das Smart-Meter-Gateway (vgl. § 22 Abs. 5) erfüllen müssen.

13   Durch den Verweis in § 23 Abs. 1 Nr. 4 auf neue Gas-Messeinrichtung nach § 20 Abs. 1 ergibt sich eine weitere zeitlich begrenzte Bereichsausnahme von § 23 Abs. 1. Demnach sind auch solche Gasmesseinrichtungen von den Sicherheitsanforderungen des § 23 Abs. 1 an die Einbindung befreit, die gemäß § 20 Abs. 2 bis zum 31.12.2016 bzw. bei registrierender Leistungsmessung bis zum 31.12.2024 eingebaut und ab Einbau bis zu acht Jahre genutzt werden dürfen.

§ 24 Zertifizierung des Smart-Meter-Gateway

(1) ¹Zum Nachweis der Erfüllung der sicherheitstechnischen Anforderungen nach § 22 Absatz 1 und 2 müssen Smart-Meter-Gateways im Rahmen des Zertifizierungsverfahrens nach Common Criteria durch das Bundesamt für Sicherheit in der Informationstechnik zertifiziert werden. ²Hersteller von Smart-Meter-Gateways haben dieses Zertifikat dem Smart-Meter-Gateway-Administrator vorzulegen. ³Der Zeitpunkt der Nachweispflicht zur Interoperabilität wird durch das Bundesamt für Sicherheit in der Informationstechnik festgelegt werden und nach § 27 im Ausschuss Gateway-Standardisierung bekannt gemacht. ⁴Hersteller von Smart-Meter-Gateways haben zu diesem Zeitpunkt das Zertifikat zur Konformität nach der Technischen Richtlinie dem Smart-Meter-Gateway-Administrator vorzulegen.

(2) Für die Zertifizierung sind § 9 des BSI-Gesetzes vom 14. August 2009 (BGBl. I S. 2821) sowie die BSI-Zertifizierungs- und Anerkennungsverordnung vom 17. Dezember 2014 (BGBl. I S. 2231) in der jeweils geltenden Fassung anzuwenden.

(3) ¹Das Bundesamt für Sicherheit in der Informationstechnik hat die Möglichkeit, Zertifikate nach Absatz 1 zeitlich zu befristen, zu beschränken und mit Auflagen zu versehen. ²Zertifikate ohne technologisch begründete zeitliche Befristung unterliegen einer kontinuierlichen Überwachung der Gültigkeit durch die ausstellende Stelle. ³Weitergehende Befugnisse nach Absatz 2 bleiben unberührt.

(4) ¹Ohne ein gültiges und gegenüber dem Smart-Meter-Gateway-Administrator nachgewiesenes Zertifikat nach Absatz 1 darf ein Smart-Meter-Gateway nicht als Bestandteil eines intelligenten Messsystems verwendet werden. ²Dies ist nicht anzuwenden für Messsysteme, die nach Maßgabe von § 19 Absatz 5 Satz 1 eingebaut werden können.

Übersicht

	Rn.		Rn.
I. Regelungszweck	1	V. Befristung, Beschränkung und Auflagen der Zertifikate	27
II. Regelungsumfang	4	VI. Aufsichtsbefugnisse und Aufsichtsbehörden	31
III. Common Criteria des Bundesamts für Sicherheit in der Informationstechnik	14	VII. Übergangsbestimmung	34
IV. Zertifizierungsverfahren	19		

I. Regelungszweck

In § 24 postuliert der Gesetzgeber die **Pflicht der Hersteller, Smart-Meter-Gateways** beim BSI oder einer vom BSI anerkannten Stelle **zertifizieren zu lassen**, und erlegt dem Smart-Meter-Gateway-Administrator ein **grundsätzliches Verbot** auf, **nicht zertifizierte Smart-Meter-Gateways zu verwenden**. 1

Mit der Zertifizierungspflicht für Smart-Meter-Gateways soll sichergestellt werden, dass – vorbehaltlich von Ausnahmefällen nach § 19 Abs. 5 – nur solche Smart-Meter-Gateways 2

§ 24   Zertifizierung des Smart-Meter-Gateway

in Verkehr gebracht und verwendet werden, die den **Anforderungen aus Schutzprofilen und Technischen Richtlinien des BSI** genügen, und zugleich Herstellern und Anwendern insoweit mit Hilfe der Vergabe eines entsprechenden Zertifikates **Rechtssicherheit** verschafft wird.

3   Darüber hinaus enthalten § 24 Abs. 2 und Abs. 3 Regelungen zu Behördenzuständigkeiten und dem Zertifizierungsverfahren.

II. Regelungsumfang

4   Die in § 24 postulierte Zertifizierungspflicht **beschränkt** sich zunächst auf das **Smart-Meter-Gateway** selbst. Die Zertifizierung des Smart-Meter-Gateway-Administrators ist dagegen in § 25 geregelt.

5   Der **Wortlaut der Regelung** in § 24 ist auch insofern eindeutig, als **nur das Smart-Meter-Gateway** selbst, nicht aber die Anbindung an das Smart-Meter-Gateway im Sinne von § 23 zu zertifizieren ist. In § 24 Abs. 1 S. 1 wird insofern ausdrücklich nur auf die sicherheitstechnischen Anforderungen nach § 22 Abs. 1 und Abs. 2 und nicht auch auf die sicherheitstechnischen Anforderungen an die Anbindung nach § 23 verwiesen. Dies mag überraschen, da der Gesetzgeber in der Gesetzesbegründung noch darauf verweist, dass sichergestellt werden soll, dass (vorbehaltlich von § 19 Abs. 5) nur solche **Messsysteme** in Verkehr gebracht und verwendet werden, die den Anforderungen aus Schutzprofilen und Technischen Richtlinien des Bundesamtes für Sicherheit in der Informationstechnik genügen. Zum intelligenten Messsystem gehört aber nicht nur die moderne Messeinrichtung und das Smart-Meter-Gateway, sondern auch die sichere Anbindung an das Smart-Meter-Gateway (vgl. § 2 Nr. 7 und § 21 Abs. 3).

6   Der Nachweis, dass das Smart-Meter-Gateway auch den technischen Anforderungen an die Interoperabilität im Sinne von § 22 Abs. 4 genügt, muss der Hersteller erst erbringen, wenn das BSI dies festgelegt.

7   Die Zertifizierungspflicht wird den Herstellern von Smart-Meter-Gateways auferlegt.

8   Der jeweilige Hersteller hat das Zertifikat dem Smart-Meter-Gateway-Administrator vorzulegen (§ 24 Abs. 1 S. 2). Ohne Vorlage eines entsprechenden Zertifikats darf der Smart-Meter-Gateway-Administrator das Smart-Meter-Gateway dieses Herstellers bei Anschlussnutzern grundsätzlich nicht verwenden (§ 24 Abs. 4 S. 1). Ausweislich des Wortlauts hat der Hersteller gegenüber dem Smart-Meter-Gateway-Administrator eine Bringschuld. Es genügt nicht, wenn er behauptet, dass seine Smart-Meter-Gateways zertifiziert sind. Er muss das Zertifikat vorlegen. Hierauf hat der Smart-Meter-Gateway-Administrator einen gesetzlichen Anspruch.

9   Verwendet der Smart-Meter-Gateway-Administrator Geräte, ohne sich das Zertifikat vorlegen zu lassen, geschieht dies auf eigenes Risiko des Smart-Meter-Gateway-Administrators. Die Bundesnetzagentur kann gegen ihn Aufsichtsmaßnahmen nach § 76 ergreifen und bei erheblichen Zweifeln an der Zuverlässigkeit des Smart-Meter-Gateway-Administrators sogar den Messstellenbetrieb als grundzuständiger Messstellenbetreiber untersagen (vgl. § 4 Abs. 4 i.V.m. Abs. 3). Zivilrechtliche Belange des Smart-Meter-Gateway-Administrators gegenüber dem Hersteller bleiben außen vor. Es ist daher jedem Smart-Meter-

Gateway-Administrator anzuraten, die Vorlage des Zertifikats und den Zeitpunkt der Vorlage zu dokumentieren.

Das Verwendungsverbot bezieht sich auf nicht oder nicht nach den Common Criteria des BSI zertifizierte Smart-Meter-Gateways, auf Smart-Meter-Gateways ohne gültiges Zertifikat und auf Smart-Meter-Gateways, zu denen der Hersteller kein oder kein gültiges Zertifikat nachgewiesen hat (§ 24 Abs. 4 Satz 1). 10

Ein gültiges Zertifikat im Sinne des § 24 Abs. 4 S. 1 enthält die Bestätigung des BSI oder einer vom BSI anerkannten sachverständigen Stelle, dass das Smart-Meter-Gateway den Common Criteria des BSI entspricht. Zudem darf das Zertifikat nicht durch Fristablauf seine Gültigkeit verloren haben oder die Verwendung des Smart-Meter-Gateways gegen Beschränkungen oder Auflagen, die mit dem Zertifikat verbunden sind, verstoßen. 11

Ein gegenüber dem Smart-Meter-Gateway-Administrator nachgewiesenes Zertifikat setzt unter Berücksichtigung der Regelung in § 24 Abs. 1 S. 2 die Vorlage des Zertifikats beim Smart-Meter-Gateway-Administrator voraus. 12

Ausweislich des Wortlauts ist nicht nur der Einbau verboten, sondern die Verwendung überhaupt. Verwendet werden auch bereits eingebaute Smart-Meter-Gateways. Demnach führt ein Verwendungsverbot (z. B. durch Gültigkeitsablauf des Zertifikats) dazu, dass der Smart-Meter-Gateway-Administrator eingebaute Smart-Meter-Gateways – vorbehaltlich von Ausnahmefällen – wieder ausbauen muss. Dies dürfte auch dann der Fall sein, wenn zwar ein gültiges Zertifikat für das Smart-Meter-Gateway existiert, nur der Hersteller es dem Smart-Meter-Gateway-Administrator nicht vorlegt. Auch wenn die Vorlage des Zertifikats eigentlich in einem solchen Fall reine Formsache ist, hat nach dem ausdrücklichen Willen des Gesetzgebers die Rechtssicherheit mit Blick auf den Datenschutz Vorrang. Dies belegen die Regelungen in § 24 Abs. 1 S. 2 (Hersteller haben vorzulegen) und Abs. 4 S. 1 (keine Verwendung ohne nachgewiesenes Zertifikat) geradezu. Das Verwendungsverbot dürfte demnach sogar solche Smart-Meter-Gateways erfassen, die nicht zertifizierte Komponenten enthalten, auch wenn diese nicht aktiviert sind. 13

III. Common Criteria des Bundesamts für Sicherheit in der Informationstechnik

Das Smart-Meter-Gateway ist nach den Common Criteria des BSI zu zertifizieren. Die Common Criteria for Information Technology Security Evaluation (kurz auch Common Criteria oder CC; deutsch: Allgemeine Kriterien für die Bewertung der Sicherheit von Informationstechnologie) sind ein internationaler Standard zur Prüfung und Bewertung der Sicherheitseigenschaften von IT-Produkten. Da die Common Criteria ein internationaler Standard sind (ISO/IEC 15408), unterliegen sie den Änderungsverfahren der International Organization for Standardization (ISO). Um die Mehrfach-Zertifizierung des gleichen Produktes in verschiedenen Staaten zu vermeiden, wurde eine gegenseitige Anerkennung von IT-Sicherheitszertifikaten – sofern sie auf z. B. auf Common Criteria beruhen – unter gewissen Bedingungen vereinbart. 14

Das BSI entwickelt für den Bereich Smart Metering Schutzprofile nach Common Criteria sowie Technische Richtlinien, die eine international vergleichbare Sicherheitszertifizie- 15

§ 24 Zertifizierung des Smart-Meter-Gateway

rung der entsprechenden Geräte ermöglichen. Das BSI hat gemäß BSI-Errichtungsgesetz auch die Aufgabe, die Sicherheitszertifikate zu erteilen.

16 Zudem veröffentlicht es entsprechende **Schutzprofile**. Ein Schutzprofil (in diesem Fall: BSI-CC-PP-0073, „Schutzprofil für die Kommunikationseinheit eines intelligenten Messsystems für Stoff- und Energiemengen") ist eine implementierungsunabhängige Menge von Sicherheitsanforderungen an eine Kategorie von zu untersuchenden IT-Systemen (Evaluierungsgegenstand). Das Konzept der Schutzprofile wird dazu verwendet, um die Sicherheitslage eines Evaluierungsgegenstandes anhand von Sicherheitszielen, möglichen Gefährdungen und Annahmen über die Betriebsumgebung der IT zu beschreiben, um dann auf einer möglichst abstrakten Ebene generische Musterlösungen definieren zu können.

17 Auf technischer Ebene werden vom BSI Technische Richtlinien veröffentlicht. Die Technische Richtlinie (in diesem Falle: BSI TR-03109, Beschreibung: „Anforderungen an die Funktionalität, Interoperabilität und Sicherheit, die die Komponenten im Umfeld des Smart Metering erfüllen müssen, sowie die Anforderungen zur Prüfung dieser Eigenschaften") umfasst die Anforderungen an die Funktionalität, Interoperabilität und Sicherheit, die die Einzelkomponenten (u. a. das Smart-Meter-Gateway) in einem Smart-Metering-System erfüllen müssen. Darüber hinaus werden die Anforderungen zur Prüfung dieser Eigenschaften definiert.

18 Sicherheitszertifikate anderer anerkannter Zertifizierungsstellen aus dem Bereich der Europäischen Union werden vom Bundesamt anerkannt, soweit sie eine den Sicherheitszertifikaten des Bundesamtes gleichwertige Sicherheit ausweisen und die Gleichwertigkeit vom Bundesamt festgestellt worden ist (§ 9 Abs. 7 BSIG).

IV. Zertifizierungsverfahren

19 In § 24 sind nur wenige Vorschriften zum Zertifizierungsverfahren enthalten. Über den Verweis in § 24 Abs. 2 gelten die Verfahrensvorschriften des BSI-Gesetzes (BSI-G) sowie der BSI-Zertifizierungs- und Anerkennungsverordnung (BSIZertV).

20 Das Zertifikat für das Smart-Meter-Gateway erteilt das BSI selbst (§ 9 Abs. 1 BSIG) oder eine vom BSI anerkannte sachverständige Stelle (§ 9 Abs. 3 BSIG).

21 Das Zertifizierungsverfahren ist ein Antragsverfahren. Der Antragsteller hat dem BSI oder der anerkannten sachverständigen Stelle die Unterlagen vorzulegen und die Auskünfte zu erteilen, deren Kenntnis für die Prüfung und Bewertung des Systems oder der Komponente sowie für die Erteilung des Zertifikats erforderlich sind (§ 9 Abs. 2 BSIG). Die Anträge müssen schriftlich eingereicht werden und den Namen und die Anschrift des Antragstellers sowie das Datum des Antrags enthalten (§ 2 BSIZertV).

22 Den Antrag kann eine natürliche oder juristische Person stellen (§ 8 Abs. 1 S. 1 BSIZertV). Ist der Antragsteller nicht Hersteller des zu zertifizierenden Produkts oder der zu zertifizierenden Komponente oder von Teilen davon, so muss der Antragsteller dem Antrag eine Erklärung aller Hersteller des zu zertifizierenden Produkts oder der zu zertifizierenden Komponente beifügen, in der die Hersteller ihr Einverständnis mit dem Antrag erklären sowie ihre Bereitschaft zur Mitwirkung und ihr Einverständnis, den Antragsteller bei der Erfüllung von Auflagen oder sonstigen Nebenbestimmungen im Antragsverfahren und nach der Erteilung des Zertifikats zu unterstützen (§ 8 Abs. 1 S. 2 BSIZertV).

Weitere Bestimmungen zum Verfahren zur Erteilung von Zertifikaten bestimmt das BSI und veröffentlicht hierzu Verfahrensbeschreibungen auf seiner Internetseite (§ 4 Abs. 2 BSIertV). 23

Das Sicherheitszertifikat wird erteilt, wenn das Smart-Meter-Gateway den vom BSI festgelegten Kriterien entspricht und das Bundesministerium des Innern festgestellt hat, dass überwiegende öffentliche Interessen, insbesondere sicherheitspolitische Belange der Bundesrepublik Deutschland, der Erteilung nicht entgegenstehen (vgl. § 9 Abs. 4 BSIG, § 12 Abs. 1 BSIertV). 24

Das Zertifikat enthält die Zertifizierungsnummer, die Angabe der Prüfkriterien, soweit sie bekannt gemacht sind, den Namen der vom Bundesamt anerkannten sachverständigen Stelle, deren Prüfung und Bewertung der Zertifizierung zugrunde gelegt wurde, etwaige Nebenbestimmungen wie z. B. Befristung, Beschränkung, Auflagen, Ausstellungsort und -datum des Sicherheitszertifikats, die Geltungsdauer des Sicherheitszertifikats, die Bezeichnung, die Beschreibung und die Angabe des Herstellers des geprüften Produkts oder der Komponente, die Angabe der zum geprüften Produkt oder zur Komponente gehörenden Dokumentationen, die Beschreibung der Sicherheitsfunktionen und die erreichte Bewertungsstufe oder den Prüfumfang (§ 12 Abs. 3 und Abs. 4 BSIZertV). Zudem wird dem Sicherheitszertifikat ein Zertifizierungsbericht beigefügt (§ 12 Abs. 3 S. 2 BSIZertV). 25

Das BSI veröffentlicht mindestens vierteljährlich im Internet oder in anderen Medien Gesamtlisten oder seit der letzten Veröffentlichung geänderte oder hinzugefügte Listeneinträge der zertifizierten informationstechnischen Systeme, Standorte, Produkte, Komponenten und Schutzprofile sowie die zugehörigen Sicherheitszertifikate und Zertifizierungsreporte (§ 7 Abs. 1 BSIZertV). 26

V. Befristung, Beschränkung und Auflagen der Zertifikate

Das BSI hat die Möglichkeit, Zertifikate zeitlich zu befristen, zu beschränken und mit Auflagen zu versehen (§ 24 Abs. 3 Satz 1 MsbG). 27

Ausweislich des Wortlauts („hat die Möglichkeit") hat die erteilende Stelle hinsichtlich der Verbindung des Zertifikats mit Nebenbestimmungen sowohl ein Entschließungs- als auch ein Auswahlermessen. Dieses Verständnis deckt sich schließlich auch mit der – über § 24 Abs. 2 unmittelbar geltenden – Regelung in § 22 BSIZertV. Dort ist ebenfalls die Möglichkeit der Verbindung des Zertifikats mit Nebenbestimmungen vorgesehen („kann"). 28

Die Befristung des Zertifikats dürfte der Regelfall sein. Denn schon in § 12 Abs. 2 BSIZertV ist vorgesehen, dass das Zertifikat vom BSI zu befristen ist und das BSI die Geltungsdauer für den jeweiligen technischen Geltungsbereich festsetzt. 29

Die Varianz der zulässigen Nebenbestimmungen ist nach § 22 BSIZertV größer als nach § 24 Abs. 2. So kann nach § 22 Abs. 1 BSIZertV das Zertifikat auch unter dem Vorbehalt des Widerrufs erlassen werden. Durch den Verweis in § 24 Abs. 3 S. 3 auf die weitergehenden Befugnisse nach der gemäß § 24 Abs. 2 unmittelbar geltenden BSIZertV dürfte das gesamte Portfolio an zulässigen Nebenbestimmungen nach § 24 Abs. 3 und nach § 22 BSIZertV gelten. Demnach meint Beschränkung in § 24 Abs. 3 S. 2 z. B. auch, dass ein Zertifikat von der Gültigkeit eines Schutzprofils oder einer technischen Richtlinie abhängig ist (§ 22 Abs. 2 S. 2 Nr. 4 BSIZertV) oder die Geltungsdauer des Zertifikats für einen be- 30

§ 24 Zertifizierung des Smart-Meter-Gateway

stimmten technischen Geltungsbereich festgelegt wird (vgl. § 12 Abs. 2 S. 2 BSIZertV, § 24 Abs. 3 S. 2). Dies kann z.B. eine Kopplung der Zertifikatsgültigkeit an eine Technische Richtlinie sein. Somit verliert ein Zertifikat mit dem Wirksamwerden einer neuen Version einer referenzierten Richtlinie seine Gültigkeit. Dies ergibt sich aus § 22 Abs. 2 Nr. 4 BSIZertV: „Insbesondere kann bestimmt werden, dass eine Zertifizierung von der Gültigkeit eines Schutzprofils oder einer technischen Richtlinie abhängig ist."

VI. Aufsichtsbefugnisse und Aufsichtsbehörden

31   Die Erteilung und Überwachung, der Entzug von Zertifikaten sowie die Festlegung der Common Criteria liegt in der **Zuständigkeit** des BSI. Die konkreten Aufsichtsbefugnisse des BSI ergeben sich über den Verweis in § 24 Abs. 3 S. 3, Abs. 2 auch aus dem BSIG und der BSIZertV. Demnach kann das BSI oder die sachverständige Stelle kann jederzeit anlassbezogen überprüfen, ob die Voraussetzungen für die Zertifizierung weiterhin vorliegen (§ 12 Abs. 7 S. 1 BSIZertV). Zudem sind die vom BSI entwickelten auf seinen Internetseiten veröffentlichten Verfahrensbeschreibungen für die Überprüfungen zu beachten (§ 12 Abs. 7 S. 2 BSIZertV).

32   Zertifikate ohne technologisch begründete zeitliche Befristung unterliegen der kontinuierlichen Überwachung durch die ausstellende Stelle (§ 24 Abs. 3 S. 2 MsbG). Ausstellende Stelle ist das BSI oder eine vom BSI anerkannte und hierzu ermächtigte sachverständige Stellen (vgl. § 9 Abs. 3 BSIG). Die Überwachung der Faktoren aus § 22 BSIZertV umfasst, die Überprüfung, ob

   (i) sich die Sicherheitseigenschaften des Zertifizierungsgegenstandes geändert haben
   (ii) sich der Inhaber des Zertifikats […] regelmäßig oder anlassbezogen auf seine Kosten durch das Bundesamt oder durch von diesem beauftragte Personen oder Stellen überprüfen lassen muss, ob die Voraussetzungen zur Zertifizierung von Produkten (zum Beispiel nach Common Criteria) oder Anerkennung weiterhin vorliegen.

33   Daneben sind auch **Aufsichtsmaßnahmen der Bundesnetzagentur** nach § 76 parallel zulässig, die allerdings nicht die Erteilung und Überwachung, den Entzug von Zertifikaten oder die Festlegung der Common Criteria selbst betreffen dürfen. Die Bundesnetzagentur kann demnach z.B. Maßnahmen ergreifen, um sicherzustellen, dass ausschließlich zertifizierte Smart-Meter-Gateways verwendet werden und Hersteller ihrer Vorlage- bzw. Nachweispflicht nachkommen.

VII. Übergangsbestimmung

34   Smart-Meter-Gateways, die Teil eines Messsystems sind, das gemäß § 19 Abs. 5 S. 1 MsbG die technischen Mindestanforderungen nach §§ 21 und 22 nicht erfüllen und noch bis zum 31.12.2016 bzw. 31.12.2020 eingebaut und ab Einbau noch acht Jahre genutzt werden dürfen, können auch ohne gültiges Zertifikat verwendet werden (vgl. § 24 Abs. 4 S. 3). Das ist konsequent, da die Messeinrichtungen übergangsweise weder die technischen Mindestanforderungen an intelligente Messeinrichtungen (vgl. § 21 Abs. 3) noch die technischen Mindestanforderungen an das Smart-Meter-Gateway (vgl. § 22 Abs. 5) erfüllen müssen.

§ 25 Smart-Meter-Gateway-Administrator; Zertifizierung

(1) ¹Der Smart-Meter-Gateway-Administrator muss einen zuverlässigen technischen Betrieb des intelligenten Messsystems gewährleisten und organisatorisch sicherstellen und ist zu diesem Zweck für die Installation, Inbetriebnahme, Konfiguration, Administration, Überwachung und Wartung des Smart-Meter-Gateways und der informationstechnischen Anbindung von Messgeräten und von anderen an das Smart-Meter-Gateway angebundenen technischen Einrichtungen verantwortlich. ²Soweit es technisch möglich und wirtschaftlich zumutbar ist, ermöglicht der Smart-Meter-Gateway-Administrator auch die Durchführung von weiteren Anwendungen und Diensten im Sinne von § 21 Absatz 1 Nummer 4 Buchstabe a. ³Der Smart-Meter-Gateway-Administrator darf ausschließlich Smart-Meter-Gateways mit gültigem Zertifikat nach § 24 Absatz 1 verwenden. ⁴Er hat Sicherheitsmängel und Änderungen von Tatsachen, die für die Erteilung des Zertifikats nach § 24 Absatz 1 wesentlich sind, dem Bundesamt für Sicherheit in der Informationstechnik unverzüglich mitzuteilen.

(2) Für den Betrieb eines intelligenten Messsystems muss die Stromentnahme im ungemessenen Bereich erfolgen und es muss eine zuverlässige und leistungsfähige Fernkommunikationstechnik verwendet werden, die Folgendes gewährleistet:

1. die sichere Administration und Übermittlung von Daten unter Beachtung mess-, eich- und datenschutzrechtlicher Vorgaben und,
2. soweit erforderlich, die sichere Administration von Erzeugungsanlagen nach dem Erneuerbare-Energien-Gesetz und Kraft-Wärme-Kopplungsgesetz, von Anlagen im Sinne des § 14a des Energiewirtschaftsgesetzes und von lokalen Systemen.

(3) ¹Zur Gewährleistung des technischen Betriebs haben Netzbetreiber, Energielieferanten und Dritte, deren Verträge mit dem Letztverbraucher oder Anlagenbetreiber nach dem Erneuerbare-Energien-Gesetz und Kraft-Wärme-Kopplungsgesetz über das oder mit Hilfe des Smart-Meter-Gateway abgewickelt werden sollen, dem Smart-Meter-Gateway-Administrator alle für den Betrieb des Smart-Meter-Gateway notwendigen Informationen bereitzustellen; dies umfasst insbesondere

1. alle Berechtigungsinformationen aus Rahmenverträgen, die im intelligenten Messsystem niederzulegen sind,
2. alle Berechtigungsinformationen zur Anbindung, Administration und Steuerung von Anlagen nach Absatz 2 Nummer 2.

²Netzbetreiber, Energielieferanten und Dritte nach Satz 1 haben ebenfalls die Administration der Messwertverarbeitung gemäß den Anforderungen der in § 22 Absatz 2 benannten Technischen Richtlinien des Bundesamts für Sicherheit in der Informationstechnik zu ermöglichen. ³Zur Absicherung der Bereitstellung von Informationen kann der Smart-Meter-Gateway-Administrator Rahmenverträge mit Netzbetreibern, Messstellenbetreibern, Energielieferanten und berechtigten Dritten schließen.

(4) Der Smart-Meter-Gateway-Administrator ist verpflichtet,

1. ein Informationssicherheitsmanagementsystem einzurichten, zu betreiben und zu dokumentieren,

§ 25 Smart-Meter-Gateway-Administrator; Zertifizierung

2. für seinen Aufgabenbereich, der sich aus den Technischen Richtlinien nach § 22 Absatz 2 ergibt, im Rahmen einer durchgängigen IT-Sicherheitskonzeption die notwendigen und angemessenen Maßnahmen zur Informationssicherheit zu erarbeiten und umzusetzen,
3. die weiteren organisatorischen und technischen Anforderungen zu erfüllen, die sich aus den Technischen Richtlinien nach § 22 Absatz 2 ergeben,
4. die nach Nummer 1 bis 3 in seinem Bereich etablierten Maßnahmen und die IT-Sicherheitskonzeption durch vom Bundesamt für Sicherheit in der Informationstechnik hierfür zertifizierte Auditoren regelmäßig auditieren zu lassen und
5. den im Rahmen des Mess- und Eichrechts zuständigen Behörden die Ausübung ihrer Markt- und Verwendungsüberwachungsverpflichtungen kostenfrei zu ermöglichen.

(5) [1]Die Erfüllung der in Absatz 4 Nummer 1 bis 3 genannten Anforderungen ist nachzuweisen durch ein Zertifikat des Bundesamtes für Sicherheit in der Informationstechnik oder durch die erfolgreiche Zertifizierung durch eine Zertifizierungsstelle, die gemäß ISO/IEC 27006 bei einer nach dem Akkreditierungsstellengesetz zuständigen Stelle akkreditiert ist. [2]Der Auditbericht mit dem Nachweis, dass die in Absatz 4 Nummer 1 bis 3 genannten Anforderungen auditiert wurden, ist dem Bundesamt für Sicherheit in der Informationstechnik zur Kenntnis vorzulegen. § 24 Absatz 2 und 3 ist für die Zertifizierung des Smart-Meter-Gateway-Administrators entsprechend anzuwenden.

Schrifttum: *Mätzig*, Das Recht der Elektrizitätsversorgungsrechte – Netzbetreiberpflichten zwischen unternehmerischer Eigenverantwortung und staatlicher Steuerung, 2012; *v. Wege/Wagner*, Digitalisierung der Energiewende, N&R 1/2016, 2.

Übersicht

	Rn.
I. Regelungszweck	1
II. Sicherheitstechnische Betreiberpflichten des Smart-Meter-Gateway-Administrators	4
1. Zuverlässiger technischer Betrieb des intelligenten Messsystems (Abs. 1 S. 1)	4
2. Organisatorische Sicherstellung des zuverlässigen technischen Betriebs	23
3. Verantwortung für Installation, Inbetriebnahme, Konfiguration, Administration, Überwachung und Wartung	27
4. Ermöglichung der Durchführung von weiteren Diensten und Anwendungen	41
5. Verwendung einer zuverlässigen und leistungsfähigen Fernkommunikationstechnik (Abs. 2)	46
6. Informationssicherheitsmanagement und IT-Sicherheitskonzept (Abs. 4 Nr. 1 und Nr. 2)	57
III. Meldepflicht gegenüber dem BSI (Abs. 1 S. 4)	62
IV. Informationsrechte des Smart-Meter-Gateway-Administrator gegenüber anderen Marktteilnehmern (Abs. 3)	69
1. Informationsverpflichtete	71
2. Umfang der Informationspflichten	73
3. Ermöglichung der Administration der Messwertverarbeitung	76
4. Rahmenverträge	78
V. Auditierung und Zertifizierung	79
1. Auditierung (Abs. 4 Nr. 4)	79
2. Zertifizierung	83
VI. Sonstige Regelungen	86
1. Regelung zur kostenfreien Zusammenarbeit mit anderen Behörden	86
2. Regelung zur Kostenverteilung für den Stromverbrauch des Smart-Meter-Gateways	87

I. Regelungszweck

Zum Zwecke der **Gewährleistung von Datenschutz und Datensicherheit** beim Einsatz von Smart-Meter-Gateways im Messstellenbetrieb sind nicht nur Anforderungen an das intelligente Messsystem (vgl. § 21), das Smart-Meter-Gateway (vgl. §§ 22 und 24) und die Anbindungen an das Smart-Meter-Gateway (vgl. § 23), sondern auch an den Betreiber solcher Smart-Meter-Gateways, also an den Smart-Meter-Gateway-Administrator zu stellen.

Smart-Meter-Gateway-Administrator ist diejenige natürliche oder juristische Person, die als Messstellenbetreiber oder in dessen Auftrag für den technischen Betrieb des intelligenten Messsystems verantwortlich ist (vgl. § 2 Nr. 20). Die Funktion des Smart-Meter-Gateway-Administrators ist gemäß § 3 Abs. 1 S. 2 dem Messstellenbetreiber zugeordnet.[1] Wie schon die Legaldefinition in § 2 Nr. 20 („oder in dessen Auftrag") ist die Smart-Meter-Gateway-Administration allerdings nicht zwingend höchstpersönlich vom Messstellenbetreiber durchzuführen; er kann sich stattdessen eines Dienstleisters bedienen.[2]

Der Smart-Meter-Gateway-Administrator „nimmt im Energieversorgungsnetz der Zukunft eine zentrale Rolle ein. Er verwaltet mit dem Smart-Meter-Gateway die Schlüsselstelle zwischen Messwerterhebung und den einzelnen Messwerteverwendern und hat darüber hinaus, soweit entsprechende Geräte an das Smart-Meter-Gateway angeschlossen sind, die zuverlässige Durchführung von Steuerungsfunktionen zu gewährleisten."[3] Aufgrund dieser zentralen und datensensiblen Rolle werden an den Smart-Meter-Gateway-Administrator **strenge sicherheitstechnische Anforderungen** gestellt, die nicht nur den sicheren und zuverlässigen technischen Betrieb von intelligenten Messsystemen, sondern auch dessen organisatorische Sicherstellung betreffen. Diese Grundverpflichtungen aus § 25 Abs. 1 S. 1 werden durch zahlreiche Detailregelungen in § 25 näher konkretisiert und durch Informationsansprüche des Smart-Meter-Gateway-Administrators gegenüber verschiedenen Marktteilnehmern (§ 25 Abs. 3) ergänzt.

II. Sicherheitstechnische Betreiberpflichten des Smart-Meter-Gateway-Administrators

1. Zuverlässiger technischer Betrieb des intelligenten Messsystems (Abs. 1 S. 1)

Eine **Grundverpflichtung** des Smart-Meter-Gateway-Administrators betrifft die Gewährleistung eines zuverlässigen technischen Betrieb des intelligenten Messsystems (vgl. § 25 Abs. 1 S. 1).

In Bezug auf den **Umfang dieser Verpflichtung** kann zunächst festgehalten werden, dass sie ausweislich des Wortlauts der Regelung in § 25 Abs. 1 S. 1 nicht nur den Betrieb des Smart-Meter-Gateways, sondern des gesamten intelligenten Messsystems betrifft. Demnach ist nicht nur der zuverlässige technische Betrieb des Smart-Meter-Gateways im Sinne von § 2 Nr. 19, sondern auch der Anbindungen an das Smart-Meter-Gateway sowie der modernen Messeinrichtungen zu gewährleisten (vgl. § 2 Nr. 7). Die Gesetzessystematik

---

[1] Vgl. hierzu ausführlich BerlKommEnR/*Drozella*, § 3 EnWG Rn. 11 ff.
[2] *v. Wege/Wagner*, N&R 1/2016, 2, 8.
[3] Begründung zum Regierungsentwurf v. 17.2.2016, BT-Drs. 18/7555, S. 86.

§ 25 Smart-Meter-Gateway-Administrator; Zertifizierung

belegt dieses Verständnis, denn § 25 gehört zu Kapitel 3 des Teils 2 des MsbG, welches mit „Technische Vorgaben zur Gewährleistung von Datenschutz und Datensicherheit beim Einsatz von Smart-Meter-Gateway" überschrieben ist. Andererseits erfassen die Regelungen in § 25 nur den technischen Betrieb – Mindestanforderungen an die Ausstattung des Smart-Meter-Gateway-Administrators z. B. in personeller oder wirtschaftlicher Hinsicht sind anderen Regelungen vorbehalten.

6   Der Smart-Meter-Gateway-Administrator hat die **Zuverlässigkeit** des technischen Betriebs zu gewährleisten. Im – hier einzig maßgeblichen – technischen Zusammenhang ist Zuverlässigkeit zu verstehen als die Eigenschaft, die angibt, wie verlässlich eine dem Produkt oder System zugewiesene Funktion in einem Zeitintervall erfüllt wird.

7   Gängige **Messgröße** zur Ermittlung der Zuverlässigkeit ist die **Verfügbarkeit der IT-Dienste**. Die Verfügbarkeit eines Services ist in der Regel als Anteil eines Zeitraumes in Prozent angegeben. Dabei soll der Anteil der „Downtime", also der Zeit, in welcher der Dienst beabsichtigt oder unbeabsichtigt nicht zur Verfügung steht, möglichst gering sein. Weitere verwandte Größen sind der „**Mean Time Between Failures**", die ein Maß für die durchschnittliche Zeit zwischen zwei Fehlern einer Komponente darstellt, sowie der „**Average Downtime**" als Maß der Zeitspanne, die ein Service nach einem Fehler durchschnittlich nicht betriebsbereit ist. Die gängigen Normierungen bieten keine Schwellenwerte, ab welchen das Attribut „Zuverlässigkeit" erreicht ist. Die Deutsche Luftsicherung legt beispielsweise die Maßgabe für die Verfügbarkeit auf 99,98 % p.a. Einen weiteren Aspekt der Zuverlässigkeit stellt die **Wartungsfähigkeit** dar, definiert als die Fähigkeit durch den Parallelbetrieb von redundanten Komponenten keine Dienstausfälle während der Wartungszyklen entstehen zu lassen.

8   Die **Einhaltung der Zuverlässigkeit** durch den Smart-Meter-Gateway-Administrator wird durch das **Zertifizierungserfordernis** (vgl. § 25 Abs. 5) sowie **regelmäßige Audits** (vgl. § 25 Abs. 4 Nr. 4) sichergestellt. Ein nicht zuverlässiger Betrieb kann aber auch den Entzug der Genehmigung des grundzuständigen Messstellenbetriebs, eine **Betriebsuntersagung** oder andere **Maßnahmenanordnungen** der BNetzA nach § 4 Abs. 4 nach sich ziehen.

9   Die maßgeblichen **Zuverlässigkeitsanforderungen** an den technischen Betrieb werden durch die Regelungen in § 25 näher konkretisiert. Zum zuverlässigen technischen Betrieb gehört demnach z. B., dass der Smart-Meter-Gateway-Administrator für die Installation, Inbetriebnahme, Konfiguration, Administration, Überwachung und Wartung von Smart-Meter-Gateways verantwortlich ist (vgl. § 25 Abs. 1 S. 1), nur zertifizierte Smart-Meter-Gateways (vgl. § 25 Abs. 1 S. 3) sowie eine zuverlässige und leistungsfähige Fernkommunikationstechnik verwendet (vgl. § 25 Abs. 2), ein Informationssicherheitsmanagementsystem einrichtet, betreibt und dokumentiert (vgl. § 25 Abs. 4 Nr. 1) und nicht zuletzt die technischen und organisatorischen Vorgaben der Technischen Richtlinien des BSI einhält (vgl. § 25 Abs. 4 Nr. 3). Mit anderen Worten, über den Verweis in § 25 Abs. 4 Nr. 3 auf § 22 Abs. 2 erlangen die jeweils aktuell geltenden technischen Anforderungen an den Smart-Meter-Gateway-Administrator aus den technischen Richtlinien des BSI Gesetzeskraft und sind für den Smart-Meter-Gateway-Administrator verbindlich.

10 Die Technische Richtlinie TR-03109-6 definiert geeignete und angemessene **Mindestanforderungen** an die Informationssicherheit. Nachfolgend werden die darin enthaltenen Anforderungen an den Smart-Meter-Gateway-Administrator beispielhaft beschrieben:

II. Sicherheitstechnische Betreiberpflichten § 25

So hat der Smart-Meter-Gateway-Administrator für alle Smart-Meter-Gateways in seinem Verantwortungsbereich mindestens einen **Zeitserver** zur Verfügung zu stellen, mit dem sich die Uhr jedes Smart-Meter-Gateways synchronisieren kann. Der Zeitserver ist ein Rechner innerhalb eines Netzwerkes (z. B. des Internets), der die aktuelle Zeit übermittelt, ähnlich dem früheren Zeitansagedienst im Telefon, den man anrufen konnte, um die genaue Uhrzeit mitgeteilt zu bekommen.

Der Smart-Meter-Gateway-Administrator ist die verantwortliche Instanz, die ein vom Smart-Meter-Gateway-Hersteller zur Verfügung gestelltes **Firmware-Update** für das Smart-Meter-Gateway vorbereitet (d. h. prüft und zum Download bereitstellt). Die „Firmware" ist sozusagen das Betriebssystem für das Smart-Meter-Gateway und fest („firm") in das Gerät eingebettet. Hierfür muss er das ihm zur Verfügung gestellte Firmware-Update auf Version, Vollständigkeit, Authentizität und Integrität überprüfen. Die angebotene Version muss neuer sein als diejenige, die auf dem Gateway zurzeit installiert ist. Bei der **Vollständigkeit** geht es darum, zu überprüfen, ob alle Daten, die zur Firmware gehören, vollumfänglich übertragen worden sind. Bei der **Authentizität** geht es darum, zu überprüfen, dass die Firmware auch tatsächlich vom Hersteller stammt und nicht etwa von einem Dritten, der nur vorgibt, zum Hersteller zu gehören. Der Begriff der **Integrität** wird unterschiedlich definiert und überlappt sich stellenweise mit dem der Authentizität. Das BSI definiert ihn als „Korrektheit (Unversehrtheit) von Daten und der korrekten Funktionsweise von Systemen". Hier geht es darum, zu überprüfen, dass niemand an der Firmware Veränderungen vorgenommen hat, die entweder zu Fehlfunktionen führen können, oder z. B. Schadcode beinhalten (und damit beispielsweise einen Fernzugriff von nicht-autorisierter Stelle erlauben könnten).

Ebenfalls muss, außer in begründeten und mit dem BSI abgestimmten Ausnahmefällen, eine **Zertifizierung für das zur Verfügung gestellte Firmware-Update** nach [BSI CC-PP-0073]/[BSI TR-03109] vorhanden sein. Mit dieser Zertifizierung bestätigt das BSI, dass die Firmware den gesetzlichen Vorgaben an die Firmware durch das oben genannte Schutzprofil „CC-PP, Common Criteria Protection Profile" und der Technischen Richtlinie „TR" entspricht.

Auch das **Schlüssel- und Zertifikatsmanagement** liegt im Aufgabenbereich des Smart-Meter-Gateway-Administrators. Die Schlüssel und Zertifikate sind Bestandteile der Public Key Infrastructure. Eine Public Key Infrastructure ist ein kryptologisches System, also ein System, welches die verschlüsselte und signierte Übermittlung von Daten ermöglicht. Verschlüsselt bedeutet hierbei, dass die Nachricht für einen Unbefugten nicht lesbar ist; signiert bedeutet, dass die nicht abstreitbare Urheberschaft und Integrität der Nachricht gewährleistet ist.

Ein **digitales Zertifikat** ist ein digitaler Datensatz, der bestimmte Eigenschaften von Personen oder Objekten bestätigt und dessen Authentizität und Integrität durch kryptografische Verfahren geprüft werden kann. Das digitale Zertifikat enthält insbesondere die zu seiner Prüfung erforderlichen Daten. Die Ausstellung des Zertifikats erfolgt durch eine offizielle Zertifizierungsstelle, die Certification Authority (CA). Public-Key-Zertifikate bestätigen die Identität des Inhabers (und weitere Eigenschaften eines öffentlichen kryptographischen Schlüssels).

§ 25 Smart-Meter-Gateway-Administrator; Zertifizierung

16   Als **Schlüssel** wird in der Kryptologie allgemein eine Information bezeichnet, die der Parameter für ein kryptographisches Verfahren ist. Bei der hier angewendeten PKI ist der Schlüssel eine Bitfolge, also eine Folge von Einsen und Nullen.

17   Innerhalb einer **Public-Key-Infrastructure** gibt es **zwei verschiedene Typen von Schlüsseln** – öffentliche und private Schlüssel. Der öffentliche Schlüssel (einer Person, einer Organisation, eines Gerätes, o. Ä.) ist nicht geheim, er soll möglichst vielen anderen Benutzern bekannt sein. Mit ihm können Nachrichten verschlüsselt oder digitale Unterschriften geprüft werden. Um einen Geheimtext wieder zu entschlüsseln oder eine Nachricht zu signieren, wird der private Schlüssel benötigt, der nur dem Inhaber selbst bekannt sein darf. Dieses Verfahren klingt zunächst nicht besonders intuitiv, was auf der Fehlannahme beruht, dass eine mit dem öffentlich bekannten Schlüssel verschlüsselte Nachricht mit demselben Schlüssel auch wieder entschlüsselt werden könne. Dies ist aber bei modernen kryptographischen Verfahren nicht der Fall. Jemand, der mit dem öffentlichen Schlüssel eine Nachricht verschlüsselt hat, kann sie selbst nicht wieder entschlüsseln. Eine Metapher für die in der Mathematik so genannten Falltürfunktionen, die hier verwendet werden, ist die Funktion eines Briefkastens: Jeder kann einen Brief einwerfen. Das Herausholen ist dagegen sehr schwierig – es sei denn, man ist im Besitz des Schlüssels.

18   Zu einem **sicheren Betrieb** gehören insbesondere auch die Aktualisierung von Schlüsseln in den Profilen der Smart-Meter-Gateways wie der sichere Umgang mit nicht öffentlichen Schlüsseln.

19   Ebenfalls fällt das **Beantragen von neuen Zertifikaten** für die Smart-Meter-Gateways in den Aufgabenbereich des Smart-Meter-Gateway-Administrators.

20   Das Smart-Meter-Gateways löscht Teile des **Letztverbraucher-Logs** nach Ablauf der **Speicherfrist**. Die Speicherfrist kann durch den Smart-Meter-Gateway-Administrator auf Anforderung durch den Letztverbraucher angepasst werden. Nach Ablauf der Speicherfrist erfolgt das Löschen der betreffenden Einträge im Letztverbraucher-Log durch das Smart-Meter-Gateway. Einträge in anderen Logs auf dem Smart-Meter-Gateway dürfen hierdurch nicht verändert oder gelöscht werden. Eine Logdatei (auch Ereignisprotokolldatei; englisch: log file) enthält das automatisch geführte Protokoll aller oder bestimmter Aktionen von Prozessen auf einem Computersystem. Wichtige Anwendungen finden sich vor allem bei der Prozesskontrolle und Automatisierung. Prinzipiell werden alle Aktionen mitgeschrieben, die für eine spätere Untersuchung (Audit) erforderlich sind oder sein könnten.

21   Das Smart-Meter-Gateway kann **Nachrichten** an den Smart-Meter-Gateway-Administrator senden. Bei den dort empfangenen Nachrichten kann es sich um **Status-, Fehler- und Alarmmeldungen** handeln. Der Smart-Meter-Gateway-Administrator hat diese Nachrichten zu lesen und auszuwerten.

22   Durch die Bezugnahme auf die jeweils aktuellen Technischen Richtlinien wird dem Umstand Rechnung getragen, dass die Smart-Meter-Gateway-Administration wie die intelligenten Messsysteme selbst einem steten **technischen Wandel** unterliegen werden und daher die technischen Anforderungen an beide nicht für alle Zeit festgeschrieben werden können.[4]

---

4 Vgl. Begründung zum Regierungsentwurf v. 17.2.2016, BT-Drs. 18/7555, S. 87.

2. Organisatorische Sicherstellung des zuverlässigen technischen Betriebs

Der Smart-Meter-Gateway-Administrator „verwaltet mit dem Smart-Meter-Gateway die Schlüsselstelle zwischen Messwerterhebung und den einzelnen Messwerteverwendern und hat darüber hinaus, soweit entsprechende Geräte an das Smart-Meter-Gateway angeschlossen sind, die zuverlässige Durchführung von Steuerungsfunktionen zu gewährleisten. Dies erfordert, dass diese Rolle einem gewissen Maß an organisatorischen Mindestanforderungen genügt."[5] Vor diesem Hintergrund ist der Smart-Meter-Gateway-Administrator gemäß § 25 Abs. 1 S. 1 verpflichtet, den zuverlässigen technischen Betrieb des intelligenten Messsystems auch organisatorisch sicherzustellen. Der Smart-Meter-Gateway-Administrator hat folglich nicht nur die personelle, technische und wirtschaftliche Leistungsfähigkeit seines Unternehmens sowie die Zuverlässigkeit seines Personals sicherzustellen, sondern hat auch über die Gestaltung der organisatorischen Abläufe in seinem Unternehmen den zuverlässigen technischen Betrieb eines intelligenten Messsystems sicherzustellen.

Die **allgemeine Verpflichtung** wird unter anderem durch die Verpflichtungen in **§ 25 Abs. 4 Nr. 1 bis Nr. 3 näher ausgestaltet**. Demnach gehört zu den organisatorischen Mindestanforderungen unter anderem ein Informationssicherheitsmanagementsystem und eine IT-Sicherheitskonzeption (vgl. Rn. 57 ff.). Gemäß § 25 Abs. 4 Nr. 3 sind zudem die weiteren organisatorischen Anforderungen zu erfüllen, die sich aus den Technischen Richtlinien des BSI nach § 22 Abs. 2 ergeben. Hiermit erlangen die darin enthaltenen organisatorischen Anforderungen an den Smart-Meter-Gateway-Administrator Gesetzeskraft und sind für den Smart-Meter-Gateway-Administrator verbindlich.

Organisatorische Anforderungen nach der Technischen Richtlinie TR-03109-6 sind u. a. die vollständige Dokumentation aller Prozessabläufe in ihrer konkreten Ausgestaltung als verbindlich einzuhaltende Handlungsanweisungen an die Mitarbeiter mit definierten Verantwortlichkeiten, das Vorhandensein eines Sensibilisierungskonzeptes, in welchem Maßnahmen bestimmt sind, die geeignet sind, die Akzeptanz von Sicherheitsmaßnahmen zu steigern, sowie ein dokumentiertes Rollen- und Rechtekonzept, das den Grundsätzen einer Funktionstrennung genügt und bestimmt, welche Rollen nicht in einer Person und/oder einem Bereich vereint sein dürfen.

Durch die **Bezugnahme auf die jeweils aktuellen Technischen Richtlinien** wird dem Umstand Rechnung getragen, dass die Smart-Meter-Gateway-Administration wie die intelligenten Messsysteme selbst einem steten technischen Wandel unterliegen werden und daher die organisatorischen Anforderungen an den Smart-Meter-Gateway-Administrator nicht für alle Zeit festgeschrieben werden können.[6]

3. Verantwortung für Installation, Inbetriebnahme, Konfiguration, Administration, Überwachung und Wartung

„Der Smart-Meter-Gateway-Administrator nimmt in technischer Hinsicht die **zentrale Funktion** ein, die notwendig ist, um einen **einwandfreien Betrieb** von intelligenten Messsystemen im Dienste von Letztverbrauchern, Netzbetreibern und Marktakteuren zu ermöglichen. [...] Der Smart- Meter-Gateway-Administrator ist gerade nicht nur der „technische

---

5 Begründung zum Regierungsentwurf v. 17.2.2016, BT-Drs. 18/7555, S. 87.
6 Begründung zum Regierungsentwurf v. 17.2.2016, BT-Drs. 18/7555, S. 87.

§ 25 Smart-Meter-Gateway-Administrator; Zertifizierung

Service" für ein Smart-Meter-Gateway, sondern er ermöglicht den technischen Betrieb, indem er das Gateway installiert, konfiguriert und administriert und er hält diesen aufrecht, indem er das Smart-Meter-Gateway überwacht, wartet und Sicherheitsmängel an das BSI meldet."[7] Dementsprechend hat der Gesetzgeber dem Smart-Meter-Gateway-Administrator in § 25 Abs. 1 S. 1 die Verantwortung für die Installation, Inbetriebnahme, Konfiguration, Administration, Überwachung und Wartung des Smart-Meter-Gateways und der informationstechnischen Anbindung von Messgeräten und von anderen an das Smart-Meter-Gateway angebundenen technischen Einrichtungen zugewiesen.

28 Die Tätigkeit der „Administration" ist hierbei ein **Oberbegriff**, der die Tätigkeiten Installation, Inbetriebnahme, Konfiguration und Wartung umfasst. Unter Installation wird das physische Anbringen des Smart-Meter-Gateways verstanden, unter Inbetriebnahme die Kopplung des Gateways an das lokale metrologische Netz (Verbindung zu den intelligenten Zählern) und die Weitverkehrsschnittstelle.

29 Das Smart-Meter-Gateway verbindet **drei voneinander unabhängige Netzwerke**. Das lokale metrologische Netz ist ein IT-Netzwerk, in dem alle (Strom-, Gas-, Wärme- und sonstige) Zähler mit dem Smart-Meter-Gateway verbunden sind. Die Zähler selbst haben keine weitere Netzwerkverbindung, können also weder von extern ausgelesen werden, noch selbst ihre Daten irgendwohin senden.

30 Die **Weitverkehrsschnittstelle** verbindet das Smart-Meter-Gateway mit einem Netz, das über seine lokale Immobilie hinausgeht. Dies kann z. B. über das Internet geschehen. Dabei ist nicht weiter spezifiziert, mit welcher Technologie oder welchem Übertragungsweg (Kabel, Funk etc.) dies geschehen muss.

31 Konfiguration, Administration, Überwachung und Wartung stellen kontinuierliche respektive **wiederkehrende Aufgaben** dar. Die Konfiguration beinhaltet u. a. das Einspielen des kryptographischen Schlüsselmaterials für die Komponenten des intelligenten Messsystems beim Letztverbraucher und die Konfiguration der Regelwerke für die Tarifierung.

32 Die **Überwachung** (oder das Monitoring) stützt sich hauptsächlich auf das Lesen und Auswerten der Nachrichten und Log-Dateien des Smart-Meter-Gateways. Inhalt dieser Nachrichten und Dateien können Status-, Fehler- und Alarmmeldungen sein.

33 Der Smart-Meter-Gateway-Administrator hat **lesenden Zugriff auf das System-Log** und **das eichtechnische Log des Smart-Meter-Gateways**. Im Rahmen seiner Aufgaben muss er diese Logs lesen und auswerten. Das eichtechnische Log ist auf Verlangen einer Eichbehörde dieser zur Verfügung zu stellen. Damit unterstützt der Smart-Meter-Gateway-Administrator die Eichbehörden bei der Erfüllung ihrer gesetzlichen Aufgaben.

34 Die **Wartung** kann verschiedene Aspekte umfassen. So kann beispielsweise der Smart-Meter-Gateway-Administrator das Smart-Meter-Gateway anweisen, einen Selbsttest durchzuführen. Ergibt sich durch die Auswertung oder durch andere Umstände ein Wartungsbedarf, so liegen diese im Verantwortungsbereich des Smart-Meter-Gateway-Administrators. Dies kann sowohl physische Wartungsarbeiten am Gerät im Haus umfassen als auch Wartungs- und Reparaturarbeiten durch Remote-Zugriff. In allen Fällen hat der Smart-Meter-Gateway-Administrator sicherzustellen, dass während der Arbeit keine unau-

---

7 Begründung zum Regierungsentwurf v. 17.2.2016, BT-Drs. 18/7555, S. 86.

II. Sicherheitstechnische Betreiberpflichten § 25

torisierten Handlungen vollzogen werden und, sollte er extern vergeben werden, der Wartungsauftrag im vereinbarten Umfang ausgeführt wird.

Die **Betreiberpflichten** beziehen sich zum ersten auf Smart-Meter-Gateways im Sinne von § 2 Nr. 19. Der Smart-Meter-Gateway-Administrator darf ausschließlich Smart-Meter-Gateways mit gültigem Zertifikat verwenden.[8] Dieses Verwendungsverbot ergibt sich bereits aus § 24 Abs. 4 S. 1, wonach ein Smart-Meter-Gateway ohne ein gültiges und gegenüber dem Smart-Meter-Gateway-Administrator nachgewiesenes Zertifikat nicht als Bestandteil eines intelligenten Messsystems verwendet werden darf. Wie in § 24 Abs. 4 ist auch im Rahmen des § 25 der Begriff des Verwendens weit zu verstehen. Demnach bezieht sich das Verwendungsverbot nicht nur auf die Installation des Smart-Meter-Gateways, sondern eben auch auf die Inbetriebnahme, Konfiguration und Administration usw. Im Zweifel müssen Smart-Meter-Gateways ohne gültiges Zertifikat vom Smart-Meter-Gateway-Administrator ausgebaut werden, ein bloßes Deaktivieren des Smart-Meter-Gateways genügt nicht.[9] 35

Die Betreiberpflichten beziehen sich zudem auf die **informationstechnische Anbindung** von Messgeräten und anderen an das Smart-Meter-Gateway angebundene technische Einrichtungen. Die informationstechnische Anbindung umfasst dabei alle technischen Objekte (Hardware und Software) im Einflussbereich des **Smart-Meter-Gateway-Administrators**, die für eine „Verbindung" zu externen Marktteilnehmern notwendig sind (z. B. Router und sonstige Netzkomponenten). Es geht hier darum, dass das Smart-Meter-Gateway in irgendeiner Form sowohl an das lokale Metrologische Netz, das Home Area Network und das Weitverkehrsnetz angebunden sein muss. Dabei spezifiziert das Gesetz nicht, wie das Netzwerk aufgebaut werden muss. Dies kann durch kabelgebundene oder kabellose Netzwerke aufgebaut werden. 36

Unter den **Begriff der Messgeräte** dürften sämtliche Messeinrichtungen im Sinne von § 2 Nr. 10 fallen. Über das Lokale Metrologische Netz werden die Messeinrichtungen (z. B. für Strom, Gas oder Wärme) des Letztverbrauchers mit dem Smart-Meter-Gateway verbunden. Diese senden die erhobenen Verbrauchs- und Einspeisewerte sowie Netzzustandsdaten (z. B. Spannung, Phasenwinkel, Frequenz) an das Gateway, wo sie gespeichert und weiterverarbeitet werden. 37

Das Smart-Meter-Gateway kommuniziert über die **WAN-Schnittstelle** („Wide Area Network", „Fernkommunikation") mit allen externen Marktteilnehmern, zu denen der Smart-Meter-Gateway-Administrator und all die Marktrollen und Unternehmen gehören, die Verbrauchsdaten oder andere Netzmesswerte speichern und verarbeiten. 38

Die **HAN-Schnittstelle** („Home Area Network", Kommunikation innerhalb des Gebäudes) ist dem Letztverbraucher zuzuordnen. An dieser kann er steuerbare Geräte, bspw. intelligente Hausgeräte oder Photovoltaikanlagen anschließen, um externen Marktteilnehmern den Zugriff für Steuerungs- oder Fernwartungszwecke zu ermöglichen. Darüber hinaus kann der Letztverbraucher über diese Schnittstelle seine Verbrauchs- und ggf. Einspeisewerte abfragen. Er kann hierzu ein entsprechendes Display oder einen PC, ein Tablet oder ein Smartphone anbinden. Ebenfalls über die HAN-Schnittstelle wird einem Service- 39

---

8 Siehe § 25 Abs. 1 S. 3; zur Zertifizierung von Smart-Meter-Gateways vgl. ausführlicher BerlKommEnR/*Mätzig/Fischer/Mohs*, § 24 MsbG Rn. 1 f.
9 Hierzu ausführlicher BerlKommEnR/*Mätzig/Fischer/Mohs*, § 24 MsbG Rn. 12 f.

§ 25 Smart-Meter-Gateway-Administrator; Zertifizierung

techniker die Möglichkeit geboten, wichtige Informationen über den Systemzustand des Smart-Meter-Gateways in Erfahrung zu bringen. Diese werden benötigt, um im Fehlerfall die Ursache zu diagnostizieren und das intelligente Messsystem zu entstören.

40 Auch wenn dem Smart-Meter-Gateway-Administrator nach § 25 Abs. 1 S. 1 die Verantwortung für Installation, Inbetriebnahme, Konfiguration, Administration, Überwachung und Wartung auferlegt ist, heißt dies nicht, dass der Smart-Meter-Gateway-Administrator alles durch eigenes Personal vornehmen muss. Vielmehr darf er sich hierfür der **Dienstleistungen Dritter** bedienen. Allerdings kann er sich dadurch nicht seinen Betreiberpflichten entziehen bzw. seine Betreiberpflichten auf Dritte übertragen. Er hat folglich in seiner Unternehmensorganisation Maßnahmen vorzusehen, mit denen sichergestellt ist, dass Dritte, derer er sich zur Aufgabenerfüllung bedient, bei der Auftragsvergabe nach Eignung und Zuverlässigkeit in Bezug auf die Einhaltung der Vorgaben aus § 25 ausgewählt werden und bei der Erbringung ihrer Dienstleistung für den Smart-Meter-Gateway-Administrator entsprechend überwacht werden.

4. Ermöglichung der Durchführung von weiteren Diensten und Anwendungen

41 Eine Anforderung an das Smart-Meter-Gateway ist, dass es **offen für weitere Anwendungen** und Dienste ist und dabei über die Priorisierung von bestimmten Anwendungen verfügt, wobei nach Anforderungen der Netzbetreiber ausgewählte energiewirtschaftliche und in der Zuständigkeit der Netzbetreiber liegende Messungen und Schaltungen stets und vorrangig ermöglicht werden müssen (siehe § 21 Abs. 1 Nr. 4 lit. a). Diese **technische Mindestanforderung** bezweckt, dass zur Hebung von Synergien ein Smart-Meter-Gateway auf Wunsch des Letztverbrauchers technologieoffen für Mehrwertdienste ausgestaltet werden kann, wobei solche Mehrwertdienste die Durchführung wesentlicher energiewirtschaftlicher Prozesse nicht behindern dürfen, weshalb Priorisierungsfunktionen notwendig sind.[10]

42 Spiegelbildlich zu dieser technischen Mindestanforderung an das Smart-Meter-Gateway hat der Gesetzgeber in § 25 Abs. 1 S. 2 eine entsprechende Pflicht des Smart-Meter-Gateway-Administrators vorgesehen, die **Durchführung von solchen weiteren Anwendungen und Diensten** zu ermöglichen. Dabei beschränkt sich der Anspruch nicht nur auf Marktakteure aus dem Energiebereich.[11] Als weitere Anwendungen oder Dienste außerhalb des Energiebereichs sind beispielsweise denkbar Systeme aus dem Bereich der Heimautomatisierung („Smart Home") oder der Mobilität (Elektrofahrzeuge). So können Haushaltsgeräte oder Elektromobile selbstständig auf Preissignale reagieren und so z.B. bei geringer Nachfrage eine Gefriertruhe über das geforderte Maß herunterkühlen oder den Speicher des Fahrzeugs betanken.

43 Die Pflicht des Smart-Meter-Gateway-Administrators, die Durchführung solcher weiterer Anwendungen oder Dienste zu ermöglichen, besteht jedoch nur, wenn dies **technisch möglich und wirtschaftlich zumutbar** ist. Es genügt nach dem Wortlaut demnach nicht, wenn z.B. die Ermöglichung der Durchführung zwar technisch möglich, aber dem Smart-Meter-Gateway-Administrator wirtschaftlich nicht zumutbar ist. Es müssen beide Vorausset-

---

10 Begründung zum Regierungsentwurf v. 17.2.2016, BT-Drs. 18/7555, S. 84.
11 Begründung zum Regierungsentwurf v. 17.2.2016, BT-Drs. 18/7555, S. 86.

zungen zugleich vorliegen. Der Smart-Meter-Gateway-Administrator hat demnach ein **Anspruchsverweigerungsrecht** bzw. der Anwendungs- oder Diensteanbieter keinen Anspruch gegen den Smart-Meter-Gateway-Administrators, wenn bereits eine der beiden Voraussetzungen nicht gegeben ist. Es spricht einiges dafür, dass der Smart-Meter-Gateway-Administrator im Streitfall die **sekundäre Beweislast** für die technische Unmöglichkeit oder wirtschaftliche Unzumutbarkeit trägt. Zwar spricht der Wortlaut („Soweit es technisch möglich und wirtschaftlich zumutbar ist, ermöglicht der Smart-Meter-Gateway-Administrator die Durchführung") zunächst dafür, dass der Anwendungs- oder Diensteanbieter als Anspruchsinhaber die den Anspruch begründenden Umstände, also auch die technische Möglichkeit und wirtschaftliche Zumutbarkeit beweisen muss. Allerdings kennt nur der Smart-Meter-Gateway-Administrator die technischen und wirtschaftlichen Details seines technischen Betriebes.

Technische Möglichkeit ist ein unbestimmter Rechtsbegriff, der durch die zukünftige Kasuistik zunächst noch ausgefüllt werden muss. Ob hierfür Anleihen aus § 21c Abs. 2 S. 1 EnWG 2011 genommen werden können, ist fraglich. Demnach war ein Einbau von Messsystemen technisch möglich, wenn Messsysteme, die den gesetzlichen Anforderungen genügen, am Markt verfügbar sind. Demgegenüber wird der Begriff der technischen Möglichkeit in Bezug auf den Einbau von intelligenten Messsystemen in § 30 nunmehr etwas anders definiert. Demnach ist die Ausstattung von Messstellen mit einem intelligenten Messsystem nach § 29 technisch möglich, wenn mindestens drei voneinander unabhängige Unternehmen intelligente Messsysteme am Markt anbieten, die den am Einsatzbereich des Smart-Meter-Gateways orientierten Vorgaben des § 24 Abs. 1 genügen und das BSI dies feststellt.

44

Wirtschaftliche Zumutbarkeit ist ebenfalls ein unbestimmter Rechtsbegriff, der durch die zukünftige Kasuistik zunächst noch ausgefüllt werden muss. Der Wortlaut stellt allerdings klar, dass nur die wirtschaftliche Zumutbarkeit maßgeblich ist; sonstige Aspekte der Zumutbarkeit sind im Rahmen des § 25 irrelevant. Da weitere Anwendungen und Dienste – vor allem solche außerhalb des Energiebereichs – keine Standardleistungen des Messstellenbetreibers sein werden, können die Preisobergrenzen aus § 31 zur Bemessung der Zumutbarkeitsgrenze ebenso wenig maßgeblich sein. Am ehesten lassen sich Anleihen aus der Netzanschlussverweigerung nach § 17 Abs. 2 S. 1 EnWG und der hierzu ergangenen Rechtsprechung bzw. Literatur nehmen.[12] Es wird folglich im Einzelfall eine Abwägung aller im Einzelfall relevanten Belange erfolgen müssen. In die Abwägung einzubeziehen sind unter Berücksichtigung der Ziele des MsbG und der sicherheitstechnischen Anforderungen an den Smart-Meter-Gateway-Administrator nach § 25 die gegenläufigen Interessen des Smart-Meter-Gateway-Administrators und des Anbieters der Dienste oder Anwendungen, aber nicht zuletzt auch des Anschlussnehmers, der die Anwendungen und Dienste in Anspruch nehmen möchte. Dabei sind auf Seiten des Smart-Meter-Gateway-Administrators unter anderem die Kosten für die Ermöglichung der Durchführung der Dienste oder Anwendungen und etwaige Folgekosten für die Konfiguration und Administration des Smart-Meter-Gateways zu berücksichtigen. Auf Seiten des Dienste-/Anwendungsanbieters spielt insbesondere eine Rolle, in welchem Maße er auf die konkret gewünschte Ermöglichung angewiesen ist, ob Alternativen zur Durchführung der Dienste oder Anwendungen

45

---

12 Hierzu unter anderem BGH, Beschl. v. 23.6.2009, EnVR 48/08, RdE 2009, S. 336; Britz/Hellermann/Hermes/*Bourwieg*, § 17 EnWG Rn. 32; *Mätzig*, Das Recht der Elektrizitätsversorgungsrechte, S. 256 ff. m. w. N.

§ 25 Smart-Meter-Gateway-Administrator; Zertifizierung

über das Smart-Meter-Gateway bestehen oder ob es ihm nur um eine Kostenreduzierung geht. Ein Verweigerungsrecht besteht nur dann, wenn den Interessen des Smart-Mater-Gateway-Administrators Vorrang vor denen des Dienste-/Anwendungsanbieters zukommt.

5. Verwendung einer zuverlässigen und leistungsfähigen Fernkommunikationstechnik (Abs. 2)

46 Abs. 2 benennt einen für die Gewährleistung eines sicheren technischen Betriebs elementaren Bestandteil – die **„Erreichbarkeit von außen"**.[13] Der zuverlässige technische Betrieb eines intelligenten Messsystems setzt demnach eine zuverlässige und leistungsfähige Fernkommunikationstechnik voraus, mit der die Erreichbarkeit des Messsystems gewährleistet wird und die einzelnen Aufgaben durch den Smart-Meter-Gateway-Administrator abgearbeitet werden können. Demnach ist – auch wenn anders als in Abs. 1 in Abs. 2 nicht ausdrücklich der Smart-Meter-Gateway-Administrator als Adressat der Pflicht genannt ist – eben dieser Verpflichteter. Zwar normiert § 25 selbst in Abs. 3 Pflichten von Netzbetreibern, Energielieferanten und Dritten. Doch bezieht sich der Titel des § 25 insgesamt auf den Smart-Meter-Gateway-Administrator. Hauptadressat der Regelungen in § 25 ist folglich der Smart-Meter-Gateway-Administrator. Im Ergebnis treffen diesen alle in § 25 normierten Pflichten, es sei denn andere werden – wie z. B. in § 25 Abs. 3 – ausdrücklich genannt.

47 Konkret wird der Smart-Meter-Gateway-Administrator in § 25 Abs. 2 verpflichtet, eine **zuverlässige und leistungsfähige Fernkommunikationstechnik** zu verwenden, die eine sichere Administration und Übermittlung von Daten unter Beachtung mess-, eich- und datenschutzrechtlicher Vorgaben sowie, soweit erforderlich, die sichere Administration von Erzeugungsanlagen nach dem EEG und dem KWKG, von Anlagen im Sinne des § 14a EnWG und von lokalen Systemen gewährleistet.

48 Die **Anforderungen an die Fernkommunikationstechnik** beziehen sich auf all jene Technik, die weder dazu dient im lokalen Metrologischen Netz (Kommunikation mit den Messeinrichtungen z. B. für Strom, Gas oder Wärme) noch im Home Area Network (HAN, also die Verbindung zu der Darstellungsschnittstelle des Endverbrauchers oder zu steuerbaren Geräten) zu kommunizieren. Über die Fernkommunikations-Schnittstelle kommuniziert das Smart-Meter-Gateway mit dem Smart-Meter-Gateway-Administrator und mit externen Marktteilnehmern. Ein Beispiel für Fernkommunikationstechnik ist die Schnittstelle eines Privathaushaltes zum Internet. Diese kann z. B. in Privathaushalten über Kupferleitungen für das Telefonnetz (Modem oder DSL), über Glasfaserleitungen (VDSL), über das Kabelfernsehnetz, das Elektrizitätsnetz, über Satellitenantennen oder das Mobilfunknetz (UMTS, LTE) aufgebaut sein.

49 **Gängige Messgrößen** zur Ermittlung der Zuverlässigkeit und Leistungsfähigkeit einer Fernkommunikationsschnittstelle sind die Verfügbarkeit des Dienstes, die garantierte Mindestbandbreite, die durchschnittliche Bandbreite und die Latenz für die Datenübertragung. Die Verfügbarkeit eines Services ist in der Regel als Anteil eines Servicezeitraums in Prozent angegeben. Die Bandbreite wird typischerweise in „Megabit/Sekunde" gemessen und beschreibt das Volumen an Daten, das pro Zeiteinheit über diese Form der Kommunikation übertragen werden kann. Die Latenz beschreibt die Zeit, die ein Datenpaket in einem Rech-

---
13 Hierzu und zur folgenden Begründung: Regierungsentwurf v. 17.2.2016, S. 86 f.

nernetz benötigt, um von der Quelle zum Ziel und zurück zu reisen. Die gängigen Normierungen bieten keine Schwellenwerte, ab welchen das Attribut „zuverlässig" bzw. „leistungsfähig" erreicht ist.

Das **BSI** wird künftig eine **Technische Richtlinie** (TR-03109-5 „Kommunikationsadapter") mit Beschreibungen von Adapterlösungen zur Ankopplung von Bestandszählern bzw. von steuerbaren Systemen an das Smart-Meter-Gateway **veröffentlichen**, zum gegenwärtigen Zeitpunkt ist diese Richtlinie aber noch nicht verfügbar. **50**

Die **sichere Administration** schließt ein, dass die Anforderungen der Schutzprofile und Technischen Richtlinien des BSI erfüllt sind (Sicherstellen einer Authentifizierung ausreichend komplexer Verschlüsselung). Anlagen im Sinne des § 14a EnWG sind vollständig unterbrechbare Verbrauchseinrichtungen, also Stromabnehmer, die der Netzbetreiber über die Ansteuerung des Smart-Meter-Gateways über den Smart-Meter-Gateway-Administrator „vom Netz nehmen" kann, um das Netz zu entlasten. Hierzu zählen wohl insbesondere die in dem Abschnitt „Ermöglichung der Durchführung von weiteren Diensten und Anwendungen" gemeinten „Dienste außerhalb des Energiebereichs" und die im §14a EnWG explizit genannten Elektromobile. **51**

Zu den **mess-, eich- und datenschutzrechtlichen Vorgaben** im Sinne von § 25 Abs. 2 Nr. 1 zählen z. B. das Bundesdatenschutzgesetz mit der EU-Datenschutz-Grundverordnung sowie das MessEG mit der MessEV. **52**

Erzeugungsanlagen nach dem **EEG** sind gemäß § 3 Nr. 1 EEG jegliche Einrichtungen zur Erzeugung von Strom aus erneuerbaren Energien und aus Grubengas. Darunter fallen auch Einrichtungen, die aus zwischengespeicherter Energie, welche ausschließlich aus erneuerbaren Energien und Grubengas stammt, aufnehmen und in elektrische Energie umwandeln. **53**

Erzeugungsanlagen nach dem **KWKG** sind gemäß § 2 Nr. 14 KWKG Anlagen, in denen Strom und Nutzwärme erzeugt werden (KWK-Anlagen); hierzu zählen Feuerungsanlagen mit Dampfturbinen-Anlagen (Gegendruckanlagen, Entnahme- oder Anzapfkondensationsanlagen) oder Dampfmotoren, Gasturbinen-Anlagen (mit Abhitzekessel oder mit Abhitzekessel und Dampfturbinen-Anlage), Verbrennungsmotoren-Anlagen, Stirling-Motoren, ORC (Organic Rankine Cycle)-Anlagen sowie Brennstoffzellen-Anlagen. **54**

Anlagen im Sinne des **§ 14a EnWG** sind alle steuerbaren Verbrauchseinrichtungen im Bereich der Niederspannung, die über einen separaten Zählpunkt verfügen und deren netzdienliche Steuerung durch den Netzbetreiber vertraglich vereinbart ist. Gemäß § 14a S. 2 EnWG gelten auch Elektromobile als steuerbare Verbrauchseinrichtung. **55**

Lokale Systeme sind in diesem Kontext alle Systeme, die an das Smart-Meter-Gateway nicht über die Fernkommunikationsschnittstelle, sondern über das „Home Area Network" angebunden sind, also beispielsweise Haushaltsgeräte, die auf Preissignale aus dem intelligenten Stromnetz reagieren können oder die Darstellungs-Geräte für den Letztverbraucher. **56**

§ 25 Smart-Meter-Gateway-Administrator; Zertifizierung

6. Informationssicherheitsmanagement und IT-Sicherheitskonzept (Abs. 4 Nr. 1 und Nr. 2)

57 Zu den organisatorischen Anforderungen an den Smart-Meter-Gateway-Administrator gehören unter anderem die Einrichtung, der Betrieb und die Dokumentation eines **Informationssicherheitsmanagementsystems** (§ 25 Abs. 4 Nr. 1) sowie die Erarbeitung und Umsetzung der im Rahmen einer durchgängigen IT-Sicherheitskonzeption notwendigen und angemessenen Maßnahmen zur Informationssicherheit (§ 25 Abs. 4 Nr. 2). Die vorgenannten Anforderungen beschreiben keinesfalls abschließend die organisatorischen Anforderungen an den Smart-Meter-Gateway-Administrator. Weitere organisatorische Anforderungen ergeben sich aus den jeweils aktuellen Fassungen der Technischen Richtlinien des BSI.[14]

58 Ein **Informationssicherheitsmanagementsystem** (ISMS) ist ein Managementsystem (also kein IT-System!), das dazu dient, Informationssicherheit zu definieren und aufrechtzuerhalten. Das Managementsystem umfasst die Erfassung der zu schützenden Werte, des jeweiligen Schutzbedarfes, der Aufstellung von Verfahren, Rollen und Regeln innerhalb der Organisation. Diese Regeln umfassen sowohl Verhaltensregeln für Personen als auch die Definition von Prozessen. Innerhalb des Managementsystems wird die Überwachung und kontinuierliche Verbesserung der Informationssicherheit angestrebt.

59 Es gibt **verschiedene Zertifikate** für ISMS. Besonders verbreitet sind Zertifizierungen nach ISO/IEC 27001. Das BSI hat den „IT-Grundschutz" entwickelt, eine Vorgehensweise zum Identifizieren und Umsetzen von Sicherheitsmaßnahmen zum Erreichen eines mittleren Schutzniveaus. Es veröffentlicht sowohl IT-Grundschutz-Kataloge, in welchen technische Sicherheitsmaßnahmen und infrastrukturelle, organisatorische und personelle Schutzmaßnahmen beschrieben werden, als auch BSI-Standards zum Aufbau eines Informationssicherheitsmanagementsystems (100-1), der Vorgehensweise nach IT-Grundschutz (100-2), der Erstellung einer Risikoanalyse für hohen und sehr hohen Schutzbedarf (100-3) und für ein Notfallmanagement (100-4). In Deutschland lässt sich ein ISMS auch nach dem „ISO/IEC 27001-Zertifikat auf Basis von IT-Grundschutz" zertifizieren.

60 Die durchgängige **IT-Sicherheitskonzeption** befasst sich nicht isoliert mit Systemen (z. B. gewissen Objekten, die zu schützen sind wie etwa Workstations, Laptops, mobile Endgeräte) oder Datenbeständen (durch Klassifikation, Erteilung von Zugriffsrechten, Verschlüsselung), sondern betrachtet die **IT-Sicherheit entlang von Prozessen**. Durchgängigkeit bedeutet also, dass IT-Sicherheit vollständig entlang von End-to-End-Prozessen betrachtet wird, in sensiblen Kontexten durchaus auch über Organisationsgrenzen hinweg. Es lässt sich keine sinnvolle Antwort darauf geben, was eine typischerweise notwendige und angemessene Maßnahme zur Informationssicherheit ist, weil dies grundsätzlich davon abhängig ist, wie schutzbedürftig das zu schützende Objekt ist. Vereinfacht lässt sich die Schutzbedürftigkeit als Produkt aus dem zu erwartenden Schaden (monetärer und nicht-monetärer Art) im Falle eines Sicherheitsvorfalls und der Eintrittswahrscheinlichkeit des Vorfalls beschreiben.

61 Zum Zwecke der **Überwachung der Einhaltung** der in § 25 Abs. 4 Nr. 1 und Nr. 2 genannten Verpflichtungen hat der Smart-Meter-Gateway-Administrator die im Rahmen des

---

14 Siehe § 25 Abs. 4 Nr. 3; vgl. BerlKommEnR/*Mätzig/Fischer/Mohs*, § 25 MsbG Rn. 24–26.

Informationssicherheitsmanagementsystems etablierten Maßnahmen und die IT-Sicherheitskonzeption durch zertifizierte Auditoren regelmäßig auditieren zu lassen.[15]

III. Meldepflicht gegenüber dem BSI (Abs. 1 S. 4)

Neben den vorgenannten Betreiberpflichten obliegt dem Smart-Meter-Gateway-Administrator auch eine **Meldepflicht gegenüber dem BSI in Bezug auf das zertifizierte Smart-Meter-Gateway**. Gemäß § 25 Abs. 1 S. 4 hat er Sicherheitsmängel und Änderungen von Tatsachen, die für die Erteilung des Zertifikats nach § 24 Abs. 1 wesentlich sind, unverzüglich dem BSI mitzuteilen.

Die Sicherheitsmängel und Tatsachenänderungen gehen aus der Certificate Policy der Smart-Metering-Public-Key-Infrastruktur hervor, die das BSI veröffentlicht. Bei **Kompromittierungen** oder anderweitigen **sicherheitsrelevanten Vorfällen** muss eine Meldung aufbereitet und an die zuständige Zertifizierungsstelle (Certificate Authority, CA) kommuniziert werden. Bei der Kompromittierung eines Smart-Meter-Gateway-Administrator muss zusätzlich die Wurzelzertifizierungsinstanz (Root-CA, in diesem Falle: das BSI) informiert werden. Beispiele für meldepflichtige Sicherheitsmängel sind die Kompromittierung des privaten Schlüsselmaterials, ein Verstoß gegen relevante Betriebsauflagen oder die Tatsache, dass ein Betreiber der Zertifizierungsinstanz nicht mehr aktiv ist (z. B. Insolvenz).

Der Meldung muss mindestens die **Information** beigefügt werden, **was genau** kompromittiert bzw. betroffen wurde, **wann** das Vorkommnis passiert ist bzw. wann der Vorfall wo und **von wem bemerkt** wurde, **wie** das Vorkommnis vermutlich abgelaufen ist, und ob schon eine **Maßnahme durchgeführt** wurde und welche Maßnahme ergriffen wurde.

Zu beachten ist, dass **nicht jeder Sicherheitsmangel oder jede Änderung** von Tatsachen dem BSI mitzuteilen ist. Der Gesetzgeber hat die Mitteilungspflicht auf solche Umstände beschränkt, die für die Erteilung des Zertifikats nach § 24 Abs. 1 wesentlich sind. Wesentlich sind in jedem Fall solche Umstände, die derart gravierend sind, dass sie zum Entzug des Zertifikats führen. Aber auch weniger gravierende Umstände, die nicht gleich den Entzug des Zertifikats rechtfertigen, sind mitteilungspflichtig – auch wenn die Verwendung des Begriffs „Erteilung" zunächst eine restriktive Lesart nahelegen mag. Das Zertifikat für ein Smart-Meter-Gateway kann mit Auflagen, Gültigkeitsbeschränkungen und sonstigen Beschränkungen verbunden werden.[16] Folglich können auch solche Sicherheitsmängel oder Tatsachenänderungen wesentlich und damit mitteilungspflichtig sein, die sich auf Befristungen, Beschränkungen und Auflagen im Zertifikat auswirken. Der Smart-Meter-Gateway-Administrator hat hinreichende Informationen über die Zertifikaterteilung und damit einhergehende Nebenbestimmungen, weil der Hersteller dem Smart-Meter-Gateway-Admin das Zertifikat vorlegen muss (siehe § 24 Abs. 1 S. 2).

Die Mitteilung muss gegenüber dem Bundesamt für Sicherheit in der Informationstechnik erfolgen. Diese Regelung macht vor dem Hintergrund Sinn, dass das BSI die Zertifizierung der Smart-Meter-Gateways durchführt (siehe § 24 Abs. 1 S. 1), Maßnahmen zur Sicherstellung und Aufrechterhaltung eines einheitlichen Sicherheitsniveaus für den Betrieb zertifi-

---

15 Siehe § 25 Abs. 4 Nr. 4; vgl. BerlKommEnR/*Mätzig/Fischer/Mohs*, § 25 MsbG Rn. 79.
16 Siehe hierzu ausführlicher BerlKommEnR/*Mätzig/Fischer/Mohs*, § 24 MsbG Rn. 27–30.

§ 25   Smart-Meter-Gateway-Administrator; Zertifizierung

zierter Smart-Meter-Gateways durchführt (siehe § 26 Abs. 1) und die Schutzprofile und Technischen Richtlinien für Smart-Meter-Gateways – zusammen mit der Bundesnetzagentur, der Physikalisch-Technischen Bundesanstalt und dem Bundesbeauftragten für Datenschutz – erarbeitet und weiterentwickelt (siehe § 27 Abs. 1).

67 Die Mitteilung an das BSI hat unverzüglich, also ohne schuldhaftes Zögern (vgl. § 121 Abs. 1 BGB) zu erfolgen.

68 Fraglich ist, ob aus der Meldepflicht des Smart-Meter-Gateway-Administrators auch eine **entsprechende Überwachungs- bzw. Überprüfungspflicht** in Bezug auf das Zertifikat folgt. Dafür könnte sprechen, dass der Hersteller des Smart-Meter-Gateways dem Smart-Meter-Gateway-Administrator das Zertifikat vorlegen muss.[17] Aus dem vorgelegten Zertifikat ergeben sich mögliche Beschränkungen oder Auflagen.[18] Zudem darf der Smart-Meter-Gateway-Administrator Smart-Meter-Gateways ohne gültiges Zertifikat nicht verwenden.[19] Um nicht gegen das Verwendungsverbot zu verstoßen, wird der Smart-Meter-Gateway-Administrator ohnehin zumindest die Gültigkeitsdauer des Zertifikats regelmäßig überprüfen müssen. Gleichwohl wird man dem Smart-Meter-Gateway-Administrator keine technische Kontroll- und Überprüfungspflicht über die Gültigkeitsdauer des Zertifikats hinaus auferlegen können. Die entsprechenden Überwachungspflichten hat der Gesetzgeber vielmehr dem BSI bzw. den Zertifikat ausgebenden Stellen auferlegt.[20] Es geht vielmehr darum, beim Betrieb des zertifizierten Smart-Meter-Gateways vom Smart-Meter-Gateway-Administrator festgestellte Sicherheitsmängel oder andere Umstände dem BSI mitzuteilen, damit dieses seinen Aufsichtsbefugnissen nachkommen und z.B. weitere anlassbezogene Überprüfungsmaßnahmen ergreifen (vgl. § 12 Abs. 7 S. 1 BSIZertV) oder Änderungen bzw. Weiterentwicklungen an den Technischen Richtlinien oder Schutzprofilen initiieren kann (vgl. § 27 Abs. 1). Vor diesem Hintergrund dürften offensichtliche Sicherheitsmängel und Tatsachenänderungen, die für die Erteilung des Zertifikats wesentlich sind, in jedem Fall meldepflichtig sein. Offensichtliche Umstände bedürfen zu ihrer Feststellung schon keiner vorherigen (vertieften) technischen Überprüfung. In anderen Fällen wird vom Smart-Meter-Gateway-Administrator jedoch unter Verweis auf Abs. 1 S. 4 keine vorherige vertiefte technische Begutachtung verlangt werden können, um zunächst überhaupt erst einmal feststellen zu können, ob die Sicherheitsmängel oder Tatsachenänderungen für die Zertifikaterteilung wesentlich sind.

IV. Informationsrechte des Smart-Meter-Gateway-Administra-tor gegenüber anderen Marktteilnehmern (Abs. 3)

69 Zur Gewährleistung des technischen Betriebs haben Netzbetreiber, Energielieferanten und Dritte, deren Verträge mit dem Letztverbraucher oder Anlagenbetreiber nach dem Erneuerbare-Energien-Gesetz und Kraft-Wärme-Kopplungsgesetz über oder mit Hilfe des Smart-Meter-Gateway abgewickelt werden sollen, dem Smart-Meter-Gateway-Administrator alle

---

17 Siehe § 24 Abs. 1 S. 2.
18 Vgl. § 12 Abs. 3 und 4 BSIZertV; siehe hierzu ausführlicher BerlKommEnR/*Mätzig/Fischer/Mohs*, § 24 MsbG Rn. 27.
19 Siehe §§ 24 Abs. 4 S. 1, 25 Abs. 1 S. 3.
20 Siehe § 24 Abs. 2 i.V.m. § 12 Abs. 7 S. 1 BSIZertV; hierzu ausführlicher BerlKommEnR/*Mätzig/Fischer/Mohs*, § 24 MsbG Rn. 31–33.

IV. Informationsrechte des Smart-Meter-Gateway-Administrator § 25

für den Betrieb des Smart-Meter-Gateway **notwendigen Informationen** bereitzustellen (S. 1) und die **Administration der Messwertverarbeitung zu ermöglichen** (S. 2).

Zweck der Verpflichtung der Marktteilnehmer zur Bereitstellung von Informationen ist, dass der Smart-Meter-Gateway-Administrator ohne diese Informationen die ihm zugewiesenen Aufgaben nicht erfüllen kann.[21]

70

1. Informationsverpflichtete

Zur Bereitstellung der erforderlichen Informationen sind zunächst die **Netzbetreiber** und **Energielieferanten** verpflichtet. Netzbetreiber in diesem Sinne sind alle Betreiber von Energieversorgungsnetzen (vgl. § 2 S. 2 i.V.m. § 3 Nr. 4 EnWG). Energielieferanten im Sinne dieser Vorschrift sind alle natürlichen oder juristischen Personen, die Energie an andere liefern (vgl. § 2 S. 2 i.V.m. § 3 Nr. 18 EnWG, aber auch § 3 Nr. 20 EEG). Unklar bleibt, ob sich der Zusatz in § 25 Abs. 3 „deren Verträge mit dem Letztverbraucher oder Anlagenbetreiber nach dem Erneuerbare-Energien-Gesetz und Kraft-Wärme-Kopplungsgesetz über oder mit Hilfe des Smart-Meter-Gateway abgewickelt werden sollen" nur auf die Dritten oder auch auf die Netzbetreiber und Energielieferanten bezieht.

71

In jedem Fall aber sind nur solche **Dritte** zur Informationsbereitstellung verpflichtet, deren Verträge mit dem Letztverbraucher oder Anlagenbetreiber nach dem EEG und KWKG über das oder mit Hilfe des Smart-Meter-Gateway abgewickelt werden sollen. Dritter in diesem Sinne ist somit jeder, der mit einem Letztverbraucher oder Anlagenbetreiber einen Vertrag über die Lieferung oder Abnahme von Strom aus EEG- oder KWK-Anlagen hat und weder Netzbetreiber noch Energielieferant ist. Hierunter fallen z.B. Direktvermarkter[22] oder Letztverbraucher, die den Strom aus EEG- oder KWK-Anlagen direkt vom Anlagenbetreiber geliefert bekommen. Zugleich ergibt sich durch den Verweis auf das EEG und KWKG aber auch, dass Dritter in diesem Sinne nicht Letztverbraucher im Bereich der Niederspannung sind, die eine steuerbare Verbrauchseinrichtung nach § 14a EnWG haben. Dies überrascht, da in Bezug auf jene die Verwendung einer zuverlässigen und sicheren Fernkommunikationstechnik vorgeschrieben ist (vgl. § 25 Abs. 2 Nr. 2) und in § 25 Abs. 3 Nr. 2 uneingeschränkt auf § 25 Abs. 3 S. 1, 2. Hs. Nr. 2 verwiesen wird.

72

2. Umfang der Informationspflichten

Hinsichtlich des **Umfangs** der zu liefernden Informationen normiert § 25 Abs. 3, dass alle für den Betrieb des Smart-Meter-Gateways notwendigen Informationen bereitzustellen sind. Die **Aufzählung** in § 25 Abs. 3 Nr. 1 und Nr. 2 ist nur beispielhaft („insbesondere") und daher **keinesfalls abschließend**.

73

So sind beispielsweise diejenigen **Berechtigungsinformationen** bereitzustellen, die laut den Rahmenverträgen zwischen dem Smart-Meter-Gateway-Administrator und dem Netzbetreiber, Energielieferant und Anschlussnutzer an den Smart-Meter-Gateway-Administrator weiterzugeben sind. Berechtigungsinformationen (Credentials) verbinden Akteure (dies können natürliche Personen, aber auch technische Einheiten sein) mit deren Rollen

74

---

21 Begründung zum Regierungsentwurf v. 17.2.2016, BT-Drs. 18/7555, S. 87.
22 Begründung zum Regierungsentwurf v. 17.2.2016, BT-Drs. 18/7555, S. 87.

§ 25   Smart-Meter-Gateway-Administrator; Zertifizierung

und Zugriffsberechtigungen auf Daten und Systeme. Beispiele für solche Berechtigungsinformationen sind z. B. Benutzername und Passwort, die innerhalb einer Windows-Domäne mit Berechtigungen zum Zugriff auf gewisse Netzlaufwerke versehen sind. So sind beispielsweise die Messwerte der intelligenten Messstellen nicht ohne entsprechende Berechtigungen zu erlangen, sodass der Smart-Meter-Gateway-Administrator seiner Aufgabe, diese Werte zu sammeln und auf Abruf des Vertragspartners zur Lieferung der Energie des Endkunden zur Verfügung zu stellen, ohne die notwendigen Berechtigungsinformationen nicht nachkommen kann.

75 Auch die **Kommunikation** (sowohl zur Steuerung als auch zur Administration) von Verbrauchseinrichtungen, also z. B. Haushaltsgeräten, die auf Preissignale aus dem intelligenten Netz reagieren können, aber auch Strom in das Netz einspeisenden Anlagen ist abgesichert. Auch hier benötigt der Smart-Meter-Gateway-Administrator die entsprechenden Berechtigungsinformationen, um die Kommunikation aufbauen und seinen Aufgaben nachkommen zu können.

3. Ermöglichung der Administration der Messwertverarbeitung

76 Netzbetreiber, Energielieferanten und Dritte im Sinne des Abs. 3 S. 1 haben zudem die **Administration der Messwertverarbeitung** gemäß den Anforderungen der in § 22 Abs. 2 benannten Technischen Richtlinien des Bundesamts für Sicherheit in der Informationstechnik zu ermöglichen.

77 Das **Smart-Meter-Gateway** ist in der Architektur eines intelligenten Messsystems die **einzige Instanz**, welche von den (Strom-, Gas-, Wärme-) Zählern **Messwerte sammeln kann**. Der Smart-Meter-Gateway-Administrator ist der einzige, der auf diese Werte zugreifen kann. Untereinander und von außen gibt es auf diese Werte keinen Zugriff. Um im intelligenten Stromnetz Prognosen über Netzauslastung über das nötige Stromangebot treffen zu können, müssen von vielen einzelnen Smart-Meter-Gateways die Verbrauchsdaten zusammengefasst und ausgewertet werden können. Dieser „Meter Data Management (MDM)" genannte Prozess ist das zentrale Datenmanagement, das die Verbrauchswerte der Smart Meter überwacht und verwaltet. Es ist das Bindeglied zwischen der Prozessdatenverarbeitung und der unternehmensweiten Informationsverarbeitung. Dies funktioniert nur, wenn alle Seiten, also Netzbetreiber, Energielieferanten und Dritte (z. B. die Messstellenbetreiber), entsprechende Funktionen zur Verfügung stellen, um die Messwertbearbeitung zu erlauben.

4. Rahmenverträge

78 Zur **Absicherung der Bereitstellung von Informationen** kann der Smart-Meter-Gateway-Administrator **Rahmenverträge** mit Netzbetreibern, Messstellenbetreibern, Energielieferanten und berechtigten Dritten schließen (vgl. Abs. 3 S. 3). Den zulässigen Inhalt sowie die Durchführung der Rahmenverträge kann die BNetzA gemäß § 47 Abs. 1 Nr. 6 in Festlegungen konkretisieren.

V. Auditierung und Zertifizierung

1. Auditierung (Abs. 4 Nr. 4)

Der Smart-Meter-Gateway-Administrator unterliegt nicht nur einer Zertifizierungs-, sondern auch einer **Auditierungspflicht**. Gemäß Abs. 4 Nr. 4 hat er sein IT-Sicherheitskonzept sowie die etablierten Maßnahmen zur Informationssicherheit regelmäßig durch zertifizierte Auditoren auditieren zu lassen. 79

Nach dem Wortlaut der Regelung in Abs. 4 Nr. 4 ist eine Zertifizierung des Informationssicherheitsmanagementsystems oder des IT-Sicherheitskonzepts nicht erforderlich. Es genügt, wenn der Smart-Meter-Gateway-Administrator seinen Auditierungspflichten nachkommt und den Nachweis der Auditierung sowie den Auditbericht dem BSI im Rahmen des Verfahrens zur Zertifizierung als Smart-Meter-Gateway-Administrator vorlegt (vgl. Abs. 5 S. 2). 80

Als Audit wird die **Analyse auf Sicherheitsschwachstellen eines Informationssystems** bezeichnet. Es gibt verschiedene Formen von IT-Sicherheitsaudits, die mehr oder weniger umfassend verschiedene Risiken betrachten. Eine spezielle Auditierung ist somit eine notwendige, nicht aber zwingend hinreichende Bedingung für eine Zertifizierung – wie etwa eine Prüfung eine notwendige Bedingung für einen Abschluss ist, aber alleine das Ablegen für das Erreichen des Abschlusses nicht ausreicht, sondern nur das Bestehen der Prüfung zum Abschluss führt. Die Zertifizierungsstelle übernimmt die Rolle einer unabhängigen dritten Instanz neben dem Antragsteller und dem Auditierer, die die Gleichwertigkeit der Prüfungen und der Auditberichte gewährleistet. Sie veröffentlicht die Schemata und Interpretationen zum Zertifizierungsverfahren. Die Zertifizierungsstelle prüft den Zertifizierungsantrag des Antragstellers und den eingereichten Auditbericht des Auditierers auf Grundlage des vorliegenden Zertifizierungsschemas und des zugehörigen Auditierungsschemas. Nur bei positivem Prüfergebnis erteilt die Zertifizierungsstelle ein Zertifikat. 81

Exemplarisch kann hier der Zertifizierungsprozess für die Vergabe eines „ISO 27001-Zertifikats auf der Basis von IT-Grundschutz" genannt werden. Zu den Aufgaben eines ISO 27001-Grundschutz-Auditors gehören eine Sichtung der von der Institution erstellten Referenzdokumente, die Durchführung einer Vor-Ort-Prüfung und die Erstellung eines Audit-Reports. Für die Vergabe eines ISO 27001-Zertifikats muss dieser Audit-Report zur Überprüfung dem BSI vorgelegt werden. Auf der Grundlage des Auditreports und des Zertifizierungsschemas für die „Zertifizierung nach ISO 27001 auf der Basis von IT-Grundschutz" wird dann erst entschieden, ob ein Zertifikat ausgestellt werden kann oder nicht. 82

2. Zertifizierung

Die **Erfüllung der in Abs. 4 Nr. 1 bis 3 genannten Anforderungen**, sprich die Einrichtung, der Betrieb sowie die Dokumentation eines Informationssicherheitsmanagementsystems (Nr. 1), die Erarbeitung und Umsetzung notwendiger und angemessener Maßnahmen zur Informationssicherheit im Rahmen einer durchgängigen IT-Sicherheitskonzeption (Nr. 2) sowie die Erfüllung weiterer organisatorischer und technischer Anforderungen aus den Technischen Richtlinien (Nr. 3), ist durch ein Zertifikat des BSI oder einer nach ISO/IEC 27006 akkreditierten Zertifizierungsstelle nachzuweisen. Zudem ist der Auditbericht 83

§ 25   Smart-Meter-Gateway-Administrator; Zertifizierung

mit dem Nachweis, dass die in Abs. 4 Nr. 1 bis 3 genannten Anforderungen auditiert sind, dem BSI zur Kenntnis vorzulegen.

84   Gemäß Abs. 5 S. 3 finden **§ 24 Abs. 2 und Abs. 3** für die Zertifizierung des Smart-Meter-Gateway-Administrators entsprechende Anwendung. Demnach gelten auch bei der Zertifizierung des Smart-Meter-Gateway-Administrators die Verfahrensvorschriften des § 9 BSIG sowie der BSIZertV.[23] Das Zertifikat kann mit einer Befristung, Beschränkung oder mit Auflagen verbunden werden. Aufgrund des uneingeschränkten Verweises in Abs. 5 S. 3 auf § 24 Abs. 2 und 3 und damit auf die BSIZertV sind weitere über die in § 24 Abs. 3 ausdrücklich genannten Nebenbestimmungen hinaus zulässig.[24]

85   Zu beachten ist, dass das **Fehlen oder der Entzug des Zertifikats** nach § 25 gemäß § 45 Abs. 1 Nr. 1 dazu führt, dass der Smart-Meter-Gateway-Administrator, der grundzuständiger Messstellenbetreiber ist, ein Verfahren zur Übertragung der Grundzuständigkeit für den Messstellenbetrieb von modernen Messeinrichtungen und intelligenten Messsystemen durchführen muss.

VI. Sonstige Regelungen

1. Regelung zur kostenfreien Zusammenarbeit mit anderen Behörden

86   Des Weiteren muss der Smart-Meter-Gateway-Administrator nach § 25 Abs. 4 Nr. 5 den im Rahmen des Mess- und Eichrechts zuständigen Behörden die Ausübung ihrer Markt- und Verwendungsüberwachungspflichten kostenfrei ermöglichen. Die Zuständigkeit der Behörden richtet sich nach dem jeweiligen Landesrecht (siehe § 40 Abs. 1 Satz 1 MessEG). Dabei umfassen die Pflichten der nach § 40 zuständigen Stelle insbesondere die Gewährleistung der Messrichtigkeit oder Messbeständigkeit von Messgeräten im Sinne des MessEG durch Eichung (vgl. § 37 Abs. 4 MessEG).

2. Regelung zur Kostenverteilung für den Stromverbrauch des Smart-Meter-Gateways

87   **Die ununterbrochene Stromversorgung ist** elementarer Bestandteil für die Gewährleistung eines sicheren technischen Betriebs des intelligenten Messsystems.[25] Daher muss die Stromentnahme für den Betrieb eines intelligenten Messsystems im ungemessenen Bereich erfolgen (vgl. Abs. 2). Diese Anforderung „dient der Aufrechterhaltung der Betriebsfähigkeit des Messsystems unabhängig von der Verwendung von Systemen mit sogenannter „Breaker-Funktion" (z.B. Vorkassesysteme)".[26]

88   Wenn nach den Umständen des Einzelfalls Grund zu der Annahme besteht, dass der Letztverbraucher seinen Zahlungsverpflichtungen nicht oder nicht rechtzeitig nachkommt, ist der Lieferant berechtigt, für den Elektrizitätsverbrauch **Vorauszahlung** zu verlangen. Statt

---

23 Vgl. hierzu ausführlich BerlKommEnR/*Mätzig/Fischer/Mohs*, § 24 Rn. 4, 19.
24 Vgl. hierzu ausführlich BerlKommEnR/*Mätzig/Fischer/Mohs*, § 24 Rn. 27.
25 Begründung zum Regierungsentwurf v. 17.2.2016, BT-Drs. 18/7555, S. 86.
26 Hierzu und zum Folgenden: Begründung zum Regierungsentwurf v. 17.2.2016, BT-Drs. 18/7555, S. 86.

einer Vorauszahlung kann der Lieferant beim Kunden einen Bargeld- oder Chipkartenzähler oder sonstige vergleichbare **Vorkassensysteme** einrichten (vgl. § 14 Abs. 1 und 3 StromGVV).

Um der Anforderung gerecht zu werden, dass der **Betrieb** des intelligenten Messsystems im **ungemessenen Bereich** erfolgen soll, muss die Versorgung des Smart-Meter-Gateways und des Smart Meters vor dem Smart Meter erfolgen. Somit erfassen die Smart Meter nur die Leistung, die hinter ihnen abgenommen wird, nicht aber die Leistung, die sie selbst durch ihren Betrieb verbrauchen. 89

In letzter Konsequenz führt dies zugleich dazu, dass die Kosten für die Stromversorgung des Smart-Meter-Gateway bei sogenannten Pflichteinbauten nach § 29 Teil der gesetzlich vorgeschriebenen Preisobergrenzen sind. 90

§ 26 Aufrechterhaltung eines einheitlichen Sicherheitsniveaus

(1) ¹Zur Sicherstellung und Aufrechterhaltung eines bundesweit einheitlichen Sicherheitsniveaus für den Betrieb von zertifizierten Smart-Meter-Gateways führt das Bundesamt für Sicherheit in der Informationstechnik im Einvernehmen mit der Physikalisch-Technischen-Bundesanstalt und der Bundesnetzagentur soweit erforderlich folgende Maßnahmen durch:

1. die Analyse, Priorisierung und Bewertung von Schwachstellen von Smart-Meter-Gateways sowie die Entscheidung über Software-Updates zu deren Behebung und über sonstige Maßnahmen des Smart-Meter-Gateway-Administrators,
2. die Planung und Erarbeitung von neuen Versionen der Schutzprofile und Technischen Richtlinien nach § 22 Absatz 2,
3. die Einbringung von neuen Versionen der Schutzprofile und Technischen Richtlinien nach § 22 Absatz 2 in das Verfahren nach § 27 und deren anschließende Freigabe.

²Bei Gefahr im Verzug tritt an die Stelle des Einvernehmens nach Satz 1 eine nachträgliche Informationspflicht des Bundesamts für Sicherheit in der Informationstechnik gegenüber den in Satz 1 genannten Behörden.

(2) ¹Geeignete Informationen stellt das Bundesamt für Sicherheit in der Informationstechnik auf seinen Internetseiten bereit. ²Das Bundesministerium für Wirtschaft und Energie ist von sämtlichen ergriffenen Maßnahmen vorab oder bei Gefahr im Verzug nachträglich zu informieren.

Übersicht

	Rn.		Rn.
I. Regelungszweck	1	IV. Verfahren	7
II. Zuständige Aufsichtsbehörde	2	V. Informations- und Veröffentlichungspflichten (Abs. 2)	14
III. Zulässige Maßnahmen	4		

I. Regelungszweck

1 Mit technischem Fortschritt gehen immer wieder neue Bedrohungsszenarien einher. Die ausgerollten intelligenten Messsysteme müssen hiermit Schritt halten, um auch dauerhaft einen **hohen Standard an Datenschutz und Datensicherheit** zu gewährleisten.[1] Um dies – auf einem bundeseinheitlichen Niveau – sicherzustellen, werden dem BSI in § 26 verschiedene Aufgaben übertragen. Zum einen obliegen dem BSI die Analyse, Priorisierung und Bewertung von Schwachstellen von Smart-Meter-Gateways (Abs. 1 S. 1 Nr. 1). Des Weiteren enthält Abs. 1 S. 1 Nr. 1 die Ermächtigungsgrundlage für den Erlass sicherheitstechnischer Vorgaben, die (noch) nicht Teil der geltenden Technischen Richtlinien und

---

1 Begründung zum Regierungsentwurf v. 17.2.2016, BT-Drs. 18/7555, S. 87.

Schutzprofile sind und unmittelbar für jeden Smart-Meter-Gateway-Administrator gelten. Schließlich wird dem BSI die fachliche Weiterentwicklung der Technischen Richtlinien und Schutzprofile sowie eine Initiativpflicht für Eingaben in den Ausschuss Gateway-Standardisierung (vgl. § 27) zugewiesen (Abs. 1 S. 1 Nr. 2 und Nr. 3).

II. Zuständige Aufsichtsbehörde

Die Kompetenz zur Durchführung von Maßnahmen nach § 26 ist eindeutig dem **BSI** zugewiesen. Maßnahmen der Physikalisch-Technischen Bundesanstalt oder der BNetzA können nicht auf § 26 gestützt werden; die Ermächtigung zum Erlass von Anordnungen durch diese beiden Behörden muss sich aus anderen Vorschriften ergeben.

Anordnungen der Bundesnetzagentur gegenüber einem Smart-Meter-Gateway-Administrator können neben Anordnungen des BSI nach § 26 auf der **Grundlage des § 76** ergehen. Nach § 76 Abs. 2 kann die Bundesnetzagentur dann, wenn ein Unternehmen seinen Verpflichtungen nach dem MsbG nicht nachkommt, Maßnahmen zur Einhaltung der Verpflichtungen anordnen. Wenn z.B. ein Smart-Meter-Gateway-Administrator der sicherheitstechnischen Vorgabe des BSI zur Vornahme einer Software-Aktualisierung bei bestimmten Typen von Smart-Meter-Gateways nicht nachkommt, dann ist es an der Bundesnetzagentur, gemäß § 76 Abs. 2 das entsprechende Einhalten der Vorgabe gegenüber dem Smart-Meter-Gateway-Administrator anzuordnen und ggf. unter Androhung eines Zwangsgeldes durchzusetzen.

III. Zulässige Maßnahmen

Zu den nach Abs. 1 S. 1 zulässigen Maßnahmen des BSI gehört die **Analyse, Priorisierung und Bewertung von Schwachstellen** von Smart-Meter-Gateways (Nr. 1). Demnach obliegt es dem BSI, „Informationen von Herstellern und Anwendern über bekanntgewordene Sicherheitslücken und sonstige Schwierigkeiten im Zusammenhang mit der Umsetzung von Schutzprofilen und Technischen Richtlinien zusammenzutragen, auszuwerten und entsprechend zu reagieren".[2] Die erforderlichen Informationen zu Sicherheitslücken erhält das BSI u.a. von den Smart-Meter-Gateway-Administratoren. Diese sind gemäß § 25 Abs. 1 S. 4 verpflichtet, Sicherheitsmängel und Änderungen von Tatsachen, die für die Erteilung des Zertifikats für das Smart-Meter-Gateway wesentlich sind, dem BSI zu melden.

Neben der Informationssammlung und -auswertung ist das BSI nach Abs. 1 S. 1 Nr. 1 zur **Vorgabe konkreter technischer Sicherheitsmaßnahmen** des Smart-Meter-Gateway-Administrators, wie z.B. die Durchführung von Software-Updates zur Schwachstellenbehebung, befugt. Die sicherheitstechnischen Vorgaben des BSI können sowohl kurzfristiger als auch langfristiger Natur sein.[3] Die Ermächtigung des BSI in Abs. 1 S. 1 Nr. 1 zum Erlass solcher kurzfristigen oder langfristigen sicherheitstechnischen Maßnahmen erklärt sich vor dem Hintergrund, dass Vorgaben aus den jeweils geltenden Technischen Richtli-

---

2 Begründung zum Regierungsentwurf v. 17.2.2016, BT-Drs. 18/7555, S. 87.
3 Begründung zum Regierungsentwurf v. 17.2.2016, BT-Drs. 18/7555, S. 87.

§ 26   Aufrechterhaltung eines einheitlichen Sicherheitsniveaus

nien und Schutzprofilen die Risiken oder Gefahren aus neuen Bedrohungsszenarien (noch) nicht berücksichtigen und das Verfahren zur Erarbeitung oder Änderung der Technischen Richtlinien und Schutzprofile einige Zeit in Anspruch nimmt (vgl. § 27). Um den Gefahren bis zu einer Änderung der Technischen Richtlinien und Schutzprofile im erforderlichen Maß begegnen zu können, ist das BSI zwischenzeitlich zu sicherheitstechnischen Vorgaben ermächtigt. Ebenso ist es denkbar, dass die konkrete erforderliche Maßnahme (z. B. Durchführung eines Software-Updates oder Änderung von Passwörtern) nicht Inhalt einer Technischen Richtlinie oder eines Schutzprofils sind. Um das einheitliche Sicherheitsniveau aufrechterhalten zu können, müssen solche langfristigen sicherheitstechnischen Vorgaben außerhalb der Technischen Richtlinien und Schutzprofile vom BSI anordenbar sein.

6   Das BSI ist schließlich für die **Planung und Erarbeitung von neuen Versionen** der Schutzprofile und Technischen Richtlinien sowie für die **Einbringung dieser neuen Versionen in das Verfahren** vor dem Ausschuss Gateway-Standardisierung nach § 27 und deren anschließende Freigabe zuständig (siehe Abs. 1 S. 1 Nr. 1).

IV. Verfahren

7   Das BSI erlässt die sicherheitstechnischen Vorgaben grundsätzlich **im Einvernehmen mit der Bundesnetzagentur** und der **Physikalisch-Technischen Bundesanstalt** (Abs. 1 S. 1).

8   Ein Einvernehmen setzt **völlige Willensübereinstimmung** voraus.[4] Zustimmung ist inhaltsgleich; bei Mitwirkung gleichgestellter Körperschaften oder Organe wird Einvernehmen verwendet, Zustimmung bei Hierarchieverhältnissen.[5]

9   Das MsbG enthält weder Vorschriften dazu, wie das Einvernehmen **verfahrenstechnisch** zwischen den drei Behörden herzustellen ist, noch Vorschriften zu einem möglichen **Eskalationsverfahren**.

10 Das Einvernehmenserfordernis mit der Physikalisch-Technischen Bundesanstalt und der Bundesnetzagentur erklärt sich zunächst daraus, dass eben diese **beiden Behörden dem Ausschuss Gateway-Standardisierung** angehören (vgl. § 27 Abs. 2 Nr. 3 und Nr. 4).

11 Ein Einvernehmen zwischen BSI und BNetzA ergibt sich des Weiteren aus den **Festlegungskompetenzen** der Bundesnetzagentur nach § 47. Demnach ist die Bundesnetzagentur befugt, Festlegungen zu erlassen; u. a. zur Gewährleistung der Fernsteuerbarkeit nach § 21 Abs. 1 Nr. 1b) und der Abrufbarkeit nach § 21 Abs. 1 Nr. 1c) i.V.m. § 47 Abs. 1 Nr. 1, zur zeitnahen Übermittlung von Netzzustandsdaten nach § 21 Abs. 1 Nr. 1d) i.V.m. § 47 Abs. 1 Nr. 2, zur Konkretisierung der Anforderungen an die Zuverlässigkeit und Leistungsfähigkeit der Kommunikationstechnik nach § 21 Abs. 1 Nr. 3 i.V.m. § 47 Abs. 1 Nr. 3 oder zur Konkretisierung der Anforderungen an die Übermittlung der Stammdaten angeschlossener Anlagen in § 21 Abs. 1 Nr. 6 i.V.m. § 47 Abs. 1 Nr. 5. Die Bundesnetzagentur erlässt also ebenfalls sicherheitstechnische Vorgaben, allerdings außerhalb der Technischen Richtlinien und Schutzprofile. Um ein stimmiges sicherheitstechnisches Regelungsgeflecht aus den Vorgaben beider Behörden zu gewährleisten, ist ein Einvernehmen zwi-

---

4 BVerwG, Urt. v. 30.11.1978, BVerwGE 57, 98, 101; OVG Münster, Urt. v. 16.7.1991, 15 A 2054/88, NWVBl 1992, 58, 60 m.w. N.
5 Stelkens/Bonk/Sachs/*Sachs*, § 44 VwVfG Rn. 184 (vgl. dort Fn. 527).

schen beiden Behörden unverzichtbar. Zudem ergibt sich die besondere Beteiligungsstellung der BNetzA aus ihren Anordnungskompetenzen im Bereich Messstellenbetrieb (vgl. § 76) und ihrer Zuständigkeit über die Genehmigung zum grundzuständigen Messstellenbetrieb nach § 4 und damit zugleich über die Funktion als Smart-Meter-Gateway-Administrator (vgl. § 3 Abs. 1 S. 2).

Das Erfordernis, mit der **Physikalisch-Technischen Bundesanstalt** Einvernehmen herzustellen, erklärt sich durch deren **gesetzlichen Aufgabenbereich**. Die Physikalisch-Technische Bundesanstalt ist das nationale Metrologie-Institut der Bundesrepublik Deutschland im Geschäftsbereich des BMWi.[6] Die Physikalisch-Technische Bundesanstalt ist oberste Instanz bei allen Fragen des richtigen Messens. Im EinhZeitG sind ihr alle Aufgaben zur Darstellung und zur Weitergabe der Einheiten übertragen worden. Die Beteiligung der Physikalisch-Technischen Bundesanstalt ist demnach erforderlich, weil es um intelligente Messsysteme geht. Insbesondere auf die Gestaltung der Zähler hat die Physikalisch-Technische Bundesanstalt Einfluss. **12**

Das Erfordernis, vor einer Maßnahme des BSI mit der Bundesnetzagentur und der Physikalisch-Technischen Anstalt Einvernehmen hierzu herzustellen, entfällt bei **Gefahr in Verzug** (Abs. 1 S. 2). Der Begriff der Gefahr im Verzug ist ein unbestimmter Rechtsbegriff, der typischerweise im Polizeirecht verwendet wird. Gefahr in Verzug wird angenommen, wenn ohne die erforderliche Handlung ein nicht unerheblicher Schaden bei den betroffenen Rechtsgütern eintreten würde und ein Abwarten bis zum Tätigwerden einer nicht ausgeschlossenen Person den Eintritt eines erheblichen Nachteils bedeuten könnte.[7] In der Praxis ist daher nur bei der Entscheidung über Software-Updates und über sonstige Maßnahmen des Smart-Meter-Gateway-Administrators nach Abs. 1 S. 1 Nr. 1, 2 und 3. Gefahr im Verzug denkbar. Das Erarbeiten von neuen Versionen der Schutzprofile und Technischen Richtlinien sowie deren Einbringung in den Ausschuss Gateway-Standardisierung ist ein längerfristiger Prozess, der schon dem Zeitmoment entgegensteht. Handelte das BSI bei Gefahr in Verzug, hat es nachträglich die BNetzA, die Physikalisch-Technische Bundesanstalt sowie das BMWi zu informieren (siehe Abs. 1 S. 3 und Abs. 2 S. 2). **13**

V. Informations- und Veröffentlichungspflichten (Abs. 2)

Das **BSI** hat auf seinen Internetseiten geeignete **Informationen** bereitzustellen. **14**

Zudem hat das BSI die Pflicht, das BMWi über sämtliche seiner geplanten oder bei Gefahr in Verzug **ergriffenen Maßnahmen** zu informieren (vgl. Abs. 2 S. 2). Traf das BSI Maßnahmen bei Gefahr in Verzug allein, so sind neben dem BMWi auch die BNetzA und die Physikalisch-Technische Bundesanstalt hierüber zu informieren (vgl. Abs. 1 S. 3). **15**

---

6 Metrologie = Wissenschaft v. Messen.
7 Vgl. BeckOK VwVfG/*Heßhaus*, § 20 Rn. 47 m. w. N.

§ 27 Weiterentwicklung von Schutzprofilen und Technischen Richtlinien; Ausschuss Gateway-Standardisierung

(1) Weitere Schutzprofile und Technische Richtlinien sowie neuere Versionen Technischer Richtlinien und von Schutzprofilen nach § 22 Absatz 2 werden erarbeitet unter Beachtung der Festlegungskompetenz der Bundesnetzagentur nach § 47 durch das Bundesamt für Sicherheit in der Informationstechnik im Einvernehmen mit der Physikalisch-Technischen Bundesanstalt und der Bundesnetzagentur unter Anhörung der oder des Bundesbeauftragten für den Datenschutz und die Informationsfreiheit; der Ausschuss Gateway-Standardisierung ist bei wesentlichen Änderungen unter Vorsitz des Bundesministeriums für Wirtschaft und Energie im Anschluss anzuhören.

(2) ¹Dem Ausschuss Gateway-Standardisierung gehören an:
1. das Bundesministerium für Wirtschaft und Energie,
2. das Bundesamt für Sicherheit in der Informationstechnik,
3. die Physikalisch-Technische Bundesanstalt,
4. die Bundesnetzagentur sowie
5. je ein Vertreter von mindestens drei auf Bundesebene bestehenden Gesamtverbänden, die jeweils die Interessen von Letztverbrauchern, Herstellern und Anwendern vertreten; die Bestimmung der Verbände nach Satz 3 liegt im Ermessen des Bundesministeriums für Wirtschaft und Energie.

²Der Ausschuss wird von der oder dem Bundesbeauftragten für den Datenschutz und die Informationsfreiheit beraten.

(3) ¹Das Bundesministerium für Wirtschaft und Energie beruft die Mitglieder des Ausschusses für eine Dauer von drei Jahren. ²Der Ausschuss Gateway-Standardisierung tagt mindestens einmal im Jahr. ³Die Mitgliedschaft ist ehrenamtlich.

(4) ¹Die nach Absatz 1 erarbeiteten Schutzprofile und Technischen Richtlinien sind dem Bundesministerium für Wirtschaft und Energie zur Zustimmung vorzulegen. ²Nach der Zustimmung durch das Bundesministerium für Wirtschaft und Energie erfolgt eine Bekanntgabe der nach Absatz 1 erarbeiteten Schutzprofile und Technischen Richtlinien gemäß § 22 Absatz 2 durch das Bundesamt für Sicherheit in der Informationstechnik.

Übersicht

	Rn.		Rn.
I. Regelungszweck	1	IV. Besetzung des Ausschusses	22
II. Erarbeitung neuer Schutzprofile und Technischer Richtlinien sowie neuer Versionen (Abs. 1, 1. Hs.)	2	V. Zustimmungserfordernisse und Bekanntmachungspflichten	27
III. Ausschussverfahren bei wesentlichen Änderungen	13		

I. Regelungszweck

Während die Reglungen in § 26 die Anpassungen von Schutzprofilen und Technischen 1
Richtlinien betreffen, regelt § 27 das **Verfahren für wesentliche Änderungen der Dokumente** sowie das **Verfahren bei der Erstellung neuer Versionen** (sogenannter Releases).
Schutzprofile und Technische Richtlinien müssen in Umfang und Ausgestaltung flexibel
sein, um auf den technischen Fortschritt und die in Pilotprojekten gemachten Erfahrungen
angemessen reagieren zu können. Daher regelt § 27 ein Verfahren zur Weiterentwicklung
von Schutzprofilen und Technischen Richtlinien unter Beteiligung von Akteuren aus den
Bereichen Wirtschaft, Verbraucher- und Datenschutz.[1]

II. Erarbeitung neuer Schutzprofile und Technischer Richtlinien sowie neuer Versionen (Abs. 1, 1. Hs.)

Dem BSI ist bereits gemäß § 26 Abs. 1 S. 1 Nr. 2 und Nr. 3 die Aufgabe zugewiesen, neue 2
Versionen (Releases) von Schutzprofilen und Technischen Richtlinien zu planen, zu erarbeiten und in das Verfahren nach § 27 einzubringen. In § 27 wird diese Aufgabe erweitert
um die **Erarbeitung gänzlich neuer Schutzprofile und Technischer Richtlinien** (vgl.
§ 27 Abs. 1, 1. Hs.). Gegenstand der Weiterentwicklungsarbeit sollen insbesondere sein:
die Weiterentwicklung der Sicherheits- und Interoperabilitätsanforderungen an das Smart-
Meter-Gateway, dessen angeschlossene Komponenten und an den sicheren Betrieb, die
Weiterentwicklung der Schutzprofile und Technischen Richtlinien zur Kommunikation
von netzdienlichen Informationen, von Stromverbrauchs- und Erzeugungswerten oder
dem sicheren Bewirken von Last- und Erzeugungsmanagementmaßnahmen, die Anforderungen an die Fähigkeit zur Messung anderer Sparten (Gas, Wasser, Wärme) und der Umsetzung von sich aktuell entwickelnden Mehrwertdiensten.[2]

Das Verfahren nach § 27 führt – anders als die Maßnahmen des BSI nach § 26 Abs. 1 3
S. 1 – zu einer **Abänderung der jeweils geltenden Schutzprofile oder Technischen
Richtlinien** und damit des Stands der Technik, welchem die Smart-Meter-Gateways (vgl.
§ 22 Abs. 1), die Anbindungen an Smart-Meter-Gateways (vgl. § 23 Abs. 1) und die
Smart-Meter-Gateway-Administratoren in technischer und organisatorischer Hinsicht
(vgl. § 25 Abs. 4 Nr. 3) genügen müssen.

Änderungen oder neue Versionen von Schutzprofilen und Technischen Richtlinien sollten 4
– vor allem, wenn sie wesentlich sind – auch **angemessene Übergangsregelungen** enthalten.[3]

Die Weiterentwicklung der Schutzprofile und Technischen Richtlinien liegt in der **Hauptkompetenz des BSI**. Dieses ist der zentrale Ansprechpartner für Hersteller und Anwender, 5
wenn es Probleme bei der Umsetzung der technischen Mindestanforderungen gibt oder
wenn Sicherheitsmängel zu Tage treten.[4] Es erhält u. a. von den Smart-Meter-Gateway-Administratoren Informationen über Sicherheitsmängel und Änderungen von Tatsachen, die

---
1 Zum Ganzen: Gesetzesentwurf der Bundesregierung v. 17.2.2016, BT-Drs. 18/7555, S. 88.
2 Vgl. Gesetzesentwurf der Bundesregierung v. 17.2.2016, BT-Drs. 18/7555, S. 88.
3 Gesetzesentwurf der Bundesregierung v. 17.2.2016, BT-Drs. 18/7555, S. 88.
4 Gesetzesentwurf der Bundesregierung v. 17.2.2016, BT-Drs. 18/7555, S. 88.

§ 27 Weiterentwicklung von Schutzprofilen und Technischen Richtlinien

für die Erteilung des Zertifikats für das Smart-Meter-Gateway wesentlich sind (vgl. § 25 Abs. 1 S. 4).

6   Das BSI hat – anders als bei Maßnahmen nach § 26 Abs. 1 S. 1 – nicht nur mit der Bundesnetzagentur und der Physikalisch-Technischen Bundesanstalt **Einvernehmen** über neue Versionen oder neue Schutzprofile oder Technische Richtlinien herzustellen, sondern hat zudem die oder den **Bundesbeauftragten für den Datenschutz und die Informationsfreiheit** hierzu anzuhören sowie die **Zustimmung des Bundesministeriums für Wirtschaft und Energie** hierzu einzuholen.

7   Ein **Einvernehmen** setzt **völlige Willensübereinstimmung** voraus.[5]

8   Das MsbG enthält **weder Vorschriften** dazu, wie das **Einvernehmen verfahrenstechnisch** zwischen den drei Behörden herzustellen ist, noch Vorschriften zu einem möglichen **Eskalationsverfahren**.[6]

9   Das Erfordernis, mit der **Bundesnetzagentur** Einvernehmen herzustellen, ergibt sich zum einen aus deren **Festlegungskompetenzen** nach § 47. Demnach ist die Bundesnetzagentur befugt, Festlegungen zu erlassen unter anderem zur Gewährleistung der Fernsteuerbarkeit nach § 21 Abs. 1 Nr. 1 lit. b) und der Abrufbarkeit nach § 21 Abs. 1 Nr. 1 lit. c) (§ 47 Abs. 1 Nr. 1), zur zeitnahen Übermittlung von Netzzustandsdaten nach § 21 Abs. 1 Nr. 1 lit. d) (§ 47 Abs. 1 Nr. 2), zur Konkretisierung der Anforderungen an die Zuverlässigkeit und Leistungsfähigkeit der Kommunikationstechnik nach § 21 Abs. 1 Nr. 3 (§ 47 Abs. 1 Nr. 3) oder zur Konkretisierung der Anforderungen an die Übermittlung der Stammdaten angeschlossener Anlagen in § 21 Abs. 1 Nr. 6 (§ 47 Abs. 1 Nr. 5). Die Bundesnetzagentur erlässt also ebenfalls sicherheitstechnische Vorgaben, allerdings außerhalb der Technischen Richtlinien und Schutzprofile. Um ein **stimmiges sicherheitstechnisches Regelungsgeflecht aus den Vorgaben beider Behörden** zu gewährleisten, ist ein Einvernehmen zwischen beiden Behörden unverzichtbar. Das Einvernehmen mit der Bundesnetzagentur hat nicht zuletzt seinen Sinn darin, dass die Einhaltung der sicherheitstechnischen Maßgaben effektiv durchgesetzt werden kann. Denn die Bundesnetzagentur ist die zuständige Aufsichtsbehörde für Maßnahmenanordnungen nach § 76.

10 Die **Physikalisch-Technische Bundesanstalt** ist das nationale Metrologie-Institut (Metrologie = Wissenschaft vom Messen) der Bundesrepublik Deutschland im Geschäftsbereich des Bundesministeriums für Wirtschaft und Energie. Die Physikalisch-Technische Bundesanstalt ist oberste Instanz bei allen Fragen des richtigen Messens. Im Einheiten- und Zeitgesetz[7] sind ihr alle Aufgaben zur Darstellung und zur Weitergabe der Einheiten übertragen worden. Die Beteiligung der Physikalisch-Technischen Bundesanstalt ist demnach erforderlich, weil es um intelligente Messsysteme geht. Insbesondere auf die Gestaltung der Zähler hat die Physikalisch-Technische Bundesanstalt Einfluss.

11 Während das BSI mit der Bundesnetzagentur und der Physikalisch-Technischen Bundesanstalt Einvernehmen über neue sicherheitstechnische Vorgaben herstellen muss, ist der oder die **Bundesbeauftragte für den Datenschutz und die Informationsfreiheit** ledig-

---

5 BVerwGE 57, 98, 101; OVG Münster, NWVBl 1992, 58, 60 m. w. N.; vgl. zum Einvernehmen ausführlich BerlKommEnR/*Mätzig/Fischer/Mohs*, § 26 MsbG Rn. 8.
6 BerlKommEnR/*Mätzig/Fischer/Mohs*, § 26 MsbG Rn. 9.
7 Einheiten- und Zeitgesetz i. d. F. v. 22.2.1985 (BGBl. I S. 408), zuletzt geändert durch Art. 4 Abs. 65 des Gesetzes v. 18.7.2016 (BGBl. I S. 1666).

lich **anzuhören**. Die Anhörung ist die schwächste Form der Mitwirkung; das Anhörungserfordernis erschöpft sich darin, dass die vorgebrachten Erwägungen berücksichtigt werden müssen.[8] Eine stärkere als die Anhörung erfolgende Einbindung der/des Bundesbeauftragten für den Datenschutz und die Informationsfreiheit an der Erarbeitung der Technischen Richtlinien oder Schutzprofile würde die gesetzliche Unabhängigkeit der/des Bundesbeauftragten für den Datenschutz und die Informationsfreiheit verletzen. Die/der Bundesbeauftragte für den Datenschutz und die Informationsfreiheit darf neben ihrem/seinem Amt unter anderem keiner Regierung oder gesetzgebenden Körperschaft des Bundes oder eines Landes angehören und auch nicht gegen Entgelt außergerichtliche Gutachten abgeben (siehe § 23 Abs. 2 BDSG).[9]

Die **Beteiligung** der/des **Bundesbeauftragten für den Datenschutz und die Informationsfreiheit** erklärt sich aus deren/dessen **Aufgabenbereich**. Die/der Bundesbeauftragte für den Datenschutz und die Informationsfreiheit kontrolliert bei den öffentlichen Stellen des Bundes die Einhaltung der Vorschriften des Bundesdatenschutzgesetzes und anderer Vorschriften über den Datenschutz. Die Kontrolle der/des Bundesbeauftragten erstreckt sich auch auf von öffentlichen Stellen des Bundes erlangte personenbezogene Daten über den Inhalt und die näheren Umstände des Brief-, Post- und Fernmeldeverkehrs, und personenbezogene Daten, die einem Berufs- oder besonderen Amtsgeheimnis, insbesondere dem Steuergeheimnis nach § 30 AO,[10] unterliegen (siehe § 24 Abs. 1 und Abs. 2 BDSG). Die Beteiligung der/des Bundesbeauftragten für den Datenschutz und die Informationsfreiheit dient letztlich der Wahrung dieser gesetzlichen Kompetenzen.[11] Die Anhörung stellt sicher, dass alle tatsächlichen und rechtlichen Gesichtspunkte aus den Kompetenzbereichen der/des Bundesbeauftragten für den Datenschutz und die Informationsfreiheit und die damit geschützten öffentlichen Interessen in die Schutzprofile und Technischen Richtlinien und somit in den maßgeblichen Stand der Technik einfließen.

12

III. Ausschussverfahren bei wesentlichen Änderungen

Sind die **Änderungen** an den Schutzprofilen und Technischen Richtlinien **wesentlich**, so ist **vorher** der **Ausschuss Gateway-Standardisierung** unter dem Vorsitz des Bundesministeriums für Wirtschaft und Energie im Anschluss **anzuhören** (Abs. 1 Hs. 2). Dem Ausschuss Gateway-Standardisierung gehören auch Vertreter von mindestens drei auf Bundesebene bestehenden Gesamtverbänden an, die jeweils die Interessen von Letztverbrauchern, Herstellern und Anwendern vertreten.

13

Der Gesetzgeber will damit gewährleisten, dass sich **sämtliche wesentlichen Akteure** in den Prozess der Weiterentwicklung von Schutzprofilen und Technischen Richtlinien einbringen können, damit ein für Hersteller und Anwender auch **wirtschaftlich umsetzbarer Weiterentwicklungsprozess** ermöglicht wird. So wurde dies bereits bei Erstellung der Ur-

14

---

8 Stelkens/Bonk/Sachs/*Sachs*, § 44 VwVfG Rn. 184 (dort Fn. 527).
9 Ausführlicher hierzu BeckOK BDSG/*Schiedermair*, § 23 Rn. 4.
10 Abgabenordnung v. 1.10.2002 (BGBl. I S. 3866; 2003 I S. 61), zuletzt geändert durch Art. 3 Abs. 13 des Gesetzes v. 26.7.2016 (BGBl. I S. 1824).
11 Hierzu und zum Folgenden Stelkens/Bonk/Sachs/*Neumann*, § 73 VwVfG Rn. 34.

§ 27 Weiterentwicklung von Schutzprofilen und Technischen Richtlinien

sprungsversionen der notwendigen technischen Dokumente in Schutzprofiltagungen gehandhabt, was nun durch diese Verordnung einen rechtlichen Rahmen erhält.[12]

15 Nicht jede, sondern **nur wesentliche Änderungen** der Schutzprofile und Technischen Richtlinien sind dem Ausschuss Gateway-Standardisierung vorzulegen. Wesentlich ist eine Änderung in jedem Fall dann, wenn sie derart gravierend ist, dass sie zum Entzug oder zur Abänderung erteilter Zertifikate oder hiermit verbundener Befristungen, Beschränkungen und Auflagen für Smart-Meter-Gateways (vgl. § 24) oder Smart-Meter-Gateway-Administratoren nach § 25 führt. Unter Berücksichtigung des mit § 27 Abs. 1 Hs. 2 verfolgten Zwecks (Wirtschaftlichkeit des Weiterentwicklungsprozesses) sind aber solche Änderungen wesentlich, die sich nicht unerheblich auf den wirtschaftlichen Betrieb von Smart-Meter-Gateways bzw. des technischen und organisatorischen Betriebs durch den Smart-Meter-Gateway-Administrator auswirken.

16 Die **gesetzlichen Vorgaben** in § 27 zum **Ausschussverfahren** sind recht überschaubar: Das **Vorlage-/Initiativrecht** wird ebenso wie die fachliche Erarbeitung der neuen Versionen oder neuen Richtlinien oder Schutzprofile dem BSI zugewiesen. Vor der Eingabe beim Ausschuss ist zuvor das **Einvernehmen mit der Bundesnetzagentur und der Physikalisch-Technischen Bundesanstalt** herzustellen.

17 Das **Einvernehmenserfordernis** ist im Ausschussverfahren **nicht entbehrlich**. Zwar gehören die Bundesnetzagentur und die Physikalisch-Technische Bundesanstalt auch dem Ausschuss Smart-Meter-Gateway an und sind demnach am Weiterentwicklungsprozess über den Ausschuss beteiligt. Doch hat der Ausschuss lediglich ein Anhörungsrecht; ein Einvernehmen ist gerade nicht zu erzielen. Um folglich die Rechte der Bundesnetzagentur und der Physikalisch-Technischen Bundesanstalt nicht zu beschneiden, ist das vorherige Einvernehmen mit diesen beiden Behörden nach § 27 Abs. 1 Hs. 1 auch bei Ausschusssachen einzuhalten – zumal es hier nicht nur um Änderungen, sondern um wesentliche Änderungen geht.

18 Anders als bei nicht wesentlichen Änderungen nach § 27 Abs. 1 Hs. 1 bedarf es vor der Eingabe beim Ausschuss allerdings **nicht der Anhörung der/des Bundesbeauftragten für den Datenschutz und die Informationsfreiheit.** Dieser hat im Ausschuss Gateway-Standardisierung eine beratende Rolle (siehe § 27 Abs. 2 S. 2) und kann hierüber alle tatsächlichen und rechtlichen Gesichtspunkte aus seinen Kompetenzbereichen und die damit geschützten öffentlichen Interessen in die Schutzprofile und Technischen Richtlinien und somit in den maßgeblichen Stand der Technik einfließen lassen. Eine stärkere als die Beratung erfolgende Einbindung der/des Bundesbeauftragten für den Datenschutz und die Informationsfreiheit an der Erarbeitung der Technischen Richtlinien oder Schutzprofile würde die gesetzliche Unabhängigkeit der/des Bundesbeauftragten für den Datenschutz und die Informationsfreiheit verletzen. Die/der Bundesbeauftragte für den Datenschutz und die Informationsfreiheit darf neben ihrem/seinem Amt unter anderem keiner Regierung oder gesetzgebenden Körperschaft des Bundes oder eines Landes angehören und auch nicht gegen Entgelt außergerichtliche Gutachten abgeben (siehe § 23 Abs. 2 BDSG).

19 Der **Ausschuss Gateway-Standardisierung** ist anzuhören. Die **Anhörung** erschöpft sich darin, dass die vorgebrachten Erwägungen berücksichtigt werden müssen.[13]

---

12 Gesetzesentwurf der Bundesregierung v. 17.2.2016, BT-Drs. 18/7555, S. 88.
13 Stelkens/Bonk/Sachs/*Sachs*, § 44 VwVfG Rn. 184 (dort Fn. 527).

Weitergehende Verfahrensvorschriften dürften einer **Verfahrens-/Sitzungsordnung des** 20
Ausschusses vorbehalten sein.

Im Anschluss an die Anhörung des Ausschusses sind die Schutzprofile und Technischen 21
Richtlinien dem **Bundesministerium für Wirtschaft und Energie** zur **Zustimmung** vorzulegen.[14]

IV. Besetzung des Ausschusses

Dem **Ausschuss Gateway-Standardisierung** gehören an: 22

1. das Bundesministerium für Wirtschaft und Energie als Vorsitzender,
2. das Bundesamt für Sicherheit in der Informationstechnik,
3. die Physikalisch-Technische Bundesanstalt,
4. die Bundesnetzagentur sowie
5. je ein Vertreter von mindestens drei auf Bundesebene bestehenden Gesamtverbänden, die jeweils die Interessen von Letztverbrauchern, Herstellern und Anwendern vertreten.

Die **Mitgliedschaft** der in § 27 Abs. 2 S. 1 Nr. 1 bis Nr. 4 Genannten leuchtet ohne Weite- 23
res ein, da diese auch bei der Erarbeitung nicht wesentlicher Änderungen nach § 27
Abs. 1 Hs. 1 zusammenarbeiten.

Mit der **Beteiligung der Verbände** möchte der Gesetzgeber gewährleisten, dass sich sämt- 24
liche wesentliche Akteure in den Prozess der Weiterentwicklung einbringen können, damit
ein für Hersteller und Anwender auch **wirtschaftlich umsetzbarer Weiterentwicklungsprozess ermöglicht** wird.[15] Diejenigen Bundesverbände, die im Gesetzgebungsprozess bereits zu dem MsbG Stellungnahmen formuliert haben,[16] dürften letztlich auch die Gruppe
bilden, aus denen die zu beteiligenden Verbände bestimmt werden. Dies sind:

– Bundesverband der Deutschen Industrie e. V.
– BHKW-Forum e. V.
– Bundesverband Informationswirtschaft, Telekommunikation und Neue Medien e. V. (BITKOM)
– Freiheitsfoo
– Dachverband Deutscher Immobilienverwalter e. V. (DDIV)
– Verband Kommunaler Unternehmen e. V. (VKU)
– Bundesverband der Energie- und Wasserwirtschaft e. V. (BDEW)
– Zentralverband Sanitär Heizung Klima (ZVSHK)
– FNB Gas
– Verbraucherzentrale Bundesverband
– Bundesverband Erneuerbare Energie e. V. (BEE)
– GdW Deutscher Bundesverband deutscher Wohnungs- und Immobilienunternehmen e. V.
– Verband der chemischen Industrie e. V. (VCI)
– Forum Netztechnik/Netzbetrieb im VDE (FNN)

---

14 Vgl. ausführlicher hierzu BerlKommEnR/*Mätzig/Fischer/Mohs*, § 27 MsbG Rn. 6.
15 Gesetzesentwurf der Bundesregierung v. 17.2.2016, BT-Drs. 18/7555, S. 88.
16 Vgl. hierzu die Stellungnahmen, abrufbar unter: www.bmwi.de.

§ 27 Weiterentwicklung von Schutzprofilen und Technischen Richtlinien

- GEODE Deutschland
- Bundesvereinigung der Firmen im Gas- und Wasserfach e. V. (figawa), der Verband der Deutschen Gasdruck-Regelgeräte- und Gaszähler-Industrie e. V. (grzi), die KNX Association, die Open Metering System Group (OMS-Group) und der Verband der Deutschen Wasser- und Wärmezählerindustrie e. V. (VDDW)
- Bundesverband der Energiemarktdienstleister (BEMD)
- Bundesverband Neue Energiewirtschaft e. V. (BNE)
- Bundesverband Wärmepumpe e. V. (BWP)
- Zentralverband Elektrotechnik- und Elektroindustrie und
- Bundesverband Energiemarkt & Kommunikation (EDNA).

25 Die **Bestimmung der zu beteiligenden Verbände** liegt gemäß § 27 Abs. 2 S. 1 Nr. 5, 2. Hs. im **Ermessen des Bundesministeriums für Wirtschaft und Energie**. Unter Berücksichtigung des gesetzgeberischen Willens, sämtliche wesentliche Akteure, also auch Hersteller und Anwender, in den Weiterentwicklungsprozess einzubinden und damit wirtschaftlichen Interessen Berücksichtigung zu verschaffen, kann das Ermessen des Bundesministeriums für Wirtschaft und Energie nur ein Auswahlermessen, keinesfalls ein Entschließungsermessen hinsichtlich des Ob der Verbandsbeteiligung sein. Nach dem Wortlaut der Regelung in § 27 Abs. 2 S. 1, Nr. 5 2. Hs. obliegt nur die Bestimmung der zu beteiligenden Verbände in der Kompetenz des Bundesministeriums. Die Benennung des Vertreters jedes beteiligten Bundesverbandes liegt allein in der Kompetenz des jeweiligen Bundesgesamtverbands.

26 Die **Berufung** der namentlichen Vertreter des Bundesministeriums, der Bundesbehörden und der Verbände als Mitglieder des Ausschusses Gateway-Standardisierung erfolgt für die Dauer von drei Jahren. Die **Mitgliedschaft** ist als Ehrenamt ausgestaltet (§ 27 Abs. 3 S. 1 und S. 3). Der Ausschuss hat mindestens einmal im Jahr zu tagen (§ 27 Abs. 3 S. 2).

V. Zustimmungserfordernisse und Bekanntmachungspflichten

27 Während der Ausschuss Gateway-Standardisierung und die/der Beauftrage für den Datenschutz und die Informationssicherheit nur anzuhören bzw. beratend tätig sind, hat das **Bundesministerium für Wirtschaft und Energie** demgegenüber die **Zustimmungshoheit**. „Das Bundesministerium für Wirtschaft und Energie gibt mit seiner Zustimmung den Weg frei für die Änderungen von Schutzprofilen und Technischen Richtlinien. Auf diese Weise wird gewährleistet, dass wesentliche inhaltliche Änderungen der Vorgaben in Schutzprofilen und Technischen Richtlinien ohne eine Willensäußerung des insoweit federführenden Ressorts der Bundesregierung nicht möglich sind."[17]

28 Hat das Bundesministerium für Wirtschaft und Energie seine Zustimmung erteilt, sind die erarbeiteten Schutzprofile und Technischen Richtlinien durch das BSI bekanntzugeben. Mit der **Bekanntgabe** wird die nötige Rechtssicherheit über den geltenden Stand der Technik im Sinne von § 22 Abs. 2 geschaffen, der vor allem für zertifizierungsfähige Smart-Meter-Gateways (siehe § 22 Abs. 2), die Anbindung von Komponenten und Anlagen in ein Kommunikationsnetz durch das Smart-Meter-Gateway (siehe § 23 Abs. 2) und den Smart-Meter-Gateway-Administrator (siehe § 25 Abs. 4 Nr. 3) maßgebend ist.

---

17 Gesetzesentwurf der Bundesregierung v. 17.2.2016, BT-Drs. 18/7555, S. 88.

§ 28 Inhaber der Wurzelzertifikate

Das Bundesamt für Sicherheit in der Informationstechnik ist Inhaber der Wurzelzertifikate für die Smart-Metering-Public-Key-Infrastruktur; für die Teilnahme an der Smart-Metering-Public-Key-Infrastruktur gelten die Bestimmungen der Zertifizierungsrichtlinie des Bundesamtes für Sicherheit in der Informationstechnik.

Übersicht

	Rn.		Rn.
I. Regelungszweck	1	III. Smart-Metering-Public-Key-Infrastruktur	7
II. Wurzelzertifikate	5	IV. Zertifizierungsrichtlinie des BSI	9

I. Regelungszweck

1 Sinn und Zweck der Regelung in § 28 bestehen darin, sicherzustellen, dass die durch die intelligenten Messstellen erfassten und übermittelten **Daten** hinreichend **sicher vor dem Zugriff unberechtigter Dritter** sind.

2 Das Smart-Meter-Gateway ist die zentrale Kommunikationseinheit in der Infrastruktur eines intelligenten Messsystems. Das Smart-Meter-Gateway **kommuniziert** im lokalen Bereich beim Endkunden mit den elektronischen Zählern im **Local Metrological Network**, mit Geräten aus dem Home Area Network und im Wide Area Network mit autorisierten Marktteilnehmern. Außerdem ermöglicht das Smart-Meter-Gateway die **Verbindungsaufnahme** von lokalen Geräten des Home Area Network über das Wide Area Network mit autorisierten Marktteilnehmern. Im Wide Area Network ist für die Verbindung des Smart-Meter-Gateway zu einem autorisierten Marktteilnehmer eine gegenseitige Authentisierung der Kommunikationspartner erforderlich.[1]

3 Technisch werden daher diese Daten stets über einen **verschlüsselten, integritätsgesicherten Kanal versendet**, **verschlüsselt** und **signiert**. Der für die Entschlüsselung notwendige Authentizitätsnachweis der Schlüssel wird über digitale Zertifikate erreicht.

4 Das **BSI** ist aufgrund seiner Sachnähe die am besten geeignete oberste **Zertifizierungsinstanz**.[2] Daher weist der Gesetzgeber in § 28 die Inhaberschaft der sogenannten Wurzelzertifikate dem BSI zu. Zugleich verleiht er der Zertifizierungsrichtlinie des BSI zur Smart-Metering-Public-Key-Infrastruktur normativen Charakter, indem er für die Teilnahme an der Smart-Metering-Public-Key-Infrastruktur vorschreibt, dass die Bestimmungen der Zertifizierungsrichtlinie des BSI einzuhalten sind.

---

1 Einleitung. Technische Richtlinie BSI TR-03109-4 Smart Metering PKI – Public Key Infrastruktur für Smart Meter Gateways, Version 1.1.1 vom 18.5.2015, S. 5, abrufbar unter www.bsi.bund.de.
2 BT-Drs. 18/7555, S. 88.

§ 28 Inhaber der Wurzelzertifikate

II. Wurzelzertifikate

5   In zertifikatbasierten Systemen erhält jeder Benutzer ein **digitales Zertifikat**, welches Angaben zu seiner Identität und den öffentlichen Schlüssel enthält. Jedes Zertifikat ist von einer ausgebenden Stelle beglaubigt, die ihrerseits wieder von höheren Stellen beglaubigt sein kann. Das Vertrauenssystem dieser Public Key Infrastructure ist streng hierarchisch. Den gemeinsamen Vertrauensanker bildet ein sog. Wurzelzertifikat.

6   Vor diesem Hintergrund ist der **Begriff** des **Wurzelzertifikats** in § 2 Nr. 26 wie folgt legal definiert: „ein auf dem Gebiet der Kryptografie und Informationssicherheit selbst signiertes Zertifikat der obersten Zertifizierungsinstanz, welches dazu dient, die Gültigkeit aller untergeordneten Zertifikate zu bestätigen."

III. Smart-Metering-Public-Key-Infrastruktur

7   Die **Gesamtheit der technischen Infrastruktur**, mit der die Zertifikate und Informationen zu ihrer Gültigkeit erzeugt und öffentlich bereitgestellt werden, wird als Public-Key-Infrastruktur bezeichnet.

8   Vor diesem Hintergrund wird die **Smart-Metering-Public-Key-Infrastruktur** in § 2 Nr. 21 wie folgt legal definiert: „ein System zur Ausstellung, Verteilung und Prüfung von digitalen Zertifikaten, welches die Authentizität und die Vertraulichkeit bei der Kommunikation und den gesicherten Datenaustausch der verschiedenen Marktteilnehmer mit den Smart-Meter-Gateways sicherstellt."

IV. Zertifizierungsrichtlinie des BSI

9   § 28 Hs. 2 schreibt für die Teilnahme an der Smart-Metering-Public-Key-Infrastruktur vor, dass die **geltenden Bestimmungen der Zertifizierungsrichtlinie des BSI** eingehalten werden.

10 In der Zertifizierungsrichtlinie des BSI sind die **Architektur** sowie die **Mindestanforderungen** an die **Interoperabilität und Sicherheit der Smart-Metering-Public-Key-Infrastruktur niedergelegt**,[3] mit der die Authentizität der bei dieser Kommunikation eingesetzten öffentlichen Schlüssel der Kommunikationspartner mit berechtigten Marktteilnehmern sichergestellt wird.[4]

11 In **Kap. 2** der Richtlinie wird die **Architektur** der Smart-Metering-Public-Key-Infrastruktur definiert und die erforderlichen Schlüssel und Zertifikate beschrieben. Dabei werden die der Smart-Metering-Public-Key-Infrastruktur „zugehörigen Zertifikate zu den anderen

---

3 Technische Richtlinie BSI TR-03109-4 Smart Metering PKI – Public Key Infrastruktur für Smart Meter Gateways, Version 1.1.1 vom 18.5.2015.
4 Technische Richtlinie BSI TR-03109-4 Smart Metering PKI – Public Key Infrastruktur für Smart Meter Gateways, Version 1.1.1 vom 18.5.2015, S. 5.

IV. Zertifizierungsrichtlinie des BSI § 28

in der Infrastruktur von intelligenten Messsystemen eingesetzten Zertifikaten" abgegrenzt.[5]

In **Kap. 3** der Richtlinie „werden die **Struktur** und die **Gültigkeitszeit von Zertifikaten** definiert. Des Weiteren wird beschrieben, wie die Gültigkeit von Zertifikaten zu validieren ist. Abschließend wird das Zertifikatsmanagement"[6] beschrieben. 12

Es folgt **Kap. 4** mit den **Sperrlisten** und dem **Sperrdienst**, die erforderlich sind, um eine dauerhaft sichere Kommunikation zu erreichen, da mithilfe dieser Dienste Zertifikate zurückgerufen werden können. 13

---

[5] Technische Richtlinie BSI TR-03109-4 Smart Metering PKI – Public Key Infrastruktur für Smart Meter Gateways, Version 1.1.1 vom 18.5.2015, S. 5.
[6] Technische Richtlinie BSI TR-03109-4 Smart Metering PKI – Public Key Infrastruktur für Smart Meter Gateways, Version 1.1.1 vom 18.5.2015, S. 5.

Kapitel 4
Ergänzende Rechte und Pflichten im Zusammenhang mit dem Messstellenbetrieb mit modernen Messeinrichtungen und intelligenten Messsystemen

§ 29 Ausstattung von Messstellen mit intelligenten Messsystemen und modernen Messeinrichtungen

(1) Grundzuständige Messstellenbetreiber haben, soweit dies nach § 30 technisch möglich und nach § 31 wirtschaftlich vertretbar ist, Messstellen an ortsfesten Zählpunkten mit intelligenten Messsystemen wie folgt auszustatten:

1. bei Letztverbrauchern mit einem Jahresstromverbrauch über 6 000 Kilowattstunden sowie bei solchen Letztverbrauchern, mit denen eine Vereinbarung nach § 14a des Energiewirtschaftsgesetzes besteht,
2. bei Anlagenbetreibern mit einer installierten Leistung über 7 Kilowatt.

(2) Grundzuständige Messstellenbetreiber können, soweit dies nach § 30 technisch möglich und nach § 31 wirtschaftlich vertretbar ist, Messstellen an ortsfesten Zählpunkten mit intelligenten Messsystemen ausstatten:

1. bei Letztverbrauchern mit einem Jahresstromverbrauch bis einschließlich 6 000 Kilowattstunden sowie
2. von Anlagen mit einer installierten Leistung über 1 bis einschließlich 7 Kilowatt.

(3) ¹Soweit nach diesem Gesetz nicht die Ausstattung einer Messstelle mit intelligenten Messsystemen vorgesehen ist und soweit dies nach § 32 wirtschaftlich vertretbar ist, haben grundzuständige Messstellenbetreiber Messstellen an ortsfesten Zählpunkten bei Letztverbrauchern und Anlagenbetreibern mindestens mit modernen Messeinrichtungen auszustatten. ²Die Ausstattung hat bis zum Jahr 2032, bei Neubauten und Gebäuden, die einer größeren Renovierung im Sinne der Richtlinie 2010/31/EU des Europäischen Parlaments und des Rates vom 19. Mai 2010 über die Gesamtenergieeffizienz von Gebäuden (ABl. L 153 vom 18.6.2010, S. 13) unterzogen werden, bis zur Fertigstellung des Gebäudes zu erfolgen.

(4) § 21 Absatz 4 sowie § 9 Absatz 3 des Erneuerbare-Energien-Gesetzes sind zu beachten.

(5) ¹Der grundzuständige Messstellenbetreiber genügt den Verpflichtungen aus Absatz 1, wenn er mindestens 95 Prozent der betroffenen Messstellen wie gefordert ausstattet. ²Dabei ist die Anzahl der nach § 37 Absatz 1 ermittelten Messstellen zu Grunde zu legen.

Übersicht

	Rn.		Rn.
I. Normzweck	1	a) Verpflichtung zum Einbau intelligenter Messsysteme	4
II. Tatbestandsvoraussetzungen	4	b) Grundzuständige Messstellenbetreiber	5
1. Allgemeine Tatbestandsvoraussetzungen	4		

Ausstattung von Messstellen mit intelligenten Messsystemen § 29

c) Messstellen an ortsfesten Zählpunkten 6
d) Technische Möglichkeit und wirtschaftliche Vertretbarkeit des Einbaus von intelligenten Messsystemen 7
e) Intelligente Messsysteme 8
2. Spezielle Tatbestandsvoraussetzungen für Pflichteinbaufälle (Abs. 1) .. 9
   a) Letztverbraucher mit einem Jahresstromverbrauch über 6 000 Kilowattstunden (Nr. 1) 10
      aa) Jahresstromverbrauch 11
      bb) Relevante Verbräuche 12
      cc) Heranzuziehende Werte 13
      dd) Verhältnis zu § 31 (insb. Abs. 4) 14
   b) Letztverbraucher, mit denen eine Vereinbarung nach § 14a des Energiewirtschaftsgesetzes besteht .. 16
   c) Anlagenbetreiber mit einer installierten Leistung über 7 Kilowatt . 18
      aa) Anlagenbetreiber vs. Anlagen 19
      bb) Installierte Leistung........ 20
      cc) Einbaupflichten an EEG- und KWKG-Anlagen sowie komplexe Messkonzepte bzw. Anbindungsverpflichtungen (§ 40) 22
3. Spezielle Tatbestandsvoraussetzungen für optionale Einbaufälle (Abs. 2) 24
   a) Letztverbraucher mit einem Jahresstromverbrauch von weniger als 6 000 Kilowattstunden (Nr. 1) 26
      aa) Wahlfreiheit des gMSB im optionalen Rollout......... 27
      bb) Wirtschaftliche Vertretbarkeit und damit zeitliche Zulässigkeit der Einbauten 28
   b) Anlagen mit einer installierten Leistung über 1 bis einschließlich 7 Kilowatt (Nr. 2) 29
4. Spezielle Tatbestandsvoraussetzungen für moderne Messeinrichtungen als Pflichteinbaufälle (Abs. 3) 31
   a) Moderne Messeinrichtungen.... 32
   b) Betroffene Messstellen und Zählpunkte 33
   c) Wesentliche Änderungen gegenüber der Vorgängerregelung (§ 21c Abs. 1 Alt. a bzw. § 21c Abs. 5 EnWG a. F.) 34

d) Neubau und Fertigstellung eines Gebäudes................... 35
e) Gebäude, die einer größeren Renovierung im Sinne der Richtlinie 2010/31/EU des Europäischen Parlaments und des Rates vom 19.5.2010 über die Gesamtenergieeffizienz von Gebäuden EU unterzogen worden sind 39
5. Spezielle Tatbestandsvoraussetzungen gem. Abs. 4 i.V.m. § 21 Abs. 4 und § 9 Abs. 3 EEG............. 41
   a) Verweis auf § 21 Abs. 4 42
   b) Verweis auf § 9 Abs. 3 EEG.... 43
6. Spezielle Tatbestandsvoraussetzungen des § 29 Abs. 5 44
III. Weitere Vorschriften des MsbG mit besonderer Relevanz für § 29 45
1. Übergangsvorschrift gem. § 19 Abs. 5...................... 45
2. Netzdienlicher und marktorientierter Einsatz gem. § 33 Abs. 1 und 3 . 46
3. Duldungspflicht gem. § 36 Abs. 3.. 47
IV. Rechtsfolgen 48
1. Rechte und Pflichten der grundzuständigen Messstellenbetreiber im Pflicht-Rollout................. 48
   a) Wirtschaftliche Vertretbarkeit i. S. d. § 31 – zugleich zeitliche Vorgaben zu den Einbauten nach § 29 Abs. 1 Nr. 1 49
      aa) Zeitliche Vorgaben bei Messstellen von Letztverbrauchern 50
      bb) Zeitliche Vorgaben bei Messstellen an EEG- und KWKG-Anlagen 51
      cc) Vorgaben zu den Zeiträumen, in denen die Pflichteinbauten vorzunehmen sind 52
   b) Endzeitpunkt und verpflichtender Umfang des Rollouts moderner Messeinrichtungen 53
   c) Weitere Verpflichtungen betreffend moderne Messeinrichtungen..................... 54
   d) Sanktionen bei Nichterfüllung der Pflichteinbaufälle (§ 45) 55
      aa) Unzureichendes Maß der Aufgabenerfüllung durch einen grundzuständigen Messstellenbetreiber in Bezug auf Abs. 1 gem. § 45 Abs. 2 Nr. 1 56

Franz 377

§ 29 Ausstattung von Messstellen mit intelligenten Messsystemen

bb) Unzureichendes Maß der Aufgabenerfüllung durch einen grundzuständigen Messstellenbetreiber in Bezug auf Abs. 3 i.V.m. § 45 Abs. 2 Nr. 2 58
cc) Offene Fragen der Bestimmung der Mindest-Rollout-Mengen. 59
2. Rechte und Pflichten der Letztverbraucher, Anschlussnutzer und Anlagenbetreiber im Pflicht-Rollout 60

3. Rechte der von optionalen Einbauten betroffenen Letztverbraucher und Anlagenbetreiber in Abwägung zu den unternehmerischen Entscheidungen der grundzuständigen Messstellenbetreiber. 62
a) Praktische Relevanz der durch § 31 Abs. 3 bestimmten Preisobergrenzen auch im Pflicht-Rollout bei Letztverbrauchern (§ 31 Abs. 4) 63
b) Vorgaben beim Vorliegen mehrerer Einbaufälle aus Abs. 1 (§ 31 Abs. 5) 64

I. Normzweck

1   Die Vorschrift gehört zu Teil 2 des MsbG, d.h. sie enthält Regelungen zum Messstellenbetrieb, wobei § 29 das Kapitel 4: „Ergänzende Rechte und Pflichten im Zusammenhang mit dem Messstellenbetrieb mit modernen Messeinrichtungen und intelligenten Messsystemen" eröffnet. Die Kapitelüberschrift suggeriert dabei, dass es sich nur um ergänzende Aspekte des Messstellenbetriebs handle, was insofern irreführend ist, als die Norm **die zentrale Anordnung des Rollouts intelligenter Messsysteme (iM) und moderner Messeinrichtungen (mME) durch den Gesetzgeber** darstellt. Sie definiert sog. „Einbauverpflichtungen". Die zentrale Anordnung zum Einbau wird durch die §§ 30, 31 und 32 weiter spezifiziert (technische Möglichkeit und wirtschaftliche Vertretbarkeit). Dies zeigt sich auch in der Gesetzesbegründung, die davon spricht, dass die Einbauverpflichtungen erst dann „aktuell" würden, wenn ihre Umsetzung technisch möglich sei.[1] Alle vier Paragraphen zusammen übernehmen daher diejenigen Aufgaben, die im EnWG seit August 2011 bisher im Wesentlichen in § 21c verortet waren. Hinzuweisen ist darauf, dass § 31 und 32 die allgemeine Verpflichtung zum Rollout aus § 29 insofern „verschärfen", als in den genannten Paragraphen Zeiträume genannt werden, bis zu deren Ende die verpflichteten Unternehmen die gesetzlich angeordneten Einbauten durchgeführt haben müssen.[2]

2   Zentraler Zweck der Vorschrift ist daher (erneut) die **Einführung von intelligenten Messsystemen**, die gemeinhin auch als „Smart Meter" bezeichnet werden. Zu deren Einführung macht das sog. 3. Binnenmarktpaket (vgl. Richtlinie 2009/72/EG) in seinem Anhang I Nr. 2 vergleichsweise bindende Vorschriften, welche der Gesetzgeber ursprünglich in den §§ 21b–i EnWG (alt) umgesetzt hatte. Diese Vorschriften bedurften aber vor dem Hintergrund der durch das BMWi beauftragten Kosten-Nutzen-Analyse[3] der Überarbei-

---

1 Vgl. Begründung zum Regierungsentwurf v. 17.2.2016, BT-Drs. 18/7555, S. 81.
2 Allerdings sind diese zeitlichen Pflichten zunächst nicht sanktionsbewehrt; im Gegensatz zur 10%igen Mindestquote für iM und mME. Es wird seitens des Verfassers aber davon ausgegangen, dass der BNetzA aus § 76 zahlreiche Aufsichtsrechte und in deren Folge auch Sanktionsmöglichkeiten erwachsen, so dass ein gMSB, der seinen Pflichten nicht nachkommt, nicht damit rechnen darf, dass dieses Verhalten unsanktioniert bleibt.
3 Ernst & Young (2013), Kosten-Nutzen-Analyse für einen flächendeckenden Einsatz intelligenter Zähler.

tung⁴ im Dezember 2014, einschließlich der darauf folgenden politischen Diskussion einer erneuten Überarbeitung.

Dass der Gesetzgeber es für nötig befunden hat, den bisher im Wesentlichen in einem Paragraphen geregelten Tatbestand auf mehrere Normen aufzuteilen, zeigt die Komplexität der Materie. Gegenüber den Regelungen des § 21c EnWG 2011 haben sich eine Reihe von Veränderungen ergeben, die die Ergebnisse der bereits erwähnten politischen Diskussionen infolge der Publikation der Kosten-Nutzen-Analyse widerspiegeln. Zu nennen, weil den Normzweck wesentlich verändernd, sind hier insbesondere: 3

1) Während sich § 21c EnWG an alle Messstellenbetreiber richtete, sieht die hier zu diskutierende Norm einen Rollout nur noch für sog. grundzuständige Messstellenbetreiber vor.⁵
2) Ebenso kennt das MsbG einen sog. „optionalen Rollout", d.h. es ermöglicht den zum Einbau verpflichteten Unternehmen, auf ihre eigene Entscheidung hin in bestimmten Fällen und unter Einhaltung der Bestimmungen der §§ 30 und 31 einen Rollout von iM über das gesetzlich erforderliche Maß hinaus vorzunehmen. Zuvor waren die Vorschriften insofern eindeutig, als entweder ein Rollout unter bestimmten Bedingungen angeordnet war oder eben nicht.
3) Schließlich hat die Norm auch den Zweck zu klären, was in den Fällen zu geschehen hat, in denen der Gesetzgeber den Einbau intelligenter Messsysteme nicht vorgesehen hat bzw. in denen zugleich der zum Einbau Verpflichtete von seiner zuvor erwähnten Option keinen Gebrauch macht. Die Norm beschreibt daher auch Fälle, in denen eine Einbauverpflichtung von sog. „modernen Messeinrichtungen" greift, und nimmt damit eine Idee auf, die bisher in § 21c Abs. 5 nur i.V.m. einer Rechtsverordnung nach § 21i Abs. 1 Nr. 8 EnWG vorgesehen war.⁶

II. Tatbestandsvoraussetzungen

1. Allgemeine Tatbestandsvoraussetzungen

a) Verpflichtung zum Einbau intelligenter Messsysteme

Verpflichtet zum Einbau intelligenter Messsysteme – und im Übrigen auch zum Einbau moderner Messeinrichtungen⁷ – sind in einer abschließend definierten Anzahl von Fallgruppen allein die sog. **grundzuständigen Messstellenbetreiber** (gMSB). D.h. dass in dem weiterhin liberalisierten Messwesen des Elektrizitätsmarkts Messstellenbetreiber, die nicht grundzuständig sind, sondern bspw. aufgrund einer vertraglichen Vereinbarung diese Aufgabe gegenüber bestimmten Kunden wahrnehmen, keinen Einbauverpflichtungen un- 4

---

4 Ernst & Young (2014), Variantenrechnungen von in Diskussion befindlichen Rollout-Strategien – Ergänzungen zur KNA vom Juli 2013.
5 Zu den Implikationen dieser neuen bzw. neu definierten energiewirtschaftsrechtlichen Rolle vgl. die Ausführungen zu den §§ 2, 3 und 4 des Gesetzes.
6 Es ist in Deutschland insofern kein vollständiger Rollout angeordnet, sondern der Gesetzgeber beschränkt die Rollout-Verpflichtung von iM auf Fälle, in denen er nach den Analysen der KNA davon ausgeht, dass die Konsumenten i.d.R. in der Lage sein werden, die entstehenden Mehrkosten durch Elektrizitätseinsparungen, zu denen sie aufgrund der erhöhten Transparenz besonders befähigt sind, zu realisieren.
7 Vgl. BerlKommEnR/*Franz*, § 29 MsbG Rn. 31 ff.

§ 29   Ausstattung von Messstellen mit intelligenten Messsystemen

terliegen. Diese Unternehmen können ebenfalls intelligente Messsysteme einbauen, sofern diese den sonstigen technischen Bestimmungen des Gesetzes und den durch das Gesetz verrechtlichten Dokumenten des Bundesamt für Sicherheit in der Informationstechnik (BSI) entsprechen, müssen aber nicht. Sofern ein solcher wettbewerblicher Messstellenbetreiber (MSB) nicht freiwillig in Absprache mit seinem Kunden einen Umbau vornimmt, muss der gMSB die vorhandenen Messgeräte innerhalb der in den §§ 31 und 32 genannten Fristen überbauen, um seinerseits seinen gesetzlichen Verpflichtungen nachzukommen. Umgekehrt muss der gMSB entsprechende Einbauten nicht vornehmen, sofern ein Dritter einen solchen Umbau bereits vorgenommen hat. Im Ergebnis führt das Gesetz im Zeitablauf bis 2032 also dazu, dass auf jeden Fall alle heutigen und kommenden Messstellen mit der jeweils relevanten neuen Technik ausgestattet werden, wobei die Wahlfreiheit der Kunden erhalten bleibt.

b) Grundzuständige Messstellenbetreiber

5   Der Begriff des gMSB bzw. der Grundzuständigkeit ist in § 2 Nr. 4, 5 und 6 legal definiert. Hier einschlägig ist die Definition in Nr. 4 i.V.m. Nr. 6, da es sich bei der zu diskutierenden Norm um Bestimmungen betreffend den Messstellenbetrieb von modernen Messeinrichtungen und intelligenten Messsystemen handelt.[8] Das MsbG verpflichtet regelmäßig nur die gMSB, d.h. VNB, dazu, Einbauten von iM oder mME vorzunehmen; alle anderen MSB können sich den neuen technischen Vorgaben anpassen, sind hierzu aber nicht verpflichtet.[9]

c) Messstellen an ortsfesten Zählpunkten

6   Der Begriff Messstelle ist in § 2 Nr. 11 legal definiert. Ebenso ist der Begriff Zählpunkt in § 2 Nr. 28 legal definiert.[10] Hinzuweisen ist darauf, dass nach der gesetzlichen Definition eine Messstelle immer auf einen Anschlussnutzer beschränkt ist und mehrere Zählpunkte umfassen kann, wie sich aus der Formulierung „die Gesamtheit aller (Einrichtungen) an Zählpunkten eines Anschlussnutzers" ergibt. Die gesetzliche Definition eines Zählpunkts in § 2 Nr. 28 stellt insofern eine Einschränkung des energiewirtschaftlichen Sprachgebrauchs dar, als die Bezeichnung Zählpunkt üblicherweise für jeden Punkt (Messstelle, Zähler usw.) verwandt wird, dem eine eindeutige Bezeichnung, die sog. Zählpunktbezeichnung zugeordnet ist.[11] Die Einschränkung auf ortsfeste Zählpunkte ist insofern relevant, als der Gesetzgeber offenbar davon ausgeht, dass es auch Messstellen geben kann, die nicht

---

8   Vgl. BerlKommEnR/*Säcker/Zwanziger*, § 2 MsbG Rn. 10, 18.
9   Zur alleinigen Verpflichtung der gMSB/VNB vgl. auch die Gesetzesbegründung: „Verpflichtete sind Unternehmen (Netzbetreiber), zu deren Pflichtenkanon seit ehedem die Betreuung aller Messstellen gehört, solange und soweit nicht durch Anschlussnutzer ein Dritter damit beauftragt wird", BT-Drs. 18/7555, S. 131.
10 Vgl. BerlKommEnR/*Säcker/Zwanziger*, § 2 MsbG Rn. 59.
11 Die Vergabe der Zählpunktbezeichnung wird in Deutschland im deregulierten Energiemarkt nach dem Metering Code durch den VNB vorgenommen. Es gibt in vielen energiewende-relevanten Geschäftsmodellen auch „virtuelle" Zählpunkte, d.h. Konstrukte, in denen aus mehreren physischen Messgeräten abgelesene Werte durch Rechenregeln verknüpft werden und als Summen oder Differenzen weiter Verwendung finden. Es ist darauf hinzuweisen, dass die Festlegung der Interimsprozesse der BNetzA zusätzlich eine Unterscheidung zwischen Messlokationen (den bisherigen Zählpunkten) und Marktlokationen (einer neuen ID) vorsieht.

ortsfest sind, was angesichts der Definition des Gesetzgebers selbst zunächst einmal überraschen mag. Nicht ortsfeste Zählpunkte gibt es heute im Bahnsystem bspw. auf Triebwagen, die damit von den Bestimmungen des MsbG ausgenommen sind, sowie in elektromobilen Testumgebungen, welche damit ebenfalls nicht die hier zu diskutierenden Tatbestandsvoraussetzungen erfüllen.

d) Technische Möglichkeit und wirtschaftliche Vertretbarkeit des Einbaus von intelligenten Messsystemen

Damit die allgemeine Einbauverpflichtung des § 29 zum Tragen kommt, müssen zusätzliche Bedingungen erfüllt sein, die schon in den entsprechenden §§ des EnWG (§§ 21 b–i) enthalten waren. Nach § 30 muss der Einbau „technisch möglich" sein, worunter grundsätzlich zu verstehen ist, dass entsprechende Geräte am Markt verfügbar sein müssen. Das MsbG definiert die **technische Möglichkeit** in § 30 insofern **enger** als die bisherigen Regelungen des EnWG, als das BSI feststellen muss, dass **Geräte dreier voneinander unabhängiger Anbieter entsprechender Systeme**, die insbesondere den Vorgaben des § 24 Abs. 1 genügen, am Markt verfügbar sein müssen.[12] Zusätzlich, d. h. kumulativ, muss der Rollout **auch wirtschaftlich vertretbar** sein, worunter der Gesetzgeber mit Blick auf § 31 bzw. § 32 vor allem versteht, dass die vom Rollout betroffenen Letztverbraucher, Anlagenbetreiber usw. maximal die im MsbG vorgesehenen Preisobergrenzen für die zu installierenden Geräte bezahlen. Zudem strukturiert § 31 die Einbauverpflichtungen in zeitlicher Hinsicht, denn manche Einbauten sind erst zu späteren Zeitpunkten (etwa ab 2020) wirtschaftlich vertretbar, d. h. Einbauten erfolgen teilweise auch dann noch nicht, wenn das BSI die grundsätzlich technische Möglichkeit, wie oben beschrieben, festgestellt haben sollte (auf die entsprechenden Kommentierungen wird im Weiteren verwiesen). Konkret könnte ein gMSB natürlich trotzdem entsprechende Messstellen auch vor 2020 ausstatten, sofern die technische Möglichkeit gegeben ist. Er wäre aber nicht berechtigt, die Preisobergrenze zu erheben, und würde insofern einen wirtschaftlichen Verlust erleiden.

e) Intelligente Messsysteme

Der Begriff des „intelligenten Messsystems" ist in § 2 Nr. 7 legal definiert, weshalb auf die entsprechende Kommentierung verwiesen wird.[13] Festzustellen ist im Zusammenhang mit § 29 jedoch, dass nach § 19 Abs. 5 ein Rollout durch den gMSB zunächst nicht erfolgen muss, insofern und insoweit bei dem entsprechenden Letztverbrauchern, Anlagenbetreibern usw. bereits ein Messsystem,[14] legal definiert in § 2 Nr. 13, verbaut ist. Für solche Messsysteme, die den besonderen Anforderungen des MsbG bzw. der Vorschriften des BSI nicht genügen, gilt nach § 19 Abs. 5 eine Übergangsvorschrift, und diese müssen daher je nach Verweildauer im Netz nicht „sofort" überbaut werden. Zusätzlich relevant bzgl. der Frage, was ein iM ist und welche Funktionen es haben muss und kann, sind die §§ 19 und 21–28 sowie 61 – auch auf die Kommentierung dieser Paragraphen sei ausdrücklich verwiesen.

---

12 Vgl. BerlKommEnR/*Schmidt*, § 30 MsbG Rn. 5 ff.
13 Vgl. BerlKommEnR/*Säcker/Zwanziger*, § 2 MsbG Rn. 20.
14 Der Gesetzgeber differenziert folglich zwischen Messsystemen und intelligenten Messsystemen, wobei unter der ersteren Gruppe alle heute fernauslesbaren metrologischen Geräte verstanden werden können und die zweite Gruppe nur solche Systeme umfasst, welche die besonderen Vorgaben des BSI und dieses Gesetzes erfüllen.

2. Spezielle Tatbestandsvoraussetzungen für Pflichteinbaufälle (Abs. 1)

9   Das Gesetz kennt (ähnlich wie die Vorgängerregelungen des EnWG) eine Reihe von Einbaufällen, die nunmehr als **Pflicht des gMSB** ausgestaltet sind. Dies stellt den wesentlichen Unterschied zu den Vorgängerregelungen dar, die so gestaltet waren, dass alle MSB (unabhängig von der Frage, ob es sich um VNB als geborene MSB oder „gekürte", d. h. durch einen Berechtigten im Wettbewerb ausgewählte, MSB handelte) zum Rollout verpflichtet waren.

a) Letztverbraucher mit einem Jahresstromverbrauch über 6 000 Kilowattstunden (Nr. 1)

10   Der Begriff „Letztverbraucher" ist in § 2 Nr. 8 legal definiert.[15] Bemerkenswert ist, dass sich die Definition in § 2 Nr. 8 von derjenigen in § 3 Nr. 25 EnWG dem Wortlaut nach unterscheidet; auch wenn grundsätzlich der gleiche Tatbestand (Verbrauch, und zwar auch von elektromobilen Anwendungen) adressiert wird. Bedeutsam ist nun, dass die Vorschrift den Begriff des **Letztverbrauchers mit einer Abnahmegröße kombiniert**, denn ausweislich des Wortlauts sind gMSB nur verpflichtet, bei solchen Letztverbrauchern intelligente Messsysteme zu installieren, deren Jahresstromverbrauch mehr als 6.000 kWh beträgt. Damit sind von der Rollout-Anordnung grundsätzlich alle Jahresstromverbräuche umfasst, die höhere Werte erreichen – auch solche, die heute mit sog. registrierenden Leistungsmessungen erfasst werden.[16] Der Gesetzentwurf der Bundesregierung gibt die Gesamtzahl der unter dieser Ziffer mit intelligenten Messsystemen auszustattenden Zählpunkte (s.u. zum Verhältnis zu den Regelungen des § 31) mit 4,6 Mio. Stück an.[17] Es handelt sich daher nur um etwa 10 % der insgesamt über 40 Mio. Stromzähler in Deutschland. Die von der Rollout-Anordnung betroffenen Zähler machen aber einen Löwenanteil der verbrauchten Energiemengen aus.

aa) Jahresstromverbrauch

11   Festzustellen ist zudem, dass der Begriff **Jahresstromverbrauch** weder im MsbG noch im EnWG legal definiert worden ist. Der Gesetzgeber scheint mithin davon ausgegangen zu sein, dass der Begriff quasi selbsterklärend sei. In der Tat hat der Begriff auch bereits in der Vorgängerregelung des EnWG 2011 Verwendung gefunden, was jedoch auch nicht zur Klärung beiträgt. Es ist davon auszugehen, dass ein Jahresverbrauch eine Menge an Elektrizität, gemessen in Kilowattstunden, bezeichnet, die innerhalb eines Kalenderjahres, wenigstens aber in einem Zeitraum von annähernd 365 Tagen, verbraucht worden ist. Für diese weite Auslegung des Begriffs spricht, dass in der deutschen Energiewirtschaft im Massenkundengeschäft Ablese- und Abrechnungszeiträume üblich sind, die sich in einem Zeitraum von etwa zwölf Monaten bewegen.[18] Entsprechend ist es üblich, dass auch die VNB

---

15 Vgl. BerlKommEnR/*Säcker/Zwanziger*, § 2 MsbG Rn. 24.
16 Die hier eingesetzten metrologischen Geräte zeichnen sich dadurch aus, dass sie über eine höhere Genauigkeitsklasse verfügen müssen als Zähler, die bspw. in der Niederspannung eingesetzt werden.
17 Vgl. Begründung zum Regierungsentwurf v. 17.2.2016, BT-Drs. 18/7555, S. 117, inkl. Gegenäußerung der BReg, S. 138 ff.
18 Vgl. hierzu bspw. die Regelungen in § 40 Abs. 1 S. 1 EnWG, der bestimmt, dass „Lieferanten (…) verpflichtet (sind), den Energieverbrauch nach ihrer Wahl monatlich oder in anderen Zeitabschnitten, die jedoch zwölf Monate nicht wesentlich überschreiten dürfen, abzurechnen."

etwa alle zwölf Monate eine Ablesung des Energieverbrauchs durchführen und auf dieser Basis ihre Netznutzungsrechnung gegenüber dem relevanten Netznutzer, das ist in der Grundversorgung und bei Kleinkunden häufig deren Lieferant, durchführen.

bb) Relevante Verbräuche

Hinzuweisen ist zudem darauf, dass die Begründung der Vorschrift davon spricht, dass Nr. 1 die Untergrenze für eine Einbauverpflichtung bei einem Jahresstromverbrauch von 6 000 Kilowattstunden (**Eigen- und/oder Fremdbezug**) fixiert.[19] Diese Regelung ist vor dem Hintergrund der gesetzgeberischen Logik der wirtschaftlichen Vertretbarkeit zunächst grundsätzlich verständlich, denn die Möglichkeit zur Einsparung von Energie wächst nach der Überzeugung des Gesetzgebers mit der verbrauchten Menge. Diese Logik ist dabei zunächst unabhängig von der Frage, ob es sich um eigenerzeugte oder fremdbezogene Elektrizität handelt. Komplexer wird die Situation allerdings, wenn bedacht wird, dass sich die **Kosten des verbrauchten Stroms** sehr wohl danach unterscheiden, ob dieser eigenerzeugt wurde oder fremdbezogen ist. Dies scheint ausweislich des Wortlauts und im Zusammenhang der Vorschriften aber nicht dazu zu führen, dass ein Letztverbraucher, der auch Eigenerzeuger ist, anders zu behandeln wäre als ein reiner Letztverbraucher, der insgesamt auf einen Jahresstromverbrauch in gleicher Höhe kommt. Es ist dieselbe Preisobergrenze ansetzbar.

12

cc) Heranzuziehende Werte

Aus Sicht des zum Rollout verpflichteten gMSB ist sodann zu fragen, woher den Unternehmen entsprechende Jahresverbräuche bekannt sein können. Die gMSB verfügen zunächst nicht über eine entsprechende Historie, da ihnen Daten aus der Zeit vor dem Inkrafttreten des Gesetzes nicht vorliegen können. Es ist davon auszugehen, dass sich die gMSB daher derjenigen Werte werden bedienen können und dürfen, die den VNB im Rahmen der Netzabrechnung bekannt geworden sind; dies insbesondere auch mit Blick auf die Regelungen des § 31 Abs. 4.[20] Diese können bzw. werden von den Werten, die die Lieferanten den Endkunden/Letztverbrauchern gegenüber in Abrechnung gebracht haben, abweichen. Dies insbesondere dann, wenn der zuständige Lieferant eine eigene Verbrauchserfassung durchführt (bspw. Kundenselbstablesung) und diese den Kunden gegenüber zur Abrechnung bringt. Komplizierter stellt sich die **Frage der verfügbaren Verbrauchsdaten** zudem dar, wenn neben fremdbezogener Elektrizität nach dem MsbG auch noch eigenverbrauchte Mengen zu erfassen wären. Diese sind dem gMSB wiederum nicht bekannt, wobei hinzuzufügen ist, dass die fraglichen Mengen ggf. keinem Akteur im Markt bekannt sind. Verfolgt der Anlagenbetreiber ein Geschäftsmodell, welches als **Überschusseinspeisung** bekannt ist, so wird die eigentliche Produktionsmenge i. d. R. nicht erfasst, sondern nur diejenige, welche in das Netz der öffentlichen Versorgung eingespeist wird. Gleiches gilt, wenn der Anlagenbetreiber seine Anlage nicht zur Förderung angemeldet hat oder diese künftig

13

---

19 Vgl. Gegenäußerung der BReg, BT-Drs. 18/7555, S. 128. Zu beachten ist, dass die Begründung nicht nach Quellen differenziert, d. h. auch ein Eigenverbrauch, der durch den regelmäßigen Betrieb eines nicht netzverbundenen Diesel-Generators oder durch die Kopplung eines Generators an ein Fahrrad zustande käme, wäre nach dem Wortlaut zu berücksichtigen, was aber nicht dem Sinn und Zweck der Vorschrift entsprechen kann.
20 Vgl. BerlKommEnR/*Franz*, § 29 MsbG Rn. 14.

§ 29   Ausstattung von Messstellen mit intelligenten Messsystemen

aus der Förderung herausfällt. In allen diesen Fällen dürfte es nur dann möglich sein, Eigenverbräuche zu erfassen, wenn die Anlagen entsprechend mit (Produktions-)Zählern ausgestattet werden würden, sodass die Differenz zwischen Produktion und Netzeinspeisung (diese entspricht definitorisch in erster Näherung dem Eigenverbrauch) erfasst werden kann. Dies müsste aber denknotwendigerweise vor dem Rollout geschehen, denn es wäre das Ziel, Eigenverbräuche zu erfassen, um Rollout-Gruppen nach dem Willen des Gesetzgebers korrekt bilden zu können. Hierzu fehlt jedoch ein Rollout-Mandat des Gesetzes. Weniger problematisch dürfte die Berücksichtigung der fraglichen Eigenverbräuche zur Feststellung relevanter Rollout-Fälle sein, wenn diese ohnehin zu erfassen sind: Dies ist bspw. der Fall, wenn es sich um geförderten Eigenverbrauch im Sinne des EEG 2009 handelt oder wenn es sich um nach 2014 errichtete Anlagen handelt, bei denen ab einer installierten Leistung von 10 kW eine anteilige EEG-Umlage zu erheben ist. Es ist daher davon auszugehen, dass dem Gesetzgeber die **reale Komplexität und Diversität der Geschäftsmodelle gerade in Bezug auf den Eigenverbrauch** nicht bekannt war. Ob dies dazu führen kann und darf, dass Eigenverbräuche dort, wo es sie gibt und sie auch bekannt sind, für den Rollout berücksichtigt werden, in Fällen, in denen es zwar auch zu Eigenverbrauch kommt, dieser aber nicht bekannt wird, jedoch nicht, kann hier nicht abschließend geklärt werden.

dd) Verhältnis zu § 31 (insb. Abs. 4)

14   Während die grundsätzliche Rollout-Anordnung lediglich von Letztverbrauchern mit einem Jahresstromverbrauch von **über 6 000 Kilowattstunden** spricht, was bedeuten könnte, dass „sofort" ein Einbau erfolgen muss, wenn bekannt wird, dass der Jahresstromverbrauch eines Letztverbrauchers die entsprechende Marke überschritten hat, qualifiziert der § 31 diese Regelung weiter und differenziert sie aus. Zunächst wechselt der Gesetzgeber in § 31 insofern die Perspektive, als nicht mehr von **Letztverbrauchern**, sondern von **Messstellen an Zählpunkten** die Rede ist, an denen der Rollout durchzuführen ist. Hieraus wird zu schließen sein, dass es zur Bestimmung der relevanten Preisobergrenze (der wesentlichen Zweckbestimmung von § 31) nicht auf die persönliche Situation eines Letztverbrauchers ankommt, sondern auf die Situation an dem jeweiligen Zählpunkt. Dies ist jedenfalls dann vernünftig und zielführend, wenn sich ein Letztverbraucher dadurch auszeichnet, dass sein Jahresstromverbrauch durch mehrere Zählpunkte erfasst wird, was bei größeren Einheiten, etwa bei Gewerbe oder Industrie, nicht unwahrscheinlich ist. Grundsätzlich folgen Einbauverpflichtung und Preisobergrenzenbestimmung daher unterschiedlichen Tatbestandsvoraussetzungen. Dies wird besonders deutlich mit Blick auf § 31 Abs. 4, der weiter bestimmt, dass zur „Bemessung des Jahresstromverbrauchs an einem Zählpunkt nach den Absätzen 1 und 3 (…) der Durchschnittswert der jeweils letzten drei erfassten Jahresverbrauchswerte maßgeblich (ist)." Es ist mithin niemals ein einzelner Wert von Belang, sondern immer der Durchschnitt dreier Werte. Da § 31 Abs. 4 auch festlegt, dass, solange drei solche Werte nicht bekannt sind, eine Zuordnung zur Verbrauchsgruppe nach § 31 Abs. 3 Nr. 4, deren Preisobergrenze 23 € p.a. beträgt, zu erfolgen habe, werden diese Regelungen de facto starke Konsequenzen für den tatsächlichen Rollout-Verlauf haben. Auch wenn die Tatbestandsvoraussetzungen, wie hier abgeleitet, unterschiedlich sind, ist damit zu rechnen, dass die gMSB jeweils jährlich zählpunktscharf den Durchschnitt der letzten drei Jahresverbräuche ermitteln werden. Pflichteinbauten bei Letztverbrauchern erfolgen im Zeitablauf dort, wo die so ermittelten Durchschnitte Werte errei-

chen, die größer als 6.000 Kilowattstunden sind. Dabei wird es regelmäßig unerheblich sein, ob ein Letztverbraucher die entsprechenden Verbrauchswerte selbst verursacht hat oder diese durch bspw. einen Vormieter o. Ä. verursacht worden sind.

Die Orientierung an Durchschnittswerten schützt den Konsumenten hier vor **übereilten Einbauten**; zudem ist der gMSB aus § 31 Abs. 4 S. 3 verpflichtet, den Durchschnittswert jährlich zu überprüfen und bei bereits erfolgten Einbauten die Preisobergrenzen entsprechend den ermittelten Durchschnitten nach Maßgabe der Regelungen des § 31 Abs. 1 und 3 neu festzulegen.[21]

b) Letztverbraucher, mit denen eine Vereinbarung nach § 14a EnWG besteht

Unabhängig vom Umfang des jeweiligen Verbrauchs, d. h. auch bei kleinsten Mengen, sind die gMSB zusätzlich verpflichtet, intelligente Messsysteme bei Letztverbrauchern (s. o.) einzubauen, die sich dadurch auszeichnen, dass sie an das **Niederspannungsnetz** angeschlossen sind, und mit denen der VNB im Austausch für ein Gewähren geminderter Netzentgelte „die **netzdienliche Steuerung** von steuerbaren Verbrauchseinrichtungen, die über einen **separaten Zählpunkt** verfügen", vereinbart hat. Die Regelungen des im Zuge der Diskussionen zum MsbG (novellierten) § 14a EnWG[22] stehen weiterhin unter einem Verordnungsvorbehalt (auf den entsprechenden Kommentar sei daher hier verwiesen), so dass davon auszugehen, ist, dass aktuell noch nicht allzu viele solcher „steuerbaren Verbrauchseinrichtungen" existieren, bei denen tatsächlich eine (vertragliche) Vereinbarung nach § 14a existiert. Insofern und insoweit eine solche jedoch vorliegt, besteht unter der Voraussetzung der Regelungen der §§ 30 und 31 (s. o.) eine unmittelbare Verpflichtung des gMSB zum Rollout von intelligenten Messsystemen bei betroffenen Letztverbrauchern. Höhere Volumina dürften erst zu erwarten sein, wenn der Gesetzgeber von der Ermächtigung zu einer entsprechenden Verordnung Gebrauch macht.

Erneut ist festzustellen, dass dem zum Rollout verpflichteten gMSB nicht bekannt sein kann, mit welchen Letztverbrauchern entsprechende Vereinbarungen bestehen. Er wird daher erneut und dauerhaft darauf angewiesen sein, die fraglichen Information aus den Systemen des VNB zu erzeugen bzw. im Fall einer erfolgreichen Übertragung von diesem zu erhalten.

c) Anlagenbetreiber mit einer installierten Leistung über 7 Kilowatt

Ähnlich wie die zuvor diskutierten Einbaufälle bereits aus dem EnWG 2011 entnommen werden konnten und im Zuge der Ausgestaltung des MsbG im Wesentlichen unverändert

---

21 D. h. de facto, dass der Gesetzgeber durch die Regelungen zum optionalen Rollout in § 29 Abs. 2 i. V. m. § 31 Abs. 3 eine Situation erzeugt hat, in der Letztverbraucher, die tatsächlich Einsparungen erzielen, mit einer gewissen Verzögerung durch die Durchschnittsbildung für diese Einsparungen „belohnt" werden, da ihre relevante POG sinkt. Dies widerspricht in gewisser Weise der Logik der KNA, welche sich der Gesetzgeber eigentlich zu eigen gemacht hatte, die besagt, dass die Einsparungen auf der Stromverbrauchsseite, welche durch die intelligenten Messsysteme annahmegemäß erzeugt werden, genutzt werden können, um den Rollout zu finanzieren. Von dieser grundsätzliche Herangehensweise ist der Gesetzgeber zugunsten einer (populären) Maßnahme des Konsumentenschutzes abgewichen.

22 Zu Fragen des § 14a EnWG vgl. die Kommentierung BerlKommEnR/*Franz/Boesche*, 4. Aufl. 2014, § 14a.

§ 29 Ausstattung von Messstellen mit intelligenten Messsystemen

geblieben sind, entspricht auch § 29 Abs. 1 Nr. 2 im Wesentlichen einer Regelung, die bereits das EnWG kannte. Allerdings enthält die Vorschrift eine bedeutsame Neuerung insofern, als die Regelung sich nicht mehr auf Neuanlagen beschränkt, sondern vielmehr alle Anlagen bzw. Anlagenbetreiber, d.h. auch den relativ umfangreichen Altbestand, der vor dem Inkrafttreten der Regelung installiert wurde, umfasst.[23] Wie der Gesetzgeber in der Begründung selbst ausführt: „Fand **bisher eine Regulierung des Messstellenbetriebs im Bereich der Erzeugungsanlagen nach dem EEG und dem KWKG letztlich nicht statt**, war diesem Problem nunmehr angesichts der zunehmenden Bedeutung dieses Erzeugungsbereichs für Netz und Markt abzuhelfen."[24] Das MsbG adressiert folglich den Messstellenbetrieb an allen EEG- und KWKG-Erzeugungsanlagen und macht ab einer bestimmten Größenklasse, ab der von einer besonderen Bedeutung für die Energiewende und die Versorgungssicherheit ausgegangen wird, Vorgaben zum Einbau von intelligenten Messsystemen.

aa) Anlagenbetreiber vs. Anlagen

19 Festzustellen ist zunächst, dass die Bestimmung des Nr. 2 **sprachlich eine Verkürzung** darstellt, denn Anlagenbetreiber (ein im EEG und im KWKG legal definierter Begriff) haben selbstverständlich keine „installierte Leistung". Die (ausweislich der Gesetzesbegründung offenbar nur) EEG- und KWKG-Anlagen, die diese Anlagenbetreiber bewirtschaften, haben dagegen sehr wohl eine installierte Leistung. Es ist – auch und gerade mit Blick auf die später in das Gesetz eingefügte Regelung des Nr. 2 – davon auszugehen, dass auch in Nr. 2 eigentlich **Anlagen i. S. v. EEG oder KWKG-Anlagen einer bestimmten installierten Leistung** gemeint sind. Für diese Interpretation spricht auch die Gesetzesbegründung, die davon spricht, dass bei Nr. 2 die Einbauschwelle für Erzeugungsanlagen nach

---

23 Der Umgang mit den Anlagen des EEG und des KWKG im Zusammenhang mit der Einführung intelligenter Messsysteme war hochumstritten; während die KNA davon ausgeht, dass durch den Rollout die Steuerbarkeit der entsprechenden Anlagen erreicht werden wird, haben die Vertreter-Verbände der Erneuerbaren Energien sowie die Verbraucherschützer vor allem aus Vertrauensschutzgründen gegen einen Zwangs-Rollout argumentiert. Dies u. a., weil aufgrund der vergleichsweise hohen jährlichen Kosten (vgl. § 31 Abs. 2 Nr. 1 bis 4) eine deutliche Verschlechterung der Wirtschaftlichkeit im Bestand zu erwarten stehe. Vgl. hierzu bspw. die Stellungnahme des BEE zum Digitalisierungsgesetz vom 9.10.2015, S. 7; http://www.bee-ev.de/fileadmin/Publikationen/Positionspapiere_Stellungnahmen/15-10-09_BEE-Stellungnahme_Digitalisierungsgesetz_final.pdf.

24 Vgl. Begründung zum Regierungsentwurf v. 17.2.2016, BT-Drs. 18/7555, S. 11. Das MsbG verpflichtet den grundzuständigen MSB dazu, an allen im Gesetz genannten Messstellen den Rollout von mME und iM durchzuführen. In diesem Zug „verlieren" Anlagenbetreiber und/oder deren Beauftragte zunächst ihre bisherige Aufgabe als MSB (nach dem EEG oder KWKG). Der Überbau durch den VNB ist zu dulden, es sei denn, es liegt bspw. eine Ausnahme nach § 19 Abs. 5 vor oder der Anlagenbetreiber bzw. dessen Beauftragter hat die Umbaupflichten des MsbG bereits selbst erfüllt. Es steht den Anlagenbetreibern (genau wie allen Letztverbrauchern) jedoch frei, auch nach einem erfolgten Pflichteinbau einen dritten MSB zu wählen, der die Messstelle betreiben darf, solange und soweit er die Ausstattungsvorgaben des Gesetzes erfüllt. Bei Anlagenbetreibern ist durch § 10a EEG 2017 zusätzlich vorgesehen, dass sie auch weiterhin selbst den MSB wahrnehmen können, sofern sie „alle gesetzlichen Anforderungen, die das Messstellenbetriebsgesetz an einen Dritten als Messstellenbetreiber stellt" erfüllen. Dies dürfte bei mME i. d. R. noch möglich sein, bei iM wird es komplexer Dienstleistungsmodelle bedürfen, die es dem Anlagenbetreiber erlauben, sich eines Dritten als Smart-Meter-Gateway-Administrator zu bedienen. Fraglich ist, ob diese Dritten Interesse an einzelvertraglichen Lösungen haben.

dem EEG und dem KWKG weiterhin bei 7 Kilowatt installierter Leistung liege,[25] wobei angesichts der großen Zahl bereits installierter Anlagen die Pflicht zum Einbau Alt- wie Neuanlagen betrifft.

bb) Installierte Leistung

Wiederum ausweislich der Gesetzbegründung meint „installierte Leistung" einer Anlage die elektrische Wirkleistung, die die Anlage bei bestimmungsgemäßem Betrieb ohne zeitliche Einschränkungen unbeschadet kurzfristiger geringfügiger Abweichungen technisch erbringen kann. Es kann also auf die **Definition** aus **§ 5 Nr. 22 EEG** zurückgegriffen werden.[26] Mithin ist der gMSB verpflichtet, unter den Qualifikationen des § 30 und 31 an Alt- und Neuanlagen, die eine installierte Leistung von mehr als 7 kW haben, intelligente Messsysteme auszubringen. Die unterschiedliche Tatbestandsvoraussetzung bei Letztverbrauchern (Jahresstromverbrauch) und bei EEG- und KWKG-Anlagen (installierte Leistung) erklärt sich vor allem aus der Tatsache, dass die installierte und damit potenziell auch in das Netz einspeisbare Leistung von Erzeugungsanlagen für die Netzinfrastruktur dimensionierungsrelevant ist. Sie ist darüber hinaus deutlich einfacher festzustellen, da sich die jeweilige Leistung aus den Unterlagen, die zwischen VNB und Anlagenbetreiber im Wege der Bestimmung der EEG- oder KWKG-Förderung ausgetauscht worden sind, ergeben dürfte. Wiederum hat der gMSB eigentlich keine Kenntnis von den entsprechenden Daten und wird sich daher in jedem Fall Informationen bedienen müssen, die der VNB in seiner Rolle als Anschlussnetzbetreiber vorhält. 20

Hier zeigt sich, dass der Gesetzgeber sich in bestimmten Teilen der Vorschriften weitgehend den **Empfehlungen der KNA** angeschlossen hat. Diese ging davon aus, dass durch den Einbau von intelligenten Messsystemen an EEG- und KWKG-Anlagen eine „Steuerbarkeit" dieser Anlagen erreicht werde. Diese Steuerbarkeit, die das EEG ab bestimmten Größenklassen von Anlagen ohnehin fordert, werde dazu führen, dass in signifikantem Ausmaß EEG-Netzausbau gespart werde. Vor diesem Hintergrund ist dann auch verständlich, dass der Gesetzgeber sich dazu entschlossen hat, die bereits bestehende Einbaupflicht für Neuanlagen, welche grundsätzlich bereits im EnWG 2011 kodifiziert worden war, mit dem MsbG auf Altanlagen auszudehnen. Die seitens der KNA vorgenommene Überlegung kann hier nicht in allen Facetten diskutiert werden. Festzustellen ist aber, dass nur durch den Einbau eines iM eine Steuerbarkeit de facto nicht erreicht wird, da, um eine Steuerung durchzuführen, das iM zunächst mit einer sog. Steuerbox zu kombinieren ist, welche das (digitale) Steuersignal, das über den gesicherten Kanal (CLS), den das iM zur Verfügung stellt, übertragen wurde, in einen elektrischen Steuerimpuls umsetzt.[27] 21

cc) Einbaupflichten an EEG- und KWKG-Anlagen sowie komplexe Messkonzepte bzw. Anbindungsverpflichtungen (§ 40)

Es wird sich in der **Anwendung des Gesetzes** als nachteilig erweisen, dass die Ausführungen des Gesetzgebers zu den Pflichteinbauten und Steuerungsverpflichtungen bei EEG- und KWKG-Anlagen weiterhin 22

---

25 Vgl. Begründung zum Regierungsentwurf v. 17.2.2016, BT-Drs. 18/7555, S. 129.
26 Vgl. Begründung zum Regierungsentwurf v. 17.2.2016, BT-Drs. 18/7555, S. 130.
27 Diese Tatsache scheint bei der folgenden Interpretation der KNA vergessen worden zu sein.

§ 29   Ausstattung von Messstellen mit intelligenten Messsystemen

a) nicht vollständig deckungsgleich mit den (im selben Vorgang) geänderten Vorschriften des EEG und des KWKG sind und
b) den komplexen Messkonzepten, welche an EEG- und KWKG-Anlagen je nach Förderregime, dem der Anlagenbetreiber unterfällt, zu unterhalten sind, nicht vollständig gerecht werden.

23 In **wörtlicher bzw. teleologischer Auslegung** des Gesetzes wäre zunächst davon auszugehen, dass ab einer installierten Leistung von 7 kW aufwärts die Erzeugungsanlage selbst mit einem intelligenten Messsystem auszustatten sei bzw. dass das metrologische Gerät, welches ggf. dazu benutzt wird, die unmittelbare Erzeugungsleistung der Anlage zu messen (Erzeugungszähler), durch ein intelligentes Messsystem zu ersetzen sei. Tatsächlich ist aber je nach verfolgtem Geschäftsmodell ggf. der sog. Zweirichtungszähler, der am Übergabepunkt zum Netz der öffentlichen Versorgung verbaut ist, für die weitere Datenkommunikation im Markt und damit einen wesentlichen Zweck des MsbG viel bedeutsamer. Diese Messeinrichtung am Übergabepunkt würde bei teleologischer Auslegung der Vorschrift erst im Wege der Anbindungsverpflichtung des § 40 erfasst bzw. an das iM und damit der Datenkommunikation im Wege der Einbindung in ein Kommunikationsnetz zugeführt. Dies erscheint wenig sinnvoll, und es wird daher zu diskutieren sein, ob nicht in jedem Fall die Übergabezähler, welche sich häufig im Eigentum der VNB befinden, da mit diesen Geräten eben auch der Jahresverbrauch erfasst wird, ebenfalls der Pflicht zum Einbau eines iM unterfallen.[28] Der Übergabepunkt zum Netz der öffentlichen Versorgung wird regelmäßig auch derjenige „Netzknoten" sein, an dem ein VNB nach § 64 Interesse an Netzzustandsdaten anmelden könnte.

3. Spezielle Tatbestandsvoraussetzungen für optionale Einbaufälle (Abs. 2)

24 Die Regelungen des Abs. 2 stellen insofern eine **bedeutende Neuerung** dar, als sich der Gesetzgeber entschlossen hat, in bestimmten Segmenten keine eindeutige Technologieentscheidung im Gesetz vorzugeben, sondern es den gMSB zu überlassen, welche Technologie (mME oder iM) sie in den entsprechenden Segmenten verbauen wollen. Abs. 2 entspricht in seiner Formulierung und Wortwahl zunächst exakt dem Abs. 1, so dass bzgl. allgemeiner Tatbestandsvoraussetzungen auf die obigen Ausführungen verwiesen werden kann.

25 Der wesentliche Unterschied zwischen Abs. 1 und Abs. 2 besteht nun darin, dass Abs. 1 davon spricht, dass gMSB in den Fällen von Abs. 1 Nr. 1 und Nr. 2 „auszustatten haben", wogegen der Gesetzgeber in Abs. 2 eine Kann-Vorschrift formuliert hat („gMSB können ausstatten"). Die Gesetzesbegründung geht nicht weiter auf den Absatz 2 ein, weshalb nach dem Wortlaut der Vorschrift und auch denklogisch davon auszugehen ist, dass mit Abs. 2 eine **Option zugunsten der gMSB** formuliert worden ist. D.h. der gMSB soll die Möglichkeit haben und erhält diese im Wege der Bestimmungen des Abs. 2 auch, zu entscheiden, ob er über die Pflichteinbaufälle des Abs. 1 hinaus noch an weiteren Messstellen intelligente Messsysteme einsetzen will. Allerdings ist diese Option nicht unbegrenzt, sondern der Gesetzgeber hat Abs. 2 i.V.m. § 31 Abs. 3 wiederum so gestaltet, dass eine wirt-

---

28 Hiermit ist nicht zwingend die Notwendigkeit der Anbindung des Erzeugungszählers verbunden; es wird aber ggf. notwendig sein, beide/mehrere Zähler mit dem Smart-Meter-Gateway zu verbinden.

schaftliche Vertretbarkeit erst ab bestimmten Zeitpunkten, die nach dem Inkrafttreten des Gesetzes liegen, angenommen werden kann bzw. dass nur bestimmte Teilgruppen von dem optionalen Rollout erfasst werden können (s.u. zu den Tatbestandsvoraussetzungen im Einzelnen). Solange und soweit sich der gMSB hierbei an die qualifizierenden Bestimmungen des Abs. 2 Nr. 1 und Nr. 2 bzw. der §§ 30 und 31 hält, sind entsprechende optionale Ausstattungen einer Messstelle durch die betroffenen Letztverbraucher und Anlagenbetreiber zu dulden. Für die entsprechenden Einbauten sind daher durch den relevanten Netznutzer in den Fristen des § 31 Abs. 3 auch maximal die in der Vorschrift genannten POG zu entrichten. Diese sind regelmäßig niedriger als die im Gesetz für die Pflichteinbauten genannten POG und sinken bei den Letztverbrauchern wiederum mit dem Jahresverbrauch.

a) Letztverbraucher mit einem Jahresstromverbrauch von weniger als 6000 Kilowattstunden (Nr. 1)

Zur Frage der Letztverbrauchereigenschaft, des Verständnisses der Begriffe „Jahresstromverbrauch", „ortsfeste Zählpunkte" etc. sei auf die obigen Ausführungen verwiesen. Nr. 1 adressiert im Rahmen der **optionalen Einbauten** alle Letztverbraucher, die nicht Teil der Pflicht-Einbauten nach Abs. 1 Nr. 1 sind. Das heißt, dass die gMSB unter Beachtung der §§ 30 und 31 grundsätzlich berechtigt sind, bei allen Letztverbrauchern unabhängig vom Umfang ihres Jahresstromverbrauchs intelligente Messsysteme einzusetzen. Jedoch sind sie hierzu bei denjenigen Letztverbrauchern, die weniger als 6.000 kWh p.a. verbrauchen, nicht verpflichtet, sondern können die Entscheidung nach ihrem eigenen Gutdünken treffen. Die entsprechenden iM können nach § 21 Abs. 2 zudem technisch etwas einfacher gestaltet werden als solche, die bei Pflichteinbauten zum Einsatz kommen. Diese Vorschrift hat der Gesetzgeber offenbar vorgesehen, um den gMSB den Weg in den optionalen Rollout technisch etwas zu erleichtern. Seitens des Verfassers wird aber bezweifelt, dass entsprechend einfachere iM im Rollout eine große Rolle spielen werden, da es zunächst einmal darauf ankommt, überhaupt relevante Stückzahlen zu erreichen. Solange und soweit daher nicht ein optionaler, vollständiger Rollout geplant ist, wird davon auszugehen sein, dass ein optionaler Rollout mit den Standard-Systemen der gMSB erfolgt, da andernfalls kaum Skalenvorteile in der Produktion der Geräte zu heben sind.

26

aa) Wahlfreiheit des gMSB im optionalen Rollout

Hinzuweisen ist darauf, dass der gMSB diese **Entscheidung in jedem Einzelfall** und in jedem Einzelfall anders treffen kann. D.h. das MsbG verpflichtet den gMSB nicht dazu, einen optionalen Rollout bei allen Letztverbrauchern mit einem Jahresstromverbrauch von weniger als 6.000 kWh durchzuführen oder einen solchen Einbau komplett zu unterlassen. Vielmehr sind die gesetzlichen Regelungen so zu verstehen, dass die Entscheidung über die einzusetzende Messtechnologie in jedem Einzelfall dem gMSB obliegt. Dies ist auch vernünftig und wirtschaftlich, denn es soll bspw. ermöglicht werden, dass in Mehrfamilienhäusern mit unterschiedlichen Typen von Letztverbrauchern, d.h. solchen mit mehr und solchen mit weniger als 6.000 kWh Jahresstromverbrauch, eine **vollständige Umstellung auf intelligente Messsysteme ermöglicht** werden kann. Diese grundsätzliche Herangehensweise zeigt sich auch in § 21 Abs. 4, der bestimmt, dass, insoweit und insofern sich an einem Netzanschluss mehrere Zählpunkte befinden, die grundsätzlichen technischen Vorgaben des § 21 auch **nur mit einem Smart-Meter-Gateway** realisiert werden können. Ein

27

§ 29 Ausstattung von Messstellen mit intelligenten Messsystemen

Smart-Meter-Gateway kann also in Verbindung mit mehreren modernen Messeinrichtungen, welche unterschiedlichen Letztverbrauchern zugeordnet sind, mehrere intelligente Messsysteme i. S. d. Gesetzes bilden. Das sog. „Zähler-Gateway-Verhältnis", d. h. die Frage, wie viele Gateways eingesetzt werden müssen, um alle intelligenten Messsysteme, die das Gesetz vorgibt, umzusetzen, stellt einen wesentlichen Treiber für die Wirtschaftlichkeit des Rollouts dar. Dies zeigen bereits die Analysen der KNA.[29] Der optionale Rollout bietet den gMSB insofern eine Möglichkeit, ihr spezifisches Zähler-Gateway-Verhältnis zu verbessern und so ggf. ihre Ablesekosten zu optimieren.[30] Die gestaffelten (und aus Sicht der gMSB) sehr niedrigen einschlägigen POG des § 31 Abs. 3 schützen Letztverbraucher auch im optionalen Rollout davor, von Einbauten betroffen zu sein, die aus Sicht des Gesetzgebers wirtschaftlich nicht vertretbar wären.

bb) Wirtschaftliche Vertretbarkeit und damit zeitliche Zulässigkeit der Einbauten

28 § 31 Abs. 1 Nr. 6 bestimmt, dass die wirtschaftliche Vertretbarkeit einer Ausstattung von Letztverbrauchern bei Pflichteinbaufällen zwischen 6.000 und 20.000 kWh Jahresstromverbrauch erst ab **2020** gegeben ist. Insofern ist es nur konsequent, dass auch § 31 Abs. 3 eine wirtschaftliche Vertretbarkeit eines optionalen Einbaufalls ebenfalls unterhalb von 6.000 kWh Verbrauch p. a. erst ab 2020 als gegeben ansieht.

b) Anlagen mit einer installierten Leistung über 1 bis einschließlich 7 Kilowatt (Nr. 2)

29 Auch bezüglich Nr. 2 sei zunächst auf die Ausführungen zu den Begriffen „installierte Leistung" etc. oben in Bezug auf die Pflichteinbaufälle verwiesen. Dort war bereits diskutiert worden, dass sich die Tatbestandsvoraussetzung insofern dem Wortlaut nach ändert, als in Nr. 2 von Anlagen die Rede ist, während in Abs. 1 Nr. 2 der Begriff „Anlagenbetreiber" Verwendung gefunden hat. Wie bereits unter Rn. 19 ausgeführt, ist im Fall des Abs. 1 von einem redaktionellen Versehen des Gesetzgebers auszugehen – insbesondere auch, da vor dem Hintergrund der Gesetzeshistorie nicht erkennbar ist, welchen Grund es für eine Differenzierung geben sollte. Die Vorschrift ermöglicht es den gMSB grundsätzlich, auch bei EEG- und KWKG-Anlagen mit einer installierten Leistung von weniger als sieben, aber mehr als einem kW in einen optionalen Rollout einzusteigen. Die Regelung ist erst ganz am Ende des Gesetzgebungsverfahrens in das MsbG aufgenommen worden und dürfte nicht zuletzt eine Reaktion auf die seitens der ÜNB im Rahmen der Diskussionen zur KNA vorgetragene Forderung, auch EEG-Anlagen kleiner sieben kW installierter Leistung mit iM auszustatten, sein. Diese Forderung begründete sich aus Sicht der ÜNB wesentlich daraus, dass aufgrund der großen Zahl an Anlagen mit einer installierten Leistung kleiner sieben kW und den in diesem Segment in den kommenden Jahren vorhergesagten Zuwachsraten mehrere GW Erzeugungsleistung nicht online auswertbar sein werden, wenn diese Anlagen nicht mit iM ausgestattet werden. Möglich ist ein solcher optionaler Rollout nunmehr bei (Neu-)Anlagen, die größer als ein kW sind (Mindestgröße). Unterhalb dieser

---

29 Vgl. KNA, Tabelle 33, S. 145.
30 Ob eine solche Optimierung sich als möglich erweist, hängt einerseits davon ab, wie hoch die heutigen Ablesekosten pro Zählpunkt im Durchschnitt tatsächlich sind. Dies wiederum wird wesentlich durch die Gebietsstruktur Stadt/Land und durch die Zahl der Mehr- bzw. Einfamilienhäuser beeinflusst.

Größe kommt ein optionaler Rollout nicht infrage, es sei denn der Anlagenbetreiber äußert nach § 33 einen entsprechenden Wunsch.

Beschränkung erfahren **die optionalen Einbaufälle aus Nr. 2 durch § 31 Abs. 3 S. 2.** Allerdings hat sich der Gesetzgeber dieser Forderung der ÜNB nicht vorbehaltlos angeschlossen; vielmehr hat er nur die Möglichkeit zu einem Rollout durch den gMSB geschaffen (Kann-Regelung zugunsten des VNB s. o.). Zusätzlich ist ein solcher optionaler Einbaufall über die Mindestgröße von 1 kW hinaus in zweifacher Hinsicht begrenzt: Erstens muss es sich um eine **Neuanlage** handeln, zweitens muss diese nach dem 1.1.2018 installiert werden. Beide Zusatzbedingungen ergeben sich aus § 31 Abs. 3 S. 2, wobei es sicher systematisch richtiger gewesen wäre und dem Verständnis des Gesetzes sowie der Einfachheit seiner Anwendung gedient hätte, wenn die Bestimmung, dass ein solcher optionaler Einbau nur an den „Zählpunkten von Neuanlagen" erfolgen soll, nicht in § 31 Abs. 3 S. 2 „versteckt" worden wäre, sondern bereits in § 29 Abs. 2 Nr. 2 Erwähnung gefunden hätte. Hier zeigt sich, dass die kurzfristigen Änderungen, die das Gesetz im Rahmen seiner Verabschiedung noch erfahren hat, teilweise mit sehr „heißer Nadel" gestrickt worden sind.

4. Spezielle Tatbestandsvoraussetzungen für moderne Messeinrichtungen als Pflichteinbaufälle (Abs. 3)

Abs. 3 stellt eine Art **Auffangnorm** dar, denn ausweislich des Wortlauts ist in allen Fällen, in denen das Gesetz nicht den Einbau eines iM vorsieht und soweit es nach § 32 wirtschaftlich vertretbar ist, bestimmt, dass gMSB, und wiederum nur diese, nicht aber dritte MSB an ortsfesten Zählpunkten bei Letztverbrauchern und Anlagenbetreibern, womit wiederum nur die Betreiber von EEG- und KWKG-Anlagen bzw. diese Anlagen selbst gemeint sind, mindestens moderne Messeinrichtungen zu verbauen haben.[31] Ausweislich S. 2 hat diese Ausstattung i.d.R. bis zum Jahr 2032 zu erfolgen. Bei „Neubauten und Gebäuden, die einer größeren Renovierung im Sinne der Richtlinie 2010/31/EU des Europäischen Parlaments und des Rates vom 19.5.2010 über die Gesamtenergieeffizienz von Gebäuden EU (ABl. L 153 vom 18.6.2010, S. 13) unterzogen werden", gilt, dass eine Einbaupflicht bis zur Fertigstellung des Gebäudes besteht. Vor der Fertigstellung des Gebäudes dürfen mithin andere (eichrechtlich usw. zulässige) Messeinrichtungen, die nicht über die spezifischen Eigenschaften einer mME verfügen, eingesetzt werden.[32]

---

31 So auch die Begründung zum MsbG: „Absatz 3 unterstreicht (wie bisher) den Ansatz einer nachhaltigen Komplettmodernisierung der Zählerinfrastruktur in Deutschland, indem eine Ausstattung mit modernen Messeinrichtungen überall dort vorgesehen wird, wo intelligente Messsysteme nicht eingebaut werden." Vgl. BT-Drs. 18/7555, S. 132.

32 Diese Feststellung ist insbesondere mit Blick auf sog. Baustromzählungen von Relevanz. Bei Baustellen ist es zunächst möglich, dass im Rahmen der Baumaßnahmen mehr Strom mit höherer Leistung verbraucht wird als bei der späteren Nutzung, bspw. bei Wohngebäuden, die nach dem gültigen EnEV-Standard errichtet worden sind. Denkbar ist aber auch, dass im Rahmen der Nutzung deutlich höhere Verbräuche und Leistungen benötigt werden als während des Baus (etwa bei einem Produktionsstandort). Es scheint daher sinnvoll, die Einbaupflicht erst mit der Fertigstellung des Gebäudes wirken zu lassen.

§ 29 Ausstattung von Messstellen mit intelligenten Messsystemen

a) Moderne Messeinrichtungen

32 Der Gesetzgeber definiert die **moderne Messeinrichtung** zunächst in § 2 Nr. 15 als „eine Messeinrichtung, die den tatsächlichen Elektrizitätsverbrauch und die tatsächliche Nutzungszeit widerspiegelt und über ein Smart-Meter-Gateway sicher in ein Kommunikationsnetz eingebunden werden kann".[33] Diese Formulierung spiegelt letztlich Bestimmungen der Energieeffizienzrichtlinie wider und war in ähnlicher Form bereits in den gesetzlichen Regelungen der §§ 21b–21i EnWG enthalten.

b) Betroffene Messstellen und Zählpunkte

33 Aus Sicht des Gesetzgebers stellt Abs. 3 damit eine zentrale Norm dar, denn durch die hier zu diskutierenden Bestimmungen wird sichergestellt, dass es bis 2032 zu einer vollständigen Neuausstattung aller Zählpunkte in Deutschland mit modernen Messeinrichtungen und, sofern angeordnet oder optional erreicht, intelligenten Messsystemen kommt. Dabei gilt grundsätzlich, dass sich in einer **Ex-post-Perspektive** die Menge der zu installierenden modernen Messeinrichtungen ergibt, wenn man von der Gesamtmenge im Netzgebiet alle iM-Pflichteinbaufälle sowie alle optionalen iM und alle iM und mME, die dritte MSB verbaut haben, abzieht:

Anzahl mME-Pflichteinbauten = Gesamtzahl der Zähler beim Inkrafttreten des Gesetzes + Neubauten bis 2032 – Pflichteinbauten iM_{gMSB} – optionale Einbauten iM_{gMSB} – Einbauten $iM_{3.\,MSB}$ – Einbauten $mME_{3.\,MSB}$

c) Wesentliche Änderungen gegenüber der Vorgängerregelung (§ 21c Abs. 1 Alt. a bzw. § 21c Abs. 5 EnWG a. F.)

34 Während die Vorgängerregelung noch vorsah, dass alle MSB dazu verpflichtet sein sollten, im Fall von Neubauten oder größeren Renovierungen intelligente Messsysteme einzusetzen, hat sich mit dem MsbG eine **wesentliche Neuerung** ergeben. Zwar hält der Gesetzgeber im Einklang mit den EU-Richtlinien daran fest, dass im Fall von Neubauten und größeren Renovierungen eine bauliche Situation gegeben ist, die in besonderer Weise dazu geeignet ist, auch Veränderungen an der elektrischen Hausinstallation vorzunehmen. Der Gesetzgeber hat aber davon abgesehen, in diesen Fällen weiterhin Pflichteinbauten von iM vorzusehen, und hat stattdessen auf das Konzept der modernen Messeinrichtung[34] zurückgegriffen bzw. bei Neubauten und größeren Renovierungen eine Einbaupflicht für diese Messeinrichtungen kodifiziert. Diese entspricht wesentlichen Forderungen der betroffenen Unternehmen,[35] die insbesondere auch darauf hingewiesen haben, dass aufgrund der Rege-

---

33 BerlKommEnR/*Säcker/Zwanziger*, § 3 MsbG Rn. 36.
34 Die moderne Messeinrichtung war auch in den Vorgängerregelungen des EnWG bereits angelegt. § 21c Abs. 5 EnWG sah vor, dass „unbeschadet der Einbauverpflichtungen aus Absatz 1 in einer Rechtsverordnung nach § 21i Absatz 1 Nummer 8 vorgesehen werden (kann), dass sobald dies technisch möglich ist und in Fällen, in denen dies wirtschaftlich vertretbar ist, zumindest Messeinrichtungen einzubauen sind, die den tatsächlichen Energieverbrauch und die tatsächliche Nutzungszeit widerspiegeln und sicher in ein Messsystem, das den Anforderungen der §§ 21d und 21e genügt, eingebunden werden können." Für derartige Zähler hat die KNA den Begriff „intelligenter Zähler" eingeführt (vgl. KNA, S. 10).
35 Vgl. bspw. die Stellungnahme des BDEW zum GDEW, S. 3. Die angegebene Quelle begrüßt die Beschränkung des Rollouts bei Neubauten und größeren Renovierungen auf mME ausdrücklich,

lungen der EnEV etc. in Neubauten i. d. R. mit besonders niedrigen Energie- und Stromverbräuchen zu rechnen sei, weshalb potenzielle Energieeinsparungen, welche der Gesetzgeber ansonsten als wesentlich für die Rollout-Anordnung des MsbG betrachtet hat, gerade nicht zu erwarten seien. Der Entscheidung des Gesetzgebers, den Rollout der deutlich teureren iM insofern zu begrenzen bzw. im Neubau nur dann zum Tragen kommen zu lassen, wenn bestimmte technische Ausstattungen, wie sie in Abs. 1 aufgeführt sind, vorliegen, ist daher nachvollziehbar und im Sinne eines ökonomisch sinnvollen Vorgehens zu begrüßen.

d) Neubau und Fertigstellung eines Gebäudes

Zu fragen ist sodann, was unter einem Neubau zu verstehen ist bzw. wie Neubauten von anderen Arbeiten an Gebäuden bspw. Um- oder Anbauten abzugrenzen sind. Es handelt sich um einen insoweit **unbestimmten Rechtsbegriff** als bspw. die Landesbauordnungen regelmäßig keine Begriffsbestimmung eines „**Neubaus**" enthalten. Hinweise liefert hier aber bspw. die HOAI, die in § 2 Nr. 2 definiert, dass „Neubauten und Neuanlagen Objekte (sind), die neu errichtet oder neu hergestellt werden."[36] Dies entspricht dem umgangssprachlichen Verständnis des Begriffs, der i. d. R. Verwendung findet, wenn eine Gebäude inkl. Fundament und Grundmauern etc. neu errichtet wird. Was unter der **Fertigstellung** eines Gebäudes zu verstehen ist, legen die jeweiligen Landesbauordnungen fest. Eine ausführliche Diskussion der spezifischen Detail-Regelungen würde daher den Rahmen dieses Kommentars sprengen. Festzustellen ist aber, dass die Fertigstellung jedenfalls eines Wohngebäudes der Bauaufsicht und der Katasterbehörde anzuzeigen ist.[37] Nach der Fertigstellung eines Neubaus besteht ein Pflichteinbaufall i. S. d. MsbG, d. h. die gMSB sind verpflichtet, in solchen Gebäuden wenigstens mME einzusetzen, sobald dies nach § 32 wirtschaftlich vertretbar ist.

35

Diese Pflicht ist jedoch in zweifacher Hinsicht zu qualifizieren: Zunächst muss auch der Einbau einer mME de facto **technisch möglich** sein. Offenbar ging der Gesetzgeber ausweislich des Wortlauts des Gesetzes davon aus, dass diese technische Möglichkeit ab Inkrafttreten des Gesetzes tatsächlich gegeben sein werde. Hierfür spricht, dass es zu Abs. 3 keine Vorschrift wie § 30 gibt, der für den Bereich der iM genau festlegt, ab wann von einer „technischen Möglichkeit zum Einbau" auszugehen ist und ab wann insofern die Pflicht zum Einbau dieser Systeme besteht. Allerdings hat der Gesetzgeber in § 61 Abs. 1 Nr. 4, auf den § 32 verweist, bestimmt, dass auch eine mME geeignet sein müsse, dem Anschlussnutzer historische tages-, wochen-, monats- und jahresbezogene Energieverbrauchswerte für die letzten 24 Monate anzuzeigen.[38] Diese Bestimmung stellt aus Sicht

36

---

abrufbar unter https://www.bdew.de/internet.nsf/id/282C884A4C99BCB8C1257EDC00307-CAA/$file/20151009_BDEW-Stellungnahme%20zum%20RefE%20Gesetz%20zur%20Digitalisierung%20der%20Energiewende_final_ohne%20A.pdf (zuletzt abgerufen 1.11.2016).

36 Hinzuweisen ist in diesem Zusammenhang auch darauf, dass die EnEV den Begriff des „zu errichtenden Gebäudes" kennt. Für solche Gebäude gelten die Vorschriften des EnEV vollständig, was sie von Bestandsgebäuden, bei denen Umbauten vorgenommen werden, unterscheidet. Sofern die Vorschriften der EnEV insofern auf ein zu errichtendes Gebäude Anwendung finden, dürfte es sich auch i. S. d. MsbG um einen Neubau handeln.

37 Vgl. bspw. § 74 HBO; im spezifischen Fall hat die Anzeige zwei Wochen vor der tatsächlichen Fertigstellung zu erfolgen.

38 Damit erhöht sich der in dem metrologischen Gerät vorgehaltene Datenbestand deutlich, da bspw. nicht ein Tageswert (genauer: der Wert der letzten 24 Stunden), sondern bis zu 730 solcher Werte in dem Gerät vorzuhalten sind.

§ 29   Ausstattung von Messstellen mit intelligenten Messsystemen

der Hersteller eine (neue) technische Anforderung dar, die aktuell bauartzugelassene Zähler, die die sonstigen Anforderungen an eine mME erfüllen, bisher nicht darstellen können. Zum Zeitpunkt der Schriftlegung im Herbst 2016 sind daher nach den Informationen des Verfassers noch keine mME im Markt verfügbar. Insofern kann auch keine Einbaupflicht bestehen, obwohl das Gesetz in Kraft getreten ist, da es sich um eine **tatsächliche Unmöglichkeit** handelt. Die Situation dürfte sich allerdings in den ersten Monaten des Jahres 2017 entschärfen, da einige Hersteller angekündigt haben, bis zu diesem Zeitpunkt elektronische Zähler anzubieten, die alle gesetzlichen Anforderungen an die mME erfüllen.

37   Wichtig ist in diesem Zusammenhang festzustellen, dass es sich bei den Pflichteinbauten von mME bei Neubauten und größeren Renovierungen um eine **unmittelbare Pflicht aus dem Gesetz** handelt. Diese besteht auch unabhängig von den sonstigen Regelungen zum eigentlichen Rollout. So ist der gMSB bspw. auch, bevor er eine entsprechende Ankündigung nach § 37 gemacht hat, verpflichtet, in entsprechenden Fällen mME einzusetzen. Die Frist des § 37 Abs. 1, die die Ankündigung sechs Monate vor Beginn des Rollouts vorsieht, wird dann ebenso wenig einzuhalten sein wie die Ankündigung einer spezifischen Ausstattung mit drei Monaten Vorlauf (§ 37 Abs. 2). Dies ist aber auch nicht notwendig, denn der Anschlussnehmer/Anschlussnutzer trifft im Rahmen des Neubaus, der größeren Renovierung eine bewusste Entscheidung, bestimmte Arbeiten zu beauftragen. Gerade wenn es sich um einen Neubau und damit i. d. R. um ein neues oder ergänztes Anschlussbegehren handelt, lassen die relevanten Vorschriften der StromNAV es gerade nicht zu, dieses Begehren verzögert zu bearbeiten, um dem „Kunden" Gelegenheit zu geben, ausreichend lange über die Wahl des MSB nachzudenken. Für eine etwaige (aufgrund der Regelungen des MsbG) notwendige Verzögerung dürften auch die Anschlussbegehrenden kein Verständnis haben bzw. zeigt die Lebensrealität gerade auch beim Anschluss von EEG-Anlagen, dass diese häufig sehr kurzfristig angemeldet werden und die Anlagenbetreiber sehr wohl in der Lage sind, von ihrem Recht nach § 7 EEG Gebrauch zu machen.

38   Zusätzliche Qualifikation erfährt Abs. 3 durch die Regelungen des § 12 StromNZV, der bestimmt, dass „die Betreiber von Elektrizitätsverteilernetzen (...) im Niederspannungsnetz für die Abwicklung der Stromlieferung an Letztverbraucher mit einer jährlichen Entnahme von bis zu 100 000 Kilowattstunden vereinfachte Methoden (standardisierte Lastprofile) anzuwenden [haben], soweit nicht nach Maßgabe des Messstellenbetriebsgesetzes eine Übermittlung von Last- oder Zählerstandsgängen erfolgt". Diese Bestimmung bedeutet im Umkehrschluss zunächst, dass außerhalb des Niederspannungsnetzes **keine vereinfachten Methoden zur Anwendung** kommen, d. h. immer die Erhebung eines Lastgangs angezeigt ist. Diese ist mit einer mME aber nicht möglich bzw. legt das MsbG regelmäßig fest, dass Lastgänge nicht nur zu erheben, sondern auch zu kommunizieren sind, weshalb Messstellen außerhalb des Niederspannungsnetzes immer mit iM bzw. RLM-Zählern auszustatten sind. Dies gilt auch im Fall eines Neubaus oder einer größeren Renovierung mit Anschluss an eine höhere Netzebene. Bereits diskutiert worden war, dass die Bestimmungen der Absätze 2 und 3 zusätzlich geeignet sind, Pflichteinbauten von mME nach Abs. 3 zu „überlagern" und bspw. im Fall einer Anlage nach § 14a EnWG sofort den Einbau eines iM zu erfordern.

e) Gebäude, die einer größeren Renovierung im Sinne der Richtlinie 2010/31/ EU des Europäischen Parlaments und des Rates vom 19.5.2010 über die Gesamtenergieeffizienz von Gebäuden EU unterzogen worden sind

Neben den zuvor diskutierten Neubauten besteht ein mME-**Pflichteinbaufall** nach Abs. 3 auch im Fall einer **größeren Renovierung i. S. d. Richtlinie 2010/31/EU** (Gebäuderichtlinie). Auf diese Richtlinie verweist schon die entsprechende Bestimmung der Energieeffizienzrichtlinie, die der Gesetzgeber mit der vorliegenden Vorschrift umsetzt. Die Richtlinie 2010/31/EU definiert in Art. 2 Nr. 10 eine größere Renovierung als „eine Renovierung eines Gebäudes, bei der entweder a) die Gesamtkosten der Renovierung der Gebäudehülle oder der gebäudetechnischen Systeme 25 % des Gebäudewerts – den Wert des Grundstücks, auf dem das Gebäude errichtet wurde, nicht mitgerechnet – übersteigen oder b) mehr als 25 % der Oberfläche der Gebäudehülle einer Renovierung unterzogen werden. Es obliegt den Mitgliedstaaten zu entscheiden, ob sie die Option a oder b anwenden". Während dieser Verweis im Rahmen des EU-Rechts noch sinnvoll erscheint, ist fraglich, ob der Klarheit des MsbG nicht damit gedient gewesen wäre, wenn statt des Verweises auf die doppelte Definition der EU-Vorschrift und damit der Frage, welche Definition denn nun einschlägig sei, ein Verweis auf die nationale Umsetzungsvorschrift erfolgt wäre. Allerdings weicht die EnEV insofern von der EU-Richtlinie ab, als § 9 Abs. 3 EnEV bestimmt, dass wesentliche Bestimmungen der EnEV auf Bestandsgebäude nicht anzuwenden sind bei „Änderungen von Außenbauteilen, wenn die Fläche der geänderten Bauteile nicht mehr als 10 vom Hundert der gesamten jeweiligen Bauteilfläche des Gebäudes betrifft". Insofern geht die EnEV hier teilweise deutlich über das EU-Recht hinaus bzw. bestimmt Energieeinsparungen für zahlreiche, energetisch relevante Einzelgewerke (Heizungen, Warmwasserbereitungen etc.).

39

Im Ergebnis ist daher festzustellen, dass aus Sicht der verpflichteten gMSB weder die Bestimmungen der Richtlinie 2010/31/EU noch die Bestimmungen der EnEV so gestaltet sind, dass sichergestellt ist oder werden kann, dass ein verpflichtetes Unternehmen in jedem Fall davon **Kenntnis** erlangt, wenn in einem (Bestands-)Gebäude eine größere Renovierung i. S. d. MsbG erfolgt. Dies gilt umso mehr, als auch in der EnEV kein Bezug auf das MsbG genommen wird, d. h. weder Bauherren noch Handwerker aus der EnEV eine Verpflichtung bezüglich des Einsatzes anderer Stromzähler ableiten müssen. Es besteht auch ansonsten weder eine Meldepflicht gegenüber dem VNB oder gMSB, noch haben diese Unternehmen Zugriff auf die erteilten Baugenehmigungen, der es ihnen erlauben würden, Pflichteinbaufälle i. S. d. § 29 Abs. 3 zu identifizieren. Dies gilt insbesondere dann, wenn es sich um Maßnahmen handelt, die zwar die Definition der EnEV oder die der Richtlinie 2010/31/EU erfüllen und insofern als größere Renovierungen zu gelten haben bzw. eine Einbauverpflichtung auslösen, an denen aber keine Fachkräfte des Elektro-Handwerks beteiligt sind bzw. bei denen die elektrischen Anlagen der Gebäude nicht erneuert oder umgebaut werden. Während von Handwerkern des Elektrofachs ggf. noch zu verlangen ist, dass sie Kenntnis von den Regelungen des MsbG haben und sich an dessen Umsetzung in den Technischen Anschlussbedingungen der VNB halten, dürfte dies bei anderen Gewerken bzw. den Betrieben, die diese durchführen, i. d. R. nicht der Fall sein. Die Vorschrift betreffend die größeren Renovierungen wird daher im Einzelfall keine Wirkung entfalten (können); dies allerdings ohne dass ein (schuldhafter) Verstoß des jeweiligen gMSB oder dritten MSB gegen die Regelungen des MsbG anzunehmen sein wird.

40

§ 29 Ausstattung von Messstellen mit intelligenten Messsystemen

5. Spezielle Tatbestandsvoraussetzungen gem. Abs. 4 i.V.m. § 21 Abs. 4 und § 9 Abs. 3 EEG

41 Abs. 4 hat die Aufgabe, die Bestimmungen des § 29 insoweit zu qualifizieren, als ausdrücklich darauf verwiesen wird, dass § 21 Abs. 4 sowie § 9 Abs. 3 EEG zu beachten sind.

a) Verweis auf § 21 Abs. 4

42 Der Verweis auf § 21 Abs. 4 betrifft dabei vor allem die Pflichteinbauten des § 29 Abs. 1 und hat auch für die optionalen Einbauten nach Abs. 2 große (wirtschaftliche) Relevanz. Die Vorschrift aus dem Kapitel 3 des MsbG, welches mit „Technische Vorgaben zur Gewährleistung von Datenschutz und Datensicherheit bei Einsatz von Smart-Meter-Gateways" überschrieben ist, stellt fest, dass, wenn sich an einem Netzanschluss mehrere Zählpunkte befinden, die **Anforderungen** nach § 21 Abs. 1 auch mit **nur einem Smart-Meter-Gateway erfüllt werden können**. Abs. 1 enthält eine sechs Ziffern umfassende Liste mit technischen Mindestanforderungen, die hier nicht rekapituliert werden können, weshalb auf die dortige Kommentierung verwiesen sei. Mit Blick auf die Verpflichtungen des § 29 i.V.m. mit § 31 ist aber festzustellen, dass es sowohl für die Erfüllung der Rollout-Verpflichtungen an sich (auch und gerade mit Blick auf die Mindestquoten nach § 45) als auch für die wirtschaftliche Vertretbarkeit des Rollouts unerheblich ist, wie viele Smart-Meter-Gateways der gMSB eingesetzt hat, um die gesetzlichen Vorgaben zu erfüllen. Ein immer und überall eingehaltenes Verhältnis von einem Smart-Meter-Gateway zu einer mME ist nicht vorgesehen und wird durch den Gesetzgeber auch nicht angestrebt. Vielmehr wird gerade in Bezug auf die optionalen Einbaufälle eine Wirtschaftlichkeit (auch mit Blick auf die hier geäußerten grundsätzlichen Zweifel) nur dann erreichbar sein, wenn möglichst viele mME über ein einziges Smart-Meter-Gateway angebunden werden können. Dieses sog. „Zähler-Gateway-Verhältnis" (s.o. zu den optionalen Einbaufällen) spielte in den Diskussionen zur KNA sowie zu den Entwürfen des MsbG eine zentrale Rolle. Dem Gesetzgeber ist mit Blick auf die Ziele der §§ 29 und 31 ein bestimmter Funktionsumfang wichtig; unbedeutsam ist dagegen, wie viele physische Smart-Meter-Gateways verbaut worden sind, um die gesetzlich geforderten iM an den Messstellen einzurichten. Diese Logik gilt wohlgemerkt auch und gerade für die wirtschaftliche Vertretbarkeit nach § 31 – auch hier ist es unerheblich, ob dem Anschlussnutzer ein dediziertes, physisches Smart-Meter-Gateway zugerechnet werden kann. Es kommt vielmehr, wie bisher bei den im Netz befindlichen Rundsteuer-Empfängern und anderen Steuereinrichtungen darauf an, ob eine bestimmte Funktionalität zur Verfügung steht. Insofern ist es auch für die Zumessung einer POG nach § 31 unerheblich, ob bei einem einzelnen Anschlussnutzer ein Smart-Meter-Gateway verbaut worden ist oder ein bereits vorhandenes Smart-Meter-Gateway genutzt wird, um die iM-Funktionalitäten bereitzustellen. Einschränkungen in Bezug auf die Möglichkeiten des gMSB, von den Anschlussnutzern bestimmte Beträge zu erlösen, ergeben sich aus § 31 nur dann, wenn es sich um einen Anschlussnutzer handelt, bei dem mehrere Pflichteinbaufälle von iM entsprechend der Absätze 1 und 2 des § 29 einschlägig sind (§ 31 Abs. 5).

b) Verweis auf § 9 Abs. 3 EEG

43 Mit Blick auf § 9 Abs. 3 EEG war es das Ziel des Gesetzgebers, eine ähnliche Fragestellung – hier im Speziellen die **Regelung zur Anlagenzusammenfassung** des EEG – nochmals zu betonen. § 9 Abs. 3 EEG befasst sich mit der Fragestellung der Ermittlung der „in-

stallierten Leistung" von mehreren Anlagen zur Erzeugung von Strom aus solarer Strahlungsenergie (PV-Anlagen). Diese gelten unabhängig von den Eigentumsverhältnissen und ausschließlich zum Zweck der Ermittlung der installierten Leistung als eine Anlage, wenn sie sich entweder auf demselben Grundstück oder Gebäude befinden und sofern sie innerhalb von zwölf aufeinanderfolgenden Kalendermonaten in Betrieb genommen worden sind. Relevanz entfaltet die Regelung daher insbesondere mit Blick auf die Pflichteinbaufälle des § 29 Abs. 1 Nr. 2, da es bei PV-Anlagen ggf. nicht auf die installierte Leistung des Einzelmoduls oder mit Blick auf § 9 Abs. 3 EEG des einzelnen Anlagenbetreibers etc. ankommt, sondern auf die (insgesamt) installierte Leistung, welche sich nach der Definition und Logik von § 9 Abs. 3 EEG ergibt. Auf die entsprechenden Kommentierungen sei daher verwiesen. Im Umkehrschluss wird sodann anzunehmen sein, dass es bei allen anderen EEG-Anlagen in Bezug auf die Feststellung der installierten Leistung i. S. d. § 29 Abs. 1 Nr. 2 auf die Leistung des einzelnen Aggregats ankommt. Trotzdem werden sich im Einzelfall bestimmte Detailfragen ergeben, bspw. wenn ein Windpark aus mehreren Windkraftanlagen besteht, die wiederum mehreren Anlagenbetreibern gehören, dieser Windpark aber nur über einen Netzanschluss Elektrizität in das Netz der öffentlichen Versorgung einspeist.

6. Spezielle Tatbestandsvoraussetzungen des § 29 Abs. 5

Die Regelungen des Abs. 5 richten sich wiederum, wie der komplette § 29, nur an die gMSB und bestimmen, dass diese ihren Verpflichtungen aus Abs. 1 (wiederum i.V.m. den Regelungen des § 31) genügen, wenn sie mindestens 95 % der betroffenen Messstellen, d. h. solche, für die iM-Pflichteinbaufälle vorliegen, entsprechend den gesetzlichen Regelungen ausstatten. Hierfür ist die Zahl der nach § 37 Abs. 1 ermittelten Messstellen zugrunde zu legen. Da § 37 Abs. 1 wiederum auf § 29 verweist, scheinen Sinn und Zweck der Verweisung zunächst fraglich. Allerdings bestimmt § 37, dass die gMSB entsprechende Zahlen (Mengengerüste) zu ihren Verpflichtungen nach § 29 wenigstens sechs Monate vor Beginn des Rollouts zu veröffentlichen haben. Die Mindestverpflichtung des § 29 Abs. 5 daher auf die (inhaltlich identische) öffentliche Meldung nach § 37 zu beziehen, ist insofern sinnvoll, als eine solche einmal veröffentlichte Zahl zwischen den Parteien (d. h. BNetzA und verpflichtetes Unternehmen) unstrittig sein wird. Der Gesetzgeber selbst begründet diese Einschränkung der Rollout-Verpflichtung der gMSB damit, dass sich „Ausstattungsvorgaben, wie sie die §§ 29 und 31 vorsehen, (…) nie in 100 Prozent aller Fälle realisieren lassen. Ein Beispiel für mögliche Realisierungshindernisse sind solche baulicher Art. Abs. 5 konkretisiert daher die Pflicht des grundzuständigen Messstellenbetreibers auf eine Realisierungsquote von 95 Prozent."[39] Diesem Gedanken des Gesetzgebers ist eindeutig zustimmen.

III. Weitere Vorschriften des MsbG mit besonderer Relevanz für § 29

1. Übergangsvorschrift gem. § 19 Abs. 5

Die Vorschrift dient dazu, für Messsysteme, d. h. fernauslesbare Zähler, die insofern bereits heute in ein Kommunikationsnetz eingebunden sind, eine **Übergangsvorschrift** bereitzu-

---
39 Vgl. BT-Drs. 18/7555, S. 141.

§ 29 Ausstattung von Messstellen mit intelligenten Messsystemen

stellen. Einschlägige Fälle solcher i. S. d. Gesetzes „nicht intelligenter" Messsysteme sind bspw. im Bereich der heutigen Industriemessungen (registrierende Leistungsmessung – RLM), aber auch im Bereich der Feldversuche, die einzelne Unternehmen in den vergangenen Jahren mit Smart Metern durchgeführt haben, sowie der Direktvermarktung[40] zu finden. Die Vorschrift kann hier nicht in Gänze diskutiert werden, und es wird daher auf die dortige Kommentierung verwiesen.[41] Mit Blick auf § 29 kann aber festgestellt werden, dass in bestimmten Fällen, die in § 19 Abs. 5 S. 1 beschrieben sind, entsprechende Systeme bis zu acht Jahre ab Einbau (und nicht etwa ab Inkrafttreten des Gesetzes) weiterbetrieben werden können. § 19 Abs. 5 S. 2 stellt sodann fest, dass, solange „die Voraussetzungen des Satzes 1 vorliegen, […] für die jeweilige Messstelle die Pflichten nach § 29 nicht (bestehen)." D. h. der gMSB ist in Fällen von Messsystemen nach § 19 Abs. 5 bis zum Ablauf der Frist nach § 19 Abs. 5 S. 1 nicht zum Rollout verpflichtet. Dies gilt unabhängig davon, ob das Messsystem durch den gMSB selbst oder durch einen dritten MSB verbaut wurde.

2. Netzdienlicher und marktorientierter Einsatz gem. § 33 Abs. 1 und 3

46 Der mit „Netzdienlicher und marktorientierter Einsatz" überschriebene § 33 bestimmt, dass, soweit die technische Möglichkeit nach § 30 gegeben ist, bestimmte Marktakteure (Netzbetreiber, Direktvermarkter und Anlagenbetreiber) auf eigene Kosten gegen angemessenes Entgelt vom gMSB eine Reihe von Handlungen verlangen können. Gem. § 33 Abs. 1 Nr. 1 wird den genannten Akteuren insbesondere das Recht zugestanden, die Ausstattung von Messstellen mit modernen Messeinrichtungen und Smart-Meter-Gateways zu verlangen. Die Vorschrift zeigt einerseits die besondere, die Unternehmen verpflichtende Rolle der gMSB im Markt. Sie ist andererseits für den hier zu diskutierenden § 29 von besonderer Relevanz, da Abs. 3 bestimmt, dass in dem zahlenmäßigen Umfang, wie nach Abs. 1 eine Ausstattung von Messstellen mit intelligenten Messsystemen erfolgt, die Verpflichtungen der gMSB aus § 29 Abs. 1, 2 und 3 entsprechend reduziert werden.

3. Duldungspflicht gem. § 36 Abs. 3

47 Es war hier schon angedeutet worden, dass die Letztverbraucher bzw. Anschlussnutzer und Anlagenbetreiber die **Einbauten**, welche die durch das Gesetz verpflichteten gMSB vornehmen, **dulden müssen**. Dies ergibt sich explizit auch aus § 36 Abs. 3, der feststellt, dass weder Anschlussnehmer noch Anschlussnutzer berechtigt sind, die Ausstattung einer Messstelle mit einem intelligenten Messsystem nach § 29 Abs. 1 und 2 zu verhindern oder nachträglich wieder abzuändern oder abändern zu lassen.

---

[40] Direktvermarkter sind zur Erlangung der Marktprämie angehalten, intelligente Messsysteme einzusetzen.
[41] Vgl. BerlKommEnR/*Mätzig/Netzband/Bruchmann*, § 19 MsbG Rn. 30.

IV. Rechtsfolgen

1. Rechte und Pflichten der grundzuständigen Messstellenbetreiber im Pflicht-Rollout

Die Vorschrift verpflichtet i.V.m. den ergänzenden Vorschriften der §§ 30, 31 und 32 die gMSB dazu, die Pflichteinbaufälle in den genannten Fristen vorzunehmen.[42] § 29 Abs. 5 konkretisiert diese Pflicht in Bezug auf iM insofern, als der gMSB **nur 95% der nach Abs. 1 auszustattenden Messstellen** umbaut. Allerdings qualifiziert § 31 diese Pflicht in zeitlicher Hinsicht zusätzlich. 48

a) Wirtschaftliche Vertretbarkeit i.S.d. § 31 – zugleich zeitliche Vorgaben zu den Einbauten nach Abs. 1 Nr. 1

Der Gesetzgeber hat sich entschieden, die „wirtschaftliche Vertretbarkeit" des Einbaus von intelligenten Messsystemen in § 31 **explizit zu regeln**.[43] Aus Sicht des Anwenders ist vor allem die Tatsache bedeutsam, dass § 31 nicht nur die Höhe der Preisobergrenzen regelt und sich hierbei am strengen Nutzenkalkül der KNA orientiert.[44] Zusätzlich führt § 31 in zahlreichen Absätzen auch eine zeitliche Staffelung ein, d.h. die wirtschaftliche Vertretbarkeit von intelligenten Messsystemen ergibt sich nach dem Gesetz nicht automatisch zu einem einzigen Zeitpunkt, der sodann für alle (möglichen) Einbaufälle relevant wäre, sondern die wirtschaftliche Vertretbarkeit ergibt sich (jedenfalls mit Blick auf ggf. betroffene Letztverbraucher) zu unterschiedlichen Zeitpunkten. 49

aa) Zeitliche Vorgaben bei Messstellen von Letztverbrauchern

Vereinfachend kann hier festgestellt werden, dass nach § 31 Abs. 1 bei Messstellen von Letztverbrauchern mit Jahresstromverbräuchen größer 10.000 kWh und bei solchen Letztverbrauchern, an deren Messstellen eine unterbrechbare Verbrauchseinrichtung nach § 14a EnWG unterhalten wird, eine **wirtschaftliche Vertretbarkeit i.S.d. Gesetzes grundsätzlich ab 2017** gegeben ist. Eine solche wirtschaftliche Vertretbarkeit ergibt sich bei Messstellen von Letztverbrauchern mit Jahresstromverbräuchen kleiner 10.000 und größer 6.000 kWh jedoch erst ab 2020. 50

bb) Zeitliche Vorgaben bei Messstellen an EEG- und KWKG-Anlagen

Eine zeitliche Staffelung der Einbauverpflichtungen ergibt sich auch bei Messstellen an EEG- und KWKG-Anlagen. Allerdings erfolgt die Abstufung in diesem Fall quasi in umgekehrter Reihenfolge: Während das Gesetz bei den Letztverbrauchern eine Einbaupflicht bei denjenigen mit den kleineren Jahresstromverbräuchen erst zu späteren Zeitpunkten vorsieht, wird bei den **EEG- und KWKG-Erzeugungsanlagen** eine **Einbaupflicht** bei 51

---

42 Das MsbG verpflichtet wettbewerbliche MSB nicht unmittelbar zu bestimmten Handlungen, wenngleich sie durch den fortschreitenden Rollout des gMSB gezwungen sein werden, ihrerseits Umbauten vorzunehmen, wenn sie das Geschäft nicht verlieren wollen. Der Gesetzgeber hat die wettbewerblichen MSB hierzu jedoch nicht mit gesonderten Rechten oder Pflichten ausgestattet, da er davon ausgeht, dass ein wettbewerblicher Dritter regelmäßig über eine vertragliche Vereinbarung mit dem Kunden verfügt, in der Rechte und Pflichten als AGB etc. niedergelegt sind.
43 Vgl. zu den komplexen Detailregeln BerlKommEnR/*Salevic/Zöckler*, § 31 MsbG.
44 Vgl. BT-Drs. 18/7555, S. 72 bzw. S. 67 zum Erfüllungsaufwand für Bürgerinnen und Bürger.

§ 29   Ausstattung von Messstellen mit intelligenten Messsystemen

Anlagen mit einer installierten Leistung größer 7 und kleiner 100 kW ebenfalls bereits **ab 2017** vorgesehen. An besonders großen Anlagen, d.h. solchen, die sich durch eine installierte Leistung von mehr als 100 kW auszeichnen, besteht eine wirtschaftliche Vertretbarkeit und damit eine Einbaupflicht erst ab 2020.[45]

cc) Vorgaben zu den Zeiträumen, in denen die Pflichteinbauten vorzunehmen sind

52 Darüber hinaus macht § 31 Vorgaben zu den **Zeiträumen**, in denen die Einbaupflichten zu erfüllen sind, welche wiederum für die Frage, ob ein gMSB seinen Verpflichtungen nachgekommen ist, von Bedeutung sind. D.h. aus dem Gesetz lassen sich Zeiträume (gemessen in Jahren) ableiten, in denen insbesondere die Pflichteinbaufälle zu bewältigen sind. Diese betragen i.d.R. acht Jahre,[46] wobei anzunehmen ist, dass die fraglichen Zeiträume frühestens beginnen, wenn die „technische Möglichkeit" des Einbaus bezogen auf den spezifischen Einbaufall nach § 30 gegeben ist. D.h. stellt das BSI die technische Möglichkeit erst im Lauf des Jahres 2017 oder gar später fest und wäre es folglich objektiv unmöglich gewesen, massenhaften Einbaupflichten nachzukommen, da entsprechende Systeme nicht verfügbar waren, so beginnen die in § 31 genannten Fristen erst mit der entsprechenden Ankündigung des BSI.

b) Endzeitpunkt und verpflichtender Umfang des Rollouts moderner Messeinrichtungen

53 Die Ausstattung mit modernen Messeinrichtungen hat **bis zum Jahr 2032** erfolgen. Da der Gesetzgeber im Gegensatz zu den Vorschriften für intelligente Messsysteme von einem fixen Startzeitpunkt ausging (s.o.), und die Frist mit 16 Jahren jedenfalls vom zeitlichen Rahmen her großzügig bemessen wurde,[47] konnte der Gesetzgeber auch ein fixes Enddatum setzen. Die Formulierung „bis zum Jahr 2032" wird dabei so zu interpretieren sein, dass dieser Zeitraum die Tage des Jahres 2032 vollständig umfasst; die Frist mithin bis zum 31.12.2032 läuft. Dies ist der Fall, da, auch wenn der Wortlaut eine andere Interpretation suggerieren könnte, die Gesetzesmaterialien immer davon sprechen, dass für den Rollout von mME ein Zeitraum von 16 Jahren zur Verfügung stehen soll.[48] Da das Gesetz erst

---

45 Diese Staffelung mag auf den ersten Blick überraschen, erklärt sich aber insbesondere vor dem Hintergrund der Regelungen des EEG 2014.

46 Eine Ausnahme von dieser Regel bilden bspw. Messsysteme, die bei Jahresstromverbräuchen größer 100.000 kWh eingesetzt werden (heutige Zähler mit registrierender Leistungsmessung). Hier beträgt der Zeitraum zur Umsetzung 16 Jahre.

47 Weniger großzügig ist der Zeitraum aus wirtschaftlicher Sicht bemessen, da die StromNEV in der relevanten Anlage 1 bezüglich der kalkulatorischen Nutzungsdauer von Zählern etc. nicht geändert worden ist. Die dort kodifizierte Nutzungsdauer beträgt weiterhin 20–25 Jahre, sodass es den verpflichteten Unternehmen nur gelingen könnte, alle kalkulatorischen Abschreibungen auf das heute im Netz befindliche Zählervermögen zu verdienen, wenn alle Zähler im Jahr 2016 wenigstens 9 Jahre alt waren. Dies ist bei größeren Netzen, in denen bspw. für Neubauten laufend Zähler beschafft und installiert werden, aber mehr als unwahrscheinlich. Ein vollständiges Zurückverdienen der kalkulatorischen Abschreibungen wird daher durch die Fixierung des Rollout-Zeitraums auf max. 16 Jahre verhindert.

48 Vgl. BT-Drs. 18/7555, S. 141: „Das in § 29 verankerte Rolloutszenario geht – soweit auf dieser Grundlage ein flächendeckender Rollout angeordnet wird – dabei von einem vollständigen Rollout von modernen Messeinrichtungen und intelligenten Messsystemen in der Bundesrepublik Deutschland über einen Zeitraum von insgesamt **16 Jahren** aus."

im Lauf des Jahres 2016 in Kraft treten konnte, umfasst ein Zeitraum von 16 Jahren folglich die Jahre 2017–2032 – dies gilt umso mehr, als (wie oben dargelegt) zum Zeitpunkt der Schriftlegung noch gar keine Einbauten von mME stattfinden können, da entsprechende Messeinrichtungen nicht am Markt verfügbar sind.

c) Weitere Verpflichtungen betreffend moderne Messeinrichtungen

Bezüglich des Umfangs des Rollouts moderner Messeinrichtungen war oben schon angedeutet worden, dass es sich um eine „**Restmenge**" handle, welche sich ergäbe, wenn vom Gesamtzählerbestand bestimmte andere Verpflichtungen (bspw. zum Einbau von iM) in Abzug gebracht werden. Zusätzlich gelten bei der ex ante unbekannten Anzahl der Neubauten die Einbauverpflichtungen unmittelbar. Die Frage, ob bei größeren Renovierungen der Einbaupflicht genügt werden könne, war oben ebenfalls bereits diskutiert worden – allerdings ist unabhängig von dieser Frage festzustellen, dass es sich in praktischer Hinsicht nicht um ein Problem handeln wird, denn auch größere Renovierungen, die nicht als solche erkannt worden sind, werden den gesetzlichen Regelungen entsprechend bis spätestens Ende 2032 mit mME ausgestattet werden. Festzustellen ist sodann, dass eine das Rollout-Ziel zahlenmäßig qualifizierende Vorschrift, wie sie Abs. 5 mit Blick auf intelligente Messsysteme darstellt,[49] bzgl. der mME im MsbG nicht, d.h. auch nicht an anderer Stelle, existiert. Der Gesetzgeber ist mithin davon ausgegangen, dass der Rollout der mME bis Ende 2031 abgeschlossen sein wird und bis zu diesem Zeitpunkt alle Messstellen (d.h. 100% der Messeinrichtungen, die zu diesem Zeitpunkt keine iM-Ausstattung erfahren haben), mit mME ausgerüstet sind. Dieses Ziel ist aber im Gegensatz zu der Mindestquote des § 45 nicht sanktionsbewährt.[50]

54

d) Sanktionen bei Nichterfüllung der Pflichteinbaufälle (§ 45)

Da es sich bei den Einbaufällen des Abs. 1 um Pflichteinbauten handelt, wurde in den Diskussionen zur Umsetzung der KNA relativ früh die Forderung erhoben, die Bestimmungen müssten Sanktionen für den Fall enthalten, in dem eine Verpflichteter seiner gesetzlichen Aufgabe nicht oder nur in ungenügendem Maß nachkommt. Dies geschieht in § 45, der mit „Pflicht zur Durchführung des Verfahrens zur Übertragung der Grundzuständigkeit" überschrieben ist. § 45 Abs. 1 bestimmt in diesem Zusammenhang zunächst, dass **jeder gMSB**,[51] der seinen Verpflichtungen nach § 29 Abs. 1 in „nur unzureichendem Maße" nachkommt, ein Verfahren zur Übertragung der Grundzuständigkeit für den Messstellenbetrieb von modernen Messeinrichtungen und intelligenten Messsystemen nach § 41 Abs. 1 durchführen muss. D.h. einem gMSB, der seine Pflichten nicht erfüllt, droht der Verlust seiner Rolle, und zwar im Hinblick auf mME und iM; diese (modernen) Technolo-

55

---

49 Vgl. BerlKommEnR/*Franz*, § 29 MsbG Rn. 44.
50 Vgl. BerlKommEnR/*Hohenstein-Bartholl*, § 45 MsbG.
51 Der Gesetzgeber verwendet hier die Qualifikation „jeder", da auch ein gMSB, der seinerseits bereits durch eine Übertragung in die Rolle gelangt ist und somit den Einbaupflichten Folge zu leisten hat, die Rolle wieder verlieren kann, wenn er seinen Verpflichtungen nach § 29 Abs. 1 in „nur unzureichendem Maße" nachkommt. Mit dem Eintritt in die Rolle ist ein gMSB (aus einer Übertragung) in wesentlichen Teilaspekten des Gesetzes einem MSB, dessen Grundzuständigkeit sich aus seiner Eigenschaft als VNB ergibt, gleichgestellt.

§ 29 Ausstattung von Messstellen mit intelligenten Messsystemen

gien sind im MsbG immer eine Einheit und können aus Sicht des gMSB nicht getrennt werden.[52]

aa) Unzureichendes Maß der Aufgabenerfüllung durch einen gMSB in Bezug auf Abs. 1 gem. § 45 Abs. 2 Nr. 1

56   Offensichtlich handelt es sich bei der Formulierung, dass Sanktionen erfolgen müssen, wenn ein gMSB seinen „Verpflichtungen nach § 29 Abs. 1 in nur unzureichendem Maße" nachkommt, um einen zunächst unbestimmten Rechtsbegriff, den der Gesetzgeber aus diesem Grund aber in § 45 mit Fallbeispielen belegt, die eindeutig ein solches unzureichendes Maß definieren. Mit Blick auf Abs. 1 relevant ist daher vor allem § 45 Abs. 2 Nr. 1, der i.V.m. § 45 Abs. 1 bestimmt, dass ein gMSB seinen Verpflichtungen nach Abs. 1 in nur unzureichendem Maße nachkommt, wenn er nicht **innerhalb von drei Jahren** nach Feststellung der technischen Möglichkeit durch das BSI nach § 30 und Anzeige oder Übernahme der Grundzuständigkeit mindestens **10 Prozent** der nach § 31 Abs. 1 und 2 auszustattenden Messstellen mit intelligenten Messsystemen ausgestattet hat (Mindest-Rollout-Menge).

57   Ein gMSB hat folglich drei Jahre Zeit, 10 Prozent der durch ihn auszustattenden Messstellen, welche sich nach § 29 i.V.m. § 37 Abs. 1 ergeben,[53] auszustatten. Die Dreijahresfrist beginnt mit Blick auf die Einbauverpflichtung von iM jedoch nicht bereits mit dem Inkrafttreten des MsbG, sondern erst dann, wenn das BSI nach § 30 festgestellt hat, dass der Rollout nunmehr technisch möglich sei.[54] Diese Konditionierung der Einbauverpflichtung bzw. des Fristbeginns, welcher wiederum für etwaige Sanktionen bei Nichterfüllen der Einbauverpflichtungen relevant ist, erscheint hochgradig vernünftig. Sie ist aber zugleich ein gutes Beispiel dafür, dass der Gesetzgeber der hochkomplexen Materie teilweise nur durch **komplexe Regelungen** und **Abhängigkeiten** zwischen Einzelvorschriften Herr geworden ist. Dies führt in der Frage der relevanten Sanktionen bei einem gMSB, der seinen Verpflichtungen nur in unzureichendem Maß nachkommt, dazu, dass sich der Gesetzesanwender wenigstens mit den §§ 29, 30, 31, 37 und 45 auseinandersetzen muss und diese in ihrer Gesamtheit zu würdigen sind, um zu den richtigen Antworten zu kommen.[55]

bb) Unzureichendes Maß der Aufgabenerfüllung durch einen gMSB in Bezug auf Abs. 3 i.V.m. § 45 Abs. 2 Nr. 2

58   Ähnlich wie bereits in Bezug auf Abs. 1 kennt das MsbG auch mit Blick auf den Rollout von mME (Abs. 3) ein unzureichendes Maß der Aufgabenerfüllung. Der grundzuständige Messstellenbetreiber kommt nach § 45 Abs. 2 Nr. 2 seinen Verpflichtungen nach § 29 Abs. 3 in nur unzureichendem Maße nach, „wenn er nicht innerhalb von 3 Jahren nach Anzeige oder Übernahme der Grundzuständigkeit mindestens 10 Prozent der nach den § 29

---

52 Diese Nichttrennbarkeit bedeutet jedoch nach Einschätzung des Verfassers nicht, dass das Bereitstellen der entsprechenden Dienstleistungen gegenüber Letztverbrauchern und Anlagenbetreibern nicht wiederum durch (unterschiedliche) Dienstleister unterstützt werden kann.

53 Diese sind durch den gMSB nach § 29 zu bestimmen, und der Umfang der Verpflichtung (gegen den die 10 Prozent zu messen sind) ist nach § 37 Abs. 1 spätestens sechs Monate vor dem Beginn des Rollouts zu veröffentlichen.

54 Vgl. hierzu BerlKommEnR/*Franz*, § 29 MsbG Rn. 7.

55 Auf die Einzelkommentierung der entsprechenden §§ sei daher ausdrücklich verwiesen.

Abs. 3 auszustattenden Messstellen mit modernen Messeinrichtungen ausgestattet hat". Während die grundsätzliche Pflicht zum Rollout also bereits mit Inkrafttreten des MsbG beginnt, beginnt die Frist aus § 45 Abs. 2 Nr. 2 erst mit der **Anzeige der Grundzuständigkeit** (d.h. spätestens am 30.6.2017) oder im Fall einer Übertragung der Grundzuständigkeit mit deren Übernahme durch den „neuen" bzw. im Wege der Übertragung „gekürten" gMSB. Im Fall eines gMSB/VNB, der seine Grundzuständigkeit pflichtgemäß zum 30.6.2017 anzeigt, sind daher 10% der der BNetzA nach § 45 Abs. 3 i.V.m. § 29 Abs. 3 angezeigten Messstellen mit mME auszustatten. Optionale Einbauten nach § 29 Abs. 2 wären auf diese Zahl anzurechnen.

cc) Offene Fragen der Bestimmung der Mindest-Rollout-Mengen

Es sei in diesem Zusammenhang darauf hingewiesen, dass es zumindest fraglich ist, ob die Mengen an intelligenten Messsystemen, deren Einbau laut § 31 Abs. 2 Nr. 4 erst ab 2020 wirtschaftlich vertretbar ist, bei der Bestimmung der 10-prozentigen Mindest-Rollout-Menge zu berücksichtigen sind. Sofern das BSI die technische Möglichkeit bspw. erst im Jahr 2020 feststellen würde, womit aktuell nicht zu rechnen ist, wäre die Diskussion offensichtlich ohne Belang. Wird die technische Möglichkeit durch das BSI aber vor 2020 festgestellt, so ist zu fragen, ob ein gMSB über die Mindest-Rollout-Mengen mittelbar und sanktionsbewehrt dazu verpflichtet werden kann, Geräte auszurollen, bei denen nach der Überzeugung des Gesetzgebers eine wirtschaftliche Vertretbarkeit noch nicht gegeben ist. Mithin wäre der gMSB verpflichtet, Systeme auszurollen, für die er noch nicht berechtigt ist, die Preisobergrenzen aus § 31 Abs. 2 Nr. 4 zu erheben, d.h. er wäre gezwungen, Verluste hinzunehmen; oder die Mindest-Rollout-Mengen sind nur mit intelligenten Messsystemen zu erfüllen, bei denen die technische Möglichkeit und wirtschaftliche Vertretbarkeit bereits zwischen 2017 und 2020 gegeben sein mag. Diese Interpretation muss dann aber dazu führen, dass deutlich mehr Systeme in den im fraglichen Zeitraum als technisch mögliche und wirtschaftlich vertretbare Pflicht-Einbaufällen einzubauen wären, als es der 10-Prozent-Quote des § 45 Abs. 2 Nr. 1 in Bezug auf diese Segmente eigentlich entspräche. Hier wäre eine bessere Abstimmung zwischen Bestimmungen, die dem Konsumentenschutz dienen sollen, und den die verpflichteten Unternehmen grundsätzlich belastenden Vorschriften wünschenswert gewesen. Es wird im Streitfall, d.h. insbesondere wenn ein gMSB sich mit dem Vorwurf auseinandersetzen muss, er habe seine Verpflichtungen nur in unzureichendem Maß erfüllt, auf die komplexe Interpretation dieser Vorschriften durch BNetzA und Gerichte ankommen. Angesichts der Tragweite der möglichen Folgen (Zwang zur Übertragung) wären eindeutigere Vorschriften wünschenswert gewesen.

2. Rechte und Pflichten der Letztverbraucher, Anschlussnutzer und Anlagenbetreiber im Pflicht-Rollout

§ 36 Abs. 3 legt fest, dass weder Anschlussnehmer noch Anschlussnutzer berechtigt sind, die Ausstattung einer Messstelle mit einem intelligenten Messsystem nach § 29 Abs. 1 und 2 zu verhindern oder nachträglich wieder abzuändern oder abändern zu lassen. Diese Formulierung wird regelmäßig auch den Anlagenbetreiber in seiner Rolle als Anschlussnutzer oder Anschlussnehmer binden. In dieselbe Richtung wirkt bspw. das in § 38 kodifizierte Zutrittsrecht, welches dazu dient, den gMSB oder ihren Beauftragten den Zugang zu den Messstellen zu erlauben. Sofern der gMSB die im Gesetz vorgegebene „Vorwarnzeit" ein-

§ 29 Ausstattung von Messstellen mit intelligenten Messsystemen

hält, darf er die Messstelle betreten und dort auch Einbauten vornehmen, da dies Teil der Aufgabeerfüllung ist. Es war bereits an anderer Stelle diskutiert worden, dass diese den gMSB zugestandenen Rechte solange und soweit Wirkung entfalten können, wie die Messstellen so gestaltet sind, dass die angestrebte Modernisierung der Messinfrastruktur ohne größere Friktionen vorgenommen werden kann. Ist dies nicht der Fall, wird der gMSB ohnehin Kontakt zum Anschlussnehmer (Eigentümer) aufnehmen, um die nötigen Umbauten anzustoßen.

61 Der Gesetzgeber hat **zusätzliche „Schutzvorschriften" zugunsten der Betroffenen nicht** für **nötig** befunden, da das MsbG aus Sicht des BMWi zum einen aus einer strikt nutzenorientierten Perspektive gestaltet worden ist. D.h. ein Rollout von iM wird nur angeordnet, wenn nach den vorliegenden Analysen anzunehmen ist, dass die Mehrkosten im Wege der Energieeinsparung wieder zurückverdient werden können. Diese Logik gilt einerseits bezüglich der Einbaufälle bzw. deren Staffelung an sich; sie betrifft andererseits aber auch die maximale Kostenbelastung, derer sich ein Letztverbraucher gegenüber sehen kann. Diese Kostenbelastung ist durch die strengen Preisobergrenzen des Gesetzes gedeckelt. In ähnlicher Art und Weise geht der Gesetzgeber davon aus, dass er auch alle grundrechtlichen Erwägungen, die hätten dafür sprechen können, bestimmte Gruppen auszunehmen oder ein individuelles Recht zur Verweigerung des Einbaus im Gesetz vorzusehen, in geeigneter Weise vorgenommen hat. Technisch werden die Daten der Betroffenen durch das BSI-Schutzprofil bzw. dessen gesetzliche Verankerung gesichert. Datenschutzbelange werden durch die ebenfalls strengen Zuweisungen der Daten und ihrer Nutzung an die einzelnen Marktrollen gelöst. Der Gesetzgeber geht insofern insgesamt davon aus, dass der Einbau des iM (oder der mME) in Bezug auf die Gesamtsituation der Energiewende und der Maßnahmen, welche zu ihrem Gelingen zu ergreifen sind, das mildere Mittel darstellt. Ob weite Teile der Bevölkerung diese Ansicht teilen und ob die gesetzgeberische Logik einer Überprüfung durch die Gerichte standhält, wird sich in den kommenden Jahren zeigen.

3. Rechte der von optionalen Einbauten betroffenen Letztverbraucher und Anlagenbetreiber in Abwägung zu den unternehmerischen Entscheidungen der gMSB

62 Die optionalen Einbauten sind im Gesetzgebungsverfahren ausgesprochen kritisch diskutiert worden. Insbesondere die Organisationen des Verbraucherschutzes haben hierin eine Verschärfung des Rollouts gesehen und argumentiert, dass es Letztverbrauchern, die weniger als 6.000 kWh p.a. verbrauchen, nicht zuzumuten sei, den Einbau eines iM zu dulden. Die Verbände der Erneuerbaren Energien haben (wie oben ausgeführt) insbesondere die Nachteiligkeit eines solchen optionalen Rollouts für die Wirtschaftlichkeit der betroffenen Anlagen hervorgehoben. Dass der Gesetzgeber die entsprechenden Vorschriften trotzdem in dem Gesetz belassen hat, zeigt, dass er den durch die Regelungen der §§ 55 dargestellten Schutz des Rechts auf informationelle Selbstbestimmung, Datenschutz und Datensicherheit auch bei Letztverbrauchern mit geringen Durchschnittsverbräuchen, die i.d.R. Privatpersonen sein werden, in jedem Fall für ausreichend erachtet.[56] Dieser Einschätzung ist nach Ansicht des Verfassers zuzustimmen, denn derartig optional verbaute iM führen je-

---

56 Vgl. Begründung zum Regierungsentwurf v. 17.2.2016, BT-Drs. 18/7555, S. 140 ff.

IV. Rechtsfolgen § 29

denfalls bei Letztverbrauchern nur dann zu einem Anstieg der erfassten Datenmenge über das heutige Maß hinaus, wenn der Letztverbraucher dem geeignet bzw. qualifiziert zustimmt. Angesichts der seitens der Netzbetreiberverbände beklagten Unauskömmlichkeit der Preisobergrenzen aus § 31 ist zudem nicht damit zu rechnen, dass entsprechende optionale Rollout-Strategien ein Massenphänomen werden, wenngleich dies natürlich die Absicht des Gesetzgebers gewesen sein dürfte, d.h. den gMSB mit dem optionalen Rollout ein Mittel an die Hand zu geben, das es ihnen erlaubt, beschaffungsseitig in höhere Stückzahlen vorzustoßen und so Einkaufsvorteile zu generieren.

a) Praktische Relevanz der durch § 31 Abs. 3 bestimmten Preisobergrenzen auch im Pflicht-Rollout bei Letztverbrauchern (§ 31 Abs. 4)

Praktische Relevanz werden die zuvor diskutierten Bestimmungen im Zeitablauf nichtsdestotrotz erlangen: § 31 Abs. 4 bestimmt, dass der gMSB den über drei Jahre ermittelten Durchschnittsverbrauch jährlich zu überprüfen hat und, soweit erforderlich, das für den Messstellenbetrieb in Rechnung zu stellende Entgelt anzupassen hat. Sinken nun, wie es der Gesetzgeber erwartet, im Zeitablauf die jährlichen Verbräuche, da die Letztverbraucher, bspw. aufgrund der deutlich verbesserten Transparenz über ihren Verbrauch, Energieeinsparungen realisieren, so wird die durch den gMSB in diesem Fall maximal zu erhebende Preisobergrenze im Zeitablauf ebenfalls sinken. Die Bestimmungen des optionalen Rollouts in ihrer Gesamtheit sind insofern geeignet, auch an Messstellen eine eindeutige POG zu bestimmen, an denen der dreijährige Durchschnittsverbrauch nicht mehr den Umfang erreicht, der ursprünglich ursächlich für die Verpflichtung des gMSB war, ein iM zu verbauen. Wie oben ausgeführt, stellt dies einen gewissen Bruch mit der Philosophie der KNA dar und wird sich aus Sicht der gMSB als wirtschaftlich nachteilig erweisen, da der Durchschnittsverbrauch im Segment der hier zu diskutierenden Letztverbraucher (Privat- und Gewerbekunden bzw. Haushaltskunden i.S.d. EnWG) ohnehin im Sinken begriffen ist. Da § 36 Abs. 3 aber bestimmt, dass ein einmal durchgeführter Einbau eines iM weder vom Anschlussnehmer noch vom Anschlussnutzer wieder rückgängig gemacht werden darf, kommt den Vorschriften in einer Gesamtschau eine befriedende Wirkung zu. Kein Netznutzer wird langfristig gezwungen sein, eine vergleichsweise hohe Preisobergrenze zu entrichten, die sich aus dem ebenfalls hohen Durchschnittsverbrauch eines Vormieters o.Ä. ergeben hat. Die zeitliche Verzögerung über den gleitenden Dreijahresdurchschnitt schützt umgekehrt die gMSB vor einer zu starken Schwankung und damit geringen Planbarkeit ihrer Umsätze.

63

b) Vorgaben beim Vorliegen mehrerer Einbaufälle aus Abs. 1 (§ 31 Abs. 5)

Im Rahmen einer dezentralen Energiewende ist es durchaus wahrscheinlich, dass sich bei einzelnen Letztverbrauchern (i.S.d. § 29) oder Anlagenbetreibern bzw. über mehrere Zählpunkte (i.S.d. § 31) Pflichteinbaufälle überlagern. Ein solche Konstellation ist bspw. gegeben, wenn neben einem Jahresverbrauch von mehr als 10.000 kWh auch eine PV-Anlage mit einer installierten Leistung von mehr als sieben kW vorgefunden wird.[57] Allerdings kommt es für die weitere Beurteilung darauf an, ob sich die fraglichen Pflichteinbau-

64

---

57 Zu bedenken ist wieder, dass jedenfalls die Gesetzesbegründung davon spricht, dass Eigen- und Fremdverbrauch zu erfassen ist; mithin auch bei Vorliegen einer (größeren) PV-Anlage noch ein Gesamtverbrauch vorliegen kann, der einen Pflichteinbau i.S.d. § 29 Abs. 1 bedingt.

§ 29   Ausstattung von Messstellen mit intelligenten Messsystemen

fälle nicht nur physisch überlagern (d. h. im selben Gebäude liegen), sondern auch in den fraglichen Geschäftspartnern.[58] Diese Möglichkeit hat der Gesetzgeber antizipiert und daher mit § 31 Abs. 5 eine Vorschrift geschaffen, die für die Pflichteinbaufälle des Abs. 1 bestimmt, dass, insofern und insoweit „bei einem Anschlussnutzer mehrere Messstellen **innerhalb eines Gebäudes** mit intelligenten Messsystemen auszustatten (sind), (...) die Vorgaben aus Absatz 1 und 2 mit der Maßgabe (gelten), dass dem Anschlussnutzer für den Messstellenbetrieb insgesamt nicht mehr als die höchste fallbezogene Preisobergrenze jährlich in Rechnung gestellt werden darf. Entsprechendes gilt, wenn ein Zählpunkt von mehr als einem Anwendungsfall der Absätze 1 und 2 erfasst wird." Wichtig ist, darauf hinzuweisen, dass es sich um eine kumulative Bedingung handelt, d. h. es muss sich sowohl um denselben Anschlussnutzer handeln (was in einem Mehrfamilienhaus i. d. R. nicht der Fall sein wird) *und* die auszustattenden Messstellen müssen sich in einem Gebäude befinden.

65 Es sind hier zahlreiche Konstellationen denkbar; auf die fragliche Kommentierung wird daher verwiesen.[59] Aus Sicht der zum Rollout verpflichteten Unternehmen ist aber festzustellen, dass damit richtigerweise eine PV-Anlage, die sich auf einer abseits des Wohngebäudes errichteten Scheune befindet und deren installierte Leistung größer als 7 kW ist, auch dann einen eigenen Einbaufall darstellt, für den eine eigene POG zu entrichten ist, wenn auch das Wohngebäude mit einem iM auszustatten ist. Dies erscheint auch wirtschaftlich sinnvoll, da davon auszugehen ist, dass diese zwei Pflichteinbaufälle den Einsatz zweier Smart-Meter-Gateways bedingen werden. Weniger nachvollziehbar ist dagegen die Entscheidung des Gesetzgebers, diesen (zunächst verständlichen) Ansatz des Konsumentenschutzes nicht nur für die (ausweislich der BSI TR für Mehrfachnutzung geplanten) Smart-Meter-Gateways walten zu lassen, sondern festzulegen, dass in solchen Fällen nur die jeweils fallhöchste Preisobergrenze für ein iM in Rechnung gestellt werden darf. Diese Regelung ignoriert, dass das „zweite" iM zwar mit hoher Wahrscheinlichkeit kein eigenes Smart-Meter-Gateway benötigt, aber in jedem Fall eine mME, die die entsprechenden Mess- und Zählwerte zunächst erfasst. Diese mME geht aufgrund der Regelungen des § 31 Abs. 5 vollständig zu Lasten des gMSB (der Anschlussnutzer ist nicht verpflichtet, das Gerät zu bezahlen), soweit es sich um einen Pflichteinbaufall nach Abs. 1 handelt. Ausdrücklich nicht geregelt ist, wie eine Entgeltbestimmung bei optionalen Einbauten nach § 29 Abs. 2, die sich auch überlagern mögen, oder bei Anbindungsverpflichtungen nach § 40 zu erfolgen hat. Es ist daher davon auszugehen, dass in diesen Fällen jedenfalls alle mME, die der Anschlussnutzer benötigt und die vom gMSB gestellt werden, zu bezahlen sind. Überlagern sich optionale Einbaufälle, ist eine kumulierende Entgeltbestimmung nicht ausgeschlossen; dies unterscheidet Einbauten nach Abs. 2 von Anbindungen nach § 40 bei denen Mehrkosten für den Anlagenbetreiber explizit ausgeschlossen sind.

---

58 Um auf die Beschaffungspreise Vorsteuerabzüge generieren zu können, entrichten viele PV-Anlagenbetreiber auf ihre Einspeisevergütung Umsatzsteuer. In diesen und anderen Fällen kommt es vor, dass Anlagenbetreiber und Letztverbraucher nicht ein und dieselbe Person sind, d. h. aus Sicht des gMSB unterschiedliche Geschäftspartner darstellen. Ebenso ist vorstellbar, dass sich hinter einem physischen Netzanschluss (Mehrfamilienhaus) mehrere Einbaufälle finden, bei denen es sich ebenfalls um unterschiedliche Geschäftspartner handelt.
59 Vgl. BerlKommEnR/*Salevic/Zöckler*, § 31 MsbG Rn. 34 ff.

§ 30 Technische Möglichkeit des Einbaus von intelligenten Messsystemen

¹Die Ausstattung von Messstellen mit einem intelligenten Messsystem nach § 29 ist technisch möglich, wenn mindestens drei voneinander unabhängige Unternehmen intelligente Messsysteme am Markt anbieten, die den am Einsatzbereich des Smart-Meter-Gateways orientierten Vorgaben des § 24 Absatz 1 genügen und das Bundesamt für Sicherheit in der Informationstechnik dies feststellt. ²Die Feststellung nach Satz 1 sowie erforderliche Marktanalysen stellt das Bundesamt für Sicherheit in der Informationstechnik auf seinen Internetseiten bereit.

Schrifttum: *Kahmann*, Konformitätsbewertung von Messeinrichtungen und -systemen nach § 21d des Energiewirtschaftsgesetzes, PTB-Mitteilungen 3/2015, 9; *Kappes*, Netzwerk- und Datensicherheit, 2. Aufl. 2013; Konferenz der Datenschutzbeauftragten des Bundes und der Länder und Düsseldorfer Kreis, Orientierungshilfe datenschutzgerechtes Smart Metering 2012; *Stawowski*, The Principles of Network Security Design, ISSA Journal 7/2007, 29.

Übersicht

	Rn.		Rn.
I. Einleitung und Historie	1	2. Voneinander unabhängige technische Lösungen	19
II. Sinn und Zweck der Vorschrift	2	VII. Ausscheiden von Anbietern	20
III. Wirtschaftliche und wettbewerbliche Erfordernisse/Marktstrukturanforderungen	3	VIII. Exkurs: Einbau von Messsystemen nach § 19 Abs. 5 oder § 24 Abs. 1, die nicht den Anforderungen der §§ 22, 24 und 30 genügen/Zusammenspiel dieser Vorschriften	21
IV. Unabhängigkeit	5	1. Problemaufriss	21
1. Strukturelle Unabhängigkeit	6	2. Einbaufälle des § 19 Abs. 5	24
2. Kooperationsrechtliche Unabhängigkeit	9	a) Datensicherheit	24
3. Vertikale Unabhängigkeit	10	b) Datenschutz	25
4. Datenschutz und Datensicherheit	11	c) Umfang des Bestandsschutzes nach § 19 Abs. 5	26
V. Verweis auf § 24 Abs. 1 – Orientieren am Einsatzbereich	13	d) Folgen mangelnder Interoperabilität	27
1. Verweis auf § 24 statt wie im Kabinettsentwurf auf § 22	13	3. Wirkung des Verweises auf § 24 Abs. 1	29
2. Orientieren am Einsatzbereich	15	4. Fazit	32
VI. Marktanalyse durch das BSI und Feststellung	16		
1. Feststellung der strukturellen, kooperationsrechtlichen und vertikalen Unabhängigkeit	18		

I. Einleitung und Historie

In § 30 definiert der Gesetzgeber, wann die Ausstattung von Messstellen mit intelligenten Messsystemen (iM) nach § 29 **technisch** möglich ist. Dies ist der Fall, wenn mindestens drei iM am Markt angeboten werden. Die technische Möglichkeit der Ausstattung mit iM 1

§ 30 Technische Möglichkeit des Einbaus von intelligenten Messsystemen

war bisher in § 21c Abs. 2 EnWG geregelt. Dort hieß es lediglich, dass Verfügbarkeit von intelligenten Messsystemen am Markt gegeben sein muss, ohne eine Mindestzahl zu nennen. Aus der Verwendung des Plurals ergab sich aber eine Mindestzahl von zwei.

II. Sinn und Zweck der Vorschrift

2 Der Gesetzgeber definiert den Begriff „**technische Möglichkeit**" aus § 29, spricht aber von **Mindestanforderungen an die Marktverfügbarkeit** von intelligenten Messsystemen. Weiter konkretisiert er den Begriff nicht.[1] Obwohl nur auf Verfügbarkeit der Geräte am Markt abgestellt wird, entsteht die Pflicht zum Einbau aber erst, wenn neben den intelligenten Messsystemen auch geeignete Einbindungslösungen in IT-Infrastrukturen am Markt verfügbar sind.[2] Diese IT-Lösungen müssen den Vorgaben des § 24 Abs. 1 entsprechen. Eine weitere Restriktion über die „technische Verfügbarkeit" hinaus ist z.B. das Vorliegen der Marktkommunikationsprozesse gem. §§ 52, 60, Abs. 2 S. 2, 75 Nr. 1. Unter den Begriff „technische Verfügbarkeit" fallen zum einen **Anforderungen an den Wettbewerb auf dem Markt für iM** und zum anderen an die technische Mindestvielfalt. Der Gesetzgeber sieht eine „technische Möglichkeit" als gegeben an, wenn eine bestimmte wettbewerbliche Voraussetzung erfüllt ist, nämlich drei Anbieter vorhanden sind. Er verfolgt mit der Verwendung dieses Begriffs aber nicht nur wettbewerbliche Ziele, sondern auch solche des Datenschutzes und der Datensicherheit.

III. Wirtschaftliche und wettbewerbliche Erfordernisse/ Marktstrukturanforderungen

3 § 30 stellt **Mindestanforderungen an den Wettbewerb** auf dem Markt für intelligente Messsysteme auf. Ein Mindestmaß an Wettbewerb ist gegeben, wenn intelligente Messsysteme verschiedener Anbieter angeboten werden, die wirtschaftlich miteinander konkurrieren. Da der Gesetzgeber gemäß § 31 feste Preisobergrenzen festgelegt hat und die Kosten für die Komponenten des Messsystems einen wesentlichen Faktor für Messstellenbetreiber darstellen, sollen Verwender von intelligenten Messsystemen nicht einem **Monopol oder Duopol von Anbietern** ausgesetzt sein.

4 § 30 definiert für den hier relevanten Markt von intelligenten Messsystemen, dass eine **wettbewerbliche Marktstruktur** dann gegeben ist, wenn mindestens drei Anbieter für Smart-Meter-Gateways und kompatible moderne Messeinrichtungen vorhanden sind. Ob diese Anzahl tatsächlich ausreicht für das Vorliegen einer wettbewerblich geprägten Marktstruktur, kann dahinstehen, da der Gesetzgeber hier von seiner Definitionsmacht Gebrauch gemacht hat. Ob mindestens drei Wettbewerber ausreichend sind, um eine „gesunde Marktstruktur" zu gewährleisten, darf bezweifelt werden. Der Gesetzgeber selbst sieht dies an anderer Stelle anders. Gemäß § 19 GWB gilt die **Oligopolvermutung** bereits dann, wenn die Voraussetzungen des § 18 Abs. 6 GWB vorliegen.[3] Nach dieser Vorschrift gilt eine Gesamtheit von Unternehmen als marktbeherrschend, wenn sie aus drei oder weniger

---

1 BerlKommEnR/*Drozella*, § 21c EnWG Rn. 28.
2 BerlKommEnR/*Drozella*, § 21c EnWG Rn. 29.
3 Immenga/Mestmäcker/*Fuchs/Moeschel*, GWB, § 18 Rn. 166.

Unternehmen besteht, die zusammen einen Marktanteil von 50% erreichen, oder aus fünf oder weniger Unternehmen besteht, die zusammen einen Marktanteil von zwei Drittel erreichen. Beim Smart-Meter-Rollout genügt es aber, dass drei Unternehmen 100% der Marktanteile unter sich aufteilen. Dies bedeutet, dass diese Unternehmen automatisch den Vorschriften des § 19 und § 20 GWB unterliegen und die Rechtsfolgen der Vorschriften, z.B. das Diskriminierungsverbot, anwendbar bleiben.

IV. Unabhängigkeit

Der Gesetzgeber definiert nicht, wann Unabhängigkeit im Sinne des § 30 gegeben ist. Der Inhalt dieses Begriffs ist daher durch Auslegung zu ermitteln. Da Wortlaut und Begründung der Vorschrift nicht ergiebig sind, ist vor allem auf Sinn und Zweck (Rn. 2) sowie die Systematik abzustellen. Zu unterscheiden sind hierbei **strukturelle, kooperationsrechtliche und vertikale Unabhängigkeit**. Aber auch technisch müssen diese Lösungen voneinander unabhängig sein, um die **Datensicherheits- und -schutzziele** des Gesetzes zu gewährleisten.

1. Strukturelle Unabhängigkeit

Strukturelle Abhängigkeit ist immer dann gegeben, wenn Unternehmen im Sinne der §§ 15 ff. AktG oder in einem **Vertragskonzern** gem. §§ 291 ff. AktG miteinander verbunden sind. Liegen nicht besondere Umstände vor, wie z.B. ein Entherrschungsvereinbarung, werden Konzernunternehmen als wirtschaftliche Einheit betrachtet. Es besteht dann Abhängigkeit voneinander und die wirtschaftliche Betätigung der Unternehmen ist nicht auf Wettbewerb gerichtet, sondern auf Zusammenarbeit. Die Unabhängigkeit von Unternehmen ist aber nicht nur dann in Frage gestellt, wenn ein Konzernverhältnis besteht. Auch **unterhalb eines Mehrheitserwerbs** können wettbewerblich erhebliche Einflüsse bestehen, die dazu führen, dass eine Unabhängigkeit der Unternehmen nicht mehr gegeben ist. Ein Beispiel hierfür ist das Recht, das einem minderheitsbeteiligten Unternehmen Einfluss auf die Geschäftsführung einräumt, z.B. durch das Recht zur Bestellung von Organmitgliedern oder von über das Gesetz hinausgehenden Minderheitsrechten in den Gesellschaftsorganen.

Da nicht nur der Konzernbegriff, sondern auch der Unabhängigkeitsbegriff im Interesse der Rechtssicherheit und Rechtseinheit möglichst einheitlich in allen wirtschaftsrechtlichen Gesetzen ausgelegt werden sollte, sind **für die Überprüfung der Unabhängigkeit von Unternehmen** ergänzend die §§ 35 ff. GWB, hier insbesondere § 37 GWB, heranzuziehen. In § 37 werden Zusammenschlusstatbestände von Unternehmen beschrieben, bei deren Vorliegen zu befürchten ist, dass die Unabhängigkeit mindestens eines der am Zusammenschluss beteiligten Unternehmen in Frage gestellt ist.[4] Dabei kann die **Intensität des Zusammenschlusses** durchaus unterschiedlich sein. So behandelt § 37 GWB neben der vollständigen Übernahme eines Unternehmens durch ein anderes auch den Mehrheitserwerb, den Minderheitserwerb, aber auch das Erlangen eines „sonstigen wettbewerblich erheblichen Einflusses". Grund für die Überprüfung eines Zusammenschlusses nach GWB ist, dass der Gesetzgeber davon ausgeht, dass bei einem Zusammenschluss von zwei oder

---

4 Immenga/Mestmäcker/*Thomas*, GWB, § 37 Rn. 17 ff.

§ 30 Technische Möglichkeit des Einbaus von intelligenten Messsystemen

mehr Unternehmen, die vor dem Zusammenschluss wettbewerblich unabhängig voneinander agiert haben, diese ihre Tätigkeiten am Markt nunmehr koordiniert ausüben. Dadurch gehen dem Markt Wettbewerber verloren, und die Auswirkungen auf die **Marktstruktur** können so schädlich sein, dass ein Zusammenschluss durch die zuständigen Fusionskontrollbehörden untersagt wird.[5] Das Vorliegen eines Zusammenschlusstatbestandes nach § 37 GWB führt nicht generell und automatisch zu einem Verbot des Zusammenschlusses, sondern zur Überprüfung seiner Auswirkungen auf die Marktstruktur auf den betroffenen relevanten Märkten, § 36 GWB. Diese zweite Überprüfung braucht nach § 30 nicht mehr vorgenommen werden. Die Prüfung nach §§ 36, 37 GWB – Vorliegen eines Zusammenschlusstatbestandes und dessen Auswirkungen auf den Wettbewerb – beschränkt sich nach § 30 allein auf den Zusammenschlusstatbestand. Die Auswirkungen auf den Wettbewerb hat der Gesetzgeber bereits vorgegeben (drei oder mehr Anbieter bedeuten wirksamen Wettbewerb). Es genügt also die Überprüfung der Unabhängigkeit gem. §§ 15 ff., 291 ff. AktG und § 37 GWB.

8 Für die Beurteilung, ob mindestens drei Anbieter im Sinne des § 30 unabhängig sind, kommt es nicht darauf an, ob ein Zusammenschluss dieser Unternehmen vorher, oder auch später, von einer Fusionskontrollbehörde freigegeben wird. Die Unabhängigkeit der Unternehmen nach § 30 ist isoliert für den relevanten Markt der intelligenten Messsysteme zu beurteilen und kann daher zu einem anderen Ergebnis hinsichtlich der Unabhängigkeit der Unternehmen führen als in einem Fusionskontrollverfahren nach §§ 35 ff. GWB. Es muss also eine Unabhängigkeitsprüfung anhand der Zusammenschlusstatbestände des § 37 GWB separat für die Anbieter von intelligenten Messsystemen erfolgen, die an den Zielen des MsbG ausgerichtet ist (Rn. 2). Die Prüfung nach § 30 i.V.m. § 37 GWB erfolgt also nur hinsichtlich des Merkmals „Unabhängigkeit", nicht im Hinblick auf die Auswirkungen auf die Marktstruktur. Die Rechtsfolgen der §§ 18 ff. GWB, z.B. das **Diskriminierungsverbot**, bleiben aber bestehen. Anbieter, die die Oligopolvermutung des §§ 18 GWB erfüllen, genügen zwar den Anforderungen des § 30 an die Unabhängigkeit, dürfen ihre marktbeherrschende Stellung aber nicht missbräuchlich ausnutzen.

2. Kooperationsrechtliche Unabhängigkeit

9 **Strukturell voneinander unabhängige Unternehmen** im Sinne der Rn. 6 können Kooperationen eingehen zur Entwicklung und Produktion eines einheitlichen Gateways. Die Gründe hierfür können das Poolen von Know-how und auch das Teilen von Entwicklungskosten sein.[6] Das gemeinsam entwickelte intelligente Messsystem kann dann entweder gemeinsam oder separat, jeweils unter der eigenen Marke eines der an der Kooperation beteiligten Unternehmen, vermarktet werden. Auch in diesem Fall ist das Angebot unter wettbewerblichen Gesichtspunkten nicht durch Unternehmen erfolgt, die voneinander unabhängig sind. Auch den sicherheits- und datenschutztechnischen Aspekten, die eine Diversifizierung von Lösungen erfordern, ist nicht Genüge getan.

---

5 Immenga/Mestmäcker/*Thomas*, GWB, § 36 Rn. 13.
6 Immenga/Mestmäcker/*Zimmer*, GWB, § 1 Rn. 250 ff.

3. Vertikale Unabhängigkeit

Bedenken bezüglich der Unabhängigkeit können auch begründet sein, wenn bestimmte **vertikale Lieferbeziehungen** bestehen. Damit ist nicht nur die vertikale Bindung im Sinne der §§ 1 und 2 GWB gemeint.[7] Möglich ist auch die Konstellation, dass drei strukturell und kooperationsrechtlich voneinander unabhängige Unternehmen intelligente Messsysteme oder wesentliche Komponenten davon von ein und demselben Lieferanten beziehen. Diese Unternehmen können am Markt als Wettbewerber auftreten und haben z. B. durch unterschiedliche Assemblage-Lokalitäten, Produktionsstrukturen und Einkaufspotenzial ggf. die Möglichkeiten, wirtschaftlich miteinander zu konkurrieren. Hier kommt es auf die Umstände des Einzelfalls an, ob beim einheitlichen Bezug von wirtschaftlich und technisch bedeutenden Komponenten für ein intelligentes Messsystem noch der erforderliche **wirtschaftliche Wettbewerb** herrscht.[8] Problematisch ist in diesen Fällen, ob die nach dem Gesetz erforderliche **technische Unabhängigkeit** der Lösungen noch gewährleistet ist.[9] Erforderlich ist das Einbeziehen vertikaler Beziehungen, weil das Gesetz nicht auf die Herstellung von intelligenten Messsystemen abstellt, sondern auf das Anbieten. So können drei unterschiedliche Vertriebsorganisationen identische intelligente Messsysteme anbieten, die sie vorher aus einer Quelle bezogen haben. Bei Fällen dieser Art liegen die Voraussetzungen nicht vor, nach denen das BSI das Vorhandensein mindestens dreier voneinander unabhängiger Unternehmen feststellen kann. Genauso zu beurteilen sind Fälle, in denen z. B. nur unterschiedliche Gehäuse mit identischem technischem Innenleben vertrieben werden; technische Kernkomponenten müssen von unterschiedlichen Herstellern bezogen werden. Ansonsten ist die erforderliche **technische Diversität** nicht gegeben. Im Einzelfall kann es schwierig sein, festzustellen, wann nach Sinn und Zweck des § 30 eine vertikale Abhängigkeit von einem Vorlieferanten vorliegt. Die Aufgabe, dies festzustellen, liegt beim BSI. Der Schwerpunkt der Analyse durch das BSI muss daher darauf liegen, ob die technischen Lösungen der angebotenen Geräte insgesamt so unterschiedlich sind, dass die unter Rn. 11 aufgeführten sicherheits- und datenschutztechnischen Anforderungen erfüllt sind. Auch die Kommission der Europäischen Union sieht bei **faktischen oder rechtlichen Bezugsbindungen** die Unabhängigkeit von Unternehmen bedroht, auch wenn ihr Ansatzpunkt aus der gegenteiligen Perspektive erfolgt. Danach besteht Abhängigkeit, wenn Bezugsabhängigkeiten bestehen, aber auch, wenn nur eine oder wenige technische Lösungen am Markt angeboten werden. Die Ausweichmöglichkeit auf andere Hersteller und Produkte ist ein Indiz für Unabhängigkeit.[10]

---

7 Immenga/Mestmäcker/*Zimmer*, GWB, § 1 Rn. 318 ff.; Immenga/Mestmäcker/*Fuchs*, GWB, § 2 Rn. 224, 232.
8 Mitteilung der Kommission über nach der Verordnung (EG) Nr. 139/2004 des Rates und der Verordnung (EG) Nr. 802/2004 der Kommission zulässige Abhilfemaßnahmen (2008/C267/01), Rn. 65.
9 Mitteilung der Kommission über nach der Verordnung (EG) Nr. 139/2004 des Rates und der Verordnung (EG) Nr. 802/2004 der Kommission zulässige Abhilfemaßnahmen (2008/C267/01), Rn. 65.
10 Kommission 2008/C267/01, Rn. 1 ff.

4. Datenschutz und Datensicherheit

11 Darüber hinaus sollen unterschiedliche technische Lösungen angeboten werden, um die vom Gesetz, z. B. in §§ 22, 24, 19 u. a., aufgestellten Sicherheits- und Schutzziele zu erreichen. Es entspricht Sinn und Zweck des § 30 sowie dem im Gesetz immer wieder betonten **Datenschutz- und -sicherheitsgedanken**, verknüpft mit sehr hohen Schutz- und Sicherheitsvorgaben,[11] dass auch drei hinreichend verschiedene technische Lösungen angeboten werden müssen. Dies folgt auch aus dem Tatbestandsmerkmal „Unabhängigkeit".

12 Die Schutzprofile für das Smart-Meter-Gateway und das Sicherheitsmodul sind wie alle Schutzprofile **technologieoffen**.[12] Sie enthalten keine Vorgaben zu technischen Umsetzungen. Wie ein Hersteller Sicherheitsfunktionen technisch umsetzt, bleibt ihm überlassen. Dies ist eine generelle Herangehensweise in Schutzprofilen, da die angestrebte Diversifizierung den **Wettbewerb technischer Lösungen** befördert. Hierfür sprechen wirtschaftliche, aber vor allem auch sicherheitstechnische Gründe. Unterschiedliche technische Lösungen sind für die vom Gesetz geforderten datensicherheitstechnischen und datenschutztechnischen Aspekte bedeutsam (s. § 22 Rn. 94). Gibt es nur eine technische Lösung, so würde ein erfolgreicher Angriff auf dieses System das gesamte Smart-Meter-System betreffen.[13] Die gilt insbesondere bei sog. **Design- und Implementierungsfehlern**.[14] Durch diese Fehler entstehen Schwachstellen, weil Spezifikationen (unerkannt) nicht eingehalten wurden oder Angriffsmöglichkeiten nicht erkannt wurden. Sind jedoch mehrere voneinander unabhängige technische Lösungen vorhanden, so kann ein erfolgreicher Angriff nur einen Teil des Systems betreffen.[15] Um andere Lösungen zu kompromittieren, wären weitere, andersgeartete Angriffe erforderlich. Somit hat die Forderung des Gesetzgebers neben den wirtschaftlichen Vorteilen des Wettbewerbs auch sicherheits- und datenschutztechnische Aspekte, die eine Diversität erforderlich machen. Der Bezug auf § 24 Abs. 1 verdeutlicht dies, der ausdrücklich nochmals auf die Aspekte Datenschutz und -sicherheit verweist.

V. Verweis auf § 24 Abs. 1 – Orientieren am Einsatzbereich

1. Verweis auf § 24 statt wie im Kabinettsentwurf auf § 22

13 Alle Hardware- und Softwarekomponenten von intelligenten Messsystemen müssen gem. § 30 den Vorgaben des § 24 Abs. 1 genügen. Vor der zweiten und dritten Lesung im Bundestag verwies § 30 auf § 22.[16] Nach dem Wort „Vorgaben" folgte „in Schutzprofilen und

---

11 Sicherer als Home-Banking, vgl. BerlKommEnR/*Schmidt*, § 22 MsbG Rn. 47, 235.
12 BSI, PP-0073 Protection Profile for the Gateway of a Smart Metering System (Smart Meter Gateway PP) – Schutzprofil für die Kommunikationseinheit eines intelligenten Messsystems für Stoff- und Energiemengen Version 1.3, abrufbar unter www.bsi.bund.de, S. 13.
13 *Kappes*, Netzwerk- und Datensicherheit, S. 102.
14 *Kappes*, Netzwerk- und Datensicherheit, S. 6; deutlich wird diese Problematik z. B. bei Sicherheitslücken bei elektronischen Schliesssystemen von Autos; geringe Varianz der Sicherheitsfeatures führt dazu, dass sehr viele Modelle betroffen sind, wenn auch nur ein System gehackt werden konnte, www.heise.de newsticker vom 11.8.2016.
15 *Stawowski*, ISSA Journal 7/2007, 29.
16 BT-Drs. 18/7555, S. 32.

V. Verweis auf § 24 Abs. 1 – Orientieren am Einsatzbereich § 30

Technischen Richtlinien des Bundesamtes für Sicherheit in der Informationstechnik im Sinne von § 22". **Stattdessen heißt es nur noch „§ 24".**[17] Damit folgt der Bundestag der Empfehlung des Ausschusses für Wirtschaft und Energie.[18] Der Verweis auf § 22 hatte zur Folge, dass die angebotenen intelligenten Messsysteme sowohl den Anforderungen an Datenschutz und Datensicherheit als auch den in § 22 bzw. in den Technischen Richtlinien beschriebenen Anforderungen an die Interoperabilität genügen müssen. **Wollte der Gesetzgeber mit dem Wechsel im Verweis von § 22 zu § 24 Abs. 1 von der Vorgabe der Interoperabilität abweichen, so ist ihm dies misslungen.**[19] Die Beschlussempfehlung des Ausschusses für Wirtschaft und Energie legt nahe, dass dies tatsächlich die Absicht war.[20] Danach steht für den Beginn des Rollouts der Nachweis der Sicherheitsfunktionalitäten im Vordergrund, d.h. die Interoperabilität braucht zunächst nicht nachgewiesen werden. Wie in § 24 Abs. 1 S. 3 und 4 vorgesehen, kann der **Nachweis der Interoperabilität** erst später erfolgen. Folgt man dieser Auffassung, dürften bis zur Bekanntmachung dieses Zeitpunktes auch nicht interoperable Gateways eingesetzt werden. Dies steht in deutlichem Widerspruch zu anderen Regelungen des Gesetzes. Werden nicht interoperable Geräte eingesetzt, ist **ein Wechsel des Messstellenbetreibers bei iM praktisch erschwert, und auch nicht alle oder auch keiner der Tarifanwendungsfälle der TR-03109-1 müssen durch das iM ermöglicht und unterstützt werden.**[21] Nach der Beschlussempfehlung bleibt es aber bei dem Grundsatz, dass iM die jeweils gültigen Anforderungen des BSI erfüllen müssen.[22] Das ist ein Widerspruch in sich, da die Vorgaben der TR ja offensichtlich nicht eingehalten werden müssen, obwohl § 22 und § 19 Abs. 1 bis 4 etwas anderes sagen. Nach der hier vertretenen Ansicht besagt § 24 Abs. 1 S. 3 und 4, dass Gateways von Anfang an den gesetzlichen Vorschriften der §§ 22, 19 Abs. 1 bis 4 genügen müssen; lediglich der **Nachweis** kann später erbracht werden.[23] Mit der Beschlussempfehlung kapituliert der Gesetzgeber vor seinen eigenen Ansprüchen. Der Einsatz nicht interoperabler Geräte macht keinen Sinn, selbst wenn man aus dem neuen Verweis auf § 24 Abs. 1 statt auf § 22 dies nunmehr für möglich hält.

Der Gesetzgeber erwartet jedoch, dass zum Zeitpunkt der Bekanntgabe gem. § 24 Abs. 1 S. 3 und 4, ggf. unter Einhaltung einer vom BSI gesetzten Frist, die Interoperabilität, z.B. durch ein Update, hergestellt wird.[24]   14

2. Orientieren am Einsatzbereich

Das Wort „orientieren" bezieht sich nicht auf die Schutzprofile und Technischen Richtlinien, sondern auf die Worte „am Einsatzbereich des Smart Meter Gateways"; es handelt sich um einen terminus technicus der Datensicherheit. Die Ausgestaltung der Sicherheits- und Überprüfungsanforderungen in einem Schutzprofil hängen nämlich von der jeweiligen   15

---

17 BT-Drs. 18/7555, S. 32; BT-Drs. 18/8919, S. 10.
18 BT-Drs. 18/8919, S. 10.
19 BerlKommEnR/*Schmidt*, § 30 MsbG Rn. 27.
20 BT-Drs. 18/8919, S. 25.
21 *Kahmann*, PTB-Mitteilungen 3/2015, 9.
22 BT-Drs. 18/8919, S. 25.
23 BerlKommEnR/*Schmidt*, § 30 MsbG Rn. 29 f.
24 BT-Drs. 18/8919, S. 25.

§ 30 Technische Möglichkeit des Einbaus von intelligenten Messsystemen

Einsatzumgebung einer sicherheitsrelevanten IT-Komponente ab.[25] Vom Wortlaut der Vorschrift, aber auch von ihrem Sinn und Zweck bezieht sich daher das Wort „orientieren" auf die Einsatzumgebung des intelligenten Messsystems. Nicht verstanden werden kann das Wort „orientieren" als Vorgabe an iM, in dem Sinne, dass sie sich lediglich an Schutzprofilen und Technischen Richtlinien zu orientieren haben, ohne die Anforderungen an Datenschutz, Datensicherheit und Interoperabilität in Gänze zu erfüllen. Das Gesetz würde sich selbst widersprechen und die Maßstäbe der §§ 22 und 24 sowie 19 Abs. 1 bis 4 aufweichen. Dies wird in der Beschlussempfehlung des Ausschusses für Wirtschaft und Energie für den Bundestag auch so gesehen.[26]

VI. Marktanalyse durch das BSI und Feststellung

16 Das Vorliegen der Voraussetzungen gem. § 30 S. 1 wird durch das BSI festgestellt. Der Gesetzgeber gibt der Behörde auf, zu diesem Zweck **Marktanalysen** durchzuführen und auf seinen Internetseiten zu veröffentlichen. Sicherlich hat das BSI zu veröffentlichen, wenn drei voneinander unabhängige Anbieter im Sinne des § 30 vorliegen. Die Veröffentlichung muss die Anbieter namentlich benennen und auch eine Marktanalyse sowie die Begründung dafür enthalten, warum diese Unternehmen unabhängig im Sinne des § 30 sind. Das BSI sollte aber auch Marktanalysen veröffentlichen, wenn diese zum Ergebnis kommen, dass noch keine drei unabhängigen Anbieter vorhanden sind. Diese Transparenz erleichtert den Messstellenbetreibern, aber auch Verbrauchern die Vorbereitung auf den Smart-Meter-Rollout. Anbieter können anhand dieser Marktanalysen erkennen, welche Voraussetzungen noch fehlen, um die Anforderungen des § 30 zu erfüllen.

17 Nicht geregelt ist im Gesetz, welche **Rechtsschutzmöglichkeiten** Anbieter von Messsystemen oder Messstellenbetreiber haben, um eine Beeinträchtigung ihrer Rechte durch die veröffentlichten Marktanalysen und die Feststellungen des BSI abzuwehren. Dies gilt sowohl für den Fall, dass das BSI die Unabhängigkeit eines Unternehmens verneint hat, als auch für den Fall, dass es nach Auffassung von Messstellenbetreibern die Unabhängigkeit zu Unrecht bejaht hat. Um **effektiven Rechtsschutz** zu gewährleisten, muss entweder den Feststellungen des BSI Verwaltungsaktqualität zugebilligt oder den Beteiligten ein Anspruch auf Erteilung eines Verwaltungsaktes zugebilligt werden. Die Feststellung des BSI erfüllt die Voraussetzungen eines **Verwaltungsaktes** i. S. des § 35 VwVfG. Das BSI trifft als Träger öffentlicher Verwaltung und damit als Behörde eine Regelung auf dem Gebiet des öffentlichen Rechts. Für Anbieter wird die rechtlich verbindliche Feststellung getroffen, ob sie unabhängig sind. Für Messstellenbetreiber wird geregelt, ob eine Ausbringungspflicht nach § 29 besteht. Es wird damit jeweils ein Einzelfall geregelt. Misst man den Feststellungen des BSI keinen Regelungscharakter zu, muss zur Gewährleistung effektiven Rechtsschutzes nach Art. 19 Abs. 4 GG ein Anspruch auf Erteilung eines Bescheides eingeräumt werden. Äußerst hilfsweise ist an eine Feststellungsklage zu denken. Der Rechtsweg ist zu den **Verwaltungsgerichten** eröffnet. § 75 EnWG gilt hier nicht, da der Rechtsweg nach dieser Vorschrift nur gegen Entscheidungen der Regulierungsbehörde Bundesnetzagentur zulässig ist. Anbieter, die Unabhängigkeit für sich reklamieren, müssten mit einer Verpflichtungs- oder ggf. Feststellungsklage gegen das BSI vorgehen. Messstellenbe-

---

25 BSI, Zertifizierte IT-Sicherheit, S. 9; BerlKommEnR/*Schmidt*, § 22 MsbG Rn. 92.
26 BT-Drs. 18/8919, S. 24 f.

treiber müssten die Feststellungen des BSI anfechten; Gleiches gilt für andere Parteien, die beschwert sind. Dies können Verbraucher, Einspeiser, aber auch EMT sein, denen das MsbG Pflichten auferlegt und die durch eine nicht gesetzeskonforme Feststellung des BSI beschwert sind. Grundsätzlich hat die Anfechtung aufschiebende Wirkung, anders als im Verfahren nach §§ 75 ff. EnWG.

1. Feststellung der strukturellen, kooperationsrechtlichen und vertikalen Unabhängigkeit

Das BSI muss untersuchen, ob die an die **Unabhängigkeit** der Unternehmen gestellten Anforderungen vorliegen. Zur Untersuchung der strukturellen Unabhängigkeit kann es **Gesellschafterlisten** einsehen und **Geschäftsberichte** der Unternehmen auswerten. Darüber hinaus kann es auf Feststellungen von Fusionskontrollbehörden zurückgreifen. Im Einzelfall kann es aufgrund komplexer gesellschaftsrechtlicher Beteiligungskonstrukte schwierig sein, strukturelle Unabhängigkeit nach §§ 35 ff.GWB zu prüfen. Hier muss das BSI ggf. juristische Expertise zu Rate ziehen. Bei ausländischen Unternehmen kann sich die Recherche noch schwieriger gestalten. Auf jeden Fall sollte von den Unternehmen eine **Selbstauskunft** angefordert werden, die die Kriterien enthält, die zur Beurteilung der Unabhängigkeit i. S. des § 30 erforderlich sind. Grundlage der Beurteilung sind z. B. Konsortialverträge, Kooperationen, gemeinsame Projekte bei Forschung und Entwicklung und Ausschließlichkeitsbindungen rechtlicher oder faktischer Art. Deren Vorliegen bzw. Nichtvorliegen muss durch die Unternehmen versichert werden. Spätere Änderungen, die zu einer anderen Einschätzung der Unabhängigkeit führen können, sind dem BSI mitzuteilen.

18

2. Voneinander unabhängige technische Lösungen

Das BSI hat außerdem zu prüfen, ob die Lösungen technisch voneinander so unabhängig sind, dass sie den sicherheits- und datenschutztechnischen Anforderungen genügen. Technisch einheitliche oder sehr ähnliche Lösungen können ein Indiz für mangelnde Unabhängigkeit darstellen.

19

VII. Ausscheiden von Anbietern

Nicht geregelt ist im Gesetz, was passiert, wenn zwar zunächst drei Anbieter vorhanden sind, sich die Zahl jedoch im Laufe der Zeit auf zwei reduziert. Dies kann dadurch geschehen, dass sich ein Unternehmen vom Markt zurückzieht, aber auch durch einen z. B. strukturellen oder kooperationsrechtlichen Zusammenschluss von bisher unabhängigen Unternehmen. In diesem Fall sind sowohl die wettbewerblichen Ziele, als auch das Erreichen der sicherheits- und datenschutztechnischen Ziele und damit der **Schutz von Messstellenbetreibern und Verbrauchern** gefährdet. Das Gesetz weist also an dieser Stelle eine Lücke auf, die im Gesetzgebungsverfahren nicht gesehen worden ist. Ergänzend ist § 30 dahingehend auszulegen, dass das BSI auch hierzu eine Feststellung veröffentlicht, wenn die Voraussetzungen des § 30 nicht mehr vorliegen. Fraglich ist dann, ob das Ausrollen von intelligenten Messsystemen unzulässig werden kann. Wettbewerblich negative Auswirkungen werden durch die §§ 18 ff. GWB aufgefangen. Ist trotzdem ein Ausbringen von iM durch den Messstellenbetreiber nicht mehr wirtschaftlich, kann er den Weg der Ausschreibung

20

§ 30   Technische Möglichkeit des Einbaus von intelligenten Messsystemen

der Grundzuständigkeit gem. § 41 wählen. Das BSI kann dann den verbleibende Anbietern entsprechende Auflagen erteilen, z. B. dass weiterhin verschiedene technische Systeme angeboten werden müssen. Unabhängig von wettbewerblichen Voraussetzungen können Datenschutz und Datensicherheit gewährleistet werden. Die Messstellenbetreiber haben erhebliche Vorinvestitionen nicht nur in IT-Systeme, Prozesse, Personal und Gebäude geleistet, die variable und fixe Kosten verursachen. Sie wären bei einem Aussetzen des Rollouts in ihren Grundrechten aus Art. 12 und 14 GG betroffen. Ein Aufhalten des Rollouts, das mit erheblichen Eingriffen für Hersteller und Messstellenbetreiber verbunden wäre, muss dem Gesetzgeber vorbehalten bleiben. Der Wesentlichkeitsgrundsatz des Art. 20 GG würde einer Kompetenz des BSI für eine derart weitreichende Maßnahme im grundrechtsrelevanten Bereich entgegenstehen.[27]

VIII. Exkurs: Einbau von Messsystemen nach § 19 Abs. 5 oder § 24 Abs. 1, die nicht den Anforderungen der §§ 22, 24 und 30 genügen/ Zusammenspiel dieser Vorschriften

1. Problemaufriss

21   **§ 30 hängt eng mit den §§ 19 Abs. 1 bis 4, 22 und 24 zusammen**, denn alle diese Vorschriften beschreiben die Voraussetzungen für den zulässigen Einbau von iM, nämlich welche Anforderungen an Datenschutz und Datensicherheit sowie Interoperabilität die Geräte und Komponenten erfüllen müssen. § 19 Abs. 5 erlaubt für eine Übergangszeit hingegen den Einbau von Messsystemen, ohne dass diese Voraussetzungen vorliegen müssen. Dies überrascht, nachdem in den §§ 19 Abs. 1 bis 4, 22, 24 und 30 strengste Anforderungen an Datenschutz, -sicherheit und Interoperabilität gestellt werden. Gem. § 24 Abs. 1 scheint es, dass auf Interoperabilität anfangs verzichtet werden kann. Beide Vorschriften, § 19 Abs. 5 und § 24 Abs. 1 S. 3 und 4, lassen unter bestimmten Voraussetzungen Ausnahmen zu. Den Umfang dieser Ausnahmen gilt es zu bestimmen und welche Folgen für Kunden, Messstellenbetreiber, Lieferanten und Hersteller dies nach sich zieht. § 19 Abs. 5 bezieht sich auf § 30, während § 30 auf § 24 Abs. 1 verweist. Das systematische Verhältnis und Zusammenspiel dieser Vorschriften ist für die Auslegung der Einzelvorschriften bedeutsam.

22   Nach § 19 Abs. 1 bis 4 dürfen nur Messsysteme eingebaut werden, die die Voraussetzungen der §§ 22 und 24 erfüllen und für die dies auch durch ein entsprechendes Zertifizierungsverfahren festgestellt wurde. **Die Zertifizierungsanforderungen umfassen sowohl Sicherheits- als auch Interoperabilitätsaspekte.**

23   § 19 Abs. 5 kann durch eine weite Auslegung des dort geregelten **Bestandsschutzes** als Vehikel zum ungehinderten Einbau nicht interoperabler Geräte verstanden werden. Dies wäre dann gem. § 19 Abs. 5 S. 1 bis zur Feststellung des BSI nach § 30 möglich, mindestens aber bis zum 31.12.2016. Auch die Auslegung der § 30 und § 24 Abs. 1 mit dem Ziel, den unbegrenzten Einbau **zunächst** nicht interoperabler Geräte zu ermöglichen, geht in die gleiche Richtung.[28] Beide Wege sind allerdings nicht eröffnet, da sie mit den gesetzlichen Zielen nicht vereinbar sind und auch praktisch zu sinnwidrigen Ergebnissen führen.

---

27 *Jarass/Pieroth*, Art. 20 GG Rn. 46.
28 BT-Drs. 18/8919, S. 25.

2. Einbaufälle des § 19 Abs. 5

a) Datensicherheit

§ 19 Abs. 5 erlaubt die Verwendung von Messsystemen und anderen Umsystemen, die nicht den Anforderungen des § 19 Abs. 2 und 3 genügen. Messsysteme müssen also den Anforderungen der §§ 21 und 22 hinsichtlich Datenschutz, Datensicherheit und Interoperabilität nicht umfänglich genügen und nicht nach Maßgabe des § 24 zertifiziert sein. § 19 Abs. 5 trägt allerdings den Aspekten der Datensicherheit und des Datenschutzes teilweise Rechnung. Der Aspekt der **Datensicherheit** ist in § 19 Abs. 5 Nr. 1 berücksichtigt. Davon wird ein Dispens erteilt, sofern die Nutzung von nicht zertifizierten Messsystemen nicht mit unverhältnismäßigen Gefahren verbunden ist. Wer zuständig ist für die Feststellung des Vorliegens oder Nichtvorliegens von Gefahren, wird nicht geregelt. Grundsätzlich dürfte man von einem zulässigen Einsatz nicht zertifizierter Messsysteme ausgehen können, solange das BSI keinen Widerspruch erhebt. Zu wünschen wäre zumindest eine Anzeigepflicht der Unternehmen gegenüber dem BSI, welche Geräte eingesetzt werden. Ansonsten ist die Überprüfungsmöglichkeit durch die sicherheitstechnisch zuständige Behörde kaum möglich.

24

b) Datenschutz

§ 19 Abs. 5 Nr. 2 verlangt u. a. aus Datenschutzgründen für den Einsatz nicht zertifizierter Gateways die Zustimmung des Kunden, die vom Haushaltskunden jederzeit widerrufen werden kann. Damit sollen datenschutzrechtliche Bedenken ausgeräumt werden. Anders wird dies von **Datenschutzbeauftragten**, dem sog. Düsseldorfer Kreis, gesehen. Diese sind der Auffassung, dass mit der Einwilligung der Kunde Dritten zwar den Zugang zu seinen Daten ermöglicht, aber damit **keine Einschränkung an die Sicherheitserfordernisse der Datenübertragung verbunden sein darf**.[29] § 19 Abs. 5 legt damit eine Ausnahme von den Anforderungen der §§ 19 Abs. 1 bis 4, 22 und 30 fest. Aufgrund der vom Gesetz geforderten Maßstäbe, die an Datenschutz und Datensicherheit angelegt werden, kann § 19 Abs. 5 aber nicht als allgemeine Erlaubnis zum Abweichen von diesen Vorschriften angesehen werden, sondern ist auf bereits bestehende oder verpflichtende oder nicht regulierte Einbaufälle beschränkt.

25

c) Umfang des Bestandsschutzes nach § 19 Abs. 5

Als Beispiele für vom Bestandsschutz umfasste Geräte nennt der Gesetzgeber den Einbau von Geräten nach dem **EEG oder Smart Home-Anwendungen**, so die Begründung zu § 19 Abs. 5.[30] Dass der Gesetzgeber den weiteren Einbau solcher Geräte zulässt, erklärt sich für Geräte für EEG-Anlagen daraus, dass § 20 Abs. 3 EEG 2017 die Steuerbarkeit und Datenbereitstellung fordert. Bei den Smart Home-Anwendungen würde der Gesetzgeber mit einem Verbot der weiteren Verwendung der Geräte, diesen Markt zum Erliegen bringen und in zurzeit nicht regulierte Anwendungen regulierend eingreifen. **Aus dem Verhältnis von § 19 Abs. 5 zu § 22 und 30 kann man aber nicht ableiten, dass bis zum Vorliegen**

26

---

29 Konferenz der Datenschutzbeauftragten des Bundes und der Länder und Düsseldorfer Kreis 2012, Orientierungshilfe datenschutzgerechtes Smart Metering, S. 37.
30 BT-Drs 18/7555, S. 82; vgl. auch die Begründung zu § 20 Abs. 3 EEG, BT-Drs. 18/8860, S. 193 f.

der dort geforderten Voraussetzungen ein ungeregelter Einbau von Messsystemen erfolgen darf, die dem Messstellenbetriebsgesetz nicht entsprechen. Allenfalls für Pilot-Projekte, die den Anforderungen des § 19 Abs. 5 Nr. 1 und 2 entsprechen, dürfte der Einsatz von nicht BSI-konformen Messsystemen möglich sein. Intelligente Messsysteme dürfen daher aus Datenschutz- und Datensicherheitsaspekten nur eingebaut werden, wenn sie vollumfänglich den Anforderungen der Schutzprofile für das Smart-Meter-Gateway und denen des Sicherheitsmoduls entsprechen. Die Anforderungen bezeichnet das Gesetz als Mindestanforderungen. Ein Unterschreiten kann nur aus Bestandsschutzgründen bei Smart-Home-Anwendungen ermöglicht werden oder wenn der Gesetzgeber selbst, wie im EEG bereits jetzt, Gateway-Funktionen fordert. Aus der Auslegung des § 19 Abs. 5 ergibt sich, dass es sich um eine Ausnahmevorschrift handelt. Der Gesetzgeber will also grundsätzlich nicht, dass nicht dem § 22 entsprechende Messsysteme ausgebracht werden. Zudem sind die in der Gesetzesbegründung aufgeführten Ausnahmen Fälle, die gerade nicht in die Zuständigkeit des grundzuständigen Messstellenbetreibers fallen, so gem. § 10 Abs. 1 EEG Steuer- und Messgeräte für EEG-Anlagen, und Smart Home-Anwendungen. Auch dies ist ein Beleg dafür, dass von einem Messstellenbetreiber nur insgesamt gesetzeskonforme Systeme eingesetzt werden dürfen. Die Novellierung des EEG bestätigt im neuen Wortlaut des § 20 EEG und der dazugehörigen Begründung die hier vertretene These vom (beschränkten) Umfang des Bestandsschutzes.

d) Folgen mangelnder Interoperabilität

27 Interoperabilität bedeutet, dass technische Geräte und Systeme verschiedener Hersteller miteinander kompatibel sind.[31] Teile von ihnen müssen durch Komponenten anderer Hersteller ausgetauscht werden können, ohne dass die Funktion des Gesamtsystems beeinträchtigt wird. Auch müssen sie in der Lage sein, miteinander zu kommunizieren und Daten auszutauschen. Hierzu sind einheitliche Formate, Protokolle und auch einheitliche Verschlüsselungsverfahren erforderlich. Die Schnittstellen der Geräte müssen standardisiert aufeinander abgestimmt sein. Welche Voraussetzungen an die Interoperabilität gestellt werden, ist in den nach § 22 erlassenen Technischen Richtlinien niedergelegt. Interoperabilität i. S. des MsbG ist jedoch umfassender zu verstehen. Die Technischen Richtlinien ergänzen das Smart-Meter-Gateway-Schutzprofil um Vorgaben an Kommunikationsprotokolle, Tarif- und Auswertungsprofile und kryptographische Verfahren.[32] Die **13 Tarifanwendungsfälle** der TR müssen als Mindestvoraussetzung durch das Smart-Meter-Gateway unterstützt und ermöglicht werden.[33] Können Gateways nicht alle oder gar keine der Vorgaben erfüllen, sind sie nicht interoperabel i. S. des MsbG. Sie dürfen daher nicht verwendet werden, wenn das Gesetz nicht ausdrücklich eine Ausnahme erlaubt. Der ausnahmsweise zulässige Einbau nicht interoperabler Geräte hat mehrere Nachteile. Nicht interoperable Messsysteme ermöglichen ggf. keine Marktkommunikation, sind nicht PKI-fähig und stellen Hindernisse für den Messstellenbetreiberwechsel dar. Ein Wechsel des Messstellenbetreibers würde dann zwingend den kostenintensiven Austausch des intelligenten Messsystems bedeuten, da das alte nicht interoperable Gerät nicht mit den Systemen des neuen Messstellenbetreibers kommunizieren könnte und auch nicht PKI-fähig ist. Zumindest die Option des Übergangs der technischen Einrichtungen nach § 16 Abs. 1 wäre aus-

---

31 BerlKommEnR/*Schmidt*, § 22 MsbG Rn. 25.
32 BSI, TR-03109-1, S. 9.
33 BSI, TR-03109, S. 79 ff., Übersicht über die Tarifanwendungsfälle, S. 105.

geschlossen. Können Gateways nicht alle Tarifanwendungsfälle unterstützen, fehlen dem Kunden Auswahlmöglichkeiten zur Optimierung seines Energieverbrauchs, und damit entgehen ihm eventuelle wirtschaftliche Vorteile.

Das (uneingeschränkte) Ausbringen von intelligenten Messsystemen nach § 19 Abs. 5 und der Verzicht auf das Erfordernis der Interoperabilität führen auch **praktisch zu sinnwidrigen Ergebnissen**. Es widerspräche Sinn und Zweck sowie der Systematik des MsbG, die sich u. a. aus §§ 22, 29, 30 und § 19 Abs. 1 bis 4 ergeben. Als Ausnahmevorschrift ist die Norm an den Vorgaben des Gesetzes zu messen und ihr Anwendungsbereich auf die vom Gesetzgeber erwähnten Bereiche zu beschränken.[34] Auch wenn man davon ausgeht, dass bis zur Bekanntmachung des Ausschusses nach § 27 zum Zeitpunkt des Nachweises nach § 24 Abs. 1 S. 3 und 4 nicht interoperable Messsysteme eingebaut werden können, sind die Konsequenzen für den Messstellenbetreiber nachteilig. Der Einbau ist nach § 19 Abs. 5 nur mit Zustimmung des Kunden möglich, der auf die mangelnde Interoperabilität hingewiesen werden muss. **Die Zustimmung kann der Haushaltskunde jederzeit widerrufen.** Bei allen anderen Kunden hat der Gesetzgeber den Bestandsschutz zugunsten des Messstellenbetreibers verstärkt. Sie können eine einmal erteilte Einwilligung nicht mehr widerrufen. Dies macht Sinn, da Steuergeräte und Gateways, die in größere EEG-Anlagen eingebaut werden, z. T. deutlich aufwändiger und teuer sind.[35] Der Kunde benötigt sie wegen § 10 i. V. m. §§ 35, 36 EEG 2014 und § 20 Abs. 3 EEG 2017. Er soll dann nicht ein vielleicht moderneres Gerät vom Messstellenbetreiber verlangen können nur durch den Widerruf seiner Einwilligung. Ob unter diesen Bedingungen der Vorabeinbau von nicht interoperablen Messsystemen Sinn macht, vor allem im Haushaltsbereich, ist stark zu bezweifeln, denn er ist mit hohen **Risiken** befrachtet. Es ist zum einen fraglich, ob ein Kunde überhaupt die Zustimmung erteilt, wenn dies mit einer hohen Kostensteigerung für ihn verbunden ist, da er dann die Preisobergrenze von mindestens 100 € bezahlen muss. Außerdem besteht für den Messstellenbetreiber das Risiko, dass bei einem jederzeit möglichen Widerruf der Zustimmung das Gerät ausgebaut und durch ein interoperables ersetzt werden muss, bevor es sich amortisiert hat. Hinzu kommt, dass diese Geräte gem. § 19 Abs. 5 max. acht Jahre ab Einbau betrieben werden dürfen, was bedeutet, dass sie nach Ablauf der ersten Eichperiode ausgebaut werden müssen. Eine Verlängerung der Eichgültigkeit im Stichprobenverfahren, die erhebliche Vorteile für die Unternehmen und Verbraucher bietet, ist damit ausgeschlossen.

3. Wirkung des Verweises auf § 24 Abs. 1

§ 24 Abs. 1 macht im Gegensatz zu § 19 Abs. 5 keine Abstriche bei den Anforderungen des Gesetzes an Datenschutz und Datensicherheit. Gateways müssen bezüglich dieser Vorgaben vom BSI vor ihrem Einsatz zertifiziert werden. Gemäß § 24 Abs. 1 S. 3 i. V. m. § 27 wird **der Zeitpunkt der Nachweispflicht** der Interoperabilität durch das BSI festgelegt. D. h. die Zertifizierung bzgl. Datenschutz und -sicherheit muss vor dem Einbau des Gateways vorliegen, der **Nachweis** der Interoperabilität kann später erfolgen. Das bedeutet m. E. nicht, dass nicht interoperable Geräte noch eingebaut werden können, wenn das BSI seine Feststellung nach § 30 getroffen und veröffentlicht hat. Angesichts der geschilderten Nachteile für Kunden und Messstellenbetreiber sowie den Zielen des MsbG ist die Verwen-

---

34 BT-Drs. 18/7555, S. 82.
35 BT-Drs. 18/8860, S. 193.

§ 30   Technische Möglichkeit des Einbaus von intelligenten Messsystemen

dung nicht interoperabler Geräte weder sinnvoll noch zulässig. Die Ausnahmevorschrift § 19 Abs. 5 ist nach der Feststellung durch das BSI nicht mehr anwendbar. Es gelten § 19 Abs. 1 bis 3, d. h. alle Vorgaben des § 22 sind zu erfüllen. Anders sieht dies der Ausschuss für Wirtschaft und Energie in seiner Beschlussempfehlung für den Bundestag.[36] Ihm genügt offensichtlich, dass die Interoperabilität nachträglich hergestellt werden kann, z. B. durch ein Update.

30   **Doch bezieht sich § 24 Abs. 1 S. 2 nicht auf die Funktion der Interoperabilität, sondern auf den Zeitpunkt des Nachweises.** Selbst wenn man unterstellt, es genüge ein nachträgliches Herstellen der Interoperabilität durch ein Update, ist dies weder für den Kunden noch für den Messstellenbetreiber sinnvoll, sondern risikoreich. Bedeutsam ist dieser Umstand, da nach Aussage von Experten Interoperabilität zwischen den Geräten und Systemen derzeit nicht gegeben ist.[37] Wann dies der Fall sein wird, ist zzt. nicht absehbar. Wird ein nicht interoperables Gateway eingesetzt, so zahlt der Kunde ggf. bereits die Preisobergrenze, ohne dass das Gateway den vollen Nutzen für ihn ermöglicht. Die wirtschaftlichen Risiken des Messstellenbetreibers sind ungleich höher. Stellt das BSI z. B. im Laufe des Jahres 2017 fest, dass ein bestimmtes Gerät den gesetzlichen Anforderungen nicht genügt und das Gerät auch nicht unter die Ausnahmeregelung des § 19 Abs. 5 fällt, so darf es gem. § 24 Abs. 4 nicht mehr verwendet werden.[38] Auch der Bestandsschutz nach § 19 Abs. 5 hilft nicht, da er in der Hand des Kunden liegt, der seine für den Einsatz nicht interoperabler Geräte erforderliche Zustimmung jederzeit widerrufen kann. Ist dann ein Update zur Herstellung der Interoperabilität nicht möglich, muss das Gerät ausgebaut und durch ein neues ersetzt werden. Verantwortlich für die Herstellbarkeit der Interoperabilität per Update ist im Verhältnis zum Messstellenbetreiber der Hersteller bzw. Systemlieferant. Diese müssen dafür sorgen, dass die von ihnen gelieferten Geräte nachrüstbar sind, und zwar über ein Update. Misslingt dies, müssten sie dann dem Gateway-Administrator bzw. Messstellenbetreiber alle Kosten für neue Geräte, Ein- und Ausbau usw. ersetzen. Der Messstellenbetreiber muss als sorgfältiger Kaufmann vom Hersteller **die Garantie** einholen, dass eine nachträgliche, kostenfreie Herstellung der Interoperabilität erfolgen kann. Für den Fall des Misslingens muss der Hersteller erklären, dass er sämtliche wirtschaftlichen Folgen mangelnder Interoperabilität trägt. Der Messstellenbetreiber muss ggf. Sicherheiten verlangen. Ob vor diesem Hintergrund ein Rollout nennenswerter Mengen durch den Messstellenbetreiber erfolgt, darf bezweifelt werden. Allerdings sind Messstellenbetreiber nach der Feststellung des BSI gem. § 30 durch § 29 gezwungen, iM auszubringen und die Mindestquoten nach § 45 Abs. 2 Nr. 1 zu erfüllen. Der wohl angestrebte Verzicht auf das Erfordernis der Interoperabilität der iM von Anfang an verbessert die Situation von Herstellern, Messstellenbetreibern und Verbrauchern nicht, sondern erschwert auf Grund der genannten Risiken und Nachteile die Einführung intelligenter Messsysteme erheblich. Deshalb macht es Sinn, mit der hier vertretenen Meinung Interoperabilität von Beginn an zu verlangen und den Nachweis ggf. später zu erbringen. Um Rechtssicherheit für alle Beteiligten zu gewährleisten,

---

36   BT-Drs. 18/8919, S. 25; vgl. BerlKommEnR/*Schmidt*, § 30 MsbG Rn. 13.
37   *Kahmann*, PTB-Mitteilungen 3/2015, 9; es fehlt auch noch an den Use-Cases zur Überprüfung der Funktion der Interoperabilität, die dafür erforderliche TR-03109-2-TS ist vom BSI noch nicht veröffentlicht. Für eine Veröffentlichung ist nach der Entscheidung des Gesetzgebers, die auch die bis zu diesem Zeitpunkt vorliegenden Technischen Richtlinien mit umfasste, das Verfahren nach § 27 einzuhalten.
38   Zur Möglichkeit, Interoperabilität über ein Update zu ermöglichen, vgl. BerlKommEnR/*Schmidt*, § 30 MsbG Rn. 30.

sollte das BSI seine Feststellung nach § 30 erst dann veröffentlichen, wenn auch zertifizierbare Interoperabilität von Gateways realisiert ist. Mit dem Wechsel des Verweises in § 30 von § 22 auf § 24 Abs. 1 hat der Gesetzgeber zwar ein Problem lösen wollen, aber dadurch nicht unerhebliche neue geschaffen.

Ein eklatanter Widerspruch besteht auch zu § 19 Abs. 1–3.[39]   **31**

4. Fazit

Ein Einbau von nicht zertifizierten iM, die nicht allen Anforderungen aus §§ 22, 24, 30 und Schutzprofilen und Technischen Richtlinien genügen, ist nicht zulässig und darüber hinaus auch nicht sinnvoll. Dies gilt auch, wenn man den Schutz des § 19 Abs. 5 weiter als hier vertreten auslegt und auch zunächst keinen Nachweis der Interoperabilität für Geräte der ersten Generation fordert nach § 24 Abs. 1. Dies gilt jedenfalls für Kunden und Messstellenbetreiber.   **32**

Ausnahme bilden Einbauten zu Testzwecken, die aber den Anforderungen des § 19 Abs. 5 genügen müssen.   **33**

---

[39] Zu dieser Problematik: BerlKommEnR/*Schmidt*, § 22 MsbG Rn. 262.

§ 31 Wirtschaftliche Vertretbarkeit der Ausstattung von Messstellen mit intelligenten Messsystemen; Preisobergrenzen

(1) Die Ausstattung einer Messstelle bei einem Letztverbraucher mit einem intelligenten Messsystem nach § 29 Absatz 1 Nummer 1 ist wirtschaftlich vertretbar, wenn vom grundzuständigen Messstellenbetreiber

1. ab 2017 innerhalb von 16 Jahren alle Messstellen an Zählpunkten mit einem Jahresstromverbrauch von über 100 000 Kilowattstunden mit einem intelligenten Messsystem ausgestattet werden und dabei für den Messstellenbetrieb für jeden Zählpunkt ein angemessenes Entgelt jährlich in Rechnung gestellt wird,
2. ab 2017 innerhalb von acht Jahren alle Messstellen an Zählpunkten mit einem Jahresstromverbrauch über 50 000 bis einschließlich 100 000 Kilowattstunden mit einem intelligenten Messsystem ausgestattet werden und dabei für den Messstellenbetrieb für jeden Zählpunkt nicht mehr als 200 Euro brutto jährlich in Rechnung gestellt werden,
3. ab 2017 innerhalb von acht Jahren alle Messstellen an Zählpunkten mit einem Jahresstromverbrauch über 20 000 bis einschließlich 50 000 Kilowattstunden mit einem intelligenten Messsystem ausgestattet werden und dabei für den Messstellenbetrieb für jeden Zählpunkt nicht mehr als 170 Euro brutto jährlich in Rechnung gestellt werden,
4. ab 2017 innerhalb von acht Jahren alle Messstellen an Zählpunkten mit einem Jahresstromverbrauch über 10 000 bis einschließlich 20 000 Kilowattstunden mit einem intelligenten Messsystem ausgestattet werden und dabei für den Messstellenbetrieb für jeden Zählpunkt nicht mehr als 130 Euro brutto jährlich in Rechnung gestellt werden,
5. ab 2017 Messstellen an Zählpunkten mit einer unterbrechbaren Verbrauchseinrichtung nach § 14a des Energiewirtschaftsgesetzes vor der Teilnahme der unterbrechbaren Verbrauchseinrichtung am Flexibilitätsmechanismus nach § 14a des Energiewirtschaftsgesetzes mit einem intelligenten Messsystem ausgestattet und für den Messstellenbetrieb sodann nicht mehr als 100 Euro brutto jährlich in Rechnung gestellt werden und
6. ab 2020 innerhalb von acht Jahren alle Messstellen an Zählpunkten mit einem Jahresstromverbrauch über 6 000 bis einschließlich 10 000 Kilowattstunden mit einem intelligenten Messsystem ausgestattet werden und dabei für den Messstellenbetrieb für jeden Zählpunkt nicht mehr als 100 Euro brutto jährlich in Rechnung gestellt werden.

(2) Die Ausstattung einer Messstelle mit einem intelligenten Messsystem nach § 29 Absatz 1 Nummer 2 ist bei einem Anlagenbetreiber wirtschaftlich vertretbar, wenn vom grundzuständigen Messstellenbetreiber

1. ab 2017 innerhalb von acht Jahren alle Messstellen an Zählpunkten von Anlagen mit einer installierten Leistung über 7 bis einschließlich 15 Kilowatt mit einem intelligenten Messsystem ausgestattet werden und dabei für den Messstellenbetrieb

für jeden Zählpunkt nicht mehr als 100 Euro brutto jährlich in Rechnung gestellt werden,
2. ab 2017 innerhalb von acht Jahren alle Messstellen an Zählpunkten von Anlagen mit einer installierten Leistung über 15 bis einschließlich 30 Kilowatt mit einem intelligenten Messsystem ausgestattet werden und dabei für den Messstellenbetrieb für jeden Zählpunkt nicht mehr als 130 Euro brutto jährlich in Rechnung gestellt werden,
3. ab 2017 innerhalb von acht Jahren alle Messstellen an Zählpunkten von Anlagen mit einer installierten Leistung über 30 bis einschließlich 100 Kilowatt mit einem intelligenten Messsystem ausgestattet werden und dabei für den Messstellenbetrieb für jeden Zählpunkt nicht mehr als 200 Euro brutto jährlich in Rechnung gestellt werden und
4. ab 2020 innerhalb von acht Jahren alle Messstellen an Zählpunkten von Anlagen mit einer installierten Leistung über 100 Kilowatt mit einem intelligenten Messsystem ausgestattet werden und dabei für den Messstellenbetrieb für jeden Zählpunkt ein angemessenes Entgelt jährlich in Rechnung gestellt wird.

(3) ¹Die optionale Ausstattung einer Messstelle bei einem Letztverbraucher mit einem intelligenten Messsystem nach § 29 Absatz 2 Nummer 1 ist wirtschaftlich vertretbar, wenn vom grundzuständigen Messstellenbetreiber

1. ab 2020 Messstellen an Zählpunkten mit einem Jahresstromverbrauch über 4 000 bis einschließlich 6 000 Kilowattstunden mit einem intelligenten Messsystem ausgestattet werden und dabei für den Messstellenbetrieb für jeden Zählpunkt nicht mehr als 60 Euro brutto jährlich in Rechnung gestellt werden,
2. ab 2020 Messstellen an Zählpunkten mit einem Jahresstromverbrauch über 3 000 bis einschließlich 4 000 Kilowattstunden mit einem intelligenten Messsystem ausgestattet werden und dabei für den Messstellenbetrieb für jeden Zählpunkt nicht mehr als 40 Euro brutto jährlich in Rechnung gestellt werden,
3. ab 2020 Messstellen an Zählpunkten mit einem Jahresstromverbrauch über 2 000 bis einschließlich 3 000 Kilowattstunden mit einem intelligenten Messsystem ausgestattet werden und dabei für den Messstellenbetrieb für jeden Zählpunkt nicht mehr als 30 Euro brutto jährlich in Rechnung gestellt werden,
4. ab 2020 Messstellen an Zählpunkten mit einem Jahresstromverbrauch bis einschließlich 2 000 Kilowattstunden mit einem intelligenten Messsystem ausgestattet werden und dabei für den Messstellenbetrieb für jeden Zählpunkt nicht mehr als 23 Euro brutto jährlich in Rechnung gestellt werden.

²Die optionale Ausstattung einer Messstelle bei einem Anlagenbetreiber mit einem intelligenten Messsystem nach § 29 Absatz 2 Nummer 2 ist wirtschaftlich vertretbar, wenn ab 2018 Messstellen an Zählpunkten von Neuanlagen vom grundzuständigen Messstellenbetreiber mit einem intelligenten Messsystem ausgestattet werden und dabei für den Messstellenbetrieb für jeden Zählpunkt nicht mehr als 60 Euro brutto jährlich in Rechnung gestellt werden.

(4) ¹Zur Bemessung des Jahresstromverbrauchs an einem Zählpunkt nach den Absätzen 1 und 3 ist der Durchschnittswert der jeweils letzten drei erfassten Jahresverbrauchswerte maßgeblich. ²Solange noch keine drei Jahreswerte nach Satz 1 vorliegen, erfolgt eine Zuordnung zur Verbrauchsgruppe nach Absatz 3 Nummer 4. ³Der grundzuständige Messstellenbetreiber hat den Durchschnittswert nach Satz 1 jähr-

§ 31 Wirtschaftliche Vertretbarkeit der Ausstattung von Messstellen

lich zu überprüfen und soweit erforderlich das für den Messstellenbetrieb nach den vorstehenden Absätzen in Rechnung zu stellende Entgelt anzupassen.

(5) ¹Sind bei einem Anschlussnutzer mehrere Messstellen innerhalb eines Gebäudes mit intelligenten Messsystemen auszustatten, gelten die Vorgaben aus den Absätzen 1 und 2 mit der Maßgabe, dass dem Anschlussnutzer für den Messstellenbetrieb insgesamt nicht mehr als die höchste fallbezogene Preisobergrenze jährlich in Rechnung gestellt werden darf. ²Entsprechendes gilt, wenn ein Zählpunkt von mehr als einem Anwendungsfall der Absätze 1 und 2 erfasst wird.

Schrifttum: *Dinter*, Das Gesetz zur Digitalisierung der Energiewende – Startschuss für Smart-Meter? Ein Überblick über den Referentenentwurf, ER 2015, 229; *Kermel/Dinter*, Gesetz zur Digitalisierung der Energiewende: Das Messstellenbetriebsgesetz im Überblick, RdE 2016, 158; *Wolf/Dobler/Schüssler*, Das neue Messstellenbetriebsgesetz – ein erster Überblick, VersorgW 2015, 325.

Übersicht

	Rn.		Rn.
I. Allgemeines	1	III. Ausstattungsfälle für Einspeiser (Abs. 2, Abs. 3 S. 2)	30
1. Normzweck	6	IV. Mehrere Messstellen bei einem Anschlussnutzer (Abs. 5)	34
2. Entstehungsgeschichte	11	V. Veröffentlichungspflichten für die Entgelte	38
3. Normadressaten	16	VI. Ermächtigungsnormen und Zuständigkeiten für die behördliche Umsetzung	39
II. Ausstattungsfälle für Letztverbraucher (Abs. 1, Abs. 3 S. 1)	19		
1. Ortsfester Zählpunkt	21		
2. Preisobergrenzen nach Jahresstromverbrauch	22		
3. Durchschnittsverbräuche der letzten drei Jahre (Abs. 4)	27		

I. Allgemeines

1 § 31 fingiert die wirtschaftliche Vertretbarkeit der Ausstattung von Messstellen mit intelligenten Messsystemen[1] durch den grundzuständigen Messstellenbetreiber. Dazu gibt § 31 für die jeweilige Fallgruppe **Preisobergrenzen** vor, die gemäß § 7 in Form **separater Entgelte für den Messstellenbetrieb** mit intelligenten Messsystemen abgerechnet werden – getrennt von etwaigen Entgelten für den Netzzugang und das konventionelle Messwesen nach den §§ 21 und 21a EnWG.

2 Aus dem Zusammenhang mit der Legaldefinition des Messstellenbetriebs in § 3 Abs. 2 sowie der Differenzierung in Standardleistungen nach § 35 Abs. 1 und Zusatzleistungen nach § 35 Abs. 2 ergibt sich insgesamt, dass die Preisobergrenzen nur für die Standardleistungen vorgegeben werden, deren Art und Umfang der Gesetzgeber als zumindest erforderlich für einen gesetzeskonformen Messstellenbetrieb mit modernen Messeinrichtungen und intelligenten Messsystemen und dabei auch noch als hinreichend kategorisierbar erachtet.[2] Demgegenüber hat der grundzuständige Messstellenbetreiber für über Standardleistungen hinausgehende Zusatzleistungen des Messstellenbetriebs mit intelligenten

---

[1] Zur technischen Umsetzung intelligenter Messsysteme siehe *Dinter*, ER 2015, 229.
[2] So im Ergebnis, aber ohne systematische Begründung auch *Kermel/Dinter*, RdE 2016, 158, 163.

I. Allgemeines § 31

Messsystemen und modernen Messeinrichtungen die nicht näher bezifferte Angemessenheit und Diskriminierungsfreiheit seiner Entgelte einzuhalten. Dahingehende Regelungen für Zusatzleistungen des grundzuständigen Messstellenbetreibers finden sich in §§ 33 Abs. 1, Abs. 2, 35 Abs. 2, Abs. 3.

Die **Fallgruppen** sind nach **obligatorischen** (Abs. 1 und Abs. 2) und nach optionalen Ausstattungsfällen (Abs. 3) differenziert. Sie umfassen jeweils sowohl bestimmte Fälle von Stromverbrauchern als auch von Stromeinspeisern, die sich überblicksartig wie folgt darstellen lassen: 3

		obligatorisch		optional		POG/a je ZP
Verbraucher verpflichtend	ZP > 100.000 kWh/a: iMSys	2017–2032				Individuell
	ZP > 50.000 - 100.000 kWh/a: iMSys					200 €
	ZP > 20.000 - 50.000 kWh/a: iMSys					170 €
	ZP > 10.000 - 20.000 kWh/a: iMSys					130 €
	ZP > 6.000 - 10.000 kWh/a: iMSys					100 €
	ZP mit unterbrechbarer Verbrauchseinrichtung nach § 14a EnWG: iMSys					100 €
KWK/EEG verpflichtend	ZP > 7 - 15 kWp: iMSys					100 €
	ZP > 15 - 30 kWp: iMSys					130 €
	ZP > 30 - 100 kWp: iMSys					200 €
	ZP > 100 kWp: iMSys					Individuell
optional f. MSB	ZP > 1 - 7 kWp bei KWK-/EEG-Neuanlagen: iMSys					60 €
	ZP > 4.000 - 6.000 kWh/a: iMSys					60 €
	ZP > 3.000 - 4.000 kWh/a: iMSys					40 €
	ZP > 2.000 - 3.000 kWh/a: iMSys					30 €
	ZP <= 2.000 kWh/a: iMSys					23 €

Obligatorisch bedeutet dabei, dass die Ausstattungen durch den grundzuständigen Messstellenbetreiber („MSB") in dem jeweiligen Zeitrahmen vorgenommen werden müssen, soweit sie technisch möglich im Sinne von § 30 sind und keine Ausnahmeregelungen nach § 19 Abs. 5 S. 2, § 29 Abs. 5, § 36 Abs. 1 S. 1 oder § 44 Abs. 1 greifen. Demgegenüber als optional zu verstehen sind die Ausstattungsfälle des Abs. 3 nur aus Sicht des grundzuständigen Messstellenbetreibers. Wenn dieser insoweit die Option zur Ausstattung wählt, ist sie aus Sicht des betroffenen Anschlussnutzers bzw. -nehmers verpflichtend, siehe § 36 Abs. 3 i.V.m. § 29 Abs. 2. 4

Herangezogen wird dabei der **Jahresstromverbrauch** in kWh/a bzw. die installierte Einspeiseleistung in kWp je ortsfestem Zählpunkt (ZP). Je nach Fallgruppe gilt dann für die Ausstattung und den Betrieb des intelligenten Messsystems (iMSys) die in der rechten Spalte aufgeführte Preisobergrenze (POG) als Jahresbruttoentgelt inkl. der gesetzlichen Umsatzsteuer. 5

1. Normzweck

Das in § 31 ausgestaltete Preisobergrenzen-Regime soll wie auch das daneben bestehende Entgeltregulierungssystem für den Netzzugang nach den §§ 21 und 21a EnWG einen Ausgleich schaffen zwischen den **gegenläufigen Interessen** nach möglichst günstigen Entgelten für den Messstellenbetrieb einerseits und dessen Wirtschaftlichkeit und der damit verbundenen Investitionsfähigkeit für die Betreiber andererseits. Die gesonderte Regulierung 6

§ 31   Wirtschaftliche Vertretbarkeit der Ausstattung von Messstellen

mit Hilfe individueller Preisobergrenzen, die die grundzuständigen Messstellenbetreiber zwingend einzuhalten haben, soll die **wirtschaftliche Vertretbarkeit des Einsatzes moderner Messinfrastruktur** sicherstellen.[3]

7   Um ein ausgewogenes Kosten-Nutzen-Verhältnis sicherzustellen, hält der Gesetzgeber ein **strenges Regulierungsregime für die durch den Einbau und Betrieb von intelligenten Messsystemen verursachten Kosten** für erforderlich. Eine Finanzierung über die Netzentgelte wäre einerseits wenig präzise und andererseits kein tauglicher Ansatz für ein dem Wettbewerb geöffnetes Aufgabenfeld, das auch für energiefremde Dienstleistungen offen sein müsse. Daher wird der Messstellenbetrieb entgeltregulatorisch vom Netzbetrieb getrennt und es werden Preisobergrenzen vorgesehen, die vom grundzuständigen Messstellenbetreiber in allen Fällen zwingend einzuhalten sind, in denen er intelligente Messsysteme und moderne Messeinrichtungen einsetzt.[4] Die wirtschaftliche Vertretbarkeit wird dabei einerseits hinsichtlich des Anschlussnutzers, andererseits auch hinsichtlich des grundzuständigen Messstellenbetreibers fingiert.

8   Der Anschlussnutzer, also der Letztverbraucher oder Anlagenbetreiber, muss den Einsatz von intelligenten Messsystemen dulden, gleichzeitig erfolgt durch die Preisobergrenzen ein strikter **Kostenschutz**, da ein Anschlussnutzer niemals verpflichtet werden darf, für die gesetzlich vorgesehenen Standardleistungen mehr als die **Preisobergrenzen** zu entrichten.[5] Die Ableitung der Preisobergrenzen für Letztverbraucher nimmt dabei Bezug auf das Nutzenpotenzial je Fallgruppe, das sich aus Sowieso-Kosten für einen herkömmlichen einfachen Strom-Messstellenbetrieb mit einem einfachen digitalen Stromzähler und einem Stromkosteneinsparpotenzial ergibt.[6] Der Gesetzgeber kommt zu dem Ergebnis, dass der Einbau eines intelligenten Messsystems wirtschaftlich vertretbar ist, wenn der maximal zu entrichtende Preis den durchschnittlichen Sowieso-Kosten zuzüglich des durchschnittlichen Stromkosteneinsparpotenzials entspricht. Bei Anlagenbetreibern wird die wirtschaftliche Vertretbarkeit deutlich stärker fingiert: Hier hält der Gesetzgeber eine Abstufung für erforderlich, um dem Kosten-Nutzen-Verhältnis gerecht zu werden; gleichzeitig verweist die Begründung auch auf individuelle Zumutbarkeitserwägungen.[7]

9   Der **grundzuständige Messstellenbetreiber** darf **nicht** zu einer **betriebswirtschaftlich nicht darstellbaren Einbaumaßnahme** verpflichtet werden. Aus Sicht des Gesetzgebers wird die wirtschaftliche Vertretbarkeit dadurch gewährleistet, dass höhere Anfangsinvestitionen bei Messstellenbetreibern über die Preisobergrenzen berücksichtigt werden und ein nach Anschlussnutzer differenzierender, stufenweise angelegter Rollout über ausreichende Zeitfenster vorgesehen ist. Einen Beleg dafür, dass die Preisobergrenzen es gewährleisten, dass die erwarteten Kosten der grundzuständigen Messstellenbetreiber zur Durchführung des Rollouts durch die Entgelte der Letztverbraucher amortisierbar sind, liefert der Gesetzgeber nicht, vielmehr formuliert er dies lediglich als Zielsetzung.[8]

10   Eben weil die Preisobergrenzen in der Regelung zur wirtschaftlichen Vertretbarkeit voraussetzen, *„dass der Rollout zu den in der Analyse gemachten Kosteneinschätzungen auch*

---

[3] Vgl. Begründung zum Regierungsentwurf v. 17.2.2016, BT-Drs. 18/7555, S. 78.
[4] Vgl. Begründung zum Regierungsentwurf v. 17.2.2016, BT-Drs. 18/7555, S. 72.
[5] Vgl. Begründung zum Regierungsentwurf v. 17.2.2016, BT-Drs. 18/7555, S. 93.
[6] Vgl. Begründung zum Regierungsentwurf v. 17.2.2016, BT-Drs. 18/7555, S. 92.
[7] Vgl. Begründung zum Regierungsentwurf v. 17.2.2016, BT-Drs. 18/7555, S. 95.
[8] Vgl. Begründung zum Regierungsentwurf v. 17.2.2016, BT-Drs. 18/7555, S. 63.

tatsächlich realisierbar ist", wird **§ 31 durch das in §§ 41 ff.** normierte **Übertragungsverfahren** ergänzt: Wer den geforderten Rollout zu den hier geforderten Kostenobergrenzen nicht bewerkstelligen kann, muss die Grundzuständigkeit für den Einbau und den Betrieb intelligenter Messsysteme ausschreiben.[9] Findet sich auch hier kein Akteur, so bleibt der flächendeckende Einbau intelligenter Messsysteme (vorerst) aus, da er nicht zu den Konditionen, zu denen er zu rechtfertigen wäre, leistbar ist.[10] Am Ende soll die Verhältnismäßigkeit der Ausstattungspflichten also widersinnigerweise dadurch sichergestellt werden, dass der grundzuständige Messstellenbetreiber von seiner Aufgabe durch Übertragung der Grundzuständigkeit Abstand nehmen kann oder, falls sich hier kein übernehmender Messstellenbetreiber findet, gemäß § 44 Abs. 1 vorübergehend nur zum Einbau moderner Messeinrichtungen verpflichtet bleibt – selbst dann, wenn dies betriebswirtschaftlich für ihn nicht darstellbar ist.

2. Entstehungsgeschichte

Die Preisobergrenzen hat der Gesetzgeber nach eigenem Bekunden an den **Ergebnissen der Kosten-Nutzen-Analyse zum Stromkosten-Einsparpotenzial** orientiert und individuell nach der Art des Nutzers (bei Verbrauchern gestaffelt nach Jahresverbrauch/bei Einspeisern gestaffelt nach installierter Leistung) ausgerichtet.[11] Die Auskopplung der Entgelte für den grundzuständigen Messstellenbetrieb mit intelligenten Messsystemen und modernen Messeinrichtungen aus dem Erlösobergrenzen-Regime für die Netzentgelte wurde bereits vorab in einem **BMWi-Eckpunktepapier** angekündigt.[12]

11

Zuvor waren die Entgelte für den Messstellenbetrieb einheitlich mit den Netzentgelten unter dem **Erlösobergrenzen-Regime der §§ 21 und 21a EnWG i.V.m. ARegV und StromNEV bzw. GasNEV** reguliert.[13] Dies galt auch für Modernisierungsmaßnahmen im Messwesen nach § 21b Abs. 3a und 3b bzw. der Nachfolgeregelung § 21c EnWG sowie nach § 18b StromNZV und § 44 GasNZV, deren Kosten gemäß § 5 Abs. 1 S. 3 ARegV ebenso wie die Kosten des jeweiligen Netzbetreibers für den konventionellen Messstellenbetrieb und eventuell für die Messung in den Erlösobergrenzen des jeweiligen Netzbetreibers enthalten waren.[14] Für solche „Smart-Meter" vor Einführung der intelligenten Messsysteme und modernen Messeinrichtungen nach dem vorliegenden Gesetz erkannte die Bundesnetzagentur unter dem Erlösobergrenzen-Regime regelmäßig Stückkosten an, ohne dass eine konkret bezifferte Obergrenze in den damals einschlägigen Vorschriften zu finden gewesen wäre.

12

---

9 Vgl. die vereinfachte schematische Darstellung bei *Wolf/Dobler/Schüssler*, VersorgW 2015, 325, 330.
10 Vgl. Begründung zum Regierungsentwurf v. 17.2.2016, BT-Drs. 18/7555, S. 93.
11 Vgl. Begründung zum Regierungsentwurf v. 17.2.2016, BT-Drs. 18/7555, S. 72, unter Verweis auf Ernst & Young, Kosten-Nutzen-Analyse für einen flächendeckenden Einsatz intelligenter Zähler, Juli 2013, und auf die hierzu ergänzenden Variantenrechnungen von in Diskussion befindlichen Rollout-Strategien, Dezember 2014.
12 Vgl. BMWi, Baustein für die Energiewende: Sieben Eckpunkte für das „Verordnungspaket Intelligente Netze", 9.2.2015, S. 3 f.
13 Vgl. Danner/Theobald/*Eder*, 88. EL 2016, § 21b EnWG Rn. 127; Britz/Hellermann/Hermes/*Herzmann*, § 21b EnWG Rn. 9 f.
14 Vgl. Britz/Hellermann/Hermes/*Herzmann*, § 21b EnWG Rn. 10; Danner/Theobald/*Missling*, 88. EL 2016, § 21 EnWG Rn. 3.

§ 31 Wirtschaftliche Vertretbarkeit der Ausstattung von Messstellen

13 § 31 wurde im Rahmen des Gesetzgebungsverfahrens von seiner ursprünglichen Fassung des **Referentenentwurfs**[15] hin zu der Fassung des **Regierungsentwurfs**[16] in mehrfacher Hinsicht klarstellend **umformuliert**: Zum einen wurde zu den Eurobeträgen ergänzt, dass es sich dabei um Bruttobeträge inklusive der gesetzlichen Umsatzsteuer handelt. In der Regelung zur Erstreckung der Bemessungsgrundlage auf die letzten drei erfassten Jahresverbrauchswerte des Abs. 4 S. 1 wurde der Teil „unabhängig davon, ob die Elektrizität selbst erzeugt oder aus dem Netz der allgemeinen Versorgung entnommen wurde" gestrichen. Die Relativierung der Pflichtausstattungsfälle auf 95 % wurde von vormaligen § 31 Abs. 5 zum § 29 Abs. 5 verschoben. Zuletzt wurden noch in Abs. 3 S. 2 bei den Ausstattungsfällen als Option die Messstellen für EEG-/KWKG-Neuanlagen >1 kW bis 7 kW ergänzt, die schon ab 2018 für bis zu 60 € brutto jährlich mit einem intelligenten Messsystem ausgestattet werden können.[17] Außerdem wurde als Abs. 4 S. 3 aufgenommen, dass der grundzuständige Messstellenbetreiber die Durchschnittswerte der Bemessungsgrundlage jährlich zu überprüfen und soweit erforderlich das in Rechnung zu stellende Entgelt anzupassen hat.[18]

14 Im Übrigen ist das System der Preisobergrenzen trotz Kritik auch seitens des Bundesrates nicht weiter ausdifferenziert worden. Der Bundesrat hatte gefordert, bei der Begrenzung auf eine Preisobergrenze je Anschlussnutzer in Abs. 5 S. 1 das Wort „insgesamt" zu streichen sowie als S. 3 anzufügen: „Werden dem Anschlussnutzer neben einem oder mehreren intelligenten Messsystemen ebenfalls eine oder mehrere moderne Messeinrichtungen zur Verfügung gestellt, ist der grundzuständige Messstellenbetreiber berechtigt, zusätzlich zu den Entgelten nach Satz 1 und 2 für jede weitere moderne Messeinrichtung ein Entgelt nach § 32 zu erheben". Dies stelle sicher, dass moderne Messeinrichtungen, die über die erste moderne Messeinrichtung hinaus, welche gemeinsam mit dem Smart-Meter-Gateway das intelligente Messsystem konstituiert, genutzt werden, auch zu bezahlen seien. Dies jedenfalls solange und soweit, wie der grundzuständige Messstellenbetreiber dem Letztverbraucher bzw. Anlagenbetreiber entsprechende Geräte zur Verfügung stelle.[19]

15 Die **Bundesregierung** lehnte diesen **Vorschlag des Bundesrates** zur Erweiterung der Preisobergrenze bei solchen Mehrfachausstattungen ab. Zwar wurde zunächst eine Prüfung zugesagt, ob es Konstellationen im Einzelfall gebe, in denen die Begrenzung auf maximal eine Preisobergrenze nicht angemessen ist.[20] In der Begründung des endgültigen Regierungsentwurfs hieß es dann aber unverändert, berücksichtigt werde, dass mehrere Einheiten an einem Gateway, wenn nicht bei der Hardware so doch sehr wohl bei der Software bzw. bei der kommunikativen Anbindung, erhöhte Kosten verursachen können.[21] Diese Beurteilung fand sich bereits im vorangegangenen Referentenentwurf.[22] Ob die zugesagte Nachprüfung stattgefunden hat und zu welchem Ergebnis sie gegebenenfalls geführt hat, lässt sich daher den Gesetzesmaterialien nicht entnehmen.

---

15 Vgl. Referentenentwurf v. 21.9.2015, S. 51 ff.
16 Vgl. Regierungsentwurf v. 17.2.2016, BT-Drs. 18/7555, S. 32 f.
17 Vgl. Ausschussempfehlung v. 22.6.2016, BT-Drs. 18/8919, S. 10.
18 Vgl. Ausschussempfehlung v. 22.6.2016, BT-Drs. 18/8919, S. 10 f.
19 Vgl. Stellungnahme des Bundesrates v. 18.12.2015, BR-Drs. 543/15, S. 12 f.
20 Vgl. Gegenäußerung der Bundesregierung v. 15.2.2016, BT-Drs. 18/7555, S. 143.
21 Vgl. Begründung zum Regierungsentwurf v. 17.2.2016, BT-Drs. 18/7555, S. 95.
22 Vgl. Referentenentwurf v. 21.9.2015, S. 164.

3. Normadressaten

Adressat des Preisobergrenzen-Regimes für den Messstellenbetrieb von intelligenten **16** Messsystemen ist zunächst einmal der jeweils **grundzuständige Messstellenbetreiber für moderne Messeinrichtungen und intelligente Messsysteme**. Die Legaldefinition der Grundzuständigkeit für den Messstellenbetrieb für moderne Messeinrichtungen und intelligente Messsysteme findet sich in § 2 S. 1 Nr. 6: die Verpflichtung zur Wahrnehmung des Messstellenbetriebs mit modernen Messeinrichtungen und intelligenten Messsystemen im jeweiligen Netzgebiet für diejenigen Messstellen, die nach Maßgabe der §§ 29 bis 32 mit modernen Messeinrichtungen und intelligenten Messsystemen auszustatten sind und für die kein Dritter nach den §§ 5 und 6 den Messstellenbetrieb durchführt. Solche Dritte, also konkurrierende, in dem jeweiligen Gebiet nicht grundzuständige Messstellenbetreiber sind also frei darin, dort ihrerseits Entgelte für den Messstellenbetrieb mit intelligenten Messsystemen auch über die Preisobergrenzen hinaus zu verlangen – so auch ausdrücklich geregelt in § 36 Abs. 2.[23] Es handelt sich also um eine asymmetrische Regulierung der Entgelthöhe nur von dem im jeweiligen Versorgungsgebiet grundzuständigen Messstellenbetreiber für moderne Messeinrichtungen und intelligente Messsysteme.

Zu dulden und zu bezahlen haben die jeweiligen **Letztverbraucher** die diesbezüglichen **17** Ausstattungsfälle nach Abs. 1 oder Abs. 3 S. 1 und die jeweiligen Anlagenbetreiber die Ausstattungsfälle nach Abs. 2 oder Abs. 3 S. 2. Dabei wurde die Legaldefinition für Letztverbraucher in § 2 S. 1 Nr. 8 im letzten Schritt des parlamentarischen Prozesses klarstellend dahingehend ergänzt, dass in Fällen, in denen ein Ladepunkt beteiligt ist, dieser dann auch die Rolle des Letztverbrauchers innehat. Der Elektrofahrzeugnutzer, der den Ladepunkt nutzte, sei gleichfalls Letztverbraucher. Erfasst seien damit alle Vorgänge der Durchleitung, Zwischenspeicherung und Weitergabe von Strommengen an Ladepunkten. Beide, Ladepunktbetreiber und Elektrofahrzeugnutzer, seien dann auch – jeder für seinen Zweck – Anschlussnutzer: der Ladepunktbetreiber, um die Nutzung der Ladepunkte anderen Elektrofahrzeugnutzern zu gestatten, der Fahrzeugnutzer, um mittels Ladepunkt das Fahrzeug aufzuladen. § 48 enthalte nur eine vorübergehende Bereichsausnahme für die technischen Vorschriften des Teils 2 Kapitel 3.[24]

Anlagenbetreiber ist nach der Legaldefinition in § 2 S. 1 Nr. 1 der jeweilige Betreiber von **18** Erzeugungsanlagen nach dem EEG oder dem KWKG. Sonstige Anlagenbetreiber, z. B. von konventionellen Großkraftwerken, sind davon nicht umfasst. Insoweit scheint der Gesetzgeber keine Zweckdienlichkeit einer umfassenden Ausstattung mit intelligenten Messsystemen zu sehen, obwohl er im Hinblick auf die EEG-/KWKG-Anlagenbetreiber betont, Ziel des Gesetzes zur Digitalisierung der Energiewende sei es unter anderem, über das Smart-Meter-Gateway für eine sichere, zuverlässige und standardisierte Anbindung von Erzeugungsanlagen an das intelligente Energienetz zu sorgen.[25] Gleichwohl wird dies im gesamten Regelungssystem relativiert: Während das MsbG für die Bereitstellung eines Standards sorgen solle, regelten EEG, KWKG und EnWG die Anwendungsfälle für eine Steuerung von Erzeugungsanlagen. Solange und soweit eine „Ausschließlichkeitsrege-

---

23 Diese lediglich durch den Markt beeinflusste Preisbildung im Fall von Entgelterhebungen durch Dritte galt schon nach alter Rechtslage für das konventionelle Messwesen, vgl. Danner/Theobald/Eder, 88. EL 2016, § 21b EnWG Rn. 135.
24 Vgl. Begründung zur Ausschussempfehlung v. 22.6.2016, BT-Drs. 18/8919, S. 24.
25 Vgl. Antwort der Bundesregierung auf die Kleine Anfrage v. 25.4.2016, BT-Drs. 18/8218, S. 8.

§ 31   Wirtschaftliche Vertretbarkeit der Ausstattung von Messstellen

lung" (Steuerungssignal muss über das Smart-Meter-Gateway kommen) in diesen Gesetzen nicht vorgesehen sei, gälten die derzeitigen Vorgaben, die mit aktuell zulässiger und gegebenenfalls vorhandener Technik erfüllt werden könnten.[26]

II. Ausstattungsfälle für Letztverbraucher (Abs. 1, Abs. 3 S. 1)

19   Die **Fallgruppen für Letztverbraucher** sind nach obligatorischen (Abs. 1) und nach optionalen Ausstattungsfällen (Abs. 3 S. 1) differenziert.[27] Die Untergrenze für den obligatorischen Ausbau wird mit folgender Begründung bei 6.000 kWh/a gesetzt: Im Anhang der dritten Binnenmarktrichtlinien Strom und Gas (Richtlinien 2009/72/EG und 2009/73/EG) werde den Mitgliedstaaten aufgegeben, 80 Prozent der Letztverbraucher mit intelligenten Messsystemen auszustatten, wenn die Einführung „intelligenter Zähler" positiv bewertet werde. Um der Gefahr zu begegnen, dass ein solcher „Rollout" mehr Kosten verursacht als Nutzen bringen könnte, könnten die Mitgliedstaaten eine Kosten-Nutzen-Analyse durchführen und im Zuge dessen eine nationale Rollout-Strategie entwickeln. Daher habe das Bundesministerium für Wirtschaft und Energie im Jahre 2013 von der Wirtschaftsprüfungsgesellschaft Ernst & Young eine entsprechende Kosten-Nutzen-Analyse erstellen und diese im Dezember 2014 konkretisieren lassen. Die Analyse empfehle einen am individuellen Nutzenpotenzial orientierten Rollout. Möglich sei das beispielsweise über eine moderate Fortschreibung des Ansatzes, der seit 2011 im EnWG angelegt sei. Eine solche Fortschreibung verkörpere das neue Messstellenbetriebsgesetz, das an der aktuell bereits im EnWG angelegten Pflichteinbaugrenze von 6.000 Kilowattstunden Jahresstromverbrauch festhalte.[28]

20   Herangezogen wird dabei der Jahresstromverbrauch in kWh/a je ortsfestem Zählpunkt. Es kommt dabei nicht auf die Person des jeweiligen Anschlussnutzers an, der durchaus umzugsbedingt wechseln kann. Abgestellt wird vielmehr ausdrücklich auf den **Jahresverbrauch je Zählpunkt**. Je nach Verbrauchsgruppe gilt dann für die Ausstattung und den Betrieb des intelligenten Messsystems die aufgeführte Preisobergrenze.

1. Ortsfester Zählpunkt

21   Zählpunkt wird in § 2 S. 1 Nr. 28 legaldefiniert als der Punkt, an dem der Energiefluss messtechnisch erfasst wird. Dabei wurde das Tatbestandsattribut „ortsfest" erst im letzten Schritt des parlamentarischen Prozesses klarstellend dahingehend ergänzt, dass die Ausstattungsfälle keine strombetriebenen Fahrzeuge (Elektromobile, Triebfahrzeuge etc.) betreffen.[29] Statt solcher Fahrzeuge sind aber eventuell die Ladesäulen für solche Fahrzeuge auszustatten.[30]

---

26   Vgl. Antwort der Bundesregierung auf die Kleine Anfrage v. 25.4.2016, BT-Drs. 18/8218, S. 8.
27   Vgl. BerlKommEnR/*Salevic/Zöckler*, § 31 MsbG Rn. 3 f.
28   Vgl. Antwort der Bundesregierung auf die Kleine Anfrage v. 25.4.2016, BT-Drs. 18/8218, S. 5 f. unter Verweis auf Ernst & Young, Kosten-Nutzen-Analyse für einen flächendeckenden Einsatz intelligenter Zähler, Juli 2013, und auf die hierzu ergänzenden Variantenrechnungen von in Diskussion befindlichen Rollout-Strategien, Dezember 2014.
29   Vgl. Begründung zur Ausschussempfehlung v. 22.6.2016, BT-Drs. 18/8919, S. 23.
30   Vgl. BerlKommEnR/*Salevic/Zöckler*, § 31 MsbG Rn. 17.

2. Preisobergrenzen nach Jahresstromverbrauch

Die je Ausstattungsfall genannten Preisobergrenzen verstehen sich als **Jahresbruttoentgelt inkl. der gesetzlichen Umsatzsteuer**. Diese Brutto-Preise sind nach der gesetzlichen Logik entsprechend anzupassen, sofern sich in Zukunft eine Änderung des Umsatzsteuersatzes ergibt. Dies ist dann als Folgeänderung gegebenenfalls im Zusammenhang mit einer ebenfalls gesetzlich erfolgenden Änderung des Umsatzsteuersatzes umzusetzen.[31]

22

Der Höhe nach wurden die Preisobergrenzen aus einem **Kosten-Nutzen-Ansatz** entwickelt, wobei der dabei einfließende, angenommene potenzielle Nutzen der jeweiligen Letztverbrauchergruppe deutlich höher ins Gewicht fällt als die jeweiligen Ausstattungs- und Betriebskosten des grundzuständigen Messstellenbetreibers. Vielmehr geht der Ansatz sogar bei den Kosten eher von der Letztverbraucherperspektive aus als von der Betreiberperspektive. Als Sockelbetrag für die Kosten werden dabei historische Marktdaten für digitale Stromzähler herangezogen, die über keine Kommunikationseinrichtung verfügen. Für solche Messeinrichtungen habe die Wirtschaftsprüfungsgesellschaft Ernst & Young in der für das Bundesministerium für Wirtschaft und Energie angefertigten Kosten-Nutzen-Analyse übliche Entgelte für Messung und Messstellenbetrieb in Höhe von durchschnittlich 18,01 Euro (3,35 Euro für die Messung und 14,66 Euro für den Messstellenbetrieb) ausgewiesen; inklusive gesetzlicher Mehrwertsteuer wären dies 21,43 Euro. Solche digitalen Stromzähler verfügten schon eher über Fähigkeiten, die es einem Messstellenbetreiber erlauben, seinen Transparenzverpflichtungen aus § 61 Abs. 3 nachzukommen. Diese Erwägungen und gewisse positive Preiseffekte eines mengenmäßig groß angelegten Rollouts beachtend führten die Bundesregierung zu der Einschätzung, dass Preisobergrenzen für den Messstellenbetrieb von modernen Messeinrichtungen in Höhe von 20 Euro (inklusive Mehrwertsteuer) angemessen seien.[32]

23

Auf diesen Sockelansatz für moderne Messeinrichtungen aufsetzend wurde dann der angenommene potenzielle Nutzen in Form eines bezifferten **Stromeinsparpotenzials je Letztverbrauchergruppe** addiert. Die Bundesregierung geht von unterschiedlichen Einsparpotenzialen bei unterschiedlichen Verbrauchergruppen aus: Diese nach Verbrauchsgruppen differenzierende Betrachtung finde ihren Ausdruck in den unterschiedlichen Preisobergrenzen des § 31. Die Kosten-Nutzen-Analyse von Ernst & Young im Auftrag des Bundesministeriums für Wirtschaft und Energie habe dabei das Nutzenpotenzial errechnet. Die diese Berechnungen umsetzenden Regelungen des MsbG hielten sich strikt an den in der Analyse ermittelten Nutzen. Leitlinien seien dabei die Durchschnittsannahmen der Analyse, die bei ca. 50 Prozent des Möglichen lägen. Bei durchschnittlichen Sowieso-Kosten von 20 Euro pro Jahr für den zukünftigen Strom-Messstellenbetrieb mit einer modernen Messeinrichtung und unter Zugrundelegung eines durchschnittlichen Stromkosteneinsparpotenzials von annähernd 3 Euro pro Jahr für Letztverbraucher mit einem Jahresstromverbrauch bis einschließlich 2.000 Kilowattstunden werde die Preisobergrenze von 23 Euro (brutto) pro Jahr für den Einbau eines intelligenten Messsystems für die entsprechende Verbrauchergruppe festgelegt. Diese strikte Kosten-Nutzen-Orientierung setze sich für alle

24

---

31 Vgl. Begründung zur Ausschussempfehlung v. 22.6.2016, BT-Drs. 18/8919, S. 25.
32 Vgl. Antwort der Bundesregierung auf die Kleine Anfrage v. 25.4.2016, BT-Drs. 18/8218, S. 2 f. unter Verweis auf Ernst & Young, Kosten-Nutzen-Analyse für einen flächendeckenden Einsatz intelligenter Zähler, Juli 2013, und auf die hierzu ergänzenden Variantenrechnungen von in Diskussion befindlichen Rollout-Strategien, Dezember 2014.

§ 31 Wirtschaftliche Vertretbarkeit der Ausstattung von Messstellen

weiteren Verbrauchsgruppen fort. Da für Haushalte mit geringem Jahresverbrauch von über 2.000 und bis zu 3.000 Kilowattstunden ein durchschnittliches Stromkosteneinsparpotenzial von 10 Euro pro Jahr errechnet worden sei, sei insoweit eine zulässige Preisobergrenze von 30 Euro (10 Euro Einsparpotenzial und 20 Euro Sowieso-Kosten für den Messstellenbetrieb) vorgesehen. Bei über 3.000 und bis zu 4.000 Kilowattstunden pro Jahr liege das durchschnittliche Stromkosteneinsparpotenzial bei 20 Euro pro Jahr, die Preisobergrenze liege damit bei 40 Euro. Diesen Verbrauchsgruppen seien die weit überwiegende Anzahl von Zählpunkten zugeordnet, nämlich rund 33 Millionen. Bei der Verbrauchsgruppe von über 4.000 und bis zu 6.000 Kilowattstunden pro Jahr mit ca. 5,2 Millionen Zählpunkten sei ein Einsparpotenzial von 40 Euro errechnet worden, deshalb sei hier eine Preisobergrenze von 60 Euro vorgesehen. Bei einem Verbrauch von über 6.000 und bis zu 10.000 Kilowattstunden pro Jahr, also ab dem Bereich, für den eine Pflicht des grundzuständigen Messstellenbetreibers zum Einbau bestehe, wäre nach der Analyse mit durchschnittlich 80 Euro Kostenersparnis pro Jahr zu rechnen, die Preisobergrenze liege deshalb bei 100 Euro.[33]

25 Bei privaten Haushalten mit einem Jahresstromverbrauch von über 6.000 Kilowattstunden wurde im Gesetzgebungsverfahren zusätzlich darauf verwiesen, dass gegenüber dem EnWG 2011 keine neuen Einbauverpflichtungen eingeführt würden. Durch die vorgesehene Preisobergrenze von 100 Euro pro Jahr würden also die bereits im EnWG 2011 angelegten Kosten für die Verbraucher lediglich gedeckelt.[34] Im Übrigen werde der dargestellte Mechanismus zur Ermittlung der Preisobergrenzen für die weiteren Letztverbrauchergruppen über 10.000, 20.000, 50.000 und 100.000 Kilowattstunden Jahresstromverbrauch fortgesetzt und damit eine rote Linie für zulässige Kosten vorgegeben, die sich allesamt allein über Stromkosteneinsparungen ausgleichen ließen.[35]

26 Somit ist auch der rechtliche Maßstab für die **Angemessenheit von Entgelten** für Zählpunkte mit einem Jahresstromverbrauch größer 100.000 kWh vor allem am potenziellen Letztverbrauchernutzen ausgerichtet, wenngleich nicht mit einer konkreten Preisobergrenze beziffert. Neben diesem potenziellen Nutzen hat der grundzuständige Messstellenbetreiber daher im Rahmen seines billigen Preissetzungsermessens auch seine Kosten mit angemessener Gewinnmarge zu quantifizieren und einzupreisen.

3. Durchschnittsverbräuche der letzten drei Jahre (Abs. 4)

27 Um Preissprünge allein aufgrund einzelner Ausreißer bei den Jahresverbräuchen zu vermeiden, wird gemäß Abs. 4 S. 1 zur Bemessung grundsätzlich nicht nur jeweils auf ein Jahr, sondern auf den **Durchschnittswert der letzten drei Jahre** abgestellt, sofern für diese erfasste, also gemessene Jahresverbrauchswerte vorliegen.

28 Solange noch keine drei gemessenen Jahreswerte vorliegen, wird nach Abs. 4 S. 2 die **Einschlägigkeit der für den Letztverbraucher günstigsten Preisobergrenze** fingiert, die

---

33 Vgl. Antwort der Bundesregierung auf die Kleine Anfrage v. 25.4.2016, BT-Drs. 18/8218, S. 4 unter Verweis auf Ernst & Young, Kosten-Nutzen-Analyse für einen flächendeckenden Einsatz intelligenter Zähler, Juli 2013, und auf die hierzu ergänzenden Variantenrechnungen von in Diskussion befindlichen Rollout-Strategien, Dezember 2014.
34 Vgl. Antwort der Bundesregierung auf die Kleine Anfrage v. 25.4.2016, BT-Drs. 18/8218, S. 4.
35 Vgl. Antwort der Bundesregierung auf die Kleine Anfrage v. 25.4.2016, BT-Drs. 18/8218, S. 5.

gemäß Abs. 3 Nr. 4 bei 23 €/a liegt. An dieser Stelle zeigt sich deutlich, welch hohen Stellenwert der Gesetzgeber dem potenziellen Nutzen des Letztverbrauchers beimisst. Im Zweifel wird dieser auf ein minimales Niveau bei fingierten bis zu 2.000 kWh Jahresverbrauch eingestuft, auch wenn statistisch die weitaus meisten Letztverbraucher einen bis zu doppelt so hohen Jahresverbrauch aufweisen.[36]

Dabei wurde Abs. 4 im letzten Schritt des parlamentarischen Prozesses um S. 3 klarstellend dahingehend ergänzt, dass die jeweils wirkenden **Preisobergrenzen „rollierend"** gelten, das heißt eine jährliche Änderung der Preisobergrenze angezeigt sein kann. Eine korrekte Zuordnung ist Aufgabe des Messstellenbetreibers, der zu diesem Zweck Jahresverbrauchswerte verwenden darf.[37]

29

III. Ausstattungsfälle für Einspeiser (Abs. 2, Abs. 3 S. 2)

Ebenso wie für die Jahresstromverbräuche nach Abs. 1, Abs. 3 S. 1 sind auch die **Preisobergrenzen für die installierte EEG-/KWKG-Erzeugungsanlagenleistung** in Abs. 2 und Abs. 3 S. 2 gestaffelt. Die je Ausstattungsfall genannten Preisobergrenzen verstehen sich als Jahresbruttoentgelt inkl. der gesetzlichen Umsatzsteuer. Diese Brutto-Preise sind nach der gesetzlichen Logik entsprechend anzupassen, sofern sich in Zukunft eine Änderung des Umsatzsteuersatzes ergibt. Dies ist dann als Folgeänderung gegebenenfalls im Zusammenhang mit einer ebenfalls gesetzlich erfolgenden Änderung des Umsatzsteuersatzes umzusetzen.[38]

30

Im **Vergleich zu den Preisobergrenzen für die Jahresstromverbräuche** fällt auf, dass die vorliegenden Preisobergrenzen für installierte EEG-/KWKG-Erzeugungsanlagen bei einem deutlich höheren Sockelbetrag von 60 Euro für die Fallgruppe mit der niedrigsten Leistung gemäß Abs. 3 S. 2 beginnen. Dabei stellen die Gesetzesmaterialien deutlich weniger auf den jeweiligen Nutzen des Anlagenbetreibers ab, als sie es für die Fälle der Stromverbraucher tun, sondern rücken stattdessen das Ziel einer möglichst umfassenden Digitalisierung des Energiesystems in den Vordergrund: Die Hereinnahme von Kleinerzeugungsanlagen mit einer installierten Leistung über 1 bis einschließlich 7 Kilowatt in den optionalen Rollout stelle sicher, dass auch diese Anlagen Teil des intelligenten Energienetzes werden können. Die Systemvorteile einer intelligenten Anbindung würden die Vermarktung von Energie, die diese Anlagen erzeugen, und die Systemintegration verbessern. Der Verhältnismäßigkeit des neuen Regelungsansatzes werde durch eine Begrenzung auf Neuanlagen, durch eine mögliche Einbeziehung erst ab 2018, durch eine niedrigere Preisobergrenze von 60 Euro und durch die Aufnahme in den optionalen Rollout besonders Rechnung getragen.[39]

31

Die Verteilernetzstudie des Bundesministeriums für Wirtschaft und Energie habe aufgezeigt, dass **sämtliche Erzeugungsanlagen nach dem EEG und dem KWKG größer 7 Kilowatt installierter Leistung netzrelevant** (betrieblich, planerisch und/oder wirtschaftlich) seien. Kleinere Anlagen dagegen seien nur potenziell netzrelevant. Zur Erreichung

32

---

36 Vgl. Antwort der Bundesregierung auf die Kleine Anfrage v. 25.4.2016, BT-Drs. 18/8218, S. 4.
37 Vgl. Begründung zur Ausschussempfehlung v. 22.6.2016, BT-Drs. 18/8919, S. 25.
38 Vgl. Begründung zur Ausschussempfehlung v. 22.6.2016, BT-Drs. 18/8919, S. 25.
39 Vgl. Begründung zur Ausschussempfehlung v. 22.6.2016, BT-Drs. 18/8919, S. 24.

der mit der Energiewende verbundenen Ziele (insbesondere 80 Prozent Erzeugung aus erneuerbaren Energien) müssten daher bereits heute die Weichen dafür gestellt werden, Anlagen sicher in das Energieversorgungsnetz integrieren zu können. Dies geschehe über die standardmäßige Ausstattung von Erzeugungsanlagen mit dem Smart-Meter-Gateway als sicherer und standardisierter Kommunikationstechnik, die den erforderlichen marktlichen wie netzdienlichen Anwendungsfällen Rechnung trage. Dann könne der Netzbetreiber über das intelligente Messsystem mit Steuerungstechnik Maßnahmen des Einspeisemanagements durchführen (soweit es sich um Anlagen handelt, die hierzu nach § 14 EEG verpflichtet sind) und der Direktvermarktungsunternehmer könne über dasselbe System die Anlage marktorientiert fernsteuern. Bislang muss häufig noch ein weiteres Gerät bzw. ein zusätzlicher Kommunikationsweg installiert werden, um die Anlage für die verschiedenen Zwecke fernsteuerbar zu machen. Wenn die Anlage Regelenergie anbietet, könnte zusätzlich auch deren Erbringung über dieses System gesteuert werden. Eine einheitliche Kommunikations- und Steuerungstechnik verbessere das Wechselspiel zwischen Einspeisemanagement und marktorientierter Fernsteuerung. Das könne insbesondere Ausgleichsenergiekosten reduzieren. Zudem erleichtere eine einheitliche Technik dem Anlagenbetreiber, seinen Direktvermarktungsunternehmer zu wechseln. Bislang müssten bei einem solchen Wechsel teilweise noch technische Umstellungen an der Erzeugungsanlage nach dem Erneuerbare-Energien-Gesetz vorgenommen werden. Auch diese Hürde entfalle mit der nun normierten Einführung einer bundesweit standardisierten Kommunikationstechnik. Auch das erleichtere die Marktintegration der erneuerbaren Energien.[40]

33 Im Übrigen dienten die **Informationen aus kleinen Erzeugungsanlagen** längst nicht nur den Netzbetreibern. Derartige Informationen seien vielmehr in zunehmendem Maße für **Direktvermarkter und Anlagenbetreiber** wichtig, um die erneuerbaren Energien tatsächlich in die Strommärkte zu integrieren und sie nicht auf Dauer der Zwangsvermarktung durch die Übertragungsnetzbetreiber zu überlassen. So nutzten Direktvermarktungsunternehmen die Einspeisegänge zur Verbesserung ihrer Handels- und Vermarktungsprognosen und hätten damit eine Möglichkeit, die Wettbewerbsfähigkeit erneuerbarer Energien gegenüber konventionellen Erzeugern zu verbessern. Im Falle der Abschaffung von Standardlastprofilen für Kunden mit intelligentem Messsystem übernähmen Lieferanten die Beschaffung und Vermarktung der Residuallast der Kunden mit Eigenversorgung und hätten durch das Bilanzkreissystem ein wirtschaftliches Interesse an guten Prognosen. Auch die Bewirtschaftung von Differenzbilanzkreisen sollte sich im Einzelfall verbessern.[41]

IV. Mehrere Messstellen bei einem Anschlussnutzer (Abs. 5)

34 **Kostensynergien** durch den **parallelen Anschluss von mehreren Messstellen eines Anschlussnutzers** innerhalb desselben Gebäudes berücksichtigt das Preisobergrenzensystem ebenfalls pauschal, indem gemäß Abs. 5 S. 1 dann insgesamt nicht mehr als die höchste der jeweils nach den Abs. 1 und 2 einschlägigen Preisobergrenzen veranschlagt werden darf. Dies gilt gemäß S. 2 auch dann, wenn ein Zählpunkt von mehr als einem Anwendungsfall der Abs. 1 und 2 erfasst wird.

---

40 Vgl. Antwort der Bundesregierung auf die Kleine Anfrage v. 25.4.2016, BT-Drs. 18/8218, S. 9.
41 Vgl. Antwort der Bundesregierung auf die Kleine Anfrage v. 25.4.2016, BT-Drs. 18/8218, S. 10.

VI. Ermächtigungsnormen und Zuständigkeiten für die behördliche Umsetzung § 31

Diese pauschale Deckelung auf **eine Preisobergrenze ist trotz Kritik** auch seitens des 35
Bundesrates nicht weiter ausdifferenziert worden. Der Bundesrat hatte gefordert, bei der
Begrenzung auf eine Preisobergrenze je Anschlussnutzer in Abs. 5 S. 1 das Wort „insgesamt" zu streichen sowie als S. 3 anzufügen: „Werden dem Anschlussnutzer neben einem
oder mehreren intelligenten Messsystemen ebenfalls eine oder mehrere moderne Messeinrichtungen zur Verfügung gestellt, ist der grundzuständige Messstellenbetreiber berechtigt,
zusätzlich zu den Entgelten nach S. 1 und 2 für jede weitere moderne Messeinrichtung ein
Entgelt nach § 32 zu erheben." Dies stelle sicher, dass moderne Messeinrichtungen, die
über die erste moderne Messeinrichtung hinaus, welche gemeinsam mit dem Smart-Meter-Gateway das intelligente Messsystem konstituiert, genutzt werden, auch zu bezahlen seien.
Dies jedenfalls solange und soweit, wie der grundzuständige Messstellenbetreiber dem
Letztverbraucher bzw. Anlagenbetreiber entsprechende Geräte zur Verfügung stelle.[42]

Den Vorschlag des Bundesrates zur Erweiterung der Preisobergrenze bei solchen Mehr- 36
fachausstattungen lehnte die Bundesregierung ab.[43]

Andererseits ist bemerkenswert, dass die Deckelung in Abs. 5 ausdrücklich nur Ausstat- 37
tungsfälle nach den Abs. 1 und 2 betrifft – und damit im Umkehrschluss nicht die optionalen Ausstattungsfälle des Abs. 3. Insoweit gilt also keine Deckelung auf eine Preisobergrenze bei mehreren Messstellen je Anschlussnutzer.

V. Veröffentlichungspflichten für die Entgelte

Gemäß § 37 Abs. 1 S. 1 haben grundzuständige Messstellenbetreiber **spätestens sechs** 38
Monate vor dem Beginn des Rollouts Informationen über den Umfang ihrer Verpflichtungen aus § 29, über ihre Standardleistungen nach § 35 Abs. 1 und über mögliche Zusatzleistungen im Sinne von § 35 Abs. 2 zu veröffentlichen. Die Veröffentlichung hat gemäß
§ 37 Abs. 1 S. 2 auch Preisblätter mit jährlichen Preisangaben für mindestens drei Jahre zu
beinhalten.

VI. Ermächtigungsnormen und Zuständigkeiten für die behördliche Umsetzung

Die **behördliche Kontrolle der Entgelte** für den grundzuständigen Messstellenbetrieb 39
mit intelligenten Messsystemen unterliegt unmittelbar der **Befugnis zu Aufsichtsmaßnahmen durch die Bundesnetzagentur** gemäß § 76. Dieser entspricht in Abs. 1 der Abstellungsbefugnis nach § 65 Abs. 1 EnWG, so dass die Bundesnetzagentur Unternehmen oder
Vereinigungen von Unternehmen auch zur Abstellung einer Zuwiderhandlung gegen das
MsbG und/oder gegen aufgrund des MsbG ergangener Rechtsvorschriften verpflichten
kann. Dazu können gemäß Abs. 2 diesbezügliche Maßnahmen auch wie bei § 65 Abs. 2
EnWG angeordnet werden. Ebenso entspricht die Befugnis zur Feststellung bereits beendeter Zuwiderhandlungen in Abs. 3 der Vorschrift in § 65 Abs. 3 EnWG. Abs. 4 erklärt die
Verfahrensvorschriften §§ 65–101 und 106–108 EnWG für entsprechend anwendbar.

---
42 Vgl. Stellungnahme des Bundesrates v. 18.12.2015, BR-Drs. 543/15, S. 12 f.
43 Vgl. BerlKommEnR/*Salevic/Zöckler*, § 31 MsbG Rn. 15.

§ 31 Wirtschaftliche Vertretbarkeit der Ausstattung von Messstellen

40 In § 46 wird die **Bundesregierung ermächtigt**, durch **Rechtsverordnung** ohne Zustimmung des Bundesrates gemäß Nr. 5 im Anschluss an eine wirtschaftliche Bewertung des Bundesministeriums für Wirtschaft und Energie eine Anpassung von Preisobergrenzen nach § 34 vorzunehmen und gemäß Nr. 8 Sonderregelungen für Pilotprojekte und Modellregionen zu schaffen.

41 Aufgrund **§ 47 Abs. 2** kann die Bundesnetzagentur zur bundesweiten Vereinheitlichung der Bedingungen für den Messstellenbetrieb **Festlegungen** im Sinne von § 29 Abs. 1 EnWG treffen, nach Nr. 11 zur Sicherstellung der einheitlichen Anwendung der Regelungen in den §§ 29 bis 38.

§ 32 Wirtschaftliche Vertretbarkeit der Ausstattung von Messstellen mit modernen Messeinrichtungen

¹Die Ausstattung einer Messstelle mit einer modernen Messeinrichtung nach § 29 Absatz 3 ist wirtschaftlich vertretbar, wenn für den Messstellenbetrieb für jeden Zählpunkt nicht mehr als 20 Euro brutto jährlich in Rechnung gestellt werden. ²§ 61 Absatz 3 ist zu beachten.

Schrifttum: *Dinter*, Das Gesetz zur Digitalisierung der Energiewende – Startschuss für Smart-Meter? Ein Überblick über den Referentenentwurf, ER 2015, 229; *Kermel/Dinter*, Gesetz zur Digitalisierung der Energiewende: Das Messstellenbetriebsgesetz im Überblick, RdE 2016, 158; *Wolf/Dobler/Schüssler*, Das neue Messstellenbetriebsgesetz – ein erster Überblick, VersorgW 2015, 325.

Übersicht

	Rn.		Rn.
I. Allgemeines	1	IV. Veröffentlichungspflichten für die Entgelte	15
1. Normzweck	4	V. Ermächtigungsnormen und Zuständigkeiten für die behördliche Umsetzung	16
2. Entstehungsgeschichte	7		
3. Normadressaten	10		
II. Einheitliche Preisobergrenze (S. 1)	12		
III. Verweis auf die Vorgaben von § 61 Abs. 3 (S. 2)	14		

I. Allgemeines

§ 32 fingiert die wirtschaftliche Vertretbarkeit der Ausstattung von Messstellen mit modernen Messeinrichtungen[1] durch den grundzuständigen Messstellenbetreiber. Dazu gibt § 32 die **Preisobergrenze** vor, die gemäß § 7 in Form separater Entgelte für den Messstellenbetrieb mit modernen Messeinrichtungen abgerechnet wird – getrennt von etwaigen Entgelten für den Netzzugang und das konventionelle Messwesen nach den §§ 21 und 21a des EnWG. 1

Die Preisobergrenze gilt nur für die **Standardleistungen**, für darüber hinausgehende Zusatzleistungen des Messstellenbetriebs mit modernen Messeinrichtungen hat der grundzuständige Messstellenbetreiber die nicht näher bezifferte Angemessenheit und Diskriminierungsfreiheit seiner Entgelte einzuhalten (vgl. hierzu näher § 7 Rn. 20–22).[2] 2

Die demgegenüber in § 32 aufgeführte Preisobergrenze ist als **Jahresbruttoentgelt** für die Standardleistung inkl. der gesetzlichen Umsatzsteuer zu verstehen. 3

1. Normzweck

Die in § 32 vorgegebene Preisobergrenze soll einen **Ausgleich** schaffen **zwischen den gegenläufigen Interessen** nach möglichst günstigen Entgelten für den Messstellenbetrieb ei- 4

---

1 Zur technischen Umsetzung siehe *Dinter*, ER 2015, 229.
2 So im Ergebnis, aber ohne systematische Begründung auch *Kermel/Dinter*, RdE 2016, 158, 163.

§ 32 Wirtschaftliche Vertretbarkeit der Ausstattung von Messstellen

nerseits und dessen Wirtschaftlichkeit und der damit verbundenen Investitionsfähigkeit für die Betreiber andererseits (vgl. hierzu näher § 31 Rn. 6–10).[3]

5 Um ein **ausgewogenes Kosten-Nutzen-Verhältnis** sicherzustellen, hält der Gesetzgeber ein **strenges Regulierungsregime** für die durch den Einbau und Betrieb von modernen Messeinrichtungen verursachten Kosten für erforderlich (vgl. hierzu näher § 31 Rn. 7).[4] Die Ableitung der Preisobergrenze für Letztverbraucher nimmt dabei Bezug auf die Sowieso-Kosten für einen herkömmlichen, einfachen Strom-Messstellenbetrieb mit einem einfachen digitalen Stromzähler. Der Gesetzgeber kommt zu dem Ergebnis, dass der Einbau einer modernen Messeinrichtung wirtschaftlich vertretbar ist, wenn der maximal zu entrichtende Preis den durchschnittlichen Sowieso-Kosten entspricht.[5]

6 Der grundzuständige Messstellenbetreiber darf nicht zu einer betriebswirtschaftlich nicht darstellbaren Einbaumaßnahme verpflichtet werden (vgl. hierzu näher § 31 Rn. 9).[6] Obwohl die Preisobergrenzen in der Regelung zur wirtschaftlichen Vertretbarkeit voraussetzen, *„dass der Rollout zu den in der Analyse gemachten Kosteneinschätzungen auch tatsächlich realisierbar ist"*, wird § 32 nicht etwa wie § 31 durch das in §§ 41 ff. normierte Übertragungsverfahren ergänzt: Wer den geforderten Rollout zu den hier geforderten Kostenobergrenzen nicht bewerkstelligen kann, muss die Grundzuständigkeit für den Einbau und den Betrieb moderner Messeinrichtungen zwar ebenso wie für die intelligenten Messsysteme ausschreiben.[7] Findet sich aber auch hier kein Akteur, so bleibt nur der flächendeckende Einbau intelligenter Messsysteme (vorerst) aus, da er nicht zu den Konditionen, zu denen er zu rechtfertigen wäre, leistbar ist.[8] Am Ende soll die Verhältnismäßigkeit der Ausstattungspflichten also dadurch sichergestellt werden, dass der grundzuständige Messstellenbetreiber von seiner Aufgabe durch Übertragung der Grundzuständigkeit Abstand nehmen kann. Falls sich hier aber kein übernehmender Messstellenbetreiber findet, ist er gemäß § 44 Abs. 1 **vorübergehend nur zum Einbau moderner Messeinrichtungen** verpflichtet, dies aber auch dann, wenn es betriebswirtschaftlich für ihn nicht darstellbar ist.

2. Entstehungsgeschichte

7 Die Auskopplung der Entgelte für den grundzuständigen Messstellenbetrieb mit intelligenten Messsystemen und modernen Messeinrichtungen aus dem Erlösobergrenzen-Regime für die Netzentgelte wurde bereits vorab in einem **BMWi-Eckpunktepapier** angekündigt.[9]

8 Zuvor waren die Entgelte für den Messstellenbetrieb einheitlich mit den Netzentgelten unter dem Erlösobergrenzen-Regime der **§§ 21 und 21a EnWG** i.V.m. **ARegV** und **StromNEV** bzw. **GasNEV** reguliert (vgl. hierzu näher § 31 Rn. 12).[10]

---

3 Vgl. Begründung zum Regierungsentwurf v. 17.2.2016, BT-Drs. 18/7555, S. 78.
4 Vgl. Begründung zum Regierungsentwurf v. 17.2.2016, BT-Drs. 18/7555, S. 72.
5 Vgl. Begründung zum Regierungsentwurf v. 17.2.2016, BT-Drs. 18/7555, S. 92.
6 Vgl. Begründung zum Regierungsentwurf v. 17.2.2016, BT-Drs. 18/7555, S. 63
7 Vgl. die vereinfachte schematische Darstellung bei *Wolf/Dobler/Schüssler*, VersorgW 2015, 325, 330.
8 Vgl. Begründung zum Regierungsentwurf v. 17.2.2016, BT-Drs. 18/7555, S. 93.
9 Vgl. BMWi, Baustein für die Energiewende: 7 Eckpunkte für das „Verordnungspaket Intelligente Netze", 9.2.2015, S. 3 f.
10 Vgl. Danner/Theobald/*Eder*, 88. EL 2016, § 21b EnWG Rn. 127; Britz/Hellermann/Hermes/*Herzmann*, § 21b EnWG Rn. 9 f.

§ 32 wurde im Rahmen des Gesetzgebungsverfahrens von seiner ursprünglichen Fassung des **Referentenentwurfs**[11] hin zu der Fassung des **Regierungsentwurfs**[12] in mehrfacher Hinsicht umformuliert: Zum einen wurde zu den Eurobeträgen ergänzt, dass es sich dabei um Bruttobeträge inklusive der gesetzlichen Umsatzsteuer handelt. Die zunächst vorgesehene Ermächtigung der Bundesnetzagentur für „weitere Vorgaben" wurde gestrichen. Die Regelung der Pflichtausstattungsfälle wurde von „nach § 29 Abs. 2 S. 2 ... in allen nicht von § 31 Abs. 1 bis 3 erfassten Fällen" klarer formuliert in „nach § 29 Abs. 3". In den letzten parlamentarischen Schritten blieb die Vorschrift dann unverändert.[13]

9

3. Normadressaten

Adressat des Preisobergrenzen-Regimes für den Messstellenbetrieb von modernen Messeinrichtungen ist zunächst einmal der jeweils **grundzuständige Messstellenbetreiber** für moderne Messeinrichtungen und intelligente Messsysteme (vgl. hierzu näher § 31 Rn. 16).

10

Zu dulden und zu bezahlen haben die jeweiligen **Letztverbraucher** bzw. die jeweiligen **Anlagenbetreiber** die diesbezüglichen Ausstattungsfälle nach § 29 Abs. 3 (vgl. hierzu näher § 31 Rn. 17–21; 30–33).

11

II. Einheitliche Preisobergrenze (S. 1)

Die genannte Preisobergrenze versteht sich als **Jahresbruttoentgelt** inkl. der gesetzlichen Umsatzsteuer. Dieser Brutto-Preis ist nach der gesetzlichen Logik entsprechend anzupassen, sofern sich in Zukunft eine Änderung des Umsatzsteuersatzes ergibt. Dies ist dann als Folgeänderung gegebenenfalls im Zusammenhang mit einer ebenfalls gesetzlich erfolgenden Änderung des Umsatzsteuersatzes umzusetzen.[14]

12

Der Höhe nach wurden die Preisobergrenzen aus einem **Kosten-Nutzen-Ansatz** entwickelt, wobei der dabei einfließende, angenommene potenzielle Nutzen der jeweiligen Letztverbrauchergruppe deutlich höher ins Gewicht fällt als die jeweiligen Ausstattungs- und Betriebskosten des grundzuständigen Messstellenbetreibers. Vielmehr geht der Ansatz sogar bei den Kosten eher von der Letztverbraucherperspektive aus als von der Betreiberperspektive. Als Sockelbetrag für die Kosten werden dabei historische Marktdaten für digitale Stromzähler herangezogen, die über keine Kommunikationseinrichtung verfügen. Für solche Messeinrichtungen habe die Wirtschaftsprüfungsgesellschaft Ernst & Young in der für das Bundesministerium für Wirtschaft und Energie angefertigten Kosten-Nutzen-Analyse übliche Entgelte für Messung und Messstellenbetrieb in Höhe von durchschnittlich 18,01 Euro (3,35 Euro für die Messung und 14,66 Euro für den Messstellenbetrieb) ausgewiesen; inklusive gesetzlicher Mehrwertsteuer wären dies 21,43 Euro. Solche digitalen Stromzähler verfügten schon eher über Fähigkeiten, die es einem Messstellenbetreiber erlauben, seinen Transparenzverpflichtungen aus § 61 Abs. 3 nachzukommen. Diese Erwägungen und gewisse positive Preiseffekte eines mengenmäßig groß angelegten Rollouts beachtend führten die Bundesregierung zu der Einschätzung, dass Preisobergrenzen für

13

---

11 Vgl. Referentenentwurf v. 21.9.2015, S. 54.
12 Vgl. Regierungsentwurf v. 17.2.2016, BT-Drs. 18/7555, S. 33.
13 Vgl. Ausschussempfehlung v. 22.6.2016, BT-Drs. 18/8919, S. 11.
14 Vgl. Begründung zur Ausschussempfehlung v. 22.6.2016, BT-Drs. 18/8919, S. 25.

§ 32   Wirtschaftliche Vertretbarkeit der Ausstattung von Messstellen

den Messstellenbetrieb von modernen Messeinrichtungen in Höhe von 20 Euro (inklusive Mehrwertsteuer) angemessen seien.[15]

III. Verweis auf die Vorgaben von § 61 Abs. 3 (S. 2)

14   Der Rechtsgrund- und Rechtsfolgenverweis in S. 2 darauf, dass § 61 Abs. 3 zu beachten ist, erscheint überflüssig, da ihm gegenüber § 61 Abs. 3 **keine eigenständige Bedeutung** zukommt. Insbesondere wird bereits in § 61 Abs. 3 ausdrücklich mit der Formulierung „standardmäßig" klargestellt, dass die dortigen Mindestvorgaben zur Speicherung und Abrufbarkeit von Informationen Standardleistungen des Betriebs von modernen Messeinrichtungen darstellen und die Vergütung dafür somit auch unter die Preisobergrenze nach § 32 S. 1 fällt (vgl. Rn. 2).

IV. Veröffentlichungspflichten für die Entgelte

15   Gemäß § 37 Abs. 1 S. 1 haben grundzuständige Messstellenbetreiber spätestens 6 Monate vor dem Beginn des Rollouts Informationen über den Umfang ihrer Verpflichtungen aus § 29, über ihre Standardleistungen nach § 35 Abs. 1 und über mögliche Zusatzleistungen im Sinne von § 35 Abs. 2 zu veröffentlichen. Die Veröffentlichung hat gemäß § 37 Abs. 1 S. 2 auch Preisblätter mit jährlichen Preisangaben für mindestens drei Jahre zu beinhalten.

V. Ermächtigungsnormen und Zuständigkeiten für die behördliche Umsetzung

16   Die **behördliche Kontrolle der Entgelte** für den grundzuständigen Messstellenbetrieb mit modernen Messeinrichtungen unterliegt unmittelbar der Befugnis zu Aufsichtsmaßnahmen durch die Bundesnetzagentur gemäß § 76 (vgl. hierzu näher § 31 Rn. 39).

17   In § 46 wird die Bundesregierung ermächtigt, durch **Rechtsverordnung ohne Zustimmung** des Bundesrates gemäß Nr. 5 im Anschluss an eine wirtschaftliche Bewertung des Bundesministeriums für Wirtschaft und Energie eine Anpassung von Preisobergrenzen nach § 34 vorzunehmen und gemäß Nr. 8 Sonderregelungen für Pilotprojekte und Modellregionen zu schaffen.

18   Aufgrund **§ 47 Abs. 2** kann die Bundesnetzagentur zur bundesweiten Vereinheitlichung der Bedingungen für den Messstellenbetrieb **Festlegungen** im Sinne von § 29 Abs. 1 EnWG treffen, nach Nr. 11 zur Sicherstellung der einheitlichen Anwendung der Regelungen in den §§ 29 bis 38.

---

15 Vgl. Antwort der Bundesregierung auf die Kleine Anfrage v. 25.4.2016, BT-Drs. 18/8218, S. 2 f., unter Verweis auf Ernst & Young, Kosten-Nutzen-Analyse für einen flächendeckenden Einsatz intelligenter Zähler, Juli 2013, und auf die hierzu ergänzenden Variantenrechnungen von in Diskussion befindlichen Rollout-Strategien, Dezember 2014.

§ 33 Netzdienlicher und marktorientierter Einsatz

(1) Soweit es nach § 30 technisch möglich ist, können Netzbetreiber, Direktvermarktungsunternehmer und Anlagenbetreiber auf eigene Kosten gegen angemessenes Entgelt vom grundzuständigen Messstellenbetreiber für moderne Messeinrichtungen und intelligente Messsysteme Folgendes verlangen:
1. die Ausstattung von Messstellen mit modernen Messeinrichtungen und Smart-Meter-Gateways,
2. die Anbindung von Erzeugungsanlagen nach dem Erneuerbare-Energien-Gesetz und dem Kraft-Wärme-Kopplungsgesetz an ein Smart-Meter-Gateway,
3. die Steuerung dieser Anlagen über ein Smart-Meter-Gateway und,
4. soweit technisch möglich, den Einbau und Betrieb von nach dem Erneuerbare-Energien-Gesetz und dem Kraft-Wärme-Kopplungsgesetz notwendigen Steuerungseinrichtungen.

(2) Das angemessene Entgelt nach Absatz 1 darf keine Kosten enthalten, die beim grundzuständigen Messstellenbetreiber in Erfüllung der Pflichten nach den §§ 29 bis 32 ohnehin anfallen würden.

(3) In dem zahlenmäßigen Umfang, wie nach Absatz 1 eine Ausstattung von Messstellen mit intelligenten Messsystemen erfolgt, reduziert sich die Zahl der nach § 29 Absatz 1, 2 und 3 auszustattenden Messstellen.

Schrifttum: *Dinter*, Das Gesetz zur Digitalisierung der Energiewende – Startschuss für Smart-Meter? Ein Überblick über den Referentenentwurf, ER 2015, 229; *Kermel/Dinter*, Gesetz zur Digitalisierung der Energiewende: Das Messstellenbetriebsgesetz im Überblick, RdE 2016, 158; *vom Wege/Wagner*, Digitalisierung der Energiewende, N & R 2016, 2.

Übersicht

	Rn.		Rn.
I. Allgemeines	1	III. Angemessenes Entgelt (Abs. 2)	19
1. Normzweck	2	IV. Abzug von den Pflichtausstattungsfällen nach § 29 Abs. 1 bis 3 (Abs. 3)	21
2. Entstehungsgeschichte	5		
3. Normadressaten	9		
II. Ausstattungsfälle (Abs. 1)	14	V. Veröffentlichungspflichten für die Entgelte	22
1. Ausstattung von Messstellen mit modernen Messeinrichtungen und Smart-Meter-Gateways (Nr. 1)	15	VI. Ermächtigungsnormen und Zuständigkeiten für die behördliche Umsetzung	23
2. Anbindung und Steuerung von Erzeugungsanlagen nach dem EEG und dem KWKG an bzw. über ein Smart-Meter-Gateway (Nr. 2 bis Nr. 4)	16		

§ 33 Netzdienlicher und marktorientierter Einsatz

I. Allgemeines

1 § 33 regelt über die Fälle von wirtschaftlicher Vertretbarkeit nach §§ 31, 32 **hinausgehende Pflicht-Ausstattungsfälle von Messstellen mit intelligenten Messsystemen**[1] einschließlich der eventuellen Anbindung und Steuerung von EEG-/KWKG-Anlagen durch den grundzuständigen Messstellenbetreiber für moderne Messeinrichtungen und intelligente Messsysteme. Anders als in den anderen Ausstattungsfällen nach §§ 29–32 geht die Pflichtausstattung nach Abs. 1 jedoch nicht von diesem jeweils grundzuständigen Messstellenbetreiber aus, sondern erfolgt auf Verlangen der Netzbetreiber, Direktvermarktungsunternehmer oder Anlagenbetreiber für die jeweilige Messstelle, welche dementsprechend auch die Kosten einer solchen Sonderausstattung tragen. Dazu gibt Abs. 2 einen Angemessenheitsmaßstab für ein gesondertes Entgelt vor, das gemäß § 7 in Form separater Entgelte für den Messstellenbetrieb abgerechnet wird – getrennt von etwaigen Entgelten für den Netzzugang und das konventionelle Messwesen nach den §§ 21 und 21a des EnWG und als Zusatzleistung im Sinne von § 35 Abs. 2, soweit es sich nicht um Kosten handelt, die beim grundzuständigen Messstellenbetreiber ohnehin in Erfüllung der Pflichten nach den §§ 29 bis 32 anfallen würden. Die Preisobergrenzen gelten also nur für die Standardleistungen, für darüber hinausgehende Zusatzleistungen auf Verlangen von Netzbetreibern, Direktvermarktungsunternehmen bzw. Anlagenbetreibern hat der grundzuständige Messstellenbetreiber die nicht näher bezifferte Angemessenheit und Diskriminierungsfreiheit seiner Entgelte einzuhalten.[2]

1. Normzweck

2 Die in § 33 ausgestaltete Sonderausstattungspflicht soll den netzdienlichen und marktorientierten Mehrwert des Einsatzes intelligenter Messsysteme absichern. Auch bevor der grundzuständige Messstellenbetreiber in der konkreten Konstellation seiner Einbauverpflichtung nach § 29 Abs. 1 nachgekommen ist, sollen Netzbetreiber, Direktvermarktungsunternehmer oder Anlagenbetreiber vom grundzuständigen Messstellenbetreiber die Leistungen und Handlungen nach Abs. 1 verlangen können. Die Kostentragungspflicht soll sich differenziert danach richten, ob nicht ohnehin ein Einbaupflichtfall nach § 29 besteht.[3]

3 Sichergestellt werden soll nicht zuletzt die technische Nachrüstung oder Aufrüstung von Erneuerbare-Energien-Anlagen (EE-Anlagen) zur Bewirkung netzdienlicher Funktionen auf Betreiben und Kosten des Netzbetreibers. Die Verteilernetzstudie des Bundesministeriums für Wirtschaft und Energie[4] habe aufgezeigt, dass sämtliche Erzeugungsanlagen nach dem EEG und dem KWKG größer sieben Kilowatt netzrelevant (betrieblich, planerisch und/oder wirtschaftlich) seien. Kleinere Anlagen dagegen seien nur potentiell netzrelevant. Zur Erreichung der mit der Energiewende verbundenen Ziele (insbesondere 80 Prozent Erzeugung aus erneuerbaren Energien) müssten daher bereits heute die Weichen dafür gestellt werden, Anlagen sicher in das Energieversorgungsnetz integrieren zu können. Dies geschehe über die standardmäßige Ausstattung von Erzeugungsanlagen mit dem Smart-Meter-Gateway als sicherer und standardisierter Kommunikationstechnik, die den

---
1 Zur technischen Umsetzung intelligenter Messsysteme siehe *Dinter*, ER 2015, 229.
2 Vgl. hierzu näher BerlKommEnR/*Salevic/Zöckler*, § 7 MsbG Rn. 20–22, § 31 Rn. 26.
3 Vgl. Begründung zum Regierungsentwurf v. 17.2.2016, BT-Drs. 18/7555, S. 78.
4 Abrufbar unter: www.bmwi.de/DE/Mediathek/publikationen,did=654018.html.

erforderlichen marktlichen wie netzdienlichen Anwendungsfällen Rechnung trage. Dann könne der Netzbetreiber über das intelligente Messsystem mit Steuerungstechnik Maßnahmen des Einspeisemanagements durchführen (soweit es sich um Anlagen handele, die hierzu nach § 14 EEG verpflichtet seien) und der Direktvermarktungsunternehmer könne über dasselbe System die Anlage marktorientiert fernsteuern. Bislang müsse häufig noch ein weiteres Gerät bzw. ein zusätzlicher Kommunikationsweg installiert werden, um die Anlage für die verschiedenen Zwecke fernsteuerbar zu machen. Wenn die Anlage Regelenergie anbiete, könnte zusätzlich auch deren Erbringung über dieses System gesteuert werden.[5]

Eine **einheitliche Kommunikations- und Steuerungstechnik** verbessere das Wechselspiel zwischen Einspeisemanagement und marktorientierter Fernsteuerung. Das könne insbesondere Ausgleichsenergiekosten reduzieren. Zudem erleichtere eine einheitliche Technik dem Anlagenbetreiber, seinen Direktvermarktungsunternehmer zu wechseln. Bislang müssten bei einem solchen Wechsel teilweise noch technische Umstellungen an der Erzeugungsanlage nach dem EEG vorgenommen werden. Auch diese Hürde entfalle mit der nun normierten Einführung einer bundesweit standardisierten Kommunikationstechnik, was wiederum die Marktintegration der erneuerbaren Energien erleichtere.[6]

2. Entstehungsgeschichte

§ 33 wurde im Rahmen des Gesetzgebungsverfahrens von seiner ursprünglichen Fassung des **Referentenentwurfs**[7] hin zu der Fassung des Regierungsentwurfs[8] hinsichtlich des Erfordernisses der technischen Möglichkeit in Abs. 1 Hs. 1 klarstellend ergänzt. In den letzten parlamentarischen Schritten blieb die Vorschrift unverändert.[9]

Damit ist die **intendierte Standardisierung der Steuerung von Last- und Einspeisemanagement über intelligente Messsysteme** trotz Kritik seitens der Opposition **nicht weiter ausdifferenziert** worden. Die Opposition hatte infrage gestellt, welche konkreten Informationen von Erzeugungsanlagen kleiner als 30 kWp für den Netzbetreiber von besonderer Bedeutung und zukünftig genutzt werden sollten. Die Bundesregierung entgegnete, die maximale zeitgleiche Leistung sei für die Netzdimensionierung von Bedeutung. Netzbetreiber nutzten Detailinformationen über Einspeisegänge zur Verbesserung der Kurzfristprognosen und Hochrechnungen der Ist-Einspeisung und damit zu einer optimalen Netzauslastung. Ferner werde es für die Aufrechterhaltung einer ausgeglichenen Systembilanz zunehmend wichtiger, die volatilen Einspeisungen von PV-Anlagen sichtbar zu machen. Im Übrigen dienten die Informationen aus kleinen Erzeugungsanlagen längst nicht nur den Netzbetreibern. Derartige Informationen seien vielmehr in zunehmendem Maße für Direktvermarkter und Anlagenbetreiber wichtig, um die erneuerbaren Energien tatsächlich in die Strommärkte zu integrieren und sie nicht auf Dauer der Zwangsvermarktung durch die Übertragungsnetzbetreiber zu überlassen. So nutzten Direktvermarktungsunternehmern die Einspeisegänge zur Verbesserung ihrer Handels- und Vermarktungsprognosen und hätten damit eine Möglichkeit, die Wettbewerbsfähigkeit erneuerbarer Energien gegenüber konventionellen Erzeugern zu verbessern. Im Falle der Abschaffung von Standardlastpro-

---

5 Vgl. Antwort der Bundesregierung auf die Kleine Anfrage v. 25.4.2016, BT-Drs. 18/8218, S. 9.
6 Vgl. Antwort der Bundesregierung auf die Kleine Anfrage v. 25.4.2016, BT-Drs. 18/8218, S. 9.
7 Vgl. Referentenentwurf v. 21.9.2015, S. 54.
8 Vgl. Regierungsentwurf v. 17.2.2016, BT-Drs. 18/7555, S. 33 f.
9 Vgl. Ausschussempfehlung v. 22.6.2016, BT-Drs. 18/8919, S. 10 f.

§ 33 Netzdienlicher und marktorientierter Einsatz

filen für Kunden mit intelligentem Messsystem übernähmen Lieferanten die Beschaffung und Vermarktung der Residuallast der Kunden mit Eigenversorgung und hätten durch das Bilanzkreissystem ein wirtschaftliches Interesse an guten Prognosen. Auch die Bewirtschaftung von Differenzbilanzkreisen sollte sich im Einzelfall verbessern. Im Rahmen der Studie „Moderne Verteilernetze für Deutschland" sei aufgezeigt worden, dass Netzausbau eingespart werden könne durch Einspeisemanagement von wenigen Stunden des Jahres („Spitzenkappung") bei Anlagen kleiner 30 kWp. So könne verhindert werden, dass elektrische Netze nur für wenige Stunden des Jahres ausgebaut werden müssten, was unnötigen Eingriff in die Infrastruktur und Kosten verursachen würde. Um dies zu ermöglichen, sei im Netzbetrieb die aktuelle Einspeiseleistung der EE-Anlage eine wichtige Information für den Netzbetreiber. Mit Kenntnis der aktuellen Einspeiseleistung sei es dem Netzbetreiber möglich, nur dann Einspeisemanagement durchzuführen, wenn tatsächlich eine Überlastung des Netzes drohe. Unnötiges und ineffizientes Einspeisemanagement könne somit reduziert werden.[10]

7   Zur Erreichung der Energiewendeziele (insbesondere 80 Prozent Stromerzeugung aus erneuerbaren Energien) werde der **Zubau kleinerer dezentraler EE-Anlagen** weiter zunehmen. Durch ihre große Menge würden auch kleinere Anlagen zunehmend systemrelevant. Daher werde für einen zukunftsfähigen intelligenten Netzbetrieb und eine innovative Netzplanung die Fähigkeit zum Einspeisemanagement auch für Anlagen mit einer Leistung kleiner als 30 kWp immer wichtiger. Hierfür müssten bereits heute die technischen Standards gesetzt werden, um kostenintensive Nachrüstungen zu vermeiden.[11]

8   Die Opposition stellt insoweit auch die Frage, ob sich der **PV-Ausbau in Deutschland** unter 30 kWp gegenüber der Studie des Bundesministeriums für Wirtschaft und Energie (2014) „Moderne Verteilernetze für Deutschland" deutlich verlangsamt und sich vom ländlichen Bereich (30-kWp-Scheunenanlagen) wegen stark reduzierter EEG-Vergütungen und dem dazu gehörigen Trend zu vermehrter Eigenversorgung mehr in die ausreichend dimensionierten städtischen und vorstädtischen Verteilungsnetze verlagert habe. Es stellt sich auch die Frage, ob, da die dortigen Niederspannungsnetze (wegen der zukünftigen Sektorkopplung mit Elektromobilität und Wärmepumpen) lastdominiert seien, deutlich weniger Netzausbaukosten der dezentralen Erzeugung unter 30 kWp zuzuordnen seien, und daraus das Einsparpotenzial durch den Rollout stark limitiert sei. Die Bundesregierung entgegnete hierauf, die Szenarien der Studie „Moderne Verteilnetze für Deutschland" (2014) seien weiterhin mögliche Entwicklungspfade der erneuerbaren Energien. Zeitgleich mit der Reduktion der EEG-Vergütungen seien die Preise für PV-Module extrem gesunken und eine weitere Reduktion der Stromgestehungskosten für PV-Anlagen werde in Zukunft erwartet. Zeitgleich seien die Systemkosten der Stromversorgung (Netzentgelte etc.) aus den in der Studie genannten Gründen gestiegen und würden wohl auch in Zukunft weiter steigen. Daher könnten PV-Anlagen („Scheunenanlagen") im ländlichen Raum aus reinen Gründen der Eigenversorgung wirtschaftlich sein, ein weiterer Zubau sei daher nicht unrealistisch. Die höhere Steuerbarkeit von Lasten durch Kleinspeicher, sogenannte Prosumer-Modelle und Elektromobilität könne darüber hinaus in der Tat in (vor-/städtischen)Bereichen zusätzlich Netzausbau verursachen, die in der Studie „Moderne Verteilnetze für Deutschland" nicht als kritische Bereiche identifiziert worden seien, da dort der Fokus auf

---

10 Vgl. Antwort der Bundesregierung auf die Kleine Anfrage v. 25.4.2016, BT-Drs. 18/8218, S. 10.
11 Vgl. Antwort der Bundesregierung auf die Kleine Anfrage v. 25.4.2016, BT-Drs. 18/8218, S. 11.

der Integration von EE-Anlagen lag. Hier bestehe die Herausforderung, ein gesamtwirtschaftlich effizientes Zusammenspiel zwischen Netz und steuerbaren Lasten sowie Kleinspeichern zu gewährleisten. Unter Berücksichtigung dieser Herausforderung würde das Nutzenpotenzial des Rollouts noch höher ausfallen.[12]

3. Normadressaten

Adressat der Sonderausstattungspflichten ist **der jeweils grundzuständige Messstellenbetreiber für moderne Messeinrichtungen und intelligente Messsysteme**.[13] 9

Verlangen können der Netzbetreiber, Direktvermarktungsunternehmer bzw. Anlagenbetreiber für die jeweilige Messstelle die diesbezüglichen Ausstattungsfälle nach Abs. 1. 10

Der **Netzbetreiber** muss nicht zwingend personenidentisch mit dem **grundzuständigen Messstellenbetreiber** sein, auch wenn dies bislang im konventionellen Messstellenbetrieb in aller Regel der Fall ist[14] und die Legaldefinition in § 2 S. 1 Nr. 4 nun auch für den Messstellenbetrieb von modernen Messeinrichtungen und intelligenten Messsystemen davon ausgeht, dass die Grundzuständigkeit zunächst bei dem Netzbetreiber liegt.[15] Diese kann aber im Wege des Verfahrens nach §§ 43 ff. auf ein anderes Unternehmen übertragen werden. Damit und gemäß den Entflechtungsvorgaben von § 3 Abs. 4 und § 7 wird der Netzbetrieb von dem neuen Messstellenbetrieb von modernen Messeinrichtungen und intelligenten Messsystemen getrennt betrachtet, so dass es in der vorliegenden Regelung dazu kommen kann, dass sich der Netzbetreiber als Berechtigter und der grundzuständige Messstellenbetreiber als Verpflichteter gegenüberstehen. Dieses gesetzliche Schuldverhältnis kann auch in einem vollintegrierten Energieversorgungsunternehmen zwischen den – gesellschaftsrechtlich nicht selbständigen – Sparten Netzbetrieb und Messstellenbetrieb mit modernen Messeinrichtungen und intelligenten Messsystemen bestehen. 11

Für den **Direktvermarktungsunternehmer** dürfte auf die Legaldefinition in § 5 Nr. 10 EEG zurückzugreifen sein, auch wenn diese nicht wie jene des EnWG ausdrücklich durch § 2 Satz 2 in Bezug genommen wird. Danach ist Direktvermarktungsunternehmer, wer von dem Anlagenbetreiber mit der Direktvermarktung von Strom aus erneuerbaren Energien oder aus Grubengas beauftragt ist oder Strom aus erneuerbaren Energien oder aus Grubengas kaufmännisch abnimmt, ohne insoweit Letztverbraucher dieses Stroms oder Netzbetreiber zu sein. Direktvermarktung ist gemäß § 5 Nr. 9 EEG die Veräußerung von Strom aus erneuerbaren Energien oder aus Grubengas an Dritte, es sei denn, der Strom wird in unmittelbarer räumlicher Nähe zur Anlage verbraucht und nicht durch ein Netz durchgeleitet. 12

Anlagenbetreiber ist nach der Legaldefinition in § 2 S. 1 Nr. 1 der jeweilige Betreiber von Erzeugungsanlagen nach dem EEG oder dem KWKG. Sonstige Anlagenbetreiber, z.B. von konventionellen Großkraftwerken, sind davon nicht umfasst. Insoweit scheint der Gesetzgeber keine Zweckdienlichkeit einer umfassenden Ausstattung mit intelligenten Messsystemen zu sehen, obwohl er im Hinblick auf die EEG-/KWKG-Anlagenbetreiber betont, Ziel des Gesetzes zur Digitalisierung der Energiewende sei es unter anderem, über das Smart-Meter-Gateway für eine sichere, zuverlässige und standardisierte Anbindung von 13

---

12 Vgl. Antwort der Bundesregierung auf die Kleine Anfrage v. 25.4.2016, BT-Drs. 18/8218, S. 11.
13 Vgl. hierzu näher BerlKommEnR/*Salevic/Zöckler*, § 31 MsbG Rn. 16.
14 Vgl. BNetzA, Monitoringbericht 2009, S. 50 f. und 186 f.
15 So auch *v. Wege/Wagner*, N&R 2016, 2, 3.

§ 33 Netzdienlicher und marktorientierter Einsatz

Erzeugungsanlagen an das intelligente Energienetz zu sorgen.[16] Gleichwohl wird dies im gesamten Regelungssystem relativiert: Während das MsbG für die Bereitstellung eines Standards sorgen solle, regelten EEG, KWKG und EnWG die Anwendungsfälle für eine Steuerung von Erzeugungsanlagen. Solange und soweit eine „Ausschließlichkeitsregelung" (Steuerungssignal muss über das Smart-Meter-Gateway kommen) in diesen Gesetzen nicht vorgesehen sei, gälten die derzeitigen Vorgaben, die mit aktuell zulässiger und gegebenenfalls vorhandener Technik erfüllt werden könnten.[17]

II. Ausstattungsfälle (Abs. 1)

14 Die Fallgruppen für Ausstattungsfälle gemäß Abs. 1 setzen jeweils die technische Möglichkeit nach § 30 voraus, also insbesondere die dort vorgesehene Feststellung des BSI, dass mindestens drei voneinander unabhängige Unternehmen intelligente Messsysteme am Markt anbieten, die den am Einsatzbereich des Smart-Meter-Gateways orientierten Vorgaben des § 24 Abs. 1 genügen. Die Voraussetzung der technischen Möglichkeit ist also nicht als bloße Selbstverständlichkeit zu verstehen, sondern als konstitutive, förmliche Feststellung seitens des BSI.

1. Ausstattung von Messstellen mit modernen Messeinrichtungen und Smart-Meter-Gateways (Nr. 1)

15 Nr. 1 sieht nicht einfach die Sonderausstattung von Messstellen mit intelligenten Messsystemen vor, sondern nimmt unmittelbar die beiden wesentlichen Bestandteile eines intelligenten Messsystems in Bezug – namentlich die moderne Messeinrichtung und das Smart-Meter-Gateway.[18] Dies könnte so interpretiert werden, dass auch eine separate Ausstattung nur mit einem der beiden Bestandteile verlangt werden kann. Andererseits verknüpft der Normwortlaut die Ausstattung dieser beiden Bestandteile kumulativ durch Verwendung der Konjunktion „und". Für die Auslegung des vorgesehenen Ausstattungsumfangs dürfte daher entscheidend sein, was im Falle der jeweiligen Messstelle erforderlich ist, um insgesamt die gesetzlich intendierte Anbindung bzw. Steuerbarkeit technisch zu realisieren. Ist ein Smart-Meter-Gateway bereits vor Ort, so wird die Zusatzausstattung mit einer modernen Messeinrichtung, die an das Smart-Meter-Gateway angebunden wird, ausreichen. Fehlt es umgekehrt an einem Smart-Meter-Gateway, so wird dieses zusätzlich einzurichten und die bereits vorhandene moderne Messeinrichtung daran anzubinden sein. Fehlen beide Bestandteile, so wird das komplette intelligente Messsystem nach Nr. 1 auszustatten sein.

2. Anbindung und Steuerung von Erzeugungsanlagen nach dem EEG und dem KWKG an bzw. über ein Smart-Meter-Gateway (Nr. 2 bis Nr. 4)

16 Wie bereits oben zu Nr. 1 ausgeführt, wird ein **Smart-Meter-Gateway** erforderlichenfalls selbst **zur Sonderausstattung auf Verlangen** gemäß Abs. 1 zählen, sollte es nicht bereits vorhanden und zur Anbindung im Sinne von Abs. 1 Nr. 2 geeignet sein.

---

16 Vgl. Antwort der Bundesregierung auf die Kleine Anfrage v. 25.4.2016, BT-Drs. 18/8218, S. 8.
17 Vgl. Antwort der Bundesregierung auf die Kleine Anfrage v. 25.4.2016, BT-Drs. 18/8218, S. 8.
18 Zur technischen Umsetzung intelligenter Messsysteme siehe *Dinter*, ER 2015, 229.

Im Übrigen ist bemerkenswert, dass der Gesetzgeber vorliegend bewusst **keinen umfas-** 17
senden Anbindungszwang für EEG-/KWKG-Anlagen an Smart-Meter-Gateways statuiert hat. Während das MsbG für die Bereitstellung eines Standards sorgen solle, regelten
EEG, KWKG und EnWG die Anwendungsfälle für eine Steuerung von Erzeugungsanlagen. Solange und soweit eine „Ausschließlichkeitsregelung" (Steuerungssignal muss über
das Smart-Meter-Gateway kommen) in diesen Gesetzen nicht vorgesehen sei, gälten die
derzeitigen Vorgaben, die mit aktuell zulässiger und gegebenenfalls vorhandener Technik
erfüllt werden könnten.[19]

Zur technischen Umsetzung finden sich in den Gesetzesmaterialien nur wenig konkrete 18
Aussagen. Es gehöre nach § 35 Abs. 1 Nr. 5 zur Standardleistung des Messstellenbetriebs,
eine Kommunikationslösung bereit zu halten, mit der bis zu zweimal am Tag eine Änderung des Schaltprofils herbeigeführt werden könne. Es sei zwischen der Ansteuerung der
Anlage durch einen Marktakteur (z. B. durch den Direktvermarkter) und der Ansteuerung
durch den Netzbetreiber im Rahmen des Einspeisemanagements zu unterscheiden. Die Details der Steuerbarkeit im Rahmen von Marktprozessen seien vertragliche Regelungen zwischen den Vertragspartnern. Das Gesetz zur Digitalisierung der Energiewende setze den
Regelungsrahmen zur sicheren Vernetzung von Systemkomponenten (die hier genannten
Digitalisierungslösungen) des intelligenten Netzes. Das intelligente Messsystem und die
damit adressierte Kommunikationseinheit Smart-Meter-Gateway ermögliche u. a. eine sichere Anbindung von Bestands- und Neuanlagen der dezentralen Energieerzeugung an das
intelligente Netz. Das Smart-Meter-Gateway erfülle somit die energiewirtschaftlichen Anforderungen des Rechtsrahmens und stelle eine Basissystemarchitektur zur Etablierung
eines intelligenten Netzes mit einheitlichem Sicherheitsniveau bereit. Auf Basis dieses
Rechtsrahmens würden energiewirtschaftlich motivierte Weiterentwicklungen dieser Systemarchitektur folgen, sodass adaptierte Digitalisierungslösungen für unterschiedliche An-
wendungsfallszenarien der Energiewende folgten und sich somit keine technischen Einschränkungen für die Digitalisierung der Energiewende ergäben. Somit würden auch weitere sicherheitstechnische Vorgaben und funktionale Anforderungen des BSI für wichtige
Digitalisierungslösungen umgesetzt, mit dem Ziel, Standards für die Digitalisierung der
Energiewende zu schaffen und zugleich Angriffe durch technische und organisatorische
IT-Sicherheit abzuwehren. Im Auftrag des BMWi entwickele das BSI sicherheitstechnische Vorgaben und funktionale Anforderungen zur Interoperabilität für Systemkomponenten des intelligenten Netzes in Form von Schutzprofilen (Protection Profiles,
PP) und Technischen Richtlinien (TR). Eingebunden in die Entwicklung der Standards
würden verschiedene Verbände aus den Bereichen Telekommunikation, Informationstechnik, Energie, Wohnungswirtschaft und Verbraucherschutz, sowie die Bundesbeauftragte
für den Datenschutz und die Informationsfreiheit (BfDI), die Bundesnetzagentur (BNetzA)
sowie die Physikalisch-Technische Bundesanstalt (PTB).[20]

III. Angemessenes Entgelt (Abs. 2)

Wie in § 31 Abs. 1 (vgl. dort, Rn. 26) ist auch der rechtliche **Maßstab für die Angemes-** 19
senheit von Entgelten in Abs. 2 vor allem am potentiellen Nutzen der zahlenden Netzbetreiber, Direktvermarktungsunternehmen bzw. Anlagenbetreiber ausgerichtet, wenngleich

---

19 Vgl. Antwort der Bundesregierung auf die Kleine Anfrage v. 25.4.2016, BT-Drs. 18/8218, S. 8.
20 Vgl. Antwort der Bundesregierung auf die Kleine Anfrage v. 25.4.2016, BT-Drs. 18/8218, S. 12.

nicht mit einer konkreten Preisobergrenze beziffert. Neben diesem potentiellen Nutzen hat der grundzuständige Messstellenbetreiber daher im Rahmen seines billigen Preissetzungsermessens auch seine Kosten mit angemessener Gewinnmarge zu quantifizieren und einzupreisen.

20 Im Übrigen stellt Abs. 2 noch einmal ausdrücklich klar, dass es nicht zu einer Doppelabrechnung von Leistungen kommen darf, die ohnehin als Standardleistungen für Pflichtausstattungsfälle nach den §§ 29 bis 32 anfallen und somit über die dortigen Preisobergrenzen abgegolten werden. Dies entspricht der Differenzierung in Standardleistungen nach § 35 Abs. 1 und Zusatzleistungen nach § 35 Abs. 2, nach der die Preisobergrenzen nur für die Standardleistungen vorgegeben werden, deren Art und Umfang der Gesetzgeber als zumindest erforderlich für einen gesetzeskonformen Messstellenbetrieb mit modernen Messeinrichtungen und intelligenten Messsystemen und dabei auch noch als hinreichend kategorisierbar erachtet werden.[21] Demgegenüber hat der grundzuständige Messstellenbetreiber für über Standardleistungen hinausgehende Zusatzleistungen des Messstellenbetriebs mit intelligenten Messsystemen und modernen Messeinrichtungen die wie vorliegend nicht näher bezifferte Angemessenheit und Diskriminierungsfreiheit seiner Entgelte einzuhalten.[22]

IV. Abzug von den Pflichtausstattungsfällen nach § 29 Abs. 1 bis 3 (Abs. 3)

21 Schließlich stellt Abs. 3 klar, dass der Umfang der Pflichtausstattungsfälle von intelligenten Messsystemen sich zahlenmäßig reduziert, soweit intelligente Messsysteme über die vorliegenden Sonderausstattungsfälle auf Verlangen von Netzbetreibern, Direktvermarktungsunternehmen bzw. Anlagenbetreibern realisiert werden.

V. Veröffentlichungspflichten für die Entgelte

22 Gemäß § 37 Abs. 1 S. 1 haben grundzuständige Messstellenbetreiber spätestens sechs Monate vor dem Beginn des Rollouts Informationen unter anderem über mögliche Zusatzleistungen im Sinne von § 35 Abs. 2 zu veröffentlichen. Ausweislich des Verweises in § 35 Abs. 2 S. 3 Nr. 3 auf § 33 sind damit auch die vorliegenden Sonderausstattungen auf Verlangen von Netzbetreibern, Direktvermarktungsunternehmen bzw. Anlagenbetreibern umfasst. Die Veröffentlichung hat gemäß § 37 Abs. 1 S. 2 auch **Preisblätter** mit jährlichen Preisangaben für mindestens drei Jahre zu beinhalten.

VI. Ermächtigungsnormen und Zuständigkeiten für die behördliche Umsetzung

23 Die **behördliche Kontrolle der Entgelte** für die vorliegenden Sonderausstattungen auf Verlangen von Netzbetreibern, Direktvermarktungsunternehmen bzw. Anlagenbetreibern

---

21 So im Ergebnis, aber ohne systematische Begründung auch *Kermel/Dinter*, RdE 2016, 158, 163.
22 Vgl. BerlKommEnR/*Säcker*, § 35 MsbG Rn. 6 f., wonach Maßstab der Kontrolle § 307 BGB ist.

VI. Ermächtigungsnormen und Zuständigkeiten für die behördliche Umsetzung § 33

unterliegt unmittelbar der Befugnis zu Aufsichtsmaßnahmen durch die Bundesnetzagentur gemäß § 76.[23]

In § 46 wird die **Bundesregierung ermächtigt**, durch **Rechtsverordnung ohne Zustimmung des Bundesrates** gemäß Nr. 11 die Regeln zum netzdienlichen und marktorientierten Einsatz nach § 33 näher auszugestalten.

Aufgrund § 47 Abs. 2 kann die **Bundesnetzagentur** zur bundesweiten Vereinheitlichung der Bedingungen für den Messstellenbetrieb **Festlegungen** im Sinne von § 29 Abs. 1 EnWG treffen, nach Nr. 11 zur Sicherstellung der einheitlichen Anwendung der Regelungen in den §§ 29 bis 38, nach Nr. 12 zu den Voraussetzungen, unter denen Betreiber von Übertragungsnetzen nach Abs. 1 Nr. 1 auch die Ausstattung von Netzübergaben zwischen Netzbetreibern in ihrer jeweiligen Regelzone mit intelligenten Messsystemen verlangen können, einschließlich der Kostenverteilung, sowie nach Nr. 13 zum Schlüssel für die Kostenverteilung im Falle des Abs. 1.

---

23 Vgl. hierzu näher BerlKommEnR/*Salevic/Zöckler*, § 31 MsbG Rn. 39.

§ 34 Anpassung von Preisobergrenzen

Eine Anpassung einzelner oder aller Preisobergrenzen aus den §§ 31 und 32 ist frühestens für die Jahre ab 2027 und nur dann möglich, wenn eine Rechtsverordnung nach § 46 Nummer 5 die Anpassung nach einer wirtschaftlichen Bewertung des Bundesministeriums für Wirtschaft und Energie, die alle langfristigen, gesamtwirtschaftlichen und individuellen Kosten und Vorteile prüft, anordnet.

Schrifttum: *Dinter*, Das Gesetz zur Digitalisierung der Energiewende – Startschuss für Smart-Meter? Ein Überblick über den Referentenentwurf, ER 2015, 229.

Übersicht

	Rn.		Rn.
I. Allgemeines	1	II. Eingeschränkte Anpassung der Preisobergrenzen	7
1. Normzweck	2		
2. Entstehungsgeschichte	3	III. Verweis auf die Verordnungsermächtigung in § 46 Nr. 5	12
3. Normadressaten	5		

I. Allgemeines

1 § 34 schreibt die **Preisobergrenzen für das erste Jahrzehnt des Rollouts** fest. Danach sollen die in §§ 31 und 32 jeweils bezifferten Preisobergrenzen für die Ausstattung von Messstellen mit intelligenten Messsystemen bzw. mit modernen Messeinrichtungen[1] vom gesetzlich für 2017 avisierten Rollout-Beginn an zunächst einmal mindestens zehn Jahre lang im Wesentlichen unverändert bleiben. Eine in § 34 nicht genannte Ausnahme von dieser Fixierung ist allerdings bei etwaigen Umsatzsteueränderungen vorgesehen. Da die in §§ 31 und 32 aufgeführten Preisobergrenzen jeweils als Jahresbruttoentgelte inkl. der gesetzlichen Umsatzsteuer zu verstehen sind, impliziert dies deren Änderung, soweit die gesetzliche Umsatzsteuer sich ändern sollte, auch schon vor 2027 (vgl. hierzu näher § 31 Rn. 22).

1. Normzweck

2 Die in §§ 31 und 32 vorgegebenen Preisobergrenzen sollen einen Ausgleich schaffen zwischen den gegenläufigen Interessen an möglichst günstigen Entgelten für den Messstellenbetrieb einerseits und dessen Wirtschaftlichkeit und der damit verbundenen Investitionsfähigkeit für die Betreiber andererseits (vgl. hierzu näher § 31 Rn. 6–10).[2] § 34 schreibt diese Preisobergrenzen für mindestens zehn Jahre ab Beginn des Rollouts fest, damit sowohl die investierenden Betreiber als auch die Letztverbraucher und Anlagenbetreiber eine gewisse Planungssicherheit erhalten. Die investierenden Betreiber können sich darauf verlassen, dass die in den Preisobergrenzen enthaltenden Nettoumsatzerlöse je Messstelle zumindest gesetzlich nicht vor 2027 stärker gekürzt werden. Die Letztverbraucher und Anlagenbetrei-

---

1 Zur technischen Umsetzung siehe *Dinter*, ER 2015, 229.
2 Vgl. Begründung zum Regierungsentwurf v. 17.2.2016, BT-Drs. 18/7555, S. 78.

ber wiederum können sich bei Ausstattung ihrer Messstelle darauf verlassen, dass die Preisobergrenzen mindestens bis Ende 2026 nicht überschritten werden dürfen.

2. Entstehungsgeschichte

§ 34 wurde im Rahmen des Gesetzgebungsverfahrens von seiner ursprünglichen Fassung des Referentenentwurfs[3] hin zu der Fassung des Regierungsentwurfs[4] in zeitlicher Hinsicht um die **zeitliche Vorgabe von 2027 als frühestmöglichem Anpassungsbeginn erheblich geschärft**. Nach der Urfassung des Referentenentwurfs hätte das BMWi noch jederzeit eine Anpassung vornehmen können. Im Übrigen ist die Dynamik der Preisobergrenzen trotz Kritik auch seitens des Bundesrates nicht weiter ausdifferenziert worden. Der Bundesrat hatte gefordert, noch im Gesetzgebungsverfahren zu klären, inwiefern diese Preisobergrenzen robust gegen unvorhergesehene Preissteigerungen durch notwendige Nachrüstungen seien. In keinem Fall sollte eine Situation entstehen, in der Belastungen entstünden, die die Wirtschaftlichkeits- und Verhältnismäßigkeitsberechnungen im Nachhinein umkehrten.[5]

Die **Bundesregierung** wies demgegenüber lapidar darauf hin, dass die **vorgesehen Preisobergrenzen ohne Einschränkungen** gälten. Eine Anpassung sei frühestens ab dem Jahre 2027 und lediglich durch Rechtsverordnung auf Basis einer Kosten-Nutzen-Analyse des Bundeswirtschaftsministeriums möglich.[6] Betrachte man die Regelung in § 34, wonach eine Anpassung dieser Preisobergrenzen frühestens für die Jahre ab 2027 und nur dann möglich wäre, wenn eine Rechtsverordnung nach § 46 Nr. 5 die Anpassung nach einer wirtschaftlichen Bewertung des BMWi anordne, so lasse sich feststellen, dass der Regelungsansatz des MsbG auch hier einen effektiven Kostenschutz mit sich bringe.[7] In den letzten parlamentarischen Schritten blieb die Vorschrift dementsprechend unverändert.[8]

3. Normadressaten

Adressat des Preisobergrenzen-Regimes ist einerseits der **jeweils grundzuständige Messstellenbetreiber für moderne Messeinrichtungen und intelligente Messsysteme** (vgl. hierzu näher § 31 Rn. 16).

Zu dulden und zu bezahlen haben die jeweiligen **Letztverbraucher** bzw. die jeweiligen **Anlagenbetreiber** die diesbezüglichen Ausstattungsfälle nach § 29 Abs. 3 (vgl. hierzu näher § 31 Rn. 17–21; 30–33).

II. Eingeschränkte Anpassung der Preisobergrenzen

Dass die Preisobergrenzen gemäß § 34 vor 2027 nicht angepasst werden dürfen, gilt nur mit einer **Ausnahme**, die zwar nicht in § 34 geschrieben steht, sich aber aus der Systematik

---
3 Vgl. Referentenentwurf v. 21.9.2015, S. 55.
4 Vgl. Regierungsentwurf v. 17.2.2016, BT-Drs. 18/7555, S. 34.
5 Vgl. Stellungnahme des Bundesrates v. 18.12.2015, BR-Drs. 543/15, S. 2.
6 Vgl. Gegenäußerung der Bundesregierung v. 15.2.2016, BT-Drs. 18/7555, S. 140.
7 Vgl. Antwort der Bundesregierung auf die Kleine Anfrage v. 25.4.2016, BT-Drs. 18/8218, S. 3.
8 Vgl. Ausschussempfehlung v. 22.6.2016, BT-Drs. 18/8919, S. 11.

§ 34 Anpassung von Preisobergrenzen

der in Bezug genommenen §§ 31 und 32 sowie den diesbezüglichen Gesetzesmaterialien ergibt: Die Preisobergrenzen verstehen sich als **Jahresbruttoentgelte inkl. der gesetzlichen Umsatzsteuer**. Diese Brutto-Preise sind nach der gesetzlichen Logik entsprechend anzupassen, sofern sich in Zukunft eine Änderung des Umsatzsteuersatzes ergibt. Dies ist dann als Folgeänderung gegebenenfalls im Zusammenhang mit einer ebenfalls gesetzlich erfolgenden **Änderung des Umsatzsteuersatzes** umzusetzen.[9]

8 **Mit Wirkung ab 2027** dürfen die Preisobergrenzen dann nach dem Wortlaut von § 34 auch erstmalig darüber hinaus angepasst werden, allerdings nur durch Rechtsverordnung des BMWi auf Basis einer wirtschaftlichen Prüfung und Bewertung aller langfristigen, gesamtwirtschaftlichen und individuellen Kosten und Vorteile.

9 Zu **Art und Umfang der dafür ausdrücklich erforderlichen** wirtschaftlichen Prüfung und Bewertung aller langfristigen, gesamtwirtschaftlichen und individuellen Kosten und Vorteile finden sich in den Gesetzesmaterialien nur wenige Anhaltspunkte. Offenbar legt der Gesetzgeber besonderen Wert auf eine möglichst eigenständige Prüfung seitens des BMWi, wie sich daran zeigt, dass insoweit gerade nicht auf einen Evaluierungsbericht der Bundesnetzagentur abgestellt wird, obwohl ein solcher eigens gemäß § 77 ebenfalls erstellt wird. Vielmehr wird in der Regierungsbegründung noch eigens betont, der Bericht nach § 77 sei zu unterscheiden von der nach § 34 dem BMWi vorbehaltenen Bewertung.[10]

10 Im Übrigen findet sich in den Gesetzesmaterialien noch ein Indiz für die ohnehin naheliegende Annahme, dass der Gesetzgeber eine Prüfung und Bewertung erwartet, welche methodisch der Kosten-Nutzen-Analyse entspricht, auf deren Grundlage schon die in §§ 31 und 32 bezifferten Preisobergrenzen gebildet wurden (vgl. hierzu näher § 31 Rn. 23–26, § 33 Rn. 6–8). Dafür spricht eine Passage, in der die Bundesregierung die Prüfung und Bewertung im Sinne des § 34 als „Kosten-Nutzen-Analyse" bezeichnet.[11]

11 Bemerkenswerterweise endet die in § 34 vorgesehene Fixierung und damit Planungssicherheit für alle Betroffenen jäh mit dem Jahre 2027. Ab dann ist nämlich keinerlei „Mindesthaltbarkeitsdatum" mehr für die zukünftigen Preisobergrenzen vorgesehen. Das BMWi kann diese dann so oft und jeweils für so lange ändern, wie es sich aus der zugrunde liegenden Prüfung und Bewertung aller langfristigen, gesamtwirtschaftlichen und individuellen Kosten und Vorteile noch sachlich und ohne Abwägungsfehler begründen lässt. Eine vollständige und aktuelle Prüfung und Bewertung gemäß § 34 wird das BMWi indes jeder Anpassung voranstellen müssen, um ein gesetzlich hinreichende Kalkulationsgrundlage für die Anpassung zu schaffen.

III. Verweis auf die Verordnungsermächtigung in § 46 Nr. 5

12 Für die Verordnungsermächtigung verweist § 34 auf die entsprechende Fallnummer 5 im Ermächtigungskatalog des § 46. Somit kann auch eine solche **Anpassungsverordnung ohne Zustimmung des Bundesrates** erfolgen – wie auch schon für das MsbG im Übrigen kein Zustimmungsbedürfnis gesehen worden ist.

---

9 Vgl. Begründung zur Ausschussempfehlung v. 22.6.2016, BT-Drs. 18/8919, S. 25.
10 Vgl. Begründung zum Regierungsentwurf v. 17.2.2016, BT-Drs. 18/7555, S. 110 f.
11 Vgl. Gegenäußerung der Bundesregierung v. 15.2.2016, BT-Drs. 18/7555, S. 140.

§ 35 Standard- und Zusatzleistungen des Messstellenbetriebs

(1) ¹Zur Ausstattung der Messstellen nach den §§ 29 bis 32 gehört als Standardleistung die Durchführung des Messstellenbetriebs im nach § 3 erforderlichen Umfang. ²Bei der Ausstattung von Messstellen mit intelligenten Messsystemen umfasst die Durchführung insbesondere

1. die in § 60 benannten Prozesse einschließlich der Plausibilisierung und Ersatzwertbildung im Smart-Meter-Gateway und die standardmäßig erforderliche Datenkommunikation sowie
2. bei Letztverbrauchern mit einem Jahresstromverbrauch von höchstens 10 000 Kilowattstunden, soweit es der variable Stromtarif im Sinne von § 40 Absatz 5 des Energiewirtschaftsgesetzes erfordert, maximal die tägliche Bereitstellung von Zählerstandsgängen des Vortages gegenüber dem Energielieferanten und dem Netzbetreiber sowie
3. die Übermittlung der nach § 61 erforderlichen Informationen an eine lokale Anzeigeeinheit oder über eine Anwendung in einem Online-Portal, welches einen geschützten individuellen Zugang ermöglicht sowie
4. die Bereitstellung der Informationen über das Potenzial intelligenter Messsysteme im Hinblick auf die Handhabung der Ablesung und die Überwachung des Energieverbrauchs sowie eine Softwarelösung, die Anwendungsinformationen zum intelligenten Messsystem, zu Stromsparhinweisen und -anwendungen nach dem Stand von Wissenschaft und Technik enthält, Ausstattungsmerkmale und Beispielanwendungen beschreibt und Anleitungen zur Befolgung gibt sowie
5. in den Fällen des § 31 Absatz 1 Nummer 5, Absatz 2 und 3 Satz 2 das Bereithalten einer Kommunikationslösung, mit der bis zu zweimal am Tag eine Änderung des Schaltprofils sowie einmal täglich die Übermittlung eines Netzzustandsdatums herbeigeführt werden kann,
6. in den Fällen des § 40 und unter den dort genannten Voraussetzungen die Anbindung von Erzeugungsanlagen nach dem Erneuerbare-Energien-Gesetz oder dem Kraft-Wärme-Kopplungsgesetz und die Anbindung von Messeinrichtungen für Gas und
7. die Erfüllung weiterer sich aus den Festlegungen der Bundesnetzagentur nach den §§ 47 und 75 ergebender Pflichten, insbesondere zu Geschäftsprozessen, Datenformaten, Abrechnungsprozessen, Verträgen oder zur Bilanzierung.

³Der grundzuständige Messstellenbetreiber ist in keinem Fall berechtigt, für die Erbringung der Standardleistungen nach Satz 1 mehr als die in § 31 genannten Höchstentgelte vom Anschlussnutzer oder Anschlussnehmer zu verlangen.

(2) ¹Zusatzleistungen sind Leistungen, die über die Standardleistungen aus Absatz 1 hinausgehen. ²Soweit ein grundzuständiger Messstellenbetreiber Zusatzleistungen anbietet, hat dies diskriminierungsfrei zu erfolgen. ³Zusatzleistungen sind insbesondere

1. das Bereitstellen von Strom- und Spannungswandlern,
2. die Nutzung eines intelligenten Messsystems als Vorkassesystem,

§ 35   Standard- und Zusatzleistungen des Messstellenbetriebs

3. die Herstellung der Steuerbarkeit nach Absatz 1 Nummer 4 und die laufende Durchführung der Steuerung im Sinne von § 33 unter Beachtung der dort verankerten Kostenbeteiligungsregel,
4. die Bereitstellung und der technische Betrieb des Smart-Meter-Gateways für Mehrwertdienste und sonstige Auftragsdienstleistungen des Anschlussnutzers oder des Anschlussnehmers und
5. jeder technische Betrieb des Smart-Meter-Gateways im Auftrag einer nach § 49 Absatz 2 berechtigten Stelle für eine Datenkommunikation oder für Maßnahmen, die über das in diesem Gesetz standardmäßig vorgesehene Maß hinausgehen.

(3) Grundzuständige Messstellenbetreiber haben das Smart-Meter-Gateway dem Anschlussnutzer, dem Anschlussnehmer und weiteren nach § 49 Absatz 2 berechtigten Stellen im Rahmen der vorhandenen technischen Kapazitäten diskriminierungsfrei für Standard- und Zusatzleistungen zur Verfügung zu stellen und den dafür erforderlichen technischen Betrieb gegen angemessenes Entgelt zu ermöglichen.

Übersicht

	Rn.		Rn.
I. Normzweck	1	IV. Angemessenes Entgelt für Standard- und Zusatzleistungen (Abs. 3)	6
II. Standardleistungen (Abs. 1)	2	V. Angemessenes Entgelt bei freien Messstellenbetreibern	7
III. Zusatzleistungen (Abs. 2)	4		

I. Normzweck

1 § 35 grenzt die **Standardleistungen**, die dem Messstellenbetreiber zwingend obliegen, von sonstigen gesondert zu honorierenden **Zusatzleistungen** ab. Damit wird zugleich klargestellt, dass der Messstellenbetreiber über die Standardleistung hinausgehende Zusatzleistungen erbringen darf. § 35 dient wie auch die §§ 31 und 34 dem Ziel, Kosten und Nutzen des Einbaus in einem vernünftigen Verhältnis zu den Vorteilen für den Nutzer zu bringen. Ziel ist ein sachlich ausgewogener, d. h. individuell zumutbarer und gesamtwirtschaftlich sinnvoller Einbau.[1]

II. Standardleistungen (Abs. 1)

2 Abs. 1 definiert die Anforderungen an die Durchführung des Messstellenbetriebs in dem nach § 3 erforderlichen Umfang. Zu der durch § 35 als **Standardleistung** festgelegten Ausstattung der Messstellen mit intelligenten Messsystemen gehören gem. S. 2 insbesondere:

– **Nr. 1**: Die Prozesse einschließlich der Plausibilisierung und Ersatzwertbildung im Smart-Meter-Gateway und die standardmäßig erforderliche Datenkommunikation. Die nähere Definition dieser Prozesse ist in § 60 vorgesehen.[2]

---

1 Begründung zum Regierungsentwurf v. 17.2.2016, BT-Drs. 18/7555, S. 91.
2 Vgl. dazu BerlKommEnR/*v. Wege*, § 60 MsbG Rn. 11 ff.

- **Nr. 2**: Die tägliche Bereitstellung von Zählerstandsgängen des Vortages gegenüber dem Energielieferanten und dem Netzbetreiber, und zwar bei Letztverbrauchern mit einem Jahresstromverbrauch von höchstens 10.000 kWh, soweit es der variable Stromtarif i. S. von § 40 Abs. 5 EnWG erfordert.
- **Nr. 3**: Die Übermittlung der nach § 61 erforderlichen Informationen an eine lokale Anzeigeeinheit oder über eine Anwendung in einem Online-Portal, welches einen geschützten individuellen Zugang ermöglicht.
- **Nr. 4**: Die Bereitstellung der Informationen über das Potential intelligenter Messsysteme im Hinblick auf die Handhabung der Ablesung und die Überwachung des Energieverbrauchs sowie eine Software-Lösung, die Anwendungsinformationen zum intelligenten Messsystem und zu Stromsparanwendungen nach dem Stand von Wissenschaft und Technik enthält, ferner Ausstattungsmerkmale und Beispielanwendungen beschreibt und Anleitungen zur Befolgung gibt.
- **Nr. 5**: Die Bereithaltung einer Kommunikationslösung, mit der bis zu zweimal am Tag eine Änderung des Schaltprofils sowie einmal täglich die Übermittlung eines Netzzustandsdatums ermöglicht wird. Diese Verpflichtung beschränkt sich auf Messstellen an Zählpunkten mit einer unterbrechbaren Verbrauchseinrichtung nach § 14a EnWG sowie auf die Teilnahme der unterbrechbaren Verbrauchseinrichtung am Flexibilitätsmechanismus mit einem intelligenten Messsystem. Durch die Bezugnahme auf § 31 Abs. 3 S. 2 EnWG wird zugleich klargestellt, dass die optionale Ausstattung einer Messstelle bei einem Anlagenbetreiber mit einem intelligenten Messsystem wirtschaftlich vertretbar ist, wenn ab 2018 Messstellen an Zählpunkten von Neuanlagen vom grundzuständigen Messstellenbetreiber mit einem intelligenten Messsystem ausgestattet werden und dabei für den Messstellenbetrieb für jeden Zählpunkt nicht mehr als 60 Euro brutto jährlich in Rechnung gestellt werden.
- **Nr. 6**: Die Anbindung von Erzeugungsanlagen nach dem EEG 2017 bzw. dem KWK-G 2017 und die Anbindung von Messeinrichtungen für Gas gem. § 40 Abs. 2.[3]
- **Nr. 7**: Die Erfüllung weiterer sich aus den Festlegungen der Bundesnetzagentur gem. §§ 47 und 75 EnWG ergebenden Pflichten, insbesondere zu Geschäftsprozessen, Datenformaten, Abrechnungsprozessen, Verträgen bzw. zur Bilanzierung.[4]

Zum **Schutz der Kunden** wird in Abs. 1 S. 2 ausdrücklich klargestellt, dass der grundzuständige Messstellenbetreiber in keinem Fall berechtigt ist, für die Erbringung der vorstehenden Standardleistungen mehr als die in § 31 genannten **Höchstentgelte** vom Anschlussnutzer oder Anschlussnehmer zu verlangen.

III. Zusatzleistungen (Abs. 2)

Nach Abs. 2 ist dem grundzuständigen Messstellenbetreiber die **Erbringung entgeltlicher Zusatzleistungen** erlaubt. Zusatzleistungen werden als Leistungen definiert, die über die Standardleistungen gem. Abs. 1 hinausgehen. Zusatzleistungen sind

- **Nr. 1**: die Bereitstellung von Strom- und Spannungswandlern;
- **Nr. 2**: die Nutzung eines intelligenten Messsystems als Vorkassesystem;

---

3 Vgl. BerlKommEnR/v. *Wege*, § 40 MsbG Rn. 12 ff., 18 ff.
4 Vgl. BNetzA, Beschl. v. 20.12.2016, BKG-16-200, BK7-16-142; s. Anhang.

§ 35   Standard- und Zusatzleistungen des Messstellenbetriebs

- **Nr. 3**: die Herstellung der Steuerbarkeit nach (Abs. 1 Nr. 4) und die laufende Durchführung einer netzdienlichen und marktorientierten Steuerung unter Beachtung der in § 33 verankerten Kostenbeteiligungsregel;
- **Nr. 4**: Die Bereitstellung und der technische Betrieb des Smart-Meter-Gateways für Mehrwertdienste und sonstige Auftragsdienstleistungen des Anschlussnutzers oder des Anschlussnehmers;
- **Nr. 5**: jeder technische Betrieb des Smart-Meter-Gateways im Auftrag einer der sieben in § 49 Abs. 2 benannten Stellen.

5   Die Bereitstellung hat gemäß Abs. 2 S. 2 **diskriminierungsfrei** zu erfolgen; d.h. andere Anbieter von Zusatzleistungen dürfen tatsächlich und rechtlich nicht gehindert werden, dem Kunden konkurrierend zum Messstellenbetreiber Zusatzleistungen anzubieten. Für die Interpretation der Diskriminierungsfreiheit können im Übrigen die zu § 20 EnWG herausgearbeiteten Grundsätze entsprechend herangezogen werden.[5] Die Definitionen von Standard- und Zusatzleistungen in den Abs. 1 und 2 haben lediglich exemplarische Bedeutung, wie sich aus der Hinzufügung des Wortes „insbesondere" in beiden Absätzen ergibt. Die Rechtsparömie „enumeratio, ergo limitatio" gilt also nicht. Allerdings ist die enumerative Definition in Abs. 1 so umfassend, dass zusätzlich zu erbringende Standardleistungen nicht auf der Hand liegen.

IV. Angemessenes Entgelt für Standard- und Zusatzleistungen (Abs. 3)

6   Grundzuständige Messstellenbetreiber haben das Smart-Meter-Gateway dem Anschlussnutzer, dem Anschlussnehmer sowie den in § 49 Abs. 2 bezeichneten Stellen im Rahmen der vorhandenen technischen Kapazitäten gegen angemessenes Entgelt diskriminierungsfrei für Standard- und Zusatzleistungen zur Verfügung zu stellen, um den dafür notwendigen technischen Betrieb zu ermöglichen. **Maßstab für die Angemessenheit** kann angesichts der Liberalisierung des Messstellenwesens nur der Preis sein, der sich unter den Bedingungen wirksamen bundesweiten Wettbewerbs ergeben würde. Nähere Konkretisierungen ergeben sich aus den Darlegungen zu § 20 EnWG.[6]

V. Angemessenes Entgelt bei freien Messstellenbetreibern

7   Die Vorschrift des Abs. 3 richtet sich nur an grundzuständige Messstellenbetreiber, nicht an freie Anbieter von modernen Messeinrichtungen. Von **freien Messstellenbetreibern verwandte Formularverträge** unterliegen der **Inhaltskontrolle gemäß § 307 ff. BGB**. Die formularmäßigen Standardbedingungen müssen sich dabei an dem gesetzlichen Leitbild des § 35 Abs. 1 orientieren, das unabhängig von der Frage, wer die Leistungen erbringt, den Mindestinhalt solcher Verträge angemessen regelt und damit indirekt über § 307 Abs. 2 Nr. 1 BGB rechtliche Wirkung entfaltet.

---

[5] Vgl. BerlKommEnR/*Säcker/Boesche*, § 20 EnWG Rn. 39 ff.
[6] Vgl. BerlKommEnR/*Säcker/Boesche*, § 20 EnWG Rn. 92 ff.; BerlKommEnR/*Säcker/Meinzenbach*, § 21 EnWG Rn. 42.

§ 36 Ausstattungspflichten und freie Wahl des Messstellenbetreibers

(1) ¹Die Verpflichtungen des grundzuständigen Messstellenbetreibers aus den §§ 29, 31, 32 und 33 gelten nicht, wenn ein nach § 5 beauftragter Dritter die jeweiligen Ausstattungsvorgaben bereits erfüllt hat; § 19 Absatz 5 ist zu beachten. ²Andernfalls endet das laufende Vertragsverhältnis des Anschlussnutzers mit dem Dritten entschädigungslos und wird ab Einbau des intelligenten Messsystems durch den Messstellenvertrag des grundzuständigen Messstellenbetreibers mit dem Anschlussnutzer nach § 9 abgelöst.

(2) An die in den §§ 31 und 32 genannten Preisobergrenzen ist der nach § 5 beauftragte Dritte nicht gebunden.

(3) Weder Anschlussnehmer noch Anschlussnutzer sind berechtigt, die Ausstattung einer Messstelle mit einem intelligenten Messsystem nach § 29 Absatz 1 und 2 oder die Anbindung seiner Erzeugungsanlagen oder der Messeinrichtung für Gas an das intelligente Messsystem nach § 40 zu verhindern oder nachträglich wieder abzuändern oder abändern zu lassen.

Übersicht

	Rn.		Rn.
I. Allgemeines	1	bb) Vertragsschluss mit dem grundzuständigen Messstellenbetreiber (2. Hs.)	13
II. Erfüllung der Ausstattungsvorgaben durch einen beauftragten Dritten (Abs. 1)	2	III. Keine Bindung an die Preisobergrenzen (Abs. 2)	14
1. Normzweck	2	IV. Duldungspflichten (Abs. 3)	16
2. Entstehungsgeschichte	3	1. Zweck	16
3. Inhalt	4	2. Entstehungsgeschichte	17
a) Wegfall der Ausstattungsverpflichtung (S. 1, 1. Hs.)	4	3. Inhalt	18
b) Beachtung von § 19 Abs. 5 (S. 1, 2. Hs.)	9	a) Duldung des Einbaus von Messstellen	19
c) Folgen der Erfüllung der Ausstattungsverpflichtung durch den grundzuständigen Messstellenbetreiber auf die Beauftragung des Dritten (S. 2)	10	aa) Adressat	19
		bb) Erfasste Einbaufälle	21
		b) Duldung der Anbindung	22
		c) Keine Nutzungspflicht	23
aa) Entschädigungslose Beendigung des Messstellenvertrages mit dem Dritten (1. Hs.)	11	d) Angemessenheit	24

I. Allgemeines

Die Norm fasst verschiedene **ergänzende Rechte und Pflichten im Zusammenhang mit dem Messstellenbetrieb** mit modernen Messeinrichtungen und intelligenten Messsystemen zusammen. Abs. 1 enthält die Klarstellung, dass die Verpflichtung des grundzuständigen Messstellenbetreibers auch durch einen beauftragten Dritten erfüllt werden kann. Erfüllt dieser die Ausstattungsvorgaben nicht, endet der Messstellenvertrag entschä-

1

digungslos. Abs. 2 betont, dass der konkurrierende Dritte an die Preisobergrenzen nicht gebunden ist. Während die Abs. 1 und 2 im weitesten Sinn die Ausstattung mit moderner Messinfrastruktur betreffen, sichert Abs. 3 die Ausstattung ab, indem die betroffenen Anschlussnehmer und Anschlussnutzer zur Duldung derselben verpflichtet werden.

II. Erfüllung der Ausstattungsvorgaben durch einen beauftragten Dritten (Abs. 1)

1. Normzweck

2   Die Norm löst die praktische **Konfliktsituation**, die entsteht, wenn ein nach § 5 beauftragter wettbewerblicher Dritter den Messstellenbetrieb an einer neu auszustattenden Messstelle ausübt. Sofern der wettbewerbliche Messstellenbetreiber die Verpflichtung bereits erfüllt hat, stellt der in S. 1 Hs. 1 genannte Wegfall der Ausstattungspflicht des grundzuständigen Messstellenbetreibers eine Selbstverständlichkeit dar.[1] Zu beachten ist aber, dass auch für den beauftragten Dritten die Übergangsvorschrift aus § 19 Abs. 5 gilt. S. 2 bestimmt die Rechtsfolgen für den Fall, dass der beauftragte Dritte die Ausstattungsvorgaben, die das Gesetz dem grundzuständigen Messstellenbetreiber auferlegt, nicht erfüllt und deshalb der grundzuständige Messstellenbetreiber die Ausstattung selbst vornimmt.

2. Entstehungsgeschichte

3   Die Regelung ist im Gesetzgebungsverfahren **weitestgehend unverändert** geblieben. Die ersten Gesetzesentwürfe sprachen noch von der „Beauftragung des Dritten nach §§ 5 und 6". Der Regierungsentwurf vom 17.2.2016 beschränkte sich auf die „Übertragung nach § 5" und fügte mit dem 2. Hs. die Erklärung ein, dass die Übergangsvorschrift aus § 19 Abs. 5 für beauftragte Dritte gilt. In S. 2 verweist Abs. 1 nunmehr generell auf Messstellenverträge nach § 9, wohingegen Entwürfe noch auf § 9 Abs. 2 Nr. 1 in einer im Laufe des Gesetzgebungsverfahrens verworfenen Fassung verwiesen.[2]

3. Inhalt

a) Wegfall der Ausstattungsverpflichtung (S. 1, 1. Hs.)

4   **Adressat** der Norm ist der grundzuständige Messstellenbetreiber (§ 2 S. 1 Nr. 4 i.V.m. Nr. 6).[3]

5   Die **Ausstattungspflichten des grundzuständigen Messstellenbetreibers** ergeben sich aus den in Bezug genommenen §§ 29, 31, 32 und 33, die nur dem grundzuständigen Messstellenbetreiber die gesetzliche Pflicht auferlegen, unter bestimmten Voraussetzungen in-

---

1 Vgl. Begründung zum Regierungsentwurf v. 17.2.2016, BT-Drs. 18/7555, S. 100, wonach die Ausstattungsvorgaben „natürlich" auch durch einen Dritten erfüllt werden können.
2 Der Referentenentwurf legte in § 9 Abs. 1 Arten von Messstellenverträgen fest und in § 9 Abs. 2 abschließend, in welchen Fällen Messstellenverträge nach Abs. 1 zu schließen sein sollten. Nach nunmehr geltendem Recht müssen alle in § 9 Abs. 1 genannten Messstellenverträge geschlossen werden, vgl. die Kommentierung in BerlKommEnR/*v. Wege*, § 9 MsbG.
3 Vgl. BerlKommEnR/*Säcker/Zwanziger*, § 2 MsbG Rn. 10.

II. Erfüllung der Ausstattungsvorgaben durch einen beauftragten Dritten (Abs. 1) § 36

telligente Messsysteme und moderne Messeinrichtungen einzubauen.[4] Der Gesetzgeber betont im Rahmen der Begründung der Ausstattungspflichten, dass durch die Aufnahme des § 33 im Rahmen der Aufzählung deutlich werde, dass auch der nach § 33 initiierte Einbau von intelligenten Messsystemen bzw. Steuerungstechnologien vom beauftragten dritten Messstellenbetreiber in gleicher Weise erfüllt werden kann.[5]

Tatbestandliche Voraussetzung für den Wegfall der Verpflichtung stellt die vom Anschlussnutzer gewünschte **Übertragung der Aufgabe auf einen Dritten** nach § 5 dar.[6] Obwohl die Norm nicht mehr explizit auch auf § 6 verweist, ist auch die Übertragung der Aufgabe durch die Wahl des Anschlussnehmers nach § 6 erfasst. Entscheidend kommt es darauf an, dass die Zählstelle bereits ausgestattet worden ist. Irrelevant erscheint dagegen, ob der Dritte gem. § 5 vom Anschlussnehmer oder gem. § 6 vom Anschlussnutzer gewählt worden ist. 6

Weitere Voraussetzung für den Wegfall der Verpflichtung ist die **Ausstattung der Messstelle durch den beauftragten Dritten**, der auch bei Vorliegen eines Pflichteinbaufalls gesetzlich nicht zur Ausstattung verpflichtet ist.[7] Im Rahmen des Messstellenvertrages gem. § 9 Abs. 1 Nr. 1 kann er aber vom Anschlussnutzer oder Anschlussnehmer mit der Ausstattung beauftragt werden. Die Rechtsfolge des S. 1 kommt aber nur dann in Betracht, wenn der Dritte alle gesetzlichen Vorgaben an die Ausstattung erfüllt. Dazu gehören insbesondere die datenschutzrechtlichen und technischen Vorgaben im MsbG und die Mindestanforderungen an das Smart Meter Gateway durch Schutzprofile und Technische Richtlinien gem. § 22 i.V.m. dessen Anhängen.[8] 7

Als **Rechtsfolge** der ordnungsgemäßen Ausstattung durch einen Dritten gem. S. 1 Hs. 1 wird der grundzuständige Messstellenbetreiber von seiner Ausstattungspflicht befreit. Der Umfang dieser Ausstattungsverpflichtung richtet sich nach § 29 Abs. 5 i.V.m. § 37 Abs. 1 danach, dass „er", also der grundzuständige Messstellenbetreiber, mind. 95 % der nach § 37 Abs. 1 bestimmten Anzahl der „betroffenen Messstellen" ausstattet. Insofern ist die Berechnungsgrundlage unklar. Denn durch Dritte ausgestattete Messstellen könnten nicht mehr „betroffen" sein und aus der zugrunde zu legenden Anzahl herausfallen. Nach anderem Verständnis können die bereits ausgestatteten Messstellen quasi „verloren sein", so dass die Anzahl der vom grundzuständigen Messstellenbetreiber auszustattenden Messstellen steigt. Jedenfalls die zweite Auslegung ist als unsinnige Benachteiligung des grundzuständigen Messstellenbetreibers abzulehnen. 8

b) Beachtung von § 19 Abs. 5 (S. 1, 2. Hs.)

Die Norm stellt klar, dass auch zugunsten des beauftragten Dritten die **Bestandsschutzregel** in § 19 Abs. 5 gilt.[9] Hiernach dürfen unter bestimmten Voraussetzungen Messsysteme, 9

---

[4] Vgl. ausführlich BerlKommEnR/*Franz*, § 29 MsbG Rn. 4 ff.
[5] Begründung zum Regierungsentwurf v. 17.2.2016, BT-Drs. 18/7555, S. 91.
[6] Vgl. BerlKommEnR/*Drozella*, § 5 MsbG Rn. 5 ff.
[7] Vgl. BerlKommEnR/*Franz*, § 29 MsbG Rn. 4.
[8] Vgl. die umfassende Kommentierung BerlKommEnR/*Schmidt*, § 22 MsbG.
[9] Begründung zum Regierungsentwurf v. 17.2.2016, BT-Drs. 18/7555, S. 100.

§ 36   Ausstattungspflichten und freie Wahl des Messstellenbetreibers

die nicht den gesetzlichen Anforderungen entsprechen, bis 2016 bzw. 2020 verbaut werden.[10]

c) Folgen der Erfüllung der Ausstattungsverpflichtung durch den grundzuständigen Messstellenbetreiber auf die Beauftragung des Dritten (S. 2)

10 S. 2 bestimmt die Folgen für den Fall, dass der beauftragte Dritte die Ausstattungsvorgaben nicht erfüllt und deshalb der **grundzuständige Messstellenbetreiber** die Messstelle in den Fristen des §§ 31, 32 **überbaut** („anderenfalls").[11]

aa) Entschädigungslose Beendigung des Messstellenvertrages mit dem Dritten (1. Hs.)

11 Liegen die beschriebenen Voraussetzungen vor, endet das laufende Vertragsverhältnis des Anschlussnutzers mit dem Dritten entschädigungslos. Nach der Gesetzesbegründung tritt die **Beendigung des Vertrages** zum Zeitpunkt des Einbaus durch den grundzuständigen Messstellenbetreiber ein.[12]

12 Die Norm ist mit der Regelung in § 6 Abs. 1 Hs. 1 vergleichbar, wonach bei Ausübung des Auswahlrechts des Anschlussnehmers laufende Verträge für den Messstellenbetrieb entschädigungslos enden.[13] Beide Regelungen stellen einen schweren Eingriff in die Vertragsfreiheit aus Art. 2 Abs. 1 GG und das Recht auf freie Wahl des Messstellenbetreibers dar.[14] Für Bedenken an der **Rechtmäßigkeit der Regelung** sei auf die Kommentierung zu § 6 verwiesen.[15] Der Gesetzgeber verfolgt mit dem Rolloutszenario jedenfalls ein legitimes Ziel, nämlich die „Neuausrichtung der leitungsgebundenen Energieversorgung hin zu einer perspektivischen Integration einer intelligenten Messinfrastruktur zur Verbesserung des Umwelt-, Klima- und Verbraucherschutzes".[16] Zudem erfahren die Betroffenen durch die Informationspflicht des grundzuständigen Messstellenbetreibers in § 37 spätestens sechs Monate vor dem Rollout von der Verpflichtung des grundzuständigen Messstellenbetreibers zur Ausstattung der Messstelle und können ggf. Dispositionen treffen.

bb) Vertragsschluss mit dem grundzuständigen Messstellenbetreiber (2. Hs.)

13 Bei Vorliegen der Voraussetzungen (1. Hs) besteht ab Einbau des intelligenten Messsystems ein Messstellenvertrag zwischen dem grundzuständigen Messstellenbetreiber und dem Anschlussnutzer (Fall des § 9 Abs. 1 Nr. 1). Der **Vertragsschluss** erfolgt **konkludent**, wobei zeitlich nicht auf den Einbau, sondern auf den Betrieb der Messeinrichtung oder des Messsystems[17] bzw. die weitere Energieentnahme abzustellen ist.[18] Eine Vertragsbestäti-

---

10 Vgl. BerlKommEnR/*Mätzig/Netzband/Bruchmann*, § 19 MsbG Rn. 19 ff.
11 Vgl. BerlKommEnR/*Franz*, § 29 MsbG Rn. 4.
12 Begründung zum Regierungsentwurf v. 17.2.2016, BT-Drs. 18/7555, S. 100.
13 Vgl. BerlKommEnR/*Drozella*, § 6 MsbG Rn. 29 ff.
14 So Begründung zum Regierungsentwurf v. 17.2.2016, BT-Drs. 18/7555, S. 78 zu § 6.
15 BerlKommEnR/Drozella, § 6 MsbG Rn. 18 ff.
16 Begründung zum Regierungsentwurf v. 17.2.2016, BT-Drs. 18/7555, S. 96.
17 So die Begründung zum Regierungsentwurf v. 17.2.2016, BT-Drs. 18/7555, S. 79 zum konkludenten Vertragsschluss in § 9.
18 So zu § 36: BerlKommEnR/*v. Wege*, § 9 MsbG Rn. 22.

gung ist vor dem Hintergrund der Informationspflicht in § 37 nicht notwendig,[19] aber ratsam. Für den Wechsel des Messstellenbetreibers gelten die allgemeinen Durchführungsvorschriften gem. §§ 14 ff.[20]

III. Keine Bindung an die Preisobergrenzen (Abs. 2)

Das in §§ 29 ff. beschriebene Rolloutszenario beruht entscheidend auf der wirtschaftlichen Vertretbarkeit der Ausstattung von Messstellen mit intelligenten Messsystemen und modernen Messeinrichtungen, die durch Preisobergrenzen in §§ 31 ff. abgesichert werden. Abs. 2 betont, dass nur bei der **freien Wahl des Messstellenbetreibers** die Bindung an diese Preisobergrenzen entfallen darf.[21] Die Norm stellt in Hinblick auf die Regelungen des § 7 Abs. 1 und § 29 Abs. 1, die sich auf die Entgeltregulierung für den grundzuständigen Messstellenbetreiber beziehen, keine Überraschung dar. 14

Folglich sind konkurrierende Messstellenbetreiber grundsätzlich berechtigt, an vertraglich übernommenen Messstellen **Entgelte** für den Messstellenbetrieb mit modernen Messeinrichtungen und intelligenten Messsystemen **vertraglich zu vereinbaren**, die die Preisobergrenzen des grundzuständigen Messstellenbetreibers übersteigen. Diese Entgelte unterliegen der wettbewerblichen Preisbildung am Markt,[22] müssen aber angemessen sein.[23] 15

IV. Duldungspflichten (Abs. 3)

1. Zweck

Abs. 3 sichert die **Nachhaltigkeit des Ausstattungskonzeptes** in §§ 29 ff. ab, indem das Unterschreiten eines einmal eingerichteten technischen Standards durch die Ausstattung mit intelligenten Messsystemen verhindert wird.[24] Die Gesetzesbegründung betont, dass diese Regelung den breiten Einsatz von intelligenten Messsystemen absichert und letztlich der Umsetzung europäischer Vorgaben dient.[25] Sie liegt im Interesse von Umwelt- und Klimaschutz.[26] 16

2. Entstehungsgeschichte

Die Norm folgt dem durch das Gesetz zur Digitalisierung der Energiewende aufgehobenen § 21c Abs. 4 EnWG (alt). Diese **Vorgängernorm** legte allerdings lediglich dem An- 17

---

19 BerlKommEnR/v. *Wege*, § 9 MsbG Rn. 22.
20 Begründung zum Regierungsentwurf v. 17.2.2016, BT-Drs. 18/7555, S. 100.
21 Begründung zum Regierungsentwurf v. 17.2.2016, BT-Drs. 18/7555, S. 100.
22 So auch BerlKommEnR/*Salevic/Zöckler*, § 7 Rn. 11 mit Verweis auf die Rechtslage nach dem EnWG 2011.
23 Vgl. zum Maßstab BerlKommEnR/*Säcker*, § 35 MsbG Rn. 7.
24 Begründung zum Regierungsentwurf v. 17.2.2016, BT-Drs. 18/7555, S. 100.
25 Begründung zum Regierungsentwurf v. 17.2.2016, BT-Drs. 18/7555, S. 100.
26 Begründung zum Regierungsentwurf v. 17.2.2016, BT-Drs. 18/7555, S. 100.

schlussnutzer eine Duldungspflicht auf. Abs. 3 **erweitert die Verpflichtung** auf den Anschlussnehmer.[27]

3. Inhalt

18 Die Norm legt den Verpflichteten eine **Duldungspflicht** auf. Zum einen untersagt sie, die Ausstattung einer Messstelle mit einem intelligenten Messsystem oder die Anbindung einer Erzeugungsanlage oder einer Messeinrichtung für Gas an das intelligente Messsystem zu verhindern (Alt. 1). Zum anderen darf nach Alt. 2 die Ausstattung oder Anbindung nicht mehr nachträglich abgeändert werden.[28]

a) Duldung des Einbaus von Messstellen

aa) Adressat

19 Die Duldungspflicht beim Einbau von Messstellen trifft **Anschlussnutzer**, in § 2 Nr. 3 definiert als die zur Nutzung des Netzanschlusses berechtigten Letztverbraucher oder Betreiber von Erzeugungsanlagen nach dem EEG oder dem KWKG, und **Anschlussnehmer**, gem. § 2 Nr. 2 Eigentümer oder Erbbauberechtigte eines Grundstücks oder Gebäudes, das an das Energieversorgungsnetz angeschlossen ist, oder eine natürliche oder juristische Person, in dessen Auftrag ein Grundstück oder Gebäude an das Energieversorgungsnetz angeschlossen wird.

20 Damit sind regelmäßig auch **Anlagenbetreiber** verpflichtet, die Ausstattung ihrer Anlagen zu dulden.[29]

bb) Erfasste Einbaufälle

21 Die Duldungspflicht umfasst **Ausstattungs-Pflichtfälle** nach § 29 Abs. 1 und entsprechend dem eindeutigen Verweis auch **optionale Ausstattungsfälle** nach § 29 Abs. 2. Die Vorgängerregelung in § 21c Abs. 4 EnWG (alt) bezog sich dagegen nur auf die Pflichteinbaufälle. Die Einbeziehung optionaler Ausstattungsfälle macht Sinn, da Anschlussnutzer und Anschlussnehmer auf die Entscheidung des Messstellenbetreibers, eine optionale Ausstattung vorzunehmen, keinen Einfluss haben. Bestünde keine Duldungspflicht, könnte diese Entscheidung unterlaufen werden.

b) Duldung der Anbindung

22 **Adressaten** der Duldungspflicht der Anbindung sind Anlagenbetreiber von Erzeugungsanlagen nach dem EEG oder dem KWKG, die nach § 40 **an mit einer Messstelle ausgestattete Smart-Meter-Gateways angebunden** werden müssen, u.a. soweit die Anbindung technisch möglich ist.[30]

---

27 Vgl. BerlKommEnR/*Zwanziger*, § 36 MsbG Rn. 17.
28 Die Vorgängernorm § 21c Abs. 4 EnWG 2011 kannte die Variante des „Abändern lassen" nicht.
29 Vgl. BerlKommEnR/*Franz*, § 29 MsbG Rn. 58.
30 Vgl. die Kommentierung in BerlKommEnR/*v. Wege*, § 40 MsbG.

c) Keine Nutzungspflicht

Der Duldungspflicht folgt **keine alle Funktionen umfassende Nutzungspflicht** des einge- 23
bauten Messsystems.[31] Auch die Wahl des Stromtarifs steht dem Anschlussnutzer unabhängig von der eingebauten Messtechnik frei.

d) Angemessenheit

Die Duldungspflicht des Letztverbrauchers, die die Verpflichtung zur Zahlung eines Ent- 24
gelts mit sich bringt, ist angemessen.[32] Sie ist notwendig, da aus der Ausstattung mit einem Messsystem technisch die Möglichkeit folgt, auf personenbezogene Daten zuzugreifen.[33] Das **Recht auf informationelle Selbstbestimmung** ist nicht verletzt, denn die Duldungspflicht bedingt keine Pflicht zur Nutzung des Messsystems. Durch die freie Wahl des Messstellenbetreibers bestimmt letztlich der Letztverbraucher das technische System anhand seiner persönlichen Anforderungen; auch die Wahl von Energielieferant und Tarif beeinflusst Maß und Takt der Daten, die erhoben, verarbeitet und genutzt werden.[34] Herkömmliche Tarife führen bspw. grundsätzlich nur zur Aufzeichnung und Auslese der abrechnungsrelevanten Daten.[35]

---

31 Begründung zum Regierungsentwurf v. 17.2.2016, BT-Drs. 18/7555, S. 100.
32 Vgl. zu den Preisobergrenzen Begründung zum Regierungsentwurf v. 17.2.2016, BT-Drs. 18/7555, S. 92; BerlKommEnR/*Salevic/Zöckler*, § 31 MsbG Rn. 7 ff.
33 Vgl. BerlKommEnR/*Drozella*, 2. Aufl. 2010, § 21c EnWG Rn. 45.
34 Begründung zum Regierungsentwurf v. 17.2.2016, BT-Drs. 18/7555, S. 96, so schon die Gesetzesbegründung zur Vorgängernorm, BT-Drs. 17/6072, S. 79.
35 Begründung zum Regierungsentwurf v. 17.2.2016, BT-Drs. 18/7555, S. 101; vgl. BerlKommEnR/*Drozella*, 2. Aufl. 2010, § 21c EnWG Rn. 49 zum Verhältnis von § 40 Abs. 3 S. 3 EnWG und § 21c EnWG.

§ 37 Informationspflichten des grundzuständigen Messstellenbetreibers

(1) ¹Grundzuständige Messstellenbetreiber haben spätestens sechs Monate vor dem Beginn des Rollouts Informationen über den Umfang ihrer Verpflichtungen aus § 29, über ihre Standardleistungen nach § 35 Absatz 1 und über mögliche Zusatzleistungen im Sinne von § 35 Absatz 2 zu veröffentlichen. ²Die Veröffentlichung hat auch Preisblätter mit jährlichen Preisangaben für mindestens drei Jahre zu beinhalten.

(2) Spätestens drei Monate vor der Ausstattung der Messstelle sind die betroffenen Anschlussnutzer, Anschlussnehmer, Anlagenbetreiber und Messstellenbetreiber zu informieren und auf die Möglichkeit zur freien Wahl eines Messstellenbetreibers nach den §§ 5 und 6 hinzuweisen.

Schrifttum: *Dinter*, Das Gesetz zur Digitalisierung der Energiewende – Startschuss für Smart Meter? Ein Überblick über den Referentenentwurf, ER 2015, 229; *Lüdemann/Ortmann/Pokrant*, Das neue Messstellenbetriebsgesetz, Wegbereiter für ein zukunftsfähiges Smart-Metering?, EnWZ 2016, 339; *v. Wege/Wagner*, Digitalisierung der Energiewende, Markteinführung intelligenter Messtechnik nach dem Messstellenbetriebsgesetz, N&R 2016, 2; *Wolf/Dobler/Schüssler*, Das neue Messstellenbetriebsgesetz – ein erster Überblick, VersorgW 2015, 325.

Übersicht

	Rn.		Rn.
I. Allgemeines	1	e) Pflicht zur Veröffentlichung von Preisblättern (S. 2)	12
1. Regelungsinhalt	1	3. Zeitpunkt der Veröffentlichung	13
2. Regelungszweck	2	4. Art der Veröffentlichung	15
II. Verpflichtung zur Veröffentlichung von Informationen sechs Monate vor Beginn des Rollouts (Abs. 1)	4	III. Verpflichtung zur Information drei Monate vor der Ausstattung der Messstelle (Abs. 2)	16
1. Verpflichteter	4	1. Verpflichteter und Adressaten der Information	16
2. Inhalt	5	2. Zeitpunkt der Information	20
a) Allgemeines	5	3. Inhalt der Information	22
b) Umfang der Ausstattungsverpflichtung (S. 1 Var. 1)	7	4. Form	24
c) Standardleistungen (Abs. 1 S. 1 Var. 2)	10		
d) Mögliche Zusatzleistungen (S. 1 Var. 3)	11		

I. Allgemeines

1. Regelungsinhalt

1 Der grundzuständige Messstellenbetreiber wird im Zusammenhang mit dem Messstellenbetrieb moderner Messeinrichtungen und intelligenter Messsysteme zur **Veröffentlichung von Informationen** verpflichtet.[1] Nach Abs. 1 besteht eine allgemeine Pflicht zur Veröf-

---

[1] Vgl. Überschrift Kap. 4 MsbG.

fentlichung bestimmter Informationen über den geplanten Rollout spätestens sechs Monate vor dem Rollout. Drei Monate vor der Ausstattung der konkreten Messstelle sind die betroffenen Anschlussnutzer, Anschlussnehmer, Anlagenbetreiber und Messstellenbetreiber zu informieren (Abs. 2).[2]

2. Regelungszweck

Abs. 1 bezweckt durch die frühzeitige Veröffentlichung von Informationen die Sicherung von **Chancengleichheit für den wettbewerblichen Messstellenbetrieb**.[3] Dadurch, dass der grundzuständige Messstellenbetreiber verpflichtet wird, auf die Möglichkeit zur freien Wahl eines Dritten aufmerksam zu machen, werden die Entscheidungsfreiheiten im wettbewerblichen Bereich gestärkt.[4] Die Norm knüpft an die Regelung in § 36 an, die die Ausstattungspflicht und freie Wahl des Messstellenbetreibers regelt, und soll diese informatorisch absichern.[5]

Abs. 2 dient insbesondere der bestmöglichen und frühzeitigen **Information des Anschlussnutzers**;[6] im Vordergrund stehen der Verbraucherschutz und die Verwirklichung der Ausübung des Wahlrechts. Die Information ermöglicht es dem Anschlussnutzer, sein Recht auf Wahl eines Messstellenbetreibers aus § 6 auszuüben. Zugleich hat der Messstellenbetreiber ein Interesse daran, den Rollout informatorisch zu begleiten, um dessen Durchführung abzusichern.

II. Verpflichtung zur Veröffentlichung von Informationen sechs Monate vor Beginn des Rollouts (Abs. 1)

1. Verpflichteter

Die Veröffentlichungspflicht trifft gem. Abs. 1 S. 1 den nach §§ 29 ff. zum Rollout verpflichteten **grundzuständigen Messstellenbetreiber**. Grundzuständiger Messstellenbetreiber ist gem. § 2 S. 1 Nr. 4 der Betreiber von Energieversorgungsnetzen, solange und soweit er seine Grundzuständigkeit für den Messstellenbetrieb nicht nach § 43 auf ein anderes Unternehmen übertragen hat, oder jedes Unternehmen, das die Grundzuständigkeit nach § 43 übernommen hat.[7] Nach der Grundkonzeption des MsbG ist der Netzbetreiber als grundzuständiger Messstellenbetreiber zur Ausstattung der Messstelle gem. §§ 29 ff. verpflichtet, so dass ihn auch die Informationspflicht trifft. Überträgt er die Grundzuständigkeit gem. §§ 41 ff. auf ein anderes Unternehmen, geht die Grundzuständigkeit einschließlich Ausstattungspflicht (§ 43 Abs. 1 S. 1) und Informationspflicht über.

---

2 Die Regelung entspricht dem Referentenentwurf, vgl. § 37 Ref-E Gesetz zur Digitalisierung der Energiewende.
3 Begründung zum Regierungsentwurf v. 17.2.2016, BT-Drs. 18/7555, S. 101.
4 Begründung zum Regierungsentwurf v. 17.2.2016, BT-Drs. 18/7555, S. 9, 70.
5 Vgl. BerlKommEnR/*Zwanziger*, § 36 MsbG Rn. 4 ff., 10 ff.
6 Vgl. Begründung zum Regierungsentwurf v. 17.2.2016, BT-Drs. 18/7555, S. 101.
7 Das Gesetz beschränkt sich generell auf die Verpflichtung des seit jeher regulierten Messstellenbetreibers, BT-Drs. 18/7555, S. 70.

§ 37 Informationspflichten des grundzuständigen Messstellenbetreibers

2. Inhalt

a) Allgemeines

5 Der grundzuständige Messstellenbetreiber hat die nach Ansicht des Gesetzgebers **notwendigen Informationen** zu veröffentlichen;[8] diese umfassen den Umfang der Ausstattungsverpflichtungen nach § 29 (S. 1 Var. 1), die angebotenen Standardleistungen im Sinn von § 35 Abs. 2 (S. 1 Var. 2) und mögliche Zusatzleistungen nach § 35 Abs. 2 (Abs. 1 S. 1 Var. 3) des grundzuständigen Messstellenbetreibers. Außerdem sind gem. Abs. 1 S. 2 jährlich Preisblätter mit Preisangaben für mindestens drei Jahre beizufügen.

6 Aus der Pflicht zur Veröffentlichung dieser Informationen ergibt sich für den grundzuständigen Messstellenbetreiber die Notwendigkeit, den **Rollout frühzeitig konkret** zu **planen**. In Hinblick auf die Preisobergrenzen muss der grundzuständige Messstellenbetreiber das Angebot inklusive Standardleistungen und Zusatzleistungen kalkulieren. Die konkrete Planung des Rollouts wird durch die Informationspflicht in Abs. 2 verstärkt.[9]

b) Umfang der Ausstattungsverpflichtung (S. 1 Var. 1)

7 Der Gegenstand der Veröffentlichung umfasst im Kern die Information über den **Umfang der Ausstattungsverpflichtung** des grundzuständigen Messstellenbetreibers aus § 29. Erfasst ist die Rolloutverpflichtung nach **§ 29 Abs. 1** bei Letztverbrauchern mit einem Jahresstromverbrauch über 6000 Kilowattstunden sowie bei solchen Letztverbrauchern, mit denen eine Vereinbarung nach § 14a EnWG besteht (§ 29 Abs. 1 Nr. 1), und bei Anlagenbetreibern mit einer installierten Leistung über 7 Kilowatt (§ 29 Abs. 1 Nr. 2).

8 Die Veröffentlichungspflicht betrifft ebenfalls einen eventuell geplanten **optionalen Rollout** des grundzuständigen Messstellenbetreibers nach § 29 Abs. 2. § 37 Abs. 1 S. 1 verweist zwar ausdrücklich nur auf die „Verpflichtungen" aus § 29. Die Formulierung schließt aber den optionalen Rollout nicht aus. Denn nach dem Zweck der Veröffentlichung besteht beim optionalen Rollout ein vergleichbares Bedürfnis, den Anschlussnutzer frühzeitig zu informieren. Denn der Anschlussnutzer hat auch beim optionalen Rollout kein Recht, die Ausstattung abzulehnen. Da die Regelung auf § 29 insgesamt verweist, ist der optionale Rollout auch vom Wortlaut der Veröffentlichungspflicht erfasst.

9 Die Veröffentlichungsverpflichtung umfasst außerdem den Umfang der **Ausstattungspflicht** in § 29 Abs. 3 mit modernen Messeinrichtungen. Nach § 29 Abs. 3 haben grundzuständige Messstellenbetreiber Messstellen, die nicht einer Ausstattungspflicht mit intelligenten Messsystemen unterfallen, bis zum Jahr 2032 zumindest mit modernen Messeinrichtungen auszustatten.[10] Gegen eine Einbeziehung spricht zwar der Wortlaut von Abs. 1 S. 1, sofern hier von Rollout die Rede ist. Im Allgemeinen wird hierunter die Ausstattung mit Smart Metern, die den intelligenten Messsystemen im MsbG entsprechen, verstanden. Der Gesetzgeber hat sich aber gegen einen umfassenden Rollout mit intelligenten Messsystemen entschieden. Stattdessen entwickelte er eine nationale Ausstattungsstrategie, bei der zwischen einem obligatorischen und fakultativen Rollout einerseits und modernen Messeinrichtungen und intelligenten Messsystemen andererseits unterschieden wird.

---

8 Vgl. Begründung zum Regierungsentwurf v. 17.2.2016 BT-Drs. 18/7555, S. 101.
9 Vgl. Rn. 12 ff.
10 Vgl. BerlKommEnR/*Franz*, § 29 MsbG Rn. 31 ff.

II. Verpflichtung zur Veröffentlichung von Informationen § 37

Der Begriff des Rollouts, jedenfalls im Sinn von Abs. 1 S. 1, umfasst damit auch die Ausstattung mit modernen Messeinrichtungen, so dass sich auch die Informationspflicht auf die geplante Ausstattung nach § 29 Abs. 3 bezieht. Das Interesse von Anschlussnutzer und Dritten rechtfertigt auch in dieser Konstellation die Kenntnis der anstehenden Ausstattung.

c) Standardleistungen (Abs. 1 S. 1 Var. 2)

Die Veröffentlichung umfasst neben der Information über den Umfang der Ausstattungsverpflichtung (Var. 1) mit intelligenten Messsystemen und modernen Messeinrichtungen **Informationen über ihre Standardleistungen** sowie Zusatzleistungen.[11] Zu Ausstattung von Messstellen mit modernen Messeinrichtungen und intelligenten Messsystemen gehört als Standardleistung die Durchführung des Messstellenbetriebs (§ 35 Abs. 1 S. 1 i.V.m. § 3), also insbesondere Einbau, Betrieb und Wartung der Messstelle und ihrer Einrichtungen und Messsysteme, die Gewährleistung einer mess- und eichrechtskonformen Messung und die ordnungsgemäße Datenübertragung.[12] Werden Messstellen mit intelligenten Messsystemen ausgestattet, so stellt § 35 Abs. 1 S. 2 darüber hinaus spezielle Standardleistungen auf; diese betreffen insbesondere die Datenkommunikation.[13] Bei der Ausstattung mit intelligenten Messsystemen gehören zu den Standardleistungen Prozesse nach § 35 Abs. 1 S. 2.

10

d) Mögliche Zusatzleistungen (S. 1 Var. 3)

Die Veröffentlichungspflicht umfasst außerdem Informationen über mögliche **Zusatzleistungen**. Zusatzleistungen sind Leistungen, die über die Standardleistungen aus § 35 Abs. 1 hinausgehen; dies kann das Bereitstellen von Strom- und Spannungswandlern (Nr. 1) und die Nutzung eines intelligenten Messsystems als Vorkassesystem (Nr. 2) sein oder weitere in § 35 Abs. 2 Nr. 3–5 genannte Prozesse.[14] Die Veröffentlichungspflicht des grundzuständigen Messstellenbetreibers umfasst die Zusatzleistungen, die der grundzuständige Messstellenbetreiber dem Anschlussnutzer bzw. Anschlussnehmer neben den Standardleistungen anbietet, die also „möglich" sind.

11

e) Pflicht zur Veröffentlichung von Preisblättern (S. 2)

Die Pflicht des grundzuständigen Messstellenbetreibers umfasst die **Veröffentlichung von Preisblättern mit jährlichen Preisangaben für mindestens drei Jahre**. Die Regelung dient dem Verbraucherschutz und der Verbraucherinformation. Vor dem Hintergrund von Preisanstiegen erscheint die Preisangabe für einen Zeitraum von drei Jahren für die Wirtschaft unangemessen. Verhältnismäßig und üblich sind Preisblätter mit einer Gültigkeit von einem Jahr. Jedenfalls die Preisangaben ab dem zweiten Jahr können insofern kaum

12

---

11 Der Wortlaut „ihre Standardleistungen" verdeutlicht, dass die Veröffentlichungspflicht sich auf Standard- und Zusatzleistungen beim Messstellenbetrieb mit intelligenter Messinfrastruktur und modernen Messeinrichtungen bezieht.
12 Vgl. BerlKommEnR/*Drozella*, § 3 MsbG; BerlKommEnR/*Salevic/Zöckler*, § 7 MsbG Rn. 29.
13 Vgl. BerlKommEnR/*Säcker*, § 35 MsbG Rn. 2.
14 Vgl. BerlKommEnR/*Zwanziger*, § 36 MsbG Rn. 4.

§ 37 Informationspflichten des grundzuständigen Messstellenbetreibers

als bindend angesehen werden.[15] Der Bundesrat geht in seiner Stellungnahme zum Gesetz ebenfalls von nicht bindenden Preisangaben aus, die lediglich dem Zweck der Information dienen.[16] Im Laufe des Gesetzgebungsverfahrens wurde die Norm insofern sprachlich redigiert, als die Preisblätter mit „jährlichen" Preisangaben zu veröffentlichen sind.[17] Dem Problem, dass jedenfalls ab dem zweiten Jahr kaum verlässliche Preisangaben gemacht werden können, wurde mit der Änderung nicht abgeholfen. Hinzu kommt, dass die Bundesnetzagentur gem. § 35 Abs. 1 S. 2 Nr. 7 ermächtigt wird durch Festlegung weitere Pflichten als Standardleistungen zu deklarieren, so dass eine zeitlich bindende Einordnung in Standard- und Zusatzleistungen ausgeschlossen ist.

3. Zeitpunkt der Veröffentlichung

13   Abs. 1 legt fest, dass die Veröffentlichung **sechs Monate vor dem Beginn des Rollouts** zu erfolgen hat. Der Rollout beginnt mit der Ausstattung der ersten Messstelle im Gebiet des grundzuständigen Messstellenbetreibers und endet mit der letzten Messstelle.[18] Der Zeitrahmen für die Ausstattungsverpflichtung ergibt sich aus § 31;[19] hiernach sind frühestens ab 2017 Messstellen gem. §§ 31 Abs. 1 Nr. 1–5, 31 Abs. 2 Nr. 1–3 mit intelligenten Messsystemen auszustatten. Messstellen nach §§ 31 Abs. 1 Nr. 6, Abs. 2 Nr. 4, Abs. 3 sind ab 2020 betroffen. Spätestens sechs Monate vor dem frühesten Einbautermin hat der grundzuständige Messstellenbetreiber über den Umfang seiner Verpflichtungen zur Ausstattung mit intelligenten Messsystemen zu informieren. Da die Verpflichtung auch für die Ausstattung mit modernen Messeinrichtungen nach § 29 Abs. 3 gilt,[20] muss der grundzuständige Messstellenbetreiber ebenso über die geplante Ausstattung mit modernen Messeinrichtungen informieren.

14   Der zeitliche Abstand von sechs Monaten zwischen Information und Beginn des Rollouts soll es potenziellen Mitbewerbern ermöglichen, auf den Rollout angepasste Produkte anzubieten. Die Regelung korrespondiert mit dem **Wahlrecht** des Anschlussnutzers (§ 5) bzw. des Anschlussnehmers (§ 6), anstelle der Durchführung des Messstellenbetriebs durch den

---

15 In seiner Stellungnahme v. 18.12.2015 zum Gesetzesentwurf sah der Bundesrat es für notwendig an, bei der Veröffentlichung von Preisblättern für drei Jahre klarzustellen, dass sich die dort genannten Preise ändern können und nicht fixiert sind, BR-Drs. 543/15, S. 2.

16 So auch das Verständnis des bdew in der Stellungnahme zum Referentenentwurf eines Gesetzes zur Digitalisierung der Energiewende, Anl. 1, S. 8, abrufbar unter www.bmwi.de.

17 Der Entwurf der Bundesregierung v. 17.2.2016 sah noch „die Veröffentlichung von Preisblättern mit Preisangaben für mindestens drei Jahre" vor, vgl. BT-Drs. 18/7555, die Änderung beruht auf Beschlussempfehlung und Bericht des Ausschusses für Wirtschaft und Energie, BT-Drs. 18/8919, S. 11.

18 Der Begriff des Rollouts wird im MsbG nicht eindeutig definiert. Die Gesetzesbegründung (BT-Drs. 18/755, S. 165) spricht aber von dem in § 29 verankerten Rollout-Szenario und dem Rollout von modernen Messeinrichtungen und intelligenten Messsystemen. Die Überschrift von § 29 lautet „Ausstattung von Messstellen mit intelligenten Messsystemen und modernen Messeinrichtungen". Aus der Zusammenschau ergibt sich, dass die Begriffe „Rollout" und „Ausstattung von Messstellen mit intelligenten Messsystemen und modernen Messeinrichtungen" in den Gesetzesmaterialien und im Gesetzestext äquivalent genutzt werden.

19 Vgl. BerlKommEnR/*Salevic/Zöckler*, § 31 MsbG, zur Ausgestaltung des Rollouts vgl. *Lüdemann/Ortmann/Pokrant*, EnWZ 2016, 339, 342; *Dinter*, ER 2015, 229, 230 f.; *v. Wege/Wagner*, N&R 2016, 2, 5 f.; *Wolf/Dobler/Schüssler*, VersorgW 2015, 325, 328 f.

20 Vgl. BerlKommEnR/*Zwanziger*, § 37 MsbG Rn. 6.

III. Verpflichtung zur Information drei Monate vor der Ausstattung der Messstelle § 37

grundzuständigen Messstellenbetreiber einen **Dritten zu beauftragen**. Erst durch die Informationen zum geplanten Rollout kann der Dritte ernsthaft Dienstleistungen auf dem Markt anbieten und in Konkurrenz zum grundzuständigen Messstellenbetreiber treten. Gem. § 5 Abs. 1 hat grundsätzlich der Anschlussnutzer das Auswahlrecht; nach § 6 Abs. 1 kann unter bestimmten Voraussetzungen stattdessen der Anschlussnehmer einen Messstellenbetreiber auswählen. In diesem Fall enden laufende Verträge für den Messstellenbetrieb gem. § 6 Abs. 2 S. 1 entschädigungslos. Weiter bestimmt das Gesetz, dass zwischen Ausübung des Auswahlrechts und der Vertragsbeendigung mindestens drei Monate liegen müssen (§ 6 Abs. 2 S. 2) und dass betroffenen Messstellenbetreibern vor der Ausübung des Auswahlrechts mit einer Frist von sechs Monaten die Möglichkeit zur Abgabe eines eigenen Bündelangebots einzuräumen ist (§ 6 Abs. 2 S. 3 Hs. 1). Abs. 1 S. 1 verpflichtet den grundzuständigen Messstellenbetreiber sechs Monate vor dem Rollout zur Veröffentlichung des anstehenden Rollouts, so dass der Dritte Zeit für diese Angebotsabgabe hat. Der wettbewerbliche Messstellenbetreiber steht gegenüber dem grundzuständigen Messstellenbetreiber zeitlich stärker unter Druck, da er im Vergleich zum grundzuständigen Messstellenbetreiber, der den Rollout über mehrere Jahre kalkulieren kann, nur wenige Monate Zeit hat, sein Angebot zu erstellen. Eine längere Informationsfrist als sechs Monate erscheint wegen der Notwendigkeit, aktuelle Daten zu veröffentlichen, aber nicht handhabbar. Nicht zuletzt orientiert die Ausstattungspflicht aus §§ 29 ff. sich an dem Jahresstromverbrauch, der möglichst aktuell zu bestimmen ist. Bei einem längeren Zeitraum zwischen Information und Rollout wäre die Belastbarkeit der Verbrauchsdaten nicht mehr gesichert.

4. Art der Veröffentlichung

Die Norm enthält **keine Vorgaben**, auf welchem Weg die Informationen zu kommunizieren sind. Anders als etwa in § 9 Abs. 4 S. 1, der die Veröffentlichung von Rahmenverträgen über das Internet vorgibt, ergibt sich mangels konkreter Vorgaben zur Art der Veröffentlichung in Abs. 1, dass es dem grundzuständigen Messstellenbetreiber freisteht, eine **geeignete Form** der Veröffentlichung zu wählen. Die Art der Veröffentlichung hat den Zugang der Information zu gewährleisten, ohne dem Messstellenbetreiber einen unverhältnismäßigen Aufwand zu bereiten.

15

III. Verpflichtung zur Information drei Monate vor der Ausstattung der Messstelle (Abs. 2)

1. Verpflichteter und Adressaten der Information

Die Betroffenen sind drei Monate vor der Ausstattung der Messstelle zu informieren. Aufgrund der Passivformulierung ergibt sich nicht eindeutig, wer verpflichtet ist; die Gesetzesbegründung verankert in der Norm aber die Informationspflichten des **grundzuständigen Messstellenbetreibers** (vgl. Rn. 4).[21]

16

Adressaten der Information sind die betroffenen **Anschlussnutzer**, **Anschlussnehmer**, **Anlagenbetreiber** und **Messstellenbetreiber**. Messstellenbetreiber sind nach § 5 beauftragte Unternehmen, die von der Ausstattungspflicht des grundzuständigen Messstellenbe-

17

---
21 Begründung zum Regierungsentwurf v. 17.2.2016, BT-Drs. 18/7555, S. 101.

§ 37 Informationspflichten des grundzuständigen Messstellenbetreibers

treibers betroffen sind, wenn sie die Ausstattungspflichten nicht selbst erfüllen (vgl. § 36 Abs. 1).[22]

18 Der Gesetzgeber erkennt, dass dem grundzuständigen Messstellenbetreiber aus der Informationspflicht gegenüber dem Anschlussnutzer **Aufwand** entsteht. Hierbei handelt es sich aber um geringfügige Bürokratiekosten, die der grundzuständige Messstellenbetreiber vollständig über die Entgelte für den Messstellenbetrieb ausgleichen kann.[23]

19 Im Laufe des Gesetzgebungsverfahren wurde kritisiert, dass **Energielieferanten** trotz ihrer Rolle als Ansprechpartner und Informationsvermittler für die Letztverbraucher im Massenmarkt nicht informiert werden müssen, zumal diese sich auf die Änderungen durch den Einbau von intelligenten Messsystemen vorbereiten müssten.[24] Die Bundesregierung sah keinen Nutzen in der Einbeziehung der Energielieferanten.[25] Für diese Ansicht spricht, dass der Energielieferant sich die Informationen über die Ausstattung der Messstelle vertraglich sichern kann.[26]

2. Zeitpunkt der Information

20 Drei **Monate vor der Ausstattung der Messstelle** ist erneut zu informieren. Während Abs. 1 eine Pflicht zur Information mit einem gewissen zeitlichen Abstand vor Beginn des Rollouts aufstellt (vgl. Rn. 11), macht Abs. 2 die Informationspflicht von der Ausstattung der Messstelle abhängig. Der Unterschied besteht darin, dass zwischen Beginn und Abschluss des Rollouts je nach Umfang der Verpflichtung des grundzuständigen Messstellenbetreibers ein längerer Zeitraum liegen kann.[27] Während die zeitlichen Vorgaben für den Beginn des Rollouts sich aus § 31 und § 29 Abs. 3 ergeben,[28] entsteht die Informationspflicht in Abs. 2 drei Monate vor Ausstattung der konkreten Messstelle.[29] Der grundzuständige Messstellenbetreiber muss also während des Rollouts drei Monate vor der Ausstattung der konkret betroffenen Messstelle informieren.

21 **Ziel der Reglung** ist die **Information** und der **Schutz** der betroffenen Anschlussnutzer bzw. Anschlussnehmer.[30] Da zwischen Ausübung des Auswahlrechts und der Vertragsbeendigung mindestens drei Monate liegen müssen (§ 6 Abs. 2 S. 3), mag die Information des Anschlussnutzers drei Monate vor dem geplanten Rollout als verspätet erscheinen, um das Auswahlrecht noch vor dem Rollout auszuüben. Der Anschlussnutzer wird aber in der Regel bereits spätestens drei Monate zuvor vom Rollout durch die Veröffentlichung der Informationen nach Abs. 1 erfahren. Im Übrigen kann der Anschlussnutzer jederzeit – auch

---

22 BerlKommEnR/*Zwanziger*, § 36 MsbG Rn. 4 ff.
23 Begründung zum Regierungsentwurf v. 17.2.2016, BT-Drs. 18/7555, S. 70.
24 Stellungnahme des Bundesrates, Anl. 3, BT-Drs. 18/7555, S. 129; bdew, Stellungnahme zum Referentenentwurf eines Gesetzes zur Digitalisierung der Energiewende, Anl. 1, S. 8, abrufbar unter www.bmwi.de.
25 Gegenäußerung der Bundesregierung zur Stellungnahme des Bundesrates, Anl. 4, BT-Drs. 18/7555, S. 143.
26 Auf Verlangen des Energielieferanten ist gem. § 9 Abs. 1 Nr. 2 MsbG ein Messstellenvertrag mit dem Messstellenbetreiber zu schließen.
27 § 31 gibt für den Abschluss des Rollouts einen Zeitrahmen von 16 bzw. 8 Jahren vor.
28 Vgl. Rn. 12.
29 Der Zeitpunkt liegt nach dem Beginn des Rollouts am 31.3.2016, 31.3.2020 bzw. 31.3.2031.
30 Vgl. BerlKommEnR/*Zwanziger*, § 37 MsbG Rn. 1.

III. Verpflichtung zur Information drei Monate vor der Ausstattung der Messstelle § 37

nach der Ausstattung mit intelligenter Messinfrastruktur – den Wechsel des Messstellenbetreibers nach §§ 14 ff. verlangen.

3. Inhalt der Information

Anders als in Abs. 1 nennt Abs. 2 **keine notwendigen Informationsinhalte**, sondern spricht generell von einer Informationspflicht. Die Information nach Abs. 2 umfasst nicht die gleichen Inhalte wie die Veröffentlichung nach Abs. 1. Zwar spricht die Gesetzesbegründung allgemein von Informationspflichten in § 37 und gibt keinen Hinweis darauf, dass die Informationsinhalte in Abs. 1 und 2 unterschiedlich sind. Eine doppelte Information gleichen Inhalts erscheint aber nicht zweckmäßig, da etwa der generelle Umfang der Ausstattungsverpflichtung für die Ausstattung der konkreten Messstellen nicht relevant ist. 22

Stattdessen muss der jeweils grundzuständige Messstellenbetreiber die Betroffenen darüber informieren, dass die **konkret betroffene Messstelle** im Rahmen des Rollouts moderner Infrastruktur zu einem Zeitpunkt, der mindestens drei Monate entfernt liegen muss, mit einer modernen Messeinrichtung oder einem intelligenten Messsystem ausgestattet wird. Die Information ist damit als Ankündigung gegenüber den Betroffenen zu verstehen, dass „seine" konkrete Messstelle betroffen ist. 23

4. Form

Der **Informationsweg** ist **nicht vorgegeben**. Es bietet sich an, den Anschlussnutzer bzw. den Anschlussnehmer auf demselben Weg zu informieren, auf dem üblicherweise die Korrespondenz, insbesondere die Abrechnung der Leistung, erfolgt.[31] Eine individuelle Bekanntgabe ist möglich, aber nicht zwingend. 24

---

31 Vgl. hierzu BerlKommEnR/v. *Wege*, § 15 MsbG Rn. 10.

§ 38 Zutrittsrecht

¹Anlagenbetreiber, Anschlussnutzer und Anschlussnehmer haben nach vorheriger schriftlicher Benachrichtigung dem grundzuständigen Messstellenbetreiber und seinem mit einem Ausweis versehenen Beauftragten den Zutritt zu ihrem Grundstück und zu ihren Räumen zu gestatten, soweit dies für die Aufgabenerfüllung des grundzuständigen Messstellenbetreibers erforderlich ist. ²Die Benachrichtigung kann durch Mitteilung an die jeweiligen Anschlussnutzer oder durch Aushang am oder im jeweiligen Haus erfolgen. ³Sie muss mindestens zwei Wochen vor dem Betretungstermin erfolgen; mindestens ein Ersatztermin ist anzubieten. ⁴Die nach Satz 1 Verpflichteten haben dafür Sorge zu tragen, dass die Messstelle zugänglich ist.

Schrifttum: *Säcker/Zwanziger*, Die Übertragung moderner Messstelleneinrichtungen im Wege der Inhouse-Vergabe, RdE 2016, 381; *Voßkuhle*, Behördliche Betretungs- und Nachschaurechte, DVBl. 1994, 611; *Zander/Riedel*, Praxishandbuch Energiebeschaffung, Wirtschaftlicher Strom- und Gaseinkauf – Strategien. Konzepte. Lösungen, Stand: 2014-12.

Übersicht

	Rn.		Rn.
I. Normzweck	1	b) Mitwirkungspflicht (S. 4)	13
II. Anwendungsbereich	3	VI. Formelle Voraussetzungen	14
III. Zutrittsberechtigte	5	1. Benachrichtigung, Form und Frist (S. 2 und S. 3 Hs. 1)	14
IV. Verpflichtete	9	2. Ersatztermin (S. 3 Hs. 2)	15
V. Anspruchsinhalt	10	VII. Durchsetzung	16
1. Zutrittsrecht (S. 1)	10	VIII. Verhältnis zu anderen Zutrittsrechten	17
2. Pflichten des Betroffenen	12		
a) Duldungspflicht (S. 1)	12		

I. Normzweck

1 § 38 räumt dem grundzuständigen Messstellenbetreiber ein **Zutrittsrecht** zu den im Zusammenhang mit seiner Aufgabenerfüllung stehenden Räumlichkeiten ein. Verpflichtet wird nach vorheriger Benachrichtigung Anlagenbetreiber, Anschlussnutzer bzw. Anschlussnehmer. Die Norm regelt die Art und den zeitlichen Vorlauf der zuvor notwendigen Benachrichtigung; sie lehnt sich an bestehendes Recht, insbesondere § 9 StromGVV, an.[1] Die durch das Gesetz zur Digitalisierung der Energiewende aufgehobene MessZV kannte für den Messstellenbetreiber kein Zutrittsrecht.[2]

2 Der **Zweck** der Regelung liegt in einem **sachgemäßen Ausgleich** zwischen dem Schutzbedürfnis der Privatsphäre des Verpflichteten und dem Bedürfnis des Messstellenbetreibers, Zutritt zur Messstelle zu erhalten, um die zur Erfüllung seiner Verpflichtung notwendigen

---

[1] Begründung zum Regierungsentwurf v. 17.2.2016, BT-Drs. 18/7555, S. 173; vgl. zu § 9 StromGVV BerlKommEnR/*Busche*, 2. Aufl. 2010, §§ 9 StromGVV/GasGVV (Anh. § 39 EnWG), Rn. 1.
[2] Art. 12 Gesetz zur Digitalisierung der Energiewende hebt die MessZV auf.

Handlungen vornehmen zu können.³ Dem Schutzbedürfnis des Verpflichteten wird insbesondere durch die Einräumung einer Frist, der Regelung der Art und Weise der Benachrichtigung und der Pflicht des Anspruchsinhabers zum Angebot eines Ersatztermins Rechnung getragen.⁴

II. Anwendungsbereich

Die Vorschrift **beschränkt** die Zutrittsrechte **subjektiv** auf den grundzuständigen Messstellenbetreiber⁵ und **sachlich** auf seine Aufgabenerfüllung. Das Zutrittsrecht ist zweckbezogen auf die Erfüllung von Tätigkeiten im Zusammenhang mit der Wahrnehmung der Verpflichtungen des grundzuständigen Messstellenbetreibers aus dem MsbG und damit zweckbeschränkt.⁶ Der Systematik des Gesetzes folgend, die Vorschrift steht im 4. Kapitel des MsbG, räumt § 38 lediglich Rechte im Zusammenhang mit dem Messstellenbetrieb mit modernen Messeinrichtungen und intelligenten Messsystemen ein. Das hier geregelte Zutrittsrecht gilt damit nicht für konventionelle Messeinrichtungen.

3

Zu unterscheiden ist das Zutrittsrecht von **behördlichen Betretungsrechten**.⁷ Zum Vollzug des EnWG räumt § 69 Abs. 3 EnWG den zuständigen Regulierungsbehörden das Recht zum Betreten von Büro- und Geschäftsräumen ein.⁸ § 71 Abs. 1 S. 1 verweist zudem auf das Recht von Anschlussnutzern, Bilanzkoordinatoren, Energielieferanten und Netzbetreibern eine Nachprüfung der Messeinrichtung durch eine Befundprüfung gem. § 39 MessEG durchführen zu lassen. Gem. § 40 Abs. 5 MessEG iVm. § 56 Abs. 1 MessEG steht Behörden und staatlich anerkannten Prüfstellen hierfür das Recht zu, Betriebs- oder Geschäftsräume zu betreten, in oder auf denen die Messgeräte verwendet werden.

4

III. Zutrittsberechtigte

Berechtigter Anspruchsinhaber ist der **grundzuständige Messstellenbetreiber und sein mit einem Ausweis versehener Beauftragter**. Grundzuständiger Messstellenbetreiber ist grundsätzlich der Betreiber von Energieversorgungsnetzen, solange und soweit er seine Grundzuständigkeit für den Messstellenbetrieb nicht nach § 43 auf ein anderes Unternehmen übertragen hat, oder jedes Unternehmen, das die Grundzuständigkeit für den Messstellenbetrieb nach § 43 übernommen hat (vgl. § 2 S. 1 Nr. 4). Die Beschränkung auf den grundzuständigen Messstellenbetreiber ergibt sich aus Wortlaut und systematischer Stellung der Vorschrift. Innerhalb von Kapitel 4 regelt § 38 das Zutrittsrecht des grundzuständigen Messstellenbetreibers als ergänzendes Recht im Zusammenhang mit dem Messstel-

5

---

3 Vgl. zu § 21 NDAV BerlKommEnR/*Bruhn*, 2. Aufl. 2010, § 21 N(D)AV (Anh. § 18 EnWG) Rn. 2.
4 Vgl. zu § 9 StromGVV BGH, Urt. v. 18.7.2012, VIII ZR 337/11, NJW 2013, 291, 294; Gesetzesbegründung des vergleichbaren § 21 N(D)AV: VO N(D)AV, 26.5.2006 (BR-Drs. 367/06, S. 60 f.).
5 Weiter insofern der subjektive Anwendungsbereich von § 9 StromGVV/GasGVV und § 21 NAV, die Netzbetreiber, Messstellenbetreiber und Messdienstleister Zutrittsrechte einräumen.
6 Begründung zum Regierungsentwurf v. 17.2.2016, BT-Drs. 18/7555, S. 173.
7 Vgl. z. B. § 19 KrWG, § 52 Abs. 2 BImSchG, § 9f AtG, § 29 Abs. 2 GewO; zu behördlichen Betretungsrechten vgl. grundlegend *Voßkuhle*, DVBl. 1994, 611 ff.
8 Vgl. BerlKommEnR/*Wende*, § 69 EnWG Rn. 13 ff.; Danner/Theobald/*Theobald/Werk*, § 69 EnWG Rn. 3.

§ 38   Zutrittsrecht

lenbetrieb moderner Messeinrichtungen und intelligenter Messsysteme.[9] Die Regelungen zum Rollout moderner Messinfrastruktur, in deren Zusammenhang das Zutrittsrecht steht, konzentrieren sich grundsätzlich auf die Regulierung des grundzuständigen Messstellenbetreibers.[10]

6   Von einem grundzuständigen Messstellenbetreiber **mit einem Ausweis versehene Beauftragte** können ebenfalls den Zutritt verlangen. An die Beauftragung dürfen keine überhöhten Anforderungen gestellt werden. Nach dem Zweck der Einbeziehung Dritter sollen die Aufgaben des originär zuständigen Messstellenbetreibers in jeder praktischen Ausgestaltung gesichert sein. Dem Sicherheitsinteresse der betroffenen Anlagenbetreiber, Anschlussnutzer und Anschlussnehmer, nicht jedem Unbekannten Zutritt gewähren zu müssen, wird durch die Ausweispflicht Rechnung getragen. Die Zutrittsregelung für Dritte hat hohe praktische Relevanz. Zwar sieht das MsbG vor, dass jeder grundzuständige Messstellenbetreiber die Aufgaben grundsätzlich selbst wahrnimmt.[11] In der Praxis ist aber zu erwarten, dass Dritte vom grundzuständigen Messstellenbetreiber auf Grundlage eines Dienstleistungsvertrages oder auf andere Weise mit der Durchführung des Messstellenbetriebs beauftragt werden.[12] Ihnen müssen ebenfalls Zutrittsrechte eingeräumt werden, da sie nicht in vertraglicher Beziehung zu Anlagenbetreibern, Anschlussnutzern und Anschlussnehmern stehen.

7   Der gewählte, **wettbewerbliche Messstellenbetreiber** hat **kein Zutrittsrecht** aus § 38. Er wird aber insofern nicht unverhältnismäßig beschränkt, als er sich Zutrittsrechte im Messstellenvertrag vertraglich zusichern lassen kann (vgl. § 9 Abs. 1 S. 1 i.V.m § 10 Abs. 1). Auch der grundzuständige Messstellenbetreiber kann das Zutrittsrecht vertraglich regeln. Insbesondere bei einem konkludenten Vertragsschluss nach § 9 Abs. 3 entfaltet das Zutrittsrecht aus § 38 für den grundzuständigen Messstellenbetreiber aber Bedeutung.

8   § 38 kennt **kein Zutrittsrecht** für Netzbetreiber.[13] Sofern er grundzuständiger Messstellenbetreiber ist, weil er die Grundzuständigkeit nicht gem. § 43 übertragen hat, ist der Netzbetreiber in seiner Rolle als Messstellenbetreiber zutrittsberechtigt. Es sind aber Konstellationen denkbar, in denen der Netzbetreiber eine Messstelle übernimmt, ohne Messstellenbetreiber zu sein. § 11 Abs. 2 S. 1 beauftragt den Netzbetreiber unter bestimmten Bedingungen den Messstellenbetrieb mit Notfallmaßnahmen sicherzustellen.[14] Da es sich insofern um eine Ausnahmevorschrift handelt,[15] ist eine Erweiterung des Zutrittsrechts auf Netzbetreiber generell nicht angezeigt.[16]

---

9   Vgl. Überschrift Kap. 4 MsbG: Ergänzende Rechte und Pflichten im Zusammenhang mit dem Messstellenbetrieb mit modernen Messeinrichtungen und intelligenten Messsystemen.
10 So ausdrücklich die Gesetzesbegründung, Begründung zum Regierungsentwurf v. 17.2.2016, BT-Drs. 18/ 7555, S. 13, 114, 153.
11 Begründung zum Regierungsentwurf v. 17.2.2016, BT-Drs. 18/7555, S. 114.
12 Vgl. ausführlich *Säcker/Zwanziger*, RdE 2016, 381 ff.
13 Kritisch hierzu Bayerisches Staatsministerium für Wirtschaft und Medien, Energie und Technologie, Stellungnahme zum Referentenentwurf eines Gesetzes zur Digitalisierung der Energiewende, S. 17, abrufbar unter www.bmwi.de.
14 Vgl. BerlKommEnR/*Zwanziger*, § 11 MsbG Rn. 22 ff.
15 Grundsätzlich trifft das MsbG gem. § 1 Nr. 3 Regelungen zur Aufgabentrennung von Messstellenbetrieb und Netzbetrieb.
16 A. A. Bayerisches Staatsministerium für Wirtschaft und Medien, Energie und Technologie, Stellungnahme zum Referentenentwurf eines Gesetzes zur Digitalisierung der Energiewende, S. 17,

IV. Verpflichtete

Verpflichtet werden der **Anlagenbetreiber**[17], der **Anschlussnutzer**[18] und der **Anschlussnehmer**[19], die je nach tatsächlichen Gegebenheiten und vertraglicher Konstellation (vgl. § 9) von dem Verlangen des grundzuständigen Messstellenbetreibers, Zutritt zur Messeinrichtung zu erhalten, betroffen sein können.

V. Anspruchsinhalt

1. Zutrittsrecht (S. 1)

Dem Berechtigten (vgl. Rn. 3 ff.) wird das Recht eingeräumt, **Grundstück und Räume des Betroffenen zu betreten**, um seine messrechtlichen Aufgaben zu erfüllen. Für den Fall des Neueinbaus eines intelligenten Messsystems oder einer modernen Messeinrichtung kann hierunter auch die Suche nach einem geeigneten Anbringungsort fallen.[20] Der Zutritt wird häufig Keller- bzw. Nebenräume betreffen, umfasst aber ebenso Wohn- und Geschäftsräume, sofern die Notwendigkeit besteht.

§ 38 schränkt das **Grundrecht auf Unverletzlichkeit der Wohnung** (Art. 13 GG) ein, indem es privaten Dritten erlaubt, Räume gegen den Willen des Berechtigten zu betreten.[21] Handelt es sich um Geschäfts- und Betriebsräume, sind nach der Rechtsprechung des Bundesverfassungsgerichts Betretungs- und Besichtigungsrechte unter bestimmten Voraussetzungen zulässig. Hierzu zählt das Vorliegen einer besonderen gesetzlichen Vorschrift, die zum Betreten ermächtigt und den Zweck des Betretens, den Gegenstand und den Umfang der zugelassenen Besichtigung und Prüfung erkennen lässt.[22] § 38 liefert hierfür die Rechtsgrundlage.

---

das eine Erweiterung des Zutrittsrechts zur Erfüllung der Pflichten des Netzbetreibers nach § 11 Abs. 2 S. 1 verlangt, abrufbar unter www.bmwi.de.

17 Anlagenbetreiber sind gem. § 2 S. 1 Nr. 1 die Betreiber von Erzeugungsanlagen nach dem EEG und dem KWKG.

18 Anschlussnutzer sind die zur Nutzung des Netzanschlusses berechtigten Letztverbraucher oder Betreiber der Erzeugungsanlagen.

19 Anschlussnehmer sind in § 2 S. 1 Nr. 2 als Eigentümer oder Erbbauberichtigte eines Grundstücks oder Gebäudes definiert, das an das Energieversorgungsnetz angeschlossen ist, oder die natürliche oder juristische Person, in deren Auftrag der Anschluss erfolgte.

20 Gem. § 22 Abs. 2 NAV bestimmt der Netzbetreiber den Anbringungsort von Mess- und Steuereinrichtungen, hat aber das berechtigte Interesse des Anschlussnehmers bei der Wahl des Aufstellungsortes zu wahren.

21 So auch Schneider/Theobald/*de Wyl*, § 14 Rn. 84 (dort Fn. 216); vgl. zu § 21 NDAV AG Meldorf, Urt. v. 27.10.2011, 81 C 1215/22, RdE 2012, 75, Entscheidungsbesprechung bei IMR 2012, 207; vgl. zur Verfassungsmäßigkeit der Vorgängernorm von § 21 NAV/NDAV (§ 16 AVBElt); BVerfG (Vorprüfungsausschuss), 3.4.1987, RdE 1987, 152; zur Anwendung von Art. 13 GG auf Geschäftsräume vgl. grundlegend BVerfG, Urt. v. 13.10.1971, BVerfGE 32, 54 = DVBl. 1971, 892.

22 BVerfG, Urt. v. 13.10.1971, BVerfGE 32, 54 = DVBl. 1971, 892; anders sind gesetzliche Betretungs- und Besichtigungsrechte von Behörden zum Zweck von Überwachungen und Prüfungen zu bewerten, die als Annex der Überwachungs- und Kontrollbefugnisse nicht an Art. 13 GG zu messen sind; vgl. Maunz/Dürig/Herzog/Scholz/*Papier*, Art. 13 Rn. 15.

§ 38   Zutrittsrecht

2. Pflichten des Betroffenen

a) Duldungspflicht (S. 1)

12 Als **Korrelat zum Zutrittsrecht** des Anspruchsinhabers wird dem Betroffenen eine **Duldungspflicht** auferlegt. Der Zutritt ist im Rahmen der Notwendigkeit zu gestatten und beschränkt sich auf die für die Aufgabenerfüllung erforderlichen Räumlichkeiten. Praktisch haben Anschlussnehmer den Zugang zu den in ihrem Eigentum stehenden Grundstücken und Anschlussnutzer, die zumeist Mieter sein dürften, den Zutritt zur Mietsache zu gewähren. Betreiber von Erzeugungsanlagen müssen den Zutritt zu ihrer Anlage ermöglichen; wenn der Erzeuger nicht zugleich Eigentümer des Grundstücks ist, hat der Eigentümer den Zutritt zu seinem Grundstück zu gewähren.

b) Mitwirkungspflicht (S. 4)

13 Nach S. 4 trifft die Verpflichteten darüber hinaus insofern eine **Mitwirkungspflicht**, als sie dafür sorgen müssen, dass die Messstellen zugänglich sind.[23] Dazu gehört etwa das Aufschließen von Kellerräumen. Die Mitwirkungspflicht erfasst auch das Zugänglichmachen der zukünftigen Messstelle im Fall der Erstinstallation.

VI. Formelle Voraussetzungen

1. Benachrichtigung, Form und Frist (S. 2 und S. 3 Hs. 1)

14 Notwendig ist die **Benachrichtigung** des Betroffenen (vgl. Rn. 9) **zwei Wochen vor dem Betretungstermin**. Die Benachrichtigung hat in **schriftlicher Form** entweder individuell oder durch Aushang zu erfolgen.[24] Der angekündigte Betretungstermin muss nach allgemeinem Verständnis eine überschaubare Zeitspanne, höchstens einen Tag, umfassen.[25] Eine frühere Ankündigung bleibt selbstverständlich möglich. Die Regelung ist zudem nicht so zu verstehen, dass ein freiwilliger Zutritt ohne vorherige Benachrichtigung unzulässig wäre. Dem Berechtigten steht es frei, den Zutritt zu Messstellen jederzeit freiwillig zu gewähren.[26] Kündigt der Messstellenbetreiber das Zutrittsbegehren an, hat er allerdings das Recht, den Zutritt gegen den Willen des Betroffenen zu erhalten.

---

23 Messstellen umfassen gem. § 3 S. 1 Nr. 11 die Gesamtheit aller Mess-, Steuerungs- und Kommunikationseinrichtungen zur sicheren Erhebung, Verarbeitung und Übermittlung von Messdaten und zur sicheren Anbindung von Erzeugungsanlagen und steuerbaren Lasten an Zählpunkten eines Anschlussnutzers einschließlich der Installationsvorrichtungen.
24 Vgl. für den v. Gesetzgeber in Bezug genommenen § 9 StromGVV Danner/Theobald/*Hartmann*, StromGVV § 9 Rn. 3.
25 Vgl. die Verwendung des Begriffs in §§ 186 ff. BGB.
26 Vgl. *v. Wege*, in: Zander/Riedel, Praxishandbuch Energiebeschaffung, II.1.3.8; Schneider/Theobald/*de Wyl*, § 14 Rn. 84; Danner/Theobald/*Hartmann/Blumenthal-Barby*, § 21 NAV Rn. 23.

2. Ersatztermin (S. 3 Hs. 2)

Der Messstellenbetreiber muss **mindestens einen Ersatztermin** anbieten.[27] Insofern stellt das Gesetz keine zeitlichen oder formalen Voraussetzungen auf. Aus dem Wortlaut ist zu schließen, dass mit dem Termin ein Ersatztermin anzubieten ist, der logisch hinter dem angebotenen Betretungstermin liegt, also mindestens zwei Wochen und einen Tag nach der Benachrichtigung.[28] Es steht dem Messstellenbetreiber frei, dem Verpflichteten anzubieten, einen individuellen Termin zu vereinbaren.[29]

15

VII. Durchsetzung

Zur Durchsetzung eines Zutrittsrechts kann der Anspruchsberechtigte im Wege des **einstweiligen Rechtsschutzes** vorgehen und den Erlass einer einstweiligen Anordnung erwirken.[30] Die Vollstreckung der Entscheidung bedarf keiner richterlichen Durchsuchungsanordnung (§ 758a ZPO).[31]

16

VIII. Verhältnis zu anderen Zutrittsrechten

Neben § 38 gewährleisten eine Reihe anderer Vorschriften Zutrittsrechte. Nach **§ 9 StromGVV** hat der **grundversorgte Kunde** einem Beauftragten des Netzbetreibers, des Messstellenbetreibers oder des Grundversorgers den Zutritt zu seinem Grundstück und zu seinen Räumen zu gestatten, soweit dies zur Ermittlung preislicher Bemessungsgrundlagen oder zur Ablesung von Messeinrichtungen nach § 11 StromGVV erforderlich ist.[32] Auf das Zutrittsrecht nach § 9 StromGVV kann sich demnach nur der Grundversorger berufen; ist der Grundversorger (vgl. § 36 EnWG) zugleich grundzuständiger Messstellenbetreiber, kann der Zutritt je nach Ziel entweder auf Grundlage von § 9 StromGVV oder § 38 verlangt werden.

17

§ 21 NAV[33] räumt Netzbetreiber, Messstellenbetreiber und Messdienstleister gegenüber dem Anschlussnehmer und -nutzer ein netzbetriebsrelevantes Zutrittsrecht ein.[34] In der Niederdruckanschlussverordnung ergeben sich zudem weitere Zutrittsrechte aus den Duldungsrechten der **§§ 10, 12 NAV**.[35] Eine Abgrenzung zu § 38 muss auch hier anhand der Zielsetzung des Zutritts erfolgen.

18

---

27 Die Regelung entspricht § 21 NDAV und § 9 StromGVV.
28 Vgl. Danner/Theobald/*Hartmann/Blumenthal-Barby*, § 21 NAV Rn. 20.
29 Vgl. Danner/Theobald/*Hartmann/Blumenthal-Barby*, § 21 NAV Rn. 20.
30 Zur Festlegung des Streitwerts vgl. OLG Braunschweig, Beschl. v. 20.6.2006, 7 W 24/06, NJW-RR 2006, 1584; LG Chemnitz, Beschl. v. 4.6.2007, 3 T 443/07, BeckRS 2011, 09658.
31 BGH, Beschl. v. 10.8.2006, I ZB 126/05, NJW 2006, 3352 = RdE 2006, 353, betont, dass der Zutritt zu einer Wohnung zur Sperrung der Gasversorgung keine Durchsuchung im Sinn von Art. 13 Abs. 2 GG und §§ 758, 758a ZPO darstellt.
32 Vgl. Danner/Theobald/*Hartmann*, § 9 StromGVV Rn. 1 ff.
33 Zum Verhältnis von § 21 NAV und § 9 StromGVV vgl. Danner/Theobald/*Hartmann/Blumenthal-Barby*, § 21 NAV Rn. 13 f.
34 Vgl. Danner/Theobald/*Hartmann/Blumenthal-Barby*, § 21 NAV Rn. 1 ff.
35 Vgl. Danner/Theobald/*Hartmann/Blumenthal-Barby*, § 21 NAV Rn. 3.

Kapitel 5
Liegenschaftsmodernisierung; Anbindungsverpflichtung

§ 39 Liegenschaftsmodernisierung

(1) Für den Wechsel des Messstellenbetreibers auf Veranlassung des Anschlussnehmers nach § 6 zur Liegenschaftsmodernisierung gelten die Durchführungsvorschriften des Kapitels 2 entsprechend.

(2) Über den gebündelten Messstellenbetrieb für die Liegenschaft wird ein Vertrag zwischen Anschlussnehmer und Messstellenbetreiber geschlossen.

Schrifttum: *Drasdo*, Die sonstigen Betriebskosten nach § 2 Nr. 17 BetrkV, NJW-Spezial 2013, 545; *Langenberg/Zehelein*, Betriebskosten- und Heizkostenrecht, 8. Aufl. 2016; *Schach/Schultz* (Hrsg.), Beck'scher Online-Kommentar Mietrecht, Stand: 3. Edition 2015; *Schmidt-Futterer*, Mietrecht, 12. Aufl. 2015.

Übersicht

	Rn.		Rn.
I. Normzweck	1	III. Kostentragung und Weitergabe	8
II. Anwendbarkeit der Vorschriften zum Wechsel des Messstellenbetreibers	5		

I. Normzweck

1 § 39 regelt die **Durchführung** des durch § 6 ermöglichten einheitlich **für eine Liegenschaft beauftragten Messstellenbetriebs** durch den Anschlussnehmer.[1] Die Vorschrift erklärt die Regelungen des Kapitels 2 des 2. Teils (§§ 14 bis 18 – Wechsel des Messstellenbetreibers) für entsprechend anwendbar, die ihrem Wortlaut nach unmittelbar nur für den Grundfall der Beauftragung des Messstellenbetreibers durch den Anschlussnutzer gelten.

2 Abs. 2 stellt sodann klar, dass der **Vertrag über die gebündelte Durchführung** des Messstellenbetriebs zwischen Anschlussnehmer und Messstellenbetreiber abzuschließen ist.

3 Die Regelung hat dabei insgesamt **rein klarstellenden Charakter**.[2] Zum einen formuliert § 6 das Auswahlrecht des Anschlussnehmers so, dass er das Recht „anstatt" des Anschlussnutzers ausübt. Es ist daher nur konsequent und bedarf grundsätzlich keines gesonderten Verweises, die Vorschriften zum Wechsel des Messstellenbetreibers (§§ 14 ff.) auch für den Fall anzuwenden, in dem der Anschlussnehmer anstelle des Anschlussnutzers einen Messstellenbetreiber wählt. Zudem ergibt sich die Notwendigkeit eines Vertrages über die Durchführung des Messstellenbetriebs zwischen dem gewählten Messstellenbetreiber und dem Anschlussnehmer bereits aus § 9 Abs. Nr. 1 Alt. 2.

4 Dass der Gesetzgeber trotzdem eine Norm mit dem Titel „Liegenschaftsmodernisierung" geschaffen hat, unterstreicht die **Bedeutung dieses Themas**. Es wird die Möglichkeit ge-

---

[1] Begründung des Gesetzesentwurfs, BT-Drs. 18/7555, S. 148.
[2] Hiervon geht wohl auch die Gesetzesbegründung aus; BT-Drs. 18/7555, S. 148.

schaffen, durch Synergieeffekte den Nutzen von intelligenter Messtechnik zu steigern, dadurch die Wirtschaftlichkeit des Einbaus zu erhöhen, Gebäudemodernisierungen zu erleichtern und möglichst andere Sparten in ein digitales Energiemanagement einzubeziehen.[3] In der Gesetzesbegründung formuliert der Gesetzgeber sogar eine Anleitung, inwieweit die Kosten des Messstellenbetriebs in den Betriebskosten berücksichtigt werden können.[4]

II. Anwendbarkeit der Vorschriften zum Wechsel des Messstellenbetreibers

Die Vorschriften der §§ **14 ff.** zum **Wechsel des Messstellenbetreibers**, die im Wesentlichen den Rahmen für den Wechselprozess beschreiben, sind **entsprechend** dann **anzuwenden**, wenn der Anschlussnehmer anstelle des Anschlussnutzers von seinem Recht zur Beauftragung eines Messstellenbetreibers Gebrauch macht.

Auch die für die **Abwicklung des Zuständigkeitswechsels** wesentlichen Prozesse[5] der Festlegung „Wechselprozesse im Messwesen"[6] adressieren zwar ausdrücklich nur den Anschlussnutzer, auch wenn nach § 21b Abs. 5 EnWG a. F. auch bisher eine Beauftragung durch den Anschlussnehmer denkbar war.[7] Es macht für die Abwicklung der einzelnen Prozesse auch keinen Unterschied, ob der Anschlussnutzer oder an seiner Stelle der Anschlussnehmer von seinem Wahlrecht Gebrauch macht und damit einen Wechsel des Messstellenbetreibers einleitet. Die Prozesse differenzieren zwischen dem Messstellenbetreiber alt und neu,[8] unabhängig davon, wer ihn gewählt hat, sowie dem Netzbetreiber als „Verwalter der Messstellen". Damit kann nach den Wechselprozessen im Messwesen auch dem Messstellenbetreiber eines Anschlussnehmers eine Messstelle zugeordnet werden.

Problematisch ist allerdings die Implementierung der Regelung des **§ 6 Abs. 2**, nach der das Auswahlrecht des Anschlussnehmers zu einer Beendigung des Vertrages zwischen Anschlussnutzer und Messstellenbetreiber führen soll. Die vertragliche Situation zwischen Anschlussnutzer und bisherigem Messstellenbetreiber ist im Prozess „Beginn Messstellenbetrieb" ohne Relevanz.[9] Der bisherige Messstellenbetreiber wird lediglich darüber informiert, dass eine Neuzuordnung beantragt ist („Information an MSBA über Anmeldebestä-

---

3 Diese Ziele der Liegenschaftsmodernisierung nennt die Bundesregierung auch in ihrer Gegenäußerung zur Stellungnahme des Bundesrates; BT-Drs. 18/7555, Anl. 4, S. 141. Siehe BerlKommEnR/*Drozella*, § 6 MsbG Rn. 4.
4 Begründung des Gesetzesentwurfs, BT-Drs. 18/7555, S. 148.
5 Zur Anpassung der Marktprozesse vor dem Hintergrund des MsbG: BerlKommEnR/*v. Wege*, § 14 und § 60 MsbG Rn. 6.
6 BNetzA, Festl. v. 20.12.2016, BK6-16-200, Anlage 2.
7 BerlKommEnR/*Drozella*, § 6 MsbG Rn. 9.
8 Der neue Messstellenbetreiber ist dabei regelmäßig ein wettbewerblich tätiger Dritter, der Messstellenbetreiber alt der Verteilernetzbetreiber. Letzterer kann aber selbstverständlich auch ein Dritter sein.
9 Anders ist es nach den Geschäftsprozessen zur Kundenbelieferung mit Elektrizität (BK6-16-200, Anlage 1). Hier erhält der bisherige Lieferant im Rahmen des Prozesses Lieferbeginn eine Abmeldeanfrage vom Netzbetreiber, die er vor dem Hintergrund der Vertragslage prüft. Widerspricht er der Abmeldung, führt das zur Ablehnung der Anmeldung (Prozessschritt 3b, S. 35).

§ 39   Liegenschaftsmodernisierung

tigung gegenüber MSBN").[10] Sollte er darin etwa einen Verstoß gegen bestehende vertragliche Vereinbarungen mit dem betreffenden Anschlussnutzer sehen, kann er der Zuordnung nicht direkt widersprechen, sondern hat nur die Möglichkeit, auf seinen Vertragspartner oder den neuen Messstellenbetreiber zuzugehen, um den Konflikt aufzulösen.[11] Neben einer Prüfung, ob die Neuzuordnung einen Verstoß gegen die vertragliche Vereinbarung darstellt, ist nun künftig auch § 6 Abs. 2 zu beachten.

Anderes gilt im Rahmen des für den Messstellenbetreiberwechsel nicht konstitutiven Prozess Kündigung Messstellenbetrieb. Hier kann der neue Messstellenbetreiber zwar in Vertretung des Anschlussnutzers die Dienstleistung des bisherigen Messstellenbetreibers kündigen. Dies gilt jedoch ausdrücklich nicht für Verträge mit einem Anschlussnehmer (gemäß § 6 Abs. 2).[12]

III. Vertragsnotwendigkeit, Kostentragung und -weitergabe

8   Abs. 2 regelt seinem Wortlaut nach eine **Selbstverständlichkeit**. Es erscheint realitätsfern, anzunehmen, ein Messstellenbetreiber führe den gebündelten Messstellenbetrieb ohne vertragliche Grundlage mit seinem Auftraggeber, hier dem Anschlussnehmer, durch. Im Übrigen ergibt sich die Vertragsnotwendigkeit bereits aus § 9 Abs. 1 Nr. 1.

9   Der **Hintergrund der Norm** ergibt sich erst aus der Gesetzesbegründung,[13] wenngleich auch diese eher klarstellenden Charakter hat: Die Kosten des Messstellenbetriebs sollen im Verhältnis Auftraggeber (Anschlussnehmer) und Auftragnehmer (Messstellenbetreiber) abgerechnet werden. Die Klarstellung scheint als Konsequenz des überstimmenden Charakters des Wahlrechts des Anschlussnehmers zu Lasten des grundsätzlich dem Anschlussnutzer zustehenden Rechts erforderlich.[14] Es soll offenbar dem Eindruck entgegengetreten werden, der Anschlussnehmer könne zwar die Wahl bezüglich des Messstellenbetreibers treffen, aber der bzw. die Anschlussnutzer würden dennoch vertraglich verpflichtet und wären Schuldner der Messentgelte.

10 Übt der Anschlussnehmer sein Auswahlrecht aus, ist er grundsätzlich **selbst Vertragspartner**[15] und schuldet dem Messstellenbetreiber die Gegenleistung. Der Anschlussnehmer übernimmt dadurch Kosten, die andernfalls der Anschlussnutzer zu tragen hätte. Daher ist es für den Anschlussnehmer, dies wird regelmäßig ein Vermieter sein, aus wirtschaftlicher Sicht entscheidend, ob er die ihm entstehenden Kosten dem Anschlussnutzer (Mieter) weiterbelasten kann.

11 Bei der Weitergabe von Kosten ist zwischen den laufenden Kosten sowie den einmaligen Investitionskosten zu unterscheiden. Der Anschlussnehmer (Vermieter) kann **laufende Kosten** regelmäßig über die Betriebskostenabrechnung an den Anschlussnutzer (Mieter)

---

10 BNetzA, Festl. v. 20.12.2016, BK6-16-200, Prozessschritt 4, S. 28.
11 Da es regelmäßig zu einem Austausch oder einer Übernahme der vorhandenen Messeinrichtungen kommen dürfte, könnte der bisherige Messstellenbetreiber über diesen Weg (indirekt) den Wechsel scheitern lassen.
12 BNetzA, Festl. v. 20.12.2016, BK6-16-200, S. 16.
13 Begründung zum Regierungsentwurf v. 17.2.2016, BT-Drs. 18/7555, S. 148.
14 BerlKommEnR/*Drozella*, § 6 MsbG Rn. 22.
15 § 9 Abs. 1 Nr. 1.

III. Vertragsnotwendigkeit, Kostentragung und -weitergabe § 39

weiterberechnen. Soweit vom gebündelten Messstellenbetrieb die Sparten Gas, Fernwärme oder Heizwärme umfasst sind, erfolgt bei **Wohnraum** eine Weiterberechnung grundsätzlich nach § 556 Abs. 1 BGB in Verbindung mit § 2 Nr. 4 BetrKV[16] bzw. bei Wasser in Verbindung mit § 2 Nr. 2 BetrKV.[17] Im Übrigen – insbesondere für die Sparte Strom[18] – besteht grundsätzlich die Möglichkeit einer Weitergabe der laufenden Kosten als „sonstige Betriebskosten" nach § 2 Nr. 17 BetrKV. Hiernach können Kosten weiterberechnet werden, die z. B. aufgrund neuartiger technischer Entwicklungen noch nicht absehbar waren.[19]

Für die Weitergabe von Kosten nach § 2 Nr. 17 BetrKV muss es sich jedoch zum einen um **Betriebskosten** im Sinne des § 566 Abs. 1 S. 2 BGB[20] handeln.[21] Zum anderen müssen die Kosten im Mietverhältnis – stillschweigend[22] – vereinbart worden sein.[23] Allein ein Verweis auf § 2 Nr. 17 BetrKV im Mietvertrag ist grundsätzlich nicht ausreichend.[24] **12**

Bei der Vermietung von **Gewerberaum** ist auch die Umlage von Betriebskosten möglich, die nicht in der BetrKV genannt werden. Es bedarf aber auch hier grundsätzlich einer Vereinbarung über die Kosten.[25] **13**

Eine Vereinbarung über „sonstige Betriebskosten" bzw. ein Verweis auf § 2 Nr. 17 BetrKV im Mietvertrag reicht der Literatur nach aus,[26] wenn es sich um laufende Betriebskosten handelt, die infolge **duldungspflichtiger Modernisierungsmaßnahmen** entstehen.[27] Der Einbau intelligenter Messtechnik wird regelmäßig nach § 555d BGB[28] vom Mieter zu dulden sein.[29] Auch der BGH hat in der Vergangenheit eine Wälzung von **14**

---

16 Das gilt nach § 28 Abs. 4 Nr. 1 des Wohnraumförderungsgesetzes v. 13.9.2001 auch für preisgebundenen Wohnraum. § 2 Nr. 4a) BetrKV entspricht – mit Ausnahme der Kosten für die Verbrauchsanalyse – den Kosten nach § 7 Abs. 2 HeizkostenV. Zum Verhältnis zwischen HeizkostenV und BetrKV bei Wohnraum: MüKoBGB/*Schmid*, § 7 HeizkostenV Rn. 2.
17 § 2 Nr. 2 BetrKV entspricht den Kosten nach § 8 Abs. 2 S. 2 HeizkostenV.
18 Hinsichtlich der Preisobergrenze ist § 31 Abs. 5 zu beachten.
19 Begründung zum Verordnungsentwurf, BR-Drs. 568/03, S. 34.
20 Betriebskosten sind Kosten, die dem Eigentümer oder Erbbauberechtigten durch das Eigentum oder das Erbbaurecht am Grundstück oder durch den bestimmungsgemäßen Gebrauch des Gebäudes, der Nebengebäude, Anlagen, Einrichtungen und des Grundstücks laufend entstehen. Nicht umfasst sind Kosten der Instandsetzung und Instandhaltung sowie der Verwaltung. Abgrenzung zu Instandhaltungskosten: BGH, Urt. v. 7.4.2004, VIII ZR 167/03, Rn. 18.
21 BeckOK BGB/*Ehlert*, § 556 Rn. 32.
22 Für eine stillschweigende Einigung reicht es nicht aus, dass der Mieter Betriebskostenabrechnungen unter Einbeziehung bisher nicht vereinbarter Betriebskosten lediglich nicht beanstandet, außer es liegen besondere Umstände vor: BGH, Urt. v. 10.10.2007, VIII ZR 279/06, Rn. 55. Siehe hierzu: *Langenberg/Zehelein*, in: Langenberg/Zehelein, Betriebskosten- und Heizkostenrecht, Rn. 65 ff.
23 BGH, Urt. v. 10.2.2016, VIII ZR 137/15, Rn. 22 mit weiteren Nachweisen.
24 *Drasdo*, NJW-Spezial 2013, 545; BeckOK BGB/*Ehlert*, § 556 Rn. 32; Schmidt-Futterer/*Langenberg*, Mietrecht, § 556 BGB Rn. 47.
25 Schmidt-Futterer/*Langenberg*, Mietrecht, § 556 BGB Rn. 68.
26 Beispielsweise: Schmidt-Futterer/*Langenberg*, Mietrecht, § 556 BGB Rn. 253; *Drasdo*, NJW-Spezial 2013, 545.
27 §§ 555b–555d BGB.
28 § 555d BGB findet über § 578 Abs. 2 BGB auch auf Gewerberaum Anwendung.
29 Als Modernisierungsmaßnahme gilt gemäß § 555b BGB eine bauliche Veränderung, die (zumindest) einem der in § 555b Nr. 1 bis 7 BGB genannten Ziele dient und keine unbillige Härte darstellt. In Betracht kommen die Ziele nach § 555b Nr. 1 BGB (energetische Modernisierung), § 555b Nr. 3 BGB (soweit die Sparte Wasser mit umfasst ist) sowie § 555b Nr. 4 BGB (nachhaltige Erhöhung des Gebrauchswerts). Zusätzlich ist der Mieter nach § 555c BGB drei Monate vor

§ 39   Liegenschaftsmodernisierung

Modernisierungskosten ohne eine ausdrückliche Vereinbarung im Mietverhältnis über eine ergänzende Vertragsauslegung für zulässig gehalten.[30] Allerdings handelte es hier nicht um gänzlich neue Kosten, sondern um solche, die in ähnlicher Form bereits im Vertrag angelegt waren.[31]

15 Liegenschaftsmodernisierungen sollen dem Gesetzeszweck nach gefördert werden.[32] Das spricht dafür, dass eine Weitergabe der laufenden Kosten als Betriebskosten auch **ohne eine ausdrückliche vertragliche Vereinbarung** möglich sein muss, soweit sie **aufgrund duldungspflichtiger Modernisierungsmaßnahmen** entstehen. Anderenfalls würde die Umsetzung einer Liegenschaftsmodernisierung im Sinne des § 39 stets von den oftmals unterschiedlichen mietvertraglichen Vorschriften zu den Betriebskosten abhängen bzw. es bedürfte umfassender Vertragsanpassungen, deren Durchführung erneut von der Gestaltung des jeweiligen Mietvertrags abhängt. Vor diesem Hintergrund reicht es bei duldungspflichtigen Modernisierungsmaßnahmen aus, wenn die Weitergabe „sonstiger Betriebskosten" im Mietvertrag vereinbart wird, ohne dass die durch die Liegenschaftsmodernisierung entstehenden laufenden Kosten ausdrücklich benannt werden.

16 Bei der Vornahme kostenauslösender Maßnahmen ist jedoch stets das sogenannte **mietrechtliche Wirtschaftlichkeitsgebot** zu beachten.[33] Dieses besagt, dass nur die Betriebskosten umlagefähig sind, die sich aus einer ordentlichen Bewirtschaftung einer Liegenschaft ergeben. Die Kosten für die Durchführung einer Liegenschaftsmodernisierung nach den §§ 6, 39 werden sich zwar regelmäßig im Rahmen einer ordentlichen Bewirtschaftung bewegen. Allerdings bedarf es letztlich immer einer Einzelfallprüfung.[34]

17 Abzugrenzen von den Betriebskosten, als laufende Kosten, sind die **einmaligen Investitionskosten**, wie z.B. die Anschaffungskosten von Messeinrichtungen. Diese können nicht im Rahmen der Betriebskosten, sondern bei Wohnraum als Mieterhöhung unter den Voraussetzungen des § 559 BGB weitergereicht werden. Besondere Vorschriften sind im preisgebundenen Wohnraum zu beachten.[35]

Beginn der Modernisierungsmaßnahme über die Art der Maßnahme in wesentlichen Zügen zu informieren.
30 BGH, Urt. v. 27.6.2007, VIII ZR 202/06, Rn. 40.
31 Nach dem Mietvertrag hatte der Mieter die Kosten für eine Gemeinschaftsantenne zu tragen, die durch ein Breitbandkabelanschluss ersetzt wurde.
32 Siehe Rn. 3.
33 Das folgt für nicht preisgebundenen Wohnraum aus §§ 556 Abs. 3, 560 Abs. 5 BGB, für preisgebundenen Wohnraum aus § 20 Abs. 1 Neubaumietenverordnung v. 14.12.1970, BGBl. S. 1667, und für Gewerberaum aus § 242 BGB.
34 Schach/Schultz/*Pfeifer*, BeckOK Mietrecht, § 556 BGB Rn. 20 8 ff.
35 Insbesondere Gesetz zur Sicherung der Zweckbestimmung von Sozialwohnungen v. 24.8.1965, BGBl. I S. 889.

§ 40 Anbindungsverpflichtung

(1) Werden oder sind Messstellen eines Anschlussnutzers mit einem Smart-Meter-Gateway ausgestattet, haben grundzuständige Messstellenbetreiber für eine Anbindung von Erzeugungsanlagen nach dem Erneuerbare-Energien-Gesetz oder dem Kraft-Wärme-Kopplungsgesetz und von modernen Messeinrichtungen an das Smart-Meter-Gateway zu sorgen, soweit die Anbindung technisch möglich ist und dem Anlagenbetreiber durch die Anbindung keine Mehrkosten gegenüber den im Zeitpunkt der Anbindung tatsächlich bereits jährlich anfallenden Kosten für den Messstellenbetrieb ohne intelligentes Messsystem entstehen.

(2) Neue Messeinrichtungen für Gas im Sinne von § 20 sind bei registrierender Leistungsmessung ab dem Jahr 2025 an vorhandene Smart-Meter-Gateways anzubinden, im Übrigen ab dem Zeitpunkt, zu dem die Anbindung technisch möglich ist, und durch die Anbindung dem jeweiligen Anschlussnutzer keine Mehrkosten entstehen.

Schrifttum: *Eder/v. Wege/Weise*, Das Messstellenbetriebsgesetz ist verabschiedet – Startschuss für den Rollout!, IR 2016, 173; *v. Wege/Wagner*, Digitalisierung der Energiewende – Markteinführung intelligenter Messsysteme nach dem Messstellenbetriebsgesetz, N&R 2016, 2.

Übersicht

	Rn.		Rn.
I. Normzweck	1	2. Kostenneutralität	13
II. Entstehungsgeschichte	4	V. Verhältnis zu § 29 Abs. 2	16
III. Anwendungsbereich	6	VI. Anbindung von Messeinrichtungen für Gas	18
1. Persönlicher Anwendungsbereich; Anbindungspflicht	6	1. Messeinrichtung für Gas mit registrierender Leistungsmessung	21
2. Sachlicher Anwendungsbereich	9	2. Sonstige Messeinrichtungen für Gas	22
IV. Anbindung von EEG-, KWK-Anlagen und modernen Messeinrichtungen	12	VII. Kosten der Anbindung	25
1. Technische Möglichkeit	12		

I. Normzweck

§ 40 regelt die Anbindungspflicht von Erzeugungsanlagen nach dem EEG[1] bzw. dem KWKG,[2] modernen Messeinrichtungen[3] und neuen Messeinrichtungen für Gas an ein Smart-Meter-Gateway,[4] sofern der jeweilige Zählpunkt bereits mit einem solchen ausgestattet ist oder wird. Die Norm erfasst die Einbindung und kommunikative Vernetzung derjenigen Erzeugungsanlagen und Verbrauchsstellen, bei denen die Kosten-Nutzen-Analyse eine Ausstattung mit intelligenten Messsystemen als nicht wirtschaftlich bewertet hat und die demzufolge nicht von einer der Ausstattungspflichten mit einem intelligenten Messsys- 1

---
1 § 5 Nr. 1 EEG.
2 § 2 Nr. 14 KWKG.
3 § 2 Nr. 15.
4 § 2 Nr. 19.

§ 40 Anbindungsverpflichtung

tem gemäß § 29 erfasst sind.[5] Sollte aber ohnehin ein Smart-Meter-Gateway aus einem anderen Grunde installiert sein, etwa weil eine andere Ausstattungspflicht greift, sollen dessen Möglichkeiten auch genutzt und Effizienzen erschlossen werden können. § 40 regelt damit folgende drei Fallgruppen: Erstens, die **Anbindung von Erzeugungsanlagen nach dem EEG oder KWKG**. Sie kommt dann in Betracht, wenn der Anschlussnutzer verbrauchs- oder erzeugungsseitig in die Einbaupflicht fällt und zudem Betreiber einer Erzeugungsanlage nach dem EEG bzw. KWKG ist, die nicht von der Einbaupflicht umfasst ist. Zweitens, die **Anbindung moderner Messeinrichtungen**. Sie zielt der Gesetzesbegründung nach ausschließlich auf den Fall, bei dem zuerst eine andere Sparte mit einem Smart-Meter-Gateway ausgestattet wird oder ein erzeugerseitiger Einbaufall gegeben ist.[6] Denkbar ist zusätzlich der Fall, dass eine Messstelle mehrere verbrauchsseitige Zählpunkte Strom umfasst, von denen einer in die Einbaupflicht fällt und die anderen nicht. Die zweite Fallgruppe betrifft vor allem die **Anbindung von neuen Messeinrichtungen für Gas**. Sie findet Anwendung, wenn aufgrund einer verbrauchs- oder erzeugungsseitigen Einbaupflicht bereits ein Smart-Meter-Gateway an der Messstelle vorhanden ist und daneben ein Zählpunkt für Gas existiert.

2   Der Gesetzgeber versteht die Regelung daneben als eine **notwendige Ergänzung** des im EEG angelegten **Eigenverbrauchsprivilegs**[7] und einen wichtigen Wegbereiter für eine standardisierte, massengeschäftstaugliche Kommunikation in Bezug auf Kleinerzeugungsanlagen.[8] Das Anbinden insbesondere von kleinen Erzeugungsanlagen ermöglicht es dem Verbraucher, seine eigene Energiebilanz aufzustellen.[9] Zusätzlich dient es einer besseren Bewertung der Netzauslastung.

3   Ebenso wie bei der Ausstattung mit intelligenten Messsystemen, darf gemäß § 36 Abs. 3, der auf § 40 ausdrücklich Bezug nimmt, weder der Anschlussnutzer noch der Anschlussnehmer eine Anbindung von Erzeugungsanlagen oder neuen Messeinrichtungen für Gas an das intelligente Messsystem verhindern oder nachträglich wieder abändern oder abändern lassen. Mit dieser Regelung soll die **Nachhaltigkeit** des **Anbindungskonzepts** gesichert und der einmal erreichte technische Standard im Nachhinein nicht wieder unterschritten werden.[10] Moderne Messeinrichtungen werden nicht genannt. Zur Sicherung der Nachhaltigkeit des Anbindungskonzept und der einhergehenden Vorteile wird § 36 Abs. 3 aber entsprechend auch auf moderne Messeinrichtungen anwendbar sein.

II. Entstehungsgeschichte

4   Die **Anbindungspflicht**, jedenfalls in Bezug auf Erzeugungsanlagen nach dem EEG und dem KWKG, regelte bereits § 21c Abs. 3 EnWG a. F., der mit dem Gesetz zur Neuregelung

---

5   Ernst & Young, Kosten-Nutzen-Analyse für einen flächendeckenden Einsatz intelligenter Zähler, Studie im Auftrag des BMWi, 2013.
6   Begründung zum Regierungsentwurf vom 17.2.2016, BT-Drs. 18/7555, S. 149.
7   § 61 EEG; hiernach wird der eigenerzeugte Strom insbesondere von Kleinerzeugungsanlagen ganz oder teilweise von der EEG-Umlage befreit.
8   Begründung des Gesetzesentwurfs, BT-Drs. 18/7555, S. 149.
9   So bereits die Begründung zum Gesetzesentwurf zu § 21c Abs. 3 EnWG, BT-Drs. 17/6072, S. 76.
10   Begründung des Gesetzesentwurfs, BT-Drs. 18/7555, S. 147.

energiewirtschaftlicher Vorschriften geschaffen wurde.[11] Durch die Anbindung von Erzeugungsanlagen sollten den Betreibern von Verteilernetzen Daten geliefert werden, aus denen sich Belastungszustände des Netzes herleiten lassen. Beabsichtigt war hiermit ein optimierter Netzbetrieb.[12] Darüber hinaus wurde die Anbindungspflicht bereits als notwendige Ergänzung des Eigenverbrauchsprivilegs des EEG[13] sowie als wichtiger Wegbereiter für eine standardisierte, massengeschäftstaugliche Kommunikation in Bezug auf Kleinerzeugungsanlagen gesehen.[14] Näheres sollte eine Rechtsverordnung regeln. Eine solche wurde allerdings nie erlassen.[15]

Anders als § 40 bezog sich die Anbindungspflicht nach § 21c Abs. 3 EnWG lediglich auf Erzeugungsanlagen nach dem EEG und KWKG und stand unter dem Vorbehalt der technischen Möglichkeit und der wirtschaftlichen Vertretbarkeit. Nunmehr sind auch moderne Messeinrichtungen sowie neue Messeinrichtungen für Gas anzubinden. An die Stelle der wirtschaftlichen Vertretbarkeit tritt zudem die Kostenneutralität. Mit dieser **Anpassung** verfolgt der Gesetzgeber das Ziel, die Grundrechtseinschränkung[16] im Zusammenhang mit der Anbindungspflicht zu legitimieren.[17] Durch eine umfassendere Anbindung, die kostenneutral zu erfolgen hat, steigert sich das Potenzial intelligenter Messtechnik.

III. Anwendungsbereich

1. Persönlicher Anwendungsbereich; Anbindungspflicht

Zur Anbindung verpflichtet ist (nur) der **grundzuständige Messstellenbetreiber**, also der Betreiber von Energieversorgungsnetzen, solange und soweit er seine Grundzuständigkeit für den Messstellenbetrieb nicht im Rahmen einer Ausschreibung übertragen hat, bzw. jedes Unternehmen, das die Grundzuständigkeit über eine Ausschreibung erhalten hat.[18] Dem insofern eindeutigen Wortlaut der Vorschrift nach („haben") kommt dem grundzuständigen Messstellenbetreiber kein Entscheidungsrecht zu, ob er anbindet oder nicht.

Problematisch ist die Benennung des grundzuständigen Messstellenbetreibers insoweit, als die Zuständigkeit für den Messstellenbetrieb der Sparten Strom und Gas auseinanderfallen kann. Da aber lediglich Messstellen für Strom mit intelligenten Messsystemen ausgestattet werden, sind auch nur **grundzuständige Messstellenbetreiber Strom** zum Einbau intelligenter Messsysteme und zum Betrieb des Smart-Meter-Gateways verpflichtet (Smart-Me-

---

11 BGBl. I 2012, S. 27; Umsetzung der Richtlinie des Europäischen Parlaments und Rates v. 13.7.2009 über gemeinsame Vorschriften für den Elektrizitätsbinnenmarkt und zur Aufhebung der Richtlinie 2003/54/EG.
12 Begründung des Gesetzesentwurfs, BT-Drs. 17/6072, S. 79.
13 Damals § 37 Abs. 3 S. 2 EEG 2012.
14 Begründung des Gesetzesentwurfs, BT-Drs. 17/6072, S. 79; so auch: Begründung des Gesetzesentwurfs, BT-Drs. 18/7555, S. 149.
15 Es gab lediglich einen Referentenentwurf einer Verordnung über technische Mindestanforderungen an den Einsatz intelligenter Messsysteme vom BMWi v. 13.3.2013.
16 Eine Erörterung von Grundrechtseingriffen im Zusammenhang mit den Anordnungen der §§ 29 ff. und 41 ff. findet sich in der Begründung zum Regierungsentwurf vom 17.2.2016, BT-Drs. 18/7555, S. 140 ff.
17 Begründung zum Regierungsentwurf vom 17.2.2016, BT-Drs. 18/7555, S. 149.
18 § 2 Nr. 4.

§ 40 Anbindungsverpflichtung

ter-Gateway-Administration). In die Verantwortung des Smart-Meter-Gateway-Administrators fällt auch die Anbindung von Messgeräten und technischen Einrichtungen an das Smart-Meter-Gateway.[19] Daher ist beim Auseinanderfallen der Zuständigkeit für den Messstellenbetrieb der Sparten Strom und Gas der grundzuständige Messstellenbetreiber Strom zur Anbindung von Messeinrichtungen Gas an das von ihm betriebene Smart-Meter-Gateway verpflichtet.

8   Anzubinden sind **Messstellen eines Anschlussnutzers** und damit die Gesamtheit aller Mess-, Steuerungs- und Kommunikationseinrichtungen, die der Messung dienen.[20] Anschlussnutzer ist der zur Nutzung des Netzanschlusses berechtigte Letztverbraucher oder Betreiber von Erzeugungsanlagen nach dem EEG oder KWKG.[21] Im Einzelfall – z. B. bei Mehrpersonenhaushalten oder wenn die Erzeugungsanlage etwa aus steuerlichen Gründen durch ein selbständiges Unternehmen betrieben wird – kann es schwierig sein, festzustellen, ob alle Zählpunkte (verbrauchs- und erzeugungsseitig) demselben Anschlussnutzer bzw. einer Mehrzahl von Anschlussnutzern zuzuordnen sind und wer Betreiber der Erzeugungsanlage(n) ist.[22]

2. Sachlicher Anwendungsbereich

9   Mit der etwas unscharfen Formulierung „Anbindung von Erzeugungsanlagen" dürfte die **Anbindung** der **entsprechenden Messeinrichtungen** gemeint sein und beispielsweise nicht nur der Steuerungseinheiten dieser Anlagen (etwa solcher gemäß § 36 Abs. 2 EEG). Die Anbindungspflicht kann sich dann auch nur auf Erzeugungsanlagen und andere Messeinrichtungen desjenigen Anschlussnutzers beziehen, für die der grundzuständige Messstellenbetreiber bereits den Messstellenbetrieb mit einem intelligenten Messsystem durchführt. Andernfalls wären zunächst vertragliche Vereinbarungen zwischen den beteiligten Messstellenbetreibern notwendig. Wäre ein Messstellenbetreiber als übergreifendes Konzept gewollt gewesen, hätte der Gesetzgeber zugunsten des dritten Messstellenbetreibers auch einen Anspruch auf Anbindung der von ihm betriebenen Messeinrichtungen an ein vorhandenes Smart-Meter-Gateway formuliert.

10 Eine Anbindung an ein Smart-Meter-Gateway ist nur dann tatsächlich möglich, wenn an dem Zählpunkt des Anschlussnutzers bereits ein intelligentes Messsystem eingebaut wurde oder der Einbau bevorsteht.[23] Da die Anbindungspflicht dem Wortlaut nach an das **tatsächliche Vorhandensein eines Smart-Meter-Gateway** anknüpft und nicht an die Einbaupflicht, greift sie auch, wenn eine Messstelle aufgrund eines freiwilligen Einbaus eines intelligenten Messsystems nach § 29 Abs. 2 mit einem Smart-Meter-Gateway ausgestattet ist.[24]

11 In § 46 Nr. 6 wird die Bundesregierung ermächtigt, die **Anbindungsverpflichtung näher auszugestalten**.

---

19 § 25 Abs. 1.
20 §§ 2 Nr. 11, 8.
21 § 2 Nr. 1 i. V. m. § 5 Nr. 2 EEG.
22 Siehe BerlKommEnR/*Säcker/Zwanziger*, § 2 MsbG Rn. 8 f., 59 f.
23 Begründung zum Regierungsentwurf vom 17.2.2016, BT-Drs. 18/7555, S. 148 f.
24 So bereits zu § 21c Abs. 3 EnWG: Britz/Hellermann/*Herzmann*, § 21c EnWG Rn. 26.

IV. Anbindung von EEG-, KWK-Anlagen und modernen Messeinrichtungen

1. Technische Möglichkeit

Die Anbindung von Erzeugungsanlagen nach dem EEG bzw. KWKG sowie moderner Messeinrichtungen steht zunächst unter dem **Vorbehalt der technischen Möglichkeit**. Bereits § 21c Abs. 3 EnWG a.F. sah diesen Vorbehalt vor und verwies insoweit auf den § 21c Abs. 2 EnWG a.F. Dieser definierte die Voraussetzungen für die technische Möglichkeit des Einbaus von Messsystemen. Ein Einbau war hiernach technisch möglich, wenn Messsysteme, die den gesetzlichen Anforderungen genügen, am Markt verfügbar sind. Die technische Möglichkeit des Einbaus intelligenter Messsysteme ist nunmehr in § 30 geregelt, der – differenzierter – ebenfalls auf die Verfügbarkeit der Technik am Markt abstellt.[25] § 40 verweist jedoch nicht auf § 30.[26] Eine zu § 30 vergleichbare Regelung für moderne Messeinrichtungen existiert im Gesetz nicht. Das spricht dafür, dass die technische Möglichkeit im Sinne von § 40 Abs. 1 sich nicht auf das Vorhandensein entsprechender Technik am Markt beziehen soll, sondern die technische Realisierbarkeit der Anbindung im Einzelfall zu prüfen ist. Bestehen etwa physische oder sonstige Hindernisse (z.B. eine zu lange Strecke zwischen Smart-Meter-Gateway und der anzubindenden Messeinrichtung), die eine Anbindung nicht möglich machen, oder die erforderliche technische Lösung steht nicht im Verhältnis zu den damit verbundenen Kosten, greift der Vorbehalt und suspendiert die grundsätzlich bestehende Anbindungspflicht. Das Vorliegen der technischen Möglichkeit ist folglich situativ anhand der örtlichen Gegebenheiten zu prüfen.

2. Kostenneutralität

Dem **Anlagenbetreiber** dürfen durch die Anbindung keine Mehrkosten gegenüber den im Zeitpunkt der Anbindung tatsächlich bereits jährlich anfallenden Kosten für den Messstellenbetrieb ohne intelligentes Messsystem entstehen. Der Gesetzgeber verfolgt eine spartenübergreifende Kostenneutralität (Summe der einzelnen Entgelte für jeden Messstellenbetrieb).[27] Der Vorbehalt der wirtschaftlichen Vertretbarkeit, den § 21c Abs. 3 EnWG a.F. noch vorsah, wird damit konkretisiert. Anders als im Rahmen des Vorbehalts der wirtschaftlichen Vertretbarkeit beim Einbau intelligenter Messsysteme, die durch die Preisobergrenzen definiert wird, ist vor einer Anbindung jeder Einzelfall dahingehend zu überprüfen, ob die Voraussetzung der Kostenneutralität vorliegt.

Der Rechtsnatur eines Vorbehalts, hier der **Kostenneutralität**, entspricht es, dass es dem grundzuständigen Messstellenbetreiber bei der Umsetzung der Anbindungspflicht verwehrt wäre, ein zusätzliches oder höheres Messentgelt zu verlangen. Durch die Verbindung der Messeinrichtung mit dem Smart-Meter-Gateway „entsteht" regelmäßig ein intelligentes Messsystem (vgl. § 2 Nr. 7). Insofern kann der grundzuständige Messstellenbetreiber

---

25 § 30 ist jedoch insoweit dezidierter, als mindestens drei voneinander unabhängige Unternehmen intelligente Messsysteme am Markt anbieten müssen, die den Vorgaben in Schutzprofilen und Technischen Richtlinien des Bundesamtes für Sicherheit in der Informationstechnik genügen, und das Bundesamt für Sicherheit in der Informationstechnik dies feststellen muss.
26 Zu den Regelungen in § 30: *Eder/v. Wege/Weise*, IR 2016, 174.
27 Begründung des Gesetzesentwurfs, BT-Drs. 18/7555, S. 149.

§ 40   Anbindungsverpflichtung

unter Beachtung von § 31 Abs. 5 berechtigt sein,[28] ein an die Vorgaben des § 31 Abs. 1 bis 3 angepasstes Messentgelt zu berechnen.[29]

15 Der Vorbehalt der Kostenneutralität gilt dem eindeutigen Wortlaut nach nur gegenüber **Anlagenbetreibern**, d. h. für die Fälle, wo ein Smart-Meter-Gateway wegen Bestehens einer Einbaupflicht für Letztverbraucher (§ 40 Abs. 1 am Anfang) installiert werden muss. Er greift hingegen nicht im umgekehrten Fall gegenüber einem Letztverbraucher, dessen moderne Messeinrichtung angebunden werden soll, wenn ein intelligentes Messsystem zu installieren ist (war), weil eine Erzeugungsanlage mit einer installierten Leistung größer 7 Kilowatt betrieben wird (§ 29 Abs. 1 Nr. 2). Das ist insoweit konsequent, als das MsbG für den Messstellenbetrieb von modernen Messeinrichtungen ohnehin eine gesetzliche Preisobergrenze vorsieht[30] und sicherstellt, dass die etwaigen zusätzlichen Kosten im ausgewogenen Verhältnis zur Leistung stehen.

V. Verhältnis zu § 29 Abs. 2

16 Die **Anbindung** stellt gegenüber dem **Einbau** eines intelligenten Messsystems ein **Minus** dar.[31] Sie erfasst nämlich insbesondere Fälle, in denen keine Einbaupflicht nach § 29 Abs. 1 besteht. § 40 Abs. 1 umfasst damit EEG- und KWK-Anlagen mit einer installierten Leistung bis einschließlich 7 Kilowatt sowie Letztverbraucher bis einschließlich 6.000 Kilowattstunden Jahresverbrauch.[32] Diese „können" gemäß § 29 Abs. 2 nach Wahl des grundzuständigen Messstellenbetreibers mit intelligenten Messsystemen ausgestattet werden (sog. optionaler Einbau).[33] Insofern stellt sich die Frage nach dem **Verhältnis dieser beiden Vorschriften**, vor allem mit Blick auf die Kostenfolge.

17 Dabei ist zu beachten, dass die Ergänzung der kleinen Erzeugungsanlagen als optionale Einbaufälle erst auf **Vorschlag des Wirtschaftsausschusses** in der finalen Lesung durch den Bundestag ergänzt wurde.[34] Unabhängig davon stellte sich die Frage jedenfalls bereits mit Blick auf die Letztverbrauchergruppe bis 6.000 Kilowattstunden Jahresverbrauch. Sie ist deshalb von besonderer Relevanz, weil sich eine andere Kostenfolge ergibt. Die Anbindungspflicht friert bei Erzeugungsanlagen die im Zeitpunkt der Anbindung bestehende Kostenlast für den Messstellenbetrieb zumindest ein. Sofern sich in Summe ein höheres Entgelt als bisher ergäbe, besteht für den grundzuständigen Messstellenbetreiber keine Pflicht aus § 40 Abs. 1.[35] Bei Nutzung der Ausstattungsoption aus § 29 Abs. 2 kann der grundzuständige Messstellenbetreiber grundsätzlich ein weiteres, durch die jeweils einschlägige Preisobergrenze (vgl. § 31 Abs. 3) gedecktes Messentgelt verlangen. Ausnahmen bilden die Konstellationen des § 31 Abs. 5. In der Variante des § 29 Abs. 2 Nr. 1, also bei Letztverbrauchern mit einem Jahresstromverbrauch bis einschließlich 6.000 Kilowattstunden, besteht mit Blick auf das Konkurrenzverhältnis zwischen § 40 Abs. 1 und § 29

---

28 Vgl. BerlKommEnR/*Salevic/Zöckler*, § 31 MsbG Rn. 34 ff.
29 Zu den Regelungen in § 31: *Eder/v. Wege/Weise*, IR 2016, 174.
30 § 32.
31 So bereits zu § 21c Abs. 3 EnWG: BerlKommEnR/*Drozella*, § 21c EnWG Rn. 37.
32 Oben Rn. 15.
33 Vgl. BerlKommEnR/*Franz*, § 29 MsbG Rn. 24 ff.
34 Beschlussempfehlung und Bericht, BT-Drs. 18/8919.
35 Vgl. oben Rn. 13 ff.

Abs. 2 keine Schwierigkeit, da der Vorbehalt der Kostenneutralität nicht zu beachten ist. Für diese Gruppe reduziert sich der Regelungsgehalt des § 40 Abs. 1 damit auf die Vorgabe, vor Verwendung eines weiteren Smart-Meter-Gateways vorrangig die Anbindung an ein bereits vorhandenes herzustellen, sofern die technische Möglichkeit gegeben ist. Bei Erzeugungsanlagen mit einer installierten Leistung über 1 bis einschließlich 7 Kilowatt (§ 29 Abs. 2 Nr. 2) besteht jedoch tatsächlich eine Konkurrenz der Vorschriften: Nach § 31 Abs. 3 S. 2 darf der grundzuständige Messstellenbetreiber ab 2018 bis zu 60 Euro brutto jährlich als Messentgelt in Rechnung stellen. Insofern ergibt sich im Zusammenspiel von § 40 Abs. 1 und §§ 29 Abs. 2 Nr. 2, 31 Abs. 3 S. 2 ein merkwürdiges Ergebnis, das der erst im Laufe des Gesetzgebungsprozess erfolgten Ergänzung der Fallgruppe des § 29 Abs. 2 Nr. 2 geschuldet sein dürfte: Der grundzuständige Messstellenbetreiber könnte der Anbindungspflicht an ein vorhandenes Smart-Meter-Gateway über den Vorbehalt der Kostenneutralität entgehen und über den Weg der optionalen Ausstattung mit einem eigenen intelligenten Messsystem ein zusätzliches Messentgelt in Höhe bis zu 60 Euro vom Anlagenbetreiber verlangen. Sofern nicht der grundzuständige Messstellenbetreiber aus wirtschaftlichen Gründen gezwungen ist, kein zweites Smart-Meter-Gateway einzusetzen, insbesondere, weil das Messentgelt von 60 Euro brutto dafür nicht auskömmlich ist, dürfte § 40 Abs. 1 insoweit bei kleinen Erzeugungsanlagen nur ausnahmsweise zur Anwendung kommen.

VI. Anbindung von Messeinrichtungen für Gas

Nach Abs. 2 sind **neue Messeinrichtungen für Gas** bei registrierender Leistungsmessung ab dem Jahr 2025 an vorhandene Smart-Meter-Gateways anzubinden.[36] **Andere Messeinrichtungen Gas** sind im Übrigen ab dem Zeitpunkt, zu dem ihre Anbindung technisch möglich und kostenneutral zu verwirklichen ist, anzubinden.

Sind für den **Messstellenbetrieb Strom und Gas unterschiedliche Messstellenbetreiber** zuständig, etwa weil Strom- und Gasnetz von unterschiedlichen Personen betrieben werden, stellt sich die Frage, ob die Anbindung einer Messeinrichtung Gas an ein vorhandenes Smart-Meter-Gateway zur Übernahme der Zuständigkeit für den Messstellenbetrieb Gas durch den grundzuständigen Messstellenbetreiber Strom führt, der auch für das Smart-Meter-Gateway zuständig ist.[37] Gegen eine solche Annahme sprechen folgende Argumente: Die Grundzuständigkeit des Messstellenbetreibers erstreckt sich der Definition nach nur auf die Sparte des jeweiligen Netzbetriebs.[38] Die Übertragung der Grundzuständigkeit für den Messstellenbetrieb (mit modernen Messeinrichtungen und intelligenten Messsystemen) sieht das MsbG nur im Rahmen einer Ausschreibung nach § 41 vor. Im Übrigen erfolgt ein Zuständigkeitswechsel nur, wenn der Anschlussnutzer oder Anschlussnehmer einen Messstellenbetreiber wählt[39] oder ein Fall des § 36 bzw. § 18 gegeben ist. Der Messstellenbetrieb für die Sparte Gas unterliegt zudem anderen technischen Anforderungen. Es

18

19

---

36 Zum Begriff der neuen Messeinrichtung Gas vgl. BerlKommEnR/*Mätzig/Netzband*, § 20 MsbG Rn. 6 f.
37 Sehr kritisch hierzu: Stellungnahme des Verbands kommunaler Unternehmen e. V. zum Referentenentwurf „Gesetz zur Digitalisierung der Energiewende" des BMWi v. 21.9.2015, S. 20.
38 § 2 Nr. 4.
39 §§ 5, 6.

§ 40 Anbindungsverpflichtung

ist nicht zwingend davon auszugehen, dass diese durch den Stromnetzbetreiber eingehalten werden können. Die Anbindung einer Messeinrichtung Gas durch einen Stromnetzbetreiber müsste zudem unter dem Vorbehalt einer Genehmigung nach § 4 stehen, da das Erfordernis nur dann entfällt, wenn eine Genehmigung nach § 4 EnWG vorliegt. Diese bezieht sich wiederum immer auf ein Netz einer bestimmten Sparte.[40]

20 Die Beibehaltung der unterschiedlichen Zuständigkeiten trotz Anbindung an dasselbe Smart-Meter-Gateway erfordert jedoch, dass der Messstellenbetreiber für die Messeinrichtung Gas die Messwerte aus dem Smart-Meter-Gateway erhält. Dieses bedingt, dass er in die sternförmige Kommunikation nach § 60 Abs. 1 und 2 eingebunden wird.[41] Für die Bereitstellung der Daten aus dem Smart-Meter-Gateway kann der grundzuständige Messstellenbetreiber (Strom) nach § 35 Abs. 3 ein angemessenes Entgelt verlangen.[42]

1. Messeinrichtung für Gas mit registrierender Leistungsmessung

21 Nach § 20 Abs. 2 dürfen noch bis zum 31.12.2024 neue Messeinrichtungen für Gas mit registrierender Leistungsmessung, die nicht sicher mit einem Smart-Meter-Gateway verbunden werden können, eingebaut und bis zu acht Jahre ab Einbau, also bis maximal zum 31.12.2032, genutzt werden.[43] Hintergrund ist, dass die derzeitige registrierende Leistungsmessung bereits eine kommunikative Anbindung vorsieht, so dass ein technologischer Wechsel insoweit nicht vordringlich ist.[44] Ab dem 1.1.2025 müssen alle neuen Messeinrichtungen Gas, auch solche mit registrierender Leistungsmessung – ohne jeden Vorbehalt – mit beim selben Anschlussnutzer vorhandenen Smart-Meter-Gateways verbunden werden.

2. Sonstige Messeinrichtungen für Gas

22 Für **Messeinrichtungen Gas, die nicht über eine registrierende Leistungsmessung verfügen**, besteht die Anbindungspflicht ohne Aufschub bereits zu dem Zeitpunkt, zu dem ihre Anbindung technisch möglich ist und diese sich für den Anschlussnutzer als kostenneutral darstellt. Damit steht die Anbindung von Messeinrichtungen Gas ebenso wie die Anbindung von EEG- und KWK-Anlagen unter **zwei Vorbehalten**, der technischen Möglichkeit und einer wirtschaftlichen Vertretbarkeit.[45]

23 **Technisch möglich** ist eine Anbindung erst dann, wenn die Messeinrichtungen anbindbar im Sinne des § 20 Abs. 1 sind. Daneben wird es für die Beurteilung der technischen Möglichkeiten, wie bei der Anbindung von EEG-, KWK-Anlagen und modernen Messeinrichtungen, auf die örtlichen Gegebenheiten ankommen.[46] Dem Anschlussnutzer dürfen durch

---

40 Britz/Hellermann/Hermes/*Hermes*, § 4 EnWG Rn. 14.
41 Nach § 49 Abs. 2 Nr. 1 handelt es sich beim Messstellenbetreiber um eine berechtigte Stelle im Sinne des § 60 Abs. 1. Nach § 50 Abs. 1 Nr. 3 ist die Erhebung, Verarbeitung und Nutzung von Daten einer Messeinrichtung, einer modernen Messeinrichtung, eines intelligenten Messsystems oder mit deren Hilfe auch erforderlich, da rechtliche Verpflichtungen (§ 40) erfüllt werden.
42 Vgl. BerlKommEnR/*Säcker*, § 35 MsbG Rn. 6 f.
43 Siehe BerlKommEnR/*Mätzig/Netzband*, § 20 MsbG Rn. 14.
44 Begründung des Gesetzesentwurfs, BT-Drs. 18/7555, S. 119.
45 *v. Wege/Wagner*, N&R 2016, 2.
46 Siehe hierzu Rn. 13.

die Anbindung zudem keine Mehrkosten gegenüber den im Zeitpunkt der Anbindung tatsächlich bereits jährlich anfallenden Kosten für den Messstellenbetrieb ohne intelligentes Messsystem entstehen.

Ein Konflikt zur **Bestandsschutzregelung** des § 20 Abs. 2, wonach noch bis zum 31.12.2016 neue Messeinrichtungen Gas, die nicht sicher an ein Smart-Meter-Gateway angeschlossen werden können, eingebaut werden dürfen, besteht nicht. Nach § 31 werden erst ab 2017 intelligente Messsysteme und damit Smart-Meter-Gateways verbaut, an die eine Anbindung erfolgen kann. 24

VII. Kosten der Anbindung

Die Anbindung von Erzeugungsanlagen nach dem EEG und KWKG und die Anbindung von Messeinrichtungen für Gas stellen nach § 35 Abs. 1 S. 2 Nr. 6 eine Standardleistung dar, für die der grundzuständige Messstellenbetreiber kein zusätzliches Entgelt verlangen darf (§ 35 Abs. 1 S. 3).[47] Diese Regelung ergänzt insoweit den in § 40 zum Ausdruck kommenden Grundsatz der Kostenneutralität bei der Anbindung von Erzeugungsanlagen bzw. Messeinrichtungen für Gas ohne registrierende Leistungsmessung. 25

---

47 Der BDEW forderte in seiner Stellungnahme zum Regierungsentwurf eines Gesetzes zur Digitalisierung der Energiewende unter Berücksichtigung der Gegenäußerung der Bundesregierung v. 7.4.2016 (Anlage 1, S. 12), dass die kostenfreie Anbindungspflicht von Erzeugungsanlagen nach dem EEG und KWKG zu beschränken ist, da offensichtlich nur in Ausnahmefällen tatsächlich eine kostenfreie Anbindung zu erwarten sei. In der Regel werden bauliche Eingriffe notwendig, die nicht innerhalb der Preisobergrenzen zu tragen und der Sphäre des Anlagenbetreibers zuzurechnen seien.

Kapitel 6
Übertragung der Grundzuständigkeit für moderne Messeinrichtungen und intelligente Messsysteme

§ 41 Möglichkeit zur Übertragung der Grundzuständigkeit

(1) Grundzuständige Messstellenbetreiber können die Grundzuständigkeit für den Messstellenbetrieb von modernen Messeinrichtungen und intelligenten Messsystemen in ihrem Netzgebiet auf ein anderes Unternehmen übertragen, das über eine nach § 4 erforderliche Genehmigung und ein nach § 25 erforderliches Zertifikat verfügt.

(2) [1]Teil 4 des Gesetzes gegen Wettbewerbsbeschränkungen bleibt unberührt. [2]Sollte im Einzelfall der Anwendungsbereich des Gesetzes gegen Wettbewerbsbeschränkungen nicht eröffnet sein, ist Teil 4 des Gesetzes gegen Wettbewerbsbeschränkungen entsprechend anzuwenden.

(3) Bevorstehende, laufende und abgeschlossene Verfahren zur Übertragung von Grundzuständigkeiten für den Messstellenbetrieb von modernen Messeinrichtungen und intelligenten Messsystemen werden für das gesamte Bundesgebiet durch die Bundesnetzagentur auf ihrer Internetseite informatorisch begleitet.

Schrifttum: *Dinter*, Das Gesetz zur Digitalisierung der Energiewende – Startschuss für Smart Meter? Ein Überblick über den Referentenentwurf, ER 2006, 229; *Dreher/Motzke* (Hrsg.), Beck'scher Vergaberechtskommentar, 2. Aufl. 2013; *Kermel/Dinter*, Gesetz zur Digitalisierung der Energiewende, RdE 2016, 158; *Pünder/Schellenberg*, Vergaberecht, 2. Aufl. 2015; *Säcker*, Die Aufgaben der Verteilnetzbetreiber bei zunehmender Erzeugung erneuerbarer Energien und der Digitalisierung der Energiemärkte, EnZW 2016, 294; *Säcker/Zwanziger*, Die Übertragung moderner Messstelleneinrichtungen im Wege der Inhouse-Vergabe, RdE 2016, 381; *Scholtka/Martin*, Die Entwicklung des Energierechts im Jahre 2015, NJW 2016, 918; *Schröder*, Das Konzessionsvergabeverfahren nach der RL 2014/23/EU, NZBau 2015, 351; *Wagner/Brockhoff*, Neue vergaberechtliche Regelungen im Messstellenbetriebsgesetz, RdE 2016, 54; *v. Wege/Wagner*, Digitalisierung der Energiewende, N&R 2016, 2; *Wolf/Dobler/Schüssler*, Das neue Messstellenbetriebsgesetz – ein erster Überblick, VersorgW 2015, 325; *Ziekow/Völlink* (Hrsg.), Vergaberecht, 2. Aufl. 2013.

Übersicht

	Rn.		Rn.
I. Vorbemerkung	1	c) Übertragung der Grundzuständigkeit auf ein anderes Unternehmen	33
II. Bisherige Rechtslage	6	d) Übernahme der Grundzuständigkeit durch ein anderes Unternehmen	35
III. Gesetzgebungsverfahren	9		
IV. Normzweck	15		
V. Persönlicher Anwendungsbereich	16	2. Weitere Aufgaben des grundzuständigen Messstellenbetreibers	36
1. Grundzuständiger Messstellenbetreiber (Abs. 1)	16	VI. Sachlicher Anwendungsbereich	37
a) Betreiber von Energieversorgungsnetzen	18	1. Gegenstand der Übertragung (Abs. 1)	37
b) Trennung von Messstellenbetrieb und Netzbetrieb	21		

a) Grundzuständigkeit für den Messstellenbetrieb von modernen Messeinrichtungen und intelligenten Messsystemen 38
b) Netzgebiet 43
2. Übertragung auf ein anderes Unternehmen (Abs. 1) 46
a) Unternehmensbegriff 47
b) Erforderliche Genehmigung und Zertifikat (Abs. 1) 48
3. Übertragung in Gestalt einer Dienstleistungskonzession 54
4. Übertragung mittels eines Dienstleistungsauftrags 61
5. Laufzeit der Übertragung 65
VII. Ermessen (Abs. 1) 69
VIII. Gesetz gegen Wettbewerbsbeschränkungen (Abs. 2) 70
1. Unmittelbare Anwendbarkeit 71
2. Entsprechende Anwendbarkeit 78
3. Verfahrensregelungen 83
4. Ausnahmen bei öffentlich-öffentlicher Zusammenarbeit 87
5. Rechtsschutz 96
IX. Bundesnetzagentur (Abs. 3) 100

I. Vorbemerkung

Der Ausbau und die Modernisierung der Stromnetze ist ein zentrales Anliegen der **Energiepolitik in Deutschland**. Bereits im Februar 2011 hatte das BMWi die ständige Plattform Energienetze gegründet, aus der u. a. die Arbeitsgruppe Intelligente Netze und Zähler hervorgegangen war. Ziel dieser Arbeitsgruppe war es, einen Entwicklungsplan für die Einführung von intelligenten Zählern und für die Modernisierung der Verteilernetze zu leistungsfähigen intelligenten Netzen zu erstellen. Die Arbeitsgruppe stand hierbei im regelmäßigen Austausch mit dem Gutachterkonsortium, das im Auftrag des BMWi eine Studie über den energiewendekonformen Um- und Ausbaubedarf in den deutschen Verteilernetzen angefertigt hat.[1]

In der Diskussion über die Einführung von intelligenten Zählern und die Modernisierung der Verteilernetze zu leistungsfähigen intelligenten Netzen wurde u. a. auch die Frage der **Finanzierung** dieser Maßnahmen aufgeworfen. Nicht zuletzt vor diesem Hintergrund hat das BMWi im Oktober 2014 in der 5. Sondersitzung zur Kosten-Nutzen-Analyse[2] innerhalb der AG Intelligente Netze und Zähler neue Überlegungen für einen möglichen Ausschreibungsmechanismus vorgestellt.[3] Im sogenannten Eckpunktepapier des BMWi wird die Einführung eines Ausschreibungsmechanismus ebenfalls kurz erwähnt.[4]

Diese Überlegungen zu einem **Ausschreibungsmechanismus** haben in der Folge Eingang in den Gesetzgebungsprozess zum MsbG gefunden. Aus heutiger Sicht kodifizieren die §§ 41 ff. einen Ausschreibungsmechanismus zugunsten des grundzuständigen Messstellenbetreibers mit der erstmaligen Möglichkeit zur Übertragung der Grundzuständigkeit für den Messstellenbetrieb von modernen Messeinrichtungen und intelligenten Messsystemen. Diese Übertragungsmöglichkeit richtet sich an diejenigen grundzuständigen Messstellenbetreiber, die den Rollout nach den Vorgaben des MsbG im zulässigen Rahmen nicht

---

1 BMWi, Plattform Energienetze, abrufbar unter www.bmwi.de.
2 Ernst & Young, Kosten-Nutzen-Analyse für einen flächendeckenden Einsatz intelligenter Zähler, 2013, abrufbar auf www.bmwi.de.
3 VKU, BMWi veröffentlicht neue Überlegungen für einen Ausschreibungsmechanismus, 19.12.2014, abrufbar unter www.vku.de.
4 Dort als Ausschreibungsrecht bezeichnet; vgl. BMWi, Baustein für die Energiewende: 7 Eckpunkte für das „Verordnungspaket Intelligente Netze", S. 4, veröffentlicht mit Pressemitteilung v. 9.2.2015, abrufbar unter www.bmwi.de.

§ 41   Möglichkeit zur Übertragung der Grundzuständigkeit

durchführen können oder wollen. Die Übertragungsmöglichkeit ist damit die logische Folge der Preisobergrenzen des § 31 und stellt eine „Opt-Out-Option" des grundzuständigen Messstellenbetreibers aus der Grundzuständigkeit für den Messstellenbetrieb von modernen Messeinrichtungen und intelligenten Messsystemen dar.[5]

4   Nach den §§ 41 ff. besteht allerdings nicht nur das Recht zur Übertragung der Grundzuständigkeit für den Messstellenbetrieb von modernen Messeinrichtungen und intelligenten Messsystemen, sondern, unter den Voraussetzungen des § 45, auch die **Pflicht zur Übertragung** dieser Grundzuständigkeit.[6]

5   In Abs. 1 ist das **Recht zur Übertragung** der Grundzuständigkeit für den Messstellenbetrieb von modernen Messeinrichtungen und intelligenten Messsystemen geregelt.

II. Bisherige Rechtslage

6   Vor Geltung der §§ 41 ff. bestand für die Betreiber von Energieversorgungsnetzen gemäß § 21b Abs. 2 EnWG a. F. die **Möglichkeit zur Übertragung der Durchführung** des Messstellenbetriebs auf einen Dritten.[7] Die Durchführung des Messstellenbetriebs durch einen Dritten nach § 21b Abs. 2 EnWG a. F. erfolgte auf Wunsch des Anschlussnutzers. Diese Möglichkeit zur Übertragung der Durchführung des Messstellenbetriebs umfasste dabei nicht nur die Entscheidung, den Messstellenbetrieb nicht durch den Netzbetreiber vornehmen zu lassen, sondern auch das Wahlrecht hinsichtlich der Person des Dritten.[8] Allerdings blieb auch bei Durchführung des Messstellenbetriebs durch einen Dritten gemäß § 21b Abs. 2 EnWG a. F. die (Auffang-)Zuständigkeit des Netzbetreibers für den Messstellenbetrieb bestehen.[9]

7   An diese Regelung des § 21b EnWG a. F. knüpfen die §§ 41 ff. einerseits an, andererseits vollzieht sich mit den §§ 41 ff. auch ein **Systemwechsel**. Ebenso wie mit den §§ 41 ff. hatte der Gesetzgeber bereits mit § 21b EnWG a. F. im Jahre 2008 die Rolle des Messstellenbetreibers für weitere Marktakteure geöffnet. Allerdings hat sich mit § 21b EnWG a. F. der erhoffte Wettbewerb nicht eingestellt.[10] Daher wird nun mit der Möglichkeit zur Übertragung der Grundzuständigkeit für den Messstellenbetrieb von modernen Messeinrichtungen und intelligenten Messsystemen diese Aufgabe gänzlich für den Wettbewerb geöffnet, vorausgesetzt, der grundzuständige Messstellenbetreiber entscheidet sich für die Übertragung der Grundzuständigkeit für den Messstellenbetrieb von modernen Messeinrichtungen und intelligenten Messsystemen. Der Systemwechsel liegt also in der Liberalisierung des Messwesens durch die möglich gewordene Übertragung der Grundzuständigkeit für den Messstellenbetrieb von modernen Messeinrichtungen und intelligenten Messsystemen

---

5   Vgl. dazu auch die Begründung zum Regierungsentwurf v. 17.2.2016, BT-Drs. 18/7555, S. 102.
6   Regierungsentwurf v. 17.2.2016, BT-Drs. 18/7555, S. 102; ausführlich zur Pflicht zur Übertragung der Grundzuständigkeit von modernen Messeinrichtungen und intelligenten Messsystemen siehe BerlKommEnR/*Hohenstein-Bartholl*, § 45 MsbG Rn. 1 ff.
7   Ausführlich Danner/Theobald/*Eder*, 88. EL März 2016, § 21b EnWG Rn. 32 ff.; Britz/Hellermann/Hermes/*Herzmann*, § 21b EnWG Rn. 13 ff.; Kment/*Thiel*, § 21b EnWG Rn. 18 ff.
8   Kment/*Thiel*, § 21b EnWG Rn. 20.
9   Vgl. Kment/*Thiel*, § 21b EnWG Rn. 16 m. w. N.; vgl. auch Danner/Theobald/*Eder*, 88. EL März 2016, § 21b EnWG Rn. 28.
10 So auch *Wagner/Brockhoff*, RdE 2016, 54, 55.

vom grundzuständigen Messstellenbetreiber auf einen Dritten. Mit der Übertragung dieser Grundzuständigkeit verliert der grundzuständige Messstellenbetreiber nicht nur die Durchführung, sondern auch die Aufgabe der Grundzuständigkeit für den Messstellenbetrieb von modernen Messeinrichtungen und intelligenten Messsystemen insgesamt.

Die Regelung des § 21b EnWG a.F. wurde zusammen mit weiteren Regelungen zum Messwesen durch das Gesetz zur Digitalisierung der Energiewende aufgehoben.[11]   8

III. Gesetzgebungsverfahren

Das Gesetzgebungsverfahren zum MsbG als **Artikel 1 des Gesetzes zur Digitalisierung der Energiewende**[12] wurde im Jahre 2015 eröffnet und fand im Jahre 2016 seinen Abschluss. Die **Gesetzgebungskompetenz** für das MsbG ergibt sich aus Art. 74 Abs. 1 Nr. 11 GG.[13]   9

Die Möglichkeit zur Übertragung der Grundzuständigkeit von modernen Messeinrichtungen und intelligenten Messsystemen war bereits im **Arbeitsentwurf** des BMWi zum MsbG in den §§ 41 bis 47 angelegt.[14] In dem sich anschließenden Referentenentwurf finden sich die Regelungen zum Übertragungsmechanismus in gekürzter Fassung in den §§ 41 bis 45.[15] Der spätere **Gesetzentwurf der Bundesregierung** hat die §§ 41 bis 45 übernommen und darin die Möglichkeit zur Übertragung der Grundzuständigkeit für den Messstellenbetrieb von modernen Messeinrichtungen und intelligenten Messsystemen ohne wesentliche Änderungen gegenüber dem Referentenentwurf geregelt.[16]   10

Der Gesetzentwurf wurde von der Bundesregierung gemäß Art. 76 Abs. 2 GG beschlossen und am 6.11.2015 an den Bundesrat übersandt.[17] Zum Gesetzentwurf haben am 4.12.2015 zunächst der federführende Wirtschaftsausschuss, der Ausschuss für Agrarpolitik und Verbraucherschutz, der Rechtsausschuss sowie der Ausschuss für Umwelt, Naturschutz und Reaktorsicherheit Empfehlungen abgegeben.[18] Der Bundesrat hat sodann zum Gesetzesentwurf in seiner 940. Sitzung am 18.12.2015 Stellung genommen.[19] Hinsichtlich der Möglichkeit zur Übertragung der Grundzuständigkeit von modernen Messeinrichtungen und intelligenten Messsystemen hat der Bundesrat, wie zuvor bereits seine Ausschüsse,[20] gefordert, im Hinblick auf Art. 80 Abs. 2 und Art. 84 Abs. 1 S. 1 GG im weiteren Gesetzgebungsverfahren eine Aufnahme der **Zustimmungsbedürftigkeit** durch den **Bundesrat** in die Rechtsverordnungsermächtigung nach § 46 zu prüfen. Nach § 46 Nr. 7 wird, soweit es für das Funktionieren der Marktkommunikation mit intelligenten Messsystemen oder   11

---

11 Art. 3 Änderung des EnWG, Nr. 1 b), BT-Drs. 18/7555, S. 54.
12 Sog. Artikelgesetz.
13 Begründung zum Regierungsentwurf v. 17.2.2016, BT-Drs. 18/7555, S. 65.
14 Arbeitsentwurf des BMWi, Entwurf eines Gesetzes zur Digitalisierung der Energiewende in der Fassung v. 7.8.2015.
15 Referentenentwurf des BMWi, Entwurf eines Gesetzes zur Digitalisierung der Energiewende in der Fassung v. 3.9.2015.
16 BR-Drs. 543/15.
17 BR-Drs. 543/15.
18 BR-Drs. 543/1/15.
19 BR-Plenarprotokoll 940, TOP 33b, S. 490 D – 504 D; BR-Drs. 543/15.
20 BR-Drs. 543/1/15, S. 24 f.

§ 41   Möglichkeit zur Übertragung der Grundzuständigkeit

zur wettbewerblichen Stärkung der Rolle des Messstellenbetreibers erforderlich ist, die Bundesregierung ermächtigt, durch Rechtsverordnung ohne Zustimmung des Bundesrates das Verfahren nach den §§ 41 bis 45 näher auszugestalten. Der Bundesrat war der Ansicht, dass Rechtsverordnungen nach § 46 Nr. 7 in die Zuständigkeit der Landesregulierungsbehörden eingreifen könnten.[21]

12   Zur Stellungnahme des Bundesrates hat die **Bundesregierung** am 17.2.2016 eine **Gegenäußerung** abgegeben.[22] Hinsichtlich der vom Bundesrat geforderten Aufnahme der Zustimmungsbedürftigkeit durch den Bundesrat in die Rechtsverordnungsermächtigung nach § 46 sah die Bundesregierung keine rechtliche Grundlage, da die in § 46 genannten Regelungsgegenstände nach ihrer Auffassung, wie das MsbG insgesamt, keinen Eingriff in die Zuständigkeiten der Landesregulierungsbehörden darstellten.[23]

13   Die **erste Lesung** erfolgte in der 159. Sitzung des Bundestages am 26.2.2016 unter TOP 24[24] mit anschließender Überweisung des Gesetzentwurfs in die Ausschüsse.[25] Am 13.4.2016 wurden verschiedene Sachverständige angehört und die Anhörungsteilnehmer haben Stellungnahmen abgegeben.[26] Im Anschluss fanden Gespräche der Koalitionsfraktionen zur Konsensfindung hinsichtlich der umstrittenen Punkte zum MsbG statt. Der Übertragungsmechanismus nach den §§ 41 bis 45 gehörte nicht zu den umstrittenen Punkten.

14   Der **Ausschuss für Wirtschaft und Energie** hat den Gesetzentwurf in seiner 81. Sitzung am 22.6.2016 abschließend beraten.[27] Die **zweite** und **dritte Lesung** fand am 22.6.2016 statt.[28] Die Annahme des Gesetzentwurfs durch den Bundestag erfolgte in seiner 179. Sitzung am 23.6.2016.[29] Das Gesetz zur Digitalisierung der Energiewende vom 29.8.2016 wurde am 1.9.2016 im **Bundesgesetzblatt verkündet**[30] und am 2.9.2016 **wirksam**.[31]

IV. Normzweck

15   Die Möglichkeit zur Übertragung der Grundzuständigkeit für den Messstellenbetrieb von modernen Messeinrichtungen und intelligenten Messsystemen nach den §§ 41 ff. verfolgt im Wesentlichen zwei Zwecke: Zum einen stellt sie eine „**Opt-out-Option**" für Netzbetreiber als grundzuständige Messstellenbetreiber dar, etwa wenn diese sich auf ihr Kerngeschäft „Netzbetrieb" konzentrieren wollen oder die Vorgaben der Preisobergrenzen nicht erfüllen können.[32] Nach Ansicht des Gesetzgebers ist der Mechanismus die logische Folge der Preisobergrenzen, da der Rechtsrahmen für derartige Konstellationen den regulierten

---

21 BR-Drs. 543/15 (Beschluss), S. 17 f.
22 BT-Drs. 18/7555, Anl. 4, S. 138 ff.
23 BT-Drs. 18/7555, Anl. 4, S. 138 ff., S. 144.
24 BT-Drs. 18/7555.
25 BT-Drs. 18/8919, S. 15; BT-Plenarprotokoll 18/159, S. 15731 A – 15739 C.
26 BT-Drs. 18/8919, S. 16; Ausschussdrs. 18(9)771.
27 BT-Drs. 18/8919, S. 22.
28 BT-Plenarprotokoll 18/179, S. 17716 C – 17722 C.
29 BR-Drs. 349/16.
30 BGBl. I v. 1.9.2016, S. 2034 ff.
31 Art. 16 Gesetz zur Digitalisierung der Energiewende.
32 So auch *Säcker*, EnZW 2016, 294, 301; im Ergebnis wohl auch *Kermel/Dinter*, RdE 2016, 158, 162.

Akteuren die Möglichkeit geben müsse, sich von dieser Pflichtaufgabe zu lösen.[33] Zum anderen soll diese Übertragungsmöglichkeit zugleich den **Wettbewerb um den Messstellenbetrieb** stärken. Die mit § 21b EnWG a. F. bezweckte Marktöffnung war gescheitert.[34] Mit den §§ 41 ff. sollen die bislang zurückhaltend agierenden Marktakteure eine Vielzahl von Messstellen in einem Netzgebiet für sich gewinnen und darauf Geschäftsmodelle aufsetzen, die letztlich dem Ziel dienen, auch im Bereich des Messstellenbetriebs für mehr Verbraucherfreundlichkeit und Preisgünstigkeit zu sorgen, so der Gesetzgeber.[35]

V. Persönlicher Anwendungsbereich

1. Grundzuständiger Messstellenbetreiber (Abs. 1)

Adressat der Möglichkeit zur Übertragung der Grundzuständigkeit für den Messstellenbetrieb von modernen Messeinrichtungen und intelligenten Messsystemen ist der grundzuständige Messstellenbetreiber. 16

Wie sich aus der **Legaldefinition des § 2 Nr. 4** ergibt, ist grundzuständiger Messstellenbetreiber der Betreiber von Energieversorgungsnetzen, solange und soweit er seine Grundzuständigkeit für den Messstellenbetrieb nicht nach § 43 auf ein anderes Unternehmen übertragen hat, oder jedes Unternehmen, das die Grundzuständigkeit für den Messstellenbetrieb nach § 43 übernommen hat. 17

a) Betreiber von Energieversorgungsnetzen

Grundzuständiger Messstellenbetreiber ist originär der Betreiber von Energieversorgungsnetzen, § 2 Nr. 4. Der Betreiber von Energieversorgungsnetzen ist also gewissermaßen der **geborene grundzuständige Messstellenbetreiber**[36] und als solcher Adressat der Möglichkeit zur Übertragung der Grundzuständigkeit für den Messstellenbetrieb von modernen Messeinrichtungen und intelligenten Messsystemen. 18

Wer der Betreiber von Energieversorgungsnetzen ist, richtet sich gemäß § 2 S. 2 nach § 3 EnWG.[37] Danach sind Betreiber von Energieversorgungsnetzen die **Betreiber von Elektrizitätsversorgungsnetzen oder Gasversorgungsnetzen**, § 3 Nr. 4 EnWG. Die Betreiber von Elektrizitätsversorgungsnetzen sind natürliche oder juristische Personen oder rechtlich unselbstständige Organisationseinheiten eines Energieversorgungsunternehmens, die Betreiber von Übertragungs- oder Elektrizitätsverteilernetzen sind, § 3 Nr. 2 EnWG. Die Betreiber von Gasversorgungsnetzen sind natürliche oder juristische Personen oder rechtlich unselbstständige Organisationseinheiten eines Energieversorgungsunternehmens, die Gasversorgungsnetze betreiben, § 3 Nr. 6 EnWG. 19

Mit der Bezugnahme in § 2 Nr. 4 auf den Betreiber von Energieversorgungsnetzen im Sinne des § 3 Nr. 4 EnWG nimmt der Gesetzgeber die ursprüngliche Formulierung aus dem 20

---

33 Begründung zum Regierungsentwurf v. 17.2.2016, BT-Drs. 18/7555, S. 102.
34 Vgl. BerlKommEnR/*Hohenstein-Bartholl*, § 41 Rn. 6 f.
35 Begründung zum Regierungsentwurf v. 17.2.2016, BT-Drs. 18/7555, S. 102.
36 Vom geborenen grundzuständigen Messstellenbetreiber sprechen auch *Kermel/Dinter*, RdE 2016, 158, 162.
37 Vgl. auch BerlKommEnR/*Säcker/Zwanziger*, § 2 MsbG Rn. 61.

§ 41   Möglichkeit zur Übertragung der Grundzuständigkeit

Arbeitsentwurf wieder auf.[38] Im zwischenzeitlichen Referentenentwurf war zwar als grundzuständiger Messstellenbetreiber lediglich der Betreiber von Energieversorgungsnetzen der allgemeinen Versorgung im Sinne des § 3 Nr. 17 EnWG vorgesehen. Von dieser Einschränkung hat der Gesetzgeber jedoch Abstand genommen. Damit sind auch Betreiber von geschlossenen Verteilernetzen[39] grundzuständige Messstellenbetreiber im Sinne des § 2 Nr. 4[40] und mithin Adressaten der Möglichkeit zur Übertragung der Grundzuständigkeit für den Messstellenbetrieb von modernen Messeinrichtungen und intelligenten Messsystemen.

b) Trennung von Messstellenbetrieb und Netzbetrieb

21 Allerdings obliegt dem Betreiber von Energieversorgungsnetzen die Grundzuständigkeit für den Messstellenbetrieb von modernen Messeinrichtungen und intelligenten Messsystemen als grundzuständiger Messstellenbetreiber und nicht als Netzbetreiber, da der **Messstellenbetrieb keine Aufgabe des Netzbetriebs** mehr ist.[41]

22 Die Aufgabentrennung von Messstellenbetrieb und Netzbetrieb ist in § 1 Nr. 3 geregelt. Hintergrund dieser Aufgabentrennung sind zunächst regulatorische Aspekte.[42] Mithilfe der **buchhalterischen Entflechtung**[43] soll verhindert werden, dass bei einem Betreiber von Energieversorgungsnetzen die Kosten, die ihm als grundzuständigem Messstellenbetreiber im Rahmen der Grundzuständigkeit für den Messstellenbetrieb von modernen Messeinrichtungen und intelligenten Messsystemen entstehen, in die Erlösobergrenzen eingehen.[44] Ansonsten würde der Betreiber von Energieversorgungsnetzen als grundzuständiger Messstellenbetreiber durch das Erlösobergrenzen-Regime gegenüber denjenigen grundzuständigen Messstellenbetreibern, denen die Grundzuständigkeit für den Messstellenbetrieb von modernen Messeinrichtungen und intelligenten Messsystemen nach Abs. 1 übertragen wurde und die keine Betreiber von Energieversorgungsnetzen sind,[45] einen **unzulässigen Wettbewerbsvorteil** erlangen und der Wettbewerb um den Messstellenbetrieb würde behindert werden.[46]

23 Die Herausnahme des Messstellenbetriebs aus dem Netzbetrieb dient zudem der weiteren **Liberalisierung des Messwesens**.[47] Der Messstellenbetrieb ist nicht mehr allein und unbedingt Aufgabe des Betreibers von Energieversorgungsnetzen, sondern des grundzuständigen Messstellenbetreibers oder des beauftragten Dritten. Die Vorschrift des § 3, die den

---

38 Arbeitsentwurf des BMWi, Entwurf eines Gesetzes zur Digitalisierung der Energiewende in der Fassung v. 7.8.2015, § 2 Nr. 3.
39 Vgl. § 110 EnWG.
40 So auch *Kermel/Dinter*, RdE 2016, 158, 159.
41 Begründung zum Regierungsentwurf v. 17.2.2016, BT-Drs. 18/7555, S. 76; zu den vergaberechtlichen Folgen der Herausnahme des Messwesens aus dem Netzbetrieb siehe BerlKommEnR/*Hohenstein-Bartholl*, § 41 MsbG Rn. 70.
42 Vgl. auch die Begründung zum Regierungsentwurf v. 17.2.2016, BT-Drs. 18/7555, S. 73.
43 Vgl. § 3 Abs. 4 S. 2; ausführlich siehe hierzu die Kommentierung zu § 3 Abs. 4.
44 Gesetzesbegründung, BT-Drs. 18/7555, S. 77; ausführlich siehe hierzu die Kommentierung zu § 7.
45 Bei dem Unternehmen, auf das die Grundzuständigkeit für den Messstellenbetrieb für moderne Messeinrichtungen und intelligente Messsysteme nach Abs. 1 übertragen wird, muss es sich nicht um einen Betreiber von Energieversorgungsnetzen handeln, vgl. hierzu sogleich Rn. 47.
46 Vgl. auch die Begründung zum Regierungsentwurf v. 17.2.2016, BT-Drs. 18/7555, S. 77.
47 Vgl. dazu erneut unter Rn. 7 und 15.

Messstellenbetrieb regelt, greift zwar die Regelung des Aufgabenbereichs des Messstellenbetreibers aus dem alten § 21b EnWG 2011 auf, präzisiert sie aber auch.[48] Hierbei nimmt § 3 Abs. 1 S. 2 eine zentrale Weichenstellung vor. Die Funktion des Smart-Meter-Gateway-Administrators wird dem Messstellenbetrieb zugeordnet. Damit wird die Liberalisierung des Messwesens konsequent fortgeführt und diese zukunftsträchtige Rolle wird für den Markt geöffnet.[49]

Der **Wettbewerb um den Messstellenbetrieb** wird durch die Möglichkeit zur Übertragung der Grundzuständigkeit für den Messstellenbetrieb von modernen Messeinrichtungen und intelligenten Messsystemen nach den §§ 41 ff. weiter gestärkt. Zwar hatte der Gesetzgeber im Energiewirtschaftsgesetz bereits im Jahre 2008 die Rolle des Messstellenbetreibers grundsätzlich auch für weitere Marktakteure geöffnet, allerdings hat sich der erhoffte Wettbewerb durch diese Öffnung nicht eingestellt.[50] Als Konkurrenten können die bislang zurückhaltend agierenden Marktakteure nunmehr eine Vielzahl an Messstellen in einem Netzgebiet für sich gewinnen und darauf Geschäftsmodelle aufsetzen, die letztlich dem Ziel dienen, auch im Bereich des Messstellenbetriebs für mehr Verbraucherfreundlichkeit und Preisgünstigkeit zu sorgen.[51]

24

Im Übertragungsmechanismus der §§ 41 ff. manifestiert sich damit auch der Systemwechsel gegenüber der Regelung des § 21b Abs. 2 EnWG a. F.[52] Bei der Übertragung der Durchführung des Messstellenbetriebs nach § 21b Abs. 2 EnWG a. F. galt die gesetzliche (Auffang-)Zuständigkeit des Betreibers von Energieversorgungsnetzen für den Messstellenbetrieb fort, auch wenn die Messstelle einem Dritten zugeordnet war.[53] Der Betreiber von Energieversorgungsnetzen blieb also auch bei Durchführung des Messstellenbetriebs durch einen Dritten für den Messstellenbetrieb verantwortlich.

25

Mit der Möglichkeit zur Übertragung der Grundzuständigkeit für den Messstellenbetrieb von modernen Messeinrichtungen und intelligenten Messsystemen nach Abs. 1 hingegen übernimmt das Unternehmen, das den Zuschlag erhält, die Aufgabe der Grundzuständigkeit für den Messstellenbetrieb von modernen Messeinrichtungen und intelligenten Messsystemen, § 43 Abs. 1 S. 1, 1. Hs. Gleichzeitig wird der abgebende grundzuständige Messstellenbetreiber von seinen Verpflichtungen aus Teil 2 Kapitel 4 befreit, § 43 Abs. 1 S. 2.[54] Von einer Auffangzuständigkeit des Netzbetreibers für den Messstellenbetrieb von modernen Messeinrichtungen und intelligenten Messsystemen dürfte in diesem Zusammenhang nicht auszugehen sein. Zwar ist zu konstatieren, dass aus § 11 Abs. 2 S. 1 eine Zuständigkeit des grundzuständigen Messstellenbetreibers für den Messstellenbetrieb für den Fall abgeleitet werden kann, dass der Messstellenbetreiber – mithin der wettbewerbliche Messstellenbetreiber – ausfällt, ergänzt um die Kompetenz des Netzbetreibers zur Ergreifung von Notfallmaßnahmen zur vorübergehenden Sicherstellung des Messstellenbetriebs. Sofern jedoch (wiederum) der grundzuständige Messstellenbetreiber ausfällt, hat der Netzbetreiber nach § 11 Abs. 2 S. 3 zur dauerhaften Sicherstellung des Messstellenbetriebs das

26

---

48 Begründung zum Regierungsentwurf v. 17.2.2016, BT-Drs. 18/7555, S. 76.
49 Begründung zum Regierungsentwurf v. 17.2.2016, BT-Drs. 18/7555, S. 76.
50 Vgl. dazu erneut unter Rn. 7 m. w. N.
51 Begründung zum Regierungsentwurf v. 17.2.2016, BT-Drs. 18/7555, S. 102.
52 Vgl. hierzu bereits unter Rn. 7.
53 Vgl. dazu erneut unter Rn. 6.
54 Ihm verbleibt lediglich die Zuständigkeit für die Messstellen ohne moderne Messeinrichtungen und intelligente Messsysteme, § 43 Abs. 1 S. 2 Hs. 2.

§ 41 Möglichkeit zur Übertragung der Grundzuständigkeit

Übertragungsverfahren für die Grundzuständigkeit für den Messstellenbetrieb für moderne Messeinrichtungen und intelligente Messsysteme nach den §§ 41 bis 45 anzustrengen.[55] Damit obliegt dem grundzuständigen Messstellenbetreiber zwar bei Ausfall des Messstellenbetreibers – mithin des wettbewerblichen Messstellenbetreibers – die Zuständigkeit für den Messstellenbetrieb. Insoweit muss jedoch unterstellt werden, dass es sich hierbei um eine Zuständigkeit nicht des Netzbetreibers (als geborenem grundzuständigem Messstellenbetreiber), sondern des grundzuständigen Messstellenbetreibers, auf den die Grundzuständigkeit für den Messstellenbetrieb von modernen Messeinrichtungen und intelligenten Messsystemen nach Abs. 1 übertragen worden ist, handelt. Denn in § 11 Abs. 1 S. 1 ist ausdrücklich von der Übernahme durch den grundzuständigen Messstellenbetreiber und nicht durch den Netzbetreiber die Rede, während § 11 Abs. 2 S. 3 die Obliegenheiten des Netzbetreibers bei Ausfall des grundzuständigen Messstellenbetreibers unter ausdrücklicher Nennung des Netzbetreibers und in Abgrenzung zum (ausfallenden) grundzuständigen Messstellenbetreiber regelt. Nach § 11 Abs. 2 S. 1 ist der Netzbetreiber bei einem Ausfall des grundzuständigen Messstellenbetreibers gehalten, zur dauerhaften Sicherstellung des Messstellenbetriebs das Übertragungsverfahren für die Grundzuständigkeit für den Messstellenbetrieb für moderne Messeinrichtungen und intelligente Messsysteme nach den §§ 41 bis 45 anzustrengen. Mit anderen Worten: Der Gesetzgeber entlastet den Netzbetreiber bei Ausfall des grundzuständigen Messstellenbetreibers und gibt ihm den Übertragungsmechanismus der §§ 41 ff. an die Hand. Insoweit kann man allenfalls von einer **temporären Auffangzuständigkeit des Netzbetreibers** sprechen. Im Rahmen dieser temporären Auffangzuständigkeit dürfte der Netzbetreiber zudem Notfallmaßnahmen zur vorübergehenden Sicherstellung des Messstellenbetriebs ergreifen können und die vorübergehende Sicherstellung des Messstellenbetriebs beinhaltet nicht die Pflicht zur Ausstattung mit intelligenten Messsystemen oder modernen Messeinrichtungen nach den §§ 29 bis 32.[56] Dies gilt zum einen in den Fällen des § 11 Abs. 1 S. 1 und 2 unmittelbar, also wenn der – wettbewerbliche – Messstellenbetreiber ausfällt, ohne dass zum Zeitpunkt des Ausfalls der grundzuständige Messstellenbetreiber den Messstellenbetrieb übernimmt. Zum anderen dürfte dies in entsprechender Anwendung des § 11 Abs. 1 S. 1 und 2 auch in dem Fall des § 11 Abs. 3 S. 3 gelten, sofern und solange der grundzuständige Messstellenbetreiber ausfällt, ohne dass es auf einen etwaigen (vorherigen) Ausfall des – wettbewerblichen – Messstellenbetreibers ankommt. Dann müsste erst recht der Netzbetreiber Notfallmaßnahmen zur vorübergehenden Sicherstellung des Messstellenbetriebs ergreifen können und die vorübergehende Sicherstellung des Messstellenbetriebs dürfte ebenso wenig die Pflicht zur Ausstattung mit intelligenten Messsystemen oder modernen Messeinrichtungen nach den §§ 29 bis 32 umfassen, § 11 Abs. 2 S. 1 und 2.

27 Damit lässt sich die These aufstellen, dass den Netzbetreibern **im Falle des Ausfalls des grundzuständigen Messstellenbetreibers** mit § 11 Abs. 2 S. 1 bis 3 allenfalls eine temporäre Auffangzuständigkeit bis zur erfolgreichen Übertragung der Grundzuständigkeit für den Messstellenbetrieb von modernen Messeinrichtungen und intelligenten Messsystemen[57] obliegt und dass diese temporäre Auffangzuständigkeit nicht die Pflicht zur Ausstattung mit intelligenten Messsystemen oder modernen Messeinrichtungen nach den §§ 29 bis 32 umfasst.

---

55 Vgl. hierzu auch die Kommentierung zu § 18 Abs. 2 S. 1 und 3.
56 Vgl. dazu erneut § 11 Abs. 2 S. 1 und 2.
57 Vgl. hierzu § 43 und BerlKommEnR/*Hohenstein-Bartholl*, § 43 MsbG.

Im Übrigen stünde eine dauerhafte und umfassende Auffangzuständigkeit des Netzbetreibers mit der Verpflichtung zur Ausstattung mit intelligenten Messsystemen oder modernen Messeinrichtungen nach den §§ 29 bis 32 mit dem **Sinn und Zweck des Übertragungsmechanismus** der §§ 41 ff. nicht in Einklang. Wie dargestellt, stellt die Möglichkeit zur Übertragung der Grundzuständigkeit für den Messstellenbetrieb von modernen Messeinrichtungen und intelligenten Messsystemen nach den §§ 41 ff. eine „Opt-Out-Option" für Netzbetreiber als grundzuständige Messstellenbetreiber dar, etwa wenn diese sich auf ihr Kerngeschäft „Netzbetrieb" konzentrieren wollen oder die Vorgaben der Preisobergrenzen nicht erfüllen können.[58] Eine dauerhafte und umfassende Auffangzuständigkeit des Netzbetreibers einschließlich Verpflichtung zur Ausstattung mit intelligenten Messsystemen oder modernen Messeinrichtungen nach den §§ 29 bis 32 trotz dessen „Opt-Outs" für den Fall, dass der grundzuständige Messstellenbetreiber ausfällt, wäre mit diesem Sinn und Zweck nicht zu vereinbaren. An anderer Stelle in der Gesetzesbegründung wird insoweit ausgeführt, dass der grundzuständige Messstellenbetreiber – selbst bei Erfolglosigkeit eines Verfahrens nach Abs. 1 – nicht zur Umsetzung eines flächendeckenden Rollouts gezwungen wird. Vielmehr hängt die Übernahme der Einbauverpflichtung durch die Verteilernetzbetreiber – mit ihren wirtschaftlichen Chancen (langfristige Kundenbindungen) und Risiken (wirtschaftlich ineffiziente Ausführung) – letztlich vom Willen des Verteilernetzbetreibers selbst ab.[59] Würde man trotzdem eine dauerhafte und umfassende Auffangzuständigkeit des Netzbetreibers einschließlich Verpflichtung zur Ausstattung mit intelligenten Messsystemen oder modernen Messeinrichtungen nach den §§ 29 bis 32 annehmen, wäre dies wohl nicht mit dem **Verhältnismäßigkeitsgrundsatz** zu vereinbaren.

Vielmehr greift für den Fall, dass der Netzbetreiber (noch) der geborene grundzuständige Messstellenbetreiber ist, also (noch) keine Übertragung des Messstellenbetriebs von modernen Messeinrichtungen und intelligenten Messsystemen stattgefunden hat, und der Netzbetreiber als grundzuständiger Messstellenbetreiber ausfällt, die Regelung des § 45. Darin ist der Ausfall des Netzbetreibers bzw. es sind die Rechtsfolgen für den Fall geregelt, dass der grundzuständige Messstellenbetreiber zur Erfüllung bestimmter ihm obliegender Verpflichtungen aus unterschiedlichen Gründen nicht in der Lage ist.[60] Dies gilt auch für den Netzbetreiber als geborenen grundzuständigen Netzbetreiber. Wie sich aus § 45 ergibt, folgt für die dort geregelten Fälle eines **Ausfalls des grundzuständigen Messstellenbetreibers** dessen Verpflichtung zur Durchführung eines Verfahrens zur Übertragung der Grundzuständigkeit. Damit kommt sowohl für den Ausfall des grundzuständigen Messstellenbetreibers gemäß § 11 Abs. 3 S. 3 als auch für den Ausfall des Netzbetreibers via § 45 einheitlich das Übertragungsverfahren der §§ 41 ff. zum Tragen.

Nach alledem liegt der oben angesprochene **Systemwechsel** darin, dass der Messstellenbetrieb von modernen Messeinrichtungen und intelligenten Messsystemen in den Wettbewerb gestellt werden kann und auch im Wettbewerb verbleibt, sobald sich der grundzuständige Messstellenbetreiber einmal zum „Opt-Out" entscheidet.[61] Insoweit ist dann aber auch die Trennung von Messstellenbetrieb und Netzbetrieb konsequent. Denn ansonsten hätte der Betreiber von Energieversorgungsnetzen als grundzuständiger Messstellenbetreiber, der von der Übertragungsmöglichkeit nach Abs. 1 keinen Gebrauch macht, gegenüber

---

58 Vgl. dazu BerlKommEnR/*Hohenstein-Bartholl*, § 41 MsbG Rn. 15.
59 Begründung zum Regierungsentwurf v. 17.2.2016, BT-Drs. 18/7555, S. 99.
60 Vgl. dazu BerlKommEnR/*Hohenstein-Bartholl*, § 45 MsbG Rn. 1 ff.
61 Vgl. hierzu auch BerlKommEnR/*Hohenstein-Bartholl*, § 41 MsbG Rn. 35.

§ 41   Möglichkeit zur Übertragung der Grundzuständigkeit

denjenigen grundzuständigen Messstellenbetreibern, denen die Grundzuständigkeit für den Messstellenbetrieb von modernen Messeinrichtungen und intelligenten Messsystemen gemäß Abs. 1 übertragen wurde und die keine Betreiber von Energieversorgungsnetzen sind,[62] ggf. Wettbewerbsvorteile, die sich aus der besonderen Rolle des Betreibers von Energieversorgungsnetzen, auch über das Erlösobergrenzen-Regime hinaus, ergeben. Die Herausnahme des Messstellenbetriebs aus dem Netzbetrieb trägt also dazu bei, dass sich die Wettbewerbsbedingungen zwischen den verschiedenen Marktakteuren angleichen, soweit der Messstellenbetrieb von modernen Messeinrichtungen und intelligenten Messsystemen betroffen ist.

31 *Säcker* stellt im Zusammenhang mit der **Rolle des Verteilernetzbetreibers** als grundzuständigem Messstellenbetreiber die grundsätzliche Frage, ob nicht das bestehende kleinteilige Verteilernetzsystem der **Reform** bedürfe. Anlass zu dieser Frage sei nämlich auch die Liberalisierung und Digitalisierung des Messwesens, die bislang bei den Verteilernetzbetreibern liege, durch das MsbG. Die Einführung des MsbG biete die Möglichkeit zu einer solchen Reform. Die europäischen Überlegungen, die Rolle der Verteilernetzbetreiber als neutrale Marktmittler zwischen zentralen und dezentralen fluktuierenden Stromflüssen zu implementieren, werde auf nationaler Ebene komplementiert, wenn der moderne Messstellenbetrieb mit seiner Steuerungsfähigkeit auf eine mittlere Ebene „hochwandere".[63]

32 Die Berechnungen der Kosten-Nutzen-Analyse verdeutlichten, so *Säcker*, dass die Ausübung des Messstellenbetriebs durch ca. 900 Verteilernetzbetreiber unwirtschaftlich sei. Im Bundesgebiet könnten nach einer Liberalisierung bei gesetzlicher Verankerung der geplanten Preisobergrenzen höchstens 20–30 Messstellenbetreiber die Aufgabe sinnvoll erfüllen. Diese Zahl entspreche in etwa der Zahl der systemrelevanten Verteilernetzbetreiber mit einer Netz-Infrastruktur, die ihnen die Erfüllung der Aufgaben eines regionale Marktungleichgewichte neutral ausgleichenden Facilitators erlaube. Dem Effizienzgesichtspunkt werde am stärksten durch eine Aufgabenverteilung im Energieversorgungssystem entsprochen, bei dem eine deutlich reduzierte Anzahl von Verteilernetzbetreibern die Aufgaben erfüllten. Niemand hindere auch kleinere Verteilernetzbetreiber, durch Fusionen Gemeinschaftsunternehmen zu bilden oder sonstige höherstufige Kooperationen mit dem Ziel einzugehen, einen neuen leistungsfähigen Verteilernetzbetreiber zu bilden, der IT-technisch, ökonomisch und personell die Voraussetzungen für einen systemrelevanten Netzbetrieb erfülle. Statt einer lediglich zeitlichen Übertragung des Messstellenbetriebs biete es sich an, die neue Aufgabenverteilung für eine **dauerhafte Umstrukturierung der Verteilernetzebene** zu nutzen.[64]

c) Übertragung der Grundzuständigkeit auf ein anderes Unternehmen

33 Der Betreiber von Energieversorgungsnetzen ist dann nicht mehr grundzuständiger Messstellenbetreiber, wenn er seine Grundzuständigkeit für den Messstellenbetrieb von modernen Messeinrichtungen und intelligenten Messsystemen gemäß § 43 auf ein anderes Unternehmen übertragen hat, § 2 Nr. 4 Fall 1.[65] Ab diesem Zeitpunkt ist der Betreiber von Ener-

---

62 Vgl. hierzu BerlKommEnR/*Hohenstein-Bartholl*, § 41 MsbG Rn. 47.
63 *Säcker*, EnZW 2016, 294, 301.
64 *Säcker*, EnZW 2016, 294, 302.
65 § 2 Nr. 4 Fall 1 verweist insoweit allerdings lediglich auf § 43; ausführlich hierzu BerlKommEnR/*Hohenstein-Bartholl*, § 43 MsbG Rn. 1 ff.

gieversorgungsnetzen naturgemäß auch **kein Adressat** der Möglichkeit zur Übertragung der Grundzuständigkeit für den Messstellenbetrieb von modernen Messeinrichtungen und intelligenten Messsystemen mehr. Der grundzuständige Messstellenbetreiber wird mit der Übertragung der Grundzuständigkeit für den Messstellenbetrieb von modernen Messeinrichtungen und intelligenten Messsystemen zum vormaligen grundzuständigen Messstellenbetreiber.[66]

Mit der Übertragung der Grundzuständigkeit für den Messstellenbetrieb von modernen Messeinrichtungen und intelligenten Messsystemen wird der abgebende grundzuständige Messstellenbetreiber von seinen Verpflichtungen aus Teil 2 Kapitel 4 befreit, § 43 Abs. 1 S. 2. Hieran ändert auch ein späterer Wechsel des Betreibers von Energieversorgungsnetzen nichts, wie der Gesetzgeber erkannt hat: Bei einem **Wechsel des Netzbetreibers aufgrund Neuvergabe der Wegenutzungsrechte** geht der grundzuständige Messstellenbetrieb nur dann auf den neuen Netzbetreiber über, wenn der vormalige Netzbetreiber diese Aufgabe selbst wahrgenommen hat oder sie in seinem Auftrag wahrnehmen ließ. Sofern ein Unternehmen die Grundzuständigkeit für den Messstellenbetrieb von modernen Messeinrichtungen und intelligenten Messsystemen vom Netzbetreiber übertragen bekommen hat, bleibt diese Grundzuständigkeit bis zum Ablauf der Übertragung bestehen und fällt nicht automatisch auf den neuen Elektrizitätsverteilernetzbetreiber.[67]

d) Übernahme der Grundzuständigkeit durch ein anderes Unternehmen

Das Unternehmen, das bei einer Übertragung der Grundzuständigkeit für den Messstellenbetrieb von modernen Messeinrichtungen und intelligenten Messsystemen durch den grundzuständigen Messstellenbetreiber den Zuschlag erhält, übernimmt diese Grundzuständigkeit, insbesondere die Verpflichtungen aus § 29, zu den von ihm im Angebot beschriebenen Bedingungen gemäß § 43 Abs. 1 S. 1. Dieses Unternehmen ist dann der neue grundzuständige Messstellenbetreiber[68] und damit gewissermaßen der **gekorene grundzuständige Messstellenbetreiber**. Ob auch dieses Unternehmen als neuer grundzuständiger Messstellenbetreiber Adressat des Abs. 1 ist und die Möglichkeit zur (weiteren) Übertragung der Grundzuständigkeit für den Messstellenbetrieb von modernen Messeinrichtungen und intelligenten Messsystemen hat, ist nicht geregelt. Ausgeschlossen erscheint dies indes nach dem Wortlaut des Abs. 1 nicht. Denn auch der neue grundzuständige Messstellenbetreiber ist ein grundzuständiger Messstellenbetreiber. Ergänzend ist in diesem Zusammenhang auf § 11 Abs. 2 zurückzukommen. Angesichts dieser Regelung einschließlich des darin enthaltenen Verweises auf die §§ 41 bis 45 ist, wie ausgeführt, eine dauerhafte und umfassende Auffangzuständigkeit des Netzbetreibers einschließlich Verpflichtung zur Ausstattung mit intelligenten Messsystemen oder modernen Messeinrichtungen nach den §§ 29 bis 32 abzulehnen.[69] Dann ist es aber wiederum auch konsequent, dass **der neue grundzuständige Messstellenbetreiber ebenfalls Adressat des Abs. 1** sein kann, damit auch er die Möglichkeit hat, sich von dieser Aufgabe zu lösen. Mit der Unterscheidung in § 2 Nr. 4 zwischen der Übertragung der Grundzuständigkeit und der Übernahme der Grundzuständigkeit wird zum einen deutlich, dass es sich bei der Übertragung der Grund-

---

66 Zum Begriff vgl. § 43 Abs. 3.
67 Begründung zum Regierungsentwurf v. 17.2.2016, BT-Drs. 18/7555, S. 73.
68 Zum Begriff vgl. § 43 Abs. 3.
69 Vgl. dazu BerlKommEnR/*Hohenstein-Bartholl*, § 41 MsbG Rn. 22.

§ 41   Möglichkeit zur Übertragung der Grundzuständigkeit

zuständigkeit um ein Rechtsgeschäft zwischen zwei Parteien handelt und dass es hierfür zweier übereinstimmender Willenserklärungen bedarf. Zum anderen wird klargestellt, dass der Betreiber von Energieversorgungsnetzen nur grundzuständiger Messstellenbetreiber ist, sofern er die Grundzuständigkeit für den Messstellenbetrieb von modernen Messeinrichtungen und intelligenten Messsystemen nicht nach § 43 übertragen hat bzw. dass jedes Unternehmen grundzuständiger Messstellenbetreiber sein kann, unabhängig davon, ob es ein Betreiber von Energieversorgungsnetzen ist, wenn es die Grundzuständigkeit für den Messstellenbetrieb nach § 43 übernommen hat. Weitere Gründe für die Unterscheidung zwischen Übertragung und Übernahme der Grundzuständigkeit sind nicht ersichtlich.[70]

2. Weitere Aufgaben des grundzuständigen Messstellenbetreibers

36   Der grundzuständige Messstellenbetreiber als Adressat der Möglichkeit zur Übertragung der Grundzuständigkeit für den Messstellenbetrieb von modernen Messeinrichtungen und intelligenten Messsystemen gemäß Abs. 1 hat neben dieser Grundzuständigkeit weitere Aufgaben nach dem MsbG. Insbesondere obliegt ihm die Grundzuständigkeit für den Messstellenbetrieb im Sinne der Legaldefinition des § 2 Nr. 5. Diese Grundzuständigkeit umfasst danach die Verpflichtung zur Wahrnehmung des Messstellenbetriebs für alle Messstellen des jeweiligen Netzgebiets, solange und soweit kein Dritter nach den §§ 5 und 6 den Messstellenbetrieb durchführt. Hierunter fällt der sogenannte **konventionelle Messstellenbetrieb**, also der Messstellenbetrieb der Stromzähler „aus der alten Welt".

VI. Sachlicher Anwendungsbereich

1. Gegenstand der Übertragung (Abs. 1)

37   Gegenstand der Übertragung ist die **Grundzuständigkeit für den Messstellenbetrieb von modernen Messeinrichtungen und intelligenten Messsystemen**,[71] bezogen auf das jeweilige Netzgebiet des Betreibers von Energieversorgungsnetzen. Sofern der grundzuständige Messstellenbetreiber diese Grundzuständigkeit übertragen möchte, er also die „Opt-Out-Option" zieht, hat er zwingend die Vorgaben der §§ 41 ff. zu beachten. Eine Übertragung der Grundzuständigkeit für den Messstellenbetrieb von modernen Messeinrichtungen und intelligenten Messsystemen außerhalb dieser Vorschriften ist nicht zulässig. Eine andere Frage ist, welche Rechtsfolge eine etwaige Umwandlung des grundzuständigen Messstellenbetreibers auf die Grundzuständigkeit für den Messstellenbetrieb von modernen Messeinrichtungen und intelligenten Messsystemen hat.

a) Grundzuständigkeit für den Messstellenbetrieb von modernen Messeinrichtungen und intelligenten Messsystemen

38   Der **spezifische Übertragungsgegenstand** des Abs. 1 wird durch **§ 2 Nr. 6 legal definiert**: Die Grundzuständigkeit für den Messstellenbetrieb von modernen Messeinrichtun-

---

70 Ausführlich zu den Folgen einer erfolgreichen Übertragung siehe BerlKommEnR/*Hohenstein-Bartholl*, § 43 MsbG.
71 Ebenso *Scholtka/Martin*, NJW 2016, 918, 919.

VI. Sachlicher Anwendungsbereich § 41

gen und intelligenten Messsystemen umfasst die Verpflichtung zur Wahrnehmung des Messstellenbetriebs mit modernen Messeinrichtungen und intelligenten Messsystemen im jeweiligen Netzgebiet für diejenigen Messstellen, die nach Maßgabe der §§ 29 bis 32 mit modernen Messeinrichtungen und intelligenten Messsystemen auszustatten sind und für die kein Dritter nach den §§ 5 und 6 den Messstellenbetrieb durchführt.[72]

Durch die Bezugnahme des § 2 Nr. 6 auf die §§ 29 bis 32 wird zunächst klargestellt, dass die Grundzuständigkeit für den Messstellenbetrieb von modernen Messeinrichtungen und intelligenten Messsystemen insbesondere die **Verpflichtung zur Ausstattung von Messstellen mit modernen Messeinrichtungen und intelligenten Messsystemen** nach Maßgabe des § 29 umfasst. 39

Nach der Legaldefinition des § 2 Nr. 6 umfasst die Grundzuständigkeit für den Messstellenbetrieb von modernen Messeinrichtungen und intelligenten Messsystemen sodann **nicht die Wahrnehmung des Messstellenbetriebs für diejenigen Messstellen**, für die ein **Dritter nach den §§ 5 und 6** den Messstellenbetrieb durchführt. Mit anderen Worten: Sofern und soweit ein Dritter nach den §§ 5 und 6 den Messstellenbetrieb durchführt, ist die Wahrnehmung des Messstellenbetriebs für die entsprechenden Messstellen nicht von der Grundzuständigkeit für den Messstellenbetrieb von modernen Messeinrichtungen und intelligenten Messsystemen umfasst. Die Wahrnehmung des Messstellenbetriebs für diese Messstellen gehört damit auch nicht zum spezifischen Übertragungsgegenstand des Abs. 1. 40

Durch die ausdrückliche Benennung der **Grundzuständigkeit für den Messstellenbetrieb von modernen Messeinrichtungen und intelligenten Messsystemen** macht der Gesetzgeber deutlich, dass der sachliche Anwendungsbereich des Abs. 1 nur die Übertragung eben dieser Grundzuständigkeit erfasst. Demgegenüber ist eine Übertragung der Grundzuständigkeit für den Messstellenbetrieb im Sinne der Legaldefinition des § 2 Nr. 5 nicht vorgesehen. Die Grundzuständigkeit im Sinne des § 2 Nr. 5 umfasst die Verpflichtung zur Wahrnehmung des Messstellenbetriebs für alle Messstellen des jeweiligen Netzgebiets, solange und soweit kein Dritter nach den §§ 5 und 6 den Messstellenbetrieb durchführt. Unter diese Grundzuständigkeit fällt der sogenannte konventionelle Messstellenbetrieb, also der Messstellenbetrieb der Stromzähler „aus der alten Welt". Die Grundzuständigkeit für diesen sogenannten **konventionellen Messstellenbetrieb ist nicht Gegenstand** der Übertragungsmöglichkeit nach Abs. 1.[73] Die Grundzuständigkeit für den konventionellen Messstellenbetrieb verbleibt vielmehr beim Betreiber des jeweiligen Energieversorgungsnetzes. Der konventionelle Messstellenbetrieb wird mit dem Voranschreiten des Rollouts allmählich durch den Messstellenbetrieb mit modernen Messeinrichtungen und intelligenten Messsystemen abgelöst. 41

Die Übertragung der Grundzuständigkeit für den Messstellenbetrieb von modernen Messeinrichtungen und intelligenten Messsystemen nach Abs. 1 ist von der Beauftragung eines Unternehmens mit der Durchführung des Messstellenbetriebs von modernen Messeinrichtungen und intelligenten Messsystemen oder einzelnen Teilleistungen hiervon durch den grundzuständigen Messstellenbetreiber abzugrenzen. In Betracht kommt insoweit beispielsweise die Beauftragung eines Unternehmens mit der Teilleistung Smart-Meter-Gate- 42

---

72 Ausführlich hierzu siehe BerlKommEnR/*Säcker/Zwanziger*, § 2 MsbG Rn. 18 ff.
73 So auch *Dinter*, ER 2015, 229, 232, der insoweit von dem Messstellenbetrieb außerhalb der modernen Messinfrastruktur spricht.

§ 41   Möglichkeit zur Übertragung der Grundzuständigkeit

way-Administration im Sinne des § 25. Bei derartigen Beauftragungen verbleibt die Grundzuständigkeit für den Messstellenbetrieb von modernen Messeinrichtungen und intelligenten Messsystemen beim beauftragenden grundzuständigen Messstellenbetreiber. Eine Übertragung der Grundzuständigkeit im Sinne des Abs. 1 auf das beauftragte Unternehmen findet in diesen Fällen nicht statt. Damit sind die §§ 41 ff. für die Beauftragung eines Unternehmens mit der Durchführung des Messstellenbetriebs von modernen Messeinrichtungen und intelligenten Messsystemen oder Teilleistungen hiervon nicht maßgeblich. Vielmehr richtet sich eine solche Beauftragung nach den allgemeinen (vergaberechtlichen) Regelungen.[74]

b) Netzgebiet

43   Die Möglichkeit zur Übertragung der Grundzuständigkeit für den Messstellenbetrieb von modernen Messeinrichtungen und intelligenten Messsystemen richtet sich an den grundzuständigen Messstellenbetreiber in dessen Netzgebiet. Unter erneutem Verweis auf die Legaldefinition des grundzuständigen Messstellenbetreibers in § 2 Nr. 4 richtet sich diese Übertragungsmöglichkeit genauer gesagt an den Betreiber von Energieversorgungsnetzen als grundzuständigen Messstellenbetreiber und bezieht sich auf dessen Netzgebiet. Denn der grundzuständige Messstellenbetreiber betreibt keine Energieversorgungsnetze. Diese Aufgabe obliegt dem Betreiber von Energieversorgungsnetzen, wenngleich jedenfalls der geborene grundzuständige Messstellenbetreiber mit dem Betreiber von Energieversorgungsnetzen identisch ist. Damit ist die Möglichkeit zur Übertragung der Grundzuständigkeit für den Messstellenbetrieb von modernen Messeinrichtungen und intelligenten Messsystemen **räumlich** auf das **Netzgebiet des Betreibers von Energieversorgungsnetzen** als dem grundzuständigen Messstellenbetreiber und **gegenständlich** auf die Wahrnehmung des Messstellenbetriebs für **die in diesem Netzgebiet befindlichen Messstellen** beschränkt.

44   In diesem Zusammenhang ist zu klären, ob bei der Übertragung der Grundzuständigkeit für den Messstellenbetrieb von modernen Messeinrichtungen und intelligenten Messsystemen **eine Aufteilung in Lose** in Betracht kommt.[75] Wie noch darzustellen sein wird, gilt für die Übertragung dieser Grundzuständigkeit der vierte Teil des GWB und zwar entweder unmittelbar oder in entsprechender Anwendung.[76] Auf die Regelung zur Losvergabe in § 97 Abs. 4 GWB sei verwiesen.[77]

---

74 Vgl. hierzu sogleich BerlKommEnR/*Hohenstein-Bartholl*, § 41 MsbG Rn. 70; an dieser Stelle sei der Hinweis erlaubt, dass die Trennung von Messstellenbetrieb und Netzbetrieb Auswirkungen auf die bei der Beauftragung von Dienstleistern anwendbaren allgemeinen vergaberechtlichen Regelungen hat. Dies gilt im Übrigen entsprechend, sofern der grundzuständige Messstellenbetreiber insoweit eine öffentlich-öffentliche Zusammenarbeit anstrebt (zur Trennung von Messstellenbetrieb und Netzbetrieb siehe erneut oben unter Rn. 21 ff.); zur Trennung von Messstellenbetrieb und Netzbetrieb und den diesbezüglichen Auswirkungen auf die Einordnung des Messstellenbetriebs als Sektorentätigkeit vgl. auch BerlKommEnR/*Hohenstein-Bartholl*, § 41 MsbG Rn. 61 ff.
75 Vgl. hierzu auch *Wagner/Brockhoff*, RdE 2016, 54, 59.
76 Siehe hierzu BerlKommEnR/*Hohenstein-Bartholl*, § 41 MsbG Rn. 70.
77 § 97 Abs. 4 S. 1 und 2 GWB lauten: „Mittelständische Interessen sind bei der Vergabe öffentlicher Aufträge vornehmlich zu berücksichtigen. Leistungen sind in der Menge aufgeteilt (Teillose) und getrennt nach Art und Fachgebiet (Fachlose) zu vergeben. Mehrere Teil- oder Fachlose dürfen zusammen vergeben werden, wenn wirtschaftliche oder technische Gründe dies erfordern."

VI. Sachlicher Anwendungsbereich § 41

Gegen die **Zulässigkeit einer Losvergabe** bei der Übertragung der Grundzuständigkeit 45
für den Messstellenbetrieb von modernen Messeinrichtungen und intelligenten Messsystemen spricht zunächst die Bezugnahme der Legaldefinition des § 2 Nr. 6 auf das Netzgebiet.[78] Danach erstreckt sich diese Grundzuständigkeit auf das Netzgebiet, mithin auf das gesamte Netzgebiet. Für die Zulässigkeit einer Losvergabe bei der Übertragung dieser Grundzuständigkeit könnte angeführt werden, dass nach der Legaldefinition des § 2 Nr. 6 die Wahrnehmung des Messstellenbetriebs für diejenigen Messstellen, für die ein Dritter nach den §§ 5 und 6 den Messstellenbetrieb durchführt, nicht von der Grundzuständigkeit für den Messstellenbetrieb von modernen Messeinrichtungen und intelligenten Messsystemen umfasst ist. Wenn also die Wahrnehmung des Messstellenbetriebs für diejenigen Messstellen, für die ein Dritter nach den §§ 5 und 6 den Messstellenbetrieb durchführt, nicht von der Grundzuständigkeit für den Messstellenbetrieb umfasst ist und die Wahrnehmung des Messstellenbetriebs für diese Messstellen mithin nicht zum Übertragungsgegenstand gehört, wäre ebenfalls denkbar, dass Messstellen innerhalb eines Netzgebietes von verschiedenen grundzuständigen Messstellenbetreibern, die mittels Losvergabe im Rahmen der Übertragung der Grundzuständigkeit für den Messstellenbetrieb von modernen Messeinrichtungen und intelligenten Messsystemen ermittelt werden, mit modernen Messeinrichtungen bzw. intelligenten Messsystemen ausgestattet werden. Eine Losvergabe bzw. die aus einer erfolgreichen Losvergabe folgende Situation, dass bei einer Übertragung der Grundzuständigkeit für den Messstellenbetrieb von modernen Messeinrichtungen und intelligenten Messsystemen für ein Netzgebiet mehrere grundzuständige Messstellenbetreiber existieren, dürfte jedenfalls bei kleinen Netzgebieten ausscheiden. Denn bei kleinen Netzgebieten dürften die Preisobergrenzen der §§ 31 und 32 für mehrere, mittels einer Losvergabe ermittelte, grundzuständige Messstellenbetreiber kaum auskömmlich sein. Demgegenüber könnten zwar die Preisobergrenzen bei großen Netzgebieten auch bei mehreren grundzuständigen Messstellenbetreibern auskömmlich sein. Ob jedoch über die Zuständigkeit der Losvergabe anhand der Größe des Netzgebietes entschieden werden kann, darf hinterfragt werden. Jedenfalls dürfte eine Losvergabe nicht vom Gesetzgeber gewollt sein. In diesem Zusammenhang ist darauf hinzuweisen, dass sämtliche Übertragungsverfahren im Sinne der §§ 41 ff. durch die BNetzA gebündelt veröffentlicht und administriert werden sollen[79] und dass diese Bündelung dem Zweck dient, dass potenzielle Bewerber einen Überblick über die verfügbaren Netzgebiete gewinnen und sich so auf mehrere Verfahren gleichzeitig bewerben können. Dies soll nach dem Willen des Gesetzgebers die wirtschaftliche Planung vereinfachen, denn je mehr Netzgebiete gewonnen werden könnten, desto höher seien die erzielbaren Synergieeffekte in der Beschaffung der auszurollenden intelligenten Messsysteme und modernen Messeinrichtungen.[80] Der Gesetzgeber geht also davon aus, dass die Synergieeffekte in der Beschaffung der auszurollenden intelligenten Messsysteme und modernen Messeinrichtungen mit der Anzahl der Verfahren, an denen ein potenzieller Bewerber teilnimmt, zunimmt. Daraus lässt sich die These ableiten, dass von einer Wirtschaftlichkeit des Rollouts erst dann ausgegangen werden kann, wenn der grundzuständige Messstellenbetreiber für mehrere Netzgebiete zuständig ist. Auch *Säcker* ist der Ansicht, dass die Berechnungen der Kosten-Nutzen-Analyse verdeutlichen, dass die Ausübung des Messstellenbetriebs durch ca. 900 Verteilernetzbetrei-

---

78 Vgl. hierzu auch BerlKommEnR/*Säcker/Zwanziger*, § 2 MsbG Rn. 18 ff.
79 Dazu sogleich BerlKommEnR/*Hohenstein-Bartholl*, § 41 MsbG Rn. 100.
80 Vgl. BT-Drs. 18/7555, S. 102.

§ 41 Möglichkeit zur Übertragung der Grundzuständigkeit

ber unwirtschaftlich sei. Im Bundesgebiet könnten nach einer Liberalisierung bei gesetzlicher Verankerung der geplanten Preisobergrenzen höchstens 20 bis 30 Messstellenbetreiber die Aufgabe sinnvoll erfüllen.[81] Dies vorausgeschickt muss aber eine Losvergabe erst recht ausscheiden, zumal der Gesetzgeber die Möglichkeit einer Losvergabe im MsbG nicht vorgesehen hat und diese im Übrigen europarechtlich nicht geboten ist.[82]

2. Übertragung auf ein anderes Unternehmen (Abs. 1)

46 Der grundzuständige Messstellenbetreiber kann die Grundzuständigkeit für den Messstellenbetrieb von modernen Messeinrichtungen und intelligenten Messsystemen auf ein anderes Unternehmen übertragen.

a) Unternehmensbegriff

47 Grundsätzliche Vorgaben zum Unternehmen, auf das die Grundzuständigkeit für den Messstellenbetrieb von modernen Messeinrichtungen und intelligenten Messsystemen nach Abs. 1 übertragen werden kann bzw. Vorgaben zum Unternehmensbegriff, enthält § 41 nicht. Bei dem Unternehmen, das für eine Übertragung dieser Grundzuständigkeit in Betracht kommt, kann es sich daher sowohl um **Unternehmen des privaten als auch um solche des öffentlichen Rechts** handeln. Dieses Unternehmen kann ein Betreiber von Energieversorgungsnetzen sein. Zwingend ist dies jedoch nicht. Mangels anderslautender Vorgaben kann die Grundzuständigkeit für den Messstellenbetrieb von modernen Messeinrichtungen und intelligenten Messsystemen auch an **andere Unternehmen aus der Wertschöpfungskette der Energieversorgung oder branchenfremde Unternehmen** übertragen werden.

b) Erforderliche Genehmigung und Zertifikat (Abs. 1)

48 Die Regelung des Abs. 1 Hs. 2 bestimmt, dass die Grundzuständigkeit für den Messstellenbetrieb von modernen Messeinrichtungen und intelligenten Messsystemen nur an ein Unternehmen übertragen werden darf, das zum einen über eine nach § 4 erforderliche Genehmigung und zum anderen über ein nach § 25 erforderliches Zertifikat verfügt.[83] Auf die Regelung des § 4 Abs. 2 sei verwiesen.[84]

49 Durch die Genehmigung nach § 4 weist ein Unternehmen nach, dass es fähig ist, den Messstellenbetrieb im Einklang mit den Anforderungen des MsbG auf Dauer zu gewährleisten, vgl. § 4 Abs. 3.[85]

50 Bei dem Zertifikat nach § 25 handelt es sich um das **Zertifikat im Sinne des § 25 Abs. 5 S. 1**. Mit diesem Zertifikat wird dem Smart-Meter-Gateway-Administrator bescheinigt,

---

81 *Säcker*, EnZW 2016, 294, 302.
82 Zu Letzterem *Wagner/Brockhoff*, RdE 2016, 54, 59.
83 Einen Überblick hierzu liefern *v. Wege/Wagner*, N&R 2016, 2, 7.
84 Danach ist eine Genehmigung nach § 4 Abs. 1 nicht erforderlich, wenn der grundzuständige Messstellenbetreiber als Netzbetreiber über eine Genehmigung nach § 4 EnWG verfügt oder zum Zeitpunkt der Aufnahme seines Netzbetriebs eine Genehmigung nicht beantragen musste.
85 Ausführlich hierzu siehe BerlKommEnR/*Mätzig*, § 4 MsbG Rn. 36 ff.

dass er die an ihn gestellten Anforderungen nach § 25 Abs. 4 Nr. 1 bis 3 erfüllt.[86] Dieses Zertifikat des Smart-Meter-Gateway-Administrators gemäß § 25 Abs. 5 S. 1 ist abzugrenzen von dem Zertifikat im Sinne des § 25 Abs. 1 S. 3 i.V.m. § 24 Abs. 1, mit welchem das Smart-Meter-Gateway zertifiziert wird.

Unter Berücksichtigung der sogleich darzustellenden unmittelbaren oder entsprechenden Anwendbarkeit des vierten Teils des GWB gemäß Abs. 2[87] sind die Anforderungen des Vorliegens einer Genehmigung nach § 4 und eines Zertifikats nach § 25 vergaberechtlich als **Eignungskriterien** im Sinne des § 122 GWB einzuordnen.[88] Es ist ein wesentlicher Grundsatz des Vergaberechts, dass nur ein Bieter bezuschlagt wird, der auch über die erforderliche Eignung zur Erbringung der geforderten Leistung verfügt.[89] Die Eignungsfeststellung ist ein Vorfilter, um diejenigen Angebote vom weiteren Verfahren auszuschließen, die bestimmte grundlegende Voraussetzungen für die ordnungsgemäße Ausführung des Auftrags nicht erfüllen.[90] Der Zuschlag nach § 43 Abs. 1 kann also nur an ein Unternehmen erteilt werden, das mit einer Genehmigung nach § 4 und einem Zertifikat nach § 25 über die erforderliche Eignung nach Abs. 1 i.V.m. Abs. 2 i.V.m. § 122 GWB verfügt. 51

Unternehmen, die nicht über eine Genehmigung nach § 4 und/oder ein Zertifikat nach § 25 verfügen, sind in einem Verfahren zur Übertragung der Grundzuständigkeit für den Messstellenbetrieb von modernen Messeinrichtungen und intelligenten Messsystemen zwingend **als ungeeignet auszuschließen**. Ein solcher Ausschluss hat zu erfolgen, wenn die Genehmigung nach § 4 und/oder das Zertifikat nach § 25 im Übertragungsverfahren nicht nachgewiesen werden. Auf die allgemeinen vergaberechtlichen Vorgaben zur Nachweiserbringung in diesem Zusammenhang unter Einbeziehung der Einheitlichen Europäischen Eigenerklärung[91] wird verwiesen. Insoweit ist eine formelle und keine materielle Betrachtung angezeigt. Unerheblich ist mithin, wenn trotz fehlender Nachweise die Voraussetzungen für die Erteilung einer Genehmigung gemäß § 4 und/oder einer Zertifizierung nach § 25 gegeben sind, ob also die Genehmigung erteilt werden bzw. die Zertifizierung erfolgen könnte. 52

Die Festlegung weiterer Eignungskriterien neben der Genehmigung nach § 4 und einem Zertifikat nach § 25 durch den grundzuständigen Messstellenbetreiber sollten nach Maßgabe der Vorgaben des gemäß Abs. 2 anwendbaren vierten Teils des GWB möglich sein.[92] Ggf. bringt die Rechtsverordnung nach § 46 Nr. 7 weitere Klarstellungen in diesem Zusammenhang. 53

---

86 Ausführlich hierzu siehe BerlKommEnR/*Mätzig/Fischer/Mohs*, § 25 MsbG Rn. 4 ff.
87 Dazu sogleich BerlKommEnR/*Hohenstein-Bartholl*, § 41 MsbG Rn. 70 ff.
88 So auch *Wagner/Brockhoff*, RdE 2016, 54, 56.
89 § 122 GWB, § 16 b VOB/A, § 42 VgV.
90 Pünder/Schellenberg/*Fehling*, Vergaberecht, § 97 GWB Rn. 106.
91 Zur Einheitlichen Europäischen Eigenerklärung (EEE) vgl. Art. 59 der Richtlinie 2014/24/EU und § 50 VgV; die EEE soll die Eignungsprüfung durch eine einheitliche Eigenerklärung vorstrukturieren, erleichtern und vereinfachen, vgl. dazu ausführlich die Durchführungsverordnung (EU) 2016/7 der Kommission v. 5.1.2016 zur Einführung des Standardformulars für die Einheitliche Europäische Eigenerklärung, ABl. L 3/16 v. 6.1.2016.
92 Dazu sogleich unter BerlKommEnR/*Hohenstein-Bartholl*, § 41 MsbG Rn. 70.

§ 41   Möglichkeit zur Übertragung der Grundzuständigkeit

3. Übertragung in Gestalt einer Dienstleistungskonzession

54   Die Grundzuständigkeit für den Messstellenbetrieb von modernen Messeinrichtungen und intelligenten Messsystemen kann als Dienstleistungskonzession übertragen werden.

55   Im **Arbeitsentwurf** vom 6.8.2015 war die Vergabe einer Dienstleistungskonzession ausdrücklich und als einzige Übertragungsmöglichkeit in Abs. 1[93] vorgesehen. Auch in der Gesetzesbegründung des Arbeitsentwurfs zu den damaligen §§ 41 bis 47 hieß es, dass die Ausschreibungsregeln rechtlich als Vergabe einer Dienstleistungskonzession ausgestaltet seien.[94]

56   Im folgenden **Referentenentwurf** wurde das Wort Dienstleistungskonzession aus Abs. 1 und 2 gestrichen. Dementsprechend enthalten auch die heutigen §§ 41 bis 45 keine Regelungen zur Konzessionsvergabe mehr. Daraus folgt allerdings nicht, dass die Vergabe einer Dienstleistungskonzession als Möglichkeit zur Übertragung der Grundzuständigkeit für den Messstellenbetrieb von modernen Messeinrichtungen und intelligenten Messsystemen ausscheidet. Vielmehr bleibt die Vergabe einer Dienstleistungskonzession eine zulässige Übertragungsmöglichkeit neben der Möglichkeit der Übertragung dieser Grundzuständigkeit mittels eines Dienstleistungsauftrags.[95]

57   Dass die Erteilung einer **Dienstleistungskonzession** eine **zulässige Möglichkeit** der Übertragung der Grundzuständigkeit für den Messstellenbetrieb von modernen Messeinrichtungen und intelligenten Messsystemen darstellt, ergibt sich auch aus der Gesetzesbegründung. Dort wird die Dienstleistungskonzession in der Begründung zu § 41 ausdrücklich erwähnt und zwar im Zusammenhang mit der Eröffnung des Anwendungsbereichs des GWB.[96]

58   Die **Dienstleistungskonzession** ist in **§ 105 Abs. 1 Nr. 2 GWB legal definiert**.[97] Bei einer Dienstleistungskonzession geht in Abgrenzung zur Vergabe öffentlicher Aufträge das Betriebsrisiko für die Verwertung der Dienstleistungen auf den Konzessionsnehmer über, § 105 Abs. 2 GWB. Wann das Betriebsrisiko auf den Konzessionsnehmer übergeht, bestimmt § 105 Abs. 2 Nr. 1 und 2 GWB. Danach geht das Betriebsrisiko für die Verwertung von Dienstleistungen auf den Konzessionsnehmer über, wenn unter normalen Bedingungen nicht gewährleistet ist, dass die Investitionsaufwendungen oder die Kosten für die Erbringung der Dienstleistungen wieder erwirtschaftet werden können,[98] und der Konzessionsnehmer den Unwägbarkeiten des Marktes tatsächlich ausgesetzt ist, so dass potenzielle geschätzte Verluste des Konzessionsnehmers nicht vernachlässigbar sind.[99]

---

[93] Vgl. auch Arbeitsentwurf v. 7.8.2015, § 41 Abs. 2.
[94] Arbeitsentwurf des BMWi, Entwurf eines Gesetzes zur Digitalisierung der Energiewende in der Fassung v. 7.8.2015 (10:36:18), S. 173 f.
[95] Dazu sogleich ausführlich BerlKommEnR/*Hohenstein-Bartholl*, § 41 MsbG Rn. 61.
[96] Begründung zum Regierungsentwurf v. 17.2.2016, BT-Drs. 18/7555, S. 102.
[97] Dienstleistungskonzessionen sind entgeltliche Verträge, mit denen ein oder mehrere Konzessionsgeber ein oder mehrere Unternehmen (…) mit der Erbringung und der Verwaltung von Dienstleistungen betrauen, die nicht in der Erbringung von Bauleistungen nach Nummer 1 bestehen (Dienstleistungskonzessionen); dabei besteht die Gegenleistung entweder allein in dem Recht zur Verwertung der Dienstleistungen oder in diesem Recht zuzüglich einer Zahlung.
[98] § 105 Abs. 2 Nr. 1 Fall 2 GWB.
[99] § 105 Abs. 2 Nr. 2 GWB.

VI. Sachlicher Anwendungsbereich § 41

In der **Praxis** dürfte die **Vergabe einer Dienstleistungskonzession den Regelfall** darstellen. Zum einen trägt nach der Übertragung der Grundzuständigkeit für den Messstellenbetrieb von modernen Messeinrichtungen und intelligenten Messsystemen der neue grundzuständige Messstellenbetreiber das Risiko für die Verwertung dieser Grundzuständigkeit. Denn nach der Übertragung dieser Grundzuständigkeit muss sich der neue grundzuständige Messstellenbetreiber unter Nutzung der Rechte und Pflichten als grundzuständiger Messstellenbetreiber durch die unmittelbar an ihn zu zahlenden Entgelte refinanzieren.[100] Der neue grundzuständige Messstellenbetreiber hat damit das Risiko, dass die Preisobergrenzen für ihn nicht auskömmlich sind. Mit Blick auf die Legaldefinition der Dienstleistungskonzession besteht für den neuen grundzuständigen Messstellenbetreiber also das Risiko, dass er seine Investitionsaufwendungen bzw. seine Kosten für die Erbringung der Dienstleistungen nicht erwirtschaften kann. Zum anderen ist der neue grundzuständige Messstellenbetreiber den Unwägbarkeiten des Marktes tatsächlich ausgesetzt. Denn die Kosten des Messstellenbetriebs für moderne Messeinrichtungen und intelligente Messsysteme unterliegen künftig nicht nur einer Preisobergrenze, sondern (weiterhin) auch dem Wettbewerb.[101]

59

Für das Verfahren zur Vergabe einer Dienstleistungskonzession sind die Vorgaben der **KonzVergV** maßgeblich.

60

4. Übertragung mittels eines Dienstleistungsauftrags

Neben der Erteilung einer Dienstleistungskonzession kann die Grundzuständigkeit für den Messstellenbetrieb von modernen Messeinrichtungen und intelligenten Messsystemen auch im Rahmen eines **Dienstleistungsauftrags** im Sinne des **§ 103 GWB** vergeben werden.

61

Ein Dienstleistungsauftrag ist ein öffentlicher Auftrag im Sinne des § 103 Abs. 1 Fall 1 GWB. Danach sind öffentliche Aufträge entgeltliche Verträge zwischen öffentlichen Auftraggebern und Unternehmen über die Beschaffung von Leistungen, die die Lieferungen von Waren, die Ausführungen von Bauleistungen oder die Erbringung von Dienstleistungen zum Gegenstand haben. Als Dienstleistungsaufträge gelten hierbei Verträge über die Erbringung von Leistungen, die nicht unter § 103 Abs. 2 und 3 GWB fallen, § 103 Abs. 4 GWB.

62

In der **Praxis** wird es allerdings kaum zum Abschluss eines entgeltlichen Dienstleistungsauftrags kommen. Der grundzuständige Messstellenbetreiber wird, sofern er sich für den Übertragungsmechanismus der §§ 41 ff. als „Opt-Out-Option" entscheidet, den neuen grundzuständigen Messstellenbetreiber für die Übernahme der Grundzuständigkeit nicht entlohnen wollen bzw. können.[102]

63

Sollte die Übertragung der Grundzuständigkeit für den Messstellenbetrieb von modernen Messeinrichtungen und intelligenten Messsystemen ausnahmsweise in Gestalt der Erteilung eines Dienstleistungsauftrags erfolgen, richtet sich das diesbezügliche **Vergabeverfahren nach der VgV**. Für eine Anwendbarkeit der SektVO fehlt es demgegenüber an einer

64

---

100 Vgl. auch Begründung zum Regierungsentwurf v. 17.2.2016, BT-Drs. 18/7555, S. 102.
101 Dazu vgl. auch BNetzA, Stellungnahme zum „Gesetz zur Digitalisierung der Energiewende" (BT-Drs. 18/7555) v. 12.4.2016, S. 7.
102 Zur Frage der Zulässigkeit der Vereinbarung eines Entgelts *Wagner/Brockhoff*, RdE 2016, 54, 59.

§ 41 Möglichkeit zur Übertragung der Grundzuständigkeit

Sektorentätigkeit im Sinne des § 1 Abs. 1 SektVO i.V.m. § 102 Abs. 2 und 3 GWB.[103] Der Messstellenbetrieb von modernen Messeinrichtungen und intelligenten Messsystemen ist keine Aufgabe des Netzbetriebs.[104] Wenn der Messstellenbetrieb von modernen Messeinrichtungen und intelligenten Messsystemen keine Aufgabe des Netzbetriebs ist, kann dieser Messstellenbetrieb auch keine Sektorentätigkeit im Sinne des § 102 Abs. 2 Nr. 1 GWB bzw. des § 102 Abs. 3 Nr. 1 Fall 1 GWB sein. Denn es fehlt insoweit an einer Tätigkeit im Zusammenhang mit der Bereitstellung oder dem Betreiben fester Netze zur Versorgung der Allgemeinheit im Zusammenhang mit der Erzeugung, Fortleistung und der Abgabe von Elektrizität oder Gas im Sinne der Legaldefinition dieser Sektorentätigkeiten.[105] Vielmehr handelt es sich bei dem Messstellenbetrieb von modernen Messeinrichtungen und intelligenten Messsystemen um eine Aufgabe außerhalb des Netzbetriebs, die mit den §§ 41 ff. in den Wettbewerb gestellt wird, sofern sich der grundzuständige Messstellenbetreiber für eine Übertragung des Messstellenbetriebs für moderne Messeinrichtungen und intelligente Messsysteme entscheidet.[106]

64a Demgegenüber vertritt eine Meinung in der Literatur hinsichtlich des Messstellenbetriebs von modernen Messeinrichtungen und intelligenten Messsystemen das Vorliegen einer Sektorentätigkeit und argumentiert, der Messstellenbetrieb bleibe trotz der Liberalisierung sektorverhaftet. Erst die Messung der Elektrizität ermögliche die Abrechnung von Leistungen zwischen den Marktakteuren, weshalb die Ausübung des grundzuständigen Messstellenbetriebs grundsätzlich unter den Anwendungsbereich von § 1 SektVO falle.[107] Herangezogen wird insoweit insbesondere die Rechtsprechung des BGH zu § 21b EnWG a. F., der dem Messstellenbetrieb eine im Zusammenhang mit der Elektrizitätsversorgung stehende notwendige Hilfsfunktion attestiert.[108]

64b Anzumerken ist zunächst, dass diese Rechtsprechung des BGH zur alten Rechtslage betreffend die §§ 21b bis 21i EnWG a. F. ergangen ist. Nach alter Rechtslage fiel der Messstellenbetrieb in die (Auffang-)Zuständigkeit des Netzbetreibers. Daher ist auch die Sektorentätigkeit des konventionellen Messstellenbetriebs (weiterhin) unstreitig.

64c Demgegenüber vollzieht sich mit den §§ 41 ff. MsbG ein Systemwechsel. Dieser liegt in der (weiteren) Liberalisierung des Messwesens durch die möglich gewordene Übertragung der Grundzuständigkeit für den Messstellenbetrieb von modernen Messeinrichtungen und intelligenten Messsystemen bei gleichzeitiger buchhalterischer Entflechtung beim geborenen grundzuständigen Messstellenbetreiber.[109, 110] Wird der Messstellenbetrieb durch den

---

103 Anderer Ansicht offenbar *Wagner/Brockhoff*, RdE 2016, 54, 58.
104 Vgl. dazu erneut BerlKommEnR/*Hohenstein-Bartholl*, § 41 MsbG Rn. 22.
105 Vgl. dazu erneut § 102 Abs. 2 Nr. 1 und Abs. 3 Nr. 1 Fall 1 GWB.
106 Zu den sich hieraus ergebenden Auswirkungen für Auftragsvergaben im Zusammenhang mit der Grundzuständigkeit für den Messstellenbetrieb von modernen Messeinrichtungen und intelligenten Messsystemen außerhalb der §§ 41 ff. vgl. erneut Fn. 74.
107 *Säcker/Zwanziger*, RdE 2016, 381, 385; im Ergebnis wohl auch *Wagner/Brockhoff*, RdE 2016, 54, 58.
108 BGH, Beschl. v. 26.1.2016, Az. EnVR 51/14, Rn. 64 (juris).
109 Zum Begriff BerlKommEnR/*Hohenstein-Bartholl*, § 41 MsbG Rn. 18.
110 Der BDEW ordnet daher konsequent in seiner Anwendungshilfe – BDEW-Leitfaden zur Rechnungslegung der Elektrizitäts- und Gasversorgungsunternehmen nach § 6b Energiewirtschaftsgesetz, 3. Auflage vom 19. Dezember 2016, auf S. 24 f. – den Messstellenbetrieb für moderne Messeinrichtungen und intelligente Messsysteme den anderen Tätigkeiten außerhalb des Elektrizitäts- und Gasversorgungssektors gemäß § 6b Abs. 3 S. 4 EnWG zu.

Netzbetreiber durchgeführt, führt er ihn als (geborener) grundzuständiger Messstellenbetreiber und nicht als Netzbetreiber durch, da es keine Aufgabe des Netzbetriebs ist.[111] Der Netzbetreiber hat insoweit, anders als beim konventionellen Messstellenbetrieb nach §§ 21b bis 21i EnWG a. F., keine Auffangzuständigkeit.[112]

Ein Netz zur Energieversorgung stellt bereit oder betreibt im Sinne einer Sektorentätigkeit nach § 102 Abs. 2 Nr. 1 GWB nur derjenige, der ein solches Netz errichtet oder instand setzt oder unterhält, sofern diese Tätigkeit im Zusammenhang mit der Erzeugung, der Fortleitung und der Abgabe von Elektrizität steht.[113] Die Aufzählung der Sektorenbereiche in § 102 GWB ist abschließend.[114] Der Messstellenbetrieb von modernen Messeinrichtungen und intelligenten Messsystemen ist in § 102 GWB nicht genannt. **64d**

Der Messstellenbetrieb von modernen Messeinrichtungen und intelligenten Messsystemen bleibt zwar ein Hilfsdienst für den Netzbetrieb im Sinne des § 102 Abs. 2 Nr. 1 GWB, dieser Hilfsdienst wird aber nicht durch den Netzbetreiber, sondern durch den grundzuständigen Messstellenbetreiber versehen. Damit handelt es sich beim Messstellenbetrieb von modernen Messeinrichtungen und intelligenten Messsystemen, sofern der Netzbetreiber der geborene grundzuständige Messstellenbetreiber ist, vergaberechtlich zwar um eine Tätigkeit eines Sektorenauftraggebers, aber nicht um eine Sektorentätigkeit im Sinne des § 102 Abs. 2 Nr. 1 GWB. Dies steht auch in Einklang mit dem Sinn und Zweck des § 102 GWB. Zweck dieser Regelung ist die Erfassung der besonderen Situationen in den in der Vorschrift genannten Sektoren, die durch eine wettbewerbshindernde Abschottung der Märkte gekennzeichnet sind, indem entweder staatliche Institutionen die in den Sektoren tätigen Unternehmen finanziell oder personell beherrschen oder die Versorgung, die Bereitstellung oder das Betreiben der zur Erbringung der Infrastrukturleistungen benötigten Netze auf staatlicherseits gewährten besonderen oder ausschließlichen Rechten beruht.[115] Von einer wettbewerbsbehindernde Abschottung der Märkte dürfte jedoch beim Messstellenbetrieb von modernen Messeinrichtungen und intelligenten Messsystemen aufgrund der Trennung von Messstellenbetrieb und Netzbetrieb bzw. angesichts der (weiteren) Liberalisierung des Messwesens, insbesondere unter Einbeziehung der Übertragungsmöglichkeit nach den §§ 41 ff., keine Rede mehr sein. **64e**

5. Laufzeit der Übertragung

Die §§ 41 ff. enthalten **keine Regelung zur Laufzeit** der Grundzuständigkeit für den Messstellenbetrieb von modernen Messeinrichtungen und intelligenten Messsystemen, nachdem diese gemäß Abs. 1 übertragen worden ist. Damit stellt sich die Frage, ob die Übertragung der Grundzuständigkeit für den Messstellenbetrieb von modernen Messeinrichtungen und intelligenten Messsystemen zeitlich zu befristen ist. **65**

---

111 Vgl. erneut Begründung zum Regierungsentwurf vom 17.2.2016, BT-Drs. 18/7555, S. 76.
112 Vgl. dazu erneut BerlKommEnR/*Hohenstein-Bartholl*, § 41 MsbG Rn. 26.
113 Vgl. zu § 98 Nr. 4 GWB a. F: Ziekow/Völlink/*Ziekow*, Vergaberecht, § 98 GWB Rn. 127 unter Verweis auf Rn. 124.
114 Vgl. zu § 98 Nr. 4 GWB a. F: Pünder/Schellenberg/*Pünder*, § 98 GWB Rn. 67.
115 Vgl. insoweit zu § 98 Nr. 4 GWB a. F: Ziekow/Völlink/*Ziekow*, Vergaberecht, § 98 GWB Rn. 118.

§ 41　Möglichkeit zur Übertragung der Grundzuständigkeit

66 Die **Gesetzesbegründung** ist insoweit nicht eindeutig. Im Allgemeinen Teil der Gesetzesbegründung heißt es, dass eine Befristung nicht in Betracht komme, da es sich bei dem Messstellenbetrieb um eine Daueraufgabe handele.[116] Diese Ausführungen beziehen sich allerdings auf die Aufgabe des Messstellenbetriebs an sich und gelten nicht für die in den §§ 41 ff. geregelte Übertragung der Grundzuständigkeit für den Messstellenbetrieb von modernen Messeinrichtungen und intelligenten Messsystemen. Zu Letzterer ist vielmehr die Gesetzesbegründung im Zusammenhang mit den Legaldefinitionen betreffend den grundzuständigen Messstellenbetreiber und die Grundzuständigkeit für den Messstellenbetrieb von modernen Messeinrichtungen und intelligenten Messsystemen nach § 2 Nr. 4 und 6 heranzuziehen. Dort finden sich Ausführungen, aus denen sich das Erfordernis einer Befristung der Übertragung der Grundzuständigkeit für den Messstellenbetrieb von modernen Messeinrichtungen und intelligenten Messsystemen ableiten ließe. Im Zusammenhang mit der Neuvergabe der Wegenutzungsrechte und deren Auswirkungen auf den Messstellenbetrieb von modernen Messeinrichtungen und intelligenten Messsystemen heißt es nämlich, dass, sofern ein Unternehmen den Messstellenbetrieb von modernen Messeinrichtungen und intelligenten Messsystemen übertragen bekommen hat, diese Grundzuständigkeit „bis zum Ablauf der Übertragung" bestehen bleibe.[117] Hieraus ließe sich die These ableiten, dass die Grundzuständigkeit für den Messstellenbetrieb von modernen Messeinrichtungen und intelligenten Messsystemen im Falle der Übertragung nach Abs. 1 zu befristen ist. Mit dem Übertragungsmechanismus der §§ 41 ff. würde also aus der Daueraufgabe des grundzuständigen Messstellenbetriebs für moderne Messeinrichtungen und intelligente Messsysteme eine auf die Laufzeit der Übertragung befristete Aufgabe. Auf welchen Zeitraum die Übertragung der Grundzuständigkeit für den Messstellenbetrieb von modernen Messeinrichtungen und intelligenten Messsystemen zu befristen wäre, bzw. welche Folgen der Ablauf einer solchen Befristung hätte, ist allerdings in Abs. 1 ebenso wenig geregelt wie das Erfordernis der Befristung an sich. Der Ablauf der Befristung kann jedenfalls nicht dazu führen, dass die Grundzuständigkeit des Netzbetreibers für den Messstellenbetrieb von modernen Messeinrichtungen und intelligenten Messsystemen wieder auflebt. Denn, wie bereits oben ausgeführt, kann von einer dauerhaften und umfassenden Auffangzuständigkeit des Netzbetreibers einschließlich Verpflichtung zur Ausstattung mit intelligenten Messsystemen oder modernen Messeinrichtungen nach den §§ 29 bis 32 nicht ausgegangen werden[118] und der neue grundzuständige Messstellenbetreiber ist ebenfalls Adressat des Abs. 1.[119] Damit wäre also der neue grundzuständige Messstellenbetreiber bei Ablauf einer Befristung zur Übertragung der Grundzuständigkeit für den Messstellenbetrieb von modernen Messeinrichtungen und intelligenten Messsystemen nach Abs. 1 aufgefordert.

67 Ob die Grundzuständigkeit für den Messstellenbetrieb von modernen Messeinrichtungen und intelligenten Messsystemen bei Übertragung nach Abs. 1 zu befristen ist, kann jedoch im Ergebnis dahinstehen. Denn jedenfalls ist die Übertragung der Grundzuständigkeit für den Messstellenbetrieb von modernen Messeinrichtungen und intelligenten Messsystemen dann zeitlich zu befristen, wenn die Übertragung in Gestalt der Vergabe

---

116　Begründung zum Regierungsentwurf v. 17.2.2016, BT-Drs. 18/7555, S. 71.
117　Begründung zum Regierungsentwurf v. 17.2.2016, BT-Drs. 18/7555, S. 71.
118　Vgl. dazu erneut oben unter Rn. 26.
119　Vgl. dazu erneut oben unter Rn. 35.

einer Dienstleistungskonzession erfolgt,[120] was in der Praxis, wie ausgeführt, der Regelfall sein dürfte.[121] Dies folgt bereits aus der Regelung des § 3 KonzVgV, die gemäß Abs. 2 unmittelbar bzw. entsprechend anwendbar ist.[122] Danach ist die **Laufzeit von Konzessionen** beschränkt. Demgegenüber fehlt es zwar hinsichtlich eines Dienstleistungsauftrags im Sinne des § 103 GWB an einer dem § 3 KonzVgV entsprechenden Regelung in der VgV. Ausdrückliche Bestimmungen, die allgemein die Laufzeit von Dienstleistungsaufträgen betreffen, finden sich nicht. Dem Auftraggeber ist es nicht verwehrt, auch unbefristete Verträge zu schließen.[123] Eine **unionsrechtliche Begrenzung der zulässigen Laufzeit von Beschaffungsverträgen** kann sich allerdings aus dem unionsrechtlichen Verhältnismäßigkeitsgebot ergeben.[124] Dies gilt auch für Dienstleistungsaufträge. Erfolgt der Abschluss eines Dienstleistungsauftrags zum Zwecke der Übertragung der Grundzuständigkeit für den Messstellenbetrieb von modernen Messeinrichtungen und intelligenten Messsystemen nach Abs. 1, so dürfte dieser Dienstleistungsauftrag aufgrund des soeben aus der Gesetzesbegründung abgeleiteten Erfordernisses der Befristung der Übertragung ebenfalls zeitlich zu befristen sein. Dies steht im Übrigen mit der vom Gesetzgeber bezweckten einheitlichen Anwendung der Verfahrensvorgaben für die Übertragung der Grundzuständigkeit für den Messstellenbetrieb von modernen Messeinrichtungen und intelligenten Messsystemen in Einklang.[125]

Zu hinterfragen ist, ob die Geltung des Erfordernisses der zeitlichen Befristung einer Dienstleistungskonzession gemäß § 3 KonzVgV i.V.m. Abs. 2 S. 1 bzw. S. 2 dem Gesetzgeber bewusst war. **68**

VII. Ermessen (Abs. 1)

Die Übertragung der Grundzuständigkeit für den Messstellenbetrieb von modernen Messeinrichtungen und intelligenten Messsystemen steht im Ermessen des grundzuständigen Messstellenbetreibers, wie sich aus dem Wortlaut des Abs. 1 ergibt.[126] Eine Pflicht zur Übertragung ergibt sich lediglich in den in § 45 Abs. 1 geregelten Fällen.[127] **69**

VIII. Gesetz gegen Wettbewerbsbeschränkungen (Abs. 2)

Für das Verfahren zur Übertragung der Grundzuständigkeit für den Messstellenbetrieb von modernen Messeinrichtungen und intelligenten Messsystemen ist der **vierte Teil des GWB maßgeblich**, und zwar entweder in unmittelbarer oder in entsprechender Anwendung. Damit installieren die §§ 41 ff. mit dem Verfahren zur Übertragung der Grundzuständigkeit für den Messstellenbetrieb von modernen Messeinrichtungen und intelligenten **70**

---

120 Im Ergebnis wohl auch *Säcker*, EnZW 2016, 294, 302, der von einer zeitlichen Übertragung des Messstellenbetriebs spricht.
121 Vgl. dazu erneut unter Rn. 59.
122 Vgl. dazu sogleich unter Rn. 70 ff.
123 Zu alledem Ziekow/Völlink/*Ziekow*, Vergaberecht, § 99 GWB Rn. 22 m.w.N.
124 Ziekow/Völlink/*Ziekow*, Vergaberecht, § 99 GWB Rn. 25 m.w.N.
125 Dazu ausführlich sogleich unter Rn. 78 ff.
126 Arg. ex „können".
127 Ausführlich hierzu siehe BerlKommEnR/*Hohenstein-Bartholl*, § 45 MsbG Rn. 1 ff.

§ 41 Möglichkeit zur Übertragung der Grundzuständigkeit

Messsystemen kein neues, bereichsspezifisches Vergaberecht, sondern greifen insoweit auf Regelungen des GWB zurück.[128]

1. Unmittelbare Anwendbarkeit

71 Abs. 2 S. 1 bestimmt, dass die Vorschriften des vierten Teils des GWB unberührt bleiben und zur Anwendung kommen.[129] Für das Verfahren zur Übertragung der Grundzuständigkeit für den Messstellenbetrieb von modernen Messeinrichtungen und intelligenten Messsystemen sind also die §§ 97 ff. GWB maßgeblich, sofern deren Anwendungsbereich eröffnet ist. Die Eröffnung des Anwendungsbereichs der §§ 97 ff. GWB erfordert, dass neben dem **persönlichen**[130] auch der **sachliche**[131] **Anwendungsbereich** der §§ 97 ff. GWB gegeben ist. Erforderlich ist, dass ein Auftraggeber agiert, der einen öffentlichen Auftrag oder eine Konzession zu vergeben beabsichtigt, und dass hierbei die Schwellenwerte des § 106 GWB erreicht oder überschritten werden.

72 **Auftraggeber** im Sinne des vierten Teils des GWB sind die in § 98 GWB genannten Auftraggeber. Dies sind die öffentlichen Auftraggeber gem. § 99 GWB,[132] die Sektorenauftraggeber gem. § 100 GWB[133] oder die Konzessionsgeber gem. § 101 GWB.[134]

73 Ausgehend davon, dass die Übertragung der Grundzuständigkeit für den Messstellenbetrieb von modernen Messeinrichtungen und intelligenten Messsystemen in der Praxis regelmäßig in Gestalt der Vergabe einer Dienstleistungskonzession erfolgen dürfte, kommen als Auftraggeber für die Übertragung dieser Grundzuständigkeit **Konzessionsgeber** im Sinne des **§ 101 Abs. 1 Nr. 1 GWB** in Betracht. Dies sind öffentliche Auftraggeber gem. § 99 Nr. 1 bis 3,[135] die eine Konzession vergeben.

74 Demgegenüber scheiden die **Konzessionsgeber** im Sinne des **§ 101 Abs. 1 Nr. 2 und 3 GWB** in dessen unmittelbarer Anwendung als Auftraggeber für die Übertragung der Grundzuständigkeit für den Messstellenbetrieb aus. Zwar würde die Übertragung der Grundzuständigkeit durch den Netzbetreiber als Sektorenauftraggeber erfolgen, so dass jeweils die erste Voraussetzung des § 101 Abs. 1 Nr. 2 und Nr. 3 GWB erfüllt wäre. Denn der Netzbetreiber ist entweder Sektorenauftraggeber im Sinne des § 100 Abs. 1 Nr. 1 GWB oder nach § 100 Abs. 1 Nr. 2 GWB. In beiden Fällen übt der Netzbetreiber mit dem Netzbetrieb (außerhalb des grundzuständigen Messstellenbetriebs) auch eine Sektorentätigkeit im Sinne der zweiten Voraussetzung des § 101 Abs. 1 Nr. 2 und 3 GWB aus. Sektorentätig-

---

128 Vgl. BT-Drs. 18/7555, S. 102.
129 Vgl. BT-Drs. 18/7555, S. 102.
130 §§ 98 ff. GWB; zu § 98 GWB a. F. vgl. Dreher/Motzke/*Dörr*, Beck'scher Vergaberechtskommentar, § 98 GWB Rn. 1.
131 § 103 GWB; zu § 99 GWB a. F. vgl. Dreher/Motzke/*Dörr*, Beck'scher Vergaberechtskommentar, § 99 GWB Rn. 1.
132 Zu § 98 GWB a. F. vgl. Dreher/Motzke/*Dörr*, Beck'scher Vergaberechtskommentar, § 98 GWB Rn. 17 ff.
133 Zu § 98 Nr. 4 GWB a. F. vgl. Dreher/Motzke/*Dörr*, Beck'scher Vergaberechtskommentar, § 98 GWB Rn. 120 ff.
134 Der Konzessionsgeber ist ein neuer Terminus Technicus, der mit dem Vergaberechtsmodernisierungsgesetz erstmalig in das GWB Eingang gefunden hat.
135 Zu den einzelnen Tatbeständen des öffentlichen Auftraggebers vor Inkrafttreten des Vergaberechtsmodernisierungsgesetzes vgl. Dreher/Motzke/*Dörr*, Beck'scher Vergaberechtskommentar, § 98 GWB Rn. 17 ff.

VIII. Gesetz gegen Wettbewerbsbeschränkungen (Abs. 2) § 41

keiten im Bereich Elektrizität sind u.a. die Bereitstellung oder das Betreiben fester Netze zur Versorgung der Allgemeinheit im Zusammenhang mit der Erzeugung, Fortleitung und der Abgabe von Elektrizität, § 102 Abs. 2 Nr. 1 GWB. Sektorentätigkeiten im Bereich von Gas sind u.a. die Bereitstellung oder das Betreiben fester Netze zur Versorgung der Allgemeinheit im Zusammenhang mit der Erzeugung, Fortleitung und der Abgabe von Gas, § 102 Abs. 3 Nr. 1 Fall 1 GWB.

Jedoch wäre die dritte Voraussetzung des § 101 Abs. 1 Nr. 2 und 3 GWB, wonach eine **Konzession zum Zwecke der Ausübung einer Sektorentätigkeit** erforderlich ist, nicht gegeben. Die Konzessionsvergabe erfolgt zum Zwecke der Übertragung der Grundzuständigkeit für den Messstellenbetrieb von modernen Messeinrichtungen und intelligenten Messsystemen gem. Abs. 1 und dieser Messstellenbetrieb stellt keine Sektorentätigkeit im Sinne des § 102 Abs. 2 Nr. 1 GWB bzw. des § 102 Abs. 3 Nr. 1 Fall 1 GWB dar.[136] 75

Erforderlich für eine **unmittelbare Anwendbarkeit** der §§ 97 ff. GWB ist zudem, dass der Konzessionsgeber eine Konzession zu vergeben beabsichtigt bzw. dass im Ausnahmefall ein Auftraggeber agiert, der einen öffentlichen Auftrag zu vergeben beabsichtigt, und dass hierbei die Schwellenwerte des § 106 GWB erreicht oder überschritten werden.[137] 76

Die **Anwendbarkeit** des vierten Teils des GWB wurde insbesondere von dem im Gesetzgebungsprozess angehörten Verband kommunaler Unternehmen e.V. (VKU) **erfolglos kritisiert**. Der VKU hielt die Anwendbarkeit des Vergaberechts für Übertragungen nach Abs. 1 **wettbewerbspolitisch für nicht notwendig**. Der Messstellenbetreiber, der die Grundzuständigkeit für den Messstellenbetrieb von modernen Messeinrichtungen und intelligenten Messsystemen innehabe, müsse sich ohnehin dem Wettbewerbsdruck durch andere Anbieter stellen. Zudem müsse der grundzuständige Messstellenbetreiber eine Preisobergrenze beachten. Die Funktion des Vergaberechts, Wettbewerb zu simulieren, komme hier somit nicht zum Tragen, da bereits Wettbewerbs- und Kostendruck bestehe.[138] 77

2. Entsprechende Anwendbarkeit

Abs. 2 S. 2 bestimmt, dass Teil 4 des GWB entsprechende Anwendung findet, wenn im Einzelfall der Anwendungsbereich des GWB nicht eröffnet sein sollte. Das bedeutet, dass der grundzuständige Messstellenbetreiber bei der Übertragung der Grundzuständigkeit für den Messstellenbetrieb von modernen Messeinrichtungen und intelligenten Messsystemen auch dann zur Anwendung des §§ 97 ff. GWB verpflichtet ist, wenn deren Anwendungsvoraussetzungen nicht vorliegen. Es ist demnach im Hinblick auf die (entsprechende) Anwendung der §§ 97 ff. GWB auf das Verfahren zur Übertragung der Grundzuständigkeit für den Messstellenbetrieb von modernen Messeinrichtungen und intelligenten Messsystemen **im Ergebnis unerheblich, ob der persönliche und/oder der sachliche Anwendungsbereich der §§ 97 ff. GWB eröffnet** sind. Damit ist weder von Relevanz, ob die Übertragung des Messstellenbetriebs durch einen öffentlichen Auftraggeber gem. § 99 GWB,[139] einen Sek- 78

---

136 Vgl. dazu erneut oben unter Rn. 64.
137 Vgl. dazu erneut oben unter Rn. 71 ff.
138 VKU, Stellungnahme zum Referentenentwurf „Gesetz zur Digitalisierung der Energiewende" des BMWi v. 21.9.2015, S. 14.
139 Zu § 98 GWB a.F. vgl. erneut Dreher/Motzke/*Dörr*, Beck'scher Vergaberechtskommentar, § 98 GWB Rn. 17 ff.

§ 41   Möglichkeit zur Übertragung der Grundzuständigkeit

torenauftraggeber gemäß § 100 GWB[140] oder einen Konzessionsgeber gemäß § 101 GWB[141] erfolgt. Noch spielt es diesbezüglich eine Rolle, ob in der Übertragung des Messstellenbetriebs ein öffentlicher Auftrag gemäß § 103 GWB oder eine Konzession nach § 105 GWB gesehen werden kann. Schließlich ist insoweit auch das Erreichen oder Überschreiten der Schwellenwerte des § 106 GWB nicht von Belang.[142]

79   Mit der entsprechenden Anwendung des vierten Teils des GWB **bezweckt** der Gesetzgeber, dass für das neue Instrument der Übertragung der Grundzuständigkeit für den Messstellenbetrieb von modernen Messeinrichtungen und intelligenten Messsystemen **in jedem Falle die Vorgaben des allgemeinen Vergaberechts in vollem Umfang zur Anwendung** kommen. Für jede Übertragung sollen einheitlich die Verfahrensvorgaben des GWB Anwendung finden. Hierdurch soll eine Aufsplitterung der Verfahrensvorgaben vermieden und es soll auf allgemein bekannte Verfahrensregeln zurückgegriffen werden.[143]

80   **Hintergrund der entsprechenden Anwendung** der §§ 97 ff. GWB ist, dass der Gesetzgeber erkannt hat, dass es zwar Fälle gibt, bei denen der Anwendungsbereich des GWB ohnehin eröffnet ist, weil beispielsweise die Voraussetzungen für die Vergabe einer Dienstleistungskonzession erfüllt sind. Jedoch sind auch Übertragungskonstellationen denkbar, die nicht in die Anwendbarkeit des Vergaberechts führen. Als ein Beispiel nennt der Gesetzgeber die fehlende Entgeltlichkeit bei der Übertragung der Grundzuständigkeit[144] sowie das Nicht-Erreichen der Schwellenwerte, die nur von größeren Übertragungen erreicht würden.[145]

81   Im Ergebnis finden damit für **jede Übertragung** der Grundzuständigkeit für den Messstellenbetrieb von modernen Messeinrichtungen und intelligenten Messsystemen **einheitlich die Verfahrensvorgaben des vierten Teils des GWB Anwendung**, was der Gesetzgeber nach dem Gegenstand der Grundzuständigkeit für den Messstellenbetrieb von modernen Messeinrichtungen und intelligenten Messsystemen im gesamten Netzgebiet für sachgerecht hält. Er verweist auf eine ansonsten drohende Aufsplitterung der Verfahrensvorgaben, die in der Praxis zu großen Schwierigkeiten führen würde. Indem auf allgemein bekannte Verfahrensregeln zurückgegriffen wird, soll nach der Ansicht des Gesetzgebers die Rechtsanwendung deutlich erleichtert werden.[146]

82   Auch die entsprechende Anwendbarkeit des vierten Teils des GWB wurde von den im Gesetzgebungsprozess angehörten Sachverständigen **kritisiert**, im Ergebnis ebenfalls erfolg-

---

140   Zu § 98 Nr. 4 GWB a. F. vgl. erneut Dreher/Motzke/*Dörr*, Beck'scher Vergaberechtskommentar, § 98 GWB Rn. 120 ff.
141   Vgl. zum Konzessionsgeber erneut Rn. 73 f.
142   So auch *Wagner/Brockhoff*, RdE 2016, 54, 56.
143   Vgl. BT-Drs. 18/7555, S. 102.
144   BT-Drs. 18/7555, S. 102; der VKU ist der Meinung, dass man insoweit nicht von einer unentgeltlichen Aufgabenübertragung werde ausgehen können und verweist darauf, dass die Konzessionsvergabe als entgeltlich bewertet werde, vgl. VKU, Stellungnahme zum Referentenentwurf „Gesetz zur Digitalisierung der Energiewende" des BMWi v. 21.9.2015, S. 17. Dem ist zuzustimmen. Allerdings dürfte der Gesetzgeber mit seinem Verweis auf die fehlende Entgeltlichkeit nicht eine Dienstleistungskonzession, sondern einen Dienstleistungsauftrag, bei dem der Vertragspartner für die Übertragung des Messstellenbetriebs für moderne Messeinrichtungen und intelligente Messsysteme kein Entgelt erhält, gemeint haben.
145   Vgl. BT-Drs. 18/7555, S. 102.
146   Vgl. BT-Drs. 18/7555, S. 102.

los. Der VKU lehnte die Anwendung der Vorgaben des vierten Teils des GWB auch auf die Fälle, die nicht in den Anwendungsbereich des GWB fallen, ab. Neben seinen Argumenten im Zusammenhang mit der grundsätzlichen Anwendbarkeit des GWB[147] hält der VKU die Ausweitung der Anwendung des GWB für nicht zweckmäßig. Die Anforderungen an die Übertragungsverfahren würden so ohne Grund verkompliziert und verursachen einen höheren sachlichen und personellen Aufwand bei den Unternehmen.[148] Kooperationen mehrerer Verteilernetzbetreiber, die ohne die Regelung nicht ausschreiben müssten, würden durch die Regelung fast unmöglich gemacht, da sich die Kooperationsgesellschaft in allen Vergabeverfahren parallel bewerben müsste, aber erst nach Abschluss der Verfahren feststünde, welche Unternehmen an der Kooperation überhaupt teilnehmen könnten.[149] Der GEODE hält die Ausweitung und Änderung der Vorgaben des vierten Teils des GWB in § 41 Abs. 2 für nicht nachvollziehbar. Die Vergabevorschriften im GWB hätten einen bewährten und austarierten Anwendungsbereich. Sollte dieser nicht eröffnet sein, so bestünden dafür vergaberechtlich etablierte, sachlich richtige und nachvollziehbare Gründe. Dies gelte insbesondere für die dafür vorgesehenen Schwellenwerte.[150]

3. Verfahrensregelungen

Mit der entsprechenden Anwendung des vierten Teils des GWB gemäß Abs. 2 S. 2 bezweckt der Gesetzgeber neben der vollumfänglichen Anwendbarkeit der Vorgaben des allgemeinen Vergaberechts insbesondere auch, dass für das neue Instrument der Übertragung der Grundzuständigkeit für den Messstellenbetrieb von modernen Messeinrichtungen und intelligenten Messsystemen in jedem Falle einheitlich die Verfahrensvorgaben des GWB Anwendung finden. Hierdurch soll eine Aufsplitterung der Verfahrensvorgaben vermieden und es soll auf allgemein bekannte Verfahrensregeln zurückgegriffen werden.[151]

83

Der Verweis auf den vierten Teil des GWB bezieht auch die **untergesetzlichen Vergabevorschriften**, insbesondere die jeweils anwendbare Vergabeordnung, mit ein.[152] In Betracht kommen die KonzVgV und die VgV. Demgegenüber scheidet die SektVO aufgrund fehlender Sektorentätigkeit im Zusammenhang mit dem Messstellenbetrieb von modernen Messeinrichtungen und intelligenten Messsystemen von vornherein aus.[153] Dies bedeutet in der Praxis, dass die Netzbetreiber als grundzuständige Messstellenbetreiber bei der Übertragung der Grundzuständigkeit für den Messstellenbetrieb von modernen Messeinrichtungen und intelligenten Messsystemen entweder die Verfahrensregelungen der KonzVgV oder der VgV beachten müssen, während für sie bei Beschaffungsbedarfen im Zusammenhang mit Sektorentätigkeiten außerhalb des Messstellenbetriebs von modernen Messeinrichtungen und intelligenten Messsystemen die Vorgaben der SektVO gelten.

84

---

147 Vgl. dazu BerlKommEnR/*Hohenstein-Bartholl*, § 41 MsbG Rn. 58 (dort Fn. 99).
148 VKU, Stellungnahme zum Referentenentwurf „Gesetz zur Digitalisierung der Energiewende" des BMWi v. 21.9.2015, S. 16.
149 VKU, Stellungnahme zum Referentenentwurf „Gesetz zur Digitalisierung der Energiewende" des BMWi v. 21.9.2015, S. 16.
150 GEODE Deutschland, Stellungnahme zum Referentenentwurf des Bundesministeriums für Wirtschaft und Energie für ein Gesetz zur Digitalisierung der Energiewende v. 21.9.2015, S. 18.
151 Vgl. dazu BerlKommEnR/*Hohenstein-Bartholl*, § 41 MsbG Rn. 78.
152 So auch *Wagner/Brockhoff*, RdE 2016, 54, 57.
153 Vgl. dazu erneut oben unter Rn. 64.

§ 41   Möglichkeit zur Übertragung der Grundzuständigkeit

85 Welche dieser Vergabeordnungen, die **KonzVgV** oder die **VgV**, bei der Übertragung der Grundzuständigkeit für den Messstellenbetrieb von modernen Messeinrichtungen und intelligenten Messsystemen anwendbar ist, ist in Abs. 2 nicht geregelt und beurteilt sich daher nach den **allgemeinen (vergaberechtlichen) Regelungen**. Die KonzVgV ist anzuwenden bei der dem vierten Teil des GWB unterliegenden Vergabe von Konzessionen durch einen Konzessionsgeber, § 1 KonzVgV. Demgegenüber trifft die VgV nähere Bestimmungen über das einzuhaltende Verfahren bei der dem vierten Teil des GWB unterliegenden Vergabe von öffentlichen Aufträgen, § 1 Abs. 1 Fall 1 VgV. Damit ist bei entsprechender Anwendbarkeit des vierten Teils des GWB spätestens im Zusammenhang mit der Anwendbarkeit der einschlägigen Vergabeordnung zu klären, ob die Übertragung der Grundzuständigkeit für den Messstellenbetrieb von modernen Messeinrichtungen und intelligenten Messsystemen durch einen Konzessionsgeber oder einen öffentlichen Auftraggeber erfolgt bzw. ob es sich hierbei um eine Dienstleistungskonzession oder einen Dienstleistungsauftrag handelt.

86 Angesichts der **möglichen Anwendung sowohl der KonzVgV einerseits als auch der VgV** andererseits ist zu hinterfragen, ob der Gesetzgeber sein mit Abs. 2 S. 2 bezwecktes Ziel der **Geltung einheitlicher Verfahrensvorgaben** wird erreichen können. Die Verfahren nach der KonzVgV und der VgV unterscheiden sich erheblich. Der Konzessionsgeber darf das Verfahren zur Vergabe von Konzessionen nach Maßgabe der KonzVgV frei ausgestalten, § 1 Abs. 1 KonzVgV. Insoweit gilt bei Einhaltung gewisser Grundregeln das Primat der Gestaltungsfreiheit.[154] Der öffentliche Auftraggeber ist durch die VgV in seiner Gestaltungsfreiheit deutlich eingeschränkter.[155] Denkbar ist allerdings die Geltung einheitlicher Verfahrensvorgaben im Sinne einer normativen Kraft des Faktischen, wenn nämlich die Übertragung der Grundzuständigkeit für den Messstellenbetrieb von modernen Messeinrichtungen und intelligenten Messsystemen in der Praxis regelmäßig als Dienstleistungskonzession erfolgt, wie hier unterstellt wird. Denn dann ist für das Verfahren zur Übertragung der Grundzuständigkeit einheitlich die KonzVgV anzuwenden.

4. Ausnahmen bei öffentlich-öffentlicher Zusammenarbeit

87 Im Zusammenhang mit der entsprechenden Anwendbarkeit des vierten Teils des GWB nach Abs. 2 S. 2 stellt sich die Frage, ob der **Verweis in Abs. 2 S. 1 und 2** auch die im vierten Teil des GWB geregelten **Ausnahmen der öffentlich-öffentlichen Zusammenarbeit** umfasst.[156] Wäre dies der Fall, könnte die Grundzuständigkeit für den Messstellenbetrieb bei Vorliegen der Voraussetzungen der öffentlich-öffentlichen Zusammenarbeit vergaberechtsfrei übertragen werden.

88 Zweifel an der Anwendbarkeit der Ausnahmen der öffentlich-öffentlichen Zusammenarbeit ergeben sich aufgrund des Wortlauts des Abs. 2 S. 2. Nach dem **Wortlaut** ist der vierte Teil des GWB entsprechend anzuwenden, sollte im Einzelfall der Anwendungsbereich des GWB nicht eröffnet sein. Bei isolierter Wortlautauslegung wäre bei einer öffentlich-öffent-

---

154 Vgl. zur Konzessionsvergaberichtlinie 2014/23/EU *Schröder*, NZBau 2015, 351.
155 So zur Konzessionsvergaberichtlinie 2014/23/EU auch *Schröder*, NZBau 2015, 351, 354.
156 So auch *Wolf/Dobler/Schüssler*, VersorgW 2015, 325, 327, die die rechtliche Reichweite der Vorgabe zur Anwendung des Vergaberechts ansprechen und die der Meinung sind, dass die Anwendbarkeit des sogenannten Inhouse-Privilegs entscheidende Bedeutung für Kooperationen und die Verlagerung der Grundzuständigkeit in Tochtergesellschaften habe.

lichen Zusammenarbeit im Sinne des § 108 GWB der Anwendungsbereich des GWB damit nicht eröffnet mit der Folge der entsprechenden Anwendbarkeit des vierten Teils des GWB. Denn mit dem VergRModG wurde klargestellt, dass bei einer öffentlich-öffentlichen Zusammenarbeit im Sinne des § 108 GWB „dieser Teil (…) nicht anzuwenden (ist)",[157] wobei mit „dieser Teil" eben der vierte Teil des GWB bezeichnet ist.

Andererseits bezieht, systematisch betrachtet, der Verweis des Abs. 2 S. 2 den § 108 GWB mit ein. Denn die Ausnahmen der öffentlich-öffentlichen Zusammenarbeit wurden durch das VergRModG einschließlich des § 108 GWB genau in dem vierten Teil des GWB kodifiziert, auf den Abs. 2 S. 2 zwecks entsprechender Anwendung verweist. Bei **systematischer Betrachtung** beinhaltet die entsprechende Anwendung des GWB also einen Anwendungsbefehl auch zugunsten des § 108 GWB. Die entsprechende Anwendung des GWB ermöglicht also gerade die Anwendbarkeit der darin geregelten Ausnahmen der öffentlich-öffentlichen Zusammenarbeit. 89

Diese systematische Betrachtung steht bei näherer Betrachtung auch mit **Sinn und Zweck** des Abs. 2 S. 2 in Einklang. Wie bereits ausgeführt bezweckt der Gesetzgeber mit der entsprechenden Anwendung des vierten Teils des GWB, dass für das neue Instrument der Übertragung der Grundzuständigkeit für den Messstellenbetrieb von modernen Messeinrichtungen und intelligenten Messsystemen in jedem Falle die Vorgaben des allgemeinen Vergaberechts in vollem Umfang zur Anwendung kommen. Für jede Übertragung sollen einheitlich die Verfahrensvorgaben des GWB Anwendung finden. Hierdurch soll eine Aufsplitterung der Verfahrensvorgaben vermieden und auf allgemein bekannte Verfahrensregeln zurückgegriffen werden.[158] 90

Der Gesetzgeber bezweckt also mit dem Verweis in Abs. 2 S. 2 auf den vierten Teil des GWB die **vollumfängliche Anwendbarkeit des allgemeinen Vergaberechts bei einheitlicher Anwendbarkeit der Verfahrensvorgaben des GWB** bei der Übertragung der Grundzuständigkeit für den Messstellenbetrieb von modernen Messeinrichtungen und intelligenten Messsystemen. Die einheitliche Anwendbarkeit der Verfahrensvorgaben des vierten Teils des GWB bei der Übertragung dieser Grundzuständigkeit setzt nun aber die Durchführung eines Vergabeverfahrens voraus, während die Ausnahmen zur öffentlich-öffentlichen Zusammenarbeit zulässige vergabefreie Gestaltungen ohne Durchführung eines Vergabeverfahrens ermöglichen. Wird aber kein Vergabeverfahren durchgeführt, können auch keine einheitlichen Verfahrensvorgaben zur Anwendung kommen. Damit kann sich das Risiko der Aufsplitterung der Verfahrensvorgaben, die durch die einheitlichen Verfahrensvorgaben des GWB vermieden werden soll, in Fällen einer öffentlich-öffentlichen Zusammenarbeit im Sinne des § 108 GWB nicht realisieren. Der Sinn und Zweck der einheitlichen Anwendbarkeit der Verfahrensvorgaben des GWB bleibt also auch bei Anwendbarkeit der Ausnahmen der öffentlich-öffentlichen Zusammenarbeit erreichbar, wenn man sich vergegenwärtigt, dass es bei Inhouse-Geschäften um Konstellationen geht, in denen diejenige Stelle, für die die fragliche Leistung erbracht werden soll, auch auf Seiten des Leistungserbringers beteiligt ist.[159] Der grundzuständige Messstellenbetreiber entscheidet 91

---
157 § 108 Abs. 1 Hs. 1 GWB; zuvor wurde die Vergaberechtsfreiheit von Inhouse-Vergaben von der h. M. als teleologische Reduktion des Begriffs „Auftrags" in § 99 GWB a. F. eingeordnet, vgl. hierzu statt vieler Dreher/Motzke/*Schotten/Hüttinger*, Beck'scher Vergaberechtskommentar, § 99 GWB Rn. 47 m. w. N.
158 Vgl. BT-Drs. 18/7555, S. 102.
159 Ziekow/Völlink/*Ziekow*, Vergaberecht, § 99 GWB Rn. 96.

§ 41   Möglichkeit zur Übertragung der Grundzuständigkeit

sich bei einer Übertragung des Messstellenbetriebs in Gestalt einer öffentlich-öffentlichen Zusammenarbeit im Sinne des § 108 GWB für eine Eigenerbringung und nicht für die Durchführung eines Vergabeverfahrens.

92 Im Übrigen hätte der **Gesetzgeber**, sofern er die öffentlich-öffentliche Zusammenarbeit im Sinne des § 108 GWB bei der Übertragung der Grundzuständigkeit hätte ausschließen wollen, dies ausdrücklich klarstellen müssen.[160] Zudem ist zu konstatieren, dass parallel zu dem Gesetzgebungsverfahren des MsbG auch das Gesetzgebungsverfahren zum VergRModG durchgeführt wurde. Demnach war für den MsbG-Gesetzgeber erkennbar, dass die öffentlich-öffentliche Zusammenarbeit künftig im vierten Teil des GWB geregelt sein würde, auf den in Abs. 2 S. 1 Bezug genommen wird.[161]

93 Insgesamt kann daher die **Übertragung der Grundzuständigkeit für den Messstellenbetrieb von modernen Messeinrichtungen und intelligenten Messsystemen** bei Vorliegen der Voraussetzungen der **öffentlich-öffentlichen Zusammenarbeit vergaberechtsfrei** erfolgen.[162]

94 Anzumerken ist an dieser Stelle, dass es von Teilen der **Literatur** als wünschenswert erachtet wurde, dass der Gesetzgeber die Frage der Anwendbarkeit von Ausnahmen der öffentlich-öffentlichen Zusammenarbeit im Laufe des Gesetzgebungsverfahrens aufgreife und § 41 Abs. 2 entsprechend präzisiere.[163] Entsprechende Forderungen wurden auch von verschiedenen Sachverständigen vorgebracht, die im Gesetzgebungsprozess angehört worden waren. Der VKU hat vorgebracht, dass das GWB Ausnahmen für Inhouse-Geschäfte und Kooperationen öffentlicher Stellen sowie für die Auftragsvergabe an verbundene Unternehmen oder an Gemeinschaftsunternehmen nenne. Diese Ausnahmen resultierten letztlich aus dem Recht des Auftraggebers, darüber zu entscheiden, ob er eine bestimmte Leistung selbst erbringen bzw. am Markt beschaffen möchte. Dieser Grundsatz gelte auch für das MsbG. Daher sei es geboten, ausdrücklich auf die entsprechende Anwendbarkeit der Ausnahmen aus dem GWB hinzuweisen.[164] Der Gesetzgeber hat **keine entsprechenden Klarstellungen** vorgenommen.

95 Von den **verschiedenen Ausnahmen zur öffentlich-öffentlichen Zusammenarbeit** gemäß § 108 GWB kommen für die Übertragung der Grundzuständigkeit für den Messstellenbetrieb von modernen Messeinrichtungen und intelligenten Messsystemen verschiedene Fälle in Betracht. Insoweit ist zunächst die **klassische Inhouse-Vergabe nach § 108 Abs. 1 GWB** von Interesse, für den Fall, dass der grundzuständige Messstellenbetreiber eine Tochtergesellschaft gründen bzw. auf seine Tochtergesellschaft die Grundzuständigkeit für den Messstellenbetrieb von modernen Messeinrichtungen und intelligenten Messsystemen übertragen möchte. Des Weiteren könnte insoweit auch die **Inhouse-Vergabe in**

---

160 Vgl. hierzu beispielsweise § 46 Abs. 4 EnWG a. F., wonach die Abs. 2 und 3 des § 46 EnWG für Eigenbetriebe der Gemeinden entsprechende Anwendung finden. Mit § 46 Abs. 4 EnWG a. F. wird klargestellt, dass die Vorgaben des § 46 Abs. 2 und 3 zur Konzessionsvergabe auch bei einer Konzessionsvergabe an rechtlich unselbstständige Eigenbetriebe einzuhalten sind.
161 Vgl. § 108 GWB-E.
162 *Wagner/Brockhoff*, RdE 2016, 54, 58, haben sich zu dieser aus deren Sicht offenen Frage nicht abschließend positioniert; im Ergebnis offen *Wolf/Dobler/Schüssler*, VersorgW 2015, 325, 327 und 330.
163 *Wagner/Brockhoff*, RdE 2016, 54, 58.
164 VKU, Stellungnahme zum Referentenentwurf „Gesetz zur Digitalisierung der Energiewende" des BMWi v. 21.9.2015, S. 16 f.

der Konstellation der gemeinsamen Kontrolle eines grundzuständigen Messstellenbetreibers mit anderen öffentlichen Auftraggebern gemäß § 108 Abs. 1 GWB relevant werden, nämlich bei der Gründung bzw. Übertragung der Grundzuständigkeit für den Messstellenbetrieb von modernen Messeinrichtungen und intelligenten Messsystemen auf eine gemeinsame Tochtergesellschaft durch mehrere grundzuständige Messstellenbetreiber. Schließlich könnte insoweit auch die **öffentlich-öffentliche Zusammenarbeit im Sinne des § 108 Abs. 6 GWB** eine Rolle spielen, beispielsweise bei Verträgen zwischen zwei oder mehreren grundzuständigen Messstellenbetreibern und zwar auch ohne Gründung einer gemeinsamen Tochtergesellschaft mit dem Gegenstand der Übertragung der Grundzuständigkeit für den Messstellenbetrieb von modernen Messeinrichtungen und intelligenten Messsystemen.

5. Rechtsschutz

Eigenständige Regelungen zum **Rechtsschutz** sehen die §§ 41 ff. nicht vor. Auch in der Gesetzesbegründung finden sich **keine Ausführungen zum Rechtsschutz** bei der Übertragung der Grundzuständigkeit für den Messstellenbetrieb von modernen Messeinrichtungen und intelligenten Messsystemen. 96

Aus Abs. 2 S. 1, wonach der vierte Teil des GWB unberührt bleibt, folgt, dass bei der Übertragung der Grundzuständigkeit für den Messstellenbetrieb von modernen Messeinrichtungen und intelligenten Messsystemen auch die **§§ 155 ff. GWB zum Nachprüfungsverfahren** gelten, soweit der Anwendungsbereich der §§ 97 ff. GWB eröffnet ist. Bei der Übertragung dieser Grundzuständigkeit im Wege der Vergabe einer Dienstleistungskonzession ist daher für den sogenannten vergaberechtlichen Primärrechtsschutz in Gestalt eines Nachprüfungsverfahrens das Erreichen oder Überschreiten der Schwellenwerts in Höhe des jeweils geltenden Schwellenwertes (zum Zeitpunkt der Drucklegung dieser Erstausgabe 5,225 Mio. EUR) erforderlich. 97

Aufgrund des **Verweises in Abs. 2 S. 2** könnte sich für den Fall, dass der Anwendungsbereich der §§ 97 ff. GWB nicht eröffnet sein sollte, die **Anwendbarkeit der §§ 155 ff. GWB in entsprechender Anwendung** auch ohne Erreichen der einschlägigen Schwellenwerte ergeben. Damit wäre im Falle der Übertragung der Grundzuständigkeit für den Messstellenbetrieb von modernen Messeinrichtungen und intelligenten Messsystemen aufgrund der entsprechenden Anwendung der §§ 155 ff. GWB nach Abs. 2 S. 2 ein Nachprüfungsverfahren unabhängig vom Auftragswert zulässig. 98

Für die Anwendbarkeit des Nachprüfungsverfahrens unabhängig vom Auftragswert spricht der **klare Wortlaut** des Abs. 2 S. 1 und 2. **Dagegen** lassen sich **systematische Erwägungen** anführen. Zum einen ist zu konstatieren, dass die Anwendbarkeit des Nachprüfungsverfahrens unabhängig vom Auftragswert zu einem Systembruch im vergaberechtlichen Rechtsschutzregime führen würde, in dem konzeptionell die Möglichkeit eines Nachprüfungsverfahrens an das Überschreiten der Schwellenwerte gekoppelt ist. Zum anderen widerspricht die nach § 42 vorgesehene Verfahrensdauer von lediglich sechs Monaten dem auf Zuschlagsvereiteilung ausgerichteten Nachprüfungsverfahren.[165] Insgesamt wäre auch ein Verweis der Bieter auf den ordentlichen Rechtsweg denkbar und nicht minder effektiv. 99

---

165 Vgl. zur Frage des Rechtsschutzes im Zusammenhang mit den Fristen des § 42 die Kommentierung zu BerlKommEnR/*Hohenstein-Bartholl*, § 42 MsbG Rn. 11.

§ 41 Möglichkeit zur Übertragung der Grundzuständigkeit

Die Rechtsweggarantie des Art. 19 Abs. 4 GG wäre durch die Möglichkeit, den ordentlichen Rechtsweg zu beschreiten, jedenfalls nicht verletzt. Ggf. bringt die Rechtsverordnung nach § 46 Nr. 7 eine Klarstellung zur Frage des Rechtsschutzes in den Fällen des Abs. 2 S. 2.

IX. Bundesnetzagentur (Abs. 3)

100 In Abs. 3 ist die **Zuständigkeit der BNetzA** hinsichtlich der Übertragung der Grundzuständigkeit für den Messstellenbetrieb von modernen Messeinrichtungen und intelligenten Messsystemen geregelt.

101 Aus Abs. 3 ergibt sich sowohl die **sachliche** als auch die **örtliche Zuständigkeit** der BNetzA in diesem Zusammenhang. Die BNetzA ist sachlich zuständig für die informatorische Begleitung der bevorstehenden, laufenden und abgeschlossenen Verfahren zur Übertragung der Grundzuständigkeit für den Messstellenbetrieb von modernen Messeinrichtungen und intelligenten Messsystemen. Sie ist örtlich zuständig für diese Übertragungsverfahren im gesamten Bundesgebiet.

102 Die **informatorische Begleitung** beinhaltet für die BNetzA die Aufgabe, alle bevorstehenden, laufenden und abgeschlossenen Verfahren zur Übertragung der Grundzuständigkeit für den Messstellenbetrieb von modernen Messeinrichtungen und intelligenten Messsystemen zu einer Übersicht zusammenzuführen, die im Internet frei zugänglich ist.[166] Nicht geregelt ist, wie die BNetzA an die hierfür erforderlichen Informationen gelangt. Praktikabel wäre eine entsprechende Meldepflicht der grundzuständigen Messstellenbetreiber, d. h. die Pflicht der grundzuständigen Messstellenbetreiber, die BNetzA über bevorstehende, laufende und abgeschlossene Verfahren zur Übertragung der Grundzuständigkeit für den Messstellenbetrieb von modernen Messeinrichtungen und intelligenten Messsystemen zu informieren. Eine solche Meldepflicht ist im MsbG nicht vorgesehen. Das MsbG sieht zwar in § 45 Abs. 3 S. 1 eine Pflicht der grundzuständigen Messstellenbetreiber vor, bis zum 30.6.2017 dieser die Wahrnehmung des Messstellenbetriebs in dem nach § 29 erforderlichen Umfang schriftlich anzuzeigen. Diese Pflicht bezieht sich jedoch ausdrücklich auf die Anzeige der Wahrnehmung des Messstellenbetriebs und nicht auf die Übertragung der Grundzuständigkeit für den Messstellenbetrieb von modernen Messeinrichtungen und intelligenten Messsystemen.[167] Ohne Meldepflichten ist die BNetzA darauf angewiesen, dass die grundzuständigen Messstellenbetreiber ihr die erforderlichen Informationen im Zusammenhang mit der Übertragung der Grundzuständigkeit für den Messstellenbetrieb von modernen Messeinrichtungen und intelligenten Messsystemen freiwillig zukommen lassen. Alternativ stehen der BNetzA als Informationsquellen sowohl das Amtsblatt der EU[168] als auch der Bundesanzeiger[169] zur Verfügung. Ggf. bringt die Rechtsverordnung nach § 46 Nr. 7 eine Klarstellung in diesem Zusammenhang.

---

166 Gesetzesbegründung, BT-Drs. 18/7555, S. 102.
167 Ausführlich hierzu BerlKommEnR/*Hohenstein-Bartholl*, § 45 MsbG.
168 Ausführlich hierzu siehe BerlKommEnR/*Hohenstein-Bartholl*, § 42 MsbG.
169 Vgl. § 43 Abs. 4; ausführlich hierzu siehe BerlKommEnR/*Hohenstein-Bartholl*, § 43 MsbG Rn. 1 f., 43.

IX. Bundesnetzagentur (Abs. 3) § 41

Die **informatorische Begleitung** der bevorstehenden, laufenden und abgeschlossenen Verfahren zur Übertragung der Grundzuständigkeit für den Messstellenbetrieb von modernen Messeinrichtungen und intelligenten Messsystemen soll **auf der Internetseite der BNetzA** erfolgen. Die BNetzA ist also aufgefordert, auf ihrer Website www.bundesnetzagentur.de eine Übersicht über alle bevorstehenden, laufenden und abgeschlossenen Verfahren zur Übertragung der Grundzuständigkeit für den Messstellenbetrieb für moderne Messeinrichtungen und intelligente Messsysteme vorzuhalten.[170] Diese Übersicht muss alle bevorstehenden, laufenden und abgeschlossenen Verfahren zur Übertragung der Grundzuständigkeit für den Messstellenbetrieb von modernen Messeinrichtungen und intelligenten Messsystemen beinhalten und zwar unter Einbeziehung der in § 42 genannten Fristen.[171] Da diese Übersicht der Entscheidungsfindung potenzieller Bewerber dienen soll,[172] muss sie **diejenigen Informationen enthalten, die für eine Entscheidung der Interessenten an einer solchen Übertragung, in einem oder mehreren Netzgebieten, erforderlich sind**. Damit muss jedenfalls die Bezeichnung und Lage des Netzgebietes angegeben werden, hinsichtlich derer der grundzuständige Messstellenbetreiber eine Übertragung der Grundzuständigkeit für den Messstellenbetrieb von modernen Messeinrichtungen und intelligenten Messsystem plant, sowie die Fristen für dieses Übertragungsverfahren.[173] Die weiteren Informationen, die für die Entscheidung über eine Bewerbung in einem oder mehreren Übertragungsverfahren notwendig sind, wie z.B. Anzahl der Einbautatbestände nach den §§ 29 und 31, Angaben über die Anzahl der Zählpunkte und die Anzahl der bereits mit modernen Messeinrichtungen und intelligenten Messsystemen ausgestatteten Messstellen sowie Angaben zu Anzahl und Altersstruktur verbauter Messeinrichtungen, wären sinnvollerweise in die Konzessionsbekanntmachung bzw. die Bekanntmachung oder in die Konzessions- bzw. in die Vergabeunterlagen aufzunehmen.[174]

103

Die **Aufgabe der BNetzA ist auf die informatorische Begleitung im Verfahren zur Übertragung der Grundzuständigkeit für den Messstellenbetrieb von modernen Messeinrichtungen und intelligenten Messsystemen beschränkt**. Diese informatorische Begleitung ist abzugrenzen von den Aufgaben des grundzuständigen Messstellenbetreibers im Zusammenhang mit der Übertragung der Grundzuständigkeit für den Messstellenbetrieb für moderne Messeinrichtungen und intelligente Messsysteme. Diese Aufgaben des grundzuständigen Messstellenbetreibers beinhalten zum einen dessen Aufgaben als übertragende Stelle, die beim grundzuständigen Messstellenbetreiber verbleibt,[175] sei es als Konzessionsgeber oder als Auftraggeber. Zum anderen obliegen dem grundzuständigen Messstellenbetreiber auch die Aufgaben einer Vergabestelle. Hierunter fällt die Vorbereitung und Durchführung des Vergabeverfahrens. Zu nennen sind exemplarisch die Erstellung und Veröffentlichung der erforderlichen Konzessionsbekanntmachung bzw. Bekanntmachung, die Erstellung und der Versand der Vergabeunterlagen an die Bewerber bzw. Bieter, die Festlegung der Eignungs- und Zuschlagskriterien sowie die Kommunikation mit den Bewerbern bzw. Bietern, alles unter Einbeziehung der Vorgaben zur e-Vergabe.[176]

104

---

170 Vgl. hierzu z.B. die Internetpräsenz der BNetzA zu den Ausschreibungen zur Ermittlung der finanziellen Förderung von PV-Freiflächenanlagen.
171 Ausführlich hierzu BerlKommEnR/*Hohenstein-Bartholl*, § 42 MsbG Rn. 1 ff.
172 Vgl. BT-Drs. 18/7555, S. 103.
173 Vgl. dazu § 42.
174 Vgl. dazu auch BerlKommEnR/*Hohenstein-Bartholl*, § 42 MsbG Rn. 7.
175 Gesetzesbegründung, BT-Drs. 18/7555, S. 102.
176 Vgl. dazu §§ 7 ff. KonzVgV, §§ 9 ff. VgV.

§ 41 Möglichkeit zur Übertragung der Grundzuständigkeit

105 Zusammenfassend fungieren zwar die grundzuständigen Messstellenbetreiber als Rechteinhaber jeweils als übertragende Stelle, doch werden **sämtliche Übertragungsverfahren durch die BNetzA gebündelt veröffentlicht und administriert**. Diese Bündelung dient dem Zweck, dass potenzielle Bewerber einen Überblick über die verfügbaren Netzgebiete gewinnen und sich so auf mehrere Verfahren gleichzeitig bewerben können. Dies soll nach dem Willen des Gesetzgebers die wirtschaftliche Planung vereinfachen, denn je mehr Netzgebiete gewonnen werden könnten, desto höher seien die erzielbaren Synergieeffekte in der Beschaffung der auszurollenden intelligenten Messsysteme und modernen Messeinrichtungen. Daneben werde auf diese Weise ein transparentes und diskriminierungsfreies Verfahren unterstützt.[177]

---

177 Vgl. BT-Drs. 18/7555, S. 102.

§ 42 Fristen

(1) **Anstehende Verfahren zur Übertragung der Grundzuständigkeit nach § 41 Absatz 1 werden beginnend mit dem Jahre 2017 zum 1. Oktober eines jeden Jahres bekanntgegeben.**

(2) **Angebote müssen jeweils bis zum 31. Dezember eines jeden Jahres abgegeben werden; Zuschläge werden zum 31. März eines jeden Jahres erteilt.**

Schrifttum: *Dinter*, Das Gesetz zur Digitalisierung der Energiewende – Startschuss für Smart Meter? Ein Überblick über den Referentenentwurf, ER 2006, 229; *Kermel/Dinter*, Gesetz zur Digitalisierung der Energiewende, Das Messstellenbetriebsgesetz im Überblick, RdE 2016, 158; *Wagner/Brockhoff*, Neue vergaberechtliche Regelungen im Messstellenbetriebsgesetz, RdE 2016, 54; *Weyand*, Vergaberecht, Stand: 17. Aktualisierung 2015; *Wolf/Dobler/Schüssler*, Das neue Messstellenbetriebsgesetz – ein erster Überblick, VersorgW 2015, 325.

Übersicht

	Rn.		Rn.
I. Bekanntmachung (Abs. 1)	1	III. Zuschlagserteilung (Abs. 2 Hs. 2)	11
II. Angebotsabgabe (Abs. 2 Hs. 1)	9		

I. Bekanntmachung (Abs. 1)

Aus Abs. 1 folgt die **Pflicht zur Bekanntgabe anstehender Verfahren** zur Übertragung der Grundzuständigkeit für den Messstellenbetrieb von modernen Messeinrichtungen und intelligenten Messsystemen nach § 41 Abs. 1.[1] Die Bekanntgabe hat jeweils zum 1.10. eines jeden Jahres zu erfolgen, beginnend mit dem Jahr 2017. Die Bekanntgabe erster Verfahren zur Übertragung der Grundzuständigkeit für den Messstellenbetrieb von modernen Messeinrichtungen und intelligenten Messsystemen ist damit zum 1.10.2017 möglich.[2] **1**

Die **Bekanntgabe** anstehender Verfahren zur Übertragung der Grundzuständigkeit für den Messstellenbetrieb von modernen Messeinrichtungen und intelligenten Messsystemen zum 1.10. eines jeden Jahres ist **verbindlich**. Dies ergibt sich zum einen aus dem Wortlaut.[3] Zum anderen entspricht die Verbindlichkeit dieses jährlichen Bekanntgabetermins dem Willen des Gesetzgebers: Die Vorschrift enthalte verbindliche Vorgaben für Zeitpunkt und Dauer der jeweiligen Verfahren. Die Dauer des Verfahrens sei mit insgesamt sechs Monaten so bemessen, dass die Modernisierung der Messinfrastruktur zügig voranschreiten könne und gleichzeitig die beteiligten Akteure hinreichend Zeit hätten, Angebote vorzubereiten und erfolgreiche Übertragungen abzuwickeln. Die Gleichzeitigkeit der Bekanntgaben sei erforderlich, um Bewerbern die Möglichkeit einzuräumen, sich auf mehrere Verfahren gleichzeitig zu bewerben.[4] **2**

---

1 Einen Überblick zu den Fristen des § 42 liefern *Wolf/Dobler/Schüssler*, VersorgW 2015, 325, 327.
2 So auch *Dinter*, ER 2015, 229, 232; einen Überblick zu den Fristen des Abs. 1 und 2 liefern *Kermel/Dinter*, RdE 2016, 158, 162.
3 Arg. ex „werden (…) bekanntgegeben".
4 Begründung zum Regierungsentwurf v. 17.2.2016, BT-Drs. 18/7555, S. 103.

§ 42 Fristen

3 Von der Bekanntgabe anstehender Verfahren zur Übertragung der Grundzuständigkeit für den Messstellenbetrieb von modernen Messeinrichtungen und intelligenten Messsystemen nach § 41 Abs. 1 zum 1.10. eines jeden Jahres, beginnend mit der Bekanntgabe zum 1.10.2017, kann also nicht abgewichen werden. **Rechtsfolgen** für den Fall, dass die verbindlichen Bekanntgabetermine nicht eingehalten werden, sind nicht vorgesehen. In diesem Zusammenhang stellt sich die Frage, ob im Falle einer Verschiebung des geplanten Starts des Rollouts nach Maßgabe des MsbG auf z. B. die Jahresmitte 2017 wegen fehlender zertifizierter intelligenter Messsysteme[5] der erste Bekanntgabetermin zum 1.10.2017 eingehalten werden kann und wie mit dem Umstand, dass dies möglicherweise nicht der Fall sein wird, umzugehen sein wird.

4 Ggf. bedarf es insoweit eines **Tätigwerdens des Gesetzgebers**. Denkbar wäre, dass der Gesetzgeber die Bekanntgabepflicht bzw. die Verbindlichkeit der Bekanntgabepflicht des ersten Verfahrens zur Übertragung der Grundzuständigkeit für den Messstellenbetrieb von modernen Messeinrichtungen und intelligenten Messsystemen de lege ferenda von der Feststellung der technischen Möglichkeit der Ausstattung der Messstellen mit intelligenten Messsystemen durch das BSI abhängig macht. Der Gesetzgeber fordert die Feststellung der technischen Möglichkeit der Ausstattung der Messstellen mit intelligenten Messsystemen durch das BSI de lege lata in anderem Zusammenhang. So kommt der grundzuständige Messstellenbetreiber nur dann seinen Verpflichtungen nach § 29 Abs. 1 und Abs. 2 S. 2 in unzureichendem Maße nach mit der Folge der Pflicht zur Durchführung des Verfahrens zur Übertragung der Grundzuständigkeit für den Messstellenbetrieb von modernen Messeinrichtungen und intelligenten Messsystemen, wenn er nicht innerhalb von drei Jahren nach Feststellung der technischen Möglichkeit der Ausstattung der Messstellen mit intelligenten Messsystemen durch das BSI mindestens zehn Prozent der nach § 31 Abs. 1 und 2 auszustattenden Messstellen mit intelligenten Messsystemen ausgestattet hat.[6]

5 Im Zusammenhang mit der vom Gesetzgeber intendierten Gleichzeitigkeit der Bekanntgaben ist erneut auf die **informatorische Begleitung** der Verfahren zur Übertragung der Grundzuständigkeit von modernen Messeinrichtungen und intelligenten Messsystemen durch die BNetzA nach § 41 Abs. 3 zurückzukommen.[7] Die Bekanntgaben der grundzuständigen Messstellenbetreiber zum 1.10. eines jeden Jahres nach Abs. 1 dürften als Informationsquelle für die BNetzA für ihre Übersicht über laufende Verfahren in Betracht kommen. Demgegenüber dürften diese Bekanntgaben als Informationsquelle über bevorstehende Verfahren ausscheiden. Denn eine Information über ein bereits nach Abs. 1 bekannt gegebenes Verfahren ist keine Information über ein bevorstehendes Verfahren.

6 Aufgrund der Bezugnahme des § 41 Abs. 2 S. 1 auf den vierten Teil des GWB hat die Bekanntgabe der Verfahren zur **Übertragung der Grundzuständigkeit** für den Messstellenbetrieb von modernen Messeinrichtungen und intelligenten Messsystemen im Wege **einer europaweiten Bekanntmachung**[8] zu erfolgen.[9] Dies gilt auch in den Fällen des § 41 Abs. 2 S. 2 aufgrund der daraus folgenden entsprechenden Anwendbarkeit der §§ 97 ff. GWB. Damit ist die Übertragung der Grundzuständigkeit für den Messstellenbetrieb von

---

5 Vgl. dazu auch ZfK, Ausgabe v. 11.7.2016, „Zentrales Problem bei Dezentralität", S. 5.
6 § 45 Abs. 2 Nr. 1, siehe dazu die BerlKommEnR/*Hohenstein-Bartholl*, § 45 Rn. 12 ff.
7 Vgl. dazu BerlKommEnR/*Hohenstein-Bartholl*, § 41 MsbG Rn. 100.
8 § 19 KonzVgV bzw. § 37 VgV.
9 So auch *Wagner/Brockhoff*, RdE 2016, 54, 56. Nach dem Arbeitsentwurf v. 6.8.2015 war demgegenüber die Bekanntgabe im Bundesanzeiger vorgesehen.

modernen Messeinrichtungen und intelligenten Messsystemen auch dann europaweit bekannt zu geben, wenn die Schwellenwerte des § 106 GWB nicht erreicht werden.[10]

Die Bekanntmachung muss die **wesentlichen Angaben zum anstehenden Verfahren** zur Übertragung der Grundzuständigkeit von modernen Messeinrichtungen und intelligenten Messsystemen enthalten. Diese Angaben sollten über das Maß an Informationen, die die Übersicht der BNetzA zu allen bevorstehenden Verfahren im Rahmen der informatorischen Begleitung gemäß § 41 Abs. 3 enthält, hinausgehen. Anknüpfend an die Regelung des § 42 Abs. 2 des Arbeitsentwurfs dürften zu den wesentlichen Angaben zum anstehenden Verfahren zur Übertragung der Grundzuständigkeit von modernen Messeinrichtungen und intelligenten Messsystemen jedenfalls folgende Aspekte zählen: Die Anzahl der Einbautatbestände nach den §§ 29 und 31, die Anzahl der Zählpunkte insgesamt sowie differenziert nach den in § 31 genannten Gruppen und differenziert nach regionaler Verteilung (Postleitzahl), die Anzahl der bereits mit modernen Messeinrichtungen und intelligenten Messsystemen ausgestatteten Messstellen sowie die Anzahl und Altersstruktur verbauter Messeinrichtungen und Messsysteme einschließlich Angaben zu Eichgültigkeit und zum Turnuswechsel.[11]

7

Die Bekanntmachungspflicht des Abs. 1 knüpft an **anstehende Verfahren zur Übertragung der Grundzuständigkeit** von modernen Messeinrichtungen und intelligenten Messsystemen nach § 41 Abs. 1 an. Sofern eine Übertragung dieser Grundzuständigkeit im Wege einer öffentlich-öffentlichen Zusammenarbeit gemäß § 108 GWB erfolgt,[12] dürfte keine Bekanntgabe nach Abs. 1 erforderlich sein.

8

II. Angebotsabgabe (Abs. 2 Hs. 1)

Der **Termin zur Angebotsabgabe** in einem Verfahren zur Übertragung der Grundzuständigkeit von modernen Messeinrichtungen und intelligenten Messsystemen ist angesichts des Wortlauts des Abs. 2[13] und des Willens des Gesetzgebers[14] ebenfalls als **verbindlich** anzusehen. Die Angebote müssen bis zum 31.12. eines jeden Jahres abgegeben werden.[15] Die Angebote in den ersten Verfahren zur Übertragung der Grundzuständigkeit für den Messstellenbetrieb von modernen Messeinrichtungen und intelligenten Messsystemen müssen damit zum 31.12.2017 abgegeben werden. Abzuwarten bleibt, wie sich eine eventuelle Verschiebung des geplanten Starts des Rollouts z. B. auf die Jahresmitte 2017 wegen fehlender zertifizierter intelligenter Messsysteme nach Maßgabe des MsbG und eine daraus etwa resultierende Nichteinhaltung der erstmaligen Bekanntgabepflicht zum 1.10.2017 auf den verbindlichen Angebotsabgabetermin zum 31.12.2017 auswirkt.[16]

9

Bei einer Angebotsabgabe zum 31.12. eines jeden Jahres haben die Bewerber bzw. Bieter in einem Verfahren zur Übertragung der Grundzuständigkeit für den Messstellenbetrieb

10

---

10 Nach § 42 Abs. 2 des Arbeitsentwurfs v. 6.8.2015 war die Bekanntmachung im Amtsblatt der Europäischen Union erst ab einer Million Messstellen vorgesehen.
11 Zu alledem vgl. § 42 Abs. 2 des Arbeitsentwurfs v. 6.8.2015.
12 Vgl. hierzu BerlKommEnR/*Hohenstein-Bartholl*, § 41 MsbG Rn. 87 ff.
13 Arg. ex „müssen (...) abgegeben werden".
14 Siehe dazu oben unter Rn. 2.
15 Einen Überblick zu den Fristen des § 42 liefern *Wolf/Dobler/Schüssler*, VersorgW 2015, 325, 327.
16 Hierzu und zu einem möglichen Tätigwerden des Gesetzgebers siehe erneut unter Rn. 3 f.

§ 42 Fristen

von modernen Messeinrichtungen und intelligenten Messsystemen ab Bekanntmachung zum 1.10. drei Monate Zeit für die Abgabe ihres Angebots. Insoweit ist zu bedenken, dass angesichts der Vorgaben des § 41 Abs. 1 hinsichtlich einer nach § 4 erforderlichen Genehmigung sowie eines nach § 25 erforderlichen Zertifikats und der hier vorgenommenen Einordnung dieser Vorgaben als Eignungskriterien[17] der Angebotswertung eine Eignungsprüfung vorgeschaltet sein muss. Bereits aus diesem Grunde stellt sich die Frage der **Angemessenheit der dreimonatigen Angebotsfrist**. Selbst bei einer weitgehend freien Verfahrensgestaltung des Übertragungsverfahrens zur Vergabe einer Dienstleistungskonzession müsste beispielsweise bei einer nach § 12 Abs. 1 S. 2 KonzVgV zulässigen Ausrichtung des Übertragungsverfahrens an ein Verhandlungsverfahren mit Teilnahmewettbewerb eine angemessene Frist für den Teilnahmewettbewerb vorgesehen werden. Es sei an dieser Stelle ein Hinweis auf die regelmäßige Teilnahmefrist nach § 15 Abs. 2 SektVO erlaubt, die 30 Tage, gerechnet ab dem Tag nach der Absendung der Auftragsbekanntmachung, beträgt und die keinesfalls kürzer als 15 Tage ausfallen darf. Orientiert sich der grundzuständige Messstellenbetreiber beispielsweise an einer 30-tägigen Teilnahmefrist, so würden für die Auswertung der Teilnahmeanträge mit anschließender Aufforderung zur Angebotsabgabe einschließlich Angebotsfrist insgesamt lediglich ca. zwei Monate verbleiben. Ob dieser Zeitraum ausreicht, wird die Praxis zeigen. In diesem Zusammenhang ist zu konstatieren, dass die Frist zur Angebotsabgabe von drei Monaten unabhängig davon gilt, in wie vielen Verfahren zur Übertragung der Grundzuständigkeit für den Messstellenbetrieb von modernen Messeinrichtungen und intelligenten Messsystemen der Bewerber bzw. Bieter ein Angebot abgibt. Eine Verlängerung der Angebotsfrist bei einer Teilnahme des Bewerbers bzw. Bieters in zwei oder mehreren Übertragungsverfahren ist nicht vorgesehen. Die Angemessenheit der Drei-Monats-Frist lässt sich damit zumindest bei einer zunehmenden Anzahl der Verfahren, an denen sich der betroffene Bewerber bzw. Bieter beteiligt, hinterfragen. Ob daher die vom Gesetzgeber gewünschte Gleichzeitigkeit der Angebotsabgabe ohne Möglichkeit zur Verlängerung der Angebotsfrist bei der Teilnahme an zwei oder mehreren Verfahren tatsächlich wird erfolgen können, muss die Praxis zeigen.

III. Zuschlagserteilung (Abs. 2 Hs. 2)

11 Der **Zeitpunkt der Zuschlagserteilung** ist schließlich ebenfalls vorgegeben und hat verbindlich bis zum 31.3. eines jeden Jahres zu erfolgen.[18] Die Zuschlagserteilungen in den ersten Verfahren zur Übertragung der Grundzuständigkeit für den Messstellenbetrieb von modernen Messeinrichtungen und intelligenten Messsystemen müssen damit bis zum 1.3.2018 erfolgen. Auch insoweit bleibt abzuwarten, wie sich die Verschiebung des geplanten Starts des Rollouts auf die Jahresmitte 2017 angesichts fehlender zertifizierter moderner Messeinrichtungen[19] mit sich ggf. anschließender Nichteinhaltung der Bekanntgabepflicht zum 1.10.2017 bzw. Nichteinhaltung der Angebotsabgabefrist zum 31.12.2017 auf den ersten möglichen verbindlichen Zuschlagstermin zum 31.3.2018 auswirkt.[20]

---

17 Vgl. dazu erneut BerlKommEnR/*Hohenstein-Bartholl*, § 41 MsbG Rn. 51.
18 Vgl. zur Verbindlichkeit von Bekanntgabetermin und Angebotsfrist erneut unter Rn. 2 und Rn. 9; einen Überblick zu den Fristen des § 42 liefern *Wolf/Dobler/Schüssler*, VersorgW 2015, 325, 327.
19 ZfK, Ausgabe v. 11.7.2016, „Zentrales Problem bei Dezentralität", S. 5.
20 Hierzu und zu einem möglichen Tätigwerden des Gesetzgebers siehe erneut unter Rn. 3 f.

III. Zuschlagserteilung (Abs. 2 Hs. 2) § 42

Der grundzuständige Messstellenbetreiber hat nach Angebotsabgabe zum 31.12. durch die 12
Bieter drei Monate Zeit für die Angebotswertung und Zuschlagserteilung. Der Gesetzgeber
ist der Ansicht, dass die **Dauer des Verfahrens** mit insgesamt sechs Monaten so bemessen
sei, dass die Modernisierung der Messinfrastruktur zügig voranschreiten könne und gleichzeitig die beteiligten Akteure hinreichend Zeit hätten, Angebote vorzubereiten und erfolgreiche Übertragungen abzuwickeln.[21] Zwar dürfte dem Gesetzgeber dahingehend zuzustimmen sein, dass diese Drei-Monats-Frist im Regelfall **grundsätzlich angemessen** ist.
Dies gilt auch bei einer erhöhten Anzahl von Bietern, die sich angesichts der Möglichkeit
der Gleichzeitigkeit von Bewerbungen ergeben kann. Jedoch dürfte die Drei-Monats-Frist
dann nicht mehr angemessen sein, wenn einer der Bieter im laufenden Verfahren zur Übertragung der Grundzuständigkeit für den Messstellenbetrieb von modernen Messeinrichtungen und intelligenten Messsystemen **Rechtsschutz** begehrt.

Zwar enthalten die §§ 41 f. keine Regelungen zum Rechtsschutz. Auch in der Gesetzesbe- 13
gründung findet das Thema Rechtsschutz keine Erwähnung. Jedoch finden aufgrund des
Verweises in § 41 Abs. 2 auf den 4. Teil des GWB auch die §§ 155 ff. GWB zum Nachprüfungsverfahren Anwendung.[22] Dies gilt jedenfalls gem. § 41 Abs. 2 S. 1 i.V. m. §§ 155 ff.
GWB, wenn der persönliche und sachliche Anwendungsbereich der §§ 97 ff. GWB eröffnet
ist. Zum anderen wäre ein Nachprüfungsverfahren ggf. auch in den Fällen des § 41 Abs. 2
S. 2 i.V. m. §§ 155 ff. GWB in entsprechender Anwendung zulässig.[23]

Damit unterläge also, ein zulässiger Nachprüfungsantrag vorausgesetzt, das Verfahren zur 14
Übertragung der Grundzuständigkeit des Messstellenbetriebs von modernen Messeinrichtungen und intelligenten Messsystemen, ggf. unabhängig vom jeweiligen Auftragswert,
der **Nachprüfung durch die Vergabekammern** ggf. einschließlich der Überprüfung der
Entscheidungen der Vergabekammern durch die Oberlandesgerichte.[24] Dies gilt bereits ab
dem in diesem Zusammenhang häufig bemühten, theoretisch denkbaren Auftragswert von
1 Cent.[25] Der Auftragswert bzw. Vertragswert bei der Vergabe einer Dienstleistungskonzession berechnet sich gemäß § 2 Abs. 3 KonzVgV nach dem voraussichtlichen Gesamtumsatz ohne Umsatzsteuer, den der Konzessionsnehmer während der Vertragslaufzeit als Gegenleistung erzielt. In der Praxis hängt der Auftragswert für das Verfahren zur Übertragung
der Grundzuständigkeit von modernen Messeinrichtungen und intelligenten Messsystemen insbesondere von der Anzahl der nach § 29 auszustattenden Messstellen mit modernen Messeinrichtungen und intelligenten Messsystemen und damit indirekt von der Größe
und der Struktur des betroffenen Netzgebietes ab. Angesichts der Unterschiedlichkeit der
Netzgebiete innerhalb Deutschlands kann daher der Auftragswert bei einem Verfahren zur
Übertragung der Grundzuständigkeit des Messstellenbetriebs von modernen Messeinrichtungen und intelligenten Messsystemen im Einzelfall auch deutlich unter den Auftragswerten liegen, bei denen der persönliche und sachliche Anwendungsbereich des GWB eröffnet
und mithin ein Nachprüfungsverfahren zulässig ist. Letzteres wäre bei Dienstleistungskonzessionen ab einem Auftragswert von 5,225 Mio. Euro und bei Dienstleistungsaufträgen
ab einem Auftragswert von 209.000 Euro der Fall (Schwellenwerte zum Zeitpunkt der
Drucklegung dieser Erstausgabe). Im Ergebnis wird daher durch die Regelung des § 41

---
21 Begründung zum Regierungsentwurf v. 17.2.2016, BT-Drs. 18/7555, S. 103.
22 So auch *Wagner/Brockhoff*, RdE 2016, 54, 58.
23 Vgl. dazu erneut die Kommentierung zu § 41 unter Rn. 96 ff.
24 Vgl. §§ 171 f. GWB.
25 So auch *Wagner/Brockhoff*, RdE 2016, 54, 58.

§ 42 Fristen

Abs. 2 S. 2 in allen Verfahren zur Übertragung der Grundzuständigkeit des Messstellenbetriebs von modernen Messeinrichtungen und intelligenten Messsystemen ggf. eine Nachprüfung durch die Vergabekammern bzw. eine Überprüfung durch die Oberlandesgerichte möglich sein. Mit der Zulässigkeit der Nachprüfungsverfahren nach den §§ 155 ff. GWB kommt die vom Gesetzgeber beabsichtigte vollumfängliche Anwendung der Vorgaben des Allgemeinen Vergaberechts[26] zum Ausdruck.

15 Mit Blick auf den gesetzlich vorgegebenen Zeitpunkt des Zuschlags am 31.3. eines jeden Jahres ist allerdings zu konstatieren, dass, abhängig vom Zeitpunkt der Einreichung des Nachprüfungsantrages bei der zuständigen Vergabekammer, der Dauer des Nachprüfungsverfahrens und der Frage der Einlegung von Rechtsmitteln gegen die Entscheidung der Vergabekammer, der Zuschlag im Einzelfall ggf. nicht fristgemäß zum 31.3. erteilt werden kann. Allerdings schließt dies nicht die vom Gesetzgeber intendierte Gleichzeitigkeit der Bewerbung auf mehrere Verfahren zur Übertragung der Grundzuständigkeit des Messstellenbetriebs von modernen Messeinrichtungen und intelligenten Messsystemen aus. Lediglich von einer Gleichzeitigkeit des Abschlusses dieser Verfahren durch Zuschlagserteilung wird nicht ausgegangen werden können. Letzteres ist aber auch nicht Ziel des Gesetzgebers. Allerdings kann nicht ausgeschlossen werden, dass eine aufgrund eines Nachprüfungsverfahrens, ggf. unter Einschluss eines Verfahrens vor dem Oberlandesgericht, nicht fristgemäße Zuschlagserteilung zum 31.3. negative Folgen auf den Rollout nach Maßgabe des MsbG haben kann. Die grundzuständigen Messstellenbetreiber wären daher gut beraten, bei einer geplanten Übertragung der Grundzuständigkeit des Messstellenbetriebs von modernen Messeinrichtungen und intelligenten Messsystemen entsprechende mögliche **Zeitverzögerungen** im Verfahren einzuplanen.

16 Eine **Pflicht zur Zuschlagserteilung** dürfte sich aus der Regelung des Abs. 2 Hs. 2 nicht ergeben. Zwar könnte diese Regelung dem Wortlaut entsprechend ausgelegt werden.[27] Jedoch kann eine reine Wortlautauslegung nicht überzeugen. Zum einen stellt Abs. 2 S. 2 eine bloße Frist- bzw. Verfahrensregelung dar. Zum anderen ist auch insoweit der Verweis des § 41 Abs. 2 S. 1 und 2 auf den vierten Teil des GWB heranzuziehen. Denn wenngleich nicht ausdrücklich geregelt, so hat doch der BGH in ständiger Rechtsprechung zu den §§ 97 ff. GWB herausgearbeitet, dass der Ausschreibende auch dann, wenn kein förmlicher Aufhebungsgrund besteht, nicht gezwungen werden kann, einen der Ausschreibung entsprechenden Auftrag zu erteilen.[28] Dies gilt auch für den Zuschlag zur Übertragung der Grundzuständigkeit des Messstellenbetriebs von modernen Messeinrichtungen und intelligenten Messsystemen, der gemäß Abs. 2 S. 2 zum 31.3. eines jeden Jahres zu erteilen ist.[29]

---

26 Vgl. dazu erneut Begründung zum Regierungsentwurf v. 17.2.2016, BT-Drs. 18/7555, S. 102.
27 Arg. ex „werden (...) erteilt".
28 Vgl. dazu Weyand/*Weyand*, Vergaberecht, § 114 GWB Rn. 76 m. w. N.
29 Vgl. zur Frage der Pflicht zur Zuschlagserteilung auch BerlKommEnR/*Hohenstein-Bartholl*, § 44 MsbG Rn. 7.

§ 43 Folgen einer erfolgreichen Übertragung der Grundzuständigkeit

(1) ¹Das Unternehmen, das den Zuschlag erhält, übernimmt die Grundzuständigkeit für den Messstellenbetrieb für moderne Messeinrichtungen und intelligente Messsysteme, insbesondere die Verpflichtungen aus § 29, zu den von ihm im Angebot beschriebenen Bedingungen. ²Der abgebende grundzuständige Messstellenbetreiber wird insoweit von seinen Verpflichtungen aus Teil 2 Kapitel 4 dieses Gesetzes befreit; bei ihm verbleibt die Zuständigkeit für die Messstellen ohne moderne Messeinrichtungen und intelligente Messsysteme.

(2) Zur Übernahme der Grundzuständigkeit werden Verträge entsprechend § 14 Absatz 2 über die Durchführung des Messstellenbetreiberwechsels zwischen den Messstellenbetreibern geschlossen.

(3) Der vormalige grundzuständige Messstellenbetreiber hat dem neuen grundzuständigen Messstellenbetreiber alle Informationen zu übergeben, die für den Messstellenbetrieb von modernen Messeinrichtungen und intelligenten Messsystemen erforderlich sind.

(4) Der Wechsel der Grundzuständigkeit ist unverzüglich im Bundesanzeiger bekannt zu machen.

Schrifttum: *Burgi*, Die Vergabe von Dienstleistungskonzessionen: Verfahren, Vergabekriterien, Rechtsschutz, NZBau 2005, 610; *Dinter*, Das Gesetz zur Digitalisierung der Energiewende – Startschuss für Smart Meter? Ein Überblick über den Referentenentwurf, ER 2015, 229; *Pünder/Schellenberg* (Hrsg.), Vergaberecht, 2. Aufl. 2015; *Weyand*, Vergaberecht, Stand: 17. Aktualisierung 2015.

Übersicht

	Rn.		Rn.
I. Übernahme der Grundzuständigkeit für den Messstellenbetrieb für moderne Messeinrichtungen und intelligente Messsysteme (Abs. 1)	1	II. Verträge über die Durchführung des Messstellenbetreiberwechsels (Abs. 2)	20
1. Zuschlagserteilung	1	III. Übergabe von Informationen (Abs. 3)	21
2. Zuschlagskriterien	12	IV. Bundesanzeiger (Abs. 4)	23
3. Verpflichtungen aus § 29	15		
4. Angebotsbedingungen	16		
5. Befreiung des abgebenden grundzuständigen Messstellenbetreibers	19		

I. Übernahme der Grundzuständigkeit für den Messstellenbetrieb für moderne Messeinrichtungen und intelligente Messsysteme (Abs. 1)

1. Zuschlagserteilung

Nach dem Wortlaut des Abs. 1 S. 1 *übernimmt* das Unternehmen, das den Zuschlag erhält, die Grundzuständigkeit für den Messstellenbetrieb für moderne Messeinrichtungen und in- 1

§ 43 Folgen einer erfolgreichen Übertragung der Grundzuständigkeit

telligente Messsysteme.[1] Der Wortlaut des Abs. 1 S. 1 ordnet also als Rechtsfolge des Zuschlags die Übernahme der Grundzuständigkeit für den Messstellenbetrieb für moderne Messeinrichtungen und intelligente Messsysteme an. Demgegenüber ist in der Überschrift zu § 43 von der *Übertragung* der Grundzuständigkeit bzw. in der Bezeichnung des Kapitels 6 von der Übertragung der Grundzuständigkeit für den Messstellenbetrieb von modernen Messeinrichtungen und intelligenten Messsystemen die Rede. In der Gesetzesbegründung zu § 43 heißt es, dass die Vorschrift den **Übergang der Grundzuständigkeit** für den Messstellenbetrieb für intelligente Messsysteme und moderne Messeinrichtungen als Folge des erfolgreichen Abschlusses eines Übertragungsverfahrens anordnet.[2]

2   Damit stellt sich die Frage, wie Übernahme, Übergang und Übertragung der Grundzuständigkeit für moderne Messeinrichtungen und intelligente Messsysteme zusammenhängen. Insoweit ist erneut die Legaldefinition des **grundzuständigen Messstellenbetreibers** in § 2 Nr. 4 heranzuziehen. Danach ist grundzuständiger Messstellenbetreiber der Betreiber von Energieversorgungsnetzen, solange und soweit er seine Grundzuständigkeit für den Messstellenbetrieb nicht nach § 43 auf ein anderes Unternehmen übertragen hat, oder jedes Unternehmen, das die Grundzuständigkeit für den Messstellenbetrieb nach § 43 übernommen hat.

3   Ausgehend von der Legaldefinition des § 2 Nr. 4 sind also als **Begrifflichkeiten** zunächst lediglich die Übertragung und die Übernahme der Grundzuständigkeit für moderne Messeinrichtungen und intelligente Messsysteme maßgeblich. Der Begriff des Übergangs der Grundzuständigkeit für moderne Messeinrichtungen und intelligente Messsysteme ist hingegen lediglich in der Gesetzesbegründung erwähnt und dürfte als Synonym für die Übertragung bzw. die Übernahme der Grundzuständigkeit für moderne Messeinrichtungen und intelligente Messsysteme im Sinne des § 2 Nr. 4 zu verstehen sein.

4   Die Legaldefinition des § 2 Nr. 4 differenziert zwar zwischen der **Übertragung** und der **Übernahme** der Grundzuständigkeit für den Messstellenbetrieb von modernen Messeinrichtungen und intelligenten Messsystemen. Mit der Unterscheidung in § 2 Nr. 4 zwischen der Übertragung der Grundzuständigkeit und der Übernahme der Grundzuständigkeit wird jedoch lediglich zum einen deutlich, dass es sich bei der Übertragung der Grundzuständigkeit um ein Rechtsgeschäft zwischen zwei Parteien handelt und dass es hierfür zweier übereinstimmender Willenserklärungen bedarf. Zum anderen wird klargestellt, dass der Betreiber von Energieversorgungsnetzen nur grundzuständiger Messstellenbetreiber ist, sofern er die Grundzuständigkeit für den Messstellenbetrieb nicht nach § 43 übertragen hat, bzw. dass jedes Unternehmen grundzuständiger Messstellenbetreiber sein kann, unabhängig davon, ob es ein Betreiber von Energieversorgungsnetzen ist, wenn es die Grundzuständigkeit für den Messstellenbetrieb nach § 43 übernommen hat. Weitere Gründe für die Unterscheidung zwischen Übertragung und Übernahme der Grundzuständigkeit sind nicht ersichtlich.[3]

5   Wenngleich also in Abs. 1 (und auch in Abs. 2) lediglich von Übernahme der Grundzuständigkeit für den Messstellenbetrieb von modernen Messeinrichtungen und intelligenten Messsystemen die Rede ist, dürfte als **Bezeichnung für den Regelungsgegenstand** des

---

1 Einen Überblick zu der Regelung des § 43 liefert *Dinter*, ER 2015, 229, 232.
2 Begründung zum Regierungsentwurf v. 17.2.2016, BT-Drs. 18/7555, S. 103.
3 Vgl. BerlKommEnR/*Hohenstein-Bartholl*, § 41 MsbG Rn. 35.

I. Übernahme der Grundzuständigkeit für den Messstellenbetrieb § 43

§ 43 insgesamt die **Übertragung der Grundzuständigkeit** für den Messstellenbetrieb von **modernen Messeinrichtungen** und **intelligenten Messsystemen** sachgerecht sein.

Jedenfalls ändert die Differenzierung zwischen Übertragung und Übernahme nichts daran, dass die Übertragung der Grundzuständigkeit für moderne Messeinrichtungen und intelligente Messsysteme kraft Zuschlags erfolgt. Ein weiterer Akt neben dem Zuschlag dürfte für die Übernahme der Grundzuständigkeit für moderne Messeinrichtungen und intelligente Messsysteme nicht erforderlich sein.

6

Zwar lässt sich für die **Notwendigkeit eines zusätzlichen Übertragungsaktes** neben dem Zuschlag der Wortlaut des Abs. 2 anführen. Danach werden zur Übernahme der Grundzuständigkeit Verträge entsprechend § 14 Abs. 2 über die Durchführung des Messstellenbetreiberwechsels zwischen den Messstellenbetreibern geschlossen. Anders als in Abs. 3 spricht Abs. 2 auch nicht vom vormaligen und neuen grundzuständigen Messstellenbetreiber, was derart ausgelegt werden könnte, dass eine Übertragung noch nicht erfolgt ist. In Anbetracht der umfassenden Anwendbarkeit des vierten Teils des GWB gemäß § 41 Abs. 2 S. 1 und 2 vermag ein solcher Ansatz jedoch nicht zu überzeugen. Denn nach Abs. 1 S. 1 erfolgt die Übertragung der Grundzuständigkeit für den Messstellenbetrieb von modernen Messeinrichtungen und intelligenten Messsystemen kraft Zuschlags und der Begriff des Zuschlags ist aufgrund des Verweises in § 41 Abs. 2 S. 1 und 2 im Sinne der Bestimmungen des vierten Teils des GWB zu verstehen.

7

Zuschlag im Sinne des Abs. 1 S. 1 i.V.m. dem 4. Teil des GWB ist der **Zuschlag gemäß § 152 Abs. 3 GWB** bzw. **§ 127 GWB**,[4] je nachdem, ob die Übertragung der Grundzuständigkeit für moderne Messeinrichtungen und intelligente Messsysteme in Gestalt einer Dienstleistungskonzession oder als Dienstleistungsauftrag erfolgt.

8

Der Zuschlag wird nach h.M. als eine Annahmeerklärung im Sinne des allgemeinen bürgerlichen Vertragsrechts verstanden.[5] Bei Vergaben von öffentlichen Aufträgen nimmt mit dem Zuschlag die Vergabestelle das Angebot des erfolgreichen Bieters an und schließt den Vertrag.[6] Bei der **Zuschlagserklärung** handelt es sich um eine empfangsbedürftige Willenserklärung, die zu ihrer Wirksamkeit nach § 130 Abs. 1 S. 1 BGB dem betreffenden Bieter innerhalb der Zuschlagsfrist zugehen muss. Der Begriff des Zuschlags entspricht der Annahmeerklärung nach §§ 146 ff. BGB. Der Vertrag kommt zustande, wenn auf ein Angebot eines Bieters rechtzeitig, also innerhalb der Zuschlagsfrist, und ohne Abänderungen der Zuschlag erteilt wird.[7] Dies dürfte auch entsprechend bei der Vergabe einer Dienstleistungskonzession gelten. Die Vergabe der Dienstleistungskonzession erfolgt, wenn auf das jeweilige Angebot eines Bieters rechtzeitig und ohne Abänderungen der Zuschlag erfolgt. Demnach bedarf es im Ergebnis neben dem Zuschlag auch keines weiteren Rechtsaktes zur Übertragung der Dienstleistungskonzession.

9

Auf die Übertragung der Grundzuständigkeit für den Messstellenbetrieb von modernen Messeinrichtungen und intelligenten Messsystemen angewendet bedeutet dies, dass der Bieter die Übernahme dieser Grundzuständigkeit anbietet und der grundzuständige Messstellenbetreiber als Konzessionsgeber bzw. Auftraggeber mit **Zuschlagserteilung** dieses

10

---

4 Vgl. erneut § 41 Abs. 2 S. 1 und S. 2.
5 Vgl. Weyand/*Weyand*, Vergaberecht, § 114 GWB Rn. 174.
6 Für die Vergabe eines Bauauftrags Pünder/Schellenberg/*Ruhland/Mentzinis*, Vergaberecht, § 18 VOB/A Rn. 1.
7 Pünder/Schellenberg/*Ruhland/Mentzinis*, Vergaberecht, § 18 VOB/A Rn. 1.

§ 43   Folgen einer erfolgreichen Übertragung der Grundzuständigkeit

Angebot annimmt und die Grundzuständigkeit für den Messstellenbetrieb von modernen Messeinrichtungen und intelligenten Messsystemen überträgt.

11 Mit der Zuschlagserteilung wird der abgebende grundzuständige Messstellenbetreiber[8] zum vormaligen Messstellenbetreiber[9] und das Unternehmen, das den Zuschlag erhält, wird zum neuen grundzuständigen Messstellenbetreiber.[10] Der **Zuschlag** markiert den **erfolgreichen Abschluss des Übertragungsverfahrens**. Das Scheitern einer Übertragung der Grundzuständigkeit ist demgegenüber in § 44 geregelt.[11]

2. Zuschlagskriterien

12 Vorgaben für die Zuschlagskriterien enthält Abs. 1 nicht. Aufgrund der Regelung des § 41 Abs. 2 S. 1 und 2 gelten insoweit die Regelungen des vierten Teils des GWB unmittelbar oder in entsprechender Anwendung.[12] Unterstellt, die Übertragung der Grundzuständigkeit für den Messstellenbetrieb von modernen Messeinrichtungen und intelligenten Messsystemen erfolgt in Gestalt einer Dienstleistungskonzession, ist für die Zuschlagskriterien daher § 152 Abs. 3 S. 1 GWB maßgeblich. Danach wird der Zuschlag auf der Grundlage objektiver Kriterien erteilt, die sicherstellen, dass die Angebote unter wirksamen Wettbewerbsbedingungen bewertet werden, so dass ein wirtschaftlicher Gesamtvorteil für den Konzessionsgeber ermittelt werden kann.

13 Bei der **Vergabe einer Dienstleistungskonzession** geht das bei der Vergabe von Dienstleistungsaufträgen zentrale Vergabekriterium der Wirtschaftlichkeit des Angebots ins Leere, da kein Entgelt gezahlt wird.[13] Wie ausgeführt, ist für die Vergabe einer Dienstleistungskonzession nach § 152 Abs. 3 S. 1 GWB ein **wirtschaftlicher Gesamtvorteil für den Konzessionsgeber** maßgeblich. Denkbar ist, dass die Höhe des späteren Entgelts ein Vergabekriterium ist, dass der Zuschlag also demjenigen Bieter erteilt werden muss, der die Dienstleistungen am kostengünstigsten für die späteren Nutzer erbringt.[14] Dies gilt auch für die Übertragung der Grundzuständigkeit für den Messstellenbetrieb von modernen Messeinrichtungen und intelligenten Messsystemen. Dies vorausgeschickt und angesichts der Preisobergrenzen der §§ 31 und 32 sowie angelehnt an die Gesetzesbegründung zu § 44 des Arbeitsentwurfs[15] kann sich die Wirtschaftlichkeit des Angebots bei der Übertragung der Grundzuständigkeit für den Messstellenbetrieb von modernen Messeinrichtungen und intelligenten Messsystemen aus dem mengengewichteten Durchschnittspreis für den Einbau und den Betrieb von modernen Messeinrichtungen und intelligenten Messsystemen ergeben.[16] Mithin könnten die Einhaltung der Preisobergrenzen bzw. das Ausmaß von deren Unterschreitung das wesentliche Kriterium für die Erteilung des Zuschlags

---

8 Vgl. § 43 Abs. 1 S. 2.
9 Vgl. § 43 Abs. 3 Hs. 1.
10 Vgl. § 43 Abs. 3 Hs. 1.
11 Ausführlich hierzu siehe BerlKommEnR/*Hohenstein-Bartholl*, § 44 MsbG Rn. 1 ff.
12 § 152 Abs. 3 GWB bzw. § 127 GWB.
13 Vgl. zur Rechtslage vor Inkrafttreten des Vergaberechtsmodernisierungsgesetzes *Burgi*, NZBau 2005, 610, 616.
14 So erneut zur Rechtslage vor Inkrafttreten des Vergaberechtsmodernisierungsgesetzes *Burgi*, NZBau 2005, 610, 616.
15 Gesetzesbegründung zu § 44 Arbeitsentwurf v. 6.8.2015, S. 175.
16 So auch § 44 S. 2 des Arbeitsentwurfs v. 6.8.2015, S. 59.

sein.[17] Dies entspräche im Übrigen auch dem Sinn und Zweck des MsbG, im Messstellenbetrieb für Preisgünstigkeit zu sorgen.[18]

Dadurch, dass Abs. 1 keine Vorgaben für die Zuschlagskriterien enthält, ist denkbar, dass vom grundzuständigen Messstellenbetreiber neben der Einhaltung der Preisobergrenzen bzw. dem Ausmaß von deren Unterschreitung **weitere Zuschlagskriterien** aufgestellt werden. Entscheidend ist, dass die Zuschlagskriterien mit dem Konzessionsgegenstand in Verbindung stehen und dass sie dem Konzessionsgeber keine uneingeschränkte Wahlfreiheit einräumen.[19] Die Zuschlagskriterien können qualitative, umweltbezogene oder soziale Belange umfassen.[20] Zudem müssen sie mit einer Beschreibung einhergehen, die eine wirksame Überprüfung der von den Bietern übermittelten Informationen gestattet, damit bewertet werden kann, ob und wieweit die Angebote die Zuschlagskriterien erfüllen.[21]

14

3. Verpflichtungen aus § 29

In Abs. 1 S. 1 wird mit dem Verweis auf die Verpflichtungen aus § 29 klargestellt, dass der neue grundzuständige Messstellenbetreiber **mit der Übernahme der Grundzuständigkeit** für den Messstellenbetrieb von modernen Messeinrichtungen und intelligenten Messsystemen insbesondere auch die **Verpflichtungen aus § 29** übernimmt.[22]

15

4. Angebotsbedingungen

Die Übernahme der Grundzuständigkeit für den Messstellenbetrieb von modernen Messeinrichtungen und intelligenten Messsystemen durch das Unternehmen, das den Zuschlag erhält, erfolgt zu den von ihm im Angebot beschriebenen Bedingungen. Letztere sind keine Bedingungen im Rechtssinne.[23] Vielmehr dürften mit den im Angebot beschriebenen Bedingungen die **Einzelheiten des jeweiligen Angebots** gemeint sein, also die Maßgaben, unter denen das Unternehmen die Grundzuständigkeit für den Messstellenbetrieb von modernen Messeinrichtungen und intelligenten Messsystemen übernimmt. Hierzu können neben den Preisobergrenzen bzw. den Preisen für den Einbau und den Betrieb von modernen Messeinrichtungen und intelligenten Messsystemen weitere Einzelheiten im Zusammenhang mit der Übernahme der Grundzuständigkeit für den Messstellenbetrieb von modernen Messeinrichtungen und intelligenten Messsystemen gehören.

16

Angesichts der Übernahme der Grundzuständigkeit für den Messstellenbetrieb von modernen Messeinrichtungen und intelligenten Messsystemen durch das Unternehmen, das den Zuschlag erhält, zu den von ihm im Angebot beschriebenen Bedingungen, stellt sich allerdings die Frage, ob der grundzuständige Messstellenbetreiber noch **Herr des Verfahrens**

17

---

17 So die Gesetzesbegründung zu § 44 Arbeitsentwurf v. 6.8.2015, S. 175.
18 Vgl. dazu BerlKommEnR/*Hohenstein-Bartholl*, § 41 MsbG Rn. 15.
19 Vgl. erneut § 41 Abs. 2 S. 1 bzw. S. 2 i.V.m. § 152 Abs. 3 S. 2 GWB.
20 Vgl. erneut § 41 Abs. 2 S. 1 bzw. S. 2 i.V.m. § 152 Abs. 3 S. 3 GWB.
21 Vgl. erneut § 41 Abs. 2 S. 1 bzw. S. 2 i.V.m. § 152 Abs. 3 S. 4 GWB.
22 Ausführlich siehe BerlKommEnR/*Franz*, § 29 MsbG Rn. 1 ff.
23 Vgl. § 158 Abs. 1 BGB für die aufschiebende und § 158 Abs. 2 BGB für die auflösende Bedingung.

§ 43   Folgen einer erfolgreichen Übertragung der Grundzuständigkeit

ist.[24] Während bei Vergaben nach dem vierten Teil des GWB eine Verpflichtung zur Zuschlagserteilung nicht besteht,[25] könnte zwar aus dem Wortlaut der Übernahme der Grundzuständigkeit für den Messstellenbetrieb von modernen Messeinrichtungen und intelligenten Messsystemen durch das Unternehmen, das den Zuschlag erhält, „zu den von ihm im Angebot beschriebenen Bedingungen" eine ebensolche Verpflichtung zur Zuschlagserteilung zu folgern sein. Bei näherer Betrachtung handelt es sich bei der Übernahme der Grundzuständigkeit „zu den von ihm im Angebot beschriebenen Bedingungen" jedoch lediglich um eine **Rechtsfolgenbestimmung**. Diese Übernahme der Grundzuständigkeit für den Messstellenbetrieb von modernen Messeinrichtungen und intelligenten Messsystemen erfolgt durch das Unternehmen, das den Zuschlag erhält und kraft Zuschlags. Nur dann, wenn der Zuschlag erteilt wird, übernimmt das Unternehmen diese Grundzuständigkeit zu den von ihm im Angebot beschriebenen Bedingungen. Ob der Zuschlag erteilt wird, richtet sich wiederum gemäß § 41 Abs. 2 S. 1 und 2 nach dem vierten Teil des GWB und damit nach den allgemeinen Grundsätzen.

18   Eine Pflicht zur Zuschlagserteilung dürfte demgegenüber nicht anzunehmen sein. Dies ergibt sich jedenfalls aus dem Verweis des § 41 Abs. 2 S. 1 und 2 auf den vierten Teil des GWB. Denn wenngleich nicht ausdrücklich geregelt, so hat doch der BGH in ständiger Rechtsprechung zu den §§ 97 ff. GWB herausgearbeitet, dass der Ausschreibende auch dann, wenn kein förmlicher Aufhebungsgrund besteht, **nicht gezwungen** werden kann, einen der Ausschreibung entsprechenden **Auftrag zu erteilen**.[26] Dies gilt auch für den Zuschlag im Sinne des Abs. 1 S. 1, mit dem das bezuschlagte Unternehmen die Grundzuständigkeit für den Messstellenbetrieb von modernen Messeinrichtungen und intelligenten Messsystemen übernimmt.[27]

5. Befreiung des abgebenden grundzuständigen Messstellenbetreibers

19   Indem der neue grundzuständige Messstellenbetreiber die Grundzuständigkeit für den Messstellenbetrieb von modernen Messeinrichtungen und intelligenten Messsystemen übernimmt, wird gleichermaßen der abgebende Messstellenbetreiber von seinen **Verpflichtungen aus Teil 2 Kapitel 4** frei.[28] Allerdings verbleibt bei ihm die Grundzuständigkeit für den Messstellenbetrieb im Sinne des § 2 Nr. 5, d.h. die **Grundzuständigkeit für den sogenannten konventionellen Messstellenbetrieb**.

---

24 Zum Begriff „Herr des Verfahrens" bzw. mit Bezug auf die Vergabestelle zu dem Begriff „Herrin des Verfahrens" vgl. Weyand/*Weyand*, Vergaberecht, § 114 GWB Rn. 68/2, sowie VK Brandenburg, Beschl. v. 19.6.2015, VK 9/15.
25 Vgl. dazu Weyand/*Weyand*, Vergaberecht, § 114 GWB Rn. 76 m. w. N.
26 Vgl. dazu Weyand/*Weyand*, Vergaberecht, § 114 GWB Rn. 76 m. w. N.
27 Vgl. zur Frage der Pflicht zur Zuschlagserteilung BerlKommEnR/*Hohenstein-Bartholl*, § 44 MsbG Rn. 7.
28 Auch in diesem Zusammenhang gilt, dass im Falle des Ausfalls des grundzuständigen Messstellenbetreibers eine dauerhafte und umfassende Auffangzuständigkeit des Netzbetreibers mit der Verpflichtung zur Ausstattung mit intelligenten Messsystemen oder modernen Messeinrichtungen nach den §§ 29 bis 32 abzulehnen ist; vgl. dazu BerlKommEnR/*Hohenstein-Bartholl*, § 41 MsbG Rn. 26.

II. Verträge über die Durchführung des Messstellenbetreiberwechsels (Abs. 2)

Abs. 2 stellt klar, dass zum Übergang des Messstellenbetriebs wie bei jedem individualvertraglichen Wechsel des Messstellenbetreibers auch die **erforderlichen Messstellenverträge** entsprechend §§ 9 und 10 geschlossen werden müssen.[29]

20

III. Übergabe von Informationen (Abs. 3)

Schließlich muss der vormalige grundzuständige Messstellenbetreiber dem neuen grundzuständigen Messstellenbetreiber **alle Informationen übergeben**, die für den Messstellenbetrieb von modernen Messeinrichtungen und intelligenten Messsystemen erforderlich sind. Auf der Rechtsfolgenseite steht also zwar eine gesetzliche Pflicht, die **keinen Raum für Ermessen** lässt.[30] Auf der Tatbestandsseite enthält Abs. 3 mit dem Merkmal der **Erforderlichkeit** jedoch einen **ausfüllungsbedürftigen unbestimmten Rechtsbegriff**.

21

Bei den Informationen, die für diesen Messstellenbetrieb von modernen Messeinrichtungen und intelligenten Messsystemen erforderlich sind, dürfte es sich jedenfalls um die Informationen handeln, die bereits in der **Bekanntmachung veröffentlicht** bzw. in den **Vergabeunterlagen** dargestellt und ggf. ergänzt worden sind. Wie dargestellt, gehört zu den bekanntzugebenden Informationen zur Grundzuständigkeit für den Messstellenbetrieb von modernen Messeinrichtungen und intelligenten Messsystemen zunächst die Anzahl der Einbautatbestände nach den §§ 29 und 31. Daneben sind insbesondere Angaben zu der Anzahl der Zählpunkte insgesamt sowie differenziert nach den in § 31 genannten Gruppen und differenziert nach regionaler Verteilung (Postleitzahl) erforderlich. Weiter sind Angaben über die Anzahl der bereits mit modernen Messeinrichtungen und intelligenten Messsystemen ausgestatteten Messstellen zu machen. Schließlich sind insoweit die Anzahl und Altersstruktur verbauter Messeinrichtungen und Messsysteme einschließlich Angaben zu Eichgültigkeit und zum Turnuswechsel zu benennen.[31] Ob und welche Informationen der neue grundzuständige Messstellenbetreiber darüber hinaus vom vormaligen grundzuständigen Messstellenbetreiber benötigt, wird die Praxis zeigen. Ggf. ergeben sich auch weitere Anhaltspunkte zu den erforderlichen Informationen aus der nach Maßgabe des § 46 Nr. 7 zu erlassenden Rechtsverordnung.

22

IV. Bundesanzeiger (Abs. 4)

Während anstehende Verfahren zur Übertragung der Grundzuständigkeit für den Messstellenbetrieb von modernen Messeinrichtungen und intelligenten Messsystemen im **Amtsblatt der EU** bekannt zu machen sind,[32] ist nach Abs. 4 der **Wechsel der Grundzuständigkeit im Bundesanzeiger** bekannt zu machen.

23

---

29 Ausführlich hierzu siehe BerlKommEnR/*v. Wege*, § 9 MsbG, und BerlKommEnR/*Zwanziger*, § 10 MsbG, jeweils Rn. 1 ff.
30 Arg. ex „hat (...) zu übergeben".
31 Zu alledem vgl. BerlKommEnR/*Hohenstein-Bartholl*, § 42 MsbG Rn. 7.
32 Ausführlich hierzu BerlKommEnR/*Hohenstein-Bartholl*, § 42 MsbG Rn. 6.

§ 43 Folgen einer erfolgreichen Übertragung der Grundzuständigkeit

24 Zu der Veröffentlichungspflicht des Wechsels der Grundzuständigkeit für den Messstellenbetrieb von modernen Messeinrichtungen und intelligenten Messsystemen im Bundesanzeiger führt der Gesetzgeber Folgendes aus: Die Veröffentlichung im Bundesanzeiger sei zwingend erforderlich, um dem **sachenrechtlichen Offenkundigkeitsgrundsatz** Rechnung zu tragen. Jedem beteiligten Akteur müsse klar sein, wer in welchem Netzgebiet die bedeutende Rolle des grundzuständigen Messstellenbetreibers in welchem Umfang (mit oder ohne Zuständigkeit für moderne Messeinrichtungen und intelligente Messsysteme) innehabe.[33] Aus Letzterem dürfte jedoch nicht zu folgern sein, dass auch der Wechsel der Grundzuständigkeit für den Messstellenbetrieb nach § 2 Nr. 5 der Veröffentlichungspflicht nach Abs. 4 unterliegt. Dies könnte zwar aus dem Wortlaut des Abs. 4 noch abgeleitet werden, da insoweit lediglich von dem Wechsel der Grundzuständigkeit ohne Bezugnahme auf die modernen Messeinrichtungen und intelligente Messsysteme die Rede ist. Jedoch ergibt sich bei systematischer Betrachtung des § 43, dass Gegenstand der Anzeigepflicht nach Abs. 4 und Gegenstand der Übernahme nach Abs. 1 deckungsgleich sein müssen. **Gegenstand der Übernahme nach § 43** ist ausschließlich die Grundzuständigkeit für den Messstellenbetrieb von modernen Messeinrichtungen und intelligenten Messsystemen.

---

33 Begründung zum Regierungsentwurf v. 17.2.2016, BT-Drs. 18/7555, S. 103.

§ 44 Scheitern einer Übertragung der Grundzuständigkeit

(1) ¹Wurde kein Angebot abgegeben, das den Voraussetzungen nach den §§ 41 und 42 entspricht, reduziert sich die Ausstattungsverpflichtung des grundzuständigen Messstellenbetreibers aus § 29 Absatz 1 auf die Ausstattung aller Messstellen mit modernen Messeinrichtungen nach Maßgabe von §§ 32 und 33. ²Im Übrigen bleiben die Rechte und Pflichten des Messstellenbetreibers unverändert.

(2) Das Verfahren nach § 41 Absatz 1 ist 24 Kalendermonate nach Ablauf der Angebotsfrist des erfolglosen Verfahrens aus Absatz 1 zu wiederholen.

Schrifttum: *Kermel/Dinter*, Gesetz zur Digitalisierung der Energiewende: Das Messstellenbetriebsgesetz im Überblick, RdE 2016, 158; *Wagner/Brockhoff*, Neue vergaberechtliche Regelungen im Messstellenbetriebsgesetz, RdE 2016, 54.

Übersicht

	Rn.		Rn.
I. Keine Angebotsabgabe (Abs. 1)	1	III. Rechte und Pflichten des Messstellenbetreibers	11
II. Reduzierung der Ausstattungsverpflichtung	8	IV. Wiederholung des Verfahrens (Abs. 2)	12

I. Keine Angebotsabgabe (Abs. 1)

Während § 43 die erfolgreiche Übertragung der Grundzuständigkeit für den Messstellenbetrieb von modernen Messeinrichtungen und intelligenten Messsystemen zum Gegenstand hat, regelt Abs. 1 die **Rechtsfolgen** für den Fall, dass diese **Übertragung scheitert**.[1] Letzteres ist gemäß Abs. 1 S. 1 der Fall, wenn kein Angebot abgegeben wurde, das den Voraussetzungen nach den §§ 41 und 42 entspricht. 1

Damit beschränkt sich das Scheitern der Übertragung der Grundzuständigkeit für den Messstellenbetrieb von modernen Messeinrichtungen und intelligenten Messsystemen nach dem **Wortlaut** des Abs. 1 S. 1 auf die Fälle, in denen entweder das Angebot von einem Unternehmen abgegeben wurde, das über **keine nach § 4 erforderliche Genehmigung oder kein nach § 25 erforderliches Zertifikat** verfügt, oder in denen das Angebot **nicht fristgemäß** zum 31.12. des jeweiligen Jahres abgegeben wurde. Hierunter dürfte erst recht auch der Fall zu subsumieren sein, in dem **überhaupt kein Angebot** abgegeben wurde. Weitere Fälle des Scheiterns der Übertragung der Grundzuständigkeit für den Messstellenbetrieb von modernen Messeinrichtungen und intelligenten Messsystemen sind nicht geregelt. 2

---

1 Einen Überblick hierzu liefern *Kermel/Dinter*, RdE 2016, 158, 162, sowie *Wagner/Brockhoff*, RdE 2016, 54, 57.

§ 44 Scheitern einer Übertragung der Grundzuständigkeit

3 Aus der Reduzierung des Scheiterns der Übertragung der Grundzuständigkeit für den Messstellenbetrieb von modernen Messeinrichtungen und intelligenten Messsystemen in Abs. 1 S. 1 auf den Fall, in dem kein Angebot abgegeben wurde, das den Voraussetzungen der §§ 41 und 42 entspricht, könnte im Umkehrschluss folgen, dass die Grundzuständigkeit für den Messstellenbetrieb von modernen Messeinrichtungen und intelligenten Messsystemen immer dann übertragen werden kann, wenn jedenfalls **ein Angebot** abgegeben wurde, das **den Voraussetzungen der §§ 41 und 42** entspricht. Dies wäre also der Fall bei einem Angebot eines Unternehmens, das über eine nach § 4 erforderliche Genehmigung und ein nach § 25 erforderliches Zertifikat verfügt, und das fristgemäß zum 31.12. des jeweiligen Jahres abgegeben wurde.

4 An dieser Stelle stellt sich zunächst die Frage, ob es bei der Übertragung der Grundzuständigkeit für den Messstellenbetrieb von modernen Messeinrichtungen und intelligenten Messsystemen einer **Mindestanzahl an Bewerbern bzw. Bietern** bedarf, beispielsweise bei der Vergabe einer Dienstleistungskonzession in einem Verfahren, das an ein Verhandlungsverfahren mit vorgeschaltetem Teilnahmewettbewerb angelehnt ist. Wenn sich nämlich im Umkehrschluss zu Abs. 1 S. 1 ergibt, dass die Grundzuständigkeit für den Messstellenbetrieb von modernen Messeinrichtungen und intelligenten Messsystemen immer dann übertragen werden kann, wenn jedenfalls ein Angebot abgegeben wurde, das den Voraussetzungen der §§ 41 und 42 entspricht, wäre denkbar, dass ein Wettbewerb um die Grundzuständigkeit für den Messstellenbetrieb von modernen Messeinrichtungen und intelligenten Messsystemen nicht erforderlich ist. Dies überzeugt jedoch nicht. Vielmehr ist auch insoweit der vierte Teil des GWB heranzuziehen, der entweder unmittelbar gilt oder entsprechend anzuwenden ist, vgl. § 41 Abs. 2 S. 1 und 2. Unterstellt, die Übertragung der Grundzuständigkeit für den Messstellenbetrieb von modernen Messeinrichtungen und intelligenten Messsystemen erfolgt in Gestalt der Vergabe einer Dienstleistungskonzession, ist zwar zu konstatieren, dass eine ausdrückliche Regelung zur erforderlichen Anzahl von Bietern in einem Konzessionsvergabeverfahren nicht existiert. Jedoch ist insoweit die Regelung des § 13 Abs. 4 KonzVgV aufschlussreich. Danach kann zwar die Zahl der Bewerber oder Angebote unter bestimmten Voraussetzungen auf eine angemessene Zahl begrenzt werden, § 13 Abs. 4 S. 1 KonzVgV. Jedoch muss die Zahl der zur Teilnahme oder Angebotsabgabe aufgeforderten Bewerber ausreichend hoch sein, um einen Wettbewerb zu gewährleisten. Für die Übertragung der Grundzuständigkeit für den Messstellenbetrieb von modernen Messeinrichtungen und intelligenten Messsystemen mittels Vergabe einer Dienstleistungskonzession bedeutet dies, dass der grundzuständige Messstellenbetreiber eine ausreichend hohe Anzahl an Bewerbern zur Teilnahme oder Angebotsabgabe auffordern müsste. Die Anzahl an Bewerbern dürfte ausreichend hoch sein, wenn **wenigstens drei Bewerber** aufgefordert werden. Der damit eröffnete Wettbewerb im Verfahren zur Übertragung der Grundzuständigkeit für den Messstellenbetrieb von modernen Messeinrichtungen und intelligenten Messsystemen stünde dann auch im Einklang mit dem Zweck des MsbG in Gestalt der Stärkung des Wettbewerbs um den Messstellenbetrieb.[2] Ob allerdings im konkreten Verfahren mindestens drei Bewerber vorhanden sind, muss die Praxis zeigen.

5 Eine andere Frage ist, ob in dem Fall, in dem in einem Verfahren trotz Aufforderung von wenigstens drei Unternehmen **lediglich einer der Bewerber bzw. Bieter** ein **Angebot** ab-

---

[2] Vgl. dazu BerlKommEnR/*Hohenstein-Bartholl*, § 41 MsbG Rn. 15.

I. Keine Angebotsabgabe (Abs. 1) § 44

gibt, auf diesen die Grundzuständigkeit für den Messstellenbetrieb von modernen Messeinrichtungen und intelligenten Messsystemen übertragen werden kann. Argumente gegen eine Übertragung der Grundzuständigkeit in diesem Fall sind nicht ersichtlich. Zum Ersten hat der grundzuständige Messstellenbetreiber im Einklang mit dem vierten Teil des GWB z. B. mindestens drei Bewerber zur Teilnahme bzw. zur Angebotsabgabe aufgefordert und damit einen Wettbewerb eröffnet. Zum Zweiten drohen keine Gefahren für den Anschlussnutzer bzw. Anschlussnehmer, da diese durch die auch für den neuen grundzuständigen Messstellenbetreiber geltenden Preisobergrenzen der §§ 31 und 32 ausreichend geschützt sind. Zum Dritten ist mit der erfolgreichen Übertragung der Grundzuständigkeit für den Messstellenbetrieb von modernen Messeinrichtungen und intelligenten Messsystemen auf das betroffene Unternehmen die Ausstattung aller Messstellen mit modernen Messeinrichtungen und intelligenten Messsystemen zumindest möglich; ob der neue grundzuständige Messstellenbetreiber seinen Ausstattungspflichten tatsächlich nach § 29 nachkommt, steht zum Zeitpunkt der Übertragung der Grundzuständigkeit für den Messstellenbetrieb von modernen Messeinrichtungen und intelligenten Messsystemen naturgemäß noch nicht fest. Würde demgegenüber bei lediglich einem Angebot eine Übertragung dieser Grundzuständigkeit ausgeschlossen sein, reduzierte sich die Ausstattungsverpflichtung des grundzuständigen Messstellenbetreibers gemäß Abs. 1 S. 1 angesichts des Scheiterns dieser Übertragung auf die Ausstattung aller Messstellen mit modernen Messeinrichtungen.

Insgesamt dürfte für das Verfahren zur Übertragung der Grundzuständigkeit für den Messstellenbetrieb von modernen Messeinrichtungen und intelligenten Messsystemen zwar eine Mindestanzahl an Bewerbern bzw. Bietern zu fordern sein. Wenn jedoch in der Folge lediglich ein Angebot abgegeben wird, sollte auch eine Übertragung der Grundzuständigkeit für den Messstellenbetrieb von modernen Messeinrichtungen und intelligenten Messsystemen auf das betreffende Unternehmen erfolgen können, vorausgesetzt, das Angebot entspricht den Voraussetzungen der §§ 41 und 42. 6

Wenngleich der grundzuständige Messstellenbetreiber damit die Möglichkeit hat, dieses eine Angebot nach vorheriger Aufforderung von wenigstens drei Unternehmen zu bezuschlagen, dürfte demgegenüber von einer grundsätzlichen **Pflicht zur Zuschlagserteilung nicht auszugehen** sein.[3] Zwar könnte aus dem Wortlaut des § 42 Abs. 1 S. 1, wonach die Übernahme der Grundzuständigkeit für den Messstellenbetrieb von modernen Messeinrichtungen und intelligenten Messsystemen durch das Unternehmen, das den Zuschlag erhält, zu den von ihm im Angebot beschriebenen Bedingungen erfolgt, eine ebensolche Verpflichtung zur Zuschlagserteilung zu folgern sein. Bei näherer Betrachtung handelt es sich bei der Übernahme der Grundzuständigkeit „zu den von ihm im Angebot beschriebenen Bedingungen" jedoch lediglich um eine **Rechtsfolgenbestimmung**, die einen Zuschlag voraussetzt. Diese Übernahme der Grundzuständigkeit für den Messstellenbetrieb von modernen Messeinrichtungen und intelligenten Messsystemen erfolgt durch das Unternehmen, das den Zuschlag erhält und kraft Zuschlags sowie zu den von ihm im Angebot beschriebenen Bedingungen. Ob der Zuschlag erteilt wird, richtet sich wiederum gemäß § 41 Abs. 2 S. 1 und 2 nach dem vierten Teil des GWB und damit nach den allgemeinen Grundsätzen, wonach eine **Pflicht zur Zuschlagserteilung** nicht anzunehmen ist. Dies ergibt sich jedenfalls aus dem Verweis des § 41 Abs. 2 S. 1 und 2 auf den vierten Teil des GWB. 7

---

3 Vgl. zur Frage der Pflicht zur Zuschlagserteilung BerlKommEnR/*Hohenstein-Bartholl*, § 42 MsbG Rn. 16.

§ 44   Scheitern einer Übertragung der Grundzuständigkeit

Denn wenngleich nicht ausdrücklich geregelt, so hat doch der BGH in ständiger Rechtsprechung zu den §§ 97 ff. GWB herausgearbeitet, dass der Ausschreibende auch dann, wenn kein förmlicher Aufhebungsgrund besteht, nicht gezwungen werden kann, einen der Ausschreibung entsprechenden Auftrag zu erteilen.[4] Dies gilt auch für den Zuschlag im Sinne des § 43 Abs. 1 S. 1, mit dem das bezuschlagte Unternehmen die Grundzuständigkeit für den Messstellenbetrieb von modernen Messeinrichtungen und intelligenten Messsystemen übernimmt.[5]

II. Reduzierung der Ausstattungsverpflichtung

8   Für den **Fall des Scheiterns** der Übertragung der Grundzuständigkeit für den Messstellenbetrieb von modernen Messeinrichtungen und intelligenten Messsystemen reduziert sich die Ausstattungsverpflichtung des grundzuständigen Messstellenbetreibers aus § 29 Abs. 1 auf die **Ausstattung aller Messstellen mit modernen Messeinrichtungen** nach Maßgaben der §§ 32 und 33. Auch in diesem Zusammenhang verdeutlicht der Gesetzgeber, dass die Übertragung der Grundzuständigkeit gescheitert ist, wenn kein Angebot abgegeben wurde, das den Voraussetzungen der §§ 41 und 42 entspricht.

9   Die Vorschrift trifft die im Interesse einer **nachhaltigen und bundesweit einheitlichen Modernisierung der Messinfrastruktur erforderliche Regelung**, dass im Falle ausbleibender Angebote zumindest moderne Messeinrichtungen einzubauen sind.[6]

10 Die Reduzierung der Ausstattungspflicht auf die Ausstattung aller Messstellen mit modernen Messeinrichtungen nach Maßgaben der §§ 32 und 33 ändert im Übrigen nichts an der **Stellung des grundzuständigen Messstellenbetreibers** als grundzuständiger Messstellenbetreiber im Sinne des § 2 Nr. 4. Denn grundzuständiger Messstellenbetreiber ist der Betreiber von Energieversorgungsnetzen, solange und soweit er seine Grundzuständigkeit für den Messstellenbetrieb nicht nach § 43 auf ein anderes Unternehmen übertragen hat, und eine solche Übertragung findet in den Fällen des § 44 ja gerade nicht statt.

III. Rechte und Pflichten des Messstellenbetreibers

11 Indem Abs. 1 S. 2 darauf verweist, dass die Rechte und Pflichten des grundzuständigen Messstellenbetreibers unberührt bleiben, bedeutet dies für den Fall des Scheiterns der Übertragung der Grundzuständigkeit für den Messstellenbetrieb von modernen Messeinrichtungen und intelligenten Messsystemen insbesondere die Klarstellung, dass weiterhin die **Preisobergrenzen** für moderne Messeinrichtungen aus § 32 für den grundzuständigen Messstellenbetreiber gelten.[7]

---

4 Vgl. dazu Weyand/*Weyand*, Vergaberecht, § 114 GWB Rn. 76 m. w. N.
5 Vgl. dazu BerlKommEnR/*Hohenstein-Bartholl*, § 43 MsbG Rn. 18.
6 Begründung zum Regierungsentwurf v. 17.2.2016, BT-Drs. 18/7555, S. 103.
7 Begründung zum Regierungsentwurf v. 17.2.2016, BT-Drs. 18/7555, S. 103.

IV. Wiederholung des Verfahrens (Abs. 2)

Bei einem Scheitern der Übertragung der Grundzuständigkeit für den Messstellenbetrieb von modernen Messeinrichtungen und intelligenten Messsystemen ist gemäß Abs. 2 das Übertragungsverfahren gemäß § 41 Abs. 1 **nach 24 Kalendermonaten** nach erfolglosem Ablauf der Angebotsfrist des erfolglosen Verfahrens zu **wiederholen**.

12

Nicht geregelt ist, ob es sich bei dieser Pflicht zur Verfahrenswiederholung um eine **einmalige oder um eine wiederkehrende Pflicht** handelt. Nach dem Wortlaut des Abs. 2 scheint eine wiederkehrende Pflicht zur Verfahrenswiederholung nicht ausgeschlossen zu sein. Damit würde allerdings, je nach Attraktivität des jeweiligen Netzgebietes (abhängig von der Größe des Netzgebietes, der Anzahl der Einbautatbestände, der Anzahl der bereits mit modernen Messeinrichtungen und intelligenten Messsystemen ausgestatteten Messstellen sowie der Anzahl und Altersstruktur verbauter Messeinrichtungen und Messsysteme), ein nicht unerheblicher **Verwaltungsaufwand** beim grundzuständigen Messstellenbetreiber entstehen. Letzten Endes stehen also der Verwaltungsaufwand des grundzuständigen Messstellenbetreibers und das Ziel der Sicherstellung der notwendigen Modernisierung der Mess- und Steuerungssysteme in allen Netzgebieten in einem Spannungsverhältnis.[8] Ob eine **theoretisch denkbare endlose Fortsetzung der Pflicht** zur Verfahrenswiederholung dem Verhältnismäßigkeitsgrundsatz genügen würde, darf hinterfragt werden. Aus diesem Grunde ist denkbar, dass die Pflicht zur Verfahrenswiederholung nach Abs. 2 im Rahmen der Evaluierung des Regelungsvorhabens zum 31.12.2023 besondere Aufmerksamkeit zukommen wird.

13

---

8 Begründung zum Regierungsentwurf v. 17.2.2016, BT-Drs. 18/7555, S. 103.

§ 45 Pflicht zur Durchführung des Verfahrens zur Übertragung der Grundzuständigkeit

(1) Jeder grundzuständige Messstellenbetreiber muss ein Verfahren zur Übertragung der Grundzuständigkeit für den Messstellenbetrieb von modernen Messeinrichtungen und intelligenten Messsystemen nach § 41 Absatz 1 durchführen,
1. wenn er den Verpflichtungen nach § 29 Absatz 1 in nur unzureichendem Maße gemäß Absatz 2 nachkommt,
2. wenn er zur Gewährleistung eines zuverlässigen technischen Betriebs von intelligenten Messsystemen nicht oder nicht mehr über ein nach § 25 erforderliches Zertifikat verfügt oder
3. wenn er nicht oder nicht mehr über die nach § 4 erforderliche Genehmigung verfügt.

(2) Der grundzuständige Messstellenbetreiber kommt seinen Verpflichtungen nach § 29 Absatz 1 und 3 in nur unzureichendem Maße nach,
1. wenn er nicht innerhalb von drei Jahren nach Feststellung der technischen Möglichkeit durch das Bundesamt für Sicherheit in der Informationstechnik nach § 30 und Anzeige oder Übernahme der Grundzuständigkeit mindestens 10 Prozent der nach § 31 Absatz 1 und 2 auszustattenden Messstellen mit intelligenten Messsystemen ausgestattet hat oder
2. wenn er nicht innerhalb von drei Jahren nach Anzeige oder Übernahme der Grundzuständigkeit mindestens 10 Prozent der nach § 29 Absatz 3 auszustattenden Messstellen mit modernen Messeinrichtungen ausgestattet hat.

(3) [1]Grundzuständige Messstellenbetreiber haben bis zum 30. Juni 2017 der Bundesnetzagentur die Wahrnehmung des Messstellenbetriebs in dem nach § 29 erforderlichen Umfang schriftlich anzuzeigen. [2]Der Eingang der Erklärung wird von der Bundesnetzagentur unverzüglich bestätigt.

Schrifttum: *Dinter*, Das Gesetz zur Digitalisierung der Energiewende – Startschuss für Smart Meter? Ein Überblick über den Referentenentwurf, ER 2015, 229; *Dobler/Schüssler*, Das neue Messstellenbetriebsgesetz – ein erster Überblick, VersorgW 2015, 325; *Kermel/Dinter*, Gesetz zur Digitalisierung der Energiewende: Das Messstellenbetriebsgesetz im Überblick, RdE 2016, 158; *Wagner/Brockhoff*, Neue vergaberechtliche Regelungen im Messstellenbetriebsgesetz, RdE 2016, 54; *vom Wege/Wagner*, Digitalisierung der Energiewende, N&R 2016, 2.

Übersicht

	Rn.		Rn.
I. Verpflichtung zur Durchführung eines Übertragungsverfahrens (Abs. 1)	1	2. Keine Mindestausstattung mit modernen Messeinrichtungen nach Anzeige oder Übernahme der Grundzuständigkeit (Abs. 2 Nr. 2)	18
II. Verpflichtungen nach § 29 in nur unzureichendem Maße nachgekommen (Abs. 1 Nr. 1)	6	III. Kein Zertifikat nach § 25 (Abs. 1 Nr. 2)	22
1. Keine Mindestausstattung mit intelligenten Messsystemen nach Festlegung der technischen Möglichkeit durch das BSI (Abs. 2 Nr. 1)	12	IV. Keine Genehmigung nach § 4 (Abs. 1 Nr. 3)	26
		V. Behördliche Kontrolle	29
		VI. Anzeigepflicht (Abs. 3)	31

I. Verpflichtung zur Durchführung eines Übertragungsverfahrens (Abs. 1)

Abs. 1 regelt die **Pflicht zur Durchführung des Verfahrens** zur Übertragung der Grundzuständigkeit für den Messstellenbetrieb von modernen Messeinrichtungen und intelligenten Messsystemen in dort geregelten Fällen.[1] Diese Pflicht ist abzugrenzen von dem Recht zur Durchführung eines Übertragungsverfahrens, das Gegenstand der Regelung des § 41 Abs. 1 ist.[2]

1

Das Recht zur Durchführung eines Verfahrens zur Übertragung der Grundzuständigkeit für den Messstellenbetrieb von modernen Messeinrichtungen und intelligenten Messsystemen nach § 41 Abs. 1 stellt eine „Opt-Out-Option" für diejenigen grundzuständigen Messstellenbetreiber dar, die diese Aufgabe nicht übernehmen wollen oder können.[3] Die Entscheidung des grundzuständigen Messstellenbetreibers zur Durchführung eines Übertragungsverfahrens nach § 41 Abs. 1 erfolgt also freiwillig. Demgegenüber richtet sich die in Abs. 1 geregelte Durchführungspflicht an diejenigen **grundzuständigen Messstellenbetreiber, die von der Möglichkeit zur Übertragung der Grundzuständigkeit nach § 41 Abs. 1 keinen Gebrauch** gemacht haben und hinsichtlich derer die **Voraussetzungen des Abs. 1** erfüllt sind.

2

Mit Abs. 1 wird eine Durchführungspflicht hinsichtlich des Verfahrens nach § 41 Abs. 1 für diejenigen grundzuständigen Messstellenbetreiber konstituiert,[4] die zur Erfüllung bestimmter ihnen obliegender Verpflichtungen aus unterschiedlichen Gründen nicht in der Lage sind. Dies ist nach Einschätzung des Gesetzgebers **zwingend erforderlich**, um die **notwendige Modernisierung der Mess- und Steuerungsinfrastruktur in allen Netzgebieten** sicherstellen zu können.[5]

3

Anzumerken ist an dieser Stelle, dass der **Referentenentwurf** eine gegenüber den Fällen des Abs. 1 Nr. 1 bis 3 **zusätzliche Pflicht** zur Durchführung eines Verfahrens zur Übertragung der Grundzuständigkeit für den Messstellenbetrieb von modernen Messeinrichtungen und intelligenten Messsystemen nach § 41 Abs. 1 vorgesehen hatte, für den Fall, dass absehbar war, dass der grundzuständige Messstellenbetreiber künftig nicht in der Lage sein werde, die Aufgaben des Messstellenbetriebs für moderne Messeinrichtungen und intelligente Messsysteme wahrzunehmen.[6] Die spätere Streichung dieses Falles im Gesetzgebungsprozess ist angesichts dieser unbestimmten Regelung ausdrücklich zu begrüßen.

4

---

1 Einen Überblick hierzu liefern *Wagner/Brockhoff*, RdE 2016, 54, 55, *v. Wege/Wagner*, N&R 2016, 2, 7, und *Dinter*, ER 2015, 229, 232.
2 Ausführlich dazu siehe BerlKommEnR/*Hohenstein-Bartholl*, § 41 MsbG.
3 Vgl. dazu BerlKommEnR/*Hohenstein-Bartholl*, § 41 MsbG Rn. 3.
4 *Dobler/Schüssler*, VersorgW 2015, 325, 327, sprechen insoweit etwas unscharf von einem gesetzlichen Zwang zur Übertragung der Grundzuständigkeit auf einen Dritten. § 45 enthält keinen gesetzlichen Zwang zur Übertragung der Grundzuständigkeit auf einen Dritten, sondern einen gesetzlichen Zwang zur Durchführung eines Verfahrens zur Übertragung der Grundzuständigkeit für den Messstellenbetrieb von modernen Messeinrichtungen und intelligenten Messsystemen auf einen Dritten.
5 Begründung zum Regierungsentwurf v. 17.2.2016, BT-Drs. 18/7555, S. 103.
6 § 45 Abs. 1 Nr. 1 des Referentenentwurfs des BMWi, Entwurf eines Gesetzes zur Digitalisierung der Energiewende in der Fassung v. 3.9.2015; dazu auch *Kermel/Dinter*, RdE 2016, 158, 162.

§ 45 Pflicht zur Durchführung des Verfahrens zur Übertragung der Grundzuständigkeit

5 Eine andere Frage ist, ob die Übertragung in dem dann verpflichtend durchzuführenden Verfahren am Ende erfolgreich ist oder ob diese scheitert. Für den Fall, dass in einem verpflichtend durchgeführten Verfahren die **Übertragung scheitert**, gelten dieselben Rechtsfolgen wie in einem gescheiterten Übertragungsverfahren, das freiwillig durchgeführt wurde. In beiden Fällen **reduziert sich nämlich die Verpflichtung** des grundzuständigen Messstellenbetreibers auf die Ausstattung aller Messstellen mit modernen Messeinrichtungen nach Maßgabe von §§ 32 und 33 und das Verfahren nach § 41 Abs. 1 ist 24 Kalendermonate nach Ablauf der Angebotsfrist des erfolglosen Übertragungsverfahrens zu wiederholen.[7] Sind also die Voraussetzungen einer Pflicht zur Durchführung eines Verfahrens zur Übertragung der Grundzuständigkeit für den Messstellenbetrieb von modernen Messeinrichtungen und intelligenten Messsystemen gegeben, ist bei einem späteren Scheitern der Übertragung in diesem Verfahren die notwendige Modernisierung der Messinfrastruktur jedenfalls in Gestalt der Ausstattung aller Messstellen mit modernen Messeinrichtungen in dem jeweiligen Netzgebiet sichergestellt. Zudem erhalten die potenziellen Interessenten an einer Übertragung der Grundzuständigkeit für den Messstellenbetrieb von modernen Messeinrichtungen und intelligenten Messsystemen aufgrund der verpflichtenden Wiederholung des Übertragungsverfahrens 24 Kalendermonate nach Ablauf der Angebotsfrist des erfolglosen Verfahrens die Möglichkeit, ein (weiteres) Angebot zur Übernahme der Grundzuständigkeit für den Messstellenbetrieb von modernen Messeinrichtungen und intelligenten Messsystemen abzugeben.

II. Verpflichtungen nach § 29 in nur unzureichendem Maße nachgekommen (Abs. 1 Nr. 1)

6 Nach Abs. 1 Nr. 1 besteht die Pflicht zur Durchführung des Verfahrens zur Übertragung der Grundzuständigkeit für den Messstellenbetrieb von modernen Messeinrichtungen und intelligenten Messsystemen, wenn der grundzuständige Messstellenbetreiber den **Verpflichtungen nach § 29 Abs. 1 in nur unzureichendem Maße nachkommt**.

7 Der von Abs. 1 Nr. 1 in Bezug genommene § 29 Abs. 1 betrifft zunächst die **Ausstattung von Messstellen mit intelligenten Messsystemen** unter den dort geregelten Maßgaben. Damit greift also die Pflicht zur Durchführung des Verfahrens zur Übertragung der Grundzuständigkeit für den Messstellenbetrieb von modernen Messeinrichtungen und intelligenten Messsystemen nach Abs. 1, Nr. 1 i.V.m. § 29 Abs. 1, wenn der grundzuständige Messstellenbetreiber seinen Verpflichtungen zur Ausstattung der Messstellen mit intelligenten Messsystemen unter den in § 29 Abs. 1 geregelten Maßgaben in nur unzureichendem Maße nachkommt.

8 Sodann ergibt sich eine Pflicht zur Durchführung des Verfahrens zur Übertragung der Grundzuständigkeit für den Messstellenbetrieb von modernen Messeinrichtungen und intelligenten Messsystemen nach Abs. 1 Nr. 1 auch dann, wenn er die Messstellen in seinem Netzgebiet nur **in unzureichendem Maße mit modernen Messeinrichtungen ausstattet**. Zwar ist die Verpflichtung zur Ausstattung mit modernen Messeinrichtungen in § 29 Abs. 3 geregelt und § 29 Abs. 3 wird von Abs. 1 Nr. 1 nicht unmittelbar in Bezug genommen. Jedoch handelt es sich bei der fehlenden Bezugnahme auf § 29 Abs. 3 entweder um

---

[7] § 44 Abs. 2.

II. Verpflichtungen nach § 29 in nur unzureichendem Maße nachgekommen § 45

ein Versehen des Gesetzgebers, denn jedenfalls das Regelbeispiel des Abs. 2 Nr. 2 nimmt auf § 29 Abs. 3 Bezug. Oder aber § 29 Abs. 3 nimmt über den Verweis des Abs. 1 Nr. 1 auf § 29 Abs. 1 mittelbar auch den § 29 Abs. 3 in Bezug. Denn § 29 Abs. 3 regelt die Verpflichtung zur Ausstattung von Messstellen mit modernen Messeinrichtungen, soweit nach dem MsbG nicht die Ausstattung einer Messstelle mit intelligenten Messsystemen vorgesehen ist, was wiederum in § 29 Abs. 1 geregelt ist, und soweit dies wirtschaftlich vertretbar ist.[8]

Der grundzuständige Messstellenbetreiber ist also gemäß Abs. 1 Nr. 1 verpflichtet, ein Verfahren zur Übertragung der Grundzuständigkeit für den Messstellenbetrieb von modernen Messeinrichtungen und intelligenten Messsystemen durchzuführen, wenn er die Messstellen in seinem Netzgebiet in nur unzureichendem Maße mit intelligenten Messsystemen (§ 29 Abs. 1) oder mit modernen Messeinrichtungen (§ 29 Abs. 3) ausstattet.   9

Bei dem Erfordernis der Ausstattung in nur unzureichendem Maße im Sinne des Abs. 1 Nr. 1 handelt es sich um einen **unbestimmten Rechtsbegriff**. Dieser unbestimmte Rechtsbegriff wird durch die in Abs. 2 Nr. 1 und 2 genannten Fälle konkretisiert. Diese Fälle sind abschließend, d. h. sonstige Fälle der Nicht- oder Schlechterfüllung auf Seiten des grundzuständigen Messstellenbetreibers im Zusammenhang mit dessen Verpflichtungen nach § 29 Abs. 1 bzw. Abs. 3 oder anderen Verpflichtungen führen nicht zu einer Pflicht zur Durchführung des Verfahrens zur Übertragung der Grundzuständigkeit für den Messstellenbetrieb von modernen Messeinrichtungen und intelligenten Messsystemen nach Abs. 1 Nr. 1.   10

Bei der Bezugnahme des Abs. 2 auf § 29 ist ein **Übertragungsfehler** zu verzeichnen. Abs. 2 nimmt auf § 29 Abs. 1 und 2 S. 2 Bezug. § 29 Abs. 2 hat aber keinen Satz 2. Bei dem in Bezug genommenen § 29 Abs. 2 S. 2 handelt es sich offenbar um die diesbezügliche Regelung aus dem früheren Arbeitsentwurf zum MsbG. Der Arbeitsentwurf enthielt noch einen § 29 Abs. 2 S. 2, der die Ausstattungsverpflichtung mit modernen Messeinrichtungen regelte. Damit ist Abs. 2 dahingehend auszulegen, dass dieser auf § 29 Abs. 1 und Abs. 3 verweist. Diese Auslegung wird durch die Bezugnahmen in den Regelfällen des § 45 Abs. 2 Nr. 1 und Nr. 2 bestätigt.   11

1. Keine Mindestausstattung mit intelligenten Messsystemen nach Festlegung der technischen Möglichkeit durch das BSI (Abs. 2 Nr. 1)

Die Pflicht zur Durchführung des Verfahrens zur Übertragung der Grundzuständigkeit für den Messstellenbetrieb von modernen Messeinrichtungen und intelligenten Messsystemen besteht nach Abs. 1 Nr. 1 i.V. m. Abs. 2 Nr. 1, wenn der grundzuständige Messstellenbetreiber **nicht innerhalb von drei Jahren** nach Feststellung der technischen Möglichkeit durch das BSI nach § 30 **mindestens zehn Prozent** der nach § 31 Abs. 1 und 2 auszustattenden Messstellen mit intelligenten Messsystemen ausgestattet hat.   12

Der Regelfall des Abs. 2 Nr. 1 betrifft ausschließlich intelligente Messsysteme. Der entsprechende Regelfall zu den modernen Messeinrichtungen ist in Abs. 2 Nr. 2 geregelt.[9]   13

---

8 Ausführlich hierzu siehe BerlKommEnR/*Franz*, § 29 MsbG Rn. 1 ff.
9 Vgl. dazu sogleich ausführlich BerlKommEnR/*Hohenstein-Bartholl*, § 45 MsbG Rn. 18 ff.

§ 45 Pflicht zur Durchführung des Verfahrens zur Übertragung der Grundzuständigkeit

14 Die **Feststellung der technischen Möglichkeit** zur Ausstattung von Messstellen mit intelligenten Messsystemen obliegt dem BSI nach § 30. Nach § 30 ist die Ausstattung von Messstellen mit einem intelligenten Messsystem nach § 29 technisch möglich, wenn mindestens drei voneinander unabhängige Unternehmen intelligente Messsysteme am Markt anbieten, die den am Einsatzbereich des Smart-Meter-Gateways orientierten Vorgaben in Schutzprofilen und Technischen Richtlinien des BSI im Sinne von § 22 Abs. 2 genügen, und das BSI dies feststellt.

15 Der grundzuständige Messstellenbetreiber für den Messstellenbetrieb von modernen Messeinrichtungen und intelligenten Messsystemen kommt seiner Verpflichtung zur Ausstattung von Messstellen mit intelligenten Messsystemen allerdings erst dann in nur unzureichendem Maße nach, wenn er nicht innerhalb von drei Jahren nach Feststellung der technischen Möglichkeit durch das BSI **mindestens 10 Prozent der auszustattenden Messstellen mit intelligenten Messsystemen** ausgestattet hat. Sowohl die 10 Prozent als auch die drei Jahre waren bereits im ursprünglichen Arbeitsentwurf vorgesehen. Im Laufe des Gesetzgebungsprozesses wurde sodann nach Anhörung der Sachverständigen ergänzt, dass die 3-Jahres-Frist erst mit der Feststellung der technischen Möglichkeit des Einbaus von intelligenten Messsystemen nach § 30 durch das BSI zu laufen beginnt.

16 Insoweit hatte beispielsweise der **BDEW** vorgetragen, dass die in § 45 MsbG-E vorgesehene Verpflichtung zur Übertragung der Grundzuständigkeit nur auf diejenigen Fälle beschränkt sein solle, in denen nachweislich feststehe, dass der Messstellenbetreiber seinen Verpflichtungen nicht nachkomme oder er bzw. seine Dienstleister die Voraussetzungen (Genehmigung, Zertifikat) nicht erfülle. Des Weiteren führte der BDEW aus, dass angesichts der zu erwartenden Verzögerungen bei der Gestaltung der Marktprozesse die Zeitspanne nicht ausschließlich an die Anzeige der Grundzuständigkeit gebunden werden solle, sondern auch an die Marktanalyse nach § 30 des MsbG-E und somit an die Verfügbarkeit der intelligenten Messsysteme.[10] Ähnlich äußerte sich auch der **VKU** zu § 45 MsbG-E. Sollte das Erreichen der vorgesehenen 10-Prozent-Ausstattungsquote von Messstellen mit intelligenten Messsystemen innerhalb der 3-Jahresfrist an Umständen scheitern, die der grundzuständige Messstellenbetreiber **nicht zu verantworten** habe, dürfe dieser nicht zur Durchführung des Verfahrens zur Übertragung der Grundzuständigkeit nach § 41 Abs. 1 verpflichtet bzw. anderweitig pönalisiert werden.[11]

17 Ob mit der zwischenzeitlich erfolgten Ergänzung des Abs. 2 Nr. 1 um die erforderliche Feststellung der technischen Möglichkeit durch das BSI tatsächlich gewährleistet wird, dass sich die Pflicht zur Durchführung des Verfahrens zur Übertragung der Grundzuständigkeit für den Messstellenbetrieb von modernen Messeinrichtungen und intelligenten Messsystemen auch tatsächlich aus dem **Umstand der Ausstattung** der Messstellen mit intelligenten Messsystemen in nur unzureichendem Maße durch den grundzuständigen Messstellenbetreiber und **nicht** aus dem **Versagen des Marktes**, rechtzeitig die technische Möglichkeit des Einbaus von intelligenten Messsystemen vorzuhalten, ergibt, wird die Praxis zeigen. Diese Ergänzung ist aus heutiger Sicht angesichts einer eventuellen Verschiebung des geplanten Starts des Rollouts nach Maßgabe des MsbG auf z. B. die Jahresmitte

---

10 BDEW, Stellungnahme zum Referentenentwurf eines Gesetzes zur Digitalisierung der Energiewende, 9.10.2015, S. 3 f.
11 VKU, Stellungnahme zum Referentenentwurf „Gesetz zur Digitalisierung der Energiewende" des BMWi v. 21.9.2015, S. 20.

2017 aufgrund fehlender zertifizierter intelligenter Messsysteme[12] jedenfalls ein erster Schritt. Nicht ausgeschlossen werden kann allerdings, dass zu einem Zeitpunkt ab Mitte 2017 zwar eine Feststellung der technischen Möglichkeit durch das BSI vorliegen, es aber gleichwohl an der Verfügbarkeit der intelligenten Messsysteme in der erforderlichen Menge und mit den notwendigen Funktionalitäten mangeln wird. Einen solchen Sachverhalt müsste die BNetzA bei etwaigen Aufsichtsmaßnahmen nach § 76 bei ihrer Ermessensausübung berücksichtigen.

2. Keine Mindestausstattung mit modernen Messeinrichtungen nach Anzeige oder Übernahme der Grundzuständigkeit (Abs. 2 Nr. 2)

Der **Regelfall** des Abs. 2 Nr. 2 sieht die Pflicht zur Durchführung des Verfahrens zur Übertragung der Grundzuständigkeit für den Messstellenbetrieb von modernen Messeinrichtungen und intelligenten Messsystemen vor, wenn der grundzuständige Messstellenbetreiber nicht innerhalb von drei Jahren nach Anzeige oder Übernahme der Grundzuständigkeit mindestens 10 Prozent der nach § 29 Abs. 3 auszustattenden Messstellen mit modernen Messeinrichtungen ausgestattet hat.   18

In diesem Regelbeispiel knüpft der **Stichtag** zur Beurteilung der Ausstattung mit modernen Messeinrichtungen an die **Anzeige oder Übernahme der Grundzuständigkeit** für den Messstellenbetrieb von modernen Messeinrichtungen und intelligenten Messsystemen an. Auch bei der Ausstattung der Messstellen mit modernen Messeinrichtungen ist sodann maßgeblich, ob innerhalb von drei Jahren mindestens zehn Prozent der Messstellen ausgestattet werden konnten. Auch in diesem Zusammenhang stellt sich die Frage, wie sich eine eventuelle Verschiebung des geplanten Starts des Rollouts nach Maßgabe des MsbG auf z.B. die Jahresmitte 2017 aufgrund fehlender zertifizierter intelligenter Messsysteme[13] auswirken wird. Solange der Gesetzgeber hier nicht nachbessert, beginnt allerdings die 3-Jahres-Frist zur Ausstattung mit modernen Messeinrichtungen spätestens mit der Anzeige der Grundzuständigkeit zu laufen, Abs. 2 Nr. 2 Fall 1.   19

Mit Anzeige der Grundzuständigkeit dürfte die Anzeigepflicht des Abs. 3 S. 1 gemeint sein, auch wenn in Abs. 3 nicht von der Anzeige der Grundzuständigkeit, sondern von der Anzeige der Wahrnehmung des Messstellenbetriebs die Rede ist. Eine Anzeige der Grundzuständigkeit sieht das MsbG nicht vor. Damit dürfte die Drei-Jahres-Frist nach Abs. 2 Nr. 2 mit der Anzeige der Wahrnehmung des Messstellenbetriebs gemäß Abs. 3 S. 1 spätestens am 30.6.2017, zu laufen beginnen, vorausgesetzt, es bleibt trotz einer eventuellen Verschiebung des geplanten Starts des Rollouts nach Maßgabe des MsbG aufgrund fehlender zertifizierter intelligenter Messsysteme[14] bei dieser gesetzlichen Anzeigefrist.   20

Indem Abs. 2 Nr. 2, 2. Fall zudem auf die Übernahme der Grundzuständigkeit als Fristbeginn für die Drei-Jahres-Frist abstellt, wird deutlich, dass auch der neue grundzuständige Messstellenbetreiber, auf den die Grundzuständigkeit für den Messstellenbetrieb von modernen Messeinrichtungen und intelligenten Messsystemen nach § 41 Abs. 1 übertragen wurde, die Pflicht zur Durchführung eines Verfahrens zur Übertragung der Grundzuständigkeit für den Messstellenbetrieb von modernen Messeinrichtungen und intelligenten   21

---

12 Vgl. dazu auch ZfK, Ausgabe v. 11.7.2016, „Zentrales Problem bei Dezentralität", S. 5.
13 Vgl. dazu auch ZfK, Ausgabe v. 11.7.2016, „Zentrales Problem bei Dezentralität", S. 5.
14 Vgl. ZfK, Ausgabe v. 11.7.2016, „Zentrales Problem bei Dezentralität", S. 5.

§ 45   Pflicht zur Durchführung des Verfahrens zur Übertragung der Grundzuständigkeit

Messsystemen treffen kann, wenn die Voraussetzungen des Abs. 1 vorliegen. Damit kann sich ein verpflichtendes Verfahren zur Übertragung der Grundzuständigkeit für den Messstellenbetrieb von modernen Messeinrichtungen und intelligenten Messsystemen einem zuvor freiwillig durchgeführten Übertragungsverfahren nach § 41 Abs. 1 anschließen. Das **Verfahren zur Übertragung der Grundzuständigkeit** für den Messstellenbetrieb von modernen Messeinrichtungen und intelligenten Messsystemen kann also **mehrfach durchgeführt** werden, **freiwillig oder verpflichtend**. Anders formuliert ist auch dem neuen grundzuständigen Messstellenbetreiber, der die Grundzuständigkeit für den Messstellenbetrieb von modernen Messeinrichtungen und intelligenten Messsystemen nach § 43 Abs. 1 S. 1 übernommen hat, diese Aufgabe für die Laufzeit der Übertragung nicht garantiert. Vielmehr muss auch dieser neue grundzuständige Messstellenbetreiber seinen Verpflichtungen aus § 29 Abs. 1 und 3 in zureichendem Maße gemäß Abs. 2 nachkommen, sonst droht die Pflicht zur Durchführung des Verfahrens nach Abs. 1.

III. Kein Zertifikat nach § 25 (Abs. 1 Nr. 2)

22 Darüber hinaus ist der grundzuständige Messstellenbetreiber gemäß Abs. 1 Nr. 2 verpflichtet, ein Verfahren zur Übertragung der Grundzuständigkeit für den Messstellenbetrieb von modernen Messeinrichtungen und intelligenten Messsystemen durchzuführen, wenn er zur Gewährleistung eines zuverlässigen technischen Betriebs von intelligenten Messsystemen **nicht oder nicht mehr über ein nach § 25 erforderliches Zertifikat** verfügt.

23 Bei dem nach § 25 erforderlichen Zertifikat handelt es sich um das Zertifikat im Sinne des § 25 Abs. 5 S. 1 i.V.m. Abs. 4 Nr. 1 bis 3. Mit diesem Zertifikat werden die **gesetzlichen Anforderungen** an den **Smart-Meter-Gateway-Administrator** zertifiziert. Dieses Zertifikat des Smart-Meter-Gateway-Administrators ist abzugrenzen von dem Zertifikat im Sinne des § 25 Abs. 1 S. 3 i.V.m. § 24 Abs. 1, mit welchem das Smart-Meter-Gateway zertifiziert wird.[15]

24 Mit diesem Regelbeispiel wird nochmals deutlich, dass die **Aufgabe des grundzuständigen Messstellenbetreibers** für den Messstellenbetrieb von modernen Messeinrichtungen und intelligenten Messsystemen **zwingend die Rolle des Smart-Meter-Gateway-Administrators umfasst** und dass der Smart-Meter-Gateway-Administrator eines entsprechenden Zertifikats bedarf. Fehlt es an diesem Zertifikat oder verfügt er über dieses nicht mehr, riskiert der grundzuständige Messstellenbetreiber die Grundzuständigkeit für den Messstellenbetrieb von modernen Messeinrichtungen und intelligenten Messsystemen insgesamt. Allenfalls kann er diese Aufgabe nach einem nach § 45 verpflichtenden und gleichermaßen erfolglosen Übertragungsverfahren unter Reduzierung auf die Ausstattung aller Messstellen mit modernen Messeinrichtungen nach Maßgabe von §§ 32 und 33 durchführen.[16]

25 Nicht geregelt ist, ob die Pflicht zur Durchführung eines Verfahrens zur Übertragung der Grundzuständigkeit für den Messstellenbetrieb von modernen Messeinrichtungen und intelligenten Messsystemen bereits an das Fehlen des nach § 25 erforderlichen Zertifikats im

---

15 Ausführlich hierzu siehe BerlKommEnR/*Mätzig/Fischer/Mohs*, § 25 MsbG Rn. 1 ff.
16 § 44 Abs. 1 S. 1; vgl. dazu BerlKommEnR/*Hohenstein-Bartholl*, § 44 MsbG Rn. 8 ff.

formellen Sinne anknüpft. Unklar ist damit, ob eine Verpflichtung zur Durchführung eines Übertragungsverfahrens nach § 45 auch dann besteht, wenn zwar das Zertifikat nicht bzw. nicht mehr vorliegt, die Voraussetzungen einer Zertifizierung im materiellen Sinne, also die Anforderungen des § 25 Abs. 4 Nr. 1 bis 4, vorliegen und ein solches Zertifikat erteilt werden könnte. Wie ausgeführt, stellt das Zertifikat nach § 25 im Verfahren nach § 41 Abs. 1 ein Eignungskriterium dar.[17] Kann also ein Interessent im freiwillig durchgeführten Übertragungsverfahren das Zertifikat nicht vorlegen, scheidet er als ungeeignet aus und eine Übertragung der Grundzuständigkeit für den Messstellenbetrieb von modernen Messeinrichtungen und intelligenten Messsystemen an ihn ist nicht zulässig. Dies gilt unabhängig davon, ob er die **Voraussetzungen einer Zertifizierung im materiellen Sinne erfüllt**, ob also die Anforderungen des § 25 Abs. 4 Nr. 1 bis 4 vorliegen und ein Zertifikat erteilt werden könnte. Diese **formelle Betrachtung** muss auch im Zusammenhang mit dem Regelbeispiel des gemäß Abs. 1 Nr. 2 gelten. Denn ansonsten wäre der Interessent im Übertragungsverfahren nach § 41 Abs. 1 gegenüber dem grundzuständigen Messstellenbetreiber für den Messstellenbetrieb, der sich einer Pflicht zur Durchführung eines Verfahrens zur Übertragung der Grundzuständigkeit für den Messstellenbetrieb von modernen Messeinrichtungen und intelligenten Messsystemen nach Abs. 1 gegenüber sieht, schlechter gestellt mit der Folge von Wettbewerbsverzerrungen. Damit entsteht die Pflicht zur Durchführung eines Verfahrens zur Übertragung der Grundzuständigkeit für den Messstellenbetrieb von modernen Messeinrichtungen und intelligenten Messsystemen bereits dann, wenn formell das nach § 25 erforderliche Zertifikat nicht oder nicht mehr vorliegt.

IV. Keine Genehmigung nach § 4 (Abs. 1 Nr. 3)

Schließlich ergibt sich eine Pflicht zur Durchführung des Verfahrens zur Übertragung der Grundzuständigkeit für den Messstellenbetrieb von modernen Messeinrichtungen und intelligenten Messsystemen nach Abs. 1 Nr. 3, wenn der grundzuständige Messstellenbetreiber nicht oder nicht mehr über die **nach § 4 erforderliche Genehmigung** verfügt. Nach § 4 Abs. 1 S. 1 bedarf die Aufnahme der Grundzuständigkeit für den Messstellenbetrieb der Genehmigung durch die BNetzA. 26

Auch für die Genehmigung nach § 4 gilt insoweit eine **formelle Betrachtungsweise**. Die Interessenlage ist mit dem Fall, in dem das nach § 25 erforderliche Zertifikat nicht oder nicht mehr vorliegt, vergleichbar. Auch insoweit gilt es aus Gründen der Sicherstellung gleicher Wettbewerbsbedingungen, einheitliche Anforderungen gegenüber dem Übertragungsverfahren nach § 41 Abs. 1 aufzustellen. Liegt die Genehmigung im Sinne des § 4 nicht oder nicht mehr vor, besteht die Pflicht zur Durchführung des Verfahrens zur Übertragung der Grundzuständigkeit für den Messstellenbetrieb von modernen Messeinrichtungen und intelligenten Messsystemen. Dies gilt beispielsweise auch für diejenigen Fälle, in denen eine Genehmigung widerrufen oder zurückgenommen wird.[18] 27

Nicht geregelt ist, ob ein Verfahren zur Übertragung der Grundzuständigkeit für den Messstellenbetrieb von modernen Messeinrichtungen und intelligenten Messsystemen auch in den Fällen des § 4 Abs. 2 verpflichtend durchzuführen ist. Danach ist eine Genehmigung 28

---

17 Vgl. dazu BerlKommEnR/*Hohenstein-Bartholl*, § 41 MsbG Rn. 51.
18 Vgl. dazu auch BerlKommEnR/*Mätzig*, § 4 MsbG Rn. 47 ff.

§ 45 Pflicht zur Durchführung des Verfahrens zur Übertragung der Grundzuständigkeit

nach § 4 Abs. 1 nicht erforderlich, wenn der grundzuständige Messstellenbetreiber als Netzbetreiber über eine Genehmigung nach § 4 EnWG verfügt oder zum Zeitpunkt der Aufnahme des Netzbetriebs eine Genehmigung nicht beantragen musste. Indem § 45 Abs. 1 Nr. 3 auf § 4 in seiner Gesamtheit Bezug nimmt, kann ein gesetzeskonformer Verzicht auf die Genehmigung nach § 4 in den Fällen des § 4 Abs. 2 bei Vorliegen bzw. Entbehrlichkeit einer Genehmigung nach § 4 EnWG nicht zu einer Pflicht zur Durchführung des Verfahrens zur Übertragung der Grundzuständigkeit für den Messstellenbetrieb von modernen Messeinrichtungen und intelligenten Messsystemen nach dem Regelfall des Abs. 1 Nr. 3 führen. Allerdings stellt sich die Frage, ob eine solche Pflicht besteht, wenn die in diesen Fällen erforderliche Genehmigung nach § 4 EnWG nicht oder nicht mehr vorliegt. Insoweit dürfte, sofern die **erforderliche Genehmigung nach § 4 EnWG nicht oder nicht mehr vorliegt**, das Genehmigungserfordernis des § 4 wieder aufleben. Sollte dann wiederum die erforderliche Genehmigung nach § 4 nicht oder nicht mehr vorliegen, besteht auch die Pflicht zur Durchführung des Verfahrens zur Übertragung der Grundzuständigkeit für den Messstellenbetrieb von modernen Messeinrichtungen und intelligenten Messsystemen nach dem Regelfall des Abs. 1 Nr. 3.

V. Behördliche Kontrolle

29 Die behördliche Kontrolle der Pflicht zur Durchführung des Verfahrens zur Übertragung der Grundzuständigkeit für den Messstellenbetrieb von modernen Messeinrichtungen und intelligenten Messsystemen nach Abs. 1 unterliegt unmittelbar der **Befugnis der BNetzA zur Anordnung von Aufsichtsmaßnahmen nach § 76**. Dieser entspricht in Abs. 1 der Abstellungsbefugnis nach § 65 Abs. 1 EnWG, so dass die BNetzA Unternehmen oder Vereinigungen von Unternehmen auch zur Abstellung einer Zuwiderhandlung gegen das MsbG und/oder gegen aufgrund des MsbG ergangener Rechtsvorschriften verpflichten kann. Dazu können gemäß § 76 Abs. 2 diesbezügliche Maßnahmen wie auch bei § 65 Abs. 2 EnWG angeordnet werden. Ebenso entspricht die Befugnis zur Feststellung bereits beendeter Zuwiderhandlungen in § 76 Abs. 3 der Vorschrift des § 65 Abs. 3 EnWG. § 76 Abs. 4 erklärt die Verfahrensvorschriften der §§ 65 bis 101 und 106 bis 108 EnWG für entsprechend anwendbar.

30 Im Übrigen ist auch im Zusammenhang mit der Pflicht zur Durchführung des Verfahrens zur Übertragung der Grundzuständigkeit für den Messstellenbetrieb von modernen Messeinrichtungen und intelligenten Messsystemen nach Abs. 1 darauf zu verweisen, dass das Regelungsvorhaben (das MsbG) **zum 30.12.2023 evaluiert** werden wird.[19]

VI. Anzeigepflicht (Abs. 3)

31 Aus Abs. 3 ergibt sich eine Anzeigepflicht des grundzuständigen Messstellenbetreibers. **Gegenstand** dieser Anzeigepflicht ist die **Wahrnehmung des Messstellenbetriebs** in dem nach § 29 erforderlichen Umfang. Hierbei muss es sich zwar nicht nach dem Wortlaut, wohl aber nach dem Sinn und Zweck dieser Anzeigepflicht um die Pflicht zur Anzeige der Wahrnehmung der Grundzuständigkeit für den Messstellenbetrieb von modernen Messein-

---

19 Begründung zum Regierungsentwurf v. 17.2.2016, BT-Drs. 18/7555, S. 71.

VI. Anzeigepflicht (Abs. 3) § 45

richtungen und intelligenten Messsystemen handeln. Dies ergibt sich systematisch auch aus dem Verweis des § 45 Abs. 3 S. 1 auf den nach § 29 erforderlichen Umfang. Denn § 29 regelt die Ausstattung von Messstellen mit intelligenten Messsystemen und modernen Messeinrichtungen. Die Anzeigepflicht des § 45 Abs. 3 S. 1 steht zudem systematisch im Kontext mit der Pflicht zur Durchführung des Verfahrens zur Übertragung der Grundzuständigkeit für den Messstellenbetrieb von modernen Messeinrichtungen und intelligenten Messsystemen nach Abs. 1. Nur wenn der BNetzA aufgrund der Anzeigepflicht des Abs. 3 bekannt ist, wer den Messstellenbetrieb von modernen Messeinrichtungen und intelligenten Messsystemen wahrnimmt, kann sie beispielsweise für den Fall, dass sie eine Pflicht zur Durchführung des Verfahrens zur Übertragung der Grundzuständigkeit für den Messstellenbetrieb von modernen Messeinrichtungen und intelligenten Messsystemen nach Maßgabe der Regelfälle des Abs. 1 Nr. 1 bis 3 erkennt, Aufsichtsverfahren nach § 76 einleiten.

Die Anzeige der Wahrnehmung des Messstellenbetriebs in dem nach § 29 erforderlichen Umfang hat gegenüber der BNetzA zu erfolgen. Für die Anzeige besteht ein **Schriftformerfordernis**. In **zeitlicher Hinsicht** muss die Anzeige der Wahrnehmung des Messstellenbetriebs in dem nach § 29 erforderlichen Umfang bis zum 30.6.2017 erfolgen. Aus dieser zeitlichen Vorgabe ergibt sich weiter, dass es sich hier um eine einmalige Anzeigepflicht handelt. Der grundzuständige Messstellenbetreiber hat also gegenüber der BNetzA einmalig und bis zum 30.6.2017 zu erklären, ob er die Grundzuständigkeit für den Messstellenbetrieb von modernen Messeinrichtungen und intelligenten Messsystemen wahrnehmen will. 32

Die **Anzeigepflicht** umfasst die **Wahrnehmung des Messstellenbetriebs** in dem nach § 29 erforderlichen Umfang und nicht die Übertragung der Grundzuständigkeit für den Messstellenbetrieb von modernen Messeinrichtungen und intelligenten Messsystemen. Ein Verfahren zur Übertragung der Grundzuständigkeit für den Messstellenbetrieb von modernen Messeinrichtungen und intelligenten Messsystemen kann erstmalig zum 1.10.2017 bekannt gemacht werden.[20] Damit kann zwar zum 30.6.2017 für den grundzuständigen Messstellenbetreiber bereits feststehen, dass er ein Verfahren zur Übertragung der Grundzuständigkeit für den Messstellenbetrieb von modernen Messeinrichtungen und intelligenten Messsystemen zum 1.10.2017 bekanntmachen will. Er kann aber zum Zeitpunkt der Anzeigepflicht noch nicht den künftigen neuen grundzuständigen Messstellenbetreiber nennen. Denn dieser steht frühestens am 31.3.2018 fest. Auch kann er nicht verbindlich erklären, ob es zu einer Übertragung der Grundzuständigkeit kommt. Denkbar ist, dass zwar ein Verfahren zur Übertragung der Grundzuständigkeit für den Messstellenbetrieb von modernen Messeinrichtungen und intelligenten Messsystemen zum 1.10.2017 bekannt gemacht wird, das Verfahren aber scheitert, da kein Angebot abgegeben wird, das den Voraussetzungen nach den §§ 41 und 42 entspricht.[21] Sofern also der grundzuständige Messstellenbetreiber die Übertragung der Grundzuständigkeit für den Messstellenbetrieb von modernen Messeinrichtungen und intelligenten Messsystemen beabsichtigt, kann er dies der BNetzA mitteilen. Eine Mitteilungspflicht besteht insoweit allerdings nicht. Die verpflichtende einmalige Mitteilungspflicht des § 45 Abs. 3 S. 1 bezieht sich lediglich auf die Wahrnehmung des Messstellenbetriebs in dem nach § 29 erforderlichen Umfang. Da- 33

---

20 § 42 Abs. 1; vgl. dazu BerlKommEnR/*Hohenstein-Bartholl*, § 42 MsbG Rn. 1.
21 Vgl. dazu BerlKommEnR/*Hohenstein-Bartholl*, § 44 MsbG Rn. 2.

§ 45 Pflicht zur Durchführung des Verfahrens zur Übertragung der Grundzuständigkeit

mit reduziert sich die einmalige Mitteilungspflicht zum 30.6.2017 darauf, dass der grundzuständige Messstellenbetreiber die Grundzuständigkeit für den Messstellenbetrieb von modernen Messeinrichtungen und intelligenten Messsystemen wahrnimmt. Dies ergibt sich allerdings bereits aus der Legaldefinition nach § 2 Nr. 4. Der **Erkenntnisgewinn** der BNetzA in diesem Zusammenhang ist daher ebenso zu hinterfragen wie **Sinn und Zweck** dieser Anzeigepflicht insgesamt.

34 Die **unverzügliche Bestätigung des Eingangs der Erklärung** des grundzuständigen Messstellenbetreibers über die Wahrnehmung des Messstellenbetriebs in dem nach § 29 erforderlichen Umfang durch die BNetzA dürfte der Rechtssicherheit des grundzuständigen Messstellenbetreibers dienen. Diese Bestätigung dürfte in der Praxis, ebenso wie die entsprechende Erklärung des grundzuständigen Messstellenbetreibers, in Schriftform erfolgen, zwingend ist dies nach dem Wortlaut des § 29 jedoch nicht.

35 In diesem Zusammenhang stellt sich abschließend die Frage, ob angesichts einer **eventuellen Verschiebung des geplanten Starts des Rollouts** nach Maßgabe des MsbG aufgrund fehlender zertifizierter intelligenter Messsysteme[22] die Anzeige der Wahrnehmung des Messstellenbetriebs in dem nach § 29 erforderlichen Umfang bis zum 30.6.2017 erfolgen kann und wie mit dem Umstand, dass dies möglicherweise nicht der Fall sein wird, umzugehen sein wird. Ggf. bedarf es insoweit eines **Tätigwerdens des Gesetzgebers**. Denkbar wäre, dass der Gesetzgeber diese Anzeigepflicht de lege ferenda von der Feststellung der technischen Möglichkeit der Ausstattung der Messstellen mit intelligenten Messsystemen durch das BSI abhängig macht. Der Gesetzgeber fordert die Feststellung der technischen Möglichkeit der Ausstattung der Messstellen mit intelligenten Messsystemen durch das BSI de lege lata in anderem Zusammenhang. So kommt der grundzuständige Messstellenbetreiber nur dann seinen Verpflichtungen nach § 29 Abs. 1 und Abs. 3 in unzureichendem Maße nach mit der Folge der Pflicht zur Durchführung des Verfahrens zur Übertragung der Grundzuständigkeit für den Messstellenbetrieb von modernen Messeinrichtungen und intelligenten Messsystemen, wenn er nicht innerhalb von drei Jahren nach Feststellung der technischen Möglichkeit der Ausstattung der Messstellen mit intelligenten Messsystemen durch das BSI mindestens zehn Prozent der nach § 31 Abs. 1 und 2 auszustattenden Messstellen mit intelligenten Messsystemen ausgestattet hat.[23]

---

22 Vgl. ZfK, Ausgabe v. 11.7.2016, „Zentrales Problem bei Dezentralität", S. 5.
23 § 45 Abs. 2 Nr. 1, siehe dazu BerlKommEnR/*Hohenstein-Bartholl*, § 45 MsbG Rn. 12 ff.

Kapitel 7

Verordnungsermächtigungen; Festlegungskompetenzen der Bundesnetzagentur; Übergangsvorschrift

§ 46 Verordnungsermächtigungen

Soweit es für das Funktionieren der Marktkommunikation mit intelligenten Messsystemen oder zur wettbewerblichen Stärkung der Rolle des Messstellenbetreibers erforderlich ist, wird die Bundesregierung ermächtigt, durch Rechtsverordnung ohne Zustimmung des Bundesrates

1. die Bedingungen für den Messstellenbetrieb nach § 3 näher auszugestalten,
2. das Auswahlrecht des Anschlussnutzers aus § 5 und des Anschlussnehmers aus § 6 näher auszugestalten,
3. die besondere Kostenregulierung nach § 7 näher auszugestalten,
4. die Verpflichtungen nach § 29 näher auszugestalten,
5. im Anschluss an eine wirtschaftliche Bewertung des Bundesministeriums für Wirtschaft und Energie eine Anpassung von Preisobergrenzen nach § 34 vorzunehmen,
6. die Anbindungsverpflichtung nach § 40 näher auszugestalten,
7. das Verfahren nach den §§ 41 bis 45 näher auszugestalten,
8. Sonderregelungen für Pilotprojekte und Modellregionen zu schaffen,
9. das Verfahren der Zählerstandsgangmessung datenschutzgerecht weiter auszugestalten und als nicht auf einen Einzelzählpunkt bezogenes Bilanzierungsverfahren für Letztverbraucher unterhalb von 10 000 Kilowattstunden standardmäßig vorzugeben,
10. die Anforderungen an die kommunikative Einbindung und den Messstellenbetrieb bei unterbrechbaren Verbrauchseinrichtungen nach § 14a des Energiewirtschaftsgesetzes aufzustellen und vorzugeben, dass kommunikative Anbindung und Steuerung ausschließlich über das Smart-Meter-Gateway zu erfolgen haben,
11. die Regeln zum netzdienlichen und marktorientierten Einsatz nach § 33 näher auszugestalten.

Übersicht

	Rn.		Rn.
I. Normzweck	1	4. Ausgestaltung der Verpflichtungen nach § 29 (Nr. 4)	12
II. Entstehungsgeschichte	2	5. Anpassung von Preisobergrenzen nach § 34 (Nr. 5)	13
III. Erforderlichkeit	5	6. Ausgestaltung der Anbindungsverpflichtung nach § 40 (Nr. 6)	14
IV. Umfang der Verordnungsermächtigung	8	7. Ausgestaltung des Verfahrens nach §§ 41 bis 45 (Nr. 7)	15
1. Bedingungen für den Messstellenbetrieb nach § 3 (Nr. 1)	8	8. Sonderregelungen für Pilotprojekte und Modellregionen (Nr. 8)	17
2. Auswahlrecht des Anschlussnutzers aus § 5 und des Anschlussnehmers aus § 6 (Nr. 2)	10	9. Zählerstandsgangmessung (Nr. 9)	20
3. Ausgestaltung der Kostenregulierung nach § 7 (Nr. 3)	11		

§ 46 Verordnungsermächtigungen

10. Anforderungen an die kommunikative Einbindung und den Messstellenbetrieb bei § 14a-Anlagen und Vorgaben bezüglich der ausschließlichen kommunikativen Anbindung und Steuerung über das Smart-Meter-Gateway (Nr. 10) . 21

11. Ausgestaltung der Regeln zum netzdienlichen und marktorientierten Einsatz nach § 33 (Nr. 11) 23

V. Keine Zustimmungspflicht 25

I. Normzweck

1 Die Vorschrift sichert der Bundesregierung die Möglichkeit zu **Detailregelungen im Verordnungswege**.[1] Der Gesetzgeber ist zwar der Ansicht, dass das MsbG aus sich heraus vollziehbar ist und deshalb an sich keiner Konkretisierung durch den Verordnungsgeber bedarf.[2] Die Norm bezweckt aber, dem Verordnungsgeber die Möglichkeit einzuräumen, auf Praxiserfahrungen möglichst flexibel reagieren zu können.[3] Eine Notwendigkeit zur Konkretisierung sieht der Gesetzgeber insbesondere in Hinblick auf das neu geschaffene Übertragungsverfahren in §§ 41–45.[4]

II. Entstehungsgeschichte

2 Die Regelung knüpft an den durch das Gesetz zur Digitalisierung der Energiewende aufgehobenen § 21i EnWG (alt) an. Anders als die Vorgängerregelung, die vielfältige ungeklärte Fragestellungen im Zusammenhang mit dem im EnWG (alt) angelegten Grundkonzept eines modernen Smart Meterings sichern sollte,[5] sieht der Gesetzgeber den Erlass von Verordnungen auf Grundlage von § 46 **nicht als zwingende Voraussetzung** für den Vollzug der gesetzlichen Regelungen an.

3 Nr. 1 und Nr. 2 knüpfen an § 21i Abs. 1 S. 1 Nr. 1 EnWG (alt) an, der der Bundesregierung u. a. die Ermächtigung einräumte, die Bedingungen für den Messstellenbetrieb und das Wahlrecht des Anschlussnutzers bzw. des Anschlussnehmers zu regeln. Eine nähere Ausgestaltung der Anbindungsverpflichtung wie Nr. 6 vorsieht, sah § 21i Abs. 1 S. 1 Nr. 1 EnWG (alt) vor.

4 Nr. 8 entspricht § 21i Abs. 1 S. 1 Nr. 6 EnWG (alt). Nr. 9 betrifft das Verfahren der Zählerstandsgangmessung, das in § 21i Abs. 1 S. 1 Nr. 7 EnWG (alt) durch die Bundesregierung näher beschrieben werden konnte.

III. Erforderlichkeit

5 Die Ermächtigung zum Erlass von Rechtsverordnungen steht unter dem **Vorbehalt der Erforderlichkeit**. Die Bundesregierung wird zum Erlass von Verordnungen nur unter der Voraussetzung ermächtigt, dass dies für das Funktionieren der Marktkommunikation mit in-

---

1 Begründung zum Regierungsentwurf v. 17.2.2016, BT-Drs. 18/7555, S. 103.
2 Begründung zum Regierungsentwurf v. 17.2.2016, BT-Drs. 18/7555, S. 103.
3 Begründung zum Regierungsentwurf v. 17.2.2016, BT-Drs. 18/7555, S. 103.
4 Begründung zum Regierungsentwurf v. 17.2.2016, BT-Drs. 18/7555, S. 103.
5 So auch explizit die Begründung zum Regierungsentwurf v. 17.2.2016, BT-Drs. 18/7555, S. 103.

telligenten Messsystemen bzw. zur wettbewerblichen Stärkung der Rolle des Messstellenbetreibers erforderlich ist. Erforderlichkeit setzt voraus, dass kein gleich geeignetes milderes Mittel gegeben ist, das den gewünschten Zweck erreichen kann.

Zweck des Erlasses von Rechtsverordnungen kann einerseits das **Funktionieren der** 6
Marktkommunikation sein. Gem. §§ 47 Abs. 2, 75 kann die Bundesnetzagentur nach § 29 Abs. 1 EnWG zudem Festlegungen im Interesse einer funktionierenden und bundesweit einheitlichen Marktkommunikation mit intelligenten Messsystemen treffen.

Die Erforderlichkeit zum Erlass von Rechtsverordnungen kann darüber **hinaus zur wett-** 7
bewerblichen Stärkung der Rolle des Messstellenbetreibers gegeben sein.

IV. Umfang der Verordnungsermächtigung

1. Bedingungen für den Messstellenbetrieb nach § 3 (Nr. 1)

Die Bundesregierung kann im Verordnungsweg Bedingungen für den Messstellenbetrieb 8
nach § 3 näher ausgestalten. Bedingungen umfassen das **„Wie" des Messstellenbetriebs**,[6] dessen Aufgabenumfang in § 3 beschrieben ist. Die mit dem Messstellenbetrieb einhergehenden Aufgaben umfassen insbesondere Einbau, Betrieb und Wartung der Messstelle und ihrer Messeinrichtungen und Messsysteme, die Gewährleistung einer mess- und eichrechtskonformen Messung entnommener, verbrauchter und eingespeister Energie einschließlich der Messwertaufbereitung und der Datenübertragung (Nr. 1). Daneben beinhaltet der Messstellenbetrieb nach § 3 Abs. 2 Nr. 2 den technischen Betrieb der Messstelle im Sinn von § 2 Nr. 25. Weitere Anforderungen können sich nach § 3 Abs. 2 Nr. 3 i.V.m. §§ 46 und 74 aus Rechtsverordnungen ergeben und den Gestaltungsspielraum der Parteien einschränken.

Bedingungen des Messstellenbetriebs sind nach § 10 Abs. 2 Nr. 1 Alt. 1 **notwendiger** 9
Mindestinhalt von Messstellenverträgen.[7] Die vertraglichen Vereinbarungen müssen sich an die Vorgaben aus MsbG und Rechtsverordnungen halten.

2. Auswahlrecht des Anschlussnutzers aus § 5 und des Anschlussnehmers aus § 6 (Nr. 2)

§§ 5 und 6 regeln das Auswahlrecht des Anschlussnutzers bzw. des Anschlussnehmers.[8] 10
Nr. 2 ermächtigt die Bundesregierung, durch Rechtsverordnung das Auswahlrecht näher auszugestalten. Die Regelung kann das **Verhältnis des Wahlrechts** betreffen, sofern § 6 das strikte Auswahlrecht des Anschlussnutzers gem. § 5 einschränkt.[9] Die Stärkung der Rolle des Anschlussnutzers soll nach der Gesetzeskonzeption keine Schwächung des Anschlussnehmers bewirken.[10]

---

6 Vgl. BerlKommEnR/*Zwanziger*, § 10 MsbG Rn. 18 ff.
7 Vgl. BerlKommEnR/*Zwanziger*, § 10 MsbG Rn. 18 ff.
8 Vgl. BerlKommEnR/*Drozella*, § 5 MsbG.
9 Vgl. zur „Konkurrenz der Wahlrechte" in der Vorgängerregelung BerlKommEnR/*Franz/Boesche*, § 21i EnWG Rn. 7.
10 Begründung zum Regierungsentwurf v. 17.2.2016, BT-Drs. 18/7555, S. 77.

§ 46　Verordnungsermächtigungen

10a　Der Verordnungsgeber hat durch Beschluss vom 20.12.2016 auf Grundlage von Nr. 2 und Nr. 5 i.V.m. § 75 Nr. 3, 5, 6, 7, 8, 10 und § 29 Abs. 1 und 2 EnWG die **„Festlegung zur Standardisierung von Verträgen und Geschäftsprozessen im Bereich des Messwesens"** (BK6-09-034-WiM) angepasst.[11]

3. Ausgestaltung der Kostenregulierung nach § 7 (Nr. 3)

11　Die Regelung ermächtigt zum Erlass von Rechtsverordnungen, um die besondere Kostenregulierung nach § 7 näher auszugestalten.[12] Eine Anpassung von Preisobergrenzen nach § 34 erfolgt unter den besonderen Vorgaben des Nr. 5 im Anschluss an eine wirtschaftliche Bewertung des Bundesministeriums für Wirtschaft und Energie.

4. Ausgestaltung der Verpflichtungen nach § 29 (Nr. 4)

12　§ 29 verankert den Rollout-Mechanismus insbesondere durch die Festlegung von Pflichteinbaufällen und optionalen Ausstattungspflichten.[13] Nr. 4 ermächtigt die Bundesregierung, die Verpflichtungen des grundzuständigen Messstellenbetreibers zur Ausstattung sowie das Konzept einer nachhaltigen Komplettmodernisierung der Zählerinfrastruktur durch die Ausstattung mit modernen Messeinrichtungen (§ 29 Abs. 4) näher auszugestalten.

5. Anpassung von Preisobergrenzen nach § 34 (Nr. 5)

13　§ 34 berechtigt unter mehreren Bedingungen zur **Anpassung einzelner oder aller Preisobergrenzen** nach §§ 31 und 32. Messstellenbetreibern wird die Sicherheit eingeräumt, dass die Preisobergrenzen bis 2027 unverändert bleiben. Neben der zeitlichen Komponente setzt die Anpassung der Preisobergrenzen voraus, dass die Bundesregierung im Wege einer Rechtsverordnung nach Nr. 5 die Anpassung anordnet. Der Rechtsverordnung geht eine wirtschaftliche Bewertung des Bundesministeriums für Wirtschaft und Energie voraus, die alle langfristigen, gesamtwirtschaftlichen und individuellen Kosten und Vorteile prüft.[14]

13a　Auf Grundlage von Nr. 5 und Nr. 2 hat der Verordnungsgeber die **„Festlegung zur Standardisierung von Verträgen und Geschäftsprozessen im Bereich des Messwesens"** angepasst.[15]

6. Ausgestaltung der Anbindungsverpflichtung nach § 40 (Nr. 6)

14　Die Bundesregierung wird ermächtigt, die **Verpflichtung zur Einbindung und kommunikativen Vernetzung von EEG- und KWK-Anlagen** gem. § 40 Abs. 1, die nicht unter

---

11　BNetzA, Beschl. v. 20.12.2016, BK6-16-200, S. 2, 8; abgedruckt im Anhang des Kommentars.
12　Zu Ermächtigungsnormen und Zuständigkeiten für die behördliche Umsetzung s. BerlKommEnR/*Salevic/Zöckler*, § 7 MsbG Rn. 24.
13　Begründung zum Regierungsentwurf v. 17.2.2016, BT-Drs. 18/7555, S. 89.
14　Vgl. BerlKommEnR/*Salevic/Zöckler*, § 34 MsbG Rn. 9 f.
15　BNetzA, Beschl. v. 20.12.2016, BK6-16-200, S. 2, 8; abgedruckt im Anhang des Kommentars.

§ 29 fallen, und die Bedingungen für die Anbindung von Gasanlagen nach § 40 Abs. 2 durch eine Rechtsverordnung näher auszugestalten.[16]

7. Ausgestaltung des Verfahrens nach §§ 41 bis 45 (Nr. 7)

Die **Ausgestaltung des Übertragungsverfahrens** wird in der Praxis viele Anwendungsfragen aufwerfen.[17] Die Möglichkeit der Bundesregierung zum Erlass von Rechtsverordnungen zur Ausgestaltung des Verfahrens zur Übertragung der Grundzuständigkeit für den Messstellenbetrieb ermöglicht es, auf Praxiserfahrungen flexibel reagieren zu können. Hier sieht der Gesetzgeber die besondere Relevanz des § 46.[18]

§ 41 Abs. 2 stellt klar, dass die MsbG-Vorschriften kein neues Vergaberecht begründen, sondern der **vierte Teil des GWB** zur **Anwendung** kommt. Sofern die Bundesregierung von ihrer Ermächtigung Gebrauch macht und das Verfahren ausgestaltet, gehen die Detailvorschriften den Verfahrensvorschriften im GWB vor.

8. Sonderregelungen für Pilotprojekte und Modellregionen (Nr. 8)

Nach Nr. 8 kann die Bundesregierung Sonderregelungen für Pilotprojekte und Modellregionen treffen. Die Regelung entspricht § 21i Abs. 1 S. 1 Nr. 6 EnWG (alt), der anscheinend übernommen wurde. Die Vorgängerregelung wurde so ausgelegt, dass Sonderregeln für Pilotprojekte und Modellregionen eingeführt und Testfelder von bestimmten Verpflichtungen entlastet werden können.[19] Beispielsweise waren hiernach Ausnahmen in Hinblick auf die sofortige Erfüllung von BSI-Schutzprofilen und sonstigen energiewirtschaftlichen Vorschriften denkbar.[20] Die Sonderregeln sollten dazu dienen, Erfahrungen für den Massen-Rollout zu gewinnen.

Im MsbG fehlt ein expliziter **Anknüpfungspunkt** zum Erlass von Rechtsverordnungen nach Nr. 8. Die Gesetzesbegründung betont, dass die Regelungen in §§ 26, 27[21] notwendig sind, um auf technischen Fortschritt und in Pilotprojekten gemachte Erfahrungen angemessen reagieren zu können.[22] Auch im Zusammenhang mit Festlegungen der Bundesnetzagentur nach § 47 verweist der Gesetzgeber auf die Notwendigkeit von Erfahrungen aus Pilotprojekten bzw. weiteren Untersuchungen und Erhebungen, um konkrete Einsatzparameter zu beschreiben.[23] Explizite Regelungen zu Pilotprojekten und Modellregionen sieht das MsbG nicht vor. Eine Befreiung von gesetzlichen Vorgaben zum Zweck der Vorbereitung des Massen-Rollouts erscheint nicht überzeugend, da das MsbG die Entscheidung für einen gestaffelten Rollout getroffen hat.

---

16 Vgl. zur Vorgängernorm BerlKommEnR/*v. Wege*, § 40 MsbG Rn. 4 f.
17 BerlKommEnR/*Hohenstein-Bartholl*, § 41 MsbG Rn. 37 ff.; vgl. *Säcker/Zwanziger*, RdE 2016, 38 ff.; *Brockhoff/Wagner*, RdE 2016, 54.
18 Begründung zum Regierungsentwurf v. 17.2.2016, BT-Drs. 18/7555, S. 103.
19 BerlKommEnR/*Franz/Boesche*, § 21i EnWG Rn. 66.
20 BerlKommEnR/*Franz/Boesche*, § 21i EnWG Rn. 66 f.
21 § 26 ermöglicht die Anpassung von Schutzprofilen und Technischen Richtlinien, § 27 regelt das Verfahren für wesentliche Änderungen und Erstellung neuer Versionen.
22 Vgl. Begründung zum Regierungsentwurf v. 17.2.2016, BT-Drs. 18/7555, S. 88.
23 Begründung zum Regierungsentwurf v. 17.2.2016, BT-Drs. 18/7555, S. 104.

§ 46 Verordnungsermächtigungen

19 Die Regelung knüpft an das politische Ziel an, die **intelligente Vernetzung** in vielen Bereichen zu **fördern**. So hat das BMWi im Rahmen der digitalen Agenda etwa eine Förderbekanntmachung „Modellregionen der Intelligenten Vernetzung – Konzepte und erste Umsetzungsschritte" veröffentlicht.[24]

9. Zählerstandsgangmessung (Nr. 9)

20 Die Regelung steht im Zusammenhang mit der **Änderung der StromNZV**, insbesondere § 12 StromNZV.[25] Hiernach haben Betreiber von Elektrizitätsverteilernetzen im Niederspannungsnetz für die Abwicklung der Stromlieferung an Letztverbraucher mit einer jährlichen Entnahme von bis zu 100 000 Kilowattstunden vereinfachte Methoden (standardisierte Lastprofile) anzuwenden, soweit nicht nach Maßgabe des MsbG eine Übermittlung von Last- oder Zählerstandsgängen erfolgt. § 2 Nr. 27 führt den Begriff der „Zählerstandsgangmessung" ein und definiert ihn als die Messung einer Reihe viertelstündig ermittelter Zählerstände von elektrischer Arbeit und stündlich ermittelter Zählerstände von Gasmengen.[26] In § 21 Abs. 1 werden unterschiedliche Mindestanforderungen eines intelligenten Messsystems im Zusammenhang mit der Zählerstandsgangmessung formuliert. Nr. 9 ermächtigt die Bundesregierung dazu, dieses Verfahren datenschutzgerecht weiter auszugestalten und abweichend von § 12 StromNZV für Letztverbraucher unter 100.000 Kilowattstunden standardmäßig die Zählerstandsgangmessung vorzuschreiben.[27]

10. Anforderungen an die kommunikative Einbindung und den Messstellenbetrieb bei § 14a-Anlagen und Vorgaben bezüglich der ausschließlichen kommunikativen Anbindung und Steuerung über das Smart-Meter-Gateway (Nr. 10)

21 Nach § 23 Abs. 1 Nr. 3 muss das Smart-Meter-Gateway eines intelligenten Messsystems Anlagen im Sinne von § 14a EnWG und sonstige technische Einrichtungen zur Gewährleistung von Datenschutz, Datensicherheit und Interoperabilität sicher in ein Kommunikationsnetz einbinden können. Während § 23 Vorgaben bezüglich der Anforderungen an die Kommunikationsverbindung macht, können über eine Rechtsverordnung nach Nr. 10 (oder nach § 14a S. 4 EnWG) Voraussetzungen aufgestellt werden, unter welchen Messeinrichtungen nach § 23 Abs. 1 Nr. 3 **zwingend mit einem intelligenten Messsystem** verbunden werden müssen.[28]

22 Rechtsverordnungen nach Nr. 10 können zudem **Anforderungen an die kommunikative Einbindung** und den **Messstellenbetrieb** bei **unterbrechbaren Verbrauchseinrichtungen** nach § 14a EnWG aufstellen.

---

24 Bundesanzeiger, Bekanntmachung v. 30.8.2016, S. 1.
25 Art. 5 Gesetz zur Digitalisierung der Energiewende.
26 Vgl. Begründung zum Regierungsentwurf v. 17.2.2016, BT-Drs. 18/7555, S. 75, Zählerstandsgänge können für variable Tarife genutzt werden.
27 Vgl. BerlKommEnR/*Säcker/Zwanziger*, § 2 MsbG Rn. 57.
28 Begründung zum Regierungsentwurf v. 17.2.2016, BT-Drs. 18/7555, S. 86.

11. Ausgestaltung der Regeln zum netzdienlichen und marktorientierten Einsatz nach § 33 (Nr. 11)

Die Bundesregierung kann nach Nr. 11 Regeln zum netzdienlichen und marktorientierten Einsatz nach § 33 näher ausgestalten, indem sie eine Rechtsverordnung erlässt. Die Norm folgt dem durch das Gesetz zur Digitalisierung der Energiewende aufgehobenen § 21i Abs. 1 Nr. 10 EnWG (alt), der Verordnungen für „netzbetreiber-freundliche" Zusatzfunktionen des Messsystems vorsah, sofern diese für Systembetrieb und Netzbetrieb dienlich sind.[29]

§ 33 räumt Netzbetreibern, Direktvermarktungsunternehmern oder Anlagenbetreibern die Möglichkeit ein, vom grundzuständigen Messstellenbetreiber zu verlangen, dass er Messstellen mit modernen Messeinrichtungen und Smart-Meter-Gateways ausstattet (§ 33 Abs. 1 Nr. 1), dass er Erzeugungsanlagen nach dem EEG und dem KWKG an ein Smart-Meter-Gateway anbindet (§ 33 Abs. 1 Nr. 2), dass er die Anlagen steuert (§ 33 Abs. 1 Nr. 3) und, soweit technisch möglich, den Einbau und Betrieb von nach dem EEG und KWKG notwendigen Steuerungseinrichtungen (§ 33 Abs. 1 Nr. 4) vornimmt. § 33 Abs. 2 regelt die Entgelte und § 33 Abs. 3 modifiziert die zu erreichende Ausstattungsquote (§ 29 Abs. 5). Nr. 11 ermächtigt die Bundesregierung, diese Regelungen näher auszugestalten, um den erwünschten netzdienlichen und marktorientierten Mehrwert des Einsatzes intelligenter Messsysteme zu erreichen.

V. Keine Zustimmungspflicht

Verordnungen nach § 46 bedürfen laut Gesetz nicht der Zustimmung durch den Bundesrat (1. Hs.). Eine Zustimmungsbedürftigkeit nach Art. 80 Abs. 2 GG wird nicht ausgelöst, insbesondere handelt es sich bei den Rechtsverordnungen nach Nr. 1–11 nicht um solche, die aufgrund eines Bundesgesetzes ergehen, das selbst der Zustimmung des Bundesrates bedarf. Denn auch das MsbG stellt nach überwiegender Ansicht kein Zustimmungsgesetz dar.[30]

Der **Bundesrat** vertrat im Gesetzgebungsverfahren die Ansicht, dass einzelne Verordnungsermächtigungen die **Zustimmungsbedürftigkeit** nach Art. 80 Abs. 2 Fall 3 GG auslösen, nach der Rechtsverordnungen, die auf Grundlage von Bundesgesetzen in Ländervollzug ergehen, zustimmungsbedürftig sind.[31] Insbesondere die Rechtsverordnungen nach Nr. 1, 7, 8, 10 und 11 griffen in die Zuständigkeit der Landesregulierungsbehörden ein.[32] Letztlich blieb die Forderung des Bundesrats auf Anordnung der Zustimmungsbedürftigkeit für alle Rechtsverordnung in § 46 erfolglos. Keiner der Gesetzesentwürfe ging von einer Zustimmungsbedürftigkeit aus.[33] Die Bundesregierung verneinte einen Eingriff in die Zuständigkeiten der Landesregulierungsbehörden durch die Rechtsverordnungen

---

29 Vgl. zum Sondereinbaurecht nach § 21i Abs. 1 Nr. 10 EnWG (alt) BerlKommEnR/*Franz/Boesche*, § 21i EnWG Rn. 35 ff.; Britz/Hellermann/Hermes/*Herzmann*, § 21i Rn. 10.
30 Die Gesetzgebungskompetenz des Bundes ergibt sich aus Art. 74 Abs. 1 Nr. 11 GG, vgl. Begründung zum Regierungsentwurf v. 17.2.2016, BT-Drs. 18/7555, S. 65.
31 Vgl. *Jarass/Pieroth*, GG, Art. 80 Rn. 17 f.; *von Münch/Kunig*, GG, Bd. 3, Art. 80 Rn. 26 ff.
32 Anl. 3, Stellungnahme des Bundesrates v. 18.12.2015, BT-Drs. 18/7555, S. 129.
33 Anl. 3, Stellungnahme des Bundesrates v. 18.12.2015, BT-Drs. 18/7555, S. 129.

§ 46   Verordnungsermächtigungen

zum MsbG.³⁴ Der durch das Gesetz zur Digitalisierung der Energiewende aufgehobene § 21i EnWG 2011, der eine Vielzahl von Verordnungsermächtigungen mit Zustimmung des Bundestages vorsah, habe ein für den absoluten Ausnahmefall gedachtes Konstrukt zur Regel gemacht.³⁵ Mit der Neuregelung beendet der Gesetzgeber diesen Zustand und verneint die Zuständigkeit des Bundesrates eindeutig.

---

34   Anl. 4, Gegenäußerung der Bundesregierung, BT-Drs. 18/7555, S. 144.
35   Begründung zum Regierungsentwurf v. 17.2.2016, BT-Drs. 18/7555, S. 72.

§ 47 Festlegungen der Bundesnetzagentur

(1) Die Bundesnetzagentur kann unter Beachtung der mess-, eich- und datenschutzrechtlichen Vorgaben und der Schutzprofile und Technischen Richtlinien nach § 22 Absatz 2 Entscheidungen durch Festlegungen nach § 29 Absatz 1 des Energiewirtschaftsgesetzes treffen

1. zur Gewährleistung der Fernsteuerbarkeit nach § 21 Absatz 1 Nummer 1 Buchstabe b und zur Gewährleistung der Abrufbarkeit nach § 21 Absatz 1 Nummer 1 Buchstabe c,
2. zur zeitnahen Übermittlung von Netzzustandsdaten nach § 21 Absatz 1 Nummer 1 Buchstabe d,
3. zur Konkretisierung der Anforderungen an die Zuverlässigkeit und Leistungsfähigkeit der Kommunikationstechnik nach § 21 Absatz 1 Nummer 3 insbesondere zur Anpassung an neue technologische und marktliche Entwicklungen,
4. zum maximalen Eigenstromverbrauch nach § 21 Absatz 1 Nummer 5,
5. zur Konkretisierung der Anforderungen an die Übermittlung von Stammdaten angeschlossener Anlagen in § 21 Absatz 1 Nummer 6,
6. zum Inhalt und zur Durchführung der Rahmenverträge nach § 25 Absatz 3 Satz 3.

(2) Zur bundesweiten Vereinheitlichung der Bedingungen für den Messstellenbetrieb kann die Bundesnetzagentur Entscheidungen durch Festlegungen nach § 29 Absatz 1 des Energiewirtschaftsgesetzes treffen

1. zu allgemeinen Anforderungen an den Messstellenbetrieb nach § 3,
2. zu den näheren Anforderungen an die Erfüllung der Vorgaben zur buchhalterischen Entflechtung aus § 3 Absatz 4,
3. zu den Inhalten von Messstellenverträgen und Messstellenrahmenverträgen nach den §§ 9 und 10, insbesondere auch zu den bei einem Wechsel des Messstellenbetreibers einzuhaltenden Fristen,
4. zur Ausgestaltung der Verwaltungspflicht des grundzuständigen Messstellenbetreibers nach § 11,
5. zur Durchführung des Wechsels des Messstellenbetreibers auf Veranlassung des Anschlussnutzers oder des Anschlussnehmers nach den §§ 5, 6, 9, 10 und 39,
6. zur Durchführung und Ausgestaltung kombinierter Verträge nach § 9 Absatz 2 und von Rahmenverträgen nach § 9 Absatz 4,
7. zu Geschäftsprozessen, die bundesweit zur Förderung einer größtmöglichen und sicheren Automatisierung einzuhalten sind,
8. zur Bestimmung des Übergangszeitraumes und des angemessenen Entgelts im Zusammenhang mit der Regelung des § 17 zum Wechsel des Anschlussnutzers,
9. zu Regelungen im Zusammenhang mit dem Ausfall des Messstellenbetreibers nach § 18,
10. zu den Rechten des Netzbetreibers aus § 12 und seinen Pflichten aus § 13,
11. zur Sicherstellung der einheitlichen Anwendung der Regelungen in den §§ 29 bis 38,
12. zu den Voraussetzungen, unter denen Betreiber von Übertragungsnetzen nach § 33 Absatz 1 Nummer 1 auch die Ausstattung von Netzübergaben zwischen Netz-

§ 47 Festlegungen der Bundesnetzagentur

betreibern in ihrer jeweiligen Regelzone mit intelligenten Messsystemen verlangen können, einschließlich der Kostenverteilung,

13. zum Schlüssel für die Kostenverteilung im Falle des § 33 Absatz 1.

Übersicht

	Rn.		Rn.
I. Normzweck	1	d) Zur Ausgestaltung der Verwaltungspflicht des grundzuständigen Messstellenbetreibers nach § 11 (Nr. 4)	22
II. Entstehungsgeschichte	3		
III. Festlegungen nach Abs. 1	5		
1. Voraussetzungen	5	e) Durchführung des Wechsels des Messstellenbetreibers auf Veranlassung des Anschlussnutzers oder des Anschlussnehmers nach den §§ 5, 6, 9, 10 und 39 (Nr. 5)	23
2. Inhalt	6		
a) Gewährleistung der Fernsteuerbarkeit nach § 21 Abs. 1 Nr. 1 lit. b) und zur Gewährleistung der Abrufbarkeit nach § 21 Abs. 1 Nr. 1 lit. c) (Nr. 1)	7		
		f) Durchführung und Ausgestaltung kombinierter Verträge nach § 9 Abs. 2 und von Rahmenverträgen nach § 9 Abs. 4 (Nr. 6)	26
b) Zeitnahe Übermittlung von Netzzustandsdaten nach § 21 Abs. 1 Nr. 1 lit. d) (Nr. 2)	9		
		g) Geschäftsprozesse, die bundesweit zur Förderung einer größtmöglichen und sicheren Automatisierung einzuhalten sind (Nr. 7)	28
c) Konkretisierung von Anforderungen an Zuverlässigkeit und Leistungsfähigkeit der Kommunikationstechnik nach § 21 Abs. 1 Nr. 3 (Nr. 3)	10		
		h) Bestimmung des Übergangszeitraumes und des angemessenen Entgelts im Zusammenhang mit der Regelung des § 17 zum Wechsel des Anschlussnutzers (Nr. 8)	29
d) Maximaler Eigenstromverbrauch nach § 21 Abs. 1 Nr. 5 (Nr. 4)	11		
e) Konkretisierung der Anforderungen an die Übermittlung von Stammdaten angeschlossener Anlagen in § 21 Abs. 1 Nr. 6 (Nr. 5)	12	i) Regelungen im Zusammenhang mit dem Ausfall des Messstellenbetreibers nach § 18 (Nr. 9)	30
		j) Rechte des Netzbetreibers aus § 12 und seine Pflichten aus § 13 (Nr. 10)	31
f) Inhalt und Durchführung der Rahmenverträge nach § 25 Abs. 3 S. 2 (Nr. 6)	13		
IV. Festlegungen nach Abs. 2	15	k) Sicherstellung der einheitlichen Anwendung der Regelungen in den §§ 29 bis 38 (Nr. 11)	33
1. Voraussetzung	15		
2. Inhalt	16		
a) Allgemeine Anforderungen an den Messstellenbetrieb nach § 3 (Nr. 1)	16	l) Voraussetzungen, unter denen Betreiber von Übertragungsnetzen nach § 33 Abs. 1 Nr. 1 auch die Ausstattung von Netzübergaben zwischen Netzbetreibern in ihrer jeweiligen Regelzone mit intelligenten Messsystemen verlangen können, einschließlich der Kostenverteilung (Nr. 12)	34
b) Nähere Anforderungen an die Erfüllung der Vorgaben zur informationellen und buchhalterischen Entflechtung aus § 3 Abs. 4 (Nr. 2)	17		
c) Inhalte von Messstellenverträgen und Messstellenrahmenverträgen nach den §§ 9 und 10, insbesondere auch zu den bei einem Wechsel des Messstellenbetreibers einzuhaltenden Fristen (Nr. 3)	18	m) Schlüssel für die Kostenverteilung im Falle des § 33 Abs. 1 (Nr. 13)	35

I. Normzweck

Die Norm räumt der **Bundesnetzagentur** die Möglichkeit ein, **Festlegungen nach § 29 EnWG zu treffen**.[1] Abs. 1 betrifft die nähere Ausgestaltung von technischen Mindestanforderungen, die vergleichbar zu § 46 der Flexibilität und bundesweit einheitlichen Anwendung dienen kann.[2] In Abs. 2 verdeutlicht der erste Halbsatz, dass Festlegungen die bundesweite Vereinheitlichung der Bedingungen für den Messstellenbetrieb bezwecken. 1

Die Festlegung im Sinn von § 29 Abs. 1 EnWG gibt der Regulierungsbehörde **ein flexibles Instrument zur Erfüllung ihrer Aufgaben an die Hand**.[3] Im Massengeschäft ermöglicht das Handlungsinstrument der Festlegung eine Standardisierung und Klärung von wiederkehrenden Fragen.[4] 2

II. Entstehungsgeschichte

Die Norm ist im Verlauf des Gesetzgebungsverfahrens weitgehend unverändert geblieben, lediglich in Abs. 2 hat sich die inhaltliche Aufteilung der Festlegungsermächtigungen teilweise geändert. Zudem sah der Referentenentwurf (§ 5 Abs. 2 Ref-E MsbG) ein Ablehnungsrecht des grundzuständigen Messstellenbetreibers vor, dessen Voraussetzungen in § 47 Abs. 2 Nr. 3 Ref-E MsbG konkretisiert werden konnten. Die Festlegung ist mit **der Streichung des Ablehnungsrechts** entfallen.[5] 3

Der durch das Gesetz zur Digitalisierung der Energiewende **aufgehobene § 13 MessZV** (alt) sah eine Festlegungskompetenz der Bundesnetzagentur vor. Die Bundesnetzagentur hat hiervon Gebrauch gemacht und Festlegungen zur konkreten Abwicklung von Messstellenbetrieb und Messdienstleistungen getroffen, um so den Aufbau einer effizienten Marktstruktur im Bereich des Messwesens zu fördern.[6] Nach der Intention des Gesetzgebers sollen neue Festlegungen nach dem MsbG auf die alten Festsetzungen aufsetzen und diese an die neuen rechtlichen Rahmenbedingungen anpassen.[7] Die Bundesnetzagentur hat nach Durchführung von Konsultationsverfahren im Dezember 2016 Festlegungen für Strom und Gas einschließlich Anlagen erlassen, die insbesondere ein Interimsmodell regeln.[8] 4

III. Festlegungen nach Abs. 1

1. Voraussetzungen

Die Festlegungen nach Abs. 1 stehen unter dem Vorbehalt, dass mess-, eich- und datenschutzrechtliche Vorgaben eingehalten, sowie Schutzprofile und Technische Richtlinien 5

---

1 Für weitere Anwendungsfälle von Festlegungen im Energiesektor vgl. BerlKommEnR/*Schmidt-Preuß*, § 29 EnWG Rn. 34 ff.
2 Begründung zum Regierungsentwurf v. 17.2.2016, BT-Drs. 18/7555, S. 103.
3 Vgl. ausführlich BerlKommEnR/*Schmidt-Preuß*, § 29 EnWG Rn. 8 f.
4 BerlKommEnR/*Schmidt-Preuß*, § 29 EnWG Rn. 10.
5 Die Festlegungskompetenz tauchte als Fehlverweis noch im Regierungsentwurf v. 17.2.2016, BT-Drs. 18/7555 auf.
6 Vgl. BK6-09-034/BK7-09-001.
7 Begründung zum Regierungsentwurf v. 17.2.2016, BT-Drs. 18/7555, S. 104.
8 BNetzA, Beschl. v. 20.12.2016, BK6-16-200/BK7-16-142, abgedruckt im Anhang des Kommentars.

§ 47   Festlegungen der Bundesnetzagentur

nach § 22 Abs. 2 beachtet werden. Insofern handelt es sich um eine **deklaratorische Einschränkung** der Festlegungskompetenz der Bundesnetzagentur, da diese mit ihren Festlegungen nicht gegen geltendes Recht verstoßen darf und an Recht gebunden ist.[9] Das gebietet bereits die Gesetzmäßigkeit des Verwaltungshandelns.

2. Inhalt

6   Nach Abs. 1 kann die Bundesnetzagentur u. a. bestimmte technische Mindestanforderungen an intelligente Messsysteme näher ausgestalten,[10] die der Gesetzgeber im MsbG technikoffen gestaltet hat. Der Gesetzgeber erwartet durch erste Erfahrungen in Pilotprojekten und weiteren Untersuchungen und Erhebungen **Erkenntnisgewinne**.[11] Durch Festlegungen soll die Bundesnetzagentur **flexibel konkrete Einsatzparameter gestalten** können.[12]

a) Gewährleistung der Fernsteuerbarkeit nach § 21 Abs. 1 Nr. 1 lit. b) und zur Gewährleistung der Abrufbarkeit nach § 21 Abs. 1 Nr. 1 lit. c) (Nr. 1)

7   § 21 Abs. 1 formuliert Mindestanforderungen an intelligente Messsysteme, danach muss ein intelligentes Messsystem bestimmte Voraussetzungen zur zuverlässigen Erhebung, Verarbeitung etc. von aus Messeinrichtungen stammenden Messwerten gewährleisten, um die **Fernsteuerbarkeit von § 14a EnWG-Anlagen, von Erzeugungsanlagen nach dem EEG und dem KWKG** zu gewährleisten (§ 21 Abs. 1 Nr. 1 lit. b)). Die Fernsteuerbarkeit von Erzeugungs- und Verbrauchsanlagen erfolgt über das Smart-Meter-Gateway und kann erheblichen Einfluss auf die technische Auslegung, sowohl des Smart-Meter-Gateways als auch der kommunikativen Anbindung haben.[13] Der Gesetzgeber betont, dass die Anforderungen an die technische Gewährleistung der Fernsteuerbarkeit je nach Marktmodell wechseln können.

8   Außerdem umfasst Nr. 1 die Ermächtigung zur Festlegung von technischen Anforderungen an die Abrufbarkeit der jeweiligen Ist-Einspeisung von Erzeugungsanlagen nach dem EEG und dem KWKG.

b) Zeitnahe Übermittlung von Netzzustandsdaten nach § 21 Abs. 1 Nr. 1 lit. d) (Nr. 2)

9   In Hinblick auf **technische Mindestanforderungen** an das intelligente Messsystem kann die Bundesnetzagentur zudem Festlegungen zum Umgang mit den aus Messeinrichtungen stammenden Messwerten für die Messung und zeitnahe Übertragung von Netzzustandsdaten treffen, sowie für die Erstellung von Protokollen über Spannungsausfälle mit Datum und Zeit. Die Ausgestaltung kann auch hier erheblichen **Einfluss auf die technische Auslegung** haben.[14]

---

9 Vgl. zur Rechtsgebundenheit BerlKommEnR/*Schmidt-Preuß*, § 29 EnWG Rn. 61.
10 Vgl. Begründung zum Regierungsentwurf v. 17.2.2016, BT-Drs. 18/7555, S. 103.
11 Begründung zum Regierungsentwurf v. 17.2.2016, BT-Drs. 18/7555, S. 104.
12 Begründung zum Regierungsentwurf v. 17.2.2016, BT-Drs. 18/7555, S. 104.
13 Begründung zum Regierungsentwurf v. 17.2.2016, BT-Drs. 18/7555, S. 104.
14 Begründung zum Regierungsentwurf v. 17.2.2016, BT-Drs. 18/7555, S. 104.

III. Festlegungen nach Abs. 1 § 47

c) Konkretisierung von Anforderungen an Zuverlässigkeit und Leistungsfähigkeit der Kommunikationstechnik nach § 21 Abs. 1 Nr. 3 (Nr. 3)

Ebenfalls eine Festlegungsermächtigung zur Ausgestaltung technischer Mindestanforderungen an intelligente Messsysteme stellt Nr. 3 auf. Die Bundesnetzagentur kann insbesondere zur **Anpassung an neue technologische und marktliche Entwicklungen** tätig werden. Die Zuverlässigkeit der Fernkommunikation hängt dabei von den Gegebenheiten der jeweiligen Infrastruktur ab.[15]

10

d) Maximaler Eigenstromverbrauch nach § 21 Abs. 1 Nr. 5 (Nr. 4)

Durch eine Festlegung kann die Bundesnetzagentur die **Grenzen für den maximalen Eigenstromverbrauch** für das Smart-Meter-Gateway und andere typischerweise an das intelligente Messsystem angebundene Komponenten **festlegen**. Die Festlegung stellt dann eine nach § 21 Abs. 1 Nr. 5 einzuhaltende technische Mindestanforderung für das intelligente Messsystem dar. Der Gesetzgeber betont auch hier die Abhängigkeit vom Marktmodell.[16]

11

e) Konkretisierung der Anforderungen an die Übermittlung von Stammdaten angeschlossener Anlagen in § 21 Abs. 1 Nr. 6 (Nr. 5)

Schließlich kann eine Festlegung die technischen Mindestanforderungen an ein intelligentes Messsystem in Hinblick auf die **Anforderungen an die Übermittlung von Stammdaten angeschlossener Anlagen** nach § 14a EnWG sowie angeschlossener Anlagen nach dem EEG und dem KWKG treffen. Stammdaten sind etwa die Art und technische Ausstattung angeschlossener Erzeugungsanlagen und steuerbarer Verbrauchseinrichtungen nach § 14a EnWG, Ort und Spannungsebenen sowie die Art der kommunikativen Anbindung dieser Anlagen (vgl. § 2 Nr. 22). Diese Daten sind **in einem intelligenten Energieversorgungsnetz von Bedeutung**, da sie perspektivisch geeignet sind, in Anlagenregistern Verwendung zu finden.[17]

12

f) Inhalt und Durchführung der Rahmenverträge nach § 25 Abs. 3 S. 2 (Nr. 6)

Außerhalb des Bereichs technischer Mindestanforderungen besteht nach Nr. 6 die Kompetenz zur **Festlegung von Rahmenverträgen**, die der Smart-Meter-Gateway-Administrator mit Netzbetreibern, Messstellenbetreibern, Energielieferanten und berechtigten Dritten schließen kann, um sich die Bereitstellung von Informationen abzusichern.

13

Rahmenverträge werden **klassisch von Regulierungsbehörden durch Festlegungen**, die Inhalt und Durchführung konkretisieren, **konzipiert**.[18] Der Gesetzgeber geht davon aus, dass hierfür umfassende Konsultationen notwendig werden und der bisherige Rechtsrahmen (§ 13 MessZV alt und bisherige Festlegungen) herangezogen und angepasst werden muss.[19]

14

---

15 Begründung zum Regierungsentwurf v. 17.2.2016, BT-Drs. 18/7555, S. 104.
16 Begründung zum Regierungsentwurf v. 17.2.2016, BT-Drs. 18/7555, S. 104.
17 Begründung zum Regierungsentwurf v. 17.2.2016, BT-Drs. 18/7555, S. 104.
18 Begründung zum Regierungsentwurf v. 17.2.2016, BT-Drs. 18/7555, S. 104.
19 Begründung zum Regierungsentwurf v. 17.2.2016, BT-Drs. 18/7555, S. 104.

IV. Festlegungen nach Abs. 2

1. Voraussetzung

15 Festlegungen der Bundesnetzagentur nach Abs. 2 stehen unter der Voraussetzung, dass diese **zur bundesweiten Vereinheitlichung der Bedingungen für den Messstellenbetrieb erforderlich** sind. Die Formulierung entspricht dem aufgehobenen § 13 MessZV (alt). Die bundesweite Vereinheitlichung bezweckt u. a., den Markteintritt überregionaler Wettbewerber zu fördern und den Aufwand, detaillierte Einzelentscheidungen treffen zu müssen, zu vermeiden.[20]

2. Inhalt

a) Allgemeine Anforderungen an den Messstellenbetrieb nach § 3 (Nr. 1)

16 Die Bundesnetzagentur kann **Festlegungen zur Konkretisierung der allgemeinen Anforderungen an den Messstellenbetrieb** (vgl. § 3) treffen.[21] Insbesondere den Aufgabenbereich in § 3 Abs. 1 S. 1 kann die Bundesnetzagentur im Rahmen der rechtlichen Vorgaben ausgestalten, wobei die Definition des technischen Betriebs der Messstelle in § 2 Nr. 25 den Umfang der Aufgaben näher beschreibt. Eine Festlegung nach Nr. 1 hat zudem die Mindestanforderungen an intelligente Messsysteme in § 22 i.V.m. Technischen Richtlinien und Schutzprofilen zu beachten. Zu beachten ist auch, dass die Festlegung sich auf *allgemeine* Anforderungen beschränkt, so dass etwa technische Detailregelungen nicht auf Grundlage von Nr. 1 getroffen werden können. Entflechtungsregelungen werden in Nr. 2 speziell geregelt, so dass sich eine Subsumtion unter Nr. 1 verbietet.

b) Nähere Anforderungen an die Erfüllung der Vorgaben zur informationellen und buchhalterischen Entflechtung aus § 3 Abs. 4 (Nr. 2)

17 Die Norm ermächtigt die Bundesnetzagentur zu **Festlegungen**, die die **Entflechtungsvorgaben in § 3 Abs. 4 i.V.m. §§ 6b, 6c, 54 EnWG** näher ausgestalten. Die strikte Aufgabentrennung zwischen Messstellenbetrieb und Netzbetrieb stellt eine entscheidende Weichenstellung im MsbG dar, die bereits im Anwendungsbereich des Gesetzes genannt wird (§ 1 Nr. 3).[22] Messstellenbetreiber sind zur Gewährleistung von Transparenz, diskriminierungsfreier Ausgestaltung und Abwicklung des Messstellenbetriebs verpflichtet (§ 3 Abs. 4 S. 1). Abgesichert wird die Unabhängigkeit des Messstellenbetriebs von anderen Tätigkeitsbereichen, insbesondere vertikal integrierter Energieversorgungsunternehmen, durch die buchhalterische und informationelle Entflechtung.[23] Nähere Anforderungen hierzu sind durch Festlegungen möglich. Regelungen zur zweckgebundenen Datenverwendung finden sich dagegen bereits in §§ 49 bis 70, so dass eine Festlegung zur informatorischen Entflechtung lediglich in diesen engen Grenzen denkbar wäre. Vorgaben zur Verwendung

---

20 So die Begründung der BNetzA zu der auf Grundlage von § 13 MessZV erlassenen Festlegung zur Standardisierung von Verträgen und Geschäftsprozessen im Bereich des Messwesens, BK6-09-034 für Strom und BK7-09-001 für Gas, S. 12 f.
21 Vgl. BerlKommEnR/*Drozella*, § 3 MsbG.
22 Vgl. BerlKommEnR/*Säcker/Zwanziger*, § 1 MsbG Rn. 8.
23 Vgl. BerlKommEnR/*Drozella*, § 3 MsbG Rn. 61.

IV. Festlegungen nach Abs. 2 § 47

von Informationen enthält zudem der entsprechend anzuwendende § 6a EnWG. Für die buchhalterische Entflechtung, die die Einbeziehung von Kosten des Messstellenbetriebs in die Erlösobergrenzen verhindern will, spielt § 6b EnWG eine Rolle. Eine Festlegung nach Nr. 2 hat die Zuständigkeit der Landesregulierungsbehörden, die sich aus dem entsprechend anzuwendenden § 54 Abs. 2 Nr. 4 EnWG ergibt, zu beachten.

c) Inhalte von Messstellenverträgen und Messstellenrahmenverträgen nach den §§ 9 und 10, insbesondere auch zu den bei einem Wechsel des Messstellenbetreibers einzuhaltenden Fristen (Nr. 3)

Nr. 3 enthält die **klassische Kompetenz der Bundesnetzagentur durch Festlegungen Inhalte von Verträgen zu bestimmen**. Umfasst sind sowohl Messstellenverträge nach § 9 Abs. 1, also Verträge des Messstellenbetreibers mit Anschlussnutzer, bzw. Anschlussnehmer (Nr. 1), mit dem Energielieferanten (Nr. 2), mit dem Netzbetreiber (Nr. 3) und mit dem grundzuständigen Messstellenbetreiber bei jedem Messstellenbetreiberwechsel nach §§ 5, 6, als auch Messstellenrahmenverträge gem. § 9 Abs. 4, zu deren Veröffentlichung und Abschluss der grundzuständige Messstellenbetreiber verpflichtet ist. 18

Festlegungen zu den **Inhalten von Rahmenverträgen** müssen wegen des Verweises in § 9 Abs. 4 S. 2 insbesondere die notwendigen Regelungsinhalte aus § 10 Abs. 2 beachten.[24] 19

Bereits nach der Rechtslage des durch das Gesetz zur Digitalisierung der Energiewende **aufgehobenen § 13 Nr. 2 i.V.m. §§ 3, 4 MessZV** (alt) konnte die Bundesnetzagentur Rahmenverträge aufstellen und hat am 9.9.2010 nach Durchführung eines Konsultationsverfahrens eine Entscheidung im Festsetzungsverfahren zur Standardisierung von Verträgen und Geschäftsprozessen getroffen. Anlagen drei und vier zum Beschluss BK6-09-034/BK7-09-001 enthalten Messstellenrahmenvertrag und Messstellenvertrag. 20

Da die **Festlegungen auf Grundlage der alten Rechtslage** ergangen sind, dürften sie an die neue Rechtslage anzupassen sein.[25] Zudem geht der Gesetzgeber von der Notwendigkeit der Durchführung umfassender Konsultationen aus, wobei in der Gesetzesbegründung unklar bleibt, ob es insofern ausreicht, auf dem Festsetzungsverfahren von 2010 aufzubauen.[26] 21

d) Zur Ausgestaltung der Verwaltungspflicht des grundzuständigen Messstellenbetreibers nach § 11 (Nr. 4)

Die Festlegungskompetenz in Nr. 4 betrifft die „**Verwaltungspflicht des grundzuständigen Messstellenbetreibers nach § 11**". Nachdem der Referentenentwurf aber noch von der Verwaltungspflicht sprach, hieß es im Regierungsentwurf bereits „Organisationspflicht des Messstellenbetreibers".[27] Nr. 4 bezieht sich jedenfalls auf die Pflichten des Messstellenbetreibers zur Information über die Ausstattung der Messstellen im Netzgebiet (§ 11 Abs. 1), die Pflicht zur Mitteilung von Verlust, Beschädigung oder Störung der Mess- und Steuereinrichtungen, der Pflicht zur Behebung von Beschädigungen und Störungen und der Pflicht zur Wiederherstellung der Funktionsfähigkeit (§ 11 Abs. 3). Eine Festlegung 22

---

24 Vgl. zu den notwendigen Vertragsinhalten BerlKommEnR/*Zwanziger*, § 10 MsbG Rn. 17 ff.
25 Begründung zum Regierungsentwurf v. 17.2.2016, BT-Drs. 18/7555, S. 104.
26 Vgl. Begründung zum Regierungsentwurf v. 17.2.2016, BT-Drs. 18/7555, S. 104.
27 Vgl. BerlKommEnR/*Zwanziger*, § 11 MsbG Rn. 5.

§ 47   Festlegungen der Bundesnetzagentur

nach Nr. 4 kann zur bundesweiten Vereinheitlichung diese Pflichten näher ausgestalten. Denkbar wären Vorgaben zu den organisatorischen Abläufen und den zu übermittelnden Inhalten.

e) Durchführung des Wechsels des Messstellenbetreibers auf Veranlassung des Anschlussnutzers oder des Anschlussnehmers nach den §§ 5, 6, 9, 10 und 39 (Nr. 5)

23   Die Möglichkeit zum Wechsel des Messstellenbetreibers in §§ 5 und 6 betrifft das „Ob" des Wechsels, während im zweiten Kapitel des MsbG durch die §§ 14 bis 18 die Durchführung des Messstellenbetreiberwechsels geregelt wird („Wie"). Durch Festlegung nach Nr. 5 kann die Bundesnetzagentur für eine bundesweite Vereinheitlichung der Bedingungen des Messstellenbetriebs **Konkretisierungen zur Durchführung des Messstellenbetreiberwechsels** treffen, einschließlich der zu schließenden Verträge nach §§ 9 und 10. Beachtlich ist, dass zu den bei einem Wechsel des Messstellenbetreibers einzuhaltenden Fristen ausdrücklich solche auf Grundlage der Festlegungsermächtigung in Nr. 3 gehören.

24   § 39 betrifft den **Wechsel des Messstellenbetreibers auf Veranlassung des Anschlussnehmers zur Liegenschaftsmodernisierung** nach § 6 und sichert die entsprechende Anwendung der Regelungen zur Durchführung des Messstellenbetreiberwechsels.[28] Festlegungen hierzu sind parallel möglich.

25   Auf **Grundlage der alten Rechtslage** hatte die Bundesnetzagentur mit Anlage 1 zum Beschluss BK7-09-001 vom 9.9.2010 eine Festlegung zu Wechselprozessen im Messwesen getroffen, die durch Tenorziffer 2 des Beschlusses der Bundesnetzagentur vom 20.12. 2016, BK-6-16-200,[29] aufgehoben und durch Anlage 2 des Beschlusses ersetzt wurde. Die Festlegung zu Wechselprozessen (WiM) ist ab dem 1.10.2017 im Rahmen des Interimsmodells in der abgeänderten Fassung anzuwenden.

f) Durchführung und Ausgestaltung kombinierter Verträge nach § 9 Abs. 2 und von Rahmenverträgen nach § 9 Abs. 4 (Nr. 6)

26   Während die Inhalte von Messstellenverträgen und Messstellenrahmenverträgen auf Grundlage der Festlegungsermächtigung in Nr. 3 ausgestaltet werden können, räumt Nr. 6 der Bundesnetzagentur die Möglichkeit ein, die **Durchführung und Ausgestaltung kombinierter Verträge** nach § 9 Abs. 2 und von **Rahmenverträgen** nach § 9 Abs. 4 zu konkretisieren.

27   **Kombinierte Verträge** des Energielieferanten nach § 9 Abs. 2, für die Rahmenverträge erstellt werden können, sind nach § 9 Abs. 2 **weiter zulässig**.[30] Gerade bei diesen sog. „All-inclusive"-Verträgen sieht der Gesetzgeber die Möglichkeit, zwischen unterschiedlichen Konstellationen des Messstellenbetriebs, etwa mit modernen Messeinrichtungen und intelligenten Messsystemen, zu differenzieren.[31] Weiterhin schlägt die Gesetzesbegründung in

---

28   Begründung zum Regierungsentwurf v. 17.2.2016, BT-Drs. 18/7555, S. 80.
29   BNetzA, Beschl. v. 20.12.2016, BK6-16-200, abgedruckt im Anhang des Kommentars.
30   Vgl. BerlKommEnR/*v. Wege*, § 9 MsbG Rn. 13 ff.
31   Begründung zum Regierungsentwurf v. 17.2.2016, BT-Drs. 18/7555, S. 104; zu kombinierten Verträgen s. BerlKommEnR/*v. Wege*, § 9 MsbG Rn. 31.

IV. Festlegungen nach Abs. 2 § 47

diesem Zusammenhang vor, das Inkassorisiko des Lieferanten und andere Umstände bei diesen Verträgen zu berücksichtigen.[32]

g) Geschäftsprozesse, die bundesweit zur Förderung einer größtmöglichen und sicheren Automatisierung einzuhalten sind (Nr. 7)

Die Festlegungsermächtigung nach Nr. 7 entspricht weitestgehend der Regelung des durch das Gesetz zur Digitalisierung der Energiewende **aufgehobenen § 13 Nr. 6 MessZV (alt)**. Nach Nr. 7 wird die Bundesnetzagentur ermächtigt, auf Grundlage der neuen Rechtslage Geschäftsprozesse zur bundesweiten Vereinheitlichung der Bedingungen für den Messstellenbetrieb zu treffen.[33] Denkbar sind Geschäftsprozesse zum Zugang zum Messstellenbetrieb, Prozesse im laufenden Messstellenbetrieb bzw. bei laufender Messung, Annexprozesse sowie zahlreiche untergeordnete Prozesse.[34] Festlegungen können zu einer größtmöglichen Automatisierung und Vereinfachung der Abläufe führen. Die Bundesnetzagentur hat durch Beschluss vom 20.12.2016 von der Festlegungsermächtigung aus Nr. 5 i.V.m. Nr. 7 Gebrauch gemacht und die als Anlage 2 erlassene „Festlegung zur Standardisierung von Verträgen und Geschäftsprozessen im Bereich des Messwesens" angepasst.[35]

28

h) Bestimmung des Übergangszeitraumes und des angemessenen Entgelts im Zusammenhang mit der Regelung des § 17 zum Wechsel des Anschlussnutzers (Nr. 8)

Die Bundesnetzagentur kann gem. Nr. 8 die Regelung des § 17 konkretisieren. Diese verpflichtet den nach § 5 beauftragten dritten Messstellenbetreiber auf Verlangen des grundzuständigen Messstellenbetreibers für einen Übergangszeitraum von bis zu drei Monaten, gegen ein angemessenes Entgelt den Messstellenbetrieb für den neuen Anschlussnutzer fortzuführen.[36] Die Festlegungsermächtigung betrifft die **Bestimmung des Übergangszeitraums und die Höhe des angemessenen Entgelts**.[37] Mit dem flexiblen Instrument der Festlegung soll die Bundesnetzagentur auf Erfahrungen reagieren können.

29

i) Regelungen im Zusammenhang mit dem Ausfall des Messstellenbetreibers nach § 18 (Nr. 9)

Die Festlegungskompetenz in Nr. 9 ermächtigt die Bundesnetzagentur zur bundesweiten Vereinheitlichung der Bedingungen des Messstellenbetriebs, Regelungen im Zusammenhang mit dem **Ausfall des Messstellenbetreibers** nach § 18 zu treffen. § 18 verpflichtet den grundzuständigen Messstellenbetreiber, beim Ausfall des Messstellenbetreibers, wenn kein anderer den Messstellenbetrieb übernimmt, unverzüglich den Betrieb aufzunehmen, ohne dem Anschlussnutzer hierfür höhere als die in § 7 genannten Entgelte zu berechnen. Die Festlegung nach § 18 kann bspw. den Ablauf und die Dauer der Übernahme oder Infor-

30

---

32 Begründung zum Regierungsentwurf v. 17.2.2016, BT-Drs. 18/7555, S. 104.
33 Für Geschäftsprozesse beim Wechsel nach alter Rechtslage vgl. Anl. 1 zum Beschluss BK6-09-034/BK7-09-001, Wechselprozesse im Messwesen (WiM).
34 Anl. 1 zum Beschluss BK6-09-034/BK7-09-001, Wechselprozesse im Messwesen (WiM), S. 4.
35 BNetzA, Beschl. v. 20.12.2016, BK6-16-200, Anl. 2.
36 Vgl. die Kommentierung BerlKommEnR/*v. Wege*, § 17 MsbG.
37 Vgl. BerlKommEnR/*v. Wege*, § 17 MsbG Rn. 11 ff. und 17 ff.

§ 47 Festlegungen der Bundesnetzagentur

mationspflichten des ausfallenden Messstellenbetreibers oder des grundzuständigen Messstellenbetreibers gegenüber dem Anschlussnutzer regeln.

j) Rechte des Netzbetreibers aus § 12 und seine Pflichten aus § 13 (Nr. 10)

31 Nr. 10 formuliert eine Festlegungsermächtigung in Hinblick auf **Rechte und Pflichten des Netzbetreibers**. § 12 berechtigt den Netzbetreiber, vom Messstellenbetreiber notwendige Handlungen an der Messstelle zu verlangen, sofern diese zur Erfüllung gesetzlicher Verpflichtungen notwendig sind. § 12 nennt als Beispiele Fälle einer Unterbrechung im Niederspannungsnetz. Diese sind als nicht abschließend zu verstehen. Eine Festlegung kann weitere Anwendungsfälle bestimmen und auf der Rechtsfolgenseite den Umfang der notwendigen Handlungen an der Messstelle konkretisieren.

32 § 13 verpflichtet dagegen den **Netzbetreiber**, gegen ein angemessenes und diskriminierungsfreies Entgelt **dem Messstellenbetreiber zur Messdatenübertragung Zugang zum Elektrizitätsverteilernetz** einzuräumen.[38] Die Bundesnetzagentur kann durch Festlegung nach Nr. 10 etwa die Berechnung des Entgelts konkretisieren und Vorgaben machen, wie die Nutzung des Verteilernetzes zur Datenübertragung technisch möglich gemacht werden kann.

k) Sicherstellung der einheitlichen Anwendung der Regelungen in den §§ 29 bis 38 (Nr. 11)

33 Nr. 11 räumt der Bundesnetzagentur eine **weitgehende, kaum abgrenzbare Ermächtigung** ein, zur Sicherstellung der einheitlichen Anwendung der im vierten Kapitel geregelten ergänzenden Rechte und Pflichten im Zusammenhang mit dem Messstellenbetrieb mit modernen Messeinrichtungen und intelligenten Messsystemen Festlegungen zu treffen. § 46 Nr. 4 ermächtigt aber die Bundesregierung zum Erlass einer Rechtsverordnung zur näheren Ausgestaltung der Verpflichtung zur Ausstattung von Messstellen mit intelligenten Messsystemen und modernen Messeinrichtungen gem. § 29, die eine Festsetzung beachten muss. Ebenfalls möglich bleibt eine Rechtsverordnung nach § 46 Nr. 11 i.V.m. § 33 zur näheren Ausgestaltung der Regeln zum netzdienlichen und marktorientierten Einsatz intelligenter Messsysteme und moderner Messeinrichtungen. Eine Anpassung der Preisobergrenzen ist gem. § 34 i.V.m. § 46 Nr. 5 ausdrücklich einer Rechtsverordnung vorbehalten.

l) Voraussetzungen, unter denen Betreiber von Übertragungsnetzen nach § 33 Abs. 1 Nr. 1 auch die Ausstattung von Netzübergaben zwischen Netzbetreibern in ihrer jeweiligen Regelzone mit intelligenten Messsystemen verlangen können, einschließlich der Kostenverteilung (Nr. 12)

34 Nr. 12 ermächtigt die Bundesnetzagentur, für einen **speziellen Fall des § 33 Abs. 1 Nr. 1** eine Festlegung zu treffen. Hiernach kann u.a. der Übertragungsnetzbetreiber für den netzdienlichen und marktorientierten Einsatz von modernen Messeinrichtungen und intelligenter Messinfrastruktur die Ausstattung von Netzübergaben zwischen Netzbetreibern in ihrer jeweiligen Regelzone mit intelligenten Messsystemen verlangen. Die Voraussetzungen für

---

[38] Vgl. BerlKommEnR/*Salevic/Zöckler*, § 13 MsbG.

ein entsprechendes Verlangen sowie die Kostenverteilung kann Gegenstand einer Festlegung nach Nr. 12 sein.

m) Schlüssel für die Kostenverteilung im Falle des § 33 Abs. 1 (Nr. 13)

Nr. 13 räumt der Bundesnetzagentur die Ermächtigung ein, einen Schlüssel für die Kostenverteilung der Ausstattung, die nach Nr. 12 konkretisiert werden kann, festzulegen. Ursprünglich verwies die Regelung auf einen nicht existierenden § 33 Abs. 4; der Gesetzgeber hat die Fehlverweisung aus dem Regierungsentwurf korrigiert.[39]

35

---

39 Vgl. Regierungsentwurf v. 17.2.2016, BT-Drs. 18/7555.

§ 48 Übergangsvorschrift

(1) ¹Messsysteme, die ausschließlich der Erfassung der zur Beladung von Elektromobilen entnommenen oder durch diese zurückgespeisten Energie dienen, sind bis zum 31. Dezember 2020 von den technischen Vorgaben des Teils 2 Kapitel 3 ausgenommen. ²Diese Ausnahme ist nicht anzuwenden, wenn ihre Nutzung unter Berücksichtigung der besonderen Anforderungen der Elektromobilität mit unverhältnismäßigen Gefahren verbunden ist, die im Verfahren nach § 26 Absatz 1 festgestellt und bekannt gemacht werden.

Schrifttum: *Dinter*, Das Gesetz zur Digitalisierung der Energiewende – Startschuss für Smart-Meter? Ein Überblick über den Referentenentwurf, ER 2015, 229; *Kermel/Dinter*, Gesetz zur Digitalisierung der Energiewende: Das Messstellenbetriebsgesetz im Überblick, RdE 2016, 158; *Wolf/Dobler/Schüssler*, Das neue Messstellenbetriebsgesetz – ein erster Überblick, VersorgW 2015, 325.

Übersicht

	Rn.		Rn.
I. Allgemeines	1	III. Rückausnahme (S. 2)	9
1. Normzweck	2	1. Verfahren nach § 26 Abs. 1	10
2. Entstehungsgeschichte	3	2. Unverhältnismäßige Gefahren unter Berücksichtigung der besonderen Anforderungen der Elektromobilität	13
3. Normadressaten	4		
II. Suspendierte technische Vorgaben (S. 1)	5		

I. Allgemeines

1 § 48 regelt wie § 19 Abs. 5 einen **übergangsweisen Dispens von bestimmten technischen Vorgaben**, hier für Messsysteme, die ausschließlich der zur **Beladung von Elektromobilen** entnommenen oder durch diese zurückgespeisten Energie dienen. Für solche Messsysteme wird die Geltung der technischen Vorgaben für Smart-Meter-Gateways[1] aus §§ 19 bis 28 samt der Anlage zu § 22 Abs. 2 S. 1 auf den 1.1.2021 verschoben. Wurden solche Messsysteme bis zum 31.12.2020 eingebaut, so können sie zusätzlich unter den Voraussetzungen von § 19 Abs. 5 bis zu acht Jahre ab Einbau befreit von den Anforderungen nach den §§ 21 und 22 samt der Anlage zu § 22 Abs. 2 S. 1 genutzt werden.

1. Normzweck

2 Der in § 48 gewährte zeitliche Aufschub soll dem Sonderfallcharakter von Ladestationen der Elektromobilität im Hinblick auf das intelligente Messwesen Rechnung tragen. So könnten die Messeinrichtungen am Kraftfahrzeug angebracht und somit mobil sein. Auch seien viele der in diesem Gesetz gestellten technischen Mindestanforderungen zum Zwecke der Elektromobilität unzweckmäßig und es sei noch nicht abzusehen, in welche Richtung sich der technische Fortschritt in der Elektromobilität bewege. Dem BSI verbleibe je-

---

[1] Zur technischen Umsetzung intelligenter Messsysteme siehe *Dinter*, ER 2015, 229.

doch die Möglichkeit, soweit dies zur Abwehr von unverhältnismäßigen Gefahren für Datensicherheit und Datenschutz erforderlich ist, auch hier entsprechende Maßnahmen zu treffen.[2]

2. Entstehungsgeschichte

§ 48 wurde im Rahmen des Gesetzgebungsverfahrens von seiner ursprünglichen Fassung des Referentenentwurfs[3] hin zu der Fassung des Regierungsentwurfs[4] lediglich redaktionell in Satz 2 am Anfang klarstellend umformuliert – aus „Dies gilt nicht …" wurde „Diese Ausnahme ist nicht anzuwenden …". In den letzten parlamentarischen Schritten blieb die Vorschrift unverändert.[5]

3. Normadressaten

Adressat der Übergangsvorschrift ist **der jeweilige Messstellenbetreiber für das Messsystem**, das ausschließlich der zur Beladung von Elektromobilen entnommenen oder durch diese zurückgespeisten Energie dient. Ein Messsystem ist gemäß § 2 S. 1 Nr. 13 eine in ein Kommunikationsnetz eingebundene Messeinrichtung, die nicht auch ein intelligentes Messsystem im Sinne von § 2 S. 1 Nr. 7 sein muss, also insbesondere nicht die besonderen technischen Anforderungen nach §§ 19 bis 28 erfüllen muss. Dass auch der Messstellenbetrieb für Ladestationen grundsätzlich vom MsbG erfasst wird, ergibt sich zuvorderst aus der Legaldefinition des **Letztverbrauchers** in § 2 S. 1 Nr. 8, die ausdrücklich den Energiebezug für den Betrieb von Ladepunkten zur Versorgung von Elektrofahrzeugnutzern einschließt. Klargestellt wird, dass in Fällen, in denen ein Ladepunkt beteiligt ist, dieser dann auch die Rolle des Letztverbrauchers innehat. Der **Elektrofahrzeugnutzer**, der den Ladepunkt nutzt, ist gleichfalls Letztverbraucher. Erfasst sind damit alle Vorgänge der Durchleitung, Zwischenspeicherung und Weitergabe von Strommengen an Ladepunkten. Beide, Ladepunktbetreiber und Elektrofahrzeugnutzer, sind dann auch – jeder für seinen Zweck – Anschlussnutzer: der Ladepunktbetreiber, um die Nutzung der Ladepunkte anderen Elektrofahrzeugnutzern zu gestatten, der Fahrzeugnutzer, um mittels Ladepunkt das Fahrzeug aufzuladen.[6] Im Zusammenhang mit der vorliegenden Übergangsvorschrift erschließt sich indes erst, dass dabei nicht nur unidirektional die Stromausspeisung an das Elektrofahrzeug adressiert ist, sondern bidirektional auch die Rückspeisung von Energie aus dem Elektrofahrzeug in das Stromnetz der öffentlichen Versorgung.

II. Suspendierte technische Vorgaben (S. 1)

Übergangsweise verschoben werden nicht etwa sämtliche Vorgaben des MsbG, sondern lediglich die **technischen Vorgaben für Smart-Meter-Gateways**[7] aus §§ 19 bis 28 samt der

---
2 Vgl. Begründung zum Regierungsentwurf v. 17.2.2016, BT-Drs. 18/7555, S. 104.
3 Vgl. Referentenentwurf v. 21.9.2015, S. 64.
4 Vgl. Regierungsentwurf v. 17.2.2016, BT-Drs. 18/7555, S. 39.
5 Vgl. Ausschussempfehlung v. 22.6.2016, BT-Drs. 18/8919, S. 11.
6 Vgl. Ausschussempfehlung v. 22.6.2016, BT-Drs. 18/8919, S. 23.
7 Zur technischen Umsetzung intelligenter Messsysteme siehe *Dinter*, ER 2015, 229.

§ 48 Übergangsvorschrift

Anlage zu § 22 Abs. 2 S. 1. Das **Datenschutzkonzept** (Teil 3) des Messstellenbetriebsgesetzes bleibt laut den Gesetzesmotiven vollständig anwendbar.[8]

6 Die demgegenüber vorliegend suspendierten Vorschriften enthalten aber immerhin **die zentralen Regelungen mit den notwendigen technischen Vorgaben zur Gewährleistung von Datenschutz, Datensicherheit und Interoperabilität**. Geregelt werden technische Mindestanforderungen an den Einsatz von intelligenten Messsystemen, also solchen sogenannten Smart Metern, die besonderen Anforderungen an die Gewährleistung von Datenschutz, Datensicherheit und Interoperabilität genügen und deshalb zukünftig mit einer Art „Gütesiegel" des Bundesamtes für Sicherheit in der Informationstechnik (BSI) versehen werden. Intelligente Messsysteme sind nur solche, die die Anforderungen des BSI erfüllen. Das dritte Kapitel enthält „allgemeine" technische Mindestanforderungen an intelligente Messsysteme wie auch spezielle technische Anforderungen an Datenschutz, Datensicherheit und Interoperabilität, die durch Schutzprofile und Technische Richtlinien vorgegeben werden. Ferner werden notwendige technische und organisatorische Anforderungen an den Betrieb dieser intelligenten Messsysteme gestellt. Denn ohne diesbezügliche Regelungen wäre ein auf Sicherheit abzielendes Regelungskonzept lückenhaft, da nicht allein die Technik, sondern mit ihr auch der Umgang bestimmend für das Sicherheitsniveau sind. Insoweit trifft das Gesetz im dritten Kapitel auch Regelungen für die Funktion des sogenannten Smart-Meter-Gateway-Administrators und gestaltet diesen als vertrauenswürdige Instanz aus.[9]

7 Gleichzeitig werden im dritten Kapitel über technische Vorgaben auch langfristige europäische Vorgaben aus dem 3. Binnenmarktpaket und der Energieeffizienzrichtlinie umgesetzt. Letztere enthält eine Fülle von allgemeinen Anforderungen an die technische Gestaltung und den Ausstattungsumfang von Messeinrichtungen und Messsystemen, die von den Mitgliedstaaten eigenverantwortlich umgesetzt werden sollen. In besonderer Weise widmet sich die Energieeffizienzrichtlinie der Veranschaulichung des Energieverbrauchs für den Letztverbraucher. Der Letztverbraucher soll in die Lage versetzt werden, sein Verbrauchsverhalten überprüfen zu können und energieeinsparende oder lastverschiebende Maßnahmen zu ergreifen. Eingefordert wird auch das sog. „privacy by design", also die Realisierung einer datenschutzfreundlichen technischen Ausgestaltung. Deutschland fühlt sich dem in besonderer Weise verpflichtet, nicht nur, weil es über einen anerkannt hohen Datenschutzstandard verfügt, sondern auch, weil es Messsysteme als besonders aktive Elemente eines intelligenten Energienetzes einsetzen möchte. Dazu müssen, wie vom EnWG 2011 in Umsetzung des Dritten Binnenmarktpaketes eingefordert, technische Mindestanforderungen für die Kommunikationseinheit eines intelligenten Messsystems (sog. Smart-Meter-Gateway) zur Gewährleistung von Datenschutz, Datensicherheit und Interoperabilität normiert werden. Dieser Ansatz wird nunmehr komplettiert und mit dem zukunftsoffenen und nicht allein auf den Strom- und Gasbereich fokussierten MsbG auf eine neue Stufe gehoben.[10]

8 Eine **noch länger währende Suspendierung** bestimmter technischer Vorgaben kommt nach § 19 Abs. 5 in Betracht. Wurden Messsysteme im Sinne des vorliegenden § 48 bis zum 31.12.2020 eingebaut, so können sie unter den Voraussetzungen von § 19 Abs. 5 bis

---

8 Vgl. Ausschussempfehlung v. 22.6.2016, BT-Drs. 18/8919, S. 23.
9 Vgl. Begründung zum Regierungsentwurf v. 17.2.2016, BT-Drs. 18/7555, S. 80.
10 Vgl. Begründung zum Regierungsentwurf v. 17.2.2016, BT-Drs. 18/7555, S. 80 f.

zu acht Jahre ab Einbau befreit von den Anforderungen nach den §§ 21 und 22 samt der Anlage zu § 22 Abs. 2 S. 1 genutzt werden.

III. Rückausnahme (S. 2)

Die Ausnahme nach S. 1 ist wiederum nicht anzuwenden, wenn **die Nutzung des betreffenden Messsystems** unter Berücksichtigung der besonderen Anforderungen der Elektromobilität **mit unverhältnismäßigen Gefahren** verbunden ist, die im Verfahren nach § 26 Abs. 1 festgestellt und bekannt gemacht werden.

1. Verfahren nach § 26 Abs. 1

Dabei wirft der Verfahrensverweis auf § 26 Abs. 1 **Unklarheiten** auf, da sich in dem dortigen Maßnahmenkatalog von Nr. 1 bis 3 keine dahingehende spezifische Feststellung findet.

Ausweislich der Begründung zum Regierungsentwurf ist aber durchaus eine **Maßnahmenkompetenz des BSI** beabsichtigt: Dem BSI solle die Möglichkeit verbleiben, soweit dies zur Abwehr von unverhältnismäßigen Gefahren für Datensicherheit und Datenschutz erforderlich sei, auch hier entsprechende Maßnahmen zu treffen.[11] Somit ist der Verweis auf § 26 Abs. 1 als reiner Verfahrensverweis auf das nach dem dortigen S. 1 grundsätzlich herzustellende Einvernehmen mit der Physikalisch-Technischen Bundesanstalt und der Bundesnetzagentur zu verstehen, während die Festlegungs- und Maßnahmenkompetenz sich wiederum unmittelbar aus § 48 S. 2 ergibt.

Da für das Einvernehmenserfordernis auf den gesamten § 26 Abs. 1 verwiesen wird, gilt auch die Ausnahme dazu gemäß dem dortigen S. 2 bei **Gefahr im Verzug**. Dann tritt an die Stelle des Einvernehmens eine nachträgliche Informationspflicht des BSI gegenüber der Physikalisch-Technischen Bundesanstalt und der Bundesnetzagentur.

2. Unverhältnismäßige Gefahren unter Berücksichtigung der besonderen Anforderungen der Elektromobilität

In materiell-rechtlicher Hinsicht setzt eine Ausnahmefeststellung des BSI nach S. 2 voraus, dass die **Nutzung des betreffenden Messsystems** unter Berücksichtigung der besonderen Anforderungen der Elektromobilität **mit unverhältnismäßigen Gefahren verbunden** ist. Das unbestimmte Tatbestandsmerkmal der unverhältnismäßigen Gefahren dürfte dem gleichen Begriff im Sinne von § 19 Abs. 5 S. 1 Nr. 1 entsprechen.[12]

Allerdings sind von diesem Gefahrenbegriff ausgehend vorliegend auch die **besonderen Anforderungen der Elektromobilität** zu berücksichtigen. Insoweit finden sich in der Gesetzesbegründung vage und eher weit gefasste Anknüpfungspunkte für den Sonderfallcharakter von Ladestationen der Elektromobilität im Hinblick auf das intelligente Messwesen. So könnten die Messeinrichtungen am Kraftfahrzeug angebracht und somit mobil sein. Auch seien viele der in diesem Gesetz gestellten technischen Mindestanforderungen zum

---

11 Vgl. Begründung zum Regierungsentwurf v. 17.2.2016, BT-Drs. 18/7555, S. 104.
12 Vgl. hierzu näher BerlKommEnR/*Mätzig/Netzband/Bruchmann*, § 19 MsbG Rn. 36.

§ 48 Übergangsvorschrift

Zwecke der Elektromobilität unzweckmäßig und es sei noch nicht abzusehen, in welche Richtung sich der technische Fortschritt in der Elektromobilität bewege.[13] Das ursprünglich vorgesehene Schriftformerfordernis für Einwilligungen des Anschlussnutzers zur Erhebung, Verarbeitung und Nutzung personenbezogener Daten nach § 49 Abs. 2 Nr. 7 wurde jedenfalls schon im Hinblick auf die Elektromobilität gestrichen.[14] Diese Streichung sorge für eine grundsätzlich praktikable Ausgestaltung der für den Datenumgang gegebenenfalls notwendigen Einwilligung. Zwischen Fahrzeugnutzern und Ladepunktbetreibern dürfte sich ein zwingendes Schriftformerfordernis als nicht geeignet erweisen. § 4a BDSG biete ausreichende Flexibilität zur Realisierung jeglicher Dienstleistungen und betrachte in Abs. 1 S. 3 die Form als zulässig, die für die jeweilige Dienstleistung als angemessen erscheine. Dies komme Fahrzeugnutzern und Ladepunktbetreibern genauso zugute wie anderen Dienstanbietern und Kunden auch.[15] Hieraus lässt sich ableiten, dass der Gesetzgeber den besonderen Anforderungen der Elektromobilität durchaus ein erhebliches Gewicht beimisst, welches auch in einer Abwägung mit etwaigen Gefahren im Sinne des vorliegenden S. 2 entsprechend zu berücksichtigen sein wird.

---

13 Vgl. Begründung zum Regierungsentwurf v. 17.2.2016, BT-Drs. 18/7555, S. 104.
14 Vgl. Ausschussempfehlung v. 22.6.2016, BT-Drs. 18/8919, S. 11.
15 Vgl. Ausschussempfehlung v. 22.6.2016, BT-Drs. 18/8919, S. 23.

Teil 3
Regelungen zur Datenkommunikation in intelligenten Energienetzen

Kapitel 1
Berechtigte; Allgemeine Anforderungen an die Datenerhebung, -verarbeitung und -nutzung

§ 49 Erhebung, Verarbeitung und Nutzung personenbezogener Daten

(1) ¹Personenbezogene Daten dürfen ausschließlich von in Absatz 2 genannten Stellen erhoben, verarbeitet und genutzt werden (berechtigte Stellen). ²Eine Übermittlung, Nutzung oder Beschlagnahme dieser Daten nach anderen Rechtsvorschriften des Bundes und der Länder ist unzulässig.

(2) Zum Umgang mit diesen Daten sind berechtigt:
1. Messstellenbetreiber,
2. Netzbetreiber,
3. Bilanzkoordinatoren,
4. Bilanzkreisverantwortliche,
5. Direktvermarktungsunternehmen nach dem Erneuerbaren-Energien-Gesetz
6. Energielieferanten sowie
7. jede Stelle, die über eine Einwilligung des Anschlussnutzers verfügt, die den Anforderungen des § 4a des Bundesdatenschutzgesetzes genügt.

(3) Die berechtigten Stellen können die Erhebung, Verarbeitung und Nutzung auch von personenbezogenen Daten durch einen Dienstleister in ihrem Auftrag durchführen lassen; § 11 des Bundesdatenschutzgesetzes ist einzuhalten und § 43 des Bundesdatenschutzgesetzes ist zu beachten.

(4) Wenn tatsächliche Anhaltspunkte für die rechtswidrige Inanspruchnahme von Messsystemen, intelligenten Messsystemen oder ihren Diensten vorliegen, muss die berechtigte Stelle diese dokumentieren und darf die notwendigen Maßnahmen zur Sicherung ihres Entgeltanspruches ergreifen.

(5) Die Belieferung mit Energie oder der Zugang zu Tarifen darf nicht von der Angabe personenbezogener Daten abhängig gemacht werden, die hierfür nicht erforderlich sind.

Schrifttum: *Arning/Forgó/Krügel*, Personenbezug von Geodaten – Cui bono, wenn alles bestimmbar ist?, MMR 2010, 17; *Bizer*, Sieben Goldene Regeln des Datenschutzes, DuD 2007, 350; *Hornung/Fuchs*, Nutzerdaten im Smart Grid – Zur Notwendigkeit einer differenzierten grundrechtlichen Bewer-

§ 49 Erhebung, Verarbeitung und Nutzung personenbezogener Daten

tung, DuD 2012, 22; *Jandt/Roßnagel/Volland*, Datenschutz für Smart Meter – Spezifische Neuregelungen im EnWG, ZD 2011, 99; *Raabe/Lorenz*, Die datenschutzrechtliche Einwilligung im Internet der Dienste – Zur Notwendigkeit qualifizierter elektronischer Signaturen, DuD 2011, 279; *Raabe/Lorenz/Pallas/Weis*, Harmonisierung konträrer Kommunikationsmodelle im Datenschutzkonzept des EnWG – „Stern" trifft „Kette", CR 2011, 831; *Raabe/Pallas/Weis/Lorenz/Boesche*, Datenschutz in Smart Grids – Anmerkungen und Anregungen, 2011; *Roßnagel* (Hrsg.), Handbuch Datenschutzrecht – Die neuen Grundlagen für Wirtschaft und Verwaltung, 2003; *Schaar*, Datenschutz im Internet, Die Grundlagen, 2002; *Taeger/Gabel* (Hrsg.), Kommentar zum BDSG und zu den Datenschutzvorschriften des TKG und TMG, 2013; *Weis/Pallas/Lorenz/Raabe*, Handbuch zur Elektromobilität, 2013; *Wybitul*, Wie viel Arbeitnehmerschutz ist „erforderlich"?, BB 2010, 1085.

Übersicht

	Rn.
I. Normzweck, Entstehungsgeschichte und europarechtliche Grundlagen	1
1. Normzweck	1
2. Entstehungsgeschichte	4
3. Europarechtliche Grundlagen	8
II. Einzelerläuterungen	11
1. Personenbezogene Daten [...] erheben, verarbeiten, nutzen (Abs. 1 S. 1)	11
a) Personenbezogene Daten	13
b) Ausschließlich von in Abs. 2 genannten Stellen (berechtigte Stelle) (Abs. 1 S. 1)	17
c) Erhebung, Verarbeitung, Nutzung (Abs. 1 S. 1)	20
aa) Erhebung (§ 3 Abs. 3 BDSG)	21
bb) Verarbeitung (§ 3 Abs. 4 BDSG)	22
cc) Nutzung (§ 3 Abs. 5 BDSG)	23
2. Übermittlung, Nutzung oder Beschlagnahme (Abs. 1 S. 2)	24
3. Zum Umgang mit Daten Berechtigte (Abs. 2)	26
a) Allgemeines	26
b) Messstellenbetreiber, Netzbetreiber, Bilanzkoordinatoren, Bilanzkreisverantwortliche, Direktvermarktungsunternehmen nach EEG, Energielieferant (Abs. 2 Nr. 1–6)	27
aa) Messstellenbetreiber	28
bb) Netzbetreiber	29
cc) Bilanzkoordinatoren	30
dd) Bilanzkreisverantwortliche	31
ee) Direktvermarktungsunternehmen nach EEG	32
ff) Energielieferanten	33
gg) Stelle mit Einwilligung – Jede Stelle, die über eine Einwilligung des Anschlussnutzers verfügt, die den Anforderungen des § 4a BDSG genügt (Abs. 2 Nr. 7)	34
4. Auftragsdatenverarbeitung – Durchführung durch einen Dienstleister im Auftrag (Abs. 3)	36
a) Datenumgangsberechtigte (Abs. 3 Hs. 1)	37
b) Dienstleister (Abs. 3 Hs. 1)	38
c) Im Auftrag (Abs. 3 Hs. 1)	39
d) Verweis auf § 11 und 43 BDSG (Abs. 3 Hs. 2)	40
aa) Verweis auf § 11 BDSG	40
bb) Beachtung der Bußgeldvorschriften nach § 43 BDSG	43
5. Rechtswidrige Inanspruchnahme	44
a) Allgemeines	44
b) Tatsächliche Anhaltspunkte	47
c) Rechtswidrigkeit der Inanspruchnahme	48
d) Verfahrenspflicht zur Dokumentation	49
e) Notwendige Maßnahmen zur Sicherung des Entgeltanspruchs	50
6. Kopplungsverbot	52
a) Allgemeines	52
b) Eigenständiger Anwendungsbereich	55
c) Erforderlichkeit	57

I. Normzweck, Entstehungsgeschichte und europarechtliche Grundlagen

1. Normzweck

Die §§ 49 und 50 folgen auf § 21g EnWG 2011,[1] der als erste zentrale bereichsspezifische Norm zur Sicherung der informationellen Selbstbestimmung beim Umgang mit Messdaten im Energiesektor eingeführt worden war. Ausweislich der Gesetzesbegründung konnte die Vorschrift jedoch allein den weiten Regelungsbedarf nicht decken und bedurfte der Weiterentwicklung.[2] Die zentrale Sicherungsfunktion für die informationelle Selbstbestimmung der Betroffenen im Rahmen des § 49 im Hinblick auf den personalen Anwendungsbereich der datenschutzrechtlichen Vorschriften des MsbG bleibt grundsätzlich erhalten, wohingegen die materiellen Zulässigkeitstatbestände des § 50 durch die nachfolgenden Konkretisierungen in den §§ 51 ff. eher die Funktion von Auffangtatbeständen erfüllen. Im Hinblick auf die Konkurrenz zu anderen datenschutzrechtlichen Normen ist hervorzuheben, dass die Regelungen der §§ 49 ff. in **personaler** und **materieller Hinsicht** abschließend sind, was an verschiedenen Stellen der Gesetzesbegründung explizit betont wird.[3] Diese Klarstellung folgt auch unmittelbar aus § 49 Abs. 1 S. 2, indem deutlich wird, dass eine Übermittlung, Nutzung oder Beschlagnahme der Daten nach anderen Rechtsvorschriften unzulässig ist.[4] Der abschließende Charakter korrespondiert mit dem notwendigen hohen Schutzniveau, welches im Hinblick auf die Einbaupflicht der Kommunikationseinheiten geboten ist.

Ebenso wird auch in **materieller Hinsicht** in § 50 der **abschließende Charakter der Zulässigkeitstatbestände** betont, der ausweislich der Gesetzesbegründung in Absatz 1 das Kernanliegen des dritten Teils des Messstellenbetriebsgesetzes verdeutliche, *„nämlich Regelungen zur Erhebung, Verarbeitung und Nutzung von Messwerten und weiteren personenbezogenen Daten zur Erfüllung von vorvertraglichen Verpflichtungen, von Verträgen, rechtlichen Verpflichtungen und zur Erfüllung von Aufgaben im öffentlichen Interesse zu treffen"*. Die Vorschrift diene damit *„in zentraler Weise dem Schutz des Grundrechts auf informationelle Selbstbestimmung aus Artikel 2 Absatz 1 in Verbindung mit Artikel 1 Absatz 1 des Grundgesetzes"*.[5] Vor diesem Hintergrund dürften Literaturdiskussionen zur Reichweite der Subsidiarität und insbesondere des Verhältnisses zum BDSG[6] ihren Gegenstand verloren haben.

Die Norm des § 50 enthält neben seinem **Auffangcharakter** noch einen **eigenständigen Anwendungsbereich**, welcher in den nachfolgenden, spezielleren Regelungen der §§ 51 ff. über die zulässige Verwendung von Daten aus einer einfachen Messeinrichtung nicht konkretisiert wird. Wegen der potenziell geringeren Eingriffsintensität bei der Messdatenverwendung aus klassischen Ferraris-Zählern ist hierdurch in erster Linie die Vollständigkeit der Regelungen gewahrt. Zudem sind insbesondere Fälle der Einwilligung denkbar, in denen der Auffangcharakter der Norm wirksam wird.

---

1 Begründung zum Regierungsentwurf v. 17.2.2016, BT-Drs. 18/7555, S. 166.
2 Begründung zum Regierungsentwurf v. 17.2.2016, BT-Drs. 18/7555, S. 64.
3 Begründung zum Regierungsentwurf v. 17.2.2016, BT-Drs. 18/7555, S. 104, 105.
4 Begründung zum Regierungsentwurf v. 17.2.2016, BT-Drs. 18/7555, S. 166, 167.
5 Begründung zum Regierungsentwurf v. 17.2.2016, BT-Drs. 18/7555, S. 166, 167.
6 *Jandt/Roßnagel/Volland*, ZD 2011, 101.

§ 49   Erhebung, Verarbeitung und Nutzung personenbezogener Daten

2. Entstehungsgeschichte

4   Seit 2011 galt § 21g EnWG (alt) als die zentrale gesetzliche Norm für den bereichsspezifischen Datenschutz, in welchem festlegte wurde, wer welche Daten zu welchen Zwecken erheben und nutzen darf. Durch § 21i EnWG hielt sich der Gesetzgeber die Möglichkeit offen, die Vorgaben durch den Erlass einer Rechtsverordnung zu vervollständigen, sofern die Vorschrift den weiten Regelungsbedarf nicht decken konnte und es der Weiterentwicklung bedurfte. Von dieser Möglichkeit machte der Gesetzgeber jedoch bewusst keinen Gebrauch, sondern entschied sich angesichts der grundrechtsrelevanten Regelungsmaterie und der Gefahr der Zersplitterung des Energierechts für die Zusammenfassung und Überführung der zukunftsweisenden Regelungsmaterie in einem einheitlichen formellen Gesetz außerhalb des EnWG.[7] Diese **Weiterentwicklung** sollte das geschaffene technische Datenschutz- und Datensicherheitsniveau durch Regelungen zur Gewährleistung von Datenschutz im Rahmen der Kommunikation zwischen den einzelnen Akteuren der Energiewirtschaft und allgemein bei der Nutzung des Smart-Meter-Gateways komplettieren.[8]

5   Aus diesem Grunde hatte das BMWi im Februar 2015 ein **Eckpunktepapier** für ein **Regelungspaket** präsentiert,[9] welches den Einsatz intelligenter Messsysteme sicher und kosteneffizient vorantreiben sollte. Am 4.11.2015 wurde der vom BMWi vorgelegte Regierungsentwurf für ein Gesetz zur Digitalisierung der Energiewende vom Bundeskabinett beschlossen.[10] Die Bundesländer und Verbände konnten sich zuvor bis Oktober 2015 in Form von Stellungnahmen zu dem Regelungsentwurf äußern.[11] Am 4.12.2015 gaben die Ausschüsse des Bundesrates eine Empfehlung für eine Stellungnahme des Bundesrates für die Sitzung des Bundesrates am 18. Dezember ab.[12] Dieser Empfehlung wurde mit leichten Änderungen gefolgt und am 18. Dezember als Stellungnahme des Bundesrates in besagter Sitzung abgegeben.[13] In der Empfehlung und letztendlich in der Stellungnahme wurden, was die Regelungen zur Datenkommunikation in intelligenten Energienetzen und auch insbesondere was die §§ 49 und 50 unmittelbar betrifft, keine konkreten Änderungen vorgeschlagen. Grundsätzlich hielt der Ausschuss die im Gesetzentwurf bisher formulierten Vorgaben zum Datenschutz insgesamt für nicht ausreichend.[14] Zudem wurde moniert, der in Verbindung mit dem Verbraucherschutz besonders wichtige Grundsatz der Datensparsamkeit sei im Gesetzentwurf nicht konsequent umgesetzt.[15]

6   Letztendlich erachtete der Gesetzgeber, was in seiner Antwort auf die Empfehlung hinreichend zum Ausdruck kommt,[16] den Entwurf als seinem Hauptanliegen gerecht werden. Ihm kam es primär darauf an, eine **Grundlage für die weitere Modernisierung der Energieversorgung** zu schaffen und die essenzielle Frage zu klären, auf welche Daten die Ak-

---

7   Begründung zum Regierungsentwurf v. 17.2.2016, BT-Drs. 18/7555, S. 65.
8   Begründung zum Regierungsentwurf v. 17.2.2016, BT-Drs. 18/7555, S. 64.
9   Baustein für die Energiewende: 7 Eckpunkte für das „Verordnungspaket Intelligente Netze", 9.2.2015, abrufbar unter www.bmwi.de (letzter Abruf: 31.1.2017).
10 BR-Drs. 543/15.
11 Stellungnahmen abrufbar unter www.bmwi.de (letzter Abruf: 31.1.2017).
12 Stellungnahme des Bundesrates v. 18.12.2015, BR-Drs. 543/1/15.
13 Beschluss des Bundesrates, BR-Drs. 543/1/15.
14 Empfehlungen des Bundesrates, BR-Drs. 543/1/15, S. 34.
15 Empfehlungen des Bundesrates, BR-Drs. 543/1/15, S. 34.
16 Stellungnahme des Bundesrates, BT-Drs. 18/7555, S. 145.

teure zwingend Anspruch haben, um ihre gesetzlichen Anforderungen zu erfüllen und damit den Herausforderungen der Energiewende gerecht zu werden.[17]

Historisch gesehen setzen die materiellen Datenschutzregelungen der §§ 49 und 50 – wie auch ihr Vorgänger § 21g EnWG – die **grundsätzliche Vorgabe des Bundesverfassungsgerichtes aus dem Volkszählungsurteil** um. Danach setzt ein gesetzlicher Zwang zur Abgabe personenbezogener Daten voraus, dass der Gesetzgeber den Verwendungszweck bereichsspezifisch und präzise bestimmt. Mit den Festlegungen der Bundesnetzagentur zum Prozess Zählerstand-/Zählwertübermittlung wurde zunächst die verbindliche Grundlage für den elektronischen Austausch der Messdaten zwischen den Marktakteuren gelegt. Auch wenn die Verarbeitung feingranularer Messdaten im Energiemarkt grundsätzlich nach den allgemeinen Regelungen des BDSG zulässig war, so war die bereichsspezifische Regelung im EnWG aus Gründen der Normklarheit und Bestimmtheit für die betroffenen Letztverbraucher notwendig und schaffte im Hinblick auf den gesamten Regelungskomplex die notwendige Rechtssicherheit bei den Marktakteuren. Nachdem mit der Novelle des EnWG 2011, in den in § 21c Abs. 1 EnWG genannten Fällen die Verpflichtung zum Einbau der in § 21d EnWG definierten Messsysteme bei Letztverbrauchern begründet worden war, entstand insofern die Notwendigkeit einer eigenständigen bereichsspezifischen Datenschutzregelung.

3. Europarechtliche Grundlagen

Als Regelung zum bereichsspezifischen Datenschutz beim Umgang mit personenbezogenen Daten, die aus oder mithilfe des Messsystems erhoben, verarbeitet oder genutzt werden, sind für diese **Inhaltsdaten** die Regelungen der **allgemeinen Europäischen Datenschutzrichtlinie 95/46/EG** maßgeblich.[18] Dies sind mithin die Begriffsbestimmungen in Artikel 2, die im ersten und zweiten Abschnitt verankerten Grundsätze in Bezug auf die Qualität und Zulässigkeit der Verarbeitung von Daten sowie die Transparenzgebote und Auskunftsrechte im vierten und fünften Abschnitt und schließlich die nach dem achten Abschnitt zu gewährleistenden Anforderungen an die Vertraulichkeit und Sicherheit der Verarbeitung. Neben den unmittelbaren Umsetzungsakten der dort adressierten Prinzipien im MsbG, ist durch die subsidiäre Geltung des BDSG gewährleistet, dass auch die übrigen Normaussagen der europäischen Datenschutzrichtlinie für diese Sachmaterie ihre Wirkung entfalten.

Das neue MsbG fußt auf **weiteren Richtlinien**,[19] von welchen hier jedoch lediglich die aufgrund der Richtlinie 2009/72/EU ergangene Empfehlung der Europäischen Kommission vom 9.3.2012 zur Vorbereitung für die Einführung intelligenter Messsysteme (2012/148/EU) explizit hervorgehoben werden soll, da diese die Gewährleistung von Datensicherheit und Datenschutz im intelligenten Messwesen nochmals betont, indem sie sich ausdrücklich für ein detailliertes Datenschutzkonzept für den Rollout von Smart Metern ausspricht und sog. Data protection by design-Lösungen fordert.[20]

---

17 Begründung zum Regierungsentwurf v. 17.2.2016, BT-Drs. 18/7555, S. 64.
18 RL 95/46/EG des Europäischen Parlaments und des Rates v. 24.10.1995 zum Schutz natürlicher Personen bei der Verarbeitung personenbezogener Daten und zum freien Datenverkehr, ABl. Nr. L 281 v. 23.11.1995, S. 31–50.
19 Begründung zum Regierungsentwurf v. 17.2.2016, BT-Drs. 18/7555, S. 65 und 66.
20 Begründung zum Regierungsentwurf v. 17.2.2016, BT-Drs. 18/7555, S. 63.

§ 49 Erhebung, Verarbeitung und Nutzung personenbezogener Daten

10 Die am 24.5.2016 in Kraft getretene **Europäische Datenschutzgrundverordnung** wird die Europäische Datenschutzrichtlinie aus dem Jahr 1995 ablösen. Diese enthält zahlreiche Neuerungen gegenüber der geltenden EU-Datenschutzrichtlinie, welche nach einer zweijährigen Übergangsfrist und damit am 25.5.2018 in allen Mitgliedstaaten der EU unmittelbare Anwendung finden müssen. Damit können sich auch Auswirkungen auf die Datenkommunikation im Energiemarkt ergeben.

II. Einzelerläuterungen

1. Personenbezogene Daten [...] erheben, verarbeiten, nutzen (Abs. 1 S. 1)

11 Die Vorschrift benennt abschließend die Stellen, die zur Erhebung, Verarbeitung und Nutzung personenbezogener Daten berechtigt sind.[21]

12 § 49 Abs. 1 S. 1 befasst sich mit der grundlegenden Frage, „wer mit den personenbezogenen Daten umgehen darf" und begrenzt damit den personellen Anwendungsbereich, während § 50 Abs. 1 als materielle Grundnorm für Datenverwendungen die Frage der Zulässigkeit und des Umfangs regelt.

a) Personenbezogene Daten

13 Das MsbG definiert den Begriff des personenbezogenen Datums ebenso wenig wie zuvor das EnWG. Jedoch kann diesbezüglich – wie die Gesetzesbegründung unmissverständlich darlegt[22] – auf den Begriff der personenbezogenen Daten, wie er im BDSG definiert und verwendet wird, zurückgegriffen werden. Nach der Definition des § 3 Abs. 1 BDSG handelt es sich bei personenbezogenen Daten um Einzelangaben über persönliche oder sachliche Verhältnisse einer bestimmten oder bestimmbaren Person, dem Betroffenen. Unter einer **Angabe** ist dabei jede Information zum sozialen, wirtschaftlichen und sonstigen Umfeld sowie auch über private Aktivitäten und Beziehungen, wie beispielsweise Freizeitverhalten oder auch Aufenthaltsangaben, zu verstehen.[23] Für die Einordnung als **Einzelangabe über sachliche und persönliche Verhältnisse** ist entscheidend, dass die Informationen sich auf eine bestimmte, einzelne Person beziehen oder zumindest geeignet sind, einen Personenbezug herzustellen. Personenmehrheiten sind nur insofern erfasst, als Rückschlüsse auf einzelne Personen möglich sind.[24] Dies ist nicht der Fall, sofern die einzelne Person, wie bei **aggregierten Messdaten** über mehrere Haushalte, nicht identifizierbar ist oder auch bei anonymisierten Daten.[25] Aus praktischer Perspektive relevant sind damit grundsätzlich Daten zum **Stromverbrauch bzw. der Einspeisemenge**, welche durch die Zählpunktbezeichnung auf den Anschlussnutzer/Verbraucher bezogen werden können. Feingranular aufgelöste Messdaten können z. B. Aufschluss über Verhalten – läuft der Fernseher, die Kaffeemaschine oder die Waschmaschine – oder über den Aufenthaltsort der Person geben. Als personenbezogene Daten erfasst werden im Übrigen auch **Prognose- und Pla-**

---

21 Begründung zum Regierungsentwurf v. 17.2.2016, BT- Drs. 18/7555, S. 105.
22 Begründung zum Regierungsentwurf v. 17.2.2016, BT- Drs. 18/7555, S. 105.
23 Simitis/*Dammann*, § 3 BDSG Rn. 11.
24 Gola/Schomerus/*Gola*, § 3 BDSG Rn. 3; Simitis/*Damann*, § 3 BDSG Rn. 5.
25 Gola/Schomerus/*Gola*, § 3 BDSG Rn. 3.

nungsdaten.[26] Für das Energieinformationsnetz bedeutet dies, dass z. B. auch im Rahmen des Demand Side Management von den Netzbetreibern erstellte Prognosen grundsätzlich personenbezogene Daten beinhalten können.

Da es für die Beurteilung eines Personenbezuges auf die **Bestimmtheit** oder **Bestimmbarkeit** einer Person ankommt, stellt sich für die zum Datenumgang berechtigte Stelle die Frage, nach welchen Maßstäben dies zu beurteilen ist. **Bestimmtheit** ist gegeben, wenn sich eine Angabe wie der Stromverbrauch eines für die zum Datenumgang berechtigte Stelle bekannten Letztverbrauchers diesem eindeutig beispielsweise aufgrund eines unmittelbaren Vertragsverhältnisses zuordnen lässt. Die Auslegung des Merkmals **Bestimmbarkeit** ist grundsätzlich umstritten. Die Frage, ob man von einer **Relativität des Personenbezuges** auszugehen hat, wonach die (konkrete) verantwortliche Stelle den Bezug mit den ihr normalerweise zu Verfügung stehenden Hilfsmitteln ohne unverhältnismäßigen Aufwand herstellen kann,[27] stellt sich im Anwendungsbereich des MsbG jedoch nicht mehr, da sich der Gesetzgeber eindeutig für die Bestimmung des Personenbezuges nach objektiven Kriterien entschieden hat.[28] Demnach soll allgemein entscheidend sein, ob zwischen der jeweiligen Information und der Person eine Verbindung herstellbar ist. Auf die Art der Information kommt es dabei nicht an. Personenbezogen sind damit nicht nur viertelstündlich erhobene Verbrauchswerte, sondern potenziell sämtliche erhobenen Messwerte und Netzzustandsdaten.[29] Entscheidend für die Einordnung ist, ob eine Zuordnung zur betroffenen natürlichen Person möglich ist. So ist es möglich, dass Netzzustandsdaten in einem Fall keinen Personenbezug, in einem anderen sehr wohl Personenbezug aufweisen.[30]

14

Für die Beurteilung der Bestimmbarkeit nach **objektiven Kriterien** enthält auch die Datenschutzrichtlinie (95/46/EG) wesentliche Ansatzpunkte, welche die europarechtliche Grundlage für weite Teile des BDSG bildet. Erwägungsgrund (EG) 26 der Richtlinie fordert: „[…] Bei der Entscheidung, ob eine Person bestimmbar ist, sollten alle Mittel berücksichtigt werden, die vernünftigerweise entweder von dem Verantwortlichen für die Verarbeitung oder von einem Dritten eingesetzt werden könnten, um die betreffende Person zu bestimmen. […]". Neben dem Zusatzwissen der verantwortlichen Stelle sind für eine Beurteilung damit auch alle für einen Dritten verfügbaren Mittel in den Blick zu nehmen.[31] Nach einer anderen Ansicht soll nur in solchen Fällen allein auf das Wissen der verantwortlichen Stelle abgestellt werden, bei denen die Datenverarbeitung in einem in sich geschlossenen Netzwerk stattfindet.[32]

15

Nimmt man in den Blick, dass der Personenbezug und damit die an die Bestimmbarkeit angelegten Kriterien über die Anwendbarkeit des Gesetzes entscheiden, so ist es auch aus der Schutzperspektive der informationellen Selbstbestimmung angemessen, den Anwendungsbereich so weit wie möglich zu fassen, was nur durch das Anlegen eines **objektiven Maßstabes** für die Bestimmbarkeit geschehen kann. Dies gilt insbesondere im Hinblick auf die besondere Sensibilität der Messdaten, welche aus der Sicht des Betroffenen einen weitestgehenden Schutz und somit einen weitreichenden Anwendungsbereich des Geset-

16

---

26 Gola/Schomerus/*Gola*, § 3 BDSG Rn. 9.
27 *Bergmann/Möhrle/Herb*, § 3 BDSG Rn. 16.
28 Begründung zum Regierungsentwurf v. 17.2.2016, BT- Drs. 18/7555, S. 105.
29 Begründung zum Regierungsentwurf v. 17.2.2016, BT- Drs. 18/7555, S. 105.
30 Begründung zum Regierungsentwurf v. 17.2.2016, BT- Drs. 18/7555, S. 105.
31 *Schaar*, Datenschutz im Internet, Rn. 153.
32 Vgl. hierzu: *Arning/Forgó/Krügel*, MMR 2010, 18.

§ 49   Erhebung, Verarbeitung und Nutzung personenbezogener Daten

zes fordern. Im Zweifel ist also im Hinblick auf die Daten aus Messsystemen davon auszugehen, dass es sich für alle Akteure entlang der jeweiligen Prozesskette um personenbezogene Daten handelt, sofern jedenfalls ein Akteur der Prozesskette eine entsprechende Zuordnung zu einer natürlichen Person vornehmen kann.

b) Ausschließlich von in Abs. 2 genannten Stellen (berechtigte Stelle) (Abs. 1 S. 1)

17   Mit dem Wortlaut „von den in Absatz 2 genannten Stellen (berechtigte Stellen)" und dem damit verbundenen Verweis wird zunächst der Kreis der materiell berechtigten **Normadressaten beschrieben**. Für diese ist der personelle Anwendungsbereich der bereichsspezifischen Datenschutzregelungen des 3. Teils eröffnet. Gleichzeitig statuiert die Norm für jede Stelle außerhalb dieses Kreises ein **Verbot des Datenumganges**, was durch die Verwendung des Wortes „ausschließlich" verdeutlicht wird. Die Konkretisierung des unbestimmten Rechtsbegriffes der „berechtigten Stellen" findet sich in § 49 Abs. 2 Ziff. 1–7 mit der Benennung der Messstellenbetreiber, Netzbetreiber, Bilanzkoordinatoren, Bilanzkreisverantwortlichen, Direktvermarktungsunternehmen und dem Energielieferanten, sowie jeder Stelle, die eine schriftliche Einwilligung des Anschlussnutzers nachweisen kann (vgl. dazu die Kommentierung zu Abs. 2).

18   Die in § 49 Abs. 2 Nr. 7 genannte Einwilligung bezieht sich dabei lediglich auf die Ausweitung des Adressatenkreises und mithin auf den personalen Anwendungsbereich des Gesetzes. Diese Einwilligung legitimiert eine **dritte Stelle**.

19   Im Gegensatz hierzu legitimiert die in § 50 Abs. 1 S. 1 vorfindliche **Einwilligungsregelung** die tatsächliche datenschutzrechtliche Zulässigkeit einer Datenerhebung, -nutzung, oder -verarbeitung in materieller Hinsicht.

c) Erhebung, Verarbeitung, Nutzung (Abs. 1 S. 1)

20   In § 49 Abs. 1 S. 1 werden mit dem **Erheben**, **Verarbeiten** und **Nutzen** verschiedene Formen der jeweiligen Datenverwendungen genannt. Damit werden alle Phasen einer notwendigen Datenverwendung abgedeckt. Eine Definition der Begriffe findet sich im bereichsspezifischen Datenschutzteil des MsbG nicht. Allerdings stellt der Gesetzgeber in seiner Begründung zu § 19 Abs. 1 klar, dass Datenerhebung, -verarbeitung und -nutzung als datenschutzrechtlich relevante Tatbestände in **Übereinstimmung mit dem Bundesdatenschutzgesetz** gebraucht werden, so dass auf die dort in § 3 BDSG vorfindlichen Legaldefinitionen zurückgegriffen werden kann.[33] Explizit wird die Verwendung der Terminologie des BDSG auch dadurch bestätigt, als die Begründung darauf verweist, dass die Datenverarbeitung auch die Vorgänge des Speicherns und Übermittelns einschließe.[34]

aa) Erhebung (§ 3 Abs. 3 BDSG)

21   Nach der Legaldefinition des § 3 Abs. 3 BDSG ist Erheben das Beschaffen von Daten über den Betroffenen. Das **Beschaffen** der Daten wird allgemein als Vorphase und somit als Vo-

---

[33] Begründung zum Regierungsentwurf v. 17.2.2016, BT- Drs. 18/7555, S. 82: „§ 19 Abs. 1 nennt mit Datenerhebung, -verarbeitung und -nutzung die datenschutzrechtlich relevanten Tatbestände in Übereinstimmung mit dem BDSG."
[34] Begründung zum Regierungsentwurf v. 17.2.2016, BT- Drs. 18/7555, S. 82: „Datenverarbeitung schließt somit auch die Vorgänge Speichern und Übermitteln ein."

raussetzung für die nachfolgende Verarbeitung angesehen.[35] Erforderlich ist immer ein zielgerichtetes Beschaffen. Zufällige Beobachtungen oder aufgedrängte Informationen seitens des Betroffenen fallen also nicht darunter. Im Fall der Verwendung von elektromechanischen Ferraris-Zählern sind die Messdaten nicht schon mit dem Auflaufen der Daten in dem Messsystem/Zähler beschafft, sondern es erfordert noch ein aktives Handeln des Berechtigten. Das Merkmal „Erheben" ist somit erst beim **Ablesen des Zählers** verwirklicht. Bei der Verwendung von Messsystemen nach § 2 Nr. 7 und Nr. 13 ist aus dem Blickwinkel des Schutzes der informationellen Selbstbestimmung eine andere Auslegung geboten. Der Eingriff und damit die Gefahrenlage für die informationelle Selbstbestimmung ist schon dann gegeben, wenn sich die Messdaten in der Messeinrichtung befinden und die Konfiguration der **Kommunikationsschnittstelle** keine weitere Mitwirkungshandlung des Betroffenen mehr erfordert. Im Ergebnis ist deshalb von einem Erheben der Messdaten bei der Verwendung von **Messsystemen nach § 2 Nr. 7** bzw. **15** auszugehen, wenn die zum Datenumgang berechtigte Stelle unmittelbar technisch auf die Messdaten zugreifen kann.

bb) Verarbeitung (§ 3 Abs. 4 BDSG)

Das Verarbeiten ist nach der Legaldefinition des § 3 Abs. 4 BDSG das Speichern, Verändern, Übermitteln, Sperren und Löschen personenbezogener Daten. Das **Speichern** wird in § 3 Abs. 4 Nr. 1 BDSG definiert als „das Erfassen, Aufnehmen oder Aufbewahren personenbezogener Daten auf einem Datenträger zum Zweck ihrer weiteren Verarbeitung oder Nutzung". Dies ist beispielsweise gegeben, wenn der Messstellenbetreiber die aus dem Zähler erhobenen Daten in seinem System erfasst und aufbewahrt, um diese dann gemäß seiner gesetzlichen Pflichten zu verwenden.[36] Unter **Verändern** wird entsprechend der Legaldefinition des § 3 Abs. 4 Nr. 2 BDSG das „inhaltliche Umgestalten gespeicherter personenbezogener Daten" verstanden. Die **Übermittlung** ist in § 3 Abs. 4 Nr. 3 BDSG definiert als „das **Bekanntgeben** gespeicherter oder durch Datenverarbeitung gewonnener personenbezogener Daten an einen Dritten [...]". Das Bekanntgeben erfasst sowohl Weitergabe, als auch Einsicht und Abruf. Die **Sperrung** von Daten wird in § 3 Abs. 4 Nr. 4 BDSG als „das Kennzeichen gespeicherter personenbezogener Daten, um ihre weitere Verarbeitung oder Nutzung einzuschränken" definiert. Unter der **Löschung** von Daten wird nach § 3 Abs. 4 Nr. 5 BDSG das „Unkenntlichmachen von gespeicherten personenbezogenen Daten" verstanden. Nach Sinn und Zweck ist die Aufhebung der Informationsfunktion der Daten,[37] zum Schutze des Betroffenen Ziel der Regelung. Gesetzliche Löschpflichten sind für die jeweiligen Akteure konkretisierend in den §§ 5 Abs. 2, 60 Abs. 6, 63, 64 Abs. 2, 66 Abs. 3, 67 Abs. 3, 68 Abs. 3, 69 Abs. 3 und 73 Abs. 3 statuiert. Damit besteht für die zum Datenumgang berechtigten Stellen in der Praxis die Pflicht, diese Daten nicht mehr zu verwenden und sie für die Verwendung unbrauchbar zu machen.

22

cc) Nutzung (§ 3 Abs. 5 BDSG)

Nutzen ist gemäß § 3 Abs. 5 BDSG jede „Verwendung personenbezogener Daten soweit es sich nicht um Verarbeitung handelt". Seiner Funktion nach ist die Nutzung als Auffangtatbestand zu verstehen.[38] Lediglich eine Nutzung der Daten stellt es beispielsweise dar, wenn

23

---

35 Gola/Schomerus/*Gola*, § 3 BDSG Rn. 24.
36 Vgl. alte Fassung von § 12 Abs. 2 MessZV und § 4 Abs. 3 S. 1 MessZV.
37 Simitis/*Dammann*, § 3 BDSG Rn. 173.
38 Bergmann/Möhrle/Herb, § 3 BDSG Rn. 107.

durch einen Auftragsdatenverarbeiter verwendete Messdaten an den Auftraggeber weitergegeben werden.

2. Übermittlung, Nutzung oder Beschlagnahme (Abs. 1 S. 2)

24 Auch wenn § 49 Abs. 1 grundlegend den **personalen Anwendungsbereich** der nachfolgenden Regelungen bestimmt, enthält dieser in Abs. 1 S. 2 gleichwohl auch eine die Legitimationstatbestände der §§ 50 ff. ergänzende und **klarstellende materielle Komponente**. Da der enumerative Katalog der zulässigen Datenverwendungen in § 50 schon vollständig und abschließend ist, mithin eine gesetzliche Konkurrenz für die dort erfassten Datenverwendungen schon ausscheidet, werden die Begriffe **Übermittlung** und **Nutzung** in materieller Hinsicht grundsätzlich von der spezielleren Vorschrift des § 50 konsumiert. Gleichwohl ist die insofern deklarative Formulierung sinnvoll, da zu der Vorgängerregelung des § 21g EnWG 2011 durchaus vertreten wurde, dass es sich hier nur um eine Konkretisierung des gesetzlich Erlaubten nach § 4 BDSG handele.[39] Dem wird nun in der Gesetzesbegründung ausdrücklich entgegengetreten, als der „**abschließende** und datenschützende Charakter der Vorschriften des MsbG unterstrichen" wurde, indem S. 2 klarstelle, dass eine Übermittlung, Nutzung oder Beschlagnahme der Daten nach anderen Rechtsvorschriften unzulässig sei.[40] Dass der Gesetzgeber auf die Rechtsvorschriften des Bundes und der Länder explizit hinweist, ist dem Umstand geschuldet, dass Smart Meter und die mit ihnen verbundene Infrastruktur zumindest potenziell gravierende Eingriffe nicht nur in das allgemeine Selbstbestimmungsrecht ermöglichen, sondern auch Grundrechte betroffen sein können wie Art. 13 GG, die Unverletzlichkeit der Wohnung, und das Grundrecht auf Gewährleistung der Vertraulichkeit und Integrität informationstechnischer Systeme.[41]

25 Neben dem deklarativen Charakter in Bezug auf die Übermittlung und Nutzung beugt die ausdrückliche Erwähnung der **Beschlagnahme** möglichen Unklarheiten im Hinblick auf die Verwendung der Daten im Rahmen der Sicherstellung öffentlicher Belange vor. § 94 Abs. 2 StPO definiert die Beschlagnahme als Akt, bei der sich Gegenstände, die als Beweismittel für eine strafprozessuale Untersuchung von Bedeutung sein können, in dem Gewahrsam einer Person befinden und diese nicht freiwillig herausgegeben werden. Form, Inhalt, Bekanntgabe und Durchführung der Beschlagnahme sind in § 98 StPO geregelt.[42] Bei der Anordnung, dass die Beschlagnahme nach anderen Rechtsvorschriften unzulässig sei, handelt es sich um ein **Beschlagnahmeverbot** jenseits der ausdrücklichen Anordnung des § 97 StPO. Denn diese Verbote können sich auch unmittelbar aus Grundrechten herleiten, z. B. wenn die Verwertung gegen Grundrechte verstößt,[43] oder wenn unter Verstoß gegen den **Grundsatz der Verhältnismäßigkeit** in grundrechtlich geschützte Bereiche eingegriffen wird.[44] Abs. 1 S. 2 stellt diesen Fall für die Verwendung von Energiedaten in Strafverfahren und untergeordneten Verfahren nun ausdrücklich klar. Da sich bei feingranularer Auflösung von Messdaten durchaus auch Profile über das Verhalten von Personen im inneren häuslichen Kreis ihrer Lebensentfaltung gewinnen lassen, bedarf die Einbaupflicht der

---

39 *Jandt/Roßnagel/Volland*, ZD 2011, 101.
40 Begründung zum Regierungsentwurf v. 17.2.2016, BT-Drs. 18/7555, S. 105.
41 *Hornung/Fuchs*, DuD 2012, S. 22 u. 23.
42 BeckOK StPO/*Ritzert*, § 94 Rn. 8.
43 BVerfG, Beschl. v. 12.4.2005, 2 BvR 1027/02, NJW 2005, 1917, 1922.
44 BeckOK StPO/*Ritzert*, § 97 Rn. 1.

Kommunikationsschnittstelle und die Aufzeichnung dieser Daten zu Abrechnungszwecken einer diesbezüglichen Absicherung, die den Eingriff in die informationelle Selbstbestimmung überhaupt erst verhältnismäßig gestaltet.

3. Zum Umgang mit Daten Berechtigte (Abs. 2)

a) Allgemeines

§ 49 Abs. 2 **konkretisiert** zunächst den in § 49 Abs. 1 S. 1 genannten Begriff der „berechtigten Stellen", indem die berechtigten klassischen Marktakteure und neuen Marktrollen abschließend in den Nummern 1–7 enumerativ aufgezählt werden. Des Weiteren ermöglicht er durch Nr. 7 die Ausweitung des Kreises der zu einer Datenverwendung legitimierten Stellen durch eine qualifizierte Einwilligung. 26

b) Messstellenbetreiber, Netzbetreiber, Bilanzkoordinatoren, Bilanzkreisverantwortliche, Direktvermarktungsunternehmen nach EEG, Energielieferant (Abs. 2 Nr. 1–6)

Explizit und abschließend genannt werden zunächst die **klassischen Marktakteure** des Energiemarktes: Messstellenbetreiber, Netzbetreiber und Energielieferant. Der Kreis der berechtigten Stellen aus § 21g EnWG a. F. wird um die Marktrollen des Bilanzkreiskoordinators, des Bilanzkreisverantwortlichen sowie der Direktvermarktungsunternehmen nach dem **EEG ergänzt**. Für die rechtmäßige Datenverwendung durch Stellen außerhalb dieses Kreises weist die Gesamtregelung zwei Möglichkeiten auf: zum einen die in § 49 Abs. 3 genannte Auftragsdatenverarbeitung, bei der in personaler Hinsicht die datenschutzrechtliche Verantwortung beim Auftraggeber verbleibt und der Dienstleister im Interesse eines der genannten Marktakteure handelt; zum anderen, aufgrund einer Einwilligung des Anschlussnutzers für eine dritte Stelle, die im Eigeninteresse tätig wird und auch die datenschutzrechtliche Verantwortlichkeit übernimmt. 27

aa) Messstellenbetreiber

Der **Messstellenbetreiber** ist gem. § 2 Nr. 12 der grundzuständige Messstellenbetreiber oder ein Dritter, der die Aufgabe des Messstellenbetriebs durch Vertrag nach § 9 wahrnimmt. Nach § 2 Nr. 4 ist grundzuständiger Messstellenbetreiber der Betreiber von Energieversorgungsnetzen, solange und soweit er seine Grundzuständigkeit für den Messstellenbetrieb nicht nach § 43 auf ein anderes Unternehmen übertragen hat, oder jedes Unternehmen, das die Grundzuständigkeit für den Messstellenbetrieb nach § 43 übernommen hat. In § 3 finden sich zwar Aufgabenbeschreibungen zum Messstellenbetrieb, die Definition des Messstellenbetriebs findet sich aber weiterhin in § 3 Nr. 26b EnWG, dessen Begriffsbestimmungen laut § 2 S. 2 auch zukünftig Anwendung finden sollen. Demnach kann unter Messstellenbetrieb nach wie vor der Einbau, der Betrieb oder die Wartung von Messeinrichtungen verstanden werden. Der Messstellenbetreiber ist demnach für den Betrieb der Messstelle und im Fall elektronischer Zähler zugleich für das Fernmessen selbst zuständig. 28

§ 49 Erhebung, Verarbeitung und Nutzung personenbezogener Daten

bb) Netzbetreiber

29 Der **Netzbetreiber** ist nach der Legaldefinition in § 3 Nr. 27 EnWG ein Netz- oder Anlagenbetreiber im Sinne der Nr. 2 bis 7 und 10. Datenschutzrechtlich relevant sind die Betreiber von Elektrizitätsversorgungsnetzen (Nr. 2), Betreiber von Elektrizitätsverteilernetzen (Nr. 3) und Betreiber von Energieversorgungsnetzen (Nr. 4).

cc) Bilanzkoordinatoren

30 Aus der fehlenden gesetzlichen Fixierung der Rolle des **Bilanzkoordinators** folgt die Schwierigkeit, dass die Aufgabe zwar grundsätzlich vom Übertragungsnetzbetreiber übernommen wird, es aber im Hinblick auf seine Marktrolle einer funktionalen Differenzierung zwischen den originären Aufgaben des Übertragungsnetzbetreibers als Netzbetreiber und seiner Funktion als Bilanzkreiskoordinator bedarf. In seiner Rolle als Bilanzkreiskoordinator obliegt ihm die Verwaltung aller Bilanzierungsgebiete in der eigenen Regelzone, welche er in eigener organisatorischer Verantwortung auszuführen hat. In diesem Rahmen schließt er Bilanzkreisverträge mit den jeweiligen Bilanzkreisverantwortlichen ab und vergibt die EIC-Identifikationsnummern an die Verteilnetzbetreiber.

dd) Bilanzkreisverantwortliche

31 Der **Bilanzkreisverantwortliche** wird von den Netznutzern eines Bilanzkreises aus dem Kreis der in der energiewirtschaftlichen Wertschöpfungskette relevanten Marktrollen dem Übertragungsnetzbetreiber benannt und ist verantwortlich für eine ausgeglichene Bilanz zwischen Einspeisung und Entnahme seines Bilanzkreises. Aufgrund seiner wirtschaftlichen Verantwortung zur ordnungsgemäßen Bewirtschaftung und seiner Schnittstellenfunktion zu den anderen Netznutzern innerhalb des Bilanzkreises und dem Übertragungsnetzbetreiber bildet er eine notwendige eigenständige funktionale Rolle im Katalog der zum Datenumgang berechtigten Stellen. Die insofern zulässigen Datenverwendungen sind in § 50 Abs. 2 Nr. 1 normiert.

ee) Direktvermarktungsunternehmen nach EEG

32 Als **Direktvermarktungsunternehmen nach dem EEG** werden nach § 4 Nr. 10 EEG jene Stellen definiert, die von Anlagenbetreibern mit der Direktvermarktung von Strom aus erneuerbaren Energien oder aus Grubengas beauftragt sind oder Strom aus erneuerbaren Energien oder aus Grubengas kaufmännisch abnehmen, ohne insoweit Letztverbraucher dieses Stroms oder Netzbetreiber zu sein.

ff) Energielieferanten

33 Der **Energielieferant** wird weder im EnWG noch im MsbG unmittelbar definiert. Analog zur Legaldefinition des Gaslieferanten, welche sich in § 3 Nr. 19b findet, kann ein Stromlieferant als natürliche oder juristische Person qualifiziert werden, deren Geschäftstätigkeit ganz oder teilweise auf den Vertrieb von Strom zum Zwecke der Belieferung von Letztverbrauchern ausgerichtet ist.[45] Zudem kann zur weiteren Klärung auch die untergesetzliche

---

45 Danner/Theobald/*Lüdtke-Handjery*, § 1 StromNZV Rn. 7.

Norm des § 2 Nr. 5 StromNZV herangezogen werden, nach welcher der Lieferant ein Unternehmen ist, dessen Geschäftstätigkeit auf den Vertrieb von Elektrizität gerichtet ist.

gg) Stelle mit Einwilligung – Jede Stelle, die über eine Einwilligung des Anschlussnutzers verfügt, die den Anforderungen des § 4a BDSG genügt (Abs. 2 Nr. 7)

Dritte Stellen, welche im **Eigeninteresse** Messdaten verwenden wollen, dürfen nur mit Einwilligung des Anschlussnutzers tätig werden. Mit dieser Erweiterung des Adressatenkreises wird dem Umstand Rechnung getragen, dass sich der Energiesektor und insbesondere der Markt für Messdienstleistungen in einer schnell fortschreitenden Entwicklung befindet und daher nicht absehbar ist, welche zusätzlichen neuen Marktakteure in Zukunft einen Zugriff auf Messdaten benötigen könnten. Durch die hierfür erforderliche Einwilligung wird jedoch verhindert, dass Messdaten ohne Wissen und Einverständnis des Betroffenen in die Hände von Dritten gelangen. 34

Die **Einwilligung** des § 49 Abs. 2 Nr. 7 bezieht sich ausschließlich auf den **personellen Anwendungsbereich** des Gesetzes, wohingegen die Einwilligung nach § 50 Abs. 1 S. 1 die **sachliche Zulässigkeit** betrifft. Sie verlangt nach § 4a BDSG nach der Schriftform und muss den weiteren Anforderungen des § 4a BDSG genügen. Nach § 126 BGB bedeutet Schriftform, dass eine Urkunde von dem Aussteller eigenhändig durch Namensunterschrift unterzeichnet sein muss. Das **Schriftlichkeitserfordernis** nach § 4a BDSG birgt bei elektronischen Transaktionen grundsätzlich die Schwierigkeit eines Medienbruchs. Zwar erlaubt § 126 Abs. 3 BGB auch die elektronische Form nach § 126a BGB, allerdings ist dann eine qualifizierte elektronische Signatur erforderlich, die wiederum keinerlei Verbreitung besitzt.[46] Im Hinblick auf die **Elektromobilitätsszenarien** der Zukunft, die sich durch hohe Transaktionsfrequenzen insbesondere bei der Nutzung von öffentlichen Ladestationen auszeichnen, ist eine damit verbundene (unter-)schriftliche Einwilligung gegenüber dem jeweiligen Ladestationsbetreiber als absolutes Ausschlusskriterium für die Entwicklung dieser Märkte zu betrachten. 35

4. Auftragsdatenverarbeitung – Durchführung durch einen Dienstleister im Auftrag (Abs. 3)

Die Einbeziehung von externen Stellen in die Datenverarbeitung zur Erfüllung der Zwecke des § 50 ist einerseits auf Basis der Vorgaben des § 49 Abs. 2 Nr. 7 mittels der Einwilligung des Anschlussnutzers oder im Wege der Auftragsdatenverarbeitung möglich. Der wesentliche Unterschied der Regelungen besteht darin, dass § 49 Abs. 2 Nr. 7 im Interesse des Anschlussnutzers eine Erweiterung des Kreises der zum Datenumgang berechtigten Stellen ermöglicht, den dann als eigenständige verantwortliche Stelle die datenschutzrechtlichen Obliegenheiten selbstständig treffen. Die Auftragsdatenverarbeitung ist hingegen kein personaler Erlaubnistatbestand für den Dienstleister, sondern beruht auf der **gesetzlichen Fiktion** aus § 3 Abs. 8 S. 3 BDSG, dass der Auftragnehmer kein Dritter gegenüber dem Auftraggeber ist und beide eine gesetzliche Einheit bilden.[47] Das Handeln des Auftragnehmers ist vor diesem Hintergrund vollständig dem **Auftraggeber zuzurechnen**[48] 36

---

46 Vgl. *Raabe/Lorenz*, DuD 2011, 280.
47 Vgl. Taeger/Gabel/*Gabel*, § 11 BDSG Rn. 1.
48 Vgl. Simitis/*Petri*, § 11 BDSG Rn. 1.

§ 49   Erhebung, Verarbeitung und Nutzung personenbezogener Daten

und nur dieser ist im Außenverhältnis **verantwortliche Stelle**. Es findet keine Erweiterung des Kreises der zum Datenumgang berechtigten Stellen statt. Vielmehr soll nach dem Normzweck eine arbeitsteilige Datenverwendung im Interesse des Auftraggebers ermöglicht werden, wobei aber über die Vorgaben in § 11 BDSG gleichzeitig sichergestellt wird, dass das für den Auftraggeber geltende datenschutzrechtliche Schutzregime auch bei Beauftragung des Dienstleisters erhalten bleibt.[49]

a) Datenumgangsberechtigte (Abs. 3 Hs. 1)

37   Mit **Messstellenbetreiber, Netzbetreiber, Bilanzkoordinatoren, Bilanzkreisverantwortlichen, Direktvermarktungsunternehmen nach EEG und Energielieferanten und den Stellen, die über eine schriftliche Einwilligung des Anschlussnutzers verfügen**, sind abschließend die in § 49 Abs. 2 enumerativ genannten Stellen zur Beauftragung berechtigt. Damit enthält die Regelung eine **bereichsspezifische Konkretisierung** gegenüber der allgemeinen Regelung des § 11 BDSG. Da die Norm des § 49 Abs. 3 insofern eine speziellere Regelung gegenüber § 11 BDSG ist, wird Letztere in ihrem persönlichen Anwendungsbereich insoweit verdrängt.

b) Dienstleister (Abs. 3 Hs. 1)

38   Es ist zu beachten, dass, sofern die Datenverarbeitung durch einen Dienstleister außerhalb der Europäischen Union oder in einem anderen Vertragsstaat des Abkommens über den Europäischen Wirtschaftsraum in Frage steht, wie das beispielsweise beim „Google Power Meter" der Fall war,[50] die gesetzliche Fiktion der verantwortlichen Stelle in Person des Auftraggebers nicht greifen kann. In diesen Sachgestaltungen ist der Dienstleister nach § 3 Abs. 6 S. 3 BDSG ein Dritter im Verhältnis zum Auftraggeber und damit eigenständige verantwortliche Stelle. Dies hat bei einer arbeitsteiligen Datenverwendung insbesondere für die Weitergabe personenbezogener Messdaten Bedeutung, da als **Drittstaatenübermittlung** die Regelungen der §§ 4b und c BDSG zu beachten sind.[51]

c) Im Auftrag (Abs. 3 Hs. 1)

39   Als Auftrag gegenüber dem Dienstleister kommt es bei der Ausgestaltung des Verhältnisses darauf an, dass der Dienstleister **weisungsgebunden** gegenüber dem Auftraggeber tätig wird. Damit muss im Rahmen der Beauftragung sichergestellt sein, dass der Dienstleister die Aufgaben entsprechend der Vorgaben des Auftraggebers durchführt. Dies wird plastisch damit umschrieben, dass die „weiterhin verantwortliche Stelle als Herrin der Daten die volle Verfügungsgewalt behält und damit auch allein über ihre Erhebung, Verarbeitung oder Nutzung bestimmt".[52] Dies ist nicht nur rechtlich, sondern auch faktisch sicherzustellen.[53] Problematisch ist es, dieses Herrschaftsrecht zu bejahen, wenn der Dienstleister auch noch **eigene Geschäftsinteressen** bezüglich des Umganges mit den Messdaten verfolgt. In

---

49 Vgl. Taeger/Gabel/*Gabel*, § 11 BDSG Rn. 1
50 Vgl. *Raabe/Pallas/Weis/Lorenz/Boesche*, Datenschutz in Smart Grids, S. 27 f.
51 Vgl. Simitis/*Petri*, § 11 BDSG Rn. 20 f.
52 Gola/Schomerus/*Gola/Klug/Körffer*, § 11 BDSG Rn. 3.
53 Vgl. Simitis/*Petri*, § 11 BDSG Rn. 20.

diesen Fällen dürfte der Teil der eigennützigen Verwendung der Daten dann den Dienstleister in eigener Verantwortlichkeit treffen.

d) Verweis auf § 11 und 43 BDSG (Abs. 3 Hs. 2)

aa) Verweis auf § 11 BDSG

Der gesetzliche Verweis auf die **Einhaltung des § 11 BDSG** bedeutet zunächst, dass nach § 11 Abs. 1 BDSG der Auftraggeber, der personenbezogene Messdaten im Auftrag durch einen Dienstleister erhebt, verarbeitet oder nutzen lässt, selbst für die Einhaltung der Vorschriften des BDSG und anderer Vorschriften über den Datenschutz verantwortlich ist. Auch die in den §§ 6, 7 und 8 BDSG genannten Rechte sind ihm gegenüber geltend zu machen. Gleichwohl kann der Auftraggeber die technische Ausführung der jeweiligen Pflichten an den Auftragnehmer delegieren.[54] Die zweite wesentliche Vorgabe des § 11 BDSG bezieht sich auf die besonderen Sorgfaltspflichten bei der Auswahl des Dienstleisters (§ 11 Abs. 2 Satz 1 BDSG).

40

Die **Inhalte** der im Auftrag festzulegenden Einzelheiten sind zunächst im Katalog des § 11 Abs. 2 Nr. 1 bis 10 BDSG aufgezählt. Dabei handelt es sich um den Gegenstand und die Dauer des Auftrages (Nr. 1), Umfang, Art und Zweck der Datenverwendung und den Kreis der Betroffenen (Nr. 2). Da diese Merkmale insbesondere durch die konkrete Zweckbestimmung terminiert werden,[55] ist beim Umgang mit Messdaten die Zuordnung der beauftragten Leistung zu den Zwecken des Kataloges in Abs. 1 Nr. 1 bis 8 notwendig. Soweit vorhanden können die **Prozessfestlegungen der BNetzA und die Konkretisierungen in §§ 55 ff.** eine Hilfe für die Beschreibung der notwendigen Ausführungshandlungen und Verwendungsschritte darstellen.

41

Aus der Formulierung in § 11 Abs. 2 BDSG, dass **insbesondere** die enumerativ aufgeführten Einzelheiten des Auftrages zu regeln seien, folgt weiterhin, dass es sich bei den gesetzlichen Vorgaben um nicht abschließende **Regelbeispiele** handelt.[56] Es ist daher für die Messdatenverwendung naheliegend und sachgerecht, auch hinsichtlich der bereichsspezifischen Besonderheiten des Pflichtenkanons der §§ 50 ff. im Rahmen der Ausgestaltung des Auftragsverhältnisses, Vereinbarungen für die Ausgestaltung der Erfüllung dieser Pflichten beim Dienstleister zu treffen. Denn es erwachsen hierdurch nicht nur weitergehende Pflichten für die verantwortliche Stelle, sondern es werden auch abweichende materielle Vorgaben der allgemeineren Bestimmungen des BDSG von den **Konkretisierungen des MsbG verdrängt**.

42

bb) Beachtung der Bußgeldvorschriften nach § 43 BDSG

Der Verweis in § 49 Abs. 3, dass die Regelung des § 43 BDSG zu beachten sei, hat auch für den Auftragnehmer nur **deklaratorischen Charakter**, da die Regelung hier schon über die explizite Anordnung des § 11 Abs. 4 BDSG für anwendbar erklärt wird. Schließlich verweist § 11 Abs. 4 BDSG noch darauf, dass auch die Bußgeldvorschriften des § 43 BDSG unmittelbar für den Auftragnehmer anwendbar sind.

43

---

54 Vgl. Gola/Schomerus/*Gola/Klug/Körffer*, §11 BDSG Rn. 4.
55 Gola/Schomerus/*Gola/Klug/Körffer*, § 11 BDSG Rn. 18a.
56 Vgl. Simitis/*Petri*, § 11 BDSG Rn. 65.

§ 49   Erhebung, Verarbeitung und Nutzung personenbezogener Daten

5. Rechtswidrige Inanspruchnahme

a) Allgemeines

44   Die **allgemeine Regelung zu den Pflichten** und **Rechten** der jeweils berechtigten Stelle im Zusammenhang mit der rechtswidrigen Inanspruchnahme von Messsystemen, intelligenten Messsystemen oder Diensten wird einerseits in der Verfahrensvorschrift des § 73 Abs. 1 wortgleich abgebildet und im Hinblick auf die technischen Maßnahmen konkretisiert. Auf der anderen Seite bezieht § 50 Abs. 2 Nr. 12 durch die Verweisung auf § 49 Abs. 4 den Tatbestand auch explizit in den Kanon der abschließenden Zulässigkeitstatbestände des enumerativen Kataloges des § 50 ein.

45   Entgegen der allgemeinen Systematik der §§ 49 und 50 finden sich hier Elemente zum sachlichen Datenumgang, wie auch die Verweisung in § 50 Abs. 2 Nr. 12 klarstellt. Gleichzeitig wird durch den Ausschluss der Messeinrichtungen aus dem Kanon der enumerativen Zulässigkeitstatbestände der Grundnorm des § 50 dem Umstand Rechnung getragen, dass der Fokus des Gesetzes auf den kommunikativ vernetzten Systemen liegt. Der Fall der Sicherung des Entgeltanspruchs und die notwendige Datenverwendung zur Abwehr von Leistungserschleichungen in diesen Fällen ist in den klassischen Fällen schon hinreichend durch die Erlaubnis zur Messdatenerfassung als Annex zum Zutrittsrecht nach § 21 NAV z. B. im Rahmen der Turnusablesung legitimiert.

46   Hinsichtlich des **personalen Anwendungsbereichs** ist auf die zum Datenumgang berechtigte Stelle abzustellen. Sofern die als Angriffsziel auch relevante IKT-Dienstleistung nicht von einer der in Abs. 2 genannten Energiemarktakteure bereitgestellt wird (z. B. bei der Nutzung von „PowerLine"), kommt die Berechtigung eines Dritten, z. B. eines TK-Dienstleisters nur dann in Betracht, wenn eine diesbezügliche Einwilligung des Anschlussnutzers nach § 49 Abs. 2 Nr. 7 in der Form des § 4a BDSG vorliegt.

b) Tatsächliche Anhaltspunkte

47   Die **tatsächlichen Anhaltspunkte** können z. B. bei der turnusmäßigen Ablesung das Ausbleiben von erwarteten Datenpaketen des Messsystems oder im Gegenteil eine zu hohe Frequenz von übermittelten Datenpaketen sein.

c) Rechtswidrigkeit der Inanspruchnahme

48   Die **Rechtswidrigkeit der Inanspruchnahme** des Messsystems oder der Dienste ergibt sich aus dem Ziel des Handelnden, gerade die Durchsetzung des Entgeltanspruchs der jeweils berechtigten Stelle zu vereiteln. Damit ist gleichzeitig klargestellt, dass eine allgemeine Missbrauchsabwehr (zum Beispiel gegen anlasslose Hackerangriffe auf das Messsystem), wie sie in der korrespondierenden Regelung des § 100 Abs. 3 TKG für allgemeine Telekommunikationsnetze und -dienste angelegt ist, auf Basis von Abs. 4 nicht legitimiert wird.

d) Verfahrenspflicht zur Dokumentation

49   Die **Verfahrenspflicht zur Dokumentation** (Abs. 4 S. 1) umfasst die Elemente, welche im Rahmen der Konkretisierung des zulässigen Verfahrens zur Gewinnung von Anhaltspunkten in § 73 Abs. 3 normiert sind. Wie in der korrespondierenden Regelung des § 100 Abs. 3 S. 1 TKG dient dies zunächst der Kontrolle durch die Aufsichtsbehörden. Daneben

ist es bei diesbezüglichen Störungen auch Teil der informatorischen Basis von Mitteilungspflichten des Messstellenbetreibers an den Netzbetreiber im Rahmen von § 11 Abs. 3.

e) Notwendige Maßnahmen zur Sicherung des Entgeltanspruchs

Die **notwendigen Maßnahmen** zur Sicherung des Entgeltanspruchs werden in § 73 Abs. 1 S. 2 konkretisiert. Einerseits durch Zweckgrenzung der Verwendung von Bestandsdaten und Verkehrsdaten auf das **Erforderliche**, um die rechtswidrige Inanspruchnahme des Messsystems oder der Dienste aufzudecken und zu unterbinden.

Das Merkmal der **Sicherung des Entgeltanspruchs** zielt auf den Zulässigkeitstatbestand des Aufklärens und Unterbindens von Leistungserschleichungen durch die Datenverwendung in § 50 Abs. 2 Nr. 12.

6. Kopplungsverbot

a) Allgemeines

Nach § 49 Abs. 5 darf die Belieferung mit Energie oder der Zugang zu Tarifen nicht von der Angabe personenbezogener Daten abhängig gemacht werden, die hierfür nicht erforderlich sind. Damit wird das im früheren § 21g EnWG statuierte bereichsspezifische Kopplungsverbot in das MsbG übernommen. Dieses **Kopplungsverbot** war im ursprünglichen Gesetzgebungsvorhaben zu § 21g EnWG a. F. nicht vorhanden, wurde aber als Ergebnis der Beratung des Bundestagsausschusses für Wirtschaft und Technologie in dessen Beschlussempfehlung aufgenommen.[57] Das Verbot entspricht der Aussage in der damaligen Gegenäußerung der Bundesregierung zur Stellungnahme des Bundesrates, wonach es keinen Automatismus zwischen dem Einbau eines intelligenten Zählers und der Nutzung der Fernauslesung von Verbrauchsdaten geben solle[58] und stellt damit grundlegend erst die Verhältnismäßigkeit der Einbaupflicht sicher. Dieses Motiv zur Sicherung der grundlegenden Angemessenheit der gesetzlichen Regelungen durch ein Kopplungsverbot wird auch in der Gesetzesbegründung zum MsbG übernommen, als der Letztverbraucher, der den Einbau von intelligenten Messsystemen zu dulden habe, über die freie Wahl des Lieferanten und die Wahl des Energiebelieferungstarifes den Takt der notwendigen Auslese von Daten bestimmen könne. Eine grundlegende materielle Absicherung erhält das Kopplungsverbot in der Folge im Normauftrag des § 40 Abs. 5 S. 2 EnWG, wonach Lieferanten stets mindestens einen Tarif anzubieten haben, für den die Datenaufzeichnung und -übermittlung auf die Mitteilung der innerhalb eines bestimmten Zeitraums verbrauchten Gesamtstrommenge begrenzt bleibt. Über diese grundlegende Aussage hinaus werden mit der Begrenzung auf das für die genannten Zwecke **Erforderliche** nun aber explizit auch Datenverwendungen adressiert, die sich jenseits der grundlegenden Wahl des Lieferanten und des Tarifes nach § 40 Abs. 5 S. 2 EnWG gestalten.

In der **Stellungnahme des Bundesrates** wurde angedacht, das Kopplungsverbot auch auf Waren und sonstige Leitungen Dritter zu erweitern, um eine Umgehung bzw. unerwünschte Einflussnahme auf die Entscheidung der Datenpreisgabe zu verhindern.[59]

---

57 Vgl. den Antrag des Landes Berlin in BR-Drs. 343/4/11 und die Beschlussempfehlung BT-Drs. 17/6365.
58 BT-Drs. 17/6248, S. 24.
59 Stellungnahme des Bundesrates, BT-Drs. 18/7555, S. 130.

§ 49　Erhebung, Verarbeitung und Nutzung personenbezogener Daten

54　Die Bundesregierung hat es jedoch bei der ursprünglichen Fassung des Kopplungsverbots in § 49 Abs. 5 belassen, da der Verbraucher lediglich auf die Belieferung mit Energie angewiesen sei, nicht aber auf damit verbundene Dienstleistungen. Letztere nehme der Verbraucher freiwillig in Anspruch, weswegen die Abgabe personenbezogener Daten im Rahmen von Dienstleistungen allein Sache des Letztverbrauchers sei und lediglich durch die allgemeinen Gesetze, wie auch das BDSG, beschränkt sei.[60]

b) Eigenständiger Anwendungsbereich

55　In § 50 Abs. 1 in Verbindung mit Abs. 2 Nr. 1 und 10 ist der zulässige Datenumgang für den Fall der Belieferung mit Energie und die Tarifwahl schon grundsätzlich unter den Vorbehalt des Erforderlichen für diese Zwecke gestellt und wird dort konkretisiert. Einen eigenständigen Anwendungsbereich gewinnt die Regelung allerdings in systematischer Gesamtschau mit der Einwilligungsregelung des § 50 Abs. 1 Alt. 1.

56　§ 49 Abs. 5 stellt insofern klar, dass auch in den Fällen der zusätzlichen **Einwilligung in Datenverwendungen** in den Fällen der Belieferung mit Energie und bei der Tarifwahl eine über das energiewirtschaftlich gebotene Maß hinausgehende Datenerhebung zwar grundsätzlich möglich ist, aber gleichwohl die Verweigerung der Einwilligung in eine Datenerhebung über das energiewirtschaftlich erforderliche Maß hinaus, nicht die Wahl des betreffenden Tarifes oder die Belieferung mit Energie durch den gewählten Lieferanten grundsätzlich vereiteln darf.

c) Erforderlichkeit

57　Das Prinzip der Erforderlichkeit, wie es § 49 Abs. 5 vorsieht, verlangt damit auch im Fall der Einwilligung grundsätzlich, dass die Datenverarbeitung auf den für ihren Erhebungszweck notwendigen Umfang zu begrenzen ist. Insofern ist die Konkretisierung der spezifischen „Erforderlichkeit" durch **Interessenabwägung** geboten.[61] Nach verbreiteter Ansicht ist eine Verarbeitung erforderlich, wenn legitime Ziele auf andere Weise nicht oder nicht angemessen erreicht werden können. Erforderlich sind somit nicht nur zwingend notwendige Verarbeitungen, sondern es ist auch zu berücksichtigen, ob es eine zumutbare Alternative gibt.[62] Die Datenverarbeitung muss „bei vernünftiger Betrachtung"[63] ein sinnvolles Mittel darstellen.[64] Dies ist einzelfallbezogen im Rahmen einer Abwägung festzustellen. Dabei gilt, dass ein Zusatzaufwand umso eher zumutbar ist, je schwerwiegender die Maßnahme ist.[65] Welche Abwägungen im Hinblick auf die Zwecke geboten sind, lässt sich deshalb nicht pauschal beantworten. Grundsätzlich scheiden aber selbst im Falle einer möglichen Einwilligung solche Kopplungen aus, die beispielsweise die Inanspruchnahme eines Tarifes von der Einwilligung in Datenverwendungen zu werblichen Ansprachen oder nicht für die energiewirtschaftlichen Zwecke notwendigen Datenanalysen erfordern.

60　Gegenäußerung der Bundesregierung, BT-Drs. 18/7555, S. 144.
61　So auch *Wybitul*, BB 2010, 1085, 1086.
62　*Gola/Schomerus*, § 28 BDSG Rn. 14; *Schaffland/Wiltfang*, § 28 BDSG Rn. 110; *Bergmann/Möhrle/Herb*, § 28 BDSG Rn. 18.
63　*Gola/Schomerus*, § 28 BDSG Rn. 15.
64　Vgl. *Gola/Schomerus*, § 28 BDSG Rn. 34; *Schaffland/Wiltfang*, § 28 BDSG Rn. 110.
65　Vgl. *Globig*, in: Roßnagel, Handbuch Datenschutzrecht, Kap. 4.7, Rn. 59.

§ 50 Zulässigkeit und Umfang der Erhebung, Verarbeitung und Nutzung von Daten

(1) Die Erhebung, Verarbeitung und Nutzung von Daten aus einer Messeinrichtung, einer modernen Messeinrichtung, einem Messsystem, einem intelligenten Messsystem oder mit deren Hilfe darf nur mit Einwilligung des Anschlussnutzers erfolgen oder soweit dies erforderlich ist

1. zur Erfüllung von Verträgen mit dem jeweiligen Anschlussnutzer,
2. anlässlich vorvertraglicher Maßnahmen, die der jeweilige Anschlussnutzer veranlasst hat,
3. zur Erfüllung rechtlicher Verpflichtungen, welche den berechtigten Stellen auf Grund dieses Gesetzes, des Energiewirtschaftsgesetzes, des Erneuerbare-Energien-Gesetzes, des Kraft-Wärme-Kopplungsgesetzes und der auf diesen Gesetzen beruhenden Rechtsverordnungen und Festlegungen der Regulierungsbehörden auferlegt sind, oder
4. zur Wahrnehmung einer Aufgabe des Netzbetreibers, die in Ausübung ihm übertragener hoheitlicher Befugnisse erfolgt.

(2) Zu den in Absatz 1 genannten Zwecken zählen insbesondere

1. die Erfüllung der Pflicht der Bilanzkreisverantwortlichen zur ordnungsgemäßen Bewirtschaftung ihres Bilanzkreises,
2. die Erfüllung der Pflicht der Netzbetreiber zum ordnungsgemäßen, sicheren und effizienten Netzbetrieb,
3. die Belieferung mit Energie einschließlich der Abrechnung,
4. das Einspeisen von Energie einschließlich Abrechnung,
5. die Abrechnung der Netzentgelte und sonstiger Abgaben und Umlagen,
6. die Durchführung der Bilanzierung und der Bilanzkreisabrechnung,
7. die Erfüllung öffentlicher Registerpflichten,
8. die Vermarktung von Energie und von Flexibilitäten bei der Einspeisung und bei der Abnahme von Energie,
9. die Steuerung von unterbrechbaren Verbrauchseinrichtungen in Niederspannung im Sinne von § 14a des Energiewirtschaftsgesetzes,
10. die Umsetzung variabler Tarife im Sinne von § 40 Absatz 5 des Energiewirtschaftsgesetzes einschließlich der Verarbeitung von Preis- und Tarifsignalen für Verbrauchseinrichtungen und Speicheranlagen sowie der Veranschaulichung des Energieverbrauchs und der Einspeiseleistung eigener Erzeugungsanlagen,
11. die Ermittlung des Netzzustandes in begründeten Fällen,
12. das Aufklären oder Unterbinden von Leistungserschleichungen nach Maßgabe von § 49 Absatz 4,
13. die Durchführung eines Mehrwertdienstes oder eines anderen Vertragsverhältnisses auf Veranlassung des Anschlussnutzers.

Schrifttum: *Bizer*, Sieben Goldene Regeln des Datenschutzes, DuD 2007, 350; *Bub/Wolfenstetter* (Hrsg.), Sicherheit und Vertrauen in der mobilen Informations- und Kommunikationstechnologie, Tagungsband zur EICT-Konferenz IT Sicherheit, 2009; *Jandt/Roßnagel/Volland*, Datenschutz für Smart Meter – Spezifische Neuregelungen im EnWG, ZD 2011, 99; *Laupichler/Vollmer/Bast/Intemann*, Das BSI-Schutzprofil: Anforderungen an den Datenschutz und die Datensicherheit für Smart Metering

§ 50 Zulässigkeit und Umfang der Erhebung, Verarbeitung und Nutzung von Daten

Systeme, DuD 2011, 542; *Raabe/Lorenz*, Die datenschutzrechtliche Einwilligung im Internet der Dienste – Zur Notwendigkeit qualifizierter elektronischer Signaturen, DuD 2011, 279; *Raabe/Lorenz/Pallas/Weis*, Harmonisierung konträrer Kommunikationsmodelle im Datenschutzkonzept des EnWG – „Stern" trifft „Kette", CR 2011, 831; *Raabe/Pallas/Weis/Lorenz/Boesche*, Datenschutz in Smart Grids – Anmerkungen und Anregungen, 2011; *Roßnagel*, Handbuch Datenschutzrecht – Die neuen Grundlagen für Wirtschaft und Verwaltung, 2003; *Weis/Pallas/Lorenz/Raabe*, Handbuch zur Elektromobilität, 2013; *Wybitul*, Wie viel Arbeitnehmerschutz ist „erforderlich"?, BB 2010, 1085.

Übersicht

	Rn.		Rn.
I. Einleitung	1	bb) Gesetzliche Pflichten von VNB, ÜNB und Bilanzkreiskoordinator	44
II. Einzelerläuterungen	5	d) Zur Wahrnehmung einer Aufgabe des Netzbetreibers, die in Ausübung ihm übertragener hoheitlicher Befugnisse erfolgt (Abs. 1 Nr. 4)	54
1. Erhebung, Verarbeitung, Nutzung	5		
2. Daten	6		
a) Personenbezogene Daten	7		
b) Daten ohne Personenbezug	8		
3. Aus einer Messeinrichtung, einer modernen Messeinrichtung, einem Messsystem, einem intelligenten Messsystem oder mit Hilfe solcher	9	8. Konkretisierung der Zwecke (Regelbeispiele) (Abs. 2)	55
a) Einleitung	9	a) Die Erfüllung der Pflicht der Bilanzkreisverantwortlichen zur ordnungsgemäßen Bewirtschaftung ihres Bilanzkreises (Abs. 2 Nr. 1)	55
b) Aus oder mit Hilfe (Abs. 1)	10		
c) Messeinrichtung	16		
d) Moderne Messeinrichtung	17	b) Die Erfüllung der Pflicht der Netzbetreiber zum ordnungsgemäßen, sicheren und effizienten Netzbetrieb (Abs. 2 Nr. 2)	58
e) Messsystem (Abs. 1)	18		
f) Intelligentes Messsystem	19		
4. Nur mit Einwilligung des Anschlussnutzers (Abs. 1)	20		
5. „Oder"	26	c) Die Belieferung mit Energie einschließlich Abrechnung (Abs. 2 Nr. 3)	59
6. „Soweit dies erforderlich ist" (Abs. 1)	27		
7. Zulässige Zwecke	28	d) Das Einspeisen von Energie einschließlich der Abrechnung (Abs. 2 Nr. 4)	64
a) Zur Erfüllung von Verträgen mit dem jeweiligen Anschlussnutzer (Abs. 1 Nr. 1)	33		
b) Anlässlich vorvertraglicher Maßnahmen, die der jeweilige Anschlussnutzer veranlasst hat (Abs. 1 Nr. 2)	38	e) Die Abrechnung der Netzentgelte und sonstiger Abgaben und Umlagen (Abs. 2 Nr. 5)	66
		f) Die Durchführung der Bilanzierung und Bilanzkreisabrechnung (Abs. 2 Nr. 6)	68
c) Zur Erfüllung rechtlicher Verpflichtungen, welche den berechtigten Stellen aufgrund dieses Gesetzes, des Energiewirtschaftsgesetzes des Erneuerbare-Energien-Gesetzes, des Kraft-Wärme-Kopplungsgesetzes und der auf diesen Gesetzen beruhenden Rechtsverordnungen und Festlegungen der Regulierungsbehörden auferlegt sind (Abs. 1 Nr. 3)	42	g) Die Erfüllung öffentlicher Registerpflichten (Abs. 2 Nr. 7)	69
		h) Die Vermarktung von Energie und von Flexibilität bei der Einspeisung und bei der Abnahme von Energie (Abs. 2 Nr. 8)	70
		i) Die Steuerung von unterbrechbaren Verbrauchseinrichtungen in Niederspannung im Sinne von § 14a des Energiewirtschaftsgesetzes (Abs. 2 Nr. 9)	71
aa) Gesetzliche Verpflichtungen des Messstellenbetreibers	43		

j) Die Umsetzung variabler Tarife im Sinne von § 40 Absatz 5 des EnWG einschließlich der Verarbeitung von Preis- und Tarifsignalen für Verbrauchseinrichtungen und Speicheranlagen, sowie der Veranschaulichung des Energieverbrauchs und der Einspeiseleistung eigener Erzeugungsanlagen (Abs. 2 Nr. 10) ... 75
k) Die Ermittlung des Netzzustandes in begründeten dokumentierten Fällen (Abs. 2 Nr. 11) 81
l) Das Aufklären oder Unterbinden von Leistungserschleichungen nach Maßgabe von § 49 Abs. 4 (Abs. 2 Nr. 12). 86
m) Die Durchführung eines Mehrwertdienstes oder eines anderen Vertragsverhältnisses auf Veranlassung des Anschlussnutzers (Abs. 2 Nr. 13). 88

I. Einleitung

§ 50 stellt die **zentrale Norm** zum **Schutz** des **Grundrechts** auf **informationelle Selbstbestimmung** aus Art. 2 Abs. 1 in Verbindung mit Art. 1 Abs. 1 GG dar.[1]   1

Mit Abs. 1 soll das **Kernanliegen** des **dritten Teils** des **MsbG** deutlich gemacht werden, in dem Regelungen zur Erhebung, Verarbeitung, Nutzung von Messwerten und weiteren personenbezogenen Daten zur Erfüllung von vorvertraglichen Verpflichtungen, von Verträgen und zur Erfüllung von Aufgaben im öffentlichen Interesse getroffen werden.[2] Die von der Vorschrift genannten Tatbestände sind dabei als abschließend zu sehen.[3]   2

§ 50 ist dabei nicht lediglich zentrale Norm, sondern stellt auch den **Auffangtatbestand** für jede Verwendung von bereichsspezifisch einschlägigen Daten dar. In systematischer Hinsicht werden in den nachfolgenden Regelungen des 1. Kapitels des dritten Teils des MsbG jeweils Konkretisierungen normiert, die in der Gesamtschau den besonderen Schutzbedürfnissen der kommunikativen Vernetzung Rechnung tragen.   3

Einen **eigenständigen Anwendungsbereich** gewinnt § 50 insofern, als mit der klassischen Messeinrichtung im Sinne von § 2 Nr. 10 auch analoge Messgeräte wie Ferraris-Zähler vom Anwendungsbereich des Gesetzes erfasst sind. Bei der Auslegung der nachfolgenden enumerativen Zulässigkeitstatbestände ist dies zu berücksichtigen.   4

II. Einzelerläuterungen

1. Erhebung, Verarbeitung, Nutzung

Die Erhebung, Verarbeitung und Nutzung der Daten entspricht der Formulierung aus § 49, weswegen auf die dortige Kommentierung verwiesen wird.[4]   5

---

1 Begründung zum Regierungsentwurf v. 17.2.2016, BT-Drs. 18/7555, S. 105.
2 Begründung zum Regierungsentwurf v. 17.2.2016, BT-Drs. 18/7555, S. 105.
3 Begründung zum Regierungsentwurf v. 17.2.2016, BT-Drs. 18/7555, S. 105.
4 Siehe BerlKommEnR/*Raabe/Lorenz*, § 49 MsbG Rn. 12.

§ 50   Zulässigkeit und Umfang der Erhebung, Verarbeitung und Nutzung von Daten

2. Daten

6   Neu im bereichsspezifischen Regelungskanon ist die offene Formulierung „Daten", welche auch eine Ausweitung des Anwendungsbereiches des § 50 auf Daten ohne jeglichen Personenbezug erlaubte. Damit erstreckt der Gesetzgeber die Regelung erstmals nicht nur auf personenbezogene und personenbeziehbare Daten, sondern auch auf Daten ohne jeglichen Personenbezug.[5] Es soll damit jegliche Kommunikation erfasst sein.[6] Unter Letzterem sind primär Netzzustandsdaten und damit Spannungs- und Stromwerte sowie Phasenwinkel und alle daraus errechenbaren oder herleitbaren Werte zu verstehen, welche zur Ermittlung des Netzzustandes verwendet werden können.

a) Personenbezogene Daten

7   Die Verwendung des Begriffs des **personenbezogenen Datums** entspricht vollumfänglich dem in § 49 verwendeten, so dass auf die dortige Kommentierung verwiesen werden kann.[7]

b) Daten ohne Personenbezug

8   Unter Letzterem sind primär **Netzzustandsdaten** und damit Spannungs- und **Stromwerte** sowie **Phasenwinkel** und alle daraus errechenbaren oder herleitbaren Werte zu verstehen, welche zur Ermittlung des Netzzustandes verwendet werden können.[8] Des Weiteren sind z.B. Stammdaten und damit Informationen über Art und technische Ausstattung, Ort und Spannungsebene sowie Art der kommunikativen Anbindung von an Smart-Meter-Gateways angeschlossenen Anlagen gemeint.[9]

3. Aus einer Messeinrichtung, einer modernen Messeinrichtung, einem Messsystem, einem intelligenten Messsystem oder mit Hilfe solcher

a) Einleitung

9   Die „moderne Messeinrichtung" klang bislang in § 21c Abs. 5 EnWG an. Sie stellt gewissermaßen die **Zwischenstufe** zwischen elektromechanischem Zähler und intelligentem Messsystem dar. Sie verfügt bereits über technische Möglichkeiten der Verbrauchsvisualisierung, ohne allerdings selbstständig jenseits der Liegenschaft kommunizieren zu können; die Außenkommunikation bleibt allein dem – Datenschutz und Datensicherheit in besonderer Weise gewährleistenden – intelligenten Messsystem mit seiner Kernkomponente „Smart-Meter-Gateway" vorbehalten. Die Messeinrichtung ist der „reine" Zähler, insbesondere zur Erfassung von Strom- und Gasmengen. An diese selbst werden im Gesetz keine Anforderungen normiert, hier ist den Vorgaben der RL 2004/22/EG über Messgeräte („MID-Richtlinie") Rechnung zu tragen. Bei einem Messsystem handelt es sich um eine in ein Kommunikationsnetz eingebundene Messeinrichtung. Erfasst werden alle fernauslesbaren Messeinrichtungen, die nicht die Vorgaben aus Schutzprofilen oder Technischen

---

5 Begründung zum Regierungsentwurf v. 17.2.2016, BT-Drs. 18/7555, S. 105.
6 Begründung zum Regierungsentwurf v. 17.2.2016, BT-Drs. 18/7555, S. 105.
7 Siehe BerlKommEnR/*Raabe/Lorenz*, § 49 MsbG Rn. 8.
8 Vgl. § 2 Nr. 16.
9 Vgl. § 2 Nr. 22.

Richtlinien des BSI erfüllen. Dazu zählen alle aktuell verfügbaren sogenannten Smart Meter genauso wie die im Industrie- und Großgewerbebereich üblichen „RLM-Zähler mit Fernauslesung" (fernauslesbare Zähler, mit denen eine registrierende Leistungsmessung vorgenommen wird). § 19 Abs. 5 gewährt Messsystemen unter bestimmten Bedingungen Bestandsschutz.[10]

b) Aus oder mit Hilfe (Abs. 1)

Mit der Formulierung „aus dem Messsystem oder mit Hilfe [...]des Messsystems"[11] wird die aufgrund der weiten Benennung von „Daten" notwendige sachliche **Eingrenzung der Datenkategorien** vorgenommen, für welche die bereichsspezifische Regelung greift. § 50 findet mithin nicht für alle Daten im energiewirtschaftlichen Kontext Anwendung, sondern nur für solche, die aus einem Messsystem oder mit Hilfe eines Messsystems erhoben, übermittelt oder verarbeitet werden. Bei den erfassten Daten handelt es sich dabei um die **Messdaten, Tarifdaten, Daten der Basiskommunikation** und darüber hinaus die grundsätzlich nicht in den Schutzbereich der informationellen Selbstbestimmung fallenden **Steuersignale**. 10

Der Wortlaut „**aus**" dem Messsystem unterstreicht die **grundsätzliche Entscheidung** des Gesetzgebers für eine **sternförmige Kommunikation** zwischen Gateway und den jeweils sachlich berechtigten Marktakteuren. 11

Während es sich bei den ursprünglichen von der BNetzA festgelegten Kommunikationsprozessen um solche einer **Kettenkommunikation** handelte,[12] ging man bei Erstellung des Schutzprofils für Smart-Meter-Gateways von der Sichtweise einer **Sternkommunikation** aus.[13] 12

Wichtig ist das Verständnis für die Entwicklung des Sternparadigmas aus dem Kettenparadigma, weil es bis zu einer vollständigen Umstellung eine **Übergangsphase** geben wird, in welcher weiterhin Prozessvorgaben zur Marktkommunikation, welche von einer Kettenkommunikation ausgehen, für die Marktteilnehmer bestehen, diese aber mit den Systemen an den Endpunkten, die von einer Sternkommunikation ausgehen, ausführbar bleiben müssen. Daher erhält die BNetzA mit § 75 S. 1 Nr. 1 die Möglichkeit, die bis zum 31.12.2019 bestehende Übergangsphase technisch zu gestalten.[14] Hierzu kann die BNetzA insbesondere Festlegungen und Sonderregelungen vorsehen.[15] 13

Für diese Übergangsphase behält die **Auslegung** zum **§ 21g EnWG a. F.** Gültigkeit, bei welchem der Wortlaut „aus" dem Messsystem im Hinblick auf die besonderen Gefahren der digitalen Fernkommunikation so auszulegen war, dass darunter all jene Daten fallen, 14

---

10 Begründung zum Regierungsentwurf v. 17.2.2016, BT-Drs. 18/7555, S. 121.
11 Aus Gründen der Einfachheit und Verständlichkeit wird im Folgenden darauf verzichtet, alle laut Gesetz zu unterscheidenden Messeinrichtungen aufzuzählen. Mit der Verwendung des Begriffs „Messsystem" sollen hier alle gesetzlich genannten Messstellen und Messsysteme abgedeckt werden.
12 Siehe hierzu ausführlich *Raabe/Lorenz/Pallas/Weis*, CR 2011, 832.
13 BSI, Protection Profile for the Gateway of a Smart Metering System (Smart Metering Gateway PP) – Schutzprofil für die Kommunikationseinheit eines intelligenten Messsystems für Stoff- und Energiemengen (im Folgenden Smart Meter Gateway PP).
14 Begründung zum Regierungsentwurf v. 17.2.2016, BT-Drs. 18/7555, Begründung S. 108.
15 Begründung zum Regierungsentwurf v. 17.2.2016, BT-Drs. 18/7555, Begründung S. 108.

§ 50   Zulässigkeit und Umfang der Erhebung, Verarbeitung und Nutzung von Daten

welche aus dem Zähler stammen und über die Schnittstelle kommuniziert werden können. Dabei handelt es sich nicht nur um reine Messwerte, sondern um jegliche messrelevanten Informationen, was auch signierte Werte und Datenpakete aus reinen Messwerten mit Verknüpfungen zur Zählpunktbezeichnung darstellen können. Die Formulierung „aus" ist dabei nicht im Sinne von unmittelbar dem System entspringend auszulegen. Es sind auch Daten erfasst, die ursprünglich aus dem Messsystem stammen, aber an andere Marktakteure übermittelt werden. Die Formulierung „aus dem Messsystem" ist aus der Gesetzeshistorie gewachsen, da der Auftrag des BSI für Schutzprofile für Smart Meter Gateways[16] schon vor Erlass des Gesetzes bestand.[17] Die dort entwickelte Sichtweise ging vor dem Hintergrund eines „**Internet der Energie**" von einer Sternkommunikation[18] aus. Charakteristisch für dieses Kommunikationsparadigma ist, dass sämtliche zum Datenumgang berechtigte Stellen selbst mit dem Messsystem kommunizieren können und dürfen.[19] Auf Basis dieses Paradigmas wurde angenommen, dass es bei den jeweiligen Marktakteuren nur unmittelbar aus dem Messsystem stammende Messdaten geben würde. In Gesamtschau des datenschutzrechtlichen Schutzkonzeptes des EnWG war jedoch, wie sich hier bestätigt, davon auszugehen, dass sich der Gesetzgeber diese Sicht bei der systematischen Gestaltung der Vorschriften zu eigen gemacht hat. Orientierte man sich hingegen an den derzeit noch geltenden Festlegungen der BNetzA zur Marktkommunikation,[20] so musste von einer Kettenkommunikation[21] ausgegangen werden. Nach dem Sinn und Zweck des Gesetzes konnte die Auslegung der Formulierung „aus dem Messsystem" also nur in dem Sinne erfolgen, dass auch die lediglich mittelbar aus dem Messsystem stammenden Daten bei den jeweils zum Datenumgang berechtigten Stellen entlang der Prozesskette erfasst sind.[22] Mit § 60 hat sich der Gesetzgeber nun grundsätzlich und ausdrücklich für eine sternförmige Marktkommunikation der relevanten Daten entschieden, indem er den Begriff schon in die Überschrift aufgenommen hat.

15   Die Formulierung „**mit Hilfe des Messsystems**" erfasst insbesondere die für die Steuerung von unterbrechbaren Verbrauchseinrichtungen notwendigen **Steuersignale**. Zudem die in § 50 Abs. 2 Nr. 10 (§ 21g Abs. 1 Nr. 6 EnWG a. F.) erfassten **Tarif- und Preissignale** des Lieferanten sowie die personenbezogenen Daten der **Basiskommunikation**. Da nach § 20 **Messeinrichtungen für Gas** nur verbaut werden dürfen, wenn sie sicher mit einem Smart Meter Gateway, das den Anforderungen von § 22 genügt, verbunden werden können, fallen

---

16   Smart Meter Gateway PP.
17   Der Auftrag zur Erarbeitung dieses Schutzprofils wurde bereits deutlich vor der Novelle des EnWG im September 2010 erteilt. Siehe auch *Kowalski*, in: Bub/Wolfenstetter, Sicherheit und Vertrauen in der mobilen Informations- und Kommunikationstechnologie, S. 137.
18   Siehe hierzu ausführlich *Raabe/Lorenz/Pallas/Weis*, CR 2011, 832.
19   Smart Meter Gateway PP; für jeden auf das Messsystem zugreifenden Akteur würde dabei ein gesondertes Berechtigungsprofil auf dem Gateway hinterlegt. So auch die BSI-Mitarbeiter *Laupichler/Vollmer/Bast/Intemann*, DuD 2011, 544, die auch dort von einer Mehrzahl externer Kommunikationspartner sprechen und dies in Abbildung 1 auch so aufzeigen.
20   Siehe hierzu insbesondere den Prozess Zählerstand-/Zählwertübermittlung in BNetzA, Anl. 2 zum Beschl. BK6-09-034 v. 9.9.2010, S. 11 ff. Eine Änderung dieses Prozesses erfolgte dann nach der Novelle 2011 in BNetzA, Anl. 1 zum Beschl. BK6-11-150 v. 28.10.2011, S. 30 ff. Diese Änderung ließ das Kommunikationsparadigma jedoch unberührt.
21   Siehe hierzu auch ausführlich *Raabe/Lorenz/Pallas/Weis*, CR 2011, 831.
22   Im Ergebnis auch *Weis/Pallas/Lorenz/Raabe*, Handbuch zur Elektromobilität, Rn. 69.

auch die personenbezogenen Daten aus diesen Messeinrichtungen unter den Anwendungsbereich der Regelung.

c) Messeinrichtung

Nach den Begriffsbestimmungen des § 2 Nr. 10 ist eine Messeinrichtung ein Messgerät, das allein oder in Verbindung mit anderen Messeinrichtungen für die Gewinnung eines oder mehrerer Messwerte eingesetzt wird.[23]

16

d) Moderne Messeinrichtung

Unter einer modernen Messeinrichtung versteht man gemäß § 2 Nr. 15 eine Messeinrichtung, die den tatsächlichen Elektrizitätsverbrauch und die tatsächliche Nutzungszeit widerspiegelt und über ein Smart-Meter-Gateway sicher in ein Kommunikationsnetz eingebunden werden kann.

17

e) Messsystem (Abs. 1)

Gemäß § 2 Nr. 13 ist ein Messsystem eine in ein Kommunikationsnetz eingebundene Messeinrichtung.[24]

18

f) Intelligentes Messsystem

Gemäß § 2 Nr. 7 handelt es sich bei einem intelligenten Messsystem um eine über ein Smart Meter Gateway in ein Kommunikationsnetz eingebundene moderne Messeinrichtung zur Erfassung elektrischer Energie, das den tatsächlichen Energieverbrauch und die tatsächliche Nutzung widerspiegelt und den besonderen Anforderungen nach den §§ 21 und 22 genügt, die zur Gewährleistung des Datenschutzes, der Datensicherheit und Interoperabilität in Schutzprofilen und Technischen Richtlinien festgelegt werden können.

19

4. Nur mit Einwilligung des Anschlussnutzers (Abs. 1)

Mit dem **Einbringen der Einwilligung** macht der Gesetzgeber nunmehr deutlich, dass auch über die explizit genannten zulässigen Zwecke eine Datenerhebung bzw. Datenverwendung möglich ist.[25] Dies folgt auch aus den §§ 59 und 65, welche die weitere Datenerhebung und Datenübermittlung thematisieren, sowie aus § 70, welcher den weiteren Datenaustausch auf Veranlassung des Anschlussnutzers regelt.[26]

20

Nach § 70 sind **weitere Messwertnutzungen möglich**, allerdings nur mit Einwilligung des Anschlussnutzers nach Maßgabe der Vorschriften zur weiteren Datenerhebung und Übermittlung.[27]

21

Laut Gesetzesbegründung sind die §§ 59, 65 und 70 vom Gesetzgeber als **Generalklauseln** konzipiert worden. Womit deren Sinn und Zweck erst recht für die eigentliche „Ge-

22

---

23 BerlKommEnR/*Säcker/Zwanziger*, § 2 MsbG Rn. 28.
24 BerlKommEnR/*Säcker/Zwanziger*, § 2 MsbG Rn. 34.
25 Begründung zum Regierungsentwurf v. 17.2.2016, BT-Drs. 18/7555, S. 107.
26 Begründung zum Regierungsentwurf v. 17.2.2016, BT-Drs. 18/7555, S. 107.
27 Begründung zum Regierungsentwurf v. 17.2.2016, BT-Drs. 18/7555, S. 109.

§ 50   Zulässigkeit und Umfang der Erhebung, Verarbeitung und Nutzung von Daten

neralklausel" des § 50 gelten kann, welche die Einwilligung für den dritten Teil des MsbG beinhaltet. Mit der Begründung wird nicht nur grundsätzlich eine legitimierende Zustimmung für Datenbedürfnisse von Effizienzdiensten bei Datenverwendungen über die gesetzlich enumerativ als erforderlich aufgezählten Maße hinaus eingeführt, sondern auch allgemein die Legitimation der Nutzung des Gateways für Mehrwertdienste durch Einwilligung statuiert.

23 Das Gesetz lässt hier **offen, welche Mehrwertdienste** gemeint sind; jedoch folgt mittelbar aus § 19 f., dass die technischen Mindestanforderungen von Smart-Meter-Gateways Technologieoffenheit befördern sollen, sodass auch energiefremde Dienste grundsätzlich möglich wären. Allerdings wird mit dem Grundtenor der §§ 29 ff. klargestellt, dass primär energiewirtschaftliche Dienste gemeint sind.

24 **Mehrwertdienste** sind **nicht energiewirtschaftlich erforderlich**, weswegen sie der Einwilligung nach dem MsbG bedürfen. Die Zwecke der Energieversorgung besitzen aus Gründen der Versorgungssicherheit eindeutig Priorität.[28]

25 Zum Schutz des Anschlussnutzers sind zwingend die Schriftform sowie eine vorherige Belehrung erforderlich.[29] In den §§ 59, 65 und 70 wird im Wortlaut explizit auf § 4a BDSG verwiesen, weshalb die Einwilligung den Anforderungen des § 4a BDSG genügen muss. Das **Schriftlichkeitserfordernis** nach § 4a BDSG birgt allerdings bei elektronischen Transaktionen grundsätzlich die Schwierigkeit eines Medienbruchs. Zwar erlaubt § 126 Abs. 3 BGB auch die elektronische Form nach § 126a BGB, allerdings ist dann eine qualifizierte elektronische Signatur erforderlich, die wiederum keinerlei Verbreitung besitzt.[30] Im Hinblick auf die **Elektromobilitätsszenarien** der Zukunft, die sich durch hohe Transaktionsfrequenzen insbesondere bei der Nutzung von öffentlichen Ladestationen auszeichnen, ist eine damit verbundene (unter-)schriftliche Einwilligung gegenüber dem jeweiligen Ladestationsbetreiber als absolutes Ausschlusskriterium für die Entwicklung dieser Märkte zu betrachten.

5. „Oder"

26 Mit der Formulierung „**oder**" wird in § 50 die Einwilligung strikt von den enumerativ als zulässig genannten Zwecken abgegrenzt. Es bedarf zur Legitimation entweder der Einwilligung oder des Vorliegens eines der in § 50 Abs. 1 und 2 genannten Zwecke. Bei der Einwilligung obliegt es allein dem Anschlussnutzer, als Ausfluss seiner Datenhoheit weiteren Datenerhebungen und Verwendungen zuzustimmen.[31] Geht die Datenerhebung über das nach dem Katalog erforderliche Mindestmaß hinaus, so ist sie nur zulässig, wenn ebenfalls eine Zustimmung vorliegt.[32]

---

28 Begründung zum Regierungsentwurf v. 17.2.2016, BT-Drs. 18/7555, S. 109.
29 Begründung zum Regierungsentwurf v. 17.2.2016, BT-Drs. 18/7555, S. 107.
30 Vgl. *Raabe/Lorenz*, DuD 2011, 280.
31 Begründung zum Regierungsentwurf v. 17.2.2016, BT-Drs. 18/7555, S. 107.
32 Begründung zum Regierungsentwurf v. 17.2.2016, BT-Drs. 18/7555, S. 107.

6. „Soweit dies erforderlich ist" (Abs. 1)

Die Verfolgung der enumerativ in Abs. 1 Nr. 1 bis 4 bezeichneten Zwecke des Datenumganges legitimiert nicht pauschal die Zulässigkeit einer Datenverwendung, sondern ist jeweils unter die Prämisse der Erforderlichkeit gestellt. Das Prinzip der Erforderlichkeit verlangt grundsätzlich, dass die Datenverarbeitung auf den für ihren Erhebungszweck notwendigen Umfang zu begrenzen ist. Insofern ist die Konkretisierung der spezifischen „Erforderlichkeit" durch **Interessenabwägung** geboten.[33] Nach verbreiteter Ansicht ist eine Verarbeitung erforderlich, wenn legitime Ziele auf andere Weise nicht oder nicht angemessen erreicht werden können. Erforderlich sind somit nicht nur zwingend notwendige Verarbeitungen, sondern es ist auch zu berücksichtigen, ob es eine zumutbare Alternative gibt.[34] Die Datenverarbeitung muss „bei vernünftiger Betrachtung"[35] ein sinnvolles Mittel darstellen.[36] Dies ist einzelfallbezogen im Rahmen einer Abwägung festzustellen. Dabei gilt, dass ein Zusatzaufwand umso eher zumutbar ist, je schwerwiegender die Maßnahme ist.[37] Welche Abwägungen im Hinblick auf die Zwecke geboten sind, lässt sich deshalb nicht pauschal beantworten (vgl. die Ausführungen zu Abs. 1 Nr. 1 bis 4).

27

7. Zulässige Zwecke

Als datenschutzrechtliches Grundprinzip ist die **Zweckbindung** von Datenverwendungen ein tragendes Element für die Sicherung der Grundrechtsausübung. „Erst wenn Klarheit darüber besteht, zu welchem Zweck Angaben verlangt werden (...), lässt sich die Frage einer zulässigen Beschränkung des Rechts auf informationelle Selbstbestimmung beantworten."[38] Auch Art. 6 Abs. 1 lit. b) der Datenschutzrichtlinie (RL 95/46/EG) bestimmt, dass die mit der Datenverarbeitung verfolgten Zwecke festgelegt, eindeutig und rechtmäßig sein müssen. Das Prinzip dient nicht nur dazu, dem Betroffenen das notwendige Wissen zu vermitteln, zu welchen konkreten Zwecken seine Daten verwendet werden, sondern es werden auch die verantwortlichen Stellen gezwungen, die Daten zum einen nur zu den vorgesehenen Zwecken zu erheben und zum anderen diese auch lediglich zu den Zwecken weiterzuverarbeiten.[39] Die in § 50 Abs. 1 und 2 aufgezählten Zwecke haben als gesetzliche Legitimation **abschließenden Charakter**, was durch die Gesetzesbegründung hervorgehoben wird.[40] Aufgrund der im MsbG verankerten strengen Begrenzung der Zwecke besteht keine Möglichkeit, über eine der Verordnungsermächtigungen weitere Zweckfestlegungen einzuführen. Dies erscheint, im Gegensatz zur Konzeption des früheren § 21g EnWG a. F., nun auch nicht mehr notwendig, da durch die jetzt bestehende Möglichkeit der Einwilligung in § 50 Abs. 1 auch erst zukünftig ersichtliche Zwecke der Datenverwen-

28

---

33 So auch *Wybitul*, BB 2010, 1085, 1086.
34 *Simitis/Simitis*, § 28 BDSG Rn. 143; *Gola/Schomerus*, § 28 BDSG Rn. 34; *Schaffland/Wiltfang*, § 28 BDSG Rn. 110; Däubler/Klebe/Wedde/Weichert/*Wedde*, § 28 BDSG Rn. 48.
35 *Gola/Schomerus*, § 28 BDSG Rn. 34.
36 Vgl. *Gola/Schomerus*, § 28 BDSG Rn. 34; *Schaffland/Wiltfang*, § 28 BDSG Rn. 110.
37 Vgl. *Globig*, in: Roßnagel, Handbuch Datenschutzrecht, Kap. 7.4. Rn. 59.
38 BVerfG, Urt. v. 15.12.1983, 1 BvR 209/83, 1 BvR 269/83, 1 BvR 362/83, 1 BvR 420/83, 1 BvR 440/83, 1 BvR 484/83 – Volkszählurteil.
39 *Bizer*, DuD 2007, 352.
40 Begründung zum Regierungsentwurf v. 17.2.2016, BT-Drs. 18/7555, S. 105.

§ 50   Zulässigkeit und Umfang der Erhebung, Verarbeitung und Nutzung von Daten

dung, welche aus Gründen der Energieeffizienz motiviert sein könnten, zumindest durch die Einwilligung abgedeckt werden können.

29 Für § 50 wurde eine **neue Systematik** bzw. Ausgestaltung im Vergleich zu § 21g EnWG a. F. gewählt. Während in Abs. 1 die abschließenden allgemeineren Zwecke zu finden sind, werden diese in Abs. 2 zum Teil näher ausgestaltet und konkretisiert. Letztere sind als Regelbeispiele ausgestaltet, was aus dem Wortlaut „insbesondere" folgt und zeigt, dass diese Konkretisierungen wiederum nicht als abschließend gelten sollen.

30 Um die grundrechtlich gebotene Bestimmtheit der in gesetzlichen Regelungen selbst getroffenen Aussagen herzustellen, finden sich im MsbG, im Gegensatz zu den Bestimmungen des EnWG a. F., nun weitere Konkretisierungen der numerisch aufgezählten Zwecke in Kapitel 2 und 3 des Gesetzes. Diese folgen der klassischen phasenbezogenen datenschutzrechtlichen Systematik. Kapitel 2 konzentriert sich demzufolge auf das Erheben der Daten, während Kapitel 3 im ersten Abschnitt die Verarbeitung und die Nutzung von Daten abhandelt. Der zweite Abschnitt des 3. Kapitels befasst sich des Weiteren mit dem Austausch von Daten. Als weitere Konkretisierung der in § 50 Abs. 1 und 2 genannten Zwecke und mithin als Maß für das im Rahmen der Zweckbindung **Erforderliche**, stellen die kraft ihrer Festlegungskompetenz aus § 29 als Allgemeinverfügungen[41] erlassenen **Festlegungen der BNetzA** dar.[42] Zwar werden diese im Rahmen der Übergangsfrist[43] den neuen marktlichen und rechtlichen Gegebenheiten angepasst werden, behalten jedoch bis dahin ihre Gültigkeit.

31 Im Folgenden wird bei dem jeweils behandelten **Zweck** insbesondere der Verweis auf die im Messstellenbetriebsgesetz zu findenden **Konkretisierungen** gegeben.

32 Die Detaillierung der im Gesetz selbst geregelten Zulässigkeitstatbestände ist äußerst **unterschiedlich ausgestaltet**. § 50 Abs. 1 formuliert die Zwecke sehr weit und weniger detailliert als Abs. 2. Dies ist dem Umstand geschuldet, dass diese Zwecke generalklauselähnlich ein weites Spektrum der energiewirtschaftlichen Prozesse abdecken sollen und wie ausgeführt § 50 einen eigenständigen Anwendungsbereich für Datenverwendungen mit geringer Eingriffsintensität gewinnt, als mit der klassischen Messeinrichtung im Sinne von § 2 Nr. 10 auch analoge Messgeräte wie Ferraris-Zähler vom Anwendungsbereich des Gesetzes erfasst sind. Die in § 50 Abs. 2 zu findenden Konkretisierungen sind als Regelbeispiele in ihrem Detaillierungsgrad der gesteigerten Eingriffsintensität bei kommunikativ vernetzten Systemen korrespondierend weiter fortgeschritten. Allerdings finden sich auch in den Nr. 1–13 erhebliche Unterschiede in der Granularität der Ausgestaltung. Während die komplexe Messdatenkommunikation im Rahmen der Belieferung mit Energie in § 50 Abs. 2 Nr. 3 nur das abstrakte Merkmal der „Belieferung" in seinen gesetzlichen Tatbestand aufnimmt, werden die Tatbestandsvoraussetzungen und Begleitumstände der Datenverwendung anlässlich der Umsetzung variabler Tarife in § 50 Abs. 2 Nr. 10 sehr viel genauer ausformuliert. Hinsichtlich der teilweise weit gehaltenen Zweckbestimmungen in § 50 Abs. 1 und 2 sind jedoch im Hinblick auf die Eingriffsintensität in das Recht auf informationelle Selbstbestimmung insgesamt **noch hinreichend normklare** Zulässigkeitstat-

---

41 BGH, ZNER, 2008, 228.
42 Vgl. BerlKommEnR/*Säcker/Zwanziger*, Einleitung Rn. 29 f.
43 Die BNetzA erhält mit § 75 S. 1 Nr. 1 die Möglichkeit, die bis zum 31.12.2019 bestehende Übergangsphase technisch zu gestalten, BT-Drs. 18/7555, Begründung, S. 108.

bestände geschaffen worden.⁴⁴ Es sind jedenfalls alle bekannten Verwendungszwecke des bestehenden Energiemarktes grundsätzlich vom Katalog des § 50 Abs. 1 und 2 erfasst und mithin die Grundsatzentscheidung für einen Eingriff in die informationelle Selbstbestimmung in diesen Sachverhalten vom Gesetzgeber selbst getroffen worden.⁴⁵ Daneben ist anzuerkennen, dass es sich beim zukünftigen Energieinformationsnetz um ein sich hochdynamisch entwickelndes System handelt. Im Hinblick auf die für Energieeffizienzmaßnahmen zugunsten von Klimaschutz und Versorgungssicherheit notwendige Innovationsoffenheit der Systeme und Prozesse ist es nachvollziehbar, grundsätzlich die Detaillierung von Begleitprinzipien zum Schutz der informationellen Selbstbestimmung auf das flexiblere Instrumentarium der Verordnung zu verweisen.

a) Zur Erfüllung von Verträgen mit dem jeweiligen Anschlussnutzer (Abs. 1 Nr. 1)

Bei **bestehenden Vertragsverhältnissen** zwischen datenverwendender Stelle und dem jeweiligen Anschlussnutzer, dürfen nach allgemeinen Prinzipien Daten, die zur Erfüllung der Pflichten aus dem Vertragsverhältnis erforderlich sind, verwendet werden. Dieses allgemeine Prinzip wird hier bereichsspezifisch konkretisiert.

33

In Anlehnung an die aus § 28 BDSG folgenden **Grundprinzipien des BDSG** setzt die Verarbeitung von Daten einen unmittelbaren sachlichen Zusammenhang zwischen der beabsichtigten Verwendung und dem konkreten Zweck des Vertragsverhältnisses voraus.⁴⁶ Welchen Zweck die Beteiligten mit ihrer Abmachung verfolgen, ergibt sich dabei entweder aus dem Text oder aus dem gesamten Inhalt der jeweiligen vertraglichen Vereinbarung.⁴⁷ Es muss sich dabei zwingend um einen durch übereinstimmende Erklärung der vertraglichen Beziehung zugrunde gelegten Zweck handeln.⁴⁸

34

Tatbestandlich setzt die Regelung also einen Vertrag zwischen dem Anschlussnutzer und der berechtigten Stelle voraus. Die Verwendung von Messdaten im Zusammenhang mit der **Ersatzversorgung** nach § 38 EnWG ist somit z. B. von § 50 Abs. 1 Nr. 1 nicht erfasst. Zwar wird sie auch als „vertragslose" Energielieferungen bezeichnet,⁴⁹ ist aber grundsätzlich als gesetzliches Schuldverhältnis ausgestaltet. Eine Auslegung entgegen dem Wortlaut ist hier auch nicht angezeigt, da die Ersatzversorgung ungeachtet ihres Rechtscharakters eine Belieferung mit Energie darstellt und somit der spezielleren Regelung des § 50 Abs. 2 Nr. 3 unterfällt.

35

Eine **Konkretisierung** des Merkmales „**Erfüllung von Verträgen**" ist zunächst in § 50 Abs. 2 Nr. 13 zu finden, welcher wiederum die Durchführung von Vertragsverhältnissen im Kontext des Energiemarktes, explizit von solchen, welche einen Mehrwertdienst zum Gegenstand haben, differenziert.

36

---

44 A. A. zu Abs. 1 Nr. 1 und Nr. 8 i.V.m. Abs. 3: *Weichert*, Stellungnahme zum Gesetzesentwurf der Bundesregierung, S. 3.
45 *Jandt/Roßnagel/Volland*, ZD 2011, 100; die Verarbeitungszwecke entsprechen der Rollenverteilung zwischen Netzbetreiber, Energieversorger und Messstellenbetreiber.
46 *Bergmann/Möhrle/Herb*, § 28 BDSG Rn. 25.
47 Simitis/*Simitis*, § 28 BDSG Rn. 57.
48 *Schaffland/Wiltfang*, § 28 BDSG Rn. 18 f.
49 BerlKommEnR/*Busche*, § 38 EnWG Rn. 1.

§ 50 Zulässigkeit und Umfang der Erhebung, Verarbeitung und Nutzung von Daten

37 Eine **weitere Ausgestaltung**, auch hinsichtlich Datenumfang und zeitlicher Komponente für eine Datenerhebung findet sich zudem in **§ 57 Nr. 1**. Dieser erlaubt die Erhebung von Stammdaten in erforderlichem Umfang und zum erforderlichen Zeitpunkt, sofern ein Gesetz dies erfordert, für jeden erstmaligen Anschluss einer Anlage. Der Zweck der Vertragserfüllung erfordert regelmäßig einen Austausch von Stammdaten.

b) Anlässlich vorvertraglicher Maßnahmen, die der jeweilige Anschlussnutzer veranlasst hat (Abs. 1 Nr. 2)

38 Während § 50 Abs. 1 Nr. 1 bestehende Vertragsverhältnisse erfasst, soll Abs. 1 Nr. 2 die **vorvertragliche Phase** abdecken. Systematisch ist in den Blick zu nehmen, dass die Konkretisierungen in § 50 Abs. 2 überwiegend Tatbestände enthalten, welche zum Teil auch als Inhalt von Vertragsverhältnissen zu betrachten wären. Dies zeigen die konkretisierenden Normierungen zur Belieferung mit Energie und die dazugehörige Abrechnung sowie auch die Durchführung von Mehrwertdiensten und anderen Vertragsverhältnissen. Als Ausdruck seiner „Datenhoheit" kann § 50 Abs. 1 Nr. 2 aber durchaus als Auffangtatbestand für den nicht abgedeckten vorvertraglichen Bereich gesehen werden, da die Veranlassung eben seine Eigeninitiative als Ausdruck von Selbstbestimmung umfasst.

39 Die Vorschrift setzt damit tatbestandlich nicht voraus, dass der Betroffene schon Vertragspartei ist, sondern nur, dass er die **vorvertragliche Maßnahme** veranlasst hat. Erfasst wird primär die Begründung eines Vertragsverhältnisses und damit alle Datenverwendungen anlässlich von Vertragsverhandlungen, welche im Vorfeld eines Vertragsschlusses geführt werden und damit auch alle für die Anbahnung eines Vertrages notwendigen vorbereitenden Handlungen. Des Weiteren sind auch die Datenverwendungen anlässlich der einen Vertragsschluss begründenden Handlungen wie Angebot und Annahme darunter zu fassen. Zu denken wäre hier beispielsweise an die Verarbeitung von Daten zur Ausarbeitung von Angeboten seitens eines Lieferanten und alle Maßnahmen, welche die Vorbereitung eines Lieferantenwechsels betreffen.

40 Eine **konkretere Ausgestaltung** findet dieser Zweck daher in § 55 Abs. 2, welcher den Fall des Lieferantenwechsels erfasst. Des Weiteren stellt auch § 57 Nr. 2, der die Erhebung von Stammdaten zum Gegenstand hat, eine Konkretisierung dar, denn die Angebotsunterbreitung ist ohne Stammdaten nicht möglich.

41 Eine Konkretisierung des notwendigen Datenumgangs kann hier weiterhin der in den WiM festgelegte **Ergänzungsprozess Gerätewechsel** sein.[50] Gegenstand dieses Prozesses ist die Übermittlung der in der Endablesung festgestellten Endablesewerte an den VNB, was entweder vom alten Messstellenbetreiber oder vom neuen Messstellenbetreiber vorgenommen wird.[51] Der Prozess betrifft also die Phase des Übermittelns und damit des Verarbeitens von Daten. In diesem Fall meldet ein Lieferant beim Netzbetreiber aufgrund eines mit dem Letztverbraucher zustande gekommenen Energieliefervertrages die Entnahmestelle des Letztverbrauchers zur Belieferung an. Typische Anlässe sind der **Lieferantenwechsel**,

---

50 Vgl. Anl. 1 zu dem Beschl. BK6-09-034 / BK7-09-001, C.5.1.3 Ergänzungsprozess Gerätewechsel, Nr. 7 und 8, S. 39.
51 Vgl. Anl. 1 zu dem Beschl. BK6-09-034 / BK7-09-001, C.5.1.3 Ergänzungsprozess Gerätewechsel, Nr. 7, S. 39.

Einzug sowie Inbetriebnahme einer **neuen Entnahmestelle**.[52] Auch nach den Festlegungen der BNetzA zu diesem Prozess ist der VNB verpflichtet, dem neuen Lieferanten nach Ermittlung und Aufbereitung die Messwerte oder andere abrechnungs- oder bilanzierungsrelevanten Werte zu übermitteln.

c) Zur Erfüllung rechtlicher Verpflichtungen, welche den berechtigte Stellen aufgrund dieses Gesetzes, des Energiewirtschaftsgesetzes des Erneuerbare-Energien-Gesetzes, des Kraft-Wärme-Kopplungsgesetzes und der auf diesen Gesetzen beruhenden Rechtsverordnungen und Festlegungen der Regulierungsbehörden auferlegt sind (Abs. 1 Nr. 3)

Als berechtigte Stellen sind hier die in § 49 Abs. 1 legaldefinierten berechtigten Stellen zu verstehen. **Rechtliche Verpflichtungen** ergeben sich für diese primär aus dem MsbG selbst. In einer Gesamtschau des § 50 Abs. 1 Nr. 3 mit den konkreteren Zwecken aus § 50 Abs. 2 Nr. 1, 2 etc. muss § 50 Abs. 1 Nr. 3 als Auffangtatbestand für alle nicht in § 50 Abs. 2 konkretisierten Verpflichtungen gesehen werden. 42

aa) Gesetzliche Verpflichtungen des Messstellenbetreibers

Schon ausweislich der Überschrift des ersten Abschnittes des dritten Kapitels sind die gesetzlichen Pflichten des Messstellenbetreibers in den §§ 60 ff. konkretisiert. Während sich in § 60 Abs. 1 eine generalklauselartige Grundpflicht findet, welche auch auf § 50 verweist, findet sich in § 60 Abs. 3 eine Aufzählung von energiewirtschaftlichen Pflichten, des Messstellenbetreibers. Eine **standardmäßige Übermittlung** von Daten muss dabei monatlich für den Vormonat an VNB (§ 60 Abs. 3 Nr. 1 MsbG). Nach § 60 Abs. 3 Nr. 2 besteht zudem eine Pflicht zur täglichen Übermittlung für Daten des Vortages in 15-minütiger Auflösung gegenüber den Betreibern von Verteilnetzen mit mindestens 100.000 unmittelbar oder mittelbar angeschlossenen Kunden. **Auf Verlangen** gilt dies zudem auch gegenüber Betreibern kleinerer Verteilnetze. Nach § 60 Abs. 3 Nr. 3 besteht zudem eine Pflicht zur täglichen Übermittlung für Daten des Vortages in 15-minütiger Auflösung an ÜNB und Bilanzkreiskoordinator und an den Energielieferanten (§ 60 Abs. 3 Nr. 4). Auch dem Anschlussnutzer und dem Anlagenbetreiber gegenüber besteht gemäß §§ 61 und 62 eine gesetzliche Verpflichtung, bestimmte Informationen zur Verfügung zu stellen. 43

bb) Gesetzliche Pflichten von VNB, ÜNB und Bilanzkreiskoordinator

Die §§ 66 bis 69 regeln laut Gesetzesbegründung nicht nur die Zwecke, für welche die erhaltenen Messwerte verwendet werden dürfen, sondern auch, welche verwendet werden müssen, um den **energiewirtschaftlich bedingten Pflichten** gerecht zu werden.[53] Es handelt sich somit um eine gesetzliche Verpflichtung der berechtigten Stellen. 44

§ 66 Abs. 2 zeigt dabei die **standardmäßigen** Übermittlungspflichten des **Netzbetreibers** für die in § 69 Abs. 1 Nr. 3 und 4 genannten Zwecke auf, welche monatlich für den Vormonat in Form von Last- und Einspeisegänge sowie in bestimmten Fällen Arbeitswerte von Einzelzählpunkten an den Energielieferanten erfolgen müssen. 45

---

52 Vgl. Anl. 1: Änderungen der Anlage zu dem Beschluss BK6-06-009 (GPKE), 3.3. Lieferanfang, Nr. 7 S. 24.
53 Begründung zum Regierungsentwurf v. 17.2.2016, BT-Drs. 18/7555, S. 109.

§ 50 Zulässigkeit und Umfang der Erhebung, Verarbeitung und Nutzung von Daten

46 § 67 Abs. 2 zählt die zu tätigenden **standardmäßigen** Übermittlungen des **ÜNB** auf. Dieser hat täglich für den Vortag die aus den Messwerten nach Abs. 1 Nr. 6 aggregierten Summenzeitreihen netzebenenscharf für das Bilanzierungsgebiet an VNB zu übermitteln. Allerdings ausschließlich zu Zwecken der Prognosebildung und zur Bilanzierung.

47 **An die Bilanzkreisverantwortlichen** müssen täglich für den Vortag für die Messwerte nach Abs. 1 Nr. 6 die aus den Messwerten aggregierten Summenzeitreihen für den jeweiligen Bilanzkreis übermittelt werden. Zweck muss diesbezüglich die **Bilanzkreisbewirtschaftung** sein.

48 § 68 Abs. 2 beinhaltet die **standardmäßigen** Übermittlungen des **Bilanzkreisverantwortlichen**. Standardmäßig übermittelt der Bilanzkreisverantwortliche die im Zusammenhang mit § 4 der Stromnetzzugangsverordnung erforderliche Datenkommunikation, soweit die Daten nicht auf Personen zurückzubeziehen sind.

49 Für alle oben genannten Konstellationen gilt, dass auch bezüglich jener **Daten**, die zur **Erfüllung von Pflichten aus Festlegungen** der Bundesnetzagentur nach § 75 erforderlich sind, eine gesetzliche Pflicht zur Übermittlung besteht. (§§ 68 Abs. 2, 2. Alt., 67 Abs. 2 Nr. 3, 66 Abs. 2 Nr. 3).

50 § 69 Abs. 2 behandelt die **standardmäßigen** Übermittlungspflichten des **Energielieferanten**.

51 Hier ist **keine explizite zeitliche Komponente** vorgeschrieben, lediglich die Adressaten der Datenübermittlung und welcher Art die Informationen sein müssen, werden festgelegt.

52 **An den Letztverbraucher** müssen die im Zusammenhang mit der Abrechnung der Belieferung von Energie erforderlichen Informationen und die im Zusammenhang mit dem Tarif stehenden Informationen übermittelt werden. Der Bilanzkreisverantwortliche muss die für das Bilanzkreisdatenclearing erforderlichen Informationen bekommen.

53 **Weitere gesetzliche** Pflichten finden sich bezüglich des Verteilnetzbetreibers und des ÜNB in den **§§ 11 ff. EnWG** sowie bezüglich des Energielieferanten in **§§ 36 ff. EnWG**.

d) Zur Wahrnehmung einer Aufgabe des Netzbetreibers, die in Ausübung ihm übertragener hoheitlicher Befugnisse erfolgt (Abs. 1 Nr. 4)

54 Die Konkretisierung der Auffangregelung zur Datenverwendung im Zusammenhang mit den dem Netzbetreiber übertragenen **hoheitlichen** Befugnissen findet sich zunächst in Abs. 2 Nr. 2 mit dem Verweis auf seine Pflichten zum ordnungsgemäßen, sicheren und effizienten Netzbetrieb und den damit zusammenhängenden Datenverwendungen zur Ermittlung des Netzzustandes nach Abs. 2 Nr. 11. Der konkretisierende Verweis auf die Befugnisnormen der §§ 11 bis 14 EnWG, die aus Gründen der Versorgungssicherheit insofern gesteigerte Eingriffsbefugnisse erlauben, findet sich sodann in § 66 Abs. 1 Nr. 3. Adressaten sind insofern jene ÜNB, denen die Regelverantwortung übertragen wurde. Da hieraus die relevanten Befugnisse zur Datenverwendung im Rahmen der Maßnahmen zur Gewähr der Systemverantwortung der § 13 EnWG folgen. Da nach § 14 Abs. 2 EnWG die Verteilnetzbetreiber bei der Planung des Verteilernetzausbaus insbesondere die Möglichkeiten von Energieeffizienz- und Nachfragesteuerungsmaßnahmen und dezentralen Erzeugungsanlagen zu berücksichtigen haben, werden Datenverwendungen von Messdaten neben den prognostischen und steuernden Maßnahmen zur Systemstabilität in entsprechender Anwendung des § 13 EnWG vermehrt auch für diese Zwecke erforderlich sein.

8. Konkretisierung der Zwecke (Regelbeispiele) (Abs. 2)

a) Die Erfüllung der Pflicht der Bilanzkreisverantwortlichen zur ordnungsgemäßen Bewirtschaftung ihres Bilanzkreises (Abs. 2 Nr. 1)

Die **notwendigen Datenverwendungen** aus den Pflichten des Bilanzkreisverantwortlichen zur ordnungsgemäßen Bewirtschaftung seines Bilanzkreises werden im Hinblick auf die Aggregation der Last- und Einspeisegänge von Einzelzählpunkten zu Bilanzkreissummenzeitreihen in § 66 Abs. 1 Nr. 7 für den Netzbetreiber konkretisiert.

Da die **BKV** im Rahmen der Festlegungen der MaBiS2.0 zudem nicht nur Mitwirkungsrechte, sondern auch im Hinblick auf eine angemessene Risikoverteilung **Wirkungsmöglichkeiten** haben, erklärt sich die Aufnahme der Datenverwendung zur Überprüfung der Bilanzkreisabrechnung in der Konkretisierung des § 68 Abs. 1 Nr. 2. Daneben werden in § 68 Abs. 1 Nr. 3 die Datenverwendungen zur Erfüllung weiterer sich aus Festlegungen der Bundesnetzagentur nach § 75 Nr. 8 ergebenden Pflichten konkretisiert.

Auf Basis seiner grundsätzlichen wirtschaftlichen Verantwortlichkeit für den Bilanzkreis aus § 4 StromNZV ist der BKV darüber hinaus aus § 5 StromNZV zur Organisation der **Fahrplanabwicklung** für seinen Bilanzkreis verantwortlich. Die für die Datenverwendung maßgeblichen weitergehenden Rechte und Pflichten werden insofern in den Verträgen über die Führung, Abwicklung und Abrechnung von Bilanzkreisen (Bilanzkreisvertrag) nach § 26 Abs. 1 StromNZV geregelt.

b) Die Erfüllung der Pflicht der Netzbetreiber zum ordnungsgemäßen, sicheren und effizienten Netzbetrieb (Abs. 2 Nr. 2)

Den Befugnissen der Netzbetreiber zu Maßnahmen im Rahmen des ordnungsgemäßen, sicheren und effizienten Netzbetriebes aus §§ 11 bis 13 EnWG bzw. 14 und 13 EnWG korrespondiert nachvollziehbar eine **entsprechende Pflicht**, die die Datenverwendung im Rahmen der dort angeordneten Maßnahmen erforderlich werden lässt. Der konkretisierende Verweis auf die spezielle Legitimation findet sich in § 66 Abs. 1 Nr. 3.

c) Die Belieferung mit Energie einschließlich Abrechnung (Abs. 2 Nr. 3)

Für die Bestimmung der Reichweite des mit der Datenverwendung verfolgten Zwecks „**Belieferung mit Energie**" ist es naheliegend, den Umkehrschluss aus der Definition des Verteilens in § 3 Nr. 37 EnWG zu ziehen. Unter Belieferung wäre danach der Energiebezug eines Kunden und damit der Vertrieb, jedoch ohne den Transport über Leitungsnetze zu verstehen. Im europäischen Kontext wird unter Belieferung hingegen gerade der Transport der Energie zum Kunden gefasst.[54] Diese Differenzierung hätte zur Konsequenz, dass die Daten damit auf Grundlage von § 50 Abs. 2 Nr. 2 nicht sowohl vom Netzbetreiber als auch vom Lieferanten zu Abrechnungszwecken benutzt werden dürften.[55] Es ist nicht ersichtlich, dass der Gesetzgeber lediglich für einen der Vorgänge – Transport oder Vertrieb – eine gesetzliche Grundlage zur Datenverwendung schaffen wollte, sondern im Sinne eines umfassenden datenschutzrechtlichen Schutzes für den Betroffenen beide Handlungen und

---

[54] Vgl. Art. 2 Nr. 3 und 5 RL 2009/72/EG.
[55] Siehe zur gleichen Problematik bei alter Gesetzeslage: *Raabe/Lorenz/Pallas/Weis*, CR 2011, 835.

§ 50 Zulässigkeit und Umfang der Erhebung, Verarbeitung und Nutzung von Daten

die dazugehörigen Datenflüsse in den Fokus genommen hat. Somit muss der Begriff der Belieferung in einem Sinne ausgelegt werden, dass damit sowohl **Transport** als auch **Vertrieb** mit den jeweils notwendigen Abrechnungen erfasst wird.[56]

60 **Nähere Ausgestaltungen** finden sich für die Art und Weise der Erhebung der Daten zwecks Abrechnung in den § 55 Abs. 1 Nr. 1, 2 und 4. Ebenfalls kann hier § 58 Abs. 1 Nr. 1 und 2 herangezogen werden.

61 Des Weiteren erlaubt es **§ 69 Abs. 1 Nr. 1** dem **Energielieferanten** erhaltene Messwerte für seine Abrechnung zu verwenden.

62 Letztlich findet in § 69 Abs. 2 eine **Konkretisierung** hinsichtlich der vom Energielieferanten notwendigerweise an den Letztverbraucher und den Bilanzkreisverantwortlichen zu **übermittelnden Daten** statt.

63 Zur weiteren Konkretisierung des im Zusammenhang mit der Belieferung mit Energie konkret **Erforderlichen** können innerhalb der Übergangsfrist die Festlegungen WiM, GPKE und MaBiS der BNetzA herangezogen werden.

d) Das Einspeisen von Energie einschließlich der Abrechnung (Abs. 2 Nr. 4)

64 Die Verwendung von Messdaten zum Zweck der Einspeisung von Energie schließt an die Erhebung der relevanten Erzeugungsdaten an. Es sind also die notwendigen Verarbeitungsschritte nach § 46 Abs. 1 EEG für die Abrechnung gegenüber dem Anlagenbetreiber erfasst. Daneben aber auch die notwendigen Datenverwendungen für die **Nachweise der Netzbetreiber** gegenüber ihren vorgelagerten Übertragungsnetzbetreibern aus § 47 Abs. 1 EEG und die **Endabrechnung** für das Vorjahr nach § 47 Abs. 2 Nr. 4 EEG.

65 Eine Konkretisierung hinsichtlich der Erhebung der erforderlichen Daten findet sich in § 55 Abs. 3, welcher eine Zählerstandsgangmessung bzw. eine viertelstündige registrierende Einspeisemessung vorsieht. Eine Verarbeitung der Daten konkretisiert § 66 Abs. 1 Nr. 4, indem er die erforderliche Datenverarbeitung für das Einspeisemanagement nach § 14 EEG in Verbindung mit § 13 Abs. 2 EnWG legitimiert.

e) Die Abrechnung der Netzentgelte und sonstiger Abgaben und Umlagen (Abs. 2 Nr. 5)

66 Früher erfasste der Geschäftsprozess **Netznutzungsabrechnung** der GPKE[57] die Übermittlung zur Netznutzungsabrechnung. Es wurden damit die Zählwerte, Verbräuche bzw. Lastgänge für die abrechnungsrelevanten Energiearten (Wirk- und Blindenergie) zum Zweck der Netznutzungsabrechnung übermittelt. Bis zum Ablauf der Übergangsfrist können diese Prozesse noch eine Orientierung geben, sofern nicht die BNetzA von ihrer Festlegungskompetenz nach § 75 Nr. 8 früher Gebrauch macht.

---

[56] Im Ergebnis so auch: *Weis/Pallas/Lorenz/Raabe*, Handbuch zur Elektromobilität, Rn. 73, 74.
[57] Vgl. konsolidierte Lesefassung der Anlage zur Festlegung BK6-06-009 v. 11.7.2006 (GPKE) in der Fassung gemäß der letzten Änderung durch den Beschluss BK6-11-150 v. 28.10.2011, 6.2. Beschreibung des Geschäftsprozesses, Rn. 1, S. 48 abrufbar unter www.bundesnetzagentur.de (letzter Abruf: 31.1.2017).

Im MsbG wird die **Verwendung von Messwerten für die Netznutzungsabrechnung** nun 67
durch § 66 Abs. 1 Nr. 1 **konkretisiert**. Allerdings müssen diese Daten hierfür zwingend erforderlich sein.

f) Die Durchführung der Bilanzierung und Bilanzkreisabrechnung (Abs. 2 Nr. 6)

Für die erforderlichen Datenverwendungen im Zusammenhang mit der Durchführung der 68
Bilanzierung und Bilanzkreisabrechnung wird in **§ 66 Abs. 2** für den Netzbetreiber die
Übermittlung der Bilanzsummenkreiszeitreihen **konkretisiert**. Für den ÜNB wird in § 67
Abs. 1 Nr. 5 und 6 die Verwendung der Last- und Einspeisegänge zur Aggregation und die
Übermittlung der daraus gebildeten Summenzeitreihen an den VNB bzw. BKV legitimiert.
Weiterhin wird die Legitimation des Energielieferanten der Datenverwendung für die
Überprüfung der Bilanzkreisabrechnung in § 69 Abs. 1 Nr. 5 und die Übermittlung der für
das Bilanzkreisclearing erforderlichen Informationen an den BKV in § 69 Abs. 2 Nr. 3
konkretisiert. Die konkret erforderlichen Prozesse zur Bilanzierung sind weiterhin konkretisierend in der MaBis geregelt.[58]

g) Die Erfüllung öffentlicher Registerpflichten (Abs. 2 Nr. 7)

Öffentliche Registerpflichten bestehen z. B. im Rahmen von Anlageregistern wie nach § 6 69
EEG in Verbindung mit § 93 EEG. Die insofern legitimierten Datenkategorien werden hier
in § 3 Abs. 2 AnlRegV konkretisiert. Weitere Register sind nach § 4 Ladesäulenverordnung für den Bereich der Elektromobilität zu führen. Mit dem **Marktstammdatenregister (MaStR)** soll zukünftig zudem ein umfassendes behördliches Register des Strom- und
Gasmarktes aufgebaut werden, das insbesondere auch das künftig mögliche Gesamtanlagenregister nach § 53b EnWG enthält. Die hier insbesondere in Frage stehende automatisierte und sichere Stammdatenübertragung soll, wie sich aus der Begründung zu §§ 57 und
63 zeigt, durch Steigerung der Verlässlichkeit und Reduzierung des Aufwandes eine bessere Erfüllung der öffentlichen Registerpflicht ermöglichen.[59]

h) Die Vermarktung von Energie und von Flexibilität bei der Einspeisung und bei der Abnahme von Energie (Abs. 2 Nr. 8)

Die Konkretisierungen im Zusammenhang mit der Datenverwendung bei der **Vermark-** 70
tung von Energie finden sich vornehmlich in § 66 Abs. 1 Nr. 2, der z.B. die Verwendung
im Zusammenhang mit der Geförderten Direktvermarktung des 2. Abschnitts des EEG
bzw. der Direktvermarktung des KWK-Stroms nach § 4 KWK legitimiert. Die zulässige
Datenverwendung bei **Flexibilitätsmechanismen** im Zuge von Einspeisung und Abnahme
von Energie wird für Letzteres durch § 66 Abs. 1 Nr. 5 explizit mit Verweis auf den Flexibilitätsmechanismus des § 14a EnWG konkretisiert.

---

58 MaBiS – Marktregeln für die Durchführung der Bilanzkreisabrechnung Strom, abrufbar unter www.bundesnetzagentur.de (letzter Abruf: 31.1.2017).
59 Begründung zum Regierungsentwurf v. 17.2.2016, BT-Drs. 18/7555, S. 107.

§ 50   Zulässigkeit und Umfang der Erhebung, Verarbeitung und Nutzung von Daten

i) Die Steuerung von unterbrechbaren Verbrauchseinrichtungen in Niederspannung im Sinne von § 14a des Energiewirtschaftsgesetzes (Abs. 2 Nr. 9)

71 **Steuerung unterbrechbarer Verbrauchseinrichtungen.** Die Zweckfestlegung zur Legitimation der Datenverwendung bei der Steuerung unterbrechbarer Verbrauchseinrichtungen bezieht sich auf die Verwendung von **Steuersignalen**, die mit Hilfe des Messsystems übertragen werden. Aus der Perspektive der Sicherung der informationellen Selbstbestimmung der Betroffenen handelt es sich um einen Fremdkörper im Kanon der Zweckfestlegungen, da das Steuersignal selbst kein schutzwürdiges Interesse des Betroffenen aus dieser Grundrechtsverbürgung betrifft. Auch wenn es sich bei den Steuersignalen um Informationen handelt, enthalten diese Signale keine Inhalte, die persönlichkeitsrechtliche Relevanz besitzen. In diesen Sachgestaltungen sind im Kern privatdispositive Entscheidungsrechte der Parteien betroffen, die den privatrechtsgestaltenden Grundrechten, dem Eigentum, zuzuordnen sind. Im Ergebnis handelt es sich also um eine **verbraucherschutzrechtlich motivierte Regelung.** Dies verdeutlicht auch die Normierung des § 14a EnWG, als dort ausgeführt wird, dass Letztverbrauchern im Bereich der Niederspannung, mit denen Netznutzungsverträge abgeschlossen sind, ein reduziertes Netzentgelt zu berechnen sei, wenn den Betreibern von Elektrizitätsverteilernetzen im Gegenzug die Steuerung von vollständig unterbrechbaren Verbrauchseinrichtungen zum Zweck der Netzentlastung gestattet wird.

72 Zu den unterbrechbaren Verbrauchseinrichtungen zählen beispielsweise **Wärmepumpen**,[60] aber auch die in § 14a genannten **Elektromobile**. Der Begriff „unterbrechbar" ist weit auszulegen, so dass nicht nur die Signalisierung an eine Verbrauchseinrichtung erfasst ist, die eine vollständige Unterbrechung zum Ziel hat, sondern ausweislich der Gesetzesbegründung auch jene, die eine **Reduzierung bei der Leistungsaufnahme** in Fällen fehlender Durchleitungskapazitäten bezweckt.[61]

73 **Konkretisiert** wird die **Datenerhebung zum Zweck der Steuerung** in § 55 Abs. 1 Nr. 3, welcher vorschreibt, dass dies bei unterbrechbaren Verbrauchseinrichtungen, die an ein intelligentes Messsystem angeschlossen sind, durch eine Zählerstandsgangmessung zu erfolgen hat.

74 Was die **Datenverarbeitung** angeht, so **konkretisiert** § 66 Abs. 1 Nr. 5 den Zweck der Steuerung dahingehend, dass er die Verwendung von Messwerten ausschließlich für die Durchführung des Flexibilitätsmechanismus nach § 14 des EnWG erlaubt.

j) Die Umsetzung variabler Tarife im Sinne von § 40 Abs. 5 EnWG, einschließlich der Verarbeitung von Preis- und Tarifsignalen für Verbrauchseinrichtungen und Speicheranlagen, sowie der Veranschaulichung des Energieverbrauchs und der Einspeiseleistung eigener Erzeugungsanlagen (Abs. 2 Nr. 10).

75 Die Regelung schließt an die Verpflichtung aus § 40 Abs. 5 EnWG an, wonach Lieferanten für Letztverbraucher von Elektrizität einen Tarif anzubieten haben, der einen **Anreiz zu**

---

60 Vgl. BT-Drs. 17/6072, S. 138.
61 Vgl. BT-Drs. 17/6072, S. 138.

Energieeinsparung oder Steuerung des Energieverbrauchs setzt. Gemäß § 2 Nr. 23 versteht man unter Tarifierung die Zuordnung der gemessenen elektrischen Energie oder Volumenmengen zu verschiedenen Tarifstufen. Tarife im Sinne von S. 1 sind insbesondere **lastvariable** oder **tageszeitabhängige Tarife**. Die Umsetzung variabler Tarife im Sinne von § 40 Abs. 5 EnWG zielt darauf ab, den Lieferanten in die Lage zu versetzen, beim Verbraucher einen Anreiz zur Energieeinsparung oder Steuerung des Energieverbrauchs zu setzen. Sie sollen die Verbraucher zu einem umweltbewussten Verbrauchsverhalten anhalten.[62] Nach dem Wortlaut des § 40 Abs. 5 EnWG handelt es sich bei den relevanten Preis- und Tarifsignalen insbesondere um solche, die ein Angebot für lastvariable oder tageszeitabhängige Tarife konkretisieren. Daneben sind aber auch Mischformen nicht ausgeschlossen.

Die Verwendung von personenbezogenen Daten aus dem Messsystem zur Vorbereitung eines spezifischen Angebotes ohne Mitwirkung des Letztverbrauchers ist trotz des weiten Wortlautes „Umsetzung" nicht legitimiert. Die Umsetzung variabler Tarife darf nach dem Schutzzweck nicht zu einer **anlasslosen Rasterauswertung** von Verbrauchsprofilen ohne Mitwirkungen des Kunden führen. Die legitime Verwendung von Messdaten im Zusammenhang mit Angeboten für variable Tarife nach § 40 Abs. 5 ist unter dem Vorbehalt der Veranlassung durch den Anschlussnutzer schon von der Zweckfestlegung des § 50 Abs. 1 Nr. 2 erfasst. Vielmehr kommt hinsichtlich der erlaubten Datenverwendungen nur die Legitimation der Nutzung des Messsystems zur **Übermittlung von Preis- und Tarifsignalen** in den Herrschaftsbereich des Kunden in Betracht. Da es sich bei diesen Tarif- und Steuersignalen nicht um Informationen handelt, die das Persönlichkeitsrecht der Betroffenen berühren, mithin keine Beeinträchtigung der informationellen Selbstbestimmung des Kunden gegeben ist, handelt es sich im Ergebnis um die gesetzliche Ausgestaltung einer **„Duldungspflicht" des Letztverbrauchers** bei der Inanspruchnahme des Messsystems durch Dritte, die mit den Pflichten des Lieferanten zum Angebot von Anreiztarifen aus Überlegungen des Allgemeinwohlbelangs „Steigerung der Energieeffizienz" korrespondieren.

76

Das MsbG macht hierfür in § 35 Nr. 2 im Rahmen der vorgesehenen Standard- und Zusatzleistungen des Messbetriebs auch **konkretisierende Angaben** über die **Granularität für variable Tarife**. Soweit es der variable Stromtarif im Sinne des § 40 Abs. 5 EnWG fordert, ist maximal die tägliche Bereitstellung von Zählerstandsgängen des Vortages vorgesehen, sofern der Letztverbraucher einen Jahresstromverbrauch von höchstens 10.000 Kilowattstunden hat.

77

Die zweite Alternative des § 50 Abs. 2 Nr. 10, die **Veranschaulichung des Energieverbrauchs** und der Einspeiseleistung eigener Erzeugungsanlagen, bezieht sich hingegen auf die Legitimation der Verwendung von personenbezogenen **Daten aus dem Messsystem** als Voraussetzung für die gewünschte Beeinflussung der Verbraucher zu energieeffizientem Verhalten. Die Regelung ergänzt für den Fall, dass der tatsächliche Energieverbrauch und die tatsächliche Nutzungszeit nicht nur auf einem lokalen Display in der ausschließlichen Sphäre des Letztverbrauchers widergespiegelt wird. So verweist die Gesetzesbegründung auch auf die Möglichkeit für eine Darstellung in einem **Energieverbrauchs-Portal**, wofür die Daten an eine „zentrale externe Servereinheit übertragen werden".[63]

78

---

62 Vgl. BT-Drs. 17/6072, S. 145.
63 Vgl. BT-Drs. 17/6072, S. 145.

§ 50   Zulässigkeit und Umfang der Erhebung, Verarbeitung und Nutzung von Daten

79   Hinsichtlich der Verwendung von Messdaten zur **Veranschaulichung der Einspeiseleistung** eigener Erzeugungsanlagen ist wegen der geringeren personenbezogenen Aussagekraft dieser Daten[64] insofern eine geringere Anforderung an die Erforderlichkeit einzelner Bestandteile der Messdatensätze zu stellen, als bei den Messdaten des Energieverbrauchs der Letztverbraucher, bei welchen davon auszugehen ist, dass ¼-Stunden-Werte an die Server übertragen werden.[65]

80   Bezüglich der **Veranschaulichung des Energieverbrauchs** konkretisiert § 35 in Verbindung mit § 61 die Vorschrift des § 50 Abs. 2 Nr. 10.

k) Die Ermittlung des Netzzustandes in begründeten dokumentierten Fällen (Abs. 2 Nr. 11)

81   Die Verwendung von Messdaten zur Ermittlung des Netzzustandes legitimiert die Nutzung der Daten als Grundlage für **Prognose und Ermittlung von Netzengpässen** und deren Beseitigung. Der Bedarf für diese Regelung entspringt, worauf die Gesetzesbegründung hinweist, der Einschätzung, dass zukünftig das Niederspannungsnetz in Einzelbereichen beispielsweise durch gleichzeitiges Aufladen einer Mehrzahl von Elektromobilen an Leistungsgrenzen gebracht wird,[66] was eine Überwachung der Messwerte bis auf die Ebene einzelner Messsysteme angezeigt sein lässt. Neben der „Echtzeitüberwachung" ist auch eine Verwendung der Daten im Rahmen des **Demand Side Managements** denkbar, wobei hier historische Daten zu Prognosen über bevorstehende Netzengpässe Verwendung finden. Beide Alternativen stehen aber unter dem Vorbehalt, dass die Grundannahmen für eine solche Datenverwendung zum Beispiel durch Erfahrungswerte zu spezifischen Netzsituationen aus der Vergangenheit begründet sein müssen.

82   Die Beschränkung auf **begründete und dokumentierte Fälle** ist eine verfahrensrechtliche Absicherung des schon in Abs. 1 angelegten Grundsatzes, dass die Datenverwendung auf das Erforderliche zu beschränken ist. Damit scheidet eine in Bezug auf die Granularität der Messdaten und die daraus für die Betroffenen folgende Gefährdung ihres Rechts auf informationelle Selbstbestimmung unverhältnismäßige dauerhafte Überwachung aus Gründen der Verhältnismäßigkeit aus. Da ein Eingriff in das Grundrecht insbesondere dann vorliegt, wenn die Erfassung und Übertragung der Verbrauchsdaten Rückschlüsse auf das Verhalten und die Gewohnheiten der Verbraucher ermöglichen würde,[67] ist aus der Perspektive der Erforderlichkeit immer eine kritische Prüfung angezeigt, ob sich zur Ermittlung des Netzzustandes nicht auch **aggregierte Daten** einer Mehrzahl von Messsystemen verwenden lassen, die einen Personenbezug ausschließen.

83   **Konkretisierungen** finden sich in § 56 bezüglich der Erhebung und in § 64 hinsichtlich der Übermittlung von Netzzustandsdaten. § 56, der in Abs. 1 zunächst die begründeten Fälle aufzählt, in welchen Netzzustandsdaten vom Messstellenbetreiber für den Netzbetreiber erhoben werden dürfen, macht in Abs. 2 deutlich, dass es sich bei diesen Fällen um abschließende Regelfälle handelt und stellt durch einen Umkehrschluss fest, dass nur in diesen Regelfällen personenbezogene Daten fließen dürfen. § 64 sieht für den Fall eines

---

64   Raabe/Pallas/Weis/Lorenz/Boesche, Datenschutz in Smart Grids, S. 121 f.
65   Vgl. BT-Drs. 17/6072, S. 145.
66   Vgl. BT-Drs. 17/6072, S. 138.
67   Vgl. BT-Drs. 17/6072, S. 145.

Vorhandenseins eines intelligenten Messsystems vor, dass eine Übermittlung aufgrund von § 66 Abs. 1 Nr. 3 nach Maßgabe von § 56 stattfindet.

§ 66 Abs. 1 Nr. 3 regelt die **Verwendung** (im Sinne von Nutzung) **von Daten für die Erfüllung der Pflichten des Netzbetreibers** aus den §§ 11–14 des EnWG, wobei § 60 Abs. 3 Nr. 1 und 2 erst durch die standardmäßige Übermittlung der Netzzustandsdaten seitens des Messstellenbetreibers die Voraussetzung für die Ermittlung des Netzzustandes seitens des Netzbetreibers schafft. 84

Die Bundesnetzagentur kann gemäß § 47 Nr. 2 **Festlegungen** nach § 21 Abs. 1 Nr. 1 lit. d zur zeitnahen Übermittlung von Netzzustandsdaten treffen. 85

l) Das Aufklären oder Unterbinden von Leistungserschleichungen nach Maßgabe von § 49 Abs. 4 (Abs. 2 Nr. 12)

Eine vermeintlich systemwidrige **Ausnahme** stellt § 50 Abs. 2 Nr. 12 dar, als der Verweis auf die Verfahrensvorschrift des § 49 Abs. 4 für den Fall der Leistungserschleichung die Messeinrichtung nicht in den Fokus nimmt. Diese Durchbrechung ist allerdings in diesen Fällen gerechtfertigt, da nicht die spezifischen Gefahren durch Massendatenverwendung in Frage stehen, sondern für die Nutzung der Bestandsdaten und der nach dem Ableseintervall grobgranularen, manipulierten Messwerte mit der Nachforschung zur Strafbewährung in §§ 268 und ggf. 263 StGB bzw. als Annex zum Zutrittsrecht nach § 21 NAV für diese Fälle schon immer eine hinreichende Legitimationsgrundlage bestand. 86

Das **Verfahren** zur zulässigen Datenverwendung wird über die Verweisung auf § 49 Abs. 4 und die Konkretisierung in § 73 ausgestaltet. Die Zweckfestlegung des § 50 Abs. 2 Nr. 12 findet ihre Motivation in den technischen Manipulationsmöglichkeiten an der IKT-Basisinfrastruktur beim Einsatz von Messsystemen. Der energiewirtschaftsrechtliche Begriff der **Leistungserschleichung** orientiert sich anders als der telekommunikationsrechtliche Begriff nicht unmittelbar an der Regelung des § 265a StGB. Denn manipulative Tätigkeiten an der IKT-Infrastruktur sind im Katalog der geschützten Infrastruktureinrichtungen des § 265a StGB nicht aufgeführt. Eine Orientierung zur Begriffsdefinition kann aber § 248c StGB bieten, der klassische Manipulationen am Energiesystem mittels eines Leiters unter Strafe stellt. Die Leistungserschleichung i. S. v. Nr. 12 erfasst also Fälle der Manipulation an der IKT-Basisinfrastruktur bei der Verwendung von Messsystemen mit der Absicht, elektrische Energie sich oder einem Dritten rechtswidrig zuzueignen. Da die Feststellung einer Manipulation an der IKT-Basisinfrastruktur noch keinen unmittelbaren Schluss auf die Verfälschung oder Unterdrückung der abrechnungsrelevanten Messdaten zulässt, ist allein die Verwendung von Messdaten als erforderlich legitimiert, wenn sich in Verfahren nach § 49 Abs. 4 bzw. § 73 der Verdacht einer Manipulation an der Kommunikationsinfrastruktur oder dem Messsystem ergibt. Die Messdaten dürfen mithin erst beim Vorliegen von diesbezüglichen Anhaltspunkten reaktiv zur Sicherung des energiewirtschaftlichen Entgeltanspruchs verwendet werden. Aus den Merkmalen **Aufklären** oder **Unterbinden** folgt damit, dass eine „Rasterfahndung" durch kontinuierliche technische Überwachung der Messdaten das Maß des Erforderlichen überschreitet und nicht legitimiert werden kann. 87

§ 50   Zulässigkeit und Umfang der Erhebung, Verarbeitung und Nutzung von Daten

m) Die Durchführung eines Mehrwertdienstes oder eines anderen Vertragsverhältnisses auf Veranlassung des Anschlussnutzers (Abs. 2 Nr. 13)

88   Ein **Mehrwertdienst** ist gemäß § 2 Nr. 9 eine energieversorgungsfremde Dienstleistung, die als Kommunikationsinfrastruktur das Smart-Meter-Gateway benutzt.

89   Die §§ 19 ff. fordern von den Smart-Meter-Gateways eine gewisse **Technologieoffenheit**, weswegen die Möglichkeit besteht, dass auch energiefremde Dienste das Smart-Meter-Gateway für ihre Zwecke nutzen.[68]

90   Der Gesetzgeber trifft dabei jedoch eine **Entscheidung für die Priorisierung der energiewirtschaftlichen Dienste**, weswegen er auch für energiefremde Dienste grundsätzlich eine Einwilligung vorschreibt.[69] Daraus folgt der Schluss, dass der Zweck des § 50 Abs. 2 Nr. 13 lediglich energiewirtschaftliche Mehrwertdienste erfasst.

91   Auch wenn die Begründung zum MsbG selbst keine Konkretisierung hinsichtlich der Fallgruppen von Mehrwertdiensten gibt, kann insofern die Begründung zum MSysV-E **Anhaltspunkte** zum **legislativen Willen** geben. Hiernach soll das Smart-Meter-Gateway nicht nur Messeinrichtungen, und EEG- und KWKG-Anlagen und weitere mögliche Einrichtungen (z.B. ein Energiemanagementgateway) in ein Kommunikationsnetz einbinden, sondern es soll auch als sicherer Kommunikationsanker vielfältigste Anwendungen und Dienste im intelligenten Energienetz und darüber hinaus (z.B. Anwendungen im Bereich Betreutes Wohnen) ermöglichen.[70]

92   Aus der systematischen Stellung in Gesamtschau mit dem Mehrwertdienst und aufgrund des Vorranges der spezielleren Normierungen in Abs. 2 von Datenverwendungen im Zusammenhang mit originär energiewirtschaftliche Leistungen stellte das „**anderen Vertragsverhältnis auf Veranlassung des Anschlussnutzers**" weder eine sinnvolle Konkretisierung von Abs. 1 Nr. 2, noch für den Fall eines bestehenden Vertragsverhältnisses eine speziellere Konkretisierung als Abs. 2 Nr. 3–5 dar. Insofern können hier nach systematischer Betrachtung nur Datenverwendungen im Zusammenhang mit Vertragsschlüssen auf Veranlassung des Anschlussnutzers adressiert sein, die sich außerhalb originär energiewirtschaftlicher Leistungen ergeben, wie zum Beispiel im Zusammenhang mit der Durchführung des Mehrwertdienstes. Die Initiative, den Mehrwertdienst oder das Vertragsverhältnis durchzuführen, muss jeweils aber vom Anschlussnutzer ausgehen.

---

68   Begründung zum Regierungsentwurf v. 17.2.2016, BT- Drs. 18/7555, S. 107.
69   Begründung zum Regierungsentwurf v. 17.2.2016, BT- Drs. 18/7555, S. 107.
70   Messsystemverordnung – MsysV-E, Stand: 13.3.2013, des Bundesministeriums für Wirtschaft und Technologie Verordnung über technische Mindestanforderungen an den Einsatz intelligenter Messsysteme, S. 22.

… # § 51 Anforderungen an Erhebung, Verarbeitung und Nutzung von Daten beim Smart-Meter-Gateway; Rolle des Smart-Meter-Gateway-Administrators

(1) Um eine Erhebung, Verarbeitung und Nutzung von Daten aus dem intelligenten Messsystem oder mit Hilfe des intelligenten Messsystems zu ermöglichen, müssen die nach § 49 Absatz 2 berechtigten Stellen dem Smart-Meter-Gateway-Administrator vorab die nach § 25 Absatz 3 notwendigen Informationen übermitteln.

(2) Liegen dem Smart-Meter-Gateway-Administrator die nach Absatz 1 notwendigen Informationen vor, nimmt er unverzüglich die notwendigen Konfigurationen am Smart-Meter-Gateway vor, um im Auftrag des jeweiligen Berechtigten die Erhebung, Verarbeitung und Nutzung der Daten zu ermöglichen, soweit es der technische Betrieb zulässt; die Priorisierung aus § 25 Absatz 1 Satz 2 zugunsten der energiewirtschaftlich erforderlichen Anwendungen zu beachten.

Schrifttum: *Karsten/Leonhardt*, Datenschutzrechtliche Anforderungen bei intelligenten Messsystemen – Das neue „Gesetz zur Digitalisierung der Energiewende", RDV 2016, 22; *Keppeler*, Personenbezug und Transparenz im Smart Meter-Datenschutz zwischen europäischem und nationalem Recht, EnWZ 2016, 99.

Übersicht

	Rn.		Rn.
I. Normzweck	1	5. Ausblick auf die Datenschutz-Grundverordnung (DS-GVO)	12
II. Übermittlungspflicht (Abs. 1)	4	III. Konfigurationen am Smart-Meter-Gateway (Abs. 2)	14
1. Übermittlungsverpflichtete	4	1. Vornahme notwendiger Konfigurationen (Hs. 1)	15
2. „Notwendige Informationen" als Gegenstand der Übermittlungspflicht	6	2. Priorisierung nach § 25 Abs. 1 S. 2 (Hs. 2)	19
3. Übermittlungsempfänger	10		
4. Aus dem intelligenten Messsystem oder mit Hilfe des intelligenten Messsystems	11		

I. Normzweck

§ 51 soll die funktionsfähige Kommunikation mittels eines Smart-Meter-Gateways sicherstellen, das als Herzstück des *Smart Grids* fungiert.[1] Gemäß § 2 S. 1 Nr. 19 ist das Smart-Meter-Gateway die Kommunikationseinheit eines intelligenten Messsystems, die ein oder mehrere moderne Messeinrichtungen und weitere technische Einrichtungen wie insbesondere Erzeugungsanlagen nach dem EEG und dem KWKG zur Gewährleistung des Datenschutzes, der Datensicherheit und Interoperabilität sicher in ein Kommunikationsnetz einbinden kann.

1

---

1 Begründung zum Regierungsentwurf v. 17.2.2016, BT-Drs. 18/7555, S. 105.

§ 51 Anforderungen an Erhebung, Verarbeitung und Nutzung von Daten

2 Damit die **berechtigten Stellen** nach § 49 Abs. 2 im Zusammenhang mit intelligenten Messsystemen Daten erheben, verarbeiten und nutzen können, müssen sie dem Smart-Meter-Gateway-Administrator **vorab** alle für den Betrieb des Smart-Meter-Gateways notwendigen Informationen zur Verfügung stellen. Ohne eine vorausgehende Konfiguration des Smart-Meter-Gateways ist eine Kommunikation über dieses nicht möglich. § 51 erlaubt die Übermittlung dieser benötigten Daten und stellt insofern eine **datenschutzrechtliche Erlaubnisnorm** dar.

3 Der Smart-Meter-Gateway-Administrator hat nach Erhalt dieser Informationen die für die Datenverwendung erforderlichen Konfigurationen am Smart-Meter-Gateway vorzunehmen.

II. Übermittlungspflicht (Abs. 1)

1. Übermittlungsverpflichtete

4 Die nach Abs. 1 zur Datenübermittlung Verpflichteten sind die zum Datenumgang Berechtigten nach § 49 Abs. 2, also die Messstellenbetreiber, Netzbetreiber, Bilanzkoordinatoren, Bilanzkreisverantwortlichen, Direktvermarktungsunternehmer nach dem EEG, Energielieferanten sowie **jede Stelle mit Einwilligung** – die **nicht schriftlich** erfolgen muss[2] – des Anschlussnutzers gemäß § 4a BDSG.

5 Um die Bereitstellung von Informationen sicherzustellen, kann der Smart-Meter-Gateway-Administrator mit Netzbetreibern, Messstellenbetreibern, Energielieferanten und berechtigten Dritten **Rahmenverträge** abschließen nach § 25 Abs. 2 S. 3. Dies ist insofern von Relevanz, als § 51 Abs. 1 lediglich von einer Übermittlung „vorab" spricht, aber keine festen Zeitpunkte hierfür vorsieht. Diese Lücke kann mittels eines Rahmenvertrages geschlossen werden, dessen zulässiger Inhalt durch die Bundesnetzagentur in Festlegungen näher ausgestaltet werden kann.[3]

2. „Notwendige Informationen" als Gegenstand der Übermittlungspflicht

6 Gemessen am Ziel der technischen Ermöglichung der Erhebung, Verarbeitung und Nutzung von Daten sind die zu übermittelnden Daten im Rahmen des Abs. 1 auf die zum Betrieb des Smart-Meter-Gateways **notwendigen Informationen nach § 25 Abs. 3** beschränkt. Hier spiegeln sich insoweit die datenschutzrechtlichen Prinzipien der **Datensparsamkeit** und **Zweckbindung** wider.

7 Die **notwendigen Informationen** benötigt der Smart-Meter-Gateway-Administrator zum Zweck der Konfiguration der Zähleranbindung, der Messwerterfassung, -verarbeitung sowie des Messwertversands und der Kommunikation zu externen Marktteilnehmern.[4]

---

[2] Im Regierungsentwurf BT-Drs. 18/7555, S. 40, war noch eine schriftliche Einwilligung vorgesehen. Dieses Erfordernis wurde ohne weitere Begründung mit Gesetzesbeschluss BR-Drs. 349/16 v. 24.6.2016, S. 4, gestrichen.

[3] Vgl. Begründung zum Regierungsentwurf v. 17.2.2016, BT-Drs. 18/7555, S. 87.

[4] Vgl. BSI, Technische Richtlinie TR-03109-1, S. 112.

II. Übermittlungspflicht (Abs. 1) § 51

Hierunter sind gemäß § 25 Abs. 3 Hs. 2 Nr. 1 und Nr. 2 insbesondere alle **Berechtigungs-** 8
informationen aus Rahmenverträgen, die im intelligenten Messsystem niederzulegen sind, sowie alle Berechtigungsinformationen zur Anbindung, Administration und Steuerung von **Anlagen nach dem EEG und dem KWKG**, von steuerbaren Verbrauchseinrichtungen nach § 14a EnWG und von lokalen Systemen zu fassen.[5]

Ohne Hinterlegung dieser Berechtigungsdaten im Smart-Meter-Gateway ist eine Kommu- 9
nikation zwischen den energiewirtschaftlichen Akteuren nicht möglich; diese Daten sind insofern als zwingend erforderlich anzusehen. Die nähere Ausgestaltung der modernen Marktkommunikation ist allerdings nicht im Einzelnen in § 25 Abs. 3 getroffen worden, sondern ist einer gesonderten, noch zu erlassenden **Rechtsverordnung** vorbehalten.[6]

3. Übermittlungsempfänger

Die notwendigen Daten sind dem **Smart-Meter-Gateway-Administrator** zu übermitteln, 10
der nach § 25 Abs. 1 S. 1 für die Gewährleistung des zuverlässigen technischen Betriebs und die Konfiguration des Smart-Meter-Gateways verantwortlich ist.

4. Aus dem intelligenten Messsystem oder mit Hilfe des intelligenten Messsystems

Durch das Kriterium der Daten „aus dem intelligenten Messsystem oder mit Hilfe des in- 11
telligenten Messsystems" wird in § 51 Abs. 1 – wie auch schon in der „Vorgängernorm" des § 21g Abs. 1 EnWG a. F. – eine sachliche Eingrenzung der zu übermittelnden Datenkategorien vollzogen, die sich im Ergebnis auf Messdaten, Tarifdaten, Daten der Basiskommunikation und Steuersignale beschränkt.[7]

5. Ausblick auf die Datenschutz-Grundverordnung (DS-GVO)

§ 51 Abs. 1 stellt eine **bereichsspezifische Erlaubnisnorm** im Sinne des § 4 Abs. 1 12
BDSG dar, da die Regelung als andere Rechtsvorschrift des Bundes im Sinne des § 1 Abs. 3 S. 1 BDSG im Bereich des Energiewirtschaftsrechts auf personenbezogene Daten anzuwenden ist. Insofern verdrängt § 51 das BDSG nach dem **Subsidiaritätsprinzip** und rechtfertigt die Datenverarbeitung fachspezifisch.

Im Hinblick auf die **ab 25.5.2018** geltenden gesetzlichen Pflichten aus Art. 5 Abs. 1a, 13
Art. 6 Abs. 1c, Abs. 2, Abs. 3 DS-GVO besteht perspektivisch **kein Anpassungsbedarf** durch den Gesetzgeber, da der Grundsatz des **präventiven Verbots mit Erlaubnisvorbehalt** – mit dem Dreiklang aus **Einwilligung**, Erlaubnis/Anordnung **nach diesem Gesetz** oder einem **anderem Gesetz** – auch unter der DS-GVO erhalten bleibt.

---

5 Vgl. hierzu auch BerlKommEnR/*Mätzig/Fischer/Mohs*, § 25 MsbG Rn. 74.
6 Vgl. BT-Drs. 18/7555, S. 87.
7 Vgl. BerlKommEnR/*Lorenz/Raabe*, § 21g EnWG Rn. 12.

§ 51 Anforderungen an Erhebung, Verarbeitung und Nutzung von Daten

III. Konfigurationen am Smart-Meter-Gateway (Abs. 2)

14 Im Gegenzug hat der Smart-Meter-Gateway-Administrator gemäß Hs. 1 nach der erfolgreichen Übermittlung der notwendigen Informationen gemäß Abs. 1 die entsprechenden **Konfigurationen** am Smart-Meter-Gateway vorzunehmen, um die Datenerhebung, -verarbeitung und -nutzung zu ermöglichen, soweit es der technische Betrieb zulässt.

1. Vornahme notwendiger Konfigurationen (Hs. 1)

15 Der **Smart-Meter-Gateway-Administrator** ist innerhalb des Aufgabenspektrums des § 25 Abs. 1 S. 1 unter anderem für die vorzunehmenden Konfigurationen am Smart-Meter-Gateway **zuständig**.

16 Die Konfiguration erfolgt durch den Smart-Meter-Gateway-Administrator über **Konfigurationsprofile**, die dieser auf Basis der ihm übermittelten Informationen erstellt und nach einer Plausibilitätsprüfung in das Smart-Meter-Gateway einspielen muss.[8] Die notwendigen Konfigurationen beinhalten Zählerprofile, Auswertungsprofile und Kommunikationsprofile.

- In **Zählerprofilen** werden die Parameter zur Kommunikation mit dem Zähler festgelegt. Smart-Meter-Gateways müssen demnach mindestens die Parameter Geräte-ID, Kommunikationsszenario, Kommunikationstyp, Protokoll, Schlüsselmaterial, Intervall, Saldierend, OBIS-Kennzahlen der Messgrößen und Wandlerfaktoren beinhalten. Smart-Meter-Gateways können zudem weitere Parameter unterstützen.
- **Auswertungsprofile** beinhalten die Parameter zur Messwerterfassung und -verarbeitung. Eine besondere Bedeutung kommt dabei den Tarifanwendungsfällen zu, worunter unter anderem zeitvariable, lastvariable, ereignisvariable und verbrauchsvariable Tarife sowie die Zählerstandsgangmessung zur externen Tarifierung gehören.
- In **Kommunikationsprofilen** werden die Parameter zur Kommunikation über die Wide-Area-Network-Schnittstelle (WAN-Schnittstelle) beschrieben. Die jeweils festzulegenden Parameter, die unter anderem die benötigten Zertifikate und die privaten Schlüssel des Smart-Meter-Gateways beinhalten, sind in der Technischen Richtlinie TR0309-1 definiert.[9]

17 Zur **Verarbeitung der Messdaten** gehören auch die **Plausibilisierung** der Messwerte und die **Ersatzwertbildung**. Die dafür notwendigen Prüfungen im Gateway sind bisher allerdings nicht verpflichtender Bestandteil der Technischen Richtlinien. Diese fordern nur eine Prüfung der aus dem LMN empfangenen Messwerte auf technische Korrektheit und eine Prüfung der Systemuhr. Eine Anpassung der einschlägigen Vorschriften sollte rechtzeitig vor Ablauf des Übergangsmodells bezüglich der sternförmigen Kommunikation zum 31.12.2019 erfolgen.[10]

18 Bei der Frage der **Unverzüglichkeit** im Sinne des Abs. 2 steht einer Heranziehung der Maßstäbe entsprechend § 121 Abs. 1 S. 1 BGB grundsätzlich nichts entgegen. Insofern ist von keiner starren objektiven Frist auszugehen, sondern vielmehr zu prüfen, ob der Smart-

---

8 Vgl. BSI, Technische Richtlinie TR03109-1, S. 112.
9 Vgl. BSI, Technische Richtlinie TR03109-1, S. 113 ff.
10 Vgl. BNetzA, Stellungnahme zum „Gesetz zur Digitalisierung der Energiewende", S. 3 f.

III. Konfigurationen am Smart-Meter-Gateway (Abs. 2)   § 51

Meter-Gateway-Administrator bei der Konfiguration und Ermöglichung der Datenverarbeitung **ohne schuldhaftes Zögern** gehandelt hat. Die Konfiguration hat aber in jedem Falle so rechtzeitig zu erfolgen, dass es zu keiner Verzögerung für den Messstellenbetreiber kommt, der selbst wiederum Fristen zur Datenübermittlung nach § 60 Abs. 3 zu wahren hat.

2. Priorisierung nach § 25 Abs. 1 S. 2 (Hs. 2)

Gemäß Abs. 2 Hs. 2 ist die **Priorisierung** aus § 25 Abs. 1 S. 2 **zugunsten der energiewirtschaftlich erforderlichen Anwendungen** zu beachten. Darunter fällt der Vorrang von **Messungen und Schaltungen des Netzbetreibers** aus § 21 Abs. 1 Nr. 4a. Nach § 21 Abs. 1 Nr. 4a muss ein intelligentes Messsystem ein Smart-Meter-Gateway beinhalten, das zur Schaffung von Synergieeffekten technologieoffen für weitere Anwendungen und (Mehrwert-)Dienste für den Letztverbraucher ausgestaltet ist, dabei aber über die Möglichkeit zur Priorisierung von bestimmten Anwendungen verfügt.[11] Nach Anforderung der Netzbetreiber ausgewählte energiewirtschaftliche und in der Zuständigkeit der Netzbetreiber liegende Messungen und Schaltungen müssen dabei stets und vorrangig ermöglicht werden.   19

Diese Verpflichtung steht in Einklang mit der aus § 14 Abs. 1 EnWG resultierenden **Verantwortung für die Sicherheit und Zuverlässigkeit** der Elektrizitätsversorgung in ihrem Netz. Der Vorrangregelung kommt insbesondere in den Fällen eine Bedeutung zu, in denen Zielkonflikte zwischen dem Verteilnetzbetreiber und einem anderen Akteur vorliegen. Solch ein Zielkonflikt kann beispielsweise entstehen, wenn es zwischen der Netzstabilität bzw. den Kapazitätsgrenzen und der Verlagerung von möglichst viel Last in Zeiten mit niedrigen Strompreisen zu Friktionen kommt.   20

Der Smart-Meter-Gateway-Administrator hat im Rahmen des technisch Möglichen und des wirtschaftlich Zumutbaren auch die **Durchführung von Diensten und Anwendungen** zu verantworten, die sich **nicht ausschließlich** auf den **Energiebereich** beziehen.[12] Abs. 2 Hs. 2 beschränkt sich dabei aber nicht nur auf die nicht-energiewirtschaftlichen Anwendungen (z.B. Home Automation, Alarmanwendungen), sondern erstreckt sich auch auf den Unterschied zwischen energiewirtschaftlich erforderlichen Anwendungen (z.B. zur Erhaltung der Netzstabilität) und den anderen nicht erforderlichen energiewirtschaftlichen Anwendungen, wie etwa die Verbrauchssteuerung zur Reduzierung der Beschaffungskosten.   21

Die Norm des Abs. 2 Hs. 2 ist demnach so zu verstehen, dass an höchster Priorität – aber nur wenn angefordert – die energiewirtschaftlich erforderlichen Messungen und Schaltungen stehen, sprich diejenigen, die für die Sicherheit und Zuverlässigkeit der Elektrizitätsversorgung im Netz notwendig sind. Bei den anderen Anwendungen (ob energiewirtschaftlich oder nicht) kann es wiederum **verschiedene Prioritäten** geben. Eine Festlegung dieser nachrangigen Prioritäten untereinander ist nicht explizit getroffen worden. Offen ist auch nach der derzeitigen Regelung, ob diese dem Letztverbraucher oder dem Messstellenbetreiber zusteht.   22

---

11 Vgl. Regierungsentwurf v. 17.2.2016, BT-Drs. 18/7555, S. 84.
12 Vgl. Regierungsentwurf v. 17.2.2016, BT-Drs. 18/7555, S. 86.

§ 52 Allgemeine Anforderungen an die Datenkommunikation

(1) ¹Die nach § 49 Absatz 2 berechtigten Stellen haben eine verschlüsselte elektronische Kommunikation von personenbezogenen Daten, von Mess-, Netzzustands- und Stammdaten in einem einheitlichen Format zu ermöglichen, die den Bestimmungen dieses Gesetzes genügt. ²Soweit Messwerte oder Stammdaten betroffen sind, muss das Format die vollautomatische Weiterverarbeitung im Rahmen der Prozesse für den Datenaustausch zwischen den Beteiligten ermöglichen, insbesondere auch für den Wechsel des Lieferanten. ³Ein Dritter als Messstellenbetreiber im Sinne der §§ 5 und 6 ist verpflichtet, die vom Netzbetreiber und vom grundzuständigen Messstellenbetreiber geschaffenen Möglichkeiten zum Datenaustausch nach den Sätzen 1 und 2 zu nutzen.

(2) Die Datenkommunikation hat in dem von der Bundesnetzagentur vorgegebenen, bundesweit einheitlichen Format zu erfolgen.

(3) Personenbezogene Daten sind zu anonymisieren oder zu pseudonymisieren, soweit dies im Hinblick auf den Verwendungszweck möglich ist.

(4) Aus intelligenten Messsystemen stammende personenbezogene Daten, Stammdaten und Netzzustandsdaten dürfen nur zwischen Teilnehmern an der Smart-Metering-Public-Key-Infrastruktur des Bundesamtes für Sicherheit in der Informationstechnik kommuniziert werden; im Übrigen gelten die Anforderungen aus § 51 Absatz 1.

Schrifttum: *Greveler*, Arbeitspapier Hintergrund und experimentelle Ergebnisse zum Thema „Smart Meter und Datenschutz", abrufbar unter http://1lab.de/pub/smartmeter_sep11_v06.pdf; *Kraska*, Auswirkungen der EU-Datenschutzgrundverordnung, ZD-Aktuell 2016, 04173; *Linder*, EU-Datenschutz-Grundverordnung, 2016; *Lüdemann/Ortmann/Pokrant*, Das neue Messstellenbetriebsgesetz – Wegbereiter für ein zukunftsfähiges Smart Metering?, EnWZ 2016, 339; *Säcker*, Die Aufgaben der Verteilnetzbetreiber bei zunehmender Erzeugung erneuerbarer Energien und der Digitalisierung der Energiemärkte, EnWZ 2016, 294; *Schäfer-Stradowky/Boldt*, Energierechtliche Anmerkungen zum Smart Meter-Rollout, EnWZ 2015, 349.

Übersicht

	Rn.		Rn.
I. Allgemeines	1	6. Dritter als Messstellenbetreiber	17
II. Anforderungen an die Kommunikation (Abs. 1)	5	III. Format der Bundesnetzagentur (Abs. 2)	19
1. Verschlüsselte elektronische Kommunikation (S. 1)	6	IV. Anonymisierung und Pseudonymisierung (Abs. 3)	23
2. Kommunikation in einheitlichem Format (S. 1)	9	1. Technische Grundlage	24
3. Ermöglichung der Kommunikation (S. 1)	10	2. Anonymisierung	25
		3. Pseudonymisierung	28
4. Insbesondere personenbezogene Daten (S. 1)	11	4. Verwendungszweck	31
5. Vollautomatische Weiterverarbeitung (S. 2)	12	5. Vorgaben der Datenschutz-Grundverordnung	33
		a) Geltung in Deutschland	33

II. Anforderungen an die Kommunikation (Abs. 1) § 52

  b) Privacy by design und privacy by default 34
  c) Datenschutzfolgenabschätzung (Data Privacy Impact Assessment, DPIA) 38
V. Kommunikation über die Smart-Metering-Public-Key-Infrastruktur (Abs. 4) 39
1. Smart-Metering-PKI 40
2. Schutzrichtung der Norm 42
  a) Betroffene Daten 43
  b) Anforderungen aufgrund der Klassifizierung als kritische Infrastruktur 46

I. Allgemeines

§ 52 bestimmt für die zum Datenumgang berechtigten Stellen die **Mindestanforderungen** an jegliche elektronische Kommunikation, die diese betreiben.[1]   1

Dies umfasst vor allem die Maßgaben an die Nutzung einer **Verschlüsselung** sowie an ein **einheitliches Format**, für das die Bundesnetzagentur konkretisierende Vorgaben machen soll, das bundesweit gültig ist und zur langfristigen Funktionsfähigkeit des Kommunikationssystems beitragen soll.   2

Daneben regelt die Norm das Ziel einer **Anonymisierung** und **Pseudonymisierung** von personenbezogenen Daten. Schließlich beschränkt die Norm den Kreis der an der Smart-Metering-Public-Key-Infrastruktur des BSI teilnehmenden Empfänger.   3

§ 52 ist somit eine **gemischte datenschutzrechtliche und energiewirtschaftliche Norm**, die einerseits das informationelle Selbstbestimmungsrecht der Betroffenen schützen und andererseits die Funktionsfähigkeit und Sicherheit der Kommunikation gewährleisten soll.   4

II. Anforderungen an die Kommunikation (Abs. 1)

An die Kommunikation der berechtigten Stellen werden in § 52 Abs. 1 S. 1 in Hinblick auf Verschlüsselung, Format, Datenarten und Weiterverarbeitung generelle Anforderungen gestellt.   5

1. Verschlüsselte elektronische Kommunikation (S. 1)

Die zum Datenumgang Berechtigten nach § 49 Abs. 2, also die Messstellenbetreiber, Netzbetreiber, Bilanzkoordinatoren, Bilanzkreisverantwortlichen, Direktvermarktungsunternehmer nach dem EEG, Energielieferanten sowie jede Stelle mit Einwilligung des Anschlussnutzers gemäß § 4a BDSG müssen nach § 51 Abs. 1 S. 1 eine **verschlüsselte Kommunikation** ermöglichen.   6

Die Kommunikation hat stets über einen verschlüsselten Kanal zu erfolgen, dessen **Integrität gesichert** ist. Zusätzlich werden zu sendende Daten vom Smart-Meter-Gateway auf Datenebene für den Endempfänger verschlüsselt und signiert.   7

---

1 Vgl. Begründung zum Regierungsentwurf v. 17.2.2016, BT-Drs. 18/7555, S. 105.

§ 52 Allgemeine Anforderungen an die Datenkommunikation

8   Die **konkreten technischen Anforderungen** an die elektronische Kommunikation und deren Verschlüsselung sind nicht im MsbG geregelt, diese sind gemäß § 22 Abs. 1 Nr. 4, Abs. 2–4 den Schutzprofilen und Technischen Richtlinien des BSI vorbehalten. Im Detail ist dies in den BSI-Schutzprofilen BSI-CC-PP-0073 (Smart-Meter-Gateway) und BSI-CC-PP-0077 (Sicherheitsmodul)[2] sowie in der Technischen Richtlinie TR-03109 des BSI (vgl. § 22 Abs. 1, Abs. 2, Abs. 4 Nr. 4 und 5) dargestellt.[3] In der Technischen Richtlinie TR-03116-3 – einer Richtlinie im Sinne von § 22 Abs. 4 – werden beispielsweise die kryptographischen Vorgaben für die Infrastruktur von intelligenten Messsystemen bezüglich der eingesetzten Verfahren und Schlüssellängen festgelegt.

2. Kommunikation in einheitlichem Format (S. 1)

9   Die Kommunikation muss zudem in einem einheitlichen Format ermöglicht werden, das von der Bundesnetzagentur nach Abs. 2 vorgegeben wird. Das Gesetz macht zu dem Format in § 51 Abs. 1 S. 2 keine weiteren Vorgaben, der Bundesnetzagentur steht allerdings nach **§ 75 Nr. 10** eine Ermächtigungsgrundlage zur bundeseinheitlichen Regelung zum Datenaustausch im Sinne des § 52 zwischen den Marktteilnehmern und zu Formaten zu.[4]

3. Ermöglichung der Kommunikation (S. 1)

10 Die Norm verpflichtet die Berechtigten nach § 49 Abs. 2 zur Ermöglichung der verschlüsselten Kommunikation in einem einheitlichen Format, die den Bestimmungen dieses Gesetzes genügt. Hinter der **Pflicht zur Ermöglichung der Kommunikation** verbirgt sich die Pflicht, (1) diejenige Infrastruktur zu schaffen, die (2) bei den Berechtigten für eine derartige Kommunikation (3) aller Daten, (4) zur Erreichung der Regelungsinhalte des Gesetzes (5) erforderlich ist.

(1) Die Pflicht, **Infrastruktur aufzubauen**, ergibt sich aus dem Sinn und Zweck des Gesetzes.

(2) Die Infrastruktur muss die **verschlüsselte Kommunikation in einem einheitlichen Format** ermöglichen. Hinsichtlich der Interoperabilität zwischen den eingesetzten Geräten und ihrer einzelnen Komponenten sowie der angewandten Kryptographiemethoden sind einheitliche Standards nach dem Stand der Technik zwingend erforderlich. Für den Fall der zukünftigen Ankopplung von Bestandszählern oder steuerbaren Geräten (steuerbare Verbrauchseinrichtungen nach § 14a EnWG, z. B. Wärmepumpen oder perspektivisch bei entsprechenden variablen Tarifen auch Haushaltsgroßgeräte, die sogenannte „weiße Ware") an das Smart-Meter-Gateway, müssen etwa die entsprechenden Kommunikationsadapter konkret beschrieben werden, um eine sichere und funktionsfähige Anbindung und Kommunikation sicherzustellen.

(3) Sachlich erfasst von der Pflicht zur Ermöglichung der Kommunikation sind **sämtliche Daten, die über das Smart-Meter-Gateway kommuniziert** werden. Der Gesetzgeber

---

[2] Vgl. BSI, Das Smart-Meter-Gateway, S. 20.
[3] Ein Rückgriff auf die datenschutzrechtlichen Vorgaben des § 9 BDSG (Technische und organisatorische Maßnahmen „TOMS") entfällt soweit.
[4] Insofern werden unter anderem die Geschäftsprozesse zur Kundenbelieferung mit Elektrizität (GPKE) der Bundesnetzagentur an die neuen Gegebenheiten im Smart-Metering-Kontext angepasst.

nennt personenbezogene Daten, Mess-, Netzzustands- und Stammdaten. Neben diesen Datenarten werden die Smart-Meter-Gateways für keine anderen wesentlichen Daten genutzt.

(4) Die **Beschränkung auf die Regelungsinhalte des Gesetzes** ergibt sich zum einen systematisch daraus, dass das MsbG nur den Messstellenbetrieb regelt. Sie folgt aber auch aus dem Wortlaut, demzufolge die Ermöglichung der Kommunikation nur den Bestimmungen dieses Gesetzes (insbesondere den Anforderungen nach §§ 21, 22) genügen muss.

(5) Aus dem Begriff des „genügens" ergibt sich dabei implizit auch ein **Erforderlichkeitsmaßstab**. Sinn und Zweck der Norm ist, dass die energiewirtschaftliche Kommunikation in technischer und praktischer Hinsicht möglich und sicher ist. Um das Smart-Meter-Gateway als Herzstück der Kommunikation im intelligenten Stromnetz zu etablieren und dynamisch weiterzuentwickeln, müssen in erster Linie netzdienliche Informationen, Stromverbrauchs- und Erzeugungswerte sowie ein stabiles Last- und Einspeisemanagement Berücksichtigung finden. Eine Mindestanforderung an intelligente Messsysteme stellt gemäß § 21 Abs. 1 Nr. 4 lit. a) aber auch die Offenheit des Smart-Meter-Gateways für weitere Anwendungen und Dienste dar (z.B. Mehrwertdienste, Gebäudeautomatisierung, Smart Home-Anwendungen). Dies birgt für die Festlegung der entsprechenden technischen Standards besondere Herausforderungen, insbesondere angesichts der Tatsache, dass in Zukunft im Zuge eines „ubiquitären" **Smart Grids** auch die Messung von Wasser- und Wärmeverbrauch unterstützt werden muss. Der Einsatz von Smart Metering in der Gassparte klingt zwar im MsbG bereits an mehreren Stellen an (etwa in §§ 20, 58), bleibt aber vorerst die Ausnahme, da in dieser Hinsicht kein stufenweiser Rollout wie im Strombereich EU-rechtlich vorgeschrieben und vom deutschen Gesetzgeber (vorerst) auch nicht geplant ist.[5]

4. Insbesondere personenbezogene Daten (S. 1)

Bemerkenswert ist, dass der Gesetzgeber § 52 Abs. 1 offenbar nicht als eine reine Datenschutznorm ansieht. Durch die Aufzählung macht er deutlich, dass aus seiner Sicht Mess-, Netzzustands- und Stammdaten **auch keine personenbezogenen Daten** sein können. Daraus lässt sich jedoch nicht der Umkehrschluss ziehen, dass Mess-, Netzzustands- und Stammdaten immer der Personenbezug fehlt.[6] Denn maßgeblich für die Frage des Personenbezugs ist derzeit[7] die Datenschutzrichtlinie 95/46/EG, die u. a. in § 3 BDSG umgesetzt wurde. Der deutsche Gesetzgeber ist nach einer Entscheidung des EuGH[8] aus dem Jahr 2011 nicht berechtigt, das EU-Datenschutzrecht hinsichtlich des Schutzniveaus zu überschreiten oder zu unterschreiten. Aufgrund des vollharmonisierenden Charakters der Datenschutzrichtlinie 95/46/EG kann damit nicht einseitig festlegt werden, dass bestimmten Datenarten der Personenbezug von vornherein fehlt.

11

---

5 Vgl. *Lüdemann/Ortmann/Pokrant*, EnWZ 2016, 339.
6 So auch *Lüdemann/Ortmann/Pokrant*, EnWZ 2016, 339, 343.
7 Dies gilt zumindest bis zum 25.5.2018, an dem die Datenschutz-Grundverordnung (DSGVO) Geltung erhält.
8 EuGH, Urt. v. 24.11.2011, Rs. C 468/10 und C 469/10, Slg. 2011 I-12181, Rn. 43 = EuZW 2012, 37 ff. – ASNEF/FECEMD.

§ 52 Allgemeine Anforderungen an die Datenkommunikation

5. Vollautomatische Weiterverarbeitung (S. 2)

12 Soweit **Messwerte** oder **Stammdaten** betroffen sind, muss das Format die vollautomatische Weiterverarbeitung im Rahmen der Prozesse für den Datenaustausch zwischen den Beteiligten ermöglichen, insbesondere auch für den **Wechsel des Lieferanten**.

13 Im Rahmen des S. 2 wird von Messwerten anstatt von Messdaten gesprochen, wie es in Abs. 1 S. 1 der Fall ist. Diese Terminologie ist den zugrundeliegenden Prozessen geschuldet: der **Messwert** ist der Wert einer Messgröße in einer bestimmten physikalischen Einheit (z. B. 5.000 kWh), so wie er an der Messstelle erhoben wird. **Messdaten** dagegen sind zusammengestellte und eventuell aufbereitete (insbesondere aggregierte) Messwerte. Die **Weiterverarbeitung** setzt hier deshalb folgerichtig bei den (noch nicht verarbeiteten) Messwerten an und nicht bei Messdaten.

14 Beispielsweise bei einem Lieferantenwechsel (vgl. auch §§ 14, 22 StromNZV) ist es aus mehreren Gründen essentiell, dass Messwerte und Stammdaten automatisiert weiterverarbeitet werden können. Der Abruf von Messwerten zum Zeitpunkt eines Lieferantenwechsels ist in TR-03109-1 im Anwendungsfall „Abruf von Messwerten im Bedarfsfall" beschrieben. So sind die tagesgenauen Zählerstände der letzten sechs Wochen im Smart-Meter-Gateway vorzuhalten und die angefragten Messwerte im Bedarfsfall und im Auftrag eines berechtigten Marktteilnehmers zum Stichtag an diesen zu übermitteln.

15 Ohne eine vollautomatische Weiterverarbeitung kann es in diesem Prozess zu Versorgungslücken beim Anschlussnutzer kommen, wenn beispielsweise Stammdaten nicht rechtzeitig übertragen wurden. Solche Standardprozesse wurden bereits seit 2006 durch verbindliche Vorgaben der Bundesnetzagentur, die Geschäftsprozesse zur Kundenbelieferung mit Elektrizität **(GPKE)**, vereinheitlicht.[9] Grund hierfür war die uneinheitliche Handhabe der Kommunikation und Prozesse zwischen den zahlreichen energierechtlichen Akteuren nach der Liberalisierung des Energiemarktes und den damit verbundenen erheblichen Problemen in der Praxis. S. 2 flankiert diese Prozessoptimierung nun im Smart Metering-Kontext.

16 Grundsätzlich sollte bei jeder Übermittlung von Informationen die **Vollständigkeit und Richtigkeit der Übertragung** (z. B. über automatische Kontrollen) sichergestellt sein. Festlegungen zur Kontrolle der Datenübertragung zwischen den Marktrollen können daher in Weiterentwicklungen der GPKE und MaBiS erwartet werden.

6. Dritter als Messstellenbetreiber (S. 3)

17 Ist der Messstellenbetreiber ein Dritter im Sinne der §§ 5, 6, so ist dieser gemäß Abs. 1 S. 3 verpflichtet, die Möglichkeiten zu nutzen, die vom Netzbetreiber und grundzuständigen Messstellenbetreiber zum Datenaustausch nach S. 1 und 2 eingerichtet worden sind. Erfasst sind der Fall des Auswahlrechts des Anschlussnutzers (z. B. Wohnungsmieter) und die Konstellation des Auswahlrechts des Anschlussnehmers (z. B. Hauseigentümer). Insofern wird in S. 3 für den Fall des § 5 deklaratorisch dargestellt, inwieweit Dritte die Vorgaben aus § 52 Abs. 1 (in Verbindung mit §§ 5 Abs. 1, 3 Abs. 2) zu erfüllen haben. Im Falle des § 6 wäre die Vorgabe aus § 5 Abs. 1 (Gewährleistung des einwandfreien Messbetriebs nach § 3 Abs. 2 und nach den Anforderungen des übrigen MsbG) und somit auch die Ein-

---

[9] BNetzA, Anl. z. Beschl. v. 11.7.2006, BK6-06-009.

haltung der Anforderungen des § 52 Abs. 1 in die Norm des § 6 „hineinzulesen". Diese Lücke schließt § 51 Abs. 1 Nr. 3 lediglich partiell.

Notwendig wäre dies nicht – S. 3 insgesamt als **deklaratorisch** anzusehen ist –, da schließlich auch ein Dritter als Messstellenbetreiber berechtigte Stelle im Sinne des § 49 Abs. 2 Nr. 1 ist, für die Abs. 1 unmittelbar Anwendung findet.[10] Auch eine besondere Gefährdungslage durch einen Dritten als Messstellenbetreiber besteht nicht, da er denselben Anforderungen nach § 3 beim Betrieb unterfällt wie ein grundzuständiger Messstellenbetreiber. 18

III. Format der Bundesnetzagentur (Abs. 2)

Die Bundesnetzagentur gibt nach Abs. 2 ein bundeseinheitliches Format zur Datenkommunikation vor. Dies verfolgt den Zweck, die **Rechtssicherheit** innerhalb der Kommunikationsprozesse zu stärken und den früher je nach Netzbetreiber teils unterschiedlich ausgestalteten Informationsaustausch weiter zu vereinheitlichen. Insbesondere bei der netzgebietsübergreifenden Belieferung von Kunden ergaben sich in diesem Zusammenhang in der Vergangenheit Probleme. 19

Bereits mit Beschluss vom 11.7.2006, Az. BK6-06-009, hatte die Bundesnetzagentur im Rahmen der **GPKE** über die Einführung des zum elektronischen Datenaustausch erforderlichen, bundeseinheitlichen Datenformats **EDIFACT**[11] im Strombereich entschieden. Die Netzbetreiber sind insoweit verpflichtet, für die Verarbeitung und den Austausch elektronischer Nachrichten im Rahmen der in einer Anlage beschriebenen Geschäftsprozesse das Datenformat EDIFACT anzuwenden.[12] Bislang ist noch keine endgültige Formatfestlegung seitens der Bundesnetzagentur seit Inkrafttreten des MsbG erfolgt. Die Nutzung des EDIFACT-Formats ist auch für die Datenkommunikation mit intelligenten Messsystemen möglich. Eine Alternative dazu wäre eine Umstellung auf das **XML-Format**, das eine einfache Anbindung der intelligenten Messsysteme an externe Mehrwertdienste ermöglichen könnte. 20

Mit **§ 75 Nr. 10** steht der Bundesnetzagentur zudem eine Ermächtigungsgrundlage zu, die es ihr ermöglicht bundeseinheitliche Regelungen zum Datenaustausch im Sinne des § 52 zwischen den Marktteilnehmern, insbesondere zu Formaten und Prozessen, zu erlassen, die eine größtmögliche Automatisierung zulassen. Eine solche Festlegung der Bundesnetzagentur im Sinne von § 29 Abs. 1 EnWG stellt nach der Rechtsprechung[13] eine Allgemeinverfügung (§ 35 S. 2 VwVfG) an die energiewirtschaftlichen Marktakteure und eine Form der Ex-ante-Regulierung durch die Regulierungsbehörde mit Entschließungs-, Auswahl- und Gestaltungsermessen dar.[14] Regulierte Unternehmen sollen durch Festlegungen bundesweit den gleichen regulatorischen Rahmen vorfinden.[15] 21

---

10 Vgl. die Definition des Messstellenbetreibers in § 2 S. 1 Nr. 12: „(...) oder ein Dritter, der die Aufgabe des Messstellenbetriebs durch Vertrag nach § 9 wahrnimmt".
11 Akronym für **E**lectronic **D**ata **I**nterchange **f**or **a**dministration, **c**ommerce and **t**ransport.
12 BNetzA, Anl. zum Beschl. v. 11.7.2006, BK6-06-009, S. 5.
13 BGH, Beschl. v. 29.4.2008, KVR 28/07, ZNER 2008, 228 ff. – EDIFACT.
14 Kment/*Wahlhäuser*, § 29 EnWG Rn. 1, 18, 24 ff.; Schneider/Theobald/*de Wyl/Finke*, § 4 Rn. 66; Danner/Theobald/*Hartmann*, § 20 Rn. 111 ff.
15 Vgl. BT-Drs. 17/1672, S. 89.

§ 52 Allgemeine Anforderungen an die Datenkommunikation

22 Ein Festlegungsverfahren zur Anpassung der Vorgaben zur elektronischen Marktkommunikation in **GPKE**, **WiM** (Wechselprozess im Messwesen) und **MPES** (Marktprozesse für Einspeisestellen Strom) an die neuen Begebenheiten im Zuge des Smart Meter-Rollouts hat bei der Bundesnetzagentur bereits begonnen. Für den **Gasbereich** erfolgt eine Anpassung der **GeLi Gas** (Geschäftsprozesse Lieferantenwechsel Gas, Beschluss BK7-06-067). Ein „Interimsmodell" soll die Einbindbarkeit von intelligenten Messsystemen ab Herbst 2017 vorerst sicherstellen.[16]

IV. Anonymisierung und Pseudonymisierung (Abs. 3)

23 Nach Abs. 3 sind personenbezogene Daten zu anonymisieren oder pseudonymisieren, soweit dies dem Verwendungszweck nach möglich ist.[17]

1. Technische Grundlage

24 Die **Codierung von personenbezogenen Daten** stellt ein wichtiges Element im Datenverkehr der Zukunft dar. Insgesamt wird perspektivisch ein Paradigmenwechsel weg von Anonymität hin zu Pseudonymität zu erwarten sein. Dies betrifft nicht nur Smart Grids, sondern auch etwa den Zahlungsverkehr über kryptographische Währungen (z. B. Bitcoin), in dessen Rahmen über Kennzeichen und nicht über Klarnamen kommuniziert wird.

2. Anonymisierung

25 Da eine Begriffsbestimmung im MsbG nicht vorgenommen wird, ist subsidiär auf die **Definition des BDSG** zurückzugreifen. Anonymisieren ist gemäß § 3 Abs. 6 BDSG das Verändern personenbezogener Daten derart, dass die Einzelangaben über persönliche oder sachliche Verhältnisse nicht mehr oder nur mit einem unverhältnismäßig großen Aufwand an Zeit, Kosten und Arbeitskraft einer bestimmten oder bestimmbaren natürlichen Person zugeordnet werden kann.

26 Eine komplette Anonymisierung **schließt den Anwendungsbereich datenschutzrechtlicher Vorschriften aus**, da keine Anknüpfung an eine Person erfolgen kann. An eine technische Anonymisierung sind allerdings sehr hohe Anforderungen zu stellen.

27 Eine Möglichkeit der Anonymisierung stellt die **Aggregation zahlreicher Messwerte** dar. Diese müssen allerdings aus einer Vielzahl von Haushalten stammen und nicht von einzelnen Messstellen, um den Personenbezug vollends ausschließen zu können.

3. Pseudonymisierung

28 Unter Pseudonymisieren ist nach der **Legaldefinition** in § 3 Abs. 6a BDSG das Ersetzen des Namens und anderer Identifikationsmerkmale durch ein Kennzeichen zu dem Zweck, die Bestimmung des Betroffenen auszuschließen oder wesentlich zu erschweren zu verstehen.

---

16 Vgl. BNetzA, Beschl. v. 20.12.2016, BK6-16-200 und BK7-16-142.
17 Eine vergleichbare Vorschrift enthielt bereits § 21g Abs. 5 EnWG a. F.

IV. Anonymisierung und Pseudonymisierung (Abs. 3) § 52

Bei intelligenten Messsystemen reicht es insbesondere nicht aus, die jeweilige **Zähler-** 29
Identifikationsnummer als Pseudonym zu verwenden, da diese problemlos einem bestimmten Haushalt zugeordnet werden kann.

Vielmehr müssen vom Gateway-Administrator **Kennzeichen** verwendet werden, die **in** 30
keinem Zusammenhang zur Messstelle und dem Haushalt stehen. Zusätzlich muss die Pseudonymisierung **zweckgebunden** sein. Insoweit muss für jeden einzelnen Zweck ein separates Kennzeichen generiert werden, um eine Verkettbarkeit der Daten und eine Profilbildung auszuschließen.[18] Um aus der Identität des sendenden Smart-Meter-Gateways keine Rückschlüsse auf die Zähler-Identifikationsnummer erhalten zu können, müssen die Daten zusätzlich über den Gateway-Administrator an den Endempfänger vermittelt werden.[19]

4. Verwendungszweck

Eine Pseudonymisierung oder Anonymisierung personenbezogener Daten scheidet dort 31
aus, wo eine **Zuteilung zu einem bestimmten Haushalt notwendig** ist. Dies ist der Fall bei jeglicher Verbrauchsabrechnung beim Endkunden.

Keine personenbezogenen Daten werden benötigt beim **Netzmanagement** und der **Bilan-** 32
zierung, hierfür sind aggregierte Daten ausreichend.[20] Der Übertragungsnetzbetreiber kann beispielsweise für die Bilanzkreisabrechnung die Messwerte aus dem Smart-Meter-Gateway in pseudonymisierter Form erhalten, da hierfür nur die Information benötigt wird, aus welchem Netzgebiet bzw. Bilanzkreis die entsprechenden Messwerte stammen. Eine zusätzlich angeordnete automatische Aggregation für diese Zwecke wäre insofern vorzugswürdig gewesen im Rahmen des § 52.[21]

5. Vorgaben der Datenschutz-Grundverordnung

a) Geltung in Deutschland

Die DSGVO erhält gemäß Art. 91 DSGVO im Mai 2018 Geltung und entfaltet als Verord- 33
nung sodann nach Art. 288 Abs. 2 S. 1 AEUV **unmittelbare Wirkung in den Mitglieds-**
staaten, ohne dass es ihrer innerstaatlichen Umsetzung bedarf. Als EU-Verordnung überlagert sie Rechtsvorschriften der einzelnen Mitgliedstaaten. Soweit in der Verordnung keine expliziten Möglichkeiten für einzelstaatliche Regelungen vorgesehen sind, verdrängt die DSGVO Vorschriften der Mitgliedstaaten zur Datenverarbeitung. Die DSGVO ist insofern – anders als das BDSG – kein Auffanggesetz, sondern eine **Vorrangregelung**.

---

18 Vgl. Konferenz der Datenschutzbeauftragten des Bundes und der Länder und Düsseldorfer Kreis, Orientierungshilfe datenschutzgerechtes Smart Metering, S. 40.
19 Vgl. BSI, TR-3109-1, S. 35 f.; dies widerspricht allerdings dem Paradigma der sternförmigen Kommunikation.
20 Vgl. *Lüdemann/Ortmann/Pokrant*, EnWZ 2016, 339, 346 mit Verweis (dort Fn. 119) auf Konferenz der Datenschutzbeauftragten des Bundes und der Länder und Düsseldorfer Kreis, Orientierungshilfe datenschutzgerechtes Smart Metering, S. 5.
21 Vgl. *Lüdemann/Ortmann/Pokrant*, EnWZ 2016, 339, 346 mit Verweis (dort Fn. 120) auf *Schäfer-Stradowky/Boldt*, EnWZ 2015, 349, 351.

b) Privacy by design und privacy by default

34 Bereits in § 3a BDSG sind Vorgaben zur **Datenvermeidung** und **Datensparsamkeit** enthalten. Die Durchsetzung dieser Regelungen kranken in der Praxis jedoch regelmäßig daran, dass an die Verletzung keine unmittelbaren Sanktionen geknüpft sind.[22]

35 Art. 25 Abs. 1 DSGVO regelt in Zukunft den Grundsatz der **privacy by design**; Abs. 2 die Anforderung **privacy by default**. Unternehmen müssen ihre IT-Systeme nach Art. 25 Abs. 1 DSGVO grundsätzlich so ausgestalten, dass sie die Datenschutzgrundsätze des Art. 5 DSGVO wirksam umsetzen, insbesondere das Gebot der Datenminimierung – sie sollen also nur gerade so viele Daten erheben, wie zur Erfüllung des verfolgten Zwecks erforderlich.

36 Zudem sollen **IT-Systeme** so „**voreingestellt**" sein, dass sie grundsätzlich nur solche personenbezogenen Daten verarbeiten, deren Verarbeitung für den jeweils verfolgten Zweck erforderlich ist, Art. 25 Abs. 2 DSGVO. Maßnahmen zur Umsetzung dieser Anforderungen sollen etwa darin liegen, dass Verantwortliche personenbezogene Daten minimieren und Daten so schnell wie möglich pseudonymisieren. Das Recht auf Datenschutz soll bereits bei der Entwicklung und Ausgestaltung von IT-Produkten, Diensten oder Anwendungen berücksichtigt werden. Verstöße gegen das Gebot, Datenschutz durch Technik und datenschutzfreundliche Voreinstellungen zu gewährleisten, können mit **Bußgeldern** von bis zu 4 Prozent des Umsatzes des Unternehmens geahndet werden.

37 Beide Grundsätze haben im MsbG bereits Berücksichtigung gefunden (in erster Linie durch die Schutzprofile des BSI und die zertifizierten Geräte) bzw. sollen diese noch finden.

c) Datenschutzfolgenabschätzung (Data Privacy Impact Assessment, DPIA)

38 Art. 35 DSGVO sieht eine sogenannte **Datenschutzfolgenabschätzung für den gesamten Prozess der Datenverarbeitung bei Verwendung neuer Technologien mit hohen Risiken für die Persönlichkeit** vor.[23] Es kann nicht ausgeschlossen werden, dass die im Smart Metering eingesetzten Verfahren unter den Anwendungsbereich des Art. 35 Abs. 1 DSGVO fallen werden. Denkbar ist allerdings eine künftige Implementierung der Folgenabschätzung über die Schutzprofile und technischen Richtlinien nach § 22.

V. Kommunikation über die Smart-Metering-Public-Key-Infrastruktur (Abs. 4)

39 Für personenbezogene Daten, Stammdaten und Netzzustandsdaten wird in Abs. 4 ein **besonders hohes Schutzniveau** eingeräumt.[24] Diese Daten dürfen ausschließlich über die Smart-Metering-Public-Key-Infrastruktur (Smart Metering-PKI) des Bundesamtes für Sicherheit in der Informationstechnik (BSI) – die für die Informationssicherheit auf nationaler Ebene zuständige Bundesbehörde[25] – kommuniziert werden. Mit der Wahl der PKI-In-

---

22 Vgl. Auer-Reinsdorff/Conrad/*Conrad/Hausen*, § 36 Rn. 164.
23 Siehe auch Erwägungsgrund 84 DSGVO.
24 Vgl. Regierungsentwurf v. 17.2.2016, BT-Drs. 18/7555, S. 105.
25 Vgl. § 1 BSIG.

V. Kommunikation über die Smart-Metering-Public-Key-Infrastruktur (Abs. 4) § 52

frastruktur zur Kommunikation dieser Daten ist der Gesetzgeber einer angemessenen technischen Lösung im Sinne von **security and privacy by design** nachgekommen.

1. Smart-Metering-PKI

Nach der Legaldefinition in § 2 S. 1 Nr. 21 ist die Smart-Metering-PKI ein System zur Ausstellung, Verteilung und Prüfung von **digitalen Zertifikaten**, welches die **Authentizität** und die **Vertraulichkeit** bei der Kommunikation und den gesicherten Datenaustausch der verschiedenen Marktteilnehmer mit den Smart-Meter-Gateways sicherstellt. 40

Zur detaillierten Funktionsweise der Smart-Metering-PKI wird auf die Ausführungen unter § 25 verwiesen. 41

2. Schutzrichtung der Norm

Abs. 4 oszilliert zwischen den Anforderungen, die das Datenschutzrecht einerseits und das IT-Sicherheitsrecht andererseits an den Umgang mit den aufgezählten Daten stellen. 42

a) Betroffene Daten

Die Tatsache, dass nur personenbezogene Daten, Netzzustandsdaten und Stammdaten über die PKI zu kommunizieren sind, hat ihre Gründe in der **hohen Sensibilität dieser Daten**. 43

Personenbezogene Daten sind aufgrund der **informationellen Selbstbestimmung**[26] des Einzelnen besonders schutzwürdig und erfahren deswegen in den §§ 49 ff. auf diverse Weise Berücksichtigung. 44

Bei **Netzzustandsdaten** und **Stammdaten** gestaltet sich die Lage anders (selbst wenn potenziell auch diese Daten Personenbezug aufweisen können), da sie unmittelbar Rückschlüsse auf die Netzstabilität und Ort sowie Art von Anlagen der Energieversorgung zulassen. 45

b) Anforderungen aufgrund der Klassifizierung als kritische Infrastruktur

Zugeordnete technische Richtlinien des BSI sehen Sicherheitsanforderungen an das Smart-Meter-Gateway, das Sicherheitsmodul und an die Administration des Gateways vor. Zudem werden kryptographische Vorgaben bezüglich Verschlüsselung und Signatur formuliert und eine Schlüsselinfrastruktur (PKI) vorgezeichnet. Die Richtlinien und Vorgaben sind dabei umfassend, vergleichsweise streng und gehen insbesondere hinsichtlich der Komplexität über die aus Datenschutzsicht notwendigen Vorgaben hinaus. Dies ist dadurch zu erklären, dass intelligente Stromnetze als zukünftige **kritische Infrastrukturen** gesehen werden. 46

Kritische Infrastrukturen sind gemäß § 2 Abs. 10 S. 1 BSIG unter anderem Einrichtungen, Anlagen oder Teile davon, die dem **Sektor Energie** angehören und von hoher Bedeutung für das Funktionieren des Gemeinwesens sind, weil durch ihren Ausfall oder ihre Beein- 47

---

26 Hergeleitet aus Art. 1 Abs. 1, Art. 2 Abs. 1 GG, BVerfG, Urt. v. 15.12.1983, 1 BvR 209/83; 1 BvR 269/83; 1 BvR 362/83; 1 BvR 420/83; 1 BvR 440/83; 1 BvR 484/8, BVerfGE 65, 1 – Volkszählungsurteil.

§ 52 Allgemeine Anforderungen an die Datenkommunikation

trächtigung erhebliche Versorgungsengpässe oder Gefährdungen für die öffentliche Sicherheit eintreten würden.

48 Die nähere Einstufung der einzelnen Anlagen als kritische Infrastruktur obliegt der BSI-Kritis-Verordnung.[27] Diese verkennt allerdings zum Teil die Gefahr von Dominoeffekten im Energiebereich. Die Integration von IT-Systemen in das Stromnetz in Verbindung mit dem Aufbau einer Kommunikationsinfrastruktur für diese Komponenten schafft eine **neue, anders gelagerte Angriffsfläche**: Sicherheitslücken in den IT-Systemen, wie wir sie von Internetservern kennen, gefährden nicht nur die Integrität der Daten in diesen Systemen (Stromverbrauchsdaten könnten z. B. verfälscht werden). Sie können auch dazu führen, dass ein Angriff über das Datennetz ein Versagen des Energienetzes und damit einen großflächigen Stromausfall verursacht. Ein plötzlicher Ausfall eines Netzsegmentes kann sich kaskadierend auf benachbarte Segmente auswirken. Der Stromausfall überschreitet dann auch nationale Grenzen und breitet sich im Extremfall auf ganz Europa aus, da Stromnetze supranationale Zusammenschaltungen regionaler Netze darstellen.[28] Abs. 4 ist insofern nicht nur auf den **Schutz von sensiblen personenbezogenen Daten** ausgelegt, sondern versucht auch die Daten, die *Smart Grids* besonders **angreifbar von außen machen**, nachhaltig zu schützen.

---

[27] BSI-KritisV v. 22.4.2016, BGBl. I, S. 958 ff.
[28] Vgl. auch *Säcker*, EnWZ 2016, 294, 300.

§ 53 Informationsrechte des Anschlussnutzers

(1) Der Messstellenbetreiber hat auf Verlangen des Anschlussnutzers
1. diesem Einsicht in die im elektronischen Speicher- und Verarbeitungsmedium gespeicherten auslesbaren Daten zu gewähren und
2. an diesen personenbezogene Daten kostenfrei weiterzuleiten.

(2) Wird bei einer zum Datenumgang berechtigten Stelle festgestellt, dass gespeicherte Vertrags- oder Nutzungsdaten unrechtmäßig gespeichert, verarbeitet oder übermittelt wurden oder auf sonstige Weise Dritten unrechtmäßig zur Kenntnis gelangt sind und drohen schwerwiegende Beeinträchtigungen für die Rechte oder schutzwürdigen Interessen des betroffenen Anschlussnutzers, ist § 42a des Bundesdatenschutzgesetzes entsprechend anzuwenden.

Schrifttum: *Jandt/Roßnagel/Volland*, Datenschutz für Smart Meter, ZD 2011, 99; *Karsten/Leonhardt*, Datenschutzrechtliche Anforderungen bei intelligenten Messsystemen – Das neue „Gesetz zur Digitalisierung der Energiewende", RDV 2016, 22; *Keppeler*, Personenbezug und Transparenz im Smart Meter-Datenschutz zwischen europäischem und nationalem Recht, EnWZ 2016, 99; *Raabe/Lorenz/Pallas/Weis*, Harmonisierung konträrer Kommunikationsmodelle im Datenschutzkonzept des EnWG – „Stern" trifft „Kette", CR 2011, 831; *Schäfer-Stradowsky/Boldt*, Energierechtliche Anmerkungen zum Smart Meter-Rollout, EnWZ 2015, 349.

Übersicht

	Rn.		Rn.
I. Allgemeines	1	a) Verhältnis zum datenschutzrechtlichen Auskunftsrecht aus § 34 BDSG	25
1. Normzweck	2		
a) Auskunftsrechte (Abs. 1)	4		
b) Informationspflicht (Abs. 2)	6	b) Verhältnis zur DSGVO	29
2. Entstehungsgeschichte	7	III. Informationspflichten (Abs. 2)	31
3. Abgrenzung zu § 61	11	1. Zum Datenumgang berechtigte Stellen	33
II. Auskunftsansprüche (Abs. 1)	12		
1. Anschlussnutzer (Abs. 1)	13	2. Vertrags- oder Nutzungsdaten	34
2. Messstellenbetreiber als Verpflichteter (Abs. 1)	15	a) Vertragsdaten	34
		b) Nutzungsdaten	35
3. Verlangen des Anschlussnutzers (Abs. 1)	17	c) Kein Personenbezug erforderlich	36
		3. Unrechtmäßiges Speichern, Verarbeiten, Übermitteln	37
4. Recht auf Dateneinsicht (Abs. 1 Nr. 1)	18		
		4. Unrechtmäßige Kenntniserlangung	38
a) Form der Auskunftserteilung	20	5. Schwerwiegende Beeinträchtigung für Rechte oder schutzwürdigen Interessen	39
b) Elektronische Speicher- und Verarbeitungsmedien	21		
c) Auslesbare Daten	23	6. Rechtsfolgenverweisung auf § 42a BDSG	40
5. Recht auf Weiterleitung von personenbezogenen Daten (Abs. 1 Nr. 2)	25		
		7. Geltung nach der DSGVO	42

I. Allgemeines

Nach Intention des Gesetzgebers soll der energiewirtschaftliche Datenverkehr, der durch den Einsatz intelligenter Messsysteme massiv zunehmen wird, im MsbG als Stammgesetz

1

§ 53 Informationsrechte des Anschlussnutzers

abschließend rechtlich geregelt werden.[1] In diesem Zuge ist auch das Thema Transparenz hinsichtlich der Datenkommunikation im Gesetz an mehreren Stellen, insbesondere in den §§ 53 und 54, explizit aufgegriffen worden. Dessen ungeachtet ist in mancherlei Hinsicht ein **Rückgriff auf allgemeine Regelungen des BDSG** unumgänglich bzw. perspektivisch die **Geltung der Datenschutz-Grundverordnung (DSGVO)** ab 25.5.2018 und die hierdurch bedingte Überlagerung von nationalen Regelungen zu beachten.

1. Normzweck

2 Das in § 53 verankerte Informationsrecht soll **zentrale Auskunftsrechte des Anschlussnutzers** sicherstellen.[2] Der Nutzer soll nicht nur informiert werden über die ihn betreffenden Daten, sondern im Ernstfall auch tatsächlich intervenieren können bei unsachgemäßem Umgang mit seinen Daten.

3 § 53 ist hierbei in ein allgemeines **Datenkontrollrecht** in Abs. 1 Nr. 1, ein **Übermittlungsrecht** in Abs. 1 Nr. 2 sowie **Vorkehrungen für die rechtswidrige Kenntnisnahme Dritter** in Abs. 2 gegliedert.

a) Auskunftsrechte (Abs. 1)

4 § 53 regelt laut der amtlichen Überschrift insgesamt Informationsrechte für den Anschlussnutzer, die jedoch in Abs. 1 – wenn man der datenschutzrechtlichen Terminologie folgt – **Auskunftsrechte** des Betroffenen darstellen.

5 Das Auskunftsrecht verkörpert ein **fundamentales Datenschutzrecht** für den Betroffenen.[3] Erst durch Einsicht in die entsprechenden Daten wird diesem die potenzielle Geltendmachung weitergehender Ansprüche wegen unzulässiger Datenerhebung ermöglicht.[4]

b) Informationspflicht (Abs. 2)

6 Mit der **Informationspflicht** bei unrechtmäßigen Datenverarbeitungen wird dem informationellen Selbstbestimmungsrecht der Betroffenen Vorrang vor den Geheimhaltungsinteressen der Datenverarbeitung[5] eingeräumt.

2. Entstehungsgeschichte

7 § 53 entspricht größtenteils wortwörtlich[6] der Regelung des **§ 21h EnWG a.F.**,[7] der im Zuge der Energierechtsreform im Jahre 2011 ohne jedes Vorbild im Europarecht in das EnWG aufgenommen worden war.[8]

---

1 Begründung zum Regierungsentwurf v. 17.2.2016, BT-Drs. 18/7555, S. 3.
2 Vgl. Begründung zum Regierungsentwurf v. 17.2.2016, BT-Drs. 18/7555, S. 106.
3 Simitis/*Dix*, § 34 BDSG Rn. 1.
4 Gola/Schomerus/*Klug/Gola/Körffer*, § 34 BDSG Rn. 1.
5 Simitis/*Dix*, § 34 BDSG Rn. 1.
6 Vgl. Begründung zum Regierungsentwurf v. 17.2.2016, BT-Drs. 18/7555, S. 106.
7 Vgl. hierzu BerlKommEnR/*Lorenz/Raabe*, § 21h EnWG Rn. 1–17.
8 Kment/*Thiel*, § 21h Rn. 2.

II. Auskunftsansprüche (Abs. 1) § 53

Durch Art. 3 Nr. 2 des Gesetzes zur Digitalisierung der Energiewende[9] werden die §§ 21b– 21i EnWG **aufgehoben** und der Bedeutung der grundrechtsrelevanten Regelungsmaterie entsprechend angepasst in das neu geschaffene MsbG überführt, um eine **weitere Zersplitterung des Energierechts** zu vermeiden.[10]

8

Offen ist, inwieweit – wie auch in der Vorbildnorm des § 21h EnWG a. F. – im MsbG mit der Regelung des § 53 europarechtliche Vorgaben für den Datenschutz in Form der **Datenschutzrichtlinie 95/46/EG**[11] sowie der **Datenschutzrichtlinie für elektronische Kommunikation 2002/58/EG**[12] umgesetzt werden und wie das **Verhältnis zu allgemeinen Datenschutznormen** ist.[13]

9

Unklarheiten hinsichtlich europarechtlicher Energiewirtschaftsnormen liegen dagegen nicht vor. Weder in der **EU-Energieeffizienzrichtlinie 2012/27/EU** noch in der älteren **EDL-Richtlinie 2006/32/EG** sind Vorgaben bezüglich des Datenschutzes im Smart Meter-Kontext vorgesehen. Art. 8 Abs. 2 lit. b) der Richtlinie 2012/27/EU statuiert lediglich, dass die Mitgliedstaaten für den Fall, dass sie intelligente Messsysteme für Strom und Gas einführen, diese im Einklang mit den einschlägigen Rechtsvorschriften der Union über den **Datenschutz** und den **Schutz der Privatsphäre** stehen sollen.

10

3. Abgrenzung zu § 61

Im Gegensatz zu § 53 Abs. 1 und 2 ist für die **Bereitstellung von Verbrauchsinformationen nach § 61** weder ein Auskunftsverlangen des Anschlussnutzers noch eine widerrechtliche Nutzung von Daten oder eine schwerwiegende Beeinträchtigung als Anspruchsvoraussetzung notwendig.[14]

11

II. Auskunftsansprüche (Abs. 1)

§ 53 enthält in Abs. 1 Vorgaben zu Auskunftspflichten des Messstellenbetreibers **auf Verlangen des Anschlussnutzers**. Zum einen wird ein **Einsichtsrecht** des Anschlussnutzers in Abs. 1 Nr. 1 statuiert, zum anderen die Verpflichtung des Messstellenbetreibers zur **Weitergabe von Daten** in Abs. 1 Nr. 2.

12

1. Anschlussnutzer als Berechtigter (Abs. 1)

Berechtigt im Sinne des Abs. 1 Nr. 1 und Nr. 2 ist der Anschlussnutzer. Als Anschlussnutzer und somit Anspruchsinhaber ist entgegen der extensiven Definition in § 2 S. 1 Nr. 3,

13

---

9 Begründung zum Regierungsentwurf v. 17.2.2016, BT-Drs. 18/7555, S. 55.
10 Vgl. Begründung zum Regierungsentwurf v. 17.2.2016, BT-Drs. 18/7555, S. 111.
11 Richtlinie 95/46/EG des Europäischen Parlaments und des Rates v. 24.10.1995 zum Schutz natürlicher Personen bei der Verarbeitung personenbezogener Daten und zum freien Datenverkehr, ABl. Nr. L 281 v. 23.11.1995.
12 Richtlinie 2002/58/EG des Europäischen Parlaments und des Rates v. 12.7.2002 über die Verarbeitung personenbezogener Daten und den Schutz der Privatsphäre in der elektronischen Kommunikation, ABl. Nr. L 201 v. 31.7.2002.
13 Kment/*Thiel*, § 21h Rn. 2.
14 Vgl. BerlKommEnR/*v. Wege*, § 61 MsbG Rn. 6 f.

§ 53   Informationsrechte des Anschlussnutzers

nach der der zur Nutzung des Netzanschlusses berechtigte Letztverbraucher erfasst ist, im Rahmen des § 53 Abs. 1 nur derjenige anzusehen, der **qua Vertrag** zur Nutzung eines Anschlusses berechtigt ist.[15] Letztverbraucher ist gemäß § 2 S. 1 Nr. 8 jede natürliche oder juristische Person, die Energie für den eigenen Verbrauch oder für den Betrieb von Ladepunkten zur Versorgung von Elektrofahrzeugnutzern bezieht.

14   Anderenfalls wären in einem Haushalt, in dem (zeitweise) mehrere Personen leben und zwangsläufig Energie verbrauchen, alle mitsamt als Normberechtigte im Sinne des § 53 Abs. 1 anzusehen. Aus der sonstigen Verwendung des Begriffs des Anschlussnutzers in der Systematik des MsbG wird allerdings erkenntlich, dass lediglich der **vertraglich Berechtigte** gemeint sein kann. Wird in § 5 etwa dem Anschlussnutzer ein Auswahlrecht bezüglich des Messstellenbetreibers eingeräumt, ist auch in diesem Kontext wohl kaum vom Gesetzgeber angedacht worden, dass jedem Bewohner eines Mehrpersonenhaushalts, einem Untermieter oder auch einem simplen Hausgast die Wahl eines eigenen Messstellenbetreibers zustehen soll.

2. Messstellenbetreiber als Verpflichteter (Abs. 1)

15   Beide Informationsansprüche aus Abs. 1 sind gegen den **Messstellenbetreiber** als Adressaten – und nur gegen diesen – gerichtet.[16] Dies kann gemäß § 2 S. 1 Nr. 12 der **grundzuständige Messstellenbetreiber** nach § 2 S. 1 Nr. 4 sein oder ein Dritter, der die Aufgabe des Messstellenbetriebs (§ 3) durch einen Messstellenvertrag nach § 9 Abs. 1 S. 1 Nr. 4 wahrnimmt. Diese Restriktion ist dem **Paradigma der sternförmigen Kommunikation** (also einer Übermittlung direkt aus dem Smart-Meter-Gateway, vgl. § 60) geschuldet, da bei dieser – im Gegensatz zu einer herkömmlichen kettenförmigen Kommunikation – grundsätzlich keine Auskunftsrechte anderer Akteure beachtet werden müssen.[17]

16   Auf die genuine Verpflichtung des Messstellenbetreibers hat es keinen Einfluss, ob er tatsächlich einen Dienstleister in die Speicherung und Verarbeitung der Daten miteinbindet. Der Wortlaut stellt insofern eindeutig auf den Messstellenbetreiber aus Auskunftspflichtigen ab. **Datenschutzrechtlich** ist dies nur konsequent: Auch im Falle einer **Auftragsdatenverarbeitung** (ADV) im Sinne des § 49 Abs. 3 – der insofern auf die Vorgaben der §§ 11, 43 BDSG verweist – bleibt der Messstellenbetreiber gemäß § 11 Abs. 1 S. 1 BDSG als Auftraggeber verantwortlich auch hinsichtlich der Erfüllung der Betroffenenrechte.[18]

3. Verlangen des Anschlussnutzers (Abs. 1)

17   Die Rechte aus Abs. 1 sind eingeschränkt durch das Erfordernis des ausdrücklichen Verlangens des Anschlussnutzers. Dieses ist mangels entsprechender Vorschriften formlos möglich. Ein berechtigtes Interesse oder ein rechtliches Interesse muss durch den Anschlussnutzer nicht dargelegt werden.

---

15 So auch *Keppeler*, EnWZ 2016, 99, 104.
16 BerlKommEnR/*Lorenz/Raabe*, § 21h EnWG Rn. 3.
17 Vgl. *Raabe/Lorenz/Pallas/Weis*, CR 2011, 831, 838.
18 Vgl. Simitis/*Petri*, § 11 BDSG Rn. 48.

4. Recht auf Dateneinsicht (Abs. 1 Nr. 1)

Der Messstellenbetreiber hat nach Abs. 1 Nr. 1 dem Anschlussnutzer **auf dessen Verlangen** Einsicht in die im elektronischen Speicher- und Verarbeitungsmedium gespeicherten auslesbaren Daten zu gewähren. Der Anspruch erschöpft sich nach seinem ausdrücklichen Wortlaut im bilateralen Verhältnis zwischen **Anschlussnutzer und Messstellenbetreiber**.

18

Dadurch, dass der Anspruch **nicht auf personenbezogene Daten beschränkt** ist, ist er in der Praxis vor allem für **juristische Personen als Anschlussnutzer** relevant. Natürliche Personen können Auskunftsansprüche, die sich gegen andere zum Datenumgang berechtigte Stellen im Sinne des § 49 Abs. 2 richten oder von anderen Betroffenen als dem Anschlussnutzer geltend gemacht werden, nach der **generellen Vorschrift des § 34 BDSG** geltend machen.[19]

19

a) Form der Auskunftserteilung

Im Gegensatz zu § 34 BDSG, der in Abs. 6 im Regelfall von einer Auskunft in Textform (§ 126b BGB) ausgeht,[20] enthält § 53 **keine Formvorschrift** bezüglich der Auskunftserteilung. Damit wäre auch eine direkte Anzeige auf dem **Front-End des Geräts** rechtlich zulässig, was die Erfüllung des Einsichtverlangens vereinfachen würde.

20

b) Elektronische Speicher- und Verarbeitungsmedien

Gegenstand des Einsichtsrechts sind **alle in elektronischen Speicher- und Verarbeitungsmedien gespeicherten Daten**. Dies umfasst das intelligente Messsystem im Sinne des § 2 S. 1 Nr. 7 sowie die Kommunikationseinheit in Form des Smart-Meter-Gateways im Sinne des § 2 S. 1 Nr. 19. Zusätzlich müssen hierunter aber auch **externe Server des Messstellenbetreibers bzw. ADV-Dienstleisters nach § 49 Abs. 3** gefasst werden.

21

Teleologisch betrachtet darf es zudem keinen Unterschied machen, ob das betroffene Medium nur **passiv** Daten speichert (wie etwa ein Flash-Speicher) oder auch zusätzlich **aktiv** verarbeitet.[21]

22

c) Auslesbare Daten

Das Einsichtsrecht erfasst schließlich auch nur auslesbare Daten. Da über ein Smart-Meter-Gateway auch Daten kommuniziert werden können, die mehrere Anschlussnutzer betreffen, muss der Begriff der auslesbaren Daten **auf den jeweiligen Anschlussnutzer beschränkt werden**. Dies ist z. B. in einem Mehrfamilienhaus der Fall, in dem mehrere Messeinrichtungen über nur eine Kommunikationseinheit angebunden sind.[22] Rückschlüsse auf Daten anderer Letztverbraucher, die auch über das entsprechende Smart-Meter-Gateway kommunizieren, sind insofern nicht zuzulassen.

23

---

19 Vgl. BerlKommEnR/*Lorenz/Raabe*, § 21h EnWG Rn. 3.
20 Vgl. Simitis/*Dix*, § 34 BDSG Rn. 49.
21 Vgl. BerlKommEnR/*Lorenz/Raabe*, § 21h EnWG Rn. 7.
22 Vgl. die Legaldefinition des Smart-Meter-Gateways in § 2 S. 1 Nr. 19: „Kommunikationseinheit (...), die ein oder **mehrere** moderne Messeinrichtungen (...) in ein Kommunikationsnetz einbinden kann".

§ 53   Informationsrechte des Anschlussnutzers

24 Offen ist, ob der Begriff der Auslesbarkeit sich subjektiv nach den Möglichkeiten des Anspruchsgegners bestimmt oder objektiv nach der üblichen Auslesbarkeit. In jedem Fall ist auf die Anforderung ein Verhältnismäßigkeitsmaßstab anzuwenden.

5. Recht auf Weiterleitung von personenbezogenen Daten (Abs. 1 Nr. 2)

a) Verhältnis zum datenschutzrechtlichen Auskunftsrecht aus § 34 BDSG

25 Rechtsdogmatisch missglückt ist die Regelung des § 53 Abs. 1 Nr. 2. Danach hat der Messstellenbetreiber **auf Verlangen des Anschlussnutzers** diesem personenbezogene Daten kostenfrei weiterzuleiten. Unklar ist, wie sich diese Norm zur allgemeinen datenschutzrechtlichen Auskunftspflicht nach **§ 34 BDSG** verhält.

26 Zum Verständnis ein Blick auf die Vorgängernorm: Im Rahmen des § 21h Abs. 1 Nr. 2 EnWG a. F. waren die Daten nur „**in einem bestimmten Umfang**" weiterzuleiten. Die konkrete Bestimmung dieses Umfangs war unklar, diente aber offenkundig der **Limitierung des Rechts** auf kostenfreie Datenübermittlung und der Vermeidung einer ausufernden Inanspruchnahme, womit die Norm **keine umfassende Datenschutzkontrolle** verfolgte.[23] Ein Übermittlungsrecht kam insbesondere nur bei berechtigtem Interesse des Anschlussnutzers in Betracht.[24]

27 Diese Begrenzung wurde in § 53 Abs. 1 Nr. 2 nicht übernommen. Es wurde stattdessen das **Kriterium des Personenbezugs** herangezogen. Allerdings beschränkt die Norm das Auskunftsrecht nicht auf die **personenbezogenen Daten des Anschlussnutzers**. Damit ist die Norm entweder einschränkend auf das Auskunftsrechts bezüglich der eigenen Daten des Anschlussnutzers auszulegen. Dann ist allerdings zu fragen, warum der Gesetzgeber nicht die Norm des § 34 BDSG als hinreichend angesehen hat. Wenn eine Abweichung vom § 34 BDSG gewollt war, fragt sich, ob diese europarechtlich überhaupt zulässig ist und inwieweit neben dem § 53 Abs. 1 Nr. 2 noch der § 34 BDSG Anwendung findet. Aufgrund dieser rechtsdogmatischen Probleme erscheint es eher naheliegend, dass der Gesetzgeber eine Geltendmachung durch den (vertraglich berechtigten) Anschlussnutzer in Vertretung für alle Betroffenen, die den Anschluss tatsächlich nutzen, regeln wollte.

28 In jedem Fall beinhaltet der Wortlaut überdies die Unschärfe, welche Pflicht die „**Weiterleitung" der Daten** meint. Da der Gesetzgeber im MsbG ansonsten recht eng an der datenschutzrechtlichen Terminologie bleibt, ist es denkbar, dass die Weiterleitung gerade keine allgemeine Auskunftspflicht bedeuten soll, sondern nur die Auskunft über solche Daten, die der Messstellenbetreiber selbst von Dritten erhalten hat und danach weiterleitet. In der Praxis führt dies zu einer zusätzlichen Komplexität bei der Abgrenzung von § 34 BDSG.

b) Verhältnis zur DSGVO

29 Angesichts der vorstehenden Unklarheiten hinsichtlich des Verhältnisses zum datenschutzrechtlichen Auskunftsrecht dürfte es schwierig sein zu begründen, inwiefern § 53 Abs. 1 Nr. 2 nach dem 25.5.2018 weitere Geltung beanspruchen kann.

---

23 Vgl. Kment/*Thiel*, § 21h EnWG Rn. 4.
24 Vgl. Britz/Hellermann/Hermes/*Herzmann*, § 21h EnWG Rn. 5 f.

Die Bundesregierung geht allgemein davon aus, dass die DSGVO mit Art. 6 Abs. 1 lit. e) 30
in Verbindung mit Art. 6 Abs. 3 S. 1 lit. a) die im MsbG vorgesehenen nationalen Regelungen zu Datenerhebung, -verarbeitung und -nutzung ermöglicht, da diese im öffentlichen Interesse erfolge.[25] In dieser Allgemeinheit wird sich die Öffnungsklausel aber kaum auslegen lassen dürfen.

III. Informationspflichten (Abs. 2)

Abs. 2 verfolgt mit der entsprechenden Anwendung von **§ 42a BDSG** das Ziel, mögliche 31
Kollateralschäden, die durch die unrechtmäßige Kenntnisnahme von Daten durch Dritte entstehen können, zu minimieren. Es werden insofern Regelungen für den Fall getroffen, dass der Messstellenbetreiber oder eine andere zum Datenumgang berechtigte Stelle im Sinne des § 49 Abs. 2 eine rechtswidrige Kenntnisnahme Dritter feststellt. Unter konkreten Voraussetzungen beinhaltet Abs. 2 eine Rechtsfolgenverweisung auf § 42a BDSG und dehnt somit den Katalog der in § 42a BDSG als besonders schutzwürdig bezeichneten personenbezogenen Daten um Vertrags- und Nutzungsdaten des Anschlussnutzers aus.[26]

Auch den Abs. 2 muss man als nicht gelungen bezeichnen, weil auch hier die Abgrenzung 32
zum Abwendungsbereich des § 42a BDSG äußerst unklar ist.

1. Zum Datenumgang berechtigte Stellen

Verpflichtete im Rahmen des Abs. 2 sind **die zum Datenumgang berechtigten Stellen** gemäß § 49 Abs. 2, im Gegensatz zu Abs. 1 also nicht nur der Messstellenbetreiber. Im Falle einer Auftragsdatenverarbeitung nach § 49 Abs. 3 bleibt diejenige Stelle verpflichtet, die den Auftrag erteilt hat. 33

2. Vertrags- oder Nutzungsdaten

a) Vertragsdaten

Unter dem Begriff der **Vertragsdaten** sind dem Wortlaut und Zweck der Norm zufolge 34
sämtliche vertraglichen Regelungen zu verstehen, die im Zusammenhang mit der Energiebelieferung stehen. Für eine extensive Auslegung des Merkmals besteht darüber hinaus kein Grund.[27]

b) Nutzungsdaten

Der Begriff der **Nutzungsdaten** ist weder in § 2 S. 1 noch im EnWG über die Verweisung 35
in § 2 S. 2 definiert. Die Heranziehung der Legaldefinition der Nutzungsdaten aus § 15 Abs. 1 S. 2 TMG erscheint nicht zielführend, da sich diese auf vom Nutzer beanspruchte Telemedien bezieht und nicht ohne weiteres in die Energiewirtschaft übertragen werden

---

25 Antwort auf die kleine Anfrage der Fraktion BÜNDNIS 90/DIE GRÜNEN, BT-Drs. 18/7975, S. 20.
26 BerlKommEnR/*Lorenz/Raabe*, § 21h EnWG Rn. 10.
27 Anders zur Vorgängernorm BerlKommEnR/*Lorenz/Raabe*, § 21h EnWG Rn. 12.

kann. Umrissen werden können Nutzungsdaten im Smart Meter-Kontext als Daten, die aus oder mit Hilfe des Messsystems verwendet werden.[28]

c) Kein Personenbezug erforderlich

36 Ein Personenbezug ist gemäß dem Wortlaut weder bei Vertrags- noch bei Nutzungsdaten vorausgesetzt.

3. Unrechtmäßiges Speichern, Verarbeiten, Übermitteln

37 Die Begriffe Speichern, Verarbeiten und Übermitteln können in Anlehnung an das BDSG definiert werden, auch weil sie wie in der datenschutzrechtlichen Parallelnorm des § 42a BDSG verwendet werden. Unter Speichern ist das Erfassen, Aufnehmen oder Aufbewahren (personenbezogener) Daten auf einem Datenträger zum Zweck ihrer weiteren Verarbeitung oder Nutzung zu verstehen (vgl. § 3 Abs. 4 S. 1 Nr. 1 BDSG). Verarbeiten ist gemäß § 3 Abs. 4 S. 1 BDSG das Speichern, Verändern, Übermitteln, Sperren und Löschen von Daten. Übermitteln ist das Bekanntgeben gespeicherter oder durch Datenverarbeitung gewonnener Daten an einen Dritten in der Weise, dass die Daten an den Dritten weitergegeben werden oder dieser zur Einsicht oder zum Abruf bereitgehaltene Daten einsieht oder abruft (vgl. § 3 Abs. 4 S. 1 Nr. 3 BDSG).

4. Unrechtmäßige Kenntniserlangung

38 Es kommt – wie auch im Rahmen des § 42a BDSB – hinsichtlich der Frage der Rechtswidrigkeit nicht darauf an, ob die berechtigte Stelle an der unrechtmäßigen Kenntniserlangung mitgewirkt hat oder nicht.[29] Es ist lediglich entscheidend, ob die verantwortliche Stelle aufgrund tatsächlicher Anhaltspunkte feststellt, dass die entsprechenden Daten unrechtmäßig übermittelt oder auf sonstige Weise Dritten unrechtmäßig zur Kenntnis gelangt sind.[30]

5. Schwerwiegende Beeinträchtigung für Rechte oder schutzwürdigen Interessen

39 Für die schwerwiegende Beeinträchtigung für die Rechte oder schutzwürdigen Interessen des Anschlussnutzers ist eine Gefahrenprognose anzustellen unter Abwägung der Art der betroffenen Daten und den zu erwartenden Auswirkungen der unrechtmäßigen Kenntniserlangung.[31]

6. Rechtsfolgenverweisung auf § 42a BDSG

40 Gemäß § 42a S. 1 BDSG, auf den bezüglich der Rechtsfolgen verwiesen wird in Abs. 2, hat die Stelle, die den datenschutzrechtlichen Verstoß feststellt, diesen der zuständigen

---

28 BerlKommEnR/*Lorenz/Raabe*, § 21h EnWG Rn. 13.
29 Simitis/*Dix*, § 42a BDSG Rn. 6.
30 Vgl. Gola/Schomerus/*Klug/Gola/Körffer*, § 42a BDSG Rn. 4.
31 Vgl. Spindler/Schuster/*Nink*, § 42a BDSG Rn. 7.

Aufsichtsbehörde sowie den Betroffenen mitzuteilen. Dies hat zur Folge, dass auch Beeinträchtigungen der Datenschutzaufsicht zu melden sind, die keine natürlichen, sondern nur **juristische Personen** betrifft. Die Datenschutzaufsicht ist für die Verfolgung solcher Unrechtmäßigkeiten aber nicht zuständig. Diese Meldungen ziehen insofern keinerlei Konsequenz nach sich.

Auch unklar ist, was bei Datenvorfällen gilt, die nicht die Rechte und Interessen des Anschlussnutzers beeinträchtigen, insbesondere ob hier ergänzend § 42a BDSG gelten soll oder ob § 42a BDSG verdrängt wird. Im Ergebnis soll § 42a BDSG wohl ergänzend gelten, weil die Norm nur die entsprechende Anwendung regelt. 41

7. Geltung nach der DSGVO

Nach der Geltung der DSGVO ab 25.5.2018 wird der Verweis auf Art. 33 DSGVO erfolgen müssen, weil es keine Rechtfertigung für den Fortbestand des § 42a BDSG gibt. 42

§ 54 Transparenzvorgaben für Verträge

(1) ¹Bestandteil vertraglicher Regelungen, die eine Datenkommunikation durch das oder mit Hilfe des Smart-Meter-Gateways auslösen, muss ein standardisiertes Formblatt sein, in dem kurz, einfach, übersichtlich und verständlich die sich aus dem Vertrag ergebende Datenkommunikation aufgelistet wird. ²Das Formblatt enthält insbesondere Angaben dazu, wer welche Daten von wem wie oft zu welchem Zweck erhält.

(2) Verträge und Formblatt haben den bundesweit einheitlichen Vorgaben der Bundesnetzagentur zu entsprechen, die diese über Festlegungen nach § 75 Nummer 2 macht.

(3) Anschlussnutzer erhalten die ihre Messstelle betreffenden Formblätter in Kopie.

Schrifttum: *Dammann*, Erfolge und Defizite der EU-Datenschutzgrundverordnung; Erwarteter Fortschritt, Schwächen und überraschende Innovationen, ZD 2016, 307; *Karsten/Leonhardt*, Datenschutzrechtliche Anforderungen bei intelligenten Messsystemen – Das neue „Gesetz zur Digitalisierung der Energiewende", RDV 2016, 22; *Keppeler*, Personenbezug und Transparenz im Smart Meter-Datenschutz zwischen europäischem und nationalem Recht, EnWZ 2016, 99; *Kraska*, Auswirkungen der EU-Datenschutzgrundverordnung, ZD-Aktuell 2016, 04173.

Übersicht

	Rn.		Rn.
I. Allgemeines	1	2. Nachvollziehbarkeit der Datenströme (S. 2)	8
1. Normzweck	2	III. Vorgaben der Bundesnetzagentur (Abs. 2)	15
2. Normadressat und -berechtigter	4	IV. Kopie der Formblätter für den Letztverbraucher (Abs. 3)	16
II. Standardisiertes Formblatt als Vertragsbestandteil (Abs. 1)	5		
1. Auflistung der Datenkommunikation (S. 1)	6		

I. Allgemeines

1 § 54 enthält zusätzliche Informationspflichten und enthält als zentralen Begriff das **standardisierte Formblatt**, das in die vertraglichen Regelungen zwischen den Akteuren des Energiemarktes einzubinden ist und das Aufschluss geben soll über die komplette Datenkommunikation, die bei einem Smart-Meter-Gateway anfällt.

1. Normzweck

2 Die Norm soll – auch wenn deren Titel anderes vermuten lässt – primär die reibungslose **Kommunikation durch ein Smart-Meter-Gateway** sicherstellen und nicht in erster Linie Transparenz gewährleisten. Aufgrund der Konnexität zwischen variablen Strombelieferungstarifen und dafür zeitlich exakt bestimmter Kommunikation von Messwerten ist es essentiell, dass weder der Smart-Meter-Gateway-Administrator noch der Anschlussnutzer Verträge im Einzelfall auf Vorgaben bezüglich der Datenkommunikation überprüfen

muss.[1] Ein Standardblatt nach § 54 erfüllt eben diese Notwendigkeit, um die Datenkommunikation langfristig funktionsfähig – und schließlich auch für den Anschlussnutzer transparent – zu erhalten.

Geregelt wird in § 54 ausschließlich die Kommunikation abstrakter Daten aus dem Smart Meter, nicht jedoch solcher mit Personenbezug.

2. Normadressat und -berechtigter

Die Norm richtet sich in Abs. 1 und 2 an alle **Handelnden des Energiemarktes** (auch untereinander) und ist nicht etwa auf das Verhältnis zwischen Smart-Meter-Gateway-Administrator und Anschlussnutzer beschränkt. Berechtigter des Anspruchs auf Erhalt einer Kopie der Formblätter aus Abs. 3 ist der **Anschlussnutzer** im Sinne des § 2 S. 1 Nr. 3. Gegen wen dieser Anspruch explizit zu richten ist, bleibt allerdings unklar.

II. Standardisiertes Formblatt als Vertragsbestandteil (Abs. 1)

Abs. 1 hält fest, dass in die vertraglichen Regelungen, die im Zusammenhang mit der Datenkommunikation durch ein oder mit Hilfe eines Smart-Meter-Gateways stehen, ein **standardisiertes Formblatt** implementiert werden muss.

1. Auflistung der Datenkommunikation (S. 1)

S. 1 statuiert, dass die sich aus dem Vertrag ergebende Datenkommunikation „**kurz, einfach, übersichtlich und verständlich**" in solch einem standardisierten Formblatt aufgelistet werden muss.

Laut Wortlaut findet die **Norm des § 54 Abs. 1 S. 1** auf jeden Vertrag Anwendung, der Regelungen über die Datenkommunikation durch oder mit Hilfe des Smart-Meter-Gateways beinhaltet. Umfasst sind insofern auch vertragliche Regelungen, die zwischen dem grundzuständigen Messstellenbetreiber im Sinne des § 2 S. 1 Nr. 4, dem Messstellenbetreiber im Sinne des § 2 Nr. 12 oder auch dem Smart-Meter-Gateway-Administrator nach § 2 S. 1 Nr. 20 getroffen werden.

2. Nachvollziehbarkeit der Datenströme (S. 2)

S. 2 sieht vor, dass das Formblatt im Sinn des S. 1 insbesondere Informationen darüber enthalten muss, „**wer welche Daten von wem wie oft zu welchem Zweck erhält**".

Daten erhalten können ausschließlich die Berechtigten aus dem **numerus clausus** gemäß § 49 Abs. 1 S. 1, Abs. 2 Nr. 1–7. Dies wird in den Formblättern durch die Angabe der im Einzelfall Informationen erhaltenden Stelle weiter konkretisiert.

Auch der Zweck der **Erhebung, Verarbeitung und Nutzung der Daten** im Sinne des § 50 muss in den Formblättern wiedergegeben werden. Insofern werden die Vorgaben aus §§ 49, 50 durch das standardisierte Formblatt für alle beteiligten Stellen visibel gemacht.

---

[1] Vgl. Begründung zum Regierungsentwurf v. 17.2.2016, BT-Drs. 18/7555, S. 106.

§ 54 Transparenzvorgaben für Verträge

11 Datenschutzrechtlich kann man dies als **Konkretisierung der Transparenzpflicht nach § 4 Abs. 3 BDSG** verstehen. Denn für den vertraglich berechtigten Anschlussnutzer kann ein standardisiertes Formblatt durchaus personenbezogene Daten im Sinne des § 4 Abs. 3 S. 1 BDSG enthalten.

12 Inwieweit der Anschlussnutzer über **konkrete energiewirtschaftliche Begriffe** aufzuklären ist, ist dabei offen. *Keppeler* etwa geht davon aus, dass konkret unter Umständen zu informieren wäre über Termini wie Phasenwinkel, Spannung, Frequenz oder Stromfluss sowie gegebenenfalls den Zweck der Erstellung von Lastprofilen und der Ableitung hieraus, welche elektrischen Geräte eingeschaltet waren zu entsprechenden Zeitpunkten. Erläutert werden müsse auch gegebenenfalls, inwiefern die Granularität der Messfrequenz sich auf die Qualität der Lastprofile auswirkt.[2]

13 Da unter Umständen nicht nur der (vertraglich berechtigte) Anschlussnutzer im Sinne des § 2 S. 1 Nr. 3 betroffen ist, sondern auch **andere** sich in den Räumlichkeiten aufhaltende **Personen**, stellt sich zudem die Frage, wie diese gemäß § 4 Abs. 3 BDSG informiert werden können.

14 Die mitteilungspflichtigen Informationen werden gemäß **Art. 14 Abs. 1 bis 1b DS-GVO** im Übrigen ab 25.5.2018 detaillierter auszuführen sein als bislang unter § 4 Abs. 3 BDSG, was auch im Rahmen des § 54 Abs. 1 zu berücksichtigen sein wird.

III. Vorgaben der Bundesnetzagentur (Abs. 2)

15 Die Verträge als auch das standardisierte Formblatt haben den von der Bundesnetzagentur vorgegebenen, bundesweit einheitlichen Vorgaben zu entsprechen. Diese notwendigen Anforderungen an die Einhaltung der Transparenzvorgabe aus § 54 werden von der Bundesnetzagentur über **Festlegungen** nach § 75 Nr. 2 in Form einer Allgemeinverfügung vorgegeben.

IV. Kopie der Formblätter für den Letztverbraucher (Abs. 3)

16 Der **Anschlussnutzer** als Letztverbraucher erhält gemäß Abs. 3 die seine Messstelle betreffenden **Formblätter** in Kopie. Ein besonderes Interesse muss der Anschlussnutzer hierbei nicht geltend machen.

17 Was genau eine „Kopie" darstellen soll und insbesondere welche Form (Schriftform, Textform oder elektrische Form) sie aufweisen soll, wird nicht näher erläutert. An der „analog" klingenden Begrifflichkeit der „Kopie des Formblatts" wird allerdings nicht strikt festzuhalten sein.

18 **Praxistauglich** erscheint eine Informierung des Anschlussnutzers auch über das Front-End des Smart Meters oder eine entsprechende zur Verfügung stehende App oder sonstige Bedienoberfläche des Smart Meters und nicht nur ausschließlich über eine physische Kopie des Formblatts, um Medienbrüche zu vermeiden.

---

2 Vgl. *Keppeler*, EnWZ 2016, 99, 103.

Kapitel 2
Zulässiger Umfang der Datenerhebung; Besondere Anforderungen

§ 55 Messwerterhebung Strom

(1) Die Messung entnommener Elektrizität erfolgt
1. bei Letztverbrauchern mit einem Jahresstromverbrauch von über 100 000 Kilowattstunden durch eine Zählerstandsgangmessung oder, soweit erforderlich, durch eine viertelstündige registrierende Lastgangmessung,
2. sobald Letztverbraucher mit einem Jahresstromverbrauch bis einschließlich 100 000 Kilowattstunden mit einem intelligenten Messsystem ausgestattet sind, durch eine Zählerstandsgangmessung,
3. sobald unterbrechbare Verbrauchseinrichtungen nach § 14a des Energiewirtschaftsgesetzes mit einem intelligenten Messsystem ausgestattet sind, durch eine Zählerstandsgangmessung,
4. im Übrigen bei Letztverbrauchern durch Erfassung der entnommenen elektrischen Arbeit entsprechend den Anforderungen des im Stromliefervertrag vereinbarten Tarifes.

(2) ¹Im Falle eines Lieferantenwechsels nach § 14 der Stromnetzzugangsverordnung ist für die Ermittlung des Verbrauchswertes zum Zeitpunkt des Lieferantenwechsels ein einheitliches Verfahren zugrunde zu legen. ²Sofern für die Abrechnung kein Messwert ermittelt werden kann, kann ihn der Messstellenbetreiber schätzen. ³Im Falle einer Schätzung ist der Verbrauch zeitanteilig zu berechnen; jahreszeitliche Verbrauchsschwankungen sind auf der Grundlage der für Haushaltskunden maßgeblichen Erfahrungswerte angemessen zu berücksichtigen.

(3) Die Messung von Strom aus Anlagen nach dem Erneuerbare-Energien-Gesetz oder dem Kraft-Wärme-Kopplungsgesetz mit einer installierten Leistung von über 100 Kilowatt erfolgt durch eine Zählerstandsgangmessung oder, soweit erforderlich, durch eine viertelstündige registrierende Einspeisegangmessung.

(4) ¹Die Messung von Strom aus Anlagen nach dem Erneuerbare-Energien-Gesetz oder dem Kraft-Wärme-Kopplungsgesetz mit einer installierten Leistung von höchstens 100 Kilowatt, die mit einem intelligenten Messsystem ausgestattet sind, erfolgt durch eine Zählerstandsgangmessung. ²Ist kein intelligentes Messsystem vorhanden, so erfolgt die Messung durch Erfassung der eingespeisten elektrischen Arbeit entsprechend den Anforderungen des Netzbetreibers.

(5) Fallen Erzeugungs- und Verbrauchssituationen an einem Anschlusspunkt zusammen, sind jeweils entnommene und eingespeiste sowie, soweit angeordnet, verbrauchte und erzeugte Energie in einem einheitlichen Verfahren zu messen.

(6) Zur Identifizierung des Anschlussnutzers dürfen ausschließlich die OBIS-Kennzahlen nach DIN EN 62056-61, die Zählpunktbezeichnung, die Geräte-ID sowie die Zählwerkskennzeichnung verwendet werden.

§ 55 Messwerterhebung Strom

Schrifttum: *Dinter*, Das Gesetz zur Digitalisierung der Energiewende, ER 2015, 229; *Karsten/Leonhardt*, Datenschutzrechtliche Anforderungen bei intelligenten Messsystemen – Das neue „Gesetz zur Digitalisierung der Energiewende", RDV 2016, 22; *Kermel/Dinter*, Gesetz zur Digitalisierung der Energiewende: Das Messstellenbetriebsgesetz im Überblick, RdE 2016, 158; *Lüdemann/Ortmann/Pokrant*, Das neue Messstellenbetriebsgesetz – Wegbereiter für ein zukunftsfähiges Smart Metering?, EnWZ 2016, 339; *Wiesemann*, Orientierungshilfe zum datenschutzgerechten Smart Metering – Ein Licht im Dunkeln?; Bewertung der Empfehlungen der Konferenz der Datenschutzbeauftragten und des Düsseldorfer Kreises, ZD 2012, 447; *Wolf/Dobler/Schüssler*, Das neue Messstellenbetriebsgesetz – ein erster Überblick, VersorgW 2015, 325.

Übersicht

	Rn.		Rn.
I. Allgemeines	1	IV. Einspeisungswerte aus Erzeugungsanlagen nach dem EEG und KWKG (Abs. 3 und 4)	33
1. Normzweck	3		
2. Entstehungsgeschichte	6	1. Installierte Leistung von über 100 kW (Abs. 3)	34
II. Verbrauchsmessungen (Abs. 1)	10		
1. Jahresstromverbrauch von mehr als 100.000 kWh pro Jahr (Nr. 1)	11	2. Installierte Leistung von unter 100 kW (Abs. 4)	35
2. Jahresstromverbrauch bis zu 100.000 kWh pro Jahr und Ausstattung mit einem intelligenten Messsystem (Nr. 2)	16	V. Prosumer-Konstellationen (Abs. 5)	36
		1. Aktive Einbindung der Konsumenten	36
3. Einrichtungen nach § 14a EnWG mit intelligentem Messsystem (Nr. 3)	23	2. Potenzial der Blockchain-Technologie im Energiebereich	38
		a) Technische Grundlage	39
4. Übrige Fälle (Nr. 4)	28	b) Anwendungsbereiche	40
III. Lieferantenwechsel (Abs. 2)	29	VI. Identifizierung des Anschlussnutzers (Abs. 6)	42

I. Allgemeines

1 Die §§ 55–59 treffen besondere Regelungen zur Messwerterhebung und gestalten den zulässigen Umfang der Datenerhebung für unterschiedliche Anwendungsbereiche (Strom, Netzzustand, Gas, Stammdaten und sonstige Anwendungen) aus.[1]

2 § 55 gestaltet den zulässigen Umfang der Messwerterhebung im Strombereich weiter aus und legt in Mindeststandards fest, welche Daten zwingend an den intelligenten Messstellen erhoben werden müssen. Dabei wird nach den verschiedenen Nutzergruppen differenziert.[2] Für die Messwerterhebung von Strom erfolgt dies in der Regel durch die sogenannte Zählerstandsgangmessung, die eine feingranulare Verbrauchsmessung ermöglicht.

1. Normzweck

3 Je nach Stromverbrauchsmenge ergeben sich unterschiedliche Erhebungsmethoden. § 55 enthält für den Strombereich abgestufte Vorgaben zur Detailgenauigkeit und Auflösung der Messwerte.[3] Neu geregelt wurde im Rahmen des § 55 Abs. 1 die Fallgruppe der **Letzt-**

---

[1] Vgl. *Wolf/Dobler/Schüssler*, VersorgW 2015, 325, 328.
[2] Vgl. *Dinter*, ER 2015, 229, 234.
[3] *Kermel/Dinter*, RdE 2016, 158, 164.

verbraucher, die mit einem **intelligenten Messsystem** ausgestattet sind. Für diese ist zwingend die Zählerstandsgangmessung vorgesehen, um sicherzustellen, dass die für viele Anwendungen notwendigen 15-Minutenwerte vorliegen. Gesetzlich vorgesehen ist, dass standardmäßig lediglich 15-Minutenwerte im Messsystem vorhanden sind. Zu einer Übertragung dieser Werte muss es jedoch nicht zwingend kommen. Ebenso ist eine Nutzung für die Visualisierung des Stromverbrauchs in diesem Zusammenhang möglich, um dem Letztverbraucher inhärente, potenzielle Energiekostenersparnisse darzustellen.

Die Feingliedrigkeit von 15-Minuten-Intervallen ist schließlich auch notwendig, um im Sinne der Verbrauchstransparenz unnötigen Stromverbrauch durch Geräte tatsächlich erkennen zu können.[4] Die **Visualisierung des Energieverbrauchs** ist maßgeblich für die Akzeptanz und das Interesse beim Verbraucher für Energiesparmaßnahmen und für den Erfolg dynamischer Tarifmodelle.[5] Als Visualisierungsmöglichkeiten kommen In-home-Displays, spezielle Apps oder Einsicht über ein Internetportal in Betracht. Der Smart Meter überträgt die Verbrauchsdaten in kurzen Zyklen über einen entsprechenden Kommunikationskanal (z. B. per PLC, DSL oder Funk). Die aktuellen Verbrauchskosten werden hierbei für den Verbraucher transparent anhand des aktuellen Tarifs berechnet.

In das BSI-Schutzprofil des Smart-Meter-Gateways ist eine lokale, kryptographisch gesicherte Schnittstelle zum Letztverbraucher implementiert, über die er seine Verbrauchswerte detailliert einsehen kann. Entsprechend der **Sensibilität dieser Daten**, mit Hilfe derer theoretisch leicht Bewegungsprofile des Nutzers erstellt werden könnten, wird auf diese Weise Einsichtnahme durch unberechtigte Dritte vermieden.

2. Entstehungsgeschichte

Die Genese des § 55 ist im Zusammenhang mit den Regelungen der Stromnetzzugangsverordnung (**StromNZV**) zu sehen.

Nach Art. 12 des Gesetzes zur Digitalisierung der Energiewende wurde nicht nur die Messzugangsverordnung (**MessZV**) **aufgehoben**,[6] sondern auch gemäß Art. 5 Nr. 1 und Nr. 2 die StromNZV hinsichtlich der für die Messwerterhebung relevanten §§ 12, 18 StromNZV geändert.[7]

Nach der neuen Fassung des § 12 Abs. 1 StromNZV sind demnach standardisierte Lastprofile (Zeitreihen, die für jede Abrechnungsperiode einen Leistungsmittelwert festlegen, vgl. § 2 Nr. 4 StromNZV) nicht anzuwenden bei der Abwicklung der Stromlieferung bei Letztverbrauchern mit einer jährlichen Entnahme von bis zu 100.000 kWh pro Jahr, wenn nach Maßgabe des MsbG eine Übermittlung von Last- oder Zählerstandsgängen erfolgt.

Nach der geänderten Fassung des § 18 StromNZV erfolgt die Messung nicht mehr nach der Vorgabe des (nun aufgehobenen) § 10 MessZV – wie § 18 Abs. 1 S. 1 StromNZV a. F. noch anordnete – sondern nach den Bestimmungen des MsbG, respektive § 55.

---

4 Vgl. BT-Drs. 18/7555, S. 106.
5 Zum Kundennutzen und -interesse am Smart Metering *Wengeler*, EnWZ 2014, 500, 505 f.
6 Begründung zum Regierungsentwurf v. 17.2.2016, BT-Drs. 18/7555, S. 59.
7 Begründung zum Regierungsentwurf v. 17.2.2016, BT-Drs. 18/7555, S. 56 f.

§ 55   Messwerterhebung Strom

II. Verbrauchsmessungen (Abs. 1)

10 Die Art und Weise der Verbrauchsmessungen erfolgt im Rahmen des Abs. 1 in Abhängigkeit des **Jahresstromverbrauchs**[8] bzw. des Vorhandenseins eines intelligenten Messsystems oder einer **steuerbaren Verbrauchseinrichtung** nach § 14a EnWG.

1. Jahresstromverbrauch von mehr als 100.000 kWh pro Jahr (Nr. 1)

11 Im Falle eines jährlichen Stromverbrauchs, der 100.000 kWh überschreitet, ist nach Nr. 1 eine **Zählerstandsgangmessung** oder – soweit erforderlich – eine viertelstündige registrierende Lastgangmessung vorgesehen.

12 Die Zählerstandsgangmessung ist in § 2 S. 1 Nr. 27 legaldefiniert als die Messung einer **Reihe viertelstündig ermittelter Zählerstände** von elektrischer Arbeit und stündlich ermittelter Zählerstände von Gasmengen.

13 Für Letztverbraucher mit einem Jahresstromverbrauch von mehr als 100.000 kWh pro Jahr war **bislang** eine **viertelstündige registrierende Leistungsmessung** (RLM) vorgeschrieben. Auch für diese Kundengruppe kommt nun eine Messung auf Basis von Zählerstandsgängen in Frage, sofern eine registrierende Leistungsmessung nicht erforderlich ist. Eine Festlegung, in welchen Fällen diese erforderlich ist, wird im MsbG nicht getroffen. Sinnvollerweise könnte dies der Messstellenbetreiber oder Verteilnetzbetreiber einschätzen.

14 Die bislang für Letztverbraucher mit einem Jahresstromverbrauch von mehr als 100.000 kWh vorgeschriebenen Zähler mit registrierender Leistungsmessung führen eine viertelstundenscharfe Messung von elektrischer Arbeit und Leistung durch. Im Gegensatz dazu ist bei der Zählerstandsgangmessung lediglich eine Messung der elektrischen Arbeit und eine Übermittlung der viertelstundenscharfen Daten innerhalb der in den **§ 60 Abs. 3** dargestellten Zeitintervalle vorgesehen.

15 Ein Verzicht auf die RLM könnte für **Letztverbraucher vorteilhaft** sein, wenn den höheren Entgelten für RLM-Zähler keine entsprechenden Einsparmöglichkeiten gegenüberstehen, für die eine registrierende Leistungsmessung erforderlich ist.

2. Jahresstromverbrauch bis zu 100.000 kWh pro Jahr und Ausstattung mit einem intelligenten Messsystem (Nr. 2)

16 Bei einem Jahresstromverbrauch von bis zu 100.000 kWh pro Jahr und der Ausstattung mit einem intelligenten Messsystem (eine über ein Smart-Meter-Gateway eingebundene moderne Messeinrichtung, vgl. § 2 S. 1 Nr. 7) erfolgt die Messwerterhebung durch **Zählerstandsgangmessung**.

17 Bei Kunden, die einen Stromverbrauch von unter 100.000 kWh pro Jahr aufweisen und keinen RLM-Zähler nutzen, findet **bisher** das sogenannte **Standardlastprofilverfahren** Anwendung, für das ausschließlich eine **Messung der elektrischen Arbeit** erfolgen muss. Da der Zählerstand mit dem aktuellen Stand der Technik in der Regel **nur einmal jährlich abgelesen wird**, liegen über die Verteilung des unterjährigen Verbrauchs keine viertelstundenscharfen Messdaten vor. Der bilanzierte Absatz wird für jede Viertelstunde anhand von

---

[8] Vgl. Begründung zum Regierungsentwurf v. 17.2.2016, BT-Drs. 18/7555, S. 106.

II. Verbrauchsmessungen (Abs. 1) § 55

Standardlastprofilen (SLP) nachgebildet und ist damit hinsichtlich der unterjährigen Verteilung grundsätzlich losgelöst vom tatsächlichen Verbrauchsverhalten eines Kunden.

Intelligente Messsysteme erfassen den Energieverbrauch viertelstundenscharf und ermöglichen potenzielle Neuerungen für Letztverbraucher und Energieversorger, die nach dem bisherigen Stand der Technik nur für Kunden mit registrierender Leistungsmessung (RLM) möglich waren. 18

Die Einführung der Zählerstandsgangmessung ist eine zentrale Voraussetzung für die **Setzung von Anreizen** für die **nachfolgenden Ziele**: 19

– **Verbrauchsreduzierung**:
 Intelligente Zähler bieten dem Letztverbraucher über geeignete Feedback-Systeme die Möglichkeit, eine deutlichere und unmittelbarere Rückmeldung über den aktuellen Verbrauch und die damit verbundenen Kosten zu bekommen. Diese Informationen können Letztverbraucher dazu nutzen, ihre Energienutzung effizienter zu gestalten und so ihren Energieverbrauch zu senken.

– **Verbrauchsverlagerung:**
 Insbesondere in Verbindung mit last- bzw. zeitvariablen Tarifen haben intelligente Zähler das Potenzial, den Stromverbrauch gezielt zeitlich zu verlagern. Dadurch können insbesondere vor dem Hintergrund eines zunehmenden Anteils fluktuierender Einspeisung durch erneuerbare Energien Effizienzvorteile bei der Stromerzeugung realisiert bzw. aus umweltpolitischer Sicht Emissionen vermieden werden. Ebenfalls von Bedeutung kann eine gezielte Verbrauchsverlagerung zur Vermeidung von Engpässen im Verteilnetz sein.

Darüber hinaus existieren potenzielle Vorteile für Energieversorger hinsichtlich einer verbesserten Datenbasis für **treffsicherere Lastprognosen** und realitätsnähere Lastprofile und einer Nutzung der feineren Datengranularität für **innovative Mehrwertdienste**. 20

Damit die dargestellten potenziellen Vorteile der Zählerstandsgangmessung realisiert werden können, muss das Verfahren in die prozessualen Vorgaben für Energieversorger zum Stromnetzzugang integriert werden. Dies betrifft insbesondere die Wechselprozesse im Messwesen (WiM), die Geschäftsprozesse zur Kundenbelieferung mit Elektrizität (GPKE) sowie die Marktregeln für die Durchführung der Bilanzkreisabrechnung Strom (MaBiS). Dazu ist die Anpassung der vorgenannten Richtlinien erforderlich. 21

Da mit der Einführung der Zählerstandsgangmessung eine **dritte Abrechnungsklasse** (neben SLP- und RLM-Kunden) entsteht, sind insbesondere für Messstellenbetreiber, Lieferanten und Netzbetreiber **umfangreiche System- und Prozessanpassungen** zu erwarten, deren genauer Umfang wesentlich von den Änderungen der prozessualen Vorgaben für Energieversorger abhängen wird. 22

3. Einrichtungen nach § 14a EnWG mit intelligentem Messsystem (Nr. 3)

§ 14a EnWG betrifft **steuerbare Verbrauchseinrichtungen** in Niederspannung, für die der Flexibilitätsmechanismus des Netzbetreibers angewendet wird.[9] 23

---

9 Vgl. Begründung zum Regierungsentwurf v. 17.2.2016, BT-Drs. 18/7555, S. 106.

§ 55 Messwerterhebung Strom

24 Nach Art. 3 Nr. 3 lit. c) des Gesetzes zur Digitalisierung der Energiewende wird in § 14a S. 2 EnWG der Begriff „unterbrechbare Verbrauchseinrichtung" in Zukunft durch „steuerbare Verbrauchseinrichtung" ersetzt.[10]

25 Hierunter fallen beispielsweise ökologisch regelmäßig vorteilhafte Verbrauchseinrichtungen wie Elektromobile und Wärmepumpen[11] oder – bei entsprechenden Tarifen in Zukunft – auch steuerbare Geräte wie Waschmaschinen, Kühlschränke, Trockner und Spülmaschinen (sogenannte „weiße Ware"). Für diese Einrichtungen ist die **Zählerstandsgangmessung** vorgesehen.

26 Aus feingranularen Stromverbrauchsdaten lassen sich Netzzustandsdaten gewinnen, die der **Stabilisierung des Stromnetzes** dienen können. Bei einem Überangebot an Energie kann in diesem Fall durch Nutzung von steuerbaren Geräten dieser Überschuss kompensiert werden. Im Rahmen des **nachfrageseitigen Lastmanagements** werden Stromschwankungen in den Verteilnetzen so ausgeglichen.[12] Ist Strom im Überfluss vorhanden, beziehen die Anschlussnutzer über variable Tarife zu günstigeren Konditionen. Die „weiße Ware" schaltet sich innerhalb gewisser Grenzen (etwa Temperaturgrenzen oder gewisser Nachtzeiten) flexibel ein. Die Ladung von Elektrofahrzeugen erfolgt ebenfalls flexibel bei geringer Nachfrage. Nach demselben Prinzip können zudem Nachtspeicherheizungen und Wärmepumpen arbeiten.

27 Der Letztverbraucher gibt dabei **Statusdaten** (Ein- und Ausspeisemenge, Statusdaten zu Energieangebot und dem Energiespeicher[13]) seiner steuer- oder unterbrechbaren Verbrauchseinrichtungen an. Der Netzbetreiber kann hieraus ableiten, wie seiner Energiebilanz entsprechend steuer- oder unterbrechbare Verbrauchsgeräte angesteuert werden können. Die Statusdaten einzelner Geräte dürfen **aus datenschutzrechtlicher Sicht** hierbei **nicht verknüpft werden**.[14]

4. Übrige Fälle (Nr. 4)

28 In allen übrigen Fällen, die nicht den Nr. 1 bis 3 zugeordnet werden können, erfolgt die Messwerterhebung beim Letztverbraucher durch die **Erfassung der entnommenen Arbeit** entsprechend den Anforderungen des Stromliefertarifs.

III. Lieferantenwechsel (Abs. 2)

29 Abs. 2 sieht eine zur **Realisierung von Lieferantenwechseln** nach § 14 StromNZV **notwendige** Regelung vor.[15] Gemäß § 14 Abs. 1 StromNZV gilt für den Lieferantenwechsel

---

10 Begründung zum Regierungsentwurf v. 17.2.2016, BT-Drs. 18/7555, S. 55.
11 Britz/Hellermann/Hermes/*Sötebier*, § 14a EnWG Rn. 7.
12 Vgl. *Wiesemann*, ZD 2012, 447.
13 Vgl. Konferenz der Datenschutzbeauftragten des Bundes und der Länder und Düsseldorfer Kreis, Orientierungshilfe datenschutzgerechtes Smart Metering, S. 8.
14 Vgl. insg. Konferenz der Datenschutzbeauftragten des Bundes und der Länder und Düsseldorfer Kreis, Orientierungshilfe datenschutzgerechtes Smart Metering, S. 34.
15 Vgl. Begründung zum Regierungsentwurf v. 17.2.2016, BT-Drs. 18/7555, S. 106.

grundsätzlich das Monatsprinzip; ein Lieferantenwechsel ist somit nur zum Monatsende möglich.[16]

In diesem Fall ist gemäß Abs. 2 S. 1 ein **einheitliches Verfahren**[17] zugrunde zu legen für die Ermittlung des Verbrauchswertes zum Zeitpunkt des Lieferantenwechsels. 30

Kann für die Abrechnung kein Messwert ermittelt werden, kann ihn der Messstellenbetreiber gemäß S. 2 **schätzen**. Hierbei ist nach S. 3 der Verbrauch zeitanteilig zu berechnen; zudem sind jahreszeitliche Verbrauchsschwankungen basierend auf den für Haushaltskunden maßgeblichen Erfahrungswerten angemessen zu berücksichtigen. 31

Das **Format der Kommunikation** über das Smart-Meter-Gateway muss gemäß § 52 Abs. 1 S. 2 die vollautomatische Weiterverarbeitung von Daten ermöglichen, insbesondere im Falle von Lieferantenwechseln.[18] 32

IV. Einspeisungswerte aus Erzeugungsanlagen nach dem EEG und KWKG (Abs. 3 und 4)

Besondere energiewirtschaftliche Relevanz für die Netzbetreiber haben im Rahmen der Energiewende Einspeisewerte aus Erzeugungsanlagen nach dem EEG und dem KWKG.[19] 33

1. Installierte Leistung von über 100 kW (Abs. 3)

Bei Anlagen mit einer installierten Leistung von über 100 kW erfolgt die Messung nach Abs. 3 durch eine **Zählerstandsgangmessung** oder – soweit erforderlich – durch eine viertelstündige registrierende Einspeisegangmessung. 34

2. Installierte Leistung von unter 100 kW (Abs. 4)

Für Anlagen mit einer installierten Leistung von unter 100 kW, die mit einem intelligenten Messsystem ausgestattet sind, ist eine **Zählerstandsgangmessung** angeordnet. Ist kein intelligentes Messsystem vorhanden, so erfolgt nach S. 2 die Messung durch Erfassung der eingespeisten elektrischen Arbeit gemäß den Anforderungen des Netzbetreibers. 35

V. Prosumer-Konstellationen (Abs. 5)

1. Aktive Einbindung der Konsumenten

Der sogenannte Prosumer bezieht nicht nur als Letztverbraucher Strom, sondern **speist selbst erzeugte Energie in das Netz ein** oder stellt Speicherkapazitäten zur Zwischenspeicherung zur Verfügung. Der reine Stromkonsument entwickelt sich verstärkt hin zum Pro- 36

---

16 Vgl. Danner/Theobald/*Lüdtke-Handjery*, § 14 StromNZV Rn. 2.
17 Vgl. hierzu Danner/Theobald/*Lüdtke-Handjery*, § 14 StromNZV Rn. 4–13.
18 Vgl. BerlKommEnR/*Ohrtmann/Netzband/Lehner/Bruchmann*, § 52 MsbG Rn. 12.
19 Vgl. Begründung zum Regierungsentwurf v. 17.2.2016, BT-Drs. 18/7555, S. 106.

sumer, der aktiv an der Gestaltung des Stromversorgungssystems teilnimmt oder den Verbrauch durch Smart Home-Anwendungen eigenständig steuert.[20]

37 Dementsprechend wird in Abs. 5 der Fall geregelt, dass **Erzeugungs- und Verbrauchssituationen an einem Anschlusspunkt zusammenfallen**. Jeweils entnommene und eingespeiste, sowie – soweit angeordnet – verbrauchte und erzeugte Energie ist sodann in einem einheitlichen Verfahren zu messen.[21]

2. Potenzial der Blockchain-Technologie im Energiebereich

38 Insbesondere hinsichtlich der direkten Vermarktung von durch Prosumern erzeugter Energie könnte die Blockchain-Technologie eine der wichtigsten Innovationen des nächsten Jahrzehnts darstellen.[22]

a) Technische Grundlage

39 Unter dem Blockchain-Verfahren versteht man eine Methode zur Speicherung von Daten und der Datenvalidierung. Bekannt ist die Technologie aus dem Finanzsektor, wo sie im Rahmen von Kryptowährungen (Bitcoin, Etherum) bereits seit einiger Zeit zum Einsatz kommt. Zentrales Merkmal der Blockchain ist der **Verzicht auf Intermediäre**. Die Daten werden dezentral in zu einer Kette (chain) gebündelten Blöcken (blocks) auf den am Netzwerk teilnehmenden Servern gespeichert. Eine Veränderung der Daten im Nachhinein ist extrem schwierig, da alle nachfolgenden Daten in der Blockchain ebenfalls geändert werden müssten, die allerdings in der verteilten Datenbank nur unter sehr großem Aufwand manipuliert werden können.

b) Anwendungsbereiche

40 Durch die **Blockchain** kann verschiedenes validiert werden: eine Finanztransaktion etwa oder auch die Inhaberschaft eines Urheberrechts. In der Kombination mit sogenannten Smart Contracts, also Verträgen, die sich nach festgelegten Parametern automatisiert kontrahieren, ist im Energiebereich theoretisch denkbar, die Rolle des Energieversorgers als Zwischenhändler de facto zum Teil überflüssig werden zu lassen. Der Endkunde könnte Energie direkt vom Energieerzeuger beziehen, abgesichert durch die Blockchain im Rahmen eines Smart Contracts. Der Prosumer könnte erzeugte Energie durch die Blockchain an andere Verbraucher vermarkten.

41 Auch im Bereich der **Elektromobilität** wird der Einsatz der Blockchain heute bereits erprobt. An Ladesäulen für Elektroautos würde die Blockchain die Identifizierung des Teilnehmers vereinfachen als auch die Abwicklung der Transaktionen. Dies gilt insbesondere insofern, als da im Rahmen des MsbG (§§ 59, 65, 70) eine **schriftliche Einwilligung** für

---

20 *Karsten/Leonhardt*, RDV 2016, 22; *Lüdemann/Ortmann/Pokrant*, EnWZ 2016, 339.
21 Vgl. Begründung zum Regierungsentwurf v. 17.2.2016, BT-Drs. 18/7555, S. 106.
22 Vgl. hierzu insgesamt Verbraucherzentrale NRW, Blockchain – Chance für Energieverbraucher?, PwC-Kurzstudie v. 26.7.2016, S. 2 ff., im Internet abrufbar unter www.verbraucherzentrale.nrw/blockchain.

weitergehende Datenerhebungen, -übermittlungen und -verwendungen erforderlich ist, die im Internet of Things (IoT) zwangsläufig Medienbrüche mit sich führt.[23]

VI. Identifizierung des Anschlussnutzers (Abs. 6)

Durch die Vorgaben in Abs. 5 wird die Identifizierung des Anschlussnutzers durch berechtigte Stellen sichergestellt.[24] Maßgeblich sind hierbei die OBIS-Kennzahlen nach DIN EN 62056-61, die Zählpunktbezeichnung, die Geräte-ID sowie die Zählwerkskennzeichnung. **42**

---

23 Vgl. auch BerlKommEnR/*Raabe/Lorenz*, § 49 MsbG Rn. 25.
24 Vgl. Begründung zum Regierungsentwurf v. 17.2.2016, BT-Drs. 18/7555, S. 107.

§ 56 Erhebung von Netzzustandsdaten

(1) ¹Netzzustandsdaten dürfen vom Messstellenbetreiber nur im Auftrag des Netzbetreibers und nur in begründeten Fällen erhoben werden. ²Begründete Fälle der Netzzustandsdatenerhebung liegen vor, wenn Netzzustandsdaten erhoben werden
1. an Anlagen nach dem Erneuerbare-Energien-Gesetz und dem Kraft-Wärme-Kopplungsgesetz,
2. an unterbrechbaren Verbrauchseinrichtungen in Niederspannung nach § 14a des Energiewirtschaftsgesetzes oder
3. an Zählpunkten mit einem Jahresstromverbrauch von über 20 000 Kilowattstunden.

(2) In anderen als den Regelfällen des Absatzes 1 dürfen Netzzustandsdaten nur erhoben werden, wenn sie keine personenbezogenen Daten im Sinne von § 3 Absatz 1 des Bundesdatenschutzgesetzes darstellen.

(3) Netzzustandsdatenerhebungen sind vom Netzbetreiber zu dokumentieren.

Schrifttum: *Filipowicz*, Auswirkungen des Messstellenbetriebsgesetzes auf die Zählpunktverwaltung beim Verteilernetzbetreiber, EWeRK 2/2016, 59; *Lüdemann/Ortmann/Pokrant*, Das neue Messstellenbetriebsgesetz – Wegbereiter für ein zukunftsfähiges Smart Metering?, EnWZ 2016, 339.

Übersicht

	Rn.		Rn.
I. Allgemeines	1	b) Steuerbare Verbrauchseinrichtungen nach § 14a EnWG (S. 2 Nr. 2)	10
1. Normzweck	3		
2. Normadressat	4		
II. Erhebung von Netzzustandsdaten (Abs. 1)	5	c) Zählpunkte mit einem Verbrauch von mehr als 20.000 kWh pro Jahr (S. 2 Nr. 3)	11
1. Netzzustandsdaten (S. 1)	6		
2. Erhebung im Auftrag des Netzbetreibers (S. 1)	7	III. Keine Erhebung bei Personenbezug (Abs. 2)	12
3. Erhebung in begründeten Fällen (S. 2)	8	IV. Dokumentationspflicht des Netzbetreibers (Abs. 3)	15
a) EEG- und KWKG-Anlagen (S. 2 Nr. 1)	9		

I. Allgemeines

1 Die Erhebung von Netzzustandsdaten ist zur **Sicherstellung der Energieversorgung** unabdingbar. Die Verteilnetzbetreiber etwa fragen in diesem Zusammenhang regelmäßig eine Reihe von Daten ab, um die **Netzstabilität** zu überprüfen. Aufgrund der gewonnenen Erkenntnisse können situativ unterschiedliche Maßnahmen eingeleitet werden, wie eine Einspeisung von Energie oder eine Fernabschaltung von Anlagen. § 56 regelt daher die Voraussetzungen zu Erhebung dieser Daten.

2 § 56 Abs. 1 und 2 stellt eine bereichsspezifische Erlaubnisnorm gemäß § 4 Abs. 1 BDSG dar, die als andere Rechtsvorschrift des Bundes nach § 1 Abs. 3 S. 1 BDSG die Verarbeitung von personenbezogenen Daten regelt. Die Norm ist damit eine gemischte daten-

II. Erhebung von Netzzustandsdaten (Abs. 1)   § 56

schutzrechtliche und energiewirtschaftliche Norm. Korrespondierend zu der **Erhebungsvorschrift in § 56** wird in **§ 64** die **Übermittlung** von Netzzustandsdatendaten geregelt.

1. Normzweck

Gewisse Netzzustandsdaten sind zum **Netzbetrieb** zwingend erforderlich, insbesondere bei Einspeise- und besonderen Verbrauchsanlagen.[1] Um die Spannungsqualität und Netzauslastung im laufenden Netzbetrieb zu überwachen, ist der Netzbetreiber auf Netzzustandsdaten angewiesen. Diese Netzzustandsdaten können durch ein intelligentes Messsystem erhoben werden. Smart Meter ermöglichen zudem eine Schwellenwertüberwachung. Im Falle der Feststellung eines konkreten Spannungsabfall oder einer Überspannung kann so eine Benachrichtigung erfolgen und ein Spannungsproblem unmittelbar diagnostiziert und behoben werden.

3

2. Normadressat

Adressat des Abs. 1 S. 1 ist der **Messstellenbetreiber**. Dies kann gemäß § 2 S. 1 Nr. 12 der **grundzuständige Messstellenbetreiber** nach § 2 S. 1 Nr. 4 sein oder ein **Dritter**, der die Aufgabe des Messstellenbetriebs (§ 3) durch einen Messstellenvertrag nach § 9 Abs. 1 S. 1 Nr. 4 wahrnimmt.

4

II. Erhebung von Netzzustandsdaten (Abs. 1)

Netzzustandsdaten dürfen gemäß S. 1 nur **im Auftrag des Netzbetreibers** und nur in **begründeten Fällen** erhoben werden, die in S. 2 Nr. 1–3 aufgezählt werden.

5

1. Netzzustandsdaten (S. 1)

Netzzustandsdaten sind in § 2 S. 1 Nr. 16 legaldefiniert als Spannungs- und Stromwerte und Phasenwinkel sowie daraus errechenbare oder herleitbare Werte, die zur Ermittlung des Netzzustandes verwendet werden können. Hierunter fallen z. B. Daten wie Stromfluss, Lastflüsse, Phasenwinkel, Spannung oder Frequenz.

6

2. Erhebung im Auftrag des Netzbetreibers (S. 1)

Abs. 1 S. 1 ordnet an, dass die Erhebung von Netzzustandsdaten nur **im Auftrag des Netzbetreibers** zulässig ist. Dies ist teleologisch sinnvoll, da es maßgeblich der Netzbetreiber ist, der über die **Netzstabilität** wacht.

7

3. Erhebung in begründeten Fällen (S. 2)

Zusätzlich ist die Erhebung von Netzzustandsdaten gemäß Abs. 1 S. 2 nur in **begründeten Fällen** zulässig. Diese begründeten Fälle sind in Nr. 1–3 in einem **abschließenden Katalog** enumerativ aufgeführt.

8

---

1 Vgl. Begründung zum Regierungsentwurf v. 17.2.1016, BT-Drs. 18/7555, S. 107.

§ 56   Erhebung von Netzzustandsdaten

a) EEG- und KWKG-Anlagen (S. 2 Nr. 1)

9 Der im Rahmen der Energiewende intendierte vermehrte Einsatz von **Windkraft- und Photovoltaikanlagen** kann – gerade in ruralen Verteilnetzen – zu Problemen mit der Spannungshaltung führen. Daher rechtfertigt insbesondere der Betrieb von **Anlagen nach dem EEG und dem KWKG** die Erhebung von Netzzustandsdaten.

b) Steuerbare Verbrauchseinrichtungen nach § 14a EnWG (S. 2 Nr. 2)

10 Steuerbare Verbraucheinrichtungen wie Wärmespeicher o.Ä. stehen beim nachfrageseitigen Lastmanagement in engem Zusammenhang mit dem aktuell verfügbaren Energieangebot.[2] Insbesondere im Zuge von variablen Tarifen sind **Einspeisung und Verbrauch** in Einklang zu bringen durch die Auswertung von Netzzustandsdaten.

c) Zählpunkte mit einem Verbrauch von mehr als 20.000 kWh pro Jahr (S. 2 Nr. 3)

11 Auch Zählpunkte (Punkte, an denen der Energiefluss messtechnisch erfasst wird, vgl. § 2 S. 1 Nr. 28), die einen Verbrauch von mehr als 20.000 kWh pro Jahr aufweisen, begründen das Interesse an einer Netzzustandsdatenerhebung aufgrund ihrer verbrauchsbedingten Netzrelevanz.[3] Wird diese Schwelle unterschritten, darf eine zählpunktgenaue Übermittlung nicht erfolgen, es sei denn, es wird nach **§ 56 Abs. 2** der **Personenbezug entfernt** durch Aggregation der Werte.[4] In den meisten Fällen wird somit die zählpunktgenaue Übermittlung von Gesetzes wegen ausgeschlossen.[5]

III. Keine Erhebung bei Personenbezug (Abs. 2)

12 Netzzustandsdaten dürfen über die in Abs. 1 genannten Fälle hinaus nur erhoben werden, sofern sie **keinen Personenbezug nach § 3 Abs. 1 BDSG** aufweisen. Damit wird der Charakter des datenschutzrechtlichen Erlaubnistatbestands des Abs. 1 deutlich hervorgehoben.

13 Werden Netzzustandsdaten mit der Kennung des jeweiligen Hausanschlusses in Beziehung gesetzt, entsteht ein **unmittelbares Bild über den aktuellen Stromverbrauch** des einzelnen Haushalts und damit gegebenenfalls ein Personenbezug.[6] Die entsprechenden Daten dürfen insoweit weder unter dem Namen noch unter der Kundennummer dem einzelnen Energieverbraucher für andere als in Abs. 1 genannte Zwecke erhoben werden.

14 Zur einer etwaig später erfolgenden **Zweckänderung** nach der Erhebung trifft die Norm keine Aussage. Damit gelten in diesem Fall die **allgemeinen datenschutzrechtlichen Grundsätze** der Zweckänderung.

---

2 Vgl. BerlKommEnR/*Ohrtmann/Netzband/Lehner/Bruchmann*, § 55 MsbG Rn. 26.
3 Der typische Jahresverbrauchswert eines Privathaushalts liegt bei etwa 3.500 kWh pro Jahr.
4 Vgl. Begründung zum Regierungsentwurf v. 17.2.2016, BT-Drs. 18/7555, S. 107.
5 *Filipowicz*, EWeRK 2016, 59, 62.
6 *Lüdemann/Ortmann/Pokrant*, EnWZ 2016, 339, 343.

IV. Dokumentationspflicht des Netzbetreibers (Abs. 3)

Der Netzbetreiber hat etwaige Netzzustandsdatenerhebungen zu dokumentieren. Diese Dokumentation der Erhebung (und auch Übermittlung) von Netzzustandsdaten erfolgt bereits hinsichtlich des Einsichtsrechts des Anschlussnutzers in den internen Speicher des Smart-Meter-Gateways, das durch die BSI-Schutzprofile und die technischen Richtlinien sichergestellt wird.[7]

---

[7] Vgl. Begründung zum Regierungsentwurf v. 17.2.2016, BT-Drs. 18/7555, S. 107.

§ 57 Erhebung von Stammdaten

Soweit dieses Gesetz, eine Rechtsverordnung nach den §§ 46 und 74 oder Festlegungen der Bundesnetzagentur nach § 75 es erfordern, können vom Messstellenbetreiber Stammdaten im erforderlichen Umfang und zum erforderlichen Zeitpunkt erhoben werden, insbesondere
1. bei jedem erstmaligen Anschluss einer Anlage an ein intelligentes Messsystem und
2. bei jeder wesentlichen Änderung eines Stammdatums.

Schrifttum: *Lüdemann/Ortmann/Pokrant*, Das neue Messstellenbetriebsgesetz – Wegbereiter für ein zukunftsfähiges Smart Metering?, EnWZ 2016, 339.

Übersicht

	Rn.		Rn.
I. Allgemeines	1	2. Erstmaliger Anschluss an ein intelligentes Messsystem (Nr. 1)	11
II. Erhebung von Stammdaten	8	3. Wesentliche Änderung eines Stammdatums (Nr. 2)	15
1. Erforderlichkeit	10		

I. Allgemeines

1 Auch § 57 stellt eine datenschutzrechtliche Erlaubnisnorm nach § 4 Abs. 1 BDSG speziell für die **Erhebung von Stammdaten** dar und verdrängt somit bereichsspezifisch die allgemeine datenschutzrechtliche Norm des § 28 Abs. 1 BDSG als Erlaubnistatbestand.

2 Stammdaten sind im MsbG **legaldefiniert** als Informationen über Art und Weise und technische Ausstattung, Ort und Spannungsebene sowie Art der kommunikativen Anbindung von an das Smart-Meter-Gateway angeschlossenen Anlagen (s. § 2 S. 1 Nr. 22).

3 Im Smart-Meter-Gateway hinterlegte Stammdaten stellen neben Kommunikationsdaten und Tarifinformationen die Grundlage für die sternförmige **Kommunikation**[1] im Smart Metering dar und gewährleisten die Zuordnung der Kunden zu Verteilnetzen, Bilanzierungsgebieten, Lieferanten und Bilanzkreisen.[2]

4 Die bestehenden Marktkommunikationsprozesse werden sich im Zuge der Einführung des sternförmigen Kommunikationsparadigmas erheblich ändern. Derzeit werden Stammdaten im Zuge der GPKE-Prozesse noch zwischen **Lieferant und Verteilnetzbetreiber** kommuniziert, zukünftig müssen sie dem Smart-Meter-Gateway-Administrator nach Maßgabe von § 51 übermittelt werden. Dies macht neue Prozesse bzw. die Anpassung der GPKE- sowie der entsprechenden GeLi-Gas-Prozesse nötig.

5 Die Regelung des § 57 soll insgesamt die automatisierte und sichere Stammdatenübertragung zur Erfüllung öffentlicher Registerpflichten sichern und somit die Verlässlichkeit des Datenaustausches steigern und Aufwand reduzieren.[3]

---

1 Vgl. hierzu § 60.
2 BET, Kurzgutachten vom 12.4.2016 im Auftrag des BDEW, S. 19.
3 Vgl. Begründung zum Regierungsentwurf v. 17.2.2016, BT-Drs. 18/7555, S. 107

Korrespondierend zu der Erhebungsvorschrift in § 57 wird in **§ 63** die **Übermittlung von Stammdaten** geregelt.

Normberechtigter ist der Messstellenbetreiber, der Stammdaten zur **technischen Einbindung von Anlagen** in die Messeinrichtungen und für den **Messbetrieb** benötigt.

II. Erhebung von Stammdaten

Stammdaten können vom Messstellenbetreiber erhoben werden, allerdings nur im Rahmen der **Erforderlichkeit**.

Unter **Erheben** ist nach § 3 Abs. 3 BDSG – der mangels einer Definition im MsbG subsidiär anwendbar ist – das **Beschaffen von Daten über den Betroffenen** zu verstehen. Stammdaten können dabei Personenbezug aufweisen, müssen dies aber nicht zwingend. Insbesondere in **Prosumer-Konstellationen** nach § 55 Abs. 5, im Rahmen derer unter anderem Name und Anschrift des Anlagenbetreibers als Stammdaten erhoben werden, ist ein Personenbezug dieser Daten ohne Zweifel gegeben, da direkte Rückschlüsse auf eine natürliche Person i. S. v. § 3 Abs. 1 BDSG gezogen werden können.

1. Erforderlichkeit

Soweit das MsbG, eine Rechtsverordnung nach §§ 46 und 74 oder Festlegungen der Bundesnetzagentur gemäß § 75 es erfordern, können Stammdaten erhoben werden.[4]

2. Erstmaliger Anschluss an ein intelligentes Messsystem (Nr. 1)

Die Erhebung von Stammdaten ist **zwingend notwendig**, falls eine Anlage **erstmals** an ein intelligentes Messsystem angeschlossen wird, um über die Kenndaten einer Erzeugungsanlage oder einer steuerbaren Last kommunizieren zu können, da das Stammdatum der Art der kommunikativen Anbindung sich hierbei ändert.

Zu einem erstmaligen Anschluss einer Anlage an ein intelligentes Messsystem sind beispielsweise die Zählpunktbezeichnung und der Umstellungszeitpunkt sowie weitere durch den Gerätewechsel geänderte Stammdaten vom Messstellenbetreiber zu erheben. Eine Konkretisierung und detailliertere Beschreibung der zu erhebenden und übermittelnden Stammdaten wird im Rahmen der Überarbeitung der **Wechselprozesse im Messwesen (WiM)** erwartet.

Dabei müssen die in **§ 51** dargestellten Anforderungen an die Erhebung, Verarbeitung und Nutzung von Daten vom Smart-Meter-Gateway-Administrator eingehalten werden. Stammdaten werden derzeit mittels des Nachrichtentyps ORDERS angefordert. Zur Übermittlung von Letztverbraucher-Stammdaten wird aktuell der Nachrichtentyp UTILMD verwendet.

Gemäß § 21 Abs. 1 Nr. 6 muss ein **intelligentes Messsystem** als **Mindestanforderung** die Stammdaten angeschlossener steuerbarer Verbrauchseinrichtungen nach § 14a EnWG sowie von Anlagen nach dem EEG und KWKG übermitteln können.

---

4 Vgl. auch die Kommentierungen zu §§ 46, 74, 75 MsbG.

3. Wesentliche Änderung eines Stammdatums (Nr. 2)

15 Auch bei der wesentlichen Änderung eines Stammdatums, etwa der Veränderung der Art oder der technischen Ausstattung einer Anlage, darf der Messstellenbetreiber dieses Datum nach § 57 Nr. 2 erheben, da ansonsten eine kommunikative Anbindung der Anlage nicht sichergestellt werden kann.

§ 58 Messwerterhebung Gas

(1) Die Messung entnommenen Gases erfolgt
1. bei Letztverbrauchern, die keine Letztverbraucher im Sinne des § 24 der Gasnetzzugangsverordnung, für die Lastprofile gelten, sind, durch eine stündliche registrierende Leistungsmessung,
2. bei allen anderen Letztverbrauchern durch kontinuierliche Erfassung der entnommenen Gasmenge entsprechend dem abgeschlossenen Gasliefervertrag.

(2) ¹Im Falle eines Lieferantenwechsels nach § 41 der Gasnetzzugangsverordnung ist für die Ermittlung des Verbrauchswerts zum Zeitpunkt des Lieferantenwechsels ein einheitliches Verfahren zugrunde zu legen. ²Sofern für die Abrechnung kein Messwert ermittelt werden kann, kann ihn der Messstellenbetreiber schätzen. ³Im Falle einer Schätzung ist der Verbrauch zeitanteilig zu berechnen; jahreszeitliche Verbrauchsschwankungen sind auf der Grundlage der für Haushaltskunden maßgeblichen Erfahrungswerte angemessen zu berücksichtigen.

(3) In den Fällen des Absatzes 1 Nummer 1 sind für die Messung Datenübertragungssysteme einzurichten, die die stündlich registrierten Ausspeisewerte in maschinenlesbarer Form an Transportkunden nach § 3 Nummer 31b des Energiewirtschaftsgesetzes, an die an der Erbringung von Ausgleichsleistungen beteiligten Netzbetreiber und auf Verlangen an den Ausspeisenetzbetreiber übermitteln.

(4) ¹Ein Letztverbraucher im Sinne des § 24 der Gasnetzzugangsverordnung ist als Anschlussnutzer berechtigt, im Einvernehmen mit seinem Lieferanten von dem Messstellenbetreiber eine Messung nach Absatz 1 zu verlangen, sofern der Lieferant mit dem Netzbetreiber die Anwendung des Lastgangzählverfahrens vereinbart hat. ²Netzbetreiber und Messstellenbetreiber sind im Falle eines solchen Verlangens zur Aufnahme entsprechender Vereinbarungen in die Verträge nach § 9 verpflichtet.

Schrifttum: *Lüdemann/Ortmann/Pokrant*, Das neue Messstellenbetriebsgesetz – Wegbereiter für ein zukunftsfähiges Smart Metering?, EnWZ 2016, 339.

Übersicht

	Rn.		Rn.
I. Allgemeines	1	III. Lieferantenwechsel nach § 41 GasNZV (Abs. 2)	11
1. Normzweck	3		
2. Entstehungsgeschichte	6	IV. Einrichtung von Datenübertragungssystemen (Abs. 3)	13
II. Messwerterhebung beim Letztverbraucher (Abs. 1)	7	V. Messungsverlangen des Anschlussnutzers (Abs. 4)	15
1. Keine Lastprofile nach § 24 GasNZV (Nr. 1)	8		
2. Übrige Fälle (Nr. 2)	10		

I. Allgemeines

In § 58 wird die notwendige Datenerhebung an **Messeinrichtungen für Gas** geregelt – parallel zu der Erhebungsvorschrift des § 55 für den Strombereich.[1] 1

---

[1] Vgl. Begründung zum Regierungsentwurf v. 17.2.2016, BT-Drs. 18/7555, S. 107.

§ 58 Messwerterhebung Gas

2 Auch § 58 stellt eine **bereichsspezifische Erlaubnisnorm** gemäß § 4 Abs. 1 BDSG dar, die als andere Rechtsvorschrift des Bundes nach § 1 Abs. 3 S. 1 BDSG die Verarbeitung von personenbezogenen Daten regelt. Die Norm ist damit eine **gemischte datenschutzrechtliche und energiewirtschaftliche Norm**.

1. Normzweck

3 Langfristig ist eine konvergente Entwicklung im Strom- und Gasbereich zu erwarten und somit auch die Einbindung von Smart Metern bei den Messeinrichtungen für Gas. Gemäß **§ 20 Abs. 1 S. 1** dürfen neue Messeinrichtungen für Gas nur dann verbaut werden, wenn sie sicher mit einem **Smart-Meter-Gateway verbunden werden können**.[2] In **§ 20 Abs. 2** ist eine Übergangsregelung für solche Gasmesseinrichtungen vorgesehen, die diesen Anforderungen nicht entsprechen.[3]

4 Der Einsatz von Smart Metering in der Gassparte klingt insoweit zwar bereits an mehreren Stellen im MsbG an, bleibt aber vorerst die Ausnahme, da in dieser Hinsicht **kein stufenweiser Rollout** wie im Strombereich durch das Dritte EU-Binnenmarktpaket Energie und die darin enthaltene Richtlinie Gas[4] vorgeschrieben ist. Anhang I Abs. 2 der Gasrichtlinie des Pakets verpflichtet die Mitgliedsstaaten zu einem Rollout intelligenter Messsysteme, der allerdings unter den **Vorbehalt der Wirtschaftlichkeit** gestellt werden kann.[5]

5 Eine Kosten-Nutzen-Analyse[6] für Deutschland unter Einbeziehung möglicher Synergieeffekte zwischen Gas- und Stromsparte ist zu dem Schluss gelangt, dass ein separater Rollout auch für den Gasbereich **nicht wirtschaftlich** wäre und wird insofern vom deutschen Gesetzgeber auch nicht vorgesehen.[7]

2. Entstehungsgeschichte

6 Im Rahmen des Gesetzes zur Digitalisierung der Energiewende wurde nach Art. 12 die Messzugangsverordnung (MessZV) aufgehoben[8] und soweit erforderlich in das MsbG überführt. **§ 11 MessZV a. F.** (Art der Messung beim Gasnetzzugang) wurde in diesem Zusammenhang in § 58 überführt.[9] § 11 MessZV a. F. regelte allgemeine Fragen der Art und Weise der Messung im Rahmen des Netzzugangs und wurde zum größten Teil wörtlich, wenn auch in anderer Reihung, übernommen.

---

2 § 20 entspricht insoweit dem § 21f EnWG a. F.
3 Vgl. hierzu auch die Kommentierung zu § 20.
4 Richtlinie 2009/73/EG (Erdgasbinnenmarktrichtlinie) vom 13.7.2009, ABl. Nr. L 211 vom 14.8.2009.
5 Vgl. BT-Drs. 18/7555, S. 82.
6 Ernst & Young, Kosten-Nutzen-Analyse für einen flächendeckenden Einsatz intelligenter Zähler, S. 188.
7 Vgl. *Lüdemann/Ortmann/Pokrant*, EnWZ 2016, 339.
8 Begründung zum Regierungsentwurf v. 17.2.2016, BT-Drs. 18/7555, S. 59.
9 Vgl. Begründung zum Regierungsentwurf v. 17.2.2016, BT-Drs. 18/7555, S. 107.

II. Messwerterhebung beim Letztverbraucher (Abs. 1)

§ 58 Abs. 1 geht in Nr. 1 vom Fall des Letztverbrauchers aus, der kein Letztverbraucher i. S. v. § 24 GasNZV ist und für den somit **keine Standardlastprofile gelten**. In Nr. 2 werden alle übrigen Fälle der Messwerterhebung erfasst.

1. Keine Lastprofile nach § 24 GasNZV (Nr. 1)

Nr. 1 entspricht § 11 Abs. 1 S. 1 Nr. 2 MessZV a. F.

Demnach sind **stündliche registrierende Leitungsmessungen** durchzuführen bei Letztverbrauchern, die nicht unter § 24 GasNZV fallen. Nach § 24 Abs. 1 GasNZV wenden Verteilnetzbetreiber für die **Allokation der Ausspeisemengen** von Letztverbrauchern, also der Zuordnung von Gasmengen zu einem Bilanzkreis nach § 2 Nr. 1 GasNZV, bis zu einer maximalen stündlichen Ausspeiseleistung von 500 kWh pro Stunde und bis zu einer maximalen **jährlichen Entnahme von 1,5 Millionen kWh** vereinfachte Methoden – die Standardlastprofile – an.

2. Übrige Fälle (Nr. 2)

In allen Fällen, die nicht unter Nr. 1 fallen, wird die entnommene Gasmenge entsprechend dem abgeschlossenen Gasliefervertrag kontinuierlich erfasst. In Nr. 2 wurde somit § 11 Abs. 1 S. 1 Nr. 1 MessZV a. F. übernommen.

III. Lieferantenwechsel nach § 41 GasNZV (Abs. 2)

Abs. 2 trifft Vorgaben für die **Ermittlung des Verbrauchswerts** im Falle eines Gaslieferantenwechsels nach § 41 GasNZV.

Abgesehen von der Bezugnahme auf § 41 GasNZV (anstelle von § 14 StromNZV) ist § 58 Abs. 2 wortgleich zu der Regelung des § 55 Abs. 2 ausgestaltet, auf dessen Kommentierung insofern verwiesen wird.

IV. Einrichtung von Datenübertragungssystemen (Abs. 3)

Für RLM-Kunden sind nach Abs. 3 **Datenübertragungssysteme** einzurichten, die die stündlich registrierten Ausspeisewerte in maschinenlesbarer Form an Transportkunden nach § 3 Nr. 31 lit. b) EnWG, an die an der Erbringung von Ausgleichsleistungen beteiligten Netzbetreiber und auf Verlangen an den Ausspeisenetzbetreiber übermitteln.

§ 58 Abs. 3 entspricht dabei wörtlich § 11 Abs. 1 S. 2 MessZV a. F. Bei Entnahmestellen mit registrierender Leistungsmessung und einer jährlichen Entnahme von **mindestens 1,5 Millionen kWh** erfordert die effiziente Abwicklung der für den Netzzugang erforderlichen Bilanzierungs- und Lieferantenwechselvorgänge grundsätzlich das Bereitstehen von Datenübertragungssystemen, bei denen die erhobenen Messwerte in maschinenlesbarer Form an den Empfänger übermittelt werden. Die Häufigkeit der Übermittlung wird in Abs. 3 indes nicht vorgegeben.

§ 58   Messwerterhebung Gas

V. Messungsverlangen des Anschlussnutzers (Abs. 4)

15   Letztverbraucher, auf die Standardlastprofile nach § 24 GasNZV anzuwenden sind, sind nach Abs. 4 S. 1 als Anschlussnutzer dazu berechtigt, im Einvernehmen mit ihren Lieferanten vom Messstellenbetreiber eine Messung nach Abs. 1 zu verlangen, sofern der Lieferant mit dem Netzbetreiber die Anwendung des Lastgangzählverfahrens vereinbart hat.

16   In diesem Fall ist der Messstellenbetreiber gemäß Abs. 4 S. 2 verpflichtet, entsprechende Vereinbarungen in den **Messstellenvertrag** nach § 9 aufzunehmen.

17   Eine identische Regelung zu Abs. 4 fand sich wortgleich bereits in **§ 11 Abs. 2 MessZV a. F.**

§ 59 Weitere Datenerhebung

Eine über die §§ 55 bis 58 hinausgehende Datenerhebung mittels einer Messeinrichtung, einer modernen Messeinrichtung, eines Messsystems, eines intelligenten Messsystems oder mit deren Hilfe ist nur soweit zulässig, wie

1. keine personenbezogenen Daten im Sinne von § 3 Absatz 1 des Bundesdatenschutzgesetzes erhoben werden oder
2. eine Einwilligung des Anschlussnutzers vorliegt, die den Anforderungen des § 4a des Bundesdatenschutzgesetzes genügt.

Schrifttum: *Karsten/Leonhardt*, Datenschutzrechtliche Anforderungen bei intelligenten Messsystemen – Das neue „Gesetz zur Digitalisierung der Energiewende", RDV 2016, 22; *Keppeler*, Personenbezug und Transparenz im Smart Meter-Datenschutz zwischen europäischem und nationalem Recht, EnWZ 2016, 99; *Schäfer-Stradowsky/Boldt*, Energierechtliche Anmerkungen zum Smart Meter-Rollout EnWZ 2015, 349.

Übersicht

	Rn.		Rn.
I. Allgemeines	1	3. Koppelungsverbot gemäß § 49 Abs. 5	8
II. Weitere Datenerhebung	3	4. Grenzen der Einwilligung	10
1. Kein Personenbezug gemäß § 3 Abs. 1 BDSG (Nr. 1)	4	5. Bedeutung im Rahmen der DSGVO	12
2. Einwilligung gemäß § 4a BDSG (Nr. 2)	6		

I. Allgemeines

§ 59 macht noch einmal explizit die **Zweckbindung** der in §§ 55–58 enumerativ aufgeführten Zwecke deutlich, zu welchen die energiewirtschaftlichen Akteure die Messwerte erheben dürfen. 1

Gemäß § 59 dürfen darüber hinaus personenbezogene Daten nur mit Einwilligung des Anschlussnutzers (§ 59 Nr. 1) oder anonymisiert (§ 59 Nr. 2) erhoben werden.[1] Dies ist letztlich Ausdruck der **Datenhoheit** oder **Datensouveränität** des Anschlussnutzers und folgt dem **datenschutzrechtlichen Paradigma des präventiven Verbots mit Erlaubnisvorbehalt**, nach dem die Nutzung personenbezogener Daten nur zulässig ist, soweit eine Rechtsvorschrift dies erlaubt oder der Betroffene eingewilligt hat. 2

II. Weitere Datenerhebung

§ 59 eröffnet in sachlicher Hinsicht die Möglichkeit einer **zusätzlichen Erhebung von Daten**, nämlich **durch Anonymisierung** (Nr. 1) und **Einwilligung** (Nr. 2). Eine zusätzliche Erhebung von Daten ist beispielsweise denkbar, wenn Messwerte in einer feineren Granularität ermittelt werden, als dies in §§ 55 und 56 vorgesehen ist. Damit wären weitergehen- 3

---

1 Vgl. BT-Drs. 18/7555, S. 107.

§ 59 Weitere Datenerhebung

de Analysen des Verbrauchsverhaltens oder genauerer Rückschluss auf einzelne Verbraucher möglich. Ebenso könnten weitere Daten ohne direkten energiewirtschaftlichen Bezug erhoben werden, um beispielsweise Messwerte damit zwecks anzureichern oder Verknüpfungen zu weiteren Diensten herzustellen.

1. Kein Personenbezug gemäß § 3 Abs. 1 BDSG (Nr. 1)

4 Sofern keine personenbezogenen Daten genutzt oder übermittelt werden, ist das **Datenschutzrecht nicht anwendbar** und es wird in § 59 Nr. 1 auf das Einwilligungserfordernis nach § 4a BDSG verzichtet.

5 Hierzu wird in der Regel zu fragen sein, ob die Anforderungen an eine Anonymisierung erfüllt sind.[2] In der Orientierungshilfe zum Smart Metering ging man im Jahr 2012 von einem grundsätzlichen **Personenbezug aller Daten** aus, auch wenn es sich um **technische Daten** handele.[3]

2. Einwilligung gemäß § 4a BDSG (Nr. 2)

6 In § 59 Nr. 2 wird die Möglichkeit der Einwilligung geregelt und insofern auf § 4a BDSG verwiesen.

7 Nach § 4a Abs. 1 BDSG ist eine Einwilligung nur wirksam, wenn sie auf der **freien, bestimmten und informierten Entscheidung des Betroffenen** beruht.[4] Die Einwilligung muss **widerrufbar** sein und **grundsätzlich schriftlich** erfolgen gemäß § 4a Abs. 1 S. 3 BDSG. Die weniger formstrenge Norm des **§ 13 Abs. 2 TMG** ist damit selbst bei Telemediendiensten, beispielsweise einer **Einwilligung über mobile Applikationen** des Anschlussnutzers, nicht anwendbar.[5] Allerdings dürfte oft nach § 4a Abs. 1 S. 3 BDSG bei Telemediendiensten wegen der besonderen Umstände eine Textform angemessen und damit hinreichend sein.

3. Koppelungsverbot gemäß § 49 Abs. 5

8 Die Energiebelieferung des Anschlussnutzers oder der jeweilige Tarifzugang darf gemäß § 49 Abs. 5 nicht von der Angabe personenbezogener Daten abhängig gemacht werden, die hierfür nicht unbedingt erforderlich sind.

9 Die **Nichtabgabe einer Einwilligungserklärung für einen bestimmten Mehrwertdienst** darf insofern **keinen Nachteil für den Anschlussnutzer bedeuten**. Ebenso darf die Beanspruchung eines konkreten variablen Tarifs nicht davon abhängig gemacht werden, ob der Nutzer in die zusätzliche Nutzung von personenbezogenen Daten eingewilligt hat.

---

2 Vgl. *Keppeler*, EnWZ 2016, 99 ff.
3 Vgl. Orientierungshilfe datenschutzgerechtes Smart Metering, S. 18.
4 Vgl. hierzu Spindler/Schuster/*Nink*, § 4a BDSG Rn. 6.
5 Vgl. zu diesem Vorschlag die Stellungnahme des BDEW zum Regierungsentwurf eines Gesetzes zur Digitalisierung der Energiewende vom 7.4.2016, S. 22.

4. Grenzen der Einwilligung

Nr. 2 richtet sich ausschließlich an den Anschlussnutzer und somit an den **vertraglich Berechtigten**.[6] Eine Einwilligung durch diesen in eine weitere Datennutzung ist aber ausgeschlossen, soweit **Rechte Dritter betroffen** sind.[7] Inwieweit beim Smart Metering Rechte Dritter angesichts von Personenbezug betroffen sind, ist **umstritten**.[8]

10

Grundsätzlich ist festzuhalten, dass in den meisten Fällen der Anschlussnutzer nicht alleine für das Verbrauchsaufkommen verantwortlich sein wird, sondern auch (zumindest zeitweise) **weitere Personen im Haushalt** hierzu beitragen durch die Nutzung elektrischer Geräte. Falls tatsächlich personenbezogene Daten weiterer Personen in Frage stehen, würde eine Einwilligung durch den Anschlussnutzer nicht ausreichen, um das Recht auf informationelle Selbstbestimmung aus Art. 2 Abs. 1 i.V.m. Art. 1 Abs. 1 GG aller Betroffenen zu sichern,[9] es sei denn die Einwilligung wird wirksam für diese Personen miterklärt.

11

5. Bedeutung im Rahmen der DSGVO

Nach den Vorgaben der DSGVO, die am 25.5.2018 Geltung erhalten und als in den Mitgliedsstaaten unmittelbar anwendbares Recht die Regelungen des BDSG überlagern wird, ist gemäß Art. 6 Abs. 1 lit. a) DSGVO **keine schriftliche Einwilligung** mehr erforderlich.

12

§ 59 Nr. 2 dürfte damit **unwirksam** werden und durch den Gesetzgeber durch einen Verweis auf Art. 6 Abs. 1 lit. a) DSGVO ersetzt werden müssen, da die Öffnungsklauseln des Art. 6 Abs. 2 DSGVO (öffentliches Interesse) bezüglich der Form der Einwilligung nicht erfüllt sind. Ab dem 25.5.2018 ist eine **unmissverständliche Willensbekundung** durch Erklärung oder eine sonstige eindeutig zustimmende Handlung ausreichend (vgl. Art. 4 Nr. 11 DSGVO).

13

---

6 Vgl. zum Begriff des „Anschlussnutzers" die Legaldefinition des Anschlussnutzers in § 2 S. 1 Nr. 3.
7 Vgl. *Karsten/Leonhardt*, RDV 2016, 22, 23.
8 Eine differenzierte Analyse des Personenbezugs von Smart-Meter-Daten nimmt *Keppeler*, EnWZ 2016, 99 ff., vor; siehe auch *Schäfer-Stradowsky/Boldt*, EnWZ 2015, 349, 350 f.
9 Vgl. *Karsten/Leonhardt*, RDV 2016, 22, 23, mit Verweis auf Gola/Schomerus/*Gola/Klug/Körffer*, § 4a BDSG Rn. 25 (dort Fn. 13).

Kapitel 3
Besondere Anforderungen an die Datenverarbeitung und -nutzung; Übermittlungs- und Archivierungspflicht; Löschung

Abschnitt 1
Pflichten des Messstellenbetreibers

§ 60 Datenübermittlung; sternförmige Kommunikation; Löschung

(1) Der Messstellenbetreiber ist verpflichtet, die nach den §§ 55 bis 59 erhobenen Daten aufzubereiten und im erforderlichen Umfang an die nach § 49 berechtigten Stellen zu den Zeitpunkten zu übermitteln, die diese zur Erfüllung ihrer Aufgaben aus § 50 in Verbindung mit den §§ 61 bis 73 vorgeben.

(2) ¹Bei Messstellen mit intelligenten Messsystemen soll die Aufbereitung der Messwerte, insbesondere die Plausibilisierung und die Ersatzwertbildung im Smart-Meter-Gateway und die Datenübermittlung über das Smart-Meter-Gateway direkt an die berechtigten Stellen erfolgen. ²Die Bundesnetzagentur kann in einer Festlegung nach § 75 bestimmen, dass bis zum 31. Dezember 2019, für den Bereich Gas auch dauerhaft, die Aufbereitung und Übermittlung nach Satz 1 nicht vom Smart-Meter-Gateway, sondern von berechtigten Stellen nach § 49 Absatz 2 vorgenommen werden.

(3) Zur Erfüllung seiner energiewirtschaftlichen Verpflichtungen nach Absatz 1 übermittelt der Messstellenbetreiber unter Beachtung der Anforderungen nach Absatz 2 standardmäßig

1. für die in § 66 Absatz 1 genannten Zwecke monatlich für den Vormonat dem Betreiber von Verteilernetzen
   a) in den Fällen des § 55 Absatz 1 Nummer 1,
   b) in den Fällen des § 55 Absatz 1 Nummer 2 nur bei Letztverbrauchern mit einem Jahresstromverbrauch von über 10 000 Kilowattstunden,
   c) in den Fällen des § 55 Absatz 1 Nummer 3
   die bezogene Monatsarbeit sowie die aufgetretene Maximalleistung, im Übrigen jährlich Jahresarbeitswerte;
2. für die in § 66 Absatz 1 Nummer 7 genannten Zwecke dem Betreiber von Verteilernetzen mit mindestens 100 000 unmittelbar oder mittelbar angeschlossenen Kunden oder, wenn der Betreiber von Verteilernetzen dies verlangt, für die in § 66 Absatz 1 genannten Zwecke täglich für den Vortag dem Betreiber von Verteilernetzen
   a) in den Fällen des § 55 Absatz 1 Nummer 1 Last- oder Zählerstandsgänge,
   b) in den Fällen des § 55 Absatz 1 Nummer 2 nur bei Letztverbrauchern mit einem Jahresstromverbrauch von über 10 000 Kilowattstunden Last- oder Zählerstandsgänge,

c) in den Fällen des § 55 Absatz 1 Nummer 3 Last- oder Zählerstandsgänge,
d) in den Fällen des § 55 Absatz 3 sowie in den Fällen des § 55 Absatz 4 nur bei Zählpunkten mit intelligenten Messsystemen Einspeisegänge
in 15-minütiger Auflösung;
3. für die in § 66 Absatz 1 und § 67 Absatz 1 genannten Zwecke täglich für den Vortag dem Übertragungsnetzbetreiber und Bilanzkoordinator
  a) in den Fällen des § 55 Absatz 1 Nummer 1 Last- oder Zählerstandsgänge,
  b) in den Fällen des § 55 Absatz 1 Nummer 2 nur bei Letztverbrauchern mit einem Jahresstromverbrauch von über 10 000 Kilowattstunden Last- oder Zählerstandsgänge,
  c) in den Fällen des § 55 Absatz 1 Nummer 3 Last- oder Zählerstandsgänge,
  d) in den Fällen des § 55 Absatz 3 sowie in den Fällen des § 55 Absatz 4 nur bei Zählpunkten mit intelligenten Messsystemen Einspeisegänge
  in 15-minütiger Auflösung, im Übrigen jährlich Jahresarbeitswerte;
4. für die in § 69 Absatz 1 genannten Zwecke täglich für den Vortag dem Energielieferanten
  a) in den Fällen des § 55 Absatz 1 Nummer 1 Last- oder Zählerstandsgänge,
  b) in den Fällen des § 55 Absatz 1 Nummer 2 nur bei Letztverbrauchern mit einem Jahresstromverbrauch von über 10 000 Kilowattstunden Last- oder Zählerstandsgänge,
  c) in den Fällen des § 55 Absatz Nummer 3 Last- oder Zählerstandsgänge,
  d) in den Fällen des § 55 Absatz 3 sowie in den Fällen des § 55 Absatz 4 nur bei Zählpunkten mit intelligenten Messsystemen Einspeisegänge
  in 15-minütiger Auflösung, im Übrigen jährlich Jahresarbeitswerte.

(4) ¹Bei intelligenten Messsystemen haben Messstellenbetreiber für eine entsprechende Standardkonfiguration des Smart-Meter-Gateways im Sinne von Absatz 3 zu sorgen. ²Konkretisierungen zur Standardkonfiguration aus Absatz 3 kann die Bundesnetzagentur nach § 75 festlegen.

(5) Unter Beachtung von Absatz 4 Satz 2 und in den Grenzen der Absätze 1 und 2 können Berechtigte vom Messstellenbetreiber jede von Absatz 3 abweichende datensparsamere Konfiguration des Smart-Meter-Gateways verlangen.

(6) Der Messstellenbetreiber muss personenbezogene Messwerte unter Beachtung mess- und eichrechtlicher Vorgaben löschen, sobald für seine Aufgabenwahrnehmung eine Speicherung nicht mehr erforderlich ist.

Schrifttum: *Göge/Boers*, Gläserne Kunden durch Smart Metering? – Datenschutzrechtliche Aspekte des neuen Zähl- und Messwesen, ZNER 2009, 368; *Guckelberger*, Smart Grid/Smart Meter zwischen umweltverträglicher Energieversorgung und Datenschutz, DÖV 2012, 613; *Lüdemann/Jürgens/Sengstacken*, Datenschutz in intelligenten Stromnetzen (Smart Grid), ZNER 2013, 592; *Raabe/Lorenz/Pallas/Weis*, Harmonisierung konträrer Kommunikationsmodelle im Datenschutzkonzept des EnWG – „Stern" trifft „Kette" – Ansätze zur datenschutzrechtlichen Konfliktlösung im Smart Metering, CR 2011, 831; *Roßnagel/Jandt*, Datenschutzkonformes Energieinformationsnetz, DuD 2010, 373; *Schäfer-Stradowsky/Boldt*, Energierechtliche Anmerkungen zum Smart-Meter-Rollout, EnWZ 2015, 349; *Schütze*, EU: ENISA veröffentlicht Bericht zu Privacy by Design in Big Data, ZD-Aktuell 2016, 05015; *Spiekermann*, The Challenges of Privacy by Design, CACM 2012, 38; *v. Wege/Wagner*, Digitalisierung der Energiewende – Markteinführung intelligenter Messtechnik nach dem Messstellenbetriebsgesetz, N&R 2016, 2; *v. Wege/Wagner/Ruff*, Die Interimslösung der BNetzA – Anpassung der Marktkommunikation an das Messstellenbetriebsgesetz, IR 2017, 26; *Wiesemann*, IT-rechtliche Rah-

§ 60   Datenübermittlung; sternförmige Kommunikation; Löschung

menbedingungen für „intelligente" Stromzähler und Netze – Smart Meter und Smart Grid, MMR 2011, 355.

Übersicht

	Rn.		Rn.
I. Einführung	1	c) Übertragungsnetzbetreiber und Bilanzkoordinator	20
II. Entstehungsgeschichte	8	d) Energielieferant	21
III. Datenaufbereitung und -übermittlung im Zielmodell	11	IV. Interims-Marktkommunikation (Abs. 2 S. 2)	23
1. Datenaufbereitung	12	V. Besonderheiten bei Gas	25
2. Datenübermittlung	13	VI. Standardkonfiguration des Smart-Meter-Gateways	27
3. Messstellen mit intelligentem Messsystem	14	VII. Kosten	30
4. Kommunikationsrichtung, Adressat, Zweck und zeitliche Taktung	16	VIII. Löschung personenbezogener Messwerte	31
a) Verteilernetzbetreiber	16		
b) Verteilernetzbetreiber mit mindestens 100.000 unmittelbar oder mittelbar angeschlossenen Kunden	19		

I. Einführung

1   Während die §§ 49 ff. die allgemeinen Anforderungen an die Datenerhebung, -verarbeitung und -nutzung und die §§ 55 ff. den zulässigen Umfang und die Art der Erhebung von Messwerten regeln, verpflichtet § 60 den Messstellenbetreiber[1] die nach **§§ 55 bis 59** erhobenen Daten aufzubereiten und normiert, wer welche Daten zu welchem Zweck[2] in welcher zeitlichen Taktung vom Messstellenbetreiber erhalten muss bzw. kann. Für die Datenübermittlung hat der Messstellenbetreiber eine Standardkonfiguration vorzusehen. Personenbezogene Messwerte sind letztlich zu löschen, sobald sie für die Aufgabenwahrnehmung nicht mehr erforderlich sind.

2   Neben der **Datenübermittlung** durch den Messstellenbetreiber nach § 60 legitimieren die §§ 66 Abs. 2, 67 Abs. 2, 68 Abs. 2, 69 Abs. 2 eine Datenübermittlung durch den Netzbetreiber, den Übertragungsnetzbetreiber, den Bilanzkreisverantwortlichen und den Energielieferanten an die jeweils näher spezifizierten Empfänger und bestimmen, in welchem Umfang und zu welchem Zweck die Daten verwendet werden dürfen.

3   Regelungen zur **Aufbereitung** und **Übermittlung** insbesondere **abrechnungs- und bilanzierungsrelevanter Daten** fanden sich für die Sparte Strom bislang im Wesentlichen in § 4 Abs. 3 und 4 MessZV, der StromNZV sowie ausführenden Festlegungen der BNetzA.[3]

---

[1] Hierbei kann es sich um den grundzuständigen Messstellenbetreiber und damit in aller Regel den Netzbetreiber, aber auch um einen Dritten handeln, § 3 Nr. 12.

[2] Ein präziser und bereichsspezifischer Zweck für die Verwendung personenbezogener Daten ist grundlegend für die Rechtfertigung der mit einer zwangsweisen Erhebung personenbezogener Daten einhergehenden Verletzung des Rechts auf informationelle Selbstbestimmung (BVerfGE 65, 1 – Volkszählungsurteil); siehe BerlKommEnR/*Raabe/Lorenz*, § 50 MsbG Rn. 7.

[3] Geschäftsprozesse zur Kundenbelieferung mit Elektrizität (BNetzA, Anl. zum Beschl. v. 11.7.2006, BK6-06-009, Prozess Zählerstand-/Zahlwertübermittlung); Geschäftsprozesse im Messwesen

I. Einführung § 60

Die sich hieraus ergebenden Datenflüsse folgen dem Prinzip der „Kettenkommunikation".[4]

Bei der Durchführung des Messstellenbetriebs durch einen Dritten war dieser vor dem Inkrafttreten des MsbG verpflichtet, die von ihm ab- und ausgelesenen Daten an den Netzbetreiber zur Aufbereitung und weiteren **Datenübermittlung** zu senden. Diese Übermittlung der Messwerte erfolgte nach den Vorgaben der Festlegung „Wechselprozesse im Messwesen".[5] Der Netzbetreiber kommunizierte die durch ihn aufbereiteten Messdaten an den Energielieferanten nach den Vorgaben der Festlegung „Geschäftsprozesse zur Kundenbelieferung mit Elektrizität".[6] Daneben übermittelte er aufbereitete Daten an den Bilanzkoordinator[7] zum Zweck der Bilanzkreisabrechnung. Der erforderliche Datenaustausch erfolgt massengeschäftstauglich nach der Festlegung „Marktregeln für die Durchführung der Bilanzkreisabrechnung Strom (MaBiS)".[8]

4

§ 60 vollzieht nun beim Einsatz von intelligenten Messsystemen einen **Paradigmenwechsel** von der beschriebenen „**kettenförmigen**" Kommunikation mit dem Netzbetreiber als „Datendrehscheibe" zur sogenannten „**sternförmigen**" Kommunikation, in der das Smart-Meter-Gateway die zentrale Funktion übernimmt.[9] Die Datenaufbereitung und -übermittlung erfolgt im Wesentlichen direkt aus dem Smart-Meter-Gateway („Stern") und ist damit Aufgabe des Messstellenbetreibers (Abs. 1, Abs. 2 S. 1). Auch wenn der Netzbetreiber personenidentisch mit dem grundzuständigen Messstellenbetreiber ist, erhält die Marktrolle Netzbetreiber Daten aus dem Smart-Meter-Gateway nicht zur Weiterleitung an dritte Marktpartner („Kette"), sondern ist grundsätzlich nur Datenempfänger. Der Gesetzgeber verspricht sich von dieser direkten Kommunikation Effizienzgewinne und ein Mehr an Datenschutz und Datensicherheit.[10]

5

Diese grundlegende Veränderung der Datenverteilung beim Einsatz intelligenter Messsysteme durch das MsbG führt dazu, dass die im Markt etablierten **Abläufe** und **Prozesse** – insbesondere die Marktkommunikation – grundlegend überarbeitet werden müssen. Dabei lässt das Gesetz ein zweistufiges Vorgehen zu: Unter Nutzung der Übergangsvorschrift des Abs. 2 wird es zunächst, bis Ende 2019, eine sog. Interims-Marktkommunikation[11] geben; das sog. Zielmodell, wie es in § 60 beschrieben ist, soll ab dem 1.1.2020 zur Anwendung kommen. Für den Einsatz moderner Messeinrichtungen sowie herkömmlicher Zähler dürften die Abläufe und Prozesse zur Datenaufbereitung und -übermittlung im Grundsatz je-

6

(BNetzA, Beschl. v. 9.9.2010, BK6-09-034/BK7-09-001, Anl. 1); Marktprozesse für Erzeugungsanlagen (BNetzA, Beschl. v. 20.2.2015, BK6-14-110, Anl. 1).
4 Siehe hierzu: *Raabe/Lorenz/Pallas/Weis*, CR 2011, 831; *v. Wege/Wagner/Ruff*, IR 2017, 26 f.
5 BNetzA, Beschl. v. 9.9.2010, BK6-09-034/BK7-09-001, Anl. 1.
6 Geschäftsprozesse zur Kundenbelieferung mit Elektrizität (BNetzA, Anl. zum Beschl. v. 11.7.2006, BK6-06-009); Erzeugungsseitig erfolgt die Kommunikation über die Marktprozesse für Erzeugungsanlagen (BNetzA, Beschl. v. 20.2.2015, BK6-14-110, Anl. 1), die auf die Geschäftsprozesse zur Kundenbelieferung mit Elektrizität verweisen.
7 Die Marktrolle des Bilanzkreiskoordinators wird durch den Übertragungsnetzbetreiber wahrgenommen.
8 BNetzA, Beschl. v. 10.6.2009, BK6-07-002, Anl. 1.
9 Begründung zum Regierungsentwurf v. 17.2.2016, BT-Drs. 18/7555, S. 159; siehe zum Paradigmenwechsel: *v. Wege/Wagner*, N&R 2016, 2; kritisch hierzu bereits: *Raabe/Lorenz/Pallas/Weis*, CR 2011, 831; *v. Wege/Wagner/Ruff*, IR 2017, 26 f.
10 Begründung zum Regierungsentwurf v. 17.2.2016, BT-Drs. 18/7555, S. 159.
11 Zum Inhalt der Interims-Marktkommunikation: *v. Wege/Wagner/Ruff*, IR 2017, 26 ff.

§ 60   Datenübermittlung; sternförmige Kommunikation; Löschung

doch unverändert bleiben. Das hat wiederum zur Folge, dass zwei Prozesse zur Datenverteilung und die hierfür notwendige Infrastruktur parallel bereitgestellt und betrieben werden müssen. In der Konsequenz resultiert ein erhöhter Aufwand insbesondere im Hinblick auf die hierfür zu unterhaltenden IT-Systeme.

7   Mit der **detaillierten Regelung** sowohl der Kommunikationspartner, des -inhalts, des -zwecks als auch der zeitlichen Taktung der Datenübermittlung, tritt der Gesetzgeber unter anderem der umfassenden Kritik[12] an den im Kontext intelligenter Messtechnik bislang vorgesehenen datenschutzrechtlichen Vorgaben[13] entgegen.[14]

II. Entstehungsgeschichte

8   § 60 gehört zu den Paragraphen, die im Gesetzgebungsverfahren **stark kritisiert** wurden. Die Bedenken richteten sich zum einen gegen die im ersten Referentenentwurf des BMWi vorgesehene lediglich monatliche Übermittlung von Daten an den Verteilernetzbetreiber.[15] Zum anderen stieß die Zuweisung der Aggregation aller Last- und Zählerstandsgänge von allen Messstellen, die mit intelligenten Messsystemen ausgestattet sind, nur an den Übertragungsnetzbetreiber und nicht mehr auch an den Netzbetreiber auf erhebliche Kritik (§§ 66 Abs. 1 Nr. 7, 67 Abs. 1 Nr. 6).[16]

9   Die **lediglich monatliche Übermittlung** von Daten an den Verteilernetzbetreiber wurde insoweit als unzureichend angesehen, als dass diese Daten nicht für die Ausbilanzierung des Netzes ausreichen.[17] Zudem könne der Verteilernetzbetreiber seinen Aufgaben der Netzsteuerung und Systemverantwortung auf der Grundlage einer „veralteten" Datenlage nicht hinreichend nachkommen. Die im MsbG vorgesehene Erhebung von Netzzustandsdaten reiche insoweit nicht aus,[18] da sie nur in „begründeten Fällen" erfolge, also die Ausnahme darstelle. Für die Umsetzung der Energiewende sei es aber Grundvoraussetzung, dass der Verteilernetzbetreiber steuernd auf das Netz einwirken kann, wofür er entsprechende Daten brauche.[19]

---

12 Beispielsweise: *Schäfer-Stradowsky/Boldt*, EnWZ 2015, 349; *Lüdemann/Jürgens/Sengstacken*, ZNER 2013, 592; *Wiesemann*, MMR 2011, 355; *Göge/Boers*, ZNER 2009, 368; *Guckelberger*, DÖV 2012, 613.
13 Insbesondere § 21g EnWG.
14 Begründung zum Regierungsentwurf v. 17.2.2016, BT-Drs. 18/7555, S. 3; siehe auch BerlKomm-EnR/*Raabe/Lorenz*, § 49 MsbG Rn. 7.
15 Siehe hierzu folgende Stellungnahmen zum Referentenentwurf des BMWi für ein Gesetz zur Digitalisierung der Energiewende v. 21.9.2015, abrufbar auf www.bmwi.de: GEODE, S. 6 ff. (letzter Abruf: 23.2.2017); Bayrisches Staatsministerium, S. 17 f. (letzter Abruf: 23.2.2017).
16 Siehe folgende Stellungnahmen zum Referentenentwurf des BMWi für ein Gesetz zur Digitalisierung der Energiewende, abrufbar auf www.bmwi.de: VKU, S. 9 ff. (letzter Abruf: 23.2.2017); BDEW, Themenpapiere, S. 10 f. (letzter Abruf: 23.2.2017); ausführlich hierzu: BerlKommEnR/ *Fabritius/ Netzband/Ohrtmann/Lehner/Bruchmann*, § 66 MsbG Rn. 6 und § 67 MsbG Rn. 5.
17 Insbesondere für die Bilanzierung der Differenzmengen ist der Verteilernetzbetreiber auf eine auch tagesscharfe Übermittlung von Messwerten angewiesen. Das gilt jedenfalls für moderne und sonstige Messeinrichtungen für dessen Bilanzierung er weiterhin zuständig bleibt.
18 §§ 56 ff.
19 So auch: Stellungnahme der GEODE zum Referentenentwurf des BMWi für ein Gesetz zur Digitalisierung der Energiewende, S. 6 ff., abrufbar auf www.bmwi.de (letzter Abruf: 23.2.2017).

Der **Gesetzesentwurf** sah, dieser **Kritik folgend**, die Übermittlung von Last-, Zähler- 10
stands- sowie Einspeisegängen an den Verteilernetzbetreiber in 15-minütiger Auflösung
täglich für den Vortag vor, wenn er dies verlangt. Der Bundesrat forderte in seiner Stellungnahme zum Entwurf eines Gesetzes zur Digitalisierung der Energiewende, die Voraussetzung des Verlangens für die tägliche Datenübermittlung zu streichen, da die Bereitstellung
dieser Daten ohnehin zwingend erforderlich sei.[20] Die Bundesregierung wies diesen Vorschlag in ihrer Gegenäußerung ohne nähere Begründung zurück.[21]

III. Datenaufbereitung und -übermittlung im Zielmodell

Der **Messstellenbetreiber**, nicht wie bisher der Netzbetreiber (vgl. § 4 Abs. 4 Nr. 2 11
MessZV), hat die nach §§ 55 bis 59 erhobenen **Daten aufzubereiten** und zu **übermitteln**
(Abs. 1, 2 S. 1). Umfasst sind demnach Messwerte Strom und Gas (§§ 55, 58),[22] in begründeten Fällen Netzzustandsdaten (§ 56),[23] soweit erforderlich Stammdaten (§ 57)[24] und
weitere Daten unter den in § 59 genannten Voraussetzungen.[25]

1. Datenaufbereitung

Die Datenaufbereitung beinhaltet insbesondere die **Plausibilisierung** sowie die **Ersatz-** 12
wertbildung. Vorgaben sind derzeit für Messwerte im Strom im Metering Code und für
Messwerte im Gas im DVGW Arbeitsblatt G 685 festgelegt.[26] Die Plausibilisierung und Ersatzwertbildung umfassen die rechnerischen Vorgänge im Rahmen der Aufbereitung von
Messwerten, die ausgefallene Messwerte und Messwertreihen überbrücken oder unplausible Messwerte korrigieren.[27] Bei Messstellen mit intelligenten Messsystemen soll die
Aufbereitung der Messwerte direkt im Smart-Meter-Gateway erfolgen.[28]

---

20 Stellungnahme des Bundesrates vom 18.12.2015, BT-Drs. 18/7555, S. 195.
21 Gegenäußerung der Bundesregierung zur Stellungnahme des Bundesrates, BT-Drs. 18/7555, S. 213.
22 Siehe BerlKommEnR/*Ohrtmann/Netzband/Lehner/Bruchmann*, § 55 MsbG, und BerlKommEnR/*Ohrtmann/Netzband/Lehner*, § 58 MsbG.
23 Siehe BerlKommEnR/*Ohrtmann/Netzband/Lehner*, § 56 MsbG Rn. 8.
24 Siehe BerlKommEnR/*Ohrtmann/Netzband/Lehner*, § 57 MsbG Rn. 8 ff.
25 Siehe BerlKommEnR/*Ohrtmann/Netzband/Lehner*, § 59 MsbG Rn. 3 ff.
26 Beim Metering Code (VDE-AR-N 4400, September 2011) handelt es sich um eine technische Anwendungsregel des Verbandes der Elektrotechnik Elektronik Informationstechnik (VDE). Das Arbeitsblatt G 685 stellte eine technische Regel der Deutschen Vereinigung des Gas- und Wasserfaches (DVGW) dar. Nach § 49 Abs. 2 S. 1 EnWG wird die Einhaltung der anerkannten Regeln der Technik vermutet, wenn die technischen Regeln des VDE bzw. des DVGW eingehalten werden.
27 § 2 Nr. 17.
28 Im Gesetzgebungsverfahren hat insbesondere der BDEW in seiner Stellungnahme zum Regierungsentwurf eines Gesetzes zur Digitalisierung der Energiewende unter Berücksichtigung der Gegenäußerung der Bunderegierung v. 7.4.2016 (Themenpapiere, S. 11, abrufbar auf www.bdew.de (letzter Abruf: 23.2.2017)) angemerkt, dass plausibilisierte Daten in der Praxis vorerst nicht direkt vom Smart-Meter-Gateway versandt werden können, da die Technischen Richtlinien des Bundesamtes für Sicherheit in der Informationstechnik diese Funktionalität noch nicht vorsehen.

§ 60   Datenübermittlung; sternförmige Kommunikation; Löschung

2. Datenübermittlung

13 Die vom Messstellenbetreiber aufbereiteten Daten sind nach Abs. 1 im erforderlichen Umfang an die nach § 49 berechtigten Stellen zu übermitteln. Bei den **berechtigten Stellen** handelt es sich um den Netzbetreiber, den Bilanzkoordinator, den Bilanzkreisverantwortlichen, das Direktvermarktungsunternehmen nach dem EEG, den Energielieferanten sowie jede Stelle, die über eine schriftliche Einwilligung des Anschlussnutzers verfügt.

3. Messstellen mit intelligentem Messsystem

14 Bei Messstellen mit intelligenten Messsystemen soll die **Aufbereitung der Messwerte**, insbesondere die Plausibilisierung und Ersatzwertbildung in der Kommunikationseinheit des intelligenten Messsystems, dem Smart-Meter-Gateway, und die **Datenübermittlung** über eben dieses direkt an die berechtigten Stellen erfolgen (Abs. 2 S. 1). Ermöglicht wird hierdurch eine sternförmige Kommunikation mit oder ohne aktive Beteiligung des Smart-Meter-Gateway-Administrators.[29] Die Kommunikation zwischen dem Smart-Meter-Gateway und den berechtigten Stellen erfolgt über das Weitverkehrsnetz (WAN – Wide Area Network).[30]

15 Die Bundesnetzagentur ist nach § 75 Nr. 4 ermächtigt, **Festlegungen** mit verbindlichen Vorgaben für die Plausibilisierung von Messwerten sowie für die Bildung von Ersatzwerten bei Messfehlern zu treffen. Darüber hinaus kann sie in einer Festlegung bestimmen, dass u. a. die Aufbereitung von Messwerten bei Messstellen mit intelligenten Messsystemen bis zum 31.12.2019, für den Bereich Gas auch dauerhaft nicht vom Smart-Meter-Gateway, sondern von berechtigten Stellen nach § 49 Abs. 2 vorgenommen wird.[31]

4. Kommunikationsrichtung, Adressat, Zweck und zeitliche Taktung

a) Verteilernetzbetreiber

16 Der **Messstellenbetreiber übermittelt** dem Verteilernetzbetreiber **monatlich** für den Vormonat für die in § 66 Abs. 1 genannten Zwecke die bezogene Monatsarbeit sowie die aufgetretene Maximalleistung.[32] Dabei nimmt § 60 Abs. 3 Nr. 1 Bezug auf § 55 Abs. 1 Nr. 1 bis 3, der neben der Art der Messung auch Kundengruppen klassifiziert. Der Verweis auf § 55 Abs. 1 Nr. 2 ist dabei beschränkt auf Letztverbraucher mit einem Jahresverbrauch von über 10.000 kWh.

---

[29] Begründung zum Regierungsentwurf v. 17.2.2016, BT-Drs. 18/7555.
[30] Siehe zu den Vorgaben an diese Kommunikationsverbindung: Technische Richtlinie des BSI, TR-03109, S. 20 ff.
[31] Der Bundesrat merkte in seiner Stellungnahme zum Gesetzesentwurf der Bundesregierung an, dass die zeitliche Begrenzung die Möglichkeiten der Regulierungsbehörde zu einer effizienten und sachgerechten Ausgestaltung von Marktprozessen unnötig einenge, ohne dass hieraus ein unmittelbarer Vorteil erkennbar sei (BT-Drs. 18/7555, S. 195). Die Bundesregierung wies dies in ihrer Gegenäußerung mit der Begründung zurück, dass die Frist für eine zeitnahe Realisierung der mit der Marktkommunikation angestrebten Effizienzgewinne erforderlich sei (BT-Drs. 18/7555, S. 213).
[32] Siehe BerlKommEnR/*Fabritius/Netzband/Ohrtmann/Lehner/Bruchmann*, § 66 MsbG Rn. 10 ff.

III. Datenaufbereitung und -übermittlung im Zielmodell § 60

Im Übrigen erhält der Verteilernetzbetreiber entsprechend des datenschutzrechtlichen Grundsatzes der **Datensparsamkeit** jährlich **Jahresarbeitswerte**. Hierbei handelt es sich im Wesentlichen um Fälle, in denen für die Abwicklung der Energiebelieferung Standardlastprofile zugrunde gelegt werden.[33]

17

Darüber hinaus erhält der Verteilernetzbetreiber gemäß § 60 Abs. 3 Nr. 2 täglich für den Vortag zu den in § 66 Abs. 1 genannten Zwecken Last- oder Zählerstandsgänge in 15-minütiger Auflösung.[34] Auch Abs. 3 Nr. 2 verweist in lit. a) bis lit. c) auf die verschiedenen Fälle des § 55 Abs. 1 Nr. 1 bis 3. In den Fällen des § 55 Abs. 3 sowie des § 55 Abs. 4 übermittelt der Messstellenbetreiber nur bei Zählpunkten mit intelligenten Messsystemen täglich für den Vortag Einspeisegänge in 15-minütiger Auflösung.

18

b) Verteilernetzbetreiber mit mindestens 100.000 unmittelbar oder mittelbar angeschlossenen Kunden

Auf Anregung des Ausschusses für Wirtschaft und Energie wurde in § 60 Abs. 2 eine **Ergänzung** für solche **Verteilernetzbetreiber** aufgenommen, die gemäß §§ 10 und 12 StromNZV einer Verpflichtung zur Führung eigener Netzverlust- und Differenzbilanzkreise unterliegen.[35] Sie sollen die Daten automatisch, also ohne vorheriges Verlangen für die in § 66 Abs. 1 Nr. 7 genannten Zwecke vom Messstellenbetreiber zur Verfügung gestellt bekommen. Die aktive Bewirtschaftung der Bilanzkreise erfordert eine standardmäßige Bereitstellung viertelstündiger Messwerte am Folgetag.

19

c) Übertragungsnetzbetreiber und Bilanzkoordinator

Der Messstellenbetreiber **übermittelt** dem Übertragungsnetzbetreiber sowie dem Bilanzkoordinator **täglich** zu den in §§ 66 Abs. 1 und 67 Abs. 1 genannten Zwecken Last- oder Zählerstandsgänge in **15-minütiger Auflösung**. Die Falldifferenzierung folgt derjenigen des Abs. 3 Nr. 2.[36] **Im Übrigen** erhalten Übertragungsnetzbetreiber und Bilanzkoordinator jährlich **Jahresarbeitswerte**.

20

d) Energielieferant

Der Messstellenbetreiber übermittelt dem Energielieferanten täglich für den Vortag zu den in § 69 Abs. 1[37] genannten Zwecken die Last- oder Zählerstandsgänge in 15-minütiger Auflösung. Wiederum gilt die aus Abs. 3 Nr. 2[38] bekannte Falldifferenzierung.

21

Im Übrigen erhält der **Energielieferant** jährlich **Jahresarbeitswerte**, insbesondere um diejenigen seiner Kunden abrechnen zu können, deren Belieferung über standardisierte Lastprofile gemäß § 12 StromNZV abgewickelt wird.

22

---

33 Siehe § 12 StromNZV, § 24 GasNZV.
34 Siehe BerlKommEnR/*Fabritius/Netzband/Ohrtmann/Lehner/Bruchmann*, § 66 MsbG Rn. 11 ff.
35 Beschlussempfehlung und Bericht, BT-Drs. 18/8919, S. 26.
36 Siehe Rn. 16.
37 Siehe BerlKommEnR/*Fabritius/Netzband/Ohrtmann/Lehner/Bruchmann*, § 69 MsbG Rn. 5 ff.
38 Siehe Rn. 16.

§ 60 Datenübermittlung; sternförmige Kommunikation; Löschung

IV. Interims-Marktkommunikation (Abs. 2 S. 2)

23 Die Umsetzung der im Zielmodell zu erreichenden sternförmigen Marktkommunikation macht eine umfassende Anpassung der Marktkommunikation erforderlich, also eine vollständig neue Beschreibung der etablierten Prozessabläufe zwischen den Marktpartnern. Dieses bedarf seiner Zeit und war nicht im unmittelbaren zeitlichen Zusammenhang mit dem Inkrafttreten des MsbG umzusetzen. Daher ermöglicht Abs. 2 S. 2 eine Übergangslösung: Durch Festlegung der Bundesnetzagentur nach § 75 kann im Bereich Strom bis zum 31.12.2019 vorübergehend, für den Bereich Gas auch dauerhaft (s. dazu Rn. 25), die Aufbereitung und Übermittlung der Daten nicht vom Smart-Meter-Gateway, sondern von berechtigten Stellen nach § 49 Abs. 2 durchgeführt werden. Damit ermöglicht der Gesetzgeber, die Zuständigkeit für die Aufbereitung und Übermittlung der Messwerte auf eine andere Marktrolle als den Messstellenbetreiber zu übertragen.

24 Die Bundesnetzagentur hat am 20.12.2016 von der ihr in Abs. 2 S. 2 zugewiesenen Kompetenz Gebrauch gemacht und die sog. Interims-Marktkommunikation festgelegt.[39] Diese folgt dem Leitbild einer weitgehenden Beibehaltung der bestehenden, am Markt etablierten Prozesse; es sollte zudem vermieden werden, neue Prozesse nur für den Übergangszeitraum vorzugeben.[40] Die Bundesnetzagentur hat durch ihren Beschluss – mit den notwendigen Anpassungen an das MsbG – die bisherige Kettenkommunikation so weit wie möglich beibehalten. Zuständig für die Aufbereitung und Übermittlung der Messwerte ist weiterhin grundsätzlich der Verteilernetzbetreiber.[41]

V. Besonderheiten bei Gas

25 Für den Bereich Gas kann die BNetzA dauerhaft die Datenaufbereitung- und -übermittlung durch eine berechtigte Stelle nach § 49 vorsehen, also auch hier etwa durch den Verteilernetzbetreiber. Bei Messstellen (Strom) mit intelligenten Messsystemen[42] erfolgt spätestens ab 2020 die Datenaufbereitung sowie die Datenübermittlung durch das Smart-Meter-Gateway. Die **Sonderregelungen** für den Bereich Gas, also das Aussparen von der direkten Verteilung der Daten aus dem Smart-Meter-Gateway, können dauerhaft erforderlich sein. Messeinrichtungen Gas erfassen Kubikmeter, die erst durch Multiplikation mit Brennwert und Zustandszahl, beides netzindividuelle Größen, den abrechnungsrelevanten Verbrauch in Kilowattstunden ergeben. Für die Verbindung dieser Werte im Smart-Meter-Gateway hat sich bislang keine Lösung gefunden. Daneben gestalten sich auch die Plausibilisierung und Ersatzwertbildung komplexer als im Bereich Strom und sind gegebenenfalls nur durch das Zusammenwirken von Netz- und Messstellenbetreiber Brennwertermittlung, Gasmengenermittlung, Mengenaufteilung und Ersatzwertbildung möglich.[43]

26 Vor diesem Hintergrund hat die Bundesnetzagentur die im Gasbereich relevanten Festlegungen, die der Marktkommunikation zugrunde liegen nur leicht angepasst.[44]

---

39 BNetzA, Beschl. v. 20.12.2016, BK6-16-200.
40 BNetzA, Beschl. v. 20.12.2016, BK6-16-200, S. 11.
41 Einen Überblick zu Gegenstand und Inhalt der Interims-Marktkommunikation geben v. Wege/Wagner/Ruff, IR 2017, 26.
42 Hiervon kann der Definition des Messsystems nach (§ 2 Nr. 7) nur die Sparte Strom umfasst sein.
43 Begründung des Regierungsentwurfs v. 17.2.2016, BT-Drs. 18/7555, S. 159. Eine erste Entwurfsfassung sah die Sonderregelung für Gas noch nicht vor.
44 BNetzA, Beschl. v. 20.12.2016, BK7-16-142.

VI. Standardkonfiguration des Smart-Meter-Gateways

Beim Einsatz intelligenter Messsysteme haben Messstellenbetreiber für eine **Standardkon-** 27
figuration des Smart-Meter-Gateways zu sorgen, die die Übermittlung der in Abs. 3 aufgeführten Daten an die genannten Empfänger automatisiert gewährleistet. § 75 Nr. 6 ermächtigt die BNetzA, **Festlegungen** zur Ausgestaltung und Konkretisierung der Standardkonfigurationen des Smart-Meter-Gateways für die erforderliche Datenkommunikation zu treffen.

Die Übermittlung von Daten auf der Grundlage einer Standardkonfiguration führt den im 28
MsbG verfolgten Ansatz des „**privacy by design**" fort.[45] Hierbei handelt es sich um eine Methode, die das Gefahrenpotenzial für das Recht auf informationelle Selbstbestimmung des Betroffenen, das einem Datenverarbeitungssystem wie dem Smart-Meter-Gateway immanent ist, durch bestimmte Voreinstellungen verringern soll.[46] Dieses soll nicht nur einen effektiveren Datenschutz gewährleisten, sondern bringt auch einen ökonomischen Mehrwert. Durch eine konzeptionelle Berücksichtigung von Anforderungen des Datenschutzes wird die Datenübermittlung vereinfacht und damit vergünstigt.[47]

Die zum Datenempfang Berechtigten können eine von der Standardkonfiguration abwei- 29
chende **datensparsamere Konfiguration** des Smart-Meter-Gateways verlangen.[48] Hiermit legitimiert der Gesetzgeber ausdrücklich Abweichungen von Standardkonfigurationen. Eine Abweichung ist aber nur dann zulässig, wenn sie datensparsamer ist. Letzteres entspricht der datenschutzrechtlichen Zielvorgabe der Datensparsamkeit[49] und soll sowohl die Anzahl der verarbeiteten Daten, als auch die Verwendungsmöglichkeit personenbezogener Daten auf das erforderliche Mindestmaß beschränken.[50]

VII. Kosten

Bei der Datenaufbereitung sowie -übermittlung nach den Anforderungen des § 60 ein- 30
schließlich der Plausibilisierung und Ersatzwertbildung im Smart-Meter-Gateway und der standardmäßig erforderlichen Datenkommunikation handelt es sich nach § 35 Abs. 1 Nr. 1 um eine **Standardleistung**. Demzufolge ist der grundzuständige Messstellenbetreiber in keinem Fall berechtigt, für die Erbringung dieser Leistungen ein Entgelt zu verlangen, das über den **Preisobergrenzen** des § 31 liegt.

VIII. Löschung personenbezogener Messwerte

Der Messstellenbetreiber muss personenbezogene Messwerte[51] unter Beachtung mess- und 31
eichrechtlicher Vorgaben löschen, sobald für seine Aufgabenwahrnehmung eine Speiche-

---

45 Begründung zum Regierungsentwurf v. 17.2.2016, BT-Drs. 18/7555, S. 80.
46 Siehe zu privacy by design: *Spiekermann*, CACM 2012, 38; Tätigkeitsbericht 2009 und 2010 des Bundesbeauftragten für Datenschutz und Informationsfreiheit; *Schütze*, ZD-Aktuell 2016, 05015; *Roßnagel/Jandt*, DuD 2010, 373.
47 BeckOK BDSG/*Schulz*, § 3a BDSG Rn. 60 f.
48 Vgl. § 49 Abs. 2.
49 Siehe § 3a BDSG.
50 BeckOK BDSG/*Schulz*, § 3a BDSG Rn. 47; Gola/Schomerus/*Gola/Klug/Körffer*, § 3a BDSG Rn. 1b.
51 Zum Begriff der personenbezogenen Daten siehe BerlKommEnR/*Raabe/Lorenz*, § 49 MsbG Rn. 13.

§ 60 Datenübermittlung; sternförmige Kommunikation; Löschung

rung nicht mehr erforderlich ist. Die **Pflicht zum Löschen** entspricht der datenschutzrechtlichen Vorgabe, nach der personenbezogene Daten unter anderem dann zu löschen sind, wenn ihre Kenntnis für die datenverarbeitenden Stellen zur Erfüllung der in ihrer Zuständigkeit liegenden Aufgaben nicht mehr erforderlich ist.[52] Damit wird der Gefahr begegnet, dass der Betroffene für unbegrenzte Zeit mit erfassten Versionen seiner Vergangenheit konfrontiert und damit möglicherweise (mittelbar) in seinem allgemeinen Persönlichkeitsrecht verletzt wird.[53]

32 Dieselbe Pflicht trifft neben dem **Messstellenbetreiber** nach § 66 Abs. 3 den **Netzbetreiber**, nach § 67 Abs. 3 den **Übertragungsnetzbetreiber**, nach § 68 Abs. 3 den **Bilanzkreisverantwortlichen** und nach § 69 Abs. 3 den **Energielieferanten**.

33 Unter Löschung ist das **Unkenntlichmachen** gespeicherter personenbezogener Daten zu verstehen.[54] Hierfür reicht nicht nur die physische Beseitigung verkörperter Daten, wie z. B. die Zerstörung des Datenträgers. Es muss erreicht werden, dass der Messstellenbetreiber die betroffene Information nicht mehr aus von ihm gespeicherten Daten gewinnen kann.[55] Das kann z. B. durch Entfernen oder Überschreiben der Information auch ohne Eingriff in die Integrität des Datenträgers erfolgen.[56]

34 Die Pflicht zur Löschung besteht dann, wenn und soweit die Speicherung personenbezogener Messwerte für die Aufgabenwahrnehmung nicht mehr erforderlich ist. Dies ist der Fall, wenn die Zulässigkeitsvoraussetzungen, die die Speicherung ursprünglich legitimiert haben,[57] entfallen sind.[58] Die Verwendungszwecke sind im MsbG in §§ 50, 61 ff. abschließend aufgelistet.

35 Der Pflicht zur Löschung ist **mangels gesetzlicher Bestimmung** einer Frist unverzüglich nachzukommen, nachdem der Messstellenbetreiber Kenntnis von der fehlenden Erforderlichkeit erlangt hat.[59]

36 Die Löschung muss unter Beachtung der **mess- und eichrechtlichen Vorschriften** erfolgen. Diese umfassen nach § 31 Abs. 2 Nr. 4 MessEG[60] insbesondere die Pflicht des Messgeräteverwenders,[61] Nachweise über erfolgte Wartungen, Reparaturen oder sonstige Eingriffe am Messgerät, einschließlich solcher durch elektronisch vorgenommene Maßnahmen, für einen Zeitraum von bis zu drei Monaten nach Ablauf der Eichfrist,[62] längstens für fünf Jahre, aufzubewahren.

---

52 § 35 Abs. 2 Nr. 3 BDSG bzw. für öffentliche Stellen § 20 Abs. 2 Nr. 2 BDSG.
53 Simitis/*Mallmann*, § 20 BDSG Rn. 41 f.
54 § 3 Abs. 4 Nr. 5 BDSG.
55 Simitis/*Dammann*, § 3 BDSG Rn. 176.
56 Siehe im Einzelnen: Simitis/*Dammann*, § 3 BDSG Rn. 177 ff.; Däubler/Klebe/Wedde/Weichert/*Weichert*, § 3 BDSG Rn. 44 f.
57 Siehe § 50.
58 Simitis/*Dix*, § 35 BDSG Rn. 35 ff.
59 BeckOK BDSG/*Brink*, § 35 BDSG Rn. 30.
60 Begründung des Regierungsentwurfs v. 17.2.2016, BT-Drs. 18/7555, S. 160.
61 Das Verwenden eines Messgeräts ist das erforderliche Betreiben oder Bereithalten eines Messgeräts zur Bestimmung von Messwerten im geschäftlichen oder amtlichen Verkehr oder bei Messungen im öffentlichen Interesse; § 3 Nr. 22 MessEG.
62 Siehe zu den Eichfristen im Einzelnen Anl. 7 zu § 34 Abs. 1 Nr. 1 MessEV.

§ 61 Verbrauchsinformationen für den Anschlussnutzer bei intelligenten Messsystemen und modernen Messeinrichtungen

(1) Bei Vorhandensein eines intelligenten Messsystems hat der Messstellenbetreiber dafür Sorge zu tragen, dass der Anschlussnutzer standardmäßig jederzeit zumindest folgende Informationen einsehen kann:
1. Informationen über den tatsächlichen Energieverbrauch sowie über die tatsächliche Nutzungszeit,
2. abrechnungsrelevante Tarifinformationen und zugehörige abrechnungsrelevante Messwerte zur Überprüfung der Abrechnung,
3. historische Energieverbrauchswerte entsprechend den Zeiträumen der Abrechnung und Verbrauchsinformationen nach § 40 Absatz 3 des Energiewirtschaftsgesetzes für die drei vorangegangenen Jahre,
4. historische tages-, wochen-, monats- und jahresbezogene Energieverbrauchswerte sowie, soweit vorhanden, Zählerstandsgänge jeweils für die letzten 24 Monate sowie
5. die Informationen aus § 53 Absatz 1 Nummer 1.

(2) ¹Zur Einsichtnahme nach Absatz 1 sind die Informationen, soweit dies technisch möglich und wirtschaftlich vertretbar ist, standardmäßig innerhalb von 24 Stunden direkt vom Smart-Meter-Gateway an eine lokale Anzeigeeinheit zu übermitteln. ²Alternativ und mit Einwilligung des Anschlussnutzers können die Informationen, insbesondere wenn eine direkte Kommunikation nach Satz 1 technisch nicht möglich oder wirtschaftlich nicht vertretbar ist, über eine Anwendung in einem Online-Portal, das einen geschützten individuellen Zugang ermöglicht, innerhalb des gleichen Zeitraums zur Verfügung gestellt werden.

(3) Bei Vorhandensein einer modernen Messeinrichtung hat der Messstellenbetreiber dafür Sorge zu tragen, dass der Anschlussnutzer standardmäßig die Informationen aus Absatz 1 Nummer 1 sowie historische tages-, wochen-, monats- und jahresbezogene Energieverbrauchswerte jeweils für die letzten 24 Monate einsehen kann.

Schrifttum: *Baasner/Milanovic/Schmelzer/Schneidewindt*, Einbaupflicht, -recht und Akzeptanz – Fragen und Antworten zum Einbau von Messeinrichtungen und Messsystemen nach der Novellierung des EnWG 2011, N&R 2012, 12; *Benz*, Energieeffizienz durch intelligente Stromzähler – Rechtliche Rahmenbedingungen, ZUR 2010, 457; *Eder/v. Wege*, Liberalisierung und Klimaschutz im Zielkonflikt: Die neuen gesetzlichen Rahmenbedingungen im Mess- und Zählerwesen Strom und Gas (Teil 1), IR 2008, 176; *Eder/v. Wege/Weise*, Der Rechtsrahmen für Smart Metering – ein konsistentes Gesamtkonzept?, ZNER 2012, 59; *Herzmann*, Mindestanforderungen an Messeinrichtungen nach § 21b IIIa und IIIb EnWG – mehr Rechtssicherheit durch das Positionspapier der BNetzA vom 23.6.2010, IR 2010, 218; *v. Wege/Sösemann*, Smart Metering in Deutschland – Sein oder Schein? § 21b IIIa und IIIb EnWG, IR 2010, 55; *Wengler*, Intelligente Messsysteme und Zähler vor dem Pflicht-Roll-Out, EnWZ 2014, 500.

§ 61 Verbrauchsinformationen für den Anschlussnutzer bei intelligenten Messsystemen

Übersicht

	Rn.		Rn.
I. Normzweck	1	VI. Visualisierung der Verbrauchsinformationen bei modernen Messeinrichtungen	24
II. Entstehungsgeschichte	4	1. Formen	24
III. Abgrenzung	6	2. Gegenstand der Visualisierung	26
IV. Allgemeines	9	3. Einsehbarkeit	27
V. Visualisierung von Verbrauchsinformationen bei intelligenten Messsystemen	11	4. Kosten	28
1. Formen	11	VII. Visualisierung von Verbrauchsinformationen angebundener Erzeugungsanlagen, moderner Messeinrichtungen und Gasmesseinrichtungen	29
a) Lokale Anzeigeeinheit	13		
b) Online-Portal	17		
2. Gegenstand der Visualisierung	20		
3. Jederzeitige Einsehbarkeit	21		
4. Kosten	23		

I. Normzweck

1 Gemäß § 61 hat der Messstellenbetreiber dafür Sorge zu tragen, dass der Anschlussnutzer bei Vorhandensein eines intelligenten Messsystems bzw. einer modernen Messeinrichtung standardmäßig bestimmte Informationen einsehen kann. Für intelligente Messsysteme ist zudem geregelt, wie dieses zu gewährleisten ist. Hierdurch soll – technologieneutral[1] – sichergestellt werden, dass der Anschlussnutzer die zu seinen Gunsten möglichen **Nutzungseffekte** durch den **Einsatz intelligenter Messtechnik** voll ausschöpfen kann.[2]

2 Die Norm knüpft an das ursprüngliche Ziel der Einführung intelligenter Verbrauchserfassung an, das darin bestand, eine **bessere Eigenverbrauchssteuerung** sowie **Energieeinsparungen** zu ermöglichen und so – vor dem Hintergrund des Klimaschutzes – die **Energieeffizienz** zu steigern.[3] Durch die Möglichkeit den tatsächlichen Energieverbrauch detailliert nachvollziehen zu können, soll der Endkunde zum energiesparenden Verhalten motiviert werden.[4] In Verbindung mit zeitvariablen Tarifen soll die Visualisierung neben der reinen Energieeinsparung auch die Möglichkeit eröffnen, durch Lastverschiebungen zusätzliche **positive wirtschaftliche Effekte** zu generieren.[5]

3 Mit diesen Einsparpotenzialen, die durch die Visualisierung bestimmter Verbrauchsinformationen gehoben werden können,[6] **rechtfertigt** der **Gesetzgeber** unter anderem den mit dem verpflichtenden Rollout intelligenter Messtechnik verbundenen Eingriff in das Recht auf informationelle Selbstbestimmung sowie die Berufsausübungsfreiheit bzw. die allge-

---

1 Begründung zum Regierungsentwurf vom 17.2.2016, BT-Drs. 18/7555, S. 140.
2 Begründung des Gesetzesentwurfs, BT-Drs. 18/7555, S. 160.
3 Zur Bedeutung von intelligenter Messtechnik für die Steigerung der Energieeffizienz: *Benz*, ZUR 2010, 457.
4 RL 2006/32/EG des Europäischen Parlaments und des Rates v. 5.4.2006 über Energieeffizienz und Energiedienstleistungen und zur Aufhebung der Richtlinie 93/76/EWG des Rates; aufgehoben durch RL 2012/27/EG des Europäischen Parlaments und des Rates v. 25.10.2012 zur Energieeffizienz.
5 BerlKommEnR/*Bruhn*, § 40 EnWG Rn. 59; BT-Drs. 17/6072, S. 78. Die rechtliche Grundlage bildet § 40 Abs. 5 EnWG.
6 So auch die Empfehlung der Europäischen Kommission vom 9.3.2012 (2012/148/EU).

II. Entstehungsgeschichte

meine Handlungsfreiheit des Anschlussnutzers.[7] Daneben stellen die möglichen Einsparpotenziale die Basis für die **Akzeptanz des Rollouts** intelligenter Messtechnik beim Letztverbraucher dar.[8]

II. Entstehungsgeschichte

Den ersten normativen Ansatz zur Förderung von Einsparpotenzialen beim Letztverbraucher durch mehr Transparenz beinhaltet die **Richtlinie 2006/32/EG**.[9] Der Endkunde sollte hiernach spartenübergreifend mit Zählern ausgestattet werden, die den tatsächlichen Energieverbrauch und die tatsächliche Nutzungszeit widerspiegeln, damit er aktiv angereizt wird, seinen Zählerstand regelmäßig zu überprüfen[10] und auf dieser Grundlage ein Energiebewusstsein entwickelt, das intrinsisch zum Energiesparen motiviert.[11] Der nationale Gesetzgeber setzte diese Anforderung an Messeinrichtungen 2008 mit dem **Gesetz zur Öffnung des Messwesens bei Strom und Gas für den Wettbewerb** um und ergänzte § 21b EnWG um einen Abs. 3a sowie 3b.[12] Diese Absätze übernahmen den Wortlaut der Richtlinie in Bezug auf die Anforderungen an die Visualisierung von Verbrauchsinformationen ohne weitere Konkretisierung.[13]

Eine Ausdifferenzierung der Vorschriften zur Liberalisierung des Messwesens sowie die Einführung intelligenter Messsysteme erfolgte durch das **Gesetz zur Neuregelung ener-**

---

7 Begründung zum Regierungsentwurf vom 17.2.2016, BT-Drs. 18/7555, S. 140 f.
8 Ernst & Young, Kosten-Nutzen-Analyse für einen flächendeckenden Einsatz intelligenter Zähler, Studie im Auftrag des BMWi, 2013, S. 148. Zur Akzeptanz beim Energienutzer: *Wengler*, EnWZ 2014, 500; *Herzmann*, IR 2010, 218; *Baasner/Milanovic/Schmelzer/Schneidewindt*, N&R 2012, 12; Gutachten der BNetzA „Wettbewerbliche Entwicklungen und Handlungsoptionen im Bereich Zähl- und Messwesen und bei variablen Tarifen", 10.3.2010, S. 6.
9 Art. 13 RL 2006/32/EG des Europäischen Parlaments und des Rates v. 5.4.2006 über Energieeffizienz und Energiedienstleistungen und zur Aufhebung der Richtlinie 93/76/EWG des Rates; aufgehoben durch RL 2012/27/EG des Europäischen Parlaments und des Rates v. 25.10.2012 zur Energieeffizienz.
10 Erwägungsgrund 29 RL 2006/32/EG des Europäischen Parlaments und des Rates v. 5.4.2006 über Energieeffizienz und Energiedienstleistungen und zur Aufhebung der Richtlinie 93/76/EWG des Rates; aufgehoben durch RL 2012/27/EG des Europäischen Parlaments und des Rates v. 25.10.2012 zur Energieeffizienz.
11 Ausschluss-Drs. 16(9)1032; so auch: BerlKommEnR/*Böhnel*, 2. Aufl. 2010, § 21b EnWG Rn. 81.
12 BGBl. I 2008, S. 1790; siehe zum Gesetzgebungsverfahren auch das Gutachten „Ökonomische und technische Aspekte eines flächendeckenden Rollouts intelligenter Zähler" im Auftrag der BNetzA, Dezember 2009, abrufbar auf www.ecofys.com/files/files/ecofys_2009_oekonomische_u_technische_aspekte.pdf (letzter Abruf: 22.2.2017).
13 Höchst fraglich war nach dem Wortlaut der § 21b Abs. 3a und 3b EnWG daher, was genau unter dem tatsächlichen Energieverbrauch, der tatsächlichen Nutzungszeit und der Widerspiegelung an den Anschlussnutzer zu verstehen ist. Vor diesem Hintergrund erließ die BNetzA am 23.6.2010 ein Positionspapier zu den Anforderungen an Messeinrichtungen nach § 21b Abs. 3a und 3b EnWG. Mangels Festsetzungskompetenz konnte sie aber keine verbindlichen Vorgaben machen. Sehr kritisch zur damaligen Rechtslage: *Eder* (Danner/Theobald, 86. EL. 2015, § 21b EnWG Rn. 5, 72), der von einer der missglückten Regelungen des EnWG spricht und dem deutschen Gesetzgeber vorwirft, dass er seiner Konkretisierungspflicht nach Art. 288 AEUV nicht nachgekommen sei. Hierzu auch: *Eder/v. Wege/Weise*, ZNER 2012, 59; *v. Wege/Sösemann*, IR 2009, 55.

§ 61   Verbrauchsinformationen für den Anschlussnutzer bei intelligenten Messsystemen

giewirtschaftlicher Vorschriften,[14] das zugleich die RL 2009/72/EG umsetzte.[15] Eine Regelung, nach der der Messstellenbetreiber dafür Sorge zu tragen hat, dass und vor allem wie der Anschlussnutzer bestimmte Informationen einsehen kann, beinhalteten die §§ 21b ff. EnWG nicht.[16] Sowohl die Definition des intelligenten Messsystems (§ 21d Abs. 1 EnWG) als auch der intelligenten Messeinrichtung (§ 21c Abs. 5 EnWG) umfassten aber wieder – erneut ohne nähere Konkretisierung – die Anforderung, dass der tatsächliche Verbrauch sowie die tatsächliche Nutzungszeit widergespiegelt werden muss.[17] Nähere Anforderungen an Funktionalität und Ausstattung von intelligenten Messsystemen sollten in einer Rechtsverordnung geregelt werden.[18] Eine solche wurde nicht erlassen. Es wurde lediglich der Referentenentwurf einer Messsystemverordnung öffentlich.[19] Die Begründung sah vor, dass die Visualisierung entweder über den Anschluss eines Displays am Smart-Meter-Gateway selbst, einem Display in der Wohnung oder über entsprechende Internetanwendungen erfolgen kann.

III. Abgrenzung

6   Nach § 61 hat der Messstellenbetreiber jederzeit dafür Sorge zu tragen, dass der Anschlussnutzer bestimmte Informationen zu seinem Verbrauchsverhalten einsehen kann. Anders als nach **§ 53 Abs. 1** bedarf es dazu **keines vorherigen ausdrücklichen Verlangens** des Anschlussnutzers.[20]

7   Ein **Informationsanspruch** nach **§ 53 Abs. 2** besteht nur dann, wenn eine unrechtmäßige Speicherung, Verarbeitung oder Übermittlung festgestellt wurde und eine schwerwiegende Beeinträchtigung droht. Eine solche Einschränkung sieht § 61 nicht vor.

8   § 61 Abs. 1 Nr. 1 bis 5 entsprechen den **technischen Mindestanforderungen** an intelligente Messsysteme zur Visualisierung des Verbrauchsverhaltens des Letztverbrauchers nach **§ 21 Abs. 1 Nr. 2 lit. a) bis e)**. Während die Einhaltung der technischen Mindestanforderungen den Messstellenbetreiber allgemein verpflichtet, hat der Messstellenbetreiber nach § 61 dem Anschlussnutzer die Einsichtnahme in bestimmte Verbrauchsinformationen zu ermöglichen. § 61 Abs. 2 regelt in Abgrenzung zu § 21 das „Wie" der Einsichtnahme (lokale Anzeigeeinheit oder Online-Portal) für intelligente Messsysteme.

---

14   BGBl. I 2012, S. 27.
15   Richtlinie des Europäischen Parlaments und Rates v. 13.7.2009 über gemeinsame Vorschriften für den Elektrizitätsbinnenmarkt und zur Aufhebung der Richtlinie 2003/54/EG.
16   So auch *Eder/v. Wege*, ZNER 2012, 59.
17   Damit blieb ein weiter Spielraum bei der Umsetzung der gesetzlichen Vorgaben; vgl. Danner/Theobald/*Eder*, 86. EL. 2015, § 21b EnWG Rn. 77.
18   §§ 21d Abs. 2, 21i Abs. 1 Nr. 3 EnWG; aufgehoben durch Art. 3 des Gesetzes zur Digitalisierung der Energiewende, BGBl. I S. 2060.
19   Referentenentwurf – nicht ressortabgestimmt – des Bundesministeriums für Wirtschaft und Technologie, Stand: 13.3.2013, S. 24. Der Referentenentwurf war Teil des erwarteten Verordnungspakets und ist nie in Kraft getreten.
20   Ein Verlangen erfordert nicht die Darlegung eines berechtigten Interesses oder gar ein rechtliches Interesse. Siehe dazu BerlKommEnR/*Ohrtmann/Netzband/Lehner*, § 53 MsbG Rn. 17.

IV. Allgemeines

§ 61 adressiert den **Messstellenbetreiber**.[21] Daran ändert sich auch dann nichts, wenn der Messstellenbetreiber sich zur Erfüllung seiner Aufgaben ganz oder teilweise eines Dienstleisters bedient.[22] Berechtigter ist der Anschlussnutzer. Das gilt dem Normzweck nach auch dann, wenn der Anschlussnehmer von seinem Wahlrecht aus § 6 Gebrauch machen sollte. Denn nur der Anschlussnutzer selbst kann Einfluss nehmen auf den tatsächlichen Verbrauch durch eine Änderung des eigenen Verbrauchsverhaltens (z. B. durch die Anschaffung verbrauchsarmer Haushaltsgeräte).

Das **Bereithalten** bestimmter **Informationen** hat **standardmäßig** zu erfolgen. Die BNetzA ist nach § 75 Nr. 3 ermächtigt, einen Standard festzulegen.

V. Visualisierung von Verbrauchsinformationen bei intelligenten Messsystemen

1. Formen

§ 61 Abs. 2 eröffnet **zwei alternative Möglichkeiten** der Visualisierung des Verbrauchsverhaltens des Anschlussnutzers, soweit ein intelligentes Messsystem vorhanden ist: Entweder eine **lokale Anzeigeeinheit** (soweit technisch möglich und wirtschaftlich vertretbar) oder ein **Online-Portal**.[23] Letzteres ist von der Einwilligung des Anschlussnutzers abhängig. Vorrangig ist die Datenübertragungsvariante an eine lokale Anzeigeeinheit.[24] Da die Form der Visualisierung auch von Faktoren abhängig ist, auf die der Messstellenbetreiber keinen Einfluss hat, unterstellt der Gesetzgeber offenbar, dass das intelligente Messsystem beide Visualisierungswege zu ermöglichen hat.[25]

Die Formen der Visualisierung konkretisieren letztlich den Begriff des „**Widerspiegelns**" aus der Definition des intelligenten Messsystems (§ 2 Nr. 7), der zwar seit der Richtlinie über Energieeffizienz und Energiedienstleistungen Verwendung findet,[26] für dessen konkrete Umsetzung es jedoch bislang an spezifischen gesetzlichen Vorgaben fehlte.[27] Die Eu-

---

21 § 2 Nr. 12.
22 Zur Vorgängervorschrift: BerlKommEnR/*Lorenz/Raabe*, § 21h EnWG Rn. 5.
23 Zur Vorgängervorschrift: BerlKommEnR/*Franz/Boesche*, § 21d EnWG Rn. 6.
24 Begründung des Regierungsentwurfs vom 17.2.2016, BT-Drs. 18/7555, S. 161.
25 Hiervon ging auch die Begründung des – nicht ressortabgestimmten – Referentenentwurfs einer Messsystemverordnung des Bundesministeriums für Wirtschaft und Technologie (S. 24, Stand: 13.3.2013) aus. Der Referentenentwurf war Teil des erwarteten Verordnungspakets zu den §§ 21 b ff. EnWG, ist jedoch nie in Kraft getreten.
26 RL 2006/32/EG des Europäischen Parlaments und des Rates v. 5.4.2006 über Energieeffizienz und Energiedienstleistungen und zur Aufhebung der Richtlinie 93/76/EWG des Rates; aufgehoben durch RL 2012/27/EG des Europäischen Parlaments und des Rates v. 25.10.2012 zur Energieeffizienz.
27 *Herzmann*, IR 2010, 218, begründet das damit, dass die Bundesregierung Sorge hatte, durch weitere Vorgaben Innovationsprozesse in Bezug auf Technik und Vertriebsmöglichkeiten einzuschränken. Die BNetzA stellt in ihrem Bericht „Wettbewerbliche Entwicklungen und Handlungsoptionen im Bereich Zähl- und Messwesen und bei variablen Tarifen" v. 10.3.2010 an das BWiM (S. 5) fest, dass „die Regelung in der Anwendungspraxis höchst unterschiedlich interpretiert worden ist; die

§ 61 Verbrauchsinformationen für den Anschlussnutzer bei intelligenten Messsystemen

ropäische Kommission sah in ihrer Empfehlung vom 9.3.2012 zur Vorbereitung für die Einführung von intelligenten Messsystemen lediglich vor, dass dem Kunden und jedem vom Verbraucher benannten Dritten genaue Messwerte benutzerfreundlich, zeitnah und aktuell bereitzustellen und intelligente Messsystem daher mit genormten Schnittstellen auszustatten sind.[28] In der Literatur wurde die Möglichkeit der Bereitstellung von Informationen am Zähler selbst oder (über das Nutzen der kommunikativen Anbindung des Zählers) durch andere Formen der Präsentation (z.B. Informationsplattform im Internet oder Smartphone-Applikation) diskutiert.[29]

a) Lokale Anzeigeeinheit

13 Bei der lokalen Anzeigeeinheit kann es sich grundsätzlich um ein in das Smart-Meter-Gateway **integriertes Kundendisplay** handeln oder um eine **abgesetzte Zusatzeinrichtung**.[30] Konkrete technische und vor allem die eichrechtlich relevanten Vorgaben zur Soft- und Hardware sowohl eines integrierten Kundendisplays als auch einer abgesetzten Zusatzeinrichtung sehen neben den allgemeingültigen Vorschriften des Mess- und Eichgesetzes (MessEG) vor allem die Anforderungen der Physikalisch-Technischen Bundesanstalt[31] zum Smart-Meter-Gateway vor.[32] Die Messeinrichtung übermittelt die gemessenen Daten an das Smart-Meter-Gateway,[33] welches die Informationen an die lokale Anzeigeeinheit weitersendet (sogenannte Inhouse-Kommunikation),[34] in der diese dann für den Anschlussnutzer einsehbar sind. Damit erhält der Letztverbraucher die Verbrauchsinformationen, ohne dass sie in das Weitverkehrsnetz (Wide Area Network, WAN) gelangen.[35]

14 Die Bereitstellung einer lokalen Anzeigeeinheit steht unter dem **Vorbehalt der technischen Möglichkeit**. Als Beispiel für einen Fall der technischen Unmöglichkeit nennt die Gesetzesbegründung bauliche Gegebenheiten, die einer Inhouse-Kommunikation entgegenstehen.[36] Die technische Möglichkeit bezieht sich damit grundsätzlich auf tatsächliche

---

Spanne reicht von einem sehr einfachen elektronischen Zähler mit einem nicht gerade komfortablen Display am Zähler selbst bis zu einem um ein Vielfaches teureren High-Tech-Messsystem mit einem optisch ansprechenden Display im Wohnbereich und verschiedenste zusätzliche Komfortfunktionen."

28 Empfehlung der Europäischen Kommission, 2012/148/EU, Ziffer 42.
29 Zur Vorgängervorschrift: BerlKommEnR/*Franz/Boesche*, § 21d EnWG Rn. 6; vgl. Kment/*Thiel*, § 21d Rn. 5;
30 Zum Begriff der Zusatzeinrichtung siehe § 3 Nr. 24 MessEG.
31 Bei PTB-Anforderungen handelt es sich um anerkannte Regeln der Technik im gesetzlichen Messwesen, so dass nach § 7 MessEG vermutet wird, dass das Messgerät den mess- und eichrechtlichen Mindestanforderungen entspricht, wenn die Anforderungen eingehalten werden.
32 PTB-A 50.8, Dezember 2014, S. 50 ff.
33 Diese Kommunikation erfolgt über das Lokale Metrologische Netz (LMN). Weiteres hierzu: Bundesamt für Sicherheit in der Informationstechnik, Das Smart-Meter-Gateway, abrufbar auf www.bsi.bund.de (letzter Abruf: 22.2.2017).
34 Diese Kommunikation erfolgt über das Heimnetz (Home Area Network, HAN). Weiteres hierzu: Bundesamt für Sicherheit in der Informationstechnik, Das Smart-Meter-Gateway, abrufbar auf www.bsi.bund.de (letzter Abruf: 22.2.2017).
35 Begründung des Regierungsentwurfs vom 17.2.2016, BT-Drs. 18/7555, S. 161.
36 Begründung des Regierungsentwurfs vom 17.2.2016, BT-Drs. 18/7555, S. 161.

V. Visualisierung von Verbrauchsinformationen bei intelligenten Messsystemen § 61

physische Hindernisse, z. B. bei der Datenübermittlung.[37] Das Vorliegen der technischen Möglichkeit ist daher situativ anhand der örtlichen Gegebenheiten zu prüfen.[38]

Neben der technischen Möglichkeit steht die Visualisierung über eine lokale Anzeigeeinheit unter dem **Vorbehalt der wirtschaftlichen Vertretbarkeit**.[39] Nach welchen Kriterien die wirtschaftliche Vertretbarkeit zu bewerten ist, lässt sowohl der Wortlaut als auch die Gesetzesbegründung offen. Vor dem Hintergrund, dass insbesondere dann, wenn eine lokale Anzeigeeinheit wirtschaftlich nicht vertretbar ist, grundsätzlich ein Online-Portal zur Verfügung zu stellen ist, könnte ein Vergleich der Kosten für eine lokale Anzeigeeinheit[40] und einem Online-Portal Aufschluss über die wirtschaftliche Vertretbarkeit geben. Ein solcher Kostenvergleich dürfte allerdings regelmäßig dazu führen, dass eine lokale Anzeigeeinheit wirtschaftlich nicht vertretbar ist.

15

Anders als in der Variante des Online-Portals wird **kein geschützter individueller Zugang** gefordert. Befindet sich die lokale Anzeigeeinheit jedoch direkt am Smart-Meter-Gateway und dieses wiederum in einem für alle Hausbewohner eines Mehrparteienhauses zugänglichen Raum, besteht ebenfalls die Gefahr, dass unbefugte Dritte auf die Daten zugreifen.[41] Daher sollte aus Gründen des Datenschutzes im Einzelfall auch eine lokale Anzeigeeinheit einen geschützten individuellen Zugang vorsehen.

16

b) Online-Portal

Insbesondere, wenn eine lokale Anzeigeeinheit technisch unmöglich oder wirtschaftlich nicht vertretbar ist, aber ausdrücklich auch als Alternative zum Display, kommt die **Visualisierung über ein Online-Portal** in Betracht. Solche Anwendungen greifen auf das Netzwerk des Smart-Meter-Gateways zu. Der Zugang zu den Daten muss geschützt und indivi-

17

---

37 Damit ist der Begriff der technischen Möglichkeit offenbar anders zu verstehen, als nach den §§ 29 Abs. 1, 30. Hiernach stellt das Bundesamt für Sicherheit in der Informationstechnik – unter Beachtung der Verfügbarkeit von gesetzeskonformen Messsystemen am Markt – fest, wann eine Ausstattung von Messstellen mit intelligenten Messsystemen technisch möglich ist. Die Feststellung der technischen Möglichkeit nach § 30 trifft jedoch noch keine Entscheidung über die technische Möglichkeit nach § 61 Abs. 2, bei der es vielmehr auf die tatsächlichen örtlichen Gegebenheiten ankommt.
38 *Franz/Boesche* forderten bereits, dass die Frage, wie Informationen widerzuspiegeln sind, situativ, d. h. gegebenenfalls von Zählpunkt zu Zählpunkt, unter Berücksichtigung von Kosten-, Erreichbarkeit- und sonstigen technischen Aspekten entschieden werden muss (BerlKommEnR, § 21d EnWG Rn. 10).
39 Anders als nach §§ 29 Abs. 1, 31 wird jedoch keine Preisobergrenze genannt, bei deren Einhaltung von der wirtschaftlichen Vertretbarkeit auszugehen ist.
40 Der Bundesrat sah hierfür in seiner Stellungnahme (BT-Drs. 18/7555, Anl. 3, S. 190) € 30 Hardwarekosten vor; die Kosten-Nutzen-Analyse von Ernst&Young („Kosten-Nutzen-Analyse für einen flächendeckenden Einsatz intelligenter Zähler", Ernst & Young, im Auftrag des BMWi, 2013, S.148) € 40 zuzüglich € 15–25 Einbaukosten abhängig davon, ob in der Stadt/auf dem Land und in Einfamilien- oder Mehrfamilienhäuser eingebaut wird.
41 Das Forum Netztechnik/Netzbetrieb im VDE fordert daher in seiner Stellungnahme zum Gesetz „Digitalisierung der Energiewende", Oktober 2015, S. 13 f., dass in einem Mehrfamilienhaus der Schutz von personenbezogenen Daten sichergestellt werden muss, etwa durch eine PIN-Eingabe, abrufbar unter www.bmwi.de (letzter Abruf: 22.2.2017).

§ 61 Verbrauchsinformationen für den Anschlussnutzer bei intelligenten Messsystemen

dualisiert sein.[42] Konkrete technische Vorgaben zur Software einer separaten Anzeige-Applikation sehen die PTB-Anforderungen zum Smart-Meter-Gateway vor.[43]

18 Die Zurverfügungstellung der Informationen über ein Online-Portal steht unter dem Vorbehalt der **Einwilligung des Anschlussnutzers**. Hierbei handelt es sich um die vorherige Zustimmung.[44] Eine besondere Form für die Zustimmung ist nicht vorgesehen, so dass sie grundsätzlich auch mündlich erfolgen könnte, was allerdings naturgemäß zu Problemen bei der Nachweisführung führen kann. Insofern dürfte der Messstellenbetreiber schon im eigenen Interesse die Einwilligung beispielsweise im Rahmen der Anmeldung zum Online-Portal elektronisch dokumentieren.

19 Sollte die Möglichkeit der Einsichtnahme durch eine lokale Anzeigeeinheit technisch unmöglich und/oder wirtschaftlich unzumutbar sein und der Anschlussnutzer seine Zustimmung zu einem Online-Portal verweigern, ist der Messstellenbetreiber nicht verpflichtet, dem Anschlussnutzer **weitere alternative Zugangswege** zu seinen Verbrauchsinformationen zu eröffnen. Dem Anschlussnutzer bleibt jedoch der Anspruch nach § 53 Abs. 1, über den er die gespeicherten, auslesbaren und personenbezogenen Daten beim Messstellenbetreiber anfordern kann.

2. Gegenstand der Visualisierung

20 Die zur Einsichtnahme vorzuhaltenden Informationen decken sich mit den in **§ 21 geregelten technischen Mindestanforderungen**, die eine Visualisierung des Verbrauchsverhaltens des Letztverbrauchers ermöglichen sollen.[45]

3. Jederzeitige Einsehbarkeit

21 Der Anschlussnutzer muss jederzeit die Informationen einsehen können. Sie sollen jeweils **binnen 24 Stunden** vom Smart-Meter-Gateway an die lokale Anzeigeeinheit übermittelt bzw. im Online-Portal bereitgestellt werden. Hierbei handelt es sich um eine **Höchstfrist**; regelmäßig dürfte die Bereitstellung unmittelbarer erfolgen.[46]

22 Eine **Rückschau auf historische Verbrauchswerte** kann sich nur auf Daten beziehen, die nach der Installation des intelligenten Messsystems von diesem erhoben und entsprechend gespeichert wurden.[47]

4. Kosten

23 Nach § 35 Abs. 1 Nr. 3 stellt die Übermittlung der Informationen an die lokale Anzeigeeinheit oder über eine Anwendung in einem Online-Portal eine **Standardleistung** dar. Auch

---

42 Hierzu ist der Zugriff auf die Informationen – etwa durch ein Passwort des Anschlussnutzers – zu schützen.
43 PTB-A 50.8, Dezember 2014.
44 § 183 S. 1 BGB.
45 § 21 Abs. 1 Nr. 2 lit. a) bis e). Siehe BerlKommEnR/*Mätzig/Netzband*, § 21 MsbG Rn. 9 ff.
46 Kritisch auch das Bayrische Staatsministerium für Wirtschaft und Medien, Energie und Technologie im Rahmen der Länderanhörung, 14.10.2015, S. 25 f., abrufbar auf www.bmwi.de (letzter Abruf: 22.2.2017).
47 Begründung des Regierungsentwurfs v. 17.2.2016, BT-Drs. 18/7555, S. 160.

VI. Visualisierung der Verbrauchsinformationen bei modernen Messeinrichtungen § 61

wenn dem Wortlaut nach lediglich die Übermittlung und nicht die hierfür erforderliche Hard- und Software als Standardleistung benannt wird, ist der Gegenäußerung der Bundesregierung zur Stellungnahme des Bundesrates zu entnehmen,[48] dass sie auch die Hard- und Software hierunter versteht. Das bedeutet, dass der grundzuständige Messstellenbetreiber – anders als dritte Messstellenbetreiber – nicht berechtigt ist, für die Erbringung dieser Leistung ein (zusätzliches) Entgelt zu verlangen, das über die Preisobergrenzen des § 31 hinausgeht.[49] Hierdurch wird gewährleistet, dass der gesamte Visualisierungsprozess – egal in welcher Form – zu keinen zusätzlichen Kosten für den Anschlussnutzer führt.

VI. Visualisierung der Verbrauchsinformationen bei modernen Messeinrichtungen

1. Formen

Die Vorgabe zur Visualisierung von Verbrauchsinformationen bei modernen Messeinrichtungen regelt – anders als die zu intelligenten Messsystemen – lediglich, welche Informationen bereitgestellt werden müssen. Es fehlt u. a. an einer Festlegung dazu, **wie die Informationen dem Anschlussnutzer bereit zu stellen sind**. Insoweit führt das MsbG nicht zu mehr Rechtsklarheit im Vergleich zur bisherigen Rechtslage.[50]   24

Da bei modernen Messeinrichtungen nur die Möglichkeit einer späteren Einbindung in ein Kommunikationsnetz bestehen muss,[51] können die Informationen – sofern nicht eine Anbindung an das Smart-Meter-Gateway nach § 40 erfolgt ist oder auf andere Weise ein Zugriff auf die Messwerte ermöglicht wurde – nur über ein elektronisches Display an der Messeinrichtung selbst[52] visualisiert werden.[53] Das steht dem **Normzweck der Transparenz** zur Energieeinsparung entgegen, soweit sich die Messeinrichtung nicht in den Wohnräumen des Anschlussnutzers befindet, sondern in einem gegebenenfalls für den Anschlussnutzer nur schwer oder überhaupt nicht zugänglichen Kellerraum.[54] Da der Mess-   25

---

48 Der Bundesrat hatte in seiner Stellungnahme vom 18.12.2015 (BT-Drs. 18/7555, Anl. 4, S. 205) kritisiert, dass eine lokale Anzeigeeinheit als zusätzliche Hardware nicht von der Preisobergrenze umfasst sein sollte, sondern lediglich das Online-Portal als preisgünstigere Variante. Dem ist die Bundesregierung in ihrer Gegenäußerung mit der Begründung entgegengetreten, dass die Preisobergrenze durch die Zulassung von Zusatzkosten erhebliche Lücken erfahren würde. Aus Sicht der Bundesregierung seien die Informationen der Anschlussnutzer über den eigenen Verbrauch ein zentraler Anwendungsfall intelligenter Messsysteme, der von der Preisobergrenze gedeckt sei.
49 § 35 Abs. 1 S. 2.
50 Rn. 5.
51 § 2 Nr. 15.
52 Denkbar wäre daneben ein abgesetztes Display, das über ein Kabel mit der Messeinrichtung verbunden ist.
53 Die BNetzA bewertete die Anzeige an der Messeinrichtung selbst in ihrem Positionspapier v. 23.6.2010 zu den Anforderungen an Messeinrichtungen nach § 21b Abs. 3a und 3b EnWG (S. 3) als ausreichend. Bei Messeinrichtungen nach § 21b Abs. 3a und 3b EnWG handelte es sich – wie bei modernen Messeinrichtungen – um solche, die nicht in ein Kommunikationsnetz eingebunden sind.
54 Zweifel daran, inwieweit dem Ziel der Transparenz zur Ermöglichung von Energieeinsparung überhaupt so noch Rechnung getragen werden kann, äußerte bereits *Eder* bei Danner/Theobald, 86. EL. 2015, § 21b EnWG Rn. 80.

§ 61   Verbrauchsinformationen für den Anschlussnutzer bei intelligenten Messsystemen

stellenbetreiber hierauf keinen Einfluss hat, kann ihm diesbezüglich auch keine Pflicht auferlegt werden.[55] Vielmehr ist ein solches Problem im Verhältnis zwischen Vermieter und Mieter zu klären.[56]

2. Gegenstand der Visualisierung

26 Dem Anschlussnutzer sind **Informationen** über den **tatsächlichen Energieverbrauch**, über die **tatsächliche Nutzungszeit**[57] sowie **historische tages-, wochen-, monats-, und jahresbezogene Energieverbrauchswerte** jeweils für die letzten 24 Monate bereitzustellen. Die zeitliche Vorgabe setzt Art. 10 der Energieeffizienzrichtlinie[58] um. Allerdings wurde die Länge des Zeitraums der Vorhaltung von Verbrauchswerten vielfach kritisiert, da die von Netzbetreibern und Messstellenbetreiber zum Zeitpunkt des Inkrafttretens des Gesetzes bereits in hoher Stückzahl verbauten elektronischen Zähler lediglich über eine Speicherfähigkeit von 12 Monaten verfügen.[59]

3. Einsehbarkeit

27 Da eine moderne Messeinrichtung – anders als ein intelligentes Messsystem – nicht in ein Kommunikationsnetz eingebunden ist und daher keine Daten an ein Smart-Meter-Gateway übermittelt werden, sind die genannten Verbrauchsinformationen **jederzeit am elektronischen Display** ablesbar. Einer besonderen zeitlichen Vorgabe für die Übermittlung der relevanten Informationen bedurfte es daher nicht.

4. Kosten

28 § 32, der die Preisobergrenze für moderne Messeinrichtungen festlegt, schreibt ausdrücklich die Beachtung des § 61 Abs. 3 vor. Damit ist die Visualisierung der dort genannten Informationen über die **durch die Preisobergrenze gedeckelten Messentgelte** zu finanzieren.

VII. Visualisierung von Verbrauchsinformationen angebundener Erzeugungsanlagen, moderner Messeinrichtungen und Gasmesseinrichtungen

29 Nach § 40 besteht – unter den dort genannten Voraussetzungen – die Pflicht zur Anbindung von Erzeugungsanlagen nach dem EEG und KWKG, moderner Messeinrichtungen sowie

---

55 Kment/*Thiel*, § 21d Rn. 5; Danner/Theobald/*Eder*, 86. EL. 2015, § 21b EnWG Rn. 79.
56 *Eder/v. Wege*, IR 2008, 176.
57 Siehe BerlKommEnR/*Mätzig/Netzband*, § 21 MsbG Rn. 9.
58 RL 2012/27/EG des Europäischen Parlaments und des Rates v. 25.10.2012 zur Energieeffizienz, zur Änderung der Richtlinie 2009/125/EG und 2010/30/EU und zur Aufhebung der Richtlinie 2004/8/EG und 2006/32/EG.
59 Beispielhaft: BDEW in seiner Stellungnahme zum Regierungsentwurf eines Gesetzes zur Digitalisierung der Energiewende unter Berücksichtigung der Gegenäußerung der Bundesregierung vom 7.4.2014 (Anl. 1 S. 26).

VII. Visualisierung von Verbrauchsinformationen angebundener Erzeugungsanlagen § 61

Messeinrichtungen für Gas an das Smart-Meter-Gateway. Hierdurch sollen Synergieeffekte gehoben und damit der Nutzen intelligenter Messtechnik gesteigert werden. Die Visualisierung der Messwerte aus diesen Messeinrichtungen wird dem Messstellenbetreiber in § 61 nicht ausdrücklich als Pflicht zugewiesen. Auch eine Analogie ist erkennbar nicht möglich, spricht der Gesetzgeber beispielsweise explizit nur von „Energieverbrauchswerten"; Erzeugungswerte werden nicht erwähnt. Unbenommen bleibt dem Messstellenbetreiber, die Visualisierung als **freiwillige Zusatzleistung** gemäß § 35 Abs. 2 anzubieten.

§ 62 Messwertnutzung zu Zwecken des Anlagenbetreibers

(1) Bei Vorhandensein eines intelligenten Messsystems hat der Messstellenbetreiber dem Anlagenbetreiber standardmäßig zumindest folgende Informationen zeitnah zur Verfügung zu stellen:
1. Informationen über die Einspeisung und den Verbrauch,
2. abrechnungsrelevante Informationen und zugehörige abrechnungsrelevante Messwerte zur Überprüfung der Abrechnung,
3. historische tages-, wochen-, monats- und jahresbezogene Einspeisewerte für die letzten 24 Monate,
4. Informationen über etwaige Einstellungen eines Schaltprofils,
5. die Informationen aus § 53 Absatz 1 Nummer 1.

(2) ¹Zur Einsichtnahme nach Absatz 1 sind die Informationen, soweit dies technisch möglich und wirtschaftlich vertretbar ist, standardmäßig innerhalb von 24 Stunden direkt vom Smart-Meter-Gateway an eine lokale Anzeigeeinheit zu übermitteln. ²Alternativ können die Informationen, insbesondere wenn eine direkte Kommunikation nach Satz 1 technisch nicht möglich oder wirtschaftlich nicht vertretbar ist, über eine Anwendung in einem Online-Portal, das einen geschützten individuellen Zugang ermöglicht, innerhalb des gleichen Zeitraums zur Verfügung gestellt werden.

(3) Bei Vorhandensein einer modernen Messeinrichtung hat der Messstellenbetreiber dafür Sorge zu tragen, dass der Anlagenbetreiber standardmäßig die Informationen aus Absatz 1 Nummer 1 und 3 einsehen kann.

Schrifttum: *BSI*, Zertifizierte IT-Sicherheit, 2016; *Grottker/Esche/Elfroth*, PTB-Anforderungen 50.8 an BSI-zertifizierte Smart-Meter-Gateways, PTB-Mitteilungen 3/2015, 23; *Kahmann*, Konformitätsbewertung von Messeinrichtungen und -systemen nach § 21d des Energiewirtschaftsgesetzes, PTB-Mitteilungen 3/2015, 9; *Kahmann/Zayer*, Handbuch Elektrizitätsmessung, 2. Aufl. 2014; *Többen*, Überblick zur Einführung des Smart-Meterings in Deutschland, PTB-Mitteilungen 3/2015, 4.

Übersicht

	Rn.		Rn.
I. Allgemeines	1	e) Gespeicherte, auslesbare Daten (Nr. 5 i.V.m. § 53 Abs. 1 Nr. 1)	14
II. Zurverfügungstellung von Informationen (Abs. 1)	3	III. Visualisierung (Abs. 2)	17
1. Anlagenbetreiber	3	1. Visualisierung durch lokale Anzeigeneinheit oder Online-Portal	17
2. Zurverfügungstellen versus Einsichtnahme	4	2. Eich- und datenschutzrechtlicher Hintergrund der Visualisierung	18
3. Zeitnah versus jederzeit	6	3. Verantwortlicher für die Visualisierung	19
4. Inhalt der Informationen	7	4. Ermöglichen der Visualisierung über die HAN-Schnittstelle	23
a) Einspeisung und Verbrauch (Nr. 1)	7	5. Datendisplaydienst	28
b) Abrechnungsrelevante Informationen und Messwerte (Nr. 2)	11	a) Anforderungen an den Datendisplaydienst aus Datensicherheitsgründen	31
c) Einspeisewerte (Nr. 3)	12		
d) Einstellungen eines Schaltprofils (Nr. 4)	13		

aa) Maßstab des § 22 34	b) Anforderungen an den Datendisplaydienst aus Datenschutzgründen 39
bb) Allgemeine datenschutzrechtliche Sicherheitsanforderungen als Maßstab für den Stand der Technik gem. § 19 Abs. 4 35	c) Fazit 45
cc) Orientierung an den Maßstäben von § 22, Schutzprofil und Technischen Richtlinien. 36	IV. Datenbereitstellung bei modernen Messeinrichtungen (Abs. 3) 48

I. Allgemeines

§ 62 regelt, welche Informationen einem Anlagenbetreiber zur Verfügung gestellt werden müssen (Abs. 1) und dass diese Informationen zur Einsichtnahme (Visualisierung) übermittelt werden müssen (Abs. 2). Hinsichtlich des Regelungsgehalts der Zurverfügungstellung von Daten entspricht Abs. 1 dem **§ 60**, der diese Rechte für z. B. Netzbetreiber, Lieferanten und Bilanzkreiskoordinatoren regelt; **§ 62 korrespondiert** auch **mit § 61**, der die Zurverfügungstellung und Visualisierung von Informationen und Daten für reine Verbrauchsstellen regelt. Zur Auslegung des § 62 kann die Gesetzesbegründung des § 61 herangezogen werden. Beide Vorschriften haben entsprechende Regelungsinhalte – einmal aus Verbrauchs- und einmal aus Einspeiseperspektive.   1

Es handelt sich bei den in Abs. 1 genannten **Daten** und **Informationen** um die nach § 55 Abs. 3, 4 und 5 **erhobenen Messwerte**. Zusätzlich sind gem. § 61 Abs. 1 Nr. 5 die Informationen nach § 53 Abs. 1 Nr. 1 sowie gemäß § 62 Abs. 1 Nr. 4 Informationen über die etwaige Einstellung eines Schaltprofils zur Verfügung zu stellen und deren Visualisierung zu ermöglichen. Ähnliche, jedoch im Detail abweichende Vorgaben enthielten die Vorgängervorschriften §§ 21g und 21h EnWG.[1] Zur Visualisierung enthielt § 3 Abs. 1 Nr. 2 MsysV eine entsprechende Regelung, die laut Begründung aus datenschutzrechtlichen Gründen erforderlich war; eichrechtliche Visualisierungserfordernisse gem. § 33 Abs. 3 MessEG wurden nicht erwähnt.[2]   2

II. Zurverfügungstellung von Informationen (Abs. 1)

1. Anlagenbetreiber

Ein Anlagenbetreiber im Sinne des § 62 ist gem. der Definition des § 2 Nr. 1 (nur) der Betreiber einer **EEG- oder KWK-Anlage**. Unter den Anlagenbetreiberbegriff fallen **nicht** Akteure, die **unterbrechbare Anlagen** gem. § 14a EnWG betreiben und damit auch nicht Benutzer von **Elektrofahrzeugen**. § 62 unterscheidet bei der **Zurverfügungstellung** und Visualisierung von Informationen zwischen Anlagenbetreibern, bei denen ein intelligentes Messsystem (iM) vorhanden ist, z.B. gem. § 29 Abs. 1 Nr. 2, weil deren Anlagen eine installierte Leistung über 7 kWh haben, und Betreibern kleinerer Anlagen, bei denen lediglich eine moderne Messeinrichtung (mME) vorhanden ist.   3

---

1 BerlKommEnR/*Lorenz/Raabe*, § 21g u. § 21h EnWG.
2 Referentenentwurf zur MsysV, S. 22.

2. Zurverfügungstellen versus Einsichtnahme

4 § 62 Abs. 1 Hs. 1 unterscheidet sich im **Wortlaut** von § 61 Abs. 1 Hs. 1 in zwei Formulierungen.

5 Gem. § 62 Abs. 1 hat der Messstellenbetreiber bei Vorhandensein eines intelligenten Messsystems „dem Anlagenbetreiber standardmäßig zumindest" zeitnah **die in den Nrn. 1–5 aufgelisteten Informationen „zur Verfügung zu stellen"**. § 61 Abs. 1 lautet demgegenüber: „Bei Vorhandensein eines intelligenten Messsystems hat der Messstellenbetreiber dafür Sorge zu tragen, dass der Anschlussnutzer standardmäßig **jederzeit folgende Information einsehen kann**". Nach § 61 hat der Messstellenbetreiber dafür Sorge zu tragen, dass der Anschlussnutzer Informationen einsehen kann, während nach § 62 der Messstellenbetreiber dem Anlagenbetreiber Informationen „zur Verfügung zu stellen hat". Für die unterschiedlichen Formulierungen ist kein Grund ersichtlich, da sie gleichgelagerte Fälle behandeln, nur jeweils auf der einen Seite Anschlussnutzer und auf der anderen Seite Anlagenbetreiber. Unterschiedliche Pflichten können aus diesen Formulierungen nicht abgeleitet werden. In beiden Fällen bedeutet dies, dass der MSB eine Schnittstelle zur Verfügung zu stellen hat, die die Übermittlung der in den §§ 61 und 62 geforderten Informationen ermöglicht. § 62 Abs. 1 ist insofern präziser formuliert. Der Messstellenbetreiber hat danach die Pflicht, die **Visualisierung** gem. § 62 Abs. 2 zu ermöglichen, diese aber nicht durchzuführen.[3]

3. Zeitnah versus jederzeit

6 Gem. § 61 Abs. 1 sind die Informationen „**jederzeit**" zur Verfügung zu stellen, nach § 62 Abs. 1 lediglich „**zeitnah**". Hier legt der Wortlaut nahe, dass zwei unterschiedliche Qualitäten gemeint sind. Eine jederzeitige Bereitstellung stellt höhere Anforderungen als eine lediglich zeitnahe. Eine mögliche feinsinnige Unterscheidung kann dennoch unterbleiben. Da gem. §§ 61 Abs. 2 und 62 Abs. 2 die nach dem jeweiligen Abs. 1 geforderten Informationen **binnen 24 Stunden an eine Visualisierungseinheit übermittelt werden müssen**, ist der sprachliche Unterschied unbeachtlich. Verbraucher und Anlagenbetreiber haben praktisch nur über die Visualisierung Zugang zu den Informationen und die Abs. 2 der §§ 61 und 62 geben hierfür ein identisches Zeitfenster vor, sodass die unterschiedliche Formulierung keine praktische Bedeutung hat. Im Übrigen erwartet man eher bei einem Anlagenbetreiber, insbesondere bei großen Einspeiseanlagen, ein zeitnäheres Informationsbedürfnis, als bei Verbrauchern. Sofern Einspeiser und (Groß-)Verbraucher zeitnähere Informationen zu Verbrauch und Einspeisung benötigen, so sind diese nicht verpflichtend durch das Smart-Meter-Gateway, sondern durch andere lokale Anzeigeeinrichtungen zur Verfügung zu stellen. Diese weiteren Informationen stellen dann evtl. kostenpflichtige Zusatzleistungen dar, bei denen die Voraussetzungen des § 59 eingehalten werden müssen.

---

[3] BerlKommEnR/*Schmidt*, § 62 MsbG Rn. 17.

II. Zurverfügungstellung von Informationen (Abs. 1) § 62

4. Inhalt der Informationen

a) Einspeisung und Verbrauch (Nr. 1)

Dem Anlagenbetreiber sind **Informationen über die Einspeisung und den Verbrauch** zur Verfügung zu stellen. Welche Informationen damit konkret gemeint sind, ergibt sich aus §§ 55 Abs. 3 und 55 Abs. 4 S. 1. Während die in §§ 55 Abs. 1 Nr. 1 und 55 Abs. 3 genannte **registrierende Leistungsmessung** nicht gesetzlich definiert ist, findet sich die Definition der **Zählerstandsgangmessung** in § 2 Nr. 27. Sie ist danach die Messung einer Reihe viertelstündlich ermittelter Zählerstände von elektrischer Arbeit (und stündlich ermittelter Zählerstände von Gasmengen; im Folgenden wird nur auf Elektrizität eingegangen). Es handelt sich also um Zeitreihen von viertelstündlich fortgeschriebenen Verbrauchswerten. Bei der RLM-Messung passiert grundsätzlich nichts anderes. Dort kann über die Verbrauchswerte pro Zeiteinheit (kWh) auch die Leistung (kW) rechnerisch ermittelt werden.[4] Das gleiche Rechenverfahren ermöglicht auch bei der Zählerstandsgangmessung die Ermittlung von Leistungswerten. Die Ermittlung des Leistungswertes ist bei der Zählerstandsgangmessung erforderlich, wenn der Kunde gem. Tarifanwendungsfall 3 der Technischen Richtlinie 03109-1 über einen lastvariablen Tarif verfügt.[5] Dem Anlagenbetreiber sind also Viertelstundenarbeitswerte und, soweit erforderlich, auch Leistungswerte zur Verfügung zu stellen.

7

Gem. Nr. 1 sind neben Informationen über die Einspeisung auch **Informationen über den Verbrauch anzugeben**, die aber auch schon von § 61 erfasst sind. Verbrauchsfälle können in zwei Konstellationen vorliegen. Zum einen kann der Eigenverbrauch einer Anlage und eines Anlagenbetreiber erfasst werden, zum anderen die Einspeisung und der Verbrauch bei einem Prosumer, das ist z.B. ein Einfamilienhaus mit Solaranlage.[6] Für beide Verbrauchsarten schreibt § 55 Abs. 5 vor, Erzeugung und Verbrauch in einem einheitlichen Verfahren zu messen. Die Messergebnisse dürfen jedoch nicht saldiert werden.[7] Nr. 1 verlangt zwar, dass **Informationen zum Verbrauch** übermittelt werden, detaillierte Vorgaben über die geforderten Informationen, wie in § 61 Abs. 1 genannt, fehlen aber. Es folgt auch kein entsprechender Verweis auf diese Vorschrift. Daraus folgt jedoch nicht, dass einem Prosumer weniger Informationen zur Verfügung gestellt werden als einem reinen Verbraucher. Vom Sinn und Zweck der Vorschrift, nämlich Transparenz zu schaffen und die Möglichkeit zu eröffnen, „Nutzeffekte voll auszuschöpfen", verbietet sich eine unterschiedliche Behandlung.[8] Ein Verweis auf die Informationen nach § 61 Abs. 1 ist daher in die Vorschrift hineinzuinterpretieren.

8

Nach Installation eines iM zur Einspeise- und Verbrauchsmessung (Nr. 1) sind wiederum **zwei Fallkonstellationen zur Bereitstellung von Informationen denkbar**: Erstens hat ein Prosumer, der nur wegen seiner Einspeiseanlage gem. § 29 Abs. 1 Nr. 2 mit einem iM ausgerüstet ist, auch nur Anspruch auf die Informationen nach § 61 Abs. 1, weniger als sein Verbrauch über 6.000 kWh liegt. Zum zweiten kann diese Regelung so verstanden werden, dass bei Vorhandensein eines iM wegen einer Einspeiseanlage gem. § 29 Abs. 1

9

---

4 *Kahmann/Busche*, in: Kahmann/Zayer, Handbuch Elektrizitätsmesstechnik, S. 169.
5 BSI, TR-03109-1, S. 84.
6 Begründung des Regierungsentwurfs v. 17.2.2016, BT-Drs. 18/7555, S. 106.
7 Begründung des Regierungsentwurfs v. 17.2.2016, BT-Drs. 18/7555, S. 106.
8 Begründung des Regierungsentwurfs v. 17.2.2016, BT-Drs. 18/7555, S. 109.

§ 62   Messwertnutzung zu Zwecken des Anlagenbetreibers

Nr. 2 auch der Verbrauch über das iM zu erfassen ist, selbst wenn der Verbrauch weniger als 6.000 kWh p. a. beträgt. Der Wortlaut „bei Vorhandensein eines intelligenten Messsystems" spricht für die zweite Auslegung. Auch die Gesetzesbegründung stützt diese Auffassung.[9] Danach soll bei Prosumern eine Optimierung zwischen Einspeisung und Verbrauch im Sinne der sog. Eigenstromerzeugung ermöglicht werden. Dies ist insbesondere dann möglich, wenn auf der Verbraucherseite einer der Tarifanwendungsfälle der TR-03109-1 zur Anwendung kommt.[10] Dies setzt den Einsatz eines iM auch auf Verbrauchsseite voraus. Liegt der Jahresstromverbrauch unter 6.000 kWh, so ist ggf. aufgrund der baulichen Gegebenheiten eine zweites mME einzubauen und mit dem Gateway zu verbinden, um diese Optimierung zu erreichen. **Ist daher eine Erzeugungs- und Einspeisungsanlage mit einem iM ausgestattet, so ist gem. Abs. 1 auch der Energieverbrauch über das iM zu erfassen.** Dies schließt also auch Fälle ein, bei denen z. B. eine EEG-Anlage nach § 29 Abs. 1 Nr. 2 mit einem iM auszustatten ist, die verbrauchte Energie an diesem Zählpunkt jedoch unter 6.000 kWh pro Jahr liegt. Gleiches gilt für die Fälle des § 61 Abs. 1. Ist ein intelligentes Messsystem eingebaut, weil der Stromverbrauch über 6.000 kWh liegt, wird die Pflicht zur Informationsbereitstellung nach Abs. 1 ausgelöst. Auch § 21 Abs. 4 setzt die Anbindung mehrerer Zähler an ein Smart-Meter-Gateway als möglich voraus. Die Gesetzesbegründung zu § 21 Abs. 4 bezeichnet dies sogar als wünschenswert.[11] Allerdings wird dort hervorgehoben, dass diese Konstellation besonders kostengünstig sei. Diese Kostenvorteile sind aber nicht in allen Einbaufällen gegeben; in zahlreichen Konstellationen überwiegen **Kostennachteile**. Die Zählerplätze für Erzeugungsanlagen liegen oftmals räumlich weit getrennt von den Zählerplätzen für die Messung des Verbrauchs. Letztere befinden sich häufig im Keller, während Messeinrichtungen für Solaranlagen auf Hausdächern sich häufig auf dem Dachboden befinden. Die kommunikative Anbindung beider Zähler an ein Gateway kann technisch aufwändig sein und hohe Kosten verursachen. Der Messstellenbetreiber wäre dann auch ggf. zu einem vorzeitigen Austausch eines vorhandenen, aber nicht in ein Messsystem einbindbaren Zählers gegen eine mME gezwungen.

10   Da die vom Gesetz unterstellte Kostengünstigkeit häufig nicht gegeben ist, ist in diesen Fällen de lege ferenda zu fordern, dass die **Mehrkosten der Installation und Anbindung zweier mME** (inkl. evtl. Austausch) **nicht von der Preisobergrenze umfasst** sind, sondern vom Kunden zu tragen sind. Auch § 33 enthält einen entsprechenden Gedanken. § 21c Abs. 3 EnWG (alt) stellte noch auf die wirtschaftliche Vertretbarkeit der kommunikativen Anbindung einer Einspeiseanlage ab. Gestützt wird diese Auffassung dadurch, dass ein Kunde gem. § 31 Abs. 5 nur einmal die Preisobergrenze zu zahlen hat, auch wenn mehrere mME an einem Gateway angeschlossen sind. Der Kunde wird auch nach der Intention des Gesetzgebers mehrfach begünstigt. Durch die Transparenz seines Energieverbrauchs kann er eine Kostensenkung durch Hebung von Einsparpotenzialen realisieren und ggf. seine Erlöse aus der Einspeisung verbessern, indem er eine Eigenstromoptimierung durchführt. Auf jeden Fall ist dann § 33 Abs. 1 anzuwenden, wenn ein Zähler gegen eine mME vorzeitig ausgetauscht werden muss, um eine Einbindung in ein Messsystem zu ermöglichen. Der Messstellenbetreiber hat evtl. Mehrkosten dem Kunden offenzulegen und nachzuweisen. In diesen Fällen sollte es dem Verbraucher/Anlagenbetreiber überlas-

---

9 Begründung des Regierungsentwurfs v. 17.2.2016, BT-Drs. 18/7555, S. 157, 161, 170.
10 BSI, TR-03109-1, S. 80 ff.
11 Begründung des Regierungsentwurfs v. 17.2.2016, BT-Drs. 18/7555, S. 122.

sen bleiben, ob eine Anbindung von Verbrauchs- und Einspeisezähler erfolgt. Er kann jederzeit eine nachträgliche Anbindung verlangen, wenn Umstände eintreten, die es für ihn sinnvoll erscheinen lassen. Allerdings auch dann mit der Folge, dass er die Kosten, zumindest nach § 33 Abs. 3, zu tragen hat. Die Chancen-Risikoverteilung wäre dann kongruent.

b) Abrechnungsrelevante Informationen und Messwerte (Nr. 2)

Dem Anlagenbetreiber sind **abrechnungsrelevante Informationen und zugehörige abrechnungsrelevante Messwerte zur Überprüfung der Abrechnung** zur Verfügung zu stellen. Der Regelungsgehalt dieser Vorschrift entspricht § 61 Abs. 1 Nr. 2. Zu den anzugebenden Werten gehört die eingespeiste Menge (kWh) und ggf. entsprechende Leistungswerte (kW), sofern abrechnungsrelevant. Weiter umfasst die Vorschrift auch zusätzliche Informationen, die für die Nachvollziehbarkeit der Abrechnung erforderlich sind. Dazu gehören Angaben zu den Tarifen, Tarifzeiten sowie Schalt- und Regelhandlungen. Die einzelnen, jeweils benötigten Informationen sind bei den in der TR-03109-1 beschriebenen Tarifanwendungsfällen erfasst.[12] Diese Information benötigt der Anlagenbetreiber, damit er nach Maßgabe der eichrechtlichen Vorschriften seine Abrechnung gem. § 33 Abs. 3 MessEG nachvollziehen kann. Die Zurverfügungstellung dieser Informationen an den Anlagenbetreiber ist auch für Dienstleister des Kunden, z. B. Aggregatoren und Vermarktungsdienstleister, erforderlich, da diese ihre Leistungen nach Eichgesetz nur abrechnen können, wenn die zugrunde liegenden Messwerte für den Kunden nachvollziehbar sind.

c) Einspeisewerte (Nr. 3)

Weiterhin sind dem Anlagenbetreiber **historische tages-, wochen-, monats- und jahresbezogene Einspeisewerte für die letzten 24 Monate** zur Verfügung zu stellen. Diese Vorschrift entspricht weitgehend dem § 61 Abs. 1 Nr. 4. Dieser verlangt jedoch zusätzlich das Bereitstellen von Werten aus **Zählerstandsgangmessungen**, soweit sie vorhanden sind. Die Erwähnung von Zählerstandsgangmessungen ist in Nr. 3 nicht erforderlich, da nach § 55 Abs. 3 und 4 obligatorisch Zählerstandsgangmessungen erfolgen. Zählerstandsgangmessungen sind auch dann zur Verfügung zu stellen, wenn ein iM nur wegen Überschreitens der Verbrauchsgrenzen nach § 29 Abs. 1 Nr. 1 erfolgt ist. Wie unter Rn. 9 dargelegt, ist dann auch für die Einspeisung das gleiche Messverfahren, nämlich Zählerstandsgangmessungen, vorzusehen. Im umgekehrten Fall, bei einem Einbau lediglich nach § 29 Abs. 1 Nr. 1, sind auch für den Verbrauch Zählerstandsgänge zu erfassen und, da vorhanden, gem. § 61 Abs. 1 Nr. 4 auch für den Verbrauch zur Verfügung zu stellen.

d) Einstellungen eines Schaltprofils (Nr. 4)

Auch **Informationen über etwaige Einstellungen eines Schaltprofils** sind zur Verfügung zu stellen. Ein Schaltprofil ist gemäß der Definition des § 2 Nr. 18 eine Einstellung zum Stromeinspeise- oder Entnahmeverhalten an Erzeugungs- und Verbrauchsanlagen. Ein Schaltprofil ist dann im Smart-Meter-Gateway zu hinterlegen, wenn der Anlagenbetreiber die Steuerung seiner Anlage, z. B. einem Aggregator zu Vermarktungszwecken, zur Verfü-

---

12 BSI, TR-03109-1, S. 81, 84, 87, 90, 93, 94, 96, 97, 99, 101 und 104; BerlKommEnR/*Schmidt*, § 22 MsbG Rn. 189 ff.

§ 62   Messwertnutzung zu Zwecken des Anlagenbetreibers

gung gestellt hat. Dies kann z. B. beim Betreiben eines **virtuellen Kraftwerks** der Fall sein oder zur Optimierung des **Portfoliomanagements** eines Händlers oder Lieferanten. Der Anlagenbetreiber kann dann erkennen, wann mit Schalthandlungen an seiner Anlage zu rechnen ist. Ob und wann tatsächlich geschaltet wurde, erkennt der Anlagenbetreiber durch die Angaben gem. Nr. 5.

e) Gespeicherte, auslesbare Daten (Nr. 5 i.V. m. § 53 Abs. 1 Nr. 1)

14   Dem Anschlussnutzer sind auch die **Informationen nach § 53 Abs. 1 Nr. 1** zu übermitteln und Einsicht in diese zu gewähren. Das sind **die im elektronischen Speicher- und Verarbeitungsmedium gespeicherten auslesbaren Daten**. § 53 Abs. 1 Nr. 1 entspricht § 21h Abs. 1 Nr. 1 EnWG.[13] Aus dessen Begründung ergibt sich, dass nicht nur die im Gateway gespeicherten Daten dem Anlagenbetreiber zur Verfügung zu stellen sind, sondern auch Daten in einer externen Servereinheit beim Messstellenbetreiber oder seinem Dienstleister.[14] Dies gilt allerdings nach § 53 nur auf Verlangen des Anschlussnutzers. Da diese Übermittlung gem. § 62 Abs. 2 aber „standardmäßig" zu erfolgen hat, müsste der **Messstellenbetreiber diese Informationen an der Schnittstelle gem. § 62 Abs. 2 zur Verfügung stellen**. Dies ist für die im Gateway gespeicherten Daten möglich und erforderlich. Für Daten, die nur in den **Systemen des Messstellenbetreibers**, aber nicht im Gateway vorhanden sind, kann eine „standardmäßige" Vorhaltung zur lokalen Einsichtnahme beim Anlagenbetreiber nicht gemeint sein. Dazu gehören z. B. beim wettbewerblichen Messstellenbetreiber Vertragsinhalte, Angebote, Vertragshistorie, Mahnungen, Vollstreckungen, Rechnungen, Inkassomaßnahmen, Eichgültigkeiten der Geräte usw. Möchte der Anlagenbetreiber wissen, welche der im Gateway gespeicherten Daten beim Messstellenbetreiber vorgehalten werden, ist diese **Auskunft nicht standardmäßig** über die in Abs. 2 beschriebenen Wege zu erhalten, sondern nur über eine Anfrage beim Messstellenbetreiber. Der Wortlaut des Abs. 1 legt zwar die gegenteilige Auslegung nahe, die Gesetzeshistorie spricht jedoch eher für ein **Redaktionsversehen**. Der Gesetzgeber verweist in der Begründung lapidar darauf, dass § 53 im Wesentlichen dem alten § 21h EnWG entspricht.[15] Übersehen wurde dabei, dass es im EnWG kein Pendant zu § 62 Abs. 1 Nr. 5 gab. Daten, die nicht im Gateway gem. den Vorgaben von MsbG, Schutzprofil und Technischen Richtlinien gespeichert werden müssen, brauchten nicht standardmäßig zur Einsichtnahme zur Verfügung gestellt und visualisiert werden. Es bedarf hierfür eines Verlangens des Anlagenbetreibers nach § 53. Die MsysV enthielt in § 3 Abs. 1 Nr. 2 eine der Nr. 5 entsprechende Regelung und verwies auf § 21h Abs. 1 Nr. 1 EnWG. In der Begründung zur MsysV wurde allerdings darauf hingewiesen, dass der Umfang der Daten wohl eine Bereitstellung über das Internet erforderlich mache.[16] Zur Ausgestaltung der Visualisierung und Lösung der damit verbundenen Probleme wurde auf die damals noch nicht vorhandene Kosten-Nutzen-Analyse und eine zukünftige Verordnung nach § 21i Abs. 1 Nr. 3 und 8 EnWG verwiesen. Die KNA hat diese Probleme nicht aufgegriffen und eine entsprechende Verordnung ist nie ergangen. Diese Verweiskette, die

---

13 Begründung des Regierungsentwurfs v. 17.2.2016, BT-Drs. 18/7555, S. 106; BerlKommEnR/*Lorenz/Raabe*, § 21h EnWG Rn. 7.
14 Begründung des Regierungsentwurfs v. 17.2.2016, BT-Drs. 17/6072, S. 80.
15 Begründung des Regierungsentwurfs v. 17.2.2016, BT-Drs. 18/7555, S. 106: Der Gesetzgeber spricht hier von Auskunftsrechten des Anschlussnutzers, geht also auch von einem aktiven Vorgehen des Berechtigten aus; zu § 21h EnWG vgl. BT-Drs. 17/6072, S. 80.
16 Referentenentwurf MsysV, S. 21.

II. Zurverfügungstellung von Informationen (Abs. 1) § 62

in der Begründung zu § 53 Abs. 1 endet, führt letztendlich ins Leere. Der Gesetzgeber hatte also ursprünglich das Problem erkannt, dass die Informationen nicht einfach standardmäßig zur Verfügung gestellt werden können. Die von ihm in Aussicht gestellte erforderliche Lösung ist im MsbG nicht geschaffen worden. Die geschilderte Gesetzeshistorie belegt ein Redaktionsversehen, daher brauchen die Informationen nach § 53 Abs. 1 Nr. 1 nicht standardmäßig zur Verfügung gestellt werden. Die Kosten für die Vorhaltung zur Einsichtnahme aller Daten vor Ort rechtfertigen auch keine standardmäßige Zurverfügungstellung. Insoweit kann man auch unterstützend § 62 Abs. 2 heranziehen, der die lokale Anzeigelösung am Gateway unter den Vorbehalt der wirtschaftlichen Vertretbarkeit stellt.

Auch kann man die Daten, die zur Verfügung zu stellen sind, durch eine **einschränkende Auslegung des Begriffs „auslesbar"** derart eingrenzen, dass damit nicht sämtliche beim Messstellenbetreiber vorhandene Daten gemeint sind. Eine Abgrenzung dieserart ist aber kaum durchzuführen.[17]

15

Zu den im Gateway gespeicherten Daten gehören auch die **Informationen, die im Kunden-Log** gespeichert sind, das vom Schutzprofil für das Smart-Meter-Gateway und der TR-03109-1 gefordert und ausgestaltet wird.[18] Im Schutzprofil sind die Sicherheitsanforderungen und -maßnahmen für das Kunden-Log aufgelistet, in der Technischen Richtlinie die erforderlichen Einträge. Hierzu gehören alle **Transaktionen des Smart-Meter-Gateways**, wie das Versenden von Messwerten und die Aktivitäten des Administrators.[19] Damit kann der Anlagenbetreiber (die TR spricht vom Letztverbraucher) die ihn betreffenden Informationen über die HAN-Schnittstelle (dazu s. Rn. 23) **abrufen und nachverfolgen**, wer, wann, welche Daten erhalten hat oder ob benutzerbezogene Daten geändert, hinzugefügt oder entfernt wurden. Weitere Informationen, die über die HAN-Schnittstelle zur Verfügung gestellt werden müssen, sind die **Konfiguration des Zählers, (Schalt-)Profile, Zählerstände** usw. Dazu gehören auch Datum und Systemzeit des Smart-Meter-Gateways sowie alle im Kunden-Log vorgehaltenen Angaben.[20] So muss auch jeder Datenverkehr des Gateways mit externen Marktteilnehmern und dem SMGA protokolliert werden. Das Kunden-Log dient dem Anlagenbetreiber zur Information und kann ihm beim Durchsetzen von Ansprüchen helfen. Insbesondere das datenschutzrechtliche Gebot der **Transparenz**, d. h. Nachvollziehbarkeit aller Daten und aller Veränderungen an ihnen, erfordert auch das Bereitstellen aller Informationen.[21] Der Mindeststandard an Datenschutz wird gem. § 22 Abs. 2 und 4 in den Technischen Richtlinien konkretisiert.[22]

16

---

17 BerlKommEnR/*Lorenz/Raabe*, § 21h EnwG Rn. 8, die bei „auslesbar" von einer weiten Formulierung sprechen, die einer eingrenzenden Auslegung bedarf, allerdings in einem anderen Zusammenhang, nämlich bei der Beschränkung der Einsichtnahme auf die eigenen Daten.
18 BSI, PP, SMGW, S. 51 ff.; BSI, TR-03109-1, S. 55, 128 ff.
19 BSI, TR-03109-1, S. 19.
20 BSI, TR-03109-1, S. 128 f.
21 Begründung des Regierungsentwurfs v. 17.2.2016, BT-Drs. 18/7555, S. 83; *Büttgen/Schlender*, in: Kahmann/Zayer, Handbuch Elektrizitätsmesstechnik, S. 789; Konferenz der Datenschutzbeauftragten, Orientierungshilfe datenschutzgerechtes Smart Metering, 2012, S. 13.
22 BSI, TR-3109-1.

§ 62 Messwertnutzung zu Zwecken des Anlagenbetreibers

III. Visualisierung (Abs. 2)

1. Visualisierung durch lokale Anzeigeneinheit oder Online-Portal

17 **Zwei Varianten**, die Einsichtnahme der Daten zu ermöglichen, eröffnet diese Vorschrift. S. 1 beschreibt die **Übermittlung an eine lokale Anzeigeeinheit** – soweit technisch möglich und wirtschaftlich vertretbar. Für den Fall, dass dies technisch oder wirtschaftlich nicht vertretbar ist, ist gem. S. 2 eine **Anwendung in einem Online-Portal** zu ermöglichen, wenn ein geschützter individueller Zugang möglich ist. Beide Lösungen sind im Umfeld des Kunden zu verwirklichen. Sie erfolgen über das HAN und sind an der entsprechenden HAN-Schnittstelle zur Verfügung zu stellen.[23] Zum WAN besteht keine direkte Schnittstelle des Anlagenbetreibers über das HAN, dies verbietet das Schutzprofil.[24] Ein Grund hierfür ist, dass im WAN andere, schärfere Sicherheitsvorkehrungen für die Übermittlung von Daten gelten.[25] Dazu gehört u.a. die Fähigkeit zur Teilnahme an der Smart-Meter-Gateway-PKI, zu der ein Anlagenbetreiber regelmäßig nicht in der Lage sein dürfte.

2. Eich- und datenschutzrechtlicher Hintergrund der Visualisierung

18 Die **Visualisierung** ist aus **eichrechtlichen und datenschutzrechtlichen Gründen** erforderlich. Gem. § 33 Abs. 3 MessEG müssen Rechnungen, die auf Basis von Messwerten erstellt werden, vom Rechnungsadressaten in einfacher Weise nachvollzogen werden können. Dazu ist ggf. eine Visualisierung der Messwerte, insbesondere der historischen, erforderlich. Nur so kann der Anlagenbetreiber eine Zuordnung von Einspeisungen und Verbräuchen zu einem bestimmten Zeitintervall und einem bestimmten Tarif nachvollziehen. Ansonsten könnte mangels gesetzlich vorgeschriebener Nachvollziehbarkeit keiner der Tarifanwendungsfälle des EnWG und des MsbG, die in der TR-03109-1 aufgeführt sind, zur Anwendung kommen.[26] Auch der datenschutzrechtliche Grundsatz der **Transparenz** fordert eine Visualisierung, damit der Anlagenbetreiber über die Verwendung seiner Daten informiert ist.[27]

3. Verantwortlicher für die Visualisierung

19 Wer für die Visualisierung verantwortlich ist, ist im Gesetz **explizit nicht geregelt**. Das Gesetz sowie die jeweilige Begründung sprechen nicht von der Ausführung dieser Aufgabe, sondern nur von der Ermöglichung der Einsichtnahme, so in § 21 Abs. 1 Nr. 2.[28] Die Visualisierung ist durch den Messstellenbetreiber zu ermöglichen, aber nicht durchzuführen; d.h. er zeichnet nicht für das Vorhandensein einer lokalen Anzeigeeinheit oder einen

---

23 BSI, TR-03109, S. 55, 119.
24 BSI, PP-0073, S. 21.
25 BSI, TR-03109, S. 20 ff.
26 BSI, TR-3109-1, S. 80 ff.
27 Begründung des Regierungsentwurfs v. 17.2.2016, BT-Drs. 18/7555, S. 83; Konferenz der Datenschutzbeauftragten des Bundes und der Länder, Orientierungshilfe für ein datenschutzgerechtes Smart Metering, S. 13.
28 Begründung des Regierungsentwurfs v. 17.2.2016, BT-Drs. 18/7555, S. 83.

III. Visualisierung (Abs. 2) § 62

Zugang zu einem Onlineportal verantwortlich.[29] Aus § 2 Nr. 7 in Verbindung mit Nr. 13 sowie Nr. 19 ergibt sich, dass ein **Display nicht Bestandteil eines intelligenten Messsystems** ist, da es weder zur EMT-Funktion, noch zum Smart-Meter-Gateway gehört. Auch die Technischen Richtlinien sehen lediglich vor, dass Smart-Meter-Gateways Schnittstellen zu einem Display aufweisen müssen: „Das SMGW muss mindestens folgende Informationen an der **Schnittstelle** zu einer Anzeigeeinheit **bereitstellen** ...".[30] Dies ergibt sich auch aus der Beschreibung des Funktionsumfangs des Gateways.[31] Der Messstellenbetreiber hat nur die Pflicht, diese Geräte bereitzustellen und zu betreiben. Auch die MsysV sprach ausdrücklich nur von „ermöglichen" in § 3 Abs. 1 Nr. 2. Die Auswertung der Gesetzesbegründung zu §§ 61, 62 führt zu keinem anderen Ergebnis.[32] Auch in der Begründung zu § 21 Abs. 1 Nr. 2 wird nur von der Ermöglichung gesprochen.[33] Nach § 3 gehört die Visualisierung nicht zu den Aufgaben des Messstellenbetriebs, es sei denn, man wählt den Weg über die Öffnungsklausel des § 3 Abs. 2 Nr. 3. Dann müsste sich aber eine konkrete Aufgabenzuteilung an anderer Stelle des Gesetzes ergeben. Diese findet sich nicht ausdrücklich in den §§ 61 und 62.

Da ein Display gem. §§ 2 Nr. 7 und 2 Nr. 19 weder zwingender Bestandteil eines intelligenten Messsystems noch eines Smart-Meter-Gateways ist, kann es auch von der Preisobergrenze des § 32 nicht umfasst sein. Die Kosten für ein Display sind also separat zu berechnen von demjenigen, der es einbaut oder einbauen muss. Der Messstellenbetreiber hat lediglich zu gewährleisten, dass die Visualisierungsmöglichkeiten auch tatsächlich in Anspruch genommen werden können.[34] D. h. es bleibt dabei, dass der Messstellenbetreiber nur die entsprechende Schnittstelle bedienen muss.[35] 20

§ 7 Abs. 1 Nr. 4 MessEG, wonach ein Messgerät **Messergebnisse** in geeigneter Form darstellen können muss, spricht nicht gegen dieses Ergebnis. Ein Messgerät ist gemäß § 2 Nr. 10 i.V.m. § 2 Nr. 15 zunächst ein Zähler. Das Gateway ist ein Zusatzgerät i. S. des § 5 Nr. 1 MessEG, auf das die nachfolgenden Vorschriften des Eichgesetzes entsprechend anzuwenden sind. Die mME, ob mit oder ohne Gateway, sind technisch in der Lage, die Messergebnisse anzuzeigen und erfüllen damit die Anforderungen des § 7 Abs. 1 Nr. 4 MessEV. Bei der indirekten Messung ist der jeweils geltende Wandlerfaktor auf dem Zähler angebracht, sodass das Messergebnis ermittelt werden kann. Diese Angabe empfiehlt sich auch in Zukunft, um § 7 Abs. 1 Nr. 4 MessEV zu genügen. Die nach § 62 zu visualisieren- 21

---

29 A. A. BerlKommEnR/v. *Wege*, § 61 MsbG Rn. 9 und Fn. 49 unter Bezugnahme auf die Entstehungsgeschichte. M.E. ist die Pflicht zur Visualisierung durch den Messstellenbetreiber subsidiär zu anderen, vorrangigen Verpflichtungen, z. B. aus § 33 Abs. 3 MessEG (siehe dazu die folgenden Ausführungen).
30 BSI, TR-03109-1, S. 55, 105; BSI, TR-03109-1, Anl. VI, S. 23 spricht von „Verfügbarmachung"; *Grottker/Esche/Elfroth*, PTB-Mitteilungen 3/2015, 23, 26.
31 BSI, TR-03109, S. 10 ff., 55.
32 Begründung des Regierungsentwurfs v. 17.2.2016, BT-Drs. 18/7555, S. 109.
33 Allerdings geht dort der Gesetzgeber davon aus, dass die Visualisierung auch auf dem Gateway selbst erfolgen kann. Diese Möglichkeit ist jedoch von keinem Hersteller verwirklicht worden. Die Sichtbarmachung der von § 62 geforderten Informationen kann faktisch nur über ein außerhalb des Gateways angebrachtes Display oder über das Internet erfolgen, *Kahmann*, PTB-Mitteilung 3/2015, 9, 20.
34 Begründung des Regierungsentwurfs v. 17.2.2016, BT-Drs. 18/7555, S. 109.
35 A. A. wohl PTB 50.8, S. 25, die aber von 2014 ist und das MsbG noch nicht berücksichtigt, anders wiederum S. 50.

§ 62 Messwertnutzung zu Zwecken des Anlagenbetreibers

den Informationen gehen jedoch weit über die Anforderungen der MessEV hinaus, mit der Folge, dass die Vorgaben des Eichrechts nicht als Verpflichtungsgrundlage für die Visualisierung gem. § 62 herangezogen werden können.

22 Der Gesetzgeber hat die Frage, wer letztendlich die Visualisierung durchzuführen hat zwar nicht explizit entschieden, aber aus dem **systematischen Zusammenhang** der für das Messwesen relevanten Gesetze ergeben sich Indizien zur Lösung. So ist gem. § 33 Abs. 3 MessEG der **Messwerteverwender** zur Visualisierung verpflichtet. Das ist derjenige, der Rechnungen gegenüber einer anderen Partei unter Bezugnahme auf die Messwerte stellt. Gem. § 33 Abs. 3 Nr. 2 MessEG hat er auch „erforderlichenfalls" die zu diesem Zweck benötigten Hilfsmittel zu stellen, also z. B. eine lokale Anzeigeeinheit. Ein Messwerteverwender, der unter Bezugnahme auf Messwerte Rechnungen stellt, ist z. B. nach § 61 Abs. 1 der Lieferant. Gem. § 62 Abs. 1 ist dies aber auch der Anlagenbetreiber, der aufgrund seiner Einspeisung eine Rechnung an den Netzbetreiber gem. §§ 11 und 36 ff. EEG legt. Auch der Netzbetreiber verwendet die Messwerte für seine Abrechnung gegenüber dem Übertragungsnetzbetreiber. Gem. § 62 Abs. 1 Nr. 1 ist aber der Anlagenbetreiber auch über den Verbrauch zu informieren, deshalb ist auch der Lieferant als Messwerteverwender im Sinne dieser Vorschrift in der Pflicht. Dieses **Konkurrenzverhältnis** der verschiedenen Messwerteverwender ist wie folgt aufzulösen: Der Kunde/Anlagenbetreiber kann in diesem Fall nicht Adressat von § 33 Abs. 3 Nr. 2 MessEG sein. Diese Vorschrift verlangt nämlich das Bereitstellen von Hilfsmitteln zur Visualisierung nicht ausnahmslos, sondern nur, wenn dies **erforderlich** ist. Davon kann man im Verhältnis des Anlagenbetreibers zum Netzbetreiber nicht ausgehen. Auch benötigt der Übertragungsnetzbetreiber keine Visualisierung durch den Verteilnetzbetreiber. Die Regelung des § 33 MessEG dient, jedenfalls im Falle des § 62, allein dem Interesse des Anlagenbetreibers/Kunden an der **Nachvollziehbarkeit** seiner Rechnungen. Erforderlich ist die Visualisierung nur für ihn, da die anderen Akteure die Daten, ihren Erfordernissen genügend, bereits in ihren Systemen haben. Scheidet der Anlagenbetreiber als Verpflichteter nach MessEG aus, bleiben also Netzbetreiber und Lieferant und ggf. ein Aggregator als potenziell Visualisierungsverpflichtete. Eine gemeinsame Pflicht, quasi eine Gesamtschuld, und entsprechende Kostenteilung anzunehmen, ist praktisch nicht durchführbar. Der häufigste Fall der Messwertverwendung ist der nach § 61, also der Verbrauchsfall, dem immer ein Lieferverhältnis zugrunde liegt. Danach ist der Lieferant als Messwerteverwender gem. § 33 Abs. 3 Nr. 2 MessEG in der Pflicht, die Visualisierung durchzuführen. Der Netzbetreiber verwendet die Messwerte zwar auch für seine Netzentgeltabrechnung und für die Bilanzierung, aber für diese Zwecke ist die Stellung von Hilfsmitteln nach § 33 Abs. 3 Nr. 2 MessEG nicht erforderlich.[36] Erforderlich ist sie gem. Eichrecht nur für den Verbraucher zur Nachvollziehbarkeit der Lieferantenrechnung. Liegt eine Pflicht zur Visualisierung bereits nach § 61 vor, braucht sie nicht noch einmal nach § 62 erfüllt werden. Mit § 61 ist bereits die größte Anzahl der Visualisierungsfälle abgedeckt. In aller Regel liegt bei einem Einspeisesachverhalt auch ein Energieverbrauch vor. Da in § 62 Abs. 1 Nr. 1 auch der Verbrauch genannt ist, ist der Lieferant ohnehin in der Pflicht für eine Visualisierung zu sorgen. Dies gilt auch für Fälle, in denen ein Messsystem nur wegen der Einspeisung nach § 29 Abs. 1 Nr. 2 erforderlich ist.[37] Das erklärt auch, warum der Gesetzgeber den ansonsten redundanten Begriff des Verbrauchs

---

36 BerlKommEnR/*Schmidt*, § 62 MsbG Rn. 18.
37 BerlKommEnR/*Schmidt*, § 62 MsbG Rn. 9.

nochmals in § 62 Abs. 1 Nr. 1 verwendet. Den **Messstellenbetreiber** in seiner energiewirtschaftlichen Rolle trifft immer nur die Pflicht, die Visualisierung zu ermöglichen.

4. Ermöglichen der Visualisierung über die HAN-Schnittstelle

Die HAN-Schnittstelle im Gateway ist eine physische Schnittstelle, die sich das HAN logisch mit der Schnittstelle für das CLS und dem Servicetechniker teilen muss. Eine wichtige Funktion der HAN-Schnittstelle ist die **Ermöglichung der Visualisierung** der Kunden-, Einspeise- und Verbrauchsdaten. Diese hat gem. S. 1 als **Standardvariante** in einem Display zu erfolgen, das über eine drahtlose oder drahtgebundene Schnittstelle mit dem Gateway lokal verbunden ist.[38] Ist dies gem. S. 2 technisch nicht möglich oder wirtschaftlich nicht vertretbar, so sind diese Informationen dem Kunden über ein Online-Portal, dessen Zugang geschützt sein muss, zugänglich zu machen. Gem. § 61 Abs. 2 S. 2 ist für die Online-Variante die **Zustimmung des Kunden** erforderlich, gem. § 62 Abs. 2 jedoch nicht. Hier handelt es sich offensichtlich um ein **Redaktionsversehen**. In der Begründung zu § 61 wird für den Fall, dass die Daten in das Internet gelangen, das Erfordernis einer Einwilligung des Anschlussnutzers als selbstverständliche Voraussetzung besonders hervorgehoben.[39] Es ist kein Grund ersichtlich, warum ein Anlagenbetreiber weniger Rechte und weniger Schutz beanspruchen können soll als der Anschlussnutzer nach § 61 Abs. 2 S. 2. Eine Abweichung von der vom Gesetzgeber bevorzugten und als Default-Lösung eingestuften Display-Variante kann nicht ohne Mitwirkung des Betroffenen möglich sein. Sollen die Daten seinen Einflussbereich verlassen und ins WAN gelangen, muss die Entscheidung darüber bei ihm liegen. Die Zustimmung des Kunden ist also auch in den Fällen des § 62 erforderlich. Sie hat den Anforderungen des § 4a BDSG zu genügen.

Es ist davon auszugehen, dass der Kunde in der Regel die bequemere und wohl auch die preiswertere Visualisierung in einem **Online-Portal** wählt. Das Anbringen von Displays ist aufwändig; außerdem muss der Kunde, um Werte nachvollziehen zu können, sich zum Gateway bemühen und die dort abgelesenen Werte in ein anderes Medium übertragen, um sie auswerten zu können.[40] Aus zwei Gründen ist aber der direkte Weg der Informationen vom Gateway zum Endgerät des Kunden/Anlagenbetreibers nicht realisierbar. Erstens: Die **Schnittstelle zum Endgerät** des Kunden für die Online-Variante ist in den Technischen Richtlinien derart beschrieben, dass eine Umsetzung praktisch nicht möglich ist.[41] Für den HAN-Anwendungsfall „Bereitstellung von Daten für den Letztverbraucher" sieht die Technische Richtlinie zwei Kommunikationsszenarien vor. Diese sind jeweils bidirektional und erfordern entweder eine Authentifikation des Anlagenbetreibers mittels HAN-Zertifikaten oder mittels eindeutiger Kennung und Passwort.[42] In diesem Kommunikationsszenario adressiert das Gateway nach den Vorgaben der Technischen Richtlinien das Endgerät des Kunden und will dorthin die entsprechenden Daten senden. Sobald dies (zwangsläufig) über den Router des Kunden läuft, wird dieser eine erneute, eigene Adressierung des Endgeräts versuchen. In diesem Fall wird das Gateway aber keine Werte senden, da die von

---

38 Begründung des Regierungsentwurfs v. 17.2.2016, BT-Drs. 18/7555, S. 109.
39 Begründung des Regierungsentwurfs v. 17.2.2016, BT-Drs. 18/7555, S. 109.
40 Begründung zum Referentenentwurf MsysV, S. 22; Begründung des Regierungsentwurfs v. 17.2.2016, BT-Drs. 18/7555, S. 83.
41 BSI, TR-03109-1, S. 55.
42 BSI, TR-03109-1, S. 57.

§ 62 Messwertnutzung zu Zwecken des Anlagenbetreibers

ihm vorgegebene Adresse nicht erreicht werden kann und es die vom Router vorgegebene Adresse nicht kennt. Diese Variante ist deshalb praktisch nicht umsetzbar. Das Schutzprofil sieht diese Schnittstelle aber als verpflichtend vor, als zwingend vorgegebene **Mindestfunktionalität**.[43] Eine nach Schutzprofil zwingend vorgegebene Schnittstelle, die nicht die ihr zugeschriebene Funktion erfüllt, wäre nicht schutzprofil- und damit auch nicht gesetzeskonform. Die Konsequenz wäre, dass Gateways, die diese Mindestfunktionalität nicht erfüllen, auch gem. § 19 Abs. 1 und 2 nicht verwendet werden dürfen. Das BSI dürfte solche Gateways nicht zertifizieren, da Anforderungen des eigenen Schutzprofils nicht erfüllt sind.[44]

25 Gesetzeskonformität ergibt sich nur dann, wenn man einen **formalen Standpunkt** einnimmt. Dann kann man argumentieren, dass die Schnittstelle und Funktionalität, die das Schutzprofil für das Gateway fordert, in den Technischen Richtlinien **für das Gateway und aus Sicht des Gateways** hinreichend beschrieben ist. Für § 22, der das Smart-Meter-Gateway-Schutzprofil und die Technischen Richtlinien für das Gateway hinsichtlich Funktionen und Schnittstellen beschreibt, sind außerhalb des Gateways liegende Umstände nicht relevant. Die technische Lösung für das Funktionieren der Schnittstelle ist dann durch eine Anpassung/Entwicklung von schnittstellenfähigen Geräten zu bewerkstelligen, die die vom Gateway bereitgestellte Schnittstelle bedienen können. Es ist davon auszugehen, so unbefriedigend dieser Zustand ist, dass der formale Aspekt am Ende den Ausschlag gibt.

26 Die Ermöglichung der Visualisierung über die HAN-Schnittstelle ist der vom Gesetzgeber vorgesehene Standardfall, da er die sicherste und datenschutzkonformste Möglichkeit darstellt.[45] Der Weg über das WAN ist in den Technischen Richtlinien für diesen Anwendungsfall nicht beschrieben, da das Schutzprofil eine Verbindung vom HAN zum WAN in diesem Fall ausdrücklich verbietet.[46] Verbindungen aus dem HAN in das WAN sind vom Schutzprofil zwar unter besonderen Voraussetzungen zugelassen, aber nur für das Controlable Local System (CLS) und den Servicetechniker, nicht für die Übertragung an den Kunden. Die Online-Variante ist daher TR-konform, d.h. aus dem HAN, nicht umsetzbar.

27 Eine Möglichkeit zur Visualisierung bleibt daher das Anbringen eines **lokalen Displays gem. § 62 Abs. 2 S. 1**. Dies verursacht Kosten und ist mit Aufwand verbunden. Möglich ist die Einsichtnahme in die gem. Abs. 1 bereitzustellenden Informationen nur am Gateway selbst. Der Kunde muss das Gerät aufsuchen, z.B. im Keller, und muss diese Werte auch noch ggf. notieren, um sie auszuwerten. Das Wählen der zweiten Variante des § 61 Abs. 2 und Ermöglichung der Visualisierung über die HAN-Schnittstelle ist aus den o.g. Gründen nicht umsetzbar. Will ein Lieferant oder der Kunde daher nicht die Kosten für ein lokales Display und die damit verbundenen Unannehmlichkeiten tragen, kommt für ihn keiner der Tarifanwendungsfälle der TR-03109-1 in Frage, da nach **Eichrecht, § 33 Abs. 3 MessEG i.V.m. § 62**, die Visualisierung für Kunden zwingend erforderlich ist. Sollen die Werte auch eichrechtlich maßgeblich werden, dürfen sie nur über das Gateway bezogen werden. Die eichrechtlich erforderliche Möglichkeit zur Kontrolle und zum Nachvollziehen durch den Kun-

---

43 BSI, PP-0073, S. 22 und S. 23.
44 Ein zweiter Grund, warum eine Datenübertragung auf Endgeräte des Kunden nicht möglich ist, ist dass das Gateway nur über TLS-Kanäle mit authentifizierten Partnern kommunizieren kann. Diese Fähigkeiten hat das Endgerät des Kunden in aller Regel nicht.
45 Begründung des Regierungsentwurfs v. 17.2.2016, BT-Drs. 18/7555, S. 109.
46 BSI, PP-0073, S. 20 f.

III. Visualisierung (Abs. 2) § 62

den ist nur über die in einer Anzeigeeinheit gezeigten Werte möglich. Ist also eine Visualisierung nicht möglich, weil der Kunde sie nicht über ein Display am Gateway herstellen möchte und der zweite Weg technisch versperrt ist, kann er keinen variablen Tarif wählen.

5. Datendisplaydienst

Eine weitere Möglichkeit aus diesem Dilemma zu entkommen ist, dass der Kunde mit einer Einwilligung, deren Erfordernis in S. 1 hineinzulesen ist (siehe Rn. 23), gem. Abs. 2 einen PKI-fähigen externen Marktteilnehmer, z. B. seinen Lieferanten oder den Messstellenbetreiber, oder eine nach § 49 Abs. 1 Nr. 7 berechtigte Stelle, ermächtigt, über die bei ihnen vorhandenen sicheren Übertragungswege seine Daten zu erhalten. Das Gateway würde dann die Daten z. B. aus dem Kunden-Log an einen vom Anlagenbetreiber benannten externen Marktteilnehmer nach den Sicherheitsvorgaben von Schutzprofilen und Technischen Richtlinien senden. Dieser vom Kunden ermächtigte externe Marktteilnehmer – auch Datendisplaydienst (DDD) genannt – übermittelt dann dem Kunden seine Daten außerhalb der PKI.[47] Zusätzlich willigt der Kunde ein, dass dieser externe Marktteilnehmer die Daten via Internet überträgt bzw. der Kunde Zugang zu einem **Internetportal** erhält. Die Gesetzesbegründung zu § 61 geht von einer Übertragungsmöglichkeit über das Internet aus, entsprechendes gilt auch für § 62.[48] Der Zugang zu den Daten soll individuell und geschützt erfolgen. Problematisch ist dieser Weg, da das Schutzprofil Smart-Meter-Gateway bei der Datenübertragung an den Kunden davon ausgeht, dass eine Ende-zu-Ende-Sicherheit für die Vertraulichkeit, Sicherheit und Integrität der Daten besteht.[49] Darüber hinaus stellt das Gesetz generell hohe Anforderungen an Datenschutz und -sicherheit, so z. B. in §§ 19, 22, 24 u. v. a. m. Die Gesetzesbegründung spricht sogar von einem bereichsspezifischen Datenschutzrecht.[50]

28

Ein entsprechendes Verfahren zur Ermöglichung der Visualisierung wird derzeit durch die Physikalisch-Technische Bundesanstalt (PTB), unter Beteiligung von Fachverbänden und Branchenvertretern erarbeitet.[51] Es wurde erkannt, dass die von § 22 intendierte Lösung zur Visualisierung derzeit nicht umsetzbar ist. Aus Datenschutzsicht, darüber besteht Einigkeit, ist die HAN-Schnittstelle vorzugswürdig.[52] Da aber das BSI infolge seiner Priorisierung der Projektplanung die WAN-Schnittstelle weiter ausgeprägt hat als die HAN-Schnittstelle, soll auf die WAN-Übertragung zurückgegriffen werden.[53] Auch praktische Gründe, wie Streitigkeiten über die Zuständigkeit zur Herstellung einer In-House-Verbindung und zur Visualisierung, werden angeführt.[54] Das sind Fragen, die der Gesetzgeber besser beantwortet hätte. Der Datendisplaydienst soll außerdem einen schnelleren Rollout ermöglichen.[55] Aus datenschutzrechtlicher Sicht wäre es besser abzuwarten, bis eine datenschutzkonforme, an § 22 orientierte Lösung vorliegt. Den Vorgaben des § 22, des Schutz-

29

---

47 *Kahmann*, PTB-Mitteilungen 3/2015, 9, 20 f.
48 Begründung des Regierungsentwurfs v. 17.2.2016, BT-Drs. 18/7555, S. 109.
49 BSI, PP-0073, S. 39.
50 Begründung des Regierungsentwurfs v. 17.2.2016, BT-Drs. 18/7555, S. 65.
51 *Kahmann*, PTB-Mitteilungen 3/2015, 9, 20 ff.
52 Konferenz der Datenschutzbeauftragten des Bundes und der Länder, Orientierungshilfe datenschutzgerechtes Smart Metering, S. 13; *Kahmann*, PTB-Mitteilungen 3/2015, 9, 21.
53 *Kahmann*, PTB-Mitteilungen 3/2015, 9, 21.
54 *Kahmann*, PTB-Mitteilungen 3/2015, 9, 21.
55 PTB, www.ptb.de, Bundesdisplay.

§ 62   Messwertnutzung zu Zwecken des Anlagenbetreibers

profils und der Technischen Richtlinien genügt dieser Weg nicht, insbesondere nicht den Anforderungen an die Sicherheit der Datenübertragung.[56] So wird zwar ein praktikabler und auch eichrechtlich zulässiger Weg eröffnet; mit den Vorgaben des Messstellenbetriebsgesetzes und dessen Anforderungen an Datenschutz und -sicherheit ist dieser Weg jedoch schwerlich zu vereinbaren. Die PTB verweist allerdings zu Recht darauf, dass sie sich im Wesentlichen auf die eichrechtlichen Probleme konzentriert. Zu Sicherheitsanforderungen verweist sie auf das BSI.[57]

30   Sieht man im Datendisplaydienst eine realisierbare Möglichkeit zur Visualisierung, so sind Voraussetzungen zu definieren, denen ein solcher Dienst genügen muss, um den datenschutz- und datensicherheitsrechtlichen Anforderungen des Gesetzes Rechnung zu tragen. Ohne rechtliche Vorgaben, die sich am Messstellenbetriebsgesetz zu orientieren haben, kann Datenschutz und -sicherheit nicht im intendierten Umfang gewährleistet werden und gerade diese wichtigen Ziele des Gesetzgebers werden nicht erreicht. Diese Zielverfehlung bedeutet aber, dass gegen das Gesetz verstoßen würde. Es gilt daher die Anforderungen des Gesetzes an Datensicherheit und Datenschutz im Kontext des § 62 herauszuarbeiten und auf den DDD zu transformieren. Eine scharfe Trennung zwischen datenschutz- und datensicherheitsrechtlichen Aspekten ist schwer durchzuführen, deshalb sind Überschneidungen in der Darstellung nicht vermeidbar.[58]

a) Anforderungen an den Datendisplaydienst aus Datensicherheitsgründen

31   Durch diesen **Umweg über den DDD in der Datenübertragung** an den Anlagenbetreiber können grundsätzliche Vorgaben des Schutzprofils und damit des § 22 umgangen werden. Dies betrifft vor allem die Daten, die im Kunden-Log enthalten sind. Das Schutzprofil und damit auch § 22 geben vor, dass der Zugang zu diesem Log ausschließlich über die HAN-Schnittstelle erfolgen darf.[59] Daraus folgt zumindest ein Widerspruch zwischen dem Schutzprofil und den in der Gesetzesbegründung angestellten Überlegungen zum Datenzugang über das Internet.[60]

32   Der Gesetzgeber möchte aber offensichtlich auch **alternativ einen Zugang über das Internet ermöglichen**. Diesen sieht er zwar nicht als bevorzugten Weg an, weil er unsicherer ist, möchte ihn aber eröffnen, damit der Anlagenbetreiber auch dann Zugang zu den Informationen des § 62 Abs. 1 hat, wenn die Default-Variante gem. § 62 Abs. 2 1. Fall technisch

---

56 *Kahmann*, PTB-Mitteilungen 3/2015, 9, 20.
57 *Kahmann*, PTB-Mitteilungen 3/2015, 9, 11.
58 Simitis/*Simitis*, Einleitung BDSG Rn. 4.
59 BSI, PP-0073, S. 22; missverständlich scheint der Satz: „The TOE (Anm. des Verfassers: Das ist das Gateway) shall only allow a customer access to the data in the consumer log that is related to their own consumption or production." Er bedeutet nicht, dass ausschließlich der Kunde Zugang zu diesen Informationen hat und sie vor allen anderen geheim zu halten sind. Dann wäre die DDD-Lösung schon aus diesem Grund nicht möglich, da eine Übertragung an Dritte durch das Schutzprofil untersagt wäre. Gemeint ist wohl der Fall, dass ein Gateway an mehrere mME angebunden ist und sich im Kundenlog die Daten mehrere Kunden befinden. Dann darf der Kunde nur Zugang zu den ihn betreffenden Daten haben. Dies folgt aus der Formulierung „a" customer anstelle von „the" customer, die ansonsten in diesem Abschnitt des Schutzprofils verwendet wird. Die Betonung des Satzes liegt also auf dem „their" und nicht auf „a customer". BSI, TR-03109-1, S. 119.
60 Begründung zum Regierungsentwurf v. 17.2.2016, BT-Drs. 18/7555, S. 83, 109.

nicht möglich ist.[61] Als Fall der technischen Unmöglichkeit gibt der Gesetzgeber z. B. bauliche Gegebenheiten an.[62] Die Umsetzung der Default-Variante scheitert aber nicht vorrangig an baulichen Gegebenheiten, sondern an den **nicht umsetzbaren Vorgaben der Technischen Richtlinie 03109-1**. Damit wird die Ausnahme zur Regel. Diese Umkehrung des Grundsatzes muss, wenn überhaupt zulässig, im Rahmen der Datensicherheits- und Datenschutzvorgaben erfolgen, den der Gesetzgeber abgesteckt hat. Die Technische Richtlinie fordert, dass der Letztverbraucher die Möglichkeit haben **muss**, über die HAN-Schnittstelle die ihn betreffenden Daten einsehen zu können.[63] Die nach § 22 zwingend vorgesehene Variante über die HAN-Schnittstelle wird in Abs. 2 in zweierlei Hinsicht relativiert: Zum einen schon im Gesetzestext, der die Realisierung unter den Vorbehalt der technischen und wirtschaftlichen Machbarkeit stellt, zum anderen wird in der Gesetzesbegründung zu § 61 auf die Möglichkeit verwiesen, die Daten über das Internet zu beziehen.[64] Als Anforderungen an Sicherheit und Datenschutz bei der Übertragung über das Internet nennt das Gesetz in § 62 nur einen individuellen und geschützten Zugang. Dies erfordert zumindest eine Authentifizierung des Anlagenbetreibers und z. B. ein Passwort. Zur Sicherheit der Datenübertragung sagt der Gesetzgeber in den §§ 61 und 62 nichts. Einschlägig ist hier § 19 Abs. 4. Dort wird gefordert, dass die nach § 49 berechtigten Stellen (das ist der DDD als externer Marktteilnehmer gem. § 49 Abs. 2 Nr. 7) dem jeweiligen **Stand der Technik** entsprechende Maßnahmen zur Sicherstellung von Datenschutz und Datensicherheit treffen, die insbesondere die Vertraulichkeit und Integrität der Daten sowie die Feststellbarkeit der Identität der übermittelnden und verarbeitenden Stelle gewährleisten. Werden allgemein zugängliche Kommunikationsnetze genutzt, so sind auch dem Stand der Technik entsprechende **Verschlüsselungsverfahren** anzuwenden. Die Frage ist, welcher Maßstab für Anforderungen an die Sicherheit der Datenübertragung durch Verwendung des Begriffs „Stand der Technik" in § 19 Abs. 4 anzulegen ist. Drei Auslegungsvarianten sind denkbar. Erstens, dass für die gesamte Datenübermittlung im Sinne des Messstellenbetriebsgesetzes durchgängig die strengen Anforderungen des § 22 in Verbindung mit Schutzprofilen und Technischen Richtlinien **verlangt** werden, ob zweitens zumindest eine **Orientierung an diesen Maßstäben** zu erfolgen hat oder drittens, dass durch § 19 Abs. 4 ein anderer, weniger strenger Maßstab anzulegen ist.

Bei dieser Frage geht es nicht darum, ob ein Anlagenbetreiber, der seine Daten bereits erhalten hat, in der Verwendung seiner Daten irgendwelchen Einschränkungen unterliegt. Es steht ihm frei, diese zu veröffentlichen oder weiterzuleiten, ohne den Einschränkungen und Anforderungen des Messstellenbetriebsgesetzes zu unterliegen. Hier geht es nur darum, welche Datenschutz- und Datensicherheitserfordernisse an die **erstmalige Übertragung** zum Kunden gestellt werden, die ihm ermöglicht, Rechnungen nachzuvollziehen und Informationen des Kunden-Logs einzusehen. Diese Übermittlung muss aus Datenschutz- und Datensicherheitsgründen gem. § 19 Abs. 4 gesichert werden.

33

---

61 Begründung zum Regierungsentwurf v. 17.2.2016, BT-Drs. 18/7555, S. 109.
62 Begründung zum Regierungsentwurf v. 17.2.2016, BT-Drs. 18/7555, S. 109.
63 BSI, TR-03109-1, S. 119.
64 Begründung zum Regierungsentwurf v. 17.2.2016, BT-Drs. 18/7555, S. 109; vgl. auch die Begründung zu § 21 Abs. 1 Nr. 2, BT-Drs. 18/7555, S. 83, und auch schon die Begründung zum Referentenentwurf MsysV, S. 22.

§ 62   Messwertnutzung zu Zwecken des Anlagenbetreibers

aa) Maßstab des § 22

34 Verlangt man eine Orientierung an den Sicherheitsvorgaben des Standes der Technik gem. § 22, so sind die Anforderungen enorm. Das Smart-Meter-Gateway-Schutzprofil und die TR-03109 stellen hohe Anforderungen an die Sicherheit der Kommunikation: Es muss nach PP ein sog. Trusted Path für jede Kommunikation im WAN eröffnet werden.[65] Dieser vertrauenswürdige Weg und die Anforderungen an ihn sind im PP und in den TR beschrieben. Daher muss jeder Kanal gem. den Vorgaben von PP und TR abgesichert sein. Nach Angaben der PTB ist die von ihr vorgeschlagene Lösung **„nicht immer sicher genug"**.[66] Der Grund für diese mangelnde Sicherheit ist das Betriebssystem, das die Kunden benutzen. Deshalb soll den Kunden perspektivisch ein sichereres System zum Download zur Verfügung gestellt werden. Damit wird eine „im Sinne des Eichrechts" sichere Plattform angeboten.[67] Diese entspricht aber nicht den in § 22 geforderten Standards. Auch sind die Anforderungen an die zu verwendenden **PKI-Zertifikate im WAN** deutlich höher. Im WAN müssen sie den Anforderungen aus der Smart-Metering-Public-Key-Infrastruktur nach TR-03109-4 entsprechen, auch bei der Kommunikation vom HAN in das WAN.[68] Für reine HAN-Kommunikation genügen HAN-Zertifikate, die der TR-03109-3 genügen müssen.[69] Zusätzlich ist für die WAN-Kommunikation zur Sicherung von Inhaltsdaten eine CMS-Verschlüsselung erforderlich, die in anderen Kommunikationsszenarien nicht gefordert wird.[70] Verbindungen in das WAN dürfen nur bei Vorliegen eines TLS-gesicherten Kanals gem. den Vorgaben der Technischen Richtlinien aufgebaut werden.[71] Dies gilt auch, wenn nicht die lokale Schnittstelle des Gateways benutzt wird, sondern auch wenn andere Technologien zur Übertragung genutzt werden.[72] Es müssen Authentifizierungsverfahren gem. TR durchgeführt werden unter Einbeziehung der im Sicherheitsmodul hinterlegten Zertifikate.[73] Diese Schutz- und Sicherheitsqualität hat die von der PTB vorgeschlagene Kommunikation nicht.[74] Hinzuweisen ist nochmals darauf, dass gem. § 22 Abs. 3 und 4 Mindestanforderungen formuliert sind. Ein Unterschreiten von Mindestanforderungen ist nicht zulässig. Diese Vorgaben sind für die WAN-Kommunikation explizit hoch. Wenn das Gesetz eine Ausnahme von seinen eigenen Vorgaben ermöglicht, wie z. B. § 21 Abs. 2, so erfolgt regelmäßig der Hinweis, dass dies nicht die Vorgaben des § 22 betrifft.[75] § 52 Abs. 4 betont nochmals den Grundsatz der sicheren Datenübertragung. Nur zwischen Teilnehmern der PKI-Infrastruktur nach BSI-Standard dürfen diese Daten verschlüsselt kommuniziert werden. Verschlüsselungsverfahren, die als sicher gelten, werden vom BSI bekannt gemacht. Hierfür gibt es die Technische Richtlinie TR-02102, die Empfehlungen zu kryptografischen Verfahren und Schlüssellängen gibt. Das BSI legt darin fest, wie lang ein Schlüssel sein sollte und gibt an, wie lange er nach seiner Einschätzung noch sicher ist. Für die **Datenübertragung in der Smart-Meter-Kommunikation** existiert eine spezielle

---

65 BSI, PP-0073, S. 78.
66 *Kahmann*, PTB-Mitteilungen 3/2015, 9, 20 f.; *Többen*, PTB-Mitteilungen 3/2015, 4, 7 f.
67 *Kahmann*, PTB-Mitteilungen 3/2015, 9; *Többen*, PTB-Mitteilungen 3/2015, 4, 7 f.
68 BSI, TR-03109-1, S. 37, 71 f.
69 BSI, TR-03109-1, S. 72.
70 BSI, TR-03109-1, S. 36; BSI, TR-03109-1, Anlage 1, S. 4.
71 BSI, PP-0073, S. 19; TR-03109, S. 26, 37.
72 BSI, PP-0073, S. 19.
73 BSI, TR-03109-1, S. 23.
74 *Kahmann*, PTB-Mitteilungen 3/2015, 9.
75 Begründung zum Regierungsentwurf v. 17.2.2016, BT-Drs. 18/7555, S. 84.

III. Visualisierung (Abs. 2) § 62

Technische Richtlinie, die TR-03116-3. Der dritte Teil dieser Richtlinie befasst sich mit kryptographischen Vorgaben für intelligente Messsysteme. Dort wird für die Übermittlung von Daten im WAN stets ein TLS-Kanal gefordert, und auch weitere Anforderungen an die Verschlüsselung und Signatur gestellt.[76] § 19 Abs. 4 verweist allerdings nicht auf § 22 und dessen Maßstäbe, sondern nur allgemein auf den Stand der Technik. Die Verweise in § 19 Abs. 1 beziehen sich nur auf Messsysteme im Sinne des § 2 Nr. 13 und nicht auf die gesamte Systemarchitektur. Der Anlagenbetreiber oder Verbraucher wäre von den Maßstäben des § 22 auch überfordert. Er müsste dann an der PKI teilnehmen können. Er hätte dann alle Anforderungen der Technischen Richtlinie „Certificate Policy Smart Metering PKI" zu erfüllen, die für ihn, zumindest als passiver externer Marktteilnehmer, Anwendung finden. Dazu gehört z.B. das Aufstellen eines IT-Sicherheitskonzepts und das Beantragen von PKI-Zertifikaten.[77] Dies ist vom finanziellen und technischen Aufwand sowie fachlich vom Anlagenbetreiber und Verbraucher nicht zu leisten. Das ist wohl auch ein Grund dafür, dass das BSI keine WAN-Schnittstelle für den Anlagenbetreiber beschrieben hat. Die Anwendung der Sicherheitsvorgaben des § 22 auf die Kommunikation zwischen Datendisplaydienst und Anlagenbetreiber ist faktisch nicht umsetzbar und kann rechtlich daher auch nicht gefordert werden.

bb) Allgemeine datenschutzrechtliche Sicherheitsanforderungen als Maßstab für den Stand der Technik gem. § 19 Abs. 4

Man kann unter Berücksichtigung dieser Argumente daher vertreten, dass zwar eine Kommunikation vom Gateway an einen externen Marktteilnehmer immer gesichert gemäß PP und TR erfolgen muss, die weitere **Übermittlung von Daten an den Anlagenbetreiber** aber nicht diesen strengen Anforderungen unterliegen muss.[78] Im Falle der Nutzung allgemein zugänglicher Kommunikationsnetze sind nach **allgemeinem Datenschutzrecht** zur Sicherheit der Datenübertragung Verschlüsselungsverfahren anzuwenden, die dem jeweiligen Stand der Technik entsprechen.[79] Die Anforderungen an Art und Sicherheit der einzusetzenden Verschlüsselungsverfahren hängt u.a. vom eingesetzten Datenverarbeitungssystem und der Art der Daten ab.[80] Kommen, wie hier, auch **Sicherheitsaspekte** zum Tragen, so hat die datenverarbeitende Stelle ein sicheres Verschlüsselungsverfahren anzuwenden. Im Umfeld des MsbG sollten sich die Sicherheitsanforderungen an den Maßstäben des § 22 orientieren. Die zweite Variante, die datenschutzrechtlichen Sicherheitserfordernisse allein an den Anforderungen des § 9 BDSG zu spiegeln, reicht im Rahmen des Messstel-

35

---

76 BSI, TR-03116, Teil 3, S. 22.
77 BSI, CP, S. 40.
78 Das Schutzprofil PP-0073, S. 25, erwähnt die Möglichkeit, dass das Gateway auch Daten an Empfänger versenden kann, die nicht die Endempfänger der Daten sind. Hier könnte man einen Anhaltspunkt dafür finden, dass auch das Schutzprofil eine Dreiecksbeziehung Gateway – DDD – Kunde vorsieht. Allerdings erlaubt das Schutzprofil eine Abweichung bei der ansonsten vorgeschriebenen doppelten Verschlüsselung – Inhaltsverschlüsselung und TLS-Kanal – nur insoweit, dass der gesicherte Übertragungskanal beim Gateway-Administrator enden kann. Die Inhaltsverschlüsselung muss auch in diesem Fall beibehalten werden. Außerdem müsste der Kunde die Anforderungen der Certificate Policy Smart Metering PKI des BSI an einen passiven externen Marktteilnehmer erfüllen. Siehe dazu BerlKommEnR/*Schmidt*, § 22 MsbG Rn. 251 f.
79 Zum Stand der Technik bei Verschlüsselungsverfahren im Datenschutz Simitis/*Ernestus*, § 9 BDSG Rn. 176, 177.
80 Simitis/*Ernestus*, § 9 BDSG Rn. 176.

§ 62   Messwertnutzung zu Zwecken des Anlagenbetreibers

lenbetriebsgesetzes mit seinen spezifischen Vorgaben nicht aus. Andernfalls wären die über das Internet zugänglich gemachten Informationen datenschutzrechtlich und datensicherheitstechnisch weniger geschützt. Auch der Gesetzgeber spricht vom Erfordernis eines **lückenlosen Datenschutz- und Datensicherheitskonzepts**.[81] Der Begriff Konzept bedeutet in diesem Zusammenhang nicht Entwurf oder Skizze, sondern Plan oder Programm; dies wird aus der Verwendung des Adjektivs „lückenlos" deutlich. Bausteine für dieses Konzept liefert das MsbG. Der Gesetzgeber selbst spricht davon, dass er ein „bereichsspezifisches" Datenschutzrecht schaffen will.[82]

cc) Orientierung an den Maßstäben von § 22, Schutzprofil und Technischen Richtlinien

36 Was die bereichsspezifischen Anforderungen sind, ergibt sich aus Sinn und Zweck und der Systematik des MsbG. Um Sicherheit auf einem durchgängig hohen Niveau zu gewährleisten, auch in der **Kommunikation zum Kunden**, ist daher neben einer sicheren Authentifizierung eine Signatur erforderlich, aber auch ein gesicherter Übertragungskanal und eine Inhaltsverschlüsselung. Welche Technologien hierfür geeignet sind, die einerseits für den Kunden mit verhältnismäßigem Aufwand umsetzbar sind, andererseits genügend Sicherheit bieten, ist von IT-Experten vorzuschlagen. BSI und BfDI wären die zuständigen Behörden. Sie geben i.d.R. aber nur Empfehlungen ab.[83] Der Gesetzgeber muss diese Empfehlungen in das Gesetz übernehmen und so verbindlich machen. Ein weiterer möglicher Weg, dieser Problematik gerecht zu werden, ist der über § 27.

37 Ansonsten stellt sich wieder die Frage, warum so hohe Anforderungen an die PKI gestellt werden, die hohe Kosten bei den Unternehmen für Datenschutz- und Datensicherheit verursachen, wenn hinterher ein Bypass zugelassen würde, der das ganze Sicherheitskonzept einschränkt und damit die Intentionen des Gesetzgebers aushöhlt.

38 Das Vorgehen des Gesetzgebers ist an dieser Stelle inkonsequent. Bildlich gesprochen sieht er für das Smart-Meter-Gebäude mehrere Eingänge vor. Diese sind grundsätzlich hoch abgesichert. Nur der Eingang zum Kunden ist ungesichert, bestenfalls weniger gesichert. Dies ist eine Schwachstelle für Datenschutz und Datensicherheit.

b) Anforderungen an den Datendisplaydienst aus Datenschutzgründen

39 Mit dem Datendisplaydienst, der sich nicht an den Vorgaben des § 22 orientiert, wird die gesamte **Sicherheitsarchitektur** des Schutzprofils und der Technischen Richtlinien umgangen, indem man dem Kunden seine Daten auf weniger sicheren Wegen übermittelt. Datensicherheit ist aber ein notwendiger Teil eines ebenso konsequenten wie wirksamen Datenschutzes.[84] Das Schutzprofil für das Smart-Meter-Gateway betont ausdrücklich die Bedeutung des Datenschutzes und des Schutzes der Privatsphäre des Kunden. „The preservation of the privacy of the consumer is an essential aspect that is implemented by the funcionality of the ToE (Anm. des Verfassers: d.h. des Gateways) as required by this PP."[85]

---

81 Begründung zum Regierungsentwurf v. 17.2.2016, BT-Drs. 18/7555, S. 82.
82 Begründung zum Regierungsentwurf v. 17.2.2016, BT-Drs. 18/7555, S. 65, die Datenschutzvorschriften des MsbG bezeichnet er als abschließend.
83 BSI, Zertifizierte IT-Sicherheit, S. 9 und 10.
84 Simitis/*Simitis*, Einleitung BDSG Rn. 4.
85 BSI, PP-0073, S. 21.

III. Visualisierung (Abs. 2) § 62

Das Schutzprofil stellt zwar nur Anforderungen an das Gateway direkt, aber die gesamten vorgeschriebenen Schutz- und Sicherheitsmaßnahmen sind kein Selbstzweck, sondern haben den Schutz des Kunden zum Ziel.

Eine weniger datenschutzfreundliche Lösung wäre nur dann akzeptabel, wenn man annimmt, dass der Anlagenbetreiber die **Dispositionsfreiheit** über die Sicherheits- und Schutzmaßnahmen des Gesetzes hat, soweit seine eigenen Daten betroffen sind. Dann kann er mit seiner Einwilligung, d. h. mit einer § 4a BDSG, auf den § 49 Abs. 2 verweist, entsprechenden Erklärung, der Zurverfügungstellung der Informationen gem. Abs. 1 durch den Datendisplaydienst zustimmen. Bedenklich ist dies, da der Kunde praktisch dazu genötigt ist, will er nicht die oben beschriebenen Konsequenzen, wie den Verzicht auf variable Tarife und weitere Unannehmlichkeiten, in Kauf nehmen. Mangels praktikabler Alternativen kann man schwerlich von einer echten **Wahlmöglichkeit** des Kunden sprechen.[86] Man kann hier von einer faktischen Kopplung sprechen, die datenschutzrechtlich sehr kritisch ist.[87] Damit wird vor allem der vorher so aufwändig gestaltete und hoch bewertete Datenschutz, aber auch die Datensicherheit beeinträchtigt. **Der Bundesdatenschutzbeauftragte** forderte bei der Ausgestaltung von Schutzprofilen und Technischen Richtlinien, dass die technischen Anforderungen an das Gateway so ausgestaltet werden müssen, dass der Verbraucher stets die Möglichkeit hat, eine datenschutzfreundliche Lösung zu wählen, ohne dadurch Nachteile befürchten zu müssen. Deshalb begrüßte er, dass im Schutzprofil des BSI eine lokale, kryptographisch gesicherte Schnittstelle zum Verbraucher vorgesehen ist, so dass auf ein externes Versenden detaillierter Verbrauchsdaten zur Visualisierung des Verbrauchs verzichtet werden kann.[88] Auch BMWi und BSI haben in einer Stellungnahme zum Datenschutz bei intelligenten Messsystemen auf das Lob des BfDI Bezug genommen.[89] Diese lokale Schnittstelle ist aber nicht benutzbar, sodass die Forderungen des Datenschutzes nicht umgesetzt sind. Ob der nun eingeschlagene Weg, regelmäßig über eine externe Schnittstelle zu kommunizieren, noch dieses Lob verdient, ist zu bezweifeln. Mit dem Sinn und Zweck des Gesetzes und seinen Ansprüchen an den Datenschutz ist dieser Weg kaum vereinbar, denn die Übertragung vom externen Marktteilnehmer zum Kunden entspricht nicht den **Anforderungen an den Stand der Technik i. S. des § 22**, den Schutzprofile und Technische Richtlinien vorgeben. Ob diese Übermittlung exakt den Vorgaben von § 22, Schutzprofil und Technischen Richtlinien entsprechen kann oder muss, sei an dieser Stelle dahingestellt. Zumindest muss sie sich daran orientieren. Die Einwilligung eines Anlagenbetreibers zur Datenverarbeitung bedeutet jedenfalls nicht, dass er damit auch auf die notwendige Sicherheit bei der Datenspeicherung und -übertragung verzichtet.

Der Stand der Technik als Maßstab für Maßnahmen zur Gewährleistung des Datenschutzes wird auch vom BDSG gefordert. § 9 BDSG verlangt u. a. das Treffen von technischen Maßnahmen zum Datenschutz. § 9 BDSG ist die **Datensicherheitsvorschrift im BDSG**, die die Datensicherheit ausdrücklich in den Regelungsbereich des Datenschutzes einbezieht.[90]

40

41

---

86 Simitis/*Simitis*, § 4 BDSG Rn. 7, 16 ff.
87 Simitis/*Simitis*, § 4 BDSG Rn. 66.
88 BfDI, Datenschutzgerechtes Schutzprofil für Smart Meter, abrufbar unter: www.bfdi.bund.de/DE/Datenschutz/Themen/Technische _Anwendungen/Smart_Meter; BfDI, Datenschutz kompakt vom 7.10.2015.
89 BMWi und BSI, Smart Metering – Datenschutz und Datensicherheit auf höchstem Niveau, abrufbar unter: www.bmwi.de.
90 Simitis/*Ernestus*, § 9 BDSG Rn. 2.

§ 62 Messwertnutzung zu Zwecken des Anlagenbetreibers

Die nach § 9 erforderlichen Maßnahmen werden in der Anlage zu § 9 BDSG konkretisiert. S. 3 dieser Anlage verlangt bei Datenübertragungen die Verwendung von Verschlüsselungsverfahren, die dem Stand der Technik entsprechen. Grundsätzlich genügen daher nach allgemeinem Datenschutzrecht Verschlüsselungsverfahren, die etabliert und anerkannt sind. Die Anwendung neuester Technologien ist in der Regel nicht erforderlich.[91] Die Datensicherheitsaspekte des Datenschutzes sollen auch gem. § 9 S. 2 BDSG zum **Aufwand in einem angemessenen Verhältnis zum Schutzzweck** stehen; wirtschaftliche Aspekte sind daher grundsätzlich auch zu berücksichtigen.[92] Dieses Verhältnismäßigkeitsprinzip gilt aber für das MsbG und die Kommunikation von Daten nur unter Orientierung an den hohen (Mindest-)Anforderungen, die das Gesetz in § 22, aber auch in § 52 Abs. 4 speziell an diese Kommunikation stellt. Gibt es spezielle, strengere gesetzliche Vorgaben, sind diese einzuhalten.[93] Im allgemeinen Datenschutzrecht hat generell eine am Schutzzweck orientierte Abwägung zwischen Datenschutz und korrespondierenden Datensicherheitsaspekten zu den erforderlichen technischen und organisatorischen Schutzmaßnahmen und deren Aufwand zu erfolgen. Es kann dahingestellt bleiben, ob das von der PTB vorgeschlagene Verfahren den allgemeinen datenschutzrechtlichen Anforderungen genügt. Der Gesetzgeber selbst spricht davon, dass er ein „bereichsspezifisches" Datenschutzrecht schaffen will.[94] Daher wird der **Stand der Technik** für Datenkommunikation im Messstellenbetrieb, soweit er vom Smart-Meter-Gateway ausgeht und ins WAN gelangt, von § 22 und damit den Mindestanforderungen von Schutzprofil und Technischen Richtlinien geprägt.[95] Alle Datenverarbeitung hat sich daran zu orientieren. Raum für eine **Verhältnismäßigkeitsprüfung** nach § 9 BDSG, deren Ergebnis hinter den gesetzlichen Vorgaben des Messstellenbetriebsgesetzes zurückbleibt, ist nicht vorhanden, da der Gesetzgeber hier neue Maßstäbe gesetzt hat. Diese sind hoch und werden in Schutzprofilen und Technischen Richtlinien konkretisiert.[96] Insofern gilt das zur Datensicherheit gesagte entsprechend.

42 Einwenden kann man, dass hier ggf. **Sicherheitsaspekte** nur eine geringe Rolle spielen, da es sich nur um die Datenübertragung eines einzelnen Kunden handelt und daher „nur" der Datenschutz betroffen ist. Bedenken diesbezüglich könnten aber durch die Einverständniserklärung des Kunden gem. § 4a BDSG ausgeräumt sein. Dann hätten der Gesetzgeber und das BSI von vorneherein zumindest an dieser Schnittstelle auf **Vorgaben für die Kommunikation** verzichten können und für diese Konstellation gleich auf geringere Anforderung in Verbindung mit einer Einverständniserklärung nach § 4a BDSG setzen können. Dies ist nicht geschehen. Die Anforderungen des BSI an die Sicherheit der Datenübermittlung lassen keine ungeschützte Kommunikation zu. Das Schutzprofil fordert auch für Schnittstellen in das WAN Datenschutz und Datensicherheit. Der Anlagenbetreiber soll in der PKI

---

91 Simitis/*Ernestus*, § 9 BDSG Rn. 171.
92 Simitis/*Ernestus*, § 9 BDSG Rn. 23, 171; Gola/Schomerus/*Gola*, § 9 BDSG Rn. 7.
93 Simitis/*Simitis*, § 1 BDSG Rn. 158; Gola/Schomerus/*Gola*, § 1 BDSG Rn. 24.
94 Begründung zum Regierungsentwurf v. 17.2.2016, BT-Drs. 18/7555, S. 65, die Datenschutzvorschriften des MsbG bezeichnet er als abschließend.
95 BerlKommEnR/*Boesche/Franz*, § 21e EnWG Rn. 48; die dort von den Autoren geäußerten Zweifel, ob die Verschlüsselung nach den BSI-Vorgaben zu erfolgen hat oder ein weniger stringenter Maßstab, nämlich der Stand der Technik, ausreicht, ist durch § 22 entschieden. Stand der Technik ist hier mit den BSI-Vorgaben aus den einschlägigen Schutzprofilen und Technischen Richtlinien gleichgesetzt.
96 BerlKommEnR/*Schmidt*, § 30 MsbG Rn. 120 ff., 215 ff.

III. Visualisierung (Abs. 2) § 62

nur über das HAN erreichbar sein.[97] Das Schutzprofil verbietet für den Kunden ausdrücklich eine Verbindung vom HAN zum WAN.[98] Ausdrücklich soll die Einsichtnahme in die Kundendaten „shall only be allowed ... via the IF_GW_CON interface (Anm. des Verfassers: Das ist die HAN-Schnittstelle) and via a secured (i. e. confidentiality and integrity protected) connection." Man kann das „and" kumulativ verstehen, so dass der Zugang zu den Informationen nur über das HAN möglich sein darf und dieser Zugang zusätzlich vertraulichkeits- und integritätsgeschützt erfolgen muss. Möglich ist aber auch die Auslegung, dass hier zwei Wege eröffnet werden sollen und das „and" alternative Bedeutung hat. Beide Varianten fordern allerdings mehr als der DDD z. Zt. zu leisten im Stande ist. Auch wenn man einen Zugang über das WAN für zulässig hält, muss dieser Anforderungen an Vertraulichkeits- und Integritätsschutz genügen, die den bereichsspezifischen Datenschutzvorgaben des Messstellenbetriebsgesetzes entsprechen.[99] Festlegungen einer anderen Behörde müssen diese Vorgaben beachten. Insbesondere Integrität, Vertraulichkeit und Authentizität der Daten und Datenübermittlung sind gefährdet. Der **Datenschutzbedarf** wird hier von Datenschützern mit „hoch" bis „sehr hoch" bewertet.[100] Da es nicht um eine dem Kunden offenstehende „Zweitverwendung" seiner Daten, z. B. in sozialen Medien, geht, sondern um originäre abrechnungsrelevante Daten (die auch personenbezogen sind), darf von den Schutzprofilvorgaben nicht abgewichen werden. Es reicht nicht aus, Sicherheitsanforderungen wie an die HAN-Schnittstelle zu stellen.[101] Die Sicherheitsanforderungen für die Kommunikation im WAN sind höher, da hier ein größeres Angriffspotenzial besteht und deshalb zusätzliche Maßnahmen zur Datensicherheit und zum Datenschutz vorgeschrieben sind.

Zudem sieht das Smart-Meter-Gateway-Schutzprofil eine Bedrohung des Datenschutzes (in der Sprache des PP: Privacy), darin, dass jemand versucht, mehr Daten zu erhalten, als ihm nach dem Vertrag mit dem Kunden zustehen.[102] Diese Bedrohung umfasst laut Schutzprofil auch die Möglichkeit, dass ein an sich Berechtigter Daten, die er zwar erhalten darf, zu anderen Zwecken nutzt. D. h. es besteht die **mögliche Gefahr**, dass ein nach § 62 Abs. 2 i. V. m. § 49 Abs. 2 Nr. 7 berechtigter externer Marktteilnehmer die erhaltenen und weiterzuleitenden Daten für andere Zwecke missbraucht. Das Schutzprofil, das eine solche Bedrohung erkannt hat, muss darauf mit Gegenmaßnahmen reagieren, die das Risiko ausschließen oder auf ein akzeptables Maß reduzieren. Dies ist ein eherner Grundsatz der Common Criteria: Jeder erkannten Bedrohung muss mindestens eine geeignete Gegenmaßnahme gegenüberstehen. Das Schutzprofil führt mehrere Maßnahmen zum Datenschutz auf.[103] Ob die hier vorliegende Konstruktion des DDD als externem Marktteilnehmer zur Behebung der Probleme mit der HAN-Schnittstelle vom Schutzprofil mit erfasst wird, ist zweifelhaft, da das Schutzprofil sie nicht ausdrücklich beschreibt. Um Bedrohungen für den Datenschutz zu begegnen listet das Schutzprofil eine Reihe von Maßnahmen auf, deren Wirksamkeit in dieser Konstellation nicht greifen kann. Insbesondere die

43

---

97 BSI, PP-0073, S. 12.
98 BSI, PP-0073, S. 20.
99 Begründung zum Regierungsentwurf v. 17.2.2016, BT-Drs. 18/7555, S. 83.
100 Konferenz der Datenschutzbeauftragten des Bundes und der Länder, Orientierungshilfe datenschutzgerechtes Smart-Metering, S. 19 ff.
101 BSI, TR-03109-1, S. 71 ff.
102 BSI, PP-0073, S. 34, sog. T.Privacy.
103 BSI, PP-0073, S. 41 ff.

§ 62   Messwertnutzung zu Zwecken des Anlagenbetreibers

Schutzmaßnahmen Verschlüsselung und Verschleierung der wahren Häufigkeit der Kommunikation greifen im Verhältnis zum DDD nicht, da er ja gerade diese Daten erhält, um sie für den Kunden lesbar zu machen. Andere Maßnahmen, wie gesicherte Verbindungen zwischen Zähler und Gateway, spielen in dieser Phase der Datenübertragung keine schützende Rolle mehr. Es bleibt noch die Maßnahme, dass alle Daten nur **vertrauenswürdigen Personen** überlassen werden sollen.[104] Da das in diesem Fall gleichzeitig die Person ist, von der die Bedrohung ausgeht, läuft auch diese Maßnahme ins Leere. Man muss daher konstatieren, dass unter Zugrundelegung dieses Maßstabes der DDD nicht schutzprofilkonform ist. Eine Auswirkung auf die Zertifizierung des Schutzprofils nach Common Criteria ist nicht ersichtlich. Das Gesetz fordert eine solche Zertifizierung auch nicht; lediglich die Begründung erklärt dies als wichtig.[105] Außerdem ist nicht das Schutzprofil fehlerhaft, sondern allenfalls seine Umsetzung. Möglich ist eine Konstellation, bei der als vertrauenswürdige Person nur der zugelassen ist, der kein direktes Interesse an einer missbräuchlichen Verwendung der Daten hat. Beteiligte der Smart-Meter-PKI können dies nicht sein. Eine **Treuhänderfunktion** für die Daten kann aber z.B. eine staatliche Stelle ausfüllen. Denkbar wären auch staatlich anerkannte Prüfstellen gem. § 40 Abs. 3 MessEG i.V.m. §§ 42 ff. MessEV. Für Daten, die an Ladesäulen für Elektroautos anfallen, ist eine in Teilen vergleichbare Lösung gewählt worden und hat sich auch bewährt. Allerdings müsste hierfür wohl das Tätigkeitsspektrum der Prüfstellen gesetzlich erweitert werden.

44   Die gesamte **(Sicherheits- und Schutz-)Kette** ist so stark wie ihr schwächstes Glied. Für die nunmehr favorisierte Online-Lösung über den sog. Datendisplaydienst werden u.a. zeitliche Gründe genannt, da erkannt wurde, dass die HAN-Schnittstelle – zumindest derzeitig – nicht funktioniert.[106] Der Datendisplaydienst soll einen schnelleren Rollout ermöglichen.[107] Aus datenschutzrechtlicher Sicht wäre es besser abzuwarten, bis eine datenschutzkonforme, an § 22 orientierte Lösung vorliegt.

c) Fazit

45   Durch das sog. Bundesdisplay und die damit eröffneten Kommunikationswege wird das **gesamte Schutzkonzept des Gesetzes relativiert**.[108] Das überzeugt im Hinblick auf Datenschutz und -sicherheitsvorgaben des Gesetzes nicht. Das Vorhaben Datendisplaydienst muss sich an den speziellen Datensicherheits- und Datenschutzanforderungen des MsbG orientieren. Zieht man die Konsequenz, dass dieser Bypass nicht zulässig ist, so sind variable Tarife nach § 40 Abs. 5 EnWG und TR-03109 sehr schwer im Markt zu realisieren, da die Kosten für das Display und die mit seiner Nutzung verbundenen Umstände mögliche Preisvorteile aufwiegen oder zumindest relativieren. Unter diesen Bedingungen ist der Rollout von intelligenten Messsystemen praktisch wertlos.

46   **Sieht man den Datendisplaydienst als zulässige Möglichkeit**, so muss zumindest eine Qualität der Datenverarbeitung gewährleistet sein, die sich an den Vorgaben des Datenschutz- und -sicherheitskonzepts des MsbG orientiert, wie sie in § 22 ihre Ausprägung ge-

---

104 BSI, PP-0073, S. 39, 43.
105 Begründung zum Regierungsentwurf v. 17.2.2016, BT-Drs. 18/7555, S. 85.
106 *Kahmann*, PTB-Mitteilungen 3/2015, 9, 21; PTB, Bundesdisplay, abrufbar unter: www.ptb.de.
107 PTB, Bundesdisplay, abrufbar unter: www.ptb.de.
108 Kritisch auch *Kahmann*, PTB-Mitteilungen 3/2015, 9, 21, der die lokale Schnittstelle aus Datenschutzgründen als vorzugswürdig ansieht.

III. Visualisierung (Abs. 2) § 62

funden haben. Um Datensicherheit und Datenschutz auf einem durchgängig hohen Niveau zu gewährleisten, auch in der Kommunikation zum Kunden, ist daher neben einer sicheren Authentifizierung eine Signatur erforderlich, aber auch ein gesicherter Übertragungskanal und eine Inhaltsverschlüsselung. Angesichts der Tatsache, dass der Kunde praktisch keine Alternative bei der Visualisierung hat, will er in den Genuss der Tarifanwendungsfälle kommen, stehen für ihn vielleicht Datenschutz- und -sicherheitsaspekte nicht im Vordergrund. Deshalb sind die staatlichen Stellen in der Verantwortung, Datenschutz und Datensicherheit angemessen umzusetzen. Ein Datendisplaydienst, der keine Verschlüsselung nach dem Stand der Technik einsetzt und den Schutzzweck des MsbG außer Acht lässt, ist unzulässig. Entsprechende Vorgaben sollten vom BSI kommen, das bereits versucht hat, Sicherheitsaspekte i. S. des § 22 in die Schnittstelle zum Kunden einzubringen.[109] Eine entsprechende, neue Regelung durch das BSI zur WAN-Schnittstelle, die sich auch beim DDD an den Vorgaben des Gesetzes orientiert, wäre aber unverbindlich, da seine Äußerungen i. d. R. nur empfehlenden Charakter haben.[110] Sollen diese Vorgaben rechtsverbindlich sein, muss der **Gesetzgeber** dies anordnen. Z.Zt. könnte das BSI diese Rechtsverbindlichkeit nur durch eine Anpassung der Schutzprofile und der Technischen Richtlinien erreichen. Dann müsste der in § 27 vorgezeichnete Weg eingehalten werden.

Dass ein **Schutzbedürfnis** besteht, ist nicht zu bestreiten.[111] Das BSI hat für die HAN-Schnittstelle auch Maßstäbe gesetzt, die allerdings nicht umsetzbar sind.[112] Der Zugang zum Kunden-Log, in dem sich die eichrechtlich relevanten Informationen befinden, ist nach dem Schutzprofil ausschließlich über die HAN-Schnittstelle erlaubt. Daher sind Datenschutz- und -sicherheitsanforderungen für die Kommunikation über eine andere Schnittstelle zu einem Online-Portal nicht beschrieben. Für die DDD-Lösung gelten die Vorgaben des § 19 Abs. 4, wobei der Maßstab des Standes der Technik sich an den schärferen Vorgaben des Messstellenbetriebsgesetzes zu orientieren hat. Das **allgemeine Datenschutzrecht**, sofern hier überhaupt anwendbar, insbesondere § 9 BDSG i.V.m. der dazugehörigen Anlage, ist ebenfalls nach Sinn und Zweck des MsbG auszulegen. Deshalb gelten strengere Regelungen für Daten im Smart-Meter-Umfeld. Um einen sicheren und datenschutzgerechten Zugang zu einem Online-Portal zu ermöglichen, muss der Gesetzgeber daher dringend nachbessern, um ein **Schutzniveau** vorzugeben, dass für Anlagenbetreiber und Verbraucher Sicherheitsmaßnahmen vorsieht, die sich am Schutzzweck des MsbG orientieren und für diese Zielgruppe auch umsetzbar ist. Eine Einhaltung der Vorgaben des § 22 und damit von Schutzprofilen und Technischen Richtlinien ist durch Anlagenbetreiber und Verbraucher nicht darstellbar; eine **Orientierung** an diesen Vorgaben muss aber erfolgen. Es geht hier nicht um die Frage, ob die gesetzgeberischen Anforderungen an Datenschutz und -sicherheit angemessen sind oder über das Ziel hinausschießen, sondern um die Umsetzung der durch den Gesetzgeber vorgegebenen Ziele. Eine abweichende Umsetzung nach dem Ermessen von Behörden reicht nicht aus.[113]

47

---

109 BSI, TR-03109-1, S. 54 ff.
110 BSI, Zertifizierte IT-Sicherheit, S. 9.
111 BSI, Das Smart-Meter-Gateway, S. 17 f.
112 Siehe Rn. 24.
113 Simitis/*Ernestus*, § 9 BDSG Rn. 24 a. E.

§ 62 Messwertnutzung zu Zwecken des Anlagenbetreibers

IV. Datenbereitstellung bei modernen Messeinrichtungen (Abs. 3)

48 Verfügt der Anlagenbetreiber nicht über ein intelligentes Messsystem, sondern nur eine mME, sind ihm lediglich die in § 62 Abs. 1 Nr. 1 und 3 genannten Informationen bereitzustellen. Diese Vorschrift setzt die **Energieeffizienzrichtlinie** (RL/2012/27/EU) Art. 10 Abs. 2b um. Gem. Abs. 3 i.V.m. Abs. 1 Nr. 1 müssen die aktuellen Einspeise- und Verbrauchswerte zugänglich gemacht werden. Darüber hinaus sind gem. Abs. 3 i.V.m. Abs. 1 Nr. 3 dem Anlagenbetreiber 730 Tageswerte, 104 Wochenwerte, 24 Monatswerte und 2 Jahreswerte rollierend an der Schnittstelle des Zählers bereitzustellen. In §§ 61 Abs. 1 Nr. 4 und 61 Abs. 3 hat der Gesetzgeber nunmehr das Wort „jeweils" eingefügt, in dem entsprechenden § 62 Abs. 1 Nr. 3, auf den sich Abs. 3 bezieht, jedoch nicht. Für § 61 ist damit jetzt klargestellt, dass nur rollierende Werte angegeben werden müssen und nicht kalenderwochen-, monats- und jahresscharfe Werte.[114] Letzteres hätte bedeutet, dass in den Zähler zusätzlich **eine Kalenderfunktion** und eine unabhängige Stromversorgung – eine Batterie – zur Pufferung eingebaut werden müsste. Dass dies nicht bei Abs. 1 Nr. 3 erfolgt ist, ist als **Redaktionsversehen** einzustufen. Zum einen existieren solche Zähler bislang nicht. Diese müssten ein Zulassungsverfahren durchlaufen, das nicht bis zum Inkrafttreten des Gesetzes abgeschlossen wäre. Neben diesem praktischen Grund muss aus der Gleichheit der Preisobergrenze gem. § 32 geschlossen werden, dass die moderne Messeinrichtung gem. Abs. 3 keine kostenverursachenden Zusatzfunktionen gegenüber der nach § 61 Abs. 3 aufweisen muss.

---

114 Begründung zum Regierungsentwurf v. 17.2.2016, BT-Drs. 18/8919, S. 26.

§ 63 Übermittlung von Stammdaten; Löschung

¹Bei Vorhandensein eines intelligenten Messsystems hat der Messstellenbetreiber für die in § 50 Absatz 2 Nummer 7 genannten Zwecke und nach Maßgabe von § 57 dem Netzbetreiber oder den von der Bundesnetzagentur in einer Festlegung nach § 75 benannten Stellen Stammdaten mit Hilfe des Smart-Meter-Gateways zu übermitteln. ²Stammdaten sind spätestens zwölf Monate nach dauerhafter Stilllegung der jeweiligen Anlage zu löschen.

Schrifttum: *Forgó/Helfrich/Schneider*, Betrieblicher Datenschutz, 1. Aufl. 2014; *Lüdemann/Ortmann/Pokrant*, Das neue Messstellenbetriebsgesetz – Wegbereiter für ein zukunftsfähiges Smart Metering?, EnWZ 2016, 339.

Übersicht

	Rn.		Rn.
I. Allgemeines	1	III. Löschungspflicht (S. 2)	7
II. Übermittlungspflicht (S. 1)	2	1. Verhältnis zu § 35 bzw. § 20 BDSG	8
1. Maßgabe von § 57	3	2. Sanktionen bei Verstößen	12
2. Zwecke des § 50 Abs. 2 Nr. 7	6		

I. Allgemeines

§ 63 gestaltet in Ergänzung zur Erhebungsvorschrift in **§ 57** den Umgang mit Stammdaten weiter aus und stellt – wie auch die Norm des § 64 in Bezug auf Netzzustandsdaten – eine Übermittlungs- und Löschungsvorschrift dar, die einerseits in S. 1 bereichsspezifisch die Übermittlung von Stammdaten mithilfe des Smart-Meter-Gateways zu konkreten Zwecken **datenschutzrechtlich erlaubt** und andererseits in S. 2 die **Löschung der Daten** unter bestimmten Voraussetzungen vorsieht. 1

II. Übermittlungspflicht (S. 1)

Der **Messstellenbetreiber** als Normadressat des § 63 hat dem **Netzbetreiber oder einer in einer Festlegung nach § 75 benannten Stelle** zu bestimmten Zwecken aus dem Smart-Meter-Gateway heraus Stammdaten[1] zu übermitteln. 2

1. Maßgabe von § 57

Stammdaten müssen nach Maßgabe von § 57 übermittelt werden.[2] Dies erfasst folglich den **erstmaligen Anschluss einer Anlage** an ein intelligentes Messsystem (§ 57 Nr. 1). 3

In diesem Fall ist die Übermittlung von Stammdaten (Zählpunktbezeichnung, Umstellungszeitpunkt sowie weitere Stammdaten) vom Messstellenbetreiber an den Netzbetreiber 4

---
1 S. zum Begriff bereits BerlKommEnR/*Ohrtmann/Netzband/Lehner*, § 57 MsbG Rn. 2 ff.
2 Vgl. auch die Kommentierung zu § 57.

§ 63 Übermittlung von Stammdaten; Löschung

zwingend nötig. Eine Konkretisierung und detailliertere Beschreibung der zu übermittelnden Stammdaten wird im Rahmen der Überarbeitung der **Wechselprozesse im Messwesen (WiM)** erwartet.

5   Auch bei **jeder wesentlichen Änderung eines Stammdatums** (§ 57 Nr. 2) sind entsprechend Daten zu übermitteln.

2. Zwecke des § 50 Abs. 2 Nr. 7

6   Zusätzlich sind nach § 63 S. 1 vom Messstellenbetreiber **Stammdaten zur Erfüllung öffentlicher Registerpflichten**[3] nach § 50 Abs. 2 Nr. 7 zu übermitteln.

III. Löschungspflicht (S. 2)

7   Stammdaten sind gemäß S. 2 spätestens **zwölf Monate nach dauerhafter Stilllegung** der jeweiligen Anlage zu löschen. Der Gesetzgeber will damit eine unnötige Ansammlung von energiewirtschaftlichen Daten verhindern.

1. Verhältnis zu § 35 bzw. § 20 BDSG

8   Datenschutzrechtlich kann die Löschungspflicht als Ausfluss des **Erforderlichkeitsprinzips** verstanden werden sowie als Konsequenz des Zweckbindungsgrundsatzes: Bei Fortfall des ursprünglichen Zwecks (Betrieb der Anlage) sind auch die entsprechenden Stammdaten nicht mehr erforderlich.

9   Es ist allerdings unklar, wie sich die Norm zu der **Löschungspflicht nach § 35 BDSG bzw. § 20 BDSG** verhält. Da sich § 63 S. 2 nicht auf personenbezogene Daten beschränkt, gelten diese subsidiär.

10 Der Wortlaut des § 63 S. 2 berücksichtigt aber nicht, dass im Einzelfall die Aufbewahrung und Speicherung von Daten **nach anderen Vorschriften** vorgeschrieben sein kann. Eine Ausnahme zu den gesetzlichen Aufbewahrungspflichten hat der Gesetzgeber durch § 63 S. 2 jedoch offensichtlich nicht beabsichtigt. Diese werden durch § 63 S. 2 nicht verdrängt.

11 Dementsprechend gelten – soweit personenbezogene Daten betroffen sind – neben dem § 63 S. 2 auch der § 35 Abs. 3 Nr. 1 BDSG bzw. der § 20 Abs. 3 Nr. 1 BDSG. Hiernach tritt im Falle von Aufbewahrungspflichten an die Stelle der Löschungspflicht eine **Sperrungspflicht**.

2. Sanktionen bei Verstößen

12 Bei unbefugter Datenverarbeitung von zu löschenden Daten kann derzeit gemäß § 43 Abs. 2 Nr. 1 BDSG ein **Bußgeld** von bis zu 300.000 Euro verhängt werden.

13 Aus dem Gesichtspunkt der Datenschutz-Compliance ist zudem zu berücksichtigen, dass bei Einbindung eines Lösch- oder Entsorgungsdienstleisters eine **Auftragsdatenverarbeitung (ADV)** nach § 11 BDSG vorliegt, die entsprechend einen ADV-Vertrag erfordert. Bei

---

3 Siehe auch Begründung zum Regierungsentwurf v. 17.2.2016, BT-Drs. 18/7555, S. 107.

III. Löschungspflicht (S. 2) § 63

Nichtbeachtung der Anforderungen aus § 11 BDSG kann dies mit **Bußgeld** bis 50.000 Euro sanktioniert werden nach § 43 Abs. 1 Nr. 2 lit. b) BDSG.[4] Unter der Geltung der DSGVO ab 25.5.2018 ist bei solchen Verstößen mit bei weitem höheren Bußgeldern zu rechnen.

Insofern ist für die Praxis die Erarbeitung eines entsprechenden datenschutzrechtlichen **Löschkonzepts** dringend anzuraten, das bereits die Anforderungen der DSGVO berücksichtigt. 14

---

4 Auer-Reinsdorff/Conrad/*Conrad*, § 33 Rn. 348 f.

§ 64 Übermittlung von Netzzustandsdaten; Löschung

(1) Bei Vorhandensein eines intelligenten Messsystems hat der Messstellenbetreiber dem Netzbetreiber für die in § 66 Absatz 1 Nummer 3 genannten Zwecke auf dessen Verlangen hin Netzzustandsdaten automatisiert und zeitnah nach Maßgabe von § 56 zu übermitteln.

(2) Messstellenbetreiber haben personenbezogene Netzzustandsdaten nach erfolgreicher Übermittlung unverzüglich zu löschen.

Schrifttum: *Filipowicz*, Auswirkungen des Messstellenbetriebsgesetzes auf die Zählpunktverwaltung beim Verteilernetzbetreiber, EWeRK 2/2016, 59; *Lüdemann/Ortmann/Pokrant*, Das neue Messstellenbetriebsgesetz – Wegbereiter für ein zukunftsfähiges Smart Metering?, EnWZ 2016, 339.

Übersicht

	Rn.		Rn.
I. Allgemeines	1	4. Zweck des § 66 Abs. 1 Nr. 3	9
1. Normzweck	2	5. Automatisiert und zeitnah	10
II. Übermittlungpflicht (Abs. 1)	5	III. Löschungspflicht (Abs. 2)	12
1. Netzzustandsdaten	5	1. Allgemeiner datenschutzrechtlicher Grundsatz	12
2. Verlangen des Netzbetreibers an den Messstellenbetreiber	6	2. Bedeutung im Rahmen der DSGVO	18
3. Vorhandensein eines intelligenten Messsystems	8		

I. Allgemeines

1 § 64 konkretisiert die zweite Phase im Prozess von Erhebung (§ 56), Übermittlung und Nutzung (§ 66) von **Netzzustandsdaten** und gliedert sich in eine Erlaubnis der Übermittlung dieser Daten und eine Löschungspflicht. Auch § 64 stellt insoweit in Abs. 1 eine datenschutzrechtliche Erlaubnisnorm dar.

1. Normzweck

2 § 64 räumt Netzbetreibern auf ihr Verlangen hin einen Anspruch gegenüber dem Messstellenbetreiber auf **zeitnahe Übermittlung von Netzzustandsdaten** ein, die nach Maßgabe von § 56 im Auftrag des Netzbetreibers und in einem begründeten Fall bereits erhoben worden sind.[1]

3 In Abs. 2 wird zudem eine **Löschungspflicht** des Messstellenbetreibers hinsichtlich personenbezogener Daten nach der erfolgreichen Übermittlung statuiert, da auch Netzzustandsdaten (und nicht nur Messwerte etwa) Personenbezug aufweisen können.[2]

4 Zu Betrieb, Wartung, Regelung und Ausbau von Elektrizitätsnetzen nach **§§ 11–14 EnWG** sind Netzzustandsdaten unabdingbar. Dies gilt insbesondere bei Einspeise- und be-

---

1 Vgl. BerlKommEnR/*Ohrtmann/Netzband/Lehner*, § 56 MsbG Rn. 1 ff.
2 So auch *Lüdemana/Ortmann/Pokrant*, EnWZ 2016, 339, 343.

sonderen Verbrauchsanlagen. Einspeisewerte werden vom Gesetzgeber als datenschutzrechtlich weniger sensibel angesehen und den Netzbetreibern wird daher ein Anspruch auf zeitnahe Übermittlung in diesen Konstellationen eingeräumt.[3]

II. Übermittlungspflicht (Abs. 1)

1. Netzzustandsdaten

Netzzustandsdaten sind in § 2 S. 1 Nr. 16 legaldefiniert als Spannungs- und Stromwerte und Phasenwinkel sowie daraus errechenbare oder herleitbare Werte, die zur Ermittlung des Netzzustandes verwendet werden können. Hierunter fallen z. B. Stromfluss, Lastflüsse, Phasenwinkel, Spannung oder Frequenz. 5

2. Verlangen des Netzbetreibers an den Messstellenbetreiber

Hinsichtlich des Verlangens des Netzbetreibers ist **keine gesetzliche Form vorgeschrieben**. Insofern ist insbesondere kein Darlegen eines berechtigten Interesses notwendig; dies folgt schon aus der Eigenschaft als Netzbetreiber mit den damit einhergehenden Verpflichtungen nach §§ 11 ff. EnWG sowie der Erfüllung der Vorgaben aus § 56 zur Erhebung der Netzzustandsdaten. 6

Der Messstellenbetreiber als Adressat kann gemäß § 2 S. 1 Nr. 12 der grundzuständige Messstellenbetreiber nach § 2 S. 1 Nr. 4 sein oder ein Dritter, der die Aufgabe des Messstellenbetriebs (§ 3) durch einen Messstellenvertrag nach § 9 Abs. 1 S. 1 Nr. 4 wahrnimmt. 7

3. Vorhandensein eines intelligenten Messsystems

Mit der Voraussetzung des Vorhandenseins eines intelligenten Messsystems (§ 2 S. 1 Nr. 7) wird eine **Abgrenzung** vorgenommen zur modernen Messeinrichtung (§ 2 S. 1 Nr. 15). 8

4. Zweck des § 66 Abs. 1 Nr. 3

Der **erforderliche Datenumfang** zur Übermittlung ist durch die Verweisung auf § 66 Abs. 1 Nr. 3 sachlich begrenzt auf diejenigen Daten, die zur Pflichterfüllung nach dem EnWG notwendig sind. Als Zweck der Datenkommunikation ist insoweit in Abs. 1 die Erfüllung der **Pflichten aus §§ 11–14 EnWG**[4] angegeben. Diese Pflichten betreffen die **technisch-physikalische Ebene des Netzbetriebs**.[5] § 11 EnWG beinhaltet etwa die allgemeinen Anforderungen an **Netzbetreiber** bezüglich ihrer Aufgaben im Rahmen des Netzbetriebs[6], §§ 12, 13 EnWG die Aufgaben der **Übertragungsnetzbetreiber** und § 14 EnWG die Anforderungen an die **Verteilernetzbetreiber**.[7] 9

---

3 Vgl. Begründung zum Regierungsentwurf v. 17.2.2016, BT-Drs. 18/7555, S. 107.
4 Insbesondere § 14 Abs. 1 EnWG sowie § 12 Abs. 4 EnWG.
5 Vgl. *Filipowicz*, EWeRK 2/2016, 59, 62.
6 Danner/Theobald/*Theobald*, § 11 EnWG Rn. 1.
7 Vgl. auch BerlKommEnR/*Fabritius/Netzband/Ohrtmann/Lehner/Bruchmann*, § 66 MsbG Rn. 15.

§ 64 Übermittlung von Netzzustandsdaten; Löschung

5. Automatisiert und zeitnah

10 Die entsprechenden Netzzustandsdaten sind dem Netzbetreiber automatisiert und zeitnah zur Verfügung zu stellen, um einen reibungslosen Netzbetrieb zu gewährleisten. Dies wird in der Praxis vor allem durch die entsprechend verschlüsselte und prozessorientierte **Datenkommunikation nach § 52 Abs. 1** und entsprechende Festlegungen der Bundesnetzagentur sichergestellt werden müssen.

11 Abhängig von den betrieblichen Erfordernissen müssen Netzzustandsdaten nachträglich, kontinuierlich oder ereignisorientiert, z. B. bei Überschreitung von konkret vorbestimmten Grenzwerten, übermittelt werden können.

III. Löschungspflicht (Abs. 2)

1. Allgemeiner datenschutzrechtlicher Grundsatz

12 Wie auch § 63 S. 2 (in Bezug auf Stammdaten) sieht § 64 Abs. 2 eine **Löschungspflicht** vor.[8]

13 Im Rahmen des Abs. 2 gilt diese allerdings nur für den Messstellenbetreiber und auch nur für **personenbezogene Netzzustandsdaten**.[9] Nach erfolgreicher Übermittlung von personenbezogenen Netzzustandsdaten hat der Messstellenbetreiber diese unverzüglich zu löschen, um ein unnötiges Ansammeln potenziell sensibler Daten zu vermeiden.

14 Diese Löschungspflicht stellt eine **Konkretisierung des Erforderlichkeitsgrundsatzes** und der Löschungspflicht nach § 35 BDSG bzw. § 20 BDSG zur Vermeidung einer energiewirtschaftlichen „Vorratsdatenspeicherung" dar.

15 Der Wortlaut des § 64 Abs. 2 berücksichtigt dabei nicht, dass im Einzelfall die Aufbewahrung und Speicherung von Daten **nach anderen Vorschriften** vorgeschrieben sein kann. Eine Ausnahme zu den gesetzlichen Aufbewahrungspflichten hat der Gesetzgeber durch § 64 Abs. 2 jedoch offensichtlich nicht beabsichtigt.

16 Dementsprechend gelten neben dem § 64 Abs. 2 auch der **§ 35 Abs. 3 Nr. 1 BDSG** bzw. der **§ 20 Abs. 3 Nr. 1 BDSG**. Im Falle von Aufbewahrungspflichten tritt demzufolge an die Stelle der Löschungspflicht eine **Sperrungspflicht**. Es ist systematisch daher auch folgerichtig, dass die anderen Ausnahmeregelungen von der Löschungspflicht aus § 35 Abs. 3 BDSG bzw. § 20 Abs. 3 BDSG neben dem § 64 Abs. 2 Anwendung finden.

17 Regelungstechnisch wäre es klarer gewesen, wenn der Gesetzgeber in § 64 Abs. 2 statuiert hätte, dass datenschutzrechtlich der Zweck mit erfolgreicher Übermittlung der personenbezogenen Netzzustandsdaten erreicht ist und im Übrigen auf die allgemeinen Löschungsvorschrift der **§§ 20, 35 Abs. 2, Abs. 3 Nr. 1 BDSG** verwiesen hätte.

---

[8] Vgl. auch BerlKommEnR/*Ohrtmann/Netzband/Lehner*, § 63 MsbG Rn. 7 ff.

[9] Vgl. zum Personenbezug von Netzzustandsdaten BerlKommEnR/*Ohrtmann/Netzband/Lehner*, § 56 MsbG Rn. 12 ff.

III. Löschungspflicht (Abs. 2)   § 64

2. Bedeutung im Rahmen der DSGVO

§ 64 Abs. 2 wird im Rahmen der DSGVO nur wirksam fortbestehen können, wenn er dahingehend verstanden wird, dass er eine reine datenschutzrechtliche Zweckerreichungsregelung beinhaltet, die durch die Öffnungsklausel des öffentlichen Interesses (etwa Art. 6 Abs. 1 S. 1 lit. e) DSGVO, öffentliches Interesse) gedeckt ist und im Übrigen die Löschungsregelungen der DSGVO nicht abändern soll.

18

§ 65 Weitere Datenübermittlung

Eine über die §§ 60 bis 64 hinausgehende Datenübermittlung ist nur insoweit zulässig, wie
1. eine Einwilligung des Anschlussnutzers vorliegt, die den Anforderungen des § 4a des Bundesdatenschutzgesetzes genügt, oder
2. keine personenbezogenen Daten im Sinne von § 3 Absatz 1 des Bundesdatenschutzgesetzes genutzt oder übermittelt werden.

Schrifttum: *Cimiano/Herlitz,* „Smart Wohnen!" – Die „intelligente" Wohnung und rechtserhebliche Erklärungen über „Mieterportale", NZM 2016, 409; *Karsten/Leonhardt,* Datenschutzrechtliche Anforderungen bei intelligenten Messsystemen – Das neue „Gesetz zur Digitalisierung der Energiewende", RDV 2016, 22; *Keppeler,* Personenbezug und Transparenz im Smart Meter-Datenschutz zwischen europäischem und nationalem Recht, EnWZ 2016, 99; *Schäfer-Stradowsky/Boldt,* Energierechtliche Anmerkungen zum Smart Meter-Rollout, EnWZ 2015, 349.

Übersicht

	Rn.		Rn.
I. Allgemeines	1	b) Koppelungsverbot gemäß § 49 Abs. 5	10
II. Zusätzliche Übermittlung von Daten	6	c) Grenzen der Einwilligung	12
1. Einwilligung gemäß § 4a BDSG (Nr. 1)	7	2. Kein Personenbezug gemäß § 3 Abs. 1 BDSG (Nr. 2)	14
a) Vorgaben des § 4a BDSG	8		

I. Allgemeines

1 § 65 stellt die **Zweckbindung** der Datenübermittlung in §§ 60–64 nochmals deutlich heraus. Gemäß § 65 dürfen über diese Normen hinaus Daten nur mit Einwilligung des Anschlussnutzers (§ 59 Nr. 1) oder **anonymisiert** (§ 59 Nr. 2) übermittelt werden.[1]

2 Dem Anschlussnutzer steht es im Rahmen des § 65 frei – wie auch durch die Regelungen der §§ 59, 70 bezüglich der weiteren Datenerhebung bzw. der weiteren Datenverwendung –, in zusätzliche Datenübermittlungen einzuwilligen. Dies ist letztlich Ausdruck der **Datenhoheit** oder auch **Datensouveränität** des Anschlussnutzers und folgt dem **datenschutzrechtlichen Paradigma des präventiven Verbots mit Erlaubnisvorbehalt**, nach dem die Übermittlung personenbezogener Daten nur zulässig ist, soweit eine Rechtsvorschrift dies erlaubt oder der Betroffene eingewilligt hat.

3 § 65 entspricht größtenteils wortwörtlich § 59[2] und reiht sich ein in die Generalklauseln im MsbG, die eine weitere Datenerhebung, -übermittlung sowie Messwertnutzung und Datenaustausch über das gesetzliche Maß hinaus vorsehen.[3]

---

1 Vgl. Begründung zum Regierungsentwurf v. 17.2.2016, BT-Drs. 18/7555, S. 107.
2 Vgl. Begründung zum Regierungsentwurf v. 17.2.2016, BT-Drs. 18/7555, S. 107.
3 Insofern sei auch auf die Kommentierung der §§ 59, 70 verwiesen, BerlKommEnR/*Ohrtmann/Netzband/Lehner,* § 59 MsbG Rn. 2 ff., und BerlKommEnR/*Fabritius/Ohrtmann/Lehner,* § 70 MsbG Rn. 5 ff.

II. Zusätzliche Übermittlung von Daten § 65

Um die **Potenziale des Smart Metering** vollständig ausschöpfen zu können, bietet es sich für den Verbraucher unter Umständen an, auch externe Dienstleister bzw. spezielle IT-Anwendungen heranzuziehen. Die intelligenten Messsysteme übermitteln ihre Daten sodann entsprechend der datenschutzrechtlichen Vorgaben und der vorherigen schriftlichen Zustimmung durch den Letztverbraucher direkt an das System.

Die Regelung des § 65 ermöglicht perspektivisch somit ein breites Anwendungsfeld von diversen stark vernetzten **Smart Home-Applikationen** und von sonstigen **Mehrwertdiensten** für den Anschlussnutzer.[4] Für die Funktion vieler dieser Dienste sind zusätzliche Datenübermittlungen zwingend notwendig. Als energiefremde Dienste, die **nicht zwingend energiewirtschaftlich gefordert** sind,[5] bedürfen diese stets der Legitimation durch Einwilligung des Anschlussnutzers.[6]

II. Zusätzliche Übermittlung von Daten

§ 65 eröffnet in sachlicher Hinsicht die Möglichkeit einer zusätzlichen Übermittlung von Daten. Eine zusätzliche Übermittlung von Daten ist aber nur zulässig, wenn der Anschlussnutzer hierin einwilligt (Nr. 1) oder keine personenbezogenen Daten betroffen sind (Nr. 2).

1. Einwilligung gemäß § 4a BDSG (Nr. 1)

In § 65 Nr. 1 wird die entsprechende Anwendbarkeit des § 4a BDSG und damit einhergehend ein grundsätzliches Schriftformerfordernis festgelegt.

a) Vorgaben des § 4a BDSG

Nach § 4a Abs. 1 BDSG ist eine Einwilligung nur wirksam, wenn sie auf der **freien, bestimmten und informierten Entscheidung des Betroffenen** beruht.[7] Die Einwilligung muss **widerrufbar** sein und **grundsätzlich schriftlich** erfolgen gemäß § 4a Abs. 1 S. 3 BDSG. Nach den Vorgaben der DSGVO, die am 25.5.2018 Geltung erhalten und als in den Mitgliedstaaten unmittelbar anwendbares Recht die Regelungen des BDSG überlagern wird, ist **keine schriftliche Einwilligung** mehr erforderlich. Vielmehr ist der Regelfall sodann die unmissverständliche Willensbekundung durch Erklärung oder eine sonstige eindeutig zustimmende Handlung (vgl. Art. 4 Nr. 11 DSGVO).

Teilweise wird es als zweckmäßig angesehen, die Vorgaben des **§ 13 Abs. 2 TMG** bzw. **§ 94 TKG** ausreichen zu lassen hinsichtlich der Formalien der Einwilligung, um eine **Einwilligung über mobile Applikationen** des Anschlussnutzers zu ermöglichen.[8] Die **Warnfunktion des Schriftformerfordernisses zum Schutz des Nutzers** und sensibler Daten ginge so allerdings verloren.

---

4 Vgl. hierzu *Cimiano/Herlitz*, NZM 2016, 409, 412 ff.
5 Vgl. die Priorisierung von Anwendungen in § 21 Abs. 1 Nr. 4 lit. a).
6 Vgl. Begründung zum Regierungsentwurf v. 17.2.2016, BT-Drs. 18/7555, S. 107.
7 Vgl. hierzu Spindler/Schuster/*Nink*, § 4a BDSG Rn. 6.
8 Vgl. Stellungnahme des BDEW zum Regierungsentwurf eines Gesetzes zur Digitalisierung der Energiewende vom 7.4.2016, S. 22.

§ 65 Weitere Datenübermittlung

b) Koppelungsverbot gemäß § 49 Abs. 5

10 Die Energiebelieferung des Anschlussnutzers oder der jeweilige Tarifzugang darf gemäß § 49 Abs. 5 nicht von der Angabe personenbezogener Daten abhängig gemacht werden, die hierfür nicht unbedingt erforderlich sind.

11 Die **Nichtabgabe einer Einwilligungserklärung für einen bestimmten Mehrwertdienst** darf insofern **keinen Nachteil für den Anschlussnutzer bedeuten**. Ebenso darf die Beanspruchung eines konkreten variablen Tarifs nicht davon abhängig gemacht werden, ob der Nutzer in die zusätzliche Übermittlung von personenbezogenen Daten eingewilligt hat.

c) Grenzen der Einwilligung

12 § 65 richtet sich ausschließlich an den Anschlussnutzer und somit an den **vertraglich Berechtigten**.[9] Eine Einwilligung durch diesen in eine weitere Datenübermittlung ist aber ausgeschlossen, soweit **Rechte Dritter betroffen** sind.[10] Inwieweit beim Smart Metering Rechte Dritter angesichts von Personenbezug betroffen sind, ist **umstritten**.[11]

13 Grundsätzlich ist festzuhalten, dass in den meisten Fällen der Anschlussnutzer nicht alleine für das Verbrauchsaufkommen verantwortlich sein wird, sondern auch (zumindest zeitweise) weitere Personen im Haushalt durch die Nutzung elektrischer Geräte hierzu beitragen. Falls tatsächlich personenbezogene Daten weiterer Personen infrage stehen, würde eine Einwilligung durch den Anschlussnutzer nicht ausreichen, um das Recht auf informationelle Selbstbestimmung aus Art. 2 Abs. 1 i.V.m. Art. 1 Abs. 1 GG aller Betroffenen zu sichern.[12]

2. Kein Personenbezug gemäß § 3 Abs. 1 BDSG (Nr. 2)

14 Nicht personenbezogene Daten weisen grundsätzlich **keine besonders hohe datenschutzrechtliche Sensibilität** auf, weswegen in § 65 Nr. 2 auf das Einwilligungserfordernis nach § 4a BDSG verzichtet wurde. Der Personenbezug im Smart Metering-Kontext ist allerdings nach derzeitigem Stand nicht klar abgegrenzt.[13] In der Orientierungshilfe zum Smart Metering ging man bereits im Jahr 2012 von einem grundsätzlichen **Personenbezug aller Daten** aus, auch wenn es sich um **technische Daten** handele.[14] Diese Auffassung teilt der Gesetzgeber allerdings nicht.

15 In der Praxis wird zur vollständigen Entfernung des Personenbezugs auf eine **Anonymisierung der Daten** zurückzugreifen sein, soweit dies im Hinblick auf den Verwendungszweck möglich ist, vgl. § 52 Abs. 3.

---

9 Vgl. die Legaldefinition des Anschlussnutzers in § 2 S. 1 Nr. 3.
10 Vgl. *Karsten/Leonhardt*, RDV 2016, 22, 23.
11 Eine differenzierte Analyse des Personenbezugs von Smart Meter-Daten nimmt *Keppeler*, EnWZ 2016, 99 ff., vor; s. auch *Schäfer-Stradowsky/Boldt*, EnWZ 2015, 349, 350 f.
12 Vgl. *Karsten/Leonhardt*, RDV 2016, 22, 23 mit Verweis auf Gola/Schomerus/*Gola/Klug/Körffer*, § 4a BDSG Rn. 25 (Fn. 13).
13 Vgl. *Keppeler*, EnWZ 2016, 99 ff.
14 Vgl. Konferenz der Datenschutzbeauftragten des Bundes und der Länder und Düsseldorfer Kreis, Orientierungshilfe datenschutzgerechtes Smart Metering, S. 18.

Abschnitt 2
Zulässiger Datenaustausch: Pflichten der übrigen an der Datenkommunikation Beteiligten

§ 66 Messwertnutzung zu Zwecken des Netzbetreibers; Übermittlungspflicht; Löschung

(1) Der Netzbetreiber darf erhaltene Messwerte ausschließlich verwenden, soweit dies für folgende Zwecke zwingend erforderlich ist:
1. Durchführung der Netznutzungsabrechnung,
2. Abwicklung der Abnahme- und Förderpflichten nach dem Erneuerbare-Energien-Gesetz und dem Kraft-Wärme-Kopplungsgesetz,
3. Erfüllung der Pflichten aus den §§ 11 bis 14 des Energiewirtschaftsgesetzes,
4. Durchführung eines Einspeisemanagements nach § 14 des Erneuerbare-Energien-Gesetzes in Verbindung mit § 13 Absatz 2 des Energiewirtschaftsgesetzes,
5. Durchführung des Flexibilitätsmechanismus nach § 14a des Energiewirtschaftsgesetzes,
6. Bestimmung der Konzessionsabgabe nach der Konzessionsabgabenverordnung,
7. Bewirtschaftung seines Differenzbilanz- und Netzverlustbilanzkreises,
8. Aggregation der Last- und Einspeisegänge von Einzelzählpunkten zu Bilanzkreissummenzeitreihen je Bilanzkreis und Bilanzierungsgebiet für die Einbeziehung in die Bilanzkreisabrechnung in den Fällen, die nicht von § 67 Absatz 1 Nummer 6 erfasst sind,
9. Erhebung der EEG-Umlage von Elektrizitätsversorgungsunternehmen, Letztverbrauchern und Eigenversorgern nach dem Erneuerbare-Energien-Gesetz,
10. Erfüllung weiterer sich aus den Festlegungen der Bundesnetzagentur nach § 75 ergebender Pflichten.

(2) Standardmäßig übermittelt der Netzbetreiber monatlich für den Vormonat
1. dem Energielieferanten für die in § 69 Absatz 1 Nummer 3 und 4 genannten Zwecke Last- und Einspeisegänge sowie Arbeitswerte von Einzelzählpunkten in den Fällen, die nicht von § 67 Absatz 1 Nummer 6 erfasst sind,
2. dem Bilanzkoordinator für den in § 67 Absatz 1 Nummer 7 genannten Zweck Bilanzkreissummenzeitreihen je Bilanzkreis und Bilanzierungsgebiet in den Fällen, die nicht von § 67 Absatz 1 Nummer 6 erfasst sind,
3. die zur Erfüllung weiterer, sich aus den Festlegungen der Bundesnetzagentur nach § 75 ergebender Pflichten erforderlichen Daten.

(3) Der Netzbetreiber muss sämtliche personenbezogenen Messwerte löschen, sobald für seine Aufgabenwahrnehmung eine Speicherung nicht mehr erforderlich ist.

Schrifttum: *Kermel/Dinter*, Gesetz zur Digitalisierung der Energiewende: Das Messstellenbetriebsgesetz im Überblick, RdE 2016, 158; *Lüdemann/Ortmann/Pokrant*, Das neue Messstellenbetriebsgesetz, EnWZ 2016, 339; *Raabe/Meyer*, Das Kraft-Wärme-Kopplungsgesetz, NJW 2000, 2253.

§ 66 Messwertnutzung zu Zwecken des Netzbetreibers; Übermittlungspflicht; Löschung

Übersicht

	Rn.		Rn.
I. Allgemeines	1	f) Bestimmung der Konzessionsabgabe nach der KAV (Nr. 6)	18
1. Normzweck	2	g) Bewirtschaftung seines Differenzbilanz- und Netzverlustbilanzkreises (Nr. 7)	19
2. Entstehungsgeschichte	3		
3. Adressaten	8		
II. Messwertnutzung durch den Netzbetreiber (Abs. 1)	10	h) Aggregation der Last- und Einspeisegänge von Einzelzählpunkten zu Bilanzkreissummenzeitreihen (Nr. 8)	20
1. Zweckbindung der Messwertnutzung	10		
2. Verwendungszwecke nach Abs. 1	13		
a) Durchführung der Netznutzungsabrechnung (Nr. 1)	13	i) Erhebung der EEG-Umlage von Letztverbrauchern und Eigenversorgern nach § 61 EEG i.V.m. der AusglMechV (Nr. 9)	21
b) Abwicklung der Abnahme- und Förderpflichten nach dem EEG und dem KWKG (Nr. 2)	14		
c) Erfüllung der Pflichten aus den §§ 11–14 EnWG (Nr. 3)	15	j) Erfüllung weiterer sich aus den Festlegungen der Bundesnetzagentur nach § 75 ergebender Pflichten (Nr. 10)	22
d) Durchführung eines Einspeisemanagements nach § 14 i.V.m. § 13 Abs. 2 EnWG (Nr. 4)	16	III. Übermittlungspflicht (Abs. 2)	23
e) Durchführung des Flexibilitätsmechanismus nach § 14a EnWG (Nr. 5)	17	IV. Löschungspflicht (Abs. 3)	24
		1. Allgemeiner datenschutzrechtlicher Grundsatz	24
		2. Bedeutung im Rahmen der DSGVO	28

I. Allgemeines

1 Die §§ 66–70 enthalten, jeweils differenziert nach den energiewirtschaftlichen Marktrollen,[1] abschließende Regelungen dazu, für welche Zwecke die jeweiligen Adressaten die **erhaltenen Messwerte verwenden dürfen oder müssen**.[2]

1. Normzweck

2 § 66 gestaltet die allgemeinen Anforderungen an Datenerhebung, -verarbeitung und -nutzung des § 50 für Betreiber von Verteilernetzen und Betreiber von Übertragungsnetzen aus und konkretisiert – soweit personenbezogene Daten betroffen sind – die datenschutzrechtlichen Grundsätze von **Zweckbindung, Erforderlichkeit und Datensparsamkeit** bei der Messwertnutzung. § 66 Abs. 1 und 2 stellen (ggf. in Verbindung mit Festlegungen der Bundesnetzagentur nach § 75) eine bereichsspezifische Erlaubnisnorm gemäß § 4 Abs. 1 BDSG dar, die als andere Rechtsvorschrift des Bundes nach § 1 Abs. 3 S. 1 BDSG die Verarbeitung von personenbezogenen Daten regelt. Die Norm ist damit – wie viele andere Regelungen dieses Gesetzes – eine gemischt datenschutz- und energierechtliche Norm. Die Regelung dient dazu, Verteilernetz- und Übertragungsnetzbetreibern die Messwerte bereitzustellen, die diese für eine effiziente Systemführung benötigen.

---

1 Vgl. *Kermel/Dinter*, RdE 2016, 158.
2 Vgl. Begründung zum Regierungsentwurf v. 17.2.2016, BT-Drs. 18/7555, S. 109.

2. Entstehungsgeschichte

§ 66 steht im Kontext der Bestimmungen zur **Datenkommunikation** (§§ 49–75) und löst als spezielle Norm für die Messwertnutzung der Verteilernetzbetreiber die **generellen datenschutzrechtlichen Vorschriften im EnWG** ab.[3] Die Bundesnetzagentur führt in ihrer Stellungnahme zum Entwurf des MsbG an, dass die Beschränkung in den §§ 66–69 auf „zwingend erforderliche" Nutzungszwecke sowohl zur Entlastung der Verteilernetzbetreiber als auch der Verbraucher beitrage.[4]

Im **Gesetzgebungsverfahren** wurde zu der Regelung der Messwertnutzung in § 66 durch die Verteilernetzbetreiber **kritisch Stellung bezogen**. Der ARGEnergie e. V. als Interessensverband der Unternehmen in der Energiewirtschaft kritisierte, dass die in den §§ 60, 66 und 67 neu vorgesehene Aufgabenverteilung im MsbG nicht nachvollziehbar sei. Durch die lediglich monatliche Übermittlung (§ 60 Abs. 3 Nr. 1) der aggregierten Summenzeitreihen könne der Netzbetreiber sein Netz nicht ausbilanzieren.[5] Auf eine tagesscharfe Messwertübermittlung sei der Verteilernetzbetreiber insbesondere aufgrund der ihm zugewiesenen Zuständigkeit für die Bildung von aggregierten Summenzeitreihen angewiesen (§ 66 Abs. 1 Nr. 6). Der ARGEnergie e. V. geht von einer erschwerten Netzsteuerung für den Verteilernetzbetreiber und erheblichen Mehrkosten aus.[6]

Dieser Einschätzung schloss sich die Bundesvereinigung der kommunalen Spitzenverbände an und empfahl ein dezentrales Datenmanagement durch die Verteilernetzbetreiber sowie einen direkten Zugang dieser zu Smart Metern, Anlagen und Daten.[7] Die BET Büro für Energiewirtschaft und technische Planung GmbH hielt die neu geregelte Übermittlung der abrechnungsrelevanten Daten an den Netzbetreiber für **ineffizient und kontraproduktiv** für die Akteure. Vorgeschlagen wurde ein weitergehender **Zugriff der Verteilernetzbetreiber auf die Einzelzeitreihen** aller fernauslesbaren Messstellen in deren Netz sowie die **Zuständigkeit für die Aggregation** und die **Pflicht zur Übermittlung als Summenzeitreihen** an die Übertragungsnetzbetreiber.[8]

Der Wirtschaftsausschuss des Bundesrats legte dem Bundesrat eine differenzierte Stellungnahme unter Berücksichtigung der **Argumente der Verteilnetzbetreiber zu den Neuregelungen für Verteilernetz- und Übertragungsnetzbetreiber** vor.[9] Die vorgesehene Rollenverteilung in der Datenaufbereitung und -kommunikation, namentlich die Zuständigkeit der Übertragungsnetzbetreiber für die Aggregation von Last- und Einspeisegängen, sei kritisch zu beurteilen. Es herrsche Uneinigkeit in der Frage, ob diese Rollenverteilung konsistent mit den im EnWG vorgesehenen Aufgaben der Verteilernetzbetreiber sowie den Anforderungen an diese sei.[10]

---

3 Insbesondere §§ 21g und 21h EnWG a. F., vgl. *Lüdemann/Ortmann/Pokrant*, EnWZ 2016, 339.
4 Stellungnahme der BNetzA zum „Gesetz zur Digitalisierung der Energiewende" (BT-Drs. 18/7555).
5 Stellungnahme des ARGEnergie e.V. zum MsbG-Entwurf v. 21.9.2015, S. 2.
6 Stellungnahme des ARGEnergie e.V. zum MsbG-Entwurf v. 21.9.2015, S. 1.
7 Vgl. Gemeinsame Stellungnahme der Bundesvereinigung der kommunalen Spitzenverbände v. 8.4.2016, S. 2.
8 Vgl. Kurzgutachten der BET Büro für Energiewirtschaft und technische Planung GmbH zum MsbG v. 12.4.2016, S. 6.
9 Vgl. BR-Drs. 543/1/15, S. 34.
10 Vgl. BR-Drs. 543/1/15, S. 34.

§ 66 Messwertnutzung zu Zwecken des Netzbetreibers; Übermittlungspflicht; Löschung

7   Der Wirtschaftsausschuss des Bundesrats empfahl dem Bundesrat des Weiteren eine Änderung des § 66 Abs. 1 Nr. 1 und 7 sowie die Aufnahme der zusätzlichen Nr. 10 bis 12. Die vorgeschlagene Fassung des § 66 Abs. 1 Nr. 1 der Messwertnutzung zur „Kalkulation der Netzentgelte, Durchführung der Netznutzungsabrechnung, Durchführung weiterer Netzdienstleistungen sowie Erfüllung der Pflichten aus den §§ 20, 27 und 28 der Stromnetzentgeltverordnung" verfolge das Ziel, den Netzbetreibern das Erfüllen der jährlich durchzuführenden **Kalkulation der Netzentgelte nach § 17 ARegV** in Verbindung mit den §§ 20, 27 und 28 der StromNEV datenschutzrechtlich zu ermöglichen.[11] In § 66 Abs. 1 Nr. 7 sollten die Wörter „in den Fällen, die nicht von § 67 Absatz 1 Nummer 6 erfasst sind" gestrichen werden, um ein einheitliches, marktetabliertes Verfahren zur Weitergabe von Bilanzkreissummenzeitreihen zum Zwecke der Bilanzkreisabrechnung zu erhalten.[12] Als neu anzufügende Nr. 10 wurde die Messwertnutzung zur „Abrechnung individueller Netzentgelte nach § 19 der Stromnetzzugangsverordnung" empfohlen. Hiermit sollte den Netzbetreibern ermöglicht werden, die Messwerte auch zur **Bestimmung individueller Netzentgelte** nach § 19 StromNEV – in Hinblick auf eine mögliche Abdeckung durch § 50 Abs. 1 Nr. 3 – zu nutzen.[13] Die Messwertnutzung zur „Erfüllung weiterer sich aus der Umsetzung des Energieinformationsnetzes nach § 12 Absatz 4 des Energiewirtschaftsgesetzes ergebenden Pflichten" als neue Nr. 11 sollte im Rahmen der **Umsetzung des § 12 Abs. 4 EnWG Rechtssicherheit schaffen**. Ziel sei es sicherzustellen, dass künftige, das Energieinformationsnetz betreffende sektorale Vereinbarungen, die unter Moderation der Bundesnetzagentur geschlossen werden, möglich und umsetzbar blieben.[14] Als abschließende Nr. 12 wurde die Messwertnutzung zur „Erfüllung der Pflichten aus den § 10, § 11 und § 12 Absatz 2 der Stromnetzzugangsverordnung" vorgeschlagen, da nur ein Teil der Netzbetreiber, insbesondere die Verteilernetzbetreiber, zur Führung von Bilanzkreisen verpflichtet seien. Da es sich bei § 66 Abs. 1 um einen abschließenden Katalog handle, solle die Pflicht in Hinblick auf eine mögliche Abdeckung durch § 50 Abs. 1 Nr. 3 dennoch klarstellend genannt werden.[15] Die **Empfehlungen zur Änderung des § 66** sind in Art. 1 des Gesetzes zur Digitalisierung der Energiewende, das am 2.9.2016 in Kraft getreten ist,[16] **nicht umgesetzt worden**.

3. Adressaten

8   Adressaten des § 66 sind **Verteilernetzbetreiber** und **Übertragungsnetzbetreiber**.[17] Die Messwertnutzung explizit durch die Übertragungsnetzbetreiber wird darüber hinaus in § 67 geregelt.

9   Verteilernetzbetreiber sind nach der in **§ 3 Nr. 3 EnWG** enthaltenen Legaldefinition natürliche oder juristische Personen oder rechtlich unselbständige Organisationseinheiten eines Energieversorgungsunternehmens, die die Aufgabe der Verteilung von Elektrizität wahrnehmen und verantwortlich sind für den Betrieb, die Wartung sowie erforderlichenfalls

---

11 Vgl. BR-Drs. 543/1/15, S. 30.
12 Vgl. BR-Drs. 543/1/15, S. 30.
13 Vgl. BR-Drs. 543/1/15, S. 30.
14 Vgl. BR-Drs. 543/1/15, S. 30.
15 Vgl. BR-Drs. 543/1/15, S. 30.
16 Gesetz zur Digitalisierung der Energiewende v. 29.8.2016, BGBl. I, S. 2034.
17 Vgl. Begründung zum Regierungsentwurf v. 17.2.2016, BT-Drs. 18/7555, S. 109.

den Ausbau des Verteilernetzes in einem bestimmten Gebiet und gegebenenfalls der Verbindungsleitungen zu anderen Netzen.[18]

II. Messwertnutzung durch den Netzbetreiber (Abs. 1)

1. Zweckbindung der Messwertnutzung

In Abs. 1 werden die Zwecke enumeriert, zu denen Verteiler- und Übertragungsnetzbetreiber (im Folgenden gemeinsam als Netzbetreiber bezeichnet) die erhobenen Messwerte verwenden dürfen. Die Verwendungszwecke für Messwerte durch Verteiler- und Übertragungsnetzbetreiber sind in Abs. 1 Nr. 1–10 abschließend benannt. Eine weitergehende Messwertnutzung durch die Netzbetreiber ist – soweit personenbezogene Daten betroffen sind – nur bei Vorliegen einer **Einwilligung** des Anschlussnutzers nach **Maßgabe des BDSG** möglich. 10

Nach der Konzeption des Gesetzgebers ist die **mehrfache Nutzung der Messwerte** zulässig und aus Gründen der Datensparsamkeit im Einzelfall sogar zwingend, um diese nicht für jede Nutzung neu erheben zu müssen.[19] Die Bundesnetzagentur betrachtet als Ziel der Datensparsamkeit insbesondere die Vermeidung der unnötigen Weitergabe der Daten. Dies soll durch gezielte Weitergabe der Messwerte an Berechtigte erreicht werden.[20] 11

Die kleintaktige Datenkommunikation (15-Minutenwerte des Vortages) beschränkt sich auf Verbrauchswerte oberhalb derer von Privathaushalten, um dem Recht auf informationelle Selbstbestimmung aus Art. 2 Abs. 1 i.V.m. Art. 1 Abs. 1 GG Rechnung zu tragen.[21] Der typische Jahresverbrauchswert eines Privathaushalts liegt bei ungefähr 3.500 kWh pro Jahr. Letztverbraucher mit einem Jahresverbrauch unter 10.000 kWh pro Jahr sind von der kleintaktigen Datenübermittlung ausgenommen.[22] 12

2. Verwendungszwecke nach Abs. 1

a) Durchführung der Netznutzungsabrechnung (Nr. 1)

Nr. 1 gestattet den Netzbetreibern die erhaltenen Messwerte zur **Netznutzungsabrechnung** gegenüber den Lieferanten für Netzkunden – sowohl der Standardlastprofilkunden (SLP) und der Kunden mit registrierender Leistungsmessung (RLM)[23] als auch der Kunden aus dem Verfahren der Zählerstandsgangmessung – zu nutzen. 13

---

18 Zur Begriffsbestimmung der Übertragungsnetzbetreiber siehe BerlKommEnR/*Fabritius/Netzband/Ohrtmann/Lehner/Bruchmann*, § 67 MsbG Rn. 10.
19 Vgl. Begründung zum Regierungsentwurf v. 17.2.2016, BT-Drs. 18/7555, S. 110.
20 Vgl. Stellungnahme der BNetzA zum „Gesetz zur Digitalisierung der Energiewende" (BT-Drs. 18/7555).
21 Vgl. BR-Drs. 543/15, S. 176.
22 Vgl. BR-Drs. 543/15, S. 176.
23 Vgl. Schneider/Theobald/*de Wyl/Thole/Bartsch*, § 16 Rn. 344.

§ 66   Messwertnutzung zu Zwecken des Netzbetreibers; Übermittlungspflicht; Löschung

b) Abwicklung der Abnahme- und Förderpflichten nach dem EEG und dem KWKG (Nr. 2)

14   Nr. 2 enthält die Ermächtigung zur Nutzung der Messwerte zwecks **Abwicklung der sich aus EEG und KWKG ergebenden Abnahme- und Vergütungspflichten**. Aus dem KWKG sind dies die Abnahme- und Vergütungspflicht der Netzbetreiber für Strom aus KWK-Anlagen gemäß § 3 Abs. 1 S. 1 KWKG,[24] aus dem EEG die Pflicht aus § 11 EEG, vorrangig den gesamten angebotenen EEG-Strom physikalisch abzunehmen, zu übertragen und zu verteilen[25] sowie die Anschluss- und Vergütungspflichten aus §§ 8 und 19 EEG.

c) Erfüllung der Pflichten aus den §§ 11–14 EnWG (Nr. 3)

15   Nr. 3 ermächtigt den Netzbetreiber zur Messwertnutzung, soweit sie zur **Erfüllung der Pflichten aus den §§ 11–14 EnWG** erforderlich ist. Betreiber von Energieversorgungsnetzen sind nach § 11 Abs. 1 EnWG verpflichtet, ein sicheres, zuverlässiges und leistungsfähiges Energieversorgungsnetz diskriminierungsfrei zu betreiben, zu warten und bedarfsgerecht zu optimieren, zu verstärken und auszubauen, soweit es wirtschaftlich zumutbar ist.[26] Zielgerichtete Auswertungen der Viertelstundenwerte können es dem Netzbetreiber ermöglichen, Zusammenhänge im Verbrauchs- und Einspeiseverhalten besser zu analysieren und so einen Beitrag zur Optimierung der Netzsteuerung sowie zum Erkennen von Wartungs- und Netzausbaubedarfen leisten. Die §§ 12–13 EnWG richten sich an Betreiber von Übertragungsnetzen,[27] während § 14 EnWG an die Verteilernetzbetreiber gerichtet ist, nachdem die §§ 12, 13 bis 13c EnWG und die auf Grundlage des § 13i Abs. 3 EnWG erlassenen Rechtsverordnungen für sie im Rahmen ihrer Verteilungsaufgaben entsprechend gelten, soweit sie für die Sicherheit und Zuverlässigkeit der Elektrizitätsversorgung in ihrem Netz verantwortlich sind.[28]

d) Durchführung eines Einspeisemanagements nach § 14 i.V.m. § 13 Abs. 2 EnWG (Nr. 4)

16   Nr. 4 regelt die Messwertnutzung zum **Einspeisemanagement** durch den Netzbetreiber. Nach § 14 EEG i.V.m. § 13 Abs. 2 EnWG kann der Netzbetreiber im Rahmen des Einspeisemanagements sowohl unmittelbar als auch mittelbar an sein Netz angeschlossene Anlagen zur Erzeugung von EEG-, KWK- und Grubengasstrom regeln.[29]

e) Durchführung des Flexibilitätsmechanismus nach § 14a EnWG (Nr. 5)

17   Nr. 5 stellt den Erlaubnistatbestand für den Netzbetreiber zur Messwertnutzung dar, soweit er den Flexibilitätsmechanismus nach § 14a EnWG durchführt, dessen Ziel es ist, durch eine erhöhte Gesamteffizienz das Netz zu entlasten und Netzspitzen nach Möglichkeit zu vermeiden.[30]

---

24 Vgl. *Raabe/Meyer*, NJW 2000, 2253.
25 BeckOK EEG/*Woltering*, Einleitung zu § 11.
26 Danner/Theobald/*Theobald*, § 11 EnWG Rn. 1.
27 Vgl. dazu § 67.
28 Danner/Theobald/*Theobald*, § 14 EnWG Rn. 1.
29 BeckOK EEG/*Schellberg*, 88 EL. 2016, § 14 EnWG Rn. 7.
30 BeckOK EEG/*Schellberg*, 88 EL. 2016, § 14a EnWG Rn. 4.

f) Bestimmung der Konzessionsabgabe nach der KAV (Nr. 6)

Nr. 6 ermächtigt den Netzbetreiber zur Messwertnutzung zwecks **Bestimmung der Konzessionsabgabe**. Nach der KAV sind die Marktakteure bei Nutzung der öffentlichen Verkehrswege im Gemeindegebiet verpflichtet, Konzessionsabgaben an die Gemeinden zu leisten.[31] Zur Bestimmung der Höhe dieser Konzessionsabgabe ist die Nutzung der erhaltenen Messwerte notwendig.

18

g) Bewirtschaftung seines Differenzbilanz- und Netzverlustbilanzkreises (Nr. 7)

Nr. 7 ermächtigt den Netzbetreiber dazu, die erhaltenen Messwerte zur **Bewirtschaftung seines Differenzbilanz- und Netzverlustbilanzkreises** zu verwenden. Die breitere Datenbasis ermöglicht dabei, Abweichungen zwischen den standardisierten Verbrauchsannahmen der Standardlastprofilkunden und deren tatsächlichem Verbrauch besser zu prognostizieren und den Differenzbilanzkreis entsprechend zu bewirtschaften. Dieser Nutzungszweck ist im Laufe des Gesetzgebungsverfahrens ergänzt worden.

19

h) Aggregation der Last- und Einspeisegänge von Einzelzählpunkten zu Bilanzkreissummenzeitreihen (Nr. 8)

Nr. 8 regelt die Messwertnutzung zur **Aggregation der Last- und Einspeisegänge von Einzelzählpunkten zu Bilanzkreissummenzeitreihen** je Bilanzkreis und Bilanzierungsgebiet für die Einbeziehung in die Bilanzkreisabrechnung. Dies gilt aber nur für Fälle, die nicht von § 67 Abs. 1 Nr. 6 erfasst sind. Die Regelung stellt damit die **Verlagerung der Bilanzierungsverantwortung** für Messstellen, die mit intelligenten Messsystemen ausgestattet sind, **auf die Übertragungsnetzbetreiber** dar. Die Verteilnetzbetreiber sind daher nur noch für das Datenmanagement der Bilanzkreissummenzeitreihen bei konventionellen Messstellen zuständig.[32]

20

i) Erhebung der EEG-Umlage von Letztverbrauchern und Eigenversorgern nach § 61 EEG i.V.m. der AusglMechV (Nr. 9)

Nr. 9 ermächtigt zur Nutzung der Messwerte zwecks **Erhebung der EEG-Umlage** von Letztverbrauchern und Eigenversorgern nach § 61 EEG. § 61 EEG dient dem Verbraucherschutz sowie der Schaffung eines transparenten bundesweiten Ausgleichsmechanismus vom Netzbetreiber bis zum Letztverbraucher.[33]

21

j) Erfüllung weiterer sich aus den Festlegungen der Bundesnetzagentur nach § 75 ergebender Pflichten (Nr. 10)

Nr. 10 regelt die Messwertnutzung zu Zwecken, die im Wege einer **Festlegung der Bundesnetzagentur** nach § 75 Nr. 8 angeordnet werden. Die Festlegungen der Bundesnetzagentur nach § 29 Abs. 1 EnWG verfolgen den Zweck der bundesweiten Vereinheitlichung

22

---

31 Danner/Theobald/*Theobald/Templin*, § 1 KAV Rn. 4.
32 Zur Kritik daran vgl. BerlKommEnR/*Fabritius/Netzband/Ohrtmann/Lehner/Bruchmann*, § 67 MsbG Rn. 7.
33 Reshöft/Schäfermeier/*Sommerfeldt/Findeisen*, § 61 Rn. 2.

§ 66 Messwertnutzung zu Zwecken des Netzbetreibers; Übermittlungspflicht; Löschung

der Bedingungen für den Messstellenbetrieb und der Datenerhebung, -verarbeitung und -nutzung.

III. Übermittlungspflicht (Abs. 2)

23 Gemäß Abs. 2 ist der Netzbetreiber standardmäßig dazu verpflichtet, dem **Energielieferanten** monatlich die **Messwerte für den Vormonat** zu übermitteln, die dieser für die in § 69 Abs. 1 Nr. 3 und 4 genannten Zwecke, namentlich für die Durchführung eines Lieferanten- oder Tarifwechsels, benötigt. Die Übermittlungspflicht des Netzbetreibers wird durch die Negativformulierung in Abs. 2 Nr. 1 dahingehend ausgeweitet, dem Energielieferanten **Arbeitswerte von Einzelzählpunkten** zu übermitteln, die nicht bereits durch die Aggregation von Last- und Einspeisegängen (§ 67 Abs. 1 Nr. 6) erfasst sind. Ferner übermittelt der Netzbetreiber gemäß Abs. 2 Nr. 2 monatlich dem **Bilanzkoordinator** zur Bilanzkoordination (in § 67 Abs. 1 Nr. 7 aufgeführter Zweck) die **Bilanzkreissummenzeitreihen für den Vormonat** für konventionelle Messstellen. Übermittlungspflichten können sich schließlich auch aus einer Festlegung der Bundesnetzagentur nach § 75 Nr. 8 ergeben.

IV. Löschungspflicht (Abs. 3)

1. Allgemeiner datenschutzrechtlicher Grundsatz

24 Als Konkretisierung des Erforderlichkeitsgrundsatzes und der Löschungspflicht nach § 35 BDSG bzw. § 20 BDSG sind im MsbG zur Vermeidung einer energiewirtschaftlichen „Vorratsdatenspeicherung" an mehreren Stellen Löschungspflichten vorgesehen, etwa in den §§ 60 Abs. 6, 63 S. 2 oder 64 Abs. 2.[34]

25 § 66 Abs. 3 statuiert die Pflicht des Netzbetreibers, sämtliche **personenbezogene Daten**[35] zu löschen, sobald er sie zur Wahrnehmung seiner Aufgaben aus § 66 Abs. 1 nicht mehr benötigt. Löschungspflichten können sich ferner auch aus einer **Festlegung der Bundesnetzagentur nach § 75 Nr. 9** ergeben. Diese Festlegungen durch die Bundesnetzagentur werden maßgeblich dazu beitragen, noch bestehende Unklarheiten bezüglich konkreter Vorhaltefristen in bestimmten Konstellationen (etwa bei Lieferantenwechseln) in der Praxis auszuräumen.

26 Der Wortlaut des § 66 Abs. 3 berücksichtigt dabei nicht, dass im Einzelfall die Aufbewahrung und Speicherung von Daten **nach anderen Vorschriften** vorgeschrieben sein kann. Eine Ausnahme zu den gesetzlichen Aufbewahrungspflichten hat der Gesetzgeber durch § 66 Abs. 3 jedoch offensichtlich nicht beabsichtigt. Dementsprechend gelten neben dem § 66 Abs. 3 der § 35 Abs. 3 Nr. 1 BDSG bzw. der § 20 Abs. 3 Nr. 1 BDSG, denenzufolge im Falle von Aufbewahrungspflichten an die Stelle der Löschungspflicht eine Sperrungspflicht tritt. Es ist systematisch daher auch folgerichtig, dass die anderen Ausnahmeregelungen von der Löschungspflicht aus § 35 Abs. 3 BDSG bzw. § 20 Abs. 3 BDSG neben dem § 66 Abs. 3 Anwendung finden.

---

34 Vgl. zu den Löschungspflichten auch die dortige Kommentierung.
35 Vgl. hierzu BerlKommEnR/*Raabe/Lorenz*, § 49 MsbG Rn. 13 ff.

IV. Löschungspflicht (Abs. 3)   § 66

Regelungstechnisch wäre es klarer gewesen, wenn der Gesetzgeber in § 66 Abs. 3 auf die allgemeinen Löschungsvorschriften der §§ 20, 35 Abs. 2, Abs. 3 Nr. 1 BDSG verwiesen hätte.   27

2. Bedeutung im Rahmen der DSGVO

Die Bedeutung von § 66 Abs. 3 wird sich auch im Rahmen der DSGVO nicht ändern. Auch insofern wiederholt § 66 Abs. 3 nur den Grundsatz aus Art. 5 Abs. 1 lit. b) und lit. c) DSGVO, dass Daten nur im Rahmen der Erforderlichkeit gespeichert werden dürfen. Rechtsdogmatisch ist § 66 Abs. 3 mangels Öffnungsklausel damit ab Geltung der DSGVO unwirksam.   28

§ 67 Messwertnutzung zu Zwecken des Übertragungsnetzbetriebs und der Bilanzkoordination; Übermittlungspflicht; Löschung

(1) Der Betreiber von Übertragungsnetzen darf erhaltene Messwerte neben den in § 66 Absatz 1 genannten Zwecken auch verwenden, soweit dies für folgende Zwecke zwingend erforderlich ist:

1. Erbringungskontrolle und Abrechnung von Regelleistung aus dezentralen Anlagen,
2. Prognose der Abnahmestellen mit Eigenerzeugung zur Verbesserung der Vermarktung nach § 59 des Erneuerbare-Energien-Gesetzes,
3. Information zur aktuellen Einspeisung aus Photovoltaikanlagen,
4. Verbesserung der von Direktvermarktungsunternehmern und Netzbetreibern genutzten Kurzfristprognosen und Hochrechnungen der Ist-Einspeisung,
5. Kontrolle und Vergütung von Kapazitätsverpflichtungen und zur Abschätzung der maximalen Residuallast,
6. Aggregation der Last- und Einspeisegänge von Einzelzählpunkten an Messstellen, die mit intelligenten Messsystemen ausgestattet sind, zu Bilanzkreissummenzeitreihen je Bilanzkreis und Bilanzierungsgebiet für die Einbeziehung in die Bilanzkreisabrechnung,
7. Bilanzkoordination,
8. Erstattung von finanziellen Förderungen und Erhebung von vermiedenen Netzentgelten nach § 57 des Erneuerbare-Energien-Gesetzes,
9. Erhebung der EEG-Umlage von Elektrizitätsversorgungsunternehmen, Letztverbrauchern und Eigenversorgern nach dem Erneuerbare-Energien-Gesetz,
10. Erfüllung weiterer sich aus den Festlegungen der Bundesnetzagentur nach § 75 ergebender Pflichten.

(2) Standardmäßig übermittelt der Betreiber von Übertragungsnetzen

1. täglich für den Vortag den Betreibern von Verteilernetzen zu Zwecken der Prognosebildung und Bilanzierung die aus den Messwerten nach Absatz 1 Nummer 6 aggregierten Summenzeitreihen netzebenenscharf für das jeweilige Bilanzierungsgebiet,
2. täglich für den Vortag für die Messwerte nach Absatz 1 Nummer 6 den Bilanzkreiskreisverantwortlichen zu Zwecken der Bilanzkreisbewirtschaftung die aus den Messwerten aggregierten Summenzeitreihen für den jeweiligen Bilanzkreis,
3. die zur Erfüllung weiterer, sich aus den Festlegungen der Bundesnetzagentur nach § 75 ergebender Pflichten erforderlichen Daten.

(3) Der Übertragungsnetzbetreiber muss sämtliche personenbezogenen Messwerte löschen, sobald für seine Aufgabenwahrnehmung eine Speicherung nicht mehr erforderlich ist.

Schrifttum: *Kermel/Dinter*, Gesetz zur Digitalisierung der Energiewende: Das Messstellenbetriebsgesetz im Überblick, RdE 2016, 158, 164; *Lüdemann/Ortmann/Pokrant*, Das neue Messstellenbetriebsgesetz, EnWZ 2016, 339

Übersicht

	Rn.		Rn.
I. Allgemeines	1	6. Aggregation der Last- und Einspeisegänge von Einzelzählpunkten an Messstellen, die mit intelligenten Messsystemen ausgestattet sind, zu Bilanzkreissummenzeitreihen je Bilanzkreis und Bilanzierungsgebiet für die Einbeziehung in die Bilanzkreisabrechnung (Nr. 6)	18
1. Normzweck	2		
2. Entstehungsgeschichte	4		
3. Adressaten	10		
II. Messwertnutzung durch den Übertragungsnetzbetreiber (Abs. 1)	11		
1. Erbringungskontrolle und Abrechnung von Regelleistung aus dezentralen Anlagen (Nr. 1)	13		
		7. Bilanzkoordination (Nr. 7)	19
2. Prognose der Abnahmestellen mit Eigenerzeugung zur Verbesserung der Vermarktung nach § 59 EEG (Nr. 2)	14	8. Erstattung von finanziellen Förderungen und Erhebung von vermiedenen Netzentgelten nach § 57 (Nr. 8)	20
3. Information zur aktuellen Einspeisung aus Photovoltaikanlagen (Nr. 3)	15	9. Erhebung der EEG-Umlage von Elektrizitätsversorgungsunternehmen, Letztverbrauchern und Eigenversorgern (Nr. 9)	21
4. Verbesserung der von Direktvermarktungsunternehmern und Netzbetreibern genutzten Kurzfristprognosen und Hochrechnungen der Ist-Einspeisung (Nr. 4)	16	10. Erfüllung weiterer sich aus den Festlegungen der Bundesnetzagentur nach § 75 ergebender Pflichten (Nr. 10)	23
5. Kontrolle und Vergütung von Kapazitätsverpflichtungen und zur Abschätzung der maximalen Residuallast (Nr. 5)	17	III. Übermittlungspflicht (Abs. 2)	24
		IV. Löschungspflicht (Abs. 3)	28

I. Allgemeines

§ 67 enthält – wie auch die anderen Vorschriften im Regelungskomplex der §§ 66–69 – aufgeschlüsselt nach der jeweiligen energiewirtschaftlichen Marktrolle[1] in Abs. 1 einen ***numerus clausus***, der festlegt, zu welchen **Zwecken** die bereits erhobenen Messwerte verwendet werden dürfen oder auch müssen.[2] Zudem regelt § 67 in Abs. 2 und 3 die Übermittlung und Löschung dieser Daten.

1

1. Normzweck

Im Rahmen des § 67 werden die allgemeinen **Anforderungen des § 50** speziell für **Betreiber von Übertragungsnetzen** konkretisiert. Der Übertragungsnetzbetreiber benötigt für eine effiziente Systemführung notwendigerweise bestimmte Daten, die diesem zugänglich gemacht werden müssen.[3] Zudem soll mit der Regelung des § 67 dem steigenden Informationsbedürfnis des Übertragungsnetzbetreibers durch den **Aufbau eines Energieinformationsnetzes nach § 12 Abs. 4 EnWG** Rechnung getragen werden.[4]

2

---

1 Vgl. *Kermel/Dinter*, RdE 2016, 158.
2 Vgl. Begründung zum Regierungsentwurf v. 17.2.2016, BT-Drs. 18/7555, S. 109.
3 Vgl. BT-Drs. 18/7555, S. 109 f.
4 Vgl. BT-Drs. 18/7555, S. 110.

§ 67   Messwertnutzung zu Zwecken des Übertragungsnetzbetriebs

3   Auch § 67 konkretisiert – soweit personenbezogene Daten betroffen sind – die datenschutzrechtlichen Grundsätze von **Zweckbindung, Erforderlichkeit und Datensparsamkeit** bei der Messwertnutzung. § 67 Abs. 1 und Abs. 2 i. V. m. den Festlegungen der Bundesnetzagentur nach § 75 stellt eine bereichsspezifische Erlaubnisnorm gemäß § 4 Abs. 1 BDSG dar, die als andere Rechtsvorschrift des Bundes nach § 1 Abs. 3 S. 1 BDSG die Verarbeitung von personenbezogenen Daten regelt.

2. Entstehungsgeschichte

4   § 67 ersetzt konkret für die Messwertnutzung durch die Übertragungsnetzbetreiber die generellen datenschutzrechtlichen Vorschriften des EnWG, die sich dort in **§ 21g und § 21h EnWG a. F.** befanden.[5]

5   Der ARGEnergie e. V. hat im **Gesetzgebungsverfahren** insbesondere **kritisiert**, dass dem **Übertragungsnetzbetreiber** in Abs. 1 Nr. 6 die **Aggregation der Last- und Einspeisegänge aller mit intelligenten Messsystemen ausgestatteten Messstellen zugewiesen wird**. Demnach beschränkt sich die Zuständigkeit des Verteilernetzbetreibers durch den einschränkenden Verweis in § 66 Abs. 1 Nr. 7 auf die verbleibenden Fälle der **konventionellen Messstellen**.[6]

6   Der Bundesverband der Energie- und Wasserwirtschaft BDEW forderte im Gesetzgebungsverfahren, ein **einheitliches und bewährtes System zur Verwendung der Messwerte** und der Bildung von Bilanzkreissummenzeitreihen sowie deren Weitergabe zur Bilanzkreisabrechnung zu etablieren.[7]

7   Der Wirtschaftsausschuss des Bundesrats empfahl dem Bundesrat Abs. 1 Nr. 6 zu streichen sowie in Abs. 1 Nr. 7 das Wort „Bilanzkoordination" durch „Bilanzkreisabrechnung" zu ersetzen, um die **Bilanzierung wie bisher bei den Verteilernetzbetreibern zu belassen**. Als Begründung für die vorgeschlagenen Änderungen wurde insbesondere angeführt, dass die Energiewende Regionalität brauche, da die dezentrale Einspeisung, Flexibilität und die Speicherung des Lastmanagements nach wie vor bei den Verteilernetzbetreibern liege.[8] Die Bilanzierung durch die Verteilernetzbetreiber sei erfolgreich im Markt eingeführt. Die Verlagerung der Bilanzierungsverantwortung sei ein „Experiment", weil eine Prognose zu den Kostenauswirkungen bei den Übertragungsnetzbetreibern nicht vorliege.[9] Es stehe zu befürchten, dass bei einer Verlagerung der Bilanzierung auf die Übertragungsnetzbetreiber eine erhebliche Verteuerung oder Gefährdung der Energiewende nicht ausgeschlossen sei. Ein Verbleib der Aufgabe bei den Verteilernetzbetreibern sei vor allem kosteneffizienter, da diese die Bilanzierung bereits in der Vergangenheit implementiert hätten und dementsprechend die Kosten bereits abgeschrieben hätten.[10] Die vorgeschlagene Gesetzesänderung der §§ 66 und 67 wird schließlich von dem Wirtschaftsausschuss damit begründet, dass Verteilernetzbetreiber bei einer Verlagerung der Bilanzierungsverantwortung faktisch von der Digitalisierung der Energiewende ausgeschlossen seien, was ihnen Zukunftschan-

---

5 Lüdemann/Ortmann/Pokrant, EnWZ 2016, 339.
6 Stellungnahme des ARGEnergie e. V. zum MsbG-Entwurf v. 21.9.2015, S. 1.
7 Vgl. Stellungnahme des BDEW v. 7.4.2016, Anlage 1, S. 30 f.
8 Vgl. BR-Drs. 543/1/15, S. 32.
9 Vgl. BR-Drs. 543/1/15, S. 32.
10 Vgl. BR-Drs. 543/1/15, S. 33.

cen raube. Daneben steige bei der vorgesehenen Rollenverteilung die Vulnerabilität. Gegenüber der Verlagerung auf die Übertragungsnetzbetreiber sei eine Verteilung der Daten an resiliente Teilnetze vorzugswürdig.[11]

Der Übertragungsnetzbetreiber solle durch eine entsprechende, dem Verteilernetzbetreiber nach § 66 Abs. 2 zugewiesene Übermittlungspflicht alle seinerseits erforderlichen Daten, insbesondere für die Bilanzkreisabrechnung, erhalten.

Den **Änderungsvorschlägen zu § 67** wurde im Gesetzgebungsprozess **nicht entsprochen**.

3. Adressaten

Adressaten der Regelung in § 67 sind die **Übertragungsnetzbetreiber**, im Gegensatz zu § 66, der sowohl Verteilernetzbetreiber als auch Übertragungsnetzbetreiber betrifft. Betreiber von Übertragungsnetzen sind gemäß der Legaldefinition in **§ 3 Nr. 10 EnWG** natürliche oder juristische Personen oder rechtlich unselbstständige Organisationseinheiten eines Energieversorgungsunternehmens, die die Aufgabe der Übertragung von Elektrizität wahrnehmen und die verantwortlich sind für den Betrieb, die Wartung sowie erforderlichenfalls den Ausbau des Übertragungsnetzes in einem bestimmten Gebiet und gegebenenfalls der Verbindungsleitungen zu anderen Netzen. Für **Deutschland** sind Adressaten mithin die Übertragungsnetzbetreiber **Tennet TSO**, **50Hertz Transmission**, **Amprion** und **TransnetBW**.

II. Messwertnutzung durch den Übertragungsnetzbetreiber (Abs. 1)

Der Übertragungsnetzbetreiber darf die ihm zur Verfügung gestellten Daten im Rahmen der Zwecke nach Abs. 1 nur nutzen, soweit dies erforderlich ist. Eine darüber hinausgehende Messwertnutzung durch den Übertragungsnetzbetreiber ist nur nach Maßgabe des § 70 möglich.[12] Auch bei der Konzeption des § 67[13] hat der Gesetzgeber den **Grundsatz der Datensparsamkeit**[14] **und das informationelle Selbstbestimmungsrecht der Letztverbraucher** mit einem Verbrauchswert von unter 10.000 kWh pro Jahr berücksichtigt.[15]

In Abs. 1 Nr. 1–11 werden die **in § 66 Abs. 1 genannten Messwertnutzungen** für Übertragungsnetzbetreiber **erweitert**.

1. Erbringungskontrolle und Abrechnung von Regelleistung aus dezentralen Anlagen (Nr. 1)

Nr. 1 regelt die Nutzung der Messwerte zur **Erbringungskontrolle und Abrechnung von Regelleistung aus dezentralen Anlagen**.[16] Um Differenzen zwischen Ein- und Ausspei-

---

11 Vgl. BR-Drs. 543/1/15, S. 33.
12 Vgl. Begründung zum Regierungsentwurf v. 17.2.2016, BT-Drs. 18/7555, S. 109.
13 Vgl. hierzu bereits BerlKommEnR/*Fabritius/Netzband/Ohrtmann/Lehner/Bruchmann*, § 66 Rn. 2.
14 Vgl. Begründung zum Regierungsentwurf v. 17.2.2016, BT-Drs. 18/7555, S. 110.
15 Vgl. BR-Drs. 543/15, S. 176.
16 Vgl. BR-Drs. 543/1, S. 1.

§ 67   Messwertnutzung zu Zwecken des Übertragungsnetzbetriebs

sung zu decken, zählt die Beschaffung von Regelleistung zu den zentralen Aufgaben des Übertragungsnetzbetreibers.

2. Prognose der Abnahmestellen mit Eigenerzeugung zur Verbesserung der Vermarktung nach § 59 EEG (Nr. 2)

14   Nr. 2 erlaubt die Messwertnutzung zur **Prognose von Abnahmestellen**, also allen räumlich zusammenhängenden elektrischen Einrichtungen[17] mit Eigenerzeugung zur Verbesserung der Vermarktung nach § 59 EEG. Eigenerzeugung meint den für den eigenen Stromverbrauch selbst erzeugten Strom.[18] Nach § 59 EEG haben Übertragungsnetzbetreiber Strom diskriminierungsfrei, transparent und unter Beachtung der Vorgaben der Ausgleichsmechanismusverordnung zu vermarkten. Die Prognose der Abnahmestellen mit Eigenerzeugung folgt daher dem Ziel des EEG, die volkswirtschaftlichen Kosten der Energieversorgung zu verringern.

3. Information zur aktuellen Einspeisung aus Photovoltaikanlagen (Nr. 3)

15   Nr. 3 gestattet die Messwertnutzung, um Informationen zur aktuellen **Einspeisung aus Photovoltaikanlagen** zu gewinnen. Im Zuge der Energiewende und der Volatilität der Einspeisung erneuerbarer Energien sind diese Daten zur effizienten Systemführung notwendig.[19]

4. Verbesserung der von Direktvermarktungsunternehmern und Netzbetreibern genutzten Kurzfristprognosen und Hochrechnungen der Ist-Einspeisung (Nr. 4)

16   Um den Direktvermarktungsunternehmern und den Netzbetreibern die Möglichkeit zu geben, ihre Kurzfristprognosen und Hochrechnungen der Ist-Einspeisung zu verbessern, erlaubt **Nr. 4** die Messwertnutzung zu diesen Zwecken. Gemäß **§ 5 Nr. 10 EEG** ist **Direktvermarktungsunternehmer**, wer von einem Anlagenbetreiber mit der Direktvermarktung von Strom aus erneuerbaren Energien oder aus Grubengas beauftragt ist oder Strom aus erneuerbaren Energien oder aus Grubengas kaufmännisch abnimmt, ohne insoweit Letztverbraucher dieses Stroms oder Netzbetreiber zu sein.

5. Kontrolle und Vergütung von Kapazitätsverpflichtungen und zur Abschätzung der maximalen Residuallast (Nr. 5)

17   Nach **Nr. 5** dürfen Messwerte verwendet werden, um die **Residuallast abschätzen zu können**, sowie um Kapazitätsverpflichtungen, also die für Netzbetreiber verpflichtende Erweiterung der Netzkapazitäten,[20] zu kontrollieren und zu vergüten. Die Residuallast stellt die Differenz zwischen der benötigten Leistung und der Leistung, die die nicht regelbaren Kraftwerke erbringen, dar.

---

17   Vgl. Altrock/Oschmann/Theobald/*Müller*, § 43 Rn. 56.
18   Vgl. Altrock/Oschmann/Theobald/*Altrock*, § 37 Rn. 25.
19   Vgl. Begründung zum Regierungsentwurf v. 17.2.2016, BT-Drs. 18/7555, S. 109.
20   Altrock/Oschmann/Theobald/*Wustlich*, § 9 Rn. 16.

6. Aggregation der Last- und Einspeisegänge von Einzelzählpunkten an Messstellen, die mit intelligenten Messsystemen ausgestattet sind, zu Bilanzkreissummenzeitreihen je Bilanzkreis und Bilanzierungsgebiet für die Einbeziehung in die Bilanzkreisabrechnung (Nr. 6)

Nr. 6 weist den Übertragungsnetzbetreibern die **Bilanzierungsverantwortung** für solche Einzelzählpunkte zu, die mit **intelligenten Messsystemen** ausgestattet sind, indem sie die Messwerte zur Aggregation der Last- und Einspeisegänge von Einzelzählpunkten an diesen Messstellen zu Bilanzkreissummenzeitreihen je Bilanzkreis und Bilanzierungsgebiet für die Einbeziehung in die Bilanzkreisabrechnung nutzen können. Eine Anpassung der Marktregeln für die Durchführung der Bilanzkreisabrechnung Strom (MaBiS) zur Regelung von Geschäftsprozessen und der Marktkommunikation ist zum Zeitpunkt der Drucklegung noch nicht erfolgt.

18

7. Bilanzkoordination (Nr. 7)

Der Übertragungsnetzbetreiber agiert gemäß § 5 Nr. 31 EEG als regelverantwortlicher Netzbetreiber und steht somit dem Bilanzkreisverantwortlichen als **Bilanzkreiskoordinator** gegenüber. Um den Informationsbedürfnissen des Übertragungsnetzbetreibers zur Bilanzkoordination Sorge zu tragen, gewährleistet **Nr. 7** die Messwertnutzung zu diesem Zweck.[21]

19

8. Erstattung von finanziellen Förderungen und Erhebung von vermiedenen Netzentgelten nach § 57 (Nr. 8)

Nr. 8 regelt die Messwertnutzung zwecks **Erstattung von finanziellen Förderungen und Erhebung von vermiedenen Netzentgelten nach § 57 EEG**. § 57 Abs. 3 EEG stellt sicher, dass die vom Netzbetreiber geleistete finanzielle Förderung durch den Übertragungsnetzbetreiber erstattet wird.[22]

20

9. Erhebung der EEG-Umlage von Elektrizitätsversorgungsunternehmen, Letztverbrauchern und Eigenversorgern (Nr. 9)

§ 60 EEG stellt mit der Umlageerhebung an die Elektrizitätsversorgungsunternehmen die Systemfinanzierung des bundesweiten Ausgleichsmechanismus sicher.[23] Um diese zu gewährleisten, erlaubt **Nr. 9** die Messwertnutzung zur **Erhebung der EEG-Umlage vom Elektrizitätsversorgungsunternehmen**.

21

Ferner darf der Übertragungsnetzbetreiber die erhaltenen Messwerte gemäß **Nr. 9** zur **Erhebung der EEG-Umlage von Letztverbrauchern und Eigenversorgern** nutzen.[24]

22

---

21 Vgl. Begründung zum Regierungsentwurf v. 17.2.2016, BT-Drs. 18/7555, S. 110.
22 BeckOK EEG/*Böhme*, § 57 Rn. 1.
23 BeckOK EEG/*Böhme*, § 60 Rn. 1.
24 Zur näheren Erläuterung dieses Nutzungszwecks siehe BerlKommEnR/*Fabritius/Netzband/Ohrtmann/Lehner/Bruchmann*, § 66 MsbG Rn. 21.

10. Erfüllung weiterer sich aus den Festlegungen der Bundesnetzagentur nach § 75 ergebender Pflichten (Nr. 10)

23 Nr. 10 regelt die Messwertnutzung zu Zwecken, die durch **Festlegung der Bundesnetzagentur** nach § 75 Nr. 8 angeordnet werden. Die Festlegungen der Bundesnetzagentur nach § 29 Abs. 1 EnWG dienen der bundesweiten Vereinheitlichung des Messstellenbetriebs und der Datenkommunikation hierbei.

III. Übermittlungspflicht (Abs. 2)

24 Dem Übertragungsnetzbetreiber obliegt nach Abs. 2 standardmäßig die Pflicht zur **täglichen Übermittlung von Daten** an den **Verteilernetzbetreiber** und den **Bilanzkreisverantwortlichen**.

25 In **Nr. 1** verankert ist die **tägliche Übermittlung der aggregierten Summenzeitreihen an den Verteilernetzbetreiber**. Zur Ausbilanzierung der Verteilernetze kommt dem Übertragungsnetzbetreiber demnach die Datenkommunikationspflicht an den Verteilernetzbetreiber zu.

26 Überdies muss der Übertragungsnetzbetreiber nach **Nr. 2** die **aggregierten Summenzeitreihen** nach Abs. 1 Nr. 6 ebenso standardmäßig **täglich** an den **Bilanzkreisverantwortlichen** übermitteln.

27 Übermittlungspflichten können sich schließlich auch aus einer **Festlegung** der Bundesnetzagentur nach § 75 Nr. 8 ergeben.

IV. Löschungspflicht (Abs. 3)

28 Bezüglich der Löschungspflicht gelten die Ausführungen zu § 66 Abs. 3 entsprechend.[25]

---

25 BerlKommEnR/*Fabritius/Netzband/Ohrtmann/Lehner/Bruchmann*, § 66 MsbG Rn. 24 ff.

§ 68 Messwertnutzung zu Zwecken des Bilanzkreisverantwortlichen; Übermittlungspflicht; Löschung

(1) Der Bilanzkreisverantwortliche darf erhaltene Messwerte ausschließlich verwenden, soweit dies zu folgenden Zwecken zwingend erforderlich ist:
1. Bilanzkreisbewirtschaftung,
2. Überprüfung der Bilanzkreisabrechnung,
3. Erfüllung weiterer sich aus den Festlegungen der Bundesnetzagentur nach § 75 ergebender Pflichten.

(2) Standardmäßig übermittelt der Bilanzkreisverantwortliche die im Zusammenhang mit § 4 der Stromnetzzugangsverordnung erforderliche Datenkommunikation, soweit die Daten nicht auf Personen zurückzubeziehen sind, sowie die Daten, die zur Erfüllung von Pflichten aus Festlegungen der Bundesnetzagentur nach § 75 erforderlich sind.

(3) Der Bilanzkreisverantwortliche muss sämtliche personenbezogenen Messwerte löschen, sobald für seine Aufgabenwahrnehmung eine Speicherung nicht mehr erforderlich ist.

Schrifttum: *PricewaterhouseCoopers AG* (Hrsg.), Regulierung in der deutschen Energiewirtschaft, 4. Aufl. 2015.

Übersicht

	Rn.		Rn.
I. Allgemeines	1	3. Erfüllung weiterer sich aus den Festlegungen der Bundesnetzagentur nach § 75 ergebender Pflichten (Nr. 3)	7
II. Messwertnutzung durch den Bilanzkreisverantwortlichen (Abs. 1)	4		
1. Bilanzkreisbewirtschaftung (Nr. 1)	5	III. Übermittlungspflicht (Abs. 2)	8
2. Überprüfung der Bilanzkreisabrechnung (Nr. 2)	6	IV. Löschungspflicht (Abs. 3)	12

I. Allgemeines

§ 68 statuiert die **konkreten Anforderungen an die Messwertnutzung** für den Bilanzkreisverantwortlichen als Normadressat. Bilanzkreisverantwortliche können Stromdienstleister, Lieferanten, Direktvermarkter und Netzbetreiber sein.[1] Dem Bilanzkreisverantwortlichen kommt die wirtschaftliche Verantwortung zu, in dem ihm nach § 4 Abs. 2 S. 1 StromNZV zugeordneten Bilanzkreis für einen Ausgleich zwischen Einspeisung und Entnahme zu sorgen.[2] Gemäß § 3 Nr. 10a EnWG handelt es sich bei einem Bilanzkreis innerhalb einer Regelzone um die Zusammenfassung von Einspeise- und Entnahmestellen, die dem Zweck dient, Abweichungen zwischen Einspeisungen und Entnahmen durch ihre

1

---
1 BeckOK EEG/*Sösemann*, § 5 Nr. 5 Rn. 6.
2 BeckOK EEG/*Sösemann*, § 5 Nr. 5 Rn. 5.

§ 68 Messwertnutzung zu Zwecken des Bilanzkreisverantwortlichen

Durchmischung zu minimieren und die Abwicklung von Handelstransaktionen zu ermöglichen.

2 Die Norm konkretisiert – soweit personenbezogene Daten betroffen sind – wie die §§ 66, 67 und 69 die datenschutzrechtlichen Grundsätze von **Zweckbindung, Erforderlichkeit und Datensparsamkeit**. Sie ist damit – wie viele andere Regelungen dieses Gesetzes – eine gemischt datenschutz-/energierechtliche Norm.

3 § 68 Abs. 1 und 2 stellen (ggf. in Verbindung mit Festlegungen der Bundesnetzagentur nach § 75 Nr. 8) eine **bereichsspezifische Erlaubnisnorm gemäß § 4 Abs. 1 BDSG** dar, die als andere Rechtsvorschrift des Bundes nach § 1 Abs. 3 S. 1 BDSG die Verarbeitung von personenbezogenen Daten regelt.

II. Messwertnutzung durch den Bilanzkreisverantwortlichen (Abs. 1)

4 Abs. 1 enthält abschließend die Erlaubnistatbestände für die Messwertnutzung durch den Bilanzkreisverantwortlichen. Eine weitergehende Messwertnutzung durch den Bilanzkreisverantwortlichen ist nur gemäß **§ 70** nach **Maßgabe des BDSG** möglich.

1. Bilanzkreisbewirtschaftung (Nr. 1)

5 Um die Funktionsfähigkeit von Bilanzkreisen zu gewährleisten, erlaubt **Nr. 1** die Verwendung von Messwerten zur **Bilanzkreisbewirtschaftung**.[3]

2. Überprüfung der Bilanzkreisabrechnung (Nr. 2)

6 Die Prüfung der Bilanzkreisabrechnung, die vom Bilanzkreiskoordinator an den Bilanzkreisverantwortlichen gestellt wird, bzw. der vom Bilanzkreiskoordinator versendeten Bilanzkreissummenzeitreihen erfolgt auf Basis der übermittelten Messwerte. Daher ist der Bilanzkreisverantwortliche dazu verpflichtet, die vom Verteilernetzbetreiber ermittelten Bilanzkreissummenzeitreihen, welche ihm mittelbar über den Bilanzkreiskoordinator übermittelt werden, zu prüfen. Hierin erklärt sich der in **Nr. 2** geregelte Verwendungszweck.[4]

3. Erfüllung weiterer sich aus den Festlegungen der Bundesnetzagentur nach § 75 ergebender Pflichten (Nr. 3)

7 Nr. 3 regelt die Messwertnutzung zu Zwecken, die im Wege einer Festlegung der Bundesnetzagentur nach **§ 75 Nr. 8** angeordnet wird.

---

3 PwC AG, Regulierung in der deutschen Energiewirtschaft, S. 238.
4 PwC AG, Regulierung in der deutschen Energiewirtschaft, S. 238.

III. Übermittlungspflicht (Abs. 2)

In Abs. 2 ist die Datenübermittlungspflicht der Bilanzkreisverantwortlichen verankert. Der Gegenstand der Übermittlungspflicht ergibt sich eingeschränkt aus **§ 4 StromNZV**. Soweit also die Messwerte **nicht auf Personen zurückzubeziehen sind**, obliegt dem Bilanzkreisverantwortlichen die Übermittlungspflicht für Daten, die im Zusammenhang mit etwaigen Sub-Bilanzkreisen stehen. 8

Für die Frage, ob Messwerte auf Personen zurückzubeziehen sind, findet § 3 Abs. 6 BDSG Anwendung, der die Anonymisierung definiert. Danach müssen die Einzelangaben über persönliche oder sachliche Verhältnisse nicht mehr oder nur mit einem unverhältnismäßig großen Aufwand an Zeit, Kosten und Arbeitskraft einer bestimmten oder bestimmbaren natürlichen Person zuzuordnen sein. 9

Eine praktische Möglichkeit der Anonymisierung stellt die **technische Aggregation zahlreicher Messwerte einer Vielzahl von Haushalten** dar. 10

Übermittlungspflichten können sich auch u.a. bezüglich personenbezogener Daten aus einer **Festlegung der Bundesnetzagentur nach § 75 Nr. 8** ergeben. 11

IV. Löschungspflicht (Abs. 3)

Bezüglich der Löschungspflicht gelten die Ausführungen zu § 66 Abs. 3 entsprechend.[5] 12

---

5 Vgl. hierzu BerlKommEnR/*Fabritius/Netzband/Ohrtmann/Lehner/Bruchmann*, § 66 MsbG Rn. 24 ff.

§ 69 Messwertnutzung zu Zwecken des Energielieferanten; Übermittlungspflicht; Löschung

(1) Der Energielieferant darf erhaltene Messwerte ausschließlich verwenden, soweit dies zu folgenden Zwecken zwingend erforderlich ist:
1. Abrechnung des Energieversorgungsvertrages einschließlich vorheriger Tarifierung von Messwerten,
2. Durchführung eines Lieferantenwechsels,
3. Durchführung eines Tarifwechsels,
4. Änderung des Messverfahrens,
5. Überprüfung der Bilanzkreis- und Netznutzungsabrechnung,
6. Erstellung der Energiemengenprognose nach § 4 der Stromnetzzugangsverordnung,
7. Zahlung der EE-Umlage nach § 60 des Erneuerbare-Energien-Gesetzes,
8. Erfüllung weiterer sich aus den Festlegungen der Bundesnetzagentur nach § 75 ergebender Pflichten.

(2) Standardmäßig übermittelt der Energielieferant:
1. an den Letztverbraucher die im Zusammenhang mit der Abrechnung der Belieferung von Energie erforderlichen Informationen,
2. an den Letztverbraucher die im Zusammenhang mit dem Tarif stehenden Informationen,
3. an den Bilanzkreisverantwortlichen die für das Bilanzkreisdatenclearing erforderlichen Informationen.

(3) Der Energielieferant muss sämtliche personenbezogenen Messwerte unter Beachtung mess- und eichrechtlicher Vorgaben löschen, sobald für seine Aufgabenwahrnehmung eine Speicherung nicht mehr erforderlich ist.

Übersicht

	Rn.		Rn.
I. Allgemeines	1	5. Überprüfung der Bilanzkreis- und Netznutzungsabrechnung (Nr. 5)	10
II. Messwertnutzung durch den Energielieferanten (Abs. 1)	5	6. Erstellung der Energiemengenprognose (Nr. 6)	11
1. Abrechnung des Energieversorgungsvertrages einschließlich vorheriger Tarifierung von Messwerten (Nr. 1)	6	7. Zahlung der EE-Umlage nach § 60 EEG (Nr. 7)	12
2. Durchführung eines Lieferantenwechsels (Nr. 2)	7	8. Erfüllung weiterer sich aus den Festlegungen der Bundesnetzagentur nach § 75 ergebender Pflichten	13
3. Durchführung eines Tarifwechsels (Nr. 3)	8	III. Übermittlungspflicht (Abs. 2)	14
4. Änderung des Messverfahrens (Nr. 4)	9	IV. Löschungspflicht (Abs. 3)	16

I. Allgemeines

1 § 69 normiert die Anforderungen für **Energielieferanten** an die Messwertnutzung.

2 Die Norm konkretisiert – soweit personenbezogene Daten betroffen sind – wie die §§ 66 bis 68 die datenschutzrechtlichen Grundsätze von **Zweckbindung, Erforderlichkeit und**

II. Messwertnutzung durch den Energielieferanten (Abs. 1) § 69

Datensparsamkeit. Sie ist damit – wie viele andere Regelungen dieses Gesetzes – eine gemischt datenschutz-/energierechtliche Norm.

Abs. 1 und 2 stellen eine bereichsspezifische Erlaubnisnorm gemäß § 4 Abs. 1 BDSG dar, die als andere Rechtsvorschrift des Bundes nach § 1 Abs. 3 S. 1 BDSG die Verarbeitung von personenbezogenen Daten regelt. 3

Energielieferanten können **Energieversorgungsunternehmen** sein. Nach der Legaldefinition in § 3 Nr. 18 EnWG sind Energieversorgungsunternehmen natürliche oder juristische Personen, die Energie an andere liefern, ein Energieversorgungsnetz betreiben **oder** an einem Energieversorgungsnetz als Eigentümer Verfügungsbefugnis besitzen. Energielieferanten können daher auch Unternehmen sein, die Energie an andere liefern, aber **selbst kein Energieversorgungsnetz betreiben**. 4

II. Messwertnutzung durch den Energielieferanten (Abs. 1)

In den Nr. 1–8 sind enumerativ die Zwecke aufgeführt, zu denen der Energielieferant die erhaltenen Messwerte nutzen darf. Eine **weitergehende Messwertnutzung** ist nur unter Einhaltung der **Vorgaben aus § 70** möglich.[1] 5

1. Abrechnung des Energieversorgungsvertrages einschließlich vorheriger Tarifierung von Messwerten (Nr. 1)

Nr. 1 regelt die Erlaubnis der Messwertnutzung zur **Abrechnung des Energieversorgungsvertrages**. Der Energieversorgungsvertrag ist in **§ 3 Nr. 18a EnWG** als Vertrag über die Lieferung von Elektrizität oder Gas, mit Ausnahme von Energiederivaten, definiert. Nr. 1 schließt dabei die vorherige **Tarifierung** von Messwerten ein. Bei der Tarifierung handelt es sich gemäß § 2 S. 1 Nr. 23 um die Zuordnung der gemessenen Energie oder Volumenmengen zu verschiedenen Tarifstufen.[2] 6

2. Durchführung eines Lieferantenwechsels (Nr. 2)

Im Zuge der europarechtlichen Vorgaben des **dritten EU-Binnenmarktpakets** regelt § 20a EnWG wichtige Elemente des **Lieferantenwechsels** auf dem Strom- und Gasmarkt.[3] Die Geschäftsprozesse eines Lieferantenwechsels wurden durch die Bundesnetzagentur in den sogenannten **GPKE** festgelegt.[4] Da insbesondere für die **Zählerstands- und Zählwerteübermittlung** und die **zeitlich richtige Aufteilung der bezogenen Energiemengen auf die verschiedenen Tarife** die Nutzung von Messwerten durch den Energielieferanten erforderlich ist, erlaubt **Nr. 2** diese Nutzung. 7

---

1 Vgl. BR-Drs. 543/15, S. 176.
2 Vgl. Begründung zum Regierungsentwurf v. 17.2.2016, BT-Drs. 18/7555, S. 109.
3 Britz/Hellermann/Hermes/*Arndt*, § 20a Rn. 1.
4 Danner/Theobald/*Theobald*, § 14 EnWG Rn. 4.

§ 69 Messwertnutzung zu Zwecken des Energielieferanten

3. Durchführung eines Tarifwechsels (Nr. 3)

8 § 40 Abs. 5 EnWG verpflichtet Energielieferanten zum **Angebot bestimmter Tarife** für Stromlieferungen.[5] Die Erfüllung dieser Verpflichtung setzt voraus, dass der tatsächliche Energieverbrauch und die tatsächliche Nutzungszeit erfasst werden.[6] Der Energielieferant benötigt entsprechend **Nr. 3** diese Werte zur richtigen zeitlichen Durchführung eines Tarifwechsels.

4. Änderung des Messverfahrens (Nr. 4)

9 Der Energielieferant darf die Messwerte gemäß **Nr. 4** im Rahmen der **Änderung des Messverfahrens** nutzen. Eine Messwertnutzung ist also auch zulässig, wenn und soweit der Energielieferant das Messverfahren, also **Messtechnik und Messgeräte**, ändert. Dies ist daher auch für den Fall relevant, dass eine Messstelle auf ein intelligentes Messsystem umgestellt wird.

5. Überprüfung der Bilanzkreis- und Netznutzungsabrechnung (Nr. 5)

10 Nach **Nr. 5** ist der Energielieferant befugt, die Daten zur **Überprüfung der Bilanzkreisabrechnung** sowie der **Netznutzungsabrechnung** zu nutzen.[7] Diese Abrechnungen basieren auf den jeweiligen Ist-Verbräuchen und können nur durch Heranziehen der Messwerte plausibilisiert werden. Gleiches gilt für die Prüfung eingehender Mehr-/ Mindermengenabrechnungen, welche im Gesetz nicht explizit als Verwendungszweck genannt wird.

6. Erstellung der Energiemengenprognose (Nr. 6)

11 Der Energielieferant erstellt nach § 4 StromNZV eine **Energiemengenprognose** für die Entnahmestellen, wofür er gemäß **Nr. 6** die erhaltenen Messwerte nutzen darf. Die Prognose erfolgt im Regelfall unter Berücksichtigung historischer Verbräuche sowie externer Einflussparameter. Sie dient dazu, in einem Bilanzkreis nach § 4 StromNZV auf entstehende **Bilanzungleichgewichte** durch Veräußerung beziehungsweise Beschaffung von Strom reagieren zu können.[8]

7. Zahlung der EE-Umlage nach § 60 EEG (Nr. 7)

12 Der Energielieferant ist im Rahmen des **bundesweiten Ausgleichsmechanismus gemäß § 60 EEG** zur Zahlung der **EEG-Umlage** verpflichtet. Hierfür ist die Messwertnutzung erforderlich, die nach **Nr. 7** erlaubt wird.[9]

---

[5] Britz/Hellermann/Hermes/*Hellermann*, § 40 Rn. 40.
[6] Britz/Hellermann/Hermes/*Hellermann*, § 40 Rn. 44.
[7] Vgl. zur Netznutzungsabrechnung BerlKommEnR/*Fabritius/Netzband/Ohrtmann/Lehner/Bruchmann*, § 66 MsbG Rn. 13, und zur Bilanzkreisabrechnung BerlKommEnR/*Fabritius/Netzband/Ohrtmann/Lehner/Bruchmann*, § 68 MsbG Rn. 6.
[8] Danner/Theobald/*Lüdtke-Handjery*, § 5 StromNZV Rn. 2.
[9] Vgl. Begründung zum Regierungsentwurf v. 17.2.2016, BT-Drs. 18/7555, S. 109.

8. Erfüllung weiterer sich aus den Festlegungen der Bundesnetzagentur nach § 75 ergebender Pflichten

Nr. 8 regelt die Messwertnutzung zu Zwecken, die im Wege einer **Festlegung der Bundesnetzagentur nach § 75 Nr. 8** angeordnet werden.

III. Übermittlungspflicht (Abs. 2)

In Abs. 2 sind die übermittlungspflichtigen Daten des Energielieferanten aufgeführt. Diesem obliegt standardmäßig gemäß Nr. 1 und 2 die **Übermittlung von abrechnungs- und tarifrelevanten Daten an den Letztverbraucher**. Außerdem muss der Energielieferant gemäß Nr. 3 solche Daten an den **Bilanzkreisverantwortlichen** übermitteln, die dieser für das **Bilanzkreisdatenclearing** benötigt.

Abs. 2 dient somit der **Verbraucherinformation** sowie der Sicherstellung der erforderlichen **Datenkommunikation mit dem Bilanzkreisverantwortlichen**. Übermittlungspflichten aus einer Festlegung der Bundesnetzagentur nach § 75 Nr. 8 können sich für den Energielieferanten nicht ergeben, da es insofern an einer Ermächtigungsnorm mangelt.

IV. Löschungspflicht (Abs. 3)

Der Energielieferant verfügt aufgrund seiner Übermittlungspflicht aus Abs. 2 regelmäßig über eine Vielzahl von personenbezogenen Daten, da er abrechnungs- und tarifrelevante Daten direkt an den vertraglich berechtigten Anschlussnutzer zu übersenden hat. **Zur Vermeidung einer Anhäufung sensibler Daten beim Energielieferanten** enthält § 69 Abs. 3 die Pflicht, sämtliche personenbezogenen Daten zu löschen, sobald dieser sie zur Wahrnehmung seiner Aufgaben aus § 69 Abs. 1 nicht mehr benötigt.

Bezüglich der Löschungspflicht gelten die Ausführungen zu § 66 Abs. 3 entsprechend.[10] **Löschungspflichten** können nach § 75 Nr. 9 zusätzlich durch die Bundesnetzagentur festgelegt werden. In einer Festlegung kann zudem geregelt werden, wie lange Daten des Letztverbrauchers im Falle eines Lieferantenwechsels bei dem Alt- und Neu-Lieferanten zu speichern sind.

---

[10] Vgl. zur Löschungspflicht auch BerlKommEnR/*Fabritius/Netzband/Ohrtmann/Lehner/Bruchmann*, § 66 MsbG Rn. 24 ff.

§ 70 Messwertnutzung auf Veranlassung des Anschlussnutzers; weiterer Datenaustausch

Messwertnutzungen und Datenaustausch, die über die §§ 66 bis 69 hinausgehen, sind nur insoweit zulässig, wie
1. eine Einwilligung des Anschlussnutzers vorliegt, die den Anforderungen des § 4a des Bundesdatenschutzgesetzes genügt, oder
2. keine personenbezogenen Daten im Sinne von § 3 Absatz 1 des Bundesdatenschutzgesetzes genutzt oder übermittelt werden.

Schrifttum: *Cimiano/Herlitz*, „Smart Wohnen!" – Die „intelligente" Wohnung und rechtserhebliche Erklärungen über „Mieterportale", NZM 2016, 409; *Dammann*, Erfolge und Defizite der EU-Datenschutzgrundverordnung – Erwarteter Fortschritt, Schwächen und überraschende Innovationen, ZD 2016, 307; *Karsten/Leonhardt*, Datenschutzrechtliche Anforderungen bei intelligenten Messsystemen – Das neue „Gesetz zur Digitalisierung der Energiewende", RDV 2016, 22; *Keppeler*, Personenbezug und Transparenz im Smart Meter-Datenschutz zwischen europäischem und nationalem Recht, EnWZ 2016, 99; *Müller*, Gewinnung von Verhaltensprofilen am intelligenten Stromzähler, DuD 2010, 359; *Ohrtmann/Schwiering*, Big Data und Datenschutz – Rechtliche Herausforderungen und Lösungsansätze, NJW 2014, 2984; *Raabe/Lorenz/Pallas/Weis*, Harmonisierung konträrer Kommunikationsmodelle im Datenschutzkonzept des EnWG – „Stern" trifft „Kette", CR 2011, 831; *Schäfer-Stradowsky/Boldt*, Energierechtliche Anmerkungen zum Smart Meter-Rollout, EnWZ 2015, 349.

Übersicht

	Rn.		Rn.
I. Allgemeines	1	1. Vorgaben des § 4a BDSG	7
1. Normzweck	2	2. Koppelungsverbot gemäß § 49 Abs. 5	8
2. Entstehungsgeschichte	3	3. Grenzen der Einwilligung	10
II. Zusätzliche Nutzung und Übermittlung von Daten	5	4. Bedeutung im Rahmen der DSGVO	12
III. Einwilligung gemäß § 4a BDSG (Nr. 1)	6	IV. Kein Personenbezug gemäß § 3 Abs. 1 BDSG (Nr. 2)	13

I. Allgemeines

1 § 70 macht noch einmal die Zweckbindung der in §§ 66–69 enumerativ aufgeführten Zwecke deutlich, zu welchen die energiewirtschaftlichen Akteure die erhaltenen Messwerte nutzen dürfen. Gemäß § 70 dürfen darüber hinaus personenbezogene Daten nur mit Einwilligung des Anschlussnutzers (§ 70 Nr. 1) oder anonymisiert (§ 70 Nr. 2) verarbeitet werden – wie bei den Regelungen der §§ 59, 65 bezüglich der weiteren Datenerhebung bzw. der weiteren Datenübermittlung.[1] Dies ist letztlich Ausdruck der Datenhoheit oder Datensouveränität des Anschlussnutzers und folgt dem datenschutzrechtlichen Paradigma des präventiven Verbots mit Erlaubnisvorbehalt, nach dem die Nutzung personenbezogener Daten nur zulässig ist, soweit eine Rechtsvorschrift dies erlaubt oder der Betroffene eingewilligt hat.

---

1 Vgl. BT-Drs. 18/7555, S. 107.

1. Normzweck

Die Regelung des § 70 ermöglicht perspektivisch ein breites Anwendungsfeld von diversen stark vernetzten **Smart Home-Applikationen** und von sonstigen **Mehrwertdiensten** für den Anschlussnutzer.[2] Für die Funktion vieler dieser Dienste sind zusätzliche Datennutzungen und -übermittlungen zwingend notwendig. Als energiefremde Dienste, die **nicht zwingend energiewirtschaftlich gefordert** sind,[3] bedürfen diese stets der Legitimation durch Einwilligung des Anschlussnutzers.[4]

2. Entstehungsgeschichte

In der allgemeinen energierechtlichen „Vorgängervorschrift" des **§ 21g EnWG a. F.** war eine Einwilligungsregelung, welche sachlich eine Datenverwendung zu einem Zweck ermöglicht, der nicht in § 21g Abs. 1 Nr. 1–8 EnWG aufgeführt ist, **nicht enthalten**.[5] Eine Vereinbarung von weitergehenden Zwecken in Bezug auf personenbezogene Messdaten war **auch vertraglich nicht möglich**.[6]

Den Bedürfnissen eines innovativen **Smart Grids** wird eine solche Regelung nicht gerecht. Zur Erreichung der Klimaschutzziele und zur Gewährleistung einer sicheren Energieversorgung bei vermehrtem Rückgriff auf erneuerbare Energien muss die Möglichkeit bestehen, den **Zweckkatalog für weitere Datenverwendungen** auch für zukünftige, noch nicht implementierte Prozesse von der Nutzerseite aus **zu öffnen**. Im Rahmen des MsbG ist dem durch die allgemeine Einwilligungsmöglichkeit in § 70 Genüge getan worden.

II. Zusätzliche Nutzung und Übermittlung von Daten

§ 70 eröffnet in sachlicher Hinsicht die Möglichkeit einer **zusätzlichen Nutzung und Übermittlung von Daten**. Mit zusätzlichen Messwertnutzungen auf Veranlassung des Anschlussnutzers werden die **Kataloge erweitert**, die sich **jeweils in Abs. 1 der §§ 66–69** finden. Der sonstige weitere Datenaustausch erlaubt die Übermittlung von Daten über die Vorgaben hinaus, die sich jeweils in **Abs. 2 der §§ 66–69** finden.[7]

III. Einwilligung gemäß § 4a BDSG (Nr. 1)

In § 70 Nr. 1 wird bezüglich der Einwilligung auf § 4a BDSG verwiesen.

---

2 Vgl. hierzu *Cimiano/Herlitz*, NZM 2016, 409, 412 ff.
3 Vgl. die Priorisierung von Anwendungen in § 21 Abs. 1 Nr. 4 lit. a).
4 Vgl. Begründung zum Regierungsentwurf v. 17.2.2016, BT-Drs. 18/7555, S. 107.
5 BerlKommEnR/*Lorenz/Raabe*, § 21g EnWG Rn. 19.
6 Vgl. *Raabe/Lorenz/Pallas/Weis*, CR 2011, 831, 836.
7 Vgl. insoweit auch die dortige Kommentierung.

§ 70   Messwertnutzung auf Veranlassung des Anschlussnutzers; weiterer Datenaustausch

1. Vorgaben des § 4a BDSG

7   Nach § 4a Abs. 1 BDSG ist eine Einwilligung nur wirksam, wenn sie auf der **freien, bestimmten und informierten Entscheidung des Betroffenen** beruht.[8] Die Einwilligung muss gemäß § 4a Abs. 1 S. 3 BDSG **widerrufbar** sein und **grundsätzlich schriftlich** erfolgen. Die weniger formstrenge Norm des **§ 13 Abs. 2 TMG** ist damit selbst bei Telemediendiensten, beispielsweise einer **Einwilligung über mobile Applikationen** des Anschlussnutzers, nicht anwendbar.[9] Allerdings dürfte oft nach § 4a Abs. 1 S. 3 BDSG bei Telemediendiensten wegen der besonderen Umstände eine Textform angemessen und damit hinreichend sein.

2. Koppelungsverbot gemäß § 49 Abs. 5

8   Die Energiebelieferung des Anschlussnutzers oder der jeweilige Tarifzugang darf gemäß **§ 49 Abs. 5** nicht von der Angabe personenbezogener Daten abhängig gemacht werden, die hierfür nicht unbedingt erforderlich sind.[10]

9   Die **Nichtabgabe einer Einwilligungserklärung für einen bestimmten Mehrwertdienst** darf insofern **keinen Nachteil für den Anschlussnutzer bedeuten**. Ebenso darf die Beanspruchung eines konkreten variablen Tarifs nicht davon abhängig gemacht werden, ob der Nutzer in die zusätzliche Nutzung von personenbezogenen Daten eingewilligt hat.

3. Grenzen der Einwilligung

10   § 70 richtet sich ausschließlich an den Anschlussnutzer und somit an den **vertraglich Berechtigten**.[11] Eine Einwilligung durch diesen in eine weitere Datennutzung ist aber ausgeschlossen, soweit **Rechte Dritter betroffen** sind.[12] Inwieweit beim Smart Metering Rechte Dritter angesichts von Personenbezug betroffen sind, ist **umstritten**.[13]

11   Grundsätzlich ist festzuhalten, dass in den meisten Fällen der Anschlussnutzer nicht alleine für das Verbrauchsaufkommen verantwortlich sein wird, sondern auch (zumindest zeitweise) weitere Personen durch die Nutzung elektrischer Geräte im Haushalt hierzu beitragen. Falls tatsächlich personenbezogene Daten weiterer Personen in Frage stehen, würde eine Einwilligung durch den Anschlussnutzer nicht ausreichen, um das Recht auf informationelle Selbstbestimmung aus Art. 2 Abs. 1 i.V.m. Art. 1 Abs. 1 GG aller Betroffenen zu sichern,[14] es sei denn die Einwilligung wird wirksam für diese Personen miterklärt.

---

8   Vgl. hierzu Spindler/Schuster/*Nink*, § 4a BDSG Rn. 6.
9   Vgl. zu diesem Vorschlag die Stellungnahme des BDEW zum Regierungsentwurf eines Gesetzes zur Digitalisierung der Energiewende v. 7.4.2016, S. 22.
10 Siehe BerlKommEnR/*Raabe/Lorenz*, § 49 MsbG Rn. 52 ff.
11 Vgl. zum Begriff des „Anschlussnutzers" bereits BerlKommEnR/*Ohrtmann/Netzband/Lehner*, § 53 Rn. 13, sowie die Legaldefinition des Anschlussnutzers in § 2 S. 1 Nr. 3.
12 Vgl. *Karsten/Leonhardt*, RDV 2016, 22, 23.
13 Eine differenzierte Analyse des Personenbezugs von Smart Meter-Daten nimmt *Keppeler*, EnWZ 2016, 99 ff., vor; siehe auch *Schäfer-Stradowsky/Boldt*, EnWZ 2015, 349, 350 f.
14 Vgl. *Karsten/Leonhardt*, RDV 2016, 22, 23 mit Verweis auf Gola/Schomerus/*Gola/Klug/Körffer*, § 4a BDSG Rn. 25 (dort Fn. 13).

4. Bedeutung im Rahmen der DSGVO

Nach den Vorgaben der DSGVO, die am 25.5.2018 Geltung erhalten und als in den Mitgliedstaaten unmittelbar anwendbares Recht die Regelungen des BDSG überlagern wird, ist gemäß Art. 6 Abs. 1 lit. a) DSGVO **keine schriftliche Einwilligung** mehr erforderlich. § 70 Nr. 1 dürfte damit unwirksam und durch Art 6 Abs. 1 lit. a) DSGVO ersetzt werden, da die Öffnungsklauseln des Art 6 Abs. 2 DSGVO (öffentliches Interesse) bezüglich der Form der Einwilligung nicht erfüllt sind. Ab dem 25.5.2018 ist vielmehr eine unmissverständliche Willensbekundung durch Erklärung oder eine sonstige eindeutig zustimmende Handlung ausreichend (vgl. Art. 4 Nr. 11 DSGVO).

IV. Kein Personenbezug gemäß § 3 Abs. 1 BDSG (Nr. 2)

Sofern keine personenbezogenen Daten genutzt oder übermittelt werden, ist das Datenschutzrecht nicht anwendbar. In diesem Fall wird in § 70 Nr. 2 auf das Einwilligungserfordernis nach § 4a BDSG verzichtet.

Hierzu wird in der Regel zu fragen sein, ob die Anforderungen an eine Anonymisierung erfüllt sind.[15] In der Orientierungshilfe zum Smart Metering ging man im Jahr 2012 von einem grundsätzlichen **Personenbezug aller Daten** aus, auch wenn es sich um **technische Daten** handle.[16] Diese Überlegungen dürften in der Praxis beispielsweise im Hinblick auf Datenauswertungen durch **Big Data-Analysen** relevant werden.[17]

---

15 Vgl. *Keppeler*, EnWZ 2016, 99 ff.
16 Vgl. Orientierungshilfe datenschutzgerechtes Smart Metering, S. 18.
17 Generell zu den rechtlichen Problemen im Kontext von Big Data und Datenschutz *Dammann*, ZD 2016, 307, 313 f.; *Ohrtmann/Schwiering*, NJW 2014, 2984 ff.

Abschnitt 3
Besondere Fallgruppen

§ 71 Nachprüfung der Messeinrichtung; Haftung bei Beschädigungen

(1) ¹Der Anschlussnutzer, der Bilanzkoordinator, der Energielieferant oder der Netzbetreiber kann jederzeit eine Nachprüfung der Messeinrichtung durch eine Befundprüfung nach § 39 des Mess- und Eichgesetzes durch eine Eichbehörde oder eine staatlich anerkannte Prüfstelle im Sinne des § 40 Absatz 3 des Mess- und Eichgesetzes verlangen. ²Ergibt die Befundprüfung, dass die Messeinrichtung nicht verwendet werden darf, so trägt der Messstellenbetreiber die Kosten der Nachprüfung, sonst derjenige, der die Prüfung in Auftrag gegeben hat. ³Die sonstigen Möglichkeiten zur Durchführung einer Befundprüfung nach § 39 des Mess- und Eichgesetzes bleiben unberührt.

(2) ¹Wird der Antrag auf Nachprüfung nicht bei dem Messstellenbetreiber gestellt, so hat der Antragsteller diesen zugleich mit der Antragstellung zu benachrichtigen. ²Ergibt die Befundprüfung, dass die Messeinrichtung nicht verwendet werden darf, trägt der Messstellenbetreiber die Kosten der Nachprüfung, sonst der Antragsteller.

(3) Ergibt eine Prüfung der Messeinrichtungen eine Überschreitung der eichrechtlichen Verkehrsfehlergrenzen oder ist die Größe des Fehlers nicht einwandfrei festzustellen oder zeigt eine Messeinrichtung Messwerte nicht an, so ermittelt der Messstellenbetreiber die Daten für die Zeit seit der letzten fehlerfreien Ablesung entweder aus dem Durchschnittsverbrauch des ihr vorhergehenden und des der Beseitigung des Fehlers nachfolgenden Ablesezeitraumes oder auf Grund des Vorjahreswertes durch Schätzung, soweit aus Parallelmessungen vorhandene Messwerte keine ausreichende Verlässlichkeit bieten.

Schrifttum: *Burrer*, Das neue Mess- und Eichgesetz und die neue Mess- und Eichverordnung, GewArch 2015, 481; *Klindt*, ProdSG, Kommentar, 2. Aufl. 2014.

Übersicht

	Rn.		Rn.
I. Allgemeines	1	a) Inverkehrbringen eines Messgerätes	15
II. Antrag und Antragsbefugnis (Abs. 1)	4	b) Verwenden eines Messgerätes und Umfang der Befundprüfung	17
III. Kostentragung (Abs. 1 S. 2)	9	V. Befugnisse der Behörde und der staatlich anerkannten Prüfstelle	19
IV. Vorgehen im Fehlerfall (Abs. 3)	11	VI. Gesetzliche Eichfristen	20
1. Definition und Konsequenzen eines Fehlerfalles	11		
2. Überschreitung der eichrechtlichen Verkehrsfehlergrenzen	13		

II. Antrag und Antragsbefugnis (Abs. 1) § 71

I. Allgemeines

Zusätzlich zu den gesetzlich angeordneten, periodischen Eichungen sollen die in Abs. 1 genannten Personen **jederzeit** überprüfen lassen können, ob eine **Messeinrichtung die wesentlichen Anforderungen** des für sie geltenden § 6 Abs. 2 MessEG erfüllt.

1

Nach dem ausdrücklichen Wortlaut des Abs. 1 S. 3 handelt es sich nicht um eine Vorschrift, die den § 39 MessEG verdrängt, sondern ausdrücklich um ein **neben den allgemeinen Überprüfungsmöglichkeiten nach dem MessEG stehendes Institut**. Besondere Bedeutung hat die Befundprüfung im Zusammenhang mit den Pflichten des Netzbetreibers zur Liberalisierung des Messstellenbetriebs, z. B. im Falle der Installation dezentraler Messeinrichtungen auf Anforderung des Anschlussnehmers.[1]

2

Die Vorschrift übernimmt Regelungen des **bisherigen § 12 Abs. 3 MessZV**.[2]

3

II. Antrag und Antragsbefugnis (Abs. 1)

Die Befugnis zur Stellung eines Antrags auf Befundprüfung kann gem. § 39 Abs. 1 S. 1 MessEG jeder stellen, der ein begründetes Interesse an der Messrichtigkeit darlegt. Der Antrag ist bei der nach § 40 Abs. 1 MessEG zuständigen Behörde oder einer staatlich anerkannten Prüfstelle gem. § 40 Abs. 3 MessEG zu stellen.

4

§ 39 MessEG sieht Folgendes vor:

5

(1) Wer ein begründetes Interesse an der Messrichtigkeit darlegt, kann bei der Behörde nach § 40 Absatz 1 beantragen festzustellen, ob ein Messgerät die wesentlichen Anforderungen nach § 6 Absatz 2 erfüllt, wobei anstelle der Fehlergrenzen nach § 6 Absatz 2 die in einer Rechtsverordnung nach § 41 Nummer 1 bestimmten Verkehrsfehlergrenzen einzuhalten sind (Befundprüfung).
(2) Für ein Messgerät oder eine damit verbundene Zusatzeinrichtung, das oder die bei der Ermittlung des Verbrauchs an Elektrizität, Gas, Wärme oder Wasser eingesetzt wird, kann die Feststellung nach Absatz 1 auch bei einer staatlich anerkannten Prüfstelle nach § 40 Absatz 3 beantragt werden.

§ 40 Abs. 3 MessEG enthält die folgende Regelung:

6

(3) Zur Eichung von Messgeräten für Elektrizität, Gas, Wasser oder Wärme und damit verbundenen Zusatzeinrichtungen können Prüfstellen durch die nach Landesrecht zuständigen Behörden nach Maßgabe einer Rechtsverordnung nach § 41 Nummer 9 staatlich anerkannt werden. Die Prüfstelle muss über eine Haftpflichtversicherung verfügen. Der Leiter und der Stellvertreter der Prüfstelle sind von der zuständigen Behörde öffentlich zu bestellen und zu verpflichten. Widerrufen werden können außer nach den Vorschriften des Verwaltungsverfahrensgesetzes
1. die Anerkennung der Prüfstelle, wenn inhaltliche Beschränkungen der Anerkennung nicht beachtet werden,
2. die Bestellung, wenn der Bestellte inhaltliche Beschränkungen der Bestellung nicht beachtet oder ihm obliegende Pflichten grob verletzt, insbesondere Prüfungen nicht unparteiisch ausführt oder ausführen lässt.

---
1 Vgl. hierzu BGH, Beschl. v. 14.4.2015, EnVR 45/13, ZNER 2015, 411.
2 BT-Drs. 18/7555, S. 110.

§ 71   Nachprüfung der Messeinrichtung; Haftung bei Beschädigungen

7   Abs. 1 begründet darüber hinaus einen **Anspruch auf die Durchführung einer Befundprüfung** für den Anschlussnutzer, den Bilanzkoordinator, den Energielieferanten und den Netzbetreiber, ohne dass diese das gem. § 39 Abs. 1 MessEG erforderliche begründete Interesse darlegen müssen. Nach dem Wortlaut der Vorschrift wird hierdurch allerdings keine spezielle Antragsbefugnis der genannten Personen begründet, sondern lediglich ein Anspruch ohne Nennung eines Anspruchsgegners. Ausweislich der Formulierung in Abs. 2 S. 1 scheint das Gesetz als Normalfall davon auszugehen, dass der Antrag beim Messstellenbetreiber gestellt wird. Dieser muss dann wiederum einen Antrag bei der zuständigen Behörde oder der staatlich anerkannten Stelle auf Durchführung der Befundprüfung stellen. Wird der Antrag nicht beim Messstellenbetreiber gestellt, ist dieser jedenfalls gleichzeitig zu benachrichtigen. Diese Regelung spiegelt sich auch in § 8 StromGVV[3] wieder.

8   Daneben bleibt aufgrund der ausdrücklichen Regelung in Abs. 1 S. 3 die **direkte Antragsbefugnis gem. § 39 Abs. 1 MessEG** für die in Abs. 1 genannten Personen und auch für jeden anderen bestehen, der ein begründetes Interesse an der Messrichtigkeit darlegen kann.

III. Kostentragung (Abs. 1 S. 2)

9   Gemäß Abs. 1 S. 2 richtet sich die **Pflicht zur Tragung der Kosten der Befundprüfung** nach dem messtechnischen Ergebnis dieser Prüfung. Der Messstellenbetreiber trägt die Kosten, wenn die Befundprüfung ergeben hat, dass die Messeinrichtung nicht verwendet werden darf.[4]

10   Die Voraussetzungen, unter denen eine Messeinrichtung verwendet werden darf, sind in § 8 Abs. 2 geregelt. Hier werden die mess- und eichrechtlichen Anforderungen neben anderen Anforderungen ausdrücklich in Bezug genommen. Die Befundprüfung umfasst dabei nur die mess- und eichrechtlichen Verwendungsvoraussetzungen. Mess- und eichrechtlich darf eine Messeinrichtung nur verwendet werden, wenn sie die Anforderungen des § 6 Abs. 2 MessEG erfüllt.

IV. Vorgehen im Fehlerfall (Abs. 3)

1. Definition und Konsequenzen eines Fehlerfalles

11   Abs. 3 definiert **drei Fallgruppen**, in denen nicht auf die angezeigten Messwerte zurückgegriffen werden darf:

– Überschreitung der eichrechtlichen Verkehrsfehlergrenzen,
– Größe des Fehlers ist nicht einwandfrei festzustellen,
– Einrichtung zeigt keine Messwerte an.

---

3   Verordnung über Allgemeine Bedingungen für die Grundversorgung von Haushaltskunden und die Ersatzversorgung mit Elektrizität aus dem Niederspannungsnetz (Stromgrundversorgungsverordnung – StromGVV) v. 26.10.2016, BGBl. I, S. 2391, zuletzt geändert durch Art. 9 des Gesetzes zur Digitalisierung der Energiewende v. 29.8.2016, BGBl. I, S. 2034.
4   Hierzu ausführlich Rn. 9 ff.

IV. Vorgehen im Fehlerfall (Abs. 3)   § 71

In diesen Fällen ist der Durchschnittsverbrauch des Zeitraums vor dem Fehler und nach dem Fehler heranzuziehen. Alternativ kann der Verbrauch aufgrund des Vorjahreswertes geschätzt werden.

2. Überschreitung der eichrechtlichen Verkehrsfehlergrenzen

Gem. § 22 Abs. 2 MessEV müssen Messgeräte bei der Verwendung eine **Genauigkeit** aufweisen, die dem **Stand der Technik** unter Berücksichtigung der zu erfüllenden Messaufgabe entspricht. Die Anforderungen an die Genauigkeit werden in der MessEV näher konkretisiert. Besondere Bedeutung haben hierbei die Fehlergrenze beim Inverkehrbringen und die Verkehrsfehlergrenze beim Verwenden eines Messgerätes.

Nach der Definition in § 3 Nr. 21 MessEG ist die **Verkehrsfehlergrenze** die beim Verwenden eines Messgerätes zulässige Abweichung der Messergebnisse des Messgerätes vom wahren Messergebnis. Die Verkehrsfehlergrenze ist zu unterscheiden von der Fehlergrenze gem. § 3 Nr. 16 MessEG. Die strengere Anforderung des Einhaltens der Fehlergrenze ist nur beim Inverkehrbringen des Messgerätes einzuhalten.[5]

a) Inverkehrbringen eines Messgerätes

Inverkehrbringen ist in § 3 Nr. 7 MessEG definiert als **erstmaliges Bereitstellen eines Messgerätes auf dem Markt**. Es handelt sich um den Zeitpunkt, in dem das Messgerät erstmals entgeltlich oder unentgeltlich zum Vertrieb, Verbrauch oder zur Verwendung vom Hersteller oder Importeur an einen anderen Wirtschaftsakteur (z.B. einen Händler oder auch direkt einen Messstellenbetreiber) abgegeben wird.[6] Hierbei stellen sich vielfältige Auslegungs- und Abgrenzungsschwierigkeiten.[7]

Messgeräte dürfen gem. § 6 MessEG nur in Verkehr gebracht werden, wenn sie die in dieser Vorschrift aufgeführten Anforderungen erfüllen, die durch die Vorgaben der §§ 7, 8 MessEV konkretisiert werden. § 8 MessEV nimmt dabei im Wesentlichen die Anforderungen aus RL 2014/32/EU zur Harmonisierung der Rechtsvorschriften der Mitgliedstaaten über die Bereitstellung von Messgeräten auf dem Markt in Bezug.[8] Ein wesentlicher Aspekt ist hierbei das Einhalten bestimmter Fehlergrenzen, die für Elektrizitätszähler für Wirkverbrauch in RL 2014/32/EU, Anhang V definiert sind.

Der Hersteller muss zum **Nachweis der Erfüllung der gesetzlichen Anforderungen** das in RL 2014/32/EU geregelte Konformitätsbewertungsverfahren durchführen und eine entsprechende EU-Konformitätserklärung ausstellen sowie die CE-Kennzeichnung und die Metrologie-Kennzeichnung an dem Messgerät anbringen. Damit werden die Anforderun-

---

5 Hollinger/Schade/*Hollinger*, § 3 Rn. 16, 21.
6 Vgl. die Definition in § 3 Nr. 7 MessEG sowie Europäische Kommission, Bekanntmachung 2016/C 272/01, ABl. C 272/1, S. 18.
7 Vgl. hierzu Klindt/*Klindt/Schucht*, ProdSG, § 2 Rn. 27; Europäische Kommission, Bekanntmachung 2016/C 272/01, ABl. C 272/1, S. 18.
8 RL 2014/32/EU des Europäischen Parlaments und des Rates v. 26.2.2014 zur Harmonisierung der Rechtsvorschriften der Mitgliedstaaten über die Bereitstellung von Messgeräten auf dem Markt, ABl. L 96 v. 29.3.2014, S. 149.

§ 71 Nachprüfung der Messeinrichtung; Haftung bei Beschädigungen

gen an das Inverkehrbringen von Messgeräten an den New Legislative Framework des europäischen Produktrechts angepasst.[9]

b) Verwenden eines Messgerätes und Umfang der Befundprüfung

17 Vom Inverkehrbringen ist im Hinblick auf Messgeräte das Verwenden zu unterscheiden. Dementsprechend unterliegen der Inverkehrbringer und der Verwender eines Messgerätes **unterschiedlichen rechtlichen Pflichten**. Verwenden ist gem. § 3 Nr. 22 MessEG das erforderliche Betreiben oder Bereithalten eines Messgerätes zur Bestimmung von Messwerten. Bei der Befundprüfung wird untersucht, ob das Messgerät die bei seiner Verwendung geltenden Anforderungen erfüllt. Gem. § 39 Abs. 1 MessEG werden hierbei die Anforderungen des § 6 Abs. 2 MessEG geprüft, wobei anstelle der Fehlergrenze die Verkehrsfehlergrenze anzusetzen ist.

18 Es wird vermutet, dass die **Verkehrsfehlergrenze eines Messgeräts** eingehalten ist, wenn sie nicht mehr als das Doppelte der Fehlergrenze beträgt und eine anderweitige Feststellung des Regelermittlungsausschusses nach den Vorschriften des § 46 MessEG nicht veröffentlicht ist. Im Hinblick auf Elektrizitätszähler hat der Regelermittlungsausschuss zuletzt am 6.4.2016 Regeln zur Verkehrsfehlergrenze verschiedener Elektrizitätszähler festgelegt.[10]

V. Befugnisse der Behörde und der staatlich anerkannten Prüfstelle

19 Gem. § 40 Abs. 5 MessEG stehen den zuständigen Behörden und staatlich anerkannten Prüfstellen bei der Befundprüfung die **Befugnisse nach § 56 MessEG** zur Verfügung. Die Vorschrift enthält im Wesentlichen Betretens-, Mitwirkungs- und Duldungspflichten zur Sicherstellung der Verwendungsüberwachung.[11] Im Rahmen der Befundprüfung werden diese behördlichen Befugnisse nur selten relevant sein, weil in der Regel gerade derjenige die Prüfung beantragt hat, der den Zugriff auf die zu prüfende Messeinrichtung gewähren kann. Bedeutung können insbesondere die Betretensrechte aber z.B. in Fällen erlangen, in denen zur Prüfung vermietete Räume betreten werden müssen. Dabei ist zu berücksichtigen, dass den staatlich anerkannten Prüfstellen lediglich diejenigen Maßnahmen erlaubt sind, die in § 56 MessEG dem Beauftragten eingeräumt werden.

VI. Gesetzliche Eichfristen

20 Zu berücksichtigen ist, dass eine Befundprüfung keinerlei Auswirkungen auf die gesetzlich festgelegten Eichfristen hat. Für Zähler im Elektrizitätsbereich legt Anlage 7 der MessEV folgende Fristen in Jahren fest:

---

9 Vgl. hierzu umfassend *Burrer*, GewArch 2015, 481.
10 Regelermittlungsausschuss bei der Physikalisch-Technischen Bundesanstalt (PTB), Braunschweig, Ermittelte Regeln und Erkenntnisse des Regelermittlungsausschusses nach § 46 MessEG, Stand: 6.4.2016; abrufbar unter https://public.ptb.de/resource/510.20160406A.
11 Hollinger/Schade/*Hoffmann*, § 56 Rn. 2.

VI. Gesetzliche Eichfristen § 71

6.	Messgeräte zur Bestimmung von Messgrößen bei der Lieferung von Elektrizität	
6.1	Elektrizitätszähler in der Ausführung als Einphasen- und Mehrphasen-Wechselstromzähler mit Induktionsmesswerk einschließlich Doppeltarifzähler, mit Ausnahme der Zähler nach Nummer 6.2	16
6.2	Elektrizitätszähler in der Ausführung als Einphasen- und Mehrphasen-Wechselstromzähler mit Induktionsmesswerk als Messwandlerzähler, als mechanische Mehrtarif-, Maximum- und Überverbrauchszähler sowie mechanische Zusatzeinrichtungen für Elektrizitätszähler	12
6.3	Elektrizitätszähler in der Ausführung als Einphasen- und Mehrphasen-Wechselstromzähler mit elektronischem Messwerk für direkten Anschluss und Anschluss an Messwandler sowie eingebaute und getrennt angeordnete elektronische Zusatzeinrichtungen für Elektrizitätszähler, sofern diese netzbetrieben sind und bei batteriebetriebenen Geräten die Lebensdauer der Batterie mindestens für diesen Zeitraum ausreicht oder ein Batteriewechsel ohne Verletzung von Kennzeichen möglich ist	8
6.4	Elektrizitätszähler für Gleichstrom	4
6.5	Messwandler für Elektrizitätszähler	nicht befristet

§ 72 Öffentliche Verbrauchseinrichtungen

¹Bei öffentlichen Verbrauchseinrichtungen kann die abgenommene Strommenge auch rechnerisch ermittelt oder geschätzt werden, wenn die Kosten einer Messung außer Verhältnis zur Höhe des Verbrauchs stehen. ²Dies trifft insbesondere auf im Verteilernetz angeschlossene Anlagen zur Straßenbeleuchtung zu, wenn deren Ein- und Ausschaltzeiten bekannt sind und der Lastverlauf berechenbar ist.

1   Die Vorschrift übernimmt die Regelung des bisherigen § 18 Abs. 1 StromNZV. Sie dient der möglichst effizienten und kostensparenden Gestaltung der Stromversorgung öffentlicher Verbrauchseinrichtungen.

§ 73 Verfahren bei rechtswidriger Inanspruchnahme

(1) ¹Wenn tatsächliche Anhaltspunkte für die rechtswidrige Inanspruchnahme von Messsystemen, intelligenten Messsystemen oder ihrer Dienste vorliegen, muss die nach § 49 berechtigte Stelle diese dokumentieren und den Anschlussnutzer hierüber informieren. ²Zur Sicherung seines Entgeltanspruchs darf er die Bestandsdaten und Verkehrsdaten verwenden, die erforderlich sind, um die rechtswidrige Inanspruchnahme nach Satz 1 aufzudecken und zu unterbinden. ³Die Bundesnetzagentur und die oder der Bundesbeauftragte für den Datenschutz und die Informationsfreiheit sind über Maßnahmen nach Satz 2 unverzüglich in Kenntnis zu setzen.

(2) Die nach § 49 berechtigte Stelle darf für die Verwendung der Verkehrsdaten nach Absatz 1 aus dem Gesamtbestand aller Verkehrsdaten, die höchstens sechs Monate alt sind, die Daten derjenigen Verbindungen mit dem Messsystem oder dem intelligenten Messsystem ermitteln, für die tatsächliche Anhaltspunkte den Verdacht der rechtswidrigen Inanspruchnahme nach Satz 1 begründen.

(3) ¹Die nach § 49 berechtigte Stelle darf aus den nach Absatz 2 ermittelten Verkehrsdaten einen pseudonymisierten Gesamtdatenbestand bilden, der Aufschluss über die von einzelnen Teilnehmern erzielten Umsätze gibt und unter Zugrundelegung geeigneter Missbrauchskriterien das Auffinden solcher Verbindungen des Messsystems oder des intelligenten Messsystems ermöglicht, bei denen der Verdacht einer missbräuchlichen Inanspruchnahme besteht. ²Die Daten anderer Verbindungen sind unverzüglich zu löschen.

(4) Die Bundesnetzagentur und die oder der Bundesbeauftragte für den Datenschutz und die Informationsfreiheit sind über die Einleitung eines Verfahrens im Zusammenhang mit Maßnahmen nach Absatz 1 unverzüglich in Kenntnis zu setzen.

Schrifttum: *Karg*, Datenschutzrechtliche Rahmenbedingungen beim Einsatz intelligenter Zähler, DuD 2010, 365; *Raabe/Lorenz/Pallas/Weiß*, Harmonisierung konträrer Kommunikationsmodelle im Datenschutzkonzept des EnWG – „Stern" trifft „Kette", CR 2011, 831; *Roßnagel/Jandt*, Datenschutzkonformes Energieinformationsnetz, Datenschutz und Datensicherheit, DuD 2010, 373; *Schulz*, Privacy by Design, CR 2012, 204.

Übersicht

	Rn.		Rn.
I. Allgemeines	1	IV. Zulässiger Zweck	4
II. Dokumentations- und Informationspflicht (Abs. 1)	2	V. Erforderlichkeit	5
III. Spezielle Verwendungsberechtigung für Anschlussnutzer	3	VI. Ermittlung bestimmter Verbindungsdaten (Abs. 2, 3)	8
		VII. Meldung an die Bundesnetzagentur	10

I. Allgemeines

Die Vorschrift übernimmt die wesentlichen Aussagen des § 21g Abs. 3 EnWG.[1] Sie dient dem **Schutz der informationellen Selbstbestimmung** gem. Art. 2 Abs. 1 i.V.m. Art. 1

1

---

[1] Begründung des Regierungsentwurfs v. 17.2.2016, BT-Drs. 18/7555, S. 110.

§ 73   Verfahren bei rechtswidriger Inanspruchnahme

Abs. 1 GG bei der Nutzung insbesondere intelligenter Messeinrichtungen im Strom- und Gassektor. Dabei enthält Teil 3 die Regelungen zur Erhebung, Verarbeitung und Nutzung von Daten, die aus dem Messsystem oder mit Hilfe des Messsystems gewonnen werden. § 73 trifft ergänzende Regelungen für den Sonderfall einer rechtswidrigen Inanspruchnahme des Messsystems. Es handelt sich um eine spezialgesetzliche Ermächtigung gem. § 4 Abs. 1 BDSG zur Verarbeitung und Nutzung personenbezogener Daten zu einem bestimmten Zweck.[2]

II. Dokumentations- und Informationspflicht (Abs. 1)

2   Abs. 1 S. 1 enthält zunächst eine **Dokumentations- und Informationspflicht** der gem. § 49 berechtigten Stelle an den Anschlussnutzer, wenn **tatsächliche Anhaltspunkte für eine rechtswidrige Inanspruchnahme** vorliegen. Die gem. § 49 Abs. 2 zum Umgang mit personenbezogenen Daten aus dem Messvorgang berechtigten Personen sind der Messstellenbetreiber, der Netzbetreiber, der Bilanzkoordinator, der Bilanzkreisverantwortliche, das Direktvermarktungsunternehmen nach dem Erneuerbare-Energien-Gesetz, der Energielieferant sowie jede Stelle, die über eine gesetzeskonforme Einwilligung verfügt. Die Anhaltspunkte für eine rechtswidrige Inanspruchnahme sind sorgfältig zu dokumentieren, um später das Vorliegen der Voraussetzungen für das besondere Umgangsrecht mit den Daten belegen zu können.[3]

III. Spezielle Verwendungsberechtigung für Anschlussnutzer

3   Abs. 1 S. 2 schafft zusätzlich eine ganz **spezielle und eng begrenzte Verwendungsberechtigung** im Hinblick auf die personenbezogenen Daten für den Anschlussnutzer, die keinen umfassenden Umgang erlaubt, sondern lediglich die Verwendung der Daten.

IV. Zulässiger Zweck

4   Der Anschlussnutzer darf die Daten nur zu dem Zweck verwenden, **Leistungserschleichungen aufzuklären oder zu unterbinden**. Von diesem Zweck sind lediglich repressive Maßnahmen – konkret die Sicherung des Entgeltanspruchs – erfasst, nicht hingegen präventive Maßnahmen.[4]

V. Erforderlichkeit

5   Auch die spezielle Verwendungsbefugnis des Anschlussnutzers ist beschränkt durch die allgemeinen **datenschutzrechtlichen Grundsätze der Datensparsamkeit und der Da-

---

2 Vgl. hierzu *Roßnagel/Jandt*, DuD 2010, 373, 378; *Karg*, DuD 2010, 365, 372; *Raabe/Lorenz/Pallas/Weiß*, CR 2011, 831 ff.
3 Vgl. zum insoweit vergleichbaren Telekommunikationsrecht BerlKommTKG/*Klescewski*, § 100 Rn. 17.
4 BeckTKG-Komm/*Wittern*, 3. Aufl. 2006, § 100 Rn. 11.

tenvermeidung.[5] Daher ist die Verwendung nur dann zulässig, wenn sie zur Erreichung des zulässigen Zwecks erforderlich ist. Hierdurch soll die Erhebung, Verarbeitung und Nutzung personenbezogener Daten auf solche Fälle begrenzt werden, in denen keine datenschutzrechtlich mildere Alternative zur Zweckerfüllung zur Verfügung steht. Für Messsysteme bedeutet dies z. B., dass sie im „Default"-Modus keine über das Erforderliche hinausgehende Erhebung personenbezogener Daten zulassen dürfen, sondern dafür im zulässigen Bedarfsfall gesondert eingestellt werden müssen.[6]

Die Erforderlichkeit muss stets **im Zusammenhang mit dem zulässigen Zweck** ermittelt werden. Es ist daher zu prüfen, ob überhaupt eine Erhebung, Verarbeitung oder Nutzung personenbezogener Daten zweckdienlich und ob auch eine andere Vorgehensweise möglich ist, nach der keine oder nur in einem weniger problematischen Ausmaß personenbezogene Daten genutzt werden. Dabei kann durch eine – grundsätzlich strenge – Erforderlichkeitsprüfung die ggf. geringe Begrenzungswirkung einer weiten Zweckbestimmung zum Teil kompensiert werden.[7]

Für das Aufklären oder Unterbinden von Leistungserschleichungen sind die erforderlichen Handlungen bereits weitestgehend durch die **Vorgaben nach Abs. 2 und 3** konkretisiert.

VI. Ermittlung bestimmter Verbindungsdaten (Abs. 2, 3)

Für den Zweck der **Aufdeckung einer rechtswidrigen Inanspruchnahme** von Messsystemen darf die gem. § 49 berechtigte Stelle aus den Verkehrsdaten, die höchstens sechs Monate alt sind, die Daten derjenigen Verbindungen mit dem Messsystem oder dem intelligenten Messsystem ermitteln, für die tatsächliche Anhaltspunkte den Verdacht der rechtswidrigen Inanspruchnahme nach Abs. 1 S. 1 begründen. Die Begriffe „Bestandsdaten" und „Verkehrsdaten" sind im Gesetz nicht definiert, in der Energiewirtschaft aber gebräuchlich. Ihre Verwendung resultiert wohl aus einer Übernahme aus dem telekommunikationsrechtlichen Vorbild der Regelung nach § 100 Abs. 3 TKG a. F.[8] Mit Verkehrsdaten sind wohl Messdaten gemeint.

Aus relevanten Verkehrsdaten, die vor mehr als sechs Monaten erhoben wurden, darf gem. Abs. 3 nur ein **pseudonymisierter Gesamtdatenbestand** gebildet werden. Aus diesem Bestand können die erzielten Umsätze ermittelt und solche Verbindungen des Messsystems aufgefunden werden, bei denen der Verdacht einer missbräuchlichen Inanspruchnahme besteht.[9] Daten von Verbindungen, die für die Ermittlung der soeben genannten Informationen nicht erforderlich sind, sind unverzüglich zu löschen.

---

5 Vgl. hierzu *Schulz*, CR 2012, 204, 206.
6 Vgl. hierzu auch Europäische Kommission, Empfehlung zur Vorbereitung für die Einführung intelligenter Messsysteme (2012/148/EU), S. 17 Nr. 17.
7 Simitis/*Sokol*, § 13 BDSG Rn. 25 f.
8 BT-Drs. 17/6072, S. 80; Britz/Hellermann/Hermes/*Herzmann*, § 21g EnWG Rn. 31.
9 Britz/Hellermann/Hermes/*Herzmann*, § 21g EnWG Rn. 31.

§ 73   Verfahren bei rechtswidriger Inanspruchnahme

VII. Meldung an die Bundesnetzagentur

10   Wird ein **Verfahren gem.** § 73 eingeleitet, ist die Bundesnetzagentur oder der Bundesdatenschutzbeauftragte hierüber in Kenntnis zu setzen. Dabei wird im Rahmen des der Regelung zugrunde liegenden § 100 TKG nicht gefordert, dass über die einzelnen Maßnahmen detailliert berichtet wird. Es soll vielmehr die einmalige Information über das Einleiten des Verfahrens genügen.[10]

---

10 BeckTKG-Komm/*Wittern*, § 100 Rn. 13.

Kapitel 4
Verordnungsermächtigung; Festlegungen der Bundesnetzagentur

§ 74 Verordnungsermächtigung

¹Soweit es für das Funktionieren einer sicheren Marktkommunikation mit intelligenten Messsystemen erforderlich ist, wird die Bundesregierung ermächtigt, durch Rechtsverordnung ohne Zustimmung des Bundesrates konkretisierende Vorschriften zu Teil 3 dieses Gesetzes zum Schutz personenbezogener Daten zu erlassen und dabei die Erhebung, Verarbeitung und Nutzung dieser Daten zu regeln. ²Die Vorschriften haben den Grundsätzen der Verhältnismäßigkeit, insbesondere der Beschränkung der Erhebung, Verarbeitung und Nutzung auf das Erforderliche, sowie dem Grundsatz der Zweckbindung Rechnung zu tragen.

Übersicht

	Rn.		Rn.
I. Regelungsgehalt und Anwendungsbereich	1	III. Weitere Anforderungen an die konkretisierenden Vorschriften	6
II. Konkretisierung von Erhebung, Verarbeitung und Nutzung personenbezogener Daten	3		

I. Regelungsgehalt und Anwendungsbereich

§ 74 ermächtigt die Bundesregierung durch Rechtsverordnung ohne Zustimmung des Bundesrates **konkretisierende Vorschriften zu Teil 3 des MsbG** zum Schutz personenbezogener Daten zu erlassen. Hierbei können die Erhebung, Verarbeitung und Nutzung dieser Daten geregelt werden. Die **Ermächtigung** greift nur, sofern die durch die Verordnung erlassenen Vorschriften für das Funktionieren einer sicheren Marktkommunikation mit intelligenten Messsystemen erforderlich sind.   1

In der Gesetzesbegründung heißt es hierzu, die Vorschrift gebe die **Möglichkeit zu „gegebenenfalls erforderlichen Konkretisierungen** der Vorschriften in Teil 3."[1] Teil 3 des Gesetzes, so wird ausgeführt, stelle eine entscheidende Basis für eine den Anforderungen an Datenschutz und Datensicherheit genügende Kommunikation in intelligenten Energienetzen zur Verfügung. Aus energiewirtschaftlicher Sicht benenne Teil 3, welche Datenkommunikation die Beteiligten Akteure zwingend gewährleisten müssten und zwingend benötigten, um ihren Aufgaben nachzukommen.[2]   2

---
1 Begründung zum Regierungsentwurf v. 17.2.2016, BT-Drs. 18/7555, S. 110.
2 Begründung zum Regierungsentwurf v. 17.2.2016, BT-Drs. 18/7555.

§ 74   Verordnungsermächtigung

II. Konkretisierung von Erhebung, Verarbeitung und Nutzung personenbezogener Daten

3   Die Verordnungsermächtigung bezieht sich ausschließlich auf den Teil 3 und damit auf die §§ 49 bis 75.

4   Von vorneherein **ausgeschlossen** werden kann eine nähere **Ausgestaltung abschließender Regelungen**. So sind beispielsweise in § 49 Abs. 2 die zur Erhebung von Daten berechtigten Stellen abschließend aufgeführt. Auch die Tatbestände einer zulässigen Erhebung, Verarbeitung und Nutzung von Daten aus einer Messeinrichtung sind – unter § 50 Abs. 1 i.V.m. Abs. 2 – abschließend formuliert. Selbiges gilt für die Verwendung der Daten: nach § 66 Abs. 1 darf der Netzbetreiber erhaltene Messwerte ausschließlich verwenden, soweit dies für die unter Abs. 1 Nr. 1 bis 10 aufgeführten Zwecke zwingend erforderlich ist. Selbiges gilt nach § 68 Abs. 1 für den Bilanzkreisverantwortlichen (die Zwecke sind hier in Abs. 1 Nr. 1 bis 3 aufgeführt) und nach § 69 Abs. 1 für den Energielieferanten (hier Abs. 1 Nr. 1 bis 8). § 67 Abs. 1 Nr. 1 bis 8 erweitert für Betreiber von Übertragungsnetzen i.S.v. § 31c EnWG den Zweckkatalog um weitere Tatbestände, § 70 stellt zudem einen Ausnahmetatbestand dar. Diese Regelungen sind insgesamt abgeschlossen formuliert und dürfen **zumindest in materieller Hinsicht nicht näher vom Verordnungsgeber ausgestaltet** werden.

5   In Bezug auf die anderen Regelungen bleibt zum **Umfang normkonkretisierender Regelungen** durch den Verordnungsgeber festzustellen: § 74 S. 1 legt fest, dass im Zuge der Konkretisierung „die **Erhebung, Verarbeitung und Nutzung dieser Daten** zu regeln" sind. Da die Frage des „ob" der Erhebung, Verarbeitung und Nutzung der Daten abschließend geregelt ist, kann es also bei der Ausgestaltung nur um die Frage des „wie" gehen. Ansatzpunkte hierfür finden sich zum einen in § 3 Abs. 2 Nr. 3 sowie in § 57. Nach ersterem wird der Aufgabenbereich des Messstellenbetriebs auch um solche Anforderungen erweitert, welche sich aus der Rechtsverordnung i.S.v. § 74 ergeben. Ebenso § 57, nach diesem können Stammdaten auch dann erhoben werden, wenn es in der Rechtsverordnung festgelegt ist.

III. Weitere Anforderungen an die konkretisierenden Vorschriften

6   Nach § 74 S. 2 haben die durch die Verordnung erlassenen Vorschriften den **Grundsätzen der Verhältnismäßigkeit**, insbesondere der Beschränkung der Erhebung, Verarbeitung und Nutzung auf das Erforderliche, sowie dem Grundsatz der Zweckbindung Rechnung zu tragen.

7   Der **Grundsatz der Zweckbindung** ist ein datenschutzrechtliches Grundprinzip,[3] nach welchem Daten nur verarbeitet werden dürfen, soweit dies für den jeweiligen legitimen Zweck erforderlich ist.

8   Das **Prinzip der Erforderlichkeit** findet sich bereits in § 74 S. 1 wieder: Hiernach wird die Bundesregierung nämlich nur insoweit zum Erlass von konkretisierenden Vorschriften ermächtigt, als sie für „das Funktionieren einer sicheren Marktkommunikation mit intelligenten Messsystemen erforderlich" sind. Zusammenfassend ist also festzustellen, dass an den Inhalt der Verordnung insgesamt strenge Maßstäbe anzusetzen sind und sämtliche Maßnahmen zweckgebunden zu erfolgen haben.

---

3 BVerfG, 15.12.1983, 1 BvR 209/83, BVerfGE 65, 1 = NJW 1984, 418 – Volkszählungsurteil.

§ 75 Festlegungen der Bundesnetzagentur

Zur bundesweiten Vereinheitlichung der Bedingungen für den Messstellenbetrieb und der Datenerhebung, -verarbeitung und -nutzung kann die Bundesnetzagentur Festlegungen nach § 29 Absatz 1 des Energiewirtschaftsgesetzes treffen

1. im Sinne von § 52 zur Gewährleistung eines einheitlichen Sicherheitsstandards für die nicht unmittelbare Kommunikation mit dem intelligenten Messsystem im Benehmen mit dem Bundesamt für Sicherheit in der Informationstechnik,
2. zu den notwendigen Anforderungen an die Einhaltung der Transparenzvorgaben aus § 54, insbesondere Festlegungen zu einheitlichen Formaten und Formblättern,
3. zu Anwendungsregeln für die Kapitel 2 und 3 Abschnitt 1 und 2, insbesondere zur Ausgestaltung der Pflichten der an der Datenkommunikation Beteiligten,
4. zur Plausibilisierung von Messwerten, zur Bildung von Ersatzwerten bei Messfehlern sowie zur sternförmigen Kommunikation im Sinne von § 60 Absatz 2 und diesbezüglichen Übergangsregelungen zur Markteinführung vor und nach dem 31. Dezember 2019 sowie zu Sonderregelungen für den Bereich Gas,
5. zu Regeln für die Marktkommunikation mit intelligenten Messsystemen,
6. zur Ausgestaltung der Standardkonfiguration des Smart-Meter-Gateways für die erforderliche Datenkommunikation im Sinne von § 60 Absatz 3 und 4,
7. zur Stammdatenübermittlung im Sinne von § 63,
8. zu Fällen notwendiger Datenerhebung, -verarbeitung und -nutzung, insbesondere zu Zwecken der zulässigen Datenverwendung und zur standardmäßigen Übermittlung im Sinne der §§ 66 bis 69,
9. zur Verpflichtung der zum Datenumgang berechtigten Stellen, Messwerte zu löschen,
10. zu bundeseinheitlichen Regelungen zum Datenaustausch im Sinne der §§ 52 und 60 Absatz 1 zwischen den betroffenen Marktteilnehmern, insbesondere hinsichtlich Fristen, Formaten sowie Prozessen, die eine größtmögliche Automatisierung ermöglichen.

Übersicht

	Rn.
I. Normzweck	1
II. Entstehungsgeschichte	2
III. Voraussetzung der Festlegungen	3
IV. Inhalt der Festlegungen	4
1. Im Sinne von § 52 zur Gewährleistung eines einheitlichen Sicherheitsstandards für die nicht unmittelbare Kommunikation mit dem intelligenten Messsystem im Benehmen mit dem Bundesamt für Sicherheit in der Informationstechnik (Nr. 1)	4
2. Notwendige Anforderungen an die Einhaltung der Transparenzvorgaben aus § 54, insbesondere Festlegungen zu einheitlichen Formaten und Formblättern (Nr. 2)	5
3. Anwendungsregeln für die Kapitel 2 und 3 Abschnitt 1 und 2, insbesondere zur Ausgestaltung der Pflichten der an der Datenkommunikation Beteiligten (Nr. 3)	7
4. Plausibilisierung von Messwerten, Bildung von Ersatzwerten bei Messfehlern sowie sternförmige Kommunikation im Sinne von § 60 Abs. 2 und diesbezüglichen Übergangsregelungen zur Markteinführung vor und nach dem 31.12.2019 sowie zu Sonderregelungen für den Bereich Gas (Nr. 4)	8
5. Regeln für die Marktkommunikation mit intelligenten Messsystemen (Nr. 5)	11

6. Ausgestaltung der Standardkonfiguration des Smart-Meter-Gateways für die erforderliche Datenkommunikation im Sinne von § 60 Abs. 3 und 4 (Nr. 6) 12
7. Stammdatenübermittlung im Sinne von § 63 (Nr. 7) 13
8. Fälle notwendiger Datenerhebung, -verarbeitung und -nutzung, insbesondere zu Zwecken der zulässigen Datenverwendung und zur standardmäßigen Übermittlung im Sinne der §§ 66 bis 69 (Nr. 8) 14
9. Verpflichtung der zum Datenumgang berechtigten Stellen, Messwerte zu löschen (Nr. 9) 15
10. Bundeseinheitliche Regelungen zum Datenaustausch im Sinne der §§ 52 und 60 Abs. 1 zwischen den betroffenen Marktteilnehmern, insbesondere hinsichtlich Fristen, Formaten sowie Prozessen, die eine größtmögliche Automatisierung ermöglichen (Nr. 10)...................... 16

I. Normzweck

1 § 75 ermächtigt die Bundesnetzagentur zu Festlegungen, die einer funktionierenden bundesweit einheitlichen Marktkommunikation zu dienen bestimmt sind.[1] Anders als § 47, der die Ermächtigungsnorm für Rechtsverordnungen der Bundesnetzagentur im zweiten Teil des MsbG in Hinblick auf den Messstellenbetrieb und technische Vorgaben darstellt, ermöglicht **§ 75 Festlegungen zu Regelungen der Datenkommunikation in intelligenten Energienetzen**.

II. Entstehungsgeschichte

2 Die Norm folgt der **umfassenden Neuregelung der Datenkommunikation** im MsbG. Vorgängernorm der datenschutzrechtlichen Bestimmungen stellt § 21g EnWG (alt) dar. Der durch das Gesetz zur Digitalisierung der Energiewende aufgehobene § 13 MessZV sah in § 13 Nr. 5 lediglich eine Festlegungsermächtigung zu den Fristen für eine Datenübertragung nach § 12 Abs. 2 MessZV (alt) vor. § 12 MessZV (alt) regelte den Datenaustausch und die Nachprüfung der Messeinrichtungen, dessen Abs. 2 verpflichtete den dritten Messstellenbetreiber Messdaten zu übermitteln.

III. Voraussetzung der Festlegungen

3 Die Bundesnetzagentur kann Festlegungen treffen zur **bundesweiten Vereinheitlichung der Bedingungen für den Messstellenbetrieb**, soweit entspricht die Voraussetzung § 47, und zudem **zur bundesweiten Vereinheitlichung der Datenerhebung, -verarbeitung und -nutzung**. Durch die Vereinheitlichung wird Wettbewerbern der Eintritt in den Markt erleichtert und Verwaltungsaufwand durch detaillierte Einzelentscheidungen der Regulierungsbehörden vermieden.[2]

---

[1] Begründung zum Regierungsentwurf v. 17.2.2016, BT-Drs. 18/7555, S. 110, vgl. grundlegend zu Festlegungen BerlKommEnR/*Schmidt-Preuß*, § 29 EnWG.
[2] Vgl. BerlKommEnR/*Säcker/Zwanziger*, § 47 MsbG Rn. 15.

IV. Inhalt der Festlegungen

1. Im Sinne von § 52 zur Gewährleistung eines einheitlichen Sicherheitsstandards für die nicht unmittelbare Kommunikation mit dem intelligenten Messsystem im Benehmen mit dem Bundesamt für Sicherheit in der Informationstechnik (Nr. 1)

Die Bundesnetzagentur kann **Festlegungen zur Gewährleistung eines einheitlichen Sicherheitsstandards** treffen. § 52 regelt Mindestanforderungen an jedwede Kommunikation der berechtigten Stellen.[3] Die Festlegungsermächtigung beschränkt sich dabei auf die nicht unmittelbare Kommunikation mit dem intelligenten Messsystem und bezweckt die Gewährleistung eines einheitlichen Sicherheitsstandards. Festlegungen sind „im Benehmen" mit dem BSI zu treffen, wobei die Herstellung desselben unklar bleibt.[4]

2. Notwendige Anforderungen an die Einhaltung der Transparenzvorgaben aus § 54, insbesondere Festlegungen zu einheitlichen Formaten und Formblättern (Nr. 2)

In der Praxis von Bedeutung werden **Festlegungen der Bundesnetzagentur zu den Transparenzvorgaben für Verträge aus § 54**. Bestandteil vertraglicher Regelungen, die die Datenkommunikation eines Smart-Meter-Gateways betreffen, sind Formblätter, in denen kurz, einfach, übersichtlich und verständlich die sich aus dem Vertrag ergebende Datenkommunikation aufgelistet wird. Die Marktakteure werden insbesondere auf Festlegungen zu einheitlichen Formaten und Formblättern drängen, um die Transparenzvorgaben aus § 54 zu erfüllen.

3. Anwendungsregeln für die Kapitel 2 und 3 Abschnitt 1 und 2, insbesondere zur Ausgestaltung der Pflichten der an der Datenkommunikation Beteiligten (Nr. 3)

Festlegungen nach Nr. 3 betreffen **Anwendungsregeln für Kapitel 2**, das den zulässigen Umfang der Datenerhebung und besondere Anforderungen regelt, sowie für **Kapitel 3 Abschnitt 2**, das den zulässigen Datenaustausch und Pflichten der übrigen an der Datenkommunikation Beteiligten betrifft, und **Abschnitt 3, der weitere besondere Fallgruppen** normiert.[5] Die Bundesnetzagentur kann insbesondere Festlegungen zur Ausgestaltung der an der Datenkommunikation Beteiligten treffen.

Mit Beschluss vom 20.12.2016 hat die Bundesnetzagentur auf Grundlage von Nr. 3, 5, 6, 7, 8 und 10 i.V.m. § 46 Nr. 2 und 5 und § 29 Abs. 1 und 2 EnWG die „Festlegung zur Standardisierung von Verträgen und Geschäftsprozessen im Bereich des Messwesens" (BK6-09-034-WiM) angepasst.[6]

---

3 Begründung zum Regierungsentwurf v. 17.2.2016, BT-Drs. 18/7555, S. 105.
4 Benehmen heißt nicht Einvernehmen; vgl. MüKoGWB/*Reif/Daiber*, § 31b GWB Rn. 5.
5 Vgl. die konkrete Kommentierung.
6 BNetzA, Beschl. v. 20.12.2016, BK6-16-200, S. 2, 8; abgedruckt im Anhang des Kommentars.

§ 75 Festlegungen der Bundesnetzagentur

4. Plausibilisierung von Messwerten, Bildung von Ersatzwerten bei Messfehlern sowie sternförmige Kommunikation im Sinne von § 60 Abs. 2 und diesbezüglichen Übergangsregelungen zur Markteinführung vor und nach dem 31.12.2019 sowie zu Sonderregelungen für den Bereich Gas (Nr. 4)

8   Die Festlegungsermächtigung nach Nr. 4 umfasst zum einen **Festlegungen zur Plausibilisierung und Ersatzwertbildung** (vgl. § 2 Nr. 17). Da die Vorgänge der Messwertaufbereitung zukünftig im Smart-Meter-Gateway erfolgen sollen,[7] kann eine Festlegung zu vereinheitlichten Bedingungen sowohl des Messstellenbetriebs als auch der Datenverarbeitung und -nutzung dienen. Der Gesetzgeber ermöglicht der Bundesnetzagentur, Sonderregelungen für den Bereich Gas zu treffen, da sich Plausibilisierung und Ersatzwertbildung hier als besonders komplex darstellen können.[8] Möglicherweise ist hier bei der Brennwertermittlung, Gasmengenermittlung, Mengenaufteilung und Ersatzwertbildung ein Zusammenwirken von Netzbetreiber und Messstellenbetreiber zu organisieren.[9]

9   Außerdem kann die Bundesnetzagentur **Festlegungen zur sternförmigen Kommunikation i. S. v. § 60 Abs. 2** treffen, die einen Paradigmenwechsel darstellt.[10] Schließlich obliegt der Behörde die **Gestaltung der technischen Übergangsphase bis zum 31.12.2019** und der darauf folgenden **technischen Einführungsphase durch Festlegungen**.[11] Der Gesetzgeber hält diese sogar für unabdingbar, um eine möglichst reibungslose Markteinführung zu erreichen.[12] Möglich sind zudem Sonderregelungen über den genannten Stichtag hinweg und für Gas dauerhafte Bereichsausnahmen.[13]

10 Die Bundesnetzagentur hat nach Durchführung eines Konsultationsverfahrens Festlegungen für Strom (BK6-16-200) und Gas (BK7-16-142) einschließlich Anlagen erlassen.[14] Für einen Übergangszeitraum vom 1.10.2017 bis 1.10.2019 wird durch die Regelungen ein Interimsmodell geschaffen, in dem Aufbereitung und Verteilung von Messwerten aus intelligenten Messsystemen weiter über den Verteilnetzbetreiber erfolgt.

5. Regeln für die Marktkommunikation mit intelligenten Messsystemen (Nr. 5)

11 Die Bundesnetzagentur wird ermächtigt **Festlegungen zu Regeln für die Marktkommunikation mit intelligenten Messsystemen** zu treffen. Es ist zu beachten, dass § 74 der Bundesregierung die Möglichkeit einräumt für das Funktionieren einer sicheren Marktkommunikation mit intelligenten Messsystemen, Rechtsverordnungen zum Schutz personenbezogener Daten zu erlassen und dabei die Erhebung, Verarbeitung und Nutzung dieser Daten zu regeln.[15]

---

7 Vgl. § 60 Abs. 2 S. 1; Begründung zum Regierungsentwurf v. 17.2.2016, BT-Drs. 18/7555, S. 106.
8 Begründung zum Regierungsentwurf v. 17.2.2016, BT-Drs. 18/7555, S. 106.
9 Begründung zum Regierungsentwurf v. 17.2.2016, BT-Drs. 18/7555, S. 106.
10 BerlKommEnR/*v. Wege*, § 60 MsbG Rn. 5.
11 Begründung zum Regierungsentwurf v. 17.2.2016, BT-Drs. 18/7555, S. 106.
12 BerlKommEnR/*v. Wege*, § 60 MsbG Rn. 5.
13 So auch BerlKommEnR/*v. Wege*, § 60 MsbG Rn. 15.
14 Die Beschlüsse sind im Anhang des Kommentars abgedruckt.
15 Vgl. BerlKommEnR/*Mätzig*, § 74 MsbG Rn. 1 ff.

6. Ausgestaltung der Standardkonfiguration des Smart-Meter-Gateways für die erforderliche Datenkommunikation im Sinne von § 60 Abs. 3 und 4 (Nr. 6)

Messstellenbetreiber haben das Smart-Meter-Gateway gem. § 60 Abs. 4 S. 1 standardmäßig zu konfigurieren, damit es die in § 60 Abs. 3 aufgeführten Daten automatisch übermittelt.[16] Die Bundesnetzagentur kann die **Standardkonfiguration durch Festlegungen konkretisieren** (vgl. § 60 Abs. 4 S. 2 i.V.m. § 75 Nr. 5).

12

7. Stammdatenübermittlung im Sinne von § 63 (Nr. 7)

Nr. 7 ermächtigt die Bundesnetzagentur dazu, **Festlegungen zur Stammdatenübermittlung** zu treffen. Stammdaten sind Informationen über die Art und die technische Ausstattung, den Ort und die Spannungsebene sowie die Art der kommunikativen Anbindung von an das Smart-Meter-Gateway angeschlossenen Anlagen (§ 2 Nr. 22). § 63 verpflichtet den Messstellenbetreiber bei Vorhandensein eines intelligenten Messsystems zur Übermittlung der Stammdaten.[17] Adressat ist der Netzbetreiber und, im Fall einer entsprechenden Festlegung nach Nr. 7, die von der Bundesnetzagentur benannten Stellen.

13

8. Fälle notwendiger Datenerhebung, -verarbeitung und -nutzung, insbesondere zu Zwecken der zulässigen Datenverwendung und zur standardmäßigen Übermittlung im Sinne der §§ 66 bis 69 (Nr. 8)

Teil 3 des MsbG trifft **umfangreiche Regelungen zur Datenkommunikation in intelligenten Energienetzen**. Die Erhebung, Verarbeitung und Nutzung personenbezogener Daten regelt insbesondere § 49. Kapitel 2 beschreibt den zulässigen Umfang der Datenerhebung und besondere Anforderungen (§§ 55 ff.). Nr. 8 ermächtigt die Bundesnetzagentur nun Festlegungen zur *notwendigen* Datenerhebung, -verarbeitung und -nutzung zu treffen. Denn §§ 66 bis 69 machen Vorgaben zum zulässigen Datenaustausch; die Beteiligten dürften Daten nur zu bestimmten Zwecken verwenden. Eine Festlegung kann hier die Datenübermittlungspflichten konkretisieren.[18]

14

9. Verpflichtung der zum Datenumgang berechtigten Stellen, Messwerte zu löschen (Nr. 9)

Die **Löschung von Daten** stellt einen wichtigen Punkt im Datenschutzrecht dar. Etwa §§ 5 Abs. 2 S. 2, 60 Abs. 6, 63 S. 2, 66 Abs. 3, 67 Abs. 3, 68 Abs. 3, 69 Abs. 3 verpflichten zur Löschung von Daten. Die Bundesnetzagentur kann durch Festlegung die **Verpflichtung der datenumgangsberechtigten Stellen konkretisieren**.

15

---

16 BerlKommEnR/*v. Wege*, § 60 MsbG Rn. 23 ff.
17 Vgl. BerlKommEnR/*Ohrtmann/Netzband/Lehner*, § 63 MsbG Rn. 2 ff.
18 Vgl. die Kommentierungen im BerlKommEnR, §§ 66 ff. MsbG.

§ 75 Festlegungen der Bundesnetzagentur

10. Bundeseinheitliche Regelungen zum Datenaustausch im Sinne der §§ 52 und 60 Abs. 1 zwischen den betroffenen Marktteilnehmern, insbesondere hinsichtlich Fristen, Formaten sowie Prozessen, die eine größtmögliche Automatisierung ermöglichen (Nr. 10)

16 Die Bundesnetzagentur wird durch Nr. 10 zu **Festlegungen zum Datenaustausch zwischen Marktteilnehmern** ermächtigt. § 52 stellt allgemeine Anforderungen an den Datenaustausch; § 60 Abs. 1 verpflichtet den Messstellenbetreiber zur Datenübermittlung an die nach § 49 berechtigten Stellen. Festlegungen können insbesondere hinsichtlich Fristen und Formaten getroffen werden sowie zu Prozessen, die eine größtmögliche Automatisierung ermöglichen.

Teil 4
Besondere Aufgaben der Regulierungsbehörden

§ 76 Aufsichtsmaßnahmen der Bundesnetzagentur

(1) ¹Die Bundesnetzagentur kann Unternehmen oder Vereinigungen von Unternehmen verpflichten, ein Verhalten abzustellen, das den Bestimmungen dieses Gesetzes sowie den auf Grund dieses Gesetzes ergangenen Rechtsvorschriften entgegensteht. ²Sie kann hierzu alle erforderlichen Abhilfemaßnahmen verhaltensorientierter oder struktureller Art vorschreiben, die gegenüber der festgestellten Zuwiderhandlung verhältnismäßig und für eine wirksame Abstellung der Zuwiderhandlung erforderlich sind. ³Abhilfemaßnahmen struktureller Art können nur in Ermangelung einer verhaltensorientierten Abhilfemaßnahme von gleicher Wirksamkeit festgelegt werden oder wenn letztere im Vergleich zu Abhilfemaßnahmen struktureller Art mit einer größeren Belastung für die beteiligten Unternehmen verbunden wäre.

(2) Kommt ein Unternehmen oder eine Vereinigung von Unternehmen seinen Verpflichtungen nach diesem Gesetz oder den auf Grund dieses Gesetzes erlassenen Rechtsverordnungen nicht nach, so kann die Bundesnetzagentur die Maßnahmen zur Einhaltung der Verpflichtungen anordnen.

(3) Soweit ein berechtigtes Interesse besteht, kann die Bundesnetzagentur auch eine Zuwiderhandlung feststellen, nachdem diese beendet ist.

(4) Für die Wahrnehmung der Aufgaben der Bundesnetzagentur nach diesem Gesetz und den auf Grund dieses Gesetzes ergangenen Rechtsverordnungen sind die Bestimmungen des Teils 8 des Energiewirtschaftsgesetzes mit Ausnahme des Abschnitts 6 entsprechend anzuwenden.

Schrifttum: *Antweiler/Nieberding*, Rechtsschutz im neuen Energiewirtschaftsrecht, NJW 2005, 3673; *Britz*, Behördliche Befugnisse und Handlungsformen für die Netzentgeltregulierung nach neuem EnWG, RdE 2006, 1; *Dreher/Thomas*, Die Beschränkung der Vertragsabschlussfreiheit durch kartellbehördliche Verfügung, NJW 2008, 1557; *Kühne/Brodowski*, Das neue Energiewirtschaftsrecht nach der Reform 2005, NVwZ 2005, 849; *Säcker*, Freiheit durch Wettbewerb. Wettbewerb durch Regulierung, ZNER 2004, 98; *Säcker*, Das Regulierungsrecht im Spannungsfeld von öffentlichem und privatem Recht. Zur Reform des deutschen Energie- und Telekommunikationsrechts, AöR 130 (2005), 180; *K. Schmidt*, Kartellverfahrensrecht – Kartellverwaltungsrecht – Bürgerliches Recht, 1977; *K. Schmidt*, Vertragsnichtigkeit nach § 134 BGB durch nicht-regelnde Behördenmitteilung, NJW 1995, 2255; *Weyer*, Die regulatorische Missbrauchskontrolle nach § 30 EnWG, N&R 2007, 14; *Weyer*, Grenzen der kartellrechtlichen Missbrauchskontrolle im Energiebereich, RdE 2012, 354.

Übersicht

	Rn.		Rn.
I. Überblick und Normzweck	1	IV. Voraussetzung: Rechtsverstoß	7
II. Entstehungsgeschichte	2	1. Relevante Regelungen	8
III. Ausgliederung aus dem EnWG	4	2. Relevante Akteure	12
		3. Verstoß	14

§ 76 Aufsichtsmaßnahmen der Bundesnetzagentur

V. Rechtsfolgen 15	4. Feststellungsbefugnis für beendete Zuwiderhandlungen, § 76 Abs. 3 .. 29
1. Tätigwerden der Behörde nach § 76 Abs. 1 bis 3 15	5. Verfahren, § 76 Abs. 4 MsbG 30
2. Abstellungsbefugnis, § 76 Abs. 1 .. 18	VI. Verhältnis zu anderen Vorschriften ... 32
3. Anordnungsbefugnis, § 76 Abs. 2 . 23	1. §§ 19, 20 GWB 32
	2. § 81 EEG 2017................ 34

I. Überblick und Normzweck

1 § 76 regelt in Anlehnung an § 65 EnWG das **Aufsichtsverfahren** bei Verstößen gegen das MsbG oder darauf gestützte Rechtsvorschriften. Zuständig ist grundsätzlich (vgl. Rn. 17) allein die BNetzA, nicht die Landesregulierungsbehörde. Möglich sind sowohl negative als auch positive Verhaltensanordnungen sowie die Feststellung eines beendeten Verstoßes. Für das Verfahren finden die Vorschriften des Teils 8 des EnWG in wesentlichen Teilen entsprechende Anwendung. Es handelt sich um ein Instrument der Ex-post-Kontrolle, das die Befugnisse der BNetzA im Bereich der Ex-ante-Aufsicht (z.B. Genehmigung des grundzuständigen Messstellenbetriebs, § 4) ergänzt. Die Regelung dient einer **wirksamen Kontrolle** der Einhaltung der Vorschriften des MsbG und der darauf gestützten Regelungen.[1]

II. Entstehungsgeschichte

2 Der Gesetzentwurf der Bundesregierung zu § 76 sah zunächst die entsprechende Anwendbarkeit des **Missbrauchsverbots nach § 30 Abs. 1 S. 2 Nr. 1 bis 3 und Abs. 2 EnWG**, der besonderen Missbrauchsaufsicht nach § 31 EnWG und der Zuständigkeits- und Verfahrensvorschriften nach §§ 54, 55 EnWG vor. Der Missbrauchskontrolle sollten alle grundzuständigen Messstellenbetreiber unterfallen. Für die behördliche Anwendung des Missbrauchsverbots nach § 30 EnWG war, abweichend vom Referentenentwurf,[2] die Zuständigkeit nur der BNetzA, nicht der Landesregulierungsbehörden, vorgesehen.[3]

3 Auf Empfehlung des Wirtschaftsausschusses des Bundestages wurde der Grundansatz des § 76 in der Endfassung umgestellt. Er enthält nunmehr eine allgemeine Regelung der Aufsichtsbefugnisse der BNetzA in ausdrücklicher **Anlehnung an § 65 EnWG**. Nach der Begründung des Wirtschaftsausschusses sollen damit die Aufsichtsbefugnisse präziser gefasst werden.[4] Der Neuansatz dehnt die Befugnisse der BNetzA einerseits auf alle Verstöße von Unternehmen oder Unternehmensvereinigungen gegen Bestimmungen des MsbG oder die auf seiner Grundlage ergangenen Rechtsvorschriften aus, einschließlich der Feststellung beendeter Zuwiderhandlungen. Insbesondere werden damit auch Rechtsverstöße von nicht grundzuständigen Messstellenbetreibern erfasst. Andererseits beschränkt sich die Norm nunmehr auf eine Eingriffsermächtigung der BNetzA und stellt kein zivilrechtlich

---

1 In diesem Sinne Begründung zum Regierungsentwurf v. 17.2.2016, BT-Drs. 18/7555, S. 110 (noch zu der abweichenden Entwurfsfassung des § 76 MsbG).
2 Referentenentwurf des BMWi v. 21.9.2015, abrufbar unter www.bmwi.de (letzter Abruf: 29.1.2017).
3 BT-Drs. 18/7555, S. 52.
4 BT-Drs. 18/8919, S. 26.

durchsetzbares Verbotsgesetz mehr dar. Erfasst werden zudem nur noch Rechtsverstöße gegen andere Normen des MsbG oder darauf gestützte Rechtsvorschriften; ein eigenständiges Behinderungs- und Diskriminierungsverbot entsprechend § 30 Abs. 1 S. 2 Nr. 2 und 3 EnWG enthält § 76 nicht mehr. Schließlich ist auch ein besonderes Missbrauchsverfahren entsprechend § 31 EnWG für Verstöße gegen das MsbG oder darauf gestützte Rechtsvorschriften entfallen.

III. Ausgliederung aus dem EnWG

Bis zum Inkrafttreten des MsbG fanden die Verhaltenspflichten in Bezug auf Messstellenbetrieb und Messung ihre gesetzliche Grundlage in **§§ 21b bis 21i EnWG und der MessZV**. Bei Verstößen konnten Abstellungsverfügungen auf § 30 EnWG gestützt werden, soweit die Aufgaben des Messstellenbetriebs und der Messung durch den grundzuständigen Netzbetreiber wahrgenommen wurden. Wenn kein Vorrang des § 30 gegenüber § 65 EnWG aufgrund eines Spezialitäts- oder Subsidiaritätsverhältnisses angenommen wird,[5] konnte daneben § 65 EnWG zur Anwendung kommen. Soweit die Zuständigkeit für Messstellenbetrieb oder Messung nach § 21b Abs. 2, 3 EnWG hingegen auf einen Dritten übertragen worden war, fehlte diesem die vom Wortlaut des § 30 EnWG vorausgesetzte Netzbetreibereigenschaft. Da der Dritte jedoch partiell an die Stelle des Netzbetreibers trat, lag die Anwendung des § 30 EnWG dennoch nahe.[6] Andernfalls wäre jedenfalls § 65 EnWG anwendbar gewesen. 4

Durch das Digitalisierungsgesetz 2016 wurden die §§ 21b bis 21i EnWG und die MessZV aufgehoben.[7] Die Verhaltenspflichten in Bezug auf Messstellenbetrieb und Messung sind **nunmehr im MsbG** normiert, zukünftig ergänzt durch darauf gestützte Rechtsverordnungen und behördliche Entscheidungen, insbesondere Festlegungen. Hierauf finden § 30 bzw. § 65 EnWG keine Anwendung mehr, da es sich nicht um Bestimmungen des EnWG, darauf gestützte Rechtsverordnungen oder ggf. behördliche Entscheidungen handelt. Vielmehr findet nun das **spezifische Aufsichtsverfahren nach § 76 MsbG** Anwendung, das dem Aufsichtsverfahren nach § 65 EnWG ausdrücklich nachgebildet ist. Anderes gilt nur für die Bestimmung, dass Verträge über den Netzzugang nach § 20 Abs. 1a oder Abs. 1b EnWG das Recht zum Wechsel des Messstellenbetreibers weder behindern noch erschweren dürfen, vgl. § 20 Abs. 1c EnWG. Aufgrund der Verortung im EnWG kann bei Verstößen hier weiterhin § 30 EnWG (oder ggf. § 65 EnWG) und nicht § 76 MsbG Anwendung finden. 5

Nicht mehr anwendbar sind zudem die Vorschriften über Unterlassungs-, Beseitigungs- und Schadensersatzansprüche nach **§ 32 EnWG** sowie über die Vorteilsabschöpfung durch die Regulierungsbehörde nach **§ 33 EnWG**. Beide knüpfen ausdrücklich (nur) an Verstöße gegen die Abschnitte 2 und 3 des Teils 3 des EnWG sowie darauf gestützte Rechtsverordnungen oder behördliche Entscheidungen an. Eine entsprechende Anwendbarkeit dieser 6

---

5 Für Vorrang des § 30 EnWG etwa Schneider/Theobald/*Franke*, § 19 Rn. 76; Britz/Hellermann/Hermes/*Hanebeck*, § 65 Rn. 3. Dagegen etwa *Antweiler/Nieberding*, NJW 2005, 3673, 3674; BerlKommEnR/*Weyer*, § 30 EnWG Rn. 155; wohl auch BGH, Beschl. v. 14.4.2015, EnVR 45/13, Rn. 19 – Zuhause-Kraftwerk.
6 BerlKommEnR/*Weyer*, § 30 EnWG Rn. 22 ff.
7 BGBl. I 2016, S. 2034.

§ 76　Aufsichtsmaßnahmen der Bundesnetzagentur

Vorschriften sieht das MsbG – anders als für Vorschriften des Teils 8 des EnWG in § 76 Abs. 4 – nicht vor. Anders als im Falle des § 32 Abs. 4 und 5 EnWG kommt einer bestandskräftigen Entscheidung nach § 76 damit insbesondere keine Bindungswirkung für die Gerichte im Schadensersatzprozess zu und hemmt die regulierungsbehördliche Verfahrenseinleitung auch nicht die Verjährung. Nicht ausgeschlossen ist allerdings die Anwendung der ähnlichen kartellrechtlichen Vorschriften nach §§ 33, 34 GWB (s. unten Rn. 33). Voraussetzung wäre insoweit jedoch eine Verfügung der Kartellbehörde, eine regulierungsbehördliche Verfügung ist nicht ausreichend.

IV. Voraussetzung: Rechtsverstoß

7　Die Eingriffsbefugnisse der BNetzA nach § 76 knüpfen dem Wortlaut nach an unterschiedliche Voraussetzungen an. Abstellungsverfügungen nach § 76 Abs. 1 richten sich gegen ein „Verhalten [...], das den Bestimmungen dieses Gesetzes sowie den auf Grund dieses Gesetzes ergangenen Rechtsvorschriften entgegensteht". Anordnungen nach § 76 Abs. 2 setzen voraus, dass der Adressat seinen „Verpflichtungen nach diesem Gesetz oder den auf Grund dieses Gesetzes erlassenen Rechtsverordnungen nicht nach[kommt]". § 76 Abs. 3 spricht von einer „Zuwiderhandlung", ebenso § 76 Abs. 1 S. 2. Die unterschiedlichen Formulierungen sind übereinstimmend dahingehend zu verstehen, dass ein **Rechtsverstoß** vorliegen muss.[8] § 76 statuiert – anders als noch der Regierungsentwurf (s. oben Rn. 2) – aber keine eigenständigen Verhaltenspflichten, sondern sanktioniert nur Verstöße gegen an anderer Stelle geregelten Pflichten.

1. Relevante Regelungen

8　Ein nach § 76 MsbG relevanter Rechtsverstoß kommt jedenfalls bei Verletzung von **Bestimmungen des MsbG** in Betracht. Gleiches gilt für etwaige auf das MsbG gestützte **Rechtsverordnungen**. Diesbezügliche Verordnungsermächtigungen enthalten § 46 zur Marktkommunikation mit intelligenten Messsystemen und zur Rolle des Messstellenbetreibers und § 74 zum Schutz personenbezogener Daten. Eine **Spezialregelung enthält § 4 Abs. 4**, wonach die BNetzA bei einem Verstoß gegen die Genehmigungspflicht für die Aufnahme des grundzuständigen Messstellenbetriebs nach § 4 Abs. 1 den grundzuständigen Messstellenbetrieb untersagen oder Abstellungsverfügungen gegen den grundzuständigen Messstellenbetreiber erlassen kann.

9　Nicht abschließend geklärt ist, ob § 76 MsbG auch bei Verstoß gegen **Entscheidungen der BNetzA, insbesondere Festlegungen** nach §§ 47, 75 i.V.m. § 29 Abs. 1 EnWG, Anwendung finden kann. Relevant ist diese Frage, wenn der Regulierungsbehörde ein Gestaltungsspielraum zukommt, so dass mit dem Verstoß gegen die behördliche Entscheidung nicht zugleich unmittelbare Verhaltenspflichten aus der zugrundeliegenden Rechtsnorm verletzt werden. Eine weite Auslegung, die behördliche Entscheidungen einbezieht, ist für den Begriff „Rechtsvorschriften" nach § 76 Abs. 1 zu befürworten, da der Wortlaut ein Verständnis i. S. v. „Regelungen" zulässt und dies eine wirksame Kontrolle[9] auf rechtskon-

---

[8]　Vgl. zu § 65 EnWG Britz/Hellermann/Hermes/*Hanebeck*, § 65 Rn. 4.
[9]　Vgl. BT-Drs. 18/7555, S. 110.

IV. Voraussetzung: Rechtsverstoß § 76

formes Verhalten gewährleistet.[10] Dies gilt in besonderer Weise für solche Festlegungen nach § 29 Abs. 1 EnWG, denen eine normergänzende Funktion zukommt.[11] Aus entsprechenden Gründen werden Verstöße gegen behördliche Entscheidungen auch durch den Begriff „Zuwiderhandlung" in § 76 Abs. 1 S. 2, Abs. 3 erfasst. Dagegen erscheint eine solche weite Auslegung für den Begriff „Rechtsverordnungen" in § 76 Abs. 2 ausgeschlossen.[12] Diese Einschränkung lässt sich auch nicht durch Rückgriff auf den Gedanken einer „Rechtsfolgenanordnung kraft Verfahrens" bzw. eines „gestreckten Verbotstatbestandes"[13] überwinden, da der Gesetzgeber an verschiedenen Stellen ausdrücklich zwischen förmlichen Gesetzen, darauf gestützten Rechtsverordnungen und behördlichen Entscheidungen unterscheidet (vgl. insb. §§ 30 bis 33 EnWG), in § 76 Abs. 2 aber nur das MsbG und darauf gestützte Rechtsverordnungen anspricht. Der Frage kommt allerdings nur dann praktische Bedeutung zu, wenn § 76 Abs. 2 eine weitergehende Ermächtigungsgrundlage für positive Verhaltensanordnungen enthält als § 76 Abs. 1, was nach hiesigem Verständnis nicht der Fall ist (s. unten Rn. 23 ff.).

Die Aufsichtsbefugnisse nach § 76 bestehen nur zur **Wahrnehmung der Aufgaben der BNetzA**, vgl. auch § 76 Abs. 4. Eine dem § 65 Abs. 5 EnWG entsprechende Ergänzung hinsichtlich der Aufsichtsbefugnisse anderer Behörden für die Wahrnehmung ihrer Aufgaben ist nicht erfolgt. § 76 dient einer wirksamen Kontrolle der Einhaltung der Vorschriften des MsbG und der darauf gestützten Regelungen durch die BNetzA (s. oben Rn. 1). Grundsätzlich gehört die Durchführung von Aufsichtsverfahren damit zu den Aufgaben der BNetzA. Dies gilt nicht nur für typisch regulierungsrechtliche Bereiche wie die Entflechtung nach § 3 Abs. 4 (dazu auch Rn. 17), den Wechsel des Messstellenbetreibers nach §§ 5, 6 MsbG oder die Übertragung der Grundzuständigkeit nach §§ 41 ff. Vielmehr sind der BNetzA auch weitere Überwachungsaufgaben nach dem MsbG zugewiesen, etwa im Zusammenhang mit der Erhebung, Verarbeitung und Nutzung personenbezogener Daten nach §§ 49 ff.

10

Im Einzelfall ist allerdings denkbar, dass eine verletzte Regelung des MsbG den **Aufgabenkreis einer anderen Behörde berührt** und diese damit möglicherweise – ausschließlich oder neben der BNetzA – für die Kontrolle der Einhaltung der entsprechenden Verhaltenspflichten zuständig ist. So hat die Zertifizierung der Smart-Meter-Gateways nach § 24 und der Smart-Meter-Gateway-Administratoren nach **§ 25 Abs. 5** durch das BSI zu erfolgen. Aufgabe des BSI im Rahmen des MsbG ist damit die Durchführung der Zertifizierung. Die Durchsetzung der Zertifizierungsverpflichtung der Unternehmen gehört demgegenüber nicht zum Aufgabenkreis des BSI, vgl. auch § 3 BSIG. Zuständig hierfür ist damit allein die BNetzA. **§ 25 Abs. 4 Nr. 5** verpflichtet die Smart-Meter-Gateway-Administratoren außerdem, den im Rahmen des Mess- und Eichrechts zuständigen Behörden die Ausübung ihrer Markt- und Verwendungsüberwachungsverpflichtungen kostenfrei zu ermöglichen. Die

11

---

10 Zu § 65 EnWG auch *Salje*, EnWG, § 65 Rn. 12 f.; Danner/Theobald/*Theobald/Werk*, § 65 Rn. 2; a. A. Schneider/Theobald/*Franke*, § 19 Rn. 71; BerlKommEnR/*Wende*, § 65 EnWG Rn. 12; Hempel/Franke/*Scholz/Jansen*, § 65 EnWG Rn. 1.
11 Vgl. dazu Begründung RegE zum EnWG 2005, BT-Drs. 15/3917, S. 62; OLG Düsseldorf, Beschl. v. 30.8.2006, VI-3 Kart 295/06 (V), unter II. 2. 2. – HEAG.
12 So auch zu § 65 Abs. 2 EnWG Danner/Theobald/*Theobald/Werk*, § 65 Rn. 26; a. A. Britz/Hellermann/Hermes/*Hanebeck*, § 65 Rn. 4.
13 *K. Schmidt*, Kartellverwaltungsrecht, S. 145 ff., 365 ff.; zur Terminologie vgl. auch *K. Schmidt*, NJW 1995, 2255, 2258 mit Fn. 48.

diesbezüglichen Überwachungsbefugnisse der nach Mess- und Eichrecht zuständigen Behörden ergeben sich aus §§ 48 ff. bzw. 54 ff. MessEG und können im Wege des Verwaltungszwangs durchgesetzt werden. Die spezifische Verpflichtung der Smart-Meter-Gateway-Administratoren nach § 25 Abs. 4 Nr. 5 könnte dem Wortlaut nach daneben durch Aufsichtsmaßnahmen der BNetzA nach § 76 durchsetzbar sein. Näherliegend erscheint jedoch ein Verständnis der Befugnisse der nach Mess- und Eichrecht zuständigen Behörden als leges speciales, so dass die Zuständigkeit der BNetzA nach § 76 verdrängt wird.

2. Relevante Akteure

12 § 76 erfasst Rechtsverstöße durch Unternehmen und Unternehmensvereinigungen. Da sich § 76 über § 65 EnWG an die kartellrechtliche Eingriffsermächtigung nach § 32 GWB anlehnt,[14] kann auf das kartellrechtliche Begriffsverständnis zurückgegriffen werden.[15] Danach ist der Unternehmensbegriff weit zu verstehen und umfasst jede Tätigkeit im geschäftlichen Verkehr einer natürlichen oder juristischen Person oder nicht rechtsfähigen Personenvereinigung (sog. **funktionaler Unternehmensbegriff**).[16] Die Unternehmenseigenschaft wird durch jede selbstständige Tätigkeit im geschäftlichen Verkehr begründet, die auf den Austausch von Waren oder gewerblichen Leistungen gerichtet ist, sich nicht auf die Deckung des privaten Lebensbedarfs beschränkt und nicht als hoheitliches Handeln einzuordnen ist.[17] Eigentum, Verwaltung oder Betrieb durch die **öffentliche Hand** schließen die Unternehmenseigenschaft nicht aus, vgl. § 109 Abs. 1 EnWG, § 185 Abs. 1 S. 1 GWB. Ähnliches gilt für den Unternehmensbegriff des EU-Kartellrechts, der jede eine wirtschaftliche Tätigkeit ausübende Einheit umfasst, unabhängig von ihrer Rechtsform und der Art ihrer Finanzierung. Nicht abschließend geklärt sind mögliche Abweichungen insoweit, als der EuGH als wirtschaftliche Tätigkeit (nur) jede Tätigkeit versteht, die darin besteht, Güter oder Dienstleistungen auf einem bestimmten Markt anzubieten, der Nachfrageseite also keine eigenständige Bedeutung zumisst.[18] Unternehmen i. S. v. § 76 können daher insbesondere auch Eigen- oder Regiebetriebe sowie Gesellschaften mit kommunaler Beteiligung sein.[19] Im Übrigen kommen bei unternehmerischer Tätigkeit auch natürliche Personen in Betracht.[20] Auch **Unternehmensvereinigungen** werden vom Wortlaut erfasst, wobei diese nach kartellrechtlichen Grundsätzen nicht selbst geschäftlich tätig sein müssen, solange nur Mitgliedsunternehmen in ihrer eigenen wirtschaftlichen Tätigkeit betroffen sind.[21]

---

14 Zur Anlehnung des § 65 EnWG an GWB und TKG vgl. Begründung RegE zum EnWG 2005, BT-Drs. 15/3917, S. 70.
15 Vgl. auch zu § 65 EnWG BerlKommEnR/*Wende*, § 65 EnWG Rn. 21; Britz/Hellermann/Hermes/ *Hanebeck*, § 65 Rn. 6.
16 BGH, Beschl. v. 18.10.2011, KVR 9/11, WuW/E DE-R 3497, Rn. 10 – Niederbarnimer Wasserverband; OLG München, Urt. v. 14.3.2013, U 1891/12 Kart, WuW/E DE-R 3901, 3903 – Münchener Residenz.
17 BGH, Urt. v. 6.11.2013, KZR 58/11, Rn. 43 – VBL-Gegenwert.
18 Vgl. EuGH, Urt. v. 11.7.2006, Rs. C-205/03 P, Slg. 2006, I-6295, Rn. 25 – FENIN/Kommission; EuGH, Urt. v. 3.3.2011, Rs. C-437/09, Slg. 2011, I-973, Rn. 41 f. – AG2R Prévoyance. Offengelassen durch BGH, Urt. v. 6.11.2013, KZR 58/11, Rn. 59 – VBL-Gegenwert.
19 Zu § 65 EnWG vgl. auch Britz/Hellermann/Hermes/*Hanebeck*, § 65 Rn. 6.
20 A. A. Britz/Hellermann/Hermes/*Hanebeck*, § 65 Rn. 6.
21 Vgl. zu § 65 EnWG *Salje*, EnWG, § 65 Rn. 5; BerlKommEnR/*Wende*, § 65 EnWG Rn. 21. Zu § 32 GWB BGH, Beschl. v. 11.12.1997, KVR 7/96, WuW/E DE-R 17, 18 f. – Europapokalheimspiele.

Durch oder aufgrund von Vorschriften des MsbG ergeben sich **Verhaltenspflichten** insbesondere für alle (nicht nur die grundzuständigen) Messstellenbetreiber und für die Smart-Meter-Gateway-Administratoren. Weitere Unternehmen, denen Verhaltenspflichten auferlegt werden, sind etwa Netzbetreiber, Bilanzkreisverantwortliche und Energielieferanten. Auch für Anschlussnehmer und Anschlussnutzer ergeben sich Verhaltenspflichten. Deren Verletzung kann aber nur dann ein Aufsichtsverfahren der BNetzA nach § 76 auslösen, wenn sie im Rahmen ihrer unternehmerischen Tätigkeit handeln. Nicht erfasst wird hingegen ihre rein private Tätigkeit, auch soweit diese den Anschluss und die Anschlussnutzung betrifft. Zweifelhaft ist, inwieweit den Vorschriften des MsbG auch Verhaltenspflichten für Unternehmensvereinigungen entnommen werden könnten.

3. Verstoß

Die Rechtsverletzung muss grundsätzlich bereits **eingetreten sein und noch andauern**.[22] In diesem Fall sind Verfügungen nach § 76 Abs. 1 und 2 möglich (s. unten Rn. 18 ff., 23 ff.). Wie im Rahmen des § 65 EnWG und des § 32 GWB anerkannt, gilt Gleiches, wenn ein Verstoß **unmittelbar bevorsteht**. Notwendig ist die ernste Besorgnis einer drohenden Zuwiderhandlung; die bloße Möglichkeit eines späteren rechtswidrigen Verhaltens ist nicht ausreichend.[23] Im Falle einer bereits **beendeten Zuwiderhandlung** kommt, sofern nicht aufgrund ernster Besorgnis einer Wiederholung bereits § 76 Abs. 1 und 2 anwendbar sind, nur deren nachträgliche Feststellung gemäß § 76 Abs. 3 in Betracht (unten Rn. 29).[24] Maßgeblicher Zeitpunkt für die Prüfung der Beendigung ist grundsätzlich der Erlass der Verfügung durch die BNetzA.[25] Schuldhaftes Handeln des Adressaten ist in keinem dieser Fälle erforderlich.

V. Rechtsfolgen

1. Tätigwerden der Behörde nach § 76 Abs. 1 bis 3

Die BNetzA „kann" Maßnahmen nach § 76 Abs. 1 bis 3 ergreifen, d. h. deren Erlass steht im **pflichtgemäßen Ermessen** der Behörde.[26] Anderes kommt nur in Betracht, wenn Vorschriften in konkreten Fällen die BNetzA zum Einschreiten verpflichten. Die Ermessensausübung ist an den Zwecken des MsbG und ergänzend des § 1 EnWG auszurichten, insbesondere aber an dem spezifischen Zweck des § 76, Rechtsverletzungen zu unterbinden (oben Rn. 1). Hierbei wird die BNetzA von Amts wegen oder auf Antrag tätig, vgl. § 76 Abs. 4 i.V. m. § 66 Abs. 1 EnWG. Das Ermessen der Behörde bezieht sich sowohl auf die Einleitung eines Verfahrens (**Aufgreifermessen**) wie auch auf die Frage, ob und ggf. welche Maßnahmen sie ergreift (**Entschließungs- und Auswahlermessen**).[27] Bei der Auswahl

---
22 Zu § 65 EnWG vgl. BerlKommEnR/*Wende*, § 65 EnWG Rn. 14.
23 Zu § 32 GWB vgl. BGH, Beschl. v. 15.11.1994, KVR 29/93, BGHZ 128, 17, 39 – Gasdurchleitung; BGH, Beschl. v. 24.9.2002, KVR 8/01, BGHZ 152, 97, 102 f. – Konditionenanpassung.
24 Zu § 65 EnWG vgl. Rosin/*Bachert/Elspaß*, § 65 Rn. 62; Kment/*Turiaux*, § 65 Rn. 33.
25 Zu § 32 GWB vgl. Loewenheim/Meessen/Riesenkampff/*Rehbinder*, § 32 Rn. 8.
26 Vgl. zu § 65 EnWG auch BerlKommEnR/*Wende*, § 65 EnWG Rn. 24; Rosin/*Bachert/Elspaß*, § 65 Rn. 22.
27 Vgl. zu § 65 Abs. 2 EnWG BGH, Beschl. v. 3.6.2014, EnVR 10/13, Rn. 15 – Stromnetz Homberg.

§ 76   Aufsichtsmaßnahmen der Bundesnetzagentur

der Maßnahmen hat die BNetzA insbesondere den Verhältnismäßigkeitsgrundsatz zu beachten. Die Ermessensausübung der Behörde ist nach allgemeinen Grundsätzen gerichtlich nur daraufhin überprüfbar, ob die Behörde die gesetzlichen Grenzen des Ermessens überschritten (Ermessensüberschreitung), ihr Ermessen überhaupt nicht ausgeübt (Ermessensnichtgebrauch) oder von dem Ermessen in einer dem Zweck der Ermächtigung nicht entsprechenden Weise Gebrauch gemacht hat (Ermessensfehlgebrauch); dementsprechend muss die Behörde ihre Ermessensausübung nachvollziehbar darlegen.[28]

16 Aus der verletzten Rechtsvorschrift kann sich ein Anspruch des Antragstellers auf ermessensfehlerfreie Entscheidung ergeben. Dieser kann sich im Falle einer sog. **Ermessensreduzierung auf Null** zu einer Pflicht verdichten, ein Verfahren einzuleiten oder Maßnahmen zu ergreifen. Eine Ermessensreduzierung auf Null scheidet in aller Regel aber aus, wenn der Antragsteller selbst gerichtlichen Rechtsschutz in Anspruch nehmen kann.[29] Da § 76 – anders als noch im Regierungsentwurf vorgesehen – nicht als Verbotsgesetz ausgestaltet ist, muss insoweit im Einzelfall geprüft werden, über welche zivilrechtlichen oder anderweitigen Rechtsschutzmöglichkeiten der Antragsteller verfügt. Umgekehrt schließt die Möglichkeit von Zivilrechtsschutz ein Aufsichtsverfahren der BNetzA aber nicht aus.[30]

17 Zuständig für den Erlass von Maßnahmen nach § 76 Abs. 1 bis 3 ist grundsätzlich die BNetzA. Eine Spezialregelung bzgl. der Überwachung der buchhalterischen Entflechtung enthält jedoch § 3 Abs. 4 S. 2 Halbs. 2 MsbG i. V. m. § 54 EnWG. Damit erfolgt eine Zuständigkeitsteilung zwischen BNetzA und Landesregulierungsbehörden, so dass auch Letztere ggf. Maßnahmen nach § 76 erlassen können.

2. Abstellungsbefugnis, § 76 Abs. 1

18 Im Falle eines gegenwärtigen oder ggf. drohenden Rechtsverstoßes (s. oben Rn. 14) ermächtigt § 76 Abs. 1 S. 1 MsbG die BNetzA in Anlehnung an § 65 Abs. 1 S. 1 EnWG, das betreffende Unternehmen bzw. die Unternehmensvereinigung zur **„Abstellung" des Verhaltens** zu verpflichten. Die Formulierung des § 65 Abs. 1 S. 1 EnWG sollte sich entsprechend der kartellrechtlichen Terminologie bewusst von dem Begriff der „Untersagung" lösen.[31] Insbesondere ist das betreffende Verhalten bereits aufgrund anderer Regelungen rechtswidrig, einer behördlichen Untersagung bedarf es insoweit nicht. Zulässiger Gegenstand einer Abstellungsverfügung ist zunächst die Unterlassung des rechtswidrigen Verhaltens (**negative Verhaltensanordnung**). Jedenfalls sofern nur eine rechtmäßige Verhaltensalternative besteht, kann die Abstellungsverfügung auch eine bestimmte Handlung vorschreiben (**positive Verhaltensanordnung**).[32] Zulässig ist im Übrigen auch, dass eine

---

28 Vgl. zu § 65 Abs. 2 EnWG BGH, Beschl. v. 3.6.2014, EnVR 10/13, Rn. 15 – Stromnetz Homberg.
29 Vgl. zu § 65 Abs. 2 EnWG BGH, Beschl. v. 3.6.2014, EnVR 10/13, Rn. 16 – Stromnetz Homberg. Zur entsprechenden kartellrechtlichen Fragestellung BGH, Beschl. v. 14.11.1968, KVR 1/68, BGHZ 51, 61, 67 f. – Taxiflug; BGH, Beschl. v. 25.10.1983, KVR 8/82, WuW/E BGH 2058, 2060 – Internord; BGH, Beschl. v. 11.3.1997, KVZ 22/96, WuW/E BGH 3113, 3114 – Rechtsschutz gegen Berufsordnung.
30 Vgl. zu § 65 Abs. 2 EnWG BGH, Beschl. v. 3.6.2014, EnVR 10/13, Rn. 16 – Stromnetz Homberg.
31 Begründung RegE zu § 65 Abs. 1 EnWG, BT-Drs. 15/3917, S. 70.
32 Zum Kartellrecht BGH, Beschl. v. 24.9.2002, KVR 15/01, WuW/E DE-R 977, 982 – Fährhafen Puttgarden.

Abstellungsverfügung über die gegenwärtige Rechtsverletzung hinaus vergleichbares zukünftiges Verhalten des Adressaten erfasst.[33]

§ 76 Abs. 1 S. 2 MsbG sieht darüber hinaus ausdrücklich vor, dass die BNetzA „alle erforderlichen Abhilfemaßnahmen verhaltensorientierter oder struktureller Art vorschreiben [kann], die gegenüber der festgestellten Zuwiderhandlung verhältnismäßig und für eine wirksame Abstellung der Zuwiderhandlung erforderlich sind". Der als Vorbild dienende § 65 Abs. 1 S. 2 EnWG wurde in Anlehnung an § 32 Abs. 2 S. 1 GWB und Art. 7 Abs. 1 S. 1 VO (EG) 1/2003 mit der EnWG-Novelle 2011 eingefügt und soll nach der Gesetzesbegründung klarstellen, welche Abhilfemaßnahmen die BNetzA im Rahmen ihrer Eingriffsbefugnisse ergreifen darf.[34] § 76 Abs. 1 S. 2 verdeutlicht insoweit, dass Abstellungsverfügungen nach § 76 Abs. 1 auch in Form **positiver Verhaltensanordnungen zur wirksamen Abstellung der Zuwiderhandlung** möglich sind. Dass nur eine rechtmäßige Verhaltensalternative besteht, wird von der Vorschrift jedenfalls nicht ausdrücklich gefordert. 19

Maßgeblich für den Verpflichtungsgehalt der Abstellungsverfügung bleibt allerdings weiterhin der Inhalt der verletzten Verhaltenspflichten. Die BNetzA kann also den **Verhaltensspielraum des Verfügungsadressaten nur insoweit einschränken**, wie dies zur Abstellung der Zuwiderhandlung **erforderlich und verhältnismäßig** ist. Positive Verhaltensanordnungen müssen insoweit ggf. die nähere Ausgestaltung des Unternehmensverhaltens einer nachträglichen Klärung zwischen den Beteiligten überlassen, etwa hinsichtlich eines Entgelts oder einzelner Geschäftsbedingungen. Nach verbreitetem Verständnis zu § 32 GWB hat die Behörde bei mehreren zur Abstellung geeigneten Maßnahmen kein Auswahlermessen, sondern muss die Auswahl dem Adressaten überlassen.[35] Mit Einfügung des § 32 Abs. 2 S. 1 GWB (entsprechend § 76 Abs. 1 S. 2), der ausdrücklich alle verhältnismäßigen und für eine „wirksame Abstellung" der Zuwiderhandlung erforderlichen Abhilfemaßnahmen zulässt, sollte jedoch ersichtlich ein weitergehendes Auswahlermessen der Behörde begründet werden.[36] Entsprechendes muss für § 65 Abs. 1 S. 2 EnWG und § 76 Abs. 1 S. 2 gelten.[37] 20

Mit der vorstehend angesprochenen Auslegungsfrage zu § 76 Abs. 1 S. 2 in enger Verbindung steht die Frage nach dem systematischen **Zusammenhang mit § 76 Abs. 2**, der nach seinem Wortlaut – ebenso wie § 65 Abs. 2 EnWG – eine gesonderte Ermächtigungsgrundlage für den Erlass von Verhaltensanordnungen neben § 76 Abs. 1 enthält. Um § 76 Abs. 2 nicht leer laufen zu lassen, könnte eine im Vergleich zu den nach § 76 Abs. 1 S. 2 zulässigen Verhaltensanordnungen weitergehende Interpretation des § 76 Abs. 2 naheliegen. Im Ergebnis erscheint dies aber nicht zwingend (dazu unten Rn. 23 ff.). 21

§ 76 Abs. 1 S. 3 schließlich sieht einen **grundsätzlichen Vorrang verhaltensorientierter Abhilfemaßnahmen gegenüber strukturellen Abhilfemaßnahmen** vor. Die Abgrenzung beider Typen von Abhilfemaßnahmen ist nicht abschließend geklärt. Strukturelle Ein- 22

---

33 Vgl. zur ähnlichen Frage nach § 31 EnWG BGH, Beschl. v. 14.4.2015, EnVR 45/13, Rn. 6, 20 ff. – Zuhause-Kraftwerk; zu § 32 GWB vgl. auch Langen/Bunte/*Bornkamm*, § 32 GWB Rn. 43.
34 BT-Drs. 17/6072, S. 92.
35 *Bechtold/Bosch*, § 32 GWB Rn. 14; *Dreher/Thomas*, NJW 2008, 1557, 1558 f. Vgl. auch BGH, Beschl. v. 24.9.2002, KVR 15/01, WuW/E DE-R 977, 982 – Fährhafen Puttgarden (vor Einfügung des heutigen § 32 Abs. 2 S. 1 GWB).
36 Vgl. auch Langen/Bunte/*Bornkamm*, § 32 GWB Rn. 28 ff.
37 Vgl. zu § 65 EnWG BerlKommEnR/*Wende*, § 65 EnWG Rn. 17; zu § 30 EnWG *Weyer*, N&R 2007, 14, 20.

§ 76   Aufsichtsmaßnahmen der Bundesnetzagentur

griffe dürften insbesondere bei der Verpflichtung zur Abgabe von Vermögenswerten oder zur Aufgabe von Geschäftsfeldern vorliegen.[38] Für die Zulässigkeit einer Abhilfemaßnahme ist letztlich nicht die Zuordnung zu einem der beiden Typen entscheidend, sondern die Beurteilung dieser Maßnahme und denkbarer Alternativen unter dem Gesichtspunkt der Verhältnismäßigkeit.

3. Anordnungsbefugnis, § 76 Abs. 2

23   Bei Verletzung der Pflichten nach dem MsbG oder der darauf gestützten Rechtsverordnungen kann die BNetzA gemäß § 76 Abs. 2 „die Maßnahmen zur Einhaltung der Verpflichtungen anordnen". Wiederum muss der Rechtsverstoß gegenwärtig vorliegen oder ggf. drohen (s. oben Rn. 14). Die Regelung lässt, ebenso wie § 76 Abs. 1 S. 2, **ausdrücklich positive Verhaltensanordnungen** zu. Damit stellt sich die Frage nach dem **Umfang der Eingriffsermächtigung des § 76 Abs. 2 im Verhältnis zu § 76 Abs. 1 S. 2**. Für einen weiterreichenden Ermächtigungsumfang könnte die Gesetzesbegründung zu § 76 sprechen, wonach § 76 Abs. 2 die Abstellungsbefugnis des § 76 Abs. 1 EnWG um eine Anordnungsbefugnis „ergänzt".[39] Allerdings ist diese Begründung ersichtlich derjenigen zu § 65 Abs. 2 EnWG[40] als dem gesetzlichen Vorbild des § 76 Abs. 2 nachgebildet. Nachdem § 65 Abs. 1 EnWG zwischenzeitlich allerdings gleichfalls durch eine Anordnungsbefugnis nach § 65 Abs. 1 S. 2 EnWG ergänzt wurde (s. oben Rn. 19), passt der Aussagegehalt der ursprünglichen Gesetzesbegründung nicht mehr für § 65 EnWG und entsprechend auch nicht mehr für § 76.

24   Der gesetzlichen Entwicklung lassen sich im Ergebnis keine eindeutigen Hinweise auf einen weiterreichenden Ermächtigungsumfang des § 76 Abs. 2 entnehmen. Die Regelung des § 76 Abs. 2 lehnt sich an § 65 Abs. 2 EnWG an,[41] der wiederum in angepasster Form dem **§ 126 Abs. 2 TKG** entspricht.[42] § 126 TKG sah und sieht ein zweistufiges Verfahren vor, wonach die BNetzA bei einer Rechtsverletzung das Unternehmen gemäß Abs. 1 zunächst zur Stellungnahme und Abhilfe innerhalb einer gesetzten Frist auffordert; kommt das Unternehmen innerhalb der gesetzten Frist seinen Verpflichtungen nicht nach, kann die BNetzA nach Abs. 2 die zur Einhaltung der Verpflichtung erforderlichen Maßnahmen anordnen. Diese Regelung könnte einerseits ein Verständnis nahelegen, wonach Maßnahmen nach § 126 Abs. 2 TKG bestehende Verhaltensspielräume des Unternehmens einschränken dürfen, da dieses die ihm eröffnete Möglichkeit zur eigenen Auswahl der Abhilfemaßnahme nicht wahrgenommen hat. Andererseits hat § 76 Abs. 2 (und entsprechend § 65 Abs. 2 EnWG) die vorgeschaltete Aufforderung zur fristgebundenen Abhilfe gerade nicht übernommen, so dass eine solche Begründung für weitergehende Verhaltensanordnungen nicht passt.

25   Ebenso wenig lassen sich einem **Vergleich mit dem GWB** klare Hinweise entnehmen. Die Regelung des § 65 Abs. 1 EnWG (entsprechend § 76 Abs. 2) war im EnWG 2005 seit dessen Inkrafttreten enthalten, während § 65 Abs. 1 S. 2 EnWG (entsprechend § 76 Abs. 1 S. 2) erst durch die EnWG-Novelle 2011 ergänzt wurde. § 32 GWB enthält demgegenüber

---

38 Vgl. zu § 65 EnWG etwa Kment/*Turiaux*, § 65 Rn. 17; *Rosin/Bachert/Elspaß*, § 65 Rn. 43 ff.
39 Wirtschaftsausschuss des BT, BT-Drs. 18/8919, S. 26.
40 Begründung RegE zum EnWG 2005, BT-Drs. 15/3917, S. 70.
41 BT-Drs. 18/8919, S. 26.
42 Begründung RegE zum EnWG 2005, BT-Drs. 15/3917, S. 70.

keine dem § 76 Abs. 2 bzw. § 65 Abs. 2 EnWG entsprechende Regelung. Vielmehr wurde bereits durch die 7. GWB-Novelle 2005 in Anlehnung an Art. 7 Abs. 1 S. 1 VO (EG) 1/2003 eine dem § 76 Abs. 1 S. 2 bzw. § 65 Abs. 1 S. 2 EnWG entsprechende Regelung in § 32 Abs. 2 GWB eingeführt.[43] Eine Erklärung für das unterschiedliche gesetzgeberische Vorgehen könnte die Zurückhaltung des EnWG-Gesetzgebers in der für die Energiewirtschaft besonders sensiblen Frage struktureller Maßnahmen, wie sie das Vorbild des Art. 7 Abs. 1 S. 1 VO (EG) 1/2003 ausdrücklich adressiert, gewesen sein.[44] Vor diesem Hintergrund könnte die Formulierung des § 65 Abs. 2 EnWG und § 76 Abs. 2 im Vergleich zu § 65 Abs. 1 S. 2 EnWG und § 76 Abs. 1 S. 2 MsbG eher als Einschränkung der Ermächtigung hinsichtlich struktureller Maßnahmen verstanden werden denn als Ausweitung der Ermächtigung.

Wird dem § 76 Abs. 1 S. 2 allerdings eine enge Beschränkung der zulässigen Verhaltensanordnungen im Falle mehrerer Verhaltensalternativen entnommen (s. oben Rn. 19), so könnte § 76 Abs. 2 einer Erweiterung des Ermächtigungsumfangs dienen. Aus diesem Blickwinkel würde die Norm der BNetzA ein weitergehendes Auswahlermessen bei mehreren zur Abstellung geeigneten Maßnahmen einräumen.[45] Ein solches Verständnis könnte systematisch dem Gedanken entsprechen, dass **regulierungsrechtliche Vorgaben die Verhaltensspielräume der Marktteilnehmer generell stärker einschränken können** als die nur eine „äußerste Grenze"[46] bildenden Vorgaben des Kartellrechts. Damit könnte die Ermächtigung des § 76 Abs. 2 sogar dann über die Ermächtigungsnorm des § 76 Abs. 1 S. 2 hinausgehen, wenn diese zur wirksamen Abstellung der Zuwiderhandlung in bestimmten Fällen ein Auswahlermessen der Behörde begründen würde. In diesem Sinne könnte es insbesondere verstanden werden, dass der Gesetzgeber abweichend von § 32 GWB und trotz späterer Einfügung des § 65 Abs. 1 S. 2 EnWG (§ 76 Abs. 1 S. 2) an der Regelung des § 65 Abs. 2 EnWG (§ 76 Abs. 2) festgehalten hat. Eindeutige Hinweise auf ein solches Verständnis lassen sich den gesetzlichen Vorschriften allerdings nicht entnehmen. 26

Der **BGH** hat dem Wortlaut des § 65 Abs. 2 EnWG entnommen, dass der Gesetzgeber der Regulierungsbehörde ein weites Ermessen einräumt, und zwar auch hinsichtlich der Frage, welche Maßnahmen sie ggf. ergreift. Diese Ermessensentscheidung ist nach allgemeinen Grundsätzen gerichtlich nur eingeschränkt überprüfbar.[47] Eine konkrete Festlegung vertraglicher wie sonstiger Bedingungen durch die Regulierungsbehörde, z. B. die Festlegung des angemessenen Entgelts oder sonstiger Maximalbedingungen für die Überlassung eines Netzes bei Wechsel des Konzessionsnehmers, ist aber nicht geboten bzw. unerwünscht, schon um den Beteiligten möglichst weitgehenden Einfluss auf die Entscheidung über die Höhe der Gegenleistung zu belassen.[48] Angesichts seiner Anlehnung an § 65 EnWG sind diese Grundsätze auf § 76 Abs. 2 übertragbar. Sie lassen allerdings gleichfalls nicht deutlich erkennen, ob die Ermessensausübung nach § 76 Abs. 1 S. 2 bzw. § 65 Abs. 1 S. 2 EnWG stärker eingeschränkt ist als nach § 76 Abs. 2 bzw. § 65 Abs. 2 EnWG, zumal der 27

---

43 Vgl. Begründung RegE, BT-Drs. 15/3640, S. 51. Die Vorschrift wurde durch die 8. GWB-Novelle 2013 weiter angepasst, vgl. Begründung RegE, BT-Drs. 17/9852, S. 26.
44 Vgl. BT-Drs. 15/3640, S. 51; BT-Drs. 17/9852, S. 26.
45 Ablehnend Hempel/Franke/*Scholz/Jansen*, § 65 Rn. 20.
46 Vgl. etwa *Säcker*, ZNER 2004, 98, 100; *Säcker*, AöR 130 (2005), 180, 189 f.
47 BGH, Beschl. v. 3.6.2014, EnVR 10/13, Rn. 15 – Stromnetz Homberg.
48 BGH, Beschl. v. 3.6.2014, EnVR 10/13, Rn. 46 – Stromnetz Homberg.

§ 76   Aufsichtsmaßnahmen der Bundesnetzagentur

BGH in der Begründung auf seine Rechtsprechung zur kartellrechtlichen Untersagungsbefugnis Bezug nimmt, die dem § 76 Abs. 1 nahesteht.

28   Im Ergebnis erscheint es überzeugender, von einem **Gleichlauf des Umfangs der Anordnungsbefugnisse nach § 76 Abs. 2 und § 76 Abs. 1 S. 2** (ebenso wie nach § 65 Abs. 2 und § 65 Abs. 1 S. 2 EnWG) auszugehen.[49] Der Verhältnismäßigkeitsgrundsatz und der Gesetzeszweck einer wirksamen Aufsicht gelten für beide Regelungen. Sachliche Gründe für eine einschränkende Auslegung des § 76 Abs. 1 S. 2 sind ebenso wenig ersichtlich wie handhabbare Abgrenzungskriterien. Für einen Gleichlauf spricht auch die Regelung des § 30 Abs. 2 EnWG. Diese enthält in § 30 Abs. 2 S. 1 und 2 EnWG eine Abstellungsbefugnis, die weitgehend dem § 76 Abs. 1 S. 1 und 2 (und § 65 Abs. 1 S. 1 und 2 EnWG) entspricht. § 30 Abs. 2 S. 3 Nr. 2 EnWG regelt zudem ausdrücklich die Möglichkeit der Anordnung des Netzanschlusses oder Netzzugangs, insoweit ähnlich § 76 Abs. 2 (und § 65 Abs. 2 EnWG), dies aber als Unterfall des § 30 Abs. 2 S. 1 und 2 EnWG ("insbesondere"). Nicht ausgeschlossen erscheint es demgegenüber, die kartellrechtliche Anordnungsbefugnis nach § 32 Abs. 2 S. 1 GWB unter Hinweis auf deren bloße rahmensetzende Funktion (s. oben Rn. 26) enger zu verstehen als die entsprechenden regulierungsrechtlichen Anordnungsbefugnisse nach § 76 Abs. 1 S. 2 bzw. § 65 Abs. 1 S. 2 EnWG. Selbst bei Anerkennung derartiger Einschränkungen für das Kartellrecht ist eine Übertragung auf § 76 Abs. 1 S. 2 (bzw. § 65 Abs. 1 S. 2 EnWG) aber trotz dessen Anlehnung an § 32 GWB nicht gerechtfertigt. Vielmehr muss insoweit der systematischen Zugehörigkeit zum Energieregulierungsrecht Vorrang zukommen: Hier ist § 76 Abs. 2 (ebenso wie § 65 Abs. 2 EnWG und sein Vorbild § 126 Abs. 2 TKG) die Wertung zu entnehmen, dass weitergehende positive Verhaltensanordnungen zulässig sind.

4. Feststellungsbefugnis für beendete Zuwiderhandlungen, § 76 Abs. 3

29   § 76 Abs. 3 ermächtigt die BNetzA, angelehnt an § 65 Abs. 3 EnWG[50] und damit mittelbar an § 32 Abs. 3 GWB,[51] zur Feststellung beendeter Zuwiderhandlungen, soweit ein "**berechtigtes Interesse**" besteht. Für die Anerkennung eines berechtigten Interesses ist die Aufgabenstellung der Behörde maßgeblich und damit insbesondere der **Normzweck, Rechtsverletzungen zu unterbinden** (vgl. auch oben Rn. 1). Ein berechtigtes Interesse ist daher etwa anzuerkennen, um einer Wiederholungsgefahr entgegenzuwirken (wobei im Falle ernstlich drohender Zuwiderhandlung ggf. bereits eine Verfügung nach § 76 Abs. 1 oder 2 zulässig ist) oder um rechtliche Zweifelsfragen für die Zukunft zu klären.[52] Auch die Beseitigung von Anreizen zu rechtswidrigem Verhalten durch die Erleichterung privater Rechtsverfolgung kann ein berechtigtes Interesse begründen.[53] Die Vorschrift kann sowohl dann zur Anwendung kommen, wenn das betreffende Verhalten bereits vor Einleitung

---

49   So auch Britz/Hellermann/Hermes/*Hanebeck*, § 65 Rn. 4; Rosin/*Bachert/Elspaß*, § 65 Rn. 48.
50   BT-Drs. 18/8919, S. 26.
51   Begründung RegE zum EnWG 2005, BT-Drs. 15/3917, S. 70.
52   Vgl. auch zu § 65 EnWG BerlKommEnR/*Wende*, § 65 EnWG Rn. 15; Kment/*Turiaux*, § 65 Rn. 34.
53   So auch zu § 65 EnWG BerlKommEnR/*Wende*, § 65 EnWG Rn. 15; Kment/*Turiaux*, § 65 Rn. 35; zu § 32 Abs. 3 GWB etwa Langen/Bunte/*Bornkamm*, § 32 GWB Rn. 61. Sehr restriktiv demgegenüber zu § 65 EnWG Britz/Hellermann/Hermes/*Hanebeck*, § 65 Rn. 17; Hempel/Franke/*Scholz/Jansen*, § 65 Rn. 24; BNetzA, Beschl. v. 15.1.2008, BK8-06-029, S. 9.

eines behördlichen Verfahrens beendet wurde, als auch im Falle der Beendigung nach Einleitung, aber vor Abschluss eines Aufsichtsverfahrens nach § 76 Abs. 1 oder 2.

5. Verfahren, § 76 Abs. 4

Für die Wahrnehmung der Aufgaben der BNetzA nach dem MsbG und den auf seiner Grundlage ergangenen Rechtsverordnungen schreibt § 76 Abs. 4 die **entsprechende Anwendbarkeit der Bestimmungen des Teils 8 des EnWG** (§§ 65 bis 108 EnWG) vor, mit Ausnahme von dessen Abschnitt 6 („Bürgerliche Rechtsstreitigkeiten", §§ 102 bis 105 EnWG). Abschnitt 1 enthält Regelungen zu Verfahrenseinleitung und Beteiligten, zu Anhörungsrechten und mündlicher Verhandlung, zu den Ermittlungsbefugnissen der Behörde, zu vorläufigen Anordnungen und zum Verfahrensabschluss. Dem Wortlaut nach wird auch das Aufsichtsverfahren nach § 65 EnWG in Bezug genommen, doch wird dieses gerade durch § 76 ersetzt. Die Abschnitte 2, 3 und 7 regeln den Rechtsweg gegen Entscheidungen der BNetzA und Fragen des gerichtlichen Verfahrens. Abschnitt 4 enthält weitere Bestimmungen für das behördliche und gerichtliche Verfahren. Abschnitt 5 regelt weitere Sanktionen, insbesondere die Befugnis zur Verhängung von Zwangsgeldern nach § 94 EnWG.

30

Dem Wortlaut nach wird darüber hinaus die entsprechende Anwendbarkeit der Bußgeld- und Straftatbestände der §§ 95 bis 95b EnWG als Normen des Abschnitts 5 angeordnet. Sollte dieser Regelungsinhalt überhaupt dem gesetzgeberischen Willen entsprechen, käme damit die entsprechende Anwendung des **Bußgeldtatbestands nach § 95 Abs. 1 Nr. 3 lit. a) EnWG**, der die vorsätzliche oder fahrlässige Zuwiderhandlung gegen eine vollziehbare Anordnung nach § 65 Abs. 1 oder Abs. 2 EnWG für ordnungswidrig erklärt, auf vorsätzliche oder fahrlässige Zuwiderhandlungen gegen vollziehbare Anordnungen nach § 76 Abs. 1 oder Abs. 2 in Betracht. Eine solche Auslegung würde nicht unmittelbar gegen das Analogieverbot nach **Art. 103 Abs. 2 GG** verstoßen, da § 76 Abs. 4 ausdrücklich die entsprechende Anwendbarkeit der Vorschriften des Teils 8 (mit Ausnahme von dessen Abschnitt 6) des EnWG vorsieht und damit auch § 95 EnWG umfasst. Art. 103 Abs. 2 GG enthält jedoch zudem ein striktes **Bestimmtheitsgebot** für die Gesetzgebung.[54] Der Normadressat muss anhand des Wortlauts der gesetzlichen Regelung voraussehen können, ob ein Verhalten strafbar ist.[55] Dies ist **vorliegend nicht erfüllt**. § 76 Abs. 4 macht nicht deutlich, welcher Bußgeldtatbestand bei Verstoß gegen welche Normen Anwendung finden soll. Selbst bei konkreter Betrachtung des § 76 Abs. 4 i.V.m. § 95 Abs. 1 Nr. 3 lit. a) und § 65 Abs. 1, Abs. 2 EnWG ist dem Wortlaut nach nicht erkennbar, dass § 76 Abs. 1, Abs. 2 an die Stelle des § 65 Abs. 1, Abs. 2 EnWG treten soll. Eine solche Möglichkeit ließe sich erst unter Berücksichtigung der Gesetzesmaterialien und bei Vergleich von Wortlaut und Funktion der Normen begründen.

31

---

54 BVerfG, Beschl. v. 7.12.2011, 2 BvR 2500/09 und 1857/10, BVerfGE 130, 1, 43.
55 BVerfG, Beschl. v. 6.5.1987, 2 BvL 11/85, BVerfGE 75, 329, 341.

§ 76 Aufsichtsmaßnahmen der Bundesnetzagentur

VI. Verhältnis zu anderen Vorschriften

1. §§ 19, 20 GWB

32 Vor Inkrafttreten des MsbG fanden die Verhaltenspflichten in Bezug auf Messstellenbetrieb und Messung ihre gesetzliche Grundlage in §§ 21b bis 21i EnWG und der MessZV. Verstöße konnten nach § 30 EnWG oder ggf. § 65 EnWG verfolgt werden (s. oben Rn. 4). Die Anwendung der kartellrechtlichen Missbrauchskontrolle nach §§ 19, 20 GWB war hingegen **gemäß § 111 Abs. 1 und 2 EnWG ausgeschlossen**. Denn bei den §§ 21b bis 21i EnWG und der MessZV handelte es sich um Bestimmungen des Teils 3 des EnWG sowie eine darauf gestützte Rechtsverordnung und damit um ausdrücklich abschließende Regelungen nach § 111 Abs. 1 S. 1 i.V.m. Abs. 2 EnWG.

33 Nach Überführung der Regelungen in das MsbG (sowie zukünftig auch darauf gestützte Rechtsverordnungen und behördliche Entscheidungen, insbesondere Festlegungen) ist die Konkurrenzregelung des § 111 Abs. 1, 2 EnWG ihrem Wortlaut nach nicht anwendbar, da es sich nicht (mehr) um Regelungen des EnWG oder darauf gestützter Rechtsverordnungen handelt. Auch eine entsprechende Anwendbarkeit des § 111 Abs. 1, 2 EnWG ordnet das MsbG – anders als für Vorschriften des Teils 8 des EnWG in § 76 Abs. 4 MsbG – nicht an. Damit finden die **§§ 19, 20 GWB neben § 76 Anwendung**. Die Anwendbarkeit der §§ 19, 20 GWB ist insoweit problematisch, als die Gründe für die vormalige Spezialität der energierechtlichen Vorschriften und die damit verbundene ausschließliche Behördenzuständigkeit großenteils fortbestehen, insbesondere hinsichtlich der spezifischen Fachkompetenz der Regulierungsbehörden und der Vermeidung von Doppelzuständigkeiten.[56] Andererseits weicht die Rechtslage nach dem MsbG insoweit von derjenigen nach Teil 3 des EnWG ab, als § 76 weder ein Verbotsgesetz darstellt noch die Behinderungs- und Ausbeutungstatbestände der §§ 19, 20 GWB aufgreift (anders als § 30 Abs. 1 S. 1, S. 2 Nr. 2 bis 6 EnWG). Im Ergebnis gibt es daher systematische Gründe für den Verzicht auf eine Spezialitätsregelung entsprechend § 111 Abs. 1 und 2 EnWG. § 76 MsbG folgt insoweit auch dem Vorbild des § 65 EnWG, der bei Normverletzungen außerhalb des Teils 3 des EnWG gleichfalls neben den §§ 19, 20 GWB anwendbar ist.

2. § 81 EEG 2017

34 Gemäß § 81 Abs. 2 Nr. 4 EEG 2017 ist die **Clearingstelle EEG** zuständig für Fragen und Streitigkeiten zur Messung des für den Betrieb einer Anlage (i.S.v. § 3 Nr. 1 EEG 2017) gelieferten oder verbrauchten oder von einer Anlage erzeugten Stroms, und zwar auch für Fragen und Streitigkeiten nach dem MsbG. Zugleich ist die BNetzA zuständig für Aufsichtsverfahren nach § 76 MsbG. § 81 Abs. 2 Nr. 4 EEG 2017 sieht die Zuständigkeit der Clearingstelle EEG jedoch ausdrücklich nur vor, soweit nicht die Zuständigkeit des BSI oder der BNetzA gegeben ist, so dass eine **Zuständigkeitsüberschneidung insoweit ausgeschlossen** ist.

---

56 Zum Normzweck des § 111 EnWG vgl. etwa Hempel/Franke/*Tittel*, § 111 Rn. 7 f.; *Weyer*, RdE 2012, 354, 355.

§ 77 Bericht der Bundesnetzagentur

(1) ¹Die Bundesnetzagentur legt dem Bundesministerium für Wirtschaft und Energie zum 30. Dezember 2023 einen Bericht mit einer Evaluierung zur Anwendung und Vorschlägen zur Anpassung des Rechtsrahmens vor. ²Der Bericht enthält auch Angaben zur Entwicklung des Investitionsverhaltens und des Wettbewerbs beim Messstellenbetrieb für moderne Messeinrichtungen und intelligente Messsysteme, zu technischen Weiterentwicklungen, zu Energie- und Kosteneinsparungen durch den Einsatz moderner Messeinrichtungen und intelligenter Messsysteme sowie zu Auswirkungen der bestehenden Regulierung der Telekommunikations- und Energieversorgungsnetze auf die Digitalisierung der Energieversorgung. ³Die Bundesnetzagentur soll den Bericht nach Satz 1 unter Beteiligung von Wissenschaft und betroffenen Verbänden erstellen sowie internationale Erfahrungen mit dem Tätigkeitsfeld Messstellenbetrieb berücksichtigen. ⁴Sie gibt Gelegenheit zur Stellungnahme und veröffentlicht die erhaltenen Stellungnahmen im Internet.

(2) Soweit sie es aus regulatorischen oder wettbewerblichen Gründen für erforderlich hält, kann die Bundesnetzagentur den Bericht aus Absatz 1 bereits vor dem 30. Dezember 2023 vorlegen.

(3) In den Bericht der Bundesnetzagentur nach § 35 des Energiewirtschaftsgesetzes sind besondere Aspekte des Messstellenbetriebs aufzunehmen; der Bericht soll Angaben enthalten

1. zur Wettbewerbssituation beim Messstellenbetrieb,
2. zur technischen Entwicklung bei modernen Messeinrichtungen und intelligenten Messsystemen,
3. zum Angebot variabler Tarife,
4. zu bundesweit einheitlichen Mindestanforderungen an Datenumfang und Datenqualität bei der energiewirtschaftlichen Datenkommunikation sowie
5. zum Angebot von Daten- und Telekommunikationsdiensten für die Anbindung von Smart-Meter-Gateways.

(4) Die Bundesnetzagentur darf die für den Bericht nach Absatz 3 erhobenen Daten auch für den Bericht nach Absatz 1 verwenden.

Übersicht

	Rn.		Rn.
I. Überblick und Normzweck	1	IV. Angaben im Monitoringbericht, § 77 Abs. 3	4
II. Entstehungsgeschichte	2	V. Datenverwendung durch die BNetzA, § 77 Abs. 4	5
III. Evaluierungsbericht, § 77 Abs. 1, 2	3		

I. Überblick und Normzweck

§ 77 MsbG regelt Berichtspflichten der BNetzA in zwei unterschiedlichen Fällen. Gemäß § 77 Abs. 1 und 2 MsbG hat sie spätestens zum 30.12.2023 einen **Evaluierungsbericht** vorzulegen. Dieser dient einer breit angelegten Bewertung der Anwendung des Rechtsrah-

1

mens für den modernen Messstellenbetrieb[1] und zugleich der Vorbereitung etwaiger Anpassungen des Rechtsrahmens. Daneben hat die BNetzA gemäß § 77 Abs. 3 MsbG in ihren regelmäßigen **Monitoringbericht** nach § 35 EnWG besondere Aspekte des Messstellenbetriebs aufzunehmen, die sich auf die Marktentwicklung beziehen. Die Monitoringberichte dienen gemäß § 35 EnWG der Markttransparenz. Zudem erlaubt die Berücksichtigung der Aspekte des neu geregelten Messstellenbetriebs ggf. ein frühzeitiges Gegensteuern. § 77 Abs. 4 MsbG schließlich schafft eine gesetzliche Grundlage zur Verwendung der für den Monitoringbericht erhobenen Daten auch für den Evaluierungsbericht.[2]

II. Entstehungsgeschichte

2   Die Regelung blieb im Rahmen des Gesetzgebungsverfahrens **weitgehend unverändert**. Gegenüber dem Referentenentwurf[3] wurde § 77 Abs. 1 S. 2 MsbG durch den Regierungsentwurf[4] dahingehend ergänzt, dass der Evaluierungsbericht auch Angaben zu Energie- und Kosteneinsparungen durch den Einsatz moderner Messeinrichtungen und intelligenter Messsysteme enthalten muss. Außerdem wurde die Frist für die Vorlage des Evaluierungsberichts vom 30.6.2022 auf den 30.12.2023 verlängert.

III. Evaluierungsbericht, § 77 Abs. 1, 2

3   § 77 Abs. 1 MsbG schreibt die Vorlage eines **Evaluierungsberichts durch die BNetzA zum 30.12.2023** vor. Eine frühere Vorlage ist aus regulatorischen oder wettbewerblichen Gründen zulässig, § 77 Abs. 2 MsbG. Der Bericht dient einer breit angelegten Evaluierung der **Anwendung des Rechtsrahmens für den modernen Messstellenbetrieb**. Er muss sich nach § 77 Abs. 1 S. 2 MsbG insbesondere auch auf die Entwicklung des Investitionsverhaltens und des Wettbewerbs beim Messstellenbetrieb für moderne Messeinrichtungen und intelligente Messsysteme, auf technische Weiterentwicklungen sowie auf Auswirkungen der bestehenden Regulierung der Telekommunikations- und Energieversorgungsnetze auf die Digitalisierung der Energieversorgung beziehen. Darüber hinaus muss er Angaben zu Energie- und Kosteneinsparungen durch den Einsatz moderner Messeinrichtungen und intelligenter Messsysteme und damit zu einer Grundfrage der Berechtigung des neuen Regelungsrahmens enthalten. Die Bewertung, ob eine Anpassung von Preisobergrenzen nach den §§ 31 und 32 MsbG erfolgen soll, ist gemäß § 34 MsbG aber dem BMWi vorbehalten.[5] Bei der Erstellung des Evaluierungsberichts sollen die Wissenschaft und die betroffenen Verbände beteiligt und internationale Erfahrungen berücksichtigt werden. Der Bericht ist zu konsultieren und die eingegangenen Stellungnahmen sind im Internet zu veröffentlichen.

---

1   Vgl. BT-Drs. 18/7555, S. 110.
2   BT-Drs. 18/7555, S. 110.
3   Referentenentwurf des BMWi v. 21.9.2015, abrufbar unter www.bmwi.de (letzter Abruf: 29.1.2017).
4   BT-Drs. 18/7555, S. 52.
5   BT-Drs. 18/7555, S. 110 f.

IV. Angaben im Monitoringbericht, § 77 Abs. 3

Vor Inkrafttreten des MsbG sah § 35 Abs. 1 Nr. 11 EnWG vor, dass die **Monitoringberich-** 4
te der BNetzA Angaben zu Wettbewerb und technischer Entwicklung bei Messeinrichtungen, zur Messung, zu lastvariablen Tarifen, zu einheitlichen Mindestanforderungen an Messeinrichtungen sowie zu Datenumfang und -qualität enthalten müssen. Durch das Digitalisierungsgesetz 2016 wurde § 35 Abs. 1 Nr. 11 EnWG a. F. aufgehoben und **durch die Regelung des § 77 Abs. 3 ersetzt**. Danach sind in den Monitoringbericht der BNetzA besondere Aspekte des Messstellenbetriebs aufzunehmen. Außerdem soll der Bericht Angaben enthalten zur Wettbewerbssituation beim Messstellenbetrieb (Nr. 1), zur technischen Entwicklung bei modernen Messeinrichtungen und intelligenten Messsystemen (Nr. 2), zum Angebot variabler Tarife (Nr. 3), zu bundesweit einheitlichen Mindestanforderungen an Datenumfang und Datenqualität bei der energiewirtschaftlichen Datenkommunikation (Nr. 4) sowie zum Angebot von Daten- und Telekommunikationsdiensten für die Anbindung von Smart-Meter-Gateways (Nr. 5).

V. Datenverwendung durch die BNetzA, § 77 Abs. 4

Für die Erstellung der Monitoringberichte verfügt die BNetzA über Befugnisse zur Infor- 5
mationserhebung nach § 35 Abs. 2 i.V.m. § 69 EnWG. § 77 Abs. 4 stellt die gesetzliche Grundlage bereit, um die für Zwecke des Monitoringberichts erhobenen Daten auch für die Erstellung des Evaluierungsberichts nach § 77 Abs. 1 zu verwenden.

– Beschlusskammer 6 –

Anlage 1

Beschluss

Az.: BK6-16-200

In dem Verwaltungsverfahren

zur Anpassung der Vorgaben zur elektronischen Marktkommunikation an die Erfordernisse des Gesetzes zur Digitalisierung der Energiewende hat die Beschlusskammer 6 der Bundesnetzagentur für Elektrizität, Gas, Telekommunikation, Post und Eisenbahnen, Tulpenfeld 4, 53113 Bonn, gesetzlich vertreten durch ihren Präsidenten Jochen Homann,

durch den Vorsitzenden Christian Mielke,
den Beisitzer Andreas Faxel
und den Beisitzer Jens Lück
am 20.12.2016 beschlossen:

1. Die Anlage 1 zur „Festlegung einheitlicher Geschäftsprozesse und Datenformate zur Abwicklung der Belieferung von Kunden mit Elektrizität" (Az. BK6- 06-009 – GPKE) vom 11.7.2006, zuletzt geändert durch den Beschluss BK6-11-150 vom 28.10.2011, wird durch Anlage 1 dieses Beschlusses ersetzt und ist ab dem 1.10.2017 in der abgeänderten Fassung anzuwenden.
2. Die Anlage 1 zur „Festlegung zur Standardisierung von Verträgen und Geschäftsprozessen im Bereich des Messwesens" (Az. BK6-09-034 – WiM) vom 9.9.2010, zuletzt geändert durch den Beschluss BK6-11-150 vom 28.10.2011, wird durch Anlage 2 dieses Beschlusses ersetzt und ist ab dem 1.10.2017 in der abgeänderten Fassung anzuwenden.
3. Die Festlegung „Marktprozesse für Einspeisestellen (Strom)" (Az. BK6-12-153 – MPES) vom 29.10.2012, zuletzt geändert durch den Beschluss BK6-14-110 vom 29.1.2015, wird wie folgt geändert:
a) Die Anlage 1 zu vorgenannter Festlegung wird durch Anlage 3 dieses Beschlusses ersetzt und ist ab dem 1.10.2017 in der abgeänderten Fassung anzuwenden.
b) Tenorziffer 4 der vorgenannten Festlegung wird mit Geltung ab dem 1.1.2017 durch folgende Tenorziffer ersetzt:
„Ab dem 1.1.2017 haben Netzbetreiber zusätzlich zu den in Anlage 1 zu diesem Beschluss genannten Geschäftsprozessen auch Meldungen nach Maßgabe der folgenden Unterziffern entgegenzunehmen, zu bearbeiten und zu bestätigen:
a. Es handelt sich um Erzeugungsanlagen, die in den Geltungsbereich des EEG oder des KWKG fallen,
b. der Absender der Meldung hat nicht zugleich die Rolle eines Lieferanten (Einspeisung) im Sinne der Anlage 1 zu dieser Festlegung inne,
c. die Meldung erfolgt mittels des als Anlage 4 zum Beschluss BK6-16-200 veröffentlichten und über die Homepage der Bundesnetzagentur elektronisch abrufbaren Formulars. Anstelle dieses Formulars darf der Netzbetreiber auch ein Online-Formular bereitstellen, das in Inhalt und Struktur dem vorgenannten Formular entspricht.
d. die Übermittlung des Formulars an die Netzbetreiber erfolgt elektronisch per E-Mail und im Format XLS. Der Betreff der E-Mail ist mit „Einspeisermeldung" zu bezeichnen. Der jeweilige Netzbetreiber hat eine für den Empfang zu verwendende E-Mail-Adresse bekanntzugeben.
e. Das Meldeformular muss im Fall des Wechsels in die bzw. aus der Einspeisevergütung des § 38 EEG 2014 sowie in die bzw. aus der „Ausfallvergütung" nach § 21 Abs. 1 Nr. 2 EEG 2017 spätestens am fünftletzten Werktag des Vormonats beim Netzbetreiber einge-

Anlage 1 BNetzA, Beschluss v. 20.12.2016 (BK6-16-200)

hen, im Fall der Rückzuordnung einer Erzeugungsanlage zur Einspeisevergütung nach § 37 EEG 2014 bzw. § 21 Abs. 1 Nr. 1 EEG 2017 oder § 4 Abs. 1, 3 KWKG 2012 bzw. § 4 Abs. 2 KWKG 2016 spätestens 1 Monat vor dem gewünschten Inkrafttreten der Meldung (zum Monatswechsel). Im Fall der Nutzung eines Online-Formulars müssen die erforderlichen Eingaben in den vorgenannten Fristen abgeschlossen sein.

 f. Der Netzbetreiber hat die Meldung innerhalb von 3 WT an den Meldungsabsender zu bestätigen. Hierzu ist in der an den Netzbetreiber übersandten XLS-Datei die Antwort des Netzbetreibers einzutragen und diese Datei elektronisch an den Meldungsabsender per E-Mail zurückzusenden. Im Fall der Nutzung eines Online-Formulars erfolgt die Bestätigung durch den Netzbetreiber nach Satz 1 mittels einer E-Mail an den Meldungsabsender, die in Inhalt und Struktur dem vorgenannten Formular entspricht."

4. Die Betreiber von Elektrizitätsversorgungsnetzen werden verpflichtet, spätestens bis zum 1.2.2018 flächendeckend alle Marktlokationen im Sinne der Anlage 1 zu dieser Festlegung mittels einer eigenständigen Identifikationsnummer (Marktlokations-ID) zu identifizieren, die folgende Anforderungen erfüllt:

 a. Die Marktlokations-ID darf nicht mit der für die Identifikation von Messlokationen im Sinne der Anlage 1 zu dieser Festlegung verwendeten Identifikationsnummer identisch sein.

 b. Die Generierung und Ausgabe der IDs erfolgt durch eine zentrale bundesweite Stelle (Codevergabestelle). Alle Betreiber von Elektrizitätsversorgungsnetzen bestellen unverzüglich bei der Codevergabestelle die benötigte Anzahl an Codes und weisen sie den in ihrem Netz befindlichen Marktlokationen zu. Die betroffenen Marktbeteiligten sind über die jeweilige Zuweisung unverzüglich zu informieren. Die Codevergabestelle erfasst ausschließlich den Betreiber von Elektrizitätsversorgungsnetzen, der den Code zum Zeitpunkt der Erstausgabe bestellt hat.

 c. Die ID identifiziert die jeweilige Marktlokation nach ihrer erstmaligen Zuordnung dauerhaft. Eine Veränderung ist unzulässig, solange die Marktlokation existiert. Dies gilt auch in Fällen von Konzessionswechseln.

 d. Die Marktlokations-ID muss mit einer Prüfziffer ausgestattet sein, anhand derer überprüft werden kann, ob eine ID korrekt übermittelt worden ist.

5. Die Übermittlung sämtlicher EDIFACT-Nachrichten zur Marktkommunikation nach den in den Anlagen 1-3 zu dieser Festlegung enthaltenen Prozessdokumenten sowie nach der Festlegung BK6-07-002 (MaBiS) ist spätestens ab dem 1.6.2017 mittels Signatur und Verschlüsselung abzusichern. Hierbei sind die nachfolgenden Vorgaben einzuhalten:

 a. Das Verschlüsseln und Signieren von E-Mails ist ausschließlich nach dem S/MIME-Standard gestattet. Die hierfür mindestens einzuhaltenden kryptographischen Sicherheitsanforderungen sind in der Technischen Richtlinie des BSI, TR 03116-4 (Stand: 2016) niedergelegt.

 b. Bis zum 31.12.2019 kann abweichend von den Vorgaben der BSI TR-03116-4 der zertifizierte private Signaturschlüssel gleichzeitig zur Signaturerzeugung sowie zur Entschlüsselung der an diese E-Mail-Adresse gesandten Daten verwenden werden. In diesem Fall muss das zugehörige Zertifikat beide Verwendungszwecke (Verschlüsselung und Signatur) im Feld „KeyUsage" enthalten. Die anderen Marktbeteiligten haben zur Verschlüsselung der an diese E-Mail-Adresse übersandten Nachrichten sowie zur Prüfung der für diese E-Mail-Adresse erstellten Signaturen einheitlich den zu dem privaten Schlüssel gehörigen öffentlichen Schlüssel zu verwenden.

 c. Das Zertifikat muss von einer Zertifizierungsstelle ausgestellt sein, die Zertifikate diskriminierungsfrei für Marktteilnehmer der deutschen Energiewirtschaft anbietet. Es darf kein selbstausgestelltes Zertifikat sein.

 d. Die Adressaten dieser Festlegung sind verpflichtet, die zur Umsetzung der vorgenannten Anforderungen erforderlichen technischen Details zum abgesicherten Austausch zu erarbeiten und der Bundesnetzagentur bis zum 1.2.2017 vorzulegen. Hierfür ist das EDI@E-

NERGY-Dokument „EDI@Energy – Regelungen zum Übertragungsweg (Konzept) – Regelungen zum sicheren Austausch von EDIFACT-Übertragungsdateien" (Anlage 5 zu dieser Festlegung) an die vorgenannten Vorgaben anzupassen. Die Adressaten der vorliegenden Festlegung sind verpflichtet, die Anforderungen des angepassten Dokumentes ihrer elektronischen Kommunikation zugrunde zu legen, nachdem alle Marktbeteiligten im Rahmen einer öffentlichen, durch die Bundesnetzagentur begleiteten Konsultation Gelegenheit hatten, zu dem Entwurf Stellung zu nehmen, und es im Anschluss durch die Bundesnetzagentur veröffentlicht worden ist. Sofern sich die in lit. a) genannte technische Richtlinie TR 03116-4 ändert, ist das vorgenannte EDI@ENERGY-Dokument hieran in erforderlichem Umfang im Rahmen des Änderungsmanagements anzupassen.
6. Die Betreiber von Elektrizitätsversorgungsnetzen werden verpflichtet, spätestens ab dem 1.10.2017 die Bereitstellung erforderlicher Zählpunkte nach § 20 Abs. 1d EnWG zur Ermöglichung des Lieferantenwechsels für innerhalb von Kundenanlagen i. S. d. § 3 Nr. 24a bzw. 24b EnWG angeschlossene Haushaltskunden (§ 3 Nr. 22 EnWG) jeweils innerhalb von 10 Werktagen (Werktagsdefinition gemäß der Festlegung BK6-06-009 – GPKE), gerechnet ab Übermittlung aller für die Zählpunktbereitstellung erforderlichen Daten von Seiten des Betreibers der jeweiligen Kundenanlage, sicherzustellen. Hierzu werden die Betreiber von Elektrizitätsversorgungsnetzen insbesondere verpflichtet, bis spätestens zum 1.6.2017
 a. eine einheitliche Geschäftsprozessbeschreibung zu entwickeln und zu veröffentlichen, die die Erfüllung der Verpflichtungen nach Satz 1 dieser Tenorziffer gewährleistet sowie
 b. ein einheitliches Excel-Formular (XLS) zu entwickeln und zu veröffentlichen, mit dem der jeweilige Betreiber einer Kundenanlage dem betreffenden Betreiber eines Elektrizitätsversorgungsnetzes alle zur Erfüllung der Verpflichtungen nach Satz 1 dieser Tenorziffer erforderlichen Daten vollständig übermitteln kann und mit dem der Betreiber des Elektrizitätsversorgungsnetzes dem Betreiber der Kundenanlage die von diesem benötigten Stammdaten zurücksenden kann.
7. Ein Widerruf bleibt vorbehalten.
8. Eine Kostenentscheidung bleibt vorbehalten.

Gründe

A.

I. Am 2. September 2016 ist das Gesetz zur Digitalisierung der Energiewende (BGBl. I, S. 2034) (nachfolgend: GDEW) in Kraft getreten. Es führt in Artikel 1 das Messstellenbetriebsgesetz (MsbG) ein, das umfangreiche Vorgaben zum Einsatz von Messtechnik im deutschen Energiemarkt und zur Kommunikation der Messwerte zwischen den Marktakteuren trifft. Das MsbG ersetzt zugleich die §§ 21b-21i Energiewirtschaftsgesetz (EnWG) und die Messzugangsverordnung (MessZV). Das GDEW ordnet, beginnend ab dem Jahr 2017, die Ausstattung von Messstellen von dort näher eingegrenzten Kundengruppen mit so genannten modernen Messeinrichtungen (mME) sowie intelligenten Messsystemen (iMS) an. Es sieht weiterhin umfangreiche Vorgaben zur Erhebung, Kommunikation und Verwendung von Messwerten vor und beabsichtigt, durch technische Datenschutz- und Datensicherheitskonzepte den über die intelligenten Messsysteme abgewickelten Datenverkehr robust gegen unerwünschte Einflüsse zu schützen. Gleichzeitig entfällt nach dem MsbG die bislang existierende Marktrolle des Messdienstleisters. Stattdessen wird die Rolle des Messstellenbetreibers neu definiert. Das GDEW sieht keine Übergangsfristen oder Einführungsszenarien vor. Kernbestandteil des MsbG ist eine künftig dezentrale Datenverteilung. Dies bedeutet, das die Messwerte aus den jeweils beim Verbraucher bzw. Erzeuger installierten Messgeräten unmittelbar an die verschiedenen empfangsberechtigten Akteure (Verteilnetzbetreiber, Übertragungsnetzbetreiber, Lieferant, Letztverbraucher etc.) übermittelt werden sollen (nachfolgend: sternförmige Verteilung). Dieses Konzept unterscheidet sich grundlegend von der heute am Markt etablierten Art der

Anlage 1 BNetzA, Beschluss v. 20.12.2016 (BK6-16-200)

Datenverteilung, bei der der Verteilnetzbetreiber im Regelfall die Messwerte aus den jeweiligen Messgeräten abliest oder abruft, aufbereitet und einzelzählpunktbezogen an den Lieferanten sowie bilanzkreisbezogen aggregiert an den Übertragungsnetzbetreiber (ÜNB) übermittelt. Da nach dem Ausstattungsplan des MsbG der Einsatz der neuen Messtechnik bereits mit dem Jahr 2017 beginnen soll, eine Umstellung der heute im Einsatz befindlichen Marktprozesse auf die sternförmige Verteilung aber nach Einschätzung der Bundesnetzagentur eine Umstellungszeit von mindestens drei Jahren erfordert, hat der Gesetzgeber in § 60 Abs. 2 Satz 2 MsbG vorgesehen, dass per Festlegung der Bundesnetzagentur bestimmt werden kann, dass im Strombereich bis längstens 31.12.2019 (im Gas auch dauerhaft) vom Grundsatz der sternförmigen Verteilung abgewichen werden kann, was im Ergebnis für die Übergangszeit die grundsätzliche Beibehaltung der heute eingesetzten Datenverteilungsstrukturen im Energiemarkt ermöglicht. Die bis zum 31.12.2019 zu nutzende Lösung wird nachfolgend mit dem Begriff „Interimsmodell" bezeichnet, während die danach zu entwickelnde Lösung, die der sternförmigen Verteilung Rechnung trägt, als „Zielmodell" benannt ist.

II.

1. Mit dem Kabinettsbeschluss vom 4. November 2015 bezüglich des GDEW hat die Bundesnetzagentur ihre Arbeiten im Hinblick auf die Umsetzung des Gesetzes aufgenommen. In der Auftaktveranstaltung im Dezember 2015 hat sie aufgrund der bestehenden Dringlichkeit die Verbände BDEW und VKU gebeten, einen verbändeübergreifend erarbeiteten und soweit wie möglich abgestimmten Vorschlag zu Anpassung aller betroffenen Marktkommunikationsfestlegungen an das Interimsmodell zu erstellen und der Bundesnetzagentur als Grundlage für ein Festlegungsverfahren zukommen zu lassen. BDEW und VKU haben daraufhin gemeinsam Prozess- und Lösungsvorschläge erarbeitet und die Zwischenstände sowie Arbeitsergebnisse in drei Forumsveranstaltungen mit weiteren beteiligten Verbänden (AFM+E, BEMD, Bitkom, bne, EDNA, GEODE), der Bundesnetzagentur und dem BSI erörtert.
2. Mit Datum vom 2.9.2016 ist das Gesetz zur Digitalisierung der Energiewende schließlich in Kraft getreten. Die Beschlusskammern 6 und 7 haben vor diesem Hintergrund am 12.9.2016 von Amts wegen ein Festlegungsverfahren zu den erforderlichen prozessualen Anpassungen der Marktprozessfestlegungen eröffnet. Die Beschlusskammern haben zugleich die Konsultationsdokumente im Zeitraum vom 12.9.2016 bis zum 12.10.2016 zur öffentlichen Konsultation auf der Internetseite der Bundesnetzagentur veröffentlicht und dies im Amtsblatt Nr. 18 vom 28.9.2016, Mitteilung Nr. 1267 (S. 3684) bekanntgemacht.

Im Rahmen der Konsultation haben folgende Verbände, Interessengruppen und Unternehmen durch Übersendung von Stellungnahmen reagiert: Gemeindewerke Oberhaching GmbH, regiocom GmbH, NEW Niederrhein Energie und Wasser GmbH, SWM Infrastruktur GmbH & Co. KG, Thüga Aktiengesellschaft, Stromnetz Hamburg GmbH, Vattenfall Europe Sales GmbH, Stromnetz Berlin GmbH, ubitricity – Gesellschaft für verteilte Energiesysteme mbH, eins energie in sachsen GmbH & Co. KG, COUNT+CARE GmbH & Co. KG, Discovergy GmbH, MVV Energie AG, Stadtwerke Leipzig GmbH, Avacon AG, Bayernwerk AG, E.DIS AG, Schleswig-Holstein Netz AG, inetz GmbH, Energieversorgung Mittelrhein AG, TENNET TSO GMBH, Verband für Wärmelieferung e. V., Bundesverband Kraft-Wärme-Kopplung e. V., BHKW-Forum e. V., EnergieNetz Mitte GmbH, TEN Thüringer Energienetze GmbH & Co. KG, Energienetze Mittelrhein GmbH & Co. KG, innogy SE, 50Hertz Transmission GmbH, Amprion GmbH, TransnetBW GmbH, DVGW – Deutscher Verein des Gas- und Wasserfaches e. V., Westfalen Weser Netz GmbH, bne – Bundesverband Neue Energiewirtschaft e. V., BDEW – Bundesverband der Energie- und Wasserwirtschaft e.V., Verband Kommunaler Unternehmen e.V., EnBW Energie Baden-Württemberg AG, en-

ercity Netzgesellschaft mbH, FNN – Forum Netztechnik/Netzbetrieb im VDE, GEODE, E WIE EINFACH GmbH, Energy2market GmbH, Die Bundesbeauftragte für den Datenschutz und die Informationsfreiheit, EWE NETZ GmbH, Next Level Integration GmbH, NATURSTROM AG, EHA Energie-Handels-Gesellschaft mbH & Co. KG.
3. Die Bundesnetzagentur hat dem Bundeskartellamt und den Landesregulierungsbehörden gemäß § 58 Abs. 1 Satz 2 EnWG und dem Länderausschuss gemäß § 60a Abs. 2 S. 1 EnWG durch Übersendung des Entscheidungsentwurfs Gelegenheit zur Stellungnahme gegeben. Mit dem Bundesamt für Sicherheit in der Informationstechnik hat sich die Behörde gemäß § 75 Nr. 1 MsbG bezüglich der Vorgaben zur Absicherung der Marktkommunikation ins Benehmen gesetzt. Wegen der weiteren Einzelheiten wird auf den Inhalt der Verwaltungsakten Bezug genommen.

B.

I. Zuständigkeit

Die Zuständigkeit der Bundesnetzagentur für die nachfolgende Festlegung ergibt sich aus § 54 Abs. 1 Hs. 1, Abs. 3 Energiewirtschaftsgesetz (EnWG) sowie aus den §§ 47, 75 Messstellenbetriebsgesetz (MsbG). Die Zuständigkeit der Beschlusskammer ergibt sich aus § 59 Abs. 1 Satz 1 EnWG.

II. Rechtsgrundlage

Diese Festlegung beruht auf Vorschriften des EnWG, des MsbG, des Erneuerbare-Energien-Gesetzes (EEG) sowie der Stromnetzzugangsverordnung (StromNZV).

1. Die Anpassung der „Festlegung einheitlicher Geschäftsprozesse und Datenformate zur Abwicklung der Belieferung von Kunden mit Elektrizität" (Az. BK6-06-009 – GPKE) nach den Tenorziffern 1 und 4 beruht auf § 29 Abs. 1, 2 EnWG sowie § 27 Abs. 1 Nr. 9, 17, 18, 19, 22 StromNZV.
2. Die Anpassung der „Festlegung zur Standardisierung von Verträgen und Geschäftsprozessen im Bereich des Messwesens" (Az. BK6-09-034 – WiM) nach den Tenorziffern 2 und 4 beruht auf § 29 Abs. 1, 2 EnWG, § 47 Abs. 2 Nr. 5, 7 und § 75 Nr. 3, 5, 6, 7, 8, 10 MsbG.
3. Die Anpassung der Festlegung „Marktprozesse für Einspeisestellen (Strom)" (Az. BK6- 12-153 – MPES) nach den Tenorziffern 3 und 4 beruht auf § 29 Abs. 1, 2 EnWG, § 85 Abs. 3 Nr. 3 EEG bzw. § 85 Abs. 2 Nr. 3 EEG 2017 sowie auf § 27 Abs. 1 Nr. 19, 20 StromNZV.
4. Soweit die vorgenannten Anpassungen im Rahmen des Interimsmodells vom Grundsatz der Datenaufbereitung und -weiterleitung unmittelbar aus dem Smart-Meter-Gateway Abstand nehmen, so beruht dies auf § 75 Nr. 4 i.V.m. § 60 Abs. 2 Satz 2 MsbG.
5. Die Vorgaben zur Verschlüsselung der Marktkommunikation nach Tenorziffer 5 beruhen auf § 75 Abs. 1 i.V.m. § 52 Abs. 1 MsbG.
6. Die nach Tenorziffer 6 ausgesprochenen Verpflichtungen beruhen auf § 29 Abs. 1 EnWG und § 27 Abs. 1 Nr. 9, 17, 18, 19 StromNZV.
7. Der Widerrufsvorbehalt in Ziffer 7 des Tenors beruht auf § 36 Abs. 2 Nr. 3 des Verwaltungsverfahrensgesetzes des Bundes (VwVfG).

III. Formelle Anforderungen

1. Adressaten der Festlegung

Das Verfahren richtet sich an alle Marktbeteiligten, die nach näherer Maßgabe der Anlagen zu dieser Festlegung an der Abwicklung der darin enthaltenen Prozesse beteiligt sind.

Anlage 1 BNetzA, Beschluss v. 20.12.2016 (BK6-16-200)

2. Möglichkeit zur Stellungnahme und Anhörung

Die erforderliche Anhörung gem. § 67 EnWG wurde durchgeführt. Die Beschlusskammer hat mittels Internetveröffentlichung die Dokumentenentwürfe für die Dauer eines Monats zur öffentlichen Konsultation gestellt. Die Eröffnung des Festlegungsverfahrens wurde außerdem im Amtsblatt der Behörde veröffentlicht, sodass die erforderliche Anhörung durchgeführt wurde. Zahlreiche Unternehmen und Verbände haben zu den veröffentlichten Dokumenten Stellung genommen.

3. Formgerechte Zustellung

Eine formgerechte Zustellung an die Adressaten der Festlegung erfolgt gemäß § 73 EnWG. Die Einzelzustellung an die Adressaten wird durch eine öffentliche Bekanntmachung gemäß § 73 Abs. 1a EnWG ersetzt. Bei der vorliegenden Entscheidung handelt es sich um eine Festlegung gemäß § 29 Abs. 1 EnWG und damit um einen in Form der öffentlichen Bekanntmachung zustellbaren Verwaltungsakt. Die Festlegung ergeht gegenüber allen Stromnetzbetreibern sowie gegenüber weiteren in den jeweiligen Vorschriften genannten Verpflichteten und damit gegenüber dem von § 73 Abs. 1a Satz 1 EnWG zugelassenen Adressatenkreis. Die Entscheidung wird im Amtsblatt einschließlich Rechtsbehelfsbelehrung sowie Hinweis auf die Internetveröffentlichung und die Wirkweise der Zustellungsfiktion veröffentlicht. An dem Tag zwei Wochen nach Veröffentlichung des Amtsblattes gilt die vorliegende Entscheidung daher gegenüber den vorgenannten Adressaten als zugestellt.

4. Beteiligung zuständiger Behörden

Die zuständigen Behörden und der Länderausschuss wurden ordnungsgemäß förmlich beteiligt. In seiner Sitzung vom 17.11.2016 wurde der Länderausschuss frühzeitig über die geplante Festlegung mündlich informiert. Die förmliche Beteiligung gemäß § 60a Abs. 2 EnWG erfolgte durch Übersendung des Beschlussentwurfs am 12.12.2016. Dem Bundeskartellamt und den Landesregulierungsbehörden wurde gemäß § 58 Abs. 1 Satz 2 EnWG ebenfalls am 12.12.2016 Gelegenheit zur Stellungnahme gegeben. Hinsichtlich der Vorgaben in Tenorziffer 5 zur Absicherung der Marktkommunikation wurde dem Bundesamt für Sicherheit in der Informationstechnik (BSI) zur Herstellung des Benehmens zu den beabsichtigten Vorgaben Gelegenheit zur Stellungnahme gegeben.

IV. Aufgreifermessen

Der Erlass der vorliegenden Festlegung war erforderlich und geboten.

Das Inkrafttreten des MsbG führt eine erhebliche Änderung des Rechtsrahmens für den Bereich des Messstellenbetriebs und der Netzzugangsabwicklung herbei. Es wurden neue Rechte und Pflichten der verschiedenen Marktbeteiligten begründet, zudem wurden die Aufgabenbereiche

der Marktbeteiligten neu definiert bzw. – wie im Fall des Messdienstleisters – mit den Aufgabenbereichen anderer Marktbeteiligter verschmolzen. Die bisherigen Festlegungen der Prozesse zum Lieferantenwechsel sowie zum Messwesen bilden diese Rechtslage nicht ab. Sie bedurften daher einer zeitnahen Anpassung an das geltende Recht.

Bei der nach Tenorziffer 3 anzupassenden Festlegung „Marktprozesse für Einspeisestellen (Strom)" (Az. BK6-12-153 – MPES) war – zusätzlich zu den Änderungen durch das GDEW – auch die Neufassung des EEG mit Geltung ab dem 1.1.2017 sowie des überarbeiteten KWKG zu beachten, was ebenfalls zu notwendigen Detailänderungen führte.

V. Ausgestaltung der Vorgaben im Detail

Nachfolgend werden die Inhalte der Festlegung im Detail erläutert und begründet. Dabei wird schwerpunktmäßig auf diejenigen Punkte eingegangen, die sich im Vergleich zur Altfestlegung geändert haben. Soweit sich in den nach den Tenorziffern 1-3 zu ersetzenden Anlagen materielle Vorgaben im Vergleich zur derzeit noch geltenden Vorversion nicht geändert haben, wird auf die entsprechenden Begründungen zu den Vorfassungen verwiesen.

1. Allgemeine festlegungsübergreifende Änderungen

1.1. Allgemeines

Das erste Ziel der Festlegung besteht darin, die bis jetzt aktuellen Marktkommunikationsprozesse in Einklang mit dem neuen Rechtsrahmen des MsbG zu bringen. Mit Inkrafttreten der Neuregelung am 2. September 2016 hat der Gesetzgeber an vielen Stellen die Rechte und Pflichten der Marktbeteiligten im Bereich des Messstellenbetriebs kurzfristig neu definiert. Diese Neuregelungen berühren inhaltlich auch die Geschäftsprozesse zum Lieferantenwechsel und zu den Einspeiserprozessen, und dabei insbesondere den Prozess Messwertübermittlung. Da das MsbG grundsätzlich unmittelbar mit Inkrafttreten für die Marktbeteiligten verbindlich wurde und nur für einzelne Teilbereiche Übergangsfristen enthält, war es aus Sicht der Beschlusskammer erforderlich, zeitnah alle durch das MsbG berührten Prozessbeschreibungen an die Neuerungen anzupassen. Prämissen für die Erarbeitung der einzelnen Prozessschritte in dieser kurzfristigen Anpassung (sog. Interimsmodell) waren eine weitgehende Beibehaltung bestehender, am Markt etablierter Marktprozesse und die Vermeidung von Prozessen, die ausschließlich für das Interimsmodell Anwendung finden. In dem so gesteckten Rahmen erarbeiteten die Verbände BDEW und VKU Prozessvorschläge, deren Umsetzbarkeit in der kurzen, hierfür zur Verfügung stehenden Zeit aus ihrer Sicht realistisch erschien. Die Diskussion dieser Entwürfe in den Marktkommunikationsforen zeigte, dass die Prozessvorschläge aus Sicht der Marktbeteiligten grundsätzlich eine geeignete Basis für eine Umsetzung der Vorgaben des MsbG im Interimsmodell darstellen. Die Beschlusskammer hat sich daher bei der Erarbeitung der vorliegenden Entscheidung weitgehend an dem Vorschlag der Verbände orientiert, um kurzfristig ein markttaugliches Prozessmodell bereitstellen zu können.

Darüber hinaus dient die vorliegende Entscheidung aber auch noch der Vorbereitung eines weitergehenden Systemwechsels im Bereich des Messwesens (sog. „Zielmodell"). Das MsbG bildet den Rahmen für eine weitreichende Digitalisierung des Messwesens. Es verpflichtet die Marktbeteiligten zukünftig zum Rollout digitaler Messtechnologien und sieht ein neues, netzwerkbasiertes System zur Übertragung von Messwerten vor (sog. sternförmige Datenkommunikation über Smart Meter Gateways). Mit der vorliegenden Festlegung werden erste grundlegende Vorbereitungsmaßnahmen vollzogen (z.B. im Bereich der Codevergabe sowie mit der Einführung der Begriffssystematik Markt-/Messlokation), um mittelfristig eine möglichst effiziente Einführung des Zielmodells zu ermöglichen.

Um zeitnah Rechtsklarheit und Rechtssicherheit für die Betroffenen zu schaffen, hat sich die Beschlusskammer bei der Entscheidungsfindung für die nun vorliegende Festlegung auf zentrale Kernpunkte der gesetzlichen Neuregelung fokussiert. Im Rahmen der Konsultation haben verschiedene Marktbeteiligte auf aus ihrer Sicht bestehendes Verbesserungspotential an einzelnen Prozessschritten und Detailregelungen hingewiesen, die über den Bereich der MsbG-Novelle hinausgehen und auf eine allgemeine Prozessoptimierung abzielen. Aufgrund des engen Zeithorizonts für das vorliegende Verfahren hat die Beschlusskammer sich jedoch dazu entschieden, sich lediglich auf die mit Blick auf den neuen Gesetzesrahmen unbedingt erforderlichen Änderungen zu konzentrieren. Dies reduziert zugleich den Aufwand der Marktbeteiligten bei der Umsetzung der neuen Vorgaben, für die angesichts des gesetzlichen Zeitplans

Anlage 1 BNetzA, Beschluss v. 20.12.2016 (BK6-16-200)

keine umfangreichen Fristen zur Verfügung stehen. Die Beschlusskammer weist jedoch darauf hin, dass sie die von ihr festgelegten Prozesse bei der Entwicklung des Zielmodells nochmals einer umfassenden Prüfung unterziehen wird. Dies schafft auch einen angemessenen Rahmen für die Auseinandersetzung mit den von den Konsultationsteilnehmern verfolgten weitergehenden Anliegen.

Eine weitere zentrale Zielsetzung bestand für die Beschlusskammer bei der Erarbeitung der vorliegenden Änderungsfestlegung darin, wie schon in den vorangegangenen Festlegungen ein höchstmögliches Maß an Prozesshomogenität zum Gassektor zu erreichen. Sie trägt damit den Anliegen der zahlreichen Mehrspartenunternehmen unter den Marktbeteiligten nach einer möglichst kostenschonenden und effizienten Prozessgestaltung Rechnung. So wurden z. B. nicht nur die Prozesse zur Geschäftsdatenanfrage und zur Stammdatenänderung identisch neu eingeführt, sondern auch die Begrifflichkeiten zur Markt- und Messlokation. Auch das Rechtsregime zur Durchführung rückwirkender An- und Abmeldungen wurde abgeglichen. Die Beschlusskammer weist jedoch darauf hin, dass eine vollständige Identität der Prozesse in GPKE und GeLi Gas – wie von einigen Marktteilnehmern gewünscht – aufgrund des deutlich unterschiedlichen Rechtsrahmens nicht hergestellt werden kann. Während die für den Lieferantenwechsel grundlegenden Vorschriften in § 14 StromNZV und § 41 GasNZV noch fast deckungsgleich ausgestaltet sind, differenziert das MsbG für den Bereich des Messstellenbetriebs weitreichend zwischen dem Strom- und dem Gassektor. Dies betrifft alle Bereiche von den Anforderungen an die messtechnische Ausstattung der jeweiligen Messstelle bis hin zu den Übertragungswegen für die erhobenen Messwerte. Dieses grundsätzliche Auseinanderfallen bildet eine (bislang in dieser Reichweite nicht dagewesene) Grenze für die Prozesshomogenität der Prozesse, die auch die Beschlusskammer bei der Ausgestaltung der Prozesse einhalten muss.

1.2. Einführung der Begriffssystematik Markt-/ Messlokation

In den hier einzuführenden neuen Prozessregelwerken werden erstmals die neuen Begrifflichkeiten „Marktlokation" und „Messlokation" verwendet. Sie knüpfen unmittelbar an das von BDEW entwickelte und veröffentlichte „Rollenmodell für die Marktkommunikation im deutschen Energiemarkt, Version 1.1" an. Damit wird dem Anliegen der Marktakteure nach einer Vereinheitlichung von Begriffen als Grundlage für die Marktkommunikation im Strom- und Gassektor Rechnung getragen. Die in dem einschlägigen gesetzlichen und untergesetzlichen Regelwerk des Strom- und Gassektors verwendeten unterschiedlichen Begriffsbestimmungen erschweren die Prozessabbildung. Durch das MsbG wurden mit dem Zählpunkt in § 2 Nr. 28 MsbG und der Messstelle in § 2 Nr. 11 MsbG weitere Definitionen eingeführt. Vor diesem Hintergrund haben die Marktakteure in ihren Stellungnahmen und im Rahmen der Marktkommunikationsforen das Erfordernis neuer Begrifflichkeiten für die Ermöglichung einer präzisen und widerspruchsfreien Beschreibung von Marktprozessen dargelegt. Angesichts der besonderen Herausforderungen, neu einzusetzende Messtechnik, insbesondere intelligente Messsysteme, innerhalb kurzer Zeit in die wesentlichen Grundfunktionalitäten in die elektronische Marktkommunikation einzubinden, hat die einheitliche Bezeichnung zur Reduzierung der Komplexität und als Grundlage für die IT-Umsetzung für die Marktakteure einen besonderen Stellenwert.

Diesem Interesse wird durch die für den Strom- und Gassektor einheitlichen Bezeichnungen „Marktlokation" und „Messlokation" Rechnung getragen. Die Bezeichnung Marktlokation ersetzt den bislang in der GPKE verwendeten Begriff der Entnahmestelle. Marktlokation ist jener Punkt, an dem Energie erzeugt und verbraucht wird und der Gegenstand von Lieferantenwechsel- bzw. Bilanzierungsprozessen ist. Die Marktlokation ist mit mindestens einer Leitung mit einem Netz verbunden. Das Verständnis der Marktlokation im Sinne der vorliegenden Festlegung ist ein kaufmännisch-bilanzielles.

BNetzA, Beschluss v. 20.12.2016 (BK6-16-200) **Anlage 1**

Die an einer Marktlokation entnommene Energie wird mittels einer oder mehrerer Messeinrichtungen ermittelt, die ihrerseits unter dem Begriff der Messlokation geführt werden. Eine Messlokation ist eine Lokation, an der Energie gemessen wird und die alle technischen Einrichtungen beinhaltet, die zur Ermittlung und ggf. Übermittlung der Messwerte erforderlich sind. In einer Messlokation wird jede relevante physikalische Größe zu einem Zeitpunkt maximal einmal ermittelt.

Sowohl die Markt- als auch die Messlokation werden durch eine eindeutige ID identifiziert. Dazu ist, um eine eindeutige Zuordnung einer ID zu einer Markt- oder Messlokation zu gewährleisten und um Verwechslungen zu vermeiden, eine neue ID für Marktlokationen einzuführen (siehe nachfolgend 1.3.).

Die Prozessbeschreibungen führen darüber hinaus den neuen Begriff des „Lokationsbündels" ein. Unter ihm sind exemplarische Kombinationen beschrieben, in welchem Verhältnis gegenseitige Abhängigkeiten einer oder mehrerer Markt- bzw. Messlokationen in der Praxis vorkommen können. Nicht gefolgt wurde hierbei dem Vorschlag von BDEW und VKU, der in dieser Form zunächst auch konsultiert worden war, mit der Zusammenfassung voneinander abhängiger Markt- bzw. Messlokationen zugleich auch die Verpflichtung zu verbinden, dass alle zu einer Marktlokation gehörenden Messlokationen durch den identischen Messstellenbetreiber betrieben werden müssen. Zum Ausspruch einer solchen Verpflichtung für den Gültigkeitszeitraum des Interimsmodells sah sich die Kammer einerseits deshalb nicht veranlasst, weil der aktuelle Gesetzesrahmen ausdrücklich Konstellationen zulässt, in denen die vorbeschriebene Zuständigkeitsidentität gerade nicht vorausgesetzt wird (vgl. nur § 14 KWKG). Zudem besteht im Interimsmodell die Notwendigkeit einer solchen Verpflichtung auch deshalb noch nicht zwingend, weil hierbei der Netzbetreiber zunächst weiterhin die Messwertaufbereitung und damit auch die gegebenenfalls erforderliche Verrechnung der Werte mehrerer Messlokationen zu virtuellen Zählpunkten als Grundlage einer Marktlokation vornimmt.

1.3. Einführung einer neuen Codierungssystematik (Tenorziffer 4)

Im Zuge der Einführung von Markt- und Messlokationen und der prozessual getrennten Behandlung der beiden Objektarten war weiterhin die Frage zu beantworten, wie mit der Situation eines Auseinanderfallens einer 1:1-Beziehung zwischen Markt- und Messlokation in Bezug auf die zu verwendenden Identifikationsnummern umzugehen ist. Da bislang für eine direkt gemessene Marktlokation die gleiche Identifikationsnummer sowohl für die Messlokation als auch für die Marktlokation vergeben wurde, ist eine Regel im Markt erforderlich für den Fall, dass ein zwischen einer Marktlokation und einer Messlokation bestehende 1:1-Beziehung aufgehoben wird. Diese Regel muss eine eindeutige Identifikation der Mess- und Marktlokation vor und nach dieser Veränderung sicherstellen und jeder beteiligten Rolle einen standardisierten, automatisierten und reibungslosen Umbau in IT-Systemen ermöglichen.

Die Beschlusskammer hat sich dafür entschieden, die jederzeitige Eindeutigkeit dadurch sicherzustellen, dass jeder Netzbetreiber verpflichtet wird, in einem Übergangszeitraum bis längstens zum 1.2.2018 flächendeckend alle Marktlokationen mit einer eigenständigen, neu einzuführenden, ID-Nummernsystematik auszustatten.

Damit wurde abgewichen von dem zunächst von den Verbänden BDEW und VKU entwickelten und in dieser Form konsultierten Vorschlag, wonach bei einer Veränderung des Verhältnisses zwischen Markt- und Messlokation, die in Konsequenz die notwendige Veränderung einer ID nach sich zieht, der Messlokation eine neue Identifikationsnummer zugewiesen werden sollte während die Identifikationsnummer der Marktlokation unverändert bestehen bleiben sollte.

Der Vorschlag wurde in der Konsultation ausdrücklich vom Forum Netztechnik / Netzbetrieb (FNN) im VDE unter Verweis auf entgegenstehende Regelungen im geltenden MeteringCode

Anlage 1 BNetzA, Beschluss v. 20.12.2016 (BK6-16-200)

abgelehnt. Auch mehrere andere Konsultationsteilnehmer teilten diese Bedenken. Sie schlugen stattdessen vor, in solchen Fällen vielmehr die ID der Marktlokation zu verändern und rieten ferner dazu, dies einerseits mittels einer neuen ID-Nummernsystematik umzusetzen und zudem nach Möglichkeit die Verteilung neuer ID-Nummern nicht nur anlassbezogen durchzuführen, sondern flächendeckend und deutlich vor Einführung des Zielmodells.

Dem schließt sich die Beschlusskammer an. Sie hält es für eine deutlich effizienter umsetzbare Vorgehensweise, die Vergabe der neuen ID-Nummern für Marktlokationen flächendeckend durchzuführen, da sich hierdurch planbare und zeitlich endliche Migrationspfade ergeben. Gelegentlich vorgetragenen Einwänden, eine stichtagsbezogene Umstellung gleichzeitig mit Einführung des Interimsmodells zum 1.10.2017 sei aus Kapazitätsgründen schwer zu bewerkstelligen, ist die Kammer dadurch begegnet, dass für die Verteilung der neuen ID-Nummern lediglich ein Zieldatum vorgegeben wurde, bis zu dem die Umstellung spätestens abgeschlossen sein muss. Ein Zeitraum von rund 13 Monaten ab Veröffentlichung dieser Festlegung erscheint hierfür angemessen, zumal wesentliche inhaltliche Vorgaben bereits mit dieser Festlegung getroffen werden. Für die Ausgabe von für den Stromnetzzugang relevanten Codes existieren zudem schon etablierte Strukturen (z. B. bei den Verbänden BDEW oder DVGW), auf die auch für die Einführung der Codierungssystematik für Marktlokationen zeitnah zurückgegriffen werden kann.

Im Detail:

Die Vorgabe, dass die Marktlokations-ID sich von den heute verwendeten Identifikatoren für Messlokationen (Zählpunktbezeichnungen nach MeteringCode) zu unterscheiden haben, soll einerseits die Möglichkeit eröffnen, eine völlig neue Nummerierungssystematik einzuführen, die einige Nachteile der Zählpunktbezeichnung nicht übernimmt und die außerdem durch Länge und Aufbau auch unmittelbar erkennen lässt, dass es sich nicht um eine ID für eine Messlokation handelt. Die vorgeschriebene Prüfziffer soll künftig Falschübermittlungen schneller erkennbar machen und damit Identifikationsprobleme tendenziell vermeiden helfen.

Die Kammer hält es darüber hinaus für angezeigt, die Verwaltung der Nummerierungssystematik sowie die Ausgabe von Nummernblöcken einer zentralen Stelle zu überantworten. So kann auf einfachstem Wege die bundesweite Eineindeutigkeit der vergebenen ID-Nummern über Netzbetreiber, Bilanzierungs- und Konzessionsgebiete hinweg sichergestellt werden. Es besteht hier ausdrücklich keine Übereinstimmung mit vereinzelt vorgebrachten Einwänden, wonach grundsätzlich jeder Netzbetreiber selbst die ID-Nummern ebenso gut selbst erzeugen könne. In diesem Fall müsste jeder Netzbetreiber zur Wahrung der Eindeutigkeit wiederum der ID-Nummer mindestens ein netzbetreiberspezifisches Präfix voranstellen. Selbst in diesem Fall wäre aber die Kammer von der Wahrung der Unveränderlichkeit und Eindeutigkeit nicht überzeugt. Denn es entspricht langjähriger Erfahrung, dass Netzbetreiber – trotz ausdrücklicher entgegenstehender Vorgaben im MeteringCode – wiederholt Zählpunktbezeichnungen namentlich im Zuge von Konzessionsgebietswechseln abändern.

Der eigenständigen Arbeitsweise der Netzbetreiber ist hierbei in ausreichender Weise dadurch Rechnung getragen, dass die Nummernblöcke von der Codevergabestelle zwar erzeugt und ausgegeben werden, die Verteilung im Netzgebiet sowie die Verknüpfung von ID-Nummer zur individuellen Marktlokation durch den Netzbetreiber selbst erfolgt.

1.4. Absicherung der Marktkommunikation durch Signatur und Verschlüsselung (Tenorziffer 5)

Die Regelungen in Tenorziffer 5 ordnen für die gesamte elektronische Marktkommunikation im deutschen Strommarkt nach den Festlegungen GPKE, MPES, WiM und MaBiS konkrete Vorgaben zur Absicherung derselben mittels Verschlüsselung und Signatur an.

BNetzA, Beschluss v. 20.12.2016 (BK6-16-200) **Anlage 1**

Die Vorgaben resultieren aus der gesetzlichen Vorgabe des § 52 Abs. 1 MsbG, wonach alle für den Umgang mit personenbezogenen Daten berechtigten Stellen eine verschlüsselte elektronische Kommunikation von personenbezogenen Daten, von Mess-, Netzzustands- und Stammdaten in einem einheitlichen Format zu ermöglichen haben. Dies umsetzend schreibt die Festlegung vor, dass im Hinblick auf Authentizität und Vertraulichkeit ein Mindeststandard einzuhalten ist, der über die dortigen technischen Vorgaben sichergestellt und im Sinne der notwendigen Interoperabilität vereinheitlicht wird. Die Vorgabe wird für erforderlich gehalten, weil nach der Beobachtung der Behörde bislang allenfalls ein Teil der in die elektronische Marktkommunikation im Strommarkt eingebundenen Akteure überhaupt eine Absicherung der Kommunikation vornimmt und die hier enthaltene Regelung eine flächendeckende und technisch einheitliche Absicherung der Marktkommunikation gewährleisten soll. Inhaltlich hat sich die Kammer auf Vorschlag des Bundesamtes für Sicherheit in der Informationstechnik an den bereits bestehenden und gängigen Vorgaben der Technischen Richtlinie TR 03116-4 orientiert. Die weiterhin ausgesprochene Verpflichtung, die Kernvorgaben aus Tenorziffer 5 im Detail im Rahmen eines Dokumentes der Expertengruppe EDI@Energy auszuarbeiten, belässt allen beteiligten Verbänden der Energiewirtschaft den erforderlichen Spielraum, um auf brancheninduviduelle Bedürfnisse für die praktische Umsetzung Rücksicht zu nehmen.

Die für die Umsetzung der Sicherheitsvorgaben eingeräumte Fristigkeit bis zum 1.6.2017 ist zugleich auskömmlich bemessen. Dem Markt sind deutliche Hinweise der Bundesnetzagentur und des BSI, wonach die heute vielfach noch praktizierte unverschlüsselte E-Mail-Kommunikation jedenfalls mit dem Messstellenbetriebsgesetz in keiner Weise mehr konform ist, seit mindestens sechs Monaten bekannt. Demzufolge hat die Expertengruppe EDI@ENERGY auch bereits in der Konsultation der Datenformate zum 1.8.2016 das hier nun in Bezug genommene Konzeptpapier erstmals veröffentlicht.

1.5. Verzicht auf Vorgabe konkreter Nachrichtentypen

In Abweichung von den bislang geltenden Festlegungen GPKE und WiM verzichtet die Beschlusskammer nunmehr darauf, in den Prozessdokumenten konkrete Vorgaben für die in den einzelnen Prozessschritten zu nutzenden Nachrichtentypen zu machen. Sie sieht in die in den Prozessdokumenten enthaltene generelle Verpflichtung der Netzbetreiber, für den elektronischen Nachrichtenaustausch die erforderlichen EDIFACT-Nachrichtentypen in geeigneter Form und nach Maßgabe der in dieser Anlage befindlichen Prozessbeschreibungen zu entwickeln und zu verwenden, als ausreichend an, die Übermittlung der prozessspezifischen Inhalte mittels geeigneter Nachrichtentypen sicherzustellen. Bereits in der Vergangenheit hat sich zudem gezeigt, dass die zunehmende Komplexität der inhaltlichen Anforderungen eine Anzahl von neuen EDIFACT-Nachrichtentypen erforderlich machte, die anlassbezogen von der projektführenden Organisation Edi@Energy entwickelt und nachfolgend zusätzlich zu den ursprünglich festgelegten Nachrichtentypen in die Marktkommunikation eingeführt wurden. Die jeweiligen Dokumente (Anwendungshandbücher (AHB), Implementations Guide (MIG)) der Nachrichtentypenbeschreibungen beschreiben detailliert den inhaltlichen Verwendungszweck der jeweiligen Nachrichtentypausprägung, so dass diese damit für die Marktbeteiligten prozessbezogen anwendbar sind. Insofern hält die Beschlusskammer eine direkte Zuordnung der Nachrichtentypbezeichnungen in den einzelnen Prozessen für entbehrlich.

1.6. Aufnahme der Regelung zur Fristenberechnung

In die Festlegungen GPKE und WiM hat die Beschlusskammer eine Regelung zur Berechnung von Fristen aufgenommen. In der Vergangenheit war es zwischen Marktbeteiligten wiederholt zu Missverständnissen und Zweifelsfragen gekommen, wenn es um die Frage ging, ob eine An oder Abmeldung, etwa im Rahmen der Prozesse „Lieferbeginn" und „Lieferende" fristge-

Anlage 1 BNetzA, Beschluss v. 20.12.2016 (BK6-16-200)

recht eingegangen war. Umstritten war zum einen, ob der Tag des Meldungseingangs bei der Fristberechnung einzubeziehen ist. Zum anderen stellte sich wiederholt die Frage ob weitere äußere Ereignisse, die zur Fristberechnung heranzuziehen sind – wie z. B. der Beginn eines Belieferungsverhältnisses – innerhalb oder außerhalb des Fristlaufes liegen müssen. Die Beschlusskammern 6 und 7 hatten hierzu eine Auslegungsmitteilung erlassen (vgl. Mitteilung 34 zur Umsetzung der Beschlüsse GPKE und GeLi Gas vom 2.5.2012, online abrufbar unter: https://www.bundesnetzagentur.de/gpke-geli) und ihr Verständnis zur Anwendung der Fristenregelung erläutert. Diese Mitteilung hat die Beschlusskammer nunmehr auf Anregung der Verbände BDEW und VKU in die Festlegung aufgenommen.

1.7. Prozess „Anforderung und Bereitstellung von Messwerten"

1.7.1. Allgemeines

Der nun in den Festlegungen GPKE und WiM wortgleich vorzufindende Prozess schreibt übergangsweise das bislang geltende Messwerterhebungs- und -übermittlungsregime fort, wonach grundsätzlich der Netzbetreiber die Messwerte aus Messlokationen entweder selbst in der Marktrolle des (grundzuständigen) Messstellenbetreibers erhebt oder durch einen sonstigen Messstellenbetreiber angeliefert bekommt, sodann die Aufbereitung (Plausibilisierung, Ersatzwertbildung) derselben vornimmt und schließlich die Messwerte im Rahmen der Prozessfestlegungen GPKE an den jeweiligen Lieferanten bzw. nach MaBiS aggregiert an den ÜNB weiterübermittelt. Zwar gibt § 60 MsbG vor, dass mit Inkrafttreten des Gesetzes der Messstellenbetreiber die Aufgabe der Datenaufbereitung wahrzunehmen hat (Absatz 1) und dass jedenfalls bei Messstellen mit intelligenten Messsystemen die Aufbereitung und Verteilung der Messwerte direkt aus dem Smart-Meter-Gateway erfolgen soll (Absatz 2 Satz 1). Allerdings hat der Gesetzgeber mit Blick auf die dafür erforderlichen Umstellungsarbeiten in Bezug auf die Marktprozesse die Möglichkeit eingeräumt, dass übergangsweise und bis längstens 31. Dezember 2019 die Aufbereitung und Übermittlung der Messwerte nicht vom Smart-Meter-Gateway selbst, sondern von einer der in § 49 Abs. 2 MsbG genannten berechtigten Stellen vorgenommen wird, sofern die Bundesnetzagentur dies mittels Festlegung bestimmt. In diesem Sinn stellt das übergangsweise Fortführen der bisherigen Prozessstrukturen die Festlegung auf den Netzbetreiber als die nach § 49 Abs. 2 Nr. 2 MsbG genannte berechtigte Stelle dar, die im Interimszeitraum (weiterhin) die Aufgabe der Datenaufbereitung und Verteilung vorzunehmen hat. Die aktuelle Festlegung soll somit die bisherige Aufgabenverteilung fortschreiben, bis mit dem Zielmodell ein Gesamtkonzept für die Neustrukturierung der Messung vorliegt. Den Marktbeteiligten ist nicht zugemutet werden, übergangsweise eine umfassende Neuerung umzusetzen, die in dieser Form durch das Zielmodell wieder revidiert werden könnte. Für die getroffene Regelung spricht aus Sicht der Beschlusskammer des Weiteren, dass hiermit keine unzumutbaren Belastungen für einzelne Marktbeteiligte verbunden sind. Die praktischen Auswirkungen dürften nicht sehr hoch sein, da in den meisten Fällen Netzbetreiber und Messstellenbetreiber personenidentisch sein werden. Gemäß § 2 Nr. 4 MsbG ist der Netzbetreiber grundzuständig für den Messstellenbetrieb in seinem Netzgebiet. Praktische Auswirkungen entfaltet die von der Beschlusskammer getroffene Regelung daher nur im Falle eines von einem einzelnen Anschlussnutzer nach § 5 MsbG bzw. von einem einzelnen Anschlussnehmer unter den Voraussetzungen des § 6 MsbG beauftragten wettbewerblichen Messstellenbetreibers. Auch diese dürften jedoch in der Regel ein eigenes Interesse daran haben, eine doppelte Systemumstellung im Zeitraum weniger Jahre zu vermeiden. Bis zur Einführung des Zielmodells war ihnen die teilweise Begrenzung ihres Aufgabenbereichs daher zuzumuten.

1.7.2. Prozessausgestaltung

Der Kernprozess „Anforderung und Bereitstellung von Messwerten" wurde weitgehend aus der bislang geltenden WiM-Festlegung übernommen, zusätzlich aber um Ausführungen zum Umgang mit intelligenten Messsystemen und den in Betracht kommenden Tarifanwendungsfällen (TAF) ergänzt. Für die weiteren Details verweist der Kernprozess auf diverse eingefügte Tabellen („Ergänzende Beschreibungen"), in denen die zu übermittelnden Messwerte je nach Art der eingesetzten Messtechnik und der Art des Bilanzierungverfahrens bzw. Tarifanwendungsfalls näher ausspezifiziert sind. Dabei wird in Datenübermittlungen vom Messstellenbetreiber an den Netzbetreiber und den nach der Aufbereitung erforderlichen Übermittlungen vom Netzbetreiber an den Lieferanten unterschieden. Innerhalb der beiden vorgenannten Gruppen erfolgt eine weitere Unterscheidung in eine turnusmäßige bzw. außerturnusmäßige Messwertübermittlung.

Hinsichtlich der vorgegebenen Datenlieferungsfristen, die der Messstellenbetreiber gegenüber dem Netzbetreiber einzuhalten hat, orientieren sich die Prozessvorgaben ebenfalls weitgehend am bislang geltenden Regelwerk.

Grundsätzlich zu Recht weist die Bundesbeauftragte für den Datenschutz und die Informationsfreiheit in Ihrer Stellungnahme zum Messwertübermittlungsprozess sowie zur Netznutzungsabrechnung darauf hin, dass es sich bei Lastgängen um datenschutzrechtlich sensible Daten handelt und das BSI im Rahmen seiner Technischen Richtlinie TR-03109-1 (dort: Zeile 406 ff.) die Nutzung einer Pseudonymisierung zur Wahrung der Anonymität des Anschlussnutzers empfiehlt. Allerdings vermag dieser Einwand hier nicht durchzugreifen, da die genannten BSI-Vorgaben sich ausdrücklich auf die Kommunikation nicht abrechnungsrelevanter Messwerte beziehen, um die es sich in den genannten Prozessen des Interimsmodells gerade nicht handelt. Die an den Netzbetreiber im Rahmen des Prozesses „Messwertübermittlung" zu sendenden Messwerte sind einerseits Grundlage für die durch den Netzbetreiber nach MaBiS vorzunehmende Aggregation zu Bilanzkreissummenzeitreihen und werden damit inhaltlicher Bestandteil der späteren Bilanzkreisabrechnung des ÜNB. Sie werden zudem einzelzählpunktbezogen an den Lieferanten weiterübermittelt, damit dieser unter anderem in die Lage versetzt wird, die Korrektheit der späteren Bilanzkreisabrechnung zu verifizieren. Die Werte sind daher in Gänze abrechnungsrelevant, weshalb eine Pseudonymisierung oder gar Anonymisierung nicht möglich ist.

1.7.3. Einzelfragen

1.7.3.1. Bestimmung des Ableseturnustermins

bne hatte in der Konsultation die Forderung aufgestellt, dem Netzbetreiber das Bestimmungsrecht für die Vorgabe des Turnusablesetermins künftig zu entziehen und stattdessen dem Lieferanten das dahingehende Bestimmungsrecht einzuräumen. Dem wurde jedenfalls für das nun festzulegende Interimsmodell nicht gefolgt. Zwar trifft es zu, dass mit späterer Ausstattung von Messstellen mit intelligenten Messsystemen und zentraler Aufbereitung und Verteilung der Daten über das Smart-Meter-Gateway eine vom Lieferanten ausgesteuerte bzw. zusätzlich bestellte Messwertablesung deutlich einfacher möglich ist, ohne zugleich zu Spitzenbelastungen in den IT-Systemen des Netzbetreibers zu führen. Dies trifft indes aber noch nicht im Interimsmodell zu. Aus diesem Grund hält die Kammer es für vorzugswürdig und für die hier betreffende Interimszeit auch für verhältnismäßig, dass die seit Inkrafttreten der bislang geltenden WiM-Festlegung praktizierte Art der Turnusablesung zunächst unverändert bleibt. Ein zwingendes Gegenargument konnte auch dem vom bne zitierten § 35 Abs. 1 Nr. 7 MsbG nicht entnommen werden, der nur die Umsetzung von Marktkommunikationsvorgaben der Bundesnetzagentur zur Standardleistung des Messstellenbetreibers erklärt.

Anlage 1 BNetzA, Beschluss v. 20.12.2016 (BK6-16-200)

1.7.3.2. Wandlerfaktor im Zählerstand berücksichtigt

Soweit die Prozessbeschreibung bei Zählerstandsgängen aus intelligenten Messsystemen vorsieht, dass ein etwaiger Wandlerfaktor bei der Übermittlung der Energiemenge bereits berücksichtigt ist, konnte die Kammer diesbezüglichen Einwänden von E.ON und Stromnetz Berlin und bne nicht folgen, die eine Übermittlung von Messwerten ohne Wandlerfaktor für notwendig erachteten. Nach der geltenden Technischen Richtlinie des BSI „TR-03109-1", Version 1.0, dort Tabelle 38, S. 114 oben, gehören Wandlerfaktoren zu den zwingend zu berücksichtigenden Bestandteilen von Zählerprofilen, was die rechnerische Berücksichtigung im Gateway impliziert.

1.7.3.3. Sternförmige Messwertübermittlung

Gegenstand des Prozesses ist ferner auch die Anordnung einer eingeschränkten sternförmigen Messwertübermittlung direkt aus Smart-Meter-Gateways. Sie gilt allein für Messwerte aus EEG-Marktlokationen und deren direkte Übermittlung an den zuständigen ÜNB. Die Kammer hält die Ermöglichung dieser Datenübermittlungsmöglichkeit für angezeigt, um den jeweiligen ÜNB bereits eine bessere und insbesondere schnellere Datenmeldung direkt aus Marktlokationen von Anlagen volatiler Erzeugung zu verschaffen und damit in diesem Teilbereich die technischen Vorteile der neuen intelligenten Messsysteme schon zu nutzen. Dies erscheint verhältnismäßig, da die Übermittlung auf die im Gateway bereitstehende Datenqualität beschränkt ist, hierfür keine Datenaufbereitung durch einen sonstigen Marktteilnehmer erforderlich ist und zusätzliche Investitionen bei Dritten somit nicht ausgelöst werden.

1.8. Neueinführung des Prozesses „Messwertermittlung im Fehlerfall"

Mit dem neu eingeführten Prozess „Messwertermittlung im Fehlerfall" trägt die Kammer dem aus der Branche wiederholt kritisierten Umstand Rechnung, dass für den Umgang mit Situationen unmöglicher bzw. gestörter Messwertauslesungen keine eindeutigen und verbindlichen Prozesse und zeitliche Zielvorgaben für etwa erforderliche Ersatzwertübermittlungen existieren. Hierzu war bereits in der Konsultation ein Diskussionspaper veröffentlicht worden, an dem sich der nun festzulegende Prozess orientiert. Die im Diskussionspapier aufgeworfene Frage, welche zeitliche Zielvorstellung für die Lieferung von Ersatzwerten im Fall der Nichteinholbarkeit wahrer Messwerte für vorzugswürdig gehalten wird, wurde von einer Vielzahl der Diskussionsteilnehmer in Richtung einer monatlichen Betrachtungsweise mit einer Datenlieferungspflicht am 10. Werktag des Monats nach dem Liefermonat bewertet. Dies erscheint aus Sicht der Kammer auch insofern konsequent, weil dies mit den nach der Festlegung MaBiS zu beachtenden Fristen für den Datenerstaufschlag kompatibel ist.

1.9. Neugestaltung des Prozesses „Stammdatenänderung"

Im Rahmen ihrer Änderungsvorschläge haben die Verbände auch den Prozess zur Stammdatenänderung einer konzeptionellen und inhaltlichen Vertiefung unterworfen. Während in der ursprünglichen Festlegung lediglich die Grundbedingungen des Austauschs von geänderten Stammdaten eines Letztverbrauchers oder einer Entnahmestelle im Vordergrund des Regelungsinhalts standen, eröffnet der Prozess nunmehr ein funktions- und rollenspezifisches Berechtigungs- und Aktionsmanagement zur Änderung von Stammdaten für Markt-, bzw. Messlokationen oder im Hinblick auf die Änderung von Geschäftsbeziehungen zwischen den Marktrollen untereinander. Hierbei setzt der Vorschlag inhaltlich auf die bereits bestehenden Regelungen des im Rahmen der Entwicklung des Nachrichtentyps UTILMD durch die Projektgruppe Edi@Energy eingeführten Berechtigungs- und Austauschkonzeptes zur Änderung von

BNetzA, Beschluss v. 20.12.2016 (BK6-16-200) **Anlage 1**

Stammdaten auf. Das marktrollen- und berechtigungsabhängige Konzept konkretisiert den bisherigen Regelungsgegenstand, der bislang lediglich grundsätzlich den Mitteilungsaustausch bei einer Änderungsaufforderung zwischen einem Anfragenden und dem Angefragten, inklusive der hierbei von den Beteiligten durchzuführenden Prüfungen, vorgesehen hat. Mit der jetzigen Einführung eines prozessbezogenen Berechtigungsmanagements für die Stammdaten(-änderung) werden Verantwortlichkeiten in neu zugeordneten Rollen eingeteilt (sog. „Berechtigte", „Verantwortliche" und „Verteiler") und diesen spezifische Funktionen zugewiesen. Diese Zuordnung stellt bei einer Änderung von Informationen sicher, dass jeder Marktbeteiligte zu jedem Zeitpunkt über die identischen Informationen zu einer Markt- bzw. Messlokation verfügt. Anhand von Fallkonstellationen werden entsprechende Einzelprozesse ausgestaltet. Diese berücksichtigen sowohl die zugewiesene Verantwortlichkeit einer Rolle für ein Stammdatum als auch die unterschiedlichen marktrollenspezifischen Übermittlungskonstellationen als Ausgangspunkt eines jeweiligen Prozesses. Die spezifische Zuordnung eines Stammdatums zu den Marktrollen Netzbetreiber, Lieferant und Messstellenbetreiber erfolgt über eine gesonderte Berechtigungszuordnung, die Teil der Kommunikations- und Datenaustauschbeschreibungen der EDIFACT-Nachrichtentypen ist. Die Darstellung der einzelnen Prozesse orientiert sich in Form von Ablaufdiagrammen und tabellarischer Auflistung der einzelnen Prozessschritte zudem an der Wiedergabe der Geschäftsprozesse in der ursprünglichen Festlegung.

Die Beschlusskammer hält die vorgeschlagene Konkretisierung des Austauschs von Änderungsmitteilungen bei Stammdaten für sachgerecht und zielführend. Die neuen Regelungen setzen die auch mit der Altregelung verfolgte grundsätzliche Zielstellung, dass alle beteiligten Marktrollen zu jedem Zeitpunkt über die identischen Informationen verfügen, prozesstechnisch in verbindliche rollenspezifische Anwendungen um. Es ist hierbei nachvollziehbar, dass die nunmehr vorgenommenen detaillierten Vorgaben über den Umgang mit zu ändernden Informationen letztendlich die bei der IT-technischen Abwicklung notwendige Eindeutigkeit der Verantwortlichkeit bei der Zuordnung von Informationen in adäquatem Umfang sicherstellen. Die Beschlusskammer hat diesem Vorgehen insoweit auch bereits bei seiner ursprünglichen Einführung im Rahmen des Änderungsmanagements der Nachrichtentypen nicht widersprochen. Sie sieht vielmehr in der Einführung der neuen Prozesse die Ausdifferenzierung der ursprünglichen Regelung unter derselben Zielrichtung und die Fortentwicklung der im Rahmen der Umsetzung von Nachrichtentypen für die Durchführung der eigentlichen Marktkommunikation in der Branche bereits etablierten Methodik.

Auch die Stellungnehmenden haben keine grundsätzlichen Bedenken gegen die Einführung des neuen Stammdatenänderungsprozesses in der konsultierten Form vorgetragen. Nur vereinzelt haben Stellungnahmen (z. B. von Energy2market GmbH) Ergänzungen zu Regelungen einzelner Prozesse oder Prozessschritte angeregt. Der Beschlusskammer hat diese zunächst zurückgestellt und nicht übernommen, da die vorgesehenen Prozesse bereits ausreichende Regelungen zu einzelnen angemerkten Fragestellungen, wie z. B. Fristen oder Vollmachten, enthalten.

1.10. Neugestaltung des Prozesses „Geschäftsdatenanfrage"

Auch der Prozess „Geschäftsdatenanfrage" ist durch die vorliegende Entscheidung neu gefasst worden. Die Neufassung setzt inhaltlich auf einem Formulierungsvorschlag der Verbände BDEW und VKU auf, die den Prozess „Geschäftsdatenanfrage" in ähnlicher Weise wie den Prozess „Stammdatenänderung" erweitert hatten. Auch bei der Geschäftsdatenanfrage stand in der bisherigen Festlegung eine grundsätzliche Regelung für eine Anfrage, die Prüfung des Gesuchs und die Übermittlung bzw. die Ablehnung der Anfrage von Geschäftsdaten im Vordergrund. Der nun vorliegende Prozess ergänzt diese Grundzüge nunmehr mit marktrollenspezifischen Einzel-

Anlage 1 BNetzA, Beschluss v. 20.12.2016 (BK6-16-200)

prozessen. Hierbei wird unterschieden in Anfragen vom Lieferanten und vom Messstellenbetreiber an den (jeweiligen) Netzbetreiber. Darüber hinaus konkretisieren die Ausführungen den Inhalt eines Geschäftsdatums als Stammdaten und Messwerte. Die sich daraus ergebende Fassung ergänzt die ursprünglich allgemein gefasste Regelung insoweit im Wesentlichen nur um die rollenspezifische Erweiterung aufgrund der Vorgaben des MsbG. Die Beschlusskammer hält die von den Verbänden vorgeschlagenen Konkretisierungen gleichfalls für sachgerecht und zielführend und hat sie daher in die Festlegung übernommen. Aus den Stellungnahmen hat die Beschlusskammer keine Einwände entnehmen können, die das grundsätzliche Vorgehen bzw. die erweiterten Regelungen der Einzelprozesse in Frage stellen würden.

1.11. Neueinführung des Prozesses „Änderung des Bilanzierungsverfahrens"

Der in den Festlegungen GPKE und WiM wortgleich implementierte Geschäftsprozess reagiert auf die mit der Einführung von intelligenten Messsystemen zusätzlich hinzugekommenen messtechnischen und bilanzierungstechnischen Möglichkeiten. Während bislang im Wesentlichen die zwei Bilanzierungsmethoden Standardlastprofil sowie RLM zur Verfügung standen, deren Einsatz sich in der Regel nach der Über- oder Unterschreitung der Grenze von 100.000 kWh Stromentnahme pro Jahr (vgl. § 12 StromNZV a. F.) entschied, bestehen im Fall des Einbaus eines intelligenten Messsystems verschiedene Möglichkeiten der bilanziellen Behandlung. Aufgrund gesetzlicher und technischer Vorgaben bedarf die gewählte Art der Messwertverarbeitung dabei der Konfiguration auf dem jeweiligen Gateway, sodass sich eine im Prozess abzubildende Anforderungskette ergibt: Im Rahmen des Unterprozesses „Bestellung Änderung Bilanzierungsverfahren" erhält der Lieferant die Möglichkeit, je nach dem zwischen ihm und dem Endkunden abgeschlossenen Energieliefervertrag die dafür erforderliche Art der Messung beim Netzbetreiber anzufordern. Der Netzbetreiber hat sodann mittels des Prozesses „Änderung Gerätekonfiguration" die Möglichkeit, die gewünschte Änderung an die Marktrolle des Messstellenbetreibers als Anforderung weiterzugeben.

1.12. Umsetzungstermin 1.10.2017

Für das marktweite Inkrafttreten der geänderten Geschäftsprozessfestlegungen nach den Tenorziffern 1–2 sowie 3a) hat die Beschlusskammer den 1.10.2017 vorgegeben.

Die Umsetzungsfrist berücksichtigt, dass es nach Erlass dieser Festlegung noch der Anpassung der Datenformatbeschreibungen der Expertengruppe EDI@ENERGY bedarf. Nach dem im Markt üblichen Turnus können die so angepassten Datenformate zum 1.4.2017 in finaler Form veröffentlicht werden, sodass dem Gesamtmarkt im Anschluss eine Umsetzungsfrist von effektiv 6 Monaten zur Verfügung steht. Diese Frist erscheint mit Blick auf die insgesamt überschaubaren vorgenommenen Prozessveränderungen angemessen. Dabei ist zu berücksichtigen, dass die nun festgelegten Inhalte in weit überwiegenden Teilen bereits seit mehreren Monaten Gegenstand vorheriger verbändeübergreifender Erarbeitung und Diskussion waren.

2. Änderung der Festlegung GPKE (Tenorziffer 1 sowie Anlage 1)

2.1. Beibehaltung der rückwirkenden An- und Abmeldung

(1) Auch nach der Änderung der GPKE durch die vorliegende Entscheidung bleibt die rückwirkende An- und Abmeldung zunächst weiterhin möglich. Die Beschlusskammern hatten im Rahmen der Konsultation ausdrücklich auch um Stellungnahmen zur Abschaffung rückwirkender An- und Abmeldungen gebeten, da in der Vergangenheit zahlreiche Verteilnetzbetreiber für eine Abschaffung plädiert hatten. Hierbei stand insbesondere eine Vereinfachung der

Wechselprozesse durch ein einheitliches, in die Zukunft gerichtetes Fristenregime im Vordergrund. Bei Wegfall der rückwirkenden An- und Abmeldungen erübrigt es sich für die Netzbetreiber, den Lieferstatus einer Entnahmestelle erst 6 Wochen nach dem eigentlichen Ein- bzw. Auszugsdatum abwicklungstechnisch endgültig feststellen zu können. Bei Anpassung an einen lediglich in die Zukunft gerichteten Fristenverlauf, wie er bei den Prozessen „Lieferbeginn" und „Lieferende" für die Fallgruppe des Lieferantenwechsels schon bislang vorgesehen ist, würden entsprechend beide Fallgruppen denselben in die Zukunft gerichteten Prozessablauf verfolgen. Hierin läge eine Möglichkeit zur Vereinfachung und Vereinheitlichung der Prozesssystematik. Bei gleichzeitiger Anpassung der Bilanzierungsregel ließen sich zudem die aus der rückwirkenden Betrachtung resultierenden zusätzlichen Mehr- und Mindermengen vermeiden. Eine Anpassung des Bilanzierungsgrundsatzes geht aber nicht zwangsläufig mit einer Abschaffung der rückwirkenden Ein- und Auszüge einher. Sie war auch von der Beschlusskammer nicht grundsätzlich bei ihrer ursprünglichen Absicht einer Abschaffung intendiert.

(2) Gegenüber der Fallgruppe der Lieferantenwechsel ergibt sich aus der derzeitigen rückwärtigen Betrachtung von 6 Wochen ein größeres zeitliches Auseinanderlaufen der Zuordnung der Entnahmestelle zu einem Lieferanten und der Berücksichtigung dieser Entnahmestelle in dessen Bilanzkreis. Dies resultiert daraus, dass bilanzielle Berücksichtigung einer Entnahmestelle nur in die Zukunft stattfinden kann und die Regelung zusätzlich auch noch einer Stichtagsregel (Aufnahme bis zum 15. Werktag) unterliegt, d.h. die Aufnahme einer Entnahmestelle in den Bilanzkreis auch erst im darauf folgenden Monat stattfinden kann (sog. „Asynchronmodell"). Bei einheitlich lediglich in die Zukunft gerichteten Wechselprozessen könnte man ein derartiges Auseinanderlaufen generell verhindern, indem man die Zuordnung der Entnahmestelle zu einem Lieferanten und die bilanzielle Berücksichtigung der Entnahmestelle in dessen Bilanzkreis zum gleichen Zeitpunkt vornimmt (sog. „Synchronmodell"). Bei Bestehen einer rückwärtigen Zuordnungsmöglichkeit aber kann das Synchronmodell nicht angewendet werden.

(3) Der Verband BDEW hat sich noch vor der Konsultation in einem Positionspapier gegen die Abschaffung der rückwirkenden An- und Abmeldungen und auch gegen die Einführung des Synchronmodells ausgesprochen. Der Verband betonte hierin, dass die bisherigen Regelungen dem etablierten Kunden- und Marktverhalten entsprächen, welches eine unmittelbare Nutzung der vorhandenen Medien, insbesondere nach dem Einzug voraussetze. Das im Massenkundengeschäft etablierte Verfahren sei zudem, z.B. durch konkludenten Vertragsschluss, in bestehenden gesetzlichen Regelungen wie den Grundversorgungsverordnungen berücksichtigt. Bei einer Abschaffung werde eine Vielzahl an Beschwerden erwartet, die durch die fehlende rückwirkende Bearbeitung immer zulasten der Kunden ausfiele und bei den Netzbetreibern enormen Aufwand verursachen würde. Zudem bestünden derzeit keine prozesstechnischen Voraussetzungen für die massengeschäftstaugliche Abarbeitung eines umfangreichen Beschwerdemanagements. Ferner spricht sich der Verband gegen Einführung eines Synchronmodells bei der Bilanzierung der Entnahmestellen aus. Das derzeitige monatsbasierte Verfahren sei bei Prognose- und Beschaffungsprozessen etablierte Praxis, die im Ergebnis nach Auffassung des Verbands nur geringe Mengenabweichungen verursacht. Die Abweichungen würden durch eine zeitgleiche Bilanzierung weder in Bezug auf die in den Netzkonten der Netzbetreiber feststellbaren Fehlmengen noch auf den Regelenergiebedarf wesentlich reduziert. Zudem befürchtet der Verband erhebliche IT-Umstellungskosten, damit einhergehend auch steigende Prozesskosten, da die bisher monatlich durchzuführenden Tätigkeiten nun täglich durch die Marktbeteiligten zu erfüllen wären.

(4) Diese Bedenken wurden in den Stellungnahmen von den Verbänden BDEW, VKU wiederholt und ebenfalls von einer Reihe anderer Stellungnehmenden geteilt (u.a. MVV Energie AG, E WIE EINFACH GmbH, GEODE, Energienetze Mittelrhein GmbH & Co. KG, Energieversorgung Mittelrhein AG, Gemeindewerke Oberhaching GmbH, Thüga AG). Die Stellung-

Anlage 1 BNetzA, Beschluss v. 20.12.2016 (BK6-16-200)

nehmenden differenzieren hierbei sehr unterschiedlich zwischen den Sachverhalten der Abschaffung der rückwärtigen Ein- und Auszüge und der Einführung eines synchronen Bilanzierungsmodells. Eine Vielzahl spricht sich lediglich explizit gegen eine veränderte Praxis bei der Berücksichtigung der Ein- und Auszüge aus, während eine Minderheit dies an der Ablehnung des Synchronmodells festmacht. Befürworter einer Abschaffung bleiben bei den Stellungnahmen deutlich in der Minderheit (u. a. NEW Energie GmbH, Stromnetz Hamburg GmbH GmbH). Hier wird insbesondere die Vereinfachung der prozessualen Abwicklung in den IT-Systeme hervorgehoben.

(5) Die Beschlusskammer ist den Bedenken des Großteils der Stellungnehmenden gefolgt und sieht von der Abschaffung der rückwärtigen 6-Wochen-Frist bei Lieferbeginn- und Lieferende Meldungen zum gegenwärtigen Zeitpunkt ab. Auch bleibt es bei der gegenwärtigen Praxis der bilanziellen Berücksichtigung der Entnahmestellen bei Ein- bzw. Auszug und Lieferantenwechsel im asynchronen Verfahren („Asynchronmodell"). Die Stellungnehmenden haben in Äußerungen deutlich gemacht, dass eine Abschaffung insbesondere infolge der vermuteten Kundenreaktionen bei den Netzbetreibern zu nicht vorhersehbaren Friktionen führt, der zusätzlichen Service-, IT- und damit auch Prozessaufwand generieren würde. Diesem Aufwand stünden einerseits keine etablierten Prozesse zum Abfangen dieser Aufgaben entgegen. Andererseits würde in erheblichem Umfang in die IT-Abwicklung eingegriffen, ohne dass letztendlich eine Entlastung in prozesstechnischer Hinsicht eintreten würde. Die Beschlusskammer ist diesen Bedenken gefolgt. Den Bedenken der Gegner eines rein in die Zukunft gewandten Prozessablaufs ist zwar entgegen zu halten, dass eine entsprechende Prozesssystematik im Bereich der Wechselprozesse im Messwesen bereits bislang existiert und dort von den Marktbeteiligten ohne erhebliche Probleme umgesetzt werden konnte. Folglich sieht die Beschlusskammer hierfür auch im Anwendungsbereich der GeLi Gas ein grundsätzliches Vereinheitlichungspotential. Die nach Schilderung der Stellungnehmenden bei einer Abschaffung notwendigen Eingriffe erscheinen ihr jedoch zu umfangreich, als dass sie sich noch mit der grundsätzlichen Intention des „Interimsmodells" vereinbaren ließen, die Eingriffstiefe möglichst zu beschränken. Auch eine Veränderung des Zeithorizonts zur bilanziellen Berücksichtigung von Entnahmemengen strebt die Beschlusskammer zum jetzigen Zeitpunkt nicht an. Auch hier sind die zu tätigenden Eingriffe in die etablierten Prozesse und IT-Systeme nach Schilderung der Stellungnehmenden zu umfangreich, als dass sie zum gegenwärtigen Zeitpunkt zweckdienlich erscheinen. Hierbei gilt es für die Beschlusskammer auch in Betracht zu ziehen, dass das Interimsmodell nur temporär angelegt ist. Eingriffe vorzunehmen, die darüber hinaus Veränderungsbedarf in Bezug andere Festlegungen hervorruft, gilt es weitestgehend zu vermeiden.

(6) In dieser Entscheidung sieht die Beschlusskammer aber auch kein generelles Festhalten an der rückwärtigen Berücksichtigung von Ein- Auszügen und der bilanziellen Anwendung des Asynchronmodells für die Zukunft. Auch wenn für die Beschlusskammer die Abschaffung der rückwärtigen Ein- und Auszüge unter besonderer Berücksichtigung der Anforderungen eines Interimsmodells zum gegenwärtigen Zeitpunkt nicht in Frage kommt, ist dennoch zu verdeutlichen, dass sie von einer möglichen Änderung des Fristenregimes bei Ein- und Auszügen und einem Wechsel des Bilanzierungsmodells nicht grundsätzlich Abstand zu nehmen gedenkt.

2.2. Veränderter Prozess „Netznutzungsabrechnung"

Des Weiteren hat die Beschlusskammer auch den Prozess „Netznutzungsabrechnung" überarbeitet. Der Verbändevorschlag sah zu den Regelungen des Prozesses „Netznutzungsabrechnung" im Wesentlichen redaktionelle Veränderungen gegenüber der ursprünglichen Festlegung vor. Betroffen hiervon sind die Inhalte der Abrechnung der Netznutzung auf Basis der zuvor beim Netzbetreiber eingegangenen Messwerte, die Prüfung der Abrechnung durch den Liefe-

BNetzA, Beschluss v. 20.12.2016 (BK6-16-200) **Anlage 1**

ranten und die Anweisung des Zahlungsavis resp. einer Zahlungsablehnung bei festgestellter Fehlerbehaftung der Netznutzungsabrechnung. Darüber hinaus wurde von den Verbänden angeregt, den ehemaligen Prozessschritt 6 mit rein informatorischem Inhalt sowie den bisherigen Prozessschritt 9a, welcher die Mitteilung des Netzbetreibers an den Lieferanten enthält, dass seine ursprüngliche Rechnung korrekt war, zu streichen.

Die Beschlusskammer hat die redaktionellen Änderungsvorschläge insoweit aufgegriffen, als diese der von den Verbänden intendierten Vereinfachung der Beschreibung der Prozessschritte und Anmerkungen dienen bzw. weitere inhaltliche Erläuterungen zu einzelnen Regelungsinhalten darstellen. Insoweit konnte die Beschlusskammer auch die Streichung des ehemaligen Prozessschrittes 6 befürworten, der bislang eine rein nachrichtliche Funktion übernahm.

Nicht gefolgt ist die Beschlusskammer dem Ansinnen der Verbände, ebenfalls Prozessschritt 9a zu streichen. Eine Mitteilung des Netzbetreibers an den Lieferanten, dass er seine ursprüngliche Netznutzungsabrechnung, trotz vorheriger Einrede des Lieferanten, aufrechterhält und damit die Einwände des Lieferanten ablehnt, erachtet die Beschlusskammer weiterhin als notwendig. Bei Fehlen eines derartigen Prozesses bliebe der Status und das weitere Vorgehen der vom Netzbetreiber zuvor (Prozessschritt 4b) abgelehnten Rechnung für den Lieferanten im Unklaren. Erst mit Übermittlung der Nachricht des Netzbetreibers, dass dieser an seiner ursprünglichen Rechnung festhält, kennt der Lieferant den Status dieser Abrechnung. Die Beschlusskammer schließt sich damit auch den entsprechenden Stellungnahmen (E wie Einfach GmbH, COUNT+CARE GmbH & Co. KG) an. Auf die Aufnahme neuer Sachverhalte, wie den Verweis auf ein mögliches Mahnverfahren des Netzbetreibers (Verbändevorschlag) oder den Ausschluss von Mahnungen des Netzbetreibers nach dessen Zurückweisung der Einsprüche des Lieferanten gegenüber der Netznutzungsabrechnung (u. a. Stellungnahmen E wie Einfach GmbH, Regiocom GmbH) hat die Beschlusskammer in diesem Zusammenhang verzichtet. Derartige Regelung sieht sie nicht als originär dem Prozess zugehörig an, sondern zählt diese vielmehr zur allgemeinen kaufmännischen Abwicklung, die aber nicht weitergehend in dem Prozess auszugestalten ist sondern den einzelnen Unternehmen überlassen bleibt.

2.3. Klarstellung zum Asynchronmodell

Die Beschlusskammer hat die Grundsätze der Mengenzuordnung in Abschnitt IV.2. der GPKE um konkrete Anwendungskonstellationen eines Auseinanderfallens der Zuordnung von Entnahmestellen zu einem neuen bzw. aus einem bestehenden Lieferverhältnis (Netznutzung) und dem jeweiligen Beginn bzw. Ende der bilanziellen Berücksichtigung der Marktlokation für den Lieferanten ergänzt.

Für die von diesem Auseinanderfallen von Netznutzung und Bilanzierung einzig betroffenen SLP-Kunden wurden sowohl die zeitlichen Grundregelungen als auch die davon betroffenen Prozesse („Lieferbeginn", „Lieferende") mit der entsprechenden Stichtagsregel gesondert in die Prozessbeschreibung eingefügt und um eine entsprechende grafische Darstellung ergänzt. Materiell erfährt diese Regelung damit keine Änderung zur vorherigen. Sie konkretisiert vielmehr die bereits bestehende Möglichkeit unter dem Rubrum des „Asynchronmodells". Diese Bezeichnung ergänzt den ursprünglichen Titel „Mehr- und Mindermengenmodell" und grenzt ihn zusätzlich zur eigentlichen Mehr- und Mindermengenabrechnung ab, die im engeren Sinne nicht Gegenstand dieses Prozesses ist. Aus den Stellungnahmen sind keine grundsätzlichen Bedenken gegenüber der Aufnahme der detaillierten Regelungen zu hervorgegangen. Dass die entsprechende Erläuterungsgrafik das Grundprinzip des Sachverhalts nur unter Berücksichtigung einer speziellen Fallkonstellation stark vereinfachend erläutert (s. Stellungnahme eins energie in sachsen GmbH & Co. KG) mag zutreffend sein, erscheint der Beschlusskammer aber für die grafische Verdeutlichung der Wirkungsweise des Auseinanderfallens von Netznutzung und Bilanzierung ausreichend.

Anlage 1 BNetzA, Beschluss v. 20.12.2016 (BK6-16-200)

3. Änderung der Festlegung WiM (Tenorziffer 2 sowie Anlage 2)

3.1. Wegfall der Marktrolle des Messdienstleisters

Aus den Geschäftsprozessbeschreibungen waren alle Prozesse und Prozessinhalte zu streichen, die sich mit der separaten Abbildung der Marktrolle des Messdienstleisters befasst haben.

Nach der bis zum 1.9.2016 geltenden Rechtslage war es unter bestimmten Umständen möglich, als Anschlussnutzer unterschiedliche Dienstleister für die Durchführung des Messstellenbetriebs einerseits und der Messung andererseits zu kontrahieren. Entsprechend ermöglichten die Wechselprozesse der WiM-Festlegung das Auseinanderfallen und die getrennte Zuordnung der beiden Marktrollen zu unterschiedlichen Anbietern in Bezug auf eine Messstelle.

Diese Unterscheidung ist nach der neuen Rechtslage nicht mehr möglich. Nach § 3 Abs. 2 MsbG ist die Messung fortan zwingender Bestandteil der Tätigkeit eines Messstellenbetreibers, eine Separierung ist nicht mehr vorgesehen.

Dieser Vorgabe folgend sind namentlich die explizit mit der separaten Durchführung der Messung befassten Prozesse „Kündigung Messung", „Beginn Messung" sowie „Ende Messung" sowie zahlreiche Prüfungsschritte in weiteren Prozessen, die der Abklärung dienten, ob in der konkreten Konstellation eine separate Erbringung der Messung zulässig ist, entfallen. Aus dem vorgenannten Grund ist auch die bislang in den WiM-Prozessen zu findende Unterscheidung nach elektronisch ausgelesenen Zählern (eZ) bzw. analog ausgelesenen Zählern (aZ) entfallen. Die Unterscheidung hatte bislang sicherzustellen, dass gemäß § 9 Abs. 2 MessZV nur bei nicht elektronisch ausgelesenen Zählern ein Auseinanderfallen der Marktrollen Messstellenbetreiber und Messdienstleister möglich war.

3.2. Prozess „Beginn Messstellenbetrieb"

Entgegen der ursprünglichen Konsultationsfassung wurde die zusätzliche jederzeitige Informationsmeldung des Netzbetreibers an den grundzuständigen Messstellenbetreiber über die erfolgte Zuordnung eines Messstellenbetreibers gestrichen (ehemaliger Prozessschritt 13). Die Kammer schließt sich dem hierzu vom bne vorgetragenen Einwand an, wonach ein grundzuständiger Messstellenbetreiber sich gegebenenfalls auch wettbewerblich betätigen kann und hiernach automatisch Informationen erhalten würde, die wettbewerbsrelevant sind und die er nur im Einzelfall tatsächlich benötigt.

3.3. Prozess „Ende Messstellenbetrieb"

Mittels des neu eingefügten Prozessschritts 6 hat der Netzbetreiber die Möglichkeit, den grundzuständigen Messstellenbetreiber aufzufordern, eine nach Beendigung der bisherigen Zuordnung nun nicht mehr zugeordnete Messstelle in seine Zuständigkeit zu übernehmen. Dies soll die jederzeitige lückenlose Zuordnung gewährleisten. Spiegelbildlich dazu bestätigt der grundzuständige Messstellenbetreiber mit dem neu eingefügten Prozessschritt 8 die Übernahme.

3.4. Prozess „Störungsbehebung in der Messstelle"

Bezüglich der durch den Messstellenbetreiber einzuhaltenden Fristen für die Prüfung einer gemeldeten Störung bzw. für die Behebung einer verifizierten Störung wurde der Prozess um spezielle Fristen für die Entstörung von Messstellen mit intelligenten Messsystemen ergänzt. Speziell bei den Fristen für die Störungsbehebung wurde dabei nach Messlokationen unterschieden, die sich im Niederspannungsnetz befinden und solchen, die sich in höheren Spannungsebenen befinden. Die dort geltenden kürzeren Fristen resultieren aus der im Verhältnis höheren wirtschaftlichen Bedeutung verfügbarer und valider Messwerte.

3.5. Prozess „Ersteinbau eines intelligenten Messsystems in eine bestehende Messlokation"

Der Prozess dient der Abwicklung des Ersteinbaus und soll dabei insbesondere sicherstellen, dass alle betroffenen Marktteilnehmer über den Umstand des Einbaus in ausreichender Weise informiert werden. Von Bedeutung ist hierbei insbesondere die gesetzliche Verpflichtung nach § 37 Abs. 2 MsbG, wonach der grundzuständige Messstellenbetreiber spätestens drei Monate vor der Ausstattung der jeweiligen Messstelle alle Betroffenen, namentlich den Messstellenbetreiber zu informieren und auf die Möglichkeit zur freien Wahl eines Messstellenbetreibers hinzuweisen hat.

Wenngleich § 37 MsbG auf die Verpflichtungen zum Rollout nach § 29 MsbG insgesamt verweist und damit grundsätzlich auch moderne Messeinrichtungen einbezieht, wurde der hier konzipierte Prozess speziell auf die deutlich komplexere Situation des Ersteinbaus eines intelligenten Messsystems zugeschnitten. Aus diesem Grund schließt sich die Kammer den teilweise in der Konsultation vorgebrachten Einschätzungen nicht an, wonach derselbe Prozess auch beim geplanten Einbau einer modernen Messeinrichtung anzuwenden sein solle. Die bedeutet indes nicht, dass dadurch von den Verpflichtungen des grundzuständigen Messstellenbetreibers zur Erfüllung seiner Informationspflichten nach § 37 Abs. 2 MsbG suspendiert würde. Ihnen ist in geeigneter Weise nachzukommen. Soweit der Prozess – insoweit die Informationspflichten des § 37 Abs. 2 MsbG übererfüllend – auch die Information des in der Norm nicht explizit genannten Lieferanten über den beabsichtigten Einbau eines intelligenten Messsystems vorsieht, wird dies entgegen anderweitigen Stellungnahmen ausdrücklich begrüßt. Zum einen wird dem Lieferanten damit frühzeitig die Möglichkeit gegeben, sich mit der Frage zu befassen, ob er zur Entlastung seines Endkunden von zusätzlicher Vertragsadministration diesem die Abwicklung der Abrechnung des Messsystems anbieten möchte, des Weiteren versetzt erst die frühzeitige Informierung des Lieferanten diesen in die Lage, dem Endkunden ein auf die neue Messtechnik abgestimmtes Energieprodukt anzubieten und dem Kunden auf diese Weise überhaupt die Möglichkeit zu geben, die vom Gesetzgeber stillschweigend vorausgesetzte Kompensation der Mehrkosten durch Einsparungen beim Energiebezug annähernd zu realisieren.

3.6. Prozess „Abrechnung des Messstellenbetriebs"

Nach der gesetzlichen Konzeption des MsbG findet in Fällen, in denen intelligente Messsysteme oder moderne Messeinrichtungen zum Einsatz kommen, im Standardfall keine Berechnung dieser Dienstleistung über die bislang übliche Netzentgeltabrechnung des Netzbetreibers statt, sondern stattdessen mittels einer unmittelbaren Abrechnung zwischen dem grundzuständigen Messstellenbetreiber und dem Anschlussnutzer (§ 7 Abs. 1 i.V.m. 9 Abs. 1 MsbG). Dessen ungeachtet hat sich im Zuge der Diskussion um die Entwicklung des Interimsmodells in der Branche die Erwartungshaltung gebildet, dass die unmittelbare Abrechnung des Messstellenbetriebs gegenüber dem Anschlussnutzer diesem einen zusätzlichen Aufwand abverlangt, den Lieferanten in vielen Fällen ihren Endkunden dadurch abnehmen möchten, dass sie das Vertragsmanagement sowie das Inkasso des Entgelts für den Messstellenbetrieb im Rahmen ihres all-inclusive-Lieferverhältnisses mit dem Endkunden mit übernehmen. Aus diesem Grund stellen die Prozesse zur „Abrechnung des Messstellenbetriebs" massengeschäftstaugliche Abwicklungsmechanismen zwischen Messstellenbetreibern und Lieferanten bereit.

Anlage 1 BNetzA, Beschluss v. 20.12.2016 (BK6-16-200)

3.6.1. Unterprozess „Preisblattkatalog"

Dies beinhaltet zunächst die Einführung eines elektronischen Preisblattkataloges. Dieser soll insbesondere die Lieferanten als Empfänger in die Lage versetzen, die jeweilgen Artikelpreise der verschiedenen Messstellenbetreiber in einer einheitlichen, massengeschäftstauglichen und effizienten Art und Weise elektronisch übermittelt zu bekommen, diese in ihre IT-Systeme einpflegen zu können und nach Zugang von Rechnungen hierüber auch eine unkomplizierte papierlose Rechnungsprüfung durchführen zu können. Nicht geteilt wird die Einschätzung von Innogy und Stromnetz Berlin, wonach die Einführung eines elektronischen Preisblattes für den Messstellenbetrieb von intelligenten Messsystemen und modernen Messeinrichtungen zur Einführung des Interimsmodells verfrüht sei und hierfür kein Bedarf bestehe. Gerade die Übermittlung von Preisinformationen unterliegt im Rahmen des hier festzulegenden Interimsmodells keiner Abweichung gegenüber dem späteren Zielmodell. Es besteht ein objektiver Bedarf, die Preisbestandteile, deren Klassifizierung sich im Übrigen nach den jeweiligen Preisobergrenzenvorschriften und Vorgaben zu Standardleistungen nach MsbG richtet, in einer effizienten Art und Weise zu kommunizieren. Insofern stellt der hier betreffende Prozess zugleich eine Vorbereitungsmaßnahme für das spätere Zielmodell dar, die sich nach Einschätzung der Kammer unabhängig von dessen späterer Ausgestaltung nicht als obsolet herausstellen wird.

3.6.2. Unterprozess „Abrechnung Messstellenbetrieb"

Die Unterprozesse „Abrechnung Messstellenbetrieb" stellen Mechanismen bereit, mit denen entweder der Messstellenbetreiber einen den Endkunden versorgenden Lieferanten anfragen kann, den Messstellenbetrieb über das Lieferantenverhältnis mit abzuwickeln bzw. umgekehrt der Lieferant selbst die Möglichkeit besitzt, dies beim Messstellenbetreiber anzufragen. Die Unterprozesse gehen von der bereits oben geschilderten Grundannahme aus, wonach im Standardfall gemäß der gesetzlichen Intention des MsbG eine unmittelbare Abrechnung zwischen Messstellenbetreiber und Anschlussnutzer (Letztverbraucher) Anwendung findet, soweit im Einzelfall nichts Abweichendes bestimmt ist. Hiergegen argumentierten insbesondere Innogy und GEODE im Rahmen der Konsultation. Sie führten unter anderem an, der vorgelegte marktlokationsscharfe Angebotsprozess sei unnötig komplex und hindere eine effiziente Abrechnung des Messstellenbetriebs. GEODE regte an, stattdessen solle eine lieferantenscharfe bilaterale Vereinbarung zwischen Messstellenbetreiber und dem jeweiligen Lieferanten zum Einsatz kommen, Innogy schlug vor, eine Vereinbarung zwischen Messstellenbetreiber und Lieferant könne effizienter im Rahmen des Prozesses „Lieferbeginn" ausgeprägt werden. Die vorgebrachten Einwände vermögen aus Sicht der Beschlusskammer nicht zu überzeugen. Gegen den Vorschlag, mit dem jeweiligen Lieferanten bilaterale Vereinbarungen über die standardmäßige Übernahme der Messstellenbetriebsabwicklung für alle vom Lieferanten betreuten Marktlokationen zu schließen spricht die Erwartung, dass der erforderliche Transaktionsaufwand die meisten der in Betracht kommenden (überregionalen) Lieferanten sicherlich davon abhalten würde, solche Vereinbarungen überhaupt abzuschließen. Zudem wäre fraglich, ob Lieferanten materiell bereit wären, dies zu tun, da sie im Standardfall nicht davon ausgehen dürften, dass schlechthin alle Kunden diese Übernahme wünschen. Hinsichtlich des Innogy-Vorschlages ist darüber hinaus darauf hinzuweisen, dass der angeführte Prozess „Lieferbeginn" sich nicht zwischen dem Lieferanten und dem Messstellenbetreiber, sondern dem Netzbetreiber abspielt und bereits insofern die nötige Rollentrennung vermissen lässt. Im Ergebnis ist daher der von den Verbänden BDEW und VKU entwickelte und der Konsultation zugrunde gelegte Prozessansatz vorzuziehen. Er erlaubt den Beteiligten, die Übernahme der Abwicklung zwischen Messstellenbetreiber und Lieferant im Rahmen einer klaren Marktrollentrennung und unter Einbeziehung der marktlokationsscharfen Interessenlage der Beteiligten abzuwickeln.

3.6.3. Unterprozess „Abrechnung Messstellenbetrieb"

Schließlich hat der auch bislang in der WiM-Festlegung vorzufindende Prozess „Abrechnung von Dienstleistungen im Messwesen" die erforderlichen Erweiterungen und Anpassungen erfahren, damit er die hinzugekommenen Abwicklungsmodalitäten in Bezug auf moderne Messeinrichtungen und intelligente Messsysteme abdecken kann.

4. Änderung der Festlegung MPES (Tenorziffer 3 sowie Anlagen 3-4)

4.1. MPES-Prozessbeschreibung (Tenorziffer 3.a. sowie Anlage 3)

4.1.1. Rollen und Objekte

In Abgrenzung zum Anlagenbetreiber nach dem EEG und dem Kraft-Wärme-Kopplungsgesetz (KWKG) wird – wie bereits in den Vorversionen der Festlegung – der Begriff des „Erzeugers" definiert. Er ist verantwortlich für die Marktlokation. Letztere ist abzugrenzen von der „Technischen Ressource". Der zuvor in der Festlegung BK6-14-110 definierte Begriff „Erzeugungseinheit" wird angepasst und in die Definition der „Technischen Ressource" überführt. Die Marktlokation im Sinne der MPES-Festlegung, die auf den bisherigen Begriff der Erzeugungsanlage referenziert, bezeichnet die Gesamtheit aller Erzeugungseinheiten (technische Ressourcen), deren gemessene elektrische Energie durch einen oder mehrere geeichte Zähler direkt oder indirekt erfasst wird und deren Zählpunktbezeichnung einem Bilanzkreis zugeordnet ist. Gesonderter Gegenstand eines Zuordnungswechsels oder einer Tranchierung können damit nur Konstrukte sein, die die genannten Anforderungen erfüllen, nicht aber nachgelagerte Erzeugungseinheiten.

In diesem Punkt unterscheidet sich die Festlegung bereits in ihren Begrifflichkeiten vom EEG, das stets die einzelne Anlage zum Bezugsobjekt der gesetzlichen Regelungen erklärt und allenfalls der „Erzeugungseinheit" nach dieser Festlegung entspricht. Die unterschiedliche Benennung und Handhabung hat ihren Grund primär in den nicht gänzlich deckungsgleichen messtechnischen und bilanziellen Anforderungen an „Anlagen" i. S. d. EEG und „Erzeugungsanlagen" im Sinne dieser Festlegung. Während es insbesondere für die Vergütungsfragen nach dem EEG grundsätzlich nur auf die Erfassung des erzeugten Stroms in Form von elektrischer Arbeit ankommt, bedarf es im Rahmen der hier zu regelnden bilanzierungsrelevanten Zuordnungsprozesse jedenfalls im Fall der Nutzung anteiliger Vermarktung einer leistungsmäßigen Erfassung der Einspeisung in viertelstündiger Auflösung, um die Voraussetzungen des § 20 Abs. 2 EEG einzuhalten. In Konsequenz dessen sind in der Praxis Konstellationen verbreitet, in denen mehrere Anlagen im Sinne des EEG über einen gemeinsamen Netzverknüpfungspunkt und hinter einer gemeinsamen Leistungsmessung am öffentlichen Netz angeschlossen sind (eine Erzeugungsanlage im Sinne dieser Festlegung) und zusätzlich anlagenindividuell oder in Gruppen mit Unterzählern in Form einer Arbeitsmessung ausgestattet sind, etwa weil unterschiedliche Vergütungskategorien Anwendung finden.

Es sei an dieser Stelle allgemein klargestellt, dass alle ansonsten zulässigen und derzeit in der Praxis verwendeten Modelle zur Ermöglichung der bilanzierungsfähigen leistungsmäßigen Erfassung einer physikalisch nicht direkt am öffentlichen Netz angeschlossenen oder nur untergemessenen Erzeugungseinheit durch diese Festlegung nicht eingeschränkt werden. Dies gilt namentlich für die Einrichtung virtueller bilanzierungsrelevanter Zählpunkte durch Differenzsummenbildung mit der Untermessung einer Anlage oder aber für die kaufmännisch-bilanzielle Weitergabe nach § 11 Abs. 2 EEG.

Voraussetzung für die Nutzung virtueller Zählpunkte in Anschlusskonstellationen mit Untermessungen ist zudem, dass eine klare Regelung der Zuständigkeit für die Durchführung der Messungen bezüglich des operativen Messstellenbetriebes (auch Entstörung) und Ersatzwert-

Anlage 1 BNetzA, Beschluss v. 20.12.2016 (BK6-16-200)

bildung existiert. Die Vorgaben hierzu sind indes ebenfalls nicht Bestandteil dieser Festlegung.

4.1.2. Begriffsbestimmungen

4.1.2.1. Direktvermarktungspflicht

Die bisherigen Definitionen der „EEG-Erzeugungsanlage mit DV-Pflicht" bzw. der „EEG-Erzeugungsanlage ohne DV-Pflicht" werden auf Erzeugungsanlagen nach dem geltenden KWKG erweitert. Denn auch dort findet sich nunmehr in § 4 Abs. 1 die Verpflichtung zur Direktvermarktung gültig ab einer dort näher bestimmten Anlagengröße.

4.1.2.2. Technische Ressource

Der eingeführte Begriff der technischen Ressource ersetzt die bisherige Begrifflichkeit der Erzeugungseinheit und referenziert auf das Marktrollenmodell des BDEW.

4.1.3. Rahmenbedingungen

4.1.3.1. Viertelstündliche Bilanzierung bei Ausstattung mit intelligentem Messsystem (Ziffer 3 Nr. 6)

Ziffer 6 sieht vor, dass in Fällen, in denen alle für eine erzeugende Marktlokation relevanten Messlokationen mit einem intelligenten Messsystem ausgestattet sind, auch in jedem Fall eine viertelstündliche Erfassung der Einspeisung zu erfolgen hat. Die Vorgabe ergibt sich aus § 55 Abs. 3 und 4 MsbG.

4.1.3.2. Erstmalige Stromeinspeisung (Ziffer 3. Nr. 12)

Der Text erweitert die auch in der bislang geltenden MPES-Festlegung enthaltene Vorgabe um konkrete Form- und Fristangaben, die der Erzeuger für die Meldung einer Marktlokation beim NB einzuhalten hat bzw. die der Netzbetreiber für die Beantwortung zu beachten hat. Die eingefügte Tabelle erläutert nochmals übersichtlich die unterschiedlichen Anwendungsfälle und die dafür geltenden Formvorgaben.

4.1.4. Geschäftsprozesse Lieferbeginn (Ziffer 4.2.) / Lieferende (Ziffer 4.3.)

Bei den genannten Prozessen wurde ebenfalls der Fall einer KWK-Marktlokation ohne bzw. mit Direktvermarktungspflicht eingearbeitet.

4.2. Dauerhafte Anwendung eines Formulars für bestimmte Wechselvorgänge (Tenorziffer 3.b. sowie Anlage 4)

Wie bereits in der Altfestlegung wird von Seiten der Beschlusskammer weiterhin ein Bedarf für einen zusätzlichen Meldeweg gesehen, den Anlagenbetreiber ohne Mitwirkung eines (beispielsweise nicht mehr aktiven Lieferanten) nutzen können, um ihre Anlagen aus einer Direktvermarktungsform zurückzuholen. Die in Tenorziffer 3b. enthaltene Verpflichtung stellt daher sicher, dass mittels eines ausschließlich für diesen Anwendungsbereich geltenden Formulars die EEG oder KWKG-Anlagenbetreiber dauerhaft die Möglichkeit erhalten, sämtliche Direktvermarktungszuordnungen aufheben zu lassen und die Erzeugungsanlage zu 100% wieder in die gesetzliche Förderung zu übernehmen. Es ist darauf hinzuweisen, dass Marktakteure, die zugleich eine Marktrolle im Sinne der Prozessfestlegungen nach Anlage 1 ausüben, von dieser Möglichkeit keinen Gebrauch machen können sondern auf die elektronische EDIFACT-Kommunikation zurückzugreifen haben. Die gegenüber den Netzbetreibern hier ausgesprochene Verpflichtung erscheint verhältnismäßig. Der Anwendungsbereich dürfte zahlenmäßig überschaubar sein. Zudem ist den Netzbetreibern nachgelassen, das geforderte Formular auch mittels eines besser automatisierbaren Online-Formulars bereitzustellen, was Raum für die jeweils unternehmensspezifisch effizienteste Lösung lässt. Da die Verarbeitungsstrukturen bei den verarbeitenden Netzbetreibern – soweit auf automatisierte Verarbeitung eingestellt – grundsätzlich bereits vorliegen, erscheint es verhältnismäßig, die Nutzung des überarbeiteten Formulars bereits zum 1.1.2017 vorzugeben.

5. Verpflichtung zur Entwicklung eines Prozesses und Formulars zur Abwicklung von Lieferantenwechseln in Kundenanlagen mit Untermessung (Tenorziffer 6)

Die Vorgaben nach Tenorziffer 6 beabsichtigen, die Betreiber von Elektrizitätsversorgungsnetzen zur Entwicklung eines Abwicklungsmodells für die Gewährleistung des Netzzugangs in Kundenanlagen zu veranlassen. Gemäß § 20 Abs. 1d EnWG haben Netzbetreiber für die Durchleitung von Energiemengen zu Abnahmekunden an Unterzählungen in Kundenanlagen die benötigten Zählpunkte bereitzustellen. Dies soll gewährleisten, dass solche Kunden in gleicher Weise an den standardisierten Lieferantenwechselprozessen der GPKE teilnehmen können. Die Regelung nach § 20 Abs. 1d EnWG existiert bereits seit dem Jahr 2011.

Der Beschlusskammer werden seitdem wiederkehrend Fälle aus der Praxis berichtet, in denen sich das gesetzlich beschriebene Procedere in Einzelfällen aufgrund mangelhafter Umsetzung oder aufgrund einer nicht zustande kommenden Einigung zwischen den Akteuren über technische Details geraume Zeit hinzieht bzw. vollständig scheitert. Die Kammer hält es daher für unumgänglich, auch für die Fallgruppe der Kundenanlagen eine entsprechende prozessuale Standardisierung im Markt anzuregen. Im Rahmen der Konsultation war eine rudimentäre Prozessbeschreibung, begleitet vom Entwurf eines Formulars zur Übermittlung erforderlicher Stammdaten, veröffentlicht worden. Die Vielzahl der hierauf eintreffenden Stellungnahmen stellte die grundsätzliche Notwendigkeit einer Standardisierung nicht in Frage, bemängelte aber die vorgeschlagenen Ansätze im Detail.

Mit der nun ausgesprochenen Verpflichtung soll den Betreibern von Elektrizitätsversorgungsnetzen die Gelegenheit gegeben werden, zu einer einheitlichen und von allen Unternehmen mitgetragenen Lösung zu finden. Die konkrete Ausgestaltung ist hierbei dem Markt überlassen, indes hält die Kammer eine konkrete zeitliche Zielvorgabe in der ausgesprochenen Form für unerlässlich, aber auch auskömmlich.

Hierbei spricht die Beschlusskammer die Verpflichtung zunächst nur in Bezug auf die Netzzugangsgewährung für Unterzähler von Haushaltskunden aus. Hintergrund sind die von einigen Konsultationsteilnehmern geäußerten Hinweise, wonach im Fall von Kundenanlagen mit Gewerbe- und Industriekunden regelmäßig die zu klärenden bilanziellen Fragen komplexer seien und hierfür mehr Zeit für die Bildung des virtuellen Zählpunktes zu veranschlagen sei. Die tenormäßige Beschränkung auf Haushaltskunden bedeutet dabei weder, dass gegenüber anderweitigen Verbrauchern in Kundenanlagen nicht ebenso unverzüglich gemäß § 20 Abs. 1d EnWG lieferantenwechselfähige Zählpunkte zur Verfügung gestellt werden müssten, noch dass ein zur Erfüllung dieser Verpflichtungen vorgelegter Geschäftsprozess nicht auch von vornherein alle Gruppen von Endkunden an Unterzählern abdecken könnte, sofern er hierfür geeignet erscheint.

– Beschlusskammer 7 –

Anlage 2

Beschluss

Az.: BK7-16-142

In dem Verwaltungsverfahren

wegen Anpassung der Vorgaben zur elektronischen Marktkommunikation an die Erfordernisse des Gesetzes zur Digitalisierung der Energiewende hat die Beschlusskammer 7 der Bundesnetzagentur für Elektrizität, Gas, Telekommunikation, Post und Eisenbahnen, Tulpenfeld 4, 53113 Bonn, gesetzlich vertreten durch ihren Präsidenten Jochen Homann, durch ihren Vorsitzenden Christian Mielke, ihre Beisitzerin Dr. Stephanie Ruddies, und ihre Beisitzerin Diana Harlinghausen

am 20.12.2016 beschlossen:

1. Die Festlegung einheitlicher Geschäftsprozesse und Datenformate beim Wechsel des Lieferanten bei der Belieferung mit Gas (Az. BK7-07-067 – GeLi Gas) vom 20.8.2007, zuletzt geändert durch den Beschluss BK7-11-075 vom 28.10.2011, wird nach Maßgabe der Anlage 1 mit Wirkung zum 1.10.2017 geändert.
2. Die im Tenor zu 1.) und zu 6.) i.V.m. Anlage 1 der Festlegung vom 9.9.2010 festgelegten Wechselprozesse im Messwesen (Az. BK7-09-001 – WiM) in der Fassung durch den Beschluss BK7-11-075 vom 28.10.2011 werden mit Wirkung zum 1.10.2017 aufgehoben.
3. Die Betreiber von Gasversorgungsnetzen werden verpflichtet, spätestens bis zum 1.2.2018 flächendeckend alle Marktlokationen im Sinne der Anlage 1 zu dieser Festlegung mittels einer eigenständigen Identifikationsnummer (Marktlokations- ID) zu identifizieren, die folgende Anforderungen erfüllt:
   a) Die Marktlokations-ID darf nicht mit der für die Identifikation von Messlokationen im Sinne der Anlage 1 zu dieser Festlegung verwendeten Identifika- tionsnummer identisch sein.
   b) Die Generierung und Ausgabe der IDs erfolgt durch eine zentrale bundesweite Stelle (Codevergabestelle). Alle Betreiber von Gasversorgungs- netzen bestellen unverzüglich bei der Codevergabestelle die benötigte Anzahl an Codes und weisen sie den in ihrem Netz befindlichen Marktlokationen zu. Die betroffenen Marktbeteiligten sind über die jeweilige Zuweisung unverzüglich zu informieren. Die Codevergabestelle erfasst ausschließlich den Betreiber von Gasversorgungsnetzen, der den Code zum Zeitpunkt der Erstausgabe bestellt hat.
   c) Die ID identifiziert die jeweilige Marktlokation nach ihrer erstmaligen Zuordnung dauerhaft. Eine Veränderung ist unzulässig, solange die Marktlokation existiert. Dies gilt auch in Fällen von Konzessionswechseln.
   d) Die Marktlokations-ID muss mit einer Prüfziffer ausgestattet sein, anhand derer überprüft werden kann, ob eine ID korrekt übermittelt worden ist.
4. Die Übermittlung sämtlicher EDIFACT-Nachrichten zur Marktkommunikation im Anwendungsbereich der GeLi Gas ist spätestens ab dem 01.06.2017 mittels elektronischer Signatur und Verschlüsselung abzusichern. Hierbei sind die nachfolgenden Vorgaben einzuhalten:
   a) Das Verschlüsseln und Signieren von E-Mails ist ausschließlich nach dem S/MIME-Standard gestattet. Die hierfür mindestens einzuhaltenden kryptographischen Sicherheitsanforderungen sind in der Technischen Richtlinie des BSI, TR 03116-4 (Stand: 2016) niedergelegt.
   b) Bis zum 31.12.2019 kann abweichend von den Vorgaben der BSI TR- 03116-4 der zertifizierte private Signaturschlüssel gleichzeitig zur Signaturerzeugung sowie zur Ent-

schlüsselung der an diese E-Mail-Adresse gesandten Daten verwenden werden. In diesem Fall muss das zugehörige Zertifikat beide Verwendungszwecke (Verschlüsselung und Signatur) im Feld „KeyUsage" enthalten. Die anderen Marktbeteiligten haben zur Verschlüsselung der an diese E-Mail-Adresse übersandten Nachrichten sowie zur Prüfung der für diese E-Mail-Adresse erstellten Signaturen einheitlich den zu dem privaten Schlüssel gehörigen öffentlichen Schlüssel zu verwenden.
  c) Das Zertifikat muss von einer Zertifizierungsstelle ausgestellt sein, die Zertifikate diskriminierungsfrei für Marktteilnehmer der deutschen Energiewirtschaft anbietet. Es darf kein selbstausgestelltes Zertifikat sein.
  d) Die Adressaten dieser Festlegung sind verpflichtet, die zur Umsetzung der o.g. Anforderungen erforderlichen technischen Details zum abgesicherten Austausch zu erarbeiten und der Bundesnetzagentur bis zum 01.02.2017 vorzulegen. Hierfür ist das EDI@ENERGY-Dokument „EDI@Energy – Regelungen zum Übertragungsweg (Konzept) – Regelungen zum sicheren Austausch von EDIFACT-Übertragungsdateien" (Anlage X zu dieser Festlegung) an die vorgenannten Vorgaben anzupassen. Die Adressaten der vorliegenden Festlegung sind verpflichtet, die Anforderungen des angepassten Dokumentes ihrer elektronischen Kommunikation zugrunde zu legen, nachdem alle Marktbeteiligten im Rahmen einer öffentlichen, durch die Bundesnetzagentur begleiteten Konsultation Gelegenheit hatten, zu dem Entwurf Stellung zu nehmen, und es im Anschluss durch die Bundesnetzagentur veröffentlicht worden ist. Sofern sich die in lit. a) genannte technische Richtlinie TR 03116-4 ändert, ist das vorgenannte EDI@ENERGY-Dokument hieran in erforderlichem Umfang im Rahmen des Änderungsmanagements anzupassen.
5. Ein Widerruf bleibt vorbehalten.
6. Eine Kostenentscheidung bleibt vorbehalten.

Gründe

I.

Das vorliegende Verwaltungsverfahren betrifft die Änderung der Geschäftsprozesse Lieferantenwechsel Gas – GeLi Gas sowie die Aufhebung der Wechselprozesse im Messwesen – WiM. Es richtet sich an alle an den Prozessen zum Lieferantenwechsel sowie zum Messwesen mitwirkenden Marktbeteiligten, also insbesondere an Netzbetreiber, Lieferanten und Messstellenbetreiber.

(1) Am 2. September 2016 trat das Gesetz zur Digitalisierung der Energiewende (BGBl. I, S. 2034) in Kraft. Es setzte in Artikel 1 das Messstellenbetriebsgesetz (im Weiteren: „MsbG") in Kraft, das umfangreiche Vorgaben zum Einsatz von Messtechnik im deutschen Energiemarkt und zur Kommunikation der Messwerte zwischen den Marktbeteiligten trifft. Einen wesentlichen Schwerpunkt des MsbG bildet die Verpflichtung zur weitreichenden Installation und Nutzung intelligenter bzw. moderner Messeinrichtungen im Stromsektor (sog. „Rollout"). Zu einem geringeren Teil enthält es jedoch auch neue Vorgaben für Messeinrichtungen im Gassektor. Das MsbG ersetzte zugleich die bisherigen §§ 21b–21i Energiewirtschaftsgesetz (im Weiteren: „EnWG") sowie die Messzugangsverordnung (im Weiteren: „MessZV"). Die Gesamtheit der Vorgaben im Gesetz zur Digitalisierung der Energiewende wirkte sich insbesondere für den Stromsektor umfangreich auf die gesetzlichen Grundlagen aus, die der heute praktizierten elektronischen Marktkommunikation zugrunde liegen.

Auf Anregung der Bundesnetzagentur waren der Bundesverband der Energie- und Wasserwirtschaft e. V. (im Weiteren: „BDEW") sowie der Verband kommunaler Unternehmen e. V. (im Weiteren: „VKU") bereits zum Jahresbeginn 2016 in die Erarbeitung von Vorschlägen zur Anpassung der geltenden Festlegungen im Sinne eines „Interimsmodells" eingetreten. Dieses

Anlage 2 BNetzA, Beschluss v. 20.12.2016 (BK7-16-142)

Modell sollte sicherstellen, dass neu einzusetzende Messtechnik, insbesondere intelligente Messsysteme, bereits ab Herbst 2017 in den wesentlichen Grundfunktionalitäten in die elektronische Marktkommunikation eingebunden werden können. Die von der Arbeitsgruppe erstellten Ergebnisse wurden in insgesamt drei Marktkommunikationsforen jeweils zwischen betroffenen Verbänden, dem BSI sowie der Bundesnetzagentur intensiv diskutiert. Auf Basis der so gefundenen Grundlagen übersandten BDEW und VKU im Anschluss konkrete Textänderungsvorschläge zur Anpassung der geltenden Marktkommunikationsfestlegungen an die Bundesnetzagentur.

(2) Vor dem Hintergrund der sich abzeichnenden neuen Gesetzeslage haben die Beschlusskammern 6 und 7 der Bundesnetzagentur am 12.9.2016 von Amts wegen unter getrennten Aktenzeichen förmliche Festlegungsverfahren zur Abänderung der bestehenden Festlegungen zum Lieferantenwechsel sowie zum Messwesen eingeleitet und auf der Internetseite der Bundesnetzagentur veröffentlicht. Zugleich haben die Beschlusskammern die von den Verbänden BDEW und VKU erarbeiteten Prozessentwürfe zur öffentlichen Konsultation gestellt. Die formal für den Strom- und Gasbereich getrennten Verfahren wurden inhaltlich eng miteinander verknüpft. Die Verfahrenseinleitung wurde des Weiteren auch im Amtsblatt der Bundesnetzagentur vom 28.9.2016 (S. 3684 ff.) veröffentlicht.

(3) Im Rahmen der Konsultation haben folgende Verbände, Interessengruppen und Unternehmen durch Übersendung von Stellungnahmen reagiert: Next Level Integration GmbH, MVV Energie AG, EWE NETZ GmbH, Die Bundesbeauftragte für den Datenschutz und die Informationsfreiheit, Energy2market GmbH, E.ON Energie Deutschland GmbH gemeinschaftlich mit E WIE EINFACH GmbH, E.ON SE, GEODE, FNN – Forum Netztechnik/Netzbetrieb im VDE, enercity Netzgesellschaft mbH, EnBW Energie Baden-Württemberg AG, BDEW – Bundesverband der Energie- und Wasserwirtschaft e.V., bne – Bundesverband Neue Energiewirtschaft e. V. gemeinschaftlich mit AFM+E, Westfalen Weser Netz GmbH, DVGW – Deutscher Verein des Gas- und Wasserfaches e. V., 50 Hertz Transmission GmbH gemeinschaftlich für AMPRION GMBH, TENNET TSO GMBH, TRANSNET BW GMBH, Energienetze Mittelrhein GmbH & Co. KG, TEN Thüringer Energienetze GmbH & Co. KG, innogy SE, EnergieNetz Mitte GmbH, VfW – Verbandes für Wärmelieferung e. V., TENNET TSO GmbH, Energieversorgung Mittelrhein AG, inetz GmbH, Bayernwerk AG gemeinschaftlich mit Avacon AG, E.DIS AG und Schleswig-Holstein Netz AG, Stadtwerke Leipzig GmbH, Discovergy GmbH, COUNT+CARE GmbH & Co. KG, eins energie in sachsen GmbH & Co. KG, ubitricity – Gesellschaft für verteilte Energiesysteme mbH, Stromnetz Berlin GmbH, Vattenfall Europe Sales GmbH, Stromnetz Hamburg GmbH, Thüga Aktiengesellschaft, SWM Infrastruktur GmbH & Co. KG, NEW Niederrhein Energie und Wasser GmbH, regiocom GmbH, Gemeindewerke Oberhaching GmbH, EHA Energie-Handels-Gesellschaft mbH & Co. KG, NATURSTROM AG.

(4) Die Bundesnetzagentur hat dem Bundeskartellamt und den Landesregulierungsbehörden gemäß § 58 Abs. 1 Satz 2 EnWG sowie dem Länderausschuss gemäß § 60a Abs. 2 S. 1 EnWG durch Übersendung des Entscheidungsentwurfs Gelegenheit zur Stellungnahme gegeben. Mit dem Bundesamt für Sicherheit in der Informationstechnik hat sich die Behörde gemäß § 75 Nr. 1 MsbG bezüglich der Vorgaben zur Absicherung der Marktkommunikation ins Benehmen gesetzt.

Wegen der weiteren Einzelheiten wird auf den Inhalt der Verwaltungsakte Bezug genommen.

II.

1. Zuständigkeit

Die Zuständigkeit der Bundesnetzagentur für die nachfolgende Festlegung ergibt sich aus § 54 Abs. 1, Abs. 3 EnWG, §§ 47, 75 MsbG, die der Beschlusskammer aus § 59 Abs. 1 Satz 1 EnWG

2. Rechtsgrundlage

Die Festlegung beruht auf verschiedenen Normen des EnWG sowie des MsbG.

(1) Die Änderung der Geschäftsprozesse zum Lieferantenwechsel Gas (GeLi Gas, Anlage zu dem Beschluss BK7-06-067 vom 20.8.2007 in der Fassung nach den Änderungen durch die Festlegungen BK7-09-001 vom 9.9.2010 sowie BK7-11-075 vom 28.10.2011) durch die Regelung in Ziff. 1) des Tenors beruhen auf § 29 Abs. 1, Abs. 2 EnWG i.V.m. § 50 Abs. 1 Ziff. 14 der Verordnung über den Zugang zu Gasversorgungsnetzen (Gasnetzzugangsverordnung, im Weiteren: „GasNZV") i.V.m. § 36 Abs. 2 Nr. 1 VwVfG. Danach kann die Regulierungsbehörde Festlegungen zur Abwicklung des Lieferantenwechsels nach § 41 GasNZV, insbesondere zu den Anforderungen an und dem Format des elektronischen Datenaustauschs treffen, bzw. bereits hierzu getroffene Festlegungen ändern. Des Weiteren beruhen die Prozesse auch auf Ziff. 4 sowie Ziff. 10 des § 75 MsbG. In Ziff. 4 des § 75 MsbG wird die Bundesnetzagentur dazu ermächtigt, Übergangsregelungen für die Kommunikation zum Austausch von Messwerten nach § 60 Abs. 2 MsbG zu erlassen. § 75 Ziff. 10 MsbG befugt die Bundesnetzagentur ferner zum Erlass bundeseinheitlicher Regelungen zum Datenaustausch im Sinne der §§ 52 und 60 Absatz 1 MsbG zwischen den betroffenen Marktteilnehmern, insbesondere hinsichtlich Fristen, Formaten sowie Prozessen, die eine größtmögliche Automatisierung ermöglichen.

(2) Die Aufhebung der Wechselprozesse im Messwesen (WiM – Anlage 1 zu dem Beschluss BK7-09-001 vom 9.9.2010 in der Fassung nach Änderung durch die Festlegung BK7-11-075 vom 28.10.2011) in Ziff. 2) des Tenors beruhen auf dem Widerrufsvorbehalt in Ziff. 7) i.V.m. Ziff. 1) und Ziff. 6) des Tenors der Entscheidung BK7-09-001. Danach kann die Festlegung vom 9.9.2010, die nach pflichtgemäßem Ermessen mit einem Vorbehalt des Widerrufs erlassen wurde, auch nachdem sie unanfechtbar geworden ist ganz oder teilweise mit Wirkung für die Zukunft von der Beschlusskammer widerrufen werden, sofern eine der dort genannten Widerrufstatbestände einschlägig ist. Soweit der Widerruf erfolgt, wird die Ausgangsfestlegung zu dem von der Beschlusskammer bestimmten Zeitpunkt unwirksam.

3. Formelle Anforderungen

Die formellen Anforderungen an die Rechtmäßigkeit der Entscheidung sind erfüllt. Die Entscheidung richtet sich an einen statthaften Adressatenkreis (siehe folgenden Abschnitt 3.1). Die Beschlusskammer hat die erforderlichen Konsultationen und Anhörungen durchgeführt (siehe folgenden Abschnitt 3.2) und die betroffenen Behörden beteiligt (siehe folgenden Abschnitt 3.3).

Schließlich erfolgt auch in gesetzlich vorgegebener Weise eine Zustellung an die Adressaten. (siehe folgenden Abschnitt 3.4).

3.1. Adressaten der Festlegung

Das Verfahren richtet sich an alle Marktbeteiligten, die an der Abwicklung der Prozesse zum Wechsel des Lieferanten bzw. an der Durchführung der WiM beteiligt sind. Soweit die Geschäftsprozesse zum Lieferantenwechsel betroffen sind (Tenor zu 1.) sind dies vor allem alle Betreiber von Gasversorgungsnetzen unabhängig davon, ob es sich dabei um ein Fernleitungsnetz oder ein Verteilernetz handelt, zum anderen aber auch alle Lieferanten von Gas (vgl. zur Adressateneigenschaft der Lieferanten klarstellend z.B. BGH EnVR 14/09 vom 29.9.2009, Rdn. 11) sowie Messstellenbetreiber. Adressaten bzgl. der Änderung der WiM in Ziff. 2.) des Tenors sind zusätzlich zu den o.g. Unternehmen auch noch alle Messstellenbetreiber im Gassektor. Schließlich adressiert es auch Unternehmen, die bis zum Inkrafttreten des Gesetzes zur Digitalisierung der Energiewende ausschließlich als Messdienstleister i.S.d. alten Rechtsvorschriften tätig waren. Sofern sie Adressaten der Festlegungsentscheidungen zum Erlass bzw. der Änderung der WiM waren, sind sie auch Adressaten bzgl. deren Aufhebung.

3.2. Möglichkeit zur Stellungnahme und Anhörung

Am 12.9.2016 hat die Beschlusskammer das vorliegende Festlegungsverfahren eingeleitet. Sie hat am selben Tage einen Festlegungsentwurf auf ihrer Internetseite sowie am 28.9.2016 im Amtsblatt der Bundesnetzagentur veröffentlicht (Siehe Amtsblatt 18/2016, S. 3684 ff.). Alle Marktbeteiligten erhielten Gelegenheit zur Stellungnahme zu dem Festlegungsentwurf bis zum 12.10.2016, sodass die erforderliche Anhörung durchgeführt wurde. Insgesamt sind 40 Stellungnahmen von Unternehmen und Verbände eingegangen.

3.3. Beteiligung zuständiger Behörden

Die Beteiligung der zuständigen Behörden ist ordnungsgemäß erfolgt. Die zuständigen Behörden und der Länderausschuss wurden am 12.9.2016 über die Einleitung des Verfahrens informiert. In der Länderausschusssitzung vom 17.11.2016 wurde der Länderausschuss frühzeitig über die geplante Änderungsfestlegung informiert. Die förmliche Beteiligung gemäß § 60a Abs. 2 EnWG erfolgte durch Übersendung des Beschlussentwurfs am 12.12.2016. Dem Bundeskartellamt und den Landesregulierungsbehörden wurde gemäß § 58 Abs. 1 Satz 2 EnWG am 12.12.2016 ebenfalls Gelegenheit zur Stellungnahme gegeben. Hinsichtlich der Vorgaben in Tenorziffer 4 zur Absicherung der Marktkommunikation wurde dem Bundesamt für Sicherheit in der Informationstechnik (BSI) zur Herstellung des Benehmens zu den beabsichtigten Vorgaben Gelegenheit zur Stellungnahme gegeben.

3.4. Formgerechte Zustellung

Eine formgerechte Zustellung an die Adressaten der Festlegung gemäß § 73 EnWG wird gewährleistet. Die Einzelzustellung an die Adressaten ist wirksam durch eine öffentliche Bekanntmachung gemäß § 73 Abs. 1a EnWG ersetzt worden. Bei der vorliegenden Entscheidung handelt es sich um eine Änderungsfestlegung gemäß §§ 73 Abs. 1a Satz 1, 29 Abs. 2 EnWG und damit um einen in Form der öffentlichen Bekanntmachung zustellbaren Verwaltungsakt. Die Änderungsfestlegung ergeht gegenüber der Gruppe der deutschen Gasversorgungsnetzbetreiber sowie gegenüber den Gruppen der in Deutschland tätigen Energielieferanten, Messstellenbetreiber sowie früheren Messdienstleister und damit gegenüber dem von § 73 Abs. 1a Satz 1 EnWG zugelassenen Adressatenkreis. Die Entscheidung wird im Amtsblatt 01/2017 vom 11.1.2017 einschließlich Rechtsbehelfsbelehrung sowie Hinweis auf die Internetveröffentlichung und die Wirkweise der Zustellungsfiktion veröffentlicht. An dem Tag zwei Wochen nach Veröffentlichung des Amtsblattes – und damit am 25.1.2017 – gilt die vorliegende Entscheidung daher gegenüber den o.g. Personen als zugestellt.

4. Materielle Anforderungen

Die Voraussetzungen für den Erlass der Änderungs- bzw. Aufhebungsfestlegung liegen vor (siehe folgenden Abschnitt 4.1.) Die Beschlusskammer hat das ihr zustehende Aufgreifermessen fehlerfrei ausgeübt (siehe hierzu folgenden Abschnitt 4.2.). Auch die konkrete Ausgestaltung der Festlegung ist fehlerfrei (siehe folgenden Abschnitt 4.3.).

4.1. Voraussetzungen der Festlegungen liegen vor

Nach § 50 Abs. 1 Satz 1 GasNZV kann die Regulierungsbehörde Festlegungen treffen, wenn sie der Verwirklichung eines effizienten Netzzugangs (siehe folgenden Abschnitt 4.1.1.) und der in § 1 Abs. 1 EnWG genannten Zwecke (siehe folgenden Abschnitt 4.1.2.) unter Beachtung der Anforderungen eines sicheren Netzbetriebs (siehe folgenden Abschnitt 4.1.3.) dienen.

Gemäß § 75 MsbG darf die Bundesnetzagentur zusätzlich auch Festlegungen zum Messwesen erlassen, wenn diese zur bundesweiten Vereinheitlichung der Bedingungen für den Messstellenbetrieb sowie der Datenerhebung, -verarbeitung und -nutzung und die Messung durch einen Dritten dienen (siehe folgenden Abschnitt 4.1.4.).

4.1.1. Verwirklichung eines effizienten Netzzugangs

Die vorliegende Festlegung dient der Verwirklichung eines effizienten Netzzugangs gemäß § 20 Abs. 1 Satz 1, 4 EnWG i.V.m. § 50 Abs. 1 GasNZV. Effizient ist ein Netzzugangssystem dann, wenn die Zugangspetenten die Netzinfrastruktur unter möglichst geringem Aufwand nutzen und so in einem wettbewerblich strukturierten Markt zu angemessenen Bedingungen als Anbieter auftreten können. Die vorliegende Festlegung bereitet die Grundlage für eine umfassende Neuausrichtung und Modernisierung des Messwesens im Lichte der Zielsetzungen des MsbG. Ziel ist dabei u.a. eine effizientere Erhebung und Verteilung von Messwerten durch den Einsatz digitaler Informationstechnologien. Die damit angestrebte Reduzierung von Zeit- und Arbeitsaufwand beim Messstellenbetrieb und der Messung eröffnet den Marktbeteiligten einen effektiveren Zugang zu Messwerten. Dies fördert zugleich die Effizienz des Netzzugangssystems im Ganzen.

4.1.2. Verwirklichung der Ziele des § 1 Abs. 1 EnWG

Die vorliegende Entscheidung dient auch der Verwirklichung der in § 1 Abs. 1 EnWG genannten Gesetzeszwecke. Das EnWG dient gemäß der Zielbestimmung in § 1 Abs. 1 der Sicherstellung einer möglichst sicheren, preisgünstigen, verbraucherfreundlichen, effizienten und umweltverträglichen leitungsgebundenen Versorgung der Allgemeinheit mit Elektrizität und Gas. Im Rahmen der vorliegenden Entscheidung stehen die Ziele der effizienten und verbraucherfreundlichen Versorgung der Allgemeinheit mit Energie im Vordergrund. Der Einsatz digitaler Messtechnologien ist zum einen geeignet, die Effizienz des Netzzugangs und damit auch der Energieversorgung insgesamt zu fördern. Zum anderen ermöglichen es digitale Messeinrichtungen Verbrauchern in einem besonderen Maße, Kenntnis von ihrem Verbrauchsverhalten zu nehmen und dieses ggf. zu verändern, um z.B. Kosten zu sparen. Mit der vorliegenden Festlegung wird noch kein vollständiger Systemwechsel im Messwesen erreicht, sodass die o.g. Ziele noch nicht vollumfänglich erreicht werden. Für die Anforderungen des § 50 GasNZV ist jedoch ausreichend, dass die Gesetzesziele des § 1 Abs. 1 EnWG durch die Festlegung überhaupt gefördert werden. Dies wird mit der vorliegenden Entscheidung erreicht, die den Charakter einer vorbereitenden, einen weitreichenderen Systemwechsel die Grundlage bereitenden Maßnahme innehat.

4.1.3. Beachtung der Anforderungen eines sicheren Netzbetriebs

Die Festlegung beachtet die Anforderungen an einen sicheren Netzbetrieb. Die vorgenommenen Änderungen an der GeLi Gas zielen darauf ab, eine zuverlässige Erhebung, Verarbeitung und Verteilung von Messwerten auf der Grundlage der neuen Anforderungen des MsbG

Anlage 2 BNetzA, Beschluss v. 20.12.2016 (BK7-16-142)

zu ermöglichen und hierbei einen Rahmen für die sichere Einbindung neuer Messtechnologien in das aktuelle Netzzugangssystem zu schaffen. Die Bereitstellung einer korrekten und zuverlässigen Datenbasis bzgl. des Transports und Verbrauchs von Gas an den verschiedenen Ein- und Ausspeisepunkten eines Gasversorgungsnetzes stellt eine wichtige Voraussetzung zur Gewährleistung eines sicheren Netzbetriebs dar. Die getroffenen Regelungen ergehen zudem im Rahmen der allgemeinen Vorschriften zur Netzsicherheit und lassen diese vollständig unberührt.

4.1.4. Vereinheitlichung der Bedingungen für den Messstellenbetrieb

Die Festlegung dient auch der Vereinheitlichung der Bedingungen für den Messstellenbetrieb sowie der Datenerhebung, -verarbeitung und -nutzung. Mit der vorliegenden Entscheidung wird insbesondere der Prozess „Messwertübermittlung" der GeLi Gas aktualisiert, der gerade dazu diente, einen bundesweit einheitlichen Rahmen zur Abwicklung der Geschäftsprozesse bei der Erhebung, Verarbeitung und Verwendung von Messwerten zu schaffen.

4.2. Fehlerfreie Ausübung des Aufgreifermessens

Die Beschlusskammer hat mit dem Erlass der vorliegenden Festlegung ihr Aufgreifermessen ausgeübt. Das Inkrafttreten des MsbG führte eine erhebliche Änderung des Rechtsrahmens für den Bereich des Messstellenbetriebs sowohl im Strom- als auch im Gassektor herbei. Es wurden neue Rechte und Pflichten der verschiedenen Marktbeteiligten begründet, zudem wurden die Aufgabenbereiche der Marktbeteiligten neu definiert bzw. – wie im Fall des Messdienstleisters – mit den Aufgabenbereichen anderer Marktbeteiligter verschmolzen. Die bisherigen Festlegungen der Prozesse zum Lieferantenwechsel sowie zum Messwesen bilden diese Rechtslage nicht ab. Sie bedurften daher einer zeitnahen Anpassung an das geltende Recht.

4.3. Konkrete Ausgestaltung der Festlegung ist fehlerfrei

Die Beschlusskammer hat die in der Entscheidung getroffenen Regelungen rechtmäßig ausgestaltet. Damit hat sie auch das ihr zustehende Auswahlermessen fehlerfrei ausgeübt. Dies gilt sowohl für die Änderungen an der GeLi Gas als auch für die Aufhebung der Wechselprozesse im Messwesen. In den nachfolgenden Abschnitten werden die wesentlichen Neuregelungen der Änderungsfestlegung dargestellt und eingehend begründet.

4.3.1. Änderung der GeLi Gas in Anlage 1 (Tenor zu 1.)

Die Anpassung der GeLi Gas durch vorliegende Änderungsfestlegung ist ermessensfehlerfrei. Der nachfolgende Abschnitt zeigt zunächst die zentralen Ausgestaltungsleitlinien auf, die die Beschlusskammer bei der Erarbeitung der Prozesse verfolgt hat. Sodann werden die einzelnen getroffenen Neuregelungen schwerpunktmäßig dargestellt und begründet.

4.3.1.1. Zentrale Ausgestaltungsleitlinien der Festlegung

(1) Die grundsätzliche Zielsetzung der vorliegenden Entscheidung ist ermessenskonform. Das erste Ziel der Festlegung besteht darin, die bis jetzt aktuellen Prozesse der GeLi Gas in Einklang mit dem neuen Rechtsrahmen des MsbG zu bringen. Mit Inkrafttreten der Neuregelung am 2. September 2016 hat der Gesetzgeber an vielen Stellen die Rechte und Pflichten der Marktbeteiligten im Bereich des Messstellenbetriebs kurzfristig neu definiert. Diese Neuregelungen berühren inhaltlich auch die Geschäftsprozesse zum Lieferantenwechsel Gas, und da-

bei insbesondere den Prozess „Messwertübermittlung". Da das MsbG grundsätzlich unmittelbar mit Inkrafttreten für die Marktbeteiligten verbindlich wurde und nur für einzelne Teilbereiche Übergangsfristen enthält, war es aus Sicht der Beschlusskammer erforderlich, zeitnah auch die durch das MsbG berührten Prozesse der GeLi Gas an die Neuerungen anzupassen. Prämissen für die Erarbeitung der einzelnen Prozessschritte in dieser kurzfristigen Anpassung (sog. Interimsmodell) waren eine weitgehende Beibehaltung bestehender, am Markt etablierter Marktprozesse und die Vermeidung von Prozessen, die ausschließlich für das Interimsmodell Anwendung finden. In dem so gesteckten Rahmen erarbeiteten die Verbände BDEW und VKU Prozessvorschläge, deren Umsetzbarkeit in der kurzen, hierfür zur Verfügung stehenden Zeit aus ihrer Sicht realistisch erschien. Die Diskussion dieser Entwürfe in den Marktkommunikationsforen zeigte, dass die Prozessvorschläge aus Sicht der Marktbeteiligten grundsätzlich eine geeignete Basis für eine Umsetzung der Vorgaben des MsbG im Interimsmodell darstellen. Die Beschlusskammer hat sich daher bei der Erarbeitung der vorliegenden Entscheidung an dem Vorschlag der Verbände orientiert, um kurzfristig ein markttaugliches Prozessmodell bereitstellen zu können.

(2) Darüber hinaus dient die vorliegende Entscheidung aber auch noch der Vorbereitung eines weitergehenden Systemwechsels im Bereich des Messwesens (sog. „Zielmodell"). Das MsbG bildet den Rahmen für eine weitreichende Digitalisierung des Messwesens. Es verpflichtet die Marktbeteiligten zukünftig zum Rollout digitaler Messtechnologien und sieht ein neues, netzwerkbasiertes System zur Übertragung von Messwerten vor (sog. sternförmige Datenkommunikation über Smart Meter Gateways). Auch wenn der Schwerpunkt dieser Neuerungen deutlich auf dem Strombereich liegt, werden möglicherweise erhebliche Teile der Systematik – ggf. in abgewandelter Form und/oder zeitverzögert – auch für den Gassektor Anwendung finden. Mit der vorliegenden Festlegung werden erste grundlegende Vorbereitungsmaßnahmen vollzogen (z. B. im Bereich der Codevergabe sowie mit der Einführung der Begriffssystematik Markt- /Messlokation), um mittelfristig eine möglichst effiziente Einführung des Zielmodells zu ermöglichen.

(3) Um zeitnah Rechtsklarheit und Rechtssicherheit für die Betroffenen zu schaffen, hat sich die Beschlusskammer bei der Entscheidungsfindung für die nun vorliegende Festlegung auf zentrale Kernpunkte der gesetzlichen Neuregelung fokussiert. Im Rahmen der Konsultation haben verschiedene Marktbeteiligte auf aus ihrer Sicht bestehendes Verbesserungspotential an einzelnen Prozessschritten und Detailregelungen der GeLi Gas hingewiesen, die über den Bereich der MsbG-Novelle hinausgehen und auf eine allgemeine Prozessoptimierung abzielen. Aufgrund des engen Zeithorizonts für das vorliegende Verfahren hat die Beschlusskammer sich jedoch dazu entschieden, sich lediglich auf die mit Blick auf den neuen Gesetzesrahmen unbedingt erforderlichen Änderungen zu konzentrieren. Dies reduziert zugleich den Aufwand der Marktbeteiligten bei der Umsetzung der neuen Vorgaben, für die angesichts des gesetzlichen Zeitplans keine umfangreichen Fristen zur Verfügung stehen. Die Beschlusskammer weist jedoch darauf hin, dass sie die von ihr festgelegten Prozesse bei der Entwicklung des Zielmodells nochmals einer umfassenden Prüfung unterziehen wird. Dies schafft auch einen angemessenen Rahmen für die Auseinandersetzung mit den von den Konsultationsteilnehmern verfolgten weitergehenden Anliegen.

(4) Eine weitere zentrale Zielsetzung bestand für die Beschlusskammer bei der Erarbeitung der vorliegenden Änderungsfestlegung darin, wie schon in den vorangegangenen Festlegungen zur Einführung und Änderung der GeLi Gas ein höchstmögliches Maß an Prozesshomogenität zum Stromsektor zu erreichen. Sie trägt damit den Anliegen der zahlreichen Mehrspartenunternehmen unter den Marktbeteiligten nach einer möglichst kostenschonenden und effizienten Prozessgestaltung Rechnung. So wurden z. B. nicht nur die Prozesse zur Geschäftsdatenanfrage und zur Stammdatenänderung identisch neu eingeführt, sondern auch die Begrifflichkeiten zur Markt- und Messlokation. Auch das Rechtsregime zur Durchführung rückwirkender An-

Anlage 2 BNetzA, Beschluss v. 20.12.2016 (BK7-16-142)

und Abmeldungen wurde abgeglichen. Die Beschlusskammer weist jedoch darauf hin, dass eine vollständige Identität der Prozesse in GeLi Gas und GPKE – wie von einigen Marktteilnehmern gewünscht – aufgrund des deutlich unterschiedlichen Rechtsrahmens nicht hergestellt werden kann. Während die für den Lieferantenwechsel grundlegenden Vorschriften in § 41 GasNZV und § 14 StromNZV noch fast deckungsgleich ausgestaltet sind, differenziert das MsbG für den Bereich des Messstellenbetriebs weitreichend zwischen dem Strom- und dem Gassektor. Dies betrifft alle Bereiche von den Anforderungen an die messtechnische Ausstattung der jeweiligen Messstelle bis hin zu den Übertragungswegen für die erhobenen Messwerte. Dieses grundsätzliche Auseinanderfallen bildet eine (bislang in dieser Reichweite nicht dagewesene) Grenze für die Homogenität der Prozesse, die auch die Beschlusskammer bei deren Ausgestaltung einhalten muss.

4.3.1.2. Festlegungsänderung entsprechend der Anlage 1)

Mit dem Tenor zu 1.) werden die aktuell gültigen Prozesse der GeLi Gas geändert. Die Änderung erfolgt dabei nach Maßgabe der Anlage 1) zu dieser Entscheidung. In der Anlage sind die gegenüber der aktuellen GeLi Gas vorgenommenen Änderungen kenntlich gemacht. Hinzufügungen sind im Wege eines „Änderungsmodus" drucktechnisch abgesetzt, wegfallende Inhalte durch eine entsprechende Streichung markiert. In Summe ergibt sich hieraus die künftig gültige Fassung der GeLi Gas. Da die vorliegende Entscheidung weite Teile der GeLi Gas unberührt lässt, hat sich die Beschlusskammer dafür entschieden, eine Änderungsfestlegung zu erlassen, anstatt die Festlegung aufzuheben und insgesamt neu zu bescheiden. Die so in weiten Teilen erhaltene Bestandskraft der aktuellen GeLi Gas gewährt den Marktbeteiligten zeitnah ein höheres Maß an Rechtssicherheit und -klarheit im Hinblick auf die Kontinuität der Prozessstruktur. Um allen Marktbeteiligten einen einfachen Überblick über die künftige Struktur der GeLi Gas zu verschaffen, wird die Beschlusskammer zeitnah nach dem Erlass der vorliegenden Entscheidung eine konsolidierte Lesefassung auf ihrer Internetseite bereitstellen, in der die getroffenen Änderungen in den Text der Festlegung eingearbeitet sind.

4.3.1.3. Befristung des Wirksamwerdens

Die mit dem Tenor zu 1.) zugleich ausgesprochene aufschiebende Befristung ist rechtmäßig. Sie findet ihre Rechtsgrundlage in § 36 Abs. 2 Nr. 1 VwVfG. Danach kann ein Verwaltungsakt im pflichtgemäßen Ermessen mit einer Bestimmung erlassen werden, nach der eine Vergünstigung oder Belastung zu einem bestimmten Zeitpunkt beginnt, endet oder für einen bestimmten Zeitraum gilt. Nach Ausübung des ihr eingeräumten Ermessens hat sich die Beschlusskammer entschlossen, die Änderung der GeLi Gas mit Wirkung zum 1.10.2017 wirksam werden zu lassen. Diese Regelung ist rechtmäßig und genügt insbesondere dem Grundsatz der Verhältnismäßigkeit. Danach sind die Prozesse der GeLi Gas ab dem 1.10.2017 einheitlich von allen Marktbeteiligten in der neuen Fassung anzuwenden. Bis zum Ablauf des 31.9.2017 bleiben dagegen die Prozesse in der bisherigen Fassung verbindlich.

Die so geschaffene Übergangsfrist eröffnet ein hinreichendes Zeitfenster, um die für die Anwendung der neuen Prozesse erforderlichen Vorbereitungsmaßnahmen zu treffen. Insbesondere obliegt es der für die Fortentwicklung der für die elektronische Kommunikation verwendeten EDIFACT-Nachrichtentypen zuständigen verbändeübergreifenden projektführenden Organisation EDI@Energy, in dem verbleibenden Zeitraum die erforderlichen IT-technischen Fortentwicklungen am Datenformat vorzunehmen. Hierfür steht der normale Zeitrahmen des Änderungsmanagements der Nachrichtentypen zur Verfügung. Die Beschlusskammer geht daher davon aus, dass die EDI@Energy zum Konsultationstermin des 1.2.2017 Entwürfe für eine Fortentwicklung der Nachrichtentypen vorlegt, die sodann bis zum 1.4.2017 im Rahmen des Änderungsmanagements veröffentlicht werden. Auf dieser Grundlage kann sodann bis

1.10.2017 eine Implementierung der Änderungen in der von den Marktbeteiligten verwendeten Software erfolgen. Der hierfür zur Verfügung stehende Zeitraum von sechs Monaten erscheint angemessen, insbesondere vor dem Hintergrund, dass sich das Änderungsmanagement aufgrund der mehrjährigen Praxis bereits in einem eingeschwungenen Zustand befindet.

4.3.1.4. Freistellung der Nachrichtentypwahl

Die Beschlusskammer schließt sich ferner dem Vorschlag des Verbände BDEW und VKU an, auf eine prozessbezogene Nennung der für die inhaltsspezifische Übermittlung der Prozessinhalte jeweils erforderlichen EDIFACT-Nachrichtentypen zu verzichten. Sie sieht die in der Anlage 1 vorgenommene generelle Verpflichtung der Netzbetreiber, für den elektronischen Nachrichtenaustausch die erforderlichen EDIFACT-Nachrichtentypen in geeigneter Form und nach Maßgabe der in dieser Anlage befindlichen Prozessbeschreibungen zu entwickeln und zu verwenden, als ausreichend an, die Übermittlung der prozessspezifischen Inhalte mittels geeigneter Nachrichtentypen sicherzustellen. Bereits in der Vergangenheit hat sich zudem gezeigt, dass die zunehmende Komplexität der inhaltlichen Anforderungen eine Anzahl von neuen EDIFACT-Nachrichtentypen erforderlich machte, die anlassbezogen von der projektführenden Organisation Edi@Energy entwickelt und nachfolgend zusätzlich zu den ursprünglich festgelegten Nachrichtentypen in die Marktkommunikation eingeführt wurden. Die jeweiligen Dokumente (Anwendungshandbücher (AHB), Implementations Guide (MIG)) der Nachrichtentypenbeschreibungen beschreiben detailliert den inhaltlichen Verwendungszweck der jeweiligen Nachrichtentypausprägung, so dass diese damit für die Marktbeteiligten prozessbezogen anwendbar sind. Insofern hält die Beschlusskammer eine direkte Zuordnung der Nachrichtentypbezeichnungen in den einzelnen Prozessen für entbehrlich. Sollten sich zukünftig aus dem Wegfall der prozessbezogenen Vorgabe der Nachrichtentypen Fehlerpotentiale bei der Einheitlichkeit des Nachrichtenaustauschs oder Streitfälle zwischen Marktbeteiligten über die Korrektheit der Marktkommunikation ergeben, behält sich die Beschlusskammer gleichwohl vor, eine prozessschrittgenaue Vorgabe der Nachrichtentypen wieder in ihre Festlegung aufzunehmen.

4.3.1.5. Einführung der Begriffssystematik Markt-/Messlokation

Abweichend von der bisherigen Festlegung der GeLi Gas werden die neuen Begrifflichkeiten Marktlokation und Messlokation verwendet. Damit wird dem Anliegen der Marktbeteiligten nach einer Vereinheitlichung von Begriffen als Grundlage für die Marktkommunikation im Strom- und Gassektor Rechnung getragen.

Die in dem einschlägigen gesetzlichen und untergesetzlichen Regelwerk des Strom- und Gassektors verwendeten unterschiedlichen Begriffsbestimmungen erschweren die Prozessabbildung und -anwendung. Die GasNZV sieht als Anknüpfungspunkt der Lieferantenwechselprozesse die Entnahmestelle vor. Im MsbG sind mit dem Zählpunkt in § 2 Nr. 28 MsbG und der Messstelle in § 2 Nr. 11 MsbG weitere Rechtsinstitute vorgesehen. Vor diesem Hintergrund haben die Marktbeteiligten in ihren Stellungnahmen und im Rahmen der Marktkommunikationsforen das Erfordernis neuer Begrifflichkeiten für die Ermöglichung einer präzisen und widerspruchsfreien Beschreibung von Marktprozessen dargelegt. Angesichts der besonderen Herausforderungen, neu einzusetzende Messtechnik, insbesondere intelligente Messsysteme des Stromsektors, innerhalb kurzer Zeit in die wesentlichen Grundfunktionalitäten in die elektronische Marktkommunikation einzubinden, hat die einheitlich Bezeichnung zur Reduzierung der Komplexität und als Grundlage für die IT-Umsetzung für die Marktakteure einen besonderen Stellenwert.

Anlage 2 BNetzA, Beschluss v. 20.12.2016 (BK7-16-142)

Diesem Interesse wird durch die für den Strom- und Gassektor einheitlichen Bezeichnungen „Marktlokation" und „Messlokation" Rechnung getragen. Marktlokation ist jeder Zählpunkt i. S. d. § 2 Nr. 28 MsbG und damit der Punkt, an dem der Energiefluss zu bilanziellen Zwecken messtechnisch erfasst wird. Der Zählpunkt und damit die Marktlokation bezeichnen jeweils eine Entnahmestelle i. S. d. GasNZV mit einer oder mehreren Messeinrichtungen, über die Gas aus einem Gasversorgungsnetz physisch entnommen werden kann. Die Marktlokation ist mit mindestens einer Leitung mit einem Netz verbunden. Das Verständnis der Marktlokation im Sinne der vorliegenden Festlegung ist ein kaufmännisch-bilanzielles. Allein die Marktlokation ist Anknüpfungspunkt für die Bilanzierung des entnommenen Gases sowie für die Prozesse zum Wechsel des Lieferanten.

Die an einer Marktlokation entnommene Energie wird mittels einer oder mehrerer Messeinrichtungen ermittelt, die unter dem Begriff der Messlokation geführt werden. Eine Messlokation ist jede Messstelle i. S. d. § 2 Nr. 11 MsbG und damit die Gesamtheit aller Mess-, Steuerungs- und Kommunikationseinrichtungen zur sicheren Erhebung, Verarbeitung und Übermittlung von Messdaten und zur sicheren Anbindung von Erzeugungsanlagen und steuerbaren Lasten an Zählpunkten eines Anschlussnutzers. In einer Messlokation wird jede relevante physikalische Größe zu einem Zeitpunkt maximal einmal ermittelt.

Sowohl die Markt- als auch die Messlokation werden durch eine eindeutige ID identifiziert. Dazu ist, um eine eindeutige Zuordnung einer ID zu einer Markt- oder Messlokation zu gewährleisten und um Verwechslungen zu vermeiden, mit Wirkung zum 1.2.2018 eine neue ID für Marktlokationen einzuführen. Bei Ablesung der ID muss für jedermann erkennbar sein, ob damit eine Markt- oder eine Messlokation bezeichnet wird. Dies ist insbesondere für die Fälle wichtig, in denen keine 1:1 Beziehung zwischen der Markt- und der Messlokation besteht. Die ID darf grundsätzlich nicht mehr verändert werden, solange die Markt- oder Messlokation existiert. Dies gilt auch für Fälle des Konzessionswechsels. Der Tenor zu 3.) enthält detaillierte Anforderungen an die Ausgestaltung der neuen Codierungssystematik zur Bezeichnung von Markt- und Messlokationen. Daher wird für weitere Einzelheiten auf den Abschnitt zur Begründung des Tenors zu 3.) verwiesen (siehe Abschnitt 4.3.4).

4.3.1.6. Aufnahme der Regelung zur Fristenberechnung

In das Rahmenkapitel A. der GeLi Gas hat die Beschlusskammer eine Regelung zur Berechnung von Mindestvorlauffristen im Rahmen von der Lieferantenwechselprozesse aufgenommen. In der Vergangenheit war es zwischen Marktbeteiligten wiederholt zu Missverständnissen und Zweifelsfragen gekommen, wenn es um die Frage ging, ob eine An- oder Abmeldung im Rahmen der Prozesse „Lieferbeginn" und „Lieferende" fristgerecht eingegangen war. Umstritten war zum einen, ob der Tag des Meldungseingangs bei der Fristberechnung einzubeziehen ist. Zum anderen stellte sich wiederum die Frage ob weitere äußere Ereignisse, die zur Fristberechnung heranzuziehen sind – wie z. B. der Beginn eines Belieferungsverhältnisses – innerhalb oder außerhalb des Fristlaufes liegen müssen. Die Beschlusskammer hatte hierzu gemeinsam mit der Beschlusskammer 6 eine Auslegungsmitteilung erlassen (vgl. Mitteilung 34 zur Umsetzung der Beschlüsse GPKE und GeLi Gas vom 2.5.2012, online abrufbar unter: https://www.bundesnetzagentur.de/gpke-geli, Stand: 6.12.2016) und ihr Verständnis zur Anwendung der Fristenregelung erläutert. Diese Mitteilung hat die Beschlusskammer nunmehr auf Wunsch der Verbände BDEW und VKU in die Festlegung aufgenommen. Die Verbände hatten darauf hingewiesen, dass die Mitteilung nicht allen Marktteilnehmern hinreichend bekannt sei und es daher weiterhin zu Konflikten und Missverständnissen bei der Durchführung der Prozesse komme. Diesem Klarstellungsbedürfnis ist die Beschlusskammer mit Aufnahme des Mitteilungstextes in die Festlegung nunmehr nachgekommen. Die für die Rechenbeispiele verwendeten Daten wurden dabei aktualisiert.

4.3.1.7. Beibehaltung der rückwirkenden An- und Abmeldung im Interimsmodell

(1) Auch nach der Änderung der GeLi Gas durch die vorliegende Entscheidung bleibt die rückwirkende An- und Abmeldung zunächst weiterhin möglich. Die Beschlusskammern hatten im Rahmen der Konsultation ausdrücklich auch um Stellungnahmen zur Abschaffung rückwirkender An- und Abmeldungen gebeten, da in der Vergangenheit zahlreiche Verteilnetzbetreiber für eine Abschaffung plädiert hatten. Hierbei stand insbesondere eine Vereinfachung der Wechselprozesse durch ein einheitliches, in die Zukunft gerichtetes Fristenregime im Vordergrund. Bei Wegfall der rückwirkenden An- und Abmeldungen erübrigt es sich für die Netzbetreiber, den Lieferstatus einer Entnahmestelle erst 6 Wochen nach dem eigentlichen Ein- bzw. Auszugsdatum abwicklungstechnisch endgültig feststellen zu können. Bei Anpassung an einen lediglich in die Zukunft gerichteten Fristenverlauf, wie er bei den Prozessen „Lieferbeginn" und „Lieferende" für die Fallgruppe des Lieferantenwechsels schon bislang vorgesehen ist, würden entsprechend beide Fallgruppen denselben in die Zukunft gerichteten Prozessablauf verfolgen. Hierin läge eine Möglichkeit zur Vereinfachung und Vereinheitlichung der Prozesssystematik. Bei gleichzeitiger Anpassung der Bilanzierungsregel ließen sich zudem die aus der rückwirkenden Betrachtung resultierenden zusätzlichen Mehr- und Mindermengen vermeiden. Eine Anpassung des Bilanzierungsgrundsatzes geht aber nicht zwangsläufig mit einer Abschaffung der rückwirkenden Ein- und Auszüge einher. Sie war auch von der Beschlusskammer nicht grundsätzlich bei ihrer ursprünglichen Absicht einer Abschaffung intendiert.

(2) Gegenüber der Fallgruppe der Lieferantenwechsel ergibt sich aus der derzeitigen rückwärtigen Betrachtung von 6 Wochen ein größeres zeitliches Auseinanderlaufen der Zuordnung der Entnahmestelle zu einem Lieferanten und der Berücksichtigung dieser Entnahmestelle in dessen Bilanzkreis. Dies resultiert daraus, dass bilanzielle Berücksichtigung einer Entnahmestelle nur in die Zukunft stattfinden kann und die Regelung zusätzlich auch noch einer Stichtagsregel (Aufnahme bis zum 15. Werktag) unterliegt, d.h. die Aufnahme einer Entnahmestelle in den Bilanzkreis auch erst im darauf folgenden Monat stattfinden kann (sog. „Asynchronmodell"). Bei einheitlich lediglich in die Zukunft gerichteten Wechselprozessen könnte man ein derartiges Auseinanderlaufen generell verhindern, indem man die Zuordnung der Entnahmestelle zu einem Lieferanten und die bilanzielle Berücksichtigung der Entnahmestelle in dessen Bilanzkreis zum gleichen Zeitpunkt vornimmt (sog. „Synchronmodell"). Bei Bestehen einer rückwärtigen Zuordnungsmöglichkeit aber kann das Synchronmodell nicht angewendet werden.

(3) Der Verband BDEW hat sich noch vor der Konsultation in einem Positionspapier gegen die Abschaffung der rückwirkenden An- und Abmeldungen und auch gegen die Einführung des Synchronmodells ausgesprochen. Der Verband betonte hierin, dass die bisherigen Regelungen dem etablierten Kunden- und Marktverhalten entsprächen, welches eine unmittelbare Nutzung der vorhandenen Medien, insbesondere nach dem Einzug voraussetze. Das im Massenkundengeschäft etablierte Verfahren sei zudem, z.B. durch konkludenten Vertragsschluss, in bestehenden gesetzlichen Regelungen wie den Grundversorgungsverordnungen berücksichtigt. Bei einer Abschaffung werde eine Vielzahl an Beschwerden erwartet, die durch die fehlende rückwirkende Bearbeitung immer zulasten der Kunden ausfiele und bei den Netzbetreibern enormen Aufwand verursachen würde. Zudem bestünden derzeit keine prozesstechnischen Voraussetzungen für die massengeschäftstaugliche Abarbeitung eines umfangreichen Beschwerdemanagements. Ferner spricht sich der Verband gegen Einführung eines Synchronmodells bei der Bilanzierung der Entnahmestellen aus. Das derzeitige monatsbasierte Verfahren sei bei Prognose- und Beschaffungsprozessen etablierte Praxis, die im Ergebnis nach Auffassung des Verbands nur geringe Mengenabweichungen verursacht. Die Abweichungen würden durch eine zeitgleiche Bilanzierung weder in Bezug auf die in den Netzkonten der Netzbetreiber feststellbaren Fehlmengen noch auf den Regelenergiebedarf wesentlich reduziert. Zudem befürchtet der Verband erhebliche IT-Umstellungskosten, damit einhergehend

Anlage 2 BNetzA, Beschluss v. 20.12.2016 (BK7-16-142)

auch steigende Prozesskosten, da die bisher monatlich durchzuführenden Tätigkeiten nun täglich durch die Marktbeteiligten zu erfüllen wären.

(4) Diese Bedenken wurden in den Stellungnahmen von den Verbänden BDEW, VKU wiederholt und ebenfalls von einer Reihe anderer Stellungnehmenden geteilt (u. a. MVV Energie AG, E WIE EINFACH GmbH, GEODE, Energienetze Mittelrhein GmbH & Co. KG, Energieversorgung Mittelrhein AG, Gemeindewerke Oberhaching GmbH, Thüga AG). Die Stellungnehmenden differenzieren hierbei sehr unterschiedlich zwischen den Sachverhalten der Abschaffung der rückwärtigen Ein- und Auszüge und der Einführung eines synchronen Bilanzierungsmodells. Eine Vielzahl spricht sich lediglich explizit gegen eine veränderte Praxis bei der Berücksichtigung der Ein- und Auszüge aus, während eine Minderheit dies an der Ablehnung des Synchronmodells festmacht. Befürworter einer Abschaffung bleiben bei den Stellungnahmen deutlich in der Minderheit (u. a. NEW Energie GmbH, Stromnetz Hamburg GmbH GmbH). Hier wird insbesondere die Vereinfachung der prozessualen Abwicklung in den IT-Systeme hervorgehoben.

(5) Die Beschlusskammer ist den Bedenken des Großteils der Stellungnehmenden gefolgt und sieht von der Abschaffung der rückwärtigen 6-Wochen-Frist bei Lieferbeginn- und Lieferende-Meldungen zum gegenwärtigen Zeitpunkt ab. Auch bleibt es bei der gegenwärtigen Praxis der bilanziellen Berücksichtigung der Entnahmestellen bei Ein- bzw. Auszug und Lieferantenwechsel im asynchronen Verfahren („Asynchronmodell"). Die Stellungnehmenden haben in Äußerungen deutlich gemacht, dass eine Abschaffung insbesondere infolge der vermuteten Kundenreaktionen bei den Netzbetreibern zu nicht vorhersehbaren Friktionen führt, der zusätzlichen Service-, IT- und damit auch Prozessaufwand generieren würde. Diesem Aufwand stünden einerseits keine etablierten Prozesse zum Abfangen dieser Aufgaben entgegen. Andererseits würde in erheblichem Umfang in die IT-Abwicklung eingegriffen, ohne dass letztendlich eine Entlastung in prozesstechnischer Hinsicht eintreten würde. Die Beschlusskammer ist diesen Bedenken gefolgt. Den Bedenken der Gegner eines rein in die Zukunft gewandten Prozessablaufs ist zwar entgegen zu halten, dass eine entsprechende Prozesssystematik im Bereich der Wechselprozesse im Messwesen bereits bislang existiert und dort von den Marktbeteiligten ohne erhebliche Probleme umgesetzt werden konnte. Folglich sieht die Beschlusskammer hierfür auch im Anwendungsbereich der GeLi Gas ein grundsätzliches Vereinheitlichungspotential. Die nach Schilderung der Stellungnehmenden bei einer Abschaffung notwendigen Eingriffe erscheinen ihr jedoch zu umfangreich, als dass sie sich noch mit der grundsätzlichen Intention des „Interimsmodells" vereinbaren ließen, die Eingriffstiefe möglichst zu beschränken. Auch eine Veränderung des Zeithorizonts zur bilanziellen Berücksichtigung von Entnahmemengen strebt die Beschlusskammer zum jetzigen Zeitpunkt nicht an. Auch hier sind die zu tätigenden Eingriffe in die etablierten Prozesse und IT-Systeme nach Schilderung der Stellungnehmenden zu umfangreich, als dass sie zum gegenwärtigen Zeitpunkt zweckdienlich erscheinen. Hierbei gilt es für die Beschlusskammer auch in Betracht zu ziehen, dass das Interimsmodell nur temporär angelegt ist. Eingriffe vorzunehmen, die darüber hinaus Veränderungsbedarf in Bezug andere Festlegungen hervorruft, gilt es weitestgehend zu vermeiden.

(6) In dieser Entscheidung sieht die Beschlusskammer aber auch kein generelles Festhalten an der rückwärtigen Berücksichtigung von Ein- Auszügen und der bilanziellen Anwendung des Asynchronmodells für die Zukunft. Auch wenn für die Beschlusskammer die Abschaffung der rückwärtigen Ein- und Auszüge unter besonderer Berücksichtigung der Anforderungen eines Interimsmodells zum gegenwärtigen Zeitpunkt nicht in Frage kommt, ist dennoch zu verdeutlichen, dass sie von einer möglichen Änderung des Fristenregimes bei Ein- und Auszügen und einem Wechsel des Bilanzierungsmodells nicht grundsätzlich Abstand zu nehmen gedenkt.

4.3.1.8. Erneuerung des Prozesses „Anforderung und Weiterleitung von Messwerten"

Auch die Neugestaltung des Prozesses zur Messwertübermittlung war rechtmäßig. Mit der getroffenen Ausgestaltung verfolgt die Beschlusskammer eine Umstellung der Prozessschritte auf die zwingenden Anforderungen des MsbG unter Wahrung einer größtmöglichen Prozesskontinuität. Im Folgenden werden die zentralen Neuerungen und wesentlichen Entscheidungen innerhalb des Prozesses vorgestellt und erläutert. Dies betrifft zum einen den Zuschnitt der Aufgabenbereiche der verschiedenen Marktbeteiligten (siehe dazu folgenden Abschnitt 4.3.1.8.1), des Weiteren die verwendete Terminologie und Begriffssystematik (siehe dazu folgenden Abschnitt 4.3.1.8.2) und schließlich die Aktualisierung der Prozessstruktur (siehe dazu folgenden Abschnitt 4.3.1.8.3).

4.3.1.8.1. Aufgabenbereiche der Marktbeteiligten

(1) Die Beschlusskammer hat bei der Neustrukturierung der Prozesse der GeLi Gas – und dabei insbesondere beim Prozess „Anforderung und Weiterleitung von Messwerten" – dem Umstand Rechnung getragen, dass das MsbG die bislang in der MessZV abgebildete Rolle des Messdienstleisters nicht weiter vorsieht. Da das MsbG die nach altem Recht beim Messdienstleister angesiedelte Durchführung der Messung nunmehr dem Messstellenbetrieb zuordnet, die Marktrolle des Messdienstleisters folglich mit der des Messstellenbetreibers verschmolzen hat, hat die Beschlusskammer diesen Schritt auch auf Ebene der GeLi Gas-Prozesse nachvollzogen. Der Pflichtenkreis aus dem Bereich der Messung ist nunmehr einheitlich dem Messstellenbetreiber zugeordnet. Nur dieser ist als Beteiligter an Prozessschritten vorgesehen. Diese Anpassung war aufgrund des zwingenden gesetzlichen Vorgaben des MsbG obligatorisch. Sofern Unternehmen in der Vergangenheit lediglich als Messdienstleister, nicht jedoch als Messstellenbetreiber aktiv waren, so sind sie bereits unmittelbar auf der Grundlage des MsbG verpflichtet, ihre Geschäftstätigkeit an den neuen Rahmen anzupassen.

(2) Eine weitere zentrale Regelung im Rahmen des Prozesses „Anforderung und Weiterleitung von Messwerten" bildet die Aufteilung der Zuständigkeit für die einzelnen Prozessschritte bei der Messung zwischen den betroffenen Marktbeteiligten. Hier hat sich die Beschlusskammer dazu entschieden, den Bereich der Aufbereitung und Verteilung von abrechnungsrelevanten Messwerten in die Verantwortung des Netzbetreibers zu stellen, an dessen Netz die jeweils betroffene Entnahmestelle angeschlossen ist. Die Aufbereitung durch den Netzbetreiber umfasst insbesondere die Plausibilisierung und die Ersatzwertbildung sowie die Ergänzung der Messwerte durch erforderliche Zusatzinformationen wie Abrechnungsbrennwert, Bilanzierungsbrenn- wert und Zustandszahl. Des Weiteren obliegt dem Netzbetreiber auch der Versand abrechnungsrelevanter Messwerte an die Lieferanten.

Die Verortung der Aufbereitung und Versendung der abrechnungsrelevanten Messwerte beim Netzbetreiber stellt eine Abweichung zur Grundregel des § 60 Abs. 1 MsbG dar. Der Vorschrift zufolge obliegt die Aufbereitung und Versendung der Messwerte wie bereits deren Erhebung dem Messstellenbetreiber. Die Beschlusskammer hielt es für sachgerecht, hierzu zumindest übergangsweise eine abweichende Regelung zu treffen, um den Umsetzungsaufwand infolge der vorliegenden Entscheidung zu reduzieren. Auch bislang nimmt der Netzbetreiber die Aufgabe der Aufbereitung und des Versandes abrechnungsrelevanter Messwerte wahr. Die aktuelle Festlegung soll diese Aufgabenverteilung fortschreiben, bis mit dem Zielmodell ein Gesamtkonzept für die Neustrukturierung der Messung im Gassektor vorliegt. Den Marktbeteiligten sollte nicht zugemutet werden, übergangsweise eine umfassende Neuerung umzusetzen, die in dieser Form durch das Zielmodell wieder revidiert werden könnte.

Für die getroffene Regelung spricht aus Sicht der Beschlusskammer des Weiteren, dass hiermit keine unzumutbaren Belastungen für einzelne Marktbeteiligte verbunden sind. Die praktischen

Anlage 2 BNetzA, Beschluss v. 20.12.2016 (BK7-16-142)

Auswirkungen dürften nicht sehr hoch sein, da in den meisten Fällen Netzbetreiber und Messstellenbetreiber personenidentisch sein werden. Gemäß § 2 Nr. 4 MsbG ist der Netzbetreiber grundzuständig für den Messstellenbetrieb in seinem Netzgebiet. Die Möglichkeit einer Übertragung der Grundzuständigkeit ist für den Gasbereich nicht vorgesehen, da § 41 MsbG nur eine Übertragung der Grundzuständigkeit für moderne Messeinrichtungen und intelligente Messsysteme vorsieht, eine Messeinrichtung für Gas jedoch nicht unter diese in § 2 Nr. 7 und 15 MsbG legaldefinierten Begrifflichkeiten fällt. Praktische Auswirkungen entfaltet die von der Beschlusskammer getroffene Regelung daher nur im Falle eines von einem einzelnen Anschlussnutzer nach § 5 MsbG bzw. von einem einzelnen Anschlussnehmer unter den Voraussetzungen des § 6 MsbG beauftragten wettbewerblichen Messstellenbetreibers. Auch diese dürften jedoch in der Regel ein eigenes Interesse daran haben, eine doppelte Systemumstellung im Zeitraum weniger Jahre zu vermeiden. Bis zur Einführung des Zielmodells war ihnen die teilweise Begrenzung ihres Aufgabenbereichs daher zuzumuten.

4.3.1.8.2. Begriffssystematik bei der Messtechnologie

Die Übertragung des aus dem Stromsektor entnommenen Begriffs der konventionellen Messeinrichtungen auf den Gassektor hat die Beschlusskammer abgelehnt.

Mit der Neufassung des Prozesses zur Messwertübermittlung hat die Beschlusskammer einen Vorschlag der Verbände zur Einführung einer neuen Begriffssystematik für Messtechnologien im Gassektor aufgegriffen, überprüft und überarbeitet. Hierbei hat sie sich jedoch dagegen entschieden, den von den Verbänden BDEW und VKU vorgeschlagenen Begriff der konventionellen Messeinrichtungen für den Gassektor zu übernehmen. Nach dem Verständnis der Beschlusskammer dient die von den Verbänden vorgeschlagene Kategorie der konventionellen Messeinrichtungen im Stromsektor dazu, all diejenigen Messeinrichtungen zu kennzeichnen, die nicht in den Bereich der intelligenten Messsysteme oder modernen Messeinrichtungen fallen. Die Beschlusskammer erkennt an, dass die Verbände mit der Übertragung dieser aus dem Strombereich entnommenen, jedoch nicht legaldefinierten Kategorie von Messeinrichtungen einen möglichst weitreichenden Gleichlauf der Prozessstrukturen erreichen wollten. Die Bildung dieser Kategorie wäre jedoch für den Gassektor zumindest missverständlich und damit eine potentielle Fehlerquelle bei der Umsetzung der Lieferantenwechselprozesse. Das MsbG differenziert zwar bei seinen Rechtsvorgaben für den Messstellenbetrieb im Stromsektor an vielen Stellen – z. B. bei der Messwertübertragung – danach, ob eine Entnahmestelle über eine konventionelle oder eine moderne Messeinrichtung oder aber über ein intelligentes Messsystem verfügt. Für den Gassektor existiert eine vergleichbare Differenzierung jedoch nicht. Vielmehr werden für Messeinrichtungen an Gasentnahmestellen in verschiedenen Normen des MsbG besondere Rechtspflichten z. B. betreffend ihre Anbindbarkeit/Anbindung an ein Smart Meter-Gateway oder die Durchführung einer sternförmigen Datenübermittlung vorgesehen. Diese folgen jeweils ganz eigenen Tatbestandsvoraussetzungen und entziehen sich der für den Strombereich vorgenommenen Clusterbildung. Der Rechtsrahmen für den Betrieb von Gasmesseinrichtungen ist nicht identisch mit dem Rechtsrahmen für konventionelle Messeinrichtungen im Stromsektor. Daher hat sich die Beschlusskammer dagegen entschieden, die Begrifflichkeit für den Gassektor aufzunehmen. Die Vorgaben der GeLi Gas gelten daher grundsätzlich für alle Messeinrichtungen gleichermaßen, es sei denn, es ist eine besondere Differenzierung vorgesehen. Eine solche findet sich z. B. an vielen Stellen zwischen Messeinrichtungen an Entnahme- stellen mit registrierender Leistungsmessung (RLM) und Entnahmestellen, denen ein Standardlastprofil (SLP) zugeordnet ist. Diese Differenzierung ist Folge der unterschiedlichen Anforderungen an die Gasmessung an RLM- und SLP-Entnahmestellen in § 58 Abs. 1 MsbG und war bereits in der Vergangenheit in den Vorgängerfassungen der GeLi Gas so angelegt.

4.3.1.8.3. Aktualisierte Prozessstruktur

Schließlich hat die Beschlusskammer die Systematik des Aufbaus der Prozessbeschreibung aktualisiert. Hierfür hat sie insbesondere eine ausführliche Beschreibung aller vom Prozessablauf umfassten Prozessschritte bei der Bereitstellung von Messwerten ergänzt. Die Sequenz der Prozessschritte war in der Vorgängerversion der GeLi Gas lediglich graphisch dargestellt. Dieser Graphik hat die Beschlusskammer in Anlehnung an den Vorschlag der Verbände BDEW und VKU nun eine ausführliche tabellarische Beschreibung hinzugefügt, um den Prozessablauf noch besser zu verdeutlichen.

Ergänzt wurde diese Prozessbeschreibung des Weiteren um die Prozessschritte, die im Verhältnis zwischen Messstellenbetreiber und Netzbetreiber stattfinden. Bislang hatte der Prozess „Messwertübermittlung" in der GeLi Gas lediglich die Interaktion zwischen Netzbetreiber und Lieferanten abgebildet. Die für die Messwertübermittlung erforderlichen Interaktionen zwischen Netzbetreiber und Messstellenbetreiber waren dagegen in der WiM erfasst. Nunmehr ist die Beschlusskammer dem Vorschlag der Verbände gefolgt, alle Prozessschritte zu einem Prozessablauf zu integrieren und so die Prozessdarstellung transparenter und einfacher zu gestalten. Die Aufnahme der Prozessabläufe zwischen Messstellenbetreiber und Netzbetreiber im Rahmen der GeLi Gas stellt zudem keine Doppelung dar, da die Beschlusskammer sich dazu entschieden hat, die WiM-Prozesse für den Gassektor mit Wirkung zum 1.10.2017 aufzuheben. Missverständnisse bzw. Fragen zur Abgrenzung des Anwendungsbereichs der beiden Festlegungen dürften sich somit nicht ergeben.

4.3.1.9. Neugestaltung des Prozesses „Stammdatenänderung"

Im Rahmen ihrer Änderungsvorschläge haben die Verbände auch den Prozess zur Stammdatenänderung einer konzeptionellen und inhaltlichen Vertiefung unterworfen. Während in der ursprünglichen Festlegung lediglich die Grundbedingungen des Austauschs von geänderten Stammdaten eines Letztverbrauchers oder einer Entnahmestelle im Vordergrund des Regelungsinhalts standen, eröffnet der Prozess nunmehr ein funktions- und rollenspezifisches Berechtigungs- und Aktionsmanagement zur Änderung von Stammdaten für Markt-, bzw. Messlokationen oder im Hinblick auf die Änderung von Geschäftsbeziehungen zwischen den Marktrollen untereinander. Hierbei setzt der Vorschlag inhaltlich auf die bereits bestehenden Regelungen des im Rahmen der Entwicklung des Nachrichtentyps UTILMD durch die Projektgruppe Edi@Energy eingeführten Berechtigungs- und Austauschkonzeptes zur Änderung von Stammdaten auf. Das marktrollen- und berechtigungsabhängige Konzept konkretisiert den bisherigen Regelungsgegenstand, der bislang lediglich grundsätzlich den Mitteilungsaustausch bei einer Änderungsaufforderung zwischen einem Anfragenden und dem Angefragten, inklusive der hierbei von den Beteiligten durchzuführenden Prüfungen, vorgesehen hat. Mit der jetzigen Einführung eines prozessbezogenen Berechtigungsmanagements für die Stammdaten(-änderung) werden Verantwortlichkeiten in neu zugeordneten Rollen eingeteilt (sog. „Berechtigte", „Verantwortliche" und „Verteiler") und diesen spezifische Funktionen zugewiesen. Diese Zuordnung stellt bei einer Änderung von Informationen sicher, dass jeder Marktbeteiligte zu jedem Zeitpunkt über die identischen Informationen zu einer Markt- bzw. Messlokation verfügt. Anhand von Fallkonstellationen werden entsprechende Einzelprozesse ausgestaltet. Diese berücksichtigen sowohl die zugewiesene Verantwortlichkeit einer Rolle für ein Stammdatum als auch die unterschiedlichen marktrollenspezifischen Übermittlungskonstellationen als Ausgangspunkt eines jeweiligen Prozesses. Die spezifische Zuordnung eines Stammdatums zu den Marktrollen Netzbetreiber, Lieferant und Messstellenbetreiber erfolgt über eine gesonderte Berechtigungszuordnung, die Teil der Kommunikations- und Datenaustauschbeschreibungen der EDIFACT-Nachrichtentypen ist. Die Darstellung der einzelnen Prozesse orientiert sich in Form von Ablaufdiagrammen und tabellarischer Auflistung der einzel-

Anlage 2 BNetzA, Beschluss v. 20.12.2016 (BK7-16-142)

nen Prozessschritte zudem an der Wiedergabe der Geschäftsprozesse in der ursprünglichen Festlegung.

Die Beschlusskammer hält die vorgeschlagene Konkretisierung des Austauschs von Änderungsmitteilungen bei Stammdaten für sachgerecht und zielführend. Die neuen Regelungen setzen die auch mit der Altregelung verfolgte grundsätzliche Zielstellung, dass alle beteiligten Marktrollen zu jedem Zeitpunkt über die identischen Informationen verfügen, prozesstechnisch in verbindliche rollenspezifische Anwendungen um. Es ist hierbei nachvollziehbar, dass die nunmehr vorgenommen detaillierten Vorgaben über den Umgang mit zu ändernden Informationen letztendlich die bei der IT-technischen Abwicklung notwendige Eindeutigkeit der Verantwortlichkeit bei der Zuordnung von Informationen in adäquatem Umfang sicherstellen. Die Beschlusskammer hat diesem Vorgehen insoweit auch bereits bei seiner ursprünglichen Einführung im Rahmen des Änderungsmanagements der Nachrichtentypen nicht widersprochen. Sie sieht vielmehr in der Einführung der neuen Prozesse die Ausdifferenzierung der ursprünglichen Regelung unter derselben Zielrichtung und die Fortentwicklung der im Rahmen der Umsetzung von Nachrichtentypen für die Durchführung der eigentlichen Marktkommunikation in der Branche bereits etablierten Methodik.

Auch die Stellungnehmenden haben keine grundsätzlichen Bedenken gegen die Einführung des neuen Stammdatenänderungsprozesses in der konsultierten Form vorgetragen. Nur vereinzelt haben Stellungnahmen (z.B. von Energy2market GmbH) Ergänzungen zu Regelungen einzelner Prozesse oder Prozessschritte angeregt. Der Beschlusskammer hat diese zunächst zurückgestellt und nicht übernommen, da die vorgesehenen Prozesse bereits ausreichende Regelungen zu einzelnen angemerkten Fragestellungen, wie z.B. Fristen oder Vollmachten, enthalten.

4.3.1.10. Neugestaltung des Prozesses „Geschäftsdatenanfrage"

Auch der Prozess „Geschäftsdatenanfrage" ist durch die vorliegende Entscheidung neu gefasst worden. Die Neufassung setzt inhaltlich auf einem Formulierungsvorschlag der Verbände BDEW und VKU auf, die den Prozess „Geschäftsdatenanfrage" in ähnlicher Weise wie den Prozess „Stammdatenänderung" erweitert hatten. Auch bei der Geschäftsdatenanfrage stand in der bisherigen Festlegung eine grundsätzliche Regelung für eine Anfrage, die Prüfung des Gesuchs und die Übermittlung bzw. die Ablehnung der Anfrage von Geschäftsdaten im Vordergrund. Der nun vorliegende Prozess ergänzt diese Grundzüge nunmehr mit marktrollenspezifischen Einzelprozessen. Hierbei wird unterschieden in Anfragen vom Lieferanten und vom Messstellenbetreiber an den (jeweiligen) Netzbetreiber. Darüber hinaus konkretisieren die Ausführungen den Inhalt eines Geschäftsdatums als Stammdaten und Messwerte. Die sich daraus ergebende Fassung ergänzt die ursprünglich allgemein gefasste Regelung insoweit im Wesentlichen nur um die rollenspezifische Erweiterung aufgrund der Vorgaben des MsbG. Die Beschlusskammer hält die von den Verbänden vorgeschlagenen Konkretisierungen gleichfalls für sachgerecht und zielführend und hat sie daher in die Festlegung übernommen. Aus den Stellungnahmen hat die Beschlusskammer keine Einwände entnehmen können, die das grundsätzliche Vorgehen bzw. die erweiterten Regelungen der Einzelprozesse in Frage stellen würden.

4.3.1.11. Veränderter Prozess „Netznutzungsabrechnung"

Des Weiteren hat die Beschlusskammer auch den Prozess „Netznutzungsabrechnung" überarbeitet. Der Verbändevorschlag sah zu den Regelungen des Prozesses „Netznutzungsabrechnung" im Wesentlichen redaktionelle Veränderungen gegenüber der ursprünglichen Festlegung vor. Betroffen hiervon sind die Inhalte der Abrechnung der Netznutzung auf Basis der zuvor beim Netzbetreiber eingegangenen Messwerte, die Prüfung der Abrechnung durch den Lieferanten und die Anweisung des Zahlungsavis resp. einer Zahlungsablehnung bei festgestellter Fehlerbehaftung der Netznutzungsabrechnung. Darüber hinaus wurde von den Verbänden angeregt, den ehemaligen Prozessschritt 6 mit rein informatorischem Inhalt sowie ehemaligen Prozessschritt 9a (derzeitig Prozessschritt 8), welcher die Mitteilung des Netzbetreibers an den Lieferanten enthält, dass seine ursprüngliche Rechnung korrekt war, zu streichen. Ferner wurde ein Prozess zur Bestätigung der Zahlung der ursprünglichen bzw. korrigierten Netznutzungsabrechnung eingefügt (derzeitige Prozessschritt 10).

Die Beschlusskammer hat die redaktionellen Änderungsvorschläge insoweit aufgegriffen, als diese der von den Verbänden intendierten Vereinfachung der Beschreibung der Prozessschritte und Anmerkungen dienen bzw. weitere inhaltliche Erläuterungen zu einzelnen Regelungsinhalten darstellen. Insoweit konnte die Beschlusskammer auch die Streichung des ehemaligen Prozessschrittes 6 befürworten, der bislang eine rein nachrichtliche Funktion übernahm.

Nicht gefolgt ist die Beschlusskammer dem Ansinnen der Verbände, ebenfalls Prozessschritt 9a zu streichen. Eine Mitteilung des Netzbetreibers an den Lieferanten, dass er seine ursprüngliche Netznutzungsabrechnung, trotz vorheriger Einrede des Lieferanten, aufrechterhält und damit die Einwände des Lieferanten ablehnt, erachtet die Beschlusskammer weiterhin als notwendig. Bei Fehlen eines derartigen Prozesses bliebe der Status und das weitere Vorgehen der vom Netzbetreiber zuvor (Prozessschritt 4b) abgelehnten Rechnung für den Lieferanten im Unklaren. Erst mit Übermittlung der Nachricht des Netzbetreibers, dass dieser an seiner ursprünglichen Rechnung festhält, kennt der Lieferant den Status dieser Abrechnung. Die Beschlusskammer schließt sich damit auch den entsprechenden Stellungnahmen (E wie Einfach GmbH, COUNT+CARE GmbH & Co. KG) an. Auf die Aufnahme neuer Sachverhalte, wie den Verweis auf ein mögliches Mahnverfahren des Netzbetreibers (Verbändevorschlag) oder den Ausschluss von Mahnungen des Netzbetreibers nach dessen Zurückweisung der Einsprüche des Lieferanten gegenüber der Netznutzungsabrechnung (u. a. Stellungnahmen E wie Einfach GmbH, Regiocom GmbH) hat die Beschlusskammer in diesem Zusammenhang verzichtet. Derartige Regelung sieht sie nicht als originär dem Prozess zugehörig an, sondern zählt diese vielmehr zur allgemeinen kaufmännischen Abwicklung, die aber nicht weitergehend in dem Prozess auszugestalten ist, sondern den einzelnen Unternehmen überlassen bleibt.

Nicht in die Festlegung übernommen hat die Beschlusskammer des Weiteren die durch den Verbändevorschlag vorgenommene beispielhafte Aufzählung von abzurechnenden Werten in Prozessschritt 1. Hier wurde der ursprüngliche Festlegungstext, der auf die Übermittlung von „Messwerten" abstellt, beibehalten. Die Stellungnahme der Bundesbeauftragten für den Datenschutz und die Informationsfreiheit hat zu der von den Verbänden vorgenommenen Aufzählung angemerkt, dass Lastgänge sofern sie Rückschlüsse auf das Nutzungsverhalten bestimmbarer Personen erlauben, nicht für eine Netznutzungsabrechnung herangezogen werden dürfen, wenn sie dafür nicht erforderlich sind. Ob und inwieweit dies erforderlich ist, ist von den Marktbeteilig- ten auf der Basis der gesetzlichen Bestimmungen vorzunehmen und nicht im Rahmen dieser Prozessbeschreibung zu klären. Insoweit ist nach Auffassung der Beschlusskammer der Regelungsumfang auf die Kernaussage, dass Messwerte als Grundlage einer Abrechnung vorliegen müssen, zu reduzieren.

4.3.1.12. Klarstellung zum Asynchronmodell

Die Beschlusskammer hat die Grundsätze der Mengenzuordnung in Abschnitt D.5. der GeLi Gas angepasst. Ergänzt wurden konkrete Anwendungskonstellationen eines Auseinanderfallens der Zuordnung von Entnahmestellen zu einem neuen bzw. aus einem bestehenden Lieferverhältnis (Netznutzung) und dem jeweiligen Beginn bzw. Ende der bilanziellen Berücksichtigung der Marktlokation für den Lieferanten.

Anlage 2 BNetzA, Beschluss v. 20.12.2016 (BK7-16-142)

Für die von diesem Auseinanderfallen von Netznutzung und Bilanzierung einzig betroffenen SLP-Kunden wurden sowohl die zeitlichen Grundregelungen als auch die davon betroffenen Prozesse („Lieferbeginn", „Lieferende") mit der entsprechenden Stichtagsregel gesondert in die Prozessbeschreibung eingefügt und um eine entsprechende grafische Darstellung ergänzt. Materiell erfährt diese Regelung damit keine Änderung zur vorherigen. Sie konkretisiert vielmehr die bereits bestehende Möglichkeit unter dem Rubrum des „Asynchronmodells". Diese Bezeichnung ergänzt den ursprünglichen Titel „Mehr- und Mindermengenmodell" und grenzt ihn zusätzlich zur eigentlichen Mehr- und Mindermengenabrechnung ab, die im engeren Sinne nicht Gegenstand dieses Prozesses ist. Aus den Stellungnahmen sind keine grundsätzlichen Bedenken gegenüber der Aufnahme der detaillierten Regelungen hervorgegangen. Dass die entsprechende Erläuterungsgrafik das Grundprinzip des Sachverhalts nur unter Berücksichtigung einer speziellen Fallkonstellation stark vereinfachend erläutert (s. Stellungnahme eins energie in sachsen GmbH & Co. KG) mag zutreffend sein, erscheint der Beschlusskammer aber für die grafische Verdeutlichung der Wirkungsweise des Auseinanderfallens von Netznutzung und Bilanzierung ausreichend.

4.3.2. Aufhebung der Wechselprozesse im Messwesen (Tenor zu 2.)

Die Aufhebung der Wechselprozesse im Messwesen durch den Tenor zu 2.) der vorliegenden Entscheidung ist ermessensfehlerfrei.

Gemäß Ziff. 2 des Tenors werden Ziff. 1und 6 des Tenors der Festlegung in Sachen Standardisierung von Verträgen und Geschäftsprozessen im Bereich des Messwesens vom 9.9.2011 (BK7-09-001) in der Fassung nach Änderung durch die Festlegung BK7-11-075 vom 28.10.2011 mit Wirkung zum 1.10.2017 aufgehoben. Die Reglungen im Tenor zu Ziff. 3 und 4 des Tenors der Festlegung BK7-09-001 bleiben nach Wirksamwerden der vorliegenden Festlegung bestehen, da sich die standardisierten Verträge noch in der Konsultation befinden. Erst nach Abschluss derselben wird die Beschlusskammer entscheiden, ob sie einen Bedarf für eine geänderte Festlegung in Bezug auf die Standardverträge sieht. Dies würde in einer separaten Festlegung erfolgen.

Die Voraussetzungen für einen Widerruf des Tenors zu 1) und des Tenors zu 6.) i.V.m. Anlage 1 der Festlegung vom 9.9.2010 in der Fassung durch den Beschluss BK7-11-075 vom 28.10.2011 liegen vor. Der Widerruf war erforderlich und geboten und stellt keine unverhältnismäßige Belastung der von der Festlegung Betroffenen dar.

Im Tenor zu 7.) der Festlegung BK7-09-001 vom 9.9.2011 hat sich die Beschlusskammer den Widerruf der Entscheidung gemäß § 36 Abs. 2 Nr. 3 VwVfG vorhalten. Um auf der einen Seite das Bedürfnis der Unternehmen nach Planungssicherheit zu berücksichtigen, auf der anderen Seite aber auch die Zukunftsoffenheit aufgrund zum Zeitpunkt der Festlegung am 9.9.2011 nicht absehbaren Anpassungsbedarfs der getroffenen Regelungen zu gewährleisten, hat die Beschlusskammer einen Widerruf an die in Ziff. 7 Buchstaben a, b und c genannten Voraussetzungen geknüpft. Die Voraussetzungen eines Widerrufs nach Ziff. 7 Buchstabe a und c der Festlegung BK7-09-001 liegen vor.

Die Voraussetzungen des Tenors zu 7.) lit. a) BK7-09-001 vom 9.9.2011 sind erfüllt Danach kann die Bundesnetzagentur die Entscheidung zu den festgelegten Prozessen widerrufen, wenn diese sich als verbesserungsbedürftig und verbesserungsfähig erweisen. Das MsbG sieht umfassende Regelungen rund um den Einbau und den Betrieb digitaler Messtechnologien, einschließlich umfassender Regelungen zur Datenkommunikation zwischen den Marktbeteiligten, vor. Damit einher geht eine weitgehende Automatisierung der elektronischen Kommunikation über ein Smart-Meter-Gateway. Diese Vorgaben wirken sich grundlegend auf die aktuell praktizierte elektronische Marktkommunikation aus und ziehen dementsprechend auch Änderungen der Geschäftsprozesse nach sich. Die Wechselprozesse im Messwesen in ihrer bisherigen Form bilden die neuen Anforderungen des MsbG nicht ab. So enthält der WiM z. B. mehrere Prozesse, die sich allein auf die Geschäftätigkeit des Messdienstleisters beziehen. Die Marktrolle des Messdienstleisters ist jedoch im MsbG gar nicht mehr vorgesehen. Da die alten Prozesse den aktuellen Rechtsrahmen somit nicht mehr hinlänglich widerspiegeln, waren sie aufzuheben. Die Voraussetzungen für einen Widerruf der Festlegung nach Ziff. 7) lit. a) in Gestalt der Verbesserungsbedürftigkeit und Verbesserungsfähigkeit von Geschäftsprozessen ergeben sich somit direkt aus den geänderten gesetzlichen Vorgaben.

4.3.3. Keine Neufestlegung der Wechselprozesse im Messwesen im Interimsmodell

Die Beschlusskammer hat sich in rechtmäßiger und insbesondere ermessenskonformer Weise dazu entschieden, die Prozesse im Messwesen kurzfristig nicht zu ändern oder zu ersetzen. Dass die Marktbeteiligten Textänderungsvorschläge für eine im Strom- und Gasbereich gleichlautende Festlegung in Sachen Standardisierung von Geschäftsprozessen im Bereich des Messwesens formuliert haben, steht dieser Entscheidung nicht entgegen. Dabei verkennt die Beschlusskammer nicht, dass die Marktbeteiligten ein starkes Interesse nach Vereinheitlichung der Prozesse im Strom- und Gassektor verfolgen. Das Inkrafttreten des MsbG hat jedoch kurzfristig in erster Linie Auswirkungen auf den Strommarkt. Daher musste das Interimsmodell insbesondere für den Stromsektor Rechtsklarheit hinsichtlich des anwendbaren Rechtsrahmens schaffen. Die Betroffenheit des Gasbereichs ist nicht nur geringfügiger, sondern auch inhaltlich abweichend gestaltet. Ein Beispiel dafür bildet z. B. die für den Gasbereich nicht bestehende Verpflichtung zum Roll out von intelligenten Messsystemen. Der für den Gassektor abweichende Zeithorizont gegenüber den zeitnah anzunehmenden Anpassungen im Stromsektor zeigen auch die von Marktbeteiligten erstellten und konsultierten Textänderungsvorschläge sowie die Stellungnahmen im Rahmen der Konsultation. Besonderheiten der Geschäftsprozesse für den Gassektor wurden kaum aufgegriffen, sondern sollten an den Stromprozessen ausgerichtet werden, um weitgehend einen Gleichlauf zu gewährleisten. Nach Ansicht der Beschlusskammer sind die für den Stromsektor getroffenen Ausgestaltungen aber an mehreren Stellen nicht auf den Gasbereich übertragbar. Eine Anpassung der von den Verbänden erarbeiteten Prozessvorschläge an die besonderen Erfordernisse und Rechtsvorgaben im Gassektor durch die Beschlusskammer war in dem für das vorliegende Verfahren zur Verfügung stehenden, insbesondere von den Erfordernissen des Stromsektors getriebenen, Zeitrahmen nicht möglich. Um den Marktbeteiligten eine zeitnahe Umsetzung der zwingenden Neuerungen im Stromsektor während des Interimsmodells zu ermöglichen, hat die Beschlusskammer daher keine neue Festlegung getroffen.

Gleichwohl erkennt die Beschlusskammer das grundsätzliche Bedürfnis der Marktbeteiligten an, eine Prozessstandardisierung auch für den Gasbereich sowohl kurzfristig als auch für das Zielmodell zu erreichen. Ein denkbarer Weg für das Interimsmodell könnte aus ihrer Sicht darin bestehen, dass die betroffenen Marktbeteiligten – ggf. vertreten durch die jeweiligen Verbände – im Wege eines selbstregulativen Ansatzes die für den Stromsektor erarbeiteten Prozesse an die Erfordernisse des Gassektors anpassen und untereinander ihre einheitliche Anwendung vereinbaren. Hierbei kommt auch eine Begleitung durch die Beschlusskammer – etwa in Form einer Anwendungsempfehlung – in Betracht. Zur Entwicklung eines nachhaltigen Konzeptes für die künftige Ausgestaltung der Gasmessung unter den Vorzeichen der Digitalisierung bedarf es hingegen noch eines umfassenden Diskurses im Rahmen des Zielmodells.

4.3.4. Einführung einer neuen Codierungssystematik (Tenor zu 3.)

Im Zuge der Einführung von Markt- und Messlokationen und der prozessual getrennten Behandlung der beiden Objektarten war weiterhin die Frage zu beantworten, wie die neu einge-

Anlage 2 BNetzA, Beschluss v. 20.12.2016 (BK7-16-142)

führten Größen der Markt- und Messlokation in Bezug auf die zu verwendenden Identifikationsnummern sachgerecht voneinander abgegrenzt werden können. Da bislang für eine direkt gemessene Marktlokation die gleiche Identifikationsnummer sowohl für die Messlokation als auch für die Marktlokation vergeben wurde, ist eine Regel im Markt erforderlich für den Fall, dass eine zwischen einer Marktlokation und einer Messlokation bestehende 1:1-Beziehung aufgehoben wird. Diese Regel muss eine eindeutige Identifikation der Mess- und Marktlokation vor und nach dieser Veränderung sicherstellen und jeder beteiligten Rolle einen standardisierten, automatisierten und reibungslosen Umbau in IT-Systemen ermöglichen.

Die Beschlusskammer hat sich dafür entschieden, die jederzeitige Eindeutigkeit dadurch sicherzustellen, dass jeder Netzbetreiber verpflichtet wird, in einem Übergangszeitraum bis längstens zum 1.2.2018 flächendeckend alle Marktlokationen mit einer eigenständigen, neu einzuführenden, ID-Nummernsystematik auszustatten.

Damit wurde abgewichen von dem zunächst von den Verbänden BDEW und VKU entwickelten und in dieser Form konsultierten Vorschlag, wonach bei einer Veränderung des Verhältnisses zwischen Markt- und Messlokation, die in Konsequenz die notwendige Veränderung einer ID nach sich zieht, der Messlokation eine neue Identifikationsnummer zugewiesen werden sollte, während die Identifikationsnummer der Marktlokation unverändert bestehen bleiben sollte.

Der Vorschlag wurde in der Konsultation ausdrücklich vom Forum Netztechnik / Netzbetrieb (FNN) im VDE unter Verweis auf stromseitig entgegenstehende Regelungen im geltenden Metering Code abgelehnt. Auch mehrere andere Konsultationsteilnehmer teilten diese Bedenken. Sie schlugen stattdessen vor, in solchen Fällen vielmehr die ID der Marktlokation zu verändern, und rieten ferner dazu, dies einerseits mittels einer neuen ID-Nummernsystematik umzusetzen und zudem nach Möglichkeit die Verteilung neuer ID-Nummern nicht nur anlassbezogen durchzuführen, sondern flächendeckend und deutlich vor Einführung des Zielmodells.

Dem schließt sich die Beschlusskammer auch für den Gasbereich an. Sie hält es auch hier für eine deutlich effizienter umsetzbare Vorgehensweise, die Vergabe der neuen ID-Nummern für Marktlokationen flächendeckend durchzuführen, da sich hierdurch planbare und zeitlich endliche Migrationspfade ergeben. Gelegentlich vorgetragenen Einwänden, eine stichtagsbezogene Umstellung gleichzeitig mit Einführung des Interimsmodells zum 1.10.2017 sei aus Kapazitäts- gründen schwer zu bewerkstelligen, ist die Kammer dadurch begegnet, dass für die Verteilung der neuen ID-Nummern lediglich ein Zieldatum vorgegeben wurde, bis zu dem die Umstellung spätestens abgeschlossen sein muss. Ein Zeitraum von rund 13 Monaten ab Veröffentlichung dieser Festlegung erscheint hierfür angemessen, zumal wesentliche inhaltliche Vorgaben bereits mit dieser Festlegung getroffen werden. Für die Ausgabe von für den Gasnetzzugang relevanten Codes existieren zudem schon etablierte Strukturen (z.B. bei den Verbänden BDEW oder DVGW), auf die auch für die Einführung der Codierungssystematik für Marktlokationen zurückgegriffen werden kann.

Für die neu einzuführende Codierungssystematik hat die Beschlusskammer die folgenden Rahmenanforderungen aufgestellt:

Die Vorgabe, dass die Marktlokations-ID sich von den heute verwendeten Identifikatoren für Messlokationen (Zählpunktbezeichnungen) zu unterscheiden haben, soll einerseits die Möglichkeit eröffnen, eine völlig neue Nummerierungssystematik einzuführen, die einige Nachteile der Zählpunktbezeichnung nicht übernimmt und die außerdem durch Länge und Aufbau auch unmittelbar erkennen lässt, dass es sich nicht um eine ID für eine Messlokation handelt. Die vorgeschriebene Prüfziffer soll künftig Falschübermittlungen schneller erkennbar machen und damit Identifikationsprobleme tendenziell vermeiden helfen.

Die Kammer hält es darüber hinaus für angezeigt, die Verwaltung der Nummerierungssystematik sowie die Ausgabe von Nummernblöcken einer zentralen Stelle (Codevergabestelle) zu überantworten. So kann auf einfachstem Wege die bundesweite Eineindeutigkeit der vergebenen ID-Nummern über Netzbetreiber, Bilanzierungs- und Konzessionsgebiete hinweg sichergestellt werden. Es besteht hier ausdrücklich keine Übereinstimmung mit vereinzelt vorgebrachten Einwänden, wonach grundsätzlich jeder Betreiber eines Gasversorgungsnetzes selbst die ID- Nummern ebenso gut selbst erzeugen könne. In diesem Fall müsste jeder Netzbetreiber zur Wahrung der Eindeutigkeit wiederum der ID-Nummer mindestens ein netzbetreiberspezifisches Präfix voranstellen. Selbst in diesem Fall wäre aber die Kammer von der Wahrung der Unveränderlichkeit und Eindeutigkeit nicht überzeugt. Denn es entspricht langjähriger Erfahrung, dass Netzbetreiber – trotz ausdrücklicher entgegenstehender Vorgaben– wiederholt Zählpunktbezeichnungen namentlich im Zuge von Konzessionsgebietswechseln abändern.

Der eigenständigen Arbeitsweise der Betreiber von Gasversorgungsnetzen ist hierbei in ausreichender Weise dadurch Rechnung getragen, dass die Nummernblöcke von der Code- vergabestelle zwar erzeugt und ausgegeben werden, die Verteilung im Netzgebiet sowie die Verknüpfung von ID-Nummer zur individuellen Marktlokation durch den Netzbetreiber selbst erfolgt.

4.3.5. Absicherung der Mailkommunikation (Tenor zu 4.)

Die Regelungen in Tenorziffer 4 der vorliegenden Festlegung ordnen für die elektronische Marktkommunikation konkrete Vorgaben zur Absicherung derselben mittels Verschlüsselung und Signatur an.

Die Vorgaben resultieren aus der gesetzlichen Vorgabe des § 52 Abs. 1 MsbG, wonach alle für den Umgang mit personenbezogenen Daten berechtigten Stellen eine verschlüsselte elektronische Kommunikation von personenbezogenen Daten, von Mess-, Netzzustands- und Stammdaten in einem einheitlichen Format zu ermöglichen haben.

Dies umsetzend schreibt die Festlegung vor, dass Hinblick auf Authentizität und Vertraulichkeit ein Mindeststandard einzuhalten ist, der über die in Tenorziffer 4 vorgegebenen technischen Vorgaben sichergestellt und im Sinne der notwendigen Interoperabilität vereinheitlicht wird.

Die Vorgabe wird für erforderlich gehalten, weil nach der Beobachtung der Behörde bislang allenfalls ein Teil der in die elektronische Marktkommunikation im Gasmarkt eingebundenen Akteure überhaupt eine Absicherung der Kommunikation vornimmt und die hier enthaltene Regelung eine flächendeckende und technisch einheitliche Absicherung der Markkommunikation gewährleisten soll. Inhaltlich hat sich die Kammer auf Vorschlag des Bundesamtes für Sicherheit in der Informationstechnik an den bereits bestehenden und gängigen Vorgaben der Technischen Richtlinie TR 03116-4 orientiert. Die weiterhin ausgesprochene Verpflichtung, die Kernvorgaben aus Tenorziffer 4 im Detail im Rahmen eines Dokumentes der Expertengruppe EDI@Energy auszuarbeiten, belässt allen beteiligten Verbänden der Energiewirtschaft den erforderlichen Spielraum, um auf branchenindividuelle Bedürfnisse für die praktische Umsetzung Rücksicht zu nehmen. Die hierfür eingeräumte Fristigkeit bis zum 1.6.2017 ist auskömmlich bemessen. Dem Markt sind Hinweise der Bundesnetzagentur und des Bundesamts für Sicherheit in der Informationstechnik, wonach die heute vielfach noch praktizierte unverschlüsselte E- Mail-Kommunikation jedenfalls mit dem Messstellenbetriebsgesetz in keiner Weise mehr konform ist, seit mindestens sechs Monaten bekannt. Demzufolge hat die Expertengruppe EDI@Energy auch bereits in der Konsultation der Datenformate zum 1.8.2016 das hier nun in Bezug genommene Konzeptpapier erstmals veröffentlicht.

Sachverzeichnis

Fette Zahlen verweisen auf die Paragrafen, magere auf die Randnummern.

§ 14a-Anlage
- Verordnungsermächtigung **46** 21 f.

Abhilfemaßnahmen **76** 22
Ablehnungsrecht
- des Anschlussnutzers **47** 3
Abrechnung **9** 7 ff.; **7** 9 ff.
- bisherige ~ **9** 7 f.
- des Entgelts **9** 8 ff.
- des Entgelts für den Messstellenbetrieb **7** 8 f.
- des Messstellenbetriebs **9** 10 ff.
- im Verhältnis Netzbetreiber und Netznutzer **9** 7 ff.
- neue ~ **9** 9 ff.
- zwischen Messstellenbetreiber und Anschlussnutzer/-nehmer **7** 9 ff.
Abstellungsbefugnis **76** 17; s.a. Abstellungsverfügung
- der BNetzA **76** 17 ff.
- Verfahren **76** 30
Abstellungsverfügung **76** 4, 7
- Form der ~ **76** 19
- Gegenstand einer ~ **76** 17
- Verpflichtungsgehalt der ~ **76** 20
Abstrakte Daten **54** 3
Admin-Log **22** 271
Allgemeine Anforderungen an Messsysteme **19** 1 ff.
- BSI-Zertifizierung **19** 20
- Datenschutz **19** 23 ff.
- Datenumgangsberechtigte **19** 22 ff.
- Interoperabilität **19** 4
- technische Anforderungen **19** 15 ff.
- Übergangsregelungen **19** 30 ff.
- Zertifizierung von Messsystemen **19** 18 ff.
Allgemeine Bedingungen für Verträge **9** 37 ff.
All-inclusive Verträge **9** 8; **47** 27
- kombinierte Verträge **47** 27
Anbindung **2** 50; **46** 14
- Art der kommunikativen ~ **2** 50
- Ausgestaltung der Verpflichtung zur ~ **46** 14
Anbindungsverpflichtung **40** 1 ff.; **46** 14
- Anwendungsbereich **40** 6 ff.
- Ausgestaltung **46** 14
- EEG-Anlagen **40** 12 ff.
- Kosten **40** 25
- Kostenneutralität **40** 13 ff.
- KWK-Anlagen **40** 12 ff.

- Messeinrichtungen für Gas **40** 18 ff.
- moderne Messeinrichtungen **40** 12 ff.
- Verhältnis zu § 29 Abs. 2 **40** 16 ff.
Angebot
- zur Übertragung der technischen Einrichtungen **16** 5
Angebotsabgabe
- Grundzuständigkeitsübertragung **42** 9 ff.
Angemessenheit
- Entgelt für Standard- und Zusatzleistungen **35** 6 f.
Anhörung
- Bundesbeauftragter für den Datenschutz und die Informationsfreiheit **27** 11 f.
Anlagenbetreiber **2** 5; **38** 9
- Zutrittsrecht **38** 9
Anonymisierung **52** 25 ff.; **65** 15; s.a. Entfernung des Personenbezugs
Anordnungsbefugnis
- der BNetzA **76** 23 ff.
- Ermächtigungsumfang **76** 23 f., 28
- Verfahren **76** 30 ff.
Anpassungsverordnung **34** 12
Anreiz **55** 19
- zur Verbrauchsreduzierung **55** 19
- zur Verbrauchsverlagerung **55** 19
Anreizregulierung
- Berücksichtigung von Kosten **16** 22
Anschluss
- Unterbrechung **12** 6 ff.
Anschlussnehmer **2** 6 f.; **6** 1 ff., 38, 9
- Auswahlrecht des ~ **6** 1 ff.
- Zutrittsrecht **38** 9
Anschlussnutzer **5** 6; **6** 33 ff.; **14** 9 ff.; **16** 1 ff.; **17** 1 ff.; **22** 61; **38** 9; **61** 1 ff.; **70** 1 ff.
- Anspruch gegen den auswahlberechtigten Anschlussnehmer **6** 39 ff.
- Datenaustausch **70** 1 ff.
- Datenhoheit **70** 1
- Datennutzung **70** 5
- Datenübermittlung **70** 5
- Einwilligung **70** 6 ff.
- Grundrechte **22** 61
- Identifizierung des ~ **55** 42
- Information des Anschlussnutzers bei Auswahlrecht des Anschlussnehmers **6** 33 ff.
- intelligente Messsysteme **61** 1 ff.
- Kopplungsverbot **70** 8 f.
- Messstellenbetreiberwechsel **14** 9

Sachverzeichnis

- Messwertnutzung **70** 1 ff.
- moderne Messeinrichtungen **61** 1 ff.
- Personenbezug **70** 13
- Übergang technischer Einrichtungen **16** 1
- Verbrauchsinformationen **61** 1 ff.
- Wechsel **17** 1 ff.
- Zutrittsrecht **38** 9

Anschlussnutzerwechsel s. Wechsel des Anschlussnutzers

Anschlussnutzung
- Haftung für Unterbrechung **12** 14
- Unterbrechung **12** 6

Anschrift
Benennung einer ladungsfähigen ~ **10** 52

Ansprechpartner
- Benennung von ~ **10** 52

Anspruch auf Duldung der Entfernung von Messeinrichtungen **3** 54 ff.

Anspruch auf Einbau eigener Messeinrichtungen **3** 53 ff.
- Anspruchsgegner **3** 54 ff.
- Anspruchsinhaber **3** 54 ff.

Antrag
- auf Genehmigung des grundzuständigen Messstellenbetriebs **4** 23

Anzeige
- Pflicht zur Anzeige der Übertragung der Grundzuständigkeit **45** 31 ff.

Anzeigeneinheit
- lokale ~ **35** 2

Architektur
- Smart-Meter-Public-Key-Infrastruktur **22** 240 ff.

Auditierung **25** 79 ff.

Auffangzuständigkeit
- Netzbetreiber **41** 26 f.

Aufgabe des Messstellenbetriebs **3** 23; s.a. Messstellenbetrieb

Aufgabenübertragung
- auf Netzbetreiber **11** 25

Aufgabenzuordnung **3** 11 ff.

Aufnahme der Grundzuständigkeit **4** 9 ff., 44 ff.
- Genehmigung der ~ **4** 9 ff.
- ohne erforderliche Genehmigung **4** 44 ff.

Aufsichtsbefugnisse **76** 10

Aufsichtsverfahren **76** 1 ff.
- Ausgliederung aus dem EnWG **76** 4 ff.
- kartellrechtliche Vorschriften **76** 6
- Tätigwerden der Behörde **76** 15
- Zuständigkeit **76** 1, 34
- Zweck **76** 1, 10

Auftragsdatenverarbeitung
- personenbezogene Daten **49** 36 ff.

Auftragsdienstleistungen **35** 4

Ausfall des Messstellenbetreibers **18** 1 ff.; **47** 30
- behördliche Zuständigkeit **18** 13 ff.
- Ermächtigung **18** 13 ff.
- Ersatzwertbildung **18** 11 ff.
- Festlegungsermächtigung **47** 30
- Übernahme **18** 7 ff.
- Verbot von Wechselentgelten **18** 2, 9 ff.

Auskunftsanspruch
- des Anschlussnehmers **6** 30 ff.
- des Anschlussnutzers **53** 12 ff.

Auskunftspflicht **53** 12 ff.
- Berechtigte **53** 13 ff.
- Gegenstand **53** 12, 18 ff.
- Verhältnis zum BDSG und zur DSGVO **53** 25 ff.
- Verpflichtete **53** 15

Ausscheiden von Anbietern **30** 20

Ausschuss für Wirtschaft und Energie **41** 14

Ausschuss Gateway-Standardisierung **27** 13 ff.
- Besetzung **27** 22 ff.
- Verfahren **27** 13

Ausstattung **29** 4 ff.; **31** 19
- Einspeiser **31** 30 ff.
- obligatorische ~sfälle **31** 19
- optionale ~sfälle **31** 19

Ausstattung durch Dritte **36** 2 ff.
- Bestandsschutz **36** 9

Ausstattung von Netzübergaben nach § 33 Abs. 1 Nr. 1
- Festlegungsermächtigung **47** 34

Auswahlrecht des Anschlussnehmers **6** 1 ff.; **46** 10
- Anforderungen an Bündelangebote **6** 41
- Auskunftsanspruch **6** 30 ff.
- Ausstattung mit intelligenten Messsystemen **6** 13
- Ausübung des ~ **6** 19
- Bündelangebot **6** 14 f.
- entschädigungslose Beendigung laufender Verträge **6** 20 ff.
- Entstehungsgeschichte **6** 2 ff.
- Folgen der Ausübung des ~ **6** 18 ff.
- Information des Anschlussnutzers **6** 33 ff.
- Inhalt der Information des Anschlussnutzers **6** 34
- Inhalt des Anspruchs des Anschlussnutzers **6** 39
- Kostenneutralität **6** 16
- Lieferanten- und Tarifwahlfreiheit des Anschlussnutzers **6** 38
- Mindestlaufzeit bestehender Verträge **6** 24
- Nachweispflicht über Einhaltung der Voraussetzungen **6** 17

Sachverzeichnis

- Rechte betroffener Messstellenbetreiber 6 26 ff.
- Verdrängung des Auswahlrechts des Anschlussnutzers 6 9 f.
- verfassungsrechtliche Bedenken 6 6 ff., 18, 20 ff.
- Vergleichsberechnung 6 35
- Verhältnis zum Auswahlrecht des Anschlussnutzers 46 10
- Verordnungsermächtigung 46 10
- Voraussetzungen 6 11 ff., 17
- Zweck 6 1

Auswahlrecht des Anschlussnutzers 5 3; 6 9 f.; 46 10
- Anspruch des Dritten 5 3
- Verdrängung durch Auswahlrecht des Anschlussnehmers 6 9 f.
- Verhältnis zum Auswahlrecht des Anschlussnehmers 46 10
- Verordnungsermächtigung 46 10

Auswertungsprofil s. Konfigurationsprofil
Authentifizierung 22 234
Authentizität 22 16

Basiskommunikation 50 15
Basiszähler 2 23
Beauftragung eines Dritten 36 4 ff.
- Bestandsschutz 36 9
- Erfüllung der Ausstattungsvorgaben 36 2 ff.
- Wegfall der Ausstattungsverpflichtung 36 4 ff.

Bedingungen für den Messstellenbetrieb 46 8; 47 15
- Vereinheitlichung durch Festlegungen 47 15
- Verordnungen 46 8

Bedingungen für Verträge 9 37 ff.
- allgemeine 9 37
- Rechtskonformität 9 38
- Veröffentlichungspflicht 9 39

Beendigung des Messstellenvertrages
- entschädigunglose ~ 36 11 f.

Beendigung laufender Verträge
- bei Auswahlrecht des Anschlussnehmers 6 20 ff.

Befundprüfung 71 7 ff.
- Kostentragung 71 9 ff.
- Messeinrichtungen 71 7

Behebung
- von Störungen/Beschädigung 11 17

Bekanntmachungspflichten
- für Schutzprofile und Technische Richtlinien 27 28

Beladung von Elektromobilen 48 1 ff.; s. a. Elektromobilität
Bereichsausnahme
- Messeinrichtungen Gas 20 19

Bereichsspezifische Erlaubnisnorm 66 2; 67 3
Berufsfreiheit 22 61, 79
Beschädigung
- Messeinrichtungen 71 1 ff.

Beschädigung der Mess- und Steuereinrichtung
- Mitteilungs- und Behebungspflicht 11 12 ff.

Beschlagnahme
- personenbezogene Daten 49 24 ff.

Bestandsschutz 19 30 ff.; 30 26; 36 9
- Ausstattung durch einen Dritten 36 9

Bestimmtheitsgebot 22 76
Bestimmungsrecht des Messstellenbetreibers 8 1 ff.
- Anbringungsort 8 11 ff.
- Art, Zahl und Größe 8 9 f.
- Belange des Grundversorgers 8 18 f.
- Beschränkung 8 14 ff.
- Gegenstand des ~ 8 5 ff.
- Kommunikationseinrichtungen 8 8
- Mess- und Steuereinrichtungen 8 7
- technische Mindestanforderungen 8 24 ff.
- zusätzliche Messfunktionen 8 34 ff.

Betreiber von Energieversorgungsnetzen
- Grundzuständigkeitsübertragung 41 18 ff.

Betretungsrecht 38 14
Betriebsaufnahme
- bei Grundzuständigkeit 4 15 ff.
- Betriebsunterbrechung 4 22
- gesellschaftliche Umstrukturierung 4 16 ff.
- Unternehmenserweiterung 4 19 ff.

Betriebskosten
- Liegenschaftsmodernisierung 39 12

Big Data 70 14
Bilanzierung
- Datenschutz 50 68

Bilanzkoordination 60 20; 67 1 ff.
- Datenübermittlung 60 20
- Messwertnutzung 67 1 ff.

Bilanzkoordinator 15 4; 49 27 ff.; 60 20
- Mitteilungspflicht 15 4
- personenbezogene Daten 49 27, 30

Bilanzkreisabrechnung
- Datenschutz 50 68

Bilanzkreisbewirtschaftung 68 4
Bilanzkreissummenzeitreihen 66 20; 67 18; s. a. Messwertnutzung

843

Sachverzeichnis

Bilanzkreisverantwortlicher 15 4; 22 115; 49 27ff.; 50 43, 55ff.; 55 38ff.; 60 20; 68 1ff.
– Datenschutz 50 55ff.
– gesetzliche Verpflichtungen 50 43
– Löschungspflicht 68 1ff., 12
– Messwertnutzung 68 1ff.
– Mitteilungspflicht 15 4
– personenbezogene Daten 49 27, 31
– personenbezogene Messwerte 60 27
– Übermittlungspflicht 68 1ff., 8ff.
Black-Box-Test
– Smart-Meter-Gateway 22 115
Blockchain-Technologie 55 38ff.
– Potenzial im Energiebereich 55 38ff.
– technische Grundlagen 55 39
Breitband-Powerline 13 5
BSI s. Bundesamt für Sicherheit in der Informationstechnik
BSI-Zertifizierung 19 10
Buchhalterische Entflechtung 3 10, 61ff.; 41 22; 47 17
– Festlegungsermächtigung 47 17
– Wandel der ~ 3 10
– Zuständigkeit der BNetzA 3 62
– Zweck 3 61ff.
Bündelangebot 6 14f., 26f., 41
– Anforderungen an ~ 6 41
– bei Auswahlrecht des Anschlussnehmers 6 14f., 26f.
Bundesamt für Sicherheit in der Informationstechnik Einl. 15; 22 295; 25 83; 76 11
– Aufgaben 76 11
– Aufsichtsbehörde 26 2ff.
– Zertifizierung von Messsystemen 25 83
Bundesanzeiger
– Übertragung der Grundzuständigkeit 43 23ff.
Bundesdatenschutzgesetz 19 6; 22 18, 67; 49 40ff.; 50 34; 53 1; 70 6ff.
– Bußgeld 49 43
– Rückgriff auf das ~ 53 1
Bundesnetzagentur 3 62; 4 1ff., 44ff.; 21 4; 41 100ff.; 47 1ff.; 75 1ff.
– Aufhebung der Genehmigung des grundzuständigen Messstellenbetriebs 4 47ff.
– Festlegungen 75 1ff.
– Festlegungsermächtigung 47 1ff.
– Festlegungskompetenz 21 4
– Grundzuständigkeitsübertragung 41 100ff.
– Untersagung des grundzuständigen Messstellenbetriebs 4 44ff.
– Zuständigkeit für Genehmigung des grundzuständigen Messstellenbetriebs 4 1ff.
– Zuständigkeit für Überwachung buchhalterischer Entflechtung 3 62

Clearingstelle EEG 76 34
Codierung personenbezogener Daten 52 24ff.; s.a. Anonymisierung; s.a. Pseudonymisierung
– Notwendigkeit der ~ 52 31ff.
Common Criteria 22 109ff.; 24 14ff.
Conformance Claims 22 99, 133

Daten 22 30; 49 1ff.; 50 3ff.; 54 3; 70 5, 10
– abstrakte 54 3
– aggregierte 50 82
– Bilanzierung 50 68
– Bilanzkreisabrechnung 50 68
– Datenumgangsberechtigter 50 42ff.
– der Basiskommunikation 50 10
– Energieeinspeisung 50 64f.
– Energielieferung 50 59ff.
– Energievermarktung 50 70
– Gerätewechsel 50 41
– intelligentes Messsystem 50 9ff.
– Kettenkommunikation 50 12
– Leistungserschleichung 50 86ff.
– Mehrwertdienst 50 88ff.
– Messdaten 50 10
– Messsystem 50 9ff.
– moderne Messeinrichtungen 50 9ff.
– Netzentgeltabrechnung 50 66f.
– Netzzugangsdaten 50 8
– Nutzung 70 5
– ohne Personenbezug 50 8
– personenbezogene ~ 1 11; 49 1ff.; 50 7
– Planungs~ 49 13
– Prognose~ 49 13
– Regelbeispiele 50 55ff.
– Registerpflichten 50 69
– Sternkommunikation 50 12
– Steuerung unterbrechbarer Verbrauchseinrichtungen 50 71ff.
– Tarif~ 50 10
– Übermittlung von 70 5
– Vertragserfüllung mit Anschlussnutzer 50 33ff.
– vorvertragliche Maßnahmen 50 38
Datenaufbereitung 60 2, 11ff.
Datenaustausch 70 1ff.; 75 6, 14
– Anschlussnutzer 70 1ff.
– Festlegungsermächtigung 75 6, 14
Datenbeschlagnahme 49 24ff.
Daten-Display-Dienst 62 28
– Datensicherheit 62 31
Dateneinsicht 53 18; s.a. Auskunftspflicht
Datenerhebung 10 12; 49 1ff., 21; 50 5, 20ff.; 51 2; 74 3ff.; 75 6
– Einwilligung Anschlussnutzer 50 20ff.
– Umfang der ~ 75 6

Sachverzeichnis

- Verordnungsermächtigung 74 3 ff.
- Zweck 10 12; s. a. Erhebung von [jeweiligen]-daten

Datenerhebung, -verarbeitung, -nutzung 51 2; 75 12; s. a. Datenerhebung; Datennutzung; Datenverarbeitung

Datenformat
- EDIFACT, XML-Format 52 20

Datenhoheit 35 2; 52 1 ff.

Datenkommunikation 35 2; 50 1 ff.; 52 1 ff.; 54 1; 60 16 ff.; 64 10; 66 12; 75 1 ff.
- Anforderungen an die ~ 52 5
- Auflistung der ~ 54 5
- Aufschluss über die ~ 54 1
- Formblätter 75 5
- intelligente Energienetze 50 1 ff., 75 1
- kleintaktige ~ 66 12
- Pflichten der Beteiligten 75 6
- Standardkonfiguration 75 10
- Übermittlung von Netzzustandsdaten 64 10

Datenlöschung 49 22; 75 15
- Festlegungsermächtigung 75 15

Datennutzung 19 2; 49 1 ff., 23, 24 ff.; 50 5; 70 5

Datenschutz 2 45; 5 1, 13; 13 3 ff.; 19 23 ff.; 22 1, 18 ff., 47 ff.; 30 12, 21; 48 5 ff.; 50 42 ff., 70 ff.; 52 36 ff.; 53 7 ff., 31; 55 5; s. a. Public-Key-Infrastruktur
- Anforderungen zur Gewährleistung 2 45
- bereichsspezifischer ~ 5 1, 13
- Bilanzierung 50 68
- Bilanzkreisabrechnung 50 68
- BSI-Schutzprofile 55 5
- Datenerhebung 50 73 f.; 51 2
- Datenübertragung 13 3 ff.
- Datenumgangsberechtigter 50 42 ff.
- Energieeinspeisung 50 64 f.
- Energielieferung 50 59 ff.
- Energievermarktung 50 70
- europarechtliche Grundlagen 49 8 ff.
- Gerätewechsel 50 41
- Mehrwertdienst 50 88 ff.
- Messstellenbetreiberwechsel 5 13 f.
- Netzentgeltabrechnung 50 66 f.
- Recht auf ~ 52 36
- Regelbeispiele 50 55 ff.
- Registerpflichten 50 69
- Smart-Meter-Gateway 22 1, 18 ff., 47 ff.
- Steuerung unterbrechbarer Verbrauchseinrichtungen 50 71 ff.
- unrechtmäßige Kenntnisnahme von Daten 53 31, 38
- Verhältnis zu Rechtsvorschriften der Union 53 7 ff.; s. a. Datenschutzgrundverordnung
- vorvertragliche Maßnahmen 50 38

Datenschutzfolgeabschätzung
- Löschungspflicht 52 38

Datenschutzgrundverordnung 49 10; 51 2 ff., 12 f.; 52 33 ff.; 64 18; 65 8; 66 28; 70 12
- Privacy by Design, Privacy by Default 52 35

Datenschutzrechtliche Erlaubnisnorm 51 12 f.; 56 2; 57 1; 58 2; 64 1
- für den Umgang mit Messdaten für Gas 58 2
- für den Umgang mit Messdaten für Strom 51 12 f.
- für die Erhebung von Netzzustandsdaten 56 2
- für die Erhebung von Stammdaten 57 1
- für die Übermittlung von Netzzustandsdaten 64 1

Datenschutzrechtliche Grundsätze 66 2; 67 3

Datenschutzrichtlinie 50 28

Datensicherheit 19 3
- Anforderungen zur Gewährleistung 2 45
- Smart-Meter-Gateway 22 1, 12 ff., 47 ff.

Datensouveränität 59 2; 65 2; 70 1; s. a. Datenschutz

Datensparsamkeit 22 195; 60 17; 66 11; 67 11; 68 2; 73 5; s. a. mehrfache Messwertnutzung
- Erforderlichkeit 66 28

Datenspeicherung 49 24 ff.; 60 1 ff., 4, 13 ff.; 70 5

Datenübermittlung 10 35 ff.; 13 30 f.; 51 4; 52 17; 60 13; 65 1; 67 24 ff.; s. a. weitere Datenübermittlung
- Anschlussnutzer 70 5 ff.
- Bilanzkoordinator 60 20
- Dritter als Messstellenbetreiber 52 17
- Energielieferant 60 21 f.
- Ermächtigung 13 30 f.
- Festlegungsermächtigung 10 40
- Gas 60 25
- Pflicht 67 24 ff.
- Übertragungsnetzbetreiber 60 20
- Verpflichtung zur gegenseitigen ~ 10 35 f.
- Verteilernetzbetreiber 60 16 ff.
- Zuständigkeit, behördliche 13 30 f.
- Zweckbindung der ~ 65 1

Datenübertragung 13 1 ff.
- Berechtigte 13 8 f.
- Kosten-Nutzen-Analyse 13 5
- Messdaten 13 23 f.
- Messstellenbetreiber 13 7
- Sicherheit 13 3 ff.
- Stromnetzbetreiber 13 7
- Verfügbarkeit 13 3 ff.

Sachverzeichnis

– Verpflichtete   13 10 ff.
– Verteilernetz   13 1 ff.
– Zugangsentgelt   13 25 ff.
– Zugangsgewährung   13 14 ff., 19 ff.
– Zugangspetent   13 19 ff.
Datenumgangsberechtigte Stellen
– Löschung von Daten   75 15
Datenumgangsberechtigter   50 42 ff.
Datenverarbeitung   22 29, 39; 49 22; 50 5, 74
– Auftragsdaten   49 36 ff.
– Interessenabwägung   50 27
– Smart-Meter-Gateway   22 29 ff., 39 ff.
– Verfahren   50 87
– Verordnungsermächtigung   74 3 ff.
– zulässige Zwecke   50 27
Datenverwendung   49 22; 50 5, 74
Dezentrale Anlagen
– Messwertnutzung   67 13
Dezentrale Energieversorgung   Einl. 3
Dienstleistungen
– energieversorgungsfremde ~   2 26; 67 2
Dienstleistungsauftrag
– Übertragung der Grundzuständigkeit   41 61 ff.
Dienstleistungskonzession
– Übertragung der Grundzuständigkeit   41 54 ff.
Direktvermarktungsunternehmen   67 16
– Messwertnutzung   67 16
Direktvermarktungsunternehmen nach EEG
– Mitteilungspflicht   15 4
– personenbezogene Daten   49 27, 32
Diskriminierungsfreiheit
– buchhalterische Entflechtung   3 61 ff.
– Messstellenbetrieb   3 58 ff.
Dokumentationspflicht
– des Netzbetreibers   11 1 ff., 18 f.
– Erhebung von Netzzustandsdaten   56 15
– Messeinrichtungen   73 2
Dynamische Verweisung   22 76
Dritte
– Diskriminierungsfreiheit   3 58 ff.
Drittes Energiebinnenmarktpaket   Einl. 6, 13
Duldungspflicht   22 76 ff.; 36 16 ff.
– Anbindung von Anlagen   36 22
– Angemessenheit   36 24
– Anlagenbetreiber   36 20
– Anschlussnutzer   36 19
– keine Nutzungspflicht   36 23
Düsseldorfer Kreis   22 31
Dynamische Verweisung
– Smart-Meter-Gateway   22 76 ff.

Economies of Scale   22 79
EDIFACT-Nachrichten   14 5
EEG-Anlagen
– Anbindungspflicht   40 12 ff.
– Einbindung und kommunikative Vernetzung   46 14
EEG-Umlage   66 21; 67 21; s. a. Messwertnutzung
– Messwertnutzung zwecks Erhebung der ~   67 21
– Messwertnutzung zwecks Zahlung der ~   69 12
Eichfristen
– Messeinrichtungen   71 20
Eigenerzeugung   67 14
Eigenstromverbrauch
– Festlegungsermächtigung   47 11
– maximaler ~   47 11
Eigenverbrauchsprivileg
– Messeinrichtungen   40 2
Eigenverbrauchssteuerung   61 2
Einbau von intelligenten Messsystemen
– bei einer Vereinbarung nach § 14a EnWG   29 16
– technische Möglichkeit   29 7
– Verpflichtung zum ~   29 4
– wirtschaftliche Vertretbarkeit   29 7
Einbindung   23 3 ff.
Einbindung von Anlagen
– Verordnungsermächtigung   46 14
Eingriffsbefugnisse
– der Bundesnetzagentur   76 3, 7
Eingriffsermächtigung
– der Bundesnetzagentur   76 3, 7
Einheitliche Anwendung der §§ 29 bis 38
– Festlegungsgermächtigung   47 33
Einheitlicher Sicherheitsstandard   52 20; 75 5
– Datenformat EDIFACT, XML-Format   52 20
– Festlegungsermächtigung   75 5
Einheitliches Format der Kommunikation   52 9, 19 ff.
– GPKE, WiM, MPES, GeLi Gas   52 22
– Zweck   52 19
Einheitliches Sicherheitsniveau
– für den Betrieb von zertifizierten Smart-Meter-Gateways   26 1
Einrichtung mit intelligentem Messsystem
  46 24; 55 23; s. a. Messsystem, Verbrauchsmessung
– Vorteile   46 24; 55 26
Einsatz intelligenter Messsysteme   46 24
– Verordnungsermächtigung   46 24
Einspeiseleistung   50 79

Einspeisemanagement 66 16; s. a. Messwertnutzung
Einspeisewerte 64 4
Einspeisewerte aus Erzeugungsanlagen 55 35
– installierte Leistung über 100 kW 55 34
– installierte Leistung unter 100 kW 55 33 ff.
Einwilligung 2 26 f.; 6 2 ff.; 15 5; 19 13 ff.; 30 28; 49 17 ff., 34 ff.; 50 20 ff.; 61 11, 18, 23; 65 6 ff.; 70 6 ff.
– Grenzen der ~ 65 12 ff.; 70 10 f.
– in die Messwertnutzung 66 10; 70 6
– in die weitere Datenübermittlung 65 7 ff.; 70 6
Elektrizitätsrichtlinie Einl. 6 ff.
Elektrofahrzeuge
– Versorgung von ~ 2 24
Elektrofahrzeugnutzer 2 9; 48 4
Elektromobilität 2 9; 19 37; 50 25
– besondere Anforderungen 48 13 ff.
– Übergangsvorschrift 48 1 ff.
Endverbraucher
– Informationspflicht 10 15 f.
Energie- und Klimaprogramm Einl. 11
Energieeffizienzrichtlinie 21 1; 48 7
Energieeinsparung 21 1; 50 75
Energieeinspeisung
– Datenschutz 50 64 f.
Energiefremde Dienste 65 6; 70 2; s. a. Dienstleistungen, energieversorgungfremde
Energieinformationsnetz 67 2
Energiekonzept Einl. 12
Energielieferant 9 16, 26; 15 4; 50 59 ff.; 60 21; 69 1 ff.
– als Vertragspartner im Messstellenvertrag 9 26
– Datenschutz 50 59 ff.
– Datenübermittlung 60 13
– Löschungspflicht 69 16
– Messwertnutzung 69 5 ff.
– Mitteilungspflicht 15 4
– personenbezogene Daten 49 27, 33
– personenbezogene Messwerte 60 27
– Übermittlungspflicht 69 14 f.
Energielieferung 50 91
Energiemengenprognose 69 11
Energieverbrauch
– Abrechnung 35 2
– Widerspiegeln tatsächlicher ~ 2 22
Energieverbrauchs-Portal 50 78
Energievermarktung
– Datenschutz 50 70
Energieversorgungsnetze
– Betreiber von 2 12
Energiewende Einl. 12

Entflechtung
– buchhalterische 41 22
– Festlegungsermächtigung 47 17
Entgelt 7 1 ff.; 9 8; 14 18; 16 16 ff.; 36 15 ff.
– Abrechnung des ~ 9 8
– Angemessenheit 36 15
– behördliche Kontrolle 7 24
– Entgelte als Mindestbestandteil 7 30
– Entgeltregulierungssystematik 7 1, 11
– Messstellenbetreiberwechsel 14 18
– Übergang technischer Einrichtungen 16 16 ff.
– Veröffentlichungspflichten 7 23
– vertragliche Vereinbarung 36 15
– Vertragsbestandteil 7 27
– Vertragsform 7 29
Entlastung 66 3
Erfolgsvorschaurechnung 4 43
Erfüllung der Ausstattungsverpflichtung
– durch den grundzuständigen Messstellenbetreiber 36 10 ff.
– durch einen Dritten 36 2 ff.
Erfüllung gesetzlicher Verpflichtungen 12 6
Erhebung personenbezogener Daten s. Umgang mit personenbezogenen Daten
Erhebung von Messdaten für Gas s. Verbrauchsmessung für Gas
Erhebung von Messdaten für Strom s. Verbrauchsmessung für Strom
Erhebung von Netzzustandsdaten 56 1 ff.
– Berechtigte 56 4
– Dokumentationspflicht 56 15
– Erhebung bei Personenbezug 56 12
– Erhebung im Auftrag des Netzbetreibers 56 7
– Erhebung in begründeten Fällen 56 8 ff.
– Zweck 56 1, 3
Erhebung von Stammdaten 57 1 ff.
– Änderungen im Erhebungsvorgang 57 4 f.
– Anforderungen 57 8 ff., 14
– bei erstmaligem Anschluss an intelligentes Messsystem 57 11 f.
– bei wesentlicher Änderung eines Stammdatums 57 15
– datenschutzrechtliche Erlaubnis zur ~ 57 1
– Erforderlichkeit 57 10
– zur Erhebung Berechtigte 57 7
Erhebung weiterer Daten 59 3 ff.
– Anforderungen 59 3
– Einwilligung gem. § 4a BDSG 59 6 ff.
– Grenzen der Einwilligung u. Rechte Dritter 59 10 f.
– Kopplungsverbot 59 8 ff.
– Personenbezug u. Anonymisierung 59 4 f.
– zukünftige Änderung der Rechtslage 59 12 f.

Sachverzeichnis

Erlaubnistatbestand
– zur Messwertnutzung 66 17
Erlösobergrenzenregime 7 33; s. a. Preisobergrenzen
Ermessen 41 69; 76 15, 23
– Anspruch auf ermessensfehlerfreie Entscheidung 76 16
– Aufgreifermessen 76 15
– Ausübung des Ermessens 76 15
– Entschließungs- und Auswahlermessen 76 15
– Ermessensausübung 76 15
– gerichtliche Überprüfung 76 15
– Maßnahmen der Bundesnetzagentur 76 15, 23
– Übertragung der Grundzuständigkeit 41 69
Ermöglichung der Kommunikation 52 10ff.; s. a. Datenkommunikation
– Pflicht zur ~ 52 10
Ersatztermin 38 15
Ersatzwertbildung 2 40f.; 35 2
– Festlegungsermächtigung 75 8
Erzeugungsanlagen 2 5; 40 1ff.; 47 7f.; 67 1ff.
– Anbindungspflicht 40 1ff.
– angebundene ~ 67 1ff.
– Betreiber von 2 5
– Gewährleistung der Abrufbarkeit 47 8
– Gewährleistung der Fernsteuerbarkeit 47 7
Europäische Datenschutzgrundverordnung s. Datenschutzgrundverordnung
Evaluierungsbericht 77 3, 1f.
– Datenverwendung durch die Bundesnetzagentur 77 5
Ex-ante-Aufsicht 76 1
Ex-post-Kontrolle s. Aufsichtsverfahren

Fernkommunikationstechnik
– Verwendung einer zuverlässigen und leistungsfähigen ~ 25 46ff.
Fernsteuerbarkeit von § 14a-Anlagen
– Festlegungsermächtigung 47 7
Festlegung 47 1ff.; 75 1ff.
– zur Standardisierung von Verträgen und Geschäftsprozessen im Bereich des Messwesens 46 10a, 13a; 47 28; 75 7
Festlegung von Rahmenverträgen
– Ermächtigung der Bundesnetzagentur 47 13
Festlegung zu Wechselprozessen (WiM) Einl. 29; 57 12; 63 4; 75 7
Festlegung zur Standardisierung von Verträgen und Geschäftsprozessen im Bereich des Messwesens 46 10a, 13a; 47 28
Festlegungsermächtigung 47 1ff.; 75 1ff.
– Ausfall des Messstellenbetreibers 47 30

– Ausstattung von Netzübergaben 47 34
– Bundesnetzagentur 47 1ff.; 75 1ff.
– bundesweit einheitliche Marktkommunikation 75 1
– bundesweite Vereineitlichung der Datenerhebung, -verarbeitung und -nutzung 75 3
– bundesweite Vereinheitlichung der Bedingungen des Messstellenbetriebs 75 3
– Datenaustausch 75 6, 16
– Datenerhebung, -verarbeitung, -nutzung 75 14
– Datenkommunikation 75 1ff.
– Datenlöschung 75 15
– einheitliche Formate 75 5
– einheitlicher Sicherheitsstandard 75 4
– Einschränkung der ~ 47 5
– Entflechtung 47 17
– Entgelt für Einräumung des Zugangs zum Elektrizitätsverteilernetzes 47 32
– Ersatzwertbildung 75 8
– Fernsteuerbarkeit von § 14a-Anlagen 47 7
– Formblätter zur Datenkommunikation 75 5
– Gewährleistung der Fernsteuerbarkeit 47 7
– Höhe des angemessenen Entgelts für Fortführung des Messstellenbetriebs 47 29
– Inhalte von Messstellenrahmenverträgen 47 18ff.
– Inhalte von Messstellenverträgen 47 18f.
– kombinierte Verträge 47 26f.
– Kommunikationstechnik 47 10
– Konkretisierung der allgemeinen Anforderungen an den Messstellenbetrieb 47 16
– Löschung von Daten 75 15
– Messstellenbetreiberwechsel 47 23
– Netzzustandsdaten 47 9
– Pflicht zur Einräumung des Zugangs zum Elektrizitätsverteilernetzes 47 32
– Pflichten des Netzbetreibers 47 31
– Plausibilisierung und Ersatzwertbildung 75 8
– Rahmenverträge 47 13
– Rechte des Netzbetreibers 47 31
– Regeln für die Marktkommunikation 75 11
– Schlüssel für die Kostenverteilung für § 33 Abs. 1 47 35
– Sicherstellung der einheitlichen Anwendung der §§ 29 bis 38 47 33
– Stammdatenübermittlung 75 13
– Standardkonfiguration 75 12
– Transparenzvorgaben 75 5
– Übergangszeitraum 47 29
– Übermittlung von Stammdaten 47 12
– Umfang der Datenerhebung 75 6
– Vereinheitlichung der Bedingungen für den Messstellenbetrieb 47 15

Sachverzeichnis

- Zugang zum Elektrizitätsverteilernetz 47 32
Festlegungskompetenz
- Einschränkung 47 5
Feststellungsbefugnis
- BNetzA 76 29 ff.
- berechtigtes Interesse 76 29 ff.
- Verfahren 76 30 ff.
Firmware-Update
- Authentizität 25 12
- Integrität 25 12
- Vollständigkeit 25 12
- Zertifizierung 25 13
Flexibilitätsmechanismus 66 17; s. a. Messwertnutzung
Förderungserstattung
- Messwertnutzung 67 20
Formblätter zur Datenkommunikation
- Festlegungsermächtigung 75 5
Fortführung des Messstellenbetriebs
- Dauer 17 11 ff.
- Entgelt 17 17 ff.; 47 29
- Festlegungsermächtigung 47 29
- Übergangszeitraum 47 29
- Wechsel des Anschlussnutzers 17 4 ff.
Freie Wahl des Messstellenbetreibers 1 7; 36 14; 37 2
Freiheit des Lieferantenwechsels
- Sicherung der ~ 10 59
Fristen
- Grundzuständigkeitsübertragung 42 1 ff.

G 1-Gateway 22 290 ff.
Gas 20 1 ff.; 60 25 ff.; 75 8 ff.
- Datenübermittlung 60 25
- Local Metrological Network 20 9
- Messeinrichtungen 20 1 ff.
- Smart-Meter-Gateway 20 1 ff.
- Sonderregelungen 75 8 ff.
Gasmesseinrichtungen
- Verbrauchsinformationen 61 29
Gasrichtlinie Einl. 9
Gateway Standardisierungsausschuss 22 262
Gefährdungsbeschreibung
- Smart-Meter-Gateway 22 134
Genehmigung des grundzuständigen Messstellenbetriebs 4 1 ff.
- Anspruch auf Erteilung der ~ 4 25
- Antrag auf ~ 4 23
- Antragsberechtigte 4 23
- Antragsvoraussetzungen 4 23 f.
- Aufhebung 4 47 ff.
- Aufhebungsgründe 4 49
- Aufnahme der Grundzuständigkeit 4 9 ff.
- Ausnahmen vom Genehmigungserfordernis 4 27 ff.

- Betriebsaufnahme 4 14 ff.
- Betriebsunterbrechung 4 22.
- Entscheidungszeitpunkt 4 32
- Entwicklung der Rechtslage 4 2 f., 5,
- Erfolgsvorschaurechnung 4 43
- genehmigungspflichtige Sachverhalte 4 6 ff.
- gerichtliche Überprüfbarkeit 4 26, 34
- Kriterien für Genehmigung 4 33 ff.
- Leistungsfähigkeit 4 36 ff.
- Nachweispflicht des Antragstellers 4 30 ff.
- notwendige Unterlagen 4 24
- personelle Leistungsfähigkeit 4 37
- Prüfungsmaßstab für Genehmigung 4 33 ff.
- Rechtsfolge 4 25 ff.
- Rechtsnachfolge 4 16 ff.
- technische Leistungsfähigkeit 4 38
- Unternehmenserweiterung 4 19 ff.
- Untersagung der ~ 4 44 ff.
- Verfahren 4 47
- Versagungsgründe 4 29 ff.
- wirtschaftliche Leistungsfähigkeit 4 39
- Ziel der Genehmigungspflicht 4 4
- Zuständigkeit der BNetzA 4 48
- Zuverlässigkeit 4 40 ff.
- Zweifel an der Leistungsfähigkeit 4 35
- Zweifel an der Zuverlässigkeit 4 35
Genehmigungspflicht
- des grundzuständigen Messstellenbetriebs 4 1 ff.
- Untersagung des grundzuständigen Messstellenbetriebs 4 44 ff.
Generalklausel
- Datenübermittlung 65 3
Geräteübernahme 16 4
Gerätewechsel 16 4
- Datenschutz 50 41
Gesetz gegen Wettbewerbsbeschränkungen
- Anwendung auf Übertragung der Grundzuständigkeit 41 70 ff.
Gesetzgebungsverfahren
- Messstellenbetriebsgesetz Einl. 2
Gewährleistung der Abrufbarkeit von Erzeugungsanlagen
- Festlegungsermächtigung 47 8
Gewährleistung der Fernsteuerbarkeit
- Festlegungsermächtigung 47 7
Gewerberaum
- Liegenschaftsmodernisierung 39 13
GPKE 22 68, 200 f.; 50 63 ff.; 52 15 ff.; 57 4; 69 7
GPKE, EDIFACT, Format s. einheitliches Format der Kommunikation
GPKE, WiM, MPES, GeLi Gas s. einheitliches Format der Kommunikation
Grünbuch Einl. 21

849

Sachverzeichnis

Grundrecht auf informationelle Selbstbestimmung s. informationelle Selbstbestimmung
Grundrecht auf Unverletzlichkeit der Wohnung 38 11
Grundrechte
- additiver Eingriff 22 86
- Betroffene ~ des Anschlussnutzers 22 61
- kumulierter Eingriff 22 86
- Smart-Meter-Gateway 22 85 ff.

Grundstück
- Zutrittsrecht 38 11

Grundzuständiger Messstellenbetreiber
2 10 ff., 18; 3 12 ff.; 38 5 ff.; 44 1 ff.; s.a. Grundzuständigkeit
- Aufgaben des ~ 3 16 ff.
- Begriff des ~ 3 14
- EGG-Anlagen 3 17
- KWK-Anlagen 3 17
- Pflichtbefreiung durch abweichende Vereinbarungen 3 20 ff.
- sachliche Reichweite der Aufgaben 3 16
- Scheitern der Übertragung 44 1 ff.
- Übertragung 41 1 ff.
- Verlust der Grundzuständigkeit 3 15
- Zuständigkeit für Unterzähler in Kundenanlagen 3 18
- Zutrittsrecht 38 5 ff.

Grundzuständiger Messstellenbetrieb
2 18 f.; 3 14; 4 1 ff., 14 ff., 44 ff.; 43 1 ff., 65 ff.; s.a. Grundzuständiger Messstellenbetreiber
- Aufhebung der Genehmigung 4 47 ff.
- Aufnahme des ~ 4 14 ff.
- Folgen einer erfolgreichen Übertragung 43 1 ff.
- Genehmigung des ~ 4 1 ff.
- Laufzeit 41 65 ff.
- regulatorische Trennung 3 14
- Untersagung des ~ 4 44 ff.

Grundzuständigkeit 3 12 ff.; 4 1 ff., 14 ff., 44 ff.
- Aufhebung der Genehmigung 4 47 ff.
- Ausnahmen 3 19 ff.
- Beauftragung Dritter 3 12
- Betreiber von EGG- und KWK-Anlagen 3 17
- Betriebsaufnahme 4 14 ff.
- Ende der ~ 3 20 ff.
- Ende durch abweichende Vereinbarungen 3 21 ff.
- für den Messstellenbetrieb für moderne Messeinrichtungen und intelligente Messsysteme 2 17 f.
- für Unterzähler in Kundenanlagen 3 18
- Genehmigung des grundzuständigen Messstellenbetriebs 4 1 ff.
- sachliche Reichweite 3 16
- Untersagung des grundzuständigen Messstellenbetriebs 4 44 ff.
- Verlust der ~ 3 15; s.a. Grundzuständiger Messstellenbetreiber

Grundzuständigkeitsübertragung 41 1 ff., 15 ff., 37 ff., 48 ff., 70 ff., 87 ff.; 42 1 ff.; 43 11 ff.; 44 1 ff.; 45 12 ff., 26 ff.; s.a. Übertragungsverfahren
- Angebotsabgabe 42 9 ff.
- Angebotsbedingungen 43 16 f.
- Anwendungsbereich 41 16 ff.
- Anzeigepflicht 45 31 ff.
- Ausnahmen 41 87 ff.
- Ausstattungsverpflichtung 44 8 ff.
- Befreiung 43 19
- behördliche Kontrolle 45 29 f.
- Bekanntmachung 42 1 ff.
- Betreiber von Energienetzen 41 18 ff.
- Bundesanzeiger 43 23 ff.
- Bundesnetzagentur 41 100 ff.
- Dienstleistungsauftrag 41 61 ff.
- Dienstleistungskonzession 41 54 ff.
- Eignungskriterien 41 51
- Ermessen 41 69
- Folgen 43 1 ff.
- Fristen 42 1 ff.
- Gegenstand der Übertragung 41 37 ff.
- Genehmigung nach § 4 45 26 ff.
- Genehmigung und Zertifikat 41 48 ff.
- Gesetz gegen Wettbewerbsbeschränkungen, Anwendung auf ~ 41 70 ff.
- informatorische Begleitung 41 102 f.
- Inhouse-Vergabe 41 95
- intelligente Messsysteme 41 38 ff.
- keine Angebotsabgabe 44 1 ff.
- konventioneller Messstellenbetrieb 41 41
- Losverfahren 41 44 f.
- Meldepflicht 41 102
- Messstellenbetreiber 41 16 ff.
- Mindestausstattung 45 12 ff.
- moderne Messeinrichtungen 41 38 ff.
- Netzgebiet 41 42
- Offenkundigkeitsgrundsatz 43 24
- öffentlich-öffentliche Zusammenarbeit 41 87 ff.
- Opt-out-Option 41 15
- Rechte und Pflichten der Messstellenbetreiber 44 11
- Rechtsschutz 41 96 ff.; 42 12
- Scheitern 44 1 ff.
- Übergabe von Informationen 43 21 ff.
- Unternehmensbegriff 41 47
- Verfahren 45 21
- Verfahrensdurchführungspflicht 45 1 ff.

Sachverzeichnis

- Verfahrensregelung   41 83 ff.
- Verfahrenswiederholung   44 12 ff.
- Verhältnismäßigkeit   41 28
- Verpflichtungen aus § 29   43 15
- Verträge über die Durchführung   43 20
- Zertifikate nach § 25   45 22
- Zuschlagserteilung   42 11 ff.; 43 1 ff.
- Zuschlagskriterien   43 12 ff.

Hacker-Angriff   49 48
Haftung   10 41 ff.; 12 14; 16 28 ff., 71 1 ff.
- Messeinrichtungen   71 1 ff.
- Übergang technischer Einrichtungen   16 28 ff.

HAN-Anwendungsfälle   22 183 ff.
HAN-Schnittstelle   22 183; 25 39; 62 23
Hash-Funktionen
- Smart-Meter-Gateway   22 232

Haushaltskunden
- Energielieferverträge mit ~   10 12
- Messstellenverträge mit ~   10 12

Herkömmlicher Messbetrieb   3 36

Informationelle Selbstbestimmung   19 1; 49 1; 50 1; 67 11; 73 1
- Messwertnutzung   66 12; 67 11
- weitere Datenübermittlung   65 14

Informationen
- als Gegenstand der Übermittlungspflicht   51 6 ff.
- Bereitstellung für Smart-Meter-Gateway-Administrator   51 5 ff.

Informations- und Veröffentlichungspflichten
- des BSI über Maßnahmen nach § 26   26 15

Informationsanspruch   61 7

Informationsbedürfnis
- des Übertragungsnetzbetreibers   67 2

Informationspflicht   11 8 ff.; 37 1 ff., 16 ff.; 73 2; 53 6, 31
- Chancengleichheit   37 2
- des grundzuständigen Messstellenbetreibers   37 1 ff., 16 ff.
- des Messstellenbetreibers   11 8 ff.
- drei Monate vor der Ausstattung   37 16 ff.
- gegenüber Anschlussnutzer   37 2
- Inhalt   37 5 ff.
- jährliche Übermittlung   11 11
- Marktteilnehmer   25 69 ff.
- Messeinrichtungen   73 2
- Rollout   37 2 ff.
- sechs Monate vor Beginn des Rollouts   37 4 ff.
- über die Art der verbauten Technik   11 9
- über die Ausstattungspflicht   11 9
- Umfang der Ausstattung   37 7 ff.
- Veröffentlichung   37 4 ff.

Informationssicherheitsmanagement   25 57 ff.

Informationssicherheitsmanagementsystem
- Smart-Meter-Gateway   22 58 f., 274 ff.; 25 57 ff.

Informatorische Entflechtung   3 9
- Festlegungsermächtigung   47 17

Inhaltsdatenverschlüsselung
- Smart-Meter-Gateway   22 227 ff.

Inhouse-Vergabe
- Grundzuständigkeitsübertragung   41 95

Integrität   22 14

Intelligente Energienetze
- Datenkommunikation   50 1 ff.

Intelligente Messsysteme   2 20 ff., 40 ff.; 3 53 ff.; 21 1 ff.; 22 45 f.; 29 1 ff., 22 ff.; 45 12 ff.; 50 19; 61 1 ff.; 67 18
- Anschlussnutzer   61 1 ff.
- Anspruch auf Duldung der Entfernung   3 54 ff.
- Anspruch auf Einbau eigener ~   3 53 ff.
- außerhalb der Pflichteinbauten   21 27
- Bilanzkreisverantwortung   67 18
- Daten   50 9 ff.
- Einbauplichten an EEG- und KWKG-Anlagen   29 22
- Grundzuständigkeitsübertragung   41 38 ff.
- Interoperabilität   22 45 f.
- Kommunikationseinheit   2 44
- maximaler Stromverbrauch   21 23 ff.
- mehrere Zählpunkte   21 29
- Mindestanforderungen   21 1 ff.
- Mindestanforderungen Datenermittlung   21 25 ff.
- Mindestanforderungen Fernkommunikation   21 13 ff.
- Mindestanforderungen Messwerterhebungen   21 5 ff.
- Mindestanforderungen Smart-Meter-Gateway   21 21 f.
- Mindestanforderungen Visualisierung Verbrauchsverhalten   21 9 ff.
- Mindestausstattung   45 12 ff.
- optionale Einbaufälle   29 24
- Pflichteinbaufälle   29 9
- Smart-Meter-Gateway   22 45 f.
- technische Möglichkeit des Einbaus   29 7
- Verbrauchsinformationen   61 1 ff., 11 ff.
- Verpflichtung zum Einbau   29 1, 4
- weitere Verpflichtungen betreffend ~   29 54
- wirtschaftliche Vertretbarkeit des Einbaus   29 7
- Zertifizierungspflicht   21 3

Interimsmodell   Einl. 27 ff.; 47 4
- Festlegung   47 4

851

Sachverzeichnis

- s. Übergangsregelungen zur Markteinführung
Internet der Energie 50 14
Interoperabilität 19 4, 25; 22 1, 25 ff., 45 f.
- intelligente Messsysteme 22 45 f.
- Smart-Meter-Gateway 22 1, 25 ff., 45 f., 68, 256 ff., 290
Intervenierbarkeit 22 22
IT-Sicherheitskonzept 25 60 f.

Jahresbruttoentgelt 32 12

Kapazitätsverpflichtungen 67 17; s. a. Messwertnutzung
Kettenkommunikation 60 3
Kombinierte Verträge 9 33; 47 26 ff.
- Durchführung und Ausgestaltung 47 26 f.
- Festlegungsermächtigung 47 26 f.
- Rahmenverträge 47 27
Kommunikation 1 11; 51 1 ff.; 52 39; 54 2; 75 4
- mittels Smart-Meter-Gateway 51 1 ff.; 54 2
- nichtunmittelbare ~ 75 4
- über die Smart-Metering-Public-Key-Infrastruktur 52 39
Kommunikationskette 15 6
Kommunikationslösung 35 2
Kommunikationsnetz
- Einbindung in ~ 2 22
Kommunikationstechnik
- Festlegungsermächtigung 47 10
- Zuverlässigkeit und Leistungsfähigkeit 47 10
Konfiguration
- Smart-Meter-Gateway 51 15 ff.
Konfigurationsprofil 51 16
Kontaktaufnahme
- Angaben zur erleichterten, elektronischen ~ 10 52
Kontrahierungszwang
- Messstellenvertrag 9 15 ff.
- Übergang technischer Einrichtungen 16 5
Konventioneller Messstellenbetrieb 41 41
Konzessionsabgabe 66 18; s. a. Messwertnutzung
Kopplungsverbot 49 52 ff.; 65 10, ff.; 70 8 f.
- Anschlussnutzer 70 8 f.
- personenbezogene Daten 49 52 ff.
Kosten
- Anbindungspflicht 40 25
- Datenübermittlung 60 30
Kostenneutralität
- Anbindungspflicht 40 13 ff.
- bei Auswahlrecht des Anschlussnehmers 6 16

Kosten-Nutzen-Analyse Einl. 17; 13 5; 41 32
- Datenübertragung 13 5
- Messstellenbetrieb 41 32
Kostenregulierung 7 34
Kostentragung
- Liegenschaftsmodernisierung 39 8 ff.
Kostentrennung 7 37
Kostenverteilung für die Ausstattung von Netzübergaben
- Festlegungsermächtigung 47 34
- Schlüssel für ~ 47 35
Kostenzuordnung 7 39
Kritische Infrastruktur 52 46 ff.
Kryptografie 22 227
Kündigung 10 45 f.
Kündigungsrecht
- des Endverbrauchers 10 16 f.
Kupferkabel 13 17
Kurzfristprognosen 67 16; s. a. Messwertnutzung
KWK-Anlagen
- Anbindungspflicht 40 12 ff.
- Einbindung und kommunikative Vernetzung 46 14

Ladepunktbetreiber 2 9
Ladepunkte
- Betrieb von 2 24
Lastenausgleich Einl. 3
Lebenszyklusmodell
- Smart-Meter-Gateway 22 215 ff.
Leerstand
- Wechsel des Anschlussnutzers 17 6
Leistungsbeziehung 7 6 ff.
- neue ~ 9 6 ff.
Leistungserbringung
- bisherige ~ 9 7 f.
- Netzbetreiber und Netznutzer 9 7 ff.
- neue ~ 9 9 ff.; 50 86 ff.
Letztverbraucher 2 24; 41 23
- mit intelligenten Messsystem 55 3
Liberalisierung
- des Messwesens Einl. 1, 37; 41 23
Lieferantenwechsel 10 5 f., 58 ff.; 55 29 ff.; 69 7
- einheitliches Verfahren zur Ermittlung des Vebrauchswerts bei ~ 55 29 ff.
- kombinierte Verträge 10 61
- Verbot der Behinderung des ~ 10 5 f., 58
Liefersperre 12 8
Liegenschaft
- Modernisierung 39 1 ff.
Liegenschaftsmodernisierung 6 35; 39 1 ff.
- bei Auswahlrecht des Anschlussnehmers 6 35

Sachverzeichnis

- Betriebskosten **39** 12
- entsprechende Anwendung **39** 5 ff.
- Gewerberaum **39** 13
- Kostentragung **39** 8 ff.

LMN-Schnittstelle **22** 177 ff.
Local Metrological Network **20** 9, 177
Logfiles
- Smart-Meter-Gateway **22** 53

Löschung personenbezogener Daten **5** 14; **75** 15
- Ausnahme **5** 13 ff.

Löschungspflicht **63** 8 ff.; **64** 2, 12 ff.; **66** 24 ff.
- datenschutzrechtliche Bedeutung der ~ **63** 7 ff.; **64** 14; **66** 24 ff.; **67** 28
- des Messstellenbetreibers **63** 7 ff.
- des Netzbetreibers **66** 24 ff.
- des Übertragungsnetzbetreibers **67** 28
- hinsichtlich personenbezogener Daten **64** 2, 12 ff.; **66** 25
- Sanktionen bei Verstoß gegen die ~ **63** 12 ff.
- Verhältnis zum BDSG **63** 8 ff.; **64** 16

Löschungsvorschrift **63** 1

Marktanalyse und Feststellung durch das BSI **30** 16
Marktkommunikation **46** 6; **51** 1, 11, 75
- bundesweit einheitliche ~ **75** 1
- Regeln für die ~ **75** 11
- Verordnungen **46** 6

Marktstrukturanforderungen **30** 4
Maximale Residuallast **67** 17
- Daten **50** 88 ff.

Mehrwertdienste **2** 26 f.; **35** 4; **70** 2
Meldepflicht
- Übergang technischer Einrichtungen **16** 1 ff.
- BSI **25** 62 ff.

Mess- und Übertragungsfehler **10** 31
- Vorgehen bei ~ **10** 31 ff.

Messdaten **49** 13; **50** 82; **51** 17
- aggregierte **49** 13; **50** 82
- Verarbeitung **51** 17

Messdatenübertragung **13** 23 f.
Messeinrichtung **2** 28, 34; **3** 53 ff.; **20** 9, 15; **40** 1 ff., 21; **48** 2; **50** 16; **71** 1 ff.
- Anbindungspflicht **40** 1 ff.
- Anspruch auf Duldung der Entfernung **3** 54 ff.
- Anspruch auf Einbau eigener ~ **3** 53 ff.
- Eigenverbrauchsprivileg **40** 2
- KFZ **48** 2

Messeinrichtung für Gas
- mit registrierender Leistungsmessung **40** 21
- sonstige Einrichtungen **40** 22 ff.

Messeinrichtungen
- Befugnisse der Behörde **71** 19

- Befundprüfung **71** 7
- Beschädigung **71** 1 ff.
- Dokumentationspflicht **73** 2
- Eichfristen **71** 20
- Gas **20** 1 ff.
- Haftung **71** 1 ff.
- Informationspflicht **73** 2
- Inverkehrbringen **71** 15 ff.
- Leistungserschleichung **73** 4
- Local Metrological Network **20** 9
- Nachprüfung **71** 1 ff.
- rechtswidrige Inanspruchnahme **73** 1 ff.
- Verkehrsfehlergrenzen **71** 13 ff.
- Vertrauens- und Bestandsschutz **20** 15

Messfehler
- Vorgehen bei ~ **10** 34

Messgerät s. Messeinrichtung
Messstelle **2** 30 ff.; **12** 1, 12; **29** 6
- an ortsfesten Zählpunkten **29** 6
- Ausstattung von ~ **2** 32
- Durchführung des Messstellenbetriebs **2** 11 f.
- Handlungen an der ~ **12** 1, 12
- Installation, Inbetriebnahme, Konfiguration, Administration, Überwachung und Wartung der modernen Messeinrichtung und intelligenter Messsysteme **2** 55
- technischer Betrieb der ~ **2** 55

Messstellenbetreiber **2** 33; **3** 12 ff., 24 ff., 58 ff.; **6** 26 ff.; **8** 1 ff.; **10** 15; **11** 22 f.; **12** 13; **17** 8 ff.; **18** 1, 5; **41** 16 ff.; **43** 19
- als Smart-Meter-Gateway-Administrator **3** 24 ff.
- Auffangzuständigkeit **18** 1
- Ausfall **47** 30
- Ausfall des ~ **11** 22 f.; **18** 5
- Befreiung von der Grundzuständigkeit **43** 19
- Bestimmungsrecht des ~ **8** 1 ff.
- Datenaufbereitung **60** 11 ff.
- Datenübermittlung **60** 13 ff.
- Datenübertragung **13** 7
- Diskriminierungsfreiheit **3** 58 ff.
- gesetzliche Verpflichtungen **50** 43
- grundzuständiger ~ **3** 12 ff.
- Grundzuständigkeitsübertragung **41** 16 ff.; **44** 11
- Informationspflicht **10** 15
- Mitteilungspflicht **15** 1 ff.
- personenbezogene Daten **49** 27 f.
- personenbezogene Messwerte **60** 27
- Pflicht des ~ **12** 13; **47** 22
- Pflicht zur Transparenz **3** 58 ff.
- Rechte bei Auswahlrecht des Anschlussnehmers **6** 26 ff.

853

Sachverzeichnis

- unverzügliche Übernahme 18 7 ff.
- Verbrauchsinformationen 61 9 f.
- Wechsel des ~ s. Messstellenbetreiberwechsel
- Wechsel des Anschlussnutzers 17 8 ff.

Messstellenbetreiberwechsel 5 11 f.; 14 7 ff.; 15 1 ff., 10 ff.; 16 1 ff., 14 ff.; 47 23
- Anschlussnutzer 14 9
- Datenübermittlungspflicht 5 12
- Entgelt 14 18
- erforderliche Verträge 5 11
- Erklärung 14 7 ff.
- Festlegung zu Wechselprozessen (WiM) 47 25
- Festlegungsermächtigung 47 23
- Form 14 13
- Mitteilungsform 15 10
- Mitteilungsinhalt 15 11
- Mitteilungspflicht 15 1 ff.
- Netzbetreiber 14 11
- Übergang technischer Einrichtungen 16 1 ff.
- Verfahren 14 16 f.
- Zeitpunkt 14 14

Messstellenbetrieb 2 21 ff.; 3 12 ff., 24 ff., 32 ff., 43 ff.; 4 1, 44 ff.; 5 32 f.; 11 1 ff., 22 f.; 12 2 ff.; 36 1 ff.; 47 16, 32, 41; 48 5 ff.
- allgemeine Anforderungen 47 16
- Anspruch auf Einbau eigener Messeinrichtungen 3 53 ff.
- Aufgabe des ~ 3 32 ff.
- Aufhebung der Genehmigung zum grundzuständigen Messstellenbetrieb 4 47 ff.
- Bedingungen des ~ 10 19 ff.; 12 2
- Bedingungen des ~, Festlegungsermächtigung 10 24
- bei herkömmlichem Messstellenbetrieb 3 36
- bei intelligenten Messsystemen 3 42
- Datenschutz 48 5 ff.
- Diskriminierungsfreiheit 3 58 ff.
- Einbau, Betrieb und Wartung 3 37
- Entfernung technischer Einrichtungen 3 37
- Erfüllung weiterer Anforderungen 3 51 f.
- form- und fristgerechte Datenübertragung 3 41
- Genehmigung des grundzuständigen ~ 4 1 ff.
- Grundzuständigkeit 3 12 ff.; 41 1 ff.
- Grundzuständigkeitsübertragung 3 12 ff.
- Konkretisierung der allgemeinen Anforderungen 47 16
- konventioneller ~ 41 41
- Kosten-Nutzen-Analyse 41 32
- mess- und eichrechtskonforme Messung 3 39
- Messung 3 38 ff.
- Messwertaufbereitung 3 40
- moderner Messeinrichtungen 3 44
- ohne intelligentes Messsystem 3 36
- Pflicht zur Transparenz 3 58 ff.
- sachliche Reichweite 3 32
- Sicherstellung des ~ 11 1 ff., 22 f.
- Sicherung des ~ 12 3
- Smart-Meter-Gateway-Administrator als Aufgabe des ~ 3 24 ff.
- sonstige Rechte und Pflichten 36 1 ff.
- technischer Betrieb der Messstelle 3 43
- technischer Betrieb des Smart-Meter-Gateways 3 45 f.
- Teilfunktionen des technischen Betriebs 3 43
- Übergang der Aufgabe des ~ 5 3
- Umfang 3 32 f.
- Untersagung des grundzuständigen ~ 4 44 ff.
- Verhältnis zu EEG 3 63, 65
- Verhältnis zu KWKG 3 63, 64
- Verschiebung der Aufgaben 3 48
- Wettbewerb um den ~ 41 24
- Zuordnung der Smart-Meter-Gateway-Administrator-Funktion 3 24 ff.

Messstellenbetrieb mit modernen Messeinrichtungen und intelligenten Messsystemen
- einheitliche Anwendung 47 33

Messstellennutzung 10 19 ff.
- Regelungen zur ~ 10 19 ff.

Messstellenvertrag 7 13 ff.; 9 13 ff.; 10 1 ff.; 16 17, 27; 17 18
- allgemeine Bedingungen 7 37 ff.
- allgemeine Bedingungen für Verträge 9 37 ff.
- Beachtung der Transparenzvorgaben 7 34; 9 34
- bei Messstellen mit herkömmlicher Messtechnik 9 18
- Einbeziehung der Gasmessung 7 36; 9 36
- Einzelverträge und Rahmenverträge 7 24 ff.; 9 30 f.
- Entwicklung 9 2 ff.
- Erforderlichkeit 9 18
- Festlegungsermächtigung 10 7 f.; 47 18 ff.
- Inhalt des ~ 10 1 ff.
- kombinierter Vertrag 7 33; 9 33
- Kontrahierungszwang 9 15 ff.
- Kopplungsverbot 9 35
- Kündigung 10 45 f.
- Mindestbestandteil 7 30
- Mindestinhalte 10 17 ff.
- mit Anschlussnutzer bzw. Anschlussnehmer 9 25
- mit Energielieferant 9 26
- notwendige Vertragsinhalte ~ 10 14

Sachverzeichnis

- Rechte und Pflichten bei Beendigung 2 50
- sachlicher Anwendungsbereich 7 18
- sonstige Beendigung 10 45 ff.
- Transparenzanforderungen 2 12 f
- Verhältnis zum EEG 7 35
- Veröffentlichungspflicht 7 39
- Vertragsbestätigung 9 23
- Vertragsdauer 10 14
- Vertragsgestaltung 10 14
- Vertragsinhalt 7 32
- Vertragspartner 7 24 ff.; 9 24 ff.
- Vertragsschluss 7 19 ff.; 9 19 ff.
- weitere Inhalte 10 56

Messsystem 2 34; 3 54 f.; 19 1 ff.; 50 9 ff., 18; 51 11; 55 23 ff.
- allgemeine Anforderungen 19 1 ff.
- Anspruch auf Duldung der Entfernung 3 54 f.
- Anspruch auf Einbau eigener ~ 3 54 f.
- Daten 50 9 ff.
- Daten aus intelligentem ~ 51 11
- Einrichtung mit intelligentem ~ 55 23 ff.
- Zertifizierung 19 18 ff.

Messung
- Ausweitung des Begriffs 3 38 ff.
- form- und fristgerechte Datenübertragung 3 41, 47
- mess- und eichrechtskonforme ~ 3 39
- Messwertaufbereitung 3 40

Messwert 1 11; 2 35; 22 35; 52 13; 75 15
- Erhebung, Verarbeitung und Nutzung 1 11
- Löschung von ~ 75 15
- Personenbezug 60 27
- Smart-Meter-Gateway 22 35 ff.
- Weiterverarbeitung 52 13

Messwerterhebung s. Verbrauchsmessung

Messwertnutzung 66 1, 10 ff.; 67 1 ff., 11 ff., 68 1 ff.; 70 1 ff.
- Anschlussnutzer 70 1 ff.
- Bilanzkoordination 67 1 ff., 19
- Bilanzkreisverantwortlicher 68 1 ff.
- dezentrale Anlagen 67 13
- Direktvermarktungsunternehmen 67 16
- EEG-Umlage 67 21
- Einwilligung 70 6 ff.
- Erbringungskontrolle 67 13
- Erweiterung der ~ 67 12
- Förderungserstattung 67 20
- Hochrechnung der Ist-Einspeisung 67 16
- Kapazitätsverpflichtung 67 17
- Kurzfristprognosen 67 16
- Löschung 67 1 ff.
- maximale Residuallast 67 17
- mehrfache ~ 66 11

- Netzbetreiber 66 1 ff.
- Netznutzungsabrechnung 66 13
- Photovoltaikanlagen 67 15
- Prognose zur Vermarktungsverbesserung 67 14
- Übermittlungspflicht 67 1 ff.
- Übertragungsnetzbetreiber 67 11 ff.
- Übertragungsnetzbetrieb 67 1 ff.
- vermiedene Netzentgelte 67 20
- Verteilernetzbetreiber 66 1; 67 7
- weitergehende ~ 66 10 ff.; 70 1
- zusätzliche ~ 70 1, 5
- Zwecke der ~ 66 10, 13 ff.; 67 11 ff.

Messwertverarbeitung
- Smart-Meter-Gateway 22 192

MID-Richtlinie 22 266

Mindestausstattung
- intelligente Messsysteme 45 12 ff.
- moderne Messeinrichtungen 45 18 ff.

Mindestinhalte
- Folgen 10 53 ff.; 46 9
- Haftungsbestimmungen 10 41 ff.
- Kündigung 10 45 f.
- Standard- und Zusatzleistungen 10 27 f.
- Verordnungsermächtigung 46 9
- Zusatzleistungen 10 29

Missbrauchskontrolle 76 2

Mitteilungs- und Behebungspflicht 11 12

Mitteilungspflicht 11 13 ff.; 15 1 ff.; 16 28 ff.
- Bilanzkoordinator 15 4
- Bilanzkreisverantwortlicher 15 4
- Direktvermarktungsunternehmen nach dem EEG 15 4
- Energielieferant 15 4
- Messstellenbetreiberwechsel 15 1 ff.
- Netzbetreiber 15 4
- Übergang technischer Einrichtungen 16 28 ff.

Modellregionen
- Verordnungsermächtigung 46 17 ff.

Moderne Messeinrichtung 2 23, 36 f.; 3 54; 29 31 ff.; 40 12 ff.; 41 38 ff.; 45 18 ff.; 50 9 ff.
- Anbindungspflicht 40 12 ff.
- Anschlussnutzer 61 1 ff.
- Anspruch auf Duldung der Entfernung 3 54 ff.
- Anspruch auf Einbau eigener ~ 3 53 ff.
- Daten 50 9 ff.
- Grundzuständigkeitsübertragung 41 38 ff.
- Mindestausstattung 45 18 ff.
- Pflichteinbaufälle 29 31 ff.
- Verbrauchsinformationen 61 1 ff., 24 ff.

Modernisierung
- Liegenschaft 39 1 ff.

Modernisierung Verteilernetze Einl. 7

855

Sachverzeichnis

Monitoringbericht 77 1 ff.
– Datenverwendung durch die BNetzA 77 5
Nachträgliche Feststellung
– der Zuwiderhandlung 76 14
Netzanschlussvertrag
– zwischen Netznutzer und Netzbetreiber 7 7 f.
Netzausbau Einl. 4
Netzbetreiber 7 13; **12** 1 ff.; **14** 11; **15** 4; **41** 26 f.; **47** 31; **49** 27 ff.; s.a. Verteilernetzbetreiber
– Auffangzuständigkeit 41 26 f.
– Ausübung hoheitlicher Befugnisse 50 54
– Berechtigung zur Unterbrechung **12** 8 ff.
– Datenschutz 50 58
– Kosten 7 13
– Messstellenbetreiberwechsel 14 11
– Mitteilungspflicht 15 4
– personenbezogene Daten 49 27, 29
– personenbezogene Messwerte 60 29
– Pflichten 47 31
– Rechte des ~ **12** 1 ff.; **47** 31
Netzbetrieb Einl. 37; **1** 6 ff.; 7 37
– Aufgabentrennung **Einl.** 37; **1** 8
– Kosten 7 37
– Trennung vom Messstellenbetrieb **1** 6, 8
Netzdienlicher und marktorientierter Einsatz 33 2 ff.; **46** 23 f.
– Verordnungsermächtigung 46 23 f.
Netzengpässe 50 81
Netzentgeltabrechnung
– Datenschutz 50 66 f.
Netzentgelte
– Bestandteil 7 32
– vermiedene ~ 67 20
Netznutzungsabrechnung 7 34; **66** 13; s.a. Messwertnutzung
Netznutzungsvertrag
– zwischen Netznutzer und Netzbetreiber 7 7 f.
Netzpunkt 2 60
Netzzugangsdaten 50 8
Netzzusammenbruch
– Vermeidung **12** 7
Netzzustand 50 81 ff.
Netzzustandsdaten 2 38 f.; **64** 1; s.a. Erhebung von Netzzustandsdaten; s.a. Übermittlung von Netzzustandsdaten
– Datenschutzgrundverordnung 64 18
– Festlegungsermächtigung 47 9
– Inhalt von ~ 2 38 f.
– Löschungspflicht 64 12
Nichtverkettbarkeit 22 23
Notifizierung 22 3

Numerus clausus
– Zwecke für die Messwertnutzung 67 1
Nutzung personenbezogener Daten 5 14; s.a. Umgang mit personenbezogenen Daten
– Feststellung des Personenbezugs 52 11

Offenkundigkeitsgrundsatz
– Grundzuständigkeitsübertragung 43 24
Öffentliche Verbrauchseinrichtungen 72 1
Öffnung des Messwesens für den Wettbewerb 3 4 ff.
Oligopolvermutung 30 4
Online-Portal 35 2; **61** 17 ff.
– Verbrauchsinformationen 61 17 ff.
Opt-out-Option
– Grundzuständigkeitsübertragung 41 15
Organisationspflicht
– Festlegungsermächtigung 47 22
Organizational Policy
– Smart-Meter-Gateway 22 103
Outsourcing
– Smart-Meter-Gateway 22 278 ff.

Personalisierung 22 220
Personenbezogene Daten 19 2, 6 ff.; **22** 18, 32; **49** 1 ff., 13 ff., 36 ff.; **50** 7; **52** 24; **74** 3 ff.
– aggregierte Messdaten 49 13
– Auftragsdatenverarbeitung 49 36 ff.
– berechtigte Stelle 49 17 ff.
– Beschlagnahme 49 24 ff.
– Bestimmbarkeit 49 14
– Bilanzkoordinator 49 27, 30
– Bilanzkreisverantwortliche 49 27, 31
– Codierung 52 24
– Direktvermarktungsunternehmen nach EEG 49 27, 32
– Dokumentationspflicht 49 49
– dritte Stellen 49 27, 34
– Energielieferant 49 27, 33
– Erhebung 49 1 ff., 21
– europäische Datenschutzgrundverordnung 49 10
– europarechtliche Grundlagen 49 8 ff.
– informationelle Selbstbestimmung 49 1
– Koppelungsverbot 49 52 ff.
– Löschung 49 22
– Messstellenbetreiber 49 27 f.
– Netzbetreiber 49 27, 29
– Nutzung 49 1 ff., 23 ff.
– rechtswidrige Inanspruchnahme 49 44 ff.
– Sicherung Entgeltanspruch 49 50 f.
– Smart-Meter-Gateway 22 18, 32, 39
– Übermittlung 49 24 ff.
– Verarbeitung 49 1 ff., 22
– Verordnungsermächtigung 74 3 ff.

856

Personenbezogene Messwerte 60 20 ff.;
  s. a. personenenbezogene Daten
– Bilanzkreisverantwortlicher 60 20
– Energielieferant 60 21 f.
– Löschung 60 31 ff.
– Messstellenbetreiber 60 27
– Netzbetreiber 60 27
– Übertragungsnetzbetreiber 60 27
Personenbezug 5 14; **65** 15; **66** 15; **70** 13 f.
– Entfernung des ~ 65 15
– im Smart Metering 70 13 f.
– Vorliegen des ~ 5 14
Pflicht zum Angebot
– Übertragung technischer Einrichtungen 16 5
Pflicht zur Transparenz 3 58 ff.; **54** 2; s. a. Transparenz
– beim Messstellenbetrieb 3 58 ff.
– buchhalterische Entflechtung 3 61 ff.
– des Messstellenbetreibers 3 58 ff.
– eigenständige Bedeutung 3 58 f.
Pflicht-Rollout
– Endzeitpunkt und verpflichtender Umfang des Rollouts für moderne Messeinrichtungen 29 53
– Rechte und Pflichten der grundzuständigen Messstellenbetreiber 29 48 ff.
– Rechte und Pflichten der Letztverbraucher, Anschlussnutzer und Anlagenbetreiber 29 60 ff.
Phasenwinkel 22 32; **50** 8
Photovoltaikanlagen 67 15; s. a. Messwertnutzung
Physikalisch-Technische Bundesanstalt 22 42, 119, 142; **25** 65; **26** 2, 7 ff.; **27** 10; **33** 18; **48** 11
Pilotprojekte
– Verordnungsermächtigung 46 17 ff.
Planungsdaten 49 13
Plausibilisierung und Ersatzwertbildung 2 40 f.; **35** 2
– Messwertaufbereitung 2 40 f.
– Standardleistung 2 40 f.
Plausibilisierung von Messwerten
– Festlegungsermächtigung 75 8 ff.
Powerline Communications Technik
– Smart-Meter-Gateway 22 238
Preisblätter 37 12 ff.
– Veröffentlichungspflicht 37 12 ff.
Preisobergrenzen 7 1 ff., 4, 19 ff.; **31** 1, 22 ff., 34 ff.; **32** 12 f.; **34** 7; **36** 1, 14 f.; **46** 13 f.
– Anpassung 46 13; **7** 25
– Ausrichtung der ~ 7 6
– bei Mehrfachausstattungen 31 34 ff.
– eingeschränkte Anpassung der ~ 34 7
– einheitliche ~ 32 12 f.

– für Standardleistungen 7 19 f.
– für Zusatzleistungen 7 21
– keine Bindung 36 1, 14 f.
– nach Jahresstromverbrauch 31 22 ff.
– Verordnungsermächtigung 46 13
Preisobergrenzen-Regime
– Adressat 7 11
– objektiver Anwendungsbereich 7 17 ff.
Priorisierung
– zugunsten energiewirtschaftlicher Anwendungen 51 19 ff.
Privacy by design 48 7; **60** 28
Prognosedaten 49 13
Prosumer-Konstellation 55 36 ff.
– aktive Einbindung der Konsumenten 55 37
Pseudonymisierung 22 33
– Anforderungen an die ~ 52 29 ff.
– Definition 52 28
Public-Key-Infrastruktur 22 49, 78, 240; **25** 17; **52** 39 ff., 48
– betroffene Daten 52 43, ff
– Definition 52 40
– Schutzrichtung 52 42, 48
Rahmenvertrag 7 31; **10** 4; **25** 78; **47** 13, 27; **51** 5
– Festlegungsermächtigung 47 13, 27
– für die Bereitstellung von Informationen 51 5
– Veröffentlichungspflicht 7 31
Recht auf informationelle Selbstbestimmung s. Informationelle Selbstbestimmung
Rechtsfolgenverweisung
– auf das BDSG 53 31, 40 ff.
Rechtsschutz
– Grundzuständigkeitsübertragung 41 96 ff.; **42** 12
Rechtsverletzung 76 14
Rechtsverordnung 74 1
Rechtsvorschrift
– Begriff 76 9
Regelbeispiele
– Datenschutz 50 55 ff.
Registerpflichten 63 6
– Datenschutz 50 69
Request for Comments 22 81 f.
Residuallast
– maximale ~ 67 17
Richtlinie 2004/22/EG 22 3; **50** 10
Richtlinie 2006/32/EG 61 4
– Anhang Einl. 8
Richtlinie 2009/72/EG 61 5
Richtlinie 95/46/EG s. Datenschutzrichtlinie
Rolle des Messwesens Einl. 2 ff.

Sachverzeichnis

Rollout 29 1, 24 ff.; 37 2 ff.
– Informationspflichten 37 2 ff.
– optionaler ~ 29 24 ff.
– Planung 37 6
Root-CA 22 49, 240
Rundsteuergerät 16 15

Schadensersatz
– Übergang technischer Einrichtungen 16 28 ff.
Schaltprofil 2 42; 62 13
Schlüssel 25 16
Schlüssel für Kostenverteilung für § 33 Abs. 1
– Festlegungsermächtigung 47 35
Schlüssel- und Zertifikatsmanagement 25 14
Schutzbedarf 22 275
Schutz personenbezogener Daten
– Messstellenbetreiberwechsel 5 13
– s. Public-Key-Infrastruktur
Schutzprofile
– Einl. 15; 22 91 ff.; 24 16; 27 2
Schwachstellenanalyse 26 4 ff.
Security Objectives
– Smart-Meter-Gateway 22 104 f.
Security Requirements
– Smart-Meter-Gateway 22 106 f., 145
Sicherheitsmaßnahmen 22 47
Sicherheitsmodul 22 148
Sicherstellung der einheitlichen Anwendung der §§ 29 bis 38
– Festlegungsermächtigung 47 33
Sicherstellung des Messstellenbetriebs
– Kosten der ~ 11 30
– Übergangszeit 11 27
– Umfang der ~ 11 26 f.
SIM-Karte 16 14
Smart Cards 22 157
Smart Grid 70 4
Smart Home-Applikationen 65 5; 70 2; s. a. Energiefremde Dienste
Smart-Meter-Gateway 2 43 ff.; 15 6; 22 1 ff.; 26 4; 40 1 ff.; 50 14; 51 14 ff.; 58 3 ff.
– Admin-Log 22 271
– Analyse, Priorisierung und Bewertung von Schwachstellen 26 4
– Anbindungspflicht 40 1 ff.
– Architektur der Smart-Metering-Public-Key-Infrastruktur 22 240 ff.
– bauliche Maßnahmen 22 54
– Bedrohungen 22 284 ff.
– Begriffsbestimmung 22 4 ff.
– Black-Box-Test 22 115
– BSI-Schutzprofil 55 5

– Common Criteria 22 109 ff.
– Conformance Claims 22 99, 133
– Datenschutz 22 1, 18 ff., 47 ff.
– Datensicherheit 22 1, 12 ff., 47 ff.
– Datenverarbeitung 22 29 ff., 39 ff.
– diskriminierungsfreie Bereitstellung 35 5
– dynamische Verweisung 22 76 ff.
– Funktion 22 7 ff.
– G 1-Gateway 22 290 ff.
– Gas 20 1 ff.
– Gefährdungsbeschreibung 22 134
– Grundrechte 22 85 ff.
– HAN-Anwendungsfälle 22 183 ff.
– Hash-Funktionen 22 232
– hinterlegte Stammdaten 57 3
– im Gasbereich 58 3 ff.
– Informationssicherheitsmanagementsystem 22 58 f., 274 ff.
– Inhaltsdatenverschlüsselung 22 227 ff.
– Installation, Inbetriebnahme, Konfiguration, Administration, Überwachung und Wartung des ~ 2 53
– intelligente Messsysteme 21 19 ff., 45 f.
– Interoperabilität 22 1, 25 ff., 45 f., 68, 256 ff.
– Komponenten und Anlagen 23 3 ff.
– Konfiguration am ~ 51 14 ff.
– Kostenverteilung für Stromverbrauch 25 87
– Lebenszyklusmodell 22 215 ff.
– LMN-Schnittstelle 22 177 ff.
– Logfiles 22 53
– lokale Anzeige 61 13 ff.
– Messwert 22 35 ff.
– Messwertverarbeitung 22 192
– Mindestanforderungen 2 46; 22 1 ff.; 23 2; 50 23
– Normzweck 22 10 ff.
– Nutzung für Auftragsdienstleistungen 35 4
– Nutzung für Mehrwertdienste 35 4
– organisatorische Maßnahmen 22 55 ff.
– Organizational Policy 22 103
– Outsourcing 22 278 ff.
– physischer Schutz 22 210 ff.
– Powerline Communications Technik 22 238
– Prüfung im ~ 51 17
– Root-CA 22 240
– Schutzprofil vom 11.12.2014 22 148 ff.
– Schutzprofil vom 31.3.2014 22 118 ff.
– Schutzprofile 22 91 ff.
– Security Objectives 22 104 f.
– Security Requirements 22 106 f., 145
– sichere Anbindung an das ~ 23 1 f.
– sichere Kommunikation mittels ~ 51 1

Sachverzeichnis

- Sicherheitsanforderungen 23 9ff.
- Stammrichtlinie 22 169
- Stand der Technik 22 62ff.
- Standardkonfiguration 60 27ff.; 75 12
- Steuerbox 7 38; 22 161ff.; 29 21
- TAF 1: Datensparsame Tarife 22 195
- TAF 2: Zeitvariable Tarife 22 196
- TAF 3: Lastvariable Tarife 22 197
- TAF 4: Verbrauchsvariable Tarife 22 198
- TAF 5: Ereignisvariable Tarife 22 199
- TAF 6: Abruf von Messwerten im Bedarfsfall 22 200f.
- TAF 7: Zählerstandsgangmessung 22 202
- TAF 8: Erfassung von Extremwerten für Leistungen 22 203
- TAF 9: Abruf von IST-Einspeisung einer Erzeugungsanlage 22 204f.
- TAF 10: Abruf von Netzzustandsdaten 22 206
- TAF 11: Steuerung von ununterbrechbaren Verbrauchseinrichtungen und Erzeugungsanlagen 22 207
- TAF 12: Prepaid-Tarif 22 208
- TAF 13: Bereitstellung von Messwertsätzen zur Visualisierung für den Letztverbraucher über die WAN-Schnittstelle 22 209
- Target of Evaluation 22 94
- Tarifanwendungsfälle 22 189ff.
- technische Richtlinien 22 166ff.
- technische Vorgaben 48 5
- technischer Betrieb des ~ 3 45f.
- TLS-Handshake 22 234
- TR-03109-5 22 264ff.
- TR-03109-6 22 266ff.
- Übergangsregelungen 22 294
- Vermutungswirkung 22 60ff., 70ff.
- Verordnungsermächtigung 46 21f.
- Vorgabe konkreter technischer Sicherheitsmaßnahmen 26 5
- Vulnerability Analysis 22 124
- WAF 22 173ff.
- Wake-up-Call 22 131
- Wesentlichkeitsgebot 22 79ff.
- White-Box-Test 22 116
- Zertifizierung 24 1, 19ff.
- **Smart-Meter-Gateway-Administrator** 2 47; 3 2, 24ff.; 14 6; 21 16; 25 2ff., 27ff., 41ff.; 45 23f.; 51 3, 14ff.
  - als Aufgabe des Messstellenbetreibers 3 26ff.
  - Auditierung 25 79ff.
  - Aufgabe 3 25; 25 27ff.; 51 3, 14ff.
  - Betrieb durch Dritte 3 27ff.
  - Durchführung von Diensten und Anwendungen 25 41ff.; 51 21

- Grundverpflichtung 25 4
- Identität mit Messstellenbetreiber 3 27ff.
- Informationsrechte gegenüber anderen Marktteilnehmern 25 69ff.
- Meldepflicht gegenüber dem BSI 25 62ff.
- Netzbetreiber 2 47
- Rolle des ~ 2 47
- Zertifizierung 25 8, 83ff.
- Zuordnung zum Messstellenbetreiber 3 2, 24ff.
- **Smart-Meter-Gateway-Zertifikat** 24 1, 4, 19ff.
- Aufsichtsbefugnisse und Aufsichtsbehörden 24 31ff.
- Befristung, Beschränkung und Auflagen 24 27ff.
- **Smart-Meter-Public-Key-Infrastruktur** 2 49
- **Sonderausstattungspflicht** 33 2
- **Sonderregelungen für Gas**
- Festlegungsermächtigung 75 8
- **Spannungsausfälle**
- Erstellung von Protokollen 47 9
- **Sperrung personenbezogener Daten** 5 16
- **Sperrungspflicht** 49 22; 63 11; 64 16; 66 26
- **Stammdaten** 57 2ff.; 63 2, 7; s.a. Erhebung von ~, Übermittlung von ~
- Festlegungsermächtigung 47 12
- Löschungspflicht 63 7
- **Stammdaten angeschlossener Anlagen**
- Festlegungsermächtigung 47 12
- **Stammdatenübermittlung**
- Festlegungsermächtigung 75 13
- **Stammrichtlinie**
- Mindestanforderungen 22 171ff.
- Mindestmaßnahmen 22 288
- Smart-Meter-Gateway 22 169
- **Stand der Technik** 22 60; 23 9ff.
- **Standard- und Zusatzleistungen** 10 27ff.; 35 1ff.
- Abrechnung 10 27ff.
- Entgelte 10 27ff.; 35 5f.
- **Standardisiertes Formblatt** 9 34; 10 38; 54 1, 5ff.
- Kopie der Formblätter 54 16, ff
- Nachvollziehbarkeit der Datenströme 54 8ff.
- Vorgaben 54 15
- **Standardisierungsausschuss**
- Gateway 22 262
- **Standardisierung von Verträgen und Geschäftsprozessen im Bereich des Messwesens**
- Festlegung 46 10a, 13a; 47 28; 75 7

859

Sachverzeichnis

Standardkonfiguration zur Datenkommunikation
- Festlegungsermächtigung 75 12
Standardleistung 35 2 ff.; 37 10
- Durchführung des Messstellenbetriebs 10 28
- Informationspflichten 37 10
Sternförmige Kommunikation 15 6; 50 12; 53 15; 60 5; 75 9
- Festlegungsermächtigung 75 9
- Übergangsregelungen 75 9
Steuerbarkeit
- Herstellung der ~ 35 4
Steuerbox 22 161 ff.; 35 4; s.a. Smart-Meter-Gateway, Steuerbox
- Smart-Meter-Gateway 22 161 ff.
- netzdienliche und marktorientierte ~ 35 4
Steuerung unterbrechbarer Verbrauchseinrichtungen
- Datenschutz 50 71 ff.
Steuerungsnetz 13 17
Störung der Mess- und Steuereinrichtung
- Mitteilungs- und Behebungspflicht 11 12 ff.
Strom- und Spannungswandler
- Bereitstellung von ~ 35 4
Stromnetzbetreiber
- Datenübertragung 13 7, 15 ff.

TAE-Dose 16 14
Target of Evaluation 22 94
Tarifanwendungsfälle 22 189
Tarife
- als Anreiz zur Energieeinsparung 50 75 ff.
Tarifierung 2 52
Tarifstufen
- Zuordnung zu verschiedenen ~ 2 52
Tarifwahlfreiheit
- bei Auswahlrecht des Anschlussnehmers 6 38
Tarifwechsel 69 8
Technische Mindestanforderungen
- Ausgestaltung durch Festlegungen 47 6 ff.
- Bestimmungsrecht des Messstellenbetreibers 8 24 ff.
Technische Möglichkeit 30 1
Technische Richtlinien Einl. 15; 24 17; 27 2
Technischer Betrieb der Messstelle 2 55
Technischer Betrieb des intelligenten Messsystems 2 53 f.
Telekommunikation 22 238
Testkonzept 22 213
TLS-Handshake
- Smart-Meter-Gateway 22 234
TLS-Kanäle 22 48

TR-03109 s. Stammrichtlinie
TR-03109-3 22 227
TR-03109-5 22 264 ff.
TR-03109-6 22 266 ff.
Transparenz 22 21; 53 1; 54 2
- Transparenzpflicht 54 11
Transparenzvorgaben
- Festlegungsermächtigung 75 5

Übergang technischer Einrichtungen 16 1 ff.
- Angebotspflicht 16 5
- Anschlussnutzer 16 1
- Duldungspflicht 16 19 ff., 26 ff.
- Einlagerung und Übersendung 16 27
- Entfernungspflicht 16 19 ff.
- Entgelt 16 16 ff.
- Kontrahierungszwang 16 5
- Meldepflicht 16 1 ff.
- Mitteilungspflicht 16 28 ff.
- Schadensersatz 16 28 ff.
- Umfang 16 13 ff.
- unentgeltliches Entfernen 16 21 ff.
- Versorgungsunterbrechung 16 25
- vorübergehende Nutzungsüberlassung 16 12
- Wahlrecht 16 7 ff.
Übergangsphase s. Übergangsregelungen zur Markteinführung
Übergangsregelungen
- Smart-Meter-Gateway 22 294
Übergangsregelungen zur Markteinführung
- Festlegungsermächtigung 75 9
Übergangsvorschrift
- Elektromobilität 48 1 ff.
Übergangszeitraum
- Wechsel des Anschlussnutzers 47 29
Übergangszeitraum bei Wechsel
- Festlegungsermächtigung 47 29
Übermittlung
- Stammdaten 63 2, 7; 75 13
Übermittlung von Netzzustandsdaten 64 1, 5 ff.; 47 9; s.a. Übermittlungspflicht
- Datenschutzgrundverordnung 64 5
- Festlegungsermächtigung 47 9
- Umfang 64 9
- Verlangen des Netzbetreibers 64 6
- Voraussetzung 64 8
Übermittlung von Stammdaten 47 12; 63 2 ff.
- Festlegungsermächtigung 47 12
- Konkretisierung 63 4
Übermittlungsempfänger 51 10
Übermittlungspflicht 51 4 ff.; 63 2; 69 14
- des Energielieferanten 69 14 f.
- des Netzbetreibers 66 23

Sachverzeichnis

- des Übertragungsnetzbetreibers 67 24 ff.
- Gegenstand der ~ 51 6 ff.
- Netzzustandsdaten 64 1, 5 ff.

Übermittlungsverpflichtete 51 4

Übermittlungsvorschrift 63 1

Übertragung auf einen Dritten s. Beauftragung eines Dritten

Übertragung der Grundzuständigkeit; s. a. Grundzuständigkeitsübertragung
- Verordnungsermächtigung 46 15

Übertragungsfehler
- Vorgehen bei ~ 10 34

Übertragungsnetzbetreiber 50 43; 60 20 ff.; 66 8; 67 1 ff.
- Adressat 66 8; 67 10
- Bilanzkreisverantwortung 67 18
- Datenübermittlung 60 13
- Definition 67 10
- gesetzliche Verpflichtungen 50 43
- Löschungspflicht 67 28
- Messwertnutzung 67 1 ff., 11 ff.
- personenbezogene Messwerte 60 27
- Übermittlungspflicht 67 24 ff.

Übertragungsverfahren 11 28; 45 1 ff.; s. a. Grundzuständigkeitsübertragung
- Anzeigepflicht 45 31 ff.
- behördliche Kontrolle 45 29 f.
- Einleitung des ~ 11 28
- Genehmigung nach § 4 45 26 ff.
- Grundzuständigkeit 45 1 ff.
- Mindestausstattung 45 12 ff.
- Unzureichende Pflichterfüllung 45 6 ff.
- Verordnungsermächtigung 46 15
- Zertifikate nach § 25 45 22

Überwachungsaufgaben 76 10

Überwachungs- und Überprüfungspflicht 25 68

Umfang der Datenerhebung
- Festlegungsermächtigung 75 6

Umgang mit personenbezogenen Daten
- berechtigte Stellen 49 17 ff.
- Löschungspflicht 63 11; 64 3

Unabhängigkeit 30 5 ff.
- Anbieter 30 5 ff.
- Datenschutz und Datensicherheit 30 11 f.
- kooperationsrechtliche ~ 30 9
- strukturelle ~ 30 6
- vertikale ~ 30 10

Unbundling s. Entflechtung

Unrechtmäßiges Speichern 53 37

Unterbrechbare Verbrauchseinrichtungen
- Einbindung 23 3 ff.
- Steuerung 50 71 ff.
- Verordnungsermächtigung 46 21 f.

Unternehmensbegriff 76 12

Untersagung des grundzuständigen Messstellenbetriebs 4 44 ff.

Unverletzlichkeit der Wohnung 38 11

Verarbeitung personenbezogener Daten 66 2; s. a. Umgang mit personenbezogenen Daten

Verbindlichkeit 22 16

Verbindungsdaten
- rechtswidrige Inanspruchnahme 73 8 f.

Verbot von Wechselentgelten 18 2 ff.

Verbraucherschutz
- Messwertnutzung 66 21

Verbrauchsdaten
- Visualisierung 55 3

Verbrauchseinrichtungen
- öffentliche ~ 72 1
- unterbrechbare ~ 50 71 ff.

Verbrauchsinformationen 58 1 ff.; 61 1 ff.
- angebundene Erzeugungsanlagen 61 29
- Anschlussnutzer 61 1 ff.
- Einsehbarkeit 61 21 f., 27
- Gasmesseinrichtungen 61 29
- intelligente Messsysteme 61 1 ff.
- Kosten 61 23 ff.
- Messstellenbetreiber 61 9 f.
- moderne Messeinrichtungen 61 1 ff., 24 ff.
- Online-Portal 61 17 ff.
- Visualisierung 61 11 ff.

Verbrauchsmessung für Gas 58 1 ff.
- Einrichtung von Datenübertragungssystemen 58 13 ff.
- Einsatz von Smart Metering 58 4 f.
- Lieferantenwechsel 58 11
- Messungsverlangen des Anschlussnutzers 58 15 ff.
- Messwerterhebung beim Letztverbraucher 58 7 ff.

Verbrauchsmessung für Strom 55 1, 10 ff.
- Art und Weise der ~ 55 10 ff.
- bei Jahresstromverbrauch bis zu 100.000 kWh 55 16 ff.
- bei Jahresstromverbrauch von mehr als 100.000 kWh 55 11 ff.
- Standardlastprofilverfahren 55 17
- Verzicht auf registrierende Leistungsmessung 55 15
- Zählerstandsgangmessung 55 11 ff.

Vereinheitlichung
- Bedingungen für den Messstellenbetrieb 47 15

Verfahren
- Grundzuständigkeitsübertragung 45 21
- Messstellenbetreiberwechsel 14 16 f.

861

Sachverzeichnis

- rechtswidrige Inanspruchnahme von Messeinrichtungen **73** 1 ff.

Verfahren zur Übertragung der Grundzuständigkeit für den Messstellenbetrieb
s. Grundzuständigkeitsübertragung

Verfahrensdurchführungspflicht
- Grundzuständigkeitsübertragung **45** 1 ff.

Verfahrenswiederholung
- Grundzuständigkeitsübertragung **44** 12 ff.

Verfügbarkeit 22 15

Vergabekriterium
- Wirtschaftlichkeit **43** 13

Vergleichsberechnung
- bei Auswahlrecht des Anschlussnehmers **6** 35

Verhaltensanordnung
- Ermächtigungsgrundlage **76** 21; s. a Abstellungsverfügung

Verhaltenspflichten
- Betroffene **76** 13
- in Bezug auf Messstellenbetrieb und Messung **76** 5

Verhältnismäßigkeit
- Grundzuständigkeitsübertragung **41** 28

Verlust der Mess- und Steuereinrichtung
- Mitteilungs- und Behebungspflicht **11** 12 ff.

Vermarktung
- Energie~ **50** 70

Vermiedene Netzentgelte 67 20

Vernetzung von Anlagen
- Verordnungsermächtigung **46** 14

Veröffentlichungspflicht
- für allgemeine Bedingungen **9** 37 ff.

Veröffentlichungspflichten für Entgelte
31 38; **32** 15; **33** 22

Verordnungen
- Erforderlichkeit **46** 5 f.
- Ermächtigungsgrundlage **46** 1 ff.
- Marktkommunikation **46** 6
- wettbewerbliche Stärkung **46** 7

Verordnungsermächtigung Einl. 16; 46 1 ff.; **74** 1
- Ausstattungskonzept **46** 12
- Auswahlrecht des Anschlussnehmers **46** 10
- Auswahlrecht des Anschlussnutzers **46** 10
- Bedingungen für den Messstellenbetrieb **46** 8
- Bundesrat **46** 26
- Einbindung und kommunikative Vernetzung von Anlagen **46** 14
- Kostenregulierung **46** 11
- netzdienlicher und marktorientierter Einsatz **46** 23 f.
- Preisobergrenzen **46** 13

- Rollout **46** 12
- Sonderregelungen für Pilotprojekte und Modellregionen **46** 17 ff.
- Übertragungsverfahren **46** 15
- unterbrechbare Verbrauchseinrichtungen **46** 21 f.
- Zählerstandsgangmessung **46** 20
- Zustimmungsbedürftigkeit **46** 24

Verordnungspaket Einl. 19, 22

Verschlüsselung der Kommunikation 52 6 ff.
- technische Anforderungen **52** 8

Verschlüsselungsverfahren 22 229

Versorgungsunterbrechung
- Übergang technischer Einrichtungen **16** 25

Verstoß
- gegen die Genehmigungspflicht **76** 8
- gegen Entscheidungen der BNetzA **76** 9
- Rechtsverstoß **76** 7, 17

Verteilernetz
- Datenübertragung **13** 1 ff.

Verteilernetzbetreiber 41 31; **50** 43; **60** 16 ff.; **66** 8; **67** 7; s.a. Netzbetreiber
- Adressat für Messwertnutzung **66** 8
- Datenübermittlung **60** 13 ff.
- Definition **66** 9
- gesetzliche Verpflichtungen **50** 43
- Grundzuständigkeitsübertragung **41** 31
- Messwertnutzung **67** 7

Vertrag
- kombinierter ~ **9** 33; **10** 3, 6
- Messstellenvertrag **7** 13 ff.; **9** 13 ff.
- Verträge zwischen Anschlussnutzern und Dritten **9** 12
- Vertragsabschlusspflicht **7** 1 ff.
- Inhalte von ~ **47** 18 ff.

Vertragsabschlusspflicht s. Vertragspflicht

Vertragsbestätigung
- Messstellenvertrag **9** 23

Vertragsbeziehung
- neue ~ **9** 5

Vertragsinhalte
- notwendige ~ **10** 2 f.

Vertragspartner
- beim Messstellenvertrag **9** 24 ff.

Vertragspflicht 7 1 ff., 13 ff.
- allgemeine Bedingungen **7** 37 ff.
- Beachtung der Transparenzvorgaben **7** 34
- Entwicklung der ~ **7** 2 ff.
- kombinierter Vertrag **7** 33
- neue ~ **9** 5 ff.
- sachlicher Anwendungsbereich **7** 18
- Übersicht **7** 5 f.
- Verhältnis zum EEG **7** 35
- Veröffentlichungspflicht **7** 39

Sachverzeichnis

– Vertragspartner 7 24 ff.
– Vertragsschluss 7 19 ff.
– zwischen Messstellenbetreiber und Anschlussnutzer/-nehmer 7 9 ff.
Vertragsschluss
– konkludenter ~ 36 13
Vertragsverhältnis
– zwischen Netzbetreiber und Anschlussnutzer 9 9 ff.
Vertraulichkeit 22 13
Verwaltungspflicht
– Festlegungsermächtigung 47 19
Visualisierung 55 4; 62 17 ff., 23
– des Energieverbrauchs 55 4
– Möglichkeiten zur ~ 55 4
– Verantwortlichkeit 62 19
Volkszählungsurteil 49 7
Vollautomatische Weiterverarbeitung 52 12 f.
– Anknüpfungspunkt für die ~ 52 13
Vorkassesystem 35 4
Vornahme betriebsnotwendiger Arbeiten 12 7
Vorrang s. Priorisierung
Vorrangregelung s. Priorisierung; Datenschutzgrundverordnung
Vulnerability Analysis
– Smart-Meter-Gateway 22 124
WAF 22 173 ff.
Wahlrecht 5 1
– Übergang technischer Einrichtungen 16 7 ff.; s. a. Auswahlrecht
Wake-up-Call
– Smart-Meter-Gateway 22 131
WAN s. Wide Area Network
Wandel der Zuständigkeit im Messwesen
– Grundsatz-Ausnahme-Verhältnis 3 5 f.
– personelle Ausgestaltung des Wahlrechts 3 7
– Pflicht zum Einbau von Zählern 3 7
– Reichweite abweichender Vereinbarungen 3 6 f.
– Trennung zwischen Messstellenbetrieb und Messung 3 6
– Wahlrecht 3 5 ff.
Wärmepumpen 50 72
Wechsel des Anschlussnutzers 17 1 ff.; 47 29
– Anlass 17 4 ff.
– Dauer 17 11 ff.
– Entgelt 17 17 ff.
– Fortführung des Messstellenbetriebs 17 4 ff.
– Kosten 17 2
– Leerstand 17 6
– Übergangszeitraum 47 29
Wechselprozess s. Messstellenbetreiberwechsel

Wechselprozess im Messwesen 14 5; s. a. Festlegung zu Wechselprozessen im Messwesen (WiM)
Wegenutzungsrechte, Wechsel des Verteilnetzbetreibers 2 17
Weitere Daten s. Erhebung weiterer Daten
Weitere Datenübermittlung 65 6 ff.
– Einwilligung in die ~ 65 7 ff.
– Kopplungsverbot 65 10
– Personenbezug 65 14
– Schriftformerfordernis 65 7 ff.
Weiterleitung personenbezogener Daten s. Auskunftspflicht
Wesentlichkeitsgebot
– Smart-Meter-Gateway 22 79 ff.
Wettbewerb um den Messstellenbetrieb 5 1; 30 3; 41 24
White-Box-Test
– Smart-Meter-Gateway 22 116
Wide Area Network 22 173; 25 38
– Schnittstelle 25 38
Wiederherstellung der Funktionsfähigkeit 11 17
Wirtschaftliche Vertretbarkeit
– der Ausstattung von Messstellen mit intelligenten Messsystemen 31 1
– der Ausstattung von Messstellen mit modernen Messeinrichtungen 32 1
Wohnung
– Zutrittsrecht 38 11
Wurzelzertifikat 2 56; 28 5

Zählerprofil s. Konfigurationsprofil
Zählerstandsgänge
– Bereitstellung 35 2
Zählerstandsgangmessung 2 57 f.; 46 20; 55 11 ff.
– Verordnungsermächtigung 46 20
– Vorteile 55 19 ff.
Zählpunkt 2 59
Zeitserver 25 11
Zertifikate 2 49 ff.; 24 19 ff.; 25 15
– Ausstellung, Verteilung und Prüfung von digitalen ~ 2 49
– Befristung, Beschränkung und Auflagen 24 27 ff.
– digitale ~ 25 15
Zertifizierung 76 11
– Durchsetzung der Zertifizierungsverpflichtung 76 11
Zertifizierungsinstanz 28 4
Zertifizierungspflicht
– intelligente Messsysteme 21 3; 24 1 ff.
– Smart-Meter-Gateway-Administrator 25 83

Sachverzeichnis

Zertifizierungsrichtlinie des BSI 28 9 ff.
Zertifizierungsverfahren 24 19 ff.
Ziel der Gesetzgebung Einl. 1
Zielkonflikte 51 20
Zugang zum Elektrizitätsverteilernetz
– Pflichten des Netzbetreibers 47 31
Zugangsentgelt
– Datenübertragung 13 25 ff.
Zurechenbarkeit 22 16
Zurückgespeiste Energie
– Beladung von Elektromobilen 48 1 ff.
Zusatzleistung 10 29; 35 4; 37 11
– Informationspflichten 37 11
Zusätzliche Datenübermittlung 65 6; 70 5;
s. a. weitere Datenübermittlung
Zuschlagserteilung
– Grundzuständigkeitsübertragung 43 1 ff.
Zuschlagskriterien
– Grundzuständigkeitsübertragung 43 12 ff.
Zuständigkeit
– Messstellenbetrieb 2 13
– Netzbetrieb 2 13
Zuständigkeit beim Messstellenbetrieb
3 11 ff.; s. a. Wandel der Zuständigkeit im Messwesen; s. a. Aufgabenzuordnung

Zuständigkeit im Messwesen 3 1 ff.; s. a.
Wandel der Zuständigkeit im Messwesen
– Zweck der Festlegung 3 1 ff.
Zutrittsberechtigte 38 5 ff.
Zutrittsrecht 38 1 ff.
– Ausweis 38 6
– Benachrichtigung 38 14
– des Beauftragten 38 5 ff.
– des grundzuständigen Messstellenbetreibers 38 5 ff.
– Duldungspflicht 38 12
– Durchsetzung 38 16
– Grundversorgung 38 17
– Mitwirkungspflicht 38 13
– Netzbetreiber 38 8
– Netzbetrieb 38 17
– Verpflichtete 38 9
– wettbewerblicher Messstellenbetreiber 38 7
Zuverlässigkeit des technischen Betriebs
– Anforderungen 25 9
– des intelligenten Messsystems 25 6 ff.
– organisatorische Sicherstellung 25 13 ff.
Zuwiderhandlung
– Abstellung der ~ 76 19; s. a. Rechtsverletzung
Zweckbindung 59 1 ff.; 66 10 ff.; 70 1

Ausführlich und unverzichtbar

INHALT
- Umfassende, hochaktuelle Darstellung des Energiewirtschafts-, des Netzplanungs- und des Energiesicherheitsrechts
- Berücksichtigung aller Änderungen des EnWG in 2016 und 2017
- Erläuterung des durch das Strommarktgesetz und das Gesetz zur Digitalisierung der Energiewende grundlegend umgestalteten EnWG
- Detaillierte Erläuterung zum EnLAG, NABEG, BBPlG und zum EnSiG
- Band 1 wird ergänzt durch die Kommentierung aller Rechtsverordnungen in Band 3

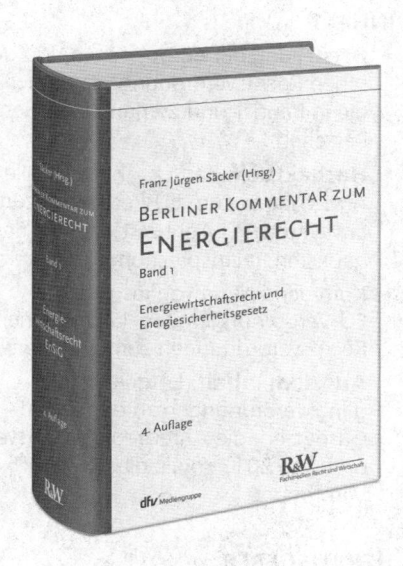

HERAUSGEBER
Prof. Dr. Dr. Dres. h.c. **Franz Jürgen Säcker** ist Geschäftsführender Direktor des Instituts für Energie- und Regulierungsrecht Berlin. Bis 2014 war er Direktor des Instituts für deutsches und europäisches Wirtschafts-, Wettbewerbs- und Regulierungsrecht der Freien Universität Berlin. Außerdem war er 10 Jahre Richter am Kartellsenat des Kammergerichts Berlin

ZIELGRUPPEN
Energieversorgungs- und Energieinfrastrukturunternehmen, im Energie- und Regulierungsrecht spezialisierte Rechtsanwaltskanzleien, Energieberatungsunternehmen, Behörden und Gerichte

Berliner Kommentar, Band 1 der 4., völlig neu bearbeiteten und wesentlich erweiterten Auflage 2017 f., ca. September 2017, 2.400 Seiten, Geb., ca. € 289,-
ISBN 978-3-8005-1650-6

Deutscher Fachverlag GmbH
Fachmedien Recht und Wirtschaft
www.shop.ruw.de
buchverlag@ruw.de

R&W

Hochaktuell! Band 3 zum Energierecht

INHALT
- Darstellung der europäischen und deutschen Rechtsverordnungen, die sich auf die in Band 1 und 2 erläuterten Gesetze beziehen
- **Hochaktuell:** Berücksichtigung aller Änderungen zum EU-Recht und zum EnWG (bis 15. April 2017) sowie der neuesten Rechtsprechung und Literatur
- Kommentierung von insgesamt 6 EU-Verordnungen und 19 deutschen Rechtsverordnungen zum Energierecht
- **Aus dem Inhalt:** Entgelt- und Zugangsverordnungen zu den Strom- und Gasnetzen, die Anreizregulierungsverordnung 2017 sowie die EU-REMIT-Verordnung

HERAUSGEBER
Prof. Dr. Dr. Dres. h.c. **Franz Jürgen Säcker** ist Geschäftsführender Direktor des Instituts für Energie- und Regulierungsrecht Berlin. Er war bis 2014 Direktor des Instituts für deutsches und europäisches Wirtschafts-, Wettbewerbs- und Regulierungsrecht der Freien Universität Berlin und 10 Jahre Richter am Kartellsenat des Kammergerichts Berlin

ZIELGRUPPEN
Energieversorgungs- und Energieinfrastrukturunternehmen, auf das Energie- und Regulierungsrecht spezialisierte Rechtsanwaltskanzleien, Beratungsunternehmen, Behörden und Gerichte

Berliner Kommentar, Band 3 der 4., völlig neu bearbeiteten und wesentlich erweiterten Auflage 2017 f., ca. Oktober 2017, 2.500 Seiten, Geb., ca. € 289,-
ISBN 978-3-8005-1562-2

Deutscher Fachverlag GmbH
Fachmedien Recht und Wirtschaft
www.shop.ruw.de
buchverlag@ruw.de

R&W